国家社科基金项目（批准号14BKG006）最终成果

中华文明探源与西安考古丛书之一

西安米家崖

2010～2011年Ⅰ区考古发掘报告

（下）

西安市文物保护考古研究院
陕西师范大学历史文化学院
编著

科学出版社
北京

内 容 简 介

本书是西安米家崖遗址2010～2011年Ⅰ区考古发掘资料和初步研究成果。上册是对发掘所获新石器时代仰韶晚期文化、庙底沟二期文化和客省庄文化三个阶段的遗迹、遗物资料的全面和系统公布。下册是对遗址文化性质，出土陶器、石器、骨器等遗物制作工艺，石器与陶器残留物以及人骨材料等进行的多学科综合研究。

本书适合于考古学、历史学等研究者、爱好者，以及大专院校相关专业师生参考、阅读。

审图号：西S（2023）014号

图书在版编目（CIP）数据

西安米家崖：2010～2011年Ⅰ区考古发掘报告：全二册 / 西安市文物保护考古研究院，陕西师范大学历史文化学院编著. —北京：科学出版社，2024.6

（中华文明探源与西安考古丛书）

ISBN 978-7-03-074237-7

Ⅰ. ①西…　Ⅱ. ①西…　②陕…　Ⅲ. ①文化遗址-发掘报告-西安-2010-2011　Ⅳ. ①K878.05

中国版本图书馆CIP数据核字（2022）第237913号

责任编辑：张亚娜　周艺欣 / 责任校对：王晓茜

责任印制：张　伟 / 封面设计：美光设计

科学出版社 出版

北京东黄城根北街16号

邮政编码：100717

http://www.sciencep.com

北京中科印刷有限公司印刷

科学出版社发行　各地新华书店经销

*

2024年6月第　一　版　开本：889×1194　1/16

2024年6月第一次印刷　印张：61 1/2　插页：44

字数：1 772 000

定价：860.00元（全二册）

（如有印装质量问题，我社负责调换）

The National Social Science Fund of China（14BKG006）
Series of Xi'an Archaeology & Chinese Civilization, Vol.1

Excavation Report of Neolithic Mijiaya Site, Xi'an, Shaanxi in 2010-2011

(Vol.I)

Xi'an Institute of Archaeology and Conservation on Cultural Heritage
School of History and Civilization, Shaanxi Normal University

Science Press
Beijing

第七章　客省庄文化遗存探讨*

米家崖遗址经过两次较大规模的发掘，发现了较丰富的客省庄文化遗存，为探讨客省庄文化的分期、区域类型以及文化的源头等问题提供了重要依据。

第一节　客省庄文化的分期及年代

以米家崖2004～2006年及2010～2011年两次的发掘所获材料为基础，通过对典型器物的类型学分析，结合层位关系进行期、段划分①。

一、陶器的组合及类型学研究

陶器是新石器时代至商周时期遗址中最为常见也是出土数量最大的考古资料门类，因其易损易制，使用寿命短，形态复杂多变，且具有鲜明的地域性特征，故成为判断和认识考古学文化面貌特征的主要指标。因此，这里主要对米家崖遗址所出客省庄文化陶器进行分析和研究。

（一）陶器的组合情况

米家崖遗址2010～2011年度第Ⅰ发掘区出土的客省庄文化遗迹单位达46个，挑选出包含器物较丰富的几处遗迹单位，对其所出陶器器类进行统计。

H70：鬲、斝、无耳圆腹罐、单耳罐、双耳罐、壶、器盖、鬶、甑、敛口瓮

H50：鬲、斝、无耳圆腹罐、壶、器盖、豆、敛口瓮

H34：鬲、斝、无耳圆腹罐、单耳罐、壶、器盖、豆、敛口瓮

---

* 本章为作者硕士学位论文的核心内容，完成时间较早，涉及本次发掘材料的编号、名称及时代属性等认识若与第三、四、五章内容不符，则以第三、四、五章内容为准。

① 本章标本编号前加“04”者，为2004～2006年度发掘资料，其余均为2010～2011年度Ⅰ区发掘资料。

H71：鬲、斝、无耳圆腹罐、单耳罐、壶、器盖、盘

H29：斝、无耳圆腹罐、单耳罐、三耳罐、壶、鬶、盘

M1：鬲、无耳圆腹罐

在以上所选取的单位中，伴出频率最高的器类主要有鬲、斝、无耳圆腹罐、单耳罐、壶、器盖、敛口瓮、豆等。

（二）陶器的类型学研究

根据米家崖遗址客省庄文化典型遗迹单位出土陶器的统计，陶器类型主要有鬲、斝、无耳圆腹罐、单耳罐、双耳罐、三耳罐、壶、器盖、敛口瓮、豆、鬶、盘等，这些共同构成了米家崖遗址客省庄文化的器物群。其中，鬲、斝、无耳圆腹罐、单耳罐、双耳罐、壶的形态特征较丰富，各阶段的变化也较为明显，能够为分期提供有效的参照。这几类器物的形态特征及演变规律分述如下。

1. 鬲

鬲是客省庄文化中最具代表性的器物。其口沿及袋足上部多置一把手，把手一端连接口沿，与口沿平齐，另一端与一个袋足相接。袋足的分布为两个袋足在前，与把手相连的袋足在后，这样倾倒的时候前两个袋足同时着地，增加了稳定性。许多鬲的袋足上均留有火烧过的烟炱痕，应是作为炊器来使用。

关于鬲的形态划分，所持依据尚不统一，有根据制法划分的①，有根据裆部形态划分的②，也有根据形态大小划分的③，还有根据综合形态划分的④。就目前的研究来看，制法和裆部形态的差异应当是该器物不同发展阶段所产生的差异，应属于式的区别。米家崖遗址中所出的鬲样式较多，大小差异较为明显，少数不置把手。根据器体大小及有无把手将其分为四型（图7-1）。

A型　器体较大，袋状三足肥硕，口沿及袋足上部置一竖向宽扁桥形把手。完整器高度一般在35厘米以上。根据领部及裆部变化可分为三式。

Ⅰ式：领部较直，宽弧裆，器壁较厚，内壁通常有泥条盘筑留下的凸棱及凹窝。标本H50：3，夹细砂灰陶。侈口，圆唇，锥状足尖。领部素面，把手及袋足均饰竖向绳纹，裆部饰横向粗绳纹。袋足外壁明显可见烟炱痕。口径17.8、体宽32.7、高36.2、壁厚0.8、把手宽4.2厘米。

---

① 此分法主要见于早期的报告中，例如中国科学院考古研究所：《沣西发掘报告》，文物出版社，1963年。

② 张忠培、杨晶：《客省庄文化单把鬲的研究——兼谈客省庄文化流向》，《北方文物》2002年第3期。

③ 持此分法者目前为大多数，例如秦小丽：《试论客省庄文化的分期》，《考古》1995年第3期。

④ 此分法亦多见于早期报告中，例如中国社会科学院考古研究所：《武功发掘报告：浒西庄与赵家来遗址》，文物出版社，1983年。

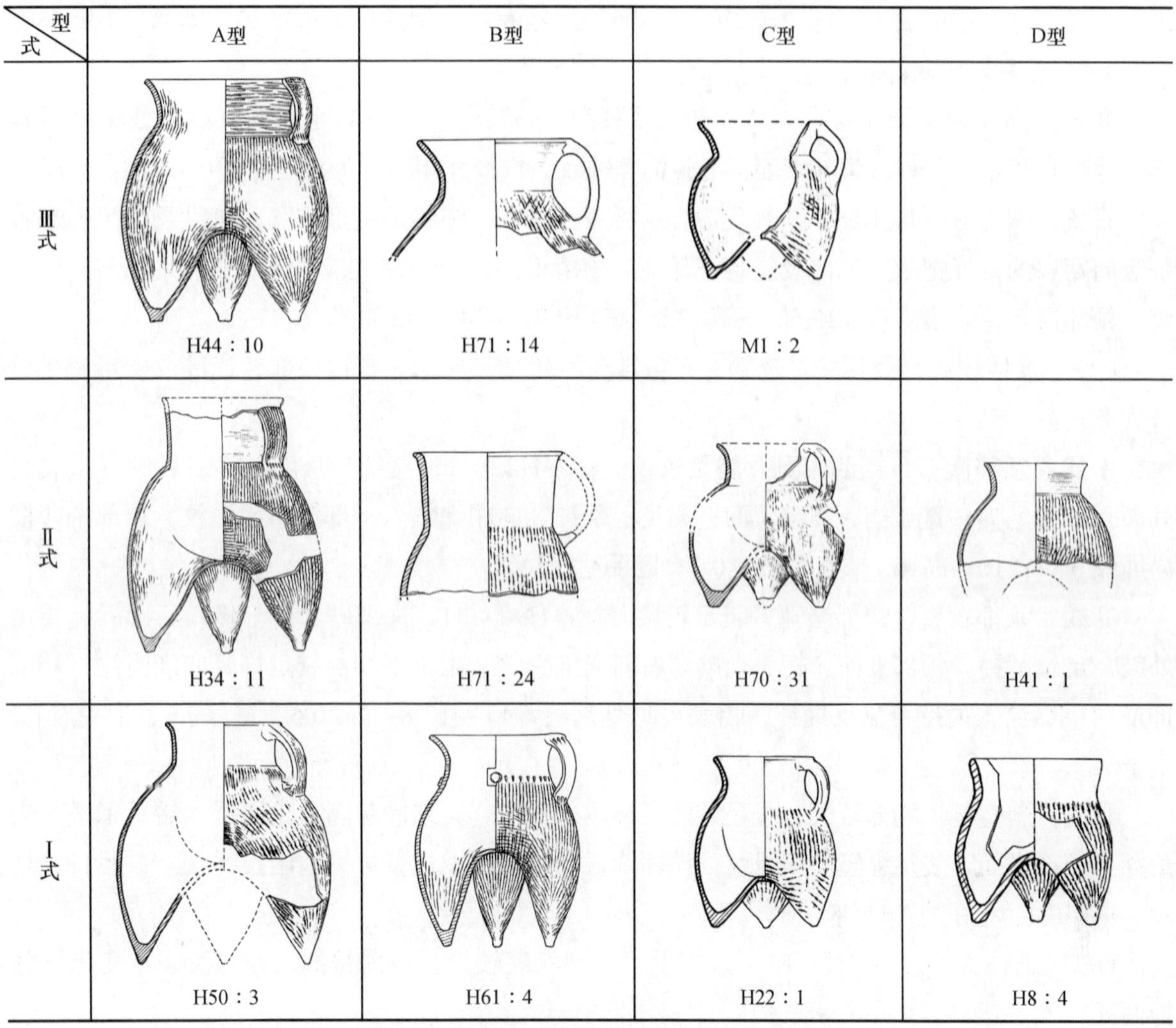

图7-1　陶鬲型式划分图

Ⅱ式：竖高领，宽弧裆，器壁稍薄，内壁可见反绳纹。标本H34：11，夹粗砂灰陶。侈口，锥状足尖，口沿及部分袋足残。领部素面，把手与腹部饰竖向中粗绳纹，袋足外侧饰交错中绳纹，裆部饰较深的交错中绳纹，把手下端饰一排戳印纹。领部留有水平状轮修痕，器表可见烟炱痕。口径23.4、复原后高48.4、壁厚0.4～0.6厘米。

Ⅲ式：斜直领，窄弧裆，器壁较薄，内壁可见反绳纹。标本H44：10，夹细砂灰陶。侈口，方唇，足跟圆钝，把手下端接袋足与领部交接处。领部饰横向粗篮纹，把手表面饰杂乱绳纹，上腹及袋足饰竖向中绳纹，裆部饰交错粗绳纹。器表留有烟炱痕，口沿内侧可见明显轮修痕。口径24、高36、壁厚0.4厘米。

B型　器体大小居中，形态与A型相似，唯袋足较瘦，口沿及袋足上部置一竖向宽扁桥形把手。完整器高25～35厘米。根据领部变化可分为三式。

Ⅰ式：弧领。标本H61：4，夹细砂灰陶。侈口，圆唇，袋足内敛，锥状足尖，弧形裆较高。把手上下两端各饰一排戳印纹，领下部与袋足衔接处饰一周戳印纹，戳印纹间贴附小圆泥饼，袋足饰竖向中绳纹，裆部饰较深的交错绳纹。器表可见烟炱痕。口径20、体宽25、高33、壁厚0.8、把手宽2厘米。

Ⅱ式：高直领。标本H71：24，夹细砂灰陶。侈口，尖唇，袋足上部外鼓，残留把手根部，裆部及袋足下部残。领部素面，上腹饰竖绳纹。口径10.1、残高9.8、壁厚0.4厘米。

Ⅲ式：斜直领。标本H71：14，夹细砂灰陶。侈口，圆唇，袋足较宽，口沿及袋足上部置一竖向宽扁的桥形把手，裆部及袋足下部残。领部素面，把手饰交错中绳纹，袋足饰斜向中绳纹。领部留有轮修痕。口径17.5、残高13.3、壁厚0.7、把手宽4.9厘米

C型　器体较小，袋状三足较肥。完整器高不超过25厘米。根据领部、裆部及袋足变化可分为三式。

Ⅰ式：领部微弧，裆部较宽，袋足较长。标本H22：1，夹细砂灰陶。侈口，圆唇，袋足外鼓，锥状足尖，宽弧裆。领部素面，袋足上部饰竖向粗绳纹，下部饰斜向绳纹，裆部拍印横向绳纹。口径10、高16.1、壁厚0.5～0.7、把手宽2厘米。

Ⅱ式：领部较直，裆部略宽，袋足较矮。标本H70：31，夹细砂灰陶。侈口，圆唇，袋足外鼓，足跟圆钝。领部素面，把手上端饰右斜向细绳纹，把手下端与袋足饰竖向细绳纹，裆部饰横向中绳纹，内壁可见反绳纹。器表可见烟炱痕。口径12.8、高20.5、壁厚0.6、把手宽1.2厘米。

Ⅲ式：斜直领，裆部较尖，袋足较矮。标本M1：2，夹细砂灰陶。尖圆唇，袋足肥矮，尖角裆。领部素面，袋足饰竖向中绳纹，裆部饰横向中绳纹，内壁可见清晰反绳纹。口径11、高14、壁厚0.4、把手宽2.6厘米。

D型　器体大小接近C型，唯不置把手。该型发现较少，根据领部、裆部及袋足变化可分为两式。

Ⅰ式：领部略外斜，袋足较瘦，裆部较高。标本H8：4，夹粗砂灰陶。侈口，圆唇，足跟较钝，宽弧裆。领部素面，袋足饰竖向粗绳纹。器表可见烟炱痕。口径12.5、高15、壁厚0.3～0.7厘米。

Ⅱ式：斜直领，袋足较肥，裆部较低。标本H41：1，粗泥质灰陶。侈口，圆唇，袋足上部外鼓，裆部及袋足下部残。领部素面，领腹交接处饰一道凹弦纹，袋足饰绳纹，裆部饰交错绳纹。器表可见烟炱痕。口径9、残高8.7、壁厚0.3厘米。

演变趋势：鬲的演变趋势较为清晰，大体是领部由弧领逐渐发展为竖高领，再到斜直领；裆部开口位置由高向低发展，袋足间夹角由宽向尖发展；袋足由瘦长向低矮发展。在制法上由以泥条盘筑法为主逐渐发展为以模制法为主，器壁由厚向薄变化。

2. 斝

客省庄文化的斝大都器腹较深，足较小且尖，一般在器身两侧附有对称的双耳。与鬲一样，耳与足的位置关系也是经过刻意的安排，双耳总是与两足相对应，另一足在后。斝的形

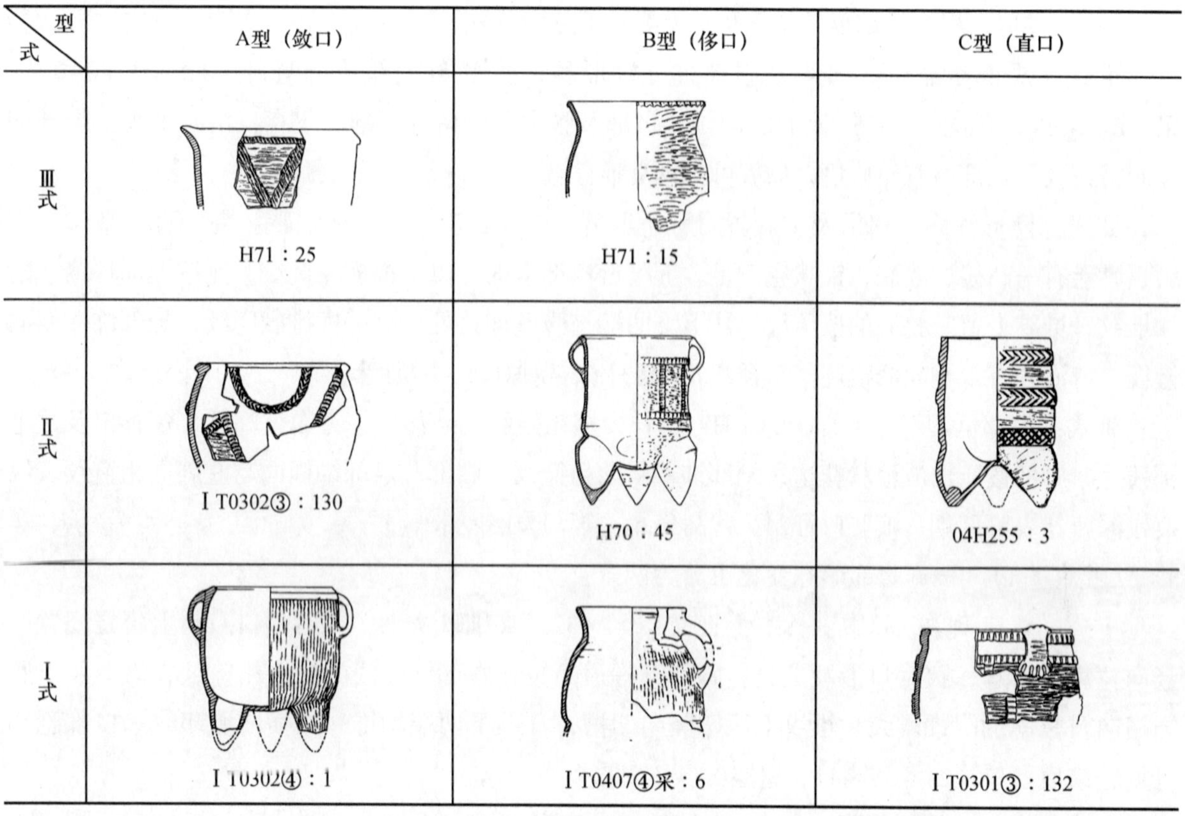

图7-2　陶斝型式划分图

态划分主要是依据口沿和腹部的特征进行的，有侧重口沿形态划分的[①]，也有兼顾口沿及腹部形态划分的[②]。米家崖遗址所出的斝，器形完整者较少，且大多足残，但器身形态种类较为丰富，根据口沿特征将其分为三型（图7-2）。

A型　敛口。根据腹部形态变化可分为三式。

Ⅰ式：筒形深腹，腹壁微弧。标本Ⅰ T0302④：1，夹细砂灰陶。敛口内折，方唇，口沿及上腹置一宽扁拱形耳，圜底，锥状空三足。腹部及足部饰竖向粗绳纹，裆部饰横向粗绳纹。器表留有烟炱痕。口径18、复原后高25.8、壁厚0.6～0.8厘米。

Ⅱ式：弧腹微鼓。标本Ⅰ T0302③：130，夹粗砂灰陶。平折沿，方唇，仅存口沿及上腹。沿下及上腹饰半圆状附加堆纹，堆纹上留有“〈”形压印痕，形如麦穗，沿面饰两周凸弦纹。口径21、残高16.2、壁厚0.5～0.7厘米。

Ⅲ式：筒形腹，器壁较直。标本H71：25，夹粗砂灰陶。敛口，方唇，口沿一侧有U形流，仅存口沿及上腹。上腹饰较浅的左斜向篮纹，篮纹上饰条状附加堆纹构成的纹饰带，堆纹上留有绳压痕，纹痕较深。口径24、残高11.2、壁厚0.5～0.8厘米。

① 崔俊俊：《临潼康家遗址客省庄文化遗存分期再探讨》，《西部考古（第16辑）》，科学出版社，2018年，第110～125页。

② 秦小丽：《试论客省庄文化的分期》，《考古》1995年第3期。

B型　侈口。根据腹部形态变化及有无器耳可分为三式。

Ⅰ式：腹部呈罐形，口沿及腹部置一桥形耳，腹部与足部转折明显。标本ⅠT0407④采：6，夹细砂灰陶。侈口，圆唇，高领，口部及腹中部残留耳根部，仅存口沿及上腹。腹部饰竖向粗绳纹。领部留有轮修痕，器表可见烟炱痕。

Ⅱ式：筒形深腹，口沿及上腹置对称桥形耳。标本H70：45，夹细砂灰陶。直口微侈，方唇，唇上有一凸棱，圜底，锥状空三足。上腹近口部素面，以下饰横向篮纹，篮纹上饰环络状附加堆纹，堆纹上留有整齐的按压纹，耳上下两端与腹壁连接处均有一横排戳印纹，足部饰左斜向篮纹。口沿处有规整轮修痕迹。口径20.6、高31.6、壁厚0.4～0.8厘米。

Ⅲ式：腹部呈罐形，无耳。标本H71：15，夹粗砂红陶。侈口，方唇，高领，仅存口及足上部残片。唇部按压出波浪状花边，领部饰左斜向粗篮纹，腹部及足部饰横向与左斜向粗篮纹，纹痕较深。器表可见烟炱痕。口径24、残高16.6、腹壁厚0.5厘米。

C型　直口。根据腹部形态变化可分为两式。

Ⅰ式：直口微敛，弧腹。标本ⅠT0301③：132，夹细砂灰陶。方唇，口沿与上腹之间置一竖向宽扁桥形耳，仅存口沿及上腹。唇部有一道凸棱，腹部饰较浅的横向粗篮纹，沿下及上腹饰横向及竖向的附加堆纹，堆纹上压印竖向凹槽，耳上下两端均饰一排横向戳印纹。口部隐约可见轮修痕。口径21、残高11、壁厚0.8～1.2厘米。

Ⅱ式：直口，筒形深腹。标本04H255：3，夹砂灰陶。平沿，方唇，直腹微外鼓，圜底，锥状空三足，足尖填塞泥球。腹部贴附三道附加堆纹，并饰两周“〉”形几何纹与一周菱形方格纹，器身及足底一部饰横向篮纹。口径21.6、高32.4厘米。

演变趋势：斝的器形较为多变，演变规律不甚明显，其腹部的变化大致是由鼓腹向筒形腹发展，器身由矮胖向瘦长演变。

3. 无耳圆腹罐

以夹砂陶为主，一般特征为侈口，高领，圆腹，平底，腹部多饰竖向绳纹，纹痕较深。根据领部及腹部的变化将其分为四式（图7-3）。

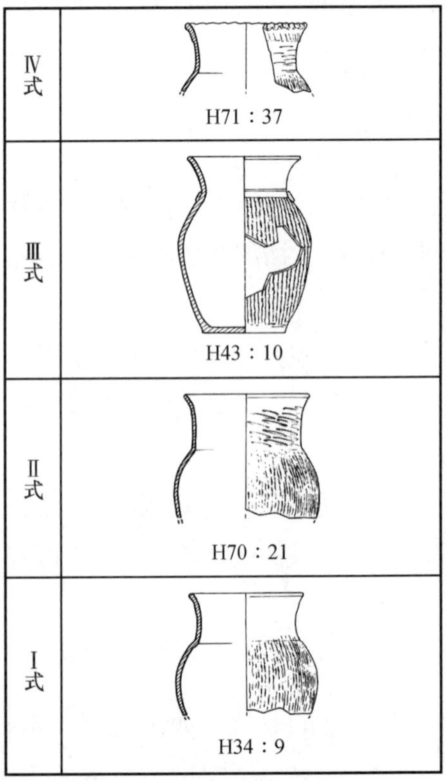

图7-3　无耳圆腹罐型式划分图

Ⅰ式：侈口，高弧领，圆鼓腹，器身较矮胖。标本H34：9，夹粗砂灰陶。圆唇，高领微束，下腹及底残。领部素面，上腹饰竖向细绳纹，纹痕较深，领部有明显的轮修痕。口径14、残高4.5、壁厚0.5厘米。

Ⅱ式：侈口，高直领，圆鼓腹，器身稍瘦长。标本H70：21，夹细砂灰陶。圆唇，高领微束，下腹及底残。领部饰横向粗篮纹，腹部饰竖向中绳纹，器表可见烟炱痕。口径13.6、残高13.6、壁厚0.4厘米。

Ⅲ式：侈口，斜直领，器身较瘦长。标本H43：10，夹粗砂灰陶。圆唇，平底，部分腹部残。领部素面，腹领交接处饰一周凹弦纹，其下贴附小圆泥饼，腹部饰竖向中绳纹。内壁有轮修痕。口径14、高22、壁厚0.4厘米。

Ⅳ式：微侈口，斜直领，唇部多有花边。标本H71：37，夹细砂红陶。圆唇，上腹外弧，仅存口沿及上腹。唇部按压出波浪状花边，口沿外侧饰一周附加堆纹，堆纹上留有按压痕，领部饰极浅的横向粗篮纹，上腹饰竖向中绳纹。口径16、残高8.4、壁厚0.5厘米。

演变趋势：领部由高弧领发展到高直领略弧再到斜直领，唇部饰花边的情况逐渐增多，器身由低矮向瘦长发展。

4. 单耳罐

以夹砂陶为主，泥质陶次之，口沿与上腹之间置一耳。根据质地及整体特征将其分为三型。

A型　夹砂陶，造型与无耳圆腹罐相似，腹部多饰细绳纹。根据领部及腹部变化可分为三式。

Ⅰ式：领下部较直，圆鼓腹，器体较小。标本H34：6，夹细砂灰陶。侈口，尖唇，平底微凹，口沿及上腹置一竖向桥形耳。领部素面，耳部饰竖向细绳纹，腹部饰斜向细绳纹，近底部素面。内外壁皆可见烟炱痕。口径8、腹径9.7、底径6.1、高11.8、壁厚0.6、耳宽1.1～1.5厘米。

Ⅱ式：领下部较直，上腹外鼓。标本H71：8，夹粗砂灰陶。侈口，圆唇，口沿及上腹置一竖向桥形耳，下腹及底部残。领部素面，上腹饰较深的竖向中绳纹，耳部饰竖绳纹后被刮抹。器表可见少量烟炱痕。口径12、残高10.6、壁厚0.4厘米。

Ⅲ式：弧领，上腹外鼓。标本ⅠT0408②：4，夹细砂灰陶。尖唇，口沿及领下置一竖向桥形耳，下腹及底部残。领部饰较浅的横向粗宽篮纹，腹部饰右斜向麦粒状粗绳纹。器表可见烟炱痕。口径11、残高9.6、壁厚0.6厘米。

B型　泥质陶。根据领部及腹部变化可分为三式。

Ⅰ式：领部向上略内收，上腹外弧。标本H13：66，细泥质灰陶。圆唇，口沿及上腹置一竖向桥形耳，耳中部略凹，仅存口沿及上腹。耳部上端有一排竖向压印纹，领腹交接处饰一周凹弦纹，腹部磨光。口径8、残高 5.8、壁厚0.4厘米。

Ⅱ式：领部较直，上腹外弧。标本H70：53，细泥质灰陶。圆唇，口沿及上腹置一竖向桥形耳，耳中部略凹，仅存口沿及上腹。器表磨光，领下部有三道凹弦纹。耳部可见竖向刮抹痕。口径9.8、残高7.6、壁厚0.3～0.5、耳宽2、耳厚0.4厘米。

Ⅲ式：弧领，领部较细，唇部有花边，圆鼓腹。标本ⅠT0308③：11，粗泥质灰陶。圆唇，口沿及领下置一竖向桥形耳，下腹及底部残。唇部按压出一周短斜线纹形成花边，器表素面，局部略磨光。器表可见明显的刮抹痕。口径14、残高14.5、壁厚0.4～0.6、耳宽2.7厘米。

C型　泥质陶，无领或领部极短，单耳上翘，超出口沿。根据领部及腹部变化可分为两式。

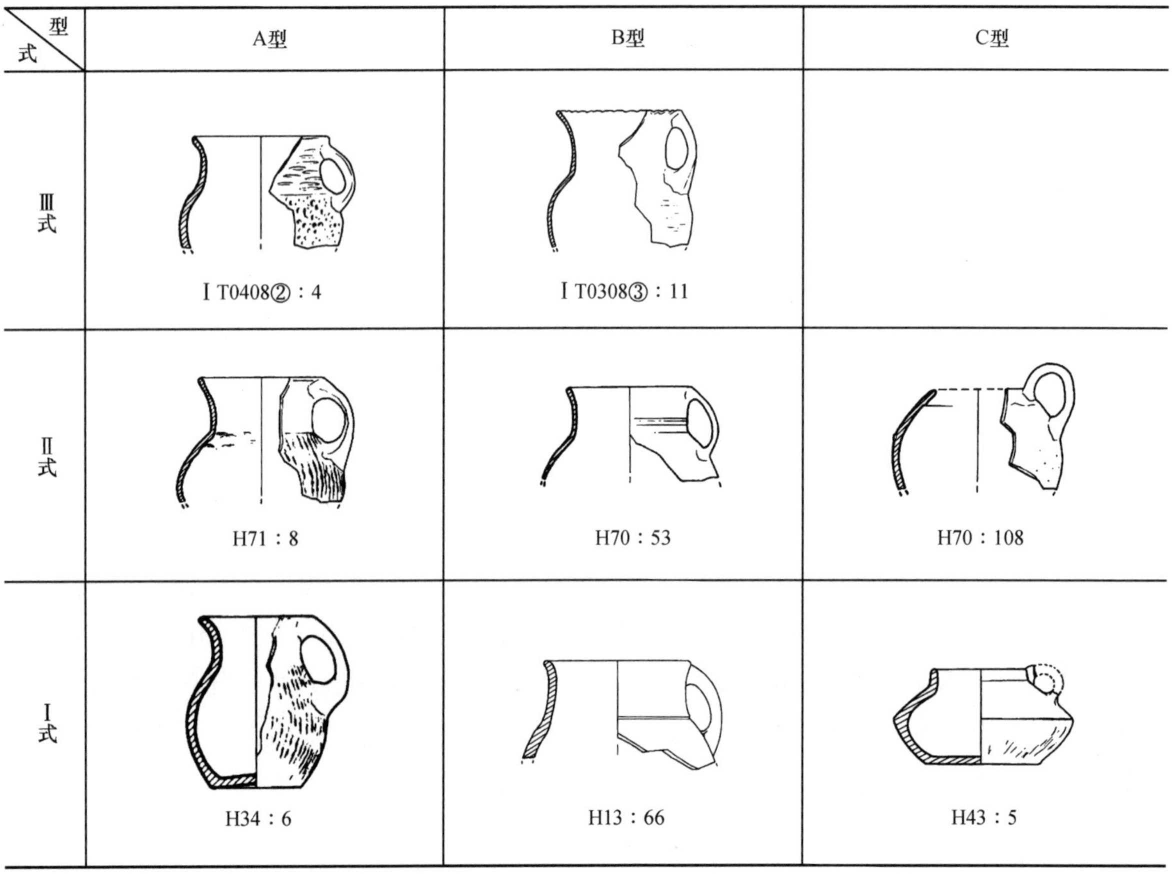

图7-4　单耳罐型式划分图

Ⅰ式：矮直领，扁折腹。标本H43：5，粗泥质灰陶。直口，方唇，斜肩，平底。口沿及肩部置一上翘的竖向环形耳。素面。器表留有刮抹痕。口径9.6、腹径15、底径10.4、高8.5厘米。

Ⅱ式：无领，球形腹。标本H70：108，粗泥质灰陶。敛口，圆唇，口沿及上腹置一上翘的竖向圆拱形耳，下腹及底部残。素面。器表可见烟炱痕。口径约8、残高10.6、壁厚0.6、耳宽3、耳厚0.8厘米。

演变趋势：单耳罐的完整器较少，且造型较为多样，演变趋势暂不明晰。

5. 双耳罐

以泥质陶为主，口沿与上腹之间置一对竖向扁条状桥形耳。根据腹部与底部关系分为两型。

A型　下腹斜收，腹壁斜直，腹部与底部直接相连。根据领部及腹部变化可分为三式。

Ⅰ式：领部较矮，上腹外鼓，最大腹径靠近肩部，器身较矮。

标本H43：9，粗泥质灰陶。侈口，圆唇，高领，平底，口沿及肩部置一对竖向桥形耳。器表磨光，领下部饰一周凹弦纹。内壁留有轮修痕。口径8、腹径10.4、底径6.4、高10.5、壁厚0.4、底厚0.4厘米。

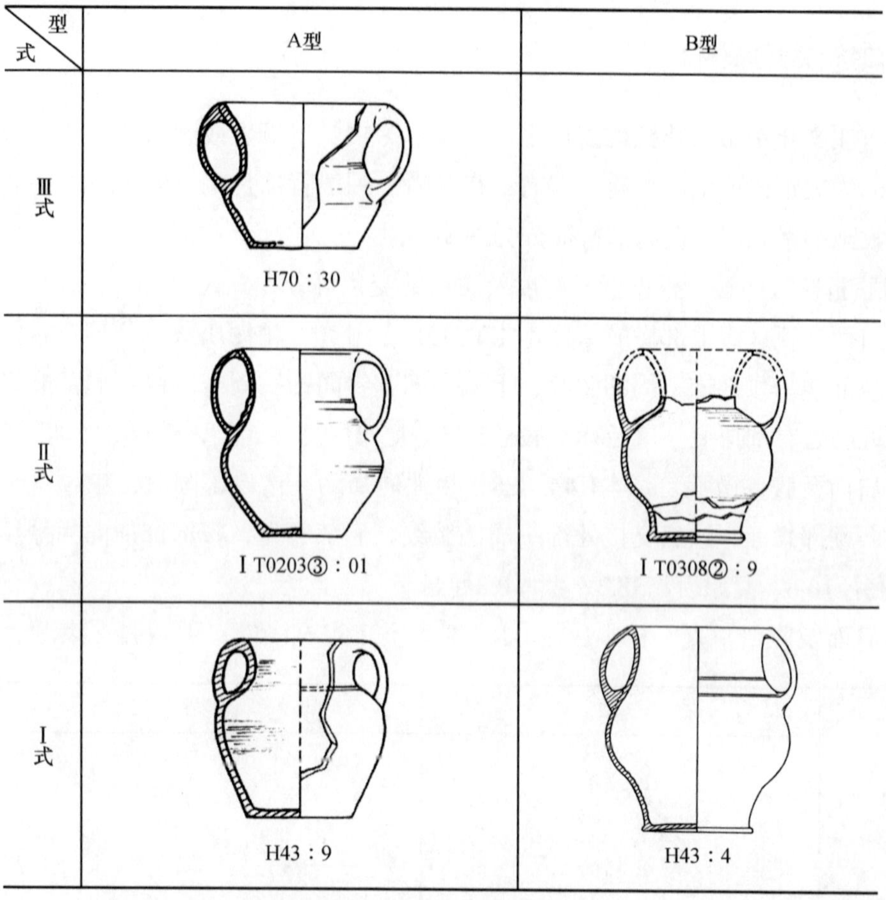

图7-5　双耳罐型式划分图

Ⅱ式：高领微束，鼓腹微折，最大腹径靠近腹中部。

标本ⅠT0203③：01，夹细砂灰陶。粗泥质灰陶。圆唇，平底，口沿及肩部置一对竖向桥形耳。口沿内侧及器表磨光，领下部饰两周凹弦纹。口径9.7、腹径11.4、底径6.7、高13.1、耳宽2.3厘米。

Ⅲ式：领部向上外张呈喇叭形，折腹。标本H70：30，粗泥质灰陶。圆唇，平底，耳中部内凹，两侧起棱。素面。口径11.8、腹径11、底径7.6、高10.2、壁厚0.4～0.6、耳宽2.3厘米。

B型　下腹斜收，腹壁内弧，腹部与底分隔明显。根据领部变化可分为两式。

Ⅰ式：领部较矮，微束。标本H43：4，细泥质灰陶。侈口，圆唇，高领，口沿及肩部置一对竖向桥形耳，平底微内凹。器表磨光，领部饰两周凹弦纹。内壁轮修痕明显。口径8.7、腹径12、底径7.2、高12.7、耳宽1.7厘米。

Ⅱ式：领部较细，向上外张呈喇叭形。标本ⅠT0308②：9，细泥质灰陶。平底微凹，领部及双耳上端已残。腹部磨光，近底部素面。底径8.4、壁厚0.2～0.5厘米。

演变趋势：双耳罐的演变规律较明显，开口逐渐变大，由微侈口向喇叭口发展；腹部由圆弧腹向折腹演变，最大腹径逐渐下移。

6. 壶（喇叭口折肩或圆肩罐）

壶是客省庄文化中最具特征的器形之一，或称为喇叭口折肩或圆肩罐。绝大多数为粗泥质灰陶，少部分为夹细砂或细泥质陶，偶有红褐色者。一般特征是喇叭形侈口，高领，斜肩，肩以下斜腹内收至小平底。根据肩部特征分为两型。

A型　肩腹折棱较明显。根据折肩程度及腹部的变化可分为三式。

Ⅰ式：肩面微弧，腹上部微鼓。标本ⅠT0301④：130，粗泥质灰陶。侈口，圆唇，束颈，平底，部分腹部残。颈部饰三周凹弦纹，上两周凹弦纹间饰一周戳印纹，肩部磨光，腹部饰横向粗篮纹。近底处有刮抹痕。口径18、底径15.5、复原后高46.6、壁厚0.6、底厚0.7厘米。

Ⅱ式：肩面及腹壁微弧。标本H44：28，粗泥质灰陶。侈口，圆唇，束颈，平底，部分肩部和腹部残。颈部素面，颈肩交接处饰一周凹弦纹，肩部磨光，腹部饰横向粗篮纹。口径16、肩径26.4、底径10.6、复原后高38.2、壁厚0.3厘米。

Ⅲ式：肩面及腹壁斜直。标本H30：1，细泥质灰陶。侈口，尖圆唇，束颈，平底。沿下

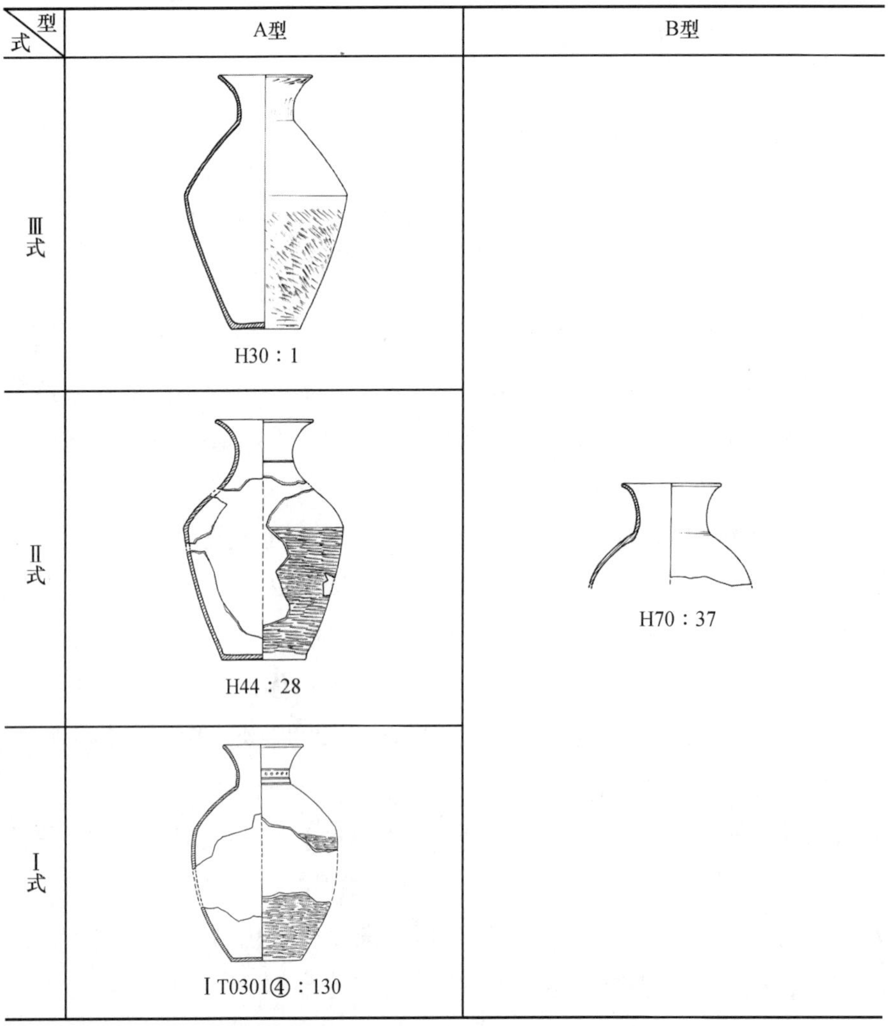

图7-6　壶型式划分图

饰左斜向宽疏浅篮纹，肩部磨光，腹部饰右斜向浅篮纹。领部可见竖向刮抹痕。口径14.9、肩径25.6、底径11、高38.2、壁厚0.7厘米。

B型　圆鼓肩。

标本H70：37，粗泥质黑皮陶。侈口，圆唇，束颈，仅存口沿及肩部。领部素面，肩部磨光。口径14、残高14.3、壁厚0.6～0.8厘米。

演变趋势：A型壶肩腹折棱位置逐渐下移，腹部由弧腹向斜直发展；B型壶所出较少，且残损严重，演变趋势暂不明晰。

二、分期及年代推断

通过对米家崖遗址客省庄文化典型器物类型学的分析，可以看出米家崖遗址客省庄文化陶器形态存在着时间上的变化，因此有必要将其进行期、段划分，进而明确其发展阶段和所对应的相对年代。

（一）分期

由于米家崖遗址属抢救性发掘，地层关系破坏较为严重，而且同时期灰坑之间的打破关系较少。根据2010～2011年发掘情况来看，第Ⅰ发掘区实际布方发掘9个，分南、北两个区，南区布方5个，北区布方4个。南区通层后共分为7层，属于客省庄文化层的是第3层和第4层。北区通层后共4层，属于客省庄文化层的只有第3层。经过梳理，可得到以下几组地层关系。

南区：

第一组：③→H9→④

第二组：③→H6→H61→④[①]

第三组：③→H7→H44→④

③→H14→④

③→H30→④

③→H22→④

③→H32

③→H38

③→H13

③→F1→④→F2

③→F1→④→H98

① 下划线“—”表示该单位有出土器物。以下同。

③→④→H46→H88

③→H10→H58→④

③→H73→H75→④

③→H60→H75→④

③→H60→H74→④

③→H8→H74→④

③→H8→H36→H74→④

③→H8→H36→H43→④

北区：

③→H29→H50

②→H41→③

②→H53→③

②→H92→③

③→H70→H87

③→H70→H91

③→H83

③→H52

③→H34

③→H68

③→H71

③→H65

③→M1

③→H17

通过以上梳理可以看出，米家崖遗址客省庄文化的地层关系相对较为单一，同一文化时期内各地层单位间的打破关系十分有限。根据以上地层关系并结合有无出土器物的情况可筛选出以下几组有用的信息：

第一组：③→④→H46→H88

第二组：③→H8→H36→H74→④

第三组：③→H29→H50

第四组：③→H70→H91

从以上单位中挑选出包含典型器物较多的单位有H8、H29、H30、H34、H43、H44、H50、H70、H71，这些单位的器物共存关系如表7-1所示。

表7-1　主要灰坑出土器类型式统计表

	鬲				斝		壶		无耳圆腹罐	单耳罐			双耳罐	
	A	B	C	D	A	B	A	B		A	B	C	A	B
H8				Ⅰ					Ⅱ	Ⅱ				
H29							Ⅲ		Ⅲ	Ⅲ				
H30							Ⅲ		Ⅲ				Ⅱ	
H34	Ⅰ、Ⅱ			Ⅰ					Ⅰ、Ⅱ	Ⅰ、Ⅱ				
H43			Ⅱ				Ⅱ		Ⅲ			Ⅰ	Ⅰ	Ⅰ
H44	Ⅲ	Ⅱ					Ⅱ							
H50	Ⅰ					Ⅱ	Ⅰ		Ⅰ、Ⅱ					
H70	Ⅲ		Ⅱ、Ⅲ			Ⅱ		Ⅱ	Ⅱ、Ⅲ		Ⅱ	Ⅱ	Ⅲ	
H71		Ⅱ、Ⅲ				Ⅲ	Ⅲ		Ⅲ、Ⅳ	Ⅱ				

结合地层分析及典型器物的共存关系，上述单位大致可分为三组。第一组单位有H8、H34、H50，典型共存器物包括A型Ⅰ式鬲、A型Ⅱ式鬲、D型Ⅰ式鬲、B型Ⅱ式斝、Ⅰ式无耳罐及Ⅱ式无耳圆腹罐；第二组单位有H43和H44，典型共存器物包括A型Ⅲ式鬲、B型Ⅱ式鬲、C型Ⅱ式鬲、A型Ⅱ式壶、Ⅲ式无耳圆腹罐、A型Ⅰ式双耳罐、B型Ⅰ式双耳罐；第三组单位包括H29、H30、H70及H71，典型共存器物有A型Ⅲ式鬲、B型Ⅲ式鬲、C型Ⅱ式鬲、C型Ⅲ式鬲、A型Ⅲ式壶、Ⅲ式无耳圆腹罐、Ⅳ式无耳圆腹罐、A型Ⅱ式双耳罐、A型Ⅲ式双耳罐（表7-2）。

表7-2　典型单位分组统计表

	主要单位	主要典型共存器物
第一组	H8、H34、H50	A型Ⅰ式鬲、A型Ⅱ式鬲、D型Ⅰ式鬲、B型Ⅱ式斝、Ⅰ式无耳圆腹罐、Ⅱ式无耳圆腹罐
第二组	H43、H44	A型Ⅲ式鬲、B型Ⅱ式鬲、C型Ⅱ式鬲、A型Ⅱ式壶、Ⅲ式无耳圆腹罐、A型Ⅰ式双耳罐、B型Ⅰ式双耳罐
第三组	H29、H30、H70、H71	A型Ⅲ式鬲、B型Ⅲ式鬲、C型Ⅱ式鬲、C型Ⅲ式鬲、A型Ⅲ式壶、Ⅲ式无耳圆腹罐、Ⅳ式无耳圆腹罐、A型Ⅱ式双耳罐、A型Ⅲ式双耳罐

上表所列三组陶器在器物组合和型式演变上存在一定的区别，在H8、H34、H50三个单位中，A型Ⅰ式鬲、Ⅰ式无耳圆腹罐、Ⅱ式无耳圆腹罐的同出频率较高。在H43、H44中，B型Ⅱ式鬲、A型Ⅱ式壶的同出频率较高。在H29、H30、H70、H71四个单位中，A型Ⅲ式鬲、B型Ⅲ式鬲、C型Ⅱ式鬲、C型Ⅲ式鬲、A型Ⅲ式壶、A型Ⅲ式无耳圆腹罐、A型Ⅱ式双耳罐、A型Ⅲ式双耳罐同出频率较高，典型器物群更加丰富。以上情况也与地层梳理结果大致吻合。

由此，可将米家崖遗址客省庄文化陶器和相关遗存大致划分为早中晚三期。

早期的器物组合主要有A型Ⅰ式鬲、A型Ⅰ式壶、Ⅰ式无耳圆腹罐、Ⅱ式无耳圆腹罐等，在器物类型上，较少见C型鬲，双耳罐和三耳罐亦不多见。陶质以夹砂陶为主；陶色以灰陶为最多；纹饰以绳纹和篮纹为主。陶器的制法以手制为主，部分器物口沿经过轮修，个别鬲采用模制。

中期的器物组合主要有A型Ⅱ式鬲、A型Ⅲ式鬲、B型Ⅱ式鬲、C型Ⅱ式鬲、A型Ⅱ式壶、Ⅲ式无耳圆腹罐、A型Ⅰ式双耳罐、B型Ⅰ式双耳罐等。陶质仍以夹砂陶为主，泥质陶的比例有所上升；陶色仍以灰陶为最多；纹饰依然以绳纹和篮纹为主，但绳纹的比例有所下降，篮纹所占比例有所提升。

晚期的器物组合主要有A型Ⅲ式鬲、B型Ⅲ式鬲、C型Ⅱ式鬲、C型Ⅲ式鬲、A型Ⅲ式壶、Ⅲ式无耳圆腹罐、Ⅳ式无耳圆腹罐、A型Ⅱ式双耳罐、A型Ⅲ式双耳罐。器物种类更加丰富，出现的C型Ⅲ式鬲、Ⅳ式无耳圆腹罐、A型Ⅲ式双耳罐等在前期基本不见。陶质仍以夹砂陶为主，泥质陶的比例进一步上升；陶色上，灰陶的比例进一步提升；纹饰虽仍以绳纹和篮纹为主，但所占比例有所下降，磨光陶和素面陶所占比例逐渐增多。陶器的制法依然以手制为主，轮修现象更为普遍，个别器物出现轮制，鬲绝大部分采用模制法。

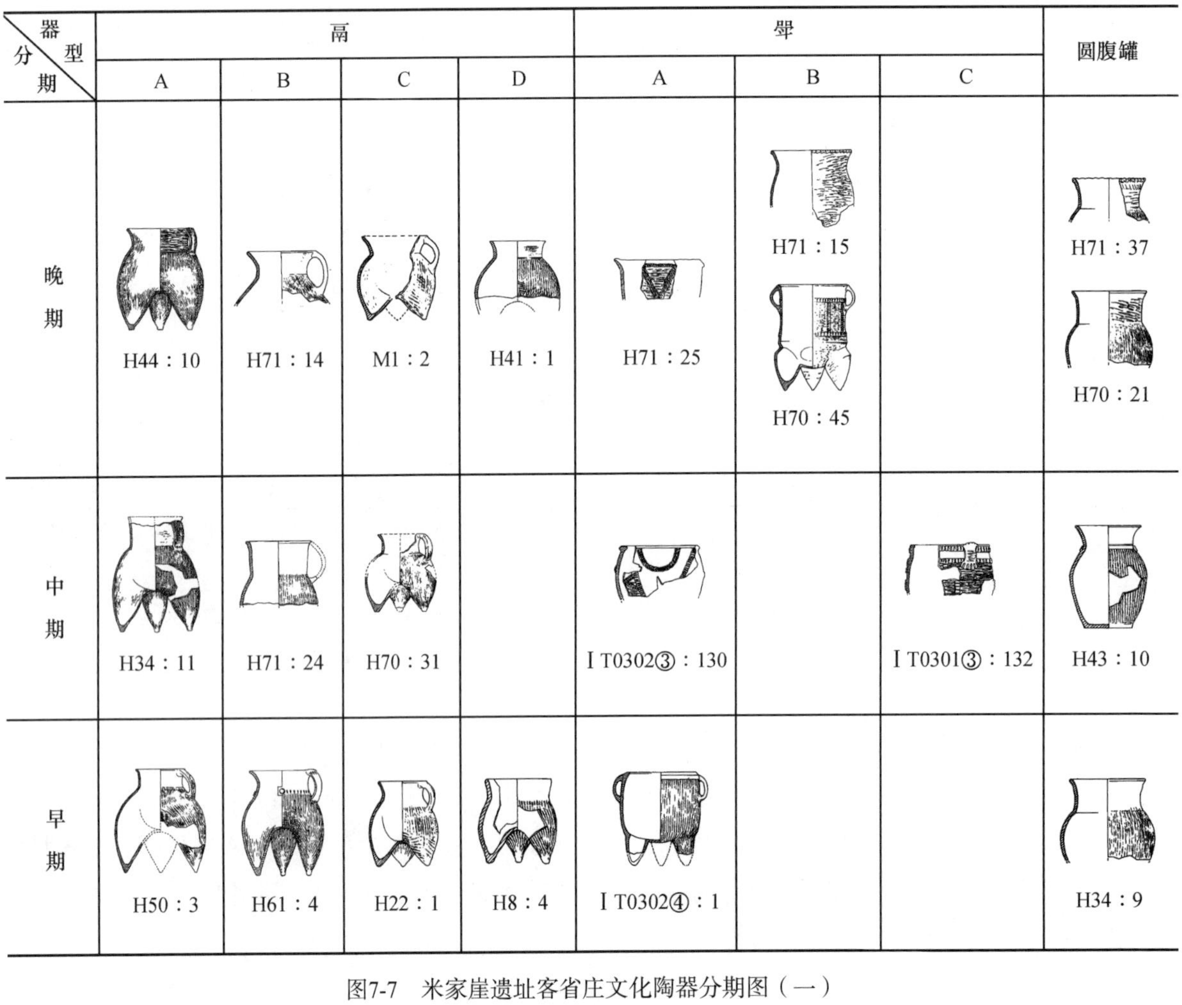

图7-7　米家崖遗址客省庄文化陶器分期图（一）

（二）米家崖遗址客省庄文化遗存的年代推断

对客省庄文化分期的认识，是随着发掘资料的丰富而逐渐深入的。从最初的两期分法①到三期分法②再到后来的四期分法③，虽然在某些单位的具体归属和最晚期的文化性质上依然有分歧，但客省庄文化的分期框架已基本建立，典型器物的时代特征及演变规律基本明确。米家崖遗址客省庄时期层位关系较简单，但是出土器物丰富，且典型器物的演变序列较为清晰，因而可以对米家崖遗址客省庄文化的相对年代进行推断。

目前已发掘的客省庄文化典型遗址除米家崖遗址外，主要有武功赵家来、岐山双庵、长安客省庄、临潼康家等。康家遗址因为地层关系复杂，出土器物丰富，器型演变序列相对清晰，成为客省庄文化分期的重要依据。另外，在地理分布上，康家遗址与米家崖遗址距离相近，文化面貌相似度较高，在此主要将米家崖遗址各期、段与康家遗址进行比较，以推断米家崖遗址客省庄文化的发展阶段及其相对年代。

米家崖遗址客省庄文化早期的典型器物主要有A型Ⅰ式鬲、B型Ⅰ式鬲、C型Ⅰ式鬲、D型Ⅰ式鬲、A型Ⅰ式斝、Ⅰ式圆腹罐、A型Ⅰ式单耳罐、A型Ⅰ式壶等。其中，米家崖遗址A型Ⅰ式鬲，在制法与器型上皆与康家遗址H41：2鬲相似；米家崖遗址C型Ⅰ式鬲与康家遗址H35：4鬲相似；米家崖遗址A型Ⅰ式斝与康家遗址T1⑤：6斝相似；米家崖遗址Ⅰ式圆腹罐与康家遗址H41：1罐相似（图7-9）。

米家崖遗址客省庄文化中期的典型器物主要有A型Ⅱ式鬲、A型Ⅲ式鬲、B型Ⅱ式鬲、C型Ⅱ式鬲、A型Ⅱ式斝、B型Ⅰ式斝、Ⅱ式无耳罐、Ⅲ式无耳罐、A型Ⅰ式双耳罐、A型Ⅱ式双耳罐、B型Ⅰ式双耳罐、A型Ⅱ式壶等。其中，米家崖遗址A型Ⅱ式鬲与康家遗址H28：1鬲相似；米家崖遗址A型Ⅱ式斝与康家遗址F80：1斝相似；米家崖遗址B型Ⅰ式斝与康家遗址F79：1斝相似；米家崖遗址Ⅲ式无耳罐与康家遗址H29：10相似；米家崖遗A型Ⅱ式双耳罐与康家遗址H4：17相似（图7-10）。

米家崖遗址客省庄文化晚期的典型器物主要有A型Ⅲ式鬲、B型Ⅲ式鬲、C型Ⅱ式鬲、C型Ⅲ式鬲、A型Ⅲ式壶、Ⅲ式无耳罐、Ⅳ式无耳罐、A型Ⅱ式双耳罐、A型Ⅲ式双耳罐等。其中，米家崖遗址A型Ⅲ式鬲与康家遗址H35：3鬲相似；米家崖遗址C型Ⅲ式鬲与康家遗址H16：1相似；米家崖遗址Ⅳ式无耳罐与康家遗址H13：1相似；米家崖遗址A型Ⅲ式双耳罐与康家遗址

---

① 张忠培在《客省庄文化及其相关诸问题》一文中将客省庄文化分为早、晚两期；梁星彭在《试论客省庄二期文化》中将关中西区—甘肃东区客省庄二期文化分为早、晚两期，将康家遗址分为早、晚两期；魏世刚在《试论“陕西龙山文化”康家类型》中将康家遗址分为早、晚两期。

② 张忠培、杨晶在《客省庄文化单把鬲的研究——兼谈客省庄文化流向》中将鬲分为三种不同形态，并认为其分别对应客省庄文化发展的三个不同阶段；秦小丽、阎毓民在《临潼康家遗址客省庄文化遗存分期初探》中将康家遗址分为早、中、晚三期；崔俊俊在《临潼康家遗址客省庄文化遗存分期再探讨》中将康家遗址分为三期四段。

③ 秦小丽在《试论客省庄文化的分期》中将客省庄文化分为四期；刘斌在《客省庄文化分期及相关问题研究》中将客省庄文化分为四期，第四期命名为老牛坡期。

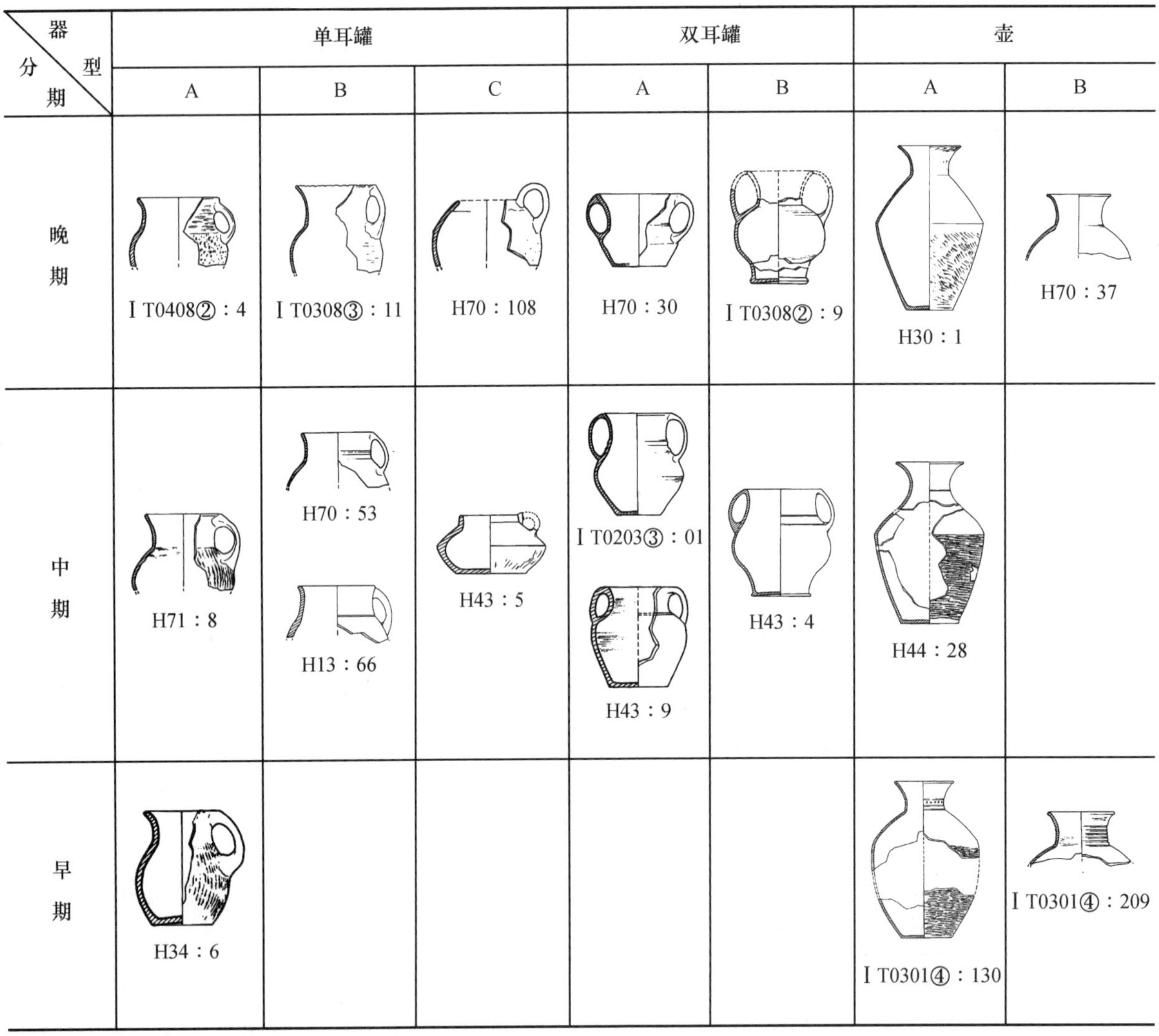

图7-8　米家崖遗址客省庄文化陶器分期图（二）

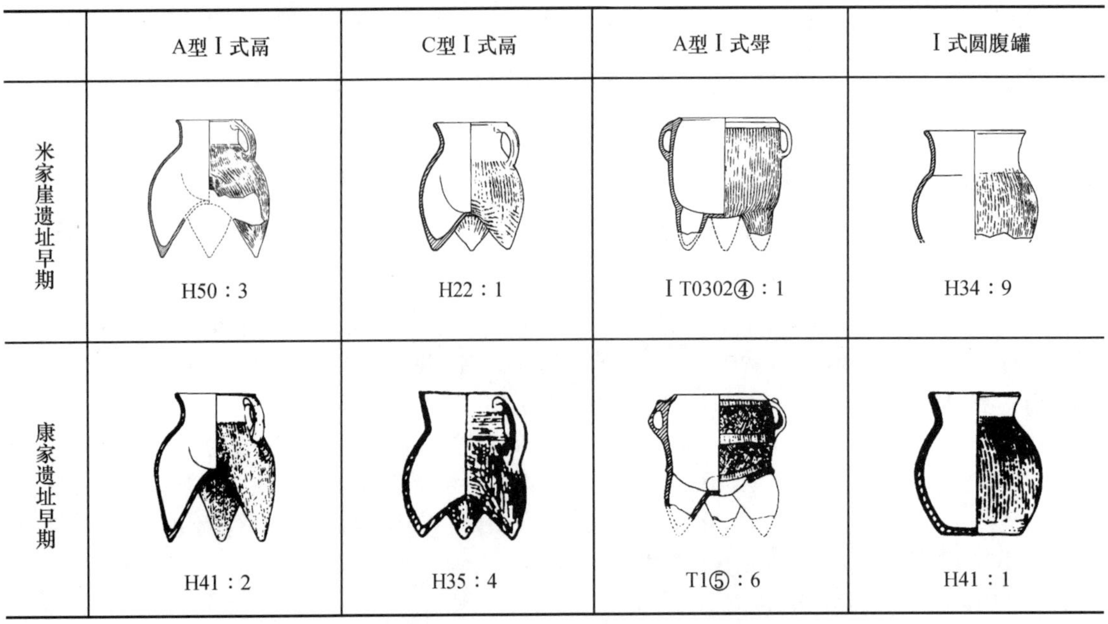

图7-9　米家崖遗址早期与康家遗址早期器物对比图

H35：6相似（图7-11）。

关于康家遗址客省庄文化的分期，目前较为统一的看法是分为早、中、晚三期；虽然在某些器物的期段归属上稍有差别，但将其划为三个发展阶段且各种典型器物的发展序列认识基本一致。通过对比两个遗址客省庄文化遗存面貌特征，可以发现米家崖遗址客省庄文化的早、中、晚三期与康家遗址客省庄文化的三个发展阶段基本对应。米家崖遗址晚期所见的C型Ⅲ式鬲虽然在康家遗址晚期有与之相似者，但从发展序列看似乎前者要更晚于后者，例如领部更短，口沿更加向外撇，袋足更加肥短，裆部开口更低。另外，米家崖遗址晚期所见B型Ⅱ式鬲及B型Ⅱ式双耳罐在康家遗址晚期中未见到，由此推断米家崖遗址客省庄文化遗存的相对年代下限应晚于康家遗址。

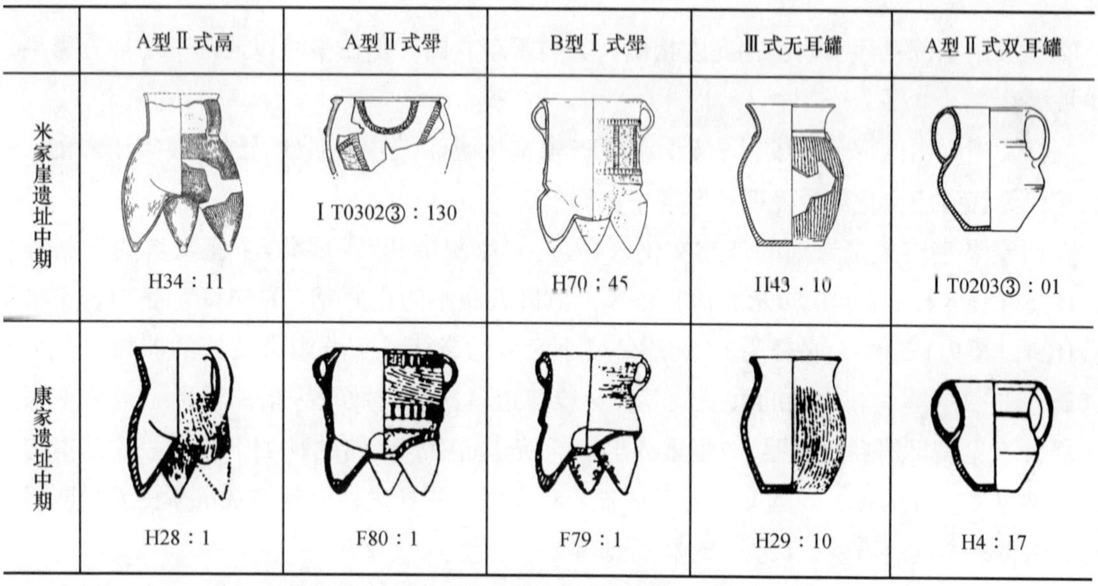

图7-10　米家崖遗址中期与康家遗址中期器物对比图

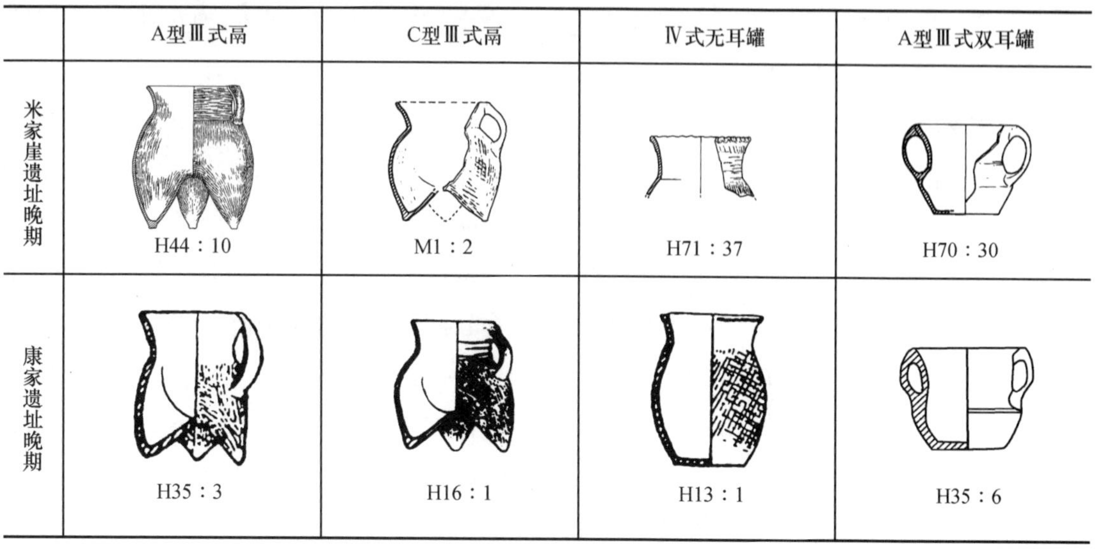

图7-11　米家崖遗址晚期与康家遗址晚期器物对比图

（三）关于客省庄文化的时间下限

关于客省庄文化分期的研究已有多位学者进行了探索，较为系统研究的主要有梁星彭、秦小丽、刘斌等。诸位学者间最大的分歧在于对一批以“老牛坡类型远古文化”为代表的遗存性质的划分上。该批遗存时间上晚于康家遗址晚期，对该类遗存性质的认定直接影响到客省庄文化下限的判定。因此，有必要对该类遗存做一番探讨。

对该类遗存文化性质的认识，目前主要有以下几种观点：

①“既晚且异于该地区陕西龙山文化，在时代上又早于商代文化”，将其单独命名为“老牛坡类型远古文化”[①]。

②与关中东部夏代早期遗存高度相似，应属于东龙山文化在秦岭以北的一个地方类型，即老牛坡类型[②]。

③该类遗存由两部分构成，一部分属于齐家文化遗存，另一部分仍属于客省庄文化，其所处的年代为客省庄文化的最晚期，即老牛坡期[③]。

在西安老牛坡遗址发现的该类文化遗存包括3座灰坑和7座墓葬。3座灰坑的形制各有不同，H1口径1.4米，底径0.84米，深1.35米，呈口大底小的锅底状；H16口、底相若，略呈袋状；H24口径为1.35米，底径为2.1米，呈口小底大的袋状。灰坑内可复原的器物组合主要有盘、碗、盆、罐等，其中罐的数量最多，又以花边口沿罐的数量为最。器形上可见平底器及圜底器，不见袋足器和圈足器。7座墓葬出土的随葬品中，陶器的种类十分单一，基本均为陶罐，此外仅见一件陶杯。陶罐又分为无耳罐、双耳罐、三耳罐，形制与灰坑所出差异明显。随葬品除陶器外，还有石璧、贝壳、绿松石饰等。

以上遗存无论是从遗迹还是遗物上来看，均与客省庄文化有较大差别。在遗迹方面，客省庄文化以口小底大的袋状坑为主，而老牛坡遗址的三个灰坑却形态各异；客省庄文化中所发现的墓葬数量很少，几乎无随葬品或随葬品极少，而老牛坡遗址所见的墓葬均有随葬品，且种类丰富，不仅有生活用具，还有礼器、饰品等。

在出土陶器方面，客省庄文化最显著的特征就是袋足器十分发达，而在老牛坡类型遗存中未见一件袋足器类。客省庄文化中未见有圜底器，而老牛坡遗址上述灰坑中出土的圜底花边口罐特色鲜明。圆腹罐是两者共有的器类，但具体形制方面存在显著差异。客省庄文化的无耳圆腹罐绝大多数为高领，器身从低矮向瘦长发展，腹部由鼓腹向圆弧腹发展。而老牛坡遗址灰坑中所见圆腹罐大多为侈口，领部较低，圆鼓腹。客省庄文化所见双耳罐多为侈口，微束颈，折腹，晚期可见喇叭口，器形较低矮，耳上半部的接合部位与口沿基本平齐，而老牛坡遗址墓葬中所出的双耳罐大多数为斜长颈，耳上半部的接合部位于口沿以下，圆弧腹，未见折腹，整

---

① 刘士莪：《老牛坡》，陕西人民出版社，2002年。

② 张天恩：《论关中东部的夏代早期文化遗存》，《中国历史文物》2009年第1期。

③ 刘斌：《客省庄文化分期及相关问题研究》，西北大学硕士学位论文，2004年。

体器型较为瘦长（图7-12）。

另外值得注意的是，老牛坡墓葬中所出陶罐的体型大都较小，高度均在10厘米左右，且以红色泥质陶居多，胎质较薄，部分造型不太规整，很可能并非实用器。这种专门用以随葬的器物在客省庄文化中并未见到。因此无论是从陶质还是造型看，老牛坡类型陶器都与客省庄文化的器物有较大差异。

由此看来，将“老牛坡类型远古文化”作为客省庄文化发展的最晚阶段显然是不合适的，无论从遗迹的特征还是从器物的组合及形态演变来看，这种差异性都很突出，不适合将其与客省庄文化归为同一类文化中。同时应该看到，二者之间存在着诸多相似之处。与老牛坡类型遗存相似的单位还有蓝田泄湖M3、华阴横阵M9等。这些与客省庄文化遗存在空间分布上有着部分重合，应当是该类型文化在发展的过程中吸收并保留了客省庄文化的部分因素所导致，这也为探索客省庄文化的流向问题提供了参考。同时，该类型遗存中又有浓厚的齐家文化和二里头文化特征，因此以张天恩先生为代表的学者们将该类型文化作为关中东部夏代早期遗存，或称为“东龙山文化的一个地方类型”，是较为合理的判断。①

通过上述分析，“老牛坡类型远古文化”不应属于客省庄文化的范畴，那么以康家遗址晚期和米家崖遗址晚期为代表的客省庄文化遗存即应为客省庄文化的最晚阶段。在米家崖遗址中未见到以赵家来遗址早期、双庵遗址早期等为代表的客省庄文化第一期的典型器物特征，因此，米家崖遗址客省庄文化应起始于客省庄文化第二期，经历了第三期，一直延续到该文化的最末期②。

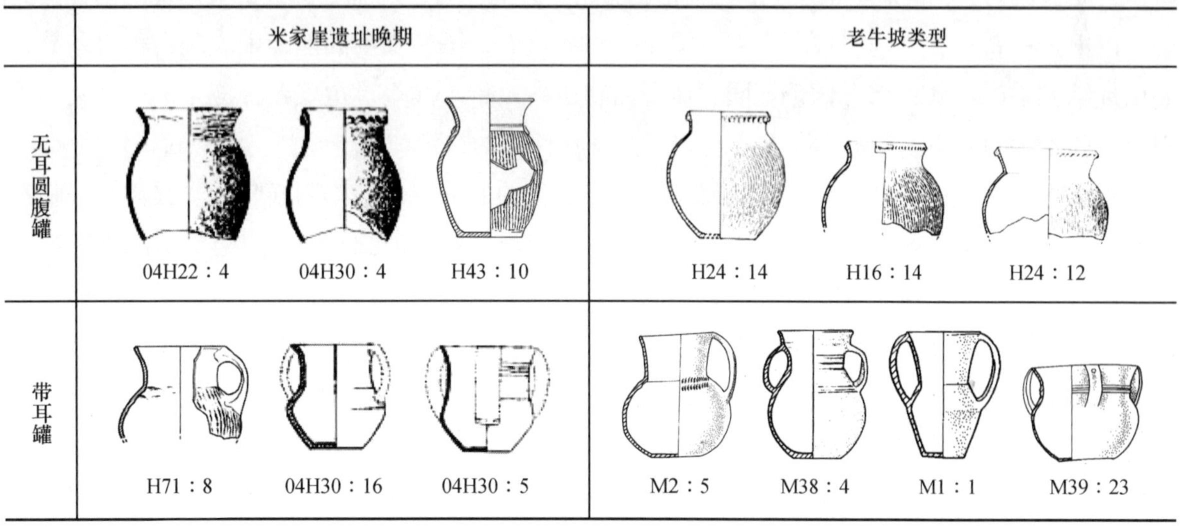

图7-12 米家崖遗址晚期与老牛坡类型器物对比图

① 张天恩：《论关中东部的夏代早期文化遗存》，《中国历史文物》2009年第1期。

② 此处仍采用秦小丽《试论客省庄文化的分期》中的四期划分方案。

第二节　客省庄文化遗存的类型归属

客省庄文化的地域类型划分，前人虽有许多研究成果，但未有公论。多数学者主张划分为关中西部和关中东部两个类型[①]。米家崖遗址所在的西安市区地处关中腹心，介于东、西两个区域之间而稍近于东部。本遗址和西安地区其他遗址的客省庄文化遗存，究竟属于前述哪个类型，或作为过渡地带，或独立为一个类型，仍需要进一步探讨。

首先应当对客省庄文化的内涵进行辨析，这是划定客省庄文化时空分布范围及区域类型划分的基础和前提。通过对米家崖遗址及其他典型客省庄文化遗址的因素进行统计对比分析，可以总结出客省庄文化的主要内涵特征如下。

遗迹方面：灰坑以口小底大的袋状灰坑为主，另有少量灰坑呈筒状或锅底状。房址绝大多数均发现有“白灰面”；陶窑的火膛位于窑室前下方，窑室底部均发现有“北”字形或“非”字形火道等。但房址及窑址的主要内涵并非客省庄文化所独有。

遗物方面：陶质上，均以夹砂陶为主；纹饰上，以绳纹和篮纹为主，常见附加堆纹；制法上，以手制泥条法为主，另有部分模制器物，极少见轮制。在器形上，以平底器和袋足器为主，另有少量圈足器，不见圜底器，多种形态的把手（耳、鋬）尤其盛行；器物组合上，多种规格的单把鬲、单耳罐形或直筒腹带双耳斝、无耳高领圆腹罐、带单耳、双耳和三耳的罐类、喇叭口折肩壶、浅盘粗柄豆、塔形（帽形）和圆饼形器盖等，还有少量碗、盘、杯及鬶盉之类的酒食器。

以上这些特征，共同组成了客省庄文化的内涵核心，虽然在不同遗址中表现得稍有差异，如房址结构不同，陶色所占比重不同、典型器物所占比重不同等。这些差异应是同一文化中不同时间和不同空间下所形成的，并不影响对其文化性质的认定。

根据这些共性的特征，我们认为属于客省庄文化的遗址应包括华阴横阵、华县梓里、临潼康家、临潼姜寨、商州紫荆、灞桥老牛坡、西安米家崖、蓝田泄湖、长安客省庄、兴平侯村、武功赵家来、岐山双庵、宝鸡石嘴头、旬邑下魏洛以及麟游蔡家河和甘肃灵台桥村等，分布的范围大致处于泾渭流域一带。关于争议较大的石峁遗址及陕北地区与之类似的文化遗存，我们认为其与上述遗址在文化面貌上相差甚远，故不将其纳入客省庄文化的范围之列。

基于丰富的文化内涵并兼顾空间地理的均衡，本文分别选取客省庄遗址、康家遗址、紫荆遗址、双庵遗址、赵家来遗址及下魏洛遗址同米家崖遗址进行比较，尽量客观而全面地加以分析比较。

---

① 巩启明：《关于客省庄文化的若干问题》，《中国原始文化论集：纪念尹达八十诞辰》，文物出版社，1989年，第79～90页；梁星彭：《试论客省庄二期文化》，《考古学报》1994年第4期；张天恩、刘军社：《关于客省庄二期文化几个问题的探讨》，《考古与文物》1995年第2期；中国社会科学院考古研究所：《中国考古学·新石器时代》，中国社会科学出版社，2010年；姜捷：《客省庄二期文化遗存分析》，《史前研究（2002）》，三秦出版社，2004年，第356～375页。

一、米家崖遗址与关中东部三处遗址的比较

本区主要选取的遗址有客省庄遗址、康家遗址和紫荆遗址。紫荆遗址虽离这些遗址有一定距离，但在文化面貌上表现出与本区其他遗址的一致性，故将其纳入。

（一）与客省庄遗址的比较

客省庄遗址位于西安市西南沣镐都城遗址范围内，东临沣河，1933年调查发现，1955年进行了较大面积发掘，总发掘面积2838平方米，首先明确辨识出客省庄文化遗存①。

客省庄二期的遗存中遗迹有房址10座、灰坑43个、陶窑3座。房址平面主要有方形和圆形两种。方形房址均是由内外两室构成，中间连有过道，平面呈“吕”字形。圆形房址有两种形式：第一种是只有一个圆形单室；第二种则是由内外两室组成，内室为圆形，外室则仍为方形或长方形。房屋内的居住面是平整而坚硬的土地面，并未发现有白灰面。灰坑主要是袋状灰坑，此外还有少量的不规则灰坑。客省庄遗址的陶窑发现有3座，保存较好的一个是在一座圆形房屋（H172）的外室发现的，位于外室的一个墙角上。《沣西发掘报告》描述窑室的底部和室内的居住面在同一平面上，窑前的红烧土也和居住面上的红烧土连成一片，因此断定它是这座房址的一个组成部分。窑址由窑室、火道和火膛组成，窑室的底部有“北”字形的火道，两条主要的纵行火道由窑室底部向下斜伸，和火膛的底部相通，两边的支道则与主道相连通。

生活用器上，常见的器形有鬲、斝、罐、盆、盘、器盖等。陶系上有灰陶、红陶和黑陶，其中以灰陶最多，占全数的80%以上；其次是红陶，约占全数的18%；黑陶数量很少，只占约1%。陶质上有夹砂和泥质之分，夹砂陶多为夹细砂，泥质陶多为粗泥质。制作方法有泥条法、模制和轮制三种技术，泥条法广泛用于各种器物，模制主要用于鬲、斝等的足部，轮制仅见于少量的小型罐上。纹饰方面，篮纹和绳纹占75%以上，其中篮纹约占40%，绳纹约占35%，除此之外还有划纹、附加堆纹、方格纹及弦纹等。

生产工具上，石器发现最多，主要有石刀、石斧、石凿、石锛、石镞等；其次为骨角器，包括骨锥、骨针、骨镞、骨鱼钩等；陶工具有陶纺轮、陶刀、研磨器等。

客省庄遗址与米家崖遗址均位于关中核心地区，两遗址的直线距离不足30千米，且同位于渭河南岸的阶地上，地形、气候、地貌等自然环境高度相似，在文化面貌上也呈现出较强的一致性，但仍有一些细微的差别。

遗迹方面：两个遗址均有房址、灰坑和窑址，客省庄遗址的房屋有方形也有圆形，但在米家崖遗址中仅见到方形房屋。客省庄遗址的方形房屋均为内外两间，未见到像米家崖遗址F1

① 中国科学院考古研究所：《沣西发掘报告》，文物出版社，1963年。

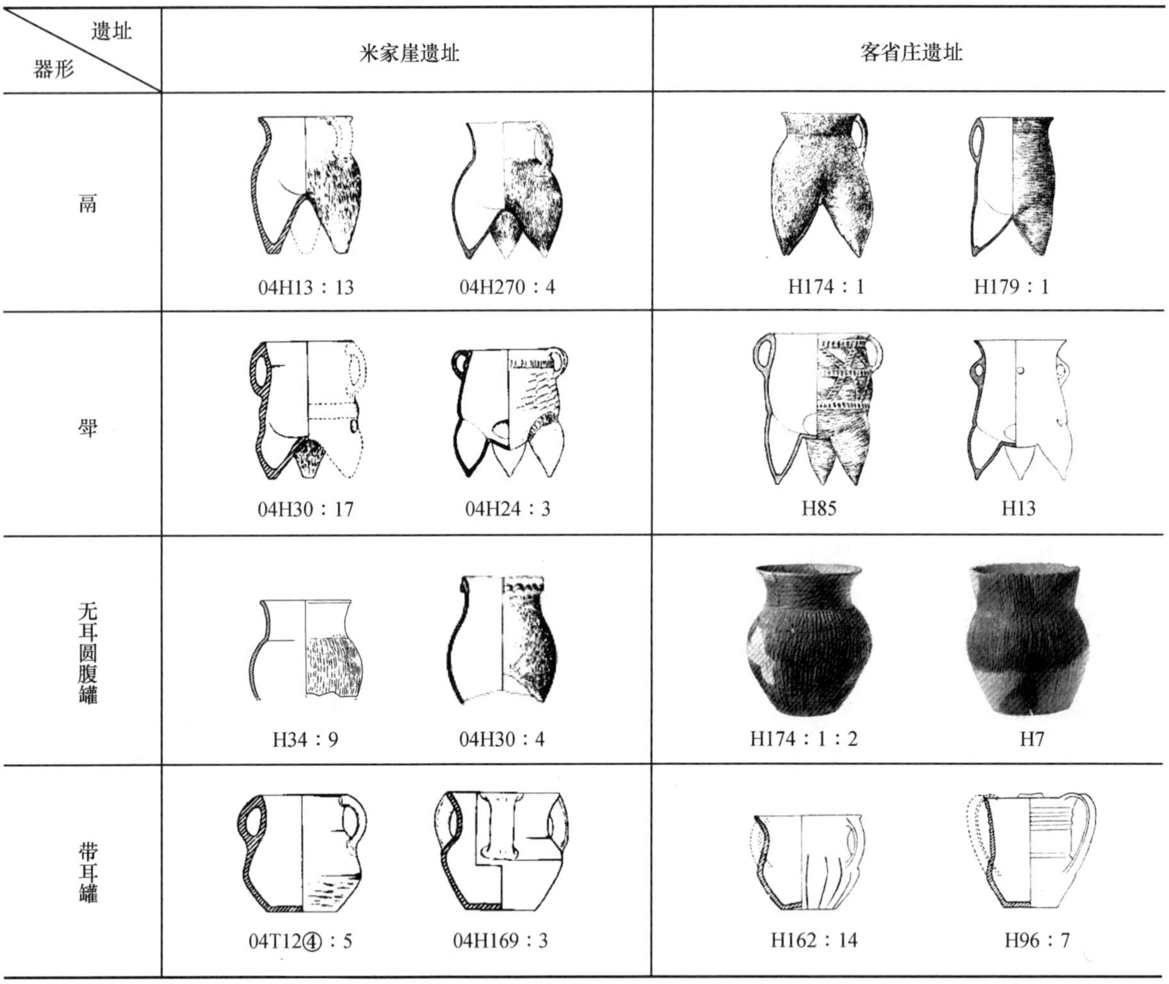

图7-13　米家崖遗址与客省庄遗址器形对比图

那样三连间的排房。客省庄遗址的房屋未发现“白灰面”，但在米家崖遗址的房屋中均发现有“白灰面”。客省庄遗址较大的房屋中还发现有挖在墙壁中的炉灶，类似于“壁炉”，通体被火烧得通红，表面有烟熏的痕迹，炉底堆积有很厚的灰烬。在米家崖遗址中未见到这样的痕迹。两处遗址均以袋状灰坑占绝大多数，但在灰坑种类上，米家崖遗址更为丰富，除袋状灰坑外，还有圆形锅底状灰坑。窑址的形状基本一致，米家崖遗址中窑址的数量更多；但客省庄遗址中窑址分布的位置较为特殊，位于一座圆形房屋的外室，是房屋的一个组成部分，这种情况在米家崖遗址中尚未见到。

遗物方面：在陶器颜色上，客省庄遗址的灰陶占80%以上，红陶约占18%，均高于米家崖遗址中灰陶和红陶的比例，黑陶和褐陶所占的比例低于米家崖遗址。纹饰上，客省庄遗址中篮纹和绳纹所占的比例均高于米家崖遗址中篮纹和绳纹的比例，前两者加起来占所有陶片的75%以上，后两者加起来仅占到67.8%；米家崖遗址除篮纹和绳纹外，还有较多的素面和磨光装饰，这点与客省庄遗址有别。

器类及器形上，客省庄遗址与米家崖遗址基本相同，也是以单把鬲、斝、罐、瓮、盆等为一般的陶器组合。器物成型方法上，报告中将客省庄遗址的陶鬲根据制法分为四式。Ⅰ式器身分为两段，上段为圜底罐，下段三足另外接上，腿和腹之间有接合的分界线，上下段均为泥条盘筑法制成，如H68∶16。Ⅱ式的袋足是用模制法制成，器腹另外接上。袋足较短，裆部较低，足内壁有反绳纹。Ⅲ式为夹砂红陶，篮纹，泥条盘筑法制成。Ⅳ式为夹砂红陶，篮纹，袋足为模制，足内壁有反绳纹，器腹为另外接上。客省庄遗址所出的鬲与米家崖遗址有较大差别，大多数鬲的袋足与腹部有明显的接合分界，这点与斝的器型特征相似。仅H174∶1袋足与腹部分界不明显，与米家崖遗址的A型Ⅰ式鬲较为相似。此外，夹砂红陶鬲在米家崖遗址中未见到，而米家崖遗址的C、D型鬲也未见于客省庄遗址。

客省庄遗址的斝根据口部的特征分为三式，Ⅰ式为侈口，腹部上端较细，下端肥大，两耳的位置较低。Ⅱ式为直口，深腹，腹壁近直，两耳与口沿平。Ⅲ式为敛口，筒腹，最大径在腹上端。其中，Ⅱ式斝与米家崖B型Ⅰ式斝相同，Ⅰ、Ⅲ式在米家崖遗址中尚未见到。米家崖遗址中的A型Ⅰ式、A型Ⅱ式斝则不见于客省庄遗址。

罐类器物在客省庄遗址中发现数量较多，种类也较丰富，带耳罐所占的比重较米家崖遗址更高。另外，像H76的大双耳罐及H96∶7的大三耳罐在米家崖遗址均不见，而像米家崖遗址04H30∶4无耳圆腹罐在口沿外附加一道泥条并压印一周凹窝的现象也未见于客省庄遗址。

（二）与康家遗址的比较

康家遗址位于临潼区城区东北约30千米的相桥街道，米家崖遗址东北约45千米，地处渭河北岸第二阶地，面积约19万平方米。1981年至1982年，半坡博物馆和临潼县文化馆对该遗址进行了两次试掘，揭露面积800平方米①。1985年和1987年，陕西省考古研究所康家考古队对该遗址进行了两次正式发掘，发掘面积600多平方米②。

康家遗址发现的文化遗存，面貌较单纯，仅为客省庄文化一种，遗存内涵非常丰富。遗迹方面，共清理出房址160座、灰坑42个、陶窑1座、墓葬14座。据1987年发掘简报称③，康家遗址的建筑遗存可分为三个阶段。第一阶段的房屋大多为圆角方形，多为单个房址，少数是2～3间一组。门道多数开在南壁中央，一部分门道开在房屋西壁。房屋中部多有一个圆形灶面。第二阶段的房址平面呈圆角方形，面积比第一阶段大，在布局上呈东北—西南向排列，每排房子多成组出现，一般2～3间为一组，相邻的房子共用一个隔墙。门道多开于南壁中部，灶面位于房屋中部偏北。这一阶段的居住面分两种，一种为白灰面结构，另一种为黄土硬面结构。第三阶段的房址与上一阶段在结构上基本一致，但在布局上呈东南—西北向排列。房门前都有一面积不等的活动面，活动面两侧有房址东西墙延伸出来的墙壁，形成一个似小院落的活动空间。

---

① 西安半坡博物馆：《陕西临潼康家遗址第一、二次发掘简报》，《史前研究》1985年第1期。

② 陕西省考古研究所康家考古队：《陕西临潼康家遗址发掘简报》，《考古与文物》1988年第5、6期；陕西省考古研究所康家考古队：《陕西省临潼县康家遗址1987年发掘简报》，《考古与文物》1992年第4期。

③ 陕西省考古研究所康家考古队：《陕西省临潼县康家遗址1987年发掘简报》，《考古与文物》1992年第4期。

1985年的发掘中还发现一座较为特殊的房屋F13，该房屋呈南北向，形似“吕”字，但内外两室均为圆形袋状坑，坑壁较直。两室之间有过道相连，过道较长，中部有二级台阶。在内室正中有一个圆形灶面，灶西有一个圆形柱洞。灰坑仍然以圆形袋状灰坑为主，此外还有椭圆形袋状、圆形锅底状及不规则形。陶窑仅发现3座，保存较好的一座，火膛和窑室均为上小下大的袋状坑形，火膛位于窑室前下方，火膛及壁掏挖出两个火孔，直通窑室底部，形成两条平行主火道，主火道又分别向左、右掏出4条和3条支火道，形成平面呈“非”字形的火道。窑室平面呈圆形，直径约150厘米，火膛底径51～60、深82厘米。

该遗址在1985年和1987年共发掘出陶、石、骨、蚌器3000余件[①]，其中陶器200余件，以夹砂灰陶最多，泥质灰陶次之，泥质红陶和褐陶较少，另外还有极少量的泥质黑陶。据对38个灰坑的陶片统计，夹砂灰陶约占总数的59.25%，泥质灰陶为27.61%，夹砂褐陶为6.67%，泥质褐陶为4.41%，红陶极少；纹饰方面，素面、磨光约占总数的39.03%，绳纹约占37.04%，篮纹占20.16%，堆纹占0.57%，弦纹约占1.82%[②]。陶器种类丰富，有单把鬲、双鋬鬲、无耳鬲、斝、圆腹罐、喇叭口折肩罐、豆、盘、盆、碗、杯、盉、鬶、器盖、甑、敛口瓮、灰坑盖等。

米家崖遗址与康家遗址相比，具有更多的一致性。

遗迹方面：米家崖遗址的房屋与康家第一、二阶段较为一致。在朝向上，米家崖的房屋既有坐北朝南，也有呈东北—西南走向的，未见如康家第三阶段东南—西北走向的。房屋结构上，房屋平面皆呈圆角方形，既有单体房屋，也有2～3个一组的情况。米家崖遗址的房屋门道均开于南壁，康家遗址的房屋有个别开于西壁。灶均位于房屋中部稍偏北处。米家崖遗址的房屋均为白灰地面，而康家遗址第二阶段的房屋既有白灰地面，也有黄土硬面。在米家崖遗址中没有见到如康家遗址第三阶段那样带有活动面的房屋，也没有如康家遗址F13那样的由两个圆形袋状坑相连的房屋。灰坑（窖穴）的形态，两处基本一致，均以圆形袋状坑为主，另有少量圆形锅底状及不规则灰坑。窑址方面，康家遗址已发现的3处，虽破坏较为严重，但从残存的部分可以看出与米家崖遗址的基本相同。

遗物方面：米家崖遗址与康家遗址在陶系上基本一致，均以夹砂灰陶为主。康家遗址的夹砂灰陶占59.25%，米家崖遗址的夹砂灰陶占53.2%。但康家遗址除灰陶与褐陶外，其余陶色极少，而米家崖遗址中红陶比例略高，仅次于灰陶的比例。纹饰上，康家遗址中以素面和磨光为最多，其次是绳纹和篮纹，篮纹仅占20.16%；而在米家崖遗址中，篮纹数量最多，占总数的36.2%，素面、磨光和绳纹也占有较大比例。

器类及器形上，康家遗址常见的器形有鬲、斝、罐、瓮、豆、碗、盆等，与米家崖遗址基本一致。器形上，米家崖遗址A型Ⅰ式鬲与康家遗址1987年发掘的Ⅰ式鬲基本相同，均束颈鼓肩，袋足瘦长。米家崖遗址的A型Ⅱ式鬲与康家遗址1985年发掘的Ⅱ式鬲形态相近，三袋足均为模制，体积肥大。米家崖遗址的C型鬲与康家遗址1987年发掘的B型鬲较为相似。除此之

① 以上统计均摘自秦小丽：《试论客省庄文化的分期》，《考古》1995年第3期。

② 秦小丽：《试论客省庄文化的分期》，《考古》1995年第3期。

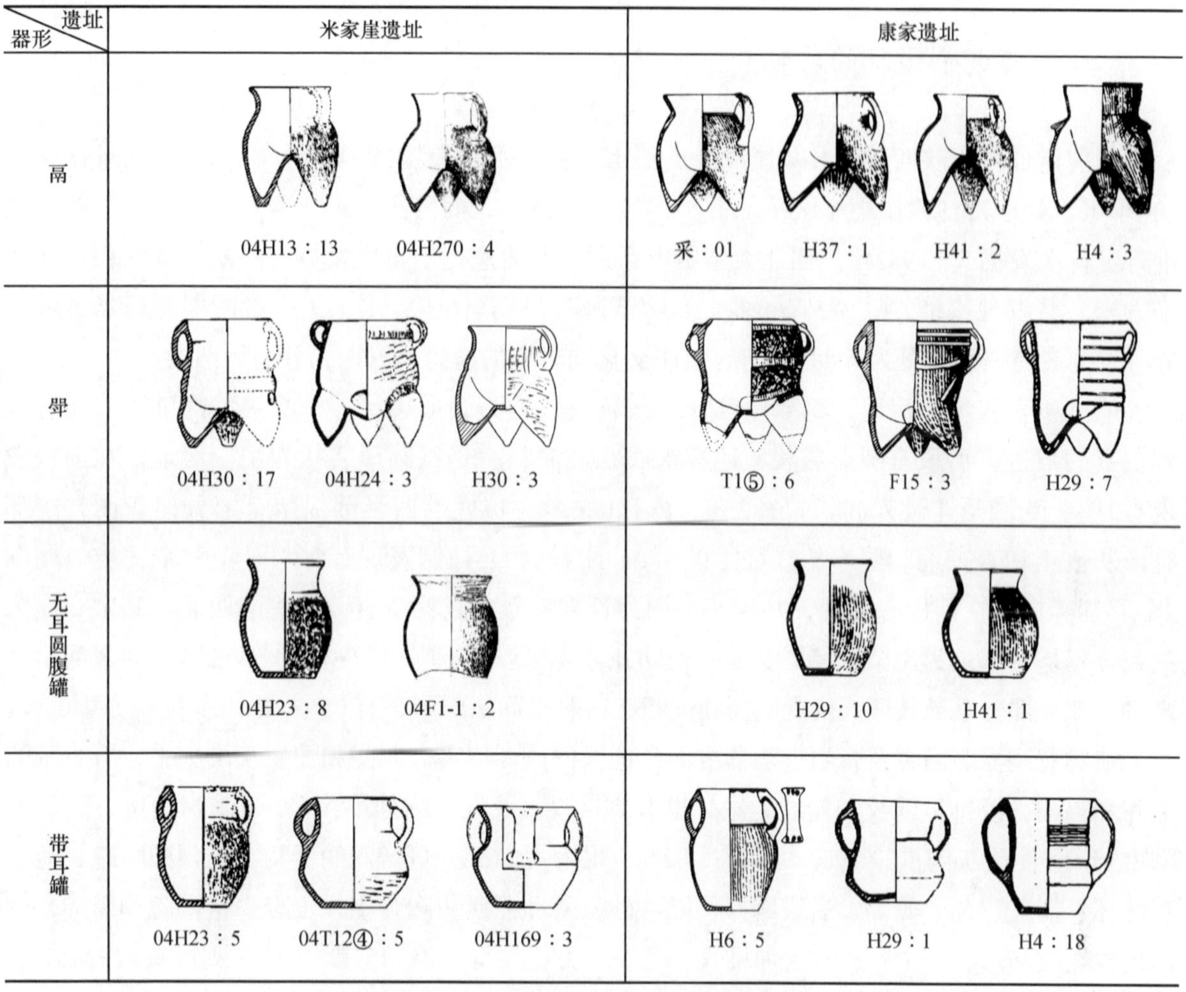

图7-14　米家崖遗址与康家遗址器形对比图

外，米家崖遗址的D型鬲未见于康家遗址，而康家遗址1985年发掘的H4：3鬲也未见于米家崖遗址中，前者无器耳，在腹肩两边附加有两个对称的鋬；后者直口方唇，器壁厚重，在口沿下一厘米处有两个对称的长方形小孔，也可能用以安装鋬。

康家遗址发现的斝形态也较多，器型大致上与米家崖遗址所见相似，分侈口与敛口两个类型。不同之处在于康家遗址所出的斝均为直筒形腹，而米家崖遗址所出的斝虽仍以直筒形腹为主，还有少量斝的器腹呈罐形，弧腹，接近于鬲的造型。

康家遗址发现罐的种类也较为丰富。无耳圆腹罐与米家崖遗址所出基本相似。带耳罐中，康家遗址未见到米家崖遗址B型双耳罐，而康家遗址H35：2和H4：18样式的三耳罐亦未见于米家崖遗址，该类罐的特征是器身瘦长，宽扁鋬耳部极长，从口沿延伸到近罐底。康家遗址的壶能修复者较少，从口沿的形态来看，与米家崖遗址所出基本相同。

（三）与紫荆遗址的比较

紫荆遗址位于陕西省商县县城（今商洛市商州区）东南约7千米处，在米家崖遗址东南约100千米，处于丹江南岸第二级阶地上。1977～1978年，商县图书馆、西安半坡博物馆等单位进行了首次发掘①。1982年，西北大学历史系考古专业进行了再次发掘。两次发掘面积近2000平方米。共发现房址2座、窖穴60多个、陶窑2座、墓葬16座，出土了一批陶器、石器、骨器等，发掘者将遗址共分为五期②，与客省庄文化同时期的应为第五期，分前后两段。

遗迹包含灰坑、房址、墓葬及窑址。灰坑前段均为圆形袋状，一些灰坑的坑壁上还有许多工具的痕迹；后段有圆形袋状，还有锅底状及筒状，仍以圆形袋状为主。房址仅在前段发现有1座，为圆形半地穴式，口径250、深110厘米。坑底的西半部保留有部分白灰面，中部有黑灰色土和直径约30厘米的红烧土硬面，可能是灶。柱洞发现有5个，坑底3个，坑口周围2个。墓葬也仅在前段有发现，共14座，均为长方形竖穴，仰身直肢，头向西北。其中一座为三人合葬墓，墓主为两个成年男女及一个幼儿。陶窑发现3座，保存相对较好的1座为竖穴窑，窑室上部大部分已被破坏，仅剩窑箅和火膛，窑箅平面呈圆形，有5个火眼，其下为火膛③。

遗物有陶器、石器及骨器。陶器方面，前段的陶器以夹砂灰陶和泥质灰陶为主，有少量的黑陶和褐陶，纹饰以绳纹和篮纹为主，也有方格纹、弦纹、附加堆纹等。以H24为例，夹砂灰陶占55%、泥质灰陶占22.2%、黑陶占17.2%、褐陶占5.6%。可辨识的器物有高领圆腹罐、壶、双耳杯、器盖、鼎、鬶等。后段陶器仍以夹砂灰陶和泥质灰陶为主，也有少量褐陶和黑陶，纹饰也以绳纹和篮纹为主，还有附加堆纹、弦纹、方格纹等，以T15H38为例，夹砂灰陶占46%、泥质灰陶占34%、泥质黑陶占10%、泥质褐陶占6.3%、夹砂褐陶占3.7%。器形有单把鬲、斝、双耳罐、高领圆腹罐等。

紫荆遗址与米家崖遗址中间虽有秦岭山脉阻隔，但两者在文化面貌上仍有较强的可比之处。

遗迹方面：两者在灰坑形制上均是以圆形袋状为主。房屋在紫荆遗址仅发现一处，为圆形半地穴式，这与米家崖遗址的方形房屋有别。墓葬在紫荆遗址发现较多，其中的三人合葬墓在陕西同时期遗址中十分罕见，亦未见于米家崖遗址中。窑室破坏较严重，从残存的部分看，一座与米家崖遗址横（斜穴）窑差别明显。

遗物方面：依然主要从陶器方面考察。陶系上，紫荆遗址第五期前后两段均是以夹砂和泥质灰陶为主，这点与米家崖遗址一致。所不同的是，紫荆遗址中基本未见红陶，而在米家崖遗址中，红陶占比达百分之十左右。紫荆遗址中，黑陶占有相当的比例，与客省庄文化的其他遗址均不相同。陶质上紫荆遗址第五期后段的夹砂陶与泥质陶数量相差极小，而米家崖遗址则以夹砂陶为主。纹饰上与米家崖遗址基本一致，均以绳纹和篮纹为主。器类及器形上，紫荆遗址

① 商县图书馆、西安半坡博物馆：《商县紫荆遗址简报》，《考古与文物》1981年第3期。

② 王世和、张宏彦：《1982年商县紫荆新石器时代遗址的发掘》，《文博》1987年第3期。

③ 王世和、张宏彦：《1982年商县紫荆新石器时代遗址的发掘》，《文博》1987年第3期。

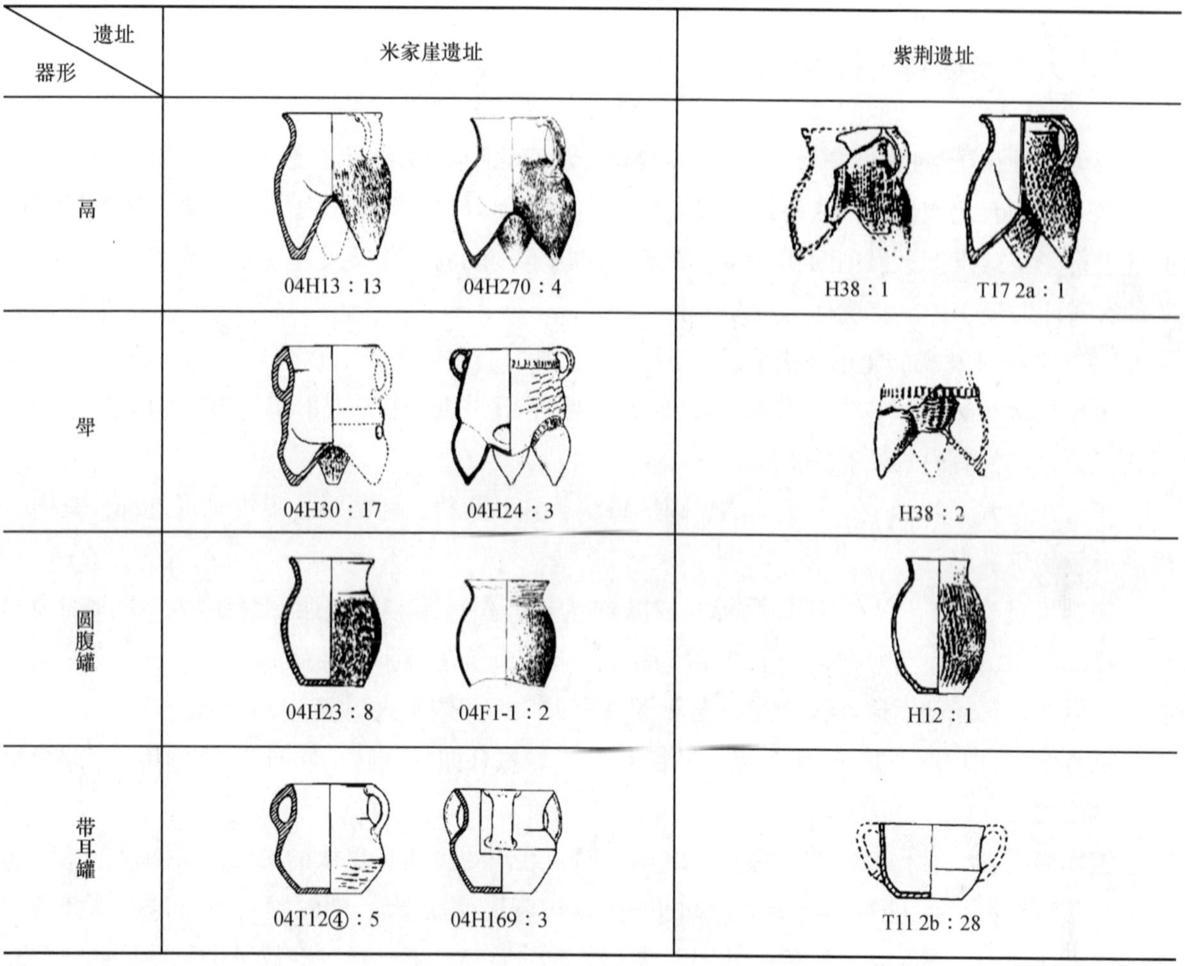

图7-15　米家崖遗址与紫荆遗址器形对比图

发现陶鬲4件，其中T17 2a：1鬲不见于米家崖遗址，该鬲侈口，方唇，单把，口沿有一周锯齿状纹，领部以下通饰方格纹。这与客省庄文化单把鬲通体饰绳纹有别。其他鬲与米家崖遗址A型Ⅱ式鬲相似。斝仅发现有足部残片，无法看出其原貌。无耳圆腹罐较为瘦长，最大腹径比米家崖遗址中所见更往上。双耳罐在形态上也与米家崖遗址有别，前者口微侈，大双耳，器形较肥矮；后者为侈口，束颈，折腹明显，耳较小。

总体上看，紫荆遗址客省庄文化遗存面貌与米家崖遗址共性较强，差异较小。

二、米家崖遗址与关中西部地区遗址的比较

关中西部公认的客省庄文化或客省庄二期阶段遗址有岐山双庵、武功赵家来及稍偏西北的旬邑下魏洛。

（一）与双庵遗址的比较

双庵遗址位于岐山县双庵村，西距县城30千米，北距岐山5千米，总面积100万平方米。遗址的东、南面有大沟环绕，西南是祁家沟水库。1977年4月至1978年5月，西安半坡博物馆对该遗址进行了正式发掘，发掘面积1100平方米，获得了一批包含有汉代、战国、周代和龙山时期（即客省庄时期）的文化遗存①。

双庵遗址所发现的龙山（客省庄）时期遗存中，遗迹有房址、窖穴、灶址、陶窑、墓葬等。房屋均为半地穴式建筑，有方形和圆形两种。圆形房址4座，方形房址7座，其中2座为单间式，其余均为有内、外室的套间式。

灰坑（窖穴）共49个，有圆筒状、圆形袋状、方形圆角、椭圆形、不规则形五种，其中，以圆形袋状坑最多。

陶窑发现有6座，仅有2座保存较好。以Y1为例，由火膛和窑室两部分组成，平面均为圆形，径0.8～1.03米。为竖穴窑，上部窑室部分已破坏，仅存窑床（窑箅），有三条火道，实为长方形箅孔。窑底部距地表深1.7米，窑箅下方为火膛，一侧开火门。

墓葬共发现13座，其中9座为竖穴土坑墓圹。葬式有仰身直肢、侧身屈肢、俯身、仰身交腿和跪蹲式。

遗物有石器、骨器、蚌器及陶器。陶器方面，红陶约占陶片总数的83%，灰陶仅占总数的16%，黑陶约占1%。主要器形有喇叭口折肩和圆肩壶、罐形斝、圆腹罐、敛口瓮、单把鬲、盆、碗、盘、豆、鬶、盉、瓶等。其中以罐、斝数量最多，鬲、鬶、盉数量少，不见鼎。纹饰以绳纹、篮纹为主，还有弦纹、刻划网纹、三角形纹、方格纹等。制作方法以手制为主，一般采用泥条盘筑，轮制者比例较小。

罐，分无耳和带耳两类。无耳罐有折肩、折腹和鼓腹几种，大部分罐为侈口，高领，垂肩，鼓腹，平底；颈部一般饰篮纹，颈以下饰绳纹或篮纹，个别为素面，绝大部分口部有锯齿状花边。喇叭口折肩罐（壶）除一件为灰陶外，其余均为红陶，特点是小口，高领，折肩，深腹，小平底；肩部磨光，肩以下饰横或斜、竖向篮纹，颈部有的饰篮纹或绳纹，有的素面；高约40厘米，颈高6厘米左右。

斝，在数量上仅次于罐，除一件为夹砂灰陶外，其余均为夹砂红陶。敞口，高领，单耳，上半段多为罐形，足内有陶质锥体，部分口沿有锯齿状花边。

鬲，发现甚少，均为夹砂红陶。

双庵遗址距米家崖遗址约140千米，在文化面貌上，两者既有相同之处，又有鲜明的差异。

遗迹方面：两处遗址的灰坑基本相同，均有圆形筒状、圆形袋状、方形圆角、椭圆形、不规则形，其中以圆形袋状为主。房屋均为半地穴式，所不同的是双庵遗址既有圆形房屋，也有

① 西安半坡博物馆：《陕西岐山双庵新石器时代遗址》，《考古学集刊（3）》，中国社会科学出版社，1983年。

方形房屋，而在米家崖遗址中则仅见方形房屋。房屋结构上，均有单间式和里外套间式。窑的形式差异较大，米家崖的为横（斜）穴窑，双庵则有竖穴窑。墓葬上，双庵发现较多，且葬式多样，有仰身直肢、侧身屈肢、俯身葬、仰身交腿和跪蹲式，估计人口构成较为复杂。米家崖遗址目前仅发现一处，为单人仰身直肢葬。

遗物方面：差异主要体现在陶器上，而陶器上最显著的差异在陶色上。双庵遗址红陶所占的比例高达86%，而灰陶仅占13%；米家崖遗址的情况正好相反，灰陶所占的比例为71.5%，红陶占14.1%，褐陶和黑陶共占14.4%。纹饰上，两者的差异不很明显，均是以篮纹和绳纹为主。陶器种类上，双庵遗址的陶器种类与米家崖遗址大致相同，但各器类所占的比例不尽相同。两处遗址虽均以罐为主，但前者所占的比例更高一些。双庵遗址中鬲发现较少，而米家崖遗址中，鬲则是主要器类之一。斝在米家崖遗址中虽有发现，但相对而言较少，但在双庵遗址中，斝是仅次于罐的器类。双庵遗址中发现的罐类数量最多，圆腹罐中，带花边口的罐较米家崖遗址更为常见；带耳罐，尤其是大耳罐的数量较多，如H4：27和H6：1罐耳部高于口沿，耳根部近底的造型未见于米家崖遗址中。鬲在双庵遗址中发现较少，简报中发表的仅有3件，均

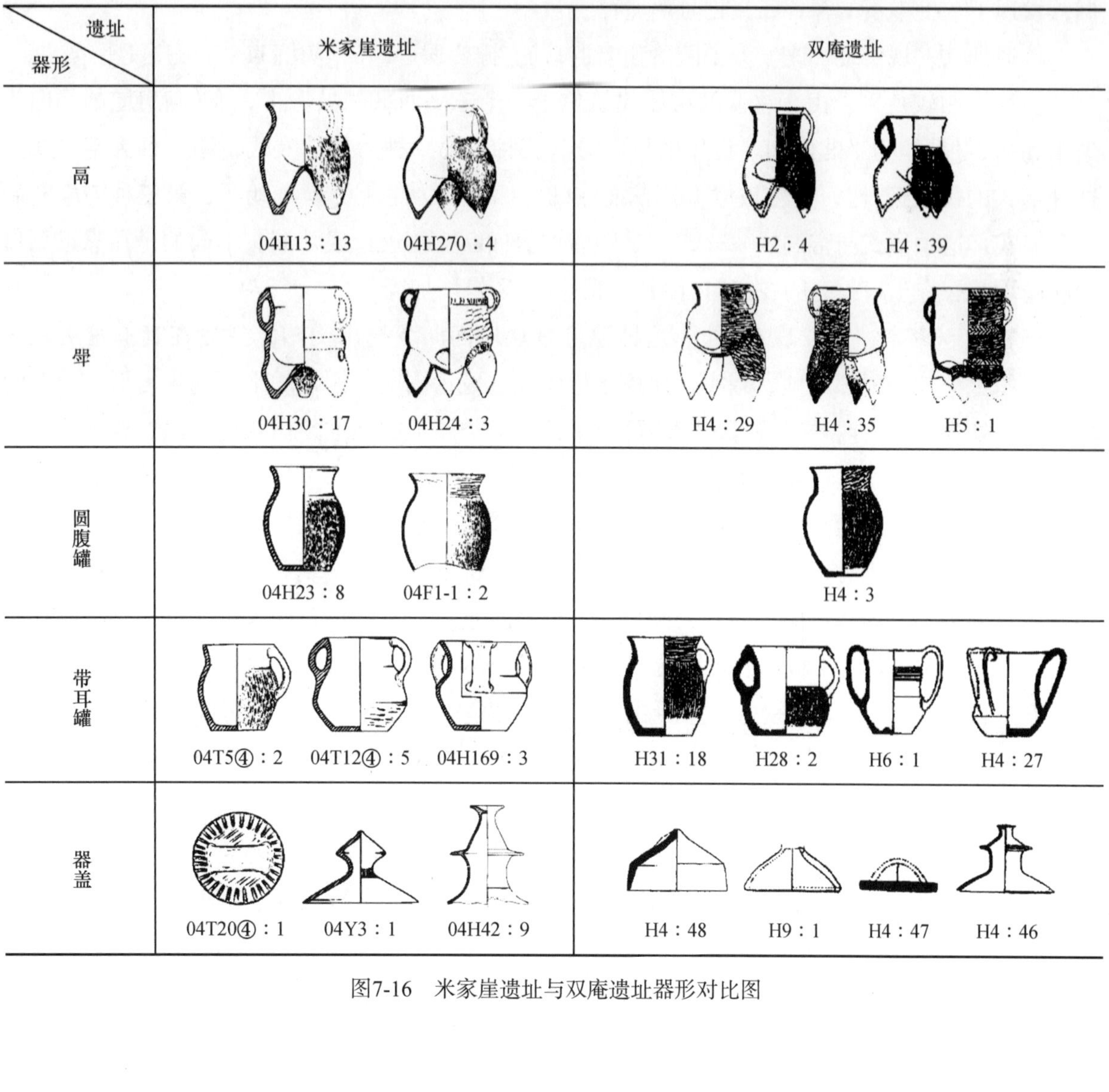

图7-16　米家崖遗址与双庵遗址器形对比图

为侈口，直领，联裆，与米家崖所出陶鬲类型差异较为明显。斝在双庵遗址中大多数为圜底罐下接三个袋足，多带有单把，与鬲相似，与米家崖遗址的斝有很大区别。双庵遗址的筒形斝仅见1件，与米家崖遗址B型Ⅰ式斝相似，但前者为夹砂红陶，后者为夹砂灰陶或褐陶。

综上，米家崖遗址与双庵遗址客省庄文化的面貌差异明显，不仅表现在遗迹方面，而且表现在遗物方面。陶器在陶色上相差悬殊，在典型器各器类比例不同，形态差异也较大。但是，两处遗址器物组合基本一致，均是以鬲、斝、无耳圆腹罐、喇叭口折肩壶（罐）、带耳罐、塔式及圆饼形器盖等组合。在遗迹上，两者也表现出相当大的一致性。因此，这两处遗址之间的差异应该是同一文化内不同类型的差异，而不属于文化之间的差异。

（二）与赵家来遗址的比较

赵家来遗址位于武功县，西北距武功镇3.5千米，坐落在渭河北岸支流漆水河下游东岸一级台地上，与浒西庄遗址隔河相望。1981年，中国社会科学院考古研究所对该遗址进行了发掘，发现了一批丰富的客省庄文化时期遗存①。

该遗址共发现房址10座、夯土院落建筑群1处、栅栏遗迹2处、灰坑34个、陶窑1座。

房址形制较特别。由于主要的房屋建筑位于一个东高西低的坡塬上，有9座房屋的朝向为坐东朝西，仅1座为坐北朝南。房屋的形制分为三种：第一种为半地穴式；第二种为窑洞式，这种形式的仅发现1座，是在坡崖上掏挖而成的，四壁均为生土，坐东朝西；第三种为半窑洞半起墙式，这种形式与窑洞式一样，均是顺着坡势向断崖掏进挖成窑洞，不同的是在靠近洞口的前墙均筑有夯土墙，有的在窑洞近洞口的洞壁旁还筑墙加固。

栅栏在赵家来遗址发现有2处。这种遗迹是从地面向下挖出沟槽，然后在其上密集地立柱，并用土把柱子根部掩埋、夯实，使柱子稳固竖立成为围墙。栅栏的平面均为方形，一处为单间，一处为双间。两处遗迹都未发现可以确证为人类居址的灶址、白灰居住面、草拌泥白灰墙皮等物，因此推测是饲养家畜的场所。

灰坑依形状可分为袋状、筒状和长条形三种。袋状坑平面均呈圆形，口小底大，部分坑底发现有板灰，说明当时坑底铺垫有一层木板或树皮，部分坑中还发现有炭化的粮食颗粒，应为储藏粮食的窖穴。筒状坑的平面均为圆形，坑壁基本垂直，有的口与底大小接近，有的口部略大于底部。长条形坑的平面形状大致为长方形偏长，不很规则。

窑址仅发现1座，由火膛与窑室两部分构成。窑室在火膛后上方，两者间以火道相连通。窑室已残。底部有两股火道，一股火道向东北，一股向东南斜向而上。火膛口小底大呈圆形袋状，周壁修整得很光滑，底部平坦。

墓葬发现2座，均为仅可容身的长方形竖穴墓，葬式均为仰身直肢葬。

出土遗物就质地而言，有陶器、骨器、石器三大类。陶系上以泥质灰陶最多，约占总数的

---

① 中国社会科学院考古研究所：《武功发掘报告：浒西庄与赵家来遗址》，文物出版社，1983年。

28.9%；夹砂红陶次之，约占24.88%；泥质红陶再次之，约占23.58%；夹砂灰陶最少，占总数的22.62%。纹饰上以篮纹为最多，无论在哪种陶质上，这种纹饰均占优势。篮纹以斜向与横向为多，竖向很少。绳纹数量仅次于篮纹，占19.2%，多施于夹砂陶器上。另外还有素面、附加堆纹、戳印纹、划纹、方格纹及弦纹等。陶器的制法上有手制和模制两种，未见轮制陶器。可辨识的器类有单把鬲、斝、喇叭口折肩罐（壶）、双耳深腹罐、侈口圆腹罐、单耳圆腹罐、尊、豆、盘、盆、碗、杯、器盖、盘状器及鬶等。

赵家来遗址西距米家崖遗址约85千米，两者在文化面貌上既有较多共同之处，又有一定的差异。

遗迹方面：米家崖遗址的灰坑形式较赵家来遗址为多，但均以圆形袋状坑为主。赵家来遗址的房屋较有特色，既有半地穴式，还有窑洞式和半窑洞半起墙式。形成这种特征的原因估计与房屋的所建地势有关。在米家崖遗址则均为半地穴式房屋，未见窑洞式。除此之外，赵家来遗址还发现有木质栅栏，这在米家崖遗址中也未发现。

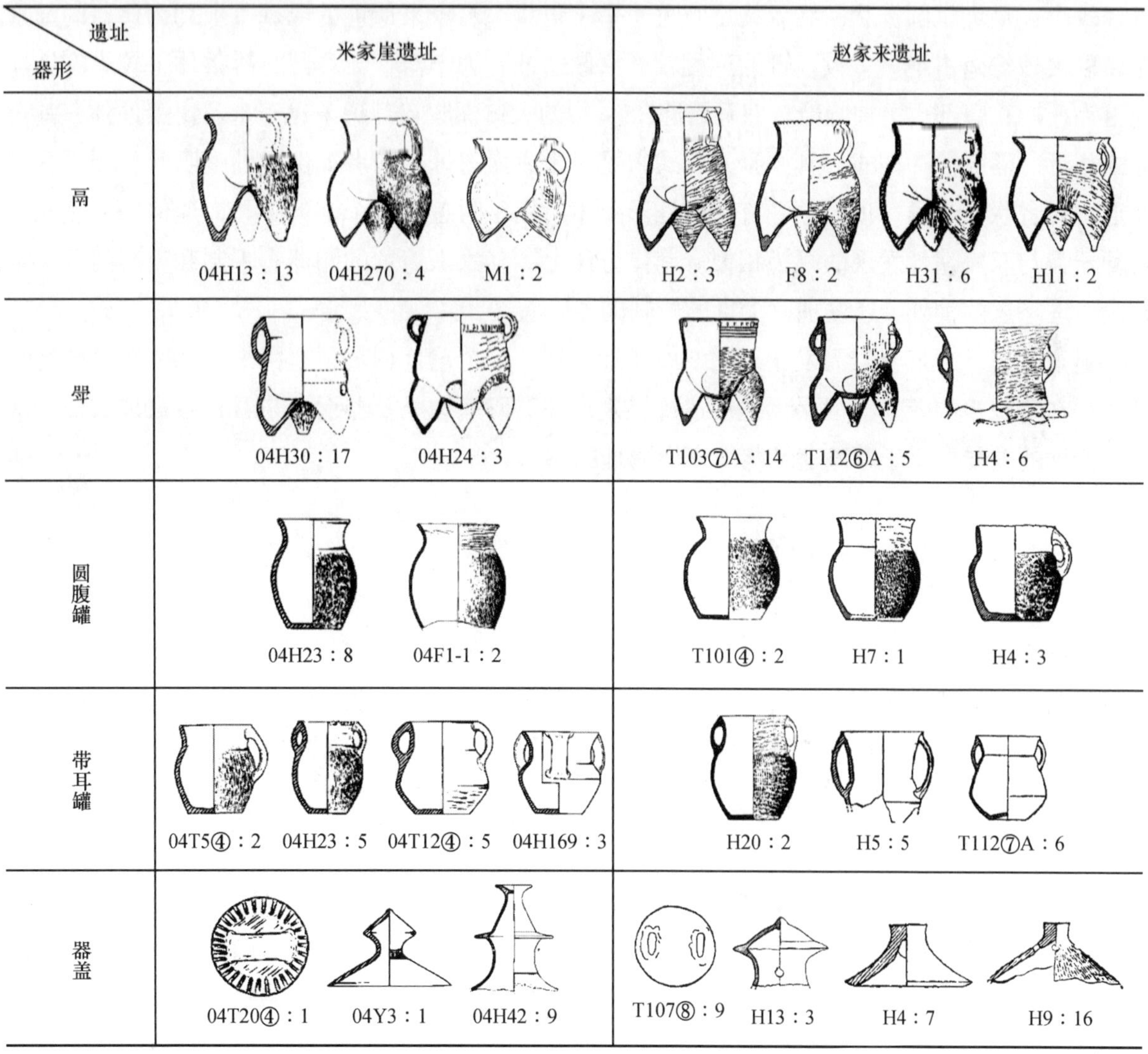

图7-17　米家崖遗址与赵家来遗址器形对比图

遗物方面：米家崖遗址有少量蚌器，而在赵家来遗址中则未发现。陶器上，赵家来遗址泥质灰陶最多，占28.9%；夹砂红陶次之，占24.88%；泥质红陶再次之，占23.58%；夹砂灰陶最少，占22.62%。从数据可以看出，赵家来遗址中的陶系分布较为平均，红陶和灰陶所占的比例十分接近。夹砂陶和泥质陶的比例也差别不大，基本一致。米家崖遗址则以灰陶为主，红陶仅占30%左右，褐陶及黑陶再次之；陶质上，以夹砂陶为主，泥质陶次之。红陶比例差异是两处遗址在陶系上的最大区别。纹饰上，两者均以篮纹和绳纹为主，但米家崖遗址的绳纹所占比例较高。

器类及器形上，赵家来遗址所出鬲的形态较为丰富，《武功发掘报告：浒西庄与赵家来遗址》中将其分为Ⅴ式，其中Ⅰ、Ⅱ式鬲均不见于米家崖遗址，这两式鬲的体型均在30厘米以上，器身较长，袋足与腹部分界明显，与罐形斝类似。Ⅲ式鬲大小与米家崖遗址B型Ⅰ式鬲相似，不同之处在于后者未见花边口沿。Ⅳ式鬲体型较小，与米家崖遗址C型鬲相似。Ⅴ式鬲与米家崖遗址C型Ⅲ式鬲材质相同，大小相近，整体器型皆宽矮，但袋足差异较明显。前者足部直径较小，足尖呈圆锥状，后者袋足肥大，呈尖角状。赵家来遗址的斝基本上均为侈口的筒形斝，以夹砂红陶占绝大多数。罐的种类较米家崖遗址更为丰富，无耳圆腹罐整体上较米家崖遗址更为低矮，腹部也更加圆鼓。双耳罐除H5：17的大口深腹双耳罐未见于米家崖遗址外，其余形式相近。器盖分为四式，其中Ⅲ、Ⅳ式未见于米家崖遗址，前者如倒置的喇叭状，捉手呈圆柱形；后者状如伞顶，顶部中心有一圆柱形捉手，捉手附近有四个圆形穿孔，通体饰绳纹。这两种器盖与双庵遗址发现的颇为相似。制作方法上，赵家来遗址的陶器有手制和模制两种，米家崖遗址除这两种外，还发现有少量的轮制陶器。

赵家来遗址罐形器较为发达，同双庵遗址一样，三个遗址相较，赵家来与米家崖遗址之间虽然存在着较多的差异，但是无论从遗迹类别形态、陶系构成及器形上来看，赵家来遗址与米家崖遗址的差异均小于双庵遗址与米家崖遗址的差异。

（三）与下魏洛遗址的比较

下魏洛遗址位于旬邑县赤道乡下魏洛村南的黄土台地上。2004年4～8月，西北大学文博学院、陕西省考古研究所和旬邑县博物馆联合组成下魏洛遗址考古队，对该遗址进行了发掘，发现龙山时代（庙底沟二期和客省庄时期）的房址、窑穴、灰坑等重要遗迹，并出土了大量的陶器、石器及骨器等①。发掘共分A、B、C、D四个发掘区，其中属于客省庄文化的遗迹主要集中在A、B两个发掘区。

客省庄时期的遗迹主要有房屋、灰坑及陶窑。房屋发现有8座，在结构上多采用前、后间与院落的复合式，前后间有门道相连，单间房屋很少；房屋的门向大多为西南向，灶址一般位于后室中间；后间地面多是经过垫土处理后再涂抹草拌泥和白灰，部分墙壁也经白灰粉刷。灰

---

① 西北大学文化遗产与考古学研究中心、陕西省考古研究所：《旬邑下魏洛》，科学出版社，2006年。

坑的形制有圆形袋状平底、筒形平底、长方形袋状平底及圆形圜底等，其中以圆形、袋状、平底结构的灰坑和筒形平底灰坑最为多见。灰坑的壁、底一般都没有加工的痕迹。窑均由窑室和火膛两部分组成。依据火膛与窑室的相对位置可将其分为两类：一类火膛位于窑室前下方的火道较长；一类火膛位于窑室正下方，火道较短。

出土遗物有陶、石、骨质等器。就陶器而言，主要的器形有高领圆腹罐、壶、折腹罐、单把鬲、斝、豆、瓮及塔式器盖等。陶质方面，以泥质陶居多，夹砂陶次之；陶色上灰陶为主，褐陶占有相当的比例；器表装饰上除素面外，以篮纹和绳纹为主，还有少量的附加堆纹、划纹、弦纹、戳印纹等。以A发掘区的H58为例，该单位中夹砂陶占41.37%，其中夹砂红陶占5.19%，夹砂灰陶占22.95%，夹砂褐陶占13.23%；泥质陶占58.63%，其中泥质红陶占8.54%，泥质灰陶占28.98%，泥质褐陶占21.11%；纹饰中绳纹和篮纹分别占24.29%和28.64%。

下魏洛遗址西北距米家崖遗址185千米，地理地貌的差异使两处遗址在文化面貌上既有相同之处，又有较多的不同。

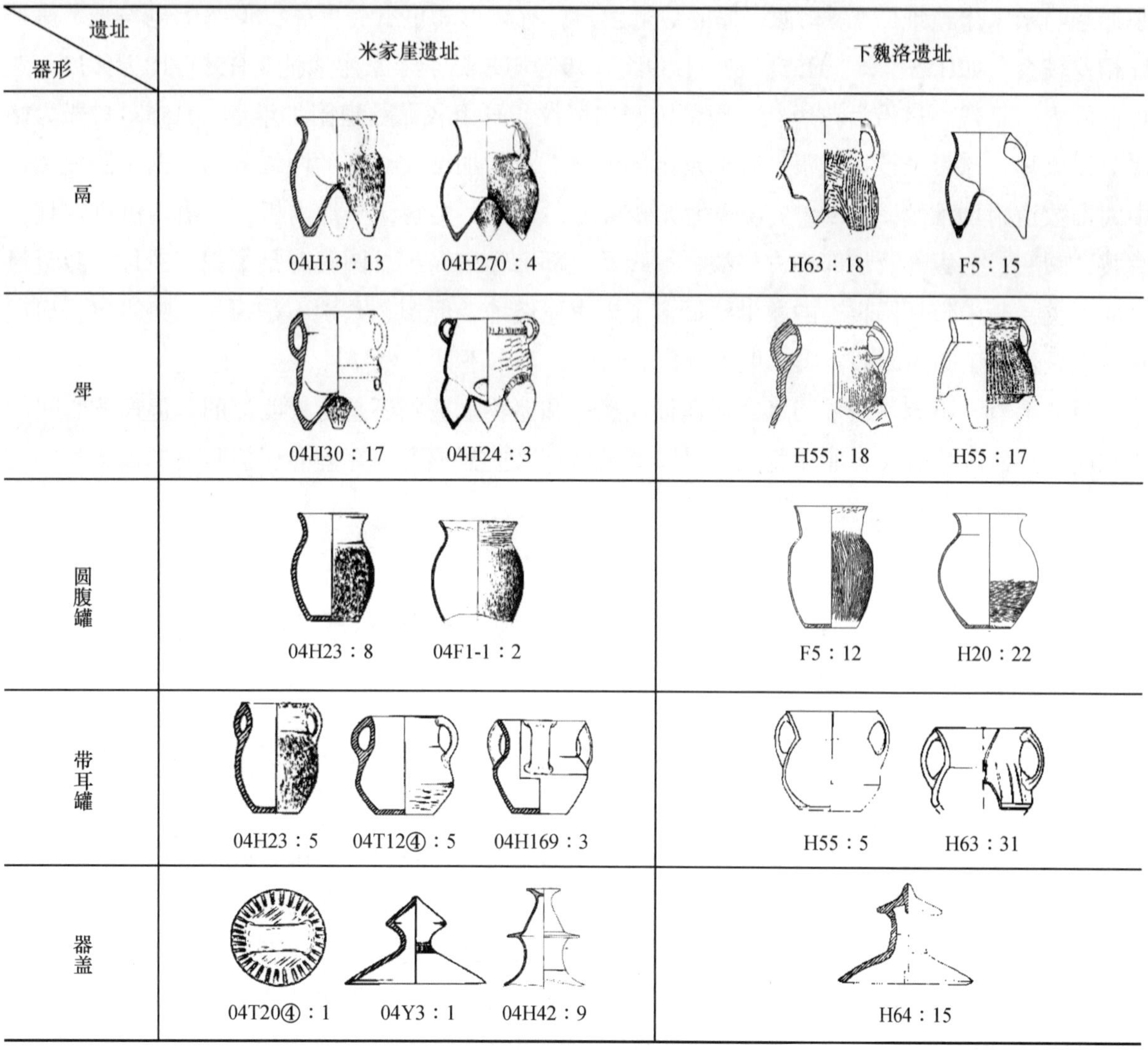

图7-18　米家崖遗址与下魏洛遗址器形对比图

遗迹方面：下魏洛遗址的房屋大多数为前、后间与院落的复合式，单间房屋很少；米家崖遗址的房屋则未见带院落的形式，在房屋结构上则前、后间和单间均有。灰坑方面，下魏洛遗址的圜底状灰坑在米家崖遗址中没有发现。另外，下魏洛遗址筒形灰坑与圆形袋状灰坑数量相近，而米家崖遗址则以圆形袋状坑为主。窑址方面，下魏洛遗址既有火膛位于窑室前下方的横穴或斜穴式，也有火膛位于窑室正下方的竖穴式。米家崖遗址的窑均为前一种形式。墓葬方面，米家崖遗址发现墓葬一座，为单人仰身直肢葬，下魏洛遗址则未发现同时期墓葬。

遗物方面：下魏洛遗址未发现蚌器。陶器上，下魏洛遗址在陶质上以泥质陶居多，而米家崖遗址则以夹砂陶居多。陶色上，两者均以灰陶为主，但下魏洛遗址除灰陶外，褐陶占有相当的比例，约占34.34%。米家崖遗址中，除灰陶外，红陶和褐陶分别占14.1%和10.7%。纹饰方面，两处遗址均以篮纹和绳纹为主，下魏洛遗址的篮纹和绳纹所占比例分别为28.64%和24.29%，米家崖遗址的篮纹和绳纹所占的比例分别为36.2%和31.6%。相比之下，米家崖遗址中这两种纹饰所占的比例更大。器类及器形上，下魏洛遗址中鬲较为少见，种类亦不多，大小形态与米家崖遗址C型鬲相似。斝的数量较多，有罐形斝也有筒形斝，形态上也与米家崖遗址相差较大，如H55：18、H55：17、H39②：19等均未见于米家崖遗址。H55：18为侈口，双耳，鼓腹，足残。口沿为花边状，腹部饰竖向绳纹，耳上各贴一道附加堆纹。H55：17斝为微侈口，双耳，球腹，柱状足跟。腹部及足部饰交叉状附加堆纹，耳的两端各附有两个圆泥片，中间饰数道附加堆纹。H39②：19斝为夹砂灰陶，直口，尖唇，平沿内折，口沿两侧有双耳，直腹，圜底；上腹部及足部饰方格纹，下腹及底部饰竖向绳纹。圆腹罐是下魏洛遗址中数量最多的器类，其中带耳圆腹罐的数量明显多于米家崖遗址，但形态差别不是很大。喇叭口折肩或圆肩壶是仅次于圆腹罐的器类，但大都仅为口沿，基本不见完整器。

总体上看，下魏洛遗址与米家崖遗址在遗迹和遗物上差别还是比较明显的。但遗迹之间的差别应与自然环境有关，而遗物尤其是陶器虽然在某些器形上存在差异，但常见的器物类别及形态特征仍然具有较强的一致性。

三、米家崖遗址客省庄文化的类型归属

要弄清米家崖遗址客省庄文化的类型归属，首先应当对客省庄文化诸遗址间的关系进行研究，明确客省庄文化的类型划分。

通过米家崖遗址与关中地区东西部几处典型遗址的比较，可以看出各遗址在遗迹和遗物上的共性是主要的，共同反映的文化内涵即客省庄文化内涵。同时，在具备共性的前提下，各遗址间又存在着差别，表现出各个遗址的独特性。有关遗迹和遗物在具体形态上的差异，这里不再赘述。下面我们从以上对比中提炼出差异较明显且能呈现一定规律性的几条文化因素，通过图表的形式进行横向对比，以便进一步明确它们之间的关系。

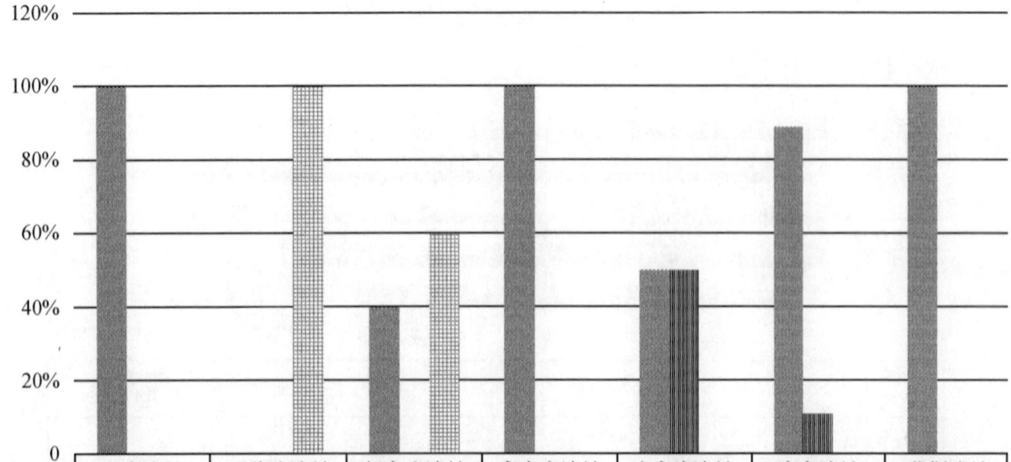

	双庵遗址	下魏洛遗址	赵家来遗址	客省庄遗址	米家崖遗址	康家遗址	紫荆遗址
▩半地穴	100%	0	40%	100%	50%	89%	100%
▥地面式	0	0	0	0	50%	11%	0
⊞窑洞式	0	100%	60%	0	0	0	0

图7-19　房屋型式统计图

（一）房屋结构的比较

客省庄文化房屋的具体形态差异在上文的对比中已经提过，在此我们需要得到的是规律性的认识。首先，就房屋的建造形式而言，客省庄文化的房屋主要分三种：半地穴式、地面式和窑洞式。通过对上文7处遗址房址的统计可以看出，客省庄文化的房屋以半地穴式为主，地面式房屋在米家崖遗址和康家遗址中均有部分发现，而窑洞式房屋则主要集中在下魏洛遗址和赵家来遗址，尤其是下魏洛遗址，房屋几乎均为窑洞式。这种情形，除了可能有文化传统上的影响外，更有可能与自然环境的密切相关。

其次，从房屋的布局来看，客省庄文化的房屋布局没有明显的规律性，大多零散分布，但是米家崖遗址和康家遗址发现有几间房屋为一组的联排现象，这在关中西部的遗址中尚未发现。从单座房屋的形制来看，客省庄及其以西的遗址中，既有以过道相连接的套间形式，也有单间式；而在客省庄以东的米家崖、康家等遗址中，则非联排的房屋以单间的形式为主，套间基本不见。另外，房屋内带有壁龛的现象大多集中在客省庄及其以西的遗址中，而客省庄遗址以东的文化遗存中基本不见，显示出一定的空间分布特征。

（二）陶器的比较

从前面的比较可以发现，米家崖遗址同客省庄文化其他遗址在陶器的特征方面均有着或大或小的差异，这里我们对以上几处遗址分别进行陶质、陶色、纹饰和器形方面的横向对比，试图找出这些差异的规律，进一步揭示客省庄文化在不同分布空间中的特征。

陶质方面，下魏洛、赵家来等遗址中泥质陶所占比例最大，而米家崖遗址、康家遗址的陶器则是以夹砂陶为主（图7-20）。

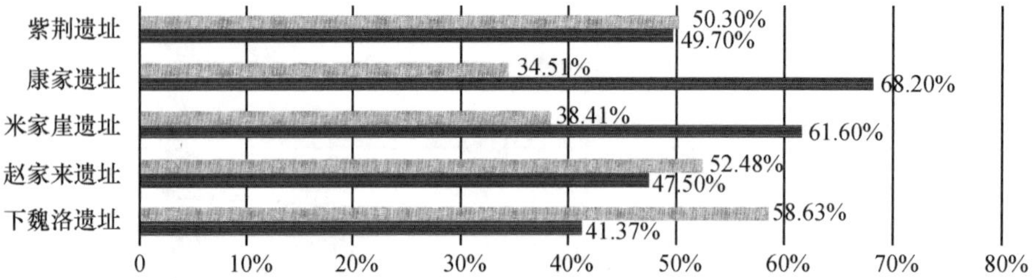

遗址 陶质	下魏洛遗址	赵家来遗址	米家崖遗址	康家遗址	紫荆遗址 （第五期后段）
泥质	58.63%	52.48%	38.41%	34.51%	50.30%
夹砂	41.37%	47.50%	61.60%	68.20%	49.70%

图7-20　陶质统计对比图

陶色方面，米家崖遗址以西的各遗址中，红陶均占有一定的比例，且在地理空间从东向西，红陶所占的比例呈上升趋势。赵家来遗址中红陶与灰陶的占比几乎对半，下魏洛遗址虽然红陶的比例略低，但褐陶却占有相当的比例，在双庵遗址中红陶更是高达83%。灰陶的情况与红陶正好相反，随着地理位置的自西向东移，灰陶的占比呈逐步上升趋势，从客省庄遗址开始，灰陶所占比例大幅上升，占据主导地位，而在康家遗址和紫荆遗址则几乎不见红陶，灰陶占比超过90%，另有少许黑陶和少量褐陶，仅见零星红陶。紫荆遗址的黑陶，应当是受到东边其他考古学文化影响的结果（图7-21）。

纹饰方面，篮纹和绳纹是除素面外，客省庄文化陶器上出现最多的两大类纹饰，而在不同的遗址，这两种纹饰所占的比例也不尽相同，而且呈现出一定的规律性。在客省庄遗址以西，篮纹所占比例大于绳纹，而在客省庄遗址以东的米家崖和康家遗址中，绳纹所占的比例则大于篮纹。由于不同的纹饰一般都有相对应的特定的器形，如斝上多施加篮纹而鬲上多施加绳纹，因此这种纹饰比例的差异与器形组合的变化关系密切（图7-22）。

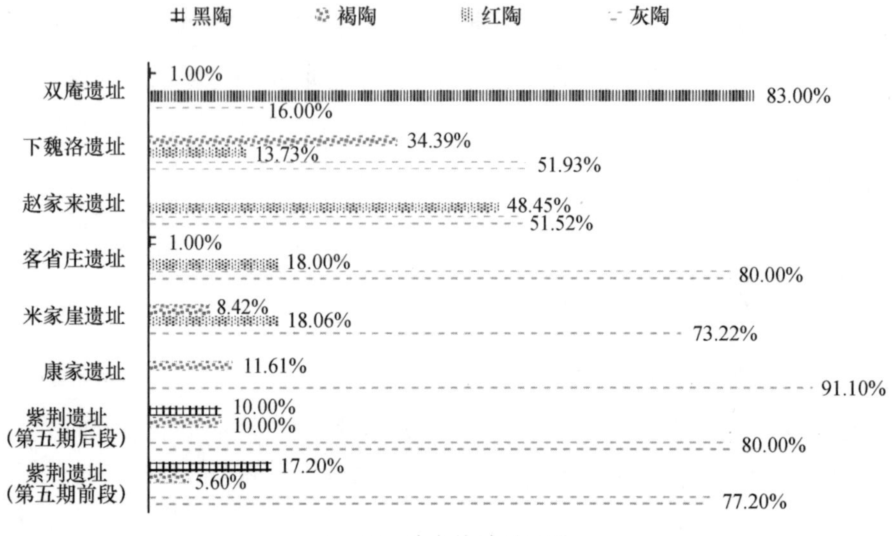

图7-21　陶色统计对比图

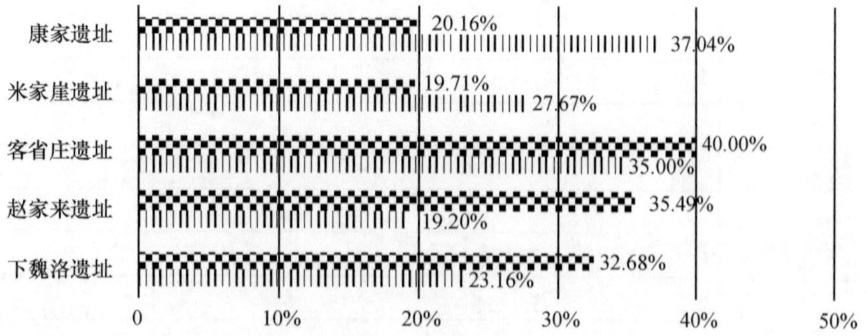

遗址 / 纹饰	下魏洛遗址	赵家来遗址	客省庄遗址	米家崖遗址	康家遗址
篮纹	32.68%	35.49%	40.00%	19.71%	20.16%
绳纹	23.16%	19.20%	35.00%	27.67%	37.04%

图7-22　纹饰统计对比图

器物造型方面，客省庄文化的陶器主要是平底器、袋足器和圈足器，其中以袋足器最具特色。袋足器中以鬲和斝最为多见，也有少量鬶、盉等。分析比较可知，袋足器在客省庄文化的不同遗址中分布并不均衡，从而呈现出一定的空间特征。双庵遗址和下魏洛遗址袋足器的占比分别为14.1%和7.6%，客省庄遗址的袋足器占比为26.7%，米家崖遗址袋足器占29.8%，康家遗址袋足器的占比则上升至34.7%。大体上，袋足器的占比在空间上从西到东呈现出明显的阶梯式上升。袋足器的鬲和斝是出现最多的两类器物，在以上遗址中也存在着此消彼长的现象。位置偏西的双庵遗址，斝占到所有器形的12.1%，而鬲的占比仅为2%。随着地理空间的东移，尽管袋足器的占比整体呈上升趋势，但斝的相对占比逐渐下降，鬲的比例则逐渐上升。紫荆遗址鬲的占比达到33.3%，斝的占比则下降至16.9%。平底器中，以带耳罐具有代表性，有单耳罐、双耳罐和三耳罐。双庵遗址带耳罐占16.4%，下魏洛遗址和赵家来遗址带耳罐分别占13.1%和13.7%，东移到米家崖遗址和康家遗址，带耳罐的占比则分别下降至4.3%和10%。尽管各遗址带耳罐的占比差异没有袋足器那样悬殊，但依然显示出从关中西部到关中东部呈现递减的趋势（图7-23）。

通过对以上各文化因素的统计分析，可以看出客省庄文化在不同的空间分布中存在着差异，且这些差异随着地理位置的变化呈现出一定的规律，即从关中西部地区到关中东部地区，客省庄文化呈现出一种渐变性。这种渐变性表现在房屋、墓葬和生活用具等多个方面，因此将客省庄文化分为关中西部类型和关中东部类型是合适且有必要的。另有学者认为在两个类型之间还应划分出一个“中介地带遗存”，即地域上介于两个类型地域之间，在文化内涵上又表现两个类型交叉共存的特征，具有中介模糊性①。通过上文的统计对比，这种现象的确存在，如在陶质上，关中西部类型诸遗址泥质陶比例要高于夹砂陶，红陶的数量高于灰陶；而在赵家来遗址中泥质陶占比仅略高于夹砂陶，红陶和灰陶的占比几乎对半；在客省庄遗址中，以灰陶为

① 姜捷：《客省庄二期文化遗存分析》，《史前研究（2002）》，三秦出版社，2004年，第356～375页。

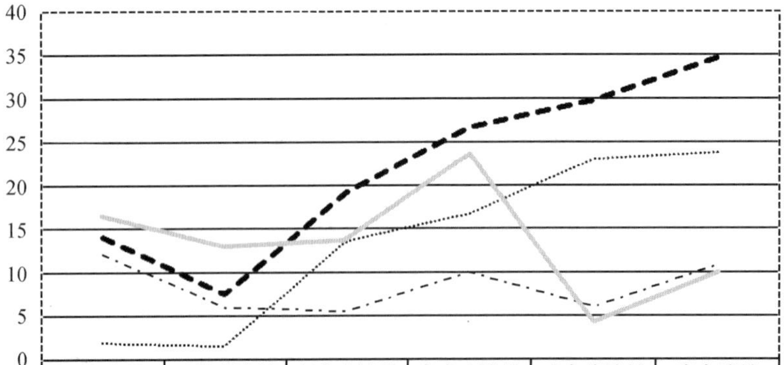

	双庵遗址	下魏洛遗址	赵家来遗址	客省庄遗址	米家崖遗址	康家遗址
袋足器	14.1	7.6	19.2	26.7	29.8	34.7
斝	12.1	6.1	5.5	10	6	10.9
鬲	2	1.5	13.7	16.7	23	23.8
带耳罐	16.4	13.1	13.7	23.6	4.3	10

图7-23　器型统计对比图

主的情形与关中东部类型更接近，但在器形上，在关中西部类型常见的单把罐形鬲在客省庄遗址中也有一定数量存在，少见或不见于其他关中东部类型遗址。篮纹的占比略高于绳纹，也与关中西部类型篮纹占比高于绳纹的特征相近。但是以此单独划分出一个与东西两个类型相并列的中介地带似乎没有必要。通过前文的比较分析可知，客省庄文化东西向的变化是具有规律的渐变性，既然是渐变，必然会存在中间的过渡现象，不易从中找到截然分界来。目前公开的较丰富的发掘资料中，只有赵家来遗址和客省庄遗址的部分文化因素带有中介特征，尚不足以单独划分出一个中介类型。因此，将客省庄文化分为关中西部和关中东部两个类型仍是较合理的方案。赵家来遗址在房屋形式及陶器特征上与关中西部类型更为相似，因此划入关中西部类型。而客省庄遗址虽然同时包含了较多两种类型的不同文化因素，但陶器特征更接近东部类型，而且从地理位置看，与关中东部遗址更靠近一些，因此将其归入关中东部类型更为合适。

关中西部类型中，以双庵遗址的规模为最大，文化遗存最为丰富，可以其为代表称之为“双庵类型”。该类型分布范围西起陇东，东至武功，北至旬邑，包括灵台桥村、石嘴头、双庵、下魏洛、赵家来等遗址。关中东部类型中，康家遗址无论从规模还是文化遗存的丰富程度皆为诸遗址之最，可以康家遗址为代表将客省庄文化关中东部类型称为“康家类型”。该类型所包含的遗址范围西起客省庄，东至横阵，向南延伸至商洛一带，代表性遗址主要有客省庄、康家、姜寨、紫荆等。米家崖遗址紧邻康家遗址，在多个文化因素中均与康家遗址存在高度的相似性，自然也应将其归入到“康家类型”之中。

第三节　客省庄文化源头的一点思考

客省庄文化从关中西部到关中东部在文化面貌上存在显著的地域性差异，而武功至西安之间似乎是一个过渡区域，已有多位学者尝试对此现象予以解释，但迄今未有公论[①]。这种现象的产生，应当与客省文化的源头问题息息相关。

张天恩、刘军社先生从文化源头的角度对双庵类型文化和客省庄文化的陶色差异和变化做出了解释[②]。认为两者的文化来源不同，双庵类型文化来源于以红陶为主的“庙底沟二期文化关中西部类型”，而客省庄文化则是继庙底沟二期文化而来。

前文已述，双庵类型与康家类型在遗迹、遗物中所表现出的共性是主要的，陶器和石器中没有大量发现“异类器”，故两者应属同一种文化的两个类型，而非两种文化。

如果说双庵类型与康家类型是由两种不同传统的文化发展而来，那么在陶系及器形等诸多因素上的表现应该是突变的。但是，前文的统计比较中，无论陶系特征还是器物造型特征，所表现出的都是由东至西渐变。因此，有必要对这一问题进行重新思考。

就目前的发掘情况来看，关中地区在客省庄文化之前主要的考古学文化是庙底沟二期文化。作为前后相继的两支考古学文化，客省庄文化与庙底沟二期文化的差异是明显的。仅从典型器物群来看，庙底沟二期文化的典型器物之一鼎，在客省庄文化中极为少见，尤其在康家类型中基本不见，而客省庄文化中最为典型的鬲在庙底沟二期文化中也未曾见到。另外，庙底沟二期文化中的罐绝大多数为无耳的夹砂深腹罐，而客省庄文化中罐的种类较多，除无耳罐外，带耳罐明显增多。庙底沟二期文化中的罐均为短颈，颈部（沿下）下饰一圈附加堆纹，而客省庄文化中的罐均为长颈。在纹饰上，庙底沟二期文化中的夹砂深腹罐绝大部分饰篮纹和附加堆纹，而客省庄文化中的无耳圆腹罐基本均饰绳纹，泥质的双耳罐及三耳罐不见于庙底沟二期，且以素面居多。唯有斝是这两种文化共有的典型器物，但庙底沟二期的斝与客省庄文化的斝在形制上也相差甚远。庙底沟二期文化中的斝均为釜形斝，口沿一般为斜领、侈口，颈与腹部分界明显，腹部较矮。而客省庄文化的斝则以筒形斝、罐形斝为主，口沿有敛口、直口和侈口，无颈，或颈与腹部相连，没有分界，腹部较深，有的还附有双耳。

由此初步推断，客省庄文化并非由庙底沟二期文化直接发展而来。

那么，客省庄文化究竟源于何处，目前尚无充分的资料能够说明。但是，从目前的客省庄文化分期的研究成果来看，关中西部地区的客省庄文化在起始时间上要早于关中东部地区的，因而寻找客省庄文化的源头应该聚焦于关中西部甚至其更西区域。扶风案板三期遗存中存在诸

---

① 巩启明：《关于客省庄文化的若干问题》，《中国原始文化论集：纪念尹达八十诞辰》，文物出版社，1989年，第79～90页；魏世刚：《试论石峁等遗存与客省庄二期文化的关系》，《文博》1990年第4期；梁星彭：《试论客省庄二期文化》，《考古学报》1994年第4期。

② 张天恩、刘军社：《关于客省庄二期文化几个问题的探讨》，《考古与文物》1995年第2期。

多与客省庄文化相似或相近的因素，如该遗存中的罐形斝与客省庄文化双庵类型的罐形鬲造型较为接近；带耳罐、平底罐是客省庄文化中一个重要的器物类型，在案板三期中也较为常见，尤其是双耳罐的造型与客省庄文化十分接近。此外喇叭口平底瓶也与客省庄文化的壶相似。因此有学者认为客省庄文化很有可能即来源于案板三期文化①。但是，案板三期遗存是以灰陶为主，而客省庄文化双庵类型则是以红陶为主，关中西部客省庄文化应该还受到了别的文化的影响。分布于甘肃东部的常山下层文化在地域上与关中西部地区相连，该文化以红陶为主，器型以平底器为主，罐类器发达，且罐类器多为侈口，微束颈，圆腹，与客省庄文化的罐类器特征相似，双大耳罐与客省庄文化所见几乎相同，均为泥质且制作精细，侈口，长颈，垂折腹，下腹斜收。据此，客省庄文化的形成应当还受到了常山下层文化的影响。张天恩曾提到的“庙底沟二期文化关中西部类型”，是指在宝鸡附近发现的类似于庙底沟二期文化的一种文化遗存，最大的特征是以红陶为主，或许有助于探索客省庄文化的来源，但是因为发掘的实物太少，且材料尚未公开，无法在此进一步展开讨论。

通过上述分析，可以初步认为客省庄文化应当是受到了案板三期文化与常山下层文化等多种先行文化的影响发展而来。在客省庄文化形成之初，其主要特征是以红陶为主，平底器较发达，带耳罐数量较多，袋足器所占比例较小。之后，该文化沿着渭河流域向东发展，常山下层文化影响逐渐减弱，而与之约略同时的庙底沟二期文化继承者在豫西、晋南及关中东部地区延续着本地的灰陶传统，尽管可能受到西来文化势力的强烈影响，袋足器逐渐增多，灰陶数量仍多于红陶。这两种文化一东一西交错影响，形成此消彼长的状态，大致在漆水流域交汇，势力达到均衡，形成了“过渡地带”。由此造成了客省庄文化从关中西部到关中东部在文化面貌上的渐变现象。

（本章执笔人：薛蓉）

① 王世和、张宏彦、莫枯：《论案板三期文化遗存》，《考古》1987年第10期。

第八章　庙底沟二期陶器制作工艺研究

本次研究使用的第一手实物资料为米家崖遗址2010～2011年度发掘资料。目前已整理庙底沟二期文化遗迹单位有H12、H18、H20、H49、H66、H87、H97、Y1、Y2、Y3和F1等32个，出土陶器有夹砂深腹罐、缸、鼎、刻槽盆、杯、盘、瓮、盆、尖底瓶等15类①。现选取地层关系明确、陶片数量丰富且陶器类型多样的灰坑H18、H49、H66、H87等典型单位作为主要研究对象。四个单位共有陶片828片，标本数量均在5件以上，从5件到147件不等。

陶片胎质和颜色分析中仍以所选取的典型单位为基本资料依据。胎质、成型、颜色与器类的对应分析中，则选取典型文化单位内可识别器类器形的陶器为统计对象，对标本数量在5件以上的器类进行分析。为保证样本数量，部分出土数量较少的器类，将样本选择范围扩大至出自客省庄文化遗迹单位或地层单位中的庙底沟二期遗物，补充为统计样本。

第一节　陶器制作工艺流程考察

陶器制作流程一般包括原料的选择及加工、坯体成型、坯体修整和装饰、晾干及烧成等环节，有的还需进行渗炭、磨光、彩绘等特殊处理。备料、成型、修整、装饰和烧制这五部分是制陶工艺的主要环节，既相互关联，又可以作为独立的制陶工艺单元加以考察。米家崖遗址庙底沟二期文化制陶工艺的研究，按照五个环节的早晚顺序逐个进行。

一、制 陶 原 料

通常情况下，陶器的制作原料包括塑性原料黏土和脊性原料砂粒（羼和料）等。黏土为主要原料，可独立制器，也可与羼和料一起制成器物。羼和料起着辅助作用，在制作炊器和大型盛储器时必不可少，可按不同的需求酌情添加。新石器时期，制陶原料选择和制备经历了“就

① 详见本书第四章。

地取土”—“就地选土”—“按需制土”等不同阶段，逐步摸索出最佳的原料组合①。原料的选择和准备工作是制陶的关键步骤，黏土与羼和料的合理搭配是制陶成功的基础。

（一）陶片胎质分析

按照有无羼和料为标准将陶器标本分为夹砂陶和泥质陶两大类，又可细分为四小类。羼和料粒径多在1.5毫米以上的为粗砂陶，粒径在1.5毫米以下的为细砂陶；含有非特意添加的极少量砂粒的称为粗泥陶，经人工筛洗不含砂粒的为细泥陶。统计结果分为两组，一组为各陶质占总数的百分比，一组是取四个灰坑各陶质比例的平均值。两组数据对比，误差在0.15%～3.09%之间，表明样本具有统计学意义。

米家崖遗址庙底沟二期典型单位陶片统计结果是：粗砂陶片71.14%、细砂陶片18.96%、粗泥陶片8.33%、细泥陶片1.57%。以砂质陶为主，超过90%，尤以粗砂陶占绝对多数；细泥陶最少（表8-1）。

表8-1　庙底沟二期典型单位陶片胎质统计表

胎质 灰坑编号	粗砂	细砂	粗泥	细泥	总量（片）
H18	80	57	7		144
H49	94	49	33	4	180
H66	189	26	19	2	236
H87	226	25	10	7	268
合计（片）	589	157	69	13	828
百分比	71.14%	18.96%	8.33%	1.57%	100%
平均值	68.05%	21.79%	8.74%	1.42%	100%

（二）原料种类与器类的对应关系

将陶器标本按照有无羼和料，分为夹砂陶和泥质陶两大类，再细分为粗砂、细砂、粗泥、细泥四种。

标本数大于5件的器类中，各类胎质对应不同的器类。夹砂陶比例高的器物包括深腹罐、缸、器盖、刻槽盆、鼎等，其中深腹罐、刻槽盆、缸、鼎近乎全部或全部夹砂且以粗砂（可占70%～90%）为主；器盖近乎全部夹砂，粗砂、细砂质占比均为45.45%。泥质陶比例高的器物包括盆、瓮、杯、泥质罐等，其中盆以细泥为主；泥质罐中粗泥质占60%；瓮和杯的粗泥、细泥比例20%～40%之间。夹砂陶与泥质陶占比接近的有尖底瓶、盘、壶三类，其中尖底瓶与壶以细砂陶和粗泥陶为主；盘以粗砂陶和泥质陶为主（图8-1；表8-2）。

① 李文杰：《中国古代制陶工程技术史》，山西教育出版社，2017年。

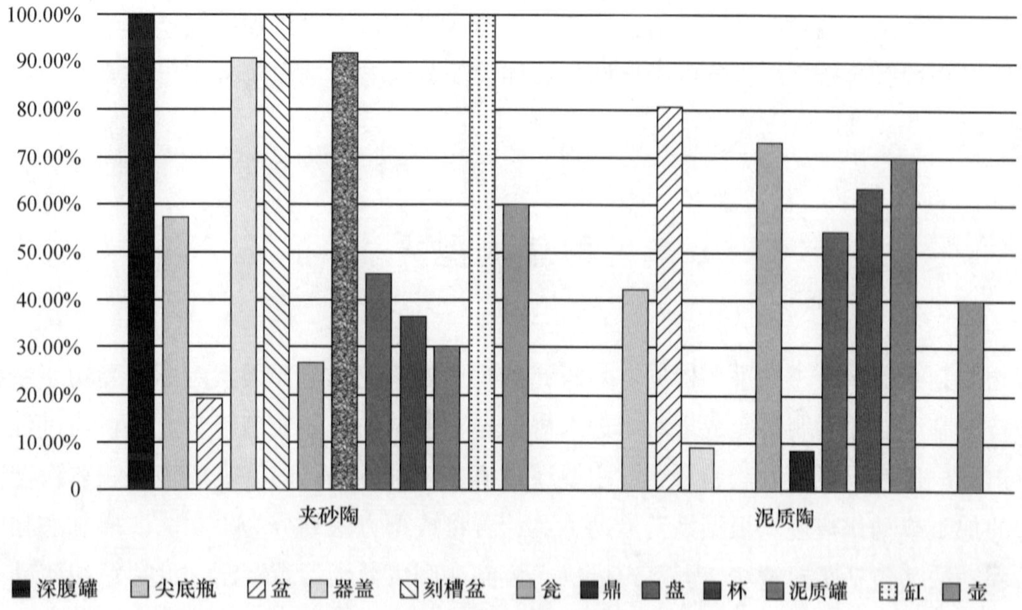

图8-1　庙底沟二期文化胎质与器类对应比例

表8-2　庙底沟二期陶器胎质与器类对应统计

胎质 / 器类	粗砂	细砂	粗泥	细泥	总计（件）
深腹罐	125	22			147
尖底瓶	5	14	12	2	33
盆	2	3	8	13	26
器盖	10	10	1	1	22
刻槽盆	12	4			16
瓮	1	3	5	6	15
鼎	11		1		12
盘	5		3	3	11
杯	2	2	3	4	11
泥质罐		3	6	1	10
缸	5	2			7
壶		3	2		5

不同比例羼和料的加入，使陶器具有不同的物理特性，适应不同的功能需求。粗砂陶粗糙但耐热急变性佳，多用于制作鼎、深腹罐、刻槽盆、缸等器物。其中鼎与深腹罐的残片上常见烟炱痕迹，属炊器；刻槽盆使用极为粗糙的粗砂陶，且在内表面刻画凹槽，多数学者认为应属研磨工具，加工食品；缸应为常用盛储器具，细砂质和粗泥质均有，数量相近。粗糙程度介于粗砂陶与细泥陶之间的原料，较为中性，多用于壶、器盖、尖底瓶等器物。细泥陶胎质细腻、外表光洁，具有良好的触感，既可用作盛储器盆、瓮等，又可作为食具豆和杯等。

庙底沟二期文化遗存中，粗砂陶主要用于炊器、食物加工工具和盛储器具等；细砂陶与粗泥陶应用器物种类比较广泛，集中于盛储器具和大部分炊器；细泥陶多用于精美器物制作，数量最少。

二、陶坯成型方法

器物形制是器物分类的重要依据，是研究器物发展演变的重要因素。形制受功能左右，也受成型技术制约。原料制备完成之后，进入规定器物形制的器坯成型环节。原料通过各种物理变形，被制成器坯。成型方法的考察，主要通过痕迹反推方法，即特定成型方法在陶器上保存着特定的加工或动作痕迹。根据是否借助工具，可将成型方法划分为手制法、模制法和轮制法三类。手制法又包括了捏塑法、泥条筑成法，模制法则可分为泥筑模制和泥片贴塑两种。米家崖遗址庙底沟二期制陶成型主要使用泥条筑成法与捏塑法。

（一）泥条筑成法

泥条筑成法是先制备泥料，后搓制成泥条，再加泥条叠垒成器坯的方法。叠垒方式又有圈筑和盘筑两种。盘筑法是多段泥条首尾相连盘旋向上，圈筑是将每段泥条首尾相接成泥圈，再将各圈上下叠砌而成。泥条筑成的器物，器壁容易厚薄不一，触摸内壁会有凹窝感。由于后期修整时的刮抹和拍打，原有泥条痕迹被抹去，少量器物内壁可见较为清晰泥条接缝（图8-2，1、2、3）、指窝、鼓棱、阶梯状的断茬等痕迹。泥条接缝的细纹是区分圈筑与盘筑的主要依据，两种方式留下的痕迹略有区别。圈筑形成的泥条缝隙在水平上基本平行，而盘筑形成泥条缝隙水平面上是倾斜不平的。但因为泥条粗细不均或残留区域过小，准确区分并不容易，判断误差。

泥条筑成法可应用于制作器物口沿和器物主体。

口沿由泥条直接筑成内敛或敞口的形状，再修整成型。本遗址庙底沟二期陶器口沿敞口居多，深腹罐、缸、盆、瓮、壶等皆带口沿。深腹罐口沿较窄，可由单一泥条成型后拼接于口部，或将泥条筑成的主体一端按压成口沿，但前者更易制成平滑规整的口沿。如H49：50（图8-2，4），在器身内侧与口沿间可见清晰的接缝。在深腹罐和缸的口沿背面下方，多以一条或多条泥条加固，经按压成为附加堆纹或直接抹平与口沿一体（图8-3，1）。瓮的口沿有子母口设计，不同于其他器物，有上下分层（图8-3，2）。部分盘和刻槽盆在口沿上有凹槽，即制作时将口沿上边缘自中间刻线。内凹唇不利于内部盛储物的成股流出，可见刻槽盆的盛储物品的种类应是不需要成股倒出的液体之类（图8-3，3、4）。

图8-2　器底、口沿及器身的泥条接痕

1. 尖底瓶（ⅠT0308H87：12）器底　2. 尖底瓶（ⅠT0408H66：103）器壁　3. 盆（ⅠT0308H87：5）口沿背面
4. 深腹罐（ⅠT0407H49：50）口沿接缝

大件器物主体成型以泥条筑成法为主，如深腹罐、瓮、缸的器身，器盖的盖体，盆和鼎的腹部，豆盘的壁，尖底瓶的尖底等。深腹罐标本器身形态相似，由残留口沿、底部以及单件复原器物观察发现，多为大口、鼓腹、小底，器身粗细有较多变化，推测泥条圈筑应更便于成型。瓮、缸与深腹罐相似。器盖较为特殊，其中A型器盖在制作盖体时需要先手捏一部分，再开始泥条筑成。豆和D型盘，宽大的盘壁部分有明显的泥条鼓棱，在制作时应是由泥条筑成后压实、拍打成型。尖底瓶是泥条筑成痕迹最为明显的器物，因为修整程度较轻，或无必要过多修整，在尖底处内壁留有清晰的泥条盘旋形状（图8-2，1）。

观察发现，大多数器类为圈筑。测得尖底瓶内壁、豆柄内壁等泥条宽度在1～2.5厘米之间，以1.5厘米左右多见。各器类主体部位一般多为正筑，只有一些器类或某些部位由于其器物形态特殊，为了成型便利，会普遍采取倒筑法，如豆盘、盘等。

1

2

3

4

图8-3　庙底沟二期文化部分器物口沿

1. 深腹罐（ I T0408H18：21）口沿　2. 瓮（ I T0308H87：2）的子母口　3. 盘（ I T0408H20：18）口沿凹槽

4. 刻槽盆（ I T0408H17：4）口沿凹槽

（二）捏塑法

捏塑法是直接用手将泥料捏成所需形状的制作方法，是最古老而简洁的器坯成型方式。捏塑法在制陶术开始阶段多用于制作小型器物，制陶工艺发达后多用于器物附件的制作和器坯局部的修整。判断捏塑法成型的依据主要是不规则的器物形状、凹凸不平的器表以及指窝、指纹等痕迹。

小件器物如杯（图8-4，1），整体直接用手捏而成，直口，圆唇，筒腹，平底，器表素面且表面凹凸不平。

捏塑法制成的附件有指鋬、耳、足等，鋬的形状较为多样，有圆形、鸭嘴状、鸟喙状和鸡冠形等多种样式，在制作时有较强的随意性，在保持基本形状一致的前提下，细微处存在差别，如图8-3中的瓮上腹置一鸭嘴状鋬（图8-3，2）。耳多见于杯，在杯身拼接，较为少见。F型敞口单耳杯，腹部有一竖向桥形耳，口沿下至近底处置一拱形耳，耳两端有黏结痕。米家

1　　2

图8-4　捏塑法制成的器物和部件

1. 杯（ⅠT0308H87：52）　2. 鼎足（ⅠT0407H49：33）

崖遗址庙底沟二期文化鼎数量不大，大部分鼎足由捏塑法制成，有的足部短小圆滑（图8-4，2），有的表面凹凸不平，带有较多指痕，形状不规则，无其他制作痕迹。

（三）拍打或滚压法

拍打或滚压泥料法是将泥料先用手团成泥饼，然后使用陶拍、圆棒拍压结实或继续用手拍泥料，将泥料做成结实平整的粗坯。当制作对象是扁平器物或器物的扁平部位（如器底）时，采用此法制作，相对其他成型方式而言，更显高效便利。

米家崖遗址庙底沟二期文化陶器中，各器类的圆平底或部分鼎足等多用此法制作坯件。以平底为主的缸、深腹罐、盆、盘、瓮、泥质罐、壶、杯等，不论大小造型如何，在器底的制作与拼接上存在共性。

器底形似圆形泥饼，由多层泥片或整团泥块拍打滚压制成，制作手法较为简单，制作痕迹明显。部分标本可以观察到明显的篮纹或压印纹，如缸底部内壁（图8-5，1）。在其他遗迹单位中的器底上可观察到类似编织的草席印记，比如深腹罐底部外壁（图8-5，2），推测部分器物是在草席上制成或坯件成型后置于草席上晾干的。

（四）坯件组合拼接的方法

造型简单的器物的拼接包括口沿与器身以及器底与器身两种情况。造型复杂器物的拼接，比如器盖的盖体与捉手、豆的豆盘与柄以及鼎的腹部与足的拼接等，方式各有不同。

1

2

图8-5　器底内部的拍打痕迹和外部的草席痕迹

1. 缸（ⅠT0308H87：50）底部　2. 深腹罐（ⅠT0308H12：53）底部

口沿与器身的拼接一般是直接按压到器身或与器身同时由泥条筑成。

器底与器身的连接处常留制作痕迹，观察发现器底的拼接由于器物腹部的弧起幅度不同有些许差异。如深腹罐（图8-6，1）在器壁内侧下端即腹与器底的交接处，可以看到数条竖向的深痕，以手模拟感知，推测是将腹下端用指腹向底部推挤，与器底结合。与深腹罐不同，B型盆H15：3（图8-6，2）腹壁倾斜角度较大，外侧腹壁与底部平面的夹角约有60°，为使底部更好地与腹壁结合，同时避免腹壁向外脱离，对腹壁与底部的拼接有所改良。观察到腹壁自最弧处向下逐渐加宽，由0.8厘米加宽至1.4～1.6厘米。断茬处的痕迹显示，底部泥块（片）向上延展约3厘米，包裹腹壁下端。钵的器底与腹部连接的方法则与盆相反，拼接痕迹显示，其腹部直通下方，包裹底部泥片。

器盖的拼接有两种方式。凸出的捉手与盖体是直接按压拼接的，部分在外面抹泥加固之，再修整平滑，如标本F4：9（图8-6，3）；一体捉手的拼接是泥条直接在做好的捉手上圈筑，如标本H49：39（图8-6，4）。

豆柄与豆盘的拼接方法为直接贴，在标本H49：7盘底（图8-6，6），可以看到明显的贴合痕迹为了结合紧密，预先在豆盘底部刻出纵横交错的浅槽；圈足顶端泥料也很醒目。鼎足的拼接多与豆相似（图8-6，5），但也有刻槽拼接者，如标本Y1：29在足的顶部可以看到刻槽。这与武功浒西庄遗址的鼎足顶部设有凸榫，以便楔入于鼎身底部使之黏结紧密有相似之处。

米家崖遗址庙底沟二期文化器物多由口沿、器身、器底和附件构成，不同的器物组成部分有不同的制作方法。陶器口沿与器身多为泥条筑成法制成，器底是泥片拍打或滚压泥料制成，小型器物、附件多为捏塑。陶器成型方法与陶器各部位的形状、大小以及施加步骤相关，成型方法、拼接技法、施加步骤等都较为固定，表现出一定的“规范性”。

图8-6　器物不同部位组合拼接痕迹

1. 深腹罐（ⅠT0308H87：46）底部　2. 盆（ⅠT0203H15：3）底部　3. 器盖（ⅠT0303F4：9）捉手　4. 器盖（ⅠT0407H49：39）　5. 鼎足（ⅠT0301Y1：29）　6. 豆盘（ⅠT0407H49：7）的背面

三、陶坯修整方法

修整通常指初坯成型后对器物内外形态进行的系统调整，是器物制成的必要步骤。修整的第一个作用或目的，是为了弥合器筑成或捏塑时留下的裂缝，使泥条或泥片之间结合得更加紧密。美观是修整的第二个作用，指去除或调节器物在器坯成型过程中形成的多余泥料、泥条扭动错位等不规整的部分。一件器物通常不会只使用一种修整方法，因而器物上常会留有多种修整痕迹。理论上讲，对器坯的修整发生在器坯成型到器表装饰环节之间，但实际制作时器坯成型和器物装饰过程中都附带有对器坯的修整，甚至有的装饰效果本身也是修整过程中留下的"痕迹"，多数篮纹和绳纹便兼具装饰与实用功能。本节仅归纳对器坯的修整手段与修整过程，装饰效果突出的纹饰以及磨光皆归入下节装饰部分。

器坯的修整手段包括拍打、刮削、抹平和慢轮修整等。

（一）拍打和滚压

拍打是指重复拍打器壁改变或调整器坯体形态的修整手段。拍打的主要目的是消除器坯成型时留下的较大泥条缝隙，将泥料中包含的气泡排出，同时使器壁的厚度平均、提高器壁的紧密程度。拍打多是运用于一些器类的局部，极少通体拍打。

拍打是指用陶拍重复拍打器壁改变或调整坯体微形态的修整手段。滚压是用圆体的棍棒工具在陶坯表面加压滚动，以改变或调整器物微形态的方法。拍打和滚压的主要目的是消除器坯成型时留下的较大泥条缝隙，将泥料和缝隙中包含的气泡排出，提高器壁的紧密程度，并使器壁的厚度趋于均匀。拍打手法运用于一些器类的局部，主要是腹壁。

用陶拍拍打器表时，内壁以手指、陶垫或卵石等衬垫。既可以使用素面陶拍，也可以使用带刻纹或绕线的陶拍。陶拍若带有刻纹或绕线，会增加陶拍与器壁的接触面积，拍面沟槽可以充分挤压器坯中的空气，使泥条泥片结合更加紧实。刻纹或绕线在器坯表面留下纹饰，也会产生装饰效果。

在不使用快轮制陶时，拍打和滚压是调整器坯形态最佳方式，辅助以刮削、修抹等，可以获得较理想的器物形态。拍打和滚压痕迹经过后续的其他修整或装饰步骤后不易留下，判断依据主要是器物壁面残留下来的纹路、垫窝、拍窝等痕迹。

拍打和滚压的主要作用是为器物塑形的同时使器壁内外表面平滑。器坯初步成型抹平以后，表面虽可能略平整，但整体不够结实，局部可能会有扭曲。拍打和滚压常用于深腹罐器身、盆腹、鼎身、盘壁、瓮身等大面积平整的部位，以形成平整、结实的表面，形态规整的器物，器壁具有良好的承重能力。此外，分部位做成的器物拼接处更需经过拍打压实。滚压法还应用于器物不同构成部位的结合（拼接）处，即陶拍难以触及部位。

（二）刮削和抹平

1. 刮削

刮削是指使用工具刮除器坯上的多余泥料，使器壁线条流畅、厚薄均匀的修整手段。刮削器壁可使胎壁厚处变薄，亦可消除拍打后依然可见的表层泥缝。刮削痕迹主要见于器物的口沿或领部、腹部外侧以及器物不同部位的交接处。

刮削需使用质地较硬的薄刃工具，竹木质、骨质、陶质或石质皆可。刮削可以在器坯静止（置于地面或拿在手中）时进行，也可以在轮盘上旋转完成。静止刮削的器坯表面上会留有不连续的平行细纹，刮削方向较为随意，依器壁变化而定。而轮盘上旋转刮削的器坯表面上会留有连续的螺旋状平行细线，方向较为固定，呈横向或近乎水平状。

成型的毛坯稍干后，其造型并不规整，会在器壁上留下泥条痕迹以及拍打痕迹，需要再进行细致修整。在器坯湿度适中的时候，使用质地较硬的薄刃工具对器坯表面进行刮削，可达到使器壁线条流畅、消除表层泥缝的效果。之后也可以用光滑的鹅卵石对器物表面进行打磨，使高低不平的坯体表面填平补齐，有增加器物整洁度的效果。

刮削最常见于磨光器物，如盆的口沿、瓮身、盘壁等处，与磨光手法相辅相成。因为盘腹浅，许多泥条痕迹不便使用拍打手段消除，其中C型盘因为腹浅且有折沿，外壁泥条痕迹多用刮削手法去除，刮削痕迹最为明显。盆外壁多磨光，刮削痕迹明显，如标本H18：42（图8-7，1），外壁多横向刮削痕迹，部分区域刮削过深，露出泥条缝隙。

2. 抹平

抹平是指用湿手或工具蘸水刮抹器坯表面，抹去凸起，填平凹陷，从而使器坯表面更为平整光滑的修整手段。蘸水后坯体表面会析出细泥浆，经手抹或工具刮抹，亦可以弥合泥缝，遮盖粗糙器坯以及羼和料，使器坯更加密实平整细腻。

湿手直接于器坯上抹平作业会留下指纹痕迹，但有部分器表的抹平痕迹为较深的平行线痕，不似手抹产生，推测是借用带有纹痕的工具。抹平手段在内壁和外壁都有使用，但外壁常经其他修整，痕迹不易辨识，内壁保留痕迹较多。实际上，从筑坯开始就要不断用湿手在泥坯上涂抹直到装饰环节仍在进行，目的是使坯面表面全程保持湿润，不致开裂。此外，抹平也会填补毛坯空隙、抹去拼接缝使坯体表面平整。湿手抹平可应用于器物的各个部位，最常见于各部位的连接处和器物内壁，器物外壁修整手段多样，在口沿与器身的连接处、器身和底部的连接处、附件添加处，以及器盖捉手与盖体的连接处（图8-7，4），是器物外壁抹痕最明显之处，其余地方抹痕容易被消去。如H87：53（图8-7，2）鋬附近的抹痕。器物内壁抹痕明显，应是内部在抹平后无其他修整手段，才得以保留。如标本H16：14（图8-7，3）内壁口沿附近抹痕。

1

2

3

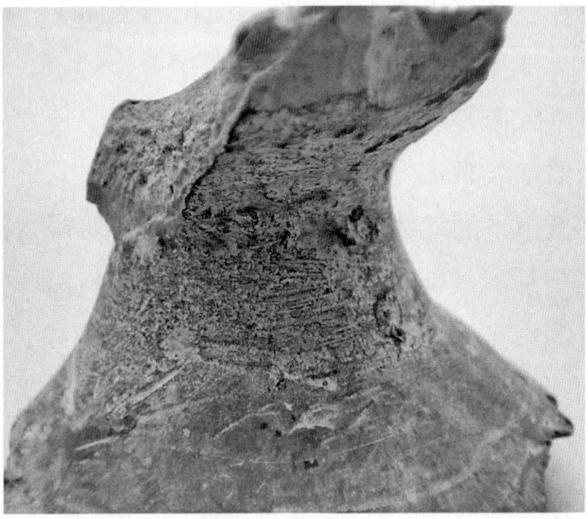

4

图8-7　刮削和抹平痕迹

1. 盆（ⅠT0408H18：42）　2. 瓮（ⅠT0308H87：53）　3. 盘（ⅠT0408H16：4）　4. 器盖（ⅠT0407H28：16）

图8-8　器盖内侧慢轮修整痕迹

（ⅠT0308H87：41）

（三）慢轮修整

慢轮修整是指在轮盘慢速旋转时对器坯进行修整，使器表平滑的修整手段。慢轮修整多见于口沿部位，在豆柄底部也有使用。慢轮修整的主要判断依据是遗留的细密轮纹，修整工具主要是转盘，米家崖遗址发掘中未发现庙底沟二期文化单位的转盘实物，但转盘在新石器时代晚期其他文化遗址已有出土。慢轮修整可以与湿手修抹结合，在轮盘转动中，或一手扶稳器坯，一手操作，或双手同时对器壁进行修抹。器盖标本ⅠT0308H87：41（图8-8）是所选标本中慢轮修整部分最多的器物，盖体内壁均有细密痕迹，有湿手指纹，说明慢轮修整时器坯相当湿润。

米家崖遗址庙底沟二期文化陶器修整技术种类较多，大部分修整技法还是与器物各部位成型后泥缝填平消除、壁面平整塑形、器物形态微调等目的相关，并与陶器部位密切相关。抹平、刮削、拍打、慢轮修整等，多有其相对固定的修整部位，如抹平可应用于器物整体，多见于器物外壁各部位的连接处与器物内壁，刮削多在器物腹外或大口沿表面，拍打多在腹外，慢轮修整多口沿等。

四、陶器的装饰

陶器装饰种类繁多，有施加纹饰如彩绘、绳纹、篮纹等，有改变器表微形态如花边、磨光等，以及添加附件如附加堆纹、鋬、耳、圆泥饼等。不同装饰手法的施加方式与相对应的器类（部位）不同，各器类均有相应的纹饰偏好，往往会形成固定的组合。史前陶器装饰代表着先民的审美情趣及艺术感受具有强烈的地域和文化持续性，是考古学上划分文化类型的重要依据，是了解考古学文化面貌及内涵的重要依据。

米家崖遗址庙底沟二期文化器物装饰有素面、磨光、篮纹、绳纹、附加堆纹等数种，各种装饰有单独使用的，也常常组合出现，如篮纹与附加堆纹、磨光与凹弦纹、素面与磨光等。装饰方法按坯体重量是否增加变化，可以分为三种：一是不改变器物重量（质量）、只改变形状的，即在器表纵向施加压力形成凹凸，如篮纹、绳纹、按压纹、锯齿纹和花边纹等；二是减重式，即在器表横向刮擦打磨以形成特定装饰效果，减去表面凸起部分，使器表光洁，装饰结果主要是素面和磨光；三是增重式，即在器表添加附饰件，如附加堆纹、鋬、耳、圆泥饼等。第一类器表纹饰占比最大，其中以篮纹为主，篮纹单独出现占总数的22.83%，与附加堆纹组合出现占总数的55.31%，篮纹与附加堆纹、按压纹组合出现占总数的8.33%。其次是第二类，磨光与素面各占5.43%和3.02%。再次是第三类，单独使用添加附件者占比最小，往往与其他方式组合应用于同一器件，其中附加堆纹大多数是与篮纹组合出现。

（一）不改变重量的装饰

不改变器坯重量、只改变微观形状的装饰手法，是在器坯表面进行纵向作用，通过拍打和滚压两种主要手法，形成凹凸形状。纹样包括篮纹、绳纹、锥刺纹、戳印纹、指甲纹、锯齿状与波浪状花边等。区分和判断施加手法的基准是每个纹饰单位长度和面积变化的差异、每个纹饰单位的连续性、每个纹饰单位的弯曲性。

1. 篮纹

篮纹是由边缘整齐的条纹构成的纹饰，是庙底沟二期文化陶器主要装饰纹样之一。篮纹的施加方式主要是拍打，多施加于深腹罐、缸、尖底瓶的腹部，少数位于盆、杯、壶的外表面。篮纹方向以横向为主，左斜、右斜篮纹占少数。尖底瓶近乎通体装饰篮纹，如标本H49：8在颈部以下开始装饰横篮纹（图8-9，1）。

2. 绳纹

绳纹是指在陶器表面上留有以细绳类为原体的压痕的总称。绳纹施纹方法有多种，一是用绳子或类绳的根茎等直接在器物表面滚压，二是将绳子缠绕在竹木质圆棒状工具上再在器物表面滚压，三是将绳子或类绳的根茎缠绕在平面工具上再在器物表面进行按压或拍打[①]。米家崖遗址庙底沟二期绳纹出现频率不高，施加方式应是表面滚压，主要应用于深腹罐和器盖上，密度约每5厘米15～25条。深腹罐标本H49：29（图8-9，2），口沿以下腹部装饰竖绳纹。

1

1. 篮纹

2

2. 绳纹、花边和附加堆纹

3

3. 篮纹、弦纹和泥饼

图8-9　器表施加纹饰

1. 尖底瓶（ⅠT0407H49：8）2. 深腹罐（ⅠT0407H49：29）　3. 大口鼓腹罐（ⅠT0307H50：10）

3. 花边

本遗址所见的花边状装饰有波浪形和锯齿状两种基本类型，主要饰于深腹罐、刻槽盆、缸、杯等器物的口沿，以及器盖捉手边缘、杯底缘等部位。花边在施加过程中会要求泥坯有足够的湿度，以防止泥坯开裂。花边成型方法有多种，不同器类有不同的花边装饰。

花边口沿是在平滑口沿的边缘以手直接捏塑或以工具压刻成花边，成为一种装饰。有锯齿形或波浪形，也有的仅在口沿边缘唇上刻画短小细线作为装饰。在H18：21（图8-10，5）口沿上有发现等距离刻线，其中某部分刻线已经按压成花边，推测其在制作时应是先刻画等距离的刻线规定花边单元长度，然后制作成型。

① 久慈大介：《二里头遗址出土陶器的制作技术研究》，中国社会科学院研究生院博士学位论文，2010年。

器盖捉手的花边主要有上翻成花边、下翻成花边和边缘雕刻花边等三种。上翻成花边（图8-10，2），将捉手边缘用手指向上按压出凹槽形成花边，由相邻两个凹槽的指痕推测，是左右拇指同时用力按压制成的。下翻成花边（图8-10，3）与上翻类似，是将捉手边缘用手指向下按压出凹槽形成花边。边缘雕刻花边（图8-10，1）是在捉手边缘以工具刻画或按压出凹槽，形成花边。成型方式虽有不同，但花边样式相类似，且捉手以花边做造型的目的除装饰外，还应考虑到使用时以花边增加接触面积、加大摩擦，便于取放。

刻槽盆口沿方唇处厚度小于等于腹部厚度，豁口不宜太深，否则影响实用，所以花边凹痕较浅。杯底是单独制成的直径大于底部的圆泥片，与杯筒拼接时，将泥片边缘上压到腹壁底端，修整成花边。或者在底部边缘加泥条一圈，捏成花边。

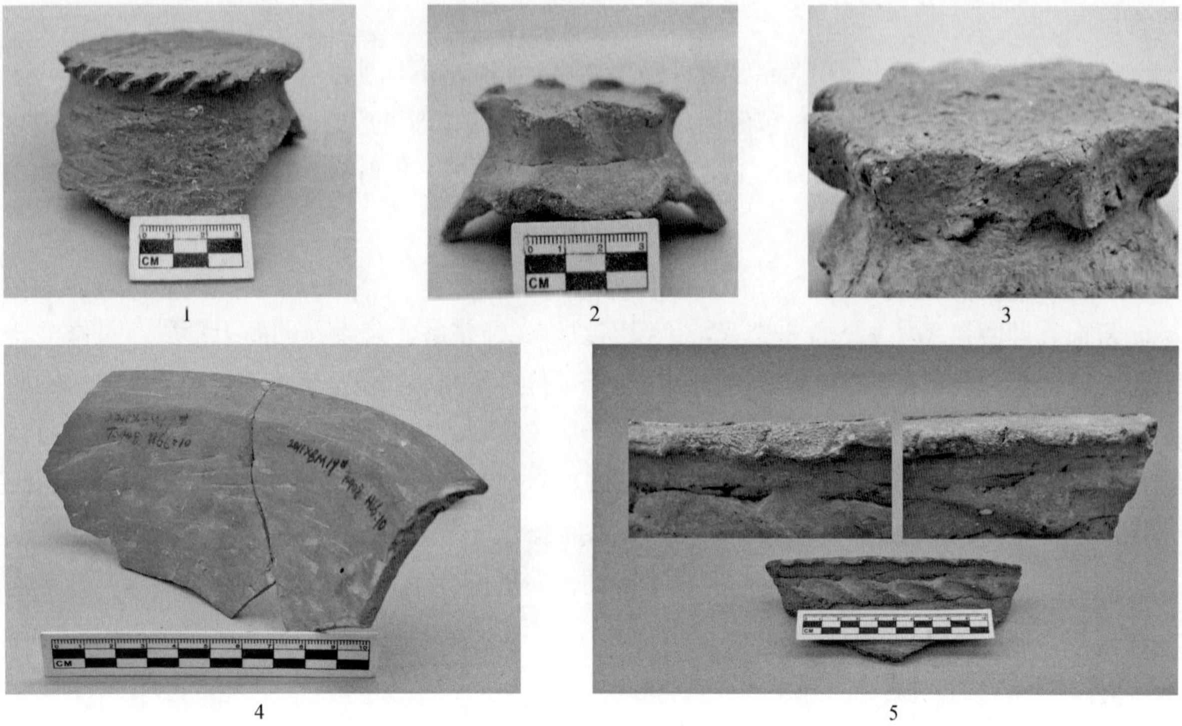

图8-10　花边形装饰

1～3. 器盖（ⅠT0407H49：38、ⅠT0407H49：39、ⅠT0407H96：26）　4. 盆（ⅠT0408H66：10）口沿
5. 深腹罐（ⅠT0408H18：21）口沿

（二）弦纹、素面和磨光

改变器表微形态以形成装饰效果的装饰手法（包括上面的弦纹、篮纹、绳纹，也都改变器表形态，比素面程度深。素面和磨光可以放在一类，花边却有较大差别），共同之处是在器表进行横向施力，去除器坯表面一部分泥料，使器表呈现出平整、光洁的弧面或平面，或者呈凹凸线条状。素面是抹成平整光滑的表面，部分夹砂陶器还因抹平中析出泥浆而形成薄层，遮盖住表面羼和料颗粒，因此素面也可以看作是装饰的一种，但装饰效果大多并不明显，所以在统计中会涉及素面，但不再专门论述。

1. 弦纹

弦纹，主要指凹陷式纹，是用尖细工具刻划坯体表面剔除器坯表面极少一部分泥料，从而形成的单一或多条平行的凹槽式线条，称为凹弦纹或阴弦纹，当刻划部分宽度较大时，形成的凹槽较宽，与之相间的部位相对窄而凸显，就形成了凸弦纹。弦纹通常与平整光洁的器表搭配，主要是饰于胎质较细的泥质器皿，如豆、杯、泥质罐、壶、瓮等的领、肩、上腹部和肩腹结合处，以及豆和盘的圈足上，施加位置具有特殊性。多数弦纹不光有装饰性，也起着边界标志作用，多是领腹（肩）部、磨光部位与素面部位以及施加纹饰的部位与素面部位的分界线。泥质罐标本H50：10（图8-9，3），在颈部装饰一圈弦纹，并在弦纹上附加小泥饼，形成一圈颈饰。

弦纹的施加与轮盘的使用关系密切，多是在轮盘上完成的。器坯置于轮盘上，使用锥状或篦状工具接触器坯表面，在某一位置固定不动，转动轮盘，即可形成纹饰。使用工具及处理方法不同，弦纹断面会有U形（圆钝工具刮旋）、V形（尖头工具划旋）等不同形状。

2. 素面和磨光

素面，即陶器（坯）表面平整光洁，没有纹饰，通常磨光是素面的高级阶段，是修整器坯形态的结果，磨光在平整细腻的器表，进行局部打磨使相应部位呈现光亮外表，装饰意图明显，所以将磨光看作装饰手段。磨光是在器坯干燥过程中或烧成后，借助工具打磨器坯表面，在器坯表面上形成带光泽效果的薄层如标本H66：10（图8-10，4），同时也有降低陶器表面吸水性的作用。磨光方向不一，横向、右斜、左斜磨光方向皆有，以横向为主。

磨光工具依现代磨光操作推测可分两个种类，一是植物纤维等质地比较软的材料，二是木片、骨片、石片等质地硬的材料。

（三）添加附饰物

指在器表额外添加附件以作修饰的装饰手段，包括附加堆纹和圆泥饼。

1. 附加堆纹

最常见的是先将泥条附加在坯件上，再用工具或手指压成波状形成装饰，也有附加窄泥条形成凸弦纹的现象。

庙底沟二期文化的深腹罐、缸、鼎、盆以及刻槽盆上均有附加堆纹，但其添加目的或许有所区别。深腹罐、缸器形较大，尤其是缸，可高达半米，往往需要多圈通体堆纹来维持坯体的坚固稳定，此时附加堆纹的实用目的高于装饰价值（图8-11，1）。鼎、盆、刻槽盆上同样添加附加堆纹，但其装饰作用更加明显，盆上的附加堆纹会画竖线；鼎足上的附加堆纹，多是在鼎足外表面添加，有纹样，位置显眼（图8-11，2、3）。

在缸和深腹罐制作坯体时，口沿部分是分开制作的；口沿泥条是依附腹部而向外扩张，易脱落或断折，所以多在口沿外侧紧贴口沿与腹部处加一圈或两圈泥条以固定，泥条以手按压成带有凹窝的附加堆纹，兼具装饰作用。

2. 贴附泥饼（丁）

贴塑泥饼（丁），是指用预先捏好形状，（通常是圆饼形）的小泥块，用手指直接按压黏结到器坯主体外表的装饰手法。如标本H50：10（图8-11，4），圆泥饼贴塑仅发现于泥质罐领腹分界处的凹弦纹上，小圆泥饼直径约1.2厘米。没有实用功能，仅其装饰性强。此种装饰在龙山时代陶器上比较常见，但庙底沟二期阶段较为少见。

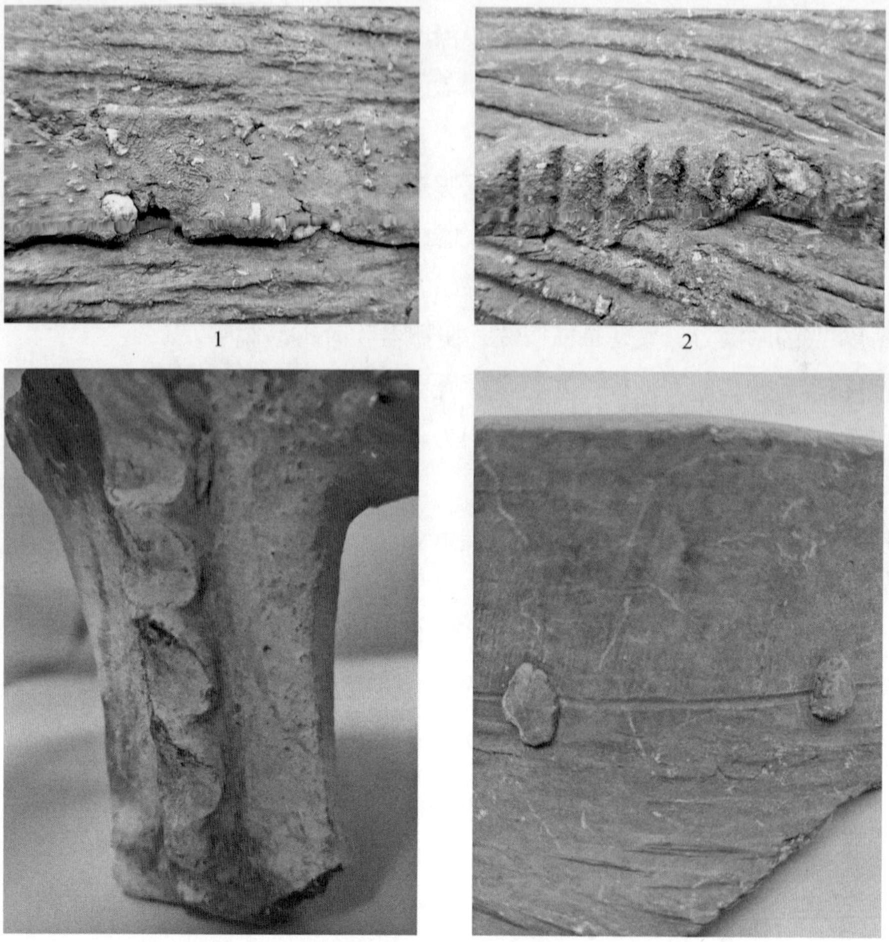

1　2　3　4

图8-11　添加附属装饰

1. 深腹罐附加堆纹（ⅠT0308H70：13）　2. 盆附加堆纹（ⅠT0308H87：32）　3. 鼎足附加堆纹（ⅠT0407H80：3）　4. 泥质罐附加泥饼（ⅠT0307H50：10）

（四）装饰手法与器物的对应

米家崖遗址庙底沟二期文化陶器装饰的种类及分布部位相对固定，变化程度较低。装饰类别与器物类型之间的对应关系，装饰手法与器物胎质之间的关系，装饰目的与实用功能之间的关系等，都是陶器制作工艺研究的重点。现选择各器类的陶器标本统计器类内部各装饰种类的数量，作为探究器物装饰与陶器器类对应关系问题的数据来源。为便于统计同时保证足够标本数量避免误差过大，深腹罐、尖底瓶等出土数量较多的器类仅在典型遗迹单位内选取样品，部分出土数量较少的器类将样本选择范围扩大至客省庄文化遗迹单位所出的庙底沟二期陶器。

显而易见不同的纹饰施加器物偏好不同，主要纹饰与所施加对象的对应情况如下。篮纹是使用最多的纹饰，多单独施加于深腹罐、尖底瓶、刻槽盆等器物，其中尖底瓶所占比例最大。篮纹加附加堆纹是使用最多的组合，多施加于深腹罐、缸、壶等器物，其中缸所占比例最大。磨光多用于盆、瓮、杯等器物，素面多用于器盖、盘、杯等器物，花边多用于缸、器盖、深腹罐等器物。

从陶质看，施加篮纹和附加堆纹最多的深腹罐、刻槽盆和缸等器类，全部为夹砂陶。鼎和器盖的90%以上为夹砂陶，主要使用功能是炊器与工具，使用过程中需要坚实的器壁与较大的器壁摩擦力。篮纹的拍印会修整器壁，使器壁结合紧密，附加堆纹也会加固器壁。同时，篮纹也会增加器物外壁的摩擦力，尤其是横篮纹，搬挪器物时不易脱手。

施加磨光和素面较多的泥质罐、壶、盆、瓮、盘、杯等器，既有夹砂陶又有泥质陶，罐、壶等多包含有砂粒，盆、瓮、盘、杯以泥质陶为主。这些器物的使用功能主要是盛储，也有食器和酒水器，如杯和盘。

花边和器耳、鋬的装饰作用与实用性同样重要。器盖中多用花边装饰捉手，会有利于捉手的取放，鋬在瓮中的使用同样如此。

总之，各装饰手段与陶器质地联系紧密，器表施加纹饰主要用于夹砂陶，而器表微形态改变主要用于泥质陶。陶器质地对其纹饰种类的选择具有重要的指导作用，而器物功能需要又往往决定了陶器质地种类，易言之，装饰手段与器物使用功能联系密切。

五、陶器颜色与烧制工艺

坯体制成之后，先要放置妥当使其阴干，然后将干燥的器坯入窑进行烧制，坯体在窑炉内高温烧烤，产生物理、化学变化，成为陶器。烧制是制陶过程中的关键环节，最终决定了制陶成败。烧制技术水平决定陶器的胎体质量和颜色，要分析陶器的烧制水平需要从陶窑结构、烧成温度、烧成气氛等方面进行，其中陶窑是考察古代制陶工艺水平重要实物证据。米家崖遗址庙底沟二期文化陶器烧制工艺的考察从以下两点出发：一是依据出土陶片的颜色，大致判断烧成气氛、烧成温度等的情况；二是观察庙底沟二期文化的陶窑结构，寻找更多有关烧制工艺的信息。

（一）由器物颜色推断烧制气氛

1. 整体颜色统计

由器物颜色推断烧制气氛，选取地层明确、陶片数量丰富且陶器类型多样的H18、H49、H66、H87等作典型单位为分析对象。因为褐色介于红与灰之间，不易界定为灰陶或红陶，所以依其颜色深浅分别归入灰、红两色，故表8-3中仅统计灰、红、黑三色。

米家崖遗址庙底沟文化二期陶器中：灰陶为主，占98.31%、红陶次之，占1.57%、黑陶（主要是黑皮陶）数量最少，占0.12%。陶器颜色分布与绝大多数器类内部陶色分布相近，烧成气氛上以还原气氛为主，氧化气氛相对较少，只有少量陶器采用渗炭工艺处理。

表8-3　庙底沟二期典型单位陶器颜色统计

单位＼陶色	灰陶	红陶	黑陶	总计
H18	141	3		144
H49	179	1		180
H66	231	5		236
H87	263	4	1	268
合计（片）	814	13	1	828
百分比	98.31%	1.57%	0.12%	100.00%

2. 各器类颜色统计

由器物颜色判断烧制工艺，标本选用原则同上，选择标本数量大于5件的器类。陶器颜色大致可划分成灰、红、黑（黑皮）、褐等，统计时颜色不纯正的陶器依据其主体颜色归类（表8-4）。

标本数量大于5件的各器类中，陶色以灰陶为主，各器类灰陶数量占各标本总数比例的63.64%～93.75%之间，以80%～90%为主，缸与壶标本100%为灰陶。红陶次之，器盖、瓮、盘、尖底瓶等器类中红陶比例在10%～20%之间。黑陶、褐陶数量极少，所占比例多在10%以下。

本遗址庙底沟二期文化的陶色以灰色为主，陶器在窑内烧制后期多为还原气氛；只有少量是氧化气氛烧成的。具体到器类上，缸和壶均在还原气氛下烧成反映了古人对此类器物颜色的偏好。器盖中的红陶的所占比例高，有可能出于审美上的原因。

表8-4　庙底沟二期典型器类陶色统计

器类／陶色	灰	红	黑	褐	总计
深腹罐	138	9			147
泥质罐	9		1		10
盆	23	1	1	1	26
器盖	14	8			22
刻槽盆	15			1	16
瓮	10	3	1	1	15
鼎	10	1		1	12
盘	8	3			11
杯	9	1	1		11
尖底瓶	33				33
缸	7				7
壶	5				5
总计	281	26	4	4	315

黑陶和黑皮陶（黑皮褐胎及黑皮灰胎，学界一般认为是经渗炭和打磨形成的），本遗址目前仅见到少量标本，外表光滑闪亮有光泽，制作精美。器类是有选择性的，多为杯（图8-12，1）、泥质罐（图8-12，2）、瓮（图8-13，3）等盛储器或水食器，未见炊器。其中泥质罐口沿在黑皮之下有褐胎露出，可见渗炭层较薄。

庙底沟二期文化遗存中，粗砂陶主要用于炊器、食物加工工具和盛储器具等细砂陶与粗泥陶应用器物种类比较广泛，集中于盛储器具和部分炊器；细泥陶多用于精美器物制作，数量最少。

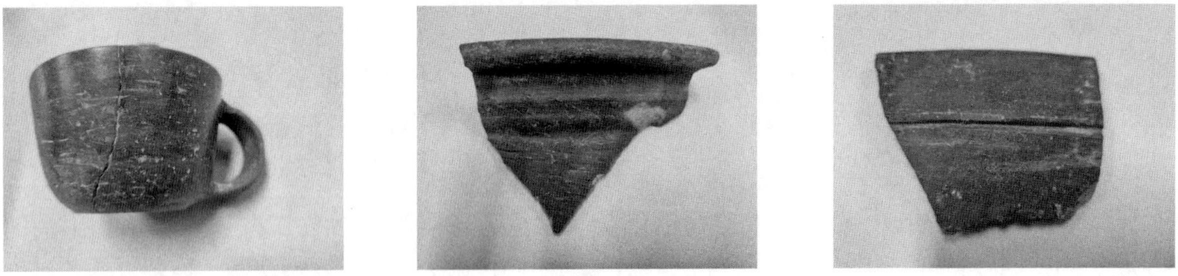

1　　2　　3

图8-12　黑陶器物表面的渗碳处理

1. 杯（ⅠT0407H49：1）　2. 泥质罐口沿（ⅠT0407H85：7）　3. 瓮口沿（ⅠT0407H49：14）

（二）由陶窑结构分析烧制环境

米家崖遗址发现庙底沟二期文化陶窑3座（Y1、Y2、Y3），保存状况不一。陶窑为横穴式升焰窑，窑室平面呈圆形，窑室与火膛横向并列布置，窑室稍高于火膛，通过火道将火焰从火膛引入窑室。未发现烟囱。本遗址庙底沟二期文化的大量陶器应主要在此类陶窑内烧制而成。

以保存状况最好的Y1为例，具体来看米家崖遗址庙底沟二期文化陶窑结构。Y1火膛、火道和窑室均有保存。火膛位于窑室前下方。窑室平面呈圆形，窑顶可复原为半球形，直径约140厘米。火膛平面呈近似椭圆形，底部宽约130、进深84厘米，剖面呈近长方形。火膛后壁向上通入窑室底部有2条火道，左右并列而左火道向左，右火道向右，又各分为3股支火道。窑壁红烧土厚度约10厘米。红烧土和烧结渣块遍布整个窑室，尤其是火膛内，渣块堆积厚，达12厘米，表明此窑经过长期使用，且室内温度较高。窑室内出土陶片，可辨器形有鼎、深腹罐、盆、器盖等典型的庙底沟二期文化器物。以灰陶为主，红陶次之，未发现黑陶。

武功浒西庄遗址发现庙底沟二期文化陶窑4座，基本结构与米家崖遗址所见相同，由火膛和窑室两部分构成，两者在平面上呈8字形，实为2个袋状坑，平面上看不相连，但在地下部分以并列的2条火道连接起来。Y8的窑壁保存高度较好，为此类陶室复原为半圆形或馒头形提供了证据（图8-13）。浒西庄Y5稍特别一些，火膛和窑室距离较远，开口部分水平距离约50厘米；

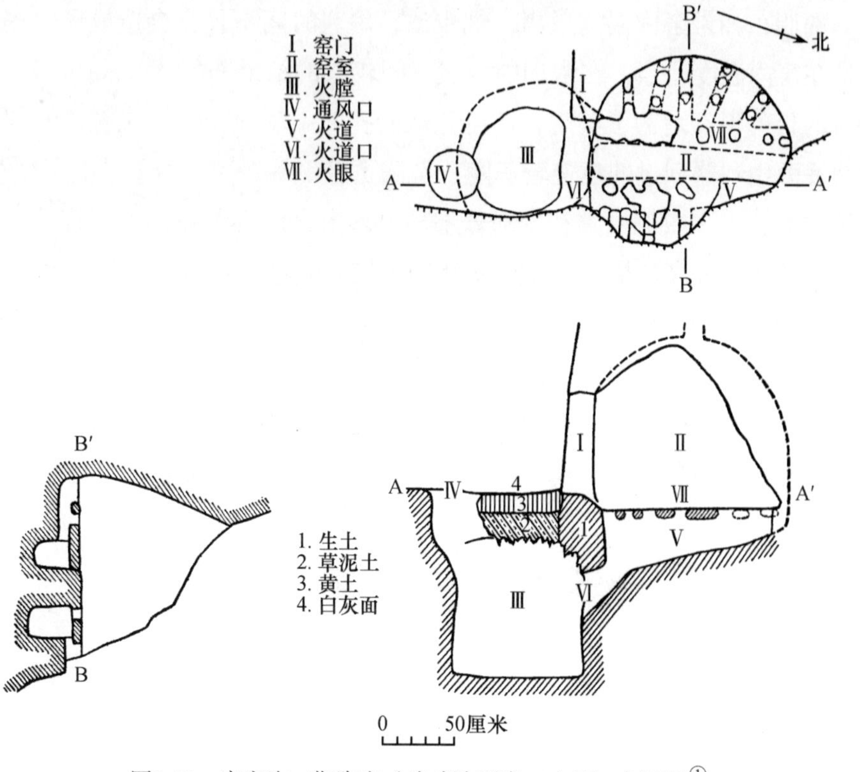

图8-13　庙底沟二期陶窑（武功浒西庄Y8）平、剖面图①

① 《武功发掘报告》，文物出版社，1988年。据第32页，图三二略作修改。

火膛整体低于窑室底部，垂直距离也约为50厘米。因而，从火膛到窑室间的火道较其他窑长出许多，几近垂直上下（与地面呈65°夹角），仅在窑床底部才放缓一些。另外，两条主火道不似其他窑那样呈平行状，而是呈分岔状，伸入窑室后，各自向两侧分出几乎对称的支火道，略呈“丰”字形。相应地，窑室平面呈椭圆形，左右（南北）长径1.3米，前后（东西）短径0.98米。暗火道长达0.9米，较其他窑长出二三倍[①]。

窑室与火膛距离远，火焰经过较长的火道，很可能降低热能效率，不利于充分提升窑内温度。如以火膛与窑室之间的位置及距离关系看，浒西庄Y5最远，Y3次之，Y8又次之，米家崖遗址的陶窑最近。如果以商周时期的竖穴窑为进步形态的话，则浒西庄Y5是最早的形态。这一点也有地层关系方面的证据。Y3开口于3层下，Y5开口于4层之下。

另外，米家崖遗址3座窑的底部，即窑床与火道，均不是水平状，而是自前到后呈缓坡状，与火焰及热气流向上升的趋势相应。浒西庄的3座窑则均为平底窑床，只是火道呈斜坡状。如果以米家崖遗址Y1为进步形态的话，则与之同为斜坡状窑床的Y2和Y3也是进步形态，这样米家崖窑整体上讲，比浒西庄窑进步一些。对两个遗址陶窑形态的比较，能够反映出庙底沟二期阶段关中地区陶窑技术的时代差异或者地域差异。

黑陶器或残片的出土，证明本遗址时很可能采用了窑内渗炭的方法，即烧成后期封堵窑门，使燃料不充分燃烧产生黑烟渗炭。部分陶器胎体并未完全变黑，见有黑皮褐胎或黑皮灰胎，也见有褐衣褐胎陶，产生的原因可能是“渗炭时窑内温度低、烟不浓或渗炭时间短，会造成器表褐色、褐胎；如果窑内温度适当，烟也浓，渗炭时间不长，会造成黑衣褐胎陶；那些表里皆黑者，是在窑内温度适当，在浓烟中渗炭时间较长的结果”[②]。

陶器渗炭的目的不仅是为了美观，还可让陶胎孔隙中填充着大量炭粒进而提高了致密度和强度，在黑陶表面用利器划过的痕迹较灰陶、红陶更轻。

烧成温度方面，大多数泥质陶和少部分细砂质陶击之声音清脆，表明烧成温度应较高。当时的陶窑结构能够达到较高的烧成温度，使烧制出较高质量陶器成为可能。

综上，西安米家崖遗址庙底沟二期文化陶窑为横穴式升焰窑，已经有向竖穴式窑过渡的趋势；泥质陶的质地清脆，烧成温度较高；烧成气氛以还原气氛为主，也有少部分陶器是在氧化气氛下烧成的；渗炭技术较为发达但使用极少，一些精美器物渗炭烧成后还经磨光处理。虽然体现烧制水平的各方面情况有所差别，但整体而言，此时陶器的烧制水平还是较高的。

---

① 中国社会科学院考古研究所：《武功发掘报告：浒西庄与赵家来遗址》，文物出版社，1988年。

② 张小雷：《两城镇遗址龙山文化陶器的生产及相关问题初步研究》，山东大学硕士学位论文，2010年。

第二节　陶器制作工艺的分器类考察

米家崖遗址庙底沟二期文化陶器标本主要在文化性质明确的遗迹单位中进行挑选，被选取的标本基本特征是器形明确、制作痕迹明显、保存状态较好。陶器标本主要是口沿及底腹残片，也有少部分的肩腹部残片（器盖多上部残片），完整器或可修复的较少。一共挑选了184件标本，各器类的标本数在5～42件之间，包括深腹罐、缸、鼎、刻槽盆、杯、盘、瓮、盆、尖底瓶等15种，依据使用功能不同，将上述陶器类型划分成炊器、饮食器、盛储器和其他4组，逐一进行观察。

一、炊器的制作工艺

炊器主要包括深腹罐、鼎和甑三类器物。

（一）深腹罐（缸）

米家崖遗址庙底沟二期文化深腹罐和缸出土数量较大，两类器物大部分的形态相似，由体量大小进行区分。高度超过35厘米者，称为缸。现选择四个典型遗迹单位中器形明确、42件标本进行观察分析。

1. 原料和烧成

42件标本均为夹砂陶，其中18件为细砂质，占42.86%；24件为粗砂质，占57.14%。

标本中有92.86%的呈灰色，其余呈红色，烧制气氛以还原为主。部分标本同时具有红、灰两种颜色，当是窑内气氛复杂变化所致。此外，胎芯灰黑或青色的也较为常见，可见烧制技术仍不成熟。

2. 成型

深腹罐（缸）器形较简单，可分为口沿、器身和器底三部分，各自成型，然后拼接成整器（图8-14，1）。

口沿主要是侈口或敛口斜折沿。从口沿转折处观察，口沿是在器身上端附加的一周宽泥片以圈筑连接而成，如H49：50（图8-2，4），在器身内侧与口沿间可见清晰的接缝。此外，在口沿的断茬处截面也可以观察到，连接处明显加厚。因为口沿是依附器身而向外扩张，易脱落或断折，所以多在口沿外侧与器身转折处加一圈或两圈泥条起加固作用，泥条以手按压成带有凹窝的附加堆纹，兼具装饰作用。所选42件标本中有23件附有泥条，占54.76%。

器身是指口沿以下、底部以上的部分，由泥条法筑成。部分标本内外表面可以直接观察到泥条痕迹，但经拍打和刮抹痕后痕迹较短，位置模糊，不易判定筑成手法。器身形态多为大口、鼓腹、小底，器身自上到下渐变，推测泥条圈筑法成型的可能性较大。

器底由圆形泥饼制成，大多未见明显的制作痕迹，但在其他遗迹单位出土的器底上可观察到类似编织的草席印痕，如H12：53（图8-5，2），推测部分器坯是在草席上制成的。器底的修整痕迹不明显，但器底与器身的连接法有迹可循。如H87：46（图8-6，1），在器壁内侧下端即腹与器底的交接处，可以看到数条竖向的深痕，以手模拟感知，应是将器腹下端用指腹向器底部推挤，使之紧密结合。外侧结合方式应与此类似，可在器身与器底的结合处观察到一圈刮削痕迹，推测是在拼接后用工具将冗余泥料刮去，形成平整的拼接面。

3. 修整和装饰

口沿处的修整除抹平、刮削外，以慢轮修整为主。在所选标本中有30.95%是带有明显慢轮修整痕迹的。

口沿外观有两种，一种是平直口沿，另一种是花边口沿。平直口沿表面光滑，不见羼和料颗粒。花边口沿是在平滑口沿的边缘以手指直接捏塑，或以竹木棍等工具压刻成花边。花边口沿的花样类型多样，有锯齿形和波浪形（图8-14，4），也有的仅在口沿边缘唇上刻划或者压印短小细线，如H49：25（图8-14，3）。在标本H18：21（图8-10，5）上发现手指纹，应是花边在捏制时留下的。在标本H18：21的口沿边缘上还发现有等距离刻线，部分刻线已经按压成花边，表明花边口装饰手法并非随意而为之，而有一定的章法。

器身的修整，外壁以拍打为主，主要目的是消除泥条缝隙，使之结合更加紧密。在器物内壁发现有圆形凹窝，直径2～3厘米。器物内壁常见的修整手法是抹平，抹痕较易发现，根据纹

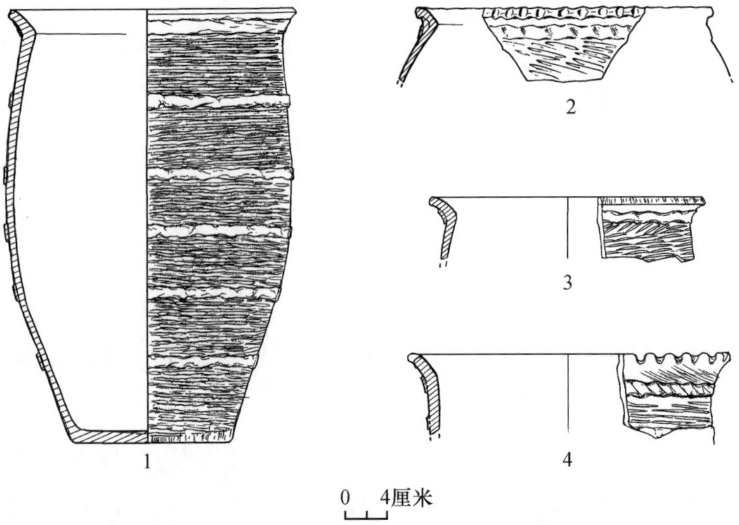

图8-14　庙底沟二期文化深腹罐（缸）纹饰

1. ⅠT0308H87：11　2. ⅠT0408H66：40　3. ⅠT0407H49：25　4. ⅠT0408H18：64

路观察判断是借助工具抹平，偶尔可见确切的手指抹痕。湿手抹平之后的内壁析出一层泥浆，遮盖了坯体表层粗粒，使得器物表面平滑。

器身装饰以篮纹为主，单用篮纹装饰的占50%，篮纹与附加堆纹组合使用的占42.86%，其余为绳纹装饰和绳纹与附加堆纹的组合装饰。深腹罐在装饰时有明显的纹饰偏好，多用篮纹与附加堆纹的组合。部分纯篮纹装饰见于标本残片，原器很可能还有附加堆纹。附加堆纹的作用除装饰外还有加固作用。

（二）鼎

标本数量较少，选择器形明确、保存状态较好的12件进行观察分析。标本多为足部残片。可复原口径鼎腹部的标本有2件，口径分别为20厘米和32.6厘米，足高约8厘米、宽3～6厘米、厚1.3～2.7厘米，器壁厚0.6～2.3厘米不等，高度不明。标本中有6件器表有烟炱痕，占总数的50%。

1. 原料和烧成

既有夹砂陶也有泥质陶，以夹砂陶为主，泥质陶占比极少。其中粗砂质陶11件，占总数的91.67%；粗泥质陶1件，占总数的8.33%。砂质陶胎中的砂粒分布较均匀，但器物个体间羼和料比例有差异，或许是根据不同用途来决定的。

标本中有10件（占83.33%）呈灰色，另外2件呈红色或褐色，烧制时以还原气氛为主。鼎足部分可能因为较厚，常见灰黑或青色的胎芯。

2. 成型

鼎可分为口沿、腹部和足部三部分，有各自的成型方式。

口沿部位的成型情况依据2件标本（H17：6、H49：10）来观察。标本H17：6侈口，斜折沿，方唇内凹，内沿折棱突出形成内敛口；标本H49：10侈口，斜折沿，沿面微鼓，圆唇（图8-15，2）。口沿与腹部相连接的部分经修整后均不见拼接痕迹，推测与罐类相似，是泥条（片）直接拼接到腹部顶端圈筑而成。

腹部的成型情况，依据3件标本（H17：6、H49：6、H49：10）观察判断，腹部由泥条成型法筑成。在H49：6内壁依稀可见泥条缝隙，在H17：6的内壁触摸有泥条凹凸感，但具体筑成方式是圈筑还是盘筑，暂不能判断。

足残存数量较多，但制作痕迹不明显，根据对H49：33制作较为粗糙的鼎足观察，推测其成型方式是捏塑法。根据有无装饰，鼎足大致可分为两类：甲类足，呈上宽下窄的梯形，横断面呈圆角长方形，表面平整，无附加装饰；乙类形状与甲类相似，外表面附加带凹窝的纵向凸棱一道。标本H8：43的凸棱打破了表面的篮纹，凸棱两侧有明显抹痕，证明凸棱与鼎足主体

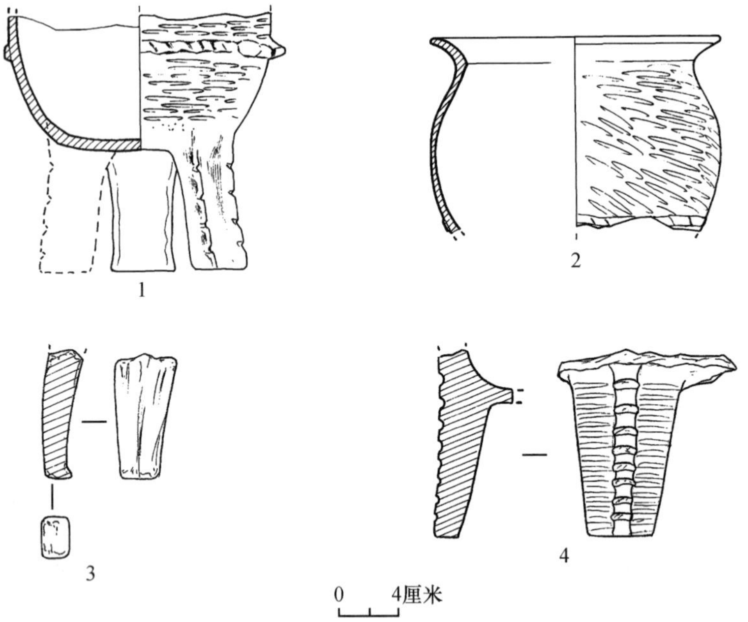

图8-15　庙底沟二期文化鼎纹饰

1. ⅠT0407H49：6　2. ⅠT0407H49：10　3. ⅠT0301Y1：29　4. ⅠT0308H8：43

是分次制成的（图8-15，4）；又如H65：5，在鼎足正面与腹部相交处，有明显的泥片粘贴痕迹。标本H49：6鼎足近似长方形，扁片状，中部凹陷成槽状，两侧凸起似附加堆纹，并压印锯齿状花边（图8-15，1）。

3. 修整和装饰

口沿修整的主要方法是按压、刮抹和慢轮修整。标本H49：10口沿与腹部相交处的内壁可见刮抹痕迹，应是在修整拼接造成的多余泥痕。2件标本沿面均有慢轮修整痕迹。标本H17：6的口沿表面不见砂粒，与其余部位暴露砂粒的情形明显不同，明显为修饰的结果。在口沿与腹部连接处的内壁可见少许泥浆冗余，是湿手抹平的证据。

腹部修整主要是拍打和刮抹两种方式。在标本H49：10内壁有明显的凹窝，应是拍打时内部使用陶垫留下的痕迹。腹外有篮纹者占总数的42%，施加附加堆纹者占50%。在H49：6腹部内壁布满无规律的抹痕，非人手抹平，应是借助某种织物或竹木片等工具抹平。

添加附件兼作为装饰的有3件（H17：6、H49：6、H49：10），在腹部安装有鋬。标本H49：6鸡冠形鋬与腹部拼接处的篮纹与附加堆纹被打断，表明鋬的添加是在成型、修整以及装饰结束之后（图8-15，1）。标本H17：6鋬呈波浪线，上有指纹，应是将鋬的泥条先安装好再按压出波浪纹。

足部修整的主要目的是加固其与腹部的连接，同时修整器表，主要手段是刮抹和按压。但仍有遗漏之处，如H80：3，在足背面与腹部相交处有缝隙。足部装饰主要施于乙类足，以带凹窝的凸棱作为装饰。有正面单条棱凸出的，如ⅠT0408③：50，呈上下等宽的长方形，正面凸棱宽约1.5厘米、凸起约1.5厘米，凸棱上按压深约0.5厘米的斜槽形成花边。有正面两条凸棱的，如H65：5，足正面有两条竖向平行的凸棱，棱上压刻出齿状纹痕。有正面内凹形成侧边两条棱的，如H49：6，平底下置三个扁凿状实足，足外侧中间是竖向凹槽，两侧凸棱上压刻有连续排列的齿状凹窝。少数鼎足表面施加纹饰，如H8：43正面及两侧面皆饰有篮纹，ⅠT0408③：50背面、两侧面及底面饰有绳纹。

（三）甑

甑出土数量少，目前仅有1件器形明确、保存状态较好的标本可观察分析。标本H12：28为甑底残片，仅可简单归纳其制作工艺如下。细泥褐陶，泥条圈筑成型法，在腹部内壁可见泥条鼓棱。甑孔是在器身完成后，从器底内面向下穿透而成。孔内光洁平滑，应是使用表面光滑的穿透工具快速穿透。腹底残存2个圆甑孔，直径约1厘米。腹部经过拍打修整，隐约可见凹窝。外壁刮削痕迹明显，刮削严重处可见泥条缝隙，内壁多手抹痕。甑外表素面。标本为褐陶，推测烧制后期为还原气氛，但颜色出现偏差。

二、饮食器的制作工艺

饮食器包括盘、杯、豆和钵四类器物。

（一）盘

出土数量较少，选择的11件标本进行观察分析，其中1件完整标本，其余为盘的口部、腹部和底部残片。盘的器物形态差别较大，尺寸也不相同，可复原口径最小者16.5厘米，最大38厘米，介于20～35厘米之间的有9件，约占81.82%。器壁厚1～2厘米，底厚1～2厘米，部分标本复原高度在4～6厘米之间。

1. 原料和烧成

标本既有夹砂陶也有泥质陶，泥质陶6件，其中3件为细泥质，3件为粗泥质，约占总数的54.55%；5件为粗砂陶，约占总数的45.45%。主要在还原气氛下烧成。个别器物为过渡色，可能是在不稳定的窑内气氛中烧成的。

2. 成型

根据口部及腹部特征可分为四类：甲类（图8-16，1），直口或敞口，无沿，浅腹；乙类（图8-16，3），敛口，斜弧腹；丙类（图8-16，4），敞口，折沿；丁类（图8-16，2），敞口，大折沿，斜弧腹或斜直壁。从器坯成型角度，可将上述四类归纳为两大类。一类无沿，由

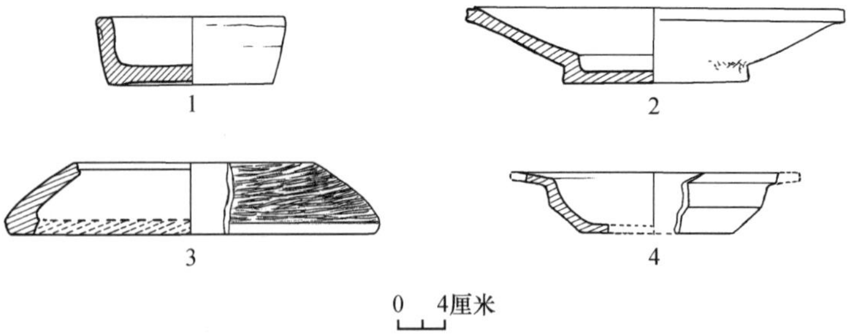

图8-16　庙底沟二期文化陶盘形态与装饰

1. ⅠT0407H66：2　2. ⅠT0407H20：2　3. ⅠT0407H20：18　4. ⅠT0301H81:31

腹和底两片泥料合成；另一类有沿，由沿、腹和底三片泥料组合而成。

甲类　标本H81：27、H81：15、H30：9和H18：3。形制相近，存在细微差异。其中H81：15、H81：27和H18：3均为直口平底，H81：27底部略向上凸起，H30：9为敞口平底，斜腹由泥条成型法筑成。在标本H66：2内外器壁均可见泥条缝隙，腹部泥条直接围筑于底部泥饼，内壁向底部推挤、按压，从而与底部连接。标本H81：27内壁也可见泥条缝隙。

乙类　标本H20：18和H46：22。标本H20：18，口沿与腹部一体，与底部分别成型。标本内壁凹凸不平，隐约可见泥条缝隙，根据对底部断茬和腹部内壁的观察，推测腹部由泥条直接在器底之上筑成。H46：22与H20：18器形相似，在烧制过程中腹部塌陷与底部粘连，造成烧制失败。

丙类　标本H81：31、H81：32和H72：18。标本H72：18，腹部外壁可见泥条痕迹，是手制泥条叠筑法制成盘壁，底部单独制成，可能与罐类、盆类的圆底一样为直接拍打滚压泥料而成。

丁类　标本H18：13和H20：2。标本 H20：2，宽大的口沿和较矮的腹片以泥条叠筑法制成，再与单独制成的圆底接到一起而成。在底部断茬可以看到泥块分层，可能是双层泥块分别制成内外腹壁，也可能是为使宽大的口沿不向下坠落，延长了口沿与腹部的连接。

3. 修整和装饰

甲类和乙类盘口部的与腹部修整应是同时进行的。素面者使用了刮抹法，有绳纹者用拍打法。

丙类和丁类盘有口沿，修整较为精细。D型盘的宽大口沿可能经过了两个阶段修整。第一阶段是单独成型后，像对待腹部泥条一样，经过拍打使其紧密结合。第二节阶段，将口沿按压连接到腹壁之后，通过刮削和抹平修整连接部位。如H20：2，沿面有不规律的抹痕；H72：18口沿外侧与腹衔接处刮削痕迹明显。

装饰简单，54.55%为通体素面或沿部磨光。H20：18在唇正中有一周凹弦纹、H81：27唇上磨光，如H18：13和H81：32沿面磨光。腹部有施加纹饰的，其中B型盘2件均施加篮纹。

（二）杯

杯出土数量不多，选择11件标本进行观察分析，其中6件可复原，2件残存口部与腹部，2件残存底部，1件为口沿残片。杯的形态、尺寸稍有差别，最小口径4.9厘米，最大口径10.8厘米，口径多在7～10厘米；最小高度3.2厘米，最大高度9.6厘米；器壁厚0.15～1.1厘米不等。

1. 原料和烧成

以泥质陶为主，其中细泥陶4件，粗泥陶3件；夹细砂和粗砂者各2件。11件标本中，灰陶9件、红陶1件、黑皮陶1件。烧制以还原气氛为主，偶有氧化气氛下烧成者和渗炭工艺。

2. 成型

根据器耳有无、足部形制及腹部整体特征分六型。

A型　3件标本，喇叭口杯，曲腹。底部圆泥饼单独制成，腹部泥条圈筑，两者结合后成型。标本T0303③：01，内壁泥条鼓棱断续可见，上下相叠均匀分布，为泥条圈筑法成型。标本H34：71（图8-17，6），先单独制作圆饼底，从底部开始用泥条法制成腹壁，在底腹交接处内壁有抹泥加固痕迹。

B型　标本H49：51，直口杯，弧腹（图8-17，1）。口沿薄，尖唇，腹部中间至底部略加厚。

C型　标本H85：4，敞口杯，斜弧腹，平底，似倒置的器盖（图8-17，4）。底部单独制作圆泥饼，在泥饼周边以泥条圈筑法制成腹部。在底部和腹部交接处可以看到明显的泥层分离。

D型　标本H87：52，微侈口，直腹杯，平底（图8-17，5）。整体用手捏而成，表面粗

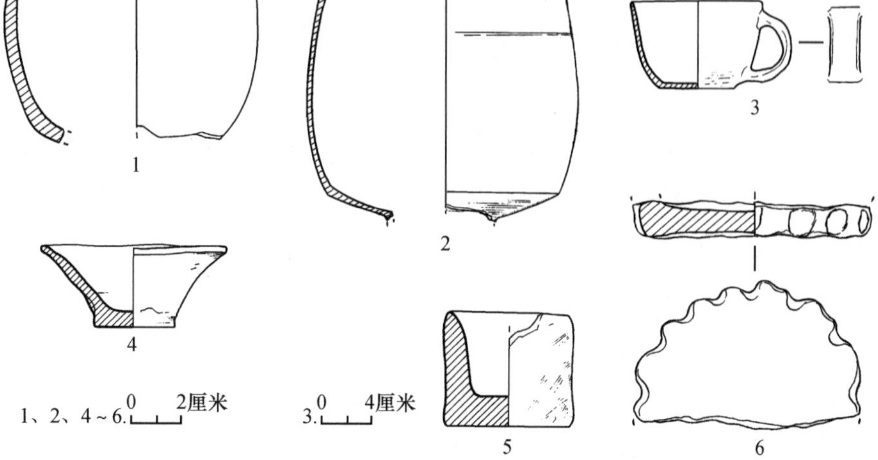

图8-17　庙底沟二期文化陶杯形态与装饰

1. Ⅰ T0407H49：51　2. Ⅰ T0407H49：4　3. Ⅰ T0407H49：1　4. Ⅰ T0407H85：4　5. Ⅰ T0308H87：52　6. Ⅰ T0407H34：71

糙，未经修整。

E型　标本H49：4，微敞口，高足杯，弧腹，器壁极薄（图8-17，2），底部可见轮制痕迹。

F型　敞口，单耳杯，弧腹，腹部有一竖向桥形耳，平底。杯壁薄约0.2厘米，杯体成型方式不能确定。标本H49：1（图8-17，3），口沿下至近底处置一拱形耳，耳由手捏制而成耳两端有黏结痕。标本H87：10，腹中部置一竖向拱形耳。

3. 修整和装饰

刮削是最常用的修整手段。杯表面有大量刮削痕迹。杯耳的黏结处会有刮削痕和抹平痕迹打破磨光。

装饰手法以器表微形态改变类为主，包括素面、磨光和花边底缘。器表施加纹饰次之，器表添加附件最少。标本中有4件磨光、2件花边装饰。磨光的方式多为断续横向绕圈打磨，磨光程度稍有差异。标本H34：71，在底部圆泥片，边缘上压到腹壁，在连接底、腹的同时，手捏修饰成花边。

器表施加纹饰的杯有篮纹2件、凹弦纹1件。标本H18：104器表篮纹的纹痕极浅，触摸感觉较明显，而标本H34：71器表篮纹的纹痕清晰深刻，向左上倾斜，每组有约6道。标本H49：4上施加一粗两细三周凹弦纹。

附件有耳和鋬手。F型单耳杯2件，均有桥形耳。标本H49：1，外沿置一鸟喙状小鋬，长约1厘米。

（三）豆

豆出土数量较少，选择4件标本进行观察分析，其中1件完整标本，3件仅存豆盘与豆柄结合处。完整器尺寸数据为：豆盘口径35.4、底径14.7、豆柄部上径8.5、柄足径19.7、通高25.4厘米。所选4件标本全部为泥质陶，其中3件细泥陶，1件粗泥陶。除1件褐色陶外，均在还原气氛下烧成，少数经过渗炭工艺处理。

豆盘和豆柄是器身的两个基本组成部分，从成型角度看豆盘又由盘底和盘腹两部分构成。

豆盘的腹部触摸有凹凸感，应是手制泥条筑成法制成的。大敞口盘上下径差距大，宜用倒筑法成型。豆盘底单独制成，盘腹与盘底的组合。标本H78：2和H66：50，豆盘，敞口幅度小的，可先制作盘底，再于盘底边缘处泥条正筑而成盘腹。

柄同样由泥条筑成法制成，圈筑法倒筑成型。标本内壁痕迹清晰，可见八圈宽1.5～2厘米的水平泥条，近底处还有一周清晰的泥条接缝，判断豆柄为泥条圈筑。作为标本的豆柄上细下粗，呈喇叭状，圈足着地部分类似罐类折沿，有细密平滑的轮修细纹。

豆盘与豆柄的组装结合方式，应为内外抹泥条黏结法。标本H78：2在豆盘和豆柄连接处断裂，有一圈泥条加固并有抹痕。在豆盘底部接豆柄部位，有一圈与柄径相当的凌乱的刻线，有利于结合处黏结牢固。

修整手法包括拍打、刮抹和慢轮修整。轮修的部位多是豆盘口沿，标本H49：7隐约可见轮修细纹。

豆盘、豆柄外壁，尤其是两者拼接之处，刮抹痕迹明显。豆盘的修整也常用刮削法，标本H66：50豆盘外壁布满刮削痕。

拍打痕迹不易发现，但泥条成型法制成的坯件进行拍打修整是不可省略的步骤。

豆的装饰几乎均为素面和磨光两大类。4件标本中有3件标本有磨光处理。磨光部位主要集中于豆盘口沿、内壁、豆柄外表，豆盘腹外磨光的较少。磨光的方式，一般豆盘内壁似为多8字形交错绕圈打磨，豆柄部则绕圈磨光。豆盘内壁磨光的作法，与其作为食器的用途有关，而豆盘及豆柄外表的磨光应当是出于美观需要。

（四）钵

出土数量较少，选择4件标本进行观察分析，其中3件为口沿残片，1件残存底部。钵器物形态相近，口径介于20厘米到32厘米之间，器壁厚0.6～1.1厘米。

4件的标本中，细泥陶1件、粗泥陶2件、细砂陶1件。灰陶3件、红陶1件，烧制多为还原气氛，也有少数在氧化气氛中烧成。

泥条圈筑法成型。标本H72：19腹内壁有泥条鼓棱，标本H20：6口沿外壁有一圈与口沿平行的泥条接缝。标本H72：19为底部与腹部的交接处断茬显示，腹部泥条自底部外围开始盘绕，在底部四周略有隆起，类似圈足。腹部与底部交接处的壁厚大于器壁与器底部分。

口部内外经刮削、轮修和手抹，呈素面，均有慢轮修整后所留的细密轮纹。

标本H20：6腹部外壁上部素面、下部磨光；标本H15：54外壁全部磨光。外壁磨光的钵，其内壁抹纹明显，较为平滑。标本H15：54口沿内壁，磨痕以横向为主，倾斜角度较小。

器身用拍打、刮削和抹平方式修整，多素面。标本H20：6的腹外留有较多刮痕，器壁平整。标本H15：54 的内壁有不规律的较深抹纹，抹纹之间细密平行，每组宽约2厘米，不似手抹，可能使用了某种织物或带纹工具。

标本H72：19下腹部有横向篮纹，经手抹后，上部篮纹有些模糊。标本H29：57腹部篮纹纹痕较浅较宽。

三、盛储器的制作工艺

盛储器主要包括盆、瓮、罐、尖底瓶、壶、缸六类器物。

（一）盆

选择26件标本，其中口沿残片共15件，其余为器身和底部残片。盆器物形态较为接近，口径介于18.9至40.1厘米之间，器壁厚约0.6厘米，底厚约0.8厘米。根据口部及腹部特征可分为三型：A型，折沿，斜弧腹；B型，敞口，斜弧近直腹；C型，侈口，斜腹。

1. 原料

所选的26件标本，以泥质陶为主，共有21件，其中13件为细泥质，占标本总数的50%；8件为粗砂质，占总数的30.77%。其余5件中夹细砂者3件，夹粗砂者2件。

盆以灰陶为主，占88.46%，可知烧制陶盆时以还原气氛为主。标本H49：19为褐色陶。标本H87：9为黑（皮）陶。表明氧化气氛和渗炭技术。

2. 成型

从成型角度看，盆由口沿、腹和底三部分构成。口沿主要是斜沿或斜折沿。口沿是在器腹坯上端附加一周宽泥片圈筑而成。标本H87：32，口沿宽约3厘米，在口沿与腹相交之处的内壁上有明显的泥条缝隙。标本H87：5（图8-18，3），口沿宽约4.5厘米，在口沿背面可见清晰的泥条接缝，泥条痕迹宽1.6～2厘米。B型盆标本H15：3（图8-18，1）口略直，无折沿，制作痕迹不明显，口部与腹部壁厚相同，可能是一次性用泥条筑成。C型盆标本H66：10（图8-18，2）在口部外侈处，器壁加厚约0.3厘米，加厚宽度约2厘米，器壁侧面观察类似折沿。

A型盆H18：42，由泥条盘筑而成（图8-18，4），在腹部的外壁可见三条清晰的泥条接

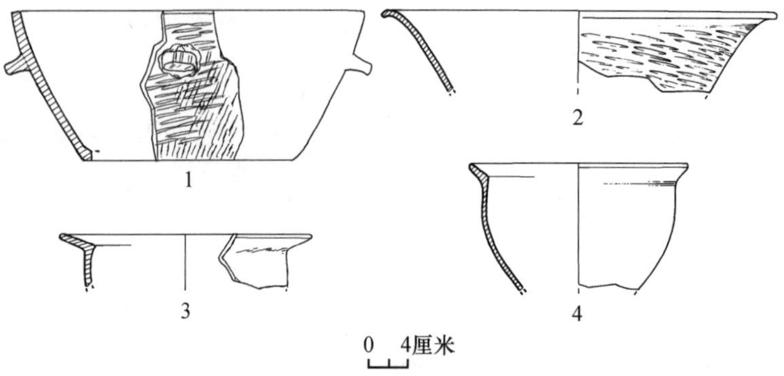

图8-18　庙底沟二期文化陶盆形态与装饰

1. Ⅰ T0203H15：3　2. Ⅰ T0408H66：10　3. Ⅰ T0308H87：5　4. Ⅰ T0408H18：42

缝，长2～10厘米，两条清晰的泥条分别宽1.6和3厘米。内壁隐约可见泥条接缝。

B型盆，由残存的凹窝判断是泥条筑成。腹与底交接处的断茬仍在，据断茬处的观察推测底部的拼接方式。B型盆的腹壁倾斜角度较大，约有60°，为使底部更好地与腹壁结合，腹壁泥条自弧度最大处向下逐渐加宽，由0.8厘米至1.4～1.6厘米。盆底泥片外缘向上包裹腹壁下端，延展约3厘米。

3. 修整

口沿的修整手法有按压、刮削和抹平。标本H87：32，口沿向腹内延伸最长处约在口沿下1厘米，可见长约10厘米的泥条接缝，表面有抹痕。应是用手或工具将口沿与腹的结合压实后，再将痕迹抹平。标本H15：3口沿有轮修痕迹，平整光滑。慢轮修整一般在所有修整结束之后，标本H80：5在装饰弦纹的口沿上有细密的慢轮修整痕迹。

腹部的修整以拍打为主，辅之以抹平法。标本H15：3和标本H72：16，腹部内壁有凹窝，是拍打的证据。标本H18：42外壁在修整时过度刮削，使表面泥条接缝外露。在腹部内壁，常见细密均匀的长抹痕，可能使用纤维制品涂抹。

4. 装饰

盆的装饰集中于腹部，口沿和底部装饰较少。

标本中磨光的占76.92%，磨光部位不仅限于口沿，更多的是内外壁。口沿装饰除磨光外还有弦纹，标本H80：5，内沿折棱凸出形成内敛口，沿面上饰五周凹弦纹，平滑规整，应是借助慢轮用尖硬工具表刻画而成的。

腹部的装饰手法有器表施加纹饰、器表微形态改变以及器表添加附件等。除占总数34.62%的9件素面盆外，施加绳纹的有1件、弦纹的2件、篮纹的3件。

标本H72：16和标本H87：32，在腹部添加有鋬。标本H15：3鋬与腹部拼接处的器表粗糙，周围篮纹被打断，由此判断鋬的添加是在成型、修整以及装饰结束之后。

（二）瓮

选择15件标本观察分析。瓮的口径介于19.7厘米到38厘米之间。器壁厚约0.6厘米，底厚约0.8厘米。以泥质陶为主，共11件，其中6件为细泥，5件为粗泥。夹细砂者3件，夹粗砂者1件。陶胎中砂料分布均匀。标本中有66.67%呈灰色，20%呈红色，此外褐陶与黑皮陶各1件。可见烧制时以还原气氛为主，少部分在氧化气氛下烧成，也有烧成环境不稳定者。渗炭工艺也应用于局部。

瓮由口沿、腹和底三部分构成，标本根据口部及腹部特征可分为两型：A型，子母口；B型，无子母口。A型瓮有4件标本，以泥条筑成为主，标本H87：2、标本H87：53内壁有泥条接缝、泥条鼓棱等泥条成型的痕迹，泥条宽1.5～1.8厘米。

子母口的成型方法细分为两种。一种是使口部泥片变薄内凹，形成子母口，标本ⅠT0203③：89（图8-19，3）和标本ⅠT0203③：90；一种是在口部附加泥条，使口部外侧加厚凸起，形成子母口，如标本H87：53（图8-19，1）和标本H87：2（图8-19，2）。

B型瓮有标本9件，除无子母口外与A型瓮形态相似，标本仅存口部和上腹。以泥条筑成为主，标本H16：14、标本H49：14在腹部鼓起转折处易见泥条成型的痕迹——泥条缝隙。

瓮的敛口与腹部为整体修整，可一体进行。修整手法有拍打、刮削、抹平和慢轮修整等。标本H87：3的内壁仍可见圆形垫窝。由于瓮多磨光，外壁刮削必不可少，如标本H70：127，外壁多横向刮削痕迹，但也有如标本H16：14，在弦纹下刮削过深，露出泥条接缝。标本H12：64，上腹内壁有较深横向抹痕。口唇部或口部内壁可见轮修细纹，如标本H74：34、H87：2等。

瓮最常用的装饰手段是磨光，15件标本中就有11件经过磨光处理，磨光部位主要是口部与上腹打磨的方式多为断续横向绕圈交错磨光，如标本H16：14和标本H74：34。

其次是添加鋬，15件标本中有6件添加鋬，部分标本残存较少，不能确定是否有鋬。鋬的添加位置不一，有的紧贴在口沿，有的在上腹近口沿处。鋬的形状也较为多样，既有圆形鋬，也有鸭嘴状和鸟喙状鋬（图8-19，4）。

再次是器表施加篮纹、弦纹和绳纹。施加篮纹的有3件（标本T0203③：89、标本T0203③：90、标本H87：53），都属于A型有子母口的瓮，篮纹施加在腹部。其中H87：53器表磨光，表面篮纹模糊，推测是以带篮纹陶拍进行拍打，后进行磨光处理，但未将篮纹完全抹平。施加弦纹的有4件，弦纹一周常施加于上腹部转折处，平滑刻划且纹痕较深。标本H74：33施加绳纹，与篮纹的施加相似。

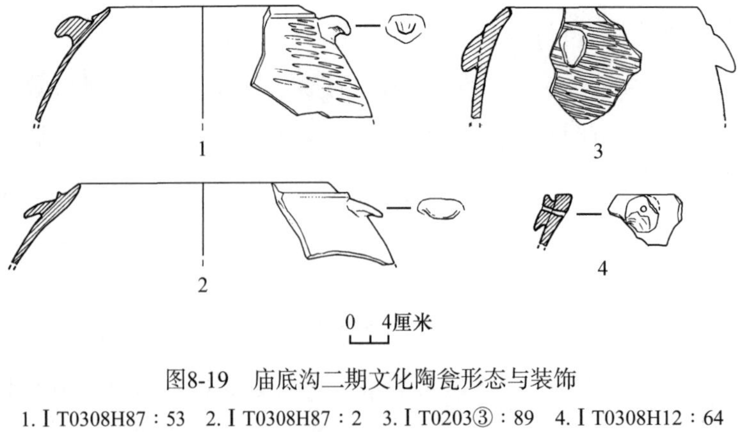

图8-19　庙底沟二期文化陶瓮形态与装饰

1. ⅠT0308H87：53　2. ⅠT0308H87：2　3. ⅠT0203③：89　4. ⅠT0308H12：64

（三）泥质罐

泥质罐标本10件，形态、尺寸相近，口径介于20～30厘米之间，器壁厚约0.6厘米，底厚1～3.9厘米。10件标本中有6件粗泥陶，3件细砂质，1件为细泥陶。因胎质细含砂比例较低，手触目测较接近泥质陶，故将细砂质也归于泥质罐。所有均在还原气氛中烧成，其中有一件经过渗炭处理。

成型方法上，泥质罐分为口沿、器身和器底三部分，未见器底标本。器身和口沿均由泥条成型法筑成。修整精细，内壁残留的隐约泥条接缝，泥质罐体量较大，且多为大口、鼓腹、小底，器身上下粗细差别大且渐次有变化，使用泥条圈筑法应更便于成型。

修整手段有抹平、刮削、拍打和慢轮修整等，并以弦纹、磨光等手法装饰。

口沿和领部使用刮抹修、湿手修抹和慢轮修整，呈素面，并有细密轮纹。高领外侧常见刮痕，多为一周长度接近口、领部位的竖向刮痕；内侧经过横向刮修或湿手抹平。领部施凹弦纹者5件。标本H38：3领下部饰两周浅凹弦纹，其下带一圈刮痕，刮痕上戳印小圆窝。部分口沿磨光。领与肩部交接处多施加凹弦纹，个别的还加贴泥饼。

器身的修整以拍打为主，腹部外表多拍印篮纹，一些标本腹内壁可见残留垫窝，垫窝有椭圆角形、圆凹窝形等，标本H70：8发现圆形凹窝，直径约2厘米；标本H70：11的一组椭圆角形凹窝，前浅后深，最深处似圆形，直径约3厘米。器身内壁也可见抹平修整痕迹。修整后，上腹部留有篮纹、施加凹弦纹者各7件，其中既有篮纹又有凹弦纹者5件，应是偏好篮纹+凹弦纹的纹饰搭配。

（四）尖底瓶

尖底瓶出土数量较大，在各遗迹单位的出现频率较高，但是否属于庙底沟二期，学界观点不一。从陶质、陶色、纹饰以及器形看，与庙底沟二期典型陶器如深腹罐、缸、折腹高柄豆（盘）等共存的这类器物，应归于庙底沟二期阶段。现选择符合条件的7件进行观察分析。标本中5件为细砂质，1件为粗砂质，1件为泥质。尖底瓶以灰色为主，当在还原气氛下烧成。

尖底瓶分三段，由泥条成型法筑成。口沿、折肩和上腹部是圈筑而成，下腹到底部用盘筑法制成，在标本H49：34的底部内壁，泥条痕迹清晰可见，泥条宽约1.5厘米，顺时针盘旋而上。

口沿部分的修整除抹平、刮削外还有慢轮修整。

器身的修整以拍打法为主，最显著的痕迹是遍布器身的篮纹，肩部与腹部的篮纹方向不固定，既有肩部斜向、腹部横向，也有肩部横向、腹部斜向。推测拍打不同部位时，器坯的放置情况不同。7件标本全部以篮纹装饰。弦纹和附加堆纹少见，标本H49：8折肩处有一周粗凹弦纹，标本H72：12颈肩相接处施加一周附加堆纹，兼具加固作用。

（五）壶

壶是对高领、鼓腹、有肩、平底一类器物的通称，多侈口或喇叭口，鼓肩、斜肩或溜肩。选择5件标本进行观察分析。5件标本中，粗泥陶2件、细砂陶3件。细砂质陶中羼入少量0.1毫米砂粒，如标本H28：13。5件标本中，灰陶2件，褐陶3件，褐陶颜色亦偏灰，烧制气氛或为较完整的还原气氛，或在气氛不稳定的窑内环境中烧成。

根据领肩之间转接程度不同分为两型：A型，领肩相接处转折较明显；B型，领与肩相接处呈弧线形自然过渡。

口沿、颈部和肩部成型方法为手制泥条筑成法。颈肩部内壁可见泥条接缝、鼓棱等泥条筑成法遗留的痕迹，呈水平状，当为圈筑。如标本H20：1，在颈部有2条泥条缝隙，泥条宽约2厘米。口沿、颈部、肩部三者的连接方式应为套接法。口沿与颈部连接处内壁有较为密集的修抹痕迹。颈部和肩部套接处的痕迹明显，如标本H49：16，在颈部下方与肩部连接之处有明显厚薄不同的两层泥层，颈部向下泥层较薄，颈部向上延展泥条较厚，颈部在内肩部在外。标本H87：54颈部内壁隐约仍可见薄泥层。肩部与腹的连接方式因未见典型样本，暂时未知。

对标本H28：13侧面断茬处的观察，腹、底结合方式是在圆底上侧直接筑成器腹，结合处抹泥加固。

口沿部位用慢轮修整，轮纹细密，呈同心圆状。标本H49：16口沿内外轮纹呈少许波浪形曲折，口部呈非规整的圆形，判断当时轮盘转速不均。轮修后口沿呈素面。

领至肩部修整后，往往有手抹、刮削等痕迹。标本H87：54颈部和肩部相交处的内壁上有较凌乱的手指抹痕，其他部位还有较为规整的抹痕。颈部外壁的刮削最明显。标本H49：16颈部修长，在外壁有规律的竖向刮削痕迹。

器表主体用拍打法修整，以篮纹拍为主，肩部和腹部篮纹以横向的居多。标本H69：1颈肩交接处饰两道凹弦纹，其间又饰数道竖向刻划纹。标本H20：1颈肩交接处有两周条状附加堆纹，其上可见按压留下的指痕。按压时并非手指指腹全部压下，而是用指尖横向推挤，形成褶皱状的花瓣形。标本H87：54颈肩交接处饰一周附加堆纹，是圆滑流畅的条状。颈肩交接处的附加堆纹兼具加固作用。

（六）缸

缸形态与夹砂深腹罐相同，唯体量较大，口径在30厘米以上，高度超过40厘米者归入缸。共7件标本，各个工艺流程和具体做法与夹砂深腹罐无大差异，此处从略。

四、其他器类的制作工艺

主要指刻槽盆和器盖。

（一）刻槽盆

16件标本全部为夹砂陶，其中4件为细砂质，2件为粗砂质。陶胎中砂粒分布较均匀。除标本H42∶1以外，皆为灰陶，烧制时以还原气氛为主。

刻槽盆口部可分为两种，一种是敞口微敛，一种是敞口折沿。口沿厚度与腹部接近且高度较小，推测由泥条圈筑法一体筑成，无明显的拼接痕迹。底部制作痕迹不明，对底部与腹部连接处的观察推测，底部单独拍打成型后，与腹部拼接为一体。

刻槽盆内壁的深沟刻槽是其最大特征，刻槽方式多样。刻槽自口沿向下1～4厘米开始，槽深约0.2厘米，宽约0.2厘米，由尖锐的片状工具刻划而成。槽形有两种：一种是竖直平行刻槽，既有由口部向下刻划的也有由底部向上刻划的；一种是在网格状刻槽，有平行竖槽与平行竖槽相交，形成方格状等（图8-20），还有刻槽较为凌乱者。

口部的修整主要手段是抹平和慢轮修整。如标本H42∶1，在口部内壁有轮修痕迹。腹部的修整手段应是拍打和抹平。口沿装饰主要是花边，所选标本中有4件，占总数的33.33%。其中标本H81∶1和标本H30∶14是在口部的方唇边缘压刻花边，刻痕较浅；标本H74∶5和标本H19∶4唇部厚于腹部，尤其是标本H19∶4，斜向按压较深的花边痕迹，推测是用左手拇指侧边向斜前方用力按压而成；标本H80∶5，内沿折棱凸出形成内敛口，沿面上饰五周凹弦纹，平

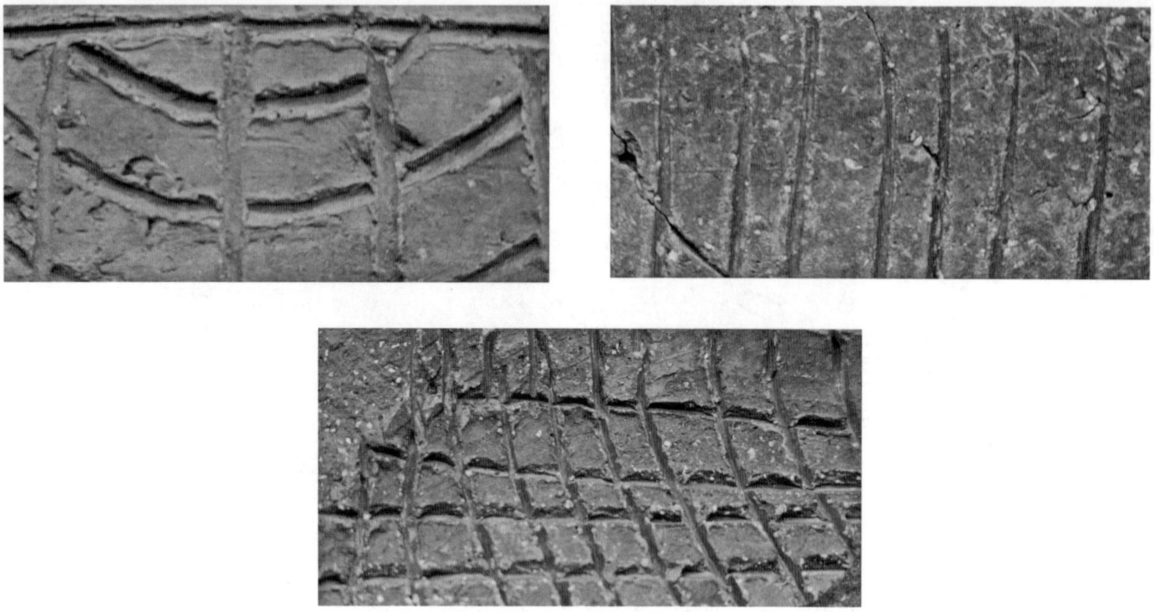

图8-20　刻槽盆内壁凹槽样式

滑规整，应是借助慢轮在器表刻划而成的。

腹部的装饰手法有器表施加纹饰和添加附件两种。篮纹是主要纹饰，占总数的81.25%；施加附加堆纹的有4件，施加弦纹的有1件。标本H78：3有鋬，兼用实用和装饰功能。

底部的修整使用了按压、拍打、刮削等方法。标本Y3：23，底部外壁可见清晰的刮削痕迹。

（二）器盖

选择21件标本进行观察分析。

器盖可分为捉手和伞状盖体两部分，根据捉手与盖体结合方式的不同将其分为A型和B型。A型是指捉手与器盖之间存在柱状间隔，捉手与盖体相对独立；B型是指捉手与盖体之间不存在间隔，浑然一体。器盖以夹砂陶为主，共有19件，其中10件为细砂质，9件为粗砂质，砂粒分布较均匀。标本中有63.64%呈灰色，以还原气氛烧成；少量呈红褐色，在氧化气氛下烧成。

A型器盖形似豆，尺寸较小，从原料成型到装饰和烧制均略同豆，而可能稍有简略，此处不重复，如标本H87：41（图8-21，2）。B型器盖的捉手分为花边形和圈足形两种。由盖体与捉手相连处部分观察，可能是先泥塑和拍打制成饼形捉手，再于其上由泥条法筑成盖体，如标本H49：39（图8-21，3），外壁有明显的泥条痕迹。整体上进行是抹平和刮削，边缘部分慢轮修整。捉手和盖体连接处有明显修整痕迹。

近50%标本捉手部位呈花边形，制法有上翻成花边、下翻成花边和边缘压印成花边等三种。标本H49：39，将捉手边缘用手指向上按压出凹槽形花边，由相邻两个凹槽的指痕推测，是左右拇指同时用力按压制成的。下翻式是将捉手边缘用手指向下按压出凹槽形，如标本H20：7（图8-21，1）。边缘成花边是在捉手边缘以工具刻画或按压出凹槽，形成花边。如标本H49：38（图8-21，4），在边缘以工具按压了细密凹槽捉手呈花边造型，除装饰外，可能还具实用功能，手持牢固取放安稳。

盖体装饰以素面为主，占总标本数的54.55%。其他的有绳纹、篮纹、线纹、磨光等。

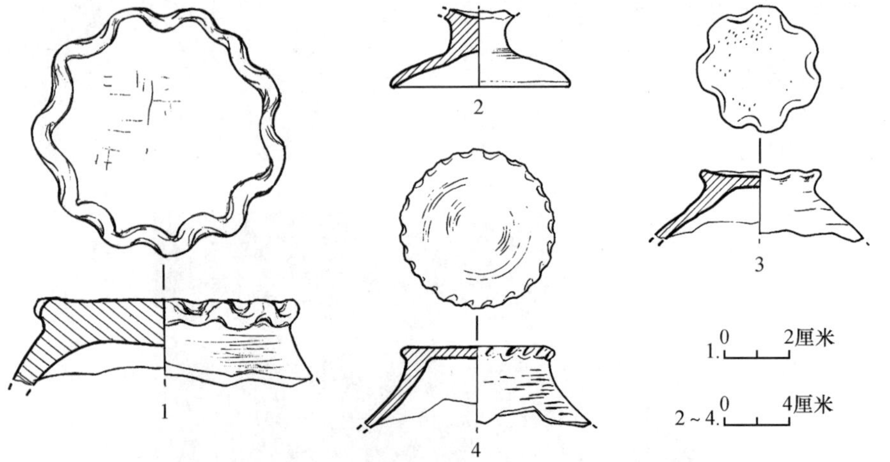

图8-21　庙底沟二期文化器盖形态与装饰

1. Ⅰ T0408H20：7　2. Ⅰ T0308H87：41　3. Ⅰ T0407H49：39　4. Ⅰ T0407H49：38

第三节　与一、三期陶器制作工艺的对比

米家崖遗址新石器时代遗存包含仰韶晚期、庙底沟二期和客省庄文化三个时期[①]。庙底沟二期遗存在米家崖遗址乃至整个关中地区的史前文化序列中，处于关键位置。通过对比三个时期的制陶工艺，寻找庙底沟二期文化制陶工艺的传承与延续，对于深入了解三支考古学文化之间的联系具有重要作用。

一、与一期制陶工艺的对比

米家崖遗址第一期文化遗存与渭河流域已发现的宝鸡福临堡三期遗存、扶风案板二期遗存、西安半坡四期遗存和临潼姜寨四期遗存较为接近，应属于渭河流域的仰韶时代晚期遗存[②]。多处地层关系表明，仰韶晚期遗存时代早于庙底沟二期文化，分布在同一地区的这两支文化发展过程中应存在联系。本节对比所用仰韶文化晚期陶器的资料为米家崖遗址2010～2011年考古发掘成果[③]，同时参考《西安米家崖：新石器时代遗址2004～2006 年考古发掘报告》提供的信息。

（一）陶器原料对比

2010～2011年发掘区域内获得以灰坑为主的仰韶晚期26个遗迹单位，出现器类10余种，包括夹砂罐、钵、盆、瓮、尖底瓶、器盖、泥质罐、缸、杯、甑等，出现频率较高的是前5～6种，均在50%以上（即超过13个遗迹单位发现此器类），尤其是夹砂罐，出现频率高达92.31%。庙底沟二期共有30个遗迹单位，共出现器类15种，包括夹砂深腹罐、缸、盆、器盖、刻槽盆、尖底瓶、盘、器盖、瓮、豆、鼎、杯、壶、钵、泥质罐、甑等，夹砂深腹罐（缸）在27个遗迹单位中皆有发现，出现频率高达90%，器盖与盆出现频率较高，约为46.67%。

经过对H1、H2、H19、H47、H48、H51、H54、H56、H57、H69、H76等仰韶晚期灰坑出土的1024片陶片进行统计，泥质陶占40.04%，夹砂陶占59.96%。相比之下，夹砂陶比例远低于庙底沟二期文化，而泥质陶的比例较高。

---

① 陕西省考古研究院：《西安米家崖：新石器时代遗址2004～2006 年考古发掘报告》，科学出版社，2012年。

② 陕西省考古研究院：《西安米家崖：新石器时代遗址2004～2006 年考古发掘报告》，科学出版社，2012年。

③ 本书上卷。

仰韶晚期与庙底沟二期在陶器原料构成上存在差异，但二者对器物的使用有相似之处，尤其是作为炊器的夹砂罐。仰韶晚期的夹砂罐和庙底沟二期的夹砂深腹罐出现频率最高且频率相近。出现频率较高且相近的器类还有器盖。两支文化在这方面应该存在继承关系。

（二）器坯成型与修整的对比

仰韶文化多数陶器的成型方法均为手制，大型器如尖底瓶、瓶、夹砂罐、瓮、盆等为泥条盘筑法分段制成，然后拼接为一体；小型器如碗、杯、器盖为捏塑法制成。大型夹砂深腹罐和缸的腹部贴附多周附加堆纹，可起到加固器体、防止断裂的作用。多数陶器经拍打、刮抹修整，口沿经慢轮修整。

庙底沟二期文化陶器成型方法也是泥条盘筑和捏塑两种。器物多由口沿、器身、器底和附件构成，用泥条筑成法分段制成，再拼接为整体。小型器物和附件多为捏塑。修整方法有拍打、滚压、刮削、抹平、慢轮修整等，器腹主体部分以拍打为主，口沿多经慢轮修整。

在器坯成型和修整方面，二者共性较强。不过庙底沟二期在器物拼接方法上较仰韶文化复杂、多样。

（三）陶器装饰和烧成的对比

仰韶文化陶器装饰方面，素面占39.16%、磨光占55.53%、绳纹和绳纺与附加堆纹组合使用之和，占总数的26.27%；线纹与弦断线纹之和，占12%。另有少量的弦纹、戳印纹、附加堆纹、小圆泥饼和按压纹等。素面多见于夹砂罐、瓮、盆、钵、盘、器盖等器；磨光多见于盆、钵、盘等器；绳纹、绳纹+附加堆纹多见于夹砂罐和瓮；线纹、弦纹、弦断线纹和小圆泥饼多见于尖底瓶。

庙底沟二期，篮纹及其与附加堆纹等纹饰组合数量之和，占总数的86%以上。磨光与素面共占8.45，与仰韶晚期间差异鲜明。仰韶晚期的素面（磨光）比例高，绳纹和附加堆纹比例小，基本不见篮纹；庙底沟二期大量使用篮纹与附件堆纹，素面与磨光比例小。这与仰韶文化泥质陶比例高适用素面和磨光和庙底沟二期夹砂陶比例极高需要拍打修整的器类特征相关。篮纹是庙底沟二期文化的突出特征。

仰韶晚期红陶占77.84%，以氧化气氛烧制为主；灰陶占22.06%，也使用一定比例的还原性气氛。庙底沟二期在还原气氛下烧成的器物占据绝大多数，只有少量是氧化气氛下烧成的（表8-5、图8-22）。

表8-5　仰韶晚期与庙底沟二期各主要陶质、陶色与纹饰占比

项目		仰韶晚期	庙底沟二期
质地	夹砂陶	59.96%	90.01%
	泥质陶	40.04%	9.90%
颜色	灰陶	22.06%	98.31%
	红陶	77.84%	1.57%
	黑陶		0.12%
装饰和纹饰	篮纹		22.83%
	绳纹	11.62%	
	磨光	55.53%	5.43%
	素面	39.16%	3.02%
	绳纹+附加堆纹	14.56%	
	篮纹+附加堆纹		55.31%

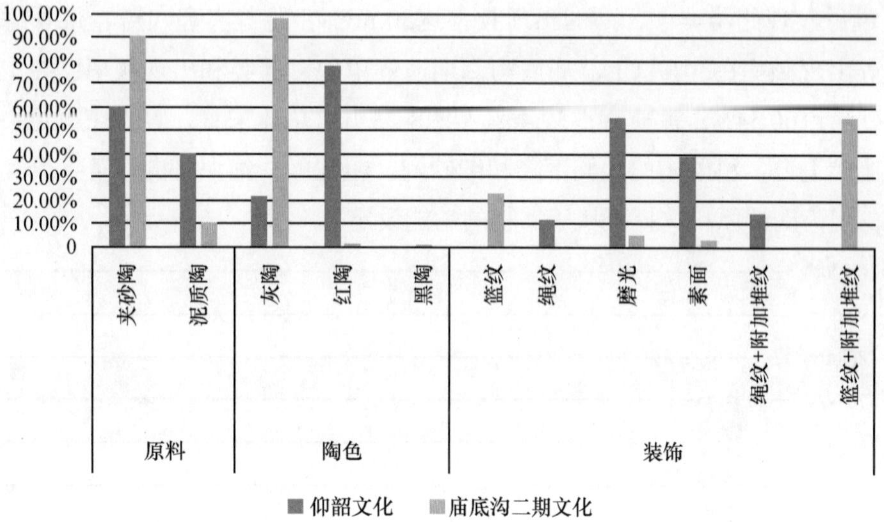

图8-22　仰韶晚期与庙底沟二期陶质与纹饰比例

两个时期的差异表现在原料选择、装饰手法和烧制气氛等三个方面。仰韶文化夹砂陶与泥质陶的比例接近，庙底沟二期夹砂陶比例高达90%。仰韶文化多用磨光与素面，绳纹、线纹、附加堆纹等较常见，但比例不高；庙底沟二期以篮纹为主，磨光与素面比例低。仰韶主要使用氧化气氛，庙底沟二期主要使用还原气氛。两个时期相同之处表现在成型方法、修整手法和装饰思路上，前文已详述，此从略。

二、与三期制陶工艺的对比

米家崖遗址第三期文化遗存属于较典型的客省庄文化。米家崖遗址客省庄文化的制陶工艺，已有硕士学位论文《西安米家崖遗址客省庄文化制陶工艺观察及相关研究》进行了较为全面和系统的梳理[①]。本节对比综合参考2010～2011年考古发掘成果和已有研究结果。

（一）陶器原料对比

客省庄文化36个遗迹单位出现器类17种，包括鬲、壶（喇叭口折肩罐）、豆、无耳圆腹罐、斝、器盖、窖穴盖、单耳罐、双耳罐、三耳罐、鬶（盉）、杯、圈足盘、盂、带流盆、甑等。出现频率较高的有单把鬲、壶、豆（圈足盘）、无耳圆腹罐、斝等，均在50%以上（即超过18个遗迹单位发现此器类），鬲的出现频率达80.56%。器盖、窖穴盖、带耳罐（单耳、双耳、三耳）等出现频率在30%以上。庙底沟二期遗迹单位、器类和出现频率已在上节叙述。客省庄文化夹砂陶占60.54%，泥质陶占39.46%（图8-23）。总体来看，客省庄文化夹砂陶比例降低，泥质陶比例上升。粗砂陶的大幅下降和细砂陶、粗泥陶、细泥陶的显著上升，实则器类变化密切相关，因为陶器原料选择服从于器物的功能设定。

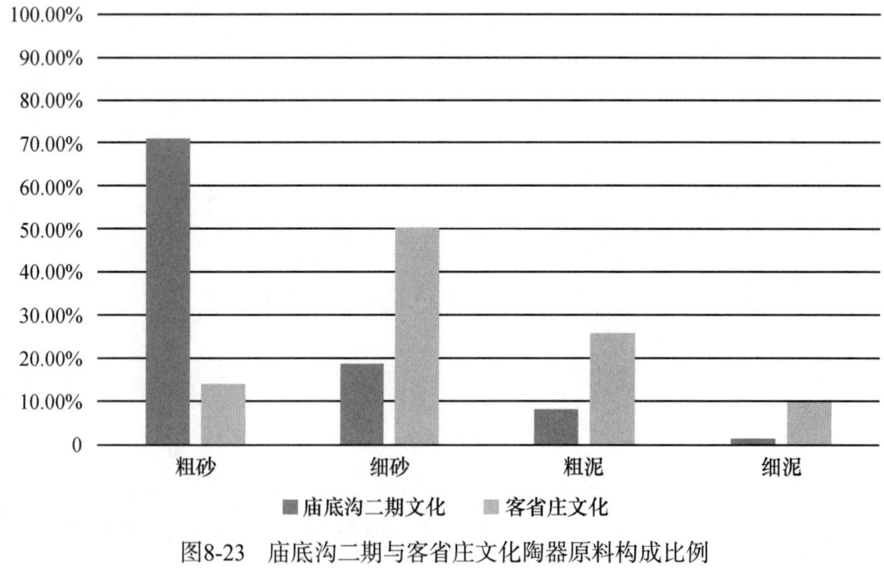

图8-23　庙底沟二期与客省庄文化陶器原料构成比例

① 凌达彬：《西安米家崖遗址客省庄文化制陶工艺观察及相关研究》，陕西师范大学硕士学位论文，2014年。主要内容见本书第九章。

（二）器坯成型和修整的对比

庙底沟二期文化陶器的成型和修整如前所述。客省庄文化陶器以手制为主，泥条盘筑和圈筑成型法是主要的成型方法，此外还使用捏塑、贴塑等手法。轮制法的出现和模制法的使用，是重要特征。鬲、斝、鬶（盉）等，部分标本内壁可见“反绳纹”，推测是模制器物。快轮制器少见。另外，还有一种成型方法的辅助性加固手段，即塞加泥芯法。

两者器身制作多用泥条筑成法，大型器物多是分段制作各部位，然后拼（套）接成一体；附件和小件器多用捏塑法，具有相似性。客省庄文化采用了模制、轮制两种新的成型方式，较庙底沟二期更加多样，制作技术和流程规范程度提高。

客省庄文化陶器的修整技法，与庙底沟二期大体相似，只是在某些环节更加细化。

（三）装饰和烧成的对比

庙底沟二期文化装饰的类别、技法及其与器类之间的关系，俱如前述。客省庄文化装饰上，绳纹占31.54%、篮纹占23.61%、素面并磨光占10.58%、磨光+篮纹占8.49%，素面占6.06%。另外还有贴塑泥饼、弦纹、附加堆纹、按压纹、戳印纹等。绳纹多见于鬲和圆腹罐，篮纹多见于斝、瓮、壶、豆、圈足盘、窖穴盖等器；磨光多见于豆、杯、盘、器盖。装饰种类与器形及部位间的对应关系复杂，同时又有一定规律可循。同一器类可能饰有同种纹饰，而同一纹饰可施加于多个器类，同一器类的相同部位往往有其相对固定的装饰布局。

庙底沟二期和客省庄文化的装饰种类和手法基本相似，也存在一定的差异。庙底沟二期文化极度偏好篮纹，绳纹少见，而客省庄文化绳纹与篮纹并重，而绳纹更突出些。纹饰搭配上，篮纹+附件堆纹的组合鲜见，磨光+弦纹+篮纹、绳纹+篮纹、绳纹+小圆泥饼等组合出现。

庙底沟二期陶器烧成气氛技术状况，已如前述。客省庄文化灰陶占92%、红、褐陶占7.39%、黑陶占0.6%。陶器整体上以灰色为主，绝大多数器类也以灰色为主，烧制主要在还原气氛下完成，也有少部位为氧化气氛，如鬶（盉）类陶器，皆为红（褐）陶。实施渗炭技术的器类，多是喇叭口折肩罐、敛口折肩瓮、豆、帽形器盖等盛储器、水（酒）器和食器。泥质陶质地清脆，有烧流陶器或高温变形现象，窑内所能达到的温度较高。

综上，庙底沟二期和客省庄文化陶器制作在原料、成型与修整、装饰与烧成等各环节，既有明显的差异，也表现出较强的共性（图8-24）。

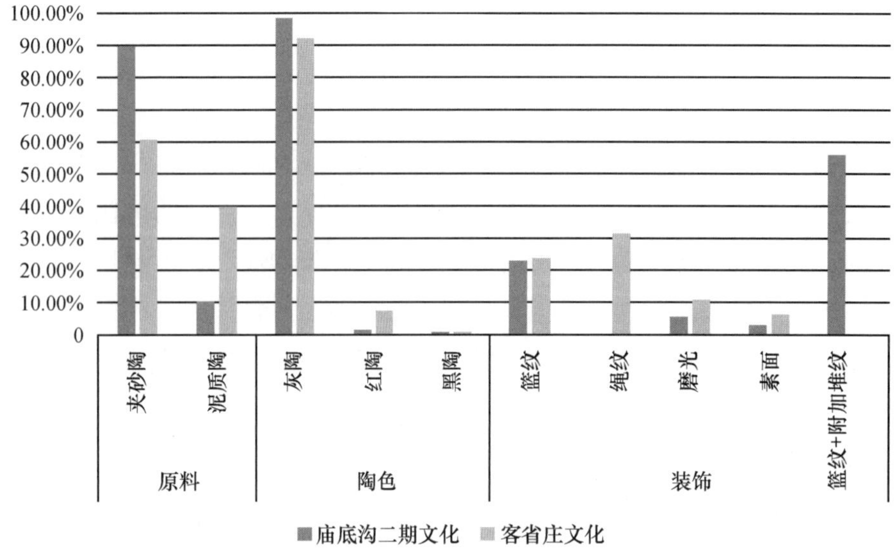

图8-24　庙底沟二期与客省庄文化陶器质地与纹饰对比

三、由制陶工艺看三期文化之间的联系

庙底沟二期、仰韶晚期和客省庄文化三者之间，从制陶工艺角度看应存在联系。

（一）与仰韶文化制陶工艺的联系

庙底沟二期文化器物的使用与仰韶文化有相似之处。二者均以深腹类的罐作炊器，出现频率最高的器类分别夹砂罐（仰韶晚期）和夹砂深腹罐（庙底沟二期）。庙底沟二期文化虽已经出现炊器鼎，但数量很少，夹砂深腹罐的使用更广泛一些。同样出现频率较高且相近的还有器盖。这种现象应该与各区域文化的早晚传承存在联系。

庙底沟二期器物种类明显增多，功能用途区分有更细化，特别是新器类出现导致的制作技术多样化和复杂化。在陶器制作方面，二者之间的差异主要表现在原料选择和烧成气氛两个方面，与原料相关的装饰方面也有一些差别。不过，二者在成型方法、修整手法上，在装饰方法上，都存在着高度相似性。加上部分器类形态上的共性，可以推断，仰韶文化和庙底沟二期在文化内涵和文化传统上具有密切联系。

（二）与客省庄文化制陶工艺的联系

庙底沟二期与客省庄文化器物的使用上，差别显著。形制简单的器盖、盆、杯、盘、豆、壶等是共有器类。客省庄文化中出现单耳罐、双耳罐、三耳罐等小类，三足器主导，出现鬲、斝、窖穴盖、鬶等新器类，几乎不见鼎，夹砂深腹罐消失，瓮、缸等形态变化大。其次是部分器类的出现频率发生变化，客省庄文化盆、盘的出现频率大幅下降，同时豆、壶的出现频率大幅上升。客省庄文化对器物的功能用途需求的变化，促使制作工艺及器物造型与装饰的变化。然而，二者均以砂质陶占优，还原性气氛下烧制为绝对主导，部分器类形态上的关联和成型修整等方法思路上的相同或者相似性，表明其间存在文化联系。

庙底沟二期与仰韶晚期、庙底沟二期与客省庄文化之间，分别存在密切联系。在器类方面，庙底沟二期更贴近仰韶文化晚期；在制陶工艺环节，庙底沟二期的制陶工序与客省庄的联系更密切。

第四节　与同时期其他遗址制陶工艺对比

庙底沟二期文化继仰韶文化而起，中心分布区位于陕西、山西、河南三省邻接地带龙山时代早期文化，文化面貌上具有承前启后的特征，亦可视为一支独立的考古学文化。迄今为止，已知的庙底沟二期文化遗址已达数百处[①]。现选取经过发掘的代表性遗址与米家崖遗址进行制陶工艺上的对比，观察庙底沟二期文化制陶工艺在区域间的共性与差异。选取对比的遗址包括：豫西地区河南陕县庙底沟遗址[②]，晋南地区垣曲古城东关遗址[③]，关中地区扶风案板遗址[④]、武功浒西庄和赵家来遗址[⑤]（图8-25）。

一、与垣曲古城东关遗址的对比

垣曲古城东关遗址位于山西省最南端的黄河北岸，包括仰韶、庙底沟二期、龙山、殷墟、东周等多时代的文化遗存。庙底沟二期文化遗存比较丰富，有房址13座、灰坑161个、陶窑5座、壕沟2条，陶器的基本组合及典型陶器为鼎、斝、釜灶、小口高领罐、夹砂深腹罐。

（一）陶器原料对比

垣曲古城东关遗址发掘报告中统计了庙底沟二期文化早中晚三期的陶质比例：早期夹砂陶占67.4%，泥质陶占32.6%；中期夹砂陶占73.6%，泥质陶占26.4%；晚期夹砂陶占74.2%，

① 中国社会科学院考古研究所：《中国考古学·新石器时代卷》，中国社会科学出版社，2010年。

② 中国科学院考古研究所：《庙底沟与三里桥》，科学出版社，1959年。

③ 中国历史博物馆考古部、山西省考古研究所，垣曲县博物馆：《垣曲古城东关》，科学出版社，2001年。

④ 西北大学文博学院考古专业：《扶风案板遗址发掘报告》，科学出版社，2000年。

⑤ 中国社会科学院考古研究所：《武功发掘报告：浒西庄与赵家来遗址》，文物出版社，1988年。

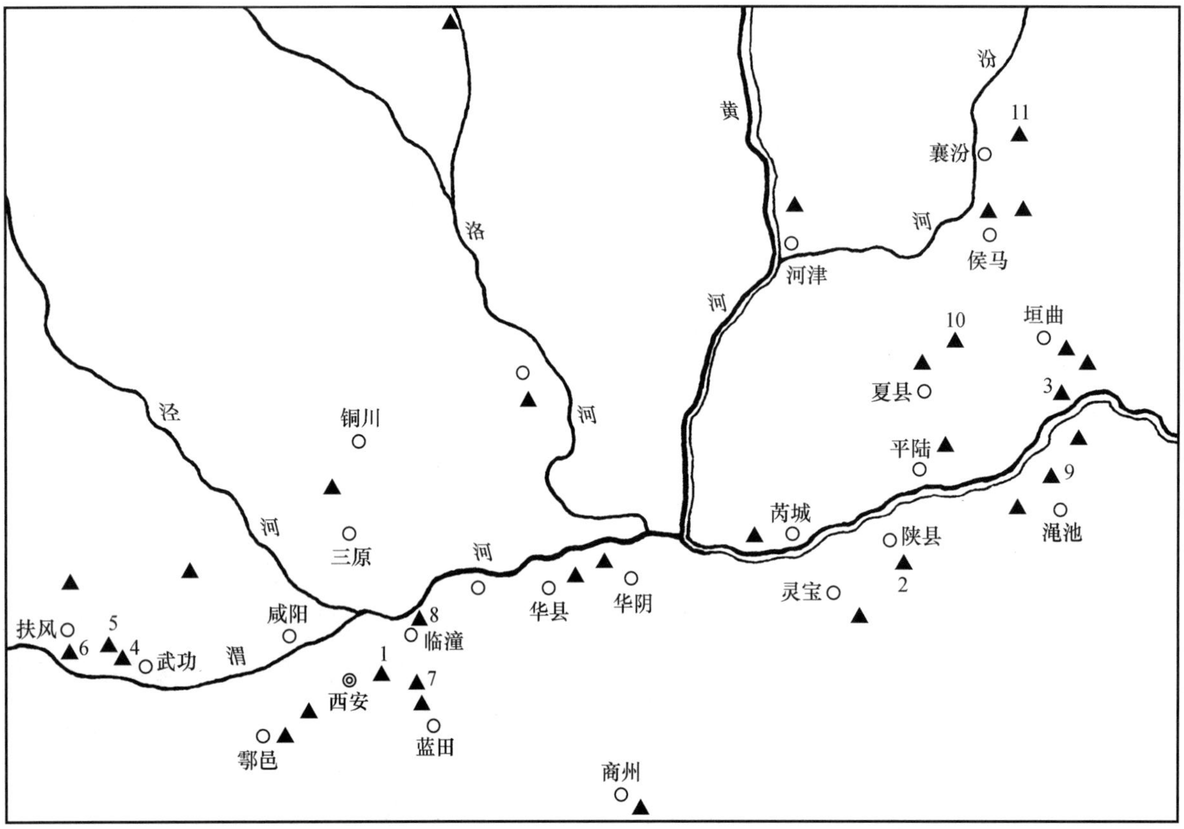

图8-25　庙底沟二期文化部分遗址分布示意图

1. 西安米家崖　2. 陕县庙底沟　3. 垣曲古城东关　4. 武功赵家来　5. 浒西庄　6. 扶风案板　7. 蓝田新街　8. 临潼姜寨　9. 渑池仰韶村　10. 夏县东下冯　11. 襄汾陶寺（据《中国考古学·新石器时代卷》513页图删改）

泥质陶占25.8%①。米家崖遗址庙底沟二期典型单位陶质统计结果为夹砂陶占90.1%，泥质陶占9.9%，与本报告第四章统计结果相近。

古城东关遗址庙底沟二期文化早中晚三期夹砂陶比例一直呈上升趋势，晚期时达到74.2%，但仍低于米家崖遗址。两个遗址在陶器原料的使用上存在差异，应该是与两者各自的文化传统相关。

（二）器坯成型和修整方法对比

古城东关遗址庙底沟二期文化器坯的成型方法有手制、手制与模制兼用和轮制三类，以手制为主，轮制罕见。修整坯体的方法有拍打、刮削、湿手抹平、慢轮修整等，以拍打法为主②。

米家崖遗址庙底沟二期陶器成型方法主要有泥条盘筑和捏塑两种，模制与轮制产品在米家

① 中国历史博物馆考古部，陕西省考古研究所，垣曲县博物馆：《垣曲古城东关》，科学出版社，2001年。

② 中国历史博物馆考古部，陕西省考古研究所，垣曲县博物馆：《垣曲古城东关》，科学出版社，2001年。

崖遗址目前所选标本中未见到。模制主要用于制作空三足器的足部，而米家崖遗址庙底沟二期未发现斝等空三足器，所以模制尚未发现。

米家崖遗址陶器修整方法与古城东关遗址基本相同，尤其是慢轮修整技法的逐渐普及，推广了陶轮盘的使用，为更晚时候快轮制法打下了基础。

（三）陶器装饰烧成工艺对比

垣曲古城东关遗址庙底沟二期文化早中晚三期的装饰方法比例为：早期篮纹占25.2%、绳纹占34%、附加堆纹占11.63%、素面占20%、磨光占9.1%，素面与磨光相加，约占1/3；纹饰以绳纹居多，篮纹其次，附加堆纹发达。中期篮纹占40.4%、绳纹占23%、附加堆纹占6.2%、素面占23.12%、磨光占6.9%。素面和磨光的占比依然较大，斜篮纹上升为主要纹饰，绳纹及附加堆纹数量减少；晚期篮纹占44.15%、绳纹占15.45%、附加堆纹占4.6%、素面占26.51%、磨光占7.05%。篮纹比例继续上升，绳纹及附加堆纹比例持续下降。

米家崖遗址庙底沟二期遗存未分期，陶器装饰总体上以篮纹为主，篮纹单独出现占总数的22.83%，与附加堆纹组合出现占总数的55.31%，篮纹与附加堆纹及按压纹组合出现占总数的8.33%；磨光与素面各占5.43%和3.02%。附加堆纹出现频率高，素面和磨光占比较古城东关低很多。两遗址在陶器装饰方面的差异，与两者在陶器的胎质以及器类上的区别相关。

垣曲古城东关遗址庙底沟二期文化早中晚三期的陶色比例：早期灰色占89.5%、褐色占9%、红色占1.16%、黑色占0.3%；中期灰色占88.2%、褐色占9.3%、红色占0.9%、黑色占1.8%；晚期灰色占79.9%、褐色占15.2%、红色占0.8%、黑色占4.1%。各期均以还原气氛下烧成为主。米家崖遗址灰陶占98.31%、红陶占1.57%、黑陶占0.12%。由于米家崖遗址在陶色统计时灰陶中包含陶色不纯的褐色、灰褐色，所以整体对比来看，其陶色比例与古城东关遗址相近，烧成气氛相同，黑陶渗炭技术也都有例证。

二、与陕县庙底沟遗址的对比

庙底沟遗址位于河南省三门峡市陕州区（陕县）城南关，黄河南岸支流青龙涧旁，北距黄河约25千米，发现仰韶、龙山、东周等各时期文化遗存，其中龙山文化有房址1座、灰坑26个、陶窑1座，墓葬145座。陶器有碗、盆、杯、罐、瓶、灶、豆、鼎、斝等。

（一）陶器原料对比

庙底沟遗址的庙底沟二期（龙山文化）陶质比例为，夹砂陶占66.45%、泥质陶占33.55%。米家崖遗址夹砂陶占90.1%，泥质陶占9.9%。两者相较，差异甚大，这可能与两遗址的器类构成有关。米家崖遗址以夹砂深腹罐（和缸）为主，夹砂陶比例极高，泥质罐数量少，不见斝。庙底沟遗址有夹砂罐，也有斝，泥质罐数量。综合对比，原料的使用上的相似度较高。

（二）器坯成型和修整对比

庙底沟遗址陶器制法全部为手制，多采用泥条筑成法，不见轮制器；平底器的器腹与器底为分别筑成，然后用底部边缘包住器壁，发掘报告称为“接底法”。

陶器修整方法有拍打、滚压、刮削、抹平、慢轮修整等。腹部以拍打为主，口沿多经慢轮修整。两遗址在器坯成型与修整上高度相似，“接底法”在米家崖遗址B型盆的底部也有出现，但米家崖遗址出土陶器器底与器腹部拼接的形式多于庙底沟遗址。

（三）陶器装饰和烧成方法对比

庙底沟遗址陶器装饰包括素面、篮纹、绳纹、划纹、弦纹、方格纹、附加堆纹和彩绘等。篮纹为最多，占55.45%；素面、附加堆纹、绳纹等次之，素面占30.08%；弦纹、方格纹和划纹最少。米家崖遗址陶器装饰已如前述。二者比较，装饰的手法与纹饰类别及各类占比大体相似，但仍存在差异。庙底沟遗址陶器装饰手法较多，彩绘陶在米家崖遗址极少发现。庙底沟遗址素面陶器比例大于米家崖遗址，应是其泥质陶比例高的缘故。

烧制工艺由陶色推测。庙底沟遗址灰陶占97.07%、红陶占2.05%、黑陶占0.88%。在同一陶器上颜色常不一致，而有深浅的变化，这是由于在烧窑过程中未能充分还原的缘故。米家崖遗址灰陶占98.31%、红陶占1.57%、黑陶占0.12%

米家崖遗址与庙底沟遗址的陶色比例近乎相同，均以灰陶为主，比例高达97%～98%，红陶和黑陶均极少，烧制环境以还原气氛为主，偶尔用氧化气氛。同时，都存在陶色不纯的情况。

三、与武功浒西庄遗址的对比

浒西庄遗址位于陕西省武功县西部的漆水河西岸，距武功县城大约3千米，发现庙底沟二期文化房址12座、灰坑35个、陶窑4座、墓葬18座。出土陶器有鼎、斝、大口深腹罐、喇叭口圆肩罐、敛口罐、刻槽盆等。

（一）陶器原料对比

浒西庄遗址庙底沟二期文化陶器陶质比例为：夹砂陶占52.8%，泥质陶占47.2%。米家崖遗址与此相比差异甚大。浒西庄遗址夹砂陶比例远低于米家崖遗址。这可能与遗址器物的种类多少有关，浒西庄遗址出土器物类别较少，而泥质罐占比大，因此泥质陶比例高。但也不排除统计方法上的差异导致数据不同的可能性。综合器类与原料种类的对应关系，两者还是极其相似的。

（二）器坯成型、修整对比

浒西庄遗址大型器多用泥条盘筑法制成，小型器有用手捏制成者。造型复杂的器物多分段制作，然后再拼接成型。比如罐类器底与器身、斝器身与三足均是分别制作，再拼接组合。大型罐底部内壁有“十”字形或车轮辐条状泥条黏附，主要作用是加固防裂。有的鼎足顶部设有凸榫，以便楔入于鼎身底部使之黏结紧密。如标本T3③：8，在足上部与鼎身连接处有一排戳刺点，应是为加强与鼎身黏合的牢固度而设（图8-26，1）。米家崖ⅠT0301Y1：29发现类似制法（图8-26，2）。

浒西庄遗址与米家崖遗址在器坯成型与修整方法上高度相似，多为手制泥条成型，器物拼接有相同点；均以附加堆纹加固，但米家崖遗址未发现在内部粘贴附加堆纹的器物。浒西庄遗址出土有斝，斝足的制作是否已使用模制法未知。

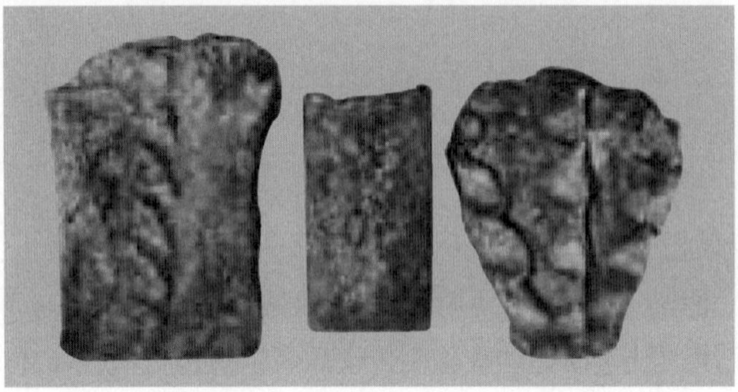

1

2

图8-26　庙底沟二期陶鼎足的拼接痕迹

1. 浒西庄鼎足（T3③：8）　2. 米家崖鼎足（ⅠT0301Y1：29）

（三）陶器装饰和烧成工艺对比

浒西庄遗址陶器各种纹饰所占比例为：篮纹35.1%、绳纹12.7%、附加堆纹4.1%、篮纹兼附加堆纹7.8%、绳纹兼附加堆纹18.5%、磨光0.5%、素面无纹饰20.1%，划纹、方格纹及戳刺纹均为0.3%，镂孔与彩绘只有极少量。在泥质陶器中，篮纹比例最大；在夹砂陶器中，绳纹及附加堆纹的比例则超过篮纹。在鼎、盆等器类中多用篮纹。在斝、罐等器类中则以绳纹、附加堆纹最为普遍。

米家崖遗址陶器装饰如前文所述。两遗址纹饰类别和装饰手法一致，以篮纹、绳纹、附加堆纹为主，但在陶器装饰与器类的对应上有差异：浒西庄遗址泥质陶中篮纹比例大，而米家崖遗址磨光、素面比例更大；浒西庄遗址夹砂陶中绳纹与附加堆纹的比例超过篮纹，而米家崖遗址夹砂陶以篮纹占主导，几乎不见绳纹。

浒西庄遗址灰陶占91.70%，红陶占8.30%。夹砂灰陶与泥质灰陶呈色均匀，表里色调一致。泥质灰陶的火候较高，夹砂红陶与泥质红陶呈色较淡，有一部分发黄而近橙黄色，还有少量泥质红陶陶胎红而表面发灰甚至近黑色。米家崖遗址与浒西庄遗址的陶色比例近乎相同，均以灰陶为主，烧制时为还原气氛。浒西庄遗址陶色较多样，米家崖遗址红陶色彩更纯正。两处遗址的制陶技术水平相当。

四、与扶风案板遗址的对比

案板遗址位于陕西省扶风县城东南约4 千米处案板村南的黄土台塬上，发掘出西周、龙山时代早期及仰韶文化堆积，发掘者将这里的史前文化遗存划分为三期，其中第三期即龙山时代早期，相当于庙底沟二期阶段，出土陶器种类主要有筒形罐、单耳罐、双耳罐、单耳杯、双耳杯、刻槽盆、喇叭口平底瓶、缸、瓮、碗、鼎、斝、豆、器盖等。罐的数量最多，约占 70%；瓶、盆类器次之，分别占11.02%和10.23%；缸、釜灶又次之，分别占2.16%和2.35%；其他的器类数量较少①。

（一）陶器原料对比

案板遗址庙底沟二期陶器以夹砂陶为主，占总数的65.66%，泥质陶占总数的 34.34%。泥质陶主要用于制作瓶、盆、杯、壶、缸、瓮等，夹砂陶主要用于制作各种罐、鼎、釜灶等。

案板遗址泥质陶的比例远远高于米家崖遗址，而夹砂陶比例低于后者，有较大差异。差异主要源于瓶、盘等泥质器物在案板遗址占比较大。米家崖遗址的瓶、盘等泥质器皿很少。

（二）器坯成型、修整对比

案板遗址大、中型器如罐、缸、瓶、盆等用泥条盘筑法分段制坯，再拼接成器。小型器如杯等，则是直接用手捏塑的，胎壁较厚而不均匀。带耳器类，如单耳罐、单耳杯、双耳罐等，则是分别做好器身与器耳之后，再接合而成整器。许多陶器的口部可见细密而均匀的同心圆纹路，可知轮修技术普遍应用。

米家崖遗址与案板遗址在器坯成型与修整上高度相似。

---

① 西北大学文博学院考古专业：《扶风案板遗址发掘报告》，科学出版社，2000年。

（三）陶器装饰与烧成工艺对比

案板遗址出土陶器中，素面占18.28%；篮纹数量最多，占总数的34.97%，篮纹加附加堆纹占12.2%；绳纹占总数的17.37%，绳纹+附加堆纹占14.48%，以竖绳纹和斜绳纹最为常见。弦纹、划纹、方格纹等，数量很少，均不超过总数的1%。

案板遗址与米家崖遗址都以篮纹、附加堆纹以及两者的组合为主。米家崖遗址绳纹少见，而案板遗址绳纹、绳纹加附加堆纹的比例仅次于篮纹，素面比例也较高。

案板遗址有褐陶、灰陶、黑陶三大类。灰陶占总数的 83.77%；褐陶次之，占 16.73%；黑陶最少，仅占0.50%。大多数陶器的陶色较为纯正，少量的陶器表面杂有褐色斑块。米家崖遗址与案板遗址的陶色比例接近，均以灰陶为主，也都存在少许黑陶和陶色不纯的情况，推测烧制工艺大体相同。

五、小　　结

米家崖遗址与古城东关、庙底沟、浒西庄及案板遗址的比较发现，庙底沟二期文化各遗址间的制陶工艺基本一致，但在具体制陶环节上，遗址（区域）之间也存在差别。

陶器原料方面，各遗址陶器原料构成情况大致相同，均可分为夹砂陶与泥质陶两大类，且都以夹砂陶为主。米家崖遗址和庙底沟遗址夹砂陶比例特高，其他遗址的夹砂陶比例略低，但也多在60%～70%左右。夹砂陶与泥质陶的比例差异主要与器形及其使用功能相关，即与各遗址陶器种类和组合上的差异相关。砂质陶器占绝对优势而精美程度要求较高的泥质陶器的缺少，反映出先民的日常生活水平仍处于较低程度。

器坯成型与修整方面，均以手制为主，大型器坯多用泥条盘筑法分段制成，然后拼接在一起；小型器坯有用手捏制成者。修整以拍打法为主，慢轮使用广泛。古城东关遗址还有模制法与轮制法，似比其他遗址技术超前一步。

装饰手法上，各遗址相似，以篮纹和附加堆纹与篮纹的组合为主。古城东关遗址绳纹比例最高，米家崖遗址绳纹少见。浒西庄遗址的泥质陶多用篮纹，而夹砂陶多用绳纹、附加堆纹。

陶器烧制的窑内氛围，普遍以还原气氛为主，偏好灰色陶器。有时因对窑内烧制气氛掌握不够成熟，也出现过渡色或杂色。

庙底沟二期诸遗址（文化小区）制陶工艺在大的空间内发展并不均衡，在成型、修整、装饰方面，各遗址各具特色。

多个庙底沟二期遗址中都发现有陶窑。选取保存较完整的陶窑8座（表8-6）时行对比，尝试为上述制陶工艺分析提供参证。陶窑均为横穴式，除了操作间（坑）以外，主体部分由窑室和火膛两部分构成，部分陶窑发现出烟道、渗水孔、窑门等。

图8-6　庙底沟二期文化陶窑统计表

（长度单位：厘米）

编号	扶风案板Y1	浒西庄Y3	浒西庄Y5	赵家来Y3	古城东关ⅢY2	古城东关ⅢY4	庙底沟遗址窑	米家崖Y1
基本结构	横穴式，南北向；火膛位于窑室前下方，平面呈“8”字形，水平距离约37、底部高差约100	横穴式，东西向；火膛位于窑室前下方，平面呈“8”字形，水平距离约50、底部高差约120	横穴式，西东向；火膛位于窑室前下方，平面呈“8”字形，水平距离约40，底部高差约125	横穴式，南北向；火膛位于窑室前下方，平面上相交或相切，底部高差超过35	横穴式，东西向；火膛位于窑室前下方，水平距离约10、垂直落差约100；建于操作间ⅢH19的北壁上	横穴式，西东向；火膛位于窑室前下方，平面上相切，底部高差约60；建于操作间ⅢH22的东壁上	横穴—斜穴式，南北向；火膛位于窑室前下方，平面上与窑室相交，底部高差约60	横穴—斜穴式，北南向；火膛位于窑室前下方，平面稍相交，底部高差约80
火膛	圆形袋状坑，底径127～124、残高42；后壁底部偏上处开椭圆形火道口2个，最大径50	圆形筒状坑，口径97、底径108、深140；后壁底部偏上28厘米处开圆形火道口2个，最大径约30	椭圆形袋状坑形，残口径30～65、底径50～78、残深75；后壁底部开2个火道口，高25	仅存东西120、南北约70，底部残，较窑床残底低约40；北侧底部开长方形火道口2个，宽30、高40	平面呈半圆形，底径0.54～0.55；后壁底部偏上处开椭圆形火道口2个，最大径约18	平面呈椭圆形，底部竖直，口径26～30、底径50；后壁偏上约40厘米处开椭圆形火道口2个，最大径约10	长方形竖穴坑，94×60×96；底部前低后高；后壁底部偏上2个火道口，直径26～40；前壁顶部开椭圆形火门，径26～40	平面近似椭圆形，长130、宽84；火膛底部偏上约20厘米开方形火道口2个，径30
火道与火孔	4条纵向平行主火道，自窑室南壁中上部斜向上抵达窑室北壁下，最西一条向外分出3支；主、支火道均为暗道，掏火眼29个；中间2条主火道末端通向窑室外，可能是排烟孔	2条东西并列的主火道，从窑室后壁开始倾斜向上进入窑室底部，止于窑室后壁下方，长125、宽40；主火道分别向左右两侧伸出5条支火道，均抵达窑室壁（下方）	2条主火道，开口高20、宽12，自火膛后壁底部斜向上进入窑室底部，前段陡峭，至窑室下部变为缓坡，宽12～17，各自朝左右两侧伸出3～4条支火道，平面呈“丰”字形	2条主火道，开口于火膛后壁底部，宽30、高40，向北直通窑室底部，为暗火道；西边主火道到窑室中部向北又分成两股；西主火道及其支火道末端均掏有火眼；东主火道北端有2个火眼	2条主火道，开在火膛后壁底部上方约30厘米处，斜向上进入窑室底部，止于窑室后壁，长约45、宽6～10；火道间距约为10～15	2条主火道，自火膛后壁底部上方40厘米处斜向上进入窑室底部，止于窑室后壁，间距9～14，长42、宽10～14；火道上方放置泥块，形成6个火孔	3条主火道，起自火膛后壁底部上方20厘米处，斜向上进入窑室底部后壁下方；左侧主火道向左、右侧主火道向右，分别分出2条和3条支火道，均抵窑壁	2条纵向主火道，火道口径约30，从窑室北壁开始呈缓坡状斜升入窑室，直抵南壁；左右主火道分别向左、右侧分出3条支火道，均直抵窑壁
窑室	平面呈圆角方形，壁向上略内收，形如袋状坑，南北长142、东西宽134、残高34；窑床较平坦，有纵向5排29个火孔	圆形带状坑形，口径138、底径155、残高50；窑床基本平坦，略呈圆形；窑室东壁开窑门，长20、宽40	平面椭圆形，袋状坑形，残口径93～120、底径98～130、壁残高32；窑床被主、支火道分割成多道较平坦的台面	平面呈椭圆形，长径约120、短径约70、残壁高（深）40，窑床以上破坏严重，立体结构不明	底部略成圆形，立体形制约为袋状，直径54～55、残壁高（深）30；窑床被2条主火道分割成较为平坦的台面	椭圆形袋状坑形，直径54～50、残高60；窑床被2条主火道分割成较为平坦的台面；顶部正中有椭圆形出烟渗水孔，径13～16	平面椭圆形，南北长93、东西宽78、壁残高50；窑床较平坦，被火道分割成多个台面	圆形袋状坑形，残口径140、底径160、残深80；窑床底面前低后高，呈缓坡状，被火道分割成多个台面
资料来源	《扶风案板遗址发掘报告》	《武功发掘报告》			《垣曲古城东关》		《庙底沟与三里桥》	本书第四章

窑室形状均近似圆形，有圆形、椭圆形或圆角方形等。大小不等，直径多在1～1.5米左右。古城东关遗址Y2最小，直径仅0.5米左右。陶窑顶部不易保存，由米家崖遗址和庙底沟遗址保存较高的窑壁观察，应为半球形（或馒头状）。

火膛平面有圆形和椭圆形，大多较窑室小，位于窑室前下方，紧贴窑室或距窑室0.5米左右，二者间距较仰韶时期的横穴窑更近一些，应是出于节省火力并提高热效能的考虑。

火道是各遗址陶窑结构区别最大之处。浒西庄遗址Y3有2条主火道和10条分火道，Y5有2条主火道和16条分火道。古城东关遗址陶窑均为2条主火道。其他遗址陶窑的主、次火道相加都在6～8条左右。从成品看，火道的多少与陶器品质之间的关系尚不明了。推测应是，火道设置位置的合理性在作用上大于火道的数量；分火道数量多，理论上有助于火焰和热气流在窑室内均匀分布，提高成品率。

窑箅和火眼少见，且存在较大差异。庙底沟遗址、古城东关遗址、案板遗址和浒西庄遗址的个别窑，是在几个分火道上用草拌泥块局部封盖，形成通孔。此种"火眼"仅是龙山晚期到商周时期竖穴窑中火眼的前身。

古城东关遗址、案板遗址和浒西庄遗址陶窑分别发现有出烟口和窑门，或有渗水孔等设施，与其同时存在的"火眼"相联系，或许显示出陶窑结构的复杂性和先进性。米家崖遗址与庙底沟遗址陶窑结构更接近些。

结　语

西安米家崖遗址庙底沟二期文化制陶工艺操作流程稳定、技术较规范。陶器原料制备、陶坯成型、器坏修整、装饰和烧制等主要环节，均具有一定的"约定俗成"式的"规则"。

庙底沟二期制陶工艺与仰韶晚期和客省庄文化制陶工艺相比，三者之间主要技术环节上具有较强共性，或可视为一种文化上的延续性。从器类及器物形态看，庙底沟二期与仰韶晚期联系更为紧密些，但综合制陶工艺诸环节，差异大于共性。庙底沟二期与客省庄文化的陶器种类和造型上差异明显，但在原料选择、器坯成型与修整、装饰和烧制等环节，共性更强一些。客省庄文化制陶工艺水平较庙底沟二期有所提高。

庙底沟二期文化各区域间发展程度相似，关中西部的案板遗址与晋南的古城东关遗址制陶工艺水平似较高些。

米家崖遗址庙底沟二期文化制陶工艺研究，目前只是初步的、初级的，认识也较肤浅。首先由于材料的限制，发掘出土的陶器标本量不足，用于比较研究的其他遗址发掘报告或研究文献中的研究思路、研究标本的种类与数量、各项信息的观察和分类标准，都不完全相同，也使得区域和遗址间的对比研究存在很大不确定性。其次由于研究条件的限制，对制陶工艺的研究止于肉眼观察，对原料羼和料的种类和比例、对陶器吸水性、致密度和耐烧性等问题未能涉及。这些问题和不足，有待今后逐步改进、补充和完善。

（本章执笔者：李腾、凌达彬、吴凡、朱君孝）

第九章　客省庄文化陶器制作工艺研究

古代陶器制作工艺的研究，存在着经验观察、民族学调查、模拟实验和自然科学方法测试分析等多种技术路径。其中，前三者可归入经验观察一类，是多年来研究制陶工艺的主要方法。从研究的角度看，又存在工艺流程考察和分器类考察两个方面。本文的研究即从这两个角度展开。

第一节　陶器制作工艺流程考察

陶器制作流程一般包括原料的选择及加工、器坯成型、器坯修整、器坯装饰、器坯晾干、器坯烧成等步骤，有的还需进行渗炭、抛光、刻划、彩绘等装饰处理。陶器制陶工艺观察是从原料、成型、修整、纹饰及陶色反映的烧成气氛等五个环节进行，对反映制陶工艺信息的痕迹及现象进行观察、记录、统计、分析和归纳总结。经过这五个环节，从陶土到成品陶器的过程中发生的变化，主要是物理变化（也有部分化学变化）。

陶器原料由黏土和羼和料组成，黏土多为当地或聚落附近的陶土。羼和料种类一般有石英、长石、云母、灰陶末和蚌屑、稻壳等有机质原料等。陶器的成型方法则分成手制法、模制法和轮制法，其中手制法又包含捏塑法和泥条筑成法；模制法也有泥条模制法和泥片贴模法之分。轮制法专指的快轮拉坯成型。修整则细分为滚压、拍打、刮削、湿手抹平、慢轮修整、磨光及施加陶衣等。修补、加厚、二次使用、塞加泥芯、穿孔等亦归于其内。陶器装饰的种类及手法多样纷杂，仅以关中地区龙山晚期陶器为例，常见绳纹、篮纹、弦纹、刻划纹、戳印纹、菱形网格纹、贴塑、附加堆纹等，也有一些鋬、耳（把手）等附件性质的装饰。装饰手法则有滚压、拍打、戳（压）印、刻划、黏结、镂空、嵌入等。陶器的颜色多为灰、红、黑、褐、黄、白等大类，各色还可进一步细分。仰韶文化为红陶文化系统，而龙山晚期大部分地区的陶器以灰、黑色为主。陶色往往还与烧制的气氛相对应，灰、黑色多为还原气氛，红褐色是氧化气氛，而黑皮陶只是烧制后期或烧成后经过渗炭处理的陶器品类。必须说明的是，研究陶器烧制过程只靠陶片颜色远远不够，还需关注具体烧制方式，如平地堆烧、薄壳窑、横穴窑、竖穴窑等。尤其是陶窑，作为烧制陶器的主要设施，其结构、密封性、窑内温度及气氛等直接影响陶器的质量、陶色、产量等。

一、陶器原料分析

制陶原料包括塑性原料黏土和脊性原料（羼和料）两大类，又可细分为若干种类。两大类材料具有不同的功能，而又互相配合使用。黏土加入水，成为泥料，具有可塑性，是器物成型的基础。黏土既可独立成型，也可与羼和料结合起来成型。羼和料则无法独立成型，需要有黏土的加入。羼和料的类别、用量比例及应用对象等，则与器物的用途密切相关，又往往受制于自然环境和资源条件，有时也与文化传统有关。陶器原料的选取和加工程度是反映古代先民制陶工艺发展水平的重要指标之一。因此，考古学的发掘报告和相关文章特别重视各文化陶制品原料的观察和描述，将其视为考古学文化的重要特征。

（一）原料的基本情况

西安米家崖遗址客省庄文化陶器发现了三种脊性原料，即石英砂粒、灰陶末及云母薄片。石英砂粒多圆润自然，应为天然砂粒，粒径多小于1.5毫米，偶见2～5毫米的大颗粒。加入灰陶末羼和料的标本极少，直径多约1.5毫米；云母片仅见于鬶盉类标本中，颗粒极微小，泛金黄色光泽。

米家崖遗址客省庄文化整体陶质情况，以部分典型遗迹单位出土标本为代表进行统计：细泥质占9.7%、粗泥质占26%、细砂质占50.4%、粗砂质占14.1%[①]。细砂质陶最多，细泥质陶最少；以砂质陶为主，占64.5%，泥质陶占35.7%（表9-1）。

表9-1　客省庄文化典型单位陶片胎质统计

胎质 / 灰坑号	细泥（%）	粗泥（%）	细砂（%）	粗砂（%）	总量（片/克）
Ⅰ T0307H50	4.6/5.0	30.7/18.0	50.9/55.5	13.9/21.5	411/20018
Ⅰ T0308H70	14.0/11.6	13.8/17.1	66.1/64.5	6.2/6.8	567/30414
Ⅰ T0407H34	7.0/7.4	33.9/39.0	41.7/35.9	17.4/17.8	242/17548
Ⅰ T0407H71	15.0/12.4	30.0/25.0	50.9/49.9	10.2/19.0	127/11481
平均值	9.7	26.0	50.4	14.1	

注：所谓“典型”单位，是指出土陶片数量大且器物种类丰富多样的遗迹单位。这四个灰坑相当于随机挑选样本，可以满足米家崖遗址客省庄文化陶系统计的需求。统计的方法则采取陶片数量法结合称重法的方法，权衡两方法取平均值，最后的统计结果取这四个单位的平均值。表中斜杠“/”前为陶片个数占比，其后为该类陶片重量占比。

① 胎质划分的依据，下文有详细说明。

米家崖遗址紧邻浐河，石英砂羼和料容易获得，是最主要的脊性原料，经济实用。胎质中多见颗粒较小砂粒，大颗粒被去除。细泥陶及部分粗泥陶的泥料细腻，黏土原料应经过人工淘洗除杂沉淀处理。陶器原料存在人为选择与加工的行为。

（二）原料与功能（器类）的对应关系

要想探讨陶器原料与器物功能之间的关系，首先要了解各器类胎质的组成情况。因为所见胎质羼和料几乎尽是石英砂粒，可直接根据石英砂粒的多少、大小进行划分。

需要说明的是，本文所称“夹砂陶”包括粗泥质、细砂质及粗砂质三种情况，是对包含砂粒陶器的总称，与一般考古报告和研究者所说的“夹砂陶”含义不同。其他研究者使用“夹砂陶”一词，意指有意识地羼入了砂料的陶器，本文认为称之为“砂质陶”更为妥当，砂质陶与泥质陶正好对应，是对胎质性质的一种判定，能够简单地了解胎质中砂粒的多少。夹砂陶，顾名思义就是胎质中包含着砂粒的陶器，不能够准确地表达出胎质属性的信息，看不到砂粒的量化信息。所以，本文将陶器胎质分为细泥质（泥质无砂粒）、粗泥质（泥质包含少许砂粒）、细砂质（砂粒直径多在1.5毫米以下）、粗砂质（砂粒直径多在1.5毫米以上）四种，细泥质及粗泥质又统称为泥质陶，细砂质及粗砂质则统称之砂质陶。统计对象为客省庄文化各特征器类标本，主要选取标本数量在6件以上的器类进行胎质分类及统计分析。十五种器类中，除带流斝、杯、碗、甑外，其余器类的标本数量都在6件以上，且以大于10件的为主，鬲的标本数甚至达到61件。

标本数大于6件的器类中，泥质陶为主的器类有高领折腹罐、单把鬶盉类、钵、盆、豆、喇叭口折肩罐（即本报告中所称的“壶”。以凡提及此器形，同此）、敛口折肩瓮、圆饼形（A型）器盖。前五种为水食器，泥质陶在70%以上，且豆类标本中细泥陶占30%，其余四类陶器标本中，细泥陶皆高于50%。后三者中，喇叭口折肩罐、A型器盖细泥陶则在20%左右，敛口折肩瓮则无细泥陶，且三者都有不少细砂陶，应作盛储器使用。砂质陶为主的器类有单把鬲、斝、高领圆腹罐、大口高领鼓腹罐、有耳圆腹罐，且以细砂质为主。鬲、斝、高领圆腹罐外表多发现有烟炙现象，其主体部分应是炊器，三者整体砂质陶占90%以上，其中细砂质占比大于60%。大口高领鼓腹罐作盛储器使用，细砂占87.5%，也有少许粗泥质，未见细泥质及粗砂质。有耳圆腹罐较特殊，砂质陶占到60%，泥质陶占40%，且胎质种类、器形、纹饰等组成较复杂，器类使用非单一形式，若仅以胎质来看，砂质陶者多为炊器和盛储器，泥质陶者多为酒水器、食器。

总体上看，陶器用途与胎质具体对应关系是：酒水器、食器以泥质陶为主，其中细泥陶比例较高，也有少部分的细砂陶，不见粗砂陶；盛储器多细砂陶，也有较多粗泥陶，粗砂陶极少；炊器则以砂质陶为主，其中细砂陶又占主要部分，也有少部分粗砂陶，粗泥陶极少，细泥陶则几乎不见（图9-1、图9-2；表9-2）。

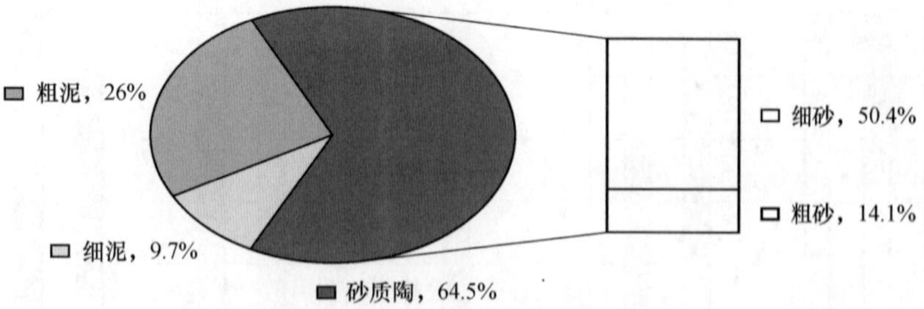

图9-1　米家崖遗址陶器胎质百分比

表9-2　客省庄文化陶器标本胎质统计

器类	标本件数	细泥（%）	粗泥（%）	细砂（%）	粗砂（%）	砂粒直径（mm）
单把鬲	61	1.6	8.2	80.3	9.8	≤1为主，偶见2～4
斝	22		4.5	63.6	31.8	<1为主，也见1～2
高领圆腹罐	21		4.8	81.0	14.3	多<1，以0.5～1为主，也见1～2
喇叭口折肩罐	37	21.6	45.9	32.4		以<0.5为主
敛口折肩瓮	11		54.5	45.5		多<1，其中<0.5为主
大口高领鼓腹罐	8		12.5	87.5		多<1.5，且以1为主
有耳圆腹罐	20	10	30	45	15	多<2，且以0.5～1.5为主
高领折腹罐	28	50	25	25		多<1.5，以1以下为主，偶见5
豆（圈足盘）	10	30	40	30		<0.5为主，也有1～2
帽形器盖	11	18.2	63.6	18.2		多<1.5，且以0.5～1.5为主
圆饼形器盖	6		2	4		多0.5～1，也有0.2的
单把鬶盉类	7	71.4	14.3	14.3		0.1～0.2之间
带流斝	1			1		0.5～1之间
杯 B型	2			2		多0.5～1，也有2.5的
杯 C型	3		3			约0.1
钵	6	5	1			约0.1
碗	1		1			约0.1
盆	9	66.7	22.2	11.1		约0.2，也有1～3的
甑	2			2		0.5～1之间

另外，砂粒大小（粒径）与器物功能之间对应关系方面，也有一些规律。西安米家崖遗址陶器的夹砂粒直径整体上以小于1.5毫米的为主，偶见一些超过2毫米的粗砂。按器类看，炊器粒径一般小于1毫米，也有大颗砂粒；盛储器的粒径多小于1毫米，但可粗略分成两组，一组以1毫米为主，一组以小于0.5毫米的为主；酒水器、食器是一些粒径为0.1～0.2毫米的极细砂粒。可见，炊器及盛储器羼和的砂粒直径较大，酒水器、食器的则极细，而盛储器内部则还可划分为两组，即细砂粒陶器可能多储存液态物料，粗砂粒的器物则多存固态物质。

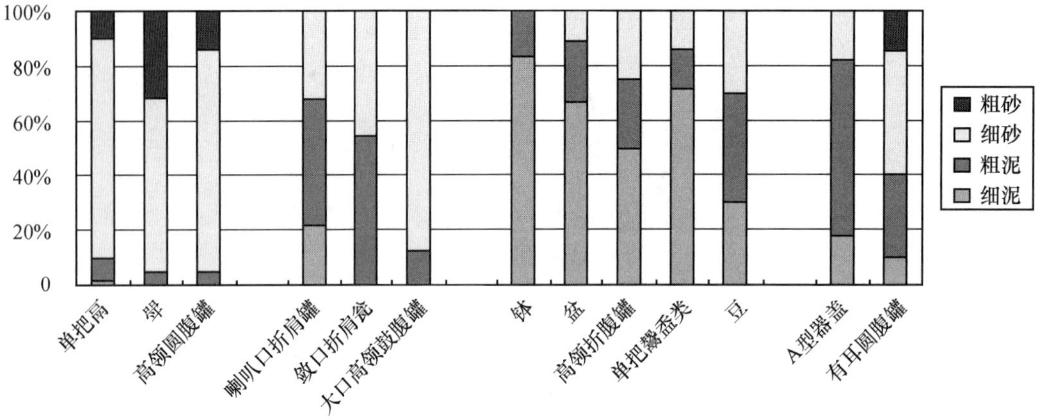

图9-2　客省庄文化陶器胎质构成比例

总之，器物功能直接影响原料的选择和加工程度。陶工会根据器物的不同用途，选择不同的胎质，是泥质陶还是砂质陶，以及羼砂比例和粒度大小。这些决定了对初始泥料采取陈腐去杂的精细程度。所以，器物功能或者最终用途决定了器物的胎质。需要注意的是，考古资料整理中我们往往首先观察的是器物的形态，从形态判定器类就可以初步推测器物的功能及胎质。但是，器物形态（器类）其实并不与器物功能一一对应，也不决定器物的胎质。如在考古学器形分类中，人们常常习惯将一些典型器物默认为一种固定的功能，比如三足器中的鬲、斝一般为炊煮器，但并不是说只要是三足器就一定是炊煮器。米家崖遗址就发现一些泥质陶的鬲、斝，其功能可能已经不是炊器了。如一件特殊陶鬲，器型小巧，为泥质胎，与传统默认的砂质鬲不同，应该是酒水器。依据其形态就按照固定思维以为是炊煮器，在此件器物功能与名称关系判定中，肯定是不合适的。因此，在考古整理中，对胎质发生改变引发器类功能改变的现象值得再观察确认。

二、陶器成型方法

米家崖遗址客省庄文化陶容器，如罐（无耳高领）、喇叭口折肩罐（壶）、瓮、盆、钵、杯及碗等器类，一般由口、领、肩、腹、底等部分组成，器形相对简单。三袋足的鬲和斝、带耳罐、带圈足的豆、带桥形单耳捉手的器盖等，器形则相对复杂，器物成体多为各部分抹泥接合而成。所以，为了便于描述和记录陶器各部分的成型迹象，本文将腹部及与腹部一体成型的部分称为主体，而将耳、足、鋬、捉手等当作附属部分，简称为附件。

陶器成型方法有捏塑法、手制泥条成型法、泥条模制成型法、泥片贴模法、拍打或滚压泥料法、快轮法。泥条成型法是陶器主体最主要的成型方法，其次为袋足成型的泥条模制法，用于圜底及耳部等陶器扁平部位成型的拍打或滚压泥料法也较多，而捏塑法、轮制法、泥片贴模法则相对较少。

（一）手制泥条成型法

泥条成型法，是手制法中的一种。先将泥料搓成泥条，再将泥条盘旋叠砌，筑成设想中的器物毛坯形状。泥条法又有圈筑及盘筑之分。圈筑是将一段泥条首尾相接，形成泥圈，再将多个泥圈层层堆砌，上下泥条之间呈水平状叠摞。盘筑法是将一条或数条较长泥条螺旋上升，构筑成设想中的器物坯体。盘筑法中，上下泥条间呈倾斜状重叠。手制泥条成型法的器坯，器形往往不是特别匀称，胎壁厚薄不均，特别是内外壁的泥条接缝处，结合不紧密，甚至有空隙。经过泥条法筑成的器坯，是最初级的阶段性的产品，还须经过后续的修整环节，才可制成粗坯。

经后续修抹，完整连续的泥条接缝被抹平、遮掩，不易发现。因此，笔者判断泥条圈筑的依据，首选水平面上泥条首尾相接，其次是泥条接缝呈水平状。那些有倾斜度的泥缝则认为是泥条盘筑。当然这种肉眼观察判断方法并不绝对可靠，特别是一些泥条较窄的器物，其泥条盘筑与圈筑的接缝皆较水平。泥条成型法还有正筑、倒筑之分，即器坯成型时垂直方向上下关系与器物日常使用中垂直方向是否一致。一致则为正筑，相反则为倒筑。

米家崖遗址客省庄文化陶器主体部分的成型方法以手制泥条成型法为主，又以圈筑法占大多数，泥条宽度在0.7～3.0厘米之间，且以1.0～2.5厘米为主。采用此法成型的主要器形：鬲领部及部分上腹部、斝的器身、各罐类的主体部分（除底外）、帽形（B型）器盖、敛口折肩瓮、豆盘壁、单把鬶盉类的颈部、杯器身、钵盆类器身等。另外，各器类主体部位多为正筑，只有一些器类的某些部位形态特殊，为了成型便利，采取倒筑方式，如斝的圜底部分和豆盘等。泥条是内贴还是外贴？能定性的标本中，内、外贴的情形皆有。具体到器类方面，喇叭口折肩罐、高领折腹罐泥条多内贴，而豆盘多泥条外贴（豆盘成型倒筑，内贴泥条，正置观察泥条贴法时则成外贴），其余器类则不清楚。

附件中也有部分圈足、耳、袋足也是泥条成型法制作而成的。如豆盘与圈足是分制的，圈足一般为泥条圈筑成型法正筑方式制成。少许条形耳是两根短泥条并列捏挤法制成的，表面修整简易，接缝明显。单把鬲和斝有少许袋足为泥条盘筑法倒筑而成。

（二）泥条模制成型法

预先制成内模，模的形状与设想中的器形或器物的局部形状相同，但体量略小，相当与成型后器物（或其局部）内径大小。泥条贴着内模外侧叠砌筑成粗坯，此为泥条模制成型法。米家崖遗址客省庄文化陶器利用模制成型的器类只有鬲、斝的三袋足，一般为泥条倒筑模制。因为鬲和斝大量使用，所以模制器物的总数量并不算少。

单把鬲和斝是当时最主要的炊器，需求量大，而模制袋足方法的使用，无疑会大大提高三足器的制作效率。三足必须放置平稳，才能正常使用。手制泥条法制作袋足，形态尺寸不稳定，很难保证三袋足形态尺寸的高度一致，即使工匠勉力而为，能够制作出符合要求的形态和尺寸大小相当一致的三袋足，其付出的时间成本必然增加，何况对工匠个人的技术水平的要求也很高。因此，泥条模制法制作三足成型稳定、标准化程度较高，生产效率也比泥条手制法更高。

另外，足模分为单足模和三足连体模。本遗址尚未见袋足内模实物，但根据袋足标本内壁反绳纹、反篮纹及光滑素面（无指窝及指纹）可判定此类器物（局部）使用了模制技术。内模可分成表面有纹饰的内模及素面内模两种。带纹饰的内模，表面以绳纹和篮纹为主，也有素面的。具体到器类上，鬲袋足内模一般以表面有竖向绳纹的为主，斝足则以素面内模制成者为主。

（三）快轮成型法（轮制法）

快轮成型制陶（坯）法，简称为轮制法或快轮制陶法，系指利用轮盘快速旋转所产生的惯性力将泥料拉坯成型。轮制法的直接证据是螺旋式拉坯指痕、麻花状扭转皱纹以及器底外表的偏心涡纹。但偏心涡纹不是轮制陶器特有现象，因为用慢轮修整泥条成型的陶坯之后，也需要切割器底使之脱离轮盘，也会产生偏心涡纹①。其他旁证还有器形要浑圆规矩、器壁较薄均匀、器型不能太大等，需要综合多方面证据进行判定。还需注意的是，轮制成型后的器壁往往还经轮修，会去除拉坯痕迹，修整较细致的器物，其快轮制陶痕迹不易辨识。

米家崖遗址客省庄文化时期快轮制陶器物发现极少，器形较小，多为平底器，也有一件三足器的筒状平底主体为快轮制成，其小实足捏制后黏结于平底外。标本特征：器物主体壁面内外遍布闭合的密集细轮纹、底腹内壁有凹凸条状螺旋拉坯痕、底外见有偏心涡纹（有的标本修整外底时，部分偏心涡纹被同心圆纹覆盖）、器壁厚2～3毫米、器物形态规整匀称、器形较小等。其中，螺旋拉坯指痕是确定快轮制作器物的最有力最快捷的方法。

黄河流域龙山时期快轮制陶法的应用，存在地域性差异。有学者认为，“黄河下游山东龙山文化绝大多数陶器是轮制的，黄河中游龙山文化三里桥类型轮制约五分之一，黄河上游马家窑文化未见轮制陶器”②。即黄河下游地区轮制陶发达，越往西越不发达。由米家崖遗址的观察统计结合关中地区客省庄文化其他各遗址发掘资料看，关中地区龙山晚期快轮制陶虽然有所发现，但占比小、器物体量小，一直居于坯体成型技术的末位。过去不少客省庄文化遗存发掘报告或简报认为的轮制陶器，其实只是慢轮修整而已。部分研究者和报告编写者依据口沿轮旋纹或底部的偏心涡纹及同心涡纹等做判断，没有结合器形规整度、器壁厚度及匀称度等旁证，更没有指出典型的螺旋拉坯痕迹。所以，客省庄文化各遗址快轮制陶标本数量应该非常之少。

---

① 李文杰：《中国古代的轮轴机械制陶》，《文物春秋》2007年第6期。

② 李文杰：《中国古代制陶工艺研究》，科学出版社，1996年，第21页。

（四）滚压、拍打泥料法

米家崖遗址客省庄文化陶器圆形平底和圆饼形器盖等，一般单独制作成型。选取适量泥料，用手团成球形或扁球体，再压扁，再以陶拍拍打，或用绕绳圆棒滚压泥料，形成平整的器底或盖体坯件。喇叭口折肩罐、高领折腹罐、敛口折肩瓮等底外多拍印交错篮纹，而高领圆腹罐底外、桥形单耳捉手器盖的盖体顶面则篮纹与绳纹皆有，都是拍打成型时所留。

鬲、斝、高领折腹罐、有耳圆腹罐、单把鬶盉类、圆饼形（A型）器盖等器类，耳（把手）部都是先单独制好，然后附加在器物主体的相应部位。一些耳（把手）内外侧残留的绳纹、篮纹等，也是拍打或滚压泥料直接成型法的证据。

总之，采用拍打或滚压泥料法成型的都是陶器相对扁平的部位或相对扁平状器体，较其他成型方式更为高效。

（五）捏塑法

直接用手指、手掌捏压泥料塑造器物形态的成型方法。目前所见，这种方法主要应用于制作一些附件如鋬、小舌状流、小尖锥实足和体量较小、形制简单的器物等。2004～2006年发掘的H13：14-1和H13：14-2为两件小陶盅，素面，器形小巧，从器物图判断应为捏塑成型的①。部分器鋬是预先捏塑好的，带有榫头，便于插入器壁小孔，与主体抹泥结合。部分斝口部小舌状流为手指捏塑而成。有的是将口沿边缘直接由内向外捏塑而成的，而有的还需加小泥块捏塑，两者略有区别。

（六）泥片贴模法

以泥片错缝叠压包裹内模来制作器物坯体的方法。米家崖遗址客省庄文化陶器中，泥片贴模法极少见，仅在单把鬲和斝、鬶盉类的标本里发现用此法制成的袋足，内壁有时有竖向较长的泥片接缝，或有绳纹、篮纹印迹。另外，在此说明下，旬邑下魏洛遗址客省庄文化遗存中也发现鬶盉类袋足为泥片贴模，看来此中技法并非一地一时之特例②。

---

① 陕西省考古研究院：《西安米家崖：新石器时代遗址2004～2006年考古发掘报告》，科学出版社，2012年，第368页，图三六四。

② 郭梦：《关中西部龙山时代制陶工艺》，西北大学硕士学位论文，2009年。

（七）小结

米家崖遗址客省庄文化陶器的成型方法是多样的。一件器物一般由几个不同部位组成，不同部位有的是一起成型，更多的是分别制作再结合成一体的。一件器物不同部位成型方法也会不同，如折肩瓮鋬为捏塑、底拍打泥料而成、主体则手制泥条法成型。所以，一件器物往往多种不同成型的各部位及其结合方式的大综合。

陶器中器形较大者，主体部分多是分段制作、再套接而成。喇叭口折肩罐、敛口折肩瓮、大口高领鼓腹罐等平底器尤其典型。套接处内外多修整或贴泥条加固，如瓮折肩处外表有的更是修整成尖凸棱状；三袋足器中，鬲多抹泥条合成裆部，有的裆底经过加厚处理；斝足则是抹泥条外接主体。圈足器中，豆盘与圈足为内外抹泥条结合。还有一些器物，两个不同部位的成型有固定的先后关系，一个先制成，另一个以它为基础成型。种类众多的平底器的腹部与底部就是采用此种方式制成的。高领器如单把鬲、高领圆腹罐、高领折腹罐等的领部，一般在腹部成型之后，于其上沿起筑而成。

小型附件与主体的结合，应是在坯体较软时进行。具体结合方式有二。一种是黏结式，如带耳（把手）器的耳部，都是在器物主体表面直接抹泥进行黏结，一些耳下端内壁可见挤压的凹窝，说明黏结时坯体比较湿软。个别器物的尖锥形小足也黏结于器底的。另一种是嵌入式或榫卯式，如斝的双鋬，在主体装鋬部位先镂切小孔，然后将鋬的榫头嵌入坯体小孔中，再于结合部内外抹泥压实。

总之，米家崖遗址客省庄文化的陶器制作中，成型工艺及流程呈现出了相对稳定成熟的技术习惯及特征。

三、陶器的修整技术

修整通常指初坯成型后对器物内外形态进行调整的一道工序。成型与修整两个环节不是截然分开的，成型过程中也带有修整动作，有的分段成型后，先进行一番修整，再将不同部位连接到一起，如云南傣族制陶实践中就有这种技术类型[①]。当然，拼合之后的完整器坯仍需要进一步的修整。

修整的方法有拍打、刮削、滚压、湿手修抹、慢轮修整、磨光、修补、加厚等多种。其中湿手修抹和慢轮修整又可称为抹平，再加上磨光则可统称为修抹[②]。依据修整技法对器物形态调整的程度和部位的不同，可将修整分成四类。第一类为拍打及刮削，主要是改变和调整初坯

---

① 汪宁生：《云南傣族制陶的民族考古学研究》，《考古学报》2003年第2期。

② 王小娟：《垣曲上亳遗址陶器研究》，山西大学硕士学位论文，2009年。

的外形，使之达到设想的器物形态，也可以说是坯体的二次成型。第二类为修抹，是单纯将器物内外的壁面修整平滑，基本上不改变坯体外形。第三类是滚压，也是对器物表面形态的微观修整，因为其伴随着绳纹圆棒的挤压，使器表凹凸不平。第四类为修补和加厚，只是器物坯体经过前述环节之后仍然存在的缺陷，如孔洞和裂隙，须要进行修复、加固。这也是一种改变器物微形态的行为。

四种修整类型之间差异较大，但任何修整技法最根本目的都是追求并达到理想的器物形态，是在成型基础上对器形进行微调的工序。

（一）拍打

拍打是指通过重复拍打器壁来改变和调整坯体形态的一道修整工序，同时具有消除泥条接缝、提高胎体致密度、减薄器壁等功能。拍打法在客省庄文化制陶实践中使用普遍，与泥条筑成法为主要成型方法直接相关，甚至多数模制袋足外鼓腹部也必须经过拍打修整才成。在尚未掌握快轮制陶技术，或不习惯使用快轮法的情况下，拍打技法是对初坯形态进行调整的最好方法。

拍打多应用于一些器类局部位置，通体拍打者极少。判断拍打法的依据主要是器物壁面残留下来的篮纹、垫窝、拍窝等痕迹。经过拍打的陶器部位主要有单把鬲袋腹外侧及领外、斝腹部及圜底部、喇叭口折肩罐肩腹部及喇叭口、高领折腹罐的折腹、高领圆腹罐上腹部、大口高领鼓腹罐腹部、有耳圆腹罐腹中部、敛口折肩瓮肩腹部、豆盘外腹部、B型杯的折腹、盆的腹部等。圜底、喇叭口也是拍打修整的重要部位。另外，带流盆的大舌状流是由内向外拍打坯体口沿边缘而成，这是一种较为明显的改变器坯形态的修整方式。

拍打工具方面，前人调查的少数民族原始制陶术中，制陶工具中均列有木拍、陶垫、卵石、竹刮、竹刀等[①]。古代木质类工具易腐朽，考古中不易发现。米家崖遗址目前制陶工具仅见陶垫[②]，垫面为微外凸的圆形及圆角长方形，与陶器壁面遗留垫窝相符。另外，依据垫窝、拍窝，还可以推知当时制陶工具有陶拍子、陶垫、圆棒内垫等，也有手指直接内垫。拍面一般微弧或近平，多带有篮纹（阳纹）。根据肩腹内壁垫窝形状判断，陶垫垫面有圆形、椭圆形、圆角长方形、纵向长方形等，形状多样。手指内垫呈小圆凹状，主要于一些小型器物腹部或领腹结合处，因为实际需要，直接手指内垫较为便利可行。圆棒内垫发现的垫窝呈细长圆柱凹窝状，多于领腹结合处。总之，拍打修整的常规动作是陶拍拍打器表，陶垫、卵石或手指等垫于器物内壁，相向而动并同步移动。

---

① 王小娟：《垣曲上亳遗址陶器研究》，山西大学硕士学位论文，2009年，第37页。

② 米家崖遗址也发现不少表面平滑的卵石，其中部分可能作为“托子”或“垫子”使用，是制陶工具的一种。参见葛人：《作为制陶工具的卵石》，中国文物信息网，2013年5月24日。

（二）刮削

刮削指利用薄刃状工具刮割陶器坯体，使坯体过厚部分变薄并消除不规整之处，也有去除表面多余纹印的目的。少数民族原始制陶工艺中常见用竹刮、竹刀来刮削坯体。

刮削痕迹部位主要集中于高领器的领外、三足器的裆内部、盆钵碗杯的腹外。一般高领外多竖向的刮痕，是薄刃工具由上往下刮削，主要是为了去除领外拍打滚压修整所留纹饰。裆部刮削则是沿着裆线进行弧线刮削，其目的是平整裆足结合处。盆钵碗杯的腹外则以横向刮痕为主，刮削是使器壁变薄及平整器表。

（三）修抹

修抹是指陶器坯体成型后修整内外壁面使之变得平整光滑的手段，包含有湿手修抹、打磨和慢轮修整等手法。

1. 湿手修抹

也称为蘸水修抹，是坯体未干时或手指蘸水湿润坯体后直接修抹坯体内外壁面使之平整光滑的一种修整技术，多有细泥浆析出。

湿手修抹器类及部位主要有：单把鬲领外、裆部；斝的耳、足、裆流口；高领折腹罐的耳部、底腹夹角内壁处；大口高领鼓腹罐的领外；有耳圆腹罐领外、耳表；宽檐帽状器盖三部分的结合处；桥形单耳捉手器盖耳部、盖顶面；单把鬶盉类的领外、耳部、裆部；B型杯中下腹外；盆内、外面等。

2. 慢轮修整

坯体放置于制陶转盘上，转动陶轮，辅之以手部动作，对坯体内外壁面进行整理的过程。轮修时，转盘转数相对较低。轮修后，壁面会留有细密的水平状轮纹。

客省庄文化陶器慢轮修整较为普遍，慢轮转速相对较高，轮纹多细密浑圆。慢轮修整部位主要是口沿，也有部分高领部位，但极少有腹部轮修，如喇叭口折肩罐的口沿和部分高领、高领圆腹罐口沿、大口高领鼓腹罐口沿及领、单把鬶盉类口沿，其次为鬲及斝的口沿部、高领折腹罐口沿或部分领腹部、有耳圆腹罐口沿、豆和圈足盘的口沿、腹部和柄（圈足）、杯的口沿、钵碗盆类的口沿。

慢轮修整工具除制陶轮盘外，还要用手指直接掌控被轮修的部位，手握布、麻、皮质等辅助工具[①]。陶坯含砂粒较多的自然需要麻、布、皮质工具护手，避免伤害，而细泥质或粗泥质

---

① 张小雷：《两城镇遗址龙山文化陶器的生产及相关问题初步研究》，山东大学硕士学位论文，2010年。

陶坯则可以直接手指轮修。有一些明显凹凸相间、粗细区别较大的弦纹，可能是利用薄刃工具刮修的。米家崖遗址龙山晚期发掘中未发现转盘实物，但仰韶时期的制陶转盘已有出土，关中地区也发现了“帽式”“锣式”“台状器”三种史前时期的陶轮盘[①]。可以推测，米家崖遗址客省庄文化制陶工具中的陶转盘或木质转盘也是必定存在的。

3. 磨光

磨光，主要是修整器物表面、有时也兼及内表局部的一种装饰意图更加突出的修整处理方式。陶坯表面矿物晶体顺着磨光工具用力的方向有规则地排列，使变得致密而光滑[②]。磨光的作用和目的，一种是装饰，如宽檐帽状器盖外表磨光，无实用性，仅仅为了美观，可称为装饰性磨光。一种是实用，如酒水器、食器内壁多磨光。装饰性磨光和实用性磨光是一种技术的两个功效。从技术和动作角度看，磨光属于修整过程，从装饰效果看，则是其结果。

磨光多见于喇叭口折肩罐领肩部与口沿面、敛口折肩瓮肩部、高领折腹罐外表及口沿面、宽檐帽状器盖外表面、敛口折腹小杯上腹部、豆（圈足盘）从口到足通体，钵、碗、盆内外表面， 带耳圆腹罐的主体和耳外偶尔也磨光，总体上属于观者和使用者目光所及、触手可及的位置。

磨光的工具可能是光滑的骨片、骨器、竹木片、石器等[③]。本遗址中发现较多与陶器共出的表面光滑的石块，也许就是磨光的工具。

（四）滚压

滚压专指用缠绕有绳子的竹或木棍，压在器坯外表面，沿着一个方向移动，以改变陶坯微形态的一道修整工序。滚压过后的器表往往留有绳纹。滚压的器类部位主要是单把鬲袋足与腹、高领圆腹罐的领口部和腹部、少数斝的足外、部分有耳圆腹罐的腹部和耳部、部分帽形器盖的柄上端、罐形盉的腹部。滚压修整的主要目的是弥合陶坯的泥条间缝隙，使陶胎厚薄均匀，并挤出气孔，使胎质更致密。

滚压工具的粗细，因陶器体量大小或滚压部位的形状而异，所缠绳子的粗细和密度，均表现在考古发现的陶器表面绳纹的粗细和密度上。滚压的方向多是竖向，横向滚压的仅见鬲的裆部。

---

① 禚振西：《我国制陶转盘的起源及早期的应用》，《考古与文物》1989年第4期；李仰松：《仰韶文化慢轮制陶技术的研究》，《考古》1990年第12期。

② 李文杰：《中国古代制陶工艺研究》，科学出版社，1996年，第176页。

③ a. 葛人：《作为制陶工具的卵石》，文物信息网，2013年5月24日；b. 付永旭：《河南巩义市北侯村现存的陶器磨光工艺技术调查》，《考古学研究（10）：庆祝李仰松先生八十寿辰论文集》，科学出版社，2012年，第255～264页。

（五）修补

坯体成型后、入窑烧制前进行的一道补救工序。

陶坯制作过程中，有的坯体因为技术失误或晾干过程中泥条或泥片收缩不均匀等产生裂纹或孔洞，需在裂纹和孔洞处蘸水涂抹泥片，弥合裂纹，填充孔洞，此为修补。

修补痕迹主要发现于少部分鬲或斝的耳（鋬、把）部周围、喇叭口高领折肩罐和高领折腹罐的折腹处、帽檐形器盖中的塔形捉手顶端内凹面等，多是先期分头制成的领、口沿、肩和底等组件拼接的黏结处或器形转折处。米家崖遗址发现的这类器物标本数量很少，说明工匠对制陶工艺各个环节的掌握能力较强，器坯成功率高，绝大多数不用修补。

（六）加厚

加厚是通过贴加泥条或涂抹泥片的方式增加厚度的一种修整行为。加厚时坯体未干或蘸水湿润，这样才能黏结牢固。

经加厚处理的主要器类、部位及方式不尽相同，如喇叭口折肩罐的口沿外侧贴加扁平薄泥条、高领圆腹绳纹罐的口沿外侧贴加扁平泥条、豆的口沿或圈足底边缘外侧贴加扁薄泥条、鬲耳部两侧贴加薄片状泥条、鬲的裆底部为双层厚泥片、斝的圜底中央处则抹泥片加厚器底等。要之，器物进行加厚的部位多是口沿及圈足底、底（裆）部中央、耳两侧等，都是陶器日常使用中易碰碎、耐磨损、需承重以及搬动时手持的部位，实用性强。加厚方式则以贴扁平泥条为主，也有涂抹泥料的。

（七）小结

修整为陶器制作的关键步骤之一。修整技法有多种，多种技法在不同部位上组合运用。技法施加位置相对固定，且有先后顺序。一件器物的修整技法类别及其应用顺序，由构成这件器物的各部位形态及各部位之间结合方式所决定。米家崖遗址客省庄文化陶器修整技术无疑是具有较高的规律性，并非随意为之。假如存在一个陶工群体，他们之间拥有一套相对稳定相通的修整技术及流程规范。

四、陶器的装饰手法

古代陶器的装饰类别有彩绘、绳纹、篮纹、方格纹、附加堆纹、素面和磨光等，种类繁多。史前陶器的类别、组合及其施用器形、部位等，具有极强的地域性、时代性特征，是区分不同人群文化的重要依据，对深入了解考古学文化面貌及内涵具有十分重要的意义。

（一）装饰的基本情况

米家崖遗址客省庄文化陶器的纹饰种类有绳纹、篮纹、戳（压）印纹、凹弦纹、刻划纹、附加堆纹（贴塑）、网格纹、花边、竖向瓦楞纹、指甲纹等，还有鋬等附件性质的装饰。装饰手法有滚压、拍打、戳（压）印、刮削、刻划、黏结、嵌入、打磨等。当然，素面也可以看作是纹饰的一种，但其装饰效果不显著，暂不算入纹饰之中。磨光既是修整形态的技法，也是装饰陶器的手法，因而也可称为纹饰。磨光的应用对象及其施加方式，已经在上一小节的修整环节叙述。

米家崖遗址客省庄文化陶器纹饰以篮纹和绳纹为主，各占36%上下，其次为素面及磨光，再次为附加堆纹（贴塑）和弦纹，也有少量的刻划纹、压印纹、线纹、方格纹等（图9-3、表9-3）。

依据纹饰在器表的位置和形态差异，可将其分成两大类。第一类是绳纹、篮纹、戳印纹、凹弦纹、刻划纹、竖向瓦楞纹、指甲纹、花边等，施加纹饰使器物表面发生凹陷，可称为内凹性装饰。第二类为凸出于器表的装饰，可称再细分成两种情况。一种是附加堆纹和贴塑等专门装饰，另一种是鋬、把、耳等兼具实用与装饰功能的附件，可统称为凸出性装饰。

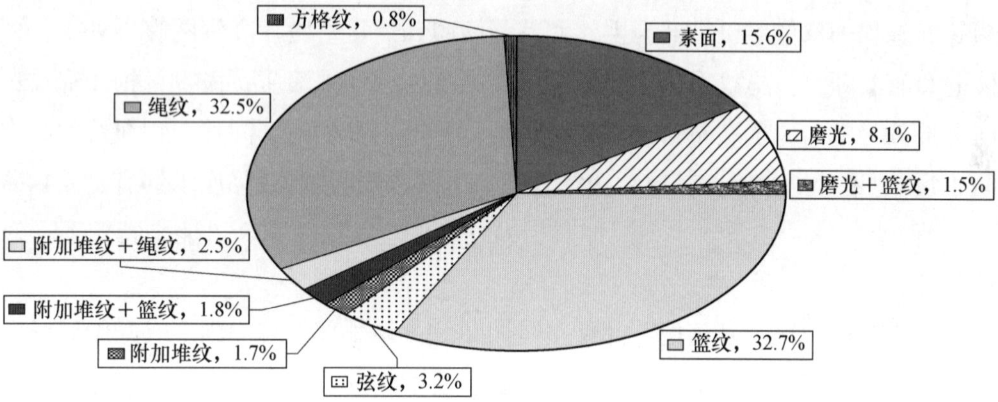

图9-3　客省庄文化陶器器表装饰种类百分比

表9-3　客省庄文化典型单位陶器器表装饰统计

单位号 器表装饰	H50（%）	H70（%）	H34（%）	H71（%）	平均值（%）
素面	12.0/10.1	10.4/8.7	13.2/15.2	26.8/28.0	15.6/15.5
磨光	9.7/7.4	12.3/13.0	4.5/4.3	3.1/0.4	7.4/8.8
磨光+篮纹	3.4/2.8	1.8/3.5			1.3/1.6
篮纹	42.8/38.7	35.8/33.2	31.4/36.5	23.6/19.4	33.4/32.0
绳纹	27.5/33.1	33.0/27.5	42.1/35.0	28.3/33.3	32.7/32.2
弦纹	1.7/3.3	1.1/1.4	2.5/2.6	6.3/6.7	2.9/3.5
刻划纹	0.2/0.2		0.4/0.5		0.15/0.18

续表

单位号 器表装饰	H50（%）	H70（%）	H34（%）	H71（%）	平均值（%）
划纹+绳纹		0.5/0.2		3.1/1.9	0.9/0.5
附加堆纹	0.5/0.9	2.5/4.6	1.7/1.7	0.8/0.9	1.4/2.0
附加堆纹+篮纹			4.1/4.1	2.4/3.7	1.6/2.0
附加堆纹+绳纹	1.7/3.0	2.5/7.9		1.6/3.2	1.5/3.5
线纹	0.2/0.1	0.2/0.1			0.1/0.05
压印纹					0.05/0.08
方格纹				4.0/2.5	1.0/0.6

注：统计的项目为陶片数量和质量（重量），与表9-1方法一致；表中斜杠“/”前为该类纹饰陶片个数，其后为该类陶片的重量（质量）。平均值栏为四个灰坑数据的平均数，最后纹饰占比统计结果再取平均值的平均值。

（二）内凹性装饰

1. 绳纹

绳纹主要用于单把鬲、高领圆腹罐和带耳圆腹罐，其次是斝、豆、管状流罐形盉、大口高领鼓腹罐等。施加的部位多以腹部为主，尤其是鬲腹和袋足上腹、高领圆腹罐外表，领口以下几乎通体遍布密集绳纹。施纹手法主要是滚压式，多由上往下滚压，极少见拍印绳纹；腹部绳纹的方向大部分为竖向，也有左斜或右斜者，而鬲裆部则多横向。同种器物绳纹粗细有少许差别，如鬲（每5厘米10～20条，以13～19条为主）、高领圆腹罐（每5厘米约有11～14条）、有耳圆腹罐（每5厘米18～25条）。不同种器物绳纹密度有较大差别，可能是特定器形对应一套绕绳圆棒工具。

单把鬲和带耳圆腹罐的耳（把）部是多竖向绳纹。鬲耳部上端面则多有黏结修整时所留的左、右斜向绳纹。所以，耳（把）部绳纹分为前、后两次形成。前一次在耳部单制时形成，后一次为黏结至主体后加固和修整时所留。

2. 篮纹

篮纹是客省庄文化陶器的主要纹饰，多用拍打法饰于喇叭口折肩罐、敛口折肩瓮及大口高领鼓腹罐的腹部外表面，一些鬲及高领圆腹绳纹罐的领外也多有拍印篮纹，斝腹部、袋足及耳外表、折腹罐下腹部、豆（圈足盘）的盘腹部、敞口筒形杯的腹部等，也时常见到。篮纹方向以横向为主，左、右斜向篮纹也不少，而交错及竖向篮纹很少见。一般篮纹拍印的最小单位长宽在（2～3）厘米×（1.5～2）厘米之间。一些器类如斝腹部及足外表、鬲的领外、有耳圆腹罐领及腹外表、敛口折腹小杯下腹部等，经过湿手修抹或打磨处理后，篮纹变得模糊或残缺，说明拍印这些篮纹的目的并非为了装饰。

3. 戳印纹

使用或锐或钝的锥尖状工具在陶坯表面局部戳刺形成的纹样，主要有细长的柳叶形、短直线形和三角形。

戳印纹多装饰于桥形单耳捉手器盖盖体顶面边缘、部分鬲斝等带耳器的耳表面（一般耳上、中、下各分布3～5个并列戳印纹）、部分高领束颈器的领腹结合处（如喇叭口折肩罐、大口高领鼓腹罐等，多在两道凹弦纹之间）。

器耳（把）上和领腹间多为细长柳叶形纹，领腹间也有三角形纹；短直线纹主要饰于圆饼形器盖边缘，也见于鬲的单把和领腹结合。

一些斝腹外交错状附加堆纹上也往往有戳印纹，多为短直线纹或由短直线纹组成的交错纹饰（八字纹、菱形网格纹）。

4. 凹弦纹

凹弦纹呈现三种表现形式：一是刮旋凹弦纹，用圆钝工具刮旋，宽约2毫米，较浅，断面呈U形；二是刻划凹弦纹，用尖头工具划旋，宽约1毫米，较深，断面呈V形；三是凹凸弦纹带，由多道间隔较小的凹凸弦纹组成，宽度多2～4毫米。第一、三种凹弦纹常见，第二种少见。

刮旋凹弦纹主要是饰于以喇叭口折肩罐为代表的部分高领器的领腹（肩）交接处和帽形器盖圆筒形柄部上下端。凹凸弦纹带主要饰于敛口斝的口沿面上，也有少许饰于喇叭口折肩罐及高领折腹罐等器物的领外。至于刻划凹弦纹，仅见饰于喇叭口折肩罐领肩结合处一例。凹弦纹有时也起着边界标志作用，如多是领腹（肩）部的分界线、部分高领上戳印纹的边界线、帽形器盖圆柄上的磨光部位界线等。

5. 刻划纹

用头部较尖锐的工具在陶坯表面加压刻划形成的装饰。

刻划纹多是竖向细纹，多微左弧曲，可能用右手持尖头工具刻划，一般长15～60毫米，宽0.8～2毫米，主要饰于部分高领折腹小罐的上腹部，偶饰于小型斝上腹部、鬲耳表及领腹交接处、桥形耳捉手器盖及耳表面等。也有少许刻划纹组成菱形网格状，饰于喇叭口折肩罐高领外表、帽形器盖圆筒形柄上端、带耳高领折腹小罐的上腹部等。网格状划纹带上下多有事先制成的刻（刮）旋凹弦纹作为边界线。

6. 瓦楞纹

瓦楞纹由成组的凹凸直线纹并列构成，主要是竖直方向，宽在2～7毫米之间。竖向瓦楞纹目前仅见饰于鬶盉类单把外表面。

7. 指甲纹

指甲在器坯表面有规律地戳压，形成具有装饰性的纹饰。客省庄文化指甲纹做装饰极少，仅见一件拱桥形单耳捉手器盖的表面，呈串珠状分布。

8. 菱形网格纹

菱形网格纹，形成方式有压印、刻划两种。刻划的菱形网格纹较常见，具体形式和施纹方法见前文“刻划纹”小节。压印的网格菱形纹较少见，构成方式亦有两种。一种是陶拍拍印出来的阳文，另一种由压印的线条交错构成，皆发现于斝的腹外（后者见于上腹部宽带状附加堆纹上）。

9. 花边

花边状装饰主要见于高领圆腹罐和高领罐形斝的唇面、敞口筒形杯的底部等。花边成型方法有两种，一种是手指直接按压，压痕较宽，剖面呈U形，宽7～19毫米；另一种是利用薄片工具压印或戳划而成，印痕较窄，剖面多呈V形，宽2～8毫米。前一种方式多见于敞口筒形杯的底部边缘，后者多见于高领陶器的唇面，一般施加于唇外，也有在唇面内侧的。

（三）凸起性装饰

1. 附加堆纹

附加堆纹所占比例很小，饰于斝等少数器类，其中斝腹部外表施加的交错堆纹样式多变，有X形、工字形交错等。

庙底沟二期文化陶器流行附加堆纹，客省庄文化陶器少见附加堆纹，仅存的一些也更偏向装饰性。这可能与客省庄文化制陶技术提高有关。庙底沟二期大口深腹缸高达40～50厘米，往往需要多圈堆纹来维持坯体的稳定。客省庄文化的大型器物如喇叭口折腹罐、敛口折肩瓮等多运用分段套接技术，不需要靠堆纹就可以稳定坯体结构。

2. 贴塑

贴塑是手指直接按压特定形状的泥块，将其贴附在坯体外表面而成。贴塑的泥块形状有小圆饼形和桑葚状两种。小圆饼形贴塑主要发现于大口高领鼓腹罐及单把鬲的高领底部（即领与腹的分界处）、斝的耳部、单把盉（鬶）的把（耳）顶端与口沿相接处等。斝、盉等器物把手上部的泥饼贴塑常常成对出现，似鸟兽的双目，具有较强的装饰意味。

3. 鋬（把、耳）

鋬多是先单独制成，再嵌入陶坯主体的，兼具使用和装饰性。一些敛口瓮的折肩外侧多是对称的双鋬，形状有扁平舌状和蘑菇状圆形两种，还见有一种有如鹰头状的小鋬，其所属器形不明。

（四）装饰与质地及器类的关系

客省庄文化陶器纹饰的种类及各类纹饰的施加部位往往相对固定，变化程度较低。包括陶器质地和器形两个主要方面的陶器类型似乎决定着纹饰的种类：器形是功能的反映，质地与功能有直接关联，纹饰与质地相对应（表9-4；图9-4）。

对四个典型单位陶器质地和纹饰进行统计，得到以下认识。素面在四种胎质中分布较均匀；磨光在泥质陶中占绝对地位，也有少部分存在于细砂质陶，未见于粗砂陶；弦纹在细泥质、粗泥质和细砂质中皆有，不见于粗砂陶；篮纹主要分布于粗泥质、细砂质陶中，细泥质及粗砂陶中占比较低；绳纹施用对象整体上以砂质陶为主，其中占细砂质的70%以上，也有部分施加在粗砂陶上，几乎不见于泥质陶；附加堆纹施用对象主要以细砂质和粗砂质为主，几乎不见于泥质陶。

表9-4　客省庄文化陶器器表装饰与陶质对应关系　（单位：%）

器表装饰＼胎质	细泥	粗泥	细砂	粗砂
素面	30.5	28.6	27.8	13.1
磨光	36.5	50.8	12.8	
弦纹	17.7	55.0	28.4	
篮纹	5.0	36.4	54.0	4.8
绳纹	0.6	0.2	77.2	22.0
附加堆纹	1.9	1.4	65.5	31.3

注：本表数据以T0307H50、T0308H70、T0407H34、T0407H71陶系统计表为依据，纹饰中如刻划纹、压印纹、方格纹等陶片数量极少，舍去，未作百分比处理。

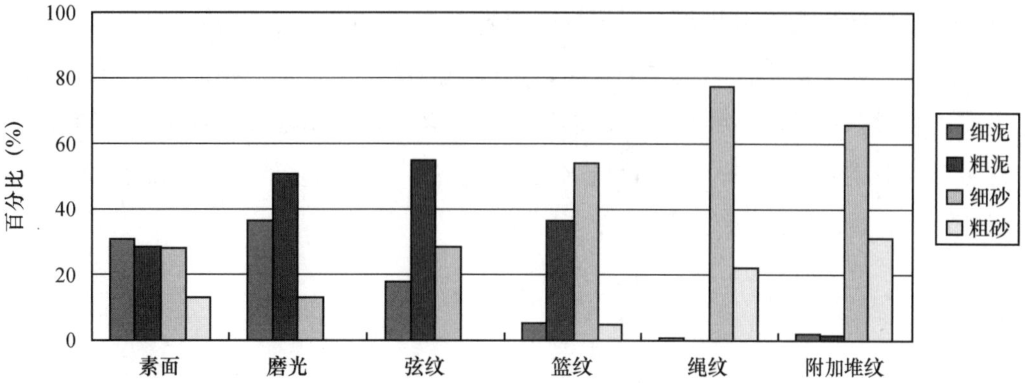

图9-4　客省庄文化陶器器表装饰与质地对应关系

除素面外，各类纹饰与陶器质地联系紧密。磨光和弦纹皆以泥质陶为主，而绳纹和附加堆纹都以砂质陶为主要对象。换个角度看，陶器质地是由器物功能决定的。所以，具有修整作用的绳纹、篮纹、磨光，以及有加固作用的附加堆纹，归根到底与器物的用途关联密切。器物的形态（器类），一般也是由器物功能决定的。弦纹、方格纹、刻划纹等装饰性的纹饰，则多与施加部位（使用者的眼观和手摸的角度）有关。

陶器装饰与器物类型（器形、器别）的对应关系，仍以上述典型单位标本为统计对象（表9-5）。

表9-5　客省庄文化典型灰坑中各器类的器表装饰统计

器表装饰 器类	绳纹	篮纹	磨光	弦纹	刻划纹	贴塑	戳印纹	花边	附加堆纹	总数（件）
单把鬲	61			3	1	1				61
斝	2	10	2	2		1		1	4	20
喇叭口折肩罐		12	24	6						48
高领圆腹罐	30	13	17	6			1	4		31
大口高领鼓腹罐	1	10		12		2				16
带耳折腹罐			7							7
有耳圆腹绳纹罐	9	1						2		9
帽形器盖			9							9
圆饼形器盖							1			3
折肩瓮	1	6	9	1						19
钵			7							7
豆		1	4							4
盆			17							18

观察和统计结果显示，单把鬲的袋足和腹外皆饰绳纹，部分领底也见有弦纹、刻划纹及贴塑；斝多饰有篮纹及附加堆纹，也有少量磨光、贴塑和弦纹者；喇叭口折肩罐的折肩以上多磨光，腹外皆拍印篮纹，也有领部装饰凹弦纹的；高领圆腹罐一般皆腹部滚压绳纹，领外素面，有些口沿还装饰呈齿状或绹索状花边，带耳圆腹罐多与此相同；大口高领鼓腹罐一般腹外装饰篮纹、领腹之间一周凹弦纹，凹弦纹上有时还贴塑小圆饼，也见腹外装饰绳纹的；带耳折腹罐多磨光腹部；帽形盖一般通体磨光，圆饼形器盖顶边缘多饰戳印纹及刻划纹；折肩瓮的肩部皆磨光，部分腹上端也磨光，腹外多拍印篮纹；钵豆盆等内外表多磨光；单把鬶盉类器表多素面，单把上皆见有竖向的瓦楞纹。

五、陶器烧成工艺

烧成是指陶器坯体经修整装饰并晾干一段时间后，利用高温技术由土变陶的物理化学反应过程。

考察陶器的烧制水平一般会从陶窑结构、烧成温度、烧成气氛、渗炭技术等方面进行。经验观察研究一般从两个途径入手：一个是依据陶片的颜色及质地，大致了解烧成气氛、烧成温度和渗炭技术情况；另一个就是对陶窑的观察和分析。

（一）烧成工艺分析的第一种途径

选择标本数量大于8件的器类才有统计学意义，标本数量太少时统计结果容易失真。如表9-6所示：15个特征器类中，除了钵碗类、甑、杯、鬶盉类、圆饼形器盖外，其余器类的标本数都在8件以上，鬲标本数甚至达到61件。陶器颜色大致可划分成灰、灰黑、黑（黑皮）、红、红褐、褐、灰褐、黄色（土黄、橙黄）等，颜色大多纯正，只有少量的为过渡色；那些陶色斑驳的标本或上下腹颜色迥异的个别特殊样本，不参加本次统计。

表9-6　客省庄文化陶器的器形与陶色统计

器类	数量	灰（%）	灰黑（%）	黑（%）	红（%）	红褐（%）	褐（%）	灰褐（%）	土黄（%）	黄褐（%）
单把鬲	61	70.5			5.0		11.5	6.6	6.6	
斝	22	54.5			13.6		9.1	22.7		
喇叭口折肩罐	37	73.0		18.9			8.1			
高领折腹罐	28	82.1		3.6	3.6			3.6	7.1	
高领圆腹罐	21	66.7	4.8		4.8	4.8	14.3	4.5		
大口高领鼓腹罐	8	87.5	12.5							
有耳圆腹罐	20	65			5		10	15	5	
敛口折肩瓮	11	27.3		45.5						9.1
帽形器盖	11	27.3		72.7						
圆饼形器盖	5	2					2	1		
豆（圈足盘）	10	60	20	10					10	
单把鬶（盉）类	7				6	1				
带流斝（罐形盉）	1	1								
钵	6	2		1				1		
碗	1				1					
盆	9	66.7	11.1					11.1	11.1	
甑	2	2								

注：6件钵中有两件标本的腹外颜色上下分层，即上黄褐+下黑、上黑+下灰。

标本数量大于8件的各器类中，陶色以灰色为主，占比大于50%，如单把鬲、斝、喇叭口折肩罐、高领折腹罐、高领圆腹罐、大口高领鼓腹罐、有耳圆腹罐、豆（圈足盘）和盆（表9-6）。敛口折肩瓮和帽形器盖皆以黑陶为主、灰陶次之，尤其后者黑陶占72.7%，灰陶占27.3%。喇叭口折肩罐的黑陶占18.9%，豆（圈足盘）等也有10%的黑陶和20%的灰陶。仅有的两件甑均为灰陶。

不难发现，客省庄文化陶器群几乎皆以灰、黑色陶为主，典型或代表性器类中灰黑陶占比均超过54.5%，在还原气氛窑内烧成，只有少量氧化气氛烧成的器类。标本数量少于8件的鬶盉类，几乎均为红—红褐色，表明灰、灰黑、黑及红色等各种颜色是人们的有意识的制成品。另外，少量黄褐、土黄和灰褐色陶的存在，同样说明当时陶工对窑内氛围的掌控技术还未做到完全稳定。当然，鬶盉类所见皆红陶，既可能是古人对此类器物颜色的审美偏好，所以使用了氧化气氛，也可能这类器物并不是本地生产的，而是外来产品。

对上述四个典型单位陶器颜色类别进行总体统计，结果是：灰陶69.3%、红陶18.4%、褐陶8.1%、黑陶4.2%（图9-7，图9-5）。总体上，陶器烧成以还原气氛为主，氧化气氛相对较少，只有少量陶器采取渗炭工艺处理。

表9-7　客省庄文化典型单位陶片颜色统计

灰坑号	灰（%）	黑（%）	红（%）	褐（%）	总量（片/克）
H70	74.4/64.8	4.4/6.5	16.8/24.2	4.4/14.5	411/20018
H50	64.2/68	3/2.4	7.8/13.4	25.1/14.6	567/30414
H34	80.6/74	4.1/5.1	10/14.4	5.4/6.7	242/17548
H71	63/64.6	5.5/2.2	29.1/31.5	2.4/1.7	127/11481
平均值	69.3	4.2	18.4	8.1	

注：数字栏中斜杠“/”前为该类纹饰陶片数量在总数中的占比，其后为该类陶片的重量（质量）占比。

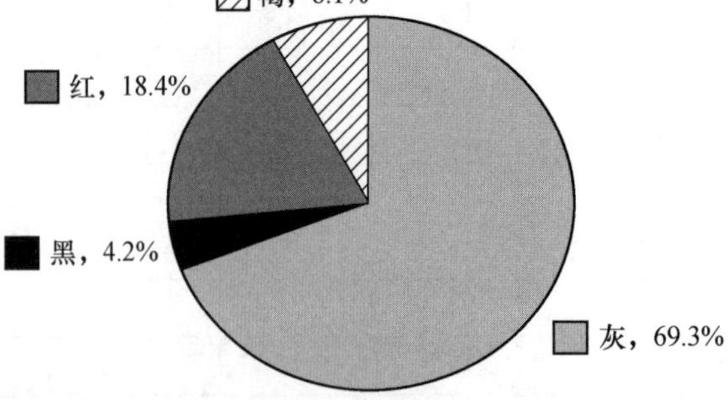

图9-5　客省庄文化多种陶色百分比

（二）烧成工艺分析的第二种途径

米家崖遗址发现了5座客省庄文化陶窑①。保存较好的陶窑，结构较清楚，皆由火膛和窑室两部分组成，又可细分为火口、火膛、火道、窑床和窑室等部位，有的陶窑还有烟道。以2004～2006年发掘的Y3为例。火膛在窑室前下方，呈袋状坑形，掏挖在地表以下。窑室平面呈椭圆形或马蹄形，下半部与火膛上部处于一个水平面上，整体上高于火膛。平面图上看，火膛小部分伸入窑室前下部，两者呈二圆相交状。虽然总体上仍属横穴式窑，但已处在由横穴式朝竖穴式过渡的最后阶段。窑室面积不大，多在1～2平方米（图9-6）。陶窑内壁多呈青灰色或有较厚的烧结面，表明烧制时间不短且窑温相当高。与山西、河南和陕西三省邻境发现的庙底

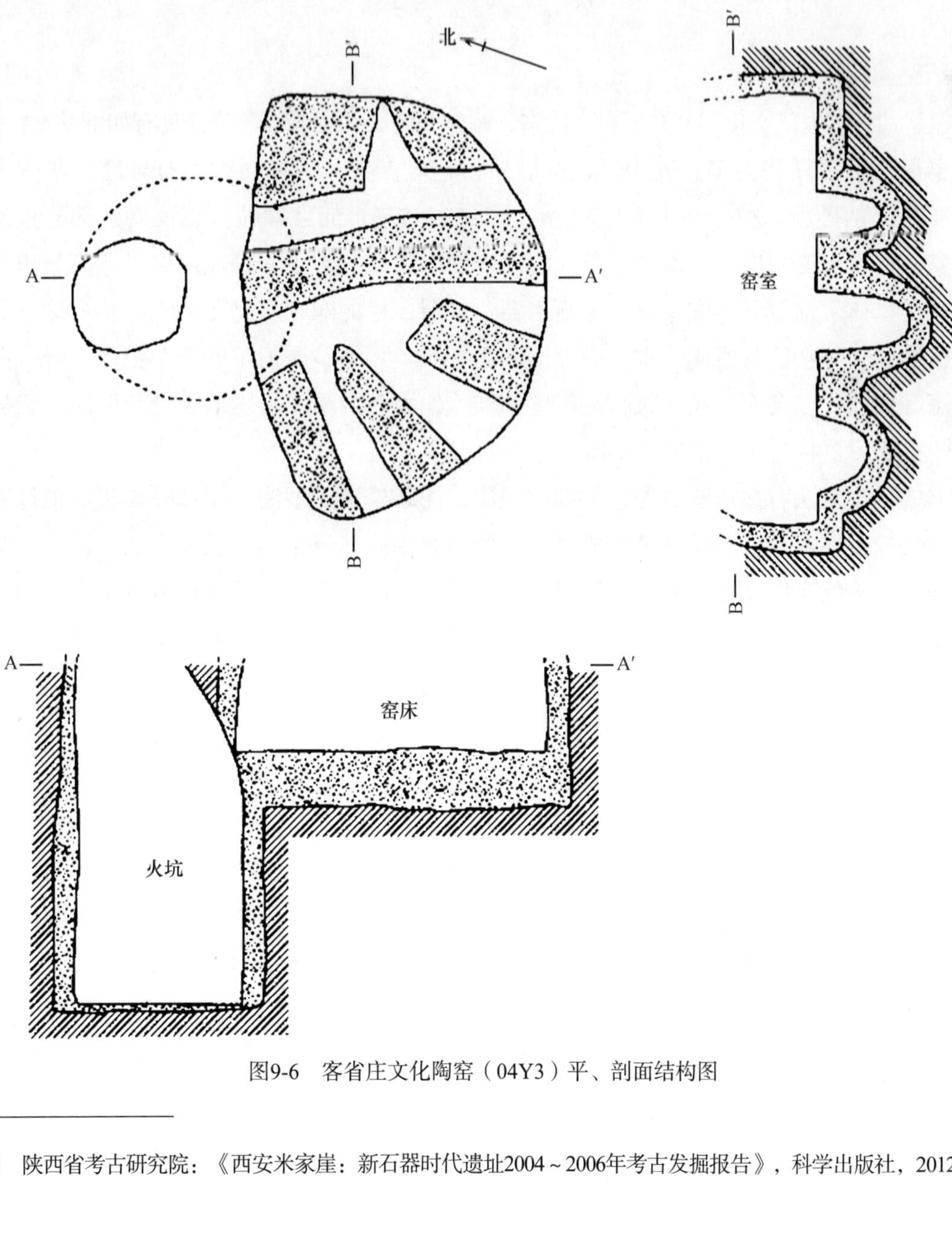

图9-6　客省庄文化陶窑（04Y3）平、剖面结构图

① 陕西省考古研究院：《西安米家崖：新石器时代遗址2004～2006年考古发掘报告》，科学出版社，2012年。

沟二期陶窑相比，此窑形制接近，可复原为半圆形（馒头形）窑室，具有良好的封闭性，又可利用火门或烟道的开闭，控制窑内气流，从而控制窑内温度和气氛。

米家崖遗址客省庄文化陶器形制规整、造型多样且同类器具有高度相似性。大多数泥质陶质地坚硬，烧成温度高，扣之声音清脆。灰陶和黑陶为主体色调，窑内烧成全程或后期以还原气氛为主；少部分陶器是在氧化气氛下烧成的；渗炭技术发达，经抛光处理的渗炭陶油黑光亮；火膛紧连窑室、火道分叉使火焰和热气流较均匀地分布于窑室，封闭较好的窑炉结构等，较仰韶时期进步了一大截，较庙底沟二期也有显著提高，与陶器群的总体特征与工艺水平是完全相称的。

六、小　　结

米家崖遗址客省庄文化陶器在原料、成型、修整、装饰、烧成等环节，具有如下基本特征。

陶器胎质以砂质陶为多，其中又以细砂质占绝对多数。羼和料种类有砂粒、灰陶末及云母，主要是天然砂粒，粒径多小于1.5毫米，偶见2 ~ 5毫米的大颗粒。细泥陶及部分粗泥陶的泥料细腻，原料加工中应存在淘洗环节。泥质陶则以粗泥陶为主，细泥陶多见于高领折腹罐、单把鬶盉类、钵、盆、豆（圈足盘）等酒水器、食器，粗泥陶则多见于喇叭口折肩罐、敛口折肩瓮、帽形器盖等功能与盛储（水、酒等偏液态特质）。细砂质为主的是单把鬲、斝、高领圆腹绳纹罐等炊器，以及大口高领鼓腹罐等盛储器（偏固态特质）。陶器类型与胎质一般拥有相对固定的搭配。器物功能才是决定胎质、器类的根本原因。

陶器的成型方法有捏塑法、泥条手制成型法、泥条模制成型法、泥片贴模法、拍打或滚压泥料法、快轮拉坯成型法。泥条手制成型法是各器类主体部分主要的成型方法。泥条模制技法也非常普遍，虽就应用器类而言较为局限狭窄，但因为鬲、斝等三足器物数量很多，用泥条模制法成型的产品总数量就十分可观了。一些鬲、斝及鬶盉类的袋足用泥片贴模成型，究竟是随鬶盉类陶器物品的传入而引进的技法，还是当地更为古老的敷泥模具法的孑遗，尚不明了。拍打或滚压泥料成型法应用于大量平底器，简单高效。捏塑法和轮制法很少使用。大型陶器一体成型有难度，普遍采用分段制作然后套接或续接的技法。小型附件，如把手（鋬、耳）、三足和圈足等，采用抹泥黏结或嵌合方式。

陶器的修整技法，分成拍打、滚压、刮削、湿手修抹、慢轮修整、磨光、修补、加厚等。拍打法施用的部位以肩、腹部为主，圜底及喇叭口也是拍打修整的重要部位。滚压法施用的主要部位是腹部、袋足，其次为高领和宽扁耳部外表。刮削法应用于高领器的领外、三足器的裆内部、盆钵碗杯的腹外。湿手修抹的部位主要是一些高领器的领口、三足器的裆部和器耳，以及各类器物不同部分相结合处。慢轮修整部位主要在口沿，也有部分高领和少数器物腹部。磨光的部位主要是肩、上腹、口沿和领部，以及圈足（豆柄）等，主要针对酒水器、食器。修补技法鲜见，表明制陶成型的成功率较高。加厚法应用的部位多是口沿、圈足底、底（裆）部中央、耳两侧等，方式以贴扁平泥条为主，也有涂抹泥片的。总之，一件器物的修整技法往往并不止一种，各部位所用修整技法也不相同，但某一种修整技法的施加部位多是固定的。

米家崖遗址龙山晚期陶器的装饰种类丰富多样，整体上以篮纹、绳纹为主，素面、磨光次之，再次为附加堆纹和弦纹，其余纹饰比例皆极小。装饰手法有滚压、拍打、刻划、戳（压）印、黏结、刮旋、嵌入等。一种器类可能有几种纹饰，一种纹饰施加的器类不止一种，纹饰与器类之间虽非一一对应，但往往特定器类特定部位各有其相对固定的装饰类别。

绝大多数器类以灰色为主。单把鬶盉类陶器皆为红陶，数量虽少却代表一个重要方面。局部黑色和通体黑色的两类黑陶，可能应用了不同的渗炭处理技术。以灰黑陶占据主体兼有红、褐及多种过渡颜色陶器，充分说明米家崖遗址客省庄文化陶器烧制自成体系，有章可循。

第二节　制陶工艺分器类观察

客省庄文化陶器群的主要器类是单把鬲、高领圆腹绳纹罐、高领折腹罐、大口高领鼓腹罐、有耳圆腹罐、斝、喇叭口折肩罐（壶）①、瓮、帽形器盖、圆饼形器盖、豆（圈足盘）、盆、钵、碗、杯、鬶、盉等。挑选了279件标本，依据使用功能将这些陶器大致分成4组，分别是炊器、酒水器及食器、盛储器、其他器类②。每个大类下又分别按照代表性器形逐个进行考察叙述。

一、炊器的制作工艺观察

米家崖遗址客省庄文化炊器主要包括四大类器物，分别是单把或无把鬲、斝、高领圆腹罐和甑，以前三类数量较多。

（一）单把鬲

单把鬲共选了61件标本，以袋足和口沿陶片为主，其中袋足标本有26件，口至上腹部15件，裆部6件，仅缺口沿或足尖的2件，可修复器12件。尺寸方面，鬲口径8.5～19.2厘米，领高3～6.9厘米，高14～42厘米，耳长4～9.5厘米，耳宽2.2～5.2厘米，耳厚0.3～0.9厘米。单把鬲形态相近，容量大小相差较大。

---

① 陕西省考古研究院编著的《西安米家崖：新石器时代遗址2004～2006年考古发掘报告》中将此类器物称之为A型或B型壶，其他研究者和发掘简报或称之为喇叭口折肩罐或喇叭口圆肩罐，较为形象，本章行文中多用此称。

② 文中标本编号无探方号者，为2004～2006年度发掘资料，有探方号者为2010～2011年度发掘资料。

1. 原料和烧成

61件标本中，砂质陶55件，占总数的90.2%。其中细砂质49件，占标本总数的80.2%，粗砂质6件，占9.8%。泥质陶6件，其中粗泥质5件，占8.2%，细泥质1件，占1.6%。羼和料砂粒多为白色石英砂，砂粒少棱角，分布比较均匀，粒径以小于等于1毫米为主，也有极少2～4毫米的大颗粒。

陶器颜色本身具有审美意味，同时也是烧制技术水平的体现。61件标本中，颜色细分为：纯灰色陶43件、灰褐陶7件（其中2件外表灰色、胎心1个褐色、1个土黄）、褐陶7件、红陶3件以及土黄色陶1件。灰色系占比近82%，可知鬲类烧制以还原气氛为主。颜色纯正的红陶亦表明，氧化气氛也时而应用于特定器类。少量灰表褐胎和灰表黄芯陶的存在，既有可能是在烧制的最后阶段窑内气氛的有意改变，也有可能是无法控制的窑内热气流分布不均匀，窑炉技术仍有改进的空间。

2. 成型

鬲的形态较复杂，可分为领口、腹部、袋足部和把手（耳、鋬）等多个部位。不同部位各自单独成型，然后拼接为一体。按照自上而下、由主到次的顺序，分为以下几个部分观察叙述。

领口部，以泥条圈筑法在上腹部顶端，正筑形成。标本ⅠT0408M1：2，领为泥条圈筑而成，高领内有两圈平行鼓棱，泥条宽约1.3厘米。领腹结合处内壁有泥条接缝、垫窝（竖槽形垫窝、圆形凹窝）等修整痕迹。

鬲的上腹部有三种成型方式。

第一种是以三个袋足的上端连接起来，形成鬲的上腹部，再于其上圈筑领口。使用此法成型的鬲占大多数。典型标本如ⅠT0307H50：5及ⅠT0408M1：2单把鬲，从袋足下部向上直至腹部最上端，内壁留有清晰连续的竖向反绳纹，是模制袋足时留下的（图9-7，3）。

第二种是在三足接合后，于其上端用泥条法续接筑成，多为圈筑法。有6件标本的上腹部采用此种方式。三袋足外鼓部位内壁有密集的纵向反绳纹，而其上2～6厘米一段，即腹部最上端，没有反绳纹。此段向上，外表竖绳纹形状、宽度和方向也往往不同，明显是分段制成。标本中共有6件采用此法成型，分别为ⅠT0307H50：1及ⅠT0307H50：3、ⅠT0408H19：3、ⅠT0407H34：10、11及ⅠT0202④：2（图9-7，9）。

第三种方法，与斝的制法相同。先用圈筑法制侈口垂腹圜底罐，将预先制好的三足黏结至圜底外。如标本ⅠT0202H30：3（图9-7，1、2），三足上端不相接触，各自单独制成，分别装在侈口垂腹圜底罐腹下，从罐底内部割划出三足的腔体，三足与底拼接上抹泥，加固修整。

鬲袋足的成型方法有三种，分别是泥条模制法、泥条手制法、泥片贴模法。

泥条模制成型法，是以形似袋足的内模为辅助，将泥条紧贴内模外表，叠累筑成粗坯。

通常采取倒筑法，内底的旋转状褶皱，是倒筑成型法的典型证据[①]。至于采用了盘筑还是圈筑法，暂不明晰。标本中内壁有反绳纹的25件，有篮纹者2件，素面者2件，可知内模以表面带绳纹的为主，少量为篮纹和素面无纹的。袋足内壁（反）绳纹几乎都是竖向的，标本中仅ⅠT0408H19：3内壁绳纹为横向。内壁篮纹细长，竖向及横向皆有，如标本ⅠT0308H70：14鬲袋足内壁有少许竖向（反）细篮纹；标本ⅠT0202④：1三袋足内壁皆有密集的横向细反篮纹（图9-7，6）。

使用素面内模成型的袋足不易识别。一般情况下，内壁光滑平整且无指窝、指纹、泥条鼓棱等现象者，应为素面内模制成。如标本ⅠT0307H50：2和ⅠT0307H50：3，内壁均极平整，无手指窝痕及指纹。这是因为将泥条盘筑或圈筑在模具外表时，无须用手捏压上下泥条使之黏结紧密，也就不会产生密集的指窝、指纹和泥条鼓棱等。

泥条法直接成型者，采用倒筑法，主要应用于体量中等和较小的个体。标本中有3件可确定为手制泥条法成型。如ⅠT0202H30：3小型鬲[②]，口径9.7厘米，高14厘米，三袋足内壁平整，但隐约可见泥条鼓棱及指窝，其中一个足尖内有褶皱，是收束泥条成尖底的痕迹（图9-7，1）。标本ⅣT0501H19：1，鬲足较完整，足上端圆口直径约9.4厘米，足跟以上最高14.5厘米，内壁中部至尖底可见3圈宽约1.3厘米的泥条，盘筑法叠砌而成泥缝及鼓棱，呈螺旋上升，泥缝和鼓棱上伴有一圈圈指窝及指纹，底内见顺时针旋转的褶皱（图9-7，5）。标本ⅣT0304H11红陶鬲袋足内壁上部有清晰的2条泥条接缝，袋足手制泥条无疑。

泥版贴模法，仅见标本ⅠT0407H71：42小型鬲，袋足内壁可见反绳纹。俯视观察之，还有明显的泥片叠压现象，为右片压着左片，贴敷于内模上筑成。

鬲的三足分别成型后，还需要拼接，亦有三种结合方式。第一种是将三袋足上口贴紧，加泥条合缝而成，侧视如裆形，底视呈交错Y形。裆内外通常抹泥修整，加固并加厚裆底，如标本ⅠT0307H50：1，形体硕大，裆底断茬剖面可见双层泥，裆部三叉交会处加厚明显。

第二种是利用三足内模一体合制，直接形成三足与裆部相连的形式，无须泥条合裆，裆内壁不见泥条合缝和捏挤、刮抹痕迹，有时见（反）绳纹。此种方式制成的标本数量较少，仅见6件。如标本ⅠT0307H29：2，器体较小，竖向反绳纹纵贯袋足内壁自足至腹部，裆部内也有反绳纹，未见泥条接缝痕迹（图9-7，3）；标本ⅠT0307H50：75，裆部内侧横向反绳纹清晰密集，而袋足内壁平整，推断是用裆部有绳纹、袋足为素面的三足一体内模制成。

第三种即上述鬲腹成型法之第三种，亦即斝的三足与主体衔接法。详见后文“斝”。

鬲的实足尖部位，有在外部捏成的，也有尖内部塞加泥芯的（约占40%）。足尖部自外部捏成实足跟的标本有6件。用泥条倒筑法模制鬲足，到尖底时，收束泥条并用手指捏挤、压实而成，足尖高者约1厘米。足尖外表修整时压印的绳纹会被抹去，代之以一周指纹，如标本ⅠT0407H71：47，内壁竖向绳纹清晰细密，内底褶皱，小足尖外有指纹。

---

① 李文杰：《中国古代制陶工艺研究》，科学出版社，1996年，第69～118页。

② 该器在本书第五章中被归为Cb型斝。

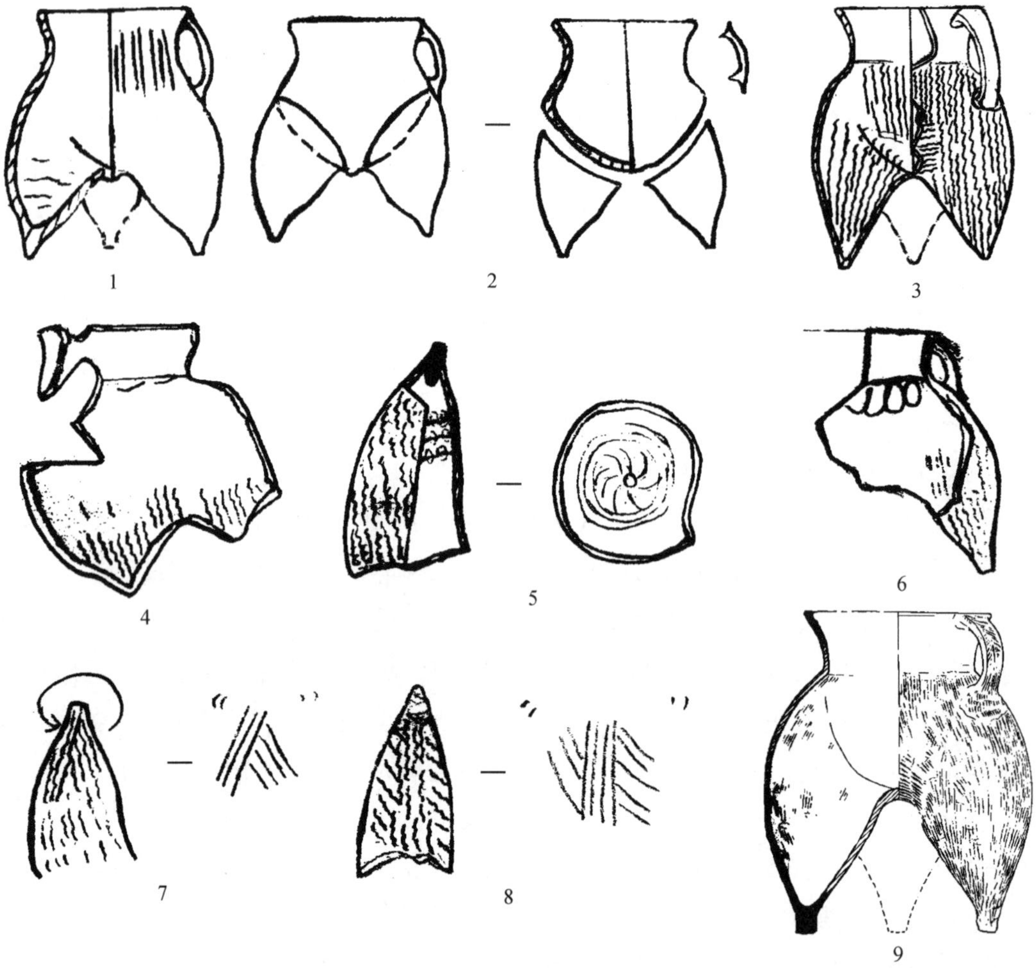

图9-7　客省庄文化鬲制作痕迹示意图

1. Ⅰ T0202H30：3　2. Ⅰ T0202H30：3部位结合方式分解图　3. Ⅰ T0307H29：2　4. Ⅰ T0308H70：18内壁　5. Ⅳ T0501H19：1　6. Ⅰ T0308H70：14　7. Ⅰ T0307H50：27　8. Ⅰ T0407H71：47　9. Ⅰ T0307H50：1

足尖内塞加泥芯的标本有15件，实足跟高低不等，相差较大，所选标本的实足跟一般在2～5.7厘米之间。

实足塞加泥芯的具体方式也有细节上的不同。一种做法是在袋足模制成型收底后，在尖底内部填塞较硬泥团，再抹泥修整尖底内底面，往往抹去绳纹痕迹。标本中有14件采用此法，典型的有Ⅰ T0307H29：109、Ⅳ T0201H33：39、Ⅳ T0304采集：03和Ⅰ T0202H44：31。泥芯的样式多为小球状，或为柱状，也有不规则者。另一种做法是，在泥条倒筑袋足至收束足尖时，将泥条的尾端从外部塞入足底内部。当内壁修抹不彻底时，能看到泥条尾端原样。典型标本如Ⅳ T0501H19：1，内底可见柱状泥团，虽经抹泥修整，仍可见泥芯高约4.3厘米（图9-7，5）。这种方法极少见，仅发现1件标本。

鬲的把手（耳、鋬），多用拍打泥条法，制成扁片状，再弯曲成拱形。拍打时留下篮纹，或滚压法修整时留下绳纹，经修抹后内侧多素面，偶见拍印篮纹。如标本Ⅰ T0202H44：10、

Ⅰ T0307H50：8等。耳稍干时与器坯主体结合，一端紧贴口沿外侧，一端抵住袋足上部，抹泥黏结。对应耳下端的内壁有陶垫窝，是黏结时用力挤压所致，如标本Ⅰ T0307H50：3。

3. 修整和装饰

领口部位用拍打法修整，有时留下篮纹印迹。领腹结合处内壁多有细长垫窝痕迹，是以素面圆棒做内垫，带篮纹陶拍在外表拍打，使领腹紧密接合，如标本Ⅰ T0308H41：1，领腹结合处垫窝长约2厘米，宽约0.5厘米；标本Ⅰ T0307③：25领下内壁可见6个垫窝，长3.1厘米，宽0.6厘米。领外篮纹为横向，见于3件标本。绝大多数口沿内外和领部外侧经慢轮修整，留有细密的水平状轮纹，器口规整匀称。口沿标本25件中的11件都经过了慢轮修整。轮纹有时会被湿手修抹去除。湿手修抹法修整领口时，拍印篮纹、滚压的绳纹和轮修细纹往往被抹去。个别器物领口内壁有水平状刮痕，可能是因为厚薄不均，须用刮削法使之均匀平整。领外有时发现垂直刮痕，除抹平此前篮纹和绳纹外，可能兼有弥合泥条接缝的用意。刮削先于慢轮修整环节，如标本Ⅰ T0307H50：5。

领口装饰以素面为主，少数领外加弦纹2～3周，是在轮修时用钝尖工具压在领部刻划而成，其中3件位于领腹交接处，具有示意作用。标本Ⅰ T0202H44：15，领中偏下部，有3～4圈凹凸弦纹，每道纹宽约1.5～2毫米。个别标本的领腹交界处戳印短线纹，可能源自加强领腹结合部分的意图，后来变成了装饰。如标本Ⅰ T0202⑤：1，短线纹长0.5～0.9厘米，较密集（一周约36道）。标本Ⅰ T0202H30：3为小型素面单耳鬲，颈部刻一周竖向直线，长2.9～4.5厘米。标本Ⅰ T0307H50：3单把对面的上腹顶端，有一贴塑泥饼（直径1.7厘米，厚0.3厘米），中间为凹形指窝，边缘有多道放射状裂纹，可知圆泥饼是手指直接按压上去的。

鬲腹部、袋足和裆部主要使用拍打和滚压两种修整法。标本Ⅰ T0307H50：1，上腹内壁有数量较多的圆形陶垫窝，腹外主要是滚压的竖向绳纹，滚压部位主要是腹及腹与袋足衔接处（图9-7，9）。袋足的修整，在拼接之前即使用了绳纹棍滚压法，多竖向或微右斜绳。绳纹密度是每5厘米10～20条，以13～19条者为主绳纹外观，一种是条状绳纹，纹路边缘清晰，纹路较平，当是陶坯颇湿软时印上的。此类标本占绝大部分，如Ⅰ T0407H34：11。另一种是麻点状（或麦粒状），纹路边缘曲折，是陶坯较干时印上的[①]，如标本Ⅰ T0308H70：18。

鬲的三足首先用泥条合缝，形成Y形裆，多有纵向工具刮痕，袋足底部也有一些抹痕，用的可能是陶指套[②]。裆部内壁也有湿手修抹细纹，沿两足相邻接的"脊梁"纵向抹平。与"脊梁"对应的裆部外侧是沟槽，常用绕绳圆棒按压，留下横向绳纹。值得注意的是，若将袋足倒置，以足尖为圆锥体顶点，铺展足底外表面于一平面上，两足交接处的绳纹，总是左边压着右边。推测其施加过程是，鬲倒扣轮盘上，顺时针转动轮盘，右手持滚压棒逆时针滚压袋足外

① 中国科学院考古研究所：《沣西发掘报告》，文物出版社，1963年，第57页。滚压绳纹清晰而美观的坯体含水量一般在17%～16%，见李文杰：《中国古代制陶工艺研究》，科学出版社，1996年，第35页。

② 秦宇：《关中地区史前时期的制陶工具研究》，西北大学硕士学位论文，2020年，第62、71页。

表。纹饰的方向稍有差异，一种如ⅠT0307H50：27，为左边左斜绳纹压着右边右斜绳纹（图9-7，7）；还有一种如ⅠT0407H71：47，两足交错处绳纹皆呈右斜，系用右手逆时针滚压，最后再竖向滚压，填补三足相交处的三角区（图9-7，8）。

袋足外腹、裆部和上腹部绳纹的施加顺序，与各部位成型及拼接的顺序先后对应，即三足滚压竖绳纹→裆外按压横绳纹→袋足外腹二次滚压绳纹→上腹滚压竖绳纹。

少数（4件）鬲的袋足外表残留篮纹，应是拍打修整所留，经过湿手修抹后变得模糊。

耳部装饰手法多样，以绳纹为主导。在成型修整阶段，用拍打法和滚压法，耳内外表面有绳纹，外侧中间多竖向绳纹，上下端则左右斜向及竖向绳纹皆有。上下两端的绳纹是抹泥、挤压、黏结耳与主体的产物。有时耳的两侧边缘处也有左右斜向绳纹（多右侧右斜、左侧左斜，与耳上端绳纹左右斜方向一致。耳部上下左右绳纹并非同一时间形成。中间部分绳纹在单独成型时就有，黏结到主体上之后再施一遍；上下端及左右两侧的绳纹都是耳部黏结主体后施加的，兼有修整及装饰性质。标本ⅠT0307H50：8，耳部上端和右边缘的右斜向绳纹，压在中部竖向绳纹之上，竖绳纹则贯通至下端；标本ⅠT0307H50：5耳部表面上部和中部为竖向绳纹（不连贯、非一次滚压），其右侧施加右斜绳纹（打破前者）；耳下端抹泥表面为竖向绳纹（与上、中部竖绳纹非同次形成）。

有些标本的耳上下端有戳印和刻划纹，一般上下端各3～5个，多为短直线形，如ⅠT0202④：1，耳上下端各有4个戳印纹，纹宽0.1～0.3厘米，长约0.5～0.8厘米，施加顺序先左后右。标本ⅠT0202⑤：1，耳上端近口沿处压印5个直线纹，长1～1.6厘米。标本ⅠT0308H70：18单耳的上下端各刻划3条直线纹（长1.5～3厘米，宽0.15～0.2厘米，深约0.3～0.5厘米），系由尖状工具由上至下刻划而成。标本ⅠT0202H30：3领外本来有竖向线纹一周，耳黏结至主体时掩盖了部分，黏结后又在相应位置补划了些直线纹，较先前的浅细一些。

抹泥片修补或加厚修整法，见于4件标本。修补和加厚的部位都在耳部周围，与抹泥黏结单耳有关，如标本ⅠT0407 H71：14。

（二）斝

米家崖遗址客省庄文化陶斝有两类，一类是双耳斝，包括深筒腹罐形、圆鼓腹罐形和高领折腹罐形等，另一类是无耳带流斝，呈敛口斜弧腹罐形。双耳斝标本 22 件，其中口腹部陶片7件，主体部位（缺失袋足）4件，斝足10件，可修复器1件。口径约10～28厘米，可修复器的高度为30.8厘米。一般有双耳，残存的耳部宽3.5～5厘米、耳长5.2～8厘米，耳厚0.6～0.7毫米。

1. 原料和烧成

共22件标本，其中14件细砂陶、7件粗砂陶、1件粗泥陶。砂质陶占95%，其中细砂陶占2/3。全部标本胎体羼和原料都有白色石英砂，砂粒直径以小于1毫米的细砂为主，也有1～2毫米的砂粒，砂粒分布较均匀，有的较密集。砂粒多为圆润自然砂粒，可能为当地制陶原料土中就有的，泥料过滤不净。

共22件标本，灰色陶12件、灰褐色5件，红色3件，褐色2件，以灰色为主，烧制气氛以还原性气氛为主，红陶及褐色陶有一定比例，表明部分器物以氧化气氛烧成是有意识的，部分可能是对窑内气氛控制尚不完全的结果。

2. 成型

斝分为腹（主体）、袋足、耳（把）三部分，分别成型。腹至底部为泥条圈筑法制成，多用倒筑方式。如标本ⅠT0308H70：45腹内壁可见泥条鼓棱及指窝，呈上下圈状水平分布。泥条宽约1～1.3厘米（图9-8，7）。敛口斝的口沿内折较宽，是在腹部粗坯上端贴加泥条而成，不过添加方式稍有差异，一种为直腹上圈筑一周宽泥条（图9-8，5）；另一种上腹顶端内下侧贴加一圈泥条（图9-8，4）。

斝足成型以泥条模制法为主，也有泥片贴模法和泥条手制法。泥条模制者，使用素面内模，内壁一般较平整且不见指窝；有的留有竖向绳纹，是使用带绳纹的内模做成。一些斝足底内有褶皱，为倒筑法制成，如标本ⅠT0308H70：38。手制泥条成型法极少见，如标本ⅠT0308H70：63，内部指窝、泥条鼓棱遍布。泥片贴模法仅见标本ⅠT0407H71：59，斝足内壁局部有细竖篮纹，可见竖向泥片贴筑痕迹，长4.5厘米，足上端断面可见横向弧形裂纹。绝大多数斝足塞加泥芯做成实足跟（约73%），高约2.7～5厘米。泥芯周围抹泥塞缝并修抹平整。

斝足与主体的结合，使用抹泥条黏结法。标本ⅠT0308H70：45，倒置主体后，用泥条将三足固定于圜底外侧预定位置，抹泥黏结，然后正置斝体，从圜底内侧袋足上端切割，使之与腹部连通，再抹泥修整加固结合处。

斝的对称双耳，扁宽桥形，上端与口沿平，下端接在腹中上部。拍打或滚压成型，内外多素面平整，标本ⅣT0404H2：9耳外表留有横向拍印篮纹，是拍打成型的。

少部分斝还有舌状流，皆为手制而成，但操作细节有区别。一种如ⅠT0408③：27为用手指直接由内向外挤压口沿而成。另一种则如ⅠT0407H71：25，可能为口沿上加泥料用手捏挤压而成，流口斜向上超出口沿面。

3. 修整和装饰

修整和装饰常常是同时进行的。当主要意图偏重形器物态塑造时，属修整行为；出于装饰和美化陶器的目的，抹平表面、磨光，或施加纹饰，是制坯的最后环节，也附带有一定的修整功能。因此这里将修整和装饰一并陈述。

口沿部位，无论是否单独成型，其修整和装饰往往与腹部主体有别。10件口沿标本中，4件可见明显的轮纹，是慢轮修整留下的痕迹。少数标本口沿或唇面有凹凸弦纹数周，是在轮修的同时施加的刻划纹。如标本ⅠT308H70：25，有三道凹弦纹，与之相间隔的是四道凸弦纹

（图9-8，3）。标本ⅠT0307H50：46口沿上边有类似的凹凸条纹一组。带流斝的流部则经过了湿手抹平修整。

腹部的修整，使用带纹的陶拍进行拍打，外壁留下篮纹（图9-8，7）。后续修整和装饰过程中，又往往将其抹平或遮盖，但不特意抹去的篮纹也承载着装饰功能。少数斝腹有拍印绳纹，但并非为了施加绳纹，而是以带绳纹的圆棒压印成菱形网格纹，网格纹才是人们追求的装饰效果（图9-8，3）。腹部的附加堆纹多呈数道交错形成的几何形状，有“工”字或“Ⅱ”字形者，犹如粗绳索将器物捆缚一周，加固器物的用意明显。附加堆纹多非平素泥条，而是压印着短线纹、戳印纹甚至绳纹等装饰，而这也正是其形如粗绳的原因。少量标本以素面和弦纹组合装饰腹部。如标本ⅠT0307H50：6，腹部中间大面积刮抹为素面，也可能经过慢轮修整。口沿到耳下端之间，上腹部和下腹部近底一周，施加成组弦纹，应该是在慢速转动轮盘的同时，用较尖、窄的工具刻划出平行匀整的凹弦纹（图9-8，2）。

器底的修整，主要使用拍打法，拍印篮纹常见。器底内壁偶尔有贴泥（加厚）修补情形，如标本ⅠT0308H70：45内底中央经拍打修整后，再涂抹一层泥，呈现出小泥片聚拢状叠压（图9-8，7）。

三袋足在安装至器底之前，用篮纹陶拍拍打修整，外表篮纹呈水平状或倾斜状。黏结至器底后，再用湿手修抹法修整内外结合处，使之平整光素，但涂抹泥料痕迹仍很醒目。足跟部用手抹平。

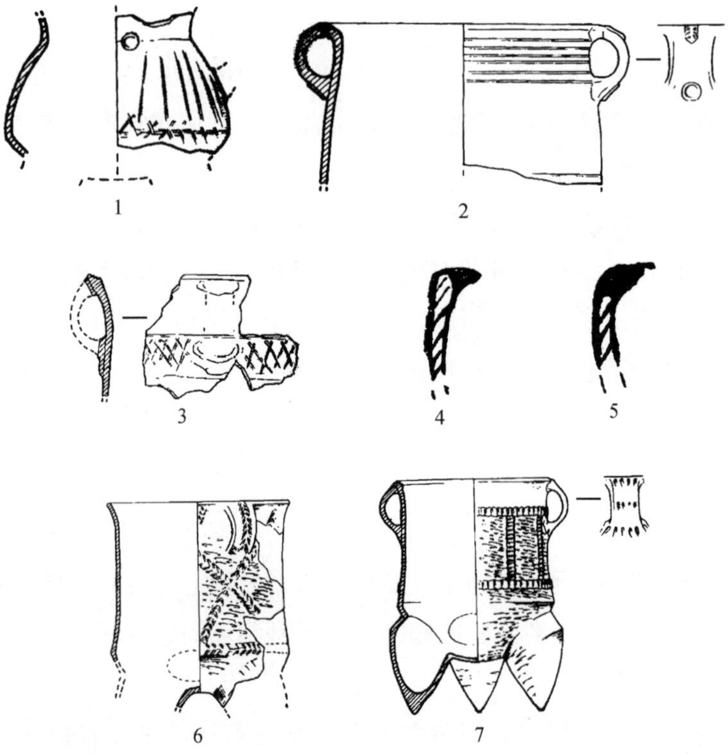

图9-8　客省庄文化斝制作痕迹

1. ⅠT0407H52：1　2. ⅠT0307H50：6　3. ⅠT0308H70：25　4、5. 敛口斝（ⅠT0407H34：42、ⅠT0408③：27）口沿剖面示意图　6. ⅠT0308H70：13　7. ⅠT0308H70：45

器耳虽为附属部件，体量较小，但修整和装饰上更能体现出“匠心”。耳部修整环节，主要是安装加固其上下端，以湿手修抹法压实、抹平连接处。经修抹，耳部多成为素面，其上加饰附加堆纹、泥丁（饼）、戳点纹等。如标本ⅠT0308H70：45，桥形耳上、中、下各有一排楔形戳点纹。上下两排似乎意在加强耳与器体的黏结牢度，中间一排绝无加固功能，仅具有装饰效果。标本ⅠT0307H50：6，耳上部加饰一纵向的短小泥条，泥条两侧饰压印纹，形如卧蚕或桑葚。耳的下部加饰一个圆形小泥饼，直径约相当于耳宽的1/3，用手捏按压而成（图9-8，2）。标本ⅠT08H70：13，桥形耳的中部，附贴一条纵向堆泥，似在加强耳的牢固度。其上也有连续的左斜和右斜短线压印纹饰，整条贴塑看起来如麦穗，如绳索，如鱼脊（图9-8，6）。

有一种少见的斝，标本ⅣT0304H22：3，砂质灰陶，口沿内折形成口，罐形，带一管状流，流口略高于器口沿面，腹外上部有一对鋬，主体纹饰为绳纹。同出的有大口高领鼓腹篮纹罐、喇叭口折肩壶等客省庄文化特征器物。本遗址2004～2006年曾出土类似器形（H52：2），发掘报告称之为“盉”[①]；临潼康家遗址1987年发现的类似器形（H26：5），发掘者称之为“带流斝”[②]。从器形、胎质和制作工艺看此种器物与导更接近，称之为“带流斝”较合理。

斝的烧成状况与鬲类似，此不赘述。

除了以上器形较大，作炊器用的主流斝外，还发现一件小型斝，质地、装饰和器形整体很像客省庄文化中的带耳折腹小罐。侈口，高领，束颈，腹部上小下大呈垂腹状，下腹转折成圜底。腹部饰竖向刻划纹，自颈部直达腹与底转折处。颈部有圆饼形装饰，可能为两个对称或为三个等距分布（因器为残件，不易确定）。袋足仅见与腹底相接处局部，推测为矮瘦空足，与鬶、盉类的足类似。单耳呈宽扁形，亦与鬶、盉类的鋬近似。此器形状特殊，主要因其三足与腹底结合方式和斝相同，而归于斝类。从其形态、规格和胎质、壁厚等方面看，不是炊食器，或许是酒水器，与鬶、盉类器相同。

（三）高领圆腹罐

米家崖客省庄文化遗存中此类罐出土数量很多，为典型器。共挑选了21件典型标本，其中17件口腹部标本，4件底部标本，没有可修复器和完整器。口径11.8～16厘米，领高4.2～5.9厘米，底径约8.2～10.2厘米。

---

① 陕西省考古研究院：《西安米家崖：新石器时代遗址2004～2006年考古发掘报告》，科学出版社，2012年，第345～346页，图三四六，2。

② 陕西省考古研究所康家考古队：《陕西省临潼县康家遗址 1987年发掘简报》，《考古与文物》1992年第4期。

1. 原料与烧成

21件标本中，细砂质17件、粗砂质3件、粗泥质1件，几乎皆为砂质陶，以细砂陶为主。羼和料多为白色石英砂，粒径多小于1毫米，以0.5～1毫米为主，也有1～2毫米的粗砂颗粒。细砂陶中砂粒含量相对不大，分布较均匀。

21件标本中，灰陶14件，灰黑陶和灰褐陶各1件、褐陶3件、红陶1件、红褐陶1件。灰陶类占76%，红、褐色陶占24%，以还原气氛烧制为主，氧化气氛也常用。陶窑气氛控制相对稳定，但也存在一定程度的不可控性。

2. 成型

高领圆腹罐器形较简单，从成型角度看，由侈口（领）、鼓腹和平底三部分构成，三部分或独自成型后拼接，或从底到口依次成型。

圆形平底单独成型，用拍打或滚压泥料法制成。一些标本底外就留有篮纹或绳纹，如标本ⅠT0407 H34：55。

腹部和领口成型方法均为泥条圈筑成型法，如标本ⅠT0307③：34，腹内壁有4圈明显泥条鼓棱及1圈泥条接缝，泥条和鼓棱之间相水平，泥条圈筑痕迹清楚。泥条宽度与器体大小相关，有4件可测量标本的泥条宽度为1～3厘米。

底、腹结合方式有两种。一是在筑好的底坯上边缘，先贴里外两圈泥条，外侧泥条较薄，里侧泥条较厚，将底部边缘包住，高1.2～1.4厘米。然后，在这两周泥条上续筑泥条，形成器腹。如标本ⅠT0308H70：103，底部边缘上侧和外侧各圈筑一周泥条，形成里外两周泥条包围住底缘。另一种方式较简单些，仅在底边缘外侧加一圈较宽厚的泥条，再于其上续筑泥条制成器腹，如标本ⅠT0407 H34：55。

高领部分往往直接续筑于已经修整成型的腹坯顶端，采用泥条内贴正筑法，即领部泥条贴在腹部顶端内侧，再将上半段向外扩张，形成侈口。领、腹结合处内壁常见到明显的泥条接缝和一到两排垫窝，外部有拍打的篮纹或绳纹印迹，是加固修抹的证据。

3. 修整和装饰

高领圆腹罐修整和装饰的主要部位，是领口到腹底结合部。

领口部位使用拍打、滚压、刮削、手抹等手法和慢轮修整法。部分标本领口外表残留竖向的滚压绳纹或横向的篮纹，一是为了器壁厚薄均匀，二是为了加固领腹相接处。绳纹滚压方向由上至下，篮纹方向除了横向的，也有微右斜者。

口沿几乎都经过慢轮修整，轮纹规整细密，轮盘转速较高。个别标本领外有竖向或右斜的线状刮痕，是滚压和拍打之后，刮除无用绳纹和篮纹时所留。轮修之后领口基本呈素面。部分标本领口还进行额外装饰，主要为锯齿状花边形。花边是利用工具挤压或戳划而成，纹路多

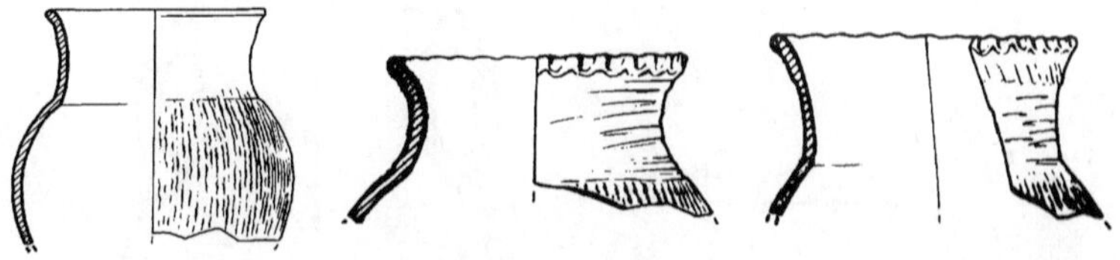

图9-9　客省庄文化高领圆腹罐制作痕迹

1. Ⅰ T0407H34：9　2. Ⅰ T0407H71：10　3. Ⅰ T0407H71：37

左斜，也有右斜的，宽0.5～0.8厘米（图9-9，2）。有的花边口不是在唇部压印纹路，而是在口沿外侧附加一圈薄泥条，加厚沿唇部位，然后在贴附的泥条上压印花边状，如标本Ⅰ T0407 H71：37（图9-9，3）。口沿外贴筑一圈泥条进行加厚处理，也是一种修整方式。

少数标本在领腹交接处刻1～2周凹弦纹，具有标示领口和腹部界限的作用。也有个别标本如Ⅰ T0407 H34：80，还在领腹交接处划一周竖向线纹，长1.4～2.5厘米，打破绳纹及领外的纵向修抹痕迹，是有意识的装饰行为。

圆腹罐腹部修整主要使用拍打和滚压两种方法。腹内遗留的垫窝有圆形（直径约2.5厘米）和长方形。领腹结合处内壁也常见有圆棒形细长垫窝，或近圆形凹窝（手指窝）。这些都是与拍打外表修整器形直接相关的痕迹。罐领外篮纹多是拍打修整的伴生物，非有意用作装饰。

绝大多数罐的腹外遍布滚压的竖向绳纹，以竖向为主，有少许左斜和右斜的（图9-9，1）。绳纹密度约为每5厘米宽度中有11～14条；绳纹纹道有较竖直的，印痕较浅，可能是坯体较干时施加的。呈波浪形弯曲的纹道，如麦粒状印痕较深的，可能是坯体颇湿时施加的①。

此类高领圆腹绳纹罐的一般修整技术流程：拍打修整使腹部圆鼓→腹外滚压竖向绳纹→腹上筑领后领外滚压竖向绳纹抹泥缝→薄刃工具刮除领外绳纹→有的领外再拍打篮纹进行修整或装饰→慢轮修整口领内外成素面（修抹不足或不修抹使领外留有绳纹或篮纹）。

标本Ⅰ T0407 H34：55 的下腹近底外拍印了一周横向篮纹，是在腹部滚压绳纹修整之后，进一步加固腹底结合部所拍印的篮纹。

（四）甑

仅有2件甑底残陶片标本，为近底部的下腹与底相接部位，编号Ⅰ T0308H70：102（图9-10，1）和Ⅰ T0308③：15（图9-10，2），器形、陶色和质地均相同。细砂质陶，羼和白色石英砂，多0.5～1毫米的细砂，含量较少，分布均匀。腹外残留不清晰的篮纹，是拍打修整时所留，经过修抹后已不清晰。

本遗址2004～2006年发掘报告中有1件甑的完整器（H23：7），其陶色、纹饰特征及底部

① 中国科学院考古研究所：《沣西发掘报告》，文物出版社，1963年。第57页。

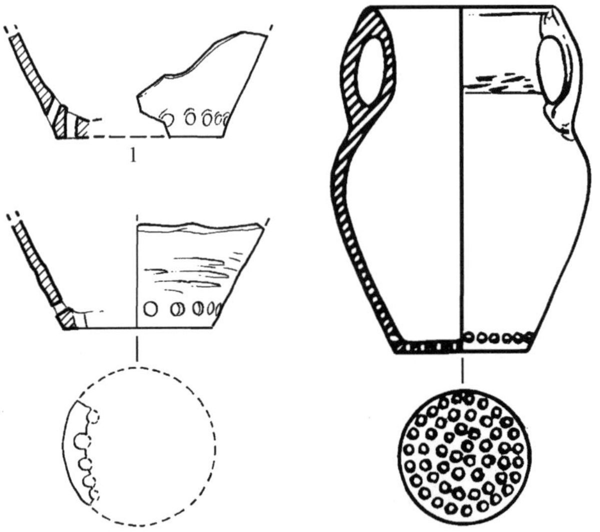

图9-10　客省庄文化陶甑制作痕迹

1. ⅠT0308H70：102　2. ⅠT0308③：15及底视　3. 04H23：17

穿孔部位、孔的数量及钻孔手法与这2件标本相同。为泥质灰陶，侈口、高领、圆鼓腹、带对称双耳，领部残存横向篮纹，口径16.3厘米，底径11厘米，高27.9厘米[①]。

2件标本残存部位与完整器的相同部位形制相同，其完整形态也应相似。推测，先单独制成平底，然后于其上用泥条圈筑成型法筑成主体，坯体成型后趁其湿软穿制甑孔，皆由外向内穿透胎壁。腹底缘一周小孔由下往上斜向穿制，甑底孔则为直穿（图9-10，3）。标本ⅠT0308③：15甑孔还经过钻磨修整，平整光滑。甑孔径约5～6毫米。甑孔的数目，根据ⅠT0308③：15 甑底约残留1/4、有4个孔，甑底（边缘）有5个孔，推测完整器约有16～20和25个左右。

04H23：7胎质被定为泥质，可能是不同研究者对陶器材质的认定标准不同导致。我们接触到的两件甑的标本，从内外表面及断页看，胎质均应为细砂质陶，只是胎体中砂粒含量较少，且颗粒也不是很大。三件甑均在还原气氛下烧成。

二、酒水器和食器制作工艺观察

酒水器及食器包括钵、碗、杯、高领折腹罐、鬶（盉）、豆（圈足盘）等，种类较多，但每种个体数都不多。

① 陕西省考古研究院：《西安米家崖：新石器时代遗址2004～2006年考古发掘报告》，科学出版社，2002年，第353～354页。

（一）钵和碗

客省庄文化中的钵及碗均非主要器形，数量少且器形（斜腹、平底）、制法、用途相近。为了行文方便，合并叙述之。

钵的器形大体是敛口、上腹微鼓、下腹斜收、腹较浅、平底（图9-11，1、2）。挑选了6件标本，皆口沿陶片，无完整器。尺寸方面，仅1件标本可复原，口径约22厘米，其余标本口沿多小于1/8，无法复原口径。碗标本1件，编号为ⅠT0408③：39，泥质红陶，腹部素面，有刮抹痕，口沿内外磨光；敞口微敛、腹部微弧曲、平底，复原口径14厘米，高5.5厘米，底径4厘米。

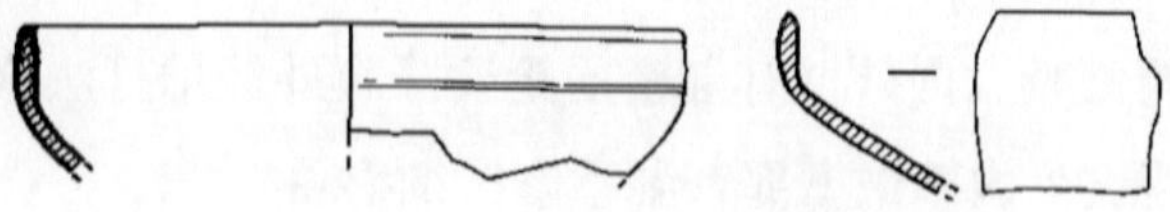

图9-11　客省庄文化钵和碗制作痕迹
1. ⅠT0407H71：23　2. ⅠT0407H71：61

钵和碗皆为泥质陶，其中细泥质5件、粗泥质2件，与其作为酒水器、食器相关。个别器物中包括极少量0.1毫米细砂。标本颜色不一，多有过渡色和两色共存一器现象，计有灰陶2件、灰褐陶1件、黑陶1件、黄褐+黑陶1件、黑+灰陶1件，红陶1件。总体上以灰色为主，多为还原气氛下烧成，也有个别在氧化气氛中烧制，有些可能在变化的气氛中烧成。渗炭工艺在此类器物中也常应用，但器表黑色程度较浅，又多是局部黑色，似乎渗炭程度不深，渗炭层很浅[①]。

大部分器体经修整打磨，掩盖了成型制法痕迹。标本ⅠT0307H29：40上腹内壁有泥条鼓棱2圈和3圈泥条痕迹，可证其成型方法为手制泥条圈筑法。

器体应经过拍打、刮削和慢轮修整和打磨等修整程序。一些器腹外有刮痕，两件标本的内壁有细密轮纹，系慢轮修整所致。大多数器物造型规整，经过慢轮修整，轮纹被后续磨光步骤覆盖替代。

经修整、打磨处理，标本通体呈素面，腹部外近口沿均经过磨光，另外有半数器物内壁磨光。此类器物口部内外均磨光，与其作为饮食器具被人的口唇频繁接触具有直接关系。

（二）杯

陶杯根据口沿和腹部的差异可以分成两种。一种为敞口、圆筒腹、平底，底边缘捏成锯齿

① 李文杰：《中国古代制陶工艺研究》，科学出版社，1996年，第143-146页。

形花边（A型杯）[1]；另一种为敛口、折腹、平底（B型杯）。以下分称为敞口杯和敛口杯。

1. 敞口杯（A型）

仅2件标本，两者制作工艺相近，仅以标本ⅠT0407H34：7为例，略作说明。ⅠT0407H34：7，细砂质灰陶，砂粒径多0.5～1毫米，也有少许2毫米粗砂，比例适中。敞口，筒形腹，平底，口径10厘米，底径6.9厘米，高约8.6厘米。

先用捏制法和拍打法制成圆饼状器底，然后从底上缘用泥条圈筑法制成腹壁，内壁泥条鼓棱和接缝断续可见，上下共6圈泥条，泥条宽约1.3～1.5厘米，分布均匀。底与腹交接处内壁有抹泥加固痕迹；底外周缘用一周泥条加固，并用手捏成花边状，花边豁口共9个，每个宽1.3～1.9厘米。

口沿和腹部经过慢轮修整，内外壁有细密的轮纹。腹外经拍打法修整，残留篮纹痕迹。慢轮修整后，抹平了部分篮纹。内壁中下部有湿手修抹细痕。

2. 敛口折腹杯

共3件标本。器型较小，口径约5.6～7厘米，复原高约10厘米。为敛口、尖圆唇、折腹、小平底。3件标本皆为灰陶，粗泥质，包含少量极细白色石英砂粒，粒径约0.1毫米。均使用还原气氛烧成。

据标本ⅠT0307H29：74口沿内有一段泥条接缝可知，杯为手制泥条法成型。

器体虽小，同样使用了拍打、刮削和慢轮修整等方法。自口至底均应经过拍打修整，3件标本的下腹部皆残留不清晰的横向和右斜状拍印篮纹，有的内壁还隐约可见垫窝。口沿和上腹都经过慢轮修整，内外有细密轮纹。标本ⅠT0307H29：75下腹近底外表有微左斜的工具刮痕。

3件标本上腹部皆磨光，有的甚至磨光折腹处。标本ⅠT0307H29：74口沿外有一圈较浅的刮旋凹弦纹。

---

① 此A型杯在《西安米家崖：新石器时代遗址2004～2006考古发掘报告》《陕西西安米家崖遗址2010～2011年度Ⅰ区发掘简报》中都判定为庙底沟二期文化遗物，与《扶风案板遗址发掘报告》案板第三期遗存（龙山早期）敞口杯相似，但老牛坡陕西龙山文化（龙山晚期）遗存中也出1件。所以，笔者认为虽然此A型杯龙山早期早有出现，但器型装饰还是略有差异，加上米家崖遗址历年发现的敞口杯数量也少，共存关系并不固定清晰，不排除米家崖遗址此类敞口杯延续到客省庄文化时期的可能性。米家崖ⅠT0407H34为客省庄文化典型遗迹单位，就出有A型敞口杯。

（三）高领折腹罐

共挑选了28件标本，口领残片3件，口腹部9件，腹底部5件，可修复器12件。口径在6.9～22.2厘米，领高1.6～5.5厘米，底径3.7～10.5厘米，高7.2～17.5厘米。器形相差不大，折腹的位置有差异，少部分为无耳或单耳，多双耳和三耳。耳宽1.4～3厘米，长2.5～6.7厘米。

1. 原料和烧成

28件标本中，细泥质14件、粗泥质7件、细砂质7件。胎质以泥质陶为主，与其作为水（酒）器的功能相关。羼和料为白色石英砂，粒径多小于1.5毫米，以1毫米以下的为主，砂粒含量较低，分布较均匀。

28件标本中，灰陶23件、黑皮陶1件、灰褐陶1件、红陶1件、橙黄陶2件。以还原气氛下烧制的为主，也有氧化条件下烧成者。介于两种颜色之间的，看似“夹芯”胎，如标本ⅠT0307③：85，外表灰黑色，胎色呈夹芯状（褐—灰—褐）；标本ⅠT0202H70：6类似，胎色为灰—褐—灰状。这种一器多色或过渡色的存在，表明窑内气氛或同一时间并不均匀，或不同时间段有所变化。

2. 成型

分为主体、底、耳三部分，单独成型，再接合为一体。

领、腹部（主体）以泥条圈筑法为主，一般正筑，泥条多宽约1.3厘米。如标本ⅠT0307②：5，上腹内壁可见两圈平行的指窝及鼓棱（图9-12，1）。个别器物使用了轮制法，标本ⅠT0202H30：2内壁由底至领口，遍布细密的同心圆状轮纹，器壁很薄且匀称规整，厚约3毫米，器形小巧。标本ⅠT0308H70：53口腹内壁及领外细密轮纹清晰可见，器形匀称，壁厚均匀，仅2毫米。

罐底多为拍打法制成，底外多留有拍印篮纹。也有泥条直接筑成的，如ⅠT0403H17：3，底径只有约4.1厘米，底内粗糙，多修抹痕迹，应为泥条筑成法。

腹底结合方式有三种。第一种如ⅠT0307③：85，底边缘上侧直接泥条筑器腹（图9-12，2）。第二种如ⅠT0308H70：6，圆底边缘外侧先贴一圈泥条，再于其上续筑泥条制成器腹（图9-12，4）。第三种如ⅣT0301F3：1，底边缘一内一外并列两周泥条，再于两泥条上续筑泥条形成器腹（图9-12，3）。

耳用拍打法或泥条并联法成型，如ⅠT0308H70：53，耳中部内凹，可能为两泥条并列拼对而成。耳部与主体抹泥黏结，上端接口沿，下端接折腹部。有的耳下端对应的内壁有指甲纹，是手指垫于内壁，用力挤压耳部下端使之与器壁黏结牢固时所留，如标本ⅠT0307③：85、ⅠT0202H30：2等。

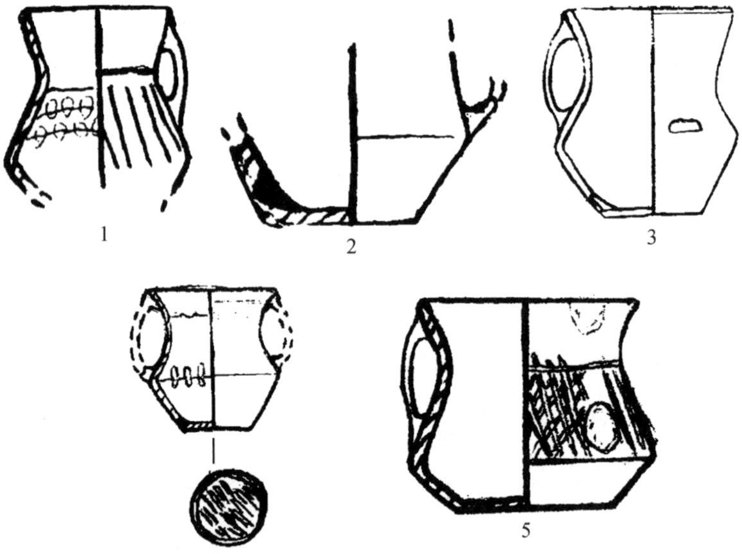

图9-12　客省庄文化折腹罐制作痕迹示意图

1. ⅠT0307②：5（指窝、鼓棱）　2. ⅠT0307③：85折腹罐腹底（碟状底）　3. ⅣT0301F3：1（平底）　4. ⅠT0308H70：6双耳罐（凹底）　5. ⅢT0302H63：2三耳罐

3. 修整和装饰

口沿及领部使用慢轮修整。5件标本口沿和领部留有较细密的轮纹。领和口部使用磨光、弦纹、戳印纹三种装饰手法。口沿面及领外多磨光，近2/3的口沿标本经过磨光处理。少量标本的领部有弦纹装饰。

施纹的部位多在领腹交接处。有刮旋凹弦纹、凹凸弦纹两种，绝大多数为2圈刮旋凹弦纹，如标本ⅠT0203H1：1和标本ⅠT0301③：177，口沿内有2圈间隔约4毫米凹弦纹。标本ⅠT0308H70：53，领部偏下处有凹凸弦纹带，呈三凹二凸状，纹宽约1毫米。标本ⅠT0403H18：2的领腹分界处，在间隔1厘米的两道弦纹之间有一周左斜柳叶形戳印纹。

腹部的修整通常先采用拍打法。因器形较小，不便使用陶垫，使用细长圆棒或手指垫在内壁，用陶拍拍打外壁，残留的垫窝多位于折腹处。部分器物内壁有刮抹痕迹，腹外也有刮削痕，多横向。上腹部基本上均为素面，大多磨光口沿部分，标本ⅠT0301③：177上腹部为竖向磨光。纹饰可见刻划纹和篮纹。刻划纹施加于上腹部，15条左右纵向直线，围绕器壁一周，分布均匀。标本ⅠT0403H17：3腹上有28条刻划纹。长度以3～3.5厘米为主，宽约1毫米。以耳为界，等量直线形成小组。如ⅠT0307H29：19，12条竖向刻划纹，被三个把手（耳）隔开，每两耳间划纹数均5条。标本ⅢT0302H63：2的上腹部环绕一周菱形网格纹，施纹方法是，先刻划左斜直线纹一周，再刻划与之交错的一周右斜直线纹，最后在其上端一周凹弦纹（图9-12，5）。标本ⅠT0403H18：1和ⅠT0403H18：2下腹部发现残留的拍印篮纹。

底、腹结合处内壁用湿手修抹方法加固修整。底部用素面陶拍拍打，进而除去篮纹。也有未经拍打者。

耳部的修整多采用湿手修抹法，修整的重点是耳与主体结合处，以加固为主要目的，兼有美观作用。标本ⅠT0202H30：2，耳内侧有纵向手抹细纹。

（四）鬶（盉）类

仅见到器腹、足、把手（鋬）等局部残陶片，具体是鬶、盉中的哪一种器形，还很难区分，所以统称为鬶盉类器物。共发现7件标本，口沿陶片2件、足2件、耳2件、颈至腹部残片1件。口径约11厘米，把手（鋬）长的可达16.5厘米，耳宽4.6～6厘米，耳厚0.6厘米。

1. 原料和烧成

7件标本中，细泥质5件、粗泥质1件、细砂质1件。泥质陶占绝对主导地位且以细泥质为主，这是其作为盛装液态物质（酒、水）器皿的性质所决定了的。羼和料有两种，一种为极细的白色石英砂，粒径在0.1～0.2毫米，如标本ⅠT0301③：438（图9-13，1）。另一种为泛金黄色亮光的云母晶片，如标本ⅠT0308H70：59（图9-13，3）和标本ⅠT0308H70：114，粒度均极细小。

7件标本中，红陶6件、红褐1件，均为氧化气氛中烧成，与客省庄文化以灰色为主的陶器颜色基调区别明显。如系本地制造，表明米家崖先民掌握了两种不同烧窑气氛，对不同器类的颜色选择均能从技术上得到支持。如非本地产品，则反映了这类器物产地的技术特征，也与生产者和使用者双方的审美喜好相关。

2. 成型

鬶（盉）类口沿和上腹部一般是泥条成型法制成，泥条宽约2～2.5厘米。上腹部到口沿部应当是在三足结合后，于其上方直接用泥条圈筑法制成，如标本ⅠT0308H70：113，三足结合后向上处有一段泥条接缝。

三袋足一般分别单独制作，成型方法为泥片贴模法，如ⅠT0308H70：58扁袋足，内壁近底处有对称的两条竖向泥片合缝，分别高约3和2.2厘米，合缝的两边还有对称的斜向修抹细

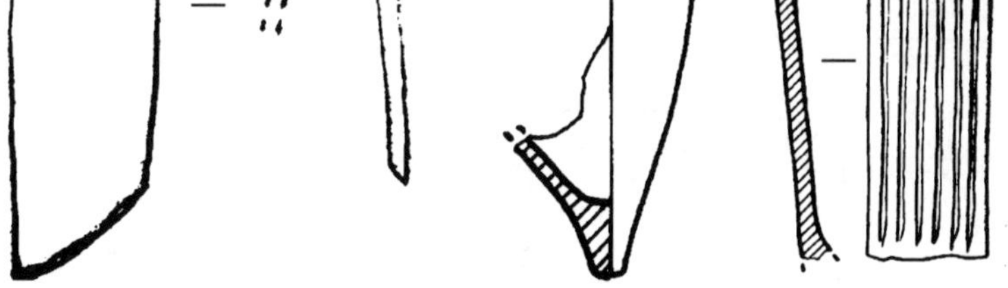

1　　2　　3

图9-13　客省庄文化鬶（盉）类制作痕迹

1. ⅠT0301③：438　2. ⅠT0308H70：58　3. ⅠT0308H70：59

痕，且内壁可见较多的细反绳纹（图9-13，2）。标本ⅠT0308H70：36足底内有顺时针旋转的褶皱，是用倒筑法制成袋足的证据。有的标本足尖还有细长的小实足，一般是捏制而成，如ⅠT0308H70：36足跟较小，足跟外壁有右撇的顺时针旋转痕迹，可知在成型时轮盘逆时针旋转，右手直接捏旋形成小足跟尖部。

三袋足采用抹泥合缝方式，结合成裆，如标本ⅠT0308H70：113，其袋腹近裆部处有泥条接缝。

鋬均为拍打法单独成型，再抹泥黏结至主体，把下端一般接在一个袋足的上部，上端接于口沿外侧，顶端略高于口沿，如标本ⅠT0307H29：42。

3. 修整与装饰

2件口沿标本ⅠT0307H29：42、ⅠT0308H70：114显示，口沿都经过慢轮修整。器壁往往较薄而均匀，轮修技术精湛。上腹部和耳内外往往经过湿手抹平修整，有的三足结合处也有修抹痕迹，如标本ⅠT0308H70：113裆部周围有工具刮痕。

此类器物装饰较简单，以光、平、素、淡为审美追求，除了简单的刻划和泥饼贴塑外，通体抹平。耳部是装饰的重点部位，多饰竖向刻划纹，或称瓦楞纹，一般由5～7道凹纹和6～8道凸纹相间组成。凹、凸纹宽度不等，多为2～7厘米，一般凸纹宽5～6毫米，凹纹宽2～3毫米（图9-13，3）。把手上端与口沿衔接部位，常贴塑一对圆泥饼，俯视或侧视，犹如鸟的双目。泥饼直径16毫米，厚2毫米，如标本ⅠT0301③：438（图9-13，1）。

（五）豆和圈足盘

米家崖遗址豆和圈足盘的质地、颜色、器形和纹饰等基本相似，从制陶工艺角度看，共性也较强，故放在一起进行比较分析。共选了10件典型标本，以盘部标本为主，还有2件可复原标本。口径约11～28厘米，圈足高3.5～6.5厘米，豆高约7.5～9.6厘米（图9-14）。

1. 原料和烧成

10件标本中，细泥质3件、粗泥质4件、细砂质3件。以泥质陶为主，粗泥质陶和砂质陶含白色石英砂粒，粒径以小于0.5毫米的为主，也有1～2毫米的砂粒，砂粒含量较小，胎质较细。

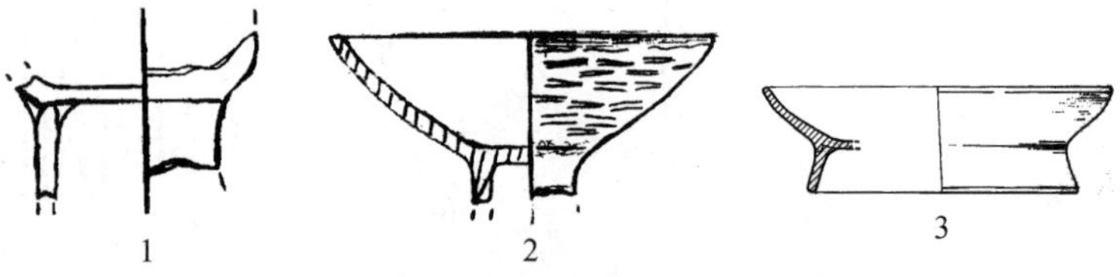

图9-14　客省庄文化豆和圈足盘制作痕迹

1. ⅠT0202H22：4豆盘残底　2. ⅠT0307H29：1高柄豆（柄残）　3. ⅠT0407H71：16圈足盘

10件标本中，灰陶6件、灰黑陶2件、黑皮陶1件、黄色陶1件，以还原气氛烧制占主导地位，偶有气氛不稳定下烧成者。渗炭工艺处理的很少。

2. 成型

豆及圈足盘都可分成上下两部分，即豆盘（盘腹）与豆柄（圈足）。

盘部（豆盘与圈足盘身）用泥条圈筑法制成，泥条外贴。如标本ⅠT0307③：19，豆盘腹残片，内壁有泥条鼓棱，由宽约2厘米的5圈泥条叠筑而成。口沿外还有一周清晰的水平泥条接缝。泥条的圈筑、外贴的做法，可能与豆盘倒筑方式相关。标本ⅠT0301③：179的豆盘腹部的泥条宽约2.5厘米。豆盘底部多为单独制成，可能与平底器的底部一样用拍打滚压泥料法制成。

盘腹与底有两种结合方法。一种是先制圆底，然后于圆底边缘处以泥条圈筑法正筑盘腹，多用于浅腹豆及圈足盘腹；另一种是先泥条法倒筑盘腹，再加圆底构盘部，用泥条外贴法，应用于敞口较大的豆盘。

豆柄与圈足一般也是泥条成型法制成，正筑。标本ⅠT0307H29：1豆柄上端有两周平行指窝，为泥条圈筑的痕迹。

豆盘（圈足盘腹）与豆柄（圈足）的结合方式目前所见皆为内外抹泥条黏结法（图9-14，1）。有的豆盘底外黏结处还有疏密不等的刻划槽，是为了黏结牢固，如标本ⅠT0301③：179。

3. 修整和装饰

慢轮修整和磨光是主要的修整手法，也使用拍打和加厚等方法。豆盘成型后必经拍打修整，使器壁厚薄均匀，消除泥条接缝。拍打后的器表或留下篮纹（绳纹）。如标本ⅠT0307H29：1（图9-14，2）和ⅠT0308H70：112，腹外有篮纹，方向分别是右斜和横向。前者篮纹未重叠且未经过修整（除口沿处因慢轮修沿抹除外），篮纹单位明了清晰，长宽约为2.5厘米×2厘米。

8件口沿标本中，4件内外壁发现轮修细纹。其他未见轮纹者，应是在后续的磨光环节被擦除了。

所有标本的内壁平整光素，且大部分经过打磨，光滑明亮。豆柄及圈足外也往往经过磨光处理。标本标本ⅠT0303H8：1的豆柄经过磨光，柄足着地的沿外一周进行了泥条加厚，呈突出宽带状，宽约1.4厘米。

三、盛储器的制作工艺观察

盛储器包括三类器物，分别是喇叭口折肩罐、敛口折肩瓮、大口高领鼓腹罐。

（一）喇叭口折肩罐

选取了37件标本，其中口领部陶片18件，口肩部陶片10件，折肩部陶片4件，口腹陶片1件，底部3件。喇叭口直径长10.5 ~ 22.8厘米，领高5.3 ~ 9.6厘米，底径7.7 ~ 15.2厘米。器物绝大部分残缺不全，仅1件可修复器，高度为37.2厘米。

1. 原料与烧成

37件标本中，细泥质8件、粗泥质17件、细砂质12件。泥质陶占2/3，细砂陶占1/3。细砂质陶器的砂粒含量普遍较低，近似泥质陶。其中，29件标本中包含羼和料，羼和料多为白色石英砂，粒径多小于0.5毫米，均匀不密集。37件标本中，灰陶27件，黑陶7件，褐陶3件，前两者共占约92%，显然以还原气氛烧成为主。褐陶的存在似亦表明，窑内气氛并不单纯。黑陶技术也较成熟。

2. 成型

喇叭口折肩罐可以分为领、肩、腹、底四部分。各自成型再经拼合成整体。领、肩部以泥条圈筑法筑成，内壁见泥条缝隙或鼓棱，呈水平状。领部泥条多内贴、正筑，泥条宽0.7 ~ 1.5厘米。

领、肩、腹，三者使用套接法，套接处内壁接缝明显，多修抹痕迹（有的还伴留指甲纹）。领、肩套接方式一般为领内肩外式（图9-15，3），也有如 I T0408H17：43为领外肩内式（图9-15，1）；至于肩、腹套接的具体方式，标本证据不足，从受力角度讲“肩外腹内”式更为合理。领、肩、腹三者套接先后顺序，应该是先肩—腹套接，后再领—肩套接。底部先以拍打法制成，外侧常有篮纹痕迹。腹部成型以底为基础。腹、底结合方式，是泥条直接筑于圆底之上。方式有两种，一种是如标本 I T0307H29：77，圆饼底边缘上侧圈筑两层泥条（外薄、里厚），在这两层泥条上面泥条筑成器腹；另外一种如标本 I T0407 H71：52，碟状圆底上缘加一圈泥条，结合处内侧抹泥条加固（图9-15，5）。

3. 修整和装饰

喇叭口折肩罐口沿面、领内外及肩部为主要轮修部位，所有的器物标本都经过慢轮修整。各部位轮纹保存情况不一，有的口沿面经过磨光去除了轮纹，有的领外则经过湿手抹平去除

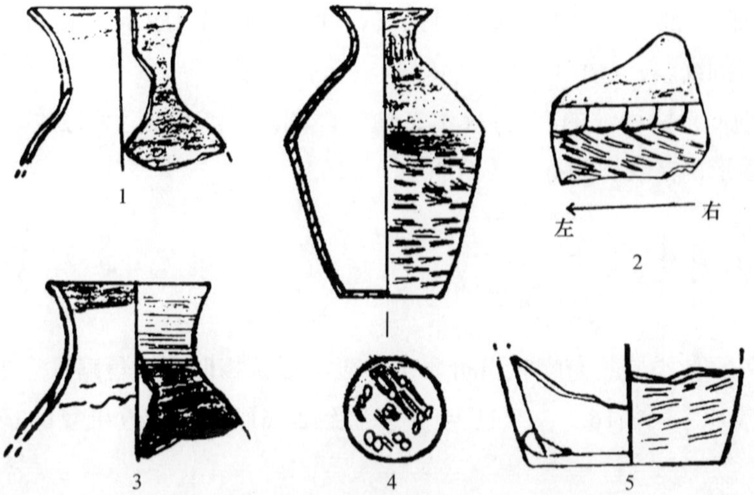

图9-15　客省庄文化喇叭口折肩罐制作痕迹示意图

1. Ⅰ T0408H19：43　2. Ⅰ T0308④：189侧视图　3. Ⅰ T0307H29：16　4. Ⅰ T0202H30：1　5. Ⅰ T0407H71：52

了轮纹。轮纹一般细密呈同心圆状，个别标本如Ⅰ T0307③：17口沿内外轮纹呈少许波浪形曲折，应是较低的轮盘转速下修整的。口沿外常加附泥片一周，以加厚口唇部位，增强口部强度的意图明显。口沿和领部外侧大多数磨光，凡使用者和观看者目光首先触及部位，均磨光处理。

领表面残留少许竖向工具刮痕，被轮纹打破，有的领内也有横向、左斜或交错的工具刮痕，应是刮抹领部泥缝或去除滚压修整泥缝所留绳纹而产生的。

喇叭状口及高领的修整首先使用拍打法，然后使用刮削，手抹和轮修法。标本Ⅰ T0202H30：1的口沿外侧残留一圈拍印篮纹，是拍打修整痕迹（图9-15，4）。腹部、肩部，特别是肩—腹、领—肩结合部位，必须使用拍打法进行修整，腹外遍布拍印篮纹，腹部内壁有时残留少许垫窝，垫面纵向长方形。外表也有陶拍拍窝的，如标本Ⅰ T0308H70：46近底腹部外表有一圈凹窝，是微弧面带篮纹陶拍拍打修整初坯所致。下腹部篮纹单位长宽为2厘米 × 1.8厘米；但有的如标本Ⅰ T0308④：189近肩部上腹部外表拍窝，拍窝打破腹部篮纹，可知拍打修整在篮纹形成之后，证明了肩腹套接后和套接前均分别进行拍打修整。现有4个拍窝，从右向左顺时针施加叠压延伸，单个长宽约4厘米 × 2.8厘米，凹窝面较平滑，可知套接所用的陶拍拍面平滑无纹（图9-15，2）。

高领部装饰，有素面、磨光、凹弦纹、戳印纹等多种手法。刮旋凹弦纹（圆钝工具刮）多分布在领底，1 ~ 4圈（以1 ~ 2圈为主），也有领外通饰6 ~ 7圈凹弦纹者。刮旋凹弦纹一般宽约2毫米，断面呈U形。刻划凹弦纹较少，如标本Ⅰ T0308④：191 领肩之间以一刻划凹弦纹为界，宽约1毫米。 还有一种为凹凸弦纹带，相对前两种凹弦纹，要深且宽些，纹饰立体感较强，如标本Ⅰ T0407 H71：27领外中间凹凸弦纹带（九凹八凸）；标本Ⅰ T0301④：209，领外有宽约2.2厘米凹凸弦纹带（五凹四凸）。凹弦纹的施加方式，当趁坯体尚湿时，转盘顺时针旋转，左手扶坯，右手持工具逆时针刮旋而成。

4件标本领外偏下部，装饰2圈刮削凹弦纹，间隔0.4～1.2厘米，其间戳印左斜柳叶形刻纹，或右斜三角形刻纹。

领外上端刻划菱形网格纹的有3件标本，通常以刮削（或刻划）凹弦纹为边界，刻划左斜或右斜线段组成菱形网格纹，如标本ⅠT0301③：153。

（二）敛口折肩瓮

除了高领以外，此类器物与喇叭口折肩罐（壶）形状相似而体量略大。共挑选11件标本，多为底和折肩部残片。底径16.3～18.1厘米，口径约24.6厘米；接近可复的1件折肩处高约37.5厘米（图9-16）。

11件标本中，黑皮陶5件，灰陶3件，共占标本总数的73%，以还原气氛为主烧制。黑皮陶近半数，渗炭工艺使用较普遍。陶胎内外表面和胎芯颜色多有差异，以黑皮褐胎最多，也有内黑、外灰褐、中间灰的，如标本ⅠT0407 H34：75，肩腹部残片。这种情况可能反映了制陶者对窑内气氛进行控制的努力。

总体上观察，敛口折肩瓮与喇叭口折肩罐（壶）在陶器质地、器物形态、成型方法、装饰和烧成等，皆大体相同，对这些共性较强的工艺环节，不再重复。

对称双鋬是这类瓮的造型特色，不同于喇叭口折肩罐。在器坯干燥前，于折肩处安装对称的双鋬。鋬用捏塑法单独成型，形状不一，但尾端都做成榫头状。安装前，先镂空器壁安鋬处，便于鋬的榫头嵌入。用抹泥法黏结、填实结合处。如标本ⅠT0307H50：14，标本ⅠT0308H70：10（图9-16，2）。

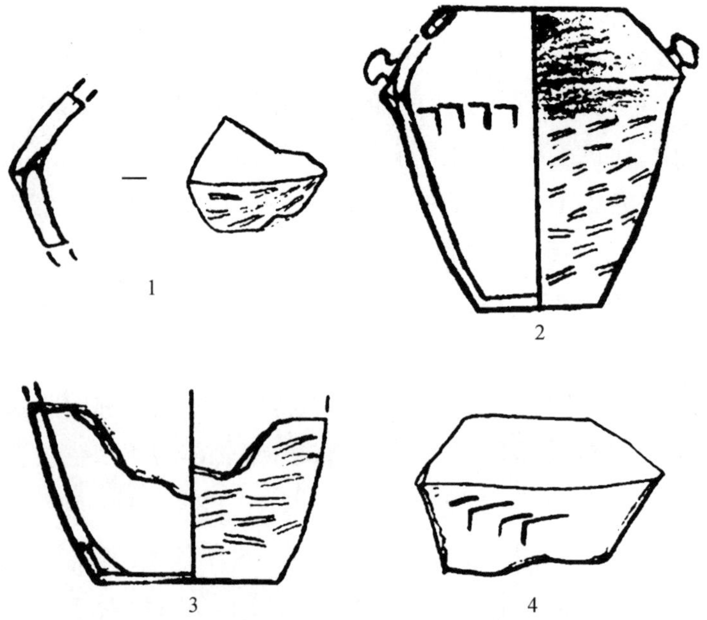

图9-16　客省庄文化敛口瓮制作痕迹示意图

1. ⅠT0308H70：111　2. ⅠT0308H70：10　3. ⅠT0308H70：73　4. ⅠT0307H29：81内壁

（三）大口高领鼓腹罐[①]

共挑选8件标本，7件为领腹部陶片，1件较接近完整器。口径21～30.2厘米，领高4.4～11.2厘米，残高5.6～27厘米。完整器通高约35厘米。

1. 原料和烧成

8件标本，细砂质7件，粗泥质1件。羼和料种类单纯，为白色石英砂，砂粒自然圆润少棱角，粒径多小于1.5毫米，且以1毫米为主，比例适中，分布较均匀。

8件标本均为灰陶或灰黑陶，在还原气氛下烧成。但有的标本表面颜色与胎芯颜色不同，呈灰里、灰褐表，或灰表、灰褐芯。或许表明，窑内气氛在总体可控的前提下，仍然带有不可控成分。

2. 成型

大口高领鼓腹罐器身体较高大，从标本ⅠT0307H50：12上腹内壁泥条接缝判断，为泥条法筑成。由于体型较大，应当为泥条圈筑法筑成。未见器底，推测成型顺序是，先用拍打法制成底，然后于其上圈筑腹部主体，至口部以后，可能用一周较宽泥片套于其上，形成高领；也可能是口部接续2～3周较窄泥条筑成高领。领与腹用套接式成为一体。如标本ⅠT0307H50：10，领口泥圈接在腹部泥圈内侧（图9-17，1）。

3. 修整和装饰

器物整体依次使用了拍打、刮削、修抹和慢轮修整等多种修整方式。

领口修整，用拍打法使胎壁厚薄均匀，整平泥条之间接缝并加固结合部，标本ⅠT0307H50：12内壁领腹分界处内壁留有上下两排6个陶垫窝（下排垫压着上排垫窝）（图9-17，3）。拍打之

---

① 2014年写作本章时，根据米家崖2010～2011年发掘记录及实物材料判断大口高领鼓腹罐为客省庄文化遗物，主要依据是这类器物标本与单把鬲、斝、圆腹罐等一起，出自多个客省庄文化灰坑。《西安米家崖：新石器时代遗址2004～2006年考古发掘报告》亦将之定为客省庄文化器物，属于A型无耳罐（标本H270：15，共出器物单把鬲、喇叭口折肩壶、无耳圆腹罐。图三四八，4）。2010～2011年度发掘报告将此类器物推定为庙底沟二期遗物，从而将客省庄文化灰坑中的此类罐，视作庙底沟二期文化遗物在晚期单位中的遗留。具体参见本报告第四章。在旬邑下魏洛遗址有形态相似器物，称鼓腹罐，如F7：5、H20②：22，泥质红陶、上腹磨光或素面、下腹装饰篮纹（《旬邑下魏洛》图二二六，9；图二五一，6；彩版七，2）。出土单位是龙山早期，即庙底沟二期。归入客省庄文化的，如高陵东营遗址标本T1810H62：19、F1：5（《高陵东营——新石器时代遗址发掘报告》图九三，10；图九九，1），与米家崖标本基本相同，灰陶、侈口、素面高领、腹部皆篮纹。从大口、高领、束颈部的颈腹分界处多划凹弦纹和常见贴附小圆泥饼、口部慢轮修整和领底竖向刮痕等陶器形态风格及制作工艺特征看，与客省庄文化其他典型器物的风格特征较一致。在对此类器物年代存疑的情况下，对大口高领圆腹罐制陶工艺研究内容仍保存于此。

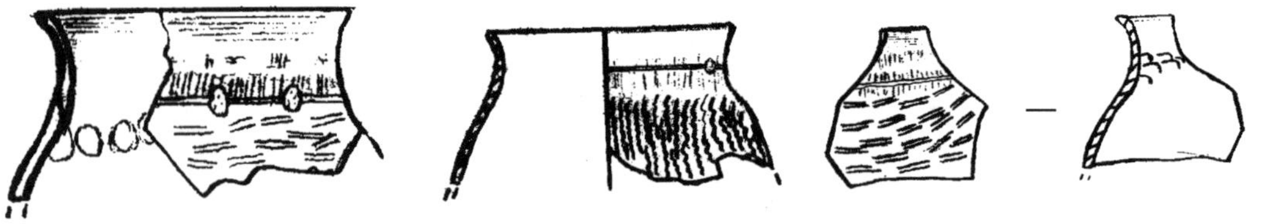

1　　2　　3

图9-17　客省庄文化大口高领鼓腹罐制作痕迹示意图

1. Ⅰ T0307H50：10　2. Ⅰ T0308③：1　3. Ⅰ T0307H50：12

后，使用刮抹法削高补低，使领口部分表面平整，领部留下的纵向刮痕，去除了先前拍印的篮纹（图9-17，1、2、3）。慢轮修整是领口修整的必经环节，辅之以湿手抹平法，经过横向抹修之后，领口变得规整、光洁，一般呈素面，偶尔残留修整时留下的篮纹。

领部和领腹交接处，常有1～2周刮旋凹弦纹，纹宽1.5～4毫米。少数标本凹弦纹上间隔贴塑圆泥饼，标本Ⅰ T0307H50：10泥饼间距约7厘米，直径约1.3厘米，厚1.5毫米（图9-17，1）。标本Ⅰ T0308③：1泥饼直径约1厘米，厚1毫米。标本Ⅰ T0301④两周弦纹间有左斜的三角形戳印纹。此类弦纹具有标志领腹分界的含义。

腹部外表皆经拍打整修。带篮纹陶拍逆时针移动，内壁见圆角长方形和圆形凹窝，标本Ⅰ T0307H50：10垫窝直径约2.5厘米。腹部拍印所留篮纹方向有横向和斜向，多交错叠压。标本Ⅰ T0308③：1上腹部见有滚压的竖向绳纹，也是修整技法痕迹（图9-17，2）。

四、其他器类的制作工艺观察

其他器类，是指不易归入上述三大类的器物。出土数量较多，也是客省庄文化典型器形的，有两型器盖和有耳圆腹罐。有耳圆腹罐标本形态多样，陶质和装饰也较复杂，可能具有不同的功能。

（一）圆饼形器盖

本报告第五章作A型器盖。圆饼形盖体，直径10.5～15.6厘米，厚0.6～0.9厘米。盖上带桥形捉手，宽2.4～3.6、厚0.6～0.8厘米。选取6件标本，3件为盖体残片，2件可修复，1件完整。

陶器质地和烧成情况。6件标本中，细砂质4件、粗泥质2件，未见细泥质和粗砂质陶。羼和料多为白色石英砂，粒径在0.5～1毫米之间，也有仅0.2毫米的，多圆滑少棱角，应该是自然砂粒。陶器颜色各异，有灰、灰褐及褐色等，灰、褐各占约一半，应主要在还原气氛下烧成，但窑内气氛并不均匀，可能此种器物在审美上并无特别要求。

成型方法较简单，修整、装饰可能与成型同步完成。

桥形捉手和圆饼形盖体分别成型，然后结合而成。圆饼形盖体用拍打法或者滚压法成型，修整和成型应同时进行。湿手修整时，抹掉了拍打成型和修整时的印痕。盖体边缘一周凸起，上面压印短直线纹，向外呈放射状，一般长1.2～2厘米，宽约3～5毫米。戳印纹数量不定，应与盖体大小及纹饰间距相关。捉手两端连接盖体处的戳印纹明显较长且深，也更靠内侧，应起着压实紧固的作用，如标本ⅠT0307H29：3。部分器盖表面有刻划纹、指甲纹装饰。

扁平拱桥形捉手，应为手捏泥条成型，与盖体的结合，采用抹泥黏结法。将捉手两端紧抵盖的上面边缘，再于接触部位周围抹泥、黏结，湿手修抹去除泥缝，并在结合处压印纹痕较深的戳印纹，兼具实用与装饰意图。标本ⅠT0408H17：11较特殊，盖顶面内凹成坑，是黏结时捉手相对较干较硬而盖体仍软湿的状态。

（二）帽形器盖

本报告第五章B型器盖，整体形似一顶高帽，由盖体、柄和捉手构成。盖体如倒扣浅腹盘，捉手呈圆锥形，中间以柱状柄连接。选取11件标本，其中完整器1件，圆锥捉手及圆柄部5件、圆锥捉手1件、盖体2件、柄部2件。盖体口径23.5～24.5厘米，捉手高8.2～9.5厘米，捉手高约7.5厘米；完整器高为21厘米。

此类器物以泥质陶为主，占82%；即使细砂质陶，其含砂比例也较低，砂粒较细，接近泥质陶。羼和料为白色石英砂粒，粒径多小于1.5毫米，以0.5～1.5毫米为主。11件标本中，黑（皮）陶8件，灰陶3件，均在还原气氛下烧成。部分黑皮陶外表黑亮，胎芯呈褐色或灰色，表明窑内烧制气氛可变可控。黑陶渗炭工艺娴熟，装饰意图明确。

帽形器盖从上至下由圆锥形捉手、圆筒形柄和圆弧面盖体三段构成，三者分别成型后，再连接为一体。

捉手为泥条法筑成，既有圈筑者，也见盘筑者。内壁多见泥条接缝、泥条鼓棱及指窝。泥条宽约2.1～2.7厘米。圆锥内壁顶部多有顺时针旋转褶皱痕，是正筑法的典型证据。捉手顶部有的塞加泥芯，直径1.5～1.8厘米，从内壁填塞，如标本ⅠT0308H70：12，泥芯呈球形，径1.5厘米；标本ⅠT0407H34：65泥芯从外部塞入捉手顶端，再于周围抹泥填缝，顶部呈圆形平面（图9-18，4、3、1）

圆筒形柄部多为泥条圈筑法成型，泥条宽约1.5厘米。标本ⅠT0307H50：39柄上部内壁有清晰的泥条接缝和一圈指窝，似应使用了泥条圈筑法制成，右手持泥条，左手顺时针捏泥条。

圆弧面盖体往往和敛口瓮或喇叭口高领折肩罐（壶）的肩部是一体长成的，应当使用了泥条圈筑法。瓮（罐）肩筑成后、与腹部结合前，经过切割分开，中间部分成为盖体，周围部分则为瓮（罐）的肩部。如ⅠT0307H29：63和ⅠT0307H29：64，盖口沿面向外斜扬，是用锐利的有刃工具切割而成的，恰与折肩敛口瓮的口沿面向内斜收的情形吻合。标本ⅣT0302H15：1盖体边缘的“卝”形刻划符号，与客省庄遗址发现的同型盖边缘的三道并列斜线刻划用意相同[①]。这是为了使器盖与瓮扣合时严密合缝而刻划的标记。岐山双庵遗址还发现此类器盖扣合于敛口瓮之上的例证[②]。

捉手、柄和盖体之间用套接法结成一体。捉手与柄的套接，一般是前者在上在内，后者在下在外，套接处内外加泥条加固。捉手下缘再加贴泥条圈筑成帽檐状宽檐（图9-18，3、5）。柄与盖体的结合，亦用套接法，抹泥黏结加固。

器盖自上到下使用了滚压、湿手修抹、刮削和打磨法进行装饰和修整。三部分间套接处的内外面，抹泥以弥合缝隙。

圆锥形捉手主要使用刮削和打磨法，形成规整光滑的表面。由通常由上往下竖向打磨一周，近宽檐时横向转圈打磨。也有用倒八字形绕圈打磨者，如标本ⅣT0302H15：1（图9-18，1）。

柄部用绕绳圆棒滚压修整经修抹及打磨处理，偶隐约可见绳纹遗痕。柄中部多见凹弦纹，两周弦纹中间往往有一周刻划纹，或短线，或如菱形网格状。

盖体主要使用刮削法修整，也见用贴泥加厚修补者。盖体磨光使用倒八字形交错绕圈打磨法。

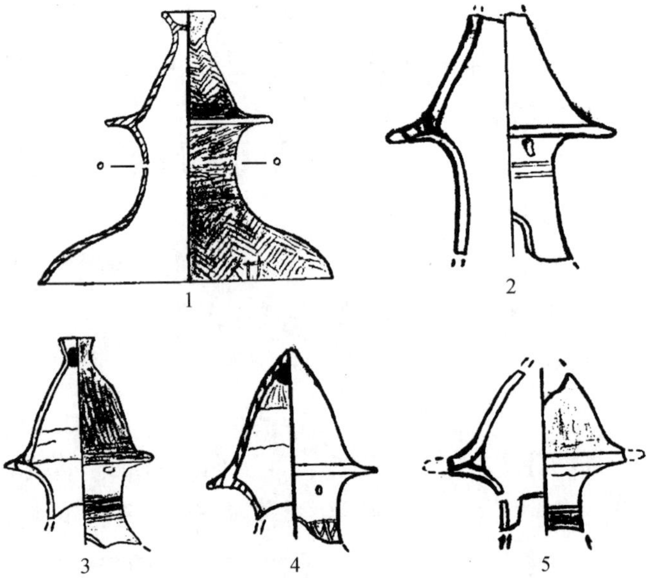

图9-18　客省庄文化帽形（B型）器盖制作痕迹示意图

1. ⅣT0302H15：1　2. ⅠT0407H71：9　3. ⅠT0407H34：65　4. ⅠT0308H70：12　5. ⅠT0307H50：13

（二）有耳圆腹罐

所选20件标本，多口腹部陶片，口腹部17件、耳1件、可修复2件。尺寸方面，口径6.5～17、领高3.1～6.3厘米；根据两件可修复器，器高为10.5～12、底径5.5～6厘米；耳宽

① 中国科学院考古研究所编著：《沣西发掘报告》，文物出版社，1962年，第66页。

② 西安半坡博物馆：《陕西岐山双庵新石器时代遗址》，《考古学集刊（3）》，中国社会科学出版社，1983年，第51～59页。

1.6～4.3、长3.5～7.5、厚0.3～0.8厘米。器物形态相近，大小规格区别较大。所选标本都带有一耳，据形态和质地相同的完整器推测，多为单耳罐，但不排除一些标本是双耳罐的可能。

1. 原料与烧成

20件标本中，细泥质2件，粗泥质6件、细砂质9件、粗砂质3件。泥质陶8件约占40%、砂质陶12件约占60%。加入羼和料的标本共有18件，17件为白色石英砂，粒径多在2毫米以下，且以0.5～1.5毫米为主，比例适中。细砂质及粗泥质陶形貌接近，占主导地位。有耳圆腹罐大部分应当为盛储器或水食器，也有少部分砂质陶可能是炊器（外表有烟痕），功能性质与无耳圆腹罐相同。整体而言，有耳圆腹罐器形相近，但其胎质及制陶工艺细致程度差别较大，器物使用的功能也较复杂。

20件标本中，灰陶13件，灰褐陶3件，褐陶2件，红色和土黄色陶各1件，主要是还原气氛下烧成，也有氧化气氛下烧成者，可能与此类器物形态和质地有关系，也可能是窑内气氛控制不严密。

2. 成型

束颈有耳圆腹罐一般由领、腹、底、耳四部分构成，分别成型后，再组合为一个整体。

罐底用拍打法，最先制成。腹部筑于圆底上，领筑于腹部上。罐腹主体用泥条圈筑法成型。典型标本如ⅠT0407H34：6，腹内壁纵布相互水平的两周指窝及5圈泥条接缝，可知腹部是7根泥条圈叠筑成，领部内壁也有相水平的泥条鼓棱及泥缝，器腹主体上端接着筑领、口。高领部由4圈泥条叠筑而成。此罐通体一共11根泥条圈筑，泥条宽约1～1.5厘米（图9-19）。领、腹筑合处内壁有的会留有泥条接缝或垫窝，如ⅠT0407 H71：13领腹交接处内壁有指窝，修整时手指内垫所留。底、腹结合的方式仅见标本ⅠT0407 H34：6，圆饼底边缘外侧加筑一圈泥条，再于其上侧加筑器腹（图9-19）。

耳部成型方法通常有两种，一种为滚压泥料法，一种为泥条拼接法。一些耳部表面可见经抹平处理的残留绳纹，是滚压成型时所留。后者如标本ⅠT0407 H34：39，两根泥条竖向

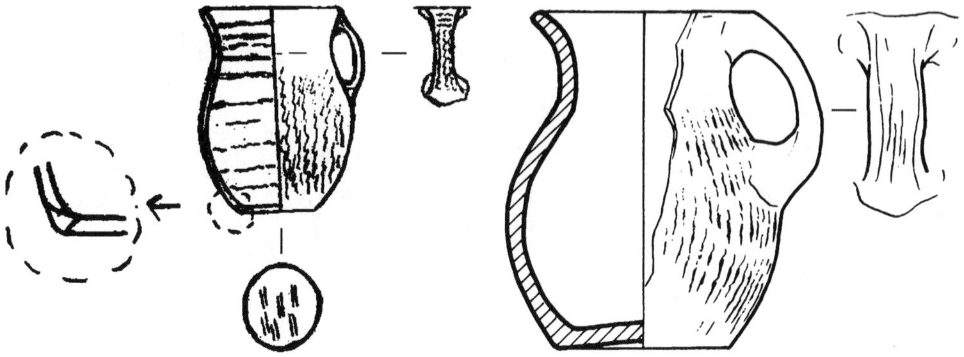

图9-19　客省庄文化单耳圆腹罐制法示意图

（标本ⅠT0407H34：6，左：制法痕迹示意图；右：器物正视图）

并列组成耳坯，两根泥条外表未抹合接缝，每根泥条宽1.3厘米。耳部与主体的结合，使用抹泥黏结法。一般上端在口沿外侧，与口齐平，下端黏结于上腹部。耳部下端内壁有凹窝，如ⅠT0308H70：27，是耳黏结主体时手指内垫挤压所留。

3. 修整和装饰

圆腹罐多经过拍打、滚压、刮削、修抹及慢轮修整等手法进行修整。腹部内壁多见垫窝（陶垫和手指内垫）、外表留有拍印篮纹的，经过了拍打法修整。如ⅠT0202H14：2腹中部可见横向篮纹。领外也有拍印篮纹的，如标本ⅠT0408H19：5 领外拍印横向篮纹、ⅠT0408②：4 领外拍印横向微右斜篮纹。 腹部用滚压法修整尤为常见，器表绳纹样式多样，有直条状、麦粒状、篦窝状等，绳纹滚压方向有竖向、左斜两种，绳纹密度为每5厘米有18 ~ 25条。耳外滚压绳纹的仅5件标本，大部分为竖向绳纹，也有用绕绳圆棒压成的横向绳纹，仅见标本ⅠT0407H34：6，耳与主体抹泥黏结后，耳表中下部滚压竖绳纹，上端绕绳圆棒压印横绳纹。耳部施加绳纹时有耳部黏结主体前后之别，一种是黏结前耳部经绕绳圆棒滚压形成时所留ⅠT0308②：102，一种是黏结后修整装饰耳表面时所留，如ⅠT0307H50：7。

半数以上标本口沿经过湿手修抹和慢轮修整，轮修纹细密清晰，将此前的拍印纹、滚压纹和修抹纹等，大部分覆盖了。

一些器耳，在抹泥黏结主体后也有经过滚压修整的。两件标本的领外虽经修抹，但仍残留有滚压的竖绳纹，是滚压和泥缝修整的证据。

湿手修抹痕迹一般见于领外和耳部。标本ⅠT0202H14：2领外中下部有一周细密纵向刮痕，是领部成型后使用刮削修整法所留。

器口部饰以花边的，与无耳圆腹罐类似。花边皆为戳划而成，但口沿施加的部位有所区别，如标本ⅠT0408③：20，花边口，侈口平方唇，唇面内缘由上往下利用尖锐工具戳划而成；标本ⅠT0308③：11 侈口高领圆腹带耳罐（可能是双耳罐），唇面戳划花边口，耳上端口沿花边较浅细，深宽约1毫米，可能与考虑此处需承重，豁口不宜太深，否则影响实用，其余花边豁口深宽皆2毫米，唇面外缘由上往下左斜向戳划。此类花边口器物原本可能就是一类，仅有耳与无耳之别。

标本ⅠT0307H29：15的领腹相交处有一圈刮旋凹弦纹，宽约2毫米，较浅，弦纹起着磨光界线作用（弦纹以下腹部磨光，而领外素面）。

主体外表素面和磨光的4件，基本上均为泥质陶，其功能可能与砂质类不同。

器耳装饰以戳印纹的标本共3件。饰纹部位皆在耳的上下端，一般并列3 ~ 4个戳印纹，形状有细柳叶形及短直线形两种。具体如标本ⅠT0408H19：5和ⅠT0202H14：2。

五、小　　结

米家崖遗址客省庄文化陶器按功能用途粗略划分为炊器、水食器、盛储器及其他，每类之下又可细分为不同器类。通常认为的各大类和各器类的功能，与陶器形态、制作原料、方法步骤、纹饰选择等内容之间存在关联，体现着古代制陶工艺水平及技术面貌。

原料方面，米家崖遗址客省庄文化炊器是以细砂陶为主的砂质陶，水食器以泥质陶为主，盛储器则以粗泥及细砂陶为主、不见粗砂陶，三者胎质区分明显，陶器功能与胎质关系紧密。出现大量细泥陶，说明先民通过淘洗能够获得较纯净的黏土原料。炊器及盛储器胎内砂粒多在0.5～1.5毫米之间，较为圆钝，几乎无大颗砂粒及杂质，显然是有意识进行分选后掺入制陶黏土中，作为脊性原料，即所谓的“羼和料”。除了部分与炊器配合使用的器盖以外，炊器几乎皆为砂质陶。砂粒的加入不光能减少陶坯在干燥及烧制中的收缩幅度，而且能改善陶器的耐热急变功能，实效性显著。值得注意的是，随着时间的推移，考古学文化的器物形态、胎质，甚至同形器物的功能，可能会发生较大的改变。某些陶器就其胎质而言，会与主流分离，而形态则大致不变，如作为炊器使用的砂质陶鬲，也有异类个体存在。一件泥质单把鬲，形体虽然保持了袋足器的基本形态，但器形明显较小、器壁较薄、器物外壁也无烟炱等火烧痕迹，似乎已经不再作为炊器使用，而变为水食器，与杯、碗或鬶、盉类靠近了。

成型方面，米家崖遗址客省庄文化主体部位陶器成型制法的选择与器物功能和质地关联不大。不过陶器按功能划分类型，由于某些器类中特有一些陶器部位或器物形体整体偏大，使一些成型方法汇集于功能划分的器类之中，造成了功能与成型方法相对应的印象，如炊器中袋足多泥条模制成型；盛储器各部位多分段制作，套接普遍。表面上看，好像陶器功能影响了成型方法，其实成型方法更多是与陶器各部位（形状、大小、施加步骤）相关，如袋足器多模制，平底器底多为拍打泥料而成，领、肩、腹则是泥条成型；一些陶器由于器形较大须分段制作再进行套接；也有一些陶器因为各部位之间逻辑关联，即使分段制作，也有固定的先后顺序，如平底器先制底部，后将腹部筑于底上，高领器先制主体，再将领部筑于腹部上。一些特殊的成型辅助手段与器物的用途还是有必然联系的，如甑底的穿孔、鬲斝袋足塞加泥芯。单把鬲袋足约40%为实足跟，斝的实足跟占比更高在73%。总之，米家崖遗址客省庄文化陶器的成型方法、拼接技法、施加步骤等都十分固定，成型工艺高度“规范化”，与功能关联不大。当然，一些特殊的成型辅助手段与器物的用途还是有必然联系的，如甑底的穿孔、鬲斝袋足塞加泥芯。米家崖遗址客省庄文化单把鬲袋足约40%为实足跟，斝的实足跟占比更是高达73%。

修整方面，米家崖遗址客省庄文化陶器修整技术种类较多。一些技法与器物功能有关联，但大部分还是与成型方法有关，即器物各部位成型后由泥抹缝、壁面平整削薄、器物微观形态调整等坯体整形活动相关，是对成型工序的补充延续。磨光与器物功能用途有关，因而与胎质有关，多见于盛储器、水食器中，炊器中未见。其余修整技法，如湿手修抹、刮削、拍打、滚压、慢轮修整、修补等，多有其相对固定的施加部位，如湿手修抹多在各部位的连接处，刮削多在高领外和薄壁器的腹外部，拍打及滚压多在腹外，慢轮修整多在领、肩，特别是口沿等部位。

装饰方面，米家崖遗址客省庄文化陶器纹饰与器物功能有一定关联，如炊器中流行绳纹，盛储器多磨光、篮纹，这两类纹饰无论滚压还是拍打，都有增加坯体致密度的作用。水食器多素面和磨光，与之搭配的是弦纹和刻划纹等。其余装饰，如弦纹、贴塑、戳印纹、刻划纹等，多用于耳、领、上腹部等显眼部位，更注重于装饰效果。

烧成方面，米家崖遗址客省庄文化炊器、盛储器、水食器皆以灰陶为主，烧制以还原气氛为主，还见一定数量的红陶、褐陶和黑陶。陶器颜色的选择与器物功能用途之间关联度不强，主要与当时特定人群或地域的烧窑技术及审美情趣有关。黑陶（黑皮陶）绝不见于粗砂质，偶见于细砂质，主要见于细泥质陶，则与器物用途息息相关。黑陶几乎皆为盛储器和少许水食器，未见于炊器，其装饰和审美性是非常突出的。

结　语

对西安米家崖遗址客省庄文化陶器制作工艺的观察，可以判定，其制陶工艺整体上表现出一套相对稳定的操作流程及技术规范。

陶器羼和料几乎尽为石英砂粒，灰陶末、云母片极少，未见夹蚌和稻谷壳，当是对其环境资源的有效利用，并与文化传统有关；陶器胎质整体上以砂质陶为主，泥质陶较少，其中细砂陶占一半以上，其次分别为粗泥、粗砂、细泥。细泥陶多见于高领折腹罐、单把鬶盉类、钵、盆、豆，这五种器物为水食器。粗泥陶则多见于喇叭口折肩罐、敛口折肩瓮等，是与盛储（偏液态物）相关的器具。砂质陶为主的器类中，以细砂为主的是单把鬲、斝等炊器，大口高领鼓腹罐、有耳圆腹罐是盛储（偏固态物）器。陶器胎质细分类别多样，羼和料粒度有差、密度不同，且多与器类的用途密切相关，体现出日常生活内容的丰富多样性和产生组织与分工程度。陶器成型有捏塑法、泥条盘筑和圈筑成型法、泥条模制成型法、泥片贴模法、拍打或滚压泥料法、快轮拉坯成型法等，技术种类齐全。泥条成型法是各器类主体最主要的成型方法，盛行泥条和泥片模制法；大型陶器各部位多是分段制作、拼接、黏结或套接而成；小型附件与主体多为抹泥黏结，也有一定比例的嵌合法。修整分成拍打、滚压、刮削、湿手修抹、慢轮修整、磨光、修补、加厚、塞加泥芯、二次使用等，各种修整技术皆有相对稳定的施加部位及施加的顺序。纹饰种类有绳纹、篮纹、弦纹、刻划纹、戳（压）印纹、菱形网格纹、贴塑、附加堆纹、花边、竖向瓦楞纹、指甲纹、线纹、方格纹等，还有鋬等附件性质的装饰；整体上以篮纹及绳纹为主，其次为素面、磨光，再其次则为附加堆纹、弦纹，其余纹饰比例皆极小；装饰题材或手法与器物大类功能、陶质及多数细分类别间具有较大的关联性；每一器类自身的装饰种类及部位分布相对稳定，而各器类之间的外表纹饰的种类及装饰部位各不相同，多样性也较显著。陶器以灰色为主，也有部分红、褐陶，黑陶（及黑皮陶）数量最少。具体到各器类上，绝大多数器类陶色也是以灰色为主，红、褐陶次之，只有单把鬶盉类陶器皆为红陶。陶器烧制中对还原气氛和氧化气氛和渗炭的运用，均相当成熟。氧化气氛烧成法和黑陶渗炭技术应用面不方，主要和文化传统和审美习惯有关。陶窑以火膛位于窑室前下方的横穴窑（或称“斜穴窑”）为主，火膛与窑室距离很近，泥质陶质地清脆，且有陶器烧流现象，所能达到的烧成温度较高。

（本章执笔者：凌达彬、朱君孝）

第十章 庙底沟二期与客省庄文化陶器生产组织关系探讨

龙山时代上承仰韶文化，下启夏文化，是中国早期文明与国家起源、形成和发展的关键时期。陕西关中地区的龙山时代考古学文化，主要由前后相接的庙底沟二期文化（关中西部或称为“案板三期文化”）和客省庄文化为代表[①]。地处关中中心地带的米家崖遗址，发现了丰富的庙底沟二期文化与客省庄文化为代表的龙山时代早晚段遗存，也发现了较为丰富的仰韶晚期文化遗存，是考察中国早期文明与国家起源不可忽视的材料。

第一节 陶器生产组织关系研究的理论与方法

生产组织作为生产系统的核心要素之一，长期以来一直是考古学者和民族学者研究陶器的一个焦点。根据科斯廷（Costin，C. L.）的总结，生产系统的构成要素包括生产者、原料、生产技术、生产组织、产品、分配关系和消费者等要素[②]。这些要素紧密关联、相互影响。生产组织的研究自然也可以从这些要素入手。生产单位的组织方式可以细分，由生产技术的水平、生产的设施及设备的种类和地理空间上的分布情况、生产的时效性、生产的目的、生产者的身份及地位等特征化的属性来判定。至于具体的生产组织划分，国内外学者或提出过一些理论，或者根据理论并结合实践调查资料，提出了几种划分生产组织方式或生产专业化的模式[③]。这些划分模式中以赖斯（Rice, P. M.）的方案相对简约实用。赖斯在van der Leeuw依据民族学资料提出的划分生产组织的方案的基础上，提出了史前背景（非工业社会）下的四种组织生产方

---

① 梁星彭：《试论陕西庙底沟二期文化》，《考古学报》1987年第4期；《试论客省庄二期文化》，《考古学报》1994年第4期。

② Costin C L. Craft Production System, Archaeology at Millennium: A Sourcebook. Edited by Price T D, New York: Kluwer Academic/Plenum Publish, 2001: 273-327.

③ 专业化生产的一个宽泛的、考古学上可操作的定义：某种物品的生产者比使用者少，就可以说出现了该物品的专业化生产。见于李新伟：《手工业生产专业化的考古学研究》，《华夏考古》2011年第1期。

式：家庭生产、家庭工业、个体作坊工业、核心作坊①（表10-1）。具体到陶器的生产方式，四种不同类型或不同生产组织方式下，各有其技术特征，产品质量、产量、生产目的，生产者及生产时间等多个方面的衡量指征（表10-2）。本文对陶器生产组织的考察即采用此划分方法。

表10-1　陶器生产专业化（生产组织方式）的划分模式

名称	特征
家庭生产（Household production）	偶尔制陶且主要为自己使用，主要是妇女用简单的技术进行手制
家庭手工业（Household industry）	部分时间用来制陶，技术简单、投入少，妇女手制，目的是获利，一般存在于相对贫穷的农业社会
个体作坊手工业（Individual workshop industry）	一般由男子进行，投入显著，如陶窑和陶轮，而且他们主要以此为生
集中作坊（Nucleated workshop）或村落手工业（Village industry）、家庭手工业（Domestic industry）、分散工厂（Dispersed manufactory）	由富有经验的男性从事，生产可能是季节性的，但由于竞争往往全年生产，产品相当标准化且质量较高

穆朝娜在综合国外学者研究成果的基础上，对陶器生产的组织方式划分方案和依据进行了归纳整理，使之更具条理性，为我们提供了一种划分生产组织方式的标尺②。另外，目前国外学者普遍认可Costin提出的考察生产组织的模式，其包含四个要素："生产背景（独立的或依附性的专业化）、区域性生产集中的相对程度（从分散的到聚合性的生产）、生产单位的规模（从小型的、以血缘关系为基础的生产单位到大规模的工厂）、生产的强度（兼职的或全职的专业化生产）。"③"简而言之，陶器生产组织方式就是陶器由专职还是兼职陶工生产，生产的强度怎样，产品是自用还是交换、销售。"④这四要素之间相互影响，其内在联系密集，且又能各自相区别。所以本文考察生产组织方式时会采用此种模式。

评估陶器生产的专业化和组织方式的方法有直接证据法和间接证据法两种。直接证据法是比较理想的判定方法，其依据是考古发掘中能够完全揭露出的制陶场所及陶窑数量，分布及制陶工具与其他具体内容，以便推断专业化或生产组织方式。间接证据法主要是在上述直接证据缺少的情况下或作为辅助验证时所采取的方法，也是研究专业化及生产组织方式的重要手法之一，也就是利用出土陶器自身变化，总结归纳原料、器体大小、形态及装饰、制作技术、陶色等显性信息的横向和纵向演变趋势，分析数据，评估陶器的多样性及标准化程度，从而推断陶器专业化程度及生产组织方式。

根据西安米家崖遗址不同时期出土遗物和遗迹的特征，在考察本遗址庙底沟二期文化和客省庄文化陶器生产组织方式时，本文使用了不同的资料和方法。对庙底沟二期文化陶器生产组

① Rice P M. Pottery Analysis: A Sourcebook. Chicago: The University of Chicago Press, 1987: 155.

② 穆朝娜：《关于陶器生产方式之探析》，《文物春秋》2000年第5期。

③ 戴向明：《陶器生产、聚落形态与社会变迁：新石器至早期青铜时代的垣曲盆地》，文物出版社，2010年，第67～68页。

④ 郭梦：《陶器标准化意味着什么？——北侯村席怀军所制陶器的标准化程度研究》，《考古学研究（10）：庆祝李仰松先生八十寿辰论文集》，科学出版社，2012年，第265～286页。

织方式，主要从纹饰种类与器类分布看标准化程度。对客省庄文化陶器生产组织方式，则分别以“直接证据法推测”“陶器多样性”等为考察视角，并使用了用陶窑资料。

表10-2　四种陶器生产方式的特征

制陶方式	技术	质量（投入）	生产者	生产目的	生产量	生产时间	产品
家庭制陶	简单、手制，露天的坑内烧制，无永久性设施	最小，原料、工具或设备的投入很少	家庭成员，多为女性	自己家用，有时也作为礼物、嫁妆等流出家庭	小	定期生产，短暂时间生产	器类简单
家庭制陶业	同上，简单、费时	较上大些	非专业陶工，家庭成员，主要是女性	主要是贸易或出售，补充农业或其他活动收入之不足	较上多	较上更为频繁	较上复杂些
个体作坊制陶业	轮制或模制；永久性的陶窑	增大，效率提高	家庭中的男人和女人，男人为主，承担轮制；女人从事手制、烧制或原料制备	销售以维持生计，通过市场、中间人或直接从作坊卖出	短时间内制造出大量产品	一年内除雨季	为省时省力，追求陶器标准化；较前二者形式多样
核心作坊制陶业	极为精细，高度专业化	作坊，或工厂雇佣大量人力，大规模生产	专业化的陶工	销售	大	常年，在烘干室和陶窑上大量投入，避免雨季干扰	高度标准化和多样化

第二节　庙底沟二期文化陶器生产组织关系

庙底沟二期文化以豫西、晋中南和关中地区为中心分布区，上接仰韶文化晚期，下启龙山时代晚期文化，绝对年代为距今4900～4600年[①]。以往研究聚焦在豫西和晋中南地区，关注的学术领域主要是文化的分期、源流、分区和类型以及制陶工艺等，都是研究的热点[②]。对关中

① 中国社会科学院考古研究所：《中国考古学·新石器时代卷》，中国社会科学出版社，2010年。

② 张岱海、高天麟、高炜：《晋南庙底沟二期文化分期初探》，《史前研究》1984年第2期；卜工：《庙底沟二期文化的几个问题》，《文物》1990年第2期；高天麟：《关于庙底沟二期文化及相关的几个问题——兼与卜工同志商榷》，《文物》1992年第3期；罗新、田建文：《庙底沟二期文化研究》，《文物季刊》1994年第2期；张素琳：《试论垣曲古城东关庙底沟二期文化》，《文物季刊》1995年第4期；李文杰：《山西襄汾陶寺遗址制陶工艺研究》，《中国古代制陶工艺研究》，科学出版社，1996年；靳松安：《庙底沟遗址第二期遗存再分析》，《江汉考古》2000年第4期；韩建业：《晋西南豫西西部庙底沟二期——龙山时代文化的分期与谱系》，《考古学报》2006年第2期；王小娟：《垣曲上亳遗址陶器研究》，山西大学硕士学位论文，2009年；戴向明：《陶器生产、聚落形态与社会变迁：新石器至早期青铜时代的垣曲盆地》，文物出版社，2010年。

地区庙底沟二期文化的关注度，较豫西和晋南地区稍弱，但也取得了相当突出的成果。梁星彭对陕西庙底沟二期文化从发现情况、文化特征与地域分布及类型、分期与年代、与客省庄二期文化的关系等方面，进行了较为全面的论述①。另有一些学者的关注重点在关中西部地区，研究的问题与上述类似，而较为突出文化定性与渊源关系②，在制陶工艺上也有较为深入的讨论与成果③。

陶器是新石器时代主要日常生活用具，凝结着资源、技术、审美、文化传统、时代性和地域性等多方面丰富的文化信息。陶器生产的标准化程度与生产社会组织关系，又反映着特定社群的劳动分工和社会结构。通过米家崖遗址龙山时代遗存中与陶器生产相关的遗迹、遗物资料的细致整理、爬梳与分析，是深入认识关中地区新石器时代文化面貌特征及发展水平的重要一环，也是窥视黄河流域龙山时代陶器手工业的区域特征及其生产技术专业化水平的必要组成部分。制陶生产技术及生产组织的研究，亦可为探索聚落社会结构和聚落之间的产品流通与交往等社会关系提供支撑。这正是"透物见人"理念下进行古代陶器研究和考古学研究的初衷，即不仅要了解生产环节中具体的制陶工艺技术与手法，也要了解技术背后隐藏更深层的社会原因。

以米家崖遗址庙底沟二期文化陶器纹饰的标准化特征及相关数据的分析为基础，利用国内外考古学界关于划分生产组织的理论与模式，对关中东部地区龙山早期的聚落内部生产组织关系情况进行的尝试与探讨，以丰富对庙底沟二期文化内涵及社会面貌的认识。

一、陶器纹饰的标准化分析

陶器标准化可以从多个方面进行考察，包括陶器的造型、尺寸、质量（重量）、容积、质地、颜色、纹饰等，主要属于物理性质。有时候也通过制陶原料的分析如羼和料的种类和比例，以及泥料的化学组分等进行考察，探讨陶器的产地和使用功能和技术水平。有学者认为生产组织方式等方面的异同也是考察指标之一④。前人研究主要以陶器尺寸的变化程度来分析，对陶器装饰或纹饰等其他特征重视不足⑤。

陶器纹饰是陶器上所有装饰花纹的总称，既包括了具有特定形态的纹印或图形，也包括了素面和磨光手法。纹饰或装饰，是特定人群的审美、技术和生活方式的表现，其中往往蕴含着

① 梁星彭：《试论陕西庙底沟二期文化》，《考古学报》1987年第4期。

② 胡谦盈：《庙底沟二期文化与常山下层文化》，《庆祝苏秉琦考古五十五年论文集》，文物出版社，1989年；罗晓燕：《下魏洛遗址龙山早期文化遗存及相关问题研究》，西北大学硕士学位论文，2008年。

③ 郭梦：《关中西部龙山时代制陶工艺》，西北大学硕士学位论文，2009年。

④ Rice P M. Specialization, standardization, and diversity: a retrospective, The Ceramic Legacy of Anna O. Shepard. Colorado: University of Colorado, 1991: 268.

⑤ 戴向明：《陶器生产、聚落形态与社会变迁：新石器至早期青铜时代的垣曲盆地》，文物出版社，2010年；张小雷：《两城镇遗址龙山文化陶器的生产及相关问题研究》，山东大学硕士学位论文，2010年。

文化传统、时代和地域特征，有时也表现出人们的思想观念。考古学家通常不从纯美学的视角来看待纹饰，而注重其文化、时代和认知内涵。纹饰种类和制作方法是研究陶器纹饰常见的出发点，纹饰规格、纹饰方向、纹饰组合、纹饰与器类的对应关系及纹饰与质地的对应关系等具有同样的研究价值。各要素间既相互关联，又可以作为独立的环节进行考察。本章在分析米家崖遗址庙底沟二期陶器纹饰的整体特征、研究纹饰标准化时，将纹饰的种类、规格和方向合并阐述，纹饰组合、纹饰与器类的对应关系及纹饰与质地的对应关系分别概述。

文中数据统计均采用的是拼对法，即尽最大可能将同一器物的陶片拼接成一体代表一个样本加以统计。使用美国IBM公司开发的社会科学统计分析专用的SPSS 17.0软件。

（一）样本材料与方法

西安米家崖遗址2010～2011年第Ⅰ发掘区T0307、T0308、T0407、T0408四个探方北部探方。陶器资料整理工作较系统，遗存单位的时代信息较清楚，此章所用陶器样本主要来这几个探方的灰坑单位。

1. 样本来源单位与数量

以上四个探方中属于庙底沟二期文化的遗存单位有：T0307H21、H81、H84；T0308H12、H31、H42、H86、H87；T0407H27、H28、H49、H79、H80、H85；T0408H16、H18、H20、H56、H66等，以及个别探方的文化层。相对而言，灰坑出土陶片的共时性更强一些，故选择包含陶片数量较多、可选择器物标本数量多，以及标本完整程度相对较高的遗迹单位为研究材料来源单位。

符合条件的单位中，T0407H49、T0307H84、T0308H87三个单位出土陶片数量最多，拼对之前的自然片数共计731片，其中T0407H49出土216片；T0307H84出土214片；T0308H87出土301片。拼对之后，统计陶器个数，其中T0407H49有87件；T0307H84有73件；T0308H87为190件，共计350件。本章分析研究使用的主要材料即为此三个典型单位的350件陶器标本。

2. 研究方法

陶器纹饰的标准化分析，大致分为三部分，一是单个纹饰特征及数量信息的观察及统计，二是纹饰组合情况，三是纹饰与施加对象的关系。

纹饰的观察，所用的方法是在确定陶器纹饰分类标准的基础上，统计出纹饰种类的数量比例，并考察各类纹饰的制作方法、规格和方向。各类纹饰的制作方法、规格和方向包含了施纹工具和制作者的习惯等信息。其中，施纹方法指用各种工具在陶坯上将篮纹、绳纹、凹弦纹等各种纹饰制作出来的方法（见本书第八，九章制陶工艺相关部分）。纹饰规格指在一定界定条件下纹饰宽度的测量特征。一定界定条件是为消除以单条纹饰为测量对象带来的误差而设定

的测量范围。过往研究习惯以五条纹饰为标准来测量绳纹、篮纹等条状纹饰的宽度[①]。纹饰方向指纹饰痕迹在平面上的朝向。篮纹、绳纹、条状附加堆纹等条状纹饰皆可观察其方向，如“—”（横向）、“|”（竖向）、“/”（左斜）、“\”（右斜）。

此外，还需按照纹饰的分类标准进行不同纹饰的搭配和组合变化的数据统计，寻找纹饰组合存在的内在关联。最后，归纳统计米家崖遗址庙底沟二期陶器器类、质地与所施加纹饰的对应数量比例，以此分析其间的对应关系。

（二）陶器纹饰类别反映的陶器标准化

陶器纹饰的种类因时代、地域、种族、文化传统而呈现出纷繁多样性。既有仰韶文化的彩绘纹饰，又有秦汉砖瓦上的动物祥瑞图案；既有辛店文化的回形纹饰，又有屈家岭文化的镂空装饰。或简单或复杂的各类纹饰，成为区分考古学文化、建构文化发展序列的重要标尺。

长期以来，学术界对陶器纹饰的分类标准不统一。有依施纹方法进行分类的，如《中国陶瓷史》将陶器纹饰分为压印纹、拍印纹、刻划纹、彩绘、附加堆纹和镂空六类[②]；或分为滚压、按压、旋划、刻划、镂空、戳印、附加、雕刻、滑压、模贴、模印等十一类[③]。有根据纹饰形貌样式分类的，如长春左家山遗址陶器纹饰被研究者分为之字纹、人字纹、点纹、线纹、菱形纹和席纹六类[④]。有参照纹饰布局分类者，如蔡昕欣将嫩江流域白金宝文化的篦纹分为二方连续式和四方连续式两大类，前者包括散点式、倾斜式和直立式，后者包括方形连缀式和菱形连缀式[⑤]。这些不同的分类方法是研究者认知角度的不同及不同遗址材料的差异使然。结合米家崖遗址庙底沟二期纹饰的特征及内涵信息，将采用与上述方法不同的分类方式，具体如下。

1. 分类标准及各类纹饰的内涵

以350件陶器纹饰在平面上呈现的高低特征为依据，将米家崖遗址庙底沟二期文化陶器纹饰分为平纹、凹纹、凸纹三大类。

平纹类纹饰指纹饰主体平行于坯体，包括素面和磨光两种既关联又有明显区分的类别。磨光的装饰功能得到学界的公认。但部分研究未将素面列为纹饰[⑥]。考虑到样本中有部分陶器通体素面或装饰其他纹饰后抹平，且可见明显的刮抹痕迹，有明显的审美效果和装饰意图，因此

① 陈佩瑜：《陶容器作为研究分析单位之效益评估——以台中清水镇社口遗址陶器及其标准化研究为例》，台湾大学硕士学位论文，2007年。

② 中国硅酸盐学会：《中国陶瓷史》，文物出版社，1982年，第39～40页。

③ 李文杰：《中国古代制陶工艺研究》，科学出版社，1996年，第278～279页、第288～291页。

④ 王光远：《左家山遗址陶器纹饰的类型学研究》，吉林大学硕士学位论文，2007年。

⑤ 蔡昕欣：《白金宝文化陶器纹饰初步研究》，《北方文物》2015年第2期。

⑥ 李文杰：《中国古代制陶工艺研究》，科学出版社，1996年，第183～300页；凌达彬：《西安米家崖遗址客省庄二期制陶工艺观察及相关研究》，陕西师范大学硕士学位论文，2014年。

将素面算作纹饰的一种。

凹纹类纹饰指纹饰主体凹陷于坯体，包括篮纹、绳纹、凹弦纹、线纹、网格纹、瓦楞纹、戳（压）印纹等。就命名方式而言，篮纹、绳纹、凹弦纹、线纹、网格纹、瓦楞纹为纹饰样式，而戳（压）印纹则侧重施纹方法，分类或命名方法不一致。实际上，戳（压）印纹、划纹是以特制工具在器物表面戳（压）印而成的纹饰，可包括指甲纹、点纹和各类花边等，以此名统称的方式似乎为学界习惯。但篮纹、绳纹等均为压印而成，因而严格来说，此种命名统称的方式并不合理。本文依纹饰样式，将原被统称为戳印纹的花边、指甲纹、点纹等单独命名。

凸纹类纹饰指纹饰主体凸出于坯体，包含附加堆纹和凸弦纹。就概念而言，附加堆纹的称法较笼统，常指附加在器物表面的条状纹饰。而同样附加在器物表面的泥饼状纹饰，习惯被称为贴塑。但就内涵而言，两者没有本质区别，都是额外附加在器壁的纹饰，以两种不同名称命名的方式欠妥。因此，本文将两类纹饰分别称作条状附加堆纹和饼状附加堆纹。这一时期无作为主体纹饰单独呈现的凸纹。

2. 分类概述

考虑到样本中有部分因残片较小，未能完整展现原器物的纹饰面貌，可能会影响统计结果，采用频数统计的方式，统计各种纹饰在样本中出现的次数，并计算其频率。这一时期出现的纹饰有11种，各种纹饰在350件样本中出现518次。

（1）平纹类纹饰

米家崖遗址庙底沟二期陶器的平纹类纹饰有2种，包含有素面和磨光，合计出现153次，频率为29.54%（图10-1）。

①素面

经修整后的坯体不加额外装饰或成型修整时施加其他纹饰后刮抹平整者可统称为素面（图10-2，1）。本期素面共出现89次，频率为17.18%（图10-22）。其中，作为主体纹饰独立呈现62次，与其他纹饰组合出现27次，各占素面陶器总数的70.79%和29.21%。

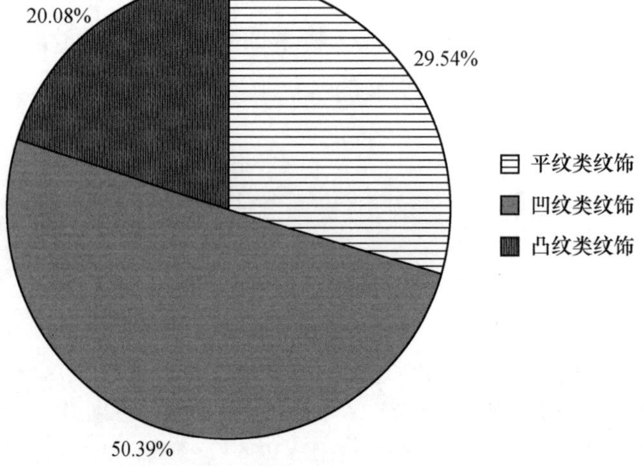

图10-1　米家崖遗址庙底沟二期三类纹饰的出现频率

A. 施纹部位

42.70%的素面施加于器物的口沿及领部（38次）；通体施加者29次，占32.58%；施于底部的10次，占11.24%；余施于器盖等特殊陶器上（共12次）（图10-3）。

B. 施纹方法

有43件素面陶样本为器物口沿，表面均见细密规整的同心圆状轮纹，推测此时素面的制作方法为置陶坯于转盘上，转动的同时以手指或薄片状工具刮抹。

素面样本的规格与方向无法计量。

图10-2　米家崖遗址庙底沟二期陶器纹饰种类示意

1. 素面（H84：6）　2. 磨光（H84：3）　3. 篮纹（H87：16）　4. 绳纹（H87：23）　5. 线纹（H84：45）　6. 凹弦纹（H87：121）　7. 锯齿状花边（H49：39）　8. 麻花状花边（H84：14）　9. 凹窝纹（H87：101）　10. 饼状附加堆纹（H87：15）　11. 条状附加堆纹（H84：32）

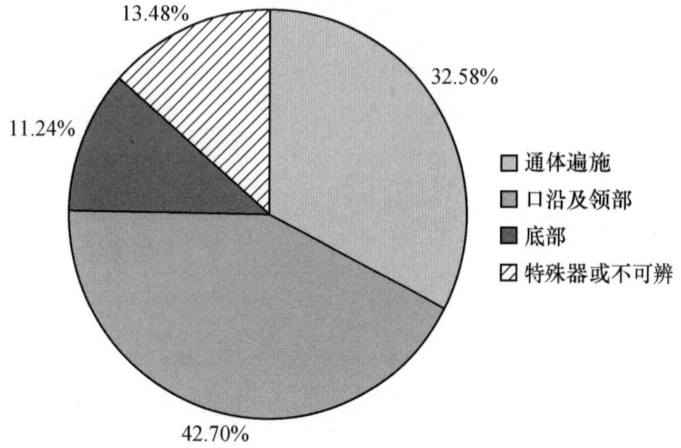

图10-3　米家崖遗址庙底沟二期陶器各部位施加素面的比例

②磨光

较之素面，经过磨光的器壁更加平整、光滑且明亮（图10-2，2）。本期陶器标本中，磨光出现64次，总的频率为12.36%。其中，作为主体纹饰独立呈现58次，与其他纹饰组合出现6次，各占磨光陶样本总量的90.63%和9.37%。

A. 施纹部位

有45件磨光陶样本可辨施纹部位。通体遍施者34次，占75.56%；施加于器物口沿上者11次占24.44%。

B. 施纹方法

79.69%的磨光陶样本表面非常平滑且富有光泽，表面质感较涂层陶胎更为细致或颜色相异。推测此类磨光的制作方法为先刷一层细泥浆为陶衣，待陶衣将干未干时，以骨器或鹅卵石等坚硬且圆润的工具加以打磨。部分陶器也可能是出窑后，用麻布、树皮或动物皮打磨。20.31%的磨光样本表面平滑但稍欠光泽，此类样本是以骨器或鹅卵石等工具在坯体直接打磨。

磨光样本的规格与方向无法计量。

（2）凹纹类纹饰

共有7种，包括有篮纹、绳纹、线纹、凹弦纹、锯齿状花边、麻花状花边和凹窝纹，合计出现261次，频率为50.39%（图10-1）。

①篮纹

篮纹是由边缘齐整的平行条纹构成的纹饰绝大多数是修整环节拍打时所留下的（图10-2，3）。篮纹共出现162次，频率为31.27%（图10-22）。其中，作为主体纹饰独立呈现66次，与其他纹饰组合出现96次，各占篮纹总数的40.74%和59.26%。

A. 施纹部位

有159件篮纹样本可辨施纹部位，89.94%施于腹部（143次），同时施于肩部和腹部者（12次）占7.54%，1.26%施于底部（2次），同时施于腹部和底部者（2次）占1.26%（图10-4）。

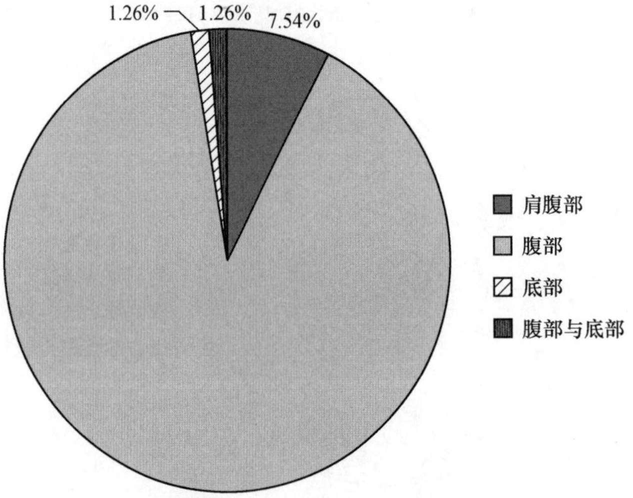

图10-4　米家崖遗址庙底沟二期陶器各部位施加篮纹的比例

B. 纹饰规格

可考察规格的篮纹样本有155件。

测量可知五条篮纹的宽度。最窄者1.2厘米，最宽者3厘米，平均宽2厘米，以2厘米的篮纹最多，有36件，占总数的23.23%；其次是1.9厘米的，有19件，占12.26%；再次是1.8厘米的，有15件，占9.68%。以5厘米为一个间隔，可知1.7～2.1厘米宽的篮纹最多，共92件，占篮纹总数的59.35%。以10厘米为一个间隔，可知1.6～2.5厘米范围内含134件，占篮纹总数的86.45%（表10-3；图10-5；图10-6）。

表10-3　米家崖遗址庙底沟二期五条篮纹宽度的基本统计结果

宽度范围		1.2～1.6厘米		1.7～2.1厘米		2.2～2.6厘米		2.7～3.0厘米	
频数		25		92		33		5	
极小值	1.2厘米	极大值	3.0厘米	均值	2.0厘米	标准差	0.34	变异系数	17.01%

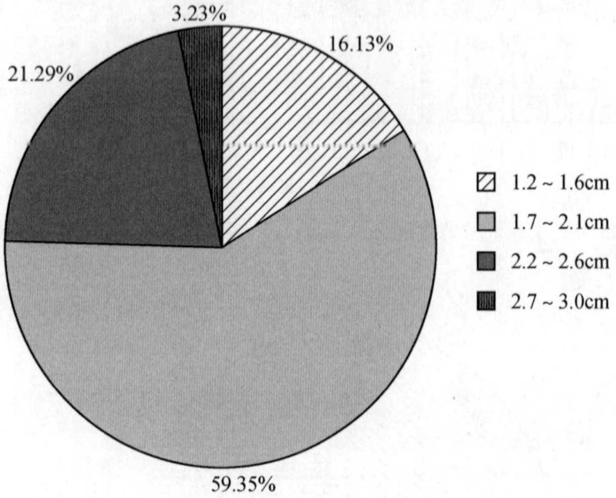

图10-5　米家崖遗址庙底沟二期各类规格篮纹的比例

C. 纹饰方向

155件可辨方向的篮纹样本中，横篮纹87件，占56.13%；左斜篮纹66件，占42.58%；交错篮纹2件，占1.29%（图10-7；图10-8）。2件交错篮纹皆施于器底应非有意而为之，是成型和修整器坯行为的“副产品”。

D. 施纹方法

拍印法指用一边用垫具或手衬托在陶器内壁，一边用陶拍在陶器外壁拍打的装饰技法[①]。根据民族学调查和考古出土的拍印工具可知，经拍印法制成的纹饰，会在器表留有压印痕迹，

① 久慈大介：《二里头遗址出土陶器的制作技术研究》，中国社会科学院研究生院博士学位论文，2010年，第36页；马雨林：《拍印纹饰与陶器》，《史前研究：西安半坡博物馆成立四十周年纪念文集》，三秦出版社，1998年，第317～322页。

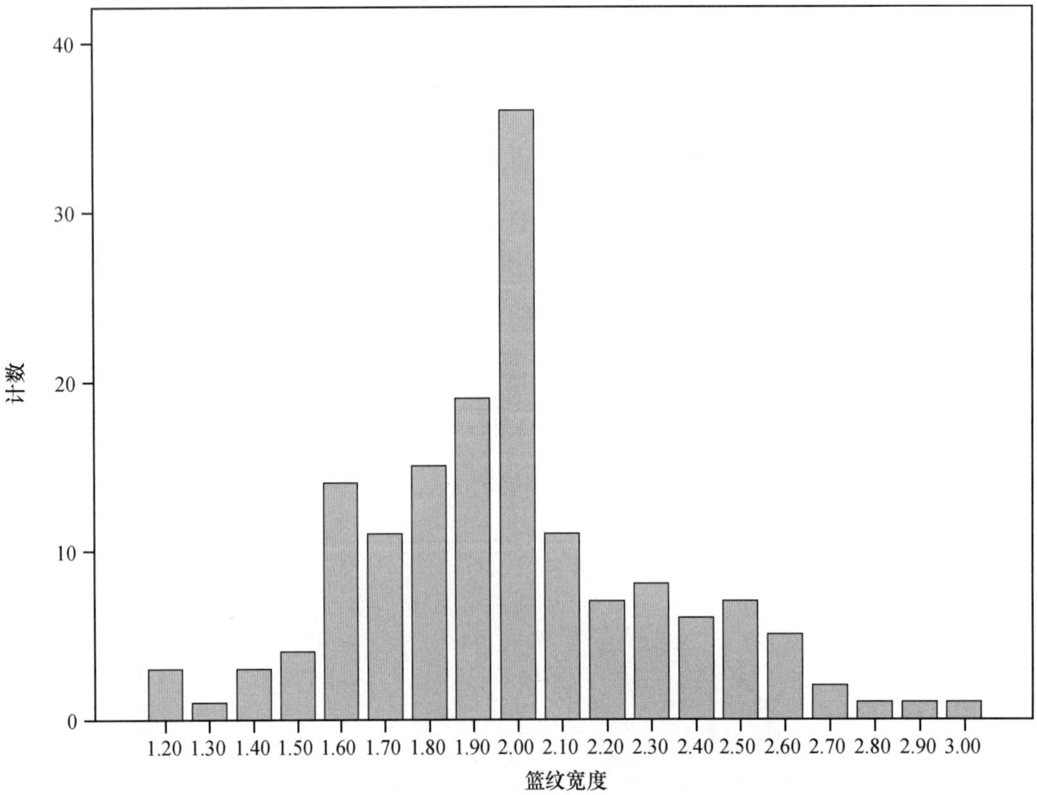

图10-6　米家崖遗址庙底沟二期五条篮纹宽度的基本统计结果

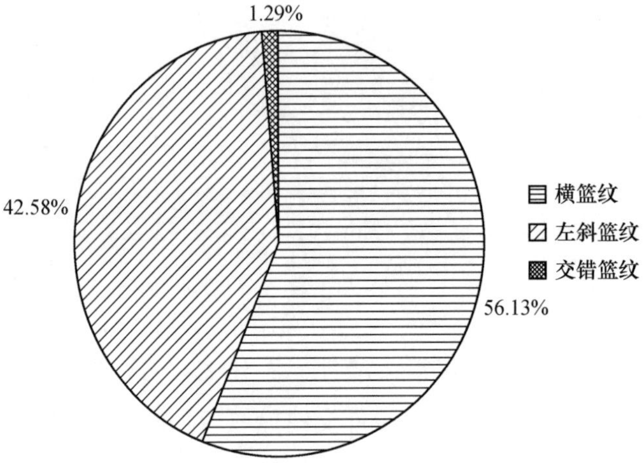

图10-7　米家崖遗址庙底沟二期各种方向篮纹的比例

在内壁有垫窝痕迹[①]（图10-9）。此外，由于陶拍是平面，器壁为球面或弧形，两者接触面中心和边缘痕迹深浅不同，移动拍打后，拍印篮纹在器表呈现分组现象，但组与组间并非分离，而有所交叉。米家崖遗址庙底沟二期162件篮纹皆存在分组现象，且在较大的样本内壁上见明显的垫窝痕内外痕迹相符。

① 张海超：《曼斗傣族慢轮制陶》，云南人民出版社，2009年；久慈大介：《二里头遗址出土陶器的制作技术研究》，中国社会科学院研究生院博士学位论文，2010年，第36页。

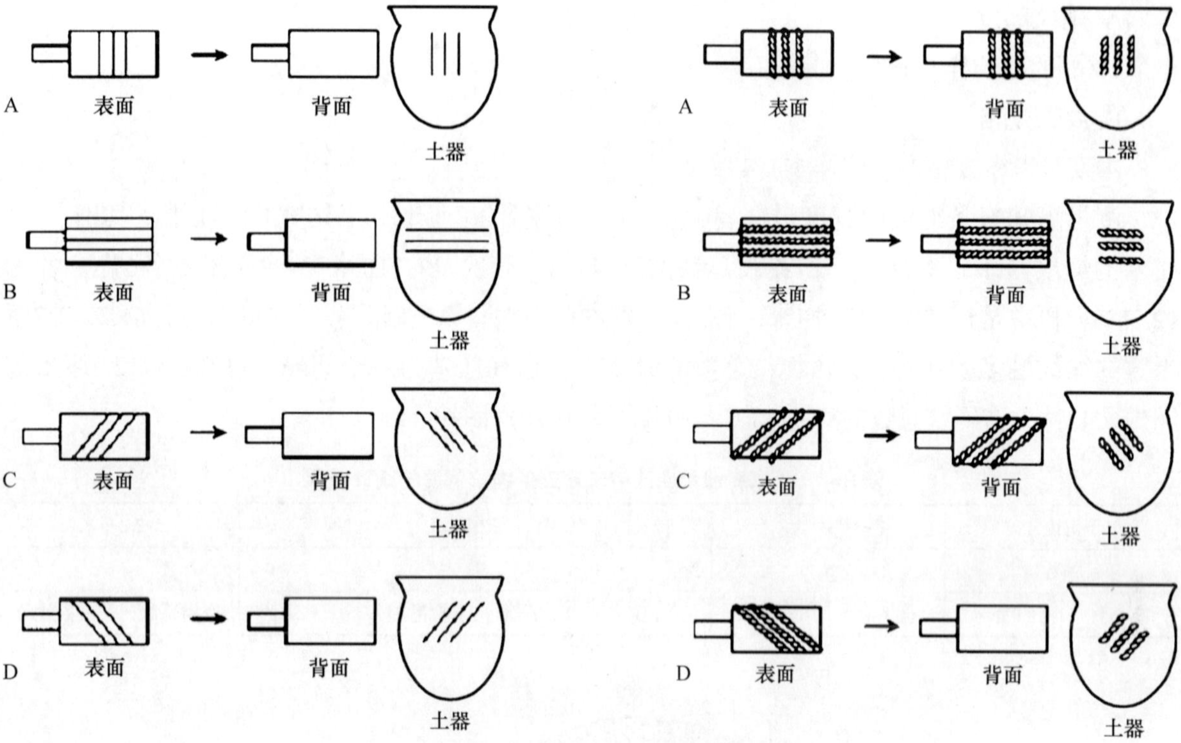

图10-8　施纹工具与纹饰痕迹方向示意①

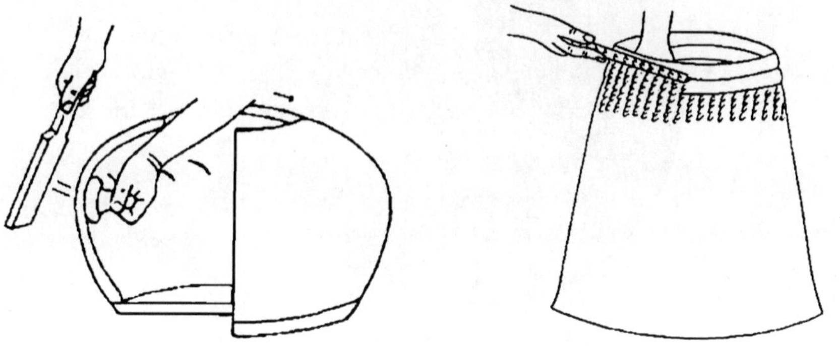

图10-9　拍印法和滚压法施纹示意②

②绳纹

绳纹是由纹痕较粗深且边缘呈波曲状的平行条纹构成的纹饰（图10-2，4）。绳纹出现49次，频率为9.46%（图10-22）。其中，作为主体纹饰独立呈现23次，与其他纹饰组合出现26次，各占绳纹总数的46.94%和53.06%。

① 久慈大介：《二里头遗址出土陶器的制作技术研究》，中国社会科学院研究生院博士学位论文，2010年，第36、38页。

② 李文杰：《山西天马—曲村周代居址、墓葬制陶工艺研究》，《中国古代制陶工艺研究》，科学出版社，1996年，第249、265页。

A. 施纹部位

100%的绳纹样本施纹于腹部。

B. 纹饰规格

本期可考察规格的绳纹样本有49件。

测量可知五条绳纹的宽度最窄者0.9厘米，最宽者2.8厘米，平均宽1.65厘米。其中，1.6厘米的绳纹最多，有10件，占绳纹总数的20.41%；其次是1.7厘米和1.9厘米，各6件，各占12.25%；再次是1.3厘米和1.5厘米，各5件，各占10.20%；以5厘米为一个间隔，可知1.3～1.7厘米宽的绳纹最多，共30件，占绳纹总数的61.23%。以10厘米为一个间隔，可知1.3～2.2厘米范围内含42件，占绳纹总数的85.71%（表10-4；图10-10；图10-11）。

表10-4　米家崖遗址庙底沟二期五条绳纹宽度的统计结果

宽度		＜1.3厘米		1.3～1.7厘米		1.8～2.2厘米		＞2.2厘米	
频数		5		30		9		5	
极小值	0.9厘米	极大值	2.8厘米	均值	1.65厘米	标准差	0.38	变异系数	23.03%

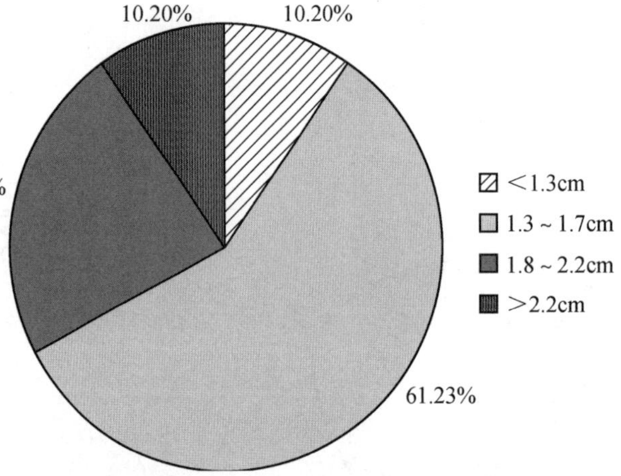

图10-10　米家崖遗址庙底沟二期各类规格绳纹的比例

C. 纹饰方向

49件绳纹样本中，竖绳纹32件，占绳纹总数的65.31%；右斜绳纹10件，占20.41%；左斜绳纹6件，占12.24%；交错绳纹1件，占2.04%（图10-8）。

D. 施纹方法

滚压法为主，指用的缠绕绳子木棍在器物表面按一定方向进行滚动压印的装饰技法①（图10-9）。以滚压法制成的绳纹自上至下呈连续贯穿状②。另有研究者认为绳纹是以绳子缠绕陶

① 久慈大介：《二里头遗址出土陶器的制作技术研究》，中国社会科学院研究生院博士学位论文，2010年，第34页。

② 李文杰：《甘肃秦安大地湾一期制陶工艺研究》，《中国古代制陶工艺研究》，科学出版社，1996年，第30页。

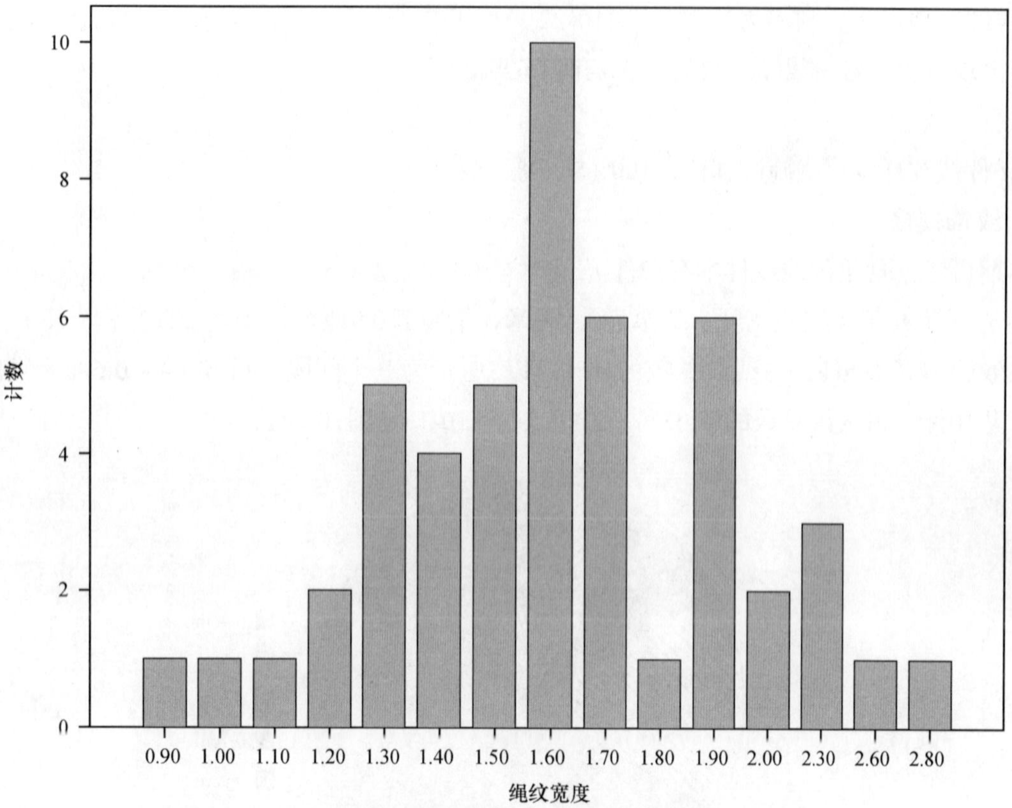

图10-11　米家崖遗址庙底沟二期陶器五条绳纹宽度统计

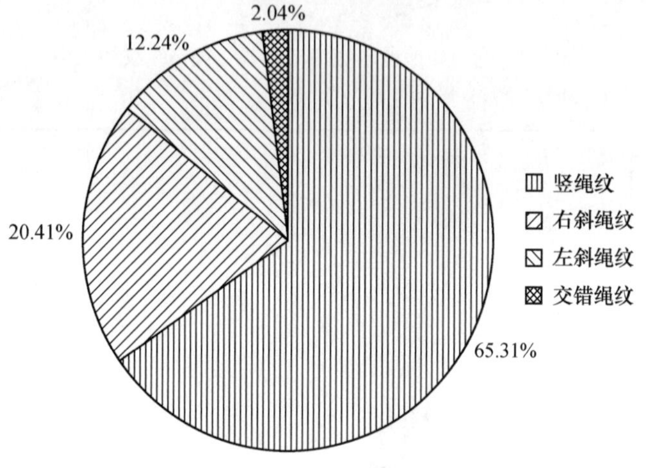

图10-12　米家崖遗址庙底沟二期陶器绳纹方向的比例

拍，在陶坯表面拍打所成[①]。据此观察，米家崖遗址庙底沟二期49件绳纹皆为滚压法制成。

③线纹

线纹是由纹痕较细浅且边缘有细微波曲的平行条纹构成的纹饰实为极细的绳纹（图10-2，

① 王仁湘：《史前绳纹陶八题——小题大作》，《中国史前考古论集》，科学出版社，2003年，第359页；马雨林：《拍印纹饰与陶器》，《史前研究：西安半坡博物馆成立四十周年纪念文集》，三秦出版社，1998年，第317～321页。

5）。线纹出现12次，频率为2.32%（图10-22）。其中，作为主体纹饰独立呈现1次，与其他纹饰组合出现11次，各占线纹总数的8.33%和91.67%。

A. 施纹部位

有6件线纹样本可辨施纹部位，100%施于腹部。

B. 纹饰规格

本期可考察规格的线纹样本有12件。

测量可知五条线纹的宽度。最窄者0.4厘米，最宽者0.9厘米，平均宽2厘米。其中，0.5厘米的线纹最多，有6件，占线纹总数的50%。以3厘米为一个间隔，可知0.4～0.6厘米宽的线纹最多，共10件，占线纹总数的83.33%（表10-5；图10-13；图10-14）。

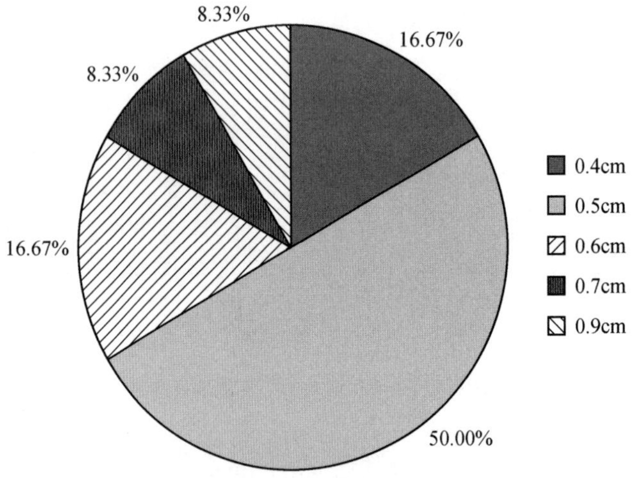

图10-13　米家崖遗址庙底沟二期各类规格线纹的比例

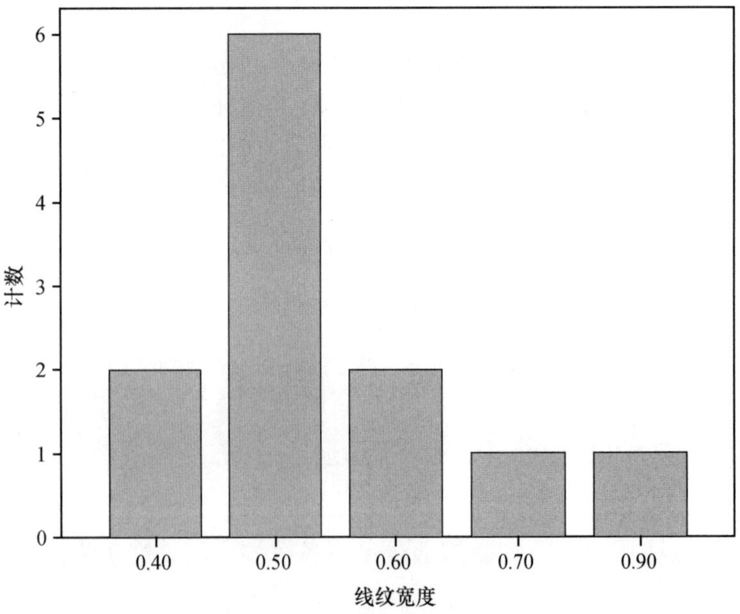

图10-14　米家崖遗址庙底沟二期陶器五条线纹宽度统计

表10-5　米家崖遗址庙底沟二期五条线纹宽度的统计结果

宽度	0.4厘米		0.5厘米		0.6厘米		0.7厘米		0.9厘米
频数	2		6		2		1		1
极小值	0.4厘米	极大值	0.9厘米	均值	0.55厘米	标准差	0.14	变异系数	25%

C. 纹饰方向

12件线纹样本皆为竖向。

D. 施纹方法

本期单条线纹纹痕不超过0.18厘米宽、0.1厘米深，且自上至下呈连续贯穿状。据此推测12件线纹皆以单股细线缠绕木棍在器物表面竖向滚动压印而成。

④凹弦纹

凹弦纹是经刻划且边缘齐整的纹饰，常水平状环绕器物一周（图10-2，6）。本期出现了18次凹弦纹，频率为3.47%（图10-22）。其中，没有样本作为主体纹饰独立呈现；与其他纹饰组合出现18次，占凹弦纹总数的100%。

A. 施纹部位

有13件凹弦纹样本可辨施纹部位，92.31%施于腹部（12件），7.69%施于口沿上（1件）。

B. 纹饰规格

本期可考察规格的凹弦纹样本有18件。

测量可知单条凹弦纹的宽度。最窄者0.1厘米，最宽者0.4厘米，平均宽0.25厘米。其中，0.3厘米宽的凹弦纹最多，有6件，占凹弦纹总数的33.33%。以1厘米为一个间隔，可知0.2～0.3厘米宽的凹弦纹最多，共11件，占凹弦纹总数的61.11%（表10-6；图10-15；图10-16）。

表10-6　米家崖遗址庙底沟二期单条凹弦纹宽度统计

宽度	0.1厘米		0.15厘米		0.2厘米		0.25厘米		0.3厘米	0.4厘米
频数	3		1		4		1		6	3
极小值	0.1厘米	极大值	0.4厘米	均值		0.25厘米	标准差	0.10	变异系数	40%

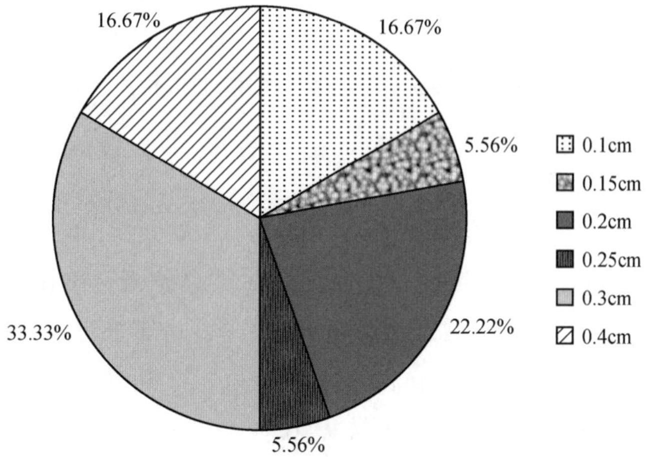

图10-15　米家崖遗址庙底沟二期各类规格凹弦纹的比例

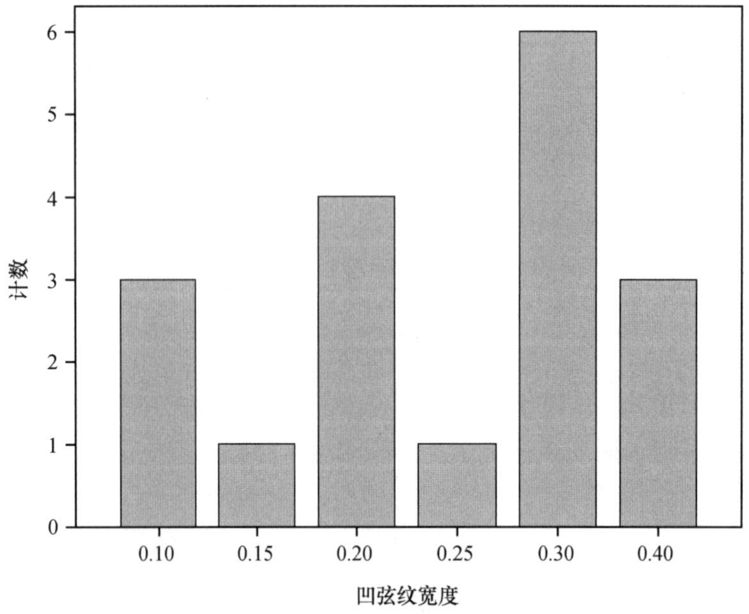

图10-16　米家崖遗址庙底沟二期单条凹弦纹宽度统计

C. 纹饰方向

100%的凹弦纹样本皆为横向。

D. 制作方法

18件样本纹痕皆清晰、平直，且器表可见同心圆状的轮痕。据此推测，凹弦纹的制作流程为，将陶坯置于转盘上，慢速转动，以工具压于坯体进行刻划。纹疤截面形状可分为两类，是由不同的工具刻划而成。一类有4件，纹宽0.1～0.15厘米，横切面为V形以顶端尖锐的工具刻划而成；另一类有14件，纹宽0.2～0.4厘米，横切面为U形，应为顶端圆钝的工具的施纹效果。

⑤锯齿状花边

锯齿状花边指施加在陶器唇部，即口沿末端，形似锯齿的一类纹饰（图10-2，7）。本期锯齿状花边共出现18次，频率为3.47%（图10-22）。其中，没有样本作为主体纹饰独立呈现；与其他纹饰组合出现18次，占锯齿状花边总数的100%。

A. 施纹部位

有18件锯齿状花边样本可辨施纹部位，77.78%施于口沿末端（14件），22.22%施于捉手边缘（4件）。

B. 纹饰规格

本期可考察规格的锯齿状花边样本有18件。

测量可知单个锯齿的宽度。最窄者0.4厘米，最宽者1.9厘米，平均宽0.93厘米。其中，0.4厘米宽的锯齿最多，有6件，占锯齿状花边总数的33.33%；1厘米宽的锯齿次之，有5件，占锯齿状花边总数的27.78%。两者合占61.11%。以10厘米为一个间隔，可知0.4～1.3厘米宽的锯齿最多，共14件，占锯齿状花边总数的77.78%（表10-7；图10-17；图10-18）。

表10-7 米家崖遗址庙底沟二期单个锯齿宽度的基本统计结果

宽度		0.4～0.8厘米			0.9～1.3厘米		1.4～1.9厘米	
频数		7			7		4	
极小值	0.4厘米	极大值	1.9厘米	均值	0.93厘米	标准差	0.49	变异系数	52.39%

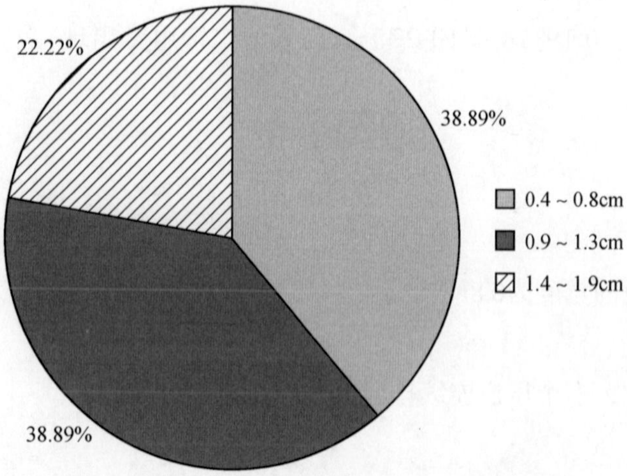

图10-17 米家崖遗址庙底沟二期各类规格锯齿状花边比例

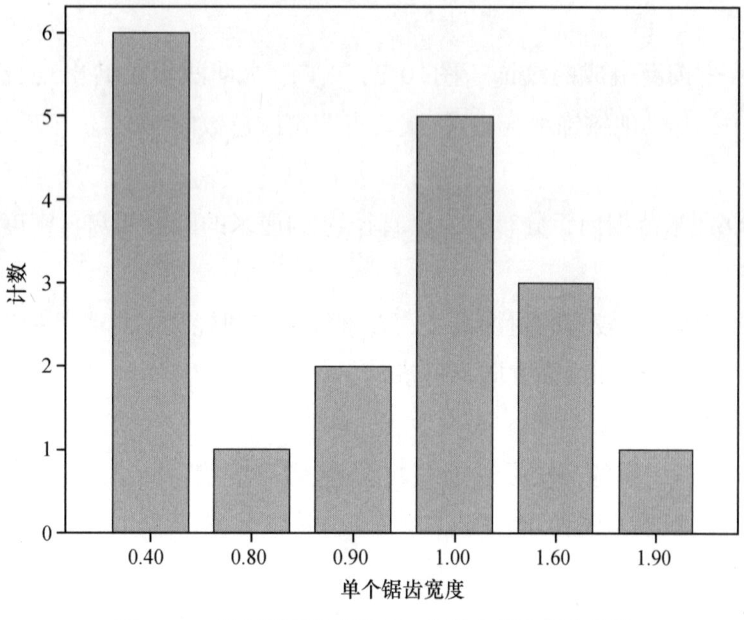

图10-18 米家崖遗址庙底沟二期单个锯齿宽度统计

C. 纹饰方向

压印的单个锯齿为竖向，多个锯齿连续排列形成的花边则为横向。

D. 制作方法

锯齿状花边应是在陶坯未干时，以工具或手指垂直于口沿末端依次横向压印而成。样本可分为两类，一类有6件，单个锯齿宽0.4厘米，横切面为“凹”字形，印痕齐整且不超过0.1厘米深；另一类有12件，单个锯齿宽0.8～1.9厘米，横切面为上半部拉宽的U形，且深度一般达0.2～0.3厘米，部分印痕内可见指纹。可知，前者应是以边缘齐整的薄片状工具压印而成，后者应直接以手指按压而成。

⑥麻花状花边

麻花状花边指施加在陶器口沿末端，形似麻花的一类纹饰（图10-2，8）。本期麻花状花边共出现1次，频率为0.19%（图10-22）。与其他纹饰组合出现1次，占麻花状花边总数的100%。

A. 施纹部位

1件施于口沿末端。

B. 纹饰规格

测量可知单个压痕的宽度为0.8厘米。

C. 纹饰方向

单个压痕为右斜向，多个压痕连续排列形成的花边则为横向。

D. 制作方法

麻花状花边印痕规整，横切面为U形，应是在陶坯未干时，以圆棍状工具斜对口沿末端依次横向压印而成。

⑦凹窝纹

凹窝纹是由数个按窝组成的纹饰（图10-2，9）。本期凹窝纹共出现1次，频率为0.19%（图10-22）。其中，与其他纹饰组合出现1次，占凹窝纹总数的100%。

A. 纹饰规格

在4.9厘米×7.6厘米范围内，分布有14个直径约1.4厘米的圆形凹窝，密度约为37.59%。

B. 制作方法

在经过磨光的坯体上置较宽的附加堆纹，在堆纹上以圆棍状工具或手指有序戳印而成。

因残片较小，施纹部位和纹饰方向不可辨。

（3）凸纹类纹饰

米家崖遗址庙底沟二期的凸纹类纹饰有2种，包含有饼状附加堆纹和条状附加堆纹，合计出现104次，频率为20.08%（图10-1）。

①饼状附加堆纹

饼状附加堆纹通常被称作泥饼或泥钉，指将泥饼附加在陶器表面的纹饰，常以对称形式出现（图10-2，10）。本期饼状附加堆纹共出现1次，频率为0.19%（图10-22）。唯一一件饼状附加堆纹与素面组合使用。

A. 施纹部位

1件施于尖底瓶颈部。

B. 纹饰规格

测量可知泥饼的直径为1.8厘米。

C. 制作方法

堆纹为一小泥饼，中间可见明显的凹陷，应是施加时以手指辅助按压在陶坯上所致。

纹饰方向无法表示。

②条状附加堆纹

条状附加堆纹指以泥条的形式附加在陶器表面的纹饰，其上有指头按压的窝状纹饰（图10-2，11）。本期条状附加堆纹共出现103次，频率为19.88%（图10-22）。其中，作为主体纹饰独立呈现23次，与其他纹饰组合出现26次，各占绳纹总数的46.94%和53.06%。

A. 施纹部位

103件凹弦纹样本皆可辨施纹部位，74.76%施于腹部（77次），7.55%施于口沿下（22次），2.91%施于颈肩交接处（3次），0.97%施于足部（1次）（图10-19）。

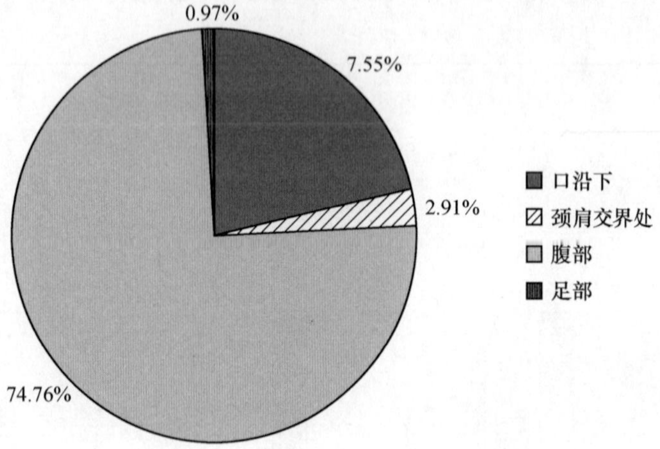

图10-19　庙底沟二期陶器条状附加堆纹施纹部位比例

B. 纹饰规格

本期可考察规格的条状附加堆纹样本有103件。

测量可知单条条状附加堆纹的宽度。最窄者0.7厘米，最宽者4.1厘米，平均宽1.45厘米。其中，1.6厘米的条状附加堆纹最多，有18件，占条状附加堆纹总数的17.48%；其次是1.0厘米，有14件，占13.59%；再次是1.2厘米，有12件，占11.65%。以5厘米为一个间隔，可知1.0～1.4厘米宽的条状附加堆纹最多，共51件，占条状附加堆纹总数的49.51%。以10厘米为一个间隔，可知1.0～1.9厘米范围内含89件，占条状附加堆纹总数的86.41%（表10-8；图10-20；图10-21）。

表10-8　庙底沟二期条状附加堆纹宽度的基本统计结果

宽度	＜1.0厘米		1.0～1.4厘米		1.5～1.9厘米	2.0～2.4厘米		＞2.4厘米	
频数	4		51		38	7		3	
极小值	0.7厘米	极大值	4.1厘米	均值	1.45厘米	标准差	0.47	变异系数	32.43%

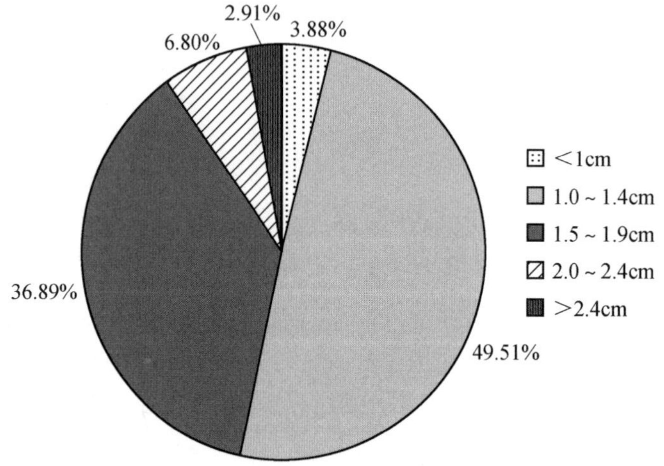

图10-20　庙底沟二期各类条状附加堆纹宽度规格比例

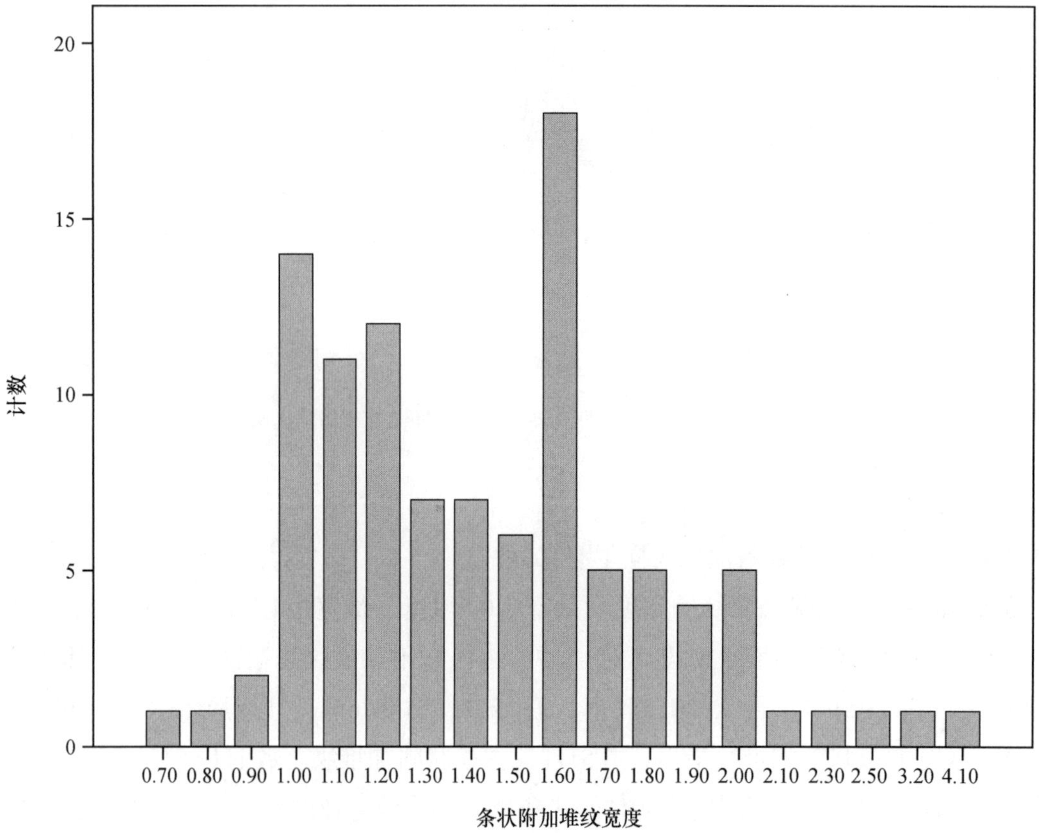

图10-21　庙底沟二期条状附加堆纹宽度统计

C. 纹饰方向

103件条状附加堆纹中，102件为横向，占99.03%；1件竖向，占0.97%。7件堆纹上附带有篮纹的样本中，有4件附带篮纹的纹饰方向与器壁篮纹的方向一致；3件器壁篮纹为横向，堆纹上附带篮纹为左斜。9件堆纹附带有绳纹的样本中，附带绳纹的方向和宽度皆与器壁绳纹一致。

D. 制作方法

附加堆纹装饰法是将泥料搓成泥条或泥饼按压在器表的装饰技法[①]。以此法制成的纹饰，泥条上常伴有手指按压的痕迹，形似波浪状。据此观察，米家崖遗址庙底沟二期103件条状附加堆纹中，有77件伴有指窝，为附加法与按压法结合制成。其余皆经过二次处理，经拍打或滚压，在堆纹上施篮纹或绳纹，此为附加法加拍打法或滚压法。

3. 讨论

本期350件样本中可见11种纹饰，各种纹饰的总频次为518次。按照由多到少的次序分别为：篮纹162次、条状附加堆纹103次、素面89次、磨光64次、绳纹49次、弦纹18次、锯齿状花边18次、线纹12次及凹窝纹、麻花状花边、饼状附加堆纹各1次。频次超过样本总量10%的篮纹、条状附加堆纹、素面、绳纹和磨光五种纹饰，合占90.15%（图10-22）。其中，篮纹和条状附加堆纹的使用明显多于其他纹饰。

典型纹饰的宽度范围方面。五条篮纹的宽度多集中于1.6～2.5厘米范围内，占篮纹总数的86.45%；五条绳纹的宽度多集中于1.3～2.2厘米范围内，占绳纹总数的85.71%；五条线纹的宽度多集中在0.4～0.6厘米范围内，占线纹总数的83.33%；单条凹弦纹的宽度多集中在0.2～0.3厘米范围内，占篮纹总数的61.11%；单条条状附加堆纹的宽度多集中于1～1.9厘米范围内，占条状附加堆纹总数的86.41%。

典型纹饰规格的变异系数方面。篮纹的变异系数最低，为17.01%。变异系数越高，说明样本间的离散程度越高，反之亦然。也就是说，米家崖遗址庙底沟二期篮纹的器物间宽度差异小，施纹工具的标准化程度较高。对比古城东关遗址庙底沟二期五条篮纹宽度变异系数的统计

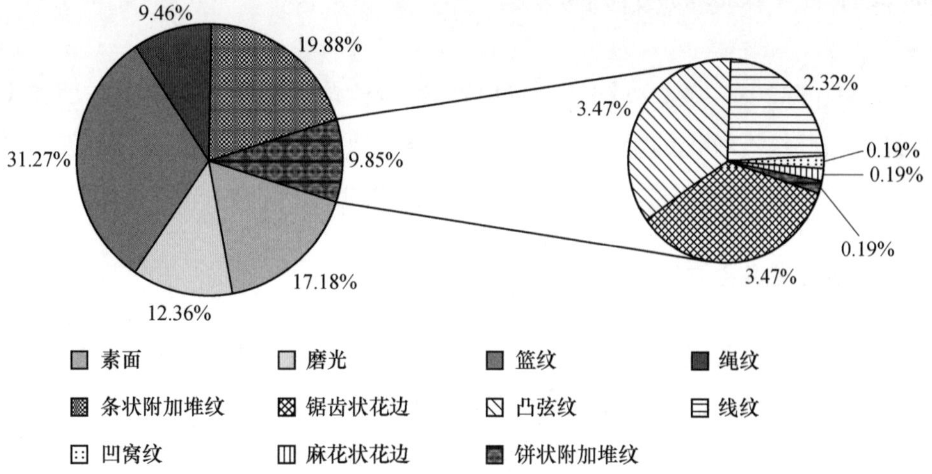

图10-22　庙底沟二期陶器十一种纹饰出现频率统计

① 李文杰：《宁夏南部新石器时代的制陶工艺》，《中国古代制陶工艺研究》，科学出版社，1996年，第59页。

（19%～30%）[①]，米家崖遗址的变异系数较低。凹弦纹的变异系数最高，为40%，说明各件凹弦纹陶器表面纹饰宽度差异大，施纹工具的标准化程度低。凹弦纹为刻划法制成，或可认为米家崖先民在选择刻划工具上具有随意性。条状附加堆纹的变异系数亦较高，为32.43%。考虑条状附加堆纹为手搓、指按制成，无工具辅助，故其变异系数高应与此相关。绳纹和线纹的变异系数接近，分别为23.03%和25%。且两者的施纹方法皆为滚压法，或可认为施纹方法与施纹工具对纹饰规格的变异程度有直接影响。

典型纹饰在方向上亦表现出较高程度的标准化：篮纹主要为横向和左斜，分别占56.13%和42.58%；绳纹以竖向为主，占65.31%；100%的线纹为竖向；100%的凹弦纹为横向；99.03%的条状附加堆纹为横向。说明米家崖遗址庙底沟二期的各类纹饰的施纹工具及作业姿势较统一，陶器制作的标准化现象明显。

在典型纹饰的施纹方法方面。篮纹皆为拍印法制成；绳纹皆为滚压法制成；条状附加堆纹皆为附加泥条法制成，且74.76%的堆纹上有指窝，其余皆经过二次施纹，在泥条堆纹上另饰篮纹或绳纹。此外，不同方向的篮纹、绳纹在规格上无差别，仍与施纹方法有关。

上述多项统计证据皆指向米家崖先民在纹饰的选择和使用上呈现较高程度的标准化。或可认为，此时期陶器生产相对集中，由专门的家户承担制作陶器的工作。

但以纹饰种类的同质性证明陶器标准化仍然存在论证和推理上的隐患。即此类“陶器同质性”现象，是当时社会生产力水平较低，在包括器物装饰在内的陶器生产各个环节上的投入较小造成的，而非社会生产组织结构革新、社会分工严密的产物。为搞清此时期陶器标准化的实际状况，尚需纹饰组合、各类纹饰与质地和器类的对应关系等信息的补证。

（三）纹饰组合反映的陶器标准化

350件样本中，除208件独立纹饰外，有142件组合纹饰。其中，平纹类与凹纹类纹饰组合者23件，平纹类与凸纹类纹饰的组合的5件，凹纹类与凸纹类纹饰的组合的95件，平纹类及凹纹类与凸纹三类纹饰的组合的5件，凹纹类与凹纹类纹饰的组合的14件。

1. 平纹类纹饰与凹纹类组合纹饰

平纹类和凹纹类纹饰的组合共4种23件，可见磨光+凹弦纹、素面+篮纹、素面+绳纹和素面+锯齿状花边，共占组合纹饰总数的16.2%（表10-9）。

（1）磨光+凹弦纹

磨光搭配凹弦纹的样本共5件，占组合纹饰总数的3.52%。施加的器类包括2件瓮、1件钵、1件杯和1件器形不可辨的残片，施加的陶器质地含2件细泥质陶、1件粗泥质陶、1件细砂质陶和1件粗砂质陶，施纹部位为4件在腹部和1件在肩腹部。

① 戴向明：《陶器生产、聚落形态与社会变迁：新石器至早期青铜时代的垣曲盆地》，文物出版社，2010年，第133页。

（2）素面+篮纹

素面搭配篮纹的样本共11件，占组合纹饰总数的7.75%。器形上，11件皆施于高领罐上；施加的陶器质地有细砂质6件和粗砂质5件，施纹后面部位皆为肩腹部。

（3）素面+绳纹

素面搭配绳纹的样本共3件，占组合纹饰总数的2.11%。施加的器类有2件高领罐和1件鼓腹罐，施加的陶质地皆为粗砂质，施加的部位皆为颈腹部。

（4）素面+锯齿状花边

素面搭配锯齿状花边的样本共4件，占组合纹饰总数的2.82%。施加此种纹饰组合的器类皆为器盖，施加的陶器质地有粗砂质2件、细泥质和细砂质各1件，施纹部位皆为盖体与捉手边缘。

表10-9　米家崖遗址庙底沟二期平纹类纹饰与凹纹类组合纹饰的数量比例

平纹类纹饰与凹纹类组合纹饰	数量	比例（%）
磨光+凹弦纹	5	3.52
素面+篮纹	11	7.75
素面+绳纹	3	2.11
素面+锯齿状花边	4	2.82
合计	23	16.20

2. 平纹类纹饰与凸纹类组合纹饰

平纹类和凸纹类纹饰的组合共3种5件，包括素面+泥饼状附加堆纹、素面+条状附加堆纹和磨光+条状附加堆纹，共占组合纹饰总数的3.52%。

（1）素面+饼状附加堆纹

素面+饼状附加堆纹的样本共1件，占组合纹饰总数的0.7%。施加对象为细泥质的尖底瓶，施于颈部。

（2）素面+条状附加堆纹

素面搭配条状附加堆纹的样本共3件，占组合纹饰总数的2.11%。施加的器类为尖底瓶、鼎和深腹罐各1件，施加的陶器质地为1件细砂和2件粗砂质，施纹部位有，1件颈肩部、1件足部和1件腹部。

（3）磨光+条状附加堆纹

磨光搭配条状附加堆纹的样本共1件，占组合纹饰总数的0.7%。施于细泥质陶上，器类和部位不辨。

3. 凹纹类纹饰与凸纹类组合纹饰

凸纹类与凹纹类纹饰组合共2种95件，包含篮纹+条状附加堆纹和绳纹+条状附加堆纹（表10-10）。

（1）篮纹+条状附加堆纹

篮纹搭配条状附加堆纹的样本共74件，占组合纹饰总数的52.11%。其中包括篮纹与锯齿状花边组合12件，占组合纹饰总数的8.45%；与麻花状花边组合1件，占组合纹饰总数的0.70%。施加的器类有73件深腹罐和1件鼎，施加的陶器质地有5件细砂和69件粗砂陶，施纹部位皆为腹部。

（2）绳纹+条状附加堆纹

绳纹搭配条状附加堆纹的样本共21件，占组合纹饰总数的14.79%。其中包括绳纹与锯齿状花边组合1件，占组合纹饰总数的0.7%。施加的器类含12件深腹罐、6件瓮、1件鼓腹罐和2件不可辨，21件皆施于粗砂质陶，施纹部位皆为腹部。

表10-10　米家崖遗址庙底沟二期凹纹类与凸纹类组合纹饰的数量比例

凹纹类纹饰与凸纹类组合纹饰	数量	比例（%）
篮纹+条状附加堆纹	74	52.11
绳纹+条状附加堆纹	21	14.79
合计	95	66.90

4. 平纹类及凹纹类与凸纹类组合纹饰

平纹类和凸纹类与凹纹类三类纹饰组合的共2种5件，包含素面+篮纹+条状附加堆纹和素面+条状附加堆纹凹纹，共占组合纹饰总数的3.52%。

（1）素面+篮纹+条状附加堆纹

素面和篮纹搭配条状附加堆纹样本共2件，约占组合纹饰总数的1.41%。施加的器类皆为高领罐，施加的质地皆为细泥，施纹部位皆为颈肩部。

（2）素面+条状附加堆纹+凹纹

素面搭配条状附加堆纹，且堆纹上附带凹纹的样本共3件，占组合纹饰总数的2.11%。堆纹上附带的凹纹包括两种，分别为绳纹（2件）和凹窝纹（1件）。

其中，堆纹上附带绳纹者皆施加于粗砂质深腹罐的腹部；附带凹窝纹者施加于粗砂质陶片上，其器类和部位不辨。

5. 凹纹类与凹纹类组合纹饰

凹纹类与凹纹类纹饰的组合共4种14件，可见锯齿状花边+篮纹、篮纹+凹弦纹、绳纹+凹弦纹和线纹+凹弦纹，共占组合纹饰总数的9.86%。

（1）锯齿状花边+篮纹

锯齿状花边搭配篮纹的样本共1件，占组合纹饰总数的0.7%。施加对象为粗砂质器盖的捉手外缘及盖体。

（2）篮纹+凹弦纹

篮纹搭配凹弦纹的样本共1件，占组合纹饰总数的0.7%。施加对象为细砂质深腹盆的腹部及口沿上。

（3）绳纹+凹弦纹

绳纹搭配凹弦纹的样本共1件，占组合纹饰总数的0.7%。施加对象为粗砂质陶片上，器类和部位不辨。

（4）线纹+凹弦纹

线纹搭配凹弦纹的样本共11件，占组合纹饰总数的7.75%。施加的器类包括2件尖底瓶和9件器形不辨者，施加的陶器质地有3件细泥质陶、6件粗泥质陶和2件细砂质陶，施纹部位为2件腹部和9件器形不辨者。

6. 讨论

各种纹饰并非总是独立呈现的，常与其他纹饰进行组合。米家崖遗址庙底沟二期共有15种组合纹饰。其中，篮纹与条状附加堆纹组合最多，占52.11%；其次是绳纹与条状附加堆纹组合，占14.79%；素面与篮纹组合和线纹与凹弦纹组合各占7.75%；磨光与凹弦纹组合占3.52%；素面与锯齿状花边组合占2.82%；素面与绳纹组合、素面与条状附加堆纹（附带凹纹）组合和素面与条状附加堆纹组合各占2.11%；素面与篮纹与条状附加堆纹组合占1.41%；等（图10-23）。前四种纹饰组合共占样本总数的82.4%。并且，篮纹与附加堆纹的搭配明显多于素面或绳纹与附加堆纹的组合，线纹只与弦纹搭配出现。

纹饰组合的规格上。篮纹宽度与条状附加堆纹的宽度没有明显的相关性。线纹与凹弦纹的搭配中存在一个现象值得注意，与0.4厘米宽的凹弦纹搭配的分别为0.9厘米、0.7厘米和0.6厘米的线纹，也恰好是最宽的三个规格的线纹。这说明两种纹饰的宽度随搭配对象宽度的增加而增加，反之亦然。

不同纹饰固定搭配和个别组合纹饰的规格变化呈正相关性等现象，说明米家崖庙底沟二期先民在纹饰组合的选择和使用上呈也现出较高程度的标准化水平。

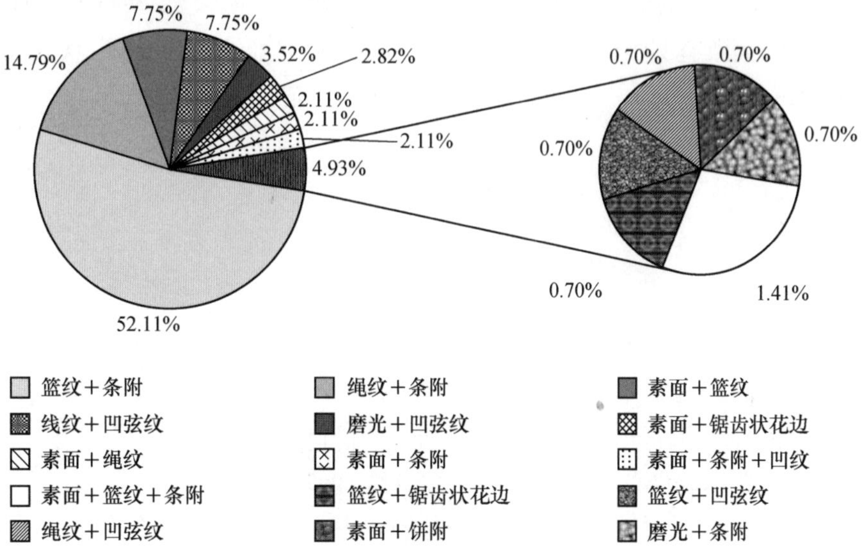

图10-23　庙底沟二期陶器纹饰的十三种组合比例

（四）施纹对象反映的陶器标准化

一般而言，陶器纹饰与各器类、器形、施纹部位及器物质地都存在着一定的对应关系。陶器与某种纹饰的关联程度，可以看作是陶器生产标准化程度的重要指标之一。

过往研究中已有不少学者对施纹对象进行讨论。李岩认为珠江三角洲史前陶器几何形纹饰多饰于橙色泥质陶器上，通过纵向比较，看出当灰陶占据陶器群的主导地位时，几何形纹饰也逐步减少，且风格有所改变①。赵世纲指出裴李岗文化的蓖点纹主要装饰在砂质筒形罐上，蓖划纹则主要装饰在泥质碗或盆的外壁②。都兴智研究发现新乐下层文化的斜口罐多饰之字纹③。齐甲子通过观察白金宝文化陶器纹饰，指出绳纹主要饰于夹砂陶，且多见于筒腹鬲和鼓腹罐等较大型的器物上；篦点装饰于泥质陶，在筒腹罐和折腹钵上多见；指甲纹和戳印纹多饰于浅腹钵和弧腹钵的上部④。

本节将归纳米家崖遗址庙底沟二期陶器纹饰的施纹对象，统计此时期各器类、器形和质地所施加陶器纹饰的数量比例，以此考察陶器标准化现象。

1. 纹饰与器类的对应关系

在辨别本期350件样本的器类的基础上，将262件可辨器形的陶器分为盛贮器、炊器、饮食器、工具、器盖五大类。

（1）盛贮器

盛贮器腹较深，体积大，容量大，既可用来盛粮，又可用来存水。器形（类）包括深腹罐、高领罐、宽沿盆、深腹盆、尖底瓶、平底瓶、瓮等，共计208件，占可辨器形和总数的79.39%。

①深腹罐

122件深腹罐样本，分别占可辨器形总数的46.56%和盛贮器类总数量的58.64%。器形较完整者88件，所饰纹饰大致有3种组合情形，即篮纹+条状附加堆纹、绳纹+条状附加堆纹、素面+条状附加堆纹（表10-11）。

---

① 李岩：《珠江三角洲史前陶器之几何形纹饰纵横观》，《考古与文物》1999年第5期。

② 赵世纲：《篦纹的起源与传播》，《中原文物》2006年第2期。

③ 都兴智：《关于之字纹陶器的几个问题》，《北方文物》2006年第4期。

④ 齐甲子：《嫩江流域陶器纹样的美学研究——以白金宝文化为中心的先秦陶纹考察》，吉林大学博士学位论文，2015年。

表10-11　米家崖遗址庙底沟二期深腹罐纹饰数量统计

纹饰	数量	比例（%）
篮纹+条状附加堆纹	73	82.95
绳纹+条状附加堆纹	12	13.64
素面+条状附加堆纹	3	3.41
合计	88	100

A. 篮纹+条状附加堆纹

深腹罐腹壁为篮纹，之上施加多道条状附加堆纹。装饰此类纹饰的深腹罐共73件，占较完整深腹罐数量的82.95%。16件为口沿残片，唇上饰锯齿状花边者13件，占口沿残片的81.25%；饰麻花状花边者1件，占口沿残片的6.25%；未饰花边者仅2件，占口沿残片的12.5%。余为腹部残片或腹壁与底交接残片。

篮纹方向上，横向篮纹34件，左斜篮纹39件。深腹罐上的篮纹方向与本期篮纹方向的主要面貌一致，没有明显证据表明深腹罐施加特定方向的纹饰。

条状附加堆纹之上的附带纹饰上，附带指窝者67件，指窝应为将堆纹按压在陶坯上时所留，痕迹较浅，无明显的装饰意图；附带篮纹者6件，含5件左斜篮纹，1件横向篮纹。除1件附带左斜篮纹搭配主体横向篮纹外，其余皆与主体篮纹方向一致。

B. 绳纹+条状附加堆纹

深腹罐腹壁为绳纹，之上施加多道条状附加堆纹。装饰此种纹饰的深腹罐共12件，占较完整深腹罐数量的13.64%。1件为口沿残片，唇上饰锯齿状花边。余为腹部残片。

绳纹方向上，竖向绳纹9件，右斜绳纹3件。

条状附加堆纹附带纹饰上，附带指窝者6件；附带绳纹者6件，含5件竖向绳纹，1件右斜绳纹。堆纹上附带绳纹皆与主体绳纹方向一致。

C. 素面+条状附加堆纹

深腹罐腹壁为素面，之上施加多道条状附加堆纹。装饰此种纹饰的深腹罐仅3件，占较完整深腹罐数量的3.41%。

条状附加堆纹附带纹饰上，附带指窝者1件，附带右斜绳纹者2件。

综上，100%的深腹罐施加条状附加堆纹，且超过八成为篮纹与条状附加堆纹的搭配。深腹罐与条状附加堆纹及篮纹与条状附加堆纹之间存在明显的对应关系，表现出较高的标准化程度。

②高领罐

共27件样本，分别占可辨器总数的10.31%和盛贮器类总数量的12.98%。器形较完整者16件，所饰纹饰大致有3种情况，即素面+篮纹、素面+篮纹+条状附加堆纹、素面+绳纹（表10-12）。

A. 素面+篮纹

高领罐领部及肩部为素面，腹部饰篮纹。此种装饰的样本共11件，占较完整高领罐数量的68.75%。其中，横向篮纹6件，左斜篮纹5件。

表10-12 米家崖遗址庙底沟二期高领罐纹饰数量统计

纹饰	数量	比例（%）
素面+篮纹	11	68.75
素面+篮纹+条状附加堆纹	2	12.50
素面+绳纹	3	18.75
合计	16	100

B. 素面+篮纹+条状附加堆纹

高领罐领部及肩部为素面，领、肩交接处饰一周条状附加堆纹，腹部饰篮纹。饰此种纹饰的样本有2件，占较完整高领罐数量的12.5%。篮纹为横向。

C. 素面+绳纹

高领罐领部及肩部为素面，腹部饰绳纹。装饰的样本有3件，占较完整高领罐数量的18.75%。绳纹皆为竖向。

约八成的高领罐有素面搭配篮纹的元素，两者有明显的对应关系，表现出较高的标准化程度。

③宽沿盆

共29件样本，分别占可辨器总数的11.07%和盛贮器类总数量的13.94%。宽沿盆装饰的纹饰有2种，即素面和磨光。磨光通常在素面的基础上实施，实际上几乎所有磨光器物同时也属于素面。但从装饰意图及效果看，不加磨光的素面，与施加磨光的素面陶器，仍可以分别看待。

A. 素面

3件样本通体素面，占宽沿盆数量的10.34%。

B. 磨光

26件样本沿面及外壁磨光，占宽沿盆数量的89.66%。

接近九成的宽沿盆装饰以磨光技法，宽沿盆与磨光之间存在明显的对应关系，表现出较高的标准化程度。

④深腹盆

共8件样本，分别占可辨器总数的3.05%和盛贮器类总数量的3.85%。深腹盆装饰的纹饰有5种，即素面、磨光、篮纹、绳纹、篮纹+弦纹（表10-13）。

表10-13 米家崖遗址庙底沟二期深腹盆装饰纹饰数量统计

纹饰	数量	比例（%）
素面	2	25
磨光	2	25
篮纹	1	12.5
绳纹	2	25
篮纹+弦纹	1	12.5
合计	8	100

A. 素面

2件样本口沿素面，占深腹盆数量的25%。推测其腹部另有其他纹饰。

B. 磨光

2件样本口沿磨光，占深腹盆数量的25%。推测其腹部另有其他纹饰。

C. 篮纹

1件样本腹壁饰左斜篮纹，占深腹盆数量的12.5%。

D. 绳纹

2件样本腹壁饰竖向绳纹，占深腹盆数量的25%。

E. 篮纹+弦纹

1件样本腹壁饰横向篮纹搭配弦纹，占深腹盆数量的12.5%。

深腹盆上装饰的纹饰较多且杂，没有占绝对多数的纹饰类别，即纹饰与深盆腹器形之间对应关系不存在，表现出的标准化程度较低。

⑤尖底瓶

共8件样本，分别占可辨器总数的3.05%和盛贮器类总数量的3.85%。器形较完整者5件，所饰纹饰有3种情况，即篮纹、素面+泥饼状附加堆纹、线纹+弦纹。

A. 篮纹

2件样本的下腹部饰左斜篮纹，占较完整尖底瓶数量的40%。

B. 素面+泥饼状附加堆纹

1件样本的颈部素面、其上饰以对称的泥饼状附加堆纹，占较完整尖底瓶数量的20%。

C. 线纹+弦纹

2件样本腹部饰线纹搭配多道弦纹，占较完整尖底瓶数量的40%。线纹皆为竖向，弦纹为横向。

尖底瓶装饰的纹饰较多且杂，没有占绝对多数的纹饰与之对应，表现出的标准化程度较低。

⑥平底瓶

共3件样本，占可辨器总数的1.15%、占盛贮器类总数量的1.44%。平底瓶装饰的纹饰有2类，即素面和磨光。

A. 素面

2件样本通体素面，占平底瓶数量的66.67%。

B. 磨光

1件样本通体磨光，占平底瓶数量的33.33%。

平底瓶装饰的纹饰皆为平纹类，接近七成的平底瓶与素面搭配，表现出较高的标准化程度。

⑦瓮

共11件样本，分别占可辨器总数的4.20%和盛贮器类总数量的5.29%。较完整者9件，所饰纹饰有3种情况，即磨光、绳纹+条附（绳窝）、磨光+凹弦纹。

A. 磨光

1件样本通体磨光，占较完整瓮数量的11.11%。

B. 绳纹+条附（绳窝）

6件样本口部素面，口下饰附加堆纹，其上附带绳窝，占较完整瓮数量的66.67%。

C. 磨光+凹弦纹

2件样本口下饰一道凹弦纹，余磨光，占较完整瓮数量的22.22%。

接近七成的瓮与绳纹+条状附加堆纹（绳窝）对应，且皆为粗砂质陶；其余三成的瓮都饰有磨光元素，皆为泥质陶。不同质地的瓮明显对应有特定的纹饰，表现出较高的标准化程度。

（2）炊器

炊器一般为粗砂质地，亦有相当数量的细砂质器物，器表常见烟炱痕。包括鼎和鼓（深）腹罐，共计30件，占可辨器总数的11.45%。

①鼎

共2件样本，占可辨器总数的0.76%、炊器数量的6.67%。较完整者1件，饰横向篮纹+条状附加堆纹（锯齿状指窝）。

A. 横向篮纹+条状附加堆纹（锯齿状指窝）

1件样本腹部为横向篮纹，其上施加横向条状附加堆纹，上附带稍浅的指窝，扁足外侧施竖向条状附加堆纹，上附带锯齿状指窝。

B. 素面+条状附加堆纹（锯齿状指窝）

足部残件1件，扁足外侧施加竖向条状附加堆纹，上附带锯齿状指窝。

仅一孤例，无法判断本期陶鼎与纹饰的对应关系。

②鼓（深）腹罐

共28件样本，分别占可辨器总数的10.69%和炊食器类数量的93.33%。可辨主体纹饰者19件，所饰纹饰有2种，即篮纹和绳纹。

A. 篮纹

1件腹部饰横向篮纹，占可辨纹饰鼓腹罐数量的5.26%。

B. 绳纹

18件腹部饰绳纹，占可辨纹饰鼓腹罐数量的94.74%。其中，竖向绳纹16件，右斜绳纹2件。

接近95%的鼓（深）腹罐装饰绳纹，两者间存在明显的对应关系，表现出极高的标准化程度。

（3）饮食器

饮食器一般为泥质陶，大部分器形较小且表面光滑。包括豆（高足盘）、钵和杯，共计16件标本，占可辨器总数的6.11%。

①豆（高足盘）

共7件豆（高足盘），占可辨器总数的2.67%、饮食器数量的43.75%。豆（高足盘）装饰的纹饰有2种，即素面和磨光。

A. 素面

2件样本通体素面，占豆数量的28.57%。

B. 磨光

5件样本通体磨光，占豆数量的71.43%。

本期100%的豆（高足盘）饰平纹类纹饰，且超过七成的豆磨光，两者有明显的对应关系，表现出较高的标准化程度。

②钵

共5件样本，占可辨器总数的1.91%、饮食器数量的31.25%。钵装饰的纹饰有3种，即素面、磨光、磨光+凹弦纹。

A. 素面

2件样本通体素面，占钵数量的40%。

B. 磨光

2件样本通体磨光，占钵数量的40%。

C. 磨光+凹弦纹

1件样本通体磨光，口下饰一道凹弦纹，占钵数量的20%。

除一件装饰有凹弦纹外，钵皆以平纹类纹饰为主体，磨光稍多于素面。因样本较少，无法判断钵与特定纹饰的对应关系。但如果考虑到磨光类标本均是以素面为基础和前提的情况，则器类与平纹的对应关系仍是很清楚的。

③杯

共4件样本，占可辨器总数的1.53%、饮食器数量的25%。杯装饰的纹饰有3种，即素面、磨光、磨光+凹弦纹。

A. 素面

2件样本通体素面，占杯数量的50%。

B. 磨光

1件样本通体磨光，占杯数量的25%。

C. 磨光+凹弦纹

1件样本通体磨光，口下饰一道凹弦纹，占杯数量的25%。

除一件装饰有凹弦纹外，本期的杯皆以平纹类纹饰为主体，磨光与素面数量相同。因样本较少，无法判断杯与特定纹饰的对应关系。

（4）其他

包括刻槽盆和器盖两类。

①刻槽盆标本1件，占可辨器总数的0.38%。腹壁饰横向篮纹，内壁有多道竖向刻槽，仅1例，无法判断刻槽盆与特定纹饰的对应关系。

②器盖

7件样本，占可辨器总数的2.67%。器盖装饰的纹饰有3种，即素面、素面+锯齿状花边和篮纹+锯齿状花边。

A. 素面

2件样本通体素面，占器盖数量的28.57%。

B. 素面+锯齿状花边

4件样本盖体素面、捉手边缘饰锯齿状花边，占器盖数量的57.14%。

C. 篮纹+锯齿状花边

1件样本盖体饰横篮纹、捉手边缘饰锯齿状花边，占器盖数量的14.29%。

近六成的器盖为捉手边缘饰锯齿状花边，盖体为素面，应为本期器盖纹饰的主流，表现出一定程度的标准化现象。

2. 典型纹饰与质地的对应关系

350件样本的胎质，可以分为泥质陶和砂质陶两大类四小类。泥质陶包括细泥质和粗泥质，前者泥质纯净无砂粒，陶土经过淘洗或筛细加工；后者以泥质为主含少许砂粒，陶土经过粗加工或未经特别处理。砂质陶包括细砂质和粗砂质，参考《田野考古工作规程》对土质的划分标准，前者的砂粒直径多为0.1～0.2毫米，一般不超过2.0毫米，陶土经过加砂处理或取自天然沙土未经加工；后者的砂粒直径多大于0.2毫米，陶土经过加砂处理①。

（1）质地对应纹饰

依上述标准统计，标本中泥质陶共96件，砂质陶共254件（图10-24）。

①泥质陶

细泥质陶56件，占样本总数的16%，占泥质陶总数量的58.33%。共含9种纹饰，包括磨光

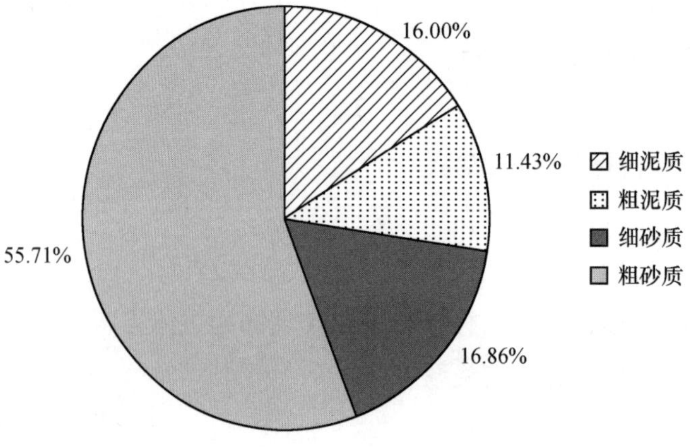

图10-24　米家崖遗址庙底沟二期各类陶器质地比例

① 国家文物局：《田野考古工作规程》，文物出版社，2009年，第30页。

30件、素面13件、篮纹4件、线纹+弦纹3件、磨光+凹弦纹2件及素面+锯齿状花边、素面+饼状附加堆纹、磨光+条状附加堆纹、素面+横向篮纹+条状附加堆纹各1件。

粗泥质陶40件，占样本总数的11.43%，占泥质陶数量的41.67%。共含6种纹饰，包括磨光16件、篮纹10件、素面6件、线纹+弦纹6件及线纹、磨光+凹弦纹各1件。

②砂质陶

细砂质陶59件，占样本总数的16.86%，占砂质陶数量的23.23%。共含11种纹饰，包括篮纹16件、磨光12件、素面11件、素面+篮纹6件、篮纹+条状附加堆纹5件、绳纹3件、线纹+弦纹2件及磨光+凹弦纹、素面+锯齿状花边、素面+条状附加堆纹、篮纹+弦纹各1件。

粗砂质陶195件，占样本总数的55.71%，占砂质陶数量的76.77%，共含13种纹饰，包括篮纹+条状附加堆纹69件、篮纹36件、素面30件、绳纹20件、绳纹+条状附加堆纹15件、素面+条状附加堆纹11件、素面+篮纹5件、素面+绳纹3件及素面+锯齿状花边、篮纹+锯齿状花边、绳纹+弦纹、磨光+凹弦纹、素面+篮纹+条状附加堆纹各1件。

（2）纹饰对应质地

下面以数量较多的六种纹饰为例，统计各自与陶器质地的关系。

①磨光

磨光装饰的陶器（含纹饰组合中的磨光类）共计64件。其中，泥质陶50件（细泥质33件，粗泥质17件），占磨光数量的78.12%；砂质陶14件（细砂质13件，粗砂质1件），占磨光陶数量的21.88%（图10-25）。

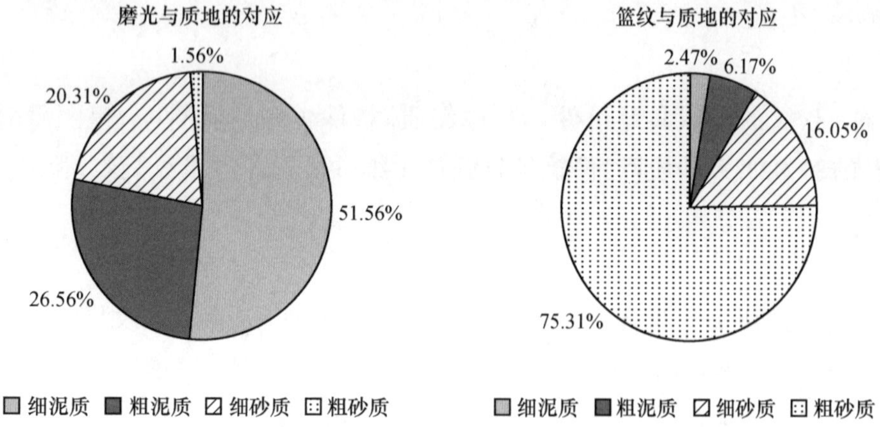

图10-25　庙底沟二期陶器典型纹饰与质地的对应关系（一）

②篮纹

装饰篮纹的陶器（含纹饰组合中的篮纹）共计162件。其中，泥质陶14件（细泥质4件，粗泥质10件），占篮纹数量的8.64%；砂质陶148件（细砂质26件，粗砂质122件），占磨光陶数量的91.36%（图10-25）。

③绳纹

装饰绳纹的陶器（含混合纹饰中的绳纹）共计49件，且只施加在砂质陶上。其中，细砂质2件，占绳纹陶数量的4.08%；粗砂质47件，占绳纹陶数量的95.92%（图10-26）。

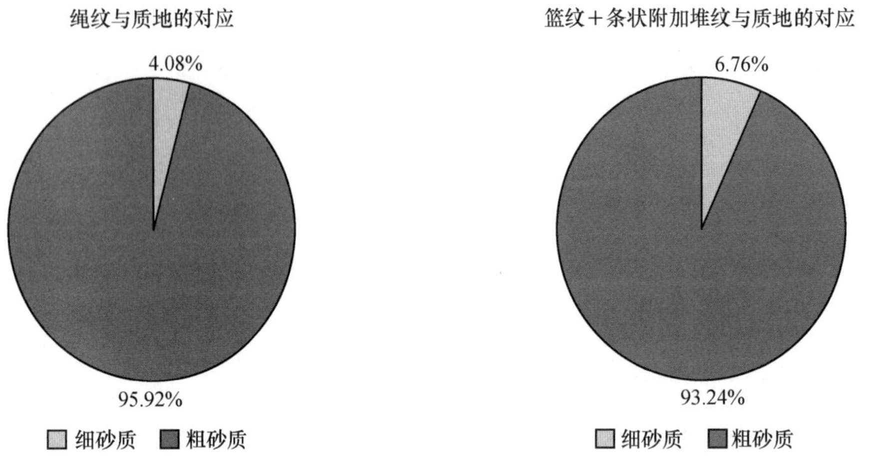

图10-26　庙底沟二期陶器典型纹饰与质地的对应关系（二）

④篮纹+条状附加堆纹

装饰篮纹+条状附加堆纹的陶器共计74件，且只施加于砂质陶上。其中细砂质5件，占篮纹+条状附加堆纹陶数量的6.76%；粗砂质69件，占篮纹+条状附加堆纹陶数量的93.24%（图10-26）。

⑤绳纹+条状附加堆纹

装饰绳纹+条状附加堆纹的陶器共计21件，且只施加于粗砂质陶上，占绳纹+条状附加堆纹陶数量的100%（图10-27）。

⑥线纹+弦纹

装饰线纹+弦纹的陶器共计11件。其中泥质陶9件（细泥质3件，粗泥质6件），占线纹+弦纹数量的81.82%；砂质陶2件，且只施加于细砂质陶，占线纹+弦纹陶数量的18.18%（图10-27）。

⑦其他

素面+泥饼状附加堆纹、磨光+条状附加堆纹只施加于细泥质陶；线纹只施加于粗泥质陶；

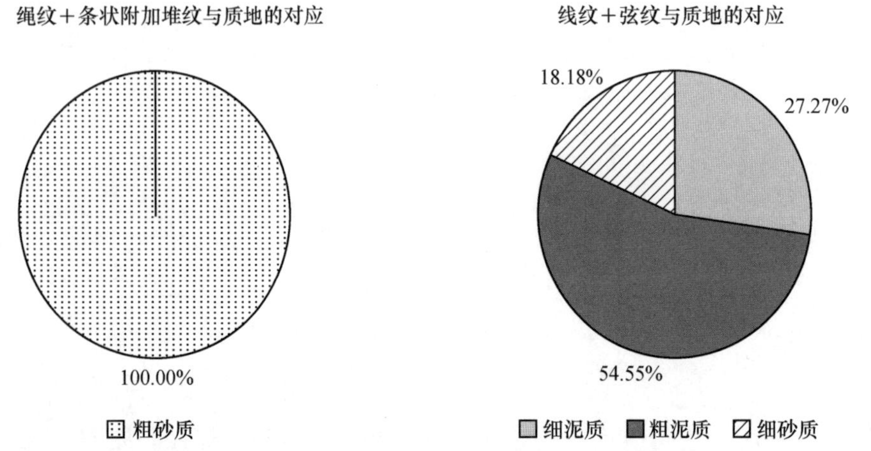

图10-27　庙底沟二期陶器典型纹饰与质地的对应关系（三）

篮纹+弦纹只施加于细砂质陶；素面+绳纹、篮纹+锯齿状花边、绳纹+弦纹只施加于粗砂质陶。但数量极少，无法以此为证据进行推测纹饰与质地的关系。

3. 小结

陶器纹饰与器形分类间存在明显的对应关系。在262件可辨器形的陶器中，数量较多的器类有深腹罐、宽沿盆、鼓腹罐、高领罐、夹砂敛口瓮、豆、器盖等。其中，深腹罐有122件，装饰篮纹与条状附加堆纹组合者73件，另有34件规格较小的残片只见篮纹，推测完整器亦为篮纹与条状附加堆纹的组合，故此类纹饰在深腹罐类器上可占87.71%；宽沿盆有29件，装饰磨光者26件，占89.66%；鼓腹罐有28件，装饰绳纹者18件，另有9件只残存口沿部位，推测腹部亦饰有绳纹，故此类纹饰占96.43%；高领罐有27件，颈部素面、肩腹部饰篮纹者11件，另有2件于颈肩交接处加条状附加堆纹，除此之外，3件颈部素面残片和5件肩腹部篮纹残片，故此类纹饰占77.78%；夹砂敛口瓮7件，有6件饰素面与条状附加堆纹（绳窝）组合，占85.71%；豆7件，有5件磨光，占71.43%；器盖7件，素面与锯齿状花边组合4件，占57.14%。

陶器纹饰与器物质地间存在显著的对应关系。不计纹饰组合的前提下，篮纹出现162次，施加于砂质陶者多，占91.36%，又以粗砂质居多，占75.31%；磨光出现64次，多施加于泥质陶上，占78.12%，且以细泥质陶居多，占51.56%；绳纹出现49次，全部施加于砂质陶上，又以粗砂质占95.92%。组合纹饰中，篮纹与条状附加堆纹组合有74件，全部施加于砂质陶上，且以粗砂质为主，占93.24%；绳纹与条状附加堆纹组合有21件，全部施加于粗砂质陶上，占100%；线纹与弦纹组合11件，施加于泥质陶者多，占81.82%，且以粗泥质陶居多，占54.55%。

纹饰的方向和规格、施纹方法等与陶器种类和质地无关。

综上，西安米家崖遗址庙底沟二期的主要器类有着较为固定的纹饰与之搭配，各种典型纹饰与所施加的陶器对象的质地之间有明显的对应关系。

二、陶器生产组织方式的推测

除了陶器纹饰反映的陶器的标准化特征以外，米家崖遗址庙底沟二期陶器生产的专业化程度和生产活动的组织状况，也是值得思考和探索的重要问题。米家崖遗址庙底沟二期先民是如何组织陶器生产的？生产的专业化程度如何？以下尝试进行解读。

（一）陶器标准化与生产组织方式的关系

陶器标准化通常与生产组织方式密不可分。因为前者通常被视为专业化生产的现象之一——同遗址相同时代的陶器，如果其各类特征的相似程度高，考古学家会认为这是在集中的生产单位以特定的标准制作生产的。正如科斯廷（Costin，C. L.）指出的：其一，非专业化时，自给自足，每个人皆为陶器生产者，器物具有较高的变异性，即较低的相似度；其二，专业化生产下，陶工为节约成本将生产过程制式化，造成器物变异性的降低，即标准化程度的增加①。因此我们可以认为，标准化是探究陶器生产组织方式的指标之一。换言之，在缺乏窑址、制陶原料、制陶工具等证据时，研究者仍可以通过出土陶器特征的标准化程度来探究陶器的生产脉络。这一研究思路是其他学者普遍认同和秉用的②。

布莱克曼（Blackman，M. J.）等在讨论两者关系时，提出“累积扰乱”的概念，即高度专业化的生产组织所生产的高度标准化的器物也会随着时间拉长及空间范围变广等因素，使标准化程度降低。他们指出只有在时间和空间因素得到控制的情况下，陶器的标准化才能够当作专业化生产的指标③。实际上，这种“累积扰乱”是所有考古学文化经过长期发展之后发生演变的必然结果。考古学文化的分期分段考察在这里仍是重要甚至于必要的。当遗存资料的处于较窄的时间范围时，分期研究即可省略。本章选取的是同一遗址相邻三个探方出土的同一时期的陶器样本，未受“累积扰乱”的影响，是可以对陶器生产组织方式进行适当推测的。

（二）庙底沟二期陶器纹饰的标准化程度

通过前文对样本的观察和统计得到以下信息：

①米家崖庙底沟二期阶段的先民对纹饰类别的选择使用相对固定。篮纹、条状附加堆纹、素面、绳纹和磨光五种纹饰占全部十一种纹饰的90.46%。

②纹饰多集中于一定的宽度范围内。以五条篮纹的宽度为例，86.45%的篮纹集中在1.6～2.5厘米范围内，且变异系数低至17.01%。

③各种纹饰的施纹方法高度统一。篮纹皆为拍印法制成；绳纹皆为滚压法制成；条状附加堆纹皆为附加泥条法制成。

④纹饰的方向相对一致。98.71%的篮纹为横向或左斜；65.31%的绳纹为竖向；100%的线纹为竖向；100%的凹弦纹为横向；99.03%的条状附加堆纹为横向。

⑤出现特定纹饰固定组合的现象。篮纹与条状附加堆纹组合、绳纹与条状附加堆纹组合、素面与篮纹组合和线纹与弦纹组合等4种纹饰组合，占13种纹饰组合的82.42%，且篮纹与附加堆纹的搭配超过半数，明显多于素面或绳纹与附加堆纹的组合，线纹只与弦纹搭配出现。

---

① Costin C L. Craft specialization: issues in defining, documenting, and explaining the organization of production. Archaeological Method and Theory, 1991, (3): 1-56.

② a. Costin C L, Hagstrum M B. Standardization, labor investment, skill, and the organization of ceramic production in Late Prehispanic Highland Peru. American Antiquity, 1995, 60(4): 619-639; b. Rice P M. Pottery Analysis: A Sourcebook. Chicago and London: The University of Chicago Press, 1996.

③ Blackman M J, Stein G J, Vandiver P B. The standardization hypothesis and ceramic mass production: technological, compositional, and metric indexes of craft specialization at Tell Leilan, Syria. American Antiquity, 1993, 58(1): 60-80.

⑥纹饰组合在规格上相关。在线纹与弦纹组合中，一种纹饰宽度随对方宽度的增加而增加，反之亦然。

⑦陶器纹饰与特定的器物种类间存在显著的对应关系。87.71%的深腹罐装饰篮纹与条状附加堆纹组合；89.66%的宽沿盆装饰磨光；96.43%的鼓腹罐装饰绳纹；77.78%的高领罐颈部素面、肩腹部饰篮纹；85.71%夹砂敛口瓮装饰素面与条状附加堆纹（绳窝）组合；71.43%的豆装饰磨光；57.14%的器盖装饰素面与锯齿状花边组合。

⑧陶器纹饰与特定的器物质地间存在对应关系。91.36%的篮纹施加于砂质陶，且以粗砂质多，占75.31%；78.12%的磨光施加于泥质陶，又以细泥质陶多，占52.36%；100%的绳纹施加于砂质陶，又以粗砂质多，占95.92%；100%的篮纹与条状附加堆纹组合施加于砂质陶，且以粗砂质多，占93.24%；100%的绳纹与条状附加堆纹组合施加于粗砂质陶；81.82%的线纹与弦纹组合施加于泥质陶，且以细泥质陶多，占54.55%。

综上，可知以纹饰为中心的多数属性的相似性高于80%，个别属性甚至达到了100%，意味着器物纹饰，同时也代表着陶器的生产过程及产品本身，均有着较高程度的标准化。

（三）庙底沟二期陶器的生产组织方式

米家崖遗址发现了庙底沟二期陶窑3座和制陶工具若干，但不足以对生产组织方式进行研究。依据现有的遗迹和遗物材料，可知陶器是当时人们主要的生活用具，制陶业应是当时手工业的重要组成。此外，遗迹中未见高等级设施，遗物中不见贵重物品，说明其社会等级分化不明显，陶器生产应具有独立性。这似乎与上述标准化程度较高的结论相矛盾。

相关研究可以解答我们的疑惑。Hicks指出在专业化的初级阶段，大部分专业化生产者都不是全职的[①]。李新伟有相似的看法，他认为初级程度的手工业专业化是可能存在于非分层社会的[②]。关于初级专业化生产，Deal认为其特征是专业化生产与亲属集团密切相关，停留在较小的规模上，是业余从事的，大多服务于聚落内部的消费需要[③]。米家崖遗址庙底沟二期的社会等级分化程度和陶器标准化指标符合初级专业化生产的特征。

民族学及过往的考古学研究中亦寻找可供参考的指标。西方学者研究发现，专业陶工生产的陶器，其变异系数一般低于10%[④]。郭梦采取此标准，推测青龙泉遗址新石器时代晚期存

---

① Hicks F. First steps towards a market-integrated economy in Aztec Mexico. in Early States, edited by H. J. M. Claessen, 1987: 91-107.

② 李新伟：《手工生产专业化的考古学研究》，《华夏考古》2011年第1期。

③ Deal M. Pottery ethnoarchaeology in the Central Maya Highlands. Salt Lake City: University of Utah Press, 1998.

④ a. Crown P L. The Production of the Salado Polychromes in the American Southwest Ceramic Production in American Southwest. Tucson: University of Arizona Press, 1995: 142-166; b. Schleher K L. The Role of Standardization in Specialization of Ceramic Production at San Marcos, New Mexico. University of New Mexico: PhD Graduate Theses and Dissertations, 2010: 68; c. Vanpool T L, Leonard R D. Quantitative Analysis in Archaeology. Wiley-Blackwell, 2011: 137-142.

在专业陶工①。戴向明的研究更具对比性，他统计了古城东关庙底沟二期陶器五条篮纹宽度的变异系数，结果在20%～30%之间。结合其他要素，他认为古城东关庙底沟二期陶器生产是相对独立的、小规模的、兼职性活动，是以家庭（家族）为中心来组织实施的。米家崖遗址五条篮纹的变异系数略低于古城东关，为17.01%。但结合初级专业化生产的特征，应仍属于冯·德·利物所归纳的“家庭工业”阶段②。凌达彬以陶器制作工艺观察研究为依据，对米家崖遗址客省庄文化陶器生产组织方式的推测与上述认识一致③。这就说明以家庭为主要单位的兼职生产是两个时期共有的陶器生产方式。在关中东部地区龙山时代从早到晚的演进中，陶器生产组织方式的发展变化是有限的。

第三节　客省庄文化陶器生产组织关系

评估生产组织方式的分析方法中，最理想的就是考古发掘中能够完全揭露出制陶的场所及具体的内容，如“生产、存储等有关的房屋建筑；各种生产设施，如陶窑或烧制陶器的火坑等；制陶工具和原材料，如转盘、陶轮、陶垫子、陶拍子、模具、刮子、陶土或陶泥，等等；陶窑的废弃物和残次品，如烧坏的陶器、碎陶片、烧土块、炭灰等”④。在此基础上再通过考虑生产背景、生产集中程度、生产的规模及生产强度等诸因素，以便推断专业化或生产组织方式。但是古代制陶设施及工具往往由于地理空间分布上较孤立分散，留不下多少考古上的遗存，即使遗留下来也会因为发掘区域的有限，很难被完全揭露出来。

一、直接证据法推测

截至目前的发现，西安米家崖遗址客省庄文化房屋皆是半地穴式或浅穴式深间建筑，地面涂抹白灰，平整光滑，有的白灰面之下还垫一层红烧土层，房屋内部多有灶坑和一些保存火种用的陶罐，面积较大甚至有三间排房，房屋周围同时期灰坑中出土大量的陶片，多是日常生活器皿。屋内外未见制陶工具或与制陶相关的泥料、烧成陶器存储等的线索，所以这些房屋应不是用于与陶窑配套的作坊建筑设施，而是家庭居住所用。根据房屋与陶窑的布局看，窑址皆在

① 郭梦：《青龙泉遗址陶器的制作与生产》，中国社会科学院研究生院博士学位论文，2013年，第114页。

② 转引自：尼古拉斯·戴维、卡罗·克拉莫著，郭立新、姚崇新等译：《民族考古学实践》，岳麓书社，2009年，第327页。

③ 凌达彬：《西安米家崖遗址客省庄文化制陶工艺观察及相关研究》，陕西师范大学硕士学位论文，2014年，第123页。

④ 戴向明：《陶器生产、聚落形态与社会变迁：新石器至早期青铜时代的垣曲盆地》，文物出版社，2010年，第72～73页。

房屋的周围，相对孤立，没有聚集于某一狭小区域，未形成作坊区[①]（图10-28）。所以，其生产组织方式不可能是“核心作坊”。“家庭制陶”一般没有陶窑等永久性的制陶设施，只是偶尔为家庭内部生活所需制作陶器，生产组织应处在“家庭制陶工业”或“个体作坊”阶段，即“家庭专业化生产”阶段。作为作坊，应不光只有陶窑的存在，还应有与制陶相关的其他附属设施，如泥料及烧成陶器的存储、制陶地点等场所，但发掘中皆未见。陶器制作很可能是在居住房屋周围完成成型到装饰甚至晾干等流程，最后才放到窑内烧成。所以西安米家崖遗址龙山晚期陶器生产组织方式处在“家庭工业”阶段的可能性较大。当然，“在任何一个社会里面，都有可能共存几种不同的生产方式”[②]，且发掘的大多数房址周围未见陶窑。所以，并不能完全排除此时还存在“家庭制陶”的可能性。

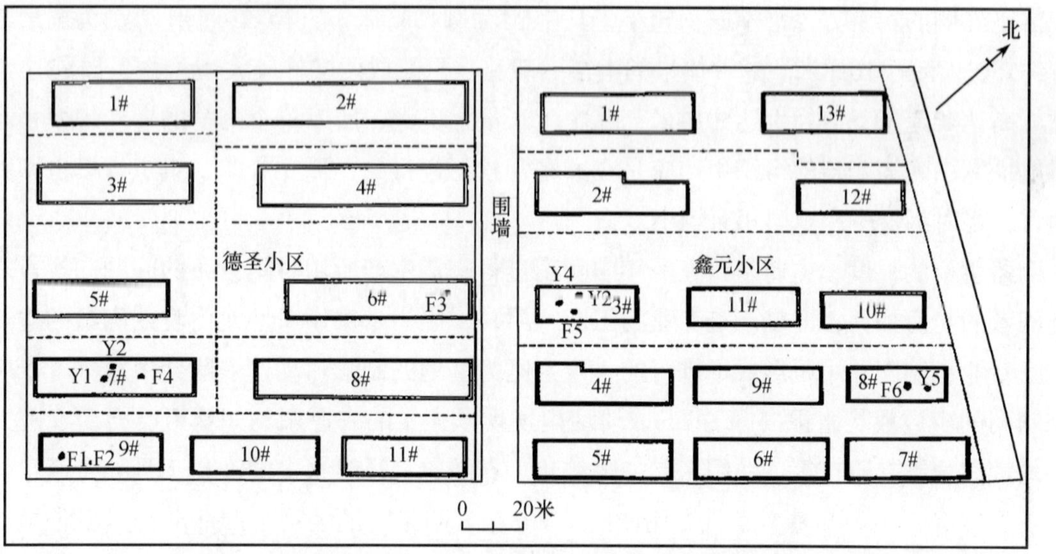

图10-28　米家崖遗址2004～2006年发掘区客省庄文化房屋和陶窑位置图

至于当时的社会生产背景问题，由于房屋内外及周围灰坑中多见如农业、渔猎、纺织等生产工具，陶环及陶笄等装饰品，陶日常生活器和动物骨骼等，都是普通社会成员进行经济生产和日常生活的必需品或其废弃物，可见这些房屋是普通劳动者的居住建筑，且面积大小相差不大，其家庭人数及结构应当相近。未见贵族者的建筑及奢侈品的出现，部落内部社会等级分化不明显，陶器的生产绝不会是依附于贵族或政府的生产活动，而是相对独立自由以家庭（或家族）为背景的生产，产品多是与日常生计有关的陶制品。

考察陶器区域性生产的相对集中程度，即是了解生产者与消费者之间的空间分布关系。西安米家崖遗址龙山晚期陶器生产是在家庭背景下进行，制陶者多是家庭内熟练工匠，陶窑分散度较大、未与居住区相分离，即工匠与人口分布（消费者）相伴随，且两者比例变化较均衡，

① 关于米家崖遗址房屋、陶窑等遗迹单位资料来源于陕西省考古研究院：《西安米家崖：新石器时代遗址2004～2006年考古发掘报告》。

② 戴向明：《陶器生产、聚落形态与社会变迁：新石器至早期青铜时代的垣曲盆地》，文物出版社，2010年，第64页。

生产的集中性相对较低。因此，聚落内陶产品的分配与消费，由于没有专门性的生产点或生产区，从部落层面进行部分程度的统一管理及分配是不大可能的。家庭或家族这一基层经济单位掌握着陶器分配的主动权。一些房屋周围没有发现陶窑，这说明部落内部一些家庭可能并不生产或很少生产陶器，而是通过部落内的交换或馈赠等方式获得陶器。这与“家庭专业化生产”组织背景下部落社区中只有部分个人或家庭进行陶器制作、既需满足自身，还需满足社区中的其他家庭的情况相符。所以，陶产品的消费主要以家庭内部的自需和部分交换为主，消费者的分布一般不会超出社区所在的地理范围。

探讨陶器生产的规模问题，首先需要了解最小生产单位的单个陶窑的具体情况。以陕西省考古院2004～2006年度发掘报告中发表的保存相对较好的Y1、Y3为例①，两者皆横穴窑，火坑位于窑室外侧的斜下方，窑室面积较小，其中Y1为圆形窑床，直径120厘米，Y3为扇形窑床，长宽约150厘米×110厘米。这种体量的陶窑一般一次只能放两三件较大型器物，如Y3中出土的陶瓮就高达42厘米，肩径也达50厘米，单次生产量并不大，所以单个陶窑的生产规模很小。米家崖遗址龙山晚期陶器的组织生产应是在家庭背景下进行的，孤立分散，组织规模也不大。整体而言，当时陶器生产规模相对较小。

陶器生产的强度，主要是研究一年中陶工进行陶器生产所用时间分布的问题。换言之，当时制陶者的身份如何，即是不是专业的工匠？第一，因为米家崖遗址龙山晚期陶器的生产是在“家庭专业化制陶”组织形式下进行的，以家庭为基地的制陶活动，一般会由家庭背景中能够熟练制陶的少数成员来担当②。第二，遗址内发现了大量的农业用具如石刀、石铲、陶刀、蚌刀、骨铲、角锥、石杵等，纺织工具如陶纺轮、石纺轮，还有很多的渔猎工具如骨镞、蚌镞、陶球、石球等，然而却基本不见专用制陶工具③，表明当时的经济生产活动仍是以种植、渔猎为主，而制陶业经济规模相对较小，主要还是满足家庭内部需要。史前社会许多生产活动都是在农闲季节开展的，因为食物生产的重要性和紧迫性居于各种需要的首位。陶工作为家庭中一名劳动成员，其首要的或者最重要的身份与其他家族成员相同，是农人、猎人或捕鱼者。全职或专职性的陶工在当时的农业经济水平条件下，是难以产生的。“在专业化生产的初级阶段，大部分专业化生产都不是全职的，真正的全职化生产只是工匠处于绝对附庸的状态或市场经济发达的情况下才可能产生”④。另外，本遗址龙山晚期的陶器生产规模并不大，所以陶器多应是间歇性、季节性或偶然性的生产，陶工则是非专业的陶工。

---

① 陕西省考古研究院：《西安米家崖：新石器时代遗址2004～2006年考古发掘报告》，科学出版社，2012年，第331～334页。

② 戴向明：《陶器生产、聚落形态与社会变迁：新石器至早期青铜时代的垣曲盆地》，文物出版社，2010年，第63页。

③ 陕西省考古研究院：《西安米家崖：新石器时代遗址2004～2006年考古发掘报告》，科学出版社，2012年。

④ 李新伟：《手工业生产专业化的考古学研究》，《华夏考古》2011年第1期。

二、陶器多样性分析

关于陶器多样性的解释，比较完善精确的仍然是来自赖斯的定义：多样性是从人口生态学借用来的一个概念……在考古组合中，多样性所意味的不是单个陶片特征的变化，而是指不同种类陶器在分类单位、形态类别、装饰风格等方面的数量和频率的变化。多样性是与变化相类似的一种统计学的手段……这种变化可以从两个方面来描述：丰富性（richness），或者说是种类的数量；均衡性（evenness），是指在类别之内个体的分布状态[①]。

多样性与标准化是反映陶器变化的两种看似性质完全相反的量化分析方式，但是，当关注的侧重点不同时，其实并不矛盾。当研究对象和资料总是足够多且丰富时，其内部的差异性及这种差异的丰富程度，可能反映出较高程度的专业化水平。同样的前提下，器物的同一性及趋同的程度越高，陶器生产的专业性也越强。在解释陶器多样性内涵时，仍需结合陶器的标准化来综合叙述，并对研究对象和资料的类别数量和个体数量作出具体规定。换言之，在考古资料中缺少与制陶密切相关的窑址、房址、取土坑、操作间等生产设施以及大量陶拍等制陶工具的情况下，可以采用统计陶器本身记录下来的变化量来探讨当时陶器生产的专业化程度及组织方式，甚至制陶者的身份或社会政治结构等。

陶器的基本性质或作为研究指标的变化因素，可以按通常所说的陶器五大要素来进行观察和统计，即原料、制作技术（成型方法及接合方式）、形态（包括首级形态及次级形态、大小维度等）、颜色、器表的处理及装饰。这些陶器特征因素的量化指标综合，能够反映标准化及多样性的量化程度。以下陶器多样性的分析主要根据陶器的形态种类及比例的分布统计，同时结合制陶各要素在各器型中的差异来判定陶器制作专业化程度。

（一）由陶器类型种类比例看陶器多样性

统计客省庄文化陶器的分类及类别内部数量的频率情况，即评估器类的丰富度（种类数量）及均衡度（各器类的数量），是生产组织方式推断的依据和途径之一。具体的方法是：以相对共时、出土数量大且器类丰富的三个灰坑H34、H50、H70的出土陶片为根据，分别统计各灰坑客省庄文化陶器类型的数量，最后统计出各器类比例构成情况。

三个客省庄文化灰坑陶器标本共有213件。陶器分类主要依据形态的不同，并参考相关考古发掘报告的类型划分，从三灰坑中分别确定了104件、52件、57件可辨器形标本，其陶器类型（种类）数量分别是14种、7种、9种（表10-14）。虽然此三灰坑之间在陶器种类及数量上相差较明显，但它们各自的主要特征器类分布概率大体还是与其总件数正相关。这三灰坑的相

---

① 戴向明：《陶器生产、聚落形态与社会变迁：新石器至早期青铜时代的垣曲盆地》，文物出版社，2010年，第74页。

对使用年限相差不会太大，作为抛弃生活垃圾的灰坑，其中的陶片应是古人日常生活中较随意丢弃的，因而，人为或故意使某些器类强烈集群的可能性较小，这一点对于此三灰坑作为客省庄文化典型单位来代表陶器类型种类及比例的数据合理性是极其重要的。

表10-14　米家崖遗址客省庄文化各器类数量和比例统计表

器类		H70	H50	H34	总数量	百分比（%）
单把鬲		24	13	17	54	25
斝		10	4	3	17	7.98
高领圆腹罐		14		12	26	12.21
喇叭口折肩罐		14	14	12	40	18.78
敛口折肩瓮		11	5	3	19	8.92
大口高领圆腹罐		7	7		14	6.57
带耳圆腹罐		4		3	7	3.29
器盖	B型，帽形	2	5	1	8	3.75
	A型，圆饼形		1		1	0.46
带耳折腹罐		7			7	3.29
钵		1		2	3	1.41
豆（圈足盘）		2			2	0.94
盆		2	3	4	9	4.23
甑		1			1	0.46
鬶盉类		5			5	2.34
总数量/百分比（%）		104/48.83	52/24.41	57/26.76	213	

三灰坑一共发现16种可辨识的器类，其中数量最多的是单把鬲，占到25%；比例在10%～20%之间的则有高领圆腹绳纹罐（12.21%）及喇叭口折肩罐（18.78%）；比例在5%～10%之间的器物类型有敛口折肩瓮、斝、大口高领鼓腹罐，分别占8.92%、7.98%、6.57%；剩下10种陶器类型的比例皆在5%以下，分别是带耳折腹罐、带耳高领圆腹绳纹罐B型（帽形）器盖、A型（圆饼形，带桥形捉手）器盖、钵、豆（圈足盘）、盆、甑、鬶盉类，所占比例在0.46%～4.23%之间。各器类中，数量分布相对较集中于前6类器形（即数量比例大于5%的），总共占约79%，其余10类器物才占约21%，如果加入考古学家对占比在3%以上的带耳圆腹罐带耳折腹罐和B型（帽形）器盖等三种客省庄文化典型器类，则前9种（盆的情况复杂）陶器总数高达182件，占比81%；其余8种占比下降到19%。可见，陶器数量在器类之间分布的均衡性较差（图10-29）。

需要说明一点，陶器第一形态的变更（一般指的是外形，即基本造型如鬲、斝、钵、碗等），更多的是反映当时的器物用途及功能，如日常生活使用、生产运输、祭祀仪式等，而第二形态的变化是指第一形态基础之上的尺寸及器物形貌的微观调整，这与当时的审美、市场需求、生产技术水平变化等密切相关，它在提供有关陶器生产信息方面应当比前者更多。

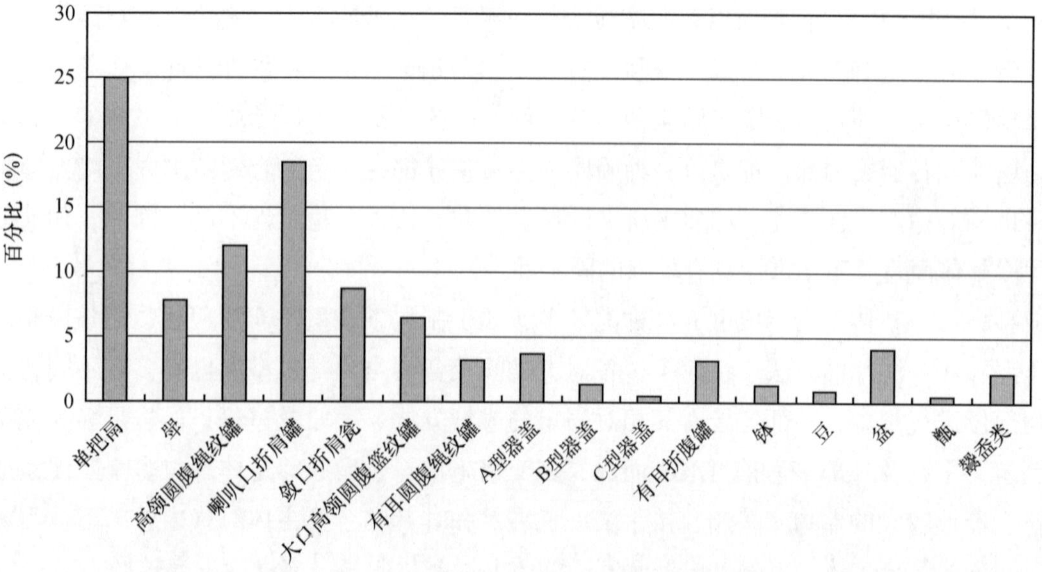

图10-29　米家崖遗址客省庄文化各器类数量占比分布

由上述数据的观察分析知，客省庄文化陶制品的器物种类还是比较丰富的，且各器类内部大小及形态的也有一定的区别，整体上器型变化多样，但器类之间的数量分布不均衡，这是当时的“社会体系磨练了日用品（包括陶器在内）需求的种类和程度”[①]。至于各器类按次级形态及大小维度划分后，器物形态相对稳定，变化很小， 即产品种类多，但每一种都较少变化，陶器的多样性程度也就较低了。

（二）由制陶工艺各环节看陶器多样性

当然，多样性也充分体现于陶器制作工艺之中。从陶器第一级形态层次而言，各器类之间在原料、成型、修整、装饰、烧成等方面存在较多差异。若抛弃器物的第一级形态，而更多关注于陶器用途及器物的具体部位，其实制陶五方面的变化程度并不大，皆有主要的组成因素、固定的施加部位、顺序及技法等，相对稳定一致，呈现一定的程序性和规范化，多样性程度并不高。下面关于米家崖遗址客省庄文化制陶工艺的分析基于第九章的研究结果。

原料方面，有砂粒、灰陶末、云母三种羼和料，但砂粒占约96%以上，后两种羼和料几乎可以忽略，羼和料种类极其固定。另外，日常生活陶器因用途不同，胎质主体成分多有差异，如高领折腹罐、钵、盆等水食器（酒水器及食器）以泥质陶为主，而单把鬲、斝、高领圆腹罐等炊器以细砂陶为主，器类胎质在用途层面上相对固定。但依外观形态为据划分的各器类内部并不是仅有一种胎质，往往还有一定比例的与主体胎质种类接近或相关明显的胎质种类，而与主体胎质种类相差较大的胎质种类比例极小，典型如喇叭口折肩罐胎质中细泥质21.6%、粗泥

① Prudence M. Rice著，许志勇译，曾曾校：《专业化、标准化和多样性：陶器研究的回顾与观察》，《华夏考古》2009年第3期。

质45.9%、细砂质32.4%，胎质以粗泥质为主，细泥质及细砂质也占一定比例，粗砂质则未见；斝，粗泥质4.5%、细砂质63.6%、粗砂质31.8%，以细砂为主，未见细泥质，其实这还是与器物使用功能相关，即功能决定了胎质种类及比例。由此可知，陶器胎质种类虽多，但其实在器类用途层面或各器类内部，都是以一种胎质为主，差异都在一定的合理范围内。陶器原料种类的选择也相对稳定，但各器类胎质中所夹砂粒直径差异较大，稳定性不高。因此，陶器原料多样性程度整体而言并不丰富，具有较强的固定性。

成型方面，整体上陶器成型方法种类较多，如手制泥条成型法、捏塑法、泥条模制法、拍打滚压泥料法、泥片贴模法、快轮等，各器类之间及各器类内部成型上也有多有不同，但若仅按器物部位进行观察，各部位皆有其相对固定的成型方法、手段及过程，如袋足多为泥条模制法、倒筑，平底及耳部多为拍打滚压而成、多交错施加，领肩腹等主体部位多手制泥条成型、多正筑，器形较大的器物多采用套接手法，三袋足和耳部结合到主体时皆内外上下抹泥黏结，鋬则以嵌入式结合主体。就陶器成型而言，整体上规范化明显，多样性程度较低。

修整方面，虽然技法很多，如拍打、滚压、慢轮修整、刮削、湿手修抹等，施加部位及过程也多有变化，但这些修整技法都有其相对固定的施加部位，不随意使用，如慢轮修整多于口沿，拍打主要在肩腹部、喇叭口等，湿手修抹主要在领外、裆部、各部位黏结处等，而且一些修整技法的施加顺序也多相同，如高领部一般是刮削—湿手抹平—慢轮修整。陶器的修整具有较高的规范性及程序性，表现出较低的多样性。

装饰方面，纹饰的多样性、丰富性主要体现在纹饰种类及各纹饰内部变化较大。纹饰种类较多，有绳纹、篮纹、附加堆纹、弦纹、戳印纹、贴塑等。各纹饰内部主要是方向、形状、宽度、组成方式等，如绳纹还可分成条状、麦粒状、篦窝状，有竖向、斜向、横向之别，密度也有差别等，丰富多样。其实装饰方面的固定化表现十分突出，如纹饰种类虽多，但仍以绳纹、篮纹为主，一共占65%以上，其余纹饰比例皆在10%以下，有些不到1%，纹饰就种类及比例而言，有差异，但相对稳定；各纹饰施加部位及方向相对固定，如鬲袋腹外一般皆饰绳纹（袋腹外表面多竖向绳纹、裆部多横向绳纹），高领圆腹罐腹外皆绳纹（多竖向），竖向瓦楞纹皆于鬶盉类单把外表，大口高领鼓腹罐表面所见圆泥饼贴塑皆在领底凹弦纹上间隔分布。可知器物各部位施加哪种纹饰、纹饰施加在哪个具体部位，其实陶工事先已经有了规划布局。所以，陶器纹饰种类及内部变化很多，但整体而言陶器纹饰多样性程度并不高。

陶色方面，主要有红、灰、黑、褐、土黄等，也有一些如红褐、灰黑等中间色，颜色种类丰富多样，但仍以灰陶为主，占69.3%，其余如红陶占18.4%，褐陶占8.1%、黑陶占4.2%，陶色种类及比例相对稳定。另外，在各器类内部陶色并不单一，但各器类皆有与之对应的主基调陶色。鬲、高领折腹罐、喇叭口折肩罐等绝大部分器类皆以灰陶为主，如鬲中，灰陶占70.5%、红陶占5.0%、褐陶占11.5%，而单把鬶盉类所见皆为红陶，敛口折肩瓮、帽形器盖则以黑陶为主，所占比例分别是45.5%、72.7%。可知各器类的陶色并不唯一，但主基调陶色还是占绝对地位，陶色变化的量并没有种类数所表现的那么丰富，陶色的多样性不高。

总之，就上述陶器自身变化量分析来看，米家崖遗址龙山晚期陶器在原料、成型、修整、装饰、陶色等方面虽有较多差异，显示出较高的多样性和丰富程度 。但其制陶工艺明显有较强的规范化及程序性，相对一致。从器类内部的形式和数量看，另外多样性程度并不高，丰富性也较低。

（三）陶器多样性与生产组织方式的关系推测

赖斯认为："高度的多样性意味着有很多的生产者，服务于不同需要的很多种类的产品，对于生产缺乏控制或管理，或者是上述诸因素的结合。相反，低度多样性则反映着较少的生产者，较少种类的产品（或产品种类多，但每一种都较少变化），对于生产过程的控制或管理，或者是这些因素的某种结合；对于复杂社会中的专业化生产还意味着具有批量生产、重复性、质量控制等特征。然而，多样性与陶器生产之间的这种关系更适合于日用物品。"①米家崖遗址客省庄文化陶器多样性并不高，应介于赖斯所说的高度多样性与低度多样性之间。陶器在器类及制陶各要素方面都表现出较多的变化，也不单一，但各器类的制陶流程及所采取的技术、手段、纹饰等都有一定的格式化，程序性及规范性较高，显然不是简单的"家庭制陶"所能达到的生产水平。在"家庭制陶"生产方式下，每个家庭为自己的需要在不固定的时间段制陶，缺乏诸如陶窑等永久性的生产设施，效率低下，陶器种类较单一，形态不稳定，多样性程度较高，与"核心作坊"这一生产方式下的批量生产相比，虽然本遗址客省庄文化陶器有较多固定化的方面，但各器类在原料、陶色、成型及修整方法、装饰上存在很多变化，与"核心作坊"的大规模生产的一致性程度还有较大差距。因此，本遗址客省庄文化陶器生产起码已处在较低专业化水平上了，其生产组织方式超越了"家族制陶"阶段很可能是"家庭工业"或"个体作坊"水平，两者可以合称为"家庭专业化生产"②。

三、陶器的标准化问题

陶器是考古学研究的重要对象，也是研究文化分期与年代，文化类型与区域间交流以及文化源流等许多学术问题的重要依据。近些年来，学界对陶器的研究，除了上述主要基于类型学分析的关注领域，陶器背后的资源、环境、技术及社会含义得到越来越多的关注，尤其是陶器生产组织方式和专业化等问题。直接反映陶器的生产组织方式的生产相关遗迹及遗物资料和证据往往是缺失的、间接的和模糊的，研究者不得不仰赖于陶器专业化生产的间接证据，如陶器

① 转引自戴向明：《陶器生产、聚落形态与社会变迁：新石器至早期青铜时代的垣曲盆地》，文物出版社，2010年，第76～77页。

② 戴向明：《陶器生产、聚落形态与社会变迁：新石器至早期青铜时代的垣曲盆地》，文物出版社，2010年，第90页。

的标准化程度[①]。产品本身标准化程度是确定专业化程度的重要指标。专业化生产的产品一般会达到较高的标准化程度。衡量陶器标准化的因素有很多，总体上可以从器物功能和生产组织两方面进行考虑，如制陶技术、陶工的经验与技能、生产的规模及强度、产品分配或政府的干预管理、消费者的需求（市场）等，但“事实上，导致标准化的直接原因是较少的生产者和常规化或工业化的生产。本质上讲，标准化应该是专业化的结果”[②]。

关于标准化的定义，目前没有统一表述。赖斯的定义较为精准明了，“标准化指的是同一性的相对程度，或是陶器特征变化的减少，或是达到相对同一性的过程。在这里‘相对’是一个重要的字眼。没有单一的尺度，没有非背景化的衡量方法，也没有哪一个绝对值可以作为量化的标准来比较陶器在时空上的变化与标准化。标准化不是一个有或无的问题，而是一个程度的问题”[③]。简单地说，陶器（生产）的标准化过程就是陶器（产品）多样性的降低。

至于标准化的考察途径，可以从陶器的原料、成型、修整、烧制等制作工艺各环节和制成品的种类、形态、功用、流通，破损和废弃处理等方方面面进行，也包括生产组织和生产效率等方面，但“一般认为陶器的标准化是指陶器的形状、大小一致而言”[④]。本文考察米家崖遗址龙山晚期陶器标准化程度，主要依据陶器特征部位尺寸的变化程度。

那么，目前国内外是怎样测定标准化程度的呢？标准化的衡量，一般依据实际掌握的资料情况，采取的研究方法及内容则因人而异。赖斯建议用直方图分析或观察特殊的技术或风格特征的分布曲线，特别是分布曲线的偏度和峰度来说明某一标准的存在和一直存在的程度；联表分析和phi系数普遍用于估计“分布的不同一性”，但也有用类型计数和相关密度方法研究标准化问题的；巴巴拉·斯塔克利用包括平均数、标准差和方差在内的基本统计方法；变异系数也被广泛应用于研究中；西诺波则使用了直方图和克鲁斯卡尔-沃利斯方差分析；还有一些新的分析方法，如哈格斯鲁姆运用因子分析法来说明首要因素因子量和百分比的变化，科斯廷则使用了依次变化的主成分分析和聚类分析以及典型判别分析等方法[⑤]。

本文处理所选标本各部位数据采用了最基本的统计学方法——平均值、标准差、变异系数[⑥]。这里，有必要简单介绍一下本文利用陶器尺寸来评估标准化程度所用的具体方法，即变

① 郭梦：《陶器标准化意味着什么？——北侯村席怀军所制陶器的标准化程度研究》，《考古学研究（10）：庆祝李仰松先生八十寿辰论文集》，科学出版社，2012年，第265页；李新伟：《手工业生产专业化的考古学研究》，《华夏考古》2011年第1期。

② 戴向明：《陶器生产、聚落形态与社会变迁：新石器至早期青铜时代的垣曲盆地》，文物出版社，2010年，第76页。

③ Prudence M. Rice著，许志勇译，曾曾校：《专业化、标准化和多样性：陶器研究的回顾与观察》，《华夏考古》2009年第3期。

④ 汪宁生：《云南傣族制陶的民族考古学研究》，《考古学报》2003年第2期。

⑤ Prudence M. Rice著，许志勇译，曾曾校：《专业化、标准化和多样性：陶器研究的回顾与观察》，《华夏考古》2009年第3期。

⑥ 平均值、标准差、变异系数的定义及算法参见陈铁梅编著：《定量考古学》，北京大学出版社，2005年，第24～28页。

异系数分析（coefficient of variation，CV）。它是衡量数据组资料中各数值变异程度的一个指数量，具体算法是：变异系数是样品标准差（standard deviation，SD）与样品平均数（mean）的比值，结果以百分比形式表示，即CV=SD/mean×100%。标准差，也称方差或标准偏差，是各数据偏离平均数的距离（离均差）的平均值，反映了此组数据与平均数的离散程度，公式为SD=Sqr｛（∑（Xi-mean）^{2}/（n-1）｝，Sqr表示开平方，Xi表示各数值（i为1-n的正整数值）、^{2}表示二次方、n表示数据的个数。本文标准偏差的数据处理是在Excel中的STDEV函数下运算所得。陶器数据间变异系数越大，则表明陶器生产标准化程度越低，反之，变异系数越小，标准化程度越高[①]。

龙山时代聚落遗址考古中一般会出土大量陶片及陶器。这些陶器资料多是出自其“使用”和“废弃”而非“生产”的情形下，因而可能代表了多个作坊的多个陶工的多次生产事件中制作出来的产品[②]。因此，若不加区分时空范围，随机选取某些单位的陶器作为遗址内陶器标准化分析的标本，很可能会夸大变异系数的数值，降低标准化的真实程度。这在布莱克曼（Blackman）所提出的“累积扰乱”概念中就有详细论述：各组高度标准化的器物随着时空范围的增加，重叠部分的变异系数会高于单组陶器的变异系数，使标准化程度变低[③]。因此，本文在挑选陶器标本时，应尽量选择那些共时性较好的单位，诸如废弃的作坊及房屋。所以，只有选择共时性相对较强的同一时期的不同灰坑单位。ⅠT0407H34、ⅠT0307H50、ⅠT0308H70分布在3个相邻探方中，有一定距离，皆为客省庄文化。3个灰坑之间多件出土陶片标本可以拼对接合，属于同一器物的不同碎片因而可判定其使用年代应是有叠合的，即三坑使用年代或时间段相同（一般灰坑的使用年数不会太久）。为了扩大标本量，将出土标本较理想、与ⅠT0307H50有同期打破关系的ⅠT0307H29纳入统计。这4个灰坑单位出土陶片数量大、器类丰富，利于测量标本的挑选。

器物标本选取原则是类型明确、数量丰富、器形简单易测量。依此三点，本文选择了五种器类——单把鬲、喇叭口折肩罐、高领圆腹绳纹罐、大口高领鼓腹篮纹罐、敛口折肩瓮。标本测量部位（参数）主要有口径、领高、器高、底径、耳长、耳宽、耳厚、耳弧径，单把鬲及高领圆腹绳纹罐还需测量绳纹的密度（横向每5厘米绳纹的数目），其中如耳厚、耳弧径的数值很小，微小的数值变化就会对变异系数产生较大的影响，不太适合做测量的参考值，故舍去。

关于器物的分类，考古学士有“原型”分类和“异型”分类两种基本方法。古代陶工到底对器物的实际分类有几个层次，属于“原型”分类的研究目的，依靠实物资料本身已经很难说清了，现代考古学中更常使用的是“异型”分类，要称为科学方法，也就是说暂不考虑古人

---

① 威廉A·朗艾克、肯尼思L·克瓦默、马萨希·科巴亚希：《西南方陶器的标准化：来自菲律宾的一种民族考古学观点》，《考古学的历史·理论·实践》，中州古籍出版社，1996年，第345页。

② 郭梦：《陶器标准化意味着什么？——北侯村席怀军所制陶器的标准化程度研究》，《考古学研究（10）：庆祝李仰松先生八十寿辰论文集》，科学出版社，2012年，第269页。

③ Blackman M J, Stein G J, Vandiver P B. The standardization hypothesis and ceramic mass production: technological, compositional, and metric indexes of craft specialization at Tell Leilan, Syria. American Antiquity, 1993, 58(1): 60-80.

的思想和做法，而按照考古资料本身呈现出来的质地、形貌，尺寸大小等物理属性，对其进行分类。遵循一个共同的标准把握住陶器类别的划分就是一种科学分类原则。研究时挑选上的陶器标本在进行数据处理前，还需要注意两点——一是器型最小范围内的相似，二是同一器类规格大小的区分。在保证前者的基础上，后者大小的划分是极其重要的，实际上就是传统意义上的考古类型学对器物分型的根据，只是需要特别注意尺寸的区分。若器物基于器形及大小进行分类发生失误，这将直接造成陶器在变化统计学分析时产生负面影响，如同一器类的陶器将大、中、小型号标本数据未加区分，无疑会扩大变异系数的数值，降低标准化的程度。所以，在正确划分器物形态的前提下，本文中器类内部变异系数统计时，首先需要对决定器物大小（容量）的一些部位的数据进行聚类分析，划分出大、中、小型号。那么，衡量器物大小应该采取哪些部位呢？由于所选标本中除单把鬲外，其余器类缺少完整器或可修复器，器高及底径数据不足，考古发现及研究结果看，器物局部尺寸是其整体尺寸的反映，现代陶瓷生产中，根据工匠会依据不同的口径划分不同来划分花盆的不同规格，并且依此来决定花盆的高度。口径决定器物的形状和功能"[①]；"口径和通高是陶工所能控制的主要尺寸。另一方面，口径和通高对购买者（或消费者）来说也是比较明显的特征。与其他测量特征相比，这也是他们选择器物时主要考虑的因素。因而，对这两项标准化程度的分析更能揭示重要意义……而在考古学研究中，由于实物标本的限制，通常口径才是最实际的选择"[②]。所以，本文在缺少器高及底径时，在综合考虑口径与领高的情况下，以口径作为器物规格大小的主要参考依据。

（一）单把鬲

单把鬲标本一共15件，分别来自H50（6件）、H70（6件）、H34（2件）、H29（1件）。其中可修复或完整器有5件，口沿标本7件，其他3件。鬲的把手或称为把鋬，耳。为行文便利，在单指的时候使用"耳"。测量的参数部位包括口径、领高、器高、耳宽、耳长、耳弧、耳厚、绳纹密度等。

1. 不划分规格大小的单把鬲测量参数分析

由图10-30及表10-15可知，陶器的一些测量参数和器物的尺寸大小之间无关联度或关联度很小，所以这些参数无须进行器物规格大小划分的聚类过程，其所选全部标本的参数可直接看作一组数据进行评估。这些参数主要是两个维度的比值如口径/器高、口径/领高、领高/耳长、耳长/耳宽，单维度的耳弧径及耳厚，以及不属于器物形态范畴的装饰性绳纹的密度值。

① 王艳朋：《枣树沟脑遗址先周时期陶器制作工艺观察与研究》，西北大学硕士学位论文，2012年。

② 郭梦：《陶器标准化意味着什么？——北侯村席怀军所制陶器的标准化程度研究》，《考古学研究（10）：纪念李仰松先生八十寿辰论文集》，科学出版社，2012年，第280～281页。

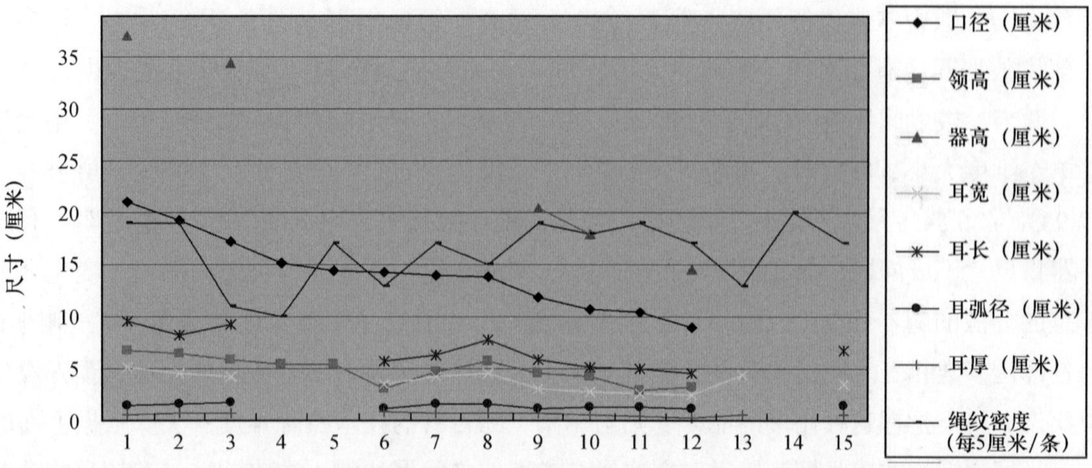

图10-30　客省庄文化陶鬲各参数部位的测量数据折线散点图

表10-15　客省庄文化单把鬲各参数的变异系数值（CV）

标本编号	口径	领高	器高	耳宽	耳长	耳弧径	耳厚	口径/领高	口径/器高	领高/耳长	耳长/耳宽	绳纹密度（每5厘米条数）
H50：1	21.0	6.8	37.0（38.9）	5.2	9.5	1.4	0.6	3.09	0.57	0.72	1.83	19
H70：29	19.2	6.5		4.5	8.3	1.6	0.7	2.95		0.78	1.84	19
H50：3	17.2	5.9	34.4（31.3）	4.2	9.3	1.8	0.8	2.92	0.5	0.63	2.21	11
H50：15	15.2	5.5	（27.3）					2.76				10
H70：17	14.4	5.5	（25.7）					2.62				17
H70：18	14.2	3.1	（25.3）	3.5	5.8	1.2	0.9	4.58		0.53	1.66	13
H50：5	13.9	4.7	（24.7）	4.2	6.3	1.6	0.7	2.96		0.75	1.50	17
H50：2	13.8	5.8	（24.5）	4.5	7.8	1.6	0.7	2.38		0.74	1.73	15
H70：31	11.9	4.5	20.5（20.7）	3.1	5.9	1.2	0.7	2.64	0.58	0.76	1.90	19
H70：14	10.8	4.3	18.0（18.5）	2.8	5.2	1.3	0.6	2.51	0.60	0.83	1.86	18
H70：86	10.4	3.0		2.7	5.0	1.3	0.5	3.47		0.60	1.85	19
H29：2	9.0	3.3	14.5（14.9）	2.5	4.5	1.2	0.3	2.72	0.62	0.73	1.80	17
H34：11				4.4			0.6					13
H34：10												20
H50：8				3.5	6.8	1.4	0.6				1.94	17
平均值	14.25	4.91	24.88	3.76	6.76	1.42	0.64	2.97	0.57	0.71	1.83	16.3
标准差	3.565	1.303	10.146	0.862	1.730	0.204	0.151	0.584	0.046	0.092	0.176	3.150
变异系数（%）	25.02	26.54	40.78	22.93	25.59	14.37	23.59	19.66	8.07	12.96	9.62	19.33

注：器高一栏中括号内的数值为推测的器高值，具体推测方法见下文，器高的平均值、标准差、变异系数值计算的数据不包括括号内的数值。长度单位为厘米（cm）。

首先，参数中二维比值如口径/器高、口径/领高、领高/耳长、耳长/耳宽，这些趋势相近的各部位数据间应有相对固定的比例标准，这一点在单把鬲全部标本变异系数表中得到明显验证。两个参数之间比值的CV值范围（8.07%～19.66%，且以8.07%～12.96%为主）相比其作为各单一维度大小（即口径、器高、领高、耳长、耳宽）的CV值范围（22.93%～40.78%，且以22.93%～26.54%为主）要小一半还多，可见二维参数具有普遍低的CV值。这说明“利用比率，器物尺寸不成问题，而我们关心的仅仅是比率的变化……陶器种类组内的尺寸变化会近似等于总的分散的陶器种类的尺寸变化，这两者之间尺寸上只存在着少许的变化”[①]。制陶中器物的各部位参数相互之间受关联度影响很大，工匠会尽量使器物形态在整体上达到预先设定的理想比例，至于把握这种比例的能力，则与制陶工匠自身的技术熟练程度有关。根据上面的情况知，米家崖遗址龙山晚期制陶者对器物形态各部位之间尺寸大小的协调性具有较高的掌握能力，二维参数的CV值多较低，陶器标准化程度相对较高，这绝不会是“家庭制陶”方式下偶尔制陶、制陶技术水平较低、生产效率低下的生产组织方式所能够达到的，而应当是有更高生产组织级别的有一定专业化生产的“家庭制陶业”或“个体作坊制陶业”，其陶工也多应是由家庭中制陶技术相对熟练的成员来担任。

其次，单把（耳）鬲中的耳部弧径、耳厚，两序列的各自数值变化不大、折线之间水平相近，耳弧径在1.2～1.8厘米之间（大中型鬲1.4～1.8厘米，小型鬲1.2～1.3厘米），耳厚在0.3～0.9厘米之间（大中型鬲0.6～0.9厘米，小型鬲0.3～0.7厘米）图10-30，虽然两者与口径大小有一定的正向关联，但这种关联的程度却是极低的。另外，耳弧径变异系数为14.37%、耳厚的变异系数为23.59%，两参数在数值上基数就很小，尤其是耳厚，其1毫米级的细微变化就会使变异系数值变得很高。因此，耳弧径与耳厚度皆不适宜作为评估标准化的参数，应舍去。事实上，耳弧径及厚度不仅是和器物的大小关联不大，甚至与耳长及耳宽等也没有太大的必然联系，制陶者当时主要考虑的应当是日常使用中手部把握耳部弯曲处时的舒适度及耳的承重性。对于这种基数很小的参数而言，上述耳弧径及耳厚的数据在对应规格大小时的数值仍具有一定的稳定性，这说明当时制陶者技艺的熟练程度还不算太低，这很可能就是家庭背景下的兼职性陶工，而陶工主要由家庭中制陶技术相对熟练的成员来担当。

最后，绳纹是在陶器坯体修整时伴生的纹饰，主要装饰于器物主体外表。观察图10-30中绳纹密度序列（横向每5厘米绳纹条数）各数据的散点折线，发现与那些体现鬲器形及体量基本特征的部位参数之间完全没有关联性，可知单把鬲袋腹外滚压的绳纹粗细与器物的规格大小无关。所以，此参数分析变异系数时没有必要进行器类尺寸大小的划分。而绳纹密度多在15～20条之间，这至少说明修整单把鬲时对绕绳圆棒（制陶工具）具有一定的选择性，并不是随机挑选使用的。

① 威廉A·朗艾克、肯尼思L·克瓦默、马萨希·科巴亚希：《西南方陶器的标准化：来自菲律宾的一种民族考古学观点》，《考古学的历史·理论·实践》，中州古籍出版社，1996年，第352～353页。

2. 划分规格大小单把鬲的测量参数分析

首先需要说明的是，决定一件器物体量大小的关键参数一般为口径、器高、底径等。单把鬲的规格大小划分主要采取口径大小作为主要的划分依据，且没有选择领高作为划分的关键参数，具体理由如下：第一，口径/领高的CV值（19.66%）相对口径/器高、领高/耳长、耳长/耳宽的CV值（8.07%～12.96%）要高得多，且相比口径、领高这两个单维参数的CV值（25.02%、26.54%）相差也并不算很大，这说明领高与口径之间虽然有关联度，但这种关联度明显很小；第二，领高虽然是器物高度的组成部分，但从图10-30折线趋势中可见其与器高几乎没有关联度；第三，单把鬲的口径/器高的CV值只有8.07%，口径与器高关联密切，即口径越大，器高越大，口径大小完全可以直接代表器物的体量规格。

另外，由于在选为参数数据采集的标本中，除鬲外的其余器类如高领圆腹绳纹罐、喇叭口折肩罐、大口高领鼓腹罐等，标本皆多缺失下腹和器底，无可修复器或完整器，导致器高数据缺乏、器底与口沿无对应性。本文结合单把鬲的大小拆分方法，对于那些保存较完整的口沿陶片标本主要采取口径作为划分器物规格大小的依据，当然仍需辅助领的高度进行综合的判断。

从鬲的口沿及器高数据来看，鬲的体量具有不同规格，如H50：1口径21厘米、器高37厘米， H29：2口径9厘米，器高14.5厘米，两者相差较大。显然，将不同规格的陶器放在一起进行标准化的研究是没有意义的，只会增大变异系数的差异。因此，需要把器物按照规格的大小进行拆分。鬲的口径与器高呈正比关系，两者基本决定了鬲体量形态的大小，又因为口沿残片保存较多，可修复器较少，所以直接以口沿作为划分的依据。本文统一取4厘米间隔为各器类口沿直径进行器物规格大小划分的数据分布范围，具体方法则在本节下文标准化的分析和总结中有论述。

单把鬲可分成大型（21.0～17.2厘米）、中型（15.2～13.8厘米）、小型（11.9～9厘米），中、小型单把鬲皆可用于变异系数的分析，而大型单把鬲标本数太少，暂不宜进行变异系数统计。

从图10-31中4、5、6、7、8号5件标本的口径相近，为中型单把鬲，其各部位数据可用于标准化分析。5件标本的编号、口径和器宽等统计数据见表10-16。器高数值皆为推测值，而器高的标准差大小不光与口径数值的离散程度（标准差大小），还与口径与器高的线性直线的斜率大小相关。需说明的是推测值只是一个大概的数值，这是由于真值的缺失，基于口径与器高的比例关系所得的推测值，推测值与真值的差异程度是无法检测的，所以推测出的数据仅具有参考作用。至于这种参考作用的可信度在下文中有论及。

中型单把鬲的各参数变异范围在3.89%～22.27%之间，且以3.89%～15.7%为主。口径、领高、器高、耳宽、耳长的CV值分别是3.89%、22.27%、4.36%、12.6%、15.7%，其中口径变异系数最小，领高的变异系数值最高，且明显要高出口径、器高、耳宽、耳长的参数CV值很多，器物领部相对而言标准化程度较低。

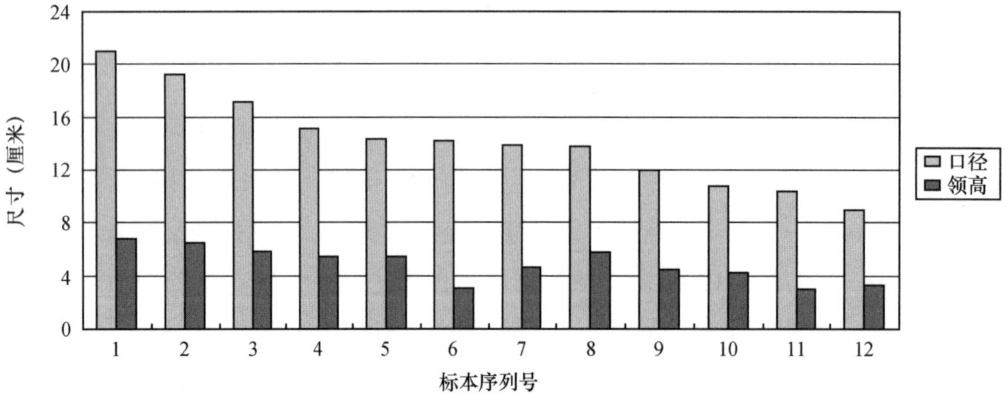

图10-31　客省庄文化单把鬲口径和领高柱状图

表10-16　中型单把鬲各参数的变异系数值

编号	口径/厘米	领高/厘米	器高/厘米	耳宽/厘米	耳长/厘米
H50：15	15.2	5.5	（27.3）		
H70：17	14.4	5.5	（25.7）		
H70：18	14.2	3.1	（25.3）	3.5	5.8
H50：5	13.9	4.7	（24.7）	4.2	6.3
H50：2	13.8	5.8	（24.5）	4.5	7.8
平均值	14.30	4.92	（25.5）	4.07	6.63
标准差	0.556	1.096	1.113	0.513	1.041
变异系数	3.89%	22.27%	4.36%	12.60%	15.70%

小型单把鬲的各参数整体的变异系数范围是9.01%～19.52%（表10-17），其中口径、领高、器高、耳宽、耳长的CV值分别是11.38%、19.52%、17.06%、9.01%、11.26%。明显可分成两组，口径、耳宽及耳长为一组，其变异系数相对较小，在9.01%～11.38%之间；领高与器高CV值则较大，在17.06%～19.52%之间。

表10-17　小型单把鬲的标准化变异系数值

编号	口径/厘米	领高/厘米	器高/厘米	耳宽/厘米	耳长/厘米
H70：31	11.9	4.5	20.5（20.7）	3.1	5.9
H70：14	10.8	4.3	18.0（18.5）	2.8	5.2
H70：86	10.4	3.0		2.7	5.0
H29：2	9.0	3.3	14.5（14.9）	2.5	4.5
平均值	10.525	3.775	17.667	2.775	5.15
标准差	1.198	0.737	3.014	0.25	0.580
变异系数	11.38%	19.52%	17.06%	9.01%	11.26%

3. 推测值与实测值的变异系数及标准差的对比分析

根据图10-30单把鬲的折线散点图走势观察，口径、领高、器高、耳宽、耳长五部位测量数据的折线走向有一种正相关的趋势，可以用于推测还原一些不可修复器物的残缺部位的大概尺寸，具体做法为：观察各部位数据折线图，挑出与所想恢复参数数据最趋同的参数数据，例如仅存口沿鬲想推测恢复器高，由折线散点图知口径与器高有最相近的趋势性，利用完整器或可修复器的口径与器高数据的散点线性关系直线来估算其器高，具体如下图10-32。

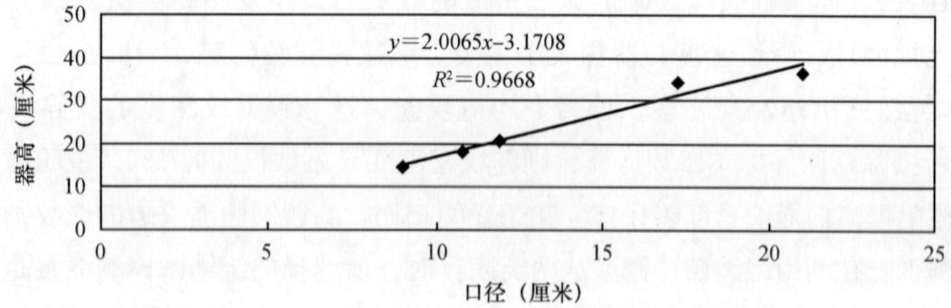

图10-32　完整和可复原单把鬲口径与器高的线性关系图

例如：H70：18单把鬲，仅缺足底，残高21.5厘米，取其口径值14.2厘米代入上图中的线性方程式y=2.0065x−3.1708中，求得y值等于25.3厘米，即H70：18的器高推测还原值为25.3厘米，与挑选标本时依器形走势估计缺失足尖部2～4厘米高相符。

下表中列举单把鬲器高的推测值与实测值的标准差与变异系数，对比两者之间的差异大小以判断推测值的准确性。

表10-18中口径的变异系数CV值为35.55%，器高的实测值与推测值的标准差及CV值分别为10.14、40.75%及9.94、39.98%，两者差距很小，可见器高推测值还是具有较好的参考价值。

表10-18　可原复单把鬲的口径与器高的推测值与实测值的变异系数值

编号	口径/厘米	器高/厘米	推测器高值/厘米
H50：1	21.0	37.0	（38.9）
H50：3	17.2	34.4	（31.3）
H70：31	11.9	20.5	（20.7）
H70：14	10.8	18.0	（18.5）
H29：2	9.0	14.5	（14.9）
平均值	13.98	24.88	24.86
标准差	4.97	10.14	9.94
变异系数	35.55%	40.75%	39.98%

（二）高领圆腹绳纹罐

共选取标本12件，分别来自H70的6件和H34的6件。标本中无完整或可修复器，口沿标本9件，底标本3件。测量部位参数包括口径、领高、底径、绳纹密度值。

1. 不划分规格大小的测量参数分析

观察表10-19，高领圆腹绳纹罐的绳纹密度的数值与口径及领高数值之间无关联性，数据随意分布无规律性，绳纹密度与器物大小无关。绳纹密度较稳定，一般在12～16条之间，另有2件标本绳纹密度达25条之多，偏离平均值较大，这导致绳纹密度的变异系数较大（达25.89%），若去除这两件标本参数计算，则绳纹密度变异系数仅为9.25%，说明绳纹密度变化较小。与上述单把鬲的绳纹密度多在15～20条之间相比，高领圆腹绳纹罐的绳纹则相对较粗；同时可知制陶工匠在利用绕绳圆棒修整这两类陶器时，所选择的绕绳圆棒缠绳数是有明显区别的，说明当时制陶工具的使用并不是随意性的，至少部分工具对应于器物类型是有选择性的。

2. 划分规格大小的测量参数分析

观察图10-33，高领圆腹罐各标本的领高相差不大，皆在4～6厘米之间，且与口径无明显的关联性，所以领高参数不能作为规格大小的衡量维度，仍是直接依据口径大小来划分所选标本。标本可分为大、中、小型，由于大、小型陶器各仅有1件标本（17.0厘米、11.8厘米），数量太少，不适合做变异系数运算。标本2～8号7件皆为中型号陶器（13～14.6厘米），标本的口径数值大小相近，选其作为高领绳纹圆腹罐变异系数分析的数据组。另外，发现了3件下腹及底残陶器，测量了底径，由于其缺失口沿，不知口径及器高的数据，不好区分其规格大小，但由于这三件标本挑取时是随机性的，在下表中一并示出，作为参考。

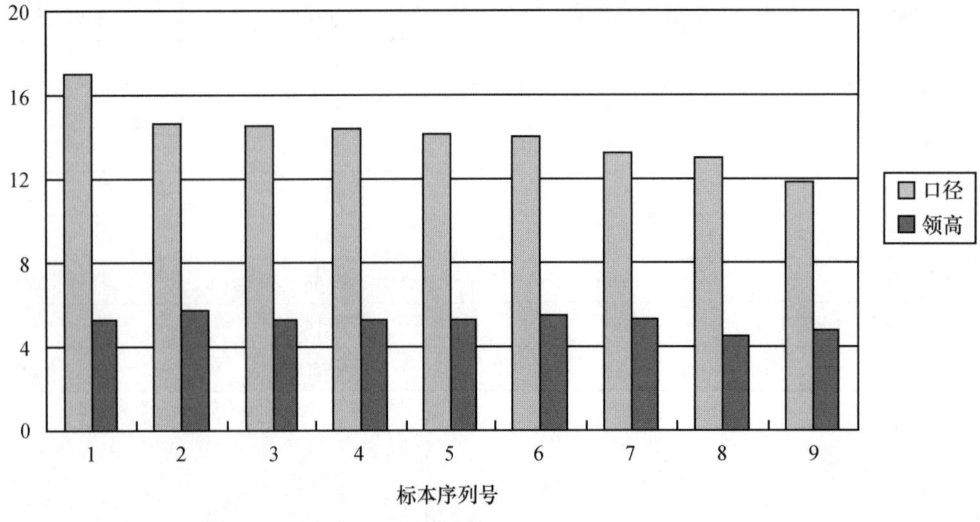

图10-33　客省庄文化高领圆腹绳纹罐口径与领高柱状图

表10-19　客省庄文化高领圆腹绳纹罐各参数的变异系数值

编号	口径/厘米	领高/厘米	底径/厘米	绳纹密度/条
H70：24	17.0	5.2		15
H70：21	14.6	5.7		13
H70：19	14.5	5.2		12
H34：8	14.4	5.2		16
H34：6	14.1	5.2		16
H34：12	14.0	5.5		15
H70：15	13.2	5.3		16
H70：23	13.0	4.5		14
H70：16	11.8	4.7		25
H34：74			8.4	14
H34：78			8.2	25
H34：55			10.2	15
平均值	14.07	5.17	8.93	16.33
标准差	1.424	0.367	1.102	4.228
变异系数	10.12%	7.10%	12.34%	25.89%

中型高领圆腹绳纹罐的各参数的变异系数范围是4.54%～12.34%，口径、领高、底径的CV值分别为4.54%、7.13%、12.34%。底径的CV值相对较大，这与其标本数较少有关；口径及领高的CV值都在6%～9%之间，数值较小（表10-20）。

表10-20　中型高领圆腹绳纹罐的变异系数值

编号	口径/厘米	领高/厘米	底径/厘米
H70：21	14.6	5.7	
H70：19	14.5	5.2	
H34：8	14.4	5.2	
H34：6	14.1	5.2	
H34：12	14.0	5.5	
H70：15	13.2	5.3	
H70：23	13.0	4.5	
H34：74			8.4
H34：78			8.2
H34：55			10.2
平均值	13.97	5.23	8.93
标准差	0.634	0.373	1.102
变异系数	4.54%	7.13%	12.34%

（三）喇叭口折肩罐

此类器物标本共21件，分别来自H70的7件、H50的5件、H34的5件、H29的4件。无完整器，口沿标本13件，底部标本8件。测量部位参数包括口径、领高（颈高）、底径。

喇叭口折肩罐的各参数都与器形规格大小相关，所以，需进行规格大小的拆分，以便获得较真实的各参数变异系数值。另外，需指出的是底径的测量标本皆为下腹及底残器，没有相应的口径及领高数据，但这些器底多是随机选取的，其变异系数可作为参考值（表10-21）。

表10-21　喇叭口折肩罐全部选取标本的变异系数值

	口径/厘米	领高/厘米	底径/厘米
平均值	14.15	7.3	12.56
标准差	2.234	1.242	2.213
变异系数	15.79%	17.01%	17.62%

观察图10-34知，领高与口径数据之间有一定的正向关联性，但数据分布较聚集，不利于规格大小的划分。所以，喇叭口折肩罐所选标本规格划分依据还是以口径为主。依口径尺寸可以划分成大、中、小三型，大型17.0～16.6厘米（标本序号为1、2），中型15.8～13.6厘米（标本序号为3～10），小型11～9.8厘米（标本序号为11～13）。由于大、小型标本量较少，中型喇叭口折肩罐的标本数量较多，其参数数据可用于分析变异系数大小。

至于底径，共有8件标本，数值跨度较大，最大值为16.6厘米，最小值为 8.8厘米，其余数值皆在14.1～11.6厘米之间。大小型标本数量各仅1件，所以也是挑选中型标本的器底径数据作为标准化推测的数据来源，即下表10-22中所示标本。喇叭口折肩罐的口径与底径皆可分成大中小型，有标本Ⅰ T0202H30：3完整器可为之验证：口径14.5、领高6.8、高37.2、底径10.7厘米，应当是中型罐；另外，本遗址2004～2006年发掘报告中的完整器数据如H23：9、H226：2、H176：6、H106：3的口径及底径与器物体量大小划分成正相关，可划分成大中

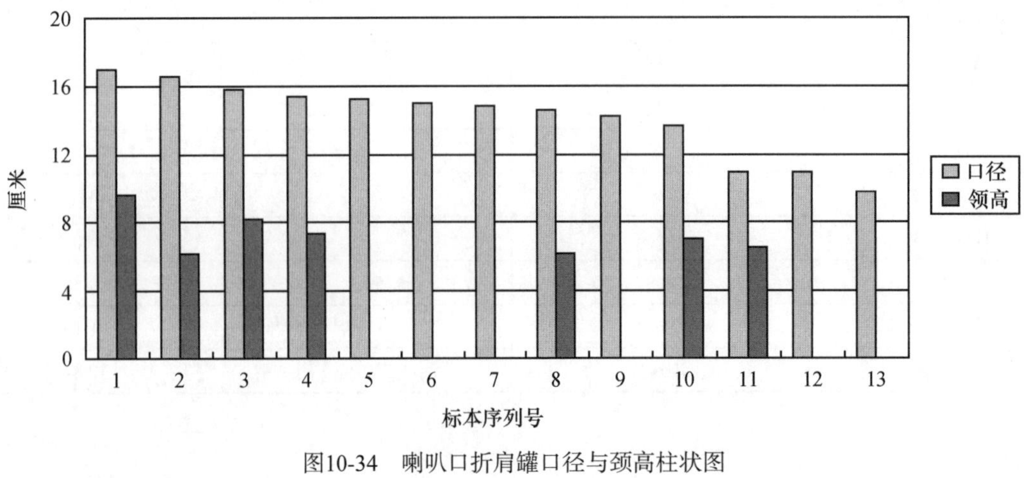

图10-34　喇叭口折肩罐口径与颈高柱状图

小型，数据几乎都落在本文规格大小划分的数据范围内，口径与底径规格大小之间有对应关系（四件完整器口径、底径、器高分别是：16.4、13、52厘米；14.5、11.5、37.2厘米；12、10.4、34.8厘米；11.4、6.7、20厘米）。

表10-22　中型喇叭口折肩罐的变异系数值

编号	口径/厘米	领高/厘米	底径/厘米
H70：77	15.8	8.2	
H29：16	15.4	7.4	
H70：93	15.2		
H50：22	15.0		
H34：33	14.8		
H70：37	14.6	6.2	
H34：20	14.2		
H29：10	13.6	7.0	
H50：65			14.1
H50：64			12.8
H34：58			12.4
H70：76			12.2
H70：75			12.0
H70：47			11.6
平均值	14.825	7.2	12.52
标准差	0.696	0.721	0.873
变异系数	4.69%	10.01%	7.0%

根据表10-22，中型喇叭口折肩罐的变异系数范围在4.69%～10.01%之间，口径、领高、底径的CV值分别是4.69%、10.01%、7%，而未经规格大小划分的所有标本的各参数CV值分别为15.79%、17.01%、17.62%，与之相比，中型喇叭口折肩罐的变异系数值明显较小，说明同一器类的不同大小的器物混合在一起时，会明显夸大变异系数的数值，降低标准化的程度。

（四）大口高领鼓腹罐

共选取了7件标本，分别来自H50的4件、H70的3件。其中无完整或可修复器，皆为口沿标本，测量部位参数包括口径、领高（表10-23）。

大口高领鼓腹篮纹罐所选标本的规格大小还是以口径为划分依据，因为各标本皆缺少器高数据，且领高数据相差不大。标本可划分为大、小型，1、2、3、4、5号标本为大型（口径在30.2～26.5厘米之间），6、7标本为小型（口径皆为21.0厘米）。由于小型标本只有2件，数量太少，5件大型标本的数据组用于此类器物变异系数的分析（图10-35）。

表10-23　客省庄文化大口高领鼓腹罐各参数变异系数表

编号	口径/厘米	领高/厘米
H50：9	30.2	6.9
H50：30	29.8	5.1
H70：11	29.7	6.2
H50：10	27.6	5.6
H70：8	26.5	6.0
H70：78	21.0	7.2
H50：12	21.0	4.4
平均值	26.54	5.91
标准差	4.011	0.981
变异系数	15.11%	16.60%

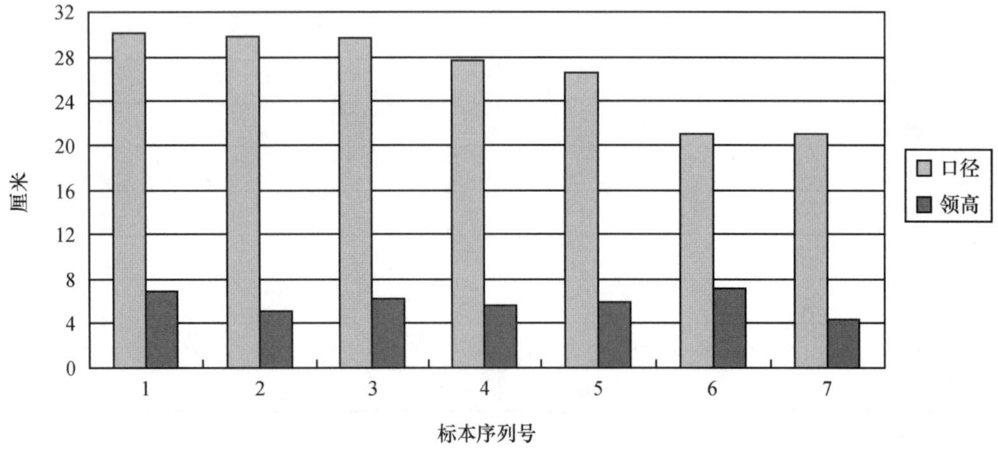

图10-35　客省庄文化大口高领鼓腹篮纹罐的口径与领高柱状图

大型大口高领鼓腹篮纹罐的口径、领高变异系数CV值分别是5.63%、11.24%，变异系数的数值不算太大，陶器的标准化还是较高的，尤其是口沿部位的标准化更高（表10-24）。

表10-24　大型大口高领鼓腹罐变异系数值

编号	口径/厘米	领高/厘米
H50：9	30.2	6.9
H50：30	29.8	5.1
H70：11	29.7	6.2
H50：10	27.6	5.6
H70：8	26.5	6.0
平均值	28.76	5.96
标准差	1.62	0.67
变异系数	5.63%	11.24%

（五）敛口折肩瓮

选取了11件标本，有H70的9件、H34的1件、H50的1件。其中无完整器或可复原器，主要是底径标本8件，口沿标本1件，其余则为缺少口沿的肩腹标本2件。

敛口折肩瓮多是腹部碎陶片及残陶器，且口沿及肩部陶片极少，能够测量口径、肩高、器高等参数的标本太少，所以这些参数皆无法用于陶器变量的分析。但折肩瓮的底部标本量较多且保存较好，所以只有取底径参数作为敛口折肩瓮变异系数分析的主要数据源。少量的几件较完整的折肩瓮，其规格明显有大小之别，底径也应是和器物规格大小相对应的，如2004～2006年发掘的标本Y3：3的口径27、底径18.2、高45厘米，H23：6口径23.4、底径15.5、高40.6厘米①。可见折肩瓮底径与体量大小正相关，底径能够作为划分体量大小的依据。底径还是需要进行规格大小的划分，根据数据距离平均值的距离，除去底径数据组中的1件过度偏低值（10.7厘米），剩余6件大型标本皆在15.6～19.2厘米之间（间隔也小于4厘米），其平均值为17.3，标准差为1.28，变异系数值为7.4%，与所有标本的底径CV值15.9%相比，其变异系数小了一半，可见对于一类器物而言，大小类别的区分是十分重要的，否则变异系数数值会被诱导变大（参见表10-25；图10-36）。

表10-25　敛口折肩瓮的数据测量登记表

编号	口径/厘米	肩高/厘米	底径
H70：118			19.2
H70：110			18.1
H70：117			18.0
H70：74			17.2
H34：67			17.2
H70：73			15.8
H70：119			15.6
H70：120			10.7
H70：10		37.5	
H70：66		28.8	
H50：14	24.6		
平均值			16.475
标准差			2.619
变异系数			15.90%

① 陕西省考古研究院：《西安米家崖：新石器时代遗址2004～2006年考古发掘报告》，科学出版社，2012年。

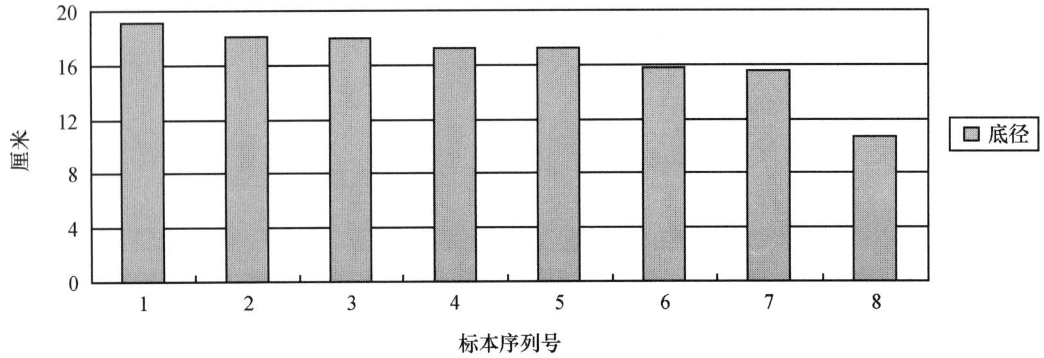

图10-36　米家崖遗址客省庄文化敛口折肩瓮底径柱状图

（六）标准化的数据分析及总结

现整理上述器类的各参数的变异系数（CV）数值及范围，制作成如下表格。

1. 变异系数（CV值）的分析及总结

（1）基于尺寸大小划分的各参数CV值在3.89%～22.27%之间，而各器类中所有标本混合一起的CV值在7.1%～40.78%之间，两者差异显著，前者约是后者的一半，正如上文各器类中所述说的，若将同一器类的不同规格大小标本参数混合算之，这必然会夸大变异系数的数值，从而降低代表实际生产中陶器标准化的程度指数。所以，器物分类时不能仅按照形态（首级分类）进行拆分，还需结合尺寸大小进行更次级的分类（如亚型及式）。

（2）按参数分类：口径、领高、器高、耳宽、耳长、底径中，由于器高、耳长、耳宽的器类分布仅有鬲这一器类，不适宜作器类之间的参数对比分析，所以只选取了口径、领高、底径。口径的CV值范围是3.89%～11.38%（差距7.49%）、领高CV值范围是7.13%～22.27%（差距15.14%）、底径的CV值范围是7.0%～12.34%（差距5.34%），可见领高CV值差距最大，且最大值与最小值的数值也最高，所以领高相对口径、底径的变化程度高，对应的标准化程度相对较低，而口径标准化程度相对较高（即使算上器高、耳宽、耳长的CV值）。

器物各部位在陶器生产过程中，其变化的程度大小是不相同的，甚至变化量的差异很大，各自标准化程度也多有差异。因此，在选择哪些参数能作为考察陶器标准化的参数问题上，还需结合该参数所代表的部位形态进行综合判定，如领高作为器高的一部分，在某一特定的规格下，其大小的变化相对口径、器高而言自由度更大些，领高更多的是外在形态的变化，而口径、器高更多与器物的功能相关，变化相对较小。笔者认为应多选择那些能够代表器物功能的参数作为评估标准化程度的依据，这是因为工匠在进行器物形态变化时，必须得保证器物的特定功能（使用、经济、祭祀等），功能往往决定器物的大体形态，这些代表器物功能属性的参数往往更能体现制陶者的技术水平，正如瓦伦丁·卢克斯所说陶工“通过不断循环的最佳感知活动获得一种高水平的习惯技能……高、最大径和口径等变量，是最有可能根据习惯变化而变化的”[①]。

（3）上表中各参数的CV值范围在3.89%～22.27%。各参数的CV值的变异系数为51.3%，知各参数的CV值离散程度很高。最小值为中型鬲的口径CV值，最大值是中型鬲的领高值，参数间的变异系数值差距较大。

表10-26各参数CV值可聚类成四组：3.89%～7.4%（8个）、9.01%～12.6%（7个）、15.7%～17.06%（2个）、19.52%～22.27%（2个），具体数据分布可见图10-37。各参数的CV值以3.89%～12.60%之间为主（数据分布比较均匀，平均值为8.17%），能够较好的反映当时生产中实际存在的变异系数值。

表10-26　各器类中基于尺寸大小分类的各参数变异系数值

器类	标本数	口径（%）	领高（%）	器高（%）	耳宽（%）	耳长（%）	底径（%）	CV值范围（%）	总CV范围（%）
中型鬲	5	3.89	22.27	4.36	12.60	15.70		3.89～22.27	22.93～40.78
小型鬲	4	11.38	19.52	17.06	9.01	11.26		9.01～19.52	
中型高领圆腹绳纹罐	口：8 底：3	4.54	7.13				12.34	4.54～12.34	7.10～12.34
中型喇叭口折肩罐	口：8 底．6	4.69	10.01				7.0	4.69～10.01	15.79～17.62
大型高领鼓腹罐	5	5.63	11.24					5.63～11.24	15.11～16.60
敛口折肩瓮	7						7.4	7.4	15.90
CV值范围（%）		3.89～11.38	7.13～22.27	4.36～17.06	9.01～12.60	11.26～15.70	7.00～12.34	3.89～22.27	7.10～40.78

注：总CV值范围指各器类全部所选标本的CV值范围；标本数一栏中，口指保存口沿的不可修复陶片或陶器，缺失底径、器高等数据；底则指仅保存下腹及底部的陶片或残陶器，缺少口沿、领高、器高等数据。

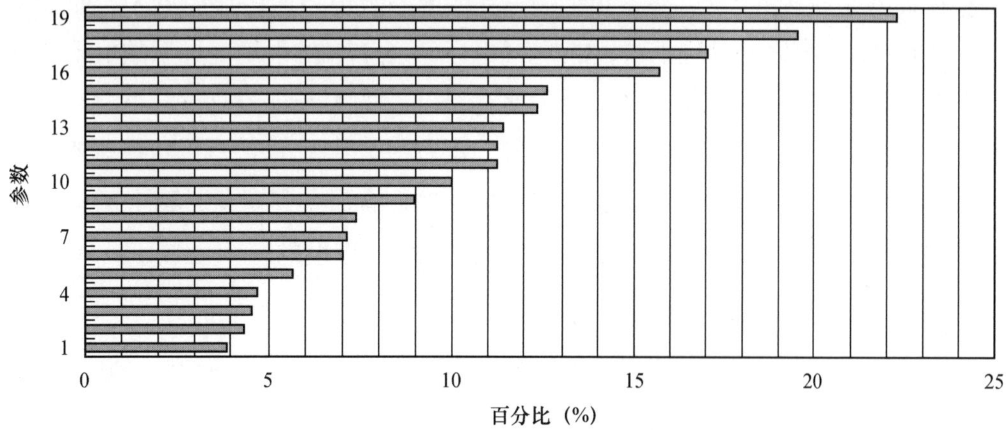

图10-37　基于尺寸大小划分的陶器各参数变异系数值

① 瓦伦丁·卢克斯著，付永旭译，陈星灿校：《陶器生产的标准化和强度：专业化程度的量化》，《南方文物》2011年第3期。

瓦伦丁·卢克斯根据民族学材料提出的陶器生产规模及强度对应于标准化的评价体系。概述如下：在累积影响的情况下，在一个陶器群中（由约10个生产事件组成，每一个生产事件对应于一个陶工的生产），至少有两个参数的变异系数值低于3%时可能为大规模生产、3%～6%之间时为大小规模生产皆有可能、6%～9%之间时可能为小规模生产或非常小规模的生产。大规模生产是由全职专家进行的，而小规模的生产可能是由全职或业余的陶工进行的，或甚至是全社区里的非专业陶工进行的[①]（表10-27）。

表10-27　瓦伦丁·卢克斯的生产效率与变异系数值的关系模式

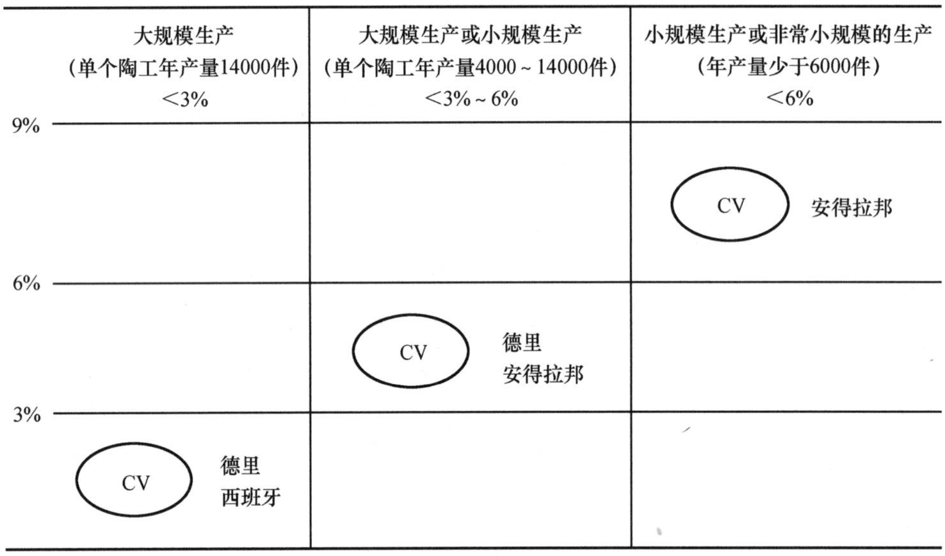

上述参数的平均值8.17%落在6%～9%之间。但由于本文所用资料的“生产事件”数目应远大于卢克斯所用的“生产事件”（本遗址典型灰坑的使用年限相对较长。这么多种类和数量的陶器，在当时的生产效率下肯定不是几个陶工在短时间内就能完成的，陶工数目，即“生产事件数”整体而言是较多的[②]），“累积影响”在变异系数值方面的作用更大，而且本文研究对象中有一些在3%～6%之间的较小参数CV值（5个），8.17%的平均变异系数值不可避免地有所放大。所以，根据卢克斯的模式，西安米家崖遗址当时的生产规模应偏向小规模的生产，但不会是非常小规模的生产；至于大规模生产，因为没有一个数据小于3%，更是绝不可能的。

另外，威廉·A朗艾克等在菲律宾进行了民族学的调查研究，对象是两个民族用于烹调的陶罐，结果是拥有专职专家（陶工）的帕拉迪乔人（小城市里的一个区域，约80个专职陶工

---

① 瓦伦丁·卢克斯著，付永旭译，陈星灿校：《陶器生产的标准化和强度：专业化程度的量化》，《南方文物》2011年第3期。

② “确实，我们已经看到陶工越多，累积影响在变异系数值方面的作用越大。如果陶器群是来自于几个世纪的生产事件，或许多生产事件，那么累积影响应该更大。”，这句话说明一群陶器，其变异系数值与其所经历的时间段、地理分布大小密切相关，若时空范围跨度越大，则相对其包含的陶工数即生产事件就越多，CV值就越大。相反，则CV值越小。上述引文观点出自瓦伦丁·卢克斯的文章《陶器生产的标准化和强度：专业化程度的量化》，《南方文物》2011年第3期。

的聚居区，品种繁多的手工陶器来供应市场，不用模子和陶轮，手工制模、盘筑、刮、拍、砧锤技术）的变异系数值在3.4%～6.8%之间，标准化程度相对高些；“部落”社会以家庭为基地制作陶器的卡林阿人（山区定居农业民族，270人的村子，家庭使用，手工制模、盘筑、刮、拍、砧锤技术）的变异系数则分布在10.2%～13.7%之间，标准化程度相对较低[①]。正如威廉·A朗艾克所说，我们希望利用菲律宾的这批资料来考查考古学条件中的生产方式，切不可唯心地把此标准差与变动系数当作生产方式的一种清晰明确的指示器。这种跨文化间的比较多受文化主体差异等各种因素的影响，借鉴引用时需十分谨慎。但米家崖遗址不仅是所得各参数变异系数值相对较高（CV平均值为8.17%），而且有一半参数CV值大于10%，有的参数CV值甚至达到15%以上。再结合本章第二节中关于考古资料的分析：西安米家崖遗址龙山晚期以农业经济为主、普通居民的聚落、多手制陶器、陶窑紧靠房屋居址。这些社会文化背景都显示出西安米家崖遗址客省庄文化陶器生产应与卡林阿人更为相似，也是以家庭为基地的制陶、陶器多供家庭内部使用、制陶者为非专门从事制陶业的陶工。

总之，西安米家崖遗址龙山晚期陶器的生产规模较小，生产强度一般（为兼职陶工的间歇性、季节性的生产），陶器标准化程度并不很高，应有一定程度的专业化生产。无论是“家庭制陶”或“核心作坊”才生产，其核心特征均与上述米家崖遗址典型单位陶器特征多有不符。因此，专业化水平介于二者之间的米家崖客省庄时期的陶器生产组织方式应是“家庭工业”或“个体作坊制陶”，即“家庭专业化制陶”。该结论与上节的分析结果相同，只是上节结论更倾向于“家庭工业”。

2. 标准化分析中的标准和尺度问题

第一，器物大、中、小规格划分的尺度标准问题。以尺寸参数划分器物成大、中、小型本文采取的做法是：以4厘米大小作为大、中、小型号（采取三种规格大小）之间的距离值，如大型为26～30厘米，中型为22～26厘米，小型为18～22厘米。当然间距的大小可以结合器物大小划分的程度而定，间距越小，大小规格种类越多，大小分类越细。那么这三种规格的间距4厘米的范围如何确定？首先，一般器物的口径都会大于4厘米。直接假设器物口径的最小值为4厘米，最大值暂不限，但人力所能达到的器物口径是有限的（本文测量的所有器类标本口径值在9～30.2厘米之间）；其次，观察数据表，看测量标本口径数据组的最大值（Max）与最小值（Min）之间的差距多大，若差距＞12厘米，则取Max和Min之间的中间值（Mid），以此中间值为点，左右2厘米取值为一个规格的范围，再左右直至两边的最大值与最小值皆被一个4厘米的间隔所包容，只是此时以4厘米为间隔的尺寸大小划分最少会有5种规格；若差距=12厘米，则4厘米间隔范围的大中小型正好平分这12厘米的差距，分成三份即可；若差距＜12厘米，则4厘米间隔范围的大中小型划分，也是取

① 威廉A·朗艾克、肯尼思L·克瓦默、马萨希·科巴亚希：《西南方陶器的标准化：来自菲律宾的一种民族考古学观点》，《考古学的历史·理论·实践》，中州古籍出版社，1996年，第345页。

其中间值（Mid），以中间值左右2厘米的范围为中型、其余大小型以中型为基准左右间隔4厘米即可；当然差距小于等于4厘米时，则无须划分大小了，只有一个规格大小。

4厘米间隔数据范围确定大、中、小型的方法，在具体实施中并不能僵化地操作。若一些数值位于4厘米间隔点附近（左右2厘米），则可以变动数据归属的规格大小，这主要还是得看数据分布的聚集情况，即要考虑作为变异系数分析时标本数目的多少，在可控的范围内（归于某一规格内的数据之间的最大差不超过6厘米），尽量使数据标本数多一些。

示例如下，第一种情况：最大值与最小值各为4厘米、18厘米，差距＞12厘米，则其中间值为11厘米，则以9～13厘米为某一规格的范围，左右移动直至最大、小值皆包括于间隔内，则规格大小间隔范围划分为1～5、5～9、9～13、13～17、17～21厘米。又因口径设定最小值为4厘米，1～5厘米规格舍去后，最小值4厘米数据归到5～9厘米规格中；第二种情况：最大值与最小值各为4厘米、16厘米，差距＝12厘米，则大中小型划分为4～8、8～12、12～16厘米三种规格；最大值与最小值各为4、14厘米，差距小于12厘米，则中间值为9厘米，中型规格为7～11厘米，左右为3～7、11～15厘米。

第二，标准化与生产规模许伀的依据。一些研究论文中，在评价标准化与生产规模大小时多会引用布莱克曼（Blackman）的成果①。布莱克曼在研究公元前2200年前美索不达米亚北部泰尔·雷兰（Tell Leilan）遗址和其他一些遗址的敞口泥质陶碗时发现，陶窑内出的陶碗参数的变异系数皆在10%以下，而遗址内发现的同类器形中，其集中的变异系数则达18.85%。于是，他总结道，“雷兰堆弃物的度量数据显示的相似性水平与预期的实用器物的专业化大生产一致”②。

一些论文中多直接根据其所测陶器参数的变异系数与10%相比，认为有几个或部分参数低于10%即是大规模的生产或认为有一定的规模。这种对比是很不科学的，暂且不论这种跨文化的比较是否适当，更主要的是正如卢克斯所讲，即使“泰尔·雷兰的陶碗被认为是一个单独的生产事件，……口径的变异系数值是9.19%，高的变异系数值是4.4%。这些变异系数值不受任何累积效应影响，但仍比我们参考的民族志参考标准高。因此，他们可能反映了小规模的生产，即使是由专家制作，其生产效率也不是很高”③。可见，布莱克曼的结论是有待商榷的，不能简单地根据陶器变异系数的大小来断定生产的规模，其实还需注重结合民族学资料中调查所得量化生产强度、生产规模与陶器标准化的关系来进行判定。本文19个参数中也有10个参数的变异系数值小于10%，甚至4个变异系数值还小于5%，若按布莱克曼的标准和结论，米家崖

① 张小雷：《两城镇遗址龙山文化陶器的生产及相关问题初步研究》，山东大学硕士学位论文，2010年；王艳朋：《枣树沟脑遗址先周时期陶器制作工艺观察与研究》，西北大学硕士学位论文，2012年。

② Blackman M J, Stein G J, Vandiver P B. The standardization hypothesis and ceramic mass production: technological, compositional, and metric indexes of craft specialization at Tell Leilan, Syria. American Antiquity, 1993, 58(1): 60-80.

③ 瓦伦丁·卢克斯著，付永旭译，陈星灿校：《陶器生产的标准化和强度：专业化程度的量化》，《南方文物》2011年第3期。

遗址龙山晚期陶器生产应已进入大规模生产。然而这个推断不光与以卢克斯方案得到的评价结论不同，更是与本遗址考古发掘的直接证据完全不符，如陶窑多分散在居住房屋周围、相对孤立而不集中、窑室面积较小、未见大量的残次品或烧坏的器物等，都无法支持大规模生产的结论。可见，以参数的变异系数来评价陶器标准化程度时，不能主观地直接根据所测变异系数的值来臆断生产规模的大小。“小规模的生产确实能使陶工形成与高效生产者类似的使一组组陶器标准化的习惯”①，这也就解释了上述陶器生产规模较小的情况下，一些陶器参数的变化系数值较小的原因。

四、小　结

基于直接证据和间接证据的描述统计和分析，可以总结出米家崖遗址客省庄文化时期陶器生产的一些基本状况。

与陶器生产相关的设施及遗物如陶窑、制陶工具、烧残品等的出现，日常陶器出土量很大，可知制陶业是当时手工业的重要组成部分。遗址中未见高等级建筑及奢侈品的出现，说明聚落内部等级分化还不明显，陶器生产绝不会是依附性于贵族或政府的生产活动，而是独立性的生产活动。家庭（或家族）这一相对独立的基本经济单位控制着陶器的生产及消费，产品多是与日常生计有关的陶制品，如陶容器、装饰品等。

陶窑紧靠居住房屋的周围，又相互分散孤立，表明生产集中程度较低。遗址内陶器由于没有专门性的集中生产点或生产区，从部落层面进行部分程度的统一管理及分配是不大可能的。制陶地点未与居住区分离，陶工多与人口分布（消费者）相伴随，家庭（或家族）这一基层经济单位应掌握着当时陶产品的分配主动权，陶器消费主要还是以家庭内部所需和部分交换为主，消费者的分布一般不会超出社区所在的地理范围。

就陶器生产的规模而言，单个陶窑的面积很小，单一批次陶器生产量并不大，聚落内陶器的生产规模较小。制陶者只是间歇性、季节性的生产陶器生产强度也较低。陶工为兼职性的，不是全职陶工，一般由家庭中能够熟练制陶的成员来担任。

总之，西安米家崖遗址客省庄时期陶器的生产组织应处在“家庭制陶工业”到“个体作坊”阶段，或更倾向于前者。两者可合称“家庭专业化生产”，陶器生产具有一定程度的专业化水平，当然并不排除共存较少的“家庭制陶”的可能性。

① 瓦伦丁·卢克斯，付永旭译，陈星灿校：《陶器生产的标准化和强度：专业化程度的量化》，《南方文物》2011年第3期。

结　语

西安米家崖遗址庙底沟二期文化陶器生产组织关系的推定主要依据纹饰的标准化分析。陶器纹饰在选择和使用、纹饰组合、施纹对象（典型器类、质地）、纹饰制作方式等方面呈现出程度较高的标准化现象，但未见此时期的高等级设施和贵重物品，证明了此时米家崖社会等级分化不明显，陶器生产组织具有独立性。这种与初级专业化生产特征相符合的陶器生产处于“家庭工业”阶段。

西安米家崖遗址客省庄文化时期陶器生产相关遗迹设施和陶器多样性与标准化程度分析显示，此时陶器的生产规模还较小，为兼职陶工的间歇性或季节性生产，陶器标准化程度并不高，但起码有较低程度的专业化生产。陶器生产及消费皆以家庭内部为主，生产组织方式应多为“家庭专业化制陶”，即“家庭工业”或“个体作坊”阶段，可能还伴有少许“家庭制陶”的生产方式。

总之，米家崖遗址庙底沟二期、客省庄文化时期陶器生产组织方式一直以“家庭工业”为主，有的可能已开始转向“个体作坊”，但整体上其发展是有限的，仍为聚落家庭内部制陶，生产规模并不大，生产强度也一般，是兼职陶工间歇性、季节性的低水平专业化生产。制陶技术和制陶业在关中地区社会演进中所扮演的角色是非常重要的，是社会发展水平的重要指标。

（本章执笔者：刘勤翰、白梅、凌达彬）

第十一章　出土石器初步研究*

石器是考古发现的人类最初的生产工具，是旧石器时代至青铜时代早期人类改造的自然界最主要工具门类。因此，不同时空中的石器代表着当时当地人们对其同行处的环境与自然资源的认知能力、生存技艺及智慧。考古学上，石制生产工具（和武器、装饰品）等遗物，由于其材料耐磨蚀性能而遗留至今，成为各地区、各时代人们的生产技术、生活方式、体质特征乃至精神文化水平的重要证物。

第一节　出土石器的分类整理

2004～2006年和2010～2011年，陕西省考古研究院和西安市文物保护考古研究院分别对米家崖遗址实施了考古发掘，发掘面积5200平方米，发现遗迹单位600余个，共出土石器408件[①]。

本文以两次较大规模考古发掘出土的408件石器为研究对象。一些无法辨明功能用途的天然石块、卵石及残石，在必要时也纳入研究视野。

一、研究内容及方法

根据现有的资料，设备和技术条件，设定研究内容，目标和研究方法。

---

* 本章研究同时为陕西省社科基金项目“早期文明进程视野下的关中地区龙山时代考古研究”（立项号：2022G016）阶段性成果。

① 陕西省考古研究院：《西安米家崖：新石器时代遗址2004～2006年发掘报告》，科学出版社，2012年。本章标本编号无探方号者，为2004～2006年度发掘资料，有探方号者为2010～2011年度发掘资料。

（一）研究内容

全面梳理408件石器相关资料，首先，依据器物形制、功能等对这些石器进行了三级分类，并以此为基础，考察了本遗址仰韶文化晚期、庙底沟二期、客省庄文化，等不同时期石器种类及数量的变化，及其所反映的各时期的生产力情况。其次，对石器原材料所属岩性进行了判定，并将石材岩性与石器功能联系起来，探索古代先民在石材选择上的特点，以及其中蕴含的规律性。最后，从出土石器中选取了数量占比最多的石斧、石锛、石刀三种器类中具有代表性的标本，通过微痕观察法、残留物分析法等科学手段进行观察分析实验，并根据观察结果，分别对其功能进行了初步研究，由此来推断米家崖先民对生产工具的使用习惯。

（二）研究方法与技术路线

本文主要采用以下四种方法对出土石器进行研究。

分类法及考古类型学，即对所有石器标本进行分类后，又对出土数量多、形制变化大的器类进行了考古类型学的细分，以判断石器的阶段性变化。

观察法，根据一定的研究目的、研究提纲或观察表，用自己的感官和辅助工具去直接观察被研究对象，从而获取资料的一种方法。对米家崖遗址出土石器进行观察分析，是石器分类、判断岩性和推定功能的基础，贯穿研究工作始终。

微痕分析法，指以显微技术（Microscope）对肉眼无法直接分辨的痕迹进行局部放大后，结合现有材料进行痕迹分析，进而对器物的使用功能及制作工艺作出合理推定的一种方法。对米家崖遗址出土石器进行微痕分析是推定其功能及使用状态的重要依据。

统计分析法，指在收集、整理、分析和解释统计数据后，对数据所反映的信息作出一定结论的方法，是量化考古成果的数学工具。对米家崖遗址出土石器进行统计分析是评估考古成果的关键一环，有利于提高所得结论的科学性与准确性。

本文根据研究的内容和拟采用的方法，设定了以下的技术路线。

对于石器的分类整理，拟根据器物形制、功能、所属文化时期进行大类划分及型式划分，通过三级分类梳理判断当时人类对石质工具的使用情况。对石料与器物功能间的对应关系研究，通过查阅相关文献、咨询地质学专业人员，对出土石器的岩性进行逐一鉴定，并以石器岩性及器形为依据，判断先民在制作不同功用的石器时对于石材选择的倾向性及其中的规律性。在对常见器类石斧、石锛、石刀进行功能推测时，通过实验观察法，将具有代表性的实验标本经过预处理，运用ZEN core显微镜成像软件对石器标本进行显微观察并记录器表痕迹，同时参考相关的石器残留物分析结果，判断不同标本石器的功能，并由此对当时先民的生产和饮食情况进行初步推测。

二、石器的分类研究

关于石器的分类与定名，本研究在参考了《西安米家崖：新石器时代遗址2004～2006年发掘报告》①、《西安半坡：原始氏族公社聚落遗址》②、《庙底沟与三里桥》③和《两城镇：1998～2001年发掘报告》④等考古报告的基础上，将米家崖遗址出土的石器初步划分为生产工具和装饰品两大类。其中，生产工具的数量占石器总数的绝大多数，占比为80.15%；装饰品及其他工具占石器总数的19.85%（图11-1）。

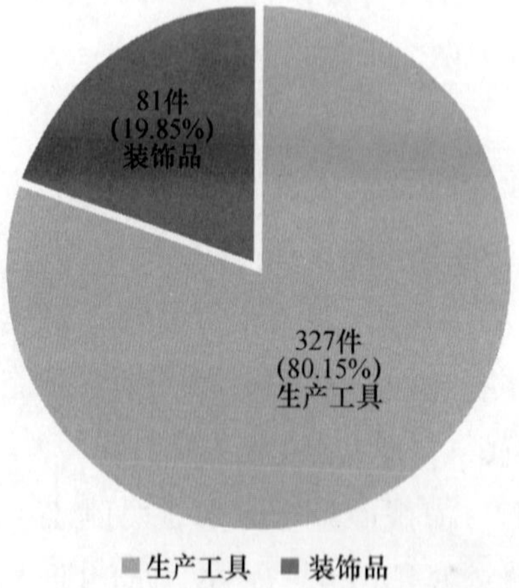

图11-1 米家崖遗址出土石质生产工具、装饰品数量比

（一）生产工具

生产工具按照其功能可分为木作工具、农作工具、食物加工工具、制器工具、纺织工具、狩猎工具六类。其中农作工具居多，有121件，占石器总数的29.66%；其次为木作工具，共出土80件，占19.61%；再次是制器工具，有63件，占15.44%；其他依次为狩猎工具、纺织工具及食物制备工具，分别为39、18和6件，分别占总数的9.56%、4.41%和1.47%。

1. 木作工具

木作工具是一类用以加工木材的工具，包括石斧、石锛和石凿三类共80件。其中石斧40件，石锛30件，石凿10件。

一般认为，斧、锛、凿都可以用以加工木材，但具体的加工对象和功能又有所区别。斧是一种利用锋利的刃以实现砍、劈、剁开木材的器具⑤；锛是一类削平木头的工具，柄与刃具相垂直，呈丁字形⑥；凿则是嵌入柄内使用的、用以制造工具和挖凿榫卯的小型工具⑦。

① 陕西省考古研究院：《西安米家崖：新石器时代遗址2004～2006年发掘报告》，科学出版社，2012年。

② 中国科学考古研究所、陕西省西安半坡博物馆：《西安半坡：原始氏族公社聚落遗址》，文物出版社，1963年。

③ 中国社会科学院考古研究所：《庙底沟与三里桥：汉英对照》，文物出版社，2011年。

④ 中美联合考古队：《两城镇：1998～2001年发掘报告》，文物出版社，2016年。

⑤ 新华辞书社：《新华字典（第10版）》，商务印书馆，2004年，第137页。

⑥ 中国社会科学院语言研究所词典编辑室：《现代汉语词典（第6版）》，商务印书馆，2012年，第60页，见“锛子”一词。

⑦ 周昕：《原始农具斧、锛、凿及其属性的变化》，《农业考古》2004年第3期。

（1）石斧

斧的柄与刃缘平行，双面磨制出刃，绑柄使用①。遗址共出土石斧40件，按钻孔情况、横截面形状和器体厚度可分为八型。

A型　穿孔石斧，器体扁平，横截面有梯形和长方形两种形状，共3件。按照横截面不同分为两个亚型。

Aa型　梯形穿孔斧，仅1件。标本ⅢT0303③：26，顶及刃部残，体扁平，平面呈梯形，顶部残失，双面弧刃，两侧缘斜直，近顶部有一对钻穿孔。器表平整光滑。残长9、宽8.5、厚0.7厘米（图11-2，1）。

Ab型　长方形穿孔斧，2件。器物平面近梯形，横截面呈长方形，有一圆形对钻穿孔，通体磨光。标本H16：3，顶端残，残端处为一对钻穿孔，下端打制成弧刃。器表磨光。长5.9、宽6.4、厚1.5厘米（图11-2，2）。标本ⅢT0203③：42，器体扁平，顶及刃部残，平面近梯形，横截面呈长方形，两侧表稍斜直，近顶处有一孔径约0.7厘米对钻穿孔。器表磨制平整光滑。残长13.9、宽5.6、厚1.3厘米（图11-2，3）。

B型　宽扁形大斧，仅1件。标本ⅠT0307H50：4，器体宽厚，体型较大，呈扁平状，保存较完好，平面略呈梯形，横截面呈圆角四边形，顶部打制成弧状，底部磨制出双面刃，刃缘微弧，侧缘斜直。器表磨制较为光滑。长21、宽4.4、厚2.4厘米（图11-2，4）。

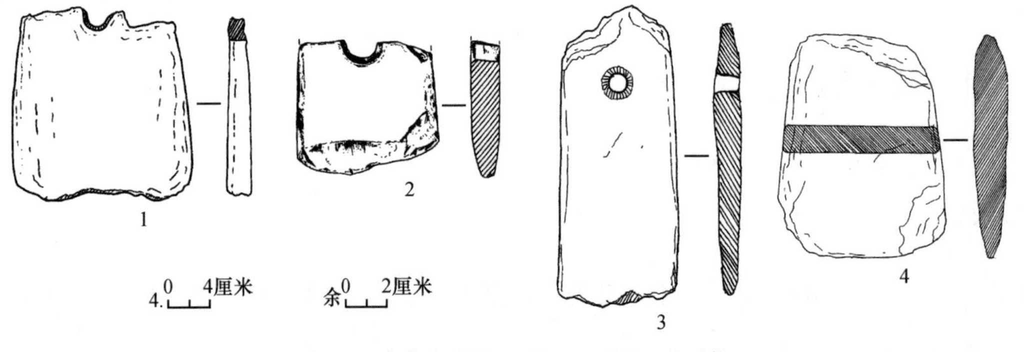

图11-2　米家崖遗址Aa型、Ab型及B型石斧

1. Aa型石斧（ⅢT0303③：26）　2、3. Ab型石斧（H16：3、ⅢT0203③：42）　4. B型石斧（ⅠT0307H50：4）

C型　弧刃形扁斧，共9件。器物平面呈半椭圆形或梯形，横截面多呈椭圆形，体扁且薄，厚度多界于1至2厘米之间。标本ⅠT0301④Y3：2，体扁薄，较宽，顶端及刃部残，横截面呈椭圆形，双面弧刃，刃部弧度较小。通体磨光，两侧缘磨制斜直、光滑。长6.7、宽7.95、厚1.7厘米（图11-3，1）。

D型　三角宽面形斧，共4件。器物平面略作三角形，器身宽扁，顶部有圆弧状凸起，体较厚，厚度多界于2至4厘米之间。标本ⅣT0404H2：3，体较厚，平面近梯形，顶部打制成圆弧状凸起，底部磨制出双面直刃，微弧，稍残，刃面不规则，两侧缘经打制修整。器表磨制较

① 李仰松：《中国原始社会生产工具试探》，《考古》1980年第6期。

精细。长11.5、宽4.5、厚3.8厘米（图11-3，2）。标本ⅢT0403H21：1，器体平面近梯形，顶端打制成弧状，底部双面磨制出刃，刃缘微弧，侧缘经打制修整，较平直。器表磨制较为粗糙。长12.8、宽4.7、厚3.2厘米（图11-3，3）。

E型　长方形扁斧，共9件。器物平面或横截面呈长方形，器体扁平，厚度界于1.2～2.8厘米之间，刃缘平直。标本ⅠT0303H43：81，体略呈扁平状，顶端残，残存部分平面近长方形，底端为双面斜弧刃，稍残钝，两侧缘斜直。器表一面磨制平整、光滑，另一面残有打制修理痕迹。长5.55、宽4.05、厚1.2厘米（图11-3，4）。

F型　长方形宽刃斧，共9件。器物平面呈长方形，器体扁平，刃部较宽而平直（或为微凸的弧线）。标本H64：4，顶部残，横截面近圆角方形，双面直刃，刃部有崩裂痕迹，两侧缘较直。器表磨制精细。长10、宽3.6、厚2.9厘米（图11-4，1）。标本H270：2，扁平状，顶端平直，底端打击成弧刃。器表平整、光滑。长11.2、宽3.9、厚2.6厘米（图11-4，2）。

G型　小斧，共4件。器物明显较其他标本小，长度介于5.8～6.6厘米之间，宽度介于3～4厘米之间，最小厚度仅为0.7厘米。标本ⅢT0401③：10，长6.6、宽3.9、厚1.6，器身保存较好，平面呈梯形，横截面近长方形，顶部斜直，微残，底部双面磨制出刃，刃缘较弧，两侧缘斜直。器表磨制平整、光滑，两侧缘可见明显打制修整痕迹（图11-4，3）。标本

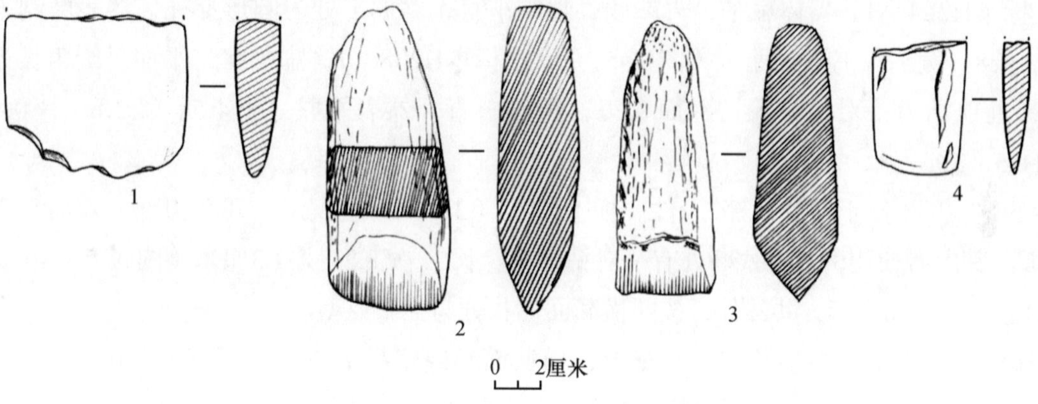

图11-3　米家崖遗址C型、D型及E型石斧

1. C型石斧（ⅠT0301Y3：2）　2、3. D型石斧（ⅣT0404H2：3、ⅢT0403H21：1）　4. E型石斧（ⅠT0303H43：81）

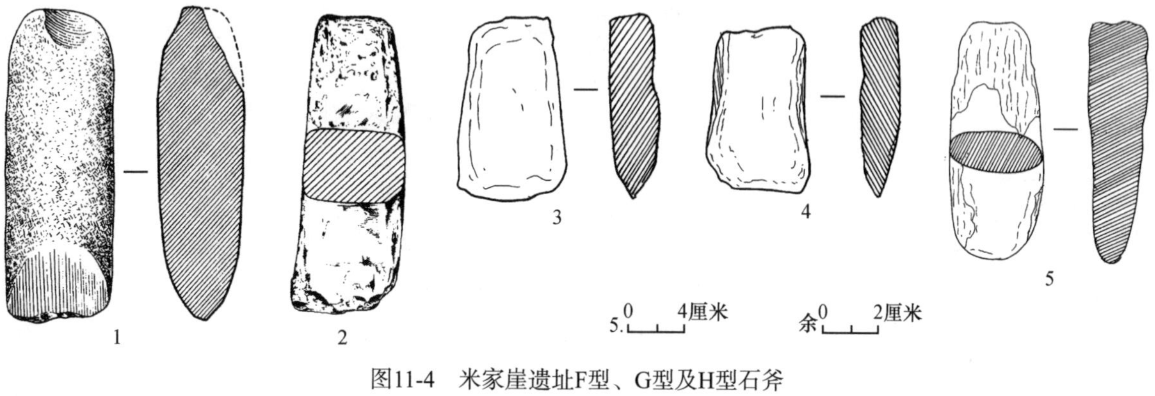

图11-4　米家崖遗址F型、G型及H型石斧

1、2. F型石斧（H64：4、H270：2）　3、4. G型石斧（ⅢT0401③：10、ⅡT0207③：1）　5. H型石斧（ⅢT0303②：5）

ⅡT0207③：1，平面及横截面近长方形，顶部磨制平直，稍残，双面磨制出刃，刃缘较直，一侧刃面较宽，两侧缘平直。器表磨制平整、光滑，两侧缘可见明显打制修理痕迹。长5.8、宽3.3、厚1.4厘米（图11-4，4）。

H型　宽面长柄形斧，仅1件。标本ⅢT0303②：5，器体平面近长方形，横截面近椭圆形，顶部平直，底部双面磨制出刃，刃缘较圆钝，两侧缘平直。器表磨制较为粗糙，底部及两侧缘均残有明显打制修整痕迹。长16.7、宽6.5、厚3.4厘米（图11-4，5）。

（2）石锛

在形态上，石锛和石斧横截面都呈梯形和长方形，器体扁平，有砍伐林木上的用途。但和石斧不同，石锛以单面磨制出刃，其柄与刃缘垂直。这两点亦是区分石斧和石锛的依据。在用途上，多数学者认为其用以砍伐小型林木，也有学者猜测其有除草及挖掘坑穴的用途①。遗址共出土石锛30件，按照穿孔情况、横截面形状可分为两型。

A型　穿孔石锛，共7件。器体扁平，平面多呈长方形，顶部多平直或呈弧状，长度在5～10厘米之间。按照穿孔的位置可分为两个亚型。

Aa型　穿孔位于近颈处，3件。标本H110：9，器体扁平，近顶处较薄，并有一对钻穿孔，刃部残，背部平直，两侧边斜直。器表打磨光滑。长10.8、宽5.6、厚1.4厘米（图11-5，1）。标本H224：1，器体扁平，刃端残，顶端平直，略偏下处为圆形穿孔。器表磨制平整、光滑。长8、宽5.5、厚2.16厘米（图11-5，2）。标本H238：1，扁平状，平面呈圆角长方形，弧顶，近顶端为一对钻穿孔，双面直刃，两侧斜直。器表平整。长4.5、宽2.8、厚0.4厘米（图11-5，3）。

Ab型　穿孔位于器身中部，4件。标本H170：3，剖面呈楔形，残存刃部，双面直刃，边缘微弧，其上有使用磨痕，残断处有一对钻穿孔。长5、宽8.2、厚1.3厘米（图11-5，4）。

B型　无穿孔石锛，共23件，按照横截面形状分为三个亚型。

Ba型　器物平面多呈长方形或梯形，横截面呈或略呈长方形，厚度界于0.7～2.5厘米之间，18件。标本T7⑤：10，平面近梯形，顶端平整，单面直刃，两侧缘斜直。器表磨制光

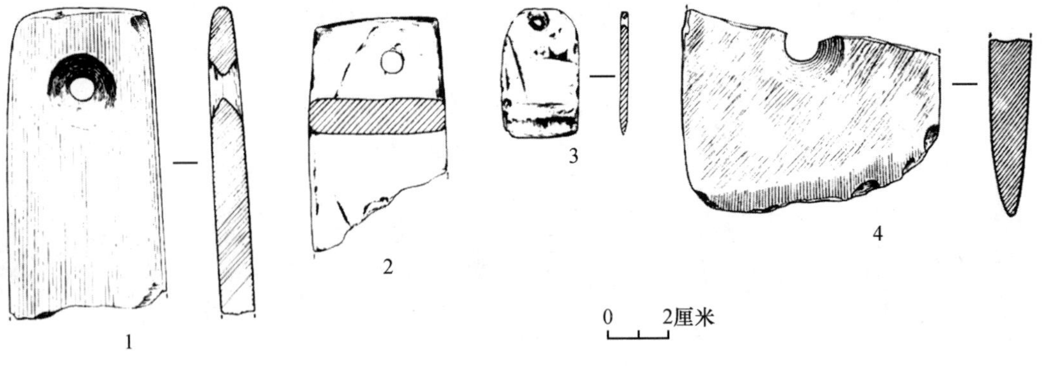

图11-5　米家崖遗址Aa型及Ab型石锛
1～3. Aa型石锛（H110：9、H224：1、H238：1）　4. Ab型石锛（H170：3）

① 周昕：《原始农具斧、锛、凿及其属性的变化》，《农业考古》2004年第3期。

滑。长8.6、宽3.7、厚1.5厘米（图11-6，1）。标本T7⑤：9，平面近梯形，顶端平整，单面直刃，两侧缘斜直。器表磨制光滑。长8.2、宽3.8、厚1.1厘米（图11-6，2）。标本F1-1：1，平面呈长方形，平顶略残，单面直刃，两侧竖直。器表磨制光滑。长6.1、宽3.1、厚1.4厘米（图11-6，3）。标本H140：2，平面呈等腰梯形，直刃，刃面斜直，一侧面宽，另一侧面略窄。通体打磨。长4.5、宽2.4、厚1厘米（图11-6，4）。

Bb型　器物平面呈正方形，器体较宽大，仅1件。标本ⅢT0403③：1，器体保存较好，平面近长方形，弧顶，双面磨制出刃，刃缘平直，微弧，两侧缘平直。器表磨制光滑，侧缘可见打磨修整痕迹。长6.8、宽5、厚1.6厘米（图11-6，5）。

Bc型　平面及横截面均呈或略呈长方形，体呈长条状，较细长，底部单面直刃，4件。标本ⅠT0302③：3，平面及横截面均呈长方形，顶部平直，稍弧，底端单面磨制出刃，刃缘平直。器表磨制光滑、平整。长5.1、宽1.6、厚1.55厘米（图11-6，6）。标本ⅢT0402H8：2，器体平面及横截面均近长方形，顶微弧，底部单面磨制出刃，刃缘较直，两侧缘平直。器表磨制平整光滑，两侧缘可见明显打磨修整痕迹。长6.8、宽3.1、厚1.5厘米（图11-6，7）。标本T14③：5，体较扁，平面呈长条形，平顶，单面直刃。器表有修理疤痕。长7.8、宽3.2、厚1.4厘米（图11-6，8）。

（3）石凿

石凿和石斧、石锛类似，也是一类用作木材加工的工具。但其形态与石斧、石锛差别较大，为单面刃或双面刃，材质坚硬，器体柄部较细，是嵌入柄内使用的、用以制造工具和挖凿

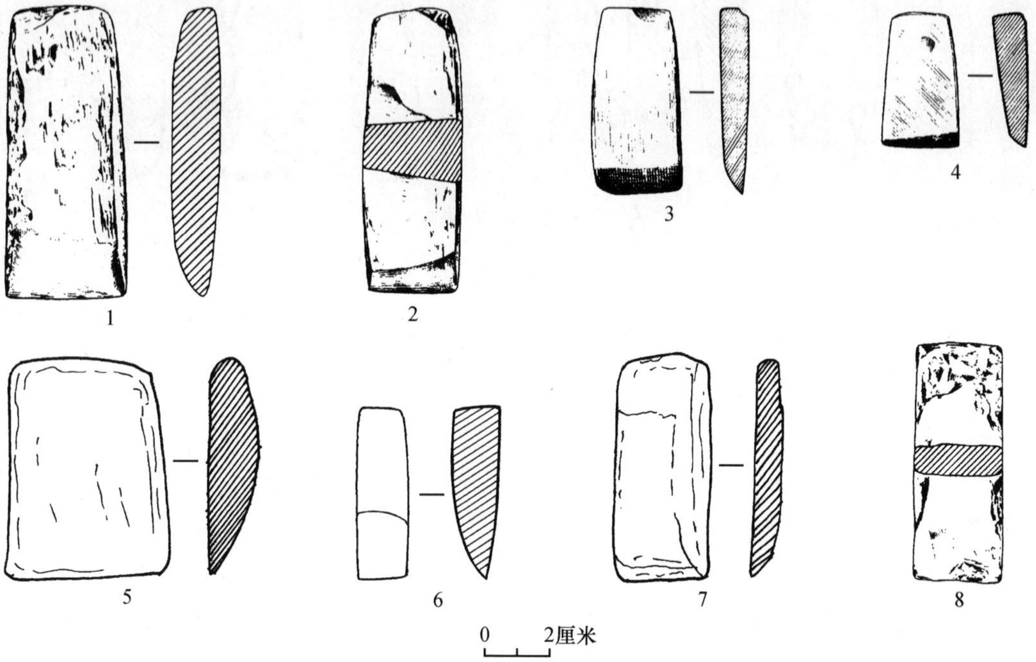

图11-6　米家崖遗址Ba型、Bb型及Bc型石锛

1～4. Ba型石锛（T7⑤：10、T7⑤：9、F1-1：1、H140：2）　5. Bb型石锛（ⅢT0403③：1）

6～8. Bc型石锛（ⅠT0302③：3、ⅢT0402H8：2、T14③：5）

榫卯的小型工具[①]。遗址共出土石凿10件，其体扁平，单面刃，垂直装柄，按照厚度和形状大致分为三型。

A型　共5件。其器体较厚，厚度界于1～2.3厘米之间，呈或略呈窄长条状，平面及横截面均呈或略呈长方形，底部磨制出双面刃，刃面较窄，刃缘稍弧，两侧缘较平直。标本H205：4，体扁平，平面近长方形，底端双向磨制成刃，刃缘平直，一侧边经二次打修。器表经简单磨光。长5.9、宽2.6、厚1厘米（图11-7，1）。标本H205：7，体扁，平面近长方形，顶端斜向磨成平面，下部双向磨制成刃，刃缘较直。器表经打磨。长5.8、宽3.3、厚1.8厘米（图11-7，2）。标本H112：6，窄长条状，双面磨制成圆弧刃。器表磨制光滑。长5.8、宽1.3、厚0.6厘米（图11-7，3）。

B型　仅1件。标本ⅢT0402H8：4，窄长条状，顶及两侧缘残，底部双面磨制出刃，刃缘平直，刃面较宽。器表磨制平整、光滑。长5、宽2、厚1.3厘米（图11-7，4）。

C型　共4件。其器体扁平，厚度多数在1厘米以下。平面呈长方形，横截面呈长方形，四侧棱明显可见，底部磨制出双面直刃，两侧缘磨制斜直。标本H205：12，平面近梯形，顶端斜直，双面直刃，两侧缘经打制修理。器表打磨光滑、平整。长6.4、宽2.9、厚1.1厘米（图11-7，5）。标本ⅠT0302③：6，平面及横截面均近长方形，顶端稍残，底端双向磨制出刃，刃缘较直，两侧缘磨制平直。器表经简单磨光，较平整。长4.2、宽2.4、厚0.85厘米（图11-7，6）。

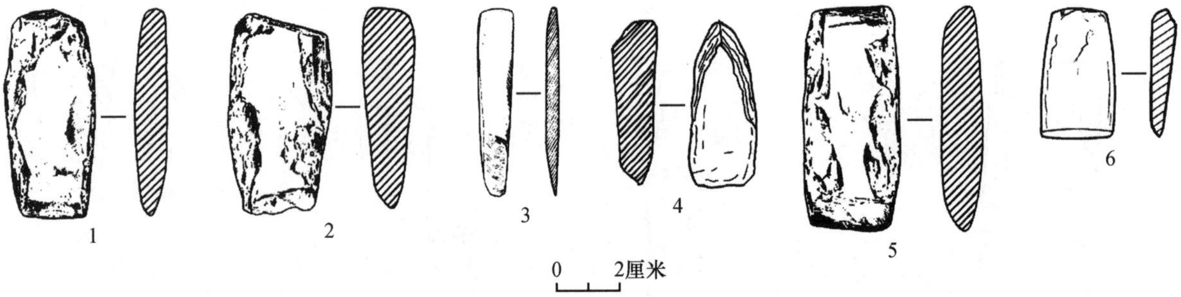

图11-7　米家崖遗址A型、B型及C型石凿

1～3. A型石凿（H205：4、H205：7、H112：6）　4. B型石凿（ⅢT0402H8：4）　5、6. C型石凿（H205：12、ⅠT0302③：6）

2. 农作工具

农作工具是一类用以农业劳动生产的工具，包括石刀和石铲两类共121件。其中，石刀116件，石铲5件。

（1）石刀

石刀就形制可分为两侧缺口、长方形、半月形和穿孔石刀等四类。关于石刀的用途，以安志敏的观点具有代表性，即“直刃的是农具，也可兼作切割用；凹刃的是专作农具用；凸刃的

---

① 周昕：《原始农具斧、锛、凿及其属性的变化》，《农业考古》2004年第3期。

则作切割用”[①]。遗址共出土石刀116件，其长度介于7～10厘米、宽介于4～6厘米之间，器身扁且薄，厚度均在1厘米左右。按有柄和无柄差别分为甲乙两类。

甲类为有柄石刀，共2件数量极少。体扁平，较长，由刃、柄两部分组成且为双面弧刃。标本04H306∶9，体扁平，较长，由刃、柄两部分组成，柄部残缺，双面弧刃，柄部略窄、平直，其中部为一对钻穿孔。长20.8、宽4.6、厚0.5厘米（图11-8，1）。标本ⅠT0303H59∶1，体扁平，较长，由刃、柄两部分组成，刀面及尖角残，背部平直，两侧边弧收成尖，且磨制出双面弧刃。器表磨制平整光滑，可见明显加工痕迹。长12.1、宽5.38、厚0.7厘米（图11-8，2）。

乙类石刀为无柄石刀，共103件，是石刀中的主体。按照侧缘形状和打孔情况分为四型。

A型　刀体扁平，器身无孔，两侧缘内凹，共40件。分三个亚型。

Aa型　25件。其底部直刃，平面呈长方形，多为磨制而成，部分有打制痕迹。标本H161∶2，上下两端打制出刃，边缘经打制修理。一面平整，一面打制粗糙。长8.9、宽5.2、厚1.3厘米（图11-9，1）。标本H110∶11，扁平状，平面近长方形，微弧背，器体边缘经打修。通体打制，疑为石刀毛坯。长9、宽5、厚11厘米（图11-9，2）。标本H23∶4，平面近梯形，直背，双面直刃。器表磨光。长7.5、宽4.7、厚0.4厘米（图11-9，3）。

Ab型　14件。其底部弧刃，多经粗略磨制，有部分打制修整。标本H174∶1，似为石刀坯，经粗略打磨，直背，双面弧刃。表面经磨制，并有两面相对未钻透的圆窝。长7.3、宽

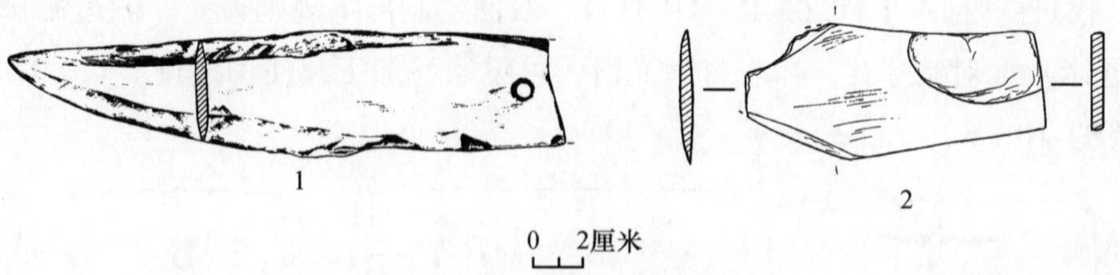

图11-8　米家崖遗址甲类石刀

1. 04H306∶9　2. ⅠT0303H59∶1

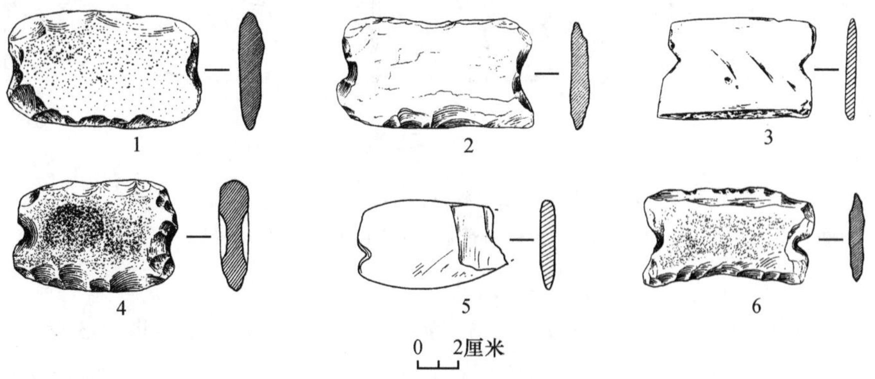

图11-9　米家崖遗址Aa型、Ab型及Ac型乙类石刀

1～3. Aa型石刀（H161∶2、H110∶11、H23∶4）　4、5. Ab型石刀（H174∶1、ⅠT0303H59∶2）　6. Ac型石刀（H36∶3）

① 安志敏：《中国古代的石刀》，《考古学报》1955年第2期。

4.9、厚1.4厘米（图11-9，4）。标本ⅠT0303H59：2，体扁平，略弧曲，一侧残，直背，双面弧刃，刃缘不规整，一侧缘修理出凹弧状小缺口。器表经粗略打磨，较为平整，刀身及刃缘处可见明显打击疤和层状剥落痕。长7.4、宽4.35、厚0.83厘米（图11-9，5）。

Ac型　仅1件。标本H36：3，直背，双面弧刃，刀身一面经过磨制修理，一面保留打制面。长7.9、宽4.3、厚0.7厘米（图11-9，6）。

B型　体扁平，器身无孔，两侧缘无内凹，共53件。分三个亚型。

Ba型　底部直刃，44件，厚度均在1厘米以内。标本H267：2，平顶，双面弧刃，两侧缘斜直，器表两面中部均刻磨出横向条状刻槽，刻槽中部有一圆形小钻孔。器表磨制平整、光滑。长11.5、宽3.3、厚0.5厘米（图11-10，1）。标本H125：1，直背，双面直刃，两侧边斜直，中部偏下为一双面对钻圆形穿孔。器表磨制光滑，表面残留未平整疤痕。长11、宽5.1、厚0.6厘米（图11-10，2）。标本T19④：2，直背，直刃，两侧边内斜，中部为一穿孔，近穿孔处为一圆形凹窝。长8.8、宽4、厚0.5厘米（图11-10，3）。

Bb型　底部弧刃，8件。标本ⅠT0407④：61，残存一段，直背，双面弧刃，侧缘弧斜，近刃残断处有一孔径约0.6厘米双面对钻穿孔。通体磨制平整、光滑，刃部残有岩片脱落疤痕。长5.32、宽5.2、厚0.38厘米（图11-10，4）。标本H130：2，器体扁平，顶端残，右侧边亦残，双面弧刃，侧边磨成双面直刃。器表磨制精细。长6.1、宽3.9、厚0.3厘米（图11-10，5）。

Bc型　仅1件。标本ⅠT0202④：1，直背，双面磨制出不规则刃缘，侧边弧斜，中部有一孔径约0.5厘米双面对钻穿孔。器表打磨光滑，可见明显加工及使用痕迹。长9.9、宽3.78、厚0.5厘米（图11-10，6）。

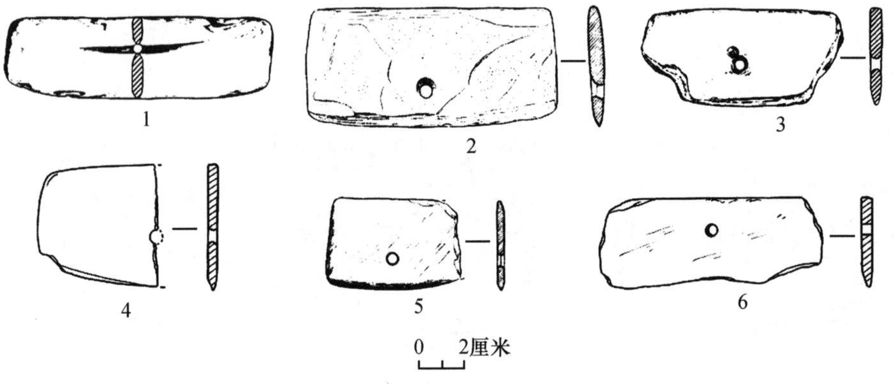

图11-10　米家崖遗址Ba型、Bb型及Bc型乙类石刀

1～3. Ba型石刀（H267：2、H125：1、T19④：2）　4、5. Bb型石刀（ⅠT0407④：61、H130：2）　6. Bc型石刀（ⅠT0202④：1）

C型　多数平面近长方形，器身有孔，两侧缘内凹，共5件。标本ⅢT0303②：23，器体较厚，一侧残，平面近长方形，背微弧，底部双面磨制出直刃，刃缘残钝，侧缘内凹，器身中部有一孔径约0.7厘米对钻穿孔。器身磨制较平滑，背部留有明显打制修整疤痕。长5.5、宽5.4、厚1.2厘米（图11-11，1）。标本ⅠT0307H50：5，平面呈长方形，背微弧，双面磨制出刃，刃缘较直，两侧缘内凹，刀身中部近刃处有一孔径约0.3厘米对钻圆孔，孔未钻穿。器表磨制较为光滑。长9.6、宽5.5、厚0.5厘米（图11-11，2）。

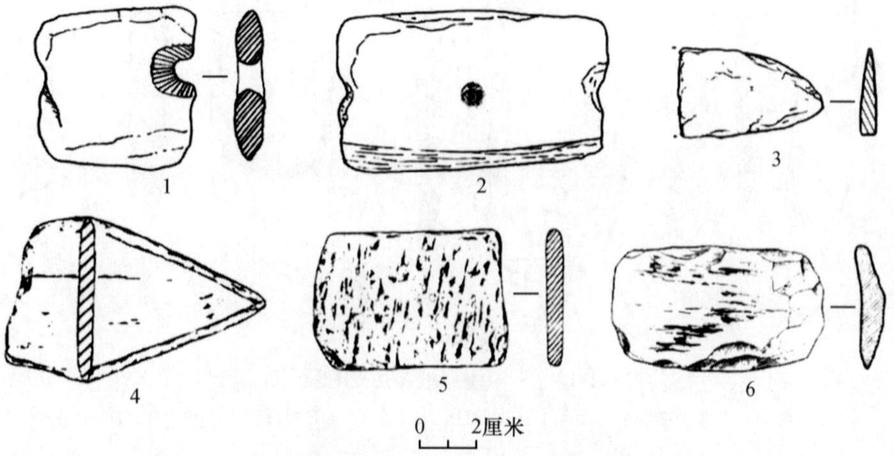

图11-11　米家崖遗址C型、Da型及Db型乙类石刀

1、2. C型石刀（ⅢT0303②：23、ⅠT0307H50：5）　3、4. Da型石刀（ⅠT0303H10：1、T16④：2）　5、6. Db型石刀（H50：1、H1：1）

D型　多数体扁且薄，器身无孔，两侧缘内凹，共16件。分两个亚型。

Da型　器物器体扁平，横截面呈近三角形或三角形，11件。标本ⅠT0303H10：1，体扁平，平面近三角形，双面弧刃。器表局部磨制平滑，边缘可见明显打击疤痕。长5.15、宽3.05、厚0.6厘米（图11-11，3）。标本T16④：2，三边磨出双面刃，一端为尖状。器表磨制平整、光滑。长8.1、宽5.3、厚0.5厘米（图11-11，4）。

Db型　器物器体扁平，平面呈近长方形，5件。标本H50：1，一端直背，另一底端打制成双面弧刃，未经磨制，两侧缘斜直。器表平整。长7、宽5、高1厘米（图11-11，5）。标本H1：1，器体近椭圆形，直背，双面弧刃经打制修理，两侧缘亦经打制修整。器表一面磨平，一面打制修平。长7.6、宽4.3、厚0.9厘米（图11-11，6）。

（2）石铲

石铲（或称石锹）头部有锋利的单面弧刃。在用途上，石铲也分为两类：大型铲一般用来铲地、挖土，而小型铲则被认为是除草工具[①]。遗址共出土石铲5件，体扁平，厚1厘米左右，下端单面均磨制出刃，按其穿孔情况可分为两型。

A型　穿孔石铲，共3件。标本ⅠT0203③：12，体扁平，器身残失较重，平面近梯形，顶部斜直，底部单面磨制出弧刃，刃部稍残，较钝，一侧缘有一孔径约1厘米对钻穿孔，孔残。器身磨制平滑，刃部可见因使用形成的石片崩裂疤痕。长12.7、宽7、厚1.2厘米（图11-12，1）。标本ⅠT0203H15：3，器体扁平，刃部残，平面近梯形，横截面呈柳叶形，背弧，弧顶，两侧边斜直，顶部有一孔径约1.2厘米单钻穿孔。通体磨制光滑平整。长11、宽8、厚1厘米（图11-12，2）。

① 李艳红：《中国北方前仰韶时代石铲研究》，中国科学技术大学硕士学位论文，2009年。

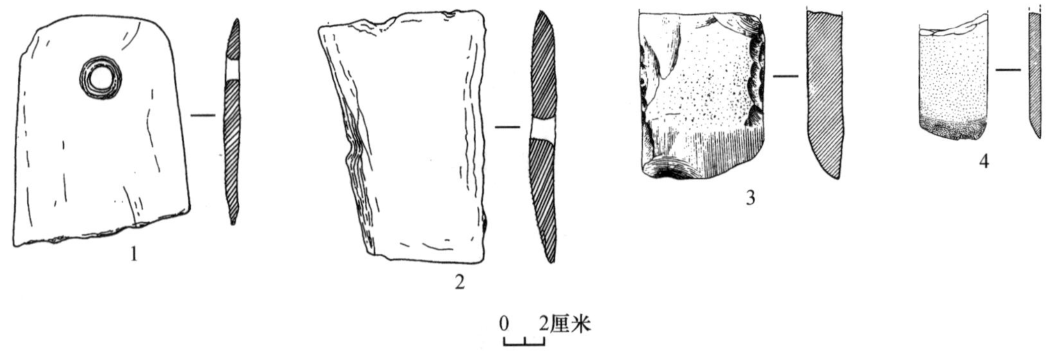

图11-12　米家崖遗址A型及B型石铲

1、2. A型石铲（ⅠT0203③：12、ⅠT0203H15：3）　3、4. B型石铲（H169：1、H13：1）

B型　无穿孔石铲，共2件。标本H169：1，长方形，顶端残，单面磨制成刃，刃缘弧曲，不规整，各面磨制平整。长7.5、宽5.9、厚1厘米（图11-12，3）。标本H13：1：器体近长条状，顶端已残，下端一面磨制成刃，两侧缘磨制平整。器表打磨光滑。长5.7、宽3.1、高0.5厘米（图11-12，4）。

3. 食物加工工具

遗址出土的食物加工工具仅可确认有石杵一种，共6件，前人研究认为，以加工橡子类坚果为主，同时也加工粟、黍、稻、块根块茎类以及可能为豆类的植食性食物。同时也有用于加工水稻脱壳研磨上的用途①②。

石杵

根据民族学材料和现有的考古资料来看，石杵多以长条状砾石磨制而成。从形制上看，石杵多呈上小下大的柱状体，且腰部较细。遗址共出土6件石杵。标本ⅠT0407H71：1，体窄长，柱状，顶较细，底端粗，横截面近卵形，两端圆弧，器表两侧较平滑，均磨制出一规整平面。器表经粗略磨制，两端可见较多白色琢点，疑为使用残留。长12.7、宽4.9、厚3.8厘米（图11-13，1）。标本H110：7，体长，扁柱状，一端面较平，一端面略弧，横截面近圆形。通体磨制。长15.3、宽4.3、厚4厘米（图11-13，2）。标本ⅢT0302H13：28，器体形似兽蹄，顶较细，底端粗，横截面近卵形，底端平滑，略外弧，器表纵向磨制出一光滑平面，其与底平面相垂直，较规整。通体磨光，近顶周边残有石片崩裂痕，底部可见一细小横向裂纹，使用痕迹明显。长14.78、宽5.3、厚4.53厘米（图11-13，3）。标本T5②：1，圆柱状，两端圆弧，中部截面呈圆形，器表平整光滑。长17.6、直径5.9厘米（图11-13，4）。

---

① 中国大百科全书总编辑委员会：《中国大百科全书·考古学》，中国大百科全书出版社，1986年，第475页。

② 刘莉：《中国史前的碾磨石器和坚果采集》，《中国文物报》2007年6月22日第7版。

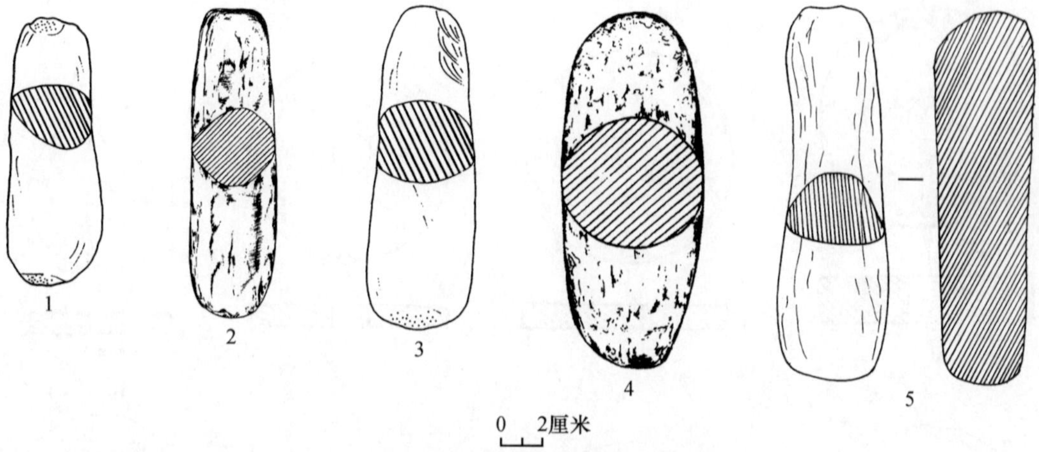

图11-13　米家崖遗址石杵及研磨器

1～4. 石杵（IT0407H71：1、H110：7、ⅢT0302H13：28、T5②：1）　5. 研磨器（ⅢT0401③：20）

4. 纺织工具

纺织工具仅包括石纺轮一种，共18件。石纺轮是用来把葛、大麻等短纤维集束加捻成纱，将蚕丝、苎麻等长纤维并捻合股的原始纺织工具[①]。

石纺轮　呈圆饼状，中部有孔。按照外壁形态可分为两型。

A型　直壁纺轮，其外壁竖直，17件。标本H306：8，圆饼状，直壁，中间有一圆形穿孔。器表磨制光滑、平整，边缘可见几处打击疤痕。长5.7、宽1.2、厚1.2厘米（图11-14，1）。标本ⅠT0302④：3，圆饼状，直壁，中间有一圆形穿孔。器表磨制光滑、平整，边缘可见几处打击疤痕。直径6、孔径0.9、厚1厘米（图11-14，2）。标本ⅠT0303H75：1，圆饼状，直壁，中部有一单向圆形钻孔。器表规整、平滑，可见明显磨制痕迹。直径5.8、孔径0.9、厚0.65厘米（图11-14，3）。标本ⅠT0302H96：1，圆饼状，部分器壁残，中部有一单向圆形穿孔。器表平整光滑，边缘可见几处打击疤痕。直径4.22、孔径0.6、厚0.95厘米（图11-14，4）。标本ⅠT0302④：3，圆饼状，直壁，中间有一单向圆形穿孔。器表磨制光滑、平整，边缘可见几处打击疤痕。直径6、孔径0.9、厚1厘米。标本ⅡT0207③：2，圆饼状，直壁，器身中部有一双向圆形钻孔。器表平整光滑，边缘可见几处打制修整疤痕。直径5.1、孔径1、厚1厘米（图11-14，6）。标本ⅢT0403②：18，圆饼状，直壁，中间有一圆形穿孔，单面钻成。器表磨制平整光滑。直径4.6、孔径0.6、厚1厘米（图11-14，7）。

B型　斜壁纺轮，其外壁斜直，1件。标本ⅢT0402H7：1，圆饼状，器身保存较好，外壁斜直，内壁平直，近器身中部有一对钻穿孔。通体经粗略打磨，较平滑。直径5.7、孔径0.65、厚1.7厘米（图11-14，8）。

① 龙博、赵晔、周旸，等：《浙江地区新石器时代纺轮的调查研究》，《丝绸》2013年第8期。

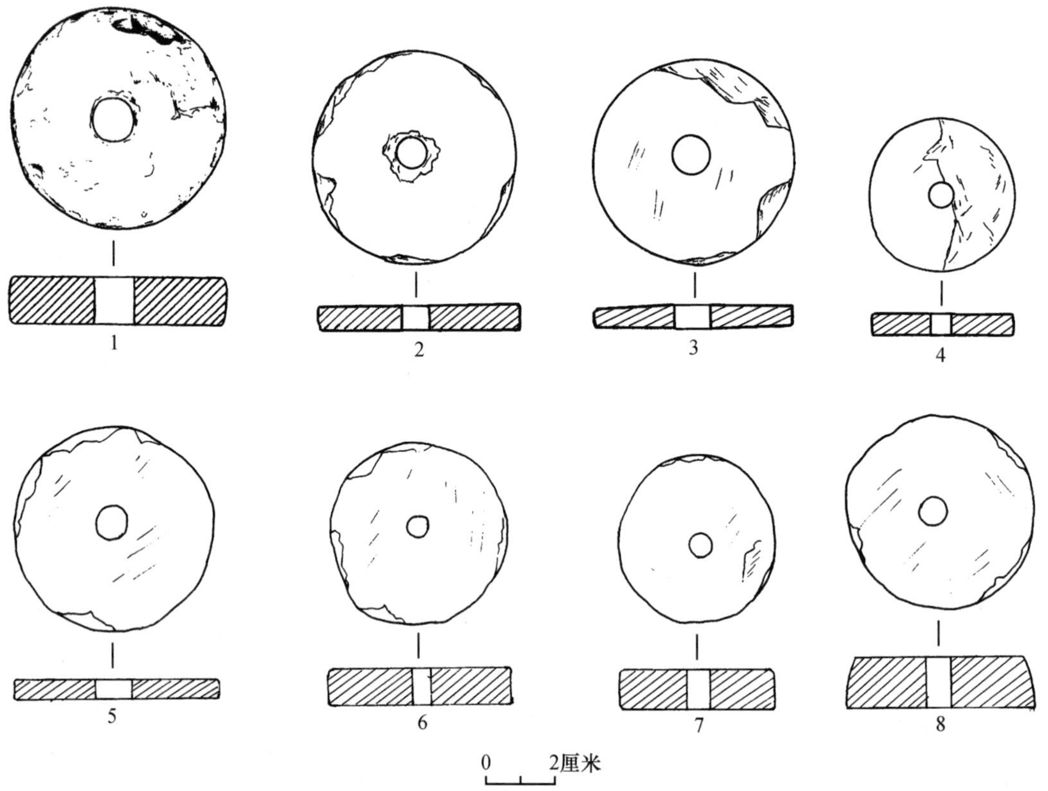

图11-14 米家崖遗址石纺轮

1～7. A型石纺轮（H306：8、ⅠT0302④：3、ⅠT0303H75：1、IT0302H96：1、ⅠT0302④：3、ⅡT0207③：2、ⅢT0403②：18）
8. B型石纺轮（ⅢT0402H7：1）

5. 制器工具

制器工具包括石锥、砺石和研磨器三类共63件。其中，石锥53件、砺石9件、研磨器1件。

（1）石锥

石锥一般被认作是用以穿孔的工具，学界也有其可用于佩饰的说法。

遗址出土石锥53件，均呈锥状，底部有利尖。标本ⅢT0304③：2，锥状体，锥体横截面呈圆形，顶部缺失，底部磨制出锥状利尖，尖端残断，通体磨光。残长12.9厘米（图11-15，1）。标本ⅠT0203H2：5，体细长，呈锥状体，锥体横截面呈圆形，顶部残失，底部磨制出锥状利尖，通体磨光。残长10.7厘米（图11-15，2）。标本H183：1，扁平状，顶部打制修理平整，底端为锥状尖，较钝。器表磨制光滑。长10.1厘米（图11-15，3）。标本H8：1，器体细长，顶端平直。底端斜收呈锥状尖。通体打磨。长9.4厘米（图11-15，4）。标本H78：10，顶端残，底端尖部略弯曲，尖较钝。残长8.1厘米（图11-15，5）。标本H187：3，顶端残，底端磨成钝尖。器表打磨光滑。残长8.1厘米（图11-15，6）。标本ⅠT0301Y2：1，锥状体，顶部残，锥体横截面呈圆形，底部磨制出锥状利尖。通体磨光。残长6.3厘米（图11-15，7）。标本ⅠT0407H85：1，体细长，呈圆锥状，顶部磨制较平整，底端磨制出尖，通体磨光。长7.1厘米（图11-15，8）。标本ⅢT0401③：21，锥状体，锥体横截面近圆形，顶部残缺，

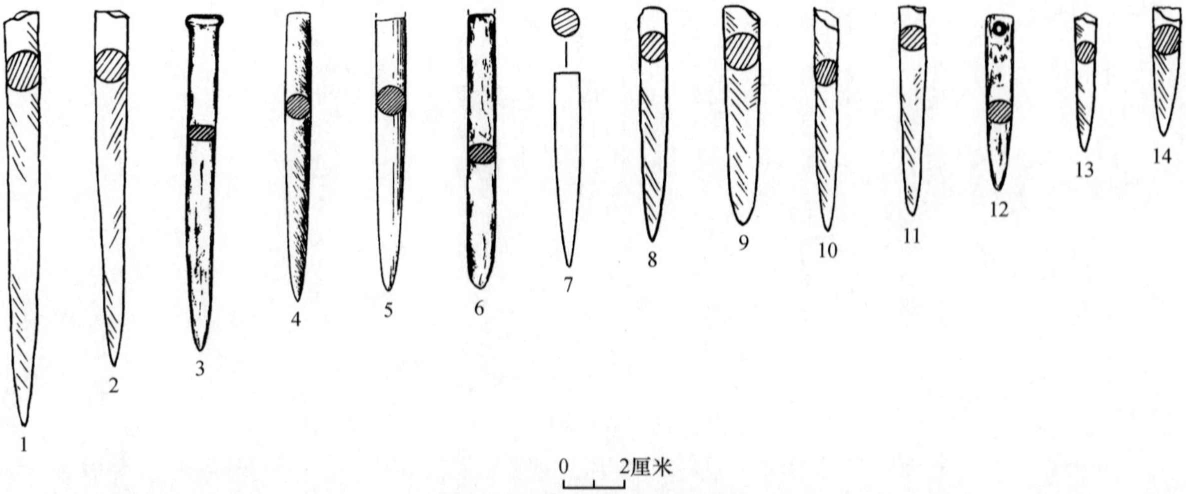

图11-15　米家崖遗址石锥

1. ⅢT0304③：2　2. ⅠT0203H2：5　3. H183：1　4. H8：1　5. H78：10　6. H187：3　7. ⅠT0301Y2：1　8. ⅠT0407H85：1　9. ⅢT0401③：21　10. ⅢT0102④：10　11. ⅢT0403②：13　12. H321：9　13. ⅢT0401③：6　14. ⅢT0302②：8

底部磨制出尖，尖端较利，通体经粗略打磨，较光滑。残长6.85厘米（图11-15，9）。标本ⅢT0102④：10，锥状体，锥体横截面呈椭圆形，顶部残失，底部磨制出锥状利尖，器表经粗略磨制，较光滑。残长7厘米（图11-15，10）。标本ⅢT0403②：13，锥状体，较细长，锥体横截面略呈圆形，顶部缺失，底部磨制出锥状利尖，通体磨光。残长6.48厘米（图11-15，11）。标本H321：9，体较长，顶端磨平，有一圆形穿孔。长5.1厘米（图11-15，12）。标本ⅢT0401③：6，锥状体，顶部残，锥体横截面近圆形，底部磨制出锥状利尖，通体磨光。残长4.4厘米（图11-15，13）。标本ⅢT0302②：8，锥状体，顶部残失，锥体横截面呈椭圆形，底部磨制出锥状利尖，通体经粗略打磨，较光滑。残长4.1厘米（图11-15，14）。

（2）砺石

砺石一般被认为是用于石器、骨器的精细化加工、磨制的工具①。遗址共出土砺石9件，平面扁平且呈长条状，有不同程度的残损。

标本ⅣT0204F1①：30，残存一段，平面近梯形，一侧缘斜直。器表磨制平整，两面均残有因摩擦而成的U形凹槽（图11-16，1）。标本ⅣT0403H5：3，体扁平，两端残，平面及截面均略呈长方形。通体磨制平整、光滑，一侧缘留有明显切割痕迹，器身留有对应U形切割凹槽，未切透（图11-16，2）。标本ⅢT0403②：8，体呈窄长条状，顶部及底部残失，平面略呈梯形，截面近长方形，器身留有明显切割痕迹。通体经粗略磨制，较平滑（图11-16，3）。标本ⅢT0204F1③：21，体较厚，两端残，平面呈梯形，两侧缘经磨制修理，较平直。器身磨制平滑，留有多处明显切割痕迹，一侧缘残有一因切割形成的V形凹槽（图11-16，4）。标本H112：8，横截面近方形，两长边略残。一面可见摩擦形成的凹槽。残长16.5、宽

① 中国社会科学院语言研究所词典编辑室：《现代汉语词典（第6版）》，商务印书馆，2012年，第802页。

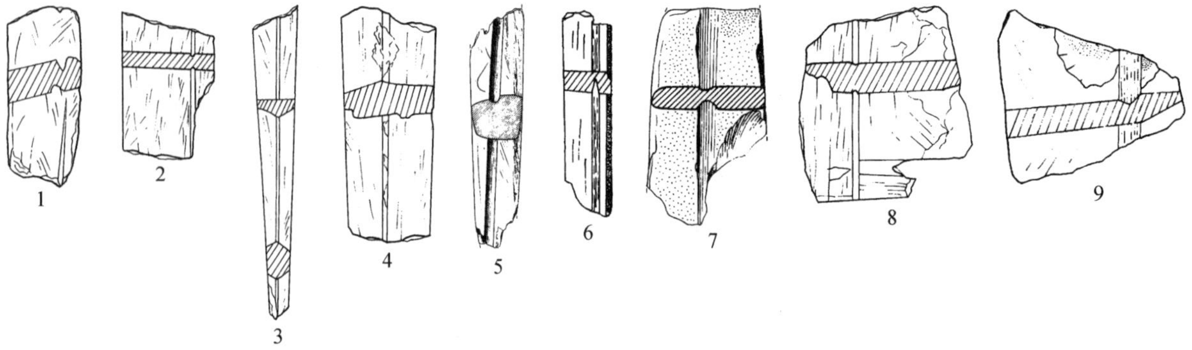

图11-16　米家崖遗址砺石

1. ⅣT0204F1①：30　2. ⅣT0403H5：3　3. ⅢT0403②：8　4. ⅢT0204F1③：21　5. H112：8　6. ⅢT0402H51：2　7. H110：13　8. ⅢT0302H12：1　9. ⅢT0302②：16

4.1、厚3.3厘米（图11-16，5）。标本ⅢT0402H51：2，器体呈窄长条状，两端残失，平面及横截面均略呈长方形，器身磨制平滑，一侧缘可见明显切割痕迹，器表一面残有因摩擦而产生的V形凹槽。残长7、宽1.6、厚2厘米（图11-16，6）。标本H110：13，体较窄，两端皆残。磨石两面均有器物摩擦形成的沟槽，正面沟槽较深，背面略浅。残长8.1、宽4.2、厚1.2厘米（图11-16，7）。标本ⅢT0302H12：1，残存一段，平面近梯形，截面呈椭圆形。器身磨制较平滑，两面均留有摩擦形成的U形光滑凹槽（图11-16，8）。标本ⅢT0302②：16，器体宽扁，两端残，平面略呈梯形，横截面近长方形，器表除侧缘外均未经打磨处理，一面残有摩擦形成的半圆形光滑凹槽。残长6.37、宽6.65、厚1.68厘米（图11-16，9）。此器形状与石杵和磨棒相似，也不排除其作为粮食加工工具的可能。

（3）研磨器

研磨器被认为是用以把块状颜料等物加工成粉的工具。遗址出土完整研磨器1件。标本ⅢT0401③：20，体长，略呈圆柱状，两端圆弧，横截面呈卵圆形。器表平整、光滑，一端残留一些红色颜料。长16.8、宽5.3、厚4.6厘米（图11-13，5）。

6. 狩猎工具

狩猎工具包括石矛、石镞和石球三类共39件。其中，遗址出土石矛2件、石镞9件、石球28件。

（1）石矛

遗址共出土石矛2件，其双面弧刃、通体磨光。标本ⅢT0303②：19，无骹，宽叶形，尖端残，顶部平齐，中线起脊，底面平，两侧斜刃，刃平齐，矛叶本部两侧有击打而成的小缺口，略对称，用以系柲。长5.7、宽2.9、厚1.2厘米（图11-17，1）。标本ⅠT0408H18：1，仅存一段，体扁薄，平面呈锐角三角形，两侧磨制出双面弧刃，锋残。通体磨光，刃端可见明显使用痕迹。长4.7、宽3.75、厚0.35厘米（图11-17，2）。

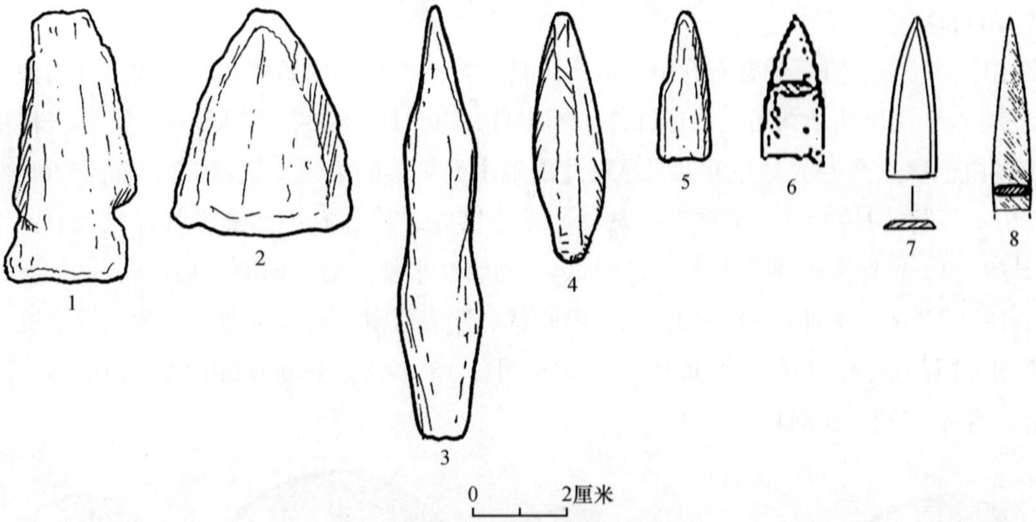

图11-17　米家崖遗址石矛及石镞

1、2. 石矛（ⅢT0303②：19、ⅠT0408H18：1）　3. A型石镞（ⅢT0103②：15）　4. B型石镞（ⅡT0507H13：2）
5、6. C型石镞（ⅠT0301②：4、ⅢT0303③：2）　7、8. D型石镞（ⅠT0202④：3、H87：4）

（2）石镞

石镞即石制的箭头，是一种以石磨制的复合狩猎工具。根据现有的民族学资料来看，石镞是将石料先打制成坯，经过磨制后可以绑缚于杆端以弓发射，是石器时代的狩猎工具或武器[①]。遗址共出土石镞9件，按横截面形状可分为四型。

A型　1件。标本ⅢT0103②：15，体稍扁，镞身较长，横截面略呈椭圆形，顶部磨制出尖，尖端残失，锋末横截面近菱形，尾部较尖，两刃厚钝。通体磨制平整、光滑，侧缘可见明显磨制加工痕迹。长9.3、宽1.7、厚0.6厘米（图11-17，3）。

B型　1件。标本ⅡT0507H13：2，体扁，横截面近梭形，镞头呈柳叶形，尾部曲收，有铤，铤微残。器表磨光。长5.4、宽1.68、厚0.38厘米（图11-17，4）。

C型　3件。平面呈柳叶形，器扁薄，刃缘锐利，磨制光滑。标本ⅢT0303③：2，器体扁薄，股端残，平面略呈三角形，刃缘磨制出尖，较锐，刃缘锋利。器表磨制平整、光滑。长3.6、宽1.45、厚2厘米（图11-17，6）。标本ⅠT0301②：4，体扁，柳叶形，三角锋，边锋双面磨制而成，无铤。器表磨制。长3.1、宽1.1、厚0.2厘米（图11-17，5）。

D型　4件。器扁薄且平面呈长三角形，边锋较直。标本ⅠT0202④：3，体扁平且薄，平面为柳叶形，镞身与铤部分界处起棱，锋部无刃，镞尖锋锐，稍残。通体打磨。长3.3、宽1.05、厚0.15厘米（图11-17，7）。标本H87：4，体扁，平面呈三角形，镞身与铤部分界处起棱，锋部无刃，镞尖较锐，铤残。长3.1、宽0.6、厚0.3厘米（图11-17，8）。

---

① a.《壮族百科辞典》编纂委员会：《壮族百科辞典》，广西人民出版社，1993年；b. 韩欣：《中国兵器收藏与鉴赏全书》，天津古籍出版社，2008年。

（3）石球

在用途上，学界对石器有着石锤、砸击工具、狩猎工具和原始体育、游戏用具四种常规的功能推断[①]。米家崖遗址共出土石球28件。标本ⅢT0302H13：33，不规则球状。器表较粗糙，残有较多白色琢点及疤坑，并可见明显石片因砸击而剥落的痕迹。长径7.3、短径5.8厘米（图11-18，1）。标本H90：2，器体近圆球状。器表磨光，局部有小凹窝。长径5、短径4.7厘米（图11-18，2）。标本H196：1，形近卵状，一面磨制平整。通体琢磨。长径8.2、短径6.9厘米（图11-18，3）。标本ⅢT0302H13：32，卵圆状。器表平滑，残有少数白色琢点及疤坑，并可见一椭圆形微凹台面。长径10、短径7.5厘米（图11-18，4）。标本H250：1，圆球体，器表磨制光滑，直径6.2厘米（图11-18，5）。

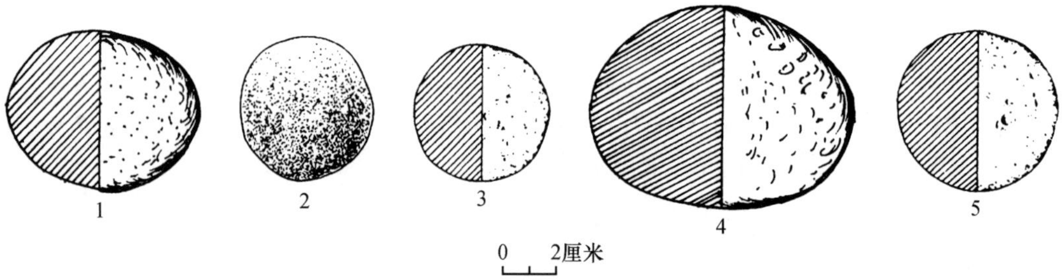

图11-18　米家崖遗址石球

1. ⅢT0302H13：33　2. H90：2　3. H196：1　4. ⅢT0302H13：32　5. H250：1

（二）装饰品

本次遗址出土装饰品共81件，包括石环16件和石笄65件，占遗址出土石器总数的19.85%。

1. 石环

石环呈圆环状，体扁平，均有不同程度的残损。按照环体截面的不同形状分为五型。

A型　环体较窄，内侧面竖直，外侧面圆弧，共5件。标本H204：4，残存约三分之一，壁较厚，内侧面平直，外侧面弧鼓。通体打磨。外径7.4、内径5.4、厚1.3厘米（图11-19，1）。标本H46：2，残存约四分之一，体细，断面呈弧三角形，内侧面较平直，外侧面圆弧。内侧面未打磨光滑，余边皆打磨。外径6.8、内径6.2、厚0.3厘米（图11-19，2）。标本H157：3，残存约六分之一，体较厚，截面呈扁圆形，内侧面竖直，外侧面圆弧。整体磨制光滑。外径3.9、内径2.8、厚0.8厘米（图11-19，3）。

B型　环体扁平，较宽，共5件。标本H134：2，残半，体扁平，截面为锐角三角形，内侧边缘平直，外侧缘较锐。器表磨制精细。外径9.2、内径7.4、厚0.5厘米（图11-19，4）。标本H134：1，半圆形，体扁平，内侧缘较厚，外缘略薄，两侧边缘末端打磨成斜面，上各

① 仪明洁、高星、裴树文：《石球的定义、分类与功能浅析》，《人类学报》2012年第4期。

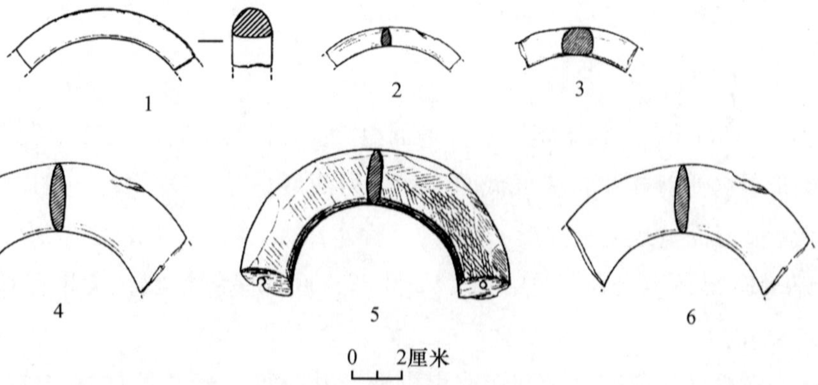

图11-19　米家崖遗址A型及B型石环

1～3. A型石环（H204：4、H46：2、H157：3）　4～6. B型石环（H134：2、H134：1、H70：1）

有一单面钻孔，其中一孔残。外径9.2、内径7.4、厚0.5厘米（图11-19，5）。标本H70：1，残存约三分之一，体扁平，截面呈椭圆形，中间略厚，边缘薄。外径11、内径8.8、厚0.6厘米（图11-19，6）。

C型　环体截面略呈卵状，内侧缘斜直向里交错成一内侧面，外侧竖直，共3件。标本H115：3，残存约三分之一，形体较扁，断面呈卵形，内侧面较宽，外侧面略窄。器表磨制光滑，内侧边缘未经磨制，表面粗糙。外径7.4、内径6.2、厚0.6厘米（图11-20，1）。标本ⅠT0302④：2，残存约三分之一，形体较扁，直壁，截面呈不规则五边形，上下面内斜，内侧面较窄，外侧面略宽。通体打磨，外侧面磨制平滑，内侧面磨制粗糙，器表可见明显加工痕迹。外径6、内径3、厚0.98厘米（图11-20，2）。

D型　环体截面呈卵形，内外侧面均呈或略呈圆弧状，共2件。标本H147：5，残存约三分之一，体较扁，截面呈卵形，内侧缘圆弧，外侧缘则较钝。通体磨制精细。外径6.6、内径5.3、厚0.5厘米（图11-20，3）。标本H115：1，残半，器体略扁，断面呈卵形，内侧面微弧，外侧面圆弧、较窄。器表磨光。外径7、内径6.1、厚0.5厘米（图11-20，4）。

E型　1件。标本T5⑤：5，残半，截面呈五边形，上下面内斜，内侧面平整，外侧面形成小折棱。器表磨光。外径5.6、内径4.3、厚0.6厘米（图11-20，5）。

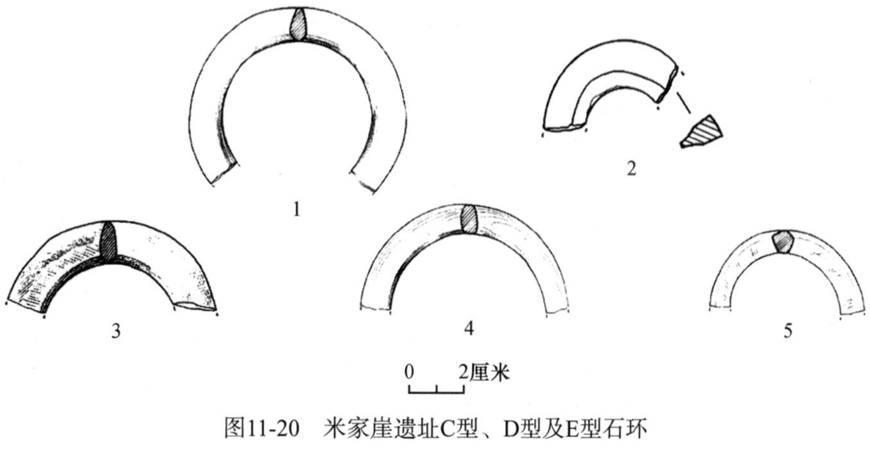

图11-20　米家崖遗址C型、D型及E型石环

1、2. C型石环（H115：3、ⅠT0302④：2）　3、4. D型石环（H147：5、H115：1）　5. E型石环（T5⑤：5）

2. 石笄

遗址共出土石笄65件，其器体扁平，平面呈T形，底部多磨制出尖，尖端较钝，顶部多有长方形、椭圆形及梭形笄帽。按照横截面形状分为四型。

A型　锥体横截面呈或略呈圆形，共5件。标本H28：4，直立正视呈T形，顶端笄帽稍残，锥体横截面略呈圆形，锥身略扁宽，剖面呈圆形，底部呈圆锥状，尖稍残缺。通体磨制。长5.4厘米（图11-21，1）。

B型　锥体横截面呈或略呈椭圆形或扁圆形，共45件。标本ⅢT0302H72：8，体稍扁，保存较完好，正视呈T形，笄帽平面近长方形，磨制较精致，稍残，锥体横截面呈椭圆形，底部磨制出锥状尖，较利，通体磨光。长8.2厘米（图11-21，2）。标本ⅠT0302③：9，锥体尖端残，扁圆状，顶部平面近长方形。器表磨制光滑，可见明显加工痕迹。长7.4厘米（图11-21，3）。标本ⅢT0303H85：1，器体保存完好，正视呈T形，笄帽平面及锥体横截面均呈椭圆形，底部磨制出尖，尖端圆钝，偏锋，通体经粗略磨制，较光滑。长5.95厘米（图11-21，7）。标本H82：11，正视呈T形，笄帽近长方形，锥体剖面呈椭圆形，底端微圆锥状，尖较钝。长5.8厘米（图11-21，8）。标本H174：2，正视呈T形，器身较短，笄帽磨制平整，平面为舟底状，锥体剖面呈椭圆形，底端磨制出尖。长4.4厘米（图11-21，14）。标本ⅢT0401③：4，器身保存完好，正视呈T形，笄帽平面近平行四边形，磨制较精细，锥体截面呈椭圆形，底部磨制出尖，尖端圆钝，偏锋。通体经粗略磨制，较光滑。长4.8厘米（图11-21，15）。标本

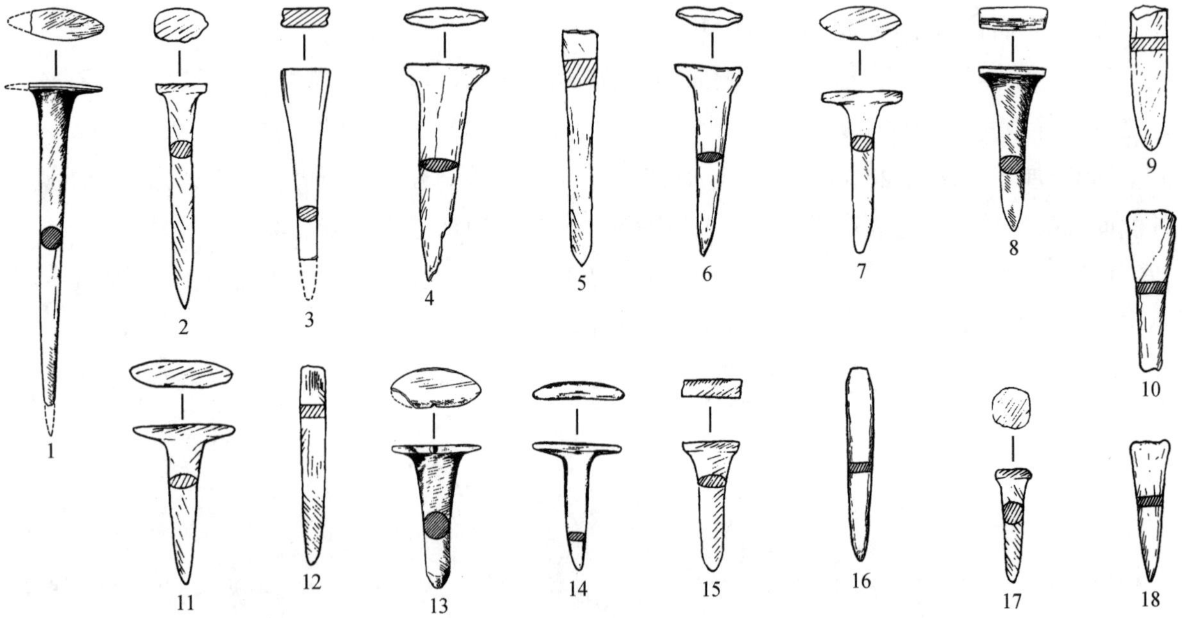

图11-21　米家崖遗址石笄

1、13. A型石笄（H28：4、H91：1）　2、3、7、8、14、15、17. B型石笄（ⅢT0302H72：8、ⅠT0302③：9、ⅢT0303H85：1、H82：11、H174：2、ⅢT0401③：4、ⅠT0308H12：2）　4、6、11. D型石笄（ⅡT0104③：5、ⅠT0301④：2、ⅢT0102④：9）　5、9、10、12、16、18. C型石笄（ⅠT0308④：11、ⅡT0306①：3、ⅣT0204F1①：17、ⅠT0301④：5、ⅢT0203④：5、ⅡT0405②：2）

ⅠT0308H12：2，正视呈T形，笄帽平面近圆形，锥体截面呈椭圆形，底部磨制出尖，尖端较钝，偏锋。器表光滑、平整。长4.1厘米（图11-21，17）。

C型　锥体横截面呈或略呈长方形或梯形，共10件。标本ⅠT0308④：11，顶部残失，锥体横截面近长方形，底部磨制出尖，尖端圆钝，偏锋，器身经粗略磨制，较光滑。残长8.8厘米（图11-21，5）。标本ⅡT0306①：3，体扁平，顶部残失，锥体截面近长方形，底部磨制出尖，尖端偏锋，较圆钝，器表磨制较为粗糙。残长5.3厘米（图11-21，9）。标本ⅣT0204F1①：17，体较扁，笄帽及尖端残，锥体横截面呈长方形。器身经粗略打磨。残长6.1厘米（图11-21，10）。标本ⅠT0301④：5，体细长，呈扁平状，横截面呈长方形，顶残缺，底部磨出钝尖，器表磨制平整、光滑。残长7.45厘米（图11-21，12）。标本ⅢT0203④：5，体扁平，顶部残，锥体横截面近长方形，底部磨制出尖，尖端圆钝，稍残。通体磨光。长5.3厘米（图11-21，16）。标本ⅡT0405②：2，体扁平，平面等腰三角形，锥体横截面呈梯形，底部磨制出尖。器表光滑、平整。长5.3厘米（图11-21，18）。

D型　锥体横截面呈梭形，共5件。标本ⅡT0104③：5，扁平状，正视呈T形，顶部磨制平直，笄帽平面及锥体横截面均为梭形，底部磨制出尖，尖略残。器表光滑、平整。长8.3厘米（图11-21，4）。标本ⅠT0301④：2，器身保存完整，正视呈T形，笄帽平面呈梭形，磨制较精细，锥体横截面呈椭圆形，底部磨制出尖，尖端圆钝，偏锋。器身经粗略磨制。残长7.3厘米（图11-21，6）。标本ⅢT0102④：9，器体保存较好，正视呈T形，笄帽平面呈梭形，磨制较为精细，锥体横截面呈梭形，底部磨制出尖，尖端稍圆钝，通体磨光。长5.95厘米（图11-21，11）。

（三）各类石器时段分布的考察

从米家崖遗址石器所属考古学文化上看，分别出土于仰韶晚期、庙底沟二期和客省庄文化的遗迹单位和文化层，因此，其时代分别归属于这三个时段。总体来看，客省庄文化时段的石器最多，有212件；庙底沟二期文化的石器数量次之，有106件；仰韶晚期文化的石器最少，有90件（图11-22）。

从一级分类上看，生产工具在此三个时期中占有较大比重，装饰品也在三个文化时期占有重要地位。在生产工具上，不同文化时期中生产工具都是出土较多的，且在不同文化时期其数量逐渐增多。其中，客省庄文化时期的生产工具共184件，大于仰韶晚期（58件）、庙底沟二期（85件）生产工具数量的总和。在装饰品上，归属仰韶晚期文化时段的最多，共有32件；归属客省庄时期的装饰品数量次之，有28件；归属庙底沟二期文化时期的最少，有21件。

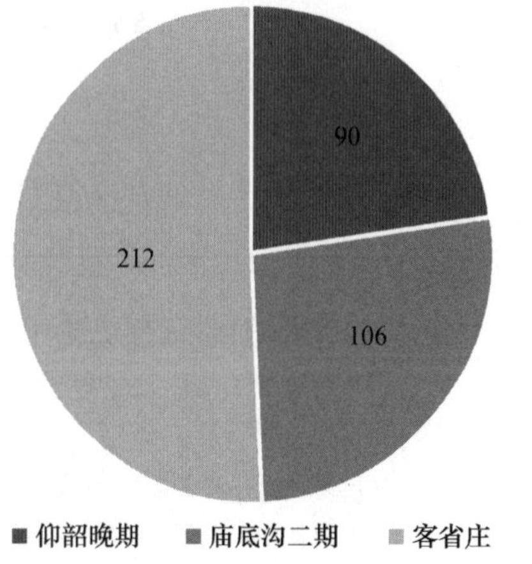

图11-22　米家崖遗址各时期石器数量示意

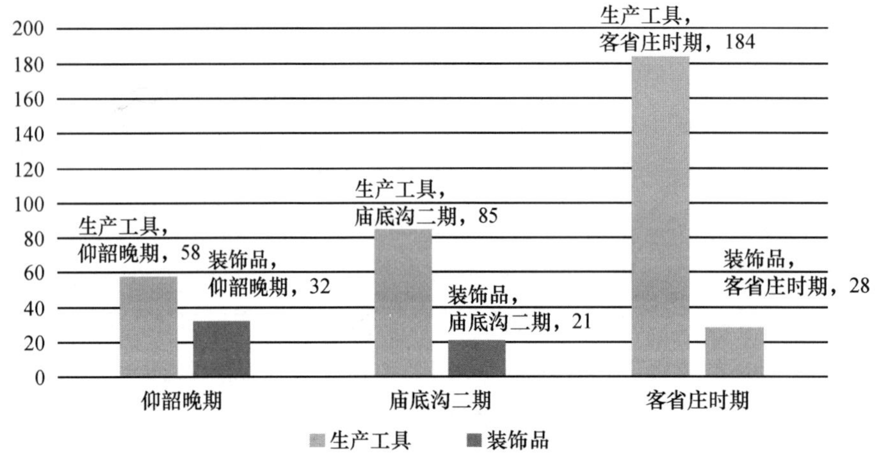

图11-23　米家崖遗址石器器形数量的时期分布

从二级分类上看，各类石器数量在不同时期有明显变化。通过计算方差①并进行比较发现，农作工具、木作工具和制器工具数量在不同时期的变化尤为明显。其中，农作工具总体增长了508.33%②；木作工具增长了261.54%；制器工具总体增长了60%。从具体器类上看，在归属仰韶晚期时段的94件石器中，石笄出土量最大，占比26.6%；其次是石锥，占比20.21%；再次是石刀，占比12.77%。庙底沟二期时段的112件石器中，石刀占比最大，达到29.46%；其次是石笄，占比14.29%；再次是石锛，占比8.93%。客省庄文化时段的石器中，石刀占比最大，达到32.57%；其次是石锥，占比11.93%；再次是石斧，占比11.47%。

研究也发现，石斧、石刀、石纺轮、石锥、砺石、石镞、石球、石笄和石环等9种石器在三个时期均有，是文化传统或环境条件造就共性庙底沟二期较仰韶晚期多了石铲、石杵和石矛三类器物，无疑是石器技术和生产力水平进步的表征；客省庄文化时期则较前两个时期多了研磨器这类器物，也有较之庙底沟二期更多的石铲、石杵和石矛，显示出生产活动类别或生活方式上发生的较大变化。据此推测，器物种类的变化或能在一定程度上体现先民生产力和创造力的提高，但也不排除发掘不充分的可能性。

第二节　石器原料的岩性分析

岩性即反映岩石特征的属性，通常包括岩石种类、岩石特征、岩石结构等重要指标③。是反映先民生活环境中的资源贮藏情况、生产生活中石器制作水平的重要工具。早在旧石器时代，先民已懂得制器选材的重要性，并有意识地去寻找硬度和韧性合适的石料制作工具（和武

① 方差是统计学中常用来衡量数据离散程度的量，方差越大说明不同时期数值波动越大。
② 同比增长率=（本期数值－基期数值）/基期数值×100%。
③ 夏邦栋：《普通地质学》（第二版），地质出版社，1995年。

器）。考察新石器时代米家崖先民对石器材料的认知水准，并以此感受时人石器制作时的水平和智慧。下文将从岩石的基本属性出发，在岩性判定的基础上就石器种类和用材岩性的分布加以分析，并就此研究石器制造时的选料倾向。

一、常见石器原料岩性简介

岩石是由一种或几种矿物或天然玻璃质物质组成的，具有一定结构、构造和稳定外形的固态集合体[①]。又因不同种类岩石的结构和构造不同，其在硬度、粒度和脆性方面都会有所差异，而此类差异正是影响先民制造石器时对原材料的选择。探究先民在石器制造时的选料倾向，需对岩石、矿物的基础知识有所了解。地质学界和矿物学界通行的分类标准为我们的研究提供了辨识石器材质和功能特性的基础[②]。

（一）沉积岩类

沉积岩是在地表和地表不太深的地方形成的地质体。它是在地表条件下，由母岩的风化产物、火山物质、有机质等物质，经过搬运作用、沉积作用以及沉积期后作用形成的。它覆盖着约四分之三的陆地面积、几乎全部的海底面积，是分布相当广阔的岩石大类。沉积岩的矿物构成相对复杂，其中蕴藏着丰富的矿产。根据岩石结构主要矿属类别及硬度和脆性等差别沉积岩又可细分为十余种类别。

（二）火成岩类

火成岩是由地壳深处或上地幔中形成的高温熔融的岩浆，再侵入地下或喷出地表冷凝而成的岩石，也可称之为岩浆岩。岩浆在冷凝和结晶过程中失去了大量挥发成分，火成岩的成分与岩浆的成分是不完全相同的。据统计，目前发现的火成岩种类达1000种以上，其主要矿物成分为石英、钾长石、斜长石、黑云母、角闪石、辉石和橄榄石等。与古今人类生产生活关系密切的火成岩细分类别也有十余种（表11-2）。

---

① 李昌年、李净红：《矿物岩石学》，中国地质大学出版社，2014年。

② 本文按GB/T 17412.1—1998、GB/T 17412.2—1998和GB/T 17412.3—1998将岩石分为火成岩、沉积岩和变质岩三类。

表11-1　自然界常见的沉积岩细分类别[①]

名称	莫氏硬度	脆性	岩石结构	标本图片
泥岩 （claystone）	3	差	细粒-隐晶质结构	
粉砂岩 （siltstone）	3	差	细粒-隐晶质结构	
泥砂岩 （argillaceous sandstone）	3	差	细粒-隐晶质结构	
石灰岩 （limestone）	3	较好	碎屑结构 晶粒结构	
页岩 （shale）	3	差	细粒-隐晶质结构	
白云岩 （dolomite）	3.5—4	较好	细-中粒粒状变晶结构，块状构造	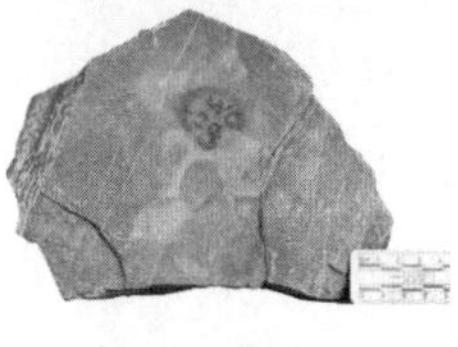
磷灰岩 （phosphorite）	4	好	细粒-隐晶质结构	

① 引自高鹏杰：《藤花落遗址出土磨制石器研究（上）》，南京大学博士学位论文，2018年。

续表

名称	莫氏硬度	脆性	岩石结构	标本图片
砂岩 （sandstone）	4—4.5	差	粗粒结构	
石英砂岩 （quartz sandstone）	4—4.5	差	细粒-显晶质结构	
硅质岩 （silicalite）	4—4.5	较好	中粒-中细粒，块状结构	

表11-2　自然界常见的火成岩①

名称	颜色	莫氏硬度	脆性	岩石结构	标本图片
辉石岩 （pyroxenite）	褐黑色 深褐色	5—6	较好	自形-半自形短柱状或等轴粒状结构、似斑状结构等，块状构造	
安山岩 （andesite）	深灰色 - 褐灰色	5—6	好	斑状结构	
玄武岩 （basalt）	黑色 黑绿色 暗褐色	5—7	好	斑状结构、玻基斑状结构，常见气孔构造及杏仁构造	

① 常丽华、曹林、高福红：《火成岩鉴定手册》，地质出版社，2009年。

续表

名称	颜色	莫氏硬度	脆性	岩石结构	标本图片
辉绿岩 （diabase）	灰绿色 黑绿色 黑色	6—7	好	具细-中粒粒状结构、斑状结构	
粗面岩 （trachyte）	褐灰色 - 褐红色	6—7	好	斑状结构 玻基状结构	
辉长岩 （gabbro）	灰黑色 灰色	6.5—7	较好	中-粗粒粒状结构、辉长结构等，块状构造或条带状构造	
流纹岩 （rhyolite）	灰白色 粉红色	6.5—7	较好	斑状结构，常见流纹构造、杏仁构造及石泡构造	
花岗斑岩 （granite porohyry）	肉红色 灰色 斑点密集	6.5—7	好	斑状结构	
花岗岩 （granite）	灰白色 灰色 肉红色	6.5—7	较好	常见花岗结构、似斑状结构，一般为块状构造	
橄榄岩 （peridotite）	深绿色 浅黄绿色	6.5—7	较好	具粒状结构、包含（包橄）结构、网状结构等	

（三）变质岩类

由变质作用所形成的岩石叫变质岩。变质作用较弱时不发生物质成分的进入或带出，岩石总化学成分不变，主要表现为重结晶；变质作用较深时，经常有不同程度的物质进入和带出，因此变质前后岩石的化学成分也相应地发生变化。原岩与变质岩之间往往有一定的渐变关系，一般称为继承性。其主要矿物成分为沉积变质铁矿、变质磷矿、菱镁矿、滑石、石墨、刚玉等[①]与人类日常生产和生活关系密切的变质岩类，也有十余种（表11-3）。

表11-3　自然界常见的变质岩[②]

名称	颜色	莫氏硬度	脆性	岩石结构	标本图片
滑石岩（talcite）	乳白色 浅黄色 浅绿色 浅粉色	1.5	差	显微晶质或细粒的片状变晶结构，块状构造	
大理岩（marble）	灰白色 红褐色 暗褐色 灰黑色	3—5	较好	粒状变晶结构，块状构造	
蛇纹岩（serpentinite）	绿色 黄绿色 蓝绿色 灰白色	4—5	较好	片状结构 纤维状变晶结构	
夕卡岩（skarn）	矿物成分复杂，颜色不固定	5	好	中粗粒结构、细粒及显微晶质的变晶结构	

① 蔚永宁、张德栋：《矿物岩石学》，煤炭工业出版社，2007年。

② 陈曼云、金巍、郑常青：《变质岩鉴定手册》，地质出版社，2009年。

续表

名称	颜色	莫氏硬度	脆性	岩石结构	标本图片
角岩 （basic hornfels）	黑绿色 灰黑色	5.5—6	较好	粒状（柱状）变晶结构，块状构造	
花岗片麻岩 （granitic gneiss）	灰色 肉红色 斑点密集	6—6.5	较好	中-粗粒粒状结晶结构，片麻状构造	
千枚岩 （phyllite）	银灰色 灰黑色 灰绿色	6—7	较好	细粒鳞片变晶结构，千枚状构造	
斜长角闪岩 （amphibolite）	暗绿色 墨绿色	6—7	好	粒状（柱状）变晶结构，块状构造	
板岩 （slate）	浅绿色 黑色 黄褐色 灰黄色	6.5—7	较好	板状构造	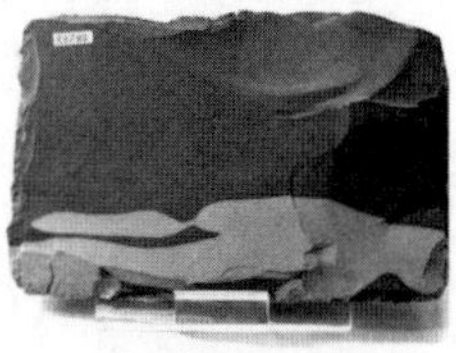
榴辉岩 （eclogi）	由深绿色或翠绿色绿辉石与红褐色或红棕色石榴子石组成	6.5—7	好	中粗粒粒状变晶结构，块状构造	
石英岩 （quartzite）	白色 灰白色 红色（含铁）	7	好	他形粒状结构、等粒镶嵌粒状变晶结构，块状构造	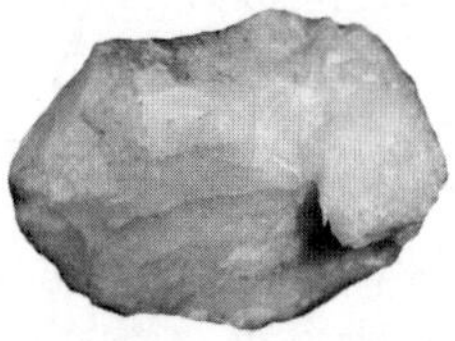

二、三大类岩性与器类对应情况

为了深入探寻米家崖遗址石器用材规律，此两节将在岩性判断结果的基础上，就用材岩性和石器的对应情况加以分析。从上述三大类岩石划分看，在408件石器中，以沉积岩为原料的石器222件，火成岩为原料的164件，变质岩为原料的22件。但由于各类岩石在韧性、脆性和硬度等影响工具原料选择和工具性能的若干物理属性上存在千差万别，三大类划分过于粗犷，无助于研究的目的达成，因此本节着重统计不同岩性细分与器类的对应情况。

（一）沉积岩类材料制成的器物

出土石质器物中，以沉积岩为原料的石器数量达到了石器总量的近六成，主要岩性有页岩、砂岩、石灰岩、泥岩、硅质岩、泥砂岩和石英七种，共222件。

页岩：共49件，其中石斧2件、石刀47件。页岩的莫氏硬度在3左右，脆性差，呈细粒-隐晶质结构。其通常经过沉积压实作用后，变成页片状，呈现比较明显的页理。这些页理多数边缘锋利、具有良好的切割功能，很多破碎的页岩往往可以直接当作石刀使用。因此，页岩在遗址中被广泛用以石刀和尖刃石器。

砂岩：共84件，其中石刀21件、石球17件、石斧8件，并散见其他各类石器。砂岩的莫氏硬度在4—4.5之间，脆性差，呈粗粒结构。可塑性较好，颗粒较稳定。这类石材虽然硬度稍有逊色，但是胜在易于塑造和打磨。故此，石刀和石球多用砂岩制作。用砂岩塑造的石斧虽然不能劈砍较硬的树干，但也可以帮助劈砍较小的灌木和树枝等。

石灰岩：共72件。其中石刀26件、石斧11件、石锛5件，并散见其他各类石器。石灰岩的莫氏硬度在3左右，脆性较好，呈细粒-隐晶质结构，是一类常见的碳酸盐岩。此类岩石多数比较容易塑造，磨制上也是比较容易的。从器类上看，石环、石锥和石球三类石器都对原材料硬度的要求不高，但对塑形的要求较高的。在这一点上，石灰岩可以很好地胜任。

泥岩：共9件，其中石锛6件、石镞3件。泥岩的莫氏硬度在3左右，脆性差，呈细粒-隐晶质结构，是一种易于打磨、韧性较好的石材。在这一点上，泥岩的可塑部分很容易被塑造成刃部，为石锛的制作提供了可能。该类石材常伴有部分变质作用，使其部分失去可塑性。

硅质岩：共4件，其中石锛、石铲、石锥、砺石各一件。硅质岩的莫氏硬度在4—4.5之间，脆性较好，呈中粒-中细粒块状结构，该类石材颗粒较细，延展性较好，是一种易于加工的石材，方便打磨成各类形状，是制作石器常用原料。

泥砂岩：共3件，其中石纺轮1件、石镞2件。泥砂岩莫氏硬度仅为3，脆性差，呈细粒-隐晶质结构，是自然界常见的沉积岩。此类泥砂岩极易塑形，是理想的精细化工具的原材。

石英砂岩：仅1件石环。石英砂岩的莫氏硬度仅为4—4.5，脆性差，呈细粒-显晶质结构。

同时，石英也有很漂亮的油脂光泽，多呈半透明性状。这些特点使得石英制作的石环在当时是很珍贵的饰品。

（二）火成岩类材料制成的器物

出土石质器物中，以火成岩为原料的石器数量达到了石器总量的近四成，主要细分岩性有花岗岩和玄武岩两种，共161件。

花岗岩：共158件。花岗岩莫氏硬度在6.5—7之间，脆性较好，呈中粒-中细粒块状结构。在原料为花岗岩的石器中，又以石笄、石锥、石斧件数居多。在刀耕火种的原始社会中，砍倒树木并放火烧荒的现象十分普遍。在伐木开荒这种大型劳作中，质地坚硬、坚实耐用的工具变成了必需品。花岗岩就是制作这类工具的比较合适的原材料。不仅如此，花岗岩表面的花纹也是其他石材所没有的，其能被当作饰品也是理所应当的。

玄武岩：共3件，其中石斧2件、石锛1件。玄武岩莫氏硬度在6—7之间，脆性好，呈粗粒-显晶质结构。玄武岩没有花岗岩一样特殊的纹理，但因结构为粗粒显晶质，会有更好的耐久度，较为适合制造粗放型劳作工具。

（三）变质岩类材料制成的器物

出土的石质器物中，以变质岩为原料的石器数量较少，不足总数的一成，主要岩性有板岩、蛇纹岩和花岗片麻岩三种，共22件。

板岩：共17件，均为石刀。板岩的莫氏硬度在6—7之间，脆性较好，呈板状构造。这一构造特点使得其天生的边缘部分较为锋利、较为适合切割之用。

蛇纹岩：仅1件石斧。蛇纹岩的莫氏硬度在4—5之间，脆性较好，呈隐晶质结构。在自然界中，蛇纹岩多数以大型石块的形式存在，这便于人们利用此类岩石制器进行笨重工作。

花岗片麻岩：共4件。其中石锛1件、石凿1件、砺石2件。花岗片麻岩莫氏硬度居于6—6.5之间，脆性较好，呈中粒-中细粒块状结构。花岗片麻岩的岩石原为花岗岩性质，与花岗岩几乎相同。花岗岩耐磨、硬度高、适合用于粗笨劳作，所以被用作石锛、石凿和砺石等器物的制作。

三、不同功能石器与石材岩性的关系

在生产工具中，以沉积岩为原料的工具196件、火成岩为原料的工具109件、变质岩为原料的工具22件；在装饰品中，以沉积岩为原料的26件、火成岩为原料的55件。结合上一节中对石器岩性的判断，为了更明显、直观地看出各类石器使用岩石种类和岩性的情况，本节将着重统计不同石器器类和岩性的对应情况。

（一）生产工具大类的石材岩性选择

鉴于米家崖遗址出土生产用石器种类繁多、数量庞大，为了方便下文的研究、凸显其中蕴含的规律性，也方便对石器器类和用材岩性的分布研究，按照前文的石器分类标准初步分类统计如下。

表11-4　米家崖遗址石质生产工具对应岩性简表

	火成岩	变质岩	沉积岩
木作工具	36	3	41
农作工具	8	17	96
食物制备工具	3	—	3
纺织工具	7	—	11
制器工具	46	2	15
狩猎工具	9	—	30
总计（件）	109	22	196
百分比（%）①	33.33	6.73	59.94

由表11-4可知，在木作工具中，火成岩制成的石器工具36件，沉积岩工具41件，变质岩工具3件；农作工具中火成岩原料8件，变质岩原料17件，沉积岩原料96件；食物制备工具中火成岩原料3件，沉积岩原料3件；纺织工具中火成岩原料7件、沉积岩原料11件；制器工具中火成岩为原料的工具46件，以沉积岩为原料的15件，以变质岩为原料的2件；纺织工具中则有7件原料来自火成岩，11件原料是沉积岩；在狩猎工具中，火成岩占其中的9件，沉积岩占30件。总体看，火成岩占出土石器总数的33.33%，沉积岩占59.94%，变质岩占6.73%。

1. 木作工具

共计80件。其中石斧40件、石锛30件、石凿10件。具体岩性统计结果如表11-5。

在40件石斧中，花岗岩原料占有最大的比重，占石斧总数的42.5%；其次是石灰岩，占比达27.5%；再次是砂岩原料的石斧占20%。在30件石锛中，以花岗岩、砂岩和泥岩为主，出土占比33.33%、23.33%和20%。在10件石凿中，花岗岩为主要石器原材料，占比高达60%，其他岩石使用较少。

综合分析以上数据可知，米家崖遗址出土的木作工具中，花岗岩、石灰岩和砂岩是重要的制器石料。花岗岩硬度在6.5—7之间，脆性较好，呈中粒-中细粒块状结构，岩石颗粒适中，胶结较好；石灰岩硬度在3左右，脆性较好，呈细粒-隐晶质结构，岩石颗粒较细，易

① 此处所指百分比为该类岩性占米家崖遗址出土石器总数量的比重。

于研磨；砂岩硬度在4—4.5之间，脆性较差，粗粒结构，韧性较好。结合木作工具主要用以削、劈、砍等工作的特点，米家崖先民所采用的石材多数硬度大、耐受性强，基本可以满足长期生产的需求。

表11-5　米家崖遗址石质木作工具的用材岩性

器物	石材岩性	石器数（件）	百分比（%）①	总数（件）
石斧	花岗岩	17	42.50	40
	玄武岩	1	2.50	
	辉绿岩	2	5.00	
	蛇纹岩	1	2.50	
	砂岩	8	20.00	
	石灰岩	11	27.50	
石锛	花岗岩	10	33.33	30
	花岗片麻岩	1	3.33	
	砂岩	7	23.33	
	石灰岩	5	16.67	
	泥岩	6	20.00	
	硅质岩	1	3.33	
石凿	花岗岩	6	60.00	10
	花岗片麻岩	1	10.00	
	砂岩	2	20.00	
	石灰岩	1	10.00	

2. 农作工具

共计121件。其中，石刀出土量最大，达116件。具体岩性统计结果如表11-6。

数据显示，米家崖遗址出土的石铲岩性为花岗岩的有3件，另有石灰岩原料、硅砂岩原料各一件；在出土的116件石刀中，页岩占40.52%；其次出土较多的是石灰岩和砂岩材质，占比22.41%和18.10%。

综上所述，农作工具原材料以页岩、石灰岩、砂岩等多种沉积岩为主。此类岩石硬度都在3以上，多呈中粒隐晶质结构，胶结良好，可塑性较佳。结合农作工具主要用于切割、铲锄等工作可知，在石器加工制作时，石料必须具有较好的可塑性和韧性，且必须具有一定的耐久性。故此，米家崖先民采用此类石材是合理的。

① 此处所指百分比指该类岩性占此器物总数量的比重。如42.50%指花岗岩材质石斧（17件）占石斧总数（40件）的比重，下同。

3. 食物加工工具

共计6件石杵，具体岩性统计结果如表11-7。

从上表可知，在米家崖遗址出土的6件石杵中，岩性为花岗岩和砂岩的器物各3件，分别占石杵总数的50%。

表11-6　米家崖遗址石质农作工具的用材岩性

器物	石材岩性	石器数（件）	百分比（%）	总数（件）
石刀	花岗岩	5	4.31	116
	板岩	17	14.66	
	页岩	47	40.52	
	砂岩	21	18.10	
	石灰岩	26	22.41	
石铲	花岗岩	3	60.00	5
	石灰岩	1	20.00	
	硅质岩	1	20.00	

表11-7　米家崖遗址石质食物制备工具的用材岩性

器物	石材岩性	石器数（件）	百分比（%）	总数（件）
石杵	花岗岩	3	50.00	6
	砂岩	3	50.00	

4. 纺织工具

共计18件石纺轮，具体岩性统计结果如表11-8。

表11-8　米家崖遗址石质纺织工具的用材岩性

器物	石材岩性	石器数（件）	百分比（%）	总数（件）
石纺轮	花岗岩	7	38.89	18
	砂岩	7	38.89	
	石灰岩	3	16.67	
	泥砂岩	1	5.56	

从上表可知，在米家崖遗址出土的18件石纺轮中，花岗岩、砂岩材质的各7件，占总数的38.89%；此外散见3件石灰岩材质、1件泥砂岩材质，占总数的16.67%、5.56%。

5. 制器工具

共计63件。其中，石锥53件，砺石9件，研磨器1件。具体岩性统计结果如表11-9。

综合上表数据可知，石锥共出土53件，其中花岗岩材质最多，占石锥总数75.47%；其次是石灰岩，占16.98%；散见玄武岩、辉绿岩和硅质岩各类岩石。砺石共出土9件，其中花岗岩、砂岩各出土3件，占比33.33%；散见花岗片麻岩、硅质岩等岩性。研磨器则只出土了1件砂岩材质的石器。制器工具主要以花岗岩、石灰岩和砂岩为主。考虑到石锥多数用以钻孔，故采用的石料多为易于磨制出尖的石料；砺石则采用了一些耐磨且粗颗粒的石材。

表11-9　米家崖遗址石质制器工具的用材岩性

器物	石材岩性	石器数（件）	百分比（%）	总数（件）
石锥	花岗岩	40	75.47	53
	玄武岩	2	3.77	
	辉绿岩	1	1.89	
	石灰岩	9	16.98	
	硅质岩	1	1.89	
砺石	花岗岩	3	33.33	9
	花岗片麻岩	2	22.22	
	砂岩	3	33.33	
	硅质岩	1	11.11	
研磨器	砂岩	1	100	1

6. 狩猎工具

共计39件。其中石矛2件，石镞9件，石球28件。具体岩性统计结果如表11-10。

表11-10　米家崖遗址石质狩猎工具的用材岩性

器物	石材岩性	石器数（件）	百分比（%）	总数（件）
石矛	花岗岩	1	50.00	2
	砂岩	1	50.00	
石镞	页岩	2	22.22	9
	石灰岩	2	22.22	
	泥岩	3	33.33	
	泥砂岩	2	22.22	
石球	花岗岩	8	28.57	28
	砂岩	17	60.71	
	石灰岩	3	10.71	

据统计和鉴定，石矛共2件，花岗岩、砂岩质器各1件。石镞9件，其中泥岩质3件，占比33.33%；页岩、石灰岩、泥砂岩各2件，分别占比22.22%。石球28件，其中砂岩质占比60.17%，花岗岩占比28.57%，石灰岩占比10.71%。

综上可知，米家崖遗址出土的狩猎工具以砂岩、花岗岩和石灰岩质器为主。石镞所使用的岩石材料莫氏硬度不超过5，结构多呈细粒-隐晶质，是较为细腻的一类石料，易于磨制出刃，可塑性较佳。考虑到石镞并非长期使用的工具，具有一次性使用的可能，故先民有可能使用制作其他器物的边角碎片来制作石镞。石球制作所使用的材料则多数为花岗岩和砂岩，呈中粒或粗粒结构，胶结较好，耐用可靠，比较适合砸击猎物。

（二）装饰品的石材岩性选择

装饰品主要包括石环和石笄两大类。石笄形态与石锥高度相似，研究者多根据顶端形状差别，得有较宽的顶部称为帽，归为笄；但高度相似的器形其功能必然有相同、相通之处。其中，石环出土16件，石笄出土65件，具体岩性分布如表11-11。

表11-11　装饰品的用材岩性

器物	石材岩性	石器数（件）	百分比（%）	总数（件）
石环	砂岩	8	50.00	16
	石灰岩	7	43.75	
	石英砂岩	1	6.25	
石笄	花岗岩	55	84.62	65
	砂岩	6	9.23	
	石灰岩	4	6.15	

综合上述数据可知，在石环中，砂岩材质占石环总数的50%，其次是石灰岩，占比43.75%，散见石英砂岩质石环1件。在出土石笄中，花岗岩质器占总出土石笄数的84.62%，其次是砂岩，占9.23%，再次是石灰岩，占6.15%。总的来说，装饰品主要由花岗岩、砂岩和石灰岩为原材料。

石环器型小巧、磨制精良。考虑到制作难度和制作的时间成本，使用硬度较低、易于打磨的石材是较为明智的选择。也有个别石环采用硬度较大的石材制作，猜测应为制造其他石器的边角料的延伸利用而成。绝大多数石笄采用花岗岩制作，原因主要有两个：其一，花岗岩花纹较为精致，比较符合先民的审美；其二，石笄有一器多用的可能。

第三节　常见石器的功能探究

石器功能的研究已经成为了史前考古学研究的一个专门领域。除了形态观察，民族学调查和类比无法为引进高清高精度观测仪器设备的微痕分析法是研究石器功能比较流行的新手段。微痕分析的原理是，石器在使用时，其主要作用部分会因反复的力学作用而发生不可逆的变化，会在石器表面留下各种有独特尺寸，形状等可观测痕迹，反映着特定的行为方式及作用对象。就这些痕迹进行观察研究对石器功能进行判定是在国际上得到业界认可且行之有效的新方法①。

在米家崖遗址出土的石制遗物中，石斧、石锛和石刀三种器物数量较多，各占石器总数的9.81%、7.35%和28.43%，保存也较为完好。从实验观察的角度看，三种石器常被应用于生产活动中，器表使用痕迹较明显。故此，选择了出土的石斧、石锛和石刀，运用微痕分析法进行石器的功能探究，将分析法与类型学、民族学方法研究的认识进行比较，力图更为准确地揭示新石器时期米家崖先民石质工具使用习惯。

一、石器微痕观察实验

石器使用痕迹的观察实验，由标本选择、标本预处理、镜下观察与记录等环节构成。

（一）实验标本选择

为了保证研究标本能够达到实验要求，在挑选标本时，尽量避开器身残损及风化严重的器物，尽可能选取器身（特别是使用部位）保存较为完好、表层附着物较少、使用痕迹较为明显的完整器物。

1. 石斧的挑选

石斧的顶部、刃部及侧缘是微痕观察的重要观测点，尺寸及型式也是标本挑选的重要依据。严格筛选石器标本后，选定6件石斧为实验观察标本。

① a. 蔡明：《陶寺遗址出土石器的微痕研究》，《华夏考古》2014年第1期；b. 蔡述亮：《对石器微痕分析的几点思考》，《四川文物》2011年第5期。

2. 石锛的挑选

石锛器形较石斧相对较小，保存也较完好。通过多方位观察及比对后，选定了5件形制上有明显差异的石锛用于微痕观察。

3. 石刀的挑选

石刀的刃部形态是决定石刀加工方式及其施用对象的重要依据，也就是判定石刀功能的依据。共选取了米家崖遗址出土的不同形态石刀7件，其中包含刃缘内凹的石刀1件，刃缘弧凸的石刀2件，刃缘平直的石刀4件。

按照上述挑选标准，确定了18件研究样本，样本的编号及形态信息见表11-12。

（二）实验器械及用材

实验地点为西北工业大学文化遗产研究院。

1. 实验器械

KQ-300DE型数控超声波清洗器一台（图11-24，左）：用以分散、乳化、分离污物。应用于大型石器表面的除杂与清洗，较手工清洗更为安全、高效、快捷。

密理博水箱空气过滤器MILLIPORE TANKMPK01一件（图11-24，右）：用以清除溶解在清洗用水中的强电解质盐类，以期最大限度保护石器原貌。

ZEISS显微摄影设备一套（图11-25）：镜头放大倍率8x ~ 50x，用以观察石器标本微痕形态和拍摄电子显微图像。选用该设备能减少实验者与文物标本的直接接触。

戴尔OptiPlex 7020计算机一台（图11-25）：用以捕获处理拍摄图像，提升图片精度。

2. 其他用材

金贝牌PVC磨砂黑色背景纸（50厘米 × 50厘米）：用以规避背景反光，烘托文物形态。

辉恩牌软毛牙刷2支：用以器形较小石器表面的杂质清洗，使用软毛牙刷以避免在文物表面留下损毁性痕迹。

巨博牌304不锈钢方盘2件（深盘40厘米 × 30厘米 × 4.8厘米；浅盘36厘米 × 27厘米 × 2厘米）：用以提供清洗石器的场所。

PE材质透明塑封袋30个（6号塑封袋20个、7号塑封袋10个）、无粉塑胶手套、便笺纸若干：用以实验过后重新分装石器。

表11-12　米家崖遗址石器微痕分析研究标本简况

器名	标本号	尺寸（厘米）			形态描述
		长	宽	厚	
石斧	ⅢT0403H21：1	6	3.1	1	呈长条状，平面呈梯形，顶部打制成弧状，双面磨制出刃，刃缘较直，两侧缘经打制修理，稍斜直。器表磨制平整、光滑
	ⅣT0404H2：3	11.5	4.5	3.8	平面近梯形，顶端呈圆弧状凸起，底部磨制出双面直刃，微弧，稍残，刃面不规则，两侧缘经打制修整。器表磨制较精细
	ⅢT0403H70：1	13.3	5	3	平面及横截面近长方形，体较厚，顶稍残、微弧，两侧缘有打制修整痕，磨制较粗，双面磨制出刃，刃缘弧，两侧缘平直
	ⅢT0203H77：3	15.5	7.1	4.2	体较厚，平面呈梯形，横截面呈长方形，顶部磨制平直，稍弧，底部双面磨制出刃，刃缘较弧，两侧缘经打制修整，较斜直。器表磨制平整、光滑
	ⅢT0401③：10	6.6	3.9	1.6	平面呈梯形，横截面近长方形，顶部斜直，微残，底部双面磨制出刃，刃缘较弧，两侧缘斜直。器表磨制平整、光滑，两侧缘可见明显打制修整痕迹
	ⅢT0403H21：23	12.8	4.7	3.2	平面近梯形，顶端打制成弧状，底部双面磨制出刃，刃缘微弧，侧缘经打制修整，较平直。器表磨制较为粗糙
石锛	ⅠT0308H87：1	10.3	5.8	2.4	平面呈梯形，横截面近长方形，顶部平直，底部单面磨制出刃，刃缘较直，两侧缘斜直。器表磨光
	ⅠT0407H85：2	6.9	3.85	1.68	平面近梯形，顶部平直，稍弧，单面直刃，两侧缘斜直，经打制修理。器表两面磨制平整、光滑，两侧较粗糙
	ⅢT0403③：1	6.8	5	1.6	器体保存较好，平面近长方形，弧顶，双面磨制出刃，刃缘平直，微弧，两侧缘平直。器表磨制光滑，侧缘可见打磨修整痕迹
	ⅢT0403②：10	5.1	2	1	体扁平，保存完好，平面及横截面均近长方形，顶部平直，底部单面磨制出刃，刃缘较直，侧缘平直。器表磨制较为光滑
	ⅠT0302③：3	5.1	1.6	1.55	平面近梯形，横截面呈长方形，顶部平直，稍弧，底端单面磨制出刃，刃缘平直。器表磨制光滑、平整
石刀	ⅠT0202④：1	9.9	3.78	0.5	直背，双面磨制出不规则刃缘，侧边弧斜，中部有一孔径约0.5厘米双面对钻穿孔。器表打磨光滑，可见明显加工及使用痕迹
	ⅢT0402H7：4	7.6	4.7	0.5	体扁平，一侧残，平面近椭圆形，弧背，底部双面磨制成弧刃，外侧缘较平直，器身中部有一孔径约0.7厘米单面钻孔。器表磨制平直、光滑
	ⅢT0103H4：1	9.5	4.5	0.7	体扁平，保存完好，平面近长方形，直背，顶部稍弧，双面弧刃，一侧缘斜直，另一侧缘平直，器身中部近刃处有一孔径约0.4厘米对钻穿孔，器表磨制平直、光滑
	ⅡT0303②：1	9.4	5	0.7	体扁平，一侧稍残，平面呈长方形，底部双面磨制出刃，刃缘较直，一侧缘单面磨制出直刃，另一侧缘较平直，器身中部近刃处有一孔径约0.5厘米对钻穿孔。器身磨制平直、光滑
	ⅠT0307H50：5	9.6	5.5	0.5	平面呈长方形，背微弧，双面磨制出刃，刃缘较直，两侧缘内凹，刀身中部近刃处有一孔径约0.3厘米对钻圆孔，孔未钻穿。器表磨制较为光滑
	ⅢT0403③：2	10.8	4	0.6	体扁平，保存较好，平面近长方形，直背，双面磨制出刃，刃缘平直，稍凹，外侧缘一面平直，一面微弧。器身中部有一孔径约0.6厘米对钻穿孔。器身经粗略磨制，较平滑
	ⅠT0307H29：4	9.4	5.9	0.8	平面呈长方形，直背，双面磨制出刃，刃缘较直，两侧缘内凹。器表磨制较为粗糙

图11-24　KQ-300DE型数控超声波清洗器（左）
密理博水箱空气过滤器MILLIPORE TANKMPK01（右）

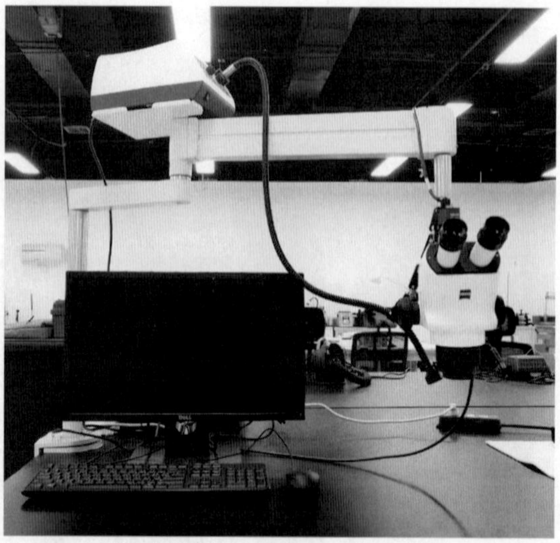
图11-25　ZEISS显微摄影设备

（三）标本的预处理

针对实验标本尺寸的大小，采取了两套不同的预处理办法。

1. 小型标本——超声波清洗器清理

首先，将小型石器标本小心地平铺于超声波清洗器的置物架底部，不宜摆放过挤，标本之间均需留有2～3厘米的间隙，并加入纯水。水位以没过最高的石器为最佳。在盖好清洗器机盖后，开启清洗器。

为保证清洗效果，本次清洗工作将机器功率恒定为90%，时间设定为15分钟，并在清洗过程中予以适当加热（约24～28℃）。在标本进行超声波清理时，为了方便整理与观测，需为清洗后的石器标本置备干净的塑封袋及标签纸，以保持清洗后石器标本的整洁及安全。

在清洗工作结束后，将其置于避光通风处自然阴干后将标本装袋（图11-26）。

2. 大型石器——钢盆与软毛牙刷清理

因超声波清洗器的清洗能力无法对大型石器进行彻底清洗，为方便后续观测工作的开展，对标本中尺寸较大的5件进行了手动清洗，具体如下：先洁手，并提前将实验器械用纯水洗净备用。此后，将厚约1厘米无纺布浸润并平铺于铁盘之上，再将文物标本小心地移置于无纺布之上，以软毛牙刷蘸取纯水对器体表面展开轻柔地反复洗刷，进而再以另一块干净的无纺布擦净即可。

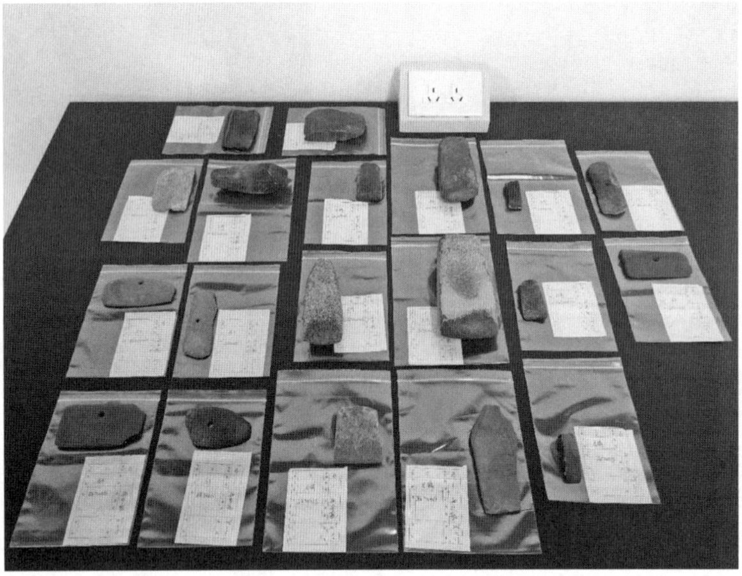

图11-26　清洗后的石器标本应置于通风阴凉处自然阴干

（四）实验步骤

首先，剪裁出一张50厘米×50厘米黑色背景纸，并用单面胶固定于桌沿上，并将石器标本小心地置于背景纸之上。切记，样本应远离桌沿，靠近中间，以防掉落而引起的可能性损伤。

然后，启动电脑，运行桌面上的应用软件——ZEN core。运行程序后，电脑界面即会出现三个可选项，在此选择“自由测试”按钮，选择后设备自动进行初始化工作。设备初始化结束后，选择应用软件的左侧工作栏中的“EDF（手动聚焦）”的观测及摄影模式。

接着，在确认器械工作模式后，需将操作臂移至石器标本上方，并渐将观测及摄影设备下调，直至相机距标本5～7厘米处。

拍摄前需调整好相机自带的冷光源照明设备和自带的机械臂，使光线能够准确、柔和地投射到所需观察的部位上，并通过电源开关边上的旋钮，适当调节光线的强度。在灯光就位后即可用目镜对石器标本进行观测及拍摄：用鼠标左键单击工作栏内的“开始”选项、设备进入工作候机状态后，按下键盘上部的“F12”键，即可拍摄显微图像。

每拍摄一个标本，均要及时保存，并用标本编号命名图像文件。

二、石斧功能的探究

为推断石器的使用场景与功能，对部分保存完好的石斧进行了显微观察，并根据观察结果进行了功能推定。

（一）微痕观察

微痕观察时，通常侧重于观察磨圆、石片疤、线状痕、擦痕和擦斑等痕迹。

磨圆：指石器刃部（或全体）变得钝（或圆钝）的痕迹，通常是刃部切割质地较软材质时出现（图11-27，1）。

石片疤：又称剥离痕，指石器在使用过程中产生剥片导致刃面、尖端和端部等石器的使用部位发生局部崩缺形成的破裂面；有的石片疤较小，需要在显微镜下才能看得比较清楚，通常是由于石器碰撞到较为坚硬物体造成（图11-27，1，2）。

线状痕：也称条痕，经常出现于劈砍作业后的石器等，长短、方向不一。这一般是体现石器的施力方向、加工对象的重要标记（图11-27，1）。

擦痕和擦斑：指石器工作面因使用时与硬质物的摩擦而形成的擦伤痕迹；擦斑指呈斑点状的擦痕。这通常是石器加工硬质物的证据（图11-27，3）。

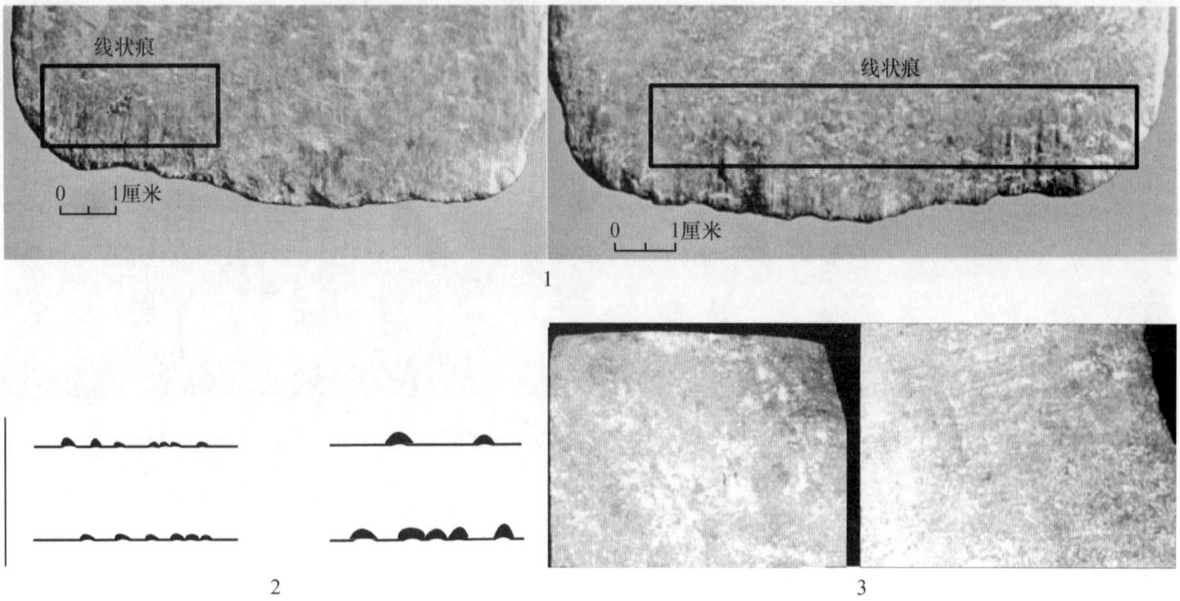

图11-27　磨圆、石片疤、线状痕、擦痕及擦斑示意图①

对6件石斧加以微痕观察，具体观察点位置如图11-28所示。

ⅢT0403H21：23、ⅣT0404H2：3，主体形状都较为接近三角形，表面有不同程度的风化；在顶部都有一定程度的破裂，如图所示。两件石器上方均可见细小的破裂面，形态近圆形，推测为使用中造成的痕迹；同时标本顶部可以看到明显的石片疤，有一定的打击痕迹；刃

① 图11-27，1引自杨宽《辽西史前磨制石器研究》，其上可见明显片疤及竖向线状痕迹；图11-27，2引自杨霞、陈虹、王益人《角页岩雕刻器的微痕实验研究》，为片疤形态示意图；图11-27，3引自高鹏杰《藤花落遗址出土磨制石器研究》，其上可见石器刃缘边缘处明显的磨圆及擦斑痕迹。

图11-28　各石斧微痕观察点分布

部弧度和工作面上可见较深线状痕。刃部明显偏锋可见（图11-29）。

ⅢT0403H70：1、ⅢT0203H77：3，主体形状近矩形，表面可见风化和明显崩裂。刃缘部分有线状痕和擦痕痕迹，推测为切割所致。其中ⅢT0403H70：1的侧刃有非常整齐的线状痕，ⅢT0203H77：3表面有较多的点状擦痕。可见刃部的明显崩裂。两件石斧可见凸起磨圆。其中，刃缘处磨圆强于刃面上的磨圆，并伴有不连续擦痕（图11-30）。

ⅢT0401③：10、ⅢT0403H21：1，刃缘前端的痕迹模糊但比较整齐，后端的痕迹较为明显清晰但稍显凌乱，6.3倍下可见；刃部都有不同程度的崩坏。透过观察点可清晰看出石斧使用后产生的崩裂痕迹（图11-31）。

图11-29　石斧ⅢT0403H21：23及ⅣT0404H2：3的微痕观察

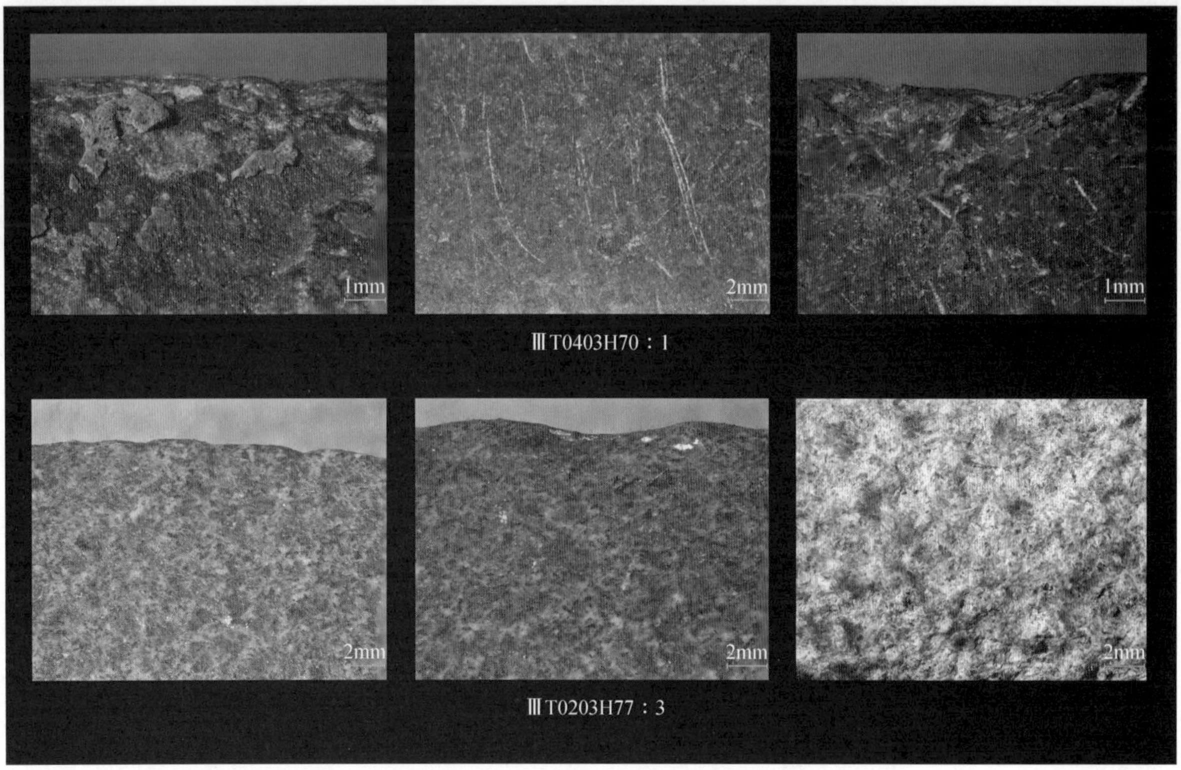

图11-30　石斧ⅢT0403H70：1及ⅢT0203H77：3的微痕观察

图11-31　石斧ⅢT0401③：10及ⅢT0403H21：1的微痕观察

（二）功能推定

结合上述微痕观察分析可见，部分出土石斧在顶部有破裂或者有破裂面，甚至有部分石斧有纵向击打痕迹，且多数存在不同程度的偏刃现象，纵向线状痕较深。通过研究现有考古报告和民族学材料，推断其使用情况如下。

石斧是应当进行装柄使用的，且刃缘与斧柄平行。在遗址出土的部分石斧中，在斧身近柄端发现了绑柄痕迹（图11-32），结合肖梦龙对绑柄石斧的研究论述①，可推测石斧采用绑柄法使用的可能性极大。

装柄使用石斧导致斧具表面存在偏锋（图11-32）。在观察石斧时可以明显看出：石斧刃部有倾斜的弧刃；石斧表面有明显的捆绑安柄的痕迹（图11-33）。透过此两点可以大致推断出，古人在使用石斧进行挥砍时，总是沿着一定弧度以垂直或水平方向用力移动工具的。刃口偶见的崩裂痕迹也可以证明这一点。线状痕一般反映了受力方向和受力强度，十分整齐的线状痕可以理解为石器长时期在特定范围内垂直切砍摩擦造成。

特别之处在于，米家崖遗址部分石斧在顶部存在破裂面（图11-34），有使用作为楔具的可能。石斧和石楔在操作上有一定差异：石斧是装柄手持木柄抡动，因此无论怎样，石斧的顶

① 肖梦龙：《试论石斧石锛的安柄与使用——从溧阳沙河出土的带木柄石斧和石锛谈起》，《农业考古》1982年第2期。

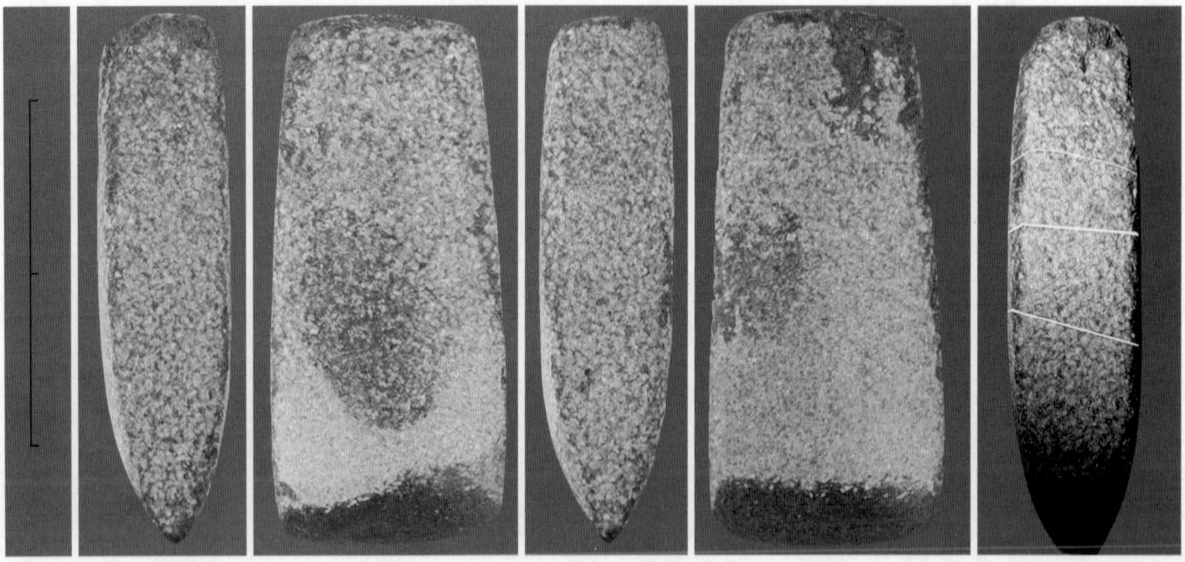

图11-32　石斧ⅢT0203H77：3器表残有明显绑缚痕迹

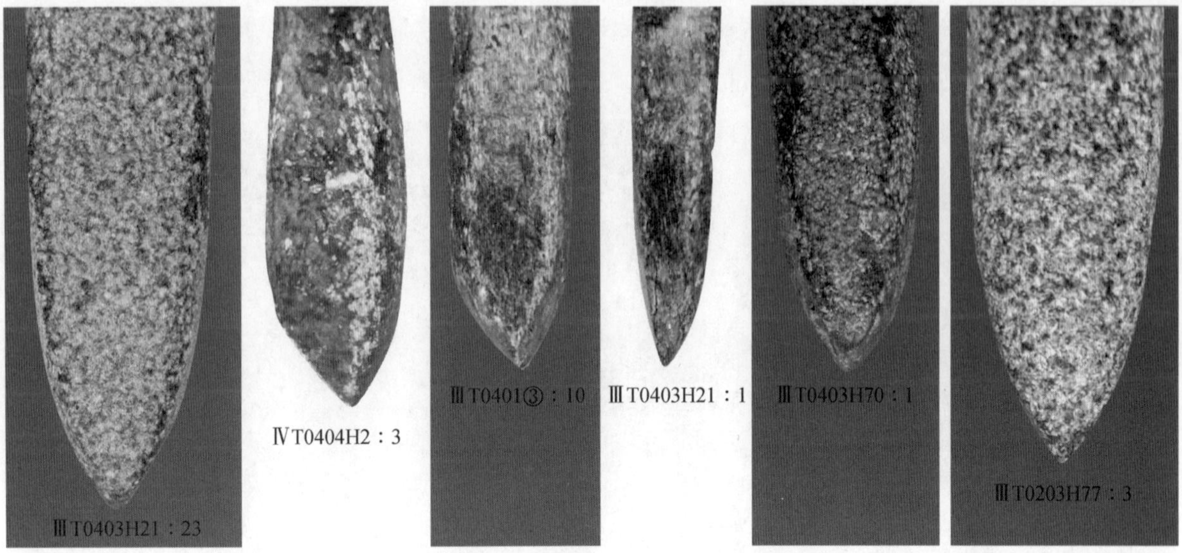

图11-33　各石斧标本刃部形态

图11-34　各石斧标本顶部形态

端破损不应十分严重；而石楔不同，石楔是需要使用其嵌入木材以劈开木材，其顶部需要被不断敲击，因此表面有一定的打制痕迹是合理的。

据上述证据可以推断出，米家崖遗址出土的石斧是用以伐木和砍劈作业的，同时部分也可以作为石楔进行裂木作业。

三、石锛的功能探究

对石锛进行了使用痕迹观察，对部分保存完好的石锛进行了显微观察，并根据观察结果进行了功能推定。

（一）微痕观察

对5件石锛加以微痕观察，具体观察点位置如图11-35所示。

ⅠT0308H87：1、ⅠT0407H85：2，大体呈矩形或梯形，横截面略呈矩形，侧缘有弧度，表面无明显风化，边缘有缺口；刃部有磨圆，所选标本刃缘磨圆程度明显强于刃面，且刃面上

图11-35　各石锛标本微痕观察点分布

可见细小的擦伤斑点；颗粒表面可见细小擦斑斑点。在10倍显微镜放大下可见器表较为粗糙，岩石颗粒有明显外凸（图11-36）。

ⅢT0403③：1，刃缘表面有明显线状痕，有石器特有的光泽。因其为青石，其表面的线状痕形成较整齐，并透出了青石特有的光泽。同时，刃缘处有几处崩裂痕迹（图11-37）。

ⅢT0403②：10、ⅠT0302③：3，顶部平面基本为平面，中部完整，保留原石器的研磨面，且研磨较为精细；未经敲击破坏的顶面棱线可见磨圆；刃部有缺口，个别崩开破裂面积较大；刃缘边缘有细小的岩石颗粒凸起，刃面较为平滑，背面刃面不及正面光滑（图11-38）。

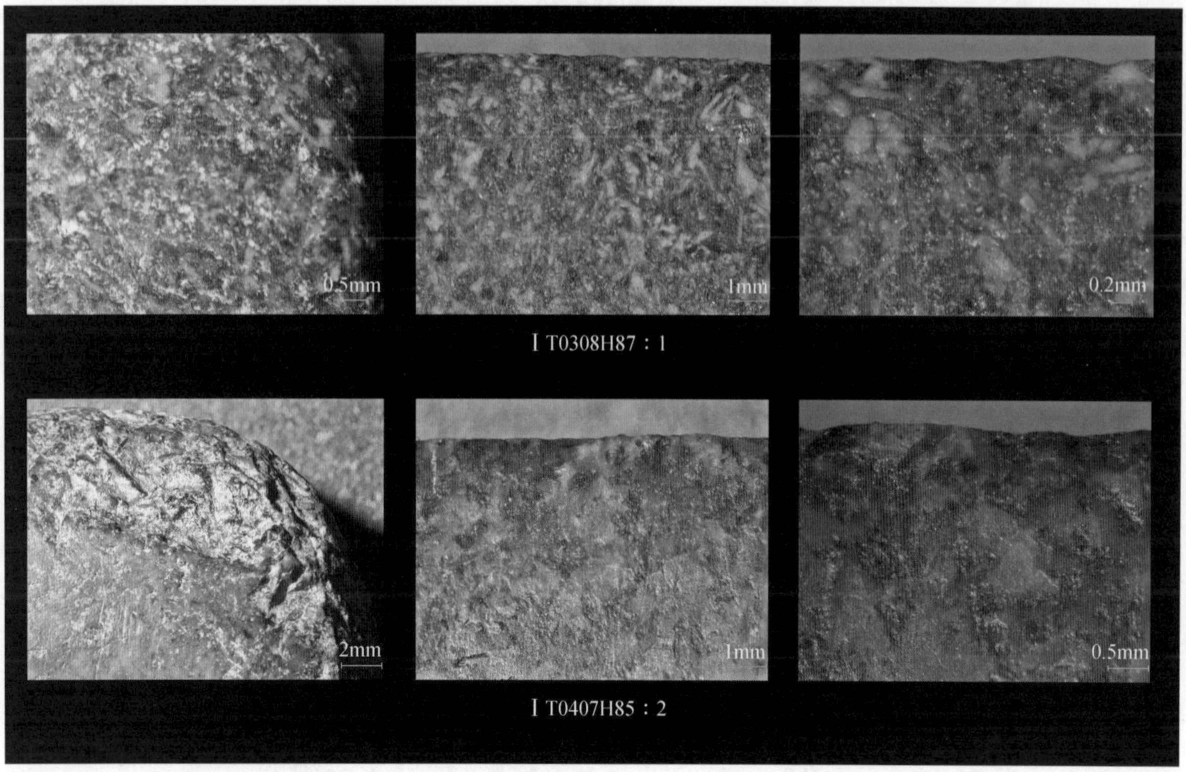

图11-36　石锛ⅠT0308H87：1及ⅠT0407H85：2的微痕观察

（二）功能推定

结合上述微痕观察分析可见，多数石锛顶面棱线可见明显磨圆，刃部可见明显崩裂，刃缘处有半圆形磨圆，缺口集中在中部和左部，条痕对器物影响较大，具体分析如下。

在石锛的刃缘处可见纵向平行或垂直于刃缘的条痕。平行条痕较为清晰整齐，从刃缘边缘向后延伸；垂直于刃缘的条痕清晰可辨，从刃缘边缘一直向后延伸，条痕数量、深浅度不一，但总体保持着垂直于刃缘的方向。从这些痕迹现象可以推断出，该类石锛应该用以加工木材等相对较硬的物质对象，且主要施力方向是竖直刮割。刃缘处岩石颗粒表面磨圆十分明显，岩石颗粒表面可见少量擦斑。可以据此推测该类石锛也可以用以加工软质对象。

图11-37　石锛ⅢT0403③：1的微痕观察

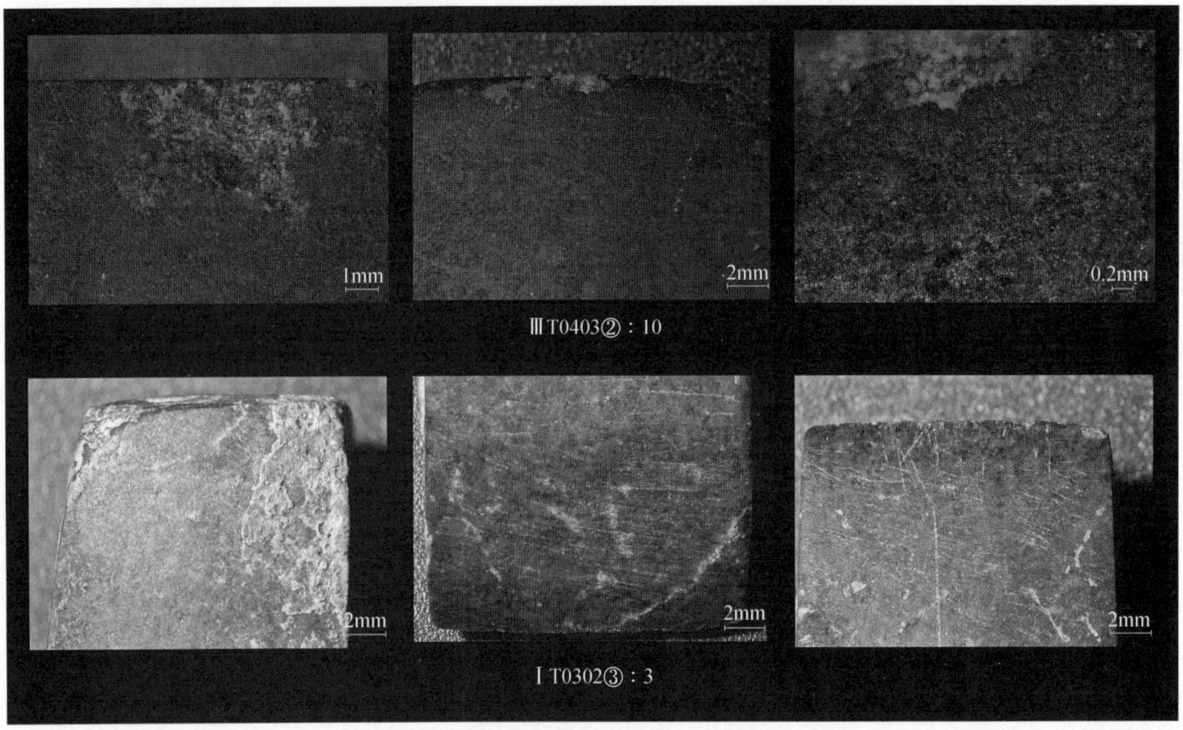

图11-38　石锛的微痕观察（ⅢT0403②：10、ⅠT0302③：3）

四、石刀的功能探究

对石刀进行了使用痕迹观察，对部分保存完好的石刀进行了显微观察，并根据观察结果进行了功能推定。

（一）微痕观察

对7件石刀加以微痕观察，具体观察点位置如图11-39所示。

1. 刃缘内凹石刀特征

ⅠT0202④：1，刃缘较为完整，基本没有磨损；刃部有半圆状磨圆，中有一孔，孔周围有较为明显的线状痕，6.8倍下可见。刃缘内部有清晰线状痕（图11-40）。

2. 弧刃石刀特征

ⅢT0402H7：4、ⅢT0103H4：1，弧刃有崩裂情况，磨损较小；刃部有明显线状痕和半圆形磨圆；中有一孔，孔周围有捆绑痕迹和摩擦痕迹但不明显，20倍下可见。刃部有特殊的油脂光泽（图11-41）。

3. 直刃石刀特征

ⅡT0303②：1、ⅠT0307H50：5、ⅢT0403③：2、ⅠT0307H29：4，其中ⅠT0307H50：5、ⅠT0307H29：4两件为无孔石刀，其他为有孔石刀。工作面有不同程度的磨损，可见摩擦导致的点状痕迹；刃部周围有清晰可辨的线状痕；刃部有少许崩裂，在20倍显微观察下可见（图11-42）。

（二）功能推定

结合上述微痕观察分析可见，多数石刀刃面可见磨圆或半圆形磨圆，刃部偶见少许崩裂，具体分析如下。

多数石刀有较明显的石器光泽，透过刃部磨圆可以看出加工对象质地较为柔软。从目前掌握的材料看，石刀上半圆形磨圆较多，而且有特有的石器油脂光泽，推测其主要切割对象为动物的肉和谷物等。同时发现部分石刀刃缘部分有崩裂，也可知其有切割动物骨的用途。

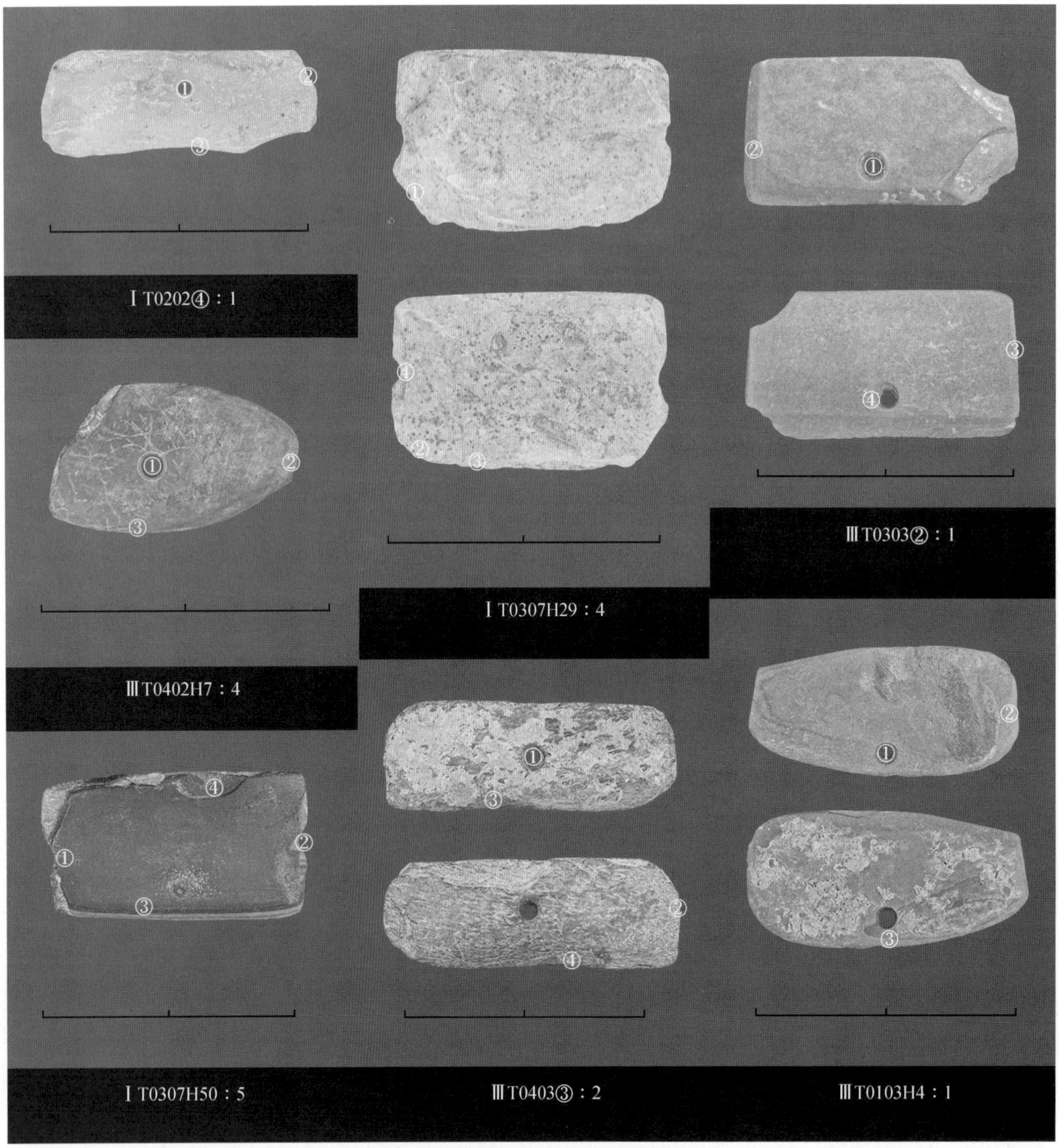

图11-39　石刀微痕观察点示意图

部分石刀中部有孔，显微观测孔周围可见明显线状痕。结合考古报告[1]和相关民族学材料[2]，可以推断出该孔是用以绑绳的。使用电子显微镜观测孔部周围可以发现明显绳子摩擦所形成的痕迹，尤以线状痕较为明显。

刃缘内凹石刀、弧刃石刀刃部未见明显线状痕，但内凹石刀表面存在明显擦痕、弧刃石刀表面有明显崩裂，尤其两者刃缘处在20倍放大后均可见横向不明显线状痕。此外，刃缘内凹石

① 陕西省考古研究院：《西安米家崖：新石器时代遗址2004～2006年发掘报告》，科学出版社，2012年。
② 安志敏：《殷墟之石刀》，《燕京学报》1947年第12期。

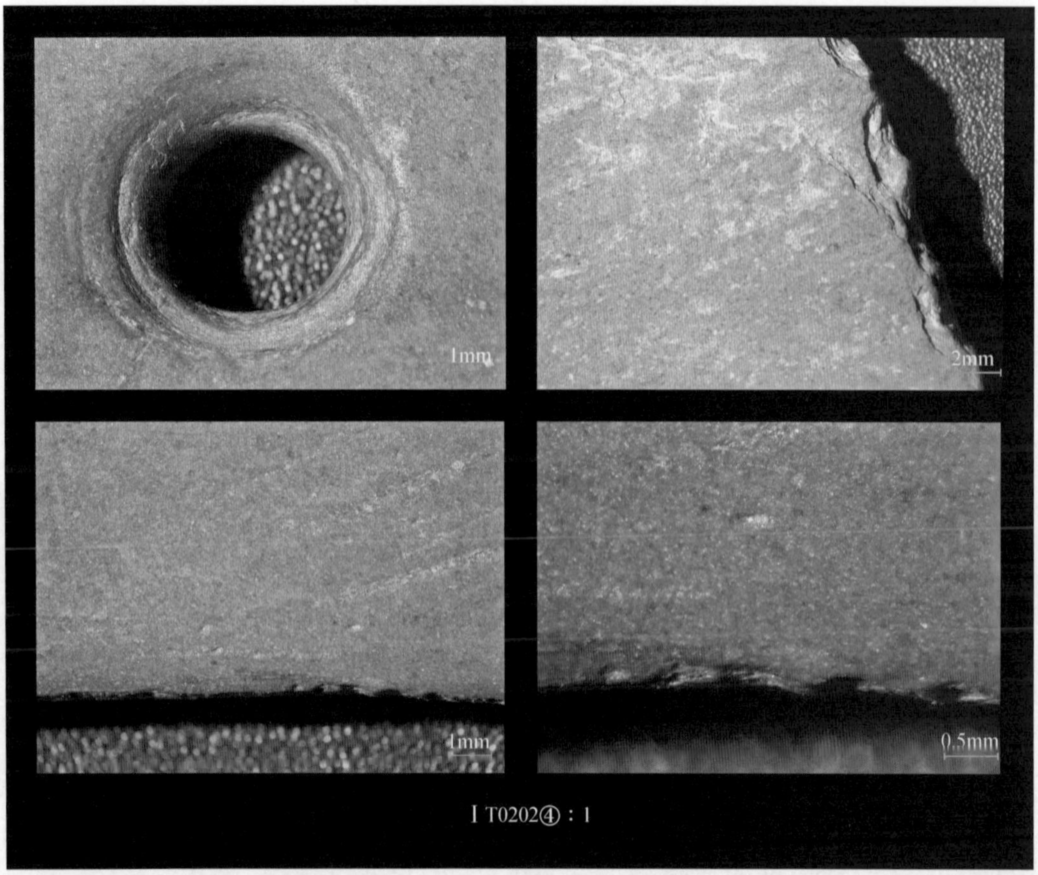

图11-40　石刀的微痕观察（ⅠT0202④：1）

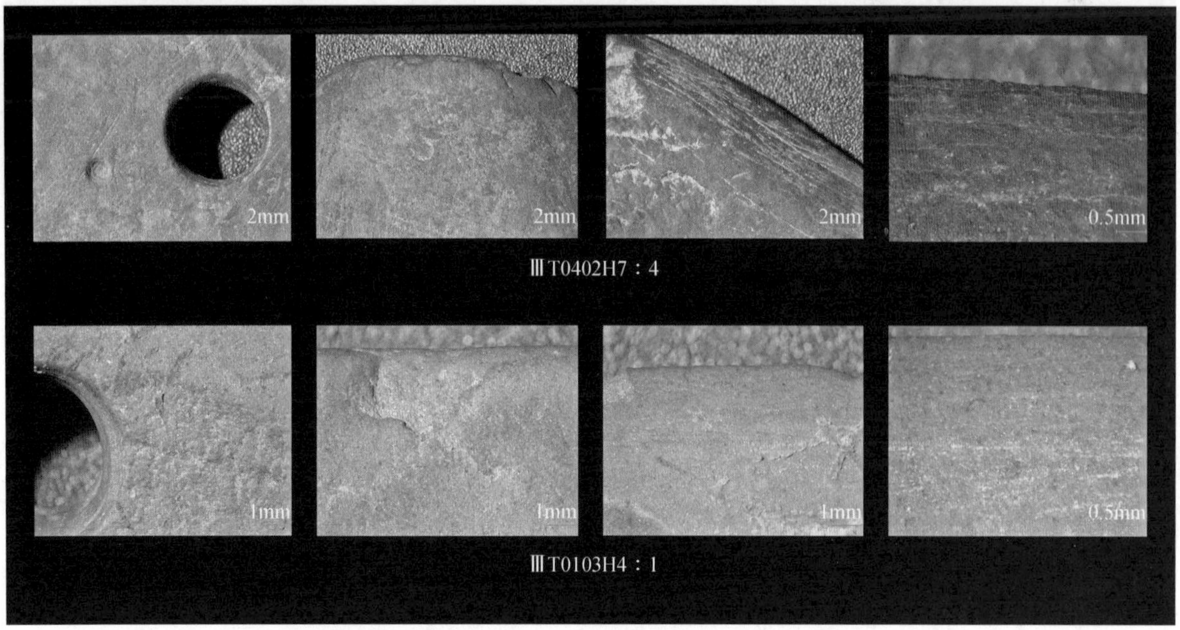

图11-41　石刀的微痕观察（ⅢT0402H7：4、ⅢT0103H4：1）

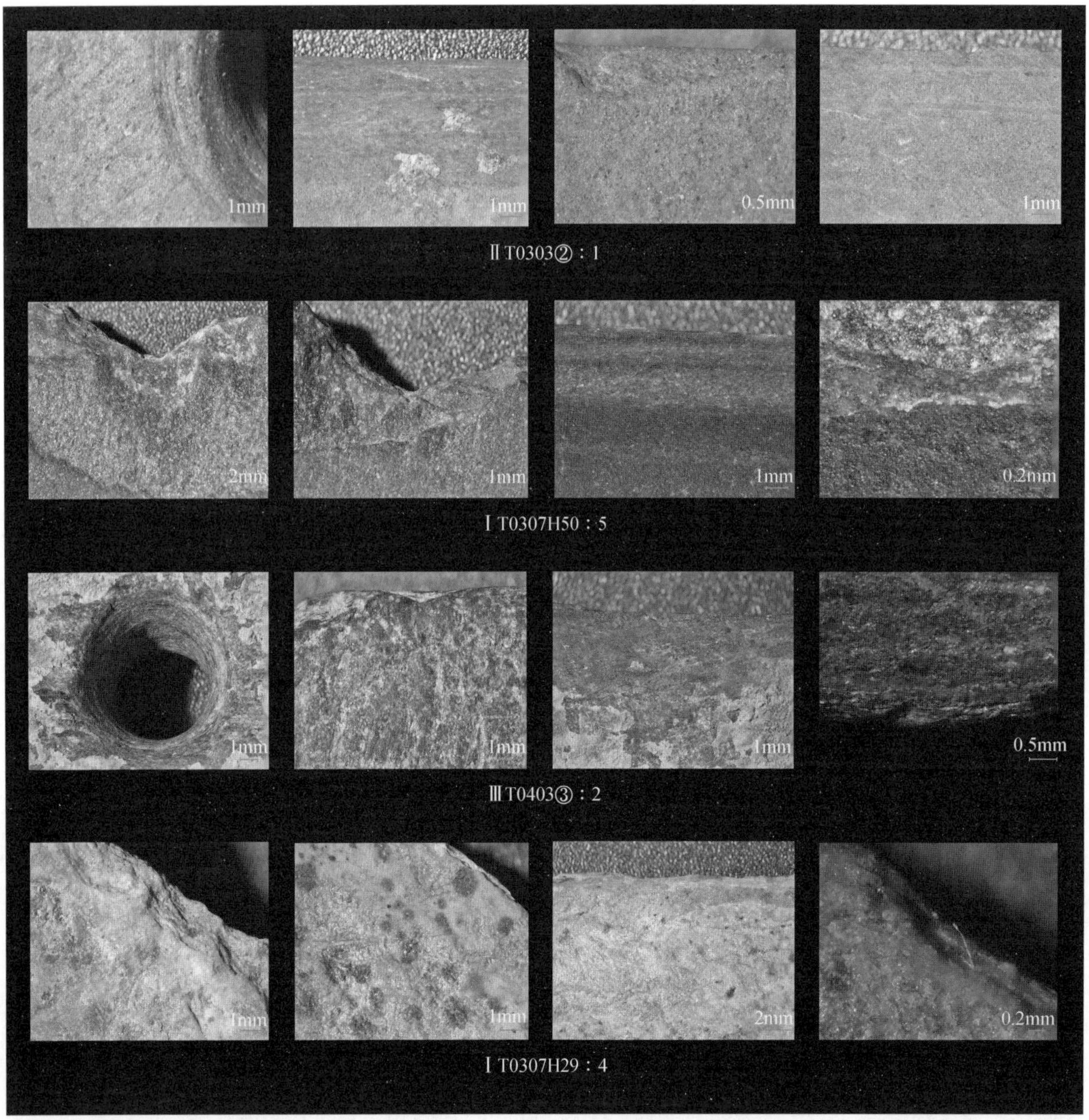

图11-42　石刀的微痕观察（ⅡT0303②：1、ⅠT0307H50：5、ⅢT0403③：2及ⅠT0307H29：4）

刀刃部又依稀可见较短纵向线状痕，且痕迹斜向凹处，32倍显微镜下观察可见。结合相关民族学资料[①]可以大致推断，刃缘内凹石刀主要是用以收割粮食，点斜向线状痕便是其重要依据，而弧刃石刀主要用来加工较坚硬的东西，如动物骨等。

直刃石刀则较为特殊。它既存在摩擦产生的擦痕与擦斑，刃部也有着明显崩裂痕迹，且在刃部可见明显的平行条痕和磨圆。据此可以大致推断认为其不仅用以切割较软的材质（如动物肉）、收割粮食（如谷物），也可以切割较硬的东西（如动物骨等）。

① 安志敏：《中国古代的石刀》，《考古学报》1955年第2期。

同时，根据中国科学院古脊椎动物与古人类研究所考古学残留物实验室对标本ⅢT0402H7：4淀粉粒分析所得出的结论可知，遗址中部分其他石刀表面有薯蓣科植物淀粉粒残留，据此可知石刀不仅可以收割原本粮食、切割硬物，可能也用以刮割薯蓣科植物。

结　语

石器大类和细分类别的岩性鉴定与地应分析显示，米家崖遗址先民能够有意识地根据自身使用石器的功能需要选择合适的石料了。

从石器所属考古学文化上看，归属客省庄文化时期的石器数量最多，有212件；归属庙底沟二期的石器数量次之，有106件；归属仰韶晚期的石器最少，有90件。其中生产工具共计327件，装饰品共计81件。在生产工具上，客省庄文化时期的生产工具共184件，大于仰韶晚期（58件）、庙底沟二期（85件）生产工具数量的总和。在装饰品上，归属仰韶晚期文化时段的最多，共有32件；归属客省庄文化时期的装饰品数量次之，有28件；归属庙底沟二期文化时期的最少，有21件。生产工具的数量在三个时段内不断增加，尤其是石器种类随着时间推段而增加，在先民的生产生活中起重要作用；装饰品出土数量较多，这证明其在古人生活中亦有一定地位。从具体功能分类上看，农作工具、木作工具和制器工具数量总体增长了508.33%、261.54%、60%。研究还发现，庙底沟二期较仰韶晚期多了石铲、石杵和石矛三类器物；客省庄文化时期则较前两个时期多了研磨器这类器物，也有较之庙底沟二期更多的各类生产工具，进一步表明该遗址先民由早至晚生产技术水平的稳步提高。

结合各类石器的器形、功能和岩性统计分析，可知米家崖先民在石料使用上的策略。石斧、石锛和石凿等木作工具一般选择硬度较大、垂直用力时耐受性强的石料；石刀、石铲等农作工具则多选取可塑性和韧性、俱佳的石料，使水平状用力为主的切割类工具拥有较好的耐久性；石锥、砺石、研磨器等制器工具常选用坚硬且柔韧的岩石；石矛、石镞、石球等狩猎工具则较为复杂一些，较多选用砂岩、花岗岩等硬度较高的石料；纺织工具和食物制备工具多使用粗颗粒耐用的砂岩和花岗岩。装饰品用材则以花岗岩和砂岩为主，两类材料分别占装饰品总数的69.14%和17.28%。其中花岗岩是先民用来制作石笄的常用材料；在制造石环等细小工具和装饰品时，先民则倾向于使用砂岩等易于塑造的石材。

透过对石器的微痕分析，对石斧、石锛和石刀的功能及使用习惯有了基本认知。结合民族学资料发现，石斧不仅是用来劈砍的，也有一部分可以当作石楔来劈裂木粮食作物。在出土石锛中，不仅发现了传统用途的大型器件，也发现了制作精巧的小型品类。通过微痕分析发现，大型石锛用以刮割木材，小型石锛可用以刮削软质物体，刷新了对此类工具使用目的的认识。刃缘形态不同的石刀间有着明显的功能差别，除了主要有切割较硬物和粮食作物收割等用途，石刀也有切割薯蓣科植物的用途。

（本章执笔者：孙宇航、白梅、柴怡、张翔宇）

第十二章　出土骨器初步研究*

动物是人类的食物资源、衣服原料、住家伙伴、出行助手和劳动帮手。动物身上的硬组织是制作日用器物、生产工具和装饰品的重要原材料。利用动物的骨、角、牙等。身体硬组织制造的各类器物，均可归入广义的骨器之中，是远古先民生活中不可或缺的器物类别，从用途来看，骨器主要包括了生产工具、生活用具，装饰器、武器及乐器等。旧石器时代、新石器时代及商周时期遗址中均有骨器、骨料出土，对研究当时的社会状况有着极为重要的作用。

第一节　研究内容与方法

西安米家崖遗址经过两次发掘，发现了一大批遗迹与包括骨器、废骨料和动物骨骼在内的遗物资料，为全面认识该遗址及关中地区仰韶晚期、庙底沟二期和客省庄时期的文化面貌，探讨各时期生产技术、社会生活及审美意识等提供了一批珍贵资料。本文以米家崖遗址两次发掘获得的所有骨器资料为主，扩展到其他相关的遗迹和遗物，以及其他遗址出土骨器进行对比和综合分析。

一、研 究 内 容

本文研究围绕基本资料的整理与分类，骨器制作工艺和时空比较分析三个方面展开。

出土骨器资料的整理与分类。对两次发掘的骨器资料进行系统全面的分类与信息提取与记录，对各类不同功能的器物的数量、比例及仰韶晚期、庙底沟二期、客省庄时期器类与数量进行初步统计，以了解不同时期骨器的概况，为后续研究奠定基础。

骨器制作技术。通过对骨锥、骨镞、骨针及骨笄等器类进行模拟实验，再结合痕迹分析，对米家崖遗址骨器制作工艺进行分析。主要包括制作方法与制骨原料选择、骨料制备、切割、

---

* 本章研究同时为陕西省社科基金项目“早期文明进程视野下的关中地区龙山时代考古研究”（立项号：2022G016）阶段性成果。部分内容刊发于《考古与文物》2022年第5期和《中原文物》2022年第4期。

刮削及打磨等工序。

比较研究。一方面，对米家崖遗址出土的骨器进行纵向（历时性）的对比，对仰韶晚期、庙底沟二期和客省庄时期骨器的总数、类别及各类器物的数量与形态特征进行比较，了解本遗址（区域）不同时期骨器的共性与差异和同一时期不同器类之间的比重，以探讨社会生产力和生活状况及其随时间推移发生的变化。另一方面，将本遗址各阶段出土的骨器与其他遗址同时期的骨器进行横向（共时性）比较，了解同一文化不同地域类型或不同聚落遗址之间的异同，补充遗迹和其他实物资料的不足，分析当时社会的经济、技术以及先民的审美意识等精神领域的状况。

二、研究方法和技术路线

以考古类型学、实验考古学和比较分析方法相结合，在分类研究基础上，以模拟实验为参证，并引入其他同时期相关资料，全面了解米家崖遗址骨器的信息。

1. 物理（经验）观察法

物理观察法是根据研究目的或内容，凭借经验和辅助工具去观察研究对象，从而获取相关资料的一种方法。对2010～2011年发掘的米家崖遗址中出土的骨器，利用肉眼或者借助显微镜观察骨器标本，记录每件器物上的制作及使用痕迹。根据这些痕迹可为讨论各类骨器的制作过程及使用方法提供重要证据。

2. 模拟实验

实验考古学现已成为考古学研究中的一个重要部分。通过模拟制作几类常用骨器，观察其表面痕迹，再结合该遗址出土骨器及骨料表面的痕迹，从而对当时骨器的制作工艺有个更加清晰的认识。

3. 比较分析法

在对每类骨器做了分类之后，通过比较各类骨器在所有骨器中所占的比例及骨器与其他器类的比例，分析各类骨器在当时社会中的重要作用及不同种类骨器的制作水平差异。将此遗址与其他同时期遗址中出土的骨器进行对比，讨论不同遗址之间骨器的种类、制作水平及所反映的其他相关问题。

第二节　骨器的器形与分类

本文所用的骨器概念是广义的，即包括哺乳动物身体的所有硬组织和水生软体动物介壳在内的骨头、角、牙、蚌等制成的器物。这几类材质的物理性质差异不大，常见不同材料制成相同器物的情形。因此，以下的分类与命名主要依据的是骨器的形态及功能差异，首先按照生产工具和生活用品等大类，然后按照具体的用途细分为器类。米家崖遗址两次发掘出土的446件骨器可以分为工具、装饰品、卜骨等器类[①]。

骨器的分类问题现在基本有了共同认识，主要是按照器物的功能与形制进行划分。一般先划分成具有共同性能的一大类，再在大类下划分成具体的各类器物，最后还可将各类器物根据形制特征等划分为不同的型。米家崖遗址经过两次发掘，共出土骨器446件。根据骨器功能将其分为工具类、装饰品、仪式用品及其他类。工具类还可根据形态差异分为锥、镞、凿、针、匕、铲、鱼钩及蚌刀等；装饰品根据形态差异再分为笄、牙饰、角饰、蚌贝饰及管状器等；其他类主要是卜骨，还有少量片状骨器等。

一、工　具　类

米家崖遗址出土的骨质工具类共有360件，约占骨器总数的80.7%。主要可分为锥、镞、凿、针、匕、铲、鱼钩及蚌刀等器类。

（一）骨锥

锥，共215件，约占工具类总数的59.7%，占所有骨器的48.2%。器体大多一端较宽，一端制作出尖，体较大，长约5～25厘米。根据器物形态（由原材料的种类与加工程度决定）不同，可将其分为四型。

A型　肢骨锥，即以动物肢骨为原料制成。共172件，占骨锥总数的80%。标本ⅡT0506H16：1，保留骨端，另一端在斜向断茬上打磨出尖。器表光滑，可见少量左斜向磨痕。长6.9、最宽2.3厘米，重13克（图12-1，15）。标本ⅠT0202H44：1，用劈裂开的半个肢骨制成，体扁平，柄部保留骨关节，另一端劈成骨片，再磨出锥状尖。器表经打磨。长7.8、最宽2.2、骨壁厚0.2厘米，重8克（图12-1，14）。

① 文中标本编号无探方号者，为2004～2006年度发掘资料，有探方号者为2010～2011年度发掘资料。

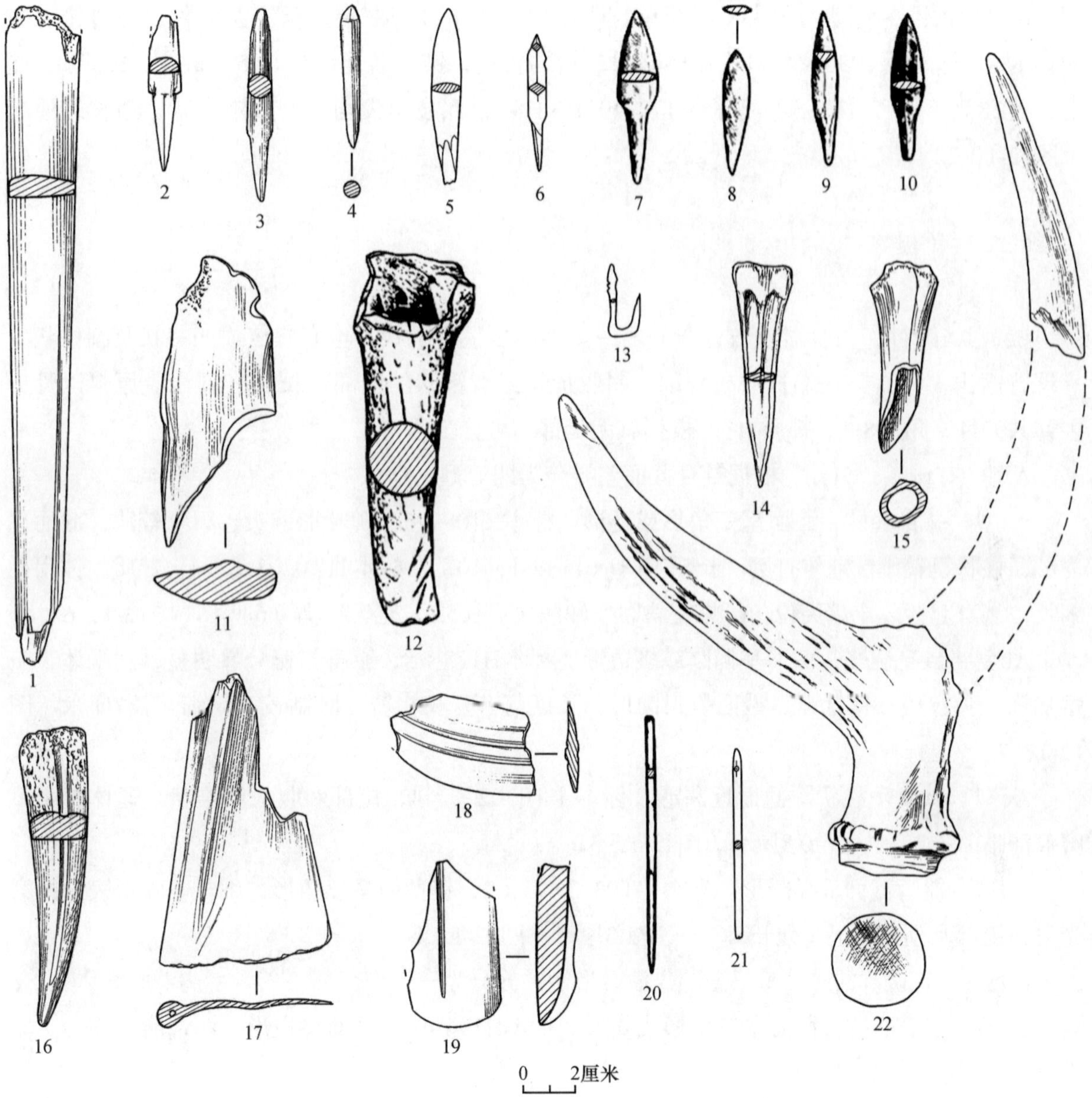

图12-1　米家崖遗址出土的骨工具

1、11、14～16、22. 锥（ⅠT0303H73：3、ⅢT0402③：10、ⅠT0202H44：1、ⅡT0506H16：1、ⅠT0302⑤：1、ⅠT0407H34：3）　2～10. 镞（ⅠT0303H75：2、ⅠT0302③：4、ⅠT0202H61：1、ⅣT0204F1②：20、ⅢT0203③：4、H173：5、H123：2、H196：4、H108：5）　12. 凿（H11：2）　13. 鱼钩（ⅢT0103②：9）　17. 铲（ⅣT0404②：3）　18. 蚌刀（ⅢT0301H22①：1）　19. 匕（ⅢT0302②：18）　20、21. 针（H185：16、ⅢT0101③：2）

B型　尺骨锥，利用偶蹄类动物的尺骨磨制而成。共6件。器体较宽扁粗大。标本ⅢT0402③：10，体宽扁，一端磨制出三角尖，柄端浑圆。器表经打磨。长10.7、最宽4.5、厚约1厘米，重32克（图12-1，11）。

C型　肋骨锥，即以大型动物肋骨制成。共3件。保持原料基本形态，只在较细一端磨制出尖。标本ⅠT0303H73：3，体扁平，柄端较宽。器表光滑，可见磨痕。残长23.5、最宽2.8、厚0.9厘米，重53克（图12-1，1）。

D型　角锥，将动物角尖部经简单打磨制成，有单枝与双枝两类。共34件，占骨锥总数的15.8%。标本ⅠT0302⑤：1，器体略扁，柄端较宽，锥尖磨光。长10.5、最宽2.2、厚1.8厘米，重28克（图12-1，16）。标本ⅠT0407H34：3，双枝角尖均打磨成锥尖状，通长31厘米（图12-1，22）。

（二）骨镞

镞，共107件，占骨器总数近四分之一。器体多呈扁平状，也有三棱或四棱状及圆柱状，一端打磨出尖锋，另一端打磨或刮削，斜收成尾或者锥状的铤部，长5~10厘米。原料以骨为主，共97件，角质8件，蚌质2件。根据有无铤部，可分为两型。

A型　有铤镞，51件。根据镞身截面差异分为四亚型。

Aa型　镞身起棱，截面呈三角形或菱形。标本H108：5，柳叶形镞头，刃缘较薄，截面呈菱形，柱状铤较细。通体打磨。长5.7厘米（图12-1，10）。标本ⅢT0203③：4，蚌质。体扁平细长，镞身起棱，末端尖锐，可见左斜磨痕和削痕。长5.1、宽0.7、厚0.6厘米（图12-1，6）。

Ab型　镞身扁平，截面呈椭圆或多边形。标本H173：5，镞身与铤分界明显，扁平体，三角状锋，尖较锐；锥状铤，截面呈扁圆形，长度与镞身长相若。磨制较为精细。长7厘米（图12-1，7）。

Ac型　镞身呈柱状，截面近圆形。标本ⅠT0302③：4，铤部斜收成圆锥状。通体打磨，磨痕清晰。长7、最大径0.8厘米（图12-1，3）。

Ad型　器身截面呈半圆形。标本ⅠT0303H75：2，铤截面呈三角形，细长。弧形表面打磨光滑，铤部刮削痕明显。残长5.6、最宽1.3厘米（图12-1，2）。

B型　无铤镞。共56件。根据镞身截面形制差异分为三亚型。

Ba型　镞身起棱，截面呈三角形或菱形。标本H196：4，平面呈梭形，两端磨出细尖。器表磨光。长6厘米（图12-1，9）。

Bb型　器身扁平，截面呈椭圆或多边形。标本H123：2，平面呈扁平梭形，两端磨出细尖，器身中部略内弧，两侧锋磨制出刃。器表磨光。长5厘米（图12-1，8）。标本ⅣT0204F1②：20，角质，体扁平，平面近柳叶形，两翼修整较锋利。器表光滑，尾部可见削痕。残长6.9、宽1、厚0.4厘米（图12-1，5）。

Bc型　器身呈圆柱状，截面近圆形，两端打磨出锥状尖。标本ⅠT0202H61：1，尖部较钝，尾部渐收成圆锥状。打磨光滑，可见左斜向磨痕。长5.3、最大径0.6厘米（图12-1，4）。

（三）骨针

针，共8件。器体匀称细长，针尖锋锐，均通体磨光。根据有无针孔分为两型。

A型　有针孔。标本ⅢT0101③：2，器体中间近圆柱状，近尾端渐扁平，对钻一孔。尖残。残长7.1、最宽0.4、孔径0.1厘米（图12-1，21）。

B型　无针孔。标本H185：16，圆柱状细长体，锥尖，尾端磨制较平。长9.7、直径0.4厘米（图12-1，20）。

（四）骨匕

匕，共11件。多以骨片为原料，器体呈扁平长条状，横截面近弧形，一端磨制出刃。标本ⅢT0302②：18，器体打磨光滑，可见竖向刮磨痕。残长6、宽3.3、厚0.8厘米（图12-1，19）。

（五）骨铲

铲，共7件。平面呈长方形或梯形，多以动物肩胛骨经修整而成，在宽端磨制出刃部。标本ⅣT0404②：3，顶端及一侧面残，下端磨制成弧刃。器表光平，有杂乱划痕。残长10.6、宽6.5、厚0.3厘米（图12-1，17）。

（六）骨凿

凿，2件。以动物肢骨和角制成。器体平面略呈长方形。标本H11：2，角质，截面呈扁圆形，一端制成双面直刃，刃中部有凹缺，顶端残。残长14.4厘米（图12-1，12）。

（七）骨鱼钩

仅1件。标本ⅢT0103②：9，器体扁平，呈一边较长的U形弯钩状，柄端刻有两道凹槽，钩尖较锐。打磨光滑。长2.8、宽1.4厘米，尖长1.5厘米（图12-1，13）。

（八）蚌刀

蚌刀，共9件。多以圆顶珠蚌的壳制成，将蚌壳外缘边稍加打磨，形成弧状刃。标本ⅢT0301H22①：1，呈残弧形平面，刃部有清晰的打磨痕。残长5.3、宽3.3、厚0.3厘米（图12-1，18）。

二、装　饰　品

米家崖遗址出土的骨角蚌牙质的装饰品主要有骨笄、牙饰、角饰、蚌贝饰和骨管饰等，共82件，约占骨器总数的18%。

（一）笄

笄，共52件，占装饰品的63%。呈细长圆锥体，顶端较为宽扁，一端制成锥状尖，部分器物有笄帽，部分没有。可根据有无笄帽将其分为两型。

A型　有笄帽，共11件。侧视呈T形。标本H185：12，体细长，顶端出盖状小帽。通体打磨。长18.8厘米（图12-2，1）。

B型　无笄帽，41件。基本形状与A型相同，仅无笄帽。标本 I T0302④：4，顶端较细，锥状尖，通体打磨光滑。残长13.5、宽0.6厘米（图12-2，2）。

（二）牙角饰

牙角饰，共19件。以动物犬齿或角制成，器表打磨光滑，部分器体顶端刻凹槽，或有钻孔。标本ⅢT0402H4④：11，动物犬齿制成，一端刻有缺口，用以系挂。器表打磨光滑。残长7.8、宽1.3、厚0.4厘米（图12-2，4）。

（三）蚌贝饰

蚌贝饰，共6件。以蚌壳、贝壳等为原料，经钻孔、切割和打磨制成。标本IT0407③：4，环形，残存约四分之一，横断面近椭圆形，磨制光滑。外径7、内径5、厚0.8厘米（图12-2，5）。

（四）管状器

管状器，共5件。用自然骨管经切割打磨而成。标本H25：2，竹节状，两端大小不同，中间和一端有凹槽。表面磨光。高3.8、外径2.1～2.7厘米（图12-2，6）。标本ⅢT0403H70：1，骨管残断，打磨光滑，一端有凹槽。残长5.1、外径2、骨壁厚0.3厘米（图12-2，3）。骨管上的凹槽当用以系挂。

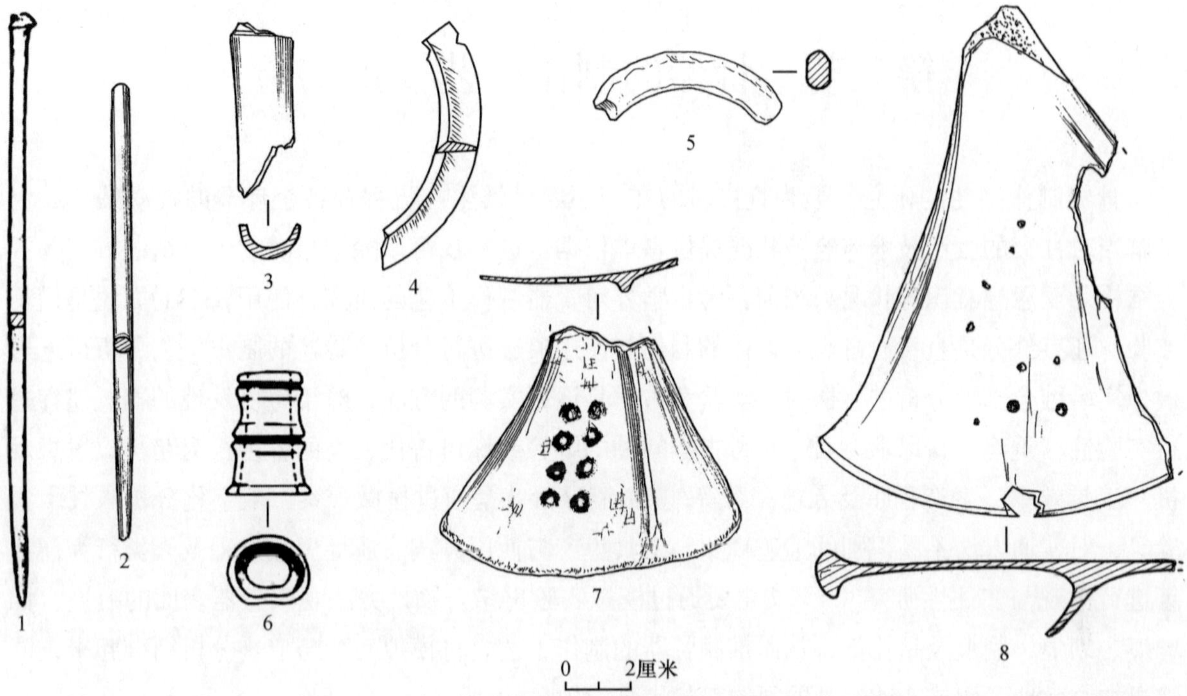

图12-2　米家崖遗址出土的骨饰品和卜骨

1、2. 笄（H185：12、ⅠT0302④：4）　3、6. 管状器（ⅢT0403H70：1、H25：2）　4. 牙饰（ⅢT0402H4④：11）　5. 蚌贝饰（ⅠT0407③：4）　7、8. 卜骨（ⅡT0503④：1、ⅠT0303H10：10）

三、卜骨及其他

卜骨　2件。用羊和猪肩胛骨制成，只灼不钻。标本ⅡT0503④：1，羊肩胛骨，下端残，表面可见竖向排列的两列灼烧痕。残长8、最宽9、厚约0.4厘米，重14克（图12-2，7）。标本ⅠT0303H10：10，猪肩胛骨，一侧残，器表有排列不均的灼烧点12个。残长15、宽10.5厘米，重37克（图12-2，8）。另外，有些片状骨器，器表经打磨修整，残损过甚，无法判明器形。

综上，米家崖遗址出土的骨器遗存，以工具类数量最大，占总数的五分之四，反映出骨器的主要用途是与人们基本需求即食物直接相关的生产生活领域。其中，锥占骨器总数的近半，似乎表明制衣和编织等手工业活动也占据重要地位；其次为镞，占工具类的近三分之一，可能显示渔猎活动的频繁。装饰品仅占骨器总数的近五分之一，仍然表明人们具有一定程度的审美需求。骨笄是装饰品中数量最多的器类，占装饰品总数的三分之二。由于笄的形状与锥高度相似，在束发的同时，也许兼作工具使用。

第三节　骨器的制作工艺模拟实验

骨器制作工艺的研究，最为直接目的在于还原骨器生产流程及各个环节的技术细节，为了解当时社会的生产技术与经济状况提供基本依据。进一步可以探索当时的生产组织方式与社会结构乃至思想意识等状况。当前，考古学界对骨器制作工艺的研究，使用较多的方法是模拟实验，还有部分是直接通过观察器体的制作与使用痕迹进行分析。骨器的制作工艺分析可通过模拟实验结合微痕分析进行探讨。实验考古学是运用实验的方法，对于考古发现的相关遗存进行实验性“重建”，以求得对一些考古学问题的解答或探讨古代人类的各种行为路径、思想动机、工具效率、生产程序及人地关系等[①]。微痕分析就是通过显微观察、数字化分析与技术实验等，对普通方法不易识别的遗迹现象、工具生产与使用方式、遗址埋藏过程及人类行为模式等进行微观与实证性研究[②]。下文主要通过模拟实验再结合物理方法观察骨器表面的痕迹，如磨痕、划痕、削痕及钻孔等，从而推测骨器的制作工艺。将模拟实验与痕迹分析结合起来，能够更加全面地了解该遗址的骨器制作工艺状况。

一、实验设计

模拟实验设计包括研究思路、模拟对象及原材料的选定和观察仪器与方法三个方面。

（一）基本思路

本次模拟实验以前期的经验观察为基础依据，选定遗址出土的几类常见骨器为模拟对象；根据出土骨器及骨料的形态及动物骨骼鉴定结果，判断制骨原料的动物种属及部位；根据石、骨（蚌）工具的观察，选定骨器加工的工具；将前人研究结果与我们的观察分析相结合，设定实验步骤。在实验过程中，按步骤规范操作，详细记录实验过程与数据。模拟实验得到的骨器成品，置于超景深显微镜下观察，对比模拟产品与出土骨器表面痕迹，与形态观察分析相结合，论证和复原骨器制作的工艺流程及操作技术细节。

---

① 贺云翱：《“实验方法”在考古学中的运用——考古学者的“利器”之六》，《大众考古》2014年第1期。

② 武仙竹：《微痕考古——从微观信息认识历史过程的科学探索》，《文物保护与考古科学》2011年第4期。

（二）模拟对象及材料的选择

对实验所需材料的选择，先是选定模拟实验的对象，即遗址中出土的某类器物，再对实验原料及加工工具进行选择。还有本次实验的操作者也要根据具体情况选定。

1. 模拟对象器类的选择

米家崖遗址骨器的实验考古学分析对象，选取了遗址中出土数量较多，即在当时生活中使用较为频繁的器物。本遗址出土骨器中，锥有多种，数量较大，有的简易，有的精细；镞的数量仅次于锥，制作较规整；笄是出土量最多的骨饰品；针有带孔和不带孔两种，均细致精巧，制作难度相对较大。因此，模拟制作对象选择锥、镞、笄及针四类。此外，还有加工工具蚌刀也需要模拟制作。

2. 实验原料及工具的选择

模拟制骨材料的选择，基于两点：一是米家遗址出土骨器的用材类别；二是当前容易获得的相同材料。本遗址出土骨器与动物遗存，经鉴定有较多牛的骨骼[①]，而出土较多骨器的厚度都大于3毫米，据以往研究认为，现代猪与羊的肢骨骨壁厚度一般小于3毫米，而牛的肢骨骨壁大于4毫米[②]。因此，最终选取两段牛肢骨（掌骨、跖骨）为实验原料。

遗址中出土了蚌刀、石刀等可用于切割的工具，推测古人使用蚌刀或石刀作为截料及开料时的工具。故用两个蚌壳磨制出两件大小不一的蚌刀，并选取石料制作成石刀，以蚌刀与石刀为切割牛骨的工具。实验所用磨石为现代工业制造的砂轮，以代替自然磨石。石锤、石刀原料和带尖的石片的原料均捡自遗址旁的浐河岸边。

观测工具使用ZEISS显微摄影设备（操作臂、ZEISS CL1500HAL冷光源、ZEISS AXIOCAM105显微摄影设备）、游标卡尺、三角尺等。

此外，在整理遗址出土的骨器时，发现绝大部分骨器的磨痕方向相对竖直的器体均呈左斜向，并有少量竖向，推测磨痕方向与操作者使用左右手的习惯有关。鉴于此，在设计模拟实验时找了两位操作者，一位为习惯使用右手的男性，代号为A；一位为习惯使用左手的女性，代号为B。该女性为辅助操作者，为验证左右手的使用习惯与骨器器表痕迹方向的关系。

---

① 动物骨骼种属及部位鉴定工作由首都师范大学尤悦老师完成。

② 黄蕴平：《小孤山骨针的制作和使用研究》，《考古》1993年第3期。

二、实 验 过 程

综合前期观察分析及前人研究成果，将实验设计为三大步骤①。第一步是制作蚌刀与石刀，用作切割骨料的工具。第二步是制备骨料，即使用蚌刀和石刀，将选好的骨原料加以切割加工，又称截料与开料。第三步是制作器物，即模拟制作选定的器物。

（一）制作蚌刀与石刀

通过鉴定遗址出土的形体较大的蚌壳及蚌制品，发现其种属为圆顶珠蚌。据此，制作者到珍珠市场购得两个该种属的蚌壳作为蚌刀原料，分别编号为1、2号。

1号蚌壳长约20、宽12、厚0.5厘米，2号蚌壳长约21.5、宽14、厚0.5厘米（图12-3，1）。操作者A将1号蚌壳边缘部分敲碎，选取中间大小适宜、蚌壳原始边可利用的部分，将原始边在磨石上打磨成刃部。频率约为145次/min，磨制运动方向与刃缘呈垂直方向，最终磨制成蚌

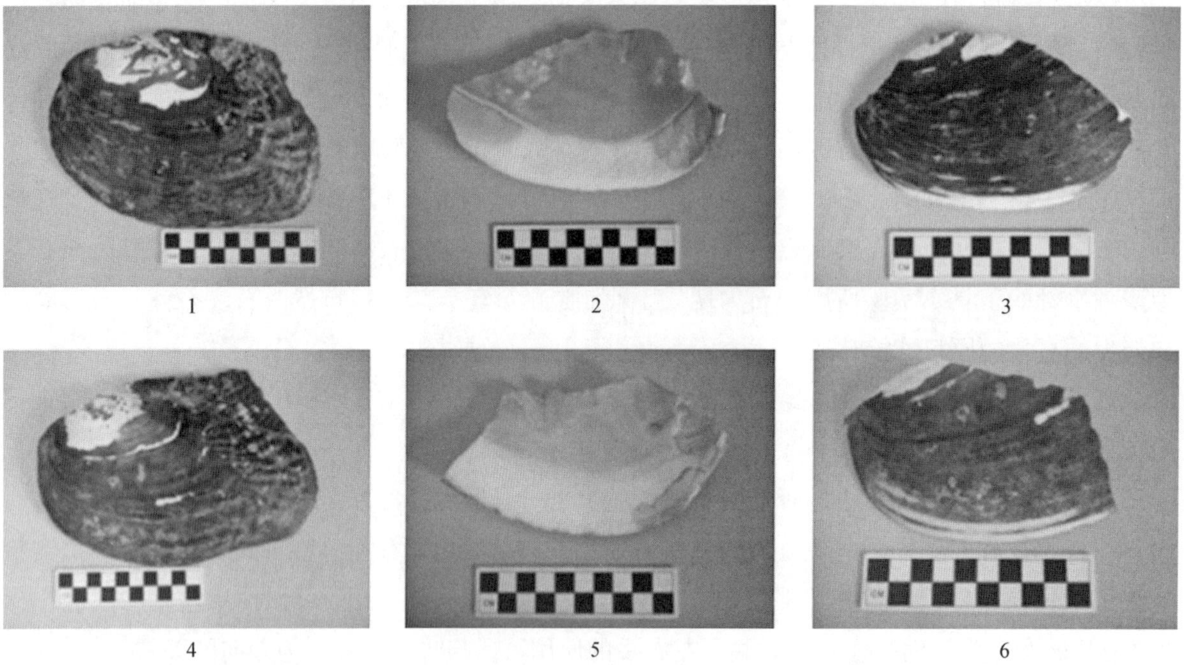

图12-3　蚌刀制作图

1. 1号蚌壳　2. 蚌刀1正面　3. 蚌刀1背面　4. 2号蚌壳　5. 蚌刀2正面　6. 蚌刀2背面

① a. 中国科学院考古研究所、陕西省西安半坡博物馆：《西安半坡》，文物出版社，1963年；b. 李晓蓉：《柿子滩旧石器遗址发现的骨针及相关问题研究》，山西大学硕士学位论文，2013年；c. 陈全家、吉平、陈君，等：《内蒙古哈民忙哈新石器时代遗址出土蚌制品研究》，《考古》2015年第12期；d. 杨苗苗：《陕西宝鸡关桃园遗址骨器原料的选择及加工方法初探》，《考古与文物》2017年第2期；e. 何静：《陕西淳化枣树沟脑遗址出土骨器的初步研究》，西北大学硕士学位论文，2018年。

刀，耗时25min；编号为蚌刀1，刀长14、宽8、厚0.5厘米（图12-3，2、3）。

操作者A将2号蚌壳（图12-3，4）也按上述方式砸开，选取带有蚌壳自然边的一部分，将蚌壳原始边打磨成刀刃。磨制该蚌刀时，频率约为100次/min，打磨运动方向与刃缘呈平行方向，耗时约35min；编号为蚌刀2，刀长12、宽7、厚0.5厘米（图12-3，5、6）。

遗址出土石刀质地多为页岩或板岩，还有少量花岗岩等。由于在遗址附近的浐河边未找到页岩石块，所以在河边选取一块大小、形制适宜的花岗岩石块作为原料（图12-4，1）。该原料长8.5、宽6.1、厚1.6厘米。将石料较薄一侧于磨石上磨制加工成刃部，该磨石与磨制蚌刀的磨石为同一件。磨制频率约为140次/min，磨制方向与刃缘呈垂直，耗时约35min。该石刀长8.5、宽5.5、厚1.6厘米（图12-4，2、3）。

1　　2　　3

图12-4　石刀制作图

1. 石料　2. 石刀　3. 石刀刃部

（二）制备骨料

根据遗址出土骨料及废料等信息推测，骨料制作大致步骤如下：第一步为截料，选好骨料后首先将肢骨（掌骨、跖骨）远端去掉（图12-5，1）。第二步应为开料，沿着骨体长轴两侧用工具切割两道纵向平行凹槽，待凹槽到一定深度后，用外力将其敲开或楔劈成两条骨片（图12-5，2～7）。第三步应为再次开料，根据所做器物的形制状况，将骨片从骨壁内侧用与上述相同的方式切割成形体与制作所需骨器大小相当的骨料（图12-5，8）。

将所选牛骨分别编号为1、2号（长宽分别为：24.8、23.5厘米，远端宽7.5、8.2厘米，最窄处5.2和5.6厘米）（图12-6，1、2）。骨骼表面的残留物用石刀剔除干净后，即可截料。

1. 牛骨1截料与开料

操作者左手握牛骨，右手持蚌刀2，沿着牛骨远端营养孔下方横向切割。切痕深度至3.65毫米时，可见骨腔（图12-7，2）。由于切痕宽度限制，改用较薄的蚌刀1继续切割。切割深度至4.86毫米时，切口深度足够，拟砸掉远端。将牛骨置于台阶上，以切割线为界，将远端悬空，用石锤砸击远端，截料完成（图12-7，1、3）。

将去掉远端的牛骨沿着血槽及背面对称部位，用蚌刀2沿着纵向切割（图12-8，1）。当切

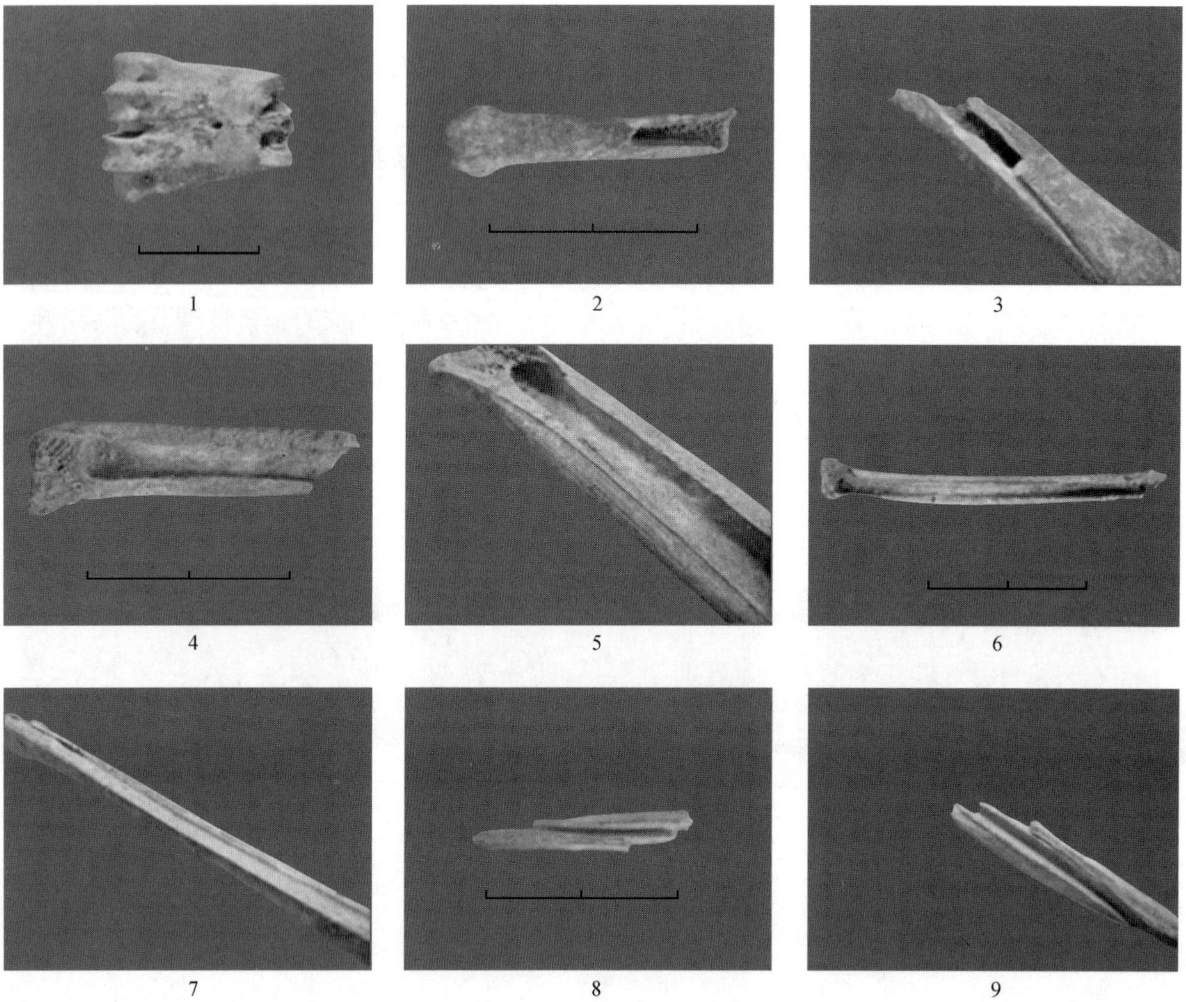

图12-5　米家崖遗址出土部分骨料

1. 去除的远端　2～7. 骨骼外侧切割痕　8、9. 骨骼内侧切割痕

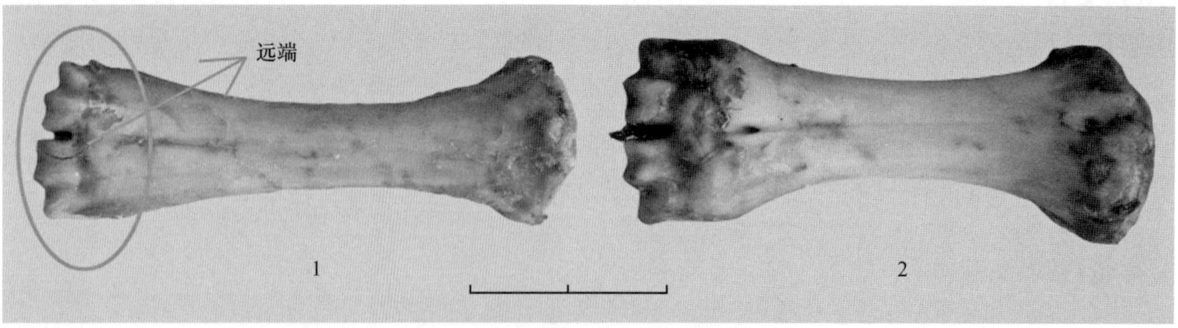

图12-6　牛骨原料与各部位示意图

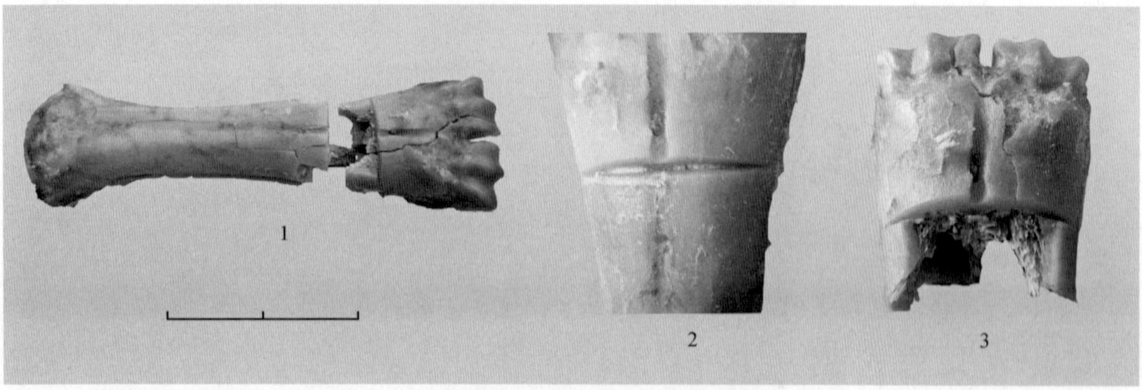

图12-7　牛骨1截料（去远端关节）图

1. 截料后的牛骨　2. 切割位置及初见骨腔　3. 去掉的远端

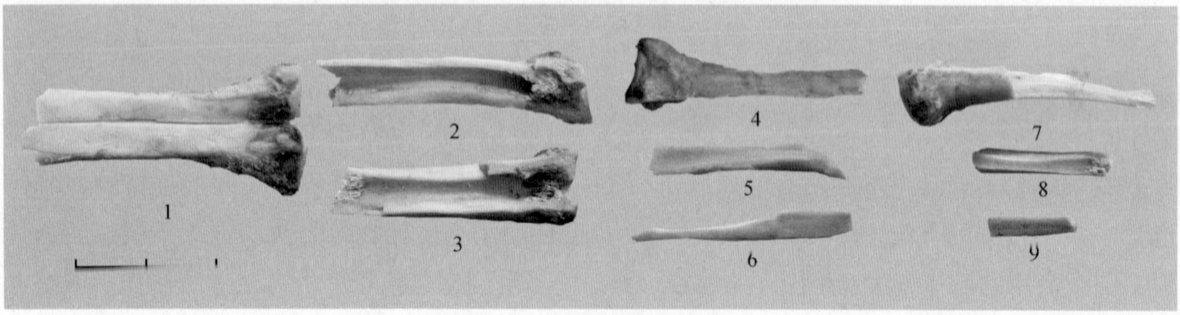

图12-8　牛骨1开料图

1. 纵向切割牛骨1　2. ①号骨片　3. ②号骨片　4. 3号骨料　5. 4号骨料　6. 1号骨料　7. 5号骨料　8. 6号骨料　9. 2号骨料

割深度约至2.02毫米时停止切割，准备开料。将蚌刀卡在远端切割槽中，用石锤砸击刀背，将牛骨管一劈为二，分别编号为骨片①和骨片②（图12-8，2、3）。两片骨片仍较宽，需进一步切割。由于骨骼自带裂缝，劈裂时多开出两片小骨料，编为1、2号骨料，可直接用于制作器物（图12-8，6、9）。

用蚌刀将①号骨片沿着骨壁内侧中间纵向切割，是为二次开料。切割深度约2.24毫米时，仍以劈裂法开出3、4号骨料（图12-8，4、5）。4号骨料较宽，继续切割出4a、4b号骨料；4b号料在后期制作骨针时，又从中间切割成为两件骨料，分别编号4b1和4b2号骨料（图12-15，2、6）。

②号骨片在开料切割时，形成大小悬殊的两片，定为5、6号骨料（图12-8，7、8），可直接用于制作大小不同的器物。经过以上程序，牛骨1开出了编号为1、2、3、4a、4b1、4b2、5和6号共8个骨料。

2. 牛骨2骨截料与开料

截料方法与牛骨1相同，而改用石刀操作。沿着远端营养孔下方约0.5厘米处横向切割，至深度约为4.42毫米时，砸掉远端（图12-9，1、2）。去除远端时，对骨体稍有损伤，导致骨体原有裂缝加宽。于是，舍弃切割法，改用楔劈法，沿着骨料远端切口处的裂缝，竖直劈裂骨体，获得6块骨料，分别编号为7～12号（图12-9，3～8）。

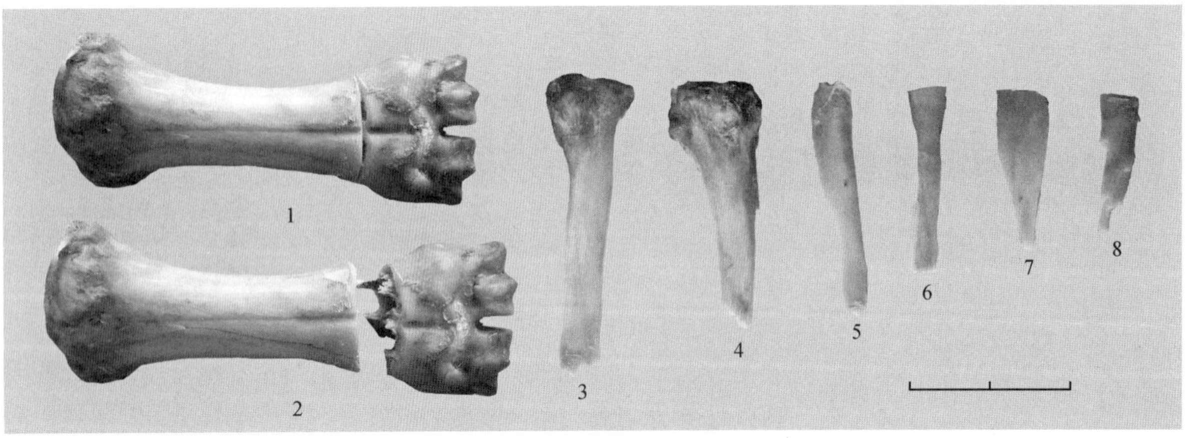

图12-9　牛骨2截料与开料图

1. 刀切痕，初见骨腔　2. 去掉远端　3～8. 骨料（分别编号7～12）

（三）器物的模拟制作

制成骨料后，选择形制适宜的骨料进行制作器物雏形。根据器表的一些痕迹推测，制作过程中多用打磨的方法（图12-10，4、5），也会使用刮削、钻孔等方法。器类不同、所选骨料不同，使用的制作方法也不同。一般锥、镞、笄及针大多是使用磨的方法进行制作，但是也有少量形体较大的锥会在磨之前用削的方法加工两侧边（图12-10，1、2）；还有一些有铤的镞，铤部会使用削的方法制作（图12-10，3）。除有孔骨针、蚌贝饰等以外，一件角锥的顶端用“挖钻法”钻了孔（图12-10，6）。部分器物制成雏形后，便可直接使用，还有部分器物需精细加工使器体更加规整，一般使用打磨的方法。

1. 骨锥的模拟制作

选择两种骨锥进行模拟：一种是保留肢骨关节的，另一种是去掉关节的肢骨条制成的。

A. 保留肢骨关节的锥。以标本2010ⅢT0203③：5为模拟对象（图12-11，1）。5号骨料长16.1、宽4.4、厚0.8～2.3厘米，形态与模拟对象接近。第一步，手持骨料宽端，沿骨体长轴方向，在磨石上来回打磨，将侧边毛茬磨去；将窄端稍倾斜，与磨石呈锐角，来回打磨，直至出尖，制成雏形。第二步，手持粗坯的窄端，将宽端的毛茬磨去，直至手握时无不适感，骨锥制成（图12-11，2～4）。

B. 去掉关节的肢骨条锥。9号骨料与出土标本2010ⅢT0103H4②：1（图12-11，5）形态较为接近。仍按两步操作。第一步，将骨料两侧边、窄端和顶端（宽端）依次在磨石上磨去毛茬，形成粗坯。粗坯长12.8、宽2.2厘米。第二步，将器表稍加修整，特别把尖端打磨到位。9号骨锥成品与粗坯相比，形态变化不大（图12-11，6～8）。

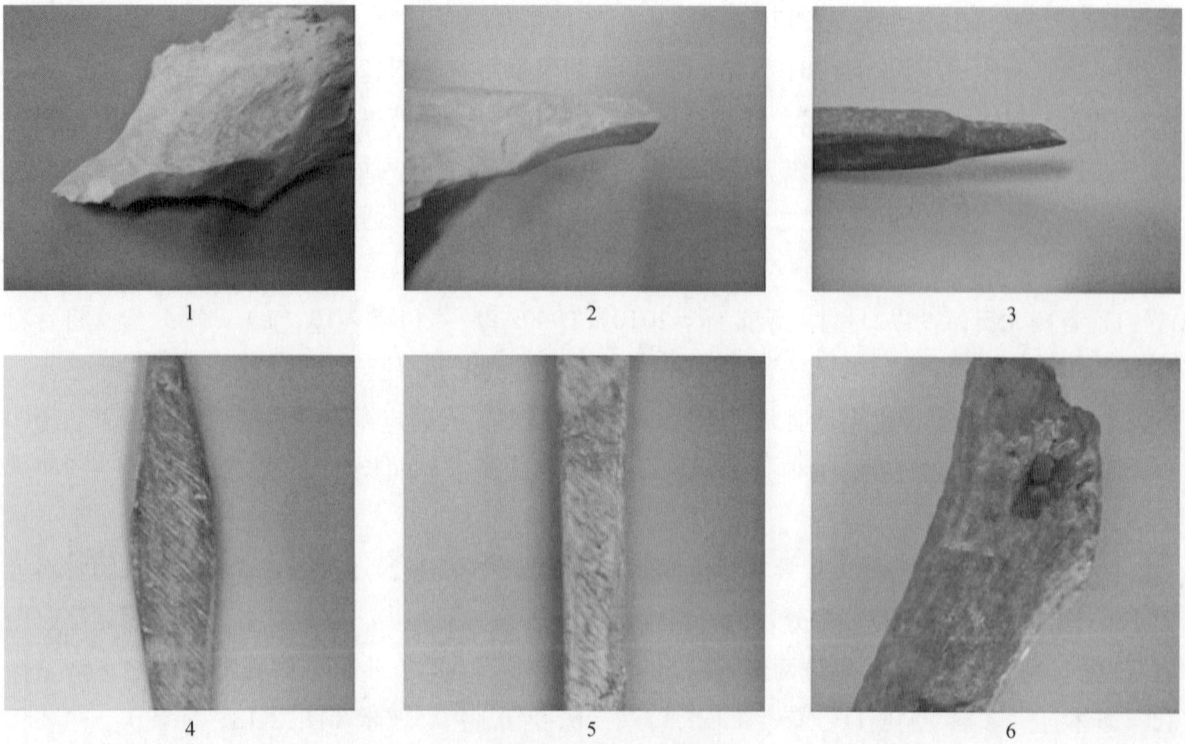

图12-10　部分骨器表面痕迹

1、2. 骨锥两侧削痕（ⅣT0404②：1）　3. 骨镞铤部削痕（ⅢT0302②H13：6）　4. 骨镞磨痕（ⅢT0401③：2）　5. 骨笄磨痕（ⅢT0302②H19：5）　6. 角锥钻孔（ⅢT0302②H13：10）

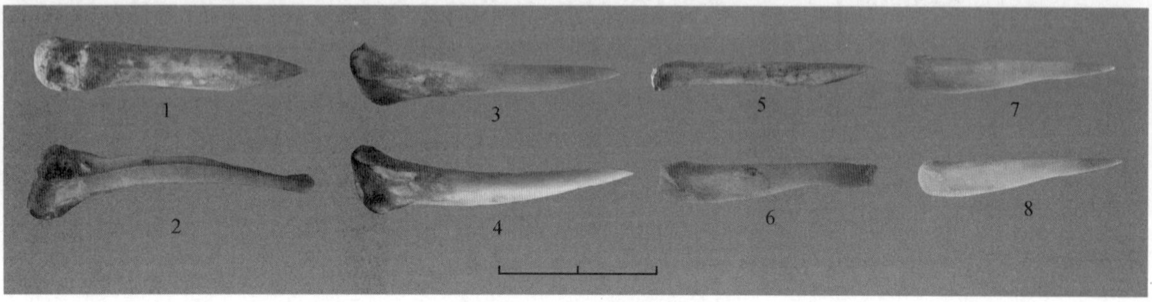

图12-11　骨锥的制作

1. 标本（2010ⅢT0203③：5　2. 5号骨料　3. 5号骨锥雏形　4. 5号骨锥成品　5. 标本（2010ⅢT0103H4②：1）　6. 9号骨料　7. 9号骨锥雏形　8. 9号骨锥

2. 骨镞的制作

骨镞器体较小，可以灵活选用骨料，模拟多种标本。实验选取三棱有铤镞、扁平有铤镞、四棱无铤镞和扁无铤镞共四种主要类型，进行模拟操作。

A．三棱状有铤镞。模拟标本2010ⅡT0403②：1（图12-12，1）。6号骨料尺寸较标本大许多，仍按既定步骤进行。第一步，先将宽端磨制成略呈三棱锥状的锋，再将窄端磨成圆锥状铤，形成有锋、脊和铤的雏形。第二步，将锋部细磨成规整的三棱状，并将铤部和镞体打磨，接近模拟对象，制成6号镞（图12-12，2～4）。

B. 扁平有铤镞。以标本2010ⅠT0202⑤：1为模拟对象（图12-12，5）。12号骨料长7.5、宽2、厚0.5～0.9厘米。第一步，打磨骨料宽端的两侧边，使其呈现出镞体及锋部轮廓。第二步，加工较窄的一端，磨制出铤。在加工侧边的同时，对上下两面进行打磨，使之平直，制成雏形。第三步，精磨镞尖，使之呈规整的三棱状；细磨铤部；通体打磨修整，制成12号骨镞（图12-12，6～8）。

C. 有棱无铤镞。以2号骨料模拟标本2010ⅢT0402②：4（图12-13，1）。第一步，将骨料一端打磨成横截面呈菱形的镞体和锋。第二步，打磨两侧边，使整体形状接近标本。第三步，打磨上下两面，降低厚度至适宜程度。因骨料形体较厚，先磨出镞锋、后降低厚度为宜。第四步，细磨镞锋，使之规整；通体打磨修整，制成2号骨镞。成品长6.1、宽1.1、厚0.5～0.7厘米（图12-13，2～4）。

D. 扁平无铤镞。选择11号骨料，模拟标本2020ⅢT0302H72：9（图12-13，5）。因骨料远大于标本，先从一端砸掉一部分，使骨料接近标本尺寸。第一步，确定骨料的窄端为尾部，两侧打磨出尖。第二步，将宽端两侧打磨出尖，形成雏形。第三步，精磨锋部，使之更规整锋利；通体打磨修整，制成11号骨镞。长5.3、宽1.6、厚0.1～0.5厘米（图12-13，5～8）。

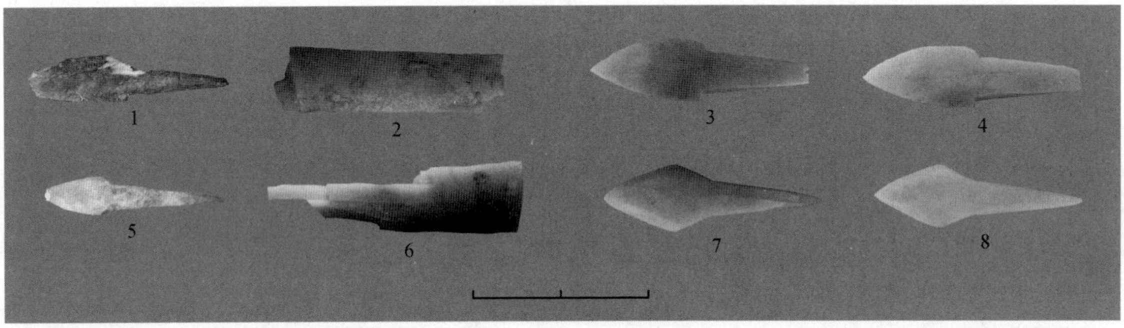

图12-12　有铤镞的模拟制作

1. 标本2010ⅡT0403②：1　2. 6号骨料　3. 6号骨镞雏形　4. 6号骨镞　5.标本2010ⅠT0202⑤：1　6. 12号骨料　7. 12号骨镞雏形　8. 12号骨镞

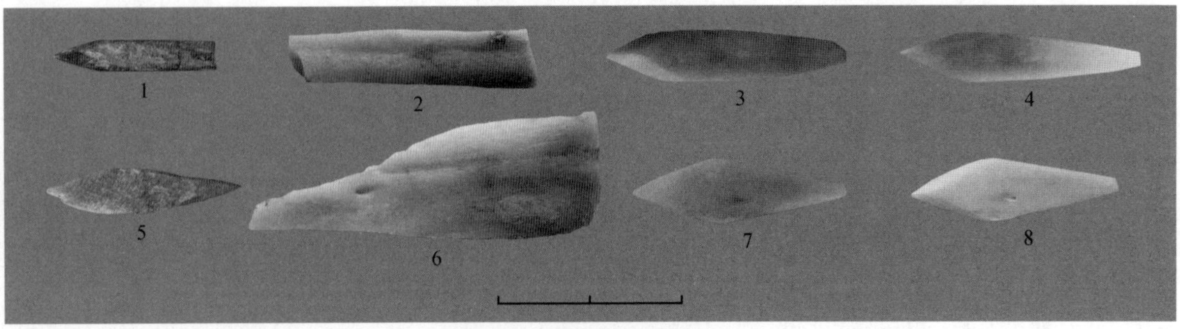

图12-13　无铤镞的模拟制作

1. 标本2010ⅢT0402②：4　2. 2号骨料　3. 2号骨镞雏形　4. 2号骨镞　5. 标本2020ⅢT0302H72：9　6. 11号骨料　7. 11号骨镞雏形　8. 11号骨镞

3. 骨笄的制作

骨笄分无帽和有帽两型。有帽型笄形态稍复杂，因时间关系未进行模拟制作。无帽型又分为扁平体和圆体两种，分别选取标本2010ⅠT0302④：4（图12-14，1）和2010ⅢT0303③：13（图12-14，5）作为模拟对象。

A. 扁体笄，选择1号骨料制作。第一步，骨料整形。用蚌刀将骨料侧边多余部分劈掉，使之尽量接近标本形状。第二步，右手持骨料在磨石上磨制。先磨制两侧边，至各边宽度接近时，打磨出笄尖，制成雏形。第三步，先细磨笄体顶部，再通体打磨，最后修整尖部，制成1号骨笄。长14.5、宽0.6、厚0.5厘米（图12-14，2～4）。

B. 圆体笄，选择4a号骨料模拟制作。第一步，右手持骨料在磨石上沿着纵向打磨，使之整体上接近圆柱体。第二步，在一端磨制出笄尖，形成粗坯。第三步，细磨修整顶部，然后细磨通体，使表面光滑。4a号骨笄长12.6、直径0.7厘米（图12-14，6～8）。

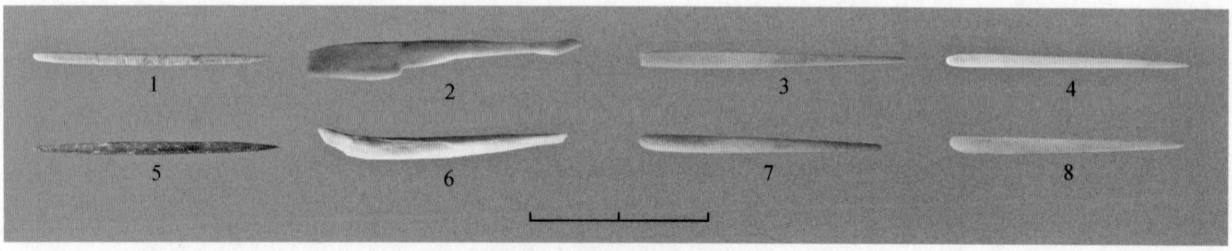

图12-14　骨笄的模拟制作

1. 标本2010ⅠT0302④：4　2. 1号骨料　3. 1号骨笄雏形　4. 1号骨笄　5. 标本2010ⅢT0303③：13　6. 4a号骨料　7. 4a号骨笄雏形　8. 4a号骨笄

4. 骨针的制作

A.有孔骨针，选择4b1号骨料，模拟标本2010ⅢT0101③：2（图12-15，1）。第一步，右手持骨料，左手持磨石，将宽端打磨成宽扁形，形成针尾；第二步，将器体打磨成四棱柱状，再将窄端磨出针尖。第三步，制作针孔。先确定位置并标记号，然后左手持骨料，右手持尖状小石片，在记号处钻研；两面对钻出孔，制成骨针雏形。第四步，修整针尖，使之规整；打磨尾部较宽处，使接近体宽；最后通体打磨，制成4b1号骨针。长11.1、宽0.6、厚0.4厘米；针孔外径0.25，细处约0.1厘米（图12-15，2～4）。

B.无孔骨针，选择4b2号骨料，模拟标本2020ⅢT0403②：15（图12-15，5）。第一步，右手持骨料，在磨石上磨制成圆柱状。第二步，在较细一端磨出针尖，制成雏形。第三步，修整针尖和针尾，再通体打磨光滑，制成4b2号骨针（图12-15，6～8）。

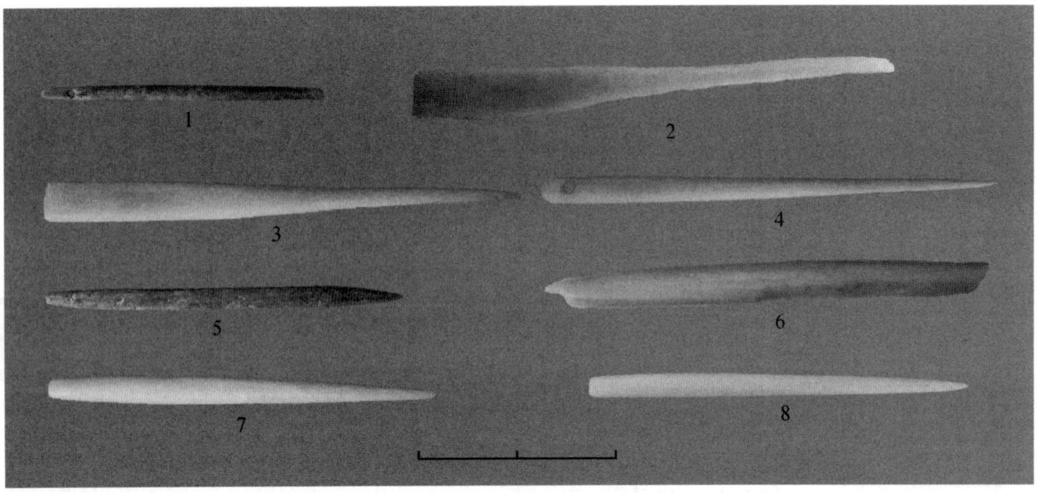

图12-15　骨针的模拟制作

1. 标本2010ⅢT0101③：2　2. 4b1号骨料　3. 4b1号骨针雏形　4. 4b1号骨针　5. 标本2020ⅢT0403②：15　6. 4b2号骨料　7. 4b2号骨针雏形　8. 4b2号骨针

三、实验结果与结论

通过上述步骤，制成锥、镞、笄、针四种10件新品。将目测、手摸和显微镜下观察相结合，比较出土样品与模拟制品的形态、纹样、痕迹及光泽度等，进一步确认古代先民制骨的流程及技术细节。

（一）制成品与出土器物的比较

仍按上述模拟制作顺序，作如下简要分析。

1. 锥的比较分析

5号骨锥与出土标本比较，形制均为一端保留关节端，一端磨成锥尖，体表可见原始骨管凹槽。磨制痕迹相似，均呈左斜向。两者差异是，标本表面磨痕稀疏、稍宽深，锥尖光滑明亮；新品表面磨痕密集、细浅。

9号骨锥与出土标本比较，形制与器表痕迹基本相同。刮磨后的骨条表面已基本不见原始骨管凹槽；器表均可见左斜向磨痕。不同之处是，出土骨锥表面磨痕多见于一侧，稀疏且宽短，还有少量划痕，锥尖较光滑明亮。9号骨锥表面磨痕较为密集，纹路较为细长。

2. 镞的比较分析

6号镞与三棱有铤镞标本形制相同，器表均有左斜向磨痕。出土标本上磨痕略少，较宽、较深，器表较为光滑。磨痕的宽度与深度应该与磨石的颗粒粗细度有关。

12号镞与扁平有铤镞标本，均为扁平器体，横截面略呈椭圆形，铤部较长。器表都有一些左斜向磨痕。区别是，出土骨镞上磨痕较稀疏、深而宽。

2号镞与四棱无铤镞相比，平面均呈长条形，锋端截面为菱形，镞身截面为矩形。器身均有左斜向及少量竖向磨痕。出土标本器表磨痕较宽深，锋部分较为光滑。

11号镞与模拟对象的形制与器表痕迹基本相同。区别是，出土标本上的磨痕较少且不明显，器表较光滑。

3. 笄的比较分析

1号笄与出土标本形制基本相同，均为细长体，截面呈圆角方形，锥状尖，顶部磨圆。差异是，新品有左斜及少量纵向磨痕，而标本器表光滑明亮，基本不见磨痕。

4a号笄与出土标本形制基本相同，均为细长体，横截面近圆形，锥状尖，顶部稍细。制成品可见左斜向及竖向磨痕，而出土标本器表基本不见磨痕，且光滑发亮。

4. 针的比较分析

4b1号骨针与模拟对象形制基本相同，针孔痕迹相似，但体表痕迹有差异。制成品表面可见左斜向及纵向磨痕；出土标本器表光滑，不见磨制痕迹。

4b2号骨针与模拟对象均呈细长体，横截面近圆形。制成品针体略粗，因为打磨时间不够，表面可见左斜向及纵向磨痕。出土骨针器表光滑，基本不见磨痕。

总体上看，模拟品与模拟对象之间，多少存在着宽窄、长短、粗细程度的差别。这是模拟制品打磨时间较短所致。痕迹方面的差异具有较强的共性，大多数新品表面磨痕清楚，而出土标本更为光滑，磨痕不明显或较浅疏。磨痕深浅与宽窄，一方面可能与磨具有关，另一方面可能是标本长期使用的结果。

（二）基本认识

米家崖遗址常见骨器的制作流程，由四个基本步骤构成。第一，获得原料。动物资源，基本上取自聚落周边环境。部分系由狩猎和捕捞得到，如哺乳动物、鸟类、介壳类动物，食其肉，饮其血，衣其皮毛，利用其骨骼。部分应当取自家养动物，这是较为稳定的骨料来源。第二，制备骨料。又可分为几个小的步骤。用石刀、蚌刀等，以片切割加锤击的方法，截去牛肢骨等较大骨料的一端或两端关节，是为截料。以片切割或楔劈法，将管状骨料纵向裂解成二片、四片甚至八片，是为开料。依器形及大小需要，将较大的片状骨料纵横切割，得到适宜的骨料；或直接从劈、砸开的骨骼碎片中挑选适宜的骨料。这是二次开料。第三，制作雏形。以刀和砺石为主要工具，使用刮、削及磨等方法，将坯料加工成骨器雏形。第四，精细加工。使用砺石、石片等，将雏形骨器进一步打磨修整，最终成器。

从方法手段看，主要为切割、刮削、劈砍、砸击、钻孔和打磨（有压磨和挫磨之分）。使用的工具主要是刀（石刀、蚌刀等）、锤、砺石、尖状石片等。片切割法截料及开料，适用于体型细长且对形态规整度要求高的加工对象，是得到适宜骨料和有效利用骨资源的重要方式。刮削和打磨是重要的成型方法，而打磨又是细加工的主要手段。

整体来看，本遗址骨器制作工艺和方法，既有相对简单的，也有较为细致的，因器类功能的差异而有所不同。器体细巧、注重整体效果的骨笄、管状饰等装饰品需要美感；骨镞需要配合弓使用，必须考虑准确度，对力学性能要求较高；骨针和部分锥，需要较好的穿透力。因此，这几类骨器制作相对考究，形制规整，打磨细致。至于骨铲、凿和匕等体量较大的器类，注重实用且对整体造型没有严格要求，而侧重刃、尖等局部的作用，一般利用劈开的动物肢骨或肩胛骨，只对一端稍加刮削打磨即可成器，所以制作步骤相对简单。

四、骨器制作相关问题分析

在模拟实验过程中，发现了几个骨器制作中与细节相关的问题，如选择的原料的干湿度会对骨器的制作成品率产生影响，器表痕迹的方向会反映出制作者使用左右手的习惯，以及先民在制作骨器时对制骨理念的选择等。这些问题对于了解古代社会的技术与思想等方面都有重要意义，在此做进一步的分析。

（一）骨料干湿度对成品率的影响

骨骼是古代的一种重要资源，对于原材料的利用率，可在一定程度上反映出先民与资源之间的一种关系。本次实验所需骨骼原材料获取之后在干燥通风的环境中放置了三个月以上，并且获取之前也放置了较长时间，导致在做实验时骨骼中的水分基本已经散失，所以在制作过程中骨料开裂的状况时常发生。因为骨料质脆、干燥，在制作时经常出现骨体开裂、崩尖以及无意掉落时容易摔断等情况。这些状况都对骨器制作成功产生了极大的不利影响。如2号牛骨在去掉远端后，骨骼表面出现了四条裂缝，其中最大的一条长约5.5、宽约0.4厘米。3号骨料在制作骨笄时，由于操作者不慎导致骨料从半米高的操作平台掉落，使其一端发生断裂。

2018年7月北京大学考古文博学院举办的“骨器制作模拟实验”课程中，制作骨器所选骨骼均为湿度大的新鲜动物骨骼，在截料与制作过程中均没有出现过骨料开裂或断裂等情况。有研究表明，骨骼经过水浸泡后水分增加7%，在此情况下骨骼便于加工。黄蕴平在做制作骨器模拟实验时，将湿度较小的骨料置于水中，浸泡五天后加工，以便于顺利制作成器①。

以上正反两方面实践表明，制骨材料的干湿度会对骨器原料的利用率与器物的成品率有着直接影响。骨骼湿度略大时，对骨骼原料的截料与开料等环节的操作更加有利，加工速度也更快，并且不容易产生开裂现象，因而器物的成品率越高。骨骼湿度越小，加工过程中骨料越容易开裂，且加工较为费时，制器的成功率也会降低。骨骼湿度具体处于什么区间时对加工最为有利，有待进一步的研究。

（二）磨痕方向反映操作者的用手习惯

将制作的骨器及骨料顺器体方向竖直放置，观察两位操作者制作的骨料表面磨痕方向。比较发现，习惯使用右手的操作者A留在骨料上的打磨痕迹主要呈左斜向及少量纵向（图12-16，1），习惯使用左手的操作者B留在骨料D上的打磨痕迹方向主要为右斜向，还有少量纵向（图12-16，2）。在砺石或其他打磨工具相对固定时，右手操作者拿着骨料在砺石上来回打磨，发现骨料一般呈左斜向或竖直（从操作者的视角而言），所以反过来观察骨料上遗留的痕迹一般为左斜向。习惯使用左手者反之。当然，这种现象是普遍的，但并不是绝对的。痕迹呈现的方向可能还与当时操作的具体情况有关，习惯使用右手者或许在某种特殊操作下也会制造出右斜向的痕迹。因为米家崖遗址出土骨器器表的磨痕方向绝大部分是呈左斜向的，所以这些骨器极有可能是当时习惯使用右手的先民制作的。

1　　2

图12-16　骨器表面制作痕迹方向差异

1. 操作者A制作痕迹　2. 操作者B制作痕迹

① 黄蕴平：《小孤山骨针的制作和使用研究》，《考古》1993年第3期。

（三）三种钻孔方式的比较

米家崖遗址发现的有孔骨器包括带孔骨针2件、穿孔蚌饰4件、角饰及角锥各1件。有孔骨器无论是类型还是数量，在骨器中均占少数。尽管如此，钻孔技术仍是骨器制作的重要环节。通过观察几类器物的孔，可发现一些异同。

第一种，器表两面的孔径大小基本相同，均较大，越往器体内部，孔径越小，平面呈较为规整的圆形。器体两面孔形不对称，均偏向一侧。骨针（ⅢT0101③：2）顶端的孔，两端及中间直径不同。从两面观察，近表面孔径约0.2厘米，越往中间，孔径越窄，仅0.1厘米。细致观察发现，孔的开钻位置不在器体的中间，而是各向一侧偏离。针孔两面上下各有一道纵向的浅槽，应是开钻时为了稳定钻孔工具而刻（图12-17，1）。模拟实验使用了带尖的自然石片，先从一面选定钻孔位置钻孔，钻到约到骨针厚度一半时，从另一面的对称位置继续钻孔，直到钻出大小适宜的针孔。制作出来的骨针针孔的效果与出土骨针的基本相同。由此推测，针孔是利用尖状石器或其他尖器用“对钻法”（双面钻）制成。穿孔蚌饰的孔与针孔类似，只不过蚌饰的孔较大。ⅢT0203③：10，器表孔径约1.2、中间约0.9厘米，孔径由器体表面至中间从宽到窄的变化不太明显。应该是钻出孔后，再用其他方法将孔进行了扩大。不过钻孔方法应与带孔骨针相同。

第二种，骨器一面的孔径较大，另一面较小，均呈较为规整的圆形。孔壁从一面斜收至另一面。角饰（ⅡT0303③：6）上有两个孔，以大孔为例，始钻面孔径约0.4、另一面孔径约0.2厘米（图12-17，2）。该类孔也应是由质地坚硬的尖状器钻成，但这是使用“直钻法”（单面钻）直接从一面钻到另一面，制出孔。

第三种，孔形不甚规整，器表一面孔形较大，另一表面孔形较小，均略呈椭圆形。孔壁上可见条状凿痕或砍痕。角锥（ⅢT0302H13：10）顶端的孔平面略呈椭圆形，一面长径约1.8、短径约1厘米，另一面孔径较小，约0.5厘米，并且孔壁呈斜收状，上有许多斜向直刃痕迹（图12-17，3）。该孔的制作方法与上述方法不同，应是使用石凿或小石斧等器物从一面凿挖钻至

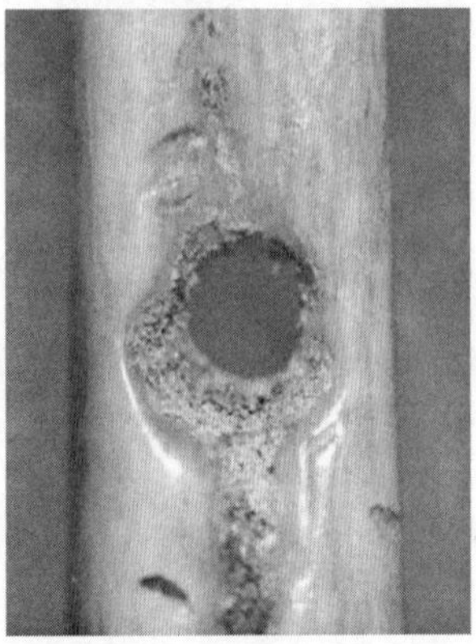
1

2

3

图12-17　三种钻孔方式制作的孔

1. 针孔（一面）　2. 角饰孔　3. 角锥孔

另一面而穿孔。

综上，米家崖遗址出土的有孔骨针、穿孔蚌饰、角饰及带孔骨锥等器物的孔是由三种钻孔方法制成的，有孔骨针与穿孔蚌饰均由“对钻法”制成，角饰的孔由“直钻法”单面制成，而角锥由“挖钻法”制成。可见，米家崖先民对不同材质、不同形制的器物及其功能，均有了明确的认识。三种钻孔方法作用的对象不同，效果不同。前两种方法制作的孔形制较为规整、美观，适用于器体较小或力求精美的器物。“挖钻法”制作的孔形制较大，且粗糙适用于一些器体较大、不追求美感、力求实用的器物。

（四）骨器制作工具的判断

本遗址出土的可用于加工骨器的工具主要有石刀、蚌刀、石凿、石锥、石笄、砺石及一些带尖或锋利的自然石片等。根据出土器物，再结合此次模拟实验，对骨器制作工具进行简单的判定。

切割工具：遗址出土骨料上的切割痕应由器体较薄且锋利的片状工具切割而成，再结合遗址出土的各类工具，推测骨料制作时一般使用蚌刀或石刀等片状工具进行切割制料。当然，蚌刀、石刀及凿等器物可用作“楔子”进行劈裂骨料。

刮削工具：从部分骨器（如ⅣT0404②：1）上的削痕可知，产生削痕的器物较为锋利。从遗址出土的工具来看，有刃部的器物仅有蚌刀、石刀、石斧及石锛等。斧与锛的刃部较钝，适合作用于体型较大的加工对象。蚌刀容易崩裂刃部，不太可能用于削如此致密的大型动物骨骼。遗址出土的部分石刀，由页岩或板岩制作而成，器体较薄，且刃部磨制锋利。因此，骨器的刮削工作只有使用锋利的石刀才能胜任。

打磨工具：遗址中出土了大量的砺石，部分砺石器表有形制规整的长条形凹槽，平均宽度仅有0.4～1、深0.3～0.8厘米，凹槽内部较为光滑，极有可能是用来磨制某类器物的。如果该石器用于打磨某类器物，似乎更适合于笄、针及锥等器体细长的器物打磨修整。骨笄、骨针等形体细长的骨器完全可以容纳于此类砺石的凹槽中。石材硬度及其断面的组织结构正适合加工骨料。由此判断，带有凹槽的部分砺石是骨笄、骨针等细长类骨器的打磨工具。

钻孔工具：骨针（ⅢT0101③：2）顶端器表的孔径较宽，约0.2厘米，两面钻孔相接处孔径略窄，仅约0.1厘米。穿孔蚌饰（如ⅢT0203③：10）两面器表孔径约1.2、器体内部孔径约0.9厘米，孔径由两面器表至中间从宽到窄的变化不太明显。角饰（ⅡT0303③：6）上的两孔是由一面直接钻到另一面，孔壁内斜。以大孔为例，始钻面孔径约0.4、另一面约0.2厘米。上述孔的形制均较为规整，应是使用硬度较大的尖状石器钻成。遗址中出土的带尖头的石器只有石锥与石笄两类，两者材质、形态及尺寸都相似，均可当工具使用。另外，模拟实验表明，带尖的自然石片也可完成钻孔的任务。还有1件角锥（ⅢT0302H13：10）顶端的孔与上述孔的形制有较大差异，该孔略呈椭圆形，一面长径约1.8、短径约1厘米，另一面孔径较小，约0.5厘米，并且孔壁呈斜收状，上有许多斜向直刃痕迹。该类孔明显不是由尖状器物钻成，应是由一些带刃的器物挖凿而成，结合出土的器物推测，极有可能是利用石凿及小石斧等器物制成。

（五）骨器制作理念的选择

有研究者提出，“因材作器”是新石器时代骨器制作的一个显著特征①。此次实验，一方面证实了这一点，即人们根据骨料的自然形状，或者利用无意间形成的骨料形状，稍作加工，即可制成器物。另一方面也揭示出一种不同的情形，即“因器制料”（或“按需作器”），是指古人能够根据器物的形制需要，选择适当骨料，进行深度加工，制成所需器物。这两种不同的情形，应当是远古人类在长期的生产实践中形成的两种制器理念或者技术模式。前者体现先民对原料资源的认识水平和较低的设计性，反映着人与自然关系中的被动性。后者则反映出人们较高的认知能力和技术水平，体现了较强的设计性和人与自然关系中的主动性。两种模式并非对立关系，而是统一关系，两者常常共存。人们通常能够根据器物功能、资源特征和技术条件，寻找最佳契合方案。

本次实验，将牛骨1多次开料，制成纤细精巧的骨针、骨镞及骨笄等器物，是功能导向下的“因器制料”模式。牛骨2截料后，只经一次开料，重点加工刃部，可以制成带骨节的锥（铲、凿等相同），属于原料导向下的“因材作器”模式。当技术熟练时，“因器制料”模式对原材料的利用效率较高，但花费的劳动量大对工匠个人技术水平要求也高。“因材作器”模式节省人力，对技术要求低，耗费原料较多。但在技术不熟练时，对原料干预程度浅，一般不会损坏原料；即使骨料中途折断，仍可进一步利用，制成形体较小的骨器。米家崖遗址出土骨器成品较多而骨料数量极少、粗加工器物数量多而细加工器物少，主要是“因材作器”技术理念的产物，仅有少数器物属于“因器制料”理念的结果。至于骨料干湿度对制作效率和原料利用率的影响，以及器表痕迹反映的制骨工匠的年龄、性别、左右手使用习惯以及劳动效率的高低等方面的问题，还需要更多的实验研究。

第四节　骨器的对比分析

米家崖遗址出土骨器数量可观，种类丰富。总共446件器物可分为14种器形三大类。工具大类器类最多、数量最大，共8种器形360件，占骨器总数的80%以上。装饰品共4种器形82件，约占骨器总数的18%。卜骨及片状骨器等器形不明类器的种类和数量都较少。锥是所有骨器中数量最多者，共215件，占工具类的60%，占骨器总数的48%；其次为镞，共107件，占工具类的29.7%，占骨器总数的24%；鱼钩仅1件，占工具类的0.28%。骨笄是装饰品中数量最多的器类，共52件，占装饰品的63%，占骨器总数的11.6%。可以说，用于日常生产和生活活动

① a. 马萧林：《关于中国骨器研究的几个问题》，《华夏考古》2010年第2期；b. 马萧林：《近十年中国骨器研究综述》，《中原文物》2018年第2期。

的工具类，是米家崖先民骨器的主体，锥与镞是当时社会生活中最为常用的器物。骨笄是当时最为重要的装饰品。鱼钩及卜骨虽然出土量少，但是它们均可反映出当时社会生产和生活中的一些重要信息。鱼钩可以表明生业方式及骨器制作技术等问题，卜骨可反映当时先民的精神领域的状况。

一、三个时期骨器类别的共时性比较

米家崖遗址出土的骨器分属仰韶晚期、庙底沟二期及客省庄二期文化。因各期骨器的种类和形制差异不大，三个时代又前后紧接，上面的分类考察未按时代细分。尽管如此，对不同文化期的骨器的类别、数量、工艺等还应进行共时性和历时性的对比分析，以深入认识骨器包含的文化信息。

（一）同一时期器类及数量的比较

米家崖遗址仰韶晚期骨器共6种61件器物，数量分别为：锥32、镞14、笄9、铲2、凿2及牙饰2件。庙底沟二期骨器共8种63件器物，数量分别为：锥33、镞17、笄7、针1、铲1、牙饰1、蚌贝饰1和管状器2件。客省庄二期骨器共13种136件器物，数量分别为：锥68、镞31、笄10、针4、匕6、铲3、蚌刀3、鱼钩1、牙饰3、蚌贝饰1、卜骨2、管状器2和片状器2件。三期合计共有14种器种（器形）。经过比较，三期相同的器物是锥、镞、笄、铲和牙饰5种，数量占各该期的绝大多数（图12-18）[①]。

同期内不同功能大类的数量和器形比较发现，三期情况类似，工具类是占比最多的，其次为装饰品，其他类占比较少。各期器类中所占比例最多的均为锥，约占各期骨器总数的50%；镞次之，约占各期骨器总数的25%。蚌贝饰、牙饰、卜骨等器物仅有数件，所占比例甚少。这种状况或许与器物在当时的需求量有关，说明锥与镞等生产工具是当时生产生活中必不可少的器物。说明当时虽然已经有了审美、占卜等精神领域的活动，但是进行物质生产生活才是当时最重要的任务。

（二）同一时期不同器类间制作工艺比较

从制作工艺上看，骨笄和骨镞器形规整、打磨细致，是骨器中加工较为精致的器物，基本可以代表同时期骨器的最高制作水平。骨笄的规整形制，笄帽到笄身的打磨修整，器表的磨光，并且与同出的石笄和陶笄形态特征高度一致，这些都可以看出骨笄制作的精细程度。骨镞

---

① 用于对比分析的骨器主要为米家崖遗址2004～2006年度发掘资料和2010～2011年度Ⅰ区发掘资料。

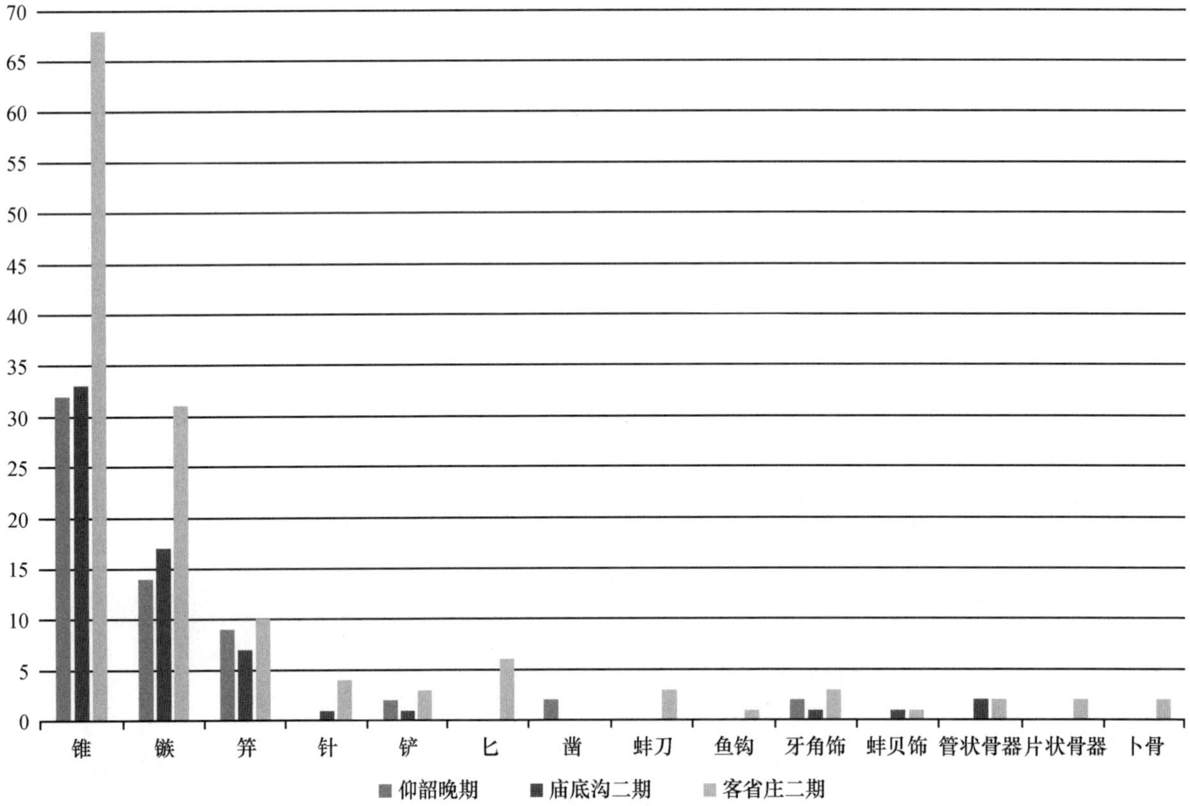

图12-18　米家崖遗址三期骨器器形数量比较

需考虑射准，也制作得规整细致。管状器及蚌饰等，因美观需要，也制作得较精细。这些骨器体现了较为明确的设计意图。相反，骨锥、凿及铲等大部分工具，以实用为原则，对美观性并无要求，因而制作相对简单。各期状况类似，如第三期骨锥与骨笄的对比：A型骨锥，只将骨骼一端砸掉，在断茬上打磨出锥状尖就可直接使用，器身多不做修整。也有的是用粗细不等的骨片，稍作加工即成（图12-19，1、2）。骨笄的状况大大不同，器身制作规整，器表打磨十分光滑（图12-19，3、4）。当时先民将制作骨器的较高工艺运用于装饰品与骨镞——这种自身需要制作精细的工具，而不是使用在一般的生产工具上。可见，先民在装饰品上花了更大心思，至少说明他们对表现美感有了更高的要求；对一般性工具讲求实用，无须精细修饰。

总之，米家崖遗址各期骨器在种类、数量及工艺上均表现出较强的共性，一方面反映出不同时期人们的基本生活方式（也许还有社会发展水平）相差不大，另一方面则反映出从仰韶晚期到客省庄二期，本区域生态环境和自然资源状况的变化也甚小，甚至表明，上述三个时期形成了共同的文化传统。

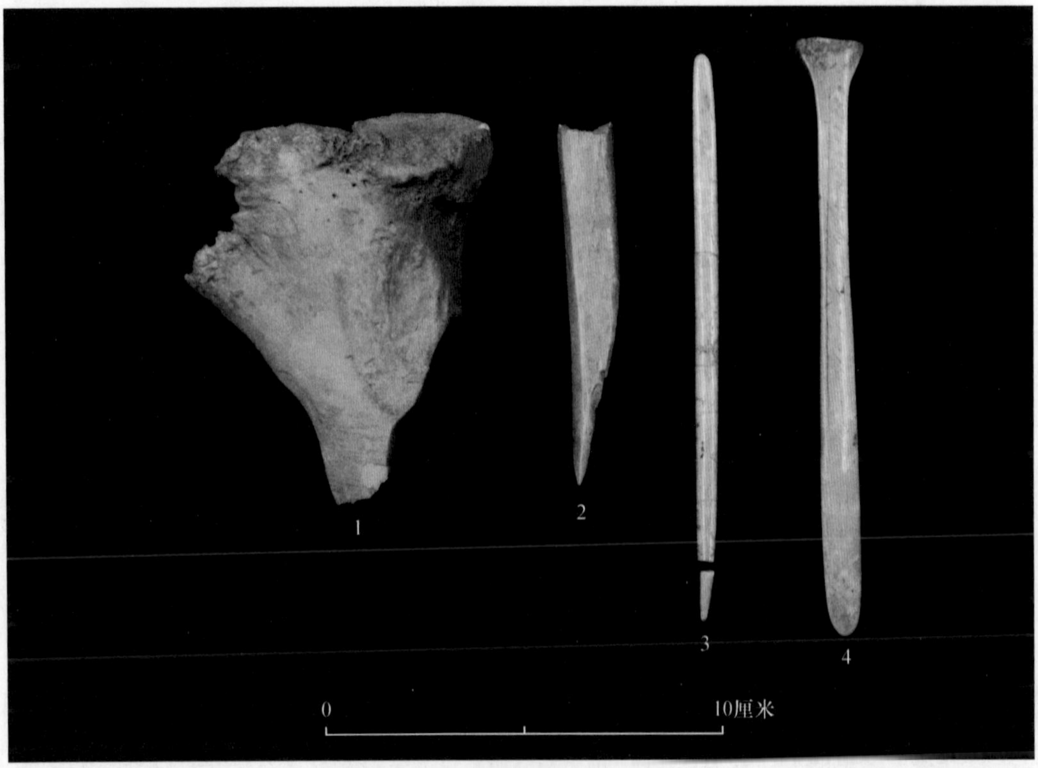

图12-19　骨锥和骨笄制作工艺对比

1、2. A型锥（ⅣT0404②：1、ⅢT0302H13：9）　3. B型笄（ⅠT0302④：4）　4. A型笄（ⅢT0203④：4）

二、三个时期骨器的历时性对比

米家崖遗址出土的仰韶晚期、庙底沟二期和客省庄二期三个时期的骨器在共性较强的基础上，也存在一定程度的差异。

从种类上看。仰韶晚期只有6种，庙底沟二期时，多出现了针、蚌饰和贝饰、管状器等，客省庄二期时，更多出了匕、蚌刀、片状骨器、鱼钩及卜骨等器类。三个阶段骨器的种类变化总体上呈现出由早到晚逐渐递增的趋势，或许表明，骨器在本区域日常生产和生活中发挥的作用越来越大，且人们利用骨骼材料的能力越来越强（图12-20）。

从数量比例上看。仰韶晚器工具和装饰品占比分别为82%和18%，庙底沟二期与之相类。客省庄二期工具总数较前两期明显增加，尤其是锥与镞，较前两期增长近一倍。其他工具和饰品数量也有小幅增多，卜骨的出现值得重视（图12-20）。

从制作工艺看，部分器物体现出一定的发展进步性。以镞为例。仰韶晚期的骨镞标准化程度较低，部分形制不甚规整，器体两边互不对称、首尾不甚笔直。客省庄二期的骨镞，除少量的形制不太规整外，整体上显示出较高的标准化水平。器体两边对称，首尾笔直，截面基本呈规整的等腰三角形、菱形或椭圆形。器形规整、制作精美的笄与形体弧曲、小巧精致的鱼钩发现，也是客省庄二期骨器制作技术进步的佐证。

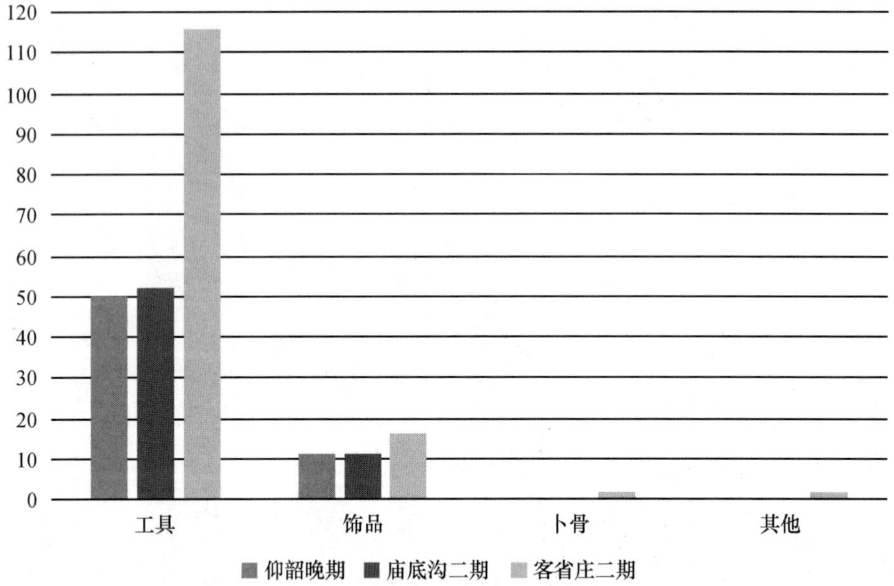

图12-20　米家崖遗址不同时期骨器大类数量比较

总体观察，从仰韶晚期到客省庄二期，骨器的类别和数量均呈逐渐增加的趋势，制作技术水平也显著提高，反映出本地先民的生产与生活方式、生产技术等，随着时代的变化而处于进步之中。骨鱼钩的出现，显示出渔猎活动方式的多样化，或许亦可视为生产技术的提高。装饰品数量的增多和卜骨的出现，说明客省庄二期先民的审美意识和精神生活的复杂化。

三、与其他遗址骨器的对比分析

若要对米家崖遗址有更加全面的了解，除了比较分析该遗址自身的骨器状况外，还可以与其他遗址骨器进行比较分析。这种分析会对当时先民的生产生活及精神等方面有更清晰的认识。

米家崖遗址所在的西安及周边地区是仰韶文化、庙底沟二期文化与客省庄二期文化的中心分布区。通过科学发掘的重要遗址有西安半坡①、临潼姜寨②、临潼康家③、蓝田新街④、华县

① 中国科学院考古研究所：《西安半坡》，文物出版社，1963年。

② 西安半坡博物馆、陕西省考古研究所、临潼县博物馆：《姜寨：新石器时代遗址发掘报告》，文物出版社，1988年。

③ a. 西安半坡博物馆：《陕西临潼康家遗址第一、二次试掘简报》，《史前研究》1985年第1期；b. 陕西省考古研究所康家考古队：《陕西临潼县康家遗址1987年发掘简报》，《考古与文物》1992年第4期；c. 陕西省考古研究所康家考古队：《陕西临潼康家遗址发掘简报》，《考古与文物》1988年第5、6期。

④ 陕西省考古研究院：《蓝田新街：新石器时代遗址发掘报告》，文物出版社，2020年。

泉护村[①]、武功浒西庄[②]、陕县庙底沟[③]、岐山双庵[④]、长安客省庄[⑤]及商县紫荆[⑥]等。其中具有仰韶晚期遗存的遗址有半坡、姜寨与紫荆遗址，有庙底沟二期遗存的遗址有新街、庙底沟与浒西庄遗址，有客省庄二期遗存的遗址有康家、客省庄、双庵及紫荆遗址。将米家崖遗址各文化期的骨器与其他同时期遗址的骨器进行对比分析，观察它们之间的相似与差异之处，可反映出不同遗址之间人群在社会生产生活及精神领域等方面的异同点，从而更深一步地了解本遗址与关中地区新石器时代的一些状况。

（一）仰韶晚期遗址间骨器的对比

仰韶晚期，选取临潼姜寨遗址和商州紫荆遗址作一对比。姜寨遗址出土仰韶晚期骨器7类154件，锥最多，约占41%；笄次之，约占29%；镞又次之，约占19%。紫荆遗址仰韶晚期骨器有9类114件，镞最多，约占44%；锥次之，约占41%；装饰品只有笄与饰件，仅占4%（表12-1）。

表12-1　仰韶晚期四个遗址骨器统计表

器类	米家崖		姜寨		紫荆		新街	
	数量（件）	占比（%）	数量（件）	占比（%）	数量（件）	占比（%）	数量（件）	占比（%）
锥	32	52.46	63	40.91	47	41.23	69	51.49
镞	14	22.95	29	18.83	50	43.86	35	26.11
铲	2	3.28	6	3.90	3	2.63	2	1.49
针			4	2.60	1	0.88	2	1.49
匕			7	4.55	6	5.26		
凿	2	3.28			1	0.88	1	0.75
叉							1	0.75
笄	9	14.75	44	28.57	4	3.51	10	7.46
牙饰	2	3.28	1	0.64			1	0.75
饰件					1	0.88	10	7.46
镯							1	0.75
其他					1	0.88	2	1.49
共计	61	100	154	100	114	100	134	100

① 北京大学考古系：《华县泉护村》，科学出版社，2003年。

② 中国社会科学院考古研究所：《武功发掘报告：浒西庄与赵家来遗址》，文物出版社，1988年。

③ 中国社会科学院考古研究所：《庙底沟与三里桥：汉英对照》，文物出版社，2011年。

④ 西安半坡博物馆：《陕西岐山双庵新石器时代遗址》，《考古学集刊（3）》，中国社会科学出版社，1983年。

⑤ 中国科学院考古研究所：《沣西发掘报告》，文物出版社，1962年。

⑥ a. 商县图书馆、西安半坡博物馆：《陕西商县紫荆遗址发掘简报》，《考古与文物》1981年第3期；b. 王世和、张宏彦：《1982年商县紫荆新石器时代遗址的发掘》，《文博》1987年第3期。

1. 与姜寨四期骨器比较

仰韶晚期姜寨遗址与米家崖遗址出土骨器对比来看，前者出土骨器种类略多于后者。姜寨遗址发现了米家崖没有发现的针、匕，但米家崖遗址发现了姜寨没有出现的凿。笄与牙饰是均出现在这两遗址中的装饰品。从各类骨器的数量比例对比来看，锥在两遗址中均为占比最高者，镞与笄在这两遗址中呈相反的状况。总之，这三类器物在两遗址中均为出土量占比最高者。锥与镞均是两遗址先民生活中使用需求量最大的重要工具，可以反映出仰韶晚期两遗址的主体工具是相同的，但还有少量的差异存在，姜寨遗址的工具类型较为丰富。骨笄是出土量最大的装饰品，可在一定程度上反映出当时该地区先民普遍有了较强的审美意识；两遗址牙饰的量都极少，或许与原料的获取难易程度有关。

2. 与紫荆遗址骨器的比较

紫荆遗址与米家崖遗址仰韶晚期骨器相比，前者种类更为丰富。两遗址均有锥、镞、铲、凿及笄等器物，紫荆遗址出土了米家崖遗址不见的针与匕。出土数量占比方面，紫荆遗址工具类中镞的占比最高，锥略低于镞。装饰品仅有笄与饰件，并且所占比例甚少。米家崖遗址中锥的占比最高，镞的占比略少。装饰品所占比例较高。由此可见，锥与镞均为两遗址先民当时最为普遍使用的工具类器物，而紫荆先民的工具更加丰富，米家崖先民的其余工具类器类与数量都较少；米家崖遗址装饰品所占比例较高。

3. 与新街遗址骨器比较

新街遗址与米家崖遗址仰韶晚期骨器相比，前者种类略微丰富，但两遗址的主要工具类基本相同。均有锥、镞、铲、凿及笄等器物，新街遗址出土了米家崖遗址不见的针、叉、蚌饰及镯等。出土数量占比方面，两者均以锥、镞占比最多，其次为笄、锥，均占50%以上，镞占25%左右。新街遗址所见装饰品数量较多，除两者骨笄数量相差甚微外，新街其他饰件所占比例也较高。由此可见，锥与镞均为两遗址先民当时最为普遍使用的工具类器物，而新街先民的工具和装饰品器类更加丰富，数量也较多。

四者相比，共性是主要的，差异是次要的。首先，器类相差不大，常见器物都有锥、镞、笄、铲等，三者相比的话，相同者更多。米家崖、新街和紫荆有凿，姜寨未见；姜寨和紫荆有针和匕，米家崖和新街未见。其次，数量最多的前几种器形基本相同。米家崖与新街、姜寨均为锥、镞、笄占前三位，紫荆骨镞和锥占前两位，唯笄略少。显然，生产工具锥和镞，在几个遗址都是主要的骨器类别，而装饰品的数量相对工具类都较少。

（二）庙底沟二期遗址间骨器对比

庙底沟二期，选取蓝田新街、武功浒西庄和陕县庙底沟遗址进行对比。浒西庄遗址出土8种60件，镞和锥最多，占比分别为30%和28.33%；笄居第三位。庙底沟遗址出土10种83件，镞最多，约占24%；笄、针和锥的占比分别约为20%、19%和18%。新街遗址出土8种88件，锥最多，约占57%，其次为镞，近20%，再次为笄（表12-2）。

表12-2 庙底沟二期四个遗址骨器统计表[①]

器类	米家崖		浒西庄		庙底沟		新街	
	数量（件）	占比（%）	数量（件）	占比（%）	数量（件）	占比（%）	数量（件）	占比（%）
锥	33	52.38	17	28.33	15	18.07	50	56.82
镞	17	26.98	18	30.00	20	24.09	17	19.31
铲	1	1.59	1	1.67				
针	1	1.59	2	3.33	16	19.27	1	1.13
匕			5	8.33	3	3.61	2	2.27
蚌刀			2	3.33	1	1.2		
刻刀								
凿					1	1.2		
梳					1	1.2		
笄	7	11.11	8	13.33	17	20.48	12	13.63
牙饰	1	1.59	1	1.67			2	2.27
蚌贝饰	1	1.59			3	3.61	1	1.13
管状骨器	2	3.18						
骨片					6	7.23	3	3.4
其他			6	10.00				
共计	63	100	60	100	83	100	88	100

1. 与浒西庄遗址骨器的比较

浒西庄与米家崖遗址庙底沟二期骨器相比，主要器类基本相同，均有锥、镞、笄、针、铲及牙饰。米家崖遗址还有蚌贝饰及管状骨器，浒西庄遗址有骨匕、蚌刀等。可见主要的工具及装饰品器类一致，浒西庄工具类较多，米家崖装饰品略多。从数量占比来看，米家崖遗址工具类中锥的数量最多，占52.38%；其次为镞，占26.98%；针、铲数量最少，各占1.59%。浒西庄遗址中数量最多者为骨镞，占30%；其次为锥，占28.33%；铲的数量最少，占1.67%。装饰品中两遗址数量最多者均为骨笄，并占比相当，米家崖与浒西庄分别占11.11%与13.33%。可见庙

① 中国社会科学院考古研究所：《武功发掘报告：浒西庄与赵家来遗址》，文物出版社，1988年。原报告中有9件角器，14件骨锥。根据所给3件标本图可见应均为角锥，所以本文中将3件角器纳入锥。

底沟二期米家崖与浒西庄遗址中锥与镞是工具类的主体，不过米家崖遗址中锥占主要地位，而浒西庄锥的占比略小；镞在两遗址中占比相似。浒西庄的匕与蚌刀等工具较为丰富。两遗址的装饰品种类及占比均相似。

2. 与庙底沟遗址骨器比较

庙底沟与米家崖遗址庙底沟二期骨器相比，主要器类基本相同，两遗址均有锥、镞、笄、针及蚌贝饰。米家崖遗址还有铲、牙饰及管状骨器，庙底沟遗址有骨匕、蚌刀、凿及梳等。可见主要的工具及装饰品器类一致，庙底沟工具类较多，米家崖装饰品略多。从数量占比来看，米家崖遗址工具类中锥的数量最多，占52.38%；其次为镞，占26.98%；针、铲数量最少，各占1.59%。庙底沟遗址中数量最多者为骨镞，占24.09%；其次为笄和针，约占20%；锥约占18%；凿、蚌刀及梳的数量最少，各约占1.2%。装饰品中两遗址数量最多者均为骨笄，庙底沟骨笄占比较大。可见，庙底沟二期米家崖与庙底沟遗址中锥与镞均是工具类的主体，不过米家崖遗址中锥占主要部分，而庙底沟锥的占比略少，镞在两遗址中占比相似。庙底沟遗址的装饰品种类及占比米家崖遗址的略高。

3. 与新街遗址骨器比较

新街与米家崖遗址庙底沟二期骨器相比，主要器类基本相同，两遗址均有锥、镞、笄、针、铲、蚌贝饰及牙饰。米家崖遗址还有铲及管状骨器，新街遗址有骨匕和骨板等。可见主要的工具及装饰品器类一致。从数量占比来看，两者工具类中锥的数量最多；米家崖的镞占比略多；针在两者工具类中占比均最少。装饰品中两遗址数量最多者均为骨笄，并占比相当。可见庙底沟二期米家崖与新街遗址中锥与镞是工具类的主体，并且占比相似。两遗址的装饰品种类及占比均相似。

四者之间综合对比，发现相互间共性更强。器类总数差别不大，米家崖、新街和浒西庄都有牙饰，米家崖、新街和庙底沟都有蚌（贝）饰，新街、浒西庄和庙底沟都有匕。各遗址独有的器类不多。其次，数量最多的前三种器形基本相同，唯庙底沟的骨针数量稍多一些。米家崖与新街以锥最多，浒西庄和庙底沟以镞最多。各遗址的装饰品中都以笄为最多。可见，庙底沟二期阶段的四个遗址，骨器均以生产领域为主、装饰品较少，反映了相似的生产方式和生活方式。

（三）客省庄二期遗址间骨器对比

客省庄二期，选取临潼康家、长安客省庄和商州紫荆遗址进行比较。康家遗址骨器有13种400多件。锥最多，约占51%；镞其次，约占29%；铲、针、卜骨均在20件以上。客省庄遗址约有10种96件；镞、锥、针占据前三位，占比分别为约42%、29%和10%，鱼钩和卜骨数量较多，占比均超过5%。紫荆遗址骨器有12种170余件，锥和镞的数量占前两位，分别超过33%和26%；匕的数量较为突出，占比超13%，笄占比接近7%（表12-3）。

表12-3　客省庄二期四个遗址骨器统计表

器类	米家崖		康家		客省庄		紫荆	
	数量（件）	占比（%）	数量（件）	占比（%）	数量（件）	占比（%）	数量（件）	占比（%）
锥	67	50.00	196+	50.91	28	29.17	56+	33.33
镞	31	23.13	112+	29.09	40	41.67	44+	26.19
针	4	2.99	19+	4.94	10	10.42	9	5.36
匕	6	4.48	1+	0.26			22+	13.10
铲	3	2.24	21+	5.45	2	2.08	6	3.57
凿			+				7	4.17
刀	3	2.24	10	2.59			2	1.19
鱼钩			+		5	5.21	2	1.19
雕刻器			1	0.26	1	1.04		
锛			+					
骨锯							2	1.19
叉			1	0.26				
笄	11	8.21	4+	1.04			11+	6.55
牙饰	3	2.24						
蚌贝饰	1	0.75					5	2.98
管状骨器	2	1.49			1	1.04		
片状骨器	2	1.49						
骨棒					2	2.08		
卜骨	1	0.75	20+	5.19	6	6.25	2	1.19
其他					2	2.08		
共计	134	100	385+	100	96	100	168+	100

1. 与康家遗址骨器的比较

米家崖遗址客省庄二期出土的骨器与康家遗址出土骨器进行比较发现共性与差异并存。首先，骨器器类不同。虽然主体器物类别中的锥、镞、铲、针及笄等两个遗址基本相同，但康家遗址中出土的雕凿兽骨、叉、骨刀及角锛等器物不见于米家崖遗址中。另外，米家崖遗址中的管状骨器、片状骨器、牙饰等不见于康家遗址。其次，康家遗址骨器出土数量占比最多的是锥，其次是镞，这一点与米家崖遗址情况基本相同。但是除锥与镞之外，康家遗址出土量占比较高的器物为铲、针及卜骨，而米家崖遗址占比较高的为笄。这种状况或许可以看出，康家先民对生产与占卜祭祀等更加注重，而米家崖先民更加注重审美等意识方面。两遗址均出土了一些较为特殊的器物，如卜骨、鱼钩。卜骨在两遗址均有发现，至少说明两地之间已经有了相同的占卜或祭祀方面的活动。鱼钩在两地出现，可见该时期这两遗址之间均有了使用鱼钩进行渔业作业的活动，并且也说明两地之间均有了较为先进的骨器制作工艺。

2. 与客省庄遗址骨器的比较

客省庄遗址出土的骨器与米家崖遗址出土的客省庄二期时期的骨器相比而言，后者的器类更加丰富，虽然不见骨雕刻器、两端尖状器等，但是有骨匕、蚌刀、骨笄及牙饰、蚌贝饰等。从各类骨器数量占比来看，两遗址中骨器数量最多的虽然均为骨锥及骨镞，但是略有差异。米家崖遗址中骨锥占比最高，其次是骨镞；客省庄遗址中骨镞占比最高，其次是骨锥。总之，锥与镞是两遗址中出土量最多的骨器，足以表现出这两类器物在当时生活中的重要性。两遗址出土的骨器也有诸多相似的状况。如都有骨鱼钩、卜骨等较为少见的器类。鱼钩在两遗址的发现，说明两遗址的先民在客省庄二期时均从事一定程度的渔业活动，并且也可反映出骨器的制作工艺的成熟。卜骨在两地均出现，说明两地至少有类似占卜等宗教活动。雕刻器在客省庄遗址的出现，虽然不清楚具体用途，但也说明当时的骨器制作工艺已经比较高超了，加工工具应该形制小巧、质地坚硬且锋利。

3. 与紫荆遗址骨器比较

米家崖遗址客省庄二期与紫荆遗址客省庄二期相比，骨器种类基本相同。紫荆遗址的工具种类略多于米家崖遗址，米家崖遗址未发现凿与骨锯。器物数量占比方面，两遗址出土比例最高的器物均为锥，其次为镞。米家崖遗址此两者数量相差较大，而紫荆遗址锥与镞的占比相差较少。这种状况或许体现了两地之间环境和生业模式上的差异。紫荆遗址位于陕南，气候较关中更加温暖湿润，森林资源更加丰富，或许当时先民主要依靠狩猎来获取食物资源，农业的比重略低，而地处关中的米家崖先民的状况正好相反。两遗址的装饰品的种类与数量占比方面基本相同。骨鱼钩在两遗址的发现，反映出关中地区与陕南地区在当时有着相同的经济方式与骨器制作工艺。卜骨在两遗址的发现，反映出当时两地有着相同的原始占卜，宗教活动。

四个遗址相比，共性较强，也有一定的差异。首先，器类总数相差无几，完全相同的器类占三分之一强，且这几类器物在数量上均占优势。任意三者相比，相同之处更多。各遗址独有的器类都很少。其次，数量最多的前两种器形完全相同，均为锥和镞，两者之和占各自总数的60%~79%。除了客省庄遗址镞多锥少外，其他三者均是锥多。装饰品的数量和种类均较少。卜骨数量多寡不同，但都有发现。所以，客省庄二期文化阶段的西安周边地区，骨器反映的生产与生活方式具有很强的一致性。

综上所述，在同一时期，米家崖遗址各器类的占比及制作工艺相差较大。锥的比例是各期中最高的，其次为镞，这或许可以说明两类器物在当时先民生活中占有极为重要的地位。笄与镞的制作工艺较其他器类高超，说明当时先民已有了较高的审美意识，以及认识到不同器物之间有着不同的制作要求，制作精细的镞拥有较高的实用性。米家崖遗址不同时期骨器的种类不同，第三期骨器种类较一、二期明显增多，出现了匕、蚌刀、卜骨、鱼钩等器类，反映出先民的生产力与生产技术等方面的明显提高，对资源的利用能力也有所增强。常见器类的占比基本保持一致，如锥与镞在各期的占比基本保持在50%和25%左右。同一类器物，第三期的制作工艺较前两期有所提高。

通过米家崖遗址与上述几个遗址出土骨器的横向对比，可以看出以下几点：

第一，米家崖遗址仰韶晚期的骨器种类较少，不见针、匕等器类，但是主要的生产工具与装饰品的种类与周边地区其他遗址基本相同。各类骨器数量占比的次序也同其他遗址基本相同，锥为占比较高的器类，其次为镞及笄。不同遗址的先民都将锥与镞均作为最重要的生产工具，笄为最主要的装饰品。可见，该时期不同遗址之间的先民在生产生活与审美等意识领域有着基本一致的状况。

第二，在庙底沟二期，米家崖遗址的工具类骨器的种类依然略少于其他遗址，不见匕、蚌刀等器物。装饰品与其他类的种类比其他遗址更加丰富，发现了其他遗址不见的蚌贝饰与管状骨器等。锥与镞还是所有遗址中占比最高的两类器物，但米家崖遗址中锥的占比是镞的两倍，而其他遗址锥与镞所占比例相当。装饰品的占比在各遗址中基本相同。该时期不同遗址之间的先民还是将骨锥与骨镞作为最主要的骨质生产工具，将骨笄作为主要的装饰品。这表明该时期关中地区不同聚落在生产技术和生活方式等方面的状况基本一致。

第三，客省庄二期时，关中地区各遗址骨器的种类及数量都有增加。多个遗址出现了鱼钩、卜骨等器物。卜骨在米家崖、康家、紫荆、客省庄、双庵及梓里等遗址均有发现，说明在这一时期，关中及邻近地区均有了形式类似的原始占卜或祭祀活动，先民在精神领域的活动逐渐增加。鱼钩在客省庄、紫荆、康家等遗址中也有发现，反映出该时期关中及邻近地区有着相同的经济方式。数量比方面，各遗址中占比最高的还是锥与镞，这足以说明从仰韶晚期到客省庄二期这两类器物在当时社会生活中的重要性。装饰品的种类及数量较前期均有所增加，说明先民的审美意识和骨器制作工艺水平都也在不断提高。

结　语

对米家崖遗址出土的骨器进行初步整理可以发现，生产工具大类的器形种类最多、数量最大。锥是所有骨器中数量最多者，约占骨器总数的近一半；其次为镞，约占骨器总数的五分之一，锥与镞是当时社会生活中最为常用的骨制器物。骨鱼钩的发现，表明当时已有较为先进的渔猎方式，并且可反映出骨器制作技术的趋于精湛。卜骨反映出当时先民已有占卜等精神领域的活动及其与周边遗址的共性。

通过对比米家崖遗址各期骨器，发现在同一时期，各器类的占比及制作工艺相差较大。锥的比例是各期中最高的，其次为镞，二者的制作工艺较为高超，先民认识到不同工具之间有着不同的制作要求，制作精细的镞可以提高它的实用性。不同时期骨器的种类及数量比不同，第三期骨器种类较一、二期增多，并且常见器类的占比也有所增加。第三期的制骨工艺明显较前两期提高，器型多制作规整。

通过和其他遗址骨器的对比，发现米家崖遗址仰韶晚期及庙底沟二期的骨器种类较少，不过各遗址主体器物的占比次序基本相同，显示出仰韶晚期文化和庙底沟二期先民在生产生活与审美方面的类似。在客省庄二期时，各遗址骨器的种类及数量都有增加。卜骨在米家崖、康家、紫荆、客省庄、双庵及梓里等遗址的发现，说明此时期关中及邻近地区均有了原始占卜或祭祀活动，精神领域的复杂化达到了新的高度。鱼钩在客省庄、紫荆、康家等遗址中也有发现，各遗址中占比最高的还是锥与镞，反映出关中及邻近地区有着相同的经济活动、生活和信仰方式。

米家崖遗址骨器的制作方法主要为片切割结合刮削打磨法。片切割截料及开料是获取骨料的一种重要方式，此方法相对较为省时，适用于体型细长的加工对象。骨器制作过程一般需要四个步骤：获取原料、制作骨料、制作雏形及精细加工。当然，并不是所有骨器都需要经过这几个步骤才能制成，部分骨器则只需要其中一两步便可制成。整体来看，米家崖遗址骨器制作相对简单。骨笄、管状骨器及蚌饰等装饰品需要美感；骨镞不仅需要杀伤力，也要考虑力学性能。因此，这几类骨器制作相对精致，其余类别的骨器制作较为简单，力求实用。

对米家崖遗址骨器的初步研究，主要是理清了骨器的基本情况。深度的分析尚有较多的空白之处。一方面，此次研究未涉及各类骨器与动物种属及部位之间的对应关系，从而未能更深一步地了解当时先民对动物资源的认识与利用状况。另一方面，模拟实验只做了器物制作工艺部分，没有对各类器物的使用情况做进一步的实验与分析，导致对各类器物以及同类不同型的器物与作用对象之间的关系没有厘清。以上不足之处就是今后研究中需要重视的方面。

（本章执笔者：冯维伟、张翔宇、柴怡、吴凡、朱君孝）

第十三章　出土石器的淀粉粒分析

石器是人类文化发展的重要推动者和记录者，在史前先民的生产生活中占据着重要地位。当代学者普遍将史前遗址所发现的石器分为打制石器与磨制石器两大类别，认为打制石器与磨制石器在加工方式、功能及使用方式上的差别可以作为人类文明进步的一项重要判断标准。旧石器时代晚期以来，磨制石器便开始在先民的生活与生产中广泛应用。从史前时代各类遗物的研究历史和现状来看，磨制石器的研究远远不如打制石器和陶器的研究那样开展得广泛而深入，与其作为人类历史上一个重要阶段的重要特征的地位不相称。磨制石器往往可以为解决技术进化和意识的复杂化、从采集到农业生产的演变、多层次社会组织的出现以及象征行为的兴起等考古学和人类学关键问题提供新的材料和视角[①]。

第一节　研究意义与方法

动植物资源利用与加工的过程中，往往会有一些有机物质残存或沉积在相关器物、土壤或遗迹现象之上，并能历经长期的埋藏过程保存至今。考古残留物分析技术就是从田野考古发掘中所发现的残留物载体中提取有机物，并利用科学检测手段进行定性定量分析来判断残留物来源，从而了解古代动植物资源的加工、利用和相关载体的功能等方面的信息[②]。残留物分析是探讨动植物资源利用、先民食物结构、生业经济状况以及器物功能的重要途径之一。

---

① Dubreuil L, Savage D. Ground stones: a synthesis of the use-wear approach. Journal of Archaeological Science, 2014, 48(1): 139-153.

② 杨益民：《古代残留物分析在考古中的应用》，《南方文物》2008年第2期。

一、研究意义

20世纪80年代，淀粉粒分析方法兴起之后，植物淀粉粒成为残留物分析的重要研究对象并日益扩展研究的资料范围，如作为淀粉粒载体的各种工具、器具等。Barton等的研究表明，利用淀粉粒等植物性残留物进行石制品的功能研究是完全可行且可信的。石制品的残留淀粉粒分析，能使我们获得有关这些器物功能的直接证据，有力推动了石制品功能的研究，同时也为探讨考古遗址植物资源利用、先民植物性食物来源以及生业经济状况提供了全新视角。

作为考古学残留物分析的重要组成部分，古代淀粉粒的分析与研究是基于利用现代植物淀粉粒形态学分类，将考古遗迹或遗物中提取与分离出的古代淀粉粒在显微技术与偏光技术相结合的环境下，与现代植物淀粉粒样品加以对比，来对先民获取、加工和使用的植物种属加以鉴别与研究①。

新石器时代先民主要通过使用磨制石器从事作物栽培活动，并对野生和栽培植物进行采集（收割）和加工。西安米家崖遗址作为一处重要的新石器时代晚期的聚落遗址，考古发掘出土了大量的磨制石器，是一批重要的科学资料。通过微痕分析、残留物分析等技术，与器物形态及岩性分析等方法配合，已经取得了令人欣喜的成绩（本书第十一章、十四章）此次我们运用淀粉粒分析方法，对米家崖遗址出土的仰韶时期几件石器开展残留物分析，了解这些器物的使用对象和具体功用，探讨米家崖遗址仰韶文化时期的植物资源利用状况。为探索先民开发利用矿物、动物和植物资源的研究，提供丰富的定性和定量信息，对于揭示中华文明重要起源地之一的关中地区在新石器时代不同时期聚落布局与演进的规律，进而探索中华文明起源与形成过程中的人地关系提供了新的证据。

二、研究的内容、方法与步骤

根据米家崖遗址2010～2011年田野发掘所得石器的种类与数量情况，拟选择几种与先民采伐树林、种植农作物及粮食加工等行为密切相关的代表性器类进行观察分析。

（一）研究的内容

对所选择的石器标本进行古代淀粉粒提取与分析实验；根据淀粉粒残留信息对这些石器的功能予以解读。将米家崖遗址出土石器上的淀粉粒进行提取、离心浮选、观察与种属分析，再结合米家崖石器上所发现植硅体，从石器类型方面对米家崖遗址各类石器的功用从单一的石器

① 杨晓燕、吕厚远、夏正楷：《植物淀粉粒分析在考古学中的应用》，《考古与文物》2006年第3期。

研究以外的层面加以探讨。

对各种属植物资源利用情况进行探讨时，淀粉粒分析技术成为除炭化大植物遗存浮选与研究外较为有效的微体植物遗存研究技术方法之一。以淀粉粒来源植物的种属分类为研究基础，借鉴与米家崖遗址年代与地理位置接近的蓝田新街遗址的炭化植物遗存分析结果，对新石器时代晚期至末期的米家崖遗址先民对各种属植物资源的利用情况进行简要探讨。

（二）研究方法与步骤

对所选择的24件石器样本提取两类标本：一是表面附着土壤中的残留标本，二是用超声清洗器物使用部位残留样本。其中，表面附着土壤样本是为了与超声清洗使用部位样本进行对比，以检测石器样本受埋藏环境的污染情况；超声清洗使用部位所得样本才是进行镜检与植物种属判别的对象。

将通过埋藏环境污染判别的淀粉粒样品进行二次离心后，吸取底部液体残留物制作玻片。将玻片置于具有消光功能的生物显微镜下进行观察，再用生物显微镜的拍照功能对所观察到的古代淀粉粒拍摄微观图片，而后与现代植物淀粉粒样本从外在形态、消光特征、粒径长度等方面进行比对后，即可对古代淀粉粒来源植物进行种属判定。

通过对米家崖遗址石器上所发现的古代淀粉粒种属鉴定结果进行分析后，就可以对新石器时代晚期至末期的米家崖遗址石器功用与新石器时代晚期至末期的米家崖遗址先民对各种属植物资源的利用情况两大问题进行简要分析与讨论。

第二节　石器淀粉粒的实验室提取与观察

米家崖遗址石器的植物残留物提取工作分为样品选备、污染鉴别与预防、淀粉粒提取、淀粉粒处理与观察等步骤。

一、实 验 样 品

米家崖遗址共进行过两次石器植物残留物提取工作。第一批次选取了仰韶文化石制品3件和客省庄文化样本1件（编号以MJY开头）。第二批次选取了庙底沟二期文化和客省庄文化石器20件（编号以XBMJYSQ开头）。选择磨刀石（1件）、石刀（8件）、石斧（4件）、石锛（5件）、石凿（2件）、石杵（2件）和石块（2件）七大类共计24件标本，分别属于仰韶晚期、庙底沟二期和客省庄文化三个阶段（表13-1）。

表13-1　米家崖遗址石器淀粉粒分析样品信息表

实验室编号	名称	出土编号		年代
MJY-1	磨刀石	ⅢT0302H72：11		仰韶文化
MJY-2	石杵	ⅠT0407H71：1		客省庄文化
MJY-3	石块残片	ⅢT0302H72：12		仰韶文化
MJY-4	石块残片	ⅢT0302H72：13		仰韶文化
XBMJYSQ-1	石刀	ⅠT0307H50：01		客省庄文化
XBMJYSQ-2	石刀	ⅠT0308H70：4		客省庄文化
XBMJYSQ-3	石刀	ⅠT0301H13：1		客省庄文化
XBMJYSQ-4	石刀	ⅢT0402H7：4		新石器时代晚期
XBMJYSQ-5	石刀	ⅠT0202⑤：1		仰韶晚期
XBMJYSQ-6	石刀	ⅠT0307H29：04		客省庄文化
XBMJYSQ-7	石刀	ⅠT0307H50：05		客省庄文化
XBMJYSQ-8	石刀	ⅠT0303H59：1		庙底沟二期
XBMJYSQ-9	石锛	ⅣT0304H22②：2		新石器时代晚期
XBMJYSQ-10	石凿	ⅠT0302③：3		客省庄文化
XBMJYSQ-11	石锛	ⅢT0403③：1		新石器时代晚期
XBMJYSQ-12	石锛	ⅠT0308H87：1		庙底沟二期
XBMJYSQ-13	石锛	ⅠT0407H85：2		庙底沟二期
XBMJYSQ-14	石斧	ⅢT0401③：10		新石器时代晚期
XBMJYSQ-15	石斧	ⅢT0403H21：1		新石器时代晚期
XBMJYSQ-16	石斧	ⅠT0302②：2		客省庄文化
XBMJYSQ-17	石斧	ⅠT0303H43：81		客省庄文化
XBMJYSQ-18	石凿	ⅠT0308H70：2		客省庄文化
XBMJYSQ-19	石锛	ⅠT0302③：6		客省庄文化
XBMJYSQ-20	石杵	ⅠT0407H71：1		客省庄文化

二、实验过程与方法

这批石器在发掘出来后均被清洗保存，在发掘过程中也未采集石器周围土壤样品作为对比样品。因此，我们对这批石器的不同部位（依据肉眼观察分为使用部位和非使用部位）分别进行取样，以进行比对分析。石器残留淀粉粒的实验室提取流程如下。

（一）标本污染判别与预防

污染判别对于淀粉粒提取实验至关重要。通常，污染的可能性存在于埋藏环境、实验室环境和实验过程三个阶段，因而需要从这三个环节分别进行污染判别。

埋藏环境对标本的污染，自其进入埋藏堆积之日就开始了。废弃后的标本，可能还经过了搬运和再堆积，直至稳定在考古发掘时的层位中。这些环节都不可避免地导致标本受到埋藏环境的影响。为鉴别出埋藏环境的污染状况，需要对标本周围的土样进行淀粉粒采集与分析，以确定埋藏环境对石器标本的污染程度。因此次所取样品直接取自整理工作间，发掘时未取得标本周围的土壤样本。在淀粉粒样本提取的过程中对关莹的样品提取方法①加以改进，即分次提取石制品表面附着土壤样本与石制品使用部位超声清洗样本两大类样本，加以比对。石器样本在湿洗完毕后，表面仍可能附着一部分土壤。再经超声清洗，如果清洗液体中仍含有较多的土壤，就基本上可以判断该样本受埋藏环境影响较深，在后续的淀粉粒处理实验中不予使用。

实验室环境污染可能由空气流通带入，判别方法主要是对实验室环境进行监测。取两块高温煮过的载玻片分别放置于两个不易碰到的实验台角落，对载玻片进行编号（SKC1、SKC2）并记录放置时间和封片时间（如：2017.9.10 ~ 2017.11.10），对实验室环境进行长期监测。此外，在实验前取一块高温煮过的载玻片放置于不易碰到的实验台角落，对载玻片进行编号（XA-SKD1、XA-SKD2）并记录放置时间（如：2017.10.1 ~ 2017.10.16），对实验室空气进行短期监测。监测时间一至，即对上述载片进行观察，并无淀粉粒发现，证明实验室环境不存在污染。

实验过程中的污染判别上，可以采取几种方法。首先，对用于采集样品的一次性无粉橡胶手套、牙刷与离心管，用100℃温度高温蒸煮2小时，处理掉这些器具上可能含有的淀粉类残留物。其次，在采集每一件石器上的淀粉粒样品时，都会将一次性无粉橡胶手套、牙刷与离心管与标本一一对应，以减少采集过程中造成的污染。再次，在将离心后的淀粉粒液体溶液转移到50%的甘油溶液的过程中，严格地将移液枪所用可更换枪头与每一件离心后的液体样片相对应，以防在样片制作的过程中造成样品间的污染。

从埋藏环境、实验室环境和实验过程三个阶段开展的污染判别工作可以排除部分外源淀粉粒对实验结果的干扰与影响，进而保证实验全过程的科学性和准确性。

（二）石器淀粉粒的实验室采集

为防止石器标本之间的混淆与干扰，每件样本均有一个专门的牙刷与一副一次性无粉橡胶手套（爱马斯牌）来进行样本采集。

第一次石器淀粉粒的实验室采集步骤主要包括刷洗和超声清洗。刷洗主要是检验并去除表明可能的污染，一旦在刷洗溶液中观察不到淀粉粒，即视为石器经前期整理时被彻底清洗干净；将刷洗干净的石器进行超声清洗取样。四件石器的使用面和非使用面均用超纯水进行刷洗。超纯水刷洗后，MJY-1直接在石器的使用面选取A、B、C、D四个点，非使用面选取E、

---

① 关莹、Pearsall DM、高星，等：《石制品植物残留物分析的实验室方法——以水洞沟石制品处理为例》，《人类学学报》2010年第4期。

F、G、H、I、J六个点进行原点取样；其余三件石器均使用超声波清洗仪进行分部位清洗。

第二次石器淀粉粒的实验室采集步骤则分为表面附着土壤样本采集和超声清洗两步（标本超声清洗部位见图13-1）。第一步，刷下表面可见附着土壤，加入少量超纯水，可作为环境对比样品，以了解石制品埋藏与保存环境过程中受到外界污染情况。第二步，将完成附着土壤采集的石器样本单独放入一个合适大小的可密封塑料袋，在密封袋内加入适量超纯水，以没过石器样本的使用部位（石杵的使用部位多位于两端，石斧、石锛、石凿、石刀的使用部位多在刃部）为宜，双刃形石器的两刃均可能为使用部位，则尽可能标本整体浸入超纯水中。后封口，放入KQ-300DE型数控超声波清洗槽内，以90%的功率在15～20℃的温度下进行15分钟的隔水超声清洗。先后进行3次超声清洗，每次将密封袋中的液体采集至相应50mL离心机适用加盖试管中，这类样品的内容物大多为石制品在使用过程中造成的残留便是主要进行研究与探讨的对象。

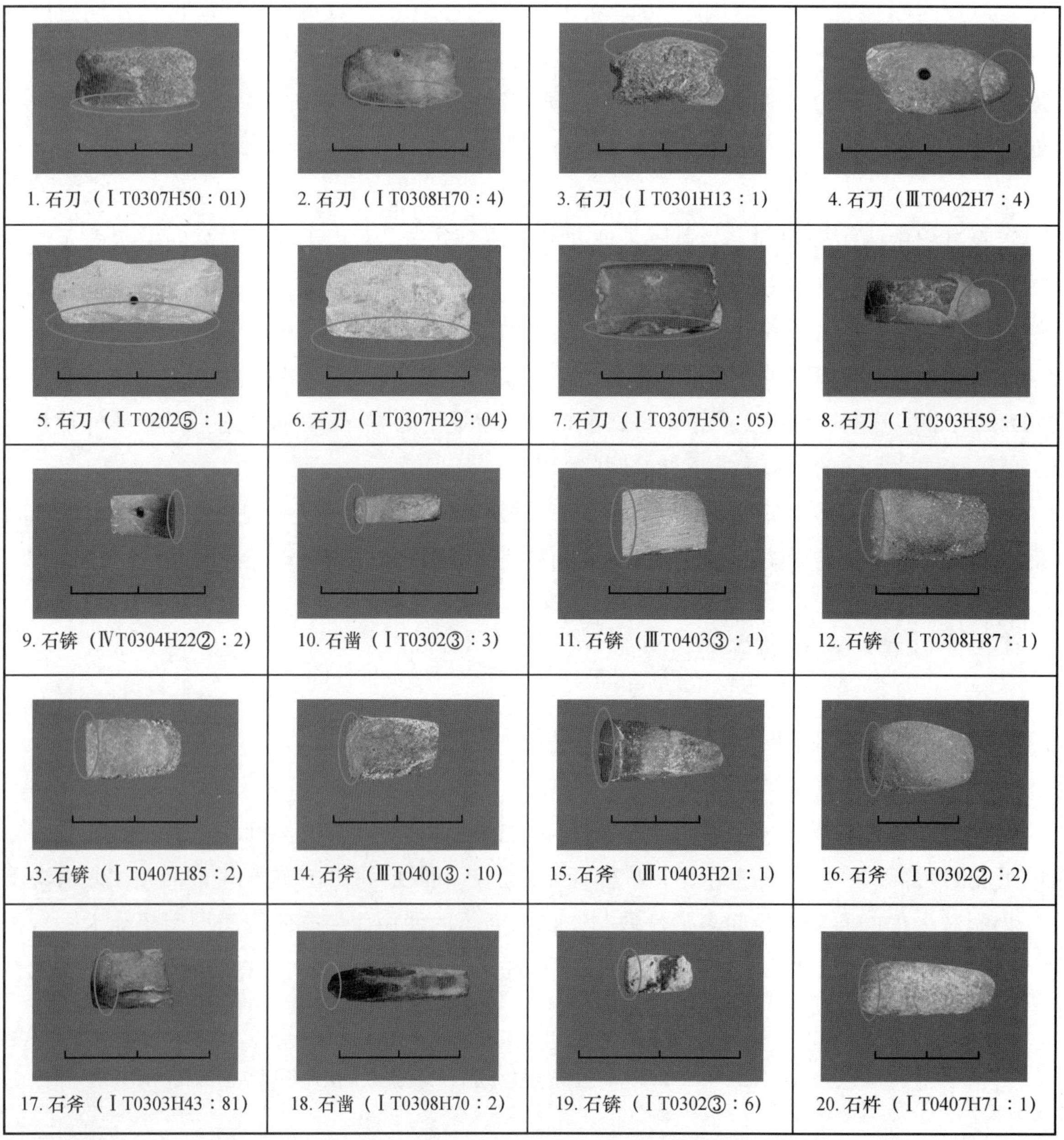

图13-1　米家崖遗址石器样品超声清洗部位图

（三）石器淀粉粒样品的处理

两次分析的淀粉粒提取方法略有不同。

第一次分析主要采用重液提取法，即将淀粉粒分析样片用离心机以3000rpm离心10分钟清洗，吸出上部浮液并丢弃，保留底部残留，然后加入比重1.8的氯化铯重液，以3000rpm离心10分钟清洗，吸出上部浮液转移到新的离心管中，重复此步骤一次。在新离心管中加入超纯水，并以3000rpm离心10分钟清洗，吸出上部浮液并丢弃，保留底部残留，重复此步骤一次，最后加入酒精，以6000rpm离心15分钟清洗，吸出上部浮液。

第二次分析仅用离心提取法，即将淀粉粒样品放置入离心机内以1500rmp离心15分钟，第一次离心完毕后，迅速吸出并丢弃离心后的上清液，保留离心管底部约10～15mL的液体残留物，将第一次离心后的液体残留物再次置入离心机内以1500rmp再次离心15分钟，仅保留并静置5～10mL含有沉淀物的底部液体残留物。

（四）石器淀粉粒的实验室观察

对样品进行离心处理后，抽取液态样本底部的液体残留物制作玻片，在具有消光功能的生物显微镜下观察，通过淀粉粒的外在形态与消光特征两方面的差异性来鉴别淀粉粒来源植物的种属。先在载玻片上滴加一滴浓度为50%的甘油溶液用以装片。再使用移液枪从二次离心后的液体残留物底部吸取少量浓缩好的样品20～30μL，注入到50%的甘油溶液中，并卸下移液枪枪头，加以搅拌。待淀粉粒与50%的甘油溶液搅拌均匀后，从一边用力均匀地将盖玻片覆盖在液滴上，使淀粉粒与甘油的混合溶液完全填充整个盖玻片以下的区域。在覆盖盖玻片时应该尽可能避免产生气泡。最后，用滤纸吸去盖玻片周围多余的液体，迅速使用指甲油密封盖玻片。待指甲油稍微干燥后，即可对样片进行镜下观察。

使用生物偏光显微镜对石器湿洗液样片与超声清洗液样片进行观察。第一次使用的是Olympus X53型，第二次使用的是尼康DS-Ri2型。首先在200倍的物镜下，从右上角开始向下侧竖向移动观察，到达底部后向左移动再从下侧向上观察，如此反复观察。如若发现有淀粉粒的存在，先确定并记录其坐标，再将物镜切换到400倍下和偏光环境下，对所发现的淀粉粒从形态、裂隙、脐点、消光状态等方面进行拍照记录和描述。在拍摄照片时，应该注意将照片比例尺与物镜的倍数相匹配。

为了识别提取的淀粉粒， 我们收集了来自禾本科、豆科、壳斗科等20多个属50多个种的现代植物种子或果实，对它们的淀粉粒形态开展分析，部分现代植物淀粉粒形态。淀粉粒的种属鉴定主要依据我们采集的现代植物淀粉粒形态数据，同时还参考了国内、北美和澳洲的淀粉粒文献。此外，将部分破损或者消光不完全的淀粉粒加以记录，可以对这些异化淀粉粒的成因进行相关讨论与研究。

第三节　石器淀粉粒实验观察结果

因实验分析分两批次于不同的实验室进行，以下分别对两次结果进行讨论。

一、第一批石器淀粉粒的实验室观察结果

编号MJY-1、MJY-3和MJY-4三件石制品上均未发现淀粉粒残留。

编号为MJY-2的石杵上发现了淀粉粒残留。值得注意的是，此石杵的刷洗样品中未发现任何淀粉粒，所有发现的淀粉粒均来自超声样品，由此可以认定，这些淀粉粒颗粒应是当时使用过程的残留。发现的173颗淀粉粒均来自于该石杵中间部位，两端并未发现淀粉粒残留。除了10颗淀粉粒因形态特征不明显或数量太少而无法鉴定其种属之外，其余163颗淀粉粒可依据其形态特征主要分为两类。

第1类：18粒，多边形，脐点居中，无层纹，部分较大淀粉粒的脐点处有裂隙，多呈Y形或横向线性，表面光滑（图13-2，A～D）。多边形的淀粉粒大多来自于禾本科植物种子，如：粟（*Setaria italica*）、黍（*Panicum miliaceum*）、稻（*Oryza sativa*）、高粱（*Sorghum bicolor*）、玉米（*Zea mays*）、薏苡（*Coix lacryma-jobi* L.）等。其中黍的淀粉粒平均粒径为8.42μm，粒径范围为5.96～10.99μm，大多表面没有裂隙，只有少数淀粉粒具有穿过脐点的微弱裂隙；粟的淀粉粒的粒径范围为6.23～19.35μm，平均粒径为9.32μm，脐点居中，其中粒径较大的颗粒有穿过脐点的裂隙；高粱与粟、黍的淀粉粒在粒径和形态上有部分重合，但高粱淀粉粒表面裂隙多呈放射状，且部分有层纹。第1类淀粉粒表面光滑或有Y形裂隙，因而不应来自高粱，很可能来自粟、黍或者薏苡。这3种植物种子的淀粉粒形态较为接近，但黍的淀粉粒粒

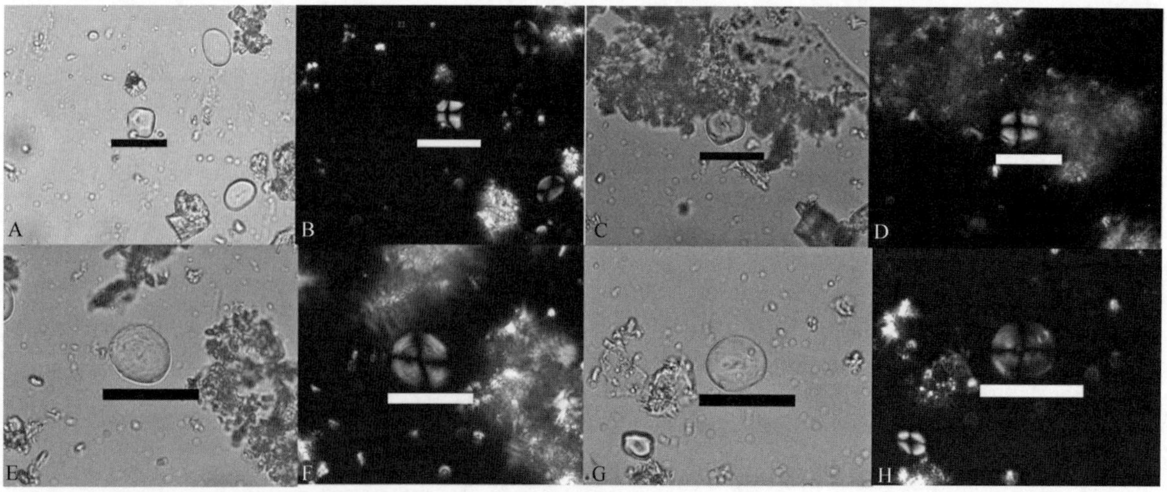

图13-2　MJY-2石杵上提取到的残留淀粉粒

（A～D：粟黍类；E～H：小麦族；标尺均为20μm）

径一般不大于12μm，粟以多边形为主，裂隙大多呈Y形，而薏苡淀粉粒部分消光臂弯曲，层纹在透射光下不明显，在偏光下则较为明显。综合上述特征，可以确定本类型淀粉粒应主要来自粟和黍，其中较大粒径的淀粉粒应该来自粟。

第2类：145粒，近圆形或椭圆形，部分淀粉粒透射光下层纹明显（图13-2，E-H）。结合我们对小麦族19种植物淀粉粒的分析，并参照杨晓燕等有关小麦族淀粉粒形态的研究结果①，此类淀粉粒符合小麦族淀粉粒的形态特点，应来自小麦族。

二、第二批石器淀粉粒的实验室观察结果

显微镜下观察显示，2件湿洗对比样品中并未发现淀粉粒的存在，这就证明9件超声检测样品受外界埋藏环境污染的程度较小。其中，仅7件石器表面发现了26颗淀粉粒和4处淀粉粒团块。通过与杨晓燕②、万智巍③、葛威④、王维维⑤等人制作的现代植物淀粉粒图谱与粒径测量数据加以比对，综合它们的三维形态特点可以分为五种类型（以下称“类”，用英文字母大写表示）；其中部分类型可以根据粒径特征细分为若干较小的类型，可称为“亚型”（用阿拉伯数字表示）。

A类　7粒。三维形态类似球体或近球体的形态。从正、侧面观察，均为圆形或近圆形且表面有较为明显可见裂隙。脐点大多居中或略微偏心，直线型消光十字可见。根据其平均粒径范围与粒径长轴范围可将A类分为四个亚型。

A1型　3粒。分别来自标本ⅠT0302②：2石斧和ⅢT0402H7：4石刀。平均粒径范围为9.64～13.52μm，粒径长轴范围为10.23～14.86μm。表面多有褶皱。脐点附近多分布线型或Y形裂隙，裂隙形态较为模糊。根据葛威、杨晓燕的研究，淀粉粒三维形态和粒径大小和现代禾本科（Gramineae）黍亚科（Panicoideae）黍族（*Trib. Paniceae*）狗尾草属（*Setaria Beauv*）粟（*Setaria italica* L. Beauv）的淀粉粒（详见图13-3，A～H）相似，可能来源于粟。

---

① Yang X Y, Perry L. Identification of ancient starch grains from the tribe Triticeae in the North China Plain. Journal of Archaeological Science, 2013, 40: 3170-3177.

② a. 杨晓燕、孔昭宸、刘长江，等：《中国北方现代粟、黍及其野生近缘种的淀粉粒形态数据分析》，《第四纪研究》2010年第2期；b. 杨晓燕、吕厚远、刘东生，等：《粟、黍和狗尾草的淀粉粒形态比较及其在植物考古研究中的潜在意义》，《第四纪研究》2005年第2期。

③ a. 万智巍、杨晓燕、葛全胜，等：《中国南方现代块根块茎类植物淀粉粒形态分析》，《第四纪研究》2011年第4期；b. 万智巍、李明启、李姮莹：《小麦族植物淀粉粒形态研究》，《麦类作物学报》2016年第8期。

④ 葛威、刘莉、金正耀：《几种禾本科植物淀粉粒形态比较及其考古学意义》，《第四纪研究》2010年第2期。

⑤ 王维维、马永超、李昭，等：《中国现代块根块茎类植物淀粉粒形态分析》，《第四纪研究》2018年第6期。

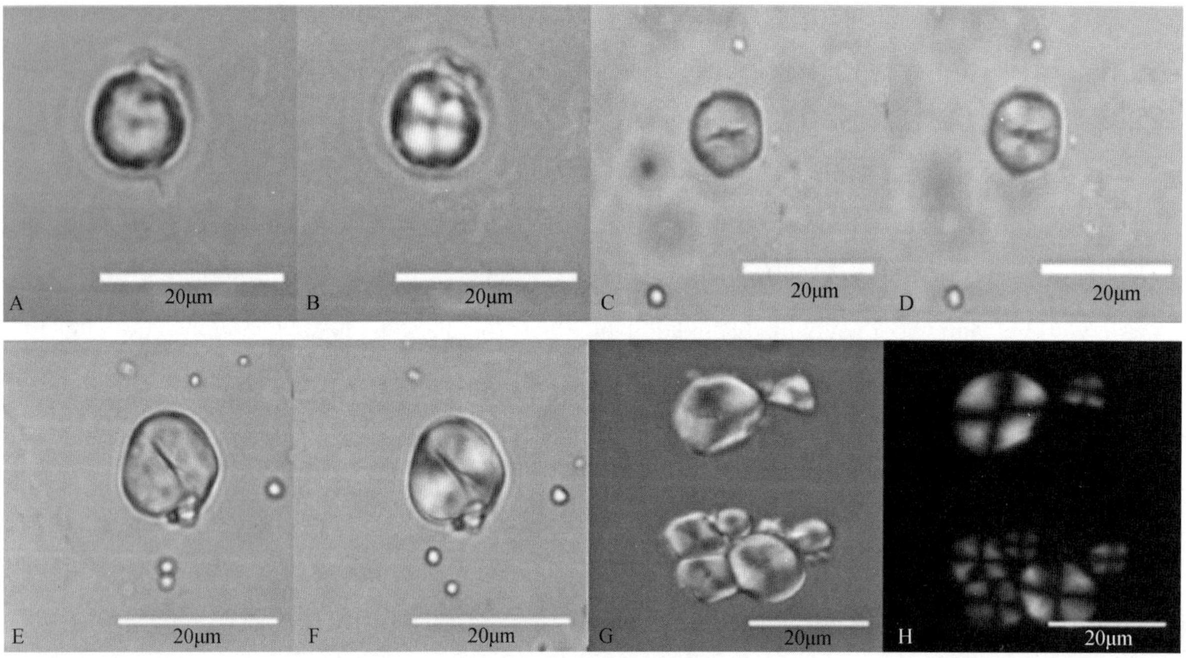

图13-3　米家崖遗址石器上提取到的A1型淀粉粒

（A～B：来自ⅢT0402H7：4石刀；C～F：来自ⅠT0302②：2石斧；G～H：现代粟淀粉粒形态图①）

A2型　2粒，均来自ⅠT0407H71：1石杵。平均粒径范围为18.56～20.81μm，粒径长轴范围为18.58～20.86μm。二维圆形或近圆形形态显得较为饱满。根据葛威的研究，淀粉粒的三维形态和粒径大小和现代禾本科（Gramineae）黍亚科（Panicoideae）玉蜀黍族（Trib. Maydeae Dumort）薏苡属（*Coix* Linn.）植物的淀粉粒（图13-4，A～F）非常类似，极有可能来源于薏苡属植物。

A3型　1粒。来自ⅠT0407H71：1石杵。平均粒径为7.58μm，粒径长轴为7.92μm。淀粉粒平坦而无凹陷处，脐点处仅有线型裂隙。根据葛威、杨晓燕的研究，淀粉粒的三维形态和粒径大小和现代禾本科（Gramineae）黍亚科（Panicoideae）黍族（*Trib. Paniceae*）黍属（*Panicum* Linn.）植物的淀粉粒（图13-5，A～D）非常相似，极有可能来源于黍属植物。

A4型　1粒。来自ⅠT0302③：6石锛。平均粒径为10.09μm。淀粉粒已有残缺或消光特征不太明显，所以仅根据其大致形态与平均粒径判断其约为禾本科（Gramineae）植物（图13-6，A、B）。

B类　1粒。来自ⅠT0407H71：1石杵。三维形态类似立体凸透镜。从正面观察，呈近圆形或椭圆形且表面有坑状凹陷；从侧面观察，中部呈下陷状。粒径长轴范围为15.71～21.74μm。脐点与消光十字不明显。根据万智巍的研究，淀粉粒的形态和粒径大小与现代禾本科（Gramineae）早熟禾亚科（Subfam. Pooideae）小麦族（Trib. Triticeae）大麦属（*Hordeum* Linn.）植物的淀粉粒（详见图13-7，A～D）有极高的相似度，可以推测来源于大麦属植物。

① 现代样品图片来自葛威、刘莉、金正耀：《几种禾本科植物淀粉粒形态比较及其考古学意义》，《第四纪研究》2010年第2期。

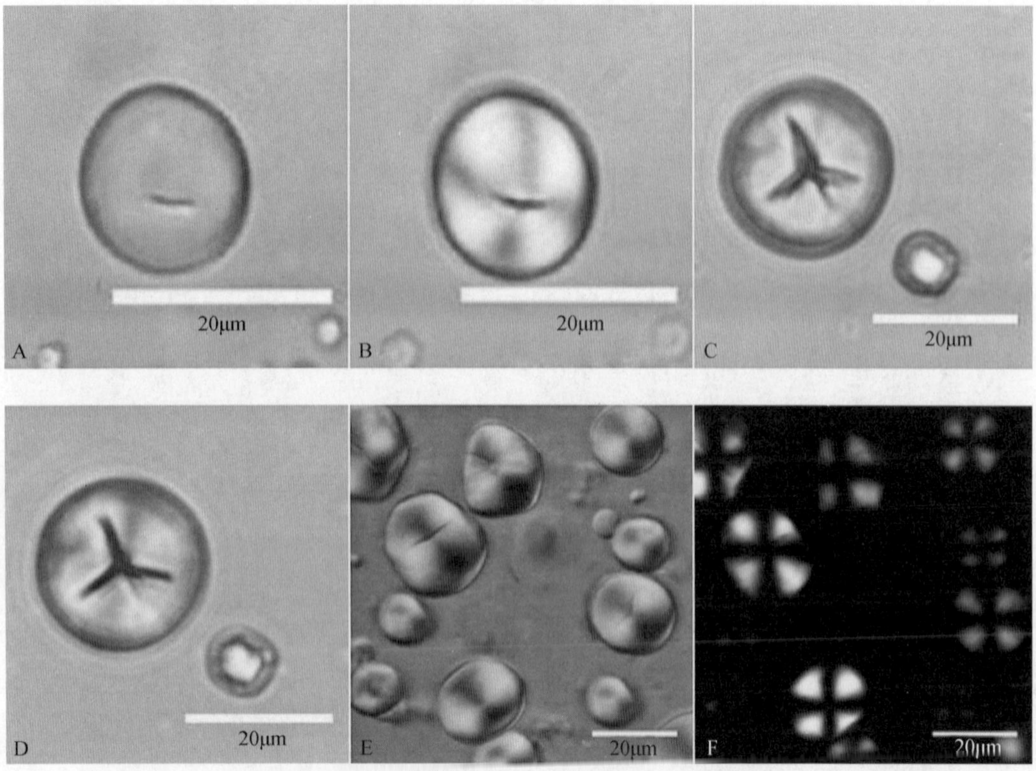

图13-4　米家崖遗址石器上提取到的A2型淀粉粒
（A～D：来自ⅠT0407H71：1石杵；E～F：现代薏苡属植物淀粉粒形态图①）

C类　6粒。分别来自ⅢT0402H7：4石刀、ⅣT0304H22②：2石锛、ⅠT0302③：3石凿与ⅠT0407H71：1石杵。三维形态类似椭球体的形态。从正、侧面观察，均为椭圆形且表面有明显可见细密层纹。平均粒径范围为21.55～30.83μm，粒径长轴范围为22.63～38.74μm。脐点偏心较严重。宽且弯曲的消光十字清晰可见。根据万智巍、王维维的研究成果，淀粉粒的三维形态和粒径大小和现代薯蓣科（Dioscoreaceae）植物的淀粉粒（详见图13-8，A～N）近似程度较高，可能来源于薯蓣科植物。

D类　10粒单粒淀粉粒和4处淀粉粒团块。三维形态类似多边体的形态。从正、侧面观察，均为多边形且表面有裂隙。脐点大多居中或略微偏心。消光十字可见。根据其平均粒径范围与粒径长轴范围可以将D类淀粉粒分为四个亚型。

---

① 现代样品图片来自葛威、刘莉、金正耀：《几种禾本科植物淀粉粒形态比较及其考古学意义》，《第四纪研究》2010年第2期，第739页。

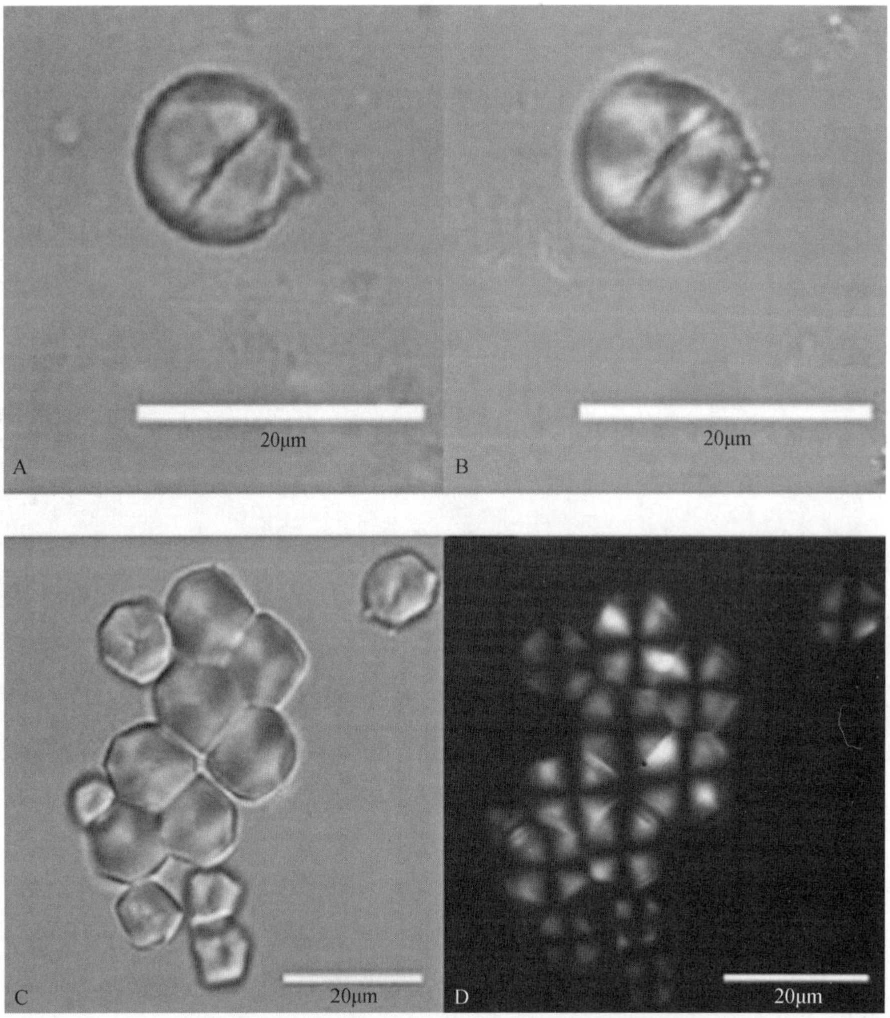

图13-5　米家崖遗址石器上提取到的A3型淀粉粒

（A、B：来自于ⅠT0407H71：1石杵；C、D：现代黍属植物淀粉粒形态图[①]）

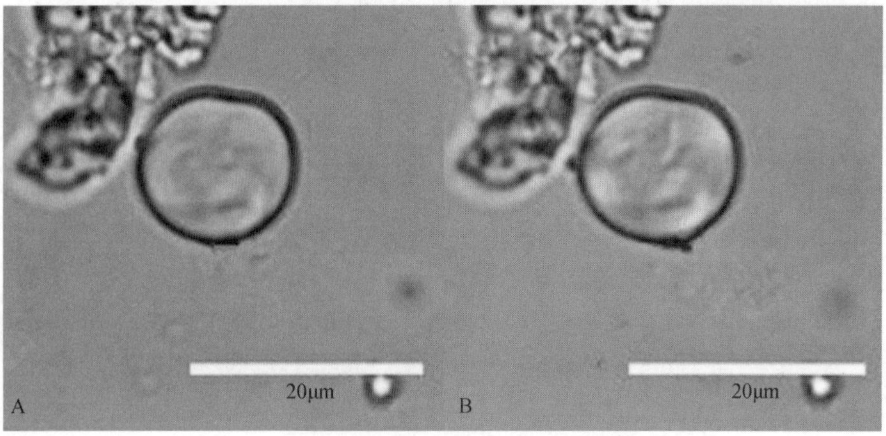

图13-6　米家崖遗址石器上提取到的A4型淀粉粒

（A、B：来自于ⅠT0302③：6石锛）

① 现代样品图片来自葛威、刘莉、金正耀：《几种禾本科植物淀粉粒形态比较及其考古学意义》，《第四纪研究》2010年第2期，第739页。

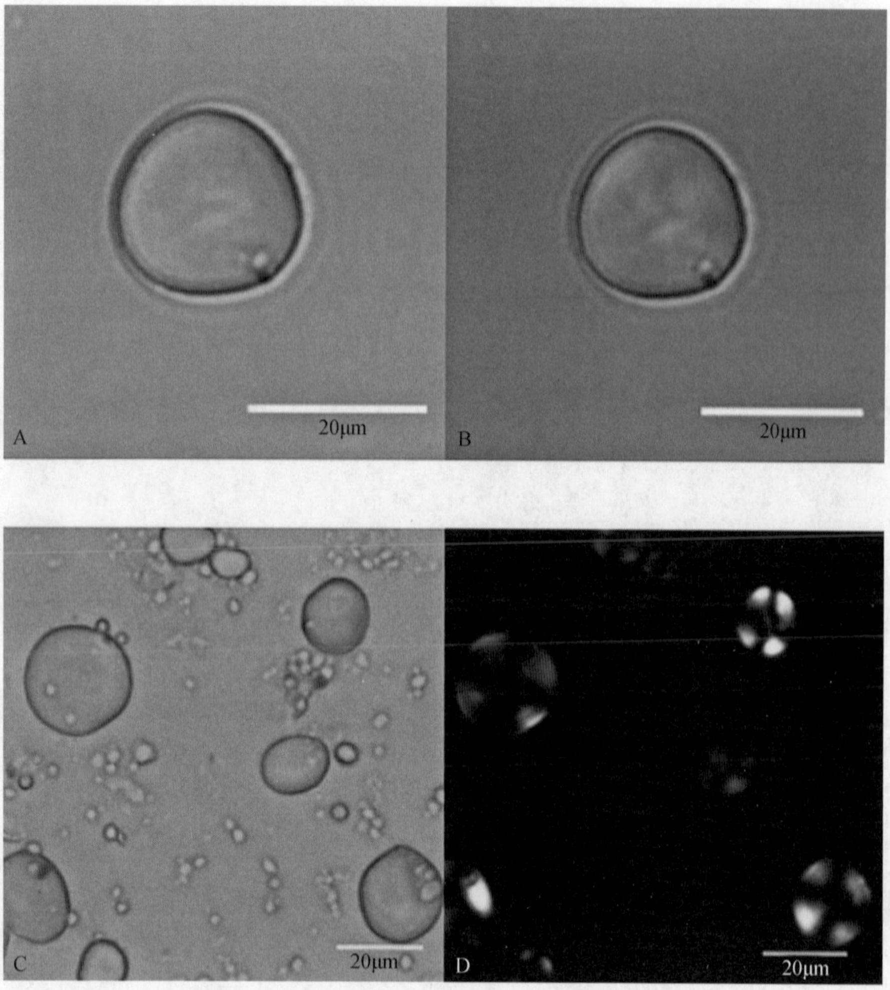

图13-7　米家崖遗址石器上提取到的B类淀粉粒

（A、B：来自ⅠT0407H71：1石杵；C、D：现代大麦属植物淀粉粒形态图①）

D1型　3粒。分别来自ⅠT0302②：2石斧、ⅢT0402H7：4石刀和ⅠT0407H71：1石杵。平均粒径范围为6.58～7.92μm，粒径长轴范围为7.42～8.01μm。表面平坦而无凹陷；脐点处有线型裂隙。根据葛威、杨晓燕的研究，淀粉粒的三维形态和粒径大小和现代禾本科（Gramineae）黍亚科（Panicoideae）黍族（Trib. Paniceae）黍属（Panicum Linn.）植物的淀粉粒（图13-9，A～H）非常相似，极有可能来源于黍属植物。

D2型　2粒。分别来自ⅠT0302②：2石斧和ⅢT0402H7：4石刀。平均粒径范围为8.53～12.24μm，粒径长轴范围为10.56～14.25μm。表面多不平整。脐点附近分布有线型裂隙，但裂隙相对模糊。根据葛威、杨晓燕的研究，淀粉粒（三维形态和粒径大小和现代禾本科（Gramineae）黍亚科（Panicoideae）黍族（Trib. Paniceae）狗尾草属（*Setaria Beauv*）中粟（*Setaria italica* L. Beauv）的淀粉粒（图13-10，A～F）有较多类似之处，有很大可能来源于粟。

① 现代样品图片来自张永辉：《裴李岗文化植物类食物加工工具表面淀粉粒研究》，中国科学技术大学硕士学位论文，2011年。

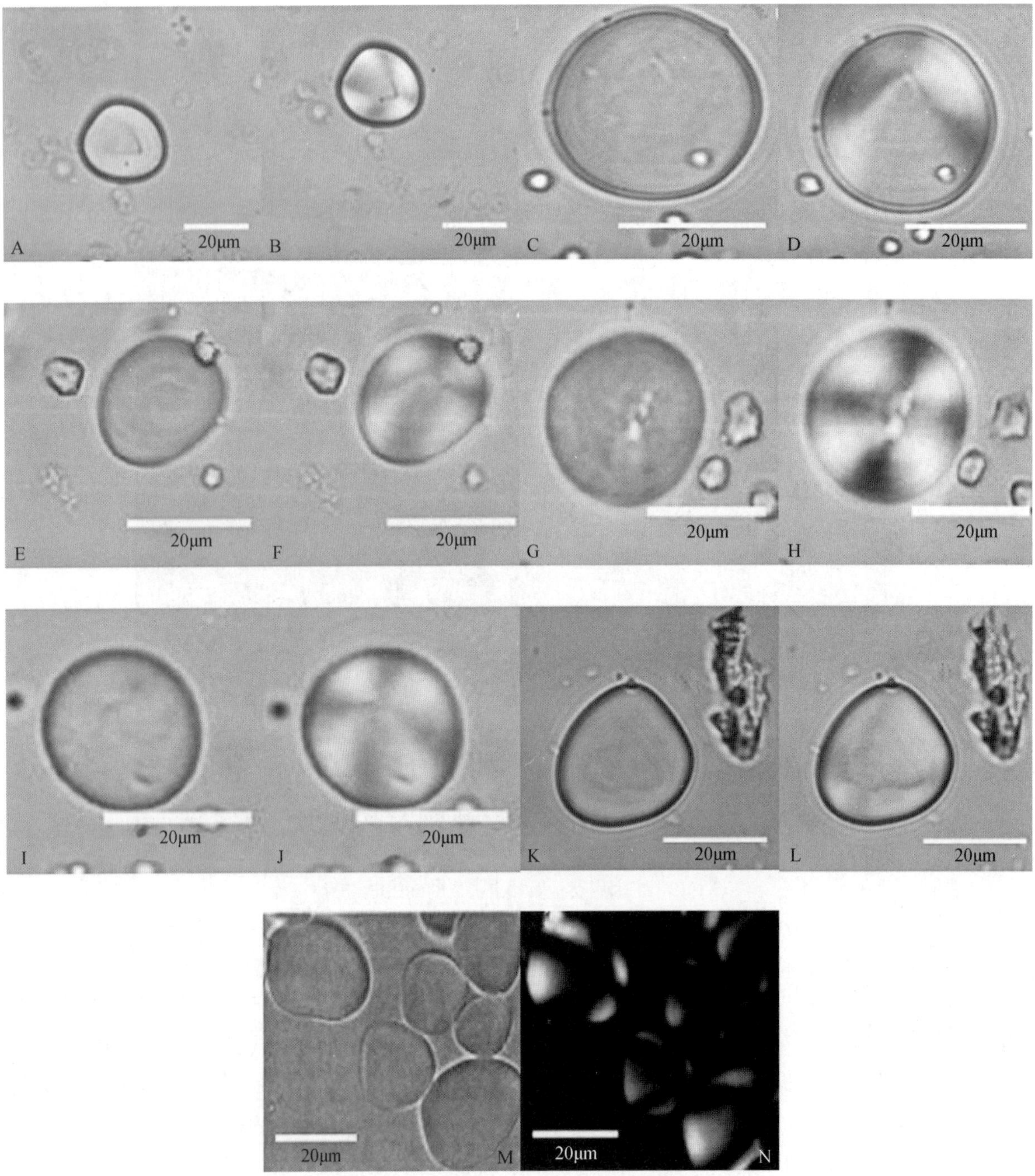

图13-8　米家崖遗址石器上提取到的C类淀粉粒

（A、B：来自ⅢT0402H7：4石刀；C～F：来自ⅣT0304H22②：2石锛；G～J：来自ⅠT0302③：3石凿；K～L：来自ⅠT0407H71：1石杵；M～N：现代薯蓣科植物淀粉粒形态图①）

① 现代样品图片来自万智巍、杨晓燕、葛全胜，等：《中国南方块根块茎类植物淀粉粒形态分析》，《第四纪研究》2011年第4期，第739页。

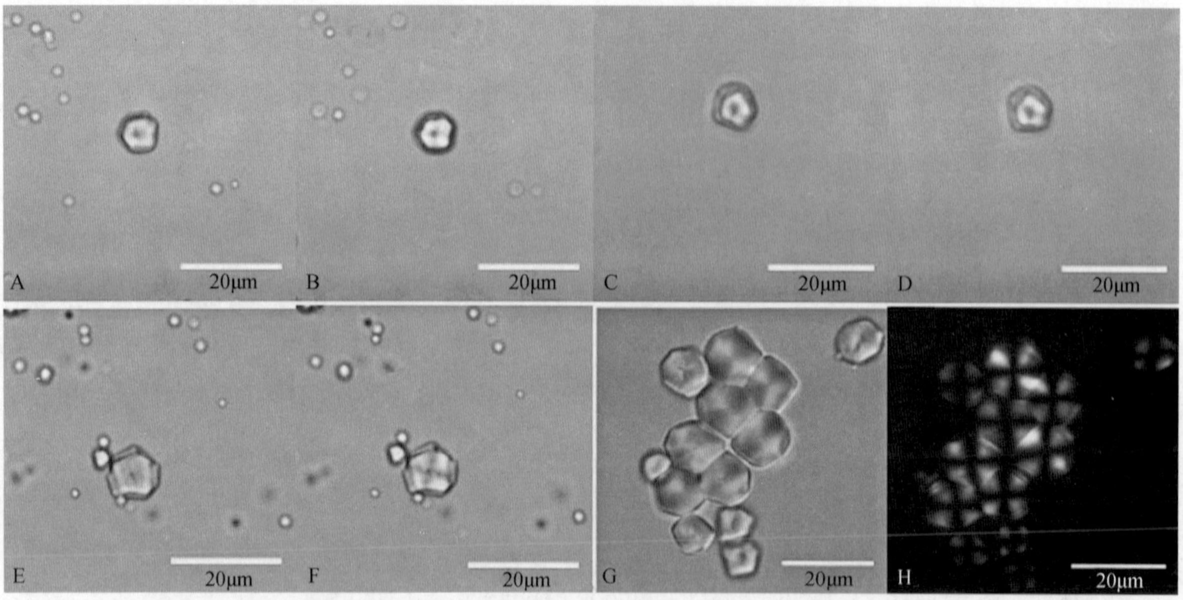

图13-9　米家崖遗址石器上提取到的D1型淀粉粒

（A、B：来自ⅢT0402H7：4石刀；C、D：来自ⅠT0302②：2石斧；E、F：来自ⅠT0407H71：1石杵；G、H：现代黍属植物淀粉粒形态图①）

D3型　4处淀粉粒团块。分别来自于ⅠT0302②：2石斧、ⅢT0402H7：4石刀和ⅠT0407H71：1石杵。多个多边体淀粉粒结合形成较为致密的不规则团块，每个淀粉粒的脐点位置与消光特征不明显。仅能通过对每个淀粉粒的粒径长轴加以测量后计算整个团块粒径长轴的平均值来与现代植物淀粉粒粒径长轴测量数据加以比对后鉴定种属，因而前人的研究多对此型淀粉粒不做植物种属判断。但根据葛威的研究，这种淀粉粒团块（详见图13-11，A～H）主要出现在黍属（*Panicum* L.）与稻属（*Oryza sativa* L.）植物上②。选取来自ⅠT0407H71：1石杵的三颗淀粉粒组成的团块的平均粒径范围进行测量与计算，测得该淀粉粒团块的平均粒径范围为6.51～7.44μm，与葛威、杨晓燕对黍属植物的平均粒径范围较为相近，因此可以基本判断这些淀粉粒团块中有黍属植物的存在。

D4型　5粒。分别来自ⅠT0302③：3石凿、ⅣT0304H22②：2石锛、ⅠT0302②：2石斧及ⅠT0302③：6石锛。最大粒径范围为10.54～24.02μm，平均粒径范围为9.08～20.37μm。淀粉粒（详见图13-12，A～J）已有残缺或消光特征不太明显，仅根据其二维形态与粒径范围推测为禾本科植物，暂无法做进一步种属鉴定。

E类　2粒。平均粒径范围为9.98～10.9μm。均来自于ⅠT0407H71：1石杵。淀粉粒（图13-13，A～D）已有破损或消光特征不太明显，所以已经不能从细微特征来鉴别该类淀粉粒的具体植物种属。

---

①　现代样品图片来自万智巍、杨晓燕、葛全胜，等：《中国南方块根块茎类植物淀粉粒形态分析》，《第四纪研究》2011年第4期，第739页。

②　葛威：《淀粉粒分析在考古学中的应用》，中国科学技术大学博士学位论文，2010年。

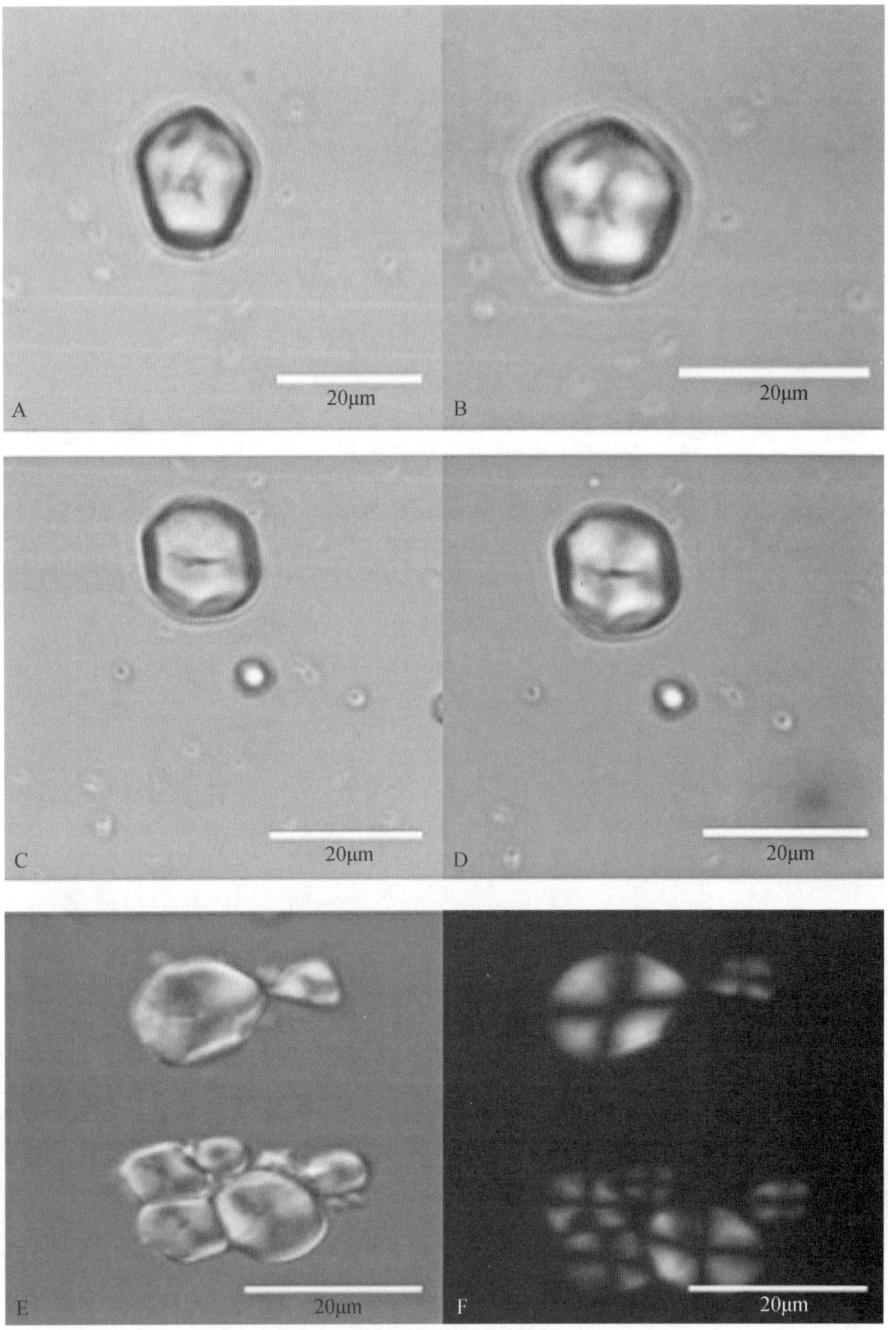

图13-10　米家崖遗址石器上提取到的D2型淀粉粒

（A、B：来自ⅢT0402H7：4石刀；C、D：来自ⅠT0302②：2石斧；E、F：现代淀粉粒形态图①）

① 现代样品图片来自葛威、刘莉、金正耀：《比较及其考古学意义》，《第四纪研究》2010年第2期，第379页。

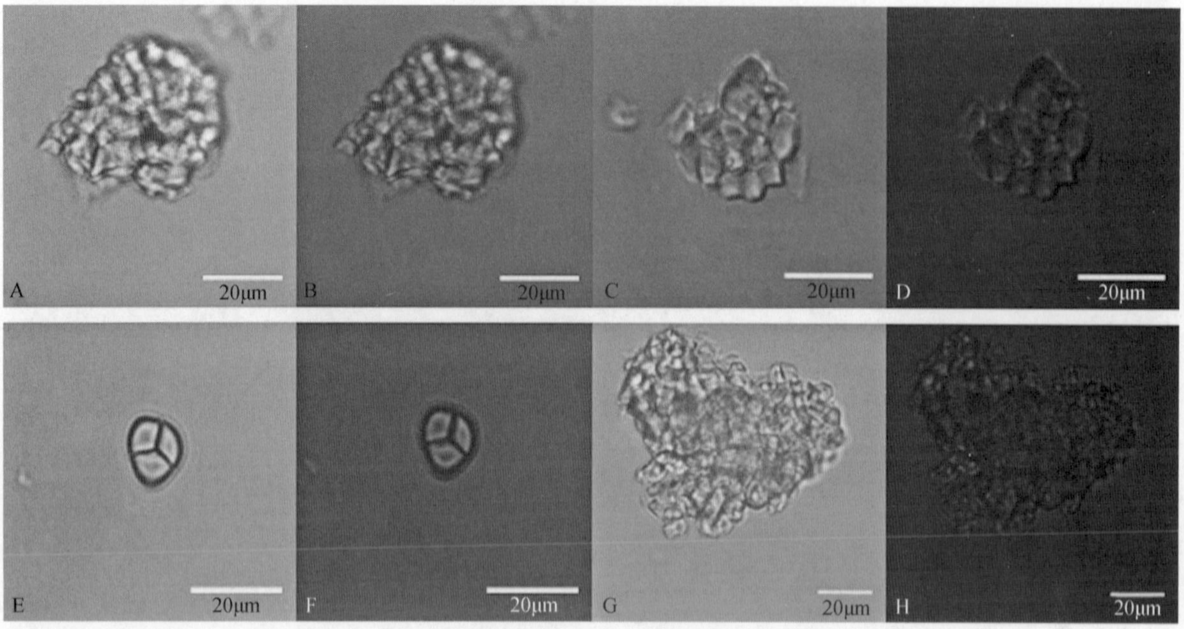

图13-11　米家崖遗址石器上提取到的D3型淀粉粒

（A、B：来自于ⅢT0402H7：4石刀；C、D：来自于ⅠT0302②：2石斧；E～H：来自于ⅠT0407H71：1石杵）

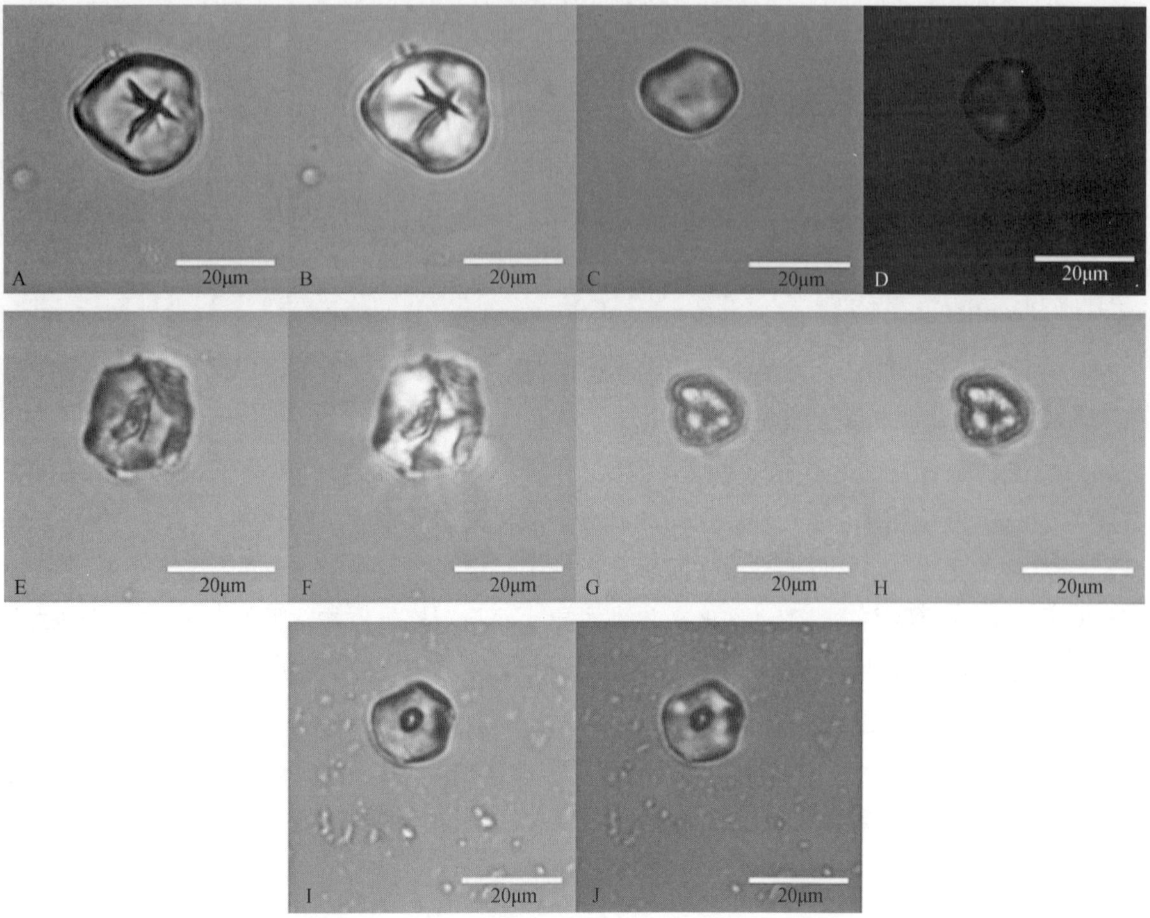

图13-12　米家崖遗址石器上提取到的D4型淀粉粒

（A、B：来自于ⅣT0304H22②：2石锛；C、D：来自于ⅠT0302③：3石凿；E、F：来自于ⅠT0302②：2石斧；G～J：来自于ⅠT0302③：6石锛）

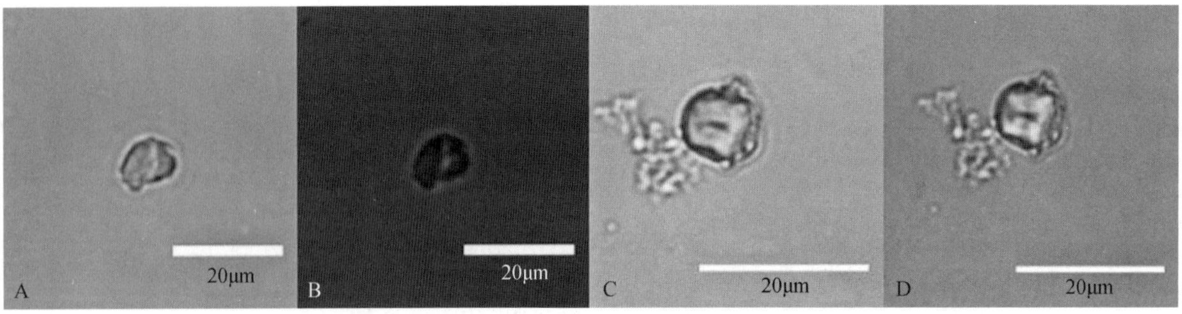

图13-13　米家崖遗址石器上提取到的E类淀粉粒
（A～D：来自于ⅠT0407H71：1石杵）

第四节　石器淀粉粒实验结果讨论

根据以上的淀粉粒形态、种类和数量与其所来自石器标本的关系，可做以下讨论。

一、石器的功用和使用方式探讨

第一批次的4件石制品中，根据发掘者的初步判断，MJY-1有可能是磨刀石；MJY-2应是石杵；MJY-3和MJY-4是石块残片，并非石器。当时选取这两件样品，也是考虑将它们作为对比样品，观察石器所在遗址埋藏环境以及后续环境中是否有淀粉粒污染。从分析的结果看，MJY-3和MJY-4并未发现任何植物淀粉粒残留，由此判定这些石器在埋藏过程以及后续放置的环境中并未有污染。

MJY-1石器未提取到任何淀粉粒，推测其使用对象应该不包含植物，由此可佐证发掘者对其性质和功能的判定大概率是准确的。

MJY-2被发掘者判定为石杵，主要是以其柱状体形及两端的磨圆度为依据的。取样观察时，我们也曾认为其很可能是石杵。但从此次分析取样的结果来看，在这件石器的两端并未发现任何淀粉粒，反而是在这件石器的中间部位发现了一定数量且种类丰富的淀粉粒。据此，我们推测这件石器的使用方式是滚动碾磨植物类对象，而与石杵类器物常见的上下冲击式的处理加工不同。基于淀粉粒种类、数量及其提取位置分析，MJY-2这件器物应是一件石磨棒，而非石杵。

第二批次的20件石制品，先行经过埋藏环境污染鉴别，仅有9件所受环境污染较少，可进行淀粉粒分析。9件标本涉及石斧、石锛、石刀、石凿、石杵五类器物（表13-2）。

表13-2　米家崖遗址石器表面淀粉粒统计表[①]

标本号	标本器型	淀粉粒分类										总数
		未鉴定的禾本科		粟		黍属		大麦属	薏苡属	薯蓣科	破损类	
		A4型	D4型	A1型	D2型	A3型	D1型	B类	A2型	C类	E类	
ⅢT0402H7：4	石刀			1	1		1			1		4
ⅣT0304H22②：2	石锛		1							2		3
ⅠT0302③：3	石凿		1							2		3
ⅠT0302②：2	石斧		1	2	1		1					5
ⅠT0302③：6	石锛	1	2									3
ⅠT0407H71：1	石杵					1	1	1	2	1	2	8
总数		1	5	3	2	1	3	1	2	6	2	26
		6		5		4						

标本ⅢT0402H7：4石刀上共发现4颗单科淀粉粒，主要来自于禾本科植物。禾本科植物中有两种类型，为黍亚科黍族狗尾草属中的粟与黍亚科黍族黍属植物。仅有1颗淀粉粒来自薯蓣科植物。这几颗淀粉粒整体形态均较为完好，微观观察中还发现了较多无法鉴定种属的长条状植物纤维遗存，因此推断ⅢT0402H7：4石刀曾用于切割或砍伐禾本科和薯蓣科植物。

ⅣT0304H22②：2石锛上发现3颗淀粉粒，其中2颗来自薯蓣科植物，1颗来自无法鉴定到"亚科"或"族"一级的禾本科植物。淀粉粒整体形态相对完整。微观观察过程中，石锛上还发现了较短的植物纤维。因此推断，此器可能曾用于刮削薯蓣科植物外皮；禾本科植物的淀粉粒和植物纤维的存在，表明石锛在使用或存放过程中曾接触到禾本科植物。

ⅠT0302③：3石凿发现6颗淀粉粒的种类和数量与上例石锛相同，说明二者具有相近或相同功能，或在存放过程中曾接触到禾本科植物。

ⅠT0308H87：1石锛上观察到不可鉴定种属的植硅体（图13-14），表明该石锛可能作用于未含或较少含有淀粉的植物部位。

ⅠT0302②：2石斧上共发现5颗淀粉粒，均来自于禾本科植物，除4颗淀粉粒可分别鉴定为黍亚科黍族狗尾草属中的粟与黍亚科黍族黍属两种类型的植物外，余下的1颗淀粉粒来自无法鉴定到"亚科"或"族"一级的禾本科植物。这些淀粉粒整体形态均较为完好。此外，微观观察过程中，有较多无法鉴定种属的长条状植物纤维的发现，也暗示ⅠT0302②：2石斧曾用于禾本科植物的砍伐。

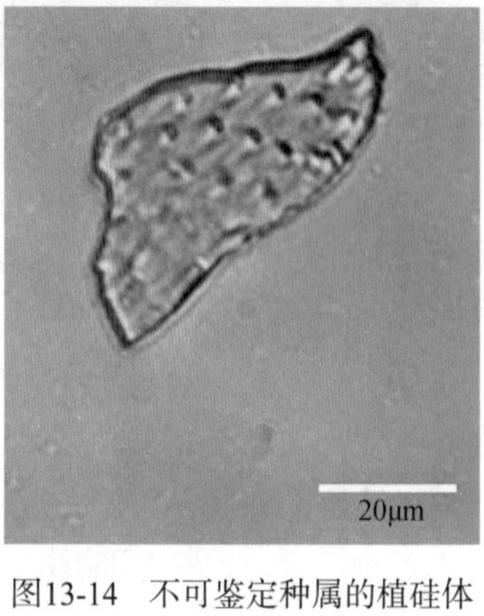

图13-14　不可鉴定种属的植硅体（发现于石锛ⅠT0308H87：1）

① 本表所计算的百分比值均保留到小数点后两位进行四舍五入处理。

ⅠT0302③：6石锛上仅发现3颗淀粉粒，均来自于无法鉴定到“亚科”或“族”一级的禾本科植物。淀粉粒整体形态完好，较少受损伤。与上述石刀和石斧标本上不同的是，此石凿上并未发现植物纤维。综上推断，ⅠT0302③：6石锛并非有意识作用于禾本科植物，而应为存放或使用过程中接触到禾本科植物所致。

ⅠT0407H71：1石杵上共发现8颗淀粉粒，其中完整的6颗、破损的2颗。6颗完整的淀粉粒中有5颗淀粉粒来自禾本科植物。禾本科植物中有早熟禾亚科小麦族大麦属、黍亚科黍族黍属、黍亚科玉蜀黍族薏苡属等多种类型。仅有1颗淀粉粒来自薯蓣科植物。此石杵上未发现任何植物纤维遗存，却集中出现了破损的淀粉粒。根据葛威①的研究，对植物进行臼捣加工时，往往会使部分淀粉粒的完整性遭到破坏，部分淀粉粒会出现开裂现象。据此推测，该石杵曾用于禾本科与薯蓣科植物的臼捣加工。

根据上述各种属植物淀粉粒的分析结果，米家崖遗址新石器时代晚期至末期先民生产生活中对石器的使用存在着专器专用和一器多用两种情形。一方面，存在着专器专用。较常使用石刀、石凿与石斧等切割植物、用石锛刮削植物、用石杵臼捣植物等，显示出不同类型的石器具备较为专门的使用对象及特定功能。另一方面，也存在着一器多用的现象。从部分类型石器的淀粉粒分布看，石刀兼用于植物收割与切割加工两种情境；石锛除作用于木本植物的劈削加工外，还用于薯蓣科植物外皮的刮削加工。

二、米家崖遗址新石器时代晚期植物资源利用状况

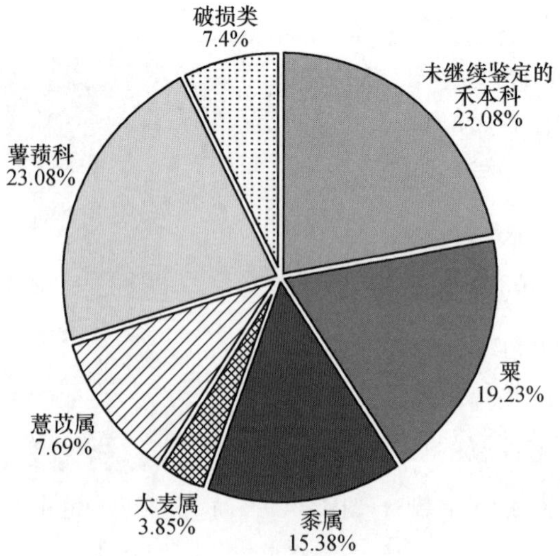

图13-15　米家崖遗址石器表面各种属植物淀粉粒分布比例统计图

第一批次分析的石器样品数量少，只有一件器物上发现了有关植物利用的淀粉粒信息。尽管如此，这些淀粉粒的种类还是能够反映出米家崖遗址新石器时代晚期的植物资源利用状况的一个片段。石磨棒与石磨盘较早见于新石器时代早中期，而新石器时代晚期的米家崖先民仍在使用石磨棒加工处理粟黍类作物，以及包括小麦族在内的野生籽实类植物。

第二批次分析中发现，多件庙底沟二期至客省庄文化时期石器都有淀粉粒存在，可据淀粉粒分析结果制作植物种属分布比例图（图13-15）。完整的淀粉粒中占比最高的是薯蓣科植物和未进行种属鉴定的禾本科植物，各占总数的23.08%，其次依次是

① 葛威：《淀粉粒分析在考古学中的应用》，中国科学技术大学博士学位论文，2010年。

粟（19.23%）、黍属植物（15.38%）、薏苡属植物（7.69%），发现的大麦属植物淀粉粒最少，仅占总数的3.85%。因本遗址大植物遗存浮选工作尚未发表结果，仅能参考与米家崖遗址地理位置和文化年代相近的蓝田新街遗址的大植物遗存浮选结果略加讨论。

未鉴定种属的禾本科植物淀粉粒在米家崖遗址石器上所发现的淀粉粒中占有较大比重（23.08%）。未鉴定种属的禾本科植物集中出现在石斧、石锛、石凿等石器上，表明新石器时代晚期至末期的米家崖先民曾使用石斧、石锛与石凿等接触过未鉴定种属的禾本科植物（可能是杂草类），且这种接触可能发生于野外收割植物资源的过程中。新街遗址的炭化植物遗存浮选结果显示，以青狗尾草为代表的禾本科杂草在浮选出的炭化植物种子占有相当大的比重，反映出“新石器时代晚期至末期的浐、灞河流域较为广泛地存在非有意栽培的禾本科杂草”[①]，石斧、石锛和石凿上的禾本科杂草类淀粉粒应当是因先民使用石器在野外劳作时无意间接触所致。

薯蓣科植物淀粉粒遗存在米家崖遗址石器淀粉粒总数中占有相当大的比重（23.08%），集中发现在石杵、石刀和体积较小的石锛的使用端，表明米家崖先民曾使用石杵、石刀和体积较小的石锛接触过薯蓣科植物，且对薯蓣科植物的利用已经处于较为成熟的阶段，似乎存在“刮削外皮→切割成块→集中臼捣”程序化加工方式。但是薯蓣科淀粉粒的来源仍存在较大疑问。关中地区新石器时代大植物遗存浮选结果中未发现薯蓣科植物炭化遗存，王佳静、刘莉等对本遗址仰韶晚期陶器上淀粉粒的分析发现有薯蓣科植物存在，但其淀粉粒个数仅占淀粉粒总数的0.6%[②]。然而，米家崖遗址部分石器上大量集中出现薯蓣科植物淀粉粒。因此，米家崖遗址石器上所发现的薯蓣科植物淀粉粒的来源问题，有待更多的后续研究工作加以解决。

粟的淀粉粒在米家崖遗址石器淀粉粒遗存中仅次于薯蓣科植物与未定种属的禾本科植物，占19.23%。粟的淀粉粒集中发现在石刀和石斧两类石器上，表明这两类石器的使用或接触对象中有粟。粟由野生的狗尾草驯化而来，是中国起源的农作物，炭化粟遗存最早发现于内蒙古赤峰敖汉旗兴隆沟遗址。从蓝田新街遗址的炭化植物遗存浮选结果可知，粟在仰韶文化时代晚期至庙底沟二期的炭化种子遗存中所占的比重是最大的。推测，粟的淀粉粒应为先民使用石斧和石刀进行野外收割或采伐过程中的残留。

黍属植物的淀粉粒也占有一定的比重（15.38%）。黍属植物淀粉粒主要发现在石斧、石刀和石杵的使用端，表明新石器时代晚期至末期的米家崖先民曾在石斧、石刀和石杵的使用中与黍属植物发生了接触。最早的炭化黍类植物遗存已发现于内蒙古赤峰敖汉旗兴隆沟遗址。王佳静、刘莉等对本遗址仰韶晚期陶器的淀粉粒分析发现较大比重的黍属植物淀粉粒[③]。蓝田新街遗址的植物遗存浮选结果[④]也显示黍在炭化种子遗存中也占有很大比重。综上，新石器时代晚期至末期的米家崖遗址先民对黍属植物的利用已较为成熟，可能存在着“收割采伐→集中臼

---

① 钟华、杨亚长、邵晶，等：《陕西省蓝田县新街遗址炭化植物遗存研究》，《南方文物》2015年第3期。

② 王佳静、刘莉、Terry B，等：《揭示中国5000年前酿造谷芽酒的配方》，《考古与文物》2017年第6期。

③ 王佳静、刘莉、Terry B，等：《揭示中国5000年前酿造谷芽酒的配方》，《考古与文物》2017年第6期。

④ 钟华、杨亚长、邵晶，等：《陕西省蓝田县新街遗址炭化植物遗存研究》，《南方文物》2015年第3期。

捣”的程序化加工方式。

薏苡属植物和大麦属植物的淀粉粒所占比重均较小（分别为7.69%和3.85%），均集中发现在石杵的使用端，表明米家崖先民的石杵工具与薏苡属植物和大麦属植物发生了接触，可能是先民使用石杵集中臼捣了薏苡属和大麦属植物（种子）。不过，薏苡属植物和大麦属植物的淀粉粒的来源与具体使用方式仍存在较大疑问。一是大麦起源存在争议，中国目前最早的炭化大麦遗存发现于安徽蚌埠禹会遗址①；薏苡则起源于东亚、东南亚地区，浙江余姚河姆渡遗址发现了中国最早的薏苡的炭化植物遗存②。王佳静、刘莉等对米家崖遗址仰韶晚期陶器淀粉粒分析也发现了大麦属植物与薏苡属植物的淀粉粒③。但是，关中地区新石器时代遗址中均未发现薏苡属植物和大麦属植物的炭化植物遗存。因此，这两种植物的具体来源与使用方法仍属悬疑，仍需更多炭化植物遗存浮选材料的支持。

结　　语

对米家崖遗址石器运用淀粉粒分析方法所做的两批次取样研究，得到了一些非常有意义的结果，对于深化新石器时代晚期石器功能、生业方式、植物与环境等领域的认识，提供了重要的资料信息。

石器表面残留的植物遗存包括粟、薯蓣科、大麦属、薏苡属和禾本科杂草等多种类型，以薯蓣科植物数量最多，其次为粟和黍属植物。

不同类型石器上分布的植物淀粉粒间存在着一定程度的差异，说明米家崖先民在石器的使用上存在明显的专门化趋向。同时，部分器类如石刀与体积较小的石锛上发现不同种属植物的淀粉粒，表明这些石器具有功能的多样性。

结合地域邻近、时代和文化性质接近的蓝田新街遗址炭化植物浮选结果看，禾本科的粟黍淀粉粒的大量发现，说明这两种植物在仰韶晚期到庙底沟二期都得到了较高程度的利用。小麦族和大麦属淀粉粒虽然在仰韶晚期和龙山时期有所发现，但目前仍缺乏明显的炭化植物证据以佐证关中地区对这两种（类）植物的利用。薯蓣科植物淀粉粒数量虽占据了较大的比重，但仅发现于石器表面，也未在大植物遗存浮选结果中发现④。

综合来看，粟、黍属植物、大麦属植物与薏苡属植物合并成的“禾本科谷物”大类仍占据米家崖遗址石器上所发现淀粉粒的最大比重，说明米家崖遗址先民在禾本科谷物的利用上已有较固定的选择，并且已经处于相对较为成熟的阶段。根据前人研究，在全新世早期中国史前先

① 尹达：《禹会村遗址浮选结果分析报告》，《蚌埠禹会村》，科学出版社，2013年，第250～268页。

② 中国科学院植物研究所、云南省农业科学院、浙江农业大学，等：《第一期文化遗存 动物遗骸与植物遗存》，《河姆渡：新石器时代遗址发掘报告》，文物出版社，2003年，第216～217页。

③ 王佳静、刘莉、Terry B，等：《揭示中国5000年前酿造谷芽酒的配方》，《考古与文物》2017年第6期。

④ 钟华、杨亚长、邵晶，等：《陕西省蓝田县新街遗址炭化植物遗存研究》，《南方文物》2015年第3期。

民的主要生计形态是狩猎采集；谷物的利用在全新世早期处于早期栽培阶段，直到新石器中晚期谷物种植逐渐成为先民的主要食物来源；与此同时，石杵、石磨盘类的碾磨石器开始逐渐走向衰落[①]。根据对米家崖遗址出土石器的整理得知，石杵等碾磨类石器仅占龙山时期出土石器总量的1.47%。由此推断，米家崖遗址史前先民大概是以禾本科谷物的收获来满足身体所需的部分能量的。

当然，两批次石器淀粉粒提取实验还存在不足之处。一方面，淀粉粒提取实验中使用的样本量偏小，并未对本遗址所有类型的石器进行系统采样，加上本次所选取的样品中半数以上受到埋藏环境的污染影响，实际可用于研究的石器样本的数量仅十余件，种类涵盖也不全面。另一方面，在对淀粉粒形态进行观察时，因技术条件所限，未能采用扫描电子显微镜来拍摄淀粉粒的三维立体图像，故而在淀粉粒三维形态描述与展示上缺乏直观性的图片依据。

对米家崖遗址石器功用进行研究的过程中，除了使用淀粉粒提取分析技术外，更需要石器微痕观察结果的支持。因此，对米家崖遗址石器功能的探讨还需要后续开展系统的石器微痕观察分析来进行更深层次的研究。

对米家崖遗址的石器功能与植物资源利用两方面的研究，仍然有大量的工作要做。除了要对本遗址石器进行系统取样外，还要对陶器等进行残留物分析，并开展大植物遗存浮选、植硅体与草酸钙晶体提取分析和人骨同位素食谱分析等多个方面的工作，以获得丰富而系统的资料信息，从全方位和多角度展开综合研究，以求对米家崖遗址从仰韶晚期到客省庄时期的石器技术与功能、生产方式、植物资源利用等生业经济状况做出更加客观全面的判断。

（本章执笔者：李升韬、陶大卫、屈亚婷、关莹）

① 刘莉：《中国史前的碾磨石器和坚果采集》，《中国文物报》2007年6月22日第7版。

第十四章　陶器残留物的初步分析*

农业的起源和发展，是人类历史上一次重要的革命性事件，也是一项影响深远的巨大成就。包括农作物栽培和家畜饲养在内的农业活动，使人类能够在一定程度上把食物生产掌握在自己手上，从而为人口稳定增长、文化持续发展及古代文明起源与形成等，奠定了重要的技术和经济基础①。

中国古代农业大约起源于新石器时代早期（10000～8000BP），经过新石器时代中期（8000～5000BP）的发展，形成了以秦岭—淮河一线为界的南方稻作农业区和北方粟作（旱地）农业区格局。新石器时代晚期的龙山时代（5000～4000 BP），部分地区发展形成了多样性的作物栽培利用模式②。

中原地区是中国古代文明形成的重要舞台，至迟到龙山时代，已经显示出相对于周边文化的巨大优势，在社会复杂化和文明化进程中逐步领先，直至一枝独秀，率先迈入文明社会的门槛③。这一成就不但与自然环境有密切的关系，也与中原地区社会在农业与食物生产方面的先进程度直接相关。因此，探索新石器时代各个文化区系的农业结构与先民饮食文化，可为中国古代文明的形成研究提供重要的依据。

进入21世纪以来，随着我国考古资料的迅猛增多和科技考古工作的全面开展，龙山时代北方地区先民的生业模式时空演变的主体框架已逐渐呈现出来。

---

* 本章研究同时为陕省社科基金项目“早期文明进程视野下的关中地区龙山时代考古研究”（立项号：2022G016）阶段性成果。

① a.〔英〕柴尔德：《远古文化史》，中华书局，1958年，第60～90页；b. 安志敏：《中国史前农业的发展》，《历史教学》1952年第4期；c. 靳桂云：《龙山文化居民食物结构研究》，《文史哲》2013年第2期。

② a. 赵志军：《中国古代农业的形成过程》，《第四纪研究》2014年第1期；b. 农业研究课题组：《中华文明形成时期的农业经济特点》，《科技考古（第三辑）》，科学出版社，2011年，第1～35页。

③ a. 夏鼐：《中国文明的起源》，《文物》1985年第8期；b. 严文明：《略论中国文明的起源》，《文物》1992年第1期；c. 赵辉：《以中原为中心的历史趋势的形成》，《文物》2000年第1期。

第一节　研究意义

新石器时代晚期中原地区，山西襄汾陶寺和河南新密新砦遗址的农业结构为稻粟混作，以粟为主①，且先民及其家养动物食谱中均以粟为主。陕西关中地区，龙山时代农业结构中黍、粟比重下降，水稻比重相对增加②，但具体情形在从东到西的各遗址中的表现方式不尽相同。

在高陵东营遗址，粟和黍虽仍为先民的主要食物来源③，但水稻在偏西的武功浒西庄遗址先民食谱中的地位有所提高④，可能对康家与东营遗址家畜饲养（猪和狗）产生影响⑤。甘青地区，齐家文化遗址中虽然发现一定数量的大麦与小麦遗存，但其农业结构仍以粟和黍为主⑥，小米仍然是先民主要的食物来源⑦。另外，龙山时代长江和黄河两大流域中下游各地区，家养动物已普遍超过野生动物而成为先民主要的肉食来源⑧。大量的研究成果表明，随着北方史前旱作农业（黍和粟）和家畜饲养的发展以及水稻的不断扩张与小麦的传入，龙山时代北方地区先民的生业模式趋于多元化。自新石器时代早中期以来的以粟（或黍）为主的饮食结构发生着不同程度的变化，且出现明显的地域性差异。另外，栽培农业的发展一方面促进了家畜饲养发

---

① a. 赵志军、何驽：《陶寺城址2002年度浮选结果及分析》，《考古》2006年第5期；b. 钟华、赵春青、魏继印，等：《河南新密新砦遗址2014年浮选结果及分析》，《农业考古》2016年第1期。

② a. 张建平、吕厚远、吴乃琴，等：《关中盆地6000～2100cal. aB. P. 期间黍、粟农业的植硅体证据》，《第四纪研究》2010年第2期；b. 刘焕、胡松梅、张鹏程，等：《陕西两处仰韶时期遗址浮选结果分析及其对比》，《考古与文物》2013年第4期；c. 钟华、杨亚长、邵晶，等：《陕西省蓝田县新街遗址炭化植物遗存研究》，《南方文物》2015年第3期；d. 刘晓媛：《案板遗址2012年发掘植物遗存研究》，西北大学硕士学位论文，2014年；e. 周原考古队：《周原遗址（王家嘴地点）尝试性浮选的结果及初步分析》，《文物》2004年第10期。

③ Chen X L, Hu S M, Hu Y W, et al. Raising practices of Neolithic livestock evidenced by stable isotope analysis in the Wei River valley, North China. International Journal of Osteoarchaeology, 2016, 26(1): 42-52.

④ 蔡莲珍、仇士华：《碳十三测定和古代食谱研究》，《考古》1984年第10期。

⑤ a. Chen X L, Hu S M, Hu Y W, et al. Raising practices of Neolithic livestock evidenced by stable isotope analysis in the Wei River valley, North China. International Journal of Osteoarchaeology, 2016, 26(1): 42-52; b. Pechenkina E A, Ambrosec S H, Ma X L, et al. Reconstructing northern Chinese Neolithic subsistence practices by isotopic analysis. Journal of Archaeological Science, 2005, 32(8): 1176-1189.

⑥ a. 杨颖：《河湟地区金蝉口和李家坪齐家文化遗址植物大遗存分析》，兰州大学硕士学位论文，2014年；b. Jia X, Dong G H, Li H, et al. The development of agriculture and its impact on cultural expansion during the late Neolithic in the Western Loess Plateau, China. The Holocene, 2013, 23 (1): 85-92.

⑦ a. 张雪莲：《碳十三和氮十五分析与古代人类食物结构研究及其新进展》，《考古》2006年第7期；b. Ma M M, Dong G H, Lightfoot E, et al. Stable isotope analysis of human and faunal remains in the western Loess Plateau, approximately 2000 cal BC. Archaeometry, 2014, 56(S1): 237-255; c. Ma M M, Dong G H, Liu X Y, et al. Stable isotope analysis of human and animal remains at the Qijiaping site in middle Gansu, China. International Journal of Osteoarchaeology, 2015, 25(6): 923-934; d. Ma M M, Dong G H, Jia X, et al. Dietary shift after 3600 cal yr BP and its influencing factors in northwestern China: Evidence from stable isotopes. Quaternary Science Reviews, 2016, 145: 57-70.

⑧ 袁靖：《中国动物考古学》，文物出版社，2015年，第88～103页。

展，另一方面，不同农作物在家畜饲养中的作用也不断发生变化。

随着古代食谱分析方法的不断创新、引入与多学科研究视角的逐渐扩展，如器物的微痕分析①、稳定同位素与脂质残留物分析②、蛋白质组学分析③、微体化石分析等④，愈来愈多的研究者通过更深入细致的田野考古发掘和实验室提取，获取更加丰富的资料信息，了解古代人类食物资源与农业生产状况⑤、食物加工工具与加工技术，探讨饮食方式⑥、宴饮礼仪⑦、宗教祭祀⑧、社会经济形态和政治结构⑨等史前人类生业模式与文化，逐渐成为我国考古学和科技考古界关注的重点和热点之一。其中，随着现代模拟实验的逐步开展⑩，石器和陶器残留的植物微体化石分析的理论方法趋于成熟，其研究有效性主要体现在两个方面。一是根据微体化石形态特征鉴定其母体植物种属，从而大大提高植物遗存的可鉴别率；二是根据食物微体化石形态的

① a. 王强、上条信彦、栾丰实：《山东即墨北阡遗址出土磨盘、磨棒类工具研究》，《东方考古（第10辑）》，科学出版社，2013年，第154～179页；b. 刘莉、Maureece J. Levin、陈星灿，等：《河南偃师灰嘴遗址新石器时代和二里头文化时期工具残留物及微痕分析》，《中原文物》2018年第6期；c. 崔启龙、张居中、杨玉璋，等：《河南舞阳贾湖遗址出土石器的微痕分析》，《人类学学报》2017年第4期。

② Lanehart R E. Patterns of Consumption: Ceramic Residue Analysis at Liangchengzhen, Shandong, China. University of South Florida: PhD Graduate Theses and Dissertations, 2015: 1-187.

③ Yang Y, Shevchenko A, Knaust A, et al. Proteomics evidence for kefir dairy in Early Bronze Age China. Journal of Archaeological Science, 2014, 45: 178-186.

④ a. 陶大卫、杨益民、黄卫东，等：《雕龙碑遗址出土器物残留淀粉粒分析》，《考古》2009年第9期；b. 马志坤、李泉、郇秀佳，等：《青海民和喇家遗址石刀功能分析：来自石刀表层残留物的植物微体遗存证据》，《科学通报》2014年第13期。

⑤ a. 刘莉、Maureece J. Levin、陈星灿，等：《河南偃师灰嘴遗址新石器时代和二里头文化时期工具残留物及微痕分析》，《中原文物》2018年第6期；b. 孙亚男：《郑州地区仰韶至青铜时代先民植物资源利用与陶器功能的淀粉粒分析——以青台遗址和东赵遗址为例》，中国科学技术大学硕士学位论文，2018年；c. 杨玉璋、LI WeiYa、姚凌，等：《淀粉粒分析揭示的江苏泗洪顺山集遗址古人类植物性食物来源与石器功能》，《中国科学：地球科学》2016年第7期；d. 董珍、张居中、杨玉璋，等：《安徽濉溪石山子遗址古人类植物性食物资源利用情况的淀粉粒分析》，《第四纪研究》2014年第1期。

⑥ 刘莉、王佳静、赵昊，等：《陕西蓝田新街遗址仰韶文化晚期陶器残留物分析：酿造谷芽酒的新证据》，《农业考古》2018年第1期。

⑦ a. 刘莉、王佳静、陈星灿，等：《仰韶文化大房子与宴饮传统：河南偃师灰嘴遗址F1地面和陶器残留物分析》，《中原文物》2018年第1期；b. 刘莉、王佳静、赵雅楠，等：《仰韶文化的谷芽酒：解密杨官寨遗址的陶器功能》，《农业考古》2017年第6期。

⑧ Lanehart R E. Patterns of Consumption: Ceramic Residue Analysis at Liangchengzhen, Shandong, China. University of South Florida: PhD Graduate Theses and Dissertations, 2015: 1-187.

⑨ 刘莉：《早期陶器、煮粥、酿酒与社会复杂化的发展》，《中原文物》2017年第2期。

⑩ a. 王强、上条信彦、栾丰实：《山东即墨北阡遗址出土磨盘、磨棒类工具研究》，《东方考古（第10辑）》，科学出版社，2013年，第154～179页；b. 葛威、刘莉、陈星灿，等：《食物加工过程中淀粉粒损伤的实验研究及在考古学中的应用》，《考古》2010年第7期；c. 马志坤、杨晓燕、李泉，等：《石器功能研究的现代模拟实验：石刀表面残留物中淀粉粒来源分析》，《第四纪研究》2012年第2期。

变化与特殊成分的形成判断其加工方式，如：焙烤、蒸煮[①]、发酵[②]、碾磨[③]等，从而为多重视角诠释古代人类的饮食内容和方式等，提供了理论和资料依据。同时，食物加工工具与技术的研究又可为古代人类的适应能力、营养健康、手工业发展等研究提供重要的依据。

由于史前时期的技术、经济与文化发展的区域不平衡性广泛存在，一处遗址的研究结果往往仅能代表其自身的状况，而难以代表整一个文化区及至一个文化类型。所以，为了全面了解一支考古学文化或者某个区域长时段的农业与食谱状况，必须重视每一个遗址的资料。通过对比分析特定区域具有文化传承关系的不同时期文化之间以及同一时期不同聚落遗址之间的农业发展状况、农作物结构及比例，以及与之关联的先民食谱结构，以陶器残留微体化石组合与形态变化为基础依据，探索陶器器型变化、功能变化以及文化类型三者之间的关系，进而探讨特定区域文化发展与生业模式之间的关系，探索区域社会与文明演进轨迹等，应当进行长期的、系统的、科学的和全面的资料搜集和实验分析研究。

关中地区，作为中华文明的重要发祥地之一，拥有兴旺发达、绵延不断的新石器时代文化，前仰韶时代的老官台文化、仰韶时代的半坡、庙底沟和西王村类型，随后的庙底沟二期及龙山时代（晚期）的客省庄文化等，为其成为历史时代国家都城所在地积累了重要的史前基础[④]。作为中原地区龙山时代文化格局中的重要一极，客省庄文化上承庙底沟二期及仰韶晚期文化，下接文明时代初期的夏代文化，在中华古文化发展与文明形成过程中发挥过重要的作用。因此，考古学与科技考古界对该时期的生业方式和经济技术等进行了大量的研究与探索。既往研究表明，客省庄文化先民从事粟、黍、水稻、小麦、薏苡、大豆、大麻等多种农作物栽培，形成了多元化的农业结构，但不同人群的生业模式以及家畜饲养模式存在一定差异[⑤]。另

① a. 孙亚男：《郑州地区仰韶至青铜时代先民植物资源利用与陶器功能的淀粉粒分析——以青台遗址和东赵 遗址为例》，中国科学技术大学硕士学位论文，2018年；b. 刘莉：《早期陶器、煮粥、酿酒与社会复杂化的发展》，《中原文物》2017年第2期。

② a. Wang J J, Liu L, Ball T, et al. Revealing a 5,000-y-old beer recipe in China. Proceedings of the National Academy of Sciences of the United States of America, 2016, 113(23): 6444-6448; b. Mcgovern P E, Zhang J, Tang J, et al. Fermented beverages of pre- and proto-historic China. Proceedings of the National Academy of Sciences of the United States of America, 2004, 101(51): 17593-17598.

③ 葛威、刘莉、陈星灿，等：《食物加工过程中淀粉粒损伤的实验研究及在考古学中的应用》，《考古》2010年第7期。

④ 中国社会科学院考古研究所：《中国考古学·新石器时代卷》，中国社会科学出版社，2010年，第113～126、206～268、510～524、576～589页。

⑤ a. 蔡莲珍、仇士华：《碳十三测定和古代食谱研究》，《考古》1984年第10期；b. 张健平、吕厚远、吴乃琴，等：《关中盆地6000～2100cal. aB. P. 期间黍、粟农业的植硅体证据》，《第四纪研究》2010年第2期。c. 刘焕、胡松梅、张鹏程，等：《陕西两处仰韶时期遗址浮选结果分析及其对比》，《考古与文物》2013年第4期；d. 钟华、杨亚长、邵晶，等：《陕西省蓝田县新街遗址炭化植物遗存研究》，《南方文物》2015年第3期；e. 刘晓媛：《案板遗址2012年发掘植物遗存研究》，西北大学硕士学位论文，2014年；f. 周原考古队：《周原遗址（王家嘴地点）尝试性浮选的结果及初步分析》，《文物》2004年第10期；g. Chen X L, Hu S M, Hu Y W, et al. Raising practices of Neolithic livestock evidenced by stable isotope analysis in the Wei River valley, North China. International Journal of Osteoarchaeology, 2016, 26(1): 42-52; h. Pechenkina E A, Ambrosec S H , Ma X L,et al. Reconstructing northern Chinese Neolithic subsistence practices by isotopic analysis. Journal of Archaeological Science, 2005, 32(8): 1176-1189.

外，关中地区新石器时代不同文化遗址（临潼零口、宝鸡关桃园、高陵杨官寨、蓝田新街和米家崖遗址）陶器残留物的分析显示，先民已利用特定类型的陶器（球状罐、尖底瓶、平底瓶和漏斗等），对多种农作物和野生植物进行发酵处理，酿造出了可能为酒类食（饮）品，反映了关中地区史前粮食加工手工业的高度发展[①]。

米家崖遗址是陕西关中地区规模较大的一处新石器时代遗址。其文化堆积主要是仰韶晚期、庙底沟二期至龙山晚期客省庄文化三个阶段，三阶段文化遗存均较为丰富而典型，对深入认识关中偏东地区从仰韶时代到龙山晚期的文化演进、变迁与渊源等，提供了极其重要的资料，也为全面了解较长时段内该地区先民的经济生活、技术模式、社会组织及观念与信仰等，提供了独特的实物依据。米家崖遗址仰韶晚期陶器残留物的分析不仅体现了先民从事的农业类型以及对多种植物的利用（如：黍、薏苡、小麦族、百合、栝楼根、山药等）；同时，也进一步显示先民利用特定陶器（漏斗、尖底瓶和大口盆）对食物的发酵加工（酿酒）的情形[②]。

鉴于古代聚落遗址具有的独特性，每处遗址的考古资料都具有科学上的不可替代性，且已有的工作都还不够系统，取样对象（陶器种类）多样性尚有不足，通过残留物探索陶器用途的研究也是零散的。因而，运用残留物分析方法研究陶器的功能和对多种陶器进行系统取样的研究工作，仍然是一项长期而有意义的事情。我们拟通过对米家崖遗址出土陶器残留植物微体化石的分析，进一步探讨关中地区龙山时代先民生业模式的演变；同时，通过与具有文化传承关系的关中地区新石器时代中晚期其他文化以及邻近地区龙山时代的陶器微体化石组合的对比分析，探讨关中地区龙山时代先民食物加工技术与饮食文化的发展。

第二节　陶器表面微体化石的提取与分析

为尝试通过陶器残留物的分析进一步探索米家崖遗址先民的生业模式以及多样化陶器类型的功能，初步选取了米家崖遗址陶罐碎片与陶鬲袋状足部各1件，对其进行了体视显微观察（Nikon MODEL C-DSS230型）（如图14所示）以及淀粉粒和植硅体的分析，为后续批量分析研究工作的开展提供方法依据。

陶罐残片编号为2010XBMⅢT0401②：01（原编号2010XBM10#T0401②a），细砂质红陶，

---

① a. 刘莉、王佳静、赵昊，等：《陕西蓝田新街遗址仰韶文化晚期陶器残留物分析：酿造谷芽酒的新证据》，《农业考古》2018年第1期；b. 刘莉、王佳静、赵雅楠，等：《仰韶文化的谷芽酒：解密杨官寨遗址的陶器功能》，《农业考古》2017年第6期；c. Wang J J, Liu L, Ball T, et al. Revealing a 5,000-y-old beer recipe in China. Proceedings of the National Academy of Sciences of the United States of America, 2016, 113(23): 6444-6448; d. Liu L, Wang J, Levin M J, et al. The origins of specialized pottery and diverse alcohol fermentation techniques in Early Neolithic China. Proceedings of the National Academy of Sciences of the United States of America, 2019, 116(26): 12767-12774.

② Wang J J, Liu L, Ball T, et al. Revealing a 5,000-y-old beer recipe in China. Proceedings of the National Academy of Sciences of the United States of America, 2016, 113(23): 6444-6448.

为一罐的下腹与底相接处，由下腹向下斜收成平底。器表素面。陶片内外壁均肉眼可见附着残留物。残片长10.2、宽7.2厘米，壁厚0.5～08厘米。从陶片质地、颜色及形态推断，此样本为仰韶文化陶罐（图14-1，1、2）。

鬲标本2011XBMIT0308③：55（原编号2011XBM19#T0308③：55），仅存鬲的一个袋状空足根部。粗砂质灰陶，足部饰竖向和斜向中绳纹，内外壁均肉眼可见烟炱痕。鬲足残高4.5厘米，壁厚0.5～0.9厘米。该样本出土于客省庄文化地层（图14-1，3）。

图14-1　米家崖遗址陶器残留物分析样本

1. 陶罐2010XBMⅢT0401②：01　2. 陶罐2010XBMⅢT0401②：01侧视　3. 陶鬲足2011XBMⅠT0308③：55侧视

一、植物微体化石的提取过程

参照Piperno（1988）和Lentfer and Boyd（1998）[①]提出的微体化石提取方法，并根据陶器（陶片）形态特征不同，采取相应的改进方法，具体如下：

陶鬲足，实验室编号LI。首先，利用一次性牙刷和去离子水轻轻刷洗鬲足内壁，去除表面浮土；在鬲足内加15ml去离子水，室温下超声震荡15min；用吸管将液体转入15ml离心管内，离心3min（3000rpm），并移除大部分上清液。加入10ml 5% EDTA（$Na_2EDTA \cdot 2H_2O$）溶液，震荡2小时，使其充分分散。然后，利用去离子水清洗三次，去除上清液，保留提取物。

陶片，实验室编号GU。首先，为确定陶片植物印痕的来源，刮取少量植物印痕，加入少量蒸馏水和甘油（1：1）制片观察。然后，将陶片植物印痕及周边的沉积物刮取下来，取约1克加入5ml 5% EDTA（$Na_2EDTA \cdot 2H_2O$）溶液，震荡2小时进行分散，并按照土壤中植硅体的常规提取方法进行重液浮选（$ZnBr_2$溶液，比重2.4）[②]，保留提取物。

① a. 王永吉、吕厚远：《植物硅酸体研究及应用》，海洋出版社，1993年，第1～187页；b. Lentfer C J, Boyd W E. A comparison of three methods for the extraction of phytoliths from sediments. Journal of Archaeological Science, 1998, (25): 1159-1183; c. Piperno D R. Phytolith Analysis: An Archaeological and Geological Perspective. San Diego: Academic Press, 1988: 1-277.

② a. 王永吉、吕厚远：《植物硅酸体研究及应用》，海洋出版社，1993年；b. Lentfer C J, Boyd W E. A comparison of three methods for the extraction of phytoliths from sediments. Journal of Archaeological Science, 1998, (25): 1159-1183; c. Piperno D R. Phytolith Analysis: An Archaeological and Geological Perspective. San Diego: Academic Press, 1988: 1-277.

最后，用移液管取少量提取物，以1∶1比例加入甘油制片，在200×光学显微镜（Nikon ECLIPSE LV100 POL）下观察；并在500×光学显微镜下，对每一粒淀粉粒在非偏光与偏光下进行拍照，同时记录每一粒淀粉粒的形态特征，并测量淀粉粒的最大直径或垂直方向上的最大长度与宽度。

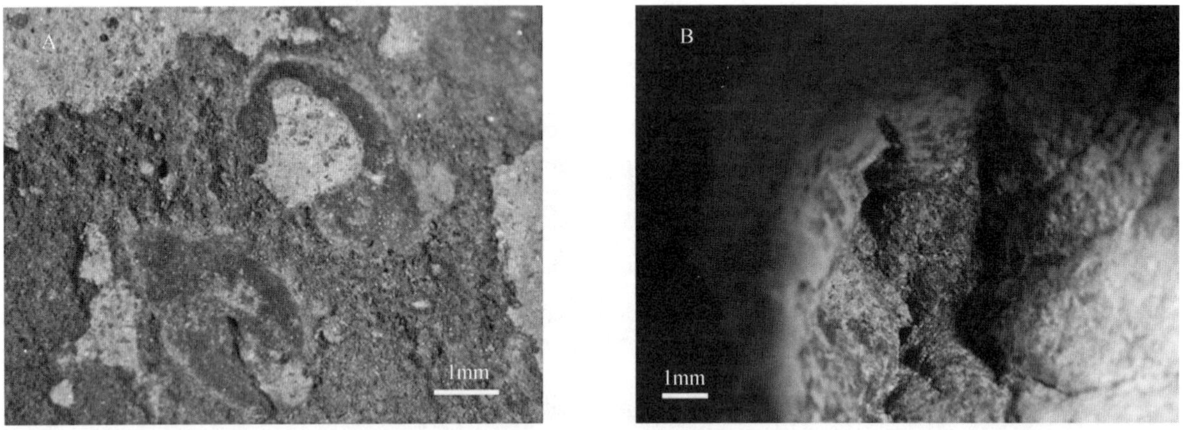

图14-2　米家崖遗址陶器残留物的体视显微观察

A. 陶罐（局部，1.5×）　B. 陶鬲（袋状足内侧，0.8×）

二、提取结果与讨论

鬲足部和罐残片上分别提取了数量不等的淀粉粒和植物硅酸体并可根据其形态特征进行性质鉴定。

（一）陶鬲与陶罐提取淀粉粒的形态特征与鉴定

陶器残留物中共计提取出40粒淀粉粒，其中35粒来源于鬲足部，5粒来源于罐残片。根据淀粉粒的形态特征，可将其分为五种类型（表14）。

A类（图14-3，A～E）　多面体形或近球形；脐点居中，部分具有穿过脐点的横断或星形裂隙，无明显层纹；消光十字明显，消光臂互相垂直；最大粒径范围为6.2～22.5μm（平均值13.6μm±7.0μm）；部分淀粉粒可能因食物加工尺寸变大。通过对其形态特征与已发表现代样品淀粉粒形态[①]的对比分析，判断此类淀粉粒来源于粟（*Setaria italica*）和/或黍（*Panicum miliaceum*）。

---

① a. 杨晓燕、郁金城、吕厚远，等：《北京平谷上宅遗址磨盘磨棒功能分析：来自植物淀粉粒的证据》，《中国科学（D辑：地球科学）》2009年第9期；b. 杨晓燕、孔昭宸、刘长江，等：《中国北方现代粟、黍及其野生近缘种的淀粉粒形态数据分析》，《第四纪研究》2010年第2期；c. 葛威、刘莉、金正耀：《几种禾本科植物淀粉粒形态比较及其考古学意义》，《第四纪研究》2010年第2期。

B类（图14-3，F～K） 单粒淀粉粒形状为近圆形或圆形，表面光滑；脐点居中，且脐点处存在横向或十字状细小裂缝，无明显层纹；消光十字明显且常见垂直，部分消光臂弯曲；复粒淀粉粒脐点居中，部分脐点开放，表面光滑，无明显层纹和裂隙，十字消光明显，消光臂弯曲。最大粒径范围为12.7～25.4μm（平均值20.1μm±4.9μm）。通过对其形态特征与已发表现代样品淀粉粒形态[①]的对比分析，推断此类淀粉粒应来源于薏苡（*C. lacryma-jobi*）。

C类（图14-3，L、M）（n=1） 圆形或椭圆形；层纹不明显，无裂隙，脐点居中，表面存在类似弹坑，消光十字较弱；粒径为13.2μm和22.3μm。通过对其形态特征与已发表现代样品淀粉粒形态[②]的对比分析，推断此类淀粉粒应来源于小麦族植物（Triticeae）。

D类（图14-3，N～P）（n=1） 近似圆形或椭圆形；表面光滑，无明显层纹；脐点居

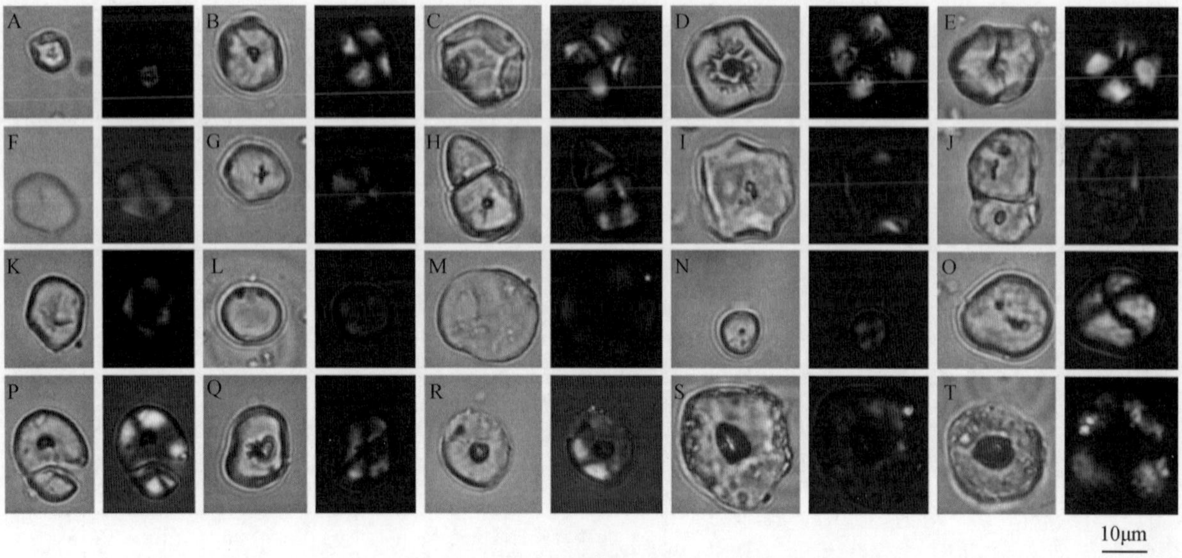

图14-3 陶鬲与陶罐提取淀粉粒的形态分类

A类：黍/粟（A～E），B类：薏苡（F～K），C类：小麦族（L、M），D类：未鉴定（N～P），E类：未鉴定（Q～T）；其中淀粉粒（A～S）来源于陶鬲，淀粉粒T来源于陶罐。

① a. Wang J J, Liu L, Ball T, et al. Revealing a 5,000-y-old beer recipe in China. Proceedings of the National Academy of Sciences of the United States of America, 2016, 113(23): 6444-6448; b. Liu L, Wang J, Levin M J, et al. The origins of specialized pottery and diverse alcohol fermentation techniques in Early Neolithic China. Proc Natl Acad Sci USA, 2019, 116(26): 12767-12774; c. Liu L, Duncan N A, Chen X, et al. Exploitation of job's tears in Paleolithic and Neolithic China: Methodological problems and solutions. Quat Int, 2019, 529: 25-37; d. 杨晓燕、孔昭宸、刘长江，等：《中国北方现代粟、黍及其野生近缘种的淀粉粒形态数据分析》，《第四纪研究》2010年第2期；e. 葛威、刘莉、金正耀：《几种禾本科植物淀粉粒形态比较及其考古学意义》，《第四纪研究》2010年第2期。

② a. Wang J J, Liu L, Ball T, et al. Revealing a 5,000-y-old beer recipe in China. Proceedings of the National Academy of Sciences of the United States of America, 2016, 113(23): 6444-6448; b. Liu L, Wang J, Levin M J, et al. The origins of specialized pottery and diverse alcohol fermentation techniques in Early Neolithic China. Proc Natl Acad Sci USA, 2019, 116(26): 12767-12774; c. Henry A G, Brooks A S, Piperno D R. Microfossils in calculus demonstrate consumption of plants and cooked foods in Neanderthal diets (ShanidarⅢ, Iraq; SpyⅠandⅡ, Belgium). Proceedings of the National Academy of Sciences of the United States of America, 2011, 108(2): 486-491.

中，消光十字明显，消光臂弯曲；最大粒径范围为8.1～22.5μm（平均值14.4μm ± 5.4μm）。目前，尚无法确定这类淀粉粒的来源。

E类（图14-3，Q～T）（n=1）　近似椭圆形或圆形，无明显层纹；脐点居中且开放或脐点处有凹坑。最大粒径范围为18.3～29.3μm（平均值23.3μm ± 5.5μm）。目前，尚无法确定这类淀粉粒的来源。另外，部分淀粉粒受到严重破坏，无法确定其来源（表14-1）。

此外，一些淀粉粒不同程度出现脐点破裂，形态变形或部分缺失，消光十字消失以及淀粉粒中心凹陷等（图14-3I，K、M、P、R），其可能与食物加工有关①。

表14-1　陶鬲与陶罐表面提取的淀粉粒与植硅体类型与数量统计

淀粉粒类型	鉴定	罐（N）	鬲（N）	植硅体类型	鉴定	罐（N）	鬲（N）
Type A	黍/粟（*P. miliaceum*/ *Setaria italica*）	/	10	黍颖壳η-shaped phytoliths	黍（*P. miliaceum*）	1	/
				扇型Bulliform		/	5
Type B	薏苡（*C. lacryma-jobi*）	/	9	水稻扇型Rice bulliform	水稻（*O. sativa*）	/	3
Type C	（Triticeae）	/	2	水稻哑铃型Parallel bilobates	水稻（*O. sativa*）	12	6
Type D	未鉴定	/	8	水稻双峰型Double-peaked	水稻（*O. sativa*）	/	4
Type E	未鉴定	1	3	长方型Rectangular		/	1
	完全破坏淀粉粒	4	3	哑铃型Bilobate		/	2
Total		5	35	刺状棒型Elongate echinate		/	1
				光滑棒型Smooth-elongate		/	2
				圆台型Rondel		/	1
				尖型Acicular		/	3
				长鞍型多细胞植硅体? Multicellular phytolith with long saddle?		1	/
				Total		14	28

（二）陶鬲与陶罐提取植硅体的形态特征与鉴定

陶器残留物中提取的植硅体共计42个，其中28个来源于鬲足部，14个来源于罐残片（表14）。根据植硅体分类与鉴定标准②，米家崖遗址陶器残留物提取植硅体主要包括八种类型，

① a. 葛威、刘莉、陈星灿，等：《食物加工过程中淀粉粒损伤的实验研究及在考古学中的应用》，《考古》2010年第7期；b. Wang J, Liu L, Ball T, et al. Revealing a 5,000-y-old beer recipe in China. Proc Natl Acad Sci USA, 2016, 113(23): 6444-6448.

② a. 王永吉、吕厚远：《植物硅酸体研究及应用》，海洋出版社，1993年，第1～187页；b. Piperno D R. Phytolith Analysis: An Archaeological and Geological Perspective. San Diego: Academic Press, 1988: 1-277; c. 王灿、吕厚远：《水稻扇型植硅体研究进展及相关问题》，《第四纪研究》2012年第2期；d. 吴妍：《植硅体分析方法的应用与改进》，中国科学技术大学博士学位论文，2008年；e. Sun X, Wu Y, Wang C, et al. Comparing dry ashing and wet oxidation methods. The case of the rice husk (Oryza sativa L.). Microscopy Research and Technique, 2012, 75: 1272-1276.

分别为水稻双峰型、扇型（水稻扇型）、哑铃型（水稻哑铃型）、尖型、圆台型、棒型（刺状棒型和光滑棒型）、长方型、黍颖壳植硅体等（图14-4）。其中，陶罐中发现12个水稻叶片的横排哑铃型植硅体，以及黍颖壳的η型植硅体。陶鬲中发现的植硅体类型相对较多，包括6个横排哑铃型植硅体，3个水稻叶茎的扇型植硅体，以及4个水稻颖壳双峰型植硅体。由此可见，陶器残留物中提取的植硅体（61.9%）主要来源于农作物水稻和黍，暗示米家崖遗址先民从事的农业活动与陶器的使用。

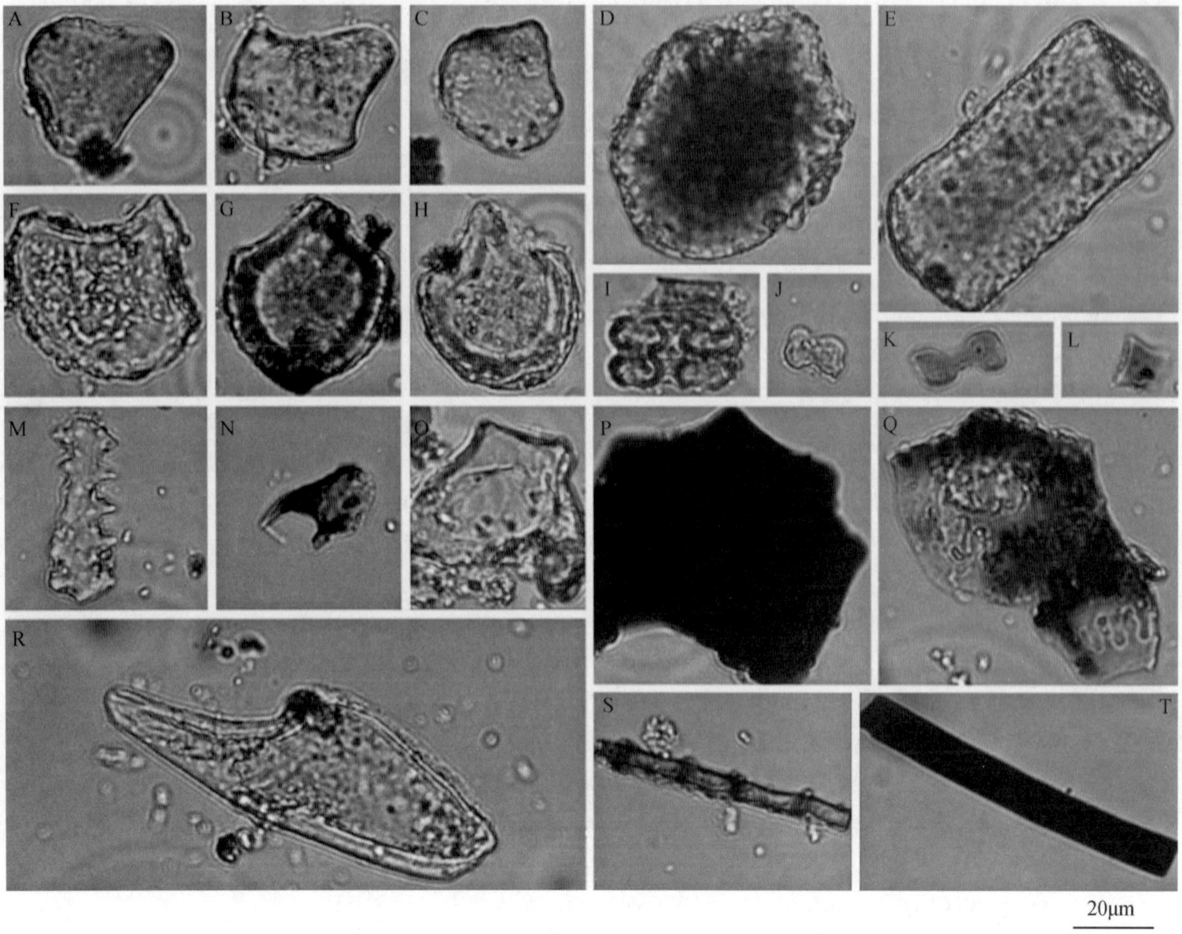

图14-4　米家崖遗址陶鬲与陶罐提取植硅体的类型

A～D. 扇型，E. 长方型，F～H. 水稻扇型，I、J. 水稻哑铃型，K. 哑铃型，L. 圆台型，M. 刺状棒型，O、P. 水稻双峰型，N、R. 尖型，Q. 黍颖壳植硅体，S. 长鞍型多细胞植硅体（？），T. 光滑棒型；植硅体（I、Q、S）来源于陶罐，其他来源于陶鬲

三、陶器残留物所见米家崖遗址先民的生业经济与饮食文化

随着关中地区新石器时代多处遗址动、植物遗存分析的开展，越来越多的证据显示该地区新石器时代晚期先民的生业经济以粟作农业和家畜饲养为主；另外，稳定同位素食谱分析的证据进一步表明小米类食物与家畜已成为先民稳定的食物来源，且粟类作物在家畜饲养中扮演

重要角色①。与此同时，稻作农业最迟于仰韶文化早期已传入关中地区，且龙山时期在农业结构中所占比重有所增加②；另外，公元前三千纪，起源于欧亚大陆西端的农作物与家畜（如小麦、绵羊、牛等）不断向东扩张，进一步促进了该地区食物资源的多元化③。

米家崖遗址仰韶与客省庄时期陶器残留物中水稻植硅体（水稻横排哑铃型、水稻扇型、水稻双峰型）与水稻种子印痕的发现，为新石器晚期米家崖先民从事稻作农业提供了新的证据。黍颖壳植硅体的发现以及家畜食谱的分析④显示米家崖先民从事粟作农业，并用于家畜饲养。另外，米家崖遗址大量动物骨骼和骨角器的发现，反映了先民家畜饲养与狩猎活动（如猪、牛、鹿等）在生业经济中的重要地位。结合前人关于米家崖遗址仰韶时期陶器残留物的分析，多种野生植物的采集（如薏苡、小麦族、块根块茎类等）也是米家崖先民获取食物补给的重要途径之一⑤。综上，新石器时代晚期米家崖遗址从事多元化的生业经济，且其食物来源广泛，以农作物和家畜为主，狩猎采集为辅。

---

① a. 张健平、吕厚远、吴乃琴，等：《关中盆地6000～2100cal. aB. P. 期间黍、粟农业的植硅体证据》，《第四纪研究》2010年第2期；b. 刘焕、胡松梅、张鹏程，等：《陕西两处仰韶时期遗址浮选结果分析及其对比》，《考古与文物》2013年第 4期；c. 钟华、杨亚长、邵晶，等：《陕西省蓝田县新街遗址炭化植物遗存研究》，《南方文物》2015年第3期；d. 钟华、李新伟、王炜林，等：《中原地区庙底沟时期农业生产模式初探》，《第四纪研究》2020年第2期；e. 刘晓媛：《案板遗址2012年发掘植物遗存研究》，北京大学硕士学位论文，2014年；f. 周原考古队：《周原遗址（王家嘴地点）尝试性浮选的结果及初步分析》，《文物》2004年第10期；g. 胡松梅、王炜林、郭小宁，等：《陕西高陵杨官寨环壕西门址动物遗存分析》，《考古与文物》2011年第 6期；h. 胡松梅：《高陵东营遗址动物遗存分析》，《高陵东营》，科学出版社，2010年，第147～200页；i. 胡松梅、杨岐黄、杨苗苗：《陕西华阴兴乐坊遗址动物遗存分析》，《考古与文物》2011年第6期；j. 张雪莲、仇士华、钟建，等：《中原地区几处仰韶文化时期考古遗址的人类食物状况分析》，《人类学学报》2010年第2期；k. 胡耀武、张昕煜、王婷婷，等：《陕西华阴兴乐坊遗址家养动物的饲养模式及对先民肉食资源的贡献》，《第四纪研究》2020年第2期；l. Hu Y, Hu S, Wang W, et al. Earliest evidence for commensal processes of cat domestication. Proc Natl Acad Sci USA, 2014, 111(1): 116-120; m. Chen X, Hu S, Hu Y, et al. Raising practices of Neolithic livestock evidenced by stable isotope analysis in the Wei River valley, North China. International Journal of Osteoarchaeology, 2016, 26: 42-52.

② a. 赵志军：《仰韶文化时期农耕生产的发展和农业社会的建立——鱼化寨遗址浮选结果的分析》，《江汉考古》2017年第6期；b. Zhang J, Lu H, Wu N, et al. Phytolith evidence for rice cultivation and spread in Mid-Late Neolithic archaeological sites in central North China. Boreas, 2010, 39: 592-602; c. 刘焕、胡松梅、张鹏程，等：《陕西两处仰韶时期遗址浮选结果分析及其对比》，《考古与文物》2013年第4期；d. 钟华、杨亚长、邵晶，等：《陕西省蓝田县新街遗址炭化植物遗存研究》，《南方文物》2015年第3期；e. 张健平、吕厚远、吴乃琴，等：《关中盆地6000～2100cal.aB. P. 期间黍、粟农业的植硅体证据》，《第四纪研究》2010年第2期。

③ a. Frachetti M D. Multiregional emergence of mobile pastoralism and nonuniform institutional complexity across Eurasia. Curr Anthropol, 2012, 53(1): 2-38; b. Liu X, Jones P J, Matuzeviciute G M, et al. From ecological opportunism to multi-cropping: Mapping food globalisation in prehistory. Quat Sci Rev, 2019, 206: 21-28.

④ Qu Y, Zhu J, Yang H, et al. Food, cooking and potteries in the Neolithic Mijiaya site, Guanzhong area, North China, revealed by multidisciplinary approach. Heritage Science, 2023, 11: 107.

⑤ Wang J J, Liu L, Ball T, et al. Revealing a 5,000-y-old beer recipe in China. Proceedings of the National Academy of Sciences of the United States of America, 2016, 113(23): 6444-6448.

米家崖遗址发现的陶器数量大、类型多样。其中，最常见的陶器器型为罐，且其具有多种颜色、质地与亚型。已有研究表明，新石器时代考古遗址出土的陶罐具有多种功能（如烹饪、储藏、发酵等），用于加工处理多种食物（如谷物、野生植物、动物油脂等）或烧水[①]，且其功能常与其质地或类型有关。例如，用于烹饪的陶器常以夹砂为主，用于储藏或盛放食物的陶器常以泥质为主[②]。米家崖遗址宽口罐被认为用于酿酒[③]。本研究中，该陶罐质地为夹细砂，其具体使用功能尚无法确定，但其内部植物种子印痕与植物微体化石富集现象的发现，表明其可能与谷物储藏有关。另外，米家崖遗址龙山时期出现的陶鬲在陶器组合中占有重要比重，其质地以夹砂灰陶为主，且常附着烟炱痕迹；结合陶鬲中发现较多数量的淀粉粒以及破坏淀粉粒的形态特征，初步推断出陶鬲的食物烹饪功能。

第三节　研究展望

陶器作为新石器时代我国先民食物加工的主要器具之一，其形态与功能的演变不仅为探索史前先民的生业经济、手工业技术与饮食文化等提供重要的信息；基于多种分析方法获取的微观遗存信息，又是了解古代食物加工方式的重要且可靠的证据，为进一步探索先民的营养健康、宗教礼仪、社会结构等提供重要依据。今后，我们将采用多种方法开展米家崖遗址不同类型陶器残留物的分析，从多角度诠释人类饮食文化的发展对中华文明形成的影响。米家崖遗址仰韶晚期陶罐中水稻种子印痕与多类型植硅体的发现，表明该遗址很可能已经有了水稻生产活动，甚至可以推测为稻作农业在关中地区的形成。该遗址植物大遗存浮选工作的开展与先民食谱的稳定同位素分析，将进一步确定稻作农业在关中地区的发展以及对该地区饮食文化的影响。

---

① a. Liu L, Wang J, Levin M J, et al. The origins of specialized pottery and diverse alcohol fermentation techniques in Early Neolithic China. Proc Natl Acad Sci USA, 2019, 116(26): 12767-12774; b. Lanehart R E. Patterns of Consumption: Ceramic Residue Analysis at Liangchengzhen, Shandong, China. PhD thesis, Tampa Florida: University of South Florida, 2015; c. 万智巍、杨晓燕、葛全胜，等：《基于淀粉粒分析的江西广丰社山头遗址植物资源利用》，《地理科学进展》2012年第5期；d. 王春雪、成璟瑭、曹建恩，等：《内蒙古魏家窝铺遗址陶器内淀粉粒反映的古人类食谱及相关问题》，《人类学学报》2017年第3期；e. Mcgovern P E, Zhang J, Tang J, et al. Fermented beverages of pre- and proto-historic China. Proc Natl Acad Sci USA, 2004, 101: 17593-17598; f. 孙亚男、杨玉璋、张家强，等：《郑州地区东赵先民植物性食物结构及遗址出土部分陶器功能分析：来自植物淀粉粒的证据》，《第四纪研究》2018年第2期。

② a. 范黛华、栾丰实、方辉，等：《山东日照市两城镇龙山文化陶器的初步研究》，《考古》2005年第8期；b. 鲁晓珂、李伟东、李新伟：《夹砂陶器掺合料的初步研究》，《文物保护与考古科学》2018年第5期。

③ Wang J, Liu L, Ball T, et al. Revealing a 5,000-y-old beer recipe in China. Proc Natl Acad Sci USA, 2016, 113(23): 6444-6448.

此外，为了进一步确定陶器残留微体化石的来源（食物或埋藏沉积物），在接下来的工作中，我们将对器物周边的沉积物进行微体化石分析，尤其是淀粉粒的分析，通过对比进一步确定陶器中提取淀粉粒的来源。同时，通过与沉积物中保存淀粉粒形态的对比，进一步确定淀粉粒形态变化的影响因素，从而为食物加工技术与埋藏环境侵蚀的判断与区分提供依据。

（本章执笔者：屈亚婷、柴怡、张翔宇、朱君孝）

附表一　米家崖遗址石器淀粉粒种属鉴定统计表

（粒径单位：μm）

淀粉粒序号	样片号	样本号及名称	裂隙	层纹	脐点状态	脐点位置	脐点远边距	脐点近边距	脐点偏心率	消光十字状态	消光十字形状	消光十字细节	消光十字夹角	形状	表面形态	最大直径	最小直径	种属鉴定
1	SS04-1	ⅢT0402H7：4刀	不可见	不可见	可见	居中	6.17	5.66	1.09	可见	窄直	无	直角	球体	光滑	11.83	10.66	粟
2			Y形；略偏		模糊	略偏	5.58	4.98	1.12	模糊	窄弯	无	直角	多边体	光滑	10.56	6.51	粟
3	SS04-2		不可见		可见	居中	3.80	3.62	1.05	模糊	窄直	无	直角	多边体	光滑	7.42	5.74	黍属
4	SS04-3		V形；偏心		可见	偏心	17.56	13.71	1.28	可见	宽弯	边缘弯曲	锐角	椭球体	光滑	31.27	26.43	薯蓣科
5			不可见		不可见					不可见				碎球体	凹凸不平	28.82	19.98	未鉴定（团块）
6	SS09-1	ⅣT0304H22②：2锛	X形；略偏	不可见	可见	偏心	15.44	8.58	1.80	可见	窄弯	边缘Z形弯曲	锐角	多边体	光滑	24.02	17.64	禾本科
7			V形；偏心	可见	模糊		28.28	12.46	2.11	模糊	宽弯	边缘弯曲	锐角	椭球体	光滑	38.74	22.92	薯蓣科
8	SS09-2				可见	偏心	14.96	7.67	1.95	可见	宽弯	边缘弯曲	锐角	椭球体	光滑	22.63	20.47	薯蓣科
9	SS10-1	ⅠT0302③：3凿	不可见	可见	模糊	偏心	17.09	9.77	1.75	可见	宽弯	边缘弯曲	锐角	椭球体	光滑	26.86	20.59	薯蓣科
10	SS10-2				可见		15.21	8.35	1.32							23.56	20.03	薯蓣科
11				不可见	模糊	略偏	8.64	7.58	1.14	可见	窄直	无	直角	多边体	光滑	16.22	12.53	禾本科
12	SS16-1	ⅠT0302②：2斧	线形；居中	不可见	模糊	居中	5.22	5.01	1.04	模糊	窄直	无	直角	球体	光滑	10.23	8.65	粟
13						居中	7.50	7.36	1.02	可见	窄直	无	直角	球体	光滑	14.86	13.23	粟
14	SS16-2					居中	7.40	6.85	1.08	可见	窄直	无	直角	多边体	光滑	14.25	10.23	粟
15			不可见	不可见	模糊	略偏	12.56	10.55	1.19	模糊	窄弯	边缘弯曲	锐角	多边体	凹凸不平	23.11	18.82	禾本科
16					不可见					不可见				碎球体	凹凸不平	27.83	11.65	未鉴定（团块）
17	SS16-3				可见	居中	4.10	3.86	1.05	可见	窄直	无	直角	多边体	凹凸不平	7.96	7.87	黍属

续表

淀粉粒序号	样片号	样本号及名称	裂隙	层纹	脐点状态	脐点位置	脐点远边距	脐点近边距	脐点偏心率	消光十字状态	消光十字形状	消光十字细节	消光十字夹角	形状	表面形态	最大直径	最小直径	种属鉴定
18	SS19-1	I T0302③：6锛	不可见	不可见	不可见					模糊	宽弯	边缘弯曲	锐角	球体	光滑	11.02	9.16	禾本科
19	SS19-2				模糊	略偏	5.88	4.66	1.26		不可见			多边体	凹凸不平	10.54	8.24	禾本科
20					模糊	略偏	8.17	6.86	1.19		宽直	无	直角	多边体	凹凸不平	15.03	11.22	禾本科
21	SS20-1	I T0407H71：1杵	不可见	不可见	不可见					模糊	宽直	模糊	锐角	透镜体	光滑	21.74	15.71	大麦属
22										不可见				破损体	光滑	11.90	6.52	未鉴定
23			不可见	不可见	不可见					不可见				碎球体	光滑	8.94	5.93	黍属（团块，选择较清楚的）
			线形；居中													8.08	4.94	
			不可见													7.99	5.98	
24	SS20-2		不可见	不可见	模糊	居中	5.15	4.82	1.07	模糊	窄直	模糊	直角	破损体	光滑	9.98	6.71	未鉴定
25			线形；居中	不可见	可见	居中	4.10	3.91	1.05	可见	窄直	无	直角	多边体	凹凸不平	8.01	7.83	黍属
26	SS20-4		Y形；居中	可见	模糊	偏心	22.09	11.44	1.93	模糊	宽弯	边缘弯曲	锐角	椭球体	光滑	33.53	21.69	薯蓣科
27			线形；居中	不可见	模糊	居中	9.34	9.24	1.01	可见	窄直	边缘弯曲	直角	球体	光滑	18.58	18.54	薏苡属
28			不可见	不可见	模糊	居中	10.58	10.28	1.03	模糊	窄直	无	直角	球体	光滑	20.86	20.76	薏苡属
29					模糊	居中	4.08	3.84	1.06	可见	窄直	无	直角	球体	光滑	7.92	7.24	黍属
30					不可见					不可见				碎球体	凹凸不平	41.79	16.94	未鉴定（团块）

第十五章　出土人骨分析

第一节　研究目的及意义

米家崖遗址是浐河、灞河流域新石器时代晚期重要的聚落遗址，遗址包含仰韶文化晚期、庙底沟二期文化、客省庄文化三种新石器时代晚期遗存，其中米家崖遗址Ⅰ区（19#基槽）以庙底沟二期文化、客省庄文化遗存最为丰富。

一、研 究 目 的

本报告针对米家崖遗址Ⅰ区出土的人骨标本进行体质人类学的研究，在初步了解人骨个体的性别、年龄基础上，通过颅骨测量学形态特征的分析，试图解决Ⅰ区遗址人群的构成、渊源流向等问题；通过古病理学观察，分析Ⅰ区遗址人群骨骼上反映的健康和营养状况。

二、研 究 意 义

米家崖遗址遗址Ⅰ区人骨研究的意义可归纳为以下三个方面：

（一）通过对米家崖遗址Ⅰ区不同时代人群男女性别比、死亡年龄的分析，讨论遗址人群的人口结构，结合考古学文化背景资料，探究出土人骨中未成年个体占比较高现象，为深入探讨客省庄二期灰坑葬葬俗特征提供信息。

（二）史前关中地区的人骨材料以仰韶时期各组报道居多。通过记录米家崖遗址人群的颅骨形态特征，包括测量性和非测量性状，分析其种族类型，为了解关中龙山时期古代族群的形成、发展和交流，进而探讨特定时空范围内人群迁徙与文化交融提供科学依据。

（三）通过古病理学对骨骼上不同解剖学位置的缺损和增生的描述，分析Ⅰ区遗址人群骨骼上所反映的疾病现象，讨论人群的健康和营养状况，为研究米家崖遗址人群的生存环境、生产生活方式提供依据。

三、研究对象

米家崖遗址发掘工作自2010年10月开始，至2011年9月结束。发掘区共分为四个区域，分别编为Ⅰ区（19#基槽）、Ⅱ区（9#基槽）、Ⅲ区（10#基槽）和Ⅳ区（4#基槽），其中Ⅱ区、Ⅲ区和Ⅳ区的发掘资料仍在整理中。本报告所涉及的人骨材料均出土于Ⅰ区（19#基槽），人骨整体保存状况较差，骨骼破损严重。共鉴定7例个体。其中属于庙底沟二期文化的个体2例，可明确判断性别和年龄的仅1例成年女性个体，该个体保存有较完整颅骨，另1例个体性别、年龄不详；属于客省庄文化的个体5例，可明确判断性别、年龄的为2例成年男性个体，另有3例个体性别不明，均为未成年个体，不见保存相对完整的颅骨。

第二节　性别和死亡年龄统计

米家崖遗址Ⅰ区出土人骨的性别、年龄判断主要依据邵象清①、吴汝康②、朱泓③及White④的鉴定标准。性别的鉴定标准主要依据骨盆及颅骨的特征，结合四肢长骨、胸骨等其他骨骼所显示的特征综合判断。对成年个体年龄的鉴定，主要是依据耻骨联合面、髂骨耳状面的形态变化和上下颌第一、第二臼齿，上下颌中门齿、侧门齿的磨耗等级标准来确定。对未成年个体年龄的鉴定，主要依靠牙齿的萌出、替换，四肢长骨骨化点和骨骺愈合状况来实现。米家崖遗址Ⅰ区出土人骨的性别、年龄鉴定结果见表1。

米家崖遗址Ⅰ区庙底沟二期文化人骨共鉴定2例个体，性别明确或倾向于明确者1例，鉴定率为50%；年龄段明确或相对明确者共1例，鉴定率为50%。可鉴定性别、年龄的1例个体为39～43岁的女性。因明确性别、年龄的个体仅有1例，故该时期人群性别比、平均死亡年龄不作统计。

米家崖遗址Ⅰ区客省庄文化人骨共鉴定5例个体，性别明确或倾向于明确者2例，鉴定率为40%；年龄段明确或相对明确者共5例，鉴定率为100%，其中未成年个体3例。明显或倾向于男性的个体2例，另有3例个体性别不明。因无明显或倾向于女性的个体，故该时期人群性别比、女性平均死亡年龄不作计算，仅计算出人群平均死亡年龄为20.5岁，男性平均死亡年龄为39.75岁。

---

① 邵象清：《人体测量手册》，上海辞书出版社，1985年，第34～56页。

② 吴汝康、吴新智、张振标：《人体测量方法》，科学出版社，1984年，第11～25页。

③ 朱泓：《体质人类学》，高等教育出版社，2004年，第92～106页。

④ White T D, Folkens P A. The Human Bone Manual. London: Academic Press, 2005: 364-398.

表1　米家崖遗址Ⅰ区出土人骨个体性别、年龄鉴定结果

出土单位	人骨编号	性别	年龄	遗迹年代	鉴定依据
2011XBMⅠT0202④	T0202④：R1	不详	不详	庙底沟二期	仅保存左侧尺骨中段残段，性别、年龄无法判断
2011XBMⅠT0203H15	H15：R1	女	39～43岁	庙底沟二期	上颌左右侧第一臼齿磨耗等级为Ⅳ级，年龄范围为39～43岁；上颌右侧第二臼齿磨耗等级为Ⅲ级，年龄范围为28～36岁。矢状缝开始愈合，骨骺皆愈合。综上，年龄范围为39～43岁
2011XBMⅠT0202H30	H30：R1	不详	（7±2）岁	客省庄二期	上下颌右侧第一恒臼齿已萌出，齿根尚未发育完全。上下颌右侧第一、二乳臼齿未脱落。年龄为（7±2）岁
	H30：R2	不详	9岁	客省庄二期	上颌左右侧第一恒臼齿已萌出，第二恒臼齿齿冠仍在齿槽窝内，尚未萌出。第一、第二乳臼齿正在被第一、第二前臼齿替换，上颌右侧恒犬齿正在萌出。年龄为9岁
	H30：R3	不详	（7±2）岁	客省庄二期	上下颌左右侧第一臼齿已萌出，第一、二乳臼齿尚未脱落。年龄为（7±2）岁
2011XBMⅠT0302H98	H98：R1	男	35～40岁	客省庄二期	上颌左侧第一臼齿磨耗等级为Ⅳ级，年龄范围为39～43岁，上颌左侧第二臼齿磨耗等级为Ⅲ级，年龄在28～36岁。根据Smith牙齿磨耗等级，年龄范围为35～40岁。锁骨胸骨端骨骺愈合，年龄在25岁以上。四肢骨骨骺愈合。综上，年龄范围为35～40岁
2011XBMⅠT0408M1	M1：R1	男	40～44岁	客省庄二期	左右侧耻骨联合面形态特征为第9期，年龄范围为40～44岁。左右侧耳状面形态特征为第5期，年龄范围为40～44岁。锁骨胸骨端愈合，四肢骨骨骺愈合。综上，年龄范围为40～44岁

客省庄二期的5例个体中未成年个体为3例，占比达到60%。虽然由于鉴定个体数量过少，统计结果不具代表性，但3例年纪相近的个体被葬于同一灰坑内，一方面可能是由于客省庄时期较低的医疗水平、不良的营养状况等因素导致该遗址未成年人存在较高的夭折率，另一方面灰坑葬这种处理死人的方式也反映出该遗址人群对待未成年个体的态度，同时折射出社会阶层激烈分化的状态。

第三节　颅骨的形态观察

米家崖遗址Ⅰ区共出土人骨7例，在完成清理及拼对等基础工作之后，评估骨骼保存状况较差，仅有1例庙底沟二期的女性颅骨可供观察和测量。此外，2例残破的成年男性颅骨及1例残破的未成年颅骨上部分特征可进行连续性形态观察。

一、颅骨连续性及非连续性形态观察

在进行颅骨的连续性形态观察时，除了1例编号为H15：R1的庙底沟二期女性个体的颅骨保存较好外，编号为H98：R1和M1：R1的客省庄二期男性个体的颅骨虽然残破，但仍可观察部分颅面部形态特征。观察和分级的标准主要依据《人体测量手册》①。

H15：R1颅骨的各项形态特征描述如下：颅形为卵圆形，眉弓突度弱，眉间突度不显，眉弓范围＜1/2。前额平直，颅顶缝前囟段为微波型，顶段为锯齿型，顶孔段和后段均为深波型。乳突小，枕外隆突稍显。眶形方形，梨状孔梨形，梨状孔下缘鼻前窝型，犬齿窝弱，额鼻颌缝为弧线型，鼻骨中窄型，顶孔仅存左孔，矢状脊弱，无额中缝，腭形U形，无腭圆枕（图版八六）。

2例部分特征可供形态观察的成年男性颅骨上，M1：R1颅骨仅可观察“枕外隆突”一项，为稍显级。H98：R1颅骨的各项形态特征描述如下：颅形卵圆形，前额中等倾斜，颅顶缝前囟段为深波型，顶段亦为深波型，顶孔段为微波型，后段为复杂型。乳突小，枕外隆突稍显。无顶孔，矢状脊弱，无额中缝，腭形抛物线形，无腭圆枕。

综上所述，米家崖遗址Ⅰ区庙底沟二期、客省庄二期人群的颅形为卵圆形，颅顶缝为简单型；眉弓、眉间突度弱，眉弓范围小；乳突小，枕外隆凸稍显；眶形以方形为主，梨状孔为梨形，犬齿窝发育弱，额鼻颌缝为弧线型，齿弓为U型和抛物线型。以上形态特征显示出比较明显的亚洲蒙古人种的特点，因此米家崖遗址Ⅰ区人群应该属于亚洲蒙古人种的范围。

在颅骨非连续性特征方面，H15：R1颅骨上出现了人字缝小骨、副腭小孔、眶上切迹/孔及额切记/孔。H98：R1颅骨上也出现了人字缝小骨。H30：R2为1例未成年个体，该个体的颅骨上出现了胡施克孔、星点小骨、副腭小孔、腭圆枕和眶上切迹/孔。

二、颅骨的测量性形态特征

米家崖遗址Ⅰ区出土人骨保存情况较差，可供观察和测量的仅有1例编号为H15：R1女性个体的颅骨，属于庙底沟二期文化。本文依据《人体测量手册》②对该颅骨进行了各项目的测量，并对主要的颅面部线性、指数和角度值进行了形态特征的分型，具体数据和指数统计结果见表2。

① 邵象清：《人体测量手册》，上海辞书出版社，1985年，第111～182页。

② 邵象清：《人体测量手册》，上海辞书出版社，1985年，第57～110页。

表2　米家崖Ⅰ区H15：R1颅骨可测量值及指数

单位：毫米（长度）；°（角度）；%（指数）

马丁号	测量项目	测量值	马丁号	测量项目	测量值
1	颅骨最大长（g-op）	176.00	55	鼻高（n-ns）	47.05
8	颅骨最大宽（eu-eu）	148.00	SC	鼻最小宽	7.00
9	额骨最小宽（ft-ft）	94.00	SS	鼻最小宽高	—
25	颅矢状弧（n-o）	412.00	60	上颌齿槽弓长（pr-alv）	—
26	额骨矢状弧（n-b）	145.00	61	上颌齿槽弓宽（ecm-ecm）	68.83
27	顶骨矢状弧（b-l）	128.00	62	腭长（ol-sta）	—
28	枕骨矢状弧（l-o）	119.00	63	腭宽（enm-enm）	45.24
29	额骨矢状弦（n-b）	137.00	FC	两眶内宽（fmo-fmo）	100.74
30	顶骨矢状弦（b-l）	121.00	FS	鼻根点至两眶内宽矢高（n to fmo-fmo）	14.35
43	上面宽（fmt-fmt）	111.74	77	鼻颧角（∠fmo-n-fmo）	148.30
44	两眶宽（ec-ec）	87.13	SSA	颧上颌角（∠zm-ss-zm）	121.60
46	中面宽（zm-zm）	104.50	8：1	颅指数	84.09
48	上面高（n-pr）	67.18	9：8	额宽指数	63.51
	上面高（n-sd）	70.19	48：46	中面指数（pr）	64.29
51	眶宽（mf-ec L）	43.38	54：55	鼻指数	54.88
	眶宽（mf-ec R）	—	52：51	眶指数（L）	81.26
51a	眶宽（d-ec L）	42.67	52：51	眶指数（R）	—
	眶宽（d-ec R）	—	52：51a	眶指数（L）	82.61
52	眶高（L）	35.25	52：51a	眶指数（R）	—
	眶高（R）	—	54：51	鼻眶指数（L）	59.52
MH	颧骨高（fmo-zm L）	44.16	54：51	鼻眶指数（R）	—
	颧骨高（fmo-zm R）	44.26	54：51a	鼻眶指数（L）	60.51
54	鼻宽	25.82	54：51a	鼻眶指数（R）	—

米家崖遗址Ⅰ区H15：R1颅骨的颅指数为84.09，接近圆颅型的上限。额宽指数显示为63.51，属于狭额型。鼻指数值为54.88，属于阔鼻型。左侧眶指数1显示为81.26，是中眶型。鼻颧角绝对值为148.30°，属于很大级。颧上颌角绝对值为121.60°，在很小级范围。

综合H15：R1颅骨的形态观察与测量结果，假如该颅骨能够代表米家崖遗址Ⅰ区古代居民的测量学特征，那么该组人群的颅形以卵圆形为主，脑颅为圆颅型，额型为狭额型，眶型为中眶型，鼻型为阔鼻型，鼻颧角很大，但颧上颌角很小，表明该个体代表的人群上面部的扁平度较大，中面部的扁平程度则偏小。颅顶缝为简单型，眉弓、眉间突度弱，眉弓范围小，枕外隆凸稍显；眶形以方形为主；梨状孔为梨形，梨状孔的下缘为鼻前窝型。矢状脊弱；犬齿窝发育以无和弱为主。米家崖遗址Ⅰ区庙底沟二期个体H15：R1所代表的古代人群应属于亚洲蒙古人种的种系范围。

第四节　种族类型的研究

一、与近现代女性组的对比

米家崖Ⅰ区组仅有1例女性个体的部分颅骨数据可供测量，为了进一步了解以该颅骨为代表的古代居民的颅面形态特征，以下选择了6组中国境内近现代女性颅骨数据组的10项测量指标与之进行对比（表3），这6个近现代组分别是华北近代组①、广西壮族组②、西安组③、香港组④、长春组⑤⑥、太原组⑦。表4为计算米家崖Ⅰ区组颅骨与各对比组颅骨的欧氏距离系数值（Dij），数值越小，说明两个对比组的颅骨形态越近。

表3　米家崖Ⅰ区组与各近代对比组数据（女性）

单位：毫米（长度）；%（指数）

马丁号	测量项目	米家崖Ⅰ区组	华北近代组	广西壮族组	西安组	香港组	长春组	太原组
1	颅长	176.00	172.00	171.50	174.78	171.85	168.6	166.97
8	颅宽	148.00	134.00	135.13	133.54	135.21	140.4	134.87
48	上面高（sd）	70.19	70.00	72.00	71.34	69.13	69.80	69.91
54	鼻宽	25.82	23.00	25.83	24.81	25.37	25.64	23.98
55	鼻高	47.05	50.00	49.12	51.86	49.84	51.11	50.02
51	眶宽	43.03	41.00	41.64	40.99	41.44	42.53	39.97
52	眶高	35.25	34.00	34.43	33.97	33.12	34.43	34.68
8：1	颅指数	84.09	77.50	78.84	76.52	78.68	82.50	80.77
54：55	鼻指数	54.88	46.00	54.41	48.38	50.90	50.08	47.94
52：51	眶指数	81.94	82.00	80.27	83.29	79.92	88.72	86.77

① 赵一清：《山顶洞人二女性种族属源问题的研究》，《古脊椎动物与古人类》1961年第1期。

② 朱芳武、卢为善、雷一鸣：《广西壮族颅骨的测量与研究》，《人类学学报》1989年第2期。

③ 杨玉田、郑靖中、党汝霖，等：《西安现代人面颅》，《人类学学报》1987年第3期。

④ 王令红：《香港地区现代人头骨的研究——性别和地区类型的判别分析》，《人类学学报》1989年第3期。

⑤ 俞东郁、白利赞、池亨根：《长春地区现代人颅骨的测量与观察（二）面颅测量》，《延边医学院学报》1981年第1期。

⑥ 俞东郁、池亨根、白利赞：《长春地区现代人颅骨的测量与观察（三）颅腔容积》，《延边医学院学报》1981年第1期。

⑦ 王令红、孙凤喈：《太原地区现代人头骨的研究》，《人类学学报》1988年第3期。

表4　米家崖Ⅰ区组与各近代对比组的欧式距离数值（Dij）（女性）

单位：毫米（长度）；%（指数）

组别	米家崖Ⅰ区组	华北近代组	广西壮族组	西安组	香港组	长春组	太原组
米家崖Ⅰ区组	.000	18.886	15.054	18.527	15.823	14.217	18.932
华北近代组	18.886	.000	9.509	4.976	6.172	11.94	8.109
广西壮族组	15.054	9.509	.000	8.589	4.843	11.964	10.949
西安组	18.527	4.976	8.589	.000	6.514	12.226	10.04
香港组	15.823	6.172	4.843	6.514	.000	11.478	9.62
长春组	14.217	11.94	11.964	12.226	11.478	.000	7.238
太原组	18.932	8.109	10.949	10.04	9.62	7.238	.000

根据表4的欧氏距离系数（Dij）计算结果看，米家崖Ⅰ区组与长春组的生物学距离相对较为接近，其次是广西壮族组和香港组，与华北近代组、西安组和太原组的生物学距离相对较为疏远。具有东亚类型因素同时混合北亚特征的长春组的颅长宽比例与米家崖Ⅰ区组最接近，同属于圆颅型，但二者在以眶型、鼻型为代表的面部特征上存在差异，米家崖Ⅰ区组的眶更低，鼻更阔。这种偏低的眶型和较阔的鼻型正是与广西壮族组和香港组接近的特征，表明米家崖Ⅰ区组在面部特征上更接近南亚类型的种族特征，相对疏远于以东亚类型因素为主的华北近代组、西安现代组和太原现代组人群。

二、与古代组的对比

（一）与新石器时代组的对比

为了解米家崖Ⅰ区组女性的颅面形态特征与新石器时代古代组之间的生物学距离远近亲疏，以下选择了11个新石器时代的女性颅骨组的12项直线距离绝对值数据、角度、指数值与之比较（表6），这11个对比组分别是半坡组①、清凉寺组②、笃忠组③、柳湾合并组④、火烧沟组⑤、河宕组⑥、昙石山组⑦、姜家梁组⑧、庙子沟⑨、本溪组⑩、后套木嘎四期

① 颜訚、吴新智、刘昌芝，等：《西安半坡人骨的研究》，《考古》，1960年第9期。
② 陈靓：《人骨特征与病理分析》，《清凉寺史前墓地》，文物出版社，2016年，第422～429页。
③ 孙蕾：《河南渑池笃忠遗址龙山文化早期人骨研究》，吉林大学硕士学位论文，2008年。
④ 潘其风、韩康信：《柳湾墓地的人骨研究》，《青海柳湾》，文物出版社，1984年，第261～303页。
⑤ 赵永生：《甘肃临潭磨沟墓地人骨研究》，吉林大学博士学位论文，2013年。
⑥ 韩康信、潘其风：《广东佛山河宕新石器时代晚期墓葬人骨》，《人类学学报》1982年第1期。
⑦ 韩康信、张振标、曾凡：《闽侯昙石山遗址的人骨》，《考古学报》1976年第1期。
⑧ 李法军：《河北阳原姜家梁新石器时代人骨研究》，科学出版社，2008年，第121～122页。
⑨ 朱泓：《内蒙古察右前旗庙子沟新石器时代颅骨的人类学特征》，《人类学学报》1994年第2期。
⑩ 魏海波、张振标：《辽宁本溪青铜时代人骨》，《人类学学报》1989年第4期。

组①（表5）。表7为计算米家崖Ⅰ区组颅骨与各对比组颅骨的欧氏距离系数值（Dij），数值越小，说明两个对比组的颅骨形态越近。依据欧式距离系数值，使用SPSS.20中文版软件绘制的12个古代组树状聚类结果见图1。

表5　新石器时代各对比组信息

组别	半坡组	清凉寺组	笃忠组	柳湾合并组	火烧沟组	河宕组	昙石山组	姜家梁组	庙子沟组	本溪组	后套木嘎四期组
时代	仰韶中期	庙底沟二期/龙山时期	仰韶文化晚期	龙山时期	新石器后期	新石器晚期	新石器时代	仰韶晚期至龙山时期	仰韶晚期	青铜时代	新石器晚期
类型	古中原类型	古中原类型	古中原类型	古西北类型	古西北类型	古华南类型	古华南类型	古华北类型	古华北类型	古东北类型	古东北
地点	陕西省西安市	山西省芮城县	河南省渑池县	青海省海东市乐都区	甘肃省玉门市	广东省佛山市	福建省闽侯县	河北省阳原县	内蒙古察哈尔右翼前旗	辽宁省本溪市	吉林省大安市

表6　米家崖Ⅰ区组与新石器时代各对比组的对比数据（女性）

单位：毫米（长度）；°（角度）；%（指数）

测量项目	米家崖Ⅰ区组	半坡组	清凉寺组	笃忠组	柳湾合并组	火烧沟组	河宕组	昙石山组	姜家梁组	庙子沟组	本溪组	后套木嘎四期组
颅长	176.00	178.1	176.05	176.37	178.58	176.37	183.90	187.00	171.47	171.00	176.00	190.00
颅宽	148.00	141.1	138.19	133.80	132.27	135.23	136.10	135.50	138.14	134.18	139.00	141.20
最小额宽	94.00	89.3	93.36	93.78	87.42	86.87	91.10	93.50	87.80	91.56	91.80	92.50
眶高（R）	35.25	34.0	33.51	34.70	32.91	33.54	33.40	32.20	33.61	33.42	34.50	36.50
眶宽（R）	43.03	40.0	41.29	46.40	41.94	41.28	42.20	41.60	40.21	40.34	41.42	43.51
鼻宽	25.82	26.1	27.01	29.76	25.76	26.21	27.80	25.80	27.11	26.97	24.70	27.61
鼻高	47.05	51.1	51.61	47.67	51.03	52.73	50.40	49.30	52.11	49.36	52.40	60.78
上面高（sd）	70.19	69.0	71.08	68.70	70.73	71.61	70.60	68.70	71.73	69.62	70.30	85.59
颅指数	84.09	79.4	78.18	76.08	75.24	76.72	74.00	72.80	80.45	78.55	79.06	74.32
眶指数（R）	81.94	85.0	81.20	67.24	78.48	81.36	79.10	77.80	81.99	83.14	81.27	84.21
鼻指数	54.88	50.2	52.50	58.70	51.76	49.77	55.00	52.90	54.13	54.77	49.20	45.43
鼻颧角	148.30	—	145.41	139.17	147.55	147.93	144.90	139.80	149.58	148.50	142.50	151.82

根据表7计算结果看，米家崖Ⅰ区组与代表黄河中游新石器时代古中原类型的半坡组和清凉寺组的生物学距离相对接近，欧式距离系数值（Dji）分别为12.490和12.917，其次为代表古东北类型的本溪组和代表古华北类型的姜家梁组，与代表古西北类型的柳湾合并组的生物学距离较为疏远，与另一组属于古东北类型的后套木嘎四期组的生物学距离最远。

① 肖晓鸣：《吉林大安后套木嘎遗址人骨研究》，吉林大学博士学位论文，2014年，第15页。

表7 米家崖Ⅰ区组与新石器时代各对比组的欧式距离系数值（Dij）（女性）

单位：长度：毫米；角度：°；指数：%

	米家崖Ⅰ区组	半坡组	清凉寺组	笃忠组	柳湾合并组	火烧沟组	河宕组	昙石山组	姜家梁组	庙子沟组	本溪组	后套木嘎四期组
米家崖Ⅰ区组	.000	12.490	12.917	22.945	20.499	18.309	18.486	21.087	14.501	16.482	13.300	29.412
半坡组	12.490	.000	7.595	23.275	12.331	8.678	12.650	15.496	9.501	11.537	6.140	24.307
清凉寺组	12.917	7.595	.0000	17.708	9.804	7.923	10.119	13.494	7.886	7.873	4.725	24.232
笃忠组	22.945	23.275	17.708	.000	16.655	20.089	16.189	17.875	20.287	18.924	20.061	34.390
柳湾合并组	20.499	12.331	9.804	16.655	.000	5.753	8.592	11.565	11.735	11.326	10.298	25.385
火烧沟组	18.309	8.678	7.923	20.089	5.753	.000	11.183	14.736	8.308	10.012	7.036	23.702
河宕组	18.486	12.650	10.119	16.189	8.592	11.183	.000	5.822	15.131	14.614	12.279	22.952
昙石山组	21.087	15.496	13.494	17.875	11.565	14.736	5.822	.000	19.518	18.217	14.824	24.170
姜家梁组	14.501	9.501	7.886	20.287	11.735	8.308	15.131	19.518	.000	6.890	8.614	27.924
庙子沟组	16.482	11.537	7.873	18.924	11.326	10.012	14.614	18.217	6.890	.000	10.013	30.378
本溪组	13.300	6.140	4.725	20.061	10.298	7.036	12.279	14.824	8.614	10.013	.000	23.822
后套木嘎四期组	29.412	24.307	24.232	34.390	25.385	23.702	22.952	24.170	27.924	30.378	23.822	.000

从图1的聚类结果看，在刻度10以内，清凉寺组、本溪组、半坡组聚为一小类，姜家梁组与庙子沟组聚为一小类，柳湾合并组与火烧沟组聚为一小类，河宕组与昙石山组聚为一小类，米家崖Ⅰ区组与上述9个古代组聚成的四小类聚类，刻度均在15以内；笃忠组再与包括米家崖Ⅰ区组在内的10个组聚类；后套木嘎组与11个古代组关系最疏远，因此最后聚类。

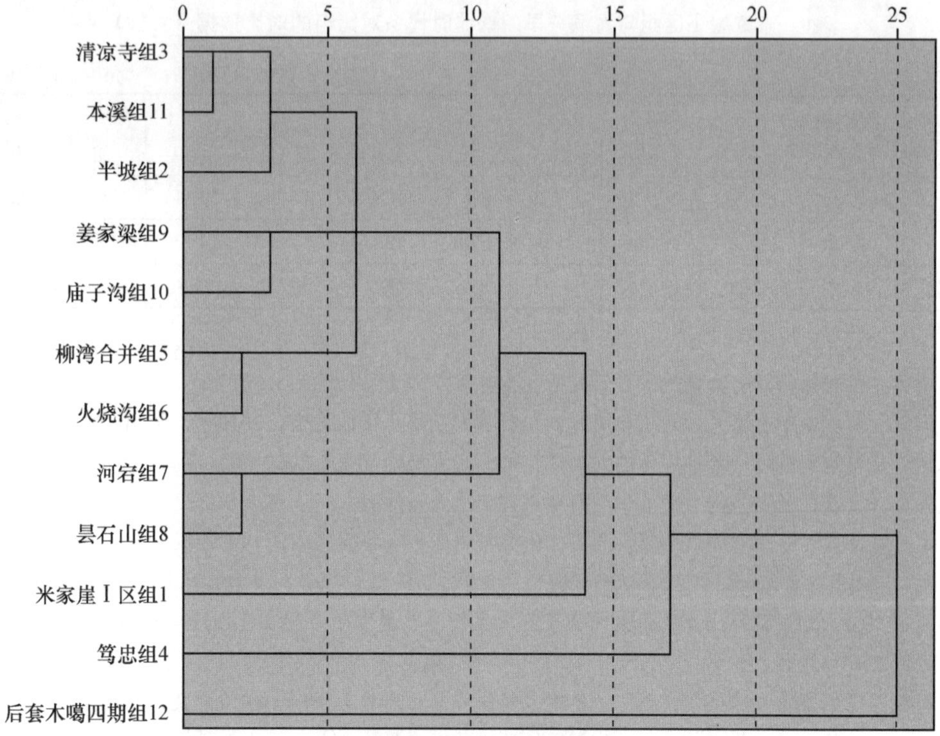

图1 米家崖Ⅰ区组与新石器时代对比组的聚类图（女性）

（二）与青铜—早期铁器时代组的对比

为了解米家崖Ⅰ区组为代表的人群的去向问题，以下选择了年代晚于米家崖Ⅰ区组颅骨对比组的各项数据与之比较（表9）。所选对比组包括磨沟齐家组[①]、殷墟中小墓组[②]、瓦窑沟组[③]、马腾空组[④]、蔚县合并组[⑤]、崞县窑子组[⑥]、大甸子②组[⑦]、新店子组[⑧]、井沟子组[⑨]、零口组[⑩]（表8）。表10为计算米家崖Ⅰ区组颅骨与各对比组颅骨的欧氏距离系数值（Dij），数值越小，说明两个对比组的颅骨形态越近。依据欧式距离系数值，使用SPSS.20中文版软件绘制的11个青铜—早期铁器时代组树状聚类结果见图2。

表8　青铜—早期铁器时代各对比组信息

组别	磨沟齐家组	殷墟中小墓组	瓦窑沟组	马腾空组	蔚县合并组	崞县窑子组	大甸子②组	新店子组	井沟子组	零口组
时代	青铜时代	商代后期	先周晚期	东周	夏代	春秋晚期至战国早期	夏商时期	春秋中期至战国早期	春秋晚期至战国早期	战国
类型	古西北类型	古中原类型	古中原类型（周人）	秦人	古华北类型	古华北类型	古东北类型	古蒙古高原类型	古蒙古高原类型	秦人
地点	甘肃省临潭县	河南省安阳市	陕西省铜川市	陕西省西安市雁塔区	河北省蔚县	内蒙古乌兰察布盟凉城县	内蒙古赤峰市敖汉旗	内蒙古林西县	陕西省西安市临潼区	陕西省西安市临潼区

表9　米家崖Ⅰ区组与青铜—早期铁器时代各对比组的对比数据（女性）

单位：毫米（长度）；°（角度）；%（指数）

测量项目	米家崖Ⅰ区组	磨沟齐家组	殷墟中小墓组	瓦窑沟组	马腾空组	蔚县合并组	崞县窑子组	大甸子②组	新店子组	井沟子组	零口组
颅长	176.00	173.64	175.29	179.50	177.25	168.96	172.00	171.15	176.57	175.45	174.50
颅宽	148.00	133.96	138.09	137.00	140.63	138.61	138.67	147.27	145.55	141.82	136.65
最小额宽	94.00	87.66	90.21	93.23	89.50	90.46	87.37	89.91	93.27	90.27	94.80

① 赵永生：《甘肃临潭磨沟墓地人骨研究》，吉林大学博士学位论文，2013年。

② 原海兵：《殷墟中小墓人骨的综合研究》，吉林大学博士学位论文，2010年，第147页。

③ 陈靓：瓦窑沟青铜时代墓地颅骨的人类学特征，《人类学学报》2000年第1期。

④ 王一如：《陕西西安马腾空遗址东周时期墓葬出土人骨研究》，吉林大学博士学位论文，2019年。

⑤ 朱泓：《邹县、兖州商周时期墓葬人骨的研究报告》，《华夏考古》1990年第4期。

⑥ 朱泓：《内蒙古凉城东周时期墓葬人骨研究》，《考古学集刊（7）》，科学出版社，1991年，第169～191页。

⑦ 潘其风：《大甸子墓葬出土人骨的研究》，《大甸子：夏家店下层文化遗址与墓地发掘报告》，科学出版社，1996年，第224～322页。

⑧ 张全超：《内蒙古和林格尔县新店子墓地人骨研究》，吉林大学博士学位论文，2005年。

⑨ 朱泓、张全超：《内蒙古林西县井沟子遗址西区墓地人骨研究》，《人类学学报》2007年第2期。

⑩ 周春茂：《零口战国墓颅骨的人类学特征》，《人类学学报》2002年第3期。

续表

测量项目	米家崖Ⅰ区组	磨沟齐家组	殷墟中小墓组	瓦窑沟组	马腾空组	蔚县合并组	崞县窑子组	大甸子②组	新店子组	井沟子组	零口组
眶高（R）	35.25	33.47	33.41	32.97	34.14	33.12	34.63	32.54	33.75	31.58	32.15
眶宽（R）	43.03	42.14	41.48	41.39	40.26	42.34	43.40	42.07	42.95	41.84	38.75
鼻宽	25.82	25.95	26.55	25.33	26.03	26.51	28.00	26.70	25.95	27.60	25.10
鼻高	47.05	50.65	49.46	50.16	49.76	49.57	52.80	50.44	54.56	53.84	49.85
上面高（sd）	70.19	69.15	68.38	68.30	70.94	69.26	72.17	68.69	73.50	70.99	66.20
颅指数	84.09	77.19	78.84	76.40	78.39	82.15	80.97	83.17	81.93	81.03	78.16
眶指数（R）	81.94	79.46	80.97	80.04	85.37	78.43	79.83	77.32	78.66	75.58	82.98
鼻指数	54.88	51.27	54.03	50.73	52.17	53.51	53.05	53.18	47.55	51.29	50.43

根据表10看，米家崖Ⅰ区组与代表古东北类型的大甸子②组的欧式距离系数值最小，为9.415，生物学距离相对接近；与代表古中原类型的马腾空组、殷墟中小墓组，代表古蒙古高原组的新店子组的生物学距离相对较小；与代表古西北类型的磨沟齐家组的生物学距离最为疏远；与代表周人的瓦窑组、代表秦人的零口组关系相对疏远。

从图2聚类结果来看，11个对比组聚成了三小类。殷墟中小墓组、磨沟齐家组、蔚县合并组、崞县窑子组首先聚类，其中殷墟中小墓组与磨沟齐家组，蔚县合并组与崞县窑子组彼此关系更近，在5刻度以内。瓦窑沟组与零口组、马腾空组聚为一小类，同属于古中原类型人群，新店子组与井沟子聚为一小类，代表东周时期的古蒙古高原类型人群。米家崖Ⅰ区组与大甸子②组聚为一小类，再与古蒙古高原类型人群聚类。

表10　米家崖Ⅰ区组与青铜—早期铁器时代各对比组的欧式距离系数值（Dij）（女性）

单位：毫米（长度）；°（角度）；%（指数）

组别	米家崖Ⅰ区组	磨沟齐家组	殷墟中小墓组	瓦窑沟组	马腾空组	蔚县合并组	崞县窑子组	大甸子②组	新店子组	井沟子组	零口组
米家崖Ⅰ区组	.000	18.102	12.558	15.336	12.024	13.451	14.380	9.415	12.068	13.413	15.491
磨沟齐家组	18.102	.000	6.458	8.833	10.299	9.149	7.964	15.300	15.693	11.028	9.813
殷墟中小墓组	12.558	6.458	.000	6.923	6.539	7.726	7.669	11.682	13.356	9.267	7.568
瓦窑沟组	15.336	8.833	6.923	.000	8.767	12.974	12.472	15.755	13.195	10.868	7.185
马腾空组	12.024	10.299	6.539	8.767	.000	12.095	9.940	13.489	12.441	11.705	9.480
蔚县合并组	13.451	9.149	7.726	12.974	12.095	.000	6.847	9.165	13.912	9.581	11.169
崞县窑子组	14.380	7.964	7.669	12.472	9.940	6.847	.000	10.853	12.067	8.110	13.067
大甸子②组	9.415	15.300	11.682	15.755	13.489	9.165	10.853	.000	11.026	8.839	15.261
新店子组	12.068	15.693	13.356	13.195	12.441	13.912	12.067	11.026	.000	7.996	14.947
井沟子组	13.413	11.028	9.267	10.868	11.705	9.581	8.110	8.839	7.996	.000	12.918
零口组	15.491	9.813	7.568	7.185	9.480	11.169	13.067	15.261	14.947	12.918	.000

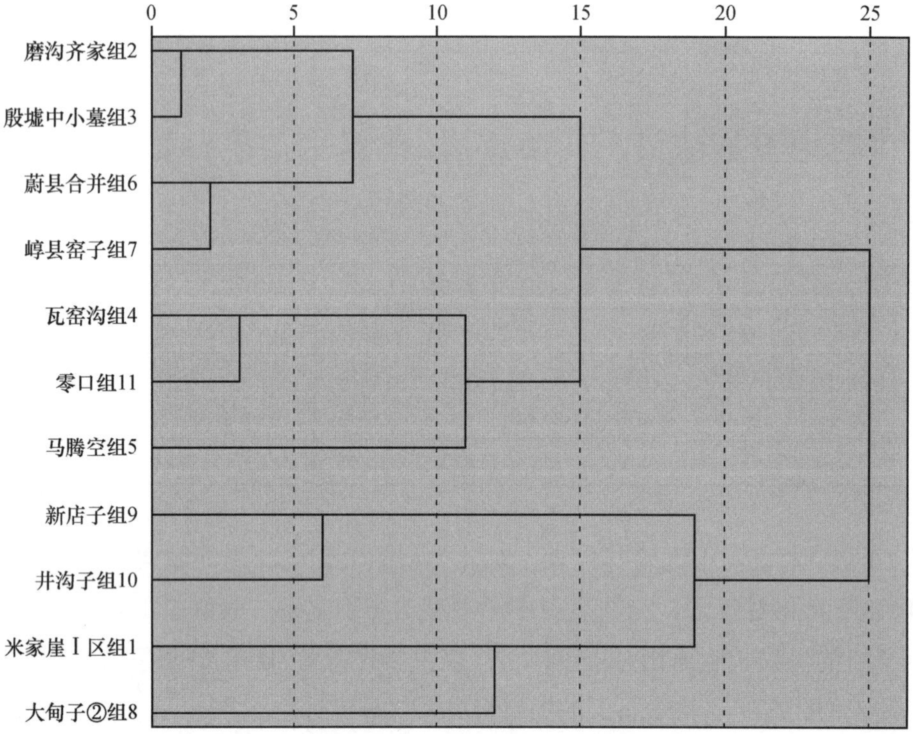

图2　米家崖Ⅰ区与青铜—铁器时代对比组的聚类图（女性）

三、小　　结

因米家崖Ⅰ区出土H15：R1头骨保存状况相对完整，部分形态特征可供观察，少许数据可供测量，且该头骨存在残损变形现象，对米家崖Ⅰ区H15的测量数据以及种系分析仅作参考。

与近现代女性各对比组相比，以H15：R1为代表的人群与长春组较为接近，其次是广西壮族组、香港组，与华北近代组、西安组和太原组关系较为疏远。

与新石器时代不同地区古代组的比较显示，以H15：R1为代表的人群与古中原类型的半坡组、清凉寺组先民的体质特征较为接近，与代表本溪组和姜家梁组古代居民体质特征也存在相对密切的关系，但是与代表典型的古东北类型的后套木嘎四期组古代居民体质特征最为疏远。从聚类结果显示，米家崖Ⅰ区组与9个古代组较晚聚类，表明米家崖Ⅰ区组与所比较的古代组的生物学距离相对疏离，因而松散聚类。

与青铜—早期铁器时代各对比组比较显示，以H15：R1为代表的人群与代表古东北类型的大甸子②组，代表古蒙古高原类型的新店子组、井沟子组的古代居民体质特征具有一定程度的相似性；与代表周人的瓦窑组，代表秦人的零口组，代表古西北类型的磨沟齐家组，代表古华北类型的蔚县合并组、崞县窑子组的古代居民体质特征较为疏远。

第五节 肢骨分析

一、肢骨各项指数研究

(一)肱骨测量数据

米家崖遗址Ⅰ区庙底沟二期文化人骨个体中，无可测量的肱骨；客省庄二期人骨个体中，性别明确且可测量的肱骨有2根，分别来自2例男性个体。骨骼保存极差，仅可测量3个数据。M1：R1的左侧肱骨下端宽为59.0毫米，体最小周长为70.0毫米；H98：R1的左侧肱骨头纵径为56.0毫米。

(二)桡骨测量数据及指数

米家崖遗址Ⅰ区庙底沟二期文化个体中，无可测量的桡骨；客省庄二期个体中，性别明确且可测量的桡骨共2根，分别来自2例男性个体。桡骨的测量数据和指数统计见表11。

表11 米家崖Ⅰ区客省庄二期人群桡骨可测量数据(男性)

单位：毫米(长度)；%(指数)

测量项目	M1：R1	H98：R1
桡骨最大长(L)	243.0	—
桡骨最大长(R)	—	245.0
桡骨生理长(L)	232.0	—
桡骨生理长(R)	—	230.0
骨干最小周长(L)	51.0	—
骨干最小周长(R)	—	42.0
桡骨骨干矢状径(L)	10.9	—
桡骨骨干矢状径(R)	—	13.0
桡骨骨干横径(L)	15.8	—
桡骨骨干横径(R)	—	16.6
长厚指数(L)	22.0	—
长厚指数(R)	—	18.3
体断面指数(L)	69.3	—
体断面指数(R)	—	78.1

米家崖Ⅰ区客省庄二期男性个体M1：R1桡骨的长厚指数为22.0，大于H98：R1桡骨的长厚指数，表明在最小周长处前者桡骨更粗壮。从体断面指数看，H98：R1桡骨的中部大于M1：R1桡骨的中部。

（三）尺骨测量数据及指数

米家崖遗址Ⅰ区庙底沟二期文化个体中，无性别明确且可测量的尺骨；客省庄二期个体中，性别明确且可测量的尺骨共2根，为2例男性个体。尺骨的测量数据及指数统计见表12。

表12　米家崖Ⅰ区客省庄二期人群尺骨可测量数据（男性）

单位：毫米（长度）；%（指数）

测量项目	M1：R1	H98：R1
尺骨最大长（L）	266.0	—
尺骨生理长（L）	236.0	—
尺骨骨干矢状径（L）	14.4	—
尺骨骨干矢状径（R）	—	12.8
尺骨骨干横径（L）	15.0	—
尺骨骨干横径（R）	—	13.5
体断面指数（L）	96.0	—
体断面指数（R）	—	95.0

米家崖Ⅰ区客省庄二期男性个体M1：R1左侧尺骨的体断面指数略大于H98：R1的右侧尺骨，这表明前者尺骨中部更粗壮些。

（四）股骨测量数据及指数

米家崖遗址Ⅰ区庙底沟二期文化个体中，无可测量的股骨；客省庄二期个体中，性别明确且可测量的股骨共3根，均为男性个体，但其中H98：R1的股骨保存极差，仅少数项目可供测量。股骨的测量数据及指数统计见表13。

米家崖Ⅰ区遗址客省庄二期男性股骨长厚指数反映了股骨中部骨干的厚度，该值越大，中部骨干越粗壮。M1：R1只获得了右侧股骨长厚指数，无法分析该个体左右侧别的差异。从股骨扁平指数看，M1：R1左侧股骨扁平指数为77.21，右侧股骨扁平指数为80.35，属于扁型，H98：R1左侧股骨扁平指数为65.79，为超扁型股骨，这表明该人群男性股骨上部在水平方向上发育偏扁。股骨嵴指数可以反映股骨嵴的发育程度，指数值越大，表明股骨粗线越发达。从侧别看，M1：R1右侧股骨嵴指数为103.54，左侧股骨嵴指数为99.85，这表明右侧股骨嵴相较左侧更加发达，肌肉附着更明显。

表13　米家崖Ⅰ区遗址客省庄二期人群股骨可测量数据（男性）

单位：毫米（长度）；°（角度）；%（指数）

测量项目	M1：R1	H98：R1	均值
股骨最大长（R）	450.00	—	450.00
股骨全长（R）	448.00	—	448.00
股骨体上部矢状径（L）	24.84	29.36	27.10
股骨体上部矢状径（R）	26.29	—	26.29
股骨体上部横径（L）	32.17	44.63	38.40
股骨体上部横径（R）	32.72	—	32.72
股骨体中部矢状径（L）	26.98	27.43	27.21
股骨体中部矢状径（R）	26.90	—	26.90
股骨体中部横径（L）	27.02	32.65	29.84
股骨体中部横径（R）	25.98	—	25.98
股骨体中部周长（L）	93.00	103.00	98.00
股骨体中部周长（R）	92.00	—	92.00
股骨体下部矢状径（L）	32.61	—	32.61
股骨体下部矢状径（R）	32.01	—	32.01
股骨体下部横径（L）	34.66	—	34.66
股骨体下部横径（R）	34.19	—	34.19
股骨颈垂直径（R）	35.32	—	35.32
股骨颈矢状径（R）	23.48	—	23.48
股骨头最大径（R）	48.75	—	48.75
股骨头周（R）	64.00	—	64.00
股骨上髁宽（L）	83.00	—	83.00
股骨上髁宽（R）	84.00	—	84.00
股骨外侧髁长（L）	63.25	—	63.25
股骨外侧髁长（R）	65.42	—	65.42
股骨内侧髁长（L）	62.30	—	62.30
股骨内侧髁长（R）	63.38	—	63.38
股骨颈干角（R）	145.00	—	145.00
股骨长厚指数（R）	20.54	—	20.54
股骨粗壮指数（R）	11.80	—	11.80
股骨扁平指数（L）	77.21	65.79	71.50
股骨扁平指数（R）	80.35	—	80.35
股骨嵴指数（L）	99.85	84.01	91.93
股骨嵴指数（R）	103.54	—	103.54

（五）胫骨测量数据及指数

米家崖遗址Ⅰ区庙底沟二期个体中，性别明确且可测量的胫骨共1根，为女性个体H15：R1，但保存极差，仅少数项目可供测量。胫骨的测量数据及指数统计见表14。

表14　米家崖Ⅰ区庙底沟二期文化人群胫骨可测量数据（女性）

单位：毫米（长度）；%（指数）

测量项目	H15：R1
胫骨下端矢状径（L）	36.25
胫骨下端宽（L）	50.34
滋养孔处矢状径（L）	28.36
滋养孔处横径（L）	21.51
胫骨体最小周（L）	81.00
胫骨指数（L）	75.85

米家崖Ⅰ区遗址庙底沟二期个体H15：R1左侧胫骨指数为75.85，属于宽胫型。

米家崖遗址Ⅰ区客省庄二期可测量的胫骨共2根，分别属于2例男性个体，胫骨的测量数据及指数统计见表15。

表15　米家崖Ⅰ区客省庄二期人群胫骨可测量数据（男性）

单位：毫米（长度）；%（指数）

测量项目	M1：R1	H98：R1	均值
胫骨最大长（L）	365.00	—	365.00
胫骨最大长（R）	359.00	—	359.00
胫骨全长（L）	349.00	—	349.00
胫骨全长（R）	348.00	—	348.00
胫骨体中部横径（L）	20.97	—	20.97
胫骨体中部横径（R）	21.42	—	21.42
胫骨体中部最大径（L）	30.17	—	30.17
胫骨体中部最大径（R）	29.75	—	29.75
胫骨下端矢状径（L）	38.40	36.39	37.40
胫骨下端矢状径（R）	37.36	—	37.36
胫骨下端宽（L）	48.34	49.54	48.94
胫骨下端宽（R）	47.30	—	47.30
滋养孔处矢状径（L）	31.67	—	31.67
滋养孔处矢状径（R）	32.54	—	32.54
滋养孔处横径（L）	22.90	—	22.90
滋养孔处横径（R）	23.58	—	23.58

续表

测量项目	M1：R1	H98：R1	均值
胫骨体最小周（L）	81.00	83.00	82.00
胫骨体最小周（R）	81.00	—	81.00
胫骨指数（L）	72.31	—	72.31（宽胫）
胫骨指数（R）	72.46	—	72.46（宽胫）
胫骨中部断面指数（L）	69.51	—	69.51
胫骨中部断面指数（R）	72.00	—	72.00
胫骨长厚指数（L）	23.21	—	23.21
胫骨长厚指数（R）	23.28	—	23.28
胫股指数（R）	77.68	—	77.68（短胫）

从胫骨指数看，M1：R1的左侧胫骨为72.31，右侧胫骨为72.46，均属于宽胫型。从胫骨中部断面指数看，该个体右侧数值大于左侧数值，表明此人右侧胫骨骨干中部的横径值更大，前后径值略小。从胫骨长厚指数看，M1：R1的左右侧胫骨差异很小。从右侧胫股指数看，该个体属于短胫型，具有较短的胫骨。

（六）腓骨测量数据及指数

米家崖遗址Ⅰ区庙底沟二期文化个体中，无可测量的股骨；客省庄二期个体中，性别明确且可测量的腓骨共1根，为男性个体。腓骨的测量数据及指数统计见表16。

表16　米家崖Ⅰ区遗址客省庄二期人群腓骨可测量数据（男性）

单位：毫米（长度）；%（指数）

测量项目	M1：R1
腓骨最大长（R）	347.00
腓骨最小周（L）	43.00
腓骨最小周（R）	47.00
腓骨中部最大径（R）	16.41
腓骨中部最小径（L）	13.74
腓骨长厚指数（R）	13.54

米家崖Ⅰ区遗址客省庄二期人群仅可获得1例男性右侧腓骨指数数据，腓骨长厚指数为13.54。

（七）小结

本节对米家崖遗址Ⅰ区客省庄二期遗迹出土的较完整的2根肱骨、2根桡骨、2根尺骨、2根股骨、2根胫骨及2根腓骨进行了测量以及统计分析。2例男性桡骨长厚指数左侧略大于右侧，但体断面指数右侧大于左侧。男性尺骨体断面指数左侧略大于右侧。上肢骨中，除桡骨长厚指数左侧略大于右侧外，其余上肢骨指数皆呈现右侧大于左侧，推测米家崖Ⅰ区客省庄二期2例男性可能在日常生活中右手使用率大于左手，为右利手。从下肢骨看，M1：R1右侧股骨扁平指数大于左侧股骨，左侧为超扁型股骨，右侧为扁型股骨；右侧股骨嵴指数大于左侧，左右两侧股骨嵴的发育程度相差较大。从胫骨指数、胫骨中部断面指数及胫骨长厚指数看，胫骨为中胫型、短胫型。综合来看，M1：R1右侧下肢骨发育程度皆高于左侧。

二、米家崖遗址Ⅰ区个体身高计算

通过肢骨的最大长，使用相关计算公式[①]，可以推算出个体的身高。具体公式如下：

男性：

身高=肱骨*5.06+50

身高=桡骨*6.86+50

身高=尺骨*6.41+50

身高=股骨*3.66+50

身高=胫骨*4.53+50

身高=腓骨*4.58+50

米家崖遗址Ⅰ区客省庄二期个体中，M1：R1的部分肢骨可用于身高计算，该个体为40～44岁的中年男性，身高计算所得数据见表17。

通过对这2例男性的桡骨、尺骨、股骨、胫骨和腓骨最大长进行身高测算，得出米家崖遗址Ⅰ区客省庄二期男性平均身高约在163.93～175.51之间，均值为170.27厘米。

为了解米家崖Ⅰ区男性居民身高发育水平，本文选取了从新石器时代仰韶、龙山文化到西汉时期11个古代组的身高与之对比。对比组有：仰韶组[②]、大汶口组[③]、清凉寺组[④]、姜家梁

① 朱泓：《体质人类学》，高等教育出版社，2004年，第153～154页。

② 王明辉：《人骨综合研究》，《灵宝西坡墓地》，文物出版社，2010年，第115～177页。

③ 王明辉：《人骨综合研究》，《灵宝西坡墓地》，文物出版社，2010年，第115～177页。

④ 陈靓：《人骨特征与病理分析》，《清凉寺史前墓地》，文物出版社，2016年，第422～429页。

组[①]、磨沟组[②]、大甸子组[③]、殷墟中小墓组[④]、少陵原组[⑤]、马腾空东周组[⑥]、将军沟组[⑦]、余吾组[⑧]。身高数据见表18。利用身高数据绘制的古代对比组折线图见图3。

表17　米家崖Ⅰ区遗址客省庄二期人群身高（男性）

单位：厘米（长度）

身高计算运用公式	侧别	男性	
		数目	值/均值
肱骨公式	L	0	—
	R	0	—
桡骨公式	L	1	171.70
	R	1	173.07
尺骨公式	L	1	175.51
	R	0	—
股骨公式	L	0	—
	R	1	169.70
胫骨公式	L	1	170.35
	R	1	167.63
腓骨公式	L	0	—
	R	1	163.93
均值			170.27

从图3看，与其他遗址组居民的对比中，米家崖Ⅰ区组男性的身高处于较高水平，仅低于时代较早的山东大汶口组和河南仰韶组，高于其他年代较晚的磨沟组、大甸子组、殷墟中小墓组、少陵原组、马腾空东周组、将军沟组和余吾组。这可能由于农业经济的发展，导致劳动强度与骨骼压力的增加，进而影响身高，从而导致农业人群的身高逐渐下降[⑨]。米家崖遗址的时代处于新石器时代仰韶、大汶口时期与青铜—早期铁器时代的过渡位置，随着农业不断发展，导致米家崖Ⅰ区组男性身高低于新石器时代仰韶、大汶口时期身高水平而高于较晚时期身高水平。

① 王明辉：《人骨综合研究》，《灵宝西坡墓地》，文物出版社，2010年，第115～177页。

② 赵永生：《甘肃临潭磨沟墓地人骨研究》，吉林大学博士学位论文，2013年，第22～34页。

③ 潘其风：《大甸子墓葬出土人骨的研究》，《大甸子：夏家店下层文化遗址与墓地发掘报告》，科学出版社，1996年，第224～322页。

④ 原海兵：《殷墟中小墓人骨的综合研究》，吉林大学博士学位论文，2010年，第39～68页。

⑤ 陈靓：《人骨特征与病理分析》，《清凉寺史前墓地》，文物出版社，2016年，第422～429页。

⑥ 王一如：《陕西西安马腾空遗址东周时期墓葬出土人骨研究》，吉林大学博士学位论文，2019年，第106～109页。

⑦ 王一如：《陕西西安马腾空遗址东周时期墓葬出土人骨研究》，吉林大学博士学位论文，2019年，第106～109页。

⑧ 陈靓：《人骨特征与病理分析》，《清凉寺史前墓地》，文物出版社，2016年，第422～429页。

⑨ 王建华：《黄河流域史前人口健康状况的初步考察》，《考古》2009年第5期。

表18 米家崖Ⅰ区组居民身高与其他遗址组的比较（男性）

单位：厘米（长度）

组别	地理位置	时代/文化	男性身高
米家崖Ⅰ区组	陕西	客省庄二期	170.27
仰韶组	河南	仰韶文化	171.1
大汶口组	山东	大汶口文化	171.68
清凉寺组	山西	仰韶/龙山	166.59
姜家梁组	河北	仰韶/龙山	169.69
磨沟组	甘肃	齐家文化	165.45
大甸子组	内蒙古	夏家店下层文化	163.28
殷墟中小墓组	河南	商代晚期	163.59
少陵原组	陕西	西周	164.22
马腾空东周组	陕西	东周	169.26
将军沟组	内蒙古	战国	168.05
余吾组	山西	战国～汉代	165.6

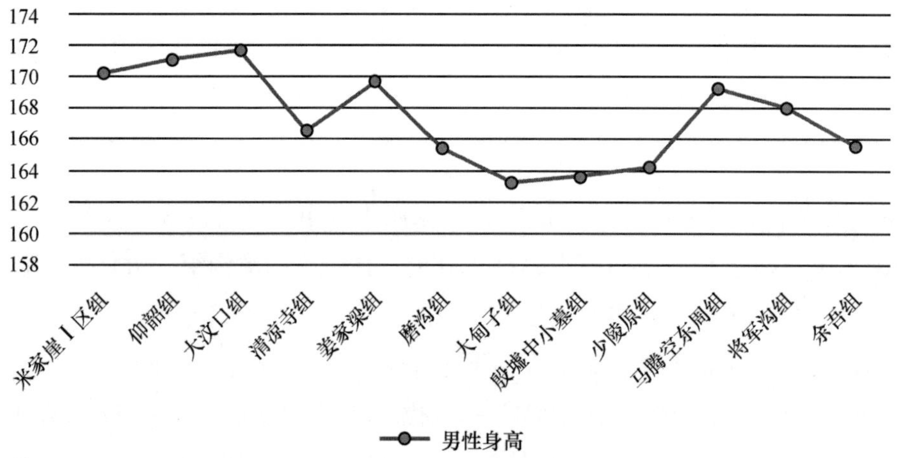

图3　米家崖Ⅰ区组与其他古代组身高的对比（男性）

第六节　古病理学研究

古病理学是通过现代病理学的理论和方法研究疾病在古代人类骨骼遗存上的表现，包括骨骼上的疾病、发育畸形以及功能压力等，旨在运用观察、描述、统计等方法手段，寻找人类骨骼上的各种病理现象，并结合考古学、医学、人类学及社会学等学科研究人类群体的健康状况以及各种疾病发生、发展的历史及其原因，进而探讨人类对生存环境的适应能力[①]。本文在对

① 周亚威：《试论体质人类学研究解决的若干考古学问题——以性别年龄鉴定、古人种学、古病理学为例》，《江汉考古》2015年第6期。

遗址出土人骨标本观察的基础之上，参考夏洛特·罗伯茨（Charlotte Roberts）[①]、罗伯特·曼恩（Robert W. Mann）、大卫·亨特（David R. Hunt）[②]等学者的相关著述，从口腔疾病、新陈代谢类疾病、非特异性感染、退行性关节疾病、变异方面对米家崖Ⅰ区出土的7例人骨展开古病理学研究。

一、口腔疾病

（一）龋齿

龋齿是最常见的人类牙齿疾病，在古代人群中也有较高的出现频率。龋齿的产生主要由于口腔中细菌滋生，促使牙齿发生改变。龋齿的鉴定主要是观察牙釉质表面是否出现粗糙斑点或较大龋洞[③]。另外有研究表明，龋齿的患病率与人群生计方式密切相关，一般农业人群因饮食结构中富含碳水化合物，糖类成分比以动物性食物为主的游牧人群高，故而农业人群龋齿患病率比采集狩猎和游牧人群高[④]；较发达农业文化的人群龋齿患病率的变化范围为4.3%～14.8%，平均值约为9.2%，而以游牧为主的文化人群龋齿患病率为0.2%～0.9%；新石器时代的原始农业经济形态人群龋齿患病率的变化范围为1.2%～8.3%，一般在5%左右；半农半牧的人群龋牙率介于0.5%～10.7%之间，平均值约6%[⑤]。

下文通过龋患率和龋齿率对米家崖遗址Ⅰ区7例个体的龋齿发生状况进行统计，初步分析米家崖遗址Ⅰ区古代人群的生计方式。其中患龋率的计算公式为：患龋个体数/观察总人数×100%，用以统计人群中患有龋病的频率；龋齿率的计算公式为：患龋牙齿数/观察齿总数×100%，用以统计罹患龋病的牙齿数占观察牙齿总数的比率。

米家崖遗址Ⅰ区庙底沟二期文化人骨因保存情况所限，出土的2例个体中仅有1例个体存有3颗牙齿，无龋齿。

米家崖遗址Ⅰ区客省庄二期5例个体中，共存有32颗牙齿，观察到患有龋病的个体2例，一例编号为H98：R1，另一例编号为H30：R1；患龋率为40%；患龋牙齿3颗，龋齿率为9.38%（图版八五，1）。这一数据略高于新石器时代的原始农业经济形态人群龋齿患病率的上限，接近于较发达农业文化的人群龋齿患病率的平均值，也处于农业经济的范围内，因此米家崖遗址Ⅰ区客省庄二期古代人群更接近于农业经济人群。

① 〔英〕夏洛特·罗伯茨等著，张桦译：《疾病考古学》，山东画报出版社，2010年。

② 〔美〕罗伯特·曼恩（Robert W. Mann）、〔美〕大卫·亨特（David R. Hunt）著，张全超、秦彦国译：《骨骼疾病图谱：人类骨骼病理与正常变异指南（原书第3版）》，科学出版社，2020年。

③ 〔英〕夏洛特·罗伯茨等著，张桦译：《疾病考古学》，山东画报出版社，2010年，第69～272页。

④ 尉苗、王涛、赵丛苍，等：《甘肃西山遗址早期秦人的饮食与口腔健康》，《人类学学报》2009年第1期。

⑤ 何嘉宁：《中国北方古代人群龋病及与经济类型的关系》，《人类学学报》2004年第S1期。

（二）牙周病

牙周病指牙龈及牙齿周围组织发生的炎症性疾病，表现为牙龈和齿槽骨收缩，在牙齿根部大面积暴露后，最终导致牙齿松动并脱落。牙周炎的鉴定通常是以齿槽萎缩、齿根暴露超过1/3为标准[①]。临床医学研究显示，从性别来讲，男性的牙周病患病率普遍高于女性；从年龄来讲，年龄越大，牙周病患病率越高[②]。

米家崖遗址Ⅰ区客省庄二期个体中，观察到1例个体罹患牙周病，该个体编号为H98：R1，为35～40岁男性（图版八五，3），整体罹患率为20%。

二、新陈代谢类疾病

米家崖遗址Ⅰ区出土人骨上发现的新陈代谢类疾病为眶上筛孔和多孔性骨肥厚。这两种骨骼表现与缺铁性贫血关系密切，一般认为，在由狩猎采集经济向农业转型过渡的过程中，谷物代替动物蛋白的饮食结构和恶劣的生活环境容易诱发营养不良与贫血[③]。眶上筛孔的表现为额骨双侧眼眶上表面密集分布大小不等的筛孔样结构；多孔性骨肥厚的表现为颅骨骨壁厚度增加、外层骨和内侧板障骨内出现直径为0.5～2.0毫米的筛孔样结构[④]。

米家崖遗址Ⅰ区客省庄二期5例个体中，共观察到3例个体出现眶上筛孔和多孔性骨肥厚，其中H30：R2的左侧眼眶上表面出现眶上筛孔病变，H30：R1和H98：R1出现多孔性骨肥厚病变（图版八五，2）。H30:R1的颅骨两侧顶骨内壁矢状缝两侧有密集针尖状小孔且骨壁较厚，H98：R1的枕骨内壁靠近枕骨大孔处有密集针尖状小孔且骨壁较厚。

米家崖遗址Ⅰ区客省庄二期人骨共鉴定5例个体，包括3例未成年个体，2例成年个体，其中2例未成年个体出现眶上筛孔或多孔性骨肥厚的病变，占总观察人数的40%，占未成年人数的66.67%；1例成年个体出现眶上筛孔或多孔性骨肥厚的病变者，占总观察人数的20%，占成年人数的50%。未成年个体出现此种病变的比例稍高于成年个体。新陈代谢类疾病较高的出现率以及在未成年人与成年人群体中差异较大的出现率说明米家崖遗址Ⅰ区客省庄二期先民的食物结构主要以植物性食物为主，缺少动物性食物，未成年人获得蛋白质比例更低，营养状况更差。

---

① 〔英〕夏洛特·罗伯茨等著，张桦译：《疾病考古学》，山东画报出版社，2010年，第80～82页。

② Hillson S. Tooth Development in Human Evolution and Bioarchaeology. Cambridge: Cambridge University Press, 2014: 358-400.

③ 〔英〕夏洛特·罗伯茨等著，张桦译：《疾病考古学》，山东画报出版社，2010年，第249～251页。

④ 〔美〕罗伯特·曼恩（Robert W. Mann）、〔美〕大卫·亨特（David R. Hunt）著，张全超、秦彦国译：《骨骼疾病图谱：人类骨骼病理与正常变异指南（原书第3版）》，科学出版社，2020年，第20～21、25～26页。

三、非特异性感染

非特异性感染导致的骨骼病理改变多由细菌造成，多累及骨骼的骨板层，主要包括化脓性骨髓炎、骨膜炎、窦炎、中耳和乳突的感染、颅内感染、软组织感染等[①]。米家崖遗址Ⅰ区出土人骨上发现的非特异性感染疾病主要包括肢骨骨膜炎、上颌窦炎和颅内感染。

（一）肢骨骨膜炎

骨膜炎是骨膜因感染、外伤或其他部位化脓性炎症转移而引起的炎症，具体表现为细小的点状凹陷，然后沿着骨的长轴形成条纹状瘢痕，发展之后会生成片状疏松多孔的编织骨，最终会形成致密的板层骨，而胫骨是最常见的发病部位[②]。

米家崖遗址Ⅰ区客省庄二期5例个体中，共观察到2例个体出现骨膜炎。其中H98：R1的左侧股骨、右侧股骨骨干中段、左侧胫骨出现密集针尖状小孔并且出现竖条纹样变；M1：R1的左右侧胫骨外侧中段及下段同样出现密集针尖状小孔并且出现竖条纹样变（图版八五，7）。

（二）上颌窦炎

上颌窦炎是指颅骨的上颌窦内壁底面或侧面出现点状孔、孔洞或穗状骨片的骨骼变化。根据目前学术界的研究，气候环境变化、空气污染、齿科疾病、病原微生物、鼻骨解剖结构异常等都易导致上颌窦炎[③]。

米家崖遗址Ⅰ区客省庄二期5例个体中，共观察到1例未成年个体出现上颌窦炎。该个体为H30：R2，其上颌窦内壁底部的骨膜表面出现1mm左右的点状孔（图版八五，4）。

（三）颅内感染

颅内感染在骨骼上的表现为颅骨内表面新骨的形成，一般认为可能与脑膜感染或脑膜炎有关；脑膜炎一般由细菌或病毒的感染所致（或是传染性疾病如结核病的并发症），但也有可能是由其他非传染性病变如肿瘤所致，在冬春季节最易发病，在古代因缺乏有效治疗，发病后死亡率高[④]。

---

① 〔英〕夏洛特·罗伯茨等著，张桦译：《疾病考古学》，山东画报出版社，2010年，第183～196页。
② 〔英〕夏洛特·罗伯茨等著，张桦译：《疾病考古学》，山东画报出版社，2010年，第188～190页。
③ 熊建雪、陈国科、殷杏，等：《黑水国遗址汉代人群的上颌窦炎症》，《人类学学报》2021年第5期。
④ 〔英〕夏洛特·罗伯茨等著，张桦译：《疾病考古学》，山东画报出版社，2010年，第195页。

米家崖遗址Ⅰ区客省庄二期5例个体中，共观察到1例未成年个体存在颅内感染现象。该个体为H30：R2，其枕骨、两侧顶骨内壁矢状缝旁、额骨内壁可见骨感染侵蚀痕迹，有一层新骨生成（图版八五，5）。

四、退行性关节病

退行性关节病的骨骼表现主要有关节表面多孔性改变、关节边缘骨赘的生成、关节表面象牙质化、关节形状或轮廓的改变、关节融合甚至是关节的侵蚀。一般认为，退行性关节病主要是由于高强度劳动和年龄因素导致关节遭受长期的持续性的压力或而引起的，遗传、肥胖、外伤等因素也会导致退行性关节疾病①。

米家崖遗址Ⅰ区出土人骨上发现的退行性关节疾病主要包括锁骨及椎骨骨赘、许莫氏结节和蹲距面。

（一）骨赘

骨赘是关节受压，骨骼代偿的直接结果，关节边缘常见圆形、唇状、辐射状的突出骨性结构生长。

米家崖遗址Ⅰ区客省庄二期5例个体中，共观察到2例个体存在骨赘，其中M1：R1的左侧锁骨胸骨端表面疏松多孔并有骨赘生成，H98：R1的一块残损腰椎椎体表面周缘一圈有唇状骨赘生成（图版八五，6）。

（二）许莫氏凹陷（结节/凹坑）

许莫氏凹陷在年龄较大的个体中普遍存在，是由椎间盘退行性疾病引起的，普遍认为是由于椎体表面承受了巨大的压力所致。这种凹陷常见于胸椎下段和腰椎上，表现为椎骨椎体上下表面出现圆形、线性或两者组合的凹陷，有时仅表现为小的圆形凹陷或者出现在中心的圆形浅坑②。

米家崖遗址Ⅰ区客省庄二期5例个体中，共观察到1例个体出现许莫氏凹陷。该个体为M1：R1，其胸椎椎体上下表面出现条带状凹陷（图版八五，8）。

---

① 〔英〕夏洛特·罗伯茨等著，张桦译：《疾病考古学》，山东画报出版社，2010年，第146～153页。

② 〔美〕罗伯特·曼恩（Robert W. Mann）、〔美〕大卫·亨特（David R. Hunt）著，张全超、秦彦国译：《骨骼疾病图谱：人类骨骼病理与正常变异指南（原书第3版）》，科学出版社，2020年，第66～67页。

（三）蹲距面

蹲距面指因当人们长期采用蹲姿时，膝盖和足部过度背屈，使胫骨的前表面紧贴距骨颈的背部，导致胫骨远端原本应该是直线的前缘出现中断，出现小窝状凹陷[①]。

米家崖遗址Ⅰ区客省庄二期5例个体中，共观察到1例个体存在蹲距面。该个体为M1∶R1，其左右两侧胫骨下段出现蹲距面（图版八五，9）。

五、变　异

米家崖遗址Ⅰ区出土人骨上发现的变异为胸骨穿孔。胸骨穿孔是一种椭圆形或圆形的发育缺陷，是一种罕见的变异，但存在于多数人群中，主要发生在胸骨体上，极少出现于胸骨柄上[②]。

米家崖遗址Ⅰ区客省庄二期5例个体中，共观察到1例个体出现胸骨穿孔现象。该个体为M1∶R1，其胸骨穿孔直径约4mm（图版八五，10）。

第七节　总　结

首先，我们对米家崖遗址Ⅰ区出土的7例个体进行了性别和年龄的鉴定，分段统计分析了米家崖遗址Ⅰ区不同时代人群男女性别比、人口结构、死亡年龄。经鉴定，米家崖遗址Ⅰ区庙底沟二期文化的2例人骨中，1例为成年女性个体，1例为性别、年龄不明个体；客省庄二期的5例人骨中，未成年个体3例，成年男性2例。米家崖遗址Ⅰ区客省庄时期人群平均死亡年龄为20.5岁，男性平均死亡年龄为39.75岁；人群死亡年龄主要集中于中年期，其次为婴幼儿期，然后为少年期。

其次，我们对遗址中仅存的1例较完整的庙底沟二期文化颅骨进行了形态观察和测量。从观察特征看，该个体的颅形以卵圆形为主，颅顶缝较简单，眉弓突度弱，眉弓范围小，枕外隆凸稍显，眶形以方形为主，梨状孔为梨形，犬齿窝多数为弱和无，额鼻颌缝以弧线形为主，乳突小，齿弓有U型、抛物线型。从测量性状看，该个体的颅指数显示为圆颅型，额宽指数显示为狭额型；从鼻指数看为阔鼻型，眶指数显示为中眶型；鼻颧角值为很大级，颧上颌角显示为

① 〔美〕罗伯特·曼恩（Robert W. Mann）、〔美〕大卫·亨特（David R. Hunt）著，张全超、秦彦国译：《骨骼疾病图谱：人类骨骼病理与正常变异指南（原书第3版）》，科学出版社，2020年，第121页。

② 〔美〕罗伯特·曼恩（Robert W. Mann）、〔美〕大卫·亨特（David R. Hunt）著，张全超、秦彦国译：《骨骼疾病图谱：人类骨骼病理与正常变异指南（原书第3版）》，科学出版社，2020年，第90页。

很小级。根据测量性特征显示这例女性个体具有比较明显的亚洲蒙古人种特征。

之后，通过计算欧式距离系数值和绘制树状聚类图等方法，我们研究了米家崖遗址Ⅰ区古代居民的种族形态特征。通过计算统计米家崖遗址Ⅰ区女性个体与新石器时代以及青铜—早期铁器时代的不同地区古代居民对比组的生物学距离，讨论与各对比组所代表的古代人种类型远近相似关系，确定了米家崖遗址Ⅰ区古代居民的种族归属。

与近代女性各对比组相比，米家崖Ⅰ区庙底沟二期古代居民与长春组所代表的近代女性居民体质特征较为接近，与华北、西安和太原近代女性居民体质特征的关系较为疏远。根据米家崖Ⅰ区女性个体与新石器其他地区相关组的对比显示，米家崖Ⅰ区女性居民与古中原类型的半坡组、清凉寺组古代居民体质特征较为接近，与代表古华南类型的河宕组、昙石山组古代居民体质特征也存在较为密切的关系；与代表古东北类型的后套木嘎四期组古代居民体质特征最为疏远。

从种系去向问题来看，米家崖Ⅰ区组与青铜—早期铁器时代各对比组比较显示，米家崖Ⅰ区组与代表古东北类型的大甸子②组，代表古蒙古高原类型的新店子组、井沟子组的古代居民体质特征具有一定的相似性，与代表周人的瓦窑组、代表秦人的零口组，代表古华北类型的蔚县合并组、崞县窑子组，代表古西北类型的磨沟齐家组古代居民体质特征较为疏远。

第五节中，我们对米家崖遗址Ⅰ区庙底沟二期文化遗迹出土的较完整的1根女性左侧胫骨进行了测量，显示该个体胫骨指数为75.85%，为宽胫型。我们对米家崖遗址Ⅰ区客省庄二期遗迹出土的较完整的2根肱骨、2根桡骨、2根尺骨、2根股骨、2根胫骨和2根腓骨进行了测量。对四肢骨的研究表明，除桡骨长厚指数左侧略大于右侧外，其余可获得的上肢骨指数数据皆呈现右侧大于左侧，推测米家崖Ⅰ区遗址客省庄二期男性人群可能在日常生活中右手使用率大于左手。下肢骨的指数统计结果表明，该遗址男性股骨左侧为超扁型股骨，右侧为扁型股骨，左右两侧股骨嵴的发育程度相差较大，胫骨为中胫型、短胫型。米家崖Ⅰ区遗址客省庄二期人群男性右侧下肢骨发育程度皆高于左侧。

利用身高公式我们对米家崖遗址Ⅰ区客省庄二期的男性个体进行了身高的推测，得出米家崖遗址Ⅰ区客省庄二期人群男性平均身高约在163.93～175.51厘米之间，均值为170.27厘米。与新石器时代其他古代组比较，米家崖遗址Ⅰ区客省庄二期男性人群身高处于较高水平，仅低于时代较早的山东大汶口组和河南仰韶组，高于青铜—早期铁器时代古代男性组人群。推测可能与其处于新石器时代仰韶、大汶口时期与青铜—早期铁器时代的过渡位置，农业不断发展有关。

最后，我们统计了米家崖Ⅰ区遗址古代先民骨骼上的病理状况。结果显示客省庄二期古代先民存在口腔疾病、新陈代谢类疾病、非特异性感染、退行性关节疾病、胸骨变异等疾病。

从米家崖遗址Ⅰ区客省庄二期古代人群40%的患龋率和9.38%龋齿率来看，其高于新石器时代的原始农业经济形态人群龋齿患病率的上限，接近于较发达农业文化的人群龋齿患病率的平均值，也处于农业经济的范围内，因此米家崖遗址Ⅰ区客省庄二期古代人群更接近于农业经济人群。米家崖遗址Ⅰ区客省庄二期古代人群的牙周病罹患率为20%。

眶上筛孔与多孔性骨肥厚被认为是缺铁性贫血的标志。米家崖遗址Ⅰ区客省庄二期古代居民中共观察5例个体，有3例个体出现此种病理现象，出现率高达60%，其中未成年个体出现率40%，成年个体出现率20%，未成年人此种病变的出现比例稍高于成年个体。表面米家崖遗址Ⅰ区客省庄二期先民的食物结构主要以植物性食物为主，缺少动物类蛋白质食物，且未成年人营养水平较低。

米家崖遗址Ⅰ区客省庄二期古代居民骨骼的病理现象较多。在非特异性感染方面，有2例个体出现骨膜炎，1例个体出现上颌窦炎，1例个体出现颅内感染。在退行性关节病方面，有2例个体的锁骨胸骨端出现骨赘，有些个体的椎体甚至出现了许莫氏结节，另有1例个体的左右两侧胫骨下段出现了蹲距面，还有1例个体出现胸骨穿孔的变异现象。

总而言之，米家崖遗址作为浐、灞河流域新石器时代晚期重要的聚落遗址之一，针对米家崖遗址Ⅰ区出土的人骨标本进行的体质人类学研究，可以为今后研究米家崖遗址人群的生存环境、生计方式等提供重要依据，更为探究黄河中游新石器时代古代居民的种族特征，进而探讨米家崖遗址先民在中华文明进程中所起的作用具有重要的价值。

（执笔者：王欣芃、陈靓）

第十六章 “西安米家崖遗址考古成果展”方案

米家崖遗址经过两次考古发掘，获得了一批丰富的新石器时代文化遗存资料，其仰韶文化晚期资料与半坡、姜寨、鱼化寨和杨方寨等遗址发现的文化遗存无论从时段上，还是从内容上，都有着重要的互补作用，对完善西安地区新石器时代中晚期文化序列与文明发展进程研究具有重要的学术价值。将米家崖遗址考古成果公众化展示是极有必要的。

“西安米家崖遗址考古成果展”属于文化信息定位的主题式展览，通过提炼文化内涵确定总主题“河岸拾珠、梦回千年——西安米家崖遗址考古成果展”，以米家崖先民的生产生活为主线，人与环境、生产、生活、精神文化四个方面为框架结构，选取陶器、石器、骨器、角器、牙器等出土实物展品及适当的辅助展品，设计一个完整的陈列方案。

河岸拾珠 梦回千年

——西安米家崖遗址考古成果展

序 厅

序 言

千年时光，朝晖夕阴，日出月落，人类更替，文明永留。

4000年前，这里男耕女织，日出而作，日落而息。

4000年前，这里浐水湍湍，炊烟袅袅，田园牧歌。

100年前，这里来了一位瑞典考古学家——安特生，他调查并发现了米家崖遗址。这是陕西首个被发现的新石器时代遗址。

20年前，这里在城市发展中濒临消失时得到考古工作者的抢救发掘，米家崖先民湮没于历史的家园终于重见天日，那些精致而实用的陶器、骨器、石器、玉器亦得到保护与珍藏。

13年前，这里再次由考古人员发掘保护，获得了更加丰富的新石器时代文化遗存，使这里4000年的文明重获新生。

今天，就让我们梦回米家崖，重拾河畔的辉煌遗珠……

展示要求：

在序言版面的文字之外，以图画的形式描绘米家崖先民生产、生活等方面的内容，尽可能使其中的内容生动、形象、美观。

辅展：米家崖遗址位置示意图地面投影

展示要求：

在西安地区地图上显示西安周边主要地形与河流，并标注出米家崖遗址的位置。

第一单元：远古生态——米家崖人与米家崖生态环境（展品：6件）

一级版面：

远古生态——米家崖人与米家崖生态环境

4000余年前的关中地区，气候温暖湿润，四季分明。米家崖遗址所在的浐河西岸，地势平坦开阔，土壤肥沃，水源充足。勤劳的米家崖先民用他们辛勤劳动和聪明智慧，创造出了灿烂的米家崖史前文化。

二级版面：

米家崖人

生活在浐河河畔的米家崖先民，他们面部扁平，鼻子突出，在体质人类学上属蒙古人种东亚型和南亚型。米家崖人的相貌特征与现代东亚人没有很大的差别，从四肢骨推算男性身高约为158厘米，女性身高介于154～164厘米。

展品：（2件）

女性头骨　2004～2006年米家崖遗址H224出土

男性头骨　2004～2006年米家崖遗址H52出土

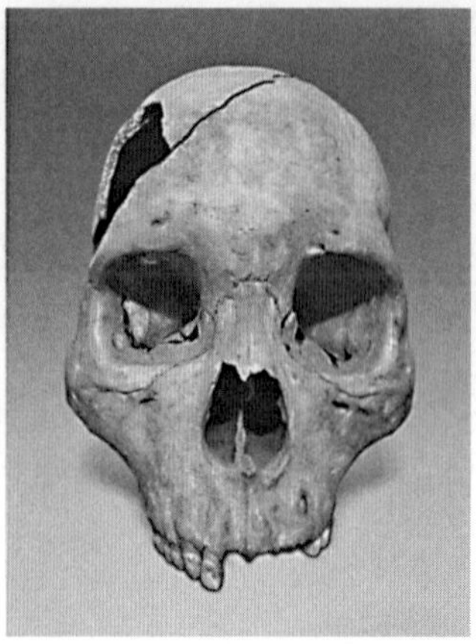

二级版面：

生态环境

米家崖遗址位于浐河下游西岸的一级台地上，南依秦岭、东临白鹿原，气候温和，资源丰富，为古代先民的生产和生活带来得天独厚的条件。这里水草丰美、土质肥沃，这里鸟语花香、果实繁硕，这里狗逐豕突、鸟飞鱼跃……

辅展：

关中地形水系图

展品：（4件）

狍下颌骨（1件） 米家崖遗址出土 仰韶文化晚期（距今约5100～4500年）

貉骨（1件） 米家崖遗址出土 仰韶文化晚期（距今约5100～4500年）

说明牌：犬科，貉属。体型短而肥壮，体色乌棕。吻部白色，四肢短呈黑色，尾巴粗短。栖息于河谷、草原和靠近河川、溪流、湖泊沼泽附近的丛林中。

梅花鹿角（1件） 米家崖遗址出土 仰韶文化晚期（距今约5100～4500年）

竹鼠下颌骨（1件）米家崖遗址出土 仰韶文化晚期（距今约5100～4500年）

说明牌：竹鼠属。因吃竹而得名，主要以竹子、芒草、植物茎秆等为食。栖息于竹林、马尾松林及山地阳坡草丛下，穴居，喜暖，耐低温。竹鼠成体长约30～40厘米，体重2～4千克。

第二单元：日出而作——米家崖人的生产劳动（展品：31件组）

一级版面：

日出而作——米家崖人的生产劳动

每当太阳从东方升起，米家崖人开始了新一天的生活——他们使用石头、动物骨骼加工制成的趁手工具，或下田种粟、采摘果实，或河边捕鱼、林中打猎；同时他们还饲养着一些驯化的动物，以确保有充足的食物维持聚落的生存。

展品：（8件）

砾石（2件） 米家崖遗址出土 客省庄文化（距今约4300～4000年）

说明牌：加工工具，用于修磨石器、骨器等。

带孔石器（2件） 米家崖遗址出土 客省庄文化（距今约4300～4000年）

石锤（2件） 米家崖遗址出土 客省庄文化（距今约4300～4000年）

说明牌：剥落石片或加工修整石器的打击工具。

石凿（2件） 米家崖遗址出土 客省庄文化（距今约4300～4000年）

说明牌：用于在木材或骨料上凿孔等，多呈窄长条形。

辅展：旧、新石器的制作技术对比（文字+图片）

旧石器的制作技术

1. 选择原料

2. 打击石片

3. 加工修整

①单面加工

②两面加工

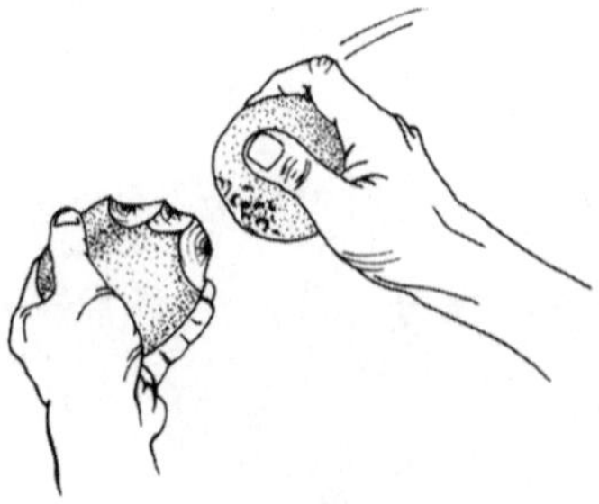

1. 锤击法剥片

2. 砸击法剥片

3. 碰砧法剥片

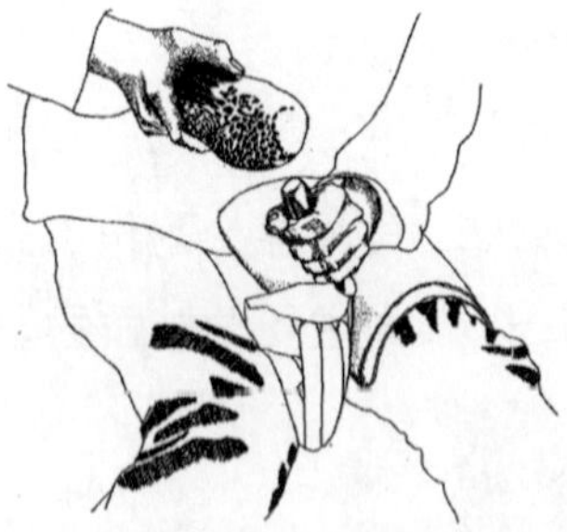

4. 间接打击法剥片

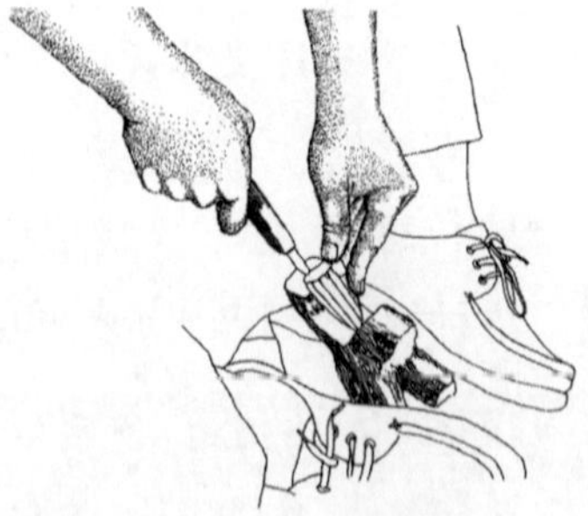

5. 压制法——手压法剥片

6. 压制法—胸压法剥片

剥片方法示意图

（图片来源：阮齐军：《走近打制石器——什么是石核》，“云南考古”微信公众号，2020年4月23日）

新石器的制作技术

1. 选材

2. 切割

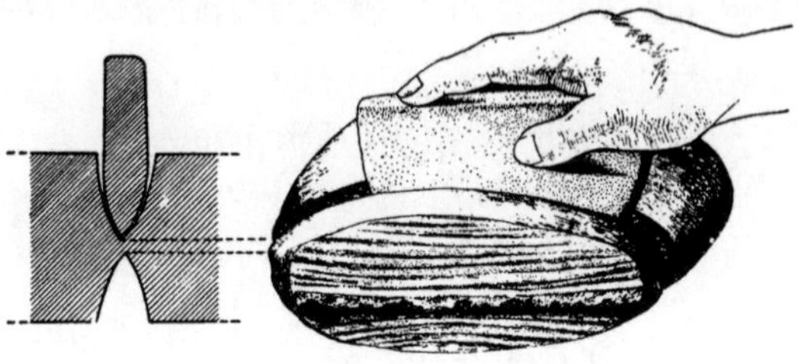

石材切割方法示意图

（图片来源：张礼智：《童年气派：半坡卷》，陕西科学技术出版社，2018年）

3. 修琢

4. 磨光

5. 穿孔

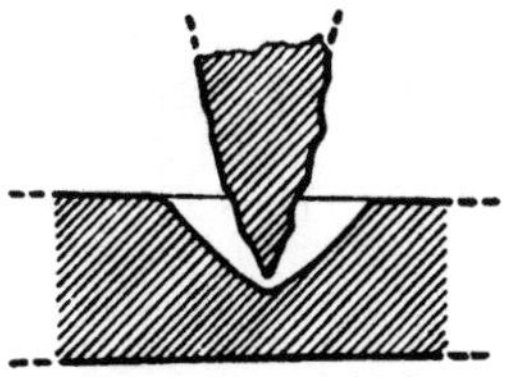

锥琢穿孔法

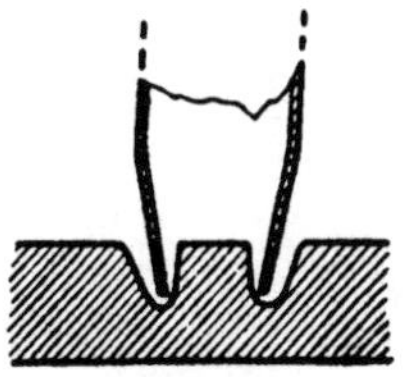

管筒穿孔法

（图片来源：张礼智：《童年气派：半坡卷》，陕西科学技术出版社，2018年）

二级版面：

耕　　作

距今8000年的老官台文化时期，黄河流域已产生了原始农业，人们得到较为可靠的生活资料来源，生活水平有一定的提高。客省庄文化时期，农业生产规模进一步扩大，米家崖遗址出土了大量的农业生产工具及农作物遗存，证明了米家崖人在当时已从事着较为发达的农业生产。

展品：（9件组）

1. 粟粒标本（1组） 米家崖遗址出土 客省庄文化（距今约4300～4000年）

辅展：（文字+图片）

粟，古称“稷”，俗称小米，起源于我国北方，栽培历史悠久，其喜温、耐旱、适应性强，因此成为新石器时代黄河流域广泛种植的农作物。米家崖先民以粟为主要种植作物。

粟

（图片来源：中国植物图像库）

2. 农业生产工具一组

石刀（2件） 米家崖遗址出土 客省庄文化（距今约4300～4000年）

陶刀（2件） 米家崖遗址出土 客省庄文化（距今约4300～4000年）

石锛（2件） 米家崖遗址出土 客省庄文化（距今约4300～4000年）

石铲（2件） 米家崖遗址出土 客省庄文化（距今约4300～4000年）

辅展：客省庄文化农业生产工具及使用方法介绍（文字+图片）

刀，多为石质或陶质，呈扁薄横长方形、半月形等，形体较小，一般两侧带缺口，可用绳索套指握在掌中，作为摘穗工具使用。

锛，器体扁平，平面呈长方形，顶端平直，单面直刃，固定在木柄上使用，是一种松土的工具。

铲，多呈扁薄梯形或宽长方形，无孔或中部偏上处有一孔，便于与木柄固定，是一种挖掘或用于翻土的工具。

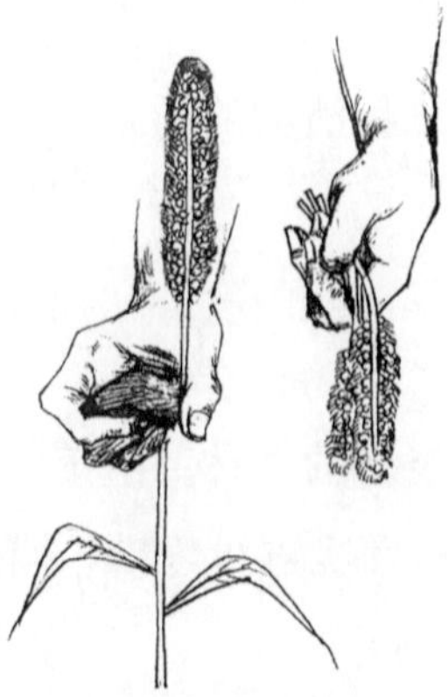

石刀使用示意图

（图片来源：陕西省文物局：《史前家园　文明曙光：西安半坡博物馆》，西安地图出版社，2020年）

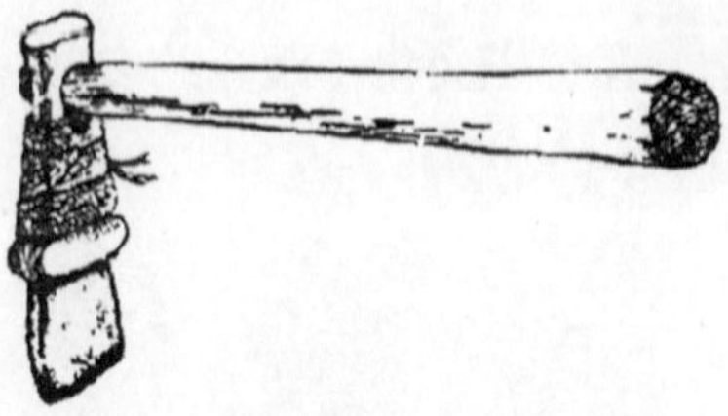

石锛复原示意图

（图片来源：石兴邦：《半坡氏族公社》，陕西人民出版社，1979年）

二级版面：

采　集

采集也是米家崖先民生活资料的主要来源之一，以补充农业生产的不足，满足人们的日常生活需求，由于采集植物与果实方便高效，人们依然接受着大自然给予的馈赠。

辅展：米家崖先民采集油画（参考图：西安半坡博物馆展厅）

展示要求：

本图版展示的是米家崖先民从事采集活动的场景内容，重点突出人们的采集劳动方式，要求以油画的形式描绘场景。

二级版面

渔　猎

米家崖周边是广阔的水域，也有茂密的森林。由于农业种植所得及饲养家畜并不能满足日常生活需求，因此人们也利用周边自然环境进行狩猎、捕鱼活动。

展品：（10件）

石球（3件）　米家崖遗址出土　客省庄文化（距今约4300～4000年）

骨镞（3件）　米家崖遗址出土　客省庄文化（距今约4300～4000年）

角镞（3件）　米家崖遗址出土　客省庄文化（距今约4300～4000年）

蚌镞（1件）　米家崖遗址出土　客省庄文化（距今约4300～4000年）

辅展：狩猎工具使用方法示意图（图片）

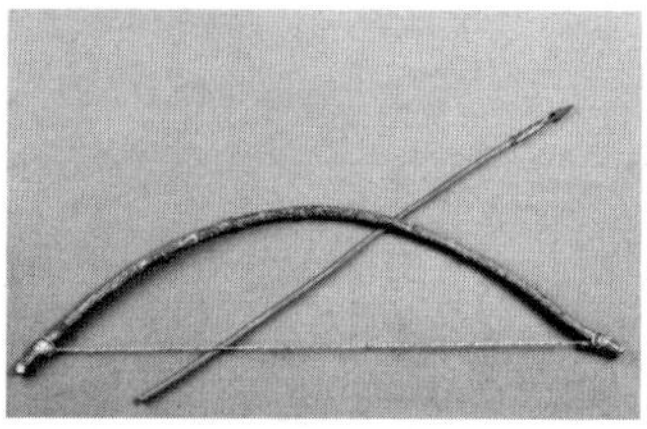

弓箭复原图

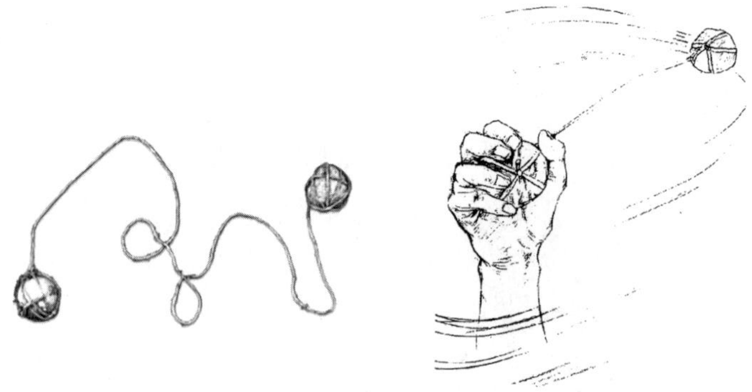

飞球索复原及使用示意图

（图片来源：张礼智：《童年气派：半坡卷》，陕西科学技术出版社，2018年）

二级版面：

饲　养

早在10000～8000年前，不同地区的远古居民有意识将猎获的野生动物圈养起来，逐渐将其驯化，产生了最原始的家畜，如猪、狗等。米家崖时代，人们继续着这样的饲养活动。

展品：（4件）

猪下颌骨（2件）　米家崖遗址出土　客省庄文化（距今约4300～4000年）

狗下颌骨（2件）　米家崖遗址出土　客省庄文化（距今约4300～4000年）

第三单元：河畔人家——米家崖人的日常生活（展品：41件）

一级版面：

河畔人家——米家崖人的日常生活

米家崖先民生活在浐河西岸的一级台地上，临水而居，他们居住在浅穴式和地面建起的房屋中，吃着用陶质炊具烹煮的熟食，穿着兽皮衣或纺织的麻布衣，男耕女织、筑土构木、炼泥制陶、绒麻索缕，过着艰辛而富有情趣的生活。

二级版面：

住 所

4000余年前的米家崖先民在房屋建造方面已有很大的进步，在考古发现的房址遗迹中，除了圆形和方形房屋以外，还有成组的排房式建筑，不仅是聚落规模扩大、布局规划整齐有序的直接体现，也揭示了个体家庭成为这一时期社会组织的基本单元。

展品：（1件）

房屋模型（复原）

辅展：米家崖遗址房址照片和线图（文字+图片）

2004～2006米家崖遗址F4，平面呈长方形，地面用白灰加工抹光，十分坚硬。房子中部有一圆形灶坑，经长期使用，坑壁已被火烧烤成红褐色。

2004～2006米家崖遗址F1，为一组面阔三间的排房式建筑，单间房屋呈长方形，面积约10平方米，房内地面铺白灰面，墙面有白灰皮，达到光亮美观的效果。两侧房屋与中间房屋以门道相连为套间，中间房屋南侧正中有出入的门道。

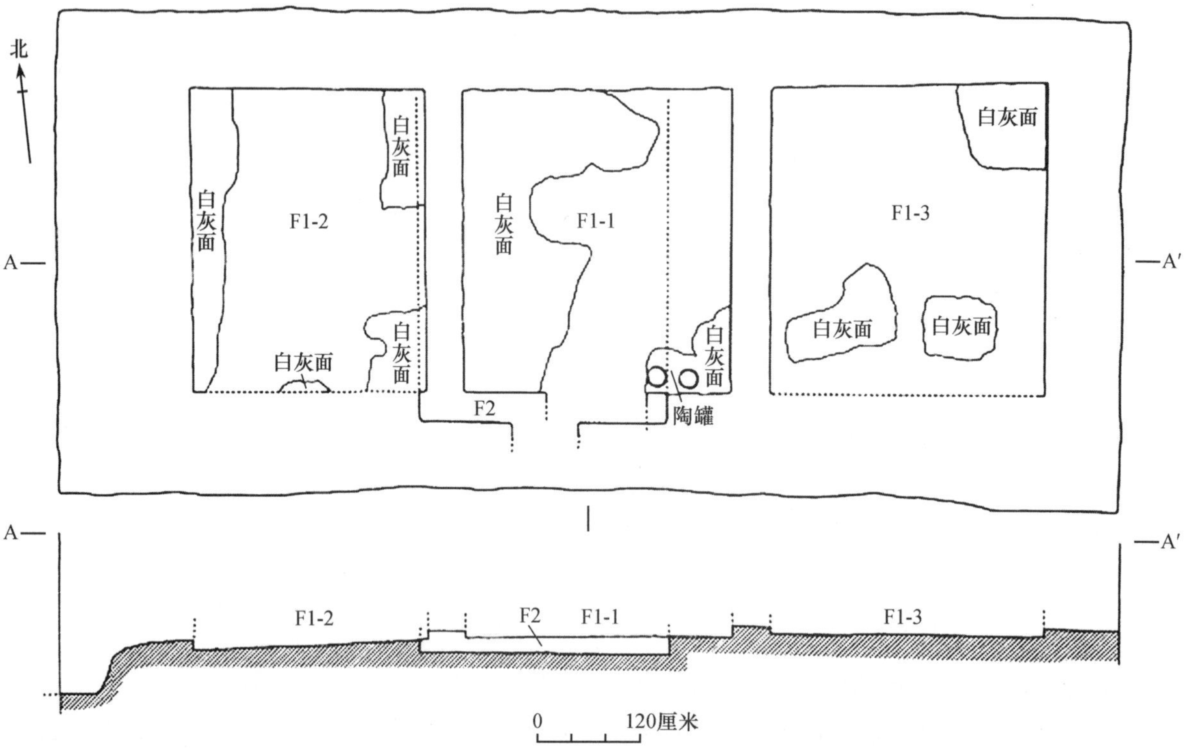

辅展：多媒体动画——房屋建造流程

展示要求：

制作米家崖先民建造房屋的多媒体动画，利用视频播放的形式展示。

二级版面：

饮　食

“民以食为天”，米家崖先民在长期的定居生活中，掌握了多种食物加工的方法，吃上了更为丰富的熟食。此外，根据学者的研究，米家崖人也已经掌握了啤酒酿造的技艺，作为宴飨活动的重要媒介。

辅展：米家崖先民炊煮、饮食的复原场景（参考图：中国农业博物馆展厅）

展示要求：

本图版展示的是米家崖先民炊煮、饮食的场景内容，重点突出的是各种器具的功能和使用方式，要求以简笔画或油画的形式描绘场景。

展品：（23件）

1. 炊器一组

陶鬲（lì）（2件） 米家崖遗址出土 客省庄文化（距今约4300~4000年）

说明牌：煮饭用的炊器，一般为侈口，有三个中空足，不仅增加容积，也便于炊煮时加热。

陶罐（1件） 米家崖遗址出土 客省庄文化（距今约4300~4000年）

带有烟炱痕的陶罐（1件） 米家崖遗址出土 客省庄文化（距今约4300年~4000年）

陶斝（2件） 米家崖遗址出土 客省庄文化（距今约4300~4000年）

说明牌：炊具，亦可作为温酒的器具。多侈口高颈，下腹施以附加堆纹。

陶釜（1件） 米家崖遗址出土 客省庄文化（距今约4300~4000年）

陶甑（1件） 米家崖遗址出土 客省庄文化（距今约4300~4000年）

说明牌：蒸食物的炊器，与鬲结合使用，甑中盛放食物，置于鬲上，通过水蒸气将食物蒸熟。

2. 饮食器一组

陶盆（1件） 米家崖遗址出土 客省庄文化（距今约4300~4000年）

陶碗（2件） 米家崖遗址出土 客省庄文化（距今约4300~4000年）

陶钵（1件） 米家崖遗址出土 客省庄文化（距今约4300~4000年）

说明牌：盛放东西的器具，形状像盆而较小的一种陶制器具。

陶壶（1件） 米家崖遗址出土 客省庄文化（距今约4300~4000年）

陶豆（2件） 米家崖遗址出土 客省庄文化（距今约4300~4000年）

陶盘（2件） 米家崖遗址出土 客省庄文化（距今约4300~4000年）

陶单耳杯（2件） 米家崖遗址出土 客省庄文化（距今约4300~4000年）

3. 其他相关陶器展示

陶瓮（1件） 米家崖遗址出土 客省庄文化（距今约4300~4000年）

陶器盖（2件） 米家崖遗址出土 客省庄文化（距今约4300~4000年）

陶鬶（1件） 米家崖遗址出土 客省庄文化（距今约4300~4000年）

说明牌：新石器时代晚期的一种炊煮器。其造型结构由口、腹、足三部分组成。

辅展：陶器制作工艺（文字+图片）

1. 陶土加工

陶土即制陶用土，又称黏土，是制陶的基本原料。

①筛选或淘洗

制作一般粗陶时，只要把经过选择的陶土经过适当的筛选即可使用；若制作精细陶器，则需经过淘洗。

②加入羼和料

根据陶器的用途和成型等需要在陶土中加入适当的砂粒、蚌壳末、陶片碎末、草末等羼合料。

2. 制坯成型

①手制

捏塑法：即直接用手捏制成型，一般小型陶器或小型人物、动物塑像等多用此法。

泥片贴筑法：是指将泥料做成泥片，然后粘贴、黏结泥片制坯的方法。

泥条盘筑法：即先将坯泥搓成长条状，然后螺旋形向上盘筑。

泥条盘筑法示意图

（图片来源：张宏彦：《中国考古学十八讲》，陕西人民出版社，2008年）

②模制法

模制法是用专门烧制的陶模具或已烧好的陶器做模具，在外表敷泥成型的方法。模制法出现地稍晚，在黄河流域，盛行于新石器时代晚期。

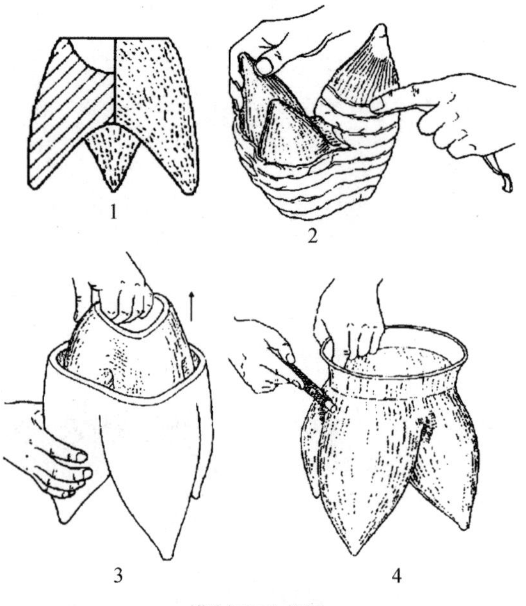

模制法示意图

（图片来源：李文杰：《中国古代制陶工艺研究》，科学出版社，1996年）

③轮制法

即将泥料放在快速转动的轮盘上，用手提拉成各种需要的器形坯胎。陶轮制大约出现在新石器时代中期，多用于修正器物口沿部。工人石器时代晚期、黄河中下游地区出现快轮成型制坯法。

3. 修饰施纹

在器物表面装饰纹饰，常见的纹饰有绳纹、篮纹、方格纹、席纹、戳印纹、刻划纹、附加堆纹等。

拍压法施纹示意图

（图片来源：李文杰：《中国古代制陶工艺研究》，科学出版社，1996年）

4. 烧制成器

在烧制陶器之前，一般要等陶坯阴干之后才能进行。据测定，新石器时代陶器的烧成温度一般在600～900℃之间，最高者不超过1000℃。

辅展：米家崖遗址陶窑（文字+图片）

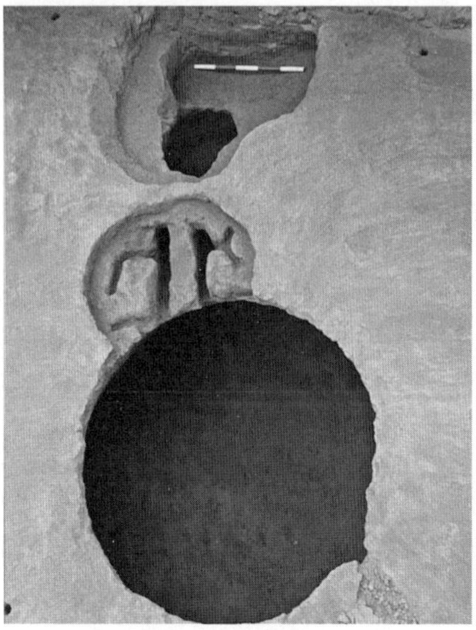

米家崖遗址Y1，为横穴式窑，窑室和火膛为椭圆形，火道为“北”字形，窑床直径1.2米，可一次烧制十数件中小型器物。客省庄文化时期的陶器，兼顾实用性与美观性，单把鬲、单耳杯、双耳罐等日用陶器在渭河流域广泛流行。

展示要求：

1. 文字与图片结合，文字简洁，增加展陈趣味性，易于观众理解；

2. 在展品说明牌上补充一些器物的用途说明。

辅展：多媒体互动游戏——一起做陶器

游戏流程说明：

1. 选择陶土（设计不同质地的陶土，如粗砂、细砂、粗泥、细泥），制作不同质地的陶器；

2. 选择器形（设计米家崖遗址陶器中常见的器形，如罐、盆、钵、杯等），观众根据喜好，选择喜欢的器形；

3. 选择纹饰（设计米家崖遗址陶器中常见的纹饰，如绳纹、篮纹、附加堆纹、方格纹等），将纹饰装饰在陶器的不同部位；

4. 入窑烧制成器。

注：此游戏选用多媒体设备为卧式触摸屏。

二级版面：

纺　织

米家崖遗址出土了大量陶质、石质的纺轮及其他纺织工具，证明当时人们已经使用纺织技术缝衣蔽体、御寒装扮。用来制衣的材料除了兽皮之外，还有麻等植物纤维。

展品：（17件）

陶纺轮（2件）米家崖遗址出土 客省庄文化（距今约4300～4000年）

石纺轮（2件）米家崖遗址出土 客省庄文化（距今约4300～4000年）

骨针（3枚）米家崖遗址出土 客省庄文化（距今约4300～4000年）

骨锥（2件）米家崖遗址出土 客省庄文化（距今约4300～4000年）

角锥（2件）米家崖遗址出土 客省庄文化（距今约4300～4000年）

绳纹陶片（6片）米家崖遗址出土 客省庄文化（距今约4300～4000年）

辅展：纺轮使用示意图（图片）

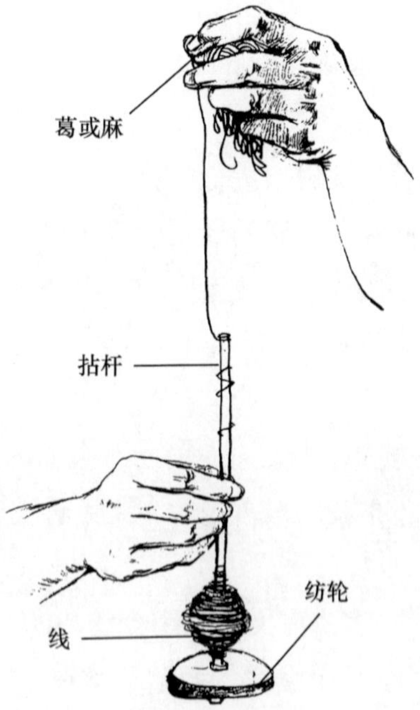

纺轮使用示意图

（图片来源：张礼智：《童年气派：半坡卷》，陕西科学技术出版社，2018年）

展示要求：

1. 复原史前人使用纺轮情景。
2. 骨针在展示时可以用一根细线将其穿起来悬挂展示。

第四单元：礼俗丧葬——米家崖人的精神文化（展品：14件组）

一级版面：

礼俗丧葬——米家崖人的精神文化

当人们在满足了物质需求后，就开始追求更高的精神文化。生前，人们制造出一件件精美的装饰品、艺术品来打扮自己，追求美、崇尚美；生活中，人们敬畏天地，利用卜骨沟通神灵；逝后，人们回归尘土，葬于地下。岁月如歌，生命永恒，思想与信仰得以不断升华。

二级版面：

装　饰

爱美、追求美是人的天性。米家崖先民不仅创造物质文明，同时也在追求着原始艺术的表达。一串串的牙饰，一件件的陶环，一枚枚的骨笄，无不展示着原始艺术的魅力。

展品：（13件组）

陶环（3件） 米家崖遗址出土 客省庄文化（距今约4300～4000年）

玉环（2件） 米家崖遗址出土 客省庄文化（距今约4300～4000年）

牙饰（1组） 米家崖遗址出土 客省庄文化（距今约4300～4000年）

骨笄（3件） 米家崖遗址出土 客省庄文化（距今约4300～4000年）

石笄（3件） 米家崖遗址出土 客省庄文化（距今约4300～4000年）

玉片（1件） 米家崖遗址出土 客省庄文化（距今约4300～4000年）

展示要求：

1. 对于多件小型展品，可定做特殊展架进行展示；

2. 小型而精美的展品，拍摄照片以辅展的形式设置在展墙上。

3. 将装饰品按照古人使用的方法放置，或者佩戴在模特身上。

二级版面：

占　卜

占卜是古人沟通天地的特殊方式，米家崖先民已有占卜的巫术活动。客省庄文化中发现了刻在卜骨上的符号或原始文字，正是我国最古老的文字甲骨文的雏形。

展品：（1件）

卜骨（1件） 米家崖遗址出土 客省庄文化（距今约4300～4000年）

说明牌：为羊的肩胛骨，表面不加修整，无钻、凿痕迹，骨面有多个灼烧点。占卜时，用火灼烧骨面产生裂纹，以此成兆。卜骨的出现，表明当时已经出现了专门从事巫术的宗教人物。

二级版面：

墓　葬

葬俗的出现是人类社会发展到一定阶段后出现的，凝聚了远古先民思想与信仰。古人将死者用一定的方式进行埋葬，表达了他们对死者的缅怀，对生命的尊重。

辅展：灰坑葬（文字+图片）

米家崖遗址客省庄文化遗存中有几处“灰坑葬”。从埋葬方式看，这些人应为非正常死亡，或因战争、角斗所致，死后被安置在废弃的窖穴内，无任何物品随葬。死者可能是生前地位较为低下的平民。由于阶级差别、贫富分化，社会成员之间已显现了不平等的地位差异。

米家崖遗址H232灰坑葬

第五单元：尾　声

一级版面：

米家崖遗址分别于2004～2005年及2010～2011年经过两次考古发掘，获得了丰富的新石器时代晚期文化遗存资料。在遗址的发掘过程中，考古工作者付出了艰辛努力；随后的考古资料整理中，他们同样倾注大量心血，拼接修复、绘图拍照，描述研究。考古学让这些珍贵的历史文化遗产以全新的面貌“活起来”，为我们了解关中地区新石器时代文化与社会增加了重要内涵。祖先的成就亦成为我们实现中华民族伟大复兴的力量之源。

二级版面：

米家崖遗址发现、发掘及研究历程

1923年春，瑞典考古学家安特生在西安东郊浐河沿岸调查，发现米家崖遗址，认定其为仰韶文化遗址。

1933年4月，北平研究院研究员徐炳昶（旭生）等人调查了西安东郊十里铺村新石器时代遗址，即米家崖遗址。

1951年和1953年，中国科学院考古研究所陕西省调查发掘团先后两次对十里铺、米家崖之间的新石器时代文化遗址进行调查。

1956年，北京大学历史系考古专业对米家崖遗址进行调查，初步测算出遗址的范围东西长约600米，南北长约750米，根据采集到的遗物大致区分出了“仰韶”和“龙山”两种不同的文化遗存。

1957年4月至7月，中国科学院考古研究所为了进一步了解浐、灞河沿岸古文化遗址的面貌并配合半坡遗址的发掘，对米家崖遗址进行了详细的复查，采集到单把鬲、篮纹盆等遗物。

2004年8月至2006年5月，陕西省考古研究院对米家崖遗址进行了抢救性发掘，发掘了八个建筑基槽的面积，并于2012年出版《西安米家崖：新石器时代遗址2004～2006年考古发掘报告》。

2010年1月至2011年9月，西安市文物保护考古研究院对米家崖遗址进行了第2次抢救性发掘，发掘了四个建筑基槽的面积。

2012年7月至2023年，西安市文物保护考古研究院与陕西师范大学历史文化学院联合对第二次考古发掘获得的考古资料进行系统整理。

辅展：米家崖遗址外景、发掘现场照片、重要遗迹、典型器物的图片墙

展示要求：

以上各类照片将“米家崖遗址发现、发掘及研究历程”文字环绕起来排列，既可以与单元说明文字隔开，又较有新意，节省展陈空间。

辅展：

1. 米家崖遗址考古发掘工作照片

2. 米家崖遗址室内整理工作照片

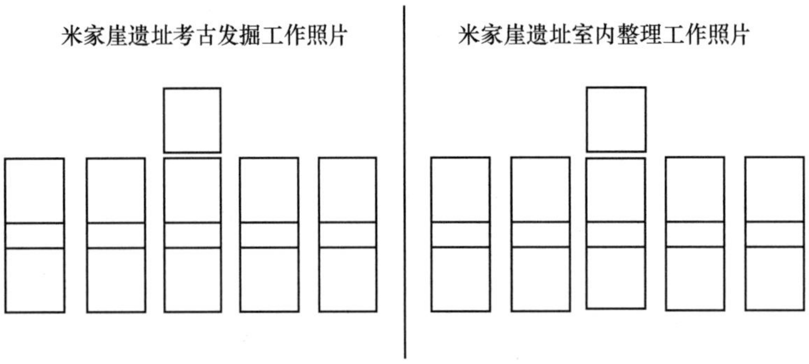

展示要求：

以照片墙的形式展示。本图版展示的是米家崖遗址发掘工作及整理工作的照片，让观众了解考古工作人员在米家崖遗址发掘与整理过程中所付出的努力。图片下标注图片来源或拍摄者姓名。

（本章执笔者：宗亚茹、郭罗；指导者：杨瑾、彭文）

余　论

由于米家崖遗址位于城市近郊，被列入文物保护单位为时不久，长期以来未得到妥当的保护。改革开放以来，随着经济建设和人口增长，遗址大面积被压在村落建筑物之下，或被厂房占压。两次正式发掘也是在基建工程催迫下的抢救性发掘，难以对遗址进行较为全面的调查和勘探，也就无法对遗址的范围和聚落布局等进行全面考察，仅能就已有的零散材料作一些推测。此外，对于各时期文化遗迹遗物及其反映的先民的观念与习俗等的研究，取得了一些初步成果，但仍需要在不断积累资料的同时继续深入探索。

一、关于遗址范围与聚落布局

20世纪初，安特生路过米家崖遗址的时候并未明确指出其范围。20世纪50年代的几次调查，逐步提供了有关遗址范围的线索。1951年春季调查简报说：“西安城西（“城西”误，应为“城东”。本文注）十里铺，瑞典人安特生于1923年去甘肃考古时曾路过此地，采集过一些标本。1934年春，陇海铁路修过浐水时，又在十里铺北的米家崖切过去。开土方时曾挖出石骨陶器碎片不少……我们现在知道的材料已经稍多了一些……此地的规模较大，露头较好，保存地也较好。”[①]由此可知，当时初步判断遗址处在十里铺和米家崖两村之间，具体范围四至均未言及。

1953年的调查简报中提及：“我们还调查了皂河中游、浐河中游，发现了鹞子岭、关庙、三桥三处遗址，并对过去所发现的鱼化寨、米家崖、未央宫诸遗址作了进一步的了解。”[②]

1957年的调查简报首次对遗址的位置和范围估定为：“遗址位于西安东郊，距西安城10华里左右，在浐水西岸第一阶地上，阶地高出河床约28米。据初步调查，遗址的范围东西长约600米（自离浐水100米之断崖边起包括整个米家崖村，向西接近村西大道），南北宽约750米（自十里铺村后穿过米家崖村到蒋家湾附近）……十里铺、米家崖遗址中的遗物显然是属于‘仰韶文化’和‘龙山文化’两种不同文化的……近十里铺一带‘仰韶文化’的红陶片较多，

---

① 考古研究所陕西调查发掘团通讯组：《1951年春季陕西考古调查工作简报》，《科学通报》1951年第9期。

② 考古研究所陕西调查发掘队：《丰镐一带考古调查简报》，《考古通讯》1955年第1期。

但也可找到为数甚少的灰色篮纹陶片。靠近米家崖特别是东米家崖之间的狭长地带多黑、灰色篮纹陶片，‘龙山文化’的陶鬲腿极易捡到。由此可看出‘仰韶文化’遗址偏南，‘龙山文化’遗址偏北。”①根据此次调查，遗址涉及的村庄有米家崖、十里铺、蒋家湾和李家堡，面积约为45万平方米。

2004～2006年，陕西省考古研究所发掘的区域位于李家堡村南、米家崖和蒋家湾村北，为东西并列的两个住宅小区（德圣小区，现名广鑫苑小区；鑫元小区，现名听水花园），两小区合围成一长方形近梯形平面，中间以一条南北道路相隔。两小区东西总长300～330米，南北宽约170米，面积约为54000平方米。

2010～2011年，西安市文物保护考古研究院发掘的区域位于米家崖村西南、西安高架快速干道（东段）以北、十里铺北路以东，依建筑楼盘分布，划分为四个不连通的发掘区。从最南边的第Ⅰ发掘区（19#建筑基槽）到北边的第Ⅳ发掘区（4#建筑基槽），南北跨度241米，东西宽度111米，合围面积为26751平方米。

以上两次发掘区大概处南北向一条线上，从2004～2006年发掘区的北界到2010～2011年发掘区的南界，南北长约950米，若乘以东西300米，则两次发掘区涉及的遗址范围约285000平方米。

由以上两次发掘现场及遗迹分布图观察，发掘区内遍布三个时期的文化遗迹和遗物，证明两次发掘都在遗址范围之内，可能尚未触及遗址的边缘。据此推测，遗址的范围必然大于两次发掘的南北东西四至所围的面积，即不小于285000平方米。两次发掘区域东距浐河岸约170米，如以2004年发掘区西界起，东西约480米。因遗址范围东至浐河西岸无疑，故950×480=456000平方米。这就是遗址面积的最低数字。结合20世纪50年代的调查记录，可将米家崖遗址的范围大致作如下推定：东起浐河西岸，向西至十里铺北路；南自十里铺村北（华清东路），北到李家堡村南，南北跨度约1200米，东西840～900米，面积大约为110万平方米。这应当是遗址面积的保守估计。但仰韶晚期、庙底沟二期和客省庄二期三个阶段的聚落是否均有如此大的面积，尚不能肯定。

关于聚落的内涵和布局。

从第一、二、三期遗存的分布情况看，遗址偏北部到偏南部的各处，均发现有各时期文化遗迹和遗物，三期遗存的重叠度极高。2004～2006年发掘区和2010～2011年发掘区内普遍发现一期、二期和三期文化遗迹，且以形制规整的灰坑（窖穴）为主，也有少量房屋，表明这些区域均为居住区。这也就表明，仰韶晚期、庙底沟二期和客省庄时期人们选择了大致相同的空间区域建造居所。陶窑集中程度不高，与灰坑、房址等错处，但也有两两三三在一起的现象，或许表明制陶业已经有了一定程度的分工和专业化生产。

未发现成片墓葬区，仅见零星的墓葬。这种情形与仰韶晚期到龙山晚期晋南、豫西和关中邻接地区的其他大部分同期遗址的情况相似。

总地说来，已有的发掘资料还无法对三个时期（也许还可细分）的聚落面貌进行完整的复原。

---

① 考古研究所西安半坡工作队：《西安米家新石器时代遗址调查简报》，《考古》1956年第6期。

二、工艺和习俗

工艺可以包括建筑、制陶、石器及骨器等多个方面。三个时期陶器的基本情况，已在正文各章进行过总结。另外，针对第二、第三期陶器制作工艺和石器与骨器的专门研究论述，收录在本报告下册。这里主要就装饰品略作说明。

此次发掘出土的三个阶段的装饰品无论从材质、器类还是工艺看，都具有很强的相似性。从材质上看，都包括了陶、石（玉）、骨（蚌）三种；从器类上看，主要是笄和环两种。其中，石笄和骨笄多见，也有少量陶笄。陶环多见，也有少量石环，偶见蚌环。此外，还见到少量的兽牙饰品和零星的玉饰。

各期装饰品发现情况大概是：第一期有石笄10、陶笄9、陶环9和陶钏1件，另有石笄毛坯5件。2004～2006年发现陶环27、石环6、石（玉）笄14、骨笄9、牙饰2、石璜1件。第二期有石笄5、陶笄2、骨笄1、陶环3件，另有牙饰1件和石笄毛坯2件。2004～2006年发现陶环6、石环3、石笄6、骨笄6、牙饰1、贝饰1件。第三期有石笄2、陶笄5、骨笄3、陶环5、石环2件，另有蚌环1件和石笄毛坯4件。2004～2006年发现陶环7、玉环1、石笄10、陶笄1、骨笄6、牙饰2件。总体上看，米家崖遗址三个时期文化中的装饰品类别较少，常见且数量最多的是笄和环两类。饰品造型也较简单。这种情形或许反映出本遗址先民对自身的美化和装扮相对简约，而把主要精力用在社会生产和生活的其他方面。

本遗址发现的笄类遗物数量较大，既有较易制作的陶、骨质的，想必也会有更容易加工的竹木质的。一个不容忽视的现象是大量石笄和石笄半成品、坯料以及废料的发现。石笄毛坯在三个时期均有一定数量的出土，似乎表明本遗址存在着专门加工石笄（或许还有其他质地的笄）匠人或者手工产业，产品不仅供应本聚落人们使用，也用于同周邻聚落进行交换。

例如，第一、二、三期发现的石笄坯料十多件，多为半加工状态的毛坯，有的残断。第三期还发现一些石料断块，大多有切割痕迹，坯体较窄，厚度多在0.5～2厘米之间，两端及边缘可见断裂面。根据形态、质料及表面痕迹看，当为制笄石料或边角料的断块。这些半成品和残段石料的石质与成品石笄相同，坯型多呈条形，两端残断，器表均可见明显的片切割痕迹和磨痕，切痕整齐，切面较直，石料中部常有凸起的台面、条棱和敲断痕。据其表面形态分析，应为制作石笄的毛坯。另外，还发现石器加工工具砺石，因长期使用，磨面呈凹陷状。

对制笄石坯料上的痕迹进行观察，推测石笄制作工序为：选料→切割开料→磨制粗坯→修整定型→细磨→抛光。

除了石笄，骨笄的比重也很大。骨笄的锥尖部可观察到的主要痕迹是磨圆痕迹和摩擦痕，未见钻孔磨损痕及其他使用遗痕，一般推测其主要用途是作为人的头部装饰品。有些器物表面打磨痕较清晰，未经抛光，尾部尖端制作略显粗糙，不排除作工具用来刺穿软性或中软性材料如毛皮、织物和衣物等的可能。

三、占卜和埋葬习俗

米家崖遗址第三期发现卜骨2件。其中第Ⅱ发掘区的一件用羊肩胛骨制成，骨柄端残，表面有两列竖向灼痕。第Ⅰ发掘区的一件以猪肩胛骨制成，骨柄端及一侧缘稍残，器表有排列不均、深浅不一的灼烧点12个。关中地区客省庄文化卜骨在客省庄、康家、梓里、双庵等遗址都有或多或少的发现。客省庄和双庵的12块卜骨均用羊肩胛骨；康家遗址除了用羊肩胛骨以外，还用猪和鹿肩胛骨，且以后者为多。梓里遗址的较完整的12片卜骨中，主要是羊和猪的肩胛骨。占卜活动是维护权贵阶级社会地位的重要工具。占卜习俗在诸多遗址的出现，标志着一个巫术阶层的产生，被视为龙山时代精神文化领域的重要成就①。作为社会上层的巫师阶层的形成，是社会等级分化的重要标志。

与客省庄文化大体同时的陶寺文化、王湾三期文化、齐家文化早期，都发现了数量不等的卜骨，表明它们具有大致相当的生产力发展水平和社会分化程度。

米家崖遗址的两次发掘中，三个时期都只有个别墓葬，或许是尚未发掘到墓葬区域，或许有别的原因。不过，在居住区域内发现的一些灰坑中发现有人骨，有的学者称之为“灰坑埋人”现象，有的直接称为“灰坑葬”②。这类灰坑其实多是废弃的窖穴，一般都分布于居住区。每个地点一般只有一二座灰坑，埋葬人数多少不一，有的一坑一人，有时一坑多人；人骨架的姿态多不整齐，有的骨骼不全，或肢体残缺，或身首分离；大多数无随葬品，有的还与兽骨乱葬在一起。这种葬法可能与死者的特别死因相关。这种习俗在关中地区自仰韶时代早期即有，庙底沟阶段和西王村阶段（仰韶晚期）数量较多，并一直持续至青铜时代早期。对“灰坑葬”的性质，恐不可一概而论，可具体划为墓葬类、废弃处理类和祭祀类。无论如何，这种与氏族公共墓地判然两样的处理死人的方式，可视为社会组织复杂化和社会阶层剧烈分化的结果。

与仰韶时代早中期普遍发现成规模的氏族墓地的情形相比，仰韶晚期至客省庄时期的墓地和墓葬明显较少。仰韶晚期（西王村类型或西王村文化）阶段的墓葬，在陕晋豫交界地区普遍较少发现。庙底沟二期阶段，关中地区仅在浒西庄遗址有少数发现，关中以外也只在庙底沟和王湾等个别遗址发现成批墓葬，其他的时代相当、地域邻近的遗址大多没有发现墓地。

客省庄（二期）文化的墓葬，在姜寨、康家、泄湖、赵家来、双庵及大辛村等多处遗址总共仅发现了40余座，其中康家和双庵就有28座。这些墓葬均是零星分布，墓坑为长方形竖穴土

① a. 谢端琚：《论中国史前卜骨》，《史前研究》（西安半坡博物馆成立四十周年纪念文集），三秦出版社，1998年；b. 中国社会科学院考古研究所：《中国考古学新石器时代》，中国社会科学出版社，2010年。

② a. 李伊萍：《新石器时代“灰坑葬”中所见祭祀现象》，《青果集：吉林大学考古专业成立二十周年考古论文集》，知识出版社，1998年；b. 巩启明、巩文：《论仰韶文化居民的埋葬制度》，《中国史前考古学研究》，科学出版社，2004年。

坑，坑小仅可容身。多单人仰身直肢葬，个别为俯身葬或侧身屈肢葬；极少有随葬品。大辛村、石嘴头的极少数墓葬发现较多随葬品，或可视为客省庄文化社会贫富分化和阶级分化的表征。

墓地和墓葬作为聚落重要的组成部分，但在关中地区仰韶晚期至客省庄时期的田野考古资料中严重欠缺，应当成为今后田野考古工作关注的重点。

四、关于陶“窖穴盖”

米家崖遗址2010～2011年度发掘中，在很多灰坑中发现了数量较多的“窖穴盖”残片，大多数为厚度2～3厘米的片状，细砂质红陶居多，有的正面有篮纹。少数残片如透顶的宽檐草帽状，大多无法复原。少数残片为边缘部位，可根据其弧度大致复原，形如一顶透顶的宽檐草帽，外周直径约在100～60厘米，高12～8厘米不等。中间通透部分即《沣西发掘报告》所称的“中部的圆孔”，直径约为24～16厘米不等。例如该报告“客省庄第二期文化”部分叙述道：“大盘状器1件。标本H13，夹砂粗红陶。扁平圆形，中部有孔，孔沿往上卷成直口，方唇。表面有篮纹。直径92.2、厚1.7、孔24.3厘米。”又说：“这种器物的残片数量较多。由于体积较大，而且很笨重，显然不宜搬动。其直径和一般袋状窖穴的坑口相当，我们推想大概是袋状窖穴的坑盖。中部的圆孔可能是用来通风的。现在鄠县（今西安市鄠邑区）一带的农民有用形状相似的木盖做窖穴盖。”①

客省庄遗址第二期文化“袋状灰坑”的口径常在1米左右，最小的只有0.5米。坑底最小的为1.72米，最大的达5.16米，一般在3～4米之间。坑口至坑底一般深2.5米左右，最深的达5.25米。发掘报告根据灰坑（窖穴）口部大小推断此物为“窖穴盖”，是比较可信的。

在关中地区，蓝田泄湖遗址和临潼姜寨遗址也分别报道有一件类似的标本。虽直径大小不同，但基本形状和风格相同。

泄湖遗址西王村文化发现有“器盖”一件（T5⑥H5：1），泥质红陶片，圆饼形，周边磨光，表面饰绳纹，直径约150、厚3.2厘米②。同遗址的同期灰坑中，T5⑥H7为圆形筒状灰坑，口径1.1、深0.6米。T3⑥H9为圆形袋状灰坑，口径1.8、底径3.1、深1.8米。

姜寨遗址第二期（仰韶文化早期）“陶器盖”一件（T66H159：10），为夹砂红陶，大圆饼状，盖中部有一大圆孔，孔缘较高，一面饰篮纹，一面略平整。直径70.8、厚2.5、孔径9.6厘米③。该遗址同期灰坑中，有圆形袋状坑13座。其中H159口径2.35、底径3.10、深1.28米，穴壁、底平整光滑。H280口径0.84、深2.30米。方形袋状坑中，H454口径1.40、底径2.00、深1.20米。H294口径0.86～1.60、深2.84米，较为接近原始高度和口径。

---

① 中国社会科学院考古研究所：《沣西发掘报告》，文物出版社，1963年，第57页。

② 中国社会科学院考古研究所陕西六队：《蓝田泄湖遗址》，《考古学报》1991年第4期。

③ 西安丰坡博物馆、陕西省考古研究所、临潼县博物馆：《姜寨：新石器时代遗址发掘报告》，文物出版社，1988年。

袋状坑的口部直径随着深度下降而增大。由于灰坑往往被后代人活动所破坏，考古发现的袋状坑的口部尺寸大小往往不是原来的状况。所以，上述灰坑的现有口径肯定不能代表其原来数据，但有的也较为接近了。《沣西发掘报告》推测，关中地区新石器时代晚期窖穴（灰坑）的口径，小者约为五六十厘米，大者一米左右，而这些“窖穴盖”的尺寸与灰坑（窖穴）口径相匹配。众所周知，考古遗址中发现的“层面”往往不是当时的活动面，而是被后来人为或自然力削掉了一定厚度之后的结果。那些口径较大的袋状坑（窖穴），其原始坑口的水平位置应该更靠上一些，相应地其口径更小一些。以姜寨遗址袋状坑口径与深度比为例，H280约为0.3：1，应较接近原来尺寸；H159为0.5：1，H294为0.56：1，H474为0.7：1。显然，这些比值较大的坑，都是后期切削的结果。

此类盖形器物直径较大，器体厚重，不易搬动，加之远远大于一般容器直径，遑论其口部存有直径超过15厘米的大圆孔。因而，它们不会是器盖。此类器物的质地、颜色和形态有较强共性，而又分别发现于仰韶文化早期、晚期和客省庄文化中，尤以客省庄时期为多，可以视作客省庄文化的一个特色因素，反映了关中地区新石器末期先民较为特别的生活方式。值得思索的是，其他已经调查和发掘的客省庄文化遗址会不会也有此类器物，但因其过于残碎无法复原而被忽视？另外，能否在其他仰韶时期和庙底沟二期遗址中发现更多“窖穴盖”的标本？这也应在今后田野考古工作加以注意。

结　　语

米家崖遗址位于渭河的重要支流浐河西岸的二级台地之上，东南与半坡遗址隔浐河相望，东北与杨官寨遗址隔渭河相望，南与同在浐河西岸的马腾空遗址为邻，是浐灞河流域一处重要的新石器时代晚期遗址，也是渭河流域规模较大、等级较高的史前聚落遗址之一。本次公布的发掘资料，进一步丰富了遗址的文化内涵，为西安乃至关中地区新石器时代晚期考古学文化与社会进程的深入研究提供了重要资料。

米家崖遗址包含有丰富的仰韶文化晚期、庙底沟二期、客省庄文化三个阶段的文化遗存。从已发掘区域的资料看，仰韶晚期、庙底沟二期遗存各占三成，客省庄文化遗存占四成，三个阶段的遗存前后相续，系统反映了该区域仰韶文化晚期至龙山时代的文化与社会发展历程。同时，它又在文化序列上与隔河相望的半坡遗址、杨官寨遗址前后衔接，三者共同谱写了西安地区史前文明化进程的华丽篇章。

发掘的众多遗迹中，以建造规整的圆形袋状灰坑最为常见。这些灰坑的原初功能虽然并不单一，但大多数是窖穴应该是没有多大问题的。数量如此之多，规模如此之大的窖穴，其所窖藏之物大多应该是以农产品为主的食物资源。发现的生产工具中，与农业生产、粮食加工相关的工具种类、数量均占有较高比例，常见的有石斧、石锛、石铲、石刀、陶刀、石杵、骨铲等。农作物种类中，除常见的粟、黍之外，薏苡和水稻也占有一定比例。这些显示了当时的农业生产发展情况及其在生业经济中的重要地位。

陶器是最重要的生活用具。出土的陶器不仅类型多样，且制作讲究。用于炊煮的器具主要有罐、灶、鼎、鬲、斝、甑等，用于饮食的器具主要有钵、碗、杯、豆、盘、鬶等，用于盛贮的器具主要有壶、盆、瓶、罐、瓮、缸等。这些器具的装饰，繁简有致，繁缛者通体纹饰，简洁者素面、磨光，用途不同而装饰各异。制作工艺上，从选料、成型，到修整、装饰，再到入窑焙烧，可谓是步步精心，无不考究，再现了米家崖先民的聪明与智慧。

石器是米家崖先民最主要的生产工具。出土的石器中，生产工具占比达80%以上。石刀、石铲、石斧、石锛、石杵等与农业生产和粮食加工有关，石纺轮与纺织有关，石镞、石矛、石球与狩猎有关。另外，石环、石笄是重要的装饰品。根据石器功能的不同，选择不同岩性的岩石进行加工，显示了米家崖先民对岩石性质的认知。很多石器，造型美观，有些是精雕细琢，可谓是匠心独具，反映了米家崖先民的审美情趣。

骨器也是米家崖先民最常用的器具，其功用多为生产工具。器类以骨锥为最多，其次为骨镞，两者占80%以上，另有骨铲、骨刀、骨匕、骨针、鱼钩等。这些工具，或用于农业生产，或用于狩猎、采集，也可用于手工业生产等其他活动。作为装饰品的骨笄，也占有较高比例，且制作精致，反映了先民对这种材质的偏爱和对动物资源的有效利用。以羊或猪的肩胛骨作为占卜工具，在先民看来这些动物骨骼似乎又有一定的神性。

米家崖遗址距今5000至4000年，是中华文明起源与形成的重要时期，其文化面貌及发展变化也在一定程度上反映了中华文明起源与形成的进程。渭河是黄河最重要的支流之一，米家崖遗址位于浐河入渭的河口三角洲（远古浐河是独立入渭的），正当连接东西、横跨南北的十字路口，如同后世的长安一样，占据着十分重要的地理位置。遗址面积（保守估算）在1平方千米以上，三个阶段的遗存均匀分布，时间延续长达千年之久，这些奠定了它在关中地区中心聚落的地位。尤其是在客省庄文化阶段，房子有了明显等级差别，有“一堂二内”式高等级房子，也有建造讲究的单间房子，而更多的是与窑穴无法识别的地穴式房子。佩饰上，有陶环、陶笄，石环、石笄，玉环、玉笄。出土的卜骨，可能昭示着神职人员或神权的出现。陶鬶出现，可能伴随着礼制的产生。这些均表明当时社会出现了阶层分化，甚至是可能出现了特权阶层。而这正是中华文明形成中的关键要素。

致　谢

西安米家崖遗址2010～2011年考古发掘资料整理及发掘报告编写工作是在西安市文物保护考古研究院组织和领导下，由西安市文物保护考古研究院和陕西师范大学研究人员共同组成项目小组，并陆续邀请其他高校和科研机构人员参与的一个合作项目。在合作双方单位领导的指导下，经过项目组全体成员的共同努力，终于结出了这一还不十分成熟的“果实”。尽管目前完成的只是阶段性任务，但我作为合作一方的代表，在经过了十年之久才拿出这点成果之时，仍要借此机会对多年来各方面的支持帮助表示感谢。

首先，我对西安市文物保护考古研究院表示由衷的感谢。

感谢研究院将米家崖遗址的发掘资料提供给陕西师范大学，作为研究生和本科生考古实践课程实习的素材和凭依。感谢研究院提供部分实习生的补助，调动了学生实习的积极性，并大大地缓解了工作中的经费压力。感谢研究院惠允，师生可以利用发掘资料撰写学位论文和研究论文！

陕西师范大学考古学科的正式起步，应以2002年博物馆学本科专业招生及2003年考古学专业研究生招生培养为主要标志。相当长一段时间内，学校没有田野考古团体发掘资质，无法开展独立的考古实习教学，文博考古专业学生的考古实践课程实习须借靠中国社会科学院考古研究所、陕西省考古研究院、西安市文物保护考古研究院的考古工地或兄弟高校的实习项目来进行。独立考古实习环节的缺乏，严重制约了陕西师范大学考古学专业人才培养和学科发展。

正是在这种情况下，米家崖遗址2010～2011年考古发掘项目领队、西安市文物保护考古研究院张翔宇研究员提议，将这批田野发掘资料交由陕西师范大学历史文化学院师生进行整理，一则希望加快考古发掘报告的工作进度，二则利用这批资料培养专业人才。陕西师范大学历史文化学院领导积极响应了这一提议。合作意向初步达成后，西安市文物保护考古研究院领导班子非常重视这一事项，并希望以此为契机，推动双方更为持久和广泛的合作。为此，双方单位领导班子举行了正式会议和签约仪式。

位于陕西师范大学教育博物馆内的文物与博物馆专业实验室，成为米家崖遗址考古资料整理室，米家崖遗址发掘资料则立刻转化为文物与博物馆专业实践教学的优质资源，连续数年为陕西师范大学考古学科人才培养提供了坚强支撑。文物与博物馆学专业2010级、2011级、2012级、2013级和2014级全体本科生，以资料整理现场为专业实践必修课堂；上述各班以其他年级的部分本科生，也在课外时段参与过资料整理工作。可以说，合作项目大大缓解了我校文物与博物馆学专业实践课缺米下锅的窘境。

西安市文物保护研究院惠允，陕西师范大学研究生和本科生可以利用这批资料撰写学位论文；发表或出版的研究成果，双方共同署名；以师生为主完成的研究论文在发表时，由学校署名为第一作者单位。在当下高校以论文衡量教师工作量的情境中，这是何等的大方！

十年来，合作双方本着友好协作，通力合作、教研结合的原则和理念，在按照田野考古基本要求整理发掘资料和编写发掘报告的同时，指导一批研究生和本科生，以这批资料为主要依据，或者受到这批资料的启发，完成了12篇学位论文。其中，8篇论文题目中包含着“米家崖遗址”这一关键词。合作项目成为培养包括考古学和博物馆学在内的广义文化遗产保护领域高级专门人才的平台。

考古资料整理项目先后获得陕西省社会科学基金和国家社会科学基金资助。毫无疑问，这表明了科研管理部门和专家对米家崖遗址发掘资料学术价值的高度重视，也是对我们工作的支持和鞭策。利用合作单位资源，由学校方面牵头，由双方科研人员组团申报科学研究项目，并获得资助，本属无意而为之。但这意料之外的收获，为陕西师范大学考古学科拓展资源、提升水平、扩大影响，蹚出了一条可行之路。这是西安市文物保护考古研究院给予我们的又一恩惠。

身处以教育为特色的师范大学环境中，在整理考古发掘资料的过程中，在共同指导考古学、博物馆学和文化遗产保护方向研究生的同时，合作者自然而然地思考着考古成果学术价值与社会价值的关系问题，初步形成了考古成果学术价值与社会价值并重、两者应不可分割、努力同步实现的观念。于是就产生了以米家崖遗址考古成果陈列展览为研究选题的硕士学位论文（设计）。这一点，至少在我个人看来，是陕西师范大学考古学科走出一条具有自身特色的文博人才培养道路的探索之重要组成部分。米家崖遗址资料整理合作项目在学科建设上的启发作用，与其在人才培养上的实效，对高等学校而言是同等重要的。

位于陕西师范大学长安校区博物馆内的考古资料整理现场，与博物馆展厅相邻。工作期间，经常有路过观众在门口张望，或直接踏足工作室。在保证安全的前提下，我们接待了那些有兴趣了解考古的博物馆观众。观众有零散的，也有团队，特别是返校举行毕业十年、二十年、三十周年庆的校友。从2014年至2018年，每年一度的全国“科技周”科普活动中，本项目实施现场均作为陕西师范大学博物馆对外开放内容，接待校内外大中学生和社会公众。由此，米家崖遗址考古发掘资料及其整理项目，也在无意之中成为“公众考古”潮流的一支小溪。

以上种种，完全是在合作双方对考古资料应充分发挥其综合效益的共同理念支配下共同努力的结果。

西安市文物保护考古研究院除担负合作项目领导监督责任以外，还为项目的实施提供了人员安排、经费支持及材料供应等必要的硬件和软件。这又是何等的慷慨！

西安市文物保护考古研究院尚民杰院长、冯健院长、王自力副院长多次询问工作进展，并及时解决工作中遇到的各种困难。

米家崖遗址考古发掘项目领队、资料整理项目总负责人张翔宇副院长，主持了项目实施过程中的各个重大环节，定期召集项目组成员会议，或不定期亲赴现场，或通过电话，检查和督导工作。对整理工作的思路及若干环节的具体做法，既有原则性指导意见，也有很多切实可行的建议。西安市文物保护考古研究院整理现场负责人柴怡，在担负资料整理业务工作的同时，还负责协调项目进行中的人力调配和后勤保障工作。

西安市文物保护考古研究院吴凡在最近几年里承担了大量的工作任务，为本阶段性报告的完成贡献巨大。从进入整理工作现场之日起，她即全身心投入工作之中。初来乍到的她，仅会瓷器修复一项技能。经过短短几个月，她便掌握了从清洗、编号、分类、统计、拼对、黏结到修复这一完整的陶质遗物基础资料整理流程。一年左右的时间，她又具备了挑选标本和用文字描述标本并制作卡片的本领。此外，在其他老师的指导下，她经过器物堆和陶片筐里的“摸爬滚打”，用了两年多时间，就具备了准确辨识仰韶文化、庙底沟二期文化和客省庄文化的基本陶器（残片标本）和常见石器、骨器标本的眼力！经过近三年来为发掘简报和编撰发掘报告而拼合各种文字、图、表记录资料的一次次历练，她基本上掌握了考古发掘报告的体例和内容要领，具备了实物遗存分类、归纳和合成文字、线图、表格及图版的能力。

其次，我还要感谢陕西师范大学校内有关部门、领导和同事。

工作启动阶段，陕西师范大学历史文化学院院长贾二强教授鼎力支持，促成两单位间的合作；韩旭晖副院长协调安排了整理场地和标本架等基本工作条件。项目进行期间，学院分党委书记杜海斌和副院长曹伟亲临整理工作现场，及时解决场地、设备等方面困难。院长何志龙教授和院长李秉忠教授，也经常关心过问工作进展。学院办室主任王春阳和刘旭辉也在很多行政和后勤事务上不惮其烦，帮助很多。历史文化学院文物与博物馆专业实验室负责人黄薇博士协助指导整理现场学生实习并协调安排安全和卫生等事务。陕西师范大学教育博物馆陈振仪馆长、张驰馆长、赵亮主任等，也为项目组的工作提供了很多便利。

陕西师范大学考古学科同仁徐涛、郭妍利、金普军、屈亚婷等，多年来一直从精神和物质两方面对这项工作予以大力支持。

文博考古界同行杨军昌、杨瑾、张全民、彭文、尹夏清等，作为陕西师范大学兼职研究生导师，与我共同指导了部分研究生对米家崖考古资料所做的研究。本报告的初步研究成果也饱含着他们的汗水和心血！

再次，我要感谢参与此项目的学生们。除以此项目作为课堂学习的本科以外，部分研究生也参加了资料整理实践，既锻炼他们的能力，也促进了工作进度。利用这批资源撰写学位论文并作为相关章节的执笔者，已在正文相关章节注明。

薛蓉和凌达彬承担了项目启动阶段的实物资料与发掘记录资料清点、核对及电脑录入登记工作，基本完成了第Ⅰ发掘区北部四个探方陶质遗物的清洗、分类、编号、拼接和统计制表任务，并撰写了第Ⅰ发掘区的发掘简报初稿。

白梅和刘勤翰承担了大部分发掘记录资料的电子化工作，将纸质发掘记录、探方图和遗迹图用扫描仪扫描，以图片格式加以保存，并将部分文字记录转换为Word格式以便编辑；拍摄了部分小件器物照片，制作了实物资料和记录资料整理进度表和特殊遗迹登记表等；全面核对了四个发掘区的遗迹分布图、探方平、剖面图及遗迹单位图，逐项记录存在的问题；列出了各个探方层位关系图；对第Ⅱ、Ⅲ、Ⅳ发掘区部分探方陶质遗物进行基础整理；完成第Ⅰ发掘区部分遗迹单位的陶片分类统计、陶质标本挑选与描述，以及第Ⅰ区发掘简报的修改稿。

代姝珏参加了部分探方遗迹单位记录资料的电子化工作，扫描、命名并核对订正了遗迹图和探方图，将部分发掘记录文字转录为Word文档，对部分遗迹单位陶质遗物作了基础整理及标本挑选与文字描述。

冯维伟和孙宇航分别对四个发掘区的骨器和石器进行了系统整理，包括发掘时已编号的小件和从普通遗物中甄选出的残石器、骨器和石料、骨料等，进行清洗、鉴别、编号、描述及拍照记录等；制作了骨器登记表和石器登记表。

李季真协助翻译了国家社会科学基金项目“西安米家崖遗址2010～2011年考古发掘报告”结项报告中的“最终成果简介”及本发掘报告的英文摘要。

邓萌萌、邵崇山、彭波、贺卫良、吴既、张正原、权小江、郭罗、江明、张煦、张岩、文萌、钱瑞、赵琦茗、杨欢、申威隆、裴建陇、鲍佳铖、宗亚茹、戴惟馨、李晓亭、郑芦、乌德宝丽、汪贵元、陈钰、李可可、李腾、王雪雯、袁诗琴、彭龙、吴闻波、王欣菲等，或参加过部分遗迹单位陶质遗物的基础整理，或参与了器物标本线图电子版的裁剪、去污、修整、编号命名以及遗物标本描述工作，或承担过教师指定的资料信息搜集等任务。

复次，我还要感谢兄弟院校和科研单位的合作者。西安交通大学张怡，首都师范大学尤悦，西北大学陈靓、凌雪，郑州大学陶大卫、崔天兴，中国科学院古脊椎动物与古人类研究所关莹等先生，分别从陶器残留物分析、骨器和石器微痕分析、植物遗存和动物遗存鉴定、体质人类学、碳十四测年及古代人类食谱等领域，独立或协助我们进行了初步探索。尽管现有成果的涵盖面、系统性与深入程度，均与我们最初的设想存在较大差距，但为我们今后的研究打下了基础，作好了铺垫。

最后，我要特别感谢陕西省考古研究院张天恩先生和西北大学张宏彦先生。我们在资料整理、简报和报告编撰的过程中，多次向二位师长请益。每一次求助，都会有一双有力的援手！

感恩之心将化作动力，驱使我把后续资料整理和报告编撰工作做得更好！

朱君孝

2022年8月31日

后　记

如果说，这本书是个孩子，那么，她就是西安市文物保护考古研究院与陕西师范大学历史文化学院联姻的结果。如果说，西安市文物保护考古研究院是她的“父亲”，那么，她的“母亲”就是陕西师范大学历史文化学院。当然，这只是个不太恰当，却是非常贴切的比喻。经过十多年的精心孕育，这个孩子终于要诞生了，无论如何应该说都是个值得高兴的事。

时间真的是快，转眼之间十多年已经过去了，可发掘的场景还如昨天一样清晰。天特别的热，三十七八度应该是有的了。发掘工作不能停，也停不下，因为发掘区要盖廉租房，解决低收入家庭的住房问题。夏季炎热干旱，工地的路上，浮土几乎没到了脚背，大车小车走着，虽缓缓的，却也是尘土飞扬。可就是在这样的环境中，工作人员热得忍着，脏得受着，可时不时地挖出个东西来，也会让人高兴老半天。“挖土”（发掘）的考古人，就是这个样子，苦乐苦乐，苦中作乐吧。发掘工作由张翔宇担任领队，现场工作由柴怡负责，参加发掘的人员主要有赵晶、高博、靳拉田、杨永刚等同志。考古发掘工作是全仗现场的同志了，大事小事都得靠他们去“摆平”。

田野发掘是个苦差事，尤其是配合城市基本建设进行的抢救性发掘。冷了热了的，只要人不倒下，就得干，而且还得认真地干。否则一不小心挖坏了，也就成了历史的罪人，这个“挖土”人都懂得。千辛万苦地发掘完了，可这事儿还远没完，更没了，资料整理才是大事。整理，就得要人、要地、要时间，这对当时的考古研究院来说，那真是要命。是陕西师范大学历史文化学院，解决了这些问题。恰在此时，朱君孝老师从郑州大学调到陕西师范大学工作，可谓是天时、地利、人和，促成了这个完美的结合。于是，西安市文物保护考古研究院与陕西师范大学历史文化学院合作，成立了米家崖遗址资料整理项目组。张翔宇为总负责人；柴怡为西安市文物保护考古研究院现场负责人，吴凡全程参与具体工作；朱君孝为陕西师范大学历史文化学院现场负责人，全权负责整理工作，历史文化学院多届本科生、研究生参与了基础资料的整理工作，其中部分学生以这批资料为基础，完成了学位论文的撰写，并顺利毕了业。

考古资料的整理，虽然不像工地现场那么艰苦、紧迫，但也是极其繁琐、枯燥，甚至是无聊的。一屋子的陶片，一片一片地洗净晾干，一片一片地编号写字，一片一片地拼对黏结，一片一片地统计记录。精挑细选出数千件文物标本，要一件一件地绘图，一件一件地照相，一件一件地描述，之后还要按一定的关系，把它们缀合起来。如同一地的落叶，要一片一片地把它再回接到树枝上，得要多大的能耐呀！我，作为所谓的总负责人，大多的事是不闻不问的。偶尔去一趟远在长安区的师大整理室，名义上是履行一下责任，实际上只不过想看一看久违的陶片，冷静一下浮躁心罢了。就是这不多的现场之行，也让我深有感触。整理室内，一地的陶片，按单位整齐地摆着，红的，灰的，粗糙的，细腻的，素面的，有纹饰的。同学们拼对的拼对，黏结的黏结，统计的统计，看着大家忙得不亦乐乎，我心里也痒痒的，上手去拼对一番，结果常常是一片也对不上，只好悻悻然，回到桌前高谈阔论了。还记得，有一次去整理室，看到靠近墙边的一个工位上躺着小半个大陶罐，从肩到底有五六十厘米高的样子，其上大片、小片的残片应该不下百片吧，旁边的同学告诉我，拼接这个残陶罐，用了他两周多的时间。让人不能不感慨这位同学的耐心与执着。不完整者尚且如此，那些修复完整的器物，所费心力可以想象。数百个遗迹单位，数千件文物标本，就是这样一片一片地，一件一件地，从袋中到筐中，再从筐中一跃而纸上了。但这“一跃”所费的心力，只有整理者心中最清楚。应该强调的是，这些繁琐的、似乎又很枯燥的整理工作，主要是由朱君孝老师带着他的学生们完成的。

考古报告的编写，也是反反复复、曲曲折折，经过无数次的调整与修改。本打算是一鼓作气，一气呵成的，可由于工作量实在是太大了，又有国家社科基金项目按时结项的要求，就不得不分步完成了。Ⅰ区的资料还好，也比较成熟，只能选它先行面世了。应该指出，这也是经过了十年孕育的成果。Ⅱ、Ⅲ、Ⅳ区的报告，我们会抓紧编写，希望能接二连三地与大家见面。编写体例方面，本打算与《西安鱼化寨》保持一致，即按照层位关系和遗迹种类安排章节，可是考虑到已出版的《西安米家崖：新石器时代遗址2004～2006年考古发掘报告》，我们还是选择了与它一致的体例，即按遗址分期编排发掘资料，以方便学界对整个遗址的综合研究。这批资料的整理，得益于陕西师范大学学子们的参与，尤其是部分学生以此为基础完成的学位论文，对诸多问题进行了初步探讨，如何体现这些成果，就显得异常重要了。经过反复讨论，我们决定把这些成果集结在一起，作为考古报告的研究篇展示出来。虽然诸多问题还有待深入，篇章之间还缺少必要的关联，但这也是同学们汗水的结晶，算是为学界深入研究米家崖遗址作了点铺垫吧。

如上所说，编写考古报告是个集体劳动。第一至六章，主要由朱君孝、柴怡、张翔宇等完成，吴凡、白梅、李升韬、刘勤翰、凌达彬、薛蓉、冯维伟、郭罗、李可可、陈珏、王欣菲等也参与了部分章节的编写。第七至十六章，是围绕米家崖遗址资料展开的研究成果，主要以薛蓉、凌达彬、刘勤翰、宗亚茹、冯维伟、孙宇航、李腾、李升韬等人的学位论文为基础，加上屈亚婷、陶大卫、陈靓老师的三篇论文。最后的统稿由朱君孝、张翔宇完成。

参与这批资料整理与研究的，还有诸多单位的同仁。西安交通大学张怡老师设计了陶器科技检测分析的研究方案，首都师范大学尤悦老师对出土动物骨骼进行了鉴定，西北大学陈靓老师对出土人骨材料进行了分析，郑州大学崔天兴老师对出土石器进行了岩性鉴定、尺寸和重量测量、形态描述与类型学分析，郑州大学陶大卫老师和中国科学院古脊椎动物与人类研究所的关莹老师对部分石器进行残留物检测分析，陕西师范大学屈亚婷博士对部分陶器上的残留物进行了检测分析。部分研究已有初步成果，在报告中有所体现，还有部分研究正在进行中，成果将编入之后的考古报告中。报告编写过程中，西北大学张宏彦教授为整个发掘区的地层堆积与文化遗存分期工作提供了方法指引，并在极其不便的情况下为报告写了序言，可以说这个序言让报告有了灵魂。张天恩研究员多次亲临资料整理现场，指导帮助我们对地层及遗迹单位的早晚关系与文化性质进行判断。

这批考古资料的整理得到了合作双方单位各级领导的高度关注与支持。西安市文物保护考古研究院尚民杰院长（原）、冯健院长、王自力副院长多次询问工作进展，并及时解决工作中遇到的各种困难。

陕西师范大学历史文化学院院长贾二强教授给予本项目鼎力支持，积极促成两单位间的合作；韩旭晖副院长等协调安排了整理场地和标本架等工作条件；学院分党委书记杜海斌、副院长曹伟多次亲临整理工作现场，及时解决场地、设备等方面困难。院长何志龙教授和院长李秉忠教授，也经常关心过问工作进展。历史文化学院文物与博物馆专业实验室负责人黄薇博士协助整理现场安全卫生等事务。陕西师范大学教育博物馆为此项工作的开展提供了很多支持和帮助。另外，这个整理项目还得到了2013年度陕西省社会科学基金和2014年度国家社会科学基金的资助。科学出版社的编辑张亚娜、周艺欣为报告的文字、线图与图版的编排付出了艰辛的劳动。这些资助、支持与帮助，是我们整理工作得以顺利开展的坚强后盾，是报告编写的动力源泉。

在报告即将出版之际，我们谨向以上单位、领导及参与工作的专家、学生和志愿者们致以衷心的感谢！同时，对于报告中存在的疏漏，还请广大同仁批评指正。

张翔宇

2022年8月28日

Abstract

Mijiaya site is located in the eastern suburbs of Xi'an City, Shaanxi Province. It sits on the west bank of the Chan River, facing the famous Banpo Site across the Chan River in the southeast, about 2.7 kilometers apart. The geodetic coordinates of the site are 109°2.1' north latitude, 34°18.1' east longitude, and the altitude is 435-450 meters. Excavation conducted by Xi'an Institute of Archaeology and Conservation on Cultural Heritage in 2010-2011 yielded more than 300 features and a great amount of artifacts as while as other information. The culture remains covers a time span of about one millennium from ca. 5000 to 4000 BP that can be named Late Yangshao, Miaodigou Ⅱ and Keshengzhuang Cultures.

The earliest period is Yangshao Culture (the late phase). The features are most trash pits (storage originally) and only 1 house. The cultural remains discovered are pottery, stone and bone tools, and some animal bones.

According to the shape of plane and section, the 27 trash pits can be divided into 4 types, with 13 round bag-shaped pits, 6 oval bag-shaped pits, 3 round cylinder-shaped pits and 1 round pot-bottom pit. The round pits and oval pits have a maximum diameter of 360-460cm, a minimum diameter of 50-68cm, and most of them are 150-250cm in diameter. These pits are flat bottom, and the wall and bottom of pits are processed smoothly. The large pits with regular shape are supposed to be cellars or houses. There is one semi-crypt round house site. It is 240cm in diameter with straight wall and flat ground. A rectangular stove pit is set in the northwest closely next to the wall, which is 50cm in length, 34cm in width and 8cm in depth, and grilled into a reddish-brown hard layer. Two pillar holes are set in the southeast of the house opposite to the stove pit. The doorway should be located on the extension line connecting the stove pit to the pillar hole, but it is broken by the later trash pit and the shape is unknown.

As for cultural remains, pottery is found the most. The textures of potteries account for 42% in pure-clayed and 58% in sandy. The colors of potteries account for 82% in red, 27% in grey, and few black and white pottery pieces. The decorations of pottery account for 41% in plain, 18% in polishing, 15% in cord pattern, 9% in string pattern, and a few in other patterns such as stamped clay-strip and tiny round mud. It is common to see a combination of two decorative patterns on many objects. The plain is often seen in sandy jars, basins, earthen bowls, urns, plates and lids; the polishing is often seen in basins, earthen bowls and plates; the cord and stamped string patterns are often seen in sandy jars and urns; the string pattern, the chord pattern, and the tiny round mud pattern are often applied to tip-bottom bottles. The large vessels, like tip-bottom bottles, basins, sandy jars, and urns, are made by coiling clay-strips in segments, and then put together. Small-scale vessels, like small lids, bowls, spinning wheels, hairpins and loops, are made by hand shaping method. Stamped clay-strips are used to strengthen the segmental traces on the belly part or the mouth of large sandy jars. The rims of most potteries are trimmed by slow wheel forming. Some inner walls of the vessels are left with finger impressions and outer walls are left with scratch marks. As to the shape of the pottery, flat-bottom and tip-bottom vessels are dominant. Tip-bottom and flat-bottom bottles, sandy jars, urns, wide-rim basins take a great part in the pottery assemblage, while bowls, plates and lids can be usually seen, and cups, zeng-steamers, and stoves are occasionally seen. There are 11 stone tools including 1 knife, 1 spinning wheel, 4 balls and 5 awls. Hairpins for decoration are also made from stone, and 6 pieces of stone are found, and their surfaces show obvious cutting and polishing marks. Stone lithology mostly includes granite, slate, sandstone, shale and so on, among which granite accounts for 73% of the total. There are only 2 bone awls and 3 bone arrows. Natural remains collected are mainly animal bones. Among over 50 discriminated specimens, the number of pigs and deer take a leading part, and elks, sika deer, cattle, ring-necked pheasants and pearl mussels are usually seen.

The second period is the Miaodigou Ⅱ Culture. There are three kinds of features known as trash pits, houses and kilns. The cultural and natural remains are similar to the Late Yangshao Culture.

A total of 27 trash pits (storage pits) can be divided into 6 types according to the shape of plane and section, with 16 round bag-shaped pits, 4 oval bag-shaped pits, 3 round cylinder-shaped pits, 2 round pot-bottom pits, 1 oval cylinder-shaped pit and 1 oval pot-bottom pit. The pits have a maximum diameter of 300-330cm, a minimum diameter of 78-86cm and most of them are 100-250cm in diameter. The bag-shaped pits are over 70% with flat bottom. The pits with regular shape are supposed to be cellars. There are two house sites. F4 is semi-crypt round house site with 320cm in diameter on the base and 130cm in residual depth. The stove pit is set on the ground close to the rear wall of the northwest which is three beams and two grooves in shape. The ground has formed a hard tread surface due to the long-term treading. Three pottery kilns are found and the structures are basically the same which consist of a fire chamber and a kiln chamber. The fire chamber is located in front of kiln chamber and lower than kiln chamber appearing in a shape of small bag-shaped pit. Two fire channels connect the fire chamber and kiln chamber and each branches into 3-4 smaller ones on base of the kiln chamber. The kiln chamber is also a bag-shaped pit with a sloping ground which is lower in the front and higher in the back. The kiln chamber of Y1 is 140cm in diameter. The kiln Y2 is next to Y3, each with a diameter of about 186cm. The fire channel is dendritic which is made close to the kiln floor and rises gently with the slope of the kiln floor. The walls of the kiln chamber are all upward arcs presuming that the top of the kiln chamber is oval. The wall and ground of the fire and kiln chambers are all grilled into reddish-brown sintered surface.

Pottery (most are pieces) takes the most part of the artifacts. The sandy pottery is up to 94% and grey potteries account for 97%, the other 2% is red and few black ones. The decorations of potteries account for 84% in basket pattern and stamped clay-strip pattern, 6% in rope and stamped clay-strip pattern, 5% in plain, 4% in polishing and a small number of pressed pattern chord pattern. The basket pattern and stamped clay-strip pattern are often seen in deep-belly jar (vat), ding-tripods, grooving basins, lids and funnel. The plain is often seen in plates, lids and cups. The large vessels, like vats, ding tripods, deep-belly jars and urns, are all molded by clay-strip coiling method and put together in segments. Handles and feet are separately made and attached to the vessel bodies. Stamped clay-strips are applied to large vessels such as jars and ding tripods in order to strengthen as while as decorate the vessels. The mouths and rims of most vessels are trimmed with pottery wheels. The most vessels are shaped in three types of modeling, flat-bottom, round-bottom and tri-feet objects. Deep-belly jars, vats, ding tripods, grooving basins, dou (cups or plate with a high circular shaped stand or foot) and plates are fundamental in the pottery assemblage. There are a large number of stone tools in types and quantities. The agricultural tools account for 87% of the total number. The most common stone objects are knives, awls, axes, adzes, hairpins and shovels. 6 stone pieces with cutting marks discovered can be decided as the raw material or waste. Stone lithology includes sandstone, slate, granite, diabase, marlstone, schist, serpentinite, limestone and shale. The number of slate takes first place and granite the second. A few bone arrows, awls and hairpins are collected. The natural remains are mainly animal bones, which are identified as pig, deer, sika deer, cattle, sheep and bamboo rat, with pig being the most.

The latest period of the site is Keshengzhuang Culture. The cultural and natural features and remains are almost the same as the earlier periods except for a tomb.

According to the shape of plane and section, the trash pits can be divided into 6 types, with 26 round bag-shaped pits, 12 oval bag-shaped pits, 3 round cylinder-shaped pits, 3 oval cylinder-shaped pits, 1 round pot-bottom pit and 1 oval pot-bottom pit. The round pits and oval pits have maximum diameters of 357-318cm and minimum diameters of 120-87cm and most are between 130 and 250cm. The pits with regular shapes indicate that this kind facility plays an important role in social life at that time. There are two square (rectangular) house sites both with north-south direction. The shape is convex plus the doorway. The walls are destroyed, and the range of four walls is clear to recognize, possibly of a semi-crypt. A layer of white lime is painted on the walls and ground. House F1 is 360cm in length and 312cm in width. House F2 is 290cm from south to north and 320cm from east to west.

A round hearth with a diameter of 90cm is built in the middle of each house. There is also a small fire pit in the southwest corner of F2 with a diameter of 30cm. The hearth and the stove pit are all burnt into reddish brown and hard. The door of F2 lies in the middle of the south wall, and the doorway is 100cm in width and 67cm long. Pillar holes can be seen respectively in each corners and middle of the east west walls. In addition, remains of two stoves found near F2 indicate two houses. The only tomb shaped in rectangular vertical earthen pit with a northwest to southeast direction is 200cm long and 120cm wide. The skeleton poses upright and straight with incomplete bones, lack of skull and feet. The dead was male and aged about 40.

As for cultural remains, pottery is found most. The textures of potteries in sandy clay and pure-clay account for 70% and 30% respectively. About 88% potteries are grayish blue, 10% reddish, and only 1% in black. The ornamentations of potteries account for 32% in rope pattern, 24% in basket pattern, 17% in plain and polishing, and a small number of chord pattern, stamped pattern, and round mud pattern. A combination of two or more decorative patterns on one object is common. The rope pattern is applied to li tripods and sandy jars. The basket pattern is often seen in jia tripods, urns, pots, dou and covers of cellars. The plain and polishing are often seen in dou, cups, plates and vessel lids. Pottery are mainly hand-made including clay strip method and kneading method, molding technique is also common, but wheel making is rare. Some of the flat bottom, pocket feet and handles are made separately and then put together with the bellies. Bond marks, reinforcement and thickening at the bonding places are obvious evidence for the proceeding. The model method is used in socketed vessels such as li and jia tripods. The wheel making method is occasionally seen in small cups. The mouth, rims and shoulders of larger vessels are trimmed by slow pottery wheel. Among the potteries li tripods, jia tripods and round-belly jars are cooking utensils, and dou (shallow bowl or plate with thick handle) , gui cups, single, double and tri-handle jars and cups are food and liquids containers. Folding-mouth urns are supposed to contain water and grain, hat-shaped and cake-shaped lids and pieces of huge covers for cellars characterize the Keshengzhuang Culture as above. There are 47 stone tools for agriculture and handicraft among which knives are the most common, and then following axes, adzes, chisels, arrowheads, stone balls, pestle and awls. There are few grinders, cake-shaped and shuttle-shape tools. Stone hairpins are rather popular. Stone lithology mostly includes slate, granite, schist, diabase, marlstone, sandstone, limestone and shale, among which sandstone is found most, and then following slate and schist. Bone tools are mainly tool type. Bone tools such as awls, arrowheads, shovels, bone daggers and needles play an important part. Bone hairpin is the most common ornaments and decorations made by tooth, mussel and horn can also be seen. Though only one, oracle bone made of scapula of pig can never be ignored. Natural remains found are mainly animal bones. Over 70 pieces can be distinguished as specimens such as pigs (wild and domesticated), cattle, deer, sika deer, and sheep.

The remains in the three periods of Mijiaya site are mainly trash pits with mainly bag-shaped pits, and less houses, pottery kilns and tombs are found. The texture of pottery is mainly sandy pottery, and the admixture is white quartz sand, which should be related to its location on the bank of Chan River. In the pottery making method, hand-made clay strip molding was the main method, supplemented by kneading, molding, pasting, etc. The repairing methods include beating, rolling, scraping and slow wheel forming. Basket pattern, rope pattern and stamped clay-strip pattern and plain are mainly found, and chord pattern, stamped pattern, carving pattern, polishing and paste mud nail (cake-shaped) are also commonly seen. Red pottery was dominant in the first period, while grey pottery was dominant in the second and third periods. The statistical analysis of the phenomenon of large dispersion and small concentration of the pottery kilns, the patterns and sizes of vessels show that the pottery production organization in the Miaodigou Ⅱ and the Keshengzhuang Cultures may be in a family-manufacturing level with a lower standardization degree.

A preliminary study on some stone tools provided new understandings of certain tools. Stone axe is used fundamentally for tree chopping and cutting, and can also be used for wood cleaving. Stone adze is mainly used in processing hard things such as wood, and some are also used in processing soft objects. Stone knife with concave edge is used for harvesting various plants; Arc-edged knife is used to process hard objects, such as animal bones, etc. The straight edge stone knife are diverse in using. Some stone pestle is for grinding. Speculating from the traces on stone cores and flakes, this site might has a larger scale production of slender columnar artifacts such as awls and hairpins than necessary. It is possible that part of the production is for trading.

Both empirical observation and simulation experimental study of the manufacturing technology of bone tools and ornaments show that the process of bone artifacts is consist of 4 steps: raw material acquisition, material preparation, prototype processing, and fine processing (polishing and decorating). Raw materials are mostly obtained from the hard tissues of large and medium-sized animals such as cattle, deer, and pigs, as well as the shells of aquatic mollusks. Material preparation is mainly by cutting with knife, and cutting, scraping and grinding are the methods for prototype processing. There are various drilling methods. Bone needles, arrowheads, hairpins and some tubular decorating ornaments are finely proceeded. Some bone tools such as awls, chisels, shovels and knives are processed simply under 2-3 steps. There are much more completed bone tools and ornaments than the raw materiel in site, implicating that the bone-making activities are in a low level of scale, standardization and programming.

Inhabitants in Mijiaya site of the Late Yangshao, Miaodigou Ⅱ and Keshengzhuang Cultures all live in a relatively stable settlement life and choose roughly the same spatial area to build their dwellings. In the late Yangshao period, agricultural economy, including crop cultivation and livestock breeding, may take the primary position for food supply. Food from plants are mainly derived from dioscorea, millet and coix, and a few percentage of rice. Collecting, hunting and fishing are also important complements in food producing. Handicraft activities include building houses, pottery making, stone and bone carving, wood processing and weaving. In the second phase of Miaodigou Ⅱ Culture, agriculture is the most important economic basis, and the cultivated crops are mainly millet and coix, and maybe a little rice. Hunting and gathering still play and important role, and handicraft industry sees a certain degree of progress. In Keshengzhuang Culture, the agriculture including crop cultivation and animal breeding, is significantly advanced compared with that of Miaodigou Ⅱ times. A variety of food plants such as millet, coix, barley and rice are cultivated or harvested, while the importance of fishing and hunting continued.

Cemetery in the site is found, but only some trash pits buried with human skeletons of it's parts. The situation is similar to adjacent sites in Guangzhong Plain (Wei River Basin), southern Shanxi and western Henan Provinces through the late Yangshao to the Longshan times. This way of dealing with the dead is different from the early phase of Yangshao Culture showing the disintegration of clan society and complexity and stratification of social structure.

As to the absolute dates, there are 2 carbon dating samples from Late Yangshao phase giving 3093-2911BC and 2859-2497BC, which is roughly consistent with the results of previous achievements. Other 2 carbon dating samples of the second phase of Miaodigou Ⅱ Culture yield 2300BC, which is too later than those of the same period's samples, so the result is temporarily doubtful. The features and artifacts bear the styles and elements both from the western and eastern areas in Guanzhong Plain, thus reflecting intermediate or transition characteristics. The third period of this site is typical Keshengzhuang Culture, dating from 2343-2138 BC and 2199-1980 BC by carbon dating method. Some potteries of this phase such as round belly jars with small handles and stamped decoration on rims are similar to vessels in the later Erlitou Culture (deemed as Xia Dynasty Culture by most Chinese archaeologists). This might indicate a strong tie between the two cultures.

In conclusion, the excavation and preliminary study of Mijiaya site provide valuable information to further the study of the cultural developing and evolving sequence from the late Neolithic to the Xia times in Guanzhong Plain. Mijiaya site is of great academic value to explore the process of social evolution and civilization in central and mid-west China.

（摘要执笔人：朱君孝、张翔宇、柴怡；英文翻译：李季真）

1. 沉浸式入场

2. 快乐挖坑人

发掘现场

图版二

1. 看看我是谁

2. 看房啦

发掘现场

1. 宝贝上来了

2. 刷出真相

发掘现场

1. 南望大景（自北向南拍摄）

2. Ⅰ区北区全景图

发掘现场

1 南望ⅠT0302、ⅠT0303

2. ⅠT0301东壁剖面

发掘现场

1. 整理现场

2. 整理干将

整理工作现场

1. 张天恩先生指导工作

2. 贾二强院长指导工作

整理工作现场

图版八

1. 动物骨骼鉴定

2. 器物绘图

整理工作现场

图版九

1. 观察器物

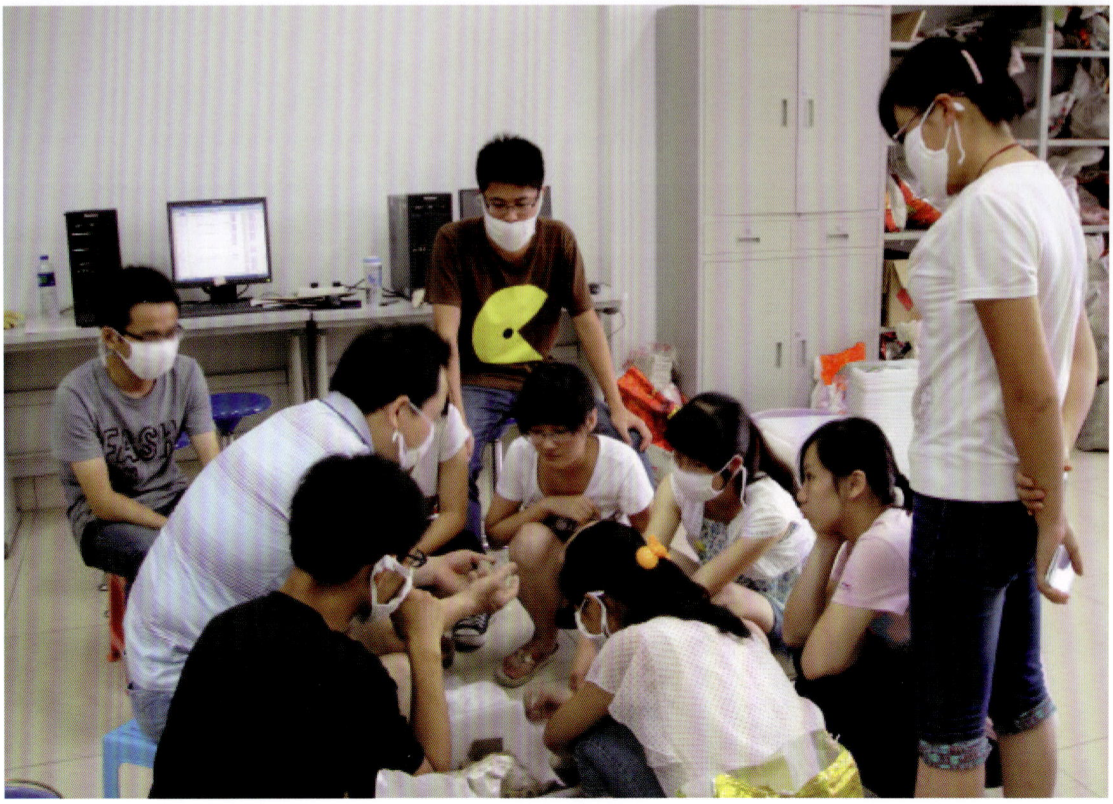

2. 本科生暑期实习

整理工作现场

1. 拼对粘结

2. 修复

整理工作现场

1. F3

2. H47

仰韶晚期F3与H47

1. H48

2. H57

仰韶晚期H48与H57

1. H86

2. H94

仰韶晚期H86与H94

图版一四

1. 尖底瓶（H70：7）

2. 尖底瓶（ⅠT0308④：1）

3. 尖底瓶（H87：7）

4. 平底瓶（H18：4）

仰韶晚期尖底瓶、平底瓶

1. 尖底瓶（ⅠT0308④：38）

2. 尖底瓶（Y1：21）

3. 尖底瓶（ⅠT0407④：54）

4. 尖底瓶（H55：3）

5. 夹砂罐（ⅠT0407④：7）

6. 夹砂罐（H69：23）

仰韶晚期尖底瓶、夹砂罐

1. 翁（H1：2）

2. 钵（ⅠT0203⑤：2）

3. 盘（ⅠT0203⑥：1）

4. 盆（H56：3）

5. 碗（H87：55）

6. 杯（H35：1）

仰韶晚期瓮、钵、盘、盆、碗与杯

1. 器盖（H2：15）

2. 器盖（ⅠT0407③：80）

3. 器盖（ⅠT0203③：276）

4. 内部刮抹痕（ⅠT0203③：276）

5. 绳纹（H23：8）

6. 绳纹（ⅠT0303③：99）

仰韶晚期器盖与绳纹

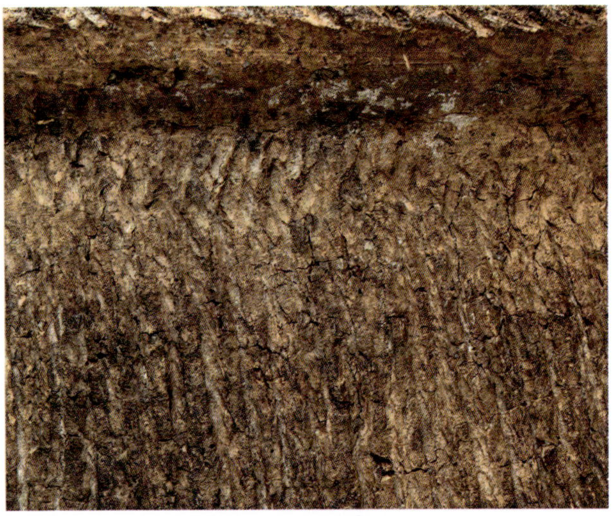

1. 绳纹（ⅠT0407②：50）

2. 绳纹+绳压痕（ⅠT0307②：134）

3. 绳纹+绳压痕（ⅠT0407③：11）

4. 绳纹+附加堆纹（ⅠT0301④：23）

5. 绳纹+贴塑（ⅠT0203③：183）

6. 刻划纹（H1：120）

仰韶晚期纹饰

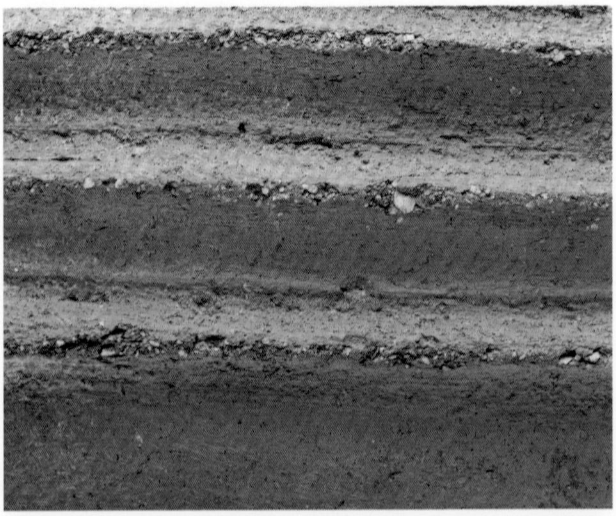

1. 凸弦纹（H48：25）

2. 凸弦纹（H80：1）

3. 绳纹+附加堆纹（H2：41）

4. 绳纹+附加堆纹+按压纹（H57：30）

5. 弦纹+按压纹（ⅠT0307③：38）

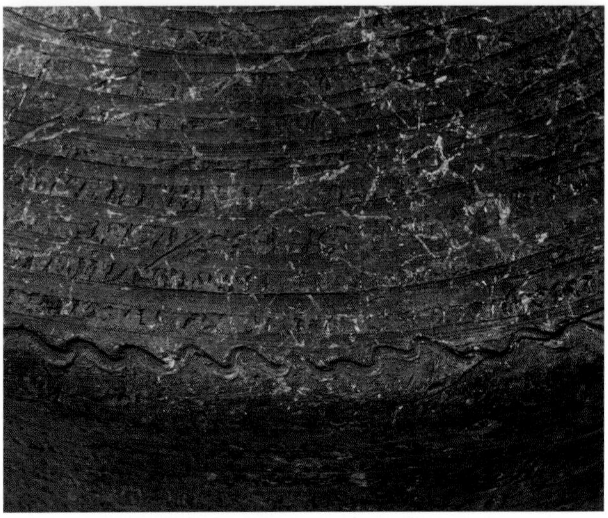

6. 弦断线纹+刻划纹（ⅠT0301④：177）

仰韶晚期纹饰

1. 绳压痕（ⅠT0301⑥：08）

2. 弦断线纹（ⅠT0301④：242）

3. 泥条盘筑痕（ⅠT0308采：04）

4. 泥条盘筑痕（H2：3）

5. 泥条盘筑痕（ⅠT0407④：51）

6. 泥条盘筑痕（H55：3）

仰韶晚期纹饰、泥条盘筑痕

1. H55：16

2. ⅠT0301⑥：11

3. ⅠT0301⑥：6

4. H57：46

5. ⅠT0203⑤：72

6. ⅠT0203⑤：73

仰韶晚期陶刀

1. 陶纺轮（H69：1）

2. 陶纺轮（H47：23）

3. 陶环（H95：3）

4. 陶环（H95：3）

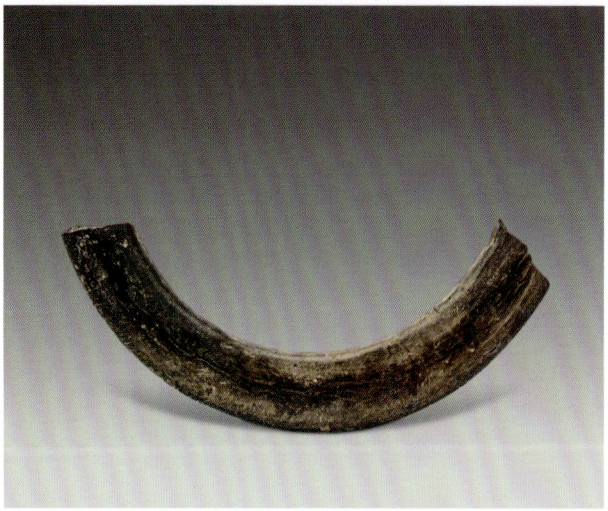
5. 陶环（ⅠT0308④：7）

6. 陶环（ⅠT0308④：10）

仰韶晚期陶纺轮、陶环

1. 陶环（ⅠT0308④：20）

2. 陶环（ⅠT0308采：1）

3. 陶环（ⅠT0308采：2）

4. 陶环（ⅠT0301⑥：7）

5. 陶钏（ⅠT0308④：160）

6. 陶球（ⅠT0308④：8）

仰韶晚期陶环、陶钏与陶球

图版二四

1. 陶笄（H19：2）

2. 陶笄（ⅠT0308采：4）

3. 陶笄（ⅠT0308④：15）

4. 石纺轮（H1：09）

5. 石刀（ⅠT0202⑤：01）

6. 石刀（ⅠT0407④：61）

仰韶晚期陶笄、石纺轮与石刀

1. 石球（ⅠT0203⑤：03）

2. 石球（H2：019）

3. 石球（ⅠT0408④：9）

4. 磨石（ⅠT0301⑥：9）

5. 抛光石（ⅠT0203⑤：11）

6. 鹿角（ⅠT0308④：16）

仰韶晚期石球、磨石、抛光器与鹿角

1. H1：03

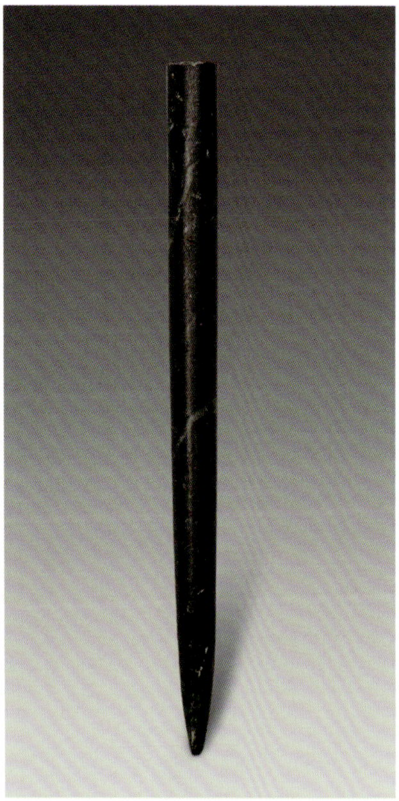
2. H2：05

3. ⅠT0308④：017

4. H2：020

5. ⅠT0301⑥：2

6. ⅠT0301⑥：5

仰韶晚期石笄

1. 石笄（ⅠT0308④：14）

2. 石笄（ⅠT0308④：11）

3. 石笄（H2：017）

4. 石笄原材料（H1：05）

5. 石笄毛坯（H63：1）

6. 石笄毛坯（H2：02）

仰韶晚期石笄、石笄坯料

图版二八

1. 骨锥（ⅠT0301⑥：4）

2. 骨锥（ⅠT0308④：18）

3. 骨镞（ⅠT0308④：13）

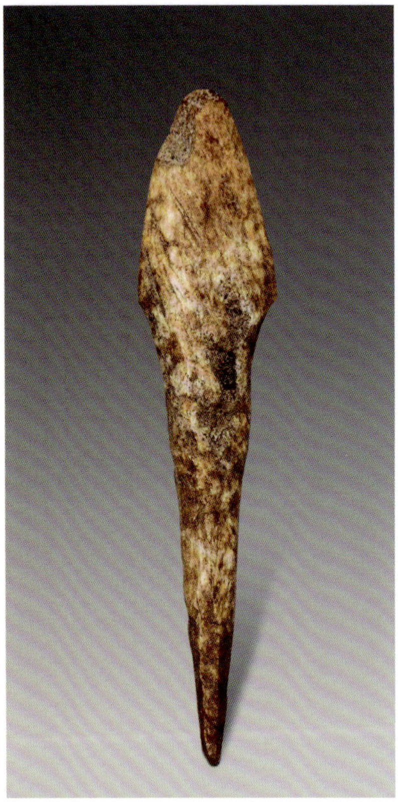

4.骨镞（ⅠT0202⑤：1）

5. 骨镞（ⅠT0308④：12）

6. 角锥（H19：104）

仰韶晚期骨锥、骨镞与角锥

1. Y1火膛

2. Y1烧结残渣

庙底沟二期Y1

1. Y1细部

2. Y2火道

庙底沟二期Y1与Y2

1. Y3

2. Y3烧结壁面

庙底沟二期Y3

1. H15

2. H20

庙底沟二期H15与H20

1. H27

2. H28

庙底沟二期H27与H28

1. H45

2. H49

庙底沟二期H45与H49

1. H66

2. H97

庙底沟二期H66与H97

1. 鼎（H49：6）

2. 鼎（H80：3）

3. 夹砂罐（H84：2）

4. 尖砂罐（ⅠT0308③：5）

5. 泥质罐（H66：7）

6. 小罐（H79：4）

庙底沟二期鼎、夹砂罐、泥质罐与小罐

1. 缸（H84：1）

2. 缸（ⅠT0308③：4）

3. 夹砂罐（H72：6）

4. 泥质罐（ⅠT0302⑤：2）

庙底沟二期缸、夹砂罐与泥质罐

1. 盆（ⅠT0203②：1）

2. 钵（ⅠT0308③：3）

3. 杯（H49：1）

4. 杯（H85：4）

5. 杯（ⅠT0308③：01）

6. 杯（H34：7）

庙底沟二期盆、钵与杯

1. 杯（H87：52）

2. 盘（H66：2）

3. 豆（H49：7）

4. 漏斗（H18：5）

5. 壶（ⅠT0307③：1）

6. 器盖（ⅠT0407③：51）

庙底沟二期陶器

1. 绳纹+附加堆纹+按压纹（ⅠT0407③：8）

2. 篮纹+附加堆纹+按压纹（H85：6）

3. 绳纹+附加堆纹（H85：9）

4. 绳纹+附加堆纹（ⅠT0407②：29）

5. 篮纹+附加堆纹+按压纹（ⅠT0308③：5）

6. 篮纹（H49：30）

庙底沟二期纹饰

1. 篮纹（H70：8）

2. 篮纹（H66：10）

3. 篮纹+附加堆纹+按压纹（H87：32）

4. 内壁刻划沟槽（H78：3）

5. 篮纹+附加堆纹（F5：2）

6. 内壁刻划沟槽（F5：2）

庙底沟二期纹饰

1. 篮纹+按压纹（H17：4）

2. 内壁刻划沟槽（H17：4）

3. 内壁刻划沟槽（H9：18）

4. 内壁刻划沟槽（H42：2）

5. 陶刀（H80：31）

6. 陶刀（Y1：61）

庙底沟二期纹饰、陶刀

1. 陶刀（Y1：62）

2. 陶环（H42：1）

3. 陶纺轮（H28：1）

4. 陶纺轮（H72：3）

5. 陶环（H15：06）

6. 石铲（Y3：2）

庙底沟二期陶刀、陶环、陶纺轮与石铲

图版四四

1. 陶笄（ⅠT0303④：1）

2. 陶笄（H84：01）

3. 石铲（H15：03）

4. 石锛（H85：2）

5. 石锛（H87：01）

庙底沟二期陶笄、石铲与石锛

1. 石斧（H79：2）

2. 石斧（H72：1）

3. 石刀（H59：1）

4. 石刀（H87：06）

5. 石刀（H15：01）

6. 石刀（H18：2）

庙底沟二期石斧、石刀

1. 石刀（H59：2）

2. 石刀（H18：1）

3. 石镞（ⅠT0202④：3）

4. 石纺轮（H96：1）

5. 石笄毛坯（H28：3）

6. 牙饰（H59：3）

庙底沟二期石器、牙饰

1. 石笄（H12：2）

2. 石笄（H85：1）

3. 石笄（Y2：01）

4. 石笄（H28：2）

5. 骨锥（H49：3）

6. 骨笄（H49：2）

庙底沟二期石笄、骨锥与骨笄

图版四八

1. 骨镞（H66：1）

2. 骨镞（H18：3）

3. 骨镞（H87：02）

4. 骨针（H79：5）

5. 骨匕（Y2：02）

6. 角锥（ⅠT0302⑤：1）

庙底沟二期骨镞、骨针、骨匕与角锥

1. F1白灰地面及灶台

2. F2

客省庄二期F1与F2

图版五〇

1. 局部白灰面

2. 白灰面细部

3. 草拌泥

4. 墙皮

5. 灶台

6. 灶台剖面

客省庄二期F2细部

1. H6

2. H7

客省庄二期H6与H7

图版五二

1. H8

2. H9

客省庄二期H8与H9

1. H10

2. H30

客省庄二期H10与H30

1. H34

2. H36

客省庄二期H34与H36

1. H44

2. H46

客省庄二期H44与H46

图版五六

1. H70

2. H71

客省庄二期H70与H71

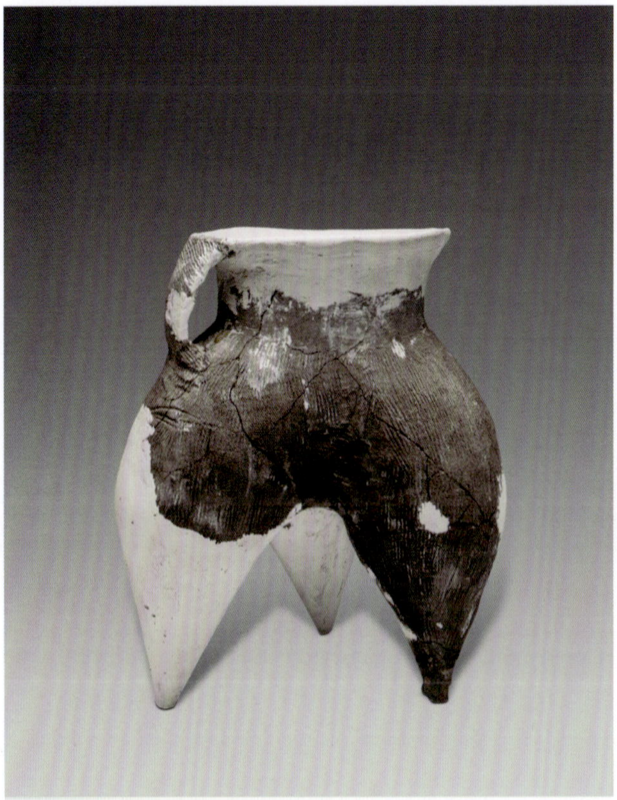
1. 鬲（H50：1）

2. 鬲（H50：3）

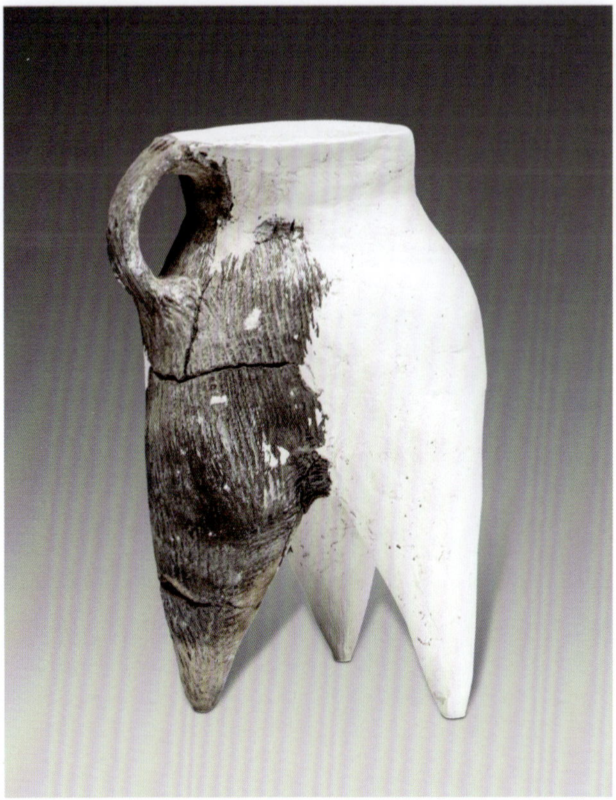
3. 鬲（H61：4）

4. 鬲（ⅠT0303③：3）

客省庄二期鬲

1. 鬲（H22：2）

2. 鬲（H22：1）

3. 斝（H70：45）

4. 斝（H30：3）

5. 无耳罐（H43：10）

6. 单耳罐（H34：6）

客省庄二期鬲、斝、无耳罐与单耳罐

1. 单耳罐（H43：5）

2. 双耳罐（H70：6）

3. 双耳罐（ⅠT0203③：01）

4. 双耳罐（H43：4）

5. 双耳罐（H30：2）

6. 双耳罐（ⅠT0408③：4）

客省庄二期单耳罐、双耳罐

1. 双耳罐（H43：9）

2. 双耳罐（H43：6）

3. 双耳罐（T0301③：150）

4. 三耳罐（H29：19）

5. 小罐（H65：7）

6. 小罐（H50：45）

客省庄二期单耳罐、双耳罐、三耳罐与小罐

1. 壶（H30：1）

2. 壶（H44：9）

3. 壶（ⅠT0302③：11）

4. 鬶（H70：58）

客省庄二期壶与鬶

1. 鬶耳（H70：59）

2. 鬶耳（T0301③：438）

3. 豆（H8：1）

4. 豆（ⅠT0408③：3）

5. 豆（ⅠT0307③：18）

6. 豆（ⅠT0203③：10）

客省庄二期鬶、豆

1. 盘（H43：3b）

2. 圈足盘（H43：2）

3. 盘（H43：3b）

4. 圈足盘（H29：1）

5. 盘（H43：3a）

6. 盘（H43：3c）

客省庄二期圈足盘、盘

图版六四

1. 杯（H43：7）

2. 内壁刮抹痕（H43：7）

3. 盂（H34：32）

4. 穿孔器柄（ⅠT0307③：4）

5. 器盖（H29：13）

6. 器盖（ⅠT0302④：8）

客省庄二期杯、盂、器盖与穿孔器柄

1. 器盖（ⅠT0408③：14）

2. 器盖（ⅠT0308③：54）

3. 器盖（ⅠT0407采：2）

4. 器盖（H29：3）

5. 窖穴盖（H29：20）

6. 窖穴盖（H70：60）

客省庄二期器盖、窖穴盖

图版六六

1. H8：2

2. H65：10

3. ⅠT0408②：1

4. H34：9

5. ⅠT0408②：4

6. ⅠT0407④采：6

客省庄二期绳纹

1. 篮纹+按压（H71：15）

2. 篮纹+附加堆纹+绳纹（H71：25）

3. 贴塑+按压纹（ⅠT0302③：130）

4. 绳纹+附加堆纹（H70：9）

5. 附加堆纹+按压纹（ⅠT0301③：132）

6. 篮纹+附加堆纹+绳纹（ⅠT0301③：70）

客省庄二期纹饰

图版六八

1. 弦纹（H71：27）

2. 刻划纹（ⅠT0302④：7）

3. 弦纹+戳印纹（H32：1）

4. 弦纹+刻划纹+戳印纹（ⅠT0303③：016）

5. 弦纹+刻划纹（ⅠT0408③：114）

6. 刻划纹（ⅠT0301③：153）

客省庄二期纹饰

1. 刻划纹（H30：3）

2. 刻划纹（H34：77）

3. 刻划纹（H52：1）

4. 刻划纹（H71：62）

5. 交错按压纹（H70：25）

6. 交错按压纹（H34：42）

客省庄二期刻划纹

图版七〇

1. 按压纹（H43：12）

2. 箅孔（H70：102）

3. 箅孔（H70：102）

4. 轮修痕（H70：48）

5. 轮修痕（ⅠT0307③：18）

6. 轮修痕（H71：62）

客省庄二期按压、箅孔与制作痕迹

1. 陶刀（H73：2）

2. 陶刀（H73：2）

3. 陶刀（ⅠT0301③：119）

4. 陶纺轮（H29：09）

5. 陶纺轮（H29：010）

6. 陶纺轮（H91：1）

客省庄二期陶刀、陶纺轮

图版七二

1. 陶纺轮（ⅠT0302③：10）

2. 陶纺轮（H36：1）

3. 陶拍（H65：1）

4. 陶拍（H65：1）

5. 陶拍（H71：5）

6. 陶环（H44：2）

客省庄二期陶纺轮、陶球、陶拍与陶环

1. 陶环（H71：4）

2. 陶环（ⅠT0303③：6）

3. 陶球（H29：02）

4. 石斧（ⅠT0202③：03）

5. 石铲（H70：09）

6. 石铲（ⅠT0203③：12）

客省庄二期陶环、石斧、石铲

图版七四

1. 陶笄（ⅠT0307③：3）

2. 陶笄（ⅠT0407采：1）

3. 石凿（H70：02）

4. 石铲（H50：04）

5. 石斧（ⅠT0302②：2）

客省庄二期陶笄、石凿、石铲、石斧

1. 石凿（ⅠT0301③：9）

2. 石锛（H43：81）

3. 石锛（ⅠT0302②：8）

4. 石凿（ⅠT0408③：8）

5. 石锛（ⅠT0302③：6）

6. 石凿（ⅠT0302③：3）

客省庄二期石凿、石锛

图版七六

1. H13：01

2. H50：01

3. H29：04

4. H50：05

5. H70：3

6. ⅠT0203③：6

客省庄二期石刀

1. ⅠT0302②：1

2. H50：03

3. H70：04

4. ⅠT0302③：01

5. ⅠT0308③：8

6. ⅠT0203②：01

客省庄二期石刀

1. 石刀（H10：1）

2. 石刀（ⅠT0203③：02）

3. 石刀毛坯（ⅠT0407③：5）

4. 石刮割器（ⅠT0303③：3）

5. 石镞（ⅠT0301②：4）

6. 石镞（H70：011）

客省庄二期石刀、石刀毛坯、石刮割器与石镞

1. 石纺轮（H75：1）

2. 石纺轮（ⅠT0302④：03）

3. 石球（ⅠT0301③：6）

4. 石球（ⅠT0308③：2）

5. 石球（ⅠT0308③：9）

6. 石球（ⅠT0408③：2）

客省庄二期石纺轮、石球

图版八〇

1. 石环（ⅠT0203②：2）

2. 石环（ⅠT0302④：02）

3. 饼形石器（ⅠT0307③：02）

4. 石垫（ⅠT0308③：10）

5. 鹿角（H70：03）

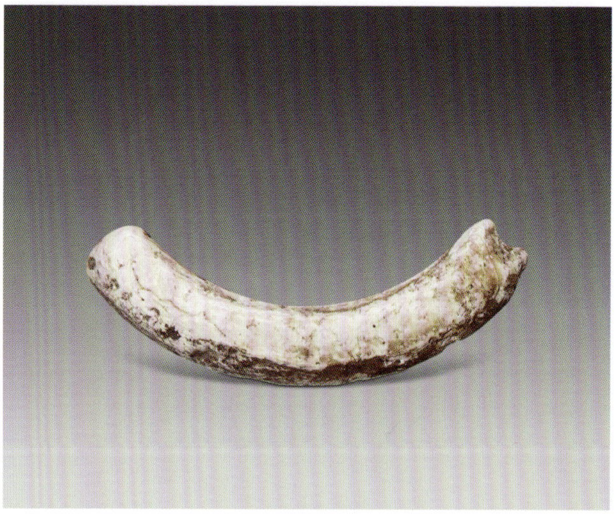

6. 蚌环（T0407③：4）

客省庄二期石环、饼形石器、石垫、鹿角与蚌环

1. 骨锥（H44：1）

2. 骨锥（H29：03）

3. 骨锥（H29：07）

4. 骨锥（H73：3）

5. 角锥（H70：012）

6. 骨笄（H25：4）

客省庄二期骨锥、骨笄

图版八二

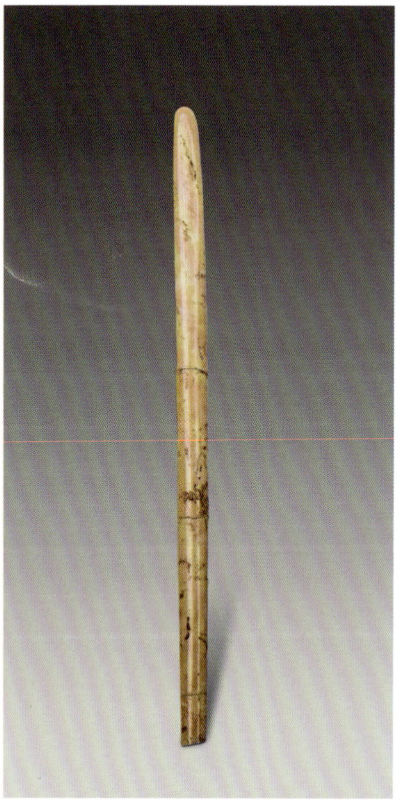

1. 骨笄（ⅠT0302④：04）

2. 骨笄（ⅠT0302③：8）

3. 骨镞（H61：1）

4. 骨镞（H34：1）

5. 骨镞（H34：2）

6. 骨镞（ⅠT0302③：4）

客省庄二期骨笄、骨镞

1. 骨镞（H25：3）

2. 角镞（H75：2）

3. 角镞（H14：1）

4. 骨镞（H44：3）

5. 骨针（H25：1）

6. 骨针（H29：01）

客省庄二期骨镞、骨针

图版八四

1. 鹿角（H70：07）

2. 角锥（H25：2）

3. 骨铲（H50：02）

4. 卜骨（H10：10）

客省庄二期鹿角、角锥、骨铲与卜骨

图版八五

1. 龋齿（H98：R1)

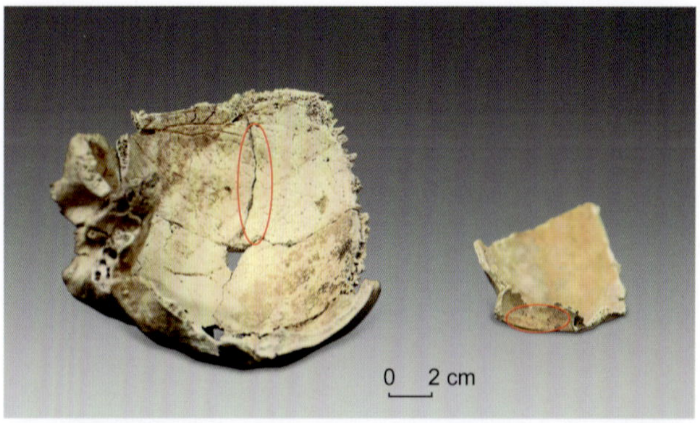

2. 多孔性骨肥厚（H98：R1）、眶上筛孔（H30：R2）

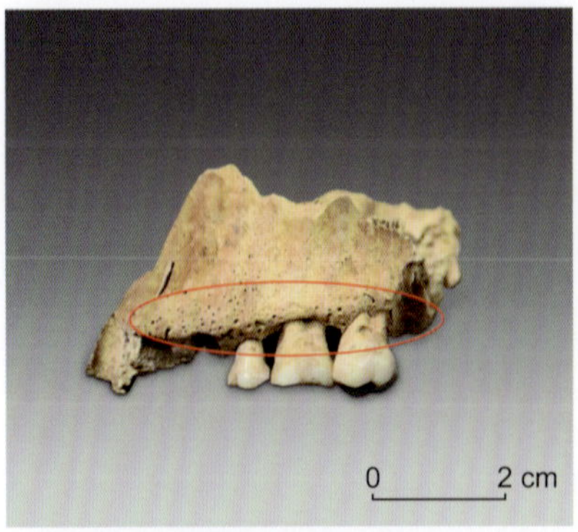

3. 牙周病（H98：R1）

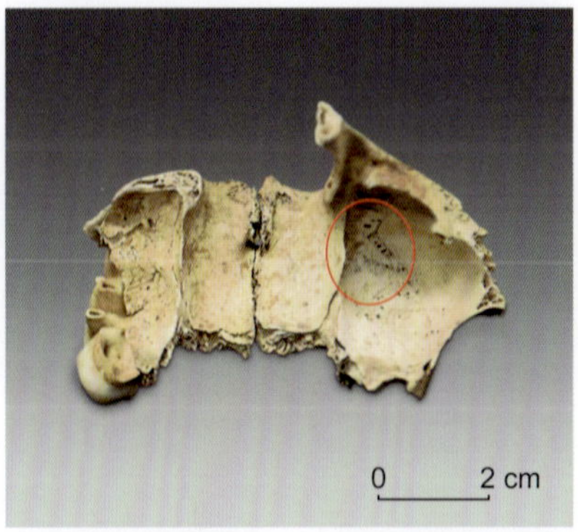

4. 上颌窦炎（H30：R2）

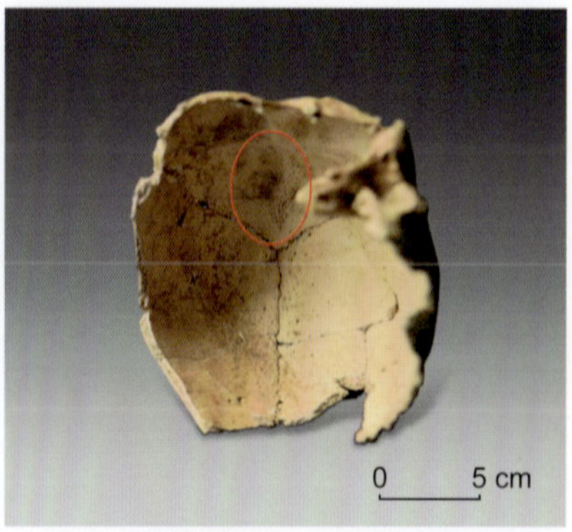

5. 颅内感染（H30：R2）

6. 椎骨骨赘（H98：R1）、锁骨骨赘（M1：R1）

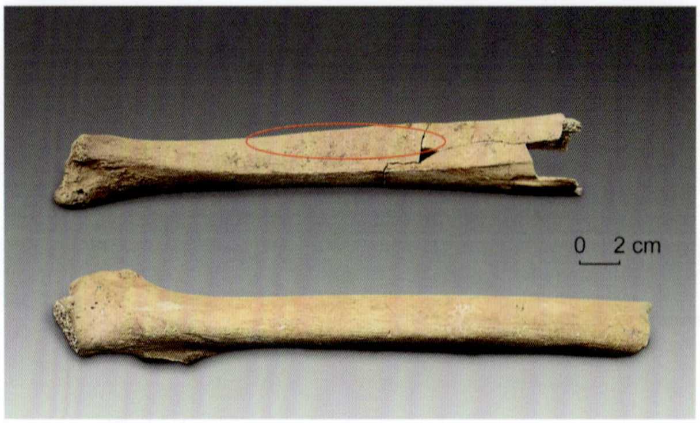

7. 肢骨骨膜炎（上：M1：R1，下：H98：R1）

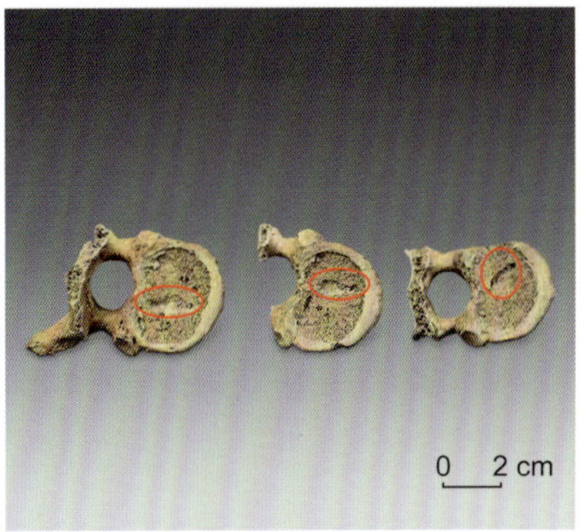

8. 许莫氏凹陷（M1：R1）

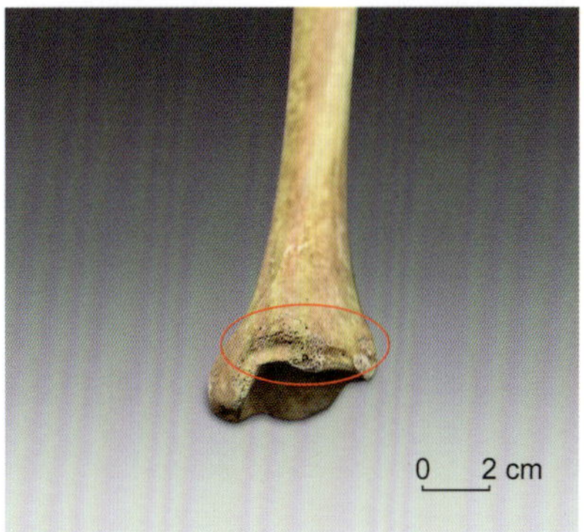

9. 蹲踞面（M1：R1）

10. 胸骨穿孔（M1：R1）

I区人骨病理分析

图版八六

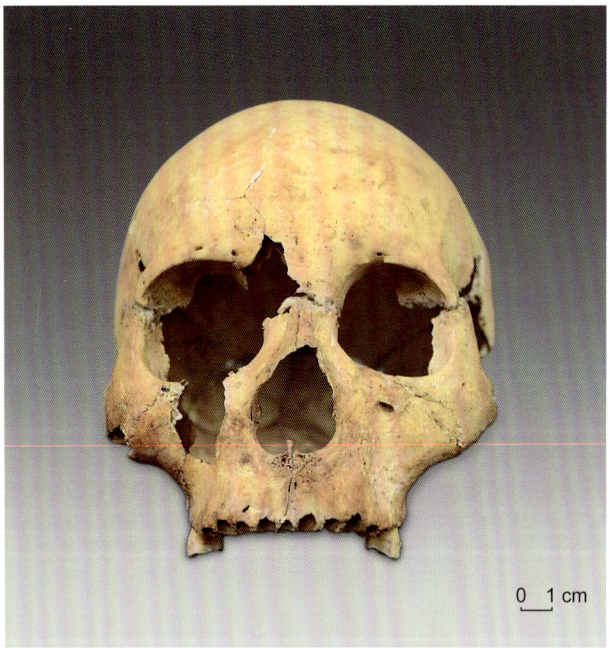

1. 正视图

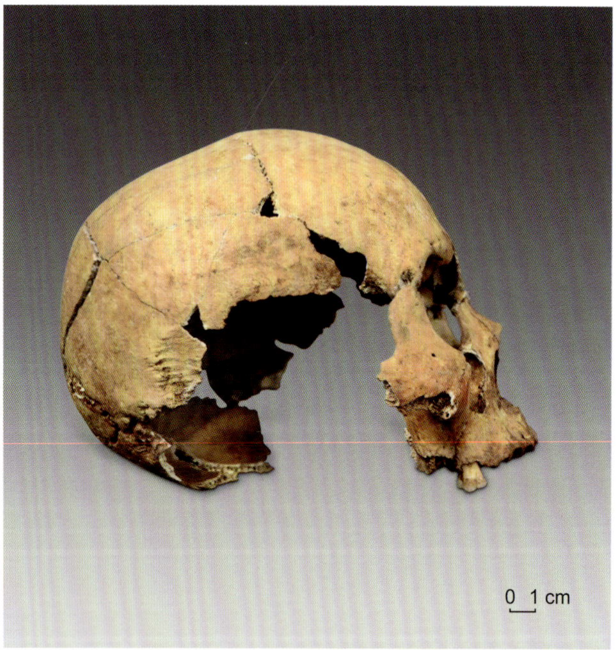

2. 右侧视图

3. 顶视图

4. 后视图

I区组女性颅骨（H15：R1）

国家社科基金项目（批准号14BKG006）最终成果

中华文明探源与西安考古丛书之一

西安米家崖

2010～2011年Ⅰ区考古发掘报告

（上）

西安市文物保护考古研究院
陕西师范大学历史文化学院
编著

科 学 出 版 社
北 京

内 容 简 介

本书是西安米家崖遗址2010～2011年Ⅰ区考古发掘资料和初步研究成果。上册是对发掘所获新石器时代仰韶晚期文化、庙底沟二期文化和客省庄文化三个阶段的遗迹、遗物资料的全面和系统公布。下册是对遗址文化性质，出土陶器、石器、骨器等遗物制作工艺，石器与陶器残留物以及人骨材料等进行的多学科综合研究。

本书适合于考古学、历史学等研究者、爱好者，以及大专院校相关专业师生参考、阅读。

审图号：西S（2023）014号

图书在版编目（CIP）数据

西安米家崖：2010～2011年Ⅰ区考古发掘报告：全二册 / 西安市文物保护考古研究院，陕西师范大学历史文化学院编著. —北京：科学出版社，2024.6
（中华文明探源与西安考古丛书）
ISBN 978-7-03-074237-7

Ⅰ. ①西… Ⅱ. ①西… ②陕… Ⅲ. ①文化遗址-发掘报告-西安-2010-2011 Ⅳ. ①K878.05

中国版本图书馆CIP数据核字（2022）第237913号

责任编辑：张亚娜 周艺欣 / 责任校对：王晓茜
责任印制：张 伟 / 封面设计：美光设计

科学出版社 出版
北京东黄城根北街16号
邮政编码：100717
http://www.sciencep.com
北京中科印刷有限公司印刷
科学出版社发行 各地新华书店经销
*
2024年6月第 一 版 开本：889×1194 1/16
2024年6月第一次印刷 印张：61 1/2 插页：44
字数：1 772 000

定价：860.00元（全二册）
（如有印装质量问题，我社负责调换）

The National Social Science Fund of China (14BKG006)
Series of Xi'an Archaeology & Chinese Civilization, Vol.1

Excavation Report of Neolithic Mijiaya Site, Xi'an, Shaanxi in 2010-2011

(Vol.I)

Xi'an Institute of Archaeology and Conservation on Cultural Heritage
School of History and Civilization, Shaanxi Normal University

Science Press
Beijing

中华文明探源与西安考古丛书

编辑委员会

《西安米家崖：2010～2011年Ⅰ区考古发掘报告》

再读《西安米家崖》

代序

西安米家崖遗址是1923年春由瑞典学者安特生发现的，这应该是中国最初发现的少数几处新石器时代遗址之一。故凡研习、讲述中国考古史或陕西考古史者均要提到米家崖遗址。然而80多年以来，除了因修建陇海铁路穿越遗址区发现部分遗物和几次地表调查外，米家崖遗址的地层书页从未被科学地翻开（发掘）过，因而对该遗址的内涵所知甚少，也就无从评价其科学研究的价值。

2004年，陕西省考古研究所在配合城市建设中对米家崖遗址进行了抢救性发掘，获得了一批重要的考古资料，据此出版了《西安米家崖：新石器时代遗址2004～2006年考古发掘报告》。2010年，西安市文物保护考古研究院为配合城市建设，再次对米家崖遗址进行考古发掘。其间，我受工地负责人柴怡女士之邀，曾到发掘现场参观。炎热的天气，简陋的条件，考古队员们争分夺秒地抢救文物的场景，至今仍不时地浮现在眼前，令我感动不已。由于是抢救性发掘，不用说发掘过程中由于种种客观条件的制约，许多工作不尽如人意。尽管如此，西安市文物保护考古研究院仍尽最大可能，抢救回不少弥足珍贵的考古资料。

近日，发掘报告编写工作负责人西安市文物保护考古研究院张翔宇先生和陕西师范大学历史文化学院朱君孝先生寄来了本次考古发掘报告《西安米家崖》的稿件，并力邀我为本次发掘报告写个序，心中颇感惶恐。一是，退休几年已基本封笔，不写学术类的文章，对学术动态掌握不多，更不便评价；二是，近年视力日渐衰退，视物不清，难以动笔写作。但二位先生的盛情实在推却不过，只好再读《西安米家崖》后，勉为其难写几点感想吧！

首先，自米家崖遗址发现的80多年来，多次受到城市发展基本建设“蚕食”，幸得陕西省考古研究院和西安市文物保护考古研究院的专家们两次戮力抢救，才挽回了部分损失，故获得的考古资料尤显珍贵。本次西安市文物保护考古研究院的发掘，将米家崖遗址分为四个发掘区，计划分区编写多部发掘报告。相信这批考古发掘报告编成后，将是米家崖遗址最为详尽的一批研究资料。自2012年以来，西安市文物保护考古研究院与陕西师范大学历史文化学院合作整理这批考古发掘资料，历经十年认真、细致的梳理，目前Ⅰ区的发掘报告已完稿，即将付梓出版。因而米家崖遗址考古发掘报告的出版，是双方互利合作的结晶。更令人感到欣慰的是，米家崖遗址或已无存，但这些遗址发掘资料却随着考古报告的编辑出版而永存。

其次，远古人类活动遗留下的遗存，原本就是零散的、破碎的和不系统的，每次考古发掘获得的资料也只能是当时人类活动遗留的一部分。故从本次发掘获得的资料看，虽然与2004～2006年发掘所知的文化内涵基本一致，但也是学术界对米家崖遗址的再一次了解。换言之，只有对若干次发掘资料的进行详细考察，才能较为全面地了解米家崖遗址并评估其学术意义。特别是米家崖遗址包含着仰韶文化晚期至龙山时代的遗存，对于研究渭水流域史前文化的发展有着重要的意义。如从刊布的资料看，仰韶文化晚期遗存中的喇叭口篮纹钝尖尖底瓶，应是仰韶文化最晚阶段的尖底瓶形式，同龙山时代案板三期文化中的喇叭口篮纹小平底瓶的形态有一定的关联，对探索二者的演变乃至文化间的承袭关系提供了重要线索。而龙山时代正处于文明起源的前夜，可以说这一时期的任何考古发现，都对探索文明起源的问题有着重要意义。本次发掘获得的客省庄文化的遗存较为丰富，考古学家们可从这些破碎陶器、石器和房屋建筑等反映的先民们生业、技术、社会组织信息，探索史前社会的变化及向文明演进历程。因而米家崖遗址报告的出版将为文明起源的探索提供新资料。

再次，米家崖遗址发掘资料的整理过程，不仅仅是一个对相关考古学文化的认识和研究的过程。由于西安市文物保护考古研究院与陕西师范大学历史文化学院的有效合作，大量考古类研究生乃至本科生积极参与，也在考古人才的培养的过程中发挥了重要的作用。可以说，考古学是一门实践性很强的学科，因而在考古类人才培养过程中，考古调查、发掘与资料整理，是必不可少的重要的环节，测量、摄影、绘图等也是需要掌握的基本技能。甚至可以这样说，没有经过考古实践及相关技能训练的学生，不可能成为合格的考古类人才，也很难从事考古领域的工作。十年来，陕西师范大学文物考古方面的许多学生们，在校内外导师的指导下，参与了米家崖遗址考古发掘资料的整理。从陶片的拼对黏结、器形的辨识统计，各类器物和遗迹图的绘制和描述，相关遗物残留物的检测分析等，一步步由表及里，由浅入深认识了考古学，也学会了应用考古资料进行相关的研究。这次出版的Ⅰ区考古发掘报告的专题研究部分刊发了一些学生的研究论文，内容涉及西安米家崖遗址客省庄文化遗存研究、陶器的制作工艺和残留物分析、石器的微痕观察与功能探究、石器的淀粉粒观察与先民们的生业研究、骨器的研究与制作实验等。这些成果十分鲜明地体现了院校合作特色，开创了西安市文物保护考古研究院与陕西师范大学合作培养考古学高级专门人才的新机制与模式，实在是一举多得的好事。但也毋庸讳言，这个实践过程还有待进一步完善，如果学生们能从考古发掘就开始参与，直到完成发掘资料的整理那就更好了。

最后，现代考古学的根基在于田野考古，甚至可以说，没有田野考古就没有现代考古学。而田野考古发掘、出土资料的整理与发掘报告的编写过程，又是一个连续的、不间断地探索与认识古文化的过程。这个过程的各个环节紧密相关，只有把握好每个环节的质量，才能保证最终成果的质量。从考古学史的角度看，我国的田野考古工作，正是在历代学人不断实践的过程中，不断总结经验；在传统田野考古经验的基础上，不断增加现代科学技术的含量而不断进步的。只有在这样的田野考古工作基础上，才能编写出更为科学、具有更多的学术信息与价值的考古发掘报告。此外，人才培养质量也成为整个考古学界关注的事，而实践证明，相关考古学研究院所与高校考古类专业合作，增强田野考古实践环节的培训，是一个十分有效的途径。本次西安市文物保护考古研究院与陕西师范大学的合作就一个教学科研双赢的典型范例。

西北大学文化遗产学院　**张宏彦**

2022年10月8日

目　录

第一章　概述 …………………………………………………………………………（1）

第一节　地理位置与自然环境 …………………………………………………（1）

一、地理位置 ………………………………………………………………（1）

二、自然环境 ………………………………………………………………（2）

三、植被与动物群 …………………………………………………………（6）

第二节　历史沿革 ……………………………………………………………（6）

一、建都之前的历史积淀 …………………………………………………（7）

二、建都之地的辉煌岁月 …………………………………………………（10）

三、历时千载的西北重镇 …………………………………………………（11）

第三节　考古工作概况 ………………………………………………………（12）

一、发现与发掘经过 ………………………………………………………（12）

二、资料整理与报告编写 …………………………………………………（14）

三、本发掘报告的内容和体例 ……………………………………………（16）

第二章　地层堆积与文化分期 ……………………………………………………（18）

第一节　Ⅰ区地层堆积 ………………………………………………………（18）

一、Ⅰ区探方地层堆积列举 ………………………………………………（18）

二、Ⅰ区南北两组探方地层通联 …………………………………………（29）

第二节　地层关系与文化分期 ………………………………………………（31）

一、各探方地层关系分析 …………………………………………………（31）

二、遗存分期与各期的遗存单位 …………………………………………（61）

第三章　第一期文化遗存……………………………………………………………（65）

第一节　遗存概述 ……………………………………………………………（65）

一、遗迹概述 ………………………………………………………………（65）

二、遗物概述 …………………………………………………………（66）
第二节　遗迹单位分述 …………………………………………………（100）
一、灰坑 …………………………………………………………（100）
二、房址 …………………………………………………………（187）

第四章　第二期文化遗存 ……………………………………………（188）

第一节　遗存概述 ………………………………………………………（188）
一、遗迹概述 ……………………………………………………（188）
二、遗物概述 ……………………………………………………（189）
第二节　遗迹单位分述 …………………………………………………（219）
一、灰坑 …………………………………………………………（219）
二、房址 …………………………………………………………（307）
三、窑址 …………………………………………………………（311）

第五章　第三期文化遗存 ……………………………………………（324）

第一节　遗存概述 ………………………………………………………（324）
一、遗迹概述 ……………………………………………………（324）
二、遗物概述 ……………………………………………………（330）
第二节　遗迹单位分述 …………………………………………………（377）
一、灰坑 …………………………………………………………（377）
二、房址 …………………………………………………………（523）
三、墓葬 …………………………………………………………（525）

第六章　遗存的文化性质与生业经济 ………………………………（527）

第一节　文化遗存的时代与性质 ………………………………………（527）
一、第一期文化遗存的时代与性质 ………………………………（527）
二、第二期文化遗存的时代与性质 ………………………………（530）
三、第三期文化遗存的时代与性质 ………………………………（532）
第二节　各期文化的生业经济状况 ……………………………………（535）
一、第一期文化的生业经济状况 …………………………………（536）
二、第二期文化的生业经济状况 …………………………………（537）
三、第三期文化的生业经济状况 …………………………………（538）

第七章 客省庄文化遗存探讨 …………………………………………（539）

第一节 客省庄文化的分期及年代 …………………………………………（539）
一、陶器的组合及类型学研究 …………………………………………（539）
二、分期及年代推断 …………………………………………（549）
第二节 客省庄文化遗存的类型归属 …………………………………………（558）
一、米家崖遗址与关中东部三处遗址的比较 …………………………………………（559）
二、米家崖遗址与关中西部地区遗址的比较 …………………………………………（565）
三、米家崖遗址客省庄文化的类型归属 …………………………………………（572）
第三节 客省庄文化源头的一点思考 …………………………………………（577）

第八章 庙底沟二期陶器制作工艺研究 …………………………………………（579）

第一节 陶器制作工艺流程考察 …………………………………………（579）
一、制陶原料 …………………………………………（579）
二、陶坯成型方法 …………………………………………（582）
三、陶坯修整方法 …………………………………………（588）
四、陶器的装饰 …………………………………………（591）
五、陶器颜色与烧制工艺 …………………………………………（596）
第二节 陶器制作工艺的分器类考察 …………………………………………（601）
一、炊器的制作工艺 …………………………………………（601）
二、饮食器的制作工艺 …………………………………………（605）
三、盛储器的制作工艺 …………………………………………（610）
四、其他器类的制作工艺 …………………………………………（615）
第三节 与一、三期陶器制作工艺的对比 …………………………………………（617）
一、与一期制陶工艺的对比 …………………………………………（617）
二、与三期制陶工艺的对比 …………………………………………（620）
三、由制陶工艺看三期文化之间的联系 …………………………………………（622）
第四节 与同时期其他遗址制陶工艺对比 …………………………………………（623）
一、与垣曲古城东关遗址的对比 …………………………………………（623）
二、与陕县庙底沟遗址的对比 …………………………………………（625）
三、与武功浒西庄遗址的对比 …………………………………………（626）
四、与扶风案板遗址的对比 …………………………………………（628）
五、小结 …………………………………………（629）
结语 …………………………………………（631）

第九章　客省庄文化陶器制作工艺研究 ……（632）

第一节　陶器制作工艺流程考察 ……（632）
一、陶器原料分析 ……（633）
二、陶器成型方法 ……（636）
三、陶器的修整技术 ……（640）
四、陶器的装饰手法 ……（644）
五、陶器烧成工艺 ……（651）
六、小结 ……（654）
第二节　制陶工艺分器类观察 ……（655）
一、炊器的制作工艺观察 ……（655）
二、酒水器和食器制作工艺观察 ……（666）
三、盛储器的制作工艺观察 ……（674）
四、其他器类的制作工艺观察 ……（678）
五、小结 ……（683）
结语 ……（684）

第十章　庙底沟二期与客省庄文化陶器生产组织关系探讨 ……（686）

第一节　陶器生产组织关系研究的理论与方法 ……（686）
第二节　庙底沟二期文化陶器生产组织关系 ……（688）
一、陶器纹饰的标准化分析 ……（689）
二、陶器生产组织方式的推测 ……（721）
第三节　客省庄文化陶器生产组织关系 ……（724）
一、直接证据法推测 ……（724）
二、陶器多样性分析 ……（727）
三、陶器的标准化问题 ……（731）
四、小结 ……（751）
结语 ……（752）

第十一章　出土石器初步研究 ……（753）

第一节　出土石器的分类整理 ……（753）
一、研究内容及方法 ……（753）
二、石器的分类研究 ……（755）
第二节　石器原料的岩性分析 ……（774）
一、常见石器原料岩性简介 ……（775）

二、三大类岩性与器类对应情况 …… (781)
三、不同功能石器与石材岩性的关系 …… (782)
第三节 常见石器的功能探究 …… (788)
一、石器微痕观察实验 …… (788)
二、石斧功能的探究 …… (792)
三、石锛的功能探究 …… (798)
四、石刀的功能探究 …… (801)
结语 …… (805)

第十二章 出土骨器初步研究 …… (806)

第一节 研究内容与方法 …… (806)
一、研究内容 …… (806)
二、研究方法和技术路线 …… (807)
第二节 骨器的器形与分类 …… (808)
一、工具类 …… (808)
二、装饰品 …… (812)
三、卜骨及其他 …… (813)
第三节 骨器的制作工艺模拟实验 …… (814)
一、实验设计 …… (814)
二、实验过程 …… (816)
三、实验结果与结论 …… (824)
四、骨器制作相关问题分析 …… (826)
第四节 骨器的对比分析 …… (830)
一、三个时期骨器类别的共时性比较 …… (831)
二、三个时期骨器的历时性对比 …… (833)
三、与其他遗址骨器的对比分析 …… (834)
结语 …… (841)

第十三章 出土石器的淀粉粒分析 …… (843)

第一节 研究意义与方法 …… (843)
一、研究意义 …… (844)
二、研究的内容、方法与步骤 …… (844)
第二节 石器淀粉粒的实验室提取与观察 …… (845)
一、实验样品 …… (845)

二、实验过程与方法 …… （846）
第三节　石器淀粉粒实验观察结果 …… （850）
一、第一批石器淀粉粒的实验室观察结果 …… （850）
二、第二批石器淀粉粒的实验室观察结果 …… （851）
第四节　石器淀粉粒实验结果讨论 …… （860）
一、石器的功用和使用方式探讨 …… （860）
二、米家崖遗址新石器时代晚期植物资源利用状况 …… （862）
结语 …… （864）

第十四章　陶器残留物的初步分析 …… （866）

第一节　研究意义 …… （867）
第二节　陶器表面微体化石的提取与分析 …… （870）
一、植物微体化石的提取过程 …… （871）
二、提取结果与讨论 …… （872）
三、陶器残留物所见米家崖遗址先民的生业经济与饮食文化 …… （875）
第三节　研究展望 …… （877）

第十五章　出土人骨分析 …… （881）

第一节　研究目的及意义 …… （881）
一、研究目的 …… （881）
二、研究意义 …… （881）
三、研究对象 …… （882）
第二节　性别和死亡年龄统计 …… （882）
第三节　颅骨的形态观察 …… （883）
一、颅骨连续性及非连续性形态观察 …… （884）
二、颅骨的测量性形态特征 …… （884）
第四节　种族类型的研究 …… （886）
一、与近现代女性组的对比 …… （886）
二、与古代组的对比 …… （887）
三、小结 …… （892）
第五节　肢骨分析 …… （893）
一、肢骨各项指数研究 …… （893）
二、米家崖遗址Ⅰ区个体身高计算 …… （898）

第六节　古病理学研究 …… (900)
一、口腔疾病 …… (901)
二、新陈代谢类疾病 …… (902)
三、非特异性感染 …… (903)
四、退行性关节病 …… (904)
五、变异 …… (905)
第七节　总结 …… (905)

第十六章　“西安米家崖遗址考古成果展”方案 …… (908)

余论 …… (925)

结语 …… (931)

致谢 …… (933)

后记 …… (937)

Abstract …… (940)

插图目录

图1-1　西安米家崖遗址位置示意图 …………………………………………………………（1）
图1-2　关中地区地形示意图 ……………………………………………………………………（2）
图1-3　西安附近新石器时代遗址分布示意图 …………………………………………………（8）
图1-4　米家崖遗址2004－2006年及2010－2011年发掘区位置示意图 ………………………（14）
图1-5　米家崖遗址2010～2011年发掘区划分示意图 ………………………………………（15）
图2-1　米家崖遗址2010～2011年Ⅰ区探方及遗迹分布图 …………………………………（19）
图2-2　ⅠT0202南壁剖面图………………………………………………………………………（20）
图2-3　ⅠT0203东壁剖面图………………………………………………………………………（21）
图2-4　ⅠT0301东壁剖面图………………………………………………………………………（22）
图2-5　ⅠT0302南壁剖面图………………………………………………………………………（23）
图2-6　ⅠT0303南壁剖面图………………………………………………………………………（24）
图2-7　ⅠT0307北壁剖面图………………………………………………………………………（25）
图2-8　ⅠT0308北壁剖面图………………………………………………………………………（26）
图2-9　ⅠT0407北壁剖面图………………………………………………………………………（27）
图2-10　ⅠT0408北壁剖面图 ……………………………………………………………………（28）
图2-11　ⅠT0301、ⅠT0302、ⅠT0303东壁剖面图 ………………………………………（29）
图2-12　ⅠT0308、ⅠT0408北壁剖面图 ………………………………………………………（30）
图2-13　ⅠT0202③出土器物 ……………………………………………………………………（32）
图2-14　ⅠT0202③层下H14和H30出土器物…………………………………………………（32）
图2-15　ⅠT0202③层下H4和H5出土器物……………………………………………………（33）
图2-16　ⅠT0202④出土器物 ……………………………………………………………………（33）
图2-17　ⅠT0202④层下F5出土器物 …………………………………………………………（34）
图2-18　ⅠT0202④层下H23出土器物 ………………………………………………………（34）
图2-19　ⅠT0202⑤出土器物 ……………………………………………………………………（34）
图2-20　ⅠT0202⑤层下H57出土器物 ………………………………………………………（35）
图2-21　ⅠT0203③出土器物 ……………………………………………………………………（36）

图2-22　Ⅰ T0203④出土器物 …………………………………………（36）
图2-23　Ⅰ T0203④层下H15出土器物 ……………………………………（37）
图2-24　Ⅰ T0203④层下H2出土器物 ……………………………………（37）
图2-25　Ⅰ T0203⑤出土器物 …………………………………………（38）
图2-26　Ⅰ T0203⑤层下H33出土器物 ……………………………………（38）
图2-27　Ⅰ T0203⑥出土器物 …………………………………………（39）
图2-28　Ⅰ T0301③出土器物 …………………………………………（40）
图2-29　Ⅰ T0301③层下H13出土器物 ……………………………………（40）
图2-30　Ⅰ T0301④出土器物 …………………………………………（41）
图2-31　Ⅰ T0301④层下Y1出土器物 ……………………………………（41）
图2-32　Ⅰ T0301⑤层下Y2、Y3出土器物……………………………………（42）
图2-33　Ⅰ T0301⑤层下H54出土器物 ……………………………………（42）
图2-34　Ⅰ T0302③出土器物 …………………………………………（43）
图2-35　Ⅰ T0302④出土器物 …………………………………………（44）
图2-36　Ⅰ T0302④层下H46、H88出土器物……………………………………（44）
图2-37　Ⅰ T0302⑤出土器物 …………………………………………（45）
图2-38　Ⅰ T0302⑤层下H45、H96出土器物……………………………………（45）
图2-39　Ⅰ T0303③出土器物 …………………………………………（46）
图2-40　Ⅰ T0303③层下H8、H43出土器物 ……………………………………（47）
图2-41　Ⅰ T0303③层下H72和H78出土器物……………………………………（48）
图2-42　Ⅰ T0303④层下F4和H97出土器物 ……………………………………（48）
图2-43　Ⅰ T0303④层下H35出土器物 ……………………………………（49）
图2-44　Ⅰ T0307③出土器物 …………………………………………（49）
图2-45　Ⅰ T0307③层下H29出土器物 ……………………………………（50）
图2-46　Ⅰ T0307③层下H81出土器物 ……………………………………（50）
图2-47　Ⅰ T0307③层下H76出土器物 ……………………………………（51）
图2-48　Ⅰ T0307④出土器物 …………………………………………（51）
图2-49　Ⅰ T0307④层下H69出土器物 ……………………………………（51）
图2-50　Ⅰ T0308②层下H41出土器物 ……………………………………（52）
图2-51　Ⅰ T0308③出土器物 …………………………………………（53）
图2-52　Ⅰ T0308③层下H70出土器物 ……………………………………（54）
图2-53　Ⅰ T0308③层下H87出土陶器 ……………………………………（54）
图2-54　Ⅰ T0308③层下H63出土器物 ……………………………………（55）
图2-55　Ⅰ T0308④出土器物 …………………………………………（55）
图2-56　Ⅰ T0407③出土器物 …………………………………………（56）

图2-57 Ⅰ T0407③层下H34出土器物 …………………………………………………………（56）
图2-58 Ⅰ T0407③层下H49出土器物 …………………………………………………………（57）
图2-59 Ⅰ T0407③层下H56出土器物 …………………………………………………………（57）
图2-60 Ⅰ T0407④出土器物 ………………………………………………………………………（58）
图2-61 Ⅰ T0408③出土器物 ………………………………………………………………………（59）
图2-62 Ⅰ T0408③层下H17、H65出土器物……………………………………………………（59）
图2-63 Ⅰ T0408③层下H18出土器物 …………………………………………………………（60）
图2-64 Ⅰ T0408④层下H48出土器物 …………………………………………………………（60）
图2-65 Ⅰ区南部探方各期遗迹分布平面图……………………………………………………（63）
图2-66 Ⅰ区北部探方各期遗迹分布平面图……………………………………………………（64）
图3-1 Ⅰ区北部探方仰韶晚期遗迹分布图 ……………………………………………………（66）
图3-2 Ⅰ区南部探方仰韶晚期遗迹分布图 ……………………………………………………（67）
图3-3 Ⅰ区仰韶晚期圆形袋状坑 ………………………………………………………………（68）
图3-4 Ⅰ区仰韶晚期圆形筒状、椭圆形袋状、圆形锅底状坑 ………………………………（69）
图3-5 第一期尖底瓶 ………………………………………………………………………………（74）
图3-6 第一期E型尖底瓶……………………………………………………………………………（75）
图3-7 第一期平底瓶、肩腹部残片 ………………………………………………………………（76）
图3-8 第一期夹砂罐（1）…………………………………………………………………………（78）
图3-9 第一期夹砂罐（2）…………………………………………………………………………（79）
图3-10 第一期泥质罐、缸 ………………………………………………………………………（81）
图3-11 第一期瓮（1） ……………………………………………………………………………（82）
图3-12 第一期瓮（2） ……………………………………………………………………………（83）
图3-13 第一期盆……………………………………………………………………………………（85）
图3-14 第一期E型盆 ………………………………………………………………………………（86）
图3-15 第一期钵……………………………………………………………………………………（87）
图3-16 第一期碗、杯、盘…………………………………………………………………………（89）
图3-17 第一期器盖…………………………………………………………………………………（90）
图3-18 第一期灶、甑………………………………………………………………………………（91）
图3-19 第一期陶工具………………………………………………………………………………（92）
图3-20 第一期陶饰品………………………………………………………………………………（94）
图3-21 第一期石生产工具、饰品、石料及毛坯………………………………………………（96）
图3-22 第一期石生产工具…………………………………………………………………………（97）
图3-23 第一期骨器 …………………………………………………………………………………（99）
图3-24 Ⅰ T0203H1平、剖面图 …………………………………………………………………（100）
图3-25 Ⅰ T0203H1出土第一期A型夹砂罐 ……………………………………………………（103）

图3-26　ⅠT0203H1出土第一期夹砂罐 ……（104）
图3-27　ⅠT0203H1出土第一期缸、瓮 ……（105）
图3-28　ⅠT0203H1出土第一期A型盆 ……（107）
图3-29　ⅠT0203H1出土第一期钵、尖底瓶、甑 ……（108）
图3-30　ⅠT0203H1出土第一期石器 ……（109）
图3-31　ⅠT0203H2平、剖面图 ……（110）
图3-32　ⅠT0203H2出土第一期夹砂罐、缸 ……（113）
图3-33　ⅠT0203H2出土第一期陶器 ……（116）
图3-34　ⅠT0203H2出土第一期盆、钵 ……（118）
图3-35　ⅠT0203H2出土第一期石器 ……（120）
图3-36　ⅠT0203H3平、剖面图 ……（120）
图3-37　ⅠT0203H3出土第一期陶器 ……（121）
图3-38　ⅠT0203H11平、剖面图 ……（121）
图3-39　ⅠT0203H11出土第一期陶器 ……（122）
图3-40　ⅠT0408H19平、剖面图 ……（123）
图3-41　ⅠT0408H19出土第一期夹砂罐、瓮 ……（126）
图3-42　ⅠT0408H19出土第一期陶器 ……（128）
图3-43　ⅠT0202H23平、剖面图 ……（129）
图3-44　ⅠT0202H23出土第一期陶器 ……（130）
图3-45　ⅠT0203H33平、剖面图 ……（131）
图3-46　ⅠT0203H33出土第一期陶器 ……（132）
图3-47　ⅠT0303H35 平、剖面图 ……（132）
图3-48　ⅠT0303H35出土第一期陶器 ……（134）
图3-49　ⅠT0308H37平、剖面图 ……（135）
图3-50　ⅠT0308H37出土第一期陶器 ……（136）
图3-51　ⅠT0202H40平、剖面图 ……（137）
图3-52　ⅠT0202H40出土第一期陶器 ……（138）
图3-53　ⅠT0308H47平、剖面图 ……（138）
图3-54　ⅠT0308H47出土第一期陶器 ……（140）
图3-55　ⅠT0408H48平、剖面图 ……（141）
图3-56　ⅠT0408H48出土第一期夹砂罐 ……（144）
图3-57　ⅠT0408H48出土第一期陶器 ……（146）
图3-58　ⅠT0301H51平、剖面图 ……（147）
图3-59　ⅠT0301H51出土第一期陶器 ……（148）
图3-60　ⅠT0301H54平、剖面图 ……（149）

图3-61 Ⅰ T0301H54出土第一期陶器（1） ……（152）
图3-62 Ⅰ T0301H54出土第一期陶器（2） ……（153）
图3-63 Ⅰ T0301H54出土第一期陶器（3） ……（156）
图3-64 Ⅰ T0308H55平、剖面图 ……（158）
图3-65 Ⅰ T0308H55第一期出土陶器 ……（159）
图3-66 Ⅰ T0408H56平、剖面图 ……（160）
图3-67 Ⅰ T0408H56第一期出土陶器 ……（162）
图3-68 Ⅰ T0202H57平、剖面图 ……（163）
图3-69 Ⅰ T0202H57出土第一期陶器（1） ……（166）
图3-70 Ⅰ T0202H57出土第一期陶器（2） ……（168）
图3-71 Ⅰ T0308H63平、剖面图 ……（169）
图3-72 Ⅰ T0308H63出土第一期器物 ……（170）
图3-73 Ⅰ T0307H64平、剖面图 ……（171）
图3-74 Ⅰ T0307H64出土第一期陶器 ……（172）
图3-75 Ⅰ T0407H67平、剖面图 ……（172）
图3-76 Ⅰ T0407H67出土第一期陶器 ……（173）
图3-77 Ⅰ T0307H69平、剖面图 ……（173）
图3-78 Ⅰ T0307H69出土第一期陶器（1） ……（176）
图3-79 Ⅰ T0307H69出土第一期陶器（2） ……（178）
图3-80 Ⅰ T0307H76平、剖面图 ……（179）
图3-81 Ⅰ T0307H76出土第一期陶器 ……（181）
图3-82 Ⅰ T0308H86平、剖面图 ……（182）
图3-83 Ⅰ T0202H89平、剖面图 ……（182）
图3-84 Ⅰ T0202H89、H90出土第一期陶器……（183）
图3-85 Ⅰ T0202H90平、剖面图 ……（183）
图3-86 Ⅰ T0308H94平、剖面图 ……（184）
图3-87 Ⅰ T0308H94出土第一期陶器 ……（185）
图3-88 Ⅰ T0308H95平、剖面图 ……（186）
图3-89 Ⅰ T0308H95出土第一期陶器 ……（186）
图3-90 Ⅰ T0308F3平、剖面图 ……（187）
图4-1 Ⅰ区北部探方庙底沟二期遗迹分布图 ……（189）
图4-2 Ⅰ区南部探方庙底沟二期遗迹分布图 ……（190）
图4-3 Ⅰ区庙底沟二期圆形袋状坑 ……（191）
图4-4 Ⅰ区庙底沟二期圆形亚腰状、圆形袋状坑 ……（192）
图4-5 Ⅰ区庙底沟二期圆形筒状、椭圆形袋状、圆形锅底状坑 ……（193）

图4-6　第二期鼎 …………（197）
图4-7　第二期缸 …………（197）
图4-8　第二期缸和A型夹砂罐 …………（198）
图4-9　第二期B型夹砂罐…………（200）
图4-10　第二期泥质罐 …………（201）
图4-11　第二期瓮 …………（202）
图4-12　第二期盆 …………（203）
图4-13　第二期刻槽盆 …………（205）
图4-14　第二期壶、小罐、钵 …………（206）
图4-15　第二期盘 …………（207）
图4-16　第二期杯 …………（209）
图4-17　第二期豆、漏斗、甑 …………（210）
图4-18　第二期器盖 …………（212）
图4-19　第二期陶工具、饰品 …………（213）
图4-20　第二期石生产工具、饰品 …………（215）
图4-21　第二期石刀 …………（217）
图4-22　第二期骨器 …………（219）
图4-23　ⅠT0202H4平、剖面图 …………（219）
图4-24　ⅠT0202H4出土陶器 …………（220）
图4-25　ⅠT0202H5平、剖面图 …………（221）
图4-26　ⅠT0202H5出土陶器 …………（222）
图4-27　ⅠT0308H12平、剖面图 …………（222）
图4-28　ⅠT0308H12出土第二期陶器、石器 …………（224）
图4-29　ⅠT0308H12出土第一期陶器 …………（226）
图4-30　ⅠT0203H15平、剖面图 …………（227）
图4-31　ⅠT0203H15出土第二期陶器和石器 …………（229）
图4-32　ⅠT0203H15出土第一期陶器 …………（231）
图4-33　ⅠT0408H16平、剖面图 …………（232）
图4-34　ⅠT0408H16出土器物 …………（233）
图4-35　ⅠT0408H18平、剖面图 …………（234）
图4-36　ⅠT0408H18出土第一期器物 …………（237）
图4-37　ⅠT0408H18出土第一期陶器 …………（239）
图4-38　ⅠT0408H20平、剖面图 …………（240）
图4-39　ⅠT0408H20出土第二期陶器 …………（243）
图4-40　ⅠT0408H20出土第一期陶器 …………（244）

图4-41 Ⅰ T0307H21平、剖面图 ……………………………………………………（245）
图4-42 Ⅰ T0307H21出土陶器 ……………………………………………………（246）
图4-43 Ⅰ T0407H27平、剖面图 ……………………………………………………（247）
图4-44 Ⅰ T0407H27出土陶器 ……………………………………………………（248）
图4-45 Ⅰ T0407H28平、剖面图 ……………………………………………………（248）
图4-46 Ⅰ T0407H28出土器物 ……………………………………………………（250）
图4-47 Ⅰ T0308H31平、剖面图 ……………………………………………………（251）
图4-48 Ⅰ T0308H42平、剖面图 ……………………………………………………（251）
图4-49 Ⅰ T0308H42出土陶器 ……………………………………………………（252）
图4-50 Ⅰ T0302H45平、剖面图 ……………………………………………………（252）
图4-51 Ⅰ T0302H45出土第二期夹砂罐 ……………………………………………（253）
图4-52 Ⅰ T0302H45出土的第一期陶器 ……………………………………………（255）
图4-53 Ⅰ T0407H49平、剖面图 ……………………………………………………（255）
图4-54 Ⅰ T0407H49出土第二期陶器 ……………………………………………（258）
图4-55 Ⅰ T0407H49出土第二期陶器、骨器 ………………………………………（260）
图4-56 Ⅰ T0407H49出土第一、二期陶器 …………………………………………（262）
图4-57 Ⅰ T0303H59平、剖面图 ……………………………………………………（263）
图4-58 Ⅰ T0303H59出土器物 ……………………………………………………（264）
图4-59 Ⅰ T0408H66平、剖面图 ……………………………………………………（265）
图4-60 Ⅰ T0408H66出土第二期夹砂罐、缸 ………………………………………（267）
图4-61 Ⅰ T0408H66出土第一、二期器物 …………………………………………（269）
图4-62 Ⅰ T0303H72平、剖面图 ……………………………………………………（271）
图4-63 Ⅰ T0303H72出土第二期陶器 ……………………………………………（273）
图4-64 Ⅰ T0303H72出土陶器、石器 ……………………………………………（274）
图4-65 Ⅰ T0303H78平、剖面图 ……………………………………………………（276）
图4-66 Ⅰ T0303H78出土第一、二期陶器 …………………………………………（277）
图4-67 Ⅰ T0407H79平、剖面图 ……………………………………………………（278）
图4-68 Ⅰ T0407H79出土器物 ……………………………………………………（279）
图4-69 Ⅰ T0407H80平、剖面图 ……………………………………………………（280）
图4-70 Ⅰ T0407H80出土陶器 ……………………………………………………（282）
图4-71 Ⅰ T0307H81平、剖面图 ……………………………………………………（283）
图4-72 Ⅰ T0307H81出土陶器（1）……………………………………………………（285）
图4-73 Ⅰ T0307H81出土陶器（2）……………………………………………………（286）
图4-74 Ⅰ T0307H84平、剖面图 ……………………………………………………（287）
图4-75 Ⅰ T0307H84出土第二期陶器 ……………………………………………（289）

图4-76　Ⅰ T0307H84出土第一期陶器 …………（290）
图4-77　Ⅰ T0407H85平、剖面图 …………（291）
图4-78　Ⅰ T0407H85出土第二期器物 …………（292）
图4-79　Ⅰ T0308H87平、剖面图 …………（293）
图4-80　Ⅰ T0308H87出土第二期夹砂罐、缸 …………（295）
图4-81　Ⅰ T0308H87出土第二期陶器 …………（297）
图4-82　Ⅰ T0308H87出土第二期石器、骨器 …………（300）
图4-83　Ⅰ T0308H87出土第一、二期陶器 …………（301）
图4-84　Ⅰ T0302H96平、剖面图 …………（302）
图4-85　Ⅰ T0302H96出土器物 …………（303）
图4-86　Ⅰ T0303H97平、剖面图 …………（304）
图4-87　Ⅰ T0303H97出土陶器 …………（306）
图4-88　Ⅰ T0301H99平、剖面图 …………（306）
图4-89　Ⅰ T0303F4平、剖面图 …………（307）
图4-90　Ⅰ T0303F4出土陶器 …………（308）
图4-91　Ⅰ T0202F5平、剖面图 …………（310）
图4-92　Ⅰ T0202F5出土陶器 …………（310）
图4-93　Ⅰ T0301Y1平、剖面图 …………（312）
图4-94　Ⅰ T0301Y1出土第二期陶器 …………（313）
图4-95　Ⅰ T0301Y1出土第一期陶器 …………（315）
图4-96　Ⅰ T0301Y2平、剖面图 …………（317）
图4-97　Ⅰ T0301Y2出土第二期器物 …………（318）
图4-98　Ⅰ T0301Y2出土第一期器物 …………（319）
图4-99　Ⅰ T0301Y3平、剖面图 …………（320）
图4-100　Ⅰ T0301Y3出土第二期陶器 …………（321）
图4-101　Ⅰ T0301Y3出土第一期陶器 …………（323）
图5-1　Ⅰ区北部探方客省庄二期遗迹分布图 …………（325）
图5-2　Ⅰ区南部探方客省庄二期遗迹分布图 …………（326）
图5-3　Ⅰ区客省庄二期圆形袋状坑 …………（327）
图5-4　Ⅰ区客省庄二期圆形亚腰状、圆形及椭圆形袋状坑 …………（328）
图5-5　Ⅰ区客省庄二期圆形袋状、圆形筒状、椭圆形筒状、圆形锅底状坑 …………（329）
图5-6　第三期A型鬲 …………（337）
图5-7　第三期鬲 …………（339）
图5-8　第三期斝（1）…………（341）
图5-9　第三期斝（2）…………（342）

图5-10　第三期瓮、鬶…………（345）
图5-11　第三期无耳罐…………（347）
图5-12　第三期单耳罐…………（348）
图5-13　第三期A型双耳罐…………（349）
图5-14　第三期双耳罐和三耳罐…………（351）
图5-15　第三期盂、小罐…………（352）
图5-16　第三期Aa型壶…………（353）
图5-17　第三期壶…………（354）
图5-18　第三期带流盆…………（355）
图5-19　第三期陶盘…………（356）
图5-20　第三期豆、圈足盘…………（357）
图5-21　第三期杯、甑…………（358）
图5-22　第三期窖穴盖…………（359）
图5-23　第三期A型器盖…………（360）
图5-24　第三期器盖…………（361）
图5-25　第三期陶工具…………（363）
图5-26　第三期陶饰品…………（364）
图5-27　第三期石生产工具（1）…………（366）
图5-28　第三期A型石刀…………（368）
图5-29　第三期A、B、C型石刀…………（369）
图5-30　第三期石生产工具（2）…………（371）
图5-31　第三期石器…………（373）
图5-32　第三期骨器（1）…………（374）
图5-33　第三期骨器（2）…………（376）
图5-34　ⅠT0202H6平、剖面图…………（377）
图5-35　ⅠT0202H6出土第三期陶器…………（378）
图5-36　ⅠT0202H6出土第一、二期陶器…………（379）
图5-37　ⅠT0202H7平、剖面图…………（380）
图5-38　ⅠT0202H7出土陶器…………（381）
图5-39　ⅠT0303H8平、剖面图…………（382）
图5-40　ⅠT0303H8出土第三期陶器…………（386）
图5-41　ⅠT0303H8出土第二期陶器…………（388）
图5-42　ⅠT0303H8出土第一期陶器…………（389）
图5-43　ⅠT0202H9平、剖面图…………（389）
图5-44　ⅠT0202H9出土第三期陶器…………（391）

图5-45　ⅠT0202H9出土第一、二期陶器 …… （392）
图5-46　ⅠT0303H10平、剖面图 …… （393）
图5-47　ⅠT0303H10出土器物 …… （394）
图5-48　ⅠT0301H13平、剖面图 …… （395）
图5-49　ⅠT0301H13出土第三期陶器 …… （398）
图5-50　ⅠT0301H13出土第一、二期陶器 …… （401）
图5-51　ⅠT0202H14平、剖面图 …… （402）
图5-52　ⅠT0202H14出土第三期器物 …… （403）
图5-53　ⅠT0202H14出土第一、二期陶器 …… （405）
图5-54　ⅠT0408H17平、剖面图 …… （406）
图5-55　ⅠT0408H17出土第三期陶器 …… （409）
图5-56　ⅠT0408H17出土第二期陶器 …… （411）
图5-57　ⅠT0202H22平、剖面图 …… （411）
图5-58　ⅠT0202H22出土陶器 …… （412）
图5-59　ⅠT0307H24平、剖面图 …… （413）
图5-60　ⅠT0303H25平、剖面图 …… （413）
图5-61　ⅠT0303H25出土骨器 …… （414）
图5-62　ⅠT0308H26平、剖面图 …… （415）
图5-63　ⅠT0307H29平、剖面图 …… （415）
图5-64　ⅠT0307H29出土第三期陶器（1） …… （418）
图5-65　ⅠT0307H29出土第三期陶器（2） …… （419）
图5-66　ⅠT0307H29出土第三期器物 …… （421）
图5-67　ⅠT0307H29出土第二期陶器 …… （422）
图5-68　ⅠT0307H29出土第一期陶器 …… （424）
图5-69　ⅠT0202H30平、剖面图 …… （425）
图5-70　ⅠT0202H30出土第三期陶器 …… （426）
图5-71　ⅠT0202H30出土第一、二期陶器 …… （427）
图5-72　ⅠT0301H32平、剖面图 …… （428）
图5-73　ⅠT0301H32出土第一、三期陶器 …… （429）
图5-74　ⅠT0407H34平、剖面图 …… （430）
图5-75　ⅠT0407H34出土第三期陶器 …… （433）
图5-76　ⅠT0407H34出土第三期器物 …… （436）
图5-77　ⅠT0407H34出土第一、二期陶器 …… （437）
图5-78　ⅠT0303H36平、剖面图 …… （439）
图5-79　ⅠT0303H36出土陶器 …… （440）

图5-80　ⅠT0301H38平、剖面图 ……（441）
图5-81　ⅠT0301H38出土陶器 ……（443）
图5-82　ⅠT0308H41平、剖面图 ……（445）
图5-83　ⅠT0308H41出土器物 ……（445）
图5-84　ⅠT0303H43平、剖面图 ……（446）
图5-85　ⅠT0303H43出土第三期陶器 ……（449）
图5-86　ⅠT0303H43出土第三期器物 ……（451）
图5-87　ⅠT0303H43出土第一、二期器物 ……（453）
图5-88　ⅠT0202H44平、剖面图 ……（454）
图5-89　ⅠT0202H44出土第三期陶器、骨器 ……（456）
图5-90　ⅠT0202H44出土陶器 ……（458）
图5-91　ⅠT0302H46平、剖面图 ……（460）
图5-92　ⅠT0302H46出土陶器 ……（461）
图5-93　ⅠT0307H50平、剖面图 ……（462）
图5-94　ⅠT0307H50出土第三期陶器（1） ……（465）
图5-95　ⅠT0307H50出土第三期陶器（2） ……（467）
图5-96　ⅠT0307H50出土第三期石器、骨器 ……（469）
图5-97　ⅠT0307H50出土第一、二期陶器 ……（470）
图5-98　ⅠT0407H52平、剖面图 ……（471）
图5-99　ⅠT0407H52出土陶器 ……（472）
图5-100　ⅠT0308H53平、剖面图 ……（473）
图5-101　ⅠT0303H58平、剖面图 ……（473）
图5-102　ⅠT0303H58出土陶器 ……（474）
图5-103　ⅠT0303H60平、剖面图 ……（475）
图5-104　ⅠT0303H60出土陶器 ……（476）
图5-105　ⅠT0202H61平、剖面图 ……（478）
图5-106　ⅠT0202H61出土器物 ……（479）
图5-107　ⅠT0408H65平、剖面图 ……（481）
图5-108　ⅠT0408H65出土陶器 ……（482）
图5-109　ⅠT0407H68平、剖面图 ……（483）
图5-110　ⅠT0308H70平、剖面图 ……（484）
图5-111　ⅠT0308H70出土第三期陶器（1） ……（488）
图5-112　ⅠT0308H70出土第三期陶器（2） ……（490）
图5-113　ⅠT0308H70出土第三期陶器（3） ……（492）
图5-114　ⅠT0308H70出土第三期石器、骨器 ……（494）

图5-115　Ⅰ T0308H70出土第二期陶器 …………（496）
图5-116　Ⅰ T0308H70出土第一期陶器 …………（497）
图5-117　Ⅰ T0407H71平、剖面图 …………（498）
图5-118　Ⅰ T0407H71出土第三期陶器 …………（501）
图5-119　Ⅰ T0407H71出土第三期器物 …………（504）
图5-120　Ⅰ T0407H71出土第一、二期陶器 …………（505）
图5-121　Ⅰ T0303H73平、剖面图 …………（506）
图5-122　Ⅰ T0303H73出土器物 …………（509）
图5-123　Ⅰ T0303H74平、剖面图 …………（511）
图5-124　Ⅰ T0303H74出土第三期陶器 …………（511）
图5-125　Ⅰ T0303H74出土第一、二期陶器 …………（513）
图5-126　Ⅰ T0303H75平、剖面图 …………（514）
图5-127　Ⅰ T0303H75出土器物 …………（516）
图5-128　Ⅰ T0308H83平、剖面图 …………（517）
图5-129　Ⅰ T0308H83出土陶器 …………（518）
图5-130　Ⅰ T0302H88平、剖面图 …………（519）
图5-131　Ⅰ T0302H88出土第三期陶器 …………（520）
图5-132　Ⅰ T0308H91平、剖面图 …………（521）
图5-133　Ⅰ T0308H91出土陶纺轮（H91：1） …………（521）
图5-134　Ⅰ T0308H92平、剖面图 …………（522）
图5-135　Ⅰ T0308H93平、剖面图 …………（522）
图5-136　Ⅰ T0302H98平、剖面图 …………（522）
图5-137　Ⅰ T0302F1平、剖面图…………（523）
图5-138　Ⅰ T0302F2平、剖面图…………（524）
图5-139　Ⅰ T0303Z1、Z2平、剖面图 …………（525）
图5-140　Ⅰ T0408M1平、剖面图 …………（526）
图5-141　Ⅰ T0408M1出土陶器 …………（526）

图版目录

图版一　发掘现场
图版二　发掘现场
图版三　发掘现场
图版四　发掘现场
图版五　发掘现场
图版六　整理工作现场
图版七　整理工作现场
图版八　整理工作现场
图版九　整理工作现场
图版一〇　整理工作现场
图版一一　仰韶晚期F3与H47
图版一二　仰韶晚期H48与H57
图版一三　仰韶晚期H86与H94
图版一四　仰韶晚期尖底瓶、平底瓶
图版一五　仰韶晚期尖底瓶、夹砂罐
图版一六　仰韶晚期瓮、钵、盘、盆、碗与杯
图版一七　仰韶晚期器盖与绳纹
图版一八　仰韶晚期纹饰
图版一九　仰韶晚期纹饰
图版二〇　仰韶晚期纹饰、泥条盘筑痕
图版二一　仰韶晚期陶刀
图版二二　仰韶晚期陶纺轮、陶环
图版二三　仰韶晚期陶环、陶钏与陶球
图版二四　仰韶晚期陶笄、石纺轮与陶刀
图版二五　仰韶晚期石球、磨石、抛光器与鹿角
图版二六　仰韶晚期石笄
图版二七　仰韶晚期石笄、石笄坯料

图版二八　仰韶晚期骨锥、骨镞与角锥
图版二九　庙底沟二期Y1
图版三〇　庙底沟二期Y1与Y2
图版三一　庙底沟二期Y3
图版三二　庙底沟二期H15与H20
图版三三　庙底沟二期H27与H28
图版三四　庙底沟二期H45与H49
图版三五　庙底沟二期H66与H97
图版三六　庙底沟二期鼎、夹砂罐、泥质罐与小罐
图版三七　庙底沟二期缸、夹砂罐与泥质罐
图版三八　庙底沟二期盆、钵与杯
图版三九　庙底沟二期陶器
图版四〇　庙底沟二期纹饰
图版四一　庙底沟二期纹饰
图版四二　庙底沟二期纹饰、陶刀
图版四三　庙底沟二期陶刀、陶环、陶纺轮与石铲
图版四四　庙底沟二期陶笄、石铲与石锛
图版四五　庙底沟二期石斧、石刀
图版四六　庙底沟二期石器、牙饰
图版四七　庙底沟二期石笄、骨锥与骨笄
图版四八　庙底沟二期骨镞、骨针、骨匕与角锥
图版四九　客省庄二期F1与F2
图版五〇　客省庄二期F2细部
图版五一　客省庄二期H6与H7
图版五二　客省庄二期H8与H9
图版五三　客省庄二期H10与H30
图版五四　客省庄二期H34与H36
图版五五　客省庄二期H44与H46
图版五六　客省庄二期H70与H71
图版五七　客省庄二期鬲
图版五八　客省庄二期鬲、斝、无耳罐与单耳罐
图版五九　客省庄二期单耳罐、双耳罐
图版六〇　客省庄二期单耳罐、双耳罐、三耳罐与小罐
图版六一　客省庄二期壶与鬶
图版六二　客省庄二期鬶、豆

图版六三　客省庄二期圈足盘、盘
图版六四　客省庄二期杯、盂、器盖与穿孔器柄
图版六五　客省庄二期器盖、窖穴盖
图版六六　客省庄二期绳纹
图版六七　客省庄二期纹饰
图版六八　客省庄二期纹饰
图版六九　客省庄二期刻划纹
图版七〇　客省庄二期按压、箅孔与制作痕迹
图版七一　客省庄二期陶刀、陶纺轮
图版七二　客省庄二期陶纺轮、陶球、陶拍与陶环
图版七三　客省庄二期陶环、石斧、石铲
图版七四　客省庄二期陶笄、石凿、石铲、石斧
图版七五　客省庄二期石凿、石锛
图版七六　客省庄二期石刀
图版七七　客省庄二期石刀
图版七八　客省庄二期石刀、石刀毛坯、石刮割器与石镞
图版七九　客省庄二期石纺轮、石球
图版八〇　客省庄二期石环、饼形石器、石垫、鹿角与蚌环
图版八一　客省庄二期骨锥、骨笄
图版八二　客省庄二期骨笄、骨镞
图版八三　客省庄二期骨镞、骨针
图版八四　客省庄二期鹿角、角锥、骨铲与卜骨
图版八五　Ⅰ区人骨病理分析
图版八六　Ⅰ区组女性颅骨（H15：R1）

第一章 概　　述

第一节　地理位置与自然环境

一、地 理 位 置

米家崖遗址所在的米家崖、李家堡和十里铺等地，行政隶属于陕西省西安市灞桥区十里铺街道办事处（原十里铺乡）。遗址范围北至李家堡，南至十里铺村，西邻铁路家属区，东临浐河，陇海铁路穿过遗址区中部；东南隔浐河与半坡遗址相望，距半坡遗址约2.7千米（图1-1）。遗址地理坐标为北纬109°2.1′，东经34°18.1′，海拔高度435～450米。

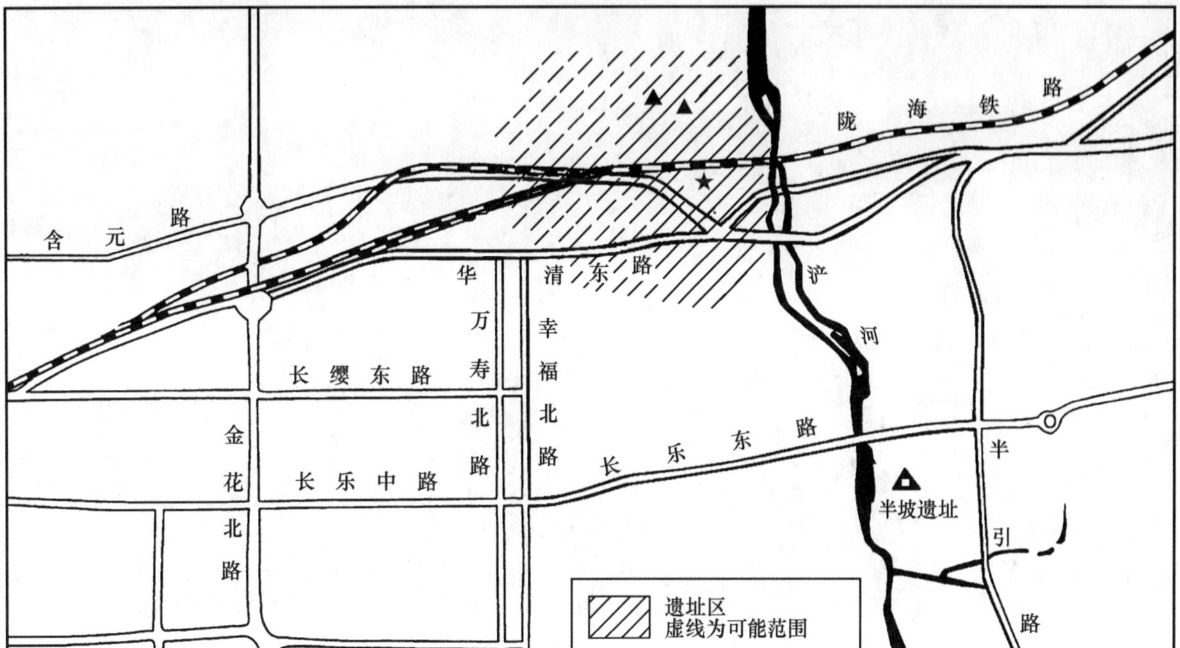

图1-1　西安米家崖遗址位置示意图

二、自然环境[①]

米家崖遗址位于关中平原中部略偏东，浐河西岸的二级阶地上。下文从地貌、水系、土壤和气候等对古代文化影响较大的几个方面概述遗址所在地的自然环境。

（一）地貌

陕西省位于中国版图的中心部位，处于我国地势三级阶梯中的第二级。省域南北狭长，自北而南大致划分为三大地貌区，分别是陕北高原区、关中平原区和陕南秦巴山地区（图1-2）。根据地貌类型和区域差异，上述三大地貌区又可分成六个地貌区，即：Ⅰ.风沙高原区；Ⅱ.黄土高原区；Ⅲ.关中平原区；Ⅳ.秦岭山地区；Ⅴ.汉中—安康低山丘陵盆地区；Ⅵ.大巴山中山地区。今西安地区的地貌包含其中的Ⅲ和Ⅳ，即关中平原区和秦岭山地区。

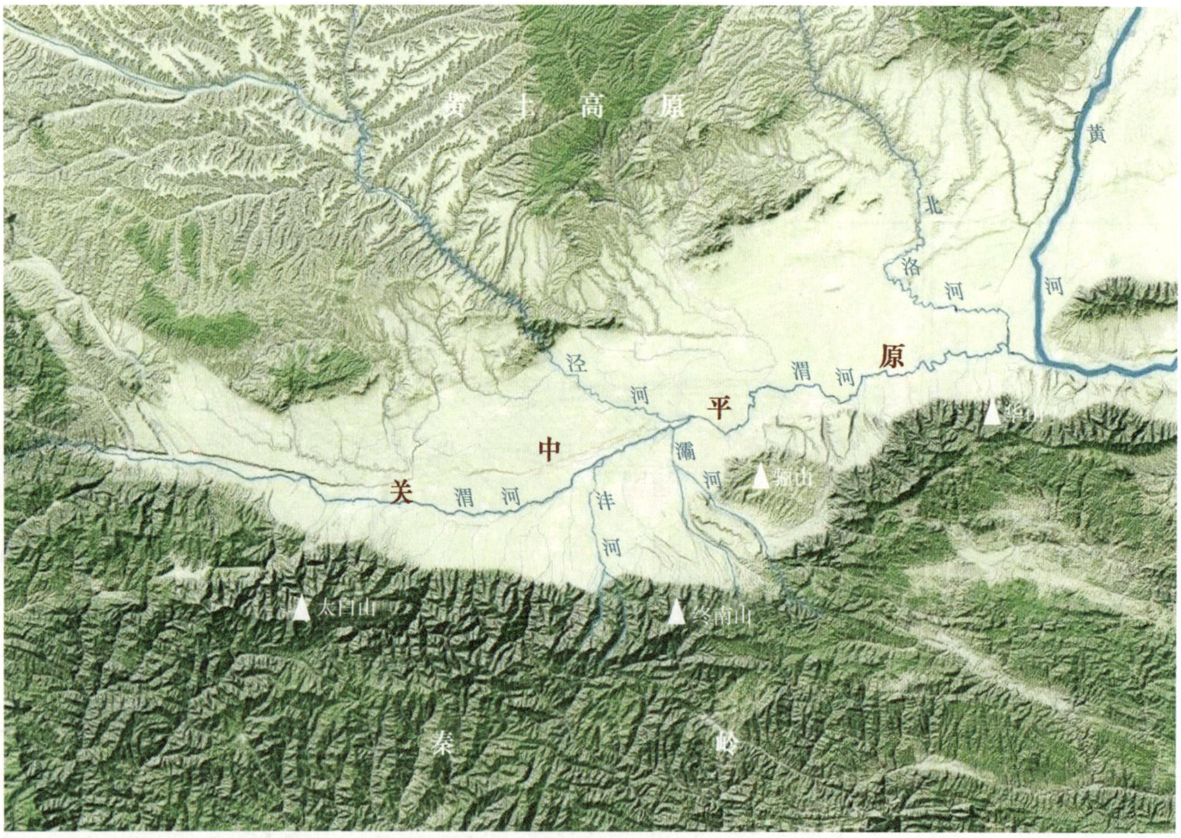

图1-2　关中地区地形示意图

① 主要内容转引自：a.陕西省地方志编纂委员会：《陕西省志·地理志》，陕西人民出版社，2002年；b.陕西师范大学地理系：《西安市地理志》，陕西人民出版社，1988年。

关中平原位于北山和秦岭之间，西起宝鸡峡口，东到潼关港口，东西长约360千米；西窄东宽，最宽处可达103千米。渭河自西而东穿流于平原中部，两岸阶地发育，再向南、北则过渡为黄土台塬。渭河以北的台塬基本呈连续分布状，以南的台塬则因河流切割呈断续分布状。秦岭北麓山前地带的冲积—洪积扇东西相连，构成冲积—洪积平原。米家崖遗址所在的灞桥区及周边区、县的地貌可分为渭河两侧冲积—洪积平原亚区、秦岭北麓东段黄土台塬亚区、骊山低山丘陵亚区。

1. 渭河两侧冲积—洪积平原亚区

该亚区西起宝鸡，东至潼关，由渭河一、二、三级阶地和高低河漫滩，秦岭七十二峪形成的冲积—洪积扇，以及北洛河、泾河、石川河等形成的冲积阶地等组成。土质肥沃，阡陌相连，号称“八百里秦川”，为陕西省农业、工业、交通及文化最发达的地区。河漫滩高出渭河河床0.5～2.0米，与一级阶地呈斜坡状过渡。一级阶地高出渭河河床3～10米，由中细沙、中粗沙和亚黏土组成。二级阶地高出渭河河床20～30米，下部由细沙、中沙、亚黏土组成，上覆马兰黄土，并夹有一层古土壤。三级阶地主要分布于西安市东部，下部为沙、砾石层，上覆中上更新统黄土及含有黑垆土的全新世黄土。秦岭北麓的山前冲积—洪积平原与渭河冲积平原相连，在上古时代已被辟为林果带和稻作区。

2. 秦岭北麓东段黄土台塬亚区

该亚区主要分布于临潼区、蓝田县与长安区境内，以骊山断块山地为界分为东、西两部分。骊山以西依次为铜人塬、白鹿塬、少陵塬（凤栖塬）和神禾塬，以东依次为代王—马额塬和阳郭塬、崇凝塬。台塬下部多为第三系红层或第四纪早期的河湖相和洪积层，上部为第四纪中、晚更新世风积黄土。

铜人塬为灞桥区洪庆街道以东、临潼区斜口街道以南的骊山西侧台状地，台塬面海拔550～700米。台塬下部为第三系紫红色、灰褐色、灰黄色、灰白色的砾岩、砂岩、泥岩等，上部为含有多层古土壤的第四系风成黄土，厚50米以上。此处坡面流水侵蚀、沟谷侵蚀与边坡重力侵蚀均较显著，水土流失严重。

白鹿塬位于浐、灞河之间，长约25千米，宽6～9千米，台塬面海拔600～780米，东南高，西北低。台塬下部为上更新统地层及下更新统冰碛、洪积层组成的基底，其上覆盖第四系黄土，厚度可达100～150米。此处地势高亢，与浐、灞河谷高低悬殊，塬坡上的滑坡呈带状分布，崩塌、泥流均甚活跃。

少陵塬位于浐河与潏河之间，又名杜陵塬，偏北部分又称凤栖塬。长约18千米，宽6～10千米，台塬面海拔470～630米。台塬下部为早更新统洪积和湖积层，上部为中更新统早期以后的黄土所覆盖，厚约110米。塬面开阔，由西北向东南呈三级阶梯状抬升，各级之间有明显的陡坎，塬面上分布呈北东向的洼地，与构造活动有联系。

神禾塬位于潏河与滈河之间，呈东南—西北向延伸，长约11千米，宽1.5～2.0千米，台塬面海拔490～600米。台塬以中更新统以来的洪积亚黏土及风成黄土组成，由东南向西北呈三级阶梯状倾斜，塬面受流水侵蚀略有起伏，东、西两侧边坡受流水及重力侵蚀，发育较多切沟、冲沟，滑坡、崩塌时有发生。

代王—马额塬位于临潼区新丰—零口街道以南，北接渭河三级阶地，南依骊山东侧丘陵，西起代王街道，东与阳郭塬相连，长约17千米，宽7～8千米，台塬面海拔450～580米。台塬下部为中更新统上部洪积沙层、亚沙土、亚黏土互层，逐渐过渡为洪积、风积黄土堆积，上部为后期风成黄土所覆盖。塬面较平坦，沟谷较少。

3. 骊山低山丘陵亚区

该亚区分布于临潼区、蓝田县境内。骊山为渭河裂陷带内的地垒式断块山地，海拔约1000～1300米，山体岩层破碎，上部大多基岩裸露，或被薄层风化残坡积碎屑覆盖，较低处覆盖土状堆积物。骊山地貌因地质构造活动不均衡上升呈北仰南俯状，北侧断层发育明显，山地、平原界限分明；南侧则缓慢降低，逐步过渡到黄土高丘陵地带（横岭塬）。丘陵海拔约800～1000米，坡面流水侵蚀、沟谷侵蚀与边坡重力侵蚀均较强烈。

（二）水系

陕西省是中国河流众多的省份之一，河流大致以秦岭为界，分属黄河、长江两大水系。秦岭以北的河流均属黄河水系，自北向南依次为窟野河、秃尾河、无定河、清涧河、延河、北洛河、泾河、渭河、南洛河水系，流经西安地区的主要是渭河、泾河水系。

1. 泾河水系

泾河为渭河北岸一级支流，其干流发源于六盘山脉南端老虎潭，出张家山峡谷后进入关中平原，在高陵区泾渭堡以下汇流入渭。下游河段因地形平坦，河道开阔，水流趋平缓，为砂卵石、泥沙河床。泾河与渭河相会后，因泥沙含量不同而水色各异，延续数里不相混淆，故称“泾渭分明”。

2. 渭河水系

渭河干流发源于渭源县鸟鼠山，自宝鸡峡进入关中平原，至潼关县注入黄河。其支流可分为发源于秦岭北麓的南侧支流与发源于黄土高原的北侧支流，对米家崖遗址及本报告涉及的其他遗址影响较大的有浐河、灞河、沣河、石川河、漆水河等。

浐河，渭河南岸二级支流，灞河一级支流。发源于秦岭主脊北侧汤峪，出峪后向西北流，切穿白鹿塬，在长安区白庙村汇流汤峪河、岱峪河后称浐河，经雁塔区等驾坡街道向北流入灞桥区境，在未央区赵村东汇入灞河，全长63.5千米。受骊山隆起影响，河道不断向西偏移，下游河道西岸侵蚀、切割渭河二、三级阶地形成陡崖，东岸形成广阔的河漫滩。

灞河，渭河南岸一级支流。原名兹水，春秋时秦穆公称霸西戎，为炫耀其武功，更名为霸水，汉时改“霸”为“灞”。源出蓝田县箭峪岭南侧九道沟，蓝关街道以下转向西北流，在灞桥区兰家庄与未央区贾家滩之间注入渭河，全长107.3千米。受骊山断块剧烈抬升的影响，下游河道向左岸侧移，侵蚀白鹿塬边坡，右岸河漫滩和阶地发育，河谷很不对称；在广泰庙附近与浐河汇合后，由于基底断裂构造的遏制作用，河道稳定，泥沙沉积旺盛。

沣河，渭河南岸一级支流。发源于长安区喂子坪村鸡窝子以南的秦岭北侧，主要流向为南北向，在咸阳市秦都区鱼王村注入渭河，全长81.9千米。主源为沣峪河，秦渡街道以北为下游段，河道较平直，水流速度较平缓，泥沙大量沉积致河床逐年淤高。沣河下游历代略有变迁，入渭口摇摆多变，极不稳定。

石川河，渭河北岸一级支流。因下游河段盛产细砂、鹅卵石，似为石头之川而得名。源头有二，东支漆水，又称铜官水，源于耀州区东北凤凰山东面的嵝崄梁下；西支沮水，也称沮河，源于耀州区西北长蛇岭南侧。二水在耀州区南部交汇，于梅家坪镇入富平县境，在临潼区交口街道附近入渭河，全长144千米。

漆水河，渭河北岸一级支流。源于麟游县石嘴子村西南山沟中，流经宝鸡、咸阳二市，至武功市大庄乡南立节村入渭，全长30.7千米。

（三）土壤

关中平原气候温暖，干湿适宜，风成和冲积黄土分布广泛；在落叶阔叶林植被的影响下，褐土广泛发育，为关中褐土地带的重要组成部分。平原川道区的河流一级阶地及河漫滩处分布有冲积型的新积土，水源充足地带分布有草甸土和零星小片的沼泽土，部分经垦殖形成潮土、水稻土、淤泥土。河流二、三级阶地和黄土台塬上的褐土受人类长期耕作、堆积，其上覆盖了一层熟化程度很高的塿土；台塬坡地由于土壤侵蚀严重，成土母岩裸露，为黄土性土。秦岭北麓山前冲积—洪积扇区分布有冲积—洪积型沙石新积土，冲积—洪积扇前缘地下水溢出地带分布有草甸土和沼泽土。此外，骊山低山丘陵亚区还分布有红黏土、紫色土。

（四）气候

关中地区为暖温带半湿润大陆性季风气候，冷暖干湿，四季分明。冬季寒冷、风小、多雾、少雨雪；春季温暖、干燥、多风、气候多变；夏季炎热多雨，伏旱突出，多雷雨大风；秋季凉爽，气温速降，秋淋明显。四季气温与降水变化差异较大，易发生旱涝灾害。

三、植被与动物群

植被与动物群为自然环境的重要组成部分，因两者包括野生与人工栽培、饲养两种情况，故单独叙述。

（一）植被

关中平原的代表性植被类型是落叶阔叶林，为我国华北平原暖温带落叶阔叶林向西的延伸部分。此地由于农业开发历史悠久，自然植被多已不存，仅在沟头、岸畔等地零星分布一些旱中生灌木，如沙棘、黄素馨、枸杞、狼牙刺、胡颓子等，沿河滩则以草甸为主；栽培、引种的树种达300余种，主要有臭椿、榆树、泡桐、槐树、刺槐、杨、柳等，果树多为苹果、核桃、杏、柿子、石榴、桃、梨、枣等；草本植物以禾本科、莎草科、毛茛科、旋花科、十字花科、伞形科以及菊科的一些种类组成。平原南侧低山处的植被可分为三个类型，即以白草为主的禾本科草本植物类型，山腰以槲栎、黄橿、刺柏为主的混交林类型，谷地以人工栽培的柿、侧柏为主的类型。

农作物以冬小麦、棉花、玉米、豆类为主，渭河两岸还有小面积水稻种植。渭北台塬因水源不足，较耐旱的谷子、糜子、高粱等占有一定的比重。

（二）动物群

关中地区的平原和浅山地带，在人类活动的影响下，缺乏成片森林且树种单纯，限制野生动物的生存，陆栖脊椎动物多与农业景观有关。兽类以农田啮齿类占优势，小家鼠、褐鼠、黄胸鼠、草兔等分布较广，食肉目有黄鼬、狗獾、艾虎、青鼬、赤狐、狼和果子狸等。鸟类百余种，渭河沿岸及水库、堰塘区为水域鸟类的集中栖息地。两栖爬行动物有中华蟾蜍、黑斑蛙、无蹼壁虎、丽斑麻蜥、白条锦蛇、赤链蛇等。主要畜种为猪、牛、马、骡、羊等。

秦岭山区由于山高谷深，气候和植被有垂直变化，植被茂密，野生动物资源丰富。

第二节　历史沿革

米家崖遗址所在的西安市，为陕西省省会，是西北地区政治、经济和文化重镇，国家中心城市。西安地区的历史沿革，依据其在全国的重要性，可分为三个阶段：建都之前的历史积淀、作为都城的辉煌岁月和失去都城地位之后的西北重镇。

一、建都之前的历史积淀

在距今百万年前的旧石器时代早期，西安地区即有人类活动。在秦岭北麓的蓝田县九间房镇公王岭发现了距今约163万年（早先测年数据为距今115～110万年）的直立人化石及石器[①]，泄湖镇陈家窝村发现了距今约65万年的直立人化石[②]。在西安地区西南方的汉中梁山一带[③]、东南方的丹江和南洛河上游的商洛地区[④]亦发现较为丰富的旧石器时代遗存。

新石器时代，从全国范围内看，西安地区也是文化遗存最丰富、遗址分布最密集的地区之一，第二、第三次全国文物普查共录有新石器时代遗址167处。这些遗址绝大多数分布于渭河的支流沿岸，如沣河、浐河、灞河、石川河等，部分河流两岸每隔2～3千米即有一处遗址，且往往隔河对望，分布密度几乎与现代村庄一样[⑤]；渭河干流两岸和泾河北岸也分布有少数遗址。这些遗址按时代早晚，大致可分为前仰韶时期、仰韶时期和龙山时期三大阶段（图1-3）。

前仰韶时期（距今约10000～7000年），西安地区的新石器时代文化是老官台文化[⑥]，又称为白家文化或大地湾一期文化。临潼白家村遗址位于西安市东北的渭河北岸，是一处文化内涵较单纯的老官台文化遗址[⑦]。该遗址出土一批丰富的文化遗迹和遗物，年代距今约8000～7000年，发掘者将这类文化遗存命名为白家文化[⑧]。经考古调查、勘探或发掘，发现类似遗存的遗址还有鱼化寨[⑨]、鲁坡头、郭北村[⑩]等。

---

① a. 戴尔俭：《陕西蓝田公王岭及附近的旧石器》，《古脊椎动物学报》1996年第1期；b. 戴尔俭、许春华：《蓝田旧石器的新材料和蓝田猿人文化》，《考古学报》1973年第2期；c. Zhu Z Y, Dennell R, Huang W W, et al. New dating of the Homo erectus cranium from Lantian (Gongwangling), China. Journal of Human Evolution, 2015, 78: 144-157.

② 魏京武：《蓝田人遗址新发现的旧石器》，《古脊椎动物学报》1997年第3期。

③ 鲁娜、侯亚梅：《梁山遗址旧石器制造模式分析与比较研究》，《第十届中国古脊椎动物学学术年会论文集》，海洋出版社，2006年，第163～183页。

④ a. 陕西省考古研究院、商洛地区文管会、洛南县博物馆：《花石浪（Ⅰ）：洛南盆地旷野类型旧石器地点群研究》，科学出版社，2006年；b. 陕西省考古研究院、洛南县博物馆：《花石浪（Ⅱ）：洛南花石浪龙牙洞遗址发掘报告》，科学出版社，2008年。

⑤ 考古研究所陕西调查发掘队：《丰镐一带考古调查简报》，《考古通讯》1955年第1期。

⑥ 北京大学考古教研室华县报告编写组：《华县、渭南古代遗址调查与试掘》，《考古学报》1980年第3期。

⑦ a. 西安半坡博物馆：《陕西临潼白家遗址调查试掘简报》，《史前研究》1983年第2期；b. 中国社会科学院考古研究所陕西六队：《陕西临潼白家村新石器时代遗址发掘简报》，《考古》1984年第11期。

⑧ 中国社会科学院考古研究所：《临潼白家村》，巴蜀书社，1994年。

⑨ 西安市文物保护考古研究院：《西安鱼化寨》，科学出版社，2017年。

⑩ 陕西省考古研究所：《2000年长安、户县古遗址调查简报》，《丰镐考古八十年·资料篇》，科学出版社，2018年，第407～422页。

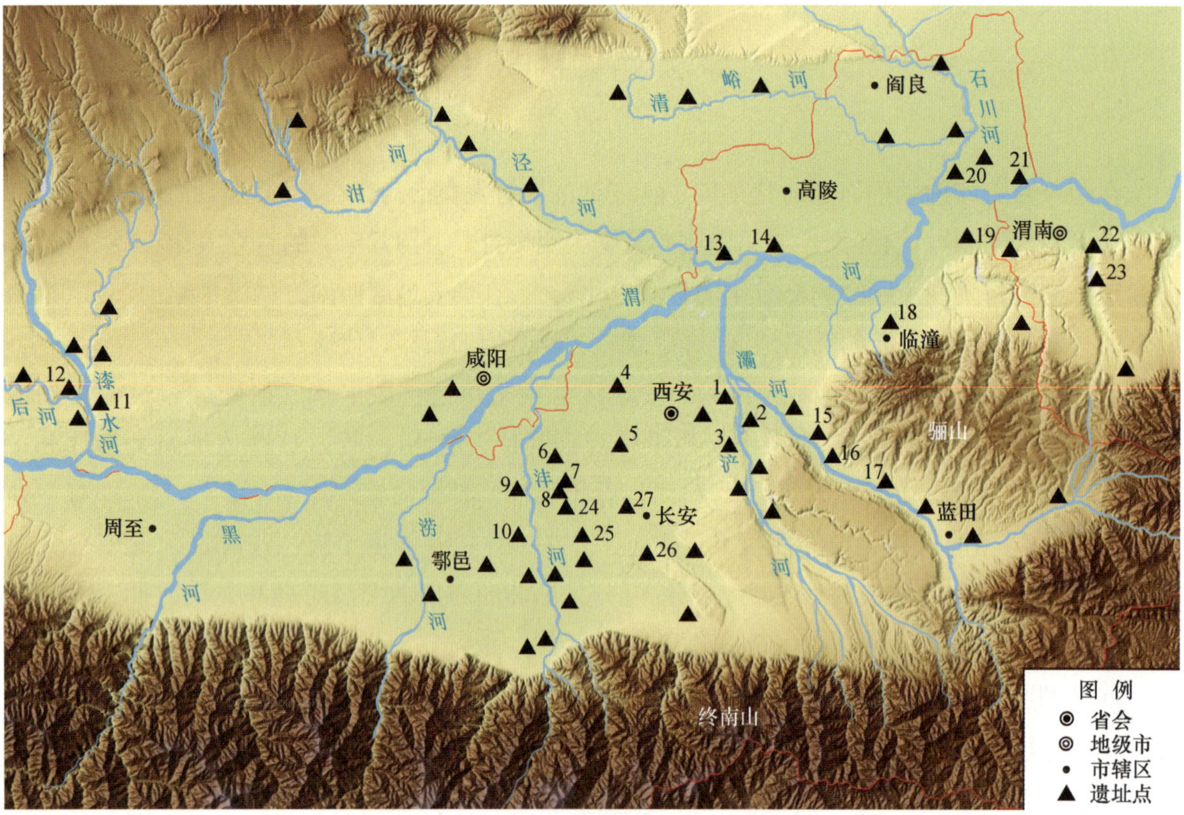

图1-3　西安附近新石器时代遗址分布示意图

1. 米家崖　2. 半坡　3. 马腾空　4. 未央宫　5. 鱼化寨　6. 镐京观　7. 花园村　8. 斗门镇　9. 客省庄　10. 鲁坡头　11. 赵家来　12. 浒西庄　13. 东营　14. 杨官寨　15. 老牛坡　16. 新街　17. 泄湖　18. 姜寨　19. 零口村　20. 康家　21. 白家村　22. 史家　23. 北刘　24. 太平　25. 羊元坊　26. 鱼包头　27. 弓背崖（数字标识的主要为经过发掘者）

仰韶时期（距今约7000～5000年）的渭河支流两岸遗址分布密集。经过较大规模考古发掘的遗址有沣河流域的客省庄①、花楼子②等，皂河（古称沉水）流域的鱼化寨、弓背崖③等，浐、灞河流域的半坡④、米家崖⑤、泄湖⑥、新街⑦、马腾空⑧、杨官寨⑨等，渭河南岸支流下游

① 中国科学院考古研究所：《沣西发掘报告》，文物出版社，1962年。

② a. 郑洪春、穆海亭：《陕西长安县花楼子客省庄二期文化遗址发掘》，《考古与文物》1988年第5、6期；b. 赵辉：《〈陕西长安县花楼子客省庄二期文化遗址发掘〉中的几个问题》，《华夏考古》1994年第3期。

③ 宗天宇、郭昕、刘欢，等：《动物遗存反映的关中地区史前至秦汉时期生业经济发展状况——以西安弓背崖遗址为例》，《第四纪研究》，2021年第5期。

④ 中国科学院考古研究所、陕西省西安半坡博物馆：《西安半坡》，文物出版社，1963年。

⑤ a. 考古研究所西安半坡工作队：《西安米家崖新石器时代遗址调查简报》，《考古通讯》1956年第6期；b. 陕西省考古研究院：《西安米家崖：新石器时代遗址2004～2006年考古发掘报告》，科学出版社，2012年。

⑥ 中国社会科学院考古研究所陕西六队：《陕西蓝田泄湖遗址》，《考古学报》1991年第4期。

⑦ 陕西省考古研究院：《蓝田新街：新石器时代遗址发掘报告》，文物出版社，2020年。

⑧ 陕西省考古研究院史前考古研究室：《2008～2017陕西史前考古综述》，《考古与文物》2018年第5期。

⑨ a. 陕西省考古研究院：《陕西高陵县杨官寨新石器时代遗址》，《考古》2009年第7期；b. 陕西省考古研究院：《陕西高陵杨官寨遗址发掘简报》，《考古与文物》2011年第6期。

的姜寨[1]、零口村[2]及渭南市的北刘[3]、史家[4]等。许多遗址拥有较大规模的环壕，居住区、墓葬区和生产活动区已有较明确的区域划分，居住区本身也能看出不同的组团，这显示史前聚落的社会、经济与文化均达到了较为繁荣的阶段。关中地区仰韶时期文化可大致划分为北首岭下层、半坡期、史家期、庙底沟期和西王村期（或半坡晚期）五个阶段，显示出该地区在仰韶时期的中心性地位。

龙山时期（距今约5000～4000年）是中国古代文明与国家形成加速的时期。关中地区的龙山时期文化通常以公元前4500年为界划分为早晚两段，早期为庙底沟二期文化及同时期其他类型的文化，晚期主要是客省庄文化，经过考古调查和发掘的遗址有客省庄、米家崖、康家[5]、姜寨、东营[6]、马家湾[7]和泄湖等。许多遗址史前时期的遗存往往同时包含仰韶文化、庙底沟二期文化与客省庄文化的堆积，提供了西安地区新石器时代中晚期文化长期繁荣且绵延不断向前发展的证据。

关中地区在夏代为夏王朝的盟邦或为局部属地，在商代为商王朝之西土，有其分封的诸侯国，也有从属之方国，从而形成了丰富多彩、分属多个文化系统的商代文化遗存[8]。灞桥区燎原村的老牛坡遗址发现了宫殿建筑、铸铜作坊及青铜器、高等级墓葬、车马坑等，在晚商时期为关中地区一个重要的区域性中心聚落[9]。西安周边的渭南、铜川、宝鸡等地也都发现了多处商代聚落及墓地，显示出商王朝对这一地区的经营。

---

① 半坡博物馆、陕西省考古研究所、临潼县博物馆：《姜寨：新石器时代遗址发掘报告》，文物出版社，1988年。

② 陕西省考古研究所：《陕西临潼零口遗址第二期遗存发掘简报》，《考古与文物》1999年第6期。

③ a. 西安半坡博物馆、渭南县文管会、渭南地区文管会：《渭南北刘新石器时代早期遗址调查与试掘简报》，《考古与文物》1982年第4期；b. 西安半坡博物馆、渭南市博物馆、陕西省考古研究所：《渭南北刘遗址第二、三次发掘简报》，《史前研究》1986年第1、2期。

④ 西安半坡博物馆、渭南县文化馆：《陕西渭南史家新石器时代遗址》，《考古》1978年第1期。

⑤ a. 西安半坡博物馆：《陕西临潼康家遗址第一、二次试掘简报》，《史前研究》1985年第1期；b. 陕西省考古研究所康家考古队：《陕西临潼县康家遗址发掘简报》，《考古与文物》1988年第5、6期；c. 陕西省考古研究所康家考古队：《陕西省临潼县康家遗址1987年发掘简报》，《考古与文物》1992年第4期。

⑥ 陕西省考古研究院、西北大学文化遗产与考古学研究中心：《高陵东营——新石器时代遗址发掘报告》，科学出版社，2010年。

⑦ 咸阳地区咸高文物普查队：《咸阳市、高陵县古遗址调查简报》，《考古与文物》1984年第1期。

⑧ 陕西省考古研究院商周考古研究室：《2008～2017年陕西夏商周考古综述》，《考古与文物》2018年第5期。

⑨ a. 刘士莪：《老牛坡》，陕西人民出版社，2002年；b. 陕西省考古研究院：《西安老牛坡遗址聚落范围调查简报》，《中原文物》2021年第1期；c. 李彦峰：《聚落与地貌：老牛坡遗址研究的新角度》，《考古》2022年第8期。

二、建都之地的辉煌岁月

公元前12世纪末，周人在古公亶父率领下，自陕北或陇东高原戎狄之地南下，迁居关中西部的周原。经过三代人的苦心经营，在不到百年时间里迅速发展壮大，具备了与商王朝抗衡的实力。周文王时“翦商”的步伐不断加快，伐灭崇国后，在沣河西岸营建丰京；武王即位后，又在沣河东岸营建镐京。丰镐成为周人新的政治中心，这是西安地区作为中国古代都城之发端。

西周末年，因王室内部矛盾尖锐以及不堪犬戎等异族的骚扰，周王室东迁，关中西部及西安地区一度成为权力“真空”。因辅佐周平王东迁有功，原居于陇东的秦人受到了封赏，成为一方诸侯，逐渐占有了周人故地，并以关中为主要根据地，积极参与中原各国的争霸活动，今西安地区成为秦国的腹心地带。秦武公至秦穆公时期，不断加强对西安及其东部地区的管理，设置了最早的县——杜和郑。杜县位于今西安雁塔、长安区境内，直至西汉王朝建立初期始终为秦汉都城南部最重要的行政区。

战国时期，秦国将都城从雍城先后迁至泾阳、栎阳与咸阳，随着国力的不断增强，在渭水南岸也营筑有许多宫殿与苑囿，今西安市区成为秦国都城的重要组成部分。秦穆公在今临潼区油王村附近的灞河东岸营筑霸宫，秦昭襄王时谓之芷阳宫，并设芷阳县，辖今临潼区、灞桥区与蓝田县相交的地带。秦始皇即位后，将其陵寝营筑于芷阳以东的骊山北麓，置丽邑。秦代关中地区为京畿重地，不置郡，特设内史，直属朝廷管辖。

公元前202年，汉高祖刘邦由洛阳迁都长安。汉长安城是在秦都咸阳渭河北岸宫殿遭焚毁的情况下，以渭河南部的宫室为基础兴建的一座新城。渭河北岸、长安城东南郊的黄土台塬成为汉王朝的陵墓区，为奉陵而设置的诸多陵邑（陵县）成为都城地区特有的行政管理机构。长安城东南的浐、灞流域分布有南陵、霸陵、杜陵等。汉文帝七年（前173年）初置南陵县，九年（前171年）改芷阳县为霸陵县。汉宣帝元康元年（前65年）在杜东原上营筑陵墓，改杜县为杜陵县，将县治移往新址。

始建国元年（9年），王莽代汉称帝，建立新朝，先后改都城“长安”为“常安”，改霸陵县为水章县，分三辅为六尉郡，霸陵、杜陵，东至蓝田，西至武功、郁夷十县均属光尉大夫府管辖。东汉光武帝在位时期（25～57年）恢复“长安”“霸陵县”等旧称，设京兆尹，治下各县沿袭西汉晚期县制，以长安为西京。长安作为东汉王朝统治关西的重要基地，对西汉诸陵的祭祀仍是东汉王朝的重要礼仪活动。

建安十八年（213年）以后，原属司隶校尉部的京兆地区被划归雍州，魏晋时皆沿袭此区划。曹魏文帝皇初年间改京兆尹辖境为京兆郡，后改霸陵县为霸城县，西晋至北朝诸多政权多沿用此称。北魏时期京兆郡一度徙治霸城，西魏时还治长安。西魏、北周至隋初，均以长安城为行政中枢所在。

隋开皇二年（582年）在汉—北朝长安城东南的龙首原上营建新都大兴城，改万年县为大兴县，与长安县分辖都城东、西部；次年撤京兆郡，保留雍州，开凿龙首渠引浐河水入都城。大业三年（607年），隋炀帝撤销雍州，复设京兆郡，雍州及京兆郡辖区变化不大。唐王朝仍以长安（大兴城）为首都，复设雍州，撤销京兆郡，贞观元年（627年）唐太宗设立关内道，将雍州划归关内道管辖。开元元年（713年）改雍州为京兆府，开元二十一年（733年）分天下为十五道，京兆府改隶京畿道。907年，唐王朝灭亡，长安作为全国首都的地位再次失去。

三、历时千载的西北重镇

五代后梁开平元年（907年），废京兆府为雍州佑国军节度使，后改为大安府，长安、万年二县分别改称大安、大年。后唐同光元年（923年），恢复京兆府和万年、长安二县的旧称。

北宋至道三年（997年）置陕西路，治所设于京兆府。宋神宗熙宁五年（1072年），析置永兴军路，仍治京兆地区。西夏崛起于西北，强盛之时统辖二十二州，延袤数千里，对宋朝时服时叛。陕北是宋朝西北边防前线，西安地区是对夏战争的行政组织中心，是军需物资、军饷和兵力调配的基地，是拱卫北宋王朝的西部边地重镇。

北宋灭亡后，西安地区为金朝占领。金熙宗皇统二年（1142年），改永兴军路为京兆府路。元至元九年（公元1272年），元世祖第三子忙哥剌为安西王，立王相府（故址在今西安市未央区辛家庙街道石家街仓库一带）。至元十六年（1279年），改京兆府为安西路总管府。皇庆元年（1312年），改安西路为奉元路。

明洪武二年（1369年），改奉元路为西安府，意为“安定西北”。次年，朱元璋封次子朱樉为秦王，王府建于府城东北隅（今西安市新城区陕西省人民政府一带）。明代西安府辖区广大，包括今西安、咸阳、渭南、商洛市辖域及安康、铜川市部分辖域。

明末李自成在西安城建大顺政权，改西安为长安，称西京。清代恢复西安府名称，辖十五县一散州二散厅，包括今西安市辖区县，咸阳市辖大部分区县，铜川、渭南市辖部分区县和秦岭以南的柞水、宁陕二县。清代设陕甘总督（后因辖区变动，改称山陕总督、川陕总督等），总督衙门常驻西安府，乾隆二十九年（1764年）移驻兰州。整个清代，稳定西北、经营西南的一系列重要举措，都以西安府为重要基地或中继站。

自宋至清，历代在西安地区的行政管理基本上继承自唐代京兆府的格局。这种格局的延续，既是一种历史惯性，更是由以西安为中心的关中地区在全国版图中所占据的独特而重要的地理位置所决定的。

1913年，废除府制，设立关中道统领各县。道废后，所辖各县改由省辖。1928年至1930年间曾短暂设立西安市，辖区以原属长安县之西安城内及四关为范围。1932年，国民政府为应对日本帝国主义侵略形势，筹备建设西京特别市（西京市），由行政院直辖。1944年，改设西安市，由陕西省直辖，1947年复为行政院直辖市。

中华人民共和国成立之初，西安市先后为西北军政委员会辖市、西北行政委员会辖市和中央直辖市。1954年6月，西安市改为陕西省辖市。此后，其主要职能为陕西省会，也是西北地区的文化和经济中心。至1983年10月，西安市辖新城、碑林、莲湖、灞桥、未央、雁塔、阎良7区和长安、蓝田、临潼、周至、户县、高陵6县，其中临潼、长安、高陵、户县在1997年到2017年间先后改为区。

第三节　考古工作概况

米家崖遗址的考古工作可以分为三个阶段。第一阶段为21世纪之前，主要是调查工作；第二阶段是2004～2006年的发掘，已有考古发掘报告面世；第三阶段为2010～2011年的发掘。第二、三阶段的发掘均为基建工程中的考古工作，发掘面积较大，收获较丰富。

一、发现与发掘经过

米家崖遗址是浐、灞河流域新石器时代晚期重要的聚落遗址之一。该遗址最早在1923年被瑞典学者安特生发现，当时认定其为仰韶文化遗址[①]。1931年至1934年修建陇海铁路期间，因铁路穿越遗址区，发现了大量古代文化遗物。虽然不是经科学发掘所得，但经当时陕西考古会全力争取，陇海铁路潼西段工程局西安兴工处将该区域出土古物移交给陕西考古会，其中包含米家崖遗址出土的器物66件。1934年4月20日天津《大公报》曾报道过此次发现："陕西考古会在西安城东北十余里陇海铁路沿线，发现古物之米家崖，考察发现该处为三代以前石器时代之地层，灰屑褐色，断定为当时人民造饭之遗迹，且证明与民国八年（1919年）在豫省所掘之地质，为同一时代……"[②]

1951年和1953年，中国科学院考古研究所陕西省调查发掘团先后两次对十里铺、米家崖之间的新石器时代文化遗址进行了调查。1951年的调查简报认为该遗址"大体上是和沣河东镐京观后身的堆积层相似的。可注意的是：此地的规模较大，露头较好，保存的也较好"[③]。1956年，中国科学院考古研究所西安半坡工作队对该遗址进行了调查，初步测算出其范围东西长约

① Andersson J G. Children of the Yellow Earth: Studiesin Prehistoric China. London: Kegan Paul, Trench, Trubner&Co., Ltd. 1934. 转引自：a. 考古研究所陕西调查发掘团通讯组：《1951年春季陕西考古调查工作简报》，《科学通报》1951年第9期；b. 陕西省考古研究院：《西安米家崖：新石器时代遗址2004～2006年考古发掘报告》，科学出版社，2012年，第5页。

② 转引自卫聚贤：《中国考古学史》，商务印书馆，1937年，第181页。

③ 考古研究所陕西调查发掘团通讯组：《1951年春季陕西考古调查工作简报》，《科学通报》1951年第9期。

600米，南北宽约750米，包含“仰韶文化”和“龙山文化”两种不同文化的遗存①，这是对遗址范围及遗存时代内涵进行初步判定的一项重要成果。

1957年4月至7月，中国科学院考古研究所对浐、灞河流域的仰韶、龙山和西周遗址进行调查，对米家崖遗址作了详细的复查，共采集了石、陶、骨和蚌等标本7箱。调查简报发表了采集自米家崖遗址的陶单把鬲、篮纹盆和豆，判断该遗址包含仰韶、龙山两种文化。另外，此次调查将李家堡当作单独的遗存看待，认为它是一处仰韶文化遗址②。

直至20世纪末，米家崖这处重要的新石器时代遗址未经过正式发掘，对其分布范围、堆积状况和文化内涵及特征的认识均停留在1960年以前，许多问题仍不清楚；遗址区处于城乡接合部，随着经济建设的推进和城市化进程的加速，被纳入城市规划之中。2004年8月至2006年5月，陕西省考古研究所对遗址区内的德圣小区、鑫元小区拟建住宅楼区域进行发掘，共清理各类遗迹343个，其中灰坑319个、房址6座、窑址5处、灶址5处、墓葬8座。除墓葬为元明清时期外，其余遗迹均属于新石器时代。从考古发掘报告所公布的资料看，仰韶晚期、庙底沟二期和客省庄文化三个时期的遗存均相当丰富，初步明晰了遗址的文化堆积和内涵特征，为关中地区新石器时代文化研究提供了一批重要的资料③（图1-4）。

2010年，随着城市化进程的快速推进，地方政府在米家崖遗址南部区域规划进行廉租房项目建设。为配合西安米家崖廉租房项目的建设，西安市文物保护考古研究所（院）随即对施工区域进行了考古发掘。发掘项目领队为张翔宇，参加发掘的主要人员有柴怡、赵晶等。发掘工作自2010年10月开始，至2011年9月结束。

本次发掘区域位于遗址大致范围的南部，即米家崖村及陇海铁路以南、十里铺街道以北区域。建设项目占压范围涉及2万多平方米，探方布设涉及面积6425平方米，实际发掘面积3450平方米。受诸多客观条件制约，实施发掘区域和探方布设在规划楼位占压范围内进行。考古队进驻现场后，为记录方便，将已开挖的19号、9号、10号及4号基槽分别编为Ⅰ区（19#基槽）、Ⅱ区（9#基槽）、Ⅲ区（10#基槽）和Ⅳ区（4#基槽），各发掘区均采用探方发掘法实施发掘（图1-4、图1-5）。

Ⅳ区、Ⅱ区、Ⅲ区的发掘于2010年10月至2011年1月先后完成，遗迹包含灰坑、房址、陶窑等，出土遗物包含陶器、石器、玉器、骨器等，发掘资料仍在整理中。

Ⅰ区的发掘工作于2011年7月7日开始，2011年9月15日结束，共历时71天。参与发掘的人员有张翔宇、柴怡、高博、杨永岗、靳拉田、郭昕、瞿磊、陈伟雨、李英位、崔凡、梁美超、杨海龙、彭浩、赵克奇、井冯丽、吕梦琪等。发掘区内共布方32个，探方规格为10米×10米，实际发掘9个探方，发掘面积900平方米。共发现灰坑、陶窑、房址、墓葬等遗迹单位100多个，出土大量陶器、石器、骨器等遗物。陶器以夹砂灰陶、夹砂红陶、泥质灰陶为主，泥质红

① 考古研究所西安半坡工作队：《西安米家崖新石器时代遗址调查简报》，《考古》1956年第6期。

② 张彦煌：《浐灞两河沿岸的古文化遗址》，《考古》1961年第11期。

③ 陕西省考古研究院：《西安米家崖：新石器时代遗址2004～2006年考古发掘报告》，科学出版社，2012年。

图1-4　米家崖遗址2004～2006年及2010～2011年发掘区位置示意图

陶较少，个别器表施有彩绘；器形有尖底瓶、鼎、鬲、鬶、罐、盆、钵、盘、壶等；器表装饰以绳纹、篮纹、弦纹、附加堆纹为主。石器有石刀、石铲、石斧、石凿、石镞等。骨器有骨镞、骨笄、骨锥等。

二、资料整理与报告编写

田野发掘工作完成后，所有资料运回西安市文物保护考古研究院库房存放。2012年3～5月，经发掘单位与陕西师范大学历史文化学院协商，双方基于保护历史文化遗产的共同责任，本着优势互补、资源共享、教研相长、协同推进的原则，经西安市文物部门批准后合作开展米家崖遗址2010～2011年度考古资料整理工作。

米家崖遗址考古发掘项目领队、西安市文物保护考古研究院张翔宇为考古资料整理合作项目总负责人。西安市文物保护考古研究院整理现场负责人为柴怡，参与人员有翟霖林、王艳朋、郭昕、靳拉田和吴凡等。陕西师范大学历史文化学院整理现场负责人为朱君孝，参与人员有郭妍利、黄薇和多届考古学、文物与博物馆专业的研究生与本科生。2012年7月17日，室内整理工作正式启动。由于Ⅰ区的工作进度相对靠前，资料体量最大，故优先进行此区资料的整理和报告编撰。至2019年底，Ⅰ区的资料整理工作基本完成，根据工作内容的侧重，可分为三个阶段。

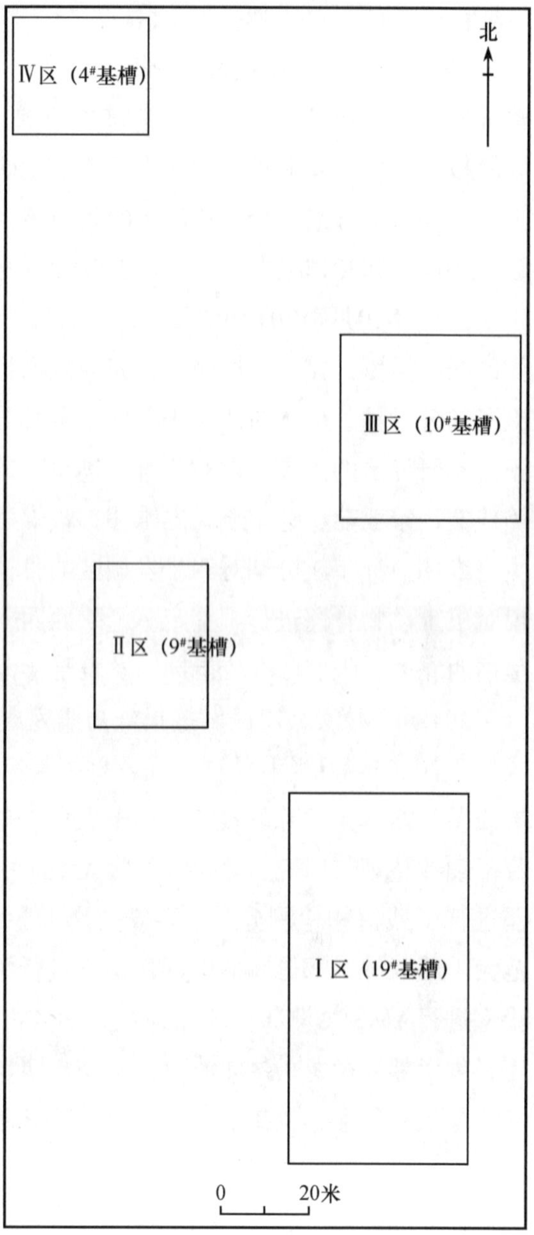

图1-5　米家崖遗址2010～2011年发掘区划分示意图

2012年7月至2014年12月为第一阶段。本阶段的主要工作有两项，一是全面检查、核对发掘记录资料，将所有的文字资料与遗迹线图电子化；二是对各探方的地层（文化层）和遗迹单位出土的陶质遗物进行初步整理，并在清洗之前增加了观察和取样步骤。陶质遗物的整理大体完成后，开始石质、骨质遗物的整理。出于训练研究生的目的，我们在把控整理工作进度的同时，坚持让其承担起简报撰写的任务。陕西师范大学考古学研究生薛蓉、凌达彬、白梅、刘勤翰承担了本阶段发掘资料的核对与电子化工作，基本完成Ⅰ区北部4个探方的遗物整理并撰写了发掘简报初稿，考古学研究生邓萌萌、贺卫良、郭罗、邵崇山、彭波、吴既、张正原、江明、张煦、张岩、文萌、钱瑞、赵琦茗、杨欢、申威隆、裴建陇、权小江、李季真等，博物馆学专业2010级、2011级和2012级本科生参与了该阶段的整理工作。

本阶段确认了该遗址包含仰韶晚期、庙底沟二期、客省庄二期三种新石器时代晚期文化遗存，其中以客省庄文化遗存最为丰富，其次为庙底沟二期文化和仰韶晚期遗存，少量遗物呈现出一定程度的二里头文化风格。这使我们认识到，米家崖遗址对于完善关中地区新石器时代晚期到夏代的文化发展序列，进而探索中国古代文明与国家起源等全局性问题，具有非常重要的价值。“西安米家崖遗址考古资料整理与研究”和“西安米家崖遗址2010～2011年考古发掘报告”项目先后获得2013年度陕西省社会科学基金、2014年度国家社会科学基金立项资助，加强了项目组人员的责任感和使命感。

2015年1月至2016年9月为第二阶段。本阶段的主要工作内容也可分为两方面，一是继续整理出土的陶质遗物，为判断遗迹单位的文化性质做好准备；二是撰写Ⅰ区南部5个探方的发掘简报，并拟定发掘报告的体例。考古学研究生代姝珏承担了本阶段发掘资料的核对与电子化工作，并对部分遗迹单位的出土的陶质遗物作了标本挑选与文字描述，文物与博物馆专业2013级、2014级和2015级本科生参与了该阶段的整理工作。

2016年10月至2019年7月为第三阶段。本阶段主要工作是对Ⅰ区资料的细化整理，出土器物绘图、摄影，完善发掘简报，完成发掘报告初稿。陈芳学等修复了部分陶器标本，赵勇等拍摄了部分小件、标本照片，张蕊侠、吴凡等绘制了器物标本线图。项目组在陕西省考古研究院张天恩研究员的指导下，对所有遗迹单位的文化属性进行了确认。陕西师范大学考古学研究生鲍佳铖、宗亚茹、孙宇航、冯维伟、戴惟馨、陈珏等参与了器物描述和线图电子化工作，研究生冯维伟、孙宇航分别对四个发掘区的骨器、石器进行了系统的整理与研究，首都师范大学尤悦对出土动物骨骼进行了鉴定。《陕西西安米家崖遗址2010～2011年度Ⅰ区发掘简报》修改稿呈请西北大学张宏彦教授指导，发表于《考古与文物》2019年第5期。

2019年7月底，Ⅰ区发掘报告初稿完成，作为2014年度国家社会科学基金项目的主要研究成果于2020年3月顺利结项。在发掘报告后续的补充与修改过程中，许鑫涛补绘了部分小件标本线图；西北大学陈靓鉴定了出土人骨；郑州大学崔天兴及研究生付建丽、宋倩对出土石器进行了细致整理与研究，郑州大学陶大卫、中国科学院古脊椎动物与古人类研究所关莹对部分石器进行了残留物检测分析；西安交通大学张怡设计了陶器科技检测分析的研究方案，陕西师范大学屈亚婷对部分陶器上的残留物进行了检测分析，并协助选取骨质样品，送至美国Beta实验室进行AMS^{14}C测年。陕西师范大学考古学研究生李晓亭、郑芦、乌德宝丽、汪贵元、王雪雯、袁诗琴、彭龙、吴闻波等，文物与博物馆专业2015级、2016级、2017级部分本科生和其他专业少数本科生，也在不同时段参与过资料整理工作。

三、本发掘报告的内容和体例

米家崖遗址2004～2006年考古发掘报告已由陕西省考古研究院编著出版，鉴于两次发掘对象为同一遗址，所获实物资料类别相似、文化遗存性质也基本相同，为保持资料的连续性和可比性，本报告对发掘资料的公布方式力求与前者保持一致，对报告的内容和体例进行了如下设定。

（一）本发掘报告的内容

本报告按照内容可分为考古资料和专题研究两部分，共十六章。

第一至第六章主要为米家崖遗址2010～2011年Ⅰ区的考古资料报告。第一章，概述，主要介绍遗址所在地的自然环境、历史沿革及考古工作概况。第二章为发掘区域的地层堆积与文化遗存分期。第三、四、五章分别对本次发掘所获的仰韶晚期、庙底沟二期和客省庄二期的文化遗迹和遗物资料予以详细公布。第六章为对遗存的文化性质与生业经济的初步认识。

第七至第十六章为专题研究，内容涉及文化遗存面貌分析、陶器制作工艺及生产组织关系、石器类型学及微痕分析、石器和陶器上残留物分析、骨器制作工艺的模拟实验研究、人骨鉴定与研究、考古成果陈列展示研究及方案等。

（二）简称、符号和编号的使用

陕西省西安市灞桥区十里铺街道米家崖遗址，现代汉语拼音字母简写作XBM，分别代表"西安"-"灞桥"-"米家崖"。简称作西安米家崖遗址、米家崖遗址。

本报告中，探方和遗迹单位符号以国家文物局《田野考古工作规程》为准则，采用其汉语拼音的第一个字的大写字母表示，仅房址内的柱洞等采用其第二个字的大写字母表示。Ⅰ区采用单一象限布方法，取横轴（X轴）序数两位，接以纵轴（Y轴）序数两位构成四位数探方号；探方的地层序号按照堆积自上而下、时代由晚到早的顺序排列，用带圈的阿拉伯数字①、②、③等表示。遗物标本按堆积单位统一编号，如若在整理过程中发现编号重复的情况，择其一在序号前加"0"。

另需说明的是，由于各类遗迹均按发掘时间先后顺序编号，为简洁起见，在整理资料和编写报告时，在不致混淆的情况下，可省去遗迹与遗物前面的发掘年份、遗址简称、发掘区号乃至探方号。专题研究部分中的各章由多位研究者分头撰写，完成时间早晚不同，涉及本次发掘材料的编号及时代属性，如与考古资料部分不同，以考古资料部分为准。

在第二、三期遗迹单位出土器物的介绍中，我们把所有出土的标本尽量予以公布，以供研究者参考、使用。

第二章　地层堆积与文化分期

米家崖遗址2010～2011年的发掘是一项工期紧迫的抢救性考古工作，以基槽划分了发掘区。本章对Ⅰ区各探方的地层堆积进行观察和叙述。

第一节　Ⅰ区地层堆积

Ⅰ区（19#基槽）位于整个发掘区域的南部偏东。考古队进驻现场时，原地表已在前期清表工作中下挖50～80厘米。清理浮土后在基槽内布方32个，根据遗存丰富程度，实际发掘9个探方，编号分别为ⅠT0202、ⅠT0203、ⅠT0301、ⅠT0302、ⅠT0303、ⅠT0307、ⅠT0308、ⅠT0407和ⅠT0408。探方规格为10米×10米，发掘面积为900平方米。为人员调配安排合理化，又将上述9个探方分成南、北两区，南区5个，北区4个（图2-1；图版四、五）。

一、Ⅰ区探方地层堆积列举

以下各探方的地层堆积，在通层之前，仍按照探方发掘记录进行介绍。

（一）ⅠT0202地层堆积

以ⅠT0202南壁剖面为例（图2-2）：

第1层：厚约50厘米。该层发掘前已被清理，结合探方剖面观察判断，包含塑料、砖瓦等现代垃圾，为现代耕土层和建筑与生活垃圾堆积层。

第2层：黄褐色土，土质较硬。厚25～60厘米，分布于全探方。包含近代砖块、碎瓷片等，为近现代堆积层。

第3层：灰褐色土，土质较疏松。厚50～125厘米，分布于全探方。出土陶片以夹细砂灰陶和细泥质灰陶为主，器表装饰有素面、磨光、绳纹、篮纹等；可辨器形中有鬲、斝、罐、瓮、

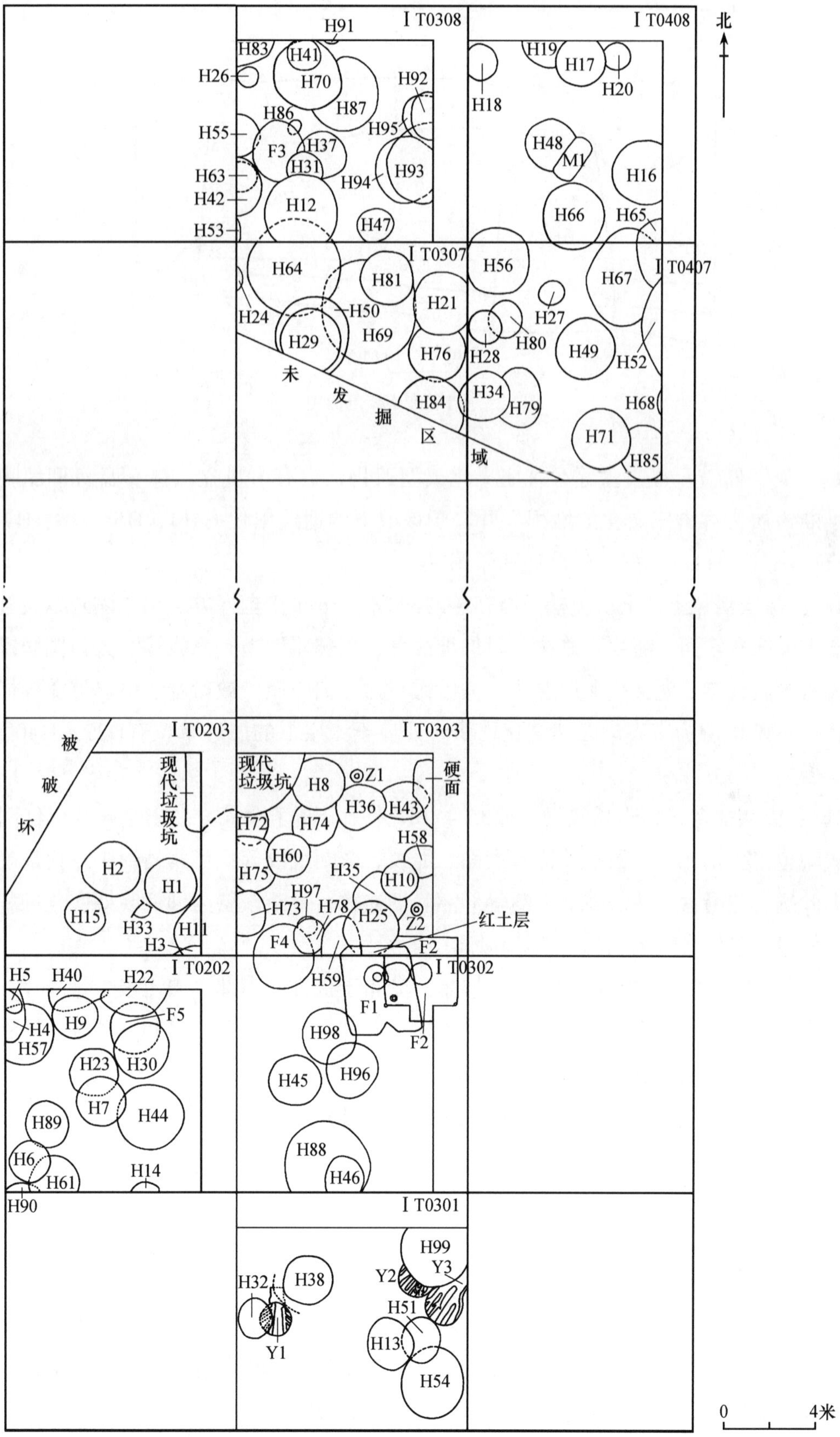

图2-1　米家崖遗址2010～2011年Ⅰ区探方及遗迹分布图

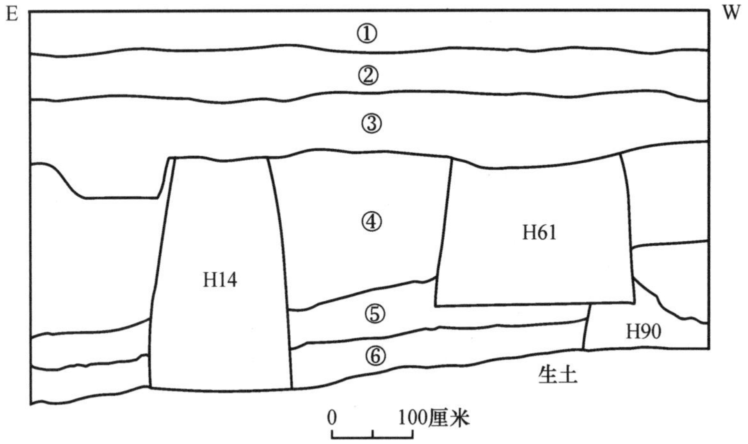

图2-2　Ⅰ T0202南壁剖面图

喇叭口壶、豆、器盖、窖穴盖等客省庄文化典型遗物，也有少量盆、钵、盘等仰韶晚期遗物残片，推断该层为客省庄文化的堆积。开口于该层下的遗迹单位有H4、H5、H6、H7、H9、H14、H22、H30、H44、H61。通层后属于第3层。

第4层：深灰褐色土，土质疏松。厚75～215厘米，分布于全探方。出土陶片以夹细砂灰陶为主，器表装饰有素面，绳纹、篮纹、附加堆纹等；可辨器形中有深腹罐、大口圆腹罐、刻槽盆、深腹盆等庙底沟二期文化典型遗物，夹砂罐、盆、尖底瓶、敛口瓮、钵、器盖等仰韶文化晚期遗物，推断该层为庙底沟二期文化堆积。开口于该层下的遗迹单位有H23、H40、H90、F5。通层后属于第5层。

第5层：黑灰褐色土，土质较硬。厚35～80厘米，分布于全探方。出土陶片以红陶为主，夹细砂灰陶也占一定比例，器表装饰有素面、绳纹、弦断线纹等；可辨器形中年代最晚者为尖底瓶、夹砂罐、宽沿盆、钵、器盖、甑等仰韶晚期遗物，推断该层为仰韶晚期文化堆积。开口于该层下的遗迹单位有H57、H89。通层后属于第6层。

第6层：黑色土，土质松软。厚0～50厘米，分布于探方西南部。出土极少量陶片，泥质陶多于夹砂陶，器表装饰有绳纹、素面等；可辨器形有仰韶晚期的宽沿盆和夹砂罐，推断该层为仰韶晚期文化堆积。通层后属于第7层。

在Ⅰ T0202内，共清理房址1座，编号为F5；灰坑15个，编号分别为H4～H7、H9、H14、H22、H23、H30、H40、H44、H57、H61、H89和H90。

（二）Ⅰ T0203地层堆积

以Ⅰ T0203东壁剖面为例（图2-3）：

第1层：厚约50厘米。该层发掘前已被清理，结合探方剖面观察判断，包含塑料、砖块、水泥块等现代垃圾，为现代耕土层和其他活动形成的堆积层。

第2层：黄褐色土，土质较硬。厚20～92厘米。包含少量近现代砖瓦和古代陶片，为近现

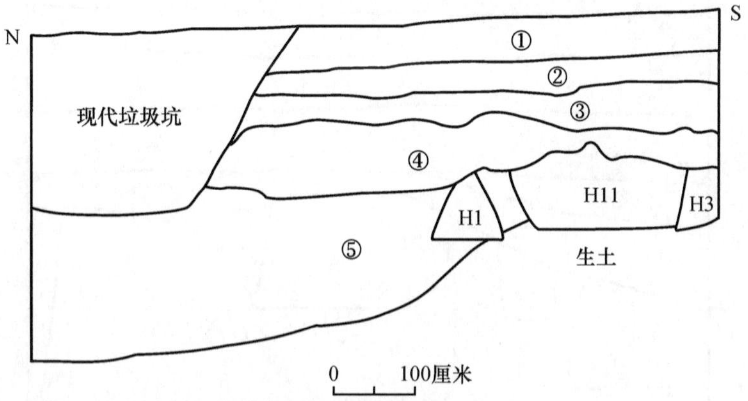

图2-3　ⅠT0203东壁剖面图

代堆积层。出土陶片多为夹粗砂灰陶和红陶，可辨器形中有夹砂罐、宽沿盆、深腹罐、尖底瓶、钵等仰韶文化晚期遗物，也有个别庙底沟二期文化、客省庄文化和西周时期的遗物。

第3层：灰色土，土质疏松。厚18～60厘米，分布于全探方。包含大量炭屑，少量红烧土颗粒和古代陶片等。出土陶片以夹粗砂灰陶为主，器表装饰有素面、绳纹、篮纹等；可辨器形有圆腹罐、喇叭口壶、豆等，推断该层为客省庄文化堆积。通层后属于第3层。

第4层：灰色和黄褐色，土质较硬。厚17～100厘米，分布于探方东南部。包含少量炭屑、红烧土颗粒和古代陶片等。出土陶片以夹粗砂和细砂灰陶为主，器表装饰有素面、绳纹、篮纹、篮纹+附加堆纹、绳纹+附加堆纹等；可辨器形中年代最晚者有深腹罐、刻槽盆、瓮、宽沿盆、器盖等庙底沟二期文化遗物，也有尖底瓶、宽沿盆、夹砂罐、钵等仰韶文化遗物，推断该层为庙底沟二期文化堆积。开口于该层下的遗迹单位有H1、H2、H3、H11、H15。通层后属于第5层。

第5层：深灰色，土质较硬。厚0～315厘米，分布于探方东北部。包含较多炭屑和少量红烧土颗粒。出土陶片以夹粗砂红陶为主，器表装饰有素面、绳纹、弦断线纹、附加堆纹等；可辨器形中年代最晚者为尖底瓶、夹砂罐、敛口瓮、宽沿盆、钵、盘、器盖、杯等仰韶文化遗物，推断该层为仰韶晚期文化堆积。开口于该层下的遗迹单位有H33。通层后属于第6层。

第6层：黄褐色土，土质较疏松。厚0～75厘米，仅在靠近探方北壁中部有少量分布。包含少量炭屑。出土陶片以夹粗砂红陶为主，器表装饰有素面、绳纹、弦断线纹、附加堆纹等；可辨器形中年代最晚者为尖底瓶、夹砂罐、敛口瓮、宽沿盆、钵、盘等仰韶文化遗物，推断该层为仰韶晚期文化堆积。通层后属于第7层。

在ⅠT0203内，共清理灰坑6个，编号分别为H1、H2、H3、H11、H15和H33。

（三）ⅠT0301地层堆积

以ⅠT0301东壁剖面为例（图2-4）：

第1层：厚约50厘米。该层发掘前已被清理，结合探方剖面观察判断，包含砖块、水泥

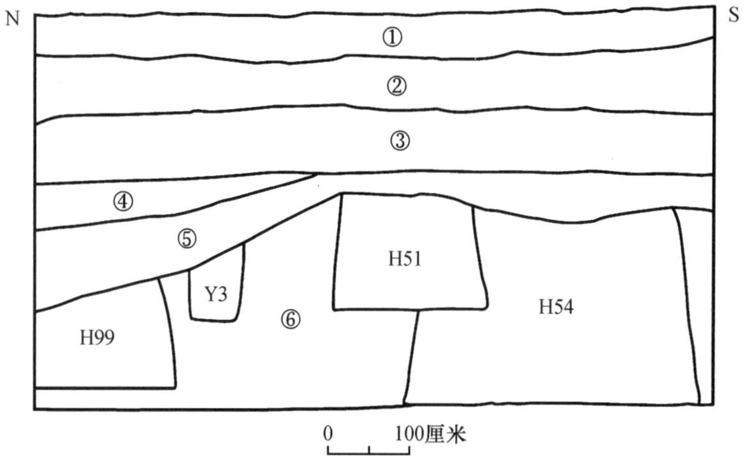

图2-4　ⅠT0301东壁剖面图

块、塑料、玻璃碴、煤渣等现代垃圾，为现代耕土层和生活垃圾堆积层。

第2层：黄褐色土。厚10～95厘米。包含少量近代瓷片、古代陶片等，为近现代堆积层。出土陶片以夹粗砂灰陶为主，器表装饰有素面、绳纹、篮纹、篮纹+附加堆纹等；可辨器形有客省庄文化的圆腹罐、瓮、喇叭口壶、鬲、斝、鬶、窖穴盖等，另发现少量仰韶文化红陶片和西周陶鬲、陶罐残片。

第3层：灰褐色土，土质疏松。厚95～180厘米，分布于全探方。包含红烧土颗粒、硫渣、炭粒。出土陶片较多，以夹砂灰陶为主，夹砂红陶和泥质红陶较少，器表装饰有素面、绳纹、篮纹、篮纹+附加堆纹等；可辨器形中有鬲、斝、鬶、圆腹罐、喇叭口壶、豆、窖穴盖等客省庄文化遗物和尖底瓶、夹砂罐、宽沿盆、钵、器盖等仰韶文化遗物，另出土有陶纺轮、陶笄、陶环、石刀、石斧、石球、石铲等，推断该层为客省庄文化堆积。开口于该层下的遗迹单位有H13、H32、H38。通层后属于第3层。

第4层：深灰褐色土，土质较疏松。厚0～57厘米，分布于探方东北部。包含炭粒、红烧土、石块、兽骨等。出土陶片以灰陶为主，器表装饰有素面、细绳纹、篮纹、磨光+篮纹等；可辨器形有圆腹罐、喇叭口壶、鬲等客省庄文化遗物，也有少量尖底瓶、夹砂罐、宽沿盆、钵等仰韶文化遗物，推断该层为客省庄文化堆积。开口于该层下的遗迹单位有Y1。通层后属于第4层。

第5层：浅灰色土，土质疏松。厚0～100厘米，分布于探方东北部。该层未见文化遗物。开口于该层下的遗迹单位有H51、H54、H99、Y2、Y3。通层后属于第5层。

第6层：黑灰色土，土质较疏松，厚175～265厘米，分布于全探方。出土有陶笄、石笄、陶环等。通层后属于第6层。

在ⅠT0301内，共清理窑址3座，编号分别为Y1、Y2、Y3；灰坑6个，编号分别为H13、H32、H38、H51、H54和H99。

（四）ⅠT0302地层堆积

以ⅠT0302南壁剖面为例（图2-5）：

第1层：厚约50厘米。该层发掘前已被清理，结合探方剖面观察判断，包含现代砖瓦、水泥块等，为现代耕土层和建筑与生活垃圾堆积层。

第2层：黄褐色土，土质较硬。厚50～150厘米。包含古代陶片和近代砖块混凝土等，为近现代堆积层。出土陶片以夹细砂灰陶为主，器表装饰有磨光、绳纹、篮纹等；可辨器形中有仰韶文化的尖底瓶、夹砂罐、敛口瓮、宽沿盆、钵，客省庄文化的喇叭口壶、杯、鬲、斝、窖穴盖以及周代的小口圆肩罐、鬲等。

第3层：浅灰色土，土质较疏松。厚50～100厘米，分布于全探方。出土陶片以夹细砂灰陶为主，器表装饰有素面、磨光、绳纹、篮纹、磨光+弦纹等；可辨器形中有尖底瓶、夹砂罐、瓮、盆、钵等仰韶文化遗物，也有鬲、斝、鬶、盘、豆、窖穴盖等客省庄文化遗物，推断该层为客省庄文化堆积。开口于该层下的遗迹单位有F1、F2。通层后属于第3层。

第4层，深黄褐色土，土质较疏松。厚50～190厘米，分布于全探方。出土陶片以夹粗砂灰陶为主，器表装饰有素面、磨光、篮纹、绳纹、篮纹+附加堆纹等；可辨器形大体同第3层，有鬲、鬶、斝、喇叭口壶、圆腹罐、窖穴盖等客省庄文化遗物，尖底瓶、夹砂罐、瓮、宽沿盆、钵等仰韶文化遗物，推断该层为客省庄文化堆积。开口于该层下的遗迹单位有F4、H46、H98、H88。通层后属于第4层。

第5层：青灰色土，土质较疏松。厚70～170厘米，除了探方东北角外，分布于探方大部分。出土陶片以粗泥质灰陶为主，器表装饰有素面、磨光、绳纹、篮纹、磨光+附加堆纹等；可辨器形中年代最晚者为深腹罐、瓮、盘、器盖等庙底沟二期文化遗物，推测该层为庙底沟二

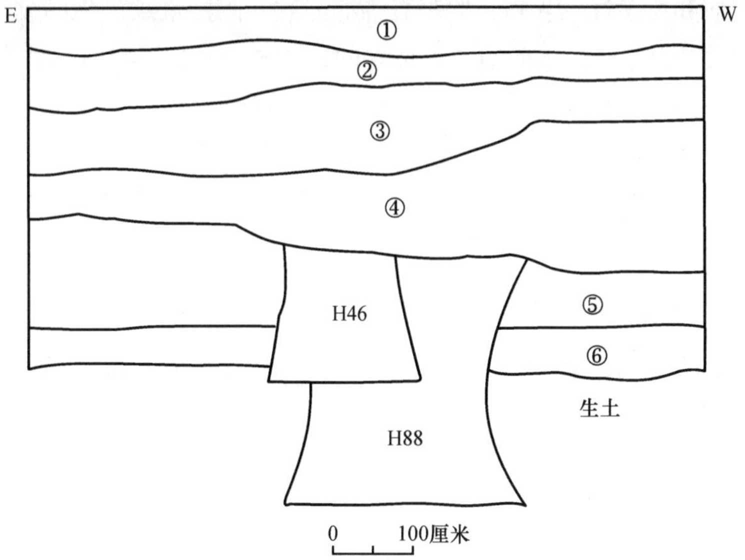

图2-5　ⅠT0302南壁剖面图

期文化堆积。开口于该层下的遗迹单位有H45、H96。通层后属于第5层。

第6层，浅黑色土，土质疏松。厚0～70厘米，除了探方东北角外，分布于探方大部分。出土极少量灰、红陶片，纹饰有素面、线纹和绳纹，均为仰韶文化遗物，推断该层为仰韶晚期文化堆积。通层后属于第6层。

在ⅠT0302内，共清理房址3座，编号分别为F1、F2、F4，均延伸至ⅠT0303南部；灰坑5个，编号分别为H45、H46、H88、H96和H98。

（五）ⅠT0303地层堆积

以ⅠT0303南壁剖面为例（图2-6）：

第1层：厚约50厘米。该层发掘前已被清理，结合探方剖面观察判断，包含砖块、水泥块、煤渣、塑料等现代垃圾，为现代耕土层和垃圾堆积层。

第2层：黄褐色土。厚25～75厘米，分布于整个探方。包含少量近现代砖瓦与古代陶片，为近现代堆积层。出土陶片以夹粗砂和细砂灰陶为主，器表装饰有素面、磨光、篮纹、绳纹等；可辨器形有圆腹罐、瓮、壶、盆、钵、鬲、斝等。

第3层：浅灰色土，土质较硬。厚55～175厘米，分布于整个探方。包含红烧土、炭粒、石块等。出土陶片以夹粗砂灰陶为主，器表装饰有素面、磨光、篮纹、绳纹、篮纹+附加堆纹+按压等；可辨器形有尖底瓶、夹砂罐、瓮、宽沿盆、钵等仰韶文化遗物，也有客省庄文化的喇叭口壶、鬲、豆、器盖、斝、窖穴盖等，推断该层为客省庄文化堆积。开口于该层下的遗迹单位有H8、H10、H25、H36、H43、H58、H59、H60、H72、H73、H74、H75、H78、F1、F2。通层后属于第3层。

第4层：深灰色土，土质较软。厚0～90厘米，分布于整个探方。包含红烧土、炭粒、石块等。出土陶片有泥质和夹砂红、灰陶，器表装饰有绳纹、附加堆纹、戳印纹等，推断该层为庙底沟二期文化堆积。开口于该层下的遗迹单位有F4、H35和H97。通层后属于第5层。

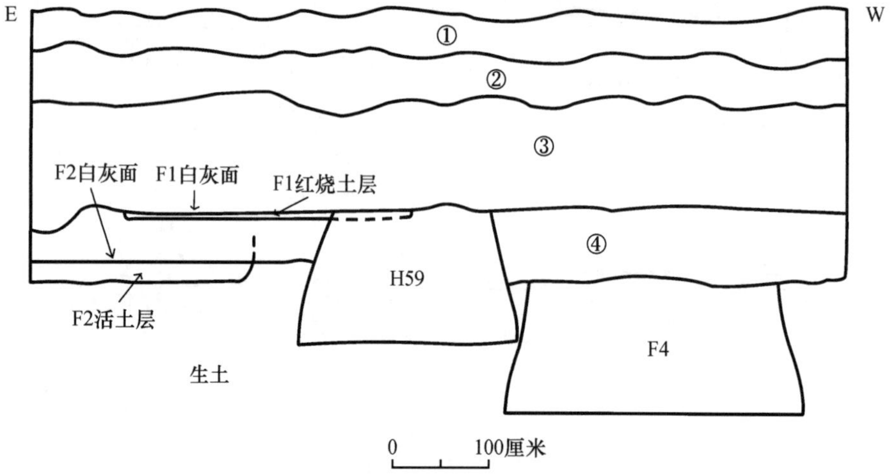

图2-6　ⅠT0303南壁剖面图

在Ⅰ T0303内，共清理房址3座，编号分别为F1、F2、F4，均延伸至Ⅰ T0302内，另在探方东北角第3层发现一片硬面，因后期破坏边缘形态不规整，疑似房址；灰坑16个，编号分别为H8、H10、H25、H35、H36、H43、H58 ~ H60、H72 ~ H75、H78和H97。

（六）Ⅰ T0307地层堆积

以Ⅰ T0307北壁剖面为例（图2-7）：

第1层：厚约50厘米。该层发掘前已被清理，结合探方剖面观察判断，包含砖块、水泥块等现代垃圾，为现代耕土层和垃圾堆积层。

第2层：黄褐色土，土质较硬。厚15 ~ 25厘米。包含少量近现代砖瓦与古代陶片，为近现代堆积层。出土陶片以夹粗砂灰陶为主，器表装饰有素面、绳纹、篮纹、附加堆纹等；可辨器形中有尖底瓶、夹砂罐、敛口瓮、宽沿盆等仰韶文化遗物，圆腹罐、喇叭口壶、圆饼形器盖、豆、鬲等客省庄文化遗物。

第3层：灰色土和褐色土，土质较疏松。厚50 ~ 70厘米。包含陶片及少量动物骨骼。出土陶片以夹粗砂灰陶为主，器表装饰有素面、磨光、绳纹、篮纹、绳纹+附加堆纹、篮纹+附加堆纹；可辨器形中有尖底瓶、夹砂罐、敛口瓮、宽沿盆等仰韶文化遗物，圆腹罐、喇叭口壶、圆饼形器盖、豆、鬲、窖穴盖等客省庄文化遗物，推断该层为客省庄文化堆积。开口于该层下的遗迹单位有H21、H24、H29、H50、H76、H81、H84。

第4层：深灰色土，土质较疏松。厚50 ~ 75厘米。包含少量炭粒及陶片。出土陶片以粗泥质灰陶为主，器表装饰有素面、磨光、绳纹、篮纹等，可辨器形中年代最晚者为仰韶文化晚期的尖底瓶、夹砂罐、宽沿盆、钵等，推断该层为仰韶文化堆积。开口于该层下的遗迹单位有H64、H69。

在Ⅰ T0307内，共清理灰坑9个，编号分别为H21、H24、H29、H50、H64、H69、H76、H81和H84。

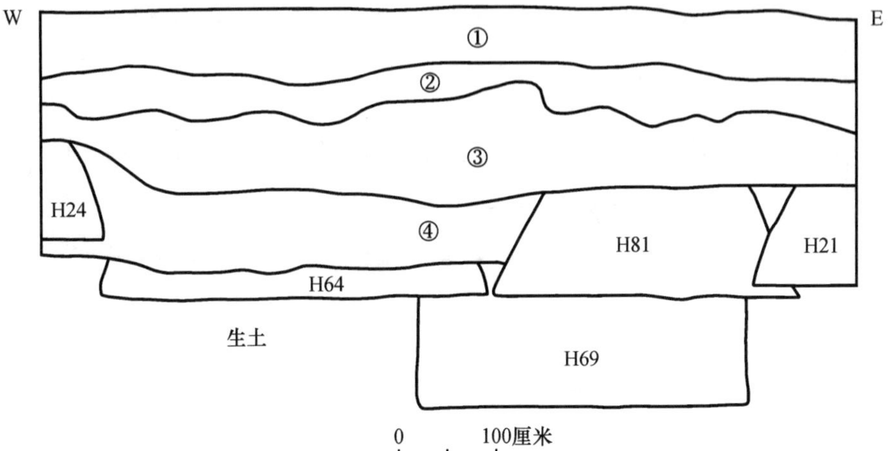

图2-7 Ⅰ T0307北壁剖面图

（七）Ⅰ T0308地层堆积

以Ⅰ T0308北壁剖面为例（图2-8）：

第1层：厚约50厘米。该层发掘前已被清理，结合探方剖面观察判断，包含塑料、砖块、水泥块等现代垃圾，为现代耕土层和建筑与生活垃圾堆积层。

第2层：黄褐色土，土质较硬。厚20～50厘米。包含近代有砖瓦残块、碎瓷片、红烧土颗粒及古代陶片，为近现代堆积层。出土陶片以夹细砂灰陶为主，器表装饰有素面、磨光、篮纹、绳纹、篮纹、附加堆纹等；可辨器形中有尖底瓶、夹砂罐、敛口瓮、宽沿盆、钵等仰韶文化遗物，喇叭口壶、圈足盘（豆）、器盖、鬲、斝、窖穴盖等客省庄文化遗物。开口于该层下的遗迹单位有H41、H53、H92、H93。

第3层：灰褐色土，土质疏松。厚80～150厘米，分布于整个探方。包含大量炭屑，少量红烧土颗粒，出土较多陶片和少量石块、兽骨等。出土陶片以夹砂灰陶为主，器表装饰有素面、磨光、篮纹、绳纹和附加堆纹等；可辨器形中有仰韶文化的尖底瓶、夹砂罐、瓮、盆、钵、器盖等，也有客省庄文化的鬲、圆腹罐、喇叭口壶、豆、斝、窖穴盖等；推断该层为客省庄文化堆积。开口于该层下的遗迹单位有H12、H26、H31、H37、H42、H47、H55、H63、H70、H83、H86、H87、H91、H94、F3。

第4层：深灰色土，土质较硬。厚50～100厘米，分布于整个探方。包含较多炭屑，少量红烧土颗粒。出土陶片以泥质红陶为主，器表装饰有素面、绳纹、篮纹、附加堆纹等，可辨器形中年代最晚者为尖底瓶、罐、瓮、盆、钵、盘、器盖等仰韶文化遗物，推断该层为仰韶晚期文化堆积。开口于该层下的遗迹单位仅有H95。

在Ⅰ T0308内，共清理房址1座，编号为F3；灰坑19个，编号分别为H12、H26、H31、H37、H41、H42、H47、H53、H55、H63、H70、H83、H86、H87、H91～H95。

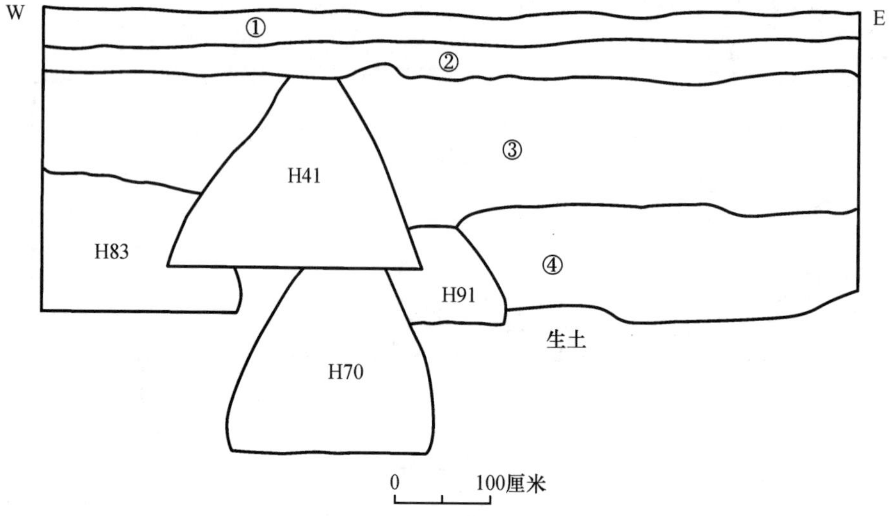

图2-8　Ⅰ T0308北壁剖面图

（八）ⅠT0407地层堆积

以ⅠT0407北壁剖面为例（图2-9）：

第1层：厚约35～50厘米。该层发掘前已被清理，结合探方剖面观察判断，为现代耕土层和建筑与生活垃圾堆积层。

第2层：黄褐色土，土质较硬。厚45～130厘米。从探方周边断面观察，包含少量近现代碎瓦片，为近现代堆积层。

第3层：灰色土和褐色土交错，土质较疏松。厚60～140厘米，除被遗迹打破的部分外，分布于整个探方。包含大量炭屑，少量红烧土颗粒、石块、兽骨和古代陶片。古代陶片以夹砂和粗泥质灰陶为主，也有不少夹细砂红陶，器表装饰有素面、磨光、绳纹、绳纹+附加堆纹；可辨器形中有尖底瓶、夹砂罐、宽沿盆、钵等仰韶文化遗物，也有喇叭口壶、圆腹罐、器盖、豆、鬲等客省庄文化遗物，推测该层为客省庄文化堆积。该层下的遗迹单位有H27、H28、H34、H49、H52、H56、H67、H68、H71、H79、H80、H85。

第4层：深灰色土，土质较硬。厚约60厘米。包含较多炭屑、少量烧土颗粒和陶片。出土陶片以夹细砂灰陶为主，器表装饰以素面、磨光、绳纹、绳纹+附加堆纹、弦断绳纹等；可辨器形中有尖底瓶、夹砂罐、宽沿盆、敛口钵、盘、器盖等仰韶文化遗物，推测该层为仰韶晚期文化堆积层。

在ⅠT0407内，共清理灰坑12个，编号分别为H27、H28、H34、H49、H52、H56、H67、H68、H71、H79、H80和H85。

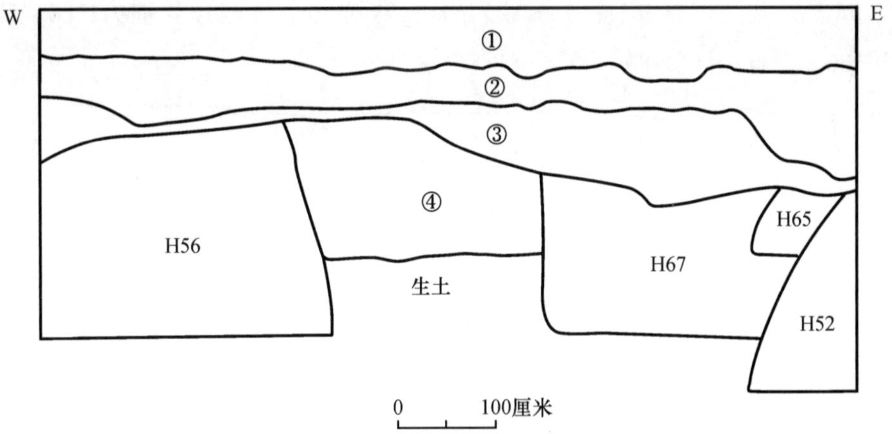

图2-9　ⅠT0407北壁剖面图

（九）ⅠT0408地层堆积

以ⅠT0408南壁剖面为例（图2-10）：

第1层：厚40～50厘米。该层发掘前已被清理，结合探方剖面观察判断，包含煤渣、砖块、塑料等现代垃圾，为现代耕土层和生活与建筑垃圾堆积层。

第2层：深褐色土，土质较硬。厚25～40厘米。包含红烧土颗粒、近现代瓷片和古代陶片，为近现代堆积。出土陶片以夹细砂灰陶为主，器表装饰有绳纹、篮纹、附加堆纹等，可辨器形有尖底瓶、宽沿盆、夹砂罐等仰韶文化晚期遗物，圆腹罐、鬲、喇叭口壶、器盖等客省庄文化遗物。开口于该层下的遗迹单位有M1。

第3层：灰褐色土，土质疏松。厚30～50厘米，分布于整个探方。包含有红烧土颗粒、石块、硫渣、炭屑、草木灰、骨渣和陶片。出土陶片以粗泥质灰陶为主，器表装饰有绳纹、篮纹、按压纹、附加堆纹等；可辨器形有仰韶文化的夹砂罐、敛口瓮、尖底瓶、宽沿盆、钵等，庙底沟二期文化的深腹罐、器盖、碗等，以及客省庄文化的绳纹圆腹罐、鬲、斝、器盖、杯、窖穴盖等，推断该层为客省庄文化堆积。开口于该层下的遗迹单位有H16、H17、H18、H20、H56、H65、H66。

第4层：深褐色土，土质较致密。厚40～60厘米。包含红烧土颗粒、炭屑、石块、兽骨及陶片、石器等文化遗物。出土陶片以夹砂灰陶为主，泥质红陶和夹砂红陶次之，另有少量泥质灰陶，器表装饰有线纹、附加堆纹；可辨器形有尖底瓶、宽沿盆等仰韶文化遗物，推断该层为仰韶晚期文化堆积。开口于该层下的遗迹单位有H19、H48。

在ⅠT0408内，共清理墓葬1座，编号为M1；灰坑10个，编号分别为H16～H20、H48、H56、H65和H66。

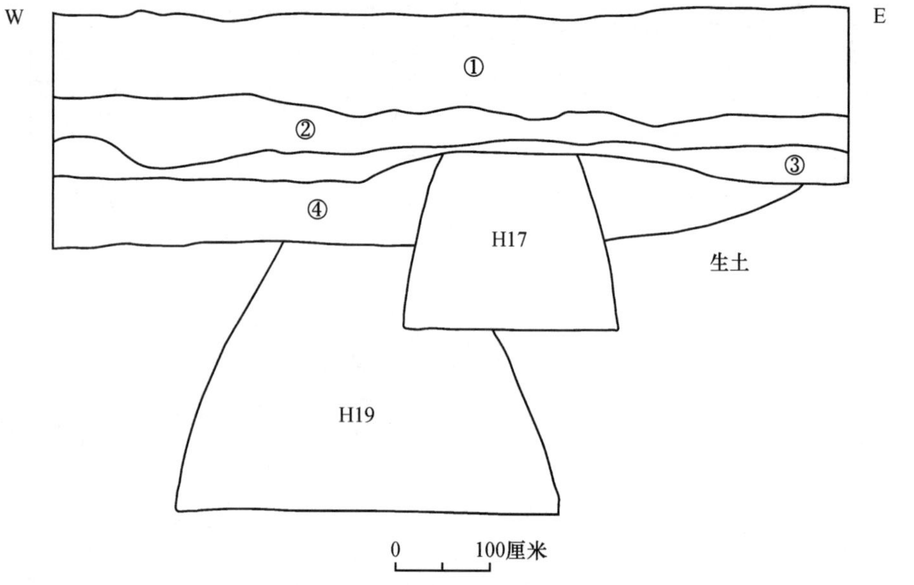

图2-10　ⅠT0408北壁剖面图

二、Ⅰ区南北两组探方地层通联

因ⅠT0303到ⅠT0307之间有5排探方未发掘，南、北两区相隔50米，通层不便，仅就其中两组探方分别通层。

（一）Ⅰ区南部探方通层

Ⅰ区南部共发掘5个探方，各探方内的地层堆积不完全相同。除①②③层在各探方均有分布外，④⑤⑥⑦层都只分布在一部分探方中。ⅠT0301、ⅠT0302、ⅠT0303是南北相连的3个探方，文化堆积自上而下依次为客省庄文化堆积、庙底沟二期文化堆积、仰韶晚期文化堆积。现据其东壁剖面说明如下（图2-11）：

第1层：现代耕土层和建筑与生活垃圾堆积层。厚约40～65厘米。该层发掘前已被破坏，结合探方剖面观察判断，包含有砖块、水泥块、塑料、玻璃碴、煤渣等现代垃圾。

第2层：近现代堆积层。黄褐色土，土质较硬。厚35～105、深150厘米，分布于整个南区。包含近现代砖瓦及少量古代陶片。出土陶片以夹细砂灰陶为主，器表装饰有磨光、绳纹、篮纹等；可辨器形中有西周时期的小口圆肩罐和鬲等，客省庄文化的喇叭口壶、杯、鬲、斝、窖穴盖等。

第3层：客省庄文化堆积层。灰褐色土，土质疏松。厚45～130、深225厘米，分布于整个南区。出土陶片以夹细砂灰陶为主，器表装饰有磨光、绳纹、篮纹、磨光+篮纹等；可辨器形有鬲、斝、鬶、圆腹罐、喇叭口壶、豆、窖穴盖等。

第4层：客省庄文化堆积层。深灰色土，土质较疏松。厚45～130、深265厘米，分布于ⅠT0301东北角、ⅠT0302全探方。出土陶片以夹细砂灰陶为主，器表装饰有磨光、绳纹、篮纹、按压纹等；可辨器形有鬲、斝、无耳罐、豆等。

第5层：庙底沟二期文化堆积层。浅灰色土，土质疏松。厚0～65、深400厘米，分布于ⅠT0202、ⅠT0203全探方，ⅠT0302的五分之四，ⅠT0301东北部，以及ⅠT0303西南部。出土陶片以夹粗砂灰陶为主，器表装饰有素面、篮纹、篮纹+附加堆纹；可辨器形有鼎、深腹罐、

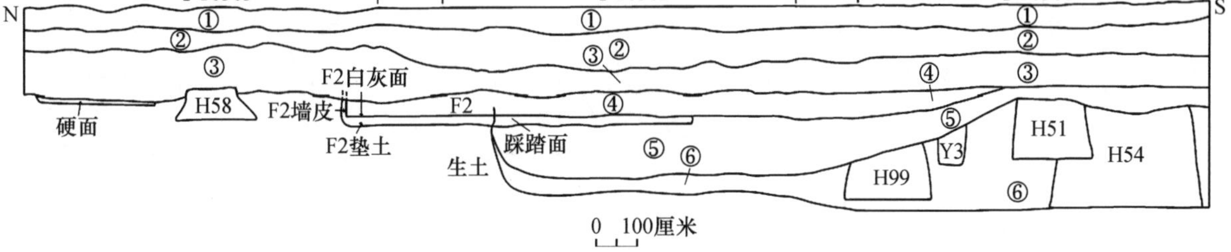

图2-11　ⅠT0301、ⅠT0302、ⅠT0303东壁剖面图

缸、瓮、喇叭口壶、盆、刻槽盆、钵、盘、杯、豆、器盖等。

第6层：仰韶晚期文化堆积层。黑灰色土，土质较疏松。厚0～250、深480厘米，分布于ⅠT0202、ⅠT0301全探方，ⅠT0302的五分之四，ⅠT0203东北部。出土陶片的器表装饰有素面、磨光、绳纹、线纹等；可辨器形有尖底瓶、夹砂罐、瓮、盆、钵等。

第7层：仰韶晚期文化堆积层。黄褐色土，土质疏松。厚0～130、深560厘米，分布于ⅠT0202东南部、ⅠT0203北部中段的一小部分。以夹粗砂红陶为主，出土陶片的器表装饰有素面、磨光、绳纹、弦断线纹等；可辨器形有尖底瓶、夹砂罐、缸、钵、器盖等。

（二）Ⅰ区北部探方通层

Ⅰ区北部共发掘4个探方，各探方内的地层堆积状况基本相同，均有①②③④层，且各层时代一致。以东西相邻的2个探方ⅠT0308、ⅠT0408为例，文化堆积自上而下依次为客省庄文化堆积、仰韶晚期文化堆积。现据其北壁剖面说明如下（图2-12）：

第1层：现代耕土层和建筑与生活垃圾堆积层。厚约25～115厘米。该层发掘前已被破坏，结合探方剖面观察判断，包含煤渣、残砖块、塑料等现代垃圾。

第2层：近现代堆积层。黄褐色土，土质较硬，厚约25～65、深135厘米，分布于整个北区。包含近现代碎瓦片和古代陶片。出土陶片以夹细砂灰陶为主，器表装饰有磨光、篮纹、绳纹、附加堆纹等；可辨器形中有尖底瓶、夹砂罐、盆、钵等仰韶晚期遗物，鬲、斝、喇叭口壶、豆、器盖等客省庄二期遗物。

第3层：客省庄文化堆积层。灰褐色土，土质较疏松，厚约10～150、深215厘米，分布于整个北区。出土陶片器表装饰有素面、磨光、篮纹、绳纹、磨光+篮纹等；可辨器形中有鬲、斝、无耳罐、瓮、喇叭口壶、窖穴盖等客省庄二期遗物，尖底瓶、夹砂罐、钵等仰韶晚期遗物。

第4层：仰韶文化堆积层。深灰色土，土质较硬，厚约50～120、深310厘米，分布于ⅠT0307、ⅠT0408全探方，ⅠT0308的四分之三和ⅠT0407西北部。出土遗物中年代最晚的是仰韶晚期常见的泥质和夹砂红陶、夹砂灰陶片，器表装饰有素面、磨光、绳纹、线纹、弦断线纹等，可辨器形有尖底瓶、夹砂罐、瓮、盆、钵、器盖等。

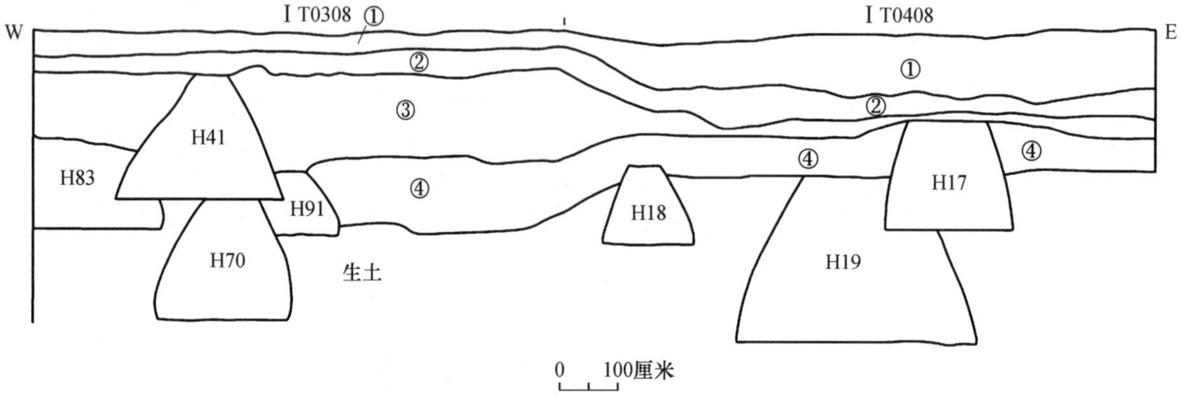

图2-12　ⅠT0308、ⅠT0408北壁剖面图

第二节　地层关系与文化分期

本节通过全面分析各个探方的典型地层关系，结合各地层单位出土的文化遗物，考察发掘区内不同时期遗存间的早晚序列及其文化（时代）性质。

一、各探方地层关系分析

以下探方的地层序号仍采用通层之前的原编号。从各探方地层堆积情况看，①层和②层为近现代人活动形成的土层，堆积自地表向下厚度可达80～100厘米，深处可达150～200厘米。除ⅠT0308和ⅠT0408内②层下发现古代遗迹单位外，其他6个探方③层及以下为古代文化层和遗迹堆积。因此，ⅠT0308和ⅠT0408的地层关系分析自②层开始，ⅠT0202、ⅠT0203、ⅠT0301、ⅠT0302、ⅠT0303、ⅠT0307和ⅠT0407的地层关系分析均从③层开始。

（一）ⅠT0202

ⅠT0202内发现的地层关系可归纳为以下10组：

1. ③→H4→H5→④→⑤→H57
2. ③→H9→④→H40
3. ③→H6→④→⑤→H89
4. ③→H6→H61→④→H90
5. ③→H7→④→H23
6. ③→H7→H44→④
7. ③→H14→④
8. ③→H30→④→F5
9. ③→H22→④→F5
10. ③→H22→④→H40

③层出土的文化遗物中，时代最晚、数量较多、特征最鲜明的为客省庄二期的陶片，有无耳罐、单把鬲、双耳罐、圈足盘（豆）等典型器物，因此判断③层为客省庄二期地层（图2-13）。

开口于③层下的遗迹单位H6、H7、H9、H14、H22、H30、H44和H61，出土有客省庄文化的斝、双耳罐、瓮、喇叭口壶、圈足盘（豆）等典型器物（图2-14）。

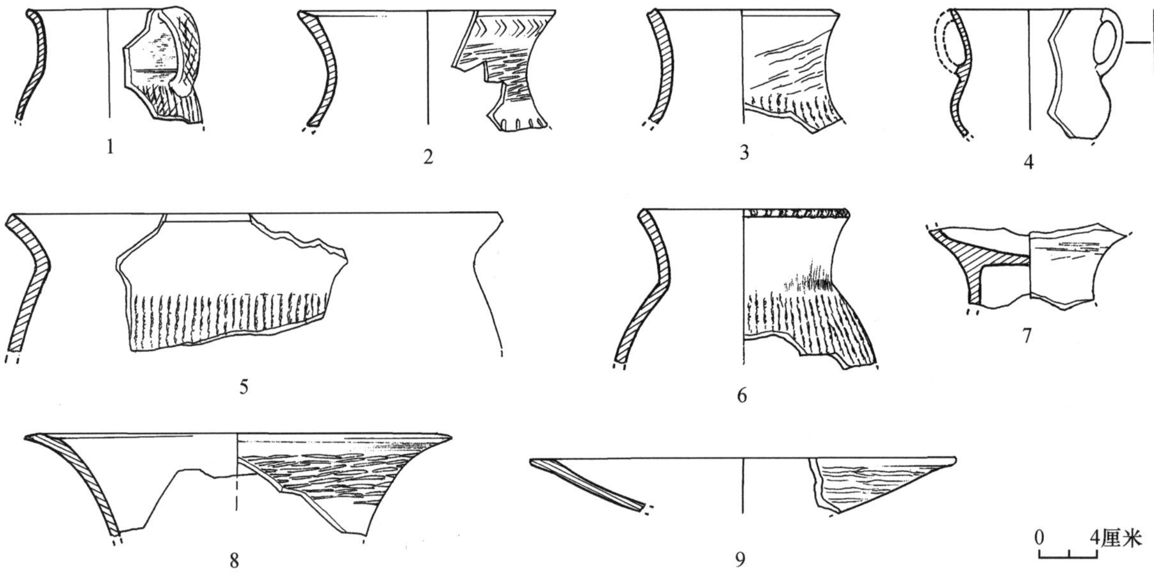

图2-13　Ⅰ T0202③出土器物

1. 单把鬲（Ⅰ T0202③：11）　2、8. 喇叭口壶（Ⅰ T0202③：14、Ⅰ T0202③：19）　3、5、6. 无耳罐（Ⅰ T0202③：22、Ⅰ T0202③：43、Ⅰ T0202③：20）　4. 双耳罐（Ⅰ T0202③：23）　7. 豆（Ⅰ T0202③：54）　9. 圈足盘（Ⅰ T0202③：3）

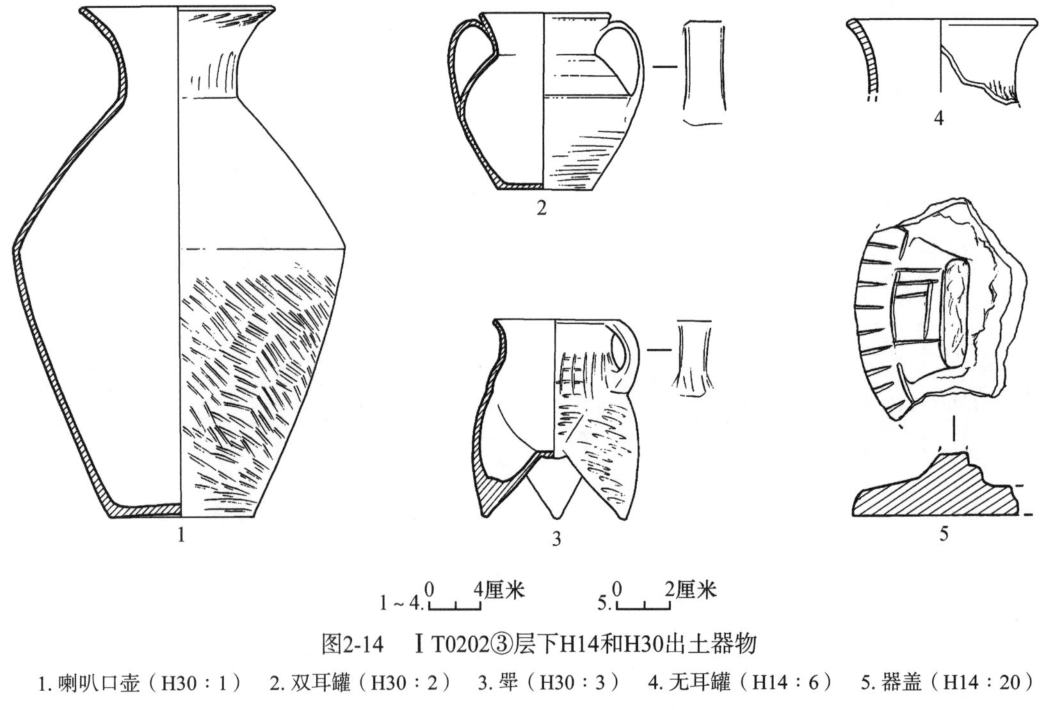

图2-14　Ⅰ T0202③层下H14和H30出土器物

1. 喇叭口壶（H30：1）　2. 双耳罐（H30：2）　3. 斝（H30：3）　4. 无耳罐（H14：6）　5. 器盖（H14：20）

开口于③层下的遗迹单位H4和H5，出土有庙底沟二期的典型器物夹砂深腹罐、器盖等，不见晚于庙底沟二期的陶器，因而判断这两个灰坑属于庙底沟二期（图2-15）。

④层出土的文化遗物中，时代最晚、数量较多、特征最鲜明的，是庙底沟二期的陶片，有夹砂深腹罐、泥质大口罐、刻槽盆、盘、瓮等典型器物，因此判断④层为庙底沟二期地层（图2-16）。

开口于④层下的房址F5，出土有庙底沟二期的典型陶器刻槽盆、尖底瓶、器盖等，因而F5属于庙底沟二期遗存单位（图2-17）。

开口于④层下，时代为仰韶晚期的遗迹有H23、H40和H90，出土有仰韶晚期的夹砂罐、盆、钵、尖底瓶、灶等典型器物（图2-18）。

⑤层出土的文化遗物中，时代最晚、数量较多、特征鲜明的，是仰韶晚期的陶片，有尖底瓶、夹砂罐、盆、钵等典型器物，因此判断⑤层为仰韶晚期地层（图2-19）。

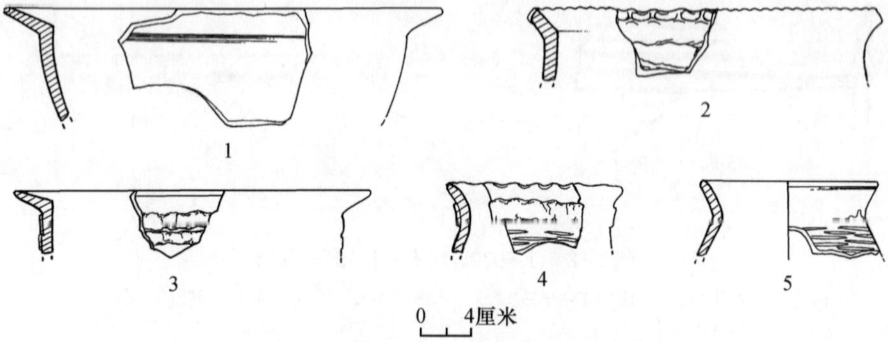

图2-15　ⅠT0202③层下H4和H5出土器物

1. 盆（H5：1）　2～5. 夹砂深腹罐（H4：7、H4：8、H5：3、H5：5）

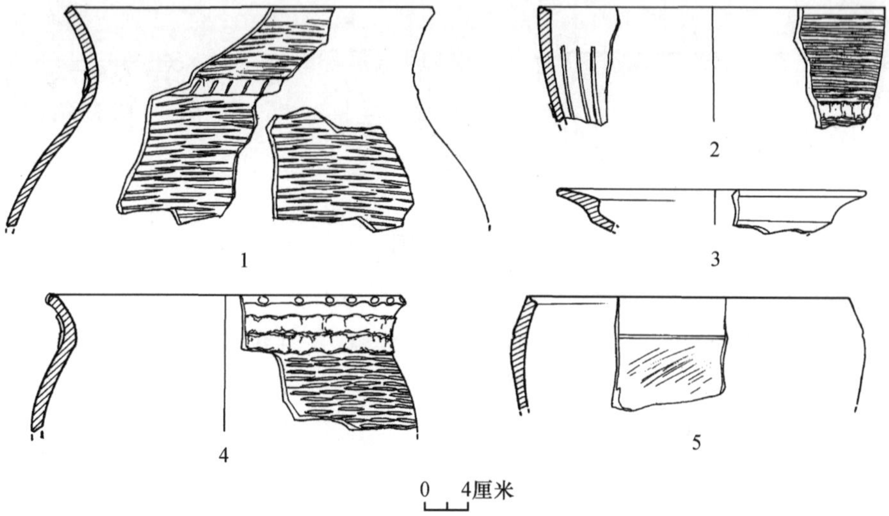

图2-16　ⅠT0202④出土器物

1. 泥质大口罐（ⅠT0202④：28）　2. 刻槽盆（ⅠT0202④：38）　3. 盘（ⅠT0202④：26）　4. 夹砂深腹罐（ⅠT0202④：55）　5. 瓮（ⅠT0202④：1）

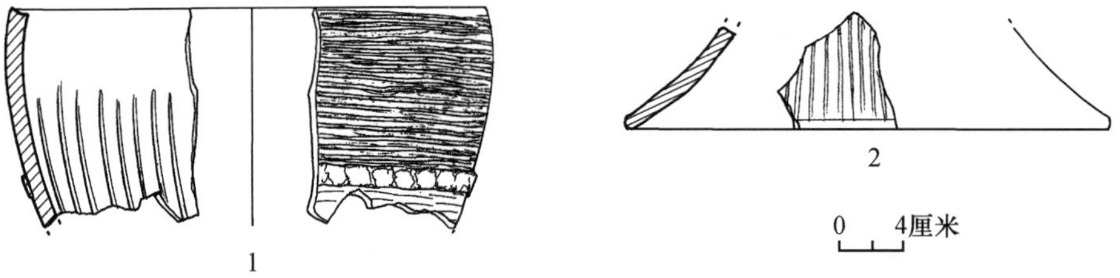

图2-17　ⅠT0202④层下F5出土器物

1. 刻槽盆（F5：3）　2. 器盖（F5：2）

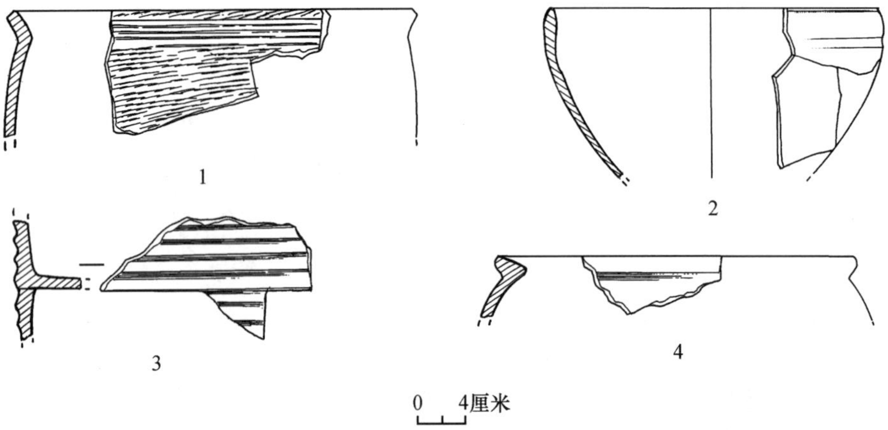

图2-18　ⅠT0202④层下H23出土器物

1、4. 夹砂罐（H23：8、H23：5）　2. 钵（H23：12）　3. 灶（H23：11）

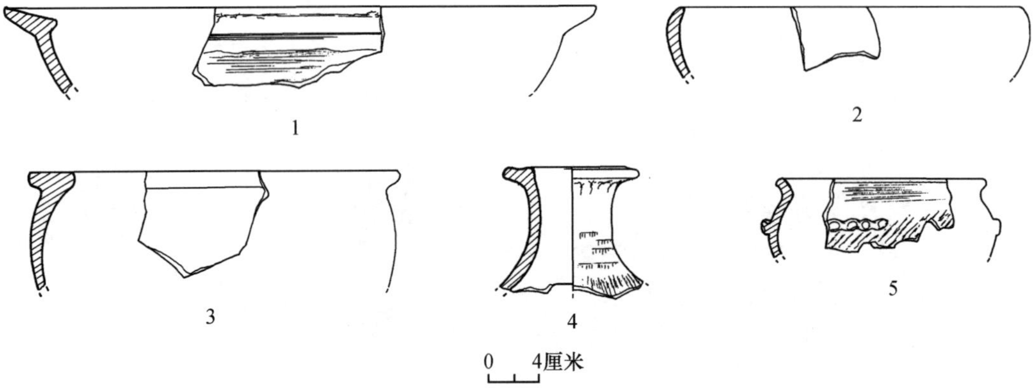

图2-19　ⅠT0202⑤出土器物

1. 盆（ⅠT0202⑤：5）　2. 钵（ⅠT0202⑤：17）　3、5. 夹砂罐（ⅠT0202⑤：9、ⅠT0202⑤：15）

4. 尖底瓶（ⅠT0202⑤：14）

开口于⑤层下，时代为仰韶晚期的遗迹单位H57和H89，出土有尖底瓶、夹砂罐、瓮、盆、钵等典型器物（图2-20）。

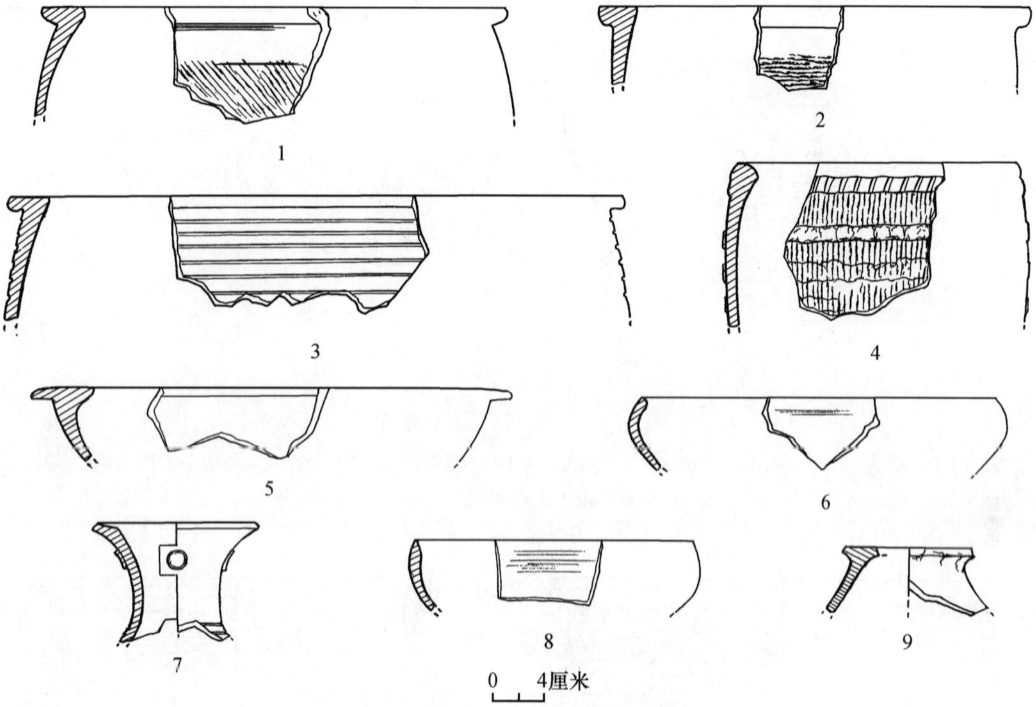

图2-20　Ⅰ T0202⑤层下H57出土器物

1、2. 夹砂罐（H57：16、H57：19）　3. 缸（H57：32）　4. 瓮（H57：30）　5. 盆（H57：10）　6、8. 钵（H57：4、H57：3）　7. 尖底瓶（H57：1）　9. 器盖（H57：35）

（二）Ⅰ T0203

Ⅰ T0203内发现的地层关系可归纳为以下4组：

1. ③→④→H1→H33→⑤→⑥

2. ③→④→H15→H2→⑤→⑥

3. ③→④→H3→H11→⑤→⑥

4. ③→④→⑤→H33→⑥

③层出土的文化遗物中，时代最晚、数量较多、特征最鲜明的是无耳罐、壶、双耳罐等客省庄时期的典型器物，因此判断③层为客省庄文化地层（图2-21）。

④层出土的文化遗物中，时代最晚、数量较多、特征最鲜明的，是夹砂深腹罐、瓮、器盖等庙底沟二期的典型器物，因此判断④层为庙底沟二期地层（图2-22）。

开口于④层下的遗迹单位H15，出土器物中时代最晚、数量较多的是庙底沟二期的夹砂深腹罐、斜腹平底盆等典型器物（图2-23），故H15为庙底沟二期文化单位。

开口于④层下的遗迹单位H1、H2、H3和H11，出土时代最晚的器物是仰韶晚期的尖底瓶、夹砂罐、盆、器盖等典型器物，这几个遗存单位的时代为仰韶晚期（图2-24）。

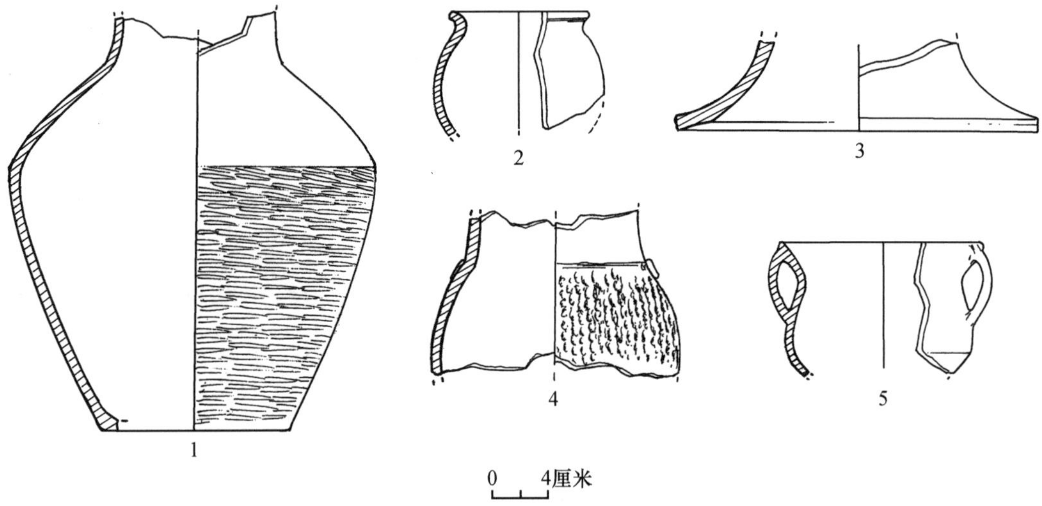

图2-21　ⅠT0203③出土器物

1. 壶（ⅠT0203③：3）　2. 小罐（ⅠT0203③：96）　3. 豆（ⅠT0203③：104）　4. 无耳罐（ⅠT0203③：124）
5. 双耳罐（ⅠT0203③：136）

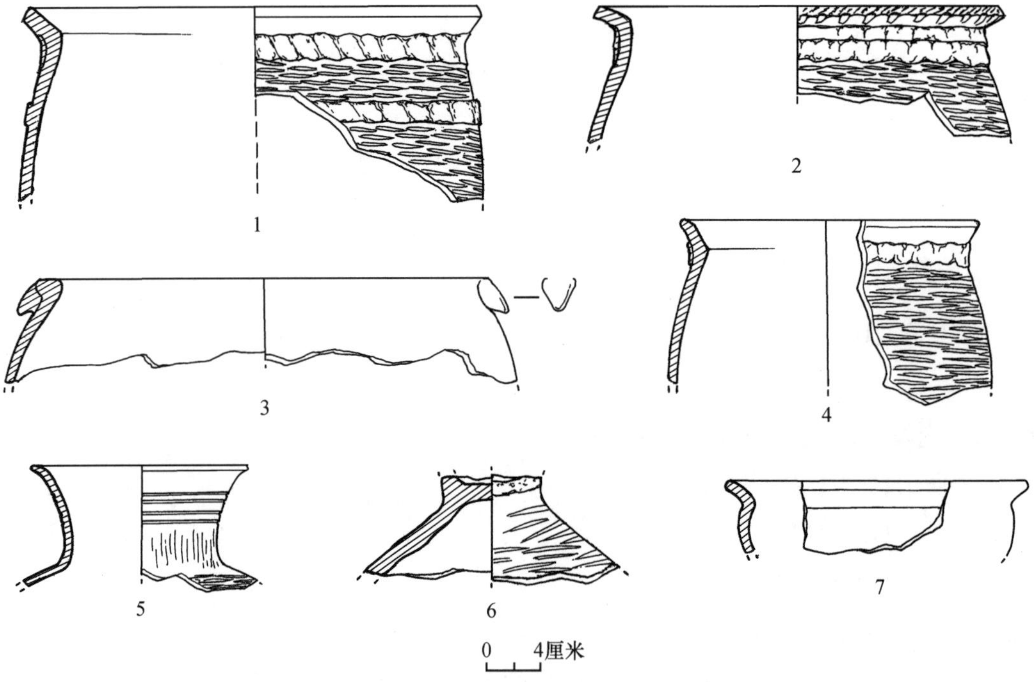

图2-22　ⅠT0203④出土器物

1、2、4. 夹砂深腹罐（ⅠT0203④：5、ⅠT0203④：7、ⅠT0203④：12）　3. 瓮（ⅠT0203④：4）　5. 壶（ⅠT0203④：109）
6. 器盖（ⅠT0203④：59）　7. 盆（ⅠT0203④：119）

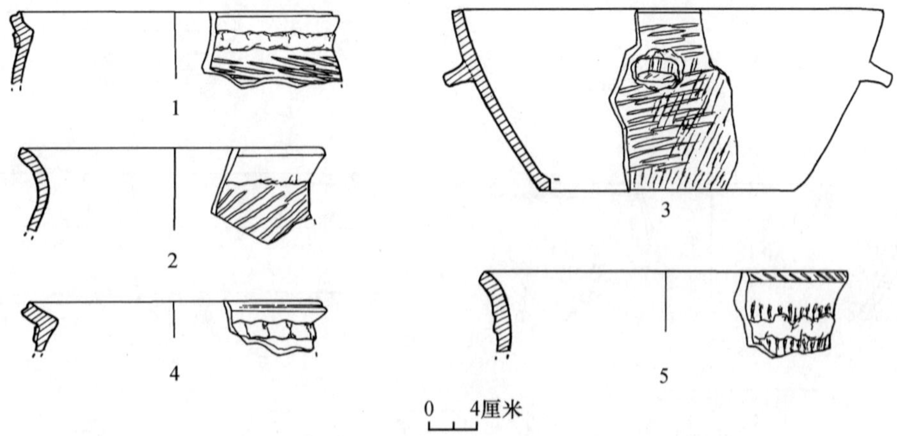

图2-23 Ⅰ T0203④层下H15出土器物

1、2、4、5. 夹砂深腹罐（H15：6、H15：28、H15：68、H15：33） 3. 斜腹平底盆（H15：3）

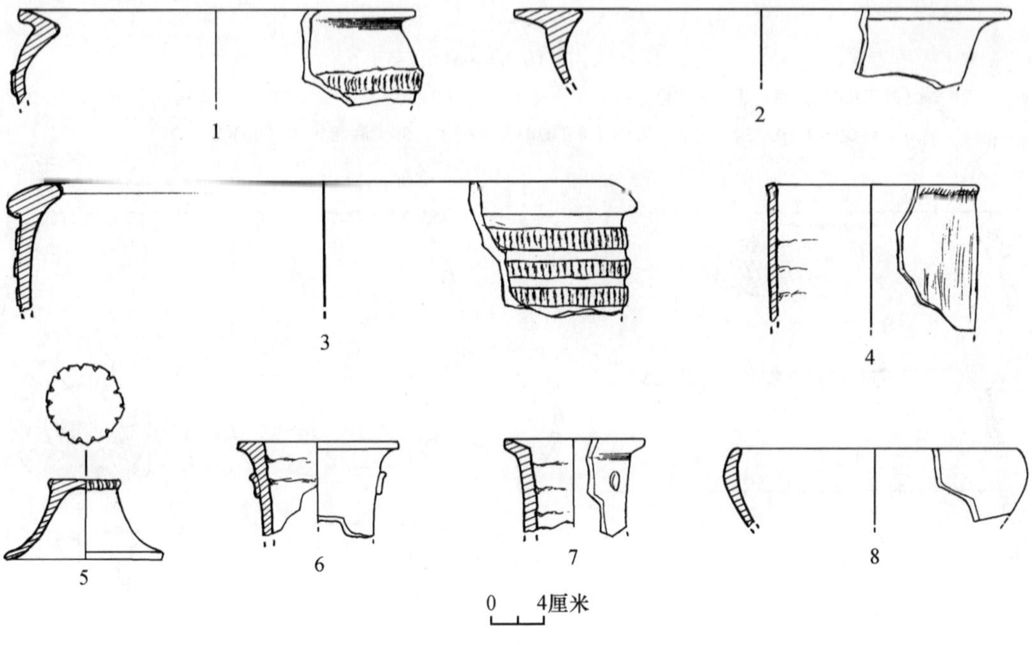

图2-24 Ⅰ T0203④层下H2出土器物

1. 夹砂罐（H2：43） 2. 盆（H2：16） 3. 瓮（H2：41） 4. 泥质罐（H2：14） 5. 器盖（H2：15） 6、7. 尖底瓶（H2：8、H2：92） 8. 钵（H2：97）

⑤层文化遗物中，时代最晚、数量较多、特征最鲜明的，是仰韶晚期的尖底瓶、夹砂罐、盆、钵、盘等典型器物，故判断⑤层为仰韶晚期地层（图2-25）。

开口于⑤层下的遗迹单位仅有H33，出土仰韶晚期的尖底瓶、夹砂罐、钵、器盖等典型器物，未见时代更晚的遗物（图2-26）。

⑥层文化遗物中，时代最晚、数量较多、特征最鲜明的，是仰韶晚期的尖底瓶、盆、钵、夹砂罐等典型器物，故判断⑥层为仰韶晚期地层（图2-27）。

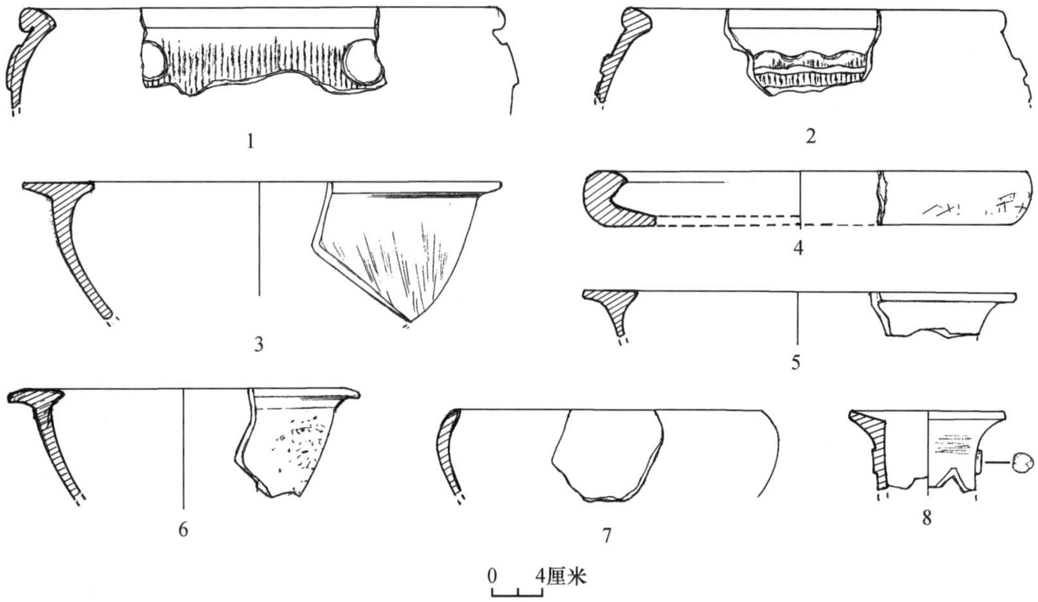

图2-25　ⅠT0203⑤出土器物

1、2. 夹砂罐（ⅠT0203⑤：5、ⅠT0203⑤：9）　3、5、6. 盆（ⅠT0203⑤：4、ⅠT0203⑤：44、ⅠT0203⑤：29）　4. 盘（ⅠT0203⑤：3）　7. 钵（ⅠT0203⑤：65）　8. 尖底瓶（ⅠT0203⑤：67）

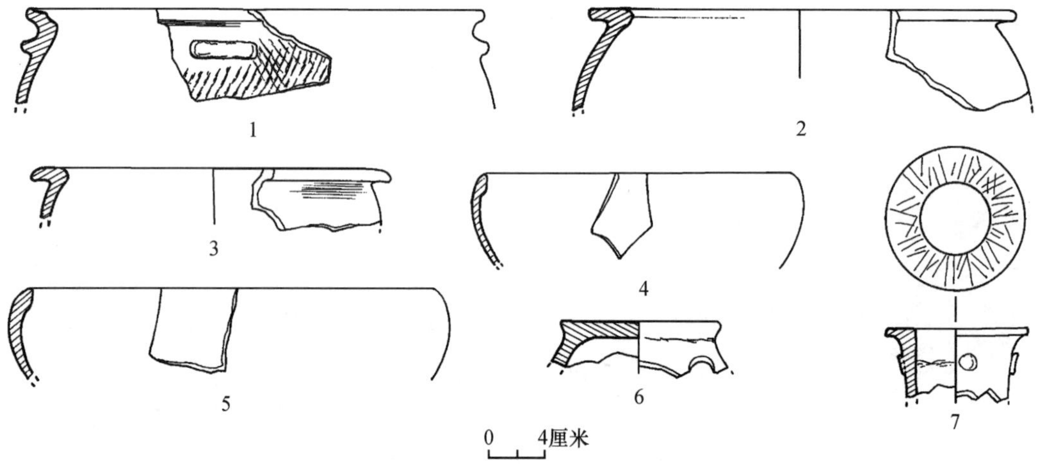

图2-26　ⅠT0203⑤层下H33出土器物

1～3. 夹砂罐（H33：11、H33：3、H33：5）　4、5. 钵（H33：9、H33：8）　6. 器盖（H33：4）　7. 尖底瓶（H33：1）

（三）ⅠT0301

ⅠT0301内发现的地层关系可归纳为以下5组：

1. ③→H32→④→Y1→⑤→⑥
2. ③→H38→④→Y1→⑤→⑥
3. ③→H13→④→⑤→H51→H54→⑥
4. ③→④→⑤→H99→Y2→⑥
5. ③→④→⑤→H99→Y3→Y2→⑥

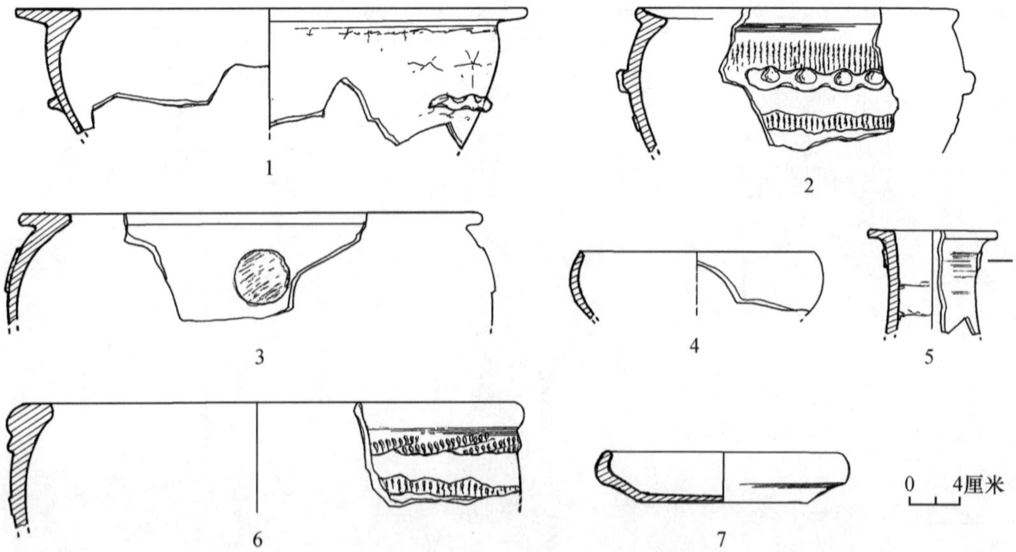

图2-27　Ⅰ T0203⑥出土器物

1. 盆（Ⅰ T0203⑥：2）　2、3. 夹砂罐（Ⅰ T0203⑥：6、Ⅰ T0203⑥：28）　4. 钵（Ⅰ T0203⑥：55）　5. 尖底瓶（Ⅰ T0203⑥：52）　6. 瓮（Ⅰ T0203⑥：17）　7. 盘（Ⅰ T0203⑥：1）

③层出土的文化遗物中，时代最晚、数量较多、特征最鲜明的，是客省庄二期的陶片，可辨器形有鬲、斝、无耳罐、双耳罐、喇叭口壶等典型器物，因此判断③层为客省庄二期地层（图2-28）。

开口于③层下的H13、H32和H38，出土遗物中时代最晚的是客省庄二期的鬲、无耳罐、双耳罐、喇叭口壶、豆、斝、器盖等典型器物（图2-29），故这几个遗存单位的时代为客省庄文化。

④层文化遗物中，时代最晚、数量较多、特征最鲜明的为客省庄二期的陶片，可辨器形有鬲、无耳罐、喇叭口壶等典型器物，因此判断④层为客省庄二期地层（图2-30）。

开口于④层下的遗迹单位Y1，其窑室及火膛中出土的时代最晚的器物为庙底沟二期的夹砂深腹罐、刻槽盆等典型器物（图2-31），故Y1属于庙底沟二期文化单位。

⑤层几乎未发现文化遗物，依据其上下层位关系及少许破碎较甚的陶片判断为庙底沟二期地层。

开口于⑤层下的遗迹单位中，H99、Y2和Y3出土时代最晚的器物为庙底沟二期的夹砂深腹罐、盆等典型器物（图2-32）。

开口于⑤层下的遗迹单位中，H51和H54出土时代最晚的器物为仰韶晚期的尖底瓶、夹砂罐、盆、钵、器盖等典型器物（图2-33）。

⑥层几乎未发现文化遗物，依据其上下层位关系及少许破碎较甚的陶片判断为仰韶晚期地层。

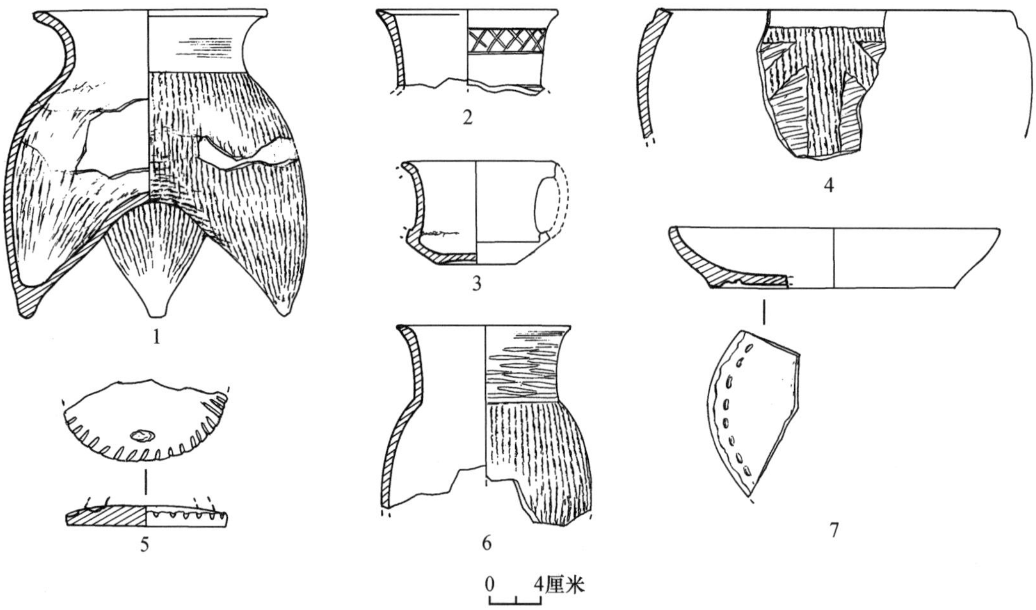

图2-28　ⅠT0301③出土器物

1. 鬲（ⅠT0301③：138）　2. 喇叭口壶（ⅠT0301③：153）　3. 双耳罐（ⅠT0301③：150）　4. 斝（ⅠT0301③：70）　5. 器盖（ⅠT0301③：68）　6. 无耳罐（ⅠT0301③：377）　7. 盘（ⅠT0301③：178）

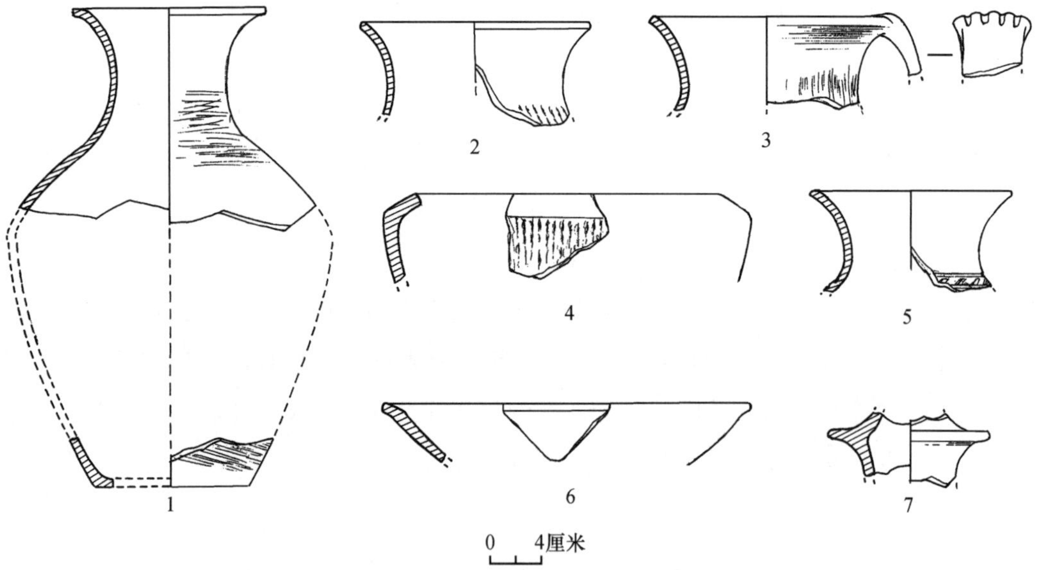

图2-29　ⅠT0301③层下H13出土器物

1、5. 喇叭口壶（H13：59、H13：57）　2. 无耳罐（H13：75）　3. 鬲（H13：52）　4. 斝（H13：47）　6. 豆（H13：2）　7. 器盖（H13：83）

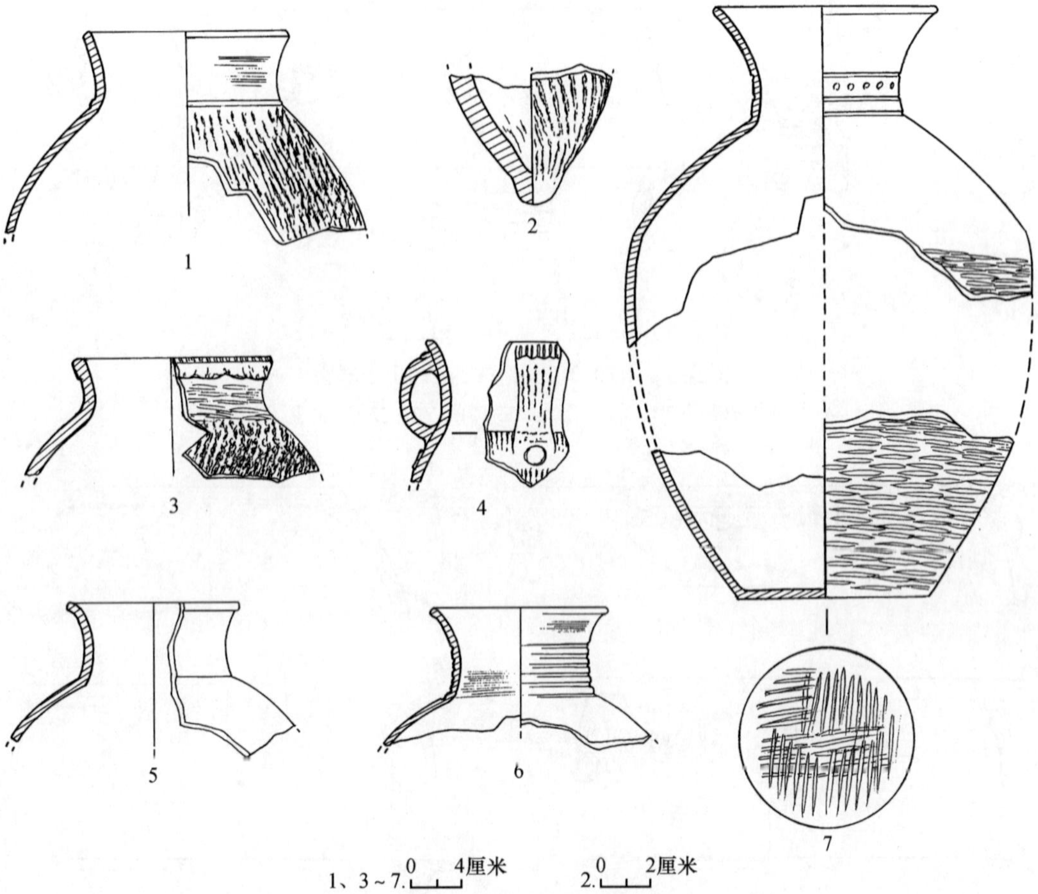

图2-30　Ⅰ T0301④出土器物

1、3. 无耳罐（T0301④：111、T0301④：96）　2、4. 鬲（T0301④：162、T0301④：156）　5～7. 喇叭口壶（T0301④：172、T0301④：209、T0301④：130）

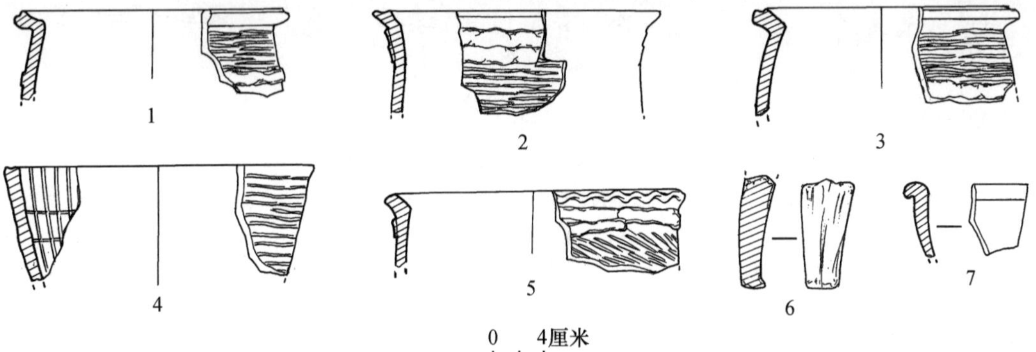

图2-31　Ⅰ T0301④层下Y1出土器物

1～3、5. 夹砂深腹罐（Y1：115、Y1：45、Y1：109、Y1：26）　4. 刻槽盆（Y1：113）　6. 鼎（Y1：29）　7. 盆（Y1：111）

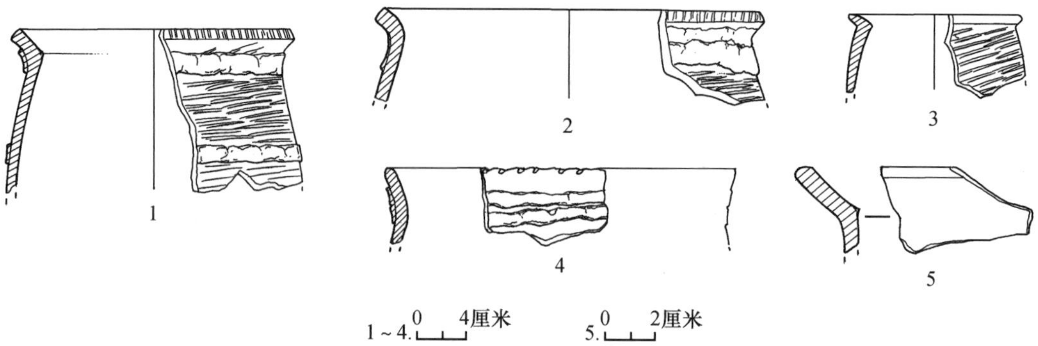

图2-32　ⅠT0301⑤层下Y2、Y3出土器物

1～4. 夹砂深腹罐（Y3：13、Y2：2、Y2：31、Y2：52）　5. 盆（Y3：20）

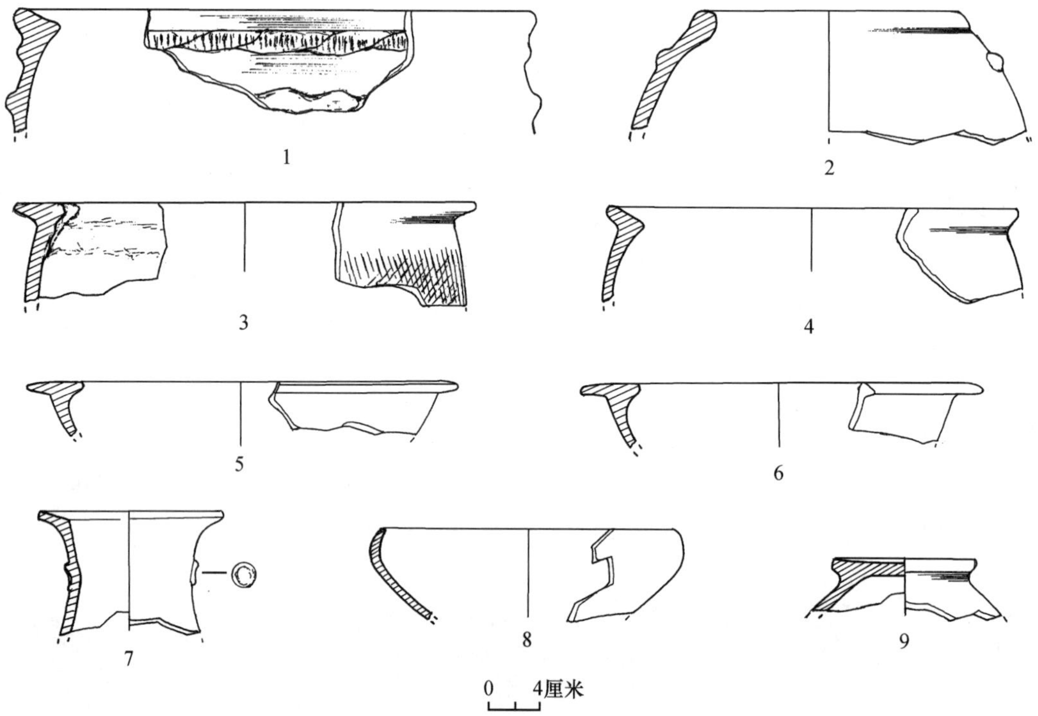

图2-33　ⅠT0301⑤层下H54出土器物

1～4. 夹砂罐（H54：10、H54：7、H54：41、H54：40）　5、6. 盆（H54：1、H54：17）　7. 尖底瓶（H54：72）　8. 钵（H54：30）　9. 器盖（H54：23）

（四）ⅠT0302

ⅠT0302内的地层关系可归纳为以下4组：

1. ③→F1→F2→④→⑤→⑥

2. ③→F1→④→H98→⑤→H96→⑥

3. ③→④→H46→H88→⑤→⑥

4. ③→④→⑤→H45→⑥

③层出土的文化遗物中，时代最晚、数量较多、特征最鲜明的为客省庄二期的陶片，可辨器形有鬲、斝、无耳罐、双耳罐、器盖等典型器物，因此判断③层为客省庄二期地层（图2-34）。

开口于③层下的房址F1、F2，堆积较薄，未见文化遗物。

④层出土的文化遗物中，时代最晚、数量较多、特征最鲜明的为客省庄二期的陶片，可辨器形有鬲、无耳罐、斝、双耳罐、瓮等典型器物，因此判断④层为客省庄二期地层（图2-35）。

开口于④层下的遗迹单位较多，H46、H88和H98出土的器物中，时代最晚的为客省庄二期的鬲、双耳罐、无耳罐、喇叭口壶、瓮、豆等典型器物（图2-36）。

⑤层出土的文化遗物中，时代最晚、数量较多、特征最鲜明的为庙底沟二期的陶片，可辨器形有夹砂深腹罐、泥质大口罐等典型器物，因此判断⑤层为庙底沟二期地层（图2-37）。

开口于⑤层下的遗迹单位H45和H96，出土遗物中时代最晚的为庙底沟二期的夹砂深腹罐、盆、瓮等典型器物（图2-38）。因此，H45和H96属于庙底沟二期文化遗存。

⑥层出土的文化遗物中，时代最晚、数量较少、特征鲜明的为仰韶晚期的陶片，因此判断⑥层为仰韶晚期地层。

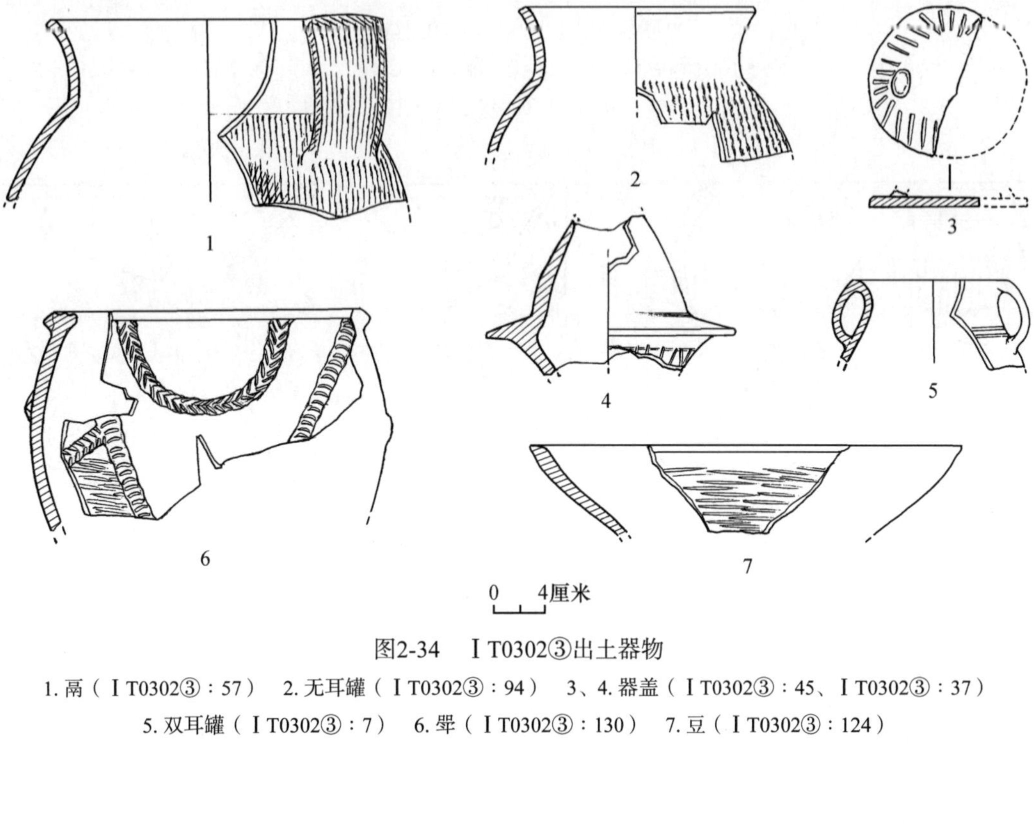

图2-34　Ⅰ T0302③出土器物

1. 鬲（Ⅰ T0302③：57）　2. 无耳罐（Ⅰ T0302③：94）　3、4. 器盖（Ⅰ T0302③：45、Ⅰ T0302③：37）　5. 双耳罐（Ⅰ T0302③：7）　6. 斝（Ⅰ T0302③：130）　7. 豆（Ⅰ T0302③：124）

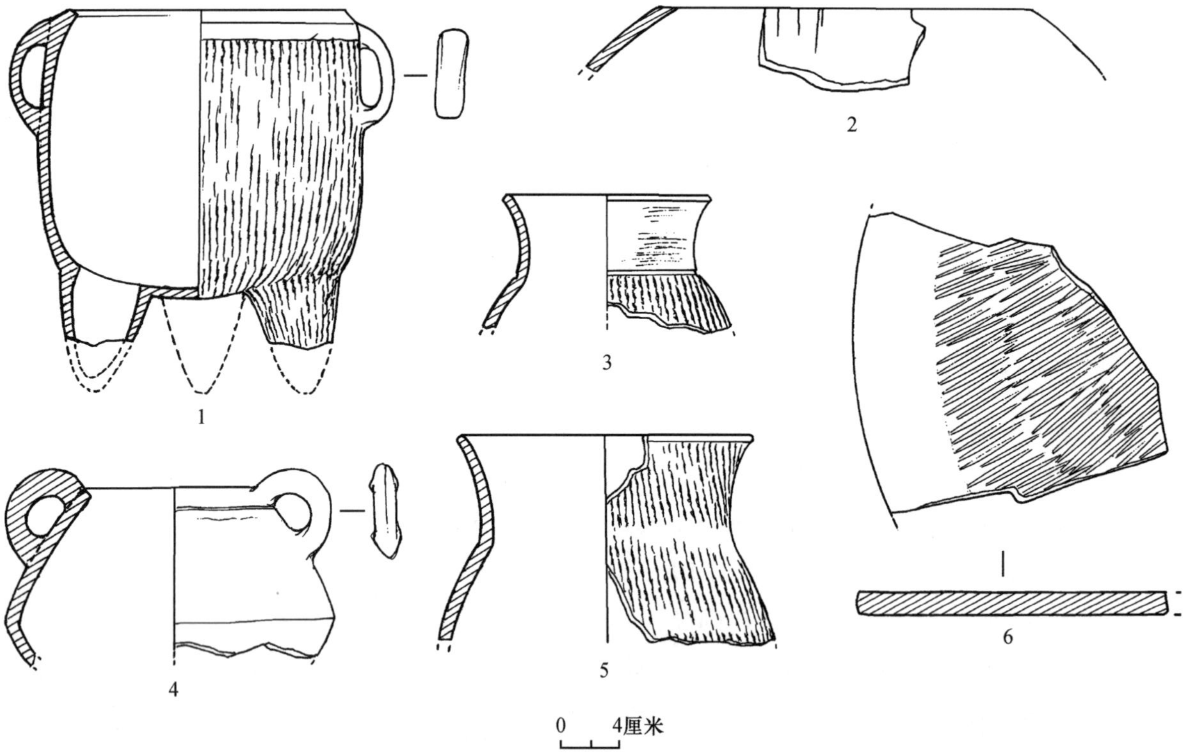

图2-35　ⅠT0302④出土器物

1. 斝（ⅠT0302④：1）　2. 瓮（ⅠT0302④：24）　3. 无耳罐（ⅠT0302④：55）　4. 双耳罐（ⅠT0302④：3）
5. 鬲（ⅠT0302④：4）　6. 窖穴盖（ⅠT0302④：17）

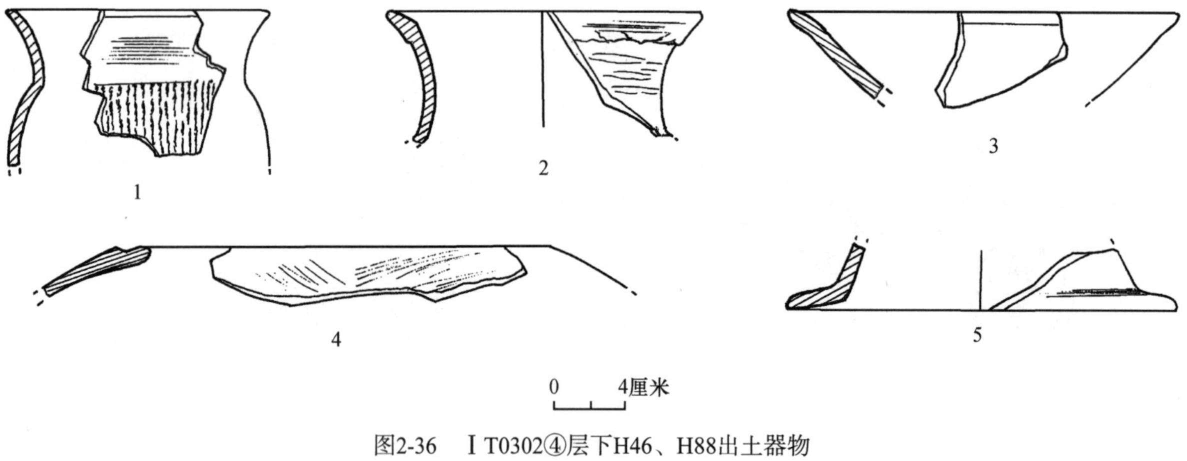

图2-36　ⅠT0302④层下H46、H88出土器物

1. 无耳罐（H88：19）　2. 喇叭口壶（H88：6）　3、4. 豆（H46：18、H46：1）　5. 敛口瓮（H88：4）

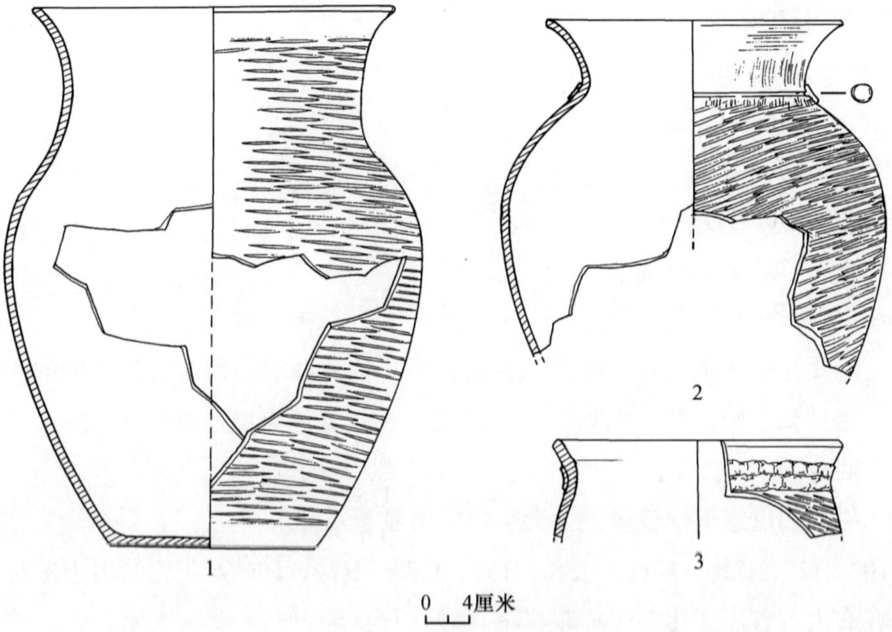

图2-37　Ⅰ T0302⑤出土器物

1、2. 泥质大口罐（Ⅰ T0302⑤：2、Ⅰ T0302⑤：3）　3. 夹砂深腹罐（Ⅰ T0302⑤：15）

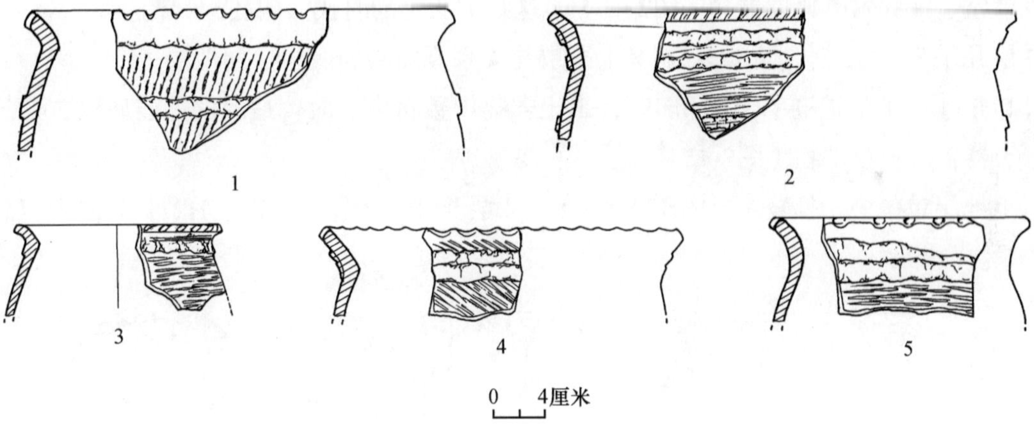

图2-38　Ⅰ T0302⑤层下H45、H96出土器物

1～5. 夹砂深腹罐（H45：19、H96：10、H96：21、H96：2、H45：2）

（五）Ⅰ T0303

Ⅰ T0303内发现的地层关系可归纳为以下12组：

1. ③→H25→H59→H78→④

2. ③→H25→④→H35

3. ③→H10→④→H35

4. ③→H10→H58→④

5. ③→H75→H72→④

6. ③→H73→H75→④

7. ③→H60→H75→④

8. ③→H60→H74→④

9. ③→H8→H74→④

10. ③→H8→H36→H74→④

11. ③→H8→H36→H43→④

12. ③→H73→④→F4→H97

③层出土的文化遗物中，时代最晚、数量较多、特征鲜明的为客省庄二期的陶片，可辨器形有鬲、无耳罐、瓮、斝、豆、喇叭口壶、器盖、窖穴盖等典型器物（图2-39），因此判断③层为客省庄二期地层。

开口于③层下的遗迹单位较多，出土遗物风格显著不同。

H8、H10、H25、H36、H43、H58、H60、H73、H74、H75等灰坑的出土器物中，数量较多、时代最晚的为客省庄文化的无耳罐、单耳罐、双耳罐、鬲、斝、喇叭口壶、圈足盘、豆、器盖等典型器物（图2-40），这几个灰坑的时代为客省庄二期。

H59、H78、H72等灰坑的出土器物中，时代最晚、风格鲜明的为庙底沟二期的夹砂深腹罐、刻槽盆、深腹盆等典型器物（图2-41），这几个灰坑的时代为庙底沟二期。

④层几乎未发现文化遗物，依据其上下层位关系判断为庙底沟二期地层。

开口于④层下的遗迹单位F4和H97，出土器物中数量多、时代最晚的是庙底沟二期的夹砂深腹罐、器盖等典型器物（图2-42）。

以上地层单位中，打破④层的H72、H78，④层及开口于④下的F4、H97，是同期打破（叠压）关系。

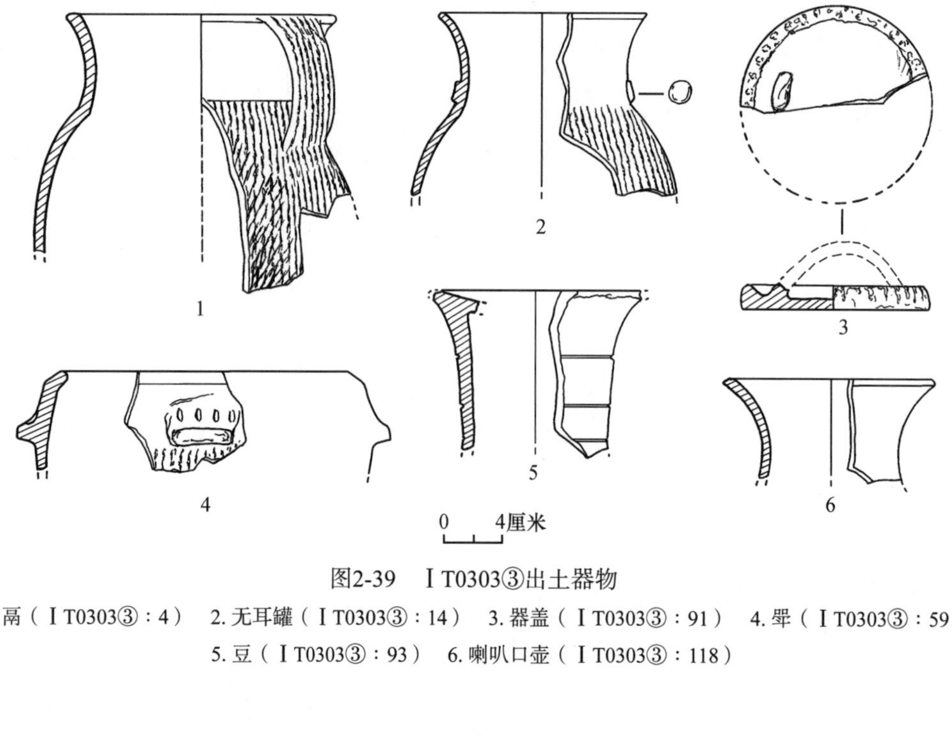

图2-39　ⅠT0303③出土器物

1. 鬲（ⅠT0303③：4）　2. 无耳罐（ⅠT0303③：14）　3. 器盖（ⅠT0303③：91）　4. 斝（ⅠT0303③：59）　5. 豆（ⅠT0303③：93）　6. 喇叭口壶（ⅠT0303③：118）

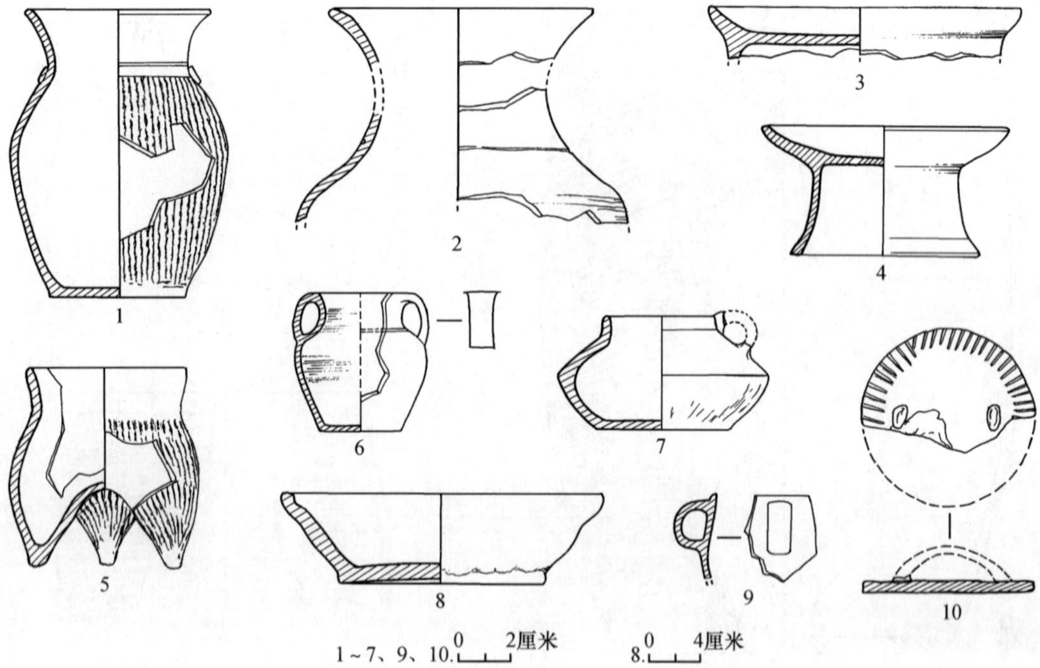

图2-40　Ⅰ T0303③层下H8、H43出土器物

1. 无耳罐（H43：10）　2. 喇叭口壶（H43：48）　3. 圈足盘（H43：2）　4. 豆（H8：1）　5. 鬲（H8：4）　6. 双耳罐（H43：9）　7. 单耳罐（H43：5）　8. 盘（H43：36）　9. 杯（H43：25）　10. 器盖（H43：13）

开口于④层下的遗迹单位H35，出土器物中数量多、时代最晚的为仰韶晚期的尖底瓶、夹砂罐、盆等典型器物（图2-43）。

⑤层陶片较碎，为仰韶文化晚期的夹砂灰、红陶，推测为仰韶晚期地层。

（六）Ⅰ T0307

Ⅰ T0307内发现的地层关系可归纳为以下6组：

1. ③→H24→④

2. ③→H21→H76→④

3. ③→H84→H76→④

4. ③→H29→H50→④→H69

5. ③→H29→H50→④→H64→ H69

6. ③→H21→H81→④→H69

③层出土的文化遗物中，时代最晚、数量较多、特征最鲜明的为客省庄二期的鬲、无耳罐、喇叭口壶、圈足盘、豆等典型器物，因此判断③层为客省庄二期地层（图2-44）。

开口于③层下的遗迹单位文化面貌较多样，包括了客省庄二期、庙底沟二期和仰韶晚期等不同时代的遗存。

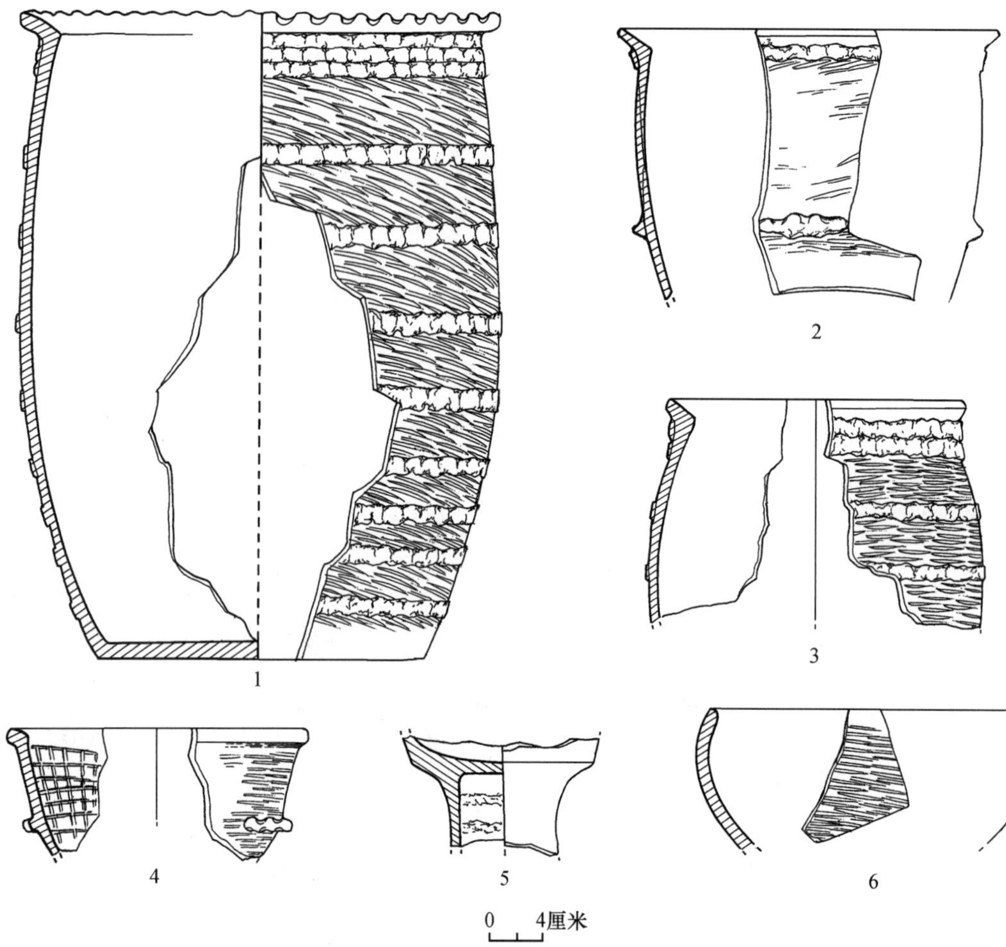

图2-41 ⅠT0303③层下H72和H78出土器物

1、3. 夹砂深腹罐（H72：5、H72：9） 2. 深腹盆（H72：16） 4. 刻槽盆（H78：3） 5. 豆（H78：2） 6. 钵（H72：19）

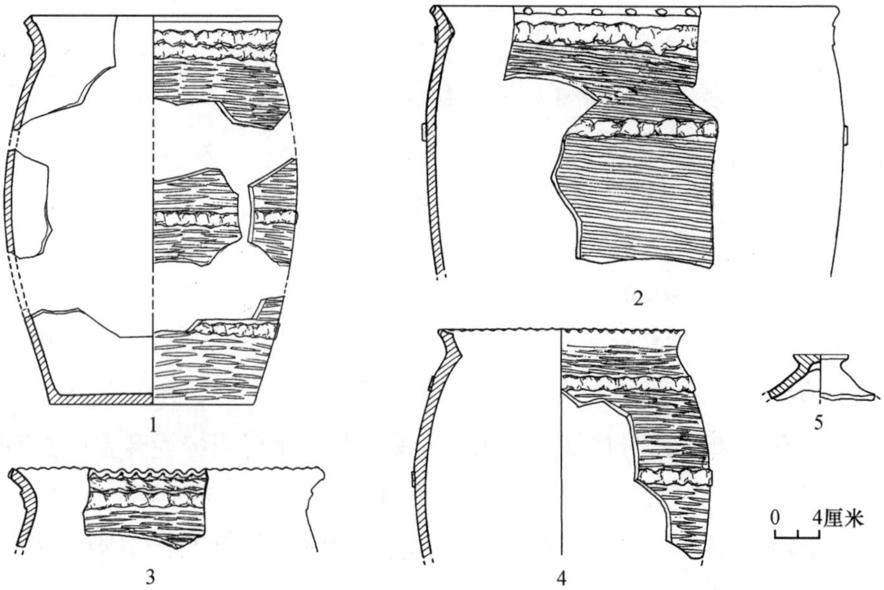

图2-42 ⅠT0303④层下F4和H97出土器物

1～4. 夹砂深腹罐（H97：5、F4：6、H97：11、H97：4） 5. 器盖（F4：9）

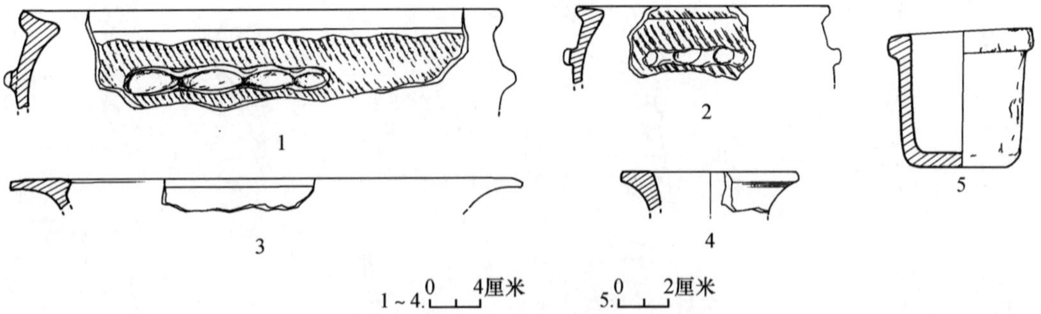

图2-43 ⅠT0303④层下H35出土器物

1、2. 夹砂罐（H35：2、H35：7） 3. 盆（H35：5） 4. 尖底瓶（H35：10） 5. 杯（H35：1）

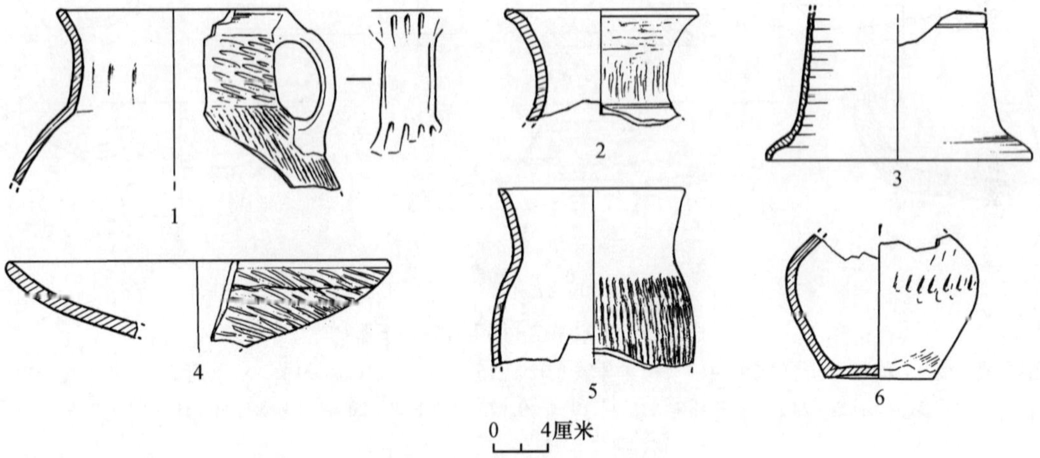

图2-44 ⅠT0307③出土器物

1. 鬲（ⅠT0307③：25） 2、5. 无耳罐（ⅠT0307③：2、ⅠT0307③：34） 3. 圈足盘（ⅠT0307③：19）
4. 豆（ⅠT0307③：18） 6. 罐（ⅠT0307③：26）

灰坑H24、H29和H50，出土有客省庄二期的鬲、斝、单耳罐、双耳罐、三耳罐、喇叭口壶、圈足盘、器盖、窖穴盖等典型器物（图2-45），这些灰坑的时代为客省庄二期。

灰坑H21、H81和H84，出土遗物中时代最晚、数量较多、特点显著的为庙底沟二期的夹砂深腹罐、刻槽盆、盘等典型器物，这些灰坑的时代为庙底沟二期（图2-46）。

开口于③层下，打破④层的遗迹单位仅有H76，出土遗物年代最晚的为仰韶晚期的尖底瓶、夹砂罐、泥质罐、盆、钵等典型器物（图2-47）。

④层出土文化遗物中，时代最晚、数量较多、特征最鲜明的为仰韶晚期的陶片，可辨器形有尖底瓶、夹砂罐、盆、钵等典型器物（图2-48），因此判断④层为仰韶晚期地层。

开口于④层下的遗迹单位有灰坑H64和H69，出土遗物时代均不晚于仰韶晚期，可辨器形有尖底瓶、夹砂罐、盆、钵等（图2-49）。

以上地层单位中，打破④层的H76、④层和开口于④层下的H64、H69构成了同期打破关系，可进行更细致的分期考察。

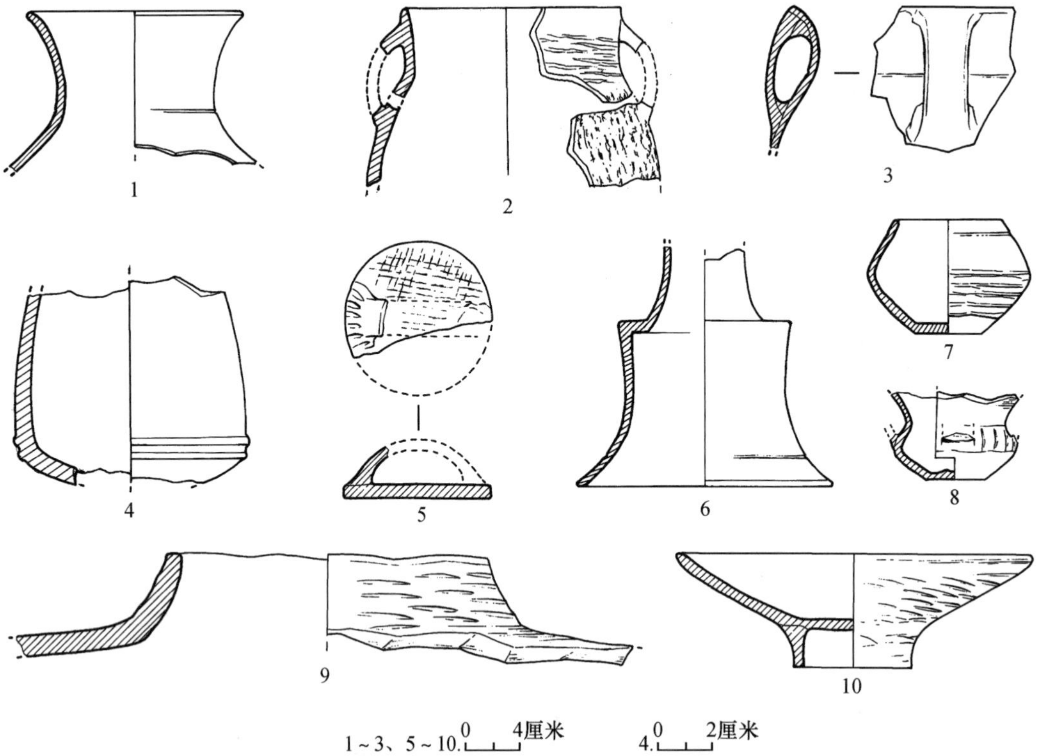

图2-45　ⅠT0307③层下H29出土器物

1. 喇叭口壶（H29：16）　2. 斝（H29：41）　3. 单耳罐（H29：15）　4. 杯（H29：34）　5、6. 器盖（H29：3、H29：13）　7. 盂（H29：74）　8. 三耳罐（H29：19）　9. 窖穴盖（H29：20）　10. 圈足盘（H29：1）

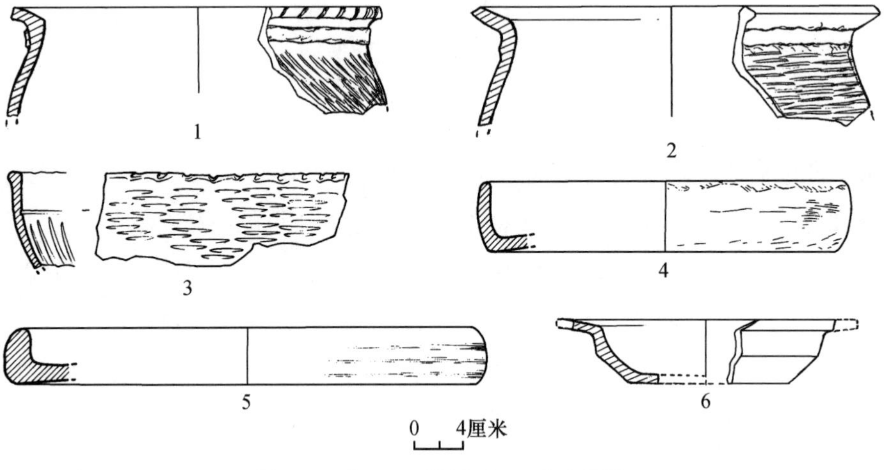

图2-46　ⅠT0307③层下H81出土器物

1、2. 夹砂深腹罐（H81：2、H81：3）　3. 刻槽盆（H81：1）　4～6. 盘（H81：27、H81：15、H81：31）

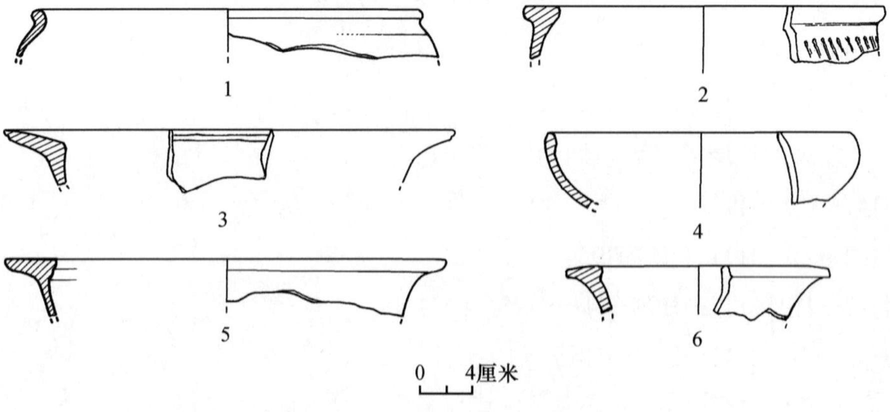

图2-47　ⅠT0307③层下H76出土器物

1. 泥质罐（H76：8）　2. 夹砂罐（H76：5）　3、5. 盆（H76：7、H76：1）　4. 钵（H76：10）　6. 尖底瓶（H76：6）

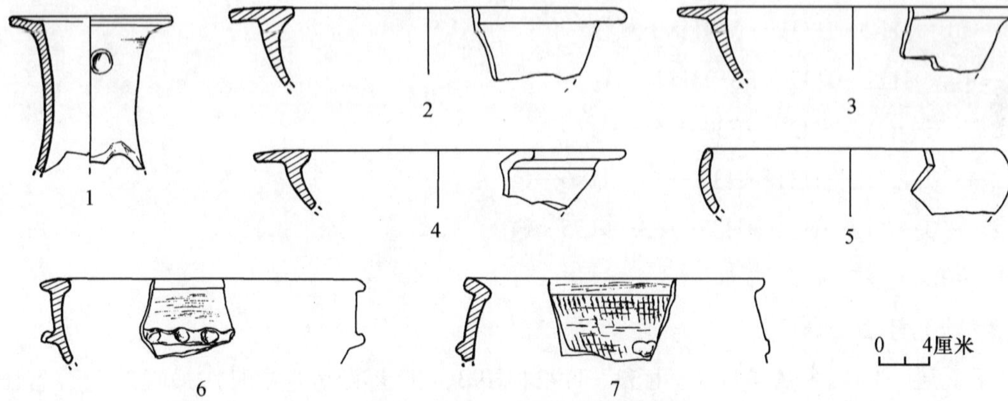

图2-48　ⅠT0307④出土器物

1. 尖底瓶（ⅠT0307④：1）　2～4、6. 盆（ⅠT0307④：2、ⅠT0307④：4、ⅠT0307④：3、ⅠT0307④：6）
5. 钵（ⅠT0307④：7）　7. 夹砂罐（ⅠT0307④：5）

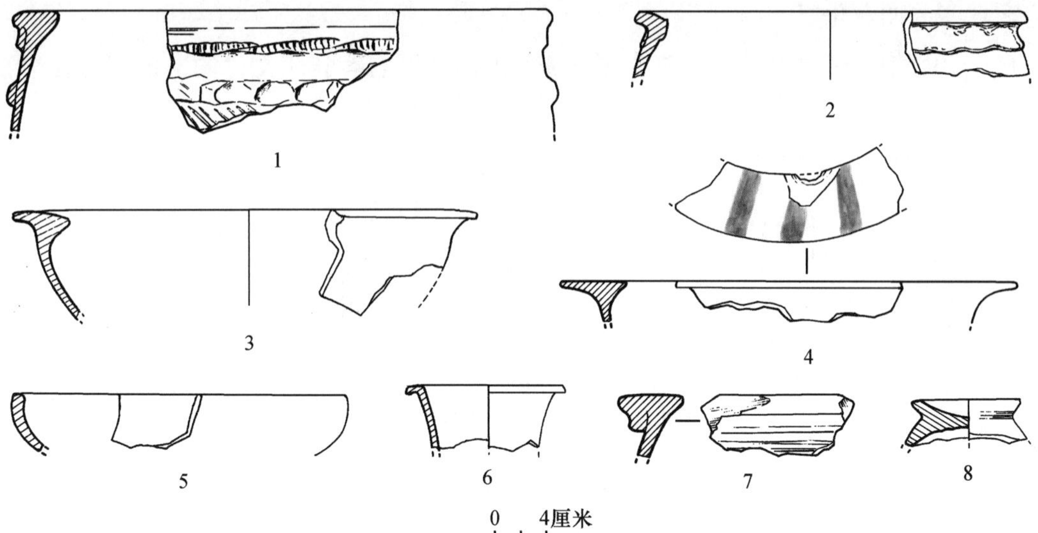

图2-49　ⅠT0307④层下H69出土器物

1、2、7. 夹砂罐（H69：21、H69：39、H69：8）　3、4. 盆（H69：35、H69：15）　5. 钵（H69：53）　6. 尖底瓶（H69：13）
8. 器盖（H69：20）

（七）ⅠT0308

ⅠT0308内发现的地层关系可归纳为以下14组：

1. ②→H41→③→H91→④

2. ②→H92→③→H94→④→H95

3. ②→H92→H93→③→H94→④→H95

4. ②→H53→③→H42→H63→H55→④

5. ②→③→H70→H87→④

6. ②→③→H70→H91→④

7. ②→③→H83→④

8. ②→③→H12→H31→F3→H86→④

9. ②→③→H12→H37→F3→H86→④

10. ②→③→H12→H37→F3→H55→④

11. ②→③→H12→H31→H37→F3→H86→④

12. ②→③→H12→H31→H37→F3→H55→④

13. ②→③→H47→④

14. ②→③→H26→④

开口于②层下的四个灰坑H41、H53、H92和H93，出土文化遗物时代最晚的为客省庄二期的鬲、斝、豆等典型器物（图2-50）。

③层出土的文化遗物中，时代最晚、数量较多、特征最鲜明的为客省庄二期的陶片，可辨器形有鬲、单耳罐、双耳罐、喇叭口壶、窖穴盖等客省庄二期典型器物（图2-51），因此判断③层为客省庄二期文化层。

开口于③层下的遗迹单位中，包含文化遗物的时代既有客省庄文化的，也有庙底沟二期和仰韶晚期的。

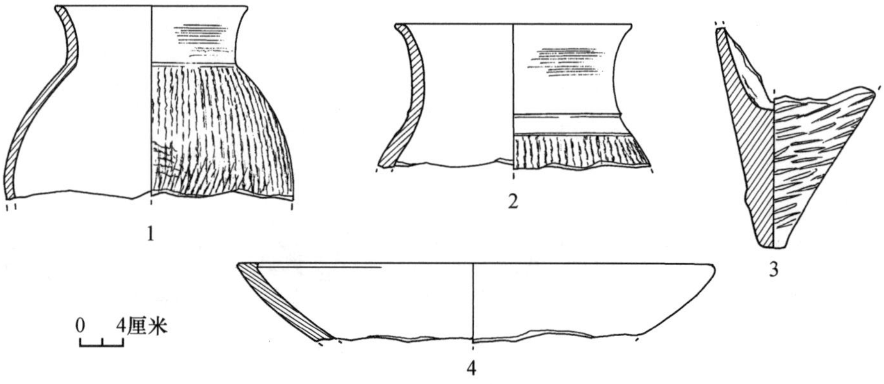

图2-50　ⅠT0308②层下H41出土器物

1、2. 鬲（H41：1、H41：2）　3. 斝（H41：6）　4. 豆（H41：3）

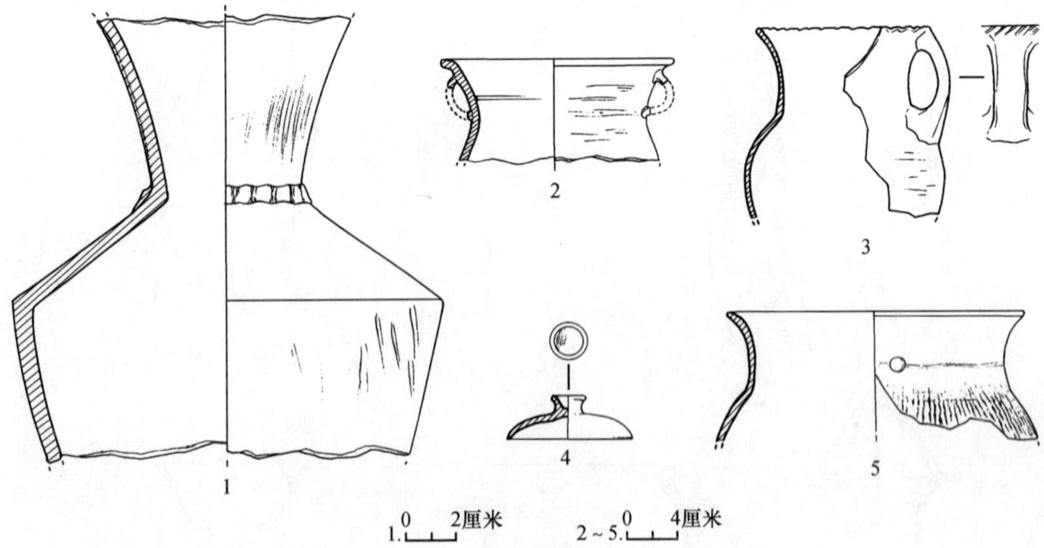

图2-51　I T0308③出土器物

1. 喇叭口壶（I T0308③：12）　2. 双耳罐（I T0308③：24）　3. 单耳罐（I T0308③：11）　4. 器盖（I T0308③：54）　5. 无耳罐（I T0308③：1）

H26、H70、H83和H91出土遗物中时代最晚的是客省庄二期的鬲、斝、无耳罐、单耳罐、双耳罐、器盖、窖穴盖等（图2-52）。

H12、H31、H42、H87等灰坑，出土遗物中时代最晚的为庙底沟二期的夹砂深腹罐、泥质大口罐、瓮、壶、盆、杯等典型器物（图2-53）。

F3、H37、H47、H55、H63、H86、H94等遗迹单位，出土遗物中时代最晚的为尖底瓶、夹砂罐、盆、瓮等仰韶晚期的典型器物（图2-54）。

④层出土的文化遗物中，时代最晚、数量较多、特征最鲜明的为仰韶晚期的陶片，可辨器形有尖底瓶、夹砂罐、瓮、盆、钵等典型器物，因此判断④层为仰韶晚期地层（图2-55）。

开口于④层下的遗迹单位仅有H95，亦为仰韶晚期遗存。

（八）I T0407

I T0407内发现的地层关系可整理为以下8组：

1. ③→H52→H67→④
2. ③→H56→④
3. ③→H34→H79→④
4. ③→H68→④
5. ③→H71→H85→④
6. ③→H27→④
7. ③→H49→④
8. ③→H28→H80→④

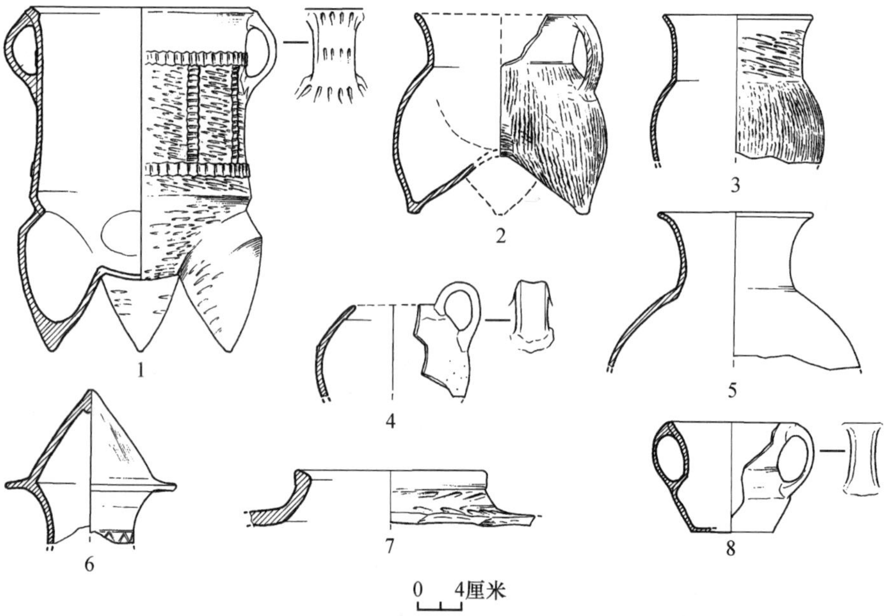

图2-52　ⅠT0308③层下H70出土器物

1. 斝（H70：45）　2. 鬲（H70：14）　3. 无耳罐（H70：21）　4. 单耳罐（H70：108）　5. 喇叭口壶（H70：37）
6. 器盖（H70：12）　7. 窖穴盖（H70：60）　8. 双耳罐（H70：30）

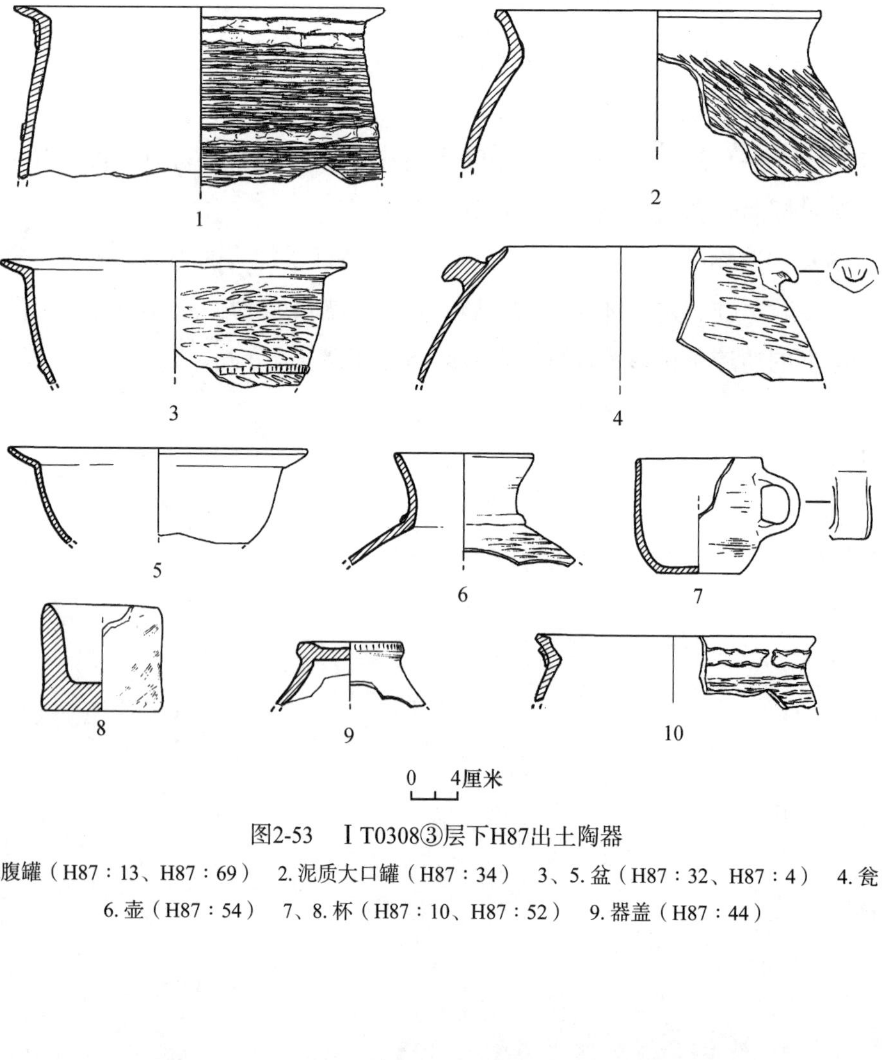

图2-53　ⅠT0308③层下H87出土陶器

1、10. 夹砂深腹罐（H87：13、H87：69）　2. 泥质大口罐（H87：34）　3、5. 盆（H87：32、H87：4）　4. 瓮（H87：53）
6. 壶（H87：54）　7、8. 杯（H87：10、H87：52）　9. 器盖（H87：44）

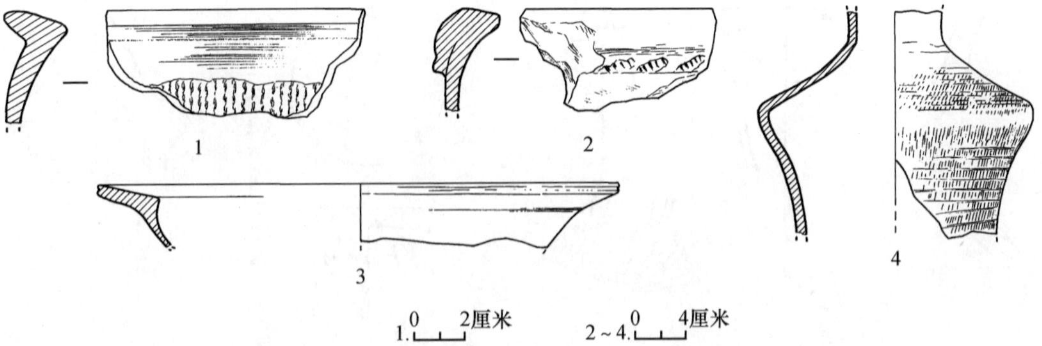

图2-54　ⅠT0308③层下H63出土器物

1. 夹砂罐（H63：5）　2. 瓮（H63：2）　3. 盆（H63：7）　4. 尖底瓶（H63：3）

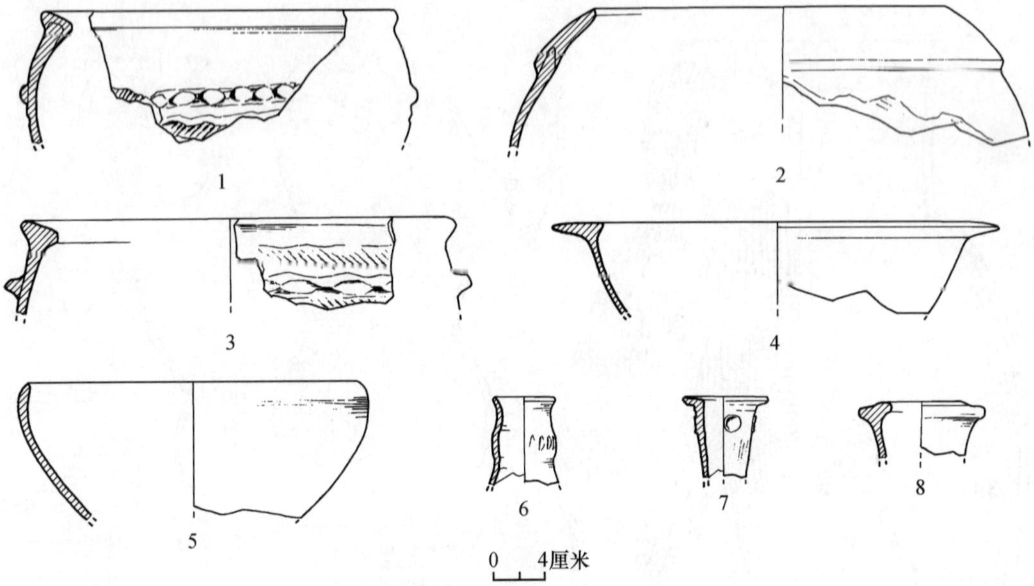

图2-55　ⅠT0308④出土器物

1、3. 夹砂罐（ⅠT0308④：96、ⅠT0308④：93）　2. 瓮（ⅠT0308④：81）　4. 盆（ⅠT0308④：25）　5. 钵（ⅠT0308④：20）　6～8. 尖底瓶（ⅠT0308④：49、ⅠT0308④：38、ⅠT0308④：47）

③层出土的文化遗物中，时代最晚、数量较多、特征鲜明的为客省庄二期的陶片，可辨器形有鬲、无耳罐、双耳罐、窖穴盖等典型器物（图2-56），因此判断③层为客省庄二期地层。

开口于③层下的遗迹单位文化面貌比较多样，包含客省庄、庙底沟二期和仰韶晚期三类。

灰坑H34、H52、H68和H71出土的文化遗物中，时代最晚的为客省庄二期的鬲、斝、无耳罐、单耳罐、喇叭口壶、器盖等典型器物（图2-57）。

灰坑H27、H28、H49、H79、H80和H85出土的文化遗物中，时代最晚的是庙底沟二期的鼎、夹砂深腹罐、盆、壶、单耳杯、豆、器盖等典型器物（图2-58）。

灰坑H56和H67中出土时代最晚的器物为仰韶晚期的尖底瓶、夹砂罐、瓮、盆等（图2-59）。

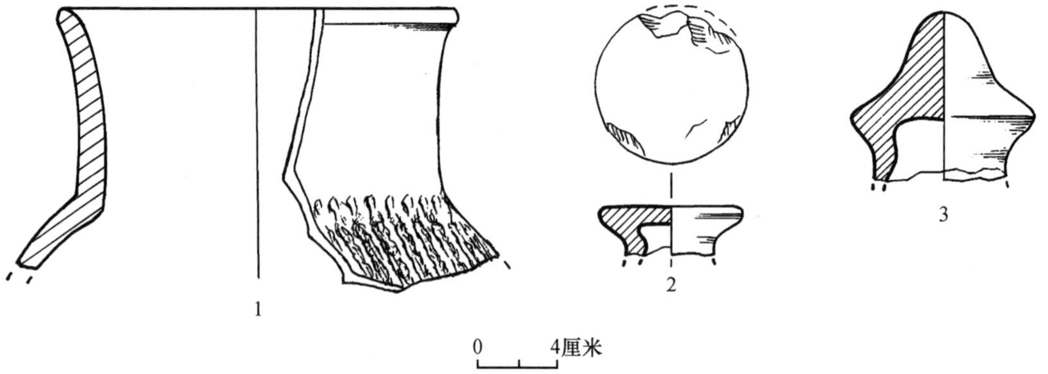

图2-56　ⅠT0407③出土器物

1. 无耳罐（ⅠT0407③：54）　2、3. 器盖（ⅠT0407③：2、ⅠT0407③：3）

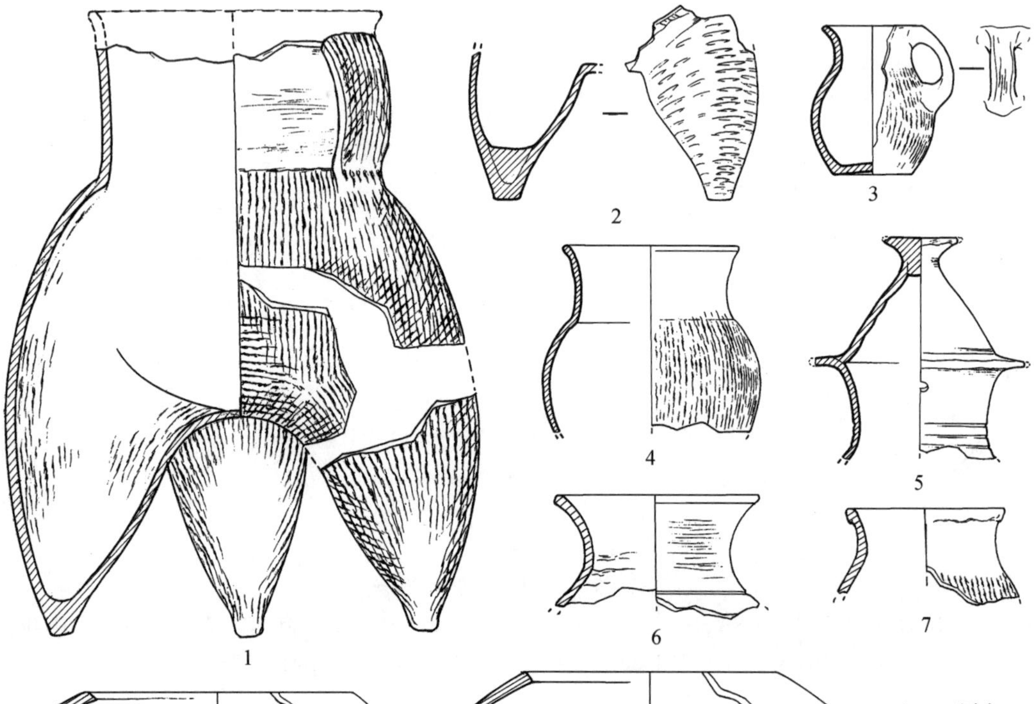

图2-57　ⅠT0407③层下H34出土器物

1. 鬲（H34：11）　2. 斝（H34：19）　3. 单耳罐（H34：6）　4、7. 无耳罐（H34：9、H34：18）　5. 器盖（H34：65）　6. 喇叭口壶（H34：31）　8、9. 瓮（H34：34、H34：64）

④层出土的文化遗物中，时代最晚、数量较多、特征最鲜明的为仰韶晚期的陶片，有尖底瓶、盆、夹砂罐、瓮、平底瓶等典型器物（图2-60）。因此，④层为仰韶晚期地层，与H56和H67构成同期打破现象。

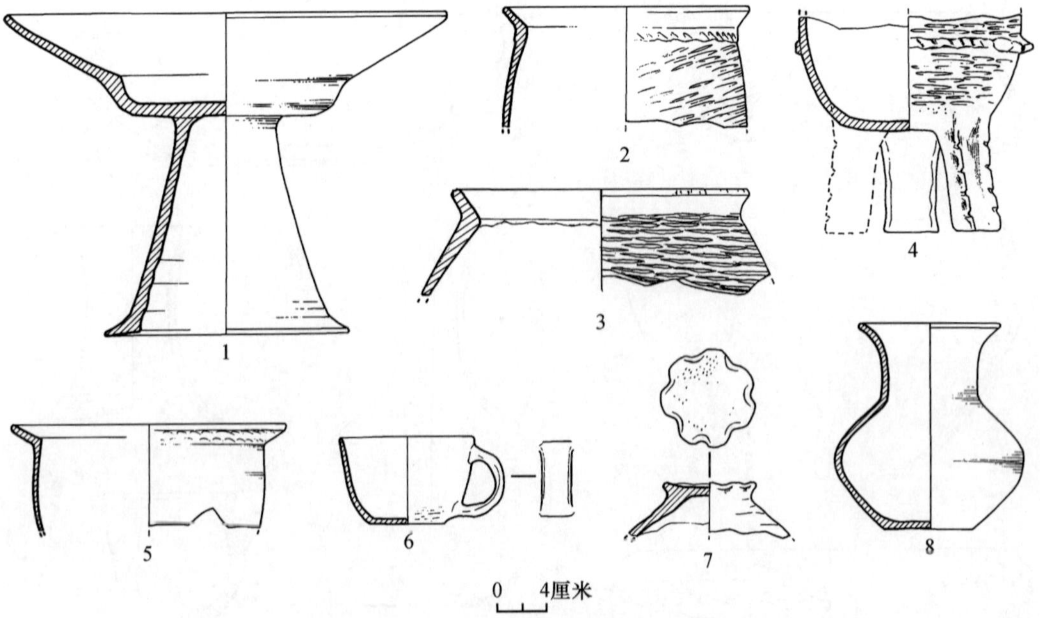

图2-58　Ⅰ T0407③层下H49出土器物

1. 豆（H49：7）　2、3. 夹砂深腹罐（H49：24、H49：50）　4. 鼎（H49：6）　5. 盆（H49：12）　6. 单耳杯（H49：1）　7. 器盖（H49：39）　8. 小罐（H49：5）

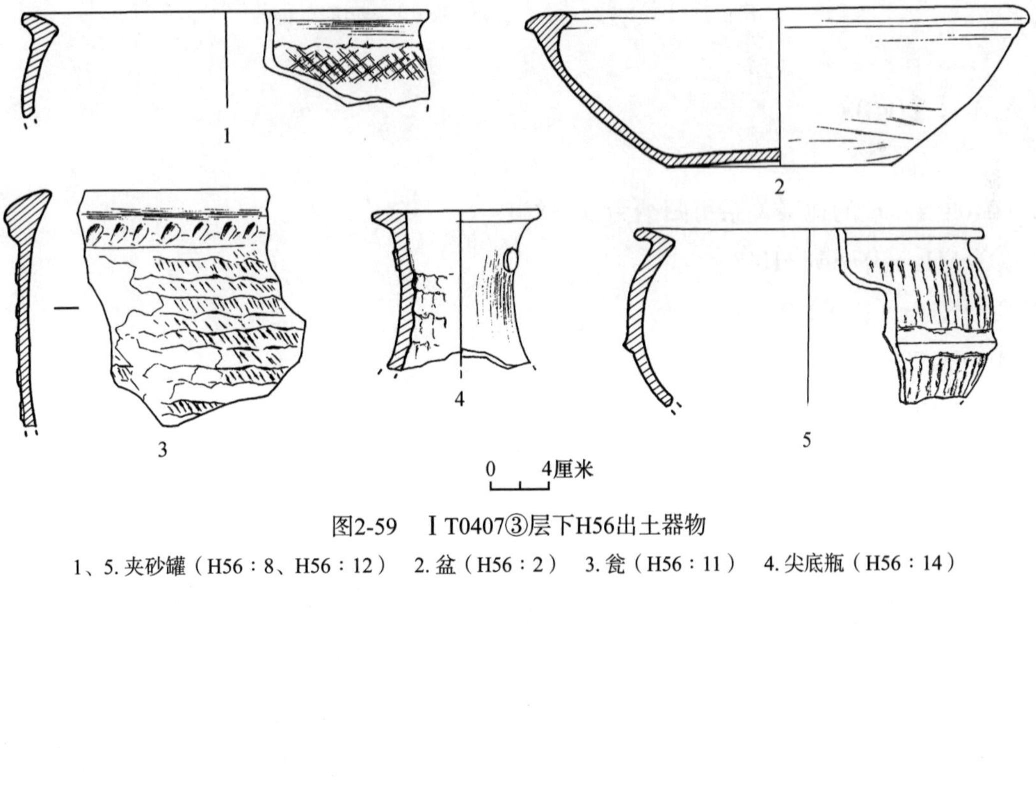

图2-59　Ⅰ T0407③层下H56出土器物

1、5. 夹砂罐（H56：8、H56：12）　2. 盆（H56：2）　3. 瓮（H56：11）　4. 尖底瓶（H56：14）

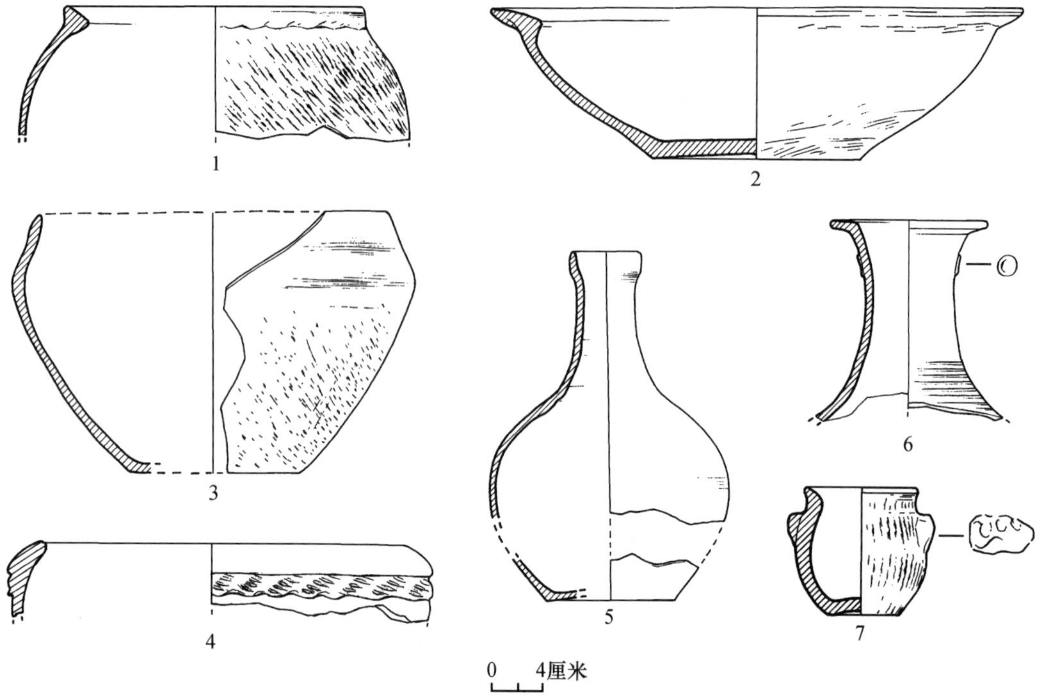

图2-60 ⅠT0407④出土器物

1、7. 夹砂罐（ⅠT0407④：23、ⅠT0407④：7） 2. 盆（ⅠT0407④：2） 3. 钵（ⅠT0407④：3） 4. 瓮（ⅠT0407④：20） 5. 平底瓶（ⅠT0407④：4） 6. 尖底瓶（ⅠT0407④：54）

（九）ⅠT0408

ⅠT0408内发现的地层关系可归纳为以下8组：

1. ②→M1→③→④→H48

2. ③→H18→④→H19

3. ③→H17→④→H19

4. ③→H17→H20→④

5. ③→H16→④

6. ③→H56→④

开口于②层下的遗迹单位为M1，出土客省庄二期的无耳罐、鬲。

③层出土的文化遗物中，时代最晚、数量较多、特征最鲜明的为客省庄二期的陶片，有无耳罐、双耳罐、喇叭口壶等典型器物（图2-61），因此判断③层为客省庄二期地层。

开口于③层下的遗迹单位，从出土文化遗物面貌看，有客省庄文化和庙底沟二期文化两类。

灰坑H17和H65出土的文化遗物中，数量较多、年代最晚的为客省庄二期的鬲、斝、单耳罐、双耳罐、喇叭口壶等典型器物（图2-62）。

灰坑H16、H18、H20、H56和H66出土的文化遗物中，数量较多、年代最晚的为庙底沟二期的鼎、夹砂深腹罐、盆、盘、漏斗等典型器物（图2-63）。

④层几乎未发现文化遗物，依据其上下层位关系及少许破碎较甚的陶片判断为仰韶晚期地层。

开口于④层下的H48出土的文化遗物均属仰韶晚期的尖底瓶、夹砂罐、盆、钵等（图2-64）。

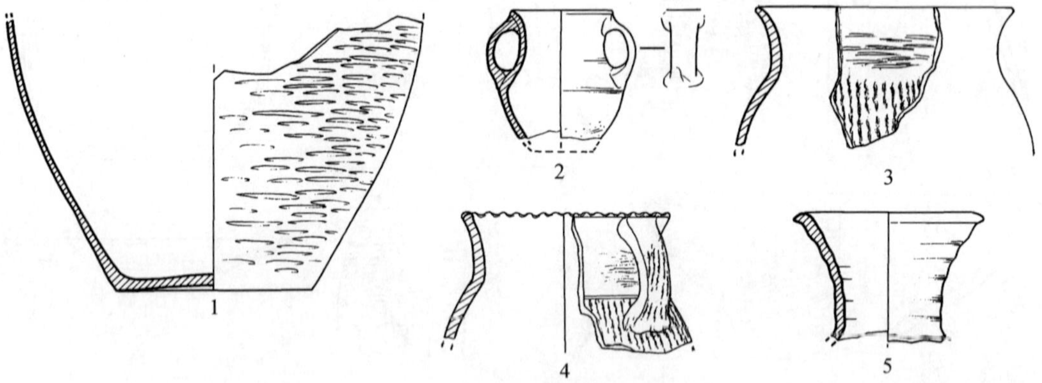

0　4厘米

图2-61　ⅠT0408③出土器物

1、5.壶（ⅠT0408③：12、ⅠT0408③：9）　2.双耳罐（ⅠT0408③：4）　3.无耳罐（ⅠT0408③：35）
4.鬲（ⅠT0408③：1）

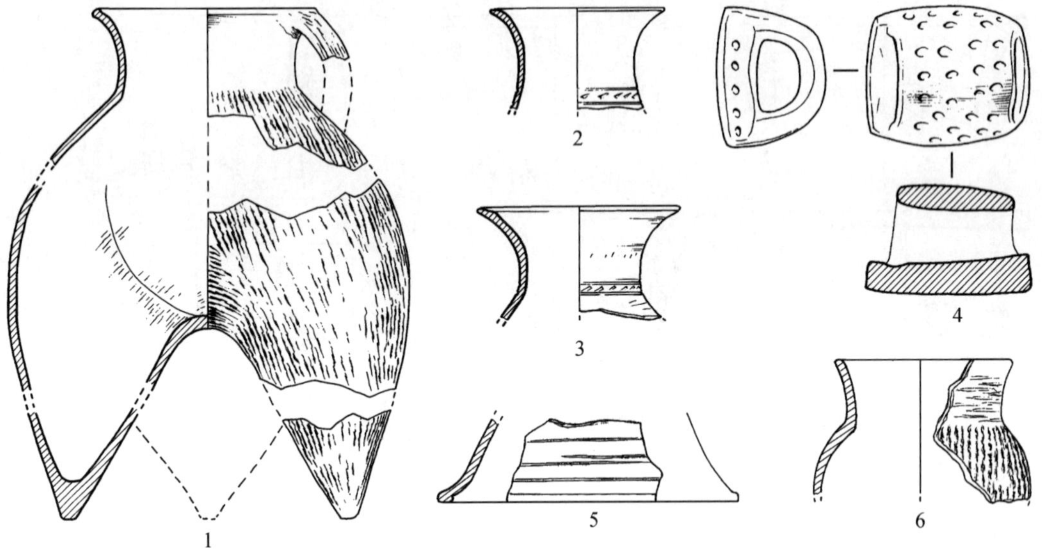

0　4厘米

图2-62　ⅠT0408③层下H17、H65出土器物

1.鬲（H17：3）　2、3.喇叭口壶（H17：42、H17：1）　4.陶拍（H65：1）　5.豆（H17：40）　6.无耳罐（H65：10）

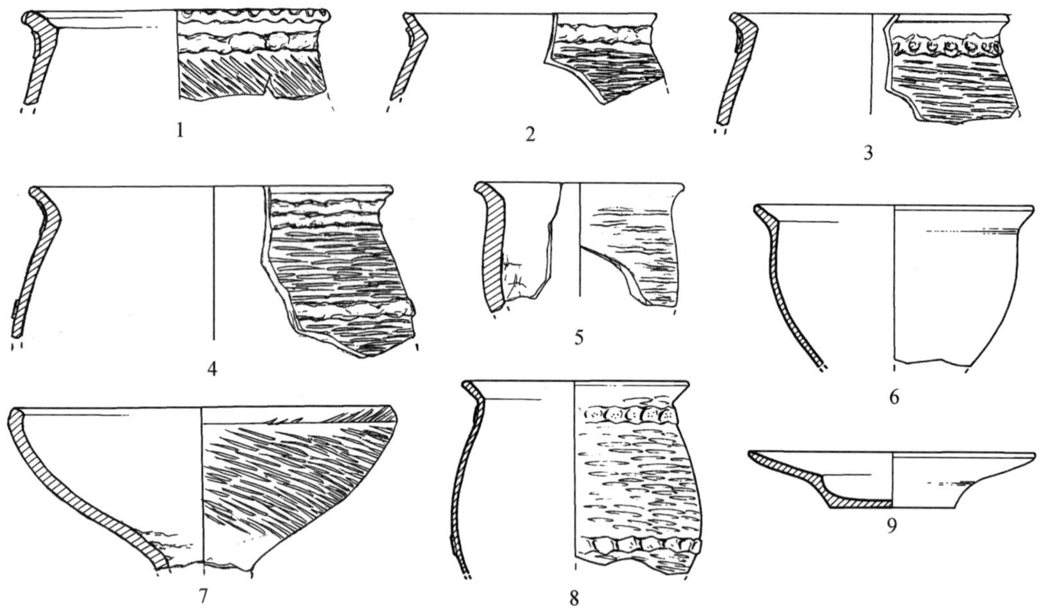

1～4、6、8、9. 0 4厘米　　5. 0 2厘米

图2-63　ⅠT0408③层下H18出土器物

1～4、8. 夹砂深腹罐（H18：63、H18：52、H18：62、H18：48、H18：6）　5. 杯（H18：104）　6. 盆（H18：42）　7. 漏斗（H18：5）　9. 盘（H18：13）

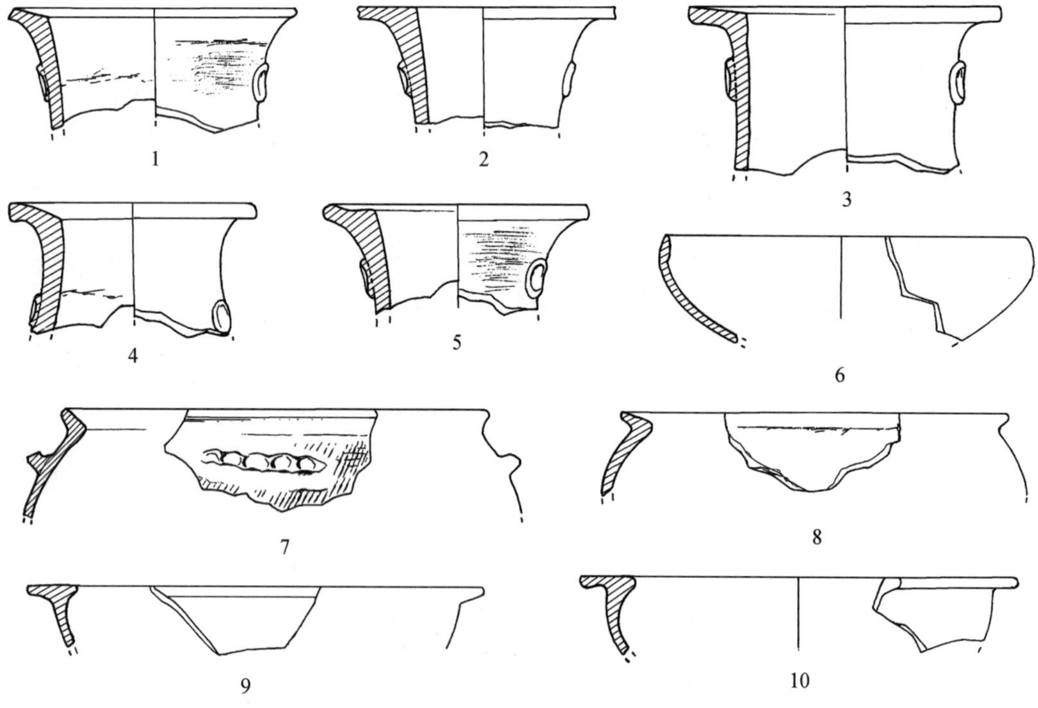

1～5. 0 2厘米　　6～10. 0 4厘米

图2-64　ⅠT0408④层下H48出土器物

1～5. 尖底瓶（H48：39、H48：42、H48：4、H48：46、H48：47）　6. 钵（H48：50）　7、8. 夹砂罐（H48：10、H48：26）　9、10. 盆（H48：22、H48：18）

二、遗存分期与各期的遗存单位

依据上节所述的地层堆积序列及遗迹间的叠压打破关系，结合各层堆积及遗迹单位包含的文化遗物的特征可以判定，米家崖遗址的文化遗存主要属于新石器时代晚期，按自早至晚的顺序又可划分为三类，代表了本遗址文化演变的早、中、晚三个时期，后文分别称为第一期、第二期和第三期。以下各期地层编号仍用原探方发掘记录编号，通层之后的统一编号与各探方原编号的对应关系见表2-1、表2-2。

表2-1 Ⅰ区南部探方地层单位时期归属表

探方 层序	Ⅰ T0202	Ⅰ T0203	Ⅰ T0301	Ⅰ T0302	Ⅰ T0303	文化性质
通层③	本探方③	本探方③	本探方③	本探方③	本探方③	
遗迹单位	H6、H7、H9、H14、H22、H30、H44、H61	//	H13、H32、H38	F1、F2	H8、H10、H25、H36、H43、H58、H60、H73、H74、H75	
通层④	//	//	本探方④	本探方④	//	
遗迹单位	//	//	//	H46、H88、H98	//	
	H4、H5	//	Y1	//	H59、H72、H78	庙底沟二期
通层⑤	本探方④	本探方④	本探方⑤	本探方⑤	本探方④	
遗迹单位	F5	H15	H99、Y2、Y3	H45、H96	H97、F4	
	H23、H40、H90	H1、H2、H3、H11	H51、H54	//	H35	仰韶晚期
通层⑥	本探方⑤	本探方⑤	本探方⑥	本探方⑥	//	
遗迹单位	H57、H89	H33	//	//	//	
通层⑦	本探方⑥	本探方⑥	//	//	//	

注：“通层②”“通层③”等，指多个探方地层连通后地层序号；“//”指本探方无此层位；“本探方③”“本探方④”等，指通层前各探方地层序号。

第一期，米家崖遗址早期，仰韶时期（或仰韶晚期文化）遗存。这一时期的遗存以Ⅰ区北部的4个探方Ⅰ T0307、Ⅰ T0308、Ⅰ T0407和Ⅰ T0408的④层，南部探方Ⅰ T0202、Ⅰ T0203的⑤层和⑥层，Ⅰ T0301和Ⅰ T0302的⑥层，以及开口于其下的H19、H33、H48、H57、H64、H69、H89、H95为代表，还有打破以上各层并被庙底沟二期的灰坑H12、H31等打破的H37、F3等单位，出土有盆、钵、夹砂罐、瓮、尖底瓶、灶等关中地区仰韶文化晚期常见器物。属于这一期的还有与上述遗迹单位包含物相同或相似的H1、H2、H3、H11、H23、H35、H40、H47、H51、H54、H55、H56、H63、H67、H76、H86、H90、H94（图2-65，图2-66；表2-1，表2-2）。

第二期，米家崖遗址中期，庙底沟二期文化（或龙山时代早期）遗存。这一时期的遗存以Ⅰ区南部的ⅠT0202、ⅠT0203和ⅠT0303的④层，ⅠT0301和ⅠT0302的⑤层，以及开口于其下的H15、H45、H97、H96、H99、Y2、Y3、F4、F5为代表，出土有鼎、刻槽盆、盆、杯、盘、沿外及腹部饰附加堆纹的夹砂深腹罐、缸等，具有明显庙底沟二期陶器的特点。属于这一期的还有与上述遗迹单位包含物相同或相似的H4、H5、H12、H16、H18、H20、H21、H27、H28、H31、H42、H49、H59、H66、H72、H78、H79、H80、H81、H84、H85、H87、Y1（图2-65，图2-66；表2-1，表2-2）。

第三期，米家崖遗址晚期，客省庄二期文化（或龙山时代晚期）遗存。这一时期的遗存包括叠压于大部分探方②层下、打破③层的灰坑、房址与墓葬，如H41、H53、H92、H93、M1；ⅠT0202、ⅠT0203、ⅠT0301、ⅠT0302、ⅠT0303、ⅠT0307、ⅠT0308、ⅠT0407、ⅠT0408的③层及ⅠT0302的④层；开口于③层下的灰坑与房址，如H6、H7、H8、H9、H10、H13、H14、H17、H22、H24、H25、H26、H29、H30、H32、H34、H36、H38、H43、H44、H50、H52、H58、H60、H61、H65、H68、H70、H71、H73、H74、H75、H83、H91、F1、F2。出土有鬲、斝、鬶、喇叭口壶、无耳罐、单耳罐、双耳罐、三耳罐、瓮、杯、器盖、窖穴盖等较为典型的客省庄二期文化陶器。开口于ⅠT0302④下的灰坑H46、H88和H98也属于这一时期（图2-65，图2-66；表2-1，表2-2）。

表2-2　Ⅰ区北部探方地层单位时期归属表

探方＼文化期	仰韶晚期	庙底沟二期	客省庄二期
ⅠT0307	开口于③层下的H76，④，开口于④层下的H64、H69	开口于③层下的H21、H81、H84	③，开口于③层下的H24、H29、H50
ⅠT0308	开口于③层下的H37、H47、H55、H63、H86、H94、F3，④，开口于④层下的H95	开口于③层下的H12、H31、H42、H87	开口于②层下的H41、H53、H92、H93，③，开口于③层下的H26、H70、H83、H91
ⅠT0407	开口于③层下的H56、H67，④	开口于③层下的H27、H28、H49、H79、H80、H85	③，开口于③层下的H34、H52、H68、H71
ⅠT0408	开口于③层下的H56，④，开口于④层下的H19、H48	开口于③层下的H16、H18、H20、H66	开口于②层下的M1，③，开口于③层下的H17、H65

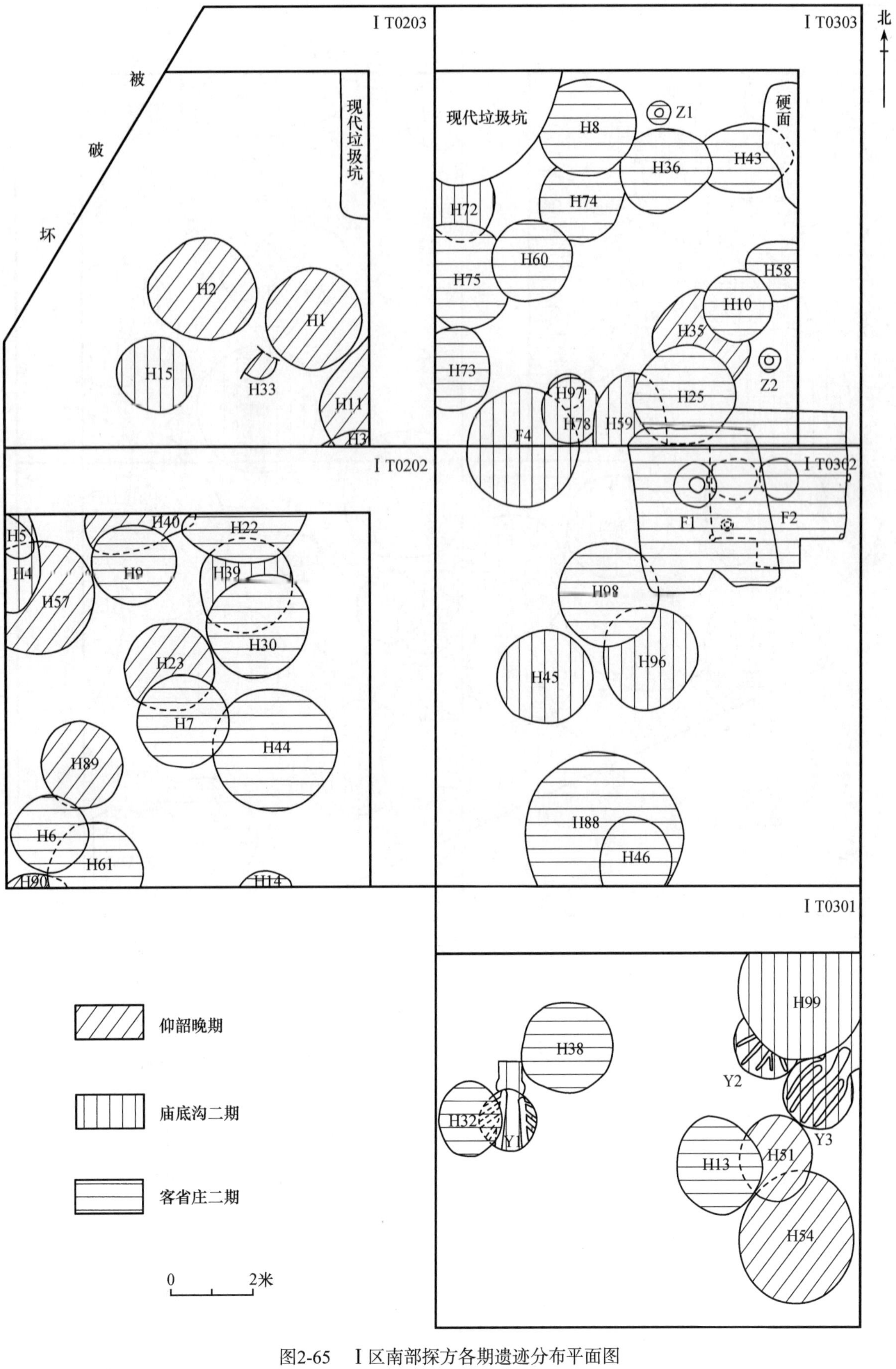

图2-65　Ⅰ区南部探方各期遗迹分布平面图

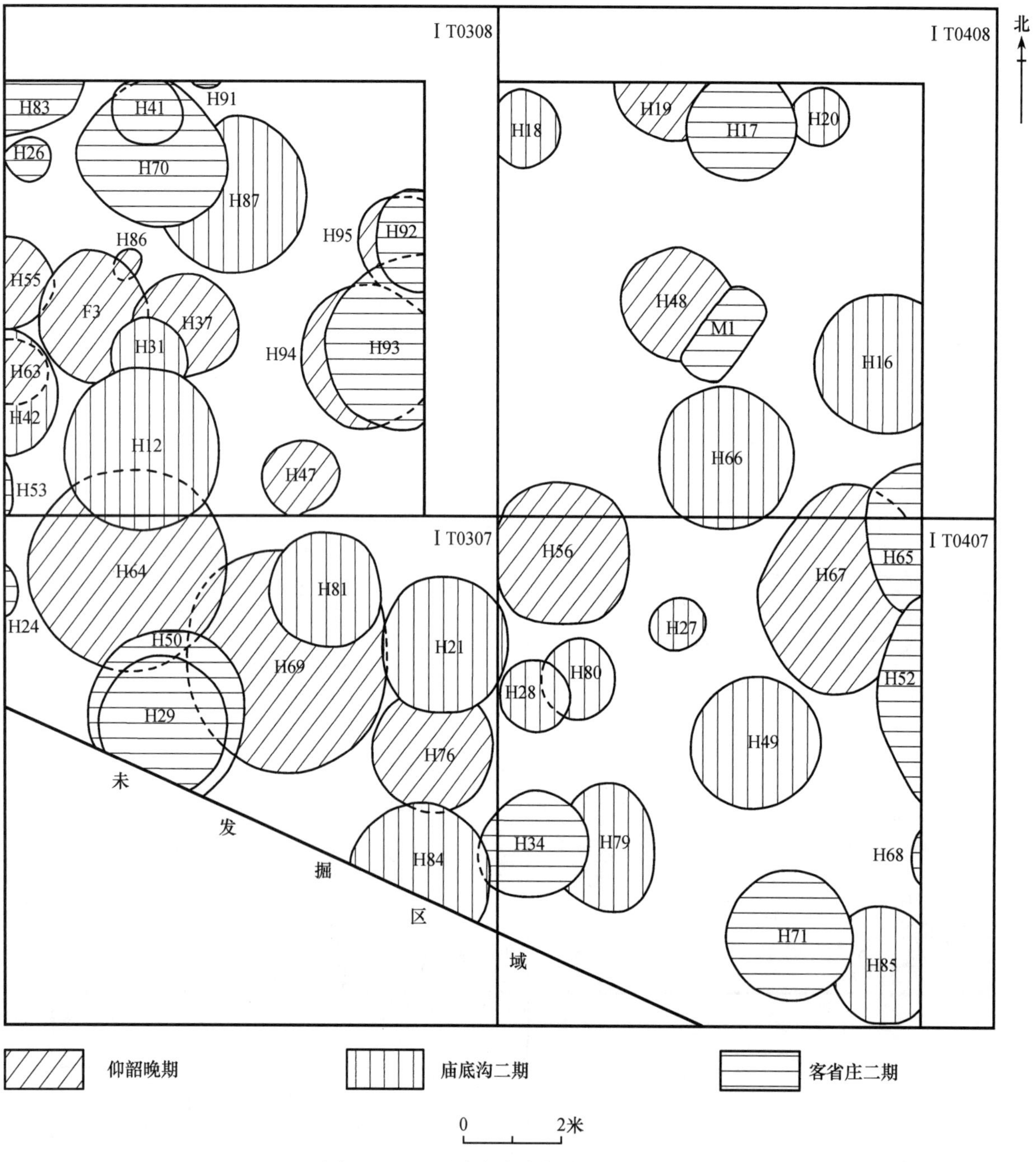

图2-66　Ⅰ区北部探方各期遗迹分布平面图

第三章　第一期文化遗存

第一期文化遗存为仰韶文化，遗迹和遗物均以仰韶晚期的为主，仅见少量仰韶文化早期遗物。

第一节　遗存概述

第一期文化遗存主要是遗迹和遗物两大类，以下按遗迹和遗物分别介绍。

一、遗迹概述

第一期文化遗迹有灰坑和房址两种，主要分布于Ⅰ区北部探方，Ⅰ区南部探方遗迹相对稀疏（图3-1、图3-2）。

灰坑数量较多，共27个。形制多样，规模有大有小。就平面形状而言，有圆形和椭圆形，其中圆形最多，共18个，最大直径4.00、最小直径0.90～1.26米；椭圆形坑次之，有9个，最大直径3.60～4.60、最小直径0.50～0.68米。就坑壁结构而言，有袋状、筒状和锅底状[①]三种，其中袋状坑最多，有21个；筒状坑和锅底状坑各有3个。坑底多数为平底，少数平底的中间或一侧再下挖小坑。坑壁、坑底一般加工得比较光滑，很少发现工具开挖痕迹。形制规整的大型灰坑一般为窖穴，也不排除为房址的可能。

结合灰坑平面、剖面形态，可将其分为六种类型，其中圆形袋状坑16个，编号分别为H1、H19、H23、H33、H35、H47、H54、H55、H56、H57、H63、H64、H76、H89、H90和H94，占本期灰坑总数的59.26%；圆形筒状坑3个，编号分别为H37、H69和H95，占本期灰坑总数的13.64%；圆形锅底状坑1个，编号为H48；椭圆形袋状坑5座，编号分别为H2、H40、H51、H67和H86，占本期灰坑总数的18.53%；椭圆形锅底状坑1座，编号为H3；圆角方形锅底状坑1座，编号为H11（图3-3、图3-4）。

房址仅有1座，编号为F3。圆形半地穴式，直壁平底。

---

① 陕西省考古研究院2012年出版的《西安米家崖：新石器时代遗址2004～2006年考古发掘报告》中将一类“口大底小，坑壁斜向内收，坑底多为平底”的灰坑称作“锅底状坑”，为与前者保持一致，本书仍沿用此称。

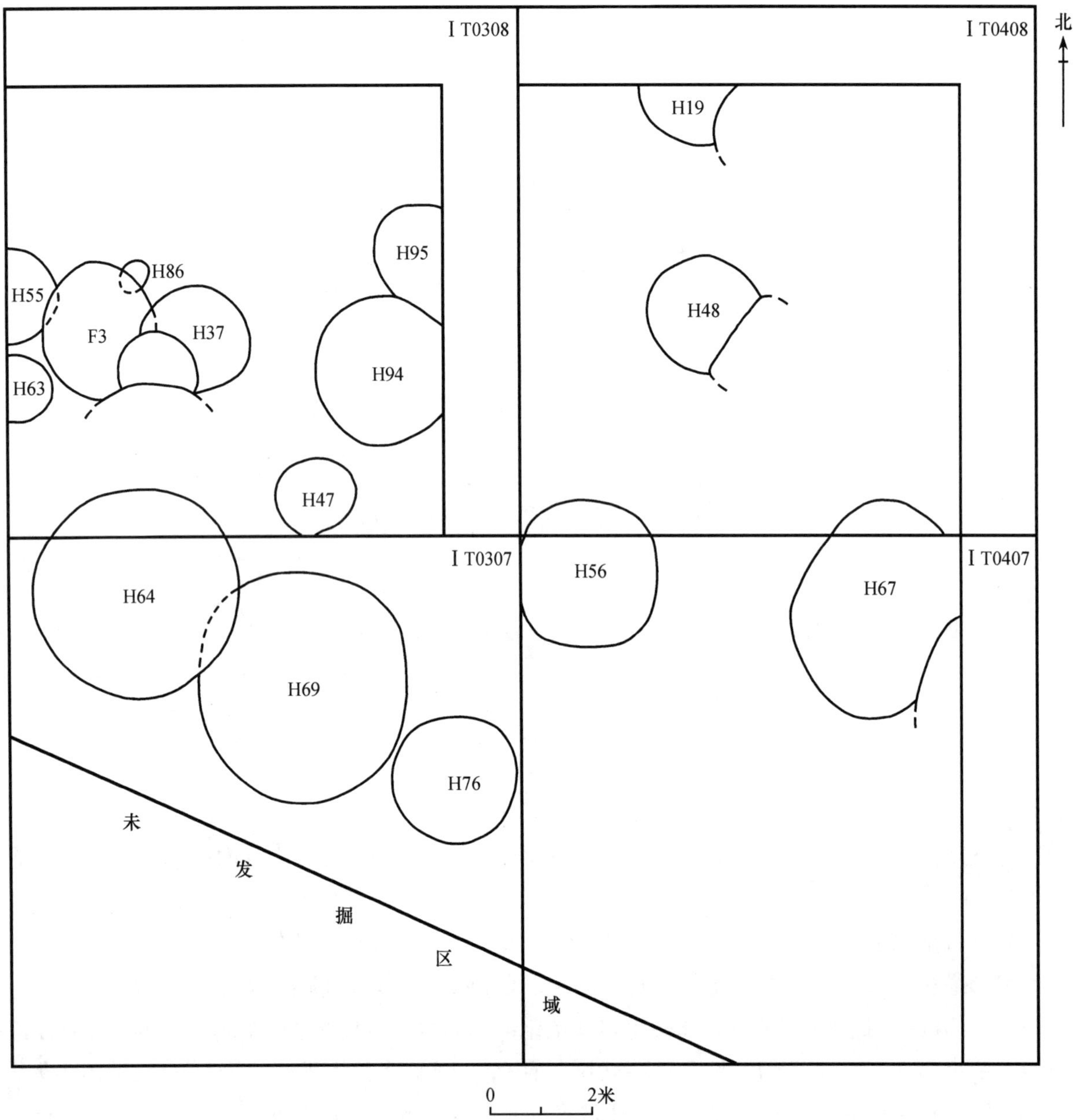

图3-1　Ⅰ区北部探方仰韶晚期遗迹分布图

二、遗物概述

第一期的文化遗物按质地分为陶器、石器、骨器等常见种类。其中陶器包括容器、工具和饰品三类，以容器为主。石器包括生产工具及生活用具两类，以生产工具为主。骨器包括生产工具和生活用具两类，生产工具以骨镞为主，生活用具以骨锥为主。

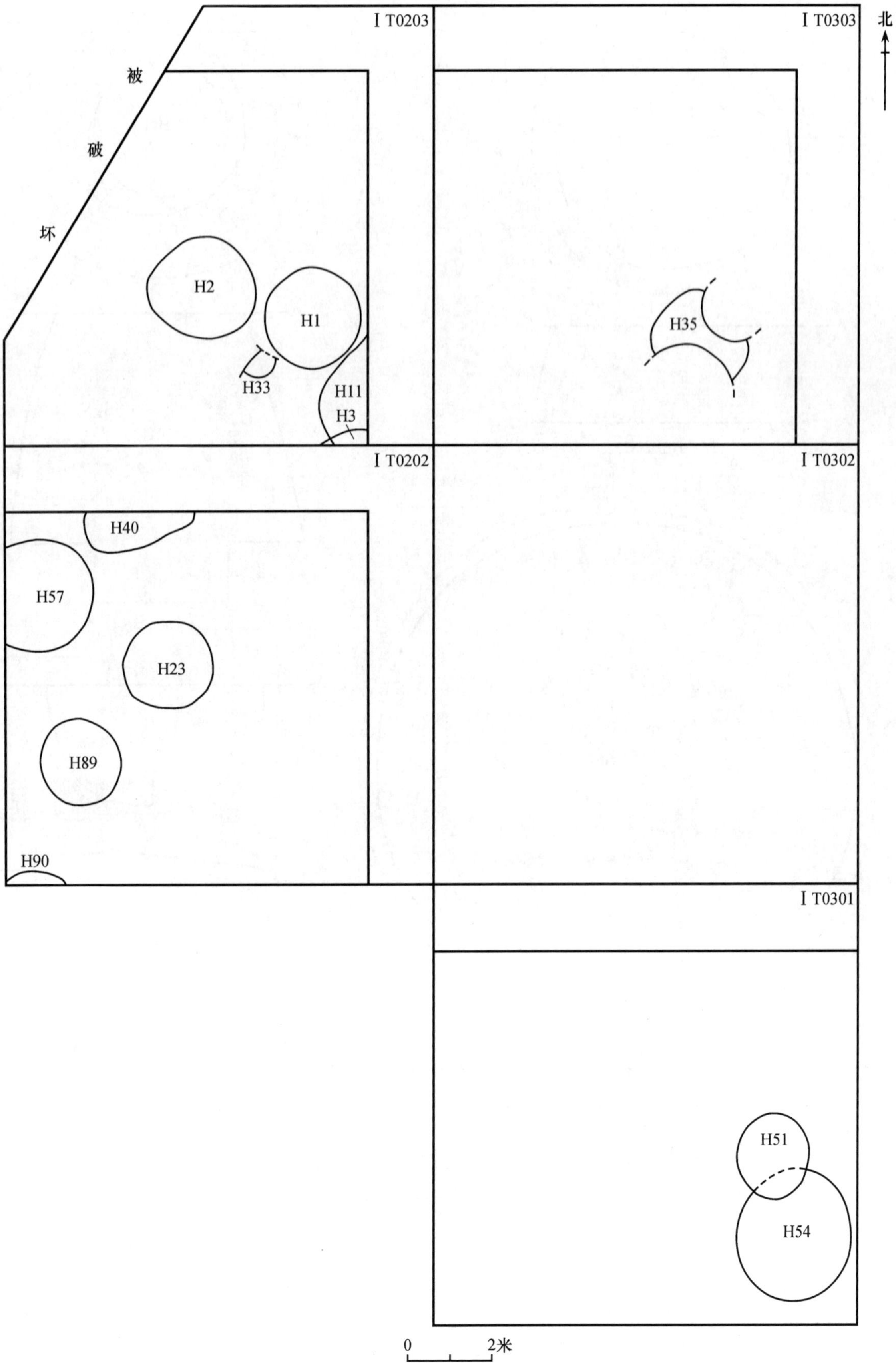

图3-2　Ⅰ区南部探方仰韶晚期遗迹分布图

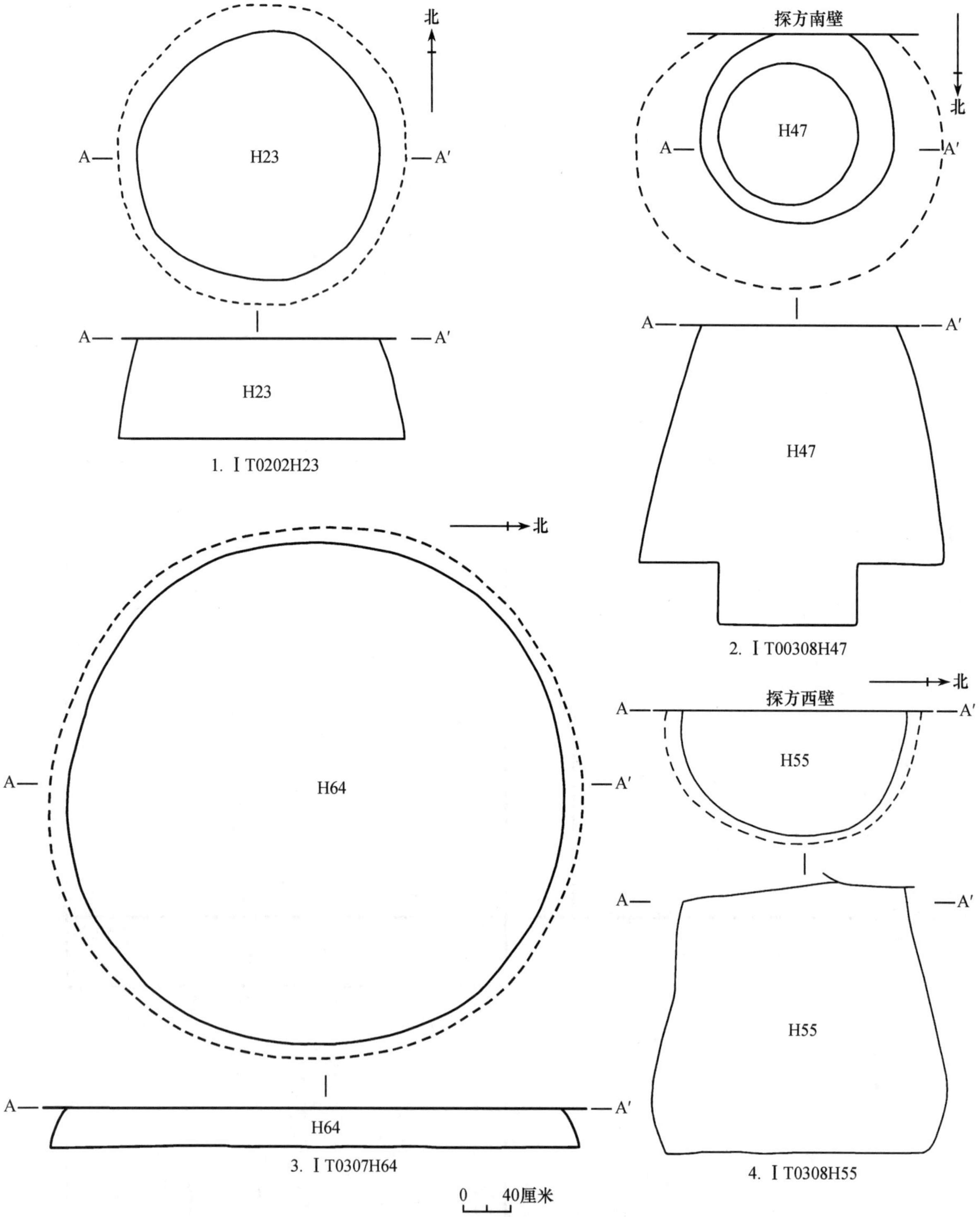

图3-3　Ⅰ区仰韶晚期圆形袋状坑

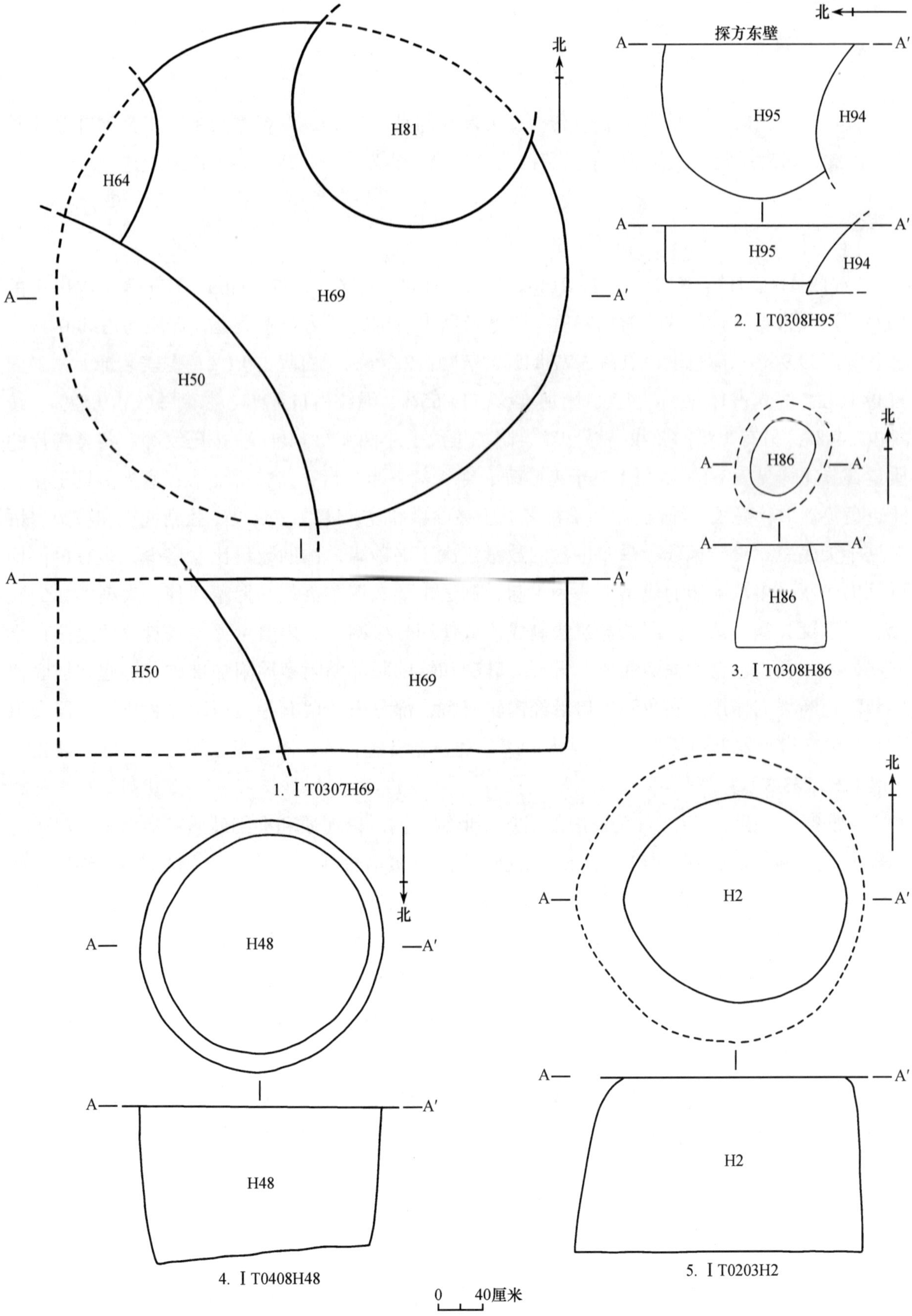

图3-4 Ⅰ区仰韶晚期圆形筒状、椭圆形袋状、圆形锅底状坑

（一）陶器

按功能分为容器（日常生活用具）、工具和饰品三大类，以容器为主，工具和饰品均较少。因此，对陶系制法、造型特征及装饰的统计以容器为代表，放在容器部分叙述。

1. 容器

经过对H1、H2、H19、H47、H48、H51、H54、H56、H57、H69、H76等灰坑出土的1024片陶片进行统计，这一时期陶质、陶色及器表装饰特征为：陶质上，泥质陶占40.04%，夹砂陶占59.96%；陶色上，红陶占77.84%、灰陶占22.06%、白陶占0.1%；器表装饰上，素面占39.16%、磨光占15.53%、绳纹+附加堆纹占14.65%、绳纹占11.62%、弦断线纹占9.57%、线纹占2.44%，另有少量的弦纹、戳印纹、附加堆纹、小圆泥饼和堆纹+按压纹等。各类陶片的质量百分比详见表3-1。素面多见于夹砂罐、瓮、盆、钵、盘、器盖等器形；磨光多见于盆、钵、盘等器形；绳纹、绳纹+附加堆纹多见于夹砂罐和瓮；线纹、弦纹、弦断线纹和小圆泥饼多见于尖底瓶。夹砂罐数量最多，盆的数量仅次于夹砂罐，钵的数量比盆略少，多数单位均可见尖底瓶。多数陶器的成型方法为手制，制法主要有泥条盘筑和捏塑两种，大型器如尖底瓶、夹砂罐、瓮、盆等为泥条盘筑法制成，或使用分段制法，内壁可见泥条盘筑的痕迹；小型器如碗、杯、器盖为捏塑而成。大型夹砂罐和缸的腹部贴附多周附加堆纹，可起到加固器形和防止断裂的作用。多数陶器口沿经慢轮修整，部分内壁留有手指压印痕和垫窝，器表留有刮抹痕。常见器形包括尖底瓶①、夹砂罐、瓮、宽沿盆、钵、碗、盘、杯、灶、甑、器盖等（表3-2、表3-3）。

尖底瓶　19件，其中2件为肩腹部残片，形制不明。以泥质和夹细砂质灰陶为主，泥质红陶较少；灰陶者形体较大，红陶者形体略小。纹饰主要有细线纹、篮纹及小圆泥饼。制法以泥条盘筑为主，内壁常见泥条残迹，尖底处尤为清晰。根据口部特征分为五型。

A型　3件。器形较大。侈口，颈部较长，广折肩，颈肩相接处和肩腹相接部转折明显，肩面微鼓。最大径在肩腹转折处，有的腹中部偏上处略内收，呈束腰状。下腹到尖底截面近似圆锥状。除口、颈部位刮抹成素面或仅留刮抹痕迹外，通体饰篮纹或弦断线纹，颈肩相接处常见一周附加堆纹。

标本H34：5，夹粗砂灰陶。深腹弧收，口沿及尖底残。颈部饰横向篮纹后被抹平，肩部饰横向篮纹，腹部饰右斜向篮纹，纹痕较深。内壁可见明显的泥条盘筑痕。肩径31.5、残高46.1、壁厚0.5厘米（图3-5，1）。

---

① 部分庙底沟二期遗迹单位出土的尖底瓶标本，一般认为是晚期单位中包含的早期遗物，即仰韶晚期的陶片。尽管本次发掘的一些迹象显示，这些尖底瓶大多与同一单位出土的庙底沟二期典型器物共存，为了慎重起见，还是将这些器物与仰韶时期的陶器一起分类综述。

表3-1　Ⅰ区仰韶晚期陶系统计表

陶质	细泥质陶		粗泥质陶		夹细砂陶			夹粗砂陶		合计	百分比（%）
器表装饰 \ 陶色	红	灰	红	灰	红	白	灰	红	灰		
素面	21/923	6/123	93/5690	26/1837	62/4325	1/90	16/806	162/11511	14/1502	401/26807	39.16/39.72
磨光	18/590	27/1079	54/4090	24/1757	25/1639		1/36	6/254	4/370	159/9815	15.53/14.54
绳纹					4/119			113/9341	2/277	119/9737	11.62/14.43
弦纹		2/90		3/133				9/586		14/809	1.36/1.19
线纹	4/52	5/182	4/68	10/382	2/150					25/834	2.44/1.24
刻划纹		1/25								1/25	0.10/0.04
戳印纹		1/22	1/28	1/31	1/58					4/139	0.39/0.21
弦断线纹	2/35	35/1050	26/585	29/860	4/260		2/61			98/2851	9.57/4.22
附加堆纹					5/261			6/637	3/43	14/941	1.36/1.39
磨光+弦纹					1/166		1/331		4/489	6/936	0.59/1.39
绳纹+附加堆纹					7/176			143/11137		150/11313	14.65/16.76
小圆泥饼	3/175	4/262	5/354	3/388						15/1179	1.46/1.75
磨光+绳纹+附加堆纹								1/213		1/213	0.10/0.32
绳纹+附加堆纹+按压纹								7/899		7/899	0.68/1.33
附加堆纹+按压纹		1/32						1/85		2/117	0.20/0.17
磨光+附加堆纹+按压纹									1/116	1/116	0.10//0.17
凸线纹								1/55		1/55	0.10/0.08
圆形泥饼			1/200							1/200	0.10/0.30
磨光+附加堆纹					1/42			4/467		5/509	0.49/0.75
合计	48/1775	82/2865	184/11015	96/5388	112/7146	1/90	20/1234	453/35185	28/2797	1024/67495	
百分比（%）	4.69/2.63	8.01/4.24	17.97/16.32	9.37/7.98	10.94/10.59	0.10/0.13	1.95/1.83	44.24/52.13	2.73/4.14		100/100

注：参与统计的遗迹单位有H1、H2、H19、H47、H48、H51、H54、H56、H57、H69、H76。百分比相关的行、列外，“/”前统计的数据为片数，单位为个；“/”后统计的数据为质量，单位为克。

表3-2　Ⅰ区仰韶晚期陶器器形统计表（1）

陶质	细泥质陶		粗泥质陶		夹细砂陶			夹粗砂陶		合计	百分比（%）
器类＼陶色	红	灰	红	灰	红	白	灰	红	灰		
泥质罐	1	2	8	2						13	2.09
夹砂罐					30	1	1	203	11	246	39.49
瓮			2		4			31	7	44	7.06
尖底瓶	8	36	39	40	4			7		134	21.51
盆	10	7	73	17	15					122	19.58
钵	13	14	17	5				1		50	8.02
器盖				1	5			6		12	1.93
杯									1	1	0.16
甑					1					1	0.16
合计	32	59	139	65	59	1	1	248	19	623	
百分比（%）	5.14	9.47	22.31	10.43	9.47	0.16	0.16	39.81	3.05		100

注：参与统计的遗迹单位有H1、H2、H19、H47、H48、H54、H57、H69、H76。

表3-3　Ⅰ区仰韶晚期陶器器形统计表（2）

器表装饰＼器类	泥质罐	瓮	尖底瓶	盆	钵	器盖	杯	夹砂罐	甑	合计	百分比（%）
素面	5	11	20	70	13	7		116	1	243	43.32
磨光	5	3	3	35	32	1		6		85	15.15
绳纹		9					1	67		77	13.72
弦纹			5							5	0.89
线纹			12							12	2.14
刻划纹			1							1	0.18
戳印纹			3			1				4	0.71
弦断线纹			58							58	10.34
附加堆纹								6		6	1.07
磨光+弦纹	1							2		3	0.53
绳纹+附加堆纹		10						35		45	8.02
小圆泥饼	1		13							14	2.50
附加堆纹+按压纹		1	1							2	0.36
磨光+附加堆纹		1								1	0.18
磨光+绳纹+附加堆纹		1								1	0.18
磨光+附加堆纹+按压纹		1								1	0.18
绳纹+附加堆纹+按压纹		3								3	0.53
合计	12	40	116	105	45	9	1	232	1	561	
百分比（%）	2.14	7.13	20.68	18.72	8.02	1.60	0.18	41.35	0.18		100

注：参与统计的遗迹单位有H1、H2、H19、H48、H54、H57、H69。

标本H70：7，夹细砂灰陶。部分肩部和腹部残，圆唇，深弧腹，尖底凸出。颈部饰较浅的横向篮纹，颈肩相接处有一周附加堆纹，肩部饰横向篮纹，腹部饰较深的右斜向中篮纹，底部由于长期使用被磨成素面。底部可见泥条盘筑痕。口径14.8、肩径32.0、复原后高60.0、壁厚0.6～1.0厘米（图3-5，2；图版一四，1）。

标本H72：12，夹细砂灰陶。方唇，上腹外斜，下腹弧收成尖底，部分肩部及腹部残。颈部素面，颈肩相接处施一周附加堆纹，肩、腹部饰横向篮纹。口部留有轮修痕，内外壁可见刮抹痕，底部可见泥条盘筑痕。口径14.2、复原后高52.7、壁厚0.8、底厚1.2厘米（图3-5，3）。

B型　3件。器形较小。仅存口沿及颈、肩部。侈口，短束颈，颈肩相接处和肩腹相接处均呈弧形转折，无折棱或折角。内壁泥条盘筑痕迹清晰。

标本ⅠT0407④：52，粗泥质灰陶。圆唇。素面。内壁可见泥条盘筑痕。口径6.0、残高7.1、壁厚0.7厘米（图3-5，9）。

标本F5：1，粗泥质灰陶。方唇，溜肩，肩面微鼓。唇部饰一周较浅凹弦纹，领部素面，肩部饰交错绳纹。内壁可见泥条盘筑痕迹。口径8.4、残高10.9、壁厚0.5～0.7厘米（图3-5，10）。

标本H18：78，粗泥质红陶。圆唇，斜肩。颈部素面，肩部饰交错篮纹。内壁可见泥条盘筑痕。口径9.2、残高10.0、壁厚0.5厘米（图3-5，11）。

C型　3件。器体较小。仅存口沿及颈、肩部。微侈口，细长颈，颈中部微外鼓，形似葫芦，颈肩相接处呈弧形转折。颈部外鼓处饰斜向戳印纹一周，肩部饰压印纹或细线纹。内壁泥条盘筑痕迹清晰。

标本ⅠT0301⑥：08，粗泥质红陶。圆唇。器表隐约可见线纹，颈中部饰一周斜向绳压纹，颈部下部饰弦断线纹。内壁可见明显的泥条盘筑痕。口径6.2、残高9.3、壁厚0.8厘米（图3-5，6；图版二〇，1）。

标本ⅠT0308④：49，粗泥质红陶。尖圆唇。颈部饰一周戳印的窝纹。内壁可见清晰泥条盘筑痕。口径4.7、残高6.6、壁厚0.6厘米（图3-5，7）。

标本H10：4，粗泥质灰陶。圆唇，器表磨光，颈下饰一周戳印纹。器表留有轮修痕。口径4.6、残高6.3、壁厚0.6厘米（图3-5，8）。

D型　2件。仅存口沿及颈上部。重唇口，内唇内敛，外唇呈凸棱状。

标本Y1：21，细泥质红陶，胎体呈灰色。沿下饰右斜向绳纹。口沿处可见较明显的轮修痕。口径7.1、残高3.4、壁厚0.6厘米（图3-5，4；图版一五，2）。

标本ⅠT0308④：47，细泥质红陶。圆唇。颈部素面。器表轮修痕明显。内口径5.0、外口径10.0、沿宽2.5、残高4.2、壁厚0.6厘米（图3-5，5）。

E型　6件。仅存口沿及颈、肩部。口部整体形态接近A型，折沿，沿面近平或向外微张，微侈口或近直口，细长颈，颈上部近口沿处多贴附小圆泥饼，多成对分布。

标本ⅠT0407④：54，粗泥质灰陶。折沿，沿面略外张，圆唇。颈上部贴附小圆泥饼，泥饼上留有指压痕，颈下部饰弦断线纹。内口径8.2、外口径12.2、沿宽2.0、残高15.3、壁厚0.8厘米（图3-6，1；图版一五，3）。

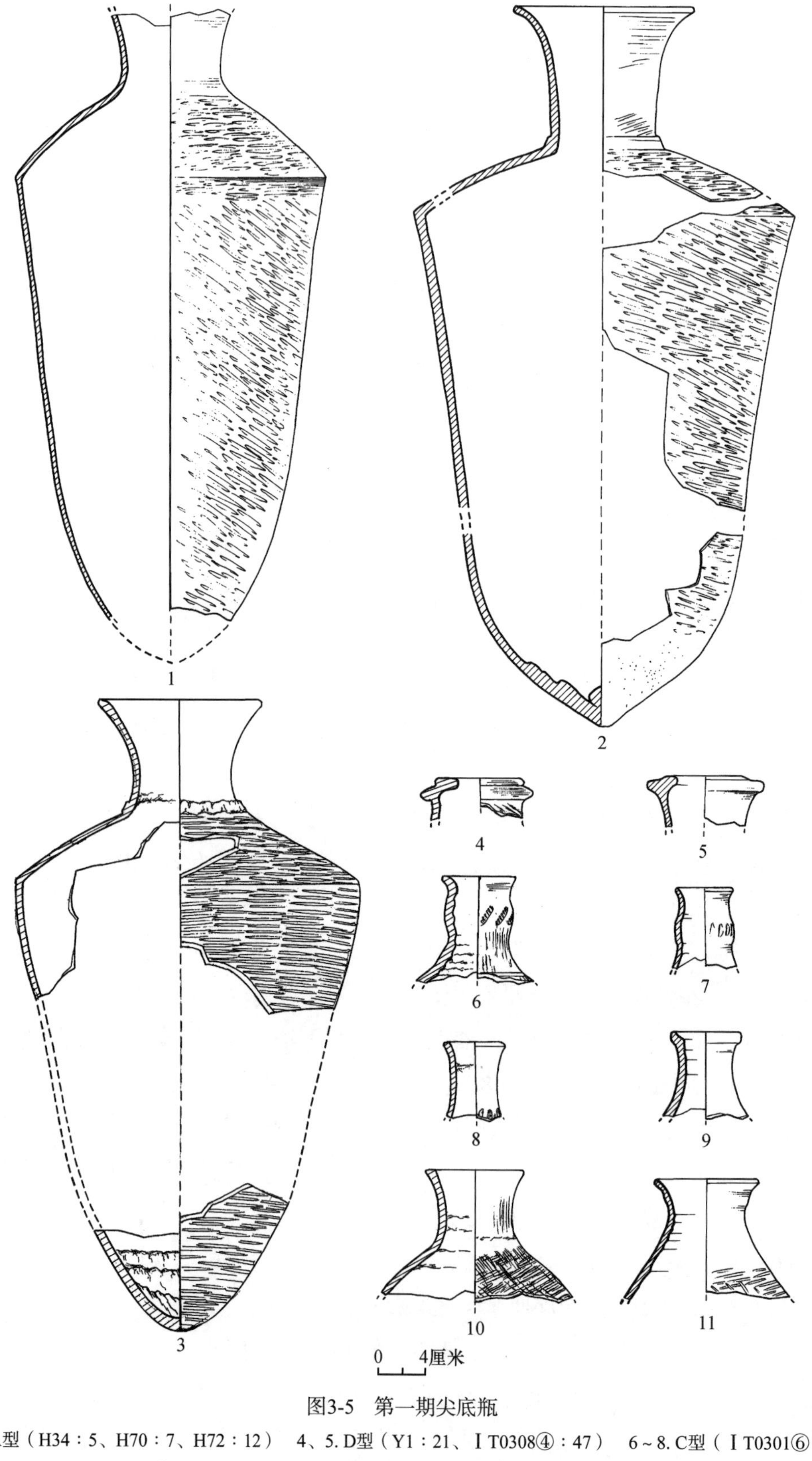

图3-5　第一期尖底瓶

1～3. A型（H34：5、H70：7、H72：12）　4、5. D型（Y1：21、Ⅰ T0308④：47）　6～8. C型（Ⅰ T0301⑥：08、Ⅰ T0308④：49、H10：4）　9～11. B型（Ⅰ T0407④：52、F5：1、H18：78）

标本ⅠT0203③：110，粗泥质灰陶。折沿，沿面略外张，方圆唇。颈上部贴附小圆泥饼，下部饰一周附加堆纹。颈部留有轮修痕，内壁可见明显的泥条盘筑痕。内口径7.0、外口径11.2、沿宽2.1、残高12.2、壁厚1.0厘米（图3-6，2）。

标本ⅠT0308④：38，细泥质红陶。折沿，沿面略外张，尖圆唇。颈上部贴附小圆泥饼，泥饼上留有指压痕。内壁可见泥条盘筑痕。口径6.7、残高6.0、壁厚0.5厘米（图3-6，3；图版一五，1）。

标本ⅠT0202⑤：14，粗泥质红陶。平折沿，沿面略凹，圆唇。颈部略经刮抹或磨光，留有弦断线纹，口沿处轮修痕迹明显。内口径6.0、外口径11.0、沿宽2.3、残高10.5、壁厚1.0厘米（图3-6，4）。

标本H56：14，粗泥质红陶。平折沿，尖圆唇。颈上部贴附小圆泥饼，泥饼上有指压痕。器表留有轮修痕，内壁可见泥条盘筑痕。内口径6.8、外口径11.6、沿宽2.4、残高10.7、壁厚0.8～1厘米（图3-6，5）。

标本H33：1，粗泥质红陶。平折沿，方圆唇。沿面饰一周不规则的细划纹，颈上部贴附小圆泥饼。口沿处留有轮修痕。内口径5.6、外口径10.0、沿宽2.2、残高4.8、壁厚0.7厘米（图3-6，6）。

另有2件肩腹部残片。

标本ⅠT0308④：1，双耳尖底瓶残片。粗泥质红陶，口颈及尖底残。卵形腹，圆肩，上腹圆鼓，下腹弧收至尖底。最大径偏上腹，自最大径处向下设两个对称的竖向桥形耳。通

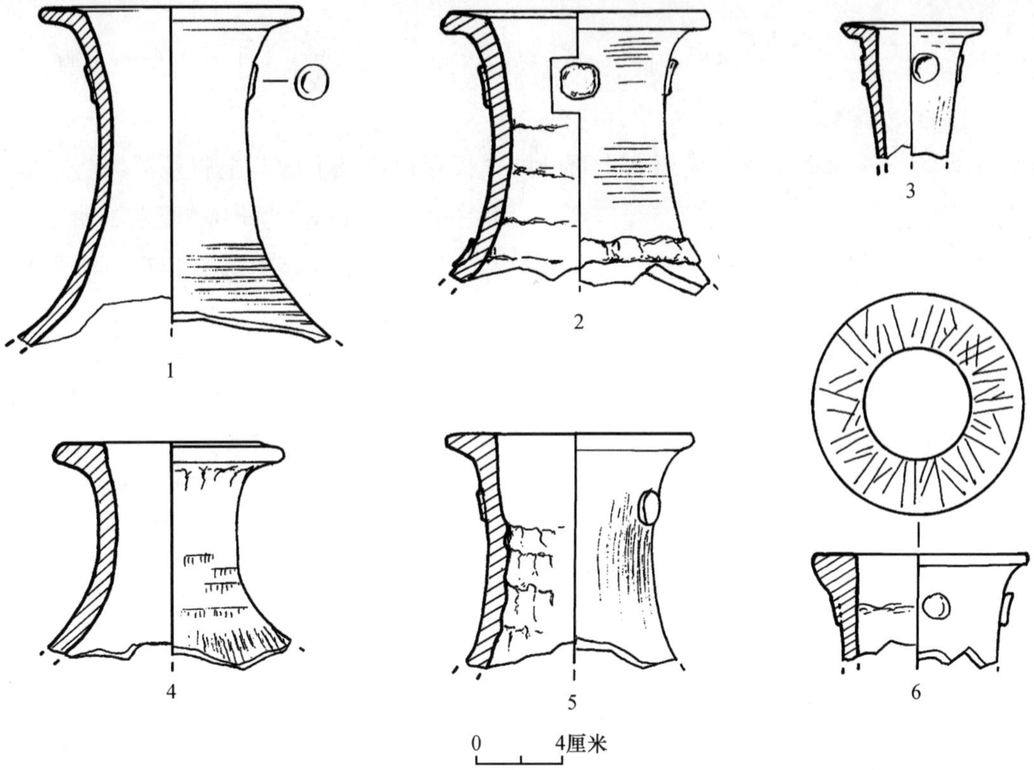

图3-6　第一期E型尖底瓶

1. ⅠT0407④：54　2. ⅠT0203③：110　3. ⅠT0308④：38　4. ⅠT0202⑤：14　5. H56：14　6. H33：1

体饰浅压印纹。此器可能为仰韶文化较早阶段的遗物，因遗址本期发掘不见该时期的遗迹单位，故仅将此器物信息附于此，不参与分型。残高22.9、壁厚0.4～0.6厘米（图3-7，1；图版一四，2）。

标本ⅠT0307②：45，彩陶残片。粗泥质红陶。置一拱形耳。器表有黑色彩绘。推测为尖底瓶的残片。残长8.3、残宽7.9、壁厚0.4～0.6厘米（图3-7，4）。

平底瓶　2件。均为泥质陶。素面，颈部稍加磨光。根据整体特征分为两型。

A型　1件。

标本ⅠT0407④：4，粗泥质灰陶。微侈口，细长颈，溜肩，鼓腹，平底微内凹，下腹、底部残。器表磨光。内壁可见泥条盘筑痕。口径5.0、底径11.0、最大腹径18.8、复原后高26.8、壁厚0.4厘米（图3-7，2）。

B型　1件。

标本H18：4，粗泥质红陶。侈口，细长颈，折腹，平底，口沿残。器表略磨光。器表刮抹痕明显。残口径9.0～10.0、腹径14.4、底径7.5、残高20.2、壁厚0.3～0.6厘米（图3-7，3；图版一四，4）。

罐　34件。根据质地分为夹砂与泥质两类。

夹砂罐　28件。以夹砂红陶为主，也有极少量的夹砂灰陶。多数腹部饰绳纹，近口沿的一周纹饰抹平；绳纹之上饰附加堆纹或圆泥饼。上腹两侧多横置对称的鸡冠鋬。部分器物因夹砂量较大、胎壁较薄，器体相对较脆弱，破碎严重，很难复原。根据口沿及腹部特征分为四型。

A型　24件。敛口，斜折沿，弧腹，最大径偏上腹。根据器体大小分为三个亚型。

Aa型　9件。器体较小，口径小于20厘米。

标本H4：6，夹细砂灰陶。尖唇，上腹外鼓，仅存口沿及上腹。上腹残留一鸡冠鋬，鋬下的腹壁饰两周附加堆纹，堆纹上留有绳压痕。口径19.0、残高7.8、壁厚0.5厘米（图3-8，1）。

标本ⅠT0203⑥：5，夹细砂红陶，胎体呈灰色。尖圆唇，上腹外鼓，仅存口沿及上腹。上

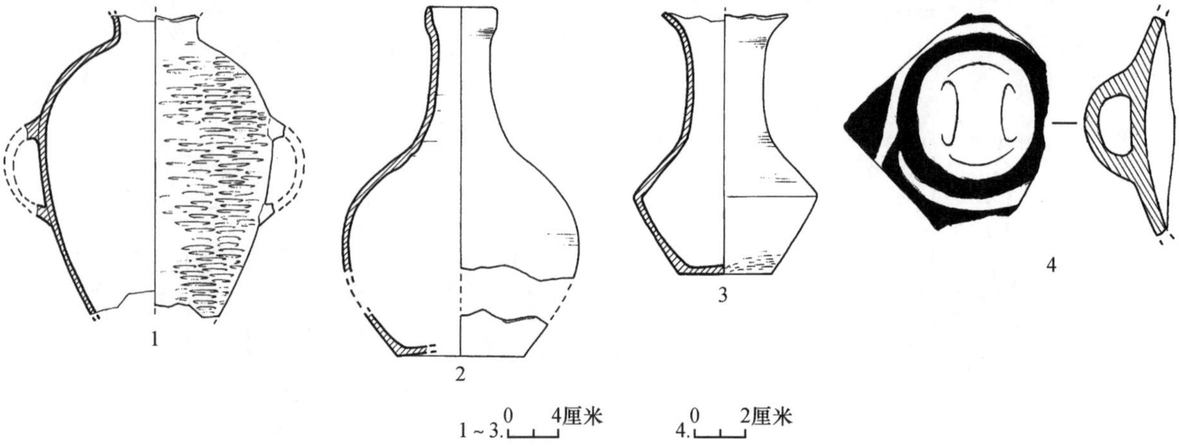

图3-7　第一期平底瓶、肩腹部残片

1、4. 肩腹部残片（ⅠT0308④：1、ⅠT0307②：45）　2. A型平底瓶（ⅠT0407④：4）　3. B型平底瓶（H18：4）

腹饰右斜向中绳纹，其上残留一鸡冠鋬。口沿留有轮修痕，器表可见烟炱痕。口径18.0、残高9.8、壁厚0.7厘米（图3-8，2）。

标本ⅠT0308②：57，夹粗砂红陶。尖唇，上腹外鼓，仅存口沿及上腹。上腹饰竖向及右斜向中绳纹，其上残留一鸡冠鋬。口沿留有轮修痕，器壁可见较少的烟炱痕。口径10.0、残高8.6、壁厚0.6厘米（图3-8，4）。

标本H56：12，夹粗砂红陶。圆唇，圆鼓腹，下腹及底残。腹部饰较深的竖向绳纹，腹中部饰一周横条状附加堆纹。口径12.0、残高5.9、壁厚0.5厘米（图3-8，5）。

标本H32：13，夹粗砂灰陶。圆唇，上腹微鼓，仅存口沿及上腹。腹部饰竖向细绳纹。口径20.0、残高5.0、壁厚0.6厘米（图3-8，7）。

标本F4：7，夹粗砂红陶。尖唇，上腹外弧，仅存口沿及上腹。上腹饰右斜向粗绳纹，其上残留一鸡冠鋬。器表留有烟炱痕。口径17.8、残高8.4、壁厚0.8厘米（图3-8，8）。

标本H50：47，夹细砂红陶。方唇，鼓腹，仅存口沿及上腹。上腹贴附小圆泥饼，中腹饰一周附加堆纹。口径10.8、残高6.2、壁厚0.5厘米（图3-8，10）。

标本ⅠT0407④：36，夹粗砂红陶。沿面内凹，圆唇，上腹外弧，仅存口沿及上腹。上腹饰右斜向细绳纹。口沿留有轮修痕，器表及断茬皆见烟炱痕。口径10.3、残高4.3、壁厚0.4厘米（图3-8，11）。

标本ⅠT0407④：21，夹粗砂红陶。圆唇，上腹外鼓，仅存口沿及上腹。上腹贴附小圆泥饼。口径13.0、残高5.8、壁厚0.4厘米（图3-8，14）。

Ab型　11件。器体大小居中，口径介于20～30厘米之间。

标本H80：2，夹粗砂红陶。圆唇，上腹外弧，仅存口沿及上腹。上腹饰右斜向中绳纹，其上残留一鸡冠鋬。口径24.6、最大腹径28.7、残高11.6、壁厚0.8～1.0厘米（图3-8，3）。

标本H13：32，夹粗砂红陶。圆唇，上腹外弧，仅存口沿及上腹。腹部饰右斜向中绳纹。口径22.0、残高7.5、壁厚0.5厘米（图3-8，6）。

标本ⅠT0203⑥：6，夹粗砂红陶，胎体呈浅灰色。沿面内凹，圆唇，上腹外鼓，仅存口沿及上腹。上腹残留一鸡冠鋬，口沿至鸡冠鋬之间饰竖向中绳纹，其下饰一周附加堆纹，堆纹上留有绳压痕。口沿留有轮修痕。口径22.0、残高10.5、壁厚0.8厘米（图3-8，9）。

标本H1：43，夹细砂红陶，胎体呈灰色。圆唇，上腹外弧，仅存口沿及上腹。上腹饰一周附加堆纹，堆纹上留有绳压痕。口沿留有轮修痕。口径22.5、残高7.0、壁厚1.0厘米（图3-8，12）。

标本ⅠT0407④：23，夹粗砂红陶。圆唇，上腹外鼓，仅存口沿及上腹。腹饰右斜向中绳纹。口沿留有轮修痕，口沿与腹部交接处黏结痕明显，器表可见烟炱痕。口径24.0、残高10.2、壁厚0.5厘米（图3-9，4）。

标本ⅠT0203③：2，夹细砂灰陶。沿面微凹，圆唇，上腹微鼓，仅存口沿及上腹。器表饰交错粗绳纹。口沿留有轮修痕，内壁可见刮抹痕。口径30.0、残高12.8、壁厚0.5厘米（图3-9，5）。

标本H56：8，夹粗砂红陶。方圆唇，上腹外弧，仅存口沿及上腹。上腹饰交错绳纹。口沿留有轮修痕。口径28.0、残高6.5、壁厚0.7厘米（图3-9，8）。

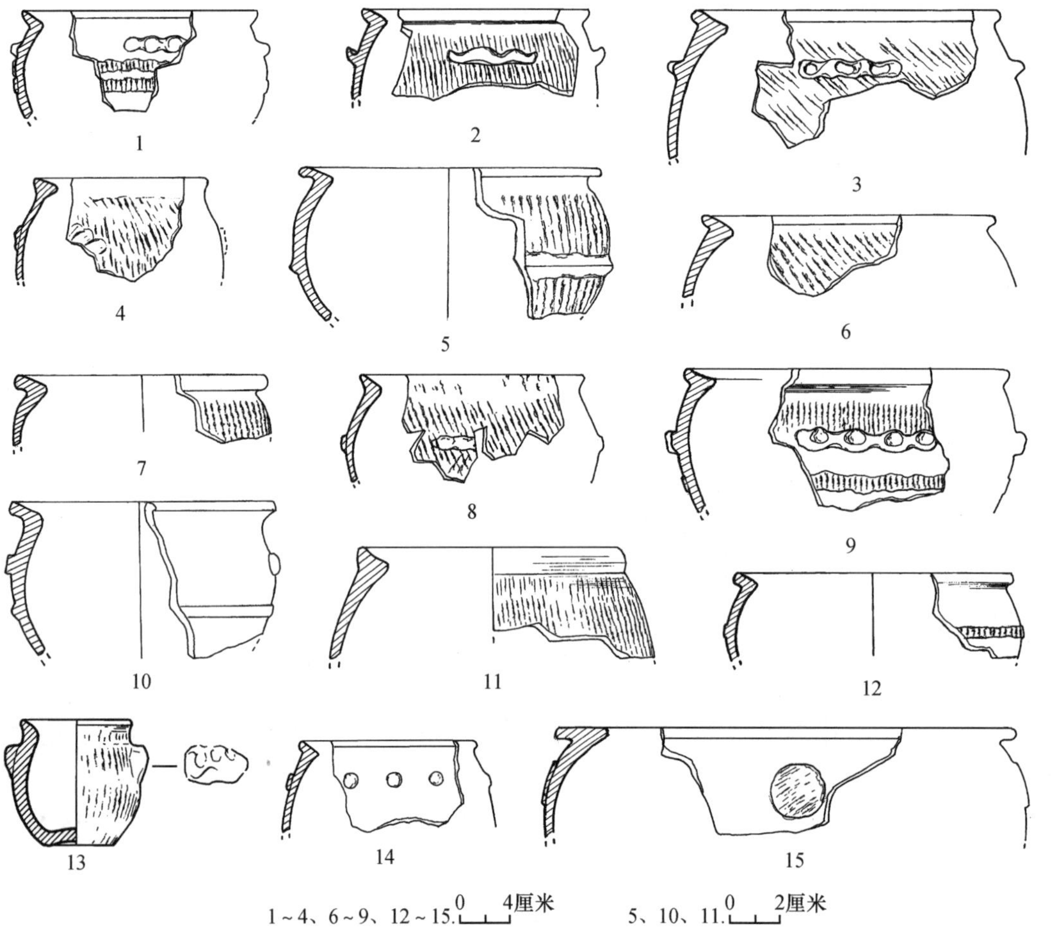

图3-8　第一期夹砂罐（1）

1、2、4、5、7、8、10、11、14. Aa型（H4：6、ⅠT0203⑥：5、ⅠT0308②：57、H56：12、H32：13、F4：7、H50：47、ⅠT0407④：36、ⅠT0407④：21）　3、6、9、12. Ab型（H80：2、H13：32、ⅠT0203⑥：6、H1：43）　13. C型（ⅠT0407④：7）　15. B型（ⅠT0203⑥：28）

标本ⅠT0301④：22，夹粗砂红陶。方唇，上腹外弧，仅存口沿及上腹。唇部按出一周绳压痕形成花边口，沿下加固一周附加堆纹，堆纹上留有按压痕，腹部饰竖向细绳纹。沿面有轮修痕。口径23.2、残高4.1、壁厚0.8厘米（图3-9，9）。

标本H84：8，夹粗砂红陶。圆唇，上腹微鼓，仅存口沿及上腹。上腹饰右斜向中绳纹，近口沿处残留一鸡冠錾。器表可见烟炱痕。口径28.4、最大腹径30.3、残高12.6、壁厚1.0厘米（图3-9，10）。

标本ⅠT0308④：96，夹粗砂红陶。圆唇，上腹圆鼓，仅存口沿及上腹。上腹残留一鸡冠錾，錾下饰一周附加堆纹，堆纹上留有绳纹压痕。口沿处留有刮抹痕与轮修痕。口径28.0、残高9.8、壁厚0.7厘米（图3-9，11）。

标本H1：3，夹粗砂灰陶。圆唇，上腹外弧，仅存口沿及上腹。素面。口沿处留有刮抹痕与轮修痕，器表可见烟炱痕。口径30.6、残高8.0、壁厚1.4厘米（图3-9，13）。

Ac型　4件。器体较大，口径大于30厘米。

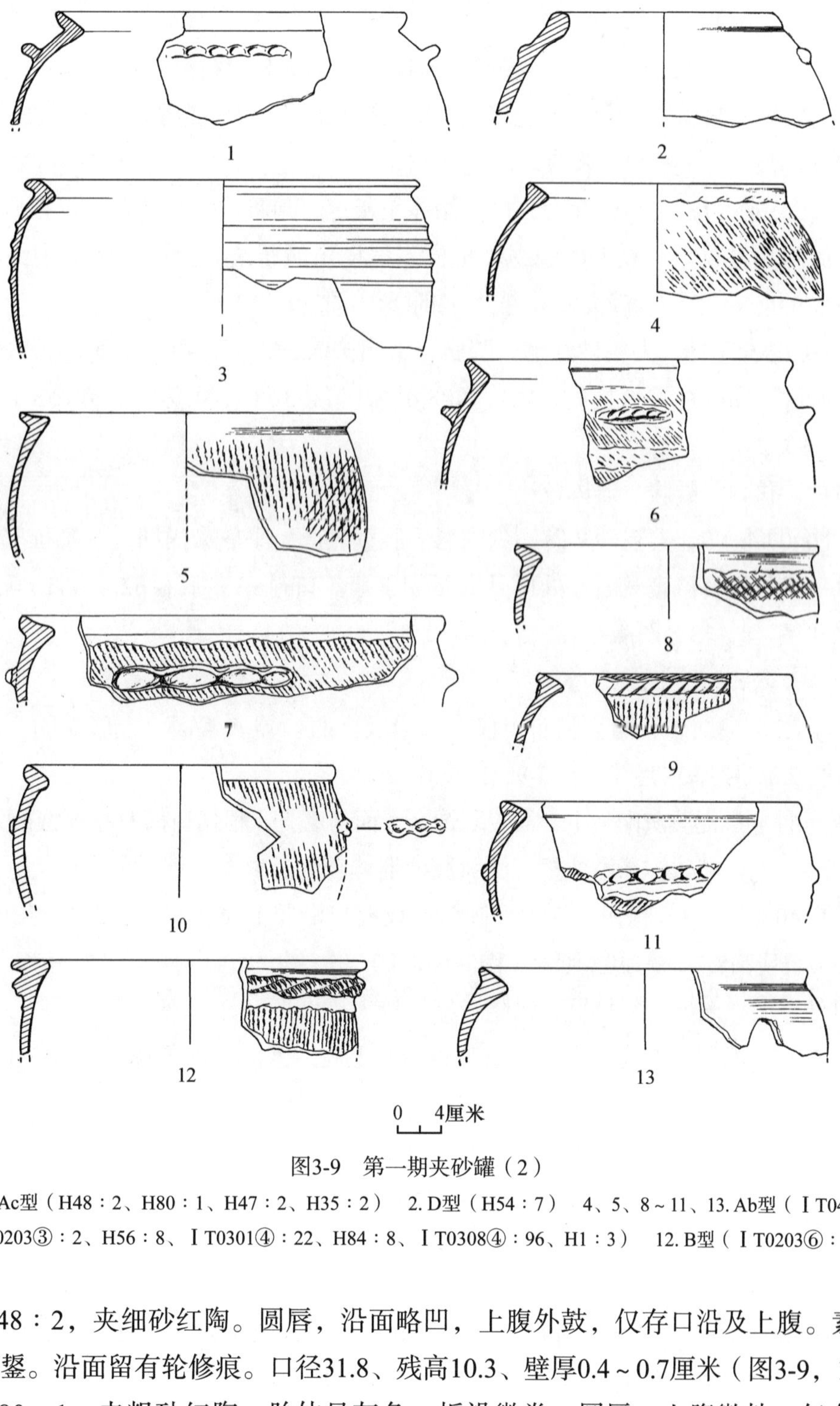

图3-9　第一期夹砂罐（2）

1、3、6、7. Ac型（H48：2、H80：1、H47：2、H35：2）　2. D型（H54：7）　4、5、8～11、13. Ab型（ⅠT0407④：23、ⅠT0203③：2、H56：8、ⅠT0301④：22、H84：8、ⅠT0308④：96、H1：3）　12. B型（ⅠT0203⑥：7）

标本H48：2，夹细砂红陶。圆唇，沿面略凹，上腹外鼓，仅存口沿及上腹。素面，上腹残留一鸡冠鋬。沿面留有轮修痕。口径31.8、残高10.3、壁厚0.4～0.7厘米（图3-9，1）。

标本H80：1，夹粗砂红陶，胎体呈灰色。折沿微卷，圆唇，上腹微鼓，仅存口沿及上腹。上腹饰四周凸弦纹。内外壁皆可见少量烟炱痕。口径35.9、最大腹径38.3、残高15.2、壁厚0.5～0.8厘米（图3-9，3；图版一九，2）。

标本H47：2，夹粗砂红陶。圆唇，上腹外鼓，仅存口沿及上腹。上腹饰右斜向细绳纹，其上置一鸡冠鋬，鋬下方饰一周较薄的附加堆纹。器表可见烟炱痕。口径30.2、残高11.2、壁厚0.8厘米（图3-9，6）。

标本H35：2，夹粗砂红陶。沿面微内凹，圆唇，上腹微鼓，仅存口沿及上腹。上腹饰右斜向粗绳纹，其上残留一鸡冠鋬。口沿留有轮修痕。口径38.1、残高7.6、壁厚1.0厘米（图3-9，7）。

B型　2件。敛口，平折沿，弧腹。

标本ⅠT0203⑥：7，夹粗砂红陶，口沿胎体呈灰色。圆唇，上腹外弧，仅存口沿及上腹。沿下加固一周附加堆纹，堆纹上用绕绳木棍向左按压出绳压纹，上腹饰竖向中绳纹。内口径29.0、外口径36.0、沿宽3.5、残高7.5、壁厚0.9厘米（图3-9，12）。

标本ⅠT0203⑥：28，夹粗砂红陶。圆唇，上腹圆鼓，仅存口沿及上腹。器表略磨光，上腹贴附小圆泥饼。内壁可见烟炱痕。内口径28.0、外口径36.0、沿宽4.0、残高8.1、壁厚0.6厘米（图3-8，15）。

C型　1件。侈口，鼓腹。器体较小。

标本ⅠT0407④：7，夹粗砂灰陶。尖圆唇，腹壁较厚，平底微内凹。腹部饰竖向中绳纹，腹上部残留一鸡冠鋬。器表及断茬处可见大量烟炱痕。口径8.9、底径6.2、高10.0、壁厚1.0、底厚1.1厘米（图3-8，13；图版一五，5）。

D型　1件。敛口，鼓腹。

标本H54：7，夹细砂红陶。圆唇，仅存口沿及上腹。器表素面，上腹贴附小圆泥饼。口径20.0、残高10.2、壁厚0.7厘米（图3-9，2）。

泥质罐　6件。以泥质灰陶为主。器表装饰多素面与磨光。根据口部及腹部特征分为五型。

A型　1件。大口微敛，平沿外折，深弧腹。器体较大。

标本ⅠT0408③：13，粗泥质红陶。圆唇，仅存口沿及上腹。素面。内口径30.0、外口径37.8、沿宽3.9、残高8.3、壁厚0.6厘米（图3-10，1）。

B型　1件。大口微敛，斜折沿，弧腹。器体较大。

标本H57：6，粗泥质红陶。圆唇，仅存口沿及上腹。素面。口径38.0、残高10.2、壁厚0.6厘米（图3-10，3）。

C型　1件。敛口，斜折沿，圆鼓腹。器体较小。

标本ⅠT0307②：8，粗泥质灰陶。圆唇，圆鼓腹，下腹及底残。内外壁均磨光。器表留有轮修痕。口径21.0、残高8.9、壁厚0.4～0.6厘米（图3-10，5）。

D型　2件。敛口，卷沿，弧腹。

标本H76：8，细泥质灰陶。圆唇，仅存口沿及上腹。器表磨光，沿下有一道刮抹痕。口径28.0、残高3.2、壁厚0.5厘米（图3-10，2）。

标本H69：14，细泥质灰陶。圆唇，仅存口沿及上腹。器表磨光。口部留有轮修痕。口径25.0、残高5.0、壁厚0.4厘米（图3-10，4）。

E型　1件。直筒状，直口，腹壁较直。器体较小。

标本H2：14，粗泥质红陶。圆唇，仅存口沿及上腹。器表表面，口部有刻划纹。口径16.4、残高10.3、壁厚0.6厘米（图3-10，6）。

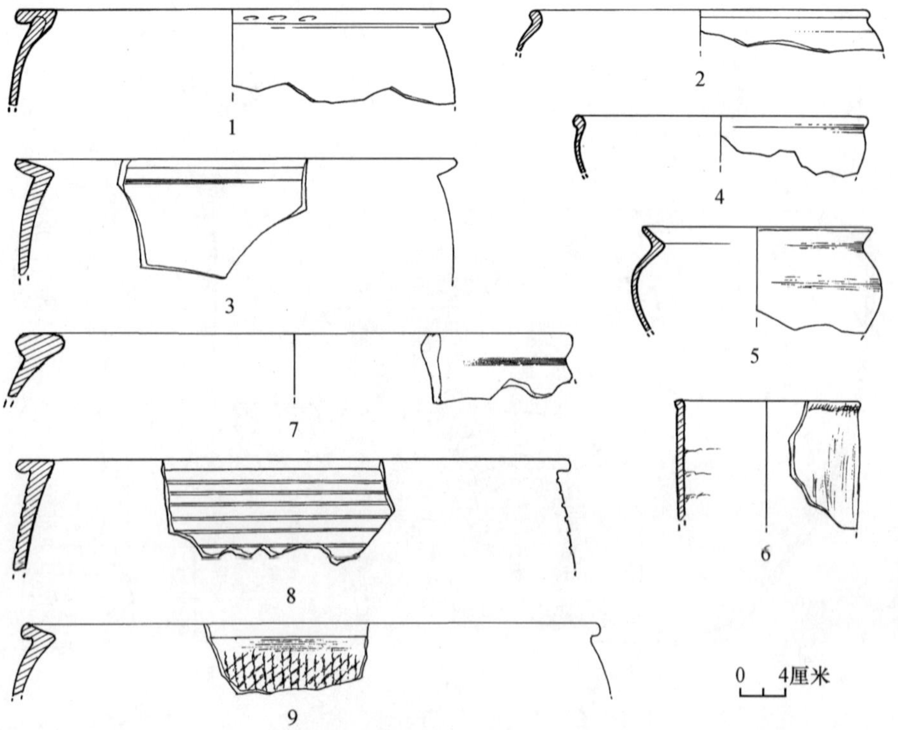

图3-10　第一期泥质罐、缸

1. A型泥质罐（ⅠT0408③：13）　2、4. D型泥质罐（H76：8、H69：14）　3. B型泥质罐（H57：6）　5. C型泥质罐（ⅠT0307②：8）　6. E型泥质罐（H2：14）　7. B型缸（H2：22）　8. A型缸（H57：32）　9. C型缸（H54：19）

缸　3件。以夹砂陶为主，少量为泥质陶。器表装饰以绳纹为主，少量为素面和弦纹。根据口部特征分为三型。

A型　1件。大口微敛，平沿外折。

标本H57：32，夹粗砂灰陶。圆唇，上腹外弧，仅存口沿及上腹。上腹饰数周凹弦纹。内口径42.0、外口径48.0、沿宽3.0、残高9.0、壁厚0.6厘米（图3-10，8）。

B型　1件。大口微敛，平沿内外均加厚。

标本H2：22，夹细砂红陶。平沿，厚圆唇，上腹外弧，仅存口沿及上腹。素面。口部留有轮修痕。内口径39.9、外口径48.5、沿宽4.3、残高5.4、壁厚0.8厘米（图3-10，7）。

C型　1件。敛口，斜折沿。

标本H54：19，夹粗砂红陶。沿面微内凹，圆唇，上腹外弧，仅存口沿及上腹。器表饰交错中绳纹。口部留有轮修痕，内壁可见刮抹痕。口径50.0、残高6.0、壁厚0.9厘米（图3-10，9）。

瓮　12件。以夹砂陶为主，少量为泥质陶。器表装饰以绳纹和附加堆纹为主，素面和磨光较少。根据口沿及腹部特征分为五型。

A型　4件。敛口，沿外侧加厚，上腹较直，饰竖向绳纹或素面，其上多饰横向附加堆纹。

标本ⅠT0407④：22，夹粗砂红陶。尖圆唇，仅存口沿及上腹。沿下加固一周附加堆纹，堆纹上以绕绳工具按压出斜向凹窝，其下饰一周附加堆纹，堆纹上留有绳压痕，上腹饰竖向中绳纹。口径38.0、残高9.7、壁厚0.7厘米（图3-11，1）。

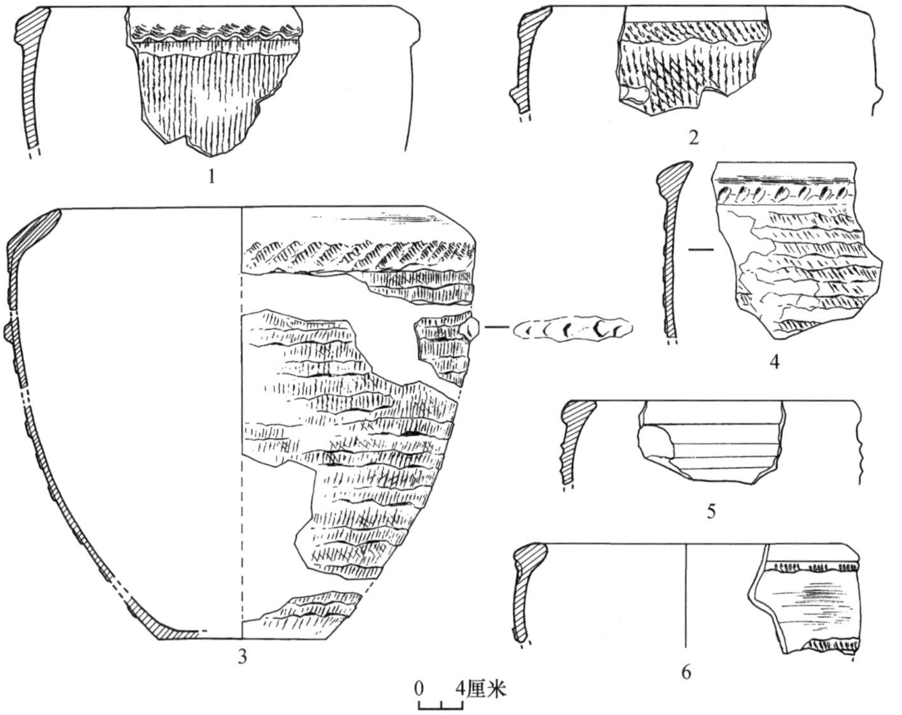

图3-11　第一期瓮（1）

1、4～6. A型（ⅠT0407④：22、H56：11、ⅠT0303②：13、H19：17）　2、3. B型（ⅠT0203③：200、ⅠT0407③：11）

标本H56：11，夹粗砂红陶。尖圆唇，仅存口沿及上腹。口部饰左斜向绳纹后被抹平，仍残留绳纹痕迹，沿下饰一周锯齿状按压痕迹，腹部饰右斜向绳纹，其上饰多周附加堆纹，堆纹上留有绳压痕。残高15.9、壁厚0.8厘米（图3-11，4）。

标本ⅠT0303②：13，夹粗砂红陶。厚圆唇，仅存口沿及上腹。上腹饰横向凸弦纹。口径33.0、残高7.0、壁厚0.7厘米（图3-11，5）。

标本H19：17，夹粗砂红陶。尖圆唇，仅存口沿及上腹。沿下和腹部各饰一周附加堆纹，堆纹上留有绳压痕。口沿内外均有轮修痕。口径28.4、残高8.9、壁厚1.0厘米（图3-11，6）。

B型　3件。敛口内折，沿面上扬。最大径在上腹近口沿处，以下渐内收成小平底。

标本ⅠT0203③：200，夹粗砂红陶。圆唇，沿面凹弧，上腹微弧，仅存口沿及上腹。沿下加固一周附加堆纹，堆纹上留有绳压痕，上腹饰交错的粗绳纹，其上残留一鸡冠鋬。器表可见烟炱痕。口径24.0、残高10.0、壁厚0.6厘米（图3-11，2）。

标本ⅠT0407③：11，夹粗砂红陶。厚圆唇，沿面微鼓，深弧腹，部分腹部残。沿下加固一周附加堆纹，堆纹上用绕绳工具压印一周斜向凹窝，腹部饰竖向中绳纹，其上饰多周附加堆纹，堆纹上留有绳压痕，上腹置一对称鸡冠鋬。口部可见轮修痕。口径35.0、复原后高38.8、壁厚0.6～0.9、底厚0.7厘米（图3-11，3；图版一八，3）。

标本ⅠT0301③：458，夹粗砂红陶。圆唇，上腹微外弧，仅存口沿及上腹。沿下加固三周附加堆纹，堆纹上留有指压痕，腹部残留一鸡冠鋬。口径42.0、残高10.8、壁厚1.0厘米（图3-12，1）。

C型 2件。微敛口，沿内外加厚，深弧腹。器表饰多周竖向绳纹及横向附加堆纹。

标本H1：2，夹粗砂红陶。圆唇，窄折沿内倾，平底，部分腹部残。腹部饰竖向细绳纹，其上饰数周附加堆纹，堆纹上留有绳压痕。口径34.7、底径24.6、复原后高42.2、壁厚0.8、底厚1.0厘米（图3-12，3；图版一六，1）。

标本H57：30，夹细砂红陶。厚圆唇，上腹微外弧，仅存口沿及上腹。沿下加固一周附加堆纹，堆纹上留有压印痕。腹部饰竖向细绳纹，其上饰三周附加堆纹，堆纹上留有绳压痕。器表可见烟炱痕。口径20.0、残高12.0、壁厚0.5厘米（图3-12，6；图版一九，4）。

D型 2件。平沿，内沿折棱凸出形成内敛口，上腹较直。器表饰多周附加堆纹，相邻两周堆纹或有间距，或部分叠压。

标本H28：9，夹粗砂灰陶。圆唇，仅存口沿及上腹。沿下加固两周附加堆纹，堆纹上留有按压痕。沿宽4.3、残高6.1、壁厚0.8厘米（图3-12，2）。

标本ⅠT0203③：85，粗泥质灰陶。圆唇，仅存口沿及上腹。上腹饰两周并行的附加堆纹，堆纹上留有按压痕，堆纹上贴附小圆泥饼。内口径32.0、外口径39.0、沿宽3.5、残高5.5、壁厚0.7厘米（图3-12，4）。

E型 1件。敛口，鼓腹，上腹近球形。

标本ⅠT0308④：81，细泥质红陶。敛口，尖圆唇，仅存口沿及上腹。器表磨光，口沿与腹上端泥条接痕清晰。口径26.0、残高10.5、壁厚0.7厘米（图3-12，5）。

盆 15件。以泥质红陶为主，泥质灰陶次之，另有极少量的夹砂灰陶。器表整体素面，局部磨光，个别器物沿面上饰彩绘条带。上腹多置对称的鸡冠鋬。根据口部及腹部特征分为

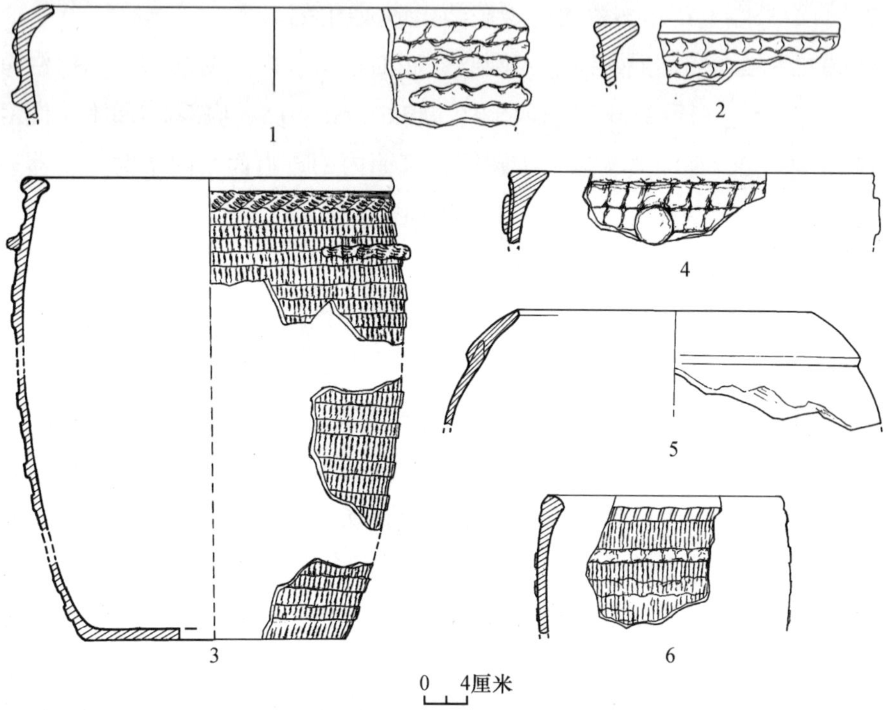

图3-12 第一期瓮（2）

1. B型（ⅠT0301③：458） 2、4. D型（H28：9、ⅠT0203③：85） 3、6. C型（H1：2、H57：30） 5. E型（ⅠT0308④：81）

五型。

A型　5件。平沿，斜弧腹。根据口部差异分为两个亚型。

Aa型　4件。平折沿，外沿较宽，内沿折棱多凸出形成内敛口。

标本H73：49，粗泥质红陶。尖圆唇，仅存口沿及上腹。口沿磨光，腹部素面，上腹置对称鸡冠鋬。口沿留有轮修痕，内外壁有烟炱。内口径25.6、外口径35.2、沿宽3.6、残高9.8、壁厚0.6～0.8厘米（图3-13，1）。

标本ⅠT0203⑤：4，夹细砂红陶，胎体呈灰色。圆唇，仅存口沿及上腹。沿面磨光，器表素面。沿下留有轮修痕，内外壁皆可见刮抹痕。内口径34.0、外口径44.6、沿宽5.3、残高13.0、壁厚0.6厘米（图3-13，2）。

标本H69：15，细泥质灰陶。尖圆唇，仅存口沿。沿面磨光，其上饰三道等距离的褐色彩绘，器表素面。内口径26.0、外口径36.4、沿宽5.2、残高3.0、壁厚0.6厘米（图3-13，3）。

标本ⅠT0203⑥：2，夹细砂红陶，胎体呈灰色。圆唇，仅存口沿及上腹。器表素面，上腹置鸡冠鋬。沿下留有轮修痕，内壁可见刮抹痕。内口径34.4、外口径44.0、沿宽4.8、残高9.2、壁厚0.7厘米（图3-13，4）。

Ab型　1件。沿面多较窄，部分沿外端略下垂。

标本ⅠT0407③：39，粗泥质灰陶。平折沿微卷，厚圆唇，腹较深，上腹微鼓，下腹急收，平底，部分腹部残。上腹残留一鸡冠鋬，器表素面。口径30.0、底径14.0、复原后高17.8、壁厚0.4～0.7、底厚0.6厘米（图3-13，5）。

B型　3件。斜折沿，斜弧腹，少数置有鸡冠鋬。根据口部差异分为两个亚型。

Ba型　2件。沿外端上扬，多数内沿折棱凸出形成内敛口。

标本ⅠT0307②：2，粗泥质灰陶。尖圆唇，底面较平。内外壁均磨光。口沿可见轮修痕，器表可见不规则刮抹痕。口径38.0、底径15.0、高9.6、壁厚0.5、底厚0.7厘米（图3-13，6）。

标本ⅠT0407④：2，细泥质灰陶。尖圆唇，底面内凹。沿面及内壁磨光，器表素面。口径41.6、底径16.0、高11.4、壁厚0.7、底厚1.3厘米（图3-13，7）。

Bb型　1件。折沿微卷，部分沿外端略下垂。

标本H18：12，细泥质灰陶。直口微敛，尖圆唇，下腹及底残。器表及内壁均磨光。沿下留有轮修痕。口径34.0、残高7.4、壁厚0.6～0.9厘米（图3-13，8）。

C型　1件。深腹盆。斜折沿，沿外端上扬，腹较深。

标本ⅠT0308④：51，夹粗砂红陶，胎体呈灰色。圆唇，上腹略鼓，下腹斜收，下腹及底残。器表饰右斜向细绳纹，上腹残留一鸡冠鋬，中腹施一周附加堆纹，堆纹上留有指压痕。内壁附着一层较薄的白色物质。口径20.0、残高11.2、壁厚0.8厘米（图3-13，11）。

D型　2件。整体形似B型，但器体显著较小。平折沿，内沿折棱凸出形成内敛口，腹微弧，向下斜收成小平底。

ⅠT0302③：164，夹粗砂红陶。圆唇。素面。器表留有烟炱痕。内口径14.0、外口径18.2、沿宽2.0、底径9.4、高5.5、壁厚0.6～1.0、底厚0.6厘米（图3-13，9）。

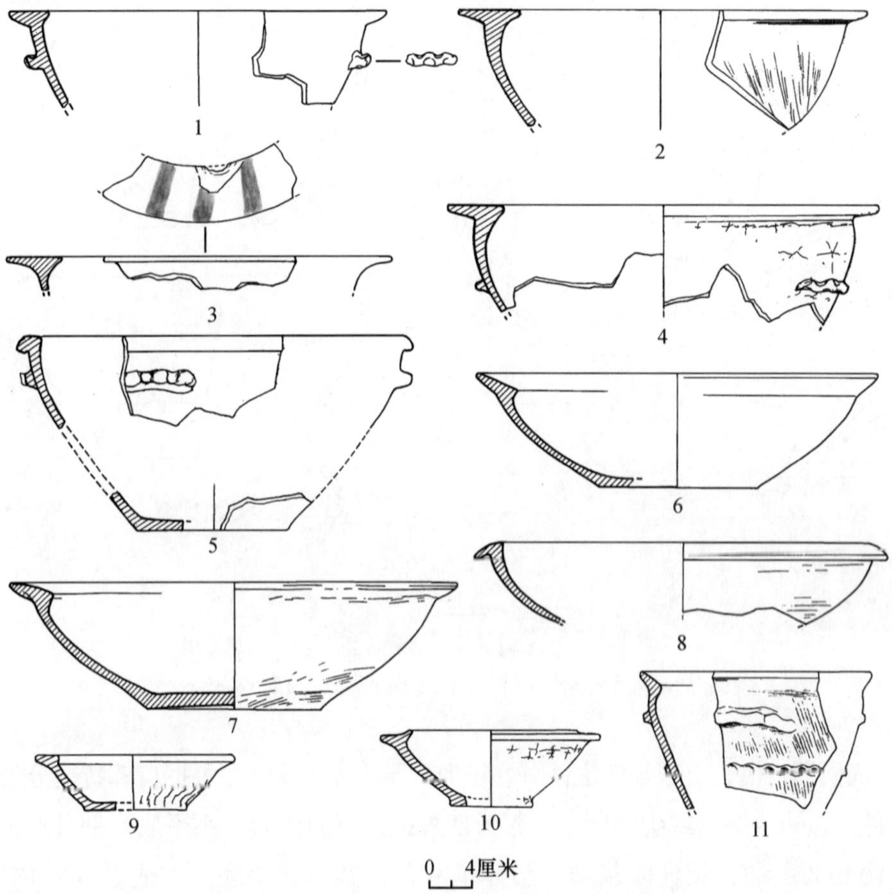

图3-13　第一期盆

1～4. Aa型（H73：49、ⅠT0203⑤：4、H69：15、ⅠT0203⑥：2）　5. Ab型（ⅠT0407③：39）　6、7. Ba型（ⅠT0307②：2、ⅠT0407④：2）　8. Bb型（H18：12）　9、10. D型（ⅠT0302③：164、H49：20）　11. C型（ⅠT0308④：51）

标本H49：20，夹粗砂红陶。内沿上翘，外侧为圆唇，内侧为尖圆唇。素面。口部留有轮修痕，口沿与腹部间黏结痕明显。内口径14.5、外口径20.5、沿宽3.0、底径7.6、高6.9、壁厚0.7厘米（图3-13，10）。

E型　4件。钵形盆。敛口，上腹外鼓，下腹斜内收成平底。

标本H56：20，细泥质灰陶。圆唇，流略上翘，流壁弧曲向内倾斜，仅存口沿及上腹。内壁流口处及器表磨光。残高7.4、壁厚0.6厘米（3-14，1）。

标本ⅠT0407④：3，夹细砂灰陶。尖圆唇，沿下腹壁略内凹。上腹近口沿处一周磨光，下腹素面。口部留有轮修痕，器表可见斜向刮抹痕。口径24.0、底径13.4、高21.7、壁厚0.6～0.8厘米（图3-14，2）。

标本ⅠT0308④：171，细泥质红陶，胎体呈灰色。圆唇，仅存口沿及上腹。器表磨光，上腹残留一鸡冠鋬。口径32.0、残高12.0、壁厚0.7厘米（图3-14，3）。

标本ⅠT0407④：14，粗泥质灰陶。尖圆唇，仅存口沿及上腹。上腹残留一鸡冠鋬，器表素面。口径31.0、残高6.8、壁厚0.4～0.6厘米（图3-14，4）。

钵　17件。以泥质灰陶和泥质红陶为主，极少量为夹砂灰陶。器表装饰以素面和磨光为主，

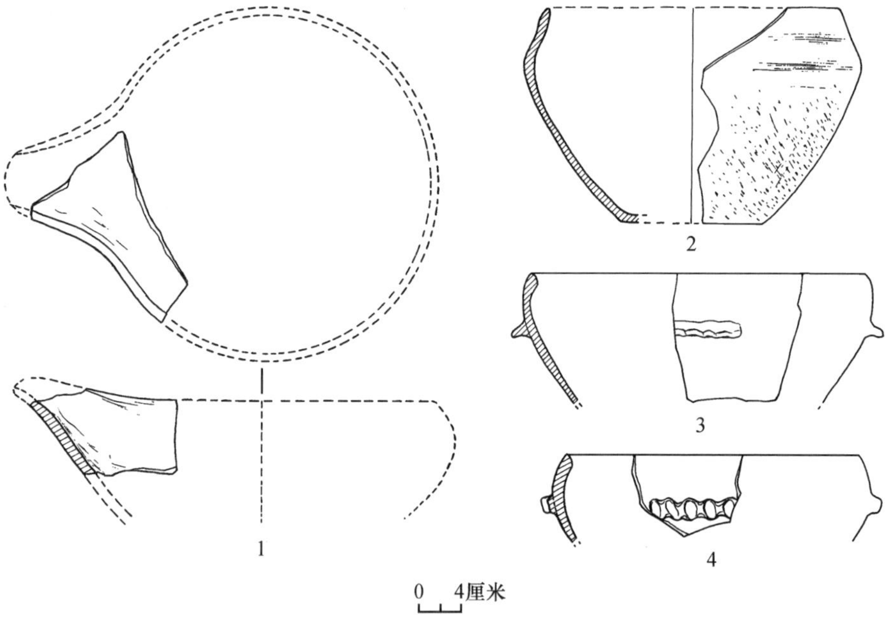

图3-14　第一期E型盆

1. H56：20　2. Ⅰ T0407④：3　3. Ⅰ T0308④：171　4. Ⅰ T0407④：14

磨光多见于素面陶器口沿、上腹等部位；绳纹较少。器体大小不一。根据口部特征分为两型。

A型　8件。敛口，圆唇或尖圆唇，上腹弧曲外鼓，下腹弧收，小平底，部分底面微内凹。

标本Ⅰ T0203⑤：2，粗泥质灰陶，胎体呈灰色。圆唇，平底。器表磨光。内壁留有轮修痕，器表可见刮抹痕。口径21.0、底径10.0、高10.3、壁厚0.5～0.7、底厚0.6厘米（图3-15，1；图版一六，2）。

标本Ⅰ T0307②：9，细泥质灰陶。圆唇，唇部微外翻，底残。器表磨光。口径20.0、残高9.1、壁厚0.5～0.7厘米（图3-15，2）。

标本H11：12，粗泥质灰陶。尖圆唇，仅存口沿及上腹。器表磨光。口径19.8、残高7.4、壁厚0.8厘米（图3-15，3）。

标本H48：24，粗泥质红陶。尖唇，仅存口沿及上腹。素面。口径18.0、残高5.2、壁厚0.2～0.5厘米（图3-15，4）。

标本Ⅰ T0408③：105，细泥质红陶，外表红色，内胎呈灰色。尖唇，仅存口沿及上腹。器表磨光。内外壁皆见刮抹痕。口径20.0、残高8.0、壁厚0.4厘米（图3-15，5）。

标本H19：36，细泥质红陶。尖唇，仅存口沿及上腹。素面。内外壁皆轮修痕明显。口径18.0、残高6.6、壁厚0.7厘米（图3-15，7）。

标本Ⅰ T0407③：32，粗泥质灰陶。圆唇，仅存口沿及上腹。器表磨光。内壁留有轮修痕。口径27.0、残高10.7、壁厚0.5厘米（图3-15，9）。

标本H13：6，细泥质红陶，胎体呈深灰色。圆唇，仅存口沿及上腹。素面。腹部留有轮修痕。口径12.0、残高4.1、壁厚0.7厘米（图3-15，11）。

B型　9件。以直口或微敛口为主，个别为敞口，上腹较直或微弧，下腹斜收。

标本ⅠT0308④：20，细泥质红陶，胎体呈灰色。尖圆唇，下腹及底残。素面。口部留有轮修痕，内壁可见刮抹痕。口径24.0、残高10.0、壁厚0.6厘米（图3-15，6）。

标本H81：25，粗泥质红陶。方唇，上腹略内倾，仅存口沿及上腹。器表磨光。内壁留有轮修痕。口径19.5、残高6.7、壁厚1.0厘米（图3-15，8）。

标本H48：50，细泥质红陶。圆唇，下腹及底残。素面。下腹有明显的横向刮抹痕。口径28.4、残高8.3、壁厚0.3～0.5厘米（图3-15，10）。

标本H49：21，粗砂质红陶。圆唇，仅存口沿及上腹。腹部饰左斜向粗绳纹。口径24.0、残高8.8、壁厚0.5～0.6厘米（图3-15，12）。

标本H67：1，夹细砂灰陶。圆唇，弧腹，仅存口沿及上腹。素面。口部留有轮修痕，器表可见不规则刮抹痕。口径22.0、残高9.8、壁厚0.5～0.8厘米（图3-15，13）。

标本ⅠT0407③：9，夹粗砂红陶。厚圆唇，腹较深，平底内凹。素面。器表粗糙，可见斜

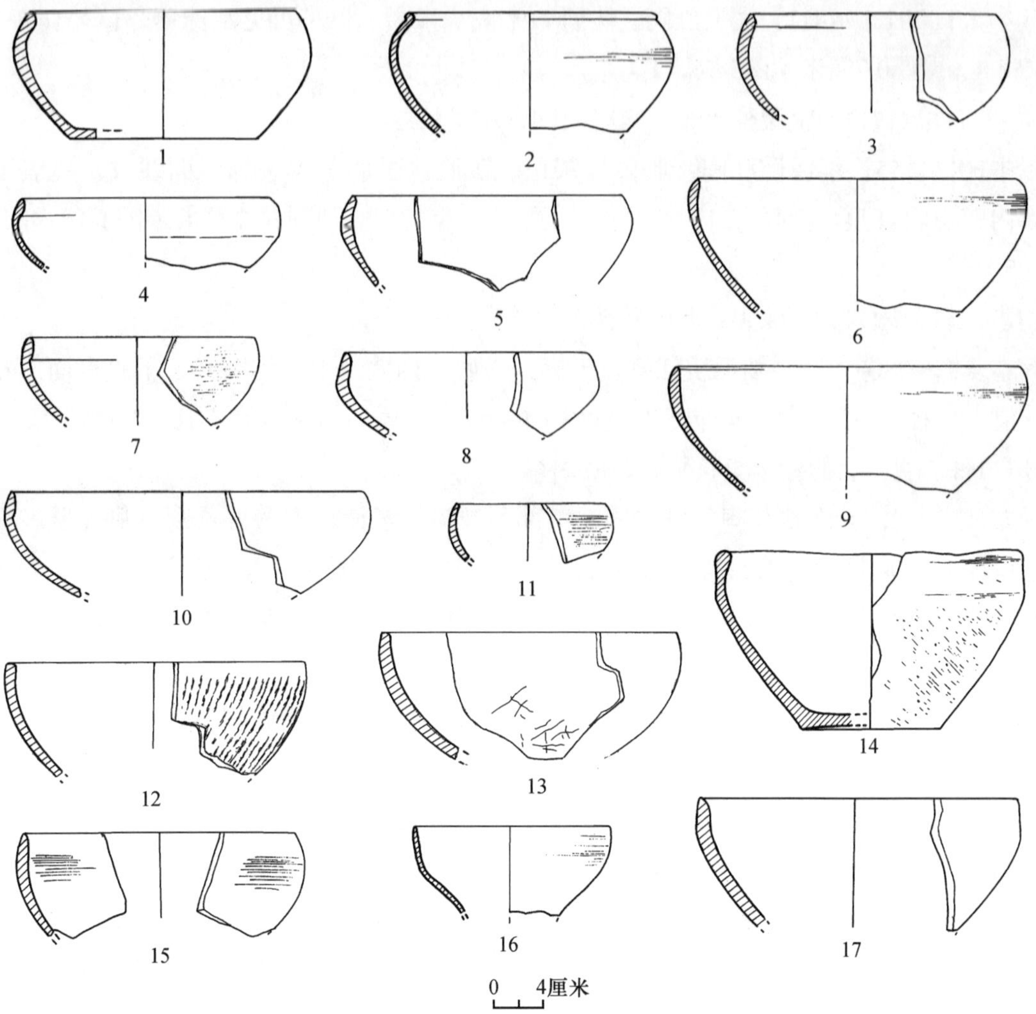

图3-15　第一期钵

1～5、7、9、11. A型（ⅠT0203⑤：2、ⅠT0307②：9、H11：12、H48：24、ⅠT0408③：105、H19：36、ⅠT0407③：32、H13：6）　6、8、10、12～17. B型（ⅠT0308④：20、H81：25、H48：50、H49：21、H67：1、ⅠT0407③：9、ⅠT0301④：79、ⅠT0308④：19、H81：26）

向刮抹痕。口部制作不规整。口径24.0、底径11.3、高14.2、壁厚0.7～1.0厘米（图3-15，14）。

标本ⅠT0301④：79，细泥质红陶。尖圆唇，仅存口沿及上腹。器表磨光。内外壁均留有轮修痕。口径21.8、残高7.1、壁厚0.7厘米（图3-15，15）。

标本ⅠT0308④：19，细泥质红陶，胎体呈灰色。圆唇，下腹急收，腹壁略内凹，底残。口沿及上腹磨光，下腹素面。口部留有轮修痕。口径16.0、残高7.0、壁厚0.2～0.6厘米（图3-15，16）。

标本H81：26，夹细砂红陶。尖唇，弧腹内收，仅存口沿及上腹。素面。口径26.0、残高10.5、壁厚1.2厘米（图3-15，17）。

碗　3件。仅见泥质陶。器表以素面为主，口沿及上腹多有磨光。器体较小。根据口部与腹部特征分为三型。

A型　1件。口微敛，斜腹微弧，胎壁厚实。

标本ⅠT0301③：411，泥质红陶。尖唇，平底。素面。器表可见刮抹痕。口径16.8、底径8.8、高8.8、壁厚0.7厘米（图3-16，1）。

B型　1件。敛口，上腹外鼓，下腹略内凹，胎壁较厚。

标本H87：55，细泥质红陶，胎体呈灰色。尖唇，平底。器表饰竖向线纹。器表可见刮抹痕，内壁有轮修痕。口径12.1、底径9.3、高7.6、壁厚0.8、底厚0.7厘米（图3-16，2；图版一六，5）。

C型　1件。敞口，斜弧腹，胎壁较薄。

标本ⅠT0408③：39，细泥质红陶。尖唇，平底。内壁及上腹均磨光，下腹素面。器表可见刮抹痕。口径14.0、底径6.0、高5.7、壁厚0.4～0.6、底厚0.4厘米（图3-16，3）。

杯　1件。直口，腹壁较直，平底，底周缘外凸。

标本H35：1，夹细砂红陶。厚方唇，口部不规整。素面。内壁可见刮抹痕，器表可见烟炱痕。口径5.8、底径4.6、高5.2、壁厚0.5厘米（图3-16，5；图版一六，6）。

盘　5件。以夹砂红陶为主，夹砂灰陶和泥质红陶次之。器表装饰以素面为主，绳纹和磨光次之。根据整体形态及口部特征分为三型。

A型　3件。敛口，沿内卷，浅弧腹，腹壁较厚，大平底。根据腹部特征分为两个亚型。

Aa型　2件。腹部外鼓。

标本ⅠT0202③：48，夹粗砂红陶。圆唇，沿面较平，底面微凹。素面。器表可见刮抹痕及烟炱痕。口径37.3、底径36.6、高4.2、壁厚1.0厘米（图3-16，4）。

标本ⅠT0203⑤：3，夹粗砂红陶，胎体呈灰色。尖唇，沿面内倾，底面较平。素面。器表可见刮抹痕。口径28.4、底径32.4、高4.1、壁厚1.1厘米（图3-16，6）。

Ab型　1件。腹壁外侧斜直，内壁弧凹。

标本ⅠT0301④：224，夹粗砂灰陶。沿面略平，末端向内凸成。圆唇，斜腹极浅，平底。外腹及沿面饰细绳纹。口径20.0、底径21.8、高3.7、壁厚1.5厘米（图3-16，9）。

B型　1件。直口，外腹部较直，内壁向内斜收，大平底。

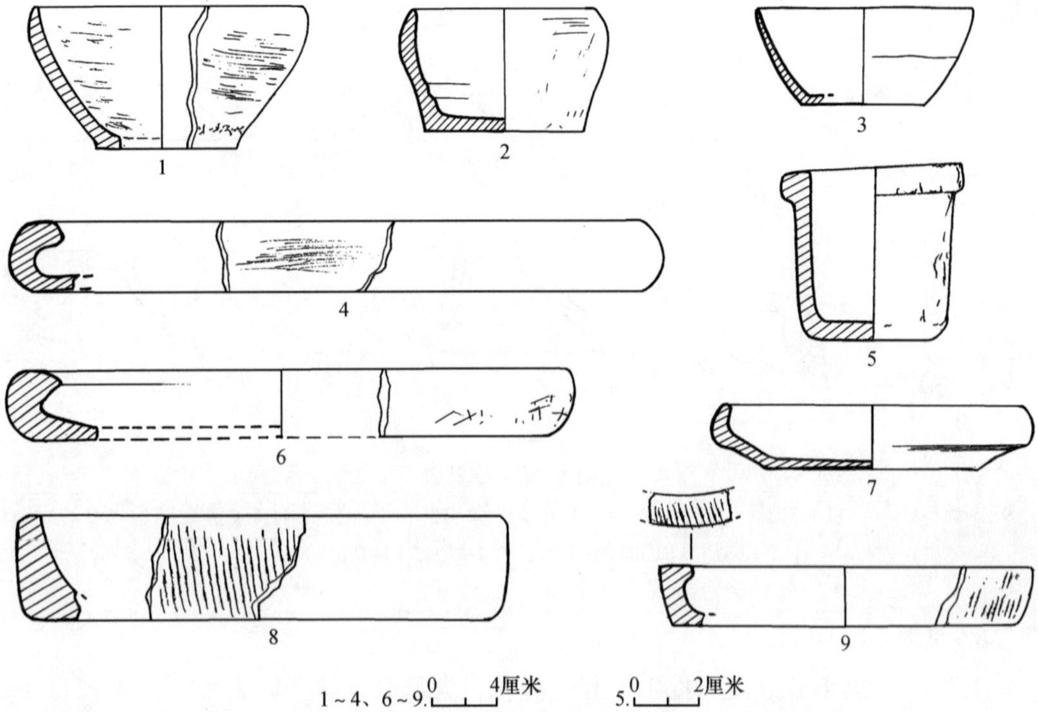

图3-16　第一期碗、杯、盘

1. A型碗（ⅠT0301③：411）　2. B型碗（H87：55）　3. C型碗（ⅠT0408③：39）　4、6. Aa型盘（ⅠT0202③：48、ⅠT0203⑤：3）　5. 杯（H35：1）　7. C型盘（ⅠT0203⑥：1）　8. B型盘（H74：21）　9. Ab型盘（ⅠT0301④：224）

标本H74：21，粗泥质红陶。方圆唇。器表饰竖向粗绳纹，底部饰粗绳纹。口径30.0、高6.4、壁厚1.4～3.0、底厚1.5厘米（图3-16，8）。

C型　1件。敛口，曲腹，上腹明显外鼓，下腹斜收，平底。

标本ⅠT0203⑥：1，夹细砂红陶，胎体呈灰色。圆唇，平底。素面。口部留有轮修痕，内壁可见刮抹痕。口径18.5、底径13.6、高4.2、壁厚0.6～1.4、底厚0.5～0.7厘米（图3-16，7；图版一六，3）。

器盖　9件。本期器盖数量较少，以夹砂红陶为主，泥质灰陶次之。器表装饰以素面为主，多见绳纹，少数为磨光。根据捉手及整体特征分为四型。

A型　5件。圆饼形捉手。盖壁外张呈喇叭状，倒置则为碗。根据捉手和腹部特征分为二亚型。

Aa 型　4件。捉手与腹壁紧连，无分界。盖壁斜直。

标本H74：1，夹细砂红陶。盖体周缘残。器表饰竖向细绳纹。内壁可见刮抹痕，器表留有烟炱痕。捉手径9.3、残高7.1、壁厚1.0厘米（图3-17，1）。

标本ⅠT0203③：276，夹粗砂红陶。盖体周缘残。器表可见较为规整的竖向刮抹痕，内壁为不甚规整的横向刮抹痕，内外壁均留有烟炱痕。捉手径9.5、残高10.3、壁厚0.7厘米（图3-17，3；图版一七，3、4）。

标本H74：2，夹粗砂红陶。盖体周缘残。素面。内外壁均可见烟炱痕。捉手径9.0、残高

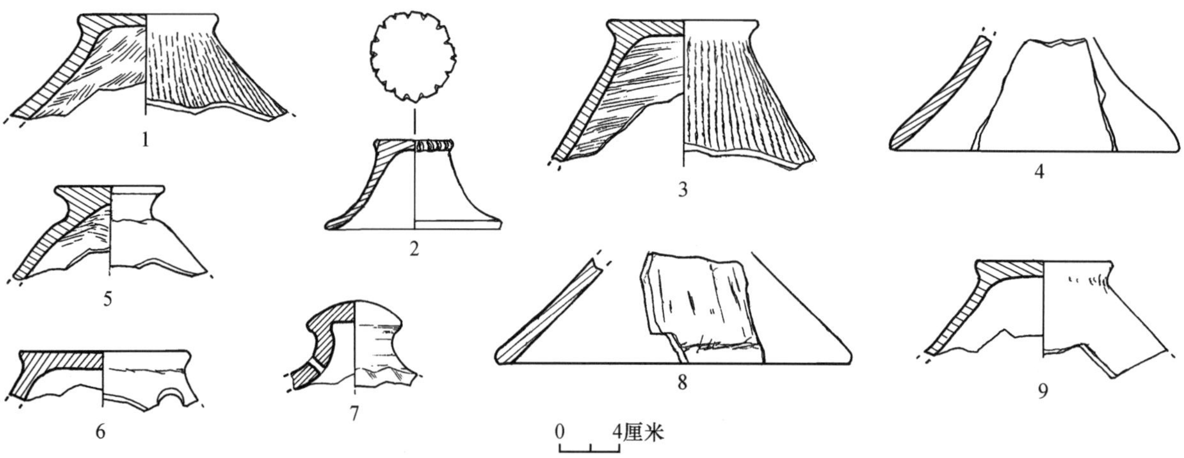

图3-17　第一期器盖

1、3、6、9. Aa型（H74：1、ⅠT0203③：276、H33：4、H74：2）　2. B型（H2：15）　4、8. C型（ⅠT0407④：13、H11：4）　5. Ab型（ⅠT0303③：101）　7. D型（ⅠT0407③：80）

7.2、壁厚0.9厘米（图3-17，9）。

标本H33：4，夹细砂红陶。捉手下有一残孔，大部分盖体残。素面。捉手径11.2、残高3.2、壁厚1.0厘米（图3-17，6）。

Ab 型　1件。捉手与盖壁间有分界，圆饼近似独立，倒置外视如假圈足。盖壁略弧。器体稍小。

标本ⅠT0303③：101，粗泥质红陶。盖体口部周缘残。素面。内外壁均留有轮修痕，内壁可见刮抹痕。捉手径7.0、残高5.5、壁厚0.7厘米（图3-17，5）。

B型　1件。整体形似A型，但器体显著较小，捉手周缘压印锯齿状花边。盖壁弧曲，倒置如敞口小杯或小碗。

标本H2：15，夹细砂红陶，胎体呈灰色。尖圆唇。器表素面，捉手周缘压印出花边。器表可见烟炱痕。盖径12.6、捉手径10.4、高5.7、壁厚0.6厘米（图3-17，2；图版一七，1）。

C型　2件。整体形态近A型，但器体较大，盖壁斜直，外张程度较大。

标本H11：4，夹粗砂红陶，胎体呈灰色。圆唇，捉手已残。素面。内壁可见刮抹痕。盖径23.8、残高7.0、壁厚1.0厘米（图3-17，8）。

标本ⅠT0407④：13，夹细砂灰陶。尖圆唇，腹壁斜直略内曲，捉手已残。器表经粗磨光，内壁粗糙。盖径25.0、残高6.3、壁厚0.5～1.1厘米（图3-17，4）。

D型　1件。蘑菇状捉手。盖体近捉手处有透气孔。

标本ⅠT0407③：80，粗泥质灰陶。捉手下有一残孔，盖体已残。器表磨光。捉手径6.5、残高5.1、壁厚0.9、孔径0.3厘米（图3-17，7；图版一七，2）。

灶　3件。本期发现的陶灶均为夹砂红陶。器表装饰以素面为主，或素面上加饰凹凸弦纹。器体已残，仅存下腹及足，足圈一侧残留火门。

标本H23：11，夹细砂红陶。下腹微斜收，平底。器表饰凸弦纹。弦纹之间留有轮修痕。残高9.9、壁厚1.2、底厚1.0厘米（图3-18，1）。

标本ⅠT0308②：69，夹粗砂红陶。下腹弧收，平底。下腹施红色陶衣，足部饰两道竖向附加堆纹。残高7.3、足宽11.5、足厚2.2厘米（图3-18，4）。

标本F4：1，夹粗砂红陶，胎体呈灰色。腹壁较直，与底部交接处弧收，平底。器表素面。残高4.6、壁厚1.0～1.4、底厚0.8厘米（图3-18，5）。

甑 4件。以泥质红陶为主，另有夹砂红陶与夹砂灰陶。素面。下腹斜收，平底，底部有圆形箅孔。

标本ⅠT0202⑤：33，粗泥质红陶。残存下腹及底，底部残留4个圆形箅孔。器表可见刮抹痕。底径11.0、残高5.0、壁厚0.8厘米（图3-18，2）。

标本ⅠT0301⑥：10，粗泥质红陶。仅存平底，底部残留8个圆形箅孔。底径13.0、残高1.4、底厚0.8厘米（图3-18，3）。

标本H1：74，夹细砂灰陶。残存下腹及底，腹壁略内曲，底部有圆形箅孔。底径13.4、残高6.2、壁厚1.0、底厚1.0厘米（图3-18，6）。

标本H13：44，夹细砂红陶。残存下腹及底，深腹，底部残留2个箅孔。器表可见刮抹痕。底径12.0、残高10.7、壁厚0.9、底厚0.7～1.0厘米（图5-18，7）。

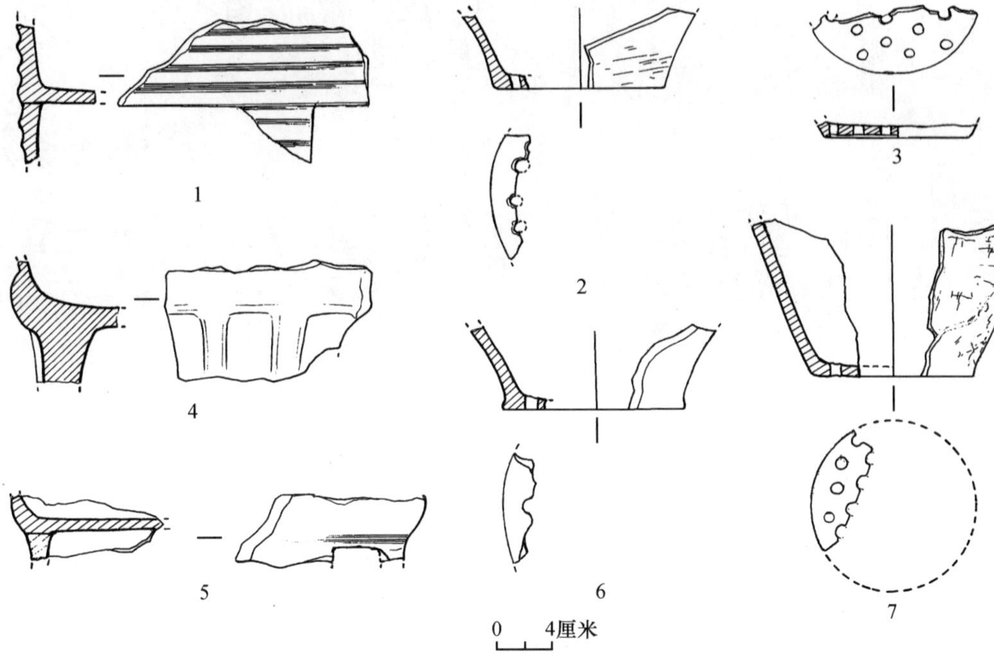

图3-18 第一期灶、甑

1、4、5. 灶（H23：11、ⅠT0308②：69、F4：1） 2、3、6、7. 甑（ⅠT0202⑤：33、ⅠT0301⑥：10、H1：74、H13：44）

2. 工具

工具有刀、刮削器和纺轮三种。

刀　6件。大多利用陶器残片加工而成。陶片以泥质灰陶为主，外表多饰弦断线纹和线纹，也有素面。刀体近长方形，两侧缘多打制出内凹状缺口，为装柄系绳处。

标本ⅠT0301⑥：11，细泥质灰陶。陶片加工而成，两侧缘打制成内凹状缺口，直背，单面直刃，刀缘不规整。器表磨光。长6.4、宽3.8、厚0.4厘米（图3-19，1；图版二一，2）。

标本ⅠT0301⑥：6，细泥质灰陶。尖底瓶腹部残片加工而成，器表保留弦断线纹。体近长方形，单面直刃，刀缘不规整，两侧缘打制成内凹状缺口。长6.7、宽4.7、厚0.5厘米（图3-19，2；图版二一，3）。

标本H57：46，细泥质灰陶。陶片加工而成，器表保留弦断线纹。直背，上缘修理平整，下缘打制呈单面直刃。长6.9、宽4.2、厚0.4厘米（图3-19，3；图版二一，4）。

标本ⅠT0301⑥：186，细泥质灰陶。尖底瓶腹部残片加工而成，器表保留弦断线纹。不规则形，直背，上缘修理平整，下缘打制成单面直刃。长6.8、宽6.0、厚0.4～0.6厘米（图3-19，4）。

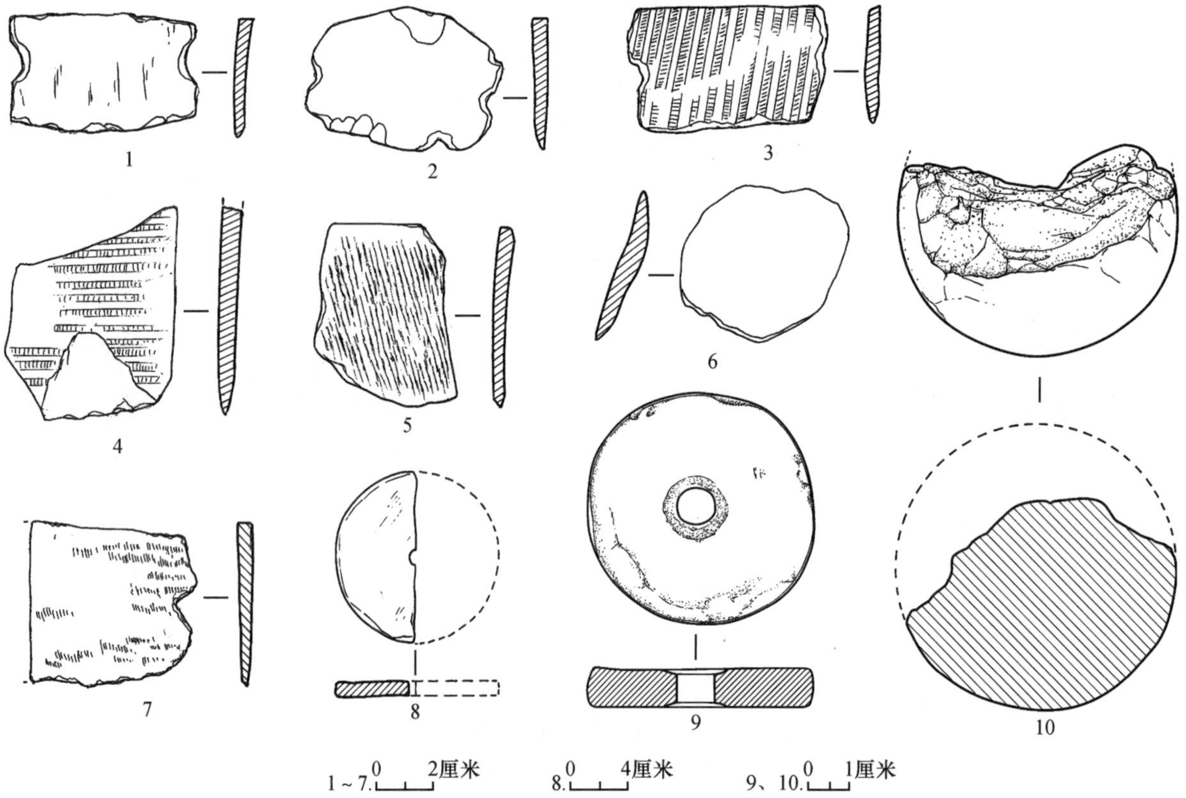

图3-19　第一期陶工具

1～5、7. 刀（ⅠT0301⑥：11、ⅠT0301⑥：6、H57：46、ⅠT0301⑥：186、H76：25、ⅠT0203⑤：73）　6. 刮削器（ⅠT0407④：60）
8、9. 纺轮（H47：23、H69：1）　10. 球（ⅠT0308④：8）

标本H76：25，粗泥质灰陶。陶片加工而成，器表保留细绳纹。直背，三边修理平整，一边打制成弧刃。器表饰细绳纹。长6.3、宽4.1～4.7、厚0.5厘米（图3-19，5）。

标本ⅠT0203⑤：73，粗泥质灰陶。陶片加工而成，器表保留弦断线纹。两边经过打修，刀缘不平整，直背，一侧缘打制成内凹状缺口。长6.7、宽5.2、厚0.4厘米（图3-19，7；图版二一，6）。

纺轮　2件。泥质灰陶。圆饼状，截面呈长方形，两面平直，中部有一圆形穿孔。素面。

标本H47：23，细泥质灰陶。正中有一圆孔。素面。直径11.6、孔径1.5、厚1.1厘米（图3-19，8；图版二二，2）。

标本H69：1，粗泥质灰陶。正中有一圆形穿孔，为双面对钻形成，边缘打磨不甚规整。素面。直径5.2、孔径1.1、厚0.8厘米（图版3-19，9；图版二二，1）。

刮削器　1件。略呈椭圆形，用陶片二次加工而成。

标本ⅠT0407④：60，粗泥质红陶。器身两面微弧，中间较厚，周缘大部较薄呈刃状。素面。长5.8、宽4.8、厚0.2～0.6厘米（图3-19，6）。

球　1件。

标本ⅠT0308④：8，粗泥质灰陶。圆球状，残半。素面。直径5.9厘米（图3-19，10；图版二三，6）。

3. 饰品

饰品种类较少，主要有环、笄两种。

笄　8件。笄身为圆柱状，平面呈T形，顶端有梭形笄帽，底端磨出锥状尖。

标本H69：2，粗泥质灰陶。顶端笄帽残，笄身截面呈圆形，中下部及尖端残。通体磨光。复原后长13.2厘米（图3-20，1）。

标本H56：01，细泥质黑皮陶。笄帽已失，尖端略残。通体磨光。残长7.3厘米（图3-20，3）。

标本H56：02，细泥质黑皮陶。笄帽扁平且残损，尖端残。通体磨光。残长7.6厘米（图3-20，2）。

标本ⅠT0308④：15，细泥质灰陶。笄帽扁平，笄身近顶部截面近圆形，大部分已残。通体磨光。顶长6.6、顶宽0.9、残长3.2厘米（图3-20，9；图版二四，3）。

标本H19：2，泥质灰黑陶。笄身近顶部截面呈椭圆形，大部分已残。器表粗糙，磨制痕迹明显。顶长9.4、顶宽2.4、残长9.2厘米（图3-20，4；图版二四，1）。

标本H40：12，细泥质黑皮陶。笄帽一侧及笄身末端已残，笄身截面为圆形。通体磨光。残长3.8厘米（图3-20，5）。

标本ⅠT0308采：4，细泥质黑皮陶。笄身近顶部截面为椭圆形，尖端残。通体磨光。残长5.0厘米（图3-20，6；图版二四，2）。

标本ⅠT0301⑥：10，细泥质黑皮陶。笄身截面为圆形，部分笄帽及尖端残。通体磨光。残长5.3厘米（图3-20，7）。

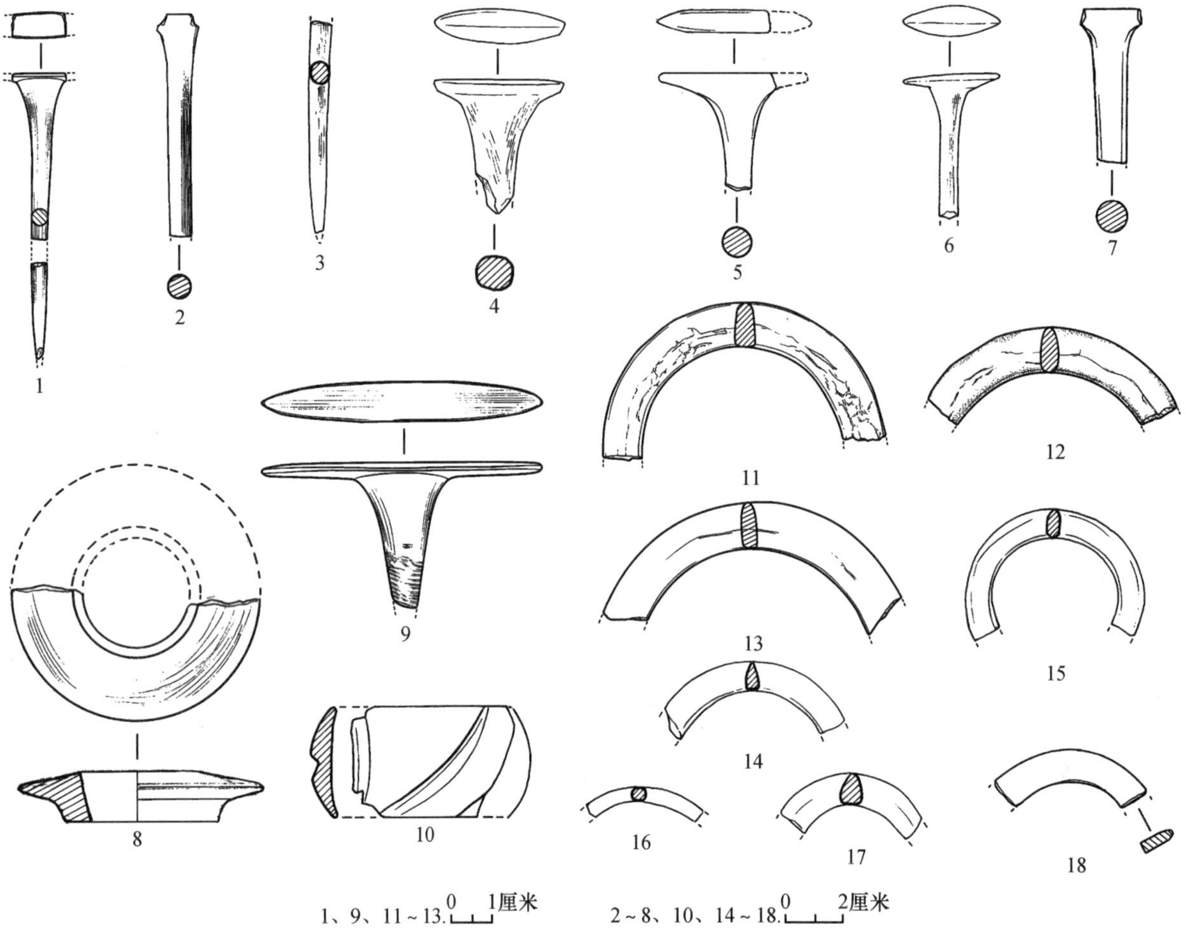

图3-20　第一期陶饰品

1～7、9. 笄（H69：2、H56：2、H56：1、H19：2、H40：12、ⅠT0308采：4、ⅠT0301⑥：10、ⅠT0308④：15）
8. B型环（H95：3）　10. 钏（ⅠT0308④：160）　11～18. A型环（ⅠT0308⑥：10、ⅠT0308④：20、ⅠT0308④：7、ⅠT0308采：3、ⅠT0308采：1、ⅠT0308采：2、H19：1、ⅠT0301⑥：7）

环　9件。根据器物特征分为两型。

A型　8件。器表磨光。

标本ⅠT0308采：1，细泥质黑陶。残存约三分之二，断面呈卵形，内侧边略直，外侧边圆钝。内径4.4、外径6.4、厚0.5厘米（图3-20，15；图版二三，2）。

标本ⅠT0308④：20，细泥质灰陶。残存三分之一，断面呈卵形，内侧边略直，正反两面向外斜收出缘。厚0.4厘米（图3-20，12；图版二三，1）。

标本ⅠT0308④：10，细泥质灰陶。残存二分之一，断面呈卵形，内侧边略直，正反两面向外斜收出缘。烧制变形。厚0.4厘米（图3-20，11；图版二二，6）。

标本ⅠT0308采：3，细泥质黑陶。残存约四分之一，断面呈圆形，内侧略平，外侧圆弧。内径5.2、外径7.2、厚0.4厘米（图3-20，14）。

标本ⅠT0301⑥：7，细泥质灰陶。残存三分之一，截面呈扁卵状，内侧面较直，外侧面斜弧，顶端略磨平。内径5.0、外径7.0、厚0.5厘米（图3-20，18；图版二三，4）。

标本ⅠT0308采：2，细泥质灰陶。残存四分之一，断面呈卵形，内侧边略直，正反两面向外斜收出缘。内径5.0、外径5.5、厚0.5厘米（图3-20，16；图版二三，3）。

标本H19：1，粗泥质灰陶。残存四分之一，断面呈卵形，内侧边略直，外侧边圆钝。内径4.0、外径6.0、厚2.1厘米（图3-20，17）。

标本ⅠT0308④：7，细泥质灰陶。残存三分之一，断面呈卵形，内侧边略直，正反两面向外斜收出缘。内径9.4、外径11.0、厚0.5厘米（图3-20，13；图版二二，5）。

B型　1件。E型尖底瓶口改制而成，颈部残断处被磨平。

标本H95：3，细泥质红陶。小口微侈，平折沿，尖圆唇。内径5.0、外径8.9、厚1.8厘米（图3-20，8；图版二二，3、4）。

钏　1件。

标本ⅠT0308④：160，细泥质灰陶。内壁略凹，外壁弧鼓，残存三分之一。外壁磨光，其上饰两道较深的右斜向凹弦纹及一道环状凹弦纹。直径6.0、宽3.7、厚0.2～0.8厘米（图3-20，10；图版二三，5）。

（二）石器

石器主要可分为生产工具、饰品两大类，另将石器坯料附于相应器形后。

1. 生产工具

生产工具有石铲、石刀、石球、磨石、抛光石、石纺轮等。

石铲　1件。

标本ⅠT0203⑤：5，黑色闪长岩。器体扁平，侧边较直，残损严重。断裂处有孔，为对面桯钻形成，孔残存四分之一。残长7.4、宽3.7、厚0.8、孔径1.2厘米，重48克（图3-21，1）。

石刀　2件。

标本ⅠT0407④：61，深灰色板岩。器体扁平，弧背，双面弧刃，刃角有损，有使用痕迹，刃部有崩疤。有孔，为对面桯钻形成。残长5.2、宽5.1、厚0.3、孔径0.5厘米，重22克（图3-21，3；图版二四，6）。

标本ⅠT0202⑤：01，绿色板岩。器体扁平，平面呈长方形，两侧边向外弧凸。刃内凹，双面刃，刃缘使用圆钝，背部微弧。器身磨制，平整光滑。石刀中部靠上对面桯钻一孔。长9.8、宽3.8、厚0.3、孔径0.7厘米，重37克（图3-21，2；图版二四，5）。

石球　4件。

标本H1：06，灰白色泥岩。残损严重。器表磨制。残径5.0厘米，重61克（图3-22，1）。

标本H2：019，灰黑色泥岩。器体较小，略呈扁圆形，稍有破损。器表磨制。长径4.6、短径4.0厘米，重98克（图3-22，3；图版二五，2）。

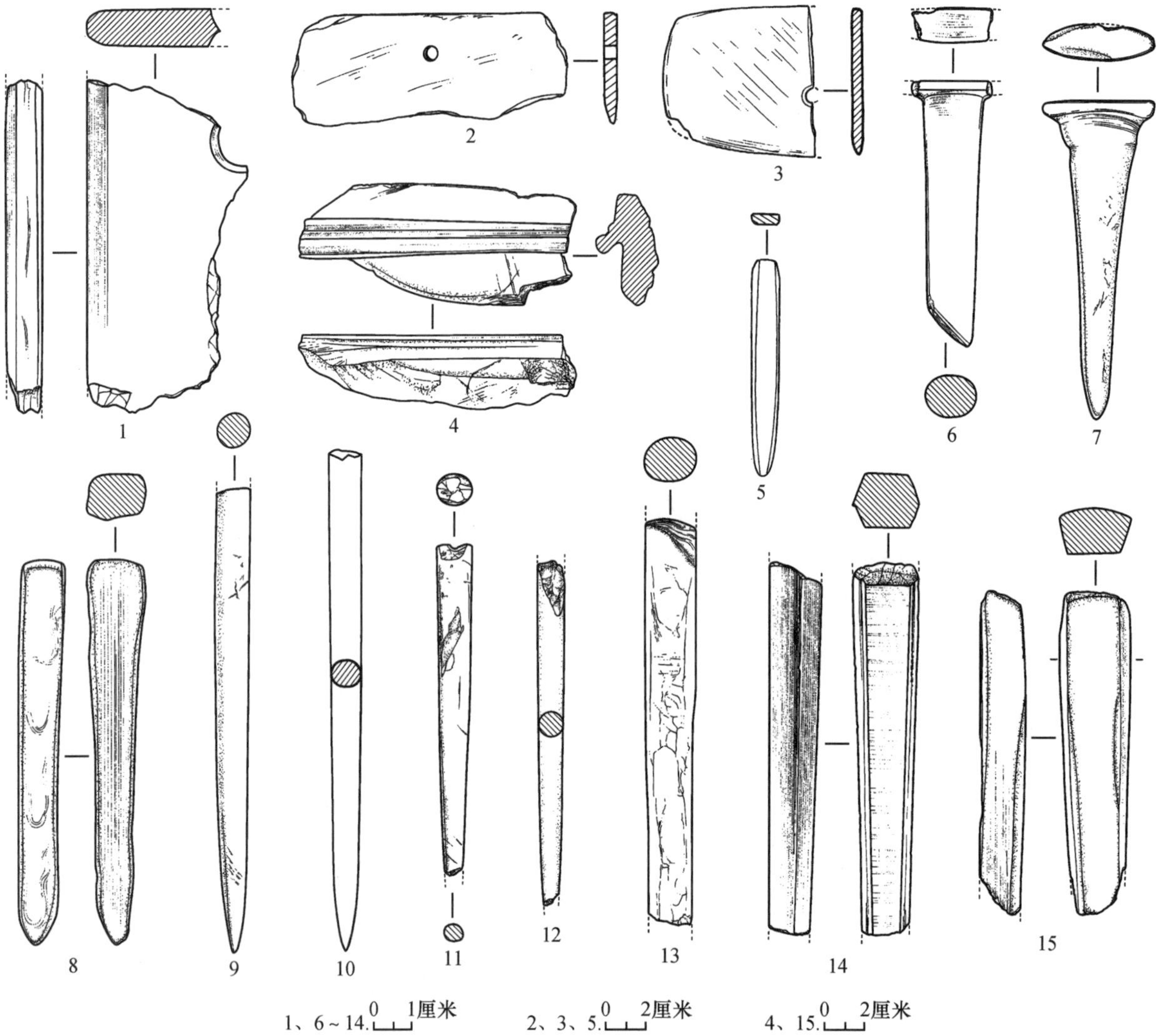

图3-21　第一期石生产工具、饰品、石料及毛坯

1. 石铲（ⅠT0203⑤：5）　2、3.石刀（ⅠT0202⑤：01、ⅠT0407④：61）　4. 石笄原材料（H1：05）　14、15. 石笄毛坯（H63：1、H1：07）　5. Bb型石笄（ⅠT0301⑥：5）　6～8. A型石笄（ⅠT0308④：14、ⅠT0301⑥：2、ⅠT0308④：11）　9～13. Ba型石笄（H2：05、H1：03、ⅠT0308④：017、H2：020、H2：017）

标本ⅠT0308④：9，红褐色花岗岩。器体较小，平面近圆形。器表磨光，制作精细。直径5.8厘米，重197克（图3-22，2；图版二五，3）。

标本ⅠT0203⑤：03，粉白色花岗岩。器体较小，呈扁球形体。器表磨制。直径3.6～3.9厘米，重69克（图3-22，4；图版二五，1）。

石纺轮　1件。

标本H1：09，墨绿色蛇纹岩。器体扁平，残半，中部对钻一孔。器表磨制。直径4.3、厚0.8、孔径0.7厘米，重15克（图3-22，5；图版二四，4）。

磨石　1件。

标本ⅠT0301⑥：9，浅黄色花岗岩。平面形状近三角形，一侧厚，一侧薄，呈坡状。工作面光滑，微内凹。长14.6、宽14.2、厚1.6～7.3厘米，重2372克（图3-22，6；图版二五，4）。

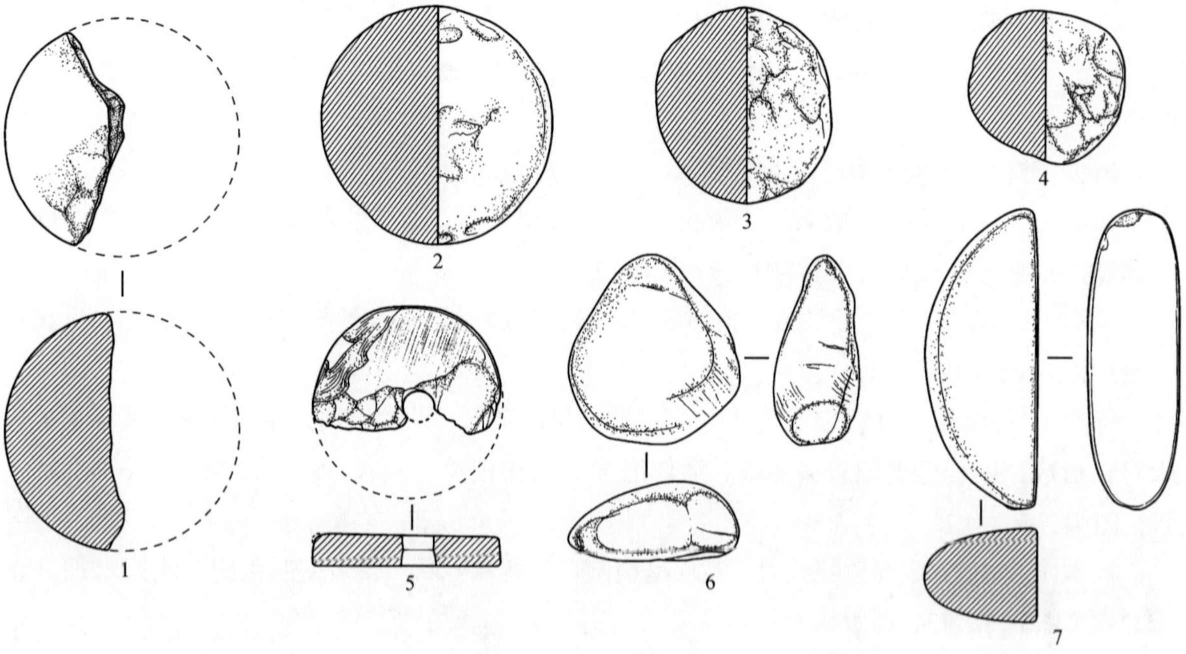

图3-22　第一期石生产工具

1～4. 石球（H1：06、ⅠT0308④：9、H2：019、ⅠT0203⑤：03）　5. 石纺轮（H1：09）　6. 磨石（ⅠT0301⑥：9）　7. 抛光石（ⅠT0203⑤：11）

抛光石　1件。

标本ⅠT0203⑤：11，浅粉色大理岩。平面呈半圆形，工作面呈椭圆形，磨光，圆滑微凸，器身经琢磨，较为规整。或作为制陶内垫使用。长14.8、宽5.7、厚4.8厘米，重631克（图3-22，7；图版二五，5）。

2. 饰品

饰品仅有石笄一种，共9件。根据平面形态分为两型。

A型　3件。平面呈T形，顶部有帽。笄身均呈扁圆柱形体，截面呈扁圆或椭圆形，自顶部向底部渐细，磨制出锥状尖或楔形尖。

标本ⅠT0301⑥：2，灰色闪长岩。保存完整，笄帽呈梭形，笄身呈扁柱体，底部磨出锥状尖。顶部磨制平整，器身磨光。长7.0、笄帽长2.6、笄帽宽0.8厘米，重10克（图3-21，7；图版二六，5）。

标本ⅠT0308④：14，黑色闪长岩。顶部笄帽两侧略残，笄身呈扁柱状，截面呈椭圆形。下端断裂后磨圆，斜向一侧呈楔形尖。通体磨光。长5.7、笄帽残长1.9、笄帽宽0.8厘米，重15克（图3-21，6；图版二七，1）。

标本ⅠT0308④：11，灰青色闪长岩。顶面磨平，呈长方形，上端可见修出梭形笄帽的趋势，但尚未加工完成。器身经粗磨，截面呈圆角方形，尚未修圆，底部内收磨出锥状尖。长

7.6厘米，重21克（图3-21，8；图版二七，2）。

B型　6件。笄帽已残或无笄帽。笄身呈细长柱状体，底部磨出锥状尖。根据截面形态分为两个亚型。

Ba型　5件。截面呈圆形或近圆形。

标本H2：05，墨绿色蛇纹岩。顶部残损，截面呈圆形。通体磨光，制作精美。残长10.6、上部直径0.8厘米，重12克（图3-21，9；图版二六，2）。

标本H1：03，褐绿色蛇纹岩。顶部破损，截面近圆形。通体磨光。残长11.6厘米，重10克（图3-21，10；图版二六，1）。

标本ⅠT0308④：017，墨绿色蛇纹岩。截面呈扁圆形，两端破损，顶部断裂处残存半孔，为对钻形成，断面经磨圆，尖端残。通体磨光，制作精美。残长7.5厘米，重6克（图3-21，11；图版二六，3）。

标本H2：017，墨绿色蛇纹岩。截面呈扁圆形，两端残断。器表磨制粗糙。残长9.2厘米，重22克（图3-21，13；图版二七，3）。

标本H2：020，黑色闪长岩。截面近圆形，顶部及尖端均残断。通体磨光。残长8.0厘米，重6克（图3-21，12；图版二六，4）。

Bb型　1件。截面呈长方形。

标本ⅠT0301⑥：5，黑色闪长蛇纹岩。呈长条形，两侧向下部内收磨成圆锥状。通体磨光。长7.4、宽0.9、厚0.4厘米，重6克（图3-21，5；图版二六，6）。

石笄原材料　1件。

标本H1：05，灰绿色蛇纹岩。多切割台痕和凸痕，正面已磨切出坯形，呈长条状，尚未与石料分离，切面光滑平整。长12.7、宽5.5、厚3.4厘米，重233克（图3-21，4；图版二七，4）。

石笄毛坯　2件。

标本H1：07，灰绿色闪长岩。呈长条形，横截面呈梯形，切割形成，局部经打磨，两端为断裂面。长14.7、宽3.4、厚2.2厘米，重219克（图3-21，15）。

标本H63：1，青黑色闪长岩。呈六棱柱状，横截面呈六边形，一侧切割面稍经磨制，仍可见对切形成的凸棱。上下粗细不一，两端为断裂面。残长8.5、宽1.1～1.5、厚1.2厘米，重28克（图3-21，14；图版二七，5）。

（三）骨器

本期出土的骨器包含骨、角、牙等材质，种类较单纯，数量较少。

骨锥　2件。

标本ⅠT0308④：18，器体扁圆，一面可见纵向骨管凹槽，一端磨出较锐的尖，顶端残。器表磨光。残长8.0、最宽1.1、厚0.7厘米，重5克（图3-23，1，图版二八，2）。

标本ⅠT0301⑥：4，器体扁平，骨片磨制而成，一面可见纵向骨管凹槽，顶端残。器表磨光。残长9.0、最宽1.8、厚0.5厘米，重8克（图3-23，2；图版二八，1）。

骨镞　3件。

标本ⅠT0308④：13，三棱状，尖较锐，三棱较直挺，柱状铤残。器表经打磨。残长7.8、最大径0.8厘米，重3克（图3-23，3；图版二八，3）。

标本ⅠT0308④：12，器体较扁平，镞尖近四棱状，尖较钝，两翼磨出锋利的刃，铤残。器表磨光。残长5.4、最大径1.4、厚0.7厘米，重4克（图3-23，4；图版二八，5）。

标本ⅠT0202⑤：1，器体扁平，两翼磨出刃，铤细长，铤斜收成锥状尖，尖略残。器表经打磨。长4.9、最大径1.1、厚0.4厘米，重2克（图3-23，5；图版二八，4）。

角锥　1件。

标本H19：104，鹿角制成。器体细长，尖端磨制尖锐，顶端残。残长8.6厘米，重10克（图3-23，6；图版二八，6）。

鹿角　1件。

标本ⅠT0308④：16，角根上分叉，两叉枝尖端残。器表光滑。残长18.4厘米，重172克（图3-23，7；图版二五，6）。

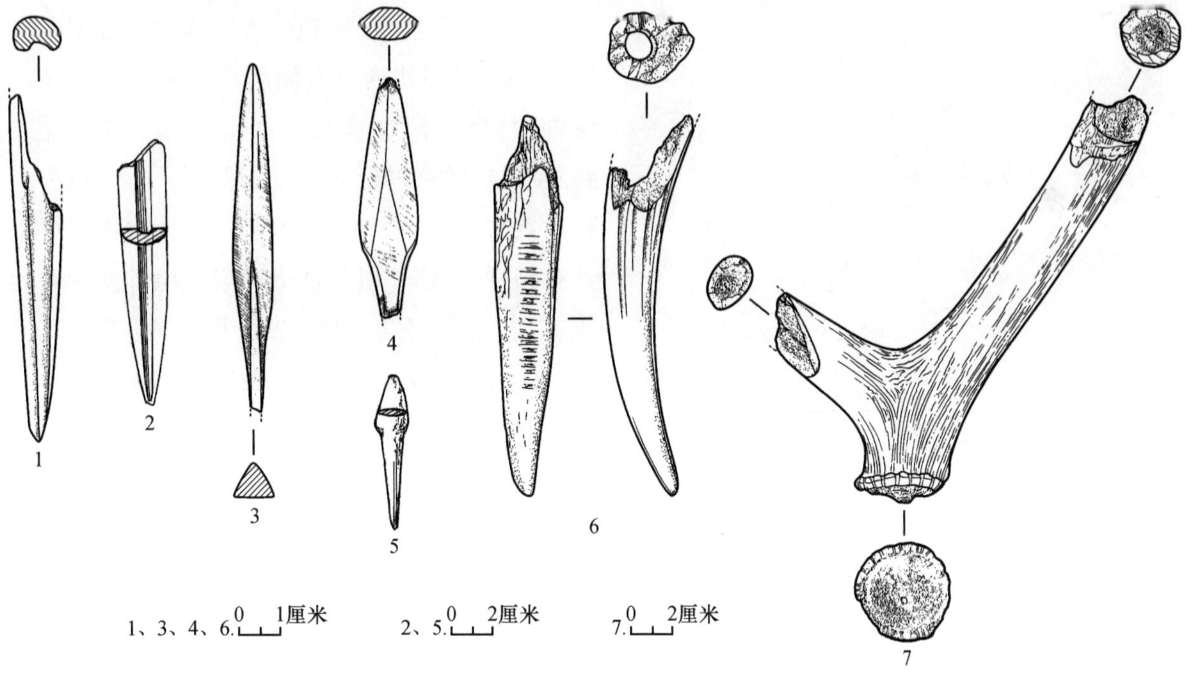

图3-23　第一期骨器

1、2. 骨锥（ⅠT0308④：18、ⅠT0301⑥：4）　3～5. 骨镞（ⅠT0308④：13、ⅠT0308④：12、ⅠT0202⑤：1）　6. 角锥（H19：104）　7. 鹿角（ⅠT0308④：16）

第二节　遗迹单位分述

第一期的遗迹有灰坑和房址两类，以灰坑为主，房址仅1座。

一、灰　　坑

1. ⅠT0203H1

H1位于ⅠT0203东南部略偏北。开口于④层下，打破H33。袋状坑，坑口平面近圆形，坑壁外弧，平底。坑口距地表180厘米，坑口直径222、坑底直径274、深170厘米（图3-24）。

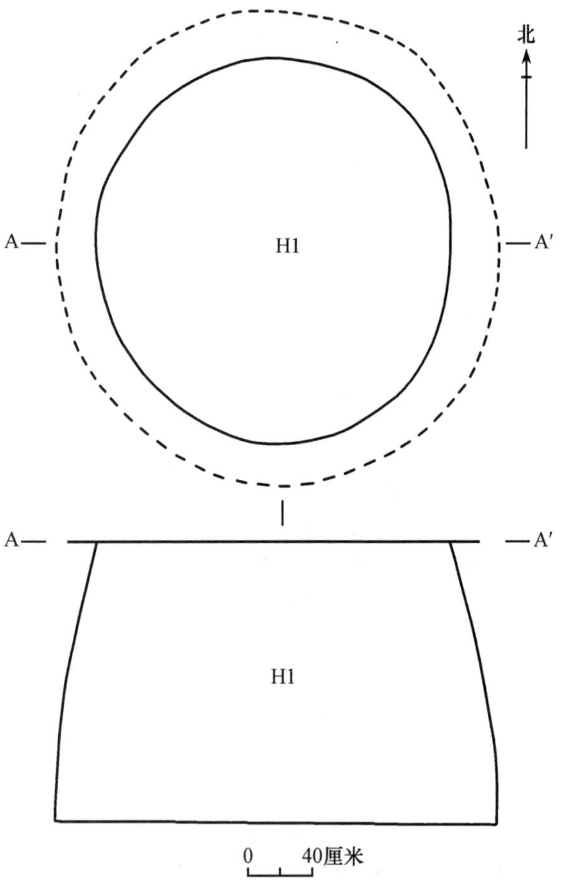

图3-24　ⅠT0203H1平、剖面图

坑内填土为灰褐色，土质较疏松，包含大量炭屑，少量红烧土颗粒、石块、螺壳等。文化遗物有陶器和石器。

（1）陶器　以夹粗砂红陶为主，细泥质灰陶次之。器表装饰以素面居多，少量为磨光；纹饰以绳纹+附加堆纹为主，另有少量绳纹、弦断线纹、附加堆纹、小圆泥饼等（表3-4）。陶片共228片，总重14580克。经分类和拼对，共有131件个体，可辨器形有尖底瓶、夹砂罐、瓮、盆、钵、甑等（图3-25、图3-26、图3-27、图3-28、图3-29、图3-30、表3-5、表3-6）。

夹砂罐　21件。

A型　17件。

Aa型　1件。

标本H1∶19，夹粗砂灰陶。敛口，斜折沿，方唇，上腹外弧，仅存口沿及上腹。上腹饰右斜向细绳纹。沿面留有一周烟炱痕，留有轮修痕。口径16.4、残高1.1、壁厚1.2厘米（图3-25，13）。

表3-4　ⅠT0203H1陶系统计表

陶质	细泥质陶		粗泥质陶		夹细砂陶		夹粗砂陶		合计	百分比（%）
器表装饰＼陶色	红	灰	红	灰	红	灰	红	灰		
素面	2/50	1/24	15/999	8/386	18/1135	1/26	41/3117	2/87	88/5824	38.59/39.95
磨光	2/50	6/195	4/209	11/853				1/124	24/1431	10.53/9.82
绳纹									21/1491	9.21/10.23
弦纹		1/37							1/37	0.44/0.25
线纹		1/56							1/56	0.44/0.38
刻划纹		1/25							1/25	0.44/0.17
弦断线纹	1/17	15/594	3/43	6/144		1/13			26/811	11.40/5.56
附加堆纹					2/81		2/231	3/43	7/355	3.07/2.44
磨光+弦纹								4/489	4/489	1.75/3.35
绳纹+附加堆纹					4/83			46/3704	50/3787	21.93/25.97
小圆泥饼		2/118	1/39						3/157	1.32/1.08
附加堆纹+按压		1/32						1/85	2/117	0.88/0.80
合计	5/117	28/1081	23/1290	25/1383	24/1299	3/39	110/8543	11/828	228/14580	
百分比（%）	2.19/0.80	12.28/7.41	10.09/8.85	10.96/9.49	10.53/8.91	0.88/0.27	48.25/58.59	4.82/5.68		100/100

注：百分比相关的行、列外，“/”前统计的数据为片数，单位为个；“/”后统计的数据为质量，单位为克。

表3-5　ⅠT0203H1第一期陶器器形统计表（1）

陶质	细泥质陶		粗泥质陶		夹细砂陶		夹粗砂陶		合计	百分比（%）
器类＼陶色	红	灰	红	灰	红	灰	红	灰		
泥质罐			1	1					2	1.53
夹砂罐					6		53	2	61	46.56
瓮					1		8	2	11	8.40
尖底瓶	2	14	4	6		1			27	20.61
盆			10	10					20	15.27
钵	2	4	1	2					9	6.87
甑					1				1	0.76
合计	4	18	16	19	8	1	61	4	131	
百分比（%）	3.06	13.74	12.21	14.50	6.11	0.76	46.56	3.06		100

表3-6　ⅠT0203H1第一期陶器器形统计表（2）

器类 器表装饰	泥质罐	夹砂罐	瓮	尖底瓶	盆	钵	甑	合计	百分比（%）
素面	1	30	2	1	14	2	1	51	38.94
磨光	1	1	1	2	6	7		18	13.74
绳纹		16	1					17	12.98
弦纹				1				1	0.76
线纹				1				1	0.76
刻划纹				1				1	0.76
弦断线纹				18				18	13.74
附加堆纹		1						1	0.76
磨光+弦纹		1						1	0.76
绳纹+附加堆纹		12	6					18	13.74
小圆泥饼				2				2	1.53
附加堆纹+按压			1	1				2	1.53
合计	2	61	11	27	20	9	1	131	
百分比（%）	1.53	46.56	8.40	20.61	15.27	6.87	0.76		100

Ab型　7件。

标本H1：36，夹粗砂红陶。敛口，斜折沿，沿外端略下垂，圆唇，上腹外弧，仅存口沿及上腹。素面。器表留有轮修痕。口径37.0、残高5.4、壁厚0.9厘米（图3-25，2）。

标本H1：39，夹粗砂红陶。敛口，斜折沿，沿外端略下垂，圆唇，仅存口沿。素面。器表留有轮修痕。口径29.0、残高4.1、壁厚1.1厘米（图3-25，6）。

标本H1：5，夹粗砂红陶。敛口，斜折沿，圆唇，上腹外弧，仅存口沿及上腹。器表素面，上腹残留一鸡冠鋬。口沿处可见轮修痕，器表可见烟炱痕。口径24.5、残高6.9、壁厚0.8厘米（图3-25，9）。

标本H1：46，夹粗砂红陶，胎体呈灰色。敛口，斜折沿，尖圆唇，上腹外弧，仅存口沿及上腹。上腹饰左斜向细绳纹。器表留有轮修痕。口径26.2、残高5.5、壁厚0.8厘米（图3-25，10）。

标本H1：43，夹细砂红陶，胎体呈灰色。敛口，斜折沿，圆唇，上腹外弧，仅存口沿及上腹。上腹饰一周附加堆纹，堆纹上留有绳压痕。口沿留有轮修痕。口径22.5、残高7.0、壁厚1.0厘米（图3-25，11）。

标本H1：27，夹粗砂红陶，胎体呈灰色。敛口，斜折沿，尖圆唇，仅存口沿及上腹。器表饰竖向绳纹。器表可见轮修痕，且留有烟炱痕。口径20.9、残高3.6、壁厚1.4厘米（图3-25，12）。

标本H1：9，夹粗砂红陶，胎体呈灰色。敛口，斜折沿，尖唇，上腹外弧，仅存口沿及上腹。素面。器表留有烟炱痕。口径22.3、残高5.0、壁厚0.8厘米（图3-26，8）。

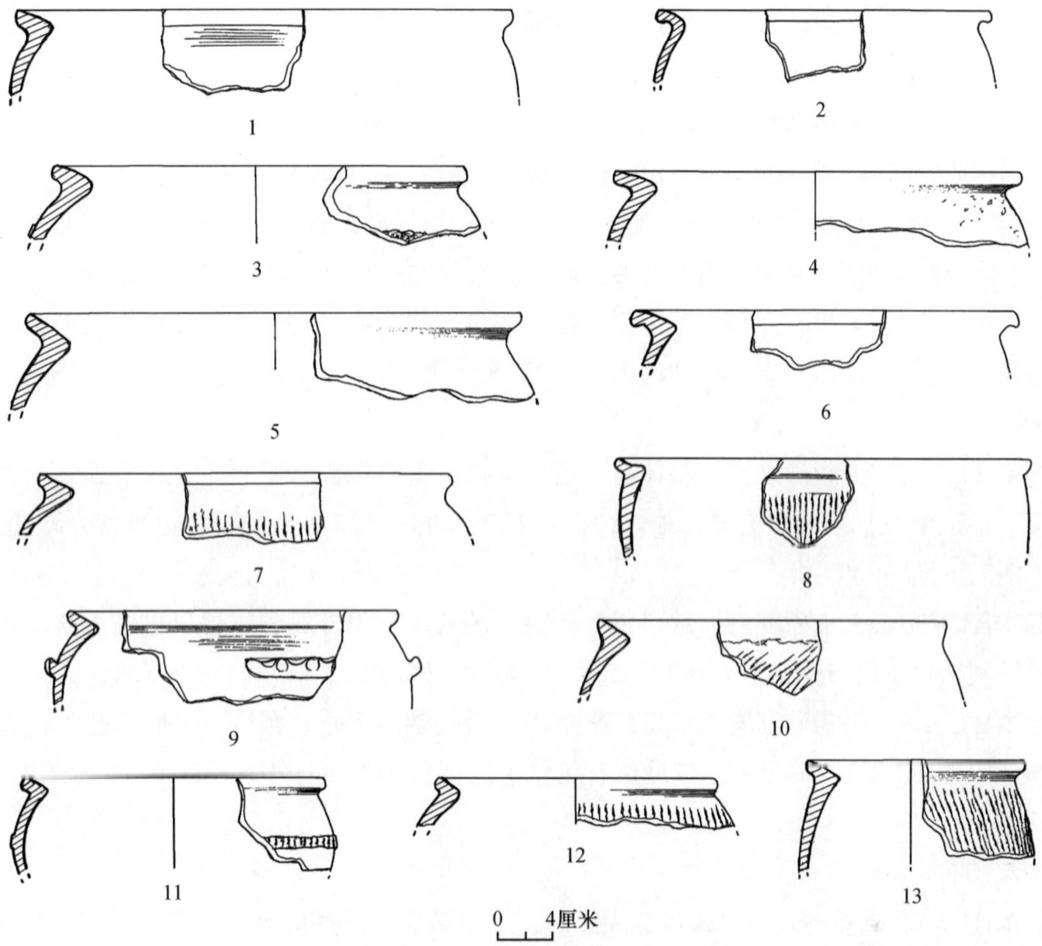

图3-25　Ⅰ T0203H1出土第一期A型夹砂罐

1、3、4、5、7、8. Ac型（H1∶20、H1∶32、H1∶4、H1∶6、H1∶23、H1∶41）　2、6、9～12. Ab型（H1∶36、H1∶39、H1∶5、H1∶46、H1∶43、H1∶27）　13. Aa型（H1∶19）

Ac型　9件。

标本H1∶20，夹粗砂红陶，胎体呈灰色。敛口，斜折沿，圆唇，上腹外弧，仅存口沿及上腹。素面。器表留有轮修痕。口径36.6、残高6.1、壁厚0.8厘米（图3-25，1）。

标本H1∶32，夹粗砂红陶。敛口，斜折沿，圆唇，上腹外弧，仅存口沿及上腹。上腹饰一周附加堆纹，堆纹上留有绳压痕。内壁留有轮修痕，器表可见烟炱痕。口径30.6、残高5.5、壁厚1.2厘米（图3-25，3）。

标本H1∶4，夹粗砂红陶，胎体呈灰色。敛口，斜折沿，圆唇，上腹外弧，仅存口沿及上腹。器表磨光。口径30.4、残高5.2、壁厚1.1厘米（图3-25，4）。

标本H1∶6，夹粗砂红陶，胎体呈灰色。敛口，斜折沿，圆唇，上腹外弧，仅存口沿及上腹。素面。口沿处可见轮修痕。口径36.5、残高7.0、壁厚1.1厘米（图3-25，5）。

标本H1∶23，夹粗砂红陶，胎体呈灰色。敛口，斜折沿，圆唇，上腹外弧，仅存口沿及上腹。上腹饰竖向中绳纹。器表留有轮修痕。口径30.6、残高4.4、壁厚0.8厘米（图3-25，7）。

标本H1：41，夹粗砂红陶。敛口，斜折沿，沿面内凹，圆唇，上腹外弧，仅存口沿及上腹。上腹饰竖向细绳纹。器表留有轮修痕。口径31.0、残高7.2、壁厚1.1厘米（图3-25，8）。

标本H1：3，夹粗砂灰陶。敛口，斜折沿，圆唇，上腹外弧，仅存口沿及上腹。素面。口沿处留有刮抹或轮修痕，器表可见烟炱痕。口径30.6、残高8.0、壁厚1.4厘米（图3-26，4）。

标本H1：18，夹粗砂红陶，胎体呈灰色。敛口，斜折沿，圆唇，上腹外弧，仅存口沿及上腹。上腹饰竖向粗绳纹。器表留有轮修痕。口径32.8、残高7.4、壁厚1.4厘米（图3-26，5）。

标本H1：37，夹粗砂红陶，胎体呈灰色。敛口，斜折沿，尖唇，仅存口沿及上腹。器表留有轮修痕。口径32.6、残高5.4厘米、壁厚1.9厘米（图3-26，7）。

B型　3件。

标本H1：26，夹细砂红陶，胎体呈灰色。敛口，平沿微卷，圆唇，上腹外弧，仅存口沿及上腹。器表磨光。腹壁留有轮修痕。内口径26.2、外口径33.0、沿宽3.4、残高6.6、壁厚1.2厘米（图3-26，2）。

标本H1：33，夹细砂红陶。敛口，平折沿，圆唇，上腹外弧，仅存口沿及上腹。素面。器表留有刮抹痕。内口径24.0、外口径32.0、沿宽4.0、残高8.6、壁厚1.1厘米（图3-26，3）。

标本H1：48，夹粗砂红陶。敛口，平折沿，沿外端略下垂，圆唇，上腹微弧，仅存口沿及上腹。上腹饰右斜向中绳纹。口沿留有轮修痕。内口径23.6、外口径30.0、沿宽3.2、残高4.4、壁厚0.8厘米（图3-26，1）。

C型　1件。

标本H1：7，夹粗砂灰陶。侈口，尖圆唇，上腹微弧，仅存口沿及上腹。上腹饰左斜向绳纹。器表可见轮修痕。口径28.7、残高7.8、壁厚2.1厘米（图3-26，6）。

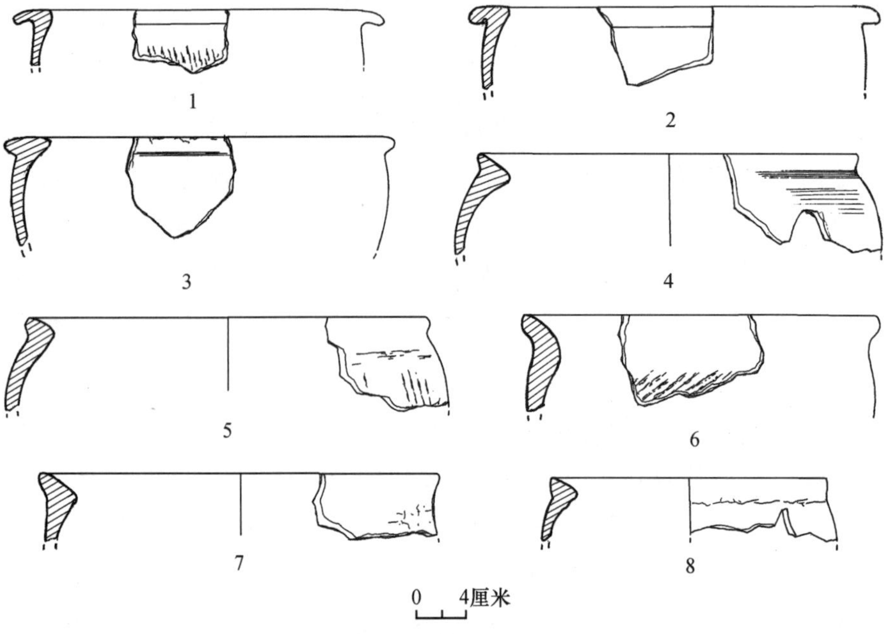

图3-26　Ⅰ T0203H1出土第一期夹砂罐

1～3. B型（H1：48、H1：26、H1：33）　4、5、7. Ac型（H1：3、H1：18、H1：37）　6. C型（H1：7）　8. Ab型（H1：9）

缸　3件。为B型。

标本H1∶45，夹粗砂灰陶，胎体呈灰色。敛口，平折沿，圆唇，仅存口沿。素面。器表留有轮修痕。内口径39.3、外口径48.9、沿宽4.8、残高5.0、壁厚1.2厘米（图3-27，1）。

标本H1∶93，夹粗砂灰陶。敛口，平折沿，圆唇，上腹微弧，仅存口沿及上腹。沿下加固一周附加堆纹，堆纹上留有绳压痕。口沿留有轮修痕。内口径38.6、外口径46.8、沿宽4.1、残高5.6、壁厚1.0厘米（图3-27，10）。

标本H1∶8，夹细砂红陶。口微敛，平折沿，厚圆唇，上腹外弧，仅存口沿及上腹。素面。器表留有轮修痕。内口径36.0、外口径44.8、沿宽4.4、残高6.7、壁厚1.2厘米（图3-27，8）。

瓮　7件。

A型　3件。

标本H1∶24，夹粗砂红陶，胎体呈灰色。敛口，厚圆唇，上腹外弧，仅存口沿及上腹。上腹饰一周附加堆纹，堆纹上用绕绳木棍向左按压出绳压纹。内壁留有轮修痕。口径29.3、残

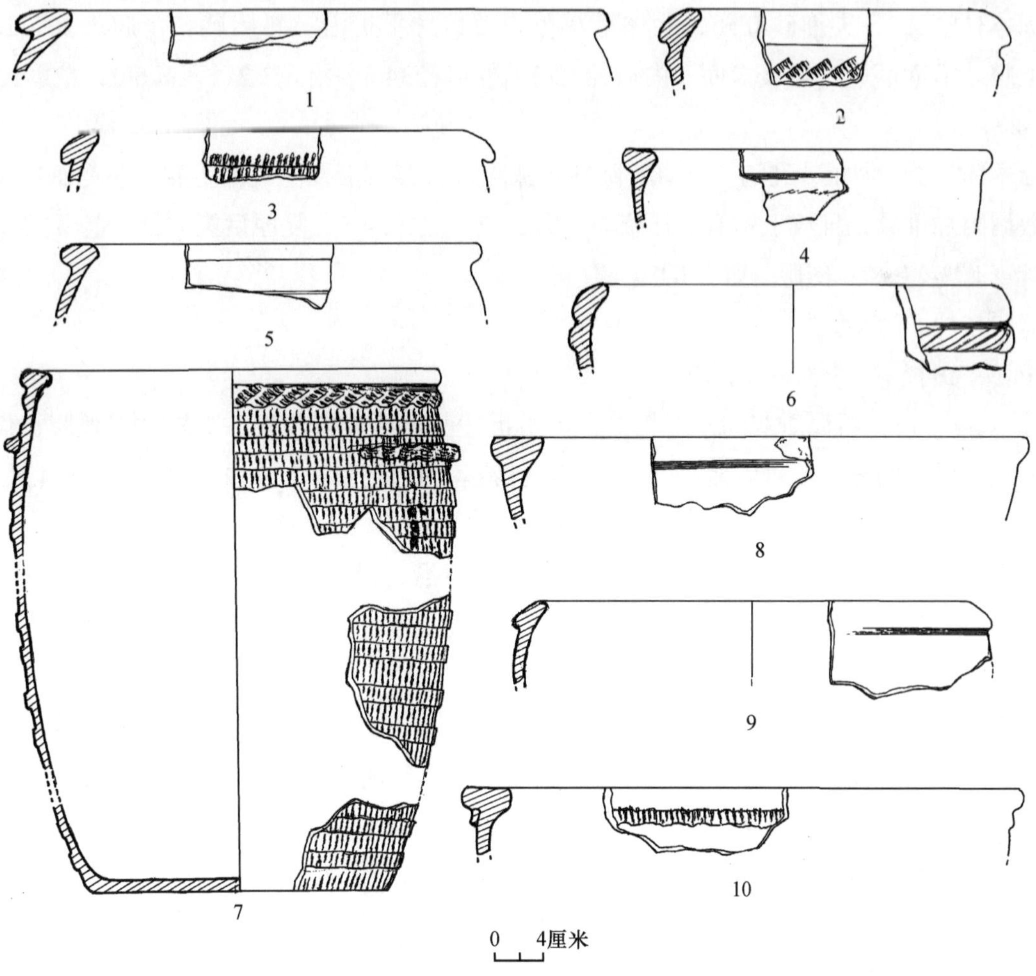

图3-27　ⅠT0203H1出土第一期缸、瓮

1、8、10. B型缸（H1∶45、H1∶8、H1∶93）　2、3、9. A型瓮（H1∶24、H1∶29、H1∶92）　4、5、7. C型瓮（H1∶38、H1∶17、H1∶2）　6. B型瓮（H1∶95）

高6.3、壁厚1.1厘米（图3-27，2）。

标本H1：29，夹粗砂红陶。敛口，斜折沿，沿外端下垂，圆唇，仅存口沿及上腹。上腹饰竖向细绳纹。器表留有轮修痕。口径29.5、残高4.1、壁厚1.0厘米（图3-27，3）。

标本H1：92，夹粗砂灰陶。敛口，圆唇，上腹微弧，仅存口沿及上腹。器表磨光，肩部饰一周凹弦纹。器表留有轮修痕，器表留有刮抹痕。口径36.0、残高6.7、壁厚1.2厘米（图3-27，9）。

B型　1件。

标本H1：95，夹粗砂灰陶。敛口，圆唇，仅存口沿及上腹。口部磨光，上腹饰一周附加堆纹，堆纹上留有绚索状印痕。口径36.4、残高7.0、壁厚1.3厘米（图3-27，6）。

C型　3件。

标本H1：38，夹粗砂红陶，胎体呈灰色。侈口，平折沿，圆唇，上腹微弧，仅存口沿及上腹。素面。器表留有轮修痕。内口径25.4、外口径31.0、沿宽2.8、残高6.1、壁厚0.8厘米（图3-27，4）。

标本H1：17，夹细砂红陶，胎体呈灰色。敛口，平折沿，厚圆唇，上腹外弧，仅存口沿及上腹。沿面磨光，器表素面。内口径28.2、外口径34.6、沿宽3.2、残高6.0、壁厚1.2厘米（图3-27，5）。

标本H1：2，夹粗砂红陶。敛口，圆唇，弧腹，仅存口沿及上腹。上腹饰竖向细绳纹，其上饰数周附加堆纹，堆纹上留有绳压痕。口径34.7、底径24.6、复原后高42.2、壁厚0.8、底厚1.0厘米（图3-27，7；图版一六，1）。

盆　10件。为A型。

Aa型　9件。

标本H1：15，粗泥质灰陶。平折沿，内沿折棱凸出形成内敛口，圆唇，斜弧腹，仅存口沿及上腹。沿面磨光，器表素面。器表留有刮抹痕。内口径28.1、外口径36.5、沿宽4.2、残高6.0、壁厚1.0厘米（图3-28，1）。

标本H1：14，粗泥质灰陶，胎体呈灰色。平折沿，沿面微凸，内沿折棱凸出形成内敛口，方唇，斜弧腹，仅存口沿及上腹。沿面磨光，器表素面。内口径30.0、外口径38.8、沿宽4.4、残高3.4、壁厚1.0厘米（图3-28，2）。

标本H1：116，粗泥质灰陶。平折沿，内沿折棱凸出形成内敛口，圆唇，斜弧腹，仅存口沿及上腹。沿面磨光，器表素面。内外壁均留有轮修痕。内口径29.2、外口径38.4、沿宽4.6、残高5.0、壁厚1.0厘米（图3-28，3）。

标本H1：90，粗泥质灰陶。平折沿，内沿折棱凸出形成内敛口，圆唇，斜弧腹，仅存口沿及上腹。口沿及器表磨光。器表留有轮修痕。内口径24.8、外口径34.4、沿宽4.8、残高6.0、壁厚1.0厘米（图3-28，4）。

标本H1：12，夹细砂灰陶。平折沿，内沿折棱凸出形成内敛口，圆唇，斜弧腹，仅存口沿及上腹。沿面磨光，器表素面。内口径25.8、外口径35.0、沿宽4.6、残高7.6、壁厚0.8厘米

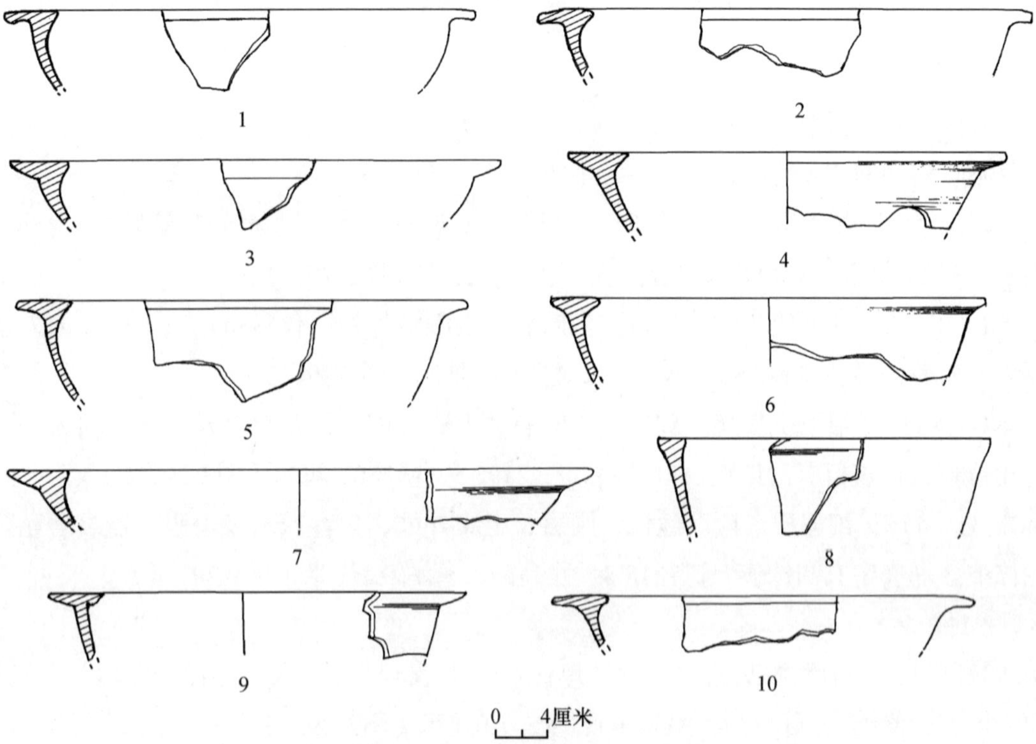

图3-28　ⅠT0203H1出土第一期A型盆

1～7、9、10. Aa型（H1：15、H1：14、H1：116、H1：90、H1：12、H1：11、H1：99、H1：83、H1：13）
8. Ab型（H1：75）

（图3-28，5）。

标本H1：11，粗泥质灰陶。平折沿，内沿折棱凸出形成内敛口，圆唇，斜弧腹，仅存口沿及上腹。素面。器表留有刮抹痕。内口径26.3、外口径34.1、沿宽3.9、残高6.5、壁厚0.8厘米（图3-28，6）。

标本H1：99，粗泥质灰陶。平折沿，内沿折棱凸出形成内敛口，尖唇，斜弧腹，仅存口沿及上腹。器表磨光。沿下留有轮修痕。内口径35.9、外口径45.5、沿宽4.8、残高4.3、壁厚0.7厘米（图3-28，7）。

标本H1：83，细泥质灰陶，胎体呈灰色。平折沿，内沿折棱凸出形成内敛口，圆唇，斜弧腹，仅存口沿及上腹。器表磨光。沿下留有轮修痕。内口径23.8、外口径32.4、沿宽4.3、残高5.2、壁厚0.8厘米（图3-28，9）。

标本H1：13，粗泥质灰陶。平折沿，内沿折棱凸出形成内敛口，圆唇，斜弧腹，仅存口沿及上腹。器表磨光。内口径24.4、外口径33.2、沿宽4.4、残高4.1、壁厚0.6厘米（图3-28，10）。

Ab型　1件。

标本H1：75，夹粗砂红陶。窄平沿，内沿折棱凸出形成内敛口，上腹外斜，仅存口沿及上腹。素面。内口径21.4、外口径26.0、沿宽2.3、残高7.2、壁厚0.6厘米（图3-28，8）。

钵　6件。

A型　5件。

标本H1：97，粗泥质灰陶。敛口，圆唇，上腹外鼓，仅存口沿及上腹。器表磨光。器表留有刮抹痕。口径31.1、残高6.6、壁厚0.8厘米（图3-29，2）。

标本H1：101，粗泥质灰陶。敛口，尖圆唇，上腹略外鼓，仅存口沿及上腹。内外壁均磨光。器表留有刮抹痕。口径28.1、残高7.8、壁厚0.6厘米（图3-29，1）。

标本H1：112，细泥质灰陶。敛口，尖圆唇，上腹略外鼓，仅存口沿及上腹。内外壁均磨光。器表留有轮修痕。口径26.1、残高6.6、壁厚0.8厘米（图3-29，7）。

标本H1：113，细泥质灰陶。敛口，尖圆唇，上腹外鼓，仅存口沿及上腹。器表磨光。内壁留有轮修痕，器表留有刮抹痕。口径24.2、残高5.5、壁厚0.7厘米（图3-29，3）。

标本H1：115，细泥质灰陶。敛口，圆唇，上腹外鼓，仅存口沿及上腹。器表磨光。内壁留有轮修痕，器表留有刮抹痕。口径18.8、残高6.6、壁厚0.7厘米（图3-29，4）。

B型　1件。

标本H1：114，细泥质灰陶。敛口，厚圆唇，上腹较直，仅存口沿及上腹。内外壁均磨光。器表留有轮修痕。口径23.6、残高4.4、壁厚1.0厘米（图3-29，6）。

尖底瓶　2件。为E型。

标本H1：91，细泥质灰陶。侈口，斜折沿，圆唇，直颈，仅存口沿及颈部。器表磨光，沿下饰一周凹弦纹，颈上部贴附小圆泥饼。器表留有轮修痕。内口径8.4、外口径11.2、沿宽1.4、残高7.7、壁厚1.0厘米（图3-29，5）。

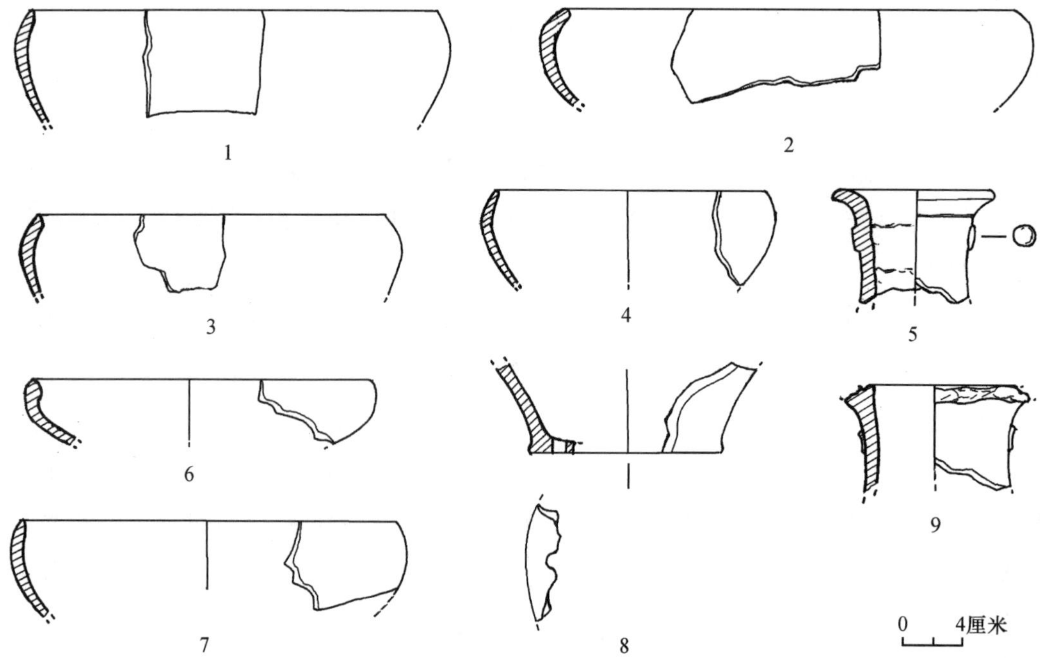

图3-29　ⅠT0203H1出土第一期钵、尖底瓶、甑

1～4、7. A型钵（H1：101、H1：97、H1：113、H1：115、H1：112）　5、9. E型尖底瓶（H1：91、H1：52）
6. B型钵（H1：114）　8. 甑（H1：74）

标本H1：52，粗泥质灰陶。仅余颈上部残片。器表饰竖向细线纹，近口沿处贴附小圆泥饼。器表可见刮抹痕。残高7.2、壁厚0.8厘米（图3-29，9）。

甑　1件。

标本H1：74，夹细砂灰陶。仅存下腹及底，下腹斜收，腹壁略内曲，平底。底部有圆形箅孔，孔径约1.0厘米。素面。底径13.4、残高6.2、壁厚1.0、底厚1.0厘米（图3-29，8）。

（2）石器

石笄　2件。为Ba型。

标本H1：03，褐绿色蛇纹岩。顶部破损，细长柱形体，底部磨制出锥状尖，截面近圆形。通体磨光。残长11.6厘米，重10克（图版二六，1）。

标本H1：08，灰色灰岩。顶部及尖端残，细长柱形体，截面呈圆形。通体磨光。残长4.7厘米，重3克。

石笄原材料　1件。

标本H1：05，灰绿色蛇纹岩。石笄切割取坯的石料。多切割台痕和凸棱，正面已磨切出坯形，呈长条状，尚未与石料分离，切面光滑平整。长12.7、宽5.5、厚3.4厘米，重233克（图3-30，2；图版二七，4）。

石笄毛坯　1件。

标本H1：07，灰绿色闪长岩。呈长条形，横截面呈梯形，切割形成，局部经打磨，两端为断裂面。长14.7、宽3.4、厚2.2厘米，重219克（图3-30，4）。

石球　1件。

标本H1：06，灰白色泥岩。残损严重，器表磨制。残径5.0厘米，重61克（图3-30，1）。

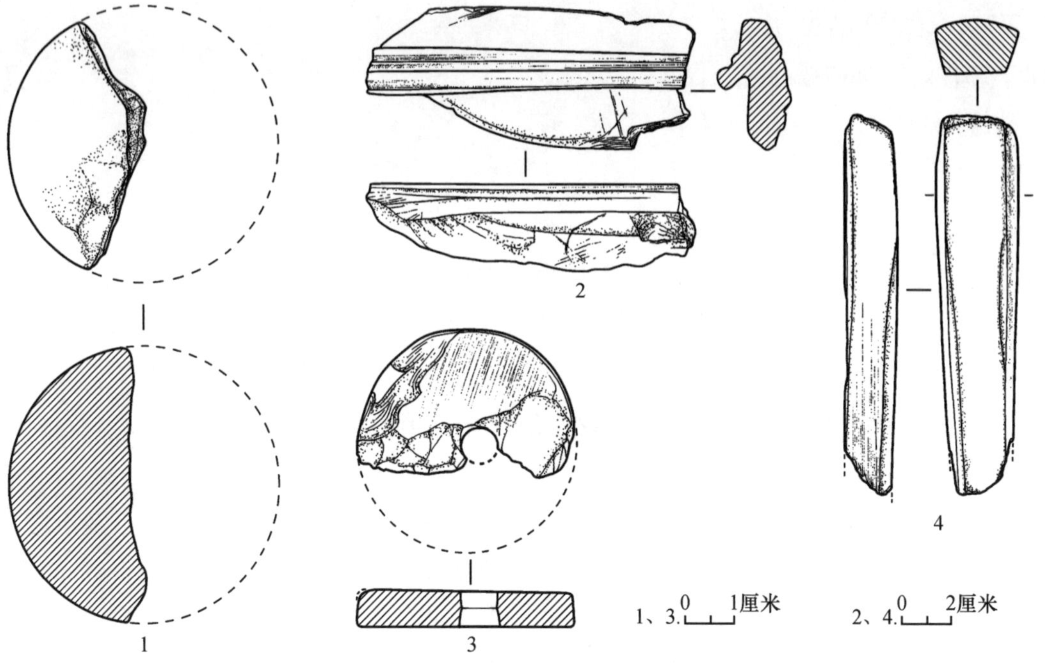

图3-30　ⅠT0203H1出土第一期石器

1. 石球（H1：06）　2. 石笄原材料（H1：05）　3. 石纺轮（H1：09）　4. 石笄毛坯（H1：07）

石纺轮　1件。

标本H1：09，墨绿色蛇纹岩。器体扁平，残半，中部穿一孔。通体磨制。直径4.3、厚0.8、孔径0.7厘米，重15克（图3-30，3；图版二四，4）。

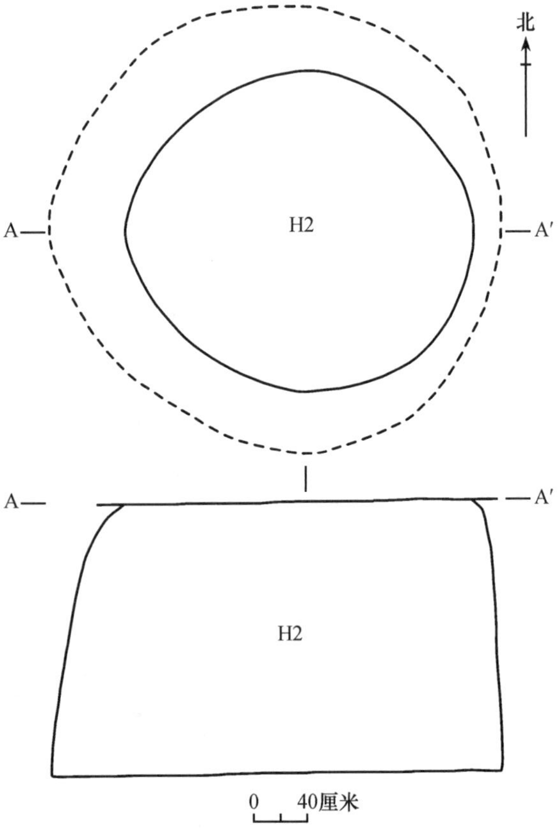

图3-31　ⅠT0203H2平、剖面图

2. ⅠT0203H2

H2位于ⅠT0203中部偏南。开口于④层下，被H15打破。袋状坑，坑口平面呈椭圆形，坑壁外弧，平底。坑口距地表深180厘米，坑口长径260、坑口短径230、坑底长径335、坑底短径320、深195厘米（图3-31）。

坑内填土为褐色，土质较疏松，包含较多炭屑、红烧土颗粒和螺壳。文化遗物有陶器和石器。

（1）陶器　以夹粗砂红陶为主，细泥质灰陶次之。器表装饰以素面居多，纹饰以绳纹+附加堆纹为主，弦断线纹次之，另有少量绳纹、磨光、线纹、小圆泥饼、戳印纹（表3-7）。陶片共184片，总重12703克。经分类和拼对，共有102件个体，可辨器形有尖底瓶、夹砂罐、瓮、盆、钵等（图3-32、图3-33、图3-34、图3-35、表3-8、表3-9）。

罐　25件。以夹砂罐为主，仅1件泥质罐。

夹砂罐　24件。

A型　22件。

Aa型　3件。

标本H2：63，夹粗砂红陶。敛口，斜折沿，尖圆唇，上腹外弧，仅存口沿及上腹。腹部饰竖向粗绳纹。器表可见刮抹痕及烟炱痕。口径18.1、残高5.9、壁厚0.7厘米（图3-32，9）。

标本H2：77，夹粗砂红陶。敛口，斜折沿，沿面内凹，圆唇，上腹外弧，仅存口沿及上腹。腹部饰左斜向细绳纹。口沿可见轮修痕及烟炱痕。口径19.8、残高5.2、壁厚0.8厘米（图3-32，2）。

标本H2：56，夹粗砂红陶。敛口，斜折沿，尖圆唇，上腹外弧，仅存口沿及上腹。上腹残留一鸡冠鋬，其下饰竖向粗绳纹。口径20.0、残高8.6、壁厚0.9厘米（图3-33，6）。

Ab型　10件。

标本H2：61，夹细砂红陶。敛口，斜折沿，圆唇，上腹外弧，仅存口沿及上腹。素面。器表可见轮修痕及烟炱痕。口径24.4、残高5.2、壁厚0.9厘米（图3-32，1）。

表3-7　ⅠT0203H2陶系统计表

陶质	细泥质陶		粗泥质陶		夹细砂陶	夹粗砂陶		合计	百分比（%）
陶色／器表装饰	红	灰	红	灰	红	红	灰		
素面	5/208	2/43	15/1120	3/191	12/1071	37/3128	1/19	75/5780	40.77/45.50
磨光	1/7	3/97	4/328	4/136		1/82	2/117	15/767	8.16/6.04
绳纹						10/873		10/873	5.44/6.87
弦纹		1/53		2/92				3/145	1.63/1.14
线纹		3/112		1/149				4/261	2.17/2.06
戳印纹		1/22						1/22	0.54/0.17
弦断线纹		16/382	2/43	6/166				24/591	13.05/4.65
附加堆纹					1/72			1/72	0.54/0.57
绳纹+附加堆纹						40/2973		40/2973	21.74/23.40
磨光+绳纹+附加堆纹						1/213		1/213	0.54/1.68
磨光+附加堆纹						4/467		4/467	2.17/3.68
圆形泥饼			1/200					1/200	0.54/1.57
磨光+附加堆纹+按压							1/116	1/116	0.54/0.91
小圆泥饼	3/175			1/48				4/223	2.17/1.76
合计	9/390	26/709	22/1691	17/782	13/1143	93/7736	4/252	184/12703	
百分比（%）	4.89/3.07	14.13/5.58	11.96/13.31	9.24/6.16	7.07/9.00	50.54/60.90	2.17/1.98		100/100

注：百分比相关的行、列外，“/”前统计的数据为片数，单位为个；“/”后统计的数据为质量，单位为克。

表3-8　ⅠT0203H2第一期陶器器形统计表（1）

陶质	细泥质陶		粗泥质陶		夹细砂陶	夹粗砂陶		合计	百分比（%）
陶色／器类	红	灰	红	灰	红	红	灰		
泥质罐			3					3	2.94
夹砂罐					3	35		38	37.25
瓮					1	5	2	8	7.84
尖底瓶		17	2	9				28	27.45
盆	1	1	10		2			14	13.73
钵	2	2	2	1		1		8	7.84
器盖					2			2	1.96
环	1							1	0.98
合计	4	20	17	10	8	41	2	102	
百分比（%）	3.92	19.61	16.67	9.80	7.84	40.20	1.96		100

表3-9　ⅠT0203H2第一期陶器器形统计表（2）

器表装饰＼器类	泥质罐	夹砂罐	瓮	尖底瓶	盆	钵	器盖	环	合计	百分比（%）
素面	1	24	2	3	13	3	2	1	49	48.03
磨光	1		2		1	5			9	8.83
绳纹		8	1						9	8.83
弦纹				3					3	2.94
线纹				3					3	2.94
戳印纹				1					1	0.98
弦断线纹				14					14	13.73
附加堆纹		1							1	0.98
绳纹+附加堆纹		5							5	4.90
磨光+附加堆纹			1						1	0.98
磨光+绳纹+附加堆纹			1						1	0.98
小圆泥饼	1			4					5	4.90
磨光+附加堆纹+按压			1						1	0.98
合计	3	38	8	28	14	8	2	1	102	
百分比（%）	2.94	37.26	7.84	27.45	13.73	7.84	1.96	0.98		

标本H2：45，夹细砂红陶。敛口，斜折沿，圆唇，上腹外弧，仅存口沿及上腹。素面。器表留有烟炱痕。口径22.8、残高5.4、壁厚1.0厘米（图3-32，3）。

标本H2：55，夹粗砂红陶。敛口，斜沿内凹，尖唇，上腹外弧，仅存口沿及上腹。素面。器表有清晰轮修痕，并留有烟炱痕。口径22.4、残高6.5、壁厚0.8厘米（图3-32，4）。

标本H2：66，夹细砂红陶。敛口，斜折沿，圆唇，上腹外弧，仅存口沿及上腹。器表有轮修痕，并留有烟炱痕。口径22.3、残高7.0、壁厚0.8厘米（图3-32，6）。

标本H2：70，夹粗砂红陶，胎体呈灰色。敛口，斜折沿，沿面微凸，圆唇，上腹外弧，仅存口沿及上腹。上腹饰一周附加堆纹，堆纹上留有绳压痕。口径26.6、残高6.4、壁厚0.9厘米（图3-32，5）。

标本H2：58，夹细砂红陶。敛口，斜沿内凹，尖唇，上腹外弧，仅存口沿及上腹。器表素面。口沿与腹部相接处可见明显的黏结痕。口径28.3、残高7.2、壁厚0.8厘米（图3-32，7）。

标本H2：50，夹粗砂红陶。敛口，斜沿内凹，沿面内凹，尖唇，上腹弧收，仅存口沿及上腹。上腹饰斜向细绳纹，并留有一鸡冠鋬。口径22.2、残高5.8、壁厚0.7厘米（图3-32，8）。

标本H2：49，夹细砂红陶。敛口，斜折沿，沿面内凹，圆唇，上腹微鼓，仅存口沿及上腹。上腹残留一鸡冠鋬。口沿处有轮修痕。口径22.1、残高6.3、壁厚0.8厘米（图3-32，10）。

标本H2：51，夹粗砂红陶。敛口，斜折沿，圆唇，上腹外弧，仅存口沿及上腹。器表素

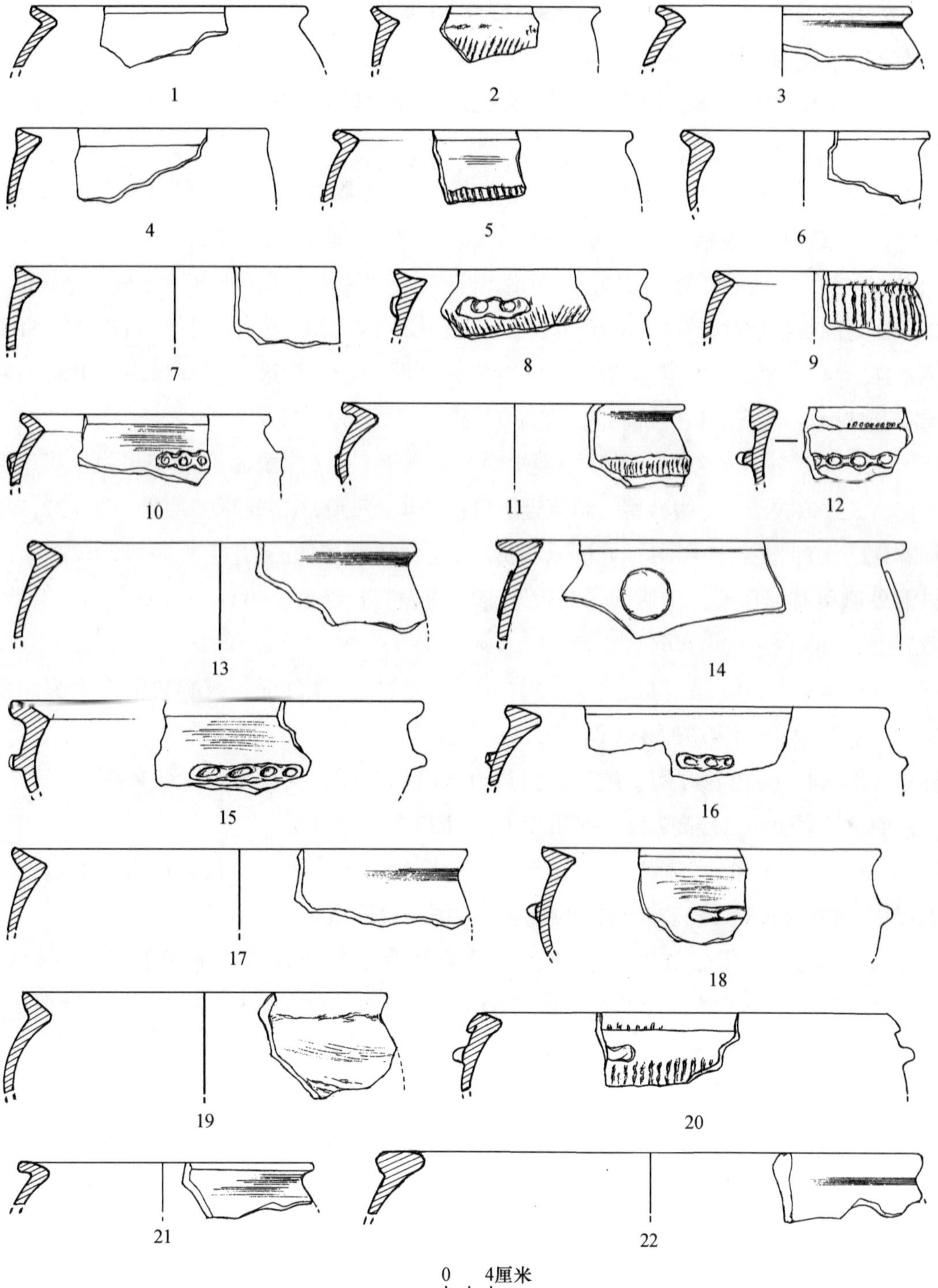

图3-32　ⅠT0203H2出土第一期夹砂罐、缸

1、3～8、10、21. Ab型夹砂罐（H2：61、H2：45、H2：55、H2：70、H2：66、H2：58、H2：50、H2：49、H2：51）
2、9. Aa型夹砂罐（H2：77、H2：63）　11～13、15～20. Ac型夹砂罐（H2：43、H2：57、H2：46、H2：54、H2：6、H2：44、H2：48、H2：47、H2：42）　14. B型夹砂罐（H2：20）　22. B型缸（H2：22）

面。口沿处有轮修痕。口径26.2、残高3.9、壁厚0.9厘米（图3-32，21）。

标本H2：52，夹粗砂红陶，胎体呈灰色。敛口，斜折沿，上腹外弧，仅存口沿及上腹。腹部饰右斜向细绳纹，沿面有三道竖向刮痕。口径24.8、残高7.4、壁厚0.8厘米（图3-33，8）。

Ac型　9件。

标本H2：6，夹粗砂红陶。敛口，斜折沿，圆唇，上腹微弧，仅存口沿及上腹。上腹残留一鸡冠鋬。内壁可见烟炱痕。口径34.3、残高7.0、壁厚0.7厘米（图3-32，16）。

标本H2：43，夹粗砂红陶。敛口，斜折沿，圆唇，上腹微鼓，仅存口沿及上腹。上腹饰一周附加堆纹，堆纹上饰竖向绳纹。器表留有烟炱痕。口径30.2、残高7.1、壁厚0.7厘米（图3-32，11）。

标本H2：47，夹粗砂红陶。敛口，斜折沿，圆唇，上腹微鼓，仅存口沿及上腹。素面。腹部留有刮抹痕。口径32.1、残高8.8、壁厚0.8厘米（图3-32，19）。

标本H2：48，夹粗砂红陶。敛口，斜折沿，尖圆唇，上腹微鼓，仅存口沿及上腹。沿下饰一周细弦纹，纹痕较浅，上腹残留一鸡冠鋬。口径30.4、残高9.6、壁厚1.1厘米（图3-32，18）。

标本H2：57，夹粗砂红陶。敛口，斜折沿，沿面倾，厚方唇，上腹外弧，仅存口沿及上腹。口沿外侧留有绳压痕，上腹残留一鸡冠鋬。器表有轮修痕。口径33、残高7.0、壁厚1.0厘米（图3-32，12）。

标本H2：46，夹粗砂红陶。敛口，斜折沿，圆唇，上腹外弧，仅存口沿及上腹。素面。口径34.2、残高8.4、壁厚0.7厘米（图3-32，13）。

标本H2：44，夹粗砂红陶。敛口，斜折沿，沿面内凹，尖圆唇，上腹外弧，仅存口沿及上腹。素面。口径39.6、残高7.4、壁厚0.8厘米（图3-32，17）。

标本H2：54，夹粗砂红陶。敛口，斜折沿，圆唇，上腹外弧，仅存口沿及上腹。上腹残留一鸡冠鋬。口径36.6、残高7.9、壁厚1.0厘米（图3-32，15）。

标本H2：42，夹粗砂红陶。敛口，斜沿，外沿微卷，方唇，上腹外弧，仅存口沿及上腹。上腹残留一鸡冠鋬，沿下及上腹饰竖向中绳纹。口径36.9、残高7.0、壁厚0.8厘米（图3-32，20）。

B型　2件。

标本H2：40，夹粗砂红陶。敛口，平折沿，方唇，上腹外弧，仅存口沿及上腹。沿下加固一周附加堆纹、其上压印竖向绳纹，上腹残留一鸡冠鋬，其下饰竖向绳纹。内口径28.2、外口径38.2、沿宽5.0、残高8.8、壁厚1.2厘米（图3-33，7）。

标本H2：20，夹细砂红陶。敛口，平折沿，圆唇，上腹外弧，仅存口沿及上腹。器表素面，上腹贴附小圆泥饼。内口径28.0、外口径36.0、沿宽4.0、残高8.6、壁厚1.0厘米（图3-32，14）。

泥质罐　1件。为E型。

标本H2：14，粗泥质红陶。直口，圆唇，直腹，仅存口沿及上腹。口部有刻划纹，器表素面。口径16.4、残高10.3、壁厚0.6厘米（图3-33，12）。

缸　1件。为B型。

标本H2：22，夹细砂红陶。敛口，平折沿，厚圆唇，上腹外弧，仅存口沿及上腹。素面。口部留有轮修痕。内口径39.9、外口径48.5、沿宽4.3、残高5.4、壁厚0.8厘米（图3-32，22）。

瓮　5件。

A型　2件。

标本H2：41，夹粗砂红陶。敛口，圆唇，腹部微鼓，仅存口沿及上腹。口部磨光，上腹饰三周附加堆纹，堆纹上留有竖向绳纹。口径48.0、残高9.6、壁厚1.0厘米（图3-33，5；图版一九，3）。

标本H2：95，夹粗砂灰陶。敛口，圆唇，仅存口沿及上腹。口部磨光。器表可见刮抹痕。口径33.0、残高4.1、壁厚0.9厘米（图3-33，2）。

B型　2件。

标本H2：67，夹粗砂红陶。敛口内折，圆唇，仅存口沿及上腹。器表可见刮抹痕。口径39.2、残高4.5、壁厚1.2厘米（图3-33，1）。

标本H2：93，夹粗砂灰陶。敛口内折，圆方唇，腹壁较直，仅存口沿及上腹。口沿磨光，沿下加固一周绹索状附加堆纹。器表留有不甚明显的轮修痕。口径32.6、残高5.0、壁厚0.8厘米（图3-33，3）。

C型　1件。

标本H2：64，夹粗砂红陶。敛口，斜折沿，沿面内倾，圆唇，腹壁较直，仅存口沿及上腹。沿下加固一周附加堆纹，堆纹上压印竖向粗绳纹。口径34.2、残高6.0、壁厚1.1厘米（图3-33，4）。

尖底瓶　8件。

C型　1件。

标本H2：90，细泥质灰陶。侈口，圆唇，细颈，仅存口沿及颈部。颈部外鼓处可见戳印纹。器表留有明显轮修痕。口径4.8、残高5.0、壁厚0.5厘米（图3-33，18）。

E型　6件。

标本H2：7，粗泥质灰陶。微侈口，平沿，圆唇，束颈，仅存口沿及颈部。素面。内壁可见泥条盘筑痕迹。内口径8.1、外口径12.5、沿宽2.2、残高6.0、壁厚0.8厘米（图3-33，15）。

标本H2：8，粗泥质灰陶。微侈口，平沿，方唇，束颈，仅存口沿及颈部。颈上部贴附小圆泥饼。器表可见烟炱痕。内口径8.3、外口径12.3、沿宽2.0、残高7.1、壁厚0.8厘米（图3-33，9）。

标本H2：9，粗泥质灰陶，胎体呈红色。微侈口，斜沿，圆唇，束颈，仅存口沿及颈部。沿下加固一周凹弦纹。口沿及颈部可见轮修痕。内口径9.0、外口径12.6、沿宽1.8、残高7.2、壁厚0.6厘米（图3-33，10）。

标本H2：10，细泥质灰陶。微侈口，斜沿，圆唇，颈部较直，仅存口沿及颈部。颈上部贴附小圆泥饼。口沿及内壁可见不明显轮修痕。内口径7.3、外口径11.7、沿宽2.2、残高4.7、壁厚0.9厘米（图3-33，14）。

标本H2：11，粗泥质灰陶。直口微敛，斜折沿，方唇，束颈，颈部向下微张，仅存口沿

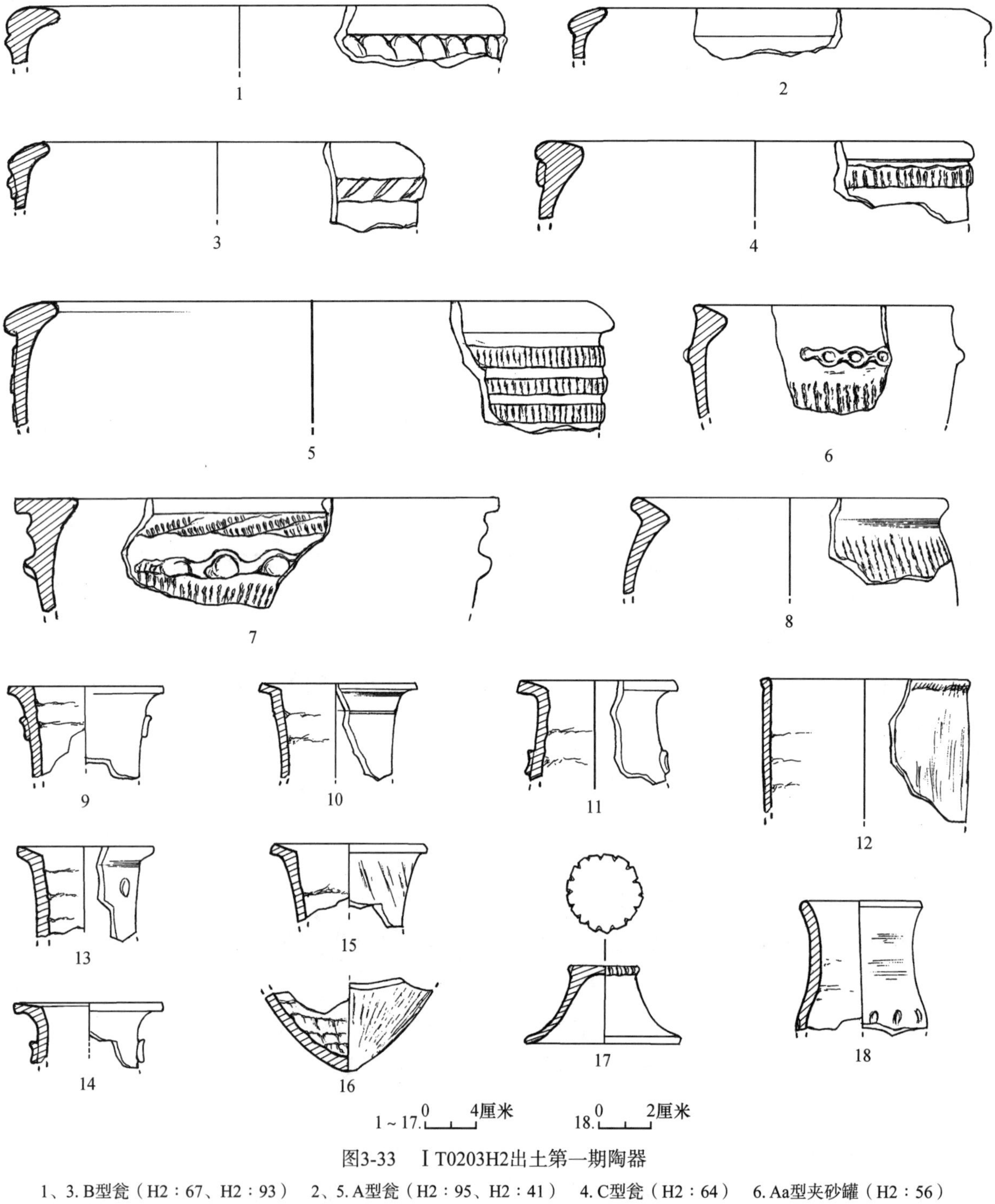

图3-33　Ⅰ T0203H2出土第一期陶器

1、3. B型瓮（H2：67、H2：93）　2、5. A型瓮（H2：95、H2：41）　4. C型瓮（H2：64）　6. Aa型夹砂罐（H2：56）　7. B型夹砂罐（H2：40）　8. Ab型夹砂罐（H2：52）　9～11、13～15. E型尖底瓶（H2：8、H2：9、H2：11、H2：92、H2：10、H2：7）　12. E型泥质罐（H2：14）　16. 尖底瓶（H2：3）　17. B型器盖（H2：15）　18. C型尖底瓶（H2：90）

及颈部。颈部贴附小圆泥饼。内壁可见泥条盘筑痕。内口径7.7、外口径12.5、沿宽2.4、残高7.6、壁厚0.8厘米（图3-33，11）。

标本H2：92，细泥质灰陶。微侈口，斜折沿，圆唇，束颈，仅存口沿及颈部。颈上部贴附小圆泥饼。内壁可见泥条盘筑痕迹。内口径5.6、外口径10.6、沿宽2.5、残高6.9、壁厚1.0厘米（图3-33，13）。

另有底部残片1件。

标本H2：3，粗泥质灰陶。下腹弧收成尖状底，底尖较钝。素面。器表留有刮抹痕，内壁可见清晰的泥条盘筑痕迹。残高6.8、壁厚1.0厘米（图3-33，16；图版二〇，4）。

盆　10件。

Aa型　7件。

标本H2：5，粗泥质红陶。平折沿，内沿折棱凸出形成内敛口，圆唇，斜弧腹，仅存口沿及上腹。素面。口沿及内壁可见烟炱痕。内口径29.6、外口径38.4、沿宽4.4、残高7.7、壁厚0.8厘米（图3-34，4）。

标本H2：13，粗泥质红陶。平折沿，内沿折棱凸出形成内敛口，圆唇，斜弧腹，仅存口沿及上腹。口沿磨光，腹部素面。内壁有轮修痕。内口径23.2、外口径32.8、沿宽4.8、残高4.8、壁厚0.7厘米（图3-34，5）。

标本H2：16，粗泥质红陶。平折沿，内沿折棱凸出形成内敛口，方圆唇，斜弧腹，仅存口沿及上腹。腹部磨光。器表有刮抹痕。内口径28.1、外口径38.3、沿宽5.1、残高5.7、壁厚0.5～0.9厘米（图3-34，1）。

标本H2：19，粗泥质红陶。平折沿，内沿折棱凸出形成内敛口，圆唇，斜弧腹，仅存口沿及上腹。口沿磨光。器表有刮抹痕，并留有烟炱痕。内口径25.8、外口径36.4、沿宽5.3、残高4.8、壁厚0.7～1.0厘米（图3-34，2）。

标本H2：21，夹细砂红陶。平折沿，内沿折棱凸出形成内敛口，尖圆唇，斜弧腹，仅存口沿及上腹。素面。内口径36.6、外口径47.6、沿宽5.5、残高6.2、壁厚1.0厘米（图3-34，9）。

标本H2：25，粗泥质红陶。平折沿，内沿折棱凸出形成内敛口，圆唇，斜弧腹，仅存口沿及上腹。素面。器表有轮修及刮抹痕，并可见烟炱痕。内口径25.8、外口径36.6、沿宽5.4、残高3.6、壁厚0.8厘米（图3-34，7）。

标本H2：94，夹细砂灰陶，胎体呈红色。平折沿，内沿折棱凸出形成内敛口，圆唇，斜弧腹，仅存口沿及上腹。口沿磨光。内壁可见轮修痕。内口径21.9、外口径32.1、沿宽5.1、残高3.6、壁厚0.8厘米（图3-34，8）。

Ab型　2件。

标本H2：26，粗泥质红陶。平折沿，沿面微凸，沿外端略下垂，内沿折棱凸出形成内敛口，尖圆唇，斜弧腹，仅存口沿及上腹。素面。器表有轮修及刮抹痕。内口径26.1、外口径34.9、沿宽4.4、残高4.0、壁厚0.8厘米（图3-34，6）。

标本H2：27，粗泥质红陶。平折沿，沿面微凸，沿外端下垂，内沿折棱凸出形成内敛口，尖圆唇，斜弧腹，仅存口沿及上腹。口沿磨光。器表留有轮修痕，且可见烟炱痕。内口径27.7、外口径36.5、沿宽4.4、残高4.1、壁厚0.9厘米（图3-34，3）。

C型　1件。

标本H2：23，粗泥质红陶。斜折沿，尖圆唇，腹部斜收，下腹及底残。腹部饰左斜向细绳纹，纹痕较浅。器表可见刮抹痕，口沿留有烟炱痕。口径20.4、残高7.6、壁厚0.5～0.8厘米（图3-34，10）。

钵　5件。

A型　3件。

标本H2：97，细泥质灰陶。敛口，圆唇，上腹外鼓，仅存口沿及上腹。器表磨光。器表可见刮抹痕，口沿内侧可见轮修痕。口径21.7、最大腹径23.4、残高5.9、壁厚0.9厘米（图3-34，12）。

标本H2：105，粗泥质灰陶。敛口，尖唇，上腹外鼓，仅存口沿及上腹。器表磨光。

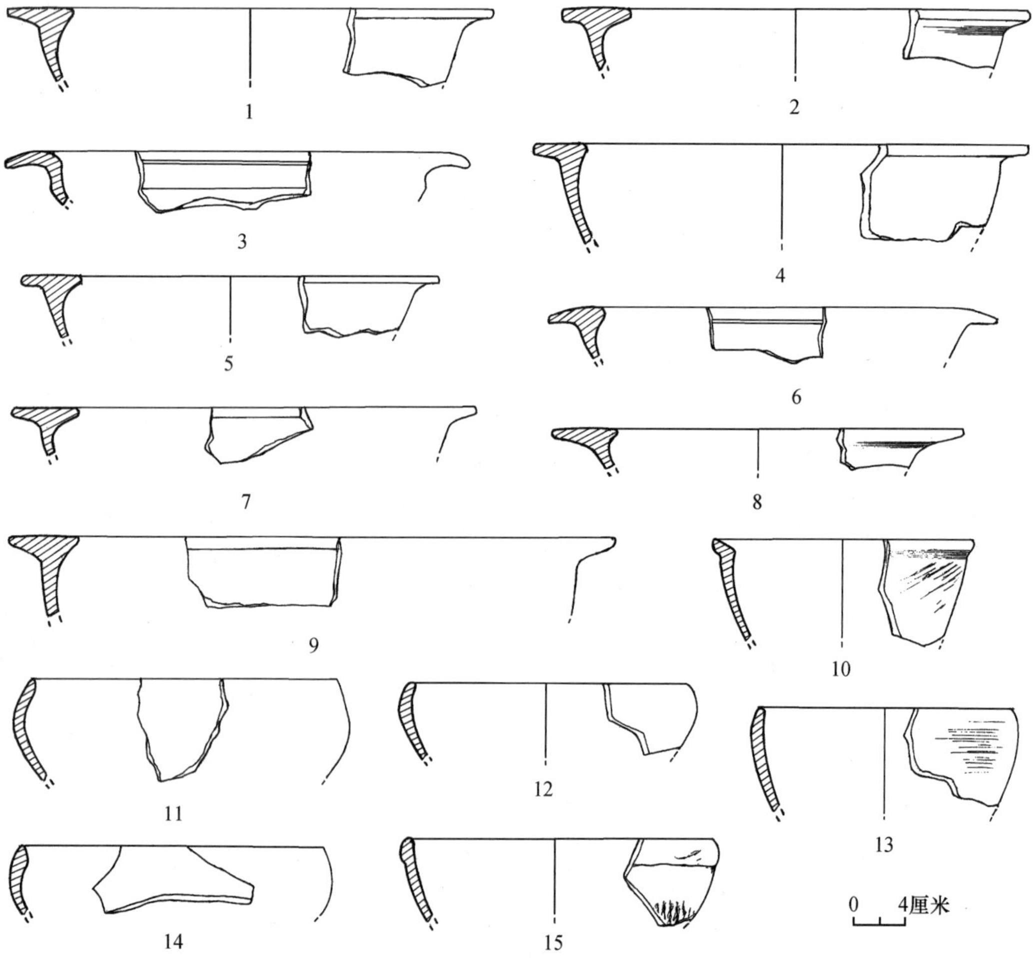

图3-34　ⅠT0203H2出土第一期盆、钵

1、2、4、5、7～9. Aa型盆（H2：16、H2：19、H2：5、H2：13、H2：25、H2：94、H2：21）　3、6. Ab型盆（H2：27、H2：26）　10. C型盆（H2：23）　11、12、14. A型钵（H2：123、H2：97、H2：105）　13、15. B型钵（H2：4、H2：31）

器表可见刮抹痕，内壁可见明显轮修痕。口径23.7、最大腹径25.4、残高5.3、壁厚0.8厘米（图3-34，14）。

标本H2：123，粗泥质灰陶。敛口，尖唇，上腹外鼓，仅存口沿及上腹。器表磨光。口径24.0、最大腹径26.4、残高7.7、壁厚0.9厘米（图3-34，11）。

B型　2件。

标本H2：31，粗泥质红陶。敞口，厚圆唇，沿下有一周凹弦纹，腹部弧收，仅存口沿及上腹。上腹饰竖向绳纹。器表有刮抹痕，并留有烟炱痕。口径24.0、最大腹径24.1、残高6.3、壁厚0.7～0.9厘米（图3-34，15）。

标本H2：4，夹粗砂红陶。直口微敛，圆唇，腹部弧收，仅存口沿及上腹。素面。内壁留有轮修痕。口径19.9、最大腹径21.0、残高7.9、壁厚1.1厘米（图3-34，13）。

器盖　1件。为B型。

标本H2：15，夹细砂红陶，胎体呈灰色。圆饼形捉手，盖壁弧曲外张呈喇叭状，尖圆唇。器表素面，捉手周缘压印出花边。器表可见烟炱痕。盖径12.6、捉手径10.4、高5.7、壁厚0.6厘米（图3-33，17；图版一七，1）。

（2）石器

石笄　3件。为Ba型。

标本H2：05，墨绿色蛇纹岩。顶部残断，细长柱形体，截面呈圆形，底部磨出锥状尖。通体磨光，制作精致。残长10.6厘米，重12克（图3-35，5；图版二六，2）。

标本H2：017，墨绿色蛇纹岩。细长柱形体，截面呈扁圆形，两端残断。器表磨制粗糙。残长9.2厘米，重22克（图3-35，4；图版二七，3）。

标本H2：020，黑色闪长岩。细长柱形体，截面近圆形，向下内收，顶部及尖端均残断。通体磨光。残长8.0厘米，重6克（图3-35，6；图版二六，4）。

石笄毛坯　3件。

标本H2：02，灰绿色闪长岩。平面呈长条形，一侧可见明显切割痕迹，因对切而形成的凸棱，顶部断裂。长9.0、宽1.4～1.7、厚0.5～3.0厘米，重38克（图3-35，1；图版二七，6）。

标本H2：03，青绿色闪长岩。平面呈长条形，侧边斜直，可见切割痕迹，一侧边凸起一棱，系因切割而形成断茬，其余部分尚未加工。残长5.8、宽1.1、厚1.0厘米，重12克（图3-35，3）。

标本H2：013，灰绿色闪长岩。平面呈长条形，器身有切割痕迹，对切后截断，一侧有切割后留下的长条形截断痕。残长9.2、宽2.0、厚0.6～1.0厘米，重49克（图3-35，2）。

石球　1件。

标本H2：019，灰黑色泥岩。器体较小，略呈扁圆形，稍有破损。器表磨制。长径4.6、短径4.0厘米，重98克（图3-35，7；图版二五，2）。

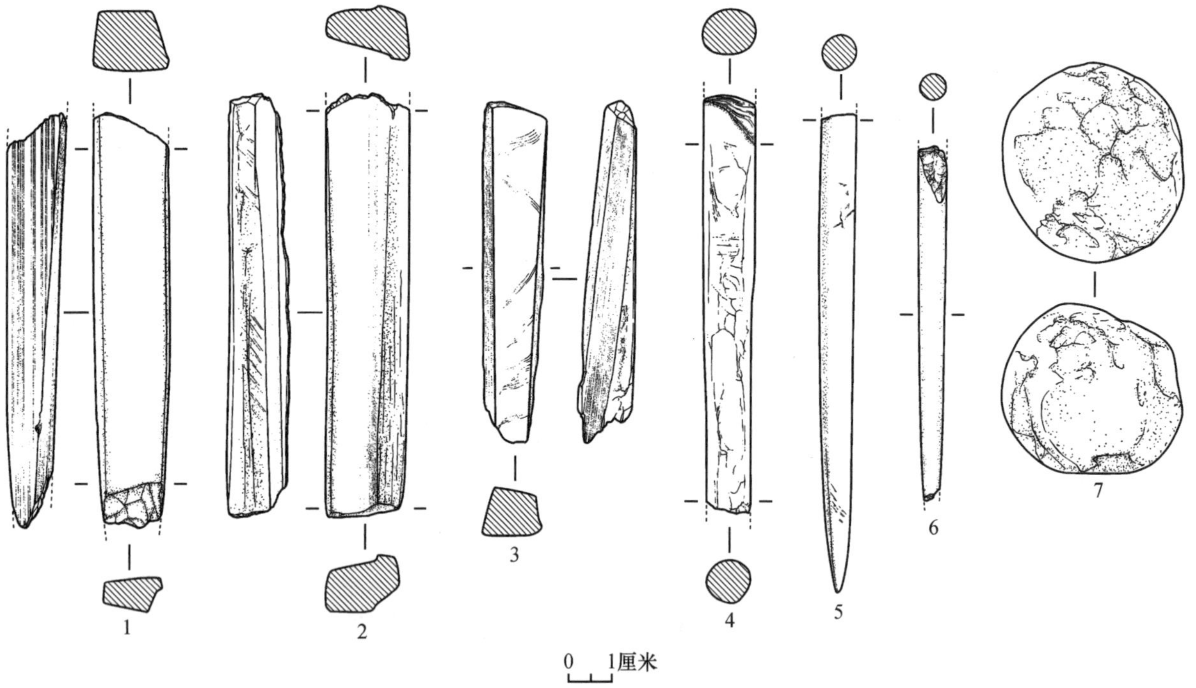

图3-35　ⅠT0203H2出土第一期石器

1～3.石笄毛坯（H2：02、H2：013、H2：03）　4～6.石笄（H2：017、H2：05、H2：020）　7.石球（H2：019）

3. ⅠT0203H3

H3位于ⅠT0203东南角。开口于④层下，打破H11。锅底状坑，坑口平面呈椭圆形，暴露在探方内部分不足四分之一。坑壁弧收，底部略呈圜底。坑口距地表240厘米，探方内坑口长径120、短径40、深76厘米（图3-36）。

坑内填土为浅灰色，土质疏松。文化遗物仅有陶器。

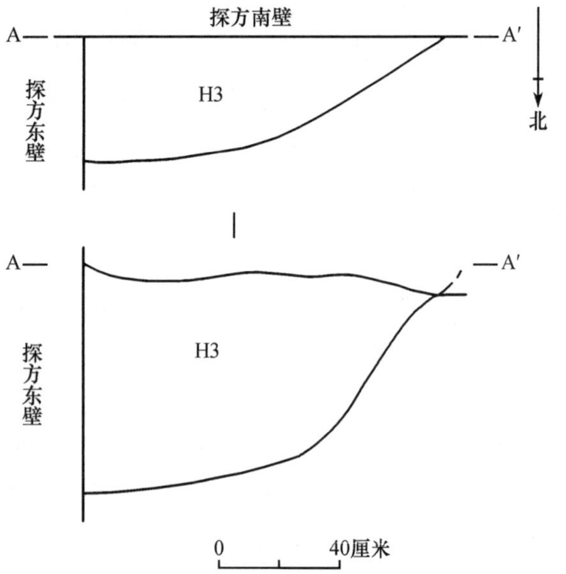

图3-36　ⅠT0203H3平、剖面图

陶器　以粗泥质灰陶为主，夹细砂红陶次之。器表装饰以磨光为主，线纹次之。陶片共12片，总重236克。经分类和拼对，共有10件个体，可辨器形有夹砂罐、盆、钵等（图3-37）。

泥质罐　1件。为B型。

标本H3：4，粗泥质灰陶。敛口，斜折沿，圆唇，上腹外弧，仅存口沿及上腹。器表磨光，留有轮修痕。残高4.3、壁厚1.0厘米（图3-37，2）。

盆　1件。为Ba型。

标本H3：6，粗泥质黑皮陶。斜折沿，内沿折棱略内凸形成内敛口，方唇，仅存口沿。内外壁均磨光。器表留有轮修痕。残高2.6、壁厚

0.4厘米（图3-37，4）。

钵　2件。

A型　1件。

标本H3：1，细泥质红陶，胎体呈灰色。敛口，方唇，上腹微鼓，仅存口沿及上腹。器表磨光。器表可见刮抹痕。口径19.8、残高5.7、壁厚0.5厘米（图3-37，1）。

B型　1件。

标本H3：2，细泥质灰陶。敞口，圆唇，上腹微弧，仅存口沿及上腹。器表磨光。器表可见刮抹痕。残高3.5、壁厚0.8厘米（图3-37，3）。

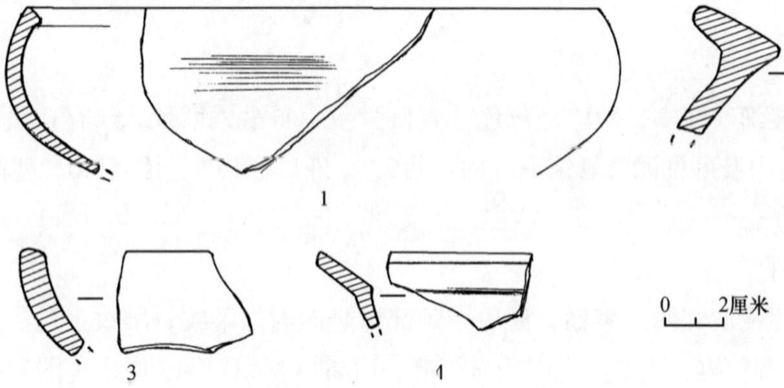

图3-37　Ⅰ T0203H3出土第一期陶器

1. A型钵（H3：1）　2. B型泥质罐（H3：4）　3. B型钵（H3：2）　4. Ba型盆（H3：6）

4. Ⅰ T0203H11

H11位于Ⅰ T0203东南角偏北。开口于④层下，被H3打破。锅底状坑，坑口平面呈不规则形状，坑壁内收，圜底。坑口距地表240厘米，探方内坑口长径220、坑口短径115、坑底长径172、坑底短径83、深68厘米（图3-38）。

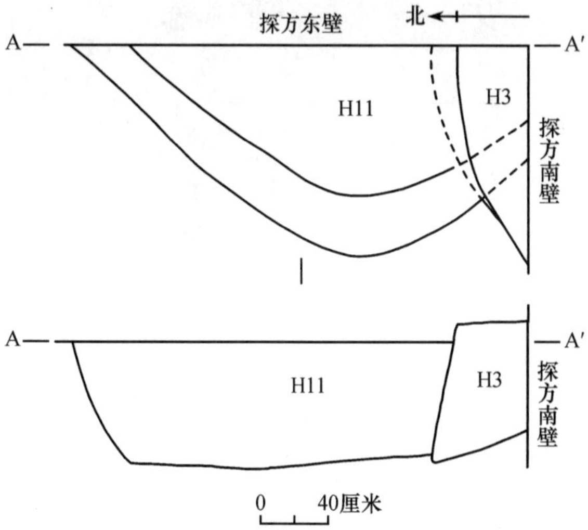

图3-38　Ⅰ T0203H11平、剖面图

坑内填土为红褐色，土质较致密，包含较多红烧土块、炭屑。文化遗物有陶器与骨器。

陶器　以粗泥质红陶为主，夹粗砂红陶次之。器表装饰以磨光为主，线纹次之，另有少量绳纹和弦断线纹。陶片共27片，总重1600克。经分类和拼对，共有21件个体，可辨器形有尖底瓶、夹砂罐、钵、器盖（图3-39）。

夹砂罐　3件。

B型　1件。

标本H11：3，夹粗砂红陶。敛口，折沿，沿面较平，圆唇，上腹微外弧，仅存口沿及上腹。上腹饰右斜向细绳纹。器表留有烟炱痕。内口径22.6、外口径27.8、沿宽2.6、残高7.2、壁厚1.0厘米（图3-39，2）。

C型　2件。

标本H11：1，夹粗砂红陶，胎体呈灰色。侈口，尖唇，上腹微外弧，仅存口沿及上腹。腹部饰交错绳纹。口部可见刮抹痕迹。口径22.0、残高9.2、壁厚1.0厘米（图3-39，1）。

标本H11：2，夹粗砂红陶，胎体呈灰色。侈口，圆唇，上腹外弧，仅存口沿及上腹。腹部饰交错绳纹。口径23.6、残高9.3、壁厚1.0厘米（图3-39，4）。

尖底瓶　2件。

E型　1件。

标本H11：5，夹细砂红陶，胎体呈灰色。直口微敛，斜沿，束颈，仅存口沿及颈部。素面。沿面有轮修痕，内壁可见泥条盘筑痕。内口径9.9、外口径15.9、沿宽3.0、残高7.0、壁厚0.9厘米（图3-39，3）。

另有颈肩残片1件。

标本H11：8，粗泥质红陶。束颈，溜肩。颈部饰竖向附加堆纹，堆纹上留有绳压痕，肩部饰篮纹。器表可见刮抹痕，内壁留有泥条盘筑痕。残高13.8、壁厚1.0厘米（图3-39，9）。

钵　4件。为A型。

标本H11：6，粗泥质红陶，胎体呈灰色。敛口，圆唇，上腹外鼓，仅存口沿及上腹。器表

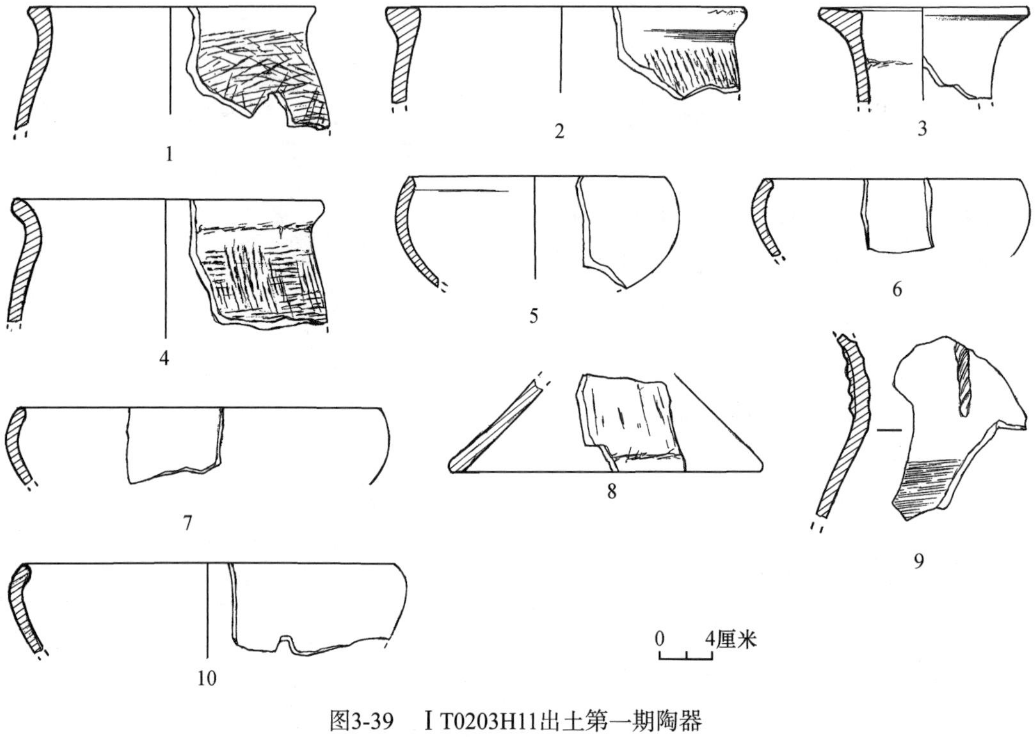

图3-39　Ⅰ T0203H11出土第一期陶器

1、4. C型夹砂罐（H11：1、H11：2）　2. B型夹砂罐（H11：3）　3. E型尖底瓶（H11：5）　5～7、10. A型钵（H11：12、H11：6、H11：7、H11：10）　8. C型器盖（H11：4）　9. 尖底瓶（H11：8）

素面。口径19.6、残高5.9、壁厚1.0厘米（图3-39，6）。

标本H11：7，粗泥质红陶。敛口，圆唇，上腹外鼓，仅存口沿及上腹。器表磨光。口径28.2、残高5.8、壁厚0.8厘米（图3-39，7）。

标本H11：10，粗泥质红陶。敛口，方唇，上腹微鼓，仅存口沿及上腹。器表磨光。口径28.8、残高5.7、壁厚0.8厘米（图3-39，10）。

标本H11：12，粗泥质灰陶。敛口，尖圆唇，上腹外鼓，仅存口沿及上腹。器表磨光。口径19.8、残高7.4、壁厚0.8厘米（图3-39，5）。

器盖　1件。为C型。

标本H11：4，夹粗砂红陶，胎体呈灰色。器体较大，圆唇，盖壁外张呈喇叭状，捉手已残。素面。内壁可见刮抹痕。盖体直径23.8、残高7.0、壁厚1.0厘米（图3-39，8）。

5. Ⅰ T0408H19

H19位于Ⅰ T0408北壁中部。开口于④层下，被H17打破。袋状坑，坑口平面呈圆形，坑壁外斜，平底。坑口距地表深235厘米，探方内坑口直径约272、坑底直径约424、深280厘米（图3-40）。

坑内填土为灰褐色，土质疏松，包含草木灰、砂粒、烧土颗粒、兽骨及陶片。文化遗物有陶器和骨器。

（1）陶器　以夹粗砂红陶为主，细泥质红陶次之。器表装饰以素面居多，纹饰以磨光为主，绳纹+附加堆纹次之，另有少量绳纹、线纹、弦断线纹、附加堆纹等（表3-10）。陶片共

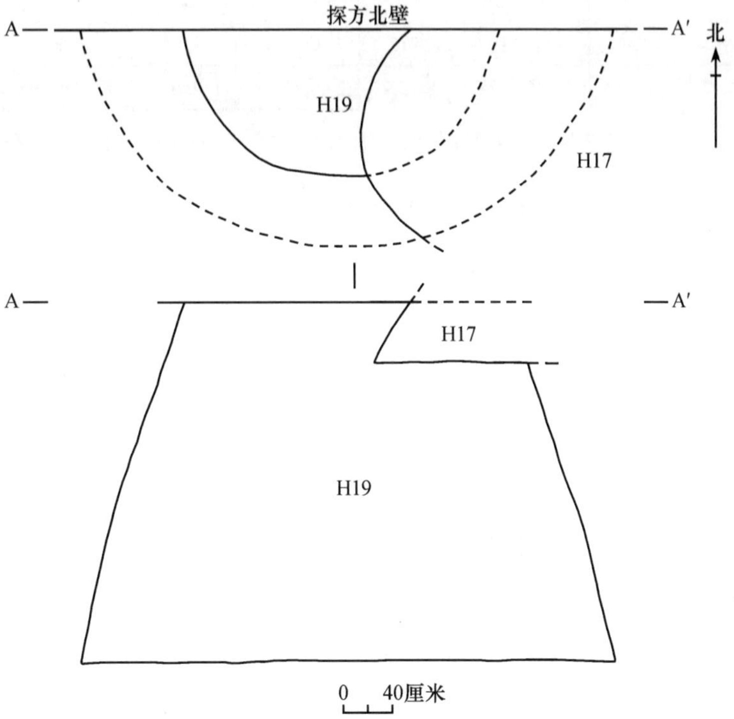

图3-40　Ⅰ T0408H19平、剖面图

91片，总重5359克。经分类和拼对，共有63件个体，可辨器形有尖底瓶、夹砂罐、瓮、盆、钵等（图3-41、图3-42、表3-11、表3-12）。

夹砂罐　10件。

A型　7件。

Aa型　1件。

标本H19：11，夹粗砂红陶。敛口，斜折沿，尖圆唇，上腹外弧，仅存口沿及上腹。上腹残留一鸡冠鋬。内壁可见烟炱痕。口径18.6、残高5.0、壁厚0.8厘米（图3-41，12）。

Ab型　4件。

标本H19：9，夹粗砂红陶。敛口，斜折沿，尖圆唇，上腹外鼓，仅存口沿及上腹。素面。沿下留有轮修痕。口径30.0、残高5.3、壁厚1.0厘米（图3-41，1）。

表3-10　ⅠT0408H19陶系统计表

陶质	细泥质陶		粗泥质陶		夹细砂陶		夹粗砂陶	合计	百分比（%）
陶色 / 器表装饰	红	灰	红	灰	红	灰	红		
素面			8/392	1/22	13/690		16/923	38/2027	41.76/37.82
磨光	4/226	1/18	10/435	1/17	4/363			20/1059	21.98/19.76
绳纹							9/586	9/586	9.89/10.93
线纹			1/19	2/44				3/63	3.29/1.18
弦断线纹		1/11	1/25	5/130		1/48		8/214	8.79/3.99
附加堆纹					2/108			2/108	2.20/2.02
绳纹+附加堆纹							11/1302	11/1302	12.09/24.30
合计	4/226	2/29	20/871	9/213	19/1161	1/48	36/2811	91/5359	
百分比（%）	4.39/4.22	2.20/0.54	21.98/16.25	9.89/3.97	20.88/21.67	1.10/0.90	39.56/52.45	100/100	

注：百分比相关的行、列外，“/”前统计的数据为片数，单位为个；“/”后统计的数据为质量，单位为克。

表3-11　ⅠT0408H19第一期陶器器形统计表（1）

陶质	细泥质陶		粗泥质陶		夹细砂陶		夹粗砂陶	合计	百分比（%）
陶色 / 器类	红	灰	红	灰	红	灰	红		
夹砂罐					7		23	30	47.62
瓮					1		3	4	6.35
尖底瓶		1	4	5		1		11	17.46
盆	1	1	7	1				10	15.87
钵	1		5	1				7	11.11
刀				1				1	1.59
合计	2	2	16	8	8	1	26	63	
百分比（%）	3.17	3.17	25.40	12.70	12.70	1.59	41.27		100

表3-12　Ⅰ T0408H19第一期陶器器形统计表（2）

器类 器表装饰	瓮	尖底瓶	盆	钵	夹砂罐	刀	合计	百分比（%）
素面	2	3	4	2	16		26	41.27
磨光			6	5	1		12	19.05
绳纹					7		7	11.11
线纹		3					3	4.76
弦断线纹		6				1	7	11.11
附加堆纹					1			1.59
绳纹+附加堆纹	2				5		7	11.11
合计	4	11	10	7	30	1	63	
百分比（%）	6.35	17.46	15.87	11.11	47.62	1.59		100

标本H19：21，夹粗砂红陶。敛口，斜折沿，尖圆唇，上腹外弧，仅存口沿及上腹。素面。口沿留有轮修痕。口径30.0、残高5.0、壁厚0.9厘米（图3-41，2）。

标本H19：6，夹粗砂红陶。敛口，斜折沿，尖圆唇，上腹外弧，仅存口沿及上腹。沿下残留一鸡冠錾。口径27.7、残高7.7、壁厚0.9厘米（图3-41，6）。

标本H19：20，夹粗砂红陶。敛口，斜折沿，圆唇，上腹外弧，仅存口沿及上腹。素面。口沿留有轮修痕。口径27.8、残高7.2、壁厚0.9厘米（图3-41，4）。

Ac型　2件。

标本H19：14，夹粗砂红陶。敛口，斜折沿，圆唇，上腹外弧，仅存口沿及上腹。素面。口沿留有轮修痕，器表可见烟炱痕。口径31.8、残高5.4、壁厚0.9厘米（图3-41，5）。

标本H19：25，夹细砂红陶，胎体呈灰色。敛口，斜折沿，圆唇，上腹外弧，仅存口沿及上腹。素面。沿面可见轮修痕。口径36.1、残高8.5、壁厚0.5～0.9厘米（图3-41，3）。

B型　3件。

标本H19：29，夹粗砂红陶。敛口，平折沿，圆唇，上腹外弧，仅存口沿及上腹。沿下加固一周附加堆纹，堆纹上留有绳压痕。口沿留有轮修痕，器表可见烟炱痕。内口径24.1、外口径27.9、沿宽1.9、残高5.5、壁厚0.8厘米（图3-41，7）。

标本H19：37，夹粗砂红陶，胎体呈灰色。敛口，平折沿，厚圆唇，上腹壁较直，仅存口沿及上腹。沿下加固一周附加堆纹，堆纹上留有绳压痕，上腹饰右斜向中绳纹。口沿留有轮修痕。内口径28.8、外口径35.4、沿宽3.3、残高4.8、壁厚0.9厘米（图3-41，8）。

标本H19：19，夹粗砂红陶。敛口，平折沿，沿面微鼓，圆唇，上腹外弧，仅存口沿及上腹。口沿磨光，沿下饰一周粗且深的凹弦纹，上腹饰竖向绳纹，绳纹上饰一周附加堆纹，堆纹上留有绳压痕。口沿处留有轮修痕。内口径28.7、外口径33.5、沿宽2.4、残高6.0、壁厚1.0厘米（图3-41，10）。

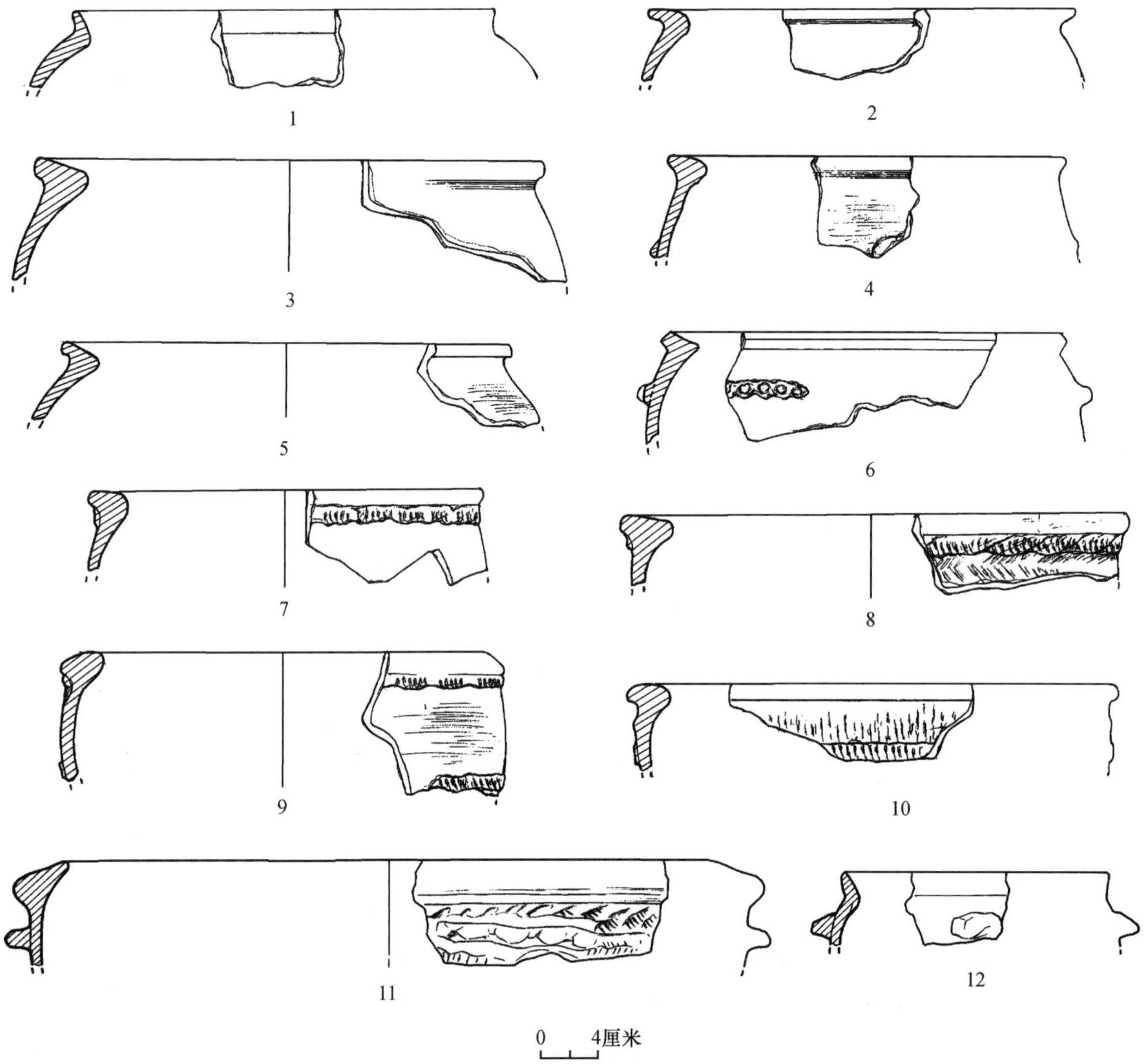

图3-41　ⅠT0408H19出土第一期夹砂罐、瓮

1、2、4、6. Ab型夹砂罐（H19：9、H19：21、H19：20、H19：6）　3、5. Ac型夹砂罐（H19：25、H19：14）　7、8、10. B型夹砂罐（H19：29、H19：37、H19：19）　9. A型瓮（H19：17）　11. B型瓮（H19：18）　12. Aa型夹砂罐（H19：11）

瓮　2件。

A型　1件。

标本H19：17，夹粗砂红陶。敛口，圆唇，上腹微鼓，仅存口沿及上腹。沿下和腹部各饰一周附加堆纹，堆纹上留有绳压痕。口沿内外均有轮修痕。口径28.4、残高8.9、壁厚1.0厘米（图3-41，9）。

B型　1件。

标本H19：18，夹粗砂红陶，胎体呈灰色。敛口，尖唇，上腹较直，仅存口沿及上腹。上腹饰左斜向中绳纹，其上饰两周叠加的附加堆纹，纹上以绕绳工具按压斜向绳纹凹窝，纹间残留一鸡冠錾。口部可见轮修痕。口径46.3、残高7.2、壁厚0.6～0.9厘米（图3-41，11）。

尖底瓶　1件。为E型。

标本H19：53，粗泥质红陶。直口，平折沿，圆唇，仅存口沿及颈部。素面。颈部留有轮修痕。内口径7.6、外口径11.8、沿宽2.1、残高4.7、壁厚0.6厘米（图3-42，10）。

盆　5件。为Aa型。

标本H19：5，粗泥质红陶，胎体呈灰色。平折沿，沿外端略下垂，内沿折棱凸出形成内敛口，圆唇，斜弧腹，仅存口沿及上腹。沿面及器表磨光。口沿内侧有轮修痕。内口径27.2、外口径36.4、沿宽4.6、残高3.4、壁厚0.9厘米（图3-42，4）。

标本H19：4，夹细砂红陶，胎体呈灰色。平折沿，内沿折棱凸出形成内敛口，方唇，斜弧腹，仅存口沿及上腹。沿面及内壁磨光，器表素面。沿下留有轮修痕。内口径30.7、外口径39.9、沿宽4.6、残高9.6、壁厚0.8厘米（图3-42，1）。

标本H19：32，粗泥质红陶。平折沿，内沿折棱凸出形成内敛口，圆唇，斜弧腹，仅存口沿及上腹。沿面磨光，器表素面。内外壁均留有轮修痕。内口径24.2、外口径32.2、沿宽4.0、残高3.2、壁厚0.7厘米（图3-42，2）。

标本H19：8，粗泥质红陶，胎体呈灰色。平折沿，内沿折棱凸出形成内敛口，圆唇，上腹斜直，仅存口沿及上腹。素面。口沿内侧有轮修痕。内口径25.8、外口径34.2、沿宽4.2、残高4.4、壁厚0.8厘米（图3-42，3）。

标本H19：7，粗泥质红陶。平折沿，内沿折棱凸出形成内敛口，圆唇，斜弧腹，仅存口沿及上腹。素面。口沿内侧留有轮修痕。内口径25.1、外口径34.1、沿宽4.5、残高5.0、壁厚0.8厘米（图3-42，5）。

钵　3件。

A型　1件。

标本H19：36，细泥质红陶。敛口，尖唇，上腹外鼓，仅存口沿及上腹。素面，内壁沿下有一周凹弦纹。内外壁皆轮修痕明显。口径18.0、残高6.6、壁厚0.7厘米（图3-42，8）。

B型　2件。

标本H19：12，粗泥质红陶。微敛口，尖唇，上腹斜直略内倾，仅存口沿及上腹。器表磨光。口径19.6、残高4.9、壁厚0.9厘米（图3-42，6）。

标本H19：34，细泥质红陶，胎体呈灰色。直口微敛，尖圆唇，上腹较直。仅存口沿及上腹。内外壁皆磨光，可见横向刮抹痕。口径27.9、残高5.9、壁厚0.6厘米（图3-42，7）。

器盖　1件。为A型。

标本H19：16，夹细砂红陶。圆唇，仅余盖体残片。素面。内外壁均留有轮修痕。残高4.3、壁厚0.8厘米（图3-42，12）。

器座　1件。

标本H19：8，夹粗砂红陶。器壁极厚。器表饰竖向细绳纹，其上饰附加堆纹。残高5.4、壁厚1.4～2.2厘米（图3-42，11）。

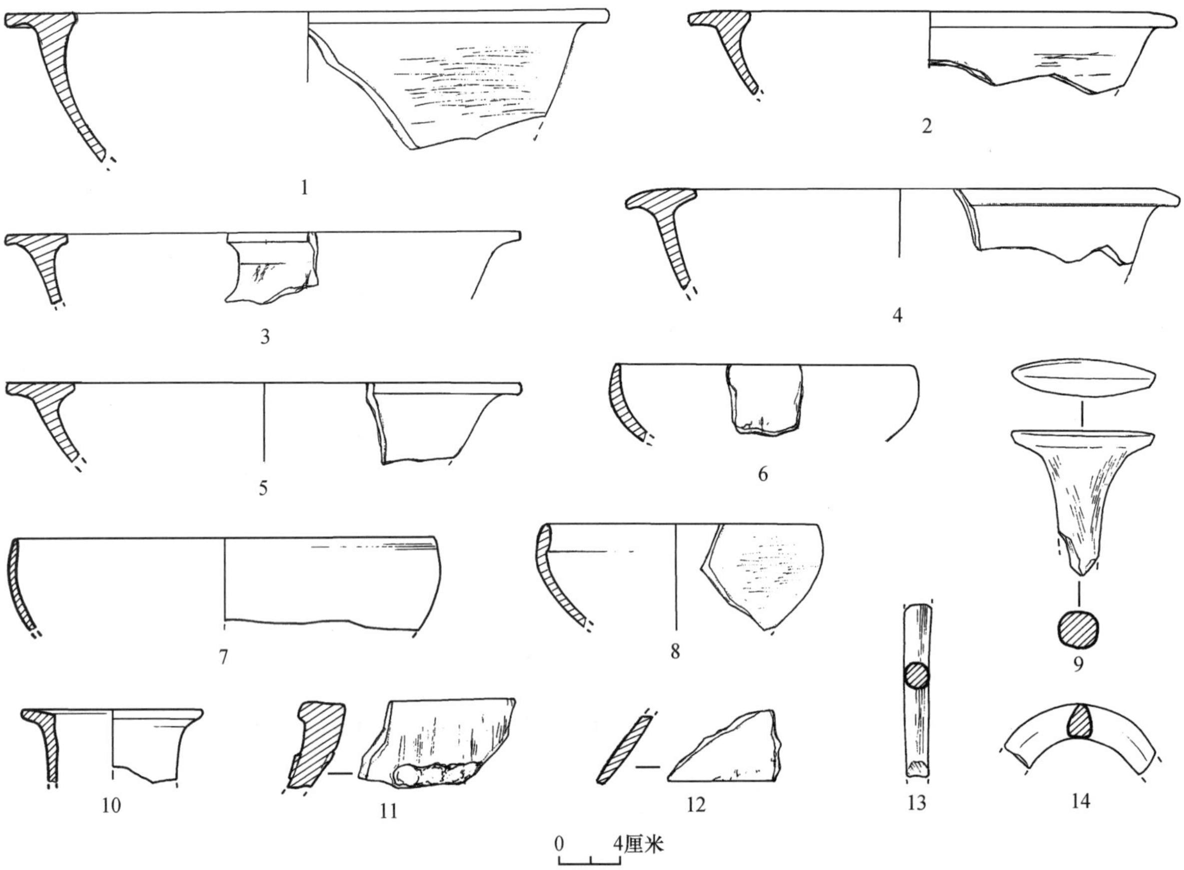

图3-42　ⅠT0408H19出土第一期陶器

1～5. Aa型盆（H19：4、H19：32、H19：8、H19：5、H19：7）　6、7. B型钵（H19：12、H19：34）　8. A型钵（H19：36）　9、13. 笄（H19：2、H19：3）　10. E型尖底瓶（H19：53）　11. 器座（H19：8）　12. A型器盖（H19：16）　14. A型环（H19：1）

刀　1件。

标本H19：48，粗泥质灰陶。由尖底瓶残片打磨而成。刀身弧曲，直背，单面刃，刃缘不规整。器表保留弦断线纹。长10.1、宽6.7、壁厚0.2～0.5厘米。

环　1件。为A型。

标本H19：1，粗泥质灰陶。残存约四分之一，断面呈卵形，内侧边略直，外侧边圆钝。器表磨光。内径4.0、外径6.0、厚2.1厘米（图3-42，14）。

笄　2件。

标本H19：2，泥质灰黑陶。平面呈T形，笄身近顶部截面呈椭圆形，大部分已残。器表粗糙，磨制痕迹明显。顶长9.4、顶宽2.4、残长9.2厘米（图3-42，9；图版二四，1）。

标本H19：3，粗泥质灰陶。柱状，截面呈圆形，顶端和尖端均残。通体磨光。残长11.1厘米，体径1.6厘米（图3-42，13）。

（2）骨器

角锥　1件。

标本H19：104，鹿角制成。器体细长，尖端磨制尖锐，顶端残。残长8.6厘米，重10克（图3-23，6；图版二八，6）。

6. Ⅰ T0202H23

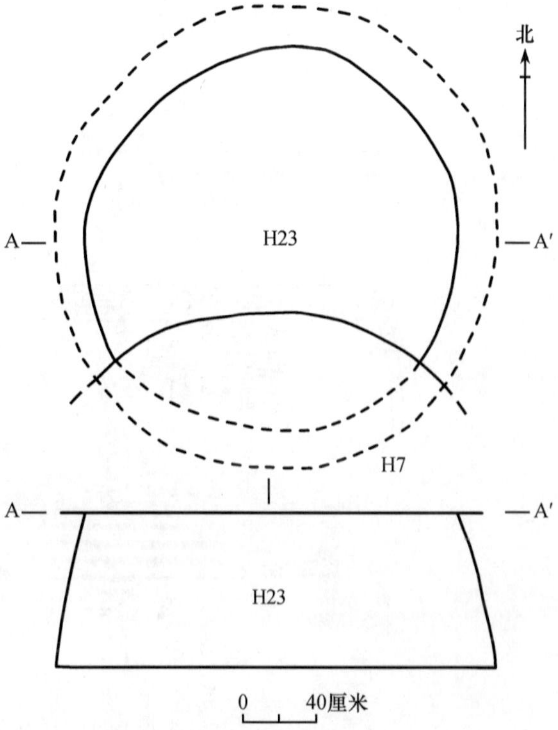

图3-43　Ⅰ T0202H23平、剖面图

H23位于Ⅰ T0202中部略偏西。开口于④层下，被H7打破。袋状坑，坑口平面近圆形，坑壁外弧，平底。坑口距地表深235厘米，坑口直径200、坑底直径245、深80厘米（图3-43）。

坑内填土为灰色，土质较疏松。文化遗物仅有陶器。

陶器　以夹粗砂红陶为主，粗泥质灰陶次之。器表装饰以素面居多，磨光次之。纹饰以绳纹为主，另有少量线纹、弦断线纹、绳纹+附加堆纹、凸弦纹。陶片共29片，总重1812克。经分类和拼对，共有19件个体，可辨器形有尖底瓶、夹砂罐、盆、钵、灶等（图3-44）。

夹砂罐　5件。为A型。

Ab型　1件。

标本H23：4，夹粗砂红陶。敛口，斜折沿，尖圆唇，仅存口沿。素面。口沿留有轮修痕。口径24.2、残高4.5、壁厚0.8厘米（图3-44，8）。

Ac型　4件。

标本H23：3，夹细砂灰陶。敛口，斜折沿，方唇，唇部内凹，上腹弧收，仅存口沿及上腹。素面。内外壁可见轮修痕。口径30.1、残高6.0、壁厚0.8厘米（图3-44，2）。

标本H23：5，夹粗砂红陶。敛口，斜折沿，圆唇，上腹外弧，仅存口沿及上腹。素面。口沿及内壁可见轮修痕。口径30.4、残高5.1、壁厚1.0厘米（图3-44，3）。

标本H23：6，夹粗砂红陶。敛口，斜折沿，圆唇，上腹外斜，仅存口沿及上腹。素面。口沿及内壁可见明显轮修痕，口沿内部可见黏结痕。口径30.4、残高6.2、壁厚0.8厘米（图3-44，4）。

标本H23：8，夹粗砂红陶。敛口，斜折沿，上腹外弧，仅存口沿及上腹。唇部饰左斜向中绳纹，沿下饰横向中绳纹，腹部饰左斜向中绳纹。内壁可见轮修痕。口径34.2、残高10.4、壁厚1.0厘米（图3-44，5；图版一七，5）。

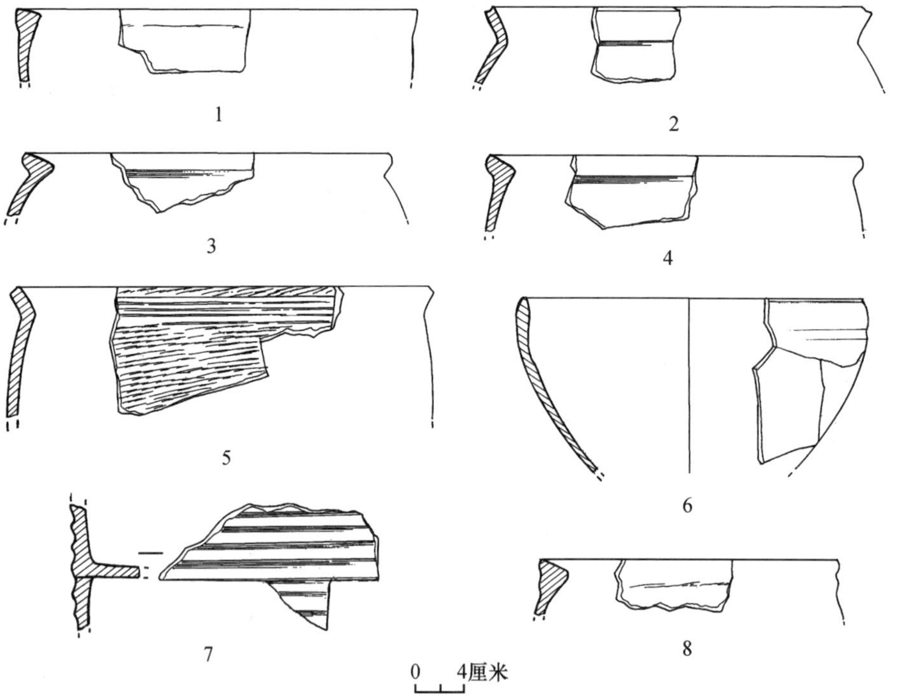

图3-44　Ⅰ T0202H23出土第一期陶器

1. C型盆（H23：1）　2～5. Ac型夹砂罐（H23：3、H23：5、H23：6、H23：8）　6. B型钵（H23：12）　7. 灶（H23：11）　8. Ab型夹砂罐（H23：4）

盆　1件。为C型。

标本H23：1，细泥质灰陶。敛口，沿面内倾，厚方唇，上腹微弧，仅存口沿及上腹。器表磨光。器表可见刮抹痕。口径23.3、残高5.8、壁厚0.8厘米（图3-44，1）。

灶　1件。仅存下腹及足。

标本H23：11，夹细砂红陶。下腹微斜收，平底，足圈一侧残留火门。器表饰凸弦纹。弦纹之间留有轮修痕。残高9.9、壁厚1.2、底厚1.0厘米（图3-44，7）。

钵　1件。为B型。

标本H23：12，细泥质灰陶。直口微敛，尖圆唇，上腹较直，腹壁略弧，底残。器表磨光。器表可见刮抹痕，内壁可见轮修痕。口径27.7、残高13.9、壁厚0.8厘米（图3-44，6）。

7. Ⅰ T0203H33

H33位于Ⅰ T0203东南部。开口于⑤层下，被H1打破。袋状坑，坑口平面呈圆形，坑壁外弧，平底。坑口距地表250厘米，探方内坑口长径88、坑口短径60、坑底长径180、坑底短径86、深70厘米（图3-45）。

坑内填土为灰褐色，土质疏松，包含较多红烧土颗粒、炭屑、螺壳、石块等。文化遗物仅有陶器。

陶器　以粗泥质红陶为主，夹粗砂灰陶次之。器表装饰以线纹为主，弦断线纹次之，另有少量绳纹、磨光、小圆泥饼。陶片共28片，总重1187克。经分类和拼对，共有24件个体，可辨器形有尖底瓶、夹砂罐、钵、器盖等（图3-46）。

夹砂罐　3件。

Ab型　1件。

标本H33：11，夹粗砂灰陶。敛口，斜折沿，沿面有一周凸棱，圆唇，上腹外弧，仅存口沿及上腹。上腹饰交错粗绳纹，其上残留一鸡冠鋬。器表可见烟炱痕。口径33.0、残高6.7、壁厚0.7厘米（图3-46，1）。

B型　2件。

标本H33：3，夹细砂红陶。敛口，平折沿，圆唇，上腹微鼓，仅存口沿及上腹。素面。内口径24.2、外口径30.4、沿宽3.1、残高7.1、壁厚0.7厘米（图3-46，2）。

标本H33：5，夹粗砂红陶。敛口，平折沿，沿外端略下垂，尖圆唇，上腹外弧，仅存口沿及上腹。素面。器表留有明显轮修痕。内口径20.8、外口径26.0、沿宽2.6、残高3.5、壁厚0.7厘米（图3-46，3）。

尖底瓶　1件。为E型。

标本H33：1，粗泥质红陶。直口，平折沿，方圆唇，束颈，仅存口沿及颈部。沿面饰一周不规则的细划纹，颈上部贴附小圆泥饼。口沿处留有轮修痕。内口径5.6、外口径10.0、沿宽2.2、残高4.8、壁厚0.7厘米（图3-46，7）。

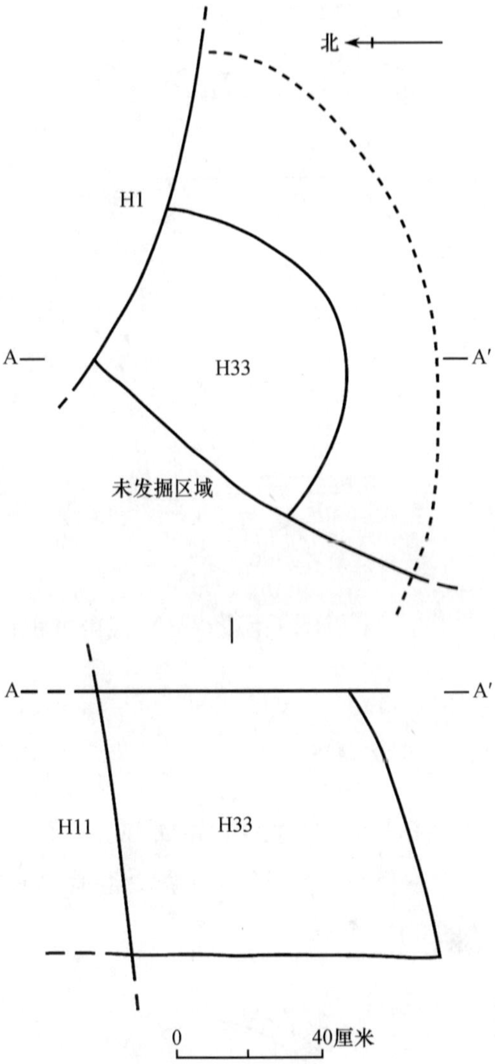

图3-45　Ⅰ T0203H33平、剖面图

钵　3件。为A型。

标本H33：9，粗泥质红陶。敛口，圆唇，上腹外鼓，仅存口沿及上腹。器表磨光。口径22.2、残高6.3、壁厚0.6厘米（图3-46，4）。

标本H33：10，粗泥质红陶。敛口，尖圆唇，上腹外鼓，仅存口沿及上腹。器表略磨光。口沿内侧可见明显轮修痕。口径21.2、残高6.0、壁厚0.6厘米（图3-46，6）。

标本H33：8，细泥质红陶。敛口，尖圆唇，上腹外鼓，仅存口沿及上腹。器表磨光。器表可见明显刮抹痕，内壁留有轮修痕。口径29.3、残高4.6、壁厚0.7厘米（图3-46，5）。

器盖　1件。为Aa型。

标本H33：4，夹细砂红陶。圆饼形捉手，捉手下有一残孔，大部分盖体残。素面。捉手径11.2、残高3.2、壁厚1.0厘米（图3-46，8）。

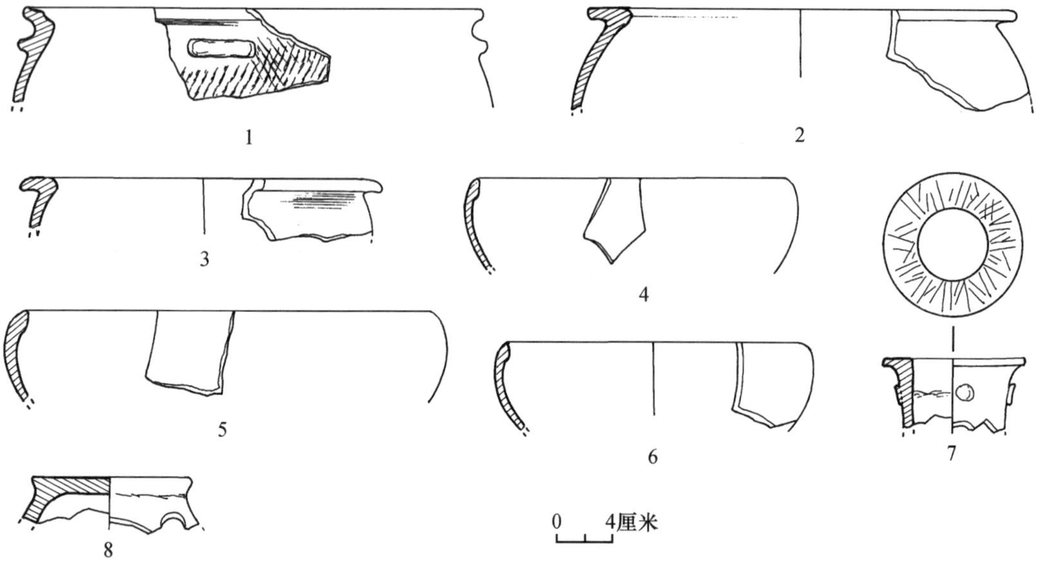

图3-46　ⅠT0203H33出土第一期陶器

1. Ab型夹砂罐（H33：11）　2、3. B型夹砂罐（H33：3、H33：5）　4～6. A型钵（H33：9、H33：8、H33：10）　7. E型尖底瓶（H33：1）　8. Aa型器盖（H33：4）

8. ⅠT0303H35

H35位于ⅠT0303东南部，开口于④层下，被H10、H25打破。袋状坑，坑口平面呈圆形，坑壁外弧，平底。坑口距地表深210厘米，坑口直径257、坑底直径267、深108厘米（图3-47）。

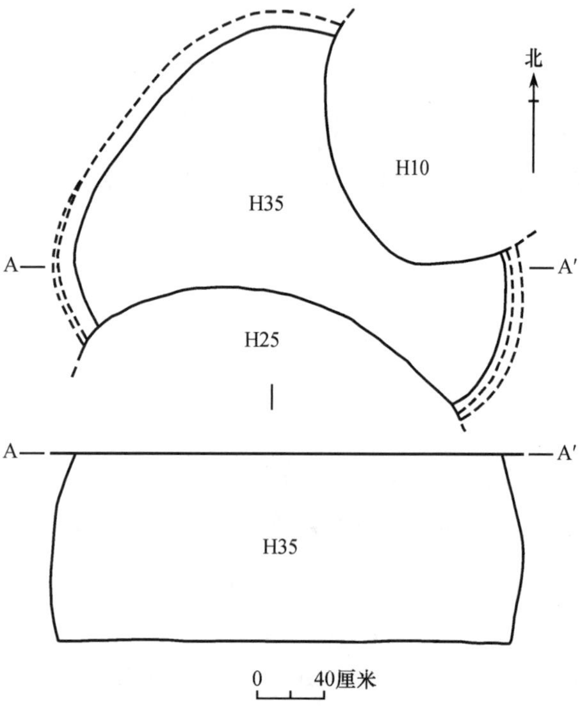

图3-47　ⅠT0303H35平、剖面图

坑内填土为灰褐色，土质疏松。文化遗物仅有陶器。

陶器　以夹粗砂红陶为主，粗泥质红陶次之。器表装饰以素面居多，纹饰以绳纹为主，另有少量弦纹、线纹、磨光、附加堆纹+绳纹。陶片共24片，总重1728克。经分类和拼对，共有21件个体，可辨器形有尖底瓶、夹砂罐、盆、钵、杯等（图3-48）。

罐　7件。以夹砂罐为主，仅1件泥质罐。

夹砂罐　6件。

A型　5件。

Aa型　1件。

标本H35：7，夹粗砂红陶。敛口，斜折沿，沿面微斜，圆唇，上腹微鼓，仅存口沿及上腹。唇部及上腹饰右斜向粗绳纹，上腹残留一鸡冠鋬。口沿有轮修痕。口径20.4、残高6.0、壁厚0.6厘米（图3-48，8）。

Ab型　2件。

标本H35：8，夹粗砂红陶。敛口，斜折沿，沿面有折棱，圆唇，仅存口沿及上腹。器表饰竖向细绳纹。口径30.4、残高4.5、壁厚1.0厘米（图3-36，4）。

标本H35：15，夹粗砂灰陶。敛口，斜折沿，圆唇，上腹外弧，仅存口沿及上腹。沿面及上腹饰右斜向绳纹。内壁轮修痕明显。口径26.2、残高7.6、壁厚0.8厘米（图3-48，6）。

Ac型　2件。

标本H35：3，夹粗砂红陶。敛口，斜折沿，沿面微内凹，圆唇，上腹外弧，仅存口沿及上腹。上腹饰左斜向粗绳纹。口沿留有轮修痕。口径36.4、残高6.8、壁厚0.7厘米（图3-48，1）。

标本H35：2，夹粗砂红陶。敛口，斜折沿，沿面微内凹，圆唇，上腹外弧，仅存口沿及上腹。上腹饰右斜向粗绳纹，其上残留一鸡冠鋬。口沿留有轮修痕。口径38.1、残高7.6、壁厚1.0厘米（图3-48，3）。

B型　1件。

标本H35：13，夹粗砂红陶，胎体呈灰色。敛口，平折沿，圆唇，上腹外弧，仅存口沿及上腹。素面。内壁轮修痕明显。内口径31、外口径39.2、沿宽4.1、残高5.9、壁厚0.7～1.0厘米（图3-48，5）。

泥质罐　1件。为A型。

标本H35：11，粗泥质灰陶。敛口，平折沿，沿面微卷，上腹外弧，仅存口沿及上腹。素面。腹部留有轮修痕。内口径28.0、外口径37.0、沿宽4.5、残高4.1、壁厚0.8厘米（图3-48，2）。

瓮　1件。为A型。

标本H35：12，夹粗砂红陶。敛口，方唇，上腹外斜，仅存口沿及上腹。唇部磨光，上腹饰右斜向粗篮纹。沿下残存两个尖状鋬。口径20.4、残高11.1、壁厚1.1厘米（图3-48，10）。

盆　2件。为Aa型。

标本H35：5，细泥质红陶。平折沿，内沿折棱凸出形成内敛口，方唇，仅存口沿。口沿磨光。器表留有轮修痕。内口径31.5、外口径41.1、沿宽4.8、残高2.2、壁厚0.8厘米（图3-48，9）。

标本H35：18，细泥质灰陶。平折沿，内沿折棱凸出形成内敛口，尖圆唇，仅存口沿。器表磨光。内外壁均有轮修痕迹，沿下可见刮抹痕。内口径36.1、外口径46.1、沿宽5.0、残高3.2、壁厚0.8厘米（图3-48，7）。

钵　3件。为B型。

标本H35：16，细泥质红陶。微敛口，尖唇，上腹略外弧，仅存口沿及上腹。素面。内壁轮修痕迹明显。口径28.1、残高5.8、壁厚0.6厘米（图3-48，11）。

标本H35：17，粗泥质红陶，胎体呈灰色。微敛口，圆唇，上腹略外弧，仅存口沿及上腹。器表磨光。内壁留有轮修痕迹。口径22.0、残高3.8、壁厚0.7厘米（图3-48，13）。

标本H35：19，细泥质灰陶。微敛口，尖圆唇，上腹略外弧，仅存口沿及上腹。内壁留有轮修痕迹，器表可见刮抹痕。口径27.8、残高6.5、壁厚0.7厘米（图3-48，14）。

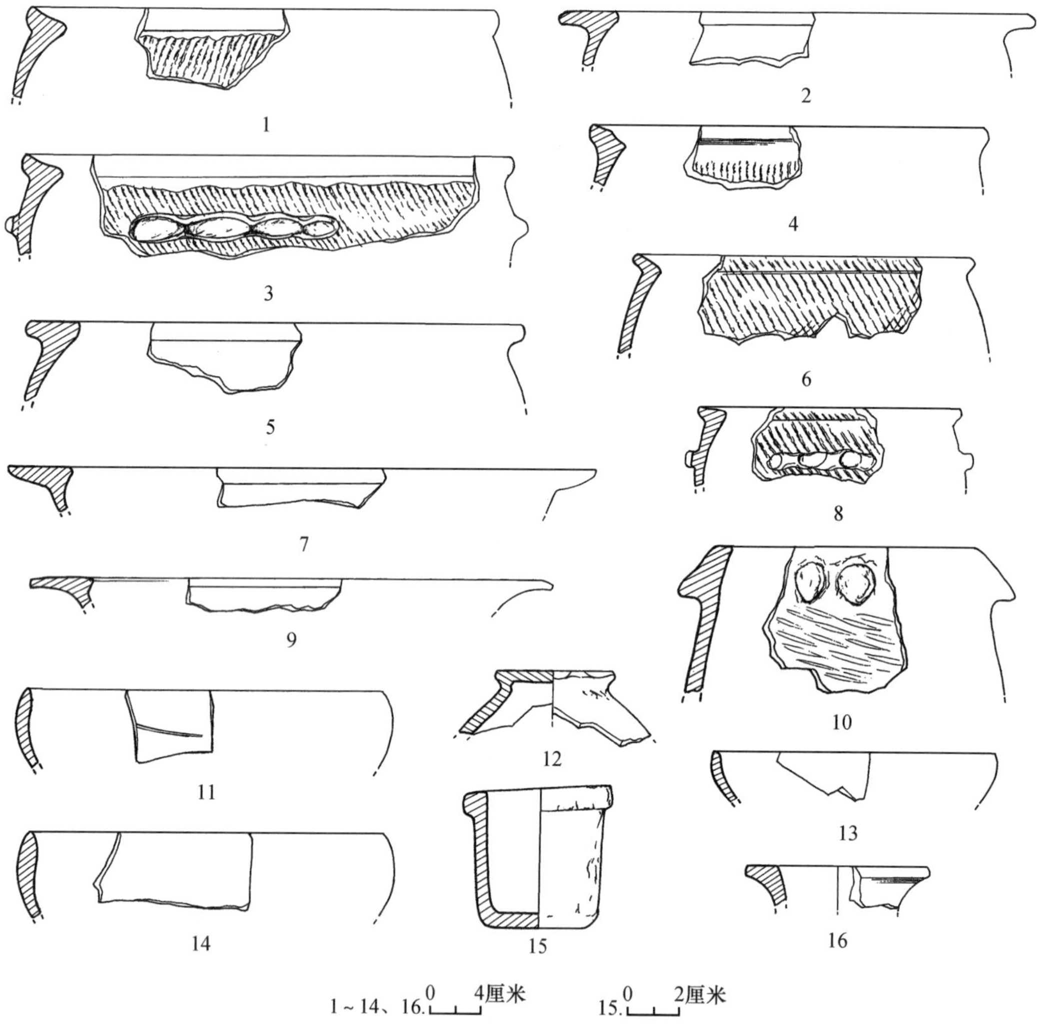

图3-48　ⅠT0303H35出土第一期陶器

1、3. Ac型夹砂罐（H35：3、H35：2）　2. A型泥质罐（H35：11）　4、6. Ab型夹砂罐（H35：8、H35：15）　5. B型夹砂罐（H35：13）　7、9. Aa型盆（H35：18、H35：5）　8. Aa夹砂罐（H35：7）　10. A型瓮（H35：12）　11、13、14. B型钵（H35：16、H35：17、H35：19）　12. Aa型器盖（H35：14）　15. 杯（H35：1）　16. E型尖底瓶（H35：10）

杯　1件。

标本H35：1，夹细砂红陶。直口，方唇，直腹，平底，口部不规整。素面。内壁可见刮抹痕，器表留有烟炱痕。口径5.8、底径4.6、高5.2、壁厚0.5厘米（图3-48，15；图版一六，6）。

尖底瓶　1件。为E型。

标本H35：10，粗泥质红陶，胎体呈灰色。微侈口，平折沿，圆唇，仅存口沿。素面。器表留有轮修痕。内口径9.3、外口径14.3、沿宽2.5、残高3.0、壁厚1.0厘米（图3-48，16）。

器盖　1件。为Aa型。

标本H35：14，夹粗砂红陶，胎体呈灰色。圆饼形捉手，盖壁外弧，部分盖体残。素面。捉手周缘留有按压痕。捉手径9.4、残高4.8、壁厚0.7～1.0厘米（图3-48，12）。

9. Ⅰ T0308H37

H37位于Ⅰ T0308中部。开口于③层下，被H31、H12打破，打破F3。筒状坑，坑口平面呈圆形，坑壁竖直，平底。坑口距地表151厘米，坑口直径200、深30厘米（图3-49）。

坑内填土为灰褐色，土质较硬，包含较多红烧土块、炭屑、火烧过已炭化的兽骨。文化遗物仅有陶器。

陶器　以夹粗砂红陶为主，夹细砂灰陶次之。器表装饰以素面居多，纹饰以绳纹为主，弦纹和绳纹+附加堆纹次之，另有少量弦纹、弦断线纹、磨光、附加堆纹。部分陶片表面有烟炱痕。陶片共24片，总重2081克。经分类和拼对，共有23件个体，可辨器形有尖底瓶、夹砂罐、盆、钵等（图3-50）。

罐　2件，含夹砂罐与泥质罐各1件。

夹砂罐　1件。为Ab型。

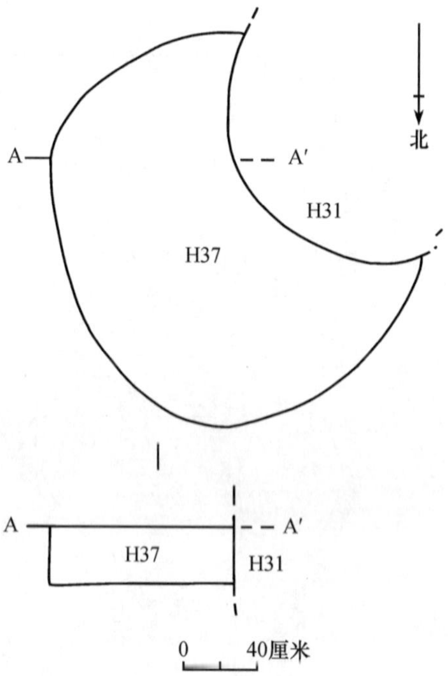

图3-49　Ⅰ T0308H37平、剖面图

标本H37∶11，夹粗砂灰陶。敛口，斜折沿，圆唇，上腹微外斜，仅存口沿及上腹。上腹饰右斜向中绳纹。残高4.1、壁厚0.6厘米（图3-50，6）。

泥质罐　1件。为B型。

标本H37∶3，粗泥质灰陶。敛口，斜折沿，沿面微鼓，圆唇，上腹壁较直，仅存口沿及上腹。素面。沿面留有轮修痕。残高5.0、壁厚0.7厘米（图3-50，3）。

盆　3件。

Aa型　1件。

标本H37∶10，夹粗砂红陶。平沿，内沿向内凸出形成内敛口，圆唇，斜腹，仅存口沿及上腹。上腹残留一鸡冠鋬。内壁留有轮修痕。沿宽3.1、残高5、壁厚0.7厘米（图3-50，4）。

Ba型　2件。

标本H37∶2，粗泥质灰陶。斜折沿，沿面较宽，内沿折棱凸出形成内敛口，圆唇，仅存口沿。器表素面，沿面及内壁磨光。残高3.1、壁厚0.6厘米（图3-50，1）。

标本H37∶7，细泥质红陶。斜折沿，沿面微斜，内沿折棱凸出形成内敛口，方唇，仅存口沿。器表素面，沿面及内壁磨光，沿面上可见两道竖向红褐彩绘。残高2.9、壁厚0.6厘米（图3-50，2）。

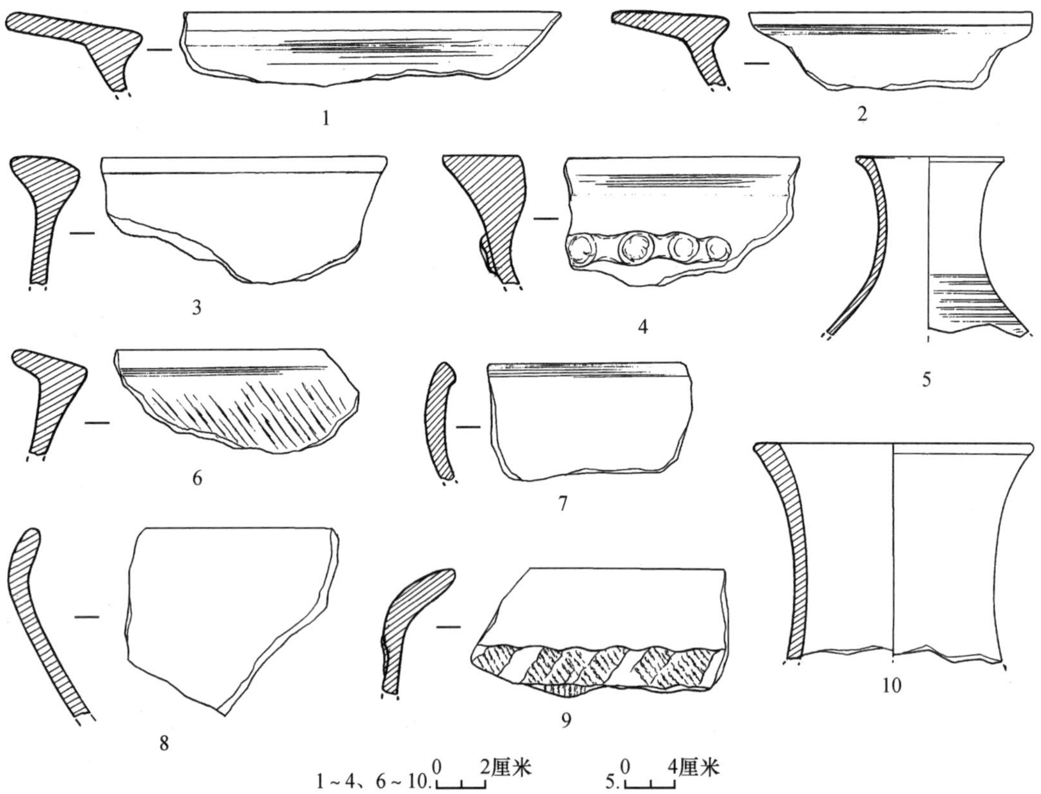

图3-50　ⅠT0308H37出土第一期陶器

1、2. Ba型盆（H37：2、H37：7）　3. B型泥质罐（H37：3）　4. Aa型盆（H37：10）　5、10. B型尖底瓶（H37：1、H37：5）　6. Ab型罐（H37：11）　7、8. A型钵（H37：6、H37：17）　9. B型瓮（H37：14）

钵　2件。为A型。

标本H37：6，细泥质红陶，内胎呈灰色。敛口，方唇，上腹微鼓，仅存口沿及上腹。器表磨光。口沿处可见刮抹痕，内壁留有轮修痕。残高4.6、壁厚0.7厘米（图3-50，7）。

标本H37：17，夹细砂红陶。敛口，圆唇，上腹外鼓，仅存口沿及上腹。素面。内壁留有轮修痕，器表可见烟炱痕。残高7.4、壁厚0.7厘米（图3-50，8）。

瓮　1件。为B型。

标本H37：14，夹粗砂红陶。敛口，尖圆唇，仅存口沿及上腹。沿下加固一周附加堆纹，堆纹上用缠绳木棍向左按压出绳压痕。内外壁均留有轮修痕，器表可见烟炱痕。残高4.9、壁厚0.6厘米（图3-50，9）。

尖底瓶　2件。为B型。

标本H37：1，粗泥质灰陶。侈口，尖圆唇，束颈，仅存口沿及颈部。颈上部素面，下部饰凹弦纹。口径12.0、残高14.2、壁厚0.7厘米（图3-50，5）。

标本H37：5，细泥质红陶，胎体呈浅灰色。侈口，尖圆唇，束颈，仅存口沿及颈部。颈部素面。器表留有轮修痕。口径11.3、残高8.5、壁厚0.6厘米（图3-50，10）。

10. Ⅰ T0202H40

H40位于Ⅰ T0202东北部。开口于④层下，被H9、H22打破。袋状坑，坑口平面呈椭圆形，坑壁外斜，平底，底部为灰黑色的坚硬踩踏面。坑口距地表深215厘米，探方内坑口长径250、坑口短径90、坑底长径290、坑底短径105、深80～100厘米（图3-51）。

坑内填土为灰褐色，土质较硬。文化遗物仅有陶器。

陶器　以粗泥质红陶为主，夹粗砂红陶次之。器表装饰以素面居多，纹饰以磨光为主，另有少量弦纹、绳纹+附加堆纹、刻划纹和弦断线纹。陶片共23片，总重1225克。经分类和拼对，共有14件个体，可辨器形有夹砂罐、盆、钵、器盖、灶（图3-52）。

夹砂罐　2件。为Ac型。

标本H40：2，夹粗砂红陶。敛口，斜折沿，圆唇，仅存口沿。素面。口沿处留有轮修痕。口径30.3、残高2.7、壁厚0.9厘米（图3-52，1）。

标本H40：3，夹粗砂红陶。敛口，斜折沿，沿面内凹，圆唇，仅存口沿及上腹。器表素面。口沿处留有轮修痕。口径36.4、残高4.8、壁厚0.8厘米（图3-52，2）。

钵　1件。为A型。

标本H40：11，夹细砂红陶，胎体呈灰色。敛口，尖圆唇，上腹外鼓，仅存口沿及上腹。器表磨光。腹壁留有刮抹痕。口径26.2、残高6.0、壁厚0.5厘米（图3-52，3）。

器盖　1件。为C型。

标本H40：4，夹粗砂灰陶。圆唇，盖壁外张呈喇叭状，捉手已残。素面。内壁留有轮修痕。口径30.5、残高4.0、壁厚0.7厘米（图3-52，4）。

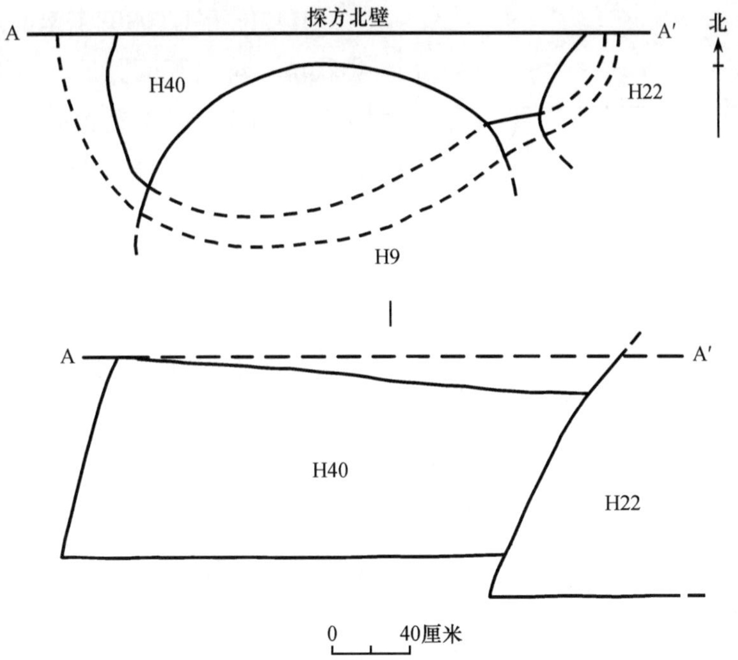

图3-51　Ⅰ T0202H40平、剖面图

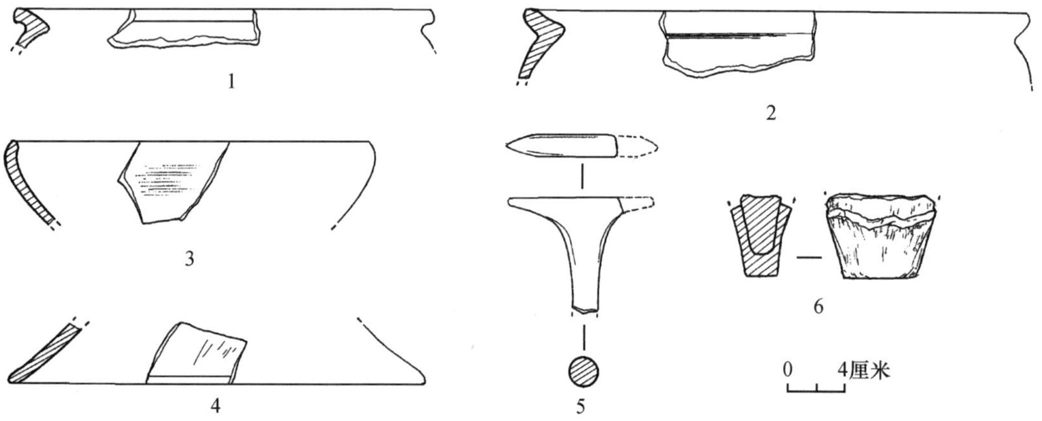

图3-52　ⅠT0202H40出土第一期陶器

1、2. Ac型夹砂罐（H40：2、H40：3）　3. A型钵（H40：11）　4. C型器盖（H40：4）　5. 笄（H40：12）　6. 灶（H40：6）

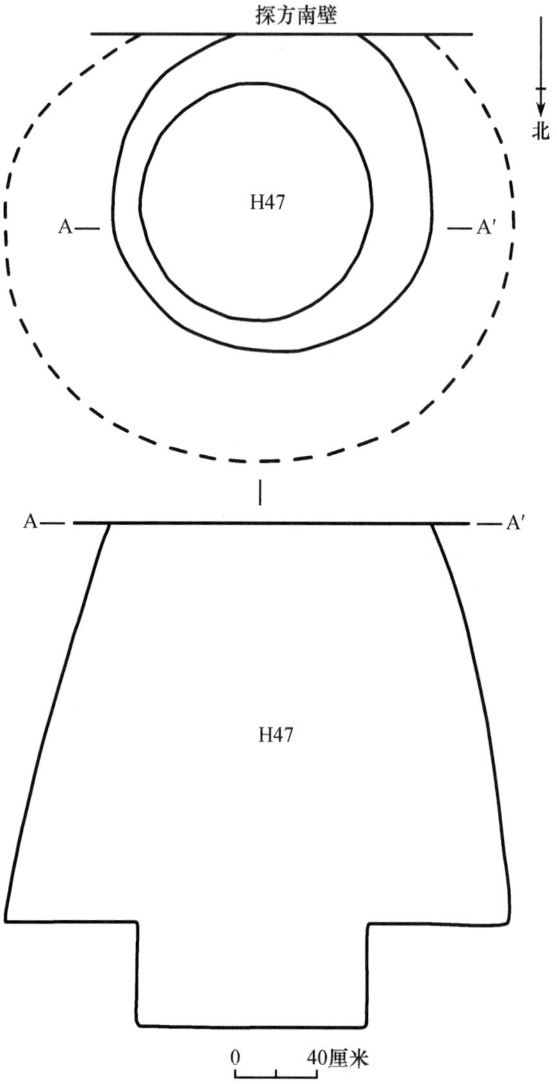

图3-53　ⅠT0308H47平、剖面图

灶　1件。仅存一扁足。

标本H40：6，夹粗砂红陶。素面。残高5.8厘米（图3-52，6）。

笄　1件。

标本H40：12，细泥质黑陶。平面呈T形，笄帽一侧及尖端已残，笄身截面为圆形。通体磨光。残长3.8厘米（图3-52，5）。

11. ⅠT0308H47

H47位于ⅠT0308东南部。开口于③层下。袋状坑，坑口平面圆形，坑壁外弧，平底。底部有一小坑，平面呈圆形，坑壁较直，平底，直径110、深50厘米。坑口距地表深160厘米，坑口直径156、坑底直径246、深240厘米（图3-53；图版一一，2）。

坑内填土为深灰色，土质疏松，包含大量炭屑。文化遗物仅见陶器。

陶器　以粗泥质红陶为主，夹粗砂红陶次之。器表装饰以素面、磨光为主，绳纹次之，另有少量线纹、弦断线纹、绳纹+附加堆纹（表3-13）。陶片共35片，总重2315克。经分类和拼对，共有30件个体，可辨器形有尖底瓶、夹砂罐、瓮、盆、钵、器盖、纺轮等（图3-54、表3-14）。

表3-13　Ⅰ T0308H47陶系统计表

陶质	细泥质陶		粗泥质陶		夹细砂陶	夹粗砂陶		合计	百分比（%）
陶色 / 器表装饰	红	灰	红	灰	红	红	灰		
素面			4/276	2/114	1/73	3/115	3/433	13/1011	37.14/43.67
磨光	3/44	2/226	3/236					8/506	22.85/21.86
绳纹						5/452		5/452	14.29/19.52
线纹			2/41	2/62				4/103	11.43/4.45
弦断线纹			3/64	1/38				4/102	11.43/4.41
绳纹+附加堆纹						1/141		1/141	2.86/6.09
合计	3/44	2/266	12/617	5/214	1/73	9/708	3/433	35/2315	
百分比（%）	8.57/1.90	5.71/9.76	34.29/26.65	14.29/9.25	2.86/3.15	25.71/30.58	8.57/18.71		100/100

注：百分比相关的行、列外，“/”前统计的数据为片数，单位为个；“/”后统计的数据为质量，单位为克。

表3-14　Ⅰ T0308H47第一期陶器器形统计表

陶质	细泥质陶		粗泥质陶		夹细砂陶	夹粗砂陶		合计	百分比（%）
陶色 / 器类	红	灰	红	灰	红	红	灰		
夹砂罐						4	1	5	16.67
瓮						2	2	4	13.33
尖底瓶			4	5				9	30
盆		2	5		1			8	26.67
钵	2		1					3	10
器盖						1		1	3.33
合计	2	2	10	5	1	7	3	30	
百分比（%）	6.67	6.67	33.33	16.67	3.33	23.33	10		100

尖底瓶　2件。

B型　1件。

标本H47：13，细泥质灰陶。侈口，圆唇，束颈，仅存口沿及颈部。颈部磨光。口径9.6、壁厚0.6、残高9.3厘米（图3-54，9）。

标本H47：25，细泥质灰陶。素面。器表留有刮抹痕，内壁可见泥条盘筑痕。残高4.1、壁厚0.5厘米（图3-54，3）。

夹砂罐　2件。

Ab型　1件。

标本H47：2，夹粗砂红陶。敛口，斜折沿，圆唇，上腹外鼓，仅存口沿及上腹。上腹饰右斜向细绳纹，其上残留一鸡冠鋬，鋬下方饰一周较薄的附加堆纹。器表可见烟炱痕。口径30.2、残高11.2、壁厚0.8厘米（图3-54，1）。

B型　1件。

标本H47：8，夹粗砂灰陶。敛口，平折沿，圆唇，上腹外斜，仅存口沿及上腹。器表饰横向绳纹。沿宽5.2、残高4.9、壁厚1.1厘米（图3-54，5）。

盆　3件。为Aa型。

标本H47：4，粗泥质红陶。平折沿，内沿折棱凸出形成内敛口，圆唇，上腹微弧，仅存口沿及上腹。沿面及器表磨光。沿宽4.8、残高4.7、壁厚0.5厘米（图3-54，8）。

标本H47：11，细泥质灰陶。敞口，平折沿，圆唇，上腹微弧，仅存口沿及上腹。内外壁均磨光。沿宽4.8、残高3.8、壁厚0.5厘米（图3-54，7）。

标本H47：12，细泥质灰陶。平折沿，内沿折棱凸出形成内敛口，斜方唇，上腹弧曲，仅存口沿及上腹。沿面及内壁磨光，器表素面。沿宽3.9、残高4.7、壁厚0.6厘米（图3-54，6）。

钵　3件。为B型。

标本H47：3，粗泥质红陶。直口微敛，圆唇，上腹较直，仅存口沿及上腹。素面。口径21.3、残高6.4、壁厚1.0厘米（图3-54，2）。

标本H47：18，细泥质红陶。微敛口，圆唇，上腹略内倾，仅存口沿及上腹。器表磨光。口沿留有轮修痕。残高3.7、壁厚0.4厘米（图3-54，10）。

标本H47：19，细泥质红陶，胎体呈灰色。敛口，圆唇略外翻，上腹微鼓，仅存口沿及上腹。器表磨光，口沿外侧有一周凹槽。口径14.2、残高4.6、壁厚0.7厘米（图3-54，4）。

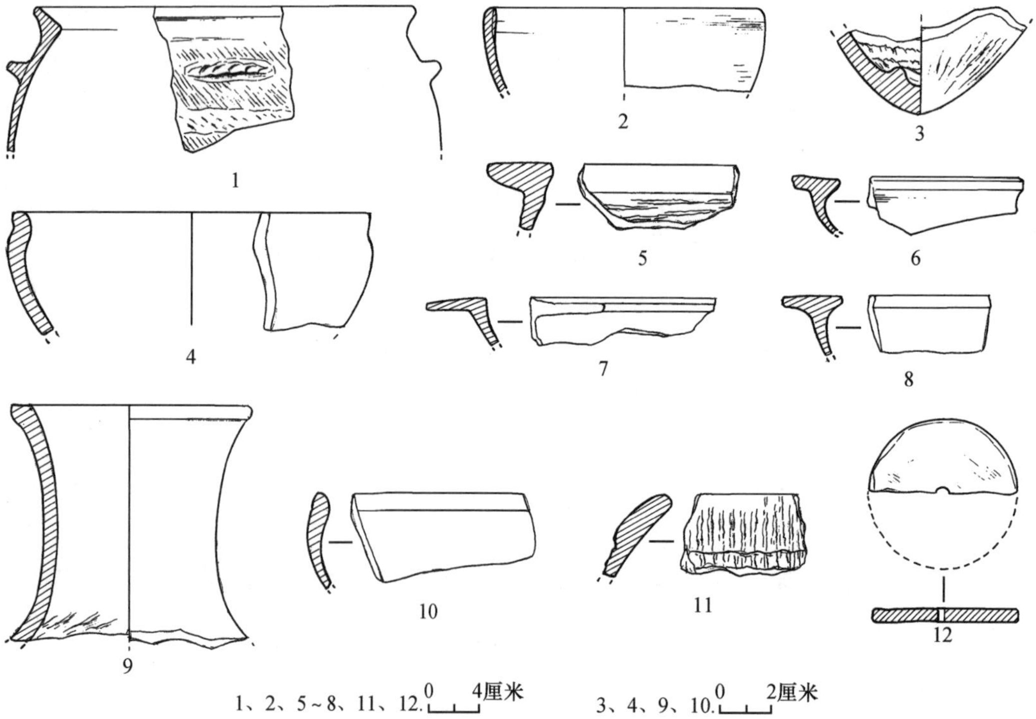

图3-54　Ⅰ T0308H47出土第一期陶器

1. Ab型夹砂罐（H47：2）　2、4、10. B型钵（H47：3、H47：19、H47：18）　3. 尖底瓶（H47：25）　5. B型夹砂罐（H47：8）　6～8. Aa型盆（H47：12、H47：11、H47：4）　9. B型尖底瓶（H47：13）　11. A型瓮（H47：6）　12. 纺轮（H47：23）

瓮　1件。为A型。

标本H47：6，夹粗砂红陶。敛口，圆唇，仅存口沿及上腹。腹部饰竖向粗绳纹，其上饰一周附加堆纹，堆纹上留有绳压痕。残高6.3、壁厚0.8厘米（图3-54，11）。

纺轮　1件。

标本H47：23，细泥质灰陶。圆饼状，截面呈长方形，两面平直，正中有一圆孔。素面。直径11.6、孔径1.5、厚1.1厘米（图3-54，12；图版二二，2）。

12. Ⅰ T0408H48

H48位于Ⅰ T0408中部偏西。开口于④层下，被M1打破。锅底状坑，坑口平面呈圆形，坑壁稍向内收，底为西部略高于东部。坑口距地表深230厘米，坑口直径220、坑底直径194、深120～138厘米（图3-55；图版一二，1）。

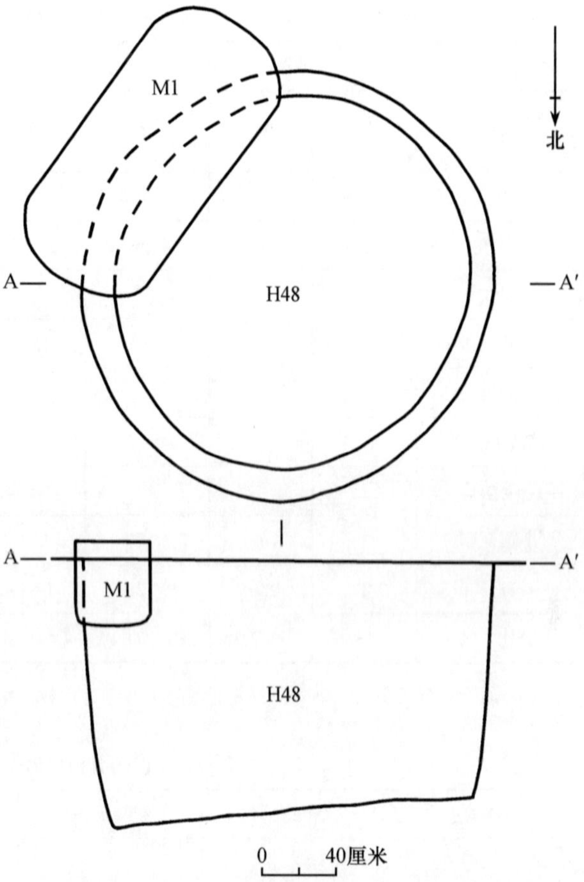

图3-55　Ⅰ T0408H48平、剖面图

坑内填土为灰褐色，土质疏松，包含草木灰、烧土块、炭屑和陶片。文化遗物仅有陶器。

陶器　以夹粗砂红陶为主，粗泥质红陶次之。器表装饰以素面居多，磨光次之，纹饰以绳纹为主，另有少量弦断线纹、附加堆纹、磨光+弦纹等（表3-15）。陶片共89片，总重6059克。经分类和拼对，共有69件个体，可辨器形有尖底瓶、夹砂罐、瓮、盆、钵等（图3-56、图3-57、表3-16、表3-17）。

夹砂罐　13件。

A型　9件。

Aa型　2件。

标本H48：13，夹细砂红陶。敛口，斜折沿，沿面内凹，尖圆唇，上腹外鼓，仅存口沿及上腹。器表素面，上腹残留两个鸡冠鋬。内壁凹凸不平，且可见烟炱痕。口径16.2、残高6.3、壁厚0.5～0.8厘米（图3-56，9）。

标本H48：8，夹粗砂红陶。敛口，斜折沿，尖圆唇，上腹外鼓，仅存口沿及上腹。沿下残留鸡冠鋬，上腹饰右斜向细绳纹，其上饰一周附加堆纹。沿面及内壁可见烟炱痕。口径14.2、残高6.6、壁厚0.6～0.8厘米（图3-56，6）。

表3-15　ⅠT0408H48陶系统计表

陶质	细泥质陶		粗泥质陶		夹细砂陶	夹粗砂陶		合计	百分比（%）
器表装饰＼陶色	红	灰	红	灰	红	红	灰		
素面	6/249		15/760		3/286	8/668	3/369	35/2332	39.33/38.49
磨光	1/28	3/145	4/256	2/182				10/611	11.24/10.09
绳纹					3/66	26/2018		29/2084	32.58/34.40
弦断线纹			3/86	1/81	2/124			6/291	6.74/4.80
附加堆纹						2/216		2/216	2.25/3.56
磨光+弦纹					1/116			1/116	1.12/1.91
绳纹+附加堆纹						1/108		1/108	1.12/1.78
小圆泥饼		1/60	3/179	1/62				5/301	5.62/4.97
合计	7/277	4/205	25/1281	4/325	9/592	37/3010	3/369	89/6059	
百分比（%）	7.87/4.57	4.49/3.38	28.09/21.14	4.49/5.37	10.11/9.77	41.58/49.68	3.37/6.09		100/100

注：百分比相关的行、列外，“/”前统计的数据为片数，单位为个；“/”后统计的数据为质量，单位为克。

表3-16　ⅠT0408H48第一期陶器器形统计表（1）

陶质	细泥质陶		粗泥质陶		夹细砂陶	夹粗砂陶		合计	百分比（%）
器类＼陶色	红	灰	红	灰	红	红	灰		
泥质罐	1			1				2	2.90
夹砂罐					3	21	3	27	39.13
瓮						2		2	2.90
尖底瓶	1	1	7	2	2			13	18.84
盆	3	1	10	1	1			16	23.19
钵	2	2	3					7	10.14
器盖				1		1		2	2.90
合计	7	4	20	5	6	24	3	69	
百分比（%）	10.14	5.80	28.98	7.25	8.70	34.78	4.35		100

表3-17　ⅠT0408H48第一期陶器器形统计表（2）

器表装饰＼器类	泥质罐	瓮	尖底瓶	盆	钵	器盖	夹砂罐	合计	百分比（%）
素面	1		3	11	3	1	9	28	40.58
磨光				5	4	1		10	14.49
绳纹		2					16	18	26.08
弦断线纹			5					5	7.25

续表

器类 器表装饰	泥质罐	瓮	尖底瓶	盆	钵	器盖	夹砂罐	合计	百分比（%）
附加堆纹							1	1	1.45
磨光+弦纹	1							1	1.45
绳纹+附加堆纹							1	1	1.45
小圆泥饼			5					5	7.25
合计	2	2	13	16	7	2	27	69	
百分比（%）	2.90	2.90	18.84	23.19	10.14	2.90	39.13		100

Ab型　2件。

标本H48：11，夹粗砂红陶。敛口，斜折沿，沿面内凹，尖唇，上腹外弧，仅存口沿及上腹。唇外缘饰竖向压印细绳纹，上腹饰交错细绳纹。内壁可见烟炱痕。口径24.8、残高8.8、壁厚0.8厘米（图3-56，13）。

标本H48：5，夹粗砂红陶。敛口，斜折沿，圆唇，上腹外弧，仅存口沿及上腹。上腹饰交错中绳纹。沿面有轮修痕，沿面及器表均可见烟炱痕。口径24.5、残高6.4、壁厚0.6厘米（图3-56，12）。

Ac型　5件。

标本H48：2，夹细砂红陶。敛口，斜折沿，圆唇，上腹外鼓，仅存口沿及上腹。器表素面，上腹残留一鸡冠錾。沿面留有轮修痕。口径31.8、残高10.3、壁厚0.4～0.7厘米（图3-56，3）。

标本H48：3，夹粗砂红陶。微敛口，斜折沿，沿面内凹，圆唇，上腹微外斜，仅存口沿及上腹。上腹饰交错中绳纹，其上残留一鸡冠錾。口沿处有轮修痕，器表可见烟炱痕。口径31.3、残高7.6、壁厚0.6厘米（图3-56，7）。

标本H48：10，夹粗砂红陶。敛口，斜折沿，圆唇，上腹外鼓，仅存口沿及上腹。上腹饰左斜向细绳纹，其上残留一鸡冠錾。口径33.8、残高8.5、壁厚0.6厘米（图3-56，5）。

标本H48：12，夹粗砂红陶。敛口，斜折沿，圆唇，上腹外弧，仅存口沿及上腹。素面。沿面及上腹可见烟炱痕。口径31.1、残高8.2、壁厚0.6～0.8厘米（图3-56，1）。

标本H48：26，夹粗砂红陶。敛口，斜折沿，尖唇，上腹外鼓，仅存口沿及上腹。素面。沿面留有轮修痕，口沿及上腹均可见烟炱痕。口径30.5、残高6.4、壁厚0.6厘米（图3-56，8）。

B型　4件。

标本H48：40，夹粗砂灰陶。敛口，平折沿，圆唇，上腹微外斜，仅存口沿及上腹。沿面及器表磨光，上腹饰六道横向刻划纹。内口径23.6、外口径29.9、沿宽3.2、残高7.1、壁厚0.9厘米（图3-56，2）。

标本H48：64，夹细砂灰陶。敛口，平折沿，沿面内凹，方唇，上腹微外弧，仅存口沿及上腹。素面。口沿留有轮修痕。内口径22.6、外口径30.2、沿宽3.8、残高8.6、壁厚0.9厘米

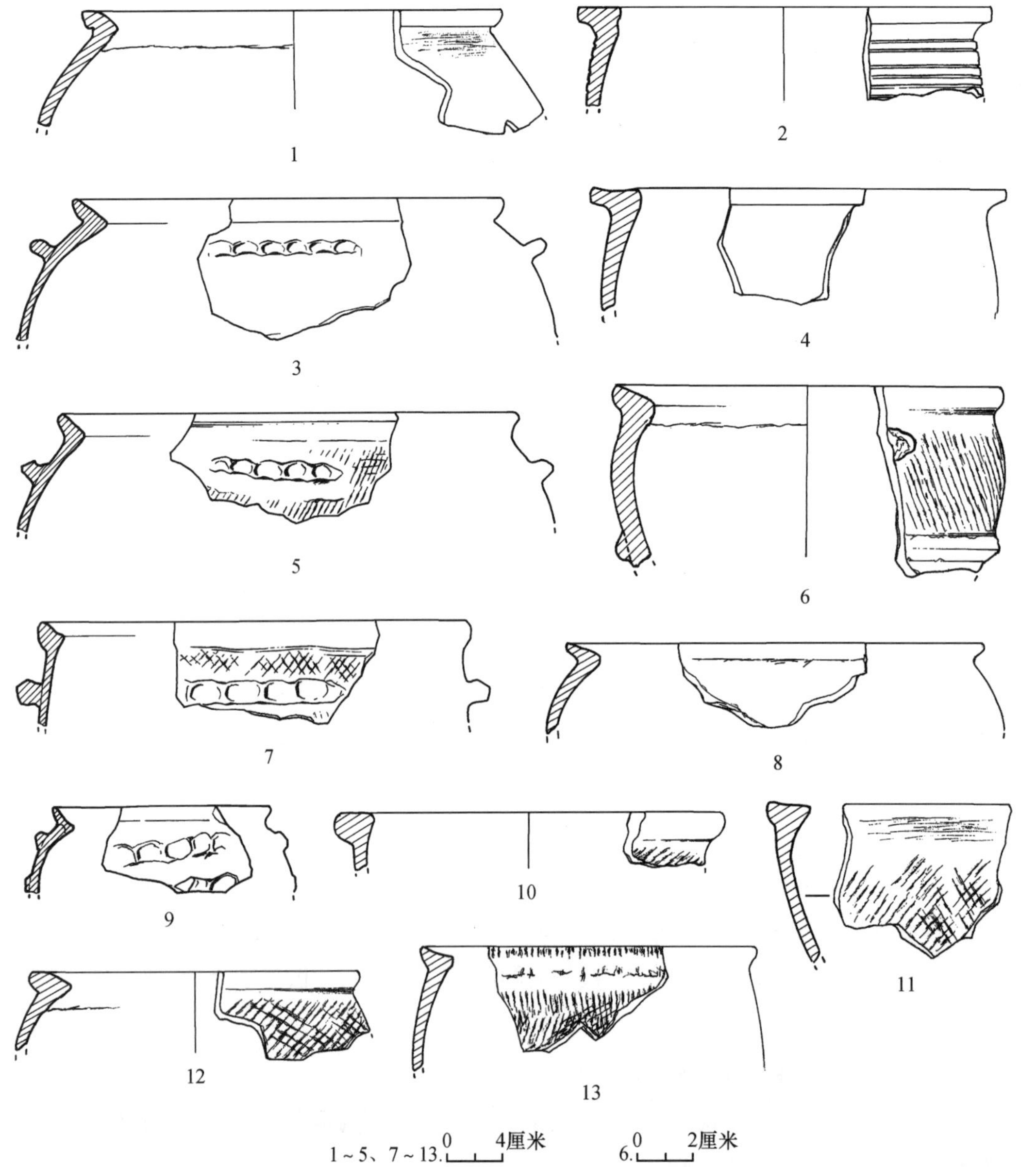

图3-56　ⅠT0408H48出土第一期夹砂罐

1、3、5、7、8. Ac型（H48：12、H48：2、H48：10、H48：3、H48：26）　2、4、10、11. B型（H48：40、H48：64、H48：14、H48：9）　6、9. Aa型（H48：8、H48：13）　12、13. Ab型（H48：5、H48：11）

（图3-56，4）。

标本H48：14，夹粗砂红陶，胎体呈灰色。敛口，平折沿，圆唇，仅存口沿及上腹。器表饰左斜向细绳纹。沿面留有轮修痕，器表可见烟炱痕。内口径22.7、外口径28.7、沿宽3.0、残高4.1、壁厚1.0厘米（图3-56，10）。

标本H48：9，夹粗砂红陶，胎体呈灰色。敛口，平折沿，尖圆唇，上腹外弧，仅存口沿及上腹。上腹饰交错中绳纹。沿面内缘可见烟炱痕。沿宽3.2、残高11.4、壁厚0.7厘米（图3-56，11）。

尖底瓶　5件。为E型。

标本H48：39，细泥质灰陶。微侈口，斜折沿，方唇，束颈，仅存口沿及颈部。沿面有不规则的按压痕，颈部贴附小圆泥饼，内壁可见泥条盘筑痕。口径11.5、残高4.6、壁厚0.5厘米（图3-57，1）。

标本H48：42，粗泥质灰陶。直口，平折沿，方唇，束颈，仅存口沿及颈部。颈部贴附小圆泥饼。沿面留有轮修痕。内口径5.4、外口径10.2、沿宽2.4、残高4.7、壁厚0.6～1.2厘米（图3-57，2）。

标本H48：4，粗泥质红陶。微侈口，斜折沿，圆唇，细长颈，仅存口沿及颈部。颈部贴附小圆泥饼。器表留有轮修痕。口径12.3、残高6.6、壁厚0.6厘米（图3-57，3）。

标本H48：46，粗泥质红陶。微侈口，斜折沿，圆唇微外卷，细长颈，仅存口沿及颈部。颈部贴附小圆泥饼。内壁可见泥条盘筑痕。口径9.8、残高5.0、壁厚0.8厘米（图3-57，4）。

标本H48：47，粗泥质红陶，胎体呈浅灰色。小口微侈，斜折沿，沿面微内凹，圆唇，仅存口沿及颈部。颈部贴附小圆泥饼。口径10.7、残高4.1、壁厚0.7厘米（图3-57，5）。

盆　6件。

Aa型　4件。

标本H48：16，粗泥质红陶，胎体呈灰色。平折沿，内沿折棱凸出形成内敛口，尖圆唇，斜弧腹，仅存口沿及上腹。器表粗略磨光。内壁留有轮修痕。内口径21.6、外口径28.6、沿宽3.5、残高5.9、壁厚0.4厘米（图3-57，13）。

标本H48：18，粗泥质红陶。平折沿，内沿折棱凸出形成内敛口，圆唇，斜弧腹，仅存口沿及上腹。素面。腹部可见左斜向刮抹痕。内口径25.8、外口径34.4、沿宽4.3、残高5.9、壁厚0.4厘米（图3-57，11）。

标本H48：22，细泥质红陶，胎体呈灰色。平折沿，内沿折棱凸出形成内敛口，圆唇，斜弧腹，仅存口沿及上腹。素面。沿内侧有明显的轮修痕。内口径28.8、外口径36.4、沿宽3.8、残高4.6、壁厚0.4厘米（图3-57，7）。

标本H48：48，粗泥质红陶，胎体呈灰色。平折沿，圆唇，内沿折棱凸出形成内敛口，上腹微弧，仅存口沿及上腹。素面。内口径18.8、外口径28.0、沿宽4.6、残高4.2、壁厚0.6～0.8厘米（图3-57，12）。

Ba型　2件。

标本H48：37，细泥质灰陶。斜折沿，内沿折棱凸出形成内敛口，圆唇，仅存口沿及上腹。内外壁均磨光。口径40.0、残高5.0、壁厚1.0厘米（图3-57，9）。

标本H48：43，细泥质灰陶。斜折沿，内沿折棱凸出形成内敛口，圆唇，仅存口沿。内外壁均磨光。沿下留有轮修痕。残高6.0、壁厚0.7厘米（图3-57，15）。

钵　4件。

A型　1件。

标本H48：24，粗泥质红陶。敛口，尖唇，上腹外鼓，仅存口沿及上腹。素面。口径

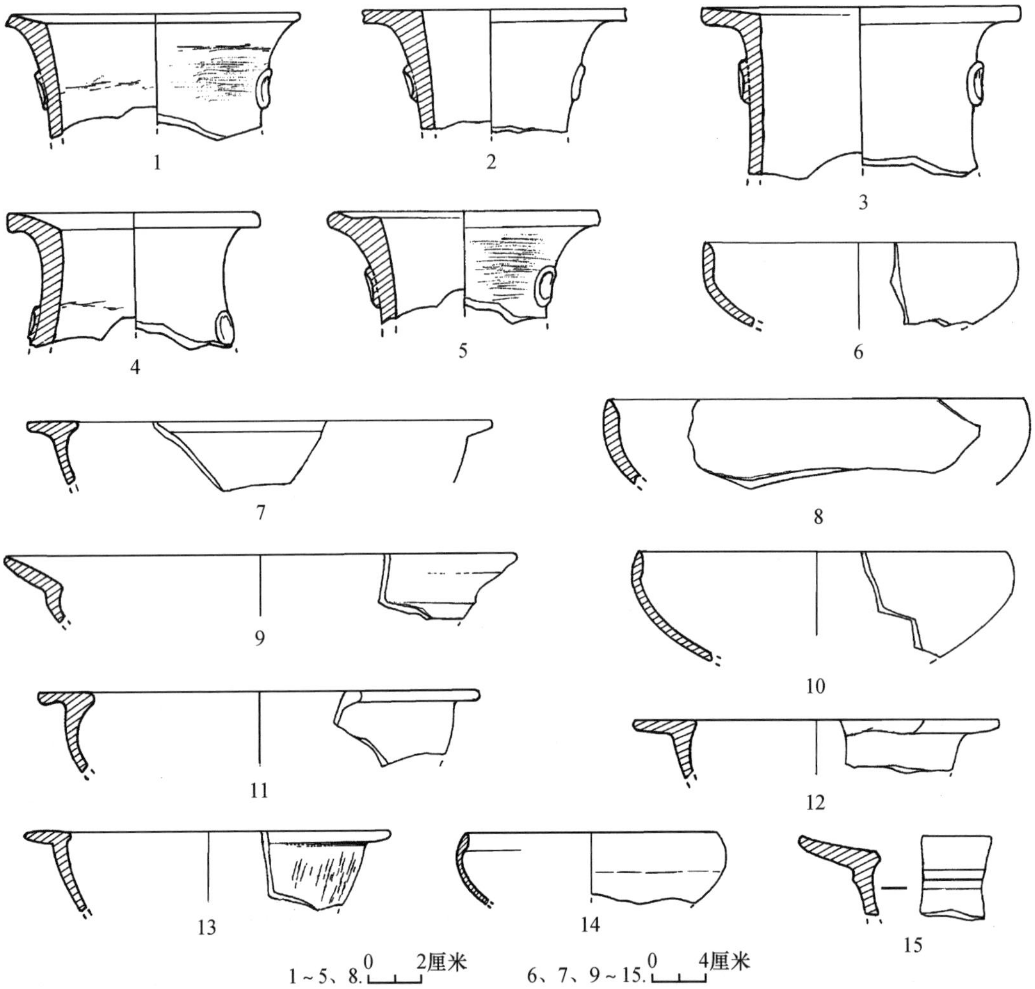

图3-57　ⅠT0408H48出土第一期陶器

1～5. E型尖底瓶（H48：39、H48：42、H48：4、H48：46、H48：47）　6、8、10. B型钵（H48：41、H48：44、H48：50）　7、11～13. Aa型盆（H48：22、H48：18、H48：48、H48：16）　9、15. Ba型盆（H48：37、H48：43）　14. A型钵（H48：24）

18.0、残高5.2、壁厚0.2～0.5厘米（图3-57，14）。

B型　3件。

标本H48：41，细泥质灰陶。直口微敛，尖圆唇，上腹较直，腹壁略内倾，仅存口沿及上腹。内外壁均磨光。口沿可见刮削痕。口径24.0、残高6.2、壁厚0.5厘米（图3-57，6）。

标本H48：44，细泥质红陶。直口微敛，尖唇，上腹微弧，仅存口沿及上腹。器表略磨光。口径16.0、残高3.2、壁厚0.5厘米（图3-57，8）。

标本H48：50，细泥质红陶。直口微敛，圆唇，上腹微弧，腹壁略内倾，仅存口沿及上腹。素面。下腹有明显的横向刮抹痕。口径28.4、高8.3、壁厚0.3～0.5厘米（图3-57，10）。

13. ⅠT0301H51

H51位于ⅠT0301东南部，东半部被东隔梁叠压。开口于⑤层下，被H13打破，打破H54。袋状坑，坑口平面呈椭圆形，坑壁较整齐，自上而下斜向外扩张至底部，平底。坑口距地表深215厘米，坑口长径194、坑口短径164、坑底长径220、坑底短径184、深140厘米（图3-58）。

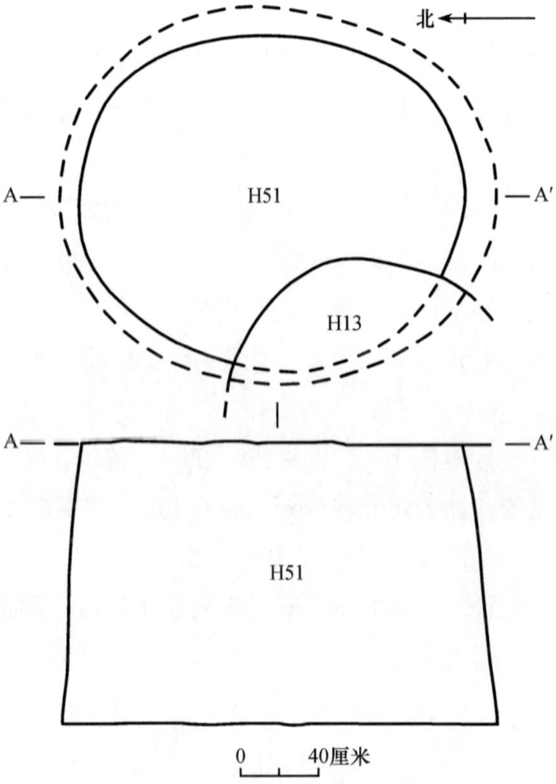

图3-58　ⅠT0301H51平、剖面图

坑内填土为黄褐色，土质较硬，包含兽骨、石块、炭粒、田螺壳等。文化遗物仅有陶器。

陶器　以夹粗砂红陶为主，粗泥质灰陶次之。器表装饰以绳纹为主，素面次之，另有少量线纹、弦断线纹和绳纹+附加堆纹（表3-18）。陶片共32片，总重1861克。经分类和拼对，共有26件个体，可辨器形有尖底瓶、夹砂罐、瓮、盆、钵等（图3-59）。

罐　6件。以夹砂罐为主，仅1件泥质罐。

夹砂罐　5件。

A型　2件。

Aa型　1件。

表3-18　ⅠT0301H51陶系统计表

陶质	细泥质陶	粗泥质陶		夹细砂陶		夹粗砂陶		合计	百分比（%）
陶色 / 器表装饰	灰	红	灰	红	灰	红	灰		
素面		1/25	2/107	1/98	2/132	3/239		9/601	28.13/32.29
磨光	2/67		1/90					3/157	9.37/8.44
绳纹						10/524		10/524	31.25/28.16
线纹			2/77					2/77	6.25/4.14
弦断线纹	1/33		2/80	1/120				4/233	12.50/12.52
绳纹+附加堆纹						3/116	1/153	4/269	12.50/14.45
合计	3/100	1/25	7/354	2/218	2/132	16/879	1/153	32/1861	
百分比（%）	9.38/5.37	3.12/1.35	21.88/19.02	6.25/11.72	6.25/7.09	50.00/47.23	3.12/8.22		100/100

注：百分比相关的行、列外，“/”前统计的数据为片数，单位为个；“/”后统计的数据为质量，单位为克。

标本H51：35，夹粗砂红陶。敛口，斜折沿，方唇，上腹微鼓，仅存口沿及上腹。上腹饰竖向粗绳纹。口径20.4、残高6.4、壁厚0.8厘米（图3-59，4）。

Ab型　1件。

标本H51：13，夹粗砂红陶。敛口，斜折沿，圆唇，上腹外弧，仅存口沿及上腹。素面。沿外侧留有轮修痕。口径26.5、残高4.7、壁厚0.9厘米（图3-59，2）。

B型　2件。

标本H51：16，夹细砂红陶，胎体呈灰色。敛口，平折沿，方唇，上腹微外弧，仅存口沿及上腹。器表饰交错绳纹。残高5.2、壁厚0.8～1.1厘米（图3-59，5）。

标本H51：34，夹粗砂红陶。敛口，平折沿，沿面微弧，方唇，上腹外弧，仅存口沿及上腹。器表饰竖向绳纹。残高4.6、壁厚0.6厘米（图3-59，10）。

C型　1件。

标本H51：27，夹粗砂红陶。敛口，圆唇，上腹微外弧，仅存口沿及上腹。上腹残留一鸡冠鋬。器表留有轮修痕。口径30.8、残高6.1、壁厚0.8厘米（图3-59，3）。

泥质罐　1件。为B型。

标本H51：28，细泥质灰陶。敛口，斜折沿，沿面微凹，圆唇，腹壁外斜，仅存口沿及上腹。器表磨光。内壁可见修抹痕。口径38.8、残高5.6、壁厚0.9厘米（图3-59，8）。

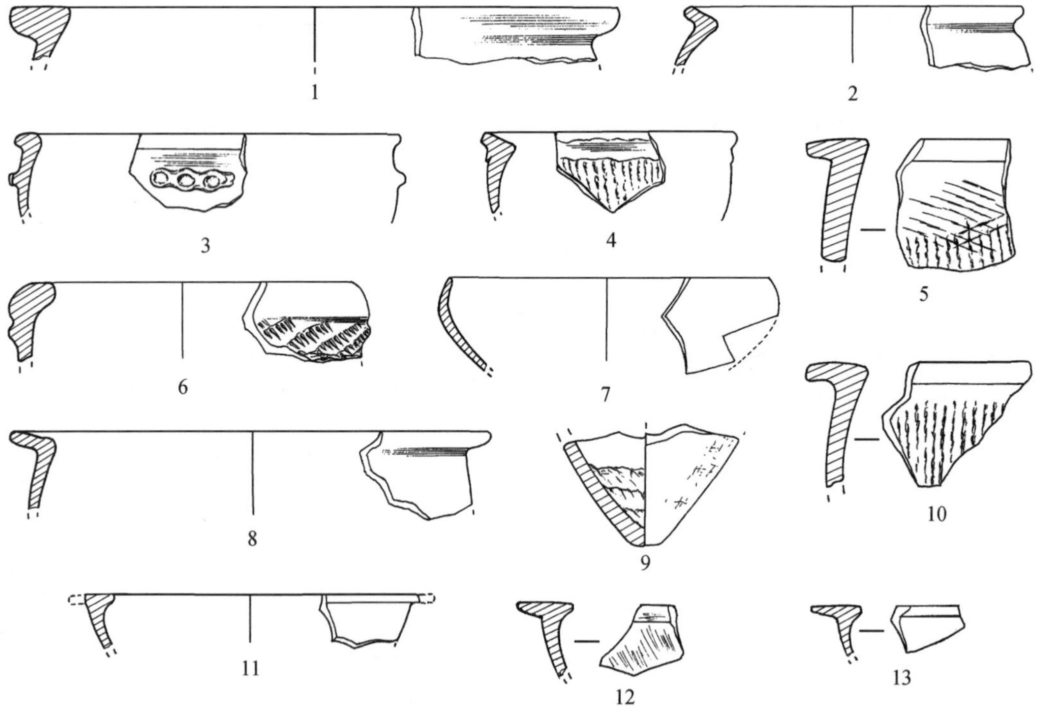

1～4、6～8、11～13. 0　4厘米　　5、9、10. 0　2厘米

图3-59　ⅠT0301H51出土第一期陶器

1. A型缸（H51：29）　2. Ab型夹砂罐（H51：13）　3. C型夹砂罐（H51：27）　4. Aa型夹砂罐（H51：35）　5、10. B型夹砂罐（H51：16、H51：34）　6. A型瓮（H51：21）　7. A型钵（H51：12）　8. B型泥质罐（H51：28）　9. 尖底瓶（H51：22）　11～13. Aa型盆（H51：23、H51：3、H51：4）

缸 1件。为A型。

标本H51：29，夹粗砂红陶。平折沿，厚圆唇，仅存口沿。素面。内口径39.0、外口径48.6、沿宽4.8、残高4.0厘米（图3-59，1）。

尖底瓶 1件。为底部残片。

标本H51：22，粗泥质灰陶。素面。内壁可见泥条盘筑痕。残高4.7、壁厚0.5～0.9厘米（图3-59，9）。

瓮 1件。为A型。

标本H51：21，夹粗砂灰陶。敛口，厚圆唇，仅存口沿及上腹。沿下加固一周附加堆纹，堆纹上饰斜向绳压痕。口径25.8、残高6.2、壁厚1.0厘米（图3-59，6）。

钵 1件。为A型。

标本H51：12，细泥质灰陶。敛口，圆唇，上腹外鼓，仅存口沿及上腹。器表磨光。内壁可见修抹痕。口径25.3、残高7.2、壁厚0.6厘米（图3-59，7）。

盆 3件。为Aa型。

标本H51：3，粗泥质灰陶。平折沿，内沿折棱凸出形成内敛口，圆唇，斜弧腹，仅存口沿至上腹。素面。器表可见斜向刮抹痕。沿宽4.6、残高6.6、壁厚0.7厘米（图3-59，12）。

标本H51：4，夹细砂灰陶。平折沿，内沿折棱凸出形成内敛口，圆唇，仅存口沿。沿面磨光，器表素面。沿宽3.9、残高2.7、壁厚0.5厘米（图3-59，13）。

标本H51：23，夹细砂灰陶。平折沿，内沿折棱凸出形成内敛口，外沿残，斜弧腹，仅存口沿及上腹。素面。口径29.3、残高4.3、壁厚0.9厘米（图3-59，11）。

14. Ⅰ T0301H54

H54位于Ⅰ T0301东南角，东部被东隔梁叠压。开口于⑤层下，被H51打破。袋状坑，坑口平面呈圆形，坑壁规整，自上而下逐渐外斜，平底。坑口距地表深235厘米，坑口直径270、坑底直径360、深248厘米（图3-60）。

坑内填土为灰褐色，土质较松软，包含石块、红烧土颗粒、田螺壳、硫渣、炭粒、兽骨等。文化遗物仅有陶器。

陶器 以夹粗砂红陶为主，粗泥质红陶次之。器表装饰以素面、磨光为主，绳纹+附加堆纹次之，还有少量绳纹、弦断线纹、线纹、戳印纹等（表3-19）。陶片共134片，总

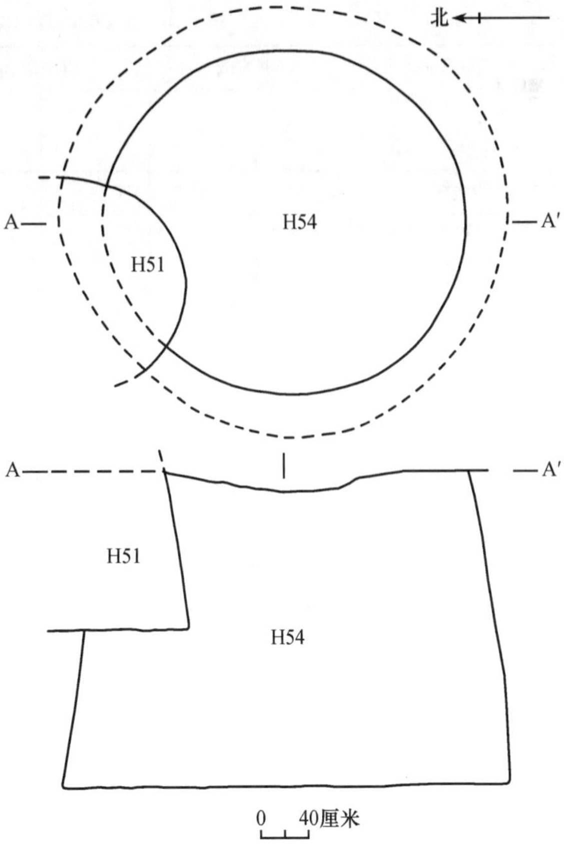

图3-60 Ⅰ T0301H54平、剖面图

重8688克。经分类和拼对，共有87件个体，可辨器形有尖底瓶、夹砂罐、瓮、盆、钵、器盖等（图3-61、图3-62、图3-63、表3-20、表3-21）。

表3-19　Ⅰ T0301H54陶系统计表

陶质	细泥质陶		粗泥质陶		夹细砂陶	夹粗砂陶		合计	百分比（%）
陶色 / 器表装饰	红	灰	红	灰	红	红	灰		
素面	7/217	2/50	13/834	2/130	6/422	26/1647		56/3300	41.79/37.98
磨光	3/70	1/10	15/1570	16/997				35/2647	26.12/30.47
绳纹						13/1425	1/211	14/1636	10.45/18.83
线纹	4/52	1/14			1/22			6/88	4.48/1.01
戳印纹			1/28					1/28	0.75/0.32
弦断线纹			2/60	1/26				3/86	2.24/0.99
附加堆纹						1/57		1/57	0.75/0.66
绳纹+附加堆纹					1/28	16/734		17/762	12.69/8.77
小圆泥饼		1/84						1/84	0.75/0.97
合计	14/339	5/158	31/2492	3/156	24/1469	56/3863	1/211	134/8688	
百分比（%）	10.45/3.90	3.73/1.82	23.13/28.68	2.24/1.80	17.91/16.91	41.79/44.46	0.75/2.43		100/100

注：百分比相关的行、列外，“/”前统计的数据为片数，单位为个；“/”后统计的数据为质量，单位为克。

表3-20　Ⅰ T0301H54第一期陶器器形统计表（1）

陶质	细泥质陶		粗泥质陶		夹细砂陶	夹粗砂陶		合计	百分比（%）
陶色 / 器类	红	灰	红	灰	红	红	灰		
泥质罐			3					3	3.45
夹砂罐					5	31		36	41.38
瓮						2		2	2.30
尖底瓶	4	3	4	2	1			14	16.09
盆	2	1	14	1	6			24	27.58
钵	4		1					5	5.75
器盖						1		1	1.15
杯							1	1	1.15
环		1						1	1.15
合计	10	5	22	3	12	34	1	87	
百分比（%）	11.49	5.75	25.29	3.45	13.79	39.08	1.15		100

表3-21　ⅠT0301H54第一期陶器器形统计表（2）

器类／器表装饰	泥质罐	瓮	尖底瓶	盆	钵	器盖	杯	夹砂罐	环	合计	百分比（%）
素面	1		4	17	2	1		18		43	49.43
磨光	2			7	3			3	1	16	18.39
绳纹		2					1	8		11	12.64
线纹			2							2	2.30
戳印纹			1							1	1.15
弦断线纹			6							6	6.90
附加堆纹								1		1	1.15
绳纹+附加堆纹								6		6	6.90
小圆泥饼			1							1	1.15
合计	3	2	14	24	5	1	1	36	1	87	
百分比（%）	3.45	2.30	16.09	27.58	5.75	1.15	1.15	41.38	1.15		100

尖底瓶　6件。

B型　1件。

标本H54：56，粗泥质红陶，胎体呈灰色。侈口，圆唇，细长颈，仅存口沿及颈部。颈下饰一周戳印纹。器表留有轮修痕。口径5.6、残高5.3、壁厚0.6厘米（图3-61，2）。

E型　5件。

标本H54：34，细泥质红陶，胎体呈灰色。侈口，斜折沿，方唇，仅存口沿及颈部。素面。器表留有轮修痕。口径11.1、残高2.6、壁厚0.5厘米（图3-61，10）。

标本H54：63，粗泥质红陶，胎体呈灰色。微侈口，斜折沿，仅存口沿及颈部。素面。器表留有轮修痕。残高3.0、壁厚0.6厘米（图3-61，3）。

标本H54：72，粗泥质灰陶。微侈口，斜折沿，方唇，细长颈，仅存口沿及颈部。器表磨光，颈部贴附小圆泥饼。口径14.7、残高9.6、壁厚0.7厘米（图3-61，4）。

标本H54：73，粗泥质灰陶。直口微侈，斜折沿，方圆唇，仅存口沿及颈部。素面。器表留有轮修痕。口径12.3、残高4.3、壁厚0.6厘米（图3-61，6）。

标本H54：79，夹细砂灰陶。直口微侈，斜折沿，方唇，仅存口沿及颈部。素面。口部可见轮修痕。口径10.1、残高4.4、壁厚0.6厘米（图3-61，1）。

罐　24件。以夹砂罐为主，仅1件泥质罐。

夹砂罐　23件。

A型　12件。

Aa型　3件。

标本H54：64，夹细砂红陶。敛口，斜折沿，尖圆唇，上腹外弧，仅存口沿及上腹。素

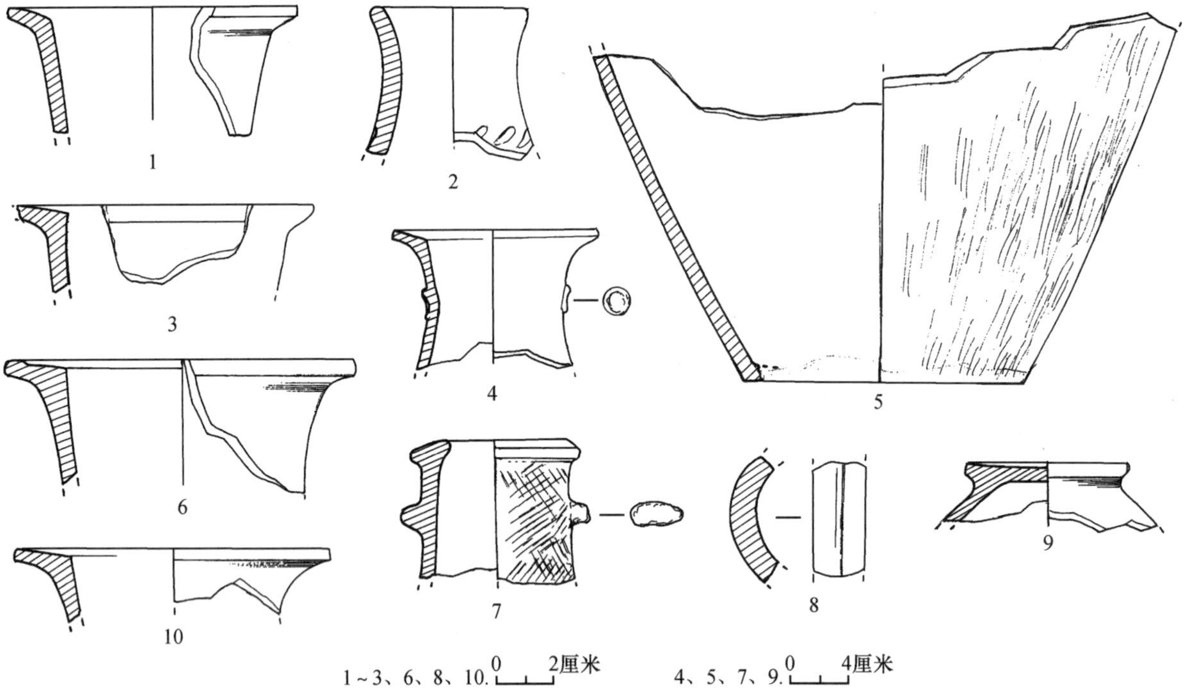

图3-61　Ⅰ T0301H54出土第一期陶器（1）

1、3、4、6、10. E型尖底瓶（H54：79、H54：63、H54：72、H54：73、H54：34）　2. B型尖底瓶（H54：56）　5. 泥质罐（H54：13）　7. 陶器残片（H54：71）　8. A型环（H54：74）　9. Aa型器盖（H54：23）

面。器表可见烟炱痕。口径12.4、残高4.4、壁厚0.8厘米（图3-62，18）。

标本H54：28，夹粗砂红陶。敛口，斜折沿，圆唇，上腹外斜，仅存口沿及上腹。上腹饰交错绳纹。器表留有轮修痕。口径18.4、残高6.4、壁厚0.8厘米（图3-62，21）。

标本H54：67，夹粗砂红陶。敛口，斜折沿，圆唇，上腹外弧，仅存口沿及上腹。素面。器表留有轮修痕，可见烟炱痕。口径20.0、残高4.0、壁厚0.6厘米（图3-62，19）。

Ab型　5件。

标本H54：61，夹粗砂红陶，胎体呈灰色。敛口，斜折沿，圆唇，上腹外弧，仅存口沿及上腹。素面。器表留有轮修痕，可见烟炱痕。口径26.0、残高6.4、壁厚0.8～1.1厘米（图3-62，25）。

标本H54：65，夹粗砂红陶。敛口，斜折沿，圆唇，上腹外弧，仅存口沿及上腹。素面。器表留有轮修痕，可见烟炱痕。口径26.6、残高3.8、壁厚0.8厘米（图3-62，22）。

标本H54：38，夹粗砂红陶。敛口，斜折沿，圆唇，上腹外弧，仅存口沿及上腹。素面。器表留有轮修痕。口径28.2、残高4.8、壁厚0.7厘米（图3-62，13）。

标本H54：48，夹粗砂红陶。敛口，斜折沿，圆唇，上腹外斜，仅存口沿及上腹。沿下置鸡冠鋬。器表可见刮抹痕。口径26.0、残高6.1、壁厚0.8厘米（图3-62，27）。

标本H54：52，夹粗砂红陶，胎体呈灰色。敛口，斜折沿，方唇，上腹外弧，仅存口沿及上腹。素面。器表留有轮修痕，可见烟炱痕。口径22.2、残高6.0、壁厚0.9厘米（图3-62，12）。

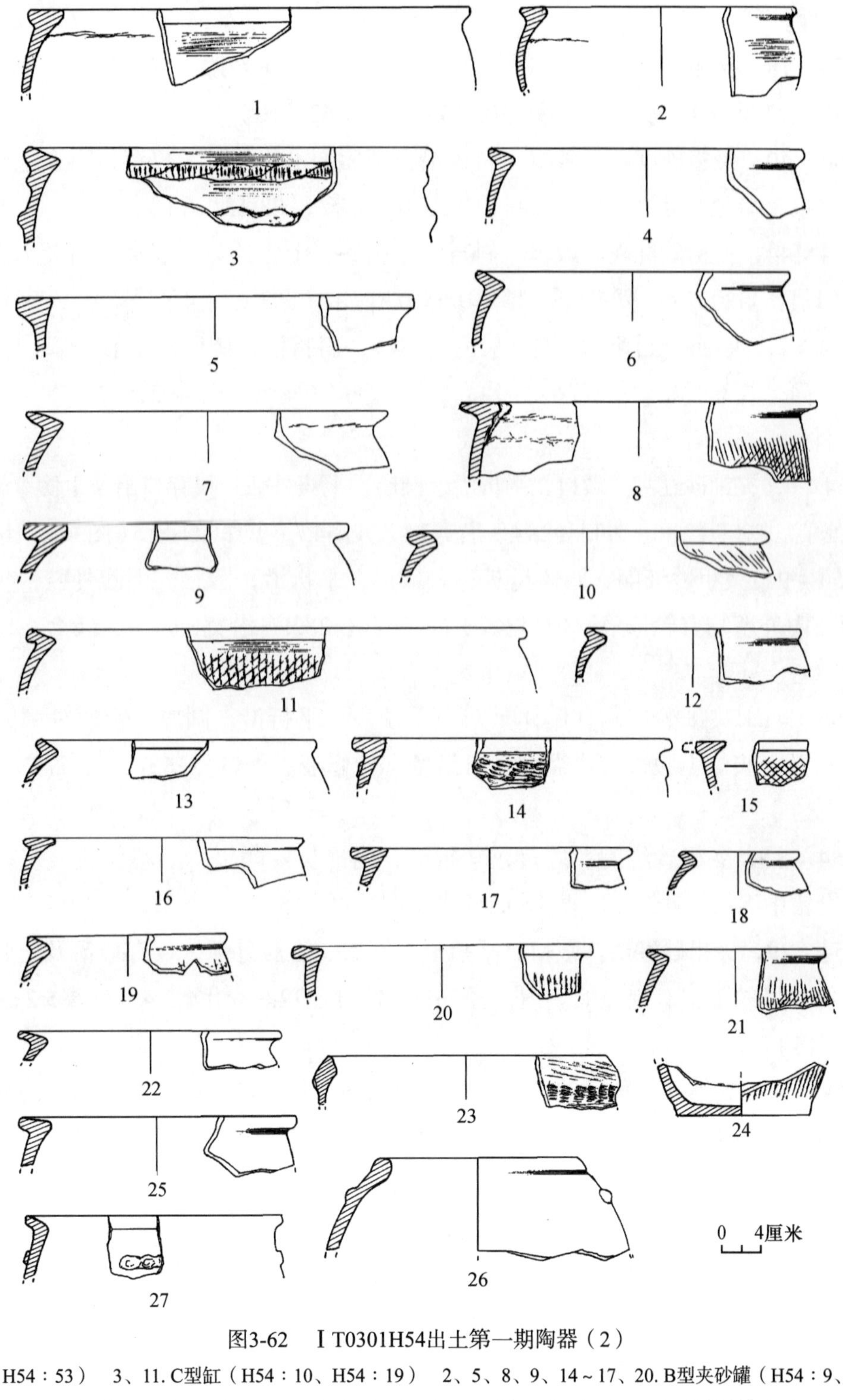

图3-62　Ⅰ T0301H54出土第一期陶器（2）

1. B型缸（H54：53）　3、11. C型缸（H54：10、H54：19）　2、5、8、9、14～17、20. B型夹砂罐（H54：9、H54：60、H54：41、H54：55、H54：29、H54：81、H54：6、H54：51、H54：49）　4、6、7、10. Ac型夹砂罐（H54：44、H54：40、H54：2、H54：18）　12、13、22、25、27. Ab型夹砂罐（H54：52、H54：38、H54：65、H54：61、H54：48）　18、19、21. Aa型夹砂罐（H54：64、H54：67、H54：28）　23. A型瓮（H54：26）　24. 夹砂罐（H54：12）　26. D型夹砂罐（H54：7）

Ac型　4件。

标本H54：18，夹粗砂红陶。敛口，斜折沿，圆唇，上腹外弧，仅存口沿及上腹。上腹饰右斜向中绳纹。口径36.4、残高4.3、壁厚0.7厘米（图3-62，10）。

标本H54：40，夹粗砂红陶。敛口，斜折沿，圆唇，上腹外弧，仅存口沿及上腹。素面。器表留有轮修痕。口径32.0、残高7.2、壁厚0.5～0.7厘米（图3-62，6）。

标本H54：44，夹粗砂红陶。敛口，斜折沿，圆唇，上腹外弧，仅存口沿及上腹。素面。器表留有轮修痕。口径32.4、残高6.8、壁厚0.6～0.8厘米（图3-62，4）。

标本H54：2，夹细砂红陶，胎体呈灰色。敛口，斜折沿，圆唇，上腹外弧，仅存口沿及上腹。口沿素面，腹部磨光。口径36.4、残高5.7、壁厚1.0厘米（图3-62，7）。

B型　9件。

标本H54：6，夹细砂红陶。敛口，平折沿，圆唇，上腹外弧，仅存口沿及上腹。器表磨光，内壁留有轮修痕。内口径21.6、外口径28.4、沿宽3.4、残高4.7、壁厚0.6厘米（图3-62，16）。

标本H54：9，夹粗砂红陶，胎体呈灰色。敛口，平折沿，圆唇，上腹外鼓，仅存口沿及上腹。素面。内外壁均有轮修痕。内口径23.2、外口径28.4、沿宽2.6、残高8.2、壁厚0.6厘米（图3-62，2）。

标本H54：41，夹细砂红陶，胎体呈灰色。敛口，平折沿，圆唇，上腹外弧，沿内侧略残，仅存口沿及上腹。上腹饰交错绳纹。口沿留有轮修痕。外口径36.0、残高7.7、壁厚0.8厘米（图3-62，8）。

标本H54：81，夹粗砂红陶。敛口，平折沿，内沿折棱凸出，上腹斜收，仅存口沿及上腹。上腹饰交错中绳纹。残高4.4、壁厚0.8厘米（图3-62，15）。

标本H54：29，夹粗砂红陶。敛口，平折沿，圆唇，上腹外弧，仅存口沿及上腹。上腹饰一周附加堆纹，堆纹上留有绳压痕。内口径26.0、外口径32.8、沿宽3.4、残高5.2、壁厚0.9厘米（图3-62，14）。

标本H54：51，夹细砂红陶。敛口，平折沿，圆唇，仅存口沿及上腹。器表磨光。腹壁留有轮修痕。内口径20.8、外口径28.4、沿宽3.8、残高4.1、壁厚0.8厘米（图3-62，17）。

标本H54：55，夹粗砂红陶，胎体呈灰色。敛口，平折沿，方圆唇，上腹外弧，仅存口沿及上腹。素面。内口径28.0、外口径32.8、沿宽2.4、残高4.8、壁厚0.8厘米（图3-62，9）。

标本H54：60，夹粗砂红陶，胎体呈灰色。敛口，平折沿，厚方唇，上腹壁较直，仅存口沿及上腹。素面。器表留有轮修痕。内口径32.0、外口径40.0、沿宽4.0、残高5.6、壁厚0.8厘米（图3-62，5）。

标本H54：49，夹粗砂红陶。敛口，平折沿，沿面略凹，厚圆唇，上腹外弧，仅存口沿及上腹。上腹饰竖向细绳纹。器表留有轮修痕，可见烟炱痕。内口径24.0、外口径30.4、沿宽3.2、残高4.8、壁厚0.8厘米（图3-62，20）。

D型　1件。

标本H54：7，夹细砂红陶。敛口，圆唇，上腹外鼓，仅存口沿及上腹。器表素面，上腹贴附两个小圆泥饼。口径20.0、残高10.2、壁厚0.7厘米（图3-62，26）。

另有腹部及底部残片1件。

标本H54：12，夹粗砂红陶。下腹斜收，平底。器表饰竖向中绳纹，接近底部素面，下腹饰一周附加堆纹，堆纹上留有绳压痕。底径13.6、残高5.2、壁厚0.7、底厚1.2厘米（图3-62，24）。

泥质罐　1件。仅存下腹及底部。

标本H54：13，粗泥质红陶，胎体呈灰色。腹壁斜收，平底。器表磨光。器表留有刮抹痕。残高25.3、壁厚0.8～1.1厘米（图3-61，5）。

缸　3件。

B型　1件。

标本H54：53，夹粗砂红陶。敛口，平折沿，圆唇，上腹外弧，仅存口沿及上腹。素面。器表留有轮修痕。内口径37.4、外口径44.4、沿宽3.5、残高7.2、壁厚0.8厘米（图3-62，1）。

C型　2件。

标本H54：19，夹粗砂红陶。敛口，斜折沿，沿面内凹，圆唇，上腹外弧，仅存口沿及上腹。器表饰交错中绳纹。内壁可见刮抹痕。口径50.0、残高6.0、壁厚0.9厘米（图3-62，11）。

标本H54：10，夹粗砂红陶，胎体呈灰色。敛口，斜折沿，圆唇，上腹外弧，仅存口沿及上腹。沿下加固一周附加堆纹，堆纹上留有绳压痕，上腹残留一鸡冠鋬。口径41.3、残高8.4、壁厚0.7厘米（图3-62，3）。

瓮　1件。为A型。

标本H54：26，夹粗砂红陶。敛口，尖圆唇，仅存口沿及上腹。口沿饰右斜向刻划纹，沿下饰一周附加堆纹，堆纹上留有绳压痕。口径28.3、残高4.8、壁厚0.8厘米（图3-62，23）。

钵　5件。

A型　2件。

标本H54：30，细泥质红陶，胎体呈深灰色。敛口，圆唇，上腹外鼓，仅存口沿及上腹。器表磨光。器表留有刮抹痕。口径22.8、残高6.8、壁厚0.5厘米（图3-63，14）。

标本H54：45，细泥质红陶。敛口，圆唇，上腹外鼓，仅存口沿及上腹。素面。器表留有轮修痕。口径23.6、残高3.7、壁厚0.6厘米（图3-63，12）。

B型　3件。

标本H54：20，粗泥质红陶。敛口，圆唇，弧腹，下腹及底残。素面。器表留有刮抹痕。口径19.6、残高7.6、壁厚0.6厘米（图3-63，17）。

标本H54：42，粗泥质红陶。敛口，圆唇，上腹外弧，仅存口沿及上腹。器表磨光。器表留有轮修痕。口径25.2、残高4.2、壁厚0.8厘米（图3-63，15）。

标本H54：35，细泥质红陶，胎体呈浅灰色。敛口，尖唇，上腹外弧，仅存口沿及上腹。器表磨光。口径16.0、残高3.8、壁厚0.6厘米（图3-63，18）。

盆　12件。为Aa型。

标本H54：1，夹细砂红陶。平折沿，内沿折棱凸出形成内敛口，圆唇，斜弧腹，仅存口沿

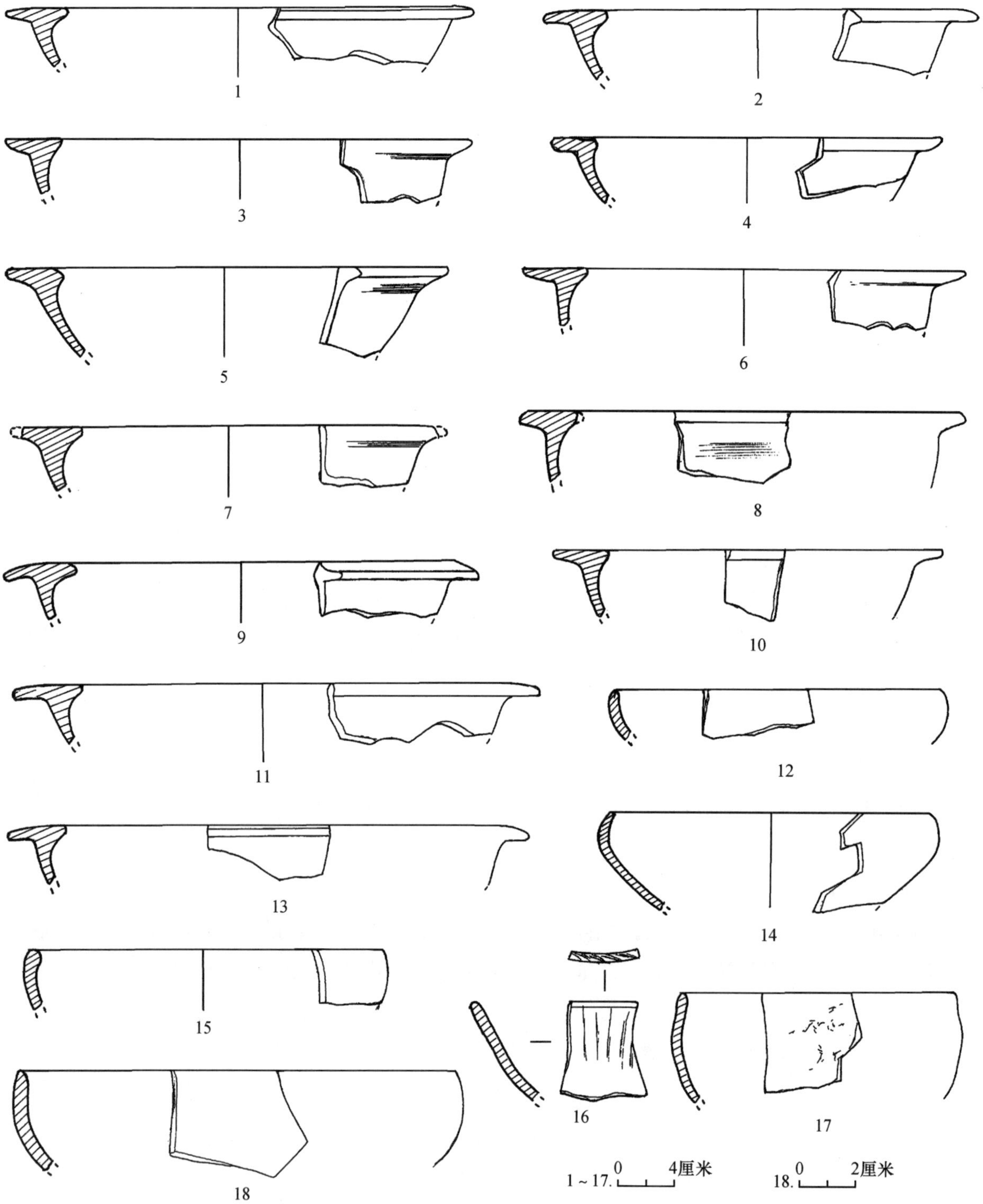

图3-63　ⅠT0301H54出土第一期陶器（3）

1～11、13. Aa型盆（H54：1、H54：17、H54：24、H54：36、H54：3、H54：37、H54：22、H54：47、H54：25、H54：69、H54：16、H54：46）　12、14. A型钵（H54：45、H54：30）　15、17、18. B型钵（H54：42、H54：20、H54：35）　16. 陶器残片（H54：21）

及上腹。素面。内口径24.8、外口径34.0、沿宽4.6、残高4.1、壁厚0.7厘米（图3-63，1）。

标本H54：3，夹细砂红陶，胎体呈灰色。平折沿，内沿折棱凸出形成内敛口，方圆唇，斜弧腹，仅存口沿及上腹。沿面磨光，器表素面。内口径24.0、外口径32.0、沿宽4.0、残高6.4、壁厚0.5厘米（图3-63，5）。

标本H54：16，粗泥质红陶，胎体呈灰色。平折沿，内沿折棱凸出形成内敛口，方圆唇，斜弧腹，仅存口沿及上腹。器表磨光。内口径26.4、外口径38.4、沿宽6.0、残高4.3、壁厚0.6厘米（图3-63，11）。

标本H54：17，夹细砂红陶，胎体呈浅灰色。平折沿，内沿折棱凸出形成内敛口，斜弧腹，仅存口沿及上腹。器表磨光。内口径21.6、外口径30.4、沿宽4.4、残高4.8、壁厚0.6厘米（图3-63，2）。

标本H54：22，夹细砂红陶，胎体呈灰色。平折沿，内沿折棱凸出形成内敛口，外沿残，仅存口沿。内外壁均磨光。内口径21.6、外口径32.0、沿宽5.2、残高4.4、壁厚0.7厘米（图3-63，7）。

标本H54：24，粗泥质红陶。平折沿，内沿折棱凸出形成内敛口，尖唇，斜弧腹，仅存口沿及上腹。素面。器表留有刮抹痕。内口径26.2、外口径34.2、沿宽4.0、残高4.2、壁厚0.7厘米（图3-63，3）。

标本H54：36，粗泥质灰陶，胎体呈深灰色。平折沿，沿面微凹，内沿折棱凸出形成内敛口，圆唇，斜弧腹，仅存口沿及上腹。素面。器表留有刮抹痕。内口径21.8、外口径28.6、沿宽3.4、残高4.5、壁厚0.5厘米（图3-63，4）。

标本H54：37，细泥质红陶，胎体呈深灰色。平折沿，内沿折棱凸出形成内敛口，圆唇，斜弧腹，仅存口沿及上腹。沿面磨光，器表素面。沿下及内壁可见轮修痕。内口径22.6、外口径32.0、沿宽4.7、残高4.0、壁厚0.5厘米（图3-63，6）。

标本H54：47，夹细砂灰陶。胎体呈灰色，平折沿，内沿折棱凸出形成内敛口，圆唇，内唇残，斜弧腹，仅存口沿及上腹。素面。器表留有轮修痕。外口径32.5、沿宽4.7、残高5.0、壁厚0.6厘米（图3-63，8）。

标本H54：69，粗泥质红陶，胎体呈灰色。平折沿，内沿折棱凸出形成内敛口，圆唇，斜弧腹，仅存口沿及上腹。沿面磨光，器表素面。器表留有轮修痕。内口径20.3、外口径28.3、沿宽4.0、残高4.6、壁厚0.6厘米（图3-63，10）。

标本H54：25，夹细砂红陶。平折沿，内沿折棱凸出形成内敛口，沿外端略下垂，圆唇，斜弧腹，仅存口沿及上腹。素面。内口径24.0、外口径34.6、沿宽5.3、残高4.2、壁厚0.6厘米（图3-63，9）。

标本H54：46，粗泥质红陶，胎体呈灰色。平折沿，内沿折棱凸出形成内敛口，圆唇，斜弧腹，仅存口沿及上腹。素面。内口径29.0、外口径38.0、沿宽4.5、残高3.8、壁厚0.7厘米（图3-63，13）。

器盖　1件。为Aa型。

标本H54：23，夹粗砂红陶。圆饼形捉手，顶面微凹，盖壁斜直，外张呈喇叭状，部分盖体残。素面。器表留有刮抹痕。捉手径10.0、残高4.8、壁厚0.8厘米（图3-61，9）。

环　1件。为A型。

标本H54：74，细泥质灰陶。残存三分之一。截面呈扁卵形，内侧面圆弧，外侧面凸起较锐。内外壁均磨光。内径4.0、外径4.8、厚0.8厘米（图3-61，8）。

陶器残片　2件。

标本H54：21，夹细砂红陶，胎体呈浅灰色。为口沿及上腹残片，直口，方唇。唇部有压印痕，器表磨光。器表留有刮抹痕。残高9.3、壁厚0.4～0.8厘米（图3-63，16）。

标本H54：71，夹粗砂灰陶。为口沿及颈部残片。敛口，沿面外斜，圆唇，直颈，器表饰交错细绳纹，颈部饰一对鸡冠鋬。残高9.8、壁厚0.8～1.2厘米（图3-61，7）。

15. Ⅰ T0308H55

H55位于ⅠT0308西壁中部。开口于③层下，被F3、H63打破。袋状坑，坑口平面近圆形，坑壁外弧，平底。坑口距地表105厘米，坑口直径180、坑底直径204、深216厘米（图3-64）。

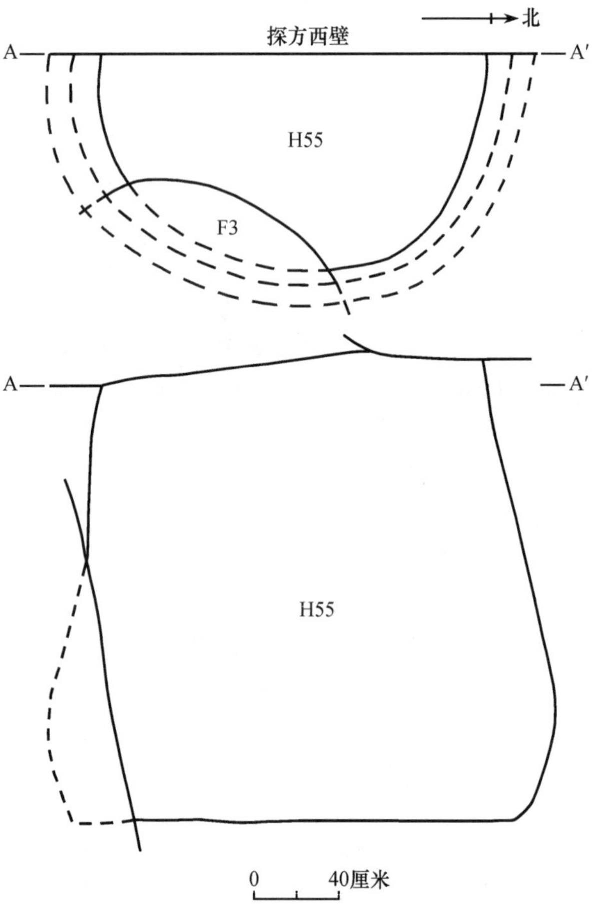

图3-64　ⅠT0308H55平、剖面图

坑内填土分为3层：①层为褐色土，土质较硬，包含少量炭屑、红烧土颗粒，厚116～124厘米；②层为黄褐土，土质较致密，厚8～32厘米；③层为黑灰色土，土质疏松，包含大量炭屑，厚50～80厘米。文化遗物有陶器、石器等。

陶器　以夹粗砂红陶为主，粗泥质红陶和夹细砂红陶次之。器表装饰以绳纹+附加堆纹为主，另有少量篮纹、绳纹、线纹、弦断线纹。陶片共13片，总重1286克。经分类和拼对，共有13件个体，可辨器形有尖底瓶、夹砂罐、瓮、盆、器盖等（图3-65）。

尖底瓶　2件。

E型　1件。

标本H55：5，夹粗砂红陶，胎体呈灰色。微侈口，斜折沿，圆唇，束颈，仅存口沿及颈部。颈上部贴附小圆泥饼及两段斜向的附加堆纹，堆纹上留有按压痕。残高8.0、壁厚0.8厘米（图3-65，6）。

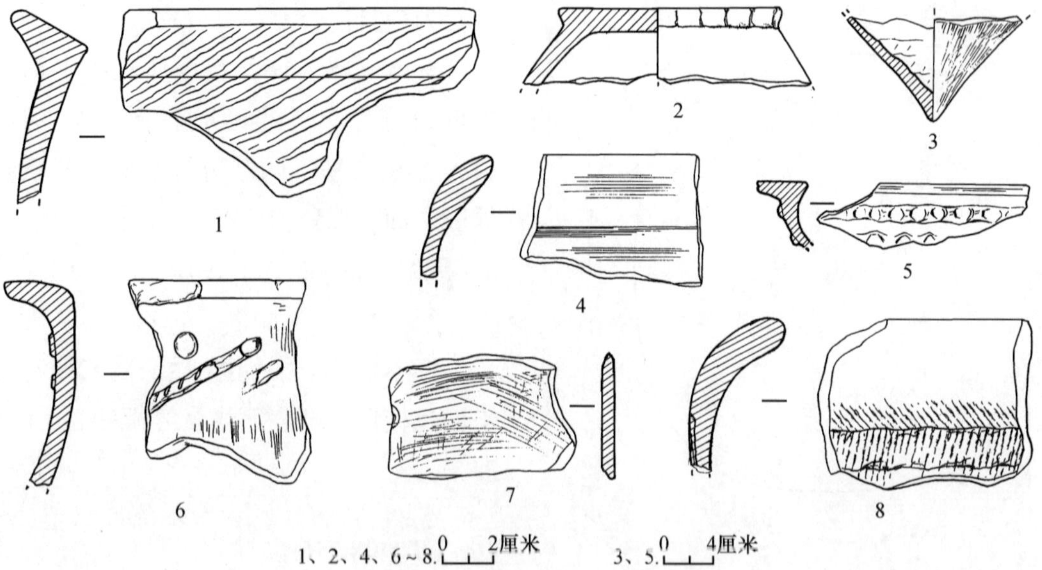

图3-65　Ⅰ T0308H55第一期出土陶器

1. Ab型夹砂罐（H55：2）　2. Aa型器盖（H55：11）　3. 尖底瓶（H55：3）　5. Aa型盆（H55：6）　4、8. A型瓮（H55：10、H55：7）　6. E型尖底瓶（H55：5）　7. 刀（H55：16）

另有底部残片1件。

标本H55：3，粗泥质红陶。下腹斜收成尖底，腹壁微凹。器表饰竖向线纹。内壁可见泥条盘筑痕。残高8.1、壁厚0.8厘米（图3-65，3；图版一五，4；图版二〇，6）。

夹砂罐　1件。为Ab型。

标本H55：2，夹粗砂灰陶。敛口，斜折沿，圆唇，上腹微弧，仅存口沿及上腹。沿面磨光，上腹饰左斜向粗篮纹，内壁留有轮修痕。残高7.3、壁厚1.2厘米（图3-65，1）。

盆　1件。为Aa型。

标本H55：6，夹细砂红陶，胎体呈灰色。平折沿，内沿折棱凸出形成内敛口，方唇，斜弧腹，仅存口沿及上腹。沿面磨光，唇部饰一周凹弦纹，沿下加固两周附加堆纹，堆纹上留有按窝。沿宽4.2、残高5.1、壁厚1.1厘米（图3-65，5）。

瓮　2件。为A型。

标本H55：10，夹粗砂红陶。敛口，圆唇，仅存口沿及上腹。素面。器表留有轮修痕，内外壁皆可见烟炱痕。残高5.2、壁厚0.6厘米（图3-65，4）。

标本H55：7，夹粗砂红陶。敛口，尖唇，仅存口沿及上腹。沿下饰右斜向绳纹，其下加固一周附加堆纹，堆纹上留有绳压痕。内外壁均留有轮修痕。残高6.7、壁厚1.2厘米（图3-65，8）。

器盖　1件。为Aa型。

标本H55：11，夹细砂红陶，胎体呈灰色。圆饼形捉手，盖壁斜直，外张呈喇叭状，部分盖体残。器表素面，捉手周缘留有一周按窝。捉手径9.0、残高2.9、壁厚0.7厘米（图3-65，2）。

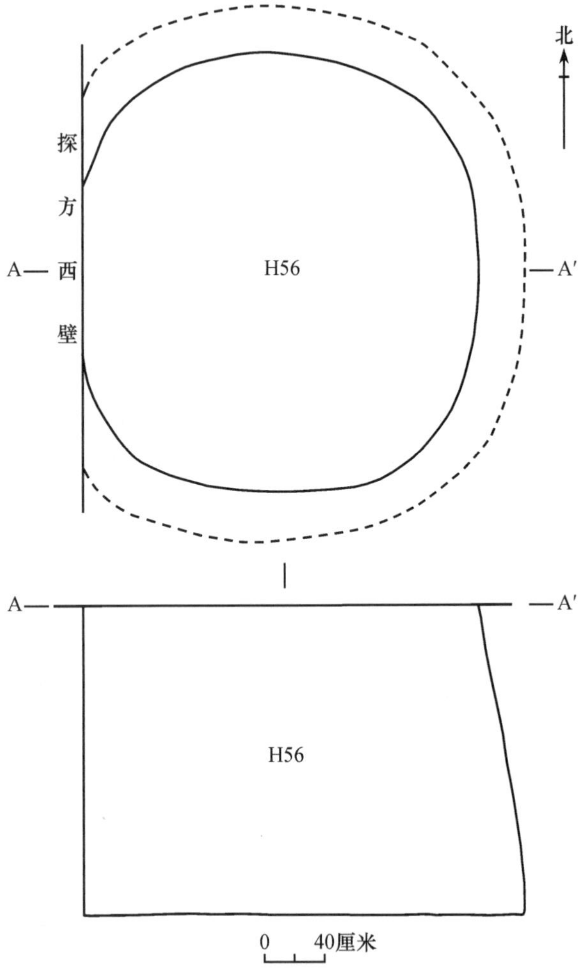

图3-66　ⅠT0408H56平、剖面图

刀　1件。

标本H55：16，粗泥质红陶。器体近长方形，直背，长边下缘打制成刃，刃缘不规整，上缘磨平。两侧边打制成内凹状缺口。器表一面仍保留弦断线纹。长7.6、宽4.7、厚0.5厘米（图3-65，7；图版二一，1）。

笄　1件。为A型。

标本H55：1，粗泥质灰陶。残存笄帽，平面呈梭形。器表磨光。笄帽残长6.1、宽0.8厘米。

16. ⅠT0408H56

H56位于ⅠT0408南壁西端，与H62合并为一个遗迹单位。开口于③层下。袋状坑，坑口平面呈圆形，坑壁外斜，平底。坑口距地表深135厘米，坑口直径约263、坑底直径约329、深200厘米（图3-66）。

坑内填土为灰褐色，土质疏松，夹杂炭屑、草木灰和骨渣。文化遗物仅有陶器。

陶器　以夹粗砂红陶为主，粗泥质灰陶次之。器表装饰以素面居多，纹饰以绳纹为主，绳纹+附加堆纹次之，另有少量线纹、弦断线纹、小圆泥饼（表3-22）。陶片共35片，总重2990克。经分类和拼对，共有26件个体，可辨器形有尖底瓶、夹砂罐、瓮、盆等（图3-67）。

尖底瓶　2件。

E型　1件。

标本H56：14，粗泥质红陶。微侈口，平折沿，尖圆唇，细长颈，仅存口沿及颈部。颈上部贴附小圆泥饼，泥饼上有指压痕。器表留有轮修痕，内壁可见泥条盘筑痕。内口径6.8、外口径11.6、沿宽2.4、残高10.7、壁厚0.8～1.0厘米（图3-67，14）。

另有底部残片1件。

标本H56：17，夹细砂红陶，胎体呈灰色。下腹弧收成尖底。器表饰竖向线纹。内壁可见泥条盘筑痕。残高9.4、壁厚0.9厘米（图3-67，15）。

夹砂罐　4件。

A型　3件。

Aa型　1件。

表3-22　I T0408H56陶系统计表

陶质	粗泥质陶		夹细砂陶		夹粗砂陶		合计	百分比（%）
器表装饰＼陶色	红	灰	红	灰	红	灰		
素面	1/98	4/419		1/70	6/303	1/73	13/963	37.14/32.21
磨光		3/189					2/189	5.17/6.32
绳纹					7/532		7/532	20.00/17.79
线纹			1/128				1/128	2.86/4.28
弦断线纹	1/66	3/72					4/138	11.43/4.62
绳纹+附加堆纹			1/45		4/447		5/492	14.29/16.45
小圆泥饼	1/136						1/136	2.86/4.55
绳纹+附加堆纹+按压纹					2/412		2/412	5.71/13.78
合计	3/300	9/680	2/173	1/70	19/1694	1/73	35/2990	
百分比（%）	8.57/10.03	25.71/22.74	5.71/5.79	2.86/2.34	54.29/56.66	2.86/2.44		100/100

注：百分比相关的行、列外，“/”前统计的数据为片数，单位为个；“/”后统计的数据为质量，单位为克。

标本H56：12，夹粗砂红陶。敛口，斜折沿，尖唇，圆鼓腹，下腹及底残。腹部饰较深的竖向绳纹，腹中部饰一周横条状附加堆纹。口径12.0、残高5.9、壁厚0.5厘米（图3-67，4）。

Ab型　2件。

标本H56：8，夹粗砂红陶。敛口，斜折沿，方圆唇，上腹外弧，仅存口沿及上腹。上腹饰交错绳纹。口沿留有轮修痕。口径28.0、残高6.5、壁厚0.7厘米（图3-67，1）。

标本H56：4，夹粗砂红陶。敛口，斜沿，方唇，上腹壁较直，仅存口沿及上腹。上腹饰右斜向绳纹。残高4.8、壁厚0.9厘米（图3-67，5）。

B型　1件。

标本H56：1，夹粗砂红陶。敛口，平折沿，厚圆唇，上腹外弧，仅存口沿及上腹。上腹饰交错绳纹。口沿处留有轮修痕。残高4.6、壁厚0.5厘米（图3-67，6）。

瓮　2件。为A型。

标本H56：2，夹粗砂红陶。敛口，圆唇，上腹外弧，仅存口沿及上腹。素面。口沿处轮修痕明显。残高3.2、壁厚0.6～1.0厘米（图3-67，2）。

标本H56：11，夹粗砂红陶。敛口，尖圆唇，腹壁较直，仅存口沿及上腹。口部饰右斜向绳纹后被抹平，仍残留绳纹痕迹，沿面饰一周锯齿状按压痕迹，腹部饰右斜向绳纹，其上饰多周附加堆纹，堆纹上留有绳压痕。残高15.9、壁厚0.8厘米（图3-67，3）。

盆　6件。

A型　4件。

Aa型　3件。

标本H56：5，粗泥质灰陶。平折沿，内沿折棱凸出形成敛口，圆唇，斜弧腹，仅存口沿至上腹。器表磨光。沿下留有轮修痕。沿宽5.6、残高6.3、壁厚0.8厘米（图3-67，11）。

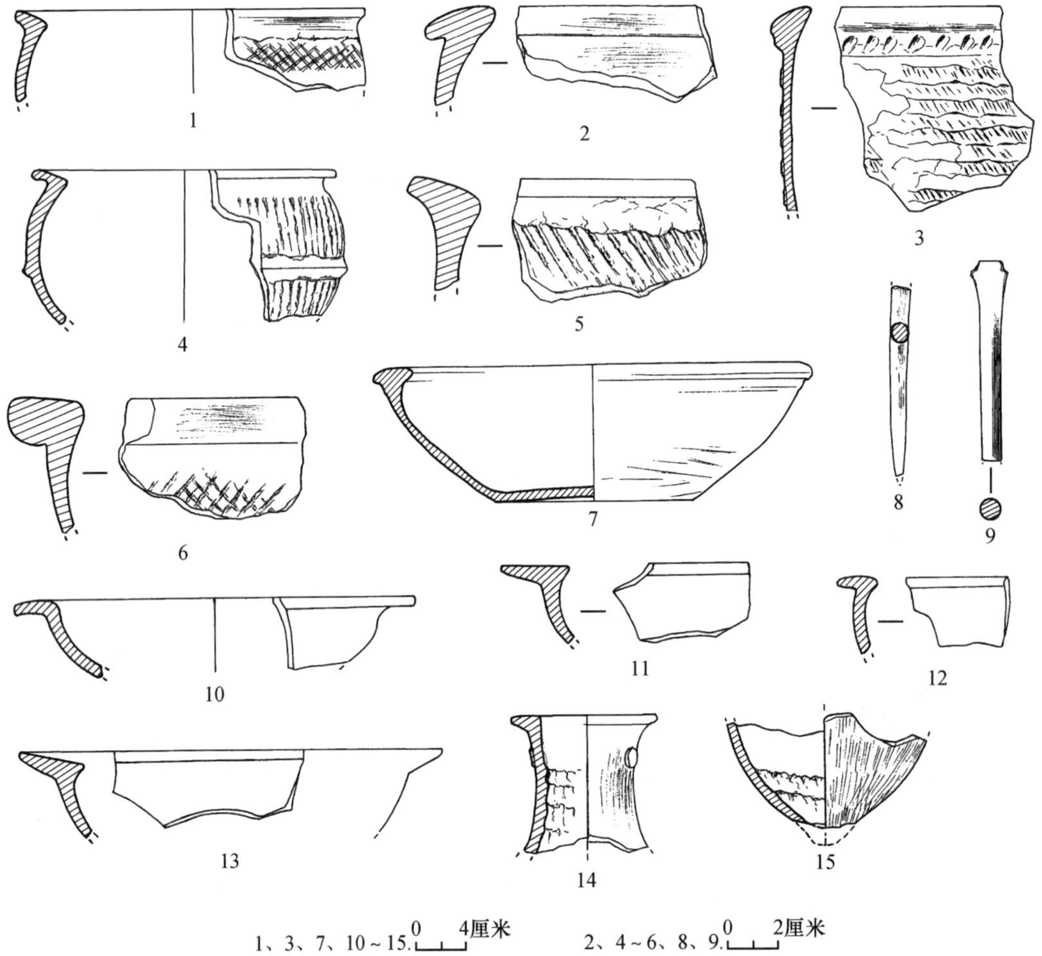

图3-67　ⅠT0408H56第一期出土陶器

1、5. Ab型夹砂罐（H56：8、H56：4）　2、3. A型瓮（H56：2、H56：11）　4. Aa型夹砂罐（H56：12）　6. B型夹砂罐（H56：1）　7. Ab型盆（H56：3）　8、9. 笄（H56：01、H56：02）　10～12. Aa型盆（H56：21、H56：5、H56：7）　13. Ba型盆（H56：6）　14. E型尖底瓶（H56：14）　15. 尖底瓶（H56：17）

标本H56：7，粗泥质灰陶。平折沿，圆唇，斜弧腹，仅存口沿及上腹。沿面及器表略磨光。沿宽3.2、残高5.6、壁厚0.8厘米（图3-67，12）。

标本H56：21，粗泥质灰陶。敞口，平折沿，沿面微弧，内沿折棱凸出形成内敛口，圆唇，斜弧腹，仅存口沿及上腹。沿面磨光，腹壁素面。内口径26.0、外口径32.0、沿宽3.0、残高5.8、壁厚0.8厘米（图3-67，10）。

Ab型　1件。

标本H56：3，细泥质红陶。折沿较窄，沿面微弧，沿外端略下垂，内沿折棱凸出形成内敛口，圆唇，斜弧腹，平底微凹。素面。器表可见不规则刮抹痕。口径35.0、底径16.0、高10.6、壁厚0.7、底厚1.0厘米（图3-67，7；图版一六，4）。

Ba型　1件。

标本H56：6，粗泥质灰陶。斜折沿，内沿折棱凸出形成内敛口，圆唇，弧腹急收，仅存口沿及上腹。器表磨光。口径34.0、残高6.0、壁厚0.8厘米（图3-67，13）。

E型　1件。

标本H56：20，细泥质灰陶。圆唇，敛口，上腹外鼓，下腹已残。口部一侧有流，流略上翘，流壁弧曲向内倾斜，内壁流口处及器表磨光。残高7.4、壁厚0.6厘米（图3-14，1）。

笄　2件。

标本H56：01，细泥质黑皮陶。整体呈圆锥状，笄帽已失，尖端略残。通体磨光。残长7.3厘米（图3-67，8）。

标本H56：02，细泥质黑皮陶。平面呈T形，笄帽扁平且残损，尖端残。通体磨光。残长7.6厘米（图3-67，9）。

17. ⅠT0202H57

H57位于ⅠT0202西北部。开口于⑤层下，被H5、H9打破。袋状坑，坑口平面近圆形，坑壁南部口沿最上端较竖直，向下则外斜；坑壁北部接近竖直。坑底西部为平底，东部下挖一小坑。坑口距地表深270厘米，坑口直径252、坑底直径270、深98～118厘米（图3-68；图版一二，2）。

坑内填土为灰色，土质较硬。文化遗物仅有陶器。

陶器　以夹粗砂红陶为主，粗泥质红陶次之。器表装饰以素面居多，磨光次之，纹饰以绳纹为主，另有少量线纹、弦纹、戳印纹、弦断线纹、绳纹+附加堆纹、磨光+弦纹等（表3-23）。陶片共69片，总重5396克。经分类和拼对，共有49件个体；可辨器形有尖底瓶、夹砂罐、瓮、盆、钵、器盖、刀等（图3-69、图3-70、表3-24、表3-25）。

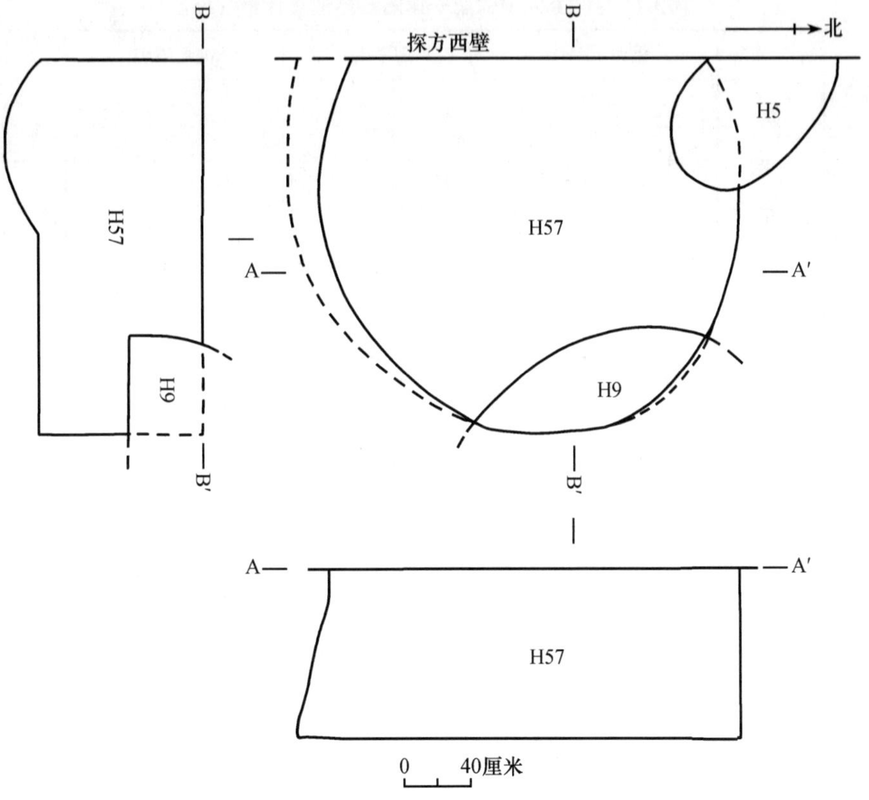

图3-68　ⅠT0202H57平、剖面图

表3-23　ⅠT0202H57陶系统计表

陶质	细泥质陶	粗泥质陶		夹细砂陶		夹粗砂陶		合计	百分比（%）
陶色 / 器表装饰	灰	红	灰	红	灰	红	灰		
素面	1/6	7/675			7/462	8/631	1/53	24/1827	34.78/33.86
磨光	5/157	5/532		1/46	1/36	4/112		16/883	23.19/16.36
绳纹						12/1016		12/1016	17.39/18.83
弦纹			1/41					1/41	1.45/0.76
线纹		1/8						1/8	1.45/0.15
戳印纹				1/58				1/58	1.45/1.07
弦断线纹	1/21							1/21	1.45/0.39
磨光+弦纹					1/331			1/331	1.45/6.14
绳纹+附加堆纹						9/692		9/692	13.04/12.82
小圆泥饼			1/278					1/278	1.45/5.15
磨光+附加堆纹				1/42				1/42	1.45/0.78
绳纹+附加堆纹+按压纹						1/199		1/199	1.45/3.69
合计	7/184	13/1215	2/319	3/146	9/829	34/2650	1/53	69/5396	
百分比（%）	10.14/3.41	18.84/22.52	2.90/5.91	4.35/2.71	13.04/15.36	49.28/49.11	1.45/0.98		100/100

注：百分比相关的行、列外，“/”前统计的数据为片数，单位为个；“/”后统计的数据为质量，单位为克。

表3-24　ⅠT0202H57第一期陶器器形统计表（1）

陶质	细泥质陶	粗泥质陶		夹细砂陶		夹粗砂陶		合计	百分比（%）
陶色 / 器类	灰	红	灰	红	灰	红	灰		
泥质罐		1						1	2.04
夹砂罐				2	1	18	1	22	44.90
瓮		1				2		3	6.12
尖底瓶		2	2					4	8.16
盆		6		1				7	14.29
钵	5	2						7	14.29
器盖				3		1		4	8.16
刀	1							1	2.04
合计	6	12	2	6	1	21	1	49	
百分比（%）	12.24	24.49	4.09	12.24	2.04	42.86	2.04		100

表3-25　Ⅰ T0202H57第一期陶器器形统计表（2）

器类 器表装饰	泥质罐	夹砂罐	瓮	尖底瓶	盆	钵	器盖	刀	合计	百分比（%）
素面	1	9	1	1	4	1	3		20	40.82
磨光					3	6			9	18.37
绳纹		9							9	18.37
弦纹				1					1	2.04
线纹				1					1	2.04
戳印纹							1		1	2.04
弦断线纹								1	1	2.04
磨光+弦纹		1							1	2.04
绳纹+附加堆纹		3	1						4	8.16
绳纹+附加堆纹+按压纹			1						1	2.04
小圆泥饼				1					1	2.04
合计	1	22	3	4	7	7	4	1	49	
百分比（%）	2.04	44.90	6.12	8.16	14.29	14.29	8.16	2.04		100

罐　12件。以夹砂罐为主，仅1件泥质罐。

夹砂罐　11件。

A型　6件。

Aa型　1件。

标本H57：27，夹细砂红陶，胎体呈灰色。敛口，斜折沿，圆唇，上腹外弧，仅存口沿及上腹。素面。器表及口沿内侧均留有轮修痕。口径17.6、残高7.0、壁厚0.7厘米（图3-69，9）。

Ab型　4件。

标本H57：29，夹粗砂红陶。敛口，斜折沿，圆唇，上腹外弧，仅存口沿及上腹。上腹饰右斜向粗绳纹。口沿处留有轮修痕，沿下可见刮抹痕。口径30.0、残高5.4、壁厚0.6厘米（图3-69，4）。

标本H57：18，夹粗砂红陶，胎体呈灰色。敛口，斜折沿，圆唇，上腹外弧，仅存口沿及上腹。素面。口沿处留有轮修痕。口径24.7、残高4.0、壁厚0.7厘米（图3-69，8）。

标本H57：21，夹粗砂红陶。敛口，斜折沿微卷，圆唇，上腹微鼓，仅存口沿及上腹。上腹饰左斜向细绳纹。口沿内侧留有轮修痕，器表可见烟炱痕。口径21.6、残高6.5、壁厚0.7厘米（图3-69，10）。

标本H57：33，夹粗砂红陶。敛口，斜折沿，圆唇，上腹外弧，仅存口沿及上腹。唇部按压斜向锯齿状花边，上腹残留一鸡冠鋬。口沿处留有轮修痕，器表及内壁可见烟炱痕。口径24.4、残高4.8、壁厚0.6厘米（图3-69，12）。

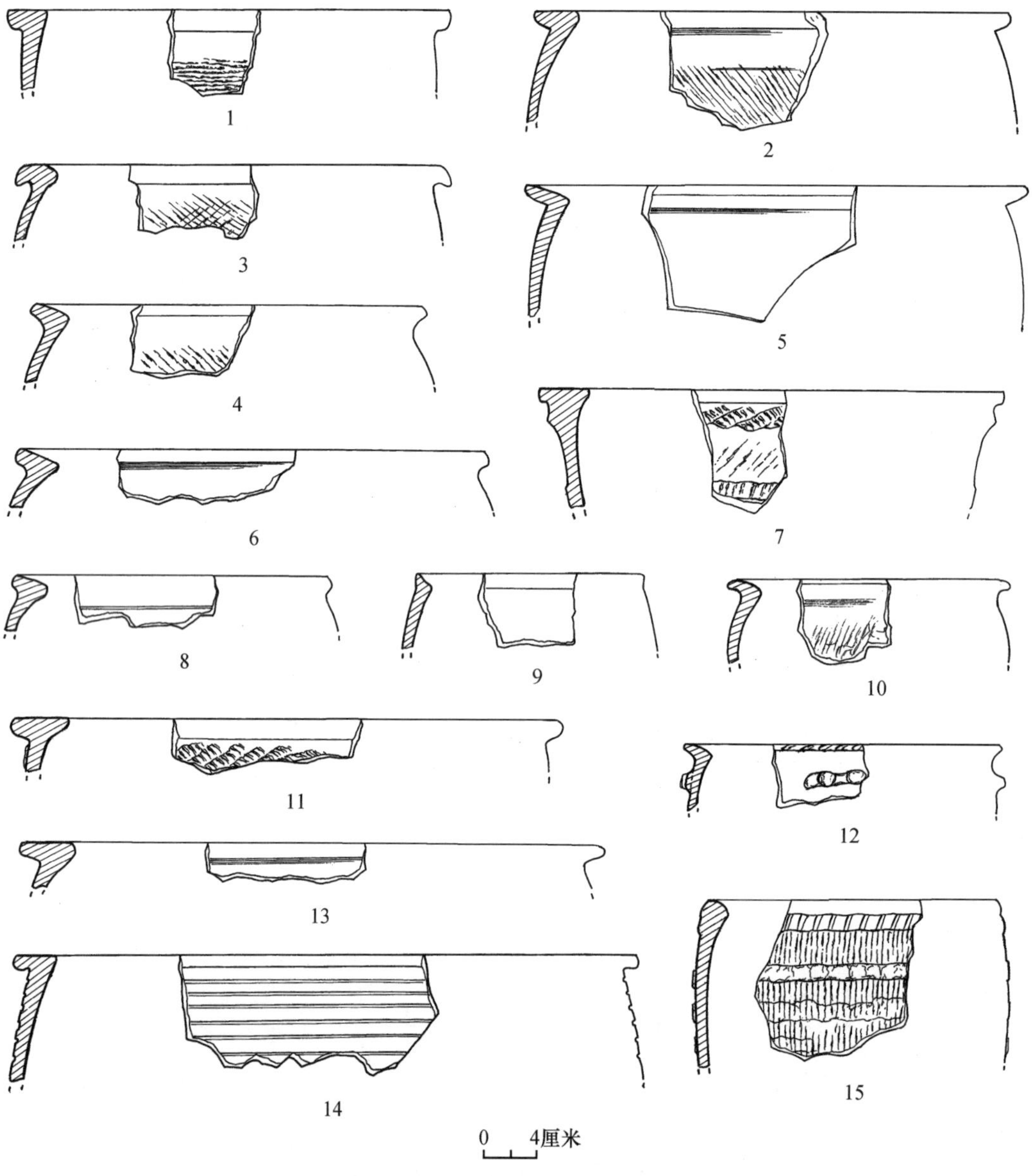

图3-69　Ⅰ T0202H57出土第一期陶器（1）

1～3、7、11. B型夹砂罐（H57：19、H57：16、H57：25、H57：31、H57：28）　4、8、10、12. Ab型夹砂罐（H57：29、H57：18、H57：21、H57：33）　5. B型泥质罐（H57：6）　6. Ac型夹砂罐（H57：17）　9. Aa型夹砂罐（H57：27）　13. B型缸（H57：26）　14. A型缸（H57：32）　15. C型瓮（H57：30）

Ac型　1件。

标本H57：17，夹粗砂红陶。敛口，斜折沿，圆唇，上腹外弧，仅存口沿及上腹。素面。口沿处留有轮修痕，器表可见烟炱痕。口径36.6、残高4.2、壁厚0.7厘米（图3-69，6）。

B型　5件。

标本H57：19，夹粗砂红陶。敛口，平折沿，厚圆唇，上腹较直，仅存口沿及上腹。上腹饰横向细绳纹。口沿处留有轮修痕。内口径28.0、外口径34.0、沿宽3.0、残高6.5、壁厚0.6厘米（图3-69，1）。

标本H57：25，夹粗砂红陶。敛口，平折沿微卷，圆唇，上腹外弧，仅存口沿及上腹。上腹饰交错细绳纹。口沿内侧留有轮修痕，器表及内壁可见烟炱痕。口径33.0、残高5.7、壁厚0.6厘米（图3-69，3）。

标本H57：28，夹粗砂红陶。敛口，平折沿，圆唇，仅存口沿。沿下加固一周附加堆纹，堆纹上留有左斜向绳压痕。口沿处留有轮修痕。内口径34.0、外口径42.0、沿宽4.0、残高4.2、壁厚1.0厘米（图3-69，11）。

标本H57：31，夹粗砂红陶，胎体呈灰色。敛口，平折沿，方唇，腹部弧收，仅存口沿及上腹。沿下加固一周附加堆纹，堆纹上留有斜向绳压痕，腹部饰左斜向粗绳纹，其上饰一周附加堆纹，堆纹上留有绳压痕。口沿内侧可见轮修痕。内口径28.0、外口径36.0、沿宽4.0、残高9.3、壁厚1.0厘米（图3-69，7）。

标本H57：16，夹粗砂红陶，胎体呈灰色。敛口，平折沿，圆唇，上腹微鼓，仅存口沿及上腹。上腹饰右斜向细绳纹。器表留有烟炱痕，口沿内侧可见轮修痕。内口径30.0、外口径36.0、沿宽3.0、残高8.9、壁厚0.6厘米（图3-69，2）。

泥质罐　1件。为B型。

标本H57：6，粗泥质红陶。敛口，斜折沿，圆唇，上腹外弧，仅存口沿及上腹。素面。口径38.0、残高10.2、壁厚0.6厘米（图3-69，5）。

缸　2件。

A型　1件。

标本H57：32，夹粗砂灰陶。敛口，平折沿，圆唇，上腹外弧，仅存口沿及上腹。上腹饰数周凹弦纹。内口径42.0、外口径48.0、沿宽3.0、残高9.0、壁厚0.6厘米（图3-69，14）。

B型　1件。

标本H57：26，夹细砂红陶，胎体呈灰色。敛口，平折沿，圆唇，仅存口沿。素面。口沿处留有轮修痕，器表可见烟炱痕。内口径37.0、外口径45.0、沿宽4.0、残高3.0、壁厚0.8厘米（图3-69，13）。

瓮　1件。为C型。

标本H57：30，夹细砂红陶。敛口，圆唇，上腹外弧，仅存口沿及上腹。沿下加固一周附加堆纹，堆纹上留有压印痕；腹部饰竖向细绳纹，其上饰三周附加堆纹，堆纹上留有按压痕和绳压痕。器表可见烟炱痕。口径20.0、残高12.0、壁厚0.5厘米（图3-69，15；图版一九，4）。

盆　5件。

Aa型　4件。

标本H57：7，粗泥质红陶，胎体呈灰色。平折沿，内沿折棱凸出形成内敛口，尖圆唇，上腹微弧，仅存口沿及上腹。口沿磨光，器表素面。内壁可见轮修痕，器表可见刮抹痕。内口径30.0、外口径38.0、沿宽4.0、残高4.0、壁厚0.5厘米（图3-70，4）。

标本H57：9，粗泥质红陶，胎体呈灰色。平折沿，内沿折棱凸出形成内敛口，圆唇，上腹微弧，仅存口沿及上腹。素面。内壁可见轮修痕，器表可见刮抹痕。内口径35.8、外口径

46.6、沿宽5.4、残高3.9、壁厚0.4厘米（图3-70，1）。

标本H57：10，粗泥质红陶，胎体呈灰色。平折沿，内沿折棱凸出形成内敛口，尖圆唇，上腹微弧，仅存口沿及上腹。素面。沿下及内壁留有刮抹痕。内口径28.0、外口径38.0、沿宽5.0、残高5.5、壁厚0.6厘米（图3-70，5）。

标本H57：11，粗泥质红陶。平折沿，内沿折棱凸出形成内敛口，尖圆唇，上腹微弧，仅存口沿及上腹。口沿磨光，器表素面。内壁留有轮修痕，器表可见刮抹痕。内口径24.0、外口径32.0、沿宽4.0、残高4.8、壁厚0.4厘米（图3-70，3）。

Bb型　1件。

标本H57：12，粗泥质红陶，胎体呈灰色。斜折沿，沿面微弧，尖圆唇，内沿折棱凸出形成内敛口，弧腹下收，仅存口沿及上腹。口沿磨光，器表素面。器表及内壁留有刮抹痕。口径24.0、残高5.0、壁厚0.8厘米（图3-70，2）。

钵　3件。

A型　2件。

标本H57：2，细泥质灰陶。敛口，圆唇，上腹外鼓，仅存口沿及上腹。器表磨光。内壁留有轮修痕。口径26.0、残高4.3、壁厚0.6厘米（图3-70，7）。

标本H57：4，细泥质灰陶。敛口，圆唇，上腹外鼓，仅存口沿及上腹。器表磨光。内壁可见轮修痕，器表可见刮抹痕。口径28.0、残高5.5、壁厚0.5厘米（图3-70，6）。

B型　1件。

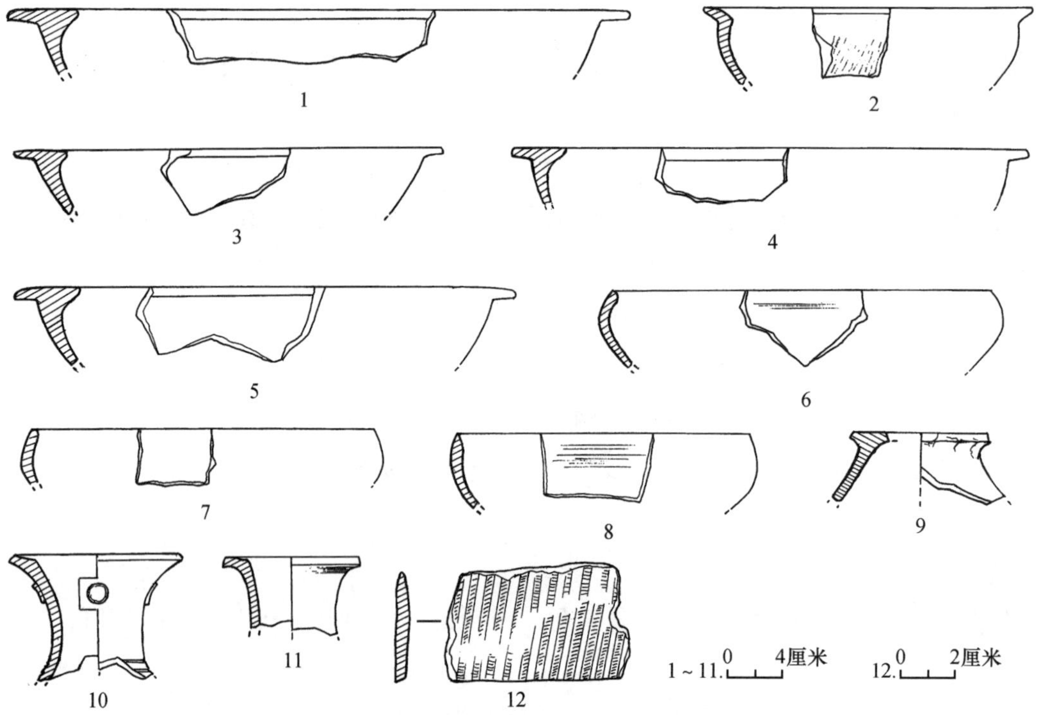

图3-70　Ⅰ T0202H57出土第一期陶器（2）

1、3～5. Aa型盆（H57：9、H57：11、H57：7、H57：10）　2. Bb型盆（H57：12）　6、7. A型钵（H57：4、H57：2）　8. B型钵（H57：3）　9. A型器盖（H57：35）　10、11. E型尖底瓶（H57：1、H57：5）　12. 刀（H57：46）

标本H57：3，细泥质灰陶。微敛口，尖唇，上腹微弧，仅存口沿及上腹。器表磨光。内壁可见轮修痕，器表可见刮抹痕。口径22.0、残高4.9、壁厚0.7厘米（图3-70，8）。

尖底瓶　2件。为E型。

标本H57：1，细泥质灰陶。侈口，斜沿，方唇，细长颈，仅存口沿及颈部。颈上部贴附小圆泥饼，近肩部饰较浅的凹弦纹。内壁泥条盘筑痕迹清晰可见。口径12.0、残高9.0、壁厚0.6厘米（图3-70，10）。

标本H57：5，夹细砂红陶。侈口，平折沿，方唇，细长颈，仅存口沿及颈部。颈部素面。沿下留有轮修痕。内口径6.6、外口径10.0、沿宽1.7、残高5.8、壁厚0.7厘米（图3-70，11）。

器盖　1件。为A型。

标本H57：35，夹细砂红陶，胎体呈灰色。圆饼形捉手，部分盖体残。素面。捉手周缘留有指压痕，内外壁均留有刮抹痕。捉手径10.5、残高5.2、壁厚0.6厘米（图3-70，9）。

刀　1件。

标本H57：46，细泥质灰陶。陶片加工而成，器表一面仍保留弦断线纹。直背，上缘修理平整，下缘打制呈单面直刃。长6.9、宽4.2、厚0.4厘米（图3-70，12；图版二一，4）。

18. Ⅰ T0308H63

H63位于Ⅰ T0308西南部。开口于③层下，被H42打破，打破H55。袋状坑，坑口平面近圆形，坑壁外弧，平底。坑口距地表190厘米，坑口直径126、坑底直径200、深160厘米（图3-71）。

坑内填土为浅褐色，土质疏松，包含较少炭屑。文化遗物有陶器、石器等。

（1）陶器　以夹粗砂红陶为主，粗泥质红陶次之。器表装饰以素面居多，纹饰以弦断线纹为主，另有少量磨光、绳纹、绳纹+附加堆纹。陶片共17片，总重1752克。经分类和拼对，共有14件个体，可辨器形有尖底瓶、夹砂罐、瓮、盆等（图3-72）。

尖底瓶　1件。

标本H63：3，夹细砂灰陶。束颈，广折肩，口沿及下腹残。肩部及上腹饰弦断线纹。残高18.0、壁厚0.7厘米（图3-72，4）。

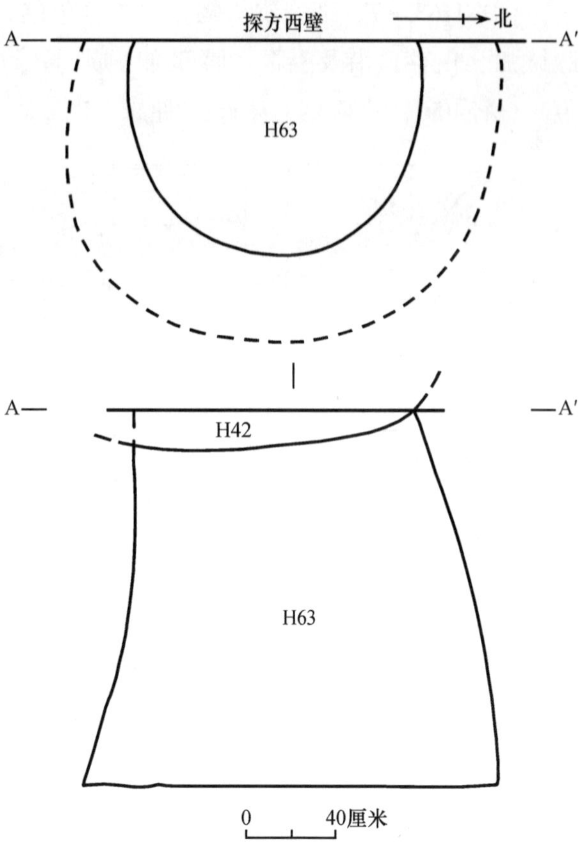

图3-71　Ⅰ T0308H63平、剖面图

夹砂罐　2件。

Ab型　1件。

标本H63：5，夹粗砂红陶。敛口，斜折沿，尖圆唇，上腹微鼓，仅存口沿及上腹。上腹饰竖向粗绳纹。口沿留有轮修痕。残高4.7、壁厚0.7厘米（图3-72，5）。

B型　1件。

标本H63：4，夹细砂红陶。敛口，平折沿，圆唇，上腹外弧，仅存口沿及上腹。沿面及内外壁均磨光。沿宽3.2、残高4.0、壁厚0.8厘米（图3-72，7）。

瓮　1件。为A型。

标本H63：2，夹粗砂红陶。敛口，圆唇，上腹壁较直，仅存口沿及上腹。沿下加固一周附加堆纹，其上用绕绳木棍向左按压出绳压痕。内壁可见烟炱痕。残高8.0、壁厚1.2厘米（图3-72，6）。

盆　2件。

Aa型　1件。

标本H63：10，粗泥质红陶，胎体呈灰色。平折沿，内沿折棱凸出形成内敛口，尖圆唇，上腹微弧，仅存口沿及上腹。沿面磨光，器表素面。沿宽4.2、残高7.0、壁厚0.8厘米（图3-72，2）。

Ba型　1件。

标本H63：7，细泥质灰陶，胎体呈灰色。斜折沿，内沿折棱凸出形成内敛口，方唇，上腹微弧，仅存口沿及上腹。唇部饰一周凹弦纹，沿面及内壁磨光，器表素面。口沿可见烟炱痕。口径40.0、残高3.7、壁厚0.7厘米（图3-72，1）。

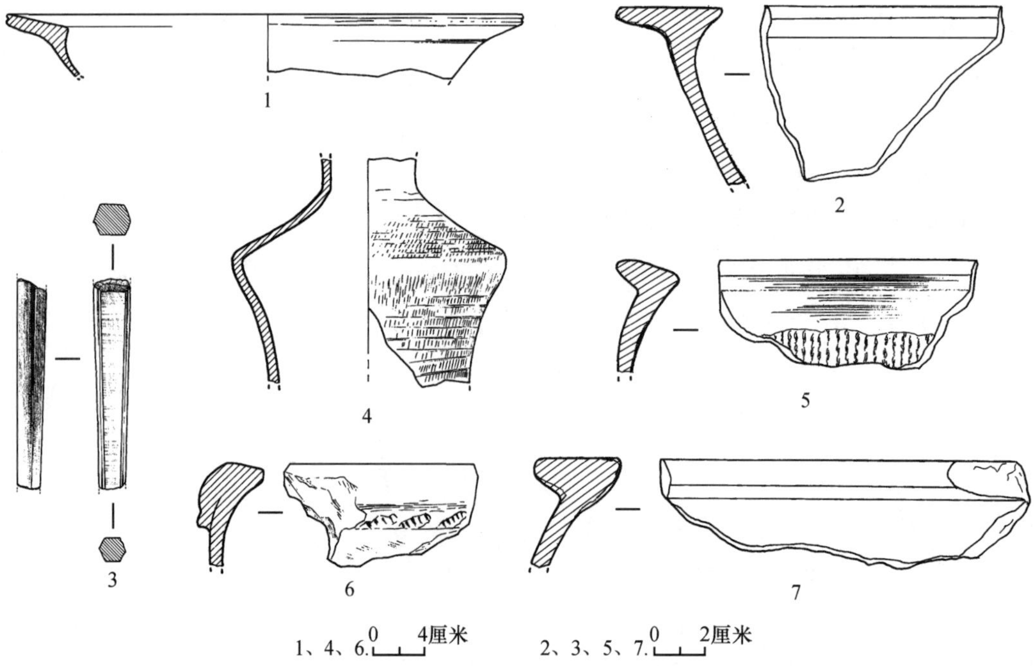

图3-72　ⅠT0308H63出土第一期器物

1. Ba型盆（H63：7）　2. Aa型盆（H63：10）　3. 石笄毛坯（H63：1）　4. 尖底瓶（H63：3）　5. Ab型夹砂罐（H63：5）　6. A型瓮（H63：2）　7. B型夹砂罐（H63：4）

（2）石器

石笄毛坯　1件。

标本H63：1，青黑色闪长岩。呈六棱柱状，横截面六边形。一侧切割面稍经磨制，仍可见对切形成的凸棱。上下粗细不一，为断裂面。残长8.5、宽1.1～1.5、厚1.2厘米，重28克（图3-72，3；图版二七，5）。

19. Ⅰ T0307H64

H64位于Ⅰ T0307北壁西部。开口于④层下，被H50打破，打破H69。袋状坑，坑口平面呈圆形，坑壁外弧，平底。坑口距地表深255厘米，坑口直径400、坑底直径424、残深30厘米（图3-73）。

坑内填土呈灰褐色，土质较致密。文化遗物仅有陶器。

陶器　以夹粗砂红陶为主，粗泥质灰陶次之。器表装饰有磨光、绳纹、弦纹、绳纹+附加堆纹，另有一彩绘陶片。陶片共7片，总重492克。经分类和拼对，共有6件个体，可辨器形有瓮、盆、钵等（图3-74）。

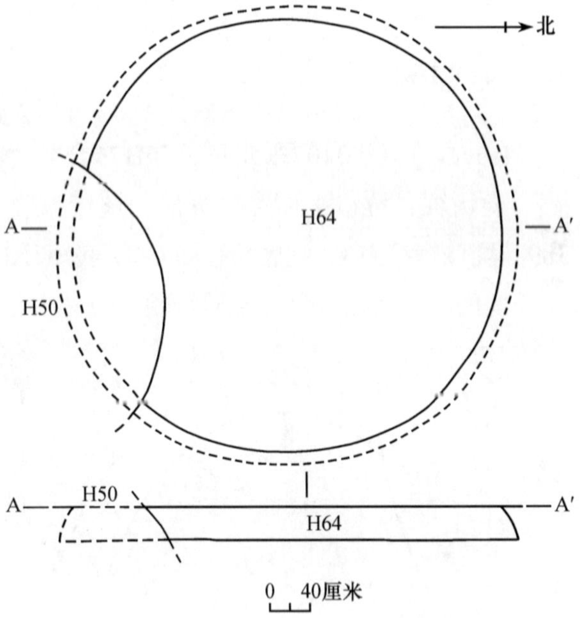

图3-73　Ⅰ T0307H64平、剖面图

瓮　1件。为A型。

标本H64：5，夹粗砂红陶。敛口，圆唇，仅存口沿。沿下加固一周附加堆纹，堆纹上用缠绳木棍向左施压印纹。残高6.5、壁厚0.9厘米（图3-74，3）。

盆　2件。

Aa型　1件。

标本H64：1，细泥质红陶。平折沿，内沿折棱凸出形成内敛口，方唇，斜弧腹，仅存口沿及上腹。口沿磨光，器表素面。内口径19.0、外口径28.0、沿宽4.5、残高4.3、壁厚0.6厘米（图3-74，1）。

E型　1件。

标本H64：3，细泥质灰陶。直口微敛，尖唇，上腹微鼓，仅存口沿及上腹。器表磨光，上腹残留一鸡冠鋬。口径27.6、残高6.4、壁厚0.7厘米（图3-74，2）。

钵　1件。为B型。

标本H64：4，细泥质灰陶。直口微敛，尖唇，上腹较直，仅存口沿及上腹。器表磨光。口径17.7、残高4.1、壁厚0.5厘米（图3-74，4）。

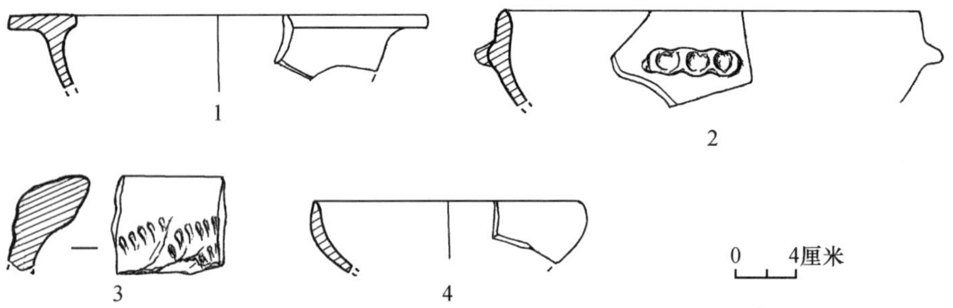

图3-74　ⅠT0307H64出土第一期陶器

1. Aa型盆（H64：1）　2. E型盆（H64：3）　3. A型瓮（H64：5）　4. B型钵（H64：4）

20. Ⅰ0407H67

H67位于ⅠT0407东北角，与H77合并为一个遗迹单位，开口于③层下，被H52和H65打破。袋状坑，坑口平面呈椭圆形，坑壁弧收，平底。坑口距地表深170厘米，现存坑口长径389、坑口短径313、坑底长径437、坑底短径350、深174厘米（图3-75）。

坑内填土为黑灰色，土质较软，包含少量炭粒。文化遗物仅有陶器。

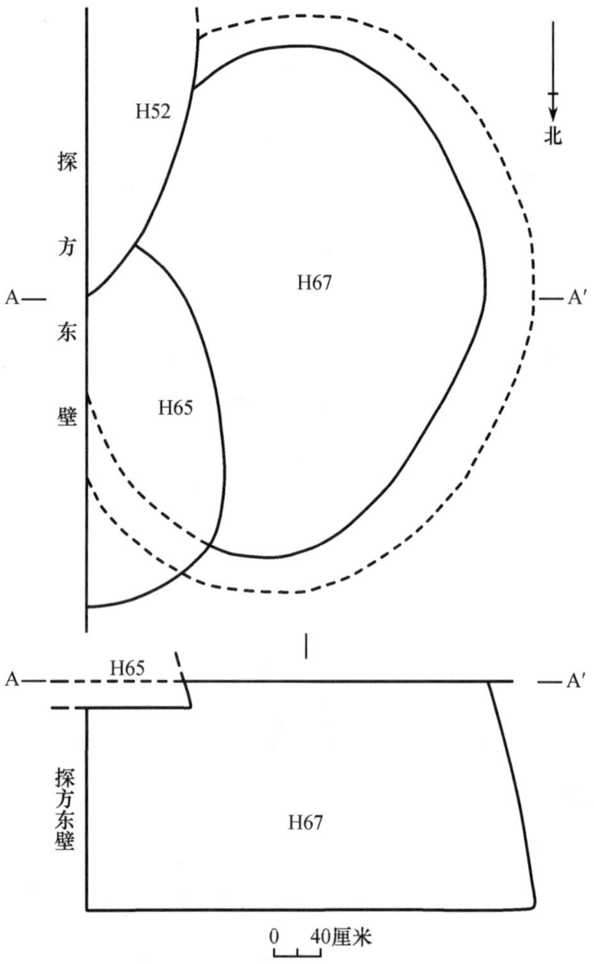

图3-75　ⅠT0407H67平、剖面图

陶器　以夹粗砂红陶为主，粗泥质红陶次之。器表装饰以素面居多，纹饰有绳纹、附加堆纹、线纹。陶片共9片，总重528克。经分类和拼对，共有3件个体，可辨器形有夹砂罐、钵和盆（图3-76）。

夹砂罐　2件。为Ab型。

标本H67：4，夹粗砂红陶。敛口，斜折沿，圆唇，上腹微外弧，仅存口沿及上腹。上腹饰竖向中绳纹，其上残留一鸡冠鋬。残高5.8、壁厚0.9厘米（图3-76，4）。

标本H67：5，夹粗砂红陶。敛口，斜折沿，尖圆唇，上腹外鼓，仅存口沿及上腹。上腹饰右斜向中绳纹，其上残留一鸡冠状鋬。口径24.0、残高6.1、壁厚0.6～0.9厘米（图3-76，1）。

瓮　1件。为A型。

标本H67：3，夹粗砂红陶。敛口，尖圆唇，上腹外弧，仅存口沿及上腹。沿下加固一周附加堆纹，堆纹上留有按压痕，上腹饰右斜向中绳纹。残高8.0、壁厚0.7厘米（图3-76，2）。

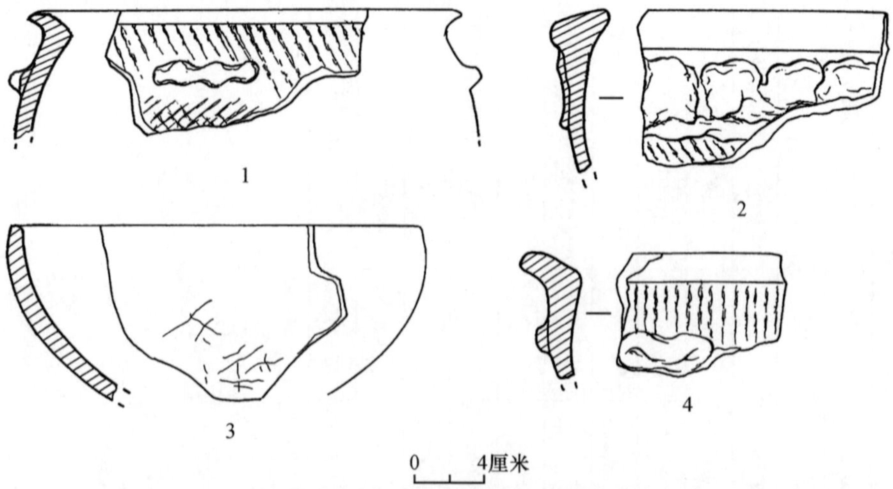

图3-76　Ⅰ T0407H67出土第一期陶器

1、4. Ab型夹砂罐（H67：5、H67：4）　2. A型瓮（H67：3）　3. B型钵（H67：1）

钵　1件。为B型。

标本H67：1，夹细砂灰陶。微敛口，圆唇，弧腹，仅存口沿及上腹。素面。器表可见不规则刮抹痕，口部留有轮修痕。口径22.0、残高9.8、壁厚0.7厘米（图3-76，3）。

21. Ⅰ T0307H69

H69位于Ⅰ T0307北壁东部。开口于④层下，被H21、H50、H64和H81打破。筒状坑，坑口平面呈圆形，坑壁竖直，平底。坑口距地表深255厘米，坑口、坑底直径460、残深150厘米（图3-77）。

坑内填土为深灰色，土质较细密。文化遗物仅有陶器。

陶器　以夹粗砂红陶为主，粗泥质红陶次之，器表装饰以素面居多，纹饰以磨光为主，弦断线纹次之，另有少量篮纹、绳纹、绳纹+附加堆纹、线纹等（表3-26）。陶片共79片，总重5577克。经分类和拼对，共有65件个体，可辨器形有尖底瓶、夹砂罐、瓮、盆、钵、器盖等（图3-78、图3-79、表3-27、表3-28）。

罐　10件。以夹砂罐为主，仅1件泥质罐。

夹砂罐　9件。

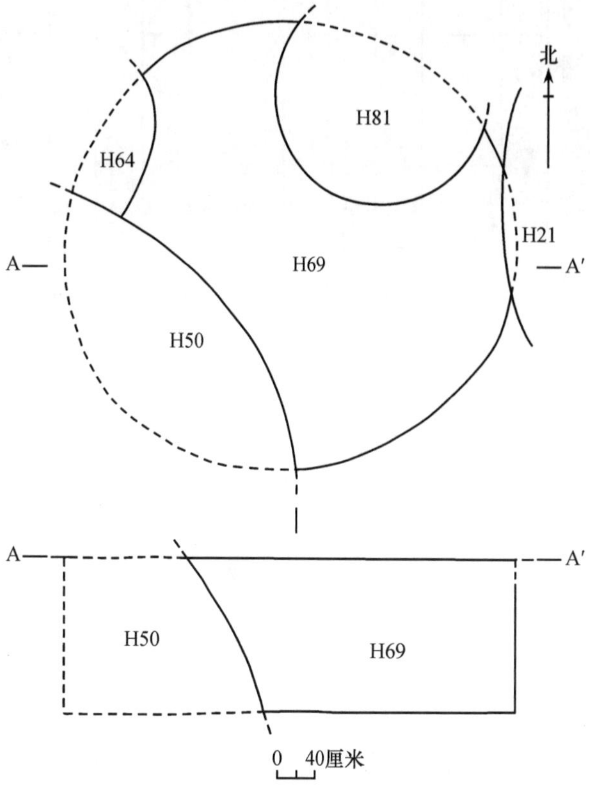

图3-77　Ⅰ T0307H69平、剖面图

表3-26　ⅠT0307H69陶系统计表

陶质	细泥质陶		粗泥质陶		夹细砂陶			夹粗砂陶		合计	百分比（%）
器表装饰＼陶色	红	灰	红	灰	红	白	灰	红	灰		
素面			4/139	4/468	5/489	1/90	4/76	8/423	3/468	29/2153	36.71/38.61
磨光	2/81	3/109	6/366	2/275	4/233				1/129	18/1193	22.78/21.39
篮纹								4/720		4/720	5.06/12.91
绳纹					1/53				1/66	2/119	2.53/2.13
线纹				2/31						2/31	2.53/0.56
戳印纹				1/31						1/31	1.27/0.56
弦断线纹		1/9	7/128	3/109						11/246	13.93/4.41
附加堆纹								1/133		1/133	1.27/2.38
绳纹+附加堆纹								9/663		9/663	11.39/11.89
绳纹+附加堆纹+按压纹								2/288		2/288	2.53/5.16
合计	2/81	4/118	17/633	12/914	10/775	1/90	4/76	24/2227	5/663	79/5577	
百分比（%）	2.53/1.45	5.06/2.12	21.52/11.35	15.19/16.39	12.66/13.90	1.27/1.61	5.06/1.36	30.38/39.93	6.33/11.89	100	

注：百分比相关的行、列外，“/”前统计的数据为片数，单位为个；“/”后统计的数据为质量，单位为克。

表3-27　ⅠT0307H69第一期陶器器形统计表（1）

陶质	细泥质陶		粗泥质陶		夹细砂陶			夹粗砂陶		合计	百分比（%）
器类＼陶色	红	灰	红	灰	红	白	灰	红	灰		
罐		1								1	1.54
夹砂罐					4	1		9	4	18	27.69
瓮			1		1			7	1	10	15.38
尖底瓶			7	8			4			19	29.23
盆	1	1	5	4	3					14	21.54
钵		1	1							2	3.08
刀			1							1	1.54
合计	1	3	15	12	8	1	4	16	5	65	
百分比（%）	1.54	4.62	23.08	18.46	12.31	1.54	6.15	24.61	7.69		100

表3-28　ⅠT0307H69第一期陶器器形统计表（2）

器表装饰＼器类	罐	瓮	尖底瓶	盆	钵	夹砂罐	刀	合计	百分比（%）
素面		4	6	7		10		27	41.54
磨光	1		1	7	2	1		12	18.46
绳纹		3				3		6	9.23
线纹			2					2	3.08
戳印纹			1					1	1.54
弦断线纹			9				1	10	15.38
附加堆纹						1		1	1.54
绳纹+附加堆纹		1				3		4	6.15
绳纹+附加堆纹+按压纹		2						2	3.08
合计	1	10	19	14	2	18	1	65	
百分比（%）	1.54	15.38	29.23	21.54	3.08	27.69	1.54		100

Aa型　1件。

标本H69：23，夹细砂白陶。敛口，斜折沿，尖圆唇，上腹外弧，仅存口沿及上腹。素面。口沿可见轮修痕。口径15.0、残高4.2、壁厚0.9厘米（图版一五，6）。

Ab型　3件。

标本H69：7，夹粗砂灰陶。敛口，斜折沿，圆唇，上腹外弧，仅存口沿及上腹。上腹饰竖向绳纹，沿下饰绳纹后被抹平。口径23.0、残高4.5、壁厚0.8厘米（图3-78，10）。

标本H69：39，夹粗砂灰陶。敛口，斜折沿，沿内壁及沿下有一周凸棱，尖圆唇，上腹外弧，仅存口沿及上腹。沿下加固一周附加堆纹。器表可见烟炱痕。口径30.0、残高3.3、壁厚0.8厘米（图3-78，4）。

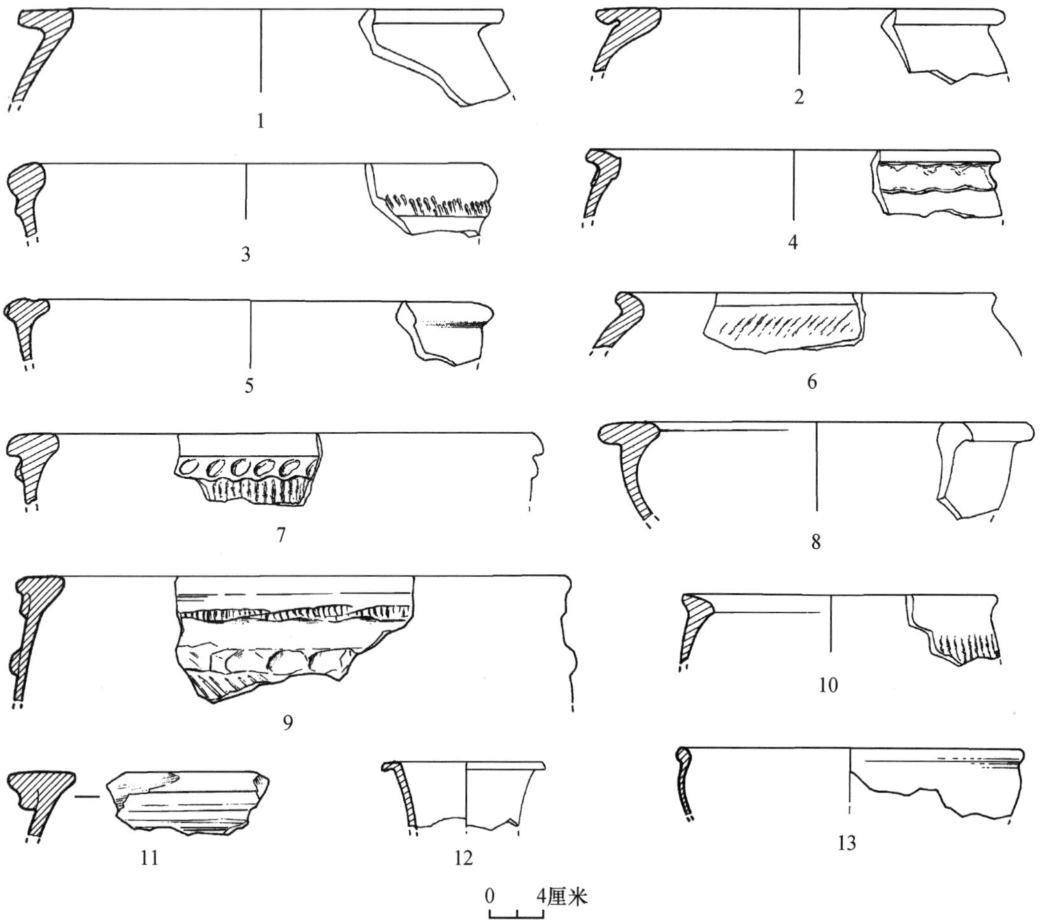

图3-78　ⅠT0307H69出土第一期陶器（1）

1、2、7、8、11. B型夹砂罐（H69：12、H69：25、H69：29、H69：37、H69：8）　3、5、9. C型瓮（H69：30、H69：46、H69：21）　4、6、10. Ab型夹砂罐（H69：39、H69：27、H69：7）　12. E型尖底瓶（H69：13）　13. D型泥质罐（H69：14）

标本H69：27，夹细砂红陶。敛口，斜折沿，圆唇，仅存口沿及上腹。器表饰左斜向绳纹。口径28.0、残高3.7、壁厚1.0厘米（图3-78，6）。

B型　5件。

标本H69：12，夹细砂灰陶。敛口，平折沿，圆唇，上腹外斜，仅存口沿及上腹。器表磨光。内口径28.0、外口径36.0、沿宽4.0、残高6.4、壁厚0.6厘米（图3-78，1）。

标本H69：25，夹细砂红陶。敛口，平折沿，圆唇，上腹外弧，仅存口沿及上腹。素面。内口径21.0、外口径30.0、沿宽4.5、残高4.7、壁厚0.8厘米（图3-78，2）。

标本H69：29，夹粗砂红陶。敛口，平折沿外卷，圆唇，仅存口沿及上腹。器表饰竖向绳纹，口沿加固一周附加堆纹，堆纹上留有指压痕。内口径32.0、外口径40.0、沿宽4.0、残高5.8、壁厚0.7厘米（图3-78，7）。

标本H69：8，夹细砂灰陶。敛口，平折沿，圆唇，仅存口沿。沿面磨光，沿下加固一周附加堆纹。沿宽5.0、残高4.6、壁厚0.9厘米（图3-78，11）。

标本H69：37，夹细砂红陶。敛口，平折沿，圆唇，上腹微鼓，仅存口沿及上腹。素面。

内口径23.0、外口径32.0、沿宽4.5、残高7.2、壁厚0.7厘米（图3-78，8）。

泥质罐　1件。为D型。

标本H69：14，细泥质灰陶。口微敛，卷沿，上腹微鼓，仅存口沿及上腹。器表磨光。口径25.0、残高5.0、壁厚0.4厘米（图3-78，13）。

瓮　3件。为C型。

标本H69：46，夹细砂灰陶。敛口，平折沿，圆唇，仅存口沿。素面。口径32.0、残高4.0、壁厚0.6厘米（图3-78，5）。

标本H69：21，夹粗砂红陶。敛口，平折沿，圆唇，上腹微外斜，仅存口沿及上腹。口沿下加固一周附加堆纹，堆纹上用缠绳木棍向左施压印纹，上腹饰右斜向绳纹，其上残留一鸡冠鋬。口径42.0、残高9.1、壁厚0.8厘米（图3-78，9）。

标本H69：30，夹粗砂红陶。敛口，厚圆唇，仅存口沿。沿下加固一周附加堆纹，堆纹上用缠绳木棍向左施压印纹。口径34.0、残高5.5厘米（图3-78，3）。

尖底瓶　1件。为E型。

标本H69：13，粗泥质灰陶。侈口，斜折沿外卷，尖圆唇，束颈，仅存口沿及上腹。素面。口径12.0、残高5.0、壁厚0.4厘米（图3-78，12）。

盆　7件。

Aa型　5件。

标本H69：32，细泥质红陶。平折沿，沿面微弧，内沿折棱凸出形成内敛口，圆唇，仅存口沿。素面。内口径24.0、外口径36.0、沿宽6.0、残高2.0厘米（图3-79，4）。

标本H69：15，细泥质灰陶。平折沿，内沿折棱凸出形成内敛口，尖圆唇，仅存口沿。沿面磨光，其上饰有三道等距离的褐色彩绘，器表素面。内口径26.0、外口径36.4、沿宽5.2、残高3.0、壁厚0.6厘米（图3-79，5）。

标本H69：24，细泥质红陶。平折沿，内沿折棱凸出形成内敛口，圆唇，斜弧腹，仅存口沿及上腹。器表磨光。内口径21.0、外口径31.4、沿宽5.2、残高5.0、壁厚0.6厘米（图3-79，2）。

标本H69：34，细泥质红陶。平折沿，内沿折棱凸出形成内敛口，圆唇，斜弧腹，仅存口沿及上腹。素面。内口径25.0、外口径32.4、沿宽3.7、残高3.2、壁厚0.7厘米（图3-79，3）。

标本H69：33，细泥质红陶。平折沿，沿面略弧，内沿折棱凸出形成内敛口，圆唇，斜弧腹，仅存口沿及上腹。器表磨光。内口径19.0、外口径27.4、沿宽4.2、残高3.5、壁厚0.5厘米（图3-79，7）。

Ba型　2件。

标本H69：35，夹细砂红陶。斜折沿，沿面微弧，内沿折棱凸出形成内敛口，圆唇，斜腹，仅存口沿及上腹。沿面磨光，器表素面。口径36.0、残高4.5、壁厚0.6厘米（图3-79，1）。

标本H69：16，细泥质灰陶。斜折沿，沿面微弧，内沿折棱凸出形成内敛口，尖圆唇，斜弧腹，仅存口沿及上腹。沿面磨光，器表素面。残高5.8、壁厚0.7厘米（图3-79，9）。

钵　2件。为B型。

标本H69：18，细泥质灰陶。敞口，尖唇，斜弧腹，仅存口沿及上腹。器表磨光。口径36.0、残高4.0、壁厚1.0厘米（图3-79，6）。

标本H69：53，细泥质红陶。直口微敛，方唇，上腹较直，仅存口沿及上腹。器表磨光。口径24.9、残高3.2、壁厚0.7厘米（图3-79，8）。

器盖　1件。为A型。

标本H69：20，夹粗砂灰陶。圆饼形捉手，顶部凹弧，盖体已残。素面。捉手径8.4、残高3.4厘米（图3-79，10）。

纺轮　1件。

标本H69：1，粗泥质灰陶。圆饼状，上下面较直，截面呈长方形，正中有一圆形穿孔，为双面对钻形成，边缘打磨不甚规整。素面。直径5.2、孔径1.1、厚0.8厘米（图版3-79，11；图版二二，1）。

笄　1件。

标本H69：2，粗泥质灰陶。平面呈T形，顶端笄帽残，笄身截面呈圆形，底部磨出圆锥状尖，中下部及尖端残。器表磨光。复原后长13.2厘米（图3-79，12）。

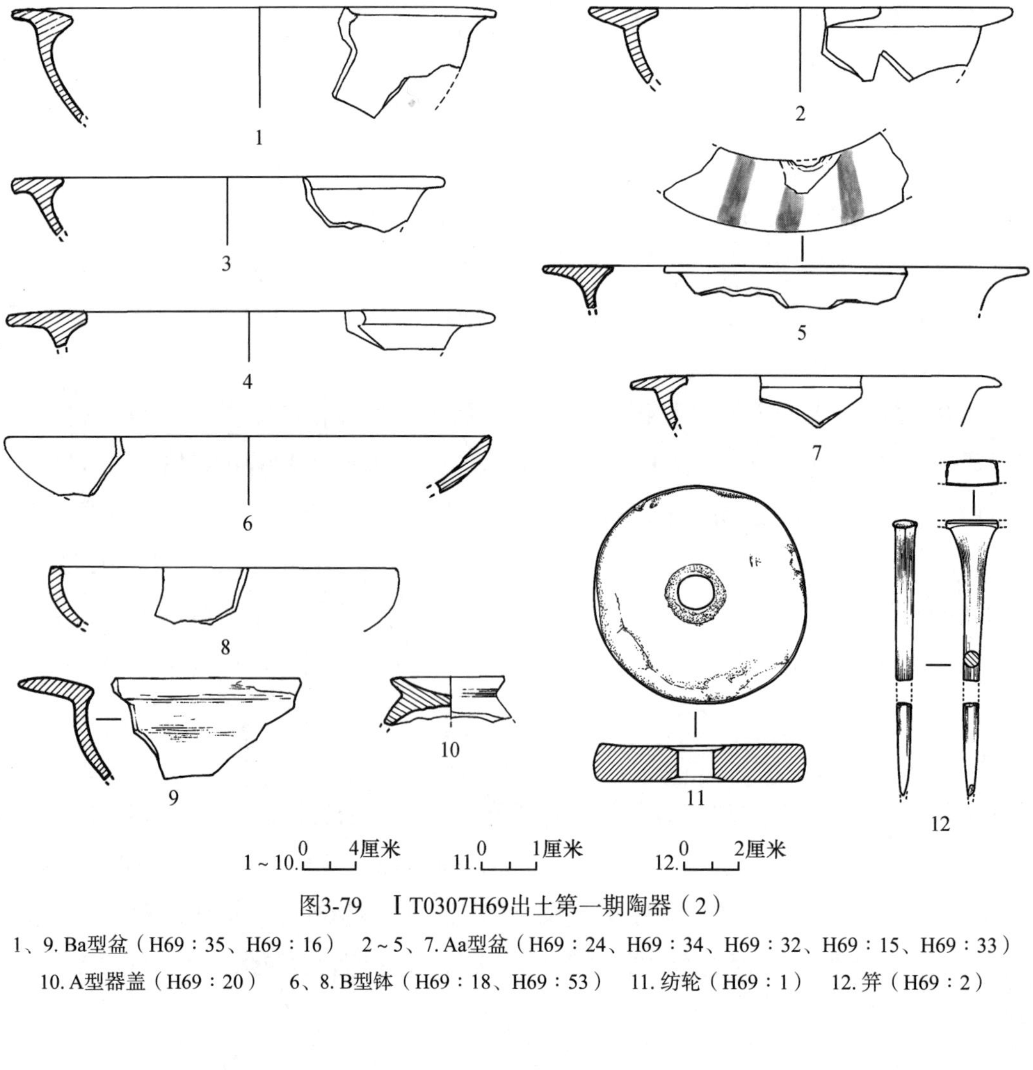

图3-79　ⅠT0307H69出土第一期陶器（2）

1、9. Ba型盆（H69：35、H69：16）　2～5、7. Aa型盆（H69：24、H69：34、H69：32、H69：15、H69：33）　10. A型器盖（H69：20）　6、8. B型钵（H69：18、H69：53）　11. 纺轮（H69：1）　12. 笄（H69：2）

22. Ⅰ T0307H76

H76位于ⅠT0307东壁中部。开口于③层下，被H21、H84打破。袋状坑，坑口平面呈圆形，坑壁外弧，平底。坑口距地表深150厘米，坑口直径226、坑底径315、深270厘米（图3-80）。

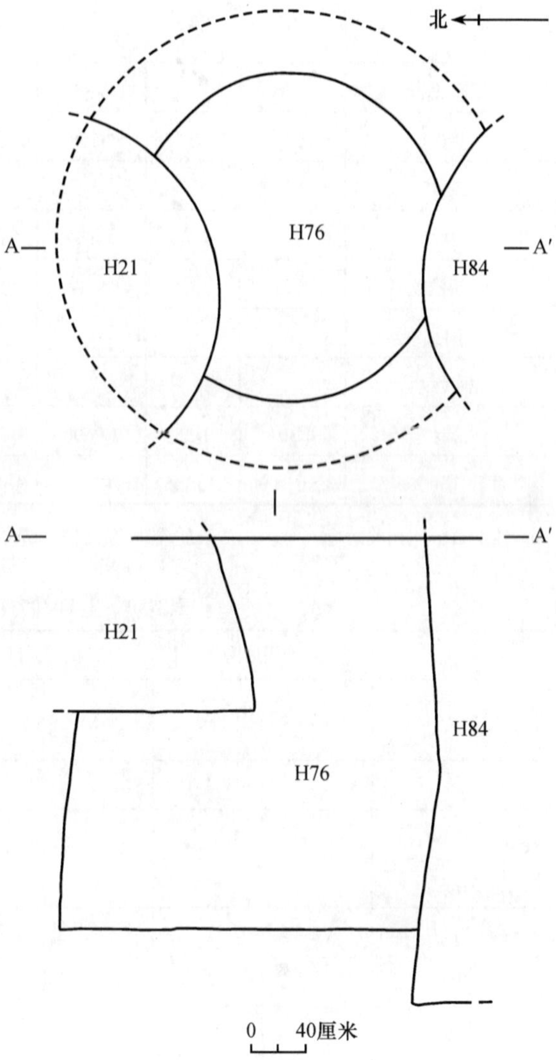

图3-80　Ⅰ T0307H76平、剖面图

坑内填土为灰色，土质疏松。文化遗物仅有陶器。

陶器　以粗泥质红陶为主，夹粗砂红陶次之。器表装饰以素面居多，磨光、弦断线纹次之，另有少量绳纹、线纹和凸弦纹（表3-29）。陶片共47片，总重2140克。经分类和拼对，共有33件个体，可辨器形有尖底瓶、夹砂罐、盆、钵、器盖等（图3-81、表3-30）。

尖底瓶　2件。

E型　1件。

标本H76：6，细泥质红陶。侈口，平沿，圆唇，束颈，仅存口沿及颈部。内壁口沿下有一道凹棱。沿面可见轮修痕，颈部可见刮抹痕。内口径6.0、外口径11.0、沿宽2.5、残高4.1、壁厚1.0厘米（图3-81，13）。

另有底部残片1件。

标本H76：14，粗泥质灰陶。下腹弧收成尖底。素面。内壁可见泥条盘筑痕。残高3.8、壁厚0.7厘米（图3-81，3）。

罐　4件。以夹砂罐为主，仅1件泥质罐。

夹砂罐　3件。为B型。

标本H76：5，夹粗砂红陶。敛口，平折沿较窄，圆唇，上腹外弧，仅存口沿及上腹。上腹饰右斜向中绳纹。器表可见烟炱痕。残高3.1、壁厚0.7厘米（图3-81，2）。

标本H76：9，夹粗砂红陶。敛口，平折沿，沿面微凹，圆唇，上腹外鼓，仅存口沿及上腹。器表磨光。残高4.2、壁厚1.1厘米（图3-81，12）。

标本H76：4，夹粗砂红陶。敛口，平折沿，尖唇，上腹微鼓，仅存口沿及上腹。器表饰绳纹后被抹平。器表可见烟炱痕。口径16.8、沿宽3.4、残高7.6、壁厚0.9厘米（图3-81，10）。

表3-29　Ⅰ T0307H76陶系统计表

陶质	细泥质陶		粗泥质陶		夹细砂陶		夹粗砂陶	合计	百分比（%）
器表装饰＼陶色	红	灰	红	灰	红	灰	红		
素面	1/199		10/372		3/81	1/40	6/317	21/1009	44.68/47.15
磨光	2/84	1/55	3/158	1/15			1/60	8/372	17.02/17.38
绳纹							5/290	5/290	10.64/13.55
线纹				1/19				1/19	2.13/0.89
弦断线纹	1/18		4/70	1/14	1/16			7/118	14.90/5.52
绳纹+附加堆纹					1/20		3/257	4/277	8.15/12.94
凸线纹							1/55	1/55	2.13/2.57
合计	4/301	1/55	17/600	3/48	5/117	1/40	16/979	47/2140	
百分比（%）	8.51/14.06	2.13/2.57	36.17/28.04	6.38/2.24	10.64/5.47	2.13/1.87	34.04/45.75		100

注：百分比相关的行、列外，“/”前统计的数据为片数，单位为个；“/”后统计的数据为质量，单位为克。

表3-30　Ⅰ T0307H76第一期陶器器形统计表

陶质	细泥质陶		粗泥质陶		夹细砂陶		夹粗砂陶	合计	百分比（%）
器类＼陶色	红	灰	红	灰	红	灰	红		
罐		1						1	3.03
夹砂罐							9	9	27.27
尖底瓶	1		5	1	1	1		9	27.27
盆	2		6		1			9	27.27
钵			1	1				2	6.06
器盖							2	2	6.06
刀				1				1	3.03
合计	3	1	12	3	2	1	11	33	
百分比（%）	9.09	3.03	36.36	9.09	6.06	3.03	33.33		100

泥质罐　1件。为D型。

标本H76：8，细泥质灰陶。敛口，卷沿，圆唇，上腹外弧，仅存口沿及上腹。器表磨光，沿下有一道刮抹痕。口径28.0、残高3.2、壁厚0.5厘米（图3-81，1）。

盆　3件。

Aa型　2件。

标本H76：1，细泥质红陶。平折沿，内沿折棱凸出形成内敛口，圆唇，上腹斜直，仅存口沿及上腹。素面。内口径25.0、外口径33.0、沿宽4.0、残高5.0、壁厚0.6厘米（图3-81，6）。

标本H76：2，粗泥质红陶。平折沿，内沿折棱凸出形成内敛口，尖圆唇，斜弧腹，仅存口沿及上腹。素面。内口径19.0、外口径26.6、沿宽3.8、残高5.5、壁厚0.6厘米（图3-81，4）。

Ba型　1件。

标本H76：7，粗泥质红陶。斜折沿，内沿微凸形成内敛口，尖圆唇，斜弧腹，仅存口沿及上腹。沿面磨光，器表素面。口径32.0、残高2.5、壁厚0.6厘米（图3-81，5）。

钵　2件。

A型　1件。

标本H76：10，细泥质红陶，胎体呈灰色。敛口，尖圆唇，上腹外鼓，仅存口沿及上腹。素面。器表可见烟炱痕。口径23.5、残高5.2、壁厚0.6厘米（图3-81，9）。

B型　1件。

标本H76：13，细泥质红陶，胎体呈灰色。直口微敛，上腹微弧，仅存口沿及上腹。素面。口径19.5、残高4.5、壁厚0.6厘米（图3-81，7）。

杯　1件。

标本H76：11，夹细砂红陶。斜直腹，平底，口沿及上腹残。素面。底径7.0、残高5.5、壁厚0.9厘米（图3-81，11）。

刀　1件。

标本H76：25，粗泥质灰陶。陶片加工而成，器表保留细绳纹。直背，三边修理平整，一边打制成弧刃。长6.3、宽4.1～4.7、厚0.5厘米（图3-81，8）。

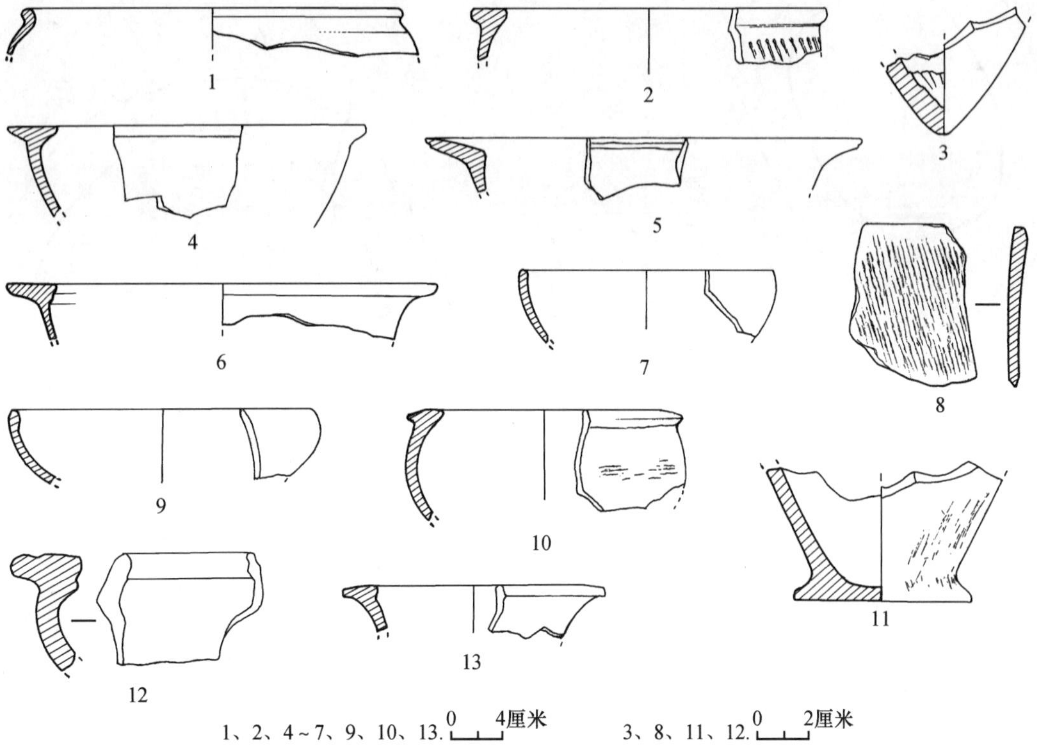

图3-81　Ⅰ T0307H76出土第一期陶器

1. D型泥质罐（H76：8）　2、10、12. B型夹砂罐（H76：5、H76：4、H76：9）　3. 尖底瓶（H76：14）　4、6. Aa型盆（H76：2、H76：1）　5. Ba型盆（H76：7）　7. B型钵（H76：13）　8. 刀（H76：25）　9. A型钵（H76：10）　11. 杯（H76：11）　13. E型尖底瓶（H76：6）

23. ⅠT0308H86

H86位于ⅠT0308中部偏西。开口于③层下，被F3打破。袋状坑，坑口平面呈椭圆形，坑壁外弧，平底。坑口距地表深135厘米，坑口长径68、短径50厘米，坑底长径104、短径78、深90厘米（图3-82；图版一三，1）。

坑内填土为浅灰色，土质疏松。文化遗物仅有陶器。

陶器　仅有粗泥质灰陶，纹饰为弦断线纹。陶片共1片，总重72克，为尖底瓶的腹片。

24. ⅠT0202H89

H89位于ⅠT0202西南部。开口于⑤层下，被H6打破。袋状坑，坑口平面呈圆形，坑壁外弧，平底。坑口距地表深275厘米，坑口直径195、坑底直径255、深75厘米（图3-83）。

坑内填土为灰褐色，土质较疏松。文化遗物仅有陶器。

陶器　以夹粗砂红陶为主，粗泥质灰陶次之。器表装饰以素面居多，另有少量磨光、附加堆纹、弦断线纹等。陶片共5片，总重165克。经分类和拼对，共有4件个体，可辨器形有尖底瓶、瓮、钵（图3-83）。

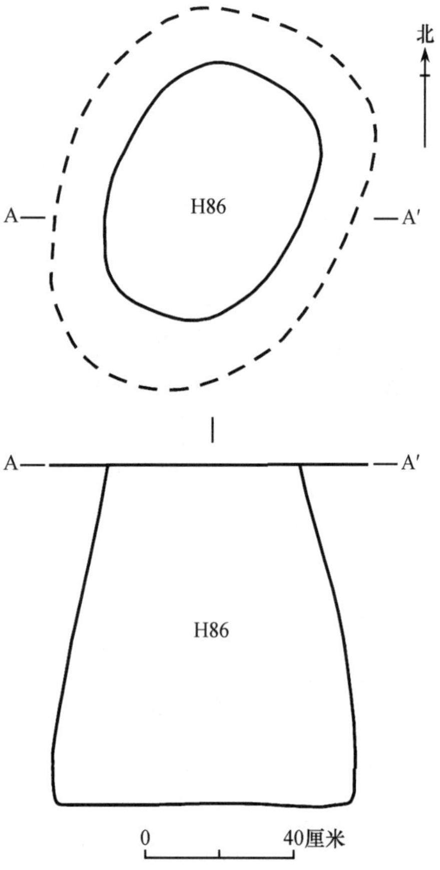

图3-82　ⅠT0308H86平、剖面图

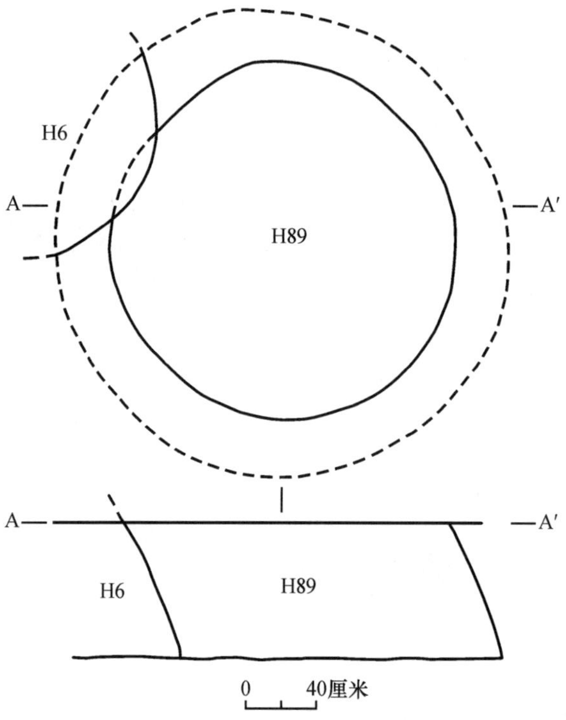

图3-83　ⅠT0202H89平、剖面图

瓮　1件。为A型。

标本H89：2，夹粗砂红陶。敛口，厚尖圆唇，仅存口沿。沿下加固一周附加堆纹，堆纹上留有按压痕。内壁有轮修痕。口径32.0、残高6.1、壁厚0.7厘米（图3-84，1）。

钵　1件。为B型。

标本H89：3，细泥质灰陶。直口微敛，尖圆唇，上腹较直，仅存口沿及上腹。器表磨光。器表可见刮抹痕。口径24.0、残高3.4、壁厚0.9厘米（图3-84，3）。

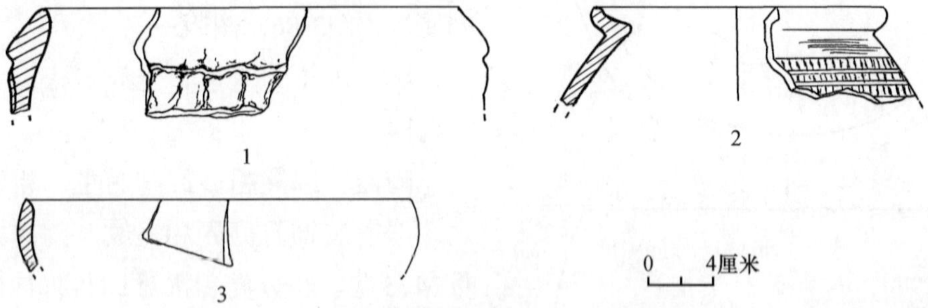

图3-84　ⅠT0202H89、H90出土第一期陶器

1. A型瓮（H89：2）　2. Aa型夹砂罐（H90：1）　3. B型钵（H89：3）

25. ⅠT0202H90

H90位于ⅠT0202西南部。开口于④层下，被H61打破。袋状坑，坑口平面呈圆形，坑壁外斜，平底。坑口距地表深320厘米，探方内坑口直径约150、坑底直径176、深140厘米（图3-85）。

坑内填土为浅灰褐色，土质疏松。文化遗物仅有陶器。

陶器　仅有夹粗砂灰陶。器表装饰为弦断绳纹。陶片共1片，总重72克。经分类和拼对，共有1件个体，为夹砂罐。

夹砂罐　1件。为Aa型。

标本H90：1，夹细砂灰陶。敛口，斜沿内凹，圆唇，上腹外斜，仅存口沿及上腹。上腹饰弦断绳纹。口径18.0、残高5.1、壁厚0.6厘米（图3-84，2）。

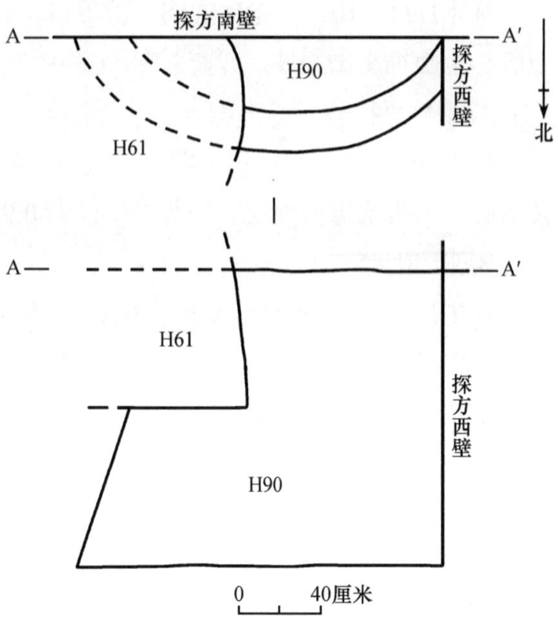

图3-85　ⅠT0202H90平、剖面图

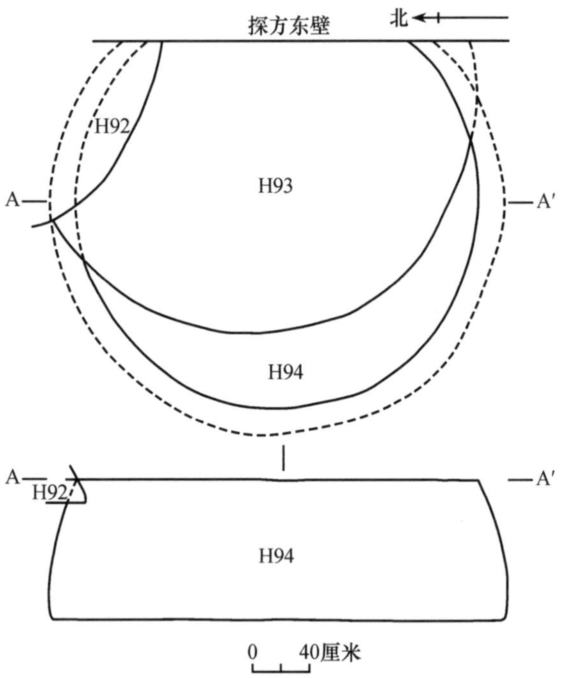

图3-86　ⅠT0308H94平、剖面图

26. ⅠT0308H94

H94位于ⅠT0308东壁南部。开口于③层下，被H92、H93打破，打破H95。袋状坑，坑口平面呈圆形，坑壁外弧，平底。坑口距地表深150厘米，坑口直径280、坑底直径316、残深95厘米（图3-86；图版一三，2）。

坑内填土为灰色，土质疏松。文化遗物仅有陶器。

陶器　以夹粗砂红陶为主，粗泥质红陶次之。器表装饰有磨光和绳纹。陶片共13片，总重1475克。经分类和拼对，共有12件个体，可辨器形有夹砂罐、盆等（图3-87）。

夹砂罐　8件。

A型　2件。

Ab型　1件。

标本H94：10，夹粗砂红陶。微敛口，斜折沿，沿面微凹，圆唇，上腹微弧，仅存口沿及上腹。上腹饰交错绳纹。残高8.1、壁厚0.7厘米（图3-87，9）。

Ac型　1件。

标本H94：8，夹粗砂灰陶。微敛口，斜折沿，沿面微弧，尖圆唇，上腹较直，仅存口沿及上腹。上腹饰竖向绳纹。残高7.5、壁厚0.9厘米（图3-87，6）。

B型　3件。

标本H94：5，夹粗砂灰陶。敛口，平折沿，圆唇，上腹外鼓，仅存口沿及上腹。器表磨光。内口径24、外口径30.0、沿宽4.0、残高6.8、壁厚0.6厘米（图3-87，1）。

标本H94：12，夹细砂灰陶。敛口，平折沿，沿面内凹，圆唇，上腹微鼓，仅存口沿及上腹。沿面及器表磨光。沿宽3.2、残高6.2、壁厚0.7厘米（图3-87，8）。

标本H94：7，夹粗砂红陶。微敛口，平折沿，圆唇，上腹较直，仅存口沿及上腹。上腹饰竖向绳纹。残高7.1、壁厚1.4厘米（图3-87，10）。

C型　1件。

标本H94：9，夹粗砂红陶。敛口，方唇外翻，上腹外弧，仅存口沿及上腹。唇部压印出浅凹槽形成花边，唇部及外侧饰竖向绳纹，器表饰斜向与交错绳纹。残高8.1、壁厚1.2厘米（图3-87，7）。

另有底部残片2件。

标本H94：16，夹细砂灰陶。斜直腹，平底内凹，仅存下腹及底。素面。器表可见烟炱痕。底径6.5、残高2.0、壁厚0.7厘米（图3-87，5）。

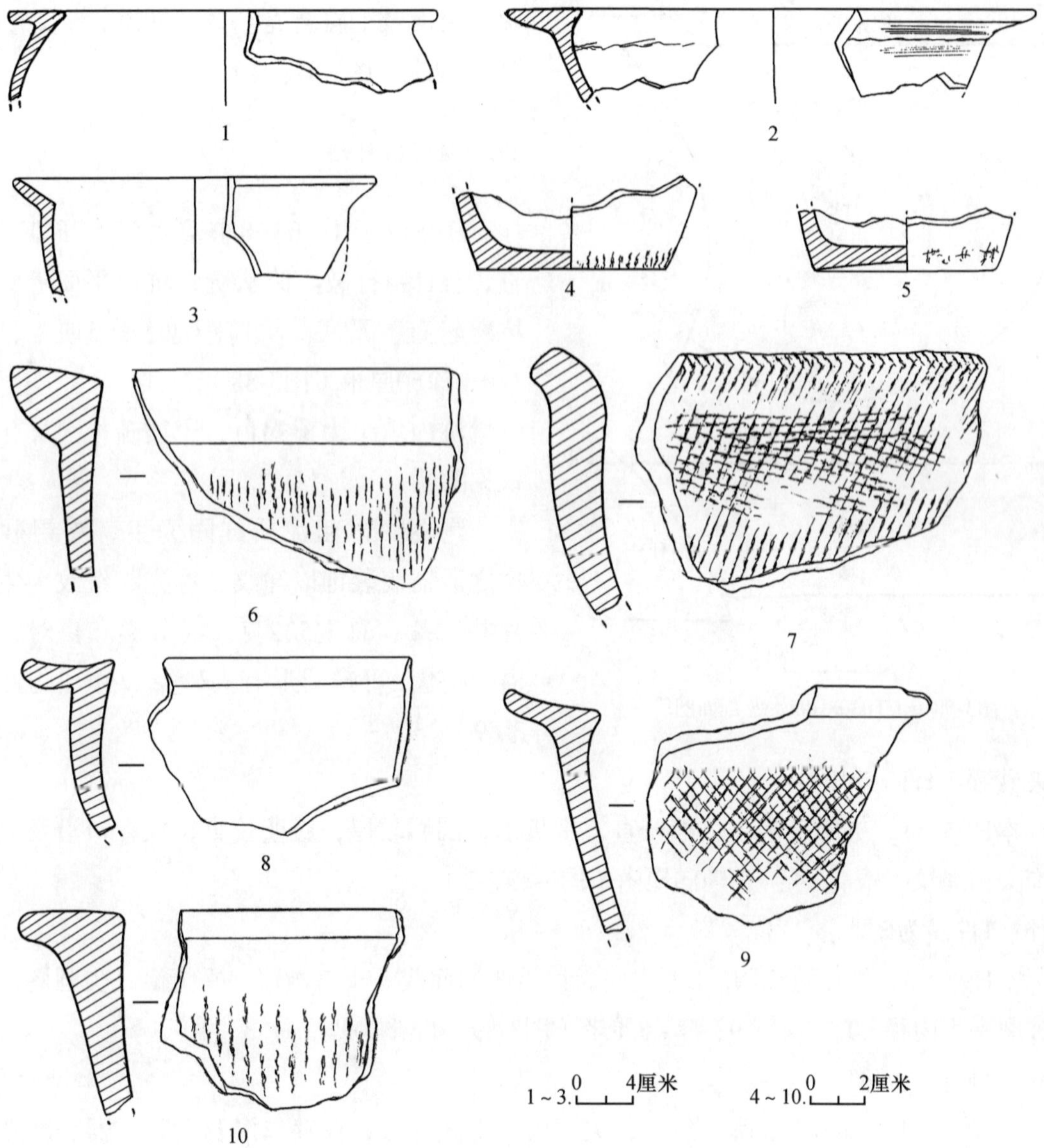

图3-87　Ⅰ T0308H94出土第一期陶器

1、8、10. B型夹砂罐（H94：5、H94：12、H94：7）　2. Aa型盆（H94：1）　3. Ba型盆（H94：4）　4、5. 罐（H94：17、H94：16）　6. Ac型夹砂罐（H94：8）　7. C型夹砂罐（H94：9）　9. Ab型夹砂罐（H94：10）

标本H94：17，夹粗砂红陶。下腹斜收，平底，仅存下腹及底。素面。器表可见烟炱痕。底径6.0、残高3.7、壁厚0.6、底厚0.7厘米（图3-87，4）。

盆　2件。

Aa型　1件。

标本H94：1，细泥质灰陶。平折沿，内沿折棱凸出形成内敛口，圆唇，斜弧腹，仅存口沿及上腹。口沿磨光，器表素面。内口径22.0、外口径30.0、沿宽4.0、残高4.1、壁厚0.7厘米（图3-87，2）。

Ba型　1件。

标本H94：4，细泥质灰陶。斜折沿，内沿微凸形成内敛口，圆唇，弧腹，仅存口沿及上腹。沿面及上腹磨光。口径20.0、残高7.1、壁厚0.6厘米（图3-87，3）。

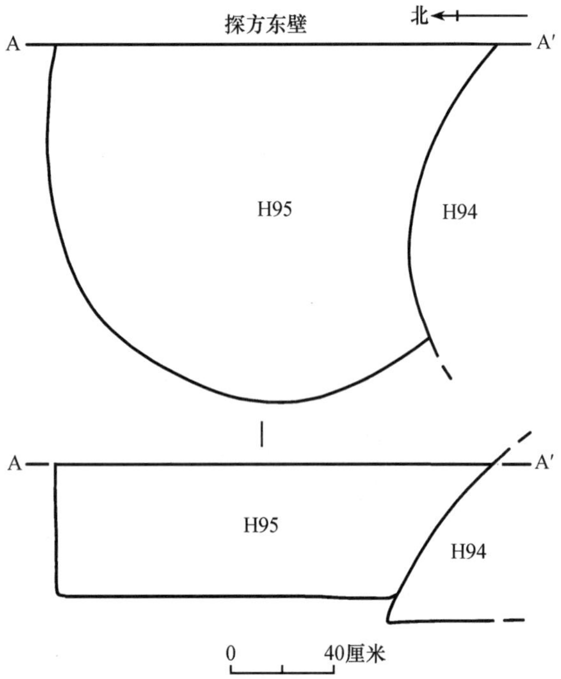

图3-88　Ⅰ T0308H95平、剖面图

27. Ⅰ T0308H95

H95位于Ⅰ T0308东壁北部。开口于④层下，被H94打破。筒状坑，坑口平面近圆形，坑壁较直，平底。坑口距地表195厘米，直径140、深50厘米（图3-88）。

坑内填土为黄褐色，土质疏松。文化遗物仅见陶器。

陶器　以粗泥质红陶为主，夹粗砂红陶次之。器表装饰以绳纹、磨光、线纹为主。陶片共12片，总重532克。经分类和拼对，共有8件个体，可辨器形有夹砂罐、钵、陶环（图3-89）。

夹砂罐　1件。为B型。

标本H95：1，夹蚌灰陶。口部较直，平折沿，圆唇较厚，腹壁较直，仅存口沿及上腹。腹壁饰交错绳纹。残高5.4、壁厚0.9厘米（图3-89，2）。

环　1件。为B型。

标本H95：3，细泥质红陶。E型尖底瓶口沿改制而成。小口微侈，平折沿，尖圆唇，颈部残端被磨平。内径5.0、外径8.9、厚1.8厘米（图3-89，1；图版二二，3、4）。

钵　1件。为A型。

标本H95：4，细泥质红陶。敛口，尖圆唇，上腹外鼓，仅存口沿及上腹。器表磨光。残高3.6、壁厚0.8厘米（图3-89，3）。

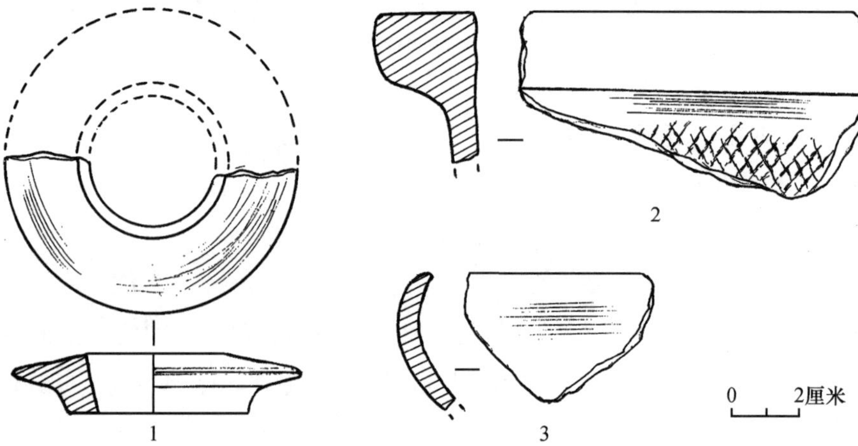

图3-89　Ⅰ T0308H95出土第一期陶器

1. B型环（H95：3）　2. B型夹砂罐（H95：1）　3. A型钵（H95：4）

二、房　址

Ⅰ T0308F3

F3位于ⅠT0308西部。开口于③层下，被H12、H31、H37打破，打破H55、H86及生土。半地穴式，门向东偏南，方向115°。平面呈椭圆形，残存墙壁竖直，平底。长径260、残存短径170、深24厘米。底部靠后壁的地面有一向下挖的长方形火坑，呈西北—东南向，东西长45、南北宽36、深8厘米。坑底有坚硬的灰黑色烧结面，四周有厚约4厘米的红烧土，判断为灶。室内前部，灶前方约95厘米处有两个柱洞，分别编号D1、D2，直径23厘米，D1深20、D2深10厘米。D1底部和四周均有火烧痕迹（图3-90；图版一一，1）。

房内填土为灰褐色，土质疏松。未发现文化遗物。

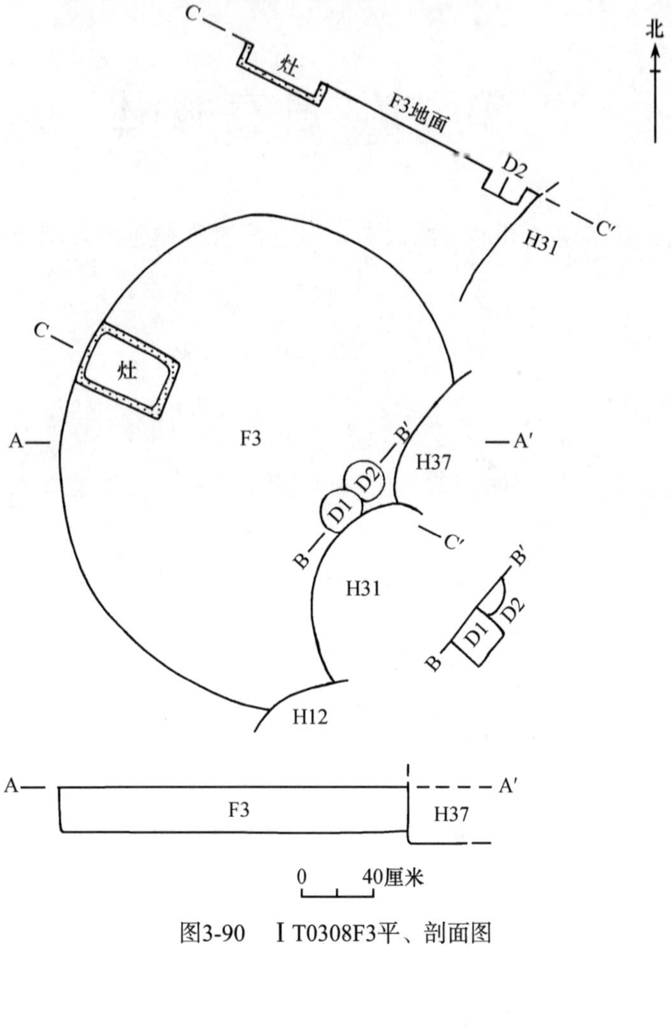

图3-90　ⅠT0308F3平、剖面图

第四章　第二期文化遗存

第二期文化遗存为庙底沟二期文化，遗迹和遗物数量均较多。下文对各遗迹单位陶片数量、质量等统计结果，仅指庙底沟二期文化者，早期遗物一般不在统计之列，但仍附在本期遗物之后予以介绍。需要说明的是，尖底瓶由于出土数量较多，在各遗迹单位内的出现频率较高，是否属于本期学界观点不一，故该器形仍被置于早期器物中，但参与统计。

第一节　遗 存 概 述

第二期文化遗存包括遗迹和遗物两大类，以下按遗迹和遗物分别介绍。

一、遗 迹 概 述

第二期文化遗迹有灰坑、房址和窑址三种，主要分布于Ⅰ区北部探方，Ⅰ区南部探方遗迹分布相对稀疏（图4-1、图4-2）。

灰坑数量较多，共27个，占此次发掘总数的28.42%。形制多样，规模有大有小。就平面形状而言，有圆形和椭圆形，以圆形最多，有23个，最大直径3.30米、最小直径0.85米；椭圆形次之，有4个，长径1.00～2.56米、短径0.75～0.86米。就坑壁结构而言，有袋状、筒状、锅底状和亚腰状四种，其中袋状坑最多，共有19个；筒状坑次之，有4个；锅底状坑较少，有3个；亚腰状坑有1个。坑底多数为平底。形状规整的大型灰坑一般应为窖穴，也不排除为房屋的可能。

依据灰坑平面、剖面形态，可将其分为五种类型，其中圆形袋状坑15个，编号分别为H15、H16、H18、H20、H21、H49、H66、H72、H78、H81、H85、H87、H96、H97、H99，占本期灰坑总数的55.56%；圆形筒状坑4个，编号分别为H12、H27、H28和H45，占本期灰坑总数的14.81%；圆形锅底状坑3个，编号分别为H31、H42和H80；圆形亚腰状坑1个，编号为H84；椭圆形袋状坑4个，编号分别为H4、H5、H59和H79，占本期灰坑总数的14.81%（图4-3、图4-4、图4-5）。

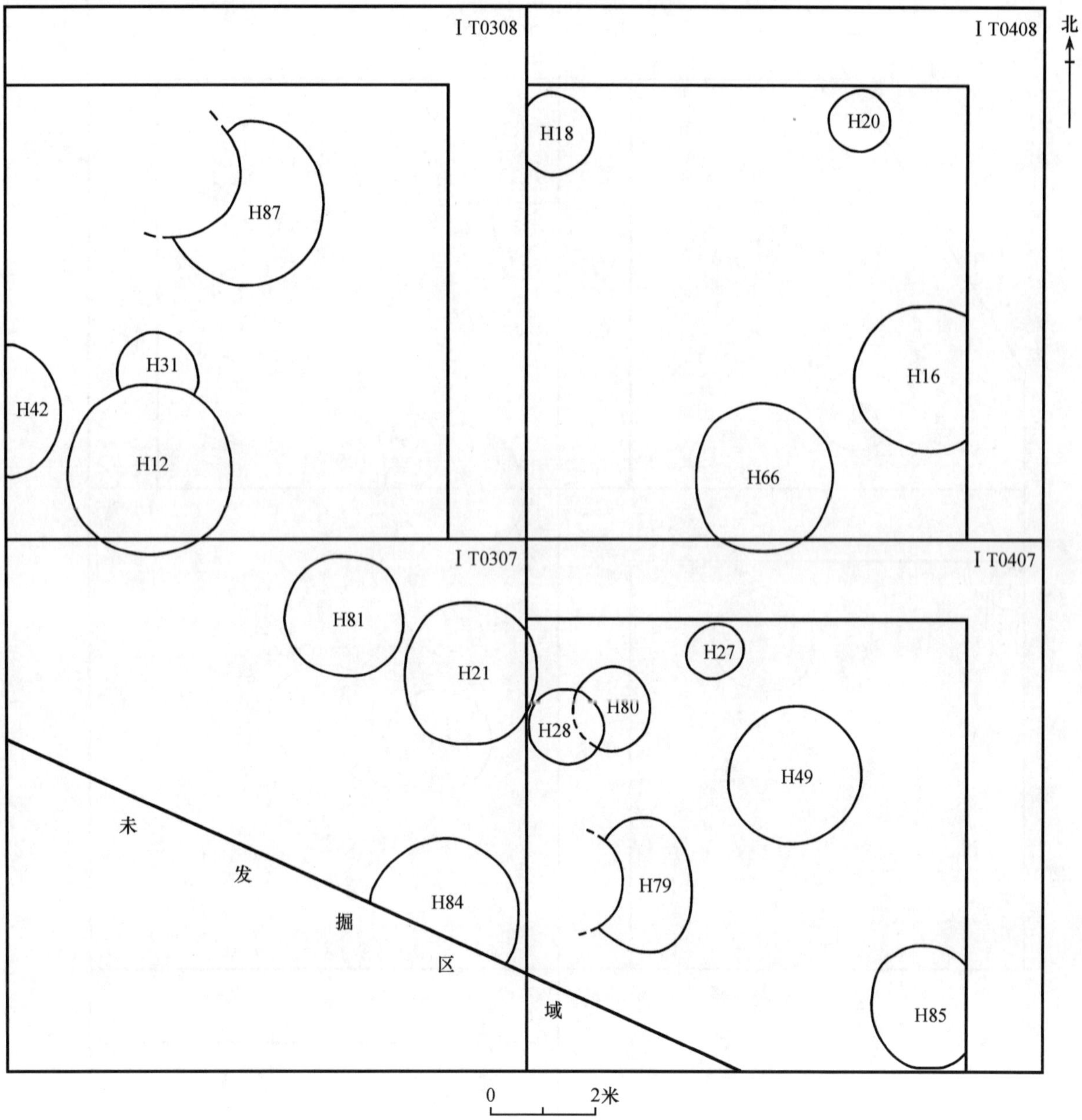

图4-1　Ⅰ区北部探方庙底沟二期遗迹分布图

房址仅存2座，编号为F4、F5（图4-2）。均为圆形半地穴式单间。

窑址共3座，编号分别为Y1、Y2和Y3。密室平面和窑床结构大体相同（图4-2）。

二、遗物概述

第二期的文化遗物按质地可分为陶器、石器、骨器等常见种类。其中陶器包括容器、工具和饰品三类；石器、骨器均包括生产工具、生活用具两类。

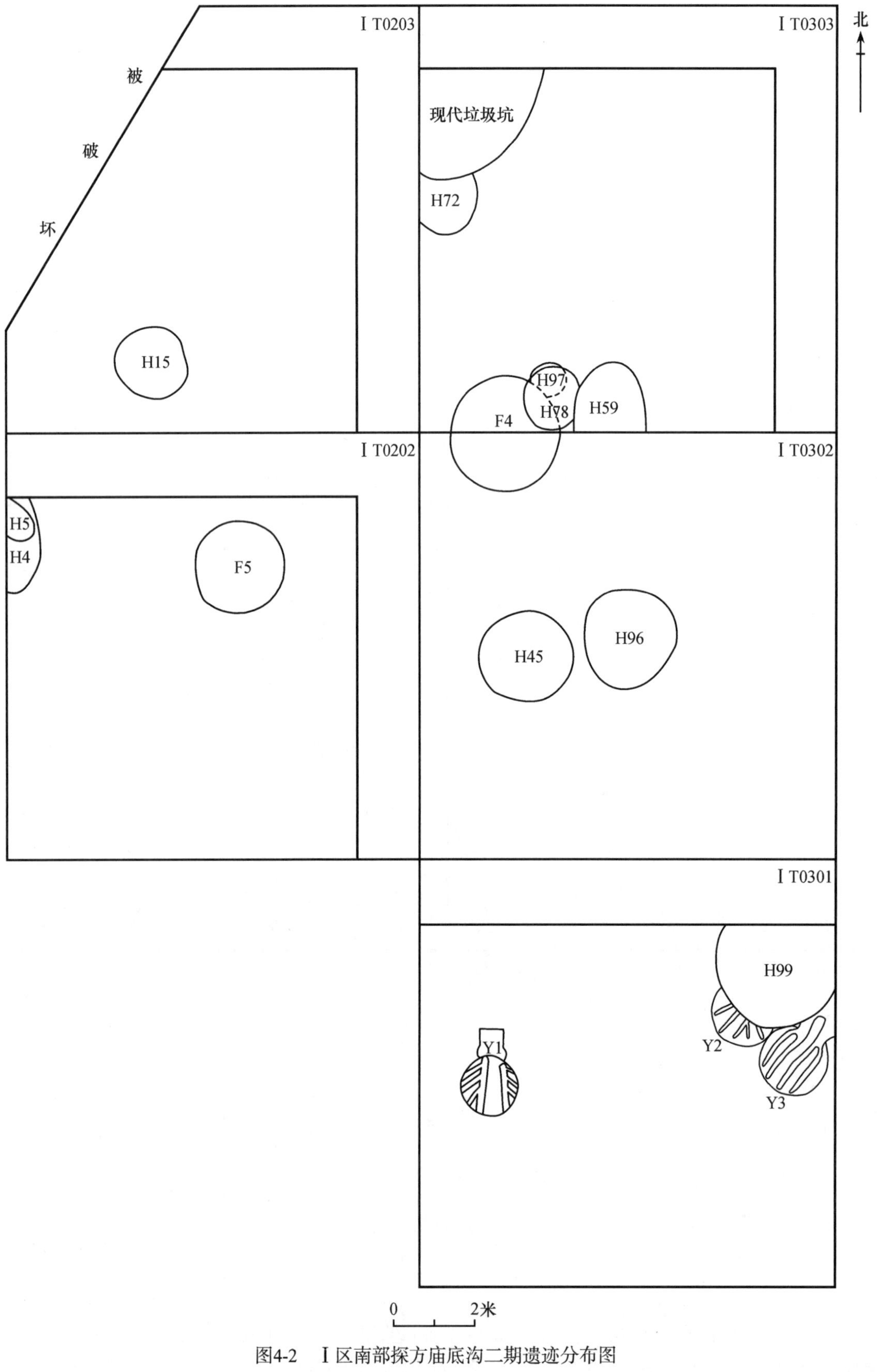

图4-2　Ⅰ区南部探方庙底沟二期遗迹分布图

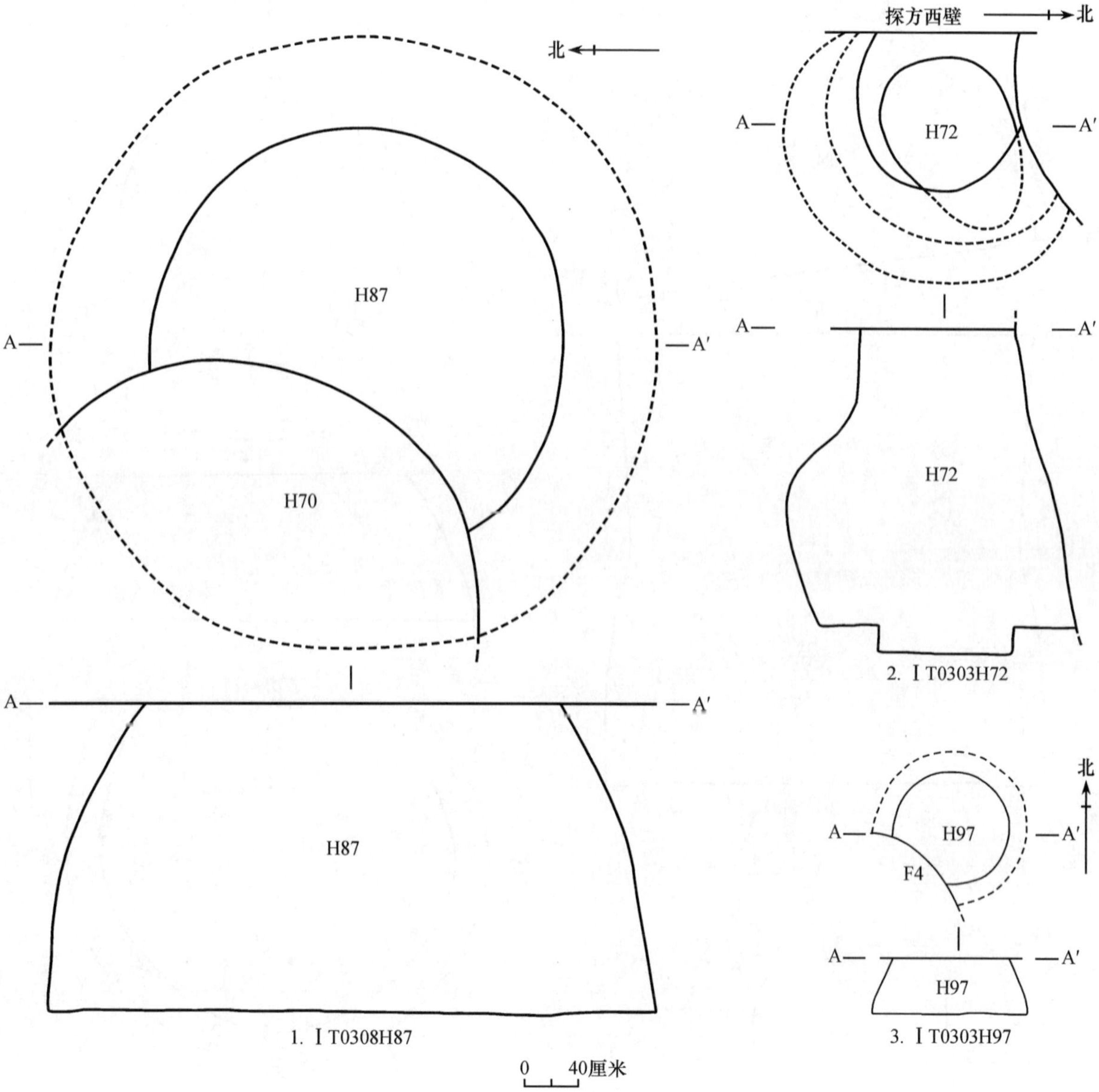

图4-3　Ⅰ区庙底沟二期圆形袋状坑

（一）陶器

按功能分为容器、工具和饰品三类，以容器为主，工具和饰品均较少。对陶系制法、造型特征及装饰的统计，以容器为代表，放在容器部分叙述。

1. 容器

经过对H12、H15、H18、H20、H49、H66、H72、H78、H84、H87、H97、Y1和Y3等典型单位出土的1057片陶片进行统计，这一时期陶质、陶色及器表装饰特征为：陶质上，夹砂陶占88.72%、泥质陶占11.28%；陶色上，灰陶占97.74%、红陶占2.19%、黑陶占0.07%；器表

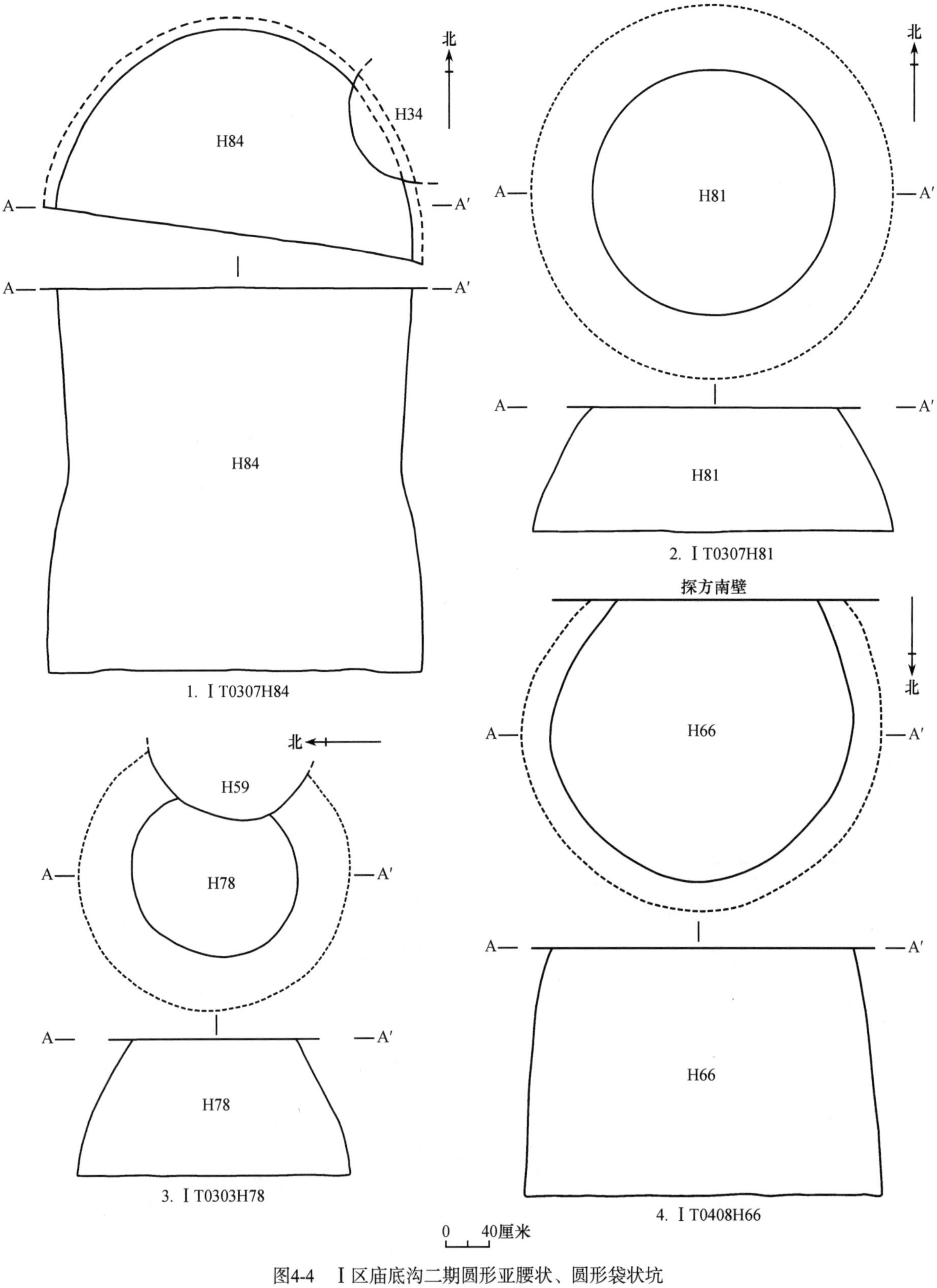

图4-4　Ⅰ区庙底沟二期圆形亚腰状、圆形袋状坑

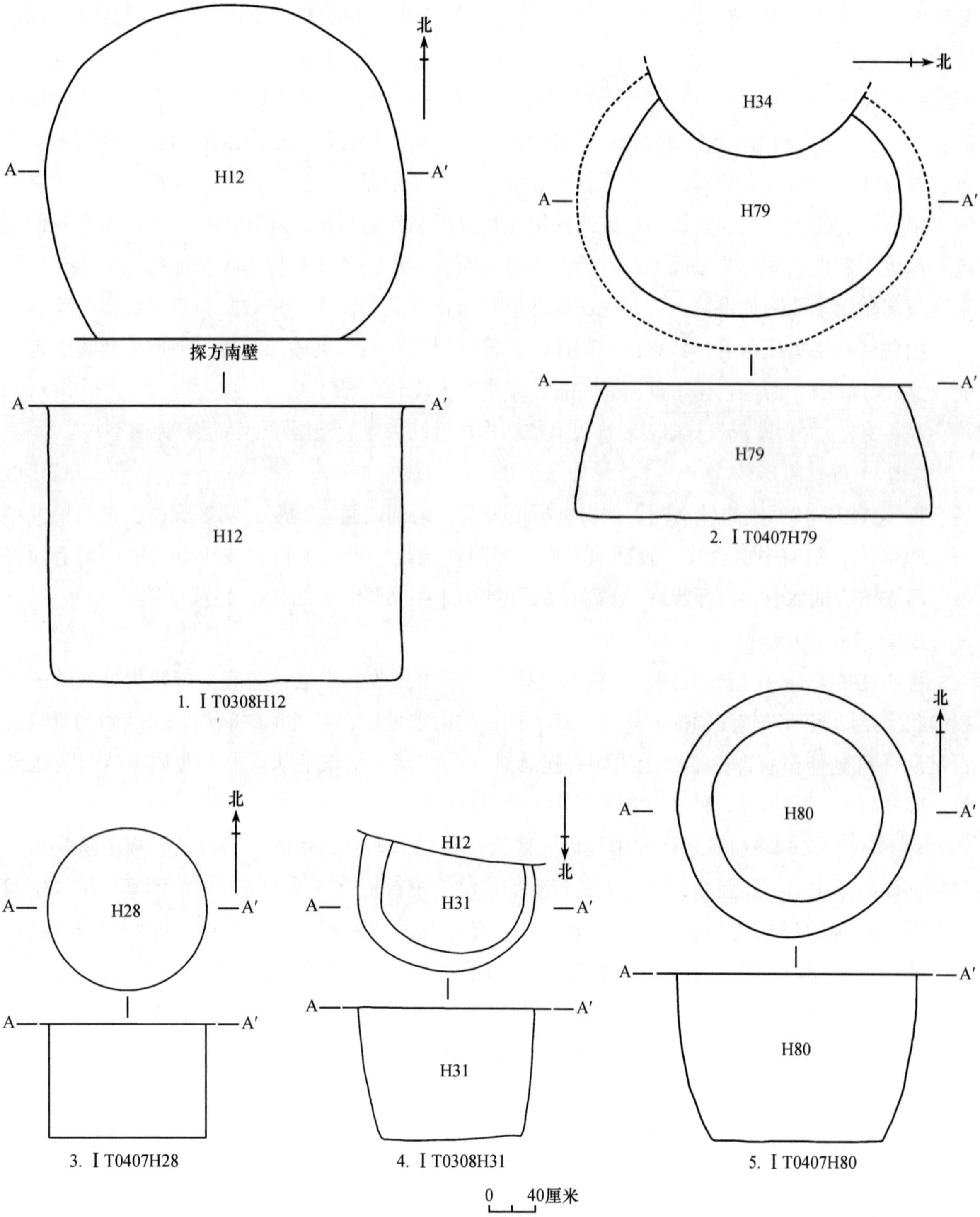

图4-5 Ⅰ区庙底沟二期圆形筒状、椭圆形袋状、圆形锅底状坑

装饰上，篮纹占绝大多数，其中篮纹+附加堆纹占51.29%、单独饰篮纹占20.9%、篮纹+附加堆纹+按压纹占13.79%；磨光占4.11%，表面占3.98%；另有极少量的绳纹、按压纹、附加堆纹、篮纹+弦纹等。各类陶片的质量及百分比在文字叙述中省略，详见表4-1。篮纹多见于夹砂深腹罐、鼎、壶、器盖、杯和漏斗等器；篮纹+附加堆纹多见于夹砂深腹罐、鼎和壶；素面多见于盘、器盖和杯等器。多数陶器均为手制，方法主要有泥条盘筑和捏塑两种。大型器如鼎、夹砂深腹罐、瓮、壶等为泥条盘筑法制成或使用泥片分段制作后拼接，器物内壁可见泥条盘筑的痕迹，鼎足、器把、圈足单独成形，后与器体对接而成。小型器如杯等为捏塑而成。大型夹砂深腹罐腹部贴附多周附加堆纹，可起到加固器形和防止断裂的作用。多数陶器口沿经慢轮修整，部分内壁留有手指压印痕，器表留有刮抹痕。常见器形有鼎、夹砂深腹罐、泥质大口罐、瓮、壶、盆、钵、碗、器盖、杯、盘、豆、甑、漏斗等（表4-2、表4-3）。

鼎　3件。为夹砂灰陶。器表装饰以篮纹和附加堆纹为主。根据腹部特征分为两型。

A型　1件。罐形鼎。

标本H49：10，夹粗砂灰陶。敛口，折沿外翻，沿面略弧，圆唇，圆鼓腹，仅存口沿及中腹。腹部饰右斜向中粗篮纹，腹部偏下饰一周附加堆纹，堆纹上留有按压痕。沿面留有轮修痕。器表留有烟炱痕。口径20.0、残高12.9、壁厚0.4～0.6厘米（图4-6，1）。

B型　2件。盆形鼎。

标本H80：3，夹粗砂灰陶。中腹以上残失，下腹弧收，平底，腹底交接转折处安装三个扁凿状实足。腹部饰较浅的横向篮纹，其上饰一周附加堆纹，足外侧中间饰竖条状附加堆纹，自足底一直延伸至腹部，堆纹上压印有连续排列的凹窝，呈波浪状。器表及内壁皆可见烟炱痕。残高17.6、壁厚0.7、底厚0.8厘米（图4-6，2；图版三六，2）。

标本H49：6，夹粗砂灰陶。中腹以上残失，腹向下弧收，平底，下置三个扁凿状实足。腹部饰横向中粗篮纹，腹中部饰一周条状附加堆纹，堆纹上留有手指按压的浅凹窝，堆纹中间加置两个对称的鸡冠鋬。三足外侧面皆内凹，在凸起的两侧棱上压印有连续排列的锯齿状凹窝。残高17.3、壁厚0.7、足高8.0、足宽4.5～5.0厘米（图4-6，3；图版三六，1）。

缸　5件。均为夹砂灰陶。器表装饰以篮纹和附加堆纹为主。敛口，斜折沿，深弧腹，平底。器体较大，口径在30厘米以上，高度超过45厘米。

标本ⅠT0308③：4，夹细砂灰陶。尖圆唇。沿下饰一周附加堆纹，上腹饰右斜向粗篮纹，下腹饰粗篮纹，腹部篮纹上饰三周附加堆纹。口径32.5、最大腹径36.0、底径20.5、高48.6厘米（图4-7，1；图版三七，2）。

标本H87：50，夹粗砂灰陶。方唇，最大径位于腹上部，腹中部残。唇部按压出宽疏的锯齿状花边，沿下饰一周附加堆纹，腹部饰右斜向篮纹，其上残留四周附加堆纹，堆纹上留有按压痕。内底可见粗篮纹。口径41.4、最大腹径40.0、底径22.2、复原后高58.0、壁厚0.7～1.0、底厚1.2厘米（图4-7，3）。

表4-1　Ⅰ区庙底沟二期陶系统计表

陶质	细泥质陶		粗泥质陶		夹细砂陶		夹粗砂陶		合计	百分比（%）
陶色／器表装饰	黑	灰	红	灰	红	灰	红	灰		
素面		2/84	3/983	7/645		14/978	1/119	33/4851	60/7660	3.98/7.4
磨光	1/42	18/551		40/4934		3/429			62/5956	4.11/5.75
篮纹		3/224	2/59	45/2494		119/7779	4/260	142/9437	315/20253	20.9/19.56
绳纹								1/28	1/28	0.07/0.03
按压纹					1/29	1/113		2/214	4/356	0.27/0.34
附加堆纹								3/318	3/318	0.2/0.31
磨光+篮纹				5/429					5/429	0.33/0.41
磨光+弦纹				1/108		1/122			2/230	0.13/0.22
篮纹+弦纹						3/191			3/191	0.2/0.18
篮纹+绳纹								1/260	1/260	0.07/0.25
篮纹+戳印纹				5/278					5/278	0.33/0.27
篮纹+按压纹						1/168		3/510	4/678	0.27/0.66
弦纹+小圆泥饼				1/90					1/90	0.07/0.09
绳纹+按压纹						1/127			1/127	0.07/0.12
附加堆纹+按压纹								3/514	3/514	0.2/0.5
方格纹+附加堆纹							1/374		1/374	0.07/0.36
篮纹+附加堆纹		2/76		30/1394	2/183	65/3862	13/771	661/37455	773/43741	51.29/42.25
绳纹+附加堆纹						11/772	1/291	37/2623	49/3686	3.25/3.56
篮纹+附加堆纹+按压纹						5/210	5/499	198/17048	208/17757	13.79/17.15
绳纹+附加堆纹+按压纹								1/235	1/235	0.07/0.23
磨光+篮纹+附加堆纹				3/232					3/232	0.2/0.22
篮纹+圆形泥饼+刻划纹				2/150					2/150	0.13/0.14
合计	1/42	25/935	5/1042	139/10754	3/212	224/14751	25/2314	1085/73493	1507/103543	
百分比（%）	0.07/0.04	1.66/0.9	0.33/1.01	9.22/10.39	0.2/0.2	14.86/14.25	1.66/2.23	72/70.98		100/100

注：参与统计的遗迹单位有H12、H15、H18、H20、H49、H66、H72、H78、H84、H87、H97、Y1、Y3。百分比相关的行、列外，“/”前统计的数据为片数，单位为个；“/”后统计的数据为质量，单位为克。

表4-2　Ⅰ区庙底沟二期器形统计表（1）

陶质	细泥质陶		粗泥质陶		夹细砂陶	夹粗砂陶		合计	百分比（%）
陶色／器类	黑	灰	红	灰	灰	红	灰		
泥质罐				4				4	1.31
夹砂罐					34	13	159	206	67.32
缸							3	3	0.98
瓮		1		2	2			5	1.63
壶				1	4			5	1.63
尖底瓶		2		12	15		5	34	11.11
盆	1	4		6	2		3	16	5.22
刻槽盆							1	1	0.33
盘			1	1	1		1	4	1.31
钵				1				1	0.33
豆				4				4	1.31
器盖					5		4	9	2.94
杯		2	1	3	1			7	2.28
漏斗					1			1	0.33
鼎							4	4	1.31
甑		1						1	0.33
小罐				1				1	0.33
合计	1	10	2	35	65	13	180	306	
百分比（%）	0.33	3.37	0.65	11.44	21.24	4.25	58.82		100

注：参与统计的遗迹单位有H12、H18、H20、H49、H66、H87。

表4-3　Ⅰ区庙底沟二期器形统计表（2）

陶质	细泥质陶		粗泥质陶		夹细砂陶	夹粗砂陶		合计	百分比（%）
陶色／器类	黑	灰	红	灰	灰	红	灰		
泥质罐				4				4	1.31
夹砂罐					34	13	159	206	67.32
缸							3	3	0.98
瓮		1		2	2			5	1.63
壶				1	4			5	1.63
尖底瓶		2		12	15		5	34	11.11
盆	1	4		6	2		3	16	5.22
刻槽盆							1	1	0.33
盘			1	1	1		1	4	1.31
钵				1				1	0.33
豆				4				4	1.31
器盖					5		4	9	2.94
杯		2	1	3	1			7	2.28
漏斗					1			1	0.33
鼎							4	4	1.31
甑		1						1	0.33
小罐				1				1	0.33
合计	1	10	2	35	65	13	180	306	
百分比（%）	0.33	3.37	0.65	11.44	21.24	4.25	58.82		100

注：参与统计的遗迹单位有H18、H49、H66、H87。

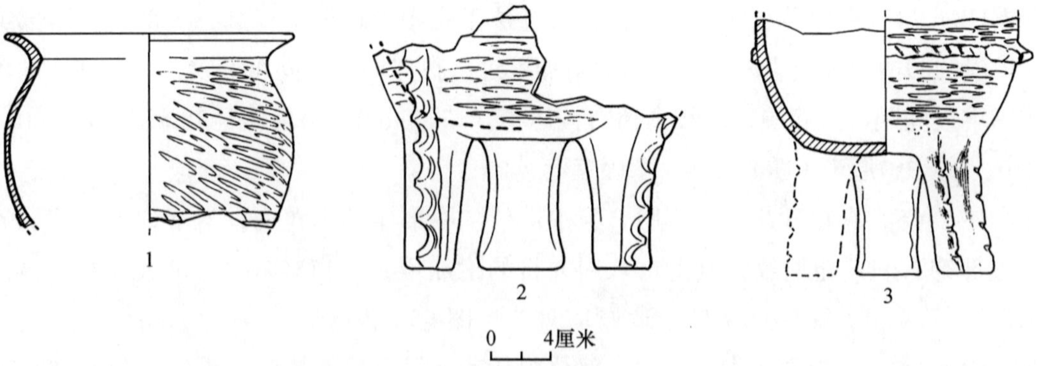

图4-6　第二期鼎

1. A型（H49：10）　2、3. B型（H80：3、H49：6）

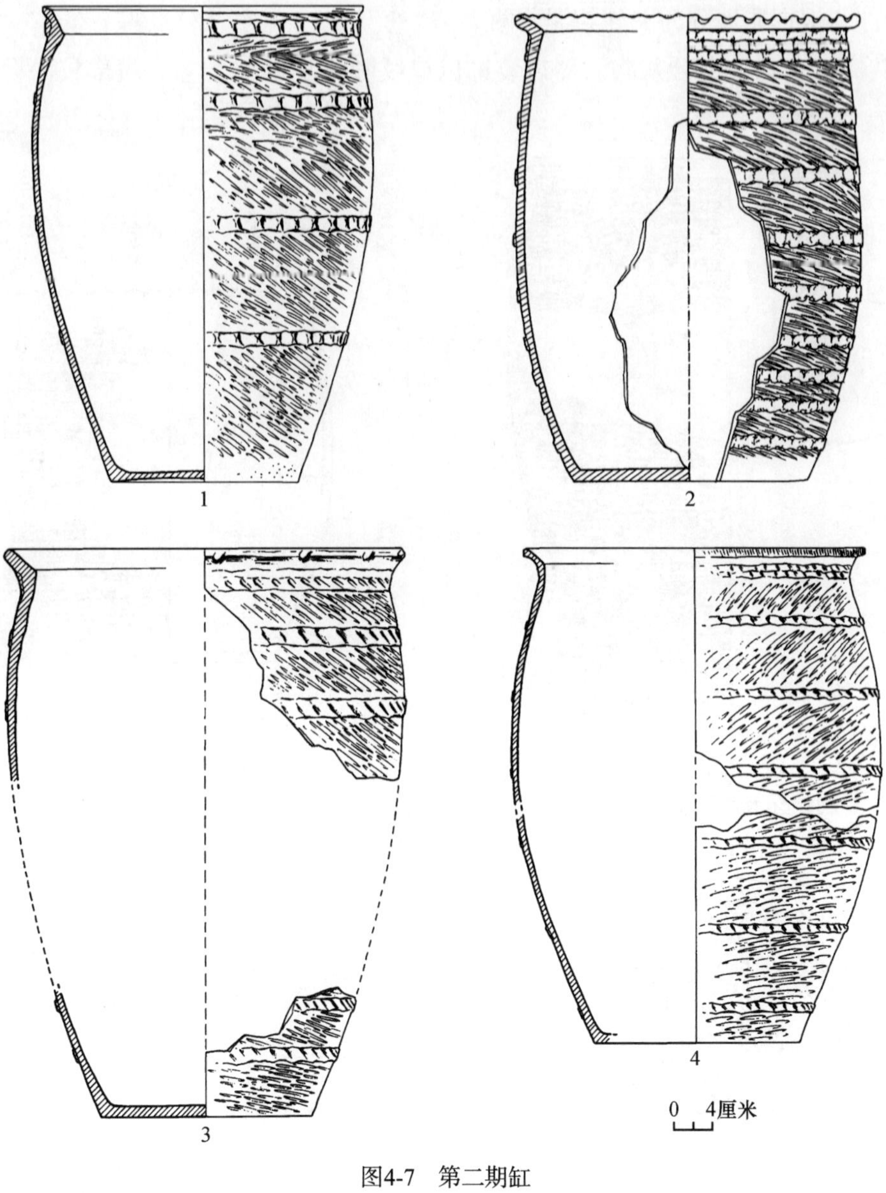

图4-7　第二期缸

1. ⅠT0308③：4　2. H72：5　3. H87：50　4. H84：1

标本H84：1，夹粗砂灰陶。方唇，最大径位于腹中部略偏上，部分腹部残。唇部纵向压印一周较浅的凹槽形成花边，沿下饰两周附加堆纹，腹部饰左斜向粗篮纹，其上饰六周附加堆纹，各周堆纹间距大致相等，堆纹上留有按压痕。口径36.0、最大腹径38.8、底径22.0、复原后高50.0、壁厚0.7厘米（图4-7，4；图版三七，1）。

标本H72：5，夹粗砂灰陶。方唇，腹中部残。唇部压印出花边，沿下饰三周叠加的附加堆纹，腹部饰右斜向粗篮纹，其上饰八周并行的附加堆纹。口径36.4、最大腹径36.3、底径24.6、复原后高47.4、壁厚0.8～1.0、底厚1.2厘米（图4-7，2）。

标本H66：5，夹粗砂灰陶。方唇，部分腹部残。沿下饰一周附加堆纹，腹部饰杂乱粗篮纹，其上饰四周附加堆纹，底部饰不规则篮纹。口径36.4、最大腹径39.6、底径21.9、复原后高56.3、壁厚0.9、底厚1.1厘米（图4-8，1）。

罐　13件。根据质地分为夹砂与泥质两类。

夹砂罐　8件。均为夹砂灰陶。器表装饰以篮纹和附加堆纹为主。腹部较深。根据口部及腹部特征分为两型。

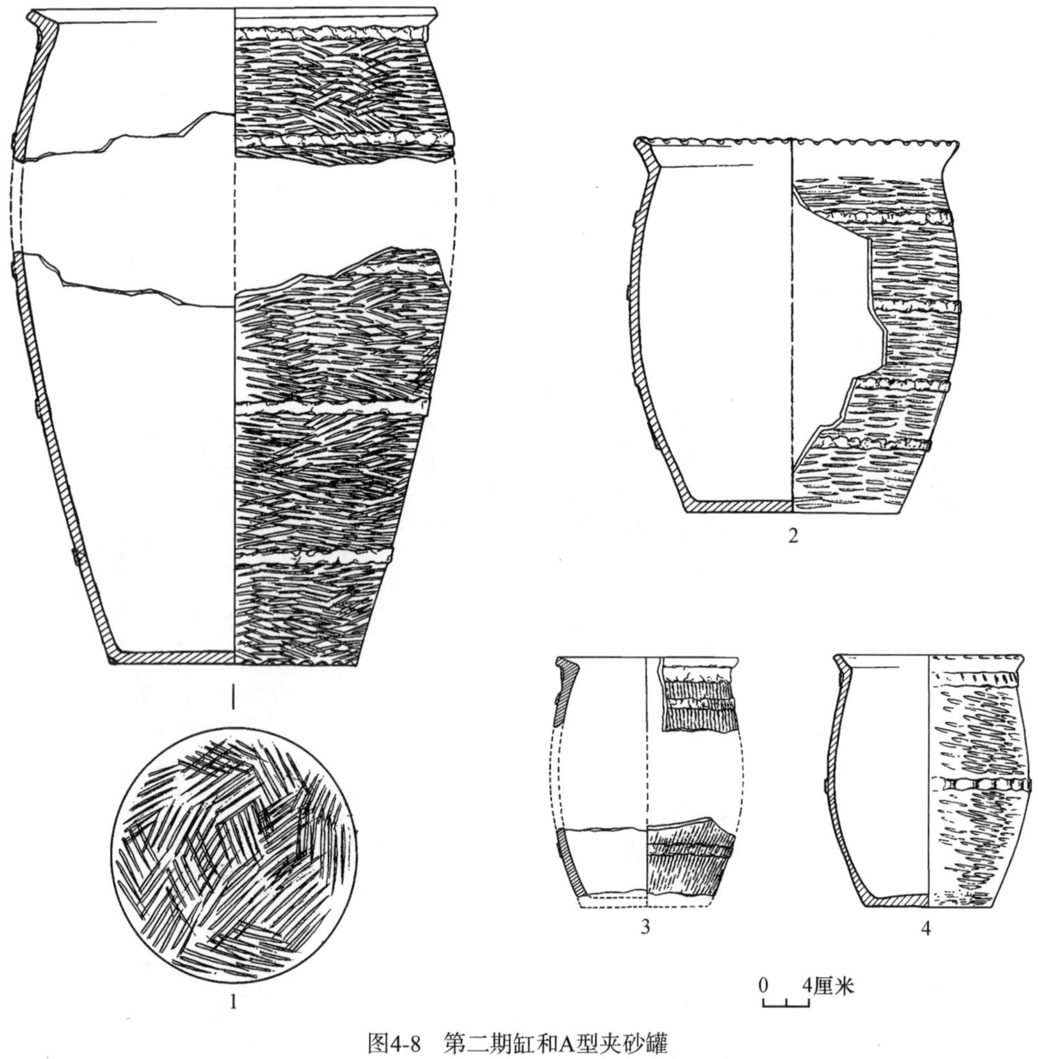

图4-8　第二期缸和A型夹砂罐

1. 缸（H66：5）　2～4. A型夹砂罐（H72：6、ⅠT0407③：50 、H84：2）

A型　3件。斜折沿，内沿折棱凸出多形成敛口，深腹微鼓，最大径在腹中部。

标本ⅠT0407③：50，夹细砂灰陶。方唇，部分腹部及底部残。沿下加固一周附加堆纹，上腹饰竖向中绳纹，下腹饰左斜向中绳纹，绳纹上残留两周附加堆纹。器表可见烟炱痕。口径15.5、复原后高21.6、壁厚0.7～0.9厘米（图4-8，3）。

标本H72：6，夹粗砂灰陶。方唇，平底，部分腹部残。唇部按压出一周波浪状花边，腹部饰横向粗篮纹，篮纹上饰四周附加堆纹。口沿及内壁留有轮修痕。口径28.6、最大腹径36.0、底径18.8、高32.4、壁厚0.8、底厚1.0厘米（图4-8，2；图版三七，3）。

标本H84：2，夹粗砂灰陶。方唇。唇部按压形成花边，沿下饰一周附加堆纹，腹部饰右斜向篮纹，篮纹上饰一周附加堆纹，堆纹上留有指压痕。口径16.0、最大腹径17.9、底径11.2、高21.9、壁厚0.5、底厚1.1厘米（图4-8，4；图版三六，3）。

B型　5件。侈口，深弧腹，腹部较A型瘦长。

标本H79：6，夹粗砂灰陶。圆唇，平底，部分中腹及下腹残，器体较小。沿下加固两周叠加的附加堆纹，上腹饰横向篮纹，纹痕较浅，中腹饰一周附加堆纹，下腹饰右斜向篮纹。器表及断茬处可见烟炱痕。口径14.3、最大腹径14.9、底径8.2、复原后高21.6、壁厚0.7、底厚0.7厘米（图4-9，5）。

标本H72：8，夹粗砂灰陶。方唇，平底，部分口沿及腹部残。腹部饰右斜向粗篮纹，其上饰六周附加堆纹。口部及内壁留有轮修痕。口径28.3、腹径27.2、底径14.8、复原后高41.6、壁厚0.8～1.0、底厚1.0厘米（图4-9，3）。

标本H72：10，夹粗砂灰陶。方唇，平底，部分腹部残。唇沿一周压印圆窝，形成花边，沿下加固一周附加堆纹，腹部饰右斜向粗篮纹，其上残留一周附加堆纹。内壁留有轮修痕。口径28.9、底径15.6、复原后高44.4、壁厚0.8、底厚0.9厘米（图4-9，2）。

标本ⅠT0203③：1，夹细砂灰陶。方圆唇，部分腹部及底部残。唇部压印出花边，腹部饰杂乱的篮纹，其上残留两周附加堆纹，近底转折处为素面。口径29.2、底径19.4、复原后高37.2、壁厚0.7～1.0、底厚0.7厘米（图4-9，1）。

标本ⅠT0308③：5，夹粗砂灰陶。圆唇，下腹及底残，器体较小，器壁较厚。唇部压印出锯齿状花边，腹部饰交错篮纹，其上饰四道分布均匀的附加堆纹。口径16.0、最大腹径18.0、残高22.9、壁厚0.9厘米（图4-9，4；图版三六，4；图版四〇，5）。

泥质罐　5件。均为泥质灰陶。器表装饰以篮纹为主。根据口部及颈部特征分为三型。

A型　3件。侈口，喇叭形束颈。

标本H70：8，粗泥质灰陶。圆唇，上腹圆鼓，仅存口沿及上腹。颈肩交接处饰一周凹弦纹，腹部饰右斜向粗篮纹。口沿及颈部可见修抹痕。口径26.4、腹径34.5、残高24.0、壁厚0.6厘米（图4-10，1；图版四一，1）。

标本ⅠT0302⑤：3，粗泥质灰陶。圆唇，上腹圆鼓，向下弧收，仅存口沿及中腹。颈肩交接处饰一周凹弦纹，弦纹上贴附小圆泥饼，颈部有指甲纹，腹部饰左斜向中篮纹。口部留有轮修痕，颈腹转折处竖向刮抹痕明显。口径27.0、腹径35.2、残高29.0、壁厚0.6厘米（图4-10，2）。

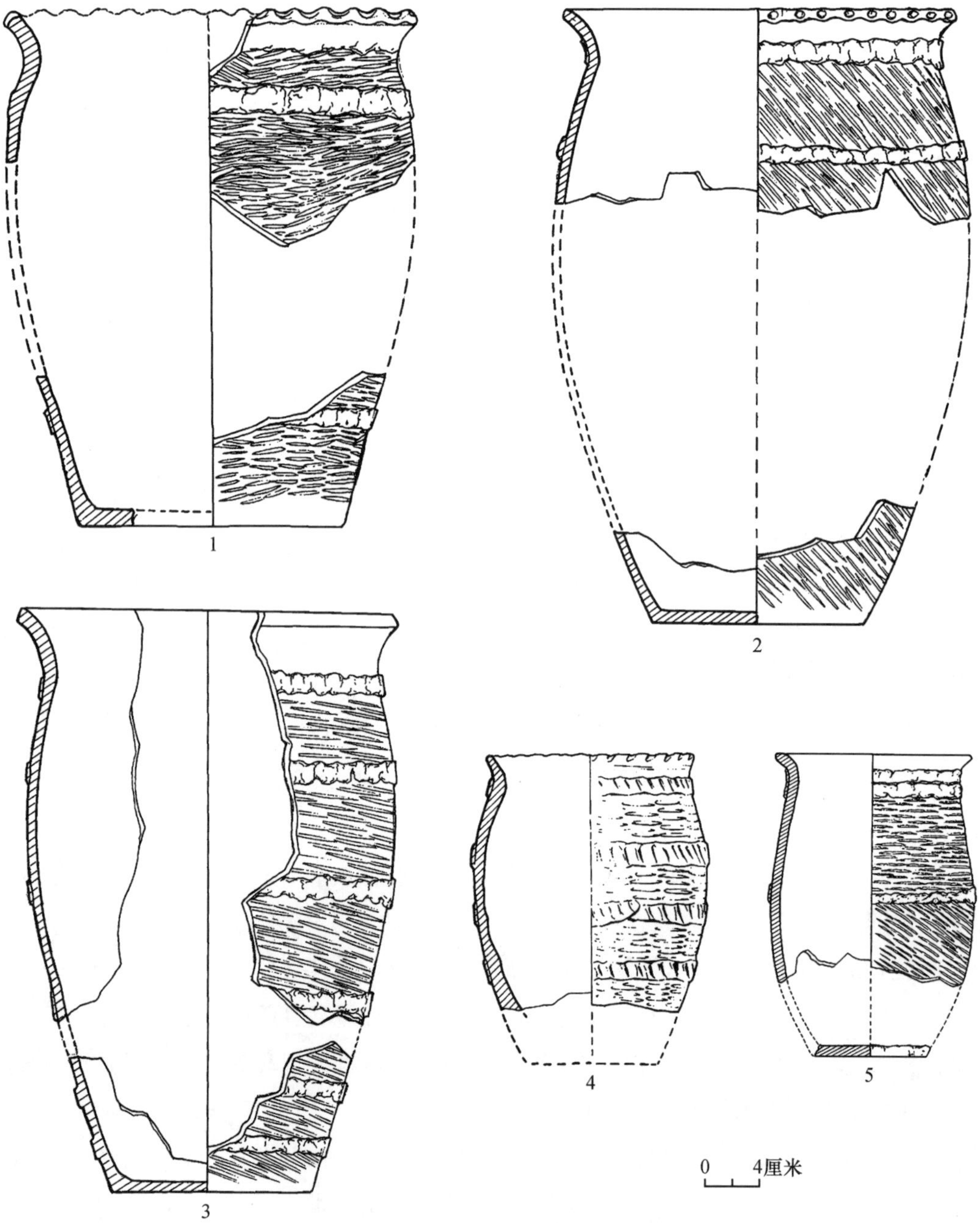

图4-9　第二期B型夹砂罐

1. Ⅰ T0203③：1　2. H72：10　3. H72：8　4. Ⅰ T0308③：5　5. H79：6

标本Ⅰ T0302⑤：2，粗泥质灰陶。圆唇，上腹圆鼓，向下弧收，平底。器表与底部饰横向与右斜向粗篮纹。口部留有轮修痕，颈肩转折处竖向刮抹痕明显。口径30.0、腹径38.5、底径17.0、高46.5、壁厚0.5～0.8、底厚0.7厘米（图4-10，3；图版三七，4）。

B型　1件。敞口，颈部呈盆形。

标本H85：7，粗泥质灰胎，黑皮陶。斜折沿，沿面内凹，圆唇，上腹外弧，仅存口沿及上腹。口沿磨光，腹部饰右斜向篮纹。颈部留有轮修痕。口径24.0、残高14.1、壁厚0.6厘米

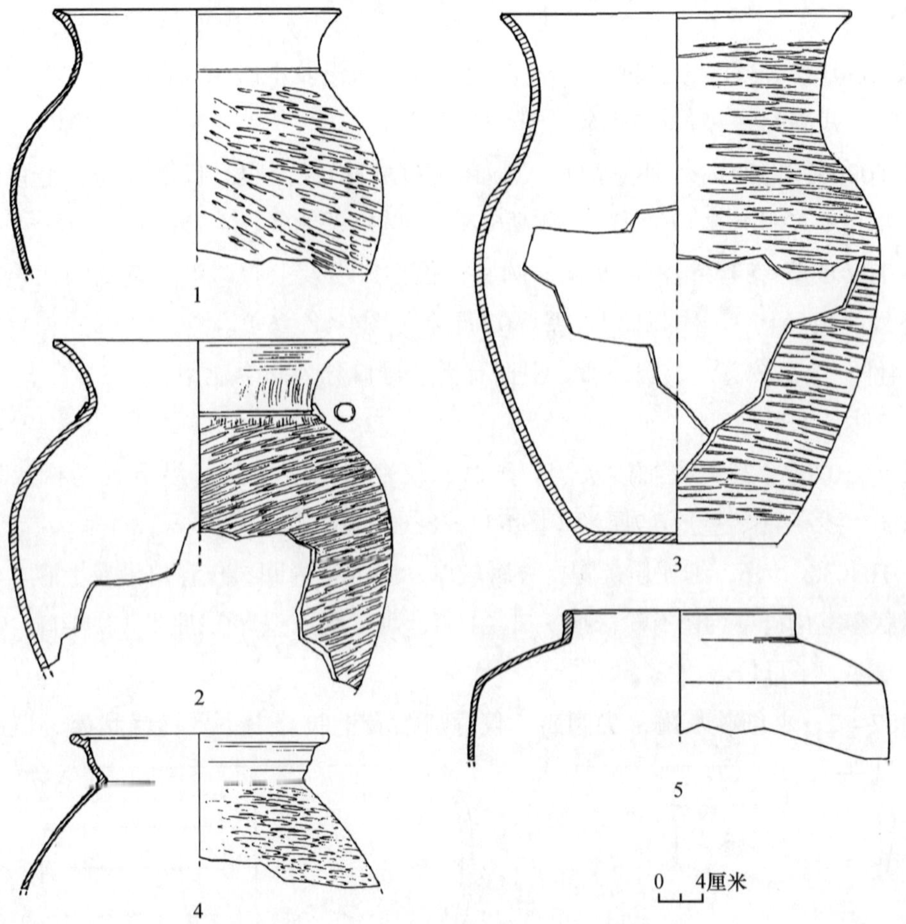

图4-10　第二期泥质罐

1～3. A型（H70：8、ⅠT0302⑤：3、ⅠT0302⑤：2）　4. B型（H85：7）　5. C型（H66：7）

（图4-10，4）。

C型　1件。直口，矮直颈。

标本H66：7，粗泥质灰陶。方唇，折肩，腹部较直，仅存口沿及上腹。器表磨光。口径22.4、肩径39.0、残高15.0、壁厚0.5厘米（图4-10，5；图版三六，5）。

瓮　9件。以粗泥质灰陶为主。器表装饰以磨光和篮纹为主，绳纹和素面次之。根据口部及腹部特征分为两型。

A型　5件。敛口，上腹微鼓。根据有无子母口分为两个亚型。

Aa型　1件。无子母口。

标本ⅠT0302③：1，夹粗砂灰陶。方唇，平底微凹，部分腹部残。器表略磨光，腹部饰数周弦纹。口径28.0、腹径38.4、底径16.0、复原后高30.6、壁厚0.6厘米（图4-11，3）。

Ab型　4件。子母口。

标本ⅠT0202④：1，粗泥质灰陶。方唇，唇部略内凹，仅存口沿及上腹。口沿与上腹之间饰一周凹弦纹，弦纹以上为素面。内外壁均留有刮抹痕。口径31.0、残高9.7、壁厚0.8厘米

（图4-11，1）。

标本ⅠT0301③：331，夹细砂灰陶。圆唇，仅存口沿及上腹。口部素面，上腹饰左斜向绳纹。口径27.8、残高9.2、壁厚0.5厘米（图4-11，2）。

标本ⅠT0203③：90，夹细砂灰陶。圆唇，仅存口沿及上腹。口部素面，上腹饰右斜向中粗篮纹。口部留有轮修痕。口径23.7、残高6.7、壁厚0.8厘米（图4-11，4）。

标本ⅠT0203③：89，粗泥质灰陶。圆唇，仅存口沿及上腹。沿下置倒钩状鋬，上腹饰右斜向中粗篮纹。口径19.3、残高12.1、壁厚0.7厘米（图4-11，6）。

B型　4件。敛口较甚，上腹外弧。根据有无子母口分为两个亚型。

Ba型　2件。无子母口。

标本ⅠT0307③：38，夹细砂灰陶。圆唇，仅存口沿及上腹。沿下置鸟喙状鋬，器表磨光。口径16.0、残高4.3、壁厚0.7厘米（图4-11，8；图版一九，5）。

标本ⅠT0303③：16，细泥质灰陶。方唇较厚，唇部略内凹，仅存口沿及上腹。器表磨光，沿下置鸟喙状鋬。内外壁均留有轮修痕。口径11.0、残高3.5、壁厚0.2厘米（图4-11，9）。

Bb型　2件。子母口。

标本H87：2，夹细砂灰陶。尖圆唇，仅存口沿及上腹。沿下置鸟喙状鋬，口部素面，腹

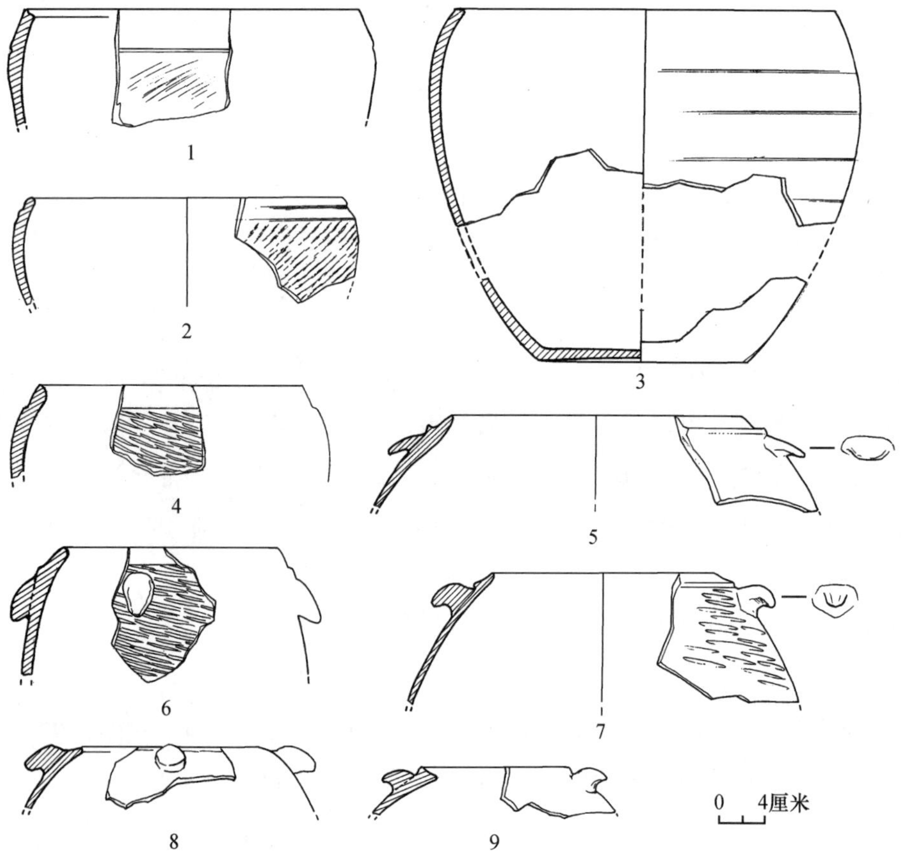

图4-11　第二期瓮

1、2、4、6. Ab型（ⅠT0202④：1、ⅠT0301③：331、ⅠT0203③：90、ⅠT0203③：89）　3. Aa型（ⅠT0302③：1）　5、7. Bb型（H87：2、H87：53）　8、9. Ba型（ⅠT0307③：38、ⅠT0303③：16）

部磨光。口部留有轮修痕。口径25.9、残高7.9、壁厚0.5～0.7厘米（图4-11，5）。

标本H87：53，粗泥质灰陶。尖圆唇，仅存口沿及上腹。口部磨光，腹部饰右斜向篮纹，沿下置鸟喙状鋬。口径19.8、残高11.4、壁厚0.6厘米（图4-11，7）。

盆　7件。均为泥质灰陶。器表装饰以素面和磨光为主，篮纹次之。根据口部及腹部特征分为三型。

A型　5件。斜折沿，上腹微鼓，向下斜收。

标本ⅠT0203②：1，细泥质灰陶。内沿折棱凸出形成方唇，平底。器表磨光。内外壁均可见刮抹痕。口径25.0、底径14.0、高16.0、壁厚0.4～0.7厘米（图4-12，1；图版三八，1）。

标本H18：42，粗泥质灰陶。内沿折棱凸出形成圆唇，下腹及底残。沿面及器表磨光。口径22.0、残高12.9、壁厚0.8厘米（图4-12，2）。

标本H49：12，粗泥质灰陶。内沿折棱凸出形成圆唇，仅存口沿及上腹。口沿及器表磨光。沿内侧可见手指按压留下的一周浅窝。口径22.3、残高8.3、壁厚0.4厘米（图4-12，3）。

标本H87：4，细泥质灰陶。敞口，圆唇，仅存口沿及上腹。沿面及器表磨光。内壁可见刮抹痕。口径25.9、残高8.0、壁厚0.5厘米（图4-12，5）。

标本H72：16，粗泥质灰陶。内沿折棱微凸形成内敛口，圆唇，腹部较深，下腹及底残。器表磨光，沿下加固一周附加堆纹，上腹饰左斜向中篮纹，腹中部残留一鸡冠鋬，下腹饰横向篮纹。沿下留有轮修痕，内外壁可见刻划纹及刮抹痕。口径28.6、最大腹径26.0、残高20.0、壁厚0.7～1.0厘米（图4-12，7）。

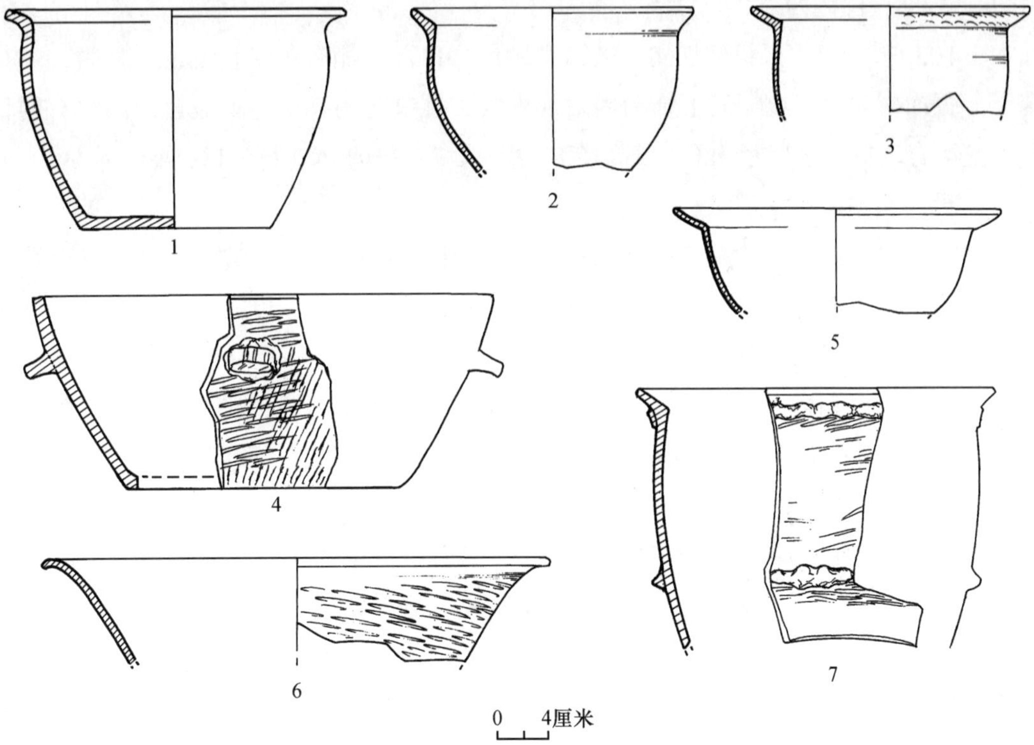

图4-12　第二期盆

1～3、5、7. A型（ⅠT0203②：1、H18：42、H49：12、H87：4、H72：16）　4. B型（H15：3）　6. C型（H66：10）

B型　1件。敞口，斜弧腹。

标本H15：3，夹粗砂灰陶。方唇，平底。上腹置一对方形鋬，腹部饰交错粗篮纹，近底处饰左斜向绳纹。口部留有轮修痕。口径36.0、底径21.6、高14.8、壁厚0.8～1.0、底厚0.8厘米（图4-12，4）。

C型　1件。侈口，斜直腹。

标本H66：10，细泥质灰陶。平沿微外卷，圆唇，腹壁斜收呈喇叭状，仅存口沿及上腹。腹部饰右斜向中篮纹，内壁磨光。口径40.1、残高8.2、壁厚0.8厘米（图4-12，6；图版四一，2）。

刻槽盆　6件。以夹砂灰陶为主，另有少量夹砂红陶。器表装饰以篮纹为主，附加堆纹次之，内壁刻划出数道深沟槽。根据口部特征分为两型。

A型　4件。无折沿。

标本F5：2，夹细砂灰陶。微敛口，方唇，上腹微弧，仅存口沿及上腹。唇部饰一周凹弦纹，腹部饰横向篮纹，其上饰一周附加堆纹，堆纹上留有指压痕，内壁有竖向刻划沟槽。口径30.2、残高13.3、壁厚0.7～0.9厘米（图4-13，1；图版四一，5、6）。

标本ⅠT0303③：25，夹粗砂灰陶。微敛口，方唇，上腹微弧，仅存口沿及上腹。上腹饰右斜向中篮纹，其上饰两周附加堆纹；内壁口沿下有一道横向刻划沟槽，壁面分布数道竖向刻划沟槽。口径28.0、残高6.7、壁厚0.6厘米（图4-13，2）。

标本H17：4，夹粗砂灰陶。敛口，方唇内凹，斜弧腹，仅存口沿及上腹。唇外侧按压出波浪状花边，上腹饰横向粗篮纹，内壁有斜向交错的刻划沟槽。口径29.5、残高7.9、壁厚0.6厘米（图4-13，3；图版四二，1、2）。

标本ⅠT0303③：9，夹粗砂红陶。敞口，圆唇，口部一侧有鸟喙状流，斜弧腹，仅存口沿及上腹。上腹饰横向粗篮纹，其上饰两周附加堆纹，堆纹之间残留一鸡冠鋬，内壁有网状刻划沟槽。内壁留有刮抹痕。口径34.0、残高12.8、壁厚0.7～1.0厘米（图4-13，4）。

B型　2件。折沿。

标本H81：1，夹粗砂灰陶。直口微敛，圆唇，上腹较直，向下弧收，仅存口沿及上腹。唇外缘压印出宽疏的锯齿状花边，上腹饰横向篮纹；内壁上侧有一道横向刻划沟槽，下侧有数道较深的竖向刻划沟槽。残高7.5、壁厚0.7厘米（图4-13，5）。

标本H78：3，夹粗砂灰陶。敞口，圆唇，斜弧腹，上腹微内凹，仅存口沿及中腹。器表饰横向细篮纹，中腹饰一对鸡冠鋬，内壁有网状刻划沟槽。口径22.8、残高9.8、壁厚0.8厘米（图4-13，6；图版四一，4）。

壶　4件。以泥质灰陶为主，夹砂灰陶次之，另有极少量的泥质红陶。器表装饰以篮纹和附加堆纹为主，磨光较少。根据颈肩之间转接程度不同分为两型。

A型　2件。颈肩相接处转折较明显，口沿及颈上部素面或加饰数道凹弦纹，颈下部有竖向刮抹痕，肩部饰篮纹。

标本ⅠT0203④：109，夹细砂灰陶。侈口，圆唇，束颈，颈壁凹弧仅存口沿及肩部。颈上部饰四周凹弦纹，肩部饰较浅的横向中篮纹。口部留有轮修痕，颈下部可见竖向刮抹痕。口径

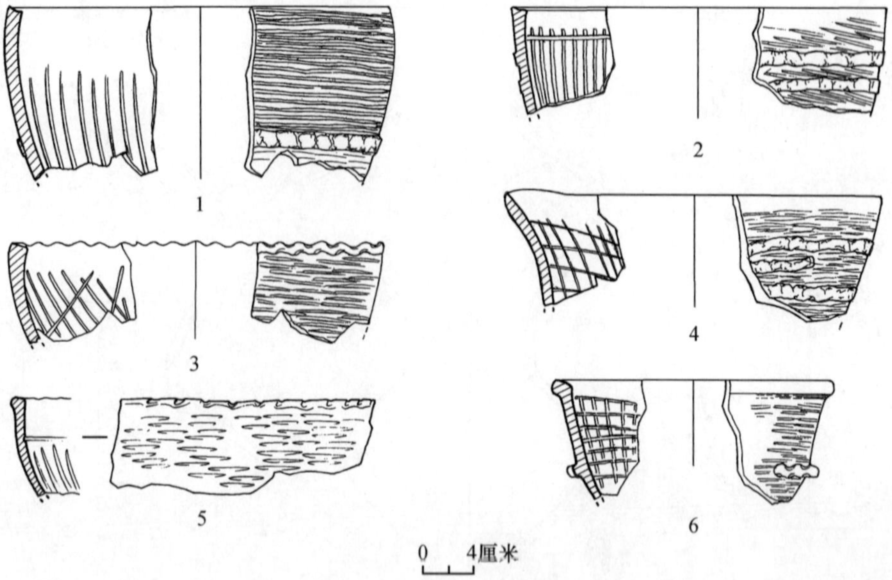

图4-13　第二期刻槽盆
1～4. A型（F5：2、ⅠT0303③：25、H17：4、ⅠT0303③：9）　5、6. B型（H81：1、H78：3）

15.0、残高9.2、壁厚0.6厘米（图4-14，1）。

标本H87：54，夹细砂灰陶。侈口，尖唇，束颈，颈壁上部斜收，下部较直，仅存口沿及肩部。颈部素面，颈肩交接处饰一周附加堆纹，肩部饰横向中篮纹。口径12.0、残高9.3、壁厚0.8厘米（图4-14，6）。

B型　2件。颈肩相接处呈弧线形自然过渡。颈部纹饰被抹平，或加饰竖向划纹，或在颈肩交接处饰两道附加堆纹，肩部饰篮纹。

标本ⅠT0307③：1，夹细砂灰陶。侈口，圆唇，束颈，颈壁上部斜收，下部较直，仅存口沿及肩部。颈部饰较浅的横向篮纹，颈肩交接处饰两周凹弦纹，凹弦纹之间饰数道"〈"形刻划纹，肩部饰杂乱中篮纹。口径15.0、残高9.8、壁厚0.8厘米（图4-14，2；图版三九，5）。

标本H20：1，粗泥质灰陶。侈口，圆唇，束颈较长，仅存口沿及肩部。颈部素面，颈肩交接处饰两周条状附加堆纹，堆纹上留有指压痕，肩饰右斜向中篮纹。口径13.0、残高10.5、壁厚0.4～0.6厘米（图4-14，3）。

钵　4件。以泥质灰陶为主，夹砂灰陶次之。器表装饰以篮纹为主，素面次之。根据口部及腹部特征分为两型。

A型　1件。敛口，上腹外鼓。

标本H72：19，夹细砂灰陶。圆唇，上腹外鼓，仅存口沿及上腹。腹部饰右斜向篮纹。口径22.9、残高10.3、壁厚1.1厘米（图4-14，7）。

B型　3件。敞口，斜腹。

标本H20：6，粗泥质灰陶。方唇，斜腹微弧，下腹及底残。器表上部素面，下部磨光。内壁轮修痕明显。口径20.0、残高6.0、壁厚0.4～0.6厘米（图4-14，8）。

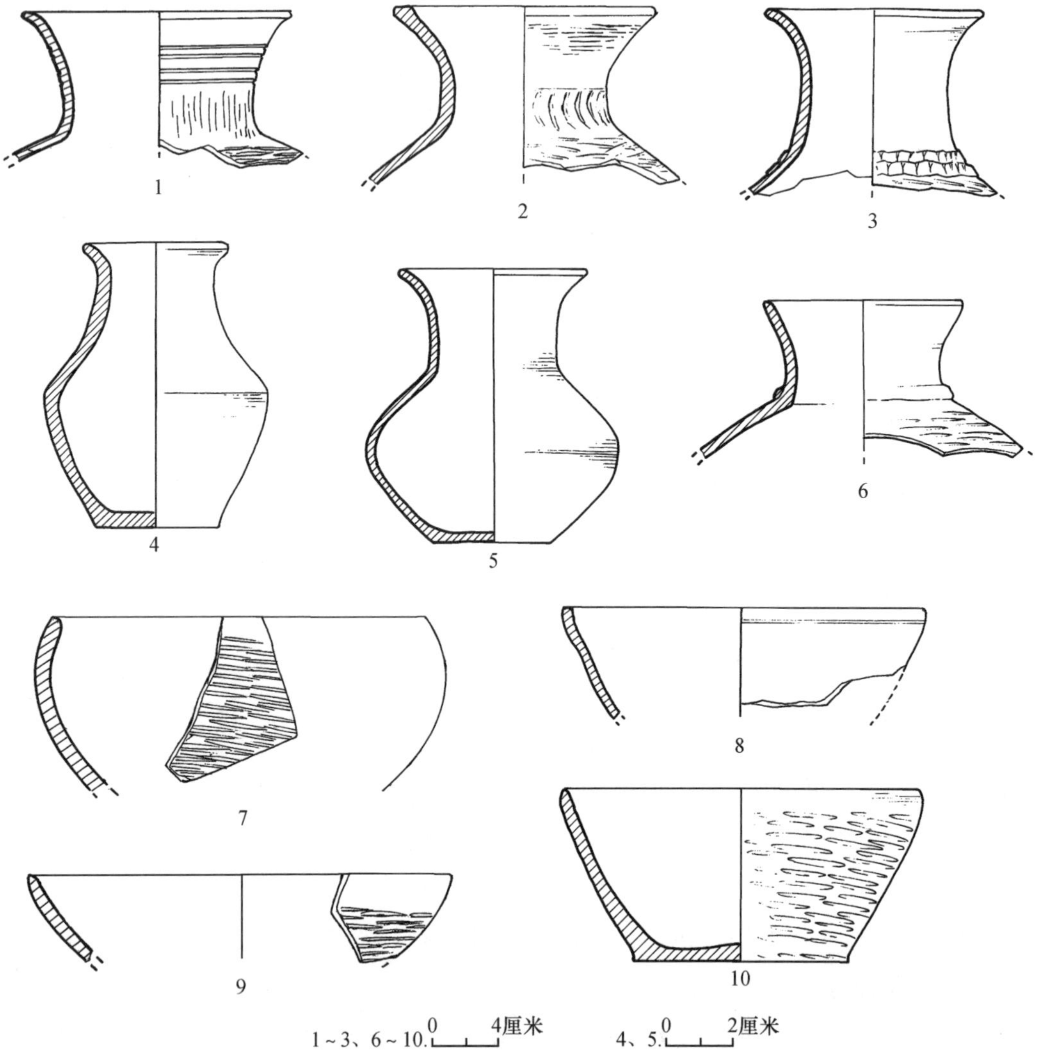

图4-14　第二期壶、小罐、钵

1、6. A型壶（ⅠT0203④：109、H87：54）　2、3. B型壶（ⅠT0307③：1、H20：1）　4. A型小罐（H79：4）　5. B型小罐（H49：5）　7. A型钵（H72：19）　8～10. B型钵（H20：6、H29：57、ⅠT0308③：3）

标本H29：57，粗泥质灰陶。尖唇，斜弧腹，仅存口沿及上腹。器表饰横向篮纹。口径26.1、残高5.2、壁厚0.8厘米（图4-14，9）。

标本ⅠT0308③：3，夹细砂灰陶。尖圆唇，腹壁斜直，平底。腹部饰右斜向中篮纹。内壁留有轮修痕。口径22.0、底径13.0、高10.2、壁厚0.8厘米（图4-14，10；图版三八，2）。

盘　13件。以夹砂灰陶为主，泥质灰陶次之。器表装饰以素面为主，篮纹次之，另有极少量磨光。根据口部及腹部特征分为四型。

A型　5件。腹壁较直。根据口部特征分为三个亚型。

Aa型　2件。敞口，浅斜腹。

标本ⅠT0308②：4，夹细砂红陶。圆唇，平底。素面。器表可见刮抹痕。口径36.0、底径33.6、高3.4、壁厚2.7厘米（图4-15，1）。

标本H30：9，粗泥质灰陶。方唇，平底。素面。口径24.2、底径22.8、高3.0、壁厚0.5～1.2、底厚1.1厘米（图4-15，4）。

Ab型　2件。直口或微敛口，矮直腹微弧。

标本H81：27，夹粗砂灰陶。直口微敛，圆唇，平底微凹。器表滚压绳纹后抹平，唇部仍可见少许绳纹。口径30.2、底径28.4、高5.6、壁厚1.0、底厚0.8厘米（图4-15，2）。

标本H81：15，夹粗砂红陶，胎体呈灰色。直口，厚圆唇，平底微凹。素面。器表留有轮修痕。口径38.0、底径38.2、高4.6、壁厚2.0、底厚1.2厘米（图4-15，3）。

Ac型　1件。直口微敞，斜直腹。

标本H66：2，粗泥质红陶。方唇，平底。素面。器表有少许刮抹痕。口径16.5、底径14.4、高5.7、壁厚1.4、底厚1.3厘米（图4-15，12；图版三九，2）。

B型　2件。敛口，斜弧腹，腹壁向下外张。

标本H46：22，夹粗砂灰陶。大平底微内凹，口沿、底部残。器表饰右斜向中粗篮纹，内壁有戳印痕。器表可见烟炱痕。底径33.8、残高4.1、壁厚2.1～4.1、底厚3.9厘米（图4-15，5）。

标本H20：18，夹细砂灰陶。方唇，大平底，部分腹壁及底残。唇部饰一周凹弦纹，腹部

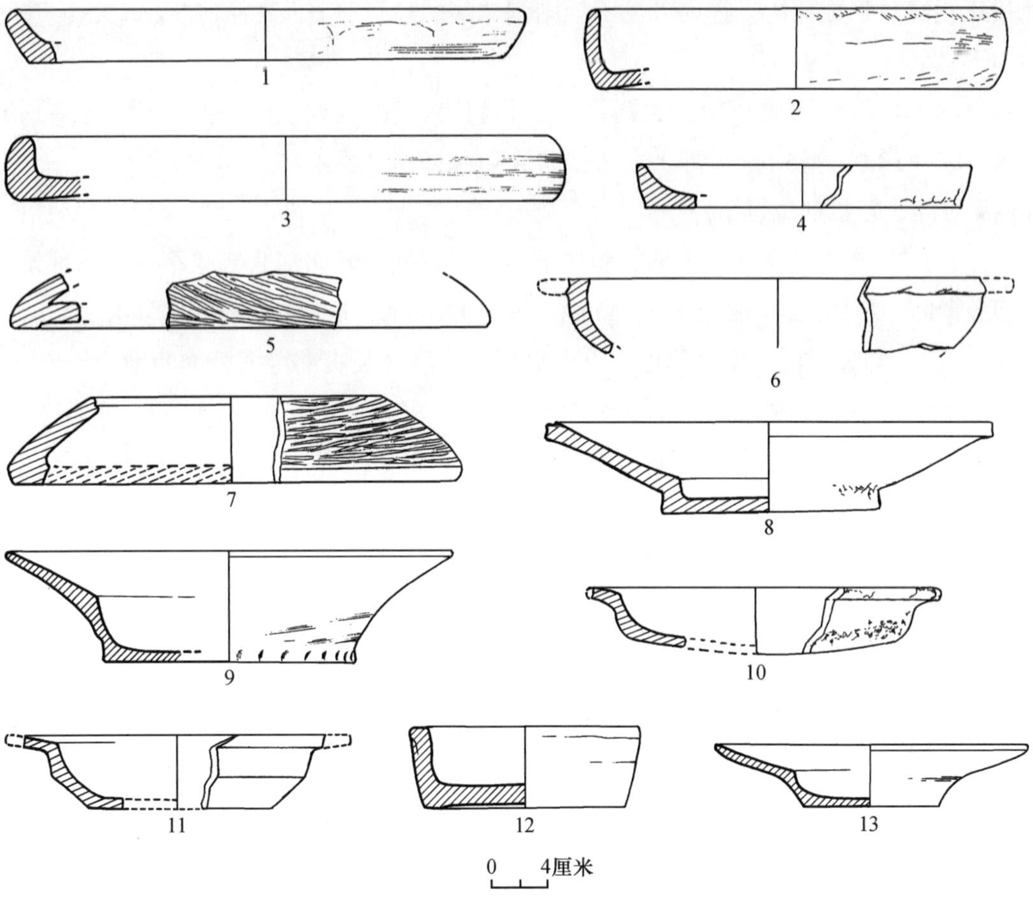

图4-15　第二期盘

1、4. Aa型（ⅠT0308②：4、H30：9）　2、3. Ab型（H81：27、H81：15）　12. Ac型（H66：2）　5、7. B型（H46：22、H20：18）　6、10、11. C型（H81：32、H72：18、H81：31）　8. Db型（H20：2）　9、13. Da型（ⅠT0307②：12、H18：13）

饰较深的左斜向和横向中篮纹。口径20.0、底径32.0、高5.5、壁厚1.0～1.8、底厚1.3厘米（图4-15，7）。

C型　3件。折沿，浅弧腹或折腹。

标本H81：32，细泥质灰陶。直口微敛，平折沿，唇部与底部残。沿面及内壁磨光，器表素面。内口径34.5、最大腹径30.0、残高5.3、壁厚1.4厘米（图4-15，6）。

标本H72：18，夹粗砂灰陶。敞口，斜折沿，圜底，唇部残。素面。器表可见刮抹痕，沿面及内壁留有轮修痕。口径26.0、底径20.5、高4.8、壁厚1.0、底厚0.9厘米（图4-15，10）。

标本H81：31，细泥质灰陶。敞口，斜折沿，折腹，中腹以下内收，唇部与底部残。素面。器表可见不规则刮抹痕。口径24.8、底径13.2、残高5.2、壁厚1.3～1.6、底厚0.8厘米（图4-15，11）。

D型　3件。敞口，折腹，内壁可见转折处形成的凸棱。根据腹部转折部位不同分为两个亚型。

Da型　2件。转折部位靠上。

标本ⅠT0307②：12，夹粗砂红陶。圆唇，斜腹，内壁在腹中部转折，平底。素面，腹底交接处按压浅窝纹形成花边。盘内可见不规则刮抹痕。口径31.0、底径17.5、高7.3、壁厚0.7、底厚0.6厘米（图4-15，9）。

标本H18：13，粗泥质灰陶。尖圆唇，上腹斜直，腹中部内折，平底。内外壁均磨光。口径22.8、底径10.0、高5.6、壁厚0.6、底厚0.6～0.8厘米（图4-15，13）。

Db型　1件。转折部位靠下。

标本H20：2，粗泥质灰陶。方唇，腹向下斜收，近底部转折成直壁，平底。唇部饰一周凹弦纹，器表素面。口径32.4、底径16.0、高6.4、壁厚0.8～0.9、底厚1.0厘米（图4-15，8）。

小罐　2件。与壶形似，但器体极小。根据颈部、肩部及腹部特征分为两型。

A型　1件。颈壁向下外张，折肩，腹向下斜收。

标本H79：4，夹细砂红陶。侈口，圆唇，平底。器表磨光。口径4.4、最大腹径6.8、底径3.8、高8.4、壁厚0.4、底厚0.4厘米（图4-14，4；图版三六，6）。

B型　1件。颈壁较直，溜肩，鼓腹。

标本H49：5，粗泥质灰陶。侈口，圆唇，小平底。器表磨光。口部可见刮抹痕，内壁可见明显的泥条盘筑痕迹。口径5.7、最大腹径7.7、底径3.6、高8.1厘米（图4-14，5）。

杯　8件。以夹砂灰陶为主，泥质灰陶次之，泥质红陶和夹砂灰陶较少。器表装饰以磨光和素面为主，篮纹次之。根据整体特征分为六型。

A型　3件。侈口，斜腹较深，腹壁内弧。根据底部特征分为两个亚型。

Aa型　2件。平底。

标本ⅠT0302④：2，夹粗砂红陶。口沿残。器表素面，底部周缘压印出花边。器表可见烟炱痕。底径 8.7、残高9.3、壁厚0.6～0.9厘米（图4-16，1）。

标本H34：7，夹粗砂灰陶。圆唇。腹部饰右斜向篮纹，底周缘按压出齿轮状花边。内壁留有轮修痕。底径7.0、高8.6、壁厚0.6厘米（图4-16，8；图版三八，6）。

Ab型　1件。矮圈足。

标本ⅠT0308③：01，细泥质灰陶。斜沿，沿面内凹，圆唇，足墙微外撇。口部外侧置一鸟喙状小鋬，器表素面。内壁留有多道轮修痕。口径8.0、底径7.0、高8.8、壁厚0.9～1.1厘米（图4-16，7；图版三八，5）。

B型　1件。直口，弧腹。

标本H49：51，夹细砂灰陶。尖唇，底残。器表磨光。内外壁均可见刮抹痕。口径9.8、残高6.1、壁厚0.4～0.7厘米（图4-16，2）。

C型　1件。侈口，斜腹内收呈喇叭状，小平底。器体较小。

标本H85：4，夹细砂灰陶。圆唇。素面。器表可见烟炱痕。口径7.7、底径3.3、高3.2、壁厚0.5、底厚0.6厘米（图4-16，6；图版三八，4）。

D型　1件。微侈口，直腹。

标本H87：52，粗泥质红陶。尖圆唇，厚壁，平底。素面。手捏而成。口径4.9、底径5.0、高4.5、壁厚0.9、底厚1.2厘米（图4-16，5；图版三九，1）。

E型　1件。高足杯。敛口，弧腹微鼓。

标本H49：4，细泥质灰陶。尖圆唇，卷沿，小圈足，底残。器表磨光，腹上部有一粗两细三周凹弦纹。腹上部留有轮修痕，底部可见轮制痕迹，内壁可见横向刮抹痕。口径10.0、残高9.2、壁厚0.2厘米（图4-16，4）。

F型　1件。单耳杯。敞口，斜弧腹，腹部有一竖向桥形耳。

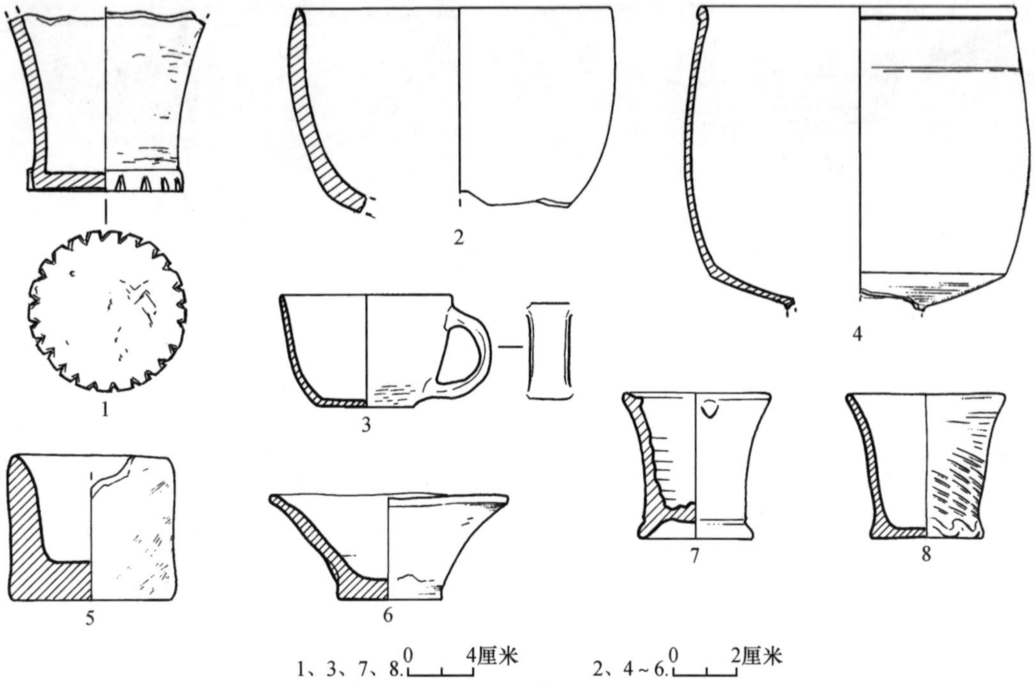

图4-16　第二期杯

1、8. Aa型（ⅠT0302④：2、H34：7）　2. B型（H49：51）　3. F型（H49：1）　4. E型（H49：4）　5. D型（H87：52）　6. C型（H85：4）　7. Ab型（ⅠT0308③：01）

标本H49：1，细泥质灰陶，薄胎。尖圆唇，平底。耳与腹壁连接处有黏结痕。器表磨光，耳部素面。内壁可见轮修痕。口径10.8、底径6.0、高6.9、壁厚0.1～0.3、耳宽2.4厘米（图4-16，3；图版三八，3）。

豆　3件。以泥质灰陶为主。器表装饰以磨光为主，素面次之。根据整体特征分为三型。

A型　1件。豆盘形制与D型盘相近，敞口，斜折腹，平底；粗高柄呈喇叭状，柄壁斜直，上小下大。

标本H49：7，粗泥质灰陶。圆唇，腹壁近底约三分之一处陡折。器表磨光。盘与柄为先分制后组装，二者连接处可见加固抹痕，器表可见轮修痕，柄内壁可见泥条盘筑痕。盘口径35.4、盘底径14.7、柄上径8.5、柄底径19.7、通高25.4厘米（图4-17，1；图版三九，3）。

B型　1件。豆盘壁斜收，平底，腹底相接处形成折角；豆柄上段较直。

标本H78：2，粗泥质灰陶。残存豆盘下部和柄上部。盘与柄为先分制后组装，二者连接处可见泥片加固抹痕。器表及盘内壁均磨光。残高9.8、壁厚1.3厘米（图4-17，3）。

C型　1件。豆盘壁较直，平底，腹底相接处呈弧形。

标本H66：50，粗泥质灰陶。残存豆盘下部和豆柄上段。器表略磨光。器表可见刮抹痕。残高5.3、豆盘底径19.0、壁厚0.6厘米（图4-17，4）。

漏斗　1件。

标本H18：5，夹细砂灰陶。敛口，方唇，斜弧腹，腹下流筒残。腹部饰右斜向中篮纹。内壁可见清晰的泥条盘筑痕。口径30.4、残高12.6、壁厚0.5～0.9厘米（图4-17，2；图版三九，4）。

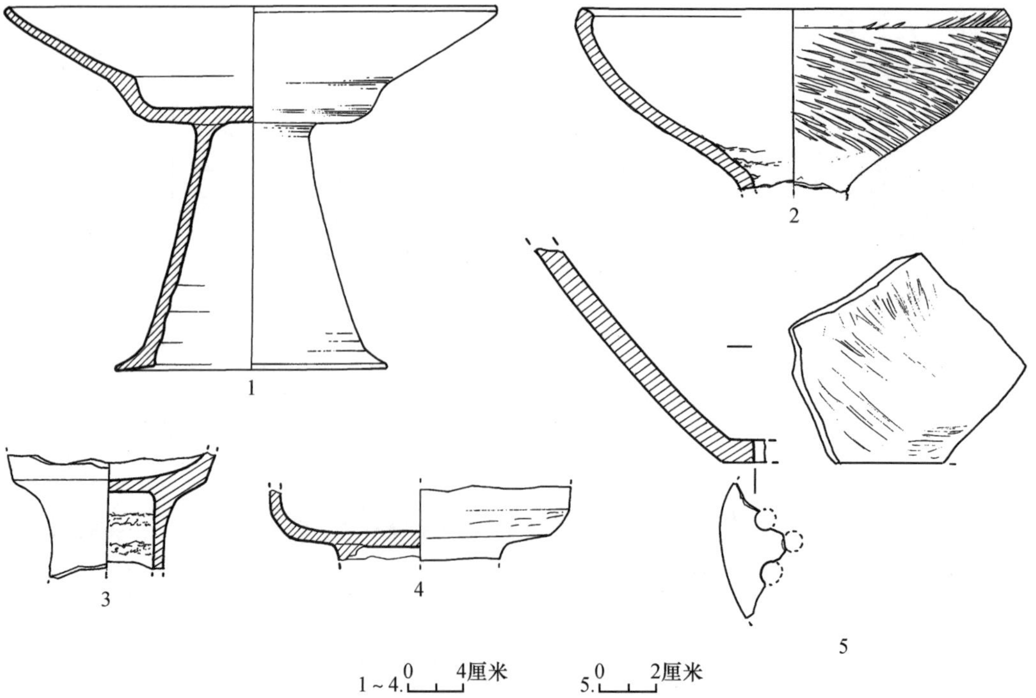

图4-17　第二期豆、漏斗、甑

1. A型豆（H49：7）　2. 漏斗（H18：5）　3. B型豆（H78：2）　4. C型豆（H66：50）　5. 甑（H12：28）

甑　1件。

标本H12：28，细泥质灰陶。盆形，腹壁斜直，平底，底部残存3个箅孔。素面。器表可见刮抹痕。残高7.6、壁厚0.8厘米（图4-17，5）。

器盖　12件。以夹砂灰陶为主，泥质灰陶次之。器表装饰以篮纹为主，绳纹和素面次之。根据鋬体特征分为三型。

A型　8件。圆饼形捉手，盖壁外张呈喇叭状。根据盖壁特征分为三个亚型。

Aa型　5件。盖壁内弧。

标本H28：12，夹粗砂红陶。捉手顶部内凹，盖体周缘残。捉手周缘饰宽疏的锯齿状花边，器表饰竖向细绳纹。内壁可见工具刮抹痕。捉手径7.9、残高6.9、壁厚0.6厘米（图4-18，1）。

标本H49：38，夹粗砂灰陶。盖体边缘残。捉手周缘压印一周斜向锯齿状花边。器表饰纹痕较浅的篮纹。捉手上留有轮修痕。捉手径9.8、残高5.1、壁厚0.4～0.6厘米（图4-18，2）。

标本ⅠT0407③：51，夹细砂红陶。捉手顶部微凹，盖壁内弧较甚，盖体周缘残。捉手周缘按压出11个凹窝，形成锯齿状花边，器表饰竖向中绳纹，纹痕较浅。捉手径6.3、残高6.0、壁厚0.5～0.7厘米（图4-18，3；图版三九，6）。

标本ⅠT0308②：144，夹粗砂红陶。圆唇。素面。内壁留有轮修痕。捉手径5.0、盖径16.0、高5.8、壁厚0.7～0.9厘米（图4-18，5）。

标本ⅠT0301④：101，夹细砂灰陶。捉手顶部微凹，盖体周缘残。捉手周缘按压出一周凹窝，形成花边，器表饰右斜向篮纹，篮纹上可见指压痕。捉手留有轮修痕。捉手径10.0、残高4.8、壁厚0.6厘米（图4-18，7）。

Ab型　2件。盖壁斜直。

标本H49：39，夹细砂红陶。捉手顶部微凹，盖体边缘残。捉手周缘按压出8个凹窝，形成花边，器表素面。内外壁皆可见泥条盘筑痕。捉手径7.7、残高4.4、壁厚0.5～0.6厘米（图4-18，4）。

标本ⅠT0301④：157，夹粗砂灰陶。尖圆唇，捉手残。器表饰较浅的右斜向篮纹。内壁留有轮修痕。口径16.0、残高9.1、壁厚0.8～1.0厘米（图4-18，6）。

Ac型　1件。盖壁略外弧。

标本ⅠT0308②：40，夹粗砂红陶。圆唇，盖体上部及捉手残。素面。口径9.0、捉手径5.0、高3.0、壁厚0.8厘米（图4-18，10）。

B型　2件。圈足状或浅盘状捉手，盖壁外弧。

标本H87：41，夹细砂灰陶。圆唇，浅盘状捉手，盖体与捉手间连有短柄，捉手上部残。素面。内壁留有轮修痕，内外壁皆可见烟炱痕。口径11.2、残高4.8、壁厚0.6～0.8厘米（图4-18，9）。

标本H80：4，夹粗砂灰陶。圈足状捉手，盖体周缘残。器表饰方格纹。捉手处可见轮修痕。捉手径9.2、残高6.4、壁厚1.0厘米（图4-18，12）。

C型　2件。整体形态近A型，但器体较大，盖壁外张程度较大。

标本ⅠT0203③：28，夹细砂灰陶。圆唇，盖壁内弧，盖体上部及捉手残。素面。器表可

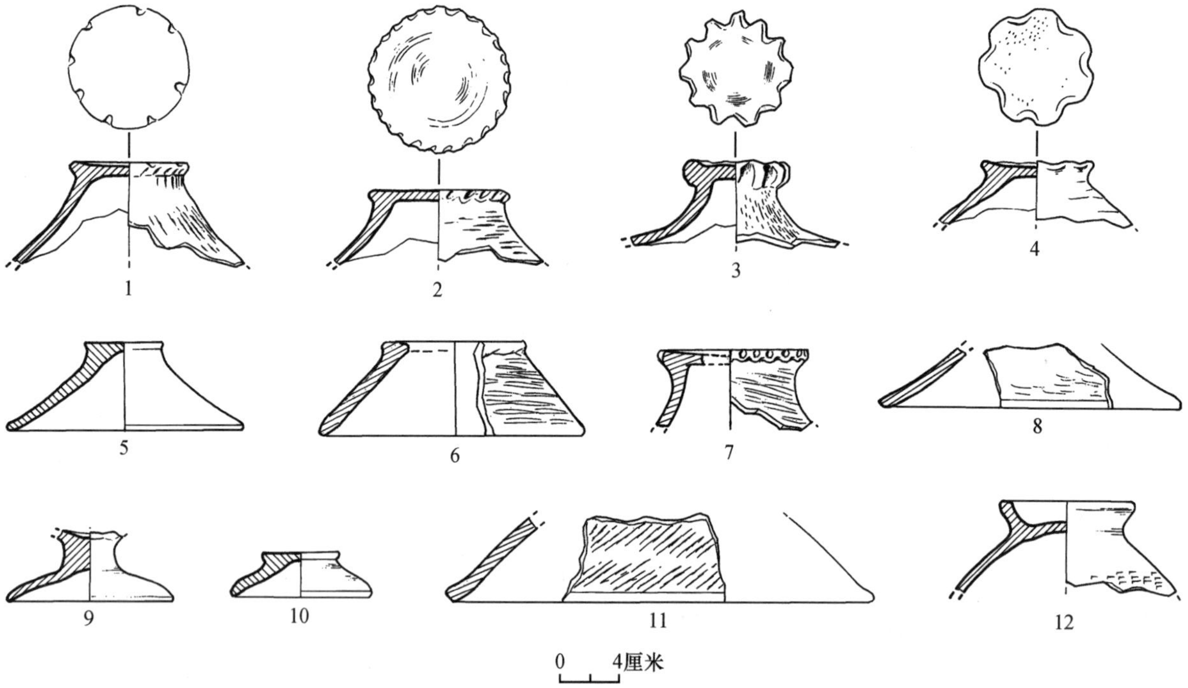

图4-18　第二期器盖

1～3、5、7. Aa型（H28：12、H49：38、ⅠT0407③：51、ⅠT0308②：144、ⅠT0301④：101）　4、6. Ab型（H49：39、ⅠT0301④：157）　8、11. C型（ⅠT0203③：28、H22：6）　9、12. B型（H87：41、H80：4）　10. Ac型（ⅠT0308②：40）

见刮抹痕。口径26.0、残高3.8、壁厚0.6厘米（图4-18，8）。

标本H22：6，夹粗砂红陶，胎体呈灰色。方唇，盖壁斜直，盖体上部及捉手残。器表饰左斜向绳纹，内壁可见刻划纹和绳压痕。口径29.0、残高5.9、壁厚1.0厘米（图4-18，11）。

2. 工具

工具有刀、纺轮和研磨器三种。

刀　5件。陶片加工而成。以泥质及夹细砂质灰陶居多。器表装饰以弦断线纹为主，素面和线纹次之。刀体近长方形，两侧边打制成内凹状缺口。

标本H80：31，夹细砂灰陶。刀体微弧，一边打制出不规整的弧刃，两宽侧有凹窝。素面。长8.1、宽4.7、厚0.7厘米（图4-19，1；图版四二，5）。

标本Y1：61，粗泥质灰陶。刀体微弧，一边打制出不规整的弧刃。器表保留左斜向线纹，并有数道刮抹痕。长8.0、宽5.2、厚0.4厘米（图4-19，2；图版四二，6）。

标本ⅠT0202④：110，细泥质灰陶。刀体微弧，直背，下缘打制成单面直刃，刃缘不规整，对侧打磨平整。器表保留斜线纹，其上饰弦断纹。残长8.3、残宽4.8、厚0.3厘米（图4-19，3）。

标本Y3：4，细泥质灰陶。刀体微弧，直背，单面直刃，刃缘不规整，一侧缘已残。器表保留竖向细绳纹。残长4.6、宽4.7、厚0.6厘米（图4-19，4）。

标本Y1：62，细泥质红陶，胎体呈灰色。尖底瓶腹部残片打磨而成。刀体呈三角状，一边打制出不规整的弧刃。器表保留弦断线纹。残长8.1、宽5.0、厚0.4～0.6厘米（图4-15，5；图版四三，1）。

纺轮　3件。泥质灰陶。圆饼状。根据截面形态分为两型。

A型　2件。截面呈长方形。两面平直，中部有一圆孔。

标本H28：1，粗泥质灰陶。素面。直径5.2、孔径0.7、厚1.7厘米（图4-19，8；图版四三，3）。

标本H72：3，粗泥质灰陶。残存二分之一。素面。直径3.8、孔径0.4、厚0.5厘米（图4-19，9；图版四三，4）。

B型　1件。截面近半圆形。顶部圆弧，底面平直，外侧缘斜弧，中部为一圆孔。

标本H85：3，粗泥质灰陶。素面。直径5.1、孔径0.6、厚1.9厘米（图4-19，7）。

研磨器　1件。

标本H81：35，夹粗砂红陶。圆柱状，顶端手握部位呈锥状，研磨面较平整，截面呈椭圆形。残高7.9、研磨面直径3.4厘米（图4-19，15）。

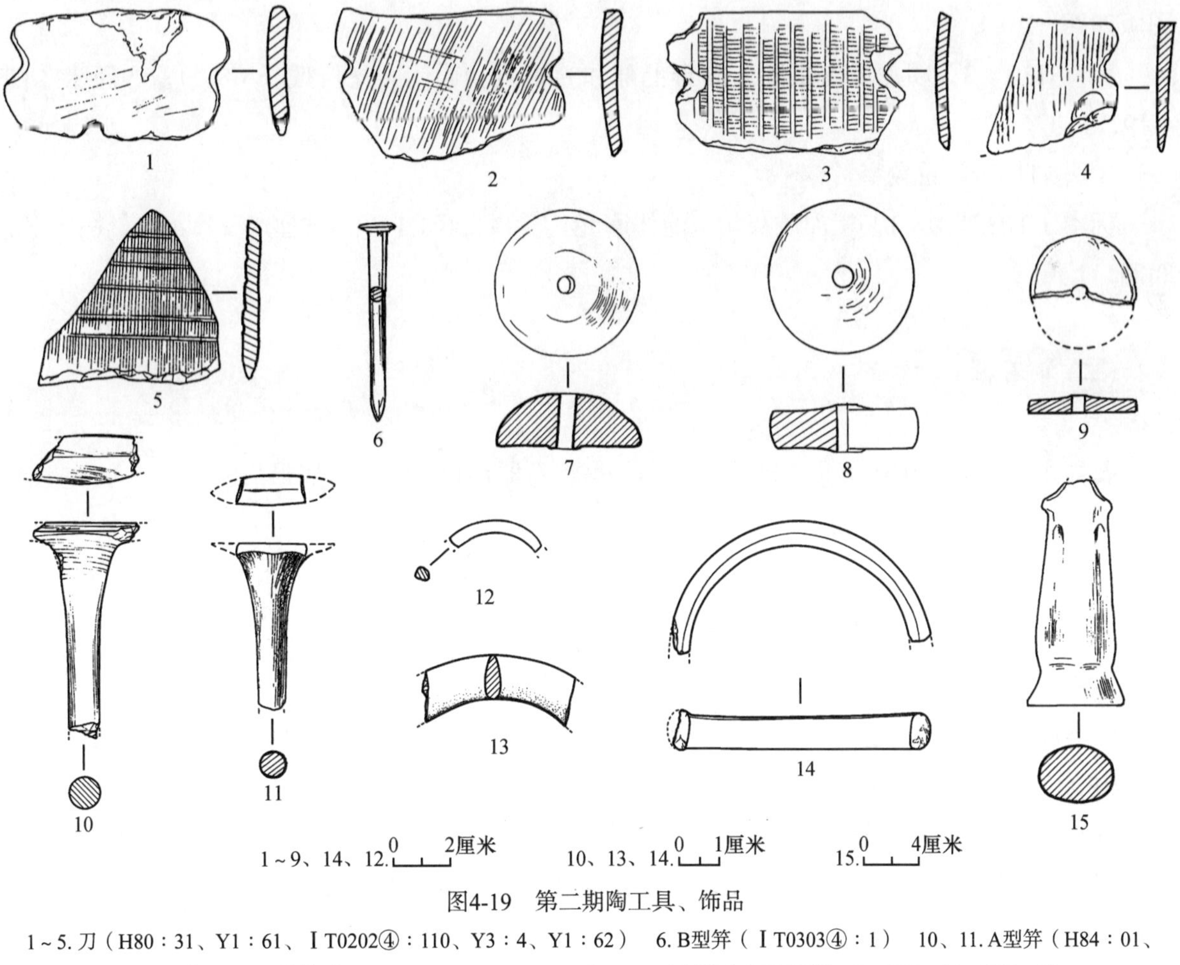

图4-19　第二期陶工具、饰品

1～5. 刀（H80：31、Y1：61、ⅠT0202④：110、Y3：4、Y1：62）　6. B型笄（ⅠT0303④：1）　10、11. A型笄（H84：01、H79：3）　7～9. 纺轮（H85：3、H28：1、H72：3）　12～14. 环（ⅠT0203④：2、H15：06、H42：1）　15. 研磨器（H81：35）

3. 饰品

饰品有环和笄两种。

环　3件。

标本 I T0203④：2，粗泥质灰陶。残存四分之一，截面近方形，内外壁均较直。器表磨光。残弧长2.5、宽0.5、厚0.5厘米（图4-19，12）。

标本H15：06，粗泥质灰陶。残存近六分之一，截面呈卵圆形，内壁较直，正反两面向外斜收出缘。器表磨光。环残弧长约3.7、宽1.1、厚0.3厘米（图4-19，13；图版四三，5）。

标本H42：1，粗泥质灰陶。残存近二分之一，截面近椭圆形，内壁平直，外侧面圆弧。器表光滑平整。内径5.4、外径6.4、厚0.5厘米（图4-19，13；图版四三，2）。

笄　3件。笄身为圆柱状，顶端有笄帽，底端磨出锥状尖。根据笄首形制分为两型。

A型　2件。笄首较宽。平面呈T形，笄帽平面呈梭形。

标本H84：01，粗泥质灰陶。笄身上部和笄帽残。通体磨光。残高4.9厘米（图4-19，10；图版四四，2）。

标本H79：3，粗泥质黑皮陶。笄身上部和笄帽残。通体磨光。残长5.8、厚0.9厘米（图4-19，11）。

B型　1件，笄首较窄。

标本 I T0301④：1，粗泥质灰陶。通体磨光。笄顶直径1.1、长6.5厘米（图4-19，6；图版四四，1）。

（二）石器

石器主要可分为生产工具、饰品两大类，另将石器坯料附于相应器形后。

1. 生产工具

生产工具有石斧、石铲、石锛、石刀、石镞、石纺轮等。

石斧　2件。

标本H72：1，灰黑色闪长片岩。顶部残断，残存部分边缘打制成双面刃。器表磨光。无明显使用痕迹。残长7.7、宽7.9、厚1.0～1.6厘米，重181克（图4-20，1；图版四五，2）。

标本H79：2，灰白色石英砂岩。原应为石斧的顶部，后改制，边缘打制成双面刃，仍可见少许未打去的原顶部边缘。器身磨光，断裂处残存半孔，为双面桯钻形成。刃部无明显使用痕迹。残高4.7、宽9.2、厚0.4～1.3、孔径1.3～1.5厘米，重117克（图4-20，16；图版四五，1）。

石锛　3件。

标本H85：2，深墨绿色辉绿岩。平面近梯形，平顶稍窄，单面直刃，刃部锋利，保存完

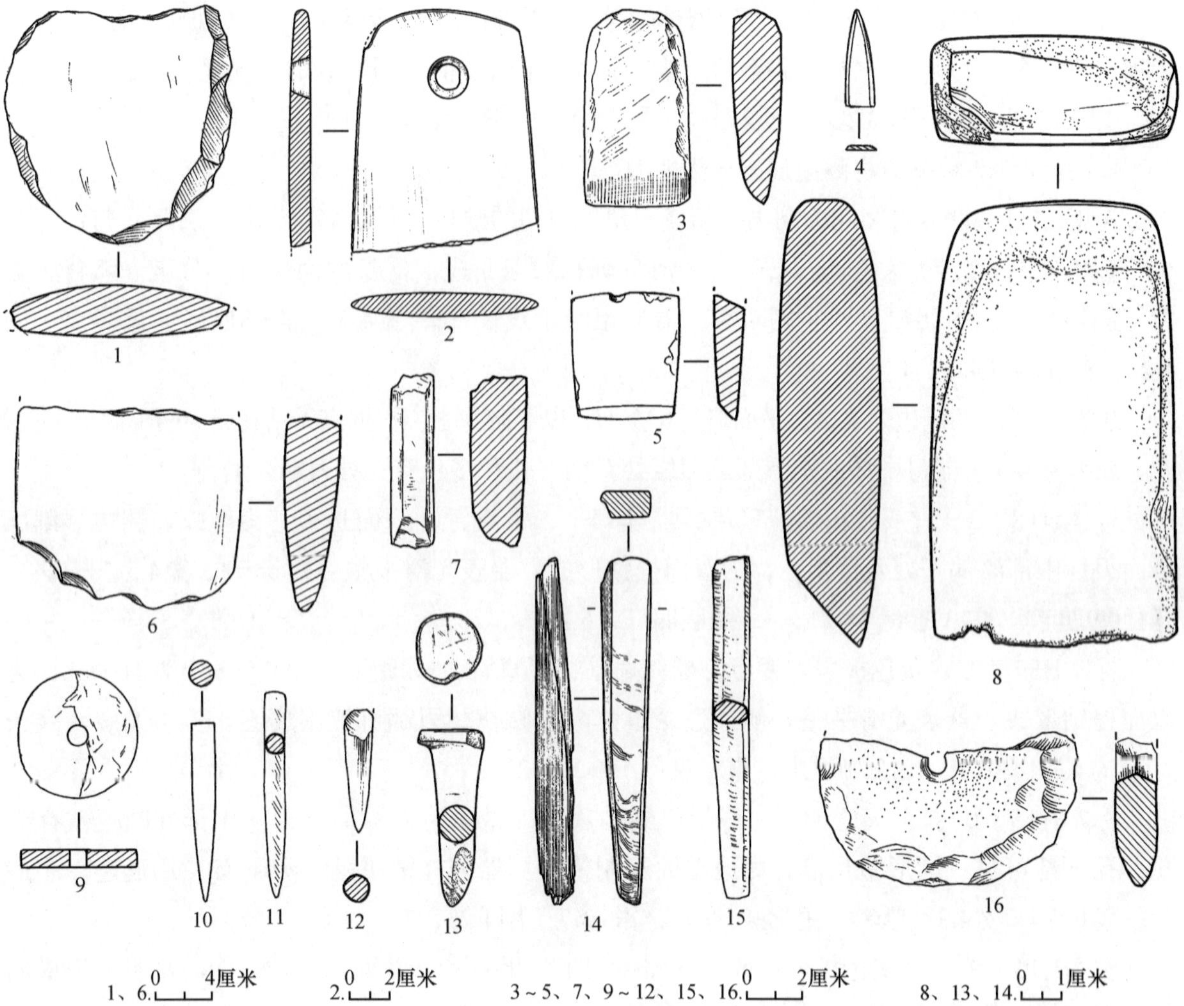

图4-20　第二期石生产工具、饰品

1、16. 石斧（H72：1、H79：2）　2、6. 石铲（H15：03、Y3：2）　3、5、8. 石锛（H85：2、ⅠT0202④：4、H87：01）　4. 石镞（ⅠT0202④：3）　7、14. 石笄毛坯（H79：1、H87：05）　9. 石纺轮（H96：1）　10～12. Ba型石笄（Y2：01、H85：1、H16：1）　13. A型石笄（H12：2）　15. Bb型石笄（H28：2）

整。器身磨光，顶部及两侧边经琢制。长6.9、宽3.0～3.7、厚1.7厘米，重92克（图4-20，3；图版四四，4）。

标本H87：01，墨绿色闪长岩。顶部稍窄，平面近梯形，平顶，两侧边斜直，单面直刃。器身磨光。器身顶部及边棱有装柄破损痕，刃部有使用崩损痕迹。长10.4、宽4.5～5.8、厚2.4厘米，重327克（图4-20，8；图版四四，5）。

标本ⅠT0202④：4，黑灰色凝灰岩。顶部残，仅存刃部，单面直刃，中间厚，向两侧及刃缘渐薄，侧缘微弧。磨制。残长4.2、宽3.6～3.9厘米，重44克（图4-20，5）。

石铲　2件。

标本Y3：2，灰白色灰岩。器体扁平，残存下半部，中间厚，边缘处较薄，双面弧刃。刃部残损严重。磨制。残高6.6、宽8.0、厚0.7厘米，重140克（图4-20，6；图版四三，6）。

标本H15：03，灰白色白云岩。器体扁平，平面近梯形，刃部已残，弧顶，侧边斜直。近顶部有一孔，为单面桯钻后琢穿。磨制。顶部可见因装柄使用形成的破损痕。残高10.6、宽8.7、厚0.7～1.0、孔径1.3厘米，重174克（图4-20，2；图版四四，3）。

石刀　8件。根据器物侧边形态分为四型。

A型　1件。两侧打制或琢制出弧形或三角形内凹的缺口，平面略呈圆角长方形。打制。

标本H59：2，浅棕色长石石英岩。河滩砾石加工而成，器身两面保留部分破。弧背、弧刃，侧边打制出内凹缺口，一侧断裂。器形粗糙。残长7.2、宽4.3、厚0.8厘米，重43克（图4-21，8；图版四六，1）。

B型　5件。两侧边无缺口，平面略呈长方形，以磨制为主。根据有无钻孔分为两个亚型。

Ba型　4件。器身中部或中下部近刃缘处对钻一孔。多从穿孔处残断。磨制。

标本H18：2，青灰色板岩。残半，器体扁平，平直背，双面直刃，刃微弧，侧边磨制出单面刃。中部略偏下处残存半孔，为双面桯钻形成。器表光滑平整。残长5.3、宽4.5、厚0.4、孔径0.9厘米，重23克（图4-21，4；图版四五，6）。

标本H87：03，灰色板岩。残半，器体扁平，平直背，双面直刃。中部偏下处有一孔，为双面桯钻形成。器表光滑平整。侧边边缘单面磨制修整，刃部有使用痕迹，多小崩碴。残长7.1、宽4.7、厚0.4、孔径0.6厘米，重27克（图4-21，2）。

标本H15：02，青灰色板岩。残半，器体扁平，微弧背，双面直刃。中部残断处残存半孔，孔下部可见一圆形钻孔痕，侧边单面磨制修整。器表光滑平整。刃部有使用痕迹，多崩茬。残长5.4、宽4.3、厚0.3、孔径0.6厘米，重19克（图4-21，1）。

标本H15：01，青灰色板岩。残半，器体扁平，平直背，双面刃。器身中下部有一道横向长梭形划槽，槽内有一孔，为双面桯钻形成。残长8.2、宽5.9、厚0.5、孔径0.7厘米，重46克（图4-21，3；图版四五，5）。

Bb型　1件。无孔。

标本H87：06，白色大理岩。器体扁平，四边均经打制成刃缘，双面刃。器身两面经磨制，密布平行直线状摩擦痕。长7.1、宽5.9、厚0.9厘米，重77克（图4-21，7；图版四五，4）。

C型　1件。两侧边开刃，一端有锋，平面呈三角形。磨制。

标本H18：1，青灰色板岩。器体扁薄，一端残，两侧边开刃，向内弧收成尖，双面微弧刃。刃部有因使用形成的小崩碴。残长4.7、宽3.7、厚0.3厘米，重8克（图4-21，5；图版四六，2）。

D型　1件。有柄。磨制。

标本H59：1，红褐色板岩。器体扁平，表面破损，前刃部平面呈三角形，双面刃，两侧刃斜直内收成锋。柄部靠近刃端较宽，两侧微内弧收至尾端。残长12.0、宽3.8～5.3、厚0.6厘米，重67克（图4-21，6；图版四五，3）。

石镞　1件。

标本ⅠT0202④：3，灰黑色板岩。器体扁薄，平面形状呈细三角形，侧边双面磨制出薄

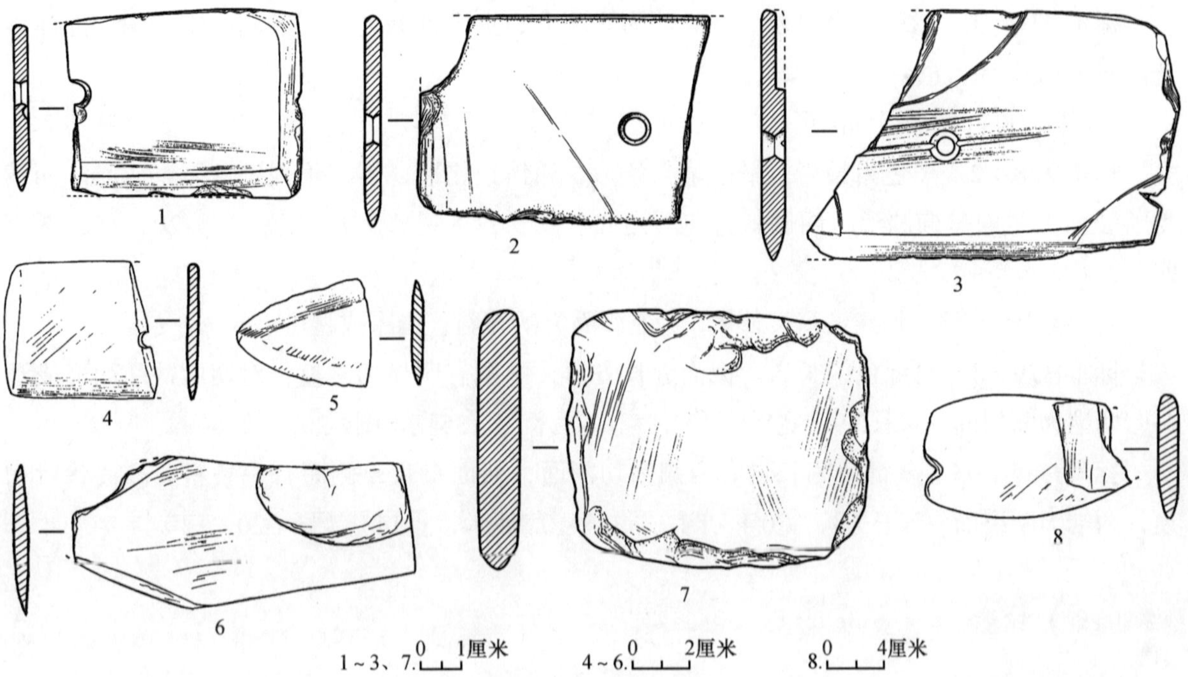

图4-21　第二期石刀

1～4. Ba型（H15：02、H87：03、H15：01、H18：2）　5. C型（H18：1）　6. D型（H59：1）　7. Bb型（H87：06）　8. A型（H59：2）

刃，尖部稍弧。磨制。长3.0、宽1.1、厚0.1厘米，重1克（图4-20，4；图版四六，3）。

石纺轮　1件。

标本H96：1，黑色灰岩。圆饼形，器体扁平，两面均残损，中部有一圆孔，孔壁较直。器表磨光。直径4.2、厚0.9、孔径0.6 厘米，重24克（图4-20，9；图版四六，4）。

2. 饰品

饰品仅有石笄一种，共5件。

根据平面形态分为两型。

A型　1件。平面呈T形，顶部有笄帽。

标本H12：2，灰黑色闪长岩。笄身短粗，笄帽近圆形，笄身呈扁圆柱体，截面呈椭圆形，自顶部向底部渐细，磨制出锥尖。通体磨光。长3.7、笄帽直径1.5厘米，重8克（图4-20，13；图版四七，1）。

B型　4件。无帽，器体较长。根据截面形状分为两个亚型。

Ba型　3件。截面呈圆形或近圆形。

标本Y2：01，灰绿色蛇纹岩。笄身较细，顶部残断，下部磨制出锥状尖，截面呈圆形。通体磨光。残长6.2厘米，重5克（图4-20，10；图版四七，3）。

标本H85：1，灰黑色闪长岩。笄身较细，截面呈圆形，顶部磨平，向下部内弧收成锥状尖。通体磨光，制作精细。长7.1、最大径0.7厘米，重7克（图4-20，11；图版四七，2）。

标本H16：1，墨绿色蛇纹岩。笄身截面呈圆形，上部残断，下部磨制出锥状尖。通体磨光。残长4.2厘米，重4克（图4-20，12）。

Bb型　1件。截面呈椭圆形。

标本H28：2，黑色闪长岩。平面呈长条形，通体经粗磨，器表不规整，属半成品。两端为断裂面，截面呈椭圆形，两侧斜直向下内收。残长11.8厘米，重25克（图4-20，15；图版四七，4）。

石笄毛坯　2件。均残。窄长条状，为制作石笄的坯料，尚未成型。

标本H79：1，青绿色闪长岩。截面近长方形，两侧有明显切割痕，对切后截断而形成凸棱，两端为断裂面。残长5.9、宽1.8、厚1.1～1.6厘米，重35克（图4-20，7）。

标本H87：05，灰褐色闪长岩。两侧为切割面，切面平直，侧面有一条斜向凸棱状对切痕，两端为断裂面。残长7.8、宽0.4～1.1、厚0.5～0.8厘米，重14克（图4-20，14）。

（三）骨器

骨器包含骨、角和牙等材质，器形有骨锥、骨镞、骨笄、骨针、骨匕、角锥和牙饰等。

骨锥　1件。

标本H49：3，器体较细，三棱状，末端磨成锥状尖。器表经打磨，可见斜向磨痕。长12.5、宽0.8厘米，重8克（图4-22，1；图版四七，5）。

骨笄　1件。

标本H49：2，笄身细长，截面呈扁圆形，顶端及尖端残。通体磨光，可见斜向磨痕。残长9.0、宽1.0厘米，重6.0克（图4-22，3；图版四七，6）。

骨镞　3件。

标本H66：1，器体扁平，平面近梭形，铤细长，尖部及尾部略残。器表磨光，铤部可见刮削痕。残长6.5、最宽0.8、厚0.4厘米，重3克（图4-22，4；图版四八，1）。

标本H87：02，器体扁平，镞尖略呈等腰三角形，铤残。通体打磨，可见斜向磨痕。残长3.9、最宽1.1、厚0.3厘米，重1克（图4-22，5；图版四八，3）。

标本H18：3，器体扁平，平面呈梭形，铤细长，尾端内收成锥状尖。通体打磨，可见斜向磨痕。长5.4、最宽1.0、厚0.4厘米，重2克（图4-22，6；图版四八，2）。

骨针　1件。

标本H79：5，器体细长，截面略呈扁圆形，针尖较尖锐，针孔一端稍残。器表磨光，可见竖向刮磨痕。残长8.9、顶端最宽0.6、器身最宽0.4厘米，重2克（图4-22，8；图版四八，4）。

骨匕　1件。

标本Y2：02，窄长条形，一面内凹，一侧边及一端呈锋刃状，截面呈弧形。器表经打磨，可见竖向刮磨痕。长10.0、最宽0.8、厚0.4厘米，重4.0克（图4-22，2；图版四八，5）。

角锥　1件。

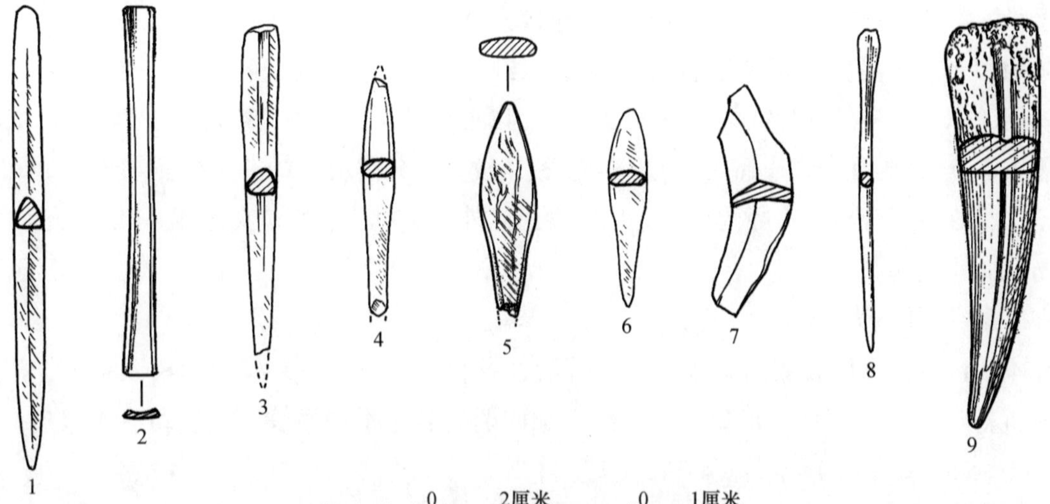

图4-22　第二期骨器

1. 骨锥（H49：3）　2. 骨匕（Y2：02）　3. 骨笄（H49：2）　4～6. 骨镞（H66：1、H87：02、H18：3）　7. 牙饰（H59：3）　8. 骨针（H79：5）　9. 角锥（T0302⑤：1）

标本ⅠT0302⑤：1，鹿角磨制而成，根部略残。锥尖光滑。长10.5、最宽处2.2、厚1.8厘米，重28克（图4-22，9；图版四八，6）。

牙饰　1件。

标本H59：3，半环形，白色。器表光滑。残长6.3、残宽1.1厘米，重5克（图4-22，7；图版四六，6）。

第二节　遗迹单位分述

第二期的文化遗迹有灰坑、房址和陶窑三类，以灰坑为主，房址2座，陶窑3座。

一、灰　　坑

1. ⅠT0202H4

H4位于ⅠT0202西北角。开口于③层下，被H5打破，打破H57。袋状坑，坑口平面呈椭圆形，坑壁自上而下向外弧，平底。坑口距地表深160厘米，探方内出露部分坑口长径220、

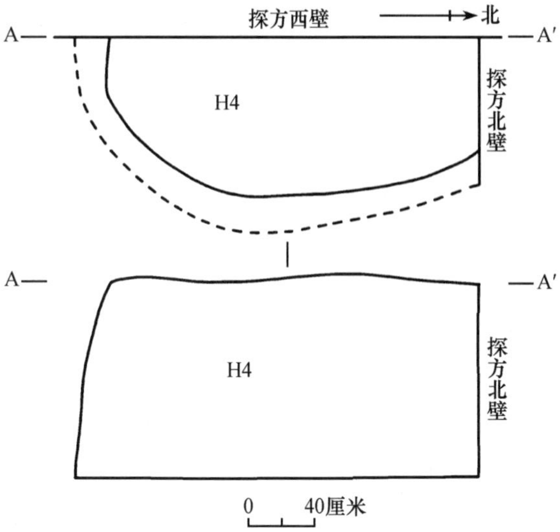

图4-23　ⅠT0202H4平、剖面图

坑口短径90、坑底长径240、坑底短径110、深110～116厘米（图4-23）。

坑内填土为灰褐色，土质较疏松，包含少量红烧土颗粒。文化遗物仅有陶器。

陶器　属于本期的陶片共4片，总重251克。以夹粗砂灰陶为主，粗泥质灰陶次之。器表装饰有篮纹、篮纹+附加堆纹、篮纹+附加堆纹+按压纹。经分类和拼对，共有4件个体，可辨器形有夹砂深腹罐、壶等典型庙底沟二期文化遗物。此外，本单位还出土夹砂罐、钵等仰韶文化遗物（图4-24）。

夹砂罐　2件。为A型。

标本H4：7，夹细砂灰陶。敛口，斜折沿，方唇，上腹外斜，仅存口沿及上腹。唇部用手指或棍棒压印一周凹痕，形成花边，沿下加固两周叠压附加堆纹。内壁留有轮修痕。口径27.0、残高5.5、壁厚0.7厘米（图4-24，2）。

标本H4：8，夹粗砂灰陶。微敛口，斜折沿，尖圆唇，上腹壁较直，仅存口沿及上腹。沿下加固两周叠压附加堆纹。内外壁均留有轮修痕。口径28.0、残高5.2、壁厚0.6厘米（图4-24，1）。

本单位发现有仰韶晚期陶片4片，可辨器形有夹砂罐和钵。

夹砂罐　3件。

Aa型　1件。

标本H4：6，夹细砂灰陶。敛口，斜折沿，尖唇，上腹外鼓，仅存口沿及上腹。上腹残留一鸡冠鋬，鋬以下饰两周附加堆纹，堆纹上留有绳压痕。口径19.0、残高7.8、壁厚0.5厘米（图4-24，6）。

Ab型　2件。

标本H4：5，夹细砂红陶。敛口，斜折沿，圆唇，上腹微鼓，仅存口沿及上腹。上腹饰交错细绳纹。内外壁均留有轮修痕。口径20.2、残高5.9、壁厚0.7厘米（图4-24，4）。

标本H4：3，夹粗砂红陶。敛口，斜折沿，圆唇，上腹外弧，仅存口沿及上腹。上腹饰右斜向中绳纹。器表及口沿留有轮修痕。口径26.0、残高6.3、壁厚0.6厘米（图4-24，3）。

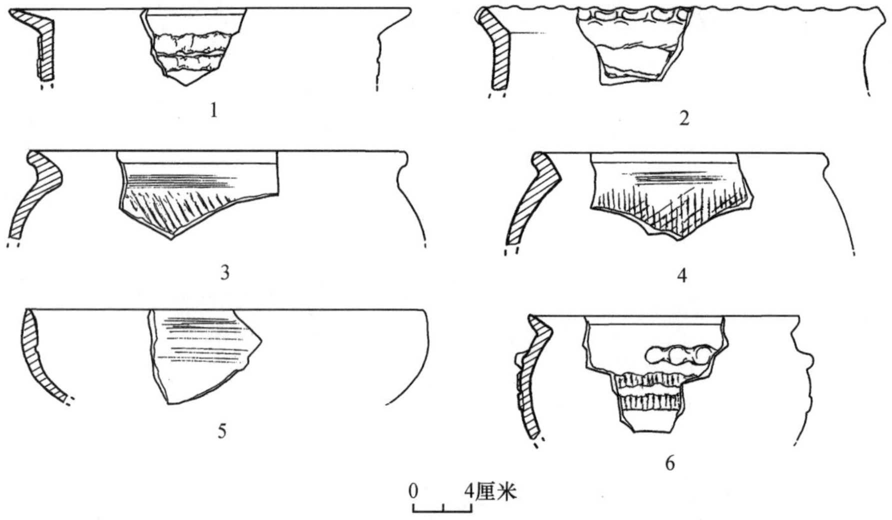

图4-24　ⅠT0202H4出土陶器

1、2. 第二期A型夹砂罐（H4：8、H4：7）　3、4. 第一期Ab型夹砂罐（H4：3、H4：5）　5. 第一期B型钵（H4：2）　6. 第一期Aa型夹砂罐（H4：6）

钵　1件。为B型。

标本H4：2，细泥质红陶，胎体呈灰色。直口微敛，尖圆唇，上腹较直，仅存口沿及上腹。素面。内外壁均留有水平状刮抹痕。口径28.0、残片宽6.8、残高6.5、壁厚0.5厘米（图4-24，5）。

2. ⅠT0202H5

H5位于ⅠT0202西北角。开口于③层下，打破H57，被H4打破。袋状坑，坑口平面呈椭圆形，坑壁自上部而下外斜，近底部时弧形内收，坑壁垂直，平底。坑口距地表270厘米，探方内出露部分坑口长径86、坑口短径75、坑底长径120、深100厘米（图4-25）。

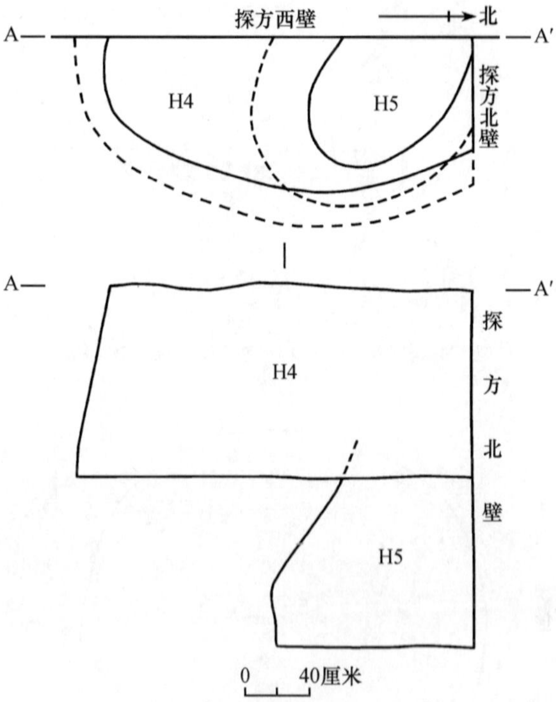

图4-25　ⅠT0202H5平、剖面图

坑内填土为黄褐色，土质较坚硬。文化遗物仅有陶器。

陶器　属于本期的陶片共3片，总重242克。以粗泥质灰陶为主，夹粗砂灰陶次之。器表装饰以磨光篮纹+附加堆纹为主。经分类和拼对，共有3件个体，可辨器形有夹砂深腹罐、盆等典型庙底沟二期文化遗物。此外，本单位还发现泥质罐和盆等仰韶文化遗物（图4-26）。

夹砂罐　1件。为B型。

标本H5：3，夹粗砂灰陶。侈口，尖圆唇，上腹外弧，仅存口沿及上腹。唇部压印出波浪状花边，沿下加固一周附加堆纹，上腹饰横向篮纹。口径14.0、残片宽6.7、残高5.5、壁厚0.6厘米（图4-26，4）。

盆　1件。为A型。

标本H5：1，细泥质灰陶。仅存口沿及上腹，内沿折棱凸出形成微敛口，斜折沿，弧腹仅存口沿及上腹。器表磨光。内外壁可见轮修痕。口径34.8、残高9.5、壁厚0.7厘米（图4-26，2）。

本单位发现仰韶晚期陶片2片，可辨器形有夹砂罐和盆。

夹砂罐　1件。为B型。

标本H5：4，夹细砂红陶。敛口，平折沿，圆唇，上腹微鼓，仅存口沿及上腹。素面。器表留有轮修痕。内口径24.2、外口径30.4、沿宽3.1、残高7.6、壁厚0.8厘米（图4-26，3）。

盆　1件。为Ab型。

标本H5：2，粗泥质红陶。内沿折棱凸出形成内敛口，平折沿，沿面微弧，沿外端略下垂，圆唇，斜腹斜收，仅存口沿及上腹。磨光。器表留有刮抹痕。口径35.0、残片宽6.8、残高6.3、壁厚0.6厘米（图4-26，1）。

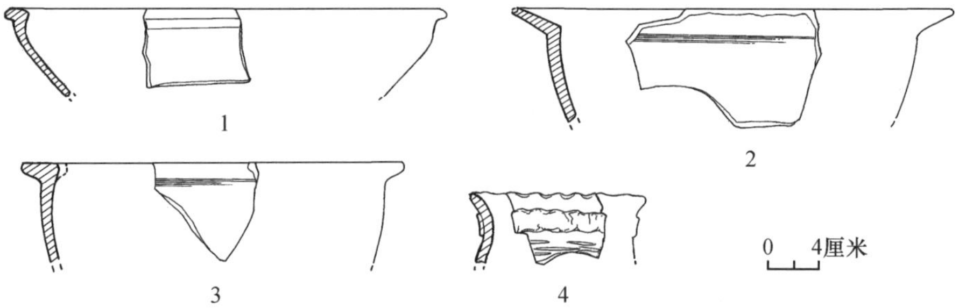

图4-26　ⅠT0202H5出土陶器

1. 第一期Ab型盆（H5：2）　2. 第二期A型盆（H5：1）　3. 第一期B型夹砂罐（H5：4）　4. 第二期B型夹砂罐（H5：3）

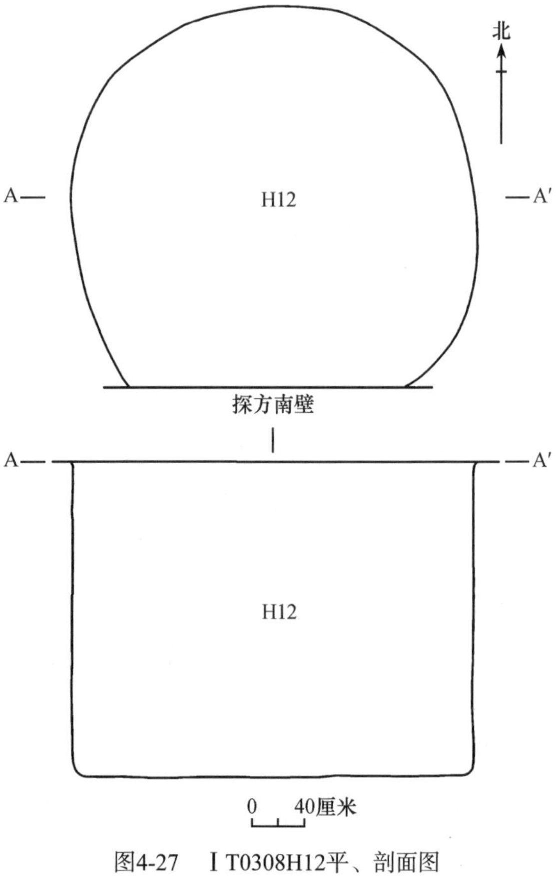

图4-27　ⅠT0308H12平、剖面图

3. ⅠT0308H12

H12位于ⅠT0308靠近探方南壁处。开口于③层下，打破H31、H37及F3。筒状坑，坑口平面呈圆形，坑壁较直，平底。坑口距地表深110厘米，坑口、坑底直径310、深230厘米（图4-27）。

坑内填土为灰褐色，土质疏松，填土中夹杂有木炭、兽骨、红烧土块、螺壳等。文化遗物有陶器和石器。

（1）陶器　属于本期的陶片共118片，总重6712克。以夹粗砂灰陶为主，夹细砂灰陶次之。器表装饰以篮纹+附加堆纹为主，篮纹次之，另有少量素面、磨光、附加堆纹、篮纹+附加堆纹+按压纹（表4-4）。经分类和拼对，共有42件个体，可辨器形有夹砂深腹罐、瓮、甑等典型的庙底沟二期文化遗物。此外，本单位还发现尖底瓶、夹砂罐、瓮、盆等仰韶文化遗物（图4-28、图4-29、表4-5）。

夹砂罐　10件。

A型　8件。

标本H12：1，夹粗砂灰陶。敛口，斜折沿，方唇，上腹斜直，中腹外鼓。沿下加固两周紧密并列附加堆纹，上腹饰右斜向篮纹，其上饰两周附加堆纹，堆纹上留有按压痕。口径28.0、残高19.6、壁厚0.7厘米（图4-28，1）。

标本H12：5，夹细砂灰陶。敛口，斜折沿，方唇，沿面微凹，上腹外弧，仅存口沿及上腹。沿下加固两周部分的附加堆纹，上腹饰横向篮纹。残高8.0、壁厚0.6厘米（图4-28，9）。

表4-4　ⅠT0308H12陶系统计表

陶质	细泥质陶	粗泥质陶	夹细砂陶	夹粗砂陶		合计	百分比（%）
器表装饰＼陶色	灰	灰	灰	红	灰		
素面	1/54				8/442	9/496	7.63/7.39
磨光	1/25					1/25	0.85/0.37
篮纹			9/506		20/1048	29/1554	24.57/23.15
篮纹+附加堆纹			5/413	4/207	53/2449	62/3069	52.54/45.72
绳纹+附加堆纹			4/383		5/423	9/806	7.63/12.01
篮纹+附加堆纹				2/264	1/132	3/396	2.54/5.90
弦纹+小圆泥饼		1/90				1/90	0.85/1.34
篮纹+弦纹			3/191			3/191	2.54/2.85
附加堆纹+按压纹					1/85	1/85	0.85/1.27
合计	2/79	1/90	21/1493	6/471	88/4579	118/6712	
百分比（%）	1.69/1.18	0.85/1.34	17.80/22.24	5.08/7.02	74.58/68.22		100/100

注：百分比相关的行、列外，“/”前统计的数据为片数，单位为个；“/”后统计的数据为质量，单位为克。

表4-5　ⅠT0308H12第二期陶器器形统计表

陶质	细泥质陶	粗泥质陶	夹细砂陶	夹粗砂陶		合计	百分比（%）
器类＼陶色	灰	灰	灰	红	灰		
泥质罐		1				1	2.38
夹砂罐			8	4	26	38	90.48
尖底瓶			1			1	2.38
瓮	1					1	2.38
甑	1					1	2.38
合计	2	1	9	4	26	42	
百分比（%）	4.76	2.38	21.43	9.52	61.91		100

标本H12：6，夹细砂灰陶。敛口，斜折沿，沿面略凹，方唇，唇部有凹槽，上腹外斜，仅存口沿及上腹。器表饰右斜向篮纹，沿下加固一周附加堆纹，堆纹上留有按压痕。口径17.5、残高7.2、壁厚0.9厘米（图4-28，7）。

标本H12：9，夹细砂灰陶。敛口，斜折沿，圆唇，上腹外弧，仅存口沿及上腹。沿下加固一周附加堆纹，上腹饰横向篮纹。残高4.5、壁厚0.6厘米（图4-28，5）。

标本H12：16，夹粗砂灰陶。敛口，斜折沿，圆唇，上腹外斜，仅存口沿及上腹。沿下加固两周叠压的附加堆纹，堆纹上留有指压痕，上腹饰右斜向篮纹。残高8.9、壁厚0.8厘米

（图4-28，2）。

标本H12：17，夹细砂灰陶。敛口，斜折沿，方唇，上腹微外弧，仅存口沿及上腹。沿下加固一周附加堆纹，上腹饰横向篮纹。残高5.6、壁厚0.7厘米（图4-28，6）。

标本H12：18，夹粗砂红陶。敛口，斜折沿，方唇，上腹外弧，仅存口沿及上腹。唇部压印形成波浪状花边，沿下加固两周附加堆纹，堆纹上留有指压痕，上腹饰右斜向篮纹。残高8.1、壁厚0.6厘米（图4-28，3）。

标本H12：66，夹粗砂灰陶。敛口，斜折沿，方唇，上腹外弧，仅存口沿及上腹。唇部压印形成花边，沿下加固两周附加堆纹，上腹饰右斜向篮纹。残高6.7、壁厚0.7厘米

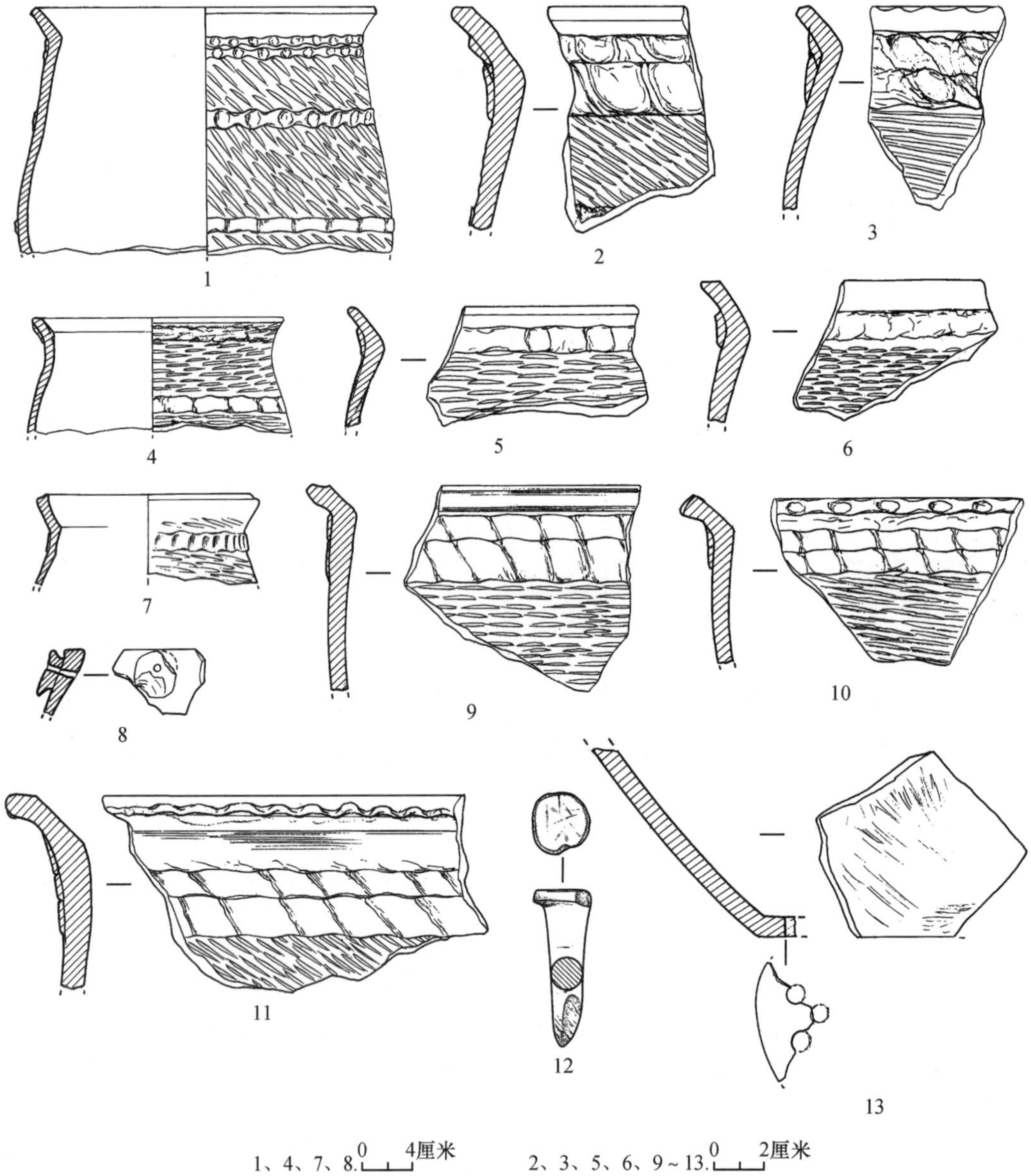

图4-28　ⅠT0308H12出土第二期陶器、石器

1～3、5～7、9、10. A型夹砂罐（H12：1、H12：16、H12：18、H12：9、H12：17、H12：6、H12：5、H12：66）
4、11. B型夹砂罐（H12：4、H12：14）　8. A型瓮（H12：64）　12. A型石笄（H12：2）　13. 甑（H12：28）

（图4-28，10）。

B型　2件。

标本H12：4，夹粗砂灰陶。侈口，方唇，上腹向下外弧，仅存口沿及上腹。沿下加固一周附加堆纹，上腹饰横向篮纹，篮纹上饰一周附加堆纹，堆纹上留有指压痕。口径20.4、残高9.1、壁厚0.6厘米（图4-28，4）。

标本H12：14，夹粗砂红陶。侈口，方圆唇，上腹壁较直，仅存口沿及上腹。唇部按压形成波浪式花边，上腹饰右斜向篮纹，沿下饰两周叠压的附加堆纹。残高7.8、壁厚0.8厘米（图4-28，11）。

瓮　1件。为A型。

标本H12：64，细泥质灰陶。敛口，方唇，仅存口沿。口外侧置一圆形鋬，鋬中心有一小孔通向内壁。器表磨光。残高5.2、残宽7.5、壁厚0.9厘米（图4-28，8）。

甑　1件。为下腹及足部残片。

标本H12：28，细泥质灰陶。盆形，敞口，腹壁斜直，平底，底部残存3个箅孔。素面。器表可见刮抹痕。残高7.6、壁厚0.8厘米（图4-28，13）。

（2）石器

石笄　1件。为A型。

标本H12：2，灰黑色闪长岩。平面呈T形，器体较短，笄帽近圆形，笄身呈扁圆柱体，截面呈椭圆形，自顶部向底部渐细，磨制出锥尖。器身磨光。长3.7、笄帽直径1.5厘米，重8克（图4-28，12；图版四七，1）。

本单位发现仰韶晚期陶片10片，可辨器形有尖底瓶、夹砂罐、瓮和盆等。

尖底瓶　1件。仅存下腹及底部。

标本H12：54，细泥质灰陶。下腹斜收成乳状尖底。器表可见较浅的线纹。内壁泥条盘筑痕清晰可见。残高3.8、壁厚0.6厘米（图4-29，8）。

夹砂罐　1件。为Ab型。

标本H12：27，夹细砂红陶。敛口，斜折沿，圆唇，上腹外弧，仅存口沿及上腹。上腹饰竖向绳纹，其上残留一鸡冠鋬。残高6.6、壁厚0.9厘米（图4-29，1）。

瓮　2件。

A型　1件。

标本H12：12，夹粗砂红陶。敛口，厚圆唇，上腹外弧，仅存口沿及上腹。器表饰竖向绳纹，沿下饰一周附加堆纹，堆纹上留有绳压痕。残高6.9、残宽9.1、壁厚1.2厘米（图4-29，6）。

D型　1件。

标本H12：13，夹粗砂红陶。敛口，平沿内折，沿面微鼓，圆唇，仅存口沿。沿下加固一周附加堆纹。残宽14.5、残高4.0、沿宽4.0、壁厚1.6厘米（图4-29，9）。

盆　6件。

Aa型　2件。

标本H12：23，细泥质红陶。平折沿，内沿折棱凸出形成内敛口，圆唇，上腹斜直，仅存口沿及上腹。沿面磨光，器表素面。沿宽3.3、残高3.9、壁厚0.7厘米（图4-29，2）。

标本H12：50，细泥质红陶。平折沿，尖唇，内沿折棱凸出形成内敛口，上腹斜直，仅存口沿及上腹。沿下可见一个由外向内钻出的圆孔，可能是修补时所穿。素面。沿宽3.8、残高4.1、残宽4.0、壁厚0.5、孔径0.6厘米（图4-29，3）。

Ba型　3件。

标本H12：58，粗泥质灰陶。斜折沿，内沿折棱凸出形成微敛口，圆唇，上腹微鼓，仅存口沿及上腹。沿面磨光，上腹素面。残高6.0、壁厚0.6厘米（图4-29，7）。

标本H12：63，细泥质灰陶。斜折沿，沿面微凹，尖唇，上腹较直，仅存口沿及上腹。沿面磨光，器表素面。残高6.4、壁厚0.9厘米（图4-29，4）。

标本H12：25，细泥质灰陶。斜折沿，内沿折棱凸出形成内敛口，斜方唇，上腹微鼓，仅存口沿及上腹。唇部饰一周凹弦纹，沿面磨光，器表素面。残高7.5、壁厚0.7厘米（图4-29，5）。

E型　1件。

标本H12：61，细泥质灰陶。敛口，圆唇，上腹外鼓，仅存口沿及上腹，可能为带流盆。器表磨光，上腹残留一鸡冠鋬。残片宽9.3、残高4.6、壁厚0.7厘米（图4-29，10）。

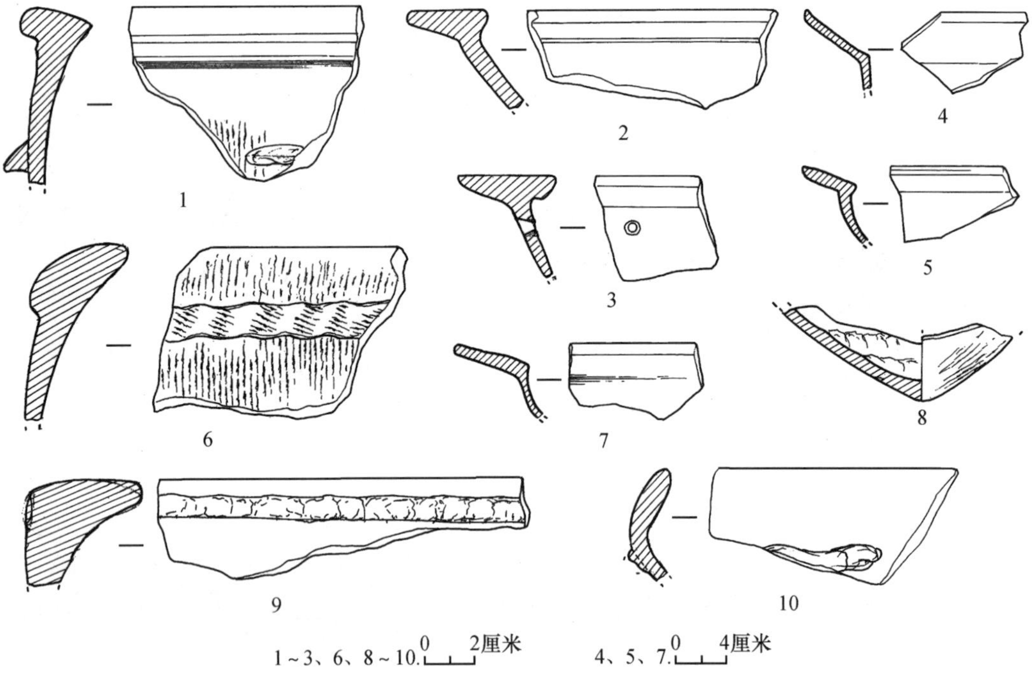

图4-29　ⅠT0308H12出土第一期陶器

1. Ab型夹砂罐（H12：27）　2、3. Aa型盆（H12：23、H12：50）　4、5、7. Ba型盆（H12：63、H12：25、H12：58）　6. A型瓮（H12：12）　8. 尖底瓶（H12：54）　9. D型瓮（H12：13）　10. E型盆（H12：61）

4. Ⅰ T0203H15

H15位于Ⅰ T0203西南部。开口于④层下，打破H2。袋状坑，坑口平面大体呈圆形，坑壁外斜，平底。坑口距地表深240厘米，坑口直径170、坑底直径204、残高64厘米（图4-30；图版三二，1）。

坑内填土为褐色，土质较疏松，包含大量红烧土块，较多炭屑、石块、动物骨骼等。文化遗物有陶器和石器。此外，填土中出土少量人骨，经鉴定为39～43岁的女性个体。

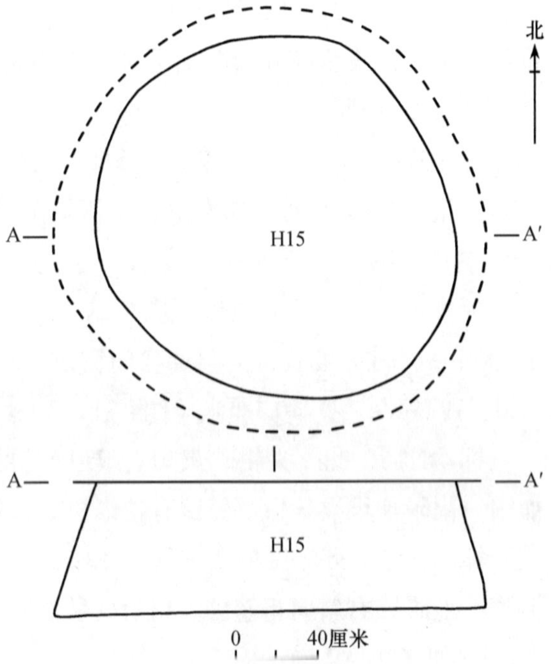

图4-30　Ⅰ T0203H15平、剖面图

（1）陶器　属于本期的陶片共46片，总重3031克。以夹粗砂灰陶为主，夹细砂灰陶次之。器表装饰以篮纹为主，篮纹+附加堆纹次之，另有少量附加堆纹、绳纹+附加堆纹、篮纹+附加堆纹+按压纹等（表4-6）。经分类和拼对，共有18件个体，可辨器形有夹砂深腹罐、盆、环等典型的庙底沟二期文化遗物。此外，本单位还发现夹砂罐、盆、钵等仰韶文化遗物（图4-31、图4-32）。

表4-6　Ⅰ T0203H15陶系统计表

陶质	粗泥质陶		夹细砂陶	夹粗砂陶	合计	百分比（%）
器表装饰＼陶色	红	灰	灰	灰		
素面		1/20		1/49	2/69	4.35/2.28
篮纹	1/35	2/143	5/124	12/780	20/1082	43.48/35.69
附加堆纹				1/66	1/66	2.17/2.18
篮纹+绳纹				1/260	1/260	2.17/8.58
篮纹+附加堆纹				18/1137	18/1137	39.13/37.51
绳纹+附加堆纹				1/107	1/107	2.17/3.53
篮纹+附加堆纹+按压纹				3/310	3/310	6.53/10.23
合计	1/35	3/163	5/124	37/2709	46/3031	
百分比（%）	2.17/1.15	5.53/5.38	10.87/4.09	80.43/89.38		100/100

注：百分比相关的行、列外，“/”前统计的数据为片数，单位为个；“/”后统计的数据为质量，单位为克。

夹砂罐　8件。

A型　6件。

标本H15：2，夹粗砂灰陶。敛口，斜折沿，方唇，上腹微外弧，仅存口沿及上腹。唇部按压出宽疏的锯齿状花边，沿下加固一周附加堆纹，上腹饰较浅的左斜向篮纹。口径22.2、残高8.3、壁厚0.6厘米（图4-31，1）。

标本H15：6，夹粗砂灰陶。敛口，斜折沿，方唇，唇部内凹，上腹微外弧，仅存口沿及上腹。沿下加固一周附加堆纹，上腹饰右斜向粗篮纹。口沿处留有轮修痕。口径26.0、残高6.5、壁厚0.4厘米（图4-31，7）。

标本H15：30，夹粗砂灰陶。敛口，斜折沿，方唇，上腹微外弧，仅存口沿及上腹。沿下加固一周附加堆纹，上腹饰横向篮纹。口沿及内壁皆可见刮抹痕，内壁可见烟炱痕。口径17.6、残高6.9、壁厚0.5厘米（图4-31，3）。

标本H15：34，夹粗砂灰陶。敛口，斜折沿，沿面微内凹，方唇，仅存口沿及上腹。沿下加固一周附加堆纹。口沿处留有轮修痕。口径30.5、残高4.9厘米（图4-31，11）。

标本H15：35，夹粗砂灰陶。敛口，斜折沿，沿面微内凹，方唇，上腹外弧，仅存口沿及上腹。上腹饰右斜向粗篮纹。口沿处留有轮修痕，内外壁皆可见烟炱痕。口径12.0、残高4.3、壁厚0.6厘米（图4-31，5）。

标本H15：68，夹粗砂灰陶。敛口，斜折沿，方唇，仅存口沿及上腹。唇部饰一周凹弦纹，沿下加固一周附加堆纹，堆纹上留有指压痕。口沿处留有轮修痕。口径24.8、残高4.2、壁厚0.6厘米（图4-31，4）。

B型　2件。

标本H15：28，夹细砂灰陶。侈口，圆唇，上腹外弧，仅存口沿及上腹。器表饰左斜向粗篮纹。口部留有轮修痕。口径25.5、残高7.7、壁厚0.6厘米（图4-31，2）。

标本H15：33，夹粗砂灰陶。侈口，圆唇，仅存口沿及上腹。唇部按压出斜向细密绳纹花边，口外侧饰竖向粗绳纹，其上饰一周附加堆纹，堆纹上有指压痕。口径31.0、残高6.6、壁厚0.7～1.4厘米（图4-31，8）。

盆　2件。

A型　1件。

标本H15：12，粗泥质灰陶。敞口，斜折沿，沿面内凹，圆唇，仅存口沿。素面。口沿处留有轮修痕。残高8.5、壁厚0.7厘米（图4-31，6）。

B型　1件。

标本H15：3，夹粗砂灰陶。敞口，方唇，腹部斜收，腹壁微弧，平底。上腹置一对方形鋬，腹部饰交错粗篮纹，近底处饰左斜向绳纹。口部留有轮修痕。口径36.0、底径21.6、高14.8、壁厚0.8～1.0、底厚0.8厘米（图4-31，9）。

钵　1件。为B型。

标本H15：54，粗泥质红陶。敞口，尖圆唇，上腹微弧，仅存口沿及上腹。器表磨光。内

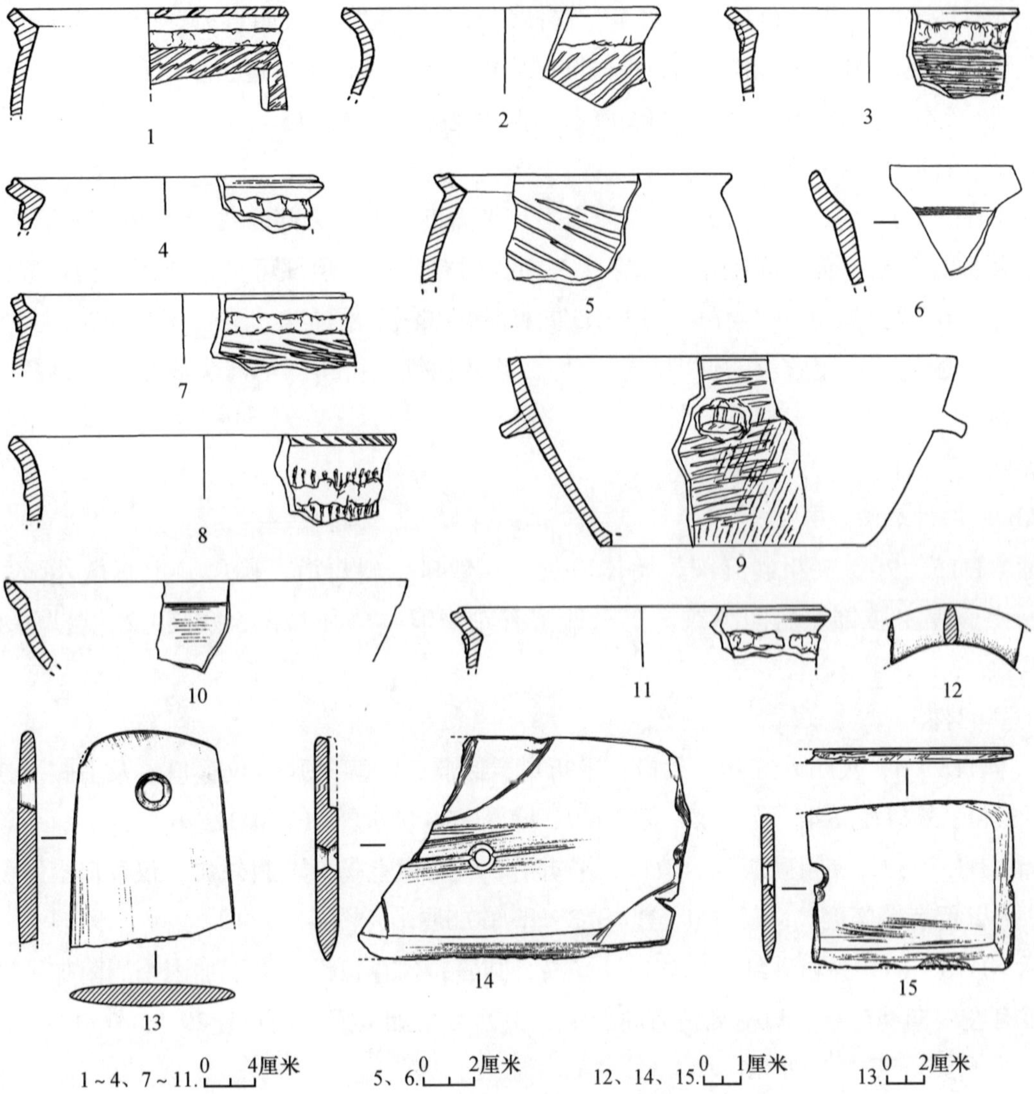

图4-31　ⅠT0203H15出土第二期陶器和石器

1、3～5、7、11. A型夹砂罐（H15：2、H15：30、H15：68、H15：35、H15：6、H15：34）　2、8. B型夹砂罐（H15：28、H15：33）　6. A型盆（H15：12）　9. B型盆（H15：3）　10. B型钵（H15：54）　12. 陶环（H15：06）　13. 石铲（H15：03）　14、15. Ba型石刀（H15：01、H15：02）

壁可见刮抹痕。口径32.0、残高7.2、壁厚0.7厘米（图4-31，10）。

环　1件。

标本H15：06，粗泥质灰陶。残存近六分之一，截面呈卵圆形，内壁较直，正反两面向外斜收出缘。器表磨光。残弧长约3.7、宽1.1、厚0.3厘米（图4-31，12；图版四三，5）。

（2）石器

石刀　2件。为Ba型。

标本H15：01，青灰色板岩。残半，器体扁平，平直背，双面刃。磨制。器身中下部有一道横向长梭形划槽，槽内有一孔，为双面桯钻形成。残长8.2、宽5.9、厚0.5、孔径0.7厘米，重46克（图4-31，14；图版四五，5）。

标本H15：02，青灰色板岩。残半，器体扁平，微弧背，双面直刃。中部残断处残存半孔，孔下部可见一圆形钻孔痕，侧边单面磨制修整。刃部有使用痕迹，多崩茬，器表磨制光滑平整。残长5.4、宽4.3、厚0.3、孔径0.6厘米，重19克（图4-31，15）。

石铲　1件。

标本H15：03，灰白色白云岩。器体扁平，平面近梯形，刃部已残，弧顶，侧边斜直，磨制。近顶部有一孔，为单面桯钻后琢穿，一面孔周有琢痕。顶部可见因装柄使用形成的破损痕。残高10.6、宽8.7、厚0.7～1.0、孔径1.3厘米，重174克（图4-31，13；图版四四，3）。

本单位还包含一定数量的仰韶时期遗物，共计14件，可辨器形有尖底瓶、夹砂罐、瓮、盆、钵和杯。

夹砂罐　5件。

Ab型　1件。

标本H15：70，夹粗砂红陶，胎体呈灰色。敛口，斜折沿，圆唇，上腹微外弧，仅存口沿及上腹。上腹饰左斜向绳纹。口沿处留有轮修痕。口径27.0、残高4.2、壁厚0.6厘米（图4-32，3）。

B型　3件。

标本H15：4，夹粗砂红陶。敛口，平折沿，圆唇，上腹外弧，仅存口沿及上腹。素面。内口径28.0、外口径36.4、沿宽4.2、残高6.9、壁厚0.5～0.9厘米（图4-32，6）。

标本H15：32，夹粗砂灰陶。敛口，平折沿，尖唇微上扬，上腹外弧，仅存口沿及上腹。素面。内壁留有轮修痕。口径21.0、残高4.3、壁厚0.6厘米（图4-32，4）。

标本H15：67，夹粗砂红陶。敛口，平沿，圆唇，仅存口沿。沿下加固一周附加堆纹，堆纹上留有左斜向绳压纹。口沿处留有轮修痕，沿面可见烟炱痕。内口径29.4、外口径38.8、沿宽4.7、残高5.0、壁厚0.7厘米（图4-32，1）。

另有腹部及底部残片1件。

标本H15：64，夹粗砂红陶。下腹斜收，腹壁微弧，平底。下腹残留四周凸弦纹。器表可见烟炱痕。底径18.0、残高8.6、壁厚0.7、底厚1.1厘米（图4-32，14）。

瓮　1件。为A型。

标本H15：71，夹粗砂灰陶。敛口，圆唇，上腹微弧，仅存口沿及上腹。沿下饰一周附加堆纹，堆纹上用绕绳木棍向左按压出绳压纹。内壁留有轮修痕。口径34.8、残高5.4、壁厚0.8厘米（图4-32，2）。

盆　5件。

Aa型　4件。

标本H15：17，粗泥质灰陶。平折沿，内沿折棱凸出形成内敛口，圆唇，上腹微弧，仅存口沿及上腹。素面。器表可见刮抹痕。内口径27.0、外口径38.6、沿宽5.8、残高5.2、壁厚0.6厘米（图4-32，9）。

标本H15：53，夹细砂红陶，口沿胎体呈灰色。平折沿，内沿折棱凸出形成内敛口，圆唇，仅存口沿及上腹。沿面略磨光，器表素面。内口径24.7、外口径34.3、沿宽4.8、残高3.9厘米、壁厚0.7厘米（图4-32，7）。

标本H15：57，细泥质红陶，口沿胎体呈灰色。平折沿，内沿折棱凸出形成内敛口，圆唇，上腹微弧，仅存口沿及上腹。沿面磨光，器表素面。器表可见刮抹痕。内口径19.5、外口径29.9、沿宽5.2、残高4.0、壁厚0.6厘米（图4-32，10）。

标本H15：69，夹粗砂红陶，胎体呈灰色。平沿，圆唇，上腹微弧，仅存口沿及上腹。素面。口沿处留有轮修痕。内口径20.8、外口径28.4、沿宽3.8、残高3.6、壁厚0.5厘米（图4-32，11）。

Ba型　1件。

标本H15：58，细泥质红陶，口沿胎体呈灰色。斜折沿，内沿折棱凸出形成内敛口，圆唇，上腹微鼓，仅存口沿及上腹。口沿内侧及器表磨光。沿下留有轮修痕。口径20.4、残高3.7、壁厚0.4厘米（图4-32，5）。

钵　3件。

A型　2件。

标本H15：55，粗泥质红陶，胎体呈灰色。敛口，尖圆唇，上腹微鼓，仅存口沿及上腹。

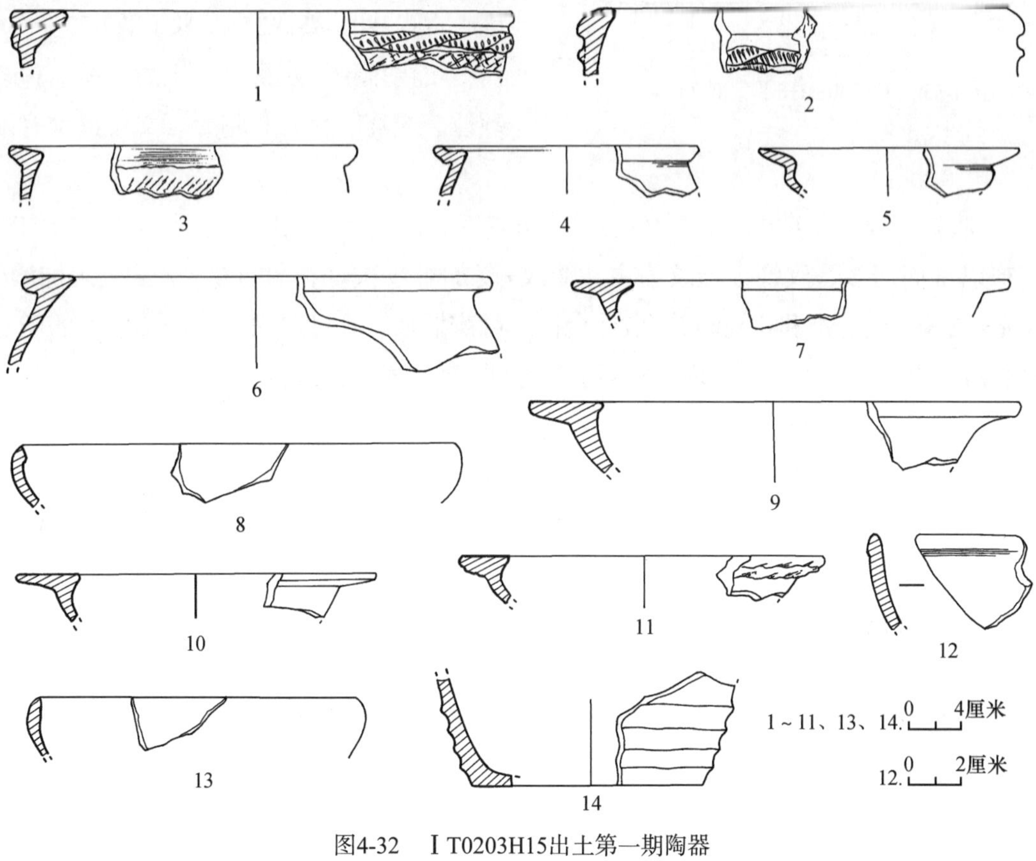

图4-32　Ⅰ T0203H15出土第一期陶器

1、4、6. B型夹砂罐（H15：67、H15：32、H15：4）　2. A型瓮（H15：71）　3. Ab型夹砂罐（H15：70）　5. Ba型盆（H15：58）　7、9～11. Aa型盆（H15：53、H15：17、H15：57、H15：69）　8、13. A型钵（H15：55、H15：56）　12. B型钵（H15：62）　14. 夹砂罐（H15：64）

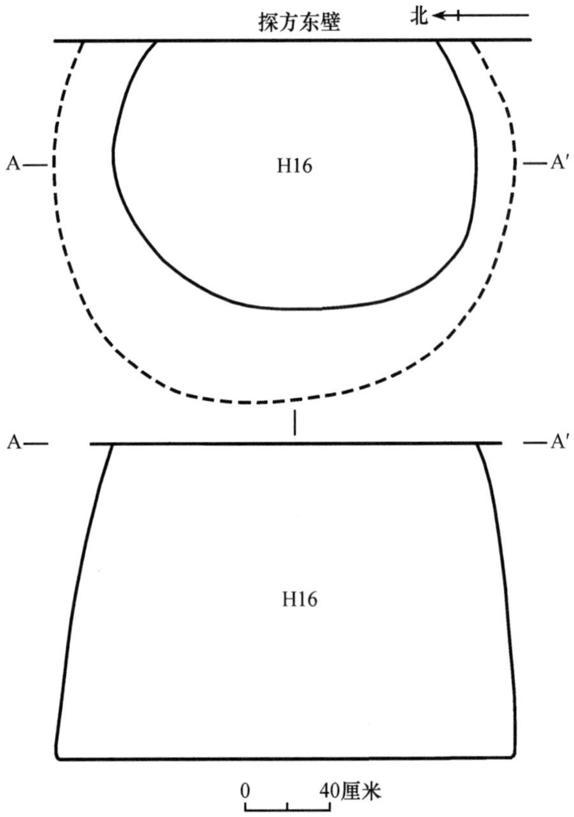

图4-33　ⅠT0408H16平、剖面图

器表略磨光。口沿内侧留有轮修痕。口径33.7、残高4.6、壁厚0.8厘米（图4-32，8）。

标本H15：56，细泥质红陶，胎体呈灰色。敛口，圆唇，上腹微鼓，仅存口沿及上腹。器表略磨光。内壁可见刮抹痕。口径25.0、残高4.5、壁厚0.5厘米（图4-32，13）。

B型　1件。

标本H15：62，粗泥质红陶。微口，圆唇，上腹微弧，仅存口沿及上腹。内外壁均磨光。残高3.6、壁厚0.7厘米（图4-32，12）。

5. ⅠT0408H16

H16位于ⅠT0408东壁中部偏南。开口于③层下。袋状坑，坑口平面呈圆形，坑壁外弧，平底。坑口距地表深140厘米，坑口直径300、坑底直径380、残深256厘米（图4-33）。

坑内填土为灰褐色，土质疏松，包含烧土颗粒、炭屑、兽骨和陶片。文化遗物有陶器和石器。

（1）陶器　属于本期的陶片共9片，总重447克。以夹粗砂灰陶为主，粗泥质灰陶次之。器表装饰以素面居多，纹饰以篮纹为主，篮纹+附加堆纹次之，另有少量篮纹+附加堆纹+按压、磨光+弦纹。经分类和拼对，共有7件个体，可辨器形有夹砂深腹罐、瓮等典型的庙底沟二期文化遗物。此外，本单位还发现夹砂罐、钵等仰韶文化遗物（图4-34）。

夹砂罐　1件。为B型。

标本H16：2，夹细砂灰陶。侈口，方唇，上腹外弧，仅存口沿及上腹。唇部压印出锯齿状花边，沿下饰一周附加堆纹，上腹作横向篮纹。沿内侧可见轮修痕。残高5.8、壁厚0.5～0.7厘米（图4-34，6）。

瓮　1件。为Aa型。

标本H16：14，细泥质灰陶。敛口，斜方唇，上腹外鼓。仅存口沿及上腹。器表磨光，沿下饰一周凹弦纹。口径31.0、残高5.8、壁厚1.1厘米（图4-34，4）。

（2）石器

石笄　1件。为Ba型。

标本H16：1，墨绿色蛇纹岩。笄身截面呈圆形，顶端残断，底部磨制出锥状尖。通体磨光。残长4.3厘米，重4克（图4-34，10）。

本单位发现仰韶晚期遗物数量较多，共计9件，可辨器形有夹砂罐、泥质罐和钵。

罐　6件。以夹砂罐为主，仅1件泥质罐。

夹砂罐　5件。

Ab型　4件。

标本H16：4，夹细砂红陶。敛口，斜折沿，圆唇，仅存口沿。口部留有轮修痕。口径26.0、残高4.3、壁厚0.7厘米（图4-34，2）。

标本H16：10，夹粗砂灰陶。敛口，斜折沿，圆唇，上腹外弧，仅存口沿及上腹。上腹饰竖向绳纹，残留一鸡冠鋬。口沿处有轮修痕。口径26.0、残高6.5、壁厚0.8厘米（图4-34，5）。

标本H16：7，夹粗砂红陶。敛口，斜折沿，圆唇，上腹外弧，仅存口沿及上腹。素面。口沿处留有轮修痕。口径30.0、残高4.3、壁厚0.8厘米（图4-34，1）。

标本H16：6，夹粗砂红陶。敛口，斜折沿，圆唇，上腹微弧，仅存口沿及上腹。沿下饰一周附加堆纹，堆纹上留有斜向绳纹凹窝，上腹饰较浅的竖向绳纹。残高6.5、壁厚1.0厘米（图4-34，9）。

B型　1件。

标本H16：3，夹粗砂红陶。敛口，平折沿，沿面内凹，方唇，仅存口沿。口沿处有轮修痕。沿宽2.5、残高3.6、壁厚0.6厘米（图4-34，3）。

泥质罐　1件。为D型。

标本H16：13，细泥质灰陶。敛口，卷沿，圆唇，上腹外弧，仅存口沿及上腹。器表磨光。口部可见轮修痕。口径20.0、残高3.5、壁厚0.6厘米（图4-34，8）。

钵　3件。

A型　2件。

标本H16：11，细泥质红陶。敛口，圆唇，上腹微鼓，仅存口沿及上腹。口部磨光，器表

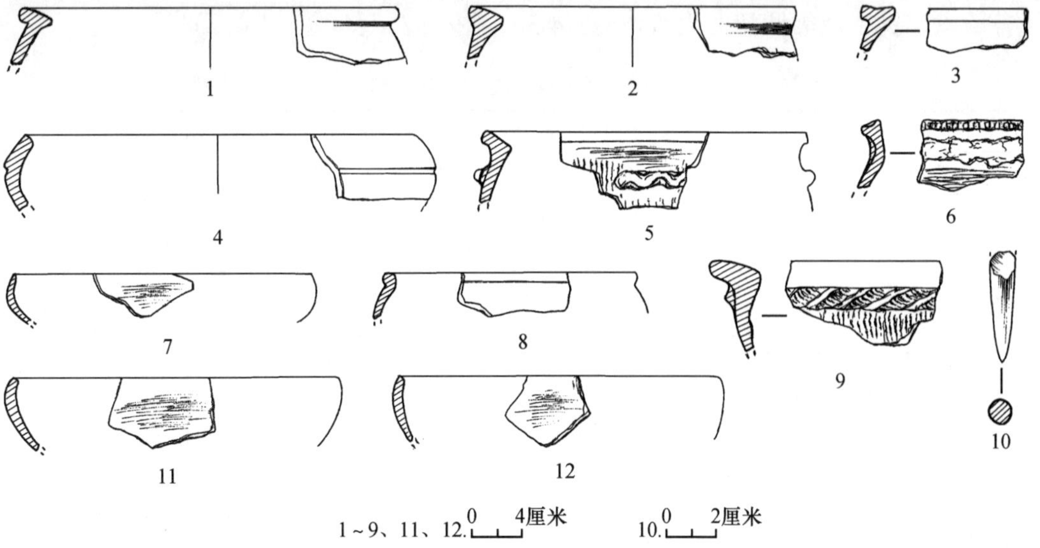

图4-34　Ⅰ T0408H16出土器物

1、2、5、9. 第一期Ab型夹砂罐（H16：7、H16：4、H16：10、H16：6）　3. 第一期B型夹砂罐（H16：3）　4. 第二期Aa型瓮（H16：14）　6. 第二期B型夹砂罐（H16：2）　7、11. 第一期A型钵（H16：12、H16：11）　8. 第一期D型泥质罐（H16：13）　10. 第二期Ba型石笄（H16：1）　12. 第一期B型钵（H16：23）

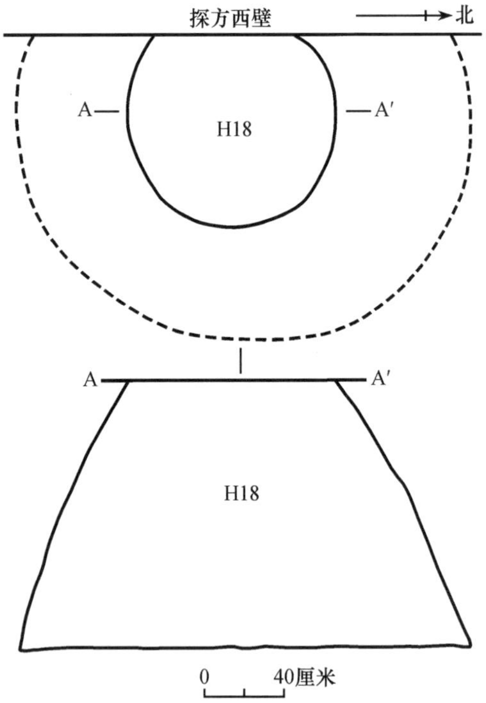

图4-35　ⅠT0408H18平、剖面图

素面。器表轮修痕明显。口径26.4、残高5.6、壁厚0.4～0.6厘米（图4-34，11）。

标本H16：12，细泥质红陶。敛口，尖唇，上腹微鼓，仅存口沿及上腹。素面。口沿处有轮修痕。口径24.0、残高3.6、壁厚0.6厘米（图4-34，7）。

B型　1件。

标本H16：23，细泥质红陶。微敛口，圆唇，上腹微弧，仅存口沿及上腹。器表略磨光。内外壁均留有轮修痕。口径26.0、残高5.5、壁厚0.5厘米（图4-34，12）。

6. ⅠT0408H18

H18位于ⅠT0408西北角。开口于③层下，打破H19。袋状坑，坑口平面近圆形，坑壁外斜，平底。坑口距地表深130厘米，坑口直径150、坑底直径330、深190厘米（图4-35）。

坑内填土为灰褐色，土质疏松，包含草木灰、炭屑、兽骨等。文化遗物有陶器、石器、骨器。

（1）陶器　属于本期的陶片共146片，总重10058克。以夹粗砂灰陶为主，夹细砂灰陶次之。器表装饰以篮纹+附加堆纹为主，篮纹次之，另有少量磨光、附加堆纹、篮纹+按压纹、篮纹+附加堆纹+按压纹等（表4-7）。经分类和拼对，共有58件个体，可辨器形有夹砂深腹罐、壶、盆、盘、杯、漏斗、器盖等典型的庙底沟二期文化遗物。此外，本单位还发现尖底瓶、夹砂罐、瓮、盆、钵、瓶等仰韶文化遗物（图4-36、图4-37、表4-8、表4-9）。

表4-7　ⅠT0408H18陶系统计表

陶质	粗泥质陶		夹细砂陶		夹粗砂陶	合计	百分比（%）
器表装饰＼陶色	红	灰	红	灰	灰		
素面		1/38		3/216	3/90	7/344	4.79/3.42
磨光		4/362				4/362	2.74/3.59
篮纹	1/24	1/30		16/1443	17/1241	35/2738	23.97/27.22
按压纹					1/72	1/72	0.69/0.72
附加堆纹					1/212	1/212	0.69/2.11
篮纹+附加堆纹			2/183	35/1789	34/2246	71/4218	48.63/41.94
绳纹+附加堆纹					4/209	4/209	2.74/2.08
篮纹+附加堆纹+按压纹				1/56	20/1697	21/1753	14.38/17.43
篮纹+圆形泥饼+刻划纹		2/150				2/150	1.37/1.49
合计	1/24	8/580	2/183	55/3504	80/5767	146/10058	
百分比（%）	0.69/0.24	5.48/5.76	1.37/1.82	37.67/34.84	54.79/57.34		100/100

注：百分比相关的行、列外，“/”前统计的数据为片数，单位为个；“/”后统计的数据为质量，单位为克。

表4-8　ⅠT0408H18第二期陶器器形统计表（1）

陶质	粗泥质陶	夹细砂陶	夹粗砂陶		合计	百分比（%）
陶色 / 器类	灰	灰	红	灰		
泥质罐	1				1	1.72
夹砂罐		8	1	35	44	75.87
尖底瓶		2			2	3.45
盆	2	1		2	5	8.62
盘	1				1	1.72
器盖		1		1	2	3.45
杯	2				2	3.45
漏斗		1			1	1.72
合计	6	13	1	38	58	
百分比（%）	10.35	22.41	1.72	65.52		100

表4-9　ⅠT0408H18第二期陶器器形统计表（2）

器类 / 器表装饰	泥质罐	尖底瓶	盆	盘	器盖	杯	夹砂罐	漏斗	合计	百分比（%）
素面			1		1	1	1		4	6.9
磨光			1	1					2	3.45
篮纹		2	1			1	8	1	13	22.42
按压纹					1				1	1.72
附加堆纹							1		1	1.72
篮纹+附加堆纹							24		24	41.38
绳纹+附加堆纹			1						1	1.72
篮纹+附加堆纹+按压纹			1				10		11	18.97
篮纹+圆形泥饼+刻划纹	1								1	1.72
合计	1	2	5	1	2	2	44	1	58	
百分比（%）	1.72	3.45	8.62	1.72	3.45	3.45	75.87	1.72		100

罐　12件。以夹砂罐为主，仅1件泥质罐。

夹砂罐　11件。

A型　9件。

标本H18：6，夹细砂灰陶。敛口，斜折沿，圆唇，深腹外鼓，下腹及底残。腹部饰横向中篮纹，篮纹上饰两周附加堆纹，堆纹上留有指压痕。口沿可见烟炱痕。口径18.0、残高15.0、壁厚0.5厘米（图4-36，8）。

标本H18：21，夹细砂灰陶。敛口，斜折沿，方唇，上腹外弧，仅存口沿及上腹。唇部微凹，外缘按压出花边，沿下加固一周附加堆纹，上腹饰横向粗篮纹。口径26.0、残高7.5、壁厚0.5厘米（图4-36，5）。

标本H18：26，夹粗砂红陶。敛口，斜折沿，尖唇，上腹外鼓，仅存口沿及上腹。上腹饰左斜向篮纹。口径17.9、残高7.8、壁厚0.7厘米（图4-36，4）。

标本H18：51，夹细砂灰陶。敛口，斜折沿，方唇，上腹外弧，仅存口沿及上腹。沿下饰两周叠压的附加堆纹，堆纹上留有指压痕，上腹饰右斜向粗篮纹。口沿处留有轮修痕。口径32.0、残高8.4、壁厚0.8厘米（图4-36，13）。

标本H18：52，夹粗砂灰陶。敛口，斜折沿，方唇，上腹外弧，仅存口沿及上腹。沿下饰一周附加堆纹，上腹饰横向篮纹。内壁留有轮修痕。口径20.4、残高7.3、壁厚0.5厘米（图4-36，2）。

标本H18：53，夹细砂灰陶。敛口，斜折沿，方唇，上腹外斜，仅存口沿及上腹。沿下饰一周附加堆纹，堆纹上留有指压痕，上腹饰横向粗篮纹。口沿及内壁可见明显的轮修痕。口径23.0、残高6.2、壁厚0.5厘米（图4-36，6）。

标本H18：62，夹粗砂灰陶。敛口，斜折沿，方唇，上腹外弧，仅存口沿及上腹。口沿下饰一周条状附加堆纹，堆纹上留有指压纹，上腹饰横向篮纹。器表可见烟炱痕。口径22.4、残高8.5、壁厚0.7厘米（图4-36，3）。

标本H18：63，夹粗砂灰陶。敛口，斜折沿，圆唇，上腹外弧，仅存口沿及上腹。唇部上按压出锯齿状花边，沿下饰一周附加堆纹，上腹饰右斜向篮纹。口径25.0、残高9.4、壁厚0.7厘米（图4-36，1）。

标本H18：48，夹粗砂灰陶。敛口，圆唇，上腹微鼓，仅存口沿及上腹。沿下加固两周叠压的附加堆纹，上腹饰横向中篮纹，其上饰一周附加堆纹。口部留有轮修痕。口径30.0、残高13.6、壁厚0.6厘米（图4-36，10）。

B型　1件。

标本H18：64，夹细砂灰陶。侈口，圆唇，上腹壁较直，仅存口沿及上腹。唇部压印出宽疏的锯齿状花边，上腹饰横向篮纹，其上饰两周附加堆纹，堆纹上留有绳压痕。口径30.6、残高7.6、壁厚0.4～0.6厘米（图4-36，7）。

另有底部残片1件。

标本H18：40，细夹砂灰陶。鼓腹，下腹弧收，平底。器表素面。底径12.3、残高10.2、壁厚0.7、底厚1.8厘米（图4-36，18）。

泥质罐　1件。为腹部残片。

标本H18：74，细泥质灰陶。腹部饰横向中篮纹，其上贴附小圆泥饼，泥饼上饰三周刻划纹。壁厚0.4～0.8、泥饼直径5.8厘米（图4-37，17）。

盆　2件。为A型。

标本H18：23，夹细砂灰陶。敞口，斜折沿，方唇，斜腹微弧，仅存口沿及上腹。器表素面。沿面留有轮修痕。口径26.0、残高9.0、壁厚0.5厘米（图4-36，14）。

标本H18：42，粗泥质灰陶。斜折沿，内沿折棱凸出形成内敛口，圆唇，斜弧腹，上腹微鼓，下腹及底残。沿面及器表磨光。口径22.0、残高12.9、壁厚0.8厘米（图4-36，9）。

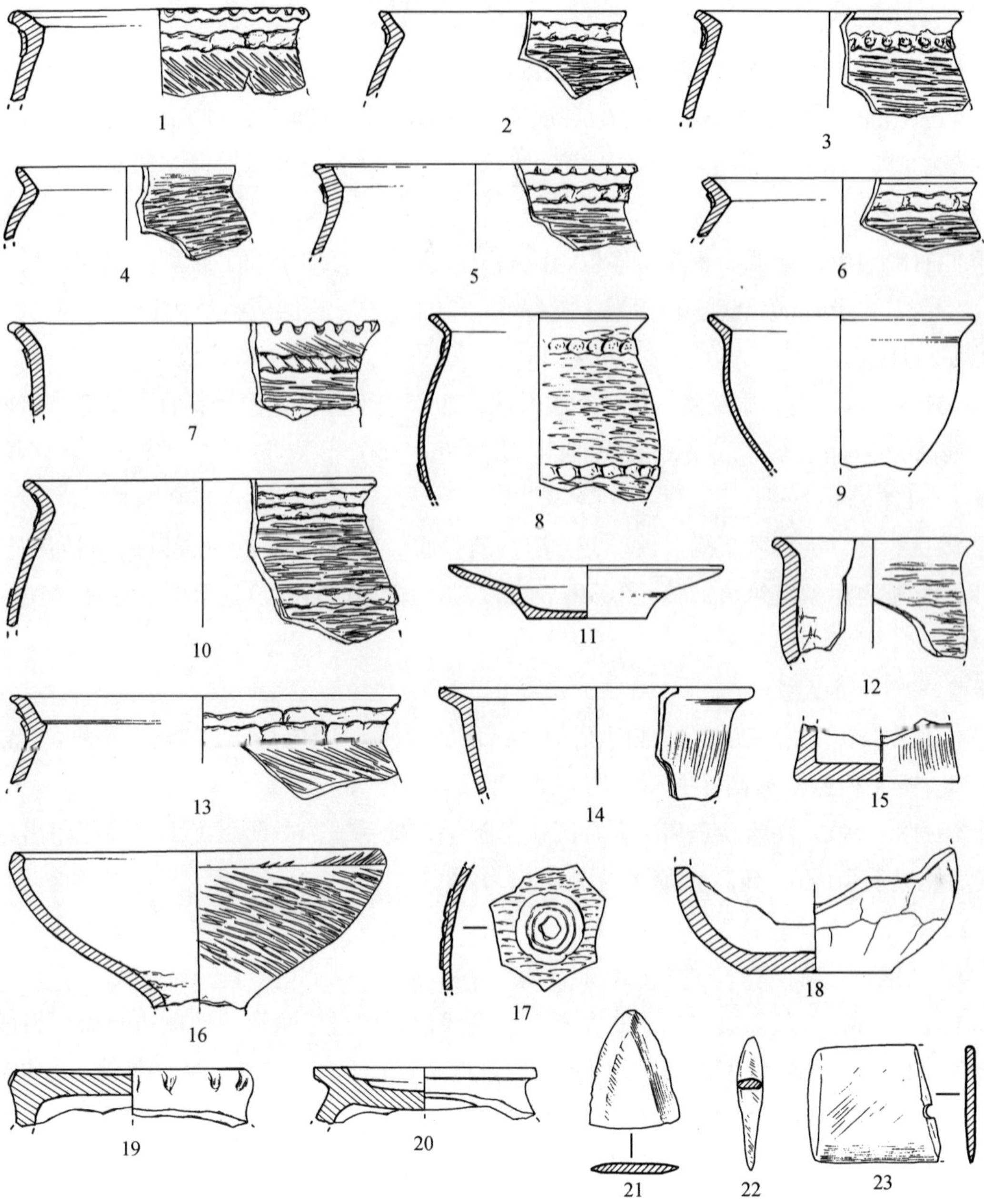

图4-36　ⅠT0408H18出土第一期器物

1～6、8、10、13. A型夹砂罐（H18：63、H18：52、H18：62、H18：26、H18：21、H18：53、H18：6、H18：48、H18：51）　7. B型夹砂罐（H18：64）　9、14. A型盆（H18：42、H18：23）　11. Da型盘（H18：13）　12. A型杯（H18：104）　15. D型杯（H18：75）　16. 漏斗（H18：5）　17、18. 夹砂罐（H18：74、H18：40）　19、20. A型器盖（H18：101、H18：80）　21、23. 石刀（H18：1、H18：2）　22. 骨镞（H18：3）

盘　1件。为Da型。

标本H18：13，粗泥质灰陶。敞口，尖圆唇，上腹斜直，腹中部内折，平底。内外壁均磨光。口径22.8、底径10.0、高5.6、壁厚0.6、底厚0.6～0.8厘米（图4-36，11）。

杯　2件。

A型　1件。

标本H18：104，粗泥质灰陶。侈口，圆唇，弧腹，仅存口沿及上腹。上腹饰极浅的横向篮纹。口径8.3、残高5.0、壁厚0.7厘米（图4-36，12）。

D型　1件。

标本H18：75，粗泥质灰陶。仅存下腹及底，腹部向下外张，腹壁斜直，平底。素面。底径7.0、残高6.6、壁厚0.6、底厚0.5～0.7厘米（图4-36，15）。

漏斗　1件。

标本H18：5，夹细砂灰陶。敛口，方唇，斜弧腹，腹下流筒残。腹部饰右斜向中篮纹，内壁可见清晰的泥条盘筑痕。口径30.4、残高12.6、壁厚0.5～0.9厘米（图4-36，16；图版三九，4）。

器盖　2件。为A型。

标本H18：80，夹细砂灰陶。圆饼形捉手，顶部内凹，盖体已残。素面。器表留有较明显的刮抹痕。捉手径9.0、残高2.1厘米（图4-36，20）。

标本H18：101，夹粗砂灰陶。仅存圆饼形捉手，捉手顶部微凹。捉手周缘压印出花边，器表素面。捉手径19.0、残高4.5厘米（图4-36，19）。

（2）石器

石刀　2件。

标本H18：1，青灰色板岩。器体扁薄，一端残，平面呈三角形，两侧边开刃，刃微弧，向顶部弧收成尖。磨制。刃部有因使用形成的小崩碴。长4.7、宽3.7、厚0.3厘米，重8克（图4-36，21；图版四六，2）。

标本H18：2，青灰色板岩。残半，器体扁平，平直背，直刃微弧，侧边磨制出单面刃。中部略偏下处残存一半孔，为双面桯钻形成。磨制，器表光滑平整。残长5.3、宽4.5、厚0.4、孔径0.9厘米，重23克（图4-36，23；图版四五，6）。

（3）骨器

骨镞　1件。

标本H18：3，扁平状，镞身呈梭形，尖略残，铤细长，尾端内收成锥状尖。通体打磨。长5.4厘米（图4-36，22；图版四八，2）。

本单位发现仰韶晚期文化遗物，共计11件，可辨器形有尖底瓶、平底瓶、夹砂罐、瓮、盆和钵。

尖底瓶　2件。

B型　1件

标本H18：78，粗泥质红陶。侈口，圆唇，短束颈，斜肩，仅存口沿及肩部。颈部素面，肩部饰交错篮纹。内壁可见泥条盘筑痕。口径9.2、残高10.0、壁厚0.5厘米（图4-37，8）。

E型　1件。

标本H18：35，细泥质红陶。直口微敛，平折沿，沿面微凹，方唇，仅存口沿。素面。口沿可见明显的轮修痕。内口径5.4、外口径11.0、沿宽2.8、残高2.2厘米（图4-37，10）。

夹砂罐　2件。

Aa型　1件。

标本H18：9，夹粗砂红陶。敛口，斜折沿微内斜，圆唇，上腹微鼓，仅存口沿及上腹。上腹饰竖向粗绳纹。器表可见烟炱痕。口径22.0、残高7.2、壁厚0.6厘米（图4-37，2）。

Ab型　1件。

标本H18：28，夹细砂红陶，胎体呈灰色。敛口，斜折沿，方唇，上腹外弧，仅存口沿及上腹。器表磨光。沿下留有轮修痕。口径26.0、残高5.6、壁厚0.4～0.7厘米（图4-37，4）。

瓮　1件。为C型。

标本H18：8，夹细砂红陶。侈口，平沿，圆唇，仅存口沿。沿面磨光且轮修痕明显。内口径36.0、外口径45.0、沿宽4.5、残高4.2厘米（图4-37，1）。

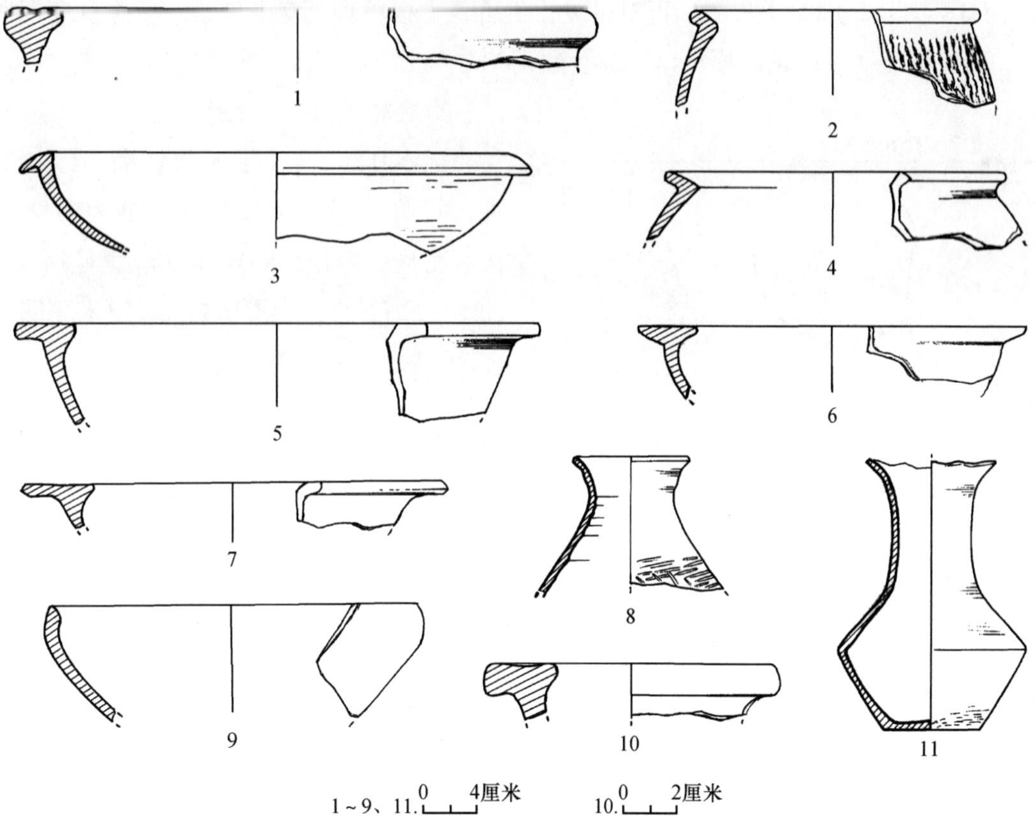

图4-37　ⅠT0408H18出土第一期陶器

1. C型瓮（H18：8）　2. Aa型夹砂罐（H18：9）　3. Bb型盆（H18：12）　4. Ab型夹砂罐（H18：28）　5～7. Aa型盆（H18：17、H18：14、H18：30）　8. B型尖底瓶（H18：78）　9. B型钵（H18：112）　10. E型尖底瓶（H18：35）　11. B型平底瓶（H18：4）

盆　4件。

Aa型　3件。

标本H18：14，细泥质红陶，胎体呈灰色。平折沿，内沿折棱凸出形成内敛口，尖唇，斜弧腹，仅存口沿及上腹。沿面及器表磨光。沿下留有轮修痕。内口径21.0、外口径30.0、沿宽4.5、残高4.2、壁厚0.5厘米（图4-37，6）。

标本H18：17，夹细砂红陶。平折沿，内沿折棱凸出形成内敛口，圆唇，斜弧腹，仅存口沿及上腹。内外壁皆粗略磨光。沿下留有轮修痕。内径30.8、外径40.0、沿宽4.6、残高7.7、壁厚0.6厘米（图4-37，5）。

标本H18：30，细泥质红陶，胎体呈灰色。平折沿，尖圆唇，仅存口沿。器表素面，沿面施两道左斜向平行条带纹黑彩。内口径21.6、外口径32.8、沿宽5.6、残高3.4厘米（图4-37，7）。

Bb型　1件。

标本H18：12，细泥质灰陶。直口微敛，斜折沿，沿外端下垂，尖圆唇，斜弧腹，下腹及底部残。器表及内壁均磨光。沿下留有轮修痕。口径34.0、残高7.4、壁厚0.6～0.9厘米（图4-37，3）。

钵　1件。为B型。

标本H18：112，细泥质灰陶。直口微敛，尖唇，上腹较直，向下斜收，下腹及底部残。器表磨光。器表可见明显的轮修痕。口径28、残高8.6、壁厚0.6厘米（图4-37，9）。

平底瓶　1件。为B型。

标本H18：4，粗泥质红陶。侈口，细长颈，折腹，平底，口沿残。器表略磨光，刮抹痕明显。口径约9.0～10.0、腹径14.4、底径7.5、残高20.2、壁厚0.3～0.6厘米（图4-37，11；图版一四，4）。

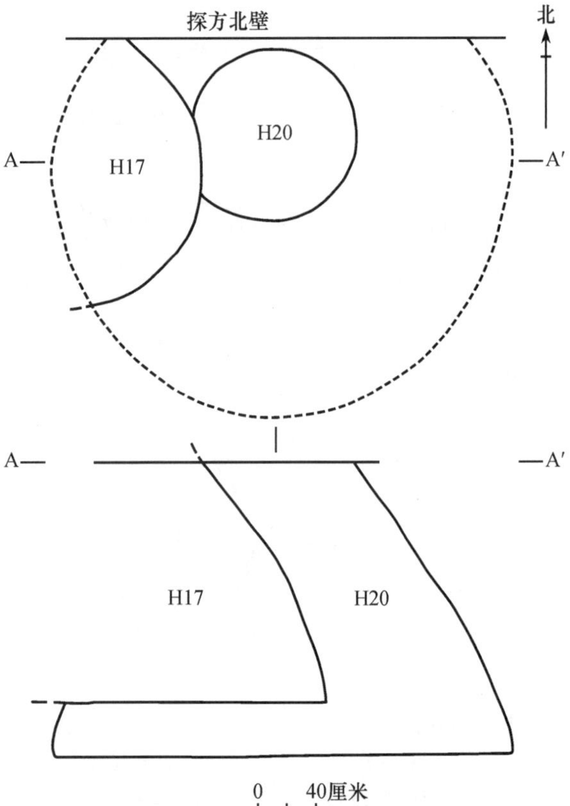

图4-38　ⅠT0408H20平、剖面图

7. ⅠT0408H20

H20位于ⅠT0408北壁偏东。开口于③层下，被H17打破。袋状坑，坑口平面呈圆形，坑壁外斜，平底。坑口距地表深150厘米，坑口直径115、坑底直径313、深195厘米（图4-38；图版三二，2）。

坑内填土为黄褐色，土质较硬，填土内发现一具较为完整的兽骨，推测可能为猪。文化遗物仅有陶器。

陶器　属于本期的陶片共56片，总重5392克。以夹粗砂灰陶为主，夹细砂灰陶次之。

器表装饰以篮纹+附加堆纹以为主，篮纹次之，另有少量磨光、按压纹、篮纹+附加堆纹+压印纹等（表4-10）。经分类和拼对，共有34件个体，可辨器形有夹砂深腹罐、壶、盆、钵、盘、豆、器盖等典型的庙底沟二期文化遗物。此外，本单位还发现尖底瓶、罐、瓮、盆、钵等仰韶文化遗物（图4-39、图4-40、表4-11）。

表4-10　Ⅰ T0408H20陶系统计表

陶质	细泥质陶	粗泥质陶	夹细砂陶	夹粗砂陶	合计	百分比（%）
陶色 / 器表装饰	灰	灰	灰	灰		
素面		1/132	2/71	3/386	6/589	10.71/10.93
磨光	1/23	1/90			2/113	3.57/2.1
篮纹			4/404	9/955	13/1359	23.21/25.21
绳纹				1/28	1/28	1.79/0.52
按压纹				1/142	1/142	1.79/2.63
篮纹+戳印纹		5/278			5/278	8.93/5.16
篮纹+附加堆纹		1/383	6/317	10/1157	17/1857	30.36/34.44
绳纹+附加堆纹			5/320	2/338	7/658	12.5/12.2
篮纹+附加堆纹+按压纹				4/368	4/368	7.14/6.82
合计	1/23	8/883	17/1112	30/3374	56/5392	
百分比（%）	1.79/0.43	14.28/16.38	30.36/20.62	53.57/62.57		100/100

注：百分比相关的行、列外，“/”前统计的数据为片数，单位为个；“/”后统计的数据为质量，单位为克。

表4-11　Ⅰ T0408H20第二期陶器器形统计表（1）

陶质	细泥质陶	粗泥质陶	夹细砂陶	夹粗砂陶	合计	百分比（%）
陶色 / 器类	灰	灰	灰	灰		
泥质罐		1			1	2.94
夹砂罐			5	20	25	73.53
壶		1			1	2.94
盆	1	2			3	8.82
钵		1			1	2.94
盘			1	1	2	5.89
器盖				1	1	2.94
合计	1	5	6	22	34	
百分比（%）	2.94	14.71	17.64	64.71		100

罐　6件。以夹砂罐为主，仅1件泥质罐。

夹砂罐　5件。为A型。

标本H20：8，夹粗砂灰陶。敛口，斜折沿，方唇，上腹外弧，仅存口沿及上腹。唇部压印出绹索状花纹，沿下加固两周叠加的附加堆纹，上腹饰左斜向粗篮纹。口径24.2、残高8.0、壁厚0.5～1.0厘米（图4-39，1）。

标本H20：14，夹细砂灰陶。敛口，斜折沿，方圆唇，深腹微鼓，下腹及底残。腹部饰横向粗篮纹，上腹近口沿处饰两周条状附加堆纹，腹部残留三周附加堆纹，堆纹上有指压痕。口径20.4、残高15.5、壁厚0.6～0.8厘米（图4-39，4）。

标本H20：59，夹粗砂灰陶。敛口，斜折沿，方唇，上腹外斜，仅存口沿及上腹。沿下加固一周附加堆纹，腹部饰左斜向粗篮纹。残高6.0、壁厚0.8厘米（图4-39，3）。

标本H20：46，夹粗砂灰陶。微敛口，圆唇，上腹外弧，下腹斜收，平底微内凹，部分腹部残。腹部饰横向中篮纹，近底处饰交错篮纹，其下为素面。口径34.0、底径14.0、复原后高35.0、壁厚0.4～0.7、底厚0.8厘米（图4-39，9）。

标本H20：55，夹细砂灰陶。微敛口，斜折沿，沿面略凹，圆唇，上腹较直，仅存口沿及上腹。唇部按压出锯齿状花边，沿下加固一周横向条带状附加堆纹，器身饰交错粗篮纹。口径30.4、残高7.5、壁厚0.8～1.0厘米（图4-39，2）。

泥质罐　1件。

标本H20：16，粗泥质灰陶。仅存中腹及底，腹壁微鼓，向下斜收，平底略内凹。腹中部戳印出排列整齐的两行小圆点，下腹饰右斜向粗篮纹。底径11.0、残高7.9、壁厚0.6～0.8、底厚0.8厘米（图4-39，7）。

壶　1件。为A型。

标本H20：1，粗泥质灰陶。侈口，圆唇，束颈较长，仅存口沿及肩部。颈部素面，颈肩交接处饰两周条状附加堆纹，堆纹上留有指压痕，肩饰右斜向中篮纹。口径13.0、残高10.5、壁厚0.4～0.6厘米（图4-39，5）。

盆　1件。为A型。

标本H20：68，细泥质灰陶。斜折沿，内沿折棱凸出形成内敛口，弧腹，口沿、下腹及底部残。内外壁均磨光。残高12.0、壁厚0.6厘米（图4-39，11）。

钵　1件。为B型。

标本H20：6，粗泥质灰陶。敞口，方唇，斜腹微弧，下腹及底部残。器表上部素面，下部磨光。内壁轮修痕明显。口径20.0、残高6.0、壁厚0.4～0.6厘米（图4-39，8）。

盘　2件。

B型　1件。

标本H20：18，夹细砂灰陶。敛口，方唇，腹壁向下外张，大平底微内凹。唇部有一周凹弦纹，腹部饰较深的左斜向和横向中篮纹。口径20.0、底径32.0、高5.5、壁厚1.0～1.8、底厚1.3厘米（图4-39，10）。

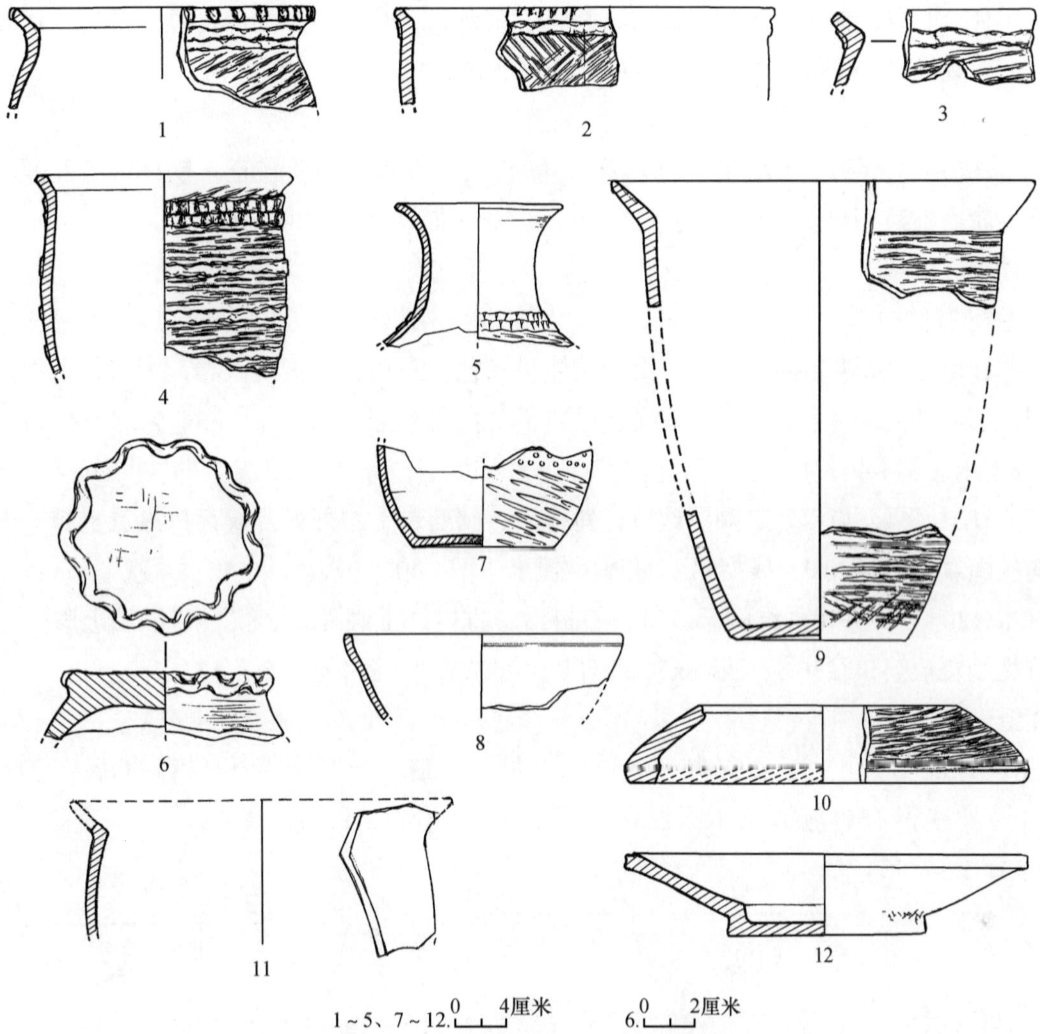

图4-39　Ⅰ T0408H20出土第二期陶器

1～3、4、9. A型夹砂罐（H20：8、H20：55、H20：59、H20：14、H20：46）　5. A型壶（H20：1）　6. Ab型器盖（H20：7）　7. 泥质罐（H20：16）　8. B型钵（H20：6）　10. B型盘（H20：18）　11. A型盆（H20：68）　12. Db型盘（H20：2）

Db型　1件。

标本H20：2，夹粗砂灰陶。敞口，方唇，腹向下斜收，近底部转折成直壁，平底。唇面正中饰一周凹弦纹，器表素面。口径32.4、底径16.0、高6.4、壁厚0.8～0.9、底厚1.0厘米（图4-39，12）。

器盖　1件。为Ab型。

标本H20：7，夹粗砂灰陶。圆饼形捉手，喇叭状盖体残。捉手周缘以手指按压形成锯齿状花边。捉手径8.0、残高2.9厘米（图4-39，6）。

本单位发现一定数量的仰韶晚期遗物，共计10件，可辨器形有尖底瓶、夹砂罐、瓮、盆和钵。

尖底瓶　2件。

A型　1件。

标本H20：47，夹粗砂灰陶。侈口，圆唇，束颈，仅存口沿及颈部。颈上部饰三道较浅的凹弦纹。口径18.0、残高11.0、壁厚0.3～0.6厘米（图4-40，7）。

E型　1件。

标本H20：3，细泥质灰陶。直口微侈，斜折沿，方唇，颈壁较直，仅存口沿及颈部。素面。器表轮修痕迹明显。口径13.0、残高3.9、壁厚1.0厘米（图4-40，10）。

夹砂罐　4件。

Ac型　3件。

标本H20：11，夹粗砂红陶，口沿处胎体呈灰色。敛口，斜折沿微卷，圆唇，上腹微鼓，仅存口沿及上腹。上腹饰竖向中绳纹，近口沿处的绳纹被抹去。口径36.4、残高6.0、壁厚0.4～0.8厘米（图4-40，4）。

标本H20：44，夹粗砂灰陶。敛口，斜折沿，圆唇，上腹外弧，仅存口沿及上腹。上腹饰右斜向粗绳纹。口径40.0、残高5.2、壁厚0.7厘米（图4-40，5）。

标本H20：9，夹粗砂红陶。敛口，斜折沿，方唇，上腹外弧，仅存口沿及上腹。素面。器表可见烟炱痕。口径36.8、残高6.5、壁厚0.5～0.7厘米（图4-40，3）。

B型　1件。

标本H20：25，夹粗砂灰陶。敛口，平沿，方唇，上腹外弧，仅存口沿及上腹。上腹近口沿处残留有鸡冠鋬及小圆泥饼。残高6.7、沿宽2.8、壁厚0.8、泥饼直径1.8厘米（图4-40，9）。

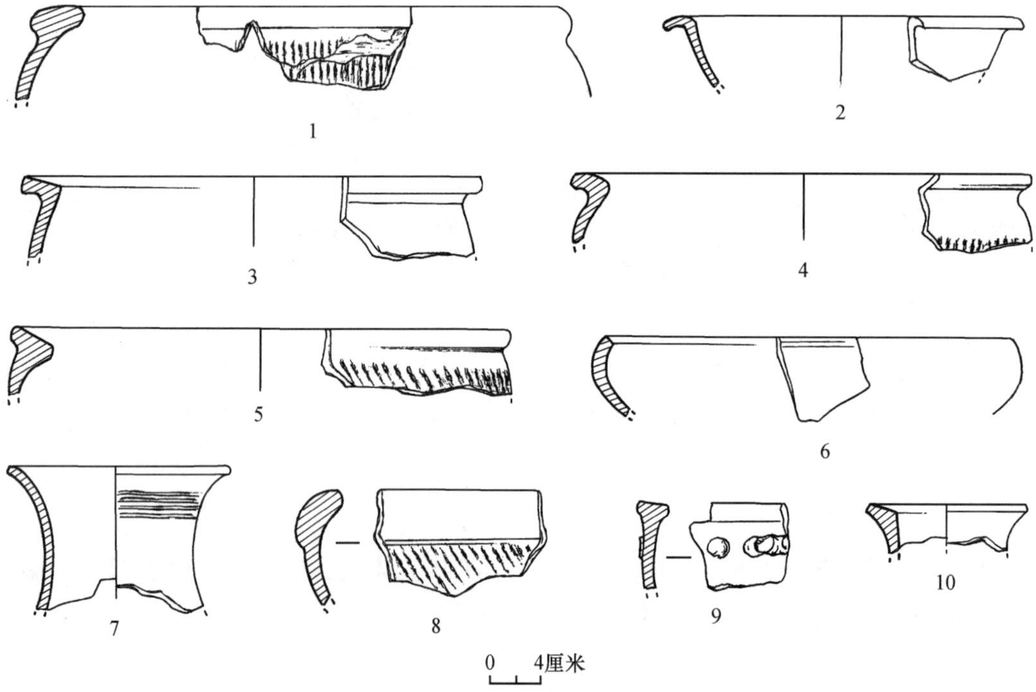

图4-40　ⅠT0408H20出土第一期陶器

1. C型瓮（H20：17）　2. Bb型盆（H20：4）　3～5. Ac型夹砂罐（H20：9、H20：11、H20：44）　6. A型钵（H20：39）　7. A型尖底瓶（H20：47）　8. A型瓮（H20：19）　9. B型夹砂罐（H20：25）　10. E型尖底瓶（H20：3）

瓮　2件。

A型　1件。

标本H20：19，夹细砂红陶。敛口，厚圆唇，上腹外弧，仅存口沿及上腹。上腹饰右斜向粗绳纹。器表可见烟炱痕。残高8.3、壁厚0.5～0.7厘米（图4-40，8）。

C型　1件。

标本H20：17，夹粗砂红陶。敛口，圆唇，平沿，沿面微弧，上腹外鼓，仅存口沿及上腹。上腹饰竖向中绳纹，近口沿处的绳纹被刮抹。口径41.2、残高6.7、壁厚0.9厘米（图4-40，1）。

盆　1件。为Bb型。

标本H20：4，细泥质灰陶。敞口，斜折沿微卷，沿外端略下垂，圆唇，上腹斜收，仅存口沿及上腹。器表素面，沿面及内壁磨光。口径23.2、残高5.0、壁厚0.4～0.7厘米（图4-40，2）。

钵　1件。为A型。

标本H20：39，细泥质红陶。敛口，方唇，上腹外鼓，仅存口沿及上腹。器表磨光。内壁轮修痕迹明显。口径32.0、残高6.2、壁厚0.5厘米（图4-40，6）。

8. Ⅰ T0307H21

H21位于Ⅰ T0307东北角。开口于③层下，打破H76及H81。袋状坑，坑口平面呈圆形，坑壁外弧，平底略带弧度。坑口距地表深175厘米，坑口直径256、坑底直径340、现存深度100厘米（图4-41）。

坑内填土为深灰色，土质疏松。文化遗物仅有陶器。

陶器　属于本期的陶片共5片，总重603克。仅有夹粗砂灰陶。器表装饰有篮纹和篮纹+附加堆纹。经分类和拼对，共有4件个体，可辨器形有夹砂深腹罐、器盖等典型的庙底沟二期文化遗物。此外，本单位还发现尖底瓶、夹砂罐、瓮、盆等仰韶文化遗物（图4-42）。

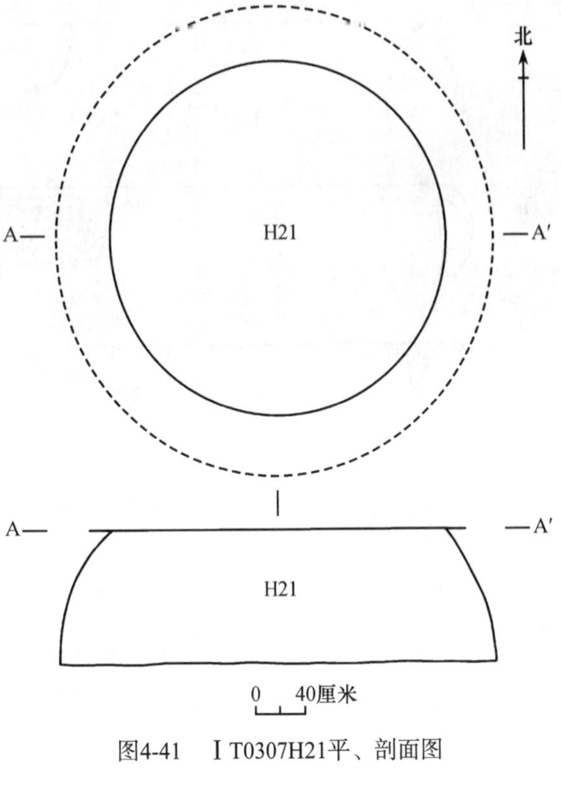

图4-41　Ⅰ T0307H21平、剖面图

夹砂罐　2件。

A型　1件。

标本H21：3，夹粗砂灰陶。敛口，斜折沿，圆唇，唇部切压形成花边，上腹外斜，仅存口沿及上腹。沿下贴附一周附加堆纹，上腹饰横向中篮纹。口径12.6、残高3.4、壁厚0.6厘米（图4-42，9）。

另有腹部及底部残片1件。

标本H21：12，夹粗砂灰陶。下腹斜收，平底。器表饰横向中篮纹，底内有一凸棱。底径30.0、残高4.4、壁厚1.0厘米（图4-42，7）。

本单位出土仰韶晚期遗物，共计8件。可辨器形有尖底瓶、夹砂罐、瓮和盆。

尖底瓶　1件。为A型。

标本H21：10，夹粗砂灰陶。侈口，圆唇，束颈，仅存口沿及颈部。器表可见刮抹痕。口径13.2、残高4.0、壁厚0.6厘米（图4-42，10）。

夹砂罐　3件。

Ab型　1件。

标本H21：4，夹细砂红陶。敛口，斜折沿，沿面微凹，圆唇，上腹外弧，仅存口沿及上腹。素面。口径24.7、残高5.5、壁厚0.8厘米（图4-42，8）。

Ac型　2件。

标本H21：9，夹粗砂红陶。敛口，斜折沿，方唇，上腹外弧，仅存口沿及上腹。上腹残存一段附加堆纹，堆纹上留有绳压痕。口径30.6、残高5.8、壁厚0.7厘米（图4-42，6）。

标本H21：8，夹粗砂红陶。敛口，斜折沿，圆唇，上腹外弧，仅存口沿及上腹。素面。口径38.6、残高7.1、壁厚0.9厘米（图4-42，1）。

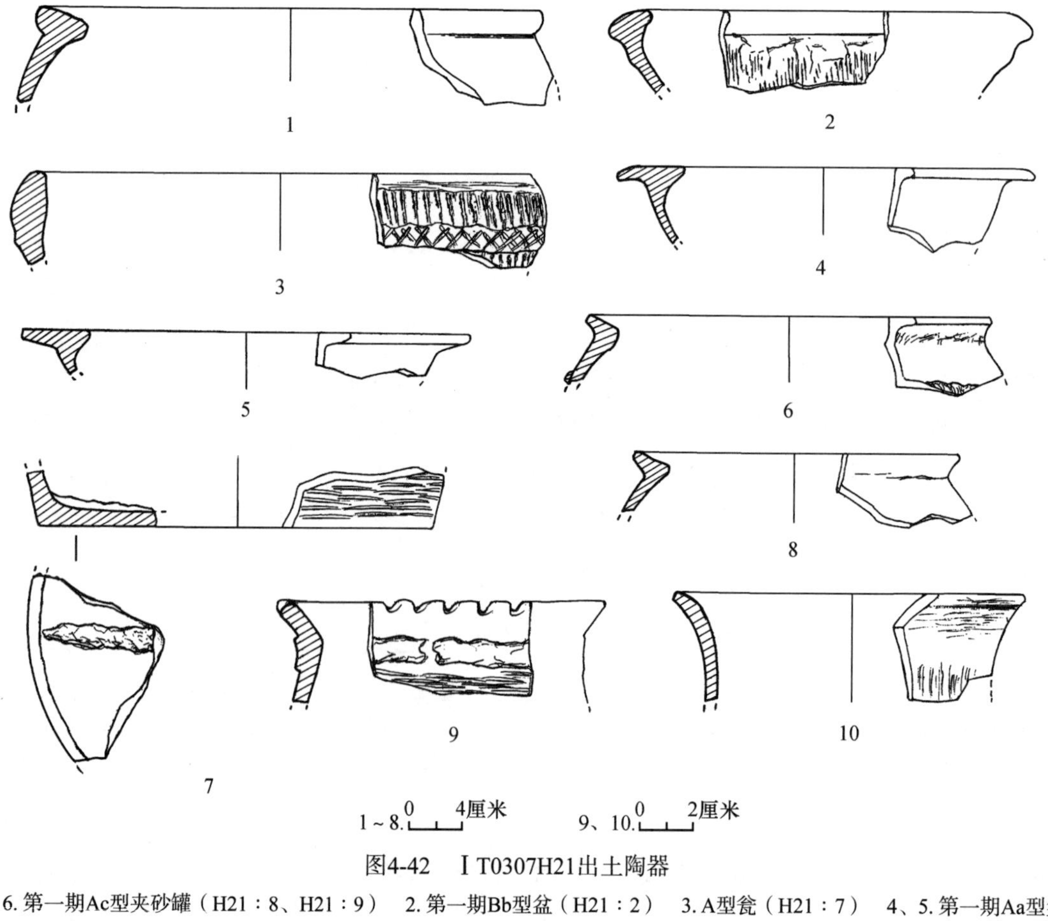

图4-42　ⅠT0307H21出土陶器

1、6. 第一期Ac型夹砂罐（H21：8、H21：9）　2. 第一期Bb型盆（H21：2）　3. A型瓮（H21：7）　4、5. 第一期Aa型盆（H21：5、H21：6）　7. 第二期夹砂罐（H21：12）　8. 第一期Ab型夹砂罐（H21：4）　9. 第二期A型夹砂罐（H21：3）　10. 第一期A型尖底瓶（H21：10）

瓮　1件。为A型。

标本H21：7，夹粗砂红陶。敛口，圆唇，仅存口沿及上腹。器表饰绳纹，口部的绳纹被刮抹，沿下加固一周附加堆纹。口径38.0、残高7.0、壁厚1.1厘米（图4-42，3）。

盆　3件。

Aa型　2件。

标本H21：5，粗泥质红陶。平折沿，内沿折棱凸出形成内敛口，圆唇，弧腹，仅存口沿及上腹。素面。内口径21.0、外口径31.4、沿宽5.2、残高6.1、壁厚0.6厘米（图4-42，4）。

标本H21：6，粗泥质红陶。平折沿，内沿折棱凸出形成内敛口，圆唇，仅存口沿。素面。内口径24.0、外口径34.2、沿宽5.1、残高3.5、壁厚0.6厘米（图4-42，5）。

Bb型　1件。

标本H21：2，夹粗砂红陶。敛口，圆唇，上腹斜直，仅存口沿及上腹。器表隐约可见被刮抹的绳纹痕迹。口径26.0、残高6.1、壁厚0.7厘米（图4-42，2）。

9. Ⅰ T0407H27

H27位于Ⅰ T0407北壁中部。开口于③层下。圆形筒状坑，坑口平面为圆形，直壁，平底。坑口距地表深147厘米，坑口直径141、坑底直径141、残深12厘米（图4-43；图版三三，1）。

坑内填土呈褐色，土质疏松，包含少量陶片。文化遗物仅有陶器。

陶器　属于本期的陶片共3片，总重149克。以夹粗砂灰陶为主。器表装饰以素面居多，纹饰有篮纹+附加堆纹、篮纹+附加堆纹+按压纹。经分类和拼对，共有2件个体，可辨器形仅有夹砂深腹罐（图4-44）。

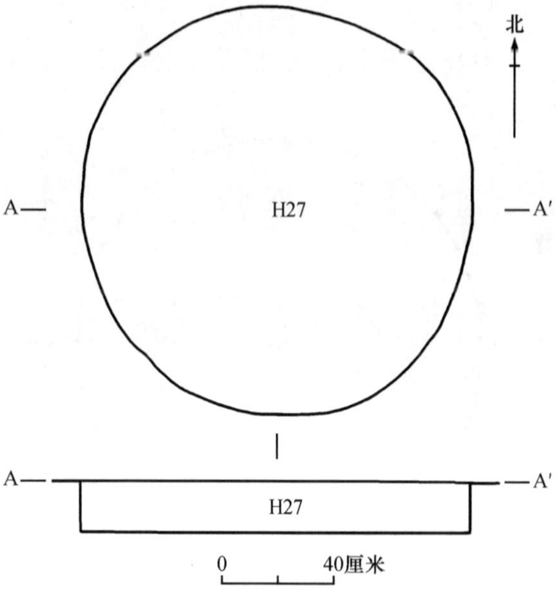

图4-43　Ⅰ T0407H27平、剖面图

夹砂罐　2件。

B型　1件。

标本H27：3，夹粗砂灰陶。侈口，方唇，仅存口沿。唇部压印左斜向短斜线纹花边，沿外侧饰左斜向粗篮纹，其下加固两周叠压的附加堆纹。残高11.2、壁厚0.7厘米（图4-44，1）。

另有腹部及底部残片1件。

标本H27：4，夹细砂灰陶。下腹弧收，平底微凹。素面。器表可见左斜向刮抹痕。底径12.8、残高10.6、壁厚0.6、底厚0.6厘米（图4-44，2）。

本单位出土仰韶晚期遗物仅有盆，共计1件。

盆　1件。为Aa型。

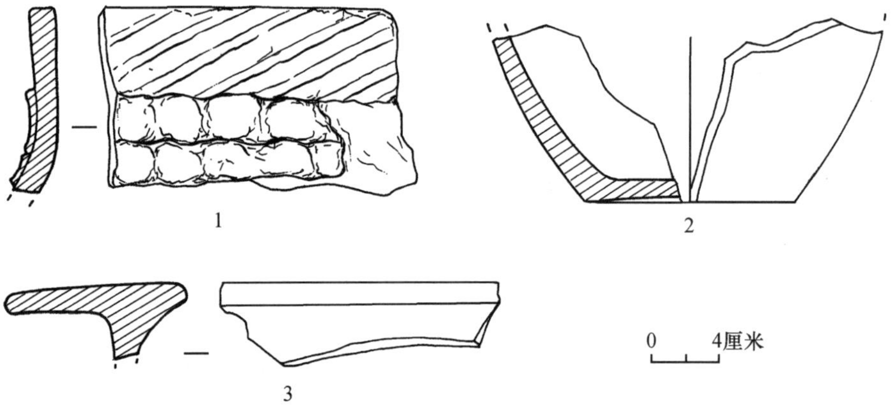

图4-44　Ⅰ T0407H27出土陶器

1. 第二期B型夹砂罐（H27：3）　2. 第二期夹砂罐（H27：4）　3. 第一期Aa型盆（H27：2）

标本H27：2，粗泥质红陶。宽平沿，内沿折棱凸出形成内敛口，圆唇，仅存口沿。沿面磨光。沿宽7.3、残高3.3厘米（图4-44，3）。

10. Ⅰ T0407H28

H28位于Ⅰ T0407西壁偏北。开口于③层下，打破H80。筒状坑，坑口平面近圆形，直壁，平底。坑口距地表深120厘米，坑口直径1.46、坑底直径146、深95厘米（图4-45；图版三三，2）。

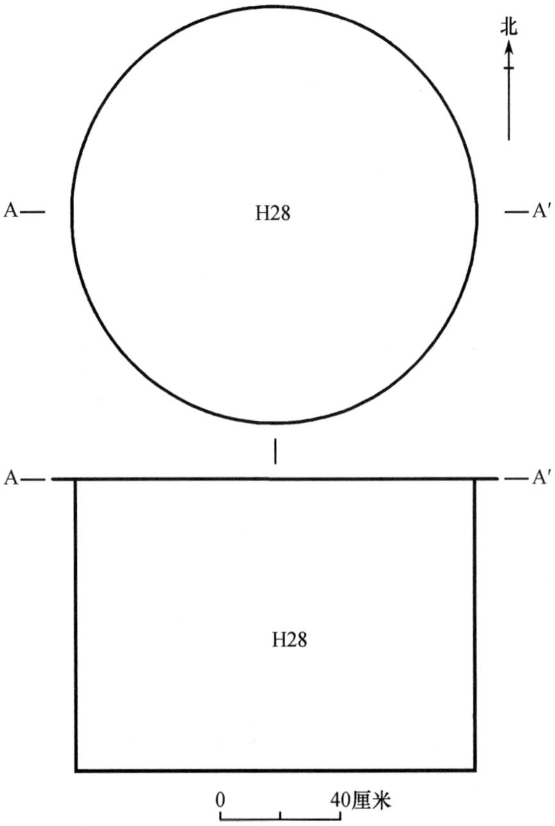

图4-45　Ⅰ T0407H28平、剖面图

坑内填土为褐色，土质稍硬，包含少数炭粒。文化遗物有石器、陶器。

（1）陶器　属于本期的陶片共6片，总重572千克。以夹粗砂灰陶为主，粗泥质灰陶次之。器表装饰以素面居多，纹饰有篮纹+附加堆纹、篮纹+附加堆纹+按压纹等。经分类和拼对，共有6件个体，可辨器形有夹砂深腹罐、壶、盆、器盖、纺轮等庙底沟二期文化遗物。此外，本单位还发现尖底瓶、夹砂罐、瓮、钵等仰韶文化遗物（图4-46）。

夹砂罐　2件。为A型。

标本H28：6，夹粗砂灰陶。敛口，斜折沿，沿面内凹，圆唇，上腹微外斜，仅存口沿及上腹。沿下饰一周附加堆纹加固口沿，上腹饰横向篮纹。口径20.0、残高5.8、壁厚0.7厘米（图4-46，1）。

标本H28：8，夹粗砂灰陶。敛口，斜折沿，方唇，上腹微外斜，仅存口沿及上腹。唇面按压出锯齿状花边，口沿下饰一周附加堆纹，堆纹上留有指压痕，上腹饰横向篮纹。口径24.6、残高6.2、壁厚0.7厘米（图4-46，2）。

壶　1件。为A型。

标本H28：13，夹细砂灰陶。下腹斜收，壁面内弧，平底，仅存下腹及底。腹部饰右斜向篮纹，纹痕较浅。内壁可见轮制痕迹。底径12.1、残高12.8、壁厚0.8、底厚1.0厘米（图4-46，9）。

盆　1件。为A型。

标本H28：11，细泥质灰陶。斜折沿微外弧，尖圆唇，上腹微鼓，仅存口沿及上腹。内外壁均磨光。残高5.9、壁厚0.7厘米（图4-46，3）。

器盖　2件。

Aa型　1件。

标本H28：12，夹粗砂红陶。圆饼形捉手，盖体呈喇叭状，盖壁内弧，盖体周缘残。捉手周缘施宽锯齿状花边，器表饰竖向中绳纹。内壁可见工具刮抹痕。捉手径7.9、残高6.9、壁厚0.6厘米（图4-46，8）。

B型　1件。

标本H28：16，细泥质灰陶。捉手呈浅盘状，盖壁外弧，捉手顶部、盖体周缘残。器表磨光，盖身有一未透的钻孔，呈漏斗状。捉手与盖体相交处可见接嵌痕，内壁有湿手修整痕。残高5.3、壁厚0.5厘米（图4-46，12）。

纺轮　1件。为A型。

标本H28：1，粗泥质灰陶。圆饼状，截面呈长方形，两面平直，中部有一圆孔。素面。直径5.2、孔径0.7、厚1.7厘米（图4-46，13；图版四三，3）。

（2）石器

石笄　1件。为Bb型。

标本H28：2，黑色闪长岩。平面呈长条形，两端为断裂面，截面呈椭圆形，两侧斜直向下内收。通体经粗磨，器表不规整，属半成品。残长11.8厘米，重25克（图4-46，11；图版四七，4）。

石笄毛坯　1件

标本H28：3，青灰色闪长岩。平面呈梯形，上部较宽，器表微突，侧边切割痕迹明显，留有一条因双面切割截断后形成的台痕，两端为断裂面。推测为T形笄的毛坯。长7.5、宽2.5～3.2、厚1.5～2.5厘米，重98克（图4-46，10；图版四六，5）。

本单位出土仰韶晚期遗物，共计5件，可辨器形有尖底瓶、夹砂罐、瓮和钵。

尖底瓶　2件。

E型　1件。

标本H28：10，粗泥质红陶。直口微侈，平沿，圆唇，细长颈，仅存口沿及颈部。颈上部贴附小圆泥饼，颈下部饰两周凹弦纹。内壁可见明显的泥条盘筑痕。内口径7.4、外口径10.4、

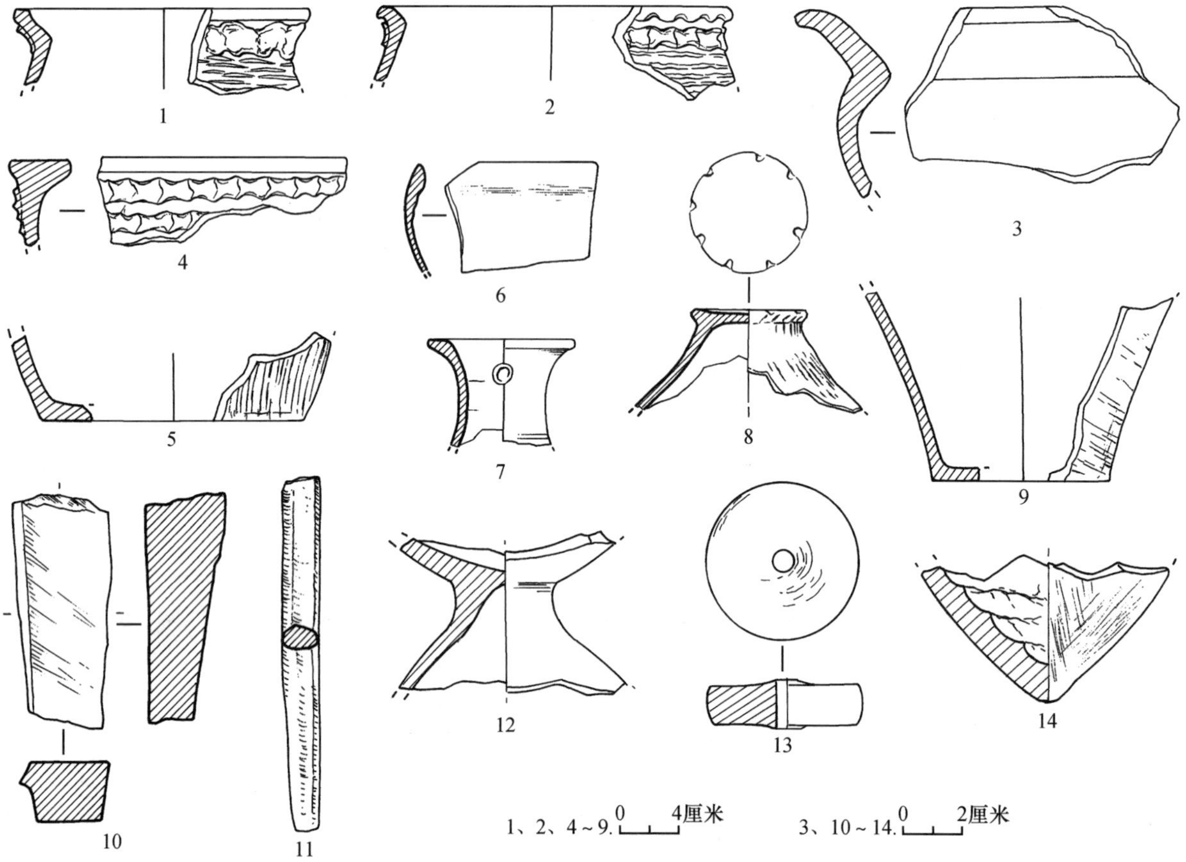

图4-46　Ⅰ T0407H28出土器物

1、2. 第二期A型夹砂罐（H28：6、H28：8）　3. 第二期A型盆（H28：11）　4. 第一期D型瓮（H28：9）　5. 第一期夹砂罐（H28：14）　6. 第一期A型钵（H28：4）　7. 第一期E型尖底瓶（H28：10）　8. 第二期Aa型器盖（H28：12）　9. 第二期A型壶（H28：13）　10. 第二期石笄毛坯（H28：3）　11. 第二期Bb型石笄（H28：2）　12. 第二期B型器盖（ H28：16）　13. 第二期A型陶纺轮（H28：1）　14. 第一期尖底瓶（H28：15）

沿宽1.5、残高7.2厘米（图4-46，7）。

另有底部残片1件。

标本H28：15，粗泥质红陶。圆锥状尖底。器表饰斜向线纹。内壁可见泥条盘筑痕。残高5.0、壁厚0.5厘米（图4-46，14）。

夹砂罐　1件。

标本H28：14，夹粗砂红陶。下腹斜收，腹壁微弧，平底，仅存下腹及底部。素面。下腹与底相接处有明显接嵌痕。底径18.0、残高5.9、壁厚0.8、底厚1.1厘米（图4-46，5）。

瓮　1件。为D型。

标本H28：9，夹粗砂灰陶。敛口，平沿内折，圆唇，上腹较直，仅存口沿及上腹。沿下可见两周附加堆纹，堆纹上留有按压痕。沿宽4.3、残高6.1、壁厚0.8厘米（图4-46，4）。

钵　1件。为A型。

标本H28：4，细泥质灰陶，敛口，圆唇较厚，上腹微鼓，仅存口沿及上腹。器表略磨光。器表可见刮抹痕。残高7.5、壁厚0.4～0.9厘米（图4-46，6）。

11. Ⅰ T0308H31

H31位于Ⅰ T0308中部。开口于③层下，打破H37、F3，被H12打破。锅底状坑，坑口平面呈圆形，坑壁斜收，底部较平。坑口距地表深110厘米，坑口直径150、坑底直径120、深110厘米（图4-47）。

坑内填土为深灰色，土质较疏松。未见文化遗物。

12. Ⅰ T0308H42

H42位于Ⅰ T0308西南部。开口于③层下，被H53打破，打破H63。锅底状坑，坑口平面呈圆形，坑壁弧收，圜底。坑口距地表深110厘米，坑口直径230、坑底直径170、残深90厘米（图4-48）。

坑内填土为褐色，土质较硬。文化遗物仅有陶器。

陶器　属于本期的陶片共6片，总重506千克。以夹粗砂灰陶为主，夹细砂灰陶次之。器表装饰有篮纹、附加堆纹、篮纹+附加堆纹。经分类和拼对，共有4件个体，可辨器形有尖底瓶、刻槽盆、环等典型的庙底沟二期文化遗物。此外，本单位还发现夹砂罐、钵等仰韶文化遗物（图4-49）。

刻槽盆　1件。为A型。

标本H42：2，夹细砂灰陶。敞口，方唇，唇部微凹，上腹斜收，仅存口沿及上腹。内壁沿下1.5厘米处有一道横向凹槽，其下饰菱格状交错的凹槽，外壁饰篮纹。器表可见烟炱痕。

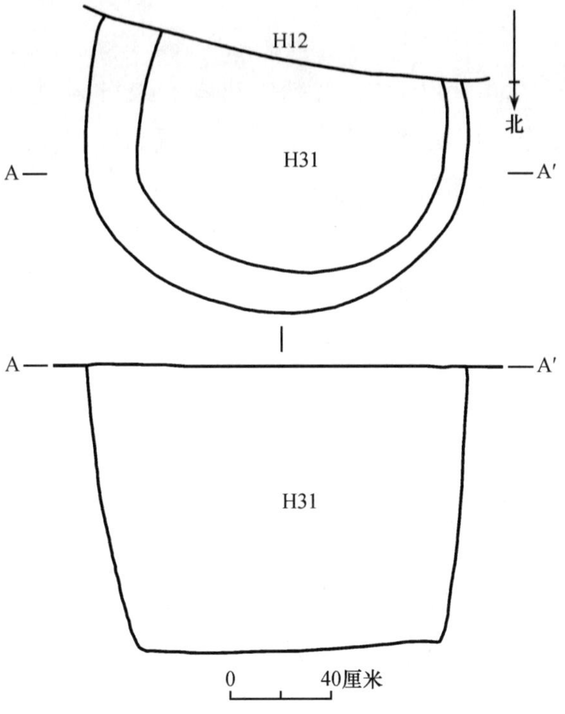

图4-47　Ⅰ T0308H31平、剖面图

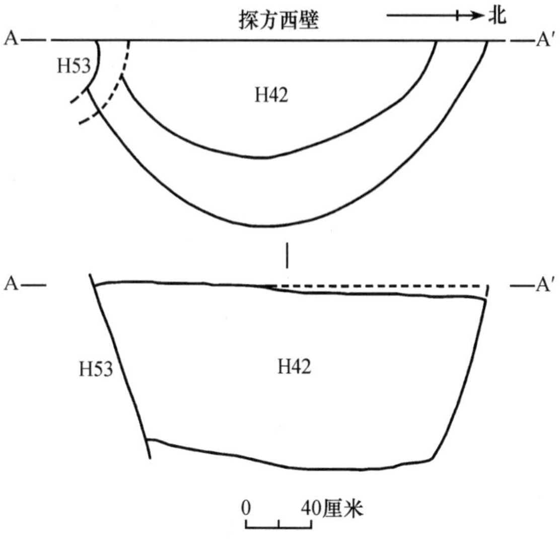

图4-48　Ⅰ T0308H42平、剖面图

口径34.1、残高5.4、壁厚1.0厘米（图4-49，1；图版四二，4）。

环　1件。

标本H42：1，粗泥质灰陶。残存近二分之一，截面近椭圆形，内壁平直，外侧面圆弧。器表光滑平整。内径5.4、外径6.4、厚0.5厘米（图4-49，3；图版四三，2）。

本单位发现仰韶晚期遗物，共计3件，可辨器形有尖底瓶、夹砂罐和钵。

尖底瓶　1件。为颈肩残片。

标本H42：4，夹细砂灰陶。束颈。颈肩交接处饰一周附加堆纹，堆纹上留有按压痕，肩部饰微向右倾斜中篮纹。残高7.7、壁厚0.6厘米（图4-49，4）。

夹砂罐　1件。为Ab型。

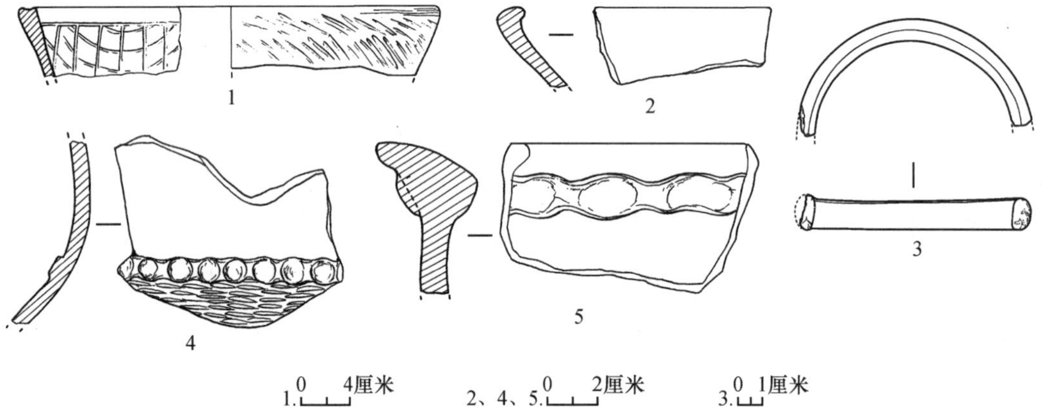

图4-49　Ⅰ T0308H42出土陶器

1. 第二期A型刻槽盆（H42：2）　2. 第一期A型钵（H42：6）　3. 第二期陶环（H42：1）　4. 第一期尖底瓶（H42：4）　5. 第一期Ab型夹砂罐（H42：3）

标本H42：3，夹细砂灰陶。敛口，斜折沿，圆唇，仅存口沿。沿下施一周附加堆纹，堆纹上有压印痕。残高6.0、壁厚1.1厘米（图4-49，5）。

钵　1件。为A型。

标本H42：6，夹细砂灰陶。敛口，圆唇，上腹向下弧收，仅存口沿及上腹。内外壁皆磨光。残高3.1、壁厚0.7厘米（图4-49，2）。

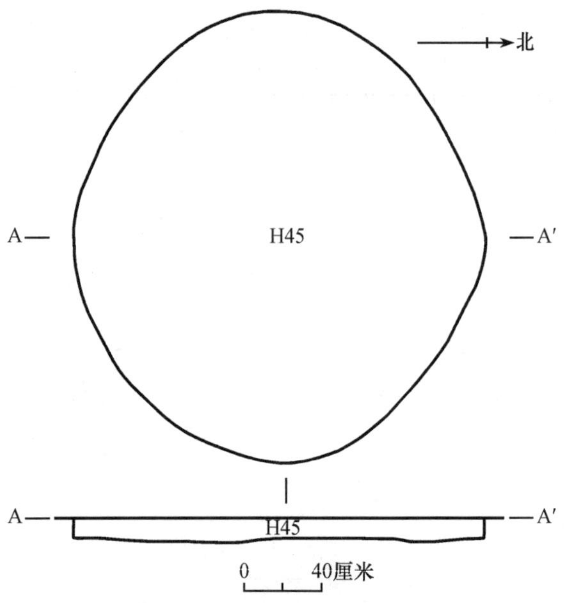

图4-50　Ⅰ T0302H45平、剖面图

13. Ⅰ T0302H45

H45位于Ⅰ T0302西部。开口于⑤层下。筒状坑，坑口平面近圆形，坑壁较直，底部较平。坑口距地表深350厘米，坑口与坑底直径210～225、残深13厘米（图4-50；图版三四，1）。

坑内填土为青黑色，土质疏松。文化遗物仅有陶器。

陶器　属于本期的陶片共26片，总重1849千克。以夹砂灰陶为主。器表装饰以篮纹+附加堆纹为主，篮纹+附加堆纹+按压纹次之，另有少量篮纹、绳纹＋附加堆纹、按压纹等。经分类和拼对，共有20件个体。可辨器形有夹砂深腹罐、刻槽盆等典型的庙底沟二期文化遗物。此外，本单位还发现尖底瓶、夹砂罐、瓮、盆等仰韶文化遗物（图4-51、图4-52）。

夹砂罐　9件。

A型　7件。

标本H45：3，夹粗砂红陶。敛口，斜折沿，方唇，上腹外斜，仅存口沿及上腹。上腹饰横向篮纹，沿下加固一周附加堆纹。器表留有轮修痕，内外壁均可见烟炱痕。口径32.5、残高5.7、壁厚0.6～0.9厘米（图4-51，7）。

标本H45：19，夹粗砂灰陶。敛口，斜折沿，方唇，上腹微鼓，仅存口沿及上腹。唇部压印出宽的疏锯齿状花边，上腹饰左斜向绳纹，其上饰一周附加堆纹。口径33.0、残高11.1、壁厚0.8厘米（图4-51，9）。

标本H45：20，夹粗砂灰陶。微敛口，斜折沿，方唇，腹壁较直，仅存口沿及上腹。唇部压印一周较浅的印痕形成花边，上腹饰两周叠压附加堆纹。器表留有轮修痕。口径29.2、残高6.8、壁厚0.8厘米（图4-51，1）。

标本H45：36，夹细砂灰陶。微敛口，斜折沿，圆唇，仅存口沿及上腹。唇部压印出宽疏的锯齿状花边，沿下两周叠压附加堆纹。口径28.4、残高6.0、壁厚0.8厘米（图4-51，4）。

标本H45：23，夹粗砂灰陶。敛口，斜折沿，圆唇，上腹外弧，仅存口沿及上腹。上腹饰横向篮纹，沿下一周附加堆纹。器表留有轮修痕。口径20.7、残高6.3、壁厚0.7厘米（图4-51，2）。

标本H45：21，夹粗砂灰陶。敛口，斜折沿，圆唇，上腹微外斜，仅存口沿及上腹。上

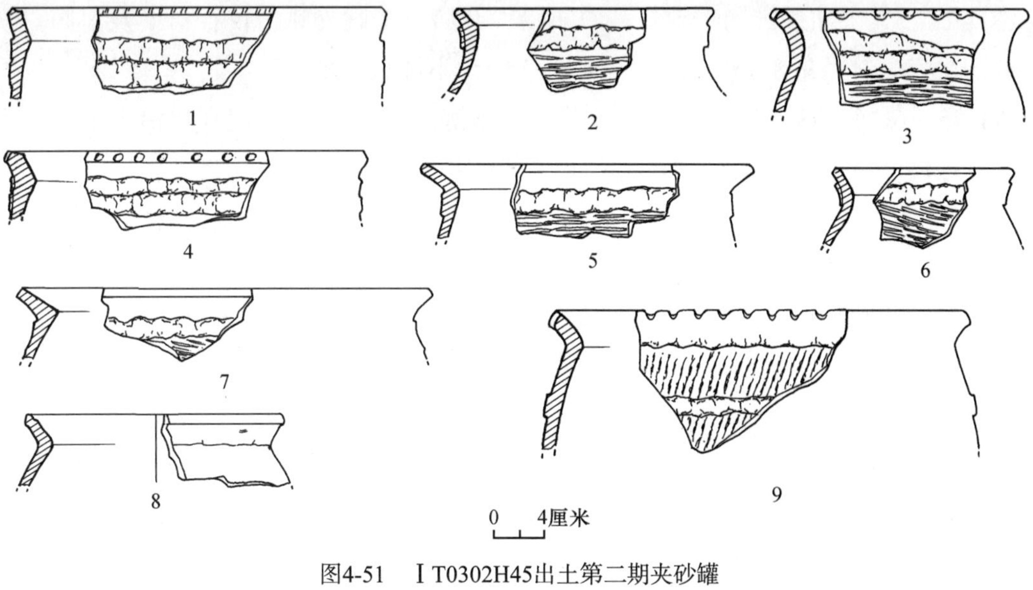

图4-51　ⅠT0302H45出土第二期夹砂罐

1、2、4、5、7～9. A型（H45：20、H45：23、H45：36、H45：21、H45：3、H45：24、H45：19）

3、6. B型（H45：2、H45：37）

腹饰横向篮纹，沿下加固一周附加堆纹。器表留有轮修痕。口径26.4、残高5.8、壁厚0.5厘米（图4-51，5）。

标本H45：24，夹粗砂灰陶。敛口，斜折沿，方唇，上腹外弧，仅存口沿及上腹。素面。口部留有轮修痕。口径20.2、残高5.8、壁厚0.5厘米（图4-51，8）。

B型　2件。

标本H45：2，夹粗砂红陶。侈口，圆唇，上腹外弧，仅存口沿及上腹。唇部压印出花边，上腹饰横向篮纹，其上饰两周叠压附加堆纹。口径20.8、残高7.8、壁厚0.8厘米（图4-51，3）。

标本H45：37，夹细砂灰陶。侈口，方唇，上腹外弧，仅存口沿及上腹。沿下饰一周附加堆纹，上腹饰右斜向篮纹。器表留有轮修痕，内外壁均留有烟炱痕。口径14.5、残高6.3、壁厚0.4厘米（图4-51，6）。

本单位发现仰韶晚期遗物，共计10件，可辨器形有尖底瓶、夹砂罐、瓮和盆。

尖底瓶　1件。为E型。

标本H45：11，粗泥质红陶。微侈口，斜折沿，方唇，束颈，仅存口沿及颈部。素面。颈部留有竖向刮抹痕。口径10.2、残高5.8、壁厚0.6厘米（图4-52，10）。

夹砂罐　4件。为A型。

Aa型　2件。

标本H45：4，夹粗砂红陶，胎体呈灰色。敛口，斜折沿，方唇，上腹外斜，仅存口沿及上腹。上腹饰左斜向绳纹。器表留有烟炱痕。口径20.0、残高7.2、壁厚0.4～0.6厘米（图4-52，1）。

标本H45：8，夹粗砂红陶，胎体呈灰色。敛口，斜沿微卷，圆唇，上腹外弧，仅存口沿及上腹。素面。器表留有轮修痕。口径14.4、残高4.8、壁厚0.4厘米（图4-52，3）。

Ab型　2件。

标本H45：5，夹粗砂红陶。敛口，斜折沿，圆唇，上腹外弧，仅存口沿及上腹。素面。器表留有烟炱痕。口径26.8、残高5.8、壁厚0.5厘米（图4-52，2）。

标本H45：6，夹粗砂红陶。敛口，斜折沿，圆唇，上腹外弧，仅存口沿及上腹。素面。器表留有刮抹痕。口径30.0、残高5.0、壁厚1.0厘米（图4-52，4）。

瓮　1件。为A型。

标本H45：9，夹粗砂红陶。敛口，圆唇，上腹外鼓，仅存口沿及上腹。沿下饰两周叠压附加堆纹。器表留有轮修痕。口径41.2、残高8.4、壁厚0.9厘米（图4-52，6）。

盆　4件。

Aa型　3件。

标本H45：1，夹粗砂红陶。平折沿，内沿折棱凸出形成内敛口，圆唇，斜弧腹，仅存口沿及上腹。素面。内口径33.3、外口径40.3、沿宽3.5、残高7.9、壁厚0.8厘米（图4-52，5）。

标本H45：40，粗泥质灰陶。平折沿，内沿折棱凸出形成内敛口，方唇，上腹微弧，仅存口沿及上腹。器表素面，沿面及内壁磨光。内口径21.3、外口径28.1、沿宽3.4、残高3.6、壁厚0.7厘米（图4-52，8）。

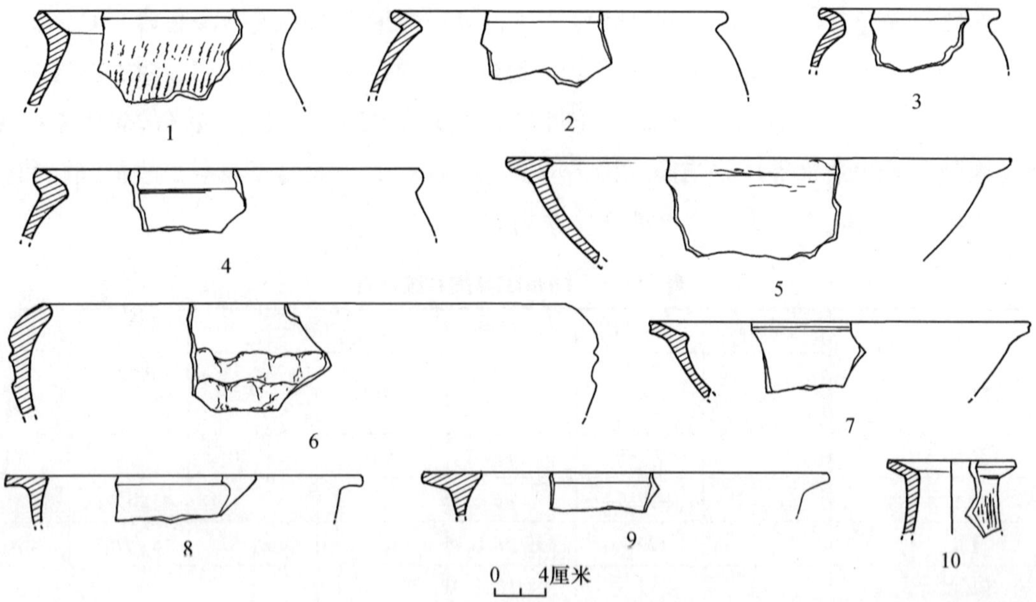

图4-52　I T0302H45出土的第一期陶器

1、3. Aa型夹砂罐（H45：4、H45：8）　2、4. Ab型夹砂罐（H45：5、H45：6）　5、8、9. Aa型盆（H45：1、H45：40、H45：41）　6. A型瓮（H45：9）　7. Ba型盆（H45：12）　10. E型尖底瓶（H45：11）

标本H45：41，粗泥质灰陶。平折沿，内沿折棱凸出形成内敛口，圆唇，仅存口沿。器表磨光。器表留有轮修痕。内口径22.9、外口径32.5、沿宽4.8、残高3.2、壁厚0.7厘米（图4-52，9）。

Ba型　1件。

标本H45：12，夹细砂红陶。斜折沿，方唇，唇部饰一道凹弦纹，腹壁斜直略弧，仅存口沿及上腹。器表磨光。口径25.0、残高3.3、壁厚0.6厘米（图4-52，7）。

14. I T0407H49

H49位于I T0407中部偏东北。开口于③层下。袋状坑，坑口平面呈圆形，坑壁自上而下向外弧，平底。坑口距地表深120厘米，坑口直径276、坑底直径352、残深134厘米（图4-53；图版三四，2）。

坑内填土为黑褐色，土质较软，包含少量石块。文化遗物有陶器和骨器。

（1）陶器　属于本期的陶片共187片，总重16140克。以夹粗砂灰陶为主，夹细砂灰陶次之。器表装饰以篮纹为主，篮纹+附加堆纹次之，另有少量磨光、按压纹、附加堆纹+按压

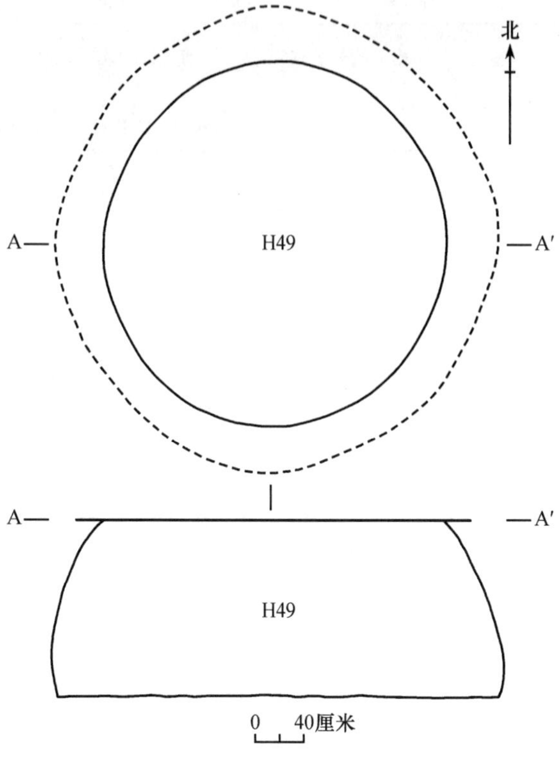

图4-53　I T0407H49平、剖面图

纹等（表4-12）。经分类和拼对，共有48件个体，可辨器形有鼎、夹砂深腹罐、瓮、壶、盆、杯、豆、器盖等典型的庙底沟二期文化遗物。此外，本单位还发现夹砂罐、盆、钵等遗物（图4-54、图4-55、表4-13、表4-14）。需要说明的是，本单位出土了数量较多的尖底瓶残片，因其陶质、陶色、器表装饰等风格与庙底沟二期文化遗物相似，或属于该期，故在统计和叙述中将其归入该期文化遗物中，未作为早期文化遗物对待。

表4-12　I T0407H49陶系统计表

陶质	细泥质陶	粗泥质陶	夹细砂陶	夹粗砂陶		合计	百分比（%）
器表装饰＼陶色	灰	灰	灰	红	灰		
素面		2/162	1/82	1/119	3/540	7/903	3.74/5.59
磨光	11/218	19/2894	1/46			31/3158	16.58/19.57
篮纹		12/679	38/2924		15/1152	65/4755	34.76/29.46
按压纹			1/113			1/113	0.53/0.70
磨光+弦纹			1/122			1/122	0.53/0.76
篮纹+附加堆纹			7/570		47/3192	54/3762	28.88/23.31
绳纹+附加堆纹					10/514	10/514	5.35/3.18
篮纹+按压纹					1/217	1/217	0.53/1.34
附加堆纹+按压纹					2/429	2/429	1.07/2.66
篮纹+附加堆纹+按压纹					14/1932	14/1932	7.49/11.97
绳纹+附加堆纹+按压纹					1/235	1/235	0.53/1.46
合计	11/218	33/3735	49/3857	1/119	93/8211	187/16140	
百分比（%）	5.88/1.35	17.65/23.14	26.21/23.90	0.53/0.74	49.73/50.87		100/100

注：百分比相关的行、列外，“/”前统计的数据为片数，单位为个；“/”后统计的数据为质量，单位为克。

表4-13　I T0407H49第二期陶器器形统计表（1）

陶质	细泥质陶	粗泥质陶	夹细砂陶	夹粗砂陶		合计	百分比（%）
器类＼陶色	灰	灰	灰	红	灰		
小罐		1				1	2.08
夹砂罐			3	1	16	20	41.67
瓮			1			1	2.08
壶			1			1	2.08
尖底瓶		5	2		4	11	22.92
盆		2				2	4.17
豆		2				2	4.17
器盖			2		1	3	6.25
杯	2		1			3	6.25
鼎					4	4	8.33
合计	2	10	10	1	25	48	
百分比（%）	4.17	20.83	20.83	2.08	52.09		100

表4-14　Ⅰ T0407H49第二期陶器器形统计表（2）

器类 器表装饰	小罐	瓮	壶	尖底瓶	盆	豆	器盖	杯	夹砂罐	鼎	合计	百分比（%）
素面					1		1		3		5	10.42
磨光	1				1	2		3			7	14.58
篮纹				10					3		13	27.09
按压纹							1				1	2.08
磨光+弦纹		1									1	2.08
篮纹+附加堆纹			1	1					9	2	13	27.09
绳纹+附加堆纹									2		2	4.17
篮纹+按压纹							1				1	2.08
附加堆纹+按压纹										1	1	2.08
篮纹+附加堆纹+按压纹									2	1	3	6.25
绳纹+附加堆纹+按压纹									1		1	2.08
合计	1	1	1	11	2	2	3	3	20	4	48	
百分比（%）	2.08	2.08	2.08	22.92	4.17	4.17	6.25	6.25	41.67	8.33		100

鼎　3件。

A型　1件。

标本H49：10，夹粗砂灰陶。敛口，折沿外翻，沿面略弧，圆唇，圆鼓腹，仅存口沿及中腹。腹部饰右斜向中篮纹，偏下处饰一周附加堆纹。沿面留有轮修痕，器表留有烟炱痕。口径20.0、残高12.9、壁厚0.4～0.6厘米（图4-54，12）。

B型　1件。

标本H49：6，夹粗砂灰陶。口沿及上腹残，腹向下弧收，平底，下置三个扁凿状实足。腹部饰横向中篮纹，腹中部饰一周条状附加堆纹，堆纹上留有手指按压的浅凹窝，堆纹之间置两个对称鸡冠鋬。三足外壁上饰两道竖向凸棱，其上压印有连续排列的锯齿状凹窝。残高17.3、壁厚0.7、足高8.0、足宽4.5～5.0厘米（图4-54，10；图版三六，1）。

另有鼎足残片1件。

标本H49：33，夹粗砂灰陶。扁凿状实足，上端残留小部分平底，平面呈梯形，上端较宽，足跟较窄。外壁正中各饰一条竖向附加堆纹，堆纹上可见指窝。上端与腹、底交接处有烟炱痕。足高8.3、足宽3.6～5.7、壁厚0.5～0.7、底厚0.6厘米（图4-54，13）。

夹砂罐　10件。

A型　9件。

标本H49：50，夹细砂灰陶。敛口，斜折沿，圆唇，上腹外斜，仅存口沿及上腹。上腹饰横向中篮纹。内壁可见口沿与腹部间的黏结痕，器表及断茬皆可见烟炱痕。口径12.1、残高4.2、壁厚0.4～0.5厘米（图4-54，1）。

标本H49：17，夹细砂灰陶。敛口，斜折沿，圆唇，上腹微鼓，仅存口沿及上腹。沿下加固两周叠压的附加堆纹，腹部饰横向中篮纹。口径28.3、残高7.7、壁厚0.4厘米（图4-54，2）。

标本H49：28，夹粗砂灰陶。敛口，斜折沿，方唇，深弧腹，下腹及底残。沿下饰一周附加堆纹，腹部饰横向粗篮纹，其上饰一周附加堆纹。沿面可见轮修痕和少量烟炱痕。口径14.2、残高14.0、壁厚0.6厘米（图4-54，3）。

标本H49：32，夹粗砂红陶。微敛口，斜折沿，方唇，腹壁微弧，仅存口沿及中腹。唇面压印一周竖向浅凹槽，沿下加固一周泥条，腹饰左斜向粗篮纹。内壁粗糙。口径28.0、残高18.6、壁厚0.7～1.1厘米（图4-54，4）。

标本H49：25，夹细砂灰陶。敛口，斜折沿，方唇，上腹微弧，仅存口沿及上腹。唇面压印一周竖向浅凹槽形成花边，沿下饰一周附加堆纹，腹部饰左斜向中篮纹。口径26.0、残高6.1、壁厚0.5～0.8厘米（图4-54，5）。

标本H49：24，夹粗砂灰陶。敛口，斜折沿，圆唇，上腹外弧，仅存口沿及上腹。沿下加固一周附加堆纹，腹部饰左斜向中篮纹。沿面留有轮修痕，内壁可见斜向刮抹痕。口径20.0、

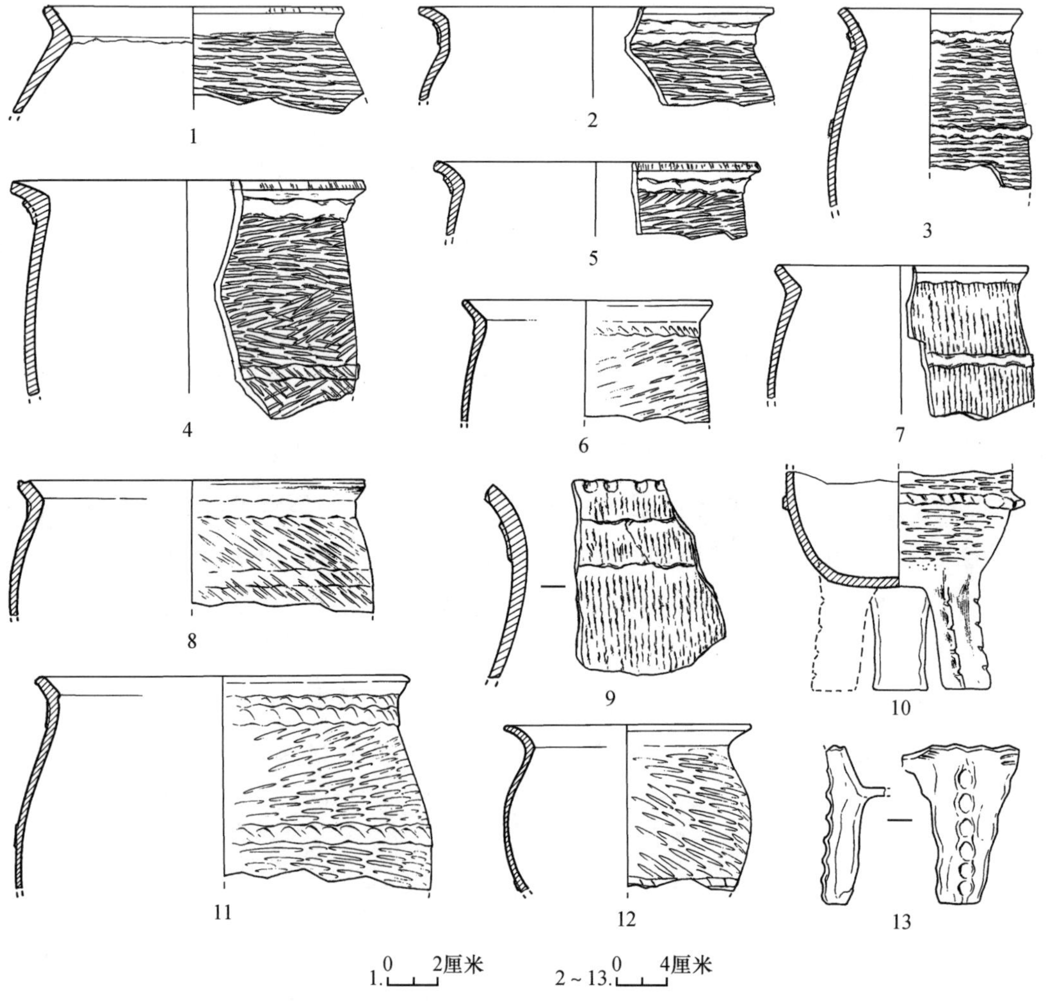

图4-54　Ⅰ T0407H49出土第二期陶器

1～8、11. A型夹砂罐（H49：50、H49：17、H49：28、H49：32、H49：25、H49：24、H49：29、H49：30、H49：11）
9. B型夹砂罐（H49：18）　10. B型鼎（H49：6）　12. A型鼎（H49：10）　13. 鼎（H49：33）

残高9.6、壁厚0.5～0.7厘米（图4-54，6）。

标本H49：29，夹粗砂灰陶。敛口，斜折沿，圆方唇，上腹外弧，仅存口沿及上腹。沿下加固一周泥条，腹部饰竖向粗绳纹，其上饰一周条状附加堆纹。口径20.3、残高12.1、壁厚0.5～0.6厘米（图4-54，7）。

标本H49：30，夹粗砂灰陶。敛口，斜折沿，方唇，上腹外弧，仅有口沿及上腹。沿下加固一周附加堆纹，腹部饰右斜向中篮纹，其上饰一周条状附加堆纹，堆纹上亦饰右斜向中篮纹。沿面可见轮修痕。口径28.0、残高10.3、壁厚0.6厘米（图4-54，8；图版四〇，6）。

标本H49：11，夹粗砂灰陶。敛口，斜折沿，方唇，上腹外鼓，仅存口沿及上腹。沿下加固两周相互叠压的附加堆纹，腹饰斜向中篮纹和一周条状附加堆纹，堆纹上皆留手指按压的浅凹窝。口径30.0、残高16.5、壁厚0.5厘米（图4-54，11）。

B型　1件。

标本H49：18，夹粗砂灰陶。侈口，方唇，上腹外弧，仅存口沿及上腹。唇部以手指按压一周凹窝形成波浪状花边，沿下加固两周相互叠压的泥条，泥条上及腹壁饰竖向中绳纹。残高15.3、壁厚0.7～1.0厘米（图4-54，9）。

瓮　1件。为Aa型。

标本H49：14，夹细砂灰陶。直口微敛，方圆唇，仅存口沿及上腹。器表磨光，口沿与上腹交接处饰一周粗凹弦纹，纹痕较深。内壁可见轮修痕。残高7.8、壁厚0.8～1.5厘米（图4-55，10）。

壶　1件。为A型。

标本H49：16，夹细砂灰陶。侈口，圆唇，束颈，仅存口沿及颈部。颈部偏上处饰横向中篮纹，纹痕较浅，颈肩交接处饰一周条状附加堆纹。颈部可见竖向刮修痕。口径16.8、残高13.0、壁厚0.5～0.7厘米（图4-55，5）。

小罐　1件。为B型。

标本H49：5，粗泥质灰陶。侈口，圆唇，细长颈，颈壁较直，溜肩，鼓腹，小平底。器表磨光。口部可见刮抹痕，内壁可见明显的泥条盘筑痕迹。口径5.7、最大腹径7.7、底径3.6、高8.1厘米（图 4-55，4）。

盆　2件。为A型。

标本H49：12，粗泥质灰陶。斜折沿，内沿折棱凸出形成敛口，圆唇，上腹微鼓，仅存口沿及上腹。沿面与器表磨光。沿内侧可见手指按压留下的一周浅窝。口径22.3、残高8.3、壁厚0.3～0.4厘米（图4-55，12）。

标本H49：19，粗泥质灰陶。敞口，方唇，斜折沿，上腹微弧，仅存口沿及上腹。沿面磨光，器表素面。唇内有一周凹槽。口径18.9、残高5.8、壁厚0.6厘米（图4-55，13）。

杯　3件。

B型　1件。

标本H49：51，夹细砂灰陶。直口，尖唇，弧腹，底残。器表磨光。器壁内外壁均可见刮抹痕。口径9.8、残高6.1、壁厚0.4～0.7厘米（图4-55，11）。

E型　1件。

标本H49：4，细泥质灰陶。敛口，尖圆唇，卷沿，弧腹微鼓，小圈足，底残。器表磨光，腹上部有一粗两细三周凹弦纹。腹上部留有轮修痕，底部可见轮制痕迹，内壁有横向刮抹痕。口径10.0、残高9.2、壁厚0.2厘米（图4-55，8）。

F型　1件。

标本H49：1，细泥质灰陶，薄胎。敞口，尖圆唇，斜弧腹，平底。腹部有一竖向拱形耳，耳与腹壁连接处有黏结痕。器表磨光，耳部素面。内壁可见轮修痕。口径10.8、底径6.0、高6.9、壁厚0.1～0.3、耳宽2.4厘米（图4-55，9；图版三八，3）。

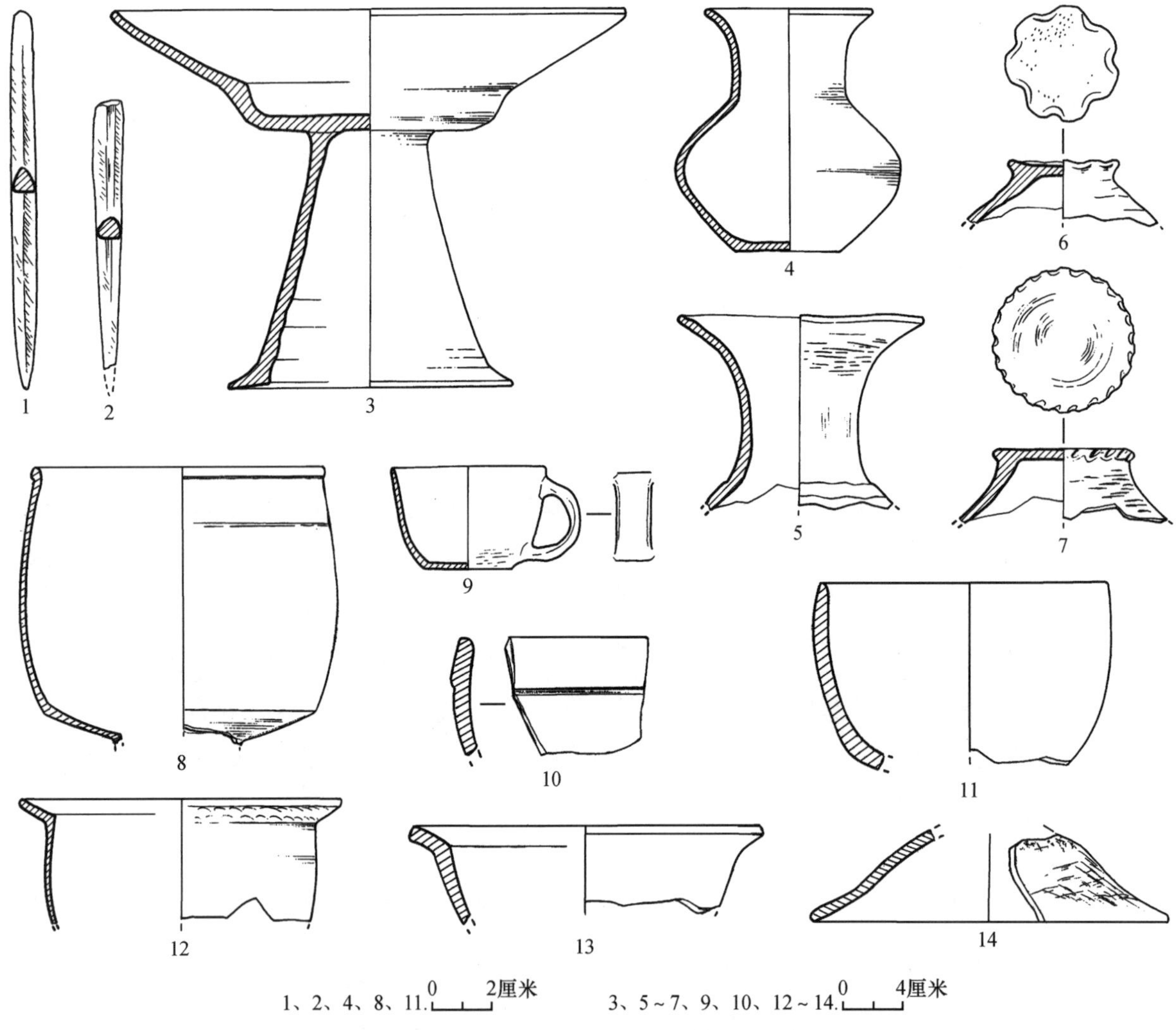

图4-55　Ⅰ T0407H49出土第二期陶器、骨器

1. 骨锥（H49：3）　2. 骨笄（H49：2）　3. A型豆（H49：7）　4. B型小罐（H49：5）　5. A型壶（H49：16）　6. Ab型器盖（H49：39）　7. Aa型器盖（H49：38）　8. E型杯（H49：4）　9. F型杯（H49：1）　10. Aa型瓮（H49：14）　11. B型杯（H49：51）　12、13. A型盆（H49：12、H49：19）　14. C型器盖（H49：13）

豆　1件。为A型。

标本H49：7，粗泥质灰陶。豆盘敞口，圆唇，上腹斜收，腹壁近底部转折，平底，粗高柄呈喇叭状，柄壁斜直，上小下大。器表磨光。盘与柄为先分制后组装，二者连接处可见加固抹痕，豆柄内壁可见泥条盘筑痕。盘口径35.4、盘底径14.7、柄上径8.5、柄底径19.7、通高25.4厘米（图4-55，3；图版三九，3）。

器盖　3件。

Aa型　1件。

标本H49：38，夹粗砂灰陶。圆饼形捉手，盖体呈喇叭状，盖壁内弧，盖体周缘残。捉手周缘压印一周斜向锯齿状花边，器表饰纹痕较浅的篮。捉手上留有轮修痕。捉手径9.8、残高5.1、壁厚0.4～0.6厘米（图4-55，7）。

Ab型　1件。

标本H49：39，夹细砂红陶。圆饼形捉手，盖体呈喇叭状，盖壁斜直，盖体周缘残。捉手周缘按压出8个凹窝，形成花边，器表素面。内外壁皆可见泥条盘筑痕。捉手径7.7、残高4.4、壁厚0.5～0.6厘米（图4-55，6）。

C型　1件。

标本H49：13，夹细砂灰陶。盖体呈喇叭状，盖壁上部外弧，近盖缘处微凹，圆唇，捉手残。素面。器表可见刮修痕。口径24.4、残高5.8、壁厚0.5～0.7厘米（图4-55，14）。

尖底瓶　4件。为口沿与底部残片，造型、质地、纹饰与第一期A型尖底瓶相近。

标本H49：8，夹细砂灰陶。口沿残，细颈，折肩，腹壁微凹，仅存颈部及上腹残片。颈部素面，肩部及肩腹交接处饰横向中篮纹，上腹饰右斜向中篮纹，纹痕皆深，折肩处有一周较粗的凹痕。肩径29.8、残高13.8、壁厚0.7厘米（图4-56，1）。

标本H49：9，夹细砂灰陶。口沿残，细颈微束，折肩，腹壁微凹，仅存颈部及上腹残片。颈部素面，肩部及腹部均饰右斜向粗篮纹，纹痕较深。肩径33.9、残高24.8、壁厚0.5厘米（图4-56，6）。

标本H49：31，夹粗砂灰陶。直颈细长，溜肩，肩部以下及口沿残。颈部素面，颈肩交接处饰一周条状附加堆纹，肩部饰右斜向中篮纹。颈上可见竖向刮修痕。颈径7.8、残高11.0、壁厚0.5～0.7厘米（图4-56，7）。

标本H49：34，粗泥质灰陶。下腹弧收成尖底，底较钝。腹饰横向中篮纹，底部纹饰被抹平。内壁可见泥条盘筑痕。残高14.8、壁厚0.5厘米（图4-56，8）。

（2）骨器

骨笄　1件。

标本H49：2，笄身细长，截面呈扁圆形，顶端及尖端残。通体磨光，可见斜向磨痕。残长9.0、最大宽1.0、最厚0.6厘米（图4-55，2；图版四七，6）。

骨锥　1件。

标本H49：3，器体较细，三棱状，末端磨成锥状尖。器表经打磨，可见右斜向磨痕。长12.6、最宽0.8厘米，重8克（图4-55，1；图版四七，5）。

本单位发现仰韶晚期遗物，共计4件，可辨器形有夹砂罐、盆、钵和杯。

夹砂罐　1件。为Ab型。

标本H49：22，夹粗砂红陶。敛口，斜折沿，圆唇，上腹微鼓，仅存口沿及上腹。腹饰杂乱中绳纹。内壁可见口沿与上腹间的黏结痕。口径23.8、残高6.6、壁厚0.5厘米（图4-56，2）。

盆　1件。为D型。

标本H49：20，夹粗砂红陶。平折沿，内沿折棱凸出上翘形成内敛口，外侧为圆唇，内侧为尖圆唇，斜弧腹，平底。素面。口部可见轮修痕，口沿与腹部间黏结痕明显。内口径14.5、外口径20.5、沿宽3.0、高6.9、壁厚0.7厘米（图4-56，3）。

钵　1件。为B型。

标本H49：21，夹粗砂红陶。直口微敛，方唇，弧腹，仅存口沿及上腹。腹饰左斜向粗绳纹。口径24.0、残高8.8、壁厚0.6厘米（图4-56，4）。

杯　1件

标本H49：45，粗泥质红陶。下腹斜收，近底处内凹，平底。底部周缘按印浅窝形成花边，器表素面。底径17.8、残高9.8、壁厚1.6厘米（图4-56，5）。

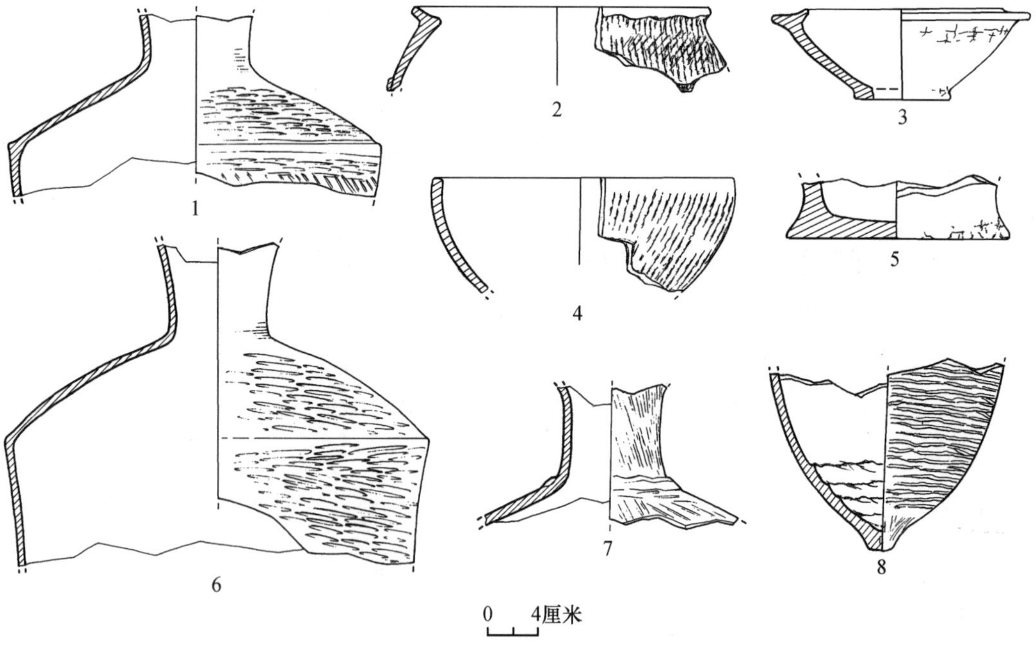

图4-56　Ⅰ T0407H49出土第一、二期陶器

1、6～8. 第二期尖底瓶（H49：8、H49：9、H49：31、H49：34）　2. 第一期Ab型夹砂罐（H49：22）　3. 第一期D型盆（H49：20）　4. 第一期B型钵（H49：21）　5. 第一期杯（H49：45）

15. Ⅰ T0303H59

H59位于Ⅰ T0303南壁偏中。开口于③层下，被H25、F1打破，打破H78。袋状坑，坑口平面呈圆形，坑壁外弧，平底。坑口距地表深210厘米，坑口直径186、坑底直径236、深130厘米（图4-57）。

坑内填土为褐色，土质较软。文化遗物有陶器、石器和骨器。

（1）陶器　属于本期的陶片共7片，总重409克。以夹粗砂灰陶为主，夹细砂灰陶次之。器表装饰以篮纹+附加堆纹+按压纹为主，另有少量篮纹、附加堆纹、篮纹+附加堆纹等。经分类和拼对，共有6件个体，可辨器形有夹砂深腹罐、器盖等典型的庙底沟二期文化遗物。此外，本单位还发现尖底瓶、夹砂罐等仰韶文化遗物（图4-58）。

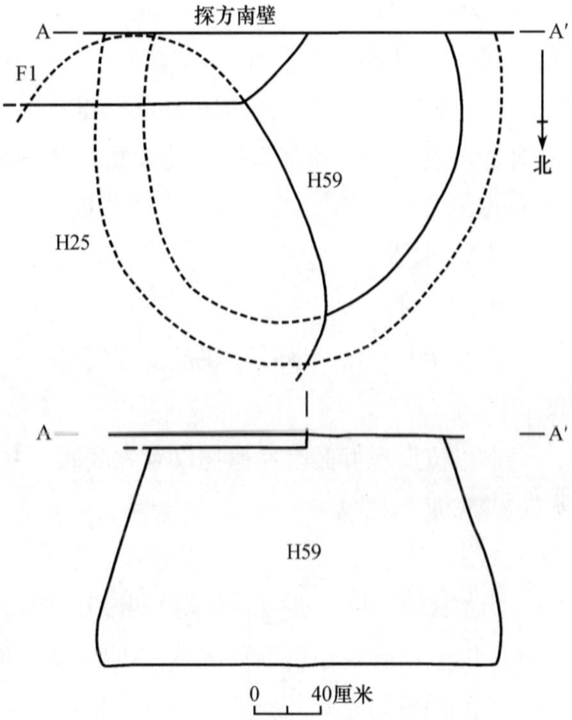

图4-57　Ⅰ T0303H59平、剖面图

夹砂罐　3件。

A型　2件。

标本H59：7，夹粗砂灰陶。敛口，斜折沿，方唇，上腹外斜，仅存口沿及上腹。唇部饰按压锯齿状花边，腹部饰横向细篮纹，沿下加固一周附加堆纹。内壁留有轮修痕。口径32.9、残高5.1、壁厚0.7厘米（图4-58，1）。

标本H59：8，夹粗砂灰陶。敛口，斜折沿，方唇，上腹微弧，仅存口沿及上腹。唇部按压一周宽疏锯齿状花边，腹部饰右斜向细篮纹，沿下加固两周附加堆纹。口径20.3、残高9.0、壁厚0.7厘米（图4-58，6）。

B型　1件。

标本H59：14，夹细砂灰陶。侈口，圆唇，仅存口沿。沿下加固一周附加堆纹。内外壁均留有轮修痕。口径14.1、残高3.6、壁厚0.8厘米（图4-58，2）。

器盖　1件。为Ab型。

标本H59：9，夹粗砂红陶。圆饼形捉手，盖体周缘残。素面。内壁留有刮抹痕。捉手径9.6、残高4.6、壁厚0.7厘米（图4-58，3）。

（2）石器

石刀　2件。

A型　1件。

标本H59：2，浅棕色长石石英岩。河滩砾石打制而成，器身两面保留部分石皮。弧背、弧刃。侧边打制出内凹缺口，一侧断裂，器形粗糙。残长7.2、宽4.3、厚8.0厘米，重43克（图4-58，9；图版四六，1）。

D型　1件。

标本H59：1，红褐色板岩。器体扁平，表面破损，前刃部平面呈三角形，双面刃，两侧刃斜直内收成锋。柄部靠近刃端较宽，两侧微内弧收至尾端。磨制。残长12.0、宽3.8～5.3、厚0.6厘米，重67克（图4-58，7；图版四五，3）。

（3）骨器

牙饰　1件。

标本H59：3，半环形，白色。器表光滑。残长6.3、最大宽1.7厘米，重5克（图4-58，8，图版四六，6）。

本单位发现仰韶晚期遗物仅有尖底瓶，共计2件。

尖底瓶　2件。

A型　1件。

标本H59：15，夹细砂灰陶。束颈，溜肩，肩部以下及口沿残。颈部素面，肩部饰横向细篮纹。内壁留有轮修痕和刮抹痕。残高6.7、壁厚0.7厘米（图4-58，5）。

E型　1件。

标本H59：5，粗泥质灰陶。微侈口，斜折沿，方唇，束颈，颈壁斜直，仅存口沿及颈上部。颈部近口沿处饰一周凹弦纹，其下饰竖向线纹。内外壁均留有轮修痕。口径12.0、残高4.6、壁厚0.5厘米（图4-58，4）。

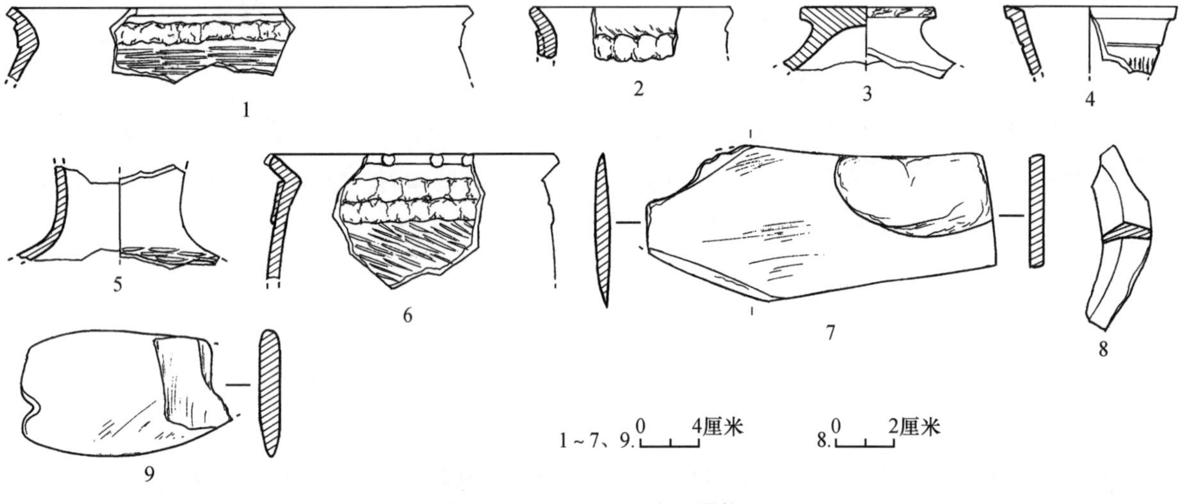

图4-58　Ⅰ T0303H59出土器物

1、6. 第二期A型夹砂罐（H59：7、H59：8）　2. 第二期B型夹砂罐（H59：14）　3. 第二期Ab型器盖（H59：9）　4. 第一期E型尖底瓶（H59：5）　5. 第一期A型尖底瓶（H59：15）　7. 第二期D型石刀（H59：1）　8. 第二期牙饰（H59：3）　9. 第二期A型石刀（H59：2）

16. Ⅰ T0408H66

H66位于Ⅰ T0408南壁偏东部。开口于③层下。袋状坑，平面呈圆形，坑壁外斜，平底。坑口距地表深130厘米，坑口直径270、坑底直径320、残深220厘米（图4-59；图版三五，1）。

坑内填土为灰褐色，土质疏松，包含大量的草木灰、炭屑、烧土颗粒、零星骨渣和陶片。文化遗物有陶器和骨器。

（1）陶器　属于本期的陶片共237片，总重16209克。以夹粗砂灰陶为主，夹细砂灰陶次之。器表装饰以篮纹+附加堆纹为主，篮纹次之，另有少量磨光、绳纹+附加堆纹、篮纹+按压纹等（表4-15）。经分类和拼对，共有53件个体，可辨器形有鼎、夹砂深腹罐、盆、盘、豆、器盖等典型的庙底沟二期文化遗物。此外，本单位还发现尖底瓶、罐、盆等仰韶文化遗物（图4-60、图4-61、表4-16、表4-17）。

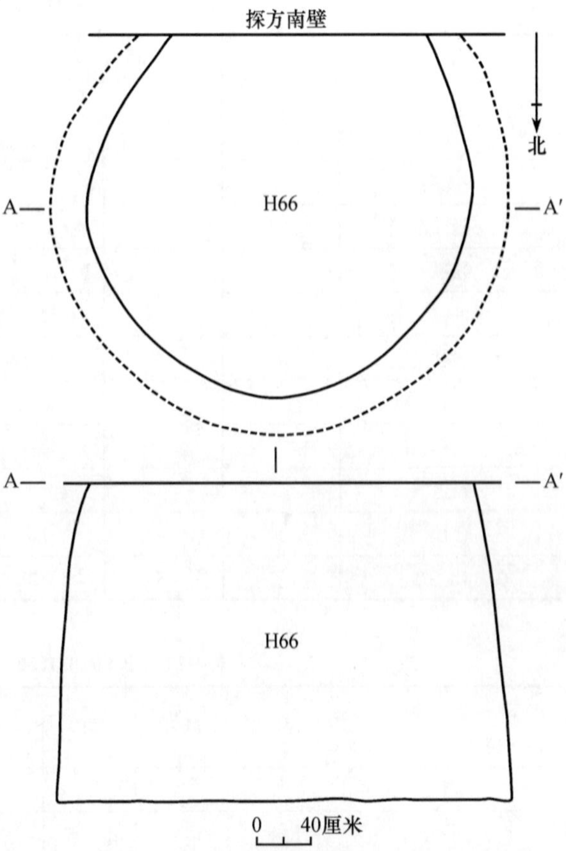

图4-59　Ⅰ T0408H66平、剖面图

表4-15　Ⅰ T0408H66陶系统计表

陶质	细泥质陶	粗泥质陶		夹细砂陶	夹粗砂陶		合计	百分比（%）
器表装饰＼陶色	灰	红	灰	灰	红	灰		
素面		1/889				2/235	3/1124	1.27/6.93
磨光			10/978				10/978	4.22/6.03
篮纹	2/167		9/463	14/632	1/131	17/1062	43/2455	18.14/15.15
篮纹+附加堆纹				7/547	3/116	144/9008	154/9671	64.98/59.67
绳纹+附加堆纹				2/69		5/205	7/274	2.95/1.69
篮纹+附加堆纹+按压纹				2/104	1/92	16/1343	19/1539	8.02/9.49
篮纹+按压纹				1/168			1/168	0.42/1.04
合计	2/167	1/889	19/1441	26/1520	5/339	184/11853	237/16209	
百分比（%）	0.84/1.03	0.42/5.48	8.02/8.89	10.97/9.38	2.11/2.09	77.64/73.13		100/100

注：百分比相关的行、列外，“/”前统计的数据为片数，单位为个；“/”后统计的数据为质量，单位为克。

表4-16　ⅠT0408H66第二期陶器器形统计表（1）

陶质	细泥质陶	粗泥质陶		夹细砂陶	夹粗砂陶		合计	百分比（%）
器类＼陶色	灰	红	灰	灰	红	灰		
泥质罐			1				1	1.89
夹砂罐				8	3	28	39	73.58
缸						1	1	1.89
尖底瓶			4	3			7	13.20
盆	1						1	1.89
盘		1					1	1.89
豆			2				2	3.77
器盖				1			1	1.92
合计	1	1	7	12	3	29	53	
百分比（%）	1.89	1.89	13.20	22.64	5.66	54.72		100

表4-17　ⅠT0408H66第二期陶器器形统计表（2）

器表装饰＼器类	泥质罐	夹砂罐	缸	尖底瓶	盆	盘	豆	器盖	合计	百分比（%）
素面		2				1			3	5.66
磨光	1						2		3	5.66
篮纹		6		7	1				14	26.42
篮纹+附加堆纹		19	1						20	37.73
绳纹+附加堆纹		3							3	5.66
篮纹+附加堆纹+按压纹		9							9	16.98
篮纹+按压纹								1	1	1.89
合计	1	39	1	7	1	1	2	1	53	
百分比（%）	1.89	73.58	1.89	13.20	1.89	1.89	3.77	1.89		100

罐　11件。以夹砂罐为主，仅1件泥质罐。

夹砂罐　10件。

A型　8件。

标本H66：37，夹粗砂灰陶。敛口，斜折沿，方唇，上腹微鼓，仅存口沿及上腹。唇部压印出锯齿状花边，沿下加固两周叠压的附加堆纹，上腹饰横向中篮纹，其上饰三周附加堆纹。口径34.8、残高19.7、壁厚0.8厘米（图4-60，2）。

标本H66：6，夹细砂灰陶。敛口，斜折沿，方唇，上腹外弧，仅存口沿及上腹。唇部有一周较浅的压印痕，沿下加固一周附加堆纹，上腹饰竖向细绳纹。口径15.8、残高8.2、壁厚0.7厘米（图4-60，4）。

标本H66：8，夹粗砂灰陶。敛口，斜折沿，方唇，深弧腹，部分腹部残。沿下加固一周

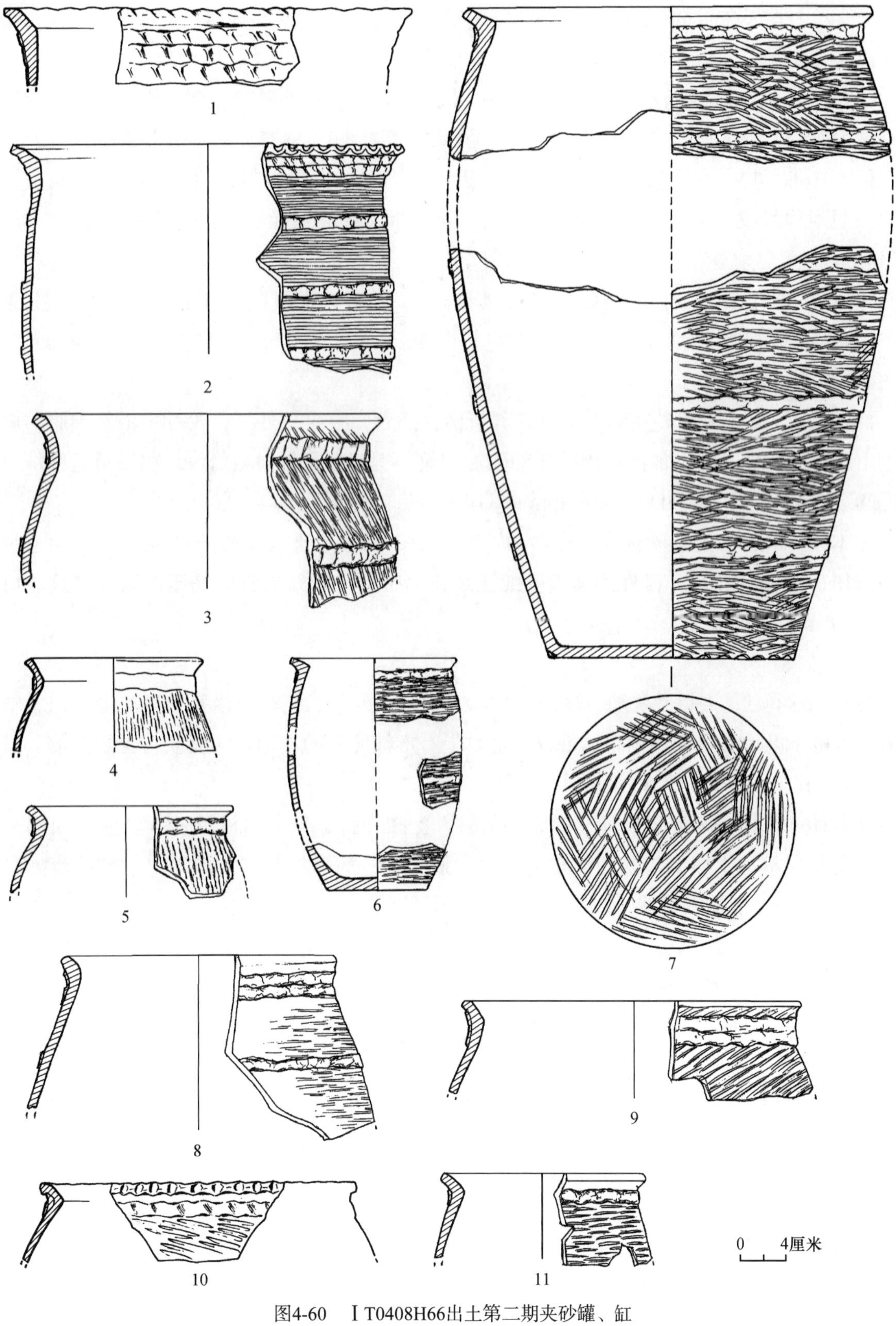

图4-60　ⅠT0408H66出土第二期夹砂罐、缸

1、2、4~6、9~11. A型夹砂罐（H66：52、H66：37、H66：6、H66：42、H66：8、H66：26、H66：40、H66：35）
3、8. B型夹砂罐（H66：41、H66：38）　7. 缸（H66：5）

附加堆纹，上腹部饰横向中篮纹，其上加固一周附加堆纹。口沿可见轮修痕，器表可见烟炱痕。口径14.9、最大腹径15.5、底径8.9、复原后高20.1、壁厚0.7、底厚1.1厘米（图4-60，6）。

标本H66：35，夹细砂灰陶。敛口，斜折沿，方唇，上腹外弧，仅存口沿及上腹。上腹饰左斜向中篮纹，沿下加固一周附加堆纹。口径18.2、残高8.0、壁厚0.8厘米（图4-60，11）。

标本H66：42，夹粗砂灰陶。敛口，斜折沿，圆唇，上腹微鼓，仅存口沿及上腹。沿下加固一周附加堆纹，上腹饰竖向细绳纹。沿下可见烟炱痕。口径18.6、残高8.1、壁厚0.8厘米（图4-60，5）。

标本H66：26，夹细砂灰陶。敛口，斜折沿，方唇，上腹微外弧，仅存口沿及上腹。沿下加固两周叠压的附加堆纹，器表饰左斜向粗篮纹。口径30.6、残高8.8、壁厚0.9厘米（图4-60，9）。

标本H66：40，夹粗砂灰陶。敛口，斜折沿，圆唇，上腹微外弧，仅存口沿及上腹。唇部切压出锯齿状花边，沿下加固一周叠压的附加堆纹，上腹饰右斜向粗篮纹。内壁可见修抹痕。口径28.2、残高7.0、壁厚0.8厘米（图4-60，10）。

标本H66：52，夹细砂灰陶。微敛口，斜折沿，圆唇，上腹壁较直，仅存口沿及上腹。唇部按压出波浪状花边，口外侧饰横向细篮纹，上腹近口沿处饰三周叠压的附加堆纹。口径36.0、残高4.3、壁厚1.2厘米（图4-60，1）。

B型　2件。

标本H66：41，夹粗砂灰陶。侈口，方唇，上腹微外鼓，仅存口沿及上腹。上腹饰右斜向中篮纹，沿下及中腹各饰一周附加堆纹，堆纹上有不甚明显的压印痕。器表可见烟炱痕。口径31.3、残高16.9、壁厚0.8厘米（图4-60，3）。

标本H66：38，夹粗砂灰陶。侈口，圆唇，上腹外弧，仅存口沿及上腹。沿下加固两周叠压的附加堆纹，上腹饰较浅的横向粗篮纹，篮上饰一周附加堆纹。沿面可见刮抹痕。口径24.5、残高15.9、壁厚1.0厘米（图4-60，8）。

泥质罐　1件。为C型。

标本H66：7，粗泥质灰陶。直口，方唇，矮直颈，广折肩，腹部较直，仅存口沿及腹部。器表磨光。口径22.4、肩径39.0、残高15.0、壁厚0.5厘米（图4-61，4；图版三六，5）。

缸　1件。

标本H66：5，夹粗砂灰陶。敛口，斜折沿，方唇，深弧腹，腹上部外鼓，平底，部分腹部残。沿下加固一周附加堆纹，腹部饰杂乱粗篮纹，其上饰四周附加堆纹，底部饰不规则篮纹。口径36.4、最大腹径39.6、底径21.9、复原后高56.3、壁厚0.9、底厚1.1厘米（图4-60，7）。

盆　1件。为C型。

标本H66：10，细泥质灰陶。侈口，平沿微外卷，圆唇，腹壁斜收呈喇叭状，仅存口沿及上腹。腹部饰右斜向中篮纹，内壁磨光。口径40.1、残高8.2、壁厚0.8厘米（图4-61，1；图版四一，2）。

盘　1件。为Ac型。

标本H66：2，粗泥质红陶。直口微敞，方唇，腹壁斜直，平底。素面。器表有少许刮抹痕。口径16.5、底径14.4、高5.7、壁厚1.4、底厚1.3厘米（图4-61，3；图版三九，2）。

豆　1件。为C型。

标本H66：50，粗泥质灰陶。豆盘壁较直，平底，腹底相接处呈弧形，残存豆盘下部和豆柄上段。器表略磨光。器表可见刮抹痕。残高5.3、豆盘底径19.0、壁厚0.6厘米（图4-61，5）。

器盖　1件。为Ab型。

标本H66：14，夹细砂灰陶。圆饼形捉手，盖体呈喇叭状，盖壁斜直，盖体周缘残。捉手边缘压印一周锯齿状花边，器表素面。捉手径9.5、残高3.6、壁厚0.8厘米（图4-61，2）。

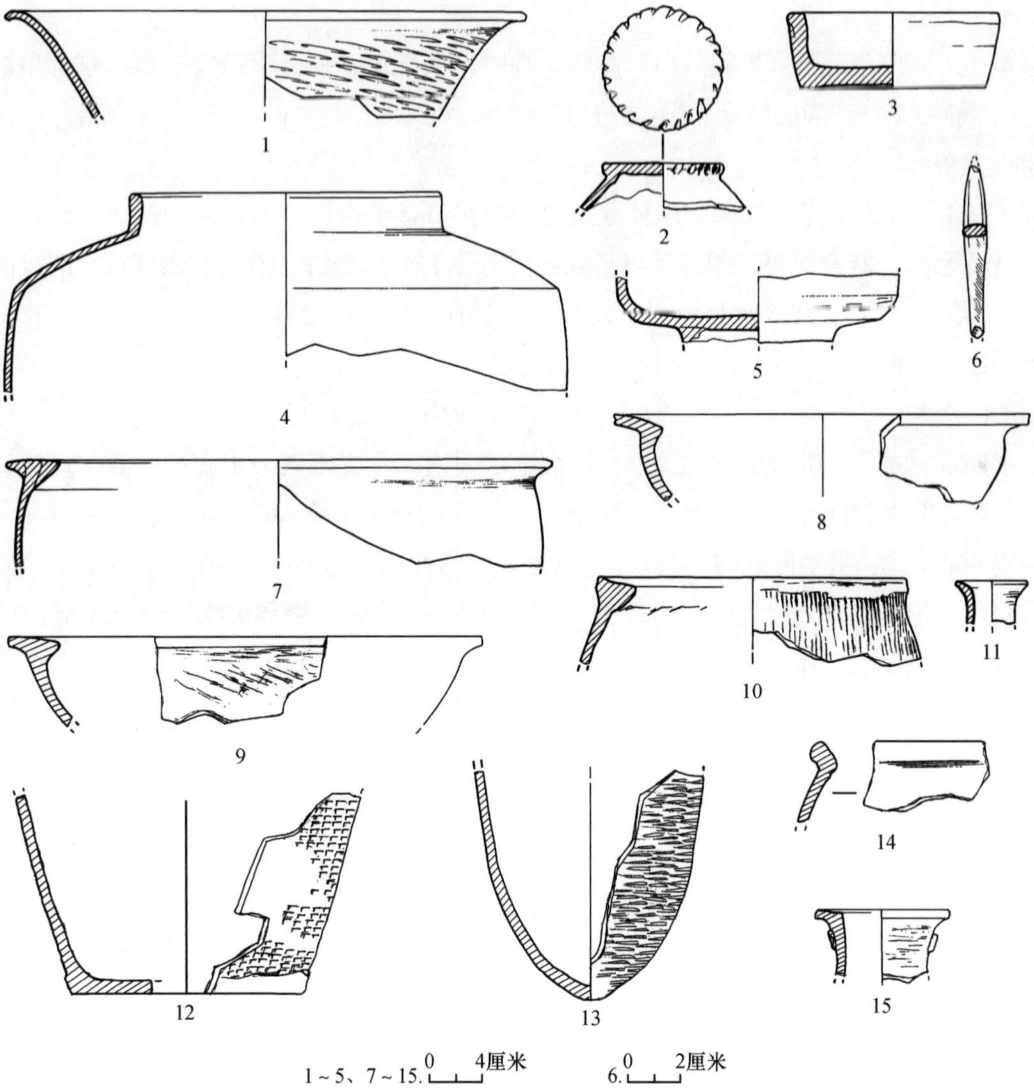

图4-61　Ⅰ T0408H66出土第一、二期器物

1. 第二期C型盆（H66：10）　2. 第二期Ab型器盖（H66：14）　3. 第二期Ac型盘（H66：2）　4. 第二期C型泥质罐（H66：7）　5. 第二期C型豆（H66：50）　6. 第二期骨镞（H66：1）　7. 第一期B型缸（H66：21）　8. 第一期Ba型盆（H66：22）　9. 第一期Aa型盆（H66：20）　10、14. 第一期Ab型夹砂罐（H66：57、H66：27）　11. 第一期B型尖底瓶（H66：29）　12. 第一期夹砂罐（H66：61）　13. 第二期尖底瓶（H66：59）　15. 第一期E型尖底瓶（H66：16）

尖底瓶　1件。为底部残片。

标本H66：59，夹细砂灰陶。下腹弧收，尖底较钝。下腹饰较深的横向中篮纹，由于长期使用，近底处的篮纹被磨成素面。残高17.3、壁厚0.9厘米（图4-61，13）。

（2）骨器

骨镞　1件。

标本H66：1，器体扁平，平面近梭形，铤细长，尖部及尾部略残。器表磨光，铤部可见刮削痕。残长6.5、最大宽0.8、最厚0.4厘米，重3克（图4-61，6；图版四八，1）。

本单位发现仰韶晚期遗物，共计8件，可辨器形有尖底瓶、夹砂罐、缸和盆。

尖底瓶　2件。

B型　1件。

标本H66：29，粗泥质灰陶。小口微侈，圆唇，细直颈，仅存口沿及颈部。颈部略磨光。口径5.7、残高3.2、壁厚0.6厘米（图4-61，11）。

E型　1件。

标本H66：16，细泥质红陶，胎体呈灰色。微侈口，平折沿，沿面微内倾，圆唇，束颈，仅存口沿及颈部。器表素面，颈部近口沿处贴附对称的小圆泥饼。沿面及颈部可见明显的轮修痕。内口径5.9、外口径10.5、沿宽2.3、残高5.6、壁厚0.7厘米（图4-61，15）。

夹砂罐　3件。

Ab型　2件。

标本H66：57，夹粗砂灰陶。敛口，斜沿，沿面内凹，尖圆唇，上腹微外弧，仅存口沿及上腹。上腹饰竖向粗绳纹。口径24.3、残高6.7、壁厚0.8厘米（图4-61，10）。

标本H66：27，夹细砂红陶。敛口，斜折沿，圆唇，上腹外弧，仅存口沿及上腹。器表素面。沿面可见轮修痕迹，器表可见烟炱痕。残宽10.2，残高5.3、壁厚0.7厘米（图4-61，14）。

另有腹部及底部残片1件。

标本H66：61，夹细砂红陶。下腹斜收，平底。下腹饰方格纹。底径17.8、残高15.1、壁厚0.8、底厚1.0厘米（图4-61，12）。

缸　1件。为B型。

标本H66：21，夹细砂红陶。敛口，平折沿，尖圆唇，上腹外弧，仅存口沿及上腹。沿面及上腹略磨光。器表可见刮抹痕。内口径33.8、外口径42、沿宽4.1、残高8.0、壁厚0.6厘米（图4-61，7）。

盆　2件。

Aa型　1件。

标本H66：20，细泥质红陶。平折沿，沿面略内倾，内沿折棱凸出形成内敛口，圆唇，上腹微鼓，仅存口沿及上腹。沿面磨光，器表素面。器表可见杂乱的刮抹痕。内口径28.2、外口径36.4、沿宽4.1、残高6.8、壁厚0.8厘米（图4-61，9）。

Ba型　1件。

标本H66：22，粗泥质红陶。斜折沿，内沿折棱凸出形成内敛口，方唇，唇部有一道凹弦纹，斜弧腹，仅存口沿及上腹。沿面略磨光，上腹素面。器表可见刮抹痕。口径32.2、残高6.6、壁厚1.1厘米（图4-61，8）。

17. ⅠT0303H72

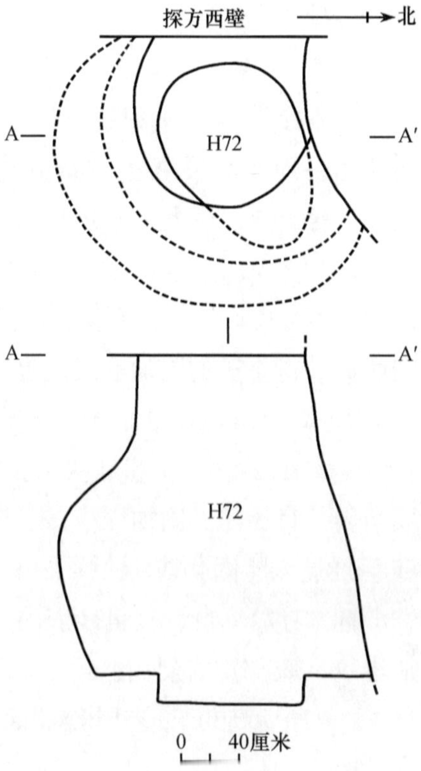

图4-62　ⅠT0303H72平、剖面图

H72位于ⅠT0303西壁偏北，与H82合并为一个遗迹单位。开口于③层下，被H75打破。袋状坑，坑口平面近圆形，坑壁上部外张呈喇叭状，最大直径在中腰部位，其下弧收，平底，底面中部又下挖一凹坑。坑口距地表深225厘米，坑口直径104、坑底直径190、残深230厘米。底面凹坑平面呈椭圆形，坑壁较直，长径176、短径120、深20厘米（图4-62）。

坑内填土为深褐色，土质较软。文化遗物有陶器和石器。

（1）陶器　属本期的陶片共190片，总重11548克。以夹粗砂灰陶为主，粗泥质灰陶次之。器表装饰以篮纹+附加堆纹为主，篮纹+附加堆纹+按压纹次之，另有少量磨光、篮纹、绳纹+附加堆纹等（表4-18）。经分类和拼对，共有22件个体，可辨器形有夹砂深腹罐、壶、盆、钵、盘、纺轮等典型的庙底沟二期文化遗物。此外，本单位还发现夹砂罐、瓮、钵等仰韶文化遗物（图4-63、图4-64）。

表4-18　ⅠT0303H72陶系统计表

陶质	细泥质陶	粗泥质陶	夹细砂陶	夹粗砂陶	合计	百分比（%）
陶色 / 器表装饰	灰	灰	灰	灰		
素面				1/147	1/147	0.53/1.27
磨光	1/82				1/82	0.53/0.71
篮纹		1//74	6/330	1/25	8/429	4.21/3.72
篮纹+附加堆纹		29/1011		92/3828	121/4839	63.68/41.90
绳纹+附加堆纹				5/432	5/432	2.63/3.74
篮纹+附加堆纹+按压纹				51/5387	51/5387	26.84/46.65
磨光+篮纹+附加堆纹		3/232			3/232	1.58/2.01
合计	1/82	33/1317	6/330	150/9819	190/11548	
百分比（%）	0.53/0.71	17.31/11.40	3.16/2.86	78.94/85.03		100/100

注：百分比相关的行、列外，“/”前统计的数据为片数，单位为个；“/”后统计的数据为质量，单位为克。

夹砂罐　7件。

A型　4件。

标本H72：6，夹粗砂灰陶。敛口，斜折沿，方唇，深腹微鼓，平底，部分腹部残。唇部按压出一周波浪状花边，腹部饰横向粗篮纹，篮纹上饰四周附加堆纹。口沿及内壁留有轮修痕。口径28.7、最大腹径36.0、底径18.8、高32.4、壁厚0.8、底厚1.0厘米（图4-64，7；图版三七，3）。

标本H72：13，夹粗砂灰陶。敛口，斜折沿，方唇，上腹外弧，仅存口沿及上腹。沿下加固两周并行叠压的附加堆纹，腹部饰斜向篮纹。口沿处留有轮修痕。口径26.8、残高10.4、壁厚0.8厘米（图4-63，3）。

标本H72：9，夹粗砂灰陶。敛口，斜折沿，方唇，上腹外弧，仅存口沿及中腹。沿下加固两周并行叠压的附加堆纹，上腹饰横向篮纹，其上饰两周附加堆纹。口径22.4、残高16.8、壁厚0.8厘米（图4-63，4）。

标本H72：11，夹粗砂灰陶。敛口，斜折沿，方唇，深腹微鼓，平底。沿下加固一周附加堆纹，腹部饰右斜向篮纹，篮纹上饰四周附加堆纹。口沿处留有轮修痕。口径20.8、底径15.1、复原后高30.1、壁厚0.8、底厚0.9厘米（图4-63，6）。

B型　3件。

标本H72：8，夹粗砂灰陶。侈口，斜折沿，方唇，深弧腹，腹上部微鼓，平底。腹部饰右斜向粗篮纹，其上饰六周附加堆纹。口部及内壁均留有轮修痕。口径28.3、腹径27.2、底径14.8、复原后高41.6、壁厚0.8～1.0、底厚1.0厘米（图4-63，1）。

标本H72：10，夹粗砂灰陶。侈口，斜折沿，方唇，深弧腹，腹上部较鼓，平底，部分腹部残。唇沿一周压印圆窝，形成花边，沿下加固一周附加堆纹，腹部饰右斜向粗篮纹，其上残留一周附加堆纹。内壁留有轮修痕。口径28.9、底径15.6、复原后高44.4、壁厚0.8、底厚0.9厘米（图4-63，8）。

标本H72：14，夹粗砂灰陶。侈口，圆唇，上腹外弧，仅存口沿及上腹。沿下加固两周附加堆纹，上腹饰右斜向篮纹，其上饰一周附加堆纹。口部留有轮修痕。口径30.6、残高12.9、壁厚0.8～1.2厘米（图4-64，8）。

缸　2件。

标本H72：7，夹粗砂灰陶。敛口，斜折沿，沿面微凹，方唇，唇部有一道凹弦纹，上腹微外弧，仅存口沿及上腹。腹部饰横向篮纹，篮纹上饰两周附加堆纹，沿下饰三周一组平行叠压的附加堆纹。沿面留有轮修痕。口径45.4、残高22.6、壁厚0.8厘米（图4-63，2）。

标本H72：5，夹粗砂灰陶。敛口，斜折沿，方唇，深弧腹，平底。沿面饰两周凹弦纹，唇部按压出一周波浪状花边，沿下加固三周并行叠压的附加堆纹，腹部饰右斜向粗篮纹，其上饰八周附加堆纹。口径36.4、最大腹径36.3、底径24.6、复原后高47.4、壁厚0.8～1.0、底厚1.2厘米（图4-63，7）。

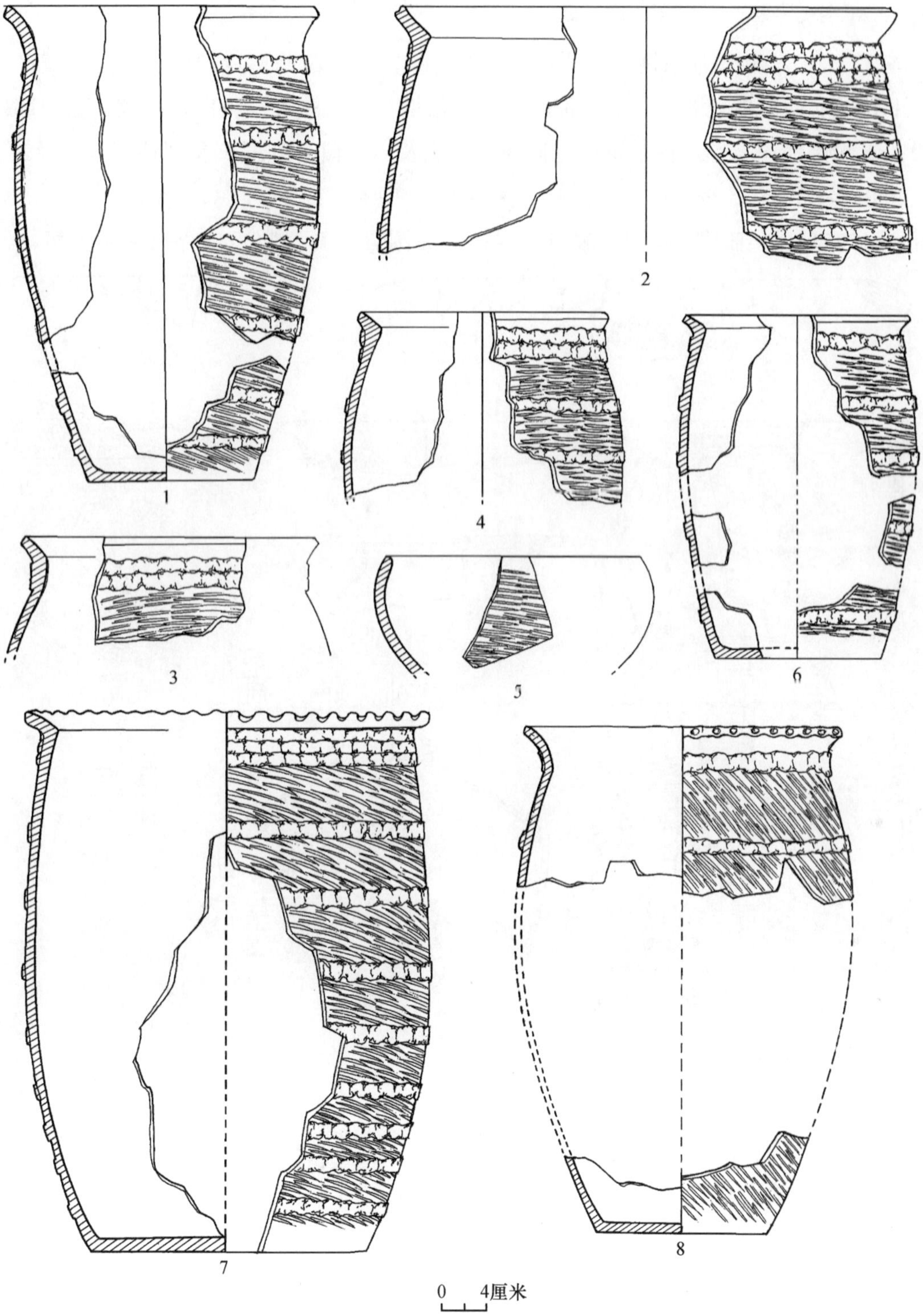

图4-63　Ⅰ T0303H72出土第二期陶器

1、8. B型夹砂罐（H72：8、H72：10）　2、7. 缸（H72：7、H72：5）　3、4、6. A型夹砂罐（H72：13、H72：9、H72：11）
5. A型钵（H72：19）

盆　2件。为A型。

标本H72：16，粗泥质灰陶。斜折沿，圆唇，内沿折棱微凸形成内敛口，腹部较深，上腹微鼓，下腹及底残。器表磨光，沿下加固一周附加堆纹，上腹饰左斜向中篮纹，腹中部残留一鸡冠錾，下腹饰横向篮纹。沿下留有轮修痕，器表及内壁留有刻划纹及刮抹痕。口径28.6、最大腹径26.0、残高20.0、壁厚0.7～1.0厘米（图4-64，3）。

标本H72：17，细泥质灰陶。敞口，斜折沿，圆唇，斜直腹，仅存口沿及上腹。器表磨

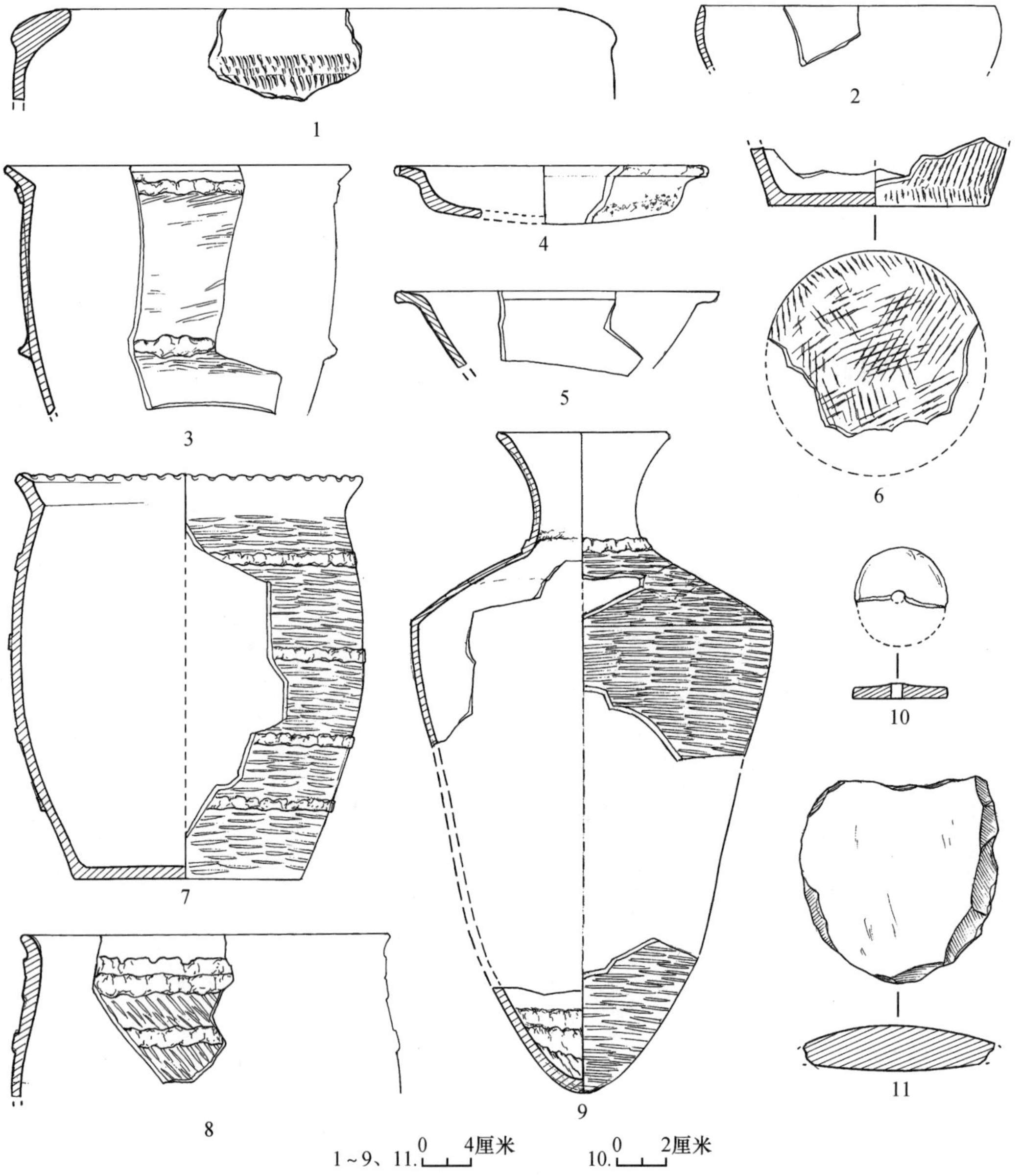

图4-64　Ⅰ T0303H72出土陶器、石器

1. 第一期A型瓮（H72：21）　2. 第一期B型钵（H72：29）　3、5. 第二期A型盆（H72：16、H72：17）　4. 第二期C型盘（H72：18）　6. 第一期夹砂罐（H72：23）　7. 第二期A型夹砂罐（H72：6）　8. 第二期B型夹砂罐（H72：14）　9. 第二期尖底瓶（H72：12）　10. 第二期A型纺轮（H72：3）　11. 第二期石斧（H72：1）

光，近口沿处一周为素面。腹部及内壁可见明显轮修痕，沿面及内壁可见刮抹痕。口径26.6、残高6.8、壁厚1.0厘米（图4-64，5）。

钵　1件。为A型。

标本H72：19，夹细砂灰陶。敛口，圆唇，上腹外鼓，仅存口沿及上腹。腹部饰右斜向篮纹。口径22.9、残高10.3、壁厚1.1厘米（图4-63，5）。

盘　1件。为C型。

标本H72：18，夹粗砂灰陶。敞口，斜折沿，浅弧腹，圜底，唇部残。素面。器表可见刮抹痕，沿面及内壁留有轮修痕。口径26.0、底径20.5、残高4.8、壁厚1.0、底厚0.9厘米（图4-64，4）。

纺轮　1件。为A型。

标本H72：3，粗泥质灰陶。圆饼状，截面呈长方形，上下面平直，中部为一圆孔，残存二分之一。素面。直径3.8、厚0.4厘米（图4-64，10；图版四三，4）。

尖底瓶　1件。造型、质地、纹饰与第一期A型尖底瓶相近。

标本H72：12，夹细砂灰陶。侈口，方唇，束颈，广折肩，上腹外斜，下腹弧收成尖底，底较圆钝。口沿及颈部素面，颈肩交接处饰一周附加堆纹，肩、腹部饰横向篮纹，口部留有轮修痕，内外壁留有刮抹痕，内底可见泥条盘筑制作痕。口径14.2、复原后高52.7、壁厚0.8、底厚1.2厘米（图4-64，9）。

（2）石器

石斧　1件。

标本H72：1，灰黑色闪长片岩。顶部残断，残存部分边缘打制成双面刃。器表磨光。无明显使用痕迹。残长7.7、宽7.9、厚1.0～1.6厘米，重181克（图4-64，11；图版四五，2）。

本单位发现仰韶晚期遗物，共计3件，可辨器形有夹砂罐、瓮和钵。

夹砂罐　1件。为下腹及底部残片。

标本H72：23，夹粗砂红陶。下腹斜收，平底。腹部饰左斜向绳纹，近底处饰一周附加堆纹，堆纹上饰右斜向绳压痕，底部留有绳压痕。底径18.1、残高5.6、壁厚1.0、底厚1.1厘米（图4-64，6）。

瓮　1件。为A型。

标本H72：21，夹粗砂红陶。敛口，厚圆唇，腹壁微弧，仅存口沿及上腹。沿下压印一周绳纹。沿面及内壁留有轮修痕。口径49.8、残高7.4、壁厚1.0厘米（图4-64，1）。

钵　1件。为B型。

标本H72：29，细泥质灰陶。直口微敛，尖圆唇，上腹微弧，仅存口沿及上腹。器表磨光。器表及内壁留有刮抹痕。口径24.0、最大腹径25.0、残高5.1、壁厚0.7～0.8厘米（图4-64，2）。

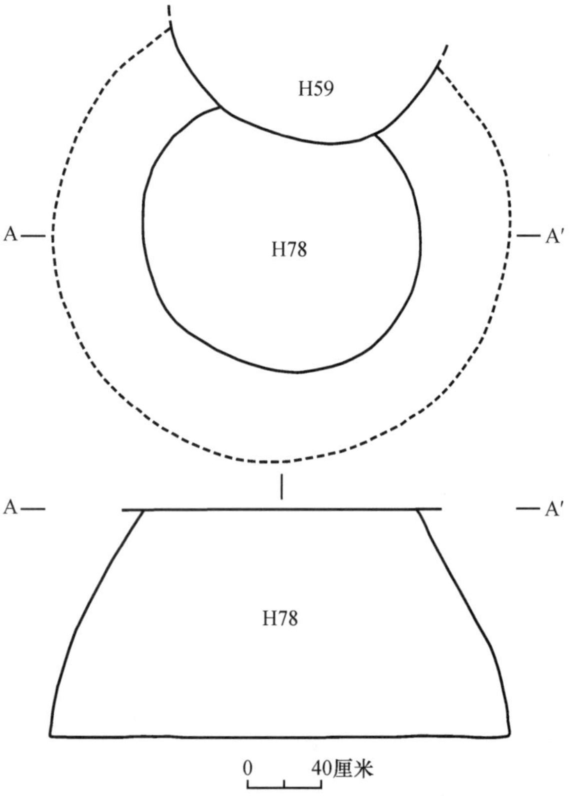

图4-65　ⅠT0303H78平、剖面图

18. ⅠT0303H78

H78位于ⅠT0303西南部。开口于③层下。袋状坑，坑口平面呈圆形，坑壁外弧，底部较平。坑口距地表深215厘米，坑口直径150、坑底直径250、残深120厘米（图4-65）。

坑内填土为褐色，土质疏松。文化遗物仅有陶器。

陶器　属于本期的陶片共40片，总重3002克。以夹粗砂灰陶为主，粗泥质灰陶次之。器表装饰以篮纹+附加堆纹为主，篮纹次之，另有少量磨光、篮纹+附加堆纹+按压纹（表4-19）。经分类和拼对，共有15件个体，可辨器形有夹砂深腹罐、刻槽盆、豆等典型的庙底沟二期文化遗物。此外，本单位还发现钵等仰韶文化遗物（图4-66）。

夹砂罐　3件。为A型。

标本H78：1，夹粗砂灰陶。敛口，斜折沿，沿面微凹，方唇，深弧腹，仅存口沿及上腹。器表饰右斜向细篮纹，沿下及上腹饰三周附加堆纹。口径23.1、残高13.4、壁厚0.8厘米（图4-66，4）。

标本H78：4，夹粗砂灰陶。敛口，斜折沿，方唇，上腹外斜，仅存口沿及上腹。唇部压印出波浪状花边，沿下加固两周叠压的附加堆纹，器表留有右斜向篮纹。口径30.3、残宽7.5、残高12.0、壁厚0.8厘米（图4-66，1）。

表4-19　ⅠT0303H78陶系统计表

陶质	粗泥质陶	夹细砂陶	夹粗砂陶	合计	百分比（%）
陶色 / 器表装饰	灰	灰	灰		
素面	1/48		2/301	3/349	7.5/11.62
磨光	2/337			2/337	5.00/11.23
篮纹	4/449	2/55	4/292	10/796	25.00/26.52
篮纹+附加堆纹			23/1334	23/1334	57.50/44.44
篮纹+附加堆纹+按压纹			2/186	2/186	5.00/6.19
合计	7/834	2/55	31/2113	40/3002	
百分比（%）	1.75/27.78	5.00/1.83	77.5/70.39		100/100

注：百分比相关的行、列外，“/”前统计的数据为片数，单位为个；“/”后统计的数据为质量，单位为克。

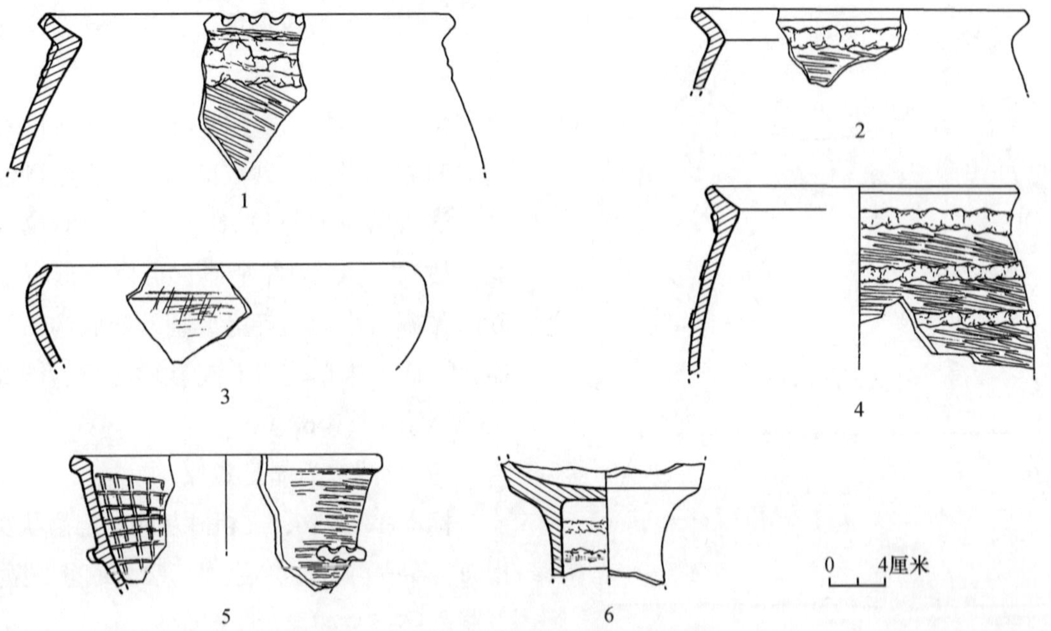

图4-66　Ⅰ T0303H78出土第一、二期陶器

1、2、4. 第二期A型夹砂罐（H78：4、H78：5、H78：1）　3. 第一期A型钵（H78：13）　5. 第二期B型刻槽盆（H78：3）　6. 第二期B型豆（H78：2）

标本H78：5，夹粗砂灰陶。敛口，斜沿，圆唇，上腹外斜，仅存口沿及上腹。器表留有右斜向篮纹。口径24.8、残宽8.3、残高5.8、壁厚1.1厘米（图4-66，2）。

刻槽盆　1件。为B型。

标本H78：3，夹粗砂灰陶。敞口，折沿，圆唇，斜弧腹，上腹微内凹，仅存口沿及中腹。器表饰横向细篮纹，中腹残留一鸡冠鋬，内壁有网状刻划沟槽。口径22.8、残高9.8、壁厚0.8厘米（图4-66，5；图版四一，4）。

豆　1件。为B型。

标本H78：2，粗泥质灰陶。豆盘壁斜收，平底，腹底相接处形成折角，豆柄上段较直，柄下部及部分豆盘残。盘内壁及器表均磨光。盘与柄为先分制后组装，二者连接处可见加固抹痕。残高9.8、壁厚1.3厘米（图4-66，6）。

本单位发现仰韶晚期钵1件。

钵　1件。为A型。

标本H78：13，粗泥质红陶，胎体呈灰色。敛口，圆唇，上腹外鼓，仅存口沿及上腹。素面。内外壁均留有轮修痕，器表刮抹痕明显。口径26.4、残高7.2、壁厚0.8～1.0厘米（图4-66，3）。

19. Ⅰ T0407H79

H79位于Ⅰ T0407西南部。开口于③层下，被H34打破。袋状坑，坑口、坑底平面呈椭圆形，坑壁外弧，底部平整。坑口距地表深135厘米，探方内坑口长径256、坑口残短径134、坑底长径308、坑底残短径160、深110厘米（图4-67）。

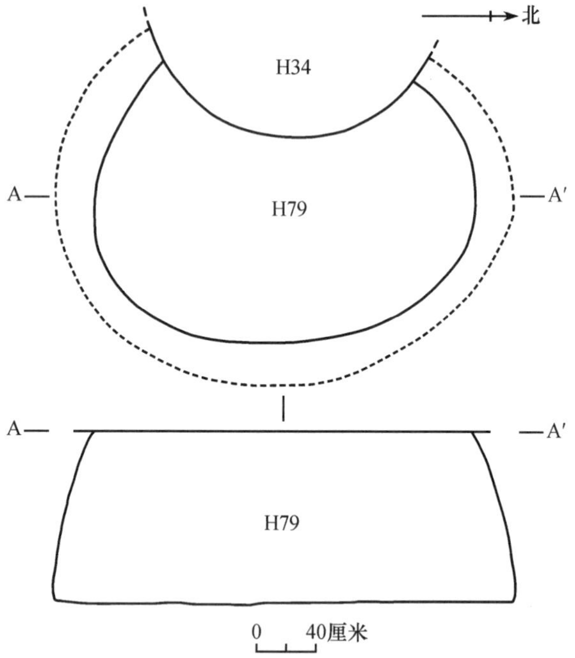

图4-67　ⅠT0407H79平、剖面图

坑内填土为浅褐色，土质疏松。文化遗物有陶器、石器和骨器。

（1）陶器　属于本期的陶片共17片，总重1384克。以夹粗砂灰陶为主，夹细砂红陶次之。器表装饰有篮纹+附加堆纹、篮纹。经分类和拼对，共有9件个体。可辨器形有鼎、夹砂深腹罐、小罐、笄等典型的庙底沟二期文化器物。此外本单位也有夹砂罐、瓮、钵等仰韶文化器物（图4-68）。

鼎　1件。为鼎足残片。

标本H79：16，夹粗砂灰陶。扁凿状实足。素面。器表可见烟炱痕。残高10.2、上端宽6.8、下端宽3.5、厚2.3厘米（图4-68，4）。

夹砂罐　2件。为B型。

标本H79：6，夹粗砂灰陶。侈口，圆唇，深腹微鼓，平底，部分中腹及下腹残。沿下加固两周叠压的附加堆纹，上腹饰较浅的横向篮纹，中腹饰一周附加堆纹，下腹饰右斜向篮纹。器表及断茬处可见烟炱痕。口径14.3、最大腹径14.9、底径8.2、复原后高21.6、壁厚0.7、底厚0.7厘米（图4-68，1）。

标本H79：7，夹粗砂灰陶。侈口，方唇，上腹微鼓，仅存口沿及上腹。沿下及上腹各饰一周附加堆纹，腹部饰交错篮纹，纹痕较浅。器表及断茬处可见烟炱痕。口径14.3、最大腹径14.1、残高口2、壁厚0.7厘米（图4-68，2）。

小罐　1件。为A型。

标本H79：4，夹细砂红陶。侈口，圆唇，束颈，颈壁向下外张，折肩，腹向下斜收，平底。器表磨光。口径4.4、最大腹径6.8、底径3.8、高8.4、壁厚0.4、底厚0.4厘米（图4-68，3；图版三六，6）。

笄　1件。为A型。

标本H79：3，粗泥质黑皮陶。平面呈T形，顶端有梭形笄帽，笄身截面呈椭圆形，底端呈圆锥状，笄身上部和笄帽残。通体磨光。残长5.8、厚0.9厘米（图4-68，6）。

（2）石器

石笄毛坯　1件。

标本H79：1，青绿色闪长岩。窄长条状，截面近长方形，两侧有明显切割痕，对切后截断而形成凸棱，两端为断裂面。残长5.9、宽1.8、厚1.1～1.6厘米，重35克（图4-68，10）。

石斧　1件。

标本H79：2，灰白色石英砂岩。原应为石斧的顶部，后改制，边缘打制成双面刃，仍可见少许未打去的原顶部边缘。器身磨光，断裂处残存半孔，为双面桯钻。刃部无明显使用痕

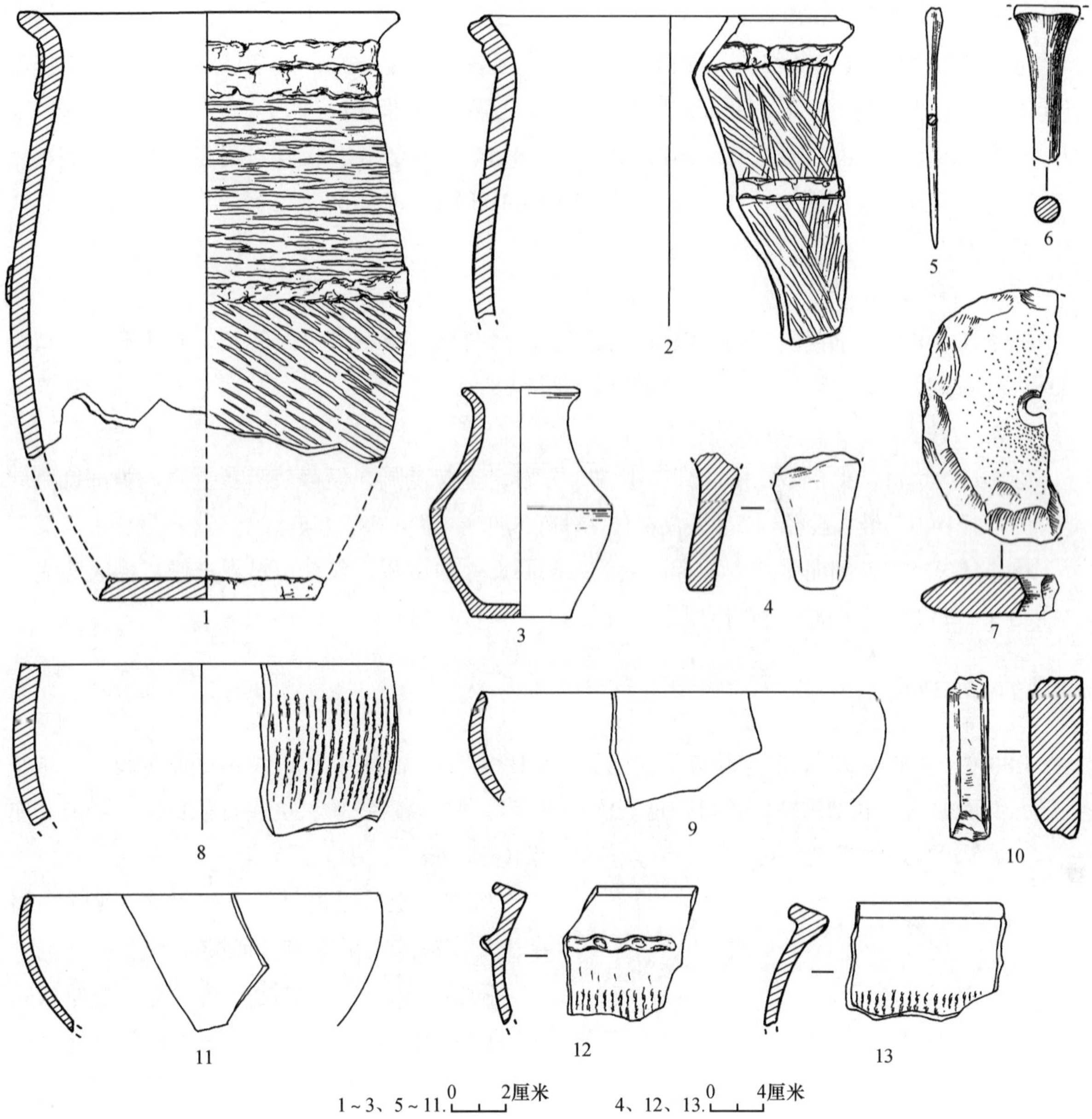

图4-68　Ⅰ T0407H79出土器物

1、2. 第二期B型夹砂罐（H79：6、H79：7）　3. 第二期A型小罐（H79：4）　4. 第二期鼎（H79：16）　5. 第二期骨针（H79：5）　6. 第二期A型陶筓（H79：3）　7. 第二期石斧（H79：2）　8. 第一期B型钵（H79：11、H79：12）　9、11. 第一期A型钵（H79：19）　10. 第二期石筓毛坯（H79：1）　12、13. 第一期Ab型夹砂罐（H79：10、H79：8）

迹。残高4.7、宽9.2、厚0.4～1.3、孔径1.3～1.5厘米，重117克（图4-68，7；图版四五，1）。

（3）骨器

骨针　1件。

标本H79：5，器体细长，横截面略呈扁圆形，针尖较尖锐，针孔一端稍残。器表磨光，可见竖向刮磨痕。残长8.9、顶端最宽0.6、器身宽0.4厘米，重2克（图4-68，5；图版四八，4）。

本单位发现仰韶晚期遗物，共计5件，可辨器形有夹砂罐和钵。

夹砂罐　2件。为Ab型。

标本H79：8，夹粗砂红陶。敛口，斜折沿，圆唇，上腹外弧，仅存口沿及上腹。上腹饰竖向绳纹。器表可见烟炱痕。残高8.7、壁厚0.9～1.2厘米（图4-68，13）。

标本H79：10，夹粗砂红陶。侈口，斜沿，圆唇，上腹外弧，仅存口沿及上腹。上腹残留一鸡冠鋬，腹部饰竖向绳纹。残高10.0、壁厚0.8～1.2厘米（图4-68，12）。

钵　3件。

A型　1件。

标本H79：19，细泥质灰陶。敛口，尖唇，上腹外鼓，仅存口沿及上腹。器表磨光。口径14.9、最大腹径15.9、残高4.3、壁厚0.4厘米（图4-68，9）。

B型　2件。

标本H79：11，夹粗砂红陶。直口微敛，方唇，上腹微弧，仅存口沿及上腹。腹部饰竖向绳纹。口径14.0、最大腹径14.5、残高6.4、壁厚0.8厘米（图4-68，8）。

标本H79：12，细泥质红陶。直口微敛，圆唇，上腹微弧，仅存口沿及上腹。器表磨光。口径13.3、残高5.0、壁厚0.4厘米（图4-68，11）。

20. Ⅰ T0407H80

H80位于Ⅰ T0407西北部。开口于③层下，被H28打破。锅底状坑，坑口平面为圆形，坑壁弧收，剖面似盆，底部平整。坑口距地表深150厘米，坑口直径210、坑底直径150、残深140厘米（图4-69）。

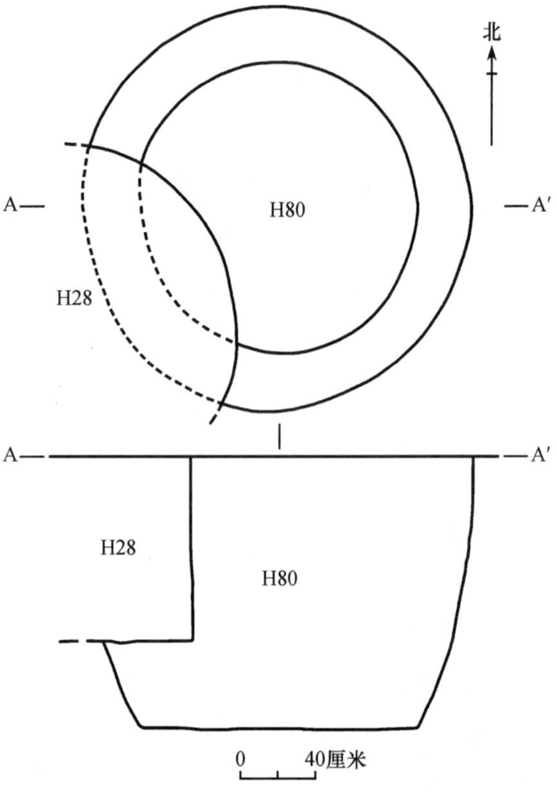

图4-69　Ⅰ T0407H80平、剖面图

坑内填土呈黑褐色，土质较软，填土内夹杂少量炭粒。文化遗物仅有陶器。

陶器　属于本期的陶片共19片，总重1294克。以夹粗砂灰陶为主，夹细砂红陶次之。器表装饰以篮纹+附加堆纹为主，篮纹+附加堆纹+按压纹次之，另有少量篮纹、附加堆纹、篮纹+按压纹等。经分类和拼对，共有12件个体，可辨器形有鼎、刻槽盆、器盖等典型的庙底沟二期文化遗物。此外，本单位还发现尖底瓶、夹砂罐、瓮、盆等仰韶文化遗物（图4-70）。

鼎　1件。为B型。

标本H80：3，夹粗砂灰陶。中腹以上残失，下腹斜收，平底，腹底交接处安装三个扁凿状实足。腹部饰较浅的横向篮纹，其上饰一周附加堆纹，足外侧中间饰竖条状附加堆纹，自足底一直延伸至腹部，堆纹上压印有连续排列的凹窝，呈波浪状。器表及内壁皆可见烟炱痕。残高17.6、壁厚0.7、底厚0.8厘米（图4-70，6；图版三六，2）。

盆　2件。为A型。

标本H80：5，细泥质灰陶。斜折沿，内沿折棱凸出形成内敛口，圆唇，上腹斜收，仅存口沿及上腹。上腹饰五周凹弦纹，器表素面。口沿及器表留有轮修痕。残高4.8、壁厚0.6厘米（图4-70，3）。

标本H80：7，粗泥质灰陶。敞口，斜折沿，沿面微内凹，上腹弧收，仅存口沿及上腹。沿面及器表磨光。沿下留有轮修痕。残高4.7、壁厚0.7厘米（图4-70，7）。

刻槽盆　1件。为A型。

标本H80：14，夹粗砂灰陶。微敛口，方唇，唇部有一道凹弦纹，弧腹，仅存口沿及上腹。上腹饰较浅的横向篮纹。口径28.4、残高6.2、壁厚0.8～1.2厘米（图4-70，1）。

器盖　2件。

B型　1件。

标本H80：4，夹粗砂灰陶。圈足状捉手，盖壁外弧，盖体周缘残。器表饰方格纹。捉手处可见轮修痕。捉手径9.2、残高6.4、盖体厚1.0厘米（图4-70，5）。

C型　1件。

标本H80：32，夹细砂灰陶。喇叭状盖体，盖壁外张程度较大，捉手及盖体周缘残。器表饰较浅的横向篮纹。器表留有烟炱。残高7.4、壁厚0.8～1.2厘米（图4-70，2）。

刀　1件。

标本H80：31，夹细砂灰陶。陶片加工而成。刀体呈长方形，微弧，一边打制出不规则的弧刃，两侧边有凹窝。素面。长8.1、宽4.7、厚0.7厘米（图4-70，18；图版四二，5）。

本单位发现仰韶晚期遗物，共计11件，可辨器形有尖底瓶、夹砂罐和盆。

尖底瓶　1件。为E型。

标本H80：11，粗泥质红陶，胎体呈灰色。侈口，平折沿，束颈细长，颈部以下及沿部残。素面。口部留有轮修痕，内壁可见泥条盘筑痕。残高9.3、壁厚0.8厘米（图4-70，4）。

夹砂罐　6件。

A型　5件。

Ab型　3件。

标本H80：2，夹粗砂红陶。敛口，斜折沿，沿面微凹，圆唇，上腹微鼓，仅存口沿及上腹。上腹饰右斜向中绳纹，其上残留一鸡冠鋬。口径24.6、最大腹径28.7、残高11.6、壁厚0.8～1.0厘米（图4-70，12）。

标本H80：18，夹粗砂红陶。敛口，斜折沿，沿面微弧，尖圆唇，上腹外鼓，仅存口沿及上腹。上腹残留一鸡冠鋬，其下饰竖向细绳纹。器表可见烟炱痕。口径22.0、残高6.2、壁厚0.7厘米（图4-70，17）。

标本H80：16，夹粗砂红陶，胎体呈灰色。敛口，斜折沿，圆唇，上腹微鼓，仅存口沿及

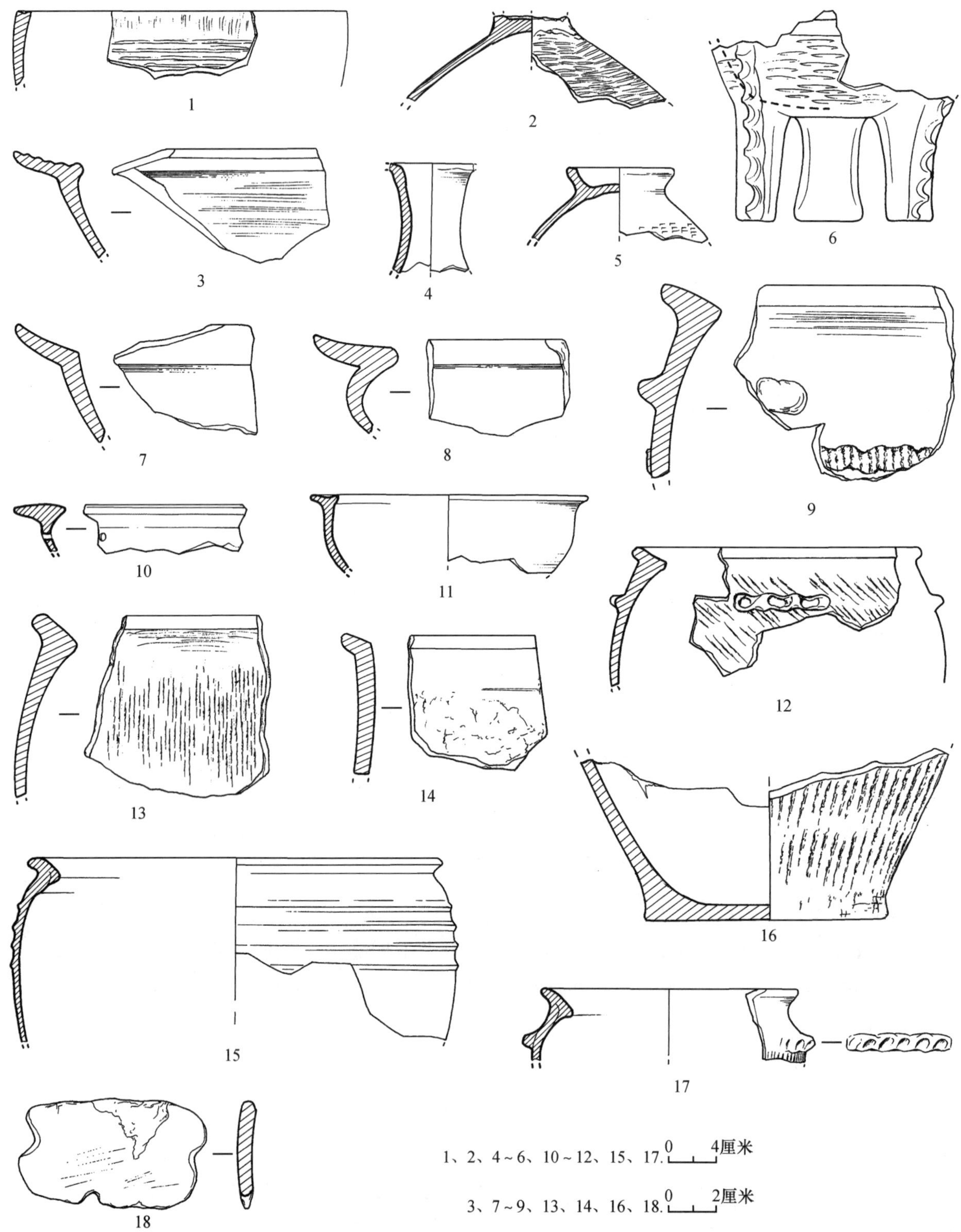

图4-70　ⅠT0407H80出土陶器

1. 第二期A型刻槽盆（H80：14）　2. 第二期C型器盖（H80：32）　3、7. 第二期A型盆（H80：5、H80：7）　4. 第二期E型尖底瓶（H80：11）　5. 第二期B型器盖（H80：4）　6. 第二期B型鼎（H80：3）　8、10、11. 第一期Aa型盆（H80：6、H80：8、H80：9）　9、12、17. 第一期Ab型夹砂罐（H80：16、H80：2、H80：18）　13、15. 第一期Ac型夹砂罐（H80：12、H80：1）　14. 第一期陶器口沿（H80：13）　16. 第一期夹砂罐（H80：22）　18. 第二期陶刀（H80：31）

上腹。上腹残留一鸡冠鋬，其下饰一周附加堆纹，堆纹上留有绳压痕。残高8.2、壁厚0.8厘米（图4-70，9）。

Ac型　2件。

标本H80：12，夹细砂红陶，胎体呈灰色。敛口，斜折沿，圆唇，上腹微弧，仅存口沿及上腹。上腹饰竖向细绳纹。口沿处留有轮修痕。残高7.6、壁厚0.4～0.8厘米（图4-70，13）。

标本H80：1，夹粗砂红陶，胎体呈灰色。敛口，折沿微卷，圆唇，上腹微鼓，仅存口沿及上腹。上腹饰四周细窄凸弦纹。内外壁皆可见少量烟炱痕。口径35.9、最大腹径38.3、残高15.2、壁厚0.5～0.8厘米（图4-70，15，图版一九，2）。

另有下腹及底部残片1件。

标本H80：22，夹粗砂红陶，胎体呈灰色。下腹斜收，平底。腹部饰竖向细绳纹。底径10.4、残高7.2、壁厚0.5、底厚0.7厘米（图4-70，16）。

盆　3件。为Aa型。

标本H80：6，细泥质灰陶。平折沿，外沿微上扬，内沿折棱凸出形成内敛口，尖圆唇，上腹外鼓，仅存口沿及上腹。沿面及器表磨光。沿下留有轮修痕。沿宽3.8、残高4.0、壁厚0.6厘米（图4-70，8）。

标本H80：8，粗泥质红陶，口沿胎体呈灰色。平折沿，内沿折棱凸出形成内敛口，圆唇，上腹微外鼓，仅存口沿及上腹。器表略磨光，上腹近口沿处见一单面钻的穿孔。沿下留有轮修痕。沿宽4.5、残高4.3、壁厚0.6～0.9、穿孔直径0.6厘米（图4-70，10）。

标本H80：9，粗泥质红陶。平折沿，沿面内凹，内沿折棱凸出形成内敛口，尖圆唇，上腹弧收，仅存口沿及上腹。沿面及器表磨光。内口径19.0、外口径24.0、沿宽2.5、残高6.6、壁厚0.8厘米（图4-70，11）。

陶器口沿　1件。

标本H80：13，夹细砂红陶，胎体呈灰色。直口微侈，斜折沿，圆唇，器壁较直，一侧有竖向切割边。断茬部位平直，经修整打磨。残高5.6、壁厚0.7厘米（图4-70，14）。

21. ⅠT0307H81

H81位于ⅠT0307北壁东部。开口于③层下，被H21打破，打破H69。袋状坑，坑口平面近圆形，坑壁外弧，平底。坑口距地表深110厘米，坑口直径220、坑底直径325、深110厘米（图4-71）。

坑内填土呈褐色，土质较疏松，包含少量陶片。文化遗物仅有陶器。

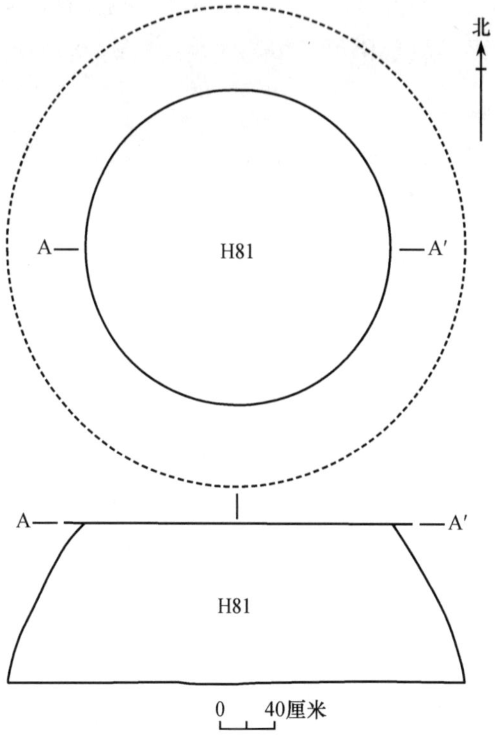

图4-71　ⅠT0307H81平、剖面图

陶器　属于本期的陶片共12片，总重1292克。以夹粗砂灰陶为主，粗泥质灰陶次之。器表装饰以素面居多，纹饰有篮纹、篮纹+附加堆纹、篮纹+附加堆纹+按压纹等。经分类和拼对，共有10件个体，可辨器形有夹砂深腹罐、刻槽盆、盘、垫等典型的庙底沟二期文化遗物。此外，本单位还发现尖底瓶、夹砂罐、盆、钵等仰韶文化遗物（图4-72、图4-73）。

夹砂罐　2件。为A型。

标本H81：2，夹粗砂灰陶。敛口，斜折沿，方唇，上腹外弧，仅存口沿及上腹。唇部压印锯齿状花边，沿下加固一周附加堆纹，上腹饰右斜向中篮纹。口径30.7、残高8.7、壁厚1.0～1.2厘米（图4-72，1）。

标本H81：3，夹粗砂灰陶。敛口，斜折沿，方唇，上腹外弧，仅存口沿及上腹。沿下加固一周泥条，上腹饰横向篮纹。内壁可见轮修痕。口径33.4、残高9.4、壁厚0.9～1.2厘米（图4-72，2）。

刻槽盆　1件。为B型。

标本H81：1，夹粗砂灰陶。直口，圆唇，上腹较直，向下弧收，仅存口沿及上腹。唇外缘压印出宽疏锯齿状花边，上腹饰横向篮纹；内壁上侧有一道横向刻划沟槽，下侧有数道较深的竖向刻划沟槽。残高7.5、壁厚0.7厘米（图4-72，3）。

盘　4件。

Ab型　2件。

标本H81：15，夹粗砂红陶，胎体呈灰色。直口，厚圆唇，矮直腹微弧，平底微凹。素面。器表留有轮修痕。口径38.0、底径38.2、高4.6、壁厚2.0、底厚1.2厘米（图4-72，6）。

标本H81：27，夹粗砂灰陶。直口微敛，圆唇，矮直腹微弧，平底微凹。器表滚压绳纹后抹平，唇部仍可见少许绳纹。口径30.2、底径28.4、高5.6、壁厚1.0、底厚0.8厘米（图4-72，4）。

C型　2件。

标本H81：31，细泥质灰陶。敞口，斜折沿，折腹，中腹以下内收，唇部与底部残。素面。器表可见不规则刮抹痕。口径24.8、底径13.2、残高5.2、壁厚1.3～1.6、底厚0.8厘米（图4-72，8）。

标本H81：32，细泥质灰陶。直口微敛，平折沿，浅弧腹，唇部与底部残。沿面及内壁磨光，器表素面。内口径34.5、最大腹径30.0、残高5.3、壁厚1.4厘米（图4-73，12）。

研磨器　1件。

标本H81：35，夹粗砂红陶。圆柱状，顶端手握部位呈锥状，研磨面较平整，截面呈椭圆形。残高7.9、研磨面直径3.4厘米（图4-72，5）。

本单位发现仰韶晚期遗物，共计16件，可辨器形有尖底瓶、夹砂罐、盆和钵。

尖底瓶　1件。为E型。

标本H81：17，粗泥质红陶。直口微敛，平折沿，沿面微凹，圆唇，束颈，仅存口沿及颈上部。沿下留有一周指压痕，颈上部贴附小圆泥饼。内壁可见口沿与颈部黏结的痕迹。内口径7.2、外口径13.6、沿宽3.2、壁厚0.8、残高5.5厘米（图4-73，9）。

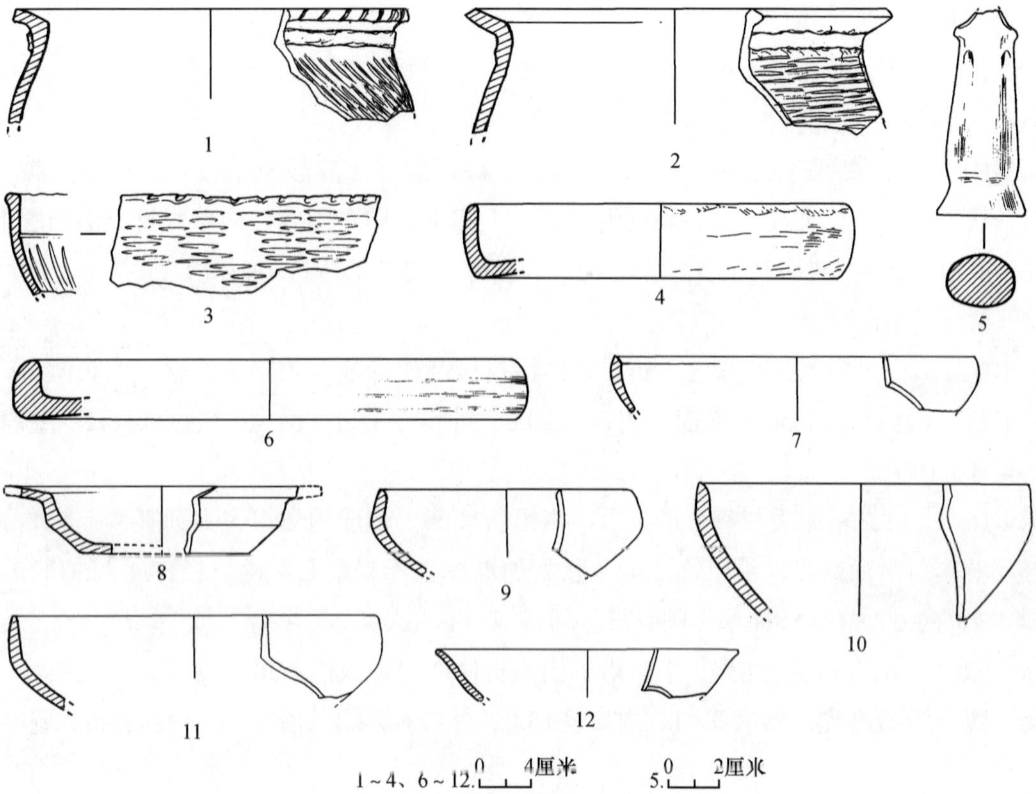

图4-72　Ⅰ T0307H81出土陶器（1）

1、2. 第二期A型夹砂罐（H81：2、H81：3）　3. 第二期B型刻槽盆（H81：1）　4、6. 第二期Ab型盘（H81：27、H81：15）　5. 第二期研磨器（H81：35）　7、9～11. 第一期B型钵（H81：22、H81：25、H81：26、H81：4、H81：21）　8. 第二期C型盘（H81：31）

夹砂罐　6件。

A型　4件。

Aa型　2件。

标本H81：5，夹细砂红陶。敛口，斜折沿，圆唇，上腹外鼓，仅存口沿及中腹。腹部饰右斜向细绳纹，最大腹径处饰一周凸弦纹。内外壁及断茬皆可见烟炱痕，内壁可见口沿与腹部黏结的痕迹。口径16.1、残高7.8、壁厚0.4厘米（图4-73，4）。

标本H81：6，夹粗砂红陶。敛口，斜折沿，圆唇，上腹外鼓，仅存口沿及上腹。上腹部残留一鸡冠鋬，器表素面。内外壁及断茬皆可见烟炱痕。口径17.9、残高6、壁厚0.6厘米（图4-73，8）。

Ab型　2件。

标本H81：38，夹粗砂灰陶。敛口，斜折沿，圆唇，上腹外弧，仅存口沿及上腹。素面。口径22.4、残高5.4、壁厚0.8厘米（图4-73，5）。

标本H81：18，夹粗砂红陶。敛口，斜折沿，圆唇，上腹外斜，仅存口沿及上腹。腹部饰右斜向中绳纹，纹痕较深。口径30.4、残高5.9、壁厚1.0厘米（图4-73，3）。

B型　2件。

标本H81：11，夹细砂灰陶。敛口，平折沿，夹圆唇，仅存口沿。素面。内口径28.4、外口径36.4、沿宽4.0、残高4.4、壁厚1.0厘米（图4-73，2）。

标本H81：9，夹粗砂灰陶。敛口，平折沿，厚圆唇，上腹较直，仅存口沿及上腹。沿下饰一周条状附加堆纹，堆纹上饰右斜向绳压痕，上腹饰竖向中绳纹。内壁可见口沿与腹部黏结的痕迹。内口径29.9、外口径38.7、沿宽4.4、残高6.2、壁厚1.1～1.4厘米（图4-73，1）。

盆　4件。为Aa型。

标本H81：12，粗泥质灰陶。平折沿，内沿折棱凸出形成内敛口，方唇，上腹微弧，仅存口沿及上腹。沿面磨光，器表素面。内口径20.0、外口径32.4、沿宽6.2、残高6.2、壁厚0.8厘米（图4-73，10）。

标本H81：13，粗泥质灰陶。平折沿，内沿折棱凸出形成内敛口，尖圆唇，上腹微弧，仅存口沿及上腹。沿面磨光，沿下饰一周条状附加堆纹，器表素面。内口径17.4、外口径28.2、沿宽5.4、残高3.6、壁厚0.8厘米（图4-73，6）。

标本H81：16，细泥质红陶。平折沿，内沿折棱凸出形成内敛口，圆唇，上腹微弧，仅存口沿及上腹。沿面磨光，器表素面。内口径15.0、外口径24.2、沿宽4.6、残高3.6、壁厚0.7厘米（图4-73，7）。

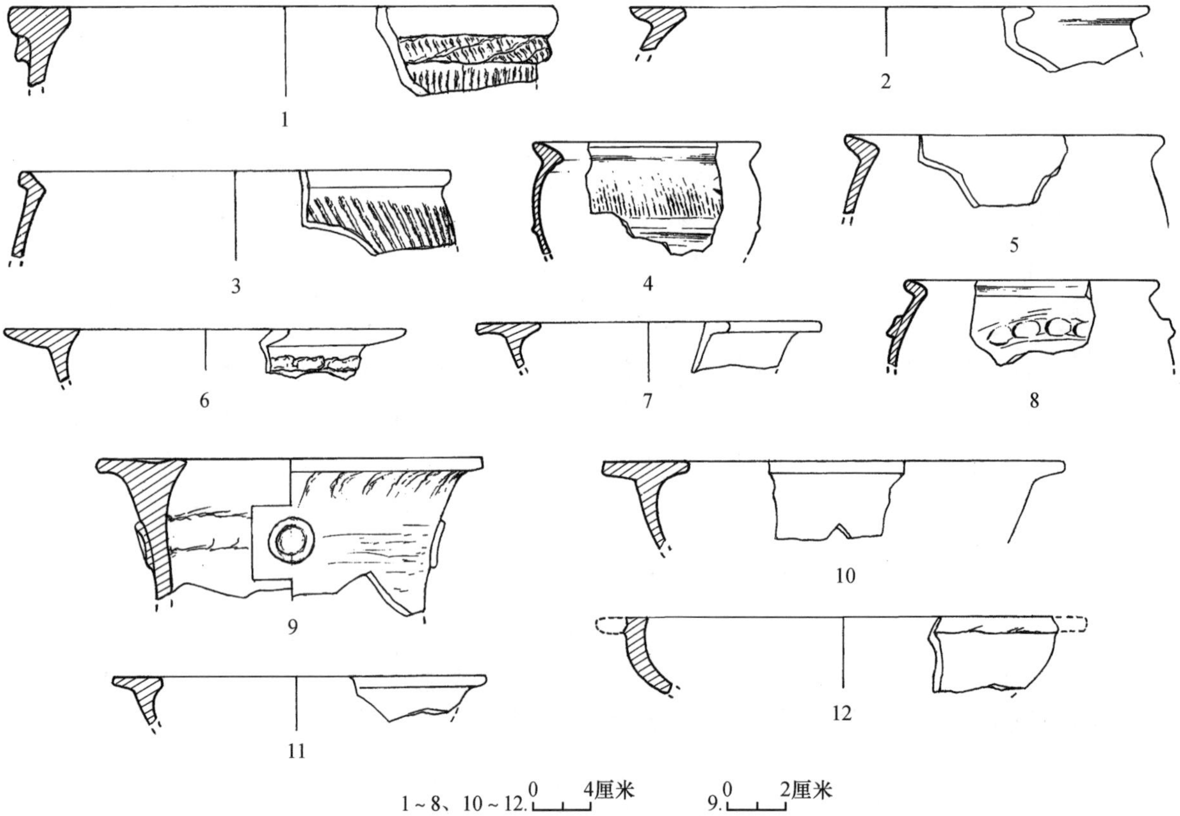

1～8、10～12. 0　4厘米　　9. 0　2厘米

图4-73　I T0307H81出土陶器（2）

1、2. 第一期B型夹砂罐（H81：9、H81：11）　3、5. 第一期Ac型夹砂罐（H81：18、H81：38）　4、8. 第一期Aa型夹砂罐（H81：5、H81：6）　6、7、10、11. 第一期Aa型盆（H81：13、H81：16、H81：12、H81：23）　9. E型尖底瓶（H81：17）　12. 第二期C型盘（H81：32）

标本H81：23，细泥质红陶，胎体呈灰色。平折沿，内沿折棱凸出形成内敛口，圆唇，上腹微弧，仅存口沿及上腹。沿面及外壁磨光。外口径26.4、内口径19.2、沿宽3.6、残高3.3、壁厚0.8厘米（图4-73，11）。

钵　5件。为B型。

标本H81：4，细泥质灰陶。直口，尖圆唇，上腹较直，向下斜收，仅存口沿及上腹。器表磨光。内壁可见刮抹痕。口径28.5、残高7.2、壁厚1.0厘米（图4-72，11）。

标本H81：22，细泥质红陶，胎体呈灰色。敛口，尖圆唇，上腹微鼓，仅存口沿及上腹。口沿内缘有一道折棱，器表磨光。内壁留有轮修痕。口径28.3、残高4.4、壁厚0.6～1.0厘米（图4-72，7）。

标本H81：25，粗泥质红陶。敛口，方唇，上腹斜直略内倾，向下斜收，仅存口沿及上腹。器表磨光。内壁留有轮修痕。口径19.5、残高6.7、壁厚1.0厘米（图4-72，9）。

标本H81：26，夹细砂红陶。敛口，尖圆唇，上腹较直，向下斜收，仅存口沿及上腹。素面。口径26.0、残高10.5、壁厚1.2厘米（图4-72，10）。

标本H81：21，细泥质红陶，胎体呈灰色。敞口，尖圆唇，斜腹微弧，仅存口沿及上腹。内外壁均磨光。器表可见轮修痕。口径23.8、残高4.0、壁厚0.6厘米（图4-72，12）。

22. Ⅰ T0307H84

H84位于Ⅰ T0307东南角。开口于③层下，被H34打破，打破H76。亚腰状坑，坑口平面为圆形，坑壁上部较直，微斜收，中部微内凹，中腰以下向外扩，下部坑壁呈外鼓的弧形，近底部较直，平底。坑口距地表深150厘米，坑口直径330、坑底直径350、残深340厘米（图4-74）。

坑内填土呈褐色，土质较疏松，内含少量陶片。文化遗物仅有陶器。

陶器　属于本期的陶片共66片，总重2775克。以夹粗砂灰陶为主，粗泥质灰陶次之。器表装饰以篮纹+附加堆纹+按压纹为主，篮纹+附加堆纹次之，另有少量篮纹、按压纹等（表4-20）。经分类和拼对，共有16件个体，可辨器形有缸、夹砂深腹罐、盆等典型的庙底沟二期文化遗物。此外，本单位还发现尖底瓶、夹砂罐、盆、钵等仰韶文化遗物（图4-75、图4-76）。

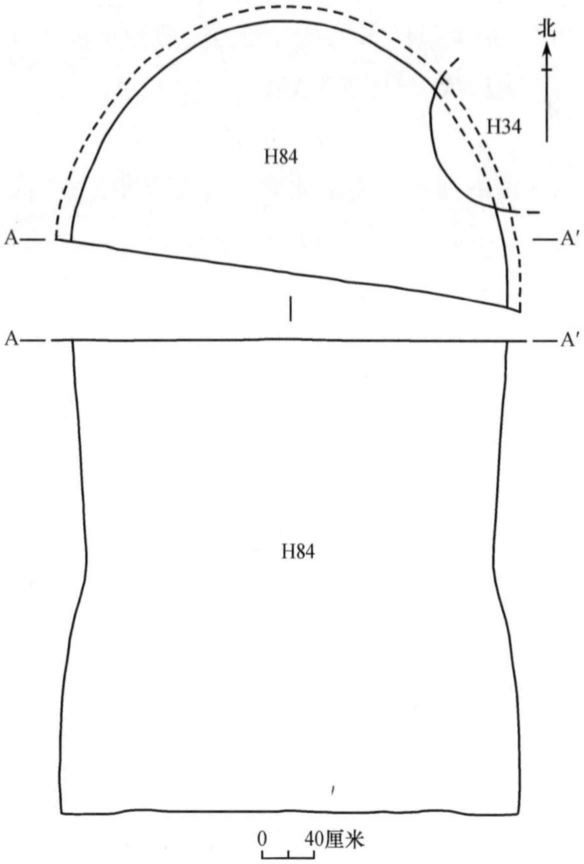

图4-74　Ⅰ T0307H84平、剖面图

表4-20　ⅠT0307H84陶系统计表

陶质	细泥质陶	粗泥质陶	夹细砂陶	夹粗砂陶	合计	百分比（%）
陶色 / 器表装饰	灰	灰	灰	灰		
素面			1/52	2/158	3/210	4.55/7.57
磨光	1/34	2/74			3/108	4.55/3.89
篮纹		1/47	1/31	2/48	4/126	6.06/4.54
按压纹			1/127		1/127	1.51/4.58
绳纹+附加堆纹				5/97	5/97	7.57/3.49
篮纹+附加堆纹+按压纹				50/2107	50/2107	75.76/75.93
合计	1/34	3/121	3/210	59/2410	66/2775	
百分比（%）	1.51/1.22	4.55/4.36	4.55/7.57	89.39/86.85		100/100

注：百分比相关的行、列外，“/”前统计的数据为片数，单位为个；“/”后统计的数据为质量，单位为克。

缸　1件。

标本H84：1，夹粗砂灰陶。敛口，斜折沿，方唇，深弧腹略鼓，最大径位于腹中部略偏上，平底，部分腹部残。唇部纵向压印一周较浅的凹槽形成花边，沿下加固两周附加堆纹，腹部饰左斜向中篮纹，其上饰六周附加堆纹，各周堆纹间距大致相等，堆纹上留有按压痕。口径36.0、最大腹径38.8、底径22.0、复原后高50.0、壁厚0.7厘米（图4-75，5；图版三七，1）。

夹砂罐　5件。为A型。

标本H84：2，夹粗砂灰陶。敛口，斜折沿，方唇，深腹微鼓，平底。唇部按压形成花边，沿下加固一周附加堆纹，腹部饰右斜向篮纹，篮纹上饰一周附加堆纹，堆纹上留有指压痕。口径16.0、最大腹径17.9、底径11.2、高21.9、壁厚0.5、底厚1.1厘米（图4-75，1；图版三六，3）。

标本H84：4，夹细砂灰陶。敛口，斜折沿，方唇，上腹外弧，仅存口沿及上腹。唇部按压出波浪状花边，沿下加固一周附加堆纹，上腹饰右斜向中篮纹。口径32.6、残高8.0、壁厚0.9～1.4厘米（图4-75，6）。

标本H84：11，夹粗砂灰陶。口部微敛，斜折沿，方唇，深弧腹，平底，部分腹部残。唇面压印出残窝，形成花边，沿下加固两周附加堆纹，腹部饰横向中篮纹，篮纹上饰三周附加堆纹。口径23.8、底径18.4、复原后高38.3、壁厚1.0、底厚1.4厘米（图4-75，4）。

标本H84：14，夹粗砂灰陶。敛口，斜折沿，方唇，上腹外弧，仅存口沿及上腹。唇部饰斜向压印纹，形成花边，沿下加固一周附加堆纹，上腹饰右斜向中篮纹，篮纹上饰一周附加堆纹。口径28.2、残高13.0、壁厚0.9～1.2厘米（图4-75，8）。

标本H84：20，夹粗砂灰陶。敛口，斜折沿，方唇，上腹外弧，仅存口沿及上腹。唇部压印浅凹槽形成花边，沿下加固两周叠压的附加堆纹，上腹饰左斜向中篮纹。口径22.2、残高9.0、壁厚0.8～1.0厘米（图4-75，2）。

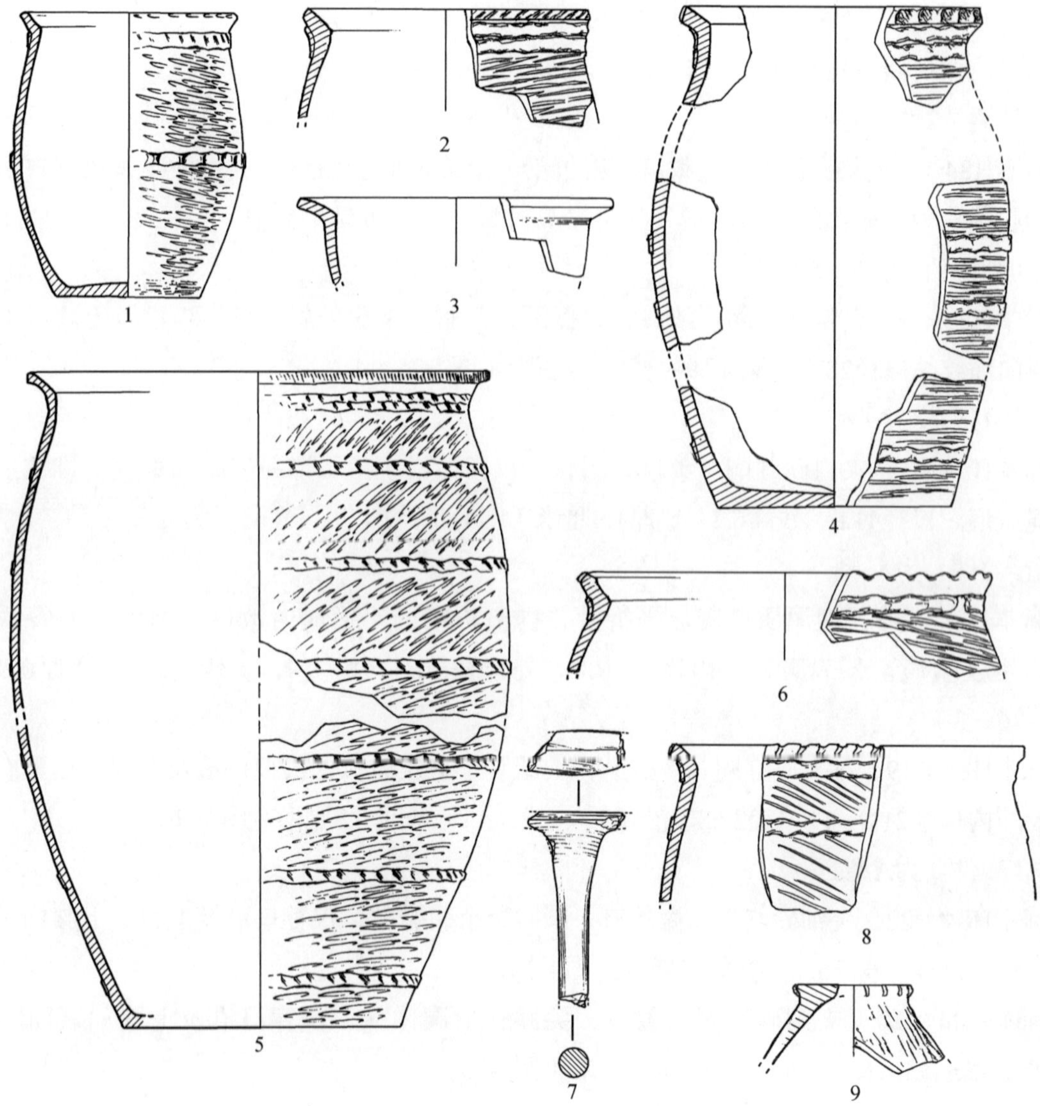

1～6、8、9. 0　4厘米　　7. 0　1厘米

图4-75　Ⅰ T0307H84出土第二期陶器

1、2、4、6、8. A型夹砂罐（H84：2、H84：20、H84：11、H84：4、H84：14）　3. A型盆（H84：7）　5. 缸（H84：1）　7. A型笄（H84：01）　9. Ab型器盖（H84：16）

盆　1件。为A型。

标本H84：7，粗泥质灰陶。直口微敛，斜折沿，圆唇，上腹微弧，仅存口沿及上腹。磨光。沿面有刮抹痕。口径24.6、残高6.6、壁厚0.9厘米（图4-75，3）。

器盖　1件。为Ab型。

标本H84：16，夹细砂灰陶。圆饼形捉手，盖体呈喇叭状，腹壁斜直，盖体周缘残。捉手周缘压印出花边，盖体饰竖向绳纹。捉手径9.6、残高6.9、壁厚1.3厘米（图4-75，9）。

笄　1件。为A型。

标本H84：01，粗泥质灰陶。平面呈T形，笄帽呈梭形，笄身截面呈圆形，残存部分笄帽和笄身。通体磨光。残高4.9厘米（图4-75，7；图版四四，2）。

本单位发现仰韶晚期遗物，共计7件，可辨器形有夹砂罐、瓮、盆和钵。

夹砂罐　2件。为Ab型。

标本H84：8，夹粗砂红陶。敛口，斜折沿，沿面内倾，圆唇，上腹微鼓，仅存口沿及上腹。上腹饰右斜向中绳纹，近口沿处残留一鸡冠鋬。器表可见烟炱痕。口径28.4、残高12.6、壁厚1.0厘米（图4-76，5）。

标本H84：9，夹粗砂红陶。敛口，斜折沿，方唇，上腹外斜，仅存口沿及上腹。上腹饰向右斜向绳纹。口径28.4、残高6.9、壁厚1.2厘米（图4-75，4）。

瓮　1件。为A型。

标本H84：5，夹粗砂红陶。敛口，圆唇，仅存口沿。沿下饰一周附加堆纹，堆纹上饰右斜向绳压痕。口径41.0、残高6.2、壁厚1.0厘米（图4-76，2）。

盆　2件。为Aa型。

标本H84：18，细泥质红陶。平折沿，内沿折棱凸出形成内敛口，圆唇，上腹微弧，仅存口沿及上腹。器表磨光。内口径20.8、外口径30.4、沿宽4.8、残高5.8、壁厚0.9厘米（图4-76，3）。

标本H84：19，细泥质红陶。平折沿，尖圆唇，上腹微弧，仅存口沿及上腹。沿下有一周指甲纹。内口径21.8、外口径28.8、沿宽3.5、残高4.2、壁厚0.8厘米（图4-76，1）。

钵　2件。为A型。

标本H84：22，夹细砂红陶。微敛口，圆唇，上腹微鼓，仅存口沿及上腹。上腹饰一周凹弦纹。口径25.4、残高6.3、壁厚1.2厘米（图4-76，6）。

标本H84：24，夹细砂红陶。敛口，尖唇，上腹微鼓，仅存口沿及上腹。素面。口径18.0、最大腹径19.2、残高5.1、壁厚0.8厘米（图4-76，7）。

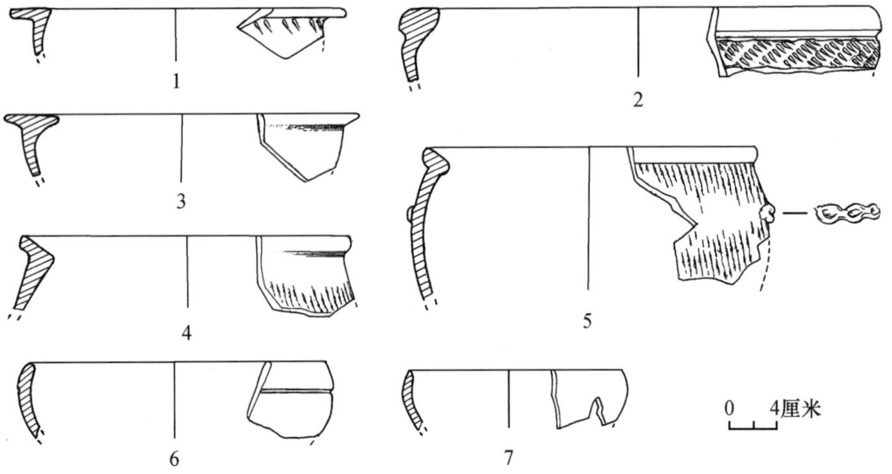

图4-76　ⅠT0307H84出土第一期陶器

1、3. Aa型盆（H84：19、H84：18）　2. A型瓮（H84：5）　4、5. Ab型夹砂罐（H84：9、H84：8）
6、7. A型钵（H84：22、H84：24）

23. Ⅰ T0407H85

H85位于Ⅰ T0407东南角。开口于③层下，西部被H71打破。袋状坑，坑口平面呈圆形，坑壁自上而下向外弧，平底。坑口距地表150厘米，坑口直径250、坑底直径285、残深135厘米（图4-77）。

坑内填土为浅灰色，土质疏松，包含少量陶片。文化遗物有陶器和石器。

（1）陶器　属于本期的陶片共22片，总重2088克。以夹粗砂灰陶为主，夹细砂灰陶次之。器表装饰以篮纹+附加堆纹+压印纹为主，篮纹+附加堆纹次之，另有少量磨光、篮纹、绳纹+附加堆纹等。经分类和拼对，共有10件个体，可辨器形有夹砂深腹罐、泥质罐、杯、纺轮等典型的庙底沟二期文化遗物（图4-78）。

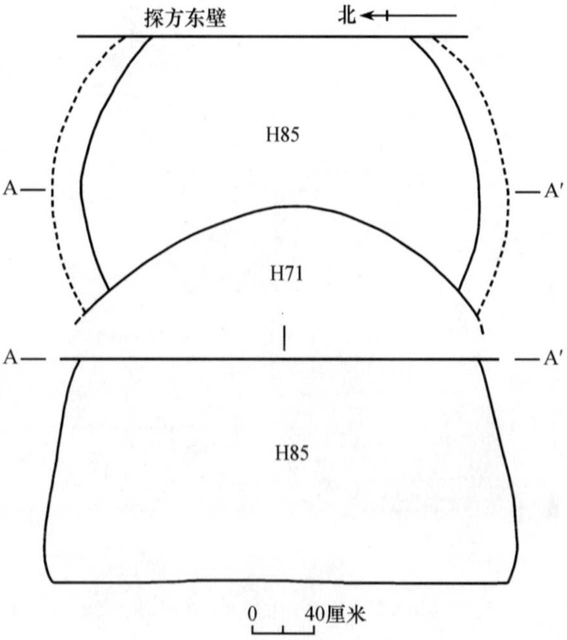

图4-77　Ⅰ T0407H85平、剖面图

罐　6件。以夹砂罐为主，另有2件泥质罐。

夹砂罐　A型　4件。

标本H85：8，夹粗砂灰陶。口微敛，斜折沿，斜方唇，上腹自上而下外弧，仅存口沿及上腹。腹部饰右斜向篮纹，篮纹上饰一周横条状附加堆纹，堆纹上留有指压痕，呈波浪状。口沿上可见横向刮抹痕。口径22.4、残高8.1、壁厚1.1厘米（图4-78，3）。

标本H85：6，夹粗砂灰陶。敛口，斜折沿，方唇，弧腹，仅存口沿及上腹。唇部压印出波浪状花边，沿下加固两周叠压的条状附加堆纹，腹部饰横向篮纹，篮纹上饰一周附加堆纹。口径34.1、残高16.7、壁厚0.8～1.0厘米（图4-78，1；图版四〇，2）。

标本H85：9，夹粗砂灰陶。口微敛，斜折沿，圆唇，上腹微鼓，仅存口沿及上腹。沿下加固一周条状附加堆纹，堆纹表面及相对应的内壁上可见明显的指压痕，呈波浪状，器表饰竖向绳纹。口沿上可见横向刮抹痕，内壁可见口沿与腹部的接嵌痕。口径16.5、残高8.1、壁厚0.8厘米（图4-78，4；图版四〇，3）。

标本H85：5，夹粗砂灰陶。口部微敛，斜折沿，方唇，腹壁较鼓，仅存口沿及上腹。唇上按压出绹索状花边，沿下加固两周叠加的附加堆纹加固口沿，上腹饰右斜向中篮纹，篮纹上饰一周附加堆纹。腹壁因烧残而凹凸不平，口沿留有轮修痕。口径36.8、残高8.6、壁厚1.0厘米（图4-78，2）。

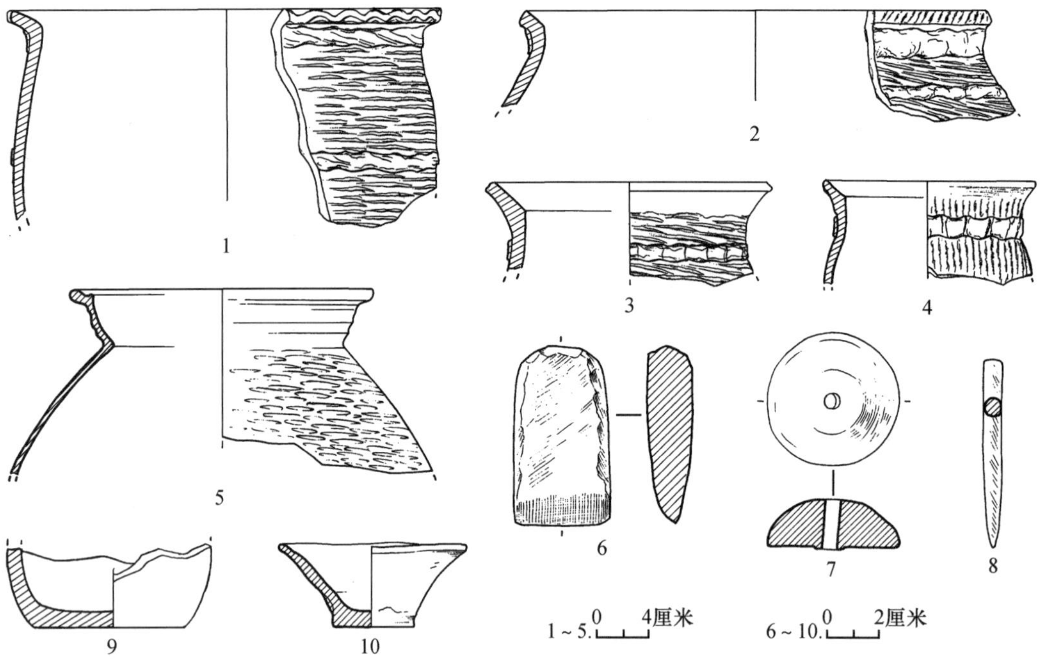

图4-78　Ⅰ T0407H85出土第二期器物

1～4. A型夹砂罐（H85：6、H85：5、H85：8、H85：9）　5. B型泥质罐（H85：7）　6. 石锛（H85：2）
7. B型纺轮（H85：3）　8. Ba型石笄（H85：1）　9. 泥质罐（H85：10）　10. C型杯（H85：4）

泥质罐　2件。

B型　1件。

标本H85：7，粗泥质灰胎，黑皮陶。侈口，斜折沿，沿面内凹，圆唇，颈部呈盆状，上腹外弧，仅存口沿及上腹。口沿处磨光，腹部饰横向与右斜向篮纹。颈部留有轮修痕。口径24.0、残高14.1、壁厚0.6厘米（图4-78，5）。

另有底残片1件。

标本H85：10，粗泥质灰陶。下腹弧收，平底。腹壁磨光。底径6.0、残高3.2、壁厚0.7、底厚0.6厘米（图4-78，9）。

杯　1件。为C型。

标本H85：4，夹细砂灰陶。侈口，圆唇，斜腹内收呈喇叭状，小平底。素面。器表可见烟炱痕。口径7.7、底径3.3、高3.2、壁厚0.5、底厚0.6厘米（图4-78，10；图版三八，4）。

纺轮　1件。为B型。

标本H85：3，粗泥质灰陶。圆饼状，截面近半圆形，一面外凸，一面平直，中部为一圆形穿孔。素面。直径5.1、孔径0.6、厚1.9厘米（图4-78，7）。

（2）石器

石锛　1件。

标本H85：2，深墨绿色辉绿岩。平面近梯形，平顶稍窄，单面直刃，刃部锋利，保存完整。器身磨光，顶部及两侧边经琢制。长6.9、宽3.0～3.7、厚1.7厘米，重92克（图4-78，6；

图版四四，4）。

石笄　1件。为Ba型。

标本H85：1，灰黑色闪长岩。笄身细长，截面呈圆形，顶部磨平，向下部内弧收成锥状尖。通体磨光，制作精细。长7.1、最大径0.7厘米，重7克（图4-78，8；图版四七，2）。

24. Ⅰ T0308H87

H87位于Ⅰ T0308北部。开口于③层下，被H70打破。袋状坑，坑口平面呈圆形，坑壁自上而下外弧，平底。坑口距地表深240厘米，坑口直径310、坑底直径450、残深220厘米（图4-79）。

坑内填土为灰褐色，土质疏松。文化遗物有陶器、石器和骨器。

（1）陶器　属于本期的陶片共270片，总重21386克。以夹粗砂灰陶为主，夹细砂灰陶次之。器表装饰以篮纹+附加堆纹为主，篮纹次之，另有少量磨光、磨光+篮纹、绳纹+附加堆纹、篮纹+按压纹等，多数器表装饰为组合使用（表4-21）。经分类和拼对，共有72件个体，可辨器形有缸、夹砂深腹罐、瓮、盆、杯、碗、器盖等典型的庙底沟二期文化遗物。此外，本单位还发现夹砂罐、盆、钵等仰韶文化遗物（图4-80、图4-81、图4-82、表4-22、表4-23）。

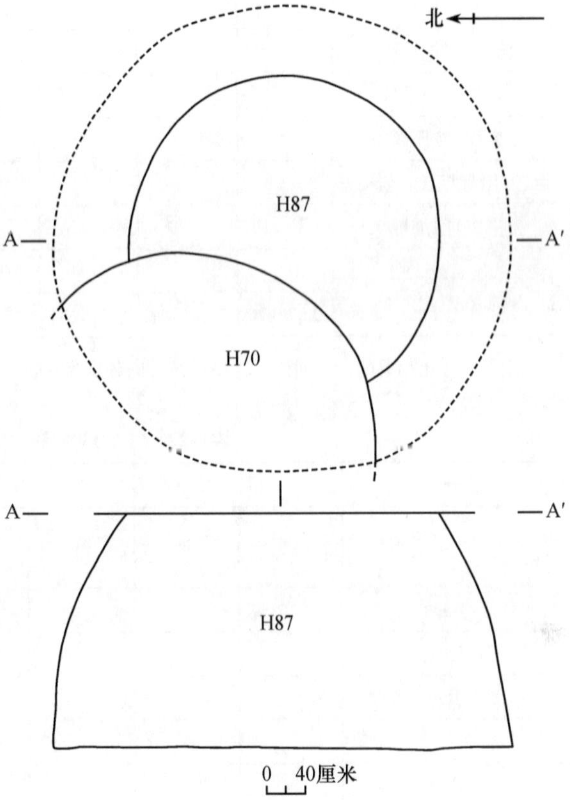

图4-79　Ⅰ T0308H87平、剖面图

缸　2件。

标本H87：14，夹粗砂灰陶。大口微敛，斜折沿，方唇，深弧腹，仅存口沿及上腹。唇部按压出稀疏浅窝，形成花边，沿下饰一道较宽的附加堆纹，堆纹上饰篮纹。腹部饰右斜向中粗篮纹，其上饰三道附加堆纹。口径39.3、残高28、壁厚0.9厘米（图4-80，6）。

标本H87：50，夹粗砂灰陶。敛口，斜折沿，方唇，深弧腹，最大径位于腹上部，平底，腹中部残。唇部按压出宽疏的锯齿状花边，沿下饰一周附加堆纹，腹部饰右斜向篮纹，其上残留四周附加堆纹，堆纹上留有按压痕。内底可见粗篮纹。口径41.4、最大腹径40.0、底径22.2、复原后高58.0、壁厚0.7～1.0、底厚1.2厘米（图4-80，4）。

表4-21　ⅠT0308H87陶系统计表

陶质	细泥质陶		粗泥质陶		夹细砂陶	夹粗砂陶		合计	百分比（%）
器表装饰＼陶色	黑	灰	红	灰	灰	红	灰		
素面			2/94	1/245	3/213		5/2370	11/2922	4.07/13.66
磨光	1/42	3/169		1/178	2/383			7/772	2.59/3.61
篮纹		1/57		3/252	17/1176		25/2169	46/3654	17.04/17.09
磨光+篮纹				5/429				5/429	1.85/2.01
篮纹+附加堆纹		2/76			3/184	2/275	172/9554	179/10089	66.30/47.18
绳纹+附加堆纹						1/291	4/362	5/653	1.85/3.05
篮纹+按压纹							1/283	1/283	0.37/1.32
篮纹+附加堆纹+按压纹							15/2210	15/2210	5.56/10.33
方格纹+附加堆纹						1/374		1/374	0.37/1.75
合计	1/42	6/302	2/94	10/1104	25/1956	4/940	222/16948	270/21386	
百分比（%）	0.37/0.20	2.22/1.41	0.74/0.44	3.71/5.16	9.26/9.15	1.48/4.39	82.22/79.25		100/100

注：百分比相关的行、列外，“/”前统计的数据为片数，单位为个；“/”后统计的数据为质量，单位为克。

表4-22　ⅠT0308H87第二期陶器器形统计表（1）

陶质	细泥质陶		粗泥质陶		夹细砂陶	夹粗砂陶		合计	百分比（%）
器类＼陶色	黑	灰	红	灰	灰	红	灰		
缸							2	2	2.78
夹砂罐					2	4	34	40	55.56
瓮				2	1			3	4.17
壶					3			3	4.17
尖底瓶		2		3	7		1	13	18.06
盆	1	2			1		2	6	8.33
刻槽盆						1		1	1.39
器盖					1		1	2	2.78
杯			1	1				2	2.78
合计	1	4	1	6	15	5	40	72	
百分比（%）	55.56	2.78	4.17	4.17	18.06	8.33	1.39		100

表4-23　ⅠT0308H87第二期陶器器形统计表（2）

器表装饰＼器类	夹砂罐	缸	瓮	壶	尖底瓶	盆	刻槽盆	器盖	杯	合计	百分比（%）
素面	4			1				1	2	8	11.26
磨光			2			4				6	8.45
篮纹	12			1	12	1	1			26	36.62
磨光+篮纹			1							1	1.41

续表

器表装饰＼器类	夹砂罐	缸	瓮	壶	尖底瓶	盆	刻槽盆	器盖	杯	合计	百分比（%）
篮纹+附加堆纹	19			1	1					21	29.58
绳纹+附加堆纹	2									2	2.82
篮纹+按压纹								1		1	1.41
篮纹+附加堆纹+按压纹	2	2				1				5	7.04
方格纹+附加堆纹	1									1	1.41
合计	40	2	3	3	13	6	1	2	2	72	
百分比（%）	55.56	2.78	4.17	4.17	18.06	8.33	1.39	2.78	2.78		100

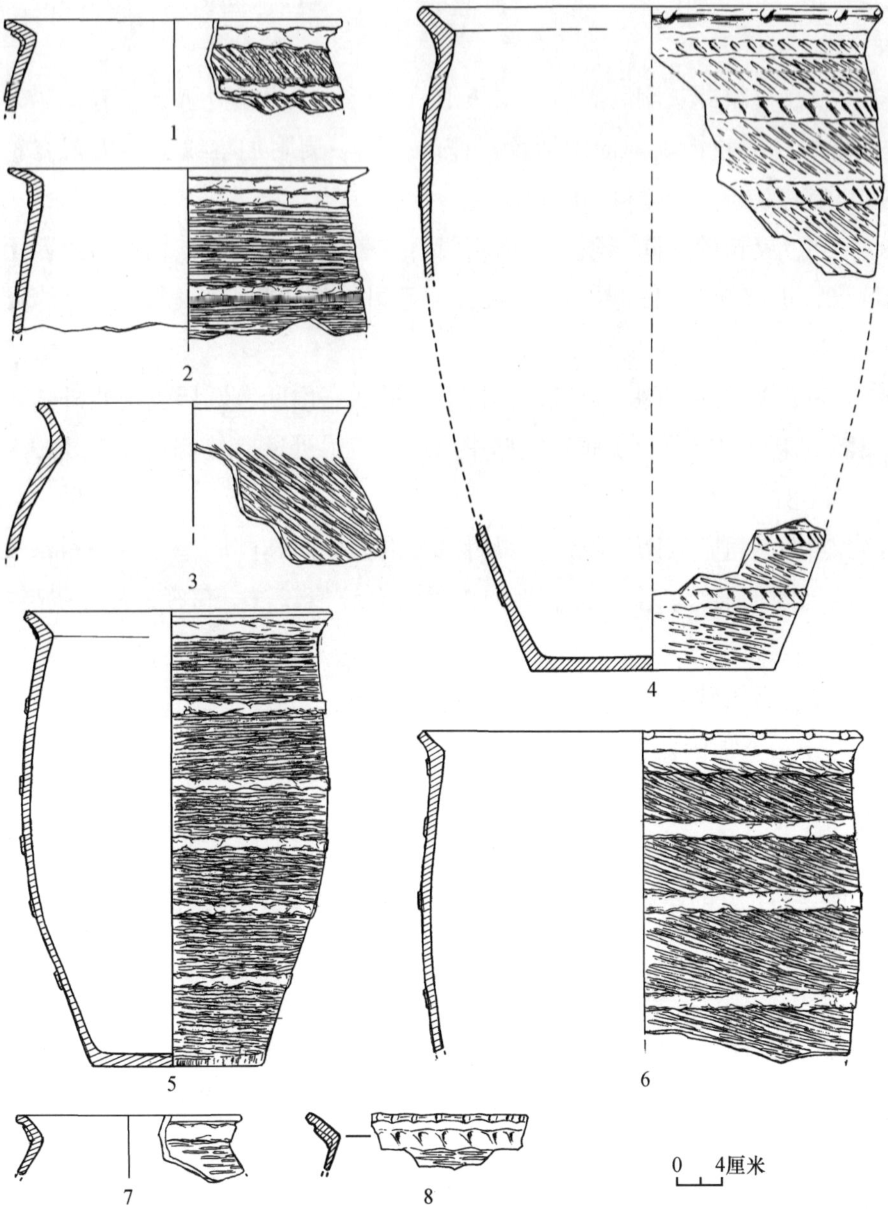

图4-80　ⅠT0308H87出土第二期夹砂罐、缸

1、2、5、7、8. A型夹砂罐（H87：18、H87：13、H87：11、H87：35、H87：17）　3. B型夹砂罐（H87：34）
4、6. 缸（H87：50、H87：14）

夹砂罐　13件。

A型　9件。

标本H87：11，夹粗砂灰陶。敛口，斜折沿，方圆唇，深弧腹微鼓，下腹斜收，平底。沿下加固一周附加堆纹，腹部饰横向中篮纹，篮纹上饰五周附加堆纹，近底部饰竖向篮纹。口径26.9、最大腹径27.6、底径15.5、残高39.8、壁厚0.9、底厚1.2厘米（图4-80，5）。

标本H87：13，夹粗砂灰陶。敛口，斜折沿，尖唇，上腹外斜，仅存口沿及上腹。沿下加固两周附加堆纹，上腹饰横向中篮纹，其上饰一周附加堆纹。口径32.0、残高14.4、壁厚1.0厘米（图4-80，2）。

标本H87：17，夹细砂灰陶。敛口，斜折沿，方唇，上腹外斜，仅存口沿及上腹。唇部压印出锯齿状花边，沿下加固一周较宽的附加堆纹，上腹饰横向篮纹。残高5.0、壁厚0.6厘米（图4-80，8）。

标本H87：18，夹粗砂灰陶。敛口，斜折沿，方唇，上腹微外弧，仅存口沿及上腹。沿下加固一周附加堆纹，上腹饰右斜向中篮纹，篮纹上饰一周附加堆纹。口沿留有轮修痕。口径30.1、残高8.0、壁厚0.9厘米（图4-80，1）。

标本H87：35，夹粗砂灰陶。敛口，斜折沿，方唇，上腹外斜，仅存口沿及上腹。沿下加固一周附加堆纹，上腹饰较浅的横向中篮纹。器表可见烟炱痕。口径20.0、残高5.1、壁厚0.7厘米（图4-80，7）。

标本H87：69，夹细砂灰陶。敛口，斜折沿，沿面略内凹，圆唇，上腹外弧，仅存口沿及上腹。沿下加固一周附加堆纹，上腹饰横向中篮纹。口沿处留有轮修痕。口径23.8、残高5.6、壁厚0.8厘米（图4-81，1）。

标本H87：70，夹粗砂红陶。敛口，斜折沿，沿面微凹，圆唇，上腹外斜，仅存口沿及上腹。沿下加固两周附加堆纹，上腹饰右斜向中篮纹，纹痕较浅。口径25.6、残高4.9、壁厚0.7厘米（图4-81，2）。

标本H87：16，夹粗砂灰陶。直口，斜折沿，圆唇，上腹斜直，仅存口沿及上腹。唇部按压出锯齿状花边，沿下加固两周附加堆纹，上腹饰右斜向中篮纹。口径27.0、残高6.0、壁厚1.0厘米（图4-81，5）。

标本H87：33，夹粗砂灰陶。敛口，斜折沿，尖圆唇，上腹微弧，仅存口沿及上腹。沿下加固一周附加堆纹，上腹饰左斜向中篮纹。口沿及器表皆可见烟炱痕。口径17.8、残高9.5、壁厚0.6厘米（图4-81，3）。

B型　1件。

标本H87：34，夹粗砂灰陶。侈口，圆唇，上腹外鼓，仅存口沿及上腹。上腹饰右斜向中篮纹。内外壁皆可见烟炱痕。口径27.8、残高13.2、壁厚1.0厘米（图4-80，3）。

另有下腹及底部残片3件。

标本H87：40，夹粗砂灰陶。厚平底，制作时由两层泥片叠压而成。素面。底厚3.2～3.9厘米（图4-81，14）。

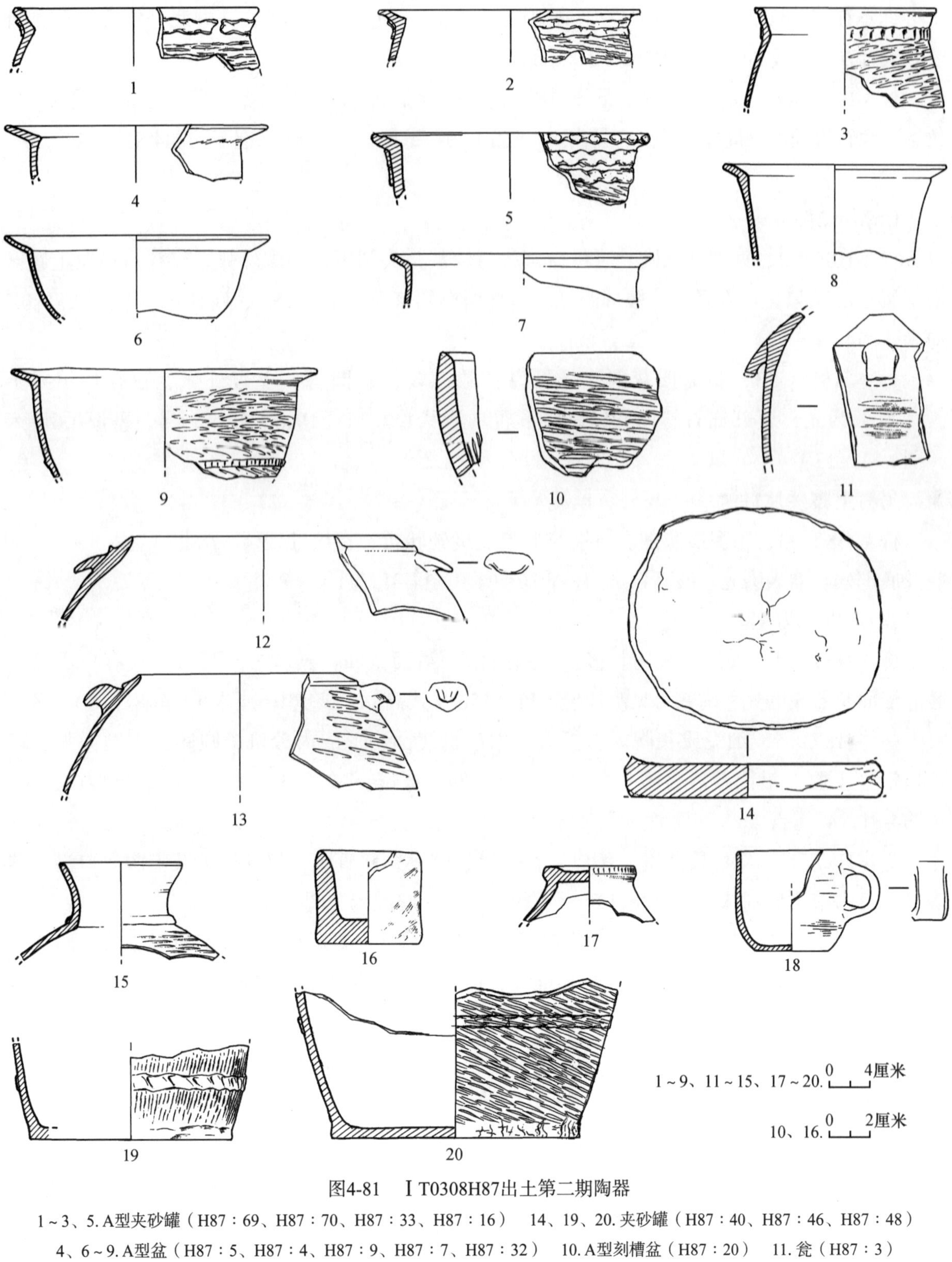

图4-81　Ⅰ T0308H87出土第二期陶器

1～3、5. A型夹砂罐（H87：69、H87：70、H87：33、H87：16）　14、19、20. 夹砂罐（H87：40、H87：46、H87：48）
4、6～9. A型盆（H87：5、H87：4、H87：9、H87：7、H87：32）　10. A型刻槽盆（H87：20）　11. 瓮（H87：3）
12、13. Bb型瓮（H87：2、H87：53）　15. A型壶（H87：54）　16. D型杯（H87：52）　17. Aa型器盖（H87：44）
18. F型杯（H87：10）

标本H87：46，夹粗砂灰陶。下腹斜收，平底。下腹饰竖向绳纹，近底处饰一周附加堆纹。底径20.0、残高9.0、壁厚0.6～0.9、底厚1.1厘米（图4-81，19）。

标本H87：48，夹粗砂灰陶。下腹斜收，平底。下腹饰右斜向粗篮纹，篮纹上饰一周附加堆纹，近底转折处饰一周按压纹。底径24.4、残高14.0、壁厚0.8、底厚1.0厘米（图4-81，20）。

瓮　3件。

Bb型　2件。

标本H87：2，夹细砂灰陶。子母口，敛口较甚，尖圆唇，上腹外弧，仅存口沿及上腹。沿下置鸟喙状鋬，口部素面，腹部磨光。口部留有轮修痕。口径25.9、残高7.9、壁厚0.5～0.7厘米（图4-81，12）。

标本H87：53，粗泥质灰陶。子母口，敛口较甚，圆唇，上腹外弧，仅存口沿及上腹。口部磨光，腹部饰右斜向篮纹，沿下置鸟喙状鋬。口径19.8、残高11.4、壁厚0.6厘米（图4-81，13）。

另有上腹残片1件。

标本H87：3，粗泥质灰陶。口沿与上腹交接处转折，折棱处残留一方形小鋬，口沿、下腹及底部残。器表磨光。残高14.2、壁厚0.7厘米（图4-81，11）。

盆　5件。为A型。

标本H87：4，细泥质灰陶。侈口，斜折沿，沿面微凹，圆唇，斜弧腹，仅存口沿及上腹。沿面及器表磨光。内壁可见刮抹痕。口径25.9、残高8.0、壁厚0.5厘米（图4-81，6）。

标本H87：5，细泥质灰陶。斜折沿，内沿折棱凸出形成内敛口，圆唇，上腹微弧，仅存口沿及上腹。沿面及器表磨光。内外壁皆可见刮抹痕。口径25.5、残高5.2、壁厚0.6厘米（图4-81，4）。

标本H87：7，细泥质灰陶。侈口，斜折沿，圆唇，斜直腹，仅存口沿及上腹。口沿及器表磨光。内壁可见刮抹痕。口径21.8、残高9.2、壁厚0.6厘米（图4-81，8）。

标本H87：32，夹细砂灰陶。微侈口，斜折沿，圆唇，斜弧腹，仅存口沿及上腹。腹部饰横向及右斜向中篮纹，其上饰一周附加堆纹，堆纹上留有按压痕。口径29.9、残高10.3、壁厚0.7～0.9厘米（图4-81，9；图版四一，3）。

标本H87：9，细泥质黑皮陶。敛口，斜折沿，圆唇，上腹微内弧，仅存口沿及上腹。沿面及器表磨光。口径25.7、残高4.7、壁厚0.5厘米（图4-81，7）。

刻槽盆　1件。为A型。

标本H87：20，夹粗砂灰陶。直口微敛，斜方唇，上腹微弧，仅存口沿及上腹。器表饰右斜向中篮纹，内壁刻划出数道凹槽。残高6.0、壁厚0.9～1.2厘米（图4-81，10）。

壶　1件。为A型。

标本H87：54，夹细砂灰陶。侈口，尖唇，束颈，颈壁上部斜收，下部较直，仅存口沿及肩部。颈部素面，颈肩交接处饰一周附加堆纹，肩部饰横向中篮纹。口径12.0、残高9.3、壁厚0.8厘米（图4-81，15）。

杯　2件。

D型　1件。

标本H87：52，粗泥质红陶。微侈口，尖圆唇，直腹，厚壁，平底。素面。手捏而成。口径4.9、底径5.0、高4.5、壁厚0.9、底厚1.2厘米（图4-81，16；图版三九，1）。

F型　1件。

标本H87：10，粗泥质灰陶。侈口，尖圆唇，直腹，腹中部置一竖向拱形耳，平底。素面。口径10.5、底径7.2、高9.6、壁厚0.6、底厚0.6厘米（图4-81，18）。

器盖　2件。

Aa型　1件。

标本H87：44，夹粗砂灰陶。圆饼形捉手，顶部内凹，盖体呈喇叭状，盖体周缘残。捉手周缘有压印的浅槽。捉手径8.9、残高5.2、壁厚1.0厘米（图4-81，17）。

B型　1件。

标本H87：41，夹细砂灰陶。浅盘状捉手，盖体与捉手间连有短柄，盖壁外弧，圆唇，捉手上部残。素面。内壁留有轮修痕，内外壁皆可见烟炱痕。口径11.2、残高4.8、壁厚0.6～0.8厘米（图4-83，13）。

尖底瓶　2件。为口沿与底部残片，造型、质地、纹饰与第一期A型尖底瓶相近。

标本H87：8，夹细砂灰陶。喇叭口，尖圆唇，细长颈，折肩，仅存口沿及上腹。颈部素面，肩部饰横向与右斜向篮纹，上腹饰右斜向篮纹，内壁可见泥条盘筑痕。口径14.5、残高20.8、壁厚0.7厘米（图4-83，8；图版一四，3）。

标本H87：12，夹细砂灰陶。下腹弧收，底部圆尖似乳突。器表饰右斜向中篮纹。内壁可见泥条盘筑痕。残高10.9、壁厚0.5～0.7厘米（图4-83，10）。

（2）石器

石锛　1件。

标本H87：01，墨绿色闪长岩。顶部稍窄，平面略呈梯形，平顶，两侧边斜直，单面直刃。器身磨光。器身顶部及边棱有装柄破损痕，刃部有使用崩损痕迹。长10.4、宽4.5～5.8、厚2.4厘米，重327克（图4-82，1；图版四四，5）。

石刀　2件。

Ba型　1件。

标本H87：03，灰色板岩。残半，器体扁平，平直背，双面直刃，中部偏下处有一孔，为双面桯钻形成，侧边单面磨制修整。器表光滑平整。刃部有使用痕迹，多小崩碴。残长7.1、宽4.7、厚0.4、孔径0.6厘米，重27克（图4-82，2）。

Bb型　1件。

标本H87：06，白色大理岩。器体扁平，四边均经打制成刃缘，双面刃。器身两面经磨制，密布平行直线状摩擦痕。长7.1、宽5.9、厚0.9厘米，重77克（图4-82，3；图版四五，4）。

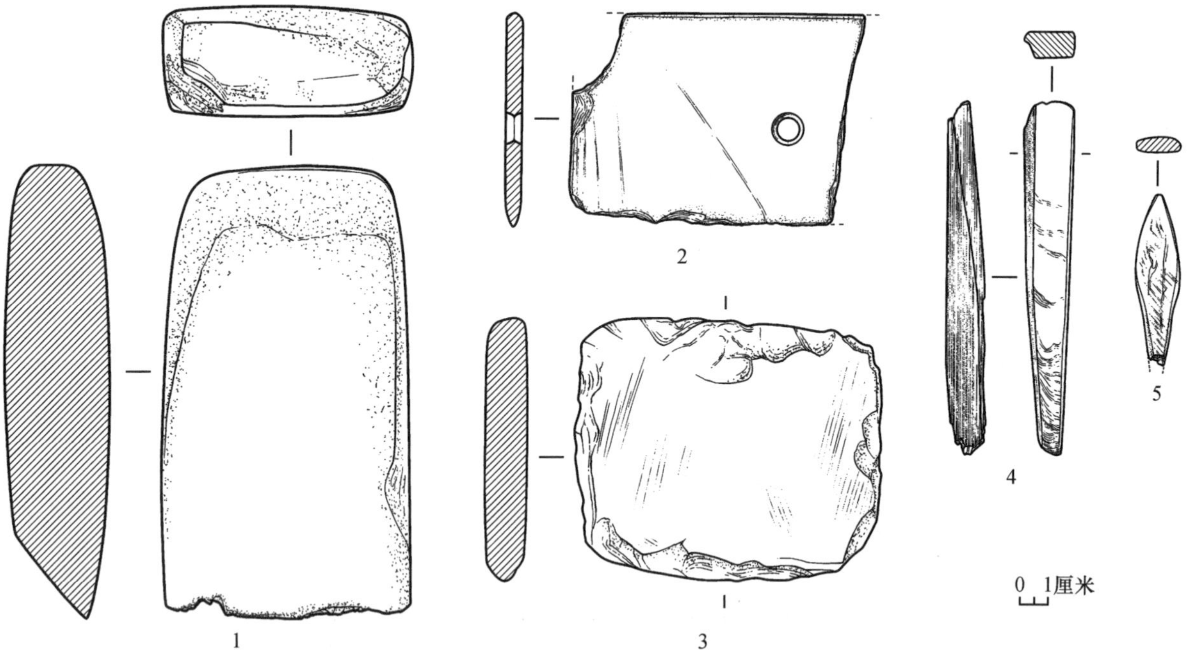

图4-82　Ⅰ T0308H87出土第二期石器、骨器

1. 石锛（H87：01）　2. Ba型石刀（H87：03）　3. Bb型石刀（H87：06）　4. 石笄毛坯（H87：05）　5. 骨镞（H87：02）

石笄毛坯　1件。

标本H87：05，灰褐色闪长岩。窄长条状，两侧为切割面，切面平直，侧面有一条斜向凸棱状对切痕，两端为断裂面。残长7.8、宽0.4～1.1、厚0.5～0.8厘米，重14克（图4-82，4）。

（3）骨器

骨镞　1件。

标本H87：02，器体扁平，镞尖略呈等腰三角形，铤残。通体打磨，可见斜向磨痕。残长3.9、最宽1.1、厚0.3厘米，重1克（图4-82，5；图版四八，3）。

本单位发现仰韶晚期遗物，共计11件，可辨器形有夹砂罐、瓮、盆和碗。

夹砂罐　4件。

A型　3件。

Ab型　2件。

标本H87：71，夹粗砂红陶，胎体呈灰色。敛口，斜折沿，沿面微弧，圆唇，上腹外鼓，仅存口沿及上腹。上腹饰右斜向中绳纹，其上残留一鸡冠鋬。沿下有轮修痕，沿面可见烟炱痕。残高6.2、壁厚0.8厘米（图4-83，9）。

标本H87：72，夹细砂红陶。敛口，斜折沿，圆唇，上腹微鼓，仅存口沿及上腹。上腹残留一鸡冠鋬。残高7.4、壁厚1.1厘米（图4-83，12）。

Ac型　1件。

标本H87：56，夹细砂红陶，胎体呈灰色。敛口，斜折沿，沿面微弧，圆唇，上腹外鼓，仅存口沿及上腹。素面。口沿处留有轮修痕。口径38.2、残高5.4、壁厚0.9厘米（图4-83，2）。

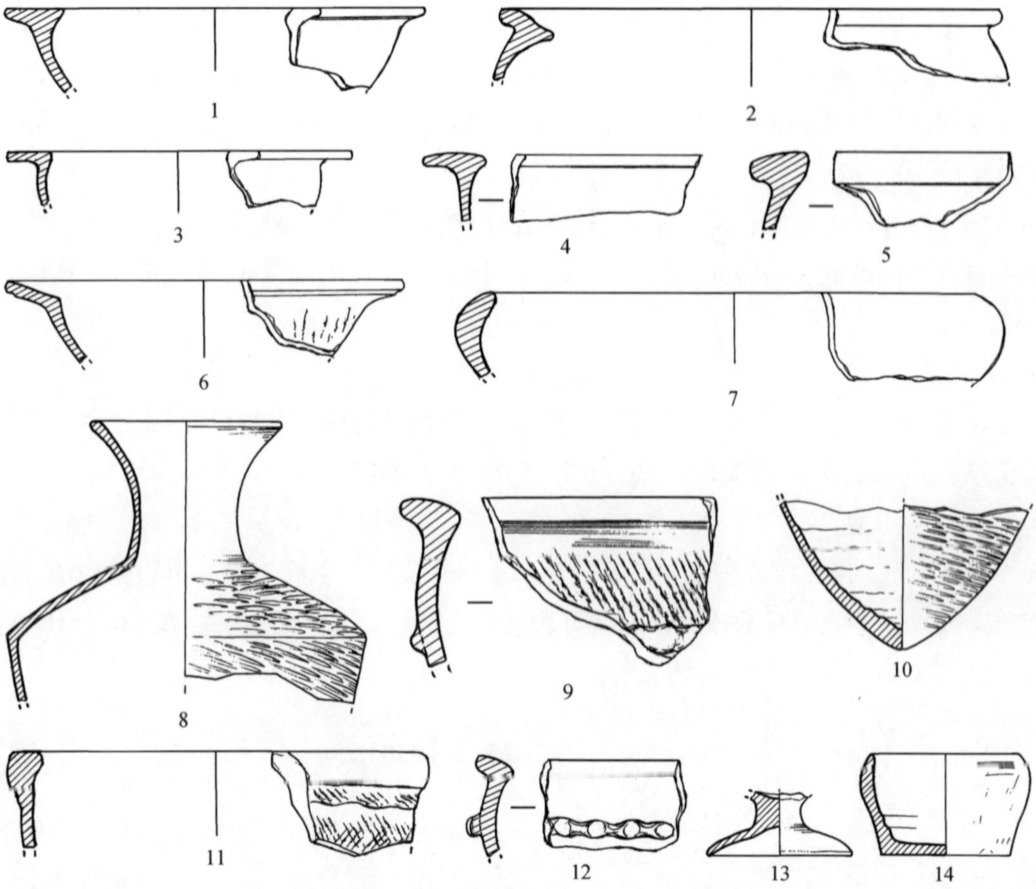

图4-83　Ⅰ T0308H87出土第一、二期陶器

1、3、4. 第一期Aa型盆（H87：61、H87：63、H87：15）　2. 第一期Ac型夹砂罐（H87：56）　5. 第一期B型夹砂罐（H87：59）　6. 第一期Ba型盆（H87：67）　7. 第一期B型瓮（H87：79）　8、10. 第二期尖底瓶（H87：8、H87：12）　9、12. 第一期Ab型夹砂罐（H87：71、H87：72）　11. 第一期C型瓮（H87：76）　13. 第一期B型器盖（H87：41）　14. 第一期B型碗（H87：55）

B型　1件。

标本H87：59，夹细砂红陶，胎体呈灰色。敛口，平折沿，沿面略弧，厚圆唇，上腹外鼓，仅存口沿及上腹。素面。残高5.6、壁厚1.0厘米（图4-83，5）。

瓮　2件。

B型　1件。标本H87：79，夹细砂红陶。敛口，圆唇，上腹外鼓，仅存口沿及上腹。素面。口部留有轮修痕。口径37.2、残高6.3厘米（图4-83，7）。

C型　1件。标本H87：76，夹粗砂红陶。敛口，平沿，厚圆唇，上腹壁较直，仅存口沿及上腹。沿下用绕绳木棍施加斜向压印纹，堆纹上留有绳压痕，上腹饰交错中绳纹。口径31.4、残高7.0、壁厚0.8～1.0厘米（图4-83，11）。

盆　4件。

Aa型　3件。

标本H87：15，细泥质红陶，胎体呈灰色。平折沿，内沿折棱凸出形成内敛口，圆唇，上腹微弧，仅存口沿及上腹。内外壁均磨光。沿宽5.0、残高5.0、壁厚1.0厘米（图4-83，4）。

标本H87：63，粗泥质红陶。平折沿，内沿折棱凸出形成内敛口，方唇，上腹微弧，仅存口沿及上腹。口沿及器表磨光。内口径19.3、外口径26.1、沿宽3.4、残高3.9、壁厚0.8厘米（图4-83，3）。

标本H87：61，粗泥质灰陶。平折沿，内沿折棱凸出形成内敛口，圆唇，斜弧腹，仅存口沿及上腹。沿面及器表略磨光。内口径23.1、外口径31.9、沿宽4.4、残高6.2、壁厚0.9厘米（图4-83，1）。

Ba型　1件。

标本H87：67，夹细砂灰陶。侈口，斜折沿，方唇，斜直腹，仅存口沿及上腹。素面。沿面留有轮修痕。口径30.0、残高6.0、壁厚0.7～0.9厘米（图4-83，6）。

碗　1件。为B型。

标本H87：55，细泥质红陶，胎体呈灰色。敛口，尖唇，上腹外鼓，下腹略内凹，平底。器表饰竖向线纹。器表留有刮抹痕，内壁有轮修痕。口径12.1、底径9.3、高7.6、壁厚0.8、底厚0.7厘米（图4-83，14；图版一六，5）。

25. ⅠT0302H96

H96位于ⅠT0302中部。开口于⑤层下，被H98打破。袋状坑，坑口平面近圆形，坑壁自上而下微外弧，纵剖面似梯形，平底。坑口距地表深385厘米，坑口直径220～230、坑底直径300～310、深132厘米（图4-84）。

坑内填土为灰褐色，土质较疏松。文化遗物有陶器和石器。

（1）陶器　属于本期的陶片共15片，总重1247克。以夹粗砂灰陶为主，夹细砂灰陶次之。器表装饰有篮纹+附加堆纹、按压纹、篮纹+附加堆纹+按压纹等。经分类和拼对，共有10件个体，可辨器形有夹砂深腹罐、盆和器盖等典型的庙底沟二期文化遗物。此外，本单位还发现瓮等仰韶文化遗物（图4-85）。

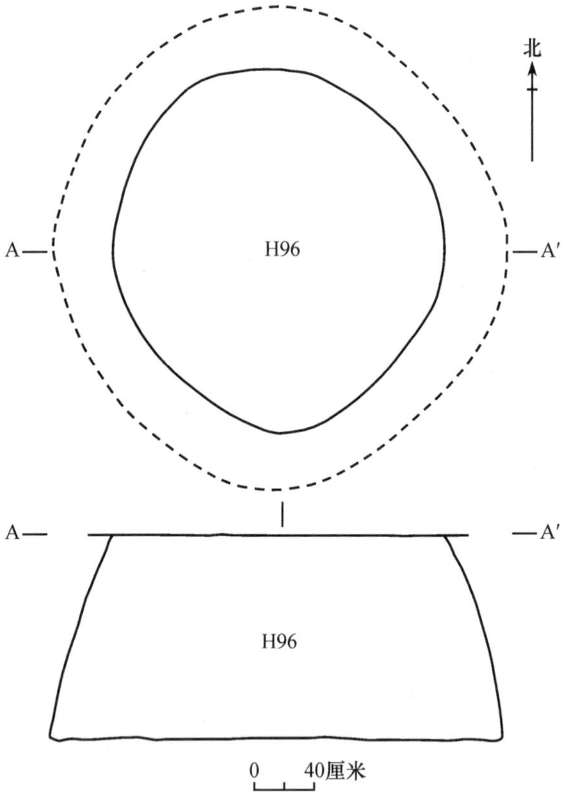

图4-84　ⅠT0302H96平、剖面图

夹砂罐　6件。

A型　5件。

标本H96：13，夹细砂灰陶。敛口，斜折沿，方唇，上腹外斜，仅存口沿及上腹。唇面压印出锯齿状花边，沿下加固两周叠压的条状附加堆纹。口径24.0、残高6.3、壁厚1.2厘米（图4-85，6）。

标本H96：21，夹粗砂灰陶。敛口，斜折沿，方唇，上腹外弧，仅存口沿及上腹。唇部有较浅的压印痕，沿下加固一周附加堆纹，上腹饰左斜向中篮纹。口径16.0、残高7.0、壁厚0.7厘米（图4-85，5）。

标本H96：22，夹粗砂灰陶。敛口，斜折沿，方唇，上腹外弧，仅存口沿及上腹。唇部压印出较浅的波浪状花边，沿下加固两周的附加堆纹，上腹饰右斜向中篮纹。口径27.5、残高7.1、壁厚0.8厘米（图4-85，3）。

标本H96：9，夹粗砂灰陶。直口微侈，斜折沿，方唇，腹壁较直，仅存口沿及上腹。唇部压印一周浅槽，沿下加固一周条状附加堆纹，上腹饰右斜向粗篮纹。残高6.1、壁厚1.0厘米（图4-85，2）。

标本H96：10，夹粗砂灰陶。敛口，方唇，斜折沿，上腹外弧，仅存口沿及上腹。唇部压印一周浅凹槽，沿下加固两周条状附加堆纹，堆纹上留有压印痕，腹部饰左斜向篮纹，篮纹上饰一周附加堆纹。口径32.0、残高10.6、壁厚0.9厘米（图4-85，1）。

B型　1件。

标本H96：8，夹粗砂灰陶。侈口，圆唇，上腹微外弧，仅存口沿及上腹。沿下加固一周附加堆纹，上腹饰横向篮纹。口径18.0、残高5.3、壁厚0.8厘米（图4-85，4）。

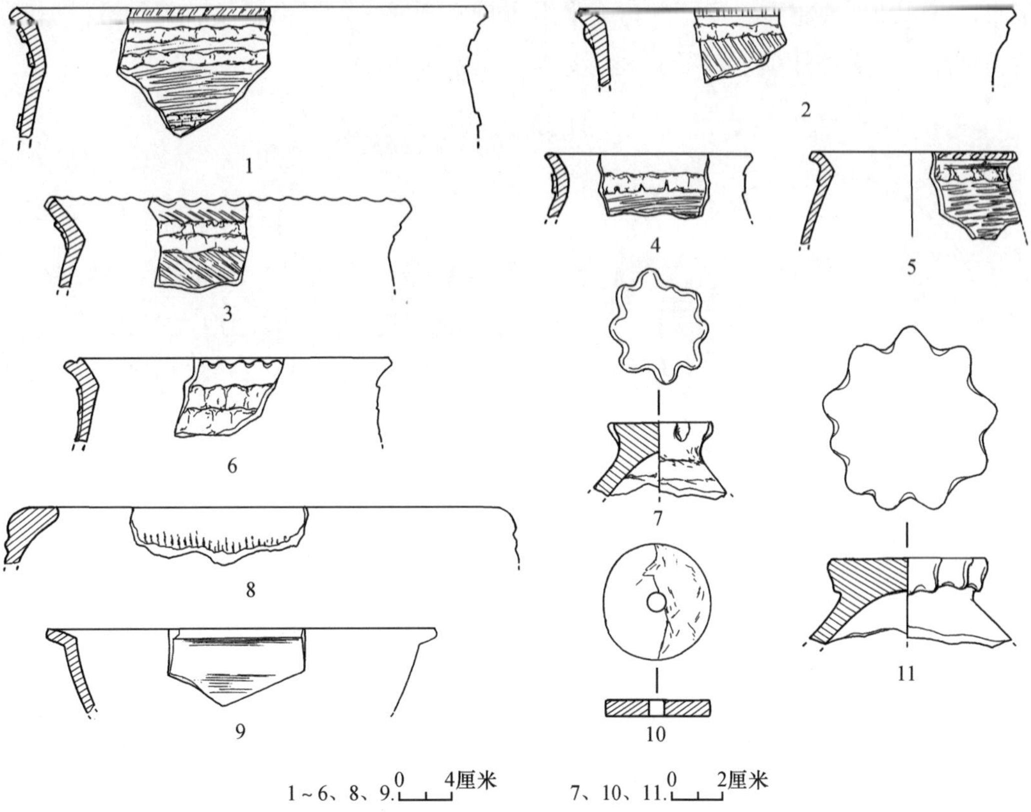

图4-85　Ⅰ T0302H96出土器物

1～3、5、6. 第二期A型夹砂罐（H96：10、H96：9、H96：22、H96：21、H96：13）　4. 第二期B型夹砂罐（H96：8）
7、11. 第二期Ab型器盖（H96：3、H96：26）　8. 第一期B型瓮（H96：29）　9. 第二期A型盆（H96：6）
10. 第二期石纺轮（H96：1）

盆　1件。为A型。

标本H96：6，细泥质灰陶。敞口，斜折沿，方唇，斜弧腹，仅存口沿及上腹。沿面及内壁磨光，器表素面。口径25.0、残高6.3、壁厚0.6厘米（图4-85，9）。

器盖　2件。为Ab型。

标本H96：3，夹粗砂红陶，胎体呈浅灰色。圆饼形捉手，顶部微凹，盖体呈喇叭状，腹壁斜直，盖体周缘残。捉手周缘压印出锯齿状花边，器表素面。捉手径4.0、残高2.7、壁厚0.6厘米（图4-85，7）。

标本H96：26，夹粗砂红陶。圆饼形捉手，盖体呈喇叭状，盖壁斜直，盖体周缘残。捉手周缘压印出锯齿状花边，器表素面。捉手径6.4、残高2.1、壁厚0.6厘米（图4-85，11）。

（2）石器

石纺轮　1件。

标本H96：1，黑色灰岩。圆饼形，器体扁平，两面均残损，中部有一圆孔，孔壁较直。器表磨光。直径4.2、厚0.9、孔径0.6 厘米，重24克（图4-85，10；图版四六，4）。

本单位发现仰韶晚期遗物仅有瓮，共计1件。

瓮　1件。为B型。

标本H96：29，夹粗砂红陶。敛口，平沿内折，圆唇，仅存口沿及肩部。沿下加固一周附加堆纹，堆纹上留有绳压痕。口径36.8、残高4.4厘米（图4-85，8）。

26. Ⅰ T0303H97

H97位于Ⅰ T0303西南部。开口于④层下，被F4打破。袋状坑，坑口平面呈圆形，坑壁外弧，底部较平。坑口距地表深260厘米，坑口直径85、坑底直径115、残深40厘米（图4-86；图版三五，2）。

坑内填土为灰色，土质较软。文化遗物仅有陶器。

陶器　属于本期的陶片共68片，总重3958克。以夹粗砂灰陶为主，夹细砂灰陶次之。器表装饰以篮纹+附加堆纹为主，篮纹+附加堆纹+按压纹次之，另有少量素面、篮纹（表4-24）。经分类和拼对，共有6件个体，可辨器形有夹砂深腹罐等典型的庙底沟二期文化遗物。此外，本单位还发现夹砂罐等仰韶文化遗物（图4-87）。

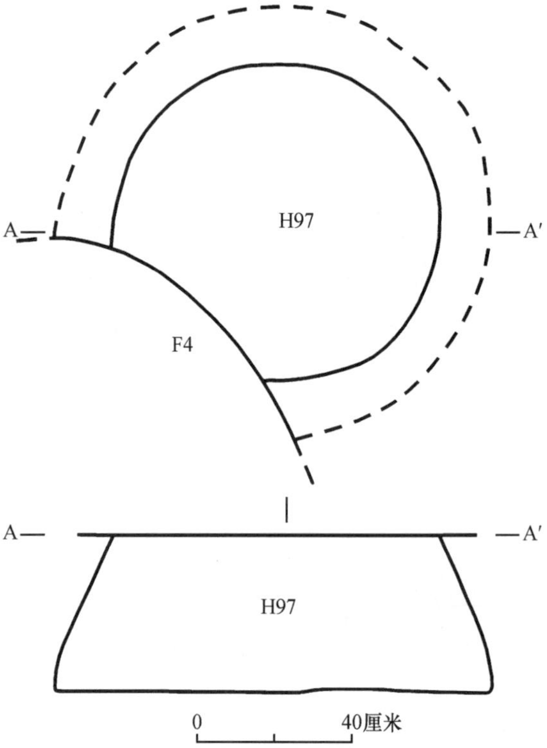

图4-86　Ⅰ T0303H97平、剖面图

表4-24　Ⅰ T0303H97陶系统计表

陶质	粗泥质陶	夹细砂陶	夹粗砂陶		合计	百分比（%）
器表装饰＼陶色	灰	灰	红	灰		
素面		2/230			2/230	2.94/5.81
篮纹	4/69	6/126			10/195	14.71/4.93
篮纹+附加堆纹			2/82	40/2575	42/2657	61.76/67.13
篮纹+附加堆纹+按压纹			1/95	13/781	14/876	20.59/22.13
合计	4/69	8/356	3/177	53/3356	68/3958	
百分比（%）	5.88/1.75	11.77/8.99	4.41/4.47	77.94/84.79		100/100

注：百分比相关的行、列外，“/”前统计的数据为片数，单位为个；“/”后统计的数据为质量，单位为克。

夹砂罐　4件。

A型　1件。

标本H97：4，夹粗砂灰陶。敛口，斜折沿，方唇，深弧腹，下腹及底残。唇部压印出波浪状花边，腹部饰横向粗篮纹，篮纹上饰两周条状附加堆纹。口径22.0、残高19.9、壁厚1.0厘米（图4-87，3）。

B型　2件。

标本H97：5，夹粗砂灰陶。侈口，方唇，深弧腹，平底，部分腹部残。沿下加固两周叠压的附加堆纹，腹部饰横向粗篮纹，篮纹上残留两周附加堆纹，堆纹上留有按压痕。口径22.6、底径18.4、复原后高34.2、壁厚0.7、底厚1.0厘米（图4-87，1）。

标本H97：11，夹粗砂红陶。侈口，方唇，上腹外弧，仅存口沿及上腹。唇部压印出波浪状花边，沿下加固两周叠压的附加堆纹，上腹饰横向粗篮纹。口径27.9、残高6.8、壁厚0.7厘米（图4-87，2）。

另有下腹及底部残片1件。

标本H97：1，夹粗砂灰陶。下腹斜收，平底。下腹饰横向粗篮纹，其上残留两周附加堆纹，堆纹上留有按压痕。器表留有烟炱痕。底径21.0、残高11.4、壁厚0.8、底厚1.1厘米（图4-87，4）。

本单位发现仰韶晚期遗物仅有夹砂罐1件。

夹砂罐　1件。为Ab型。

标本H97：2，夹粗砂红陶。敛口，斜沿较厚，截面似三角形，尖圆唇，上腹外弧，仅存口沿及上腹。素面。器表留有轮修痕。口径22.2、残高4.4、壁厚0.8厘米（图4-87，5）。

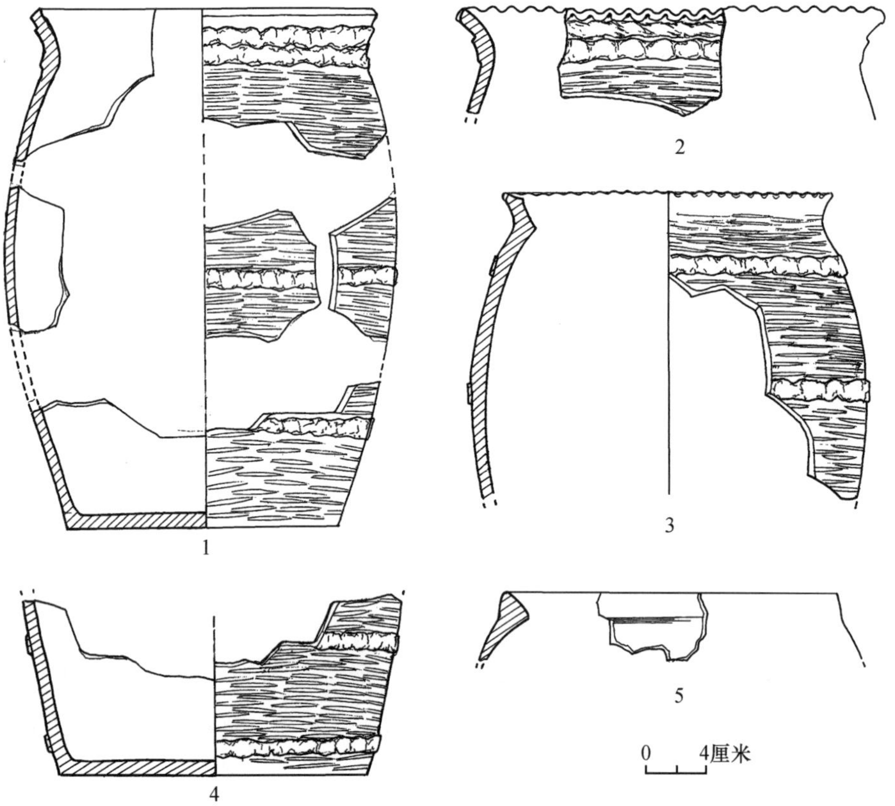

图4-87　ⅠT0303H97出土陶器

1、2. 第二期B型夹砂罐（H97：5、H97：11）　3. 第二期A型夹砂罐（H97：4）　4. 第二期夹砂罐（H97：1）　5. 第一期Ab型夹砂罐（H97：2）

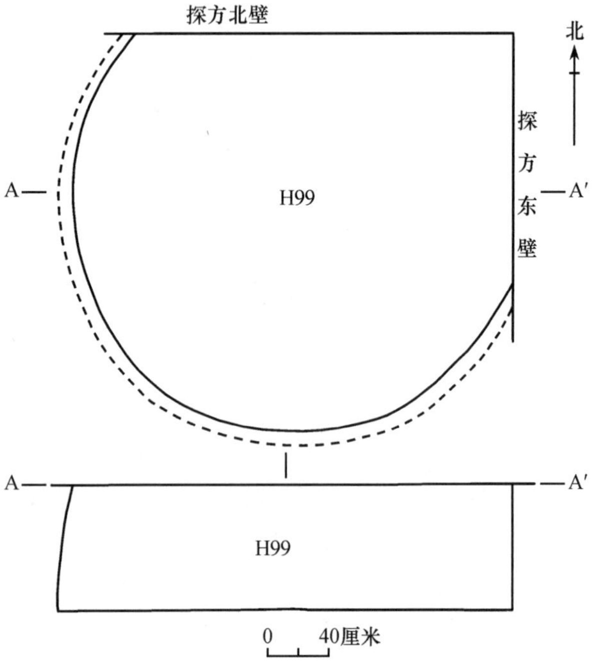

图4-88　ⅠT0301H99平、剖面图

27. ⅠT0301H99

H99位于ⅠT0301东北角。开口于⑤层下，打破Y2、Y3。袋状坑，坑口平面呈圆形，坑壁自上而下外弧，平底。坑口距地表深210厘米，坑口直径290、坑底直径300、深80厘米（图4-88）。

坑内填土为深灰色，土质疏松，包含少量石块。未见文化遗物。

二、房　　址

本期房址2座，编号分别为F4、F5。

1. Ⅰ T0303F4

F4位于Ⅰ T0303 南壁偏西。开口于④层下，被H73、H78打破，打破H97。开口距地表深250厘米，现存口径260、底径320、残高130厘米。半地穴式单间房，平面呈圆形，剖面呈袋状，未见门道和柱洞。屋内地面由于长期的活动，形成了较坚硬的踩踏面。底部东北有由三道平行的纵向矮墙构成的灶址，西侧矮墙长56、宽18、残高8厘米，中间矮墙长60、宽18、残高13厘米，东侧矮墙长60、宽24、残高11厘米，矮墙间距分别为26、30厘米（图4-89）。

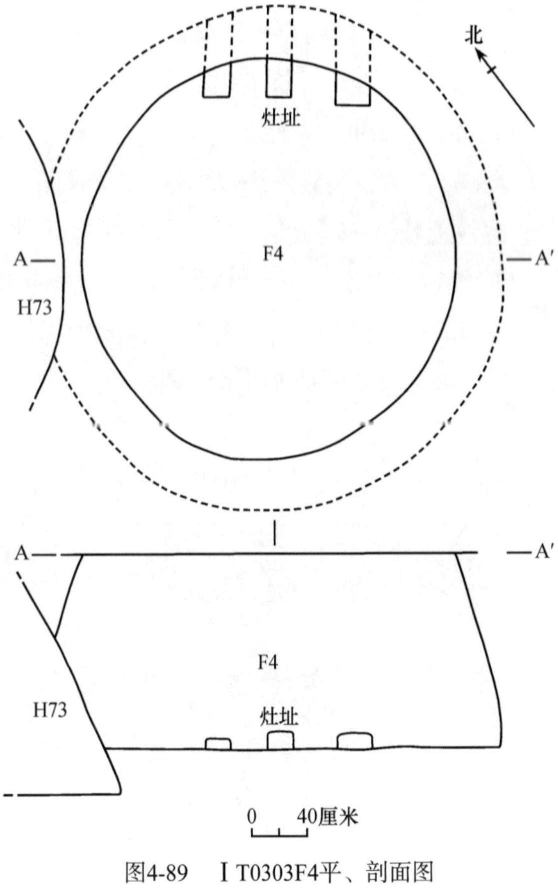

图4-89　Ⅰ T0303F4平、剖面图

坑内填土为灰褐色，土质松软。文化遗物仅有陶器。

陶器　属于本期的陶片共10片，总重710克。以夹粗砂灰陶为主，粗泥质灰陶次之。器表装饰以篮纹为主，大多为篮纹与其他器表装饰的组合使用，如篮纹+按压纹、篮纹+附加堆纹+按压纹，素面极少。经分类和拼对，共有6件个体，可辨器形有夹砂深腹罐、器盖等典型的庙底沟二期文化遗物。此外，本单位还发现尖底瓶、夹砂罐、盆、灶等仰韶文化遗物（图4-90）。

夹砂罐　2件。

A型　1件。

标本F4：6，夹细砂灰陶，胎体呈红色。敛口，斜折沿，方唇，深弧腹，下腹及底残。唇面按压出一周稀疏凹窝，形成花边，沿下加固一周腹加堆纹，腹部饰微右斜向细篮纹，其上饰一周附加堆纹。内壁留有轮修痕。口径36.4、残高23.5、壁厚0.8厘米（图4-90，1）。

B型　1件。

标本F4：5，夹粗砂灰陶。侈口，方唇，上腹微弧，仅存口沿及上腹。唇部压印出一周浅痕，形成锯齿状花边，沿下加固两周附加堆纹，上腹饰横向中篮纹。口径24.2、残高7.6、壁厚0.8厘米（图4-90，2）。

器盖　1件。为Aa型。

标本F4：9，夹粗砂灰陶。圆饼形捉手，盖体呈喇叭状，盖壁微弧，盖体周缘残。素面，内壁略粗糙。捉手径5.0、残高4.0、壁厚0.8厘米（图4-90，5）。

本单位发现仰韶晚期遗物，共计6件，可辨器形有尖底瓶、夹砂罐、缸、盆和灶。

尖底瓶　1件。为底部残片。

标本F4：15，夹粗砂灰陶。乳状尖底。素面。内壁可见泥条盘筑痕，器表留有刮抹痕。残高2.4、壁厚0.6厘米（图4-90，3）。

夹砂罐　2件。为Aa型。

标本F4：7，夹粗砂红陶。敛口，斜折沿，尖唇，鼓腹，仅存口沿及上腹。上腹饰右斜向粗绳纹，绳纹上残留一鸡冠鋬。器表留有烟炱痕。口径17.8、残高8.4、壁厚0.8厘米（图4-90，4）。

标本F4：8，夹粗砂红陶。敛口，斜折沿，沿面微凹，方唇，上腹外弧，仅存口沿及上腹。唇部有不规则划痕，上腹饰斜向中绳纹，绳纹上残留一鸡冠鋬。器表可见烟炱痕。口径19.8、残高8.9、壁厚0.9厘米（图4-90，7）。

缸　1件。为B型。

标本F4：4，细泥质灰陶。敛口，平折沿，方唇，唇部有一道凹弦纹，上腹外弧，仅存口

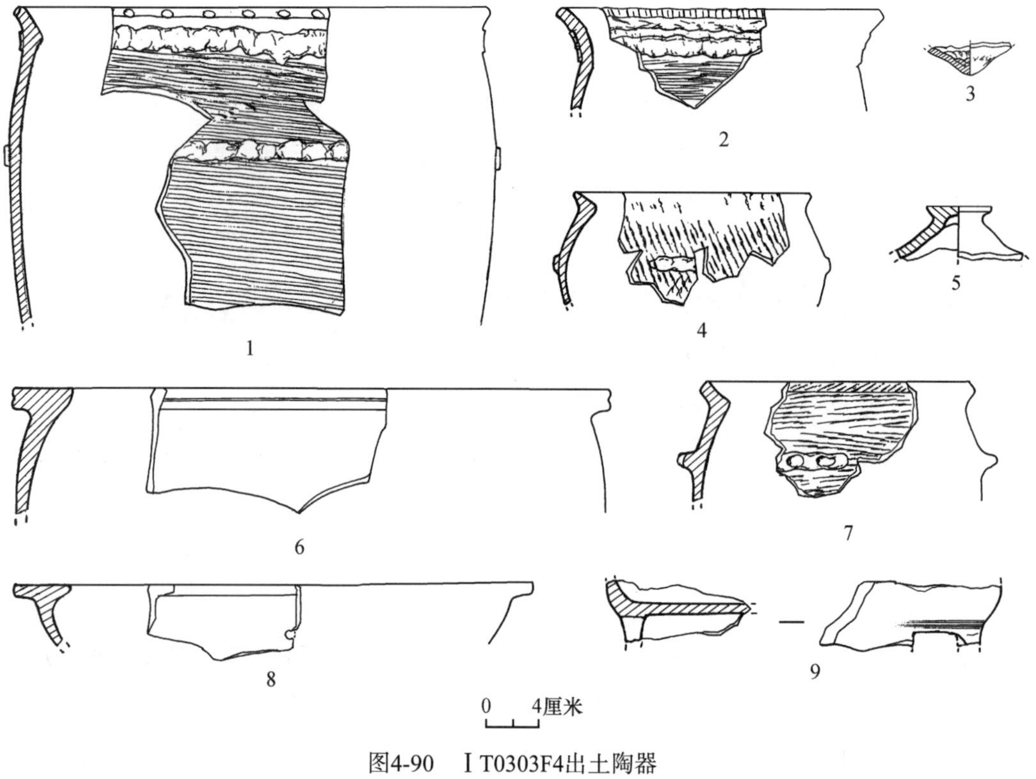

图4-90　ⅠT0303F4出土陶器

1. 第二期A型夹砂罐（F4：6）　2. 第二期B型夹砂罐（F4：5）　3. 第一期尖底瓶（F4：15）　4、7. 第一期Aa型夹砂罐（F4：7、F4：8）　5. 第二期Aa型器盖（F4：9）　6. 第一期B型缸（F4：4）　8. 第一期Aa型盆（F4：3）　9. 第一期灶（F4：1）

沿及上腹。素面。器表留有轮修痕。内口径36.8、外口径46.2、沿宽4.7、残高9.4、壁厚1.4厘米（图4-90，6）。

盆　1件。为Aa型。

标本F4：3，细泥质灰陶。平折沿，方唇，内沿折棱凸出形成内敛口，上腹弧收，仅存口沿及上腹。器表磨光，上腹残留一圆形穿孔。内壁有轮修痕，器表留有刮抹痕。内口径31.4、外口径40.2、沿宽4.4、残高4.6、壁厚0.8厘米（图4-90，8）。

灶　1件。为下腹及足部残片。

标本F4：1，夹粗砂红陶，胎体呈灰色。腹壁较直，与底部交接处弧收，平底，上腹及圈足残。素面。器表留有刮抹痕。残高4.6、壁厚1.0～1.4、底厚0.8厘米（图4-90，9）。

2. ⅠT0202F5

F5位于ⅠT0202东北部，曾用编号H39。开口于④层下，被H22、H30打破。开口距地表245厘米，现存口径210、底径280、残高50厘米。半地穴式单间房，平面呈圆形，剖面呈袋状，底面较平。偏南部的底面有两处红色烧结面，其中一处偏西南，平面略呈圆形，直径约40～45厘米；另一处靠近南壁，南端紧接坑壁，平面呈西北—东南向条带状，长约100、宽约26～30厘米，其南端尽头连接一壁龛式小灶，平面近方形，灶底稍低于屋底，宽约33、深25～35、残高22厘米。

坑内填土为灰褐色，土质较疏松。文化遗物仅有陶器。

陶器　属于本期的陶片共7片，总重415千克。以粗泥质灰陶为主，夹粗砂灰陶次之。器表装饰仅有篮纹。经分类和拼对，共有3件个体，可辨器形有刻槽盆、器盖等庙底沟二期文化遗物。此外，本单位还发现尖底瓶、夹砂罐等仰韶文化遗物（图4-92）。

刻槽盆　1件。为A型。

标本F5：2，夹细砂灰陶。微敛口，方唇，上腹微弧，仅存口沿及上腹。唇部饰一周凹弦纹，腹部饰横向篮纹，篮纹上饰一周附加堆纹，堆纹上留有指压痕。内壁有竖向刻划沟槽。口径30.2、残高13.3、壁厚0.7～0.9厘米（图4-92，4；图版四一，5、6）。

器盖　1件。为C型。

标本F5：3，夹细砂红陶，胎体呈灰色。盖体呈喇叭状，盖壁内弧，方唇，捉手残。器表饰竖向线纹。内壁有轮修痕，内外壁均留有烟炱痕。盖径30.4、残高7.2、厚1.0厘米（图4-92，2）。

本单位发现仰韶晚期遗物，共计2件，可辨器形有尖底瓶和夹砂罐。

尖底瓶　1件。为B型。

标本F5：1，粗泥质灰陶。侈口，方唇，束颈，溜肩，肩面微鼓，仅存口沿及肩部。唇面饰一周较浅的凹弦纹，颈部素面，肩部饰交错绳纹。内壁留有泥条盘筑痕。口径8.4、残高10.9、壁厚0.5～0.7厘米（图4-92，1）。

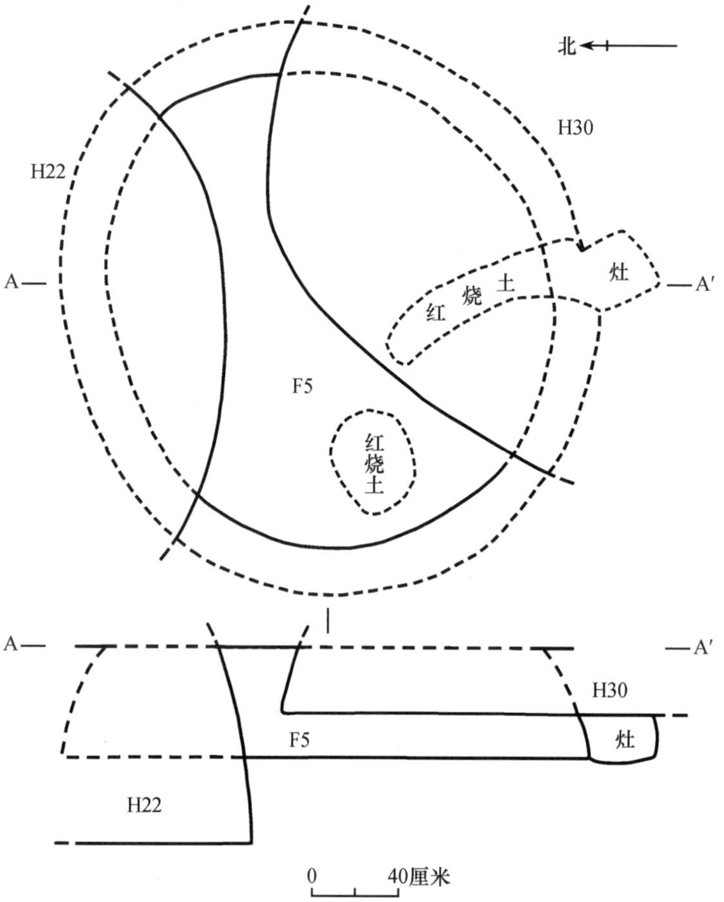

图4-91　Ⅰ T0202F5平、剖面图

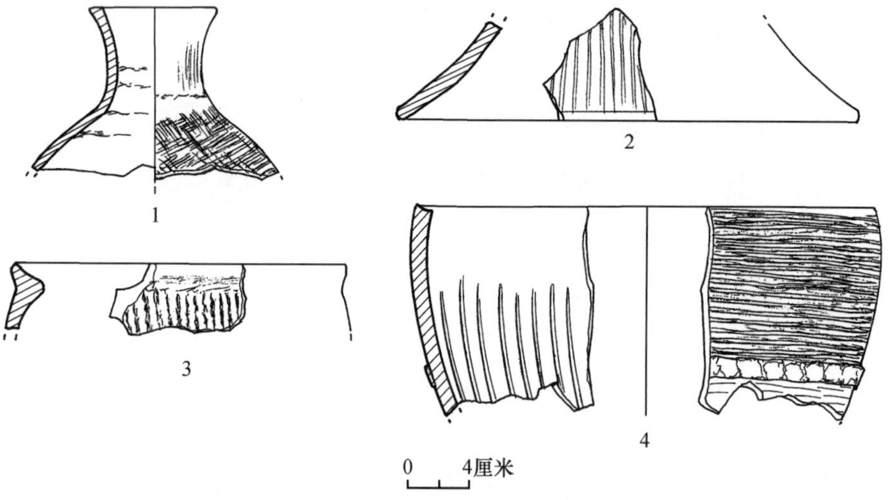

图4-92　Ⅰ T0202F5出土陶器

1. 第一期B型尖底瓶（F5：1）　2. 第二期C型器盖（F5：3）　3. 第一期Ab型夹砂罐（F5：4）　4. 第二期A型刻槽盆（F5：2）

夹砂罐　1件。为Ab型。

标本F5：4，夹粗砂灰陶。敛口，斜折沿，沿面内凹，圆唇，上腹外弧，仅存口沿及上腹。上腹饰右斜向绳纹。口沿及内壁留有轮修痕。口径21.7、残高4.7、壁厚0.6厘米（图4-92，3）。

三、窑　　址

1. Ⅰ T0301Y1

Y1位于Ⅰ T0301西北部。开口于④层下，被H32、H38打破。坐南朝北，方向为5°。主体由火膛和窑室两部分构成，中间以火道相连。窑室在南，火膛在北，其间有一道厚约15厘米的窄墙相分隔，窄墙上凿以两孔，成为火道开端，即火孔。火孔直径约33～36厘米，间距约40厘米。

火膛位于窑室前方，前方后圆，平面似葫芦形，剖面呈袋状。火膛现存部分开口宽约84、底宽约100、进深约130厘米，底部呈前低后高的斜坡状，坡度约35°，坡面有两道纵向凹槽，与火孔底部相接。从残存底部坡度推测，火膛底部前后高差约40厘米。

窑室平面呈圆形，窑壁自窑床底面向上逐渐内收，形成弧壁，推测窑室为馒头形，底径160、残高80厘米。窑床前低后高，高差约30厘米，被火道分割成数道土梁和土台，中间是一道贯通窑室前后的主梁，平面呈长方形，宽约40厘米，是最大的一块密床台面。火道由火孔伸入窑室，仍为左右两股，为主火道，夹中间主梁，平行贯通窑床底部。左侧火道向左前方、右侧火道向右前方各自分出3条支火道。主火道前宽后窄，近火孔处宽35厘米，近后壁处渐变为25厘米。支火道较主火道窄，宽约30～15厘米。火道深约25～35厘米。

火膛、窑壁、窑底均被烧烤成红褐色及青灰色的坚硬烧结面，窑壁烧结层厚度近10厘米。堆积在火膛底部与火道连接处的烧结残渣厚约12厘米（图4-93；图版二九；图版三〇，1）。

窑室内填土为黄褐色，土质疏松，包含大量红烧土块和烧结残渣。文化遗物仅有陶器。

陶器　属于本期的陶片共43片，总重2088克。以夹粗砂灰陶为主，粗泥质灰陶次之。器表装饰以篮纹和篮纹+附加堆纹为主，篮纹+附加堆纹＋按压纹次之，另有少量素面、磨光+弦纹（表4-25）。经分类和拼对，共有21件个体，可辨器形有鼎、夹砂深腹罐、盆、器盖等典型的庙底沟二期文化遗物。此外，本单位还发现尖底瓶、夹砂罐、瓮、盆、钵等仰韶文化晚期文化遗物（图4-94、图4-95）。

表4-25　Ⅰ T0301Y1陶系统计表

陶质	细泥质陶	粗泥质陶	夹细砂陶	夹粗砂陶		合计	百分比（%）
器表装饰＼陶色	灰	灰	灰	红	灰		
素面	1/30		1/94		3/133	5/257	11.63/12.31
篮纹		5/245		3/129	8/342	16/716	37.21/34.29
磨光+弦纹		1/108				1/108	2.32/5.17
篮纹+附加堆纹			1/21	1/48	14/624	16/693	37.21/33.19
篮纹+附加堆纹+按压纹			2/50	1/48	2/216	5/314	11.63/15.04
合计	1/30	6/353	4/165	5/225	27/1315	43/2088	
百分比（%）	2.32/1.44	13.95/16.91	9.31/7.9	11.63/10.77	62.79/62.98		100/100

注：百分比相关的行、列外，“/”前统计的数据为片数，单位为个；“/”后统计的数据为质量，单位为克。

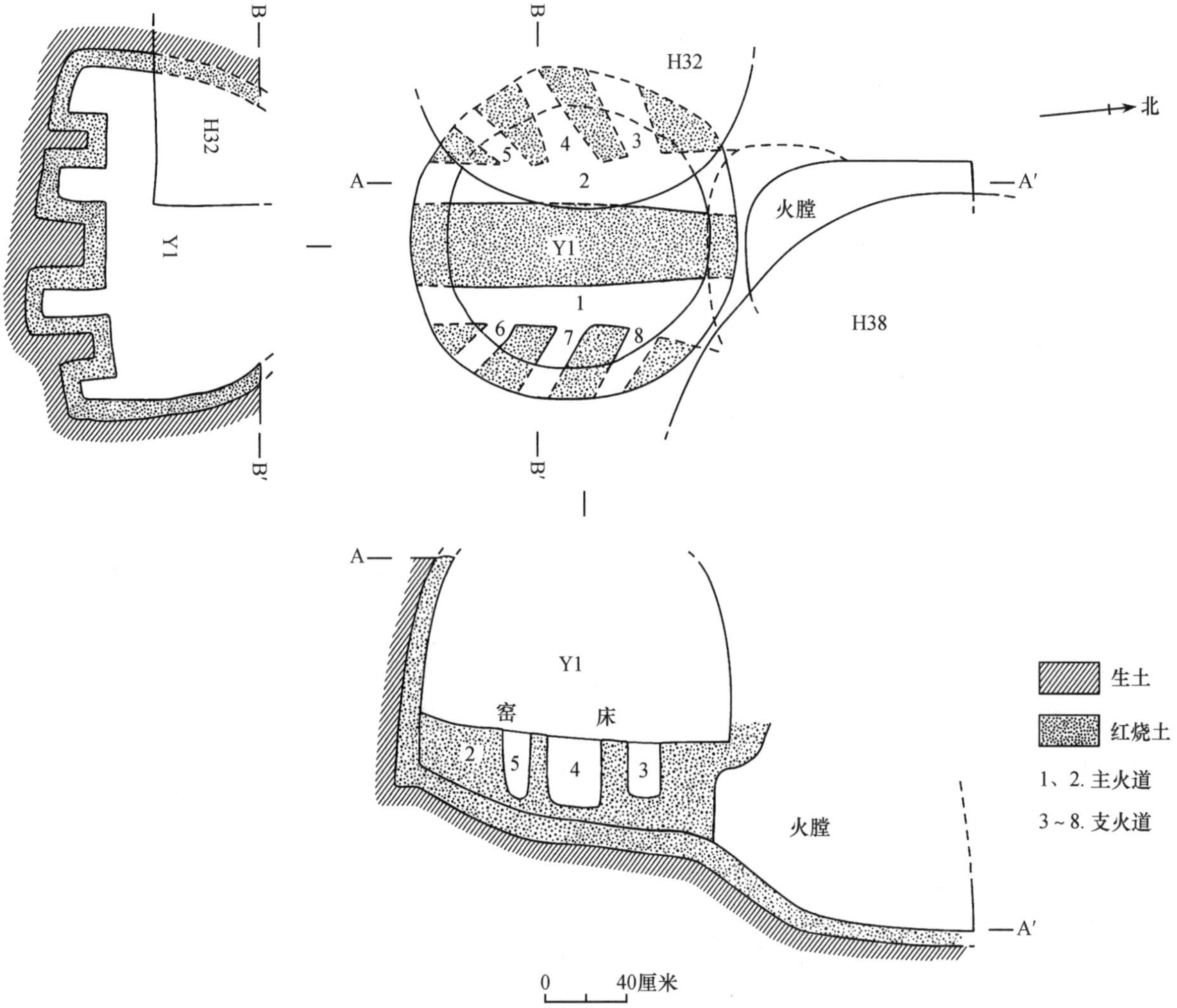

图4-93　ⅠT0301Y1平、剖面图

鼎　1件。仅存扁凿状实足。

标本Y1：29，夹细砂灰陶。素面。足上端有明显的与腹底安装痕迹。残高8.5、厚1.5～2.0厘米（图4-94，13）。

夹砂罐　8件。

A型　5件。

标本Y1：26，夹粗砂灰陶。微敛口，斜折沿，方唇，腹壁较直，仅存口沿及上腹。唇部压印波浪状花边，沿下饰一周附加堆纹，上腹饰右斜向粗篮纹。沿面可见较明显的轮修痕和烟炙痕。口径24.0、残高5.5、壁厚0.7～0.9厘米（图4-94，4）。

标本Y1：109，夹细砂灰陶。敛口，斜折沿，方唇，上腹外弧，仅存口沿及上腹。沿面外侧有一周凹槽，上腹饰横向粗篮纹，篮纹上饰一周附加堆纹，堆纹上有手指按压痕。口径17.9、残高8.1、壁厚0.9厘米（图4-94，5）。

标本Y1：114，夹粗砂灰陶。侈口，斜折沿，方唇，上腹较直，仅存口沿及上腹。沿下加固一周附加堆纹，上腹饰右斜向粗篮纹。口径25.6、残高5、壁厚1.0厘米（图4-94，6）。

标本Y1：115，夹粗砂灰陶。敛口，斜折沿，沿面内凹，方唇，上腹外弧，仅存口沿及上腹。唇部有一道凹弦纹，上腹饰横向细篮纹，篮纹上饰一周附加堆纹，堆纹上有按压痕迹。器表可见烟炱痕。口径20.4、残高6.7、壁厚1.0厘米（图4-94，1）。

标本Y1：27，夹细砂灰陶。敛口，斜折沿，沿面微凹，圆唇，上腹外弧，仅存口沿及上腹。唇部压印凹槽形成花边，上腹饰横向细篮纹。口沿有不甚明显的轮修痕。口径12.0、残高3.8、壁厚0.4～0.6厘米（图4-94，10）。

B型　3件。

标本Y1：24，夹粗砂灰陶。侈口，方唇，上腹外弧，仅存口沿及上腹。沿下加固两周附加堆纹，腹部饰左斜向细篮纹。口径21.4、残高8.3、壁厚0.6～0.8厘米（图4-94，7）。

标本Y1：31，夹粗砂灰陶。侈口，方唇，上腹外弧，仅存口沿及上腹。唇部压印浅凹槽形成锯齿状花边，器表饰右斜向粗篮纹，沿下饰一周附加堆纹，堆纹上留有指压痕。口径24.0、残高5.6、壁厚0.8～1.1厘米（图4-94，2）。

标本Y1：45，夹粗砂灰陶。侈口，尖圆唇，腹壁较直，仅存口沿及上腹。腹部饰横篮

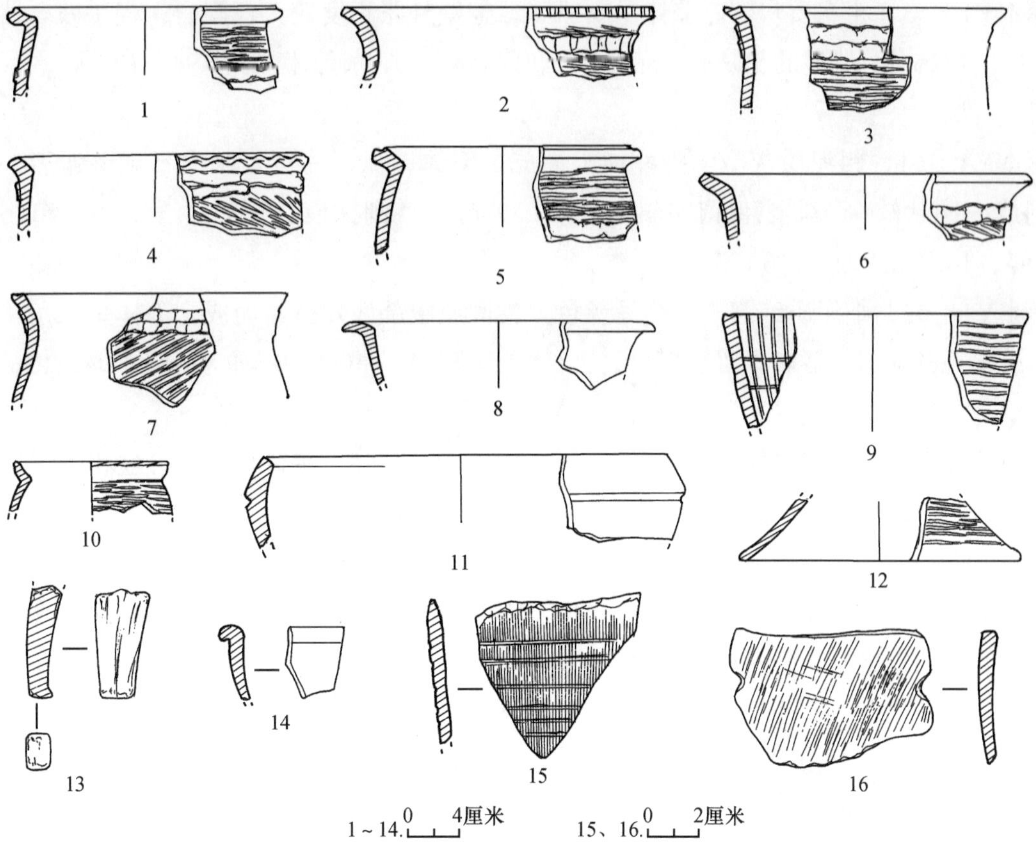

图4-94　ⅠT0301Y1出土第二期陶器

1、4～6、10. A型夹砂罐（Y1：115、Y1：26、Y1：109、Y1：114、Y1：27）　2、3、7. B型夹砂罐（Y1：31、Y1：45、Y1：24）　8、14. A型盆（Y1：93、Y1：111）　9. A型刻槽盆（Y1：113）　11. A型瓮（Y1：40）　12. C型器盖（Y1：53）　13. 鼎（Y1：29）　15、16. 刀（Y1：62、Y1：61）

纹，沿下饰两周并行的附加堆纹。器表留有较明显的轮修痕。口径22.4、残高7.8、壁厚0.8厘米（图4-94，3）。

瓮　1件。为A型。

标本Y1：40，粗泥质灰陶。敛口，上腹近口沿处内折，方唇，仅存口沿及上腹。器表磨光，上腹折棱处饰一周凹弦纹。口径31.5、残高6.8、壁厚1.0～1.2厘米（图4-94，11）。

盆　2件。为A型。

标本Y1：93，细泥质灰陶，敞口，斜折沿，沿面微弧，尖圆唇，上腹斜直，仅存口沿及上腹。素面，内壁磨光。口沿外有轮修痕。口径23.5、残高4.6、壁厚0.7厘米（图4-94，8）。

标本Y1：111，夹粗砂灰陶。直口微敛，平折沿微卷，沿面较窄，圆唇，上腹微弧，仅存口沿及上腹。素面。口沿内侧可见轮修痕。残高5.6、壁厚1.0厘米（图4-94，14）。

刻槽盆　1件。为A型。

标本Y1：113，夹粗砂灰陶。敞口，方唇，唇部微凹，上腹斜收，仅存口沿及上腹。上腹饰横向粗篮纹，内壁饰竖向和横向交错的刻划凹槽。口径24.2、残高8.7、壁厚1.1厘米（图4-94，9）。

器盖　1件。为C型。

标本Y1：53，粗泥质灰陶。盖体呈喇叭状，盖壁外张程度较大，圆唇，捉手残。器表饰横向篮纹。口部可见明显的轮修痕。底径22.1、残高4.8、厚0.8厘米（图4-94，12）。

刀　2件。

标本Y1：61，粗泥质灰陶。陶片加工而成。刀体微弧，一边打制出不规整弧刃，两侧缘打制成内凹状缺口。器表保留左斜向线纹，并有数道刮抹痕。长8.0、宽5.2、厚0.5厘米（图4-94，16；图版四二，6）。

标本Y1：62，细泥质红陶，胎体呈灰色。尖底瓶腹部残片打磨而成。刀体呈三角状，一边打制出不规整弧刃。器表保留线断线纹。长8.1、宽5.0、厚0.4～0.6厘米（图4-94，15；图版四三，1）。

本单位发现仰韶晚期遗物，共计14件，可辨器形有尖底瓶、夹砂罐、瓮、盆和钵。

尖底瓶　2件。

D型　1件。

标本Y1：21，细泥质红陶，胎体呈灰色。重唇口，仅存口沿。沿下饰右斜向绳纹。口沿处可见较明显的轮修痕。口径7.1、残高3.4、壁厚0.6厘米（图4-95，8；图版一五，2）。

E型　1件。

标本Y1：39，细泥质灰陶。直口微敛，平折沿，方唇，仅存口沿及颈部。颈部饰较浅的竖向细绳纹。沿下可见轮修痕。内口径9.3、外口径13.3、沿宽2.0、残高3.6、壁厚0.6厘米（图4-95，14）。

夹砂罐　6件。

Ab型　2件。

标本Y1：75，夹细砂红陶。敛口，斜折沿，圆唇，上腹外弧，仅存口沿及上腹。上腹残留一鸡冠鋬。口沿处可见轮修痕。口径22.0、残高5.2、壁厚0.8厘米（图4-95，4）。

标本Y1：81，夹细砂红陶。敛口，斜折沿，圆唇，上腹外弧，仅存口沿及上腹。上腹饰交错的细绳纹，沿下有两个圆形穿孔。口沿处留有轮修痕，器表可见烟炱痕。口径22.0、残高8.2、壁厚0.9厘米（图4-95，3）。

Ac型　2件。

标本Y1：85，夹粗砂红陶。敛口，斜折沿，圆唇，上腹外弧，仅存口沿及上腹。素面。口沿处留有轮修痕。口径31.8、残高4.8、壁厚1.0厘米（图4-95，2）。

标本Y1：79，夹细砂红陶。敛口，斜折沿，方唇，上腹外鼓，仅存口沿及上腹。上腹贴附小圆泥饼。器表可见烟炱痕。口径30.2、残高9.3、壁厚1.0厘米（图4-95，6）。

B型　1件。

标本Y1：84，夹粗砂红陶。敛口，平折沿，方圆唇，上腹外弧，仅存口沿及上腹。器表素面。口沿处留有轮修痕。内口径31.8、外口径40.0、沿宽4.1、残高4.6、壁厚1.0厘米（图4-95，1）。

另有器底残片1件。

标本Y1：51，夹粗砂红陶，胎体呈灰色。平底，近底部有一个残孔，孔缘光整，当系制

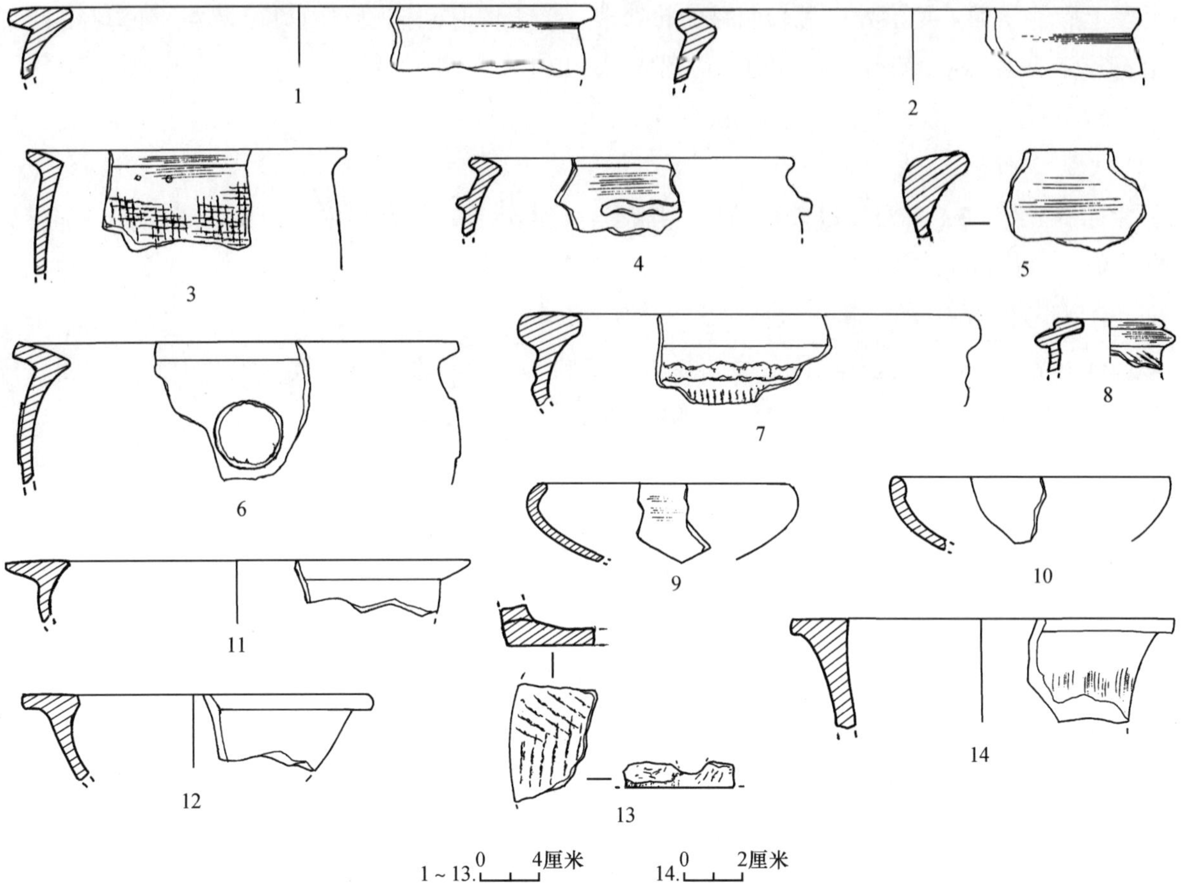

图4-95　Ⅰ T0301Y1出土第一期陶器

1. B型夹砂罐（Y1：84）　2、6. Ac型夹砂罐（Y1：85、Y1：79）　3、4. Ab型夹砂罐（Y1：81、Y1：75）　5. A型瓮（Y1：10）　7. C型瓮（Y1：2）　8. D型尖底瓶（Y1：21）　9. A型钵（Y1：63）　10. B型钵（Y1：64）　11、12. Aa型盆（Y1：20、Y1：15）　13. 夹砂罐（Y1：51）　14. E型尖底瓶（Y1：39）

作时所为。底面有未抹平的粗绳纹。残高2.7、底厚1.0～1.3厘米（图4-95，13）。

瓮　2件。

A型　1件。

标本Y1∶10，夹粗砂红陶。敛口，平沿内折，厚圆唇，仅存口沿。素面。口部可见明显的轮修痕。残高5.6厘米（图4-95，5）。

C型　1件。

标本Y1∶2，夹粗砂红陶。敛口，平折沿，厚圆唇，上腹外弧，仅存口沿及上腹。沿下加固一周附加堆纹，上腹饰竖向细绳纹。口沿处可见明显的轮修痕。口径31.0、残高6.0、壁厚0.8～1.0厘米（图4-95，7）。

盆　2件。为Aa型。

标本Y1∶20，粗泥质红陶，胎体呈灰色。平折沿，内沿折棱凸出形成内敛口，尖圆唇，上腹微鼓，仅存口沿及上腹。器表磨光。内口径23.3、外口径31.9、沿宽4.3、残高4.0、壁厚0.8厘米（图4-95，11）。

标本Y1∶15，夹细砂红陶。平折沿，内沿折棱凸出形成内敛口，圆唇，斜弧腹，仅存口沿及上腹。素面。口沿处可见较明显的轮修痕，器表留有刮抹痕。内口径16.4、外口径24.2、沿宽3.9、残高5.6、壁厚0.5～0.8厘米（图4-95，12）。

钵　2件。

A型　1件。

标本Y1∶63，细泥质红陶。敛口，圆唇，上腹外鼓，仅存口沿及上腹。素面。口部可见轮修痕。口径17.1、残高5.2、壁厚0.7厘米（图4-95，9）。

B型　1件。

标本Y1∶64，细泥质红陶。直口微敛，厚圆唇，上腹微弧，仅存口沿及上腹。素面。口部可见轮修痕。口径19.2、残高4.9、壁厚1.0厘米（图4-95，10）。

2. ⅠT0301Y2

Y2位于ⅠT0301东北部。开口于⑤层下，被H99和Y3打破。方向为东北-西南向，约为35°。窑室在南，火膛在北，火膛及窑室北部被H99完全破坏，现存窑室顶部距地表深230厘米。

窑室平面呈圆形，残存后半部分。窑壁自窑床底面起向上逐渐内收，形成弧壁，现存窑室立面形如袋装坑，底径约186、残高78厘米。窑床前低后高，呈缓坡状，高差约20厘米，被火道分割成数道土梁和土台。残存火道5条，长度、宽度和深度不等，最长者80厘米，宽10～12、深44～50厘米。居中的2、3号火道平行，应是两条主火道；1号火道应是2号火道分出的一条支火道，4、5号火道则是3号火道分出的支火道。火道之间的台面因长期烧烤而形成砖红色与青灰相杂的坚硬烧结面。窑壁因长期烧烤所形成的坚硬的红色烧结面最厚可达14厘米（图4-96；图版三〇，2）。

窑室内填土为浅灰色，土质较硬，包含石块、红烧土颗粒和大量自窑壁和顶部塌落下来的烧结块。文化遗物有陶器、石器和骨器等。

（1）陶器　属于本期的陶片共21片，总重1101克。以夹粗砂灰陶为主，粗泥质灰陶次之。器表装饰有篮纹、篮纹+附加堆纹、篮纹+附加堆纹+按压纹。经分类和拼对，共有16件个体，可辨器形有夹砂深腹罐、豆等典型的庙底沟二期文化遗物。此外，本单位还发现夹砂罐、瓮、盆等仰韶文化遗物（图4-97、图4-98）。

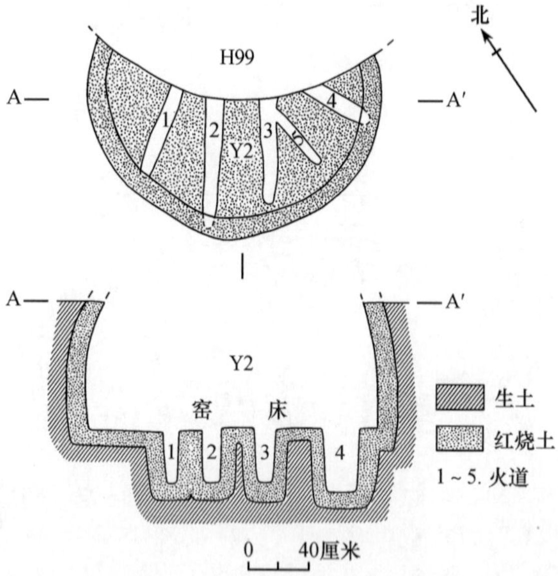

图4-96　ⅠT0301Y2平、剖面图

夹砂罐　8件。

A型　3件。

标本Y2：18，夹细砂灰陶。口微侈，斜折沿，方唇，上腹较直，仅存口沿及上腹。沿下加固一周附加堆纹，上腹饰横向中篮纹。器表可见烟炱痕。口径21.9、残高6.2、壁厚1.1厘米（图4-97，2）。

标本Y2：21，夹粗砂灰陶。敛口，斜折沿，方唇，唇部微凹，上腹外弧，仅存口沿及上腹。沿下加固一周附加堆纹，上腹饰横向细篮纹。器表可见烟炱痕。残高5.8、壁厚1.0厘米（图4-97，7）。

标本Y2：31，夹细砂灰陶。敛口，斜折沿，圆唇，上腹外弧，仅存口沿及上腹。器表饰左斜向篮纹。口径15.8、残高7.1、壁厚0.8厘米（图4-97，9）。

B型　4件。

标本Y2：2，夹粗砂灰陶。侈口，方唇，上腹微外斜，仅存口沿及上腹。唇部压印出较浅的凹槽，形成锯齿状花边，沿下加固两周叠压的附加堆纹，上腹饰横向中篮纹。口径34.3、残高8.4、壁厚1.2厘米（图4-97，1）。

标本Y2：16，夹粗砂灰陶。侈口，方唇，上腹微外斜，仅存口沿及上腹。唇部压印出细密的凹槽，形成锯齿状花边，沿下加固一周附加堆纹，器表饰横向篮纹。口径23.1、残高5.2、壁厚1.1厘米（图4-98，4）。

标本Y2：24，夹粗砂灰陶。侈口，方唇，仅存口沿。唇部压印出凹槽，形成锯齿状花边，沿下加固一周附加堆纹。残高5.6、壁厚1.4厘米（图4-97，8）。

标本Y2：52，夹粗砂灰陶。侈口，圆唇，上腹外斜，仅存口沿及上腹。唇部压印出宽疏的锯齿状花边，沿下加固两周并行的附加堆纹，堆纹上留有按压痕。口径31.8、残高6.8、壁厚1.1厘米（图4-97，3）。

另有下腹及底部残片1件。

标本Y2：19，夹细砂灰陶。下腹斜收，平底微凹。腹部饰较浅的右斜向粗篮纹。器表可见烟炱痕。底径9.1、残高8.0、壁厚0.8、底厚0.8厘米（图4-97，10）。

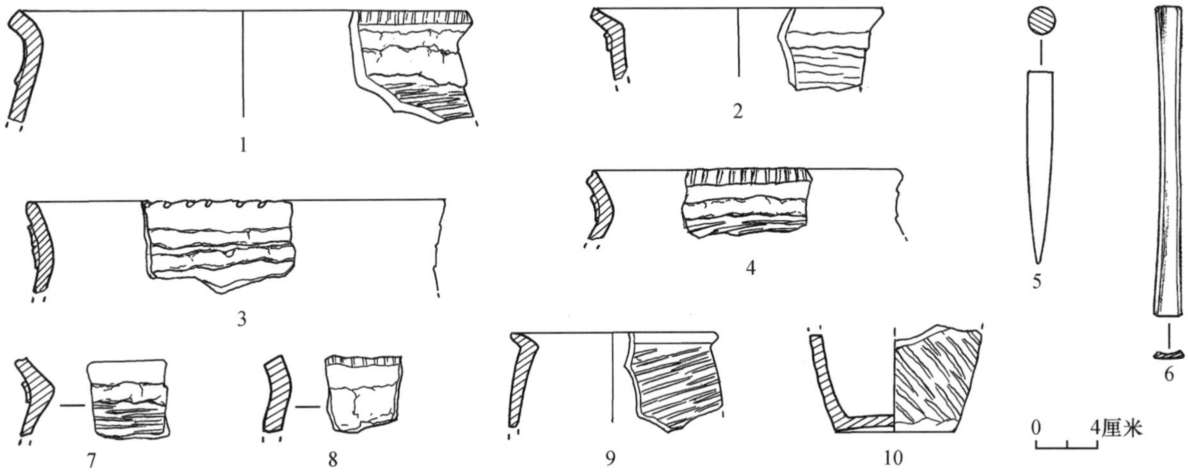

图4-97　ⅠT0301Y2出土第二期器物

1、3、4、8. B型夹砂罐（Y2：2、Y2：52、Y2：16、Y2：24）　2、7、9. A型夹砂罐（Y2：18、Y2：21、Y2：31）　5. Ba型石笄（Y2：01）　6. 骨匕（Y2：02）　10. 夹砂罐（Y2：19）

（2）石器

石笄　1件。为Ba型。

标本Y2：01，灰绿色蛇纹岩。笄身细长，顶部残断，下部磨制出锥状尖，器身截面呈圆形。通体磨光。残长6.2厘米，重5克（图4-97，5；图版四七，3）。

（3）骨器

骨匕　1件。

标本Y2：02，窄长条形，一面内凹，一侧边及一端呈锋刃状，截面呈弧形。器表经打磨，可见竖向刮磨痕。残长10.0、最宽0.8、厚0.4厘米，重4克（图4-97，6；图版四八，5）。

本单位发现仰韶晚期遗物，共计11件，可辨器形有夹砂罐、瓮和盆。

夹砂罐　5件。

Ab型　4件。

标本Y2：13，夹粗砂红陶。敛口，斜折沿，沿面内凹，圆唇，上腹外斜，仅存口沿及上腹。上腹饰竖向中绳纹。口径24.4、残高5.7、壁厚1.2厘米（图4-98，1）。

标本Y2：30，夹粗砂红陶。敛口，斜折沿，沿面微弧圆唇，仅存口沿。素面。残高3.7、壁厚1.0厘米（图4-98，6）。

标本Y2：8，夹细砂灰陶，胎体呈深灰色。敛口，斜折沿，沿面内凹，上腹外弧，仅存口沿及上腹。素面。口径22.8、残高4.8、壁厚0.7厘米（图4-98，8）。

标本Y2：7，夹粗砂灰陶。敛口，沿面微内斜，尖圆唇，仅存口沿。素面。口沿处留有轮修痕。口径30.9、残高1.0、壁厚1.0厘米（图4-98，7）。

另有腹部及底部残片1件。

标本Y2：5，夹细砂灰陶。下腹弧收，平底。下腹饰竖向粗绳纹，近底处饰左斜向绳纹，底面可见较浅的绳纹。底径16.6、残高8.4、壁厚1.0、底厚1.0厘米（图4-98，11）。

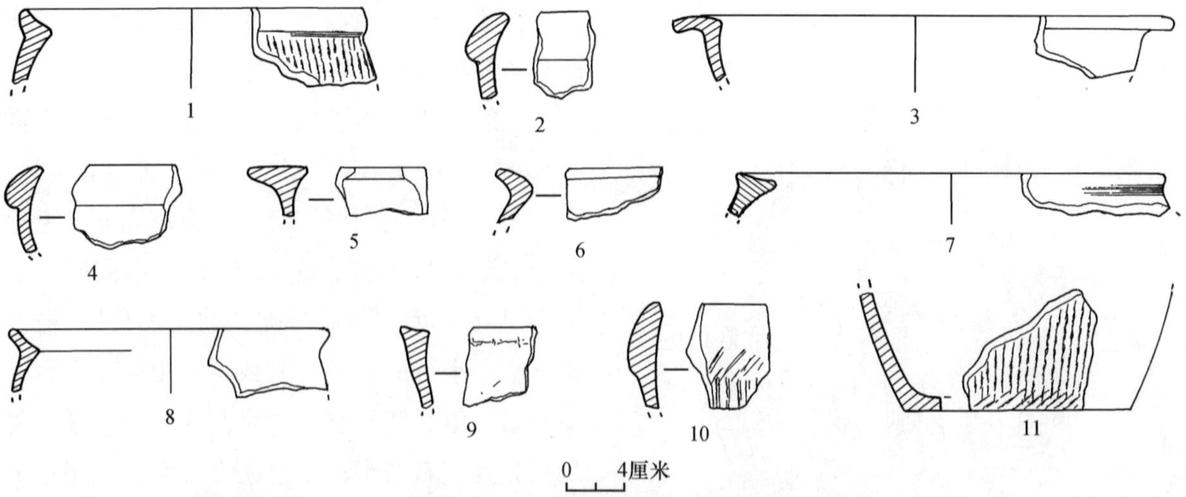

图4-98　Ⅰ T0301Y2出土第一期器物

1、6～8. Ab型夹砂罐（Y2：13、Y2：30、Y2：7、Y2：8）　2、4、10. A型瓮（Y2：14、Y2：12、Y2：9）　3、5. Aa型盆（Y2：36、Y2：15）　9. 陶器口沿（Y2：33）　11. 夹砂罐（Y2：5）

瓮　3件。为A型。

标本Y2：12，夹细砂红陶。敛口，厚圆唇，上腹外弧，仅存口沿及上腹。沿面施红色陶衣，磨光，器表素面。残高6.2、壁厚1.0厘米（图4-98，4）。

标本Y2：14，夹粗砂红陶。敛口，圆唇，上腹微弧，仅存口沿及上腹。沿面施红色陶衣，磨光，器表素面。残高6.0、壁厚1.0厘米（图4-98，2）。

标本Y2：9，夹粗砂红陶。敛口，圆唇，上腹微弧，仅存口沿及上腹。沿下饰左斜向粗绳纹，腹部饰竖向粗绳纹。口沿外侧可见轮修痕。残高7.5、壁厚1.0厘米（图4-98，10）。

盆　2件。为Aa型。

标本Y2：15，粗泥质红陶，胎体呈灰色。平折沿，内沿折棱凸出形成内敛口，圆唇，仅存口沿。素面。沿宽4.3、残高3.5、壁厚0.8厘米（图4-98，5）。

标本Y2：36，粗泥质灰陶。平折沿，内沿折棱凸出形成内敛口，圆唇，上腹微弧，仅存口沿及上腹。沿面磨光，器表素面。内径28.8、外径36.2、沿宽3.7、残高4.2、壁厚1.0厘米（图4-98，3）。

陶器口沿　1件。

标本Y2：33，夹细砂灰陶。窄平沿，沿面微凹，斜腹。素面。残高5.7、壁厚0.5～1.0厘米（图4-98，9）。

3. Ⅰ T0301Y3

Y3位于Ⅰ T0301东部偏北。开口于⑤层下，被H99打破，打破Y2。坐南朝北，方向约30°，平剖面结构与Y1、Y2相同，仅火道形状稍有差别。主体由火膛和窑室两部分构成，火膛在北，窑室在南，其间相隔着一道土梁，为火膛后壁和窑室前壁下方，其上凿有东西并列的两眼火孔。

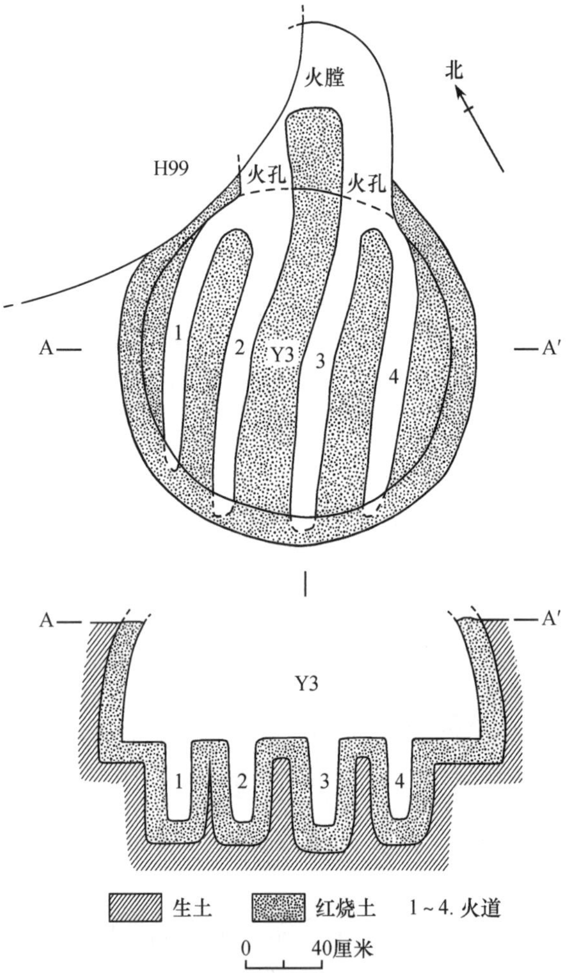

图4-99　ⅠT0301Y3平、剖面图

火膛位于窑室前方，整体低于窑室，绝大部分被H99破坏，仅存东部靠近底部的一小部分。火膛底面呈斜坡状，自北朝南向窑室方向上升，到后壁火孔处，继续缓上，直达窑室。

窑室平面近圆形，窑壁自窑床底面向上逐渐内收，形成弧壁，底径184、残高60厘米。窑床呈缓坡状，前低后高，坡度约15°，被四条纵向、平行的火道分割成五道土梁、土台，中间是一道贯通窑室的主梁，如一道中轴，将窑室分为左右两半；主梁左右各有一道稍短的土梁，后端接窑室后壁，前端至前壁附近主火道开端处，三者平面略呈“川”字形，紧贴东西壁的两道土台，平面呈弧形。火道由火孔开始进入窑室，被主梁分成左右两股主火道，后又被“川”字左右两边的土梁一分为二，形成大致平行的4条火道。火道宽18～13、深40～45、长约230厘米。窑室和火膛底部及窑壁均被烧烤成红褐色和青灰色硬面，厚达12厘米（图4-99；图版三一，1、2）。

窑内填土为黄灰色，土质疏松，包含兽骨、石块、红烧土颗粒、烧结块和燃烧废渣等。文化遗物有陶器和石器。

（1）陶器　属于本期的陶片共40片，总重1244克。以夹粗砂灰陶为主，粗泥质灰陶次之。器表装饰以篮纹为主，篮纹+附加堆纹次之，另外还发现少量磨光、绳纹+附加堆纹、篮纹+按压纹等（表4-26）。经分类和拼对，共有17件个体，可辨器形有夹砂深腹罐、盆等典型的庙底沟二期文化遗物。此外，本单位还发现尖底瓶、夹砂罐、瓮、盆、钵等仰韶文化遗物（图4-100、图4-101）。

夹砂罐　4件。为A型。

标本Y3：1，夹粗砂灰陶。敛口，斜折沿，方唇，上腹外斜，仅存口沿及上腹。唇部压印出宽疏的凹槽形成花边，沿下加固两周附加堆纹，堆纹上留有指压痕，上腹饰左斜向粗篮纹。口径30.2、残高7.9、壁厚0.9厘米（图4-100，5）。

标本Y3：4，夹粗砂红陶。敛口，斜折沿，圆唇，上腹外斜，仅存口沿及上腹。上腹饰横向篮纹。残高5.3、壁厚0.9厘米（图4-100，2）。

表4-26　Ⅰ T0301Y3陶系统计表

陶质	粗泥质陶	夹细砂陶		夹粗砂陶		合计	百分比（%）
器表装饰＼陶色	灰	红	灰	红	灰		
素面			1/20			1/20	2.5/1.61
磨光	1/21					1/21	2.5/1.69
篮纹	3/43		1/28		12/323	16/394	40/31.67
附加堆纹					1/40	1/40	2.5/3.22
按压纹		1/29				1/29	2.5/2.33
篮纹+附加堆纹			1/21	1/43	9/254	11/318	27.5/25.56
绳纹+附加堆纹					1/33	1/33	2.5/2.65
篮纹+按压纹					1/10	1/10	2.5/0.8
篮纹+附加堆纹+按压纹					7/379	7/379	17.5/30.47
合计	4/64	1/29	3/69	1/43	31/1039	40/1244	
百分比（%）	10/5.14	2.5/2.33	7.5/5.55	2.5/3.46	77.5/83.52		100/100

注：百分比相关的行、列外，“/”前统计的数据为片数，单位为个；“/”后统计的数据为质量，单位为克。

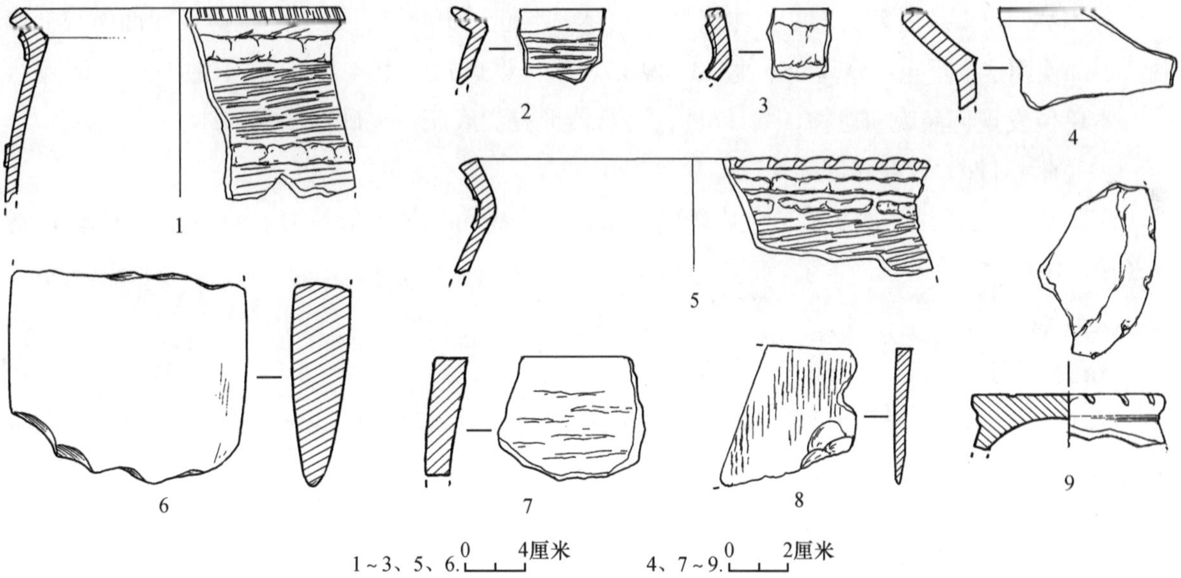

图4-100　Ⅰ T0301Y3出土第二期陶器

1～3、5. A型夹砂罐（Y3：13、Y3：4、Y3：34、Y3：1）　4. A型盆（Y3：20）　6. 石铲（Y3：2）　7. A型刻槽盆（Y3：32）　8. 刀（Y3：04）　9. Aa型器盖（Y3：5）

标本Y3：13，夹粗砂灰陶。敛口，斜折沿，方唇，深弧腹，仅存口沿及上腹。唇部压印细密的凹槽形成花边，沿下加固一周宽带状附加堆纹，腹部饰较深的左斜向粗篮纹，篮纹上饰一周附加堆纹。口径21.9、残高12.9、壁厚0.8厘米（图4-100，1）。

标本Y3：34，夹粗砂灰陶。敛口，斜折沿，方唇，仅存口沿。沿下加固一周较宽的附加堆纹。残高4.8、壁厚1.2厘米（图4-100，3）。

盆　1件。为A型。

标本Y3：20，粗泥质灰陶。直口微侈，斜折沿，圆唇，上腹近直，仅存口沿及上腹。内外壁皆磨光。残高3.3、壁厚0.5厘米（图4-100，4）。

刻槽盆　1件。为A型。

标本Y3：32，夹粗砂灰陶。直口微敛，方唇，上腹较直，仅存口沿及上腹。腹部饰较浅的横向篮纹。残高4.0、壁厚0.8～1.2厘米（图4-100，7）。

器盖　1件。为Aa型。

标本Y3：5，夹细砂红陶，胎体呈灰色。圆饼形捉手，顶部略凹，周缘按压出花边，盖体残。捉手径8.0、残高2.2厘米（图4-100，9）。

刀　1件。

标本Y3：04，细泥质灰陶。陶片加工而成。残半，侧边打制成内凹状缺口，刀体微弧，直背，单面直刃，刃缘不规整。器表保留竖向细绳纹。残长4.6、宽4.7、厚0.6厘米（图4-100，8）。

（2）石器

石铲　1件。

标本Y3：2，灰白色灰岩。器体扁平，残存下半部，中间厚，边缘处较薄，双面弧刃。磨制。刃部使用残损严重。残高6.6、宽8.0、厚0.7厘米，重140克（图4-100，6；图版四三，6）。

本单位发现仰韶晚期遗物，共计6件，可辨器形有尖底瓶、夹砂罐、盆和钵。

尖底瓶　1件。仅存底部残片。

标本Y3：22，细泥质灰陶。尖底较钝。素面。内壁可见泥条盘筑痕。残高2.5、壁厚0.6厘米（图4-101，6）。

夹砂罐　3件。

Aa型　1件。

标本Y3：38，夹细砂红陶。敛口，斜折沿，方唇，上腹外弧，仅存口沿及上腹。上腹饰竖向细绳纹。器表可见烟炱痕。口径11.8、残高4.0、壁厚0.6厘米（图4-101，3）。

Ab型　1件。

标本Y3：9，夹粗砂红陶。侈口，圆唇，上腹外弧，仅存口沿及上腹。上腹饰竖向绳纹。口径24.0、残高4.8、壁厚1.2厘米（图4-101，4）。

B型　1件。

标本Y3：7，夹细砂红陶。敛口，平折沿，方圆唇，上腹外弧，仅存口沿及上腹。沿面磨光，沿下饰两道凹弦纹。口沿内壁有慢轮修整痕迹。沿宽3.4、残高4.0、壁厚0.8厘米（图4-101，5）。

盆　1件。为Bb型。

标本Y3：28，夹粗砂灰陶，胎体呈红褐色。敛口，斜折沿，沿外端下垂，圆唇，上腹微鼓，仅存口沿及上腹。素面。口径26.0、残高5.3、壁厚0.8厘米（图4-101，1）。

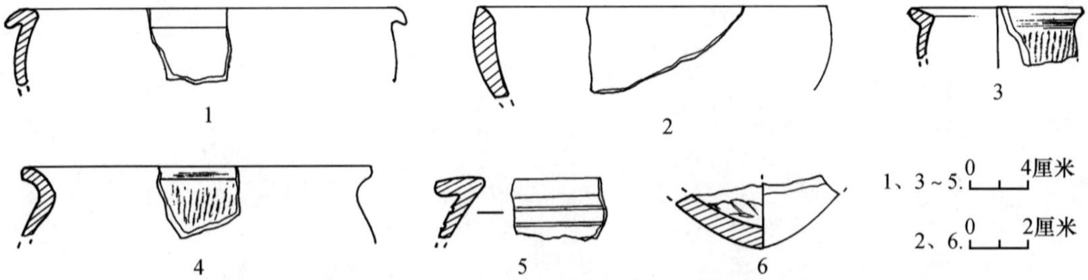

图4-101　ⅠT0301Y3出土第一期陶器

1. Bb型盆（Y3：28）　2. B型钵（Y3：26）　3. Aa型夹砂罐（Y3：38）　4. Ab型夹砂罐（Y3：9）　5. B型夹砂罐（Y3：7）　6. 尖底瓶（Y3：22）

钵　1件。为B型。

标本Y3：26，细泥质灰陶。直口微敛，尖圆唇，上腹微弧，仅存口沿及上腹。器表磨光。口径12.1、残高3.1、壁厚0.8厘米（图4-101，2）。

第五章　第三期文化遗存

第三期文化遗存为客省庄文化，遗迹和遗物是三个时期中最丰富的。下文对各遗迹单位陶片数量、质量等统计结果，仅指客省庄文化者，早期文化遗物则不在统计之列，但仍附在本期遗物之后予以介绍。

第一节　遗存概述

第三期文化遗存包括遗迹和遗物两大类，以下按遗迹和遗物分别介绍。

一、遗迹概述

第三期文化遗迹有灰坑、房址和墓葬三种，主要分布于Ⅰ区南部探方，Ⅰ区北部探方相对稀疏（图5-1、图5-2）。

灰坑数量较多，共41座，占此次发掘总数的43.16%。形制多样，规模大小不一。就平面形状看，有圆形和椭圆形，以圆形最多，最大直径4.15米、最小直径0.87～0.92米；椭圆形次之，最大直径2.90～3.00米、最小直径1.50～1.72米。就坑壁结构而言，有袋状、筒状、亚腰状和锅底状四类，其中袋状坑最多，筒状坑次之，锅底状和亚腰状最少。

依据灰坑平面、剖面的形态，可将其分为五种类型。其中圆形袋状坑28个，编号分别为H6～H10、H13、H14、H17、H22、H24、H29、H30、H34、H36、H38、H41、H44、H46、H50、H60、H61、H68、H71、H73、H91、H92、H98和H99，占本期灰坑总数的68.29%；椭圆形袋状坑6个，编号分别为H43、H53、H58、H65、H70和H83，占本期灰坑总数的14.63%。袋状坑形制较为规范，从保存较好者看，呈上小下大的倒置漏斗状或酒瓶状，坑底多为平底。这类灰坑一般被推测为储藏物品的窖穴，也不排除为房屋的可能；从数量上看，无疑是当时社会生活中一类非常重要的建筑设施，废弃后多为倾倒生活垃圾的处所，有的还发现有埋葬人骨的现象。此外，本期还发现圆形筒状坑2个，编号分别为H26和H52；圆形锅底状坑3个，编号

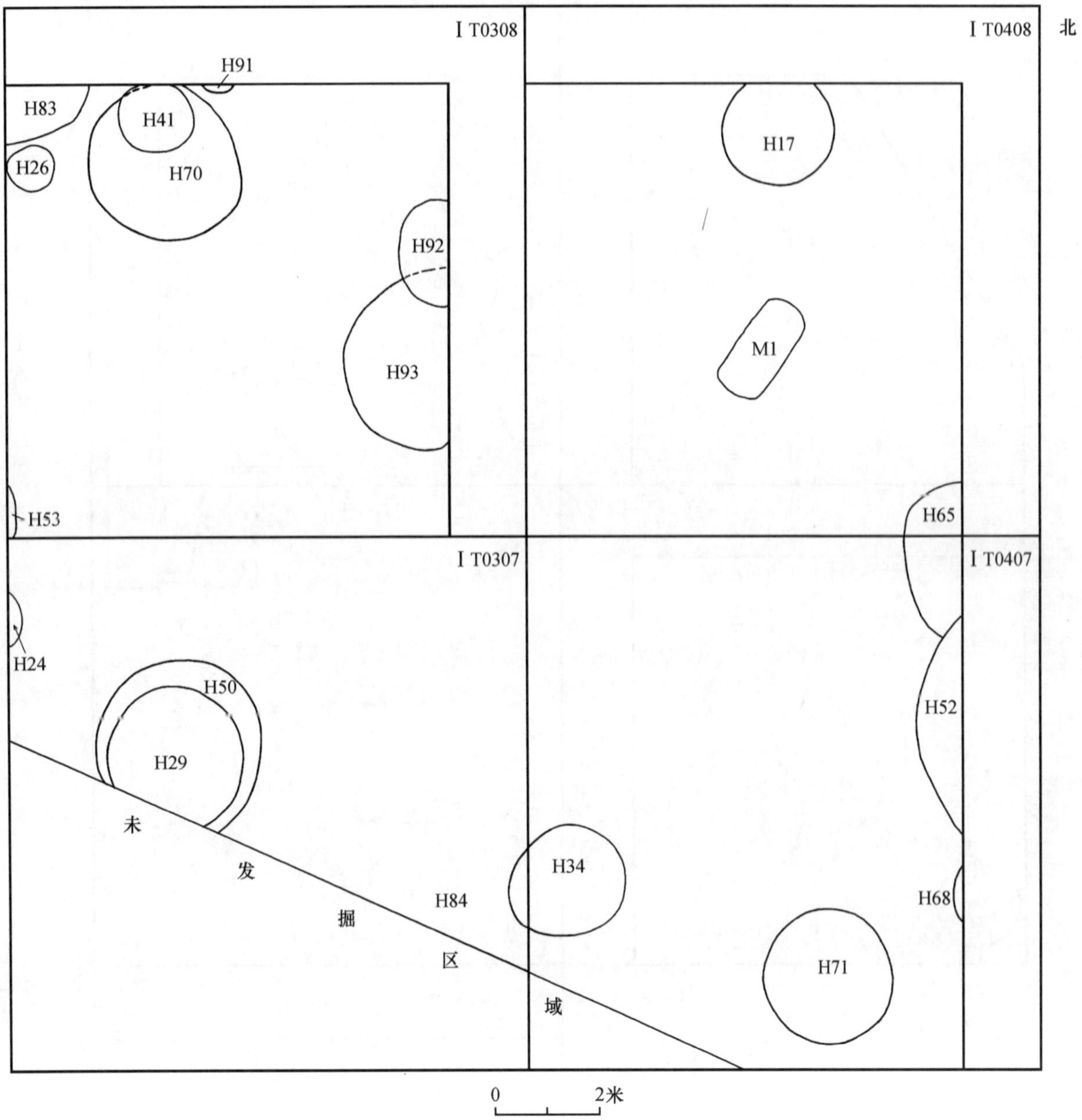

图5-1　Ⅰ区北部探方客省庄二期遗迹分布图

为H74、H75、H93；圆形亚腰状坑1个，编号为H88；椭圆形筒状坑1个，编号为H32（图5-3、图5-4、图5-5）。

房址有2座，编号分别为F1和F2。均为单间，其中F1平面近长方形，F2带有短门道，平面为坐北面南的“凸”字形。另外，还发现独立的2个灶坑，编号分别为Z1和Z2，应为房屋被严重破坏后残存的遗迹。

墓葬仅有1座，编号为M1。形制为竖穴土坑墓，葬式为仰身直肢葬。此外，在H30和H98两座圆形袋状坑中发现散乱人骨，为关中地区龙山时代较常见的“灰坑埋人”现象，或为“灰坑葬”。

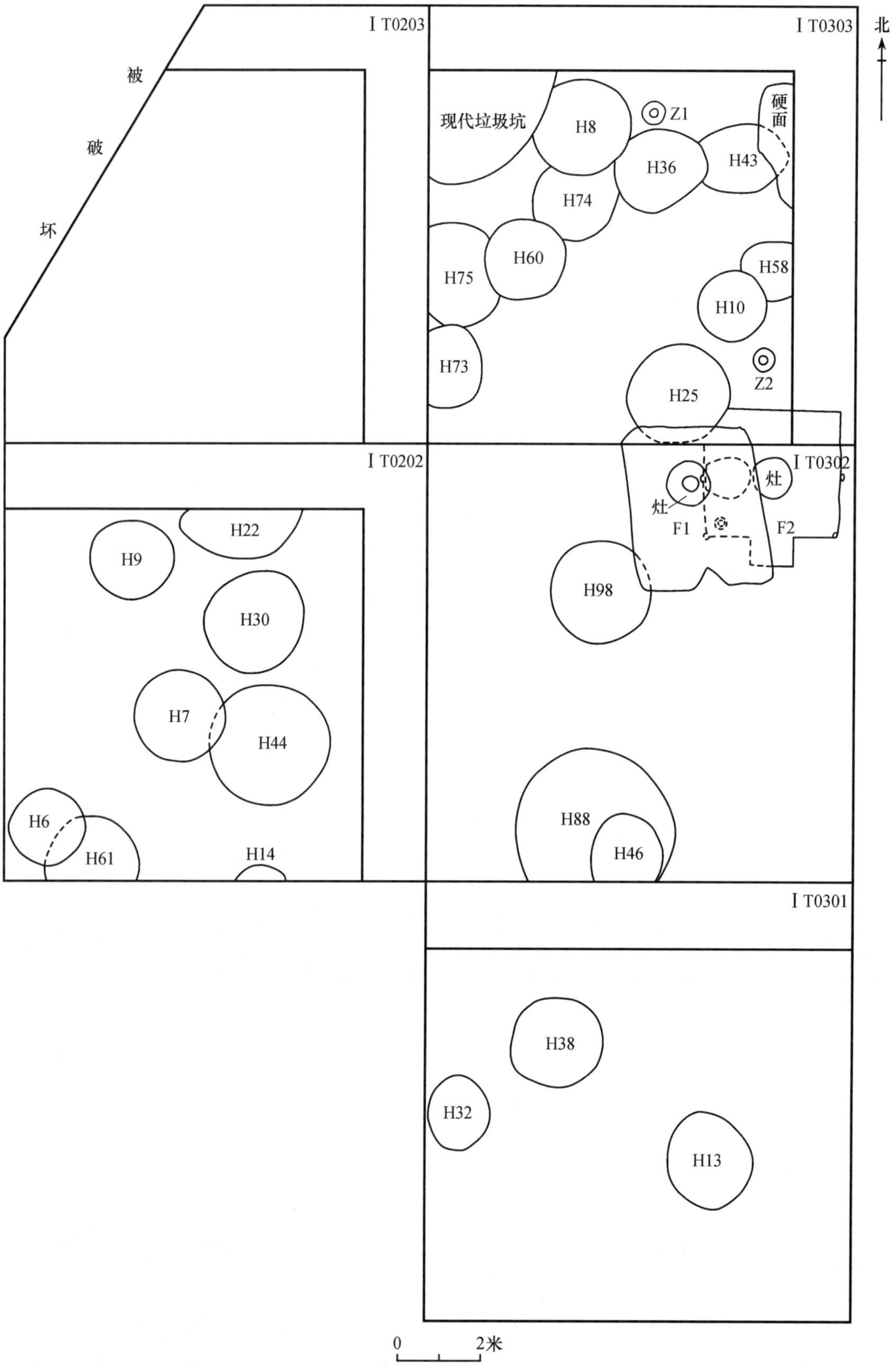

图5-2　Ⅰ区南部探方客省庄二期遗迹分布图

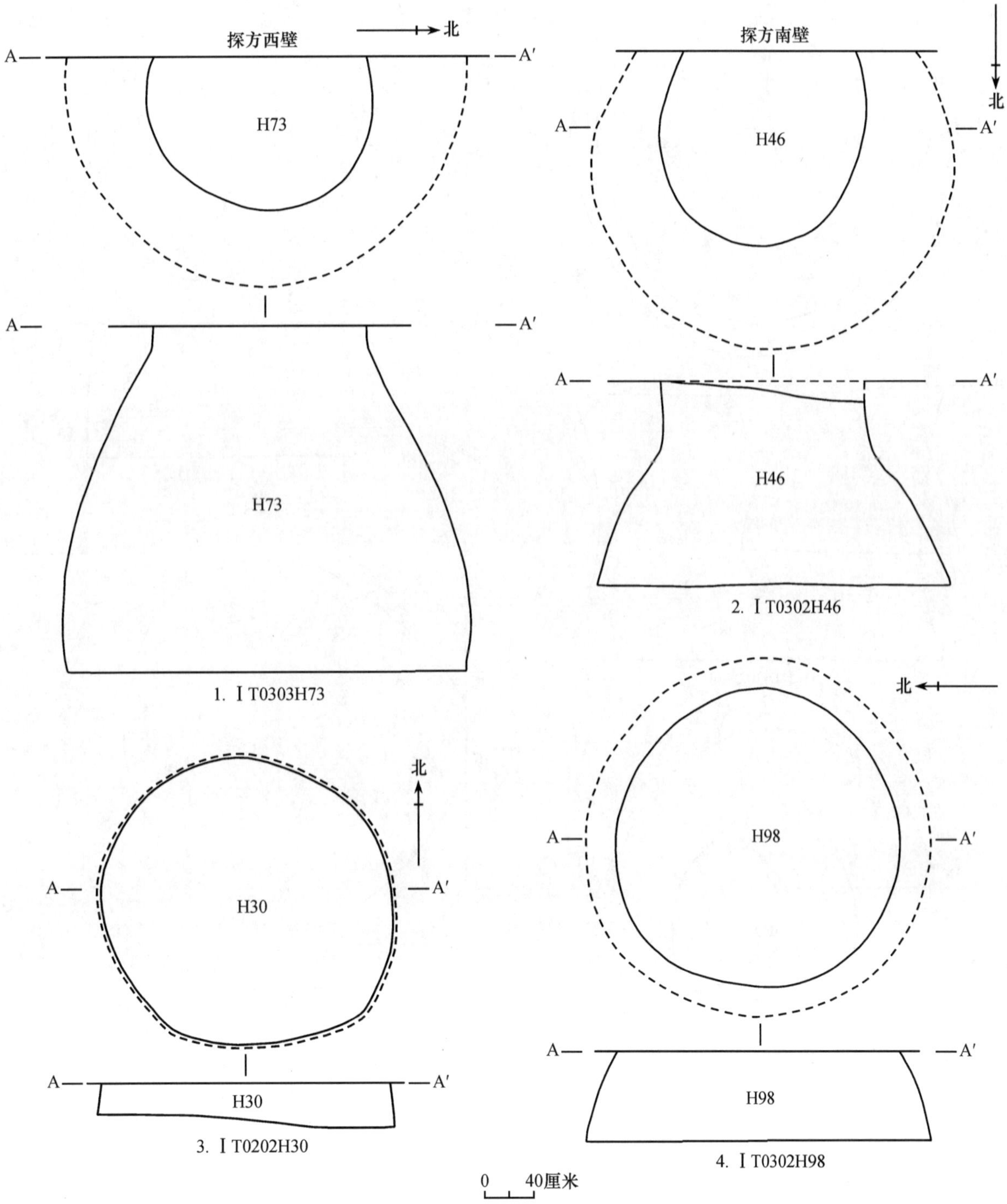

1. Ⅰ T0303H73　2. Ⅰ T0302H46　3. Ⅰ T0202H30　4. Ⅰ T0302H98

图5-3　Ⅰ区客省庄二期圆形袋状坑

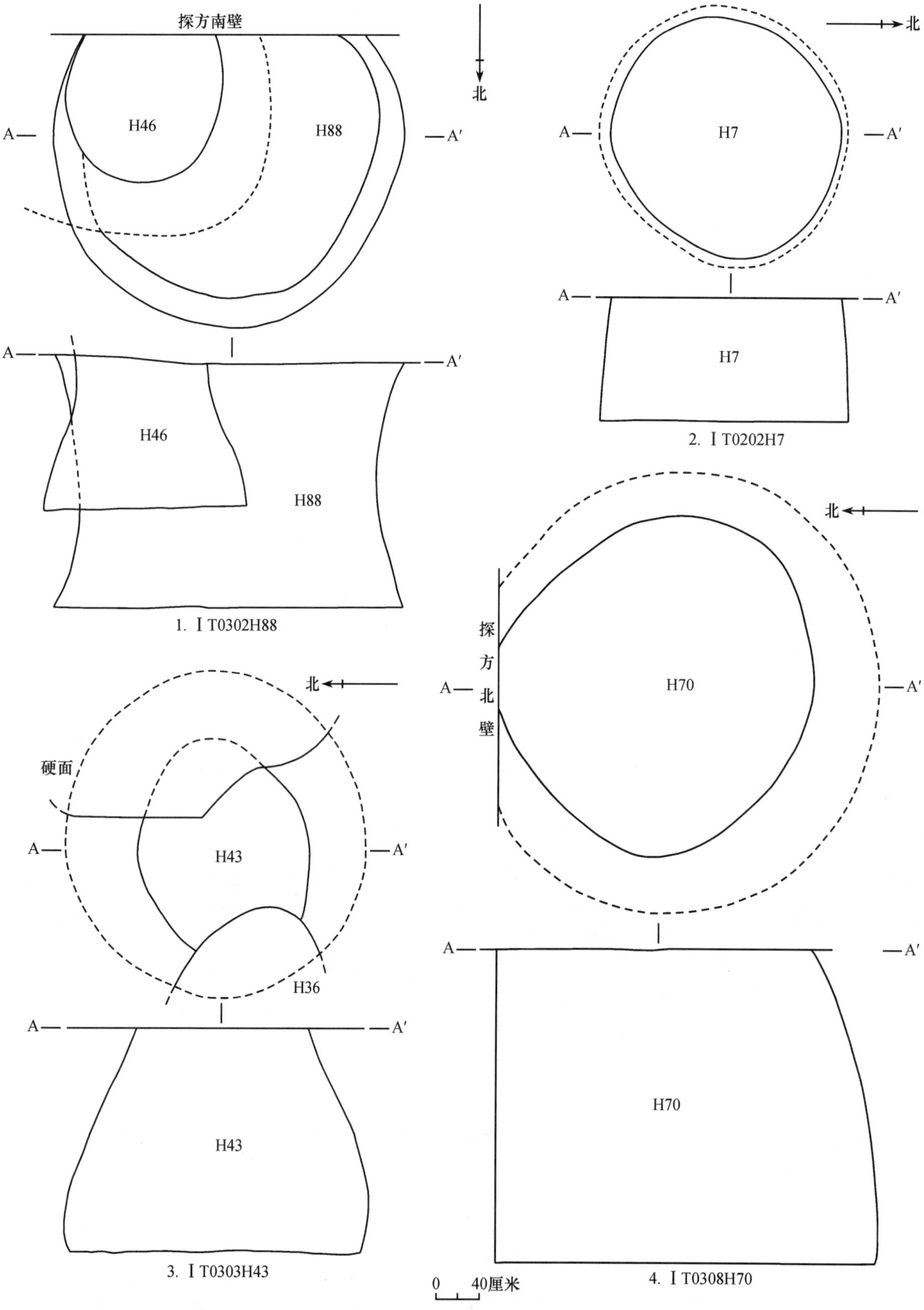

图5-4　Ⅰ区客省庄二期圆形亚腰状、圆形及椭圆形袋状坑

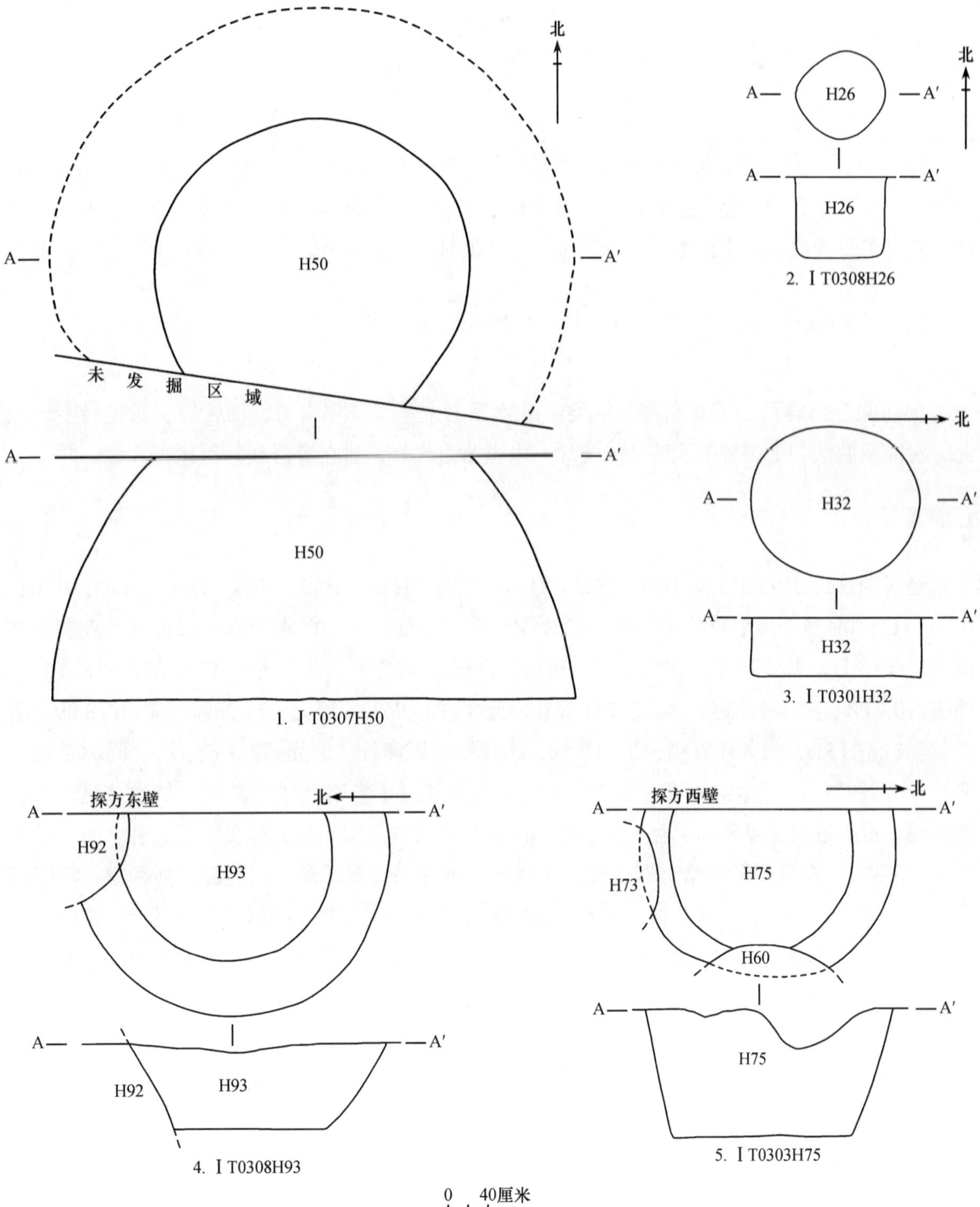

图5-5　Ⅰ区客省庄二期圆形袋状、圆形筒状、椭圆形筒状、圆形锅底状坑

二、遗物概述

第三期文化遗物较丰富种类多样，数量较大。按质地可分为陶器、石器、骨器、角器、蚌器等常见种类。其中陶器包括容器、工具和饰品三类；石器包括生产工具及生活用具两类，生产工具又可分为农作和木作等类；骨器包括生产工具和生活用具。

（一）陶器

按功能分为容器、工具和饰品三类，以容器为主；工具仅有刀、纺轮等，数量较少。因此，对陶系制法、造型特征及装饰的统计，以容器为代表，放在容器部分叙述。

1. 容器

经过对H8、H9、H13、H17、H29、H34、H36、H38、H43、H44、H50、H60、H70、H71、H73和H75等典型单位出土的2447片陶片进行统计，这一时期陶质、陶色及器表装饰特征为：陶质上，夹砂陶占61.67%、泥质陶占38.33%；陶色上，灰陶占91.1%、红陶占8.29%、黑陶占0.61%；器表装饰上，绳纹占31.96%、篮纹占23.95%、磨光占11.28%、素面占8.09、磨光+篮纹占7.15%，另外还有极少量的弦纹、按压纹、戳印纹、磨光+弦纹+篮纹、绳纹+篮纹、绳纹+小圆泥饼等。各类陶片的质量及百分比在文字叙述中省略，详见表5-1。绳纹多见于鬲、圆腹罐、盘；篮纹多见于斝、瓮、壶、豆、圈足盘和窖穴盖等；磨光多见于豆、杯、盘、器盖等（表5-3）。常见器形有鬲、斝、鬶、无耳罐、单耳罐、双耳罐、三耳罐、高领罐、喇叭口壶、瓮、器盖、豆、盘、盆、杯、窖穴盖、甑等，器类与陶质之间的对应关系具有一定的规律性（表5-2）。陶器成型方法以手制法为主，模制法次之，少见轮制法。手制法中以泥条法为主，采用盘筑和圈筑两种方式，主要应用于形体较大的器物，此外还使用捏塑、贴塑等手法。形态复杂的器物，运用多种手制成不同部位，然后拼接而成，如鬲、斝、鬶、罐的袋足、器底和耳（把手、鋬）等，为单独制作后拼接而成，拼接处或可见明显的黏结痕，或被水平状附加堆纹遮掩，断裂后可见。模制法见于空三足器，如鬲、斝、鬶等，部分陶鬲内壁可见反绳纹，一般被推测为模制痕迹。轮制器少见，小件的杯、豆、盘内外表面可见轮旋痕迹。多数器物口部经过慢轮修整或手抹，留有刮抹痕。器物造型上，以平底器、三足器较为常见，另有少量圈足器，几乎不见尖底器，圜底仅见于三足器中的斝类底部。

鬲　13件。为本期最常见器类之一，以夹细砂灰陶为主。基本形态为侈口，高领，袋状三足，弧形裆或尖角裆，多数置把手。领部多呈素面，系抹去绳纹的结果；少量领部保存纹饰，如水平状篮纹。裆部及足部通饰绳纹，纹路粗细与器物体量有一定关系。器体大小相差悬殊，形态多样。根据有无把手及器体大小分为四型。

表5-1　Ⅰ区客省庄二期陶系统计表

陶质	细泥质陶			粗泥质陶			夹细砂陶		夹粗砂陶		合计	百分比（%）
器表装饰＼陶色	红	黑	灰	红	黑	灰	红	灰	红	灰		
素面	1/39		13/430	20/377		61/2319	7/416	46/1665	2/164	48/1781	198/7191	8.09/5.52
磨光		1/100	24/818	6/283	8/470	181/7832		54/2962		2/307	276/12772	11.28/9.81
篮纹			8/716	4/254		287/13205	64/9053	138/7893	14/1188	71/3705	586/36014	23.95/27.65
绳纹						19/520	18/936	411/19033	18/2019	316/12321	782/34829	31.96/26.74
弦纹	1/33			1/155		8/329		2/87		1/23	13/627	0.53/0.48
按压纹						1/154		6/585			7/739	0.29/0.57
戳印纹						1/37				8/506	9/543	0.37/0.42
磨光+篮纹			2/72	19/1723		126/6576		27/1361		1/231	175/9963	7.15/7.65
磨光+弦纹			7/636	1/21	5/364	51/2742		19/1001			83/4764	3.39/3.66
绳纹+篮纹							2/147	37/1945	1/330	12/862	52/3284	2.13/2.52
附加堆纹+按压纹								7/275		4/498	11/773	0.45/0.59
绳纹+附加堆纹										6/1997	6/1997	0.25/1.53
篮纹+附加堆纹+绳纹										4/602	4/602	0.16/0.46
篮纹+附加堆纹+按压纹										28/3087	28/3087	1.15/2.37
篮纹+按压纹									16/837		16/837	0.65/0.64
磨光+刻划纹			2/121			1/64					3/185	0.12/0.14
磨光+弦纹+篮纹						47/2599		5/517			52/3116	2.13/2.39
磨光+方格纹								5/258			5/258	0.20/0.20
篮纹+弦纹+绳纹+按压纹										6/303	6/303	0.25/0.23
磨光+弦纹+戳印纹						9/601					9/601	0.37/0.46
磨光+弦纹+刻划纹						2/556					2/556	0.08/0.43
绳纹+弦纹								15/1140		12/498	27/1638	1.10/1.26
绳纹+按压纹							2/94			3/192	5/286	0.20/0.22

续表

陶质 / 陶色 / 器表装饰	细泥质陶			粗泥质陶			夹细砂陶		夹粗砂陶		合计	百分比（%）
	红	黑	灰	红	黑	灰	红	灰	红	灰		
弦纹+戳印纹						3/110					3/110	0.12/0.08
弦纹+小圆泥饼+附加堆纹+按压纹								6/437			6/437	0.25/0.34
篮纹+弦纹										5/344	5/344	0.20/0.26
方格纹								1/42			1/42	0.04/0.03
绳纹+小圆泥饼								29/1606		1/27	30/1633	1.23/1.26
附加堆纹+戳印纹									2/148	1/92	3/240	0.12/0.18
磨光+篮纹+按压纹								1/56			1/56	0.04/0.04
篮纹+弦纹+按压							1/91				1/91	0.04/0.07
绳纹+刻划纹										2/116	2/116	0.08/0.09
篮纹+绳纹+附加堆纹+按压纹							3/188				3/188	0.12/0.14
磨光+凸弦纹					1/59						1/59	0.04/0.05
弦纹+刻划纹								1/77			1/77	0.04/0.06
篮纹+绳纹+戳印纹								3/198			3/198	0.12/0.15
篮纹+绳纹+弦纹										1/97	1/97	0.04/0.07
磨光+弦纹+戳印纹+篮纹						15/626					15/626	0.61/0.48
弦纹+小圆泥饼								1/41			1/41	0.04/0.03
磨光+菱格纹						2/89					2/89	0.08/0.07
绳纹+戳印纹										6/567	6/567	0.25/0.44
绳纹+篮纹+按压纹										7/280	7/280	0.29/0.22
合计	2/72	1/100	56/2793	51/2813	14/893	814/38359	97/10925	814/41179	53/4686	545/28436	2447/130256	
百分比（%）	0.08/0.06	0.04/0.08	2.29/2.14	2.08/2.16	0.57/0.69	33.27/29.45	3.96/8.39	33.27/31.61	2.17/3.59	22.27/21.83		100/100

注：参与统计的遗迹单位有H8、H9、H13、H17、H29、H34、H36、H38、H43、H44、H50、H60、H70、H71、H73、H75。百分比相关的行、列外，“/”前统计的数据为片数，单位为个；“/”后统计的数据为质量，单位为克。

A型 5件。大型单把鬲。器体较大，厚重，袋状三足肥硕，侈口，高领。口沿及袋足上部置一竖向宽扁桥形把手。高度在35厘米以上。

标本H17：3，夹细砂灰陶。圆唇，弧形裆较窄，锥状足尖。领部素面，把手和袋足饰竖向粗绳纹，裆部饰横向粗绳纹，纹痕皆深，裆部内壁可见反绳纹。领部留有轮修痕。口径18.0、复原后高40.0、壁厚0.4～0.7、把手宽2.1厘米（图5-6，1）。

标本H50：3，夹细砂灰陶。圆唇，领部较直，宽弧裆，锥状足尖。领部素面，把手及袋足均饰竖向绳纹，裆部饰横向粗绳纹。袋足外壁明显可见烟炱痕。口径17.8、体宽32.7、高36.2、壁厚0.8、把手宽4.2厘米（图5-6，2；图版五七，2）。

表5-2 Ⅰ区客省庄二期器形统计表（1）

陶质	细泥质陶			粗泥质陶			夹细砂陶		夹粗砂陶		合计	百分比（%）
陶色／器类	红	黑	灰	红	黑	灰	红	灰	红	灰		
泥质罐		1	1	1		5					8	1.04
无耳罐			1	1		18	5	52	3	49	129	16.77
单耳罐			6			11		6		2	25	3.25
双耳罐			2			4		1			7	0.91
二耳罐			1								1	0.13
瓮				1		13		2		1	17	2.21
喇叭口壶			13	1	3	159	1	80		7	264	34.33
圈足盘			1			4					5	0.65
盘						3					3	0.39
豆			1	1	1	15		3		3	24	3.12
器盖			3		1	10		3		2	19	2.47
杯			1		1	2	1				5	0.65
鬲						2	5	88	3	74	172	22.36
斝							3	8	10	26	47	6.11
鬶	2			3						1	6	0.78
窖穴盖							26		3		29	3.77
盂						2					2	0.26
甑							1	1			2	0.26
小罐						1					1	0.13
碟状器底			1			1					2	0.26
陶器残片						1					1	0.13
合计	2	1	31	8	6	251	42	244	19	165	769	
百分比	0.26	0.13	4.03	1.04	0.78	32.64	5.46	31.73	2.47	21.46		100

注：参与统计的遗迹单位有H8、H13、H17、H29、H34、H43、H44、H50、H70、H71、H73。

表5-3　Ⅰ区客省庄二期器形统计表（2）

器类 器表装饰	泥质罐	瓮	壶	盘	圈足盘	豆	器盖	杯	鬲	斝	鬶	甑	盂	窖穴盖	无耳罐	单耳罐	双耳罐	三耳罐	小罐	陶器残片	碟状器底	合计	百分比（%）
素面	1		23	1		7	1	1	5	3	4	1		1	42	9	2				2	103	13.39
磨光	5	12	41	2	3	6	5	2							11	5	4		1			97	12.61
篮纹	1	1	120		1	5				26	1	1		28	7					1		192	24.97
绳纹									155	1					50	3						209	27.18
弦纹			3							1	1											5	0.65
按压纹							3															3	0.39
戳印纹							2		1	1												4	0.52
磨光+篮纹	1	3	47		1			1					2				1					56	7.28
磨光+弦纹			18			6	5								4	4						37	4.81
篮纹+绳纹									2	2					2							6	0.78
绳纹+附加堆纹										1												1	0.13
绳纹+弦纹									4						4							8	1.04
附加堆纹+戳印纹										2												2	0.26
绳纹+小圆泥饼									1							1						2	0.26
磨光+弦纹+戳印纹+篮纹			1																			1	0.13
磨光+弦纹+戳印纹			5													1						6	0.78
篮纹+绳纹+戳印纹									2						1	1						4	0.52
篮纹+按压纹										2												2	0.26

续表

器类 / 器表装饰	泥质罐	瓮	壶	盘	圈足盘	豆	器盖	杯	鬲	斝	鬶	甗	盂	窖穴盖	无耳罐	单耳罐	双耳罐	三耳罐	小罐	陶器残片	碟状器底	合计	百分比（%）
磨光+刻划纹																		1				1	0.13
绳纹+戳印纹							1		1													2	0.26
弦纹+刻划纹			1																			1	0.13
磨光+菱格纹			1																			1	0.13
磨光+凸弦纹								1														1	0.13
篮纹+弦纹+按压															1							1	0.13
篮纹+绳纹+按压纹															1							1	0.13
弦纹+小圆泥饼+附加堆纹+按压纹										2												2	0.26
绳纹+刻划纹															1							1	0.13
绳纹+弦纹+小圆泥饼															1							1	0.13
磨光+弦纹+篮纹		1	2																			3	0.39
附加堆纹+按压纹			1							1												2	0.26
磨光+弦纹+刻划纹							2															2	0.26
篮纹+弦纹										1												1	0.13
绳纹+按压纹															1	1						2	0.26

续表

器类 器表装饰	泥质罐	瓮	壶	盘	圈足盘	豆	器盖	杯	鬲	斝	鬶	甑	盂	窖穴盖	无耳罐	单耳罐	双耳罐	三耳罐	小罐	陶器残片	碟状器底	合计	百分比（%）
篮纹+绳纹+附加堆纹+按压纹															2							2	0.26
篮纹+弦纹+绳纹+按压纹															1							1	0.13
篮纹+附加堆纹+绳纹										2												2	0.26
磨光+方格纹			1																			1	0.13
篮纹+附加堆纹+按压纹										2												2	0.26
篮纹+小圆泥饼									1													1	0.13
合计	8	17	264	3	5	24	19	5	172	47	6	2	2	29	129	25	7	1	1	1	2	769	
百分比（%）	1.04	2.21	34.33	0.39	0.65	3.12	2.47	0.65	22.36	6.11	0.78	0.26	0.26	3.77	16.77	3.25	0.91	0.13	0.13	0.13	0.26		100

注：参与统计的遗迹单位有H8、H13、H17、H29、H34、H43、H44、H50、H70、H71、H73。

标本H44：10，夹细砂灰陶。方唇，窄弧裆，足跟圆钝，把手下端接袋足与领部交接处。领部饰横向粗篮纹，把手表面饰杂乱绳纹，上腹及袋足饰竖向中绳纹，裆部饰交错粗绳纹，内壁可见反绳纹。器表留有烟炱痕，口沿内侧可见明显轮修痕。口径24.0、高36.0、壁厚0.4厘米（图5-6，3）。

标本H50：1，夹细砂灰陶。圆唇，窄弧裆，足跟较高。领部素面，把手表面饰杂乱绳纹，上腹及袋足饰竖向绳纹，裆部饰横向绳纹，内壁隐约可见反绳纹。器表可见烟炱痕，下端与袋足相接处贴泥并多次拍压。口径23.0、体宽32.4、高38.2、壁厚0.6、把手宽5.1厘米（图5-6，4；图版五七，1）。

标本H34：11，夹粗砂灰陶。领部较直，宽弧裆，锥状足尖，口沿及部分袋足残。领部素面，把手与袋足上部饰竖向中粗绳纹，袋足外侧饰交错中绳纹，裆部饰较深的交错中绳纹，

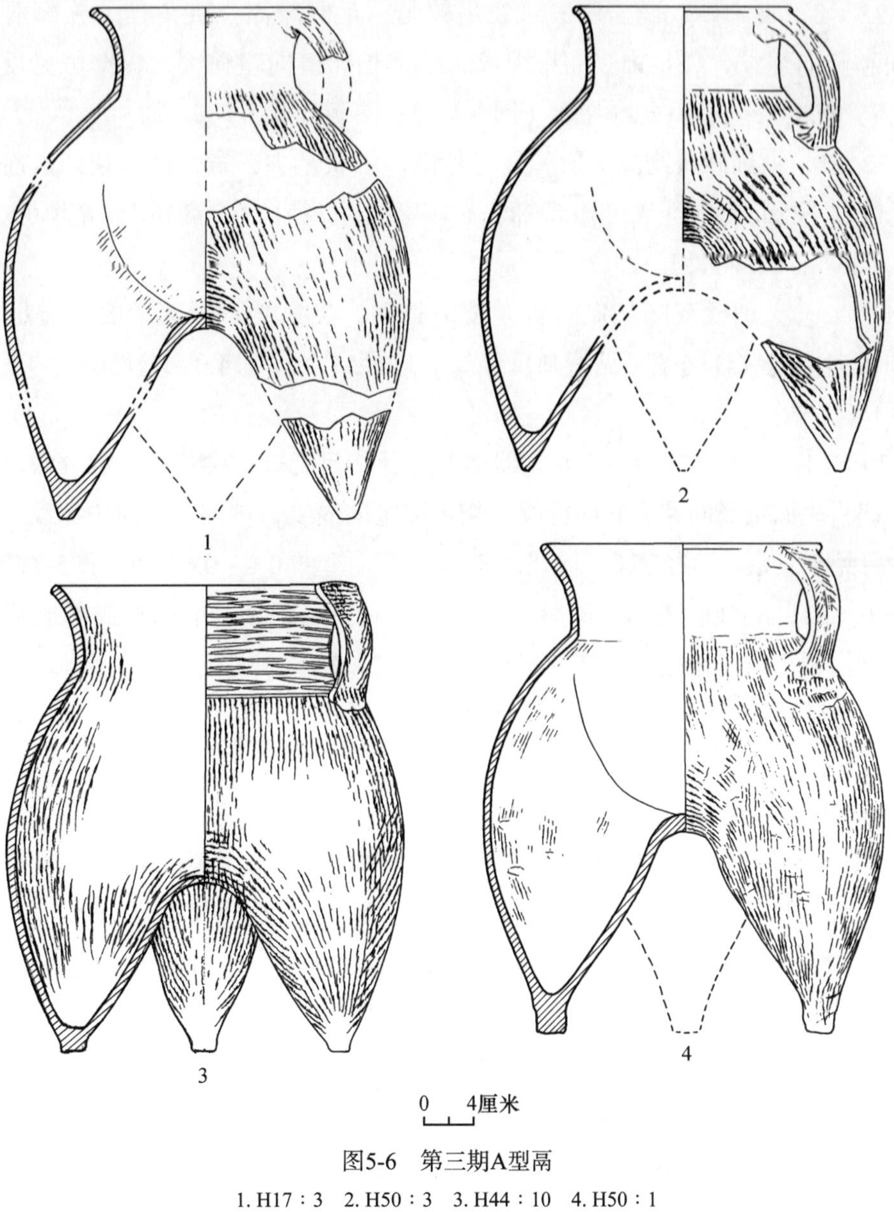

图5-6　第三期A型鬲

1. H17：3　2. H50：3　3. H44：10　4. H50：1

内壁可见反绳纹，把手下端饰一排戳印纹。领部留有水平状轮修痕，器表可见烟炱痕。口径23.4、复原后高48.4、壁厚0.4～0.6厘米（图5-7，1）。

B型　1件。中型单把鬲。器体大小居中，形态与A型相似，惟袋足较瘦，口沿及袋足上部置一竖向宽扁桥形把手。高25～35厘米。

标本H61：4，夹细砂灰陶。圆唇，袋足内敛，锥状足尖，弧形裆较高。把手上下两端各饰一排戳印纹，领下部与袋足衔接处饰一周戳印纹，戳印纹间贴附小圆泥饼，袋足饰竖向中绳纹，裆部饰较深的交错绳纹。器表可见烟炱痕。口径20.0、体宽25.0、高33.0、壁厚0.8、把手宽2.0厘米（图5-7，5；图版五七，3）。

C型　6件。小型单把鬲。器体较小，侈口，高领，袋状三足较肥，口沿及袋足上部置一竖向桥形把手，把手下端与袋足相接处较大型鬲偏低。高度低于25厘米。

标本H22：2，夹细砂灰陶。圆唇，袋足较肥，足跟较高，尖角裆。领部素面，把手表面饰右斜向和竖向绳纹，袋足饰竖向中绳纹，裆部拍印横向粗绳纹，内壁可见反绳纹。口径11.6、高17.6、壁厚0.5、把手宽2.6厘米（图5-7，3；图版五八，1）。

标本H22：1，夹细砂灰陶。圆唇，袋足外鼓，锥状足尖，宽弧裆。领部素面，袋足上部饰竖向粗绳纹，下部饰斜向绳纹，裆部拍印横向绳纹。口径10.0、高16.1、壁厚0.5～0.7、把手宽2.0厘米（图5-7，6；图版五八，2）。

标本M1：2，夹细砂灰陶。尖圆唇，袋足肥矮，尖角裆。领部素面，袋足饰竖向中绳纹，裆部饰横向中绳纹，内壁可见清晰反绳纹。口径11.0、高14.0、壁厚0.4、把手宽2.6厘米（图5-7，9）。

标本H70：14，夹细砂灰陶。圆唇，器体宽扁，袋足肥矮，尖角裆，部分袋足和裆部残。领部素面，把手表面饰竖向和右斜向绳纹，袋足饰竖向绳纹，裆部饰横向中绳纹。领部留有轮修痕，器表可见烟炱痕。口径16.0、体宽19.8、高18.2、壁厚0.4～0.6厘米（图5-7，7）。

标本H70：31，夹细砂灰陶。圆唇，高领较直，袋足肥矮，上端外鼓形成圆肩，足跟圆钝，弧裆略宽。领部素面，把手上端饰右斜向细绳纹，把手下端与袋足饰竖向细绳纹，裆部饰横向中绳纹，内壁可见反绳纹。器表可见烟炱痕。口径12.8、高20.5、壁厚0.6、把手宽1.2厘米（图5-7，8）。

标本H70：18，夹粗砂灰陶。圆唇，袋足较瘦，足尖残。把手上下两端与袋足连接处均有三道竖向戳印纹。领部绳纹被刮抹，把手与袋足饰竖向中绳纹，裆部饰横向中绳纹，内壁可见反绳纹。器表可见烟炱痕。口径14.0、体宽19.1、残高21.2、壁厚0.5～0.8、把手宽2.8厘米（图5-7，4）。

D型　1件。无把鬲。形态、器体大小接近C型，唯不置把手。

标本H8：4，夹粗砂灰陶。圆唇，高领斜直，足跟较钝，宽弧裆。领部素面，袋足饰竖向粗绳纹。器表可见烟炱痕。口径12.5、高15.0、壁厚0.3～0.7厘米（图5-7，2）。

斝　17件。以夹砂灰陶为主，夹砂红陶次之。器表装饰以篮纹为主，绳纹和附加堆纹次之，也有少量刻划纹、戳印纹、弦纹、泥钉及素面等。篮纹或素面之上饰附加堆纹，呈水平或

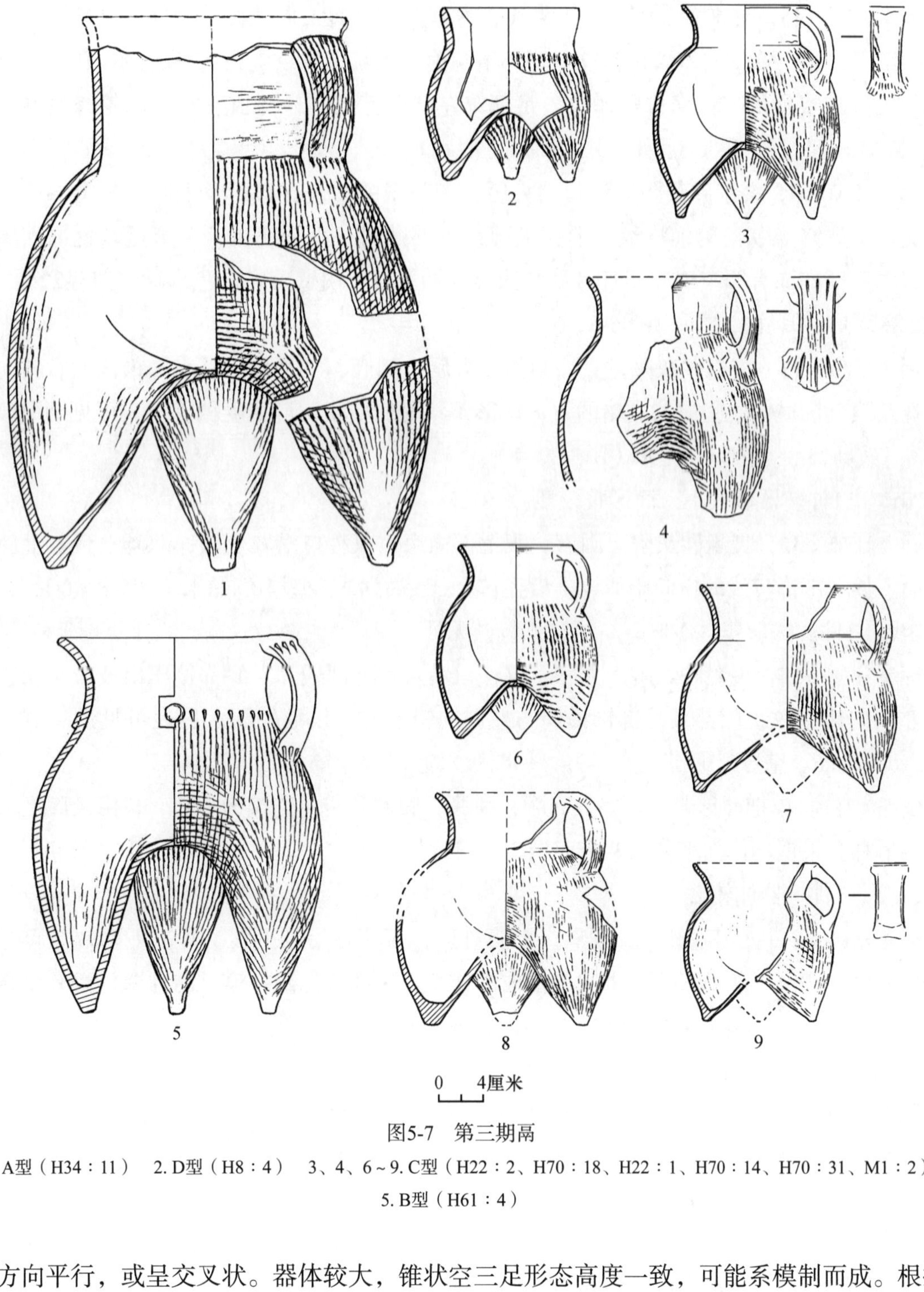

图5-7　第三期鬲

1. A型（H34：11）　2. D型（H8：4）　3、4、6～9. C型（H22：2、H70：18、H22：1、H70：14、H70：31、M1：2）
5. B型（H61：4）

垂直方向平行，或呈交叉状。器体较大，锥状空三足形态高度一致，可能系模制而成。根据口部及腹部特征分为七型。

A型　4件。筒形深腹，侈口，圜底，底部连接三个锥状空足，足上部微外撇，口沿及上腹置一对称的竖向桥形耳。器表多饰篮纹及附加堆纹，亦有素面加凹弦纹者。根据器体大小与腹部特征分为两个亚型。

Aa型　3件。器体较大，筒形腹较宽。

标本H70：45，夹细砂灰陶。直口微侈，方唇。唇部有一周凸棱，圜底，锥状足尖。上腹近口部素面，以下饰横向篮纹，篮纹上饰环络状附加堆纹，堆纹上留有整齐的按压纹，耳上下两端与腹壁连接处均有一横排戳印纹，足部饰左斜向篮纹。口部留有规整的轮修痕迹。口径20.6、高31.6、壁厚0.4～0.8厘米（图5-8，1；图版五八，3）。

标本H50：6，夹细砂灰陶。侈口，方唇，上腹微弧，仅存口沿及上腹。耳上部饰一小段按压成"〉"形条状的附加堆纹，形如麦穗，下部贴附一小圆泥饼，上腹近耳处饰六周凹弦纹，腹中下部亦饰有凹弦纹。器身可见刮抹痕及烟炱痕，内壁可见白色水垢。口径22.2、残高14.0、壁厚0.7、耳宽3.7厘米（图5-8，3）。

标本H70：13，夹粗砂灰陶。直口微侈，方唇，圜底，三足残。器表饰极浅的右斜向粗篮纹，耳及腹部饰横向、竖向与交错的"〉"形条状附加堆纹，形如麦穗。器表可见烟熏痕。口径23.6、残高25.8、壁厚0.6厘米（图5-8，4）。

Ab型　1件。器体较小，筒形腹较瘦。

标本H70：35，夹粗砂灰陶。圆唇，腹上部微束，仅存口沿及上腹，双耳已残。上腹近口部素面，偏下部饰较浅的横向中篮纹。口径17.8、残高14.6、壁厚0.8厘米（图5-8，6）。

B型　1件。罐形斝。侈口，高领，弧腹，无耳。

标本H71：15，夹粗砂红陶。方唇，仅存口沿及足上部残片。唇部按压出波浪状花边，领部饰左斜向粗篮纹，腹部及足部饰横向与左斜向粗篮纹，纹痕较深。器表可见烟炱痕。口径24.0、残高16.6、壁厚0.5厘米（图5-9，1；图版六七，1）。

C型　2件。单把鬲形斝，侈口，高领，弧腹，腹部和袋足连接为一体，口沿及腹上部置一竖向桥形耳。根据器体大小分为两个亚型。

Ca型　1件。器体较大。

标本H14：2，夹细砂红陶。圆唇，上腹外鼓，仅存口沿及上腹。耳上下两端与腹壁连接处均饰三处戳印纹，领部素面，上腹饰横向中篮纹。领部可见刮抹痕，内外壁均留有轮修痕及烟炱痕。口径18.7、残高14.9、壁厚0.6、耳宽2.6厘米（图5-9，4）。

Cb型　1件。器体较小。

标本H30：3，夹细砂灰陶。圆唇，腹向下外张，袋足外撇，圜底。腹部饰横竖交错的刻划纹，袋足饰较浅的右斜向篮纹。袋足可见烟炱痕。口径9.7、高15.0、壁厚0.4厘米（图5-9，5；图版五八，4；图版六九，1）。

D型　2件。单耳罐形斝，侈口，高领，弧腹，腹部与足部交接处转折明显，口沿及腹中部置一竖向桥形耳。根据器体大小分为两个亚型。

Da型　1件。器体较大。

ⅠT0407④采：6，夹细砂灰陶。圆唇，仅存口沿及足上端。领部素面，腹部饰竖向粗绳纹。领部留有轮修痕，器表可见烟炱痕。口径14.0、残高15.6、壁厚0.6厘米（图5-9，3；图版六六，6）。

Db型　1件。器体较小。

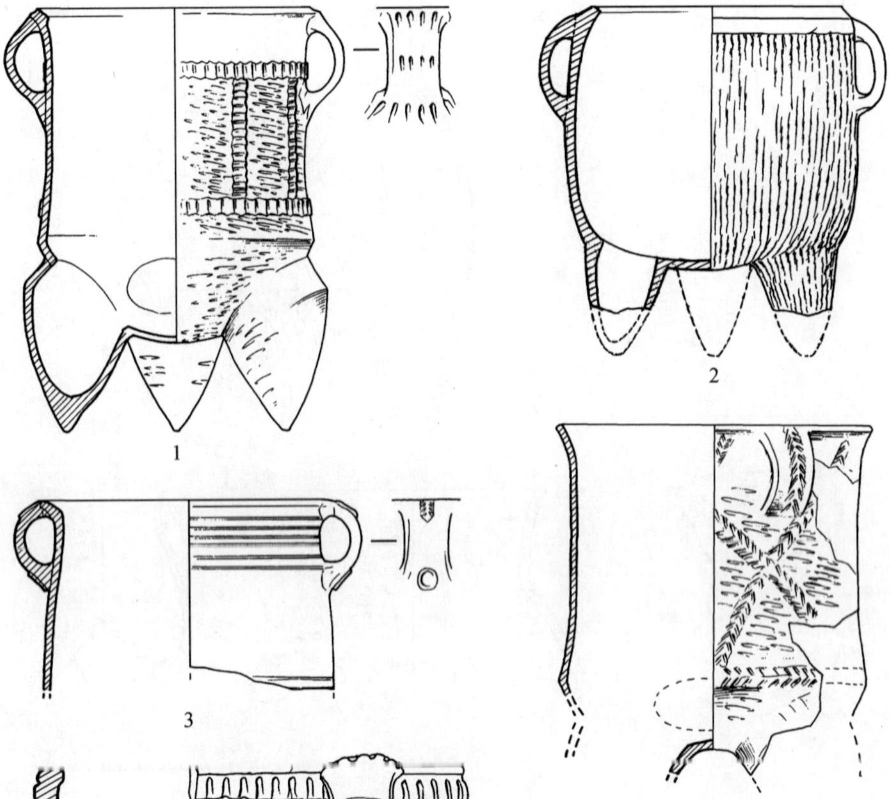

图5-8　第三期斝（1）

1、3、4. Aa型（H70：45、H50：6、H70：13）　2. F型（ⅠT0302④：1）　5、7、8. G型（ⅠT0301③：132、ⅠT0302③：130、ⅠT0302③：131）　6. Ab型（H70：35）

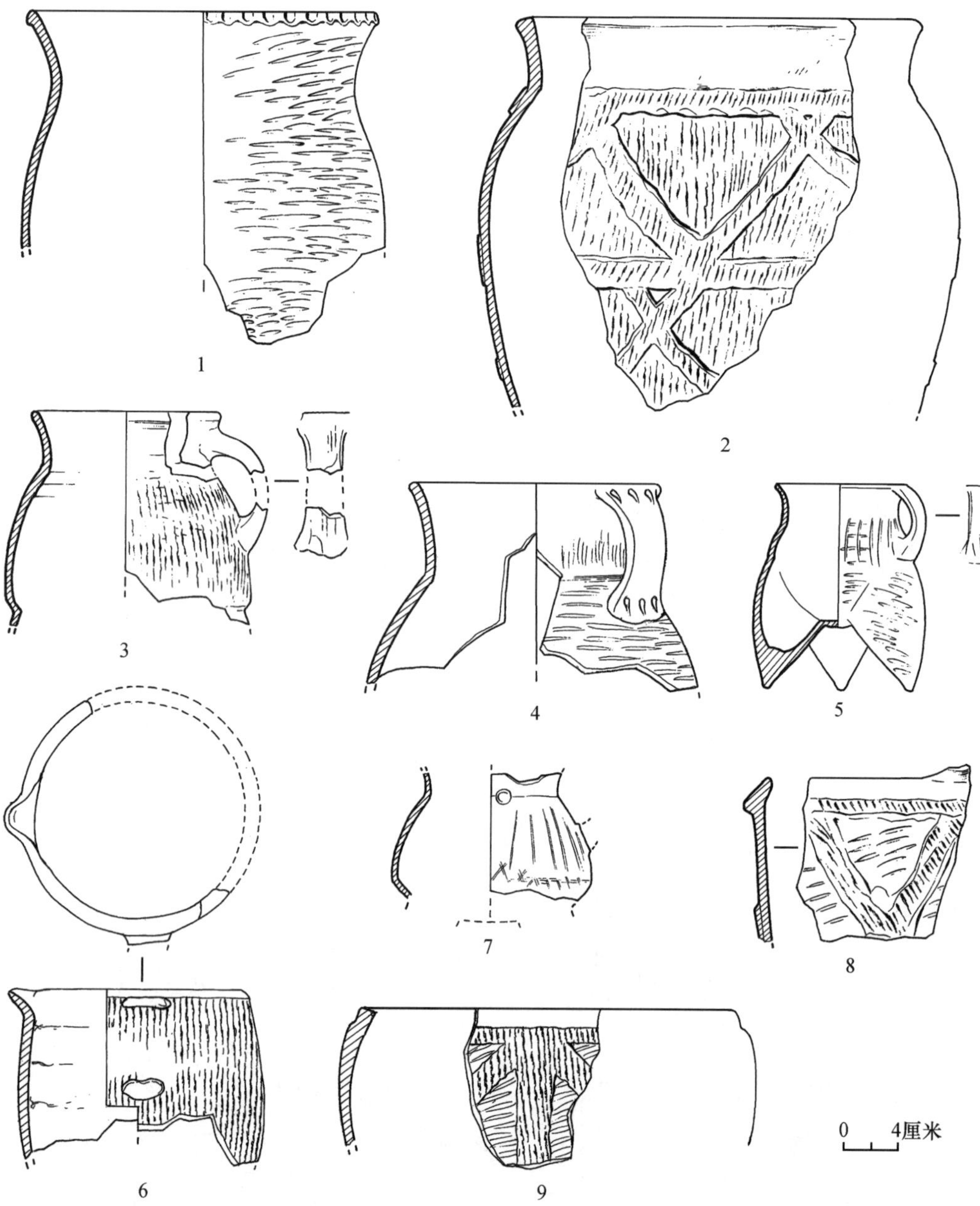

图5-9　第三期斝（2）

1. B型（H71：15）　2. E型（H70：9）　3. Da型（ⅠT0407④采：6）　4. Ca型（H14：2）　5. Cb型（H30：3）　6、8. F型（ⅠT0301③：94、H71：25）　7. Db型（H52：1）　9. G型（ⅠT0301③：70）

标本H52：1，夹细砂灰陶。仅存领部及腹部。颈腹交接处贴附小圆泥饼，腹部有一周稀疏的竖线刻划纹。器表可见烟炱痕。残高9.3、壁厚0.5厘米（图5-9，7；图版六九，3）。

E型　1件。侈口，高领，上腹外鼓。

标本H70：9，夹粗砂灰陶。方唇，底部及三足残。领部素面，腹部饰竖向中绳纹，绳纹之上饰交错的宽条状附加堆纹，堆纹上留有绳压痕。口径32.0、残高29.3、壁厚0.9厘米（图5-9，2；图版六七，4）。

F型　3件。敛口，筒形腹，腹壁微鼓，多置双耳，造型与A型相似。

标本ⅠT0302④：1，夹细砂灰陶。敛口内折，方唇，口沿及上腹置一对宽扁拱形耳，圜底，足尖残。腹部及足部饰竖向粗绳纹，裆部饰横向粗绳纹。器表可见烟炱痕。口径18.0、复原后高25.8、壁厚0.6～0.8厘米（图5-8，2）。

标本ⅠT0301③：94，夹细砂灰陶。尖圆唇，口沿一侧有U形流，仅存口沿及上腹。上腹饰竖向中绳纹。内壁可见刮抹痕。残高7.4、壁厚1.0厘米（图5-9，6）。

标本H71：25，夹粗砂灰陶。方唇，口沿一侧有U形流，仅存口沿及上腹。上腹饰较浅的左斜向篮纹，篮纹上饰条状附加堆纹构成的纹饰带，堆纹上留有绳压痕，纹痕较深。口径24.0、残高11.2、壁厚0.5～0.8厘米（图5-9，8；图版六七，2）。

G型　4件。敛口，弧腹微鼓。

标本ⅠT0301③：132，夹细砂灰陶。方唇，口沿与上腹之间置一对竖向宽扁桥形耳，仅存口沿及上腹。唇部有一道凸棱，腹部饰较浅的横向粗篮纹，沿下及上腹饰横向及竖向的附加堆纹，堆纹上压印竖向凹槽，耳上下两端均饰一排横向戳印纹。口部隐约可见轮修痕。口径21.0、残高11.0、壁厚0.8～1.2厘米（图5-8，5；图版六七，5）。

标本ⅠT0302③：130，夹粗砂灰陶。平折沿，方唇，仅存口沿及上腹。沿面饰两周凸弦纹，沿下及上腹饰半圆状附加堆纹，堆纹上留有“〈”形压印痕，形如麦穗。口径21.0、残高16.2、壁厚0.5～0.7厘米（图5-8，7；图版六七，3）。

标本ⅠT0302③：131，夹粗砂灰陶。方唇，口部置一竖向桥形耳，圆鼓腹，仅存口沿及上腹。上腹近耳处饰一周附加堆纹，堆纹上压印出“×”形几何纹。口径18.0、残高11.4、壁厚0.5、耳宽3.2厘米（图5-8，8）。

标本ⅠT0301③：70，夹细砂灰陶。方唇，上腹外弧，仅存口沿及上腹。上腹饰左斜向篮纹，篮纹上饰环络状附加堆纹，堆纹上留有绳纹印迹。口径18.0、残高11.6、壁厚0.8厘米（图5-9，9；图版六七，6）。

鬶　4件。以泥质红陶多见，泥质灰陶较少。器表装饰以素面为主，桥形鋬表面多饰有竖向凹弦纹。侈口，深腹，袋状或锥状空三足，裆部呈倒置的U形或V形。根据足、裆部形制可分为两型。

A型　1件。倒V形或“人”字形尖角裆，器体较瘦长。

标本H70：113，粗泥质红陶。深曲腹，袋足稍肥，足尖内填实，“人”字形尖角裆，口沿及部分足部残。素面。器表可见明显的竖向刮抹痕。残高48.0、壁厚0.8厘米（图5-10，3）。

B型　1件。倒U形裆，器体较矮。

ⅠT0301③：121，细泥质红陶。仅存鋬及袋足上部残片，袋足较瘦，略向外撇。器表磨光，桥形鋬宽扁，鋬面饰竖向凹弦纹，上端与口沿相接处附近贴附两个小圆泥饼。残高7.4、壁厚0.2～0.4厘米（图5-10，9）。

另有鋬残片2件，故未分型。

标本ⅠT0301③：438，夹细砂红陶。竖向宽扁桥形鋬。鋬面饰六道竖向凹弦纹，上端两侧

各饰一小圆泥饼。器表可见草木残留痕。宽5.0、厚0.5厘米（图5-10，5；图版六二，2）

标本H70：59，夹细砂红陶。竖向宽扁桥形錾。錾面饰六道竖向凹弦纹。残长17.8、宽6.4、厚1.0厘米（图5-10，8；图版六二，1）。

瓮　5件。以泥质灰陶为主。肩部磨光，腹部饰篮纹或素面+弦纹。根据是否为子母口分为两型。

A型　3件。非子母口。

标本H50：14，夹细砂灰陶。敛口，方唇，斜折肩，上腹较直，肩腹折棱处置一对横长方形錾，下腹及底残。器表磨光，腹部饰三道凹弦纹。唇部有整齐的切割痕。口径24.2、肩径39.6、残高15.9、壁厚0.8厘米（图5-10，1）。

标本H70：10，粗泥质灰陶。敛口，斜折肩，深弧腹，小平底，肩部折棱处置圆形錾，口沿及部分腹部残。肩部磨光，腹部饰横向粗篮纹。肩径48.0、底径21.0、残高40.3、壁厚0.4～0.8厘米（图5-10，4）。

标本H7：4，粗泥质灰陶。敛口，方唇，肩面斜直，仅存口沿及肩部。器表磨光。器表可见刮抹痕。口径20.2、残高8.2、壁厚0.6厘米（图5-10，6）。

B型　2件。子母口。唇部内凹，形成子口，以承接器盖。

标本ⅠT0302④：7，细泥质黑皮陶。敛口，尖圆唇，斜折肩，肩面微鼓，折棱下方置横长方形錾，仅存口沿及上腹。器表磨光，錾上沿饰一条凹弦纹，上下两面各饰七道竖向刻划纹。器表可见刮抹痕。口径20.0、残高13.0、壁厚0.6厘米（图5-10，2；图版六八，2）。

标本ⅠT0202③：2，粗泥质灰陶。敛口，方唇，斜折肩，肩面微鼓。器表磨光，沿下有一小孔。内外壁均留有刮抹痕。口径22.0、残高13.5、壁厚0.6厘米（图5-10，7）。

罐　38件。根据器耳数目分为四类。

无耳罐　12件。以夹砂灰陶为主，另有极少量的泥质陶。侈口，高领，鼓腹，平底。领部多数为素面，少数残留有篮纹或绳纹，腹部饰竖向绳纹，近底部一周纹饰被刮抹。根据质地不同分为两个亚型。

A型　11件。夹砂陶。根据唇部有无花边分为两个亚型。

Aa型　7件。唇部无花边。

标本ⅠT0408②：1，夹细砂灰陶。高领，侈口，圆唇，圆鼓腹，下腹及底残。领部素面，上腹饰竖向细绳纹。领部留有轮修痕，器表可见烟炱痕。口径19.1、腹径23.7、残高22.4、壁厚0.6厘米（图5-11，1；图版六六，3）。

标本H43：10，夹粗砂灰陶。侈口，圆唇，高领，深鼓腹略瘦，平底。腹领交接处饰一周凹弦纹，其下贴附小圆泥饼，腹部饰竖向中粗绳纹。内壁留有轮修痕。口径14.0、腹径17.0、底径10.5、高22.0、壁厚0.4厘米（图5-11，2；图版五八，5）。

标本M1：1，夹细砂灰陶。鼓腹，平底，口沿及领上部残。领部素面，腹部饰较深的竖向粗绳纹。器表及内壁均可见烟炱痕。腹径18.4、底径7.0、残高16.0、壁厚0.5厘米（图5-11，3）。

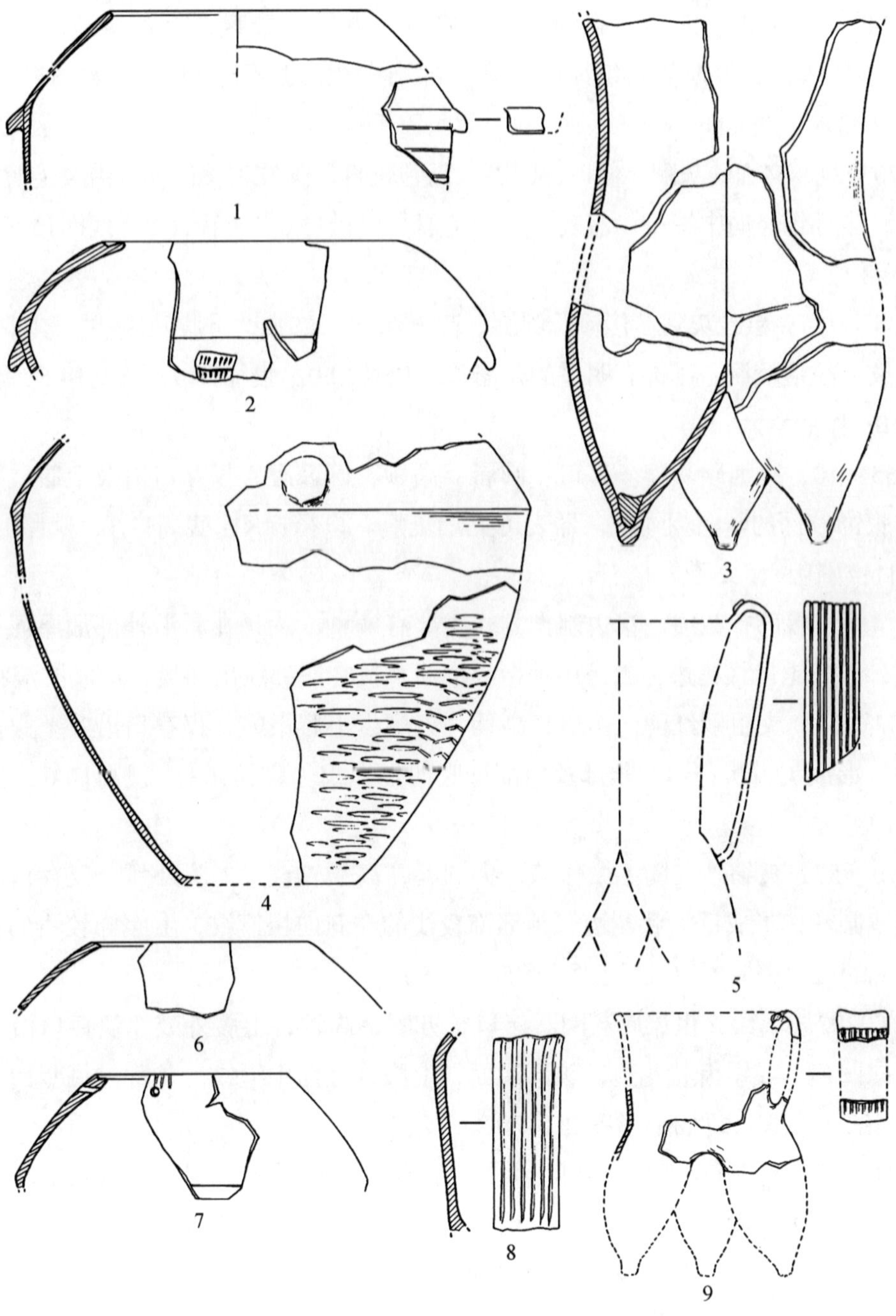

1、2、4～9. 0 4厘米　3. 0 2厘米

图5-10　第三期瓮、鬶

1、4、6. A型瓮（H50：14、H70：10、H7：4）　2、7. B型瓮（ⅠT0302④：7、ⅠT0202③：2）　3. A型鬶（H70：113）
5、8. 鬶錾（ⅠT0301③：438、H70：59）　9. B型鬶（ⅠT0301③：121）

标本H34：8，夹粗砂灰陶。高领较直，侈口，方唇，鼓腹，仅存口沿及上腹。领部饰竖向绳纹后被刮抹，上腹饰竖向细绳纹，腹中部饰一周凹弦纹。口径15.7、腹径19.5、残高17.7、壁厚0.6厘米（图5-11，6）。

标本H70：21，夹细砂灰陶。侈口，圆唇，高领较直，圆鼓腹，仅存口沿及上腹。领部饰右斜向粗篮纹，腹部饰竖向中绳纹。器表可见烟炱痕。口径13.6、腹径16.0、残高13.6、壁厚0.4厘米（图5-11，8）。

标本H34：9，夹粗砂灰陶。侈口，圆唇，高领微曲，鼓腹，下腹及底残。领部素面，上腹饰竖向细绳纹，纹痕较深。领部有明显的轮修痕。口径14.0、腹径17.4、残高14.5、壁厚0.5厘米（图5-11，10；图版六六，4）。

标本H65：10，夹细砂灰陶。侈口，圆唇，高领，圆鼓腹，仅存口沿及上腹。领部饰横向粗篮纹，上腹饰较深的竖向粗绳纹。器表可见烟炱痕。口径14.4、残高11.1、壁厚0.5～0.7厘米（图5-11，11；图版六六，2）。

Ab型　4件。唇部有花边。花边制作方式主要有两种，一是在唇沿外部加厚泥条，其上按压一周凹痕，形成锯齿状花边；二是用手指或棍棒直接在唇部压出凹痕，形成波浪状花边。

标本H71：39，夹粗砂红陶。侈口，高领，方唇，上腹微鼓，仅存口沿及上腹。唇部按压出斜向凹痕，形成锯齿状花边，领部及腹部饰竖向细绳纹。口径16.0、残高10.6、壁厚0.6厘米（图5-11，4）。

标本H70：57，夹细砂红陶。微侈口，尖圆唇，高领较直，上腹外弧，仅存口沿及上腹。唇部按压出浅圆窝，形成锯齿状花边，领部饰较浅的左斜向粗篮纹，上腹饰较浅的竖向绳纹。口径11.8、残高9.2、壁厚0.6～0.9厘米（图5-11，5）。

标本ⅠT0202③：20，粗泥质灰陶。侈口，方唇，高领，上腹外鼓，仅存口沿及上腹。唇部饰一周竖向凹痕，成锯齿状花边，领部素面，上腹饰竖向中绳纹。领部可见竖向刮抹痕。口径13.0、残高9.2、壁厚0.6厘米（图5-11，7）。

标本H71：37，夹细砂红陶。侈口，圆唇，高领，上腹外弧，仅存口沿及上腹。唇部按压出波浪状花边，沿下加固一周附加堆纹，堆纹上留有按压痕，领部饰极浅的横向粗篮纹，上腹饰竖向中绳纹。口径16.0、残高8.4、壁厚0.5厘米（图5-11，9）。

B型　1件。泥质陶。

标本ⅠT0301③：155，细泥质灰陶。侈口，圆唇，高领，圆肩，鼓腹，仅存口沿及上腹。领部饰三周浅凹弦纹，腹部素面。领部有轮修痕。口径12.0、残高11.4、壁厚0.6厘米（图5-11，12）。

单耳罐　10件。以夹砂灰陶为主，泥质灰陶次之。器表装饰以绳纹为主，素面与磨光次之。根据质地与整体特征分为四型。

A型　5件。夹砂陶。侈口，高领，鼓腹，口沿及上腹置一竖向桥形耳。根据器体大小分为两个亚型。

Aa型　1件。器体较小。

标本H34：6，夹细砂灰陶。侈口，尖唇，平底微凹。领部素面，耳部饰竖向细绳纹，腹部饰右斜向细绳纹，近底部素面。内外壁皆可见烟炱痕。口径8.0、腹径9.7、底径6.1、残高11.8、壁厚0.6、耳宽1.1～1.5厘米（图5-12，5；图版五八，6）。

Ab型　4件。器体较大。

标本H70：27，夹细砂灰陶。圆唇，下腹及底部残。领部及耳面绳纹被刮抹，腹部饰竖向细绳纹。领部留有轮修痕。口径11.3、残高9.9、壁厚0.4、耳宽2.6、耳厚0.6厘米（图5-12，6）。

标本H6：5，夹细砂灰陶。圆唇，上腹外弧，仅存口沿及上腹。上腹饰竖向中绳纹，耳上部贴附一小圆泥饼，领腹交接处饰一周凹弦纹。口沿内侧可见明显的轮修痕，器表留有烟炱痕。口径20.6、残高9.3、壁厚0.7厘米（图5-12，8）。

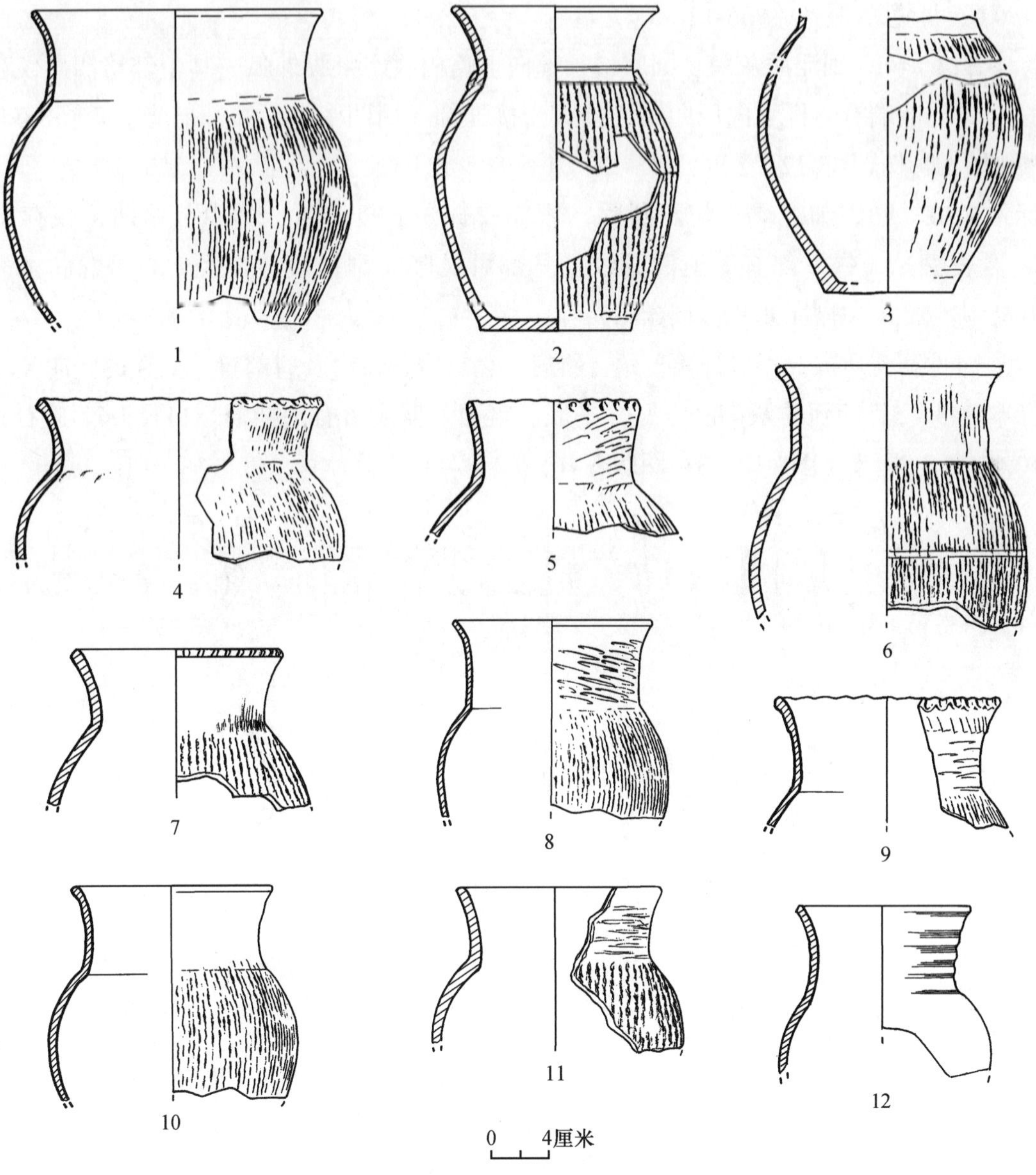

图5-11　第三期无耳罐

1～3、6、8、10、11. Aa型（ⅠT0408②：1、H43：10、M1：1、H34：8、H70：21、H34：9、H65：10）　4、5、7、9. Ab型（H71：39、H70：57、ⅠT0202③：20、H71：37）　12. B型（ⅠT0301③：155）

标本ⅠT0408②：4，夹细砂灰陶。尖唇，下腹及底部残。领部饰较浅的横向粗宽篮纹，腹部饰右斜向麦粒状粗绳纹。器表可见烟炱痕。口径11.0、残高9.6、壁厚0.6厘米（图5-12，9；图版六六，5）。

标本H71：8，夹粗砂灰陶。圆唇，下腹及底部残。领部素面，上腹饰竖向中绳纹，纹痕较深，耳部饰竖向绳纹后被刮抹。器表可见少量烟炱痕。口径12.0、残高10.6、壁厚0.4厘米（图5-12，10）。

B型　3件。泥质陶。形态与A型相似，口沿及上腹置一竖向桥形耳。

标本ⅠT0308③：11，粗泥质灰陶。圆唇，上腹圆鼓，下腹及底部残。唇部按压出一周短斜线纹形成花边，器表素面，局部略磨光。器表可见明显的刮抹痕。口径14.0、残高14.5、壁厚0.4～0.6、耳宽2.7厘米（图5-12，1）。

标本H13：66，细泥质灰陶。圆唇，领部向上略内收，上腹外弧，耳中部略凹，仅存口沿及上腹。耳部上端有一排竖向压印纹，领腹交接处饰一周凹弦纹，腹部磨光。口径8.0、残高5.8、壁厚0.4厘米（图5-12，2）。

标本H70：53，细泥质灰陶。圆唇，领部较直，上腹外弧，耳中部略凹，仅存口沿及上腹。器表磨光，领下部有三道凹弦纹。耳部可见竖向刮抹痕。口径9.8、残高7.6、壁厚0.3～0.5、耳宽2.0、耳厚0.4厘米（图5-12，4）。

C型　1件。泥质陶。直口，矮直颈，斜肩，扁折腹，口沿及肩部置一上翘的竖向环形耳。

标本H43：5，粗泥质灰陶。方唇，平底。素面。器表留有刮抹痕。口径9.6、腹径15.0、底径10.4、高8.5厘米（图5-12，3；图版五九，1）。

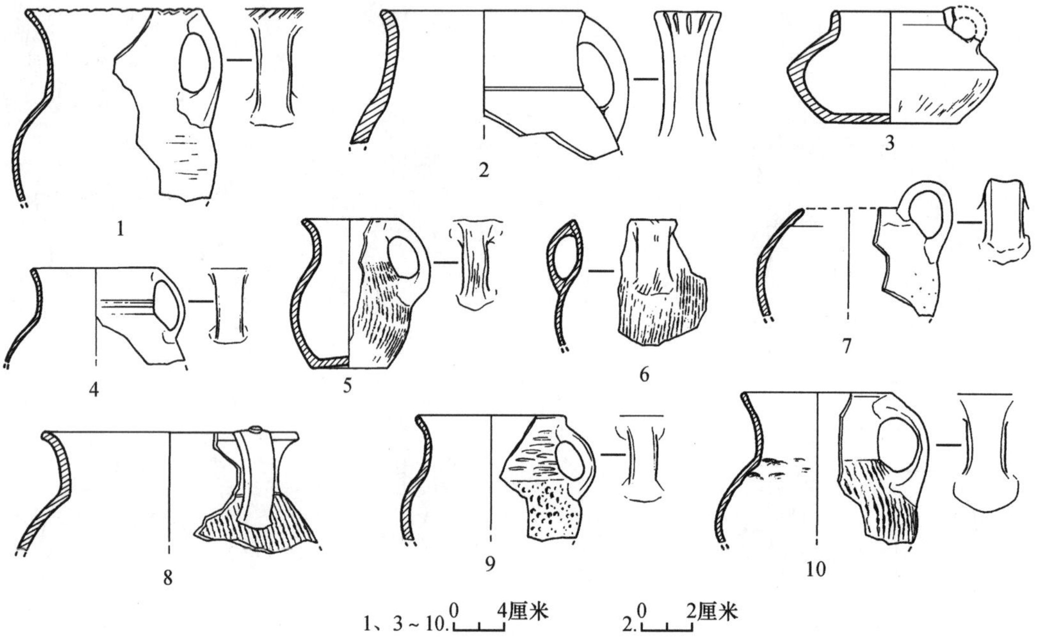

图5-12　第三期单耳罐

1、2、4. B型（ⅠT0308③：11、H13：66、H70：53）　5. Aa型（H34：6）　6、8～10. Ab型（H70：27、H6：5、ⅠT0408②：4、H71：8）　3. C型（H43：5）　7. D型（H70：108）

D型　1件。泥质陶。敛口，球形腹，口沿及上腹置一上翘的竖向圆拱形耳。

标本H70：108，粗泥质灰陶。圆唇，下腹及底部残。素面。器表可见烟炱痕。口径8.0、残高10.6、壁厚0.6、耳宽3.0、耳厚0.8厘米（图5-12，7）。

双耳罐　15件。以泥质灰陶为主，另有极少量夹砂灰陶。部分领部饰弦纹，器表以磨光为主，绳纹和刻划纹较少。根据器体大小与形态特征分为五型。

A型　8件。器体较小。侈口，高领，鼓腹，平底。根据双耳与罐身连接的位置分为四个亚型。

Aa型　4件。双耳上端接口沿，下端连接肩部。

标本H43：4，细泥质灰陶。圆唇，上腹外鼓，下腹斜收，腹壁内弧，平底微内凹。器表磨光，领部饰两周凹弦纹。内壁轮修痕明显。口径8.7、腹径12.0、底径7.2、高12.7、耳宽1.7厘米（图5-13，4；图版五九，4）。

标本H43：9，粗泥质灰陶。圆唇，上腹外鼓，下腹斜收，腹壁较直，平底。器表磨光，领下部饰一周凹弦纹。内壁有轮修痕。口径8.0、腹径10.4、底径6.4、高10.5、壁厚0.4、底厚0.4厘米（图5-13，3，图版六〇，1）。

标本ⅠT0308②：9，细泥质灰陶。领部较瘦，上腹外鼓，下腹斜收，腹壁内弧，近底部近直，平底微凹，领部及双耳上端已残。腹部磨光，近底部素面。底径8.4、壁厚0.2～0.5厘米（图5-13，6）。

标本ⅠT0203③：01，粗泥质灰陶。圆唇，鼓腹微折，平底。口沿内侧及器表磨光，领下部饰两周凹弦纹。口径9.7、腹径11.4、底径6.7、高13.1、耳宽2.3厘米（图5-13，7；图版五九，3）。

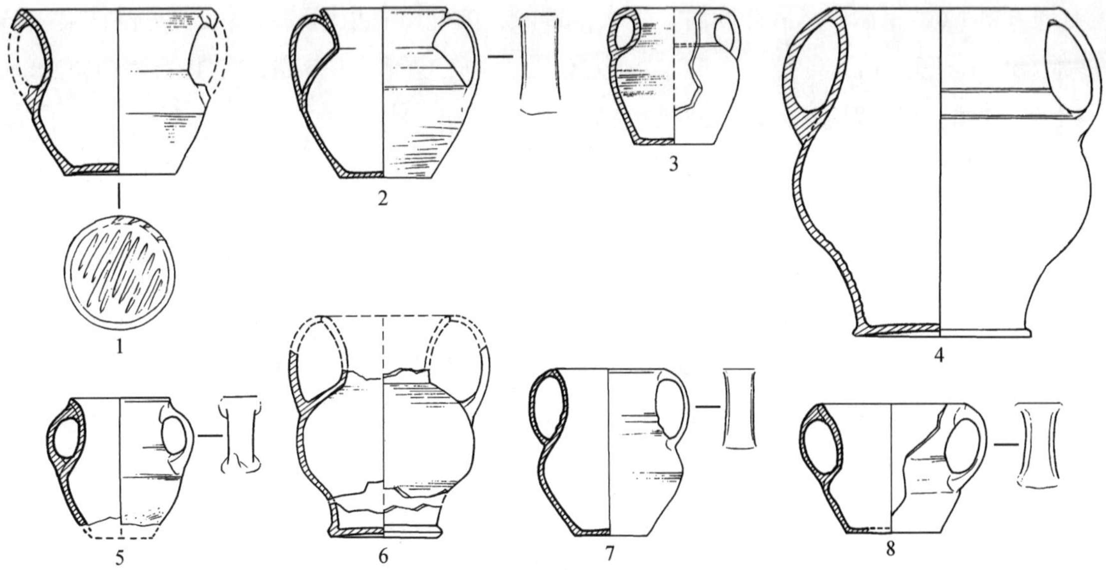

图5-13　第三期A型双耳罐

1、8. Ab型（H70：6、H70：30）　2、5. Ac型（ⅠT0408③：4、H30：2）　3、4、6、7. Aa型（H43：9、H43：4、ⅠT0308②：9、ⅠT0203③：01）

Ab型　2件。双耳上端连接口沿，下端连接腹中部。

标本H70：6，夹细砂灰陶。圆唇，圆折腹，平底，双耳仅残留根部。器表素面，器底饰篮纹。领部可见修抹痕。口径15.0、腹径13.6、底径9.0、高13.1、壁厚0.4～0.6厘米（图5-13，1；图版五九，2）。

标本H70：30，粗泥质灰陶。圆唇，圆折腹，耳中部内凹，两侧起棱，平底。素面。口径11.8、腹径11.0、底径7.6、高10.2、壁厚0.4～0.6、耳宽2.3厘米（图5-13，8）。

Ac型　2件。双耳上端连接领部，略低于口沿，下端连接腹中部。

标本H30：2，细泥质灰陶。尖唇，领部斜直，上腹圆鼓，下腹弧收，平底。器表磨光，肩部饰三条间距相等的凹弦纹。内外壁可见清晰的轮修痕。口径10.0、腹径13.1、底径7.4、残高13.2、壁厚0.4、底厚0.5厘米（图5-13，2；图版五九，5）。

标本ⅠT0408③：4，细泥质灰陶。圆唇，鼓腹微折，下腹斜收，腹壁较直，下腹及底残。领部素面，腹部略磨光。领部可见轮修痕，腹部刮抹痕明显。口径8.0、腹径9.2、残高9.9、壁厚0.5、耳宽2.0厘米（图5-13，5；图版五九，6）。

B型　1件。器体较小。侈口，领部较A型稍矮，圆鼓腹，口沿及腹中部置一对竖向桥形耳。

标本ⅠT0307③：45，夹粗砂灰陶。方唇，耳部宽厚，下腹及底残。腹部饰竖向中绳纹。器表覆盖水渍。口径10.0、残高10.7、壁厚0.3～0.8厘米（图5-14，1）。

C型　3件。体型较小。侈口，高领，折腹，平底。根据双耳与罐身连接的位置分为四个亚型。

Ca型　1件。沿下及腹上部置一对竖向桥形耳。

标本H43：6，粗泥质灰陶。圆唇，平底。素面，内壁留有指甲纹。器表可见刮抹痕。口径12.0、腹径11.4、底径6.4、高9.5、壁厚0.4、底厚0.5、耳宽2.3厘米（图5-14，2；图版六〇，2）。

Cb型　1件。口沿及腹中部置一对竖向桥形耳。

标本ⅠT0301③：150，粗泥质灰陶。圆唇，平底微内凹，耳部残。器表磨光。口径11.8、高8.0、底径6.2厘米（图5-14，3；图版六〇，3）。

Cc型　1件。沿下及领下部置一对竖向桥形耳。

标本ⅠT0307②：5，粗泥质灰陶。方唇，下腹及底残。器表粗经磨光，上腹刻划一周松散排列的竖线。口径10.0、残高7.6、壁厚0.3～0.5、耳宽1.9厘米（图5-14，5）。

D型　2件。体型较大。侈口，高领较瘦，折肩，腹向下弧收，平底。沿下及肩部置一对竖向桥形耳。

标本H88：2，细泥质灰陶。圆唇，沿下与肩部均留有接耳的残痕，部分腹部残。口沿及上腹磨光，下腹及器底饰横向中篮纹。口径18.0、底径12.0、复原后高27.0、壁厚0.7、底厚0.6厘米（图5-14，7）。

标本ⅠT0302⑤：4，细泥质灰陶。圆唇，双耳及中腹以下残。口沿内侧与肩部磨光，领部素面，腹部饰网格纹。颈部轮修痕明显。口径17.5、肩径20.1、残高20.4、壁厚0.5厘米

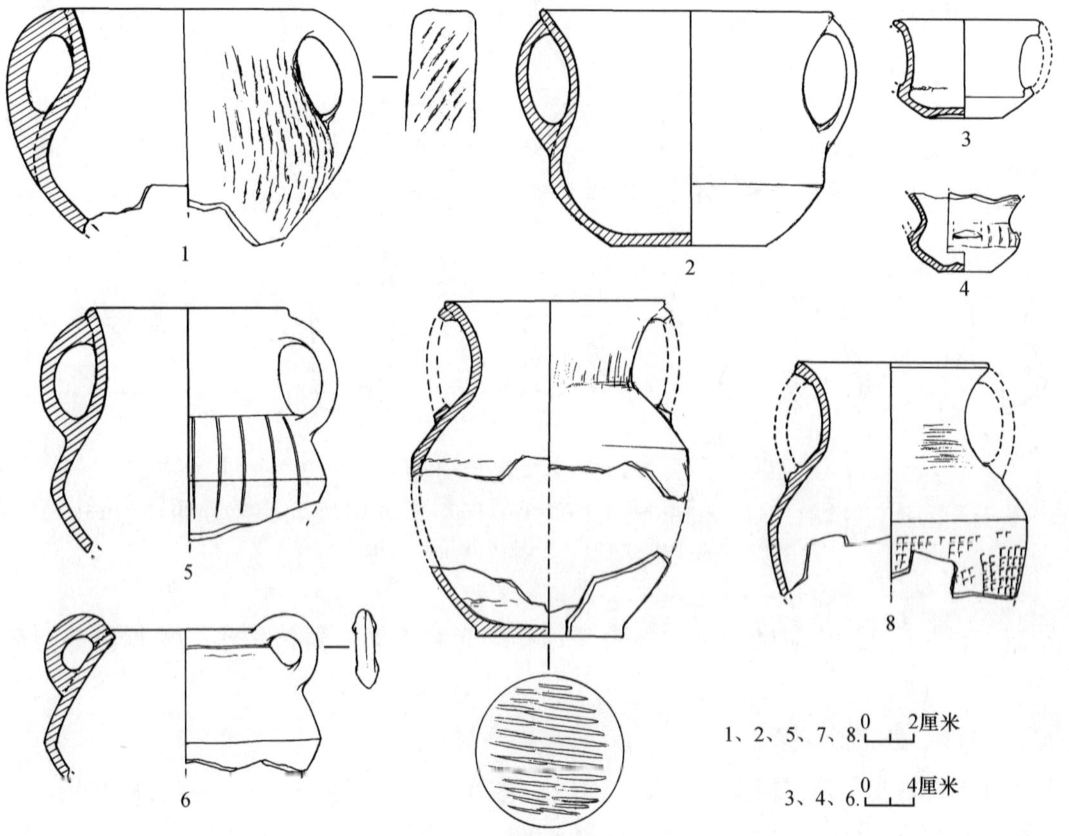

图5-14　第三期双耳罐和三耳罐

1. B型双耳罐（ⅠT0307③：45）　2. Ca型双耳罐（H43：6）　3. Cb型双耳罐（ⅠT0301③：150）　4. 三耳罐（H29：19）　5. Cc型双耳罐（ⅠT0307②：5）　6. E型双耳罐（ⅠT0302④：3）　7、8. D型双耳罐（H88：2、ⅠT0302⑤：4）

（图5-14，8）。

E型　1件。器体较小。敛口，折腹。口沿及肩上部置一对上翘的环形耳。

标本ⅠT0302④：3，细泥质灰陶。方唇。器表磨光，沿下贴附一周泥片。口径11.0、残高12.8、壁厚0.7、耳宽1.7厘米（图5-14，6）。

三耳罐　1件。泥质灰陶。侈口，高领，扁折腹，小平底。

标本H29：19，细泥质灰陶。口沿及三耳残，腹部折棱处可见接耳的残痕。领部磨光，上腹饰数道竖向刻划纹。器表留有刮抹痕。底径4.4、残高6.3、壁厚0.4厘米（图5-14，4；图版六〇，4）。

盂　2件。以泥质灰陶为主。器表局部饰篮纹或磨光。器体略扁，敛口，斜肩，近折腹，平底。

标本H34：32，粗泥质灰陶。圆唇，鼓腹近折，下腹及底残。上腹磨光，下腹饰左斜向篮纹。口径6.0、残高5.5、壁厚0.5厘米（图5-15，1；图版六四，3）。

标本H29：74，粗泥质灰陶。圆唇，折腹，小平底。上腹磨光，下腹饰横向粗篮纹。器表可见刮抹痕。口径7.9、肩径5.0、高8.2、壁厚0.7厘米（图5-15，2）。

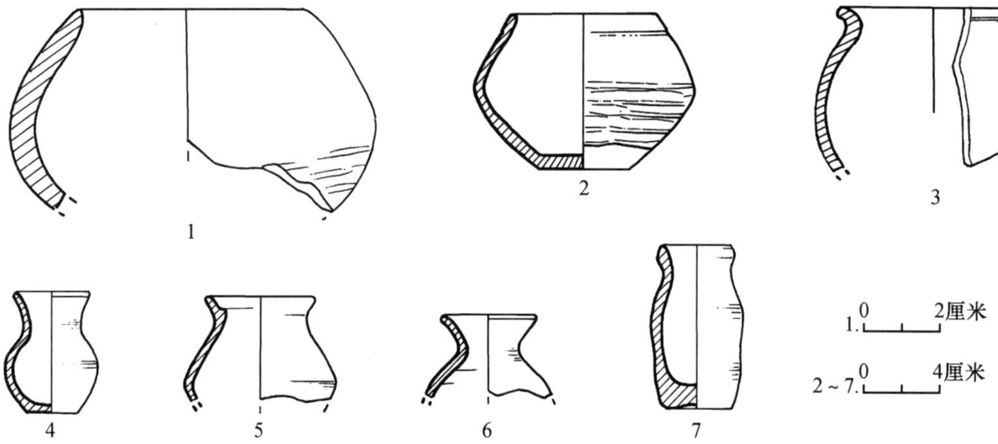

图5-15　第三期盂、小罐

1、2. 盂（H34：32、H29：74）　3. A型小罐（ⅠT0203③：96）　4、6. D型小罐（ⅠT0202③：5、H65：7）　5. B型小罐（H50：45）　7. C型小罐（ⅠT0302②：3）

小罐　5件。以泥质灰陶为主。器表装饰有磨光和素面。器体较小。根据腹部特征分为四型。

A型　1件。鼓腹似球形。

标本ⅠT0203③：96，粗泥质灰陶。敛口，卷沿方唇，下腹及底残。器表略磨光。内壁可见刮抹痕。口径10.0、残高7.7、壁厚0.6厘米（图5-15，3）。

B型　1件。折腹。

标本H50：45，细泥质灰陶。敛口，斜折沿，沿面内凹，圆唇，斜肩，仅存口沿及上腹。器表磨光。口径6.1、残高5.7、壁厚0.5厘米（图5-15，5；图版六〇，6）。

C型　1件。筒形腹。

标本ⅠT0302②：3，夹细砂灰陶。侈口，圆唇，束颈，腹较瘦，平底略凹。素面。器表留有烟炱痕。口径3.8、底径4.0、高8.6、壁厚0.8厘米（图5-15，7）。

D型　2件。高领，圆鼓腹。

标本ⅠT0202③：5，细泥质灰陶。侈口，圆唇，小平底。器表磨光。口沿内侧可见轮修痕，器表可见刮抹痕。口径4.0、腹径5.1、底径2.8、高6.6厘米。（图5-15，4）。

标本H65：7，细泥质灰陶。侈口，圆唇，仅存口沿及上腹。口沿内侧及器表磨光。内壁可见泥条盘筑痕。口径5.0、残高4.4、壁厚0.5厘米（图5-15，6；图版六〇，5）。

壶　12件。以泥质灰陶为主，少数为夹细砂灰陶。部分颈部饰弦纹及戳印纹，肩部磨光，腹部多饰篮纹。器体较大，壶口呈喇叭状。根据肩部特征分为两型。

A型　10件。斜折肩，肩面微弧。根据肩腹间转折程度不同分为两个亚型。

Aa型　5件。肩腹折棱明显，折棱以下至底纵截面呈梯形。

标本H30：1，细泥质灰陶。侈口，尖圆唇，束颈，颈下段较直，腹向下斜收，小平底。沿下饰左斜向宽疏浅篮纹，肩部磨光，腹部饰右斜向浅篮纹。领部可见竖向刮抹痕。口径

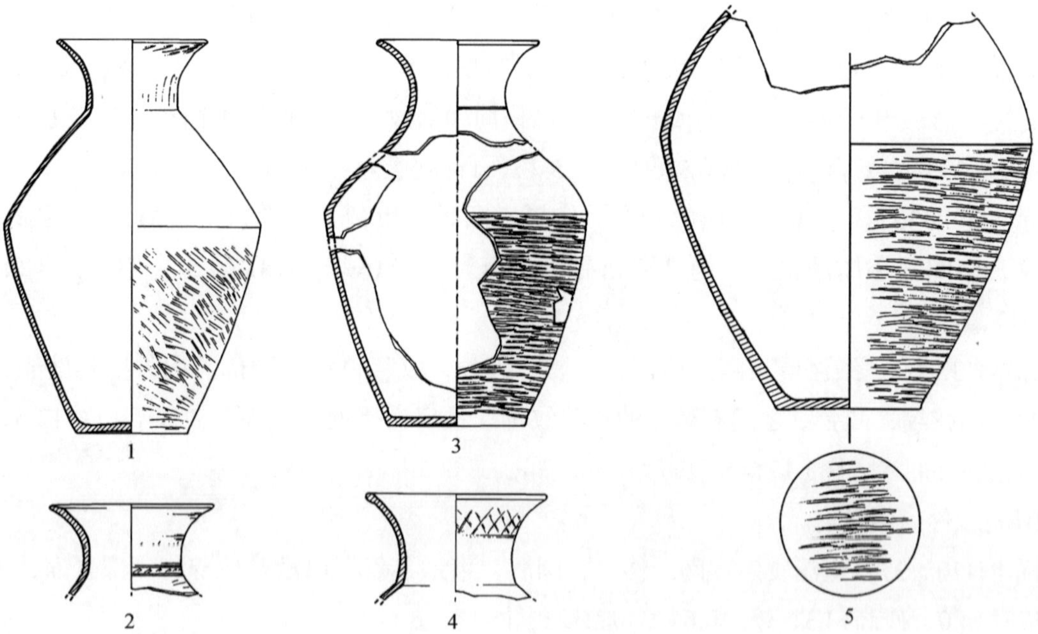

0　4厘米

图5-16　第三期Aa型壶

1. H30：1　2. H17：1　3. H44：28　4. Ⅰ T0308①：10　5. H50：4

14.9、肩径25.6、底径11.0、高38.2、壁厚0.7厘米（图5-16，1；图版六一，1）。

标本H17：1，粗泥质灰陶。侈口，圆唇，束颈，仅存口沿及颈部。口沿内侧磨光，颈下侧饰两道凹弦纹构成的纹饰带，凹弦纹间饰一周戳印纹。内外壁皆可见横向刮抹痕。口径16.4、残高9.0、壁厚0.7厘米（图5-16，2）。

标本Ⅰ T0308②：10，细泥质灰陶。侈口，圆唇，束颈，仅存口沿及肩部。颈上部饰一周凹弦纹，弦纹以上刻划出菱格纹，口沿内侧、颈下部及肩部磨光，上腹饰横向粗篮纹。内外壁均留有轮修痕。口径18.0、残高10.4、壁厚0.5厘米（图5-16，4）。

标本H50：4，粗泥质灰陶。肩部较宽，腹向下斜收，平底，口沿及颈残。肩部磨光，腹部及底面饰横向篮纹。肩径38.0、底径14.8、残高39.4、壁厚0.6～1.0厘米（图5-16，5）。

标本H44：28，粗泥质灰陶。侈口，圆唇，束颈，腹向下斜收，平底，部分肩部和腹部残。颈部素面，颈肩交接处饰一周凹弦纹，肩部磨光，腹部饰横向粗篮纹。口径16.0、腹径26.4、底径10.6、复原后高38.2、壁厚0.3厘米（图5-16，3）。

Ab型　5件。肩腹折棱较圆钝。

标本Ⅰ T0302③：11，夹细砂灰陶。侈口，圆唇，束颈，腹向下斜收，平底。口沿及肩素面，腹部饰竖向粗篮纹。器表留有轮修痕。口径15.0、肩径27.5、底径16.0、高41.0、壁厚0.6～0.9、底厚1.2厘米（图5-17，2；图版六一，3）。

标本Ⅰ T0301④：130，粗泥质灰陶。侈口，圆唇，束颈，腹向下弧收，平底，部分腹部残。颈部饰三周凹弦纹，上两周凹弦纹间饰一周戳印纹，肩部磨光，腹部饰横向粗篮纹。近底处有刮抹痕。口径18.0、底径15.5、复原后高46.6、壁厚0.6、底厚0.7厘米（图5-17，3）。

标本H44：9，粗泥质灰陶。束颈，腹向下斜收，平底，口沿及部分腹部残。颈部素面，颈肩交接处饰一周凹弦纹，肩部磨光，腹部饰横向中篮纹，底部压印中篮纹。肩径24.6、底径10.0、残高39.0、壁厚0.4、底厚0.5厘米（图5-17，1；图版六一，2）。

标本ⅠT0202③：19，粗泥质灰陶。侈口，圆唇，束颈，仅存口沿及肩部。颈部饰两周凹弦纹，中间饰一周戳印纹。内外壁留有轮修痕。口径15.0、残高10.5、壁厚0.5～0.7厘米（图5-17，4）。

标本H32：1，细泥质灰陶。侈口，尖唇，束颈，仅存口沿及颈部。内外壁均磨光，颈中部饰两周凹弦纹，凹弦纹之间有戳印的点状纹饰，颈肩交接处饰一周凹弦纹。口径13.5、残高10.6、壁厚0.5厘米（图5-17，5；图版六八，3）。

B型　2件。圆鼓肩。

标本H70：37，粗泥质黑皮陶。侈口，圆唇，束颈，仅存口沿及肩部。领部素面，肩部磨光。口径14.0、残高14.3、壁厚0.6～0.8厘米（图5-17，6）。

标本ⅠT0301④：209，细泥质黑陶。侈口，圆唇，束颈，颈下部较直，仅存口沿及肩部。器表磨光，颈部饰五周凹弦纹。口部有轮修痕。口径16.0、残高11.2、壁厚0.5厘米

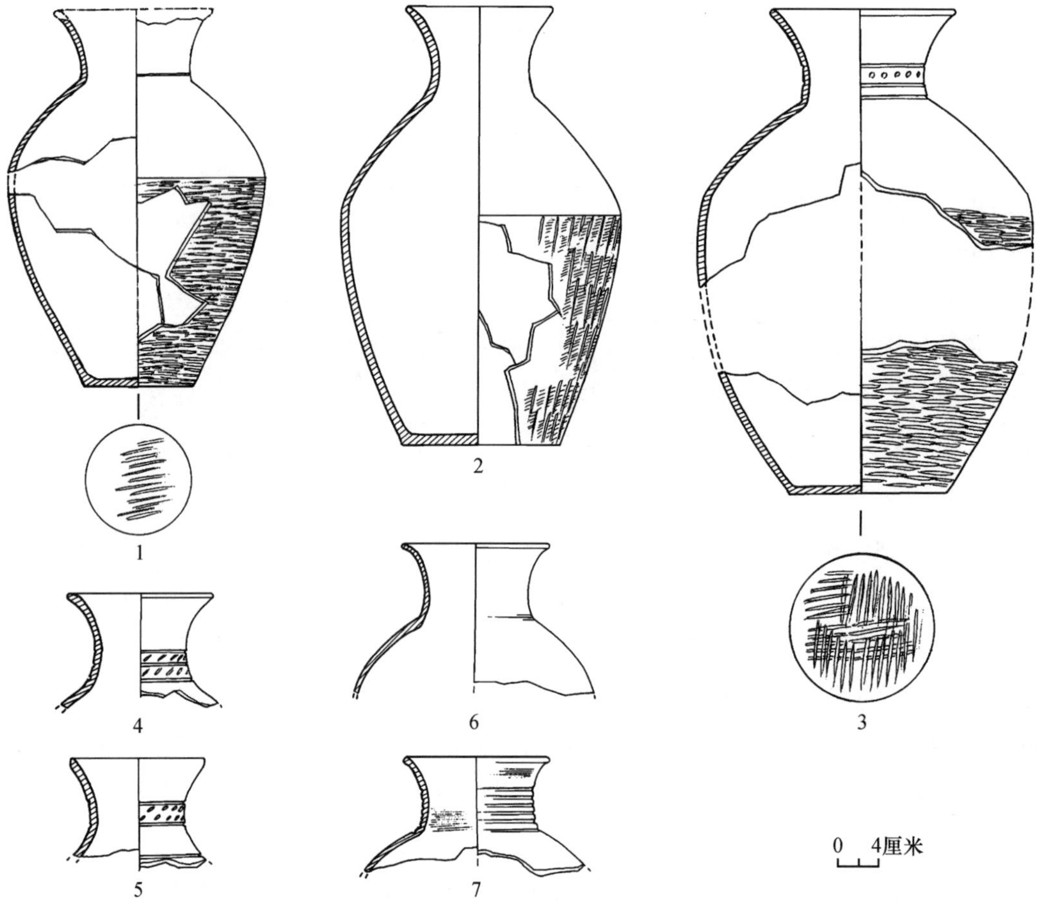

图5-17　第三期壶

1～5. Ab型（H44：9、ⅠT0302③：11、ⅠT0301④：130、ⅠT0202③：19、H32：1）　6、7. B型（H70：37、ⅠT0301④：209）

（图5-17，7）。

带流盆　2件。以泥质灰陶为主。器表装饰以素面为主，口部多有磨光。整体形态似钵，口沿一侧有U形流，侧视如鸟喙状。

标本H6：21，细泥质灰陶。为流部残片。敛口，圆唇。器表略磨光。内外壁有明显刮抹痕。复原后口径40.0、残高6.5、壁厚1.0厘米（图5-18，1）。

标本ⅠT0407③：37，夹粗砂红陶。敛口，方唇，弧腹斜收，仅存口沿及上腹。素面。内壁可见刮修痕。复原后口径36.0、壁厚0.6～0.9、底厚0.7厘米（图5-18，2）。

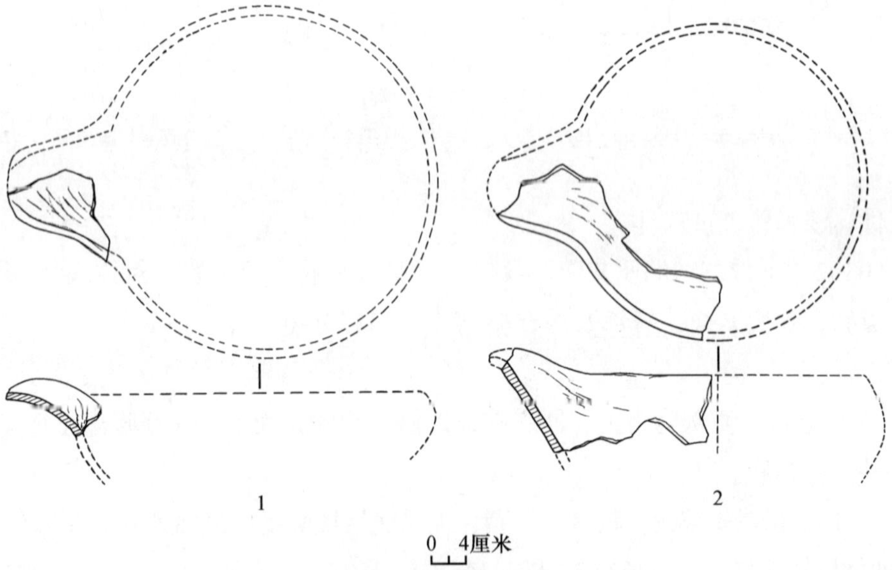

图5-18　第三期带流盆

1. H6：21　2. ⅠT0407③：37

盘　5件。以泥质灰陶为主。器表装饰以磨光为主，素面次之。根据腹部特征及有无双耳分为两型。

A型　3件。斜直腹。

标本H43：3a，粗泥质灰陶，内胎呈黑色。敞口，方唇，平底微凹。内壁磨光，器表素面，底部饰中篮纹。内壁可见刮抹痕，器表留有轮修痕。口径15.5、底径11.5、高4.3厘米（图5-19，1；图版六三，5）。

标本H43：3b，粗泥质灰陶。敞口，斜折沿，尖圆唇，斜直腹，平底内凹。盘底及器表磨光。内壁留有轮修痕，盘底留有刮抹痕。似由豆柄改制而成。口径13.0、底径9.8、高4.7厘米（图5-19，2；图版六三，1、3）。

标本H43：3c，粗泥质灰陶。微敛口，圆唇，斜腹较浅，平底微凹。内外壁磨光。内外壁均留有刮抹痕。口径12.5、底径8.2、高3.5厘米（图5-19，5；图版六三，6）。

B型　1件。浅弧腹。

标本ⅠT0301③：178，粗泥质灰陶。敞口，方唇，平底。素面。似由豆柄加工而成。口径25.8、残高4.6厘米（图5-19，4）

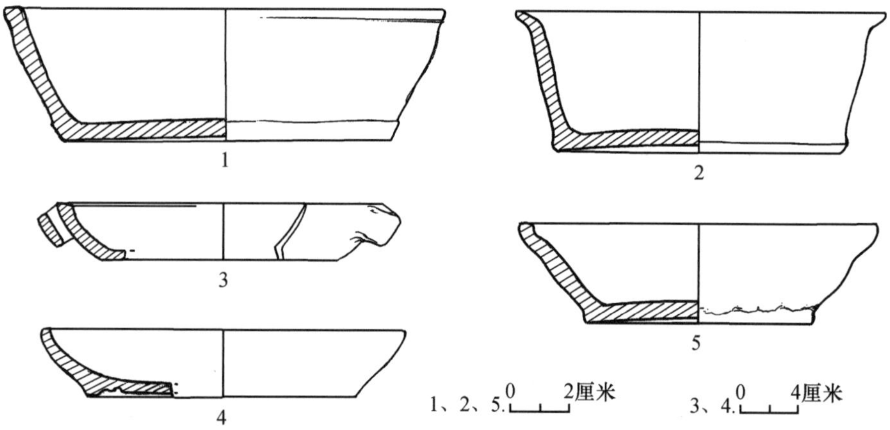

图5-19　第三期陶盘

1、2、5. A型（H43：3a、H43：3b、H43：3c）　3. C型（ⅠT0302③：17）　4. B型（ⅠT0301③：178）

C型　1件。浅弧腹，带双耳。

标本ⅠT0302③：17，细泥质灰陶。敞口，方唇，平底，沿下置一对横向桥形耳，与盘壁的连接痕迹明显。器表素面，耳部及内壁略磨光。口径20.0、肩径16.6、高4.3、壁厚0.6厘米（图5-19，3）。

圈足盘　6件。以泥质灰陶为主。器表装饰以篮纹和磨光为主。根据腹部特征分为两型。

A型　5件。斜弧腹。

标本H71：16，粗泥质灰陶。敞口，圆唇，大平底，矮圈足，足墙外斜。盘内外壁及圈足表面均磨光。通体留有轮修痕。口径24.3、圈足径18.0、高7.7、壁厚0.6～1.0厘米（图5-20，2）。

标本H61：10，粗泥质灰陶。敞口，尖圆唇，底部及圈足残。盘内壁磨光，口沿外饰一周附加堆纹，堆纹上留有按压痕，腹部饰横向篮纹。盘底与圈足相接处有刮抹痕。口径13.0、残高5.5、壁厚0.8厘米（图5-20，4）。

标本H29：1，粗泥质灰陶。敞口，尖圆唇，小平底下接矮圈足。盘内壁及圈足表面磨光，腹壁饰右斜向中篮纹。圈足与盘底相接处有抹泥痕迹，圈足末端有打磨痕迹，似由豆柄加工而成。口径26.4、圈足径8.0、高8.3、壁厚0.7厘米（图5-20，5；图版六三，4）。

标本H71：17，粗泥质灰陶。敞口，圆唇，大平底，圈足下部残。盘内壁及圈足表面磨光，盘外壁饰较浅的横向粗篮纹。口径28.0、残高3.6、壁厚0.7～0.9厘米（图5-20，9）。

标本ⅠT0307③：19，粗泥质灰陶。敞口，圆唇，底部及圈足残。盘内壁磨光，外壁饰右斜向粗篮纹。口径28.0、残高5.6、壁厚0.7厘米（图5-20，12）。

标本ⅠT0203③：10，粗泥质灰陶。仅存盘底及圈足。平底微凹，圈足粗矮，足墙外撇。足墙表面磨光，盘底饰粗篮纹。内壁留有轮修痕，器表可见刮抹痕。圈足径18.8、残高6.1厘米（图5-20，13；图版六二，6）。

B型　1件。鼓腹。

标本 H8：28，粗泥质灰陶，胎体呈红色。直口微敛，大平底，矮圈足，足墙微外斜。器表磨光。器表可见刮抹痕。口径21.0、圈足径20.4、高8.2、壁厚1.0厘米（图5-20，3）。

豆　6件。均为泥质灰陶。器表装饰以素面或磨光为主，少数饰弦纹或篮纹，内壁尤其光洁。根据器体大小及豆柄特征分为四型。

A型　1件。喇叭状粗柄，柄壁外撇。

标本H8：1，细泥质灰陶。敞口，圆唇，浅斜腹，平底。器表磨光，柄下部饰凹线纹。内外壁可见清晰轮修痕。盘口径19.0、柄底径14.8、柄高7.0，复原后高10.0、壁厚0.7厘米（图5-20，1；图版六二，3）。

B型　2件。矮柄，柄壁较直。

标本ⅠT0302④：10，粗泥质灰陶。直筒形柄，豆盘残。盘外侧饰横向粗篮纹，盘内侧及柄壁磨光。柄底径17.0、残高9.2、壁厚0.8厘米（图5-20，7）。

标本H43：14，粗泥质灰陶。柄壁斜直，近底部略外撇，豆盘残。盘内壁素面，外壁磨光，柄壁凿有一周小孔。器表磨光，内壁可见刮抹痕。柄底径15.3、残高7.9、壁厚0.5～0.9厘米（图5-20，8）。

C型　2件。器体较大。高柄，下段外撇呈喇叭状。

标本ⅠT0307③：18，细泥质灰陶。柄壁斜直外张，近底部外撇，豆盘及柄上段残。器

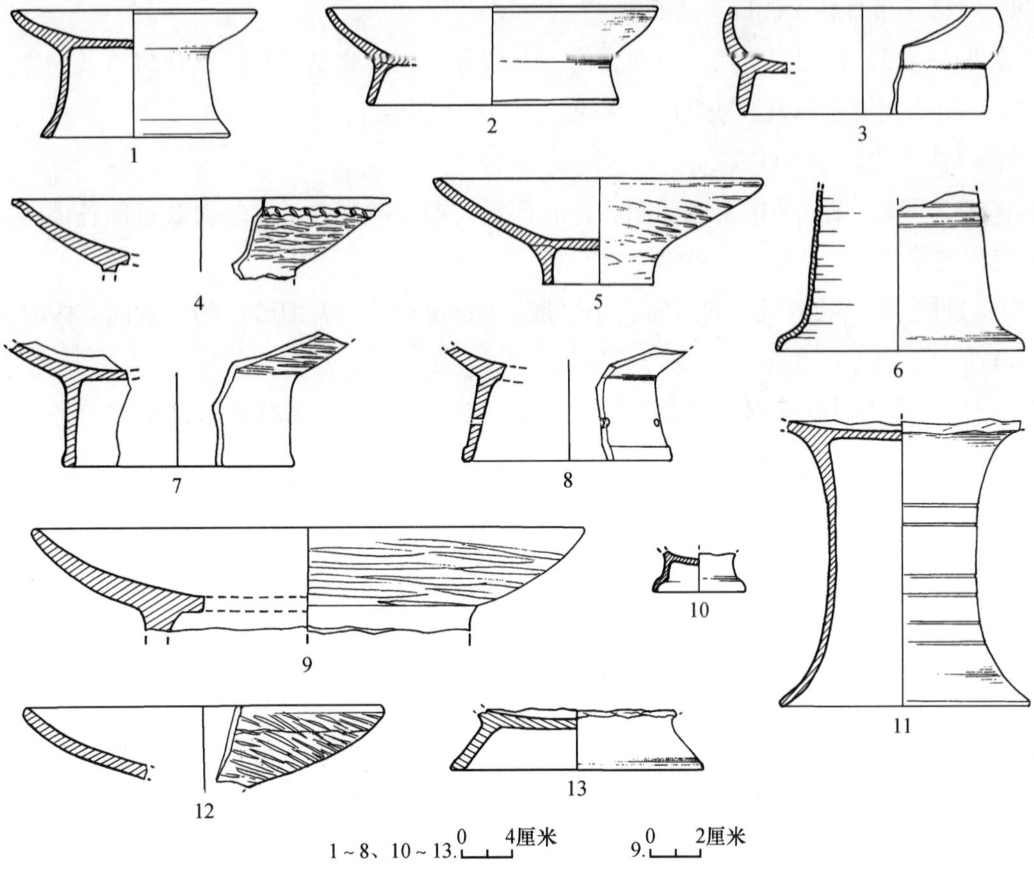

图5-20　第三期豆、圈足盘

1. A型豆（H8：1）　2、4、5、9、12、13. A型圈足盘（H71：16、H61：10、H29：1、H71：17、ⅠT0307③：19、ⅠT0203③：10）　3. B型圈足盘（H8：28）　6、11. C型豆（ⅠT0307③：18、ⅠT0302②：7）　7、8. B型豆（ⅠT0302④：10、H43：14）　10. D型豆（ⅠT0408③：3）

表磨光，柄中部可见三道凹弦纹。内壁轮制痕迹明显。柄底径19.0、残高12.0、壁厚0.5厘米（图5-20，6；图版六二，5；图版七〇，5）。

标本ⅠT0302②：7，夹细砂灰陶。平底微弧，柄中部略束，近底部外撇。柄部表面磨光，饰六周凹弦纹。柄底径20.0、残高21.2、柄厚0.8厘米（图5-20，11）。

D型　1件。器体较小。喇叭状矮柄。

标本ⅠT0408③：3，细泥质灰陶。圜底，柄部近底处外折，豆盘已残。器表磨光，内壁留有轮修痕。柄底径7.5、残高3.4厘米（图5-20，10；图版六二，4）。

杯　5件。均为泥质灰陶。器表装饰以磨光为主。根据整体特征分为五型。

A型　1件。弧腹向下外张，圜底，有足。

标本H29：34，粗泥质黑皮陶。口沿与足部残。器表磨光，近底饰两周凸弦纹。残高7.4、壁厚0.4～0.8厘米（图5-21，1）。

B型　1件。斜直腹，平底，高圈足，足墙微外撇。

标本ⅠT0308②：2，细泥质黑陶。口沿及上腹、圈足下段残。器表磨光。圈足径3.3、残高6.0、壁厚0.2～0.5厘米（图5-21，4）。

C型　1件。带耳杯。敛口，微弧腹。

标本H43：25，粗泥质灰陶。方唇，沿下及腹部置一宽扁拱形耳，仅存口沿及中腹。内外壁均磨光。器表留有刮抹痕。残高6.2、壁厚0.4厘米（图5-21，3）。

D型　1件。敞口，斜直腹。

标本H32：16，细泥质黑皮陶。圆唇，底部残。器表磨光，口沿外壁及腹部各饰两周凹弦纹。器表留有轮修痕。残高7.6、壁厚0.5厘米（图5-21，5）。

E型　1件。喇叭状敞口，斜直腹，小平底。标本43：7，夹细砂红陶。素面。内壁可见刮抹痕。口径7.1、高2.9、底径4.6厘米（图5-21，2；图版六四，1、2）。

甑　2件。均为泥质灰陶。器表装饰以篮纹为主。上腹及口沿残，腹部斜收，平底，下腹

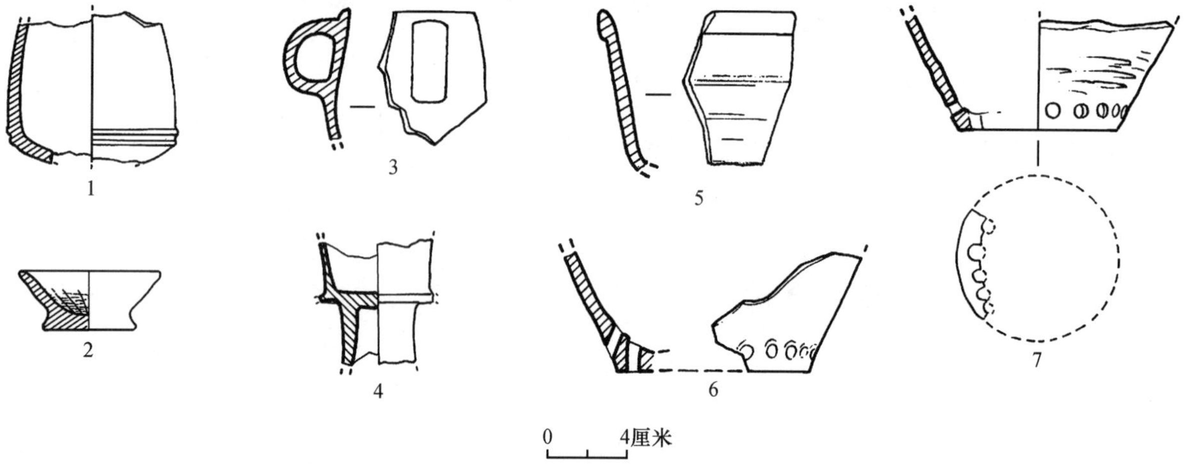

图5-21　第三期杯、甑

1. A型杯（H29：34）　2. E型杯（H43：7）　3. C型杯（H43：25）　4. B型杯（ⅠT0308②：2）　5. D型杯（H32：16）　6、7. 甑（H70：102、ⅠT0308③：15）

及底部有圆形箅孔。

标本H70：102，夹细砂灰陶。下腹饰极浅的横向粗篮纹，近底处残存5个圆形箅孔，底部残存2个圆形箅孔。底径9.8、残高6.0、壁厚0.8厘米（图5-21，6；图版七〇，2、3）。

标本ⅠT0308③：15，粗泥质灰陶。下腹饰横向中篮纹，近底处残存4个圆形箅孔，底部残存5个圆形箅孔。底径9.0、残高5.6、壁厚0.5厘米（图5-21，7）。

窖穴盖　5件。以细砂质或粗泥质红陶为主。顶面多饰篮纹，部分抹平呈素面；背面以素面为主，较粗糙，部分表面黏附泥沙。为无顶的宽檐草帽状，中部有孔，孔缘向上连接一环形捉手。器体较大，盖径多超过50、高5.0～8.0、壁厚1.2～1.5厘米。因破碎较甚，多为盖体残片，尺寸复原时采取的是其可能性的下限。

标本H58：4，夹粗砂红陶。仅留盖体残片。器表饰不规则粗篮纹。残弧长15.4、残径宽16.4、厚1.2 厘米。参考其他盖孔直径，复原后盖径当不小于60厘米（图5-22，1）。

标本ⅠT0301③：11，夹细砂红陶。捉手周壁外张，盖体扁平，方圆唇，仅存三块盖体残片。器表饰宽篮纹，靠近外缘的一周纹饰被抹平。内壁附着草拌泥。最大的一块残长19.3、残宽11.7、弧边长约8.0、厚1.1厘米。复原后盖径不小于54厘米（图5-22，2）。

标本H29：20，夹细砂红陶。捉手周壁外张，方唇，盖体扁平，周缘残。器表饰横向粗篮

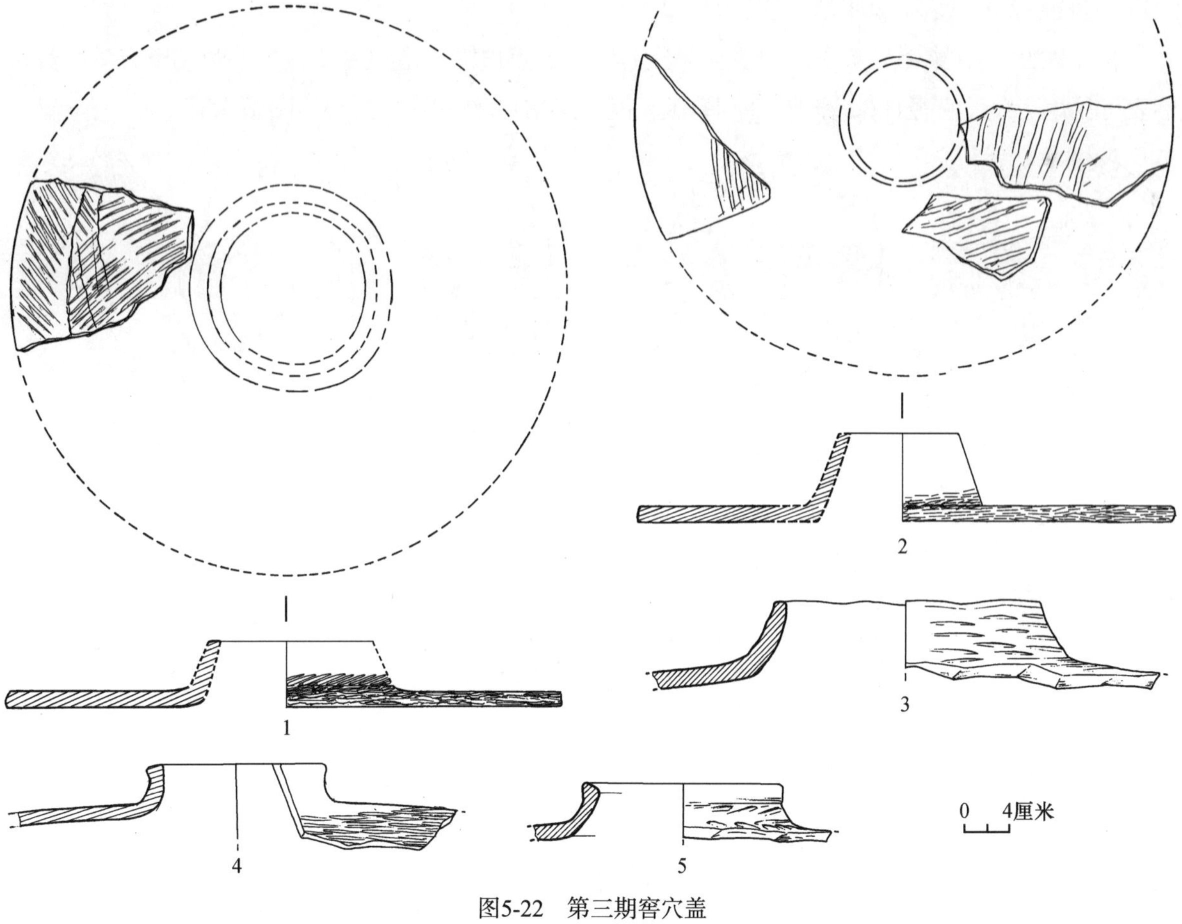

图5-22　第三期窖穴盖

1. H58：4　2. ⅠT0301③：11　3. H29：20　4. H17：31　5. H70：60

纹。捉手径24.0、残高8.3、壁厚1.8厘米（图5-22，3；图版六五，5）。

标本H17：31，夹细砂红陶。捉手周壁较直，方唇，盖体扁平，大部分残。器表饰较浅的横向粗篮纹。捉手顶部留有轮修痕。捉手径16.0、残高7.6、壁厚1.1～1.3厘米（图5-22，4）。

标本H70：60，夹细砂红陶。捉手周壁上端较直，向下外张，盖体大部分残。器表饰极粗的篮纹。捉手径17.6、高5.2、壁厚1.2厘米（图5-22，5；图版六五，6）。

器盖　14件。以泥质灰陶为主，夹砂灰陶次之，另有少许泥质红陶、黑皮陶。器表装饰以素面及磨光为主，辅之以刻划纹、按压纹戳印纹和弦纹等。根据整体特征分为五型。

A型　8件。圆饼形盖体，带状桥形捉手。根据盖顶特征分为两个亚型。

Aa型　6件。盖顶周缘无凸棱，多压印有纹饰。

标本ⅠT0407采：2，细泥质灰陶。部分盖体残。捉手上饰三道刻划纹，其中两道刻划纹的中间有一道戳印纹，盖顶周缘刻划一周短斜线纹，中间刻划出菱格纹，背面磨光。盖径11.0、高4.6厘米（图5-23，1；图版六五，3）。

标本H43：12，夹细砂灰陶。捉手及部分盖体残。盖顶周缘压印一周呈放射状排列的短直线纹。盖径15.0、残高2.7厘米（图5-23，4；图版七〇，1）。

标本H43：13，粗泥质灰陶。捉手及部分盖体残。盖顶周缘压印一周呈放射状排列的短直线纹。盖径12.0、残高1.2厘米（图5-22，2）。

标本H29：3，夹粗砂灰陶。捉手及部分盖体残。盖顶饰交错中绳纹，捉手两端留有戳印纹。器表可见烟炱痕。直径11.0、残高3.8、厚0.9、捉手宽2.7厘米（图5-23，5；图版六五，4）。

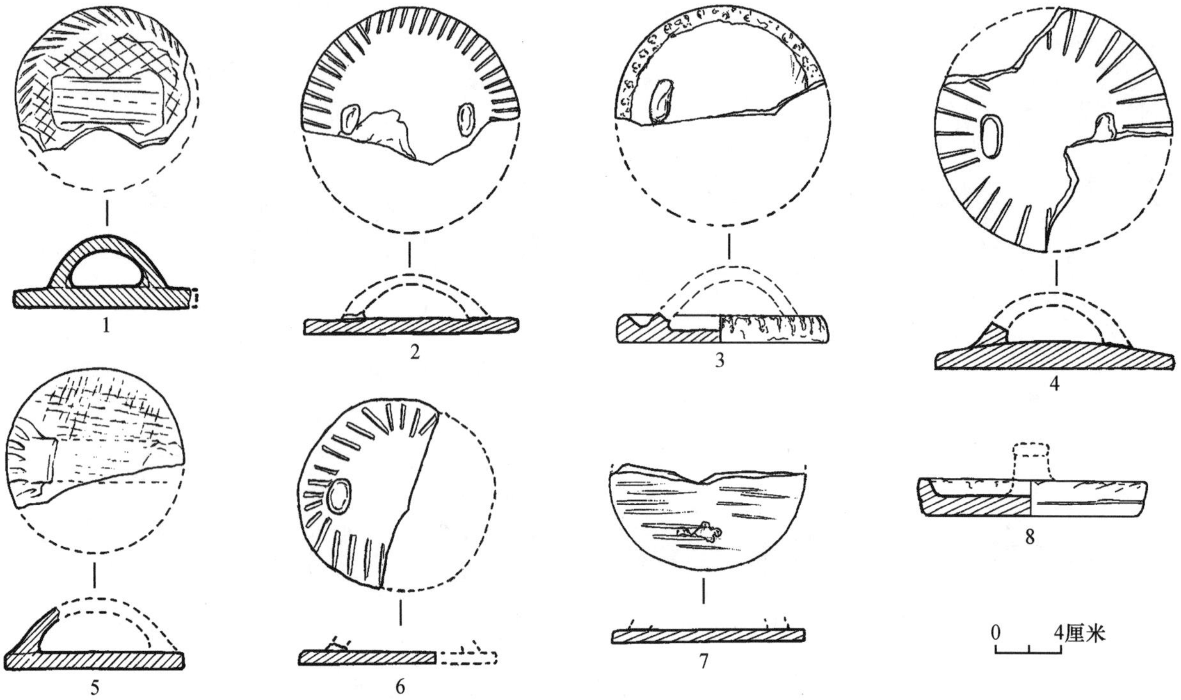

图5-23　第三期A型器盖

1、2、4～7. Aa型（ⅠT0407采：2、H43：13、H43：12、H29：3、ⅠT0302③：45、ⅠT0302③：182）

3、8. Ab型（ⅠT0303③：91、ⅠT0203③：40）

标本ⅠT0302③：45，夹粗砂灰陶。捉手及部分盖体残。盖顶周缘压印一周呈放射状排列的短直线纹。盖径11.0、残高1.9厘米（图5-23，6）。

标本ⅠT0302③：182，粗泥质红陶。捉手及部分盖体残。素面。盖底周缘留有一周烟炱痕。盖径12.0、厚1.0厘米（图5-23，7）。

Ab型　2件。盖体呈浅盘状，盖顶周缘有一周凸棱。

标本ⅠT0303③：91，粗泥质灰陶。捉手及部分盖体残。素面。内外壁均留有刮抹痕。盖径14.0、残高2.5、厚0.9厘米（图5-23，3）。

标本ⅠT0203③：40，夹粗砂灰陶。捉手残。外缘饰一周凹弦纹。器表可见烟炱痕。盖径11.0、高2.1、厚1.1～1.3厘米（图5-23，8）。

B型　3件。塔形捉手。体中空，分上下两节，上节为捉手，圆锥形顶，锥体下部向外加宽出檐，檐下连接一亚腰筒形座，下节为覆盘状盖体。盖径可达30厘米，高可达20厘米。根据捉手特征分为两个亚型。

Ba型　1件。锥尖连接一小圆饼。

标本H34：65，粗泥质灰陶。盖体已残。通体磨光，筒形座上部戳有椭圆形孔，下部饰三周凹弦纹。残高17.3、壁厚0.5厘米（图5-24，3）。

Bb型　2件。尖顶。

标本ⅠT0302④：8，细泥质黑皮陶。盖体内侧有一周凸棱作母口，尖顶残。器表磨光，筒形座上部戳有小孔，中部有两周凹弦纹，弦纹中间有一周戳印纹。盖径24.0、残高16.8、壁厚0.7厘米（图5-24，2；图版六四，6）。

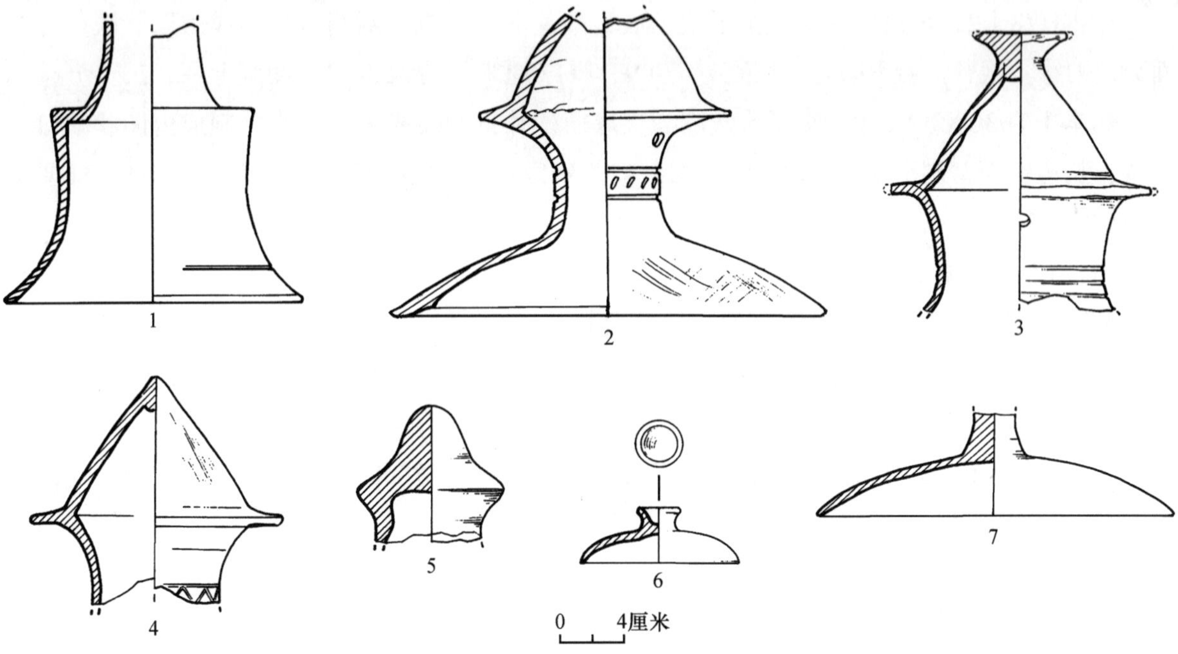

图5-24　第三期器盖

1. E型（H29：13）　2、4. Bb型（ⅠT0302④：8、H70：12）　3. Ba型（H34：65）　5. D型（ⅠT0407③：3）　6. C型（ⅠT0308③：54）　7. F型（ⅠT0408③：14）

标本H70：12，粗泥质灰陶。筒形座下部及盖体残。器表磨光，筒形座上部可见菱格纹和一周弦纹。残高14.0、壁厚0.6～1.0厘米（图5-24，4；图版四二，15）。

C型　1件。圈足状捉手。盖体呈覆盘形，盖壁微弧。器体较小。

标本ⅠT0308③：54，细泥质黑陶。圆唇。器表磨光，制作精细。捉手径2.7、盖径10.0、高3.1、壁厚0.4厘米（图5-24，6；图版六五，2）。

D型　1件。蘑菇形捉手。

标本ⅠT0407③：3，粗泥质灰陶。顶部尖凸，下接中空的筒形座，座下部及盖体已残。素面。残高4.5厘米（图5-24，5）。

E型　1件。喇叭形捉手。体中空，捉手下段与盖体连接处形成折棱。形态近似摇铃钟。

标本H29：13，细泥质灰陶。盖体呈喇叭状，圆唇，捉手残。器表磨光，盖体周缘饰一周凹弦纹。盖径17.3、残高16.1、壁厚0.7厘米（图5-24，1；图版六四，5）。

F型　1件。柱状捉手。

标本ⅠT0408③：14，细泥质灰陶。盖体呈覆盘形，尖唇，捉手顶端残。器表磨光。内壁可见轮修痕及刮抹痕。盖径23.0、残高6.4厘米（图5-24，7；图版六五，1）。

2. 工具

工具有刀、纺轮、陶拍和陶球四种。

刀　2件。尖底瓶或罐类残片加工而成。多为泥质灰陶，一面仍保留原器表的弦断线纹和线纹。器体近长方形。

标本H73：2，细泥质灰陶。由下腹及底部残片加工而成。两侧边打制成内凹状缺口，单面刃，刀缘不规整。器表磨光。长9.5、宽4.9、厚1.0厘米（图5-25，1；图版七一，1、2）。

标本ⅠT0308②：220，细泥质灰陶。尖底瓶残片打制而成。一短边打制成内凹状缺口，直背，长边一面磨制平整，一面打制成刃。器表残留弦断线纹。长5.8、宽4.4、厚0.4～0.6厘米（图5-25，2）。

拍　3件。根据整体形态分三型。

A型　1件。圆锥状，拍面为圆形，平整光滑。

标本H71：5，粗泥质红陶。高4.0、拍面直径5.5厘米（图5-25，3；图版七二，5）。

B型　1件。背面有一桥形宽鋬，拍面近长方形，平整光滑。

标本H65：1，鋬面和拍的两端饰戳印纹。拍面长6.6、宽5.4、高5.4厘米（图5-25，5；图版七二，3、4）。

C型　1件。背面有一亚腰圆柱状捉手。

标本H71：6，夹粗砂灰陶。拍面已残。素面。残高3.1、捉手径3.6厘米（图5-25，4）。

纺轮　6件。圆饼状，截面呈长方形或圆角梯形，两面较平，中部有一圆形穿孔。

标本H91：1，夹细砂灰陶。器体较厚，截面近圆角梯形，外侧缘斜弧，中部圆孔为对钻

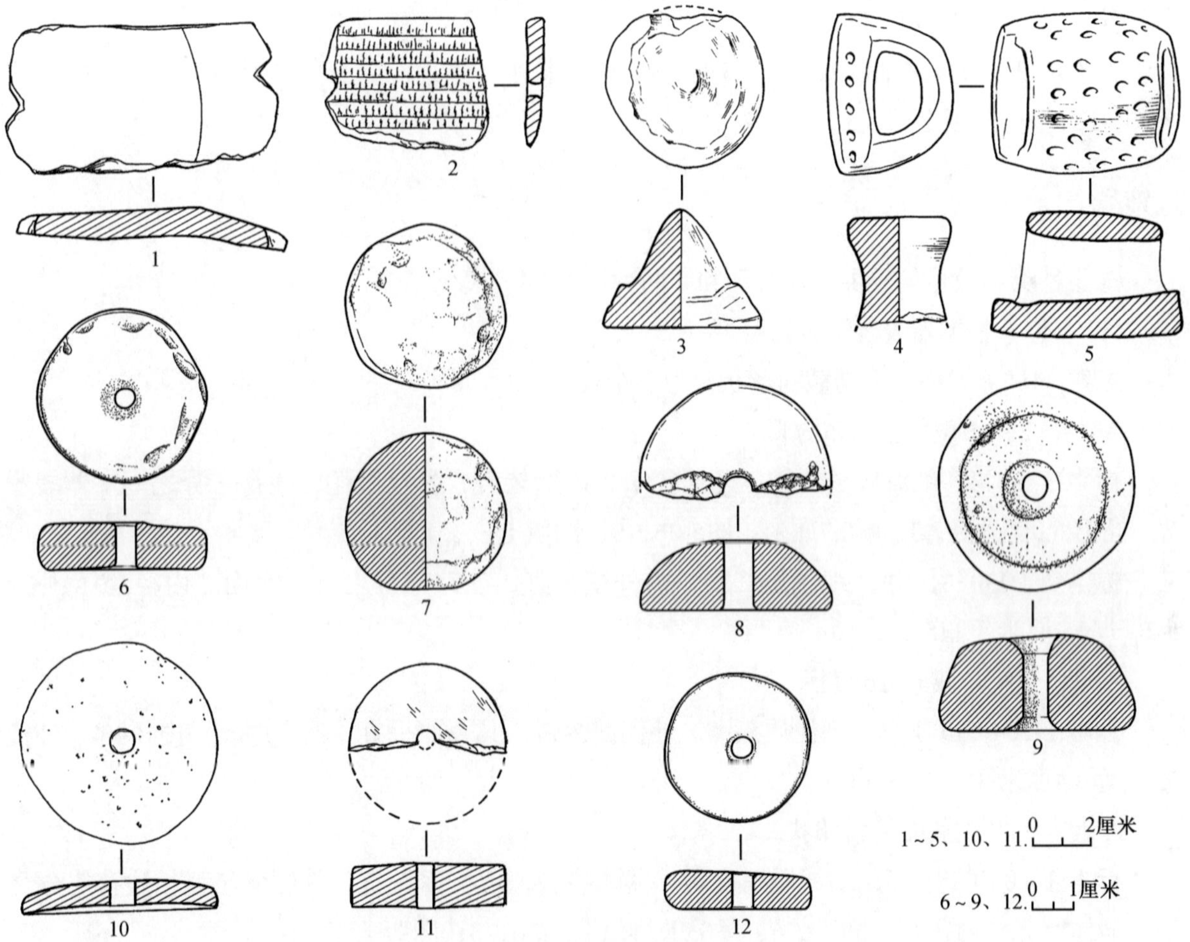

图5-25　第三期陶工具

1、2. 刀（H73：2、ⅠT0308②：220）　3～5. 拍（H71：5、H71：6、H65：1）　6、8～12. 纺轮（H29：09、ⅠT0307③：5、H91：1、ⅠT0302③：10、H36：1、H29：010）　7. 球（H29：02）

形成。素面，制作粗糙。顶面直径3.3、底面直径4.1、孔径1.3、厚2.1厘米（图5-25，9；图版七一，6）。

标本ⅠT0302③：10，粗泥质灰陶。器体较薄，截面近长方形，顶面微弧，底面略内凹。素面，制作粗糙。直径6.7、孔径1.0、厚0.8厘米（图5-25，10；图版七二，1）。

标本H29：09，粗泥质灰陶。截面呈长方形，中部圆孔为单面钻成，一面近孔处凸起。器表磨光，边缘处可见几处打击疤痕。直径3.9、孔径0.5、厚0.8～1.0厘米（图5-25，6；图版七一，4）。

标本H29：010，粗泥质灰陶。截面呈长方形，器表磨光。直径3.4、孔径0.5、厚0.9厘米（图5-25，12；图版七一，5）。

标本H36：1，夹细砂灰陶，胎体呈红色。截面呈长方形，底面穿孔缘略外凸，残半。素面。直径5.2、孔径0.6、厚1.3厘米（图5-25，11；图版七二，2）。

ⅠT0307③：5，粗泥质灰陶。器体较厚，截面近圆角梯形，外侧缘斜弧，中部圆孔为对钻形成。素面。底面直径4.4、孔径0.7、厚1.5厘米（图5-25，8）。

球　1件。

标本H29：02，夹细砂灰陶。一端微鼓，一端较平。素面。器表可见捏制痕。直径3.8厘米（图5-25，7；图版七三，3）。

3. 饰品

饰品种类和数量均较少，仅有环和笄两种。

环　5件。根据器表装饰分为两型。

A型　4件。素面。根据截面形状分为三个亚型。

Aa型　2件。截面呈圆角方形。

标本H71：4，细泥质黑皮陶。环面较窄，内壁较直，外壁微弧，残存三分之一。器表磨光。内径6.0、外径7.0、厚0.7厘米（图5-26，9；图版七三，1）。

标本ⅠT0308②：3，细泥质红陶。内外壁较直，残存三分之一。素面。内径3.0、外径5.2、厚1.2厘米（图5-26，10）。

Ab型　1件。截面近椭圆形。

标本ⅠT0408③：11，细泥质灰陶。外侧面微弧，其余面平直。器表磨光。内径4.4、外径5.7、厚0.4厘米（图5-26，1）。

Ac型　1件。截面呈扁卵状。

标本ⅠT0303③：6，细泥质黑皮陶。器体略扁，内侧面较直，外侧面斜弧，残存三分之一。通体磨光。内径4.0、外径5.6、厚0.7厘米（图5-26，8；图版七三，2）。

B型　1件。器表压印斜向线纹。

标本H44：2，细泥质灰陶。器体扁平，内侧面平直，外侧面斜弧，残半。通体磨光，器表压印斜向线纹。内径4.0、外径6.0、厚0.6厘米（图5-26，2；图版七二，6）。

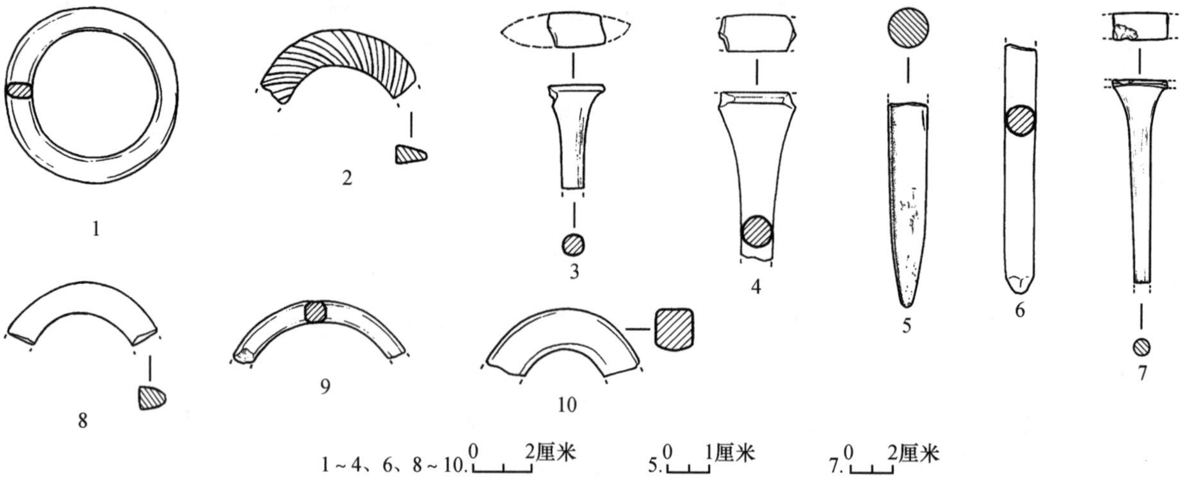

图5-26　第三期陶饰品

1、2、8～10. 环（ⅠT0408③：11、H44：2、ⅠT0303③：6、H71：4、ⅠT0308②：3）　3～7. 笄（H71：3、ⅠT0407③：6、ⅠT0308②：2、ⅠT0407采：1、ⅠT0307③：3）

笄　5件。顶端有梭形笄帽，底部磨出锥状尖，平面呈T形，笄身截面呈圆形。

标本H71：3，细泥质黑皮陶。笄帽两侧及尖端残。通体磨光。残长8.5厘米（图5-26，3）。

标本ⅠT0407③：6，细泥质黑皮陶。笄帽两侧及尖端残。通体磨光。残长5.8厘米（图5-26，4）。

标本ⅠT0308②：2，粗泥质黑皮陶。尖较钝，仅残存笄身下段。通体磨光。残长4.4厘米（图5-26，5）。

标本ⅠT0407采：1，粗泥质黑皮陶。笄身呈细长柱状，尖较钝，顶部残。通体磨光。残长8.5厘米（图5-26，6；图版七四，2）。

标本ⅠT0307③：3，粗泥质黑皮陶。笄身呈细长柱状，笄帽两侧及尖端残。通体磨光。残长8.8厘米（图5-26，7；图版七四，1）。

（二）石器

石器主要可分为生产工具，饰品两大类，少数器形功能不明，另将石器坯料附于相应器形后。

1. 生产工具

生产工具有石斧、石铲、石锛、石凿、石刀、石纺轮等。

石斧　2件。

标本ⅠT0202③：03，青黑色闪长岩。器体较扁，平面窄长方形，下部稍窄，破损严重，顶部残，刃部打制粗糙，刃角较圆，直刃，刃面不规则。磨制。残长11.4、宽4.5～6.7、厚0.7～1.5厘米，重169克（图5-27，8；图版七三，4）。

标本ⅠT0302②：2，青灰色安山岩。器体较扁，平面呈舌形，顶部微弧，上窄下宽，最宽处在中下部，刃部弧凸。通体磨光。长12.6、宽4.5～6.7、厚1.1～2.2厘米，重352克（图5-27，9；图版七四，5）。

石铲　4件。

标本H50：04，灰色凝灰岩。器体扁平，平面呈梯形，上窄下宽，两侧边斜直，斜弧顶，双面弧刃，顶部有装柄痕迹。磨制。刃角崩残，有明显使用痕迹，刃边可见崩碴。长20.7、宽15.0、厚1.8～2.6厘米，重1893克（图5-27，1；图版七四，4）。

标本H70：09，灰色灰岩。器体扁平，器身磨制，平顶，一侧边经打制，近打制边缘处可见两面对琢的圆形凹坑，直径约2.0厘米。顶部穿孔，为双面实心钻形成，孔周有琢痕。器表残损严重，可能欲改制为长方形穿孔石刀，残断后废弃。残长5.9、残宽5.4、最厚处1.3、孔径1.0厘米，重77克（图5-27，7；图版七三，5）。

标本ⅠT0203③：12，青灰色闪长岩。两端均残，两侧边斜直，中间较厚，向两侧边缘渐薄。器身残留半孔，为双面桯钻形成。左侧边较薄，多崩损缺口，可能断裂后经改制使用。器

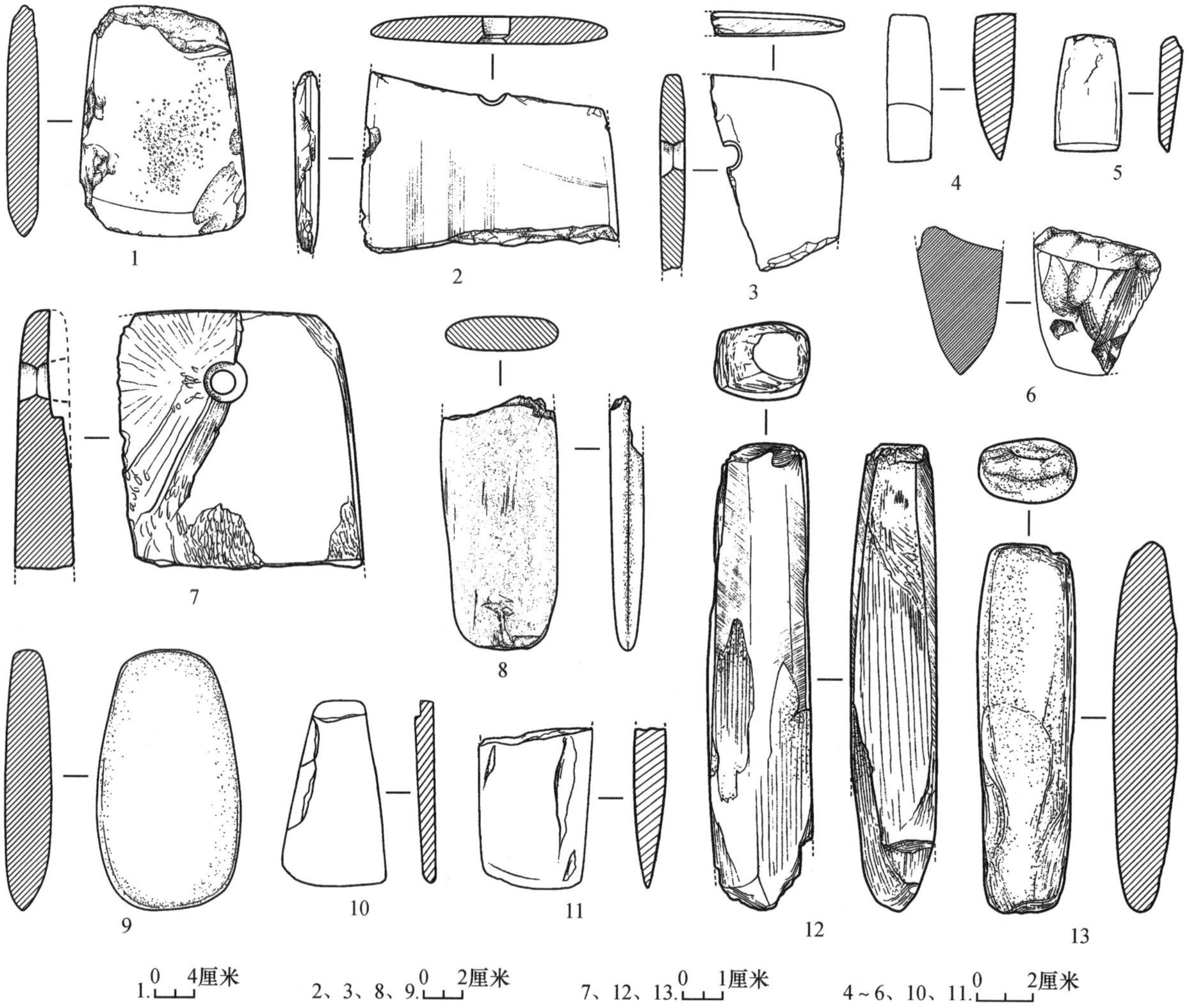

图5-27　第三期石生产工具（1）

1～3、7. 石铲（H50：04、ⅠT0203③：12、ⅠT0203③：13、H70：09）　4、6、12、13. 石凿（ⅠT0302③：3、ⅠT0301③：9、H70：02、ⅠT0408③：8）　5、10、11. 石锛（ⅠT0302③：6、ⅠT0302②：8、H43：81）　8、9. 石斧（ⅠT0203②：03、ⅠT0302②：2）

表磨制。残长8.3、宽12.3、厚1.3、孔径1.4厘米，重231克（图5-27，2；图版七三，6）。

标本ⅠT0203③：13，青绿色花岗岩。仅余顶部一角，中间厚，边缘处较薄，侧边斜直。断面残存半孔，为双面桯钻形成。器表磨制平整，可见打磨痕。器身两面有红色颜料痕。残长5.7、残宽0.2～1.1、厚8.6、孔径1.6厘米，重96克（图5-27，3）。

石锛　3件。

标本ⅠT0302②：8，青灰色粉砂岩。平面近梯形，上窄下宽，两侧边斜直，平顶直刃，双面刃，刃部打制，侧缘有打击疤痕。器形粗糙，刃部破损较严重，使用痕迹明显。长6.4、宽1.7～3.6、厚1.1厘米，重38克（图5-27，10；图版七五，3）。

标本H43：81，黑色闪长岩。顶部缺失，斜弧刃，刃部钝，刃角可见崩疤。磨制。残长5.5、中部宽4.1、刃宽3.5、厚0.7～1.0厘米，重46克（图5-27，11；图版七五，2）。

标本ⅠT0302③：6，绿色片岩。器体较小，平面略呈梯形，上窄下宽，两侧边斜直，平顶，刃缘稍弧，双面刃，刃部磨制。顶部有破损痕。长4.2、宽2.3、厚2.0厘米，重16克（图5-27，5；图版七五，5）。此器经测试，发现2颗薯蓣科粒和1颗禾本科植物淀粉粒，并发现了较短的植物纤维，推测曾用于刮削薯蓣科植物外皮，并接触到禾本科植物。

石凿　4件。

标本H70：02，黑色灰岩。平顶，窄长条状，器身残损。磨制。刃部使用破损严重。器表可见摩擦痕。长11.4、宽2.3、厚2.1厘米，重117克（图5-27，12；图版七四，3）。

标本ⅠT0302③：3，深灰青色闪长岩。平顶，窄长方形，顶部平面近方形，刃部锋利。通体磨光，制作精致。长5.1、宽1.4、厚1.5厘米，重26克（图5-27，4；图版七五，6）。

标本ⅠT0408③：8，灰色闪长岩。窄长条状，中间略鼓，最宽处在中下部，双面刃。器身琢、磨兼制，顶部及刃部打制。器身中上部及背面多打击疤痕，有装柄使用痕迹。长8.8、宽1.8～2.2、厚0.4～1.5厘米，重57克（图5-27，13；图版七五，4）。

标本ⅠT0301③：9，黑色石英岩。器体较厚，破损严重，仅存刃端部分，侧边弧鼓，向刃部内收，双面刃，后刃面斜直。器身磨光。刃部有使用痕迹。残长6.6、残宽6.5、厚2.0～3.8厘米，重181克（图5-27，6；图版七五，1）。

石刀　17件。根据器物形态分四型。

A型　9件。缺口石刀。器体扁平，侧边打制或琢制出弧形或三角形的内凹缺口以绑缚柄，平面略呈长方形。根据刃部及制作工艺分为两个亚型。

Aa型　3件。打制。

标本H70：3，灰色闪长岩。器体较厚，器表一面平滑，为原始面，一面起伏不平，为破裂面。背部平直，双面刃，刃部内弧。刃部经使用磨损。长8.8、宽4.5～4.9、厚1.2厘米，重93克（图5-28，3；图版七六，5）。

标本H13：01，灰黑色片岩。刀背弧凸，为原始面，较圆滑，刃部平直，刃部和背部均打制出刃缘。刃中部崩残。长8.8、宽5.0、厚0.7厘米，重57克（图5-28，5；图版七六，1）。

标本ⅠT0203③：6，灰黑色闪长岩。背微内弧。刃部有使用磨圆痕迹。刃部和背部均破损严重。长10.0、宽5.1、厚1.0厘米，重87克（图5-28，7；图版七六，6）。

Ab型　5件。磨制。

标本ⅠT0302②：1，深灰色板岩。背部微内弧，双面弧刃，残损严重。侧边缺口表面片状剥落，器身中部偏上处有较浅的钻孔痕，为单面琢钻形成。长9.5、宽5.3、厚0.6厘米，重53克（图5-28，6；图版七七，1）。

标本H50：03，黑灰色板岩。背部平直，双面磨制修整，较薄，直刃微内弧。器身正中靠下部有一圆孔，为双面桯钻形成。长9.2、宽4.7、厚0.7、孔径1.1厘米，重63克（图5-29，1；图版七七，2）。

标本H50：01，黑色闪长岩。背部平直，双面刃微内凹。器身两面有较浅的琢孔痕迹。器表磨制平整。刃部因使用可见多处小崩疤。长11.0、宽5.2、厚0.9厘米，重94克（图5-28，1；

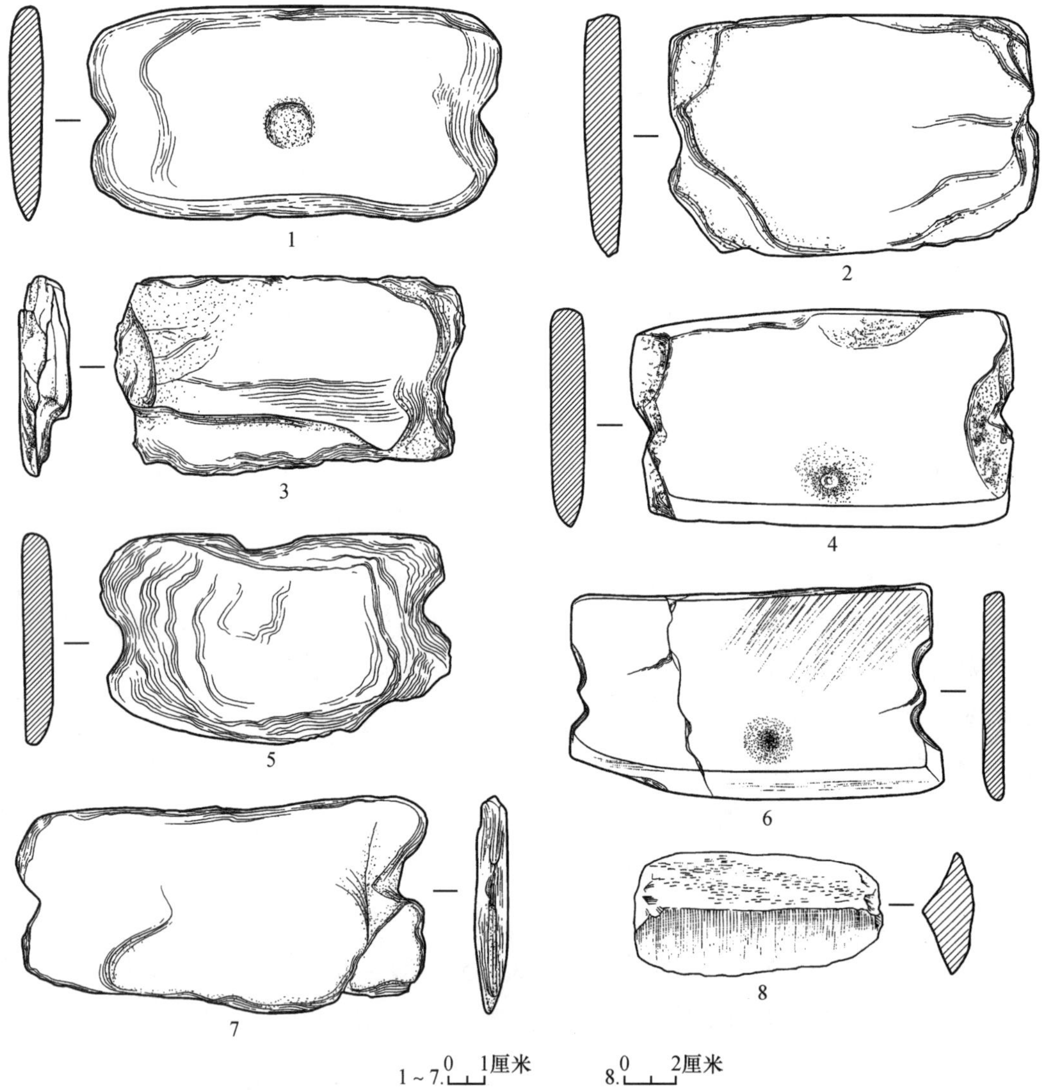

图5-28　第三期A型石刀

1、2、4、6. Ab型（H50：01、H29：04、H50：05、ⅠT0302②：1）　3、5、7. Aa型（H70：3、H13：01、ⅠT0203③：6）
8. 石刀毛坯（ⅠT0407③：5）

图版七六，2）。

标本H50：05，黑色板岩。背部微弧，双面直刃，有损。器身一面中部靠近刃缘处有较浅的琢孔痕。长9.7、宽5.3、厚0.5～0.8厘米，重91克（图5-28，4；图版七六，4）。

标本H29：04，灰绿色板岩。器身一面呈片状脱落。背部平直，双面直刃。刃部使用破损严重。长9.3、宽5.9、厚0.9厘米，重102克（图5-28，2；图版七六，3）。

石刀毛坯　1件。

标本ⅠT0407③：5，黑色闪长岩。平面呈圆角长方形，两侧边缘打制，有修出缺口的趋势，器身正面由磨面和打击面组成，中间交界处横向凸起一棱，背面微突，刃缘较厚，属A型石刀的半成品。长9.6、宽4.6、厚0.3～2.0厘米，重108克（图5-28，8；图版七八，3）。

B型　6件。器体扁平，侧边无缺口，平面近长方形。磨制。根据有无穿孔分为两个亚型。

Ba型　5件。有穿孔。器身中部或中下部近刃缘处对钻一孔。

标本H29：05，青灰色板岩。双面刃，微弧，残半。下部靠近刃缘处残存半孔，为双面桯钻形成。刃部有使用残损痕。残长4.6、宽5.1、厚0.4、孔径0.5厘米，重16克（图5-29，7）。

标本ⅠT0203②：01，青灰色板岩。背面平直，双面直刃，残半。中部偏下处有一圆孔，为双面桯钻形成。刃缘多崩碴，使用破损严重。残长7.1、宽4.7、厚0.4、孔径0.7厘米，重27克（图5-29，2；图版七七，6）。

标本ⅠT0302③：01，黄褐色云母长石片岩。器体较薄，平面近梯形，双面刃，刃面较宽，刃缘略圆钝，侧边斜直内收。中部对琢一圆孔。长10.0、宽5.7、厚0.8、孔径0.7厘米，重76克（图5-29，5；图版七七，4）。

标本H70：04，灰绿色灰岩。背部平直，双面直刃。近刃缘处中部有一孔，为双面桯钻形成。刃部因使用可见多处崩碴，背部有破损。长8.4、宽4.6、厚0.7、孔径0.4～1.0厘米，重40克（图5-29，4；图版七七，3）。

标本ⅠT0308③：8，绿色板岩。器体扁薄，背部平直，双面弧凸刃，一侧边磨出双面刃缘，一侧边残缺。下部近刃缘处有一圆孔，为双面桯钻形成。刃部有使用破损，可见多处小崩

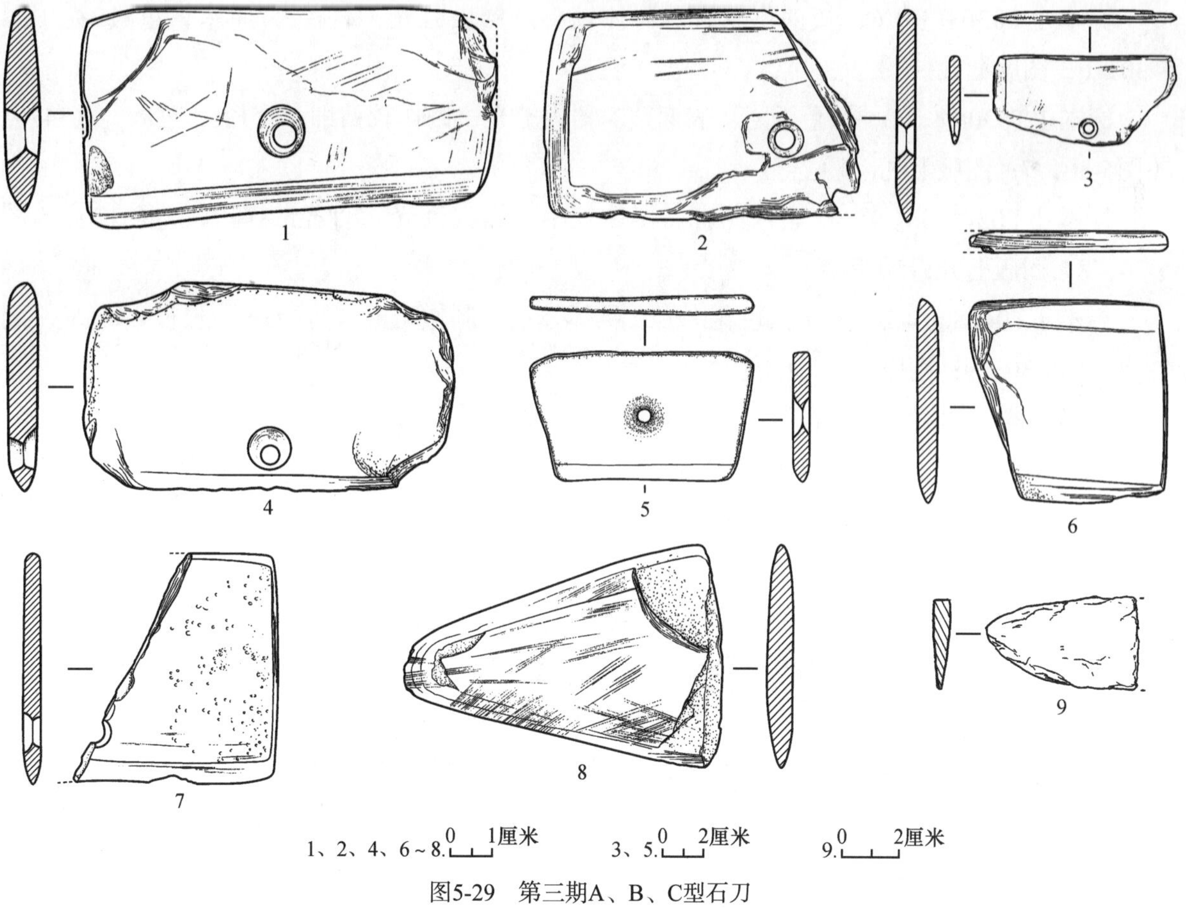

图5-29　第三期A、B、C型石刀

1. Ab型（H50：03）　2～5、7. Ba型（ⅠT0203②：01、ⅠT0308③：8、H70：04、ⅠT0302③：01、H29：05）
6. Bb型（H29：08）　8、9. C型（ⅠT0203③：02、H10：1）

碴。长8.2、宽3.9、厚0.2～0.5、孔径0.8厘米，重32克（图5-29，3；图版七七，5）。

Bb型　1件。无穿孔。

标本H29：08，黑灰色板岩。上下两缘均磨制出双面刃，刃部微弧，残半。器表密布磨擦痕。残长4.4、宽4.5、厚0.5厘米，重19克（图5-29，6）。

C型　2件。器体扁平，仅见三角形刀尖部分，应当是刀的尖端。

标本H10：1，黑色硅质灰岩。上下边向内弧收成尖，仅下缘开双面刃，背部未开刃。打磨兼制。残长5.2、宽3.0、厚0.6厘米，重16克（图5-29，9；图版七八，1）。

标本ⅠT0203③：02，黑灰色板岩。两侧开双面刃，内收成圆弧状刀尖，尖部略残。磨制，岩石呈多层片状微裂。残长7.3、宽4.7、厚0.6厘米，重27克（图5-29，8；图版七八，2）。

石纺轮　2件。圆饼形，上下两面平直，中部单面钻一圆孔，孔壁较直。

标本ⅠT0302④：03，黄褐色粉砂岩。器身磨制，边缘稍有破损。背面穿孔边缘有琢痕。直径6.0、孔径0.8～1.1、厚1.0厘米，重67克（图5-30，2；图版七九，2）。

标本H75：1，深绿色泥质粉砂岩。近边缘处略薄。器表密布平行线状摩擦痕。直径5.8、孔径1.1、厚0.6厘米，重47克（图5-30，1；图版七九，1）。

石球　4件。

标本ⅠT0301③：6，灰褐色泥岩。器体较小。器表磨光。直径4.7厘米，重112克（图5-30，6；图版七九，3）。

标本ⅠT0308③：2，黑色泥岩。表面残。器表磨光，制作较精细。直径6.5厘米，重347克（图5-30，7；图版七九，4）。

标本ⅠT0308③：9，灰黑色泥岩。器体较小。器表磨光。直径5.8厘米，重215克（图5-30，8；图版七九，5）。

标本ⅠT0408③：2，浅灰白色花岗岩。器体较小。制作粗糙。短径3.6、长径4.4厘米，重79克（图5-30，9；图版七九，6）。

饼形石器　1件。

标本ⅠT0307③：02，黄褐色花岗岩。圆饼形。边缘有磨圆痕迹，无加工痕迹。长径12.5、短径11.8、厚1.5厘米，重524克（图5-30，3；图版八〇，3）。

石刮割器　1件。

标本ⅠT0303③：3，灰黑色闪长岩。河滩砾石改制而成。圆形片状，边缘打制，一面保留原始面。长径6.8、短径5.7、厚0.6厘米，重45克（图5-30，4；图版七八，4）。

石杵　1件。

标本H71：1，浅黄色砂岩。呈上细下粗的圆柱形体，纵截面略近梯形，底部磨圆，使用痕迹明显。磨制。残长12.2、长径7.5、短径5.0厘米，重852克（图5-30，10）。

石镞　2件。

标本H70：011，青灰色板岩。器体较薄，尖端及铤残，前锋断面呈六边形，两侧斜直，双面刃，尾部扁平。通体磨制平整。残长3.3、宽0.9、厚0.2厘米，重2克（图5-31，1；图版

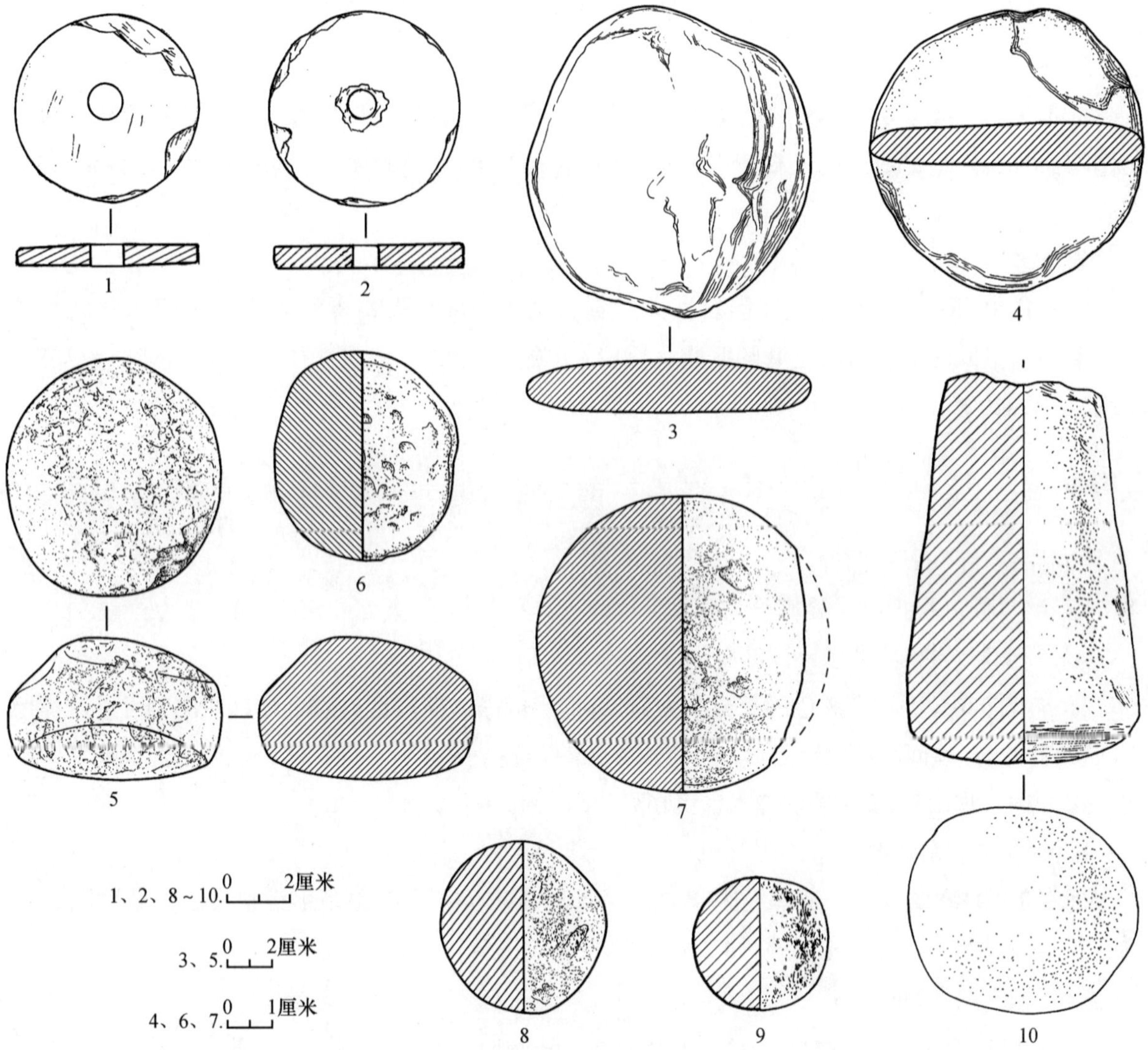

图5-30　第三期石生产工具（2）

1、2. 石纺轮（H75：1、ⅠT0302④：03）　3. 饼形石器（ⅠT0307③：02）　4. 石刮割器（ⅠT0303③：3）　5. 石垫（ⅠT0308③：10）　6～9.石球（ⅠT0301③：6、ⅠT0308③：2、ⅠT0308③：9、ⅠT0408③：2）　10. 石杵（H71：1）

七八，6）。

标本ⅠT0301②：4，灰黑色板岩。器体较薄，尖微损，平面呈扁梭形，两侧斜直刃。通体磨光。长3.3、宽1.0、厚0.1厘米，重1克（图5-30，10；图版七八，5）。

梭形石器　2件。器体扁长，中部鼓，两端尖细。通体磨光。

标本ⅠT0301②：2，灰黑色闪长岩。截面略呈圆角方形，顶部一端稍磨平，另一端呈圆尖状。长7.7、宽1.8、厚1.3厘米，重30克（图5-31，11）。

标本ⅠT0301②：3，灰黑色闪长岩。截面近圆形，两端均磨成圆尖状。长7.8、最大径1.5厘米，重30克（图5-31，10）。

长方形石器　1件。

标本ⅠT0302③：7，灰青色板岩。石片加工而成。器体极薄，顶端残，底部平直，侧边微弧。边缘处侧面经磨制。残长5.8、宽2.9、厚0.3厘米，重14克（图5-31，9）。

石垫　1件。

标本ⅠT0308③：10，灰白色花岗岩。平面呈圆形，侧面呈椭圆形。器表磨制规整。可能制作陶器时的内垫，或做抛光石使用。长径10.0、短径9.4、厚6.0厘米，重858克（图5-30，5；图版八〇，4）。

石研磨器　1件。

标本H70：01，浅红褐色花岗岩。天然砾石制作而成，器身保留石皮。平面形状略呈舌形，下端稍粗，两端表面可见磨圆痕迹。长12.6、宽3.5～4.9、截面直径2.8～3.6厘米，重368克（图5-114，10）。

2. 饰品

饰品有石笄和石环两种。

石笄　2件。根据有无笄帽分为两型。

A型　1件。平面呈T形，顶部有帽。

标本ⅠT0302③：9，黑色闪长岩。为T形笄的半成品。器表经打磨，顶部两侧仍可见制坯留下的切割凹槽，顶面磨平成长方形，有修成笄帽的趋势。笄身呈扁柱状体，截面呈椭圆形，尖端残。残长7.4、顶面长1.7、宽0.6厘米，重16克（图5-31，4）。

B型　1件。无笄帽。

标本ⅠT0308③：03，灰黑色闪长岩。笄身呈圆柱状，底部磨制出锥状尖，顶部残断，一侧磨制出一斜面。通体磨光。残长4.2厘米，重2克（图5-31，3）。

石笄加工料　1件。

标本H70：216，灰青色闪长岩。不规则形，切割面上残存切割凹槽，剖面呈V形，残断后废弃。残长8.1、宽3.7、厚1.5～3.4厘米，重122克（图5-31，7）。

石笄毛坯　3件。

标本ⅠT0202③：05，绿色蛇纹岩。器体扁平，平面呈长条形，上宽下窄，顶部为断裂面，底部内收，磨薄。器表经磨制修整，侧边可见条状切割痕。长7.5、宽0.5～1.6、厚0.2～0.6厘米，重14克（图5-31，5）。

标本ⅠT0203③：11，青绿色闪长岩。平面呈长条形，上宽下窄，器身留有一条对切割形成的截断棱，顶部断裂。长7.7、宽0.8～1.1、厚0.5～0.8厘米，重13克（图5-31，6）。

标本ⅠT0301②：1，青黑色闪长岩。平面呈长条形，两端为断裂面。器表磨制平整。侧缘可见对切割断茬。残长6.3、宽1.8、厚0.7～1.1厘米。重25克（图5-31，8）。

石环　2件。

标本ⅠT0203②：2，白色大理岩。器体扁薄，环面较宽，内缘略厚，向边缘处渐薄，外缘锋利，截面略呈三角形，残存约三分之一。内径2.1、外径4.1、厚0.1～0.5厘米，重13克

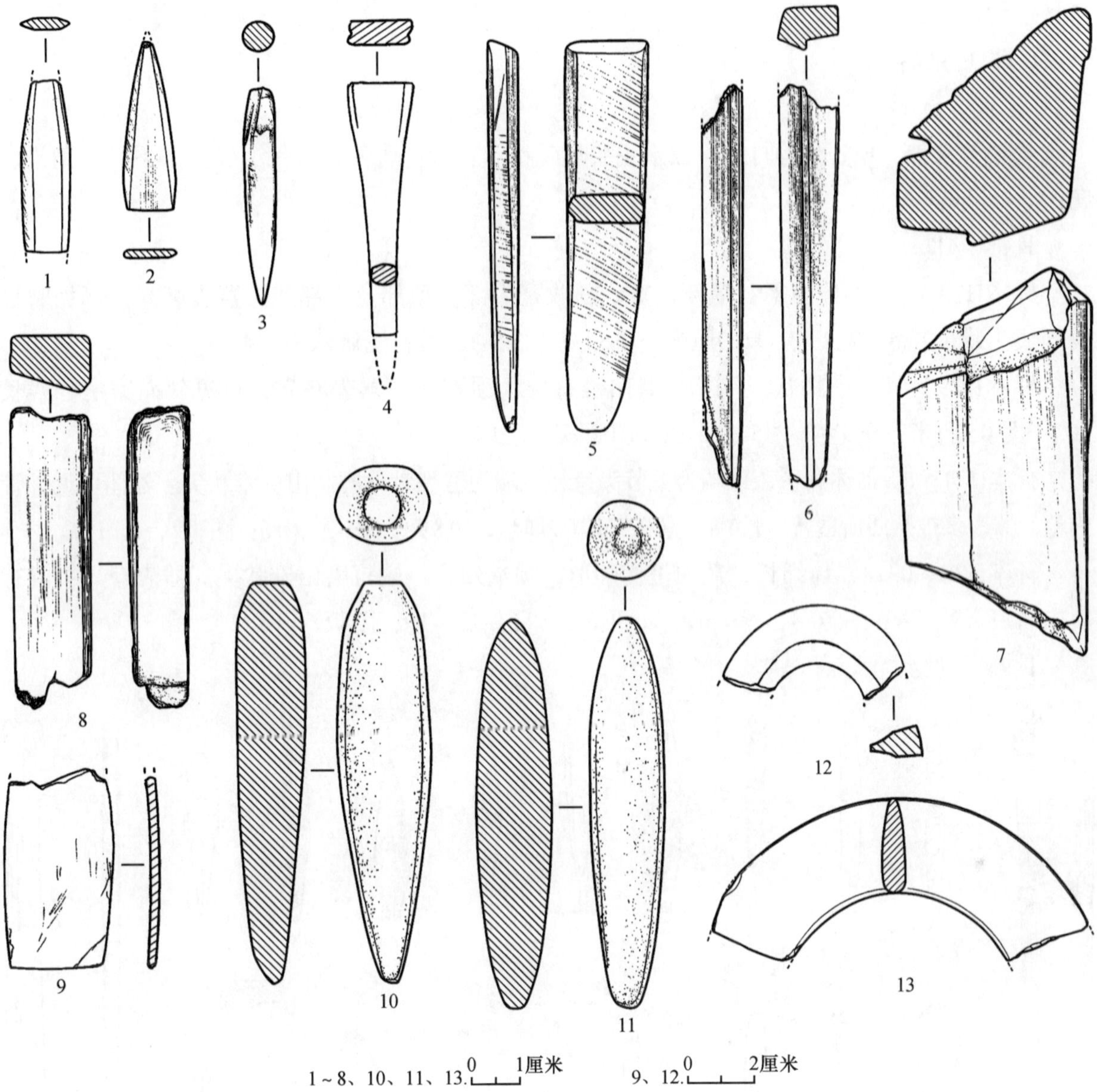

图5-31　第三期石器

1、2. 石镞（H70：011、ⅠT0301②：4）　3. B型石笄（ⅠT0308③：03）　4. A型石笄（ⅠT0302③：9）　5、6、8. 石笄毛坯（ⅠT0202③：05、ⅠT0203③：11、ⅠT0301②：1）　7. 石笄加工料（H70：216）　9. 长方形石器（ⅠT0302③：7）　12、13. 石环（ⅠT0302④：02、ⅠT0203②：2）　10、11. 梭形石器（ⅠT0301②：3、ⅠT0301②：2）

（图5-33，13；图版八〇，1）。

标本ⅠT0302④：02，青灰色闪长岩。器体较薄，外壁较直，截面略呈三角形，残存约三分之一。内壁边缘周圈经琢磨修整，器表经打磨，满布摩擦痕。内径3.0、外径6.0、厚0.1～0.5厘米，重20克（图5-31，12；图版八〇，2）。

（三）骨器

骨器包含骨、角、牙等材质，器形主要有骨锥、骨镞、骨笄、骨针、骨铲、卜骨、角锥、角镞、蚌环等。

骨锥　4件。

标本H73：3，器体扁平，顶部较宽，斜收至尖部，顶部及尖部残。器表磨光，可见磨痕及划痕。残长23.5、宽2.8、厚0.9厘米，重53克（图5-32，1；图版八一，4）。

标本H29：07，三棱状，一端打磨出锥状尖，顶端残。器表磨光，可见斜向磨痕。残长10.8、厚0.9厘米，重9克（图5-32，12；图版八一，3）。

标本H44：1，器体扁平，顶端为关节头，另一端为劈裂骨片磨制出的锥状尖。器体可见骨管内壁，器表多被杂质所覆盖。长7.8、宽2.2、厚0.2厘米，重8克（图5-32，16；图版八一，1）。

标本H29：03，器体细长，截面呈椭圆形，顶端残，一端打磨出锥状尖。器表磨光，留有斜向磨痕。残长6.6、宽0.8、厚0.5厘米，重3克（图5-32，19；图版八一，2）。

骨镞　7件。

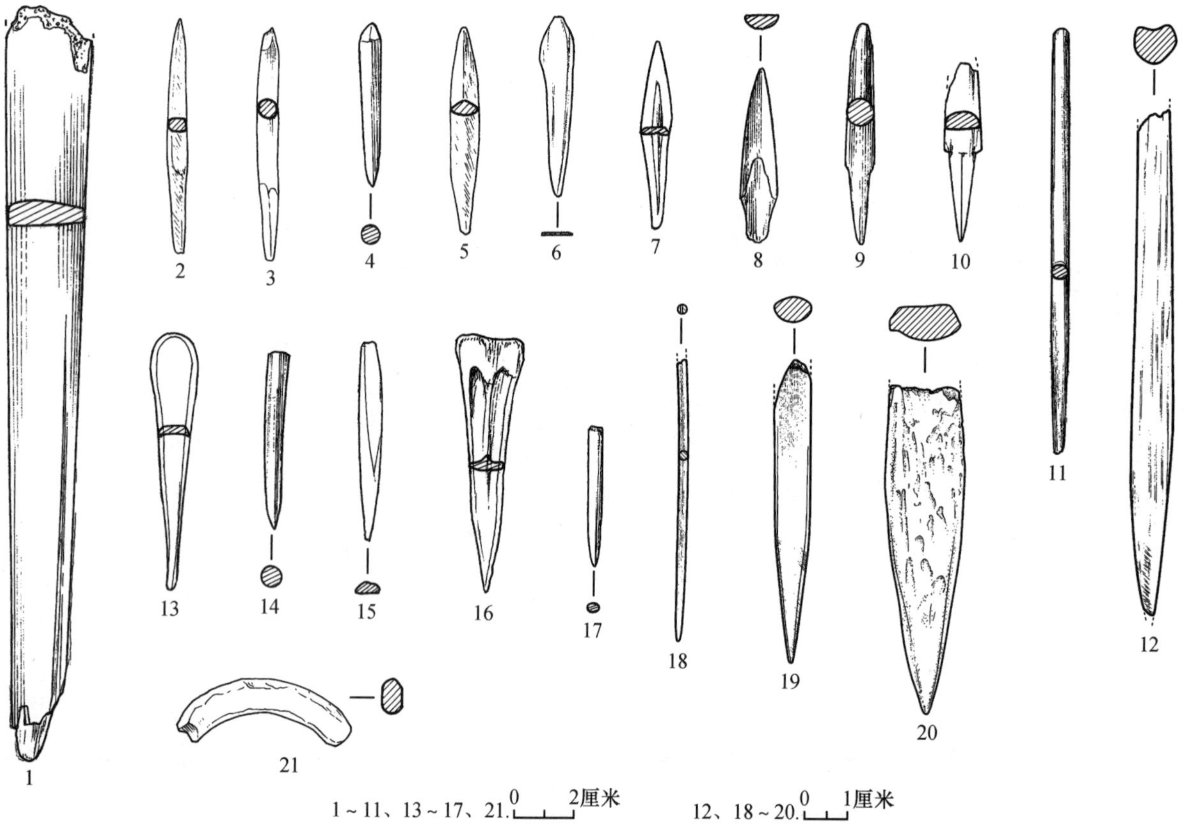

图5-32　第三期骨器（1）

1、12、16、19. 骨锥（H73：3、H29：07、H44：1、H29：03）　2～4、6、7. B型骨镞（H34：2、H34：1、H61：1、H44：3、H25：3）　5、9. A型骨镞（ⅠT0407③：1、ⅠT0302③：4）　8、10、15. 角镞（H14：1、H75：2、ⅠT0302④：01）　11、13、14. 骨笄（ⅠT0302④：04、H25：4、ⅠT0302③：8）　17、18. 骨针（H25：1、H29：01）　20. 角锥（H70：012）　21. 蚌环（ⅠT0407③：4）

A型　2件。有铤。

标本ⅠT0407③：1，器体扁平，平面呈梭形，尖部截面呈菱形，短锥状铤，两翼微外弧磨出刃。器表经打磨，可见斜向磨痕。长6.7、最大径1.0、厚0.5厘米，重3克（图5-32，5）。

标本ⅠT0302③：4，柱状，截面近圆形，铤部斜收成圆锥状，尖部略残。器表经打磨，可见磨痕。长7.0、最大径0.8厘米，重3克（图5-32，9；图版八二，6）。

B型　5件。无铤。

标本H34：2，器体近梭形，截面呈椭圆形，顶端磨制出锥状尖，铤微弧收。器表经打磨，可见斜向磨痕。残长7.6、最大径0.7厘米，重3克（图5-32，2；图版八二，5）。

标本H34：1，柱状，截面近圆形，尖部较钝，镞尖略残。器表磨光，尾部刮削痕明显。残长7.5、最大径0.7厘米，重4克（图5-32，3；图版八二，4）。

标本H61：1，柱状，截面近圆形，尖部较钝，尾部斜收成圆锥状。镞身磨光，尾部可见斜向磨痕。长5.3、最大径0.6厘米，重2克（图5-32，4；图版八二，3）。

标本H44：3，片状，一端打磨出三角状尖，另一端斜收，尖及一侧面略残。器表磨光。残长5.8、最宽1.2、厚0.1厘米，重1克（图5-32，6；图版八三，4）。

标本H25：3，器体扁平，三角锋较锐，镞身一面可见凹槽，铤较长。器表磨光。长5.8、最宽1.0、厚0.2厘米，重2克（图5-32，7；图版八二，1）。

骨笄　3件。

标本ⅠT0302④：04，笄身细长，截面近椭圆形，顶端打磨成圆形，锥状尖，近尖部略残。通体磨光。残长13.5、最大宽0.6厘米，重6克（图5-32，11；图版八二，1）。

标本ⅠT0302③：8，笄身细长，截面近圆形，顶端残。通体磨光，留有竖向刮磨痕。残长5.7、最大径0.6厘米，重3克（图5-32，14；图版八二，2）。

标本H25：4，笄身扁平，顶端打磨成近圆形，截面呈圆角方形。器表磨光，留有交错磨痕，尾部有刮削痕。长8.5、最宽1.4、厚0.4厘米，重5克（图5-32，13；图版八一，6）。

骨针　2件。器体细长，锥状尖。通体磨光。

标本H29：01，截面呈圆形，顶部残。残长6.0、最大径0.2厘米，重0.5克（图5-32，18；图版八三，6）。

标本H25：1，截面呈扁圆形，顶部略残。器表可见方向不一的刮磨痕。残长4.7、最大径0.4厘米，重1克（图5-32，17；图版八三，5）。

角镞　3件。

标本ⅠT0302④：01，鹿角制成。器体扁平，截面略呈方形，尖残。残长6.3、最宽0.7、厚0.4厘米，重3克（图5-32，15）。

标本H14：1，动物角磨制而成。器体扁平，截面近似半圆形，铤残。器表经打磨。残长5.6、宽1.2、厚0.7厘米，重4克（图5-32，8；图版八三，3）。

标本H75：2，动物角制成。三棱状，截面近半圆形，铤细长，尖残。器表一面磨光，残留斜向磨痕。铤部有刮削痕。残长5.6、宽1.3厘米，重3克（图5-32，10；图版八三，2）。

蚌环　1件。

标本ⅠT0407③：4，窄环面，断面呈椭圆形，外侧边缘较薄，残存约三分之一。外侧边缘有修整痕，环面磨光。内径5.0、外径7.0、厚0.8厘米，重11克（图5-32，21；图版八〇，6）。

骨铲　1件。

标本H50：02，动物肩胛骨制成。器体细长，刃部较宽，顶部较窄。铲刃经使用而光滑。长12.8、宽5.1、厚0.5厘米，重37克（图5-33，4；图版八四，3）。

卜骨　1件。

标本H10：10，猪肩胛骨制成。远端和一边侧缘稍残，表面有排列不均、深浅不一的灼烧点12个。残长15.0、宽10.5厘米，重37克（图5-33，2；图版八四，4）。

角锥　2件。

标本H70：012，器体扁平，一端制成锥状尖，另一端残。锥尖磨光。残长7.0、最宽1.7、厚0.8厘米，重9克（图5-32，20；图版八一，5）。

标本H25：2，鹿角尖端制成。截面呈椭圆形。器表磨光。残长5.5、最宽处2.0厘米，重7克（图5-33，3；图版八四，2）。

鹿角　3件。

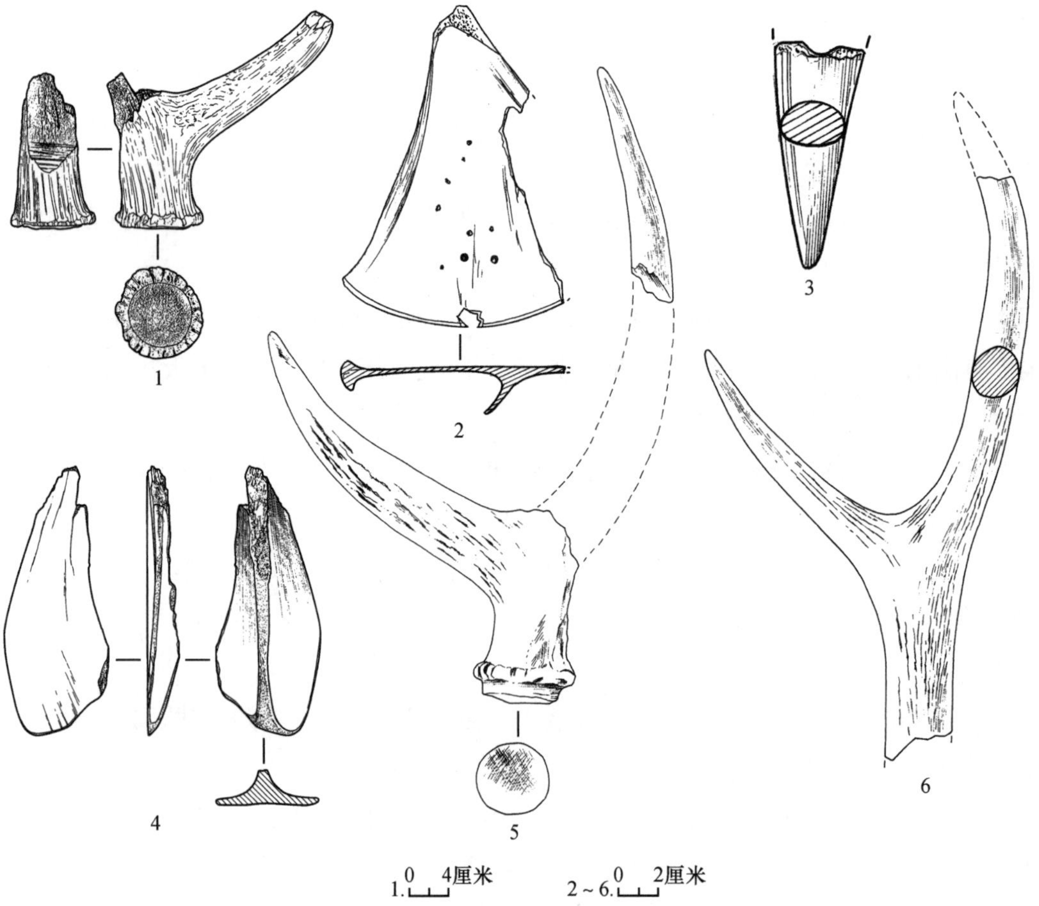

图5-33　第三期骨器（2）

1、5、6. 鹿角（H70：03、H34：3、H34：4）　2. 卜骨（H10：10）　3. 角锥（H25：2）　4. 骨铲（H50：02）

标本H70：03，分叉处一枝残断，另一枝尖端有磨痕。残长17.5、角根直径3.5厘米，重210克（图5-33，1；图版八〇，5）。

标本H34：3，器体较大，角根上分叉，两叉枝尖端有磨痕。复原后长枝长30.8、短枝长17.9、角根直径3.5厘米（图5-33，5）。

标本H34：4，角根残，两叉枝通体有磨痕，一枝为锥状尖，一枝为扁体尖。复原后长枝长32.0、短枝长19.7、角根直径3.3厘米（图5-33，6）。

第二节　遗迹单位分述

第三期文化遗存中的遗迹共有三类，以灰坑为主，少数房址，墓葬仅有1座。另外，有些灰坑中发现不完整的或乱弃置的人骨，仍归入灰坑类叙述。

一、灰　　坑

1. Ⅰ T0202H6

H6位于Ⅰ T0202西南部。开口于③层下，打破H61、H89。袋状坑，坑口平面近圆形，坑壁外弧，平底。坑口距地表深160厘米，坑口直径180、坑底直径240、深226厘米（图5-34；图版五一，1）。

坑内填土为灰色，土质疏松。文化遗物仅有陶器。

陶器　属于本期的陶片共29片，总重1210克。以粗泥质灰陶为主，夹细砂灰陶次之。器表装饰以磨光为主，篮纹和绳纹次之，另有少量磨光+篮纹、磨光+弦纹、绳纹+弦纹+小圆泥饼。经分类和拼对，共有18件个体，可辨器形有鬲、带耳罐、壶、带流盆等典型的客省庄文化遗物。此外，本单位还出土夹砂深腹罐、尖底瓶、夹砂罐、盆等庙底沟二期文化和仰韶文化遗物（图5-35、图5-36）。

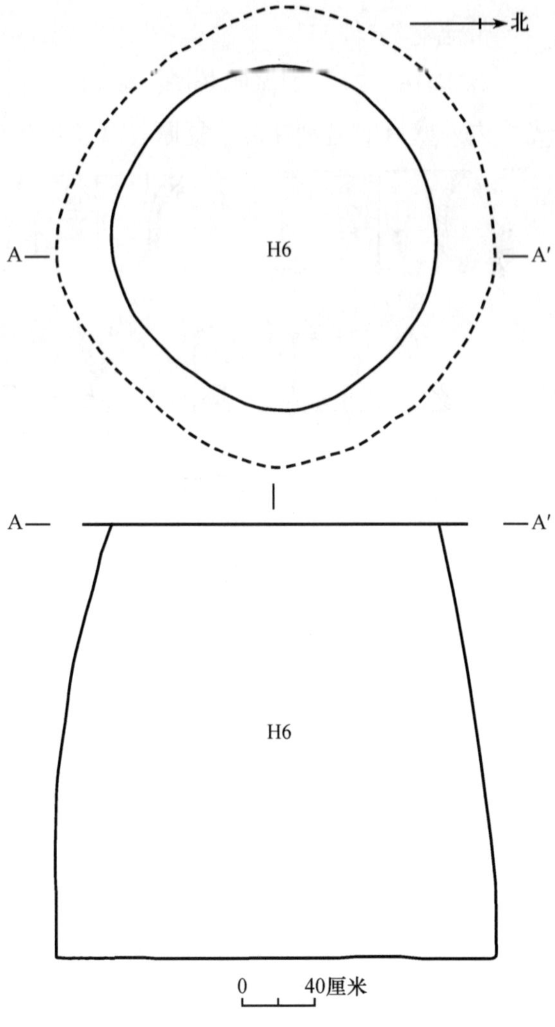

图5-34　Ⅰ T0202H6平、剖面图

鬲　1件。为足部残片。

标本H6：30，夹粗砂灰陶。锥状空足，足跟圆钝。器表饰竖向粗绳纹。器表留有烟炱痕。残高5.9、壁厚0.7厘米（图5-35，6）。

单耳罐　1件。为Ab型。

标本H6：5，夹细砂灰陶。侈口，圆唇，高领，上腹外弧，口沿及上腹置一竖向桥形耳，仅存口沿及上腹。耳上部贴附一小圆泥饼，领腹交接处饰一周凹弦纹，上腹饰竖向中绳纹。口沿内侧可见明显的轮修痕，器表留有烟炱痕。口径20.6、残高9.3、壁厚0.7厘米（图5-35，4）。

壶　3件。为A型。

标本H6：1，夹细砂灰陶。侈口，圆唇，束颈，仅存口沿及颈部。素面。颈部轮修痕明显，内外壁均有刮抹痕。口径14.0、残高7.6、壁厚0.6厘米（图5-35，1）。

标本H6：13，夹细砂灰陶。侈口，圆唇，束颈，仅存口沿及颈部。素面。内外壁均留有轮修痕。口径13.0、残高5.5、壁厚0.4～0.7厘米（图5-35，2）。

标本H6：22，粗泥质灰陶。小口微侈，尖圆唇，束颈，仅存口沿及颈部。素面。器表内外壁轮修痕明显，内壁可见泥条盘筑痕。口径8.7、残高5.4、壁厚1.0厘米（图5-35，5）。

带流盆　1件。

标本H6：21，细泥质灰陶。敛口，圆唇，口沿一侧有U形流，侧视如鸟喙状。器表略磨光。内外壁有明显刮抹痕。复原后口径40.0、残高6.5、壁厚1.0厘米（图5-35，7）。

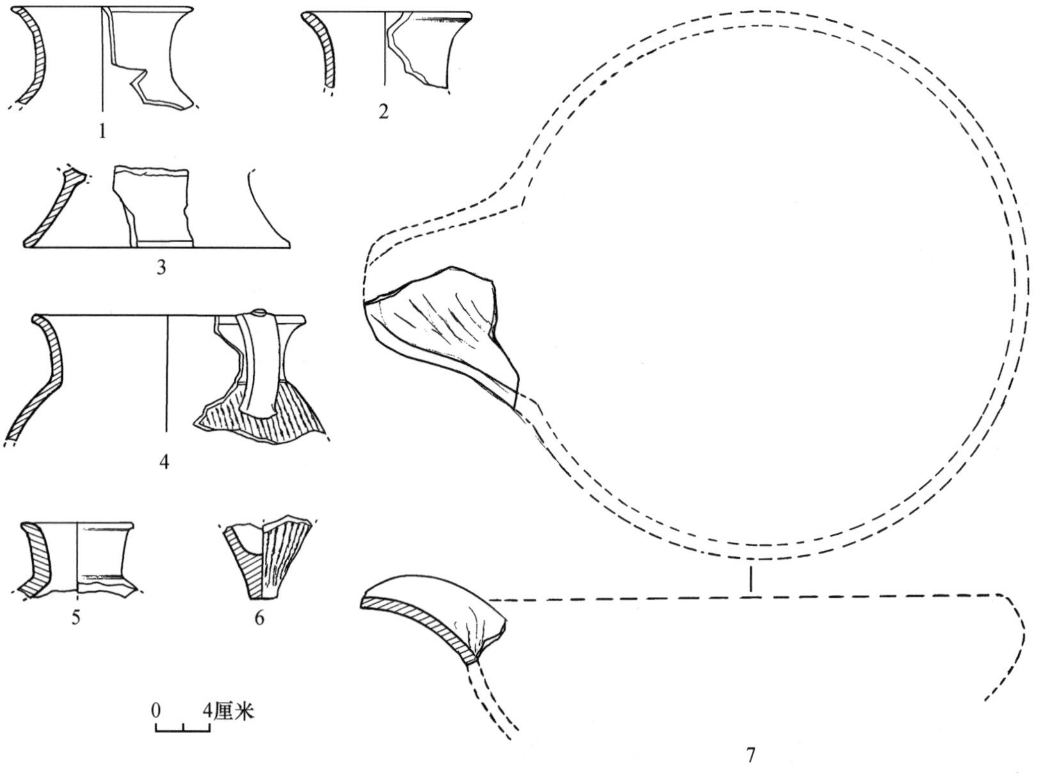

图5-35　ⅠT0202H6出土第三期陶器

1、2、5. A型壶（H6：1、H6：13、H6：22）　3. A型豆（H6：6）　4. Ab型单耳罐（H6：5）　6. 鬲（H6：30）　7. 带流盆（H6：21）

豆　1件。为A型。

标本H6：6，夹细砂灰陶。喇叭状粗柄，柄壁外撇，豆盘残。器表磨光。器表可见刮抹痕，内壁轮修痕明显。柄底径20.0、残高6.0、壁厚0.7厘米（图5-35，3）。

本单位发现庙底沟二期文化遗物，共计3件，可辨器形仅有夹砂深腹罐。

夹砂罐　3件。

A型　2件。

标本H6：8，夹细砂灰陶。敛口，斜折沿，圆唇，上腹外弧，仅存口沿及上腹。沿下加固一周附加堆纹，堆纹上留有指压痕，上腹饰左斜向粗篮纹。口沿内侧有烟炱痕。口径13.6、残高7.0、壁厚0.6～0.9厘米（图5-36，2）。

标本H6：19，夹细砂灰陶。敛口，斜折沿，方唇，深弧腹，下腹及底残。唇部压印出宽疏的锯齿状花边，沿下加固两周带状附加堆纹，堆纹上留有按压痕，腹部饰右斜向粗篮纹，篮纹上饰两周带状附加堆纹，堆纹上留有按压痕。器表留有烟炱痕。口径23.0、残高19.3、壁厚0.6～0.9厘米（图5-36，1）。

B型　1件。

标本H6：7，夹细砂灰陶。侈口，方唇，上腹外鼓，仅存口沿及中腹。腹部饰横向粗篮纹。内壁轮修痕明显。口径18.5、残高10.5、壁厚0.7厘米（图5-36，3）。

本单位发现仰韶晚期文化遗物，共计6件，可辨器形有尖底瓶、夹砂罐和盆。

尖底瓶　1件。为E型。

标本H6：4，细泥质红陶。直口微侈，平折沿，尖圆唇，束颈，仅存口沿及颈部。素面。口沿处可见轮修痕。内口径4.3、外口径8.9、沿宽2.3、残高3.5、壁厚0.4厘米（图版5-36，7）。

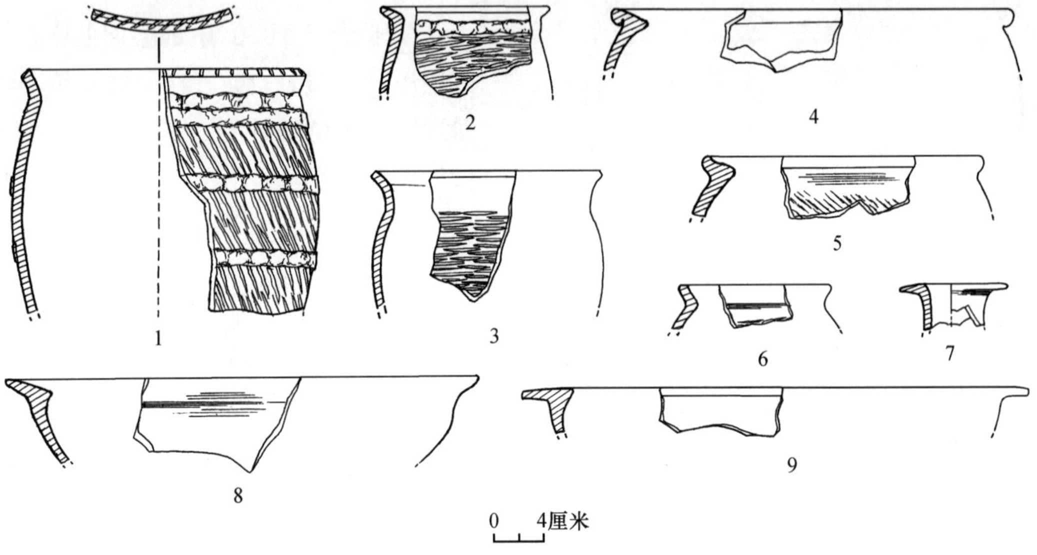

图5-36　Ⅰ T0202H6出土第一、二期陶器

1、2. 第二期A型夹砂罐（H6：19、H6：8）　3. 第二期B型夹砂罐（H6：7）　4. 第一期Ac型夹砂罐（H6：18）　5. 第一期Aa型夹砂罐（H6：11）　6. 第一期Ab型夹砂罐（H6：17）　7. 第一期E型尖底瓶（H6：4）　8. 第一期Ba型盆（H6：2）　9. 第一期Aa型盆（H6：16）

夹砂罐　3件。

Aa型　1件。

标本H6：11，夹细砂灰陶。敛口，斜折沿，圆唇，上腹外弧，仅存口沿及上腹。素面。沿下可见轮修痕，器表留有烟炱痕。口径12.5、残高3.4、壁厚0.5厘米（图版5-36，6）。

Ab型　1件。

标本H6：17，夹粗砂红陶。敛口，斜折沿，圆唇，上腹外弧，仅存口沿及上腹。上腹饰右斜向粗绳纹。口沿处有明显轮修痕。口径22.8、残高4.9、壁厚0.8厘米（图版5-36，5）。

Ac型　1件。

标本H6：18，夹粗砂红陶。敛口，斜折沿，圆唇，上腹外弧，仅存口沿及上腹。沿面略磨光，上腹素面。内壁有明显轮修痕。口径32.8、残高5.1、壁厚0.8厘米（图版5-36，4）。

盆　2件。

Aa型　1件。

标本H6：16，夹细砂红陶。平折沿，内沿折棱凸出形成内敛口，圆唇，上腹弧收，仅存口沿及上腹。口沿处略磨光，器表素面。口沿内侧轮修痕明显。内口径32.6、外口径41.0、沿宽4.2、残高3.8、壁厚0.6厘米（图版5-36，9）。

Ba型　1件。

标本H6：2，细泥质红陶，胎体呈灰色。斜折沿，内沿折棱凸出形成内敛口，圆唇，上腹弧收，仅存口沿及上腹。素面。内外壁轮修痕迹明显。口径38.1、残高7.4、壁厚0.8厘米（图版5-36，8）。

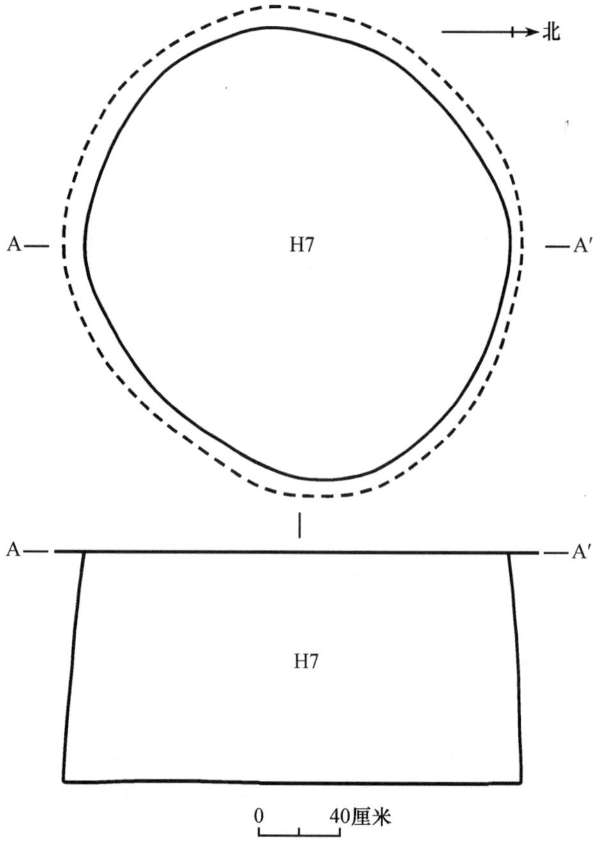

图5-37　Ⅰ T0202H7平、剖面图

2. Ⅰ T0202H7

H7位于Ⅰ T0202中部略偏西南。开口于③层下，打破H23、H44。袋状坑，坑口平面近圆形，坑壁外斜，平底。坑口距地表深170厘米，坑口直径214、坑底直径230、深110厘米（图5-37；图版五一，2）。

坑内填土为灰褐色，土质较硬，包含大量沙土颗粒。文化遗物仅有陶器。

陶器　属于本期的陶片共12片，总重596克。以夹粗砂灰陶为主，粗泥质灰陶次之。器表装饰以绳纹为主，磨光和篮纹次之，另有少量弦纹、磨光+篮纹。经分类和拼对，共有9件个体，可辨器形有鬲、斝、壶、瓮、豆等典型的客省庄文化遗物。此外，本单位还出土夹砂深腹罐、尖底瓶、盆等庙底沟二期文化和仰韶文化遗物（图5-38）。

鬲　1件。为足部残片。

标本H7：11，夹粗砂灰陶。锥状空足。器表饰交错粗绳纹，内壁可见反绳纹。残高11.2、壁厚0.9厘米（图5-38，6）。

斝　1件。为足部残片。

标本H7：12，夹细砂灰陶。锥状空足。器表饰左斜向粗篮纹。残高11.8、壁厚1.5厘米（图5-38，5）。

壶　2件。为A型。

标本H7：5，粗泥质灰陶。侈口，圆唇，束颈，仅存口沿及颈部。素面。器表可见轮修痕，口沿内侧留有刮抹痕。口径16.8、残高8.4、壁厚0.5厘米（图5-38，1）。

标本H7：6，夹细砂灰陶。侈口，方唇，束颈，仅存口沿及颈部。颈下部饰一周凹弦纹。口部留有轮修痕。口径23.2、残高8.6、壁厚0.6厘米（图5-38，4）。

罐　1件。为腹部残片。

标本H7：10，夹细砂灰陶。溜肩，扁鼓腹。肩部磨光，腹下部饰横向细篮纹。腹上部留有刮抹痕。底径10.3、残高12.0、壁厚0.5厘米（图5-38，3）。

瓮　1件。为A型。

标本H7：4，粗泥质灰陶。敛口，方唇，斜肩，仅存口沿及肩部。器表磨光。器表可见刮抹痕。口径20.2、残高8.2、壁厚0.6厘米（图5-38，2）。

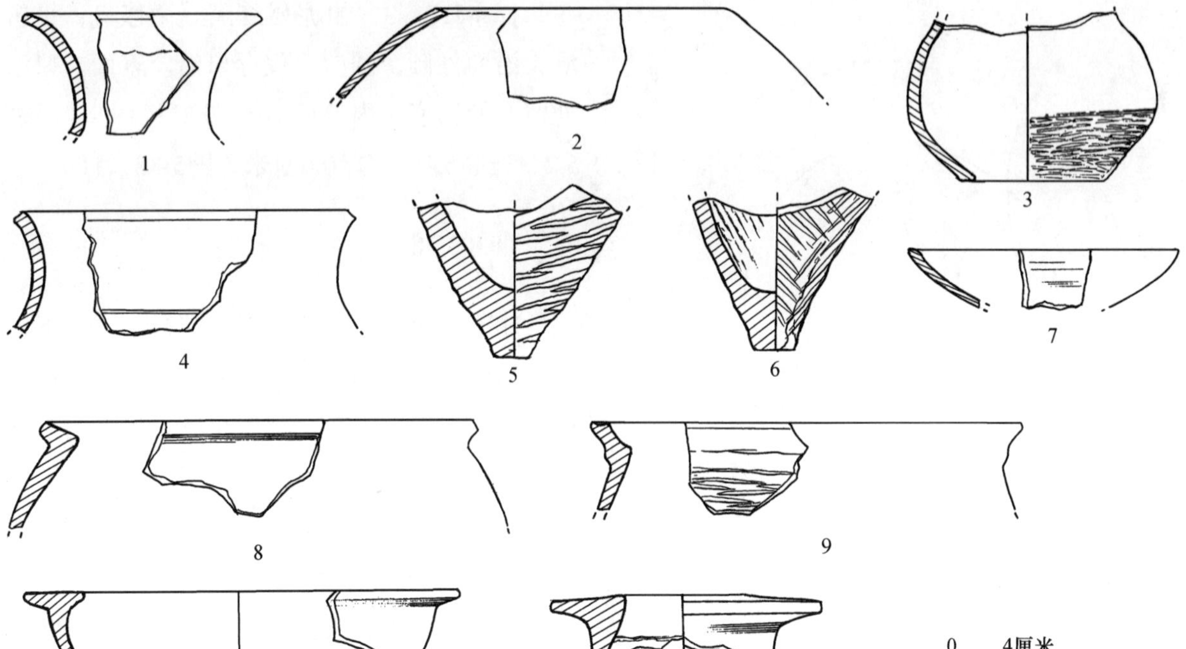

图5-38　Ⅰ T0202H7出土陶器

1、4. 第三期A型壶（H7：5、H7：6）　2. 第三期A型瓮（H7：4）　3. 第三期罐（H7：10）　5. 第三期斝（H7：12）　6. 第三期鬲（H7：11）　7. 第三期B型豆（H7：13）　8. 第一期Ab型夹砂罐（H7：9）　9. 第二期A型夹砂罐（H7：7）　10. 第一期Aa型盆（H7：2）　11. 第一期E型尖底瓶（H7：3）

豆　1件。为B型。

标本H7：13，细泥质灰陶。敞口，尖圆唇，腹壁弧收，盘底及柄已残。盘内壁磨光。器表可见轮修痕及刮抹痕。口径20.0、残高7.0、壁厚0.4厘米（图5-38，7）。

本单位发现的庙底沟二期文化遗物仅夹砂深腹罐，共计1件。

夹砂罐　1件。为A型。

标本H7：7，夹粗砂灰陶。敛口，斜折沿，沿面微凹，方唇，上腹外弧，仅存口沿及上腹。沿下加固一周附加堆纹，上腹饰横向粗篮纹。口沿内侧可见轮修痕。口径30.2、残高6.5、壁厚0.8厘米（图5-38，9）。

本单位发现仰韶晚期文化遗物，共计3件，可辨器形有夹砂罐、盆和尖底瓶。

夹砂罐　1件。为Ab型。

标本H7：9，夹粗砂红陶。敛口，斜折沿，上腹外弧，仅存口沿及上腹。素面。口径29.6、残高7.2、壁厚1.0厘米（图5-38，8）。

盆　1件。为Aa型。

标本H7：2，粗泥质红陶。平折沿，内沿折棱凸出形成内敛口，圆唇，上腹弧收，仅存口沿及上腹。口沿磨光，器表素面。口沿内侧可见轮修痕。内口径22.3、外口径30.3、沿宽4.0、残高4.7、壁厚0.6厘米（图5-38，10）。

尖底瓶　1件。为E型。

标本H7：3，粗泥质红陶。微侈口，平折沿，沿面外倾，圆唇，仅存口沿。素面。口沿处留有轮修痕。内口径8.4、外口径18.8、沿宽5.2、残高5.1、壁厚0.6厘米（图5-38，11）。

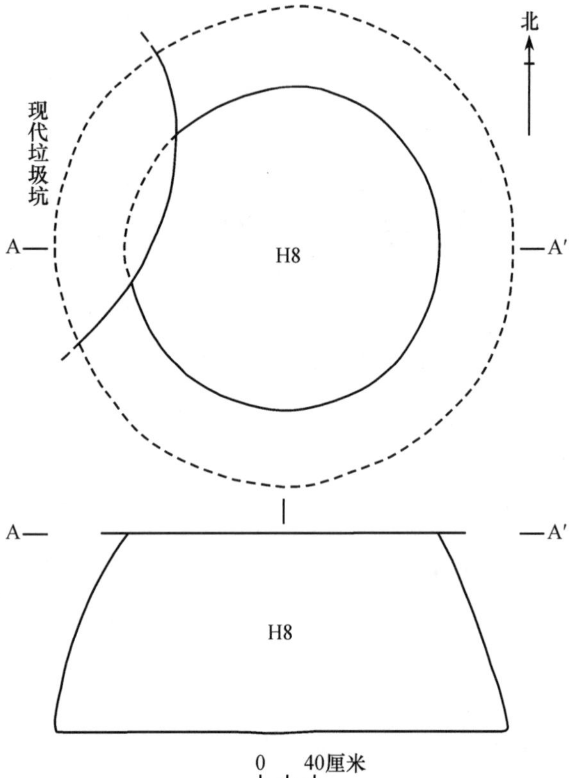

图5-39　Ⅰ T0303H8平、剖面图

3. Ⅰ T0303H8

H8位于Ⅰ T0303西北部。开口于③层下，被现代垃圾坑打破，打破H36、H74。袋状坑，坑口平面近圆形，坑壁整齐，自上向下逐渐外扩微弧，平底。坑口距地表深180厘米，坑口直径212～230、坑底直径340、深140厘米（图5-39；图版五二，1）。

坑内填土为灰褐色，土质较软，包含红烧土、炭粒、石块、兽骨、蚌壳、硫璃碴等。文化遗物仅有陶器。

陶器　属于本期的陶片共149片，总重5667克。以粗泥质灰陶为主，夹粗砂灰陶次之。器表装饰以绳纹为主，篮纹次之，另有少量磨光、磨光+篮纹、磨光+弦纹、弦纹+小圆泥饼等（表5-4）。经分类和拼对，共有60件个体，可辨器形有鬲、斝、无耳罐、壶、圈足盘、豆等客省庄文化遗物。此外，本单位还有鼎、夹砂深腹罐、瓮、尖底瓶、夹砂罐、盆、钵等庙底沟二期文化和仰韶文化遗物（图5-40、图5-41、图5-42、表5-5、表5-6）。

表5-4　ⅠT0303H8陶系统计表

陶质	细泥质陶	粗泥质陶	夹细砂陶		夹粗砂陶		合计	百分比（%）
陶色 / 器表装饰	灰	灰	红	灰	红	灰		
素面	3/104	8/300		4/145		4/77	19/626	12.75/11.05
磨光	1/22	21/767					22/789	14.77/13.92
篮纹		23/1129	1/92	9/166		8/235	41/1622	27.52/28.62
绳纹		6/244	2/151	4/111	2/117	41/1306	55/1929	36.91/34.04
磨光+篮纹		5/199					5/199	3.36/3.51
磨光+弦纹		1/28					1/28	0.67/0.49
绳纹+弦纹						4/341	4/341	2.68/6.02
附加堆纹+戳印纹						1/92	1/92	0.67/1.62
弦纹+小圆泥饼				1/41			1/41	0.67/0.73
合计	4/126	64/2667	3/243	18/463	2/117	58/2051	149/5667	
百分比（%）	2.68/2.22	42.96/47.06	2.01/4.29	12.08/8.17	1.34/2.07	38.93/36.19		100/100

注：百分比相关的行、列外，“/”前统计的数据为片数，单位为个；“/”后统计的数据为质量，单位为克。

表5-5　ⅠT0303H8第三期陶器器形统计表（1）

陶质	细泥质陶	粗泥质陶	夹细砂陶		夹粗砂陶		合计	百分比（%）
陶色 / 器类	灰	灰	红	灰	红	灰		
无耳罐	1	2		4		6	13	21.67
单耳罐		1		1			2	3.33
双耳罐		1					1	1.67
瓮		2					2	3.33
壶	1	18		2			21	35
圈足盘		1					1	1.67
豆		4					4	6.66
鬲			1		1	11	13	21.67
斝				1		1	2	3.33
窖穴盖			1				1	1.67
合计	2	29	2	8	1	18	60	
百分比（%）	3.33	48.34	3.33	13.33	1.67	30		100

表5-6　ⅠT0303H8第三期陶器器形统计表（2）

器表装饰＼器类	瓮	壶	圈足盘	豆	鬲	斝	窖穴盖	无耳罐	单耳罐	双耳罐	合计	百分比（%）
素面		4			1	1		2	1		9	15
磨光	2	2	1	2				2		1	10	16.67
篮纹		10		1			1	3			15	25
绳纹					10			5			15	25
磨光+篮纹		5									5	8.33
磨光+弦纹				1							1	1.67
绳纹+弦纹					2			1			3	5
附加堆纹+戳印纹						1					1	1.67
弦纹+小圆泥饼									1		1	1.67
合计	2	21	1	4	13	2	1	13	2	1	60	
百分比（%）	3.33	48.33	1.67	6.66	21.67	3.33	1.67	21.67	3.33	1.67		100

鬲　5件。

B型　1件。

标本H8：6，夹粗砂灰陶。高领较直，袋足外鼓，口沿及袋足下部残。领下部饰两周凹弦纹，袋足饰竖向粗绳纹，近裆部饰交错粗绳纹。器表可见烟炱痕。残高16.6、壁厚0.8厘米（图5-40，2）。

C型　1件。

标本H8：10，夹细砂灰陶。侈口，圆唇，高领，袋足外鼓，仅存口沿及袋足上部。领下部有一周凹弦纹，袋足饰右斜向粗绳纹。领部留有轮修痕，领下部可见刮抹痕。口径14.0、残高8.3、壁厚0.6厘米（图5-40，7）。

D型　1件。

标本H8：4，夹粗砂灰陶。侈口，圆唇，高领斜直，袋足肥矮，足跟较钝，宽弧裆。领部素面，袋足饰竖向粗绳纹。器表留有烟炱痕。口径12.5、高15.0、壁厚0.3～0.7厘米（图5-40，1）。

另有足部残片2件。

标本H8：64，夹细砂灰陶。锥状足尖，内有圆形泥芯。器表饰竖向粗绳纹。器表留有烟炱痕。残高4.8厘米（图5-40，8）。

标本H8：65，夹粗砂灰陶。锥状空足，足跟较钝。器表饰竖向粗绳纹。器表留有烟炱痕。残高4.9、壁厚0.7厘米（图5-40，4）。

斝　1件。为Da型。

标本H8：44，夹粗砂灰陶。侈口，圆唇，上腹斜直，沿下连接一竖向桥形耳，仅存口沿及耳上部。耳面贴附一条竖向附加堆纹，堆纹上有戳印纹。口径16.6、残高4.1、壁厚0.8厘米（图5-40，16）。

罐　8件。含无耳罐、单耳罐和双耳罐。

无耳罐　5件。

Aa型　2件。

标本H8：2，夹粗砂灰陶。侈口，尖圆唇，高领，圆鼓腹较瘦，下腹及底残。领部饰一周凹弦纹，腹部饰竖向中绳纹。领部留有轮修痕，内外壁均可见明显烟炱痕。口径13.8、残高16.0、壁厚0.3厘米（图5-40，3；图版六六，1）。

标本H8：7，夹粗砂灰陶。侈口，尖唇，唇外缘内凹，高领，上腹外鼓，仅存口沿及上腹。颈部素面，腹部饰竖向粗绳纹。口径20.4、残高14.2、壁厚0.8厘米（图5-40，9）。

B型　3件。

标本H8：13，夹粗砂灰陶。侈口，圆唇，高领，上腹外鼓，仅存口沿及上腹。器表素面。口部留有指压痕，内壁可见刮抹痕。口径9.7、残高7.4、壁厚0.4厘米（图5-40，13）。

标本H8：40，细泥质灰陶。侈口，圆唇，高领，仅存口沿及领部。器表磨光。口部留有轮修痕。口径10.9、残高5.8、壁厚0.8厘米（图5-40，19）。

标本H8：83，粗泥质红陶。侈口，圆唇，高领，仅存口沿及领部。素面。器表留有轮修痕迹。口径12.2、残高6.3、壁厚0.5厘米（图5-40，14）。

单耳罐　2件。

A型　1件。

标本H8：5，夹细砂灰陶。侈口，圆唇，高领，上腹外鼓，沿下及肩部置一竖向桥形耳，仅存口沿及上腹。领腹交接处饰一周凹线纹，耳上部饰一小圆泥饼。器表留有刮抹痕，内外壁皆可见烟炱。口径10.0、残高7.9、壁厚0.7厘米（图5-40，12）。

B型　1件。

标本H8：11，粗泥质灰陶，胎体呈红色。侈口，圆唇，高领，口沿残留耳根部，仅存口沿及领部。素面。内侧留有刮抹痕。口径12.4、残高7.6、壁厚0.7厘米（图5-40，11）。

双耳罐　1件。为A型。

标本H8：32，粗泥质灰陶。侈口，高领，口沿残留耳根部，仅存口沿及肩部。领部素面，口沿内侧及肩部磨光。领部留有轮修痕。口径13.4、残高6.4、壁厚0.6厘米（图5-40，10）。

壶　3件。

A型　1件。

标本H8：31，夹细砂灰陶。侈口，圆唇，束颈，仅存口沿及颈部。素面。口部留有轮修痕。口径16.7、残高9.8、壁厚0.9厘米（图5-40，18）。

另有腹部及底部残片2件。

标本H8：3，粗泥质灰陶。下腹斜收，平底。腹部饰右斜向粗篮纹，底部饰较浅的粗篮纹。底径11.6、残高5.1、壁厚0.7厘米（图5-40，22）。

标本H8：53，粗泥质灰陶。下腹斜收，平底。腹部略磨光，饰较浅的横向篮纹，下腹近底处有一周指甲纹。内壁可见刮抹痕。底径12.2、残高5.6、壁厚0.6厘米（图5-40，15）。

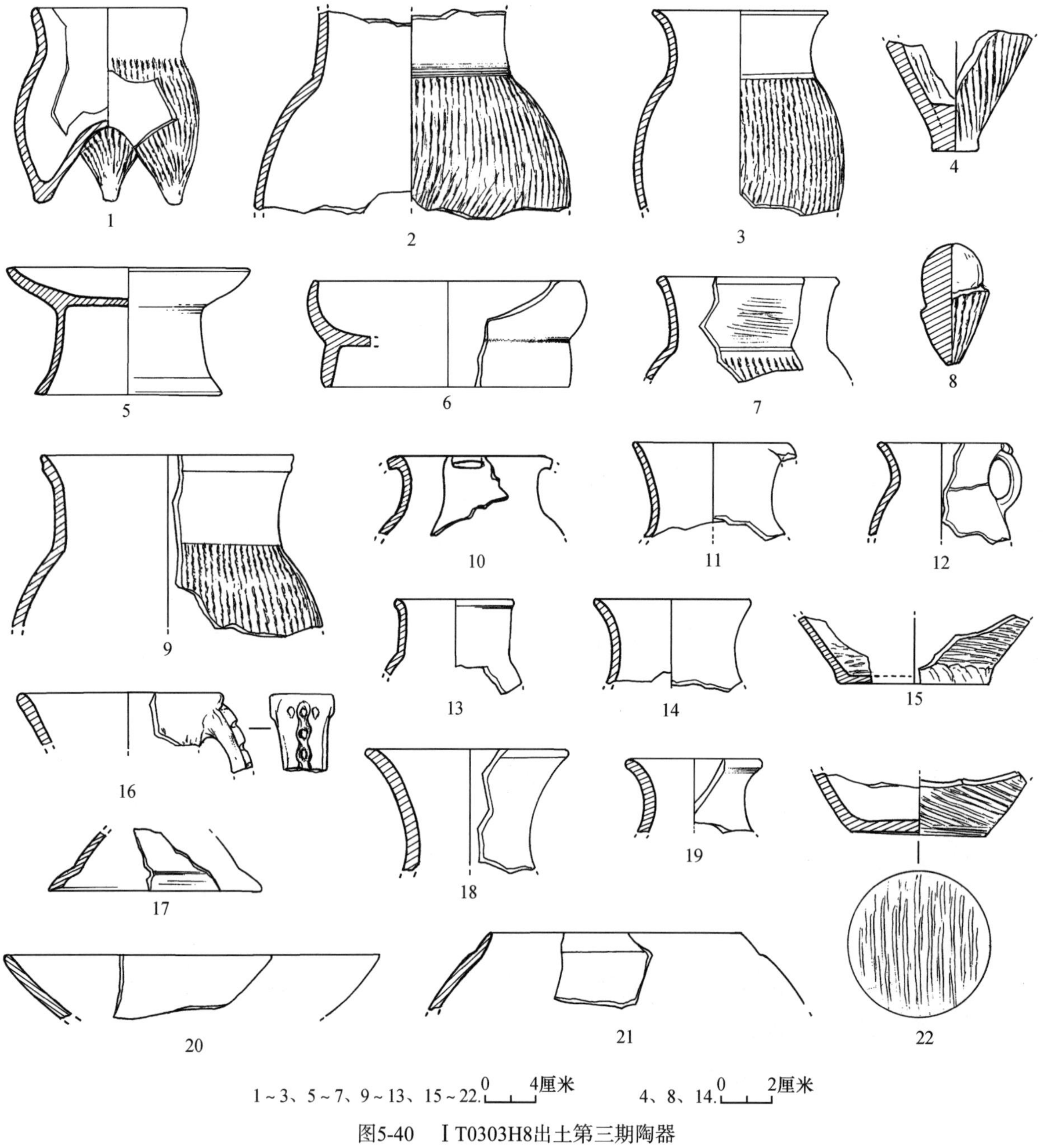

图5-40　ⅠT0303H8出土第三期陶器

1. D型鬲（H8：4）　2. B型鬲（H8：6）　3、9. Aa型无耳罐（H8：2、H8：7）　4、8. 鬲（H8：65、H8：64）　5、17. A型豆（H8：1、H8：29）　6. B型圈足盘（H8：28）　7. C型鬲（H8：10）　10. A型双耳罐（H8：32）　11. B型单耳罐（H8：11）　12. A型单耳罐（H8：5）　13、14、19. B型无耳罐（H8：13、H8：83、H8：40）　15、22. 壶（H8：53、H8：3）　16. Da型斝（H8：44）　18. A型壶（H8：31）　20. A型圈足盘（H8：78）　21. B型瓮（H8：30）

瓮　1件。为B型。

标本H8：30，粗泥质灰陶。子口内敛，溜肩，肩面微弧，仅存口沿及肩部。肩部磨光。口径20.2、残高5.9、壁厚0.6～0.9厘米（图5-40，21）。

圈足盘　1件。为B型。

标本 H8：28，粗泥质灰陶，胎体呈红色。直口微敛，鼓腹较浅，大平底，矮圈足，足墙微外斜。器表磨光。器表可见刮抹痕。口径21.0、圈足径20.4、高8.2、壁厚1.0厘米（图5-40，6）。

豆　3件。

A型　2件。

标本H8：1，粗泥质灰陶。敞口，圆唇，浅斜腹，平底，喇叭状粗柄。器表磨光，柄下部饰凹线纹。内外壁可见清晰轮修痕。盘口径19.0、柄底径14.8、复原后高10.0、壁厚0.7厘米（图5-40，5；图版六二，3）。

标本H8：29，粗泥质灰陶，胎体呈红色。仅余豆柄下段，呈喇叭状，柄壁微弧，近底处有一周凹棱。器表磨光。器表留有刮抹痕。柄底径17.2、残高5.1、壁厚0.4～0.6厘米（图5-40，17）。

另有豆盘残片1件。

标本H8：78，粗泥质灰陶。敞口，圆唇，斜腹。器表磨光。口径30.0、残高5.1、壁厚0.9厘米（图5-40，20）。

本单位发现庙底沟二期文化遗物，共计8件，可辨器形有夹砂深腹罐、盆和钵。

鼎　2件。为底部及足部残片。

标本H8：43，夹粗砂灰陶。平底，扁凿状实足。足部外侧饰横向篮纹，篮纹上饰竖向附加堆纹，堆纹上留有压印痕。残高12.5厘米（图5-41，4）。

标本H8：45，夹粗砂红陶。扁凿状实足。素面。残高7.5、宽4.7、厚2.0厘米（图5-41，7）。

罐　4件。以夹砂罐为主，仅1件泥质罐。

夹砂罐　3件。

A型　2件。

标本H8：16，夹细砂灰陶。微敛口，斜折沿，方唇，上腹较直，仅存口沿及上腹。唇部压印浅绳纹形成花边，沿下加固一周附加堆纹，上腹饰左斜向中绳纹。口径33.0、残高7.4、壁厚1.1厘米（图5-41，5）。

标本H8：79，夹粗砂红陶。敛口，斜折沿，方唇，上腹外弧，仅存口沿及上腹。唇部压印一周短斜线纹形成花边，沿下加固一周附加堆纹，上腹饰横向浅篮纹，篮纹上饰两周附加堆纹。内外壁皆可见烟炱痕。口径29.0、残高13.8、壁厚0.6厘米（图5-41，1）。

B型　1件。

标本H8：14，夹细砂灰陶。侈口，圆唇，上腹较直，仅存口沿及上腹。上腹饰左斜向粗篮纹，沿下在篮纹之上加固两周叠压的附加堆纹。口径24.0、残7.1、壁厚0.7厘米（图5-41，2）。

泥质罐　1件。

A型　1件。

标本H8：8，粗泥质灰陶。侈口，圆唇，束颈，仅存口沿及颈部。颈下部饰一周凹弦纹。口径26.6、残高10.5、壁厚0.9厘米（图5-41，6）。

盆　1件。为A型。

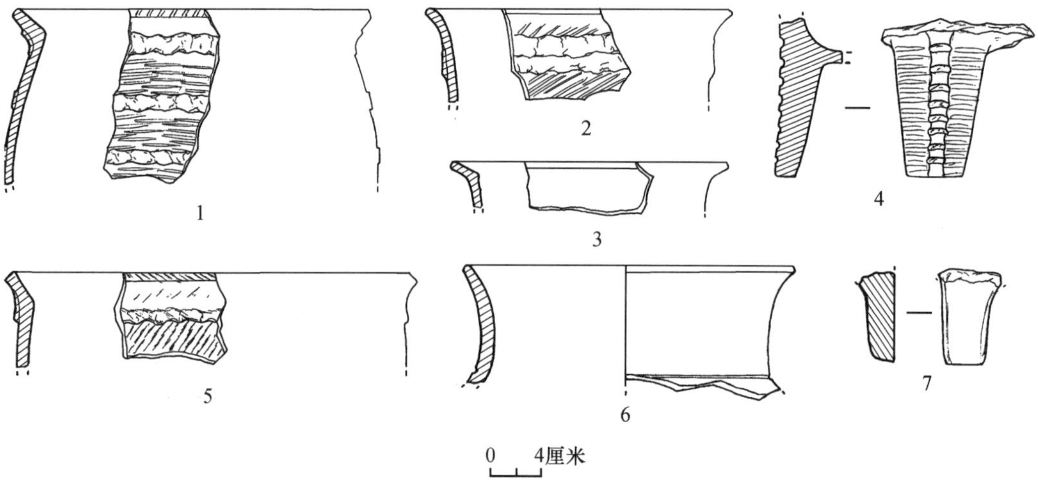

图5-41 ⅠT0303H8出土第二期陶器

1、5. A型夹砂罐（H8：79、H8：16） 2. B型夹砂罐（H8：14） 3. A型盆（H8：92） 4、7. 鼎（H8：43、H8：45） 6. A型泥质罐（H8：8）

标本H8：92，粗泥质灰陶。敞口，斜折沿，圆唇，上腹斜直，仅存口沿及上腹。沿下加固一周附加堆纹，腹部略磨光。器表可见刮抹痕。口径22.4、残高4.3、壁厚0.7厘米（图5-41，3）。

本单位发现仰韶晚期文化遗物，共计7件，可辨器形有尖底瓶、夹砂罐、缸、盆和钵。

尖底瓶 1件。为E型。

标本H8：84，夹细砂红陶。微侈口，平折沿，圆唇，束颈，仅存口沿及颈部。颈上部贴附小圆泥饼。内外壁均留有轮修痕。内口径7.7、外口径12.7、沿宽2.5、残高5.9、壁厚0.8厘米（图5-42，7）。

夹砂罐 2件。为Aa型。

标本H8：18，夹细砂灰陶。敛口，斜折沿，沿面内凹，尖圆唇，上腹外弧，仅存口沿及上腹。上腹饰右斜向中绳纹。口沿内侧留有轮修痕。口径20.0、残高7.2、壁厚0.6～0.8厘米（图5-42，2）。

标本H8：25，夹细砂灰陶。敛口，斜折沿，沿面内凹，方唇，上腹外弧，仅存口沿及上腹。上腹饰方格纹。器表留有烟炱痕。口径20.0、残高5.5、壁厚0.5厘米（图5-42，4）。

缸 1件。

标本H8：26，夹细砂灰陶。敛口，平折沿，厚方唇，仅存口沿。沿下饰一周附加堆纹。内口径35.0、外口径47.0、沿宽6.0、残高5.8、壁厚1.8厘米（图5-42，6）。

盆 2件。

Aa型 1件。

标本H8：73，夹细砂红陶。平折沿，内沿折棱凸出形成内敛口，圆唇，斜腹，仅存口沿及上腹。口沿略磨光，腹部素面。内口径36.1、外口径46.5、沿宽5.2、残高5.1、壁厚0.8厘米（图5-42，1）。

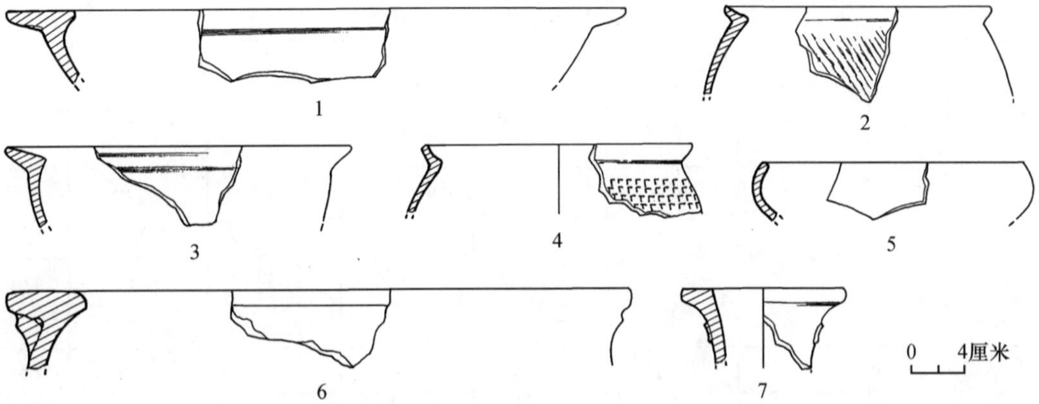

图5-42　Ⅰ T0303H8出土第一期陶器

1. Aa型盆（H8：73）　2、4. Aa型夹砂罐（H8：18、H8：25）　3. Ba型盆（H8：24）　5. A型钵（H8：76）　6. 缸（H8：26）　7. E型尖底瓶（H8：84）

Ba型　1件。

标本H8：24，粗泥质灰陶。斜折沿，内沿折棱凸出形成内敛口，圆唇，上腹微弧，仅存口沿及上腹。口沿略磨光。腹部留有刮抹痕。口径26.0、残高6.0、壁厚0.6厘米（图5-42，3）。

钵　1件。为A型。

标本H8：76，粗泥质红陶。敛口，圆唇，上腹外鼓，仅存口沿及上腹。器表磨光。口径20.0、残高4.2、壁厚0.5～0.9厘米（图5-42，5）。

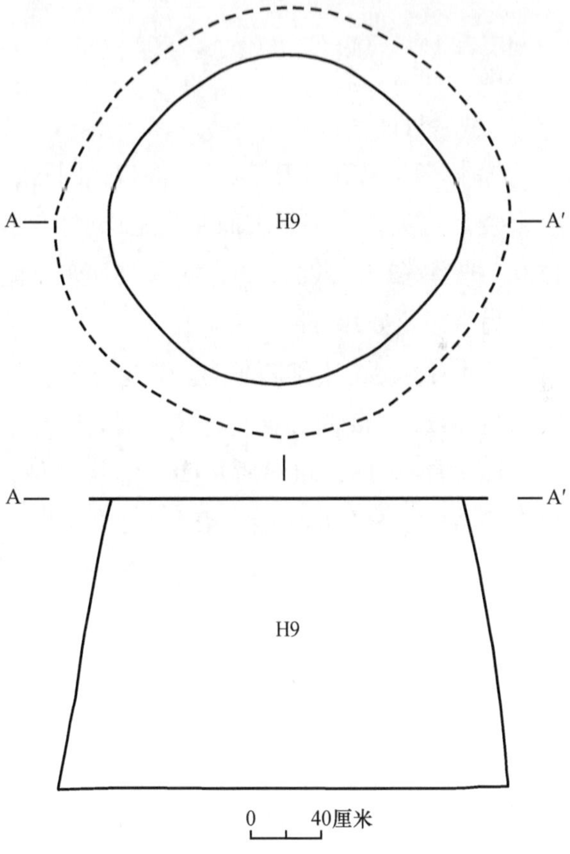

图5-43　Ⅰ T0202H9平、剖面图

4. Ⅰ T0202H9

H9位于Ⅰ T0202中部略偏西南。开口于③层下，打破H40、H57。袋状坑，坑口平面近圆形，坑壁外弧，平底。坑口距地表深165厘米，坑口直径176～196、坑底直径230～250、深155厘米（图5-43；图版五二，2）。

坑内填土为灰褐色，土质较疏松，包含少许石块。文化遗物仅有陶器。

陶器　属于半期的陶片共65片，总重2549克。以夹粗砂灰陶为主，粗泥质灰陶次之。器表装饰以绳纹为主，磨光次之，另有少量篮纹、磨光+篮纹（表5-7）。经分类和拼对，共有22件个体，可辨器形有鬲、无耳罐、壶、豆等客省庄文化遗物。此外，本单位还出土刻槽盆、尖底瓶、夹砂罐、瓮、盆、钵、器盖等庙底沟二期文化和仰韶文化遗物（图5-44、图5-45）。

表5-7　ⅠT0202H9陶系统计表

陶质	粗泥质陶		夹细砂陶		夹粗砂陶	合计	百分比（%）
陶色 / 器表装饰	红	灰	红	灰	灰		
素面		1/56			2/123	3/179	4.62/7.02
磨光		13/636				13/636	20/24.95
篮纹		1/4	1/230		1/34	3/268	4.62/10.51
绳纹			6/309	14/303	23/760	43/1372	66.15/53.83
磨光+篮纹		1/45				1/45	1.54/1.777
磨光+弦纹	1/21	1/28				2/49	3.08/1.92
合计	1/21	17/769	7/539	14/303	26/917	65/2549	
百分比（%）	1.54/0.82	26.15/30.17	10.77/21.15	21.54/11.89	40/35.97		100/100

注：百分比相关的行、列外，“/”前统计的数据为片数，单位为个；“/”后统计的数据为质量，单位为克。

鬲　4件。

C型　1件。

标本H9：4，夹细砂灰陶。侈口，圆唇，高领，沿下及袋足上部置一竖向桥形把手，宽弧裆，袋足足尖残。把手表面及袋足饰竖向细绳纹，裆部饰横向绳纹。领部可见轮修痕。口径15.0、把手宽2.4、残高13.6、壁厚0.3厘米（图5-44，6）。

另有袋足残片3件。

标本H9：3，夹细砂灰陶。袋足外鼓，足跟圆钝，弧裆略宽，口沿及袋足上部残。袋足饰竖向粗绳纹，裆部饰横向粗绳纹。器表留有烟炱痕。残高16.7、壁厚0.7厘米（图5-44，3）。

标本H9：16，粗泥质灰陶。锥状空足，足跟圆钝。器表饰有竖向细绳纹器表可见烟炱痕。残高5.6、壁厚0.4厘米（图5-44，4）。

标本H9：21，夹细砂灰陶。锥状空足，足跟较高。素面。残高9.0、壁厚0.7厘米（图5-44，5）。

罐　3件。以无耳罐为主。

无耳罐　2件。

A型　1件。

标本H9：2，夹细砂灰陶。高领，鼓腹，口沿及底部残。领部素面，腹部饰竖向粗绳纹。器表可见烟炱痕。残高17.8、壁厚0.5厘米（图5-44，2）。

B型　1件

标本H9：32，粗泥质红陶。高领，溜肩，仅存领部及上腹。器表磨光。残高7.0、壁厚0.7厘米（图5-44，7）。

另有腹部及底部残片1件。

标本H9：34，粗泥质灰陶。鼓腹微折，腹向下斜收，平底。腹部饰较浅的横向粗篮纹。

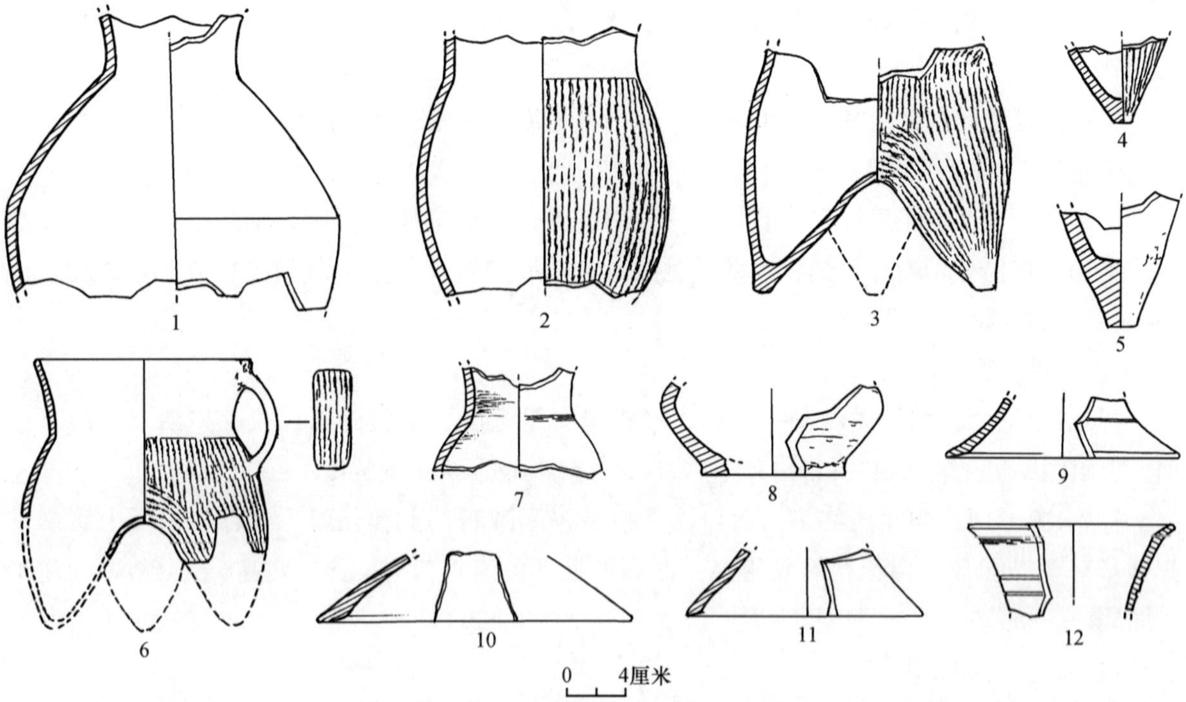

图5-44　Ⅰ T0202H9出土第三期陶器

1、12. A型壶（H9：1、H9：5）　2. A型无耳罐（H9：2）　3～5. 鬲（H9：3、H9：16、H9：21）　6. C型鬲（H9：4）　7. B型无耳罐（H9：32）　8. 罐（H9：34）　9. A型豆（H9：8）　10、11. 器盖（H9：23、H9：24）

底径10.0、残高6.0、壁厚0.6厘米（图5-44，8）。

壶　2件。为A型。

标本H9：1，粗泥质灰陶。束颈，斜肩，肩腹折棱明显，腹向下斜收，仅存颈部至腹部残片。腹部磨光。残高16.0、壁厚0.8厘米（图5-44，1）。

标本H9：5，粗泥质灰陶。侈口，圆唇，束颈，仅存口沿及颈部。颈部饰两周凹弦纹，内外壁均磨光，器表留有轮修痕，口径12.0、残高5.7、壁厚0.4厘米（图5-4，12）。

器盖　2件。为盖体残片，捉手残。

标本H9：23，粗泥质灰陶。盖体呈覆盘状，盖壁微弧，尖圆唇。器表磨光。口径21.7、残高4.8、壁厚0.7厘米（图5-44，10）。

标本H9：24，粗泥质灰陶。盖体呈喇叭状，方唇，斜壁略内弧。器表磨光。口径22.0、残高4.1、壁厚0.6厘米（图5-44，11）。

豆　1件。为豆柄残片。

标本H9：8，粗泥质红陶。柄下段呈喇叭状，柄壁斜直外张，近底处外折。器表磨光，饰一周凹弦纹。底径16.2、残高4.1、壁厚0.6厘米（图5-44，9）。

本单位发现庙底沟二期遗物仅有刻槽盆，共计1件。

刻槽盆　1件。为下腹及底部残片。

标本H9：18，夹细砂灰陶。下腹斜收，平底微内凹。下腹饰横向篮纹，近底转折处抹平，内壁及底刻划不规则网格状沟槽。底径18.2、残高4.3、壁厚1.0、底厚1.1厘米（图5-45，7；图版四二，3）。

本单位发现仰韶晚期遗物，共计6件，可辨器形有尖底瓶、瓮、盆和钵。

尖底瓶　1件。为E型。

标本H9：9，粗泥质红陶。直口微侈，斜折沿，沿面内倾，方唇，细颈，仅存口沿及颈部。素面。口沿处留有轮修痕，内壁可见泥条盘筑痕。内口径7.4、外口径12.0、沿宽2.3、残高4.4、壁厚0.6厘米（图5-45，6）。

瓮　2件。为C型。

标本H9：12，粗泥质红陶。敛口，平折沿，厚圆唇，上腹外弧，仅存口沿及上腹。素面。口沿内壁可见轮修痕。口径43.2、残高6.0、壁厚0.8厘米（图5-45，1）。

标本H9：14，粗泥质红陶。敛口，平折沿，厚圆唇，上腹外弧，仅存口沿及上腹。上腹残留三周凸弦纹。沿面留有轮修痕，器表可见烟炱痕。口径32.8、残高6.6、壁厚0.6厘米（图5-45，3）。

盆　1件。为Aa型。

标本H9：7，细泥质红陶。平折沿，内沿折棱凸出形成内敛口，尖唇，上腹微弧，仅存口沿及上腹。素面。内壁可见轮修痕。内口径19.8、外口径27.8、沿宽4.0、残高4.1、壁厚0.8厘米（图5-45，5）。

钵　2件。

A型　1件。

标本H9：28，细泥质灰陶。敛口，圆唇，上腹微鼓，仅存口沿及上腹。器表磨光。口沿内壁留有轮修痕。口径20.4、残高5.9、壁厚0.5厘米（图5-45，4）。

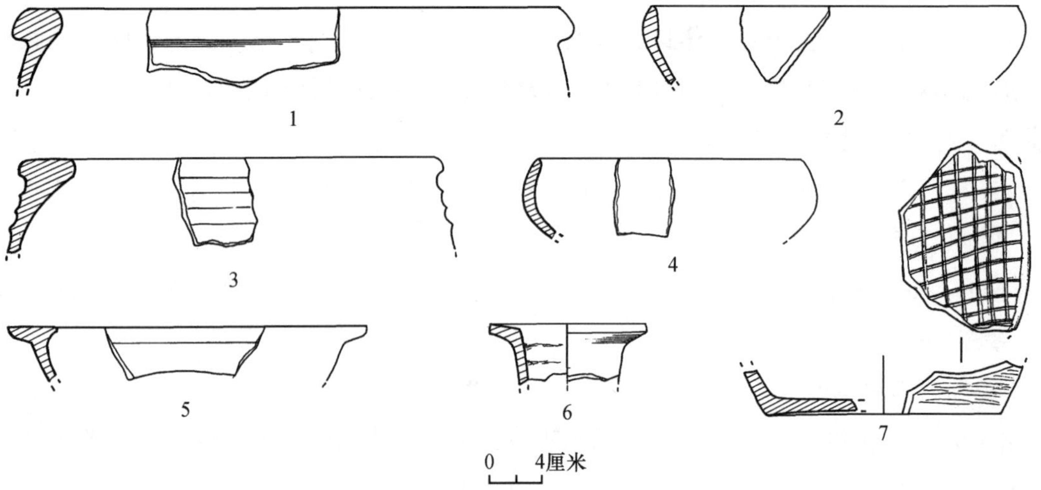

图5-45　Ⅰ T0202H9出土第一、二期陶器

1、3. 第一期C型瓮（H9：12、H9：14）　2. 第一期B型钵（H9：10）　4. 第一期A型钵（H9：28）　5. 第一期Aa型盆（H9：7）　6. 第一期E型尖底瓶（H9：9）　7. 第二期刻槽盆（H9：18）

B型　1件。

标本H9：10，细泥质红陶。直口，尖圆唇，唇部加厚，腹向下斜收，仅存口沿及上腹。器表磨光。器表留有轮修痕。口径28.0、残高5.8、壁厚0.5厘米（图5-45，2）。

5. Ⅰ T0303H10

H10位于Ⅰ T0303东部。开口于③层下，打破H35、H58。袋状坑，坑口平面呈圆形，坑壁外弧，平底。坑口距地表深175厘米，坑口直径170、坑底直径240、深136厘米（图5-46；图版五三，1）。

坑内填土为灰黑色，土质疏松。文化遗物有陶器、石器和骨器。

（1）陶器　属于本期的陶片共4片，总重192克。以夹细砂灰陶为主。器表装饰以篮纹、磨光为主。经分类和拼对，共有4件个体，可辨器形有鬲、双耳罐等典型的客省庄文化遗物。此外，本单位还出土尖底瓶、瓮等仰韶文化遗物（图5-47）。

鬲　1件。为足部残片。

标本H10：5，夹粗砂灰陶。锥状空足，足尖填实。器表饰竖向粗绳纹。器表留有烟炱痕。残高4.7、壁厚0.9厘米（图5-47，2）。

双耳罐　1件。为Ab型。

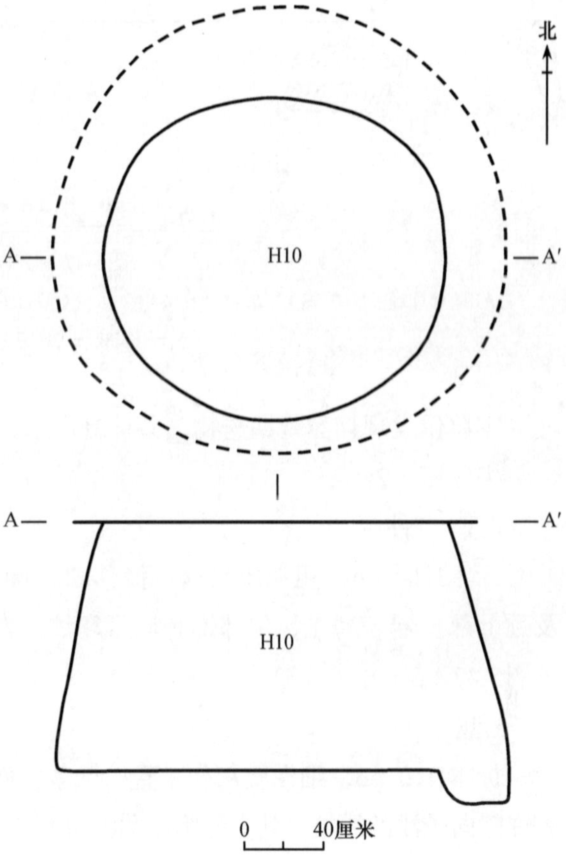

图5-46　Ⅰ T0303H10平、剖面图

标本H10：3，夹细砂灰陶。折腹，下腹斜收，平底微凹，双耳下端连接腹中部，腹上部及双耳上端残。素面。内壁留有刮抹痕。底径5.2、残高6.4、壁厚0.4厘米（图5-47，1）。

（2）石器

石刀　1件。为C型。

标本H10：1，黑色硅质灰岩。器体扁平，平面略呈三角形，上下边向内弧收成尖，仅下缘开双面刃，背部未开刃。打磨兼制。残长5.2、宽3.0、厚0.6厘米，重16克（图5-47，3；图版七八，1）。

（3）骨器

卜骨　1件。

标本H10：10，猪肩胛骨制成。远端和一边侧缘稍残，表面有排列不均、深浅不一的灼烧点12个。残长15.0、宽10.5厘米，重37克（图5-47，7，图版八四，4）。

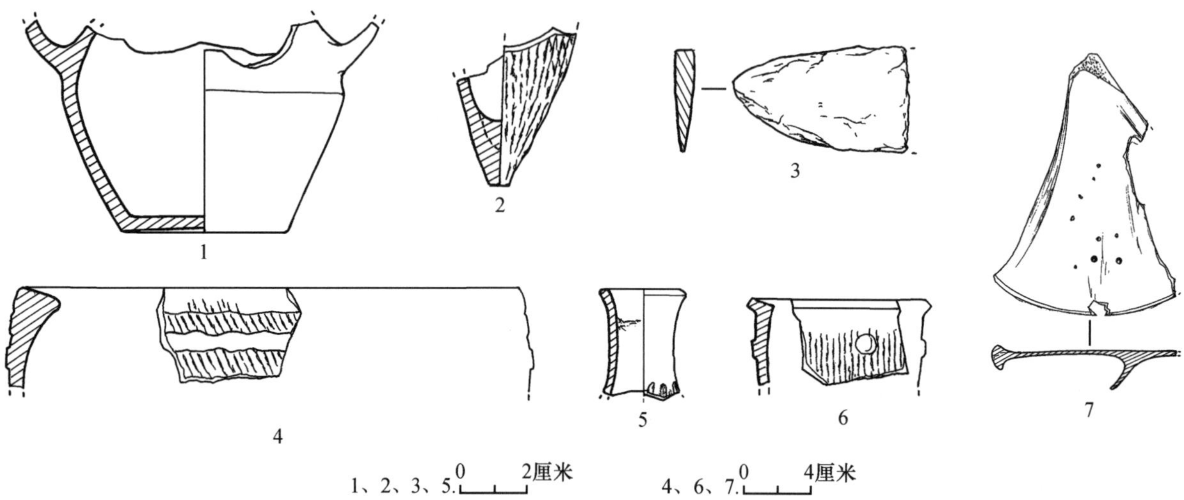

图5-47　ⅠT0303H10出土器物

1. Ab型双耳罐（H10：3）　2. 鬲（H10：5）　3. C型石刀（H10：1）　4. C型瓮（H10：9）　5. C型尖底瓶（H10：4）　6. E型尖底瓶（H10：6）　7. 卜骨（H10：10）

本单位发现仰韶晚期遗物，共计3件，可辨器形有尖底瓶和瓮。

尖底瓶　2件。

C型　1件。

标本H10：4，粗泥质灰陶。微侈口，圆唇，颈部细长，断裂处有外鼓的趋势，仅存口沿及颈上部。器表磨光，颈部饰一周戳印纹。器表留有轮修痕。口径2.6、残高3.4、壁厚0.4厘米（图5-47，5）。

E型　1件。

标本H10：6，细泥质灰陶。直口微敛，斜折沿，方唇，颈壁微弧，仅存口沿及颈上部。器表饰竖向较浅的线纹，其上贴附小圆泥饼。口径11.1、残高5.2、壁厚0.8厘米（图5-47，6）。

瓮　1件。为C型。

标本H10：9，夹粗砂红陶。敛口，方唇，上腹微弧，仅存口沿及上腹。沿下加固两周附加堆纹，堆纹上压印右斜向中绳纹。内壁有轮修痕。口径30.5、残高5.6、壁厚0.9厘米（图5-47，4）。

6. ⅠT0301H13

H13位于ⅠT0301东南部，开口于③层下，打破H51。袋状坑，坑口平面近圆形，坑壁外斜，平底。坑口距地表深200厘米，坑口直径204～230、坑底直径274～286、深158厘米（图5-48）。

坑内填土为深灰褐色，土质疏松，包含兽骨、石块、红烧土颗粒、田螺壳等。文化遗物有陶器和石器。

（1）陶器　属于本期的陶片共154片，总重5493克。以粗泥质灰陶为主，夹粗砂灰陶次之。器表装饰以绳纹为主，篮纹次之，另有少量磨光、弦纹、按压纹、磨光+篮纹、磨光+弦纹等（表5-8）。经分类和拼对，共有52件个体，可辨器形有鬲、斝、无耳罐、双耳罐、壶、盆、瓮、杯、甑、窖穴盖、器盖等典型的客省庄文化遗物。此外，本单位还出土鼎、夹砂深腹罐、器盖、尖底瓶、夹砂罐、瓮、盆、钵、等庙底沟二期文化和仰韶文化遗物（图5-49、图5-50、表5-9、表5-10）。

鬲　2件。

B型　1件。

标本H13：52，夹粗砂灰陶。侈口，方唇，高领，口沿连接竖向宽扁桥形把手上端，仅存口沿及领部。颈部素面，把手与口沿连接处饰四道戳印纹。领上部可见轮修痕，领下部可见竖向刮抹痕。口径18.4、残高7.0、壁厚0.6、把手宽6.2厘米（图5-49，14）。

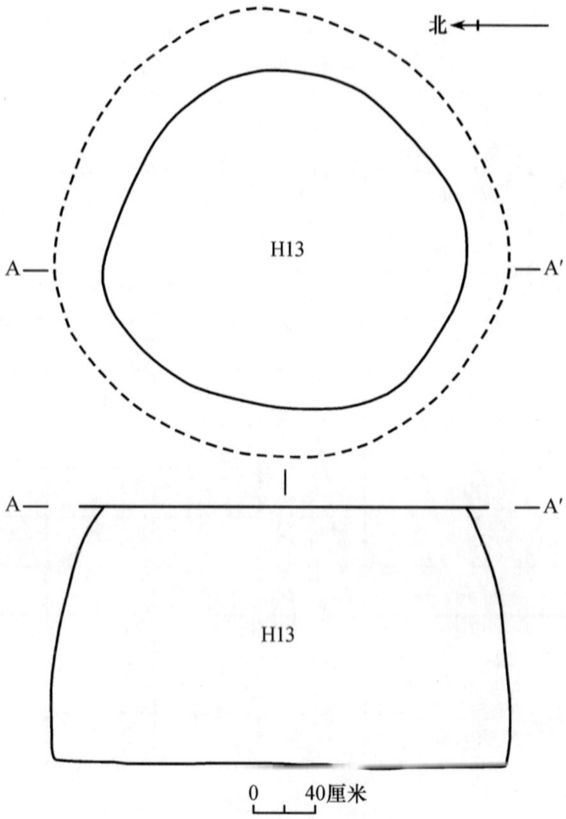

图5-48　Ⅰ T0301H13平、剖面图

表5-8　Ⅰ T0301H13陶系统计表

陶质	细泥质陶	粗泥质陶		夹细砂陶		夹粗砂陶		合计	百分比（%）
器表装饰＼陶色	灰	红	灰	红	灰	红	灰		
素面		1/29	6/194	2/107		1/98	9/160	19/588	12.34/10.70
磨光	2/40		18/585		1/52			21/677	13.64/12.32
篮纹		2/188	29/947			2/127		33/1262	21.43/22.97
绳纹				1/33	7/290		31/858	39/1181	25.32/21/50
弦纹			5/241					5/241	3.25/4.39
按压纹					1/52			1/52	0.65/0.95
戳印纹							6/287	6/287	3.89/5.22
磨光+篮纹			6/141					6/141	3.89/2.57
磨光+弦纹			7/347					7/347	4.55/6.32
磨光+弦纹+戳印纹+篮纹			15/626					15/626	9.74/11.40
弦纹+戳印纹			2/91					2/91	1.30/1.66
合计	2/40	3/217	88/3172	3/140	9/394	3/225	46/1305	154/5493	
百分比（%）	1.30/0.73	1.95/3.95	57.14/57.75	1.95/2.55	5.84/7.17	1.95/4.09	29.87/23.76		100/100

注：百分比相关的行、列外，“/”前统计的数据为片数，单位为个；“/”后统计的数据为质量，单位为克。

表5-9　ⅠT0301H13第三期陶器器形统计表（1）

陶质	细泥质陶	粗泥质陶		夹细砂陶		夹粗砂陶		合计	百分比（%）
器类＼陶色	灰	红	灰	红	灰	红	灰		
无耳罐		1					3	4	7.70
单耳罐			1					1	1.92
双耳罐	1							1	1.92
瓮			1					1	1.92
壶			21					21	40.39
豆		1	2					3	5.77
器盖			1		1			2	3.85
杯	1							1	1.92
鬲					3		10	13	25
斝							1	1	1.92
甑				1				1	1.92
窖穴盖						2		2	3.85
刀			1					1	1.92
合计	2	2	27	1	4	2	14	52	
百分比	3.85	3.85	51.92	1.92	7.70	3.85	26.91		100

表5-10　ⅠT0301H13第三期陶器器形统计表（2）

器类＼器表装饰	瓮	壶	豆	器盖	杯	鬲	斝	甑	窖穴盖	无耳罐	单耳罐	刀	双耳罐	合计	百分比（%）
素面		3	1			2		1	1	1				9	17.31
磨光	1			1	1							1	1	5	9.61
篮纹		7	2						1	1				11	21.15
绳纹						10	1			2				13	25
弦纹		3												3	5.77
按压纹				1										1	1.92
戳印纹						1								1	1.92
磨光+篮纹		4												4	7.70
磨光+弦纹		2												2	3.85
磨光+弦纹+戳印纹+篮纹		1												1	1.92
磨光+弦纹+戳印纹		1									1			2	3.85
合计	1	21	3	2	1	13	1	1	2	4	1	1	1	52	
百分比（%）	1.92	40.39	5.77	3.85	1.92	25	1.92	1.92	3.85	7.70	1.92	1.92	1.92		100

另有足部残片1件。

标本H13：46，夹细砂灰陶。锥状空足，足跟较高。器表饰竖向细绳纹。器表留有烟炱痕。残高5.7、壁厚0.7厘米（图5-49，23）。

斝　1件。为G型。

标本H13：47，夹粗砂灰陶。敛口，斜沿内折，方唇，上腹微弧，仅存口沿及上腹。口沿素面，腹部饰竖向中绳纹。口径24.0、残高6.5、壁厚1.0厘米（图5-49，17）。

罐　4件。含无耳罐和单耳罐。

无耳罐　3件。为A型。

标本H13：74，夹细砂灰陶。侈口，方唇，高领，仅存口沿及上腹。领部素面，上腹饰竖向绳纹。内壁有刮抹痕。口径16.4、残高7.5、壁厚0.7厘米（图5-49，13）。

标本H13：75，夹细砂灰陶。侈口，圆唇，高领，仅存口沿及上腹。素面。领下部有竖向刮抹痕。内壁有轮修痕。口径20.4、残高6.0、壁厚0.7厘米（图5-49，8）。

标本H13：77，夹细砂灰陶。侈口，方唇，高领，仅存口沿及上腹。领部素面，腹部饰竖向细绳纹。口径18.2、残高8.0、壁厚0.6厘米（图5-49，10）。

单耳罐　1件。为B型。

标本H13：66，细泥质灰陶。侈口，圆唇，高领，领部向上略内收，上腹微鼓，口沿及上腹有一竖向桥形耳，耳面两侧起棱，仅存口沿及上腹。耳部上端有一排竖向压印纹，领腹交接处饰一周凹弦纹，腹部磨光。口径8.0、残高5.8、壁厚0.4厘米（图5-49，12）。

壶　11件。

A型　8件。

标本H13：59，粗泥质灰陶。侈口，圆唇，束颈，斜肩，肩面微弧，下腹斜收，平底，部分肩部和腹部残。口沿内侧及肩部磨光，颈部素面，下腹饰右斜向篮纹。颈部可见明显刮修痕。口径15.4、底径12.0、壁厚0.8、底厚0.8厘米（图5-49，1）。

标本H13：13，细泥质灰陶。侈口，圆唇，束颈，仅存口沿及颈部。颈下部饰一周凹弦纹。颈部留有轮修痕。口径14.6、残高9.3、壁厚0.8厘米（图5-49，5）。

标本H13：56，粗泥质灰陶。侈口，圆唇，束颈，仅存口沿及颈部。口沿内侧磨光，饰一周较浅的凹弦纹，颈下部饰一周凹弦纹。颈部可见明显的轮修痕。口径14.0、残高7.8、壁厚0.9厘米（图5-49，3）。

标本H13：57，粗泥质灰陶。侈口，圆唇，束颈较细，仅存口沿及颈部。口沿内侧磨光，颈下部饰两周凹弦纹，弦纹之间有斜向戳印纹。颈部可见明显的轮修痕。口径16.0、残高7.6、壁厚0.7厘米（图5-49，4）。

标本H13：58，粗泥质灰陶。侈口，圆唇，束颈，仅存口沿及颈部。颈部素面，口沿内侧磨光。颈部可见明显的轮修痕。口径11.5、残高6.2、壁0.8厘米（图5-49，7）。

标本H13：63，粗泥质灰陶。侈口，尖圆唇，束颈，仅存口沿及颈部。口沿内侧磨光，颈部素面。颈部可见明显的轮修痕。口径22.4、残高7.2、壁厚0.8厘米（图5-49，9）。

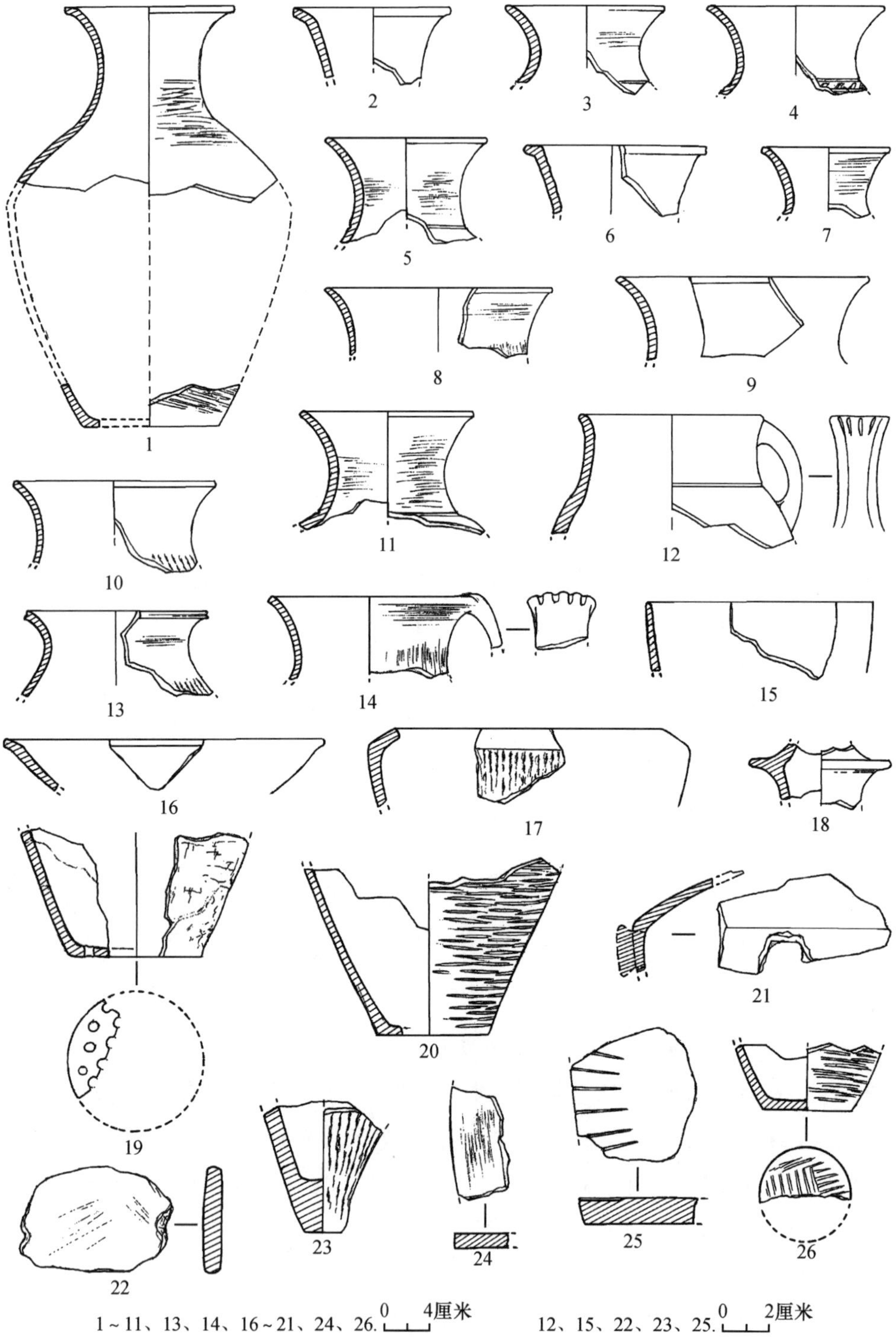

图5-49　ⅠT0301H13出土第三期陶器

1～7、9. A型壶（H13：59、H13：86、H13：56、H13：57、H13：13、H13：70、H13：58、H13：63）　8、10、13. A型无耳罐（H13：75、H13：77、H13：74）　11. B型壶（H13：62）　12. B型单耳罐（H13：66）　14. B型鬲（H13：52）　15. D型杯（H13：61）　16. 豆（H13：2）　17. G型斝（H13：47）　18. B型器盖（H13：83）　19. 甑（H13：44）　20、26. 壶（H13：54、H13：7）　21. 瓮（H13：60）　22. 刀（H13：91）　23. 鬲（H13：46）　24. 窖穴盖（H13：45）　25. Aa型器盖（H13：78）

标本H13：70，夹细砂灰陶。侈口，平折沿，圆唇，束颈，颈壁斜直，仅存口沿及颈部。素面。内壁可见明显的修整痕。口径16.4、残高6.2、壁厚0.7厘米（图5-49，6）。

标本H13：86，细泥质灰陶。侈口，斜折沿，方唇，束颈，仅存口沿及颈部。素面。颈部可见明显的轮修痕。口径14.2、残高6.7、壁厚0.8厘米（图5-49，2）。

B型　1件。

标本H13：62，粗泥质灰陶。侈口，圆唇，束颈，肩面微弧，仅存口沿及肩部。口沿内侧磨光，颈下部饰有一周凹弦纹。器表可见明显的轮修痕。口径16.4、残高7.5、壁厚0.6厘米（图5-49，11）。

另有腹部及底部残片2件。

标本H13：7，细泥质红陶。下腹斜收，平底。腹部饰横向中篮纹，底部饰杂乱的篮纹。器表可见烟熏痕。底径8.0、残高6.1、壁厚0.7、底厚1.0厘米（图5-49，26）。

标本H13：54，粗泥质灰陶。深腹斜收，平底。器表饰横向粗篮纹。底径10.0、残高15.4、壁厚0.5厘米（图5-49，20）。

瓮　1件。为肩部残片。

标本H13：60，粗泥质灰陶。折肩，肩面微弧，腹壁斜收，肩腹折棱下置錾。器表磨光。器表可见明显的刮抹痕。残高8.8、壁厚0.7厘米（图5-49，21）。

杯　1件。为D型。

标本H13：61，细泥质灰陶。侈口，圆唇，腹壁斜直，仅存口沿及上腹。器表磨光。口径10、残高3.3、壁厚0.5厘米（图5-49，15）。

甑　1件。

标本H13：44，夹细砂红陶。下腹斜收，平底，底部残存8个箅孔，仅存下腹及底。素面。器表可见刮抹痕。底径12.0、残高10.7、壁厚0.9、底厚0.7～1.0厘米（图5-49，19）。

豆　1件。为豆盘残片。

标本H13：2，细泥质灰陶。敞口，沿微外折，圆唇，斜弧腹。豆盘内壁磨光。素面。口径28.8、残高4.4、壁厚0.8厘米（图5-49，16）。

器盖　2件。

Aa型　1件。

标本H13：78，粗泥质灰陶。圆饼形盖体，捉手及部分盖体残。盖顶周缘压印一周呈放射状排列的短直线纹。厚1.2厘米（图5-49，25）。

B型　1件。

标本H13：83，细泥质灰陶。圆锥状顶锥体下端向外加宽出檐，檐下连接亚腰筒形座，仅余部分捉手残片。器表磨光。内外壁均有刮抹痕。残高5.5、壁厚0.8厘米（图5-49，18）。

窖穴盖　1件。为盖体残片。

标本H13：45，粗泥质红陶。盖体平直。素面。器表留有刮抹痕。残长9.1、残宽5.2、厚1.5厘米（图5-49，24）。

刀　1件。

标本H13：91，粗泥质灰陶。陶片加工而成。器体近长方形，两侧边打制成内凹状缺口。器表磨光。长7.0、宽4.5、厚0.8厘米（图5-49，22）。

（2）石器

石刀　1件。为Aa型。

标本H13：01，灰黑色片岩。器体扁平，平面呈长方形，刀背弧凸，为原始面，较圆滑，刃部平直，刀背和刃部均打制出刃缘，两端各打制出一内凹缺口，以绑缚柄。刃中部崩残。长8.8、宽5.0、厚0.7厘米，重57克（图5-28，5；图版七六，1）。该石刀经检测未发现淀粉粒和植物硅酸体残留，无法证明此刀曾接触植物淀粉或用于植物加工，但不排除其用于动物资源加工的可能。

本单位发现庙底沟二期遗物，共计2件，可辨器形有鼎和夹砂深腹罐。

鼎　1件。为足部残片。

标本H13：48，夹粗砂灰陶。扁凿状实足。足面饰横向篮纹，中部饰竖向附加堆纹，堆纹上留有压印痕。残高4.7、厚1.8厘米（图3-50，2）。

夹砂罐　1件。为A型。

标本H13：49，夹粗砂灰陶。敛口，斜折沿，方唇，上腹外弧，仅存口沿及上腹。唇外缘饰一周绹索状花边，沿下加固两周叠加的附加堆纹，堆纹上留有压印痕，腹部饰横向细篮纹。口径31.5、残高8.8、壁厚0.9厘米（图3-50，1）。

本单位发现仰韶晚期遗物，共计14件，可辨器形有尖底瓶、夹砂罐、瓮、盆、钵和杯。

尖底瓶　1件。为E型。

标本H13：10，粗泥质红陶。微侈口，斜折沿，方唇，束颈，仅存口沿及颈部。颈上部贴附小圆泥饼。内口径7.2、外口径12.8、沿宽2.8、残高5.2、壁厚0.8厘米（图5-50，10）。

夹砂罐　4件。

Aa型　1件。

标本H13：28，夹粗砂灰陶。敛口，斜折沿，沿面内凹，圆唇，上腹外弧，仅存口沿及上腹。器表饰竖向细绳纹。口沿可见烟炱痕。口径14.3、残高3.1、壁厚0.6厘米（图5-50，9）。

Ab型　1件。

标本H13：34，夹粗砂红陶。敛口，斜折沿，圆唇，上腹外弧，仅存口沿及上腹。腹部饰右斜向中绳纹。口径23.6、残高6.2、壁厚0.8厘米（图5-50，4）。

B型　2件。

标本H13：23，夹粗砂红陶。敛口，平折沿，圆唇，上腹外弧，仅存口沿及上腹。素面。器表可见刮抹痕。内口径25.6、外口径32.0、沿宽3.2、残高4.8、壁厚0.7厘米（图5-50，5）。

标本H13：43，夹粗砂灰陶。敛口，平折沿，方唇，上腹外弧，仅存口沿及上腹。沿下加固一周附加堆纹，腹部素面。沿宽3.0、残高4.3、壁厚0.6厘米（图3-46，7）。

瓮　4件。

A型　2件。

标本H13：25，夹细砂红陶。敛口，厚圆唇，平沿内折，上腹外弧，仅存口沿及上腹。器表磨光。器表可见刮抹痕。口径26.4、残高5.7、壁厚0.6厘米（图5-50，11）。

标本H13：40，夹粗砂红陶。敛口，平沿内折，厚圆唇，仅存口沿。素面。口沿可见烟炱痕。残高4.8、壁厚0.9厘米（图5-50，3）。

B型　2件。

标本H13：36，夹粗砂红陶。敛口，圆唇，上腹微鼓，仅存口沿及上腹。器表饰竖向中绳纹。内壁留有轮修痕。口径31.8、残高9.3、壁厚0.7厘米（图5-50，8）。

标本H13：38，夹粗砂红陶。敛口，方圆唇，上腹外鼓，仅存口及上腹。上腹饰附加堆纹，堆纹上留有压印绳纹。口沿及外壁可见烟炱痕。残高7.2、壁厚1.0厘米（图5-50，6）。

盆　2件。为Aa型。

标本H13：14，夹细砂红陶，胎体呈灰色。平折沿，内沿折棱凸出形成内敛口，方唇，上腹微弧，仅存口沿及上腹。器表磨光。器表可见刮抹痕。内口径21.2、外口径28.4、沿宽3.6、

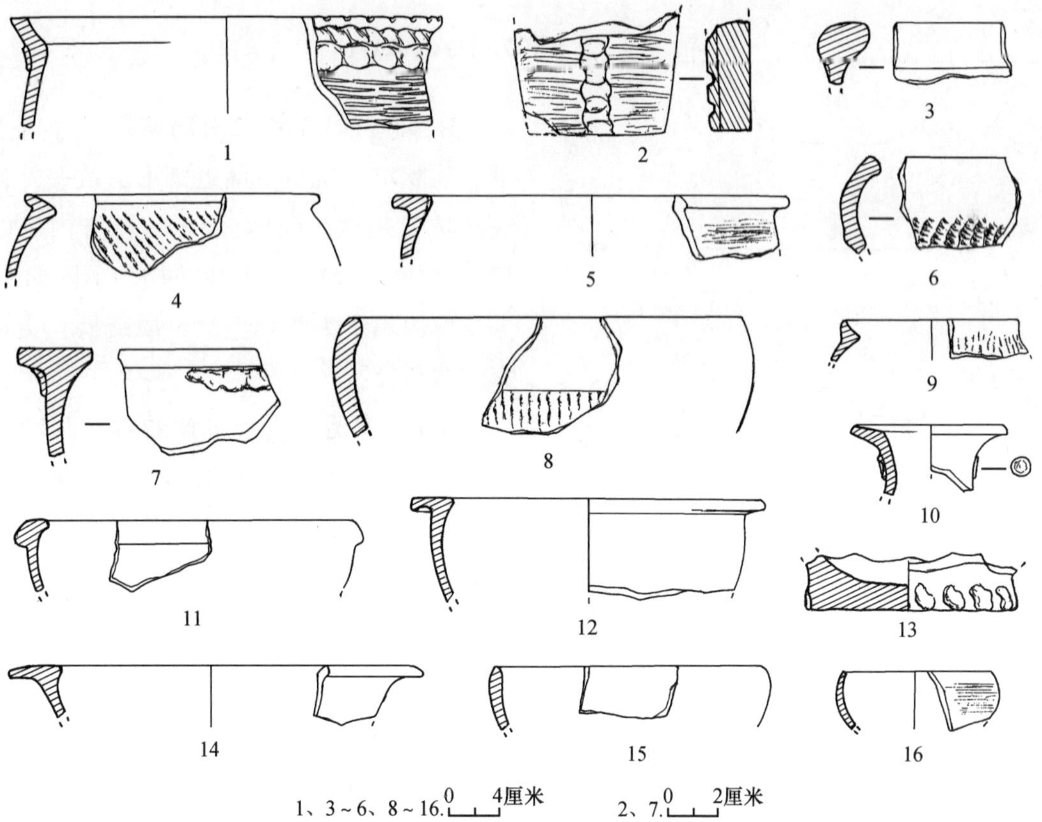

图5-50　Ⅰ T0301H13出土第一、二期陶器

1. 第二期A型夹砂罐（H13：49）　2. 第二期鼎（H13：48）　3、11. 第一期A型瓮（H13：40、H13：25）　4. 第一期Ab型夹砂罐（H13：34）　5、7. 第一期B型夹砂罐（H13：23、H13：43）　6、8. 第一期B型瓮（H13：38、H13：36）　9. 第一期Aa型夹砂罐（H13：28）　10. 第一期E型尖底瓶（H13：10）　12、14. 第一期Aa型盆（H13：14、H13：73）　13. 第一期杯（H13：24）　15. 第一期B型钵（H13：76）　16. 第一期A型钵（H13：6）

残高7.5、壁厚0.6厘米（图5-50，12）。

标本H13：73，夹细砂灰陶。平折沿，沿面微弧，圆唇，上腹斜直，仅存口沿及上腹。素面。口沿处可见轮修痕。内口径24.8、外口径33、沿宽4.2、残高4.7、壁厚0.6厘米（图5-50，14）。

钵　2件。

A型　1件。

标本H13：6，细泥质红陶，胎体呈深灰色。敛口，圆唇，上腹外鼓，仅存口沿及上腹。素面。腹部留有轮修痕。口径12.0、残高4.5、壁厚0.7厘米（图5-50，16）。

B型　1件。

标本H13：76，细泥质灰陶。直口微敛，尖圆唇，上腹微弧，仅存口沿及上腹。腹部磨光。口径22.2、残高4.7、壁厚0.6厘米（图5-50，15）。

杯　1件。为底部残片。

标本H13：24，夹粗砂红陶。平底。外缘饰绹索状花边。底径19.2、残高4.5、底厚2.0厘米（图5-50，13）。

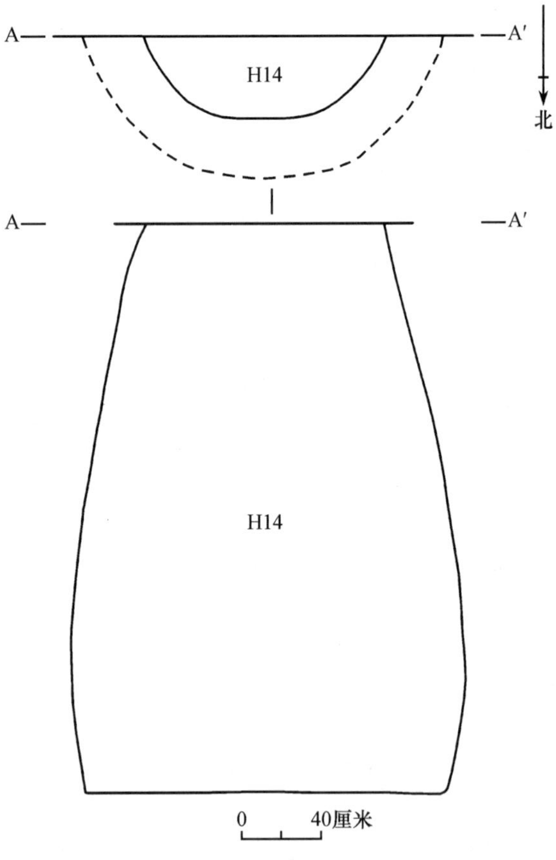

图5-51　ⅠT0202H14平、剖面图

7. ⅠT0202H14

H14位于ⅠT0202南部偏东。开口于③层下。袋状坑，坑口平面近圆形，坑壁外弧，平底。坑口距地表深175厘米，探方内坑口直径120、坑底直径180、深280厘米（图5-51）。

坑内填土为灰褐色，土质疏松。文化遗物有陶器和骨器。

（1）陶器　属于本期的陶片共23片，总重1461克。以粗泥质灰陶为主，夹细砂灰陶次之。器表装饰以磨光为主，篮纹次之，另有少量绳纹、篮纹+戳印、刻划纹、磨光+弦纹、磨光+篮纹等。经分类和拼对，共有16件个体，可辨器形有鬲、斝、无耳罐、壶、豆、器盖等典型的客省庄文化遗物。此外，本单位还出土夹砂深腹罐、瓮、尖底瓶、盆、钵等庙底沟二期文化和仰韶文化遗物（图5-52）。

鬲　3件。

B型　2件。

标本H14：4，夹细砂灰陶。侈口，方唇，高领，竖向桥形把手上端连接口沿，仅存口沿及领部。领部素面，把手表面饰竖向细绳纹。内外壁均留有轮修痕，内壁可见烟炱痕。口径

17.1、残高7.8、壁厚0.6、把手宽3.4厘米（图5-52，4）。

标本H14：11，粗泥质灰陶。侈口，方唇，高领，仅存口沿及领部。领下部饰竖向中绳纹。器表留有轮修痕，内壁可见刮抹痕。口径17.6、残高7.9、壁厚0.7厘米（图5-52，7）。

D型　1件。

标本H14：7，夹细砂灰陶。高领，仅存领部及袋足上部。领部素面，上腹饰竖向中绳纹，近裆部饰交错绳纹。内外壁有轮修痕。残高12.8、壁厚0.5～0.7厘米（图5-52，2）。

斝　1件。为Ca型。

标本H14：2，夹细砂红陶。侈口，圆唇，高领，上腹外鼓，口沿及上腹置一竖向拱形耳，仅存口沿及上腹。把手上下两端均饰三处戳印纹，领部素面，上腹饰横向中篮纹。领部可见刮抹痕，内外壁均留有轮修痕及烟炱痕。口径18.7、残高14.9、壁厚0.6、耳宽2.6厘米（图5-52，1）。

无耳罐　1件。为Aa型。

标本H14：6，粗泥质灰陶。侈口，圆唇，高领，仅存口沿及领部。领下部饰竖向绳纹。内外壁均留有轮修痕，内壁可见烟炱痕。口径14.8、残高6.6、壁厚0.6厘米（图5-52，5）。

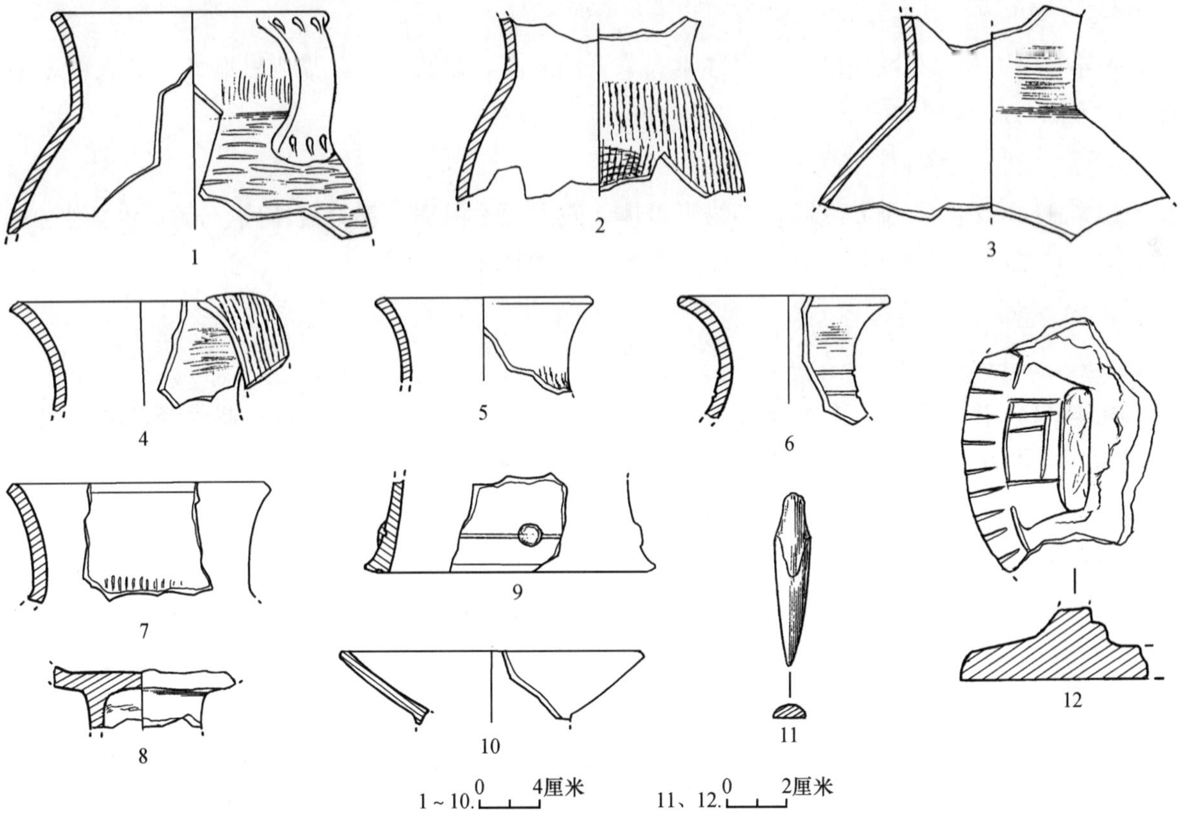

图5-52　ⅠT0202H14出土第三期器物

1. Ca型斝（H14：2）　2. D型鬲（H14：7）　3. B型壶（H14：35）　4、7. B型鬲（H14：4、H14：11）　5. Aa型无耳罐（H14：6）　6. A型壶（H14：5）　8～10. 豆（H14：28、H14：12、H14：15）　11. 角镞（H14：1）　12. Aa型器盖（H14：20）

壶　2件。

A型　1件。

标本H14：5，粗泥质灰陶。侈口，圆唇，束颈，仅存口沿及颈部。口沿内侧磨光，肩部磨光，颈部饰两周凹弦纹。颈部可见刮抹痕。口径14.2、残高8.1、壁厚0.7厘米（图5-52，6）。

B型　1件。

标本H14：35，粗泥质灰陶。束颈，斜肩，肩面微鼓，仅存颈部及肩部。器表磨光，颈下部饰一周凹弦纹。颈部留有轮修痕，肩部可见刮抹痕。残高15.6、壁厚0.4～0.6厘米（图5-52，3）。

豆　3件。

标本H14：15，粗泥质灰陶。敞口，圆唇，腹壁弧收，盘底及柄残。内壁磨光，器表饰横向篮纹。内外壁均留有轮修痕，器表留有刮抹痕。口径20.5、残高4.8、壁厚0.5～0.7厘米（图5-52，10）。

标本H14：12，粗泥质灰陶。残存柄部下段，呈喇叭状。近底部饰一周凹弦纹，凹弦纹上饰小圆泥饼。内外壁均留有轮修痕，内壁可见烟炱痕。底径19.0、残高6.4、壁厚0.8厘米（图5-52，9）。

标本H14：28，粗泥质红陶。仅存盘底及豆柄上段，盘底较平。盘内壁磨光。器表可见刮抹痕。残高4.0、壁厚0.9厘米（图5-52，8）。

器盖　1件。为Aa型。

标本H14：20，夹细砂红陶。圆饼形盖体，残留捉手根部，部分盖体残。盖顶周缘刻划一周呈放射状排列的短直线纹。残高2.4、厚1.2厘米（图5-52，12）。

（2）骨器

角镞　1件。

标本H14：1，动物角磨制而成。器体扁平，截面近似半圆形，铤残。器表经打磨。残长5.6、宽1.2、厚0.5厘米，重4克（图5-52，11，图版八三，3）。

本单位发现庙底沟二期遗物，共计4件，可辨器形有夹砂深腹罐、瓮和盆。

夹砂罐　2件。为A型。

标本H14：3，夹细砂灰陶。敛口，斜折沿，方唇，上腹外斜，仅存口沿及上腹。唇部饰一周宽疏的锯齿状花边，上腹饰右斜向篮纹，篮纹上饰一周附加堆纹。内外壁均有轮修痕。口径24.8、残高13.0、壁厚0.8厘米（图5-53，1）。

标本H14：8，夹粗砂灰陶。微敛口，斜折沿，方唇，上腹外斜，仅存口沿及上腹。沿下加固一周附加堆纹，上腹饰右斜向篮纹，篮纹饰一周附加堆纹，堆纹上留有篮纹拍印痕。内外壁均留有轮修痕。口径34.5、残高7.0、壁厚1.0厘米（图5-53，2）。

瓮　1件。为Aa型。

标本H14：24，粗泥质红陶。敛口，方唇，上腹外鼓，仅存口沿及上腹。素面。器表可见刮抹痕。口径21.2、残高5.9、壁厚0.5～0.7厘米（图5-53，5）。

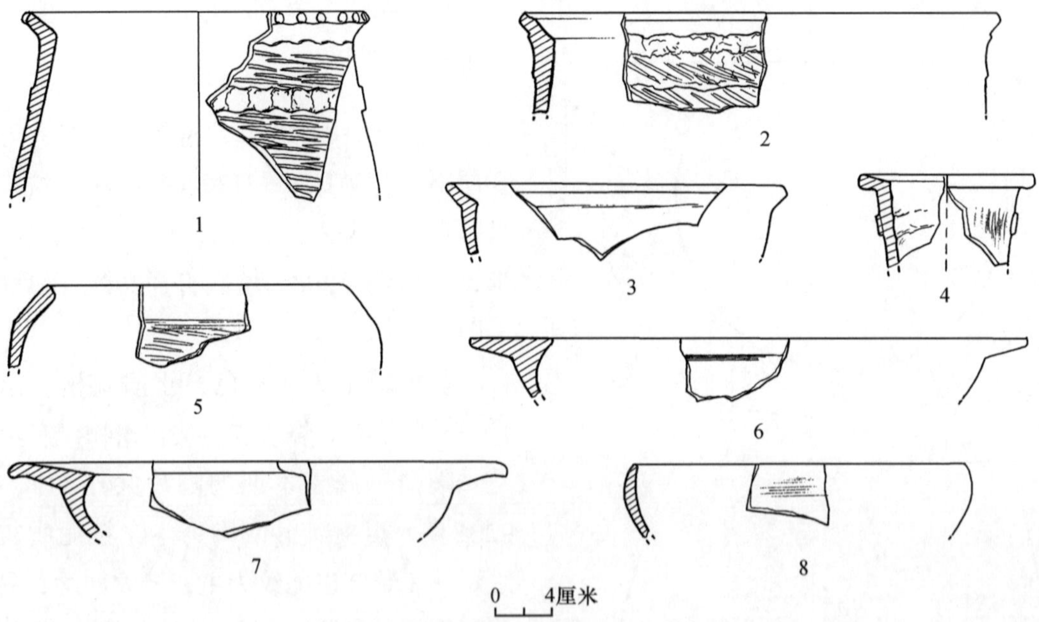

图5-53　Ⅰ T0202H14出土第一、二期陶器

1、2. 第二期A型夹砂罐（H14：3、H14：8）　3. 第二期A型盆（H14：14）　4. 第一期E型尖底瓶（H14：13）　5. 第二期Aa型瓮（H14：24）　6. 第一期Aa型盆（H14：18）　7. 第一期Ba型盆（H14：17）　8. 第一期A型钵（H14：31）

盆　1件。为A型。

标本H14：14，细泥质灰陶。斜折沿，内沿折棱凸出形成内敛口，圆唇，斜弧腹，仅存口沿及上腹。器表磨光。器表可见刮抹痕。口径24.4、残高5.2、壁厚0.7厘米（图5-53，3）。

本单位发现仰韶晚期遗物，共计4件，可辨器形有尖底瓶、盆和钵。

尖底瓶　1件。为E型。

标本H14：13，粗泥质灰陶。直口微侈，斜折沿，方圆唇，束颈，颈壁斜直，仅存口沿及颈部。颈上部贴附小圆泥饼。内外壁留有轮修痕，内壁可见泥条盘筑痕。内口径7.8、外口径12.6、沿宽2.4、残高6.4、壁厚0.8厘米（图5-53，4）。

盆　2件。

Aa型　1件。

标本H14：18，粗泥质红陶，胎体呈灰色。平折沿，内沿折棱凸出形成内敛口，方唇，仅存口沿及上腹。器表磨光。口沿及腹壁留有刮抹痕。内口径28.3、外口径40.3、沿宽6.0、残高4.2、壁厚0.5～0.8厘米（图5-53，6）。

Ba型　1件。

标本H14：17，细泥质红陶。斜折沿，沿外端略下垂，圆唇。斜弧腹，仅存口沿及上腹。口沿及内壁磨光，器表素面。内外壁均留有轮修痕，口沿及内壁可见刮抹痕。口径35.6、残高5.2、壁厚0.5～0.8厘米（图5-53，7）。

钵　1件。为A型。

标本H14：31，细泥质红陶。敛口，圆唇，上腹微鼓，仅存口沿及上腹。素面。内外壁均留有轮修痕。口径24.2、残高5.1、壁厚0.5厘米（图5-53，8）。

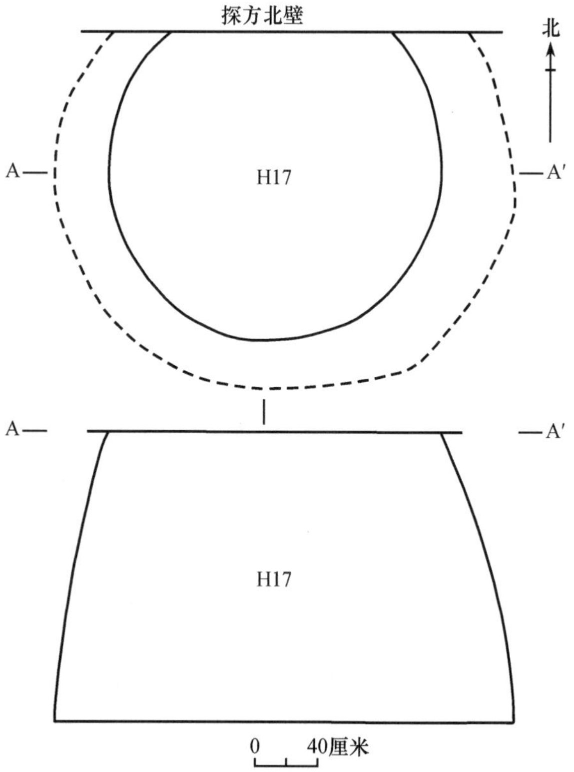

图5-54　ⅠT0408H17平、剖面图

8. ⅠT0408H17

H17位于ⅠT0408北壁中部偏东。开口于③层下，打破H19、H20。袋状坑，坑口平面呈圆形，坑壁外弧，平底。坑口距地表145厘米，坑口直径208、坑底直径292、深180厘米（图5-54）。

坑内填土为灰褐色，土质疏松，出土兽骨，部分带有火烧痕迹。文化遗物仅有陶器。

陶器　属于本期的陶片共173片，总重9238克。以夹细砂灰陶为主，粗泥质灰陶次之。器表装饰以绳纹为主，篮纹次之，另有少量磨光、戳印纹、磨光+弦纹、篮纹+绳纹、磨光+弦纹+戳印（表5-11）。经分类和拼对，共有48件个体，可辨器形有鬲、斝、无耳罐、单耳罐、壶、豆、窖穴盖、器盖等典型的客省庄文化遗物。此外，本单位还出土鼎、夹砂深腹罐、刻槽盆等庙底沟二期文化遗物（图5-55、图5-56、表5-12、表5-13）。

鬲　4件。

A型　1件。

标本H17：3，夹细砂灰陶。侈口，圆唇，高领，袋足肥硕，锥状足尖，弧形裆较窄，口沿及袋足上部置一宽扁的竖向桥形把手。领部素面，把手和袋足饰竖向粗绳纹，裆部饰横向粗绳纹，纹痕皆深，裆部内壁可见反绳纹。领部留有轮修痕。口径18.0、复原后高40.0、壁厚0.4～0.7、耳宽2.1厘米（图5-55，1）。

B型　1件。

标本H17：5，夹细砂灰陶。侈口，圆唇，高领，袋足上部外鼓，口沿及上腹置一竖向桥形把手，仅存口沿及袋足上部。把手上下两端与鬲身连接处分别戳印出四个竖向短凹槽，领部饰较浅的横向中篮纹，腹部饰竖向中绳纹。口径16.0、残高10.8、壁厚0.4～0.6、把手宽3.0厘米（图5-55，2）。

另有足部残片2件。

标本H17：46，夹细砂灰陶。锥状空足，足跟较高。器表饰竖向中绳纹，内壁可见反绳纹。器表可见烟炱痕。残高14.0、壁厚0.4～0.6厘米（图5-55，14）。

标本H17：47，夹细砂灰陶。锥状空足，足跟较高。器表饰竖向中绳纹，内壁可见反绳纹。器表可见烟炱痕。残高20.0、壁厚0.4～0.7厘米（图5-55，15）。

表5-11　Ⅰ T0408H17陶系统计表

陶质	细泥质陶	粗泥质陶	夹细砂陶		夹粗砂陶		合计	百分比（%）
陶色 / 器表装饰	灰	灰	红	灰	红	灰		
素面	2/43	4/185		5/152	1/66	2/46	14/492	8.09/5.33
磨光	3/120	5/242		9/318			17/680	9.83/7.36
篮纹	2/27	4/122	12/1695	5/588		2/85	25/2517	14.45/27.25
绳纹			1/56	89/3486		5/269	95/3811	54.91/41.25
戳印纹		1/37				1/151	2/188	1.16/2.03
磨光+篮纹		2/181		1/37			3/218	1.73/2.36
磨光+弦纹		1/96		1/76			2/172	1.16/1.86
绳纹+篮纹						1/85	1/85	0.58/0.92
磨光+弦纹+戳印纹		7/469					7/469	4.05/5.08
篮纹+绳纹+戳印纹				3/198			3/198	1.73/2.14
篮纹+按压纹					4/408		4/408	2.31/4.42
合计	7/190	24/1332	13/1751	113/4855	5/474	11/636	173/9238	
百分比（%）	4.05/2.06	13.87/14.42	7.51/18.95	65.32/52.56	2.89/5.13	6.36/6.88		100

注：百分比相关的行、列外，“/”前统计的数据为片数，单位为个；“/”后统计的数据为质量，单位为克。

表5-12　Ⅰ T0408H17第三期陶器器形统计表（1）

陶质	细泥质陶	粗泥质陶	夹细砂陶		夹粗砂陶		合计	百分比（%）
陶色 / 器类	灰	灰	红	灰	红	灰		
无耳罐		1	1	5		2	9	18.75
单耳罐	2	2					4	8.33
壶	1	6		5			12	25
豆		2					2	4.17
器盖	1	1					2	4.17
鬲				8		3	11	22.92
斝					2	1	3	6.25
窖穴盖			5				5	10.41
合计	4	12	6	18	2	6	48	
百分比（%）	8.33	25	12.5	37.5	4.17	12.5		100

表5-13　ⅠT0408H17第三期陶器器形统计表（2）

器类 器表装饰	壶	豆	器盖	鬲	斝	窖穴盖	单耳罐	无耳罐	合计	百分比（%）
素面					1		4	6	11	22.92
磨光	4	1	1						6	12.5
篮纹	2					5			7	14.58
绳纹				10				2	12	25
戳印纹			1		1				2	4.17
磨光+篮纹	3								3	6.25
磨光+弦纹	1	1							2	4.17
篮纹+绳纹								1	1	2.08
磨光+弦纹+戳印纹	2								2	4.17
篮纹+绳纹+戳印纹				1					1	2.08
篮纹+按压纹					1				1	2.08
合计	12	2	2	11	3	5	4	9	48	
百分比（%）	25.00	4.17	4.17	22.92	6.25	10.42	8.33	18.75		100

斝　3件。

B型　1件。

标本H17：2，夹粗砂红陶。侈口，圆唇，高领，深弧腹，仅存口沿及袋足上部。唇部压印出锯齿状花边，领及腹部皆饰横向粗篮纹。器表可见大量的烟炱痕。口径21.8、残高20.9、壁厚0.5～0.7厘米（图5-55，4）。

F型　1件。

标本H17：9，夹粗砂灰陶。敛口，方唇，沿下残留一鋬，仅存口沿残片。鋬上端与口沿连接处有一排五个楔形戳印纹。残高5.3、壁厚1.2厘米（图5-55，12）。

另有口沿及上腹残片1件。

标本H17：27，夹粗砂红陶，胎体呈灰色。敛口，尖圆唇，沿下有一周凸棱，上腹外斜，仅存口沿及上腹。素面。残高7.2、壁厚0.6厘米（图5-55，6）。

单耳罐　3件。

Aa型　1件。

标本H17：45，粗泥质灰陶。侈口，方唇，高领，口沿残留耳根部，仅存口沿及领部。素面。残高6.8、壁厚0.7厘米（图5-55，5）。

另有耳部残片2件。

标本H17：63，细泥质灰陶。桥形耳。素面。残高11.0、耳宽2.8厘米（图5-55，16）。

标本H17：73，细泥质灰陶。桥形耳。素面。器表可见刮抹痕。残高9.8、耳宽2.5厘米（图5-55，17）。

图5-55　ⅠT0408H17出土第三期陶器

1. A型鬲（H17：3）　2. B型鬲（H17：5）　3、7、8. A型壶（H17：42、H17：1、H17：43）　4. B型斝（H17：2）　5. Aa型单耳罐（H17：45）　6. 斝（H17：27）　9. C型豆（H17：40）　10. 豆（H17：41）　11、19. 窖穴盖（H17：31、H17：30）　12. F型斝（H17：9）　13. Bb型器盖（H17：70）　14、15. 鬲（H17：46、H17：47）　16、17. 单耳罐（H17：63、H17：73）　18. Aa型器盖（H17：11）

壶　3件。为A型。

标本H17：43，细泥质灰陶。侈口，圆唇，束颈，斜肩，肩面微弧，仅存口沿及肩部。器表磨光。颈部可见竖向刮抹痕。口径13.4、残高9.6、壁厚0.5厘米（图5-55，8）。

标本H17：1，粗泥质灰陶。侈口，圆唇，束颈，仅存口沿及颈部。口沿内侧磨光，颈下侧饰有两周凹弦纹构成的纹饰带，凹弦纹间饰一周戳印纹。内外壁皆可见横向刮抹痕。口径16.4、残高9.0、壁厚0.7厘米（图5-55，7）。

标本H17：42，粗泥质灰陶。侈口，尖圆唇，束颈，仅存口沿及颈部。口沿内侧磨光，颈下侧饰有两周凹弦纹构成的纹饰带，凹弦纹间饰一周戳印纹。颈部轮修痕明显。口径14.0、残高8.1、壁厚0.5厘米（图5-55，3）。

豆　2件。

C型　1件。

标本H17：40，粗泥质灰陶。仅存豆柄下段，呈喇叭状，近底部外撇。器表磨光，饰三周凹弦纹。内壁可见轮修痕。柄底径24.2、残高6.4、壁厚0.5厘米（图5-55，9）。

另有盘底及豆柄残片1件。

标本H17：41，粗泥质灰陶。圜底，柄壁较直。器表磨光。盘底与柄间黏结痕明显。残高8.3、盘壁厚0.7、柄壁厚0.5厘米（图5-55，10）。

窖穴盖　2件。为盖体残片。

标本H17：30，夹细砂红陶。环形捉手，敛口，圆方唇，周壁斜直，盖体扁平。器表饰较浅的横向粗篮纹。捉手周壁留有轮修痕。捉手径17.8、残高5.8、壁厚1.5～1.7厘米（图5-55，19）。

标本H17：31，夹细砂红陶。环形捉手，直口，方唇，周壁较直，盖体扁平。器表饰较浅的横向粗篮纹。捉手周壁留有轮修痕。捉手径16.0、残高7.6、壁厚1.1～1.3厘米（图5-55，11）。

器盖　2件。

Aa型　1件。

标本H17：11，粗泥质灰陶。圆饼形盖体，捉手及大部分盖体残。盖顶周缘戳印一周呈放射状排列的短直线纹。直径17.0、厚0.6～0.9厘米（图5-55，18）。

Bb型　1件。

标本H17：70，细泥质灰陶。仅存圆锥状尖顶。器表施灰色陶衣并磨光。残高4.0、壁厚0.4～0.6厘米（图5-55，13）。

本单位发现庙底沟二期遗物，共计3件，可辨器形有鼎、夹砂深腹罐和刻槽盆。

鼎　1件。为A型。

标本H17：6，夹粗砂灰陶。敛口，斜折沿，方唇内凹，腹壁外弧，仅存口沿及上腹。上腹饰横向粗篮纹，篮纹上残留一鸡冠鋬，鋬下饰一周附加堆纹。口沿处留有轮修痕。器表可见烟炱痕。口径32.6、残高19.1、壁厚1.2厘米（图5-56，1）。

夹砂罐　1件。为A型。

标本H17：13，夹粗砂灰陶。敛口，斜折沿，方唇内凹，上腹外弧，仅存口沿及上腹。沿

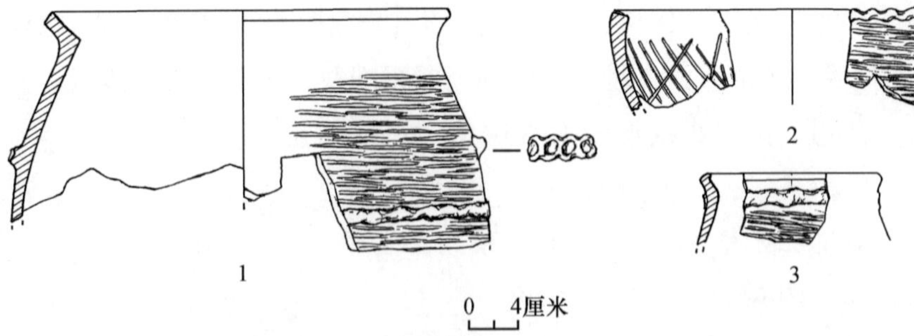

图5-56　Ⅰ T0408H17出土第二期陶器

1. A型鼎（H17：6）　2. A型刻槽盆（H17：4）　3. A型夹砂罐（H17：13）

下加固一周附加堆纹，上腹饰右斜向篮纹。口沿可见烟炱痕。口径15.0、残高5.6、壁厚0.6厘米（图5-56，3）。

刻槽盆　1件。为A型。

标本H17：4，夹粗砂灰陶。敛口，方唇内凹，斜弧腹，仅存口沿及上腹。唇外侧按压出波浪状花边，上腹饰横向粗篮纹，内壁有斜向交错的刻划沟槽。口径29.5、残高7.9、壁厚0.6厘米（图5-56，2；图版四二，1、2）。

9. Ⅰ T0202H22

H22位于Ⅰ T0202北部偏东。开口于③层下，打破F5、H40。袋状坑，坑口平面近圆形，坑壁外斜，平底。坑口距地表深175厘米，坑口直径265、坑底直径335、深90厘米（图5-57）。

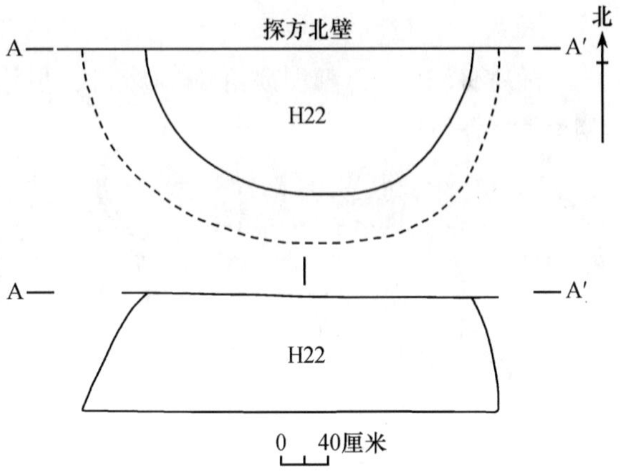

图5-57　Ⅰ T0202H22平、剖面图

坑内填土为灰褐色，土质较致密。文化遗物仅有陶器。

陶器　属于本期的陶片共10片，总重1540克。以粗泥质灰陶为主，夹细砂灰陶次之。器表装饰有磨光、篮纹。磨光+篮纹、磨光+附加堆纹。经分类和拼对，共有7件个体，可辨器形有鬲、壶、豆等客省庄文化遗物。此外，本单位还出土尖底瓶、夹砂罐、盆、钵等仰韶文化遗物（图5-58）。

鬲　2件。为C型。

标本H22：2，夹细砂灰陶。侈口，圆唇，高领，袋足较肥，足跟较高，尖角裆，沿下及袋足上部置一桥形把手。领部素面，把手表面饰右斜向和竖向绳纹，袋足饰竖向中绳纹，裆部拍印横向粗绳纹，内壁可见反绳纹。口径11.6、高17.6、壁厚0.5、把手宽2.6厘米（图5-58，1；图版五八，1）。

标本H22：1，夹细砂灰陶。侈口，圆唇，高领，袋足外鼓，锥状足尖，宽弧裆，沿下及袋足上部置一桥形把手。领部素面，袋足上部饰竖向粗绳纹，下部饰斜向绳纹，裆部拍印横向绳纹。口径10.0、高16.1、把手宽2.0厘米（图5-58，2；图版五八，2）。

壶　2件。为A型。

标本H22：7，细泥质灰陶。侈口，尖唇，束颈，仅存口沿及颈部。颈部磨光。口径12.4、残高6.6、壁厚0.6厘米（图5-58，3）。

标本H22：8，细泥质灰陶。侈口，圆唇，束颈，仅存口沿及颈部。口部磨光，颈部素面。颈部轮修痕清晰。口径12.5、残高6.5、壁厚0.4厘米（图5-58，4）。

豆　1件。为豆盘及柄部残片。

标本H22：4，粗泥质灰陶。盘底较平，柄壁略外张。器表磨光。内壁可见泥条盘筑痕。残高9.2、壁厚0.8厘米（图5-58，9）。

本单位发现庙底沟二期文化遗物仅有器盖，共计1件。

器盖　1件。为C型。

标本H22：6，夹粗砂红陶，胎体呈灰色。喇叭状盖体，腹部外张程度较大，方唇，盖体上部及捉手残。器表饰左斜向绳纹，内壁可见刻划纹和绳压痕。口径29.0、残高5.9、壁厚1.0厘米（图5-58，5）。

本单位发现仰韶晚期遗物，共计3件，可辨器形有尖底瓶、夹砂罐和钵。

尖底瓶　1件。为E型。

标本H22：5，细泥质红陶。侈口，平沿，圆唇，束颈，仅存口沿及颈部。素面。颈部留

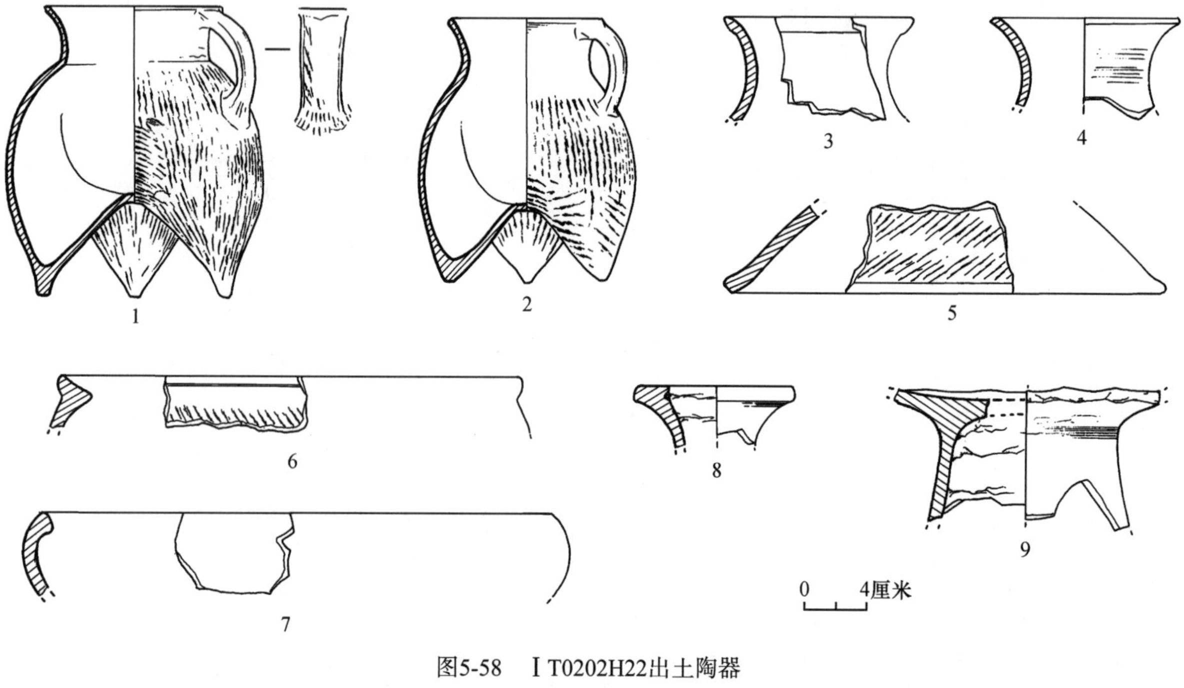

图5-58　ⅠT0202H22出土陶器

1、2. 第三期C型鬲（H22：2、H22：1）　3、4. 第三期A型壶（H22：7、H22：8）　5. 第二期C型器盖（H22：6）　6. 第一期Ab型夹砂罐（H22：10）　7. 第一期A型钵（H22：3）　8. 第一期E型尖底瓶（H22：5）　9. 第三期豆（H22：4）

有轮修痕，内部可见泥条盘筑痕。内口径6.1、外口径10.7、沿宽2.3、残高3.9、壁厚0.7厘米（图5-58，8）。

夹砂罐　1件。为Ab型。

标本H22：10，夹粗砂红陶。敛口，斜折沿，沿面微凹，圆唇，仅存口沿。器表饰右斜向粗绳纹。口沿处留有明显轮修痕，口沿及外壁可见烟炱痕。口径30.9、残高3.6厘米（图5-58，6）。

钵　1件。为A型。

标本H22：3，粗泥质灰陶。敛口，圆唇，上腹外鼓，仅存口沿及上腹。器表磨光。器表刮抹痕迹明显。口径34.2、残高5.4、壁厚1.2厘米（图5-58，7）。

10. Ⅰ T0307H24

H24位于Ⅰ T0307西北角。开口于③层下。袋状坑，坑口平面呈圆形，坑壁外弧，平底。坑口距地表深125厘米，探方内坑口直径约100、坑底直径约178、残深100厘米（图5-59）。

坑内填土为深灰色，土质疏松。

11. Ⅰ T0303H25

H25位于Ⅰ T0303东南部。开口于③层下，被F1打破，打破H35、H59、F2。袋状坑，坑口平面呈圆形，坑壁外弧，平底。坑口距地表深175厘米，坑口直径240、坑底直径260、深60厘米（图5-60）。

坑内填土为浅灰色，土质疏松。文化遗物有陶器和骨器。

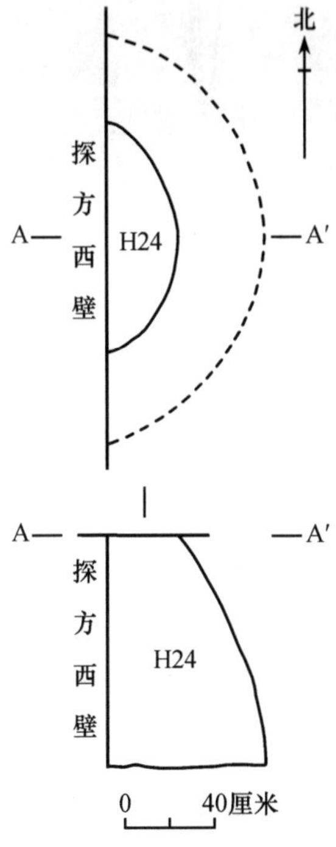

图5-59　Ⅰ T0307H24平、剖面图

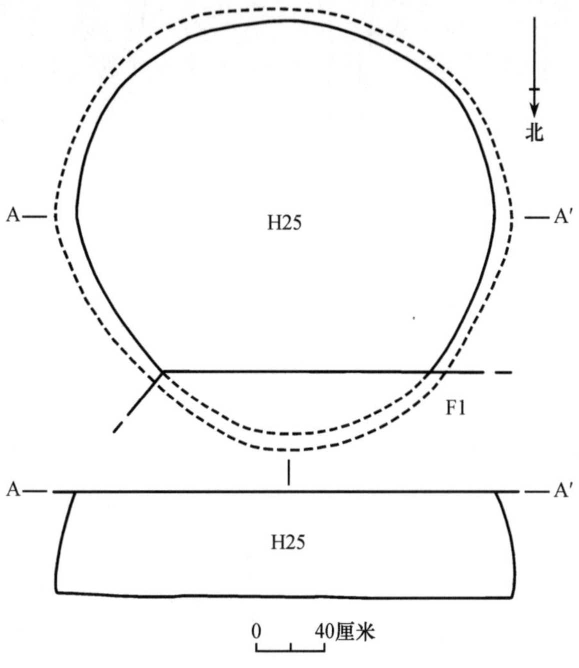

图5-60　Ⅰ T0303H25平、剖面图

（1）陶器　属于本期的陶片共9片，总重304克。以夹粗砂红陶为主。器表装饰仅有篮纹。经分类和拼对，共有4件个体，可辨器形有斝、壶、豆等典型的客省庄文化遗物（图4-39）。

（2）骨器

骨针　1件。

标本H25：1，器体细长，截面扁圆形，顶端略残，锥状尖。通体磨光，可见方向不一的刮磨痕。残长4.7、最大径0.4厘米，重1克（图5-61，4；图版八三，5）。

骨镞　1件。

标本H25：3，器体扁平，三角锋较锐，镞身一面可见凹槽，铤较长。器表磨光。长5.8、最宽1.0、厚0.2厘米，重2克（图5-61，3；图版八三，1）。

骨笄　1件。

标本H25：4，骨片加工而成。笄身扁平，顶端打磨成近圆形，截面呈圆角方形。器表磨光，留有交错磨痕，尾部有刮削痕。长8.5、最宽1.5、残厚0.4厘米，重5克（图5-61，1；图版八一，6）。

角锥　1件。

标本H25：2，鹿角尖端制成。截面呈椭圆形。器表磨光。残长5.5、最宽处2.0厘米、重7克（图5-61，2；图版八四，2）。

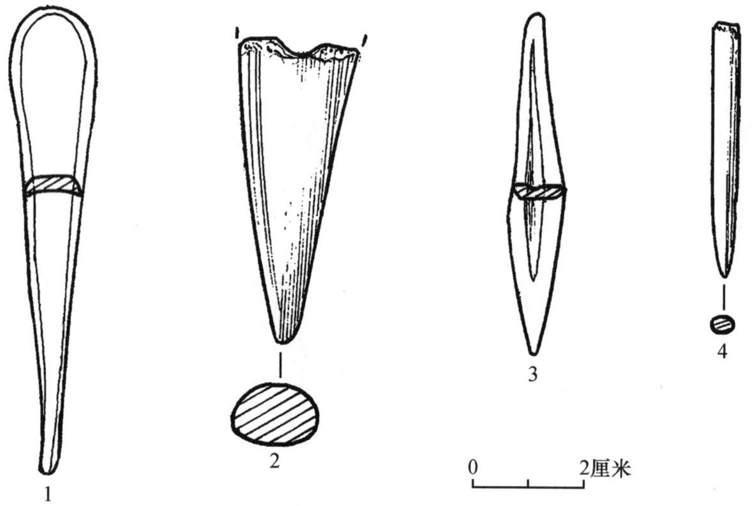

图5-61　Ⅰ T0303H25出土骨器

1. 骨笄（H25：4）　2. 角锥（H25：2）　3. 骨镞（H25：3）　4. 骨针（H25：1）

12. Ⅰ T0308H26

H26位于Ⅰ T0308西北角。开口于③层下。筒状坑，坑口平面近圆形，坑壁较直，平底。坑口距地表深110厘米，坑口直径82～92、残深80厘米（图5-62）。

坑内填土为灰黑色，土质疏松，包含较厚的灰烬、木炭、红烧土块、大型动物骨骼以及被火烧过已碳化的小型动物骨骼，未发现其他遗物。

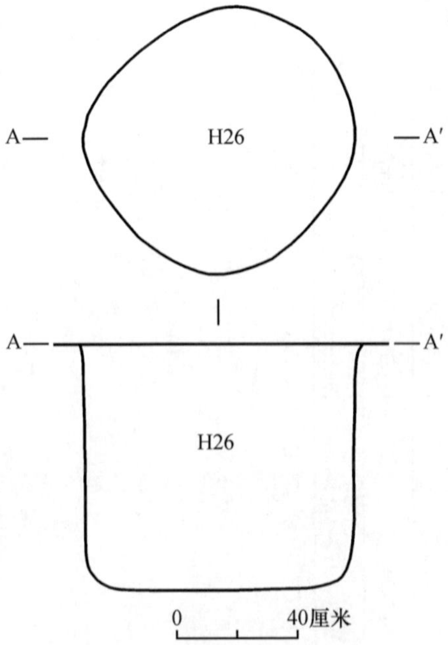

图5-62　Ⅰ T0308H26平、剖面图

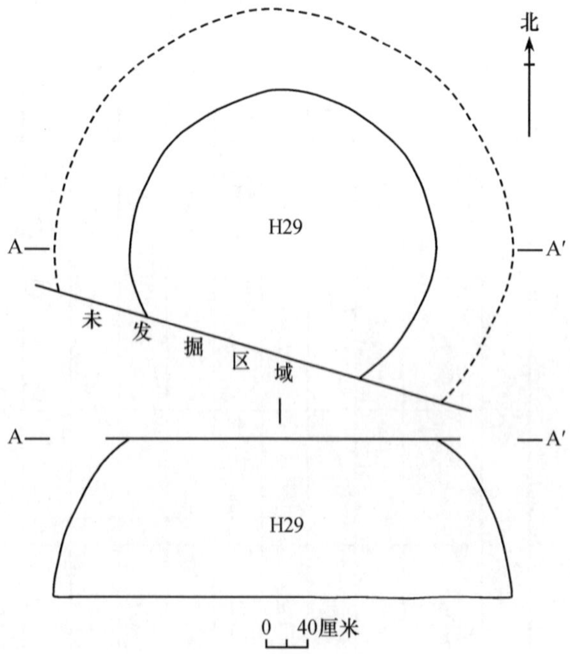

图5-63　Ⅰ T0307H29平、剖面图

13. Ⅰ T0307H29

H29位于Ⅰ T0307中南部。开口于③层下，打破H50、H69。袋状坑，坑口、坑底平面呈圆形，坑壁外弧，平底。坑口距地表深90厘米，坑口直径280、坑底直径420、深140厘米（图5-63）。

坑内填土为灰褐色，土质较疏松。文化遗物有陶器、石器和骨器。

（1）陶器　属于本期的陶片共181片，总重10066克。以粗泥质灰陶为主，夹粗砂灰陶次之。器表装饰以篮纹为主，绳纹次之，另有少量磨光、弦纹、磨光+刻划纹、绳纹+戳印纹、磨光+篮纹、磨光+弦纹、弦纹+刻划纹等（表5-14）。经分类和拼对，共有89件个体，可辨器形有鬲、斝、鬶、罐、壶、盂、高足杯、豆、窖穴盖、器盖等典型的客省庄文化遗物。此外，本单位还出土夹砂深腹罐、夹砂罐、尖底瓶、瓮、盆、钵等庙底沟二期文化和仰韶文化遗物。（图5-64、图5-65、图5-66、图5-67、图5-68、表5-15、表5-16）。

鬲　2件。为足部残片。

标本H29：106，夹细砂灰陶。锥状空足，足跟圆钝。器表饰竖向细绳纹，纹痕较深。残高7.9、壁厚0.7厘米（图5-64，8）。

标本H29：108，夹细砂灰陶。锥状空足，足跟圆钝。器表饰竖向中绳纹。内外壁均可见烟炱痕。残高10.0、壁厚0.9厘米（图5-64，7）。

斝　1件。为Da型。

标本H29：41，细夹砂红陶。侈口，圆唇，高领，上腹外弧，沿下及上腹置一对桥形耳，仅存口沿及上腹。领部隐约可见横向中篮纹，腹部饰麦粒状绳纹。器表可见烟炱痕。口径16.4、残高12.9、壁厚0.8厘米（图5-64，1）。

表5-14　Ⅰ T0307H29陶系统计表

陶质	细泥质陶		粗泥质陶			夹细砂陶		夹粗砂陶		合计	百分比（%）
器表装饰 \ 陶色	红	灰	红	黑	灰	红	灰	红	灰		
素面	1/39	2/22	2/63		4/200		6/281		3/137	18/742	9.95/7.38
磨光		4/144	1/46		10/489		1/35			16/714	8.84/7.09
篮纹		3/608	1/20		25/872	11/2017	14/822	3/148	12/538	69/5025	38.13/49.92
绳纹					8/149	3/69	5/228		23/1135	39/1581	21.55/15.71
弦纹	1/33				1/41					2/74	1.10/0.74
磨光+篮纹		1/25			9/308		3/110			13/443	7.19/4.40
磨光+弦纹		3/270		2/147	7/429		4/71			16/917	8.84/9.11
绳纹+篮纹						2/147				2/147	1.10/1.46
磨光+凸线纹				1/59						1/59	0.55/0.59
磨光+刻划纹		1/88								1/88	0.55/0.87
磨光+菱格纹					2/89					2/89	1.10/0.88
弦纹+刻划纹							/77			1/77	0.55/0.76
绳纹+戳印纹									1/110	1/110	0.55/1.09
合计	2/72	14/1157	4/129	3/206	66/2577	16/2233	34/1624	3/148	39/1920	181/10066	
百分比（%）	1.10/0.72	7.73/11.49	2.21/1.28	1.66/2.05	36.46/25.60	8.84/22.18	18.79/16.13	1.66/1.47	21.55/19.08		100/100

注：百分比相关的行、列外，“/”前统计的数据为片数，单位为个；“/”后统计的数据为质量，单位为克。

表5-15　Ⅰ T0307H29第三期陶器器形统计表（1）

陶质	细泥质陶		粗泥质陶			夹细砂陶		夹粗砂陶		合计	百分比（%）
器类＼陶色	红	灰	红	黑	灰	红	灰	红	灰		
无耳罐					1	1	5		2	9	10.11
单耳罐		1			2					3	3.37
三耳罐		1								1	1.12
壶		3	1		19		13		2	38	42.70
豆		1		1	1		1		1	5	5.62
圈足盘		1								1	1.12
器盖		1			1				1	3	3.37
杯				1						1	1.12
鬲					1	2	3		9	15	16.86
斝						1		1	3	5	5.62
鬶	2									2	2.25
窖穴盖						5				5	5.62
盂					1					1	1.12
合计	2	8	1	2	26	9	22	1	18	89	
百分比（%）	2.25	8.99	1.12	2.25	29.21	10.11	24.72	1.12	20.23		100

表5-16　Ⅰ T0307H29第三期陶器器形统计表（2）

器表装饰＼器类	壶	豆	圈足盘	器盖	杯	鬲	斝	窖穴盖	鬶	无耳罐	盂	单耳罐	三耳罐	合计	百分比（%）
素面	4	2							1	5		1		13	14.61
磨光	4	1												5	5.62
篮纹	20	1	1				4	5						31	34.84
绳纹						15				3				18	20.23
弦纹									1					1	1.12
磨光+刻划纹													1	1	1.12
磨光+篮纹	6										1			7	7.87
磨光+弦纹	2	1		2						1		2		8	8.99
篮纹+绳纹							1							1	1.12
绳纹+戳印纹				1										1	1.12
弦纹+刻划纹	1													1	1.12
磨光+菱格纹	1													1	1.12
磨光+凸弦纹					1									1	1.12
合计	38	5	1	3	1	15	5	5	2	9	1	3	1	89	
百分比（%）	42.70	5.62	1.12	3.37	1.12	16.86	5.62	5.62	2.25	10.11	1.12	3.37	1.12		100

鬶　2件。

B型　1件。

标本H29∶43，细泥质红陶，胎体呈灰色。倒U形裆，残存裆部及袋足。素面。器表可见刮抹痕。残长9.5、残宽9.2、壁厚0.4厘米（图5-64，10）。

另有口沿及领部残片1件。

标本H29∶42，细泥质红陶。侈口，尖唇，高领，宽扁桥形錾上端连接口沿。錾面饰五道竖向凹弦纹。残高4.3、壁厚0.5、耳宽4.7厘米（图5-64，6）。

罐　4件。含无耳罐、单耳罐和三耳罐。

无耳罐　1件。为Aa型。

标本H29∶5，夹细砂红陶。侈口，圆唇，高领，上腹外弧，仅存口沿及上腹。领部素面，腹部饰竖向中绳纹。内壁可见烟炱痕。口径9.6、残高7.6、壁厚0.5～0.7厘米（图5-64，5）。

单耳罐　2件。为B型。

标本H29∶15，粗泥质灰陶。侈口，圆唇，高领，上腹外弧，仅存口沿及上腹。口沿及上腹置一竖向宽扁桥形耳。领部素面，耳及上腹磨光，领腹交接处饰一周凹弦纹。领部留有轮修

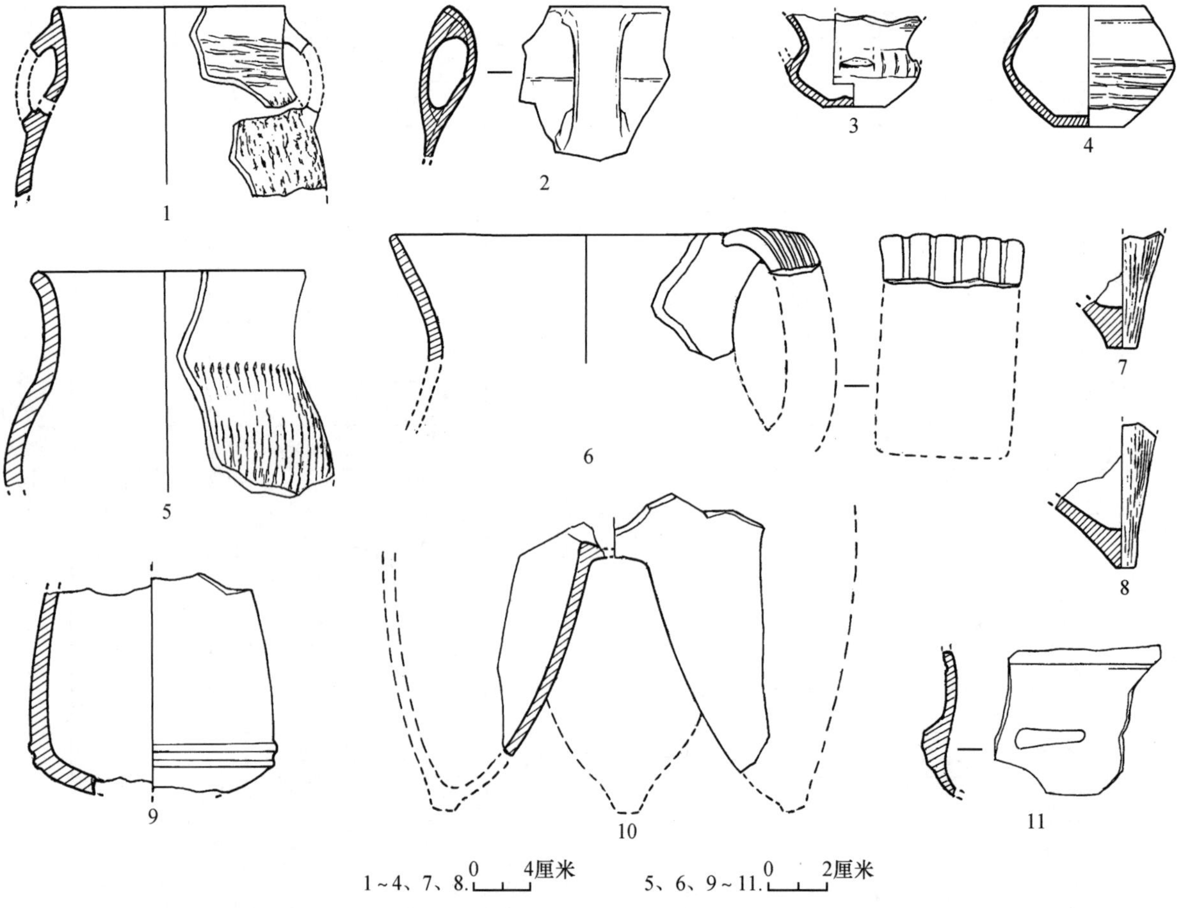

图5-64　Ⅰ T0307H29出土第三期陶器（1）

1. Da型斝（H29∶41）　2、11. B型单耳罐（H29∶15、H29∶45）　3. 三耳罐（H29∶19）　4. 盂（H29∶74）　5. Aa型无耳罐（H29∶5）　6、10. B型鬶（H29∶42、H29∶43）　7、8. 鬲（H29∶108、H29∶106）　9. A型杯（H29∶34）

痕。口径17.5、残高10.5、壁厚0.5、耳宽3.0厘米（图5-64，2）。

标本H29：45，粗泥质灰陶。鼓腹，腹部可见接耳的残痕，仅存腹部残片。器表磨光，近领部饰一周凹弦纹。残高5.1、壁厚0.3厘米（图5-64，11）。

三耳罐　1件。

标本H29：19，细泥质灰陶。侈口，高领，扁折腹，小平底，口沿及三耳残，腹部折棱处可见接耳的残痕。领部磨光，上腹饰数道竖向刻划纹。器表留有刮抹痕。底径4.4、残高6.3、壁厚0.4厘米（图5-64，3；图版六〇，4）。

壶　4件。为口沿及颈、肩部残片。

标本H29：16，粗泥质灰陶。侈口，圆唇，束颈，溜肩，仅存口沿及肩部。口沿内侧及肩部磨光，颈肩交接处饰一周凹弦纹。颈部留有轮修痕。口径16.0、残高11.2、壁厚0.6厘米（图5-65，4）。

标本H29：10，夹细砂灰陶。侈口，圆唇，束颈，仅存口沿及颈部。颈下部饰两周凹弦纹，弦纹中间饰一周左斜向刻划纹。口径16.5、残高7.8厘米（图5-65，3）。

标本H29：14，夹细砂灰陶。侈口，圆唇，束颈，仅存口沿及颈部。素面。口径14.2、残高6.6厘米（图5-65，1）。

标本H29：80，夹细砂红陶。侈口，尖唇，束颈，仅存口沿及颈部。素面。口径16.0、残高5.5厘米（图5-65，2）。

盂　1件。

标本H29：74，粗泥质灰陶。敛口，圆唇，斜肩，折腹，小平底。上腹磨光，下腹饰横向

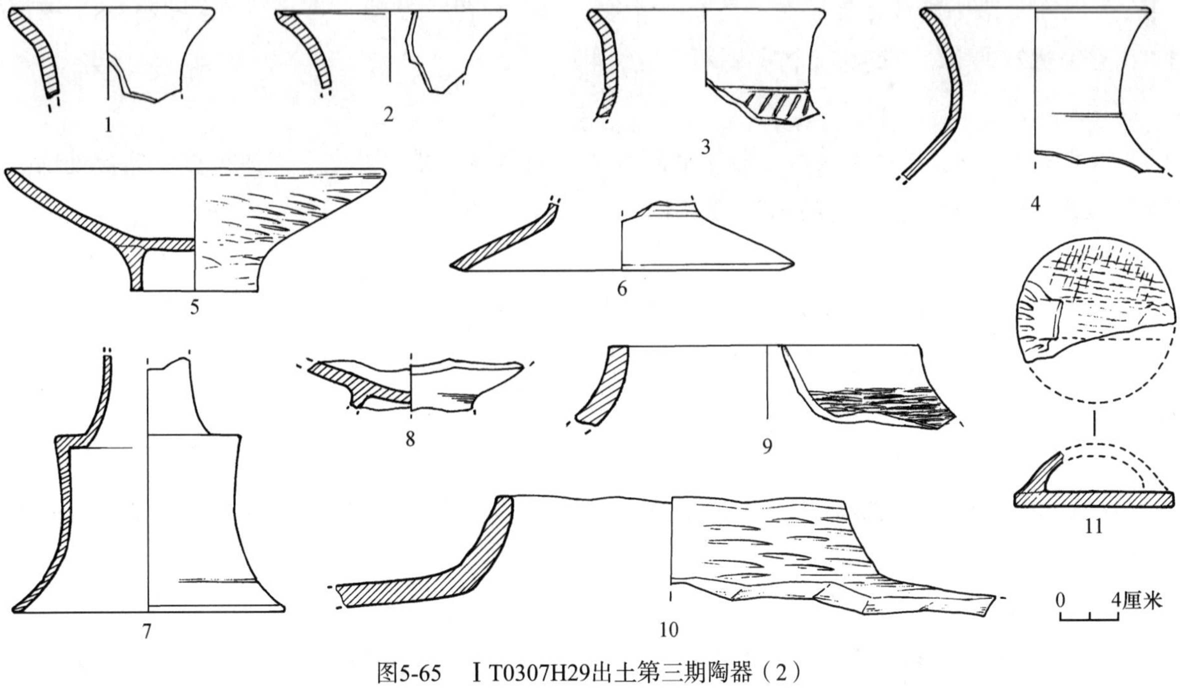

图5-65　Ⅰ T0307H29出土第三期陶器（2）

1～4. A型壶（H29：14、H29：80、H29：10、H29：16）　5. A型圈足盘（H29：1）　6. B型器盖（H29：63）　7. E型器盖（H29：13）　8. 豆（H29：72）　9、10. 窖穴盖（H29：85、H29：20）　11. Aa型器盖（H29：3）

粗篮纹。器表可见刮抹痕。口径7.9、底径5.0、高8.2、壁厚0.7厘米（图5-64，4）。

杯　1件。为A型。

标本H29：34，粗泥质黑皮陶。弧腹向下外张，圜底，口沿与足部残。器表磨光，近底饰两周凸弦纹。残高7.4、壁厚0.4～0.8厘米（图5-64，9）。

圈足盘　1件。为A型。

标本H29：1，粗泥质灰陶。敞口，尖圆唇，斜弧腹，小平底，下接矮圈足。盘内壁及圈足表面磨光，腹壁饰右斜向中篮纹。圈足与盘底相接处有抹泥痕迹，圈足末端有打磨痕迹，似由豆柄加工而成。口径26.4、圈足径8.0、高8.3、壁厚0.7厘米（图5-65，5；图版六三，4）。

豆　1件。为盘底残片。

标本H29：72，粗泥质灰陶。斜弧腹，圜底，口沿及柄部已失。盘内壁磨光，器表饰横向中篮纹。残高3.4厘米（图5-65，8）。

窖穴盖　2件。

标本H29：20，夹细砂红陶。环形捉手，直口，方唇，周壁外张，盖体扁平，周缘残。器表饰横向粗篮纹。捉手径24.0、残高8.3、壁厚1.8厘米（图5-65，10；图版六五，5）。

标本H29：85，夹细砂红陶。环形捉手，敛口，方唇，周壁外张，盖体残。器表饰横向篮纹。捉手径22.0、残高5.6、壁厚1.4厘米（图5-65，9）。

器盖　3件。

Aa型　1件。

标本H29：3，夹粗砂灰陶。圆饼形盖体，其上安装一带状桥形捉手，捉手及部分盖体残。盖顶饰交错中绳纹，捉手两端留有戳印纹。器表可见烟炱痕。直径11.0、残高3.8、壁厚1.0、捉手宽2.7厘米（图5-65，11；图版六五，4）。

B型　1件。

标本H29：63，粗泥质灰陶。盖体呈覆盘状，捉手残。器表磨光，盖体与捉手连接处饰一周凹弦纹，内壁较粗糙。口径23.8、残高4.6、厚0.9厘米（图5-65，6）。

E型　1件。

标本H29：13，细泥质灰陶。器形近似摇铃钟，盖体呈喇叭状，圆唇，喇叭形捉手，与盖体连接处形成折棱，顶部已残。器表磨光，盖体周缘饰一周凹弦纹。盖径17.3、残高16.1、壁厚0.7厘米（图5-65，7；图版六四，5）。

球　1件。

标本H29：02，夹细砂灰陶。一端微鼓，一端较平。素面。器表可见捏制痕。直径3.8厘米（图5-66，9；图版七三，3）。

纺轮　2件。

标本H29：09，粗泥质灰陶。圆饼状，两面平直，截面呈长方形，中部有一圆孔，为单面钻成，一面近孔处凸起。器表磨光，边缘处可见几处打击疤痕。直径3.9、孔径0.5、厚0.8～1.0厘米（图5-66，7；图版七一，4）。

标本H29：010，粗泥质灰陶。圆饼状，两面平直，截面呈长方形，中部有一圆孔。器表磨光。直径3.4、孔径0.5、厚0.9厘米（图5-66，8；图版七一，5）。

（2）石器

石刀　3件。

Ab型　1件。

标本H29：04，灰绿色板岩。器体扁平，平面略呈长方形，器身一面呈片状脱落。背部平直，双面直刃。两侧边各打制出一弧形内凹缺口。磨制。刃部使用破损严重。长9.3、宽5.9、厚0.9厘米，重102克（图5-66，1；图版七六，3）。

Ba型　1件。标本H29：05，青灰色板岩。器体扁平，双面刃微弧，残半。下部靠近刃缘处残存半孔，为双面桯钻形成。刃部有使用残损痕。残长4.6、宽5.1、厚0.3、孔径0.5厘米，重16克（图5-66，2）。

Bb型　1件。

标本H29：08，黑灰色板岩。器体扁平，平面呈长方形，上下两缘均磨制出双面刃，刃部微弧，残半。器表密布磨擦痕。残长4.4、宽4.5、厚0.5厘米，重19克（图5-66，6）。

石料　1件。

标本H29：118，青绿色闪长岩。为不规则形残块，器身两面有对切凹槽，侧边可见切割痕迹，留有对切后截断的断茬。残长3.4、宽3.2厘米、厚1.1厘米，重20克（图5-66，10）。

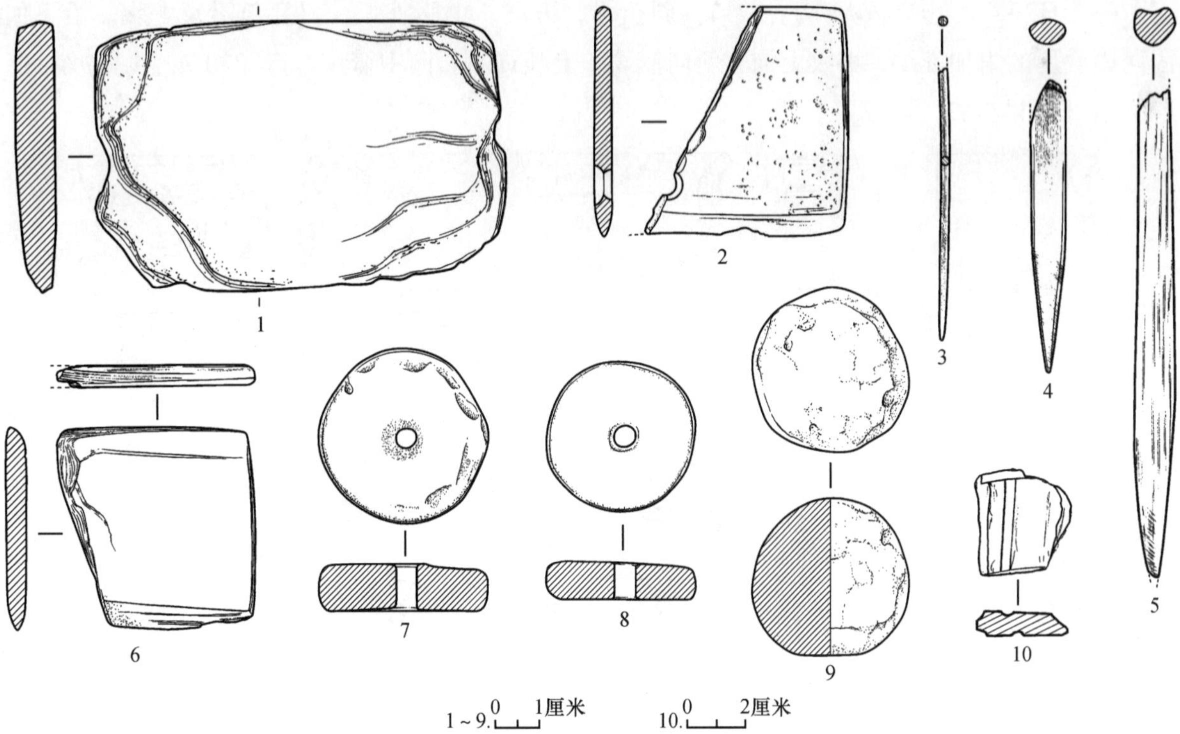

图5-66　Ⅰ T0307H29出土第三期器物

1. Ab型石刀（H29：04）　2. Ba型石刀（H29：05）　3. 骨针（H29：01）　4、5. 骨锥（H29：03、H29：07）　6. Bb型石刀（H29：08）　7、8. 陶纺轮（H29：09、H29：010）　9. 陶球（H29：02）　10. 石料（H29：118）

（3）骨器

骨针　1件。

标本H29：01，器体细长，截面呈圆形，锥状尖，顶部残。通体磨光。残长6.0、最大径0.2厘米，重0.5克（图5-66，3；图版八三，6）。

骨锥　2件。

标本H29：03，器体细长，截面呈椭圆形，顶端残，一端打磨出锥状尖。器表磨光，留有斜向磨痕。残长6.6、宽径0.8、厚0.5厘米，重3克（图5-66，4；图版八一，2）。

标本H29：07，三棱状，一端打磨出锥状尖，顶端残。器表磨光，可见斜向磨痕。残长10.0、厚0.9厘米，重9克（图5-66，5；图版八一，3）。

本单位发现庙底沟二期文化遗物，共计11件，可辨器形有夹砂深腹罐、盆和钵。

夹砂罐　8件。

A型　6件。

标本H29：7，夹细砂灰陶。敛口，斜折沿，厚方唇，上腹较直，仅存口沿及上腹。唇部压印出锯齿状花边，沿下加固两周叠压的附加堆纹，上腹饰右斜向中篮纹。口径37.3、残高7.2、壁厚0.7厘米（图5-67，7）。

标本H29：8，夹细砂灰陶。敛口，斜折沿，圆唇，上腹外弧，仅存口沿及上腹。沿下加固一周附加堆纹，上腹部饰右斜向中篮纹。口径16.2、残高5.9、壁厚0.7厘米（图5-67，6）。

标本H29：9，夹细砂灰陶。敛口，斜折沿，方唇，上腹外弧，仅存口沿及上腹。沿下加固两周叠压的附加堆纹，堆纹上饰右斜向篮纹，上腹饰右斜向中篮纹。口径30.7、残高7.6、壁厚0.6厘米（图5-67，4）。

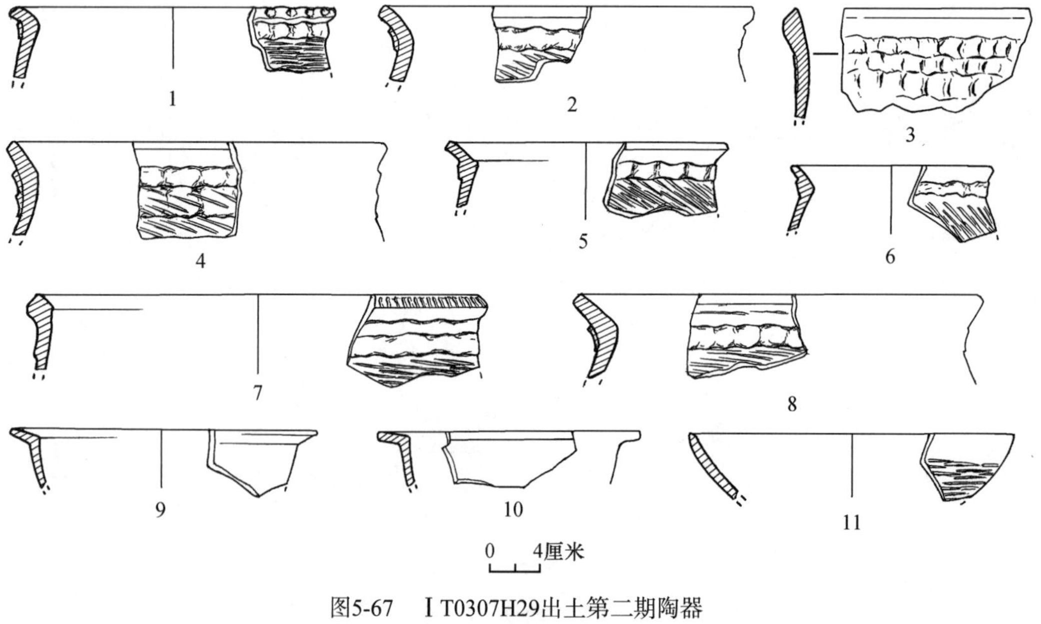

图5-67　ⅠT0307H29出土第二期陶器

1、4～8. A型夹砂罐（H29：94、H29：9、H29：88、H29：8、H29：7、H29：96）　2、3. B型夹砂罐（H29：95、H29：6）　9、10. A型盆（H29：39、H29：18）　11. B型钵（H29：57）

标本H29：88，夹粗砂灰陶。敛口，斜折沿，方唇，上腹外斜，仅存口沿及上腹。沿下加固一周附加堆纹，堆纹上留有按压纹，上腹饰右斜向中篮纹。口径22.8、残高5.8、壁厚0.6厘米（图5-67，5）。

标本H29：94，夹细砂灰陶。敛口，斜折沿，方唇，上腹外斜，仅存口沿及上腹。唇部按压出凹窝，形成花边，沿下加固一周附加堆纹，堆纹上留有按压纹，上腹饰横向中篮纹。口径26.4、残高5.1、壁厚0.8厘米（图5-67，1）。

标本H29：96，夹粗砂灰陶。敛口，斜折沿，方唇，上腹外斜，仅存口沿及上腹。沿下加固一周附加堆纹，上腹饰右斜向中篮纹。口径33.0、残高6.5、壁厚0.7厘米（图5-67，8）。

B型　2件。

标本H29：6，夹粗砂灰陶。侈口，方唇，上腹较直，仅存口沿及上腹。沿下加固三周附加堆纹，堆纹上留有按压印痕。残高8.0、壁厚0.6厘米（图5-67，3）。

标本H29：95，夹细砂灰陶。侈口，方唇，上腹外斜，仅存口沿及上腹。沿下加固一周附加堆纹，堆纹上留有按压纹，上腹饰右斜向中篮纹。口径30.3、残高5.9、壁厚0.8厘米（图5-67，2）。

盆　2件。为A型。

标本H29：18，细泥质灰陶。微敛口，斜折沿，圆唇，上腹弧收，仅存口沿及上腹。器表磨光。口径21.3、残高4.4、壁厚0.6厘米（图5-67，10）。

标本H29：39，细泥质灰陶。微敛口，斜折沿，圆唇，上腹外弧，仅存口沿及上腹。沿面磨光，器表素面。口径24.6、残高5.3、壁厚0.5厘米（图5-67，9）。

钵　1件。为B型。

标本H29：57，粗泥质灰陶。敞口，尖唇，斜弧腹，仅存口沿及上腹。器表饰横向篮纹。口径26.1、残高5.2、壁厚0.8厘米（图5-67，11）。

本单位发现仰韶晚期遗物，共计11件，可辨器形有尖底瓶、夹砂罐、瓮、盆和钵。

尖底瓶　2件。

E型　1件。

标本H29：17，粗泥质灰陶。微侈口，平折沿，沿面微内凹，圆方唇，束颈，仅存口沿及颈部。颈上部贴附小圆泥饼。器表可见轮修痕。口径12.8、残高5.6、壁厚0.6厘米（图5-68，7）。

另有底部残片1件。

标本H29：58，细泥质灰陶。乳状尖底。器表隐约可见线纹。内壁可见泥条盘筑痕。残高5.8、壁厚0.7厘米（图5-68，8）。

夹砂罐　3件。为A型。

Ab型　2件。

标本H29：22，夹粗砂红陶。敛口，斜折沿，圆唇，上腹外弧，仅存口沿及上腹。上腹饰一周附加堆纹，堆纹上留有绳压痕。口径22.6、残高4.8、壁厚0.8厘米（图5-68，5）。

标本H29：30，夹粗砂红陶。敛口，斜折沿，沿面微弧，圆唇，上腹外弧，仅存口沿及上腹。上腹饰右斜向中绳纹。口沿处留有轮修痕。口径24.2、残高4.3、壁厚0.7厘米（图5-68，6）。

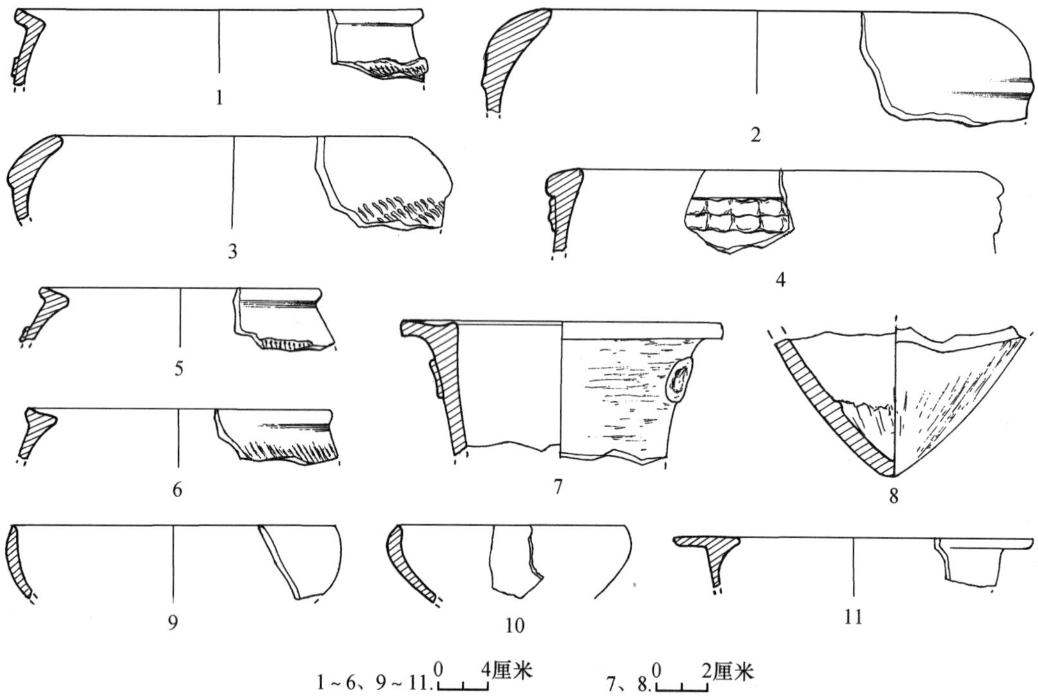

图5-68　ⅠT0307H29出土第一期陶器

1. Ac型夹砂罐（H29：31）　2、3. B型瓮（H29：26、H29：23）　4. A型瓮（H29：68）　5、6. Ab型夹砂罐（H29：22、H29：30）　7. E型尖底瓶（H29：17）　8. 尖底瓶（H29：58）　9. B型钵（H29：66）　10. A型钵（H29：44）　11.Aa型盆（H29：38）

Ac型　1件。

标本H29：31，夹粗砂红陶。敛口，斜折沿，方唇，上腹外弧，仅存口沿及上腹。上腹饰一周附加堆纹，堆纹上留有绳压痕。口径32.6、残高5.5、壁厚0.8厘米（图5-68，1）。

瓮　3件。

A型　1件。

标本H29：68，粗泥质灰陶。敛口，圆唇，腹壁较直，仅存口沿及上腹。沿下加固两周叠压的附加堆纹，堆纹上留有按压痕。口径36.1、残高6.5、壁厚0.6厘米（图5-68，4）。

B型　2件。

标本H29：23，夹粗砂红陶，胎体呈灰色。敛口，圆唇，仅存口沿及上腹。肩部留有用缠绳木棍压印出的左斜向压印纹。口径28.4、残高7.2厘米（图5-68，3）。

标本H29：26，夹细砂红陶，胎体呈灰色。敛口，圆唇，仅存口沿及上腹。素面。口径32.9、残高8.8厘米（图5-68，2）。

盆　1件。为Aa型。

标本H29：38，粗泥质灰陶。平折沿，内沿折棱凸出形成内敛口，圆唇，上腹微弧，仅存口沿及上腹。器表磨光。内口径17.7、外口径28.3、沿宽5.3、残高3.6、壁厚0.6厘米（图5-68，11）。

钵　2件。

A型　1件。

标本H29：44，夹细砂红陶。敛口，尖唇，上腹微鼓，仅存口沿及上腹。器表磨光。口径18.0、残高5.6、壁厚0.7厘米（图5-68，10）。

B型　1件。

标本H29：66，细泥质灰陶。直口微敛，圆唇，上腹微鼓，仅存口沿及上腹。素面。内外壁均可见轮修痕。口径25.6、残高5.6、壁厚0.7厘米（图5-68，9）。

14. Ⅰ T0202H30

H30位于Ⅰ T0202东北部。开口于③层下，打破F5。袋状坑，坑口平面近圆形，坑壁外弧，底面倾斜。坑口距地表深170厘米，坑口直径230、坑底直径235、深36厘米（图5-69；图版五三，2）。

坑内填土为黄褐色，土质较致密。文化遗物以陶器为主。此外，在填土中发现较多人骨，经鉴定为3个个体，年龄约为7～9岁。

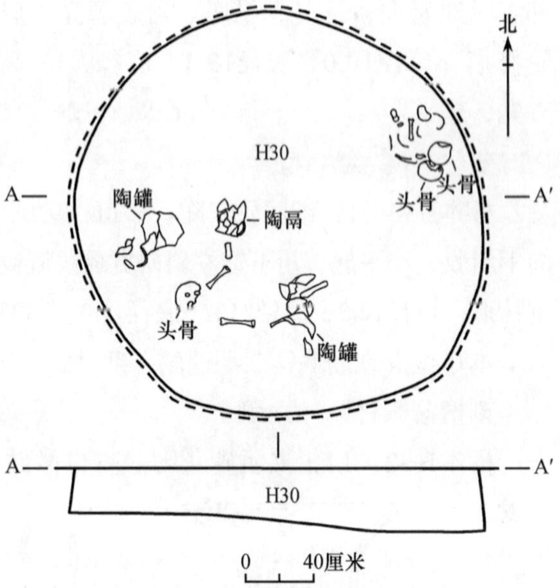

图5-69　Ⅰ T0202H30平、剖面图

陶器　属于本期的陶片共21片，总重468克。以粗泥质灰陶为主，夹细砂灰陶次之。器表装饰以磨光+篮纹为主，磨光+弦纹次之，另有少量篮纹、绳纹、磨光、篮纹+刻划纹等（表5-17）。经分类和拼对，共有10件个体，可辨器形有斝、罐、壶等典型的客省庄文化遗物。此外，本单位还出土刻槽盆、盘、夹砂罐、钵等庙底沟二期文化和仰韶文化遗物（图5-70、图5-71）。

斝　2件。

Ca型　1件。

标本H30：8，粗泥质红陶。残存一扁平竖向桥形耳。耳上下两端饰较深戳印纹。残高14.1、耳宽4.0、耳厚1.3厘米（图5-70，5）。

Cb型　1件。

标本H30：3，夹细砂灰陶。侈口，圆唇，高领，腹向下外张，口沿及上腹置一竖向桥形耳，袋足外撇，圜底。腹部饰横竖交错的刻划纹，袋足饰较浅的右斜向篮纹。袋足可见烟炱痕。口径9.7、高15.0、壁厚0.4厘米（图5-70，4；图版五八，4；图版六九，1）。

罐　3件。含无耳罐、单耳罐与双耳罐。

无耳罐　1件。为Ab型。

标本H30：7，夹细砂灰陶。侈口，圆唇，高领，上腹微弧，仅存口沿及上腹。唇部按压一周锯齿状花边，领部饰横向粗篮纹，上腹饰竖向中绳纹。口径9.8、残高13.2、壁厚0.5厘米（图5-70，3）。

单耳罐　1件。为口沿及耳部残片。

标本H30：12，细泥质灰陶。侈口，圆唇，口沿连接一桥形残耳。器表磨光。耳面可见清晰的竖向轮修纹。残高4.4、壁厚0.5、耳宽2.8厘米（图5-70，6）。

双耳罐　1件。为Ac型。

标本H30：2，细泥质灰陶。侈口，尖唇，领部斜直，上腹圆鼓，下腹弧收，领部及腹中部置一对竖向桥形耳，平底。器表磨光，肩部饰三条间距相等的凹弦纹。内外壁可见清晰的轮修痕。口径10.0、腹径13.1、底径7.4、高13.2、壁厚0.4、底厚0.5厘米（图5-70，2；图版五九，5）。

壶　1件。为Aa型。

标本H30：1，细泥质灰陶。侈口，尖圆唇，束颈，颈下段较直，斜肩，肩腹折棱明显，腹向下斜收，小平底。沿下饰左斜向宽疏浅篮纹，肩部磨光，腹部饰右斜向浅篮纹。领部可见竖向刮抹痕。口径14.9、肩径25.6、底径11.0、高38.2、壁厚0.7厘米（图5-70，1；图版六一，1）。

本单位发现庙底沟二期遗物，共计2件，可辨器形有刻槽盆和盘。

刻槽盆　1件。为A型。

标本H30：14，夹粗砂灰陶。直口微敛，方唇，唇部微内凹，腹壁较直，仅存口沿及上

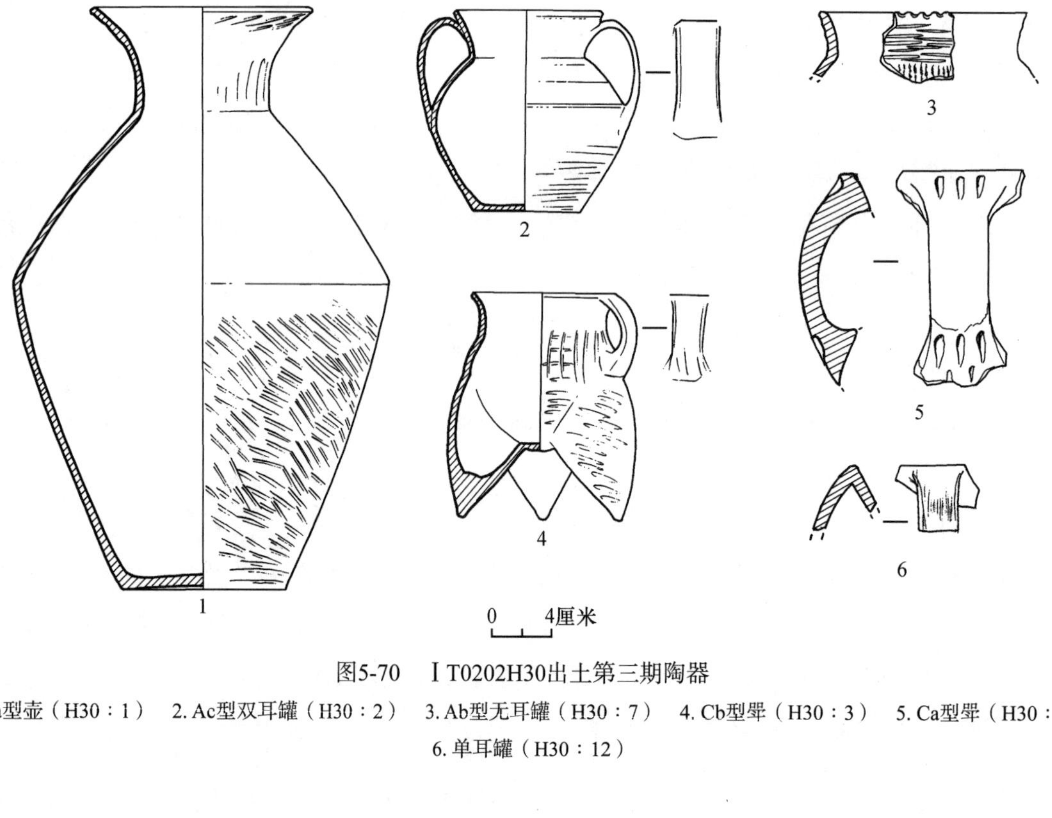

图5-70　ⅠT0202H30出土第三期陶器

1. Aa型壶（H30：1）　2. Ac型双耳罐（H30：2）　3. Ab型无耳罐（H30：7）　4. Cb型斝（H30：3）　5. Ca型斝（H30：8）　6. 单耳罐（H30：12）

腹。唇部按压出波浪状形成花边，器表素面，内壁刻划出横竖交错的沟槽。口径32.0、残高6.3、壁厚1.5厘米（图5-71，3）。

盘　1件。为Aa型。

标本H30：9，粗泥质灰陶。敞口，方唇，浅斜腹，平底。素面。器表可见刮抹痕。口径24.2、底径22.8、高3.0、壁厚0.5～1.2、底厚1.1厘米（图5-71，6）。

本单位发现仰韶晚期遗物，共计4件，可辨器形有夹砂罐和钵。

夹砂罐　1件。为Aa型。

标本H30：11，夹细砂灰陶。敛口，斜折沿，方唇，上腹外弧，仅存口沿及上腹。上腹饰右斜向粗绳纹。口径20.2、残高3.5、壁厚0.4～0.9厘米（图5-71，5）。

钵　3件。

A型　1件。

标本H30：6，细泥质灰陶。敛口，尖圆唇，上腹外鼓，仅存口沿及上腹。器表磨光。口沿内侧可见明显轮修痕，器表可见刮抹痕。口径20.0、残高4.9、壁厚0.6厘米（图5-71，4）。

B型　2件。

标本H30：4，粗泥质灰陶。直口微敛，尖圆唇，上腹较直，下腹斜收，仅存口沿及上腹。器表磨光。内壁留有轮修痕，器表可见刮抹痕。口径23.8、残高4.6、壁厚0.6厘米（图5-71，1）。

标本H30：5，粗泥质灰陶。直口微敛，方唇，上腹较直，下腹斜收，仅存口沿及上腹。器表磨光。内壁留有轮修痕，器表可见刮抹痕。口径28.0、残高4.3、壁厚1.2厘米（图5-71，2）。

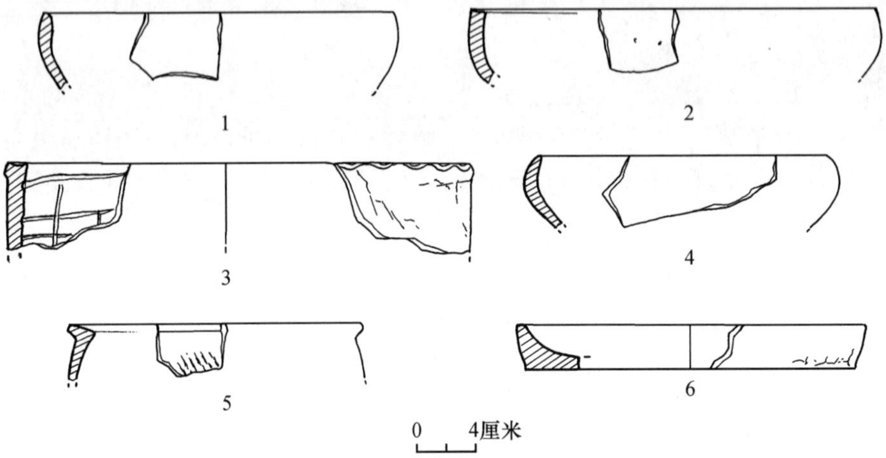

图5-71　ⅠT0202H30出土第一、二期陶器

1、2. 第一期B型钵（H30：4、H30：5）　3. 第二期A型刻槽盆（H30：14）　4. 第一期A型钵（H30：6）　5. 第一期Aa型夹砂罐（H30：11）　6. 第二期Aa型盘（H30：9）

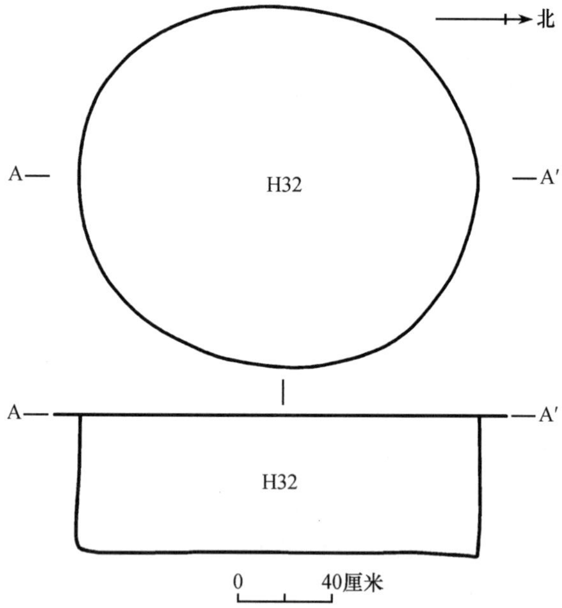

图5-72　ⅠT0301H32平、剖面图

15. ⅠT0301H32

H32位于ⅠT0301西壁偏南。开口于③层下，打破Y1。筒状坑，坑口平面呈椭圆形，直壁，平底。坑口距地表深210厘米，坑口长径172、坑口短径150、深60厘米（图5-72）。

坑内填土为黄褐色，土质疏松，包含兽骨、石块、红烧土颗粒、田螺壳等。文化遗物仅有陶器。

陶器　属于本期的陶片共26片，总重741克。以粗泥质灰陶为主，夹粗砂灰陶次之，器表装饰以磨光为主，篮纹+绳纹次之，另有少量篮纹、绳纹、磨光+弦纹+戳印纹、弦纹+绳纹。经分类和拼对，共有10件个体，可辨器形有斝、无耳罐、壶、杯等典型的客省庄文化遗物。此外，本单位还出土尖底瓶、夹砂罐、瓮、盆等庙底沟二期文化和仰韶文化遗物（图5-73）。

斝　1件。为足部残片。

标本H32：6，夹粗砂灰陶。锥状空足。器表饰交错细篮纹。器表上部有烟熏痕。残高7.5、壁厚0.8厘米（图5-73，5）。

鬲　1件。

标本H32：3，夹细砂灰陶。侈口，圆唇，高领，袋足上部外弧，仅存口沿及袋足上部。领部饰左斜向篮纹，袋足饰竖向绳纹。口径14.5、残高13.1、壁厚0.8厘米（图5-73，1）。

壶　2件。为A型。

标本H32：5，粗泥质灰陶。侈口，圆唇，矮束颈，仅存口沿及颈部。口沿内侧及器表磨光，颈下部饰有一周凹弦纹。口径18.4、残高5.8、壁厚0.7厘米（图5-73，3）。

标本H32：1，细泥质灰陶。侈口，尖唇，束颈，仅存口沿及颈部。内外壁均磨光，颈中部饰两周凹弦纹，凹弦纹之间饰一周戳印的点状纹饰，颈肩交接处饰一周凹弦纹。口径13.5、残高10.6、壁厚0.5厘米（图5-73，2；图版六八，3）。

杯　1件。为D型。

标本H32：16，细泥质黑皮陶。敞口，圆唇，斜直腹，底部残。器表磨光，沿下及腹部各饰两周凹弦纹。器表留有轮修痕。残高7.6、壁厚0.5厘米（图5-73，4）。

环　1件。

标本H32：25，细泥质灰陶。残存二分之一，截面近卵形，内壁较直，外壁微鼓。器表磨光。内径3.7、外径5.2、厚1.7厘米（图5-73，6）。

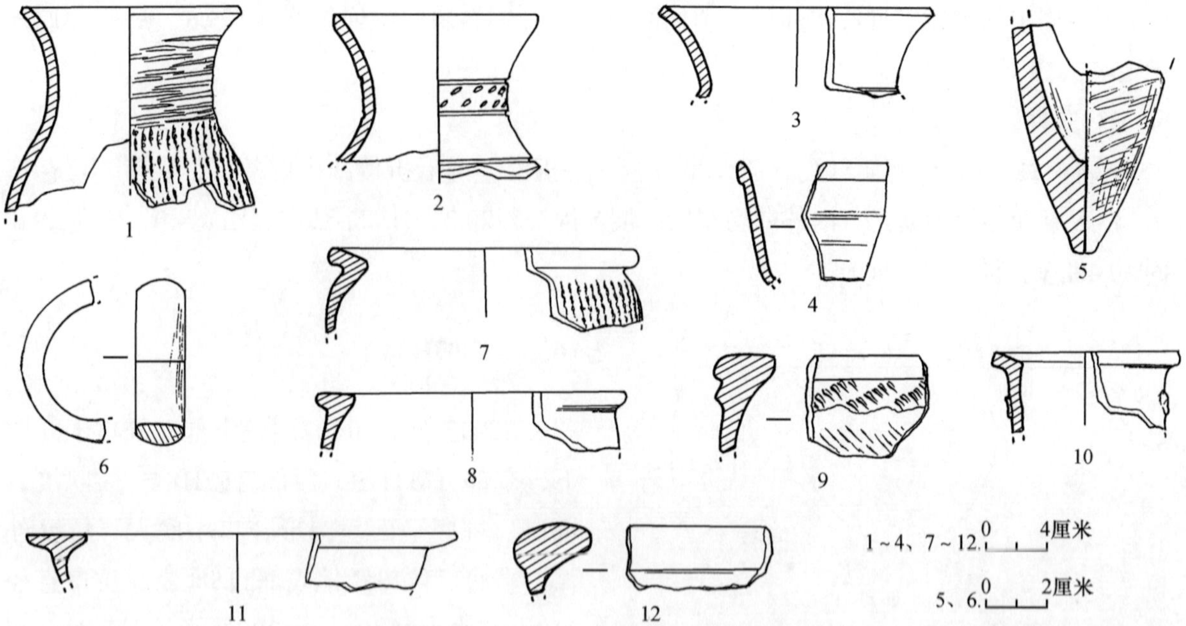

图5-73　ⅠT0301H32出土第一、三期陶器

1. 第三期鬲（H32：3）　2、3. 第三期A型壶（H32：1、H32：5）　4. 第三期D型杯（H32：16）　5. 第三期斝（H32：6）　6. 第三期环（H32：25）　7. 第一期Aa型夹砂罐（H32：13）　8. 第一期B型夹砂罐（H32：20）　9. 第一期C型瓮（H32：15）　10. 第一期E型尖底瓶（H32：8）　11. 第一期Aa型盆（H32：9）　12. 第一期A型瓮（H32：12）

本单位发现仰韶晚期遗物，共计6件，可辨器形有尖底瓶、夹砂罐、瓮和盆。

尖底瓶　1件。为E型。

标本H32：8，粗泥质灰陶。直口微敛，斜折沿，方唇，仅存口沿及颈部。颈上部贴附小圆泥饼。器表可见明显的轮修痕。口径12.0、残高3.0、壁厚0.7厘米（图5-73，10）。

夹砂罐　2件。

Aa型　1件。

标本H32：13，夹粗砂灰陶。敛口，斜折沿，圆唇，上腹微鼓，仅存口沿及上腹。上腹饰竖向细绳纹。口径20.0、残高5.4、壁厚0.6厘米（图5-73，7）。

B型　1件。

标本H32：20，夹粗砂红陶。敛口，平折沿，厚圆唇，上腹外斜，仅存口沿及上腹。器表素面，沿面磨光。内壁留有轮修痕。内口径15.2、外口径20.4、沿宽2.6、残高3.7、壁厚0.8厘米（图5-73，8）。

瓮　2件。

A型　1件。

标本H32：12，夹粗砂红陶。敛口，厚圆唇，仅存口沿。沿面磨光。器表可见刮抹痕。残高4.2厘米（图5-73，12）。

C型　1件。

标本H32：15，夹粗砂红陶。敛口，平折沿，厚圆唇，上腹外弧，仅存口沿及上腹。沿下加固一周附加堆纹，堆纹上压印右斜向绳纹，上腹饰右斜向中绳纹。残高5.5、壁厚0.5厘米（图5-73，9）。

盆　1件。为Aa型。

标本H32：9，细泥质红陶，胎体呈灰色。平折沿，内沿折棱凸出内敛口，尖唇，仅存口沿。器表素面，沿面磨光。内外壁均有轮修痕。内口径20.2、外口径28.2、沿宽4.0、残高2.9、壁厚0.4厘米（图5-73，11）。

16. ⅠT0407H34

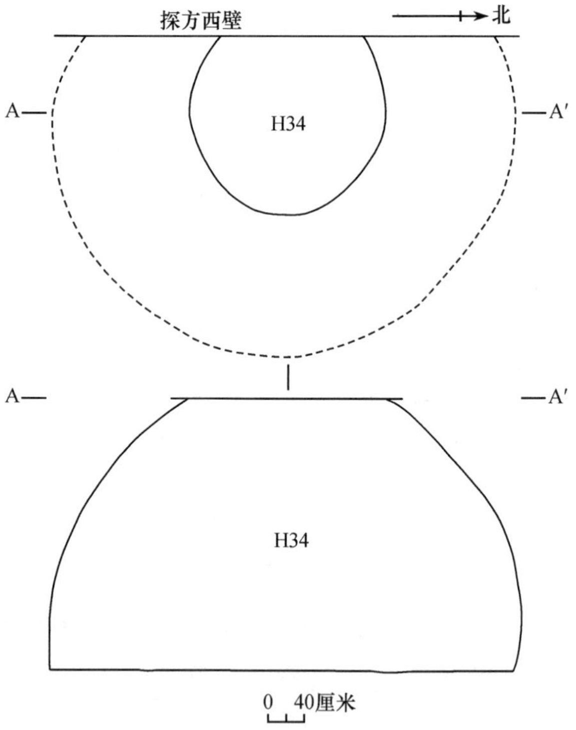

图5-74　ⅠT0407H34平、剖面图

H34位于ⅠT0407西壁中部。开口于③层下，东部打破H79，西部打破H84。袋状坑，坑口、坑底平面呈圆形，口小底大，坑壁外弧，平底。坑口距地表深115厘米，坑口直径210、坑底直径496、深280厘米（图5-74；图版五四，1）。

坑内填土为灰褐色，土质较软，包含炭粒和红烧土颗粒。文化遗物有陶器和骨器。

（1）陶器　属于本期的陶片共182片，总重11621克。以夹细砂灰陶为主，夹粗砂灰陶次之。器表装饰以篮纹为主，绳纹次之，另有少量磨光、弦纹、磨光+篮纹、磨光+弦纹、附加堆纹+戳印纹、弦纹+小圆泥饼+附加堆纹+按压纹等（表5-17）。经分类和拼对，共有72件个体，可辨器形有鬲、斝、罐、瓮、壶、盉、豆、器盖等典型的客省庄文化遗物。此外，本单位还出土夹砂深腹罐、尖底瓶、夹砂罐、瓮、盆、钵等庙底沟二期文化和仰韶文化遗物（图5-75、图5-76、图5-77、表5-18、表5-19）。

鬲　3件。

A型　2件。

标本H34：10，夹粗砂灰陶。侈口，圆唇，高领，袋足较肥，口沿及袋足上部置一竖向宽扁桥形把手，宽弧裆，部分袋足残。领部素面，把手上端饰右斜向绳纹，下端及足部饰竖向绳纹，领部饰横向篮纹，裆部饰横向粗绳纹，内壁留有反绳纹。领部留有轮修痕。口径26.4、复原后高45.4、壁厚0.4～0.6厘米（图5-75，1）。

标本H34：11，夹粗砂灰陶。高领较直，袋足较肥，足尖近似锥状，宽弧裆，口沿及袋足上部置一竖向宽扁桥形把手，口沿及部分袋足残。领部素面，把手表面与腹部饰竖向中粗绳纹，袋足外侧饰交错中绳纹，裆部饰较深的交错中绳纹，内壁可见反绳纹，把手下端饰一排戳印纹。领部留有水平状轮修痕，器表可见烟炱痕。口径23.4、复原后高48.4、壁厚0.4～0.6厘米（图5-75，2）。

表5-17　Ⅰ T0407H34陶系统计表

陶质	细泥质陶	粗泥质陶		夹细砂陶		夹粗砂陶		合计	百分比（%）
陶色 / 器表装饰	黑	红	灰	红	灰	红	灰		
素面			2/46	1/56	3/153		7/507	13/762	7.14/6.56
磨光	1/100	1/48	9/1032		6/287		1/137	18/1604	9.89/13.81
篮纹			5/384	5/746	13/1158		4/286	27/2574	14.83/22.15
绳纹					48/2388		23/996	71/3384	39.01/29.12
弦纹					2/87			2/87	1.1/0.75
磨光+篮纹			7/474					7/474	3.85/4.08
磨光+弦纹			6/448		1/21			7/469	3.85/4.04
绳纹+篮纹					25/1296		1/53	26/1349	14.28/11.61
附加堆纹+戳印纹						2/148		2/148	1.1/1.27
磨光+刻划纹			1/64					1/64	0.55/0.55
磨光+篮纹+按压纹					1/56			1/56	0.55/0.48
篮纹+弦纹+按压纹				1/91				1/91	0.55/0.78
绳纹+弦纹					3/344			3/344	1.65/2.69
弦纹+小圆泥饼+附加堆纹+按压纹					1/99			1/99	0.55/0.85
绳纹+刻划纹							2/116	2/116	1.1/0.99
合计	1/100	1/48	30/2448	7/893	103/5889	2/148	38/2095	182/11621	
百分比（%）	0.55/0.86	0.55/0.41	16.48/21	3.85/7.68	56.59/50.68	1.1/1.27	20.88/18.03		100/100

注：百分比相关的行、列外，“/”前统计的数据为片数，单位为个；“/”后统计的数据为质量，单位为克。

表5-18　Ⅰ T0407H34第三期陶器器形统计表（1）

陶质	细泥质陶	粗泥质陶		夹细砂陶		夹粗砂陶		合计	百分比（%）
陶色 / 器类	黑	红	灰	红	灰	红	灰		
泥质罐	1	1	1					3	4.17
无耳罐			2		10		10	22	30.55
单耳罐			1		2		1	4	5.56
瓮			1		1			2	2.78
壶			8		7			15	20.83
豆			2					2	2.78
器盖			1					1	1.39
鬲					8		6	14	19.44
斝				1	2	1	2	6	8.33
窖穴盖				2				2	2.78
盂			1					1	1.39
合计	1	1	17	3	30	1	19	72	
百分比（%）	1.39	1.39	23.61	4.17	41.66	1.39	26.39		100

表5-19　ⅠT0407H34第三期陶器器形统计表（2）

器表装饰＼器类	泥质罐	瓮	壶	豆	器盖	鬲	斝	窖穴盖	单耳罐	无耳罐	盂	合计	百分比（%）
素面			1				1		1	4		7	9.72
磨光	2	2	2	2					1	2		11	15.27
篮纹	1		7				3	2		2		15	20.83
绳纹						13			1	8		22	30.55
磨光+篮纹			3								1	4	5.56
磨光+弦纹			2		1					2		5	6.95
篮纹+绳纹						1			1	1		3	4.17
附加堆纹+戳印纹							1					1	1.39
篮纹+弦纹+按压纹										1		1	1.39
绳纹+弦纹										1		1	1.39
弦纹+小圆泥饼+附加堆纹+按压纹							1					1	1.39
绳纹+刻划纹										1		1	1.39
合计	3	2	15	2	1	14	6	2	4	22	1	72	
百分比（%）	4.17	2.78	20.83	2.78	1.39	19.44	8.33	2.78	5.56	30.55	1.39		100

D型　1件。

标本H34：80，夹粗砂灰陶。微侈口，圆唇，高领，仅存口沿及袋足上部。领部素面，领腹交接处刻划一周稀疏的竖向短直线纹，袋足饰较浅的竖向绳纹。领部可见竖向刮抹痕。口径12.0、复原后高20.88、壁厚0.4～0.6厘米（图5-75，3）。

斝　2件。

F型　1件。

标本H34：42，夹细砂红陶。敛口，圆唇，上腹较直，仅存口沿及上腹。唇部饰四周凹弦纹，口沿外侧饰左斜向中篮纹，上腹饰两周凹弦纹，口沿与上腹之间按压出斜向交错菱格纹。口径22.0、残高6.1、壁厚0.4厘米（图5-75，5；图版六九，6）。

另有足部残片1件。

标本H34：19，夹细砂灰陶。锥状空足，尖部有泥芯。器表饰横向篮纹。残高15.1、壁厚0.4～0.7厘米（图5-75，4）。

罐　9件。含无耳罐与单耳罐。

无耳罐　6件。

Aa型　4件。

标本H34：8，夹粗砂灰陶。侈口，圆唇，高领，鼓腹，下腹及底残。领部饰绳纹后被刮抹，上腹饰竖向细绳纹，腹中部饰一周凹弦纹。领部可见竖向刮抹痕。口径15.7、腹径19.5、残高17.7、壁厚0.6厘米（图5-75，9）。

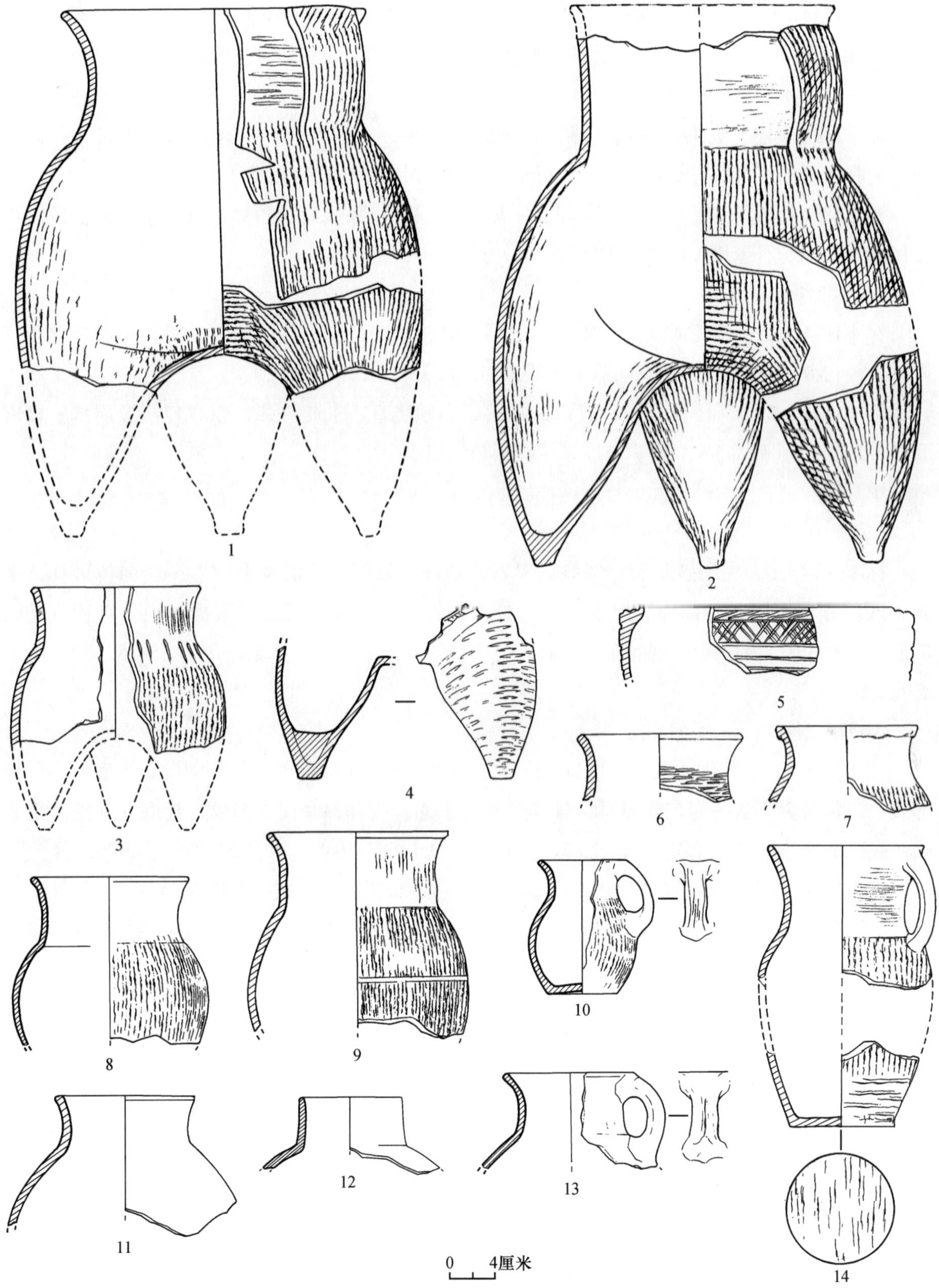

图5-75　Ⅰ T0407H34出土第三期陶器

1、2. A型鬲（H34：10、H34：11）　3. D型鬲（H34：80）　4. 斝（H34：19）　5. F型斝（H34：42）　6～9. Aa型无耳罐（H34：21、H34：18、H34：9、H34：8）　10. Aa型单耳罐（H34：6）　11、12. B型无耳罐（H34：29、H34：26）　13、14. Ab型单耳罐（H34：39、H34：13）

标本H34：9，夹粗砂灰陶。侈口，圆唇，高领微曲，鼓腹，下腹及底残。领部素面，上腹饰较深的竖向细绳纹。领部有明显的轮修痕。口径14.0、腹径17.4、残高14.5、壁厚0.5厘米（图5-75，8；图版六六，4）。

标本H34：18，夹细砂灰陶。侈口，圆唇，高领，上腹外弧，仅存口沿及上腹。领部素面，上腹饰竖向细绳纹。口径11.0、残高6.2、壁厚0.6厘米（图5-75，7）。

标本H34：21，夹粗砂灰陶。侈口，圆唇，高领。仅存口沿及领部，领部饰横向篮纹。口径16.0、残高6.7、壁厚0.8厘米（图5-75，6）。

B型　2件。

标本H34：29，粗泥质灰陶。侈口，方唇，高领微束，圆鼓腹，仅存口沿及上腹。器表磨光。口径12.0、残高8.3、壁厚0.6厘米（图5-75，11）。

标本H34：26，细泥质红陶。直口，圆唇，高领竖直，上腹外弧，仅存口沿及肩部。器表磨光。口径9.0、残高5.6、壁厚0.6厘米（图5-75，12）。

单耳罐　3件。

Aa型　1件。

标本H34：6，夹细砂灰陶。侈口，尖唇，高领，鼓腹，口沿及上腹置一竖向桥形耳，平底微凹。领部素面，耳部饰竖向细绳纹，腹部饰斜向细绳纹，近底部素面。内外壁皆可见烟炱痕。口径8.0、腹径9.7、底径6.1、高11.8、壁厚0.6、耳宽1.1～1.5厘米（图5-75，10；图版五八，6）。

Ab型　2件。

标本H34：13，粗泥质灰陶。侈口，圆唇，高领微束，上腹微鼓，下腹斜收，平底，部分腹部残。口沿及领下置一竖向桥形耳。领部及耳部素面，腹部饰竖向中绳纹，近底处饰横向粗篮纹，底部饰粗篮纹。口径14.0、底径9.7、复原后高24.4、壁厚0.4、底厚0.5厘米（图5-75，14）。

标本H34：39，夹粗砂灰陶。侈口，圆唇，高领，口沿及上腹置一竖向桥形耳，上腹外弧，仅存口沿及上腹。耳部由两圆柱状泥条合并筑成，中心可见一竖长缝隙，上下两端与罐身连接痕迹明显。素面。口沿及耳部可见烟炱痕。口径11.0、残高7.3、壁厚0.6厘米（图5-75，13）。

瓮　2件。为A型。

标本H34：64，夹细砂灰陶。敛口，斜方唇，斜肩，肩面微弧，仅存口沿及肩部。器表磨光。口径23.0、残高3.9、壁厚0.6厘米（图5-76，2）。

标本H34：34，粗泥质灰陶。敛口，斜方唇，斜肩，肩面微弧，仅存口沿及肩部。器表磨光。口径24.0、残高3.8、壁厚0.5厘米（图5-76，1）。

壶　2件。为A型。

标本H34：31，粗泥质灰陶。侈口，圆唇，束颈，仅存口沿及肩部。口沿内侧及肩部磨光，颈肩交接处饰一周凹弦纹。颈部留有轮修痕。口径16.0、残高8.2、壁厚0.6厘米（图5-76，4）。

标本H34：87，粗泥质灰陶。侈口，尖圆唇，矮束颈，溜肩，仅存口沿及肩部。器表磨光，颈部饰一周凹弦纹。口径17.0、残高7.9、壁厚0.6厘米（图5-76，3）。

盂　1件。

标本H34：32，粗泥质灰陶。敛口，圆唇，鼓腹近折，下腹及底部残。上腹磨光，下腹饰左斜向篮纹。口径6.0、残高5.5、壁厚0.5厘米（图5-76，8；图版六四，3）。

豆　2件。为盘底及豆柄上段残片。

标本H34：47，粗泥质灰陶。盘底略弧，柄部呈喇叭状。器表磨光。残高6.3、壁厚0.7厘米（图5-76，5）。

标本H34：57，粗泥质灰陶。盘底略弧，柄部呈喇叭状。器表磨光。残高3.6、壁厚0.7厘米（图5-76，9）。

器盖　1件。为Ba型。

标本H34：65，粗泥质灰陶。塔形捉手，圆锥形顶尖连接一小圆饼，锥体下部向外加宽出檐，檐下连接一亚腰筒形座，盖体已残。通体磨光，筒形座上有一椭圆形孔，下部饰三周凹弦纹。残高17.3、壁厚0.5厘米（图5-76，7）。

（2）骨器

骨镞　2件。为B型。

标本H34：1，柱状，截面近圆形，尖部较钝，镞尖略残。器表磨光，尾部刮削痕明显。残长7.5、最大径0.7厘米，重4克（图5-76，6；图版八二，4）。

标本H34：2，器体近梭形，截面呈椭圆形，顶端磨制出锥状尖，铤微弧收。器表经打磨，可见斜向磨痕。残长7.6、最大径0.7厘米，重3克（图5-76，10；图版八二，5）。

鹿角　2件。

标本H34：3，器体较大，角根上分叉，两叉枝尖端有磨痕。复原后长枝长30.8、短枝长17.9、角根直径3.5厘米（图5-76，11）。

标本H34：4，角根略残，两叉枝通体有磨痕，一枝为锥状尖，一枝为扁体尖。复原后长枝长32.0、短枝长19.7、角根直径3.3厘米（图5-76，12）。

本单位发现庙底沟二期遗物，共计6件，可辨器形有夹砂深腹罐、泥质罐、杯和器盖。

罐　3件。以夹砂罐为主，另有1件泥质罐。

夹砂罐　2件。为A型。

标本H34：38，夹粗砂灰陶。斜折沿，方唇，唇部有一道凹痕，上腹微外弧，仅存口沿及上腹。沿下饰一周附加堆纹，上腹饰左斜向篮纹。口径25.0、残高5.1、壁厚0.6厘米（图5-77，1）。

标本H34：99，夹粗砂灰陶。侈口，斜折沿，方圆唇，上腹微弧，仅存口沿及上腹。唇部按压出波浪状花边，沿下饰一周附加堆纹，上腹饰右斜向篮纹。口径24.0、残高6.9、壁厚0.7厘米（图5-77，2）。

泥质罐　1件。为A型。

标本H34：30，粗泥质灰陶。侈口，圆唇，高领微束，上腹外弧，仅存口沿及上腹。领部素面，领腹交接处饰一周凹弦纹，上腹饰横向粗篮纹。领部留有轮修痕。口径25.7、残高10.4、壁厚0.6厘米（图5-77，3）。

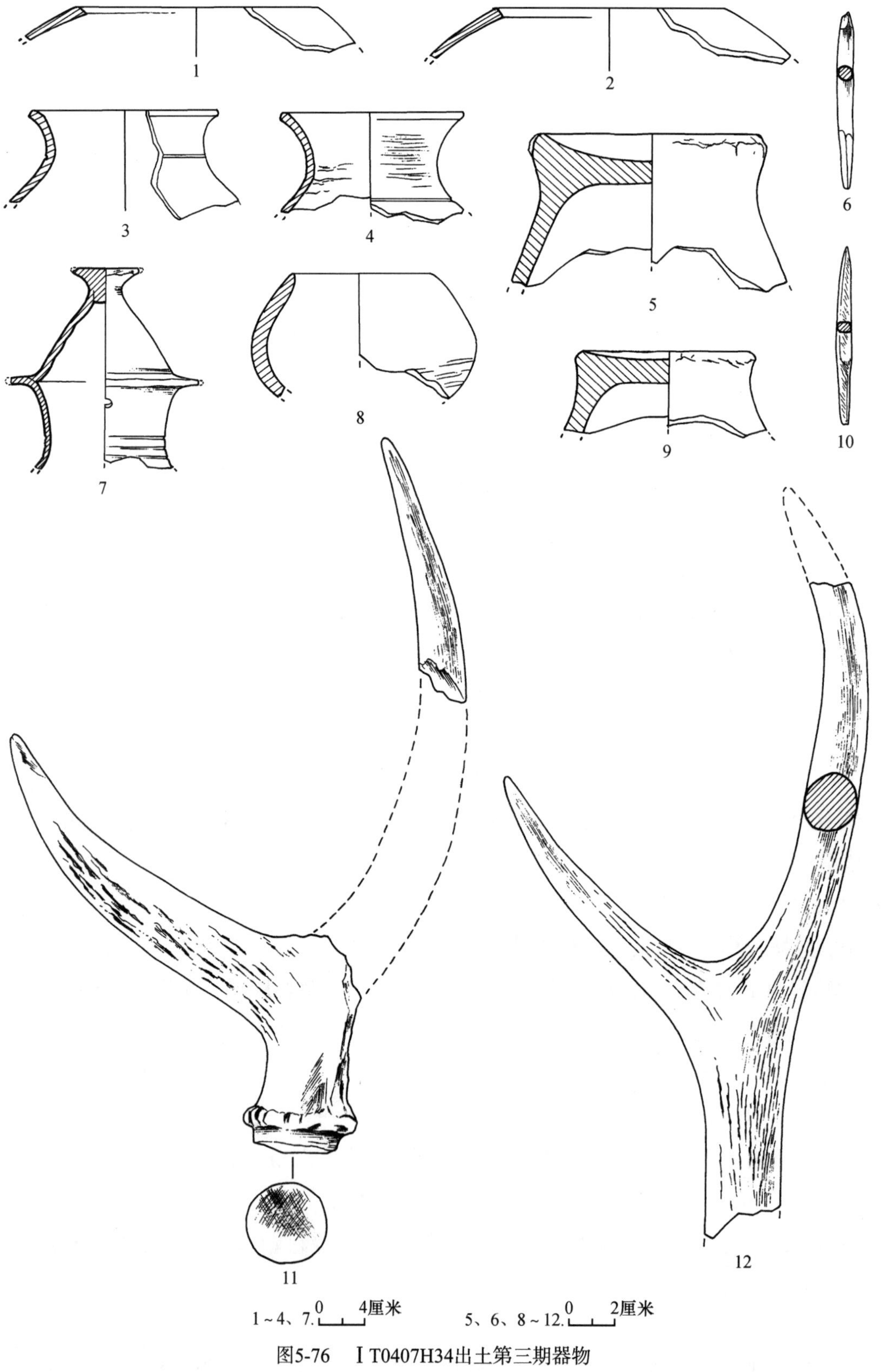

图5-76　ⅠT0407H34出土第三期器物

1、2. A型瓮（H34∶34、H34∶64）　3、4. A型壶（H34∶87、H34∶31）　5、9. 豆（H34∶47、H34∶57）　7. Ba型器盖（H34∶65）　8. 盂（H34∶32）　6、10. B型骨镞（H34∶1、H34∶2）　11、12. 鹿角（H34∶3、H34∶4）

杯　2件。

Aa型　1件。

标本H34：7，夹粗砂灰陶。侈口，圆唇，斜腹较深，腹壁内弧，平底。底周缘按压出齿轮状花边，腹部饰右斜向篮纹。内壁留有轮修痕。口径9.8、底径7.0、高8.6、壁厚0.6厘米（图5-77，6；图版三八，6）。

另有底部残片1件。

标本H34：71，夹粗砂灰陶。平底微凹。外缘按压出齿轮状花边。底径8.9、残高1.4、壁厚0.9厘米（图5-77，10）。

器盖　1件。为Ab型。

标本H34：46，夹粗砂红陶。圆饼形捉手，盖体呈喇叭状，盖体周缘残。捉手周缘按压出

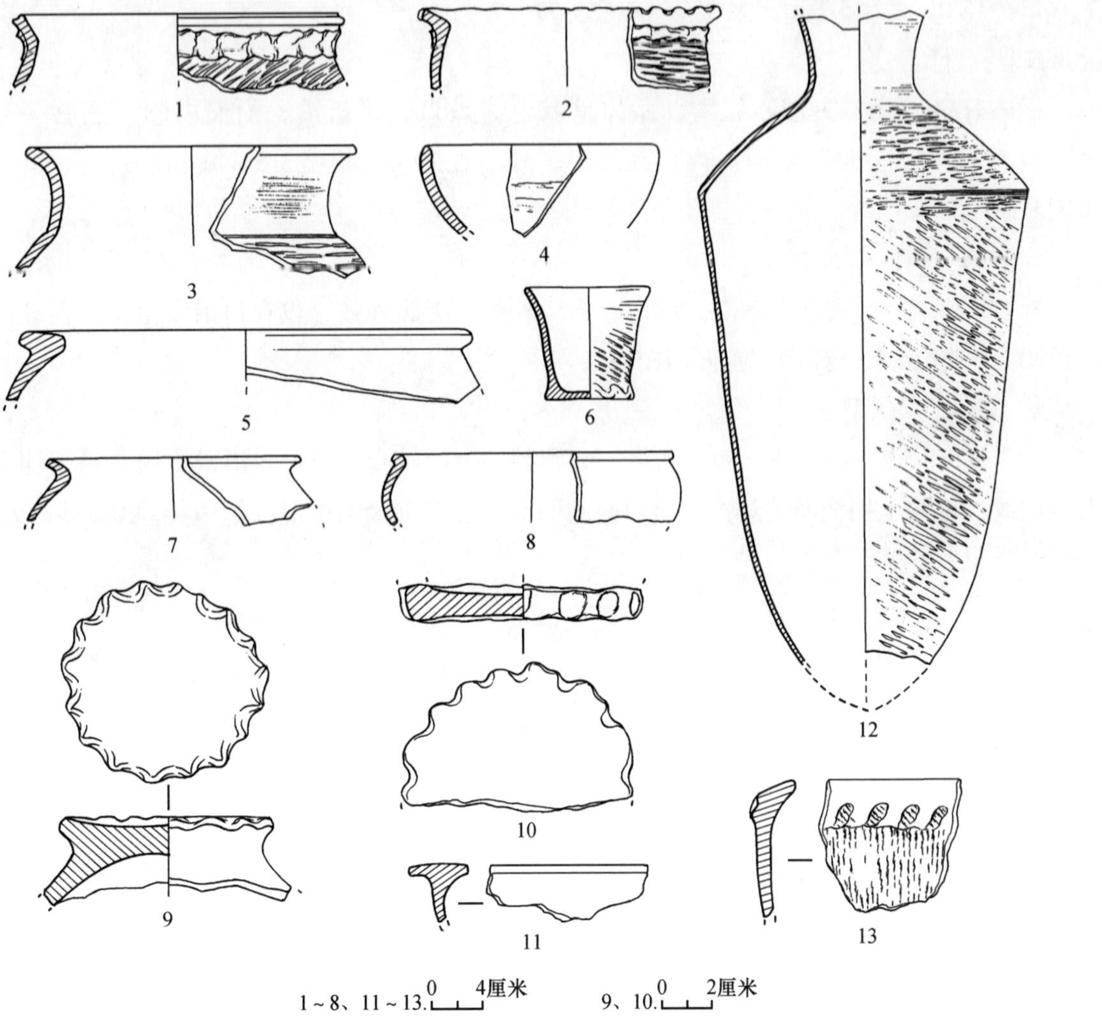

图5-77　ⅠT0407H34出土第一、二期陶器

1、2. 第二期A型夹砂罐（H34：38、H34：99）　3. 第二期A型泥质罐（H34：30）　4. 第一期B型钵（H34：28）　5. 第一期B型夹砂罐（H34：36）　6. 第二期Aa型杯（H34：7）　7. 第一期Aa型夹砂罐（H34：23）　8. 第一期C型泥质罐（H34：35）　9. 第二期Ab型器盖（H34：46）　10. 第二期杯（H34：71）　11. 第一期Aa型盆（H34：40）　12. 第一期A型尖底瓶（H34：5）　13. 第一期A型瓮（H34：37）

波浪状花边，按压的凹窝内可见指纹。捉手径7.8、残高3.2厘米（图5-77，9）。

本单位发现仰韶晚期遗物，共计7件，可辨器形有尖底瓶、夹砂罐、泥质罐、瓮、盆和钵。

尖底瓶　1件。为A型。

标本H34：5，夹粗砂灰陶。侈口，细长颈，广折肩，深腹弧收，口沿及尖底残。颈部饰横向篮纹后被刮抹，肩部饰横向篮纹，腹部饰右斜向篮纹，纹痕较深。内壁可见明显的泥条盘筑痕。最大腹径31.5、残高46.1、壁厚0.5厘米（图5-77，12）。

罐　3件。含夹砂罐与泥质罐。

夹砂罐　2件。

Aa型　1件。

标本H34：23，夹细砂红陶。敛口，斜折沿，方唇，上腹外弧，仅存口沿及上腹。器表磨光。口径18.0、残高5.2、壁厚0.6厘米（图5-77，7）。

B型　1件。

标本H34：36，夹细砂红陶，胎体呈灰色。敛口，平折沿，沿面内倾，圆唇，上腹微弧，仅存口沿及上腹。素面。内口径32.0、外口径39.0、沿宽3.5、残高6.3、壁厚0.7厘米（图5-77，5）。

泥质罐　1件。为C型。

标本H34：35，夹细砂灰陶。敛口，圆唇外翻，上腹外鼓，仅存口沿及上腹。器表磨光。口径20.0、残高4.7、壁厚0.5厘米（图5-77，8）。

瓮　1件。为A型。

标本H34：37，夹粗砂红陶。敛口，尖圆唇，上腹较直，仅存口沿及上腹。沿下加固一周附加堆纹，堆纹上用绕绳工具按压出斜向的凹窝，上腹饰竖向中绳纹。口径34.0、残高9.4、壁厚0.7厘米（图5-77，13）。

盆　1件。为Aa型。

标本H34：40，粗泥质红陶，胎体呈灰色。平折沿，内沿折棱凸出形成内敛口，圆唇，上腹微弧，仅存口沿及上腹。沿面磨光，器表素面。内口径32.0、外口径40.8、沿宽4.4、残高4.1、壁厚0.5厘米（图5-77，11）。

钵　1件。为B型。

标本H34：28，粗泥质红陶。直口微敛，圆唇，斜弧腹。器表磨光。内壁可见刮抹痕。口径18.0、残高7.5、壁厚0.8厘米（图5-77，4）。

17. ⅠT0303H36

H36位于ⅠT0303北部偏东。开口于③层下，被H8打破，打破H43、H74。袋状坑，坑口平面呈近圆形，坑壁外弧，平底。坑口距地表深160厘米，坑口直径222、坑底直径252、深110厘米（图5-78；图版五四，2）。

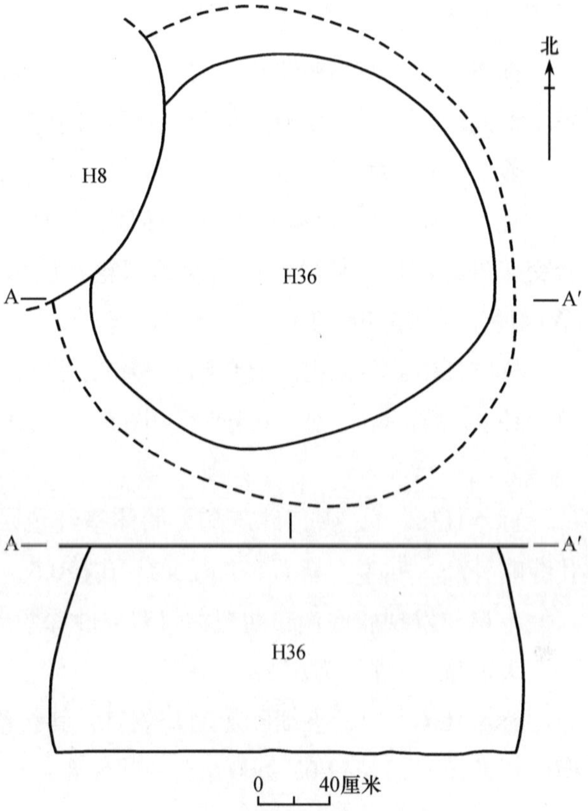

图5-78　ⅠT0303H36平、剖面图

坑内填土为浅灰色，土质疏松。文化遗物仅有陶器。

陶器　属于本期的陶片共32片，总重1431克。以粗泥质灰陶为主，夹细砂灰陶次之。器表装饰以篮纹为主，绳纹次之，另有少量磨光、磨光+篮纹、磨光+弦纹等（表5-20）。经分类和拼对，共有16件个体，可辨器形有鬲、无耳罐、双耳罐、壶、纺轮等典型的客省庄文化遗物。此外，本单位还出土夹砂深腹罐、尖底瓶、夹砂罐、瓮、盆、钵等庙底沟二期文化和仰韶晚期文化遗物（图5-79）。

鬲　2件。为C型。

标本H36：13，夹细砂灰陶。侈口，方唇，高领，袋足上部外鼓，仅存口沿及袋足上部。袋足饰竖向粗绳纹。内壁留有刮抹痕。口径19.0、残高4.6、壁厚0.6厘米（图5-79，1）。

标本H36：3，粗泥质灰陶，胎体呈红色。侈口，圆唇，高领，仅存口沿及领部。素面。领部留有轮修痕。口径31.0、残高6.5、壁厚0.6厘米（图5-79，5）。

表5-20　ⅠT0303H36陶系统计表

陶质	粗泥质陶	夹细砂陶	夹粗砂陶	合计	百分比（%）
陶色／器表装饰	灰	灰	灰		
素面	3/111	3/60		6/171	18.75/11.95
磨光	4/126			4/126	12.50/8.81
篮纹	11/476	1/23		12/499	37.50/34.87
绳纹		2/45	3/214	5/259	15.63/18.10
磨光+篮纹		3/135		3/135	9.37/9.43
磨光+弦纹	2/241			2/241	6.25/16.84
合计	20/954	9/263	3/214	32/1431	
百分比（%）	62.50/66.67	28.13/18.38	9.37/14.95		100/100

注：百分比相关的行、列外，“/”前统计的数据为片数，单位为个；“/”后统计的数据为质量，单位为克。

双耳罐　1件。

标本H36：15，夹细砂灰陶。侈口，尖圆唇，高领，口沿两侧残留耳根部，仅存口沿及领部。素面。口沿内侧留有轮修痕。口径12.0、残高4.4、壁厚0.6厘米（图5-79，4）。

壶　2件。为A型。

标本H36：2，粗泥质灰陶。侈口，圆唇，束颈，斜肩，仅存口沿及肩部。器表磨光，颈肩交接处饰两周凹弦纹。口沿及颈部轮修痕明显，颈部留有刮抹痕。口径12.9、残高10.1、壁厚0.4厘米（图5-79，2）。

标本H36：19，粗泥质灰陶。侈口，圆唇，束颈，溜肩，仅存口沿及肩部。器表略磨光。口径12.8、残高6.4、壁厚0.5厘米（图5-79，3）。

纺轮　1件。

标本H36：1，夹细砂灰陶，胎体呈红色。圆饼状，两面平直，中间为一圆形穿孔，底面孔缘略外凸，残半。素面。直径5.2、孔径0.6、厚1.3厘米（图5-79，13；图版七二，2）。

本单位发现庙底沟二期遗物仅有夹砂深腹罐，共计1件。

夹砂罐　1件。为A型。

标本H36：14，夹细砂灰陶。敛口，斜折沿，方唇，上腹外弧，仅存口沿及上腹。上腹饰横向粗篮纹。口径12.0、残高5.1、壁厚0.4～0.6厘米（图5-79，7）。

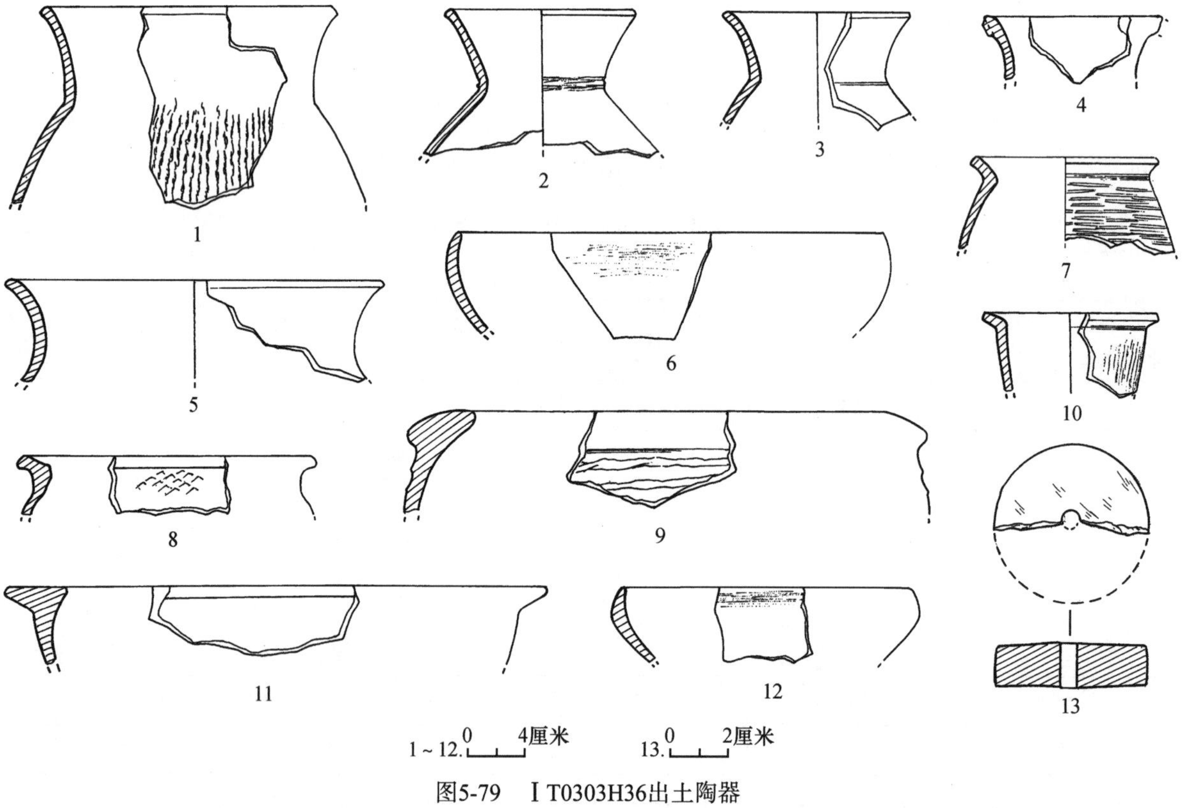

图5-79　Ⅰ T0303H36出土陶器

1、5. 第三期C型鬲（H36：13、H36：3）　2、3. 第三期A型壶（H36：2、H36：19）　4. 第三期双耳罐（H36：15）　6、12. 第一期A型钵（H36：4、H36：5）　7. 第二期A型夹砂罐（H36：14）　8. 第一期Aa型夹砂罐（H36：12）　9. 第一期A型瓮（H36：10）　10. 第一期E型尖底瓶（H36：16）　11. 第一期Aa型盆（H36：8）　13. 第三期陶纺轮（H36：1）

本单位发现仰韶晚期遗物，共计6件，可辨器形有尖底瓶、夹砂罐、瓮、盆和钵。

尖底瓶　1件。为E型。

标本H36：16，粗泥质灰陶。微侈口，斜折沿，方唇，颈壁斜直，仅存口沿及颈部。颈部饰竖向细绳纹。口径11.0、残高4.6、壁厚0.4厘米（图5-79，10）。

夹砂罐　1件。为Aa型。

标本H36：12，夹粗砂灰陶。敛口，斜折沿，沿面内凹，圆唇，上腹外弧，仅存口沿及上腹。上腹饰方格纹。沿面轮修痕明显。口径20.0、残高4.1、壁厚0.5厘米。（图5-79，8）。

瓮　1件。为A型。

标本H36：10，夹粗砂红陶，胎体呈灰色。敛口，厚圆唇，上腹微弧，仅存口沿及上腹。腹部饰两周凸弦纹。口沿处轮修痕明显。口径35.0、残高5.8、壁厚0.8厘米（图5-79，9）。

盆　1件。为Aa型。

标本H36：8，粗泥质红陶，胎体呈灰色。圆唇，平折沿，内沿折棱凸出形成内敛口，上腹微弧，仅存口沿及上腹。口沿磨光。内口径29.2、外口径38.2、沿宽4.5、残高4.1、壁厚0.5厘米（图5-79，11）。

钵　2件。为A型。

标本H36：4，粗泥质灰陶。敛口，尖圆唇，上腹外鼓，仅存口沿及上腹。器表磨光。器表留有刮抹痕，内壁轮修痕迹明显。口径21.0、残高7.1、壁厚0.4～0.6厘米（图5-79，6）。

标本H36：5，夹细砂灰陶。敛口，尖圆唇，上腹外鼓，仅存口沿及上腹。器表磨光。口沿有轮修痕。口径12.0、残高4.6、壁厚0.3～1.0厘米（图5-79，12）。

18. Ⅰ T0301H38

H38位于Ⅰ T0301西北部。开口于③层下，打破Y1。袋状坑，坑口平面近圆形，坑壁外斜，平底。坑口距地表深210厘米，坑口直径200～215、坑底直径294～308、深190厘米（图5-80）。

坑内填土为灰褐色，土质较硬，包含兽骨、石块、田螺壳、炭粒等。文化遗物仅有陶器。

陶器　属于本期的陶片共37片，总重974克。以粗泥质灰陶为主，夹粗砂灰陶次之。器表装饰以素面居多，纹饰有绳纹、篮纹、磨光、弦纹（表5-21）。经分类和拼对，共有21

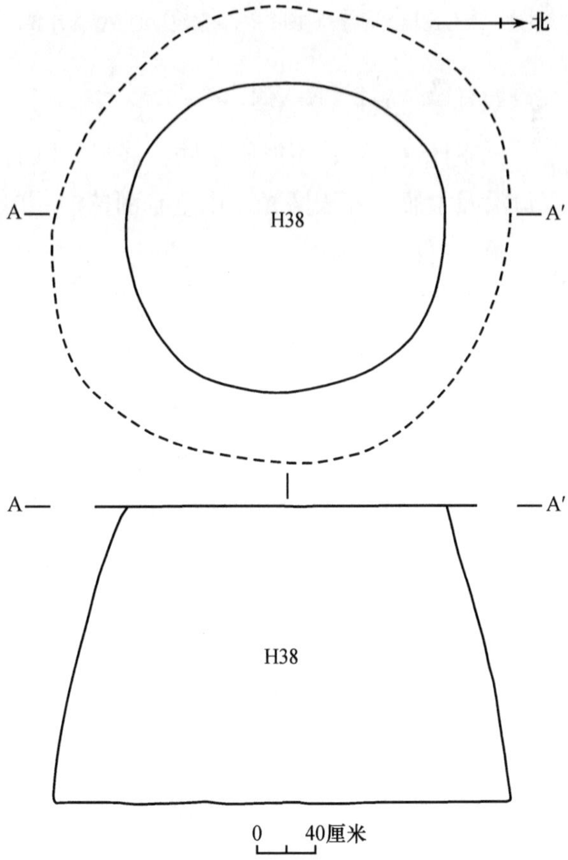

图5-80　Ⅰ T0301H38平、剖面图

件个体，可辨器形有无耳罐、双耳罐、壶、豆等典型客省庄文化遗物。此外，本单位还出土尖底瓶、夹砂罐、瓮、盆、钵等庙底沟二期文化和仰韶文化遗物（图5-81）。

罐　2件。含无耳罐与双耳罐。

无耳罐　1件。为Aa型。

标本H38：34，夹细砂灰陶。侈口，圆唇，高领，仅存口沿及领部。素面。内外壁均有轮修痕。口径14.0、残高4.2、壁厚0.6厘米（图5-81，2）。

表5-21　ⅠT0301H38陶系统计表

陶质	粗泥质陶	夹细砂陶	夹粗砂陶	合计	百分比（%）
器表装饰＼陶色	灰	灰	灰		
素面	1/17	6/136	4/35	11/188	29.73/19.30
磨光	7/196			7/196	18.92/20.13
篮纹	6/201		3/61	9/262	24.32/26.90
绳纹		3/134	6/159	9/293	24.32/30.08
弦纹	1/35			1/35	2.71/3.59
合计	15/449	9/270	13/255	37/974	
百分比（%）	40.54/46.10	24.32/27.72	35.14/26.18		100

注：百分比相关的行、列外，“/”前统计的数据为片数，单位为个；“/”后统计的数据为质量，单位为克。

双耳罐　1件。为A型。

标本H38：33，粗泥质灰陶。侈口，圆唇，高领，鼓腹，口沿与腹部可见接耳的残痕，仅存口沿及上腹。器表磨光。内壁有刮抹痕。口径7.0、残高5.2、壁厚0.4厘米（图5-81，1）。

壶　3件。

A型　2件。

标本H38：32，粗泥质灰陶。侈口，尖圆唇，束颈，仅存口沿及颈部。口沿内侧磨光，颈部素面。器表有轮修痕。口径14.0、残高5.1、壁厚0.5厘米（图5-81，3）。

标本H38：36，粗泥质灰陶。侈口，圆唇，束颈，仅存口沿及颈部。颈部磨光。内壁有轮修痕。口径18.0、残高3.6、壁厚0.5厘米（图5-81，4）。

B型　1件。

标本H38：21，粗泥质灰陶。侈口，圆唇，束颈，仅存口沿及颈部。口沿内侧磨光，颈下部饰一周凹弦纹。内外壁均留有轮修痕。口径12.0、残高4.4、壁厚0.4厘米（图5-81，5）。

豆　1件。为豆盘残片。

标本H38：29，细泥质灰陶。敞口，尖唇，斜弧腹。盘内磨光，器表饰横向与右斜向篮纹。残高4.9、壁厚0.6厘米（图5-81，6）。

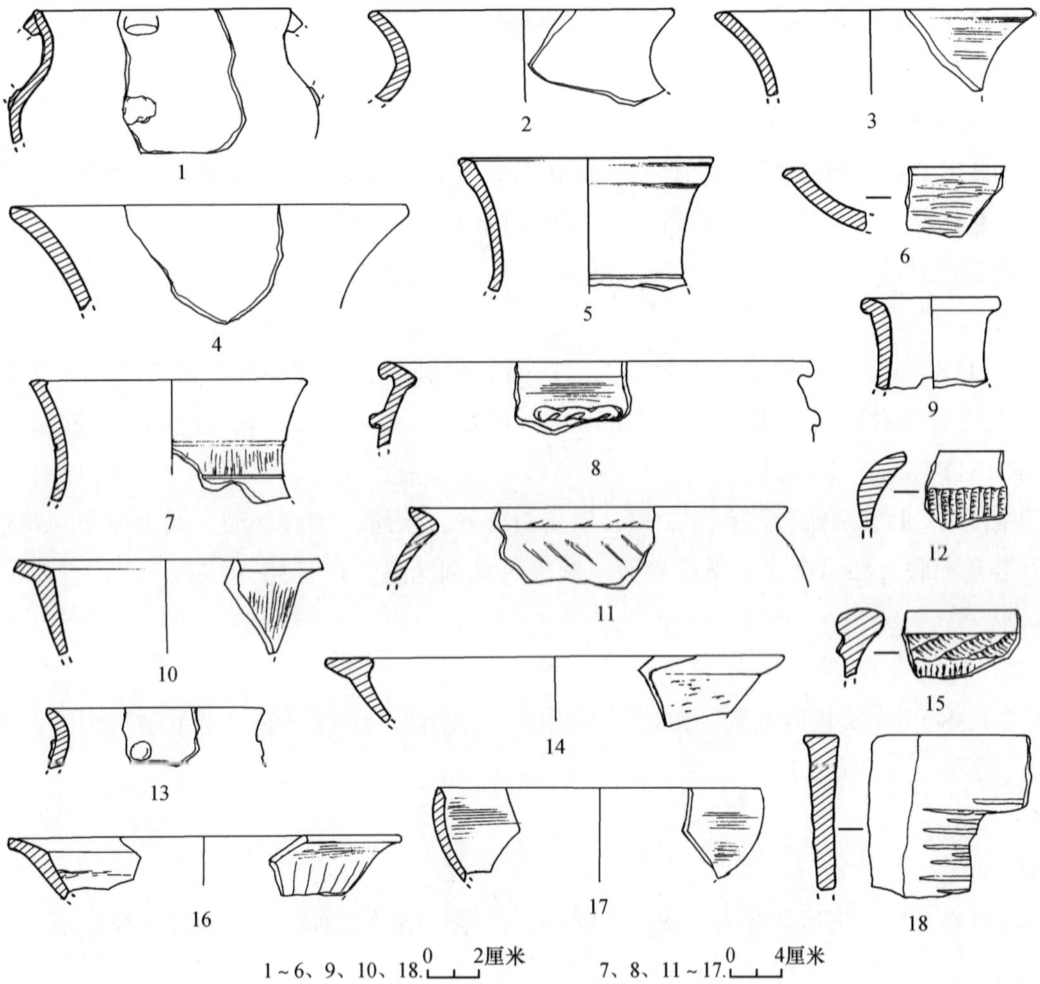

图5-81　ⅠT0301H38出土陶器

1. 第三期A型双耳罐（H38：33）　2. 第三期Aa型无耳罐（H38：34）　3、4. 第三期A型壶（H38：32、H38：36）　5. 第三期B型壶（H38：21）　6. 第三期豆（H38：29）　7. 第二期A型泥质罐（H38：30）　8、11. 第一期Ab型夹砂罐（H38：11、H38：1）　9. 第一期B型尖底瓶（H38：10）　10. 第一期E型尖底瓶（H38：45）　12. 第一期B型瓮（H38：13）　13. 第一期C型夹砂罐（H38：7）　14. 第一期Aa型盆（H38：24）　15. 第一期C型瓮（H38：15）　16. 第一期Ba型盆（H38：9）　17. 第一期B型钵（H38：3）　18. 陶器残片（H38：54）

本单位发现庙底沟二期遗物，共计2件，为泥质罐与陶器残片。

泥质罐　1件。为A型。

标本H38：30，夹细砂灰陶。侈口，方唇，高领，仅存口沿及领部。领下部饰两周较浅的凹弦纹。弦纹间可见竖向刮抹痕。口径22.0、残高8.0、壁厚0.8厘米（图5-81，7）。

陶器残片　1件。

标本H38：54。夹粗砂红陶。平面呈不规则形。器表饰横向中篮纹，其中一边有切割痕。残高6.4、壁厚0.7～1.4厘米（图5-81，18）。

本单位发现仰韶晚期遗物，共计10件，可辨器形有尖底瓶、夹砂罐、瓮、盆和钵。

尖底瓶　2件。

B型　1件。

标本H38：10，粗泥质红陶。微侈口，圆唇，细颈微束，仅存口沿及颈部。素面。口径5.0、残高3.6、壁厚0.5厘米（图5-81，9）。

E型　1件。

标本H38：45，粗泥质灰陶。侈口，斜折沿，方唇，颈壁斜直，仅存口沿及颈部。素面。内外壁均有轮修痕。口径12.0、残高3.5、壁厚0.4厘米（图5-81，10）。

夹砂罐　3件。

Ab型　2件。

标本H38：1，夹粗砂红陶。敛口，斜折沿，尖圆唇，上腹微鼓，仅存口沿及上腹。上腹饰间距较宽的右斜向浅压印纹。沿下可见一圈烟炱痕。口径26.0、残高4.7、壁厚0.6厘米（图5-81，11）。

标本H38：11，夹细砂红陶。敛口，斜折折外卷，圆唇，上腹外鼓，其上残留一鸡冠鋬，仅存口沿及上腹。口沿磨光，上腹素面。器表可见刮抹痕。口径30.0、残高5.9、壁厚0.7厘米（图5-81，8）。

C型　1件。

标本H38：7，夹粗砂红陶。敛口，斜折沿，尖圆唇，仅存口沿。沿下贴附小圆泥饼。口径16.0、残高4.1、壁厚0.7厘米（图5-81，13）。

瓮　2件。

B型　1件。

标本H38：13，夹粗砂红陶。敛口，圆唇，仅存口沿及上腹。沿下有竖向绳压痕。内壁留有轮修痕。口径28.0、残高6.6、壁厚0.8厘米（图5-81，12）。

C型　1件。

标本H38：15，夹粗砂红陶。敛口，厚圆唇，上腹较直，仅存口沿。沿下加固一周附加堆纹，堆纹上用绕绳工具按压出斜向的凹窝，上腹饰斜向绳压痕。口沿外缘可见轮修痕。口径39.0、残高5.5、壁厚0.8厘米（图5-81，15）。

盆　2件。

Aa 型　1件。

标本H38：24，夹细砂灰陶。平折沿，圆唇，斜直腹，仅存口沿及上腹。沿面磨光，上腹素面。沿面有数道刮抹痕。内口径29.3、外口径36.3、沿宽3.5、残高5.7、壁厚0.5厘米（图5-81，14）。

Ba型　1件。

标本H38：9，夹细砂红陶。敞口，斜折沿，方唇，仅存口沿及上腹。腹部饰间距较宽的竖向篮纹。口沿与内壁可见修抹痕。口径30.8、残高3.9、壁厚0.7厘米（图5-81，16）。

钵　1件。为B型。

标本H38：3，细泥质红陶。直口微敛，尖唇，上腹略弧，仅存口沿及上腹。器表磨光，内壁素面。内外壁均留有轮修痕。口径25.0、残高7.3、壁厚0.6厘米（图5-81，17）。

19. Ⅰ T0308H41

H41位于Ⅰ T0308西北部。开口于②层下，打破H70、H83、H91。袋状坑，坑口平面近圆形，坑壁自坑口向下外张，西部外张程度大于东部，平底。坑口距地表深70厘米，坑口直径140、坑底直径290、深190厘米（图5-82）。

坑内填土为深灰色，土质疏松，夹杂有木碳、兽骨。文化遗物仅有陶器。

陶器　属于本期的陶片共13片，总重482克。以夹细砂灰陶为主，夹粗砂灰陶次之，器表装饰以绳纹为主，篮纹次之，另有少量磨光、磨光+篮纹。经分类和拼对，共有8件个体，可辨器形鬲、斝、豆等典型客省庄文化遗物（图5-83）。

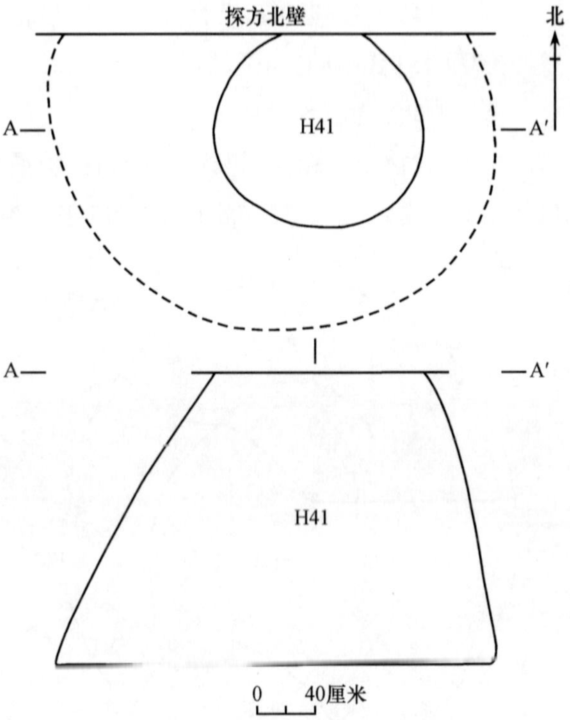

图5-82　Ⅰ T0308H41平、剖面图

鬲　2件。为D型。

标本H41：1，粗泥质灰陶。侈口，圆唇，高领，袋足较肥，仅存口沿及袋足上部。领部素面，领腹交接处饰一道凹弦纹，袋足饰绳纹，裆部饰交错绳纹。器表可见烟炱痕。口径9.0、残高8.7、壁厚0.3厘米（图5-83，1）。

标本H41：2，夹粗砂灰陶。侈口，尖圆唇，高领，仅存口沿及上腹。腹部饰绳纹，领部

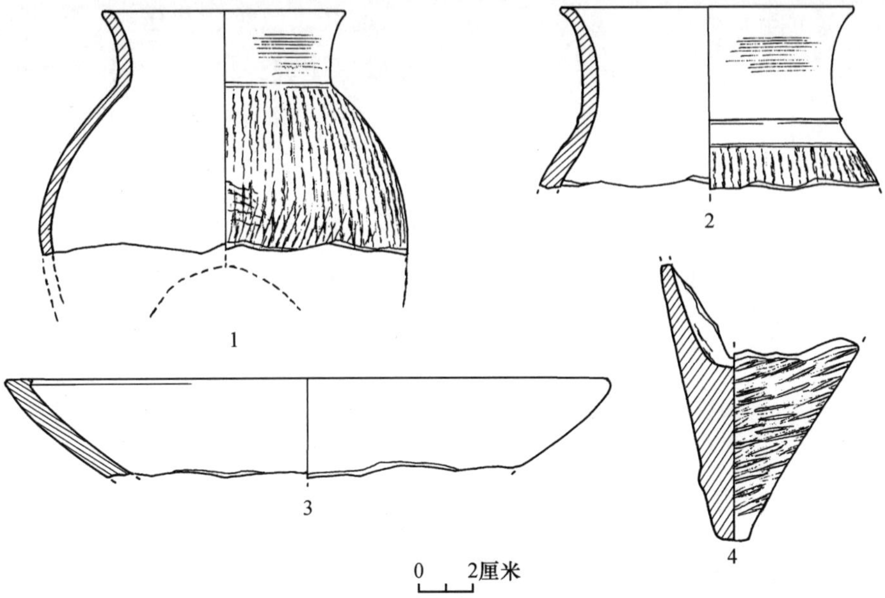

图5-83　Ⅰ T0308H41出土器物

1、2. D型鬲（H41：1、H41：2）　3. 豆（H41：3）　4. 斝（H41：6）

饰两周凹弦纹。器表有烟炱痕。口径11.0、残高6.7、壁厚0.8厘米（图5-83，2）。

斝　1件。为足部残片。

标本H41：6，夹细砂灰陶。锥状空足，足内填实。器表饰较浅的右斜向篮纹。残高9.7、壁厚0.7厘米（图5-83，4）。

豆　1件。为豆盘残片。

标本H41：3，粗泥质灰陶。敞口，方唇，斜弧腹，盘底及柄残。外壁素面，内壁磨光。口径20.0、残高3.3、壁厚0.8厘米（图5-83，3）。

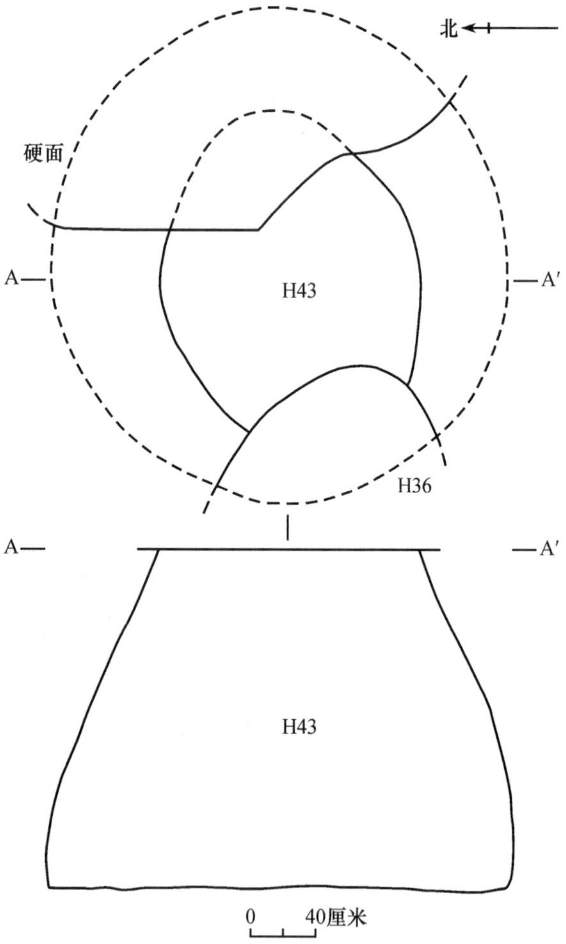

图5-84　ⅠT0303H43平、剖面图

20. ⅠT0303H43

H43位于ⅠT0303东北部，开口于③层下，被H36打破。袋状坑，坑口平面呈椭圆形，坑底平面近圆形，坑壁自上而下外弧，平底。坑口距地表深200厘米，坑口长径190、坑口短径154、坑底长径290、坑底短径273、深200厘米（图5-84）。

坑内填土为黄褐色，土质疏松，包含红烧土块、炭粒、石块和残骨。文化遗物有陶器、石器和骨器。

（1）陶器　属于本期的陶片共217片，总重9811克。以粗泥质灰陶为主，夹粗砂灰陶次之。器表装饰以篮纹为主，绳纹次之，另有少量磨光、弦纹、按压纹、磨光+篮纹、磨光+弦纹等（表5-22）。经分类和拼对，共有68件个体，可辨器形有鬲、斝、罐、壶、盘、圈足盘、豆、窖穴盖、器盖等典型的客省庄文化遗物。此外，本单位还出土夹砂深腹罐、尖底瓶、盆、钵、器盖等庙底沟二期文化和仰韶晚期文化遗物（图5-85、图5-86、图5-87、表5-23、表5-24）。

鬲　5件。

B型　1件。

标本H43：36，夹粗砂灰陶。侈口，方唇，高领，袋足上部外鼓，口沿及袋足上部置一宽扁桥形把手，仅存口沿及袋足上部。领部素面，袋足饰竖向中绳纹。内壁有轮修痕。口径15.8、残高9.5、壁厚0.4、把手宽3.1厘米（图5-85，7）。

表5-22　Ⅰ T0303H43陶系统计表

陶质	细泥质陶	粗泥质陶	夹细砂陶		夹粗砂陶		合计	百分比（%）
器表装饰＼陶色	灰	灰	红	灰	红	灰		
素面	2/70	6/126	1/68	2/51			11/315	5.07/3.21
磨光		14/768		2/39			16/807	7.37/8.23
篮纹	2/45	68/3704	1/87	3/91	2/154	9/453	85/4534	39.17/46.21
绳纹		5/127		14/367		49/1644	68/2138	31.34/21.79
弦纹						1/23	1/23	0.46/0.23
按压纹		1/154		4/461			5/615	2.31/6.27
篮纹+弦纹						4/249	4/249	1.84/2.54
磨光+篮纹		17/521					17/521	7.83/5.31
磨光+弦纹	1/233	7/252					8/485	3.96/4.94
绳纹+小圆泥饼						1/27	1/27	0.46/0.28
篮纹+绳纹+弦纹						1/97	1/97	0.46/0.99
合计	5/348	118/5652	2/155	25/1009	2/154	65/2493	217/9811	
百分比（%）	2.31/3.55	54.38/57.61	0.92/1.58	11.52/10.28	0.92/1.57	29.95/25.41		100/100

注：百分比相关的行、列外，“/”前统计的数据为片数，单位为个；“/”后统计的数据为质量，单位为克。

表5-23　Ⅰ T0303H43第三期陶器器形统计表（1）

陶质	细泥质陶	粗泥质陶	夹细砂陶		夹粗砂陶		合计	百分比（%）
器类＼陶色	灰	灰	红	灰	红	灰		
无耳罐		4		3		11	18	26.48
单耳罐		1					1	1.47
双耳罐	1	2					3	4.41
壶	1	22		1			24	35.29
盘		3					3	4.41
圈足盘		1					1	1.47
豆		1				1	2	2.94
器盖		1		1			2	2.94
杯		1	1				2	2.94
鬲				4		2	6	8.83
斝				1		2	3	4.41
鬶						1	1	1.47
窖穴盖			1		1		2	2.94
合计	2	36	2	10	1	17	68	
百分比（%）	2.94	52.94	2.94	14.71	1.47	25		100

表5-24　ⅠT0303H43第三期陶器器形统计表（2）

器类 器表装饰	壶	盘	圈足盘	豆	器盖	杯	鬲	斝	鬶	窖穴盖	无耳罐	单耳罐	双耳罐	合计	百分比（%）
素面		1		1		1					6	1	1	11	16.18
磨光	1	2	1			1							2	7	10.29
篮纹	16							2	1	2				21	30.88
绳纹							6				11			17	25.00
弦纹								1						1	1.47
按压纹					2									2	2.94
磨光+篮纹	6													6	8.83
磨光+弦纹	1			1										2	2.94
绳纹+弦纹+小圆泥饼											1			1	1.47
合计	24	3	1	2	2	2	6	3	1	2	18	1	3	68	
百分比（%）	35.29	4.41	1.47	2.94	2.94	2.94	8.83	4.41	1.47	2.94	26.48	1.47	4.41		100

C型　1件。

标本H43：37，夹细砂灰陶。侈口，圆唇，高领，袋足上部外弧，口沿及袋足上部置一宽扁桥形把手，仅存口沿及袋足上部。素面。口径10.0、残高8.6、壁厚0.4～0.6、把手宽2.7厘米（图5-85，12）。

D型　2件。

标本H43：42，夹粗砂灰陶。侈口，尖圆唇，高领，袋足上部外弧，仅存口沿及上腹。唇面饰一周凹弦纹，领部饰篮纹，袋足饰竖向中绳纹。口沿及内壁有轮修痕，领部可见刮抹痕。口径18.0、残高10.8、壁厚0.6～0.8厘米（图5-85，8）。

标本H43：43，夹细砂灰陶。侈口，圆唇，高领，袋足上部外弧，仅存口沿及袋足上部。领部素面，腹部饰竖向细绳纹。内外壁均留有轮修痕。口径14.0、残高10.9、壁厚0.4～0.7厘米（图5-85，10）。

另有足部残片1件。

标本H43：73，夹细砂灰陶。锥状空足，足跟圆钝。器表饰右斜向中绳纹。器表可见烟炱痕。残高7.1、壁厚0.5～0.9厘米（图5-85，17）。

斝　2件。

G型　1件。

标本H43：53，夹粗砂灰陶。敛口，方唇，上腹外弧，仅存口沿及上腹。沿下饰四周凹弦纹。内外壁均留有轮修痕。口径14.0、残高3.9、壁厚0.6～1.0厘米（图5-85，11）。

另有袋足残片1件。

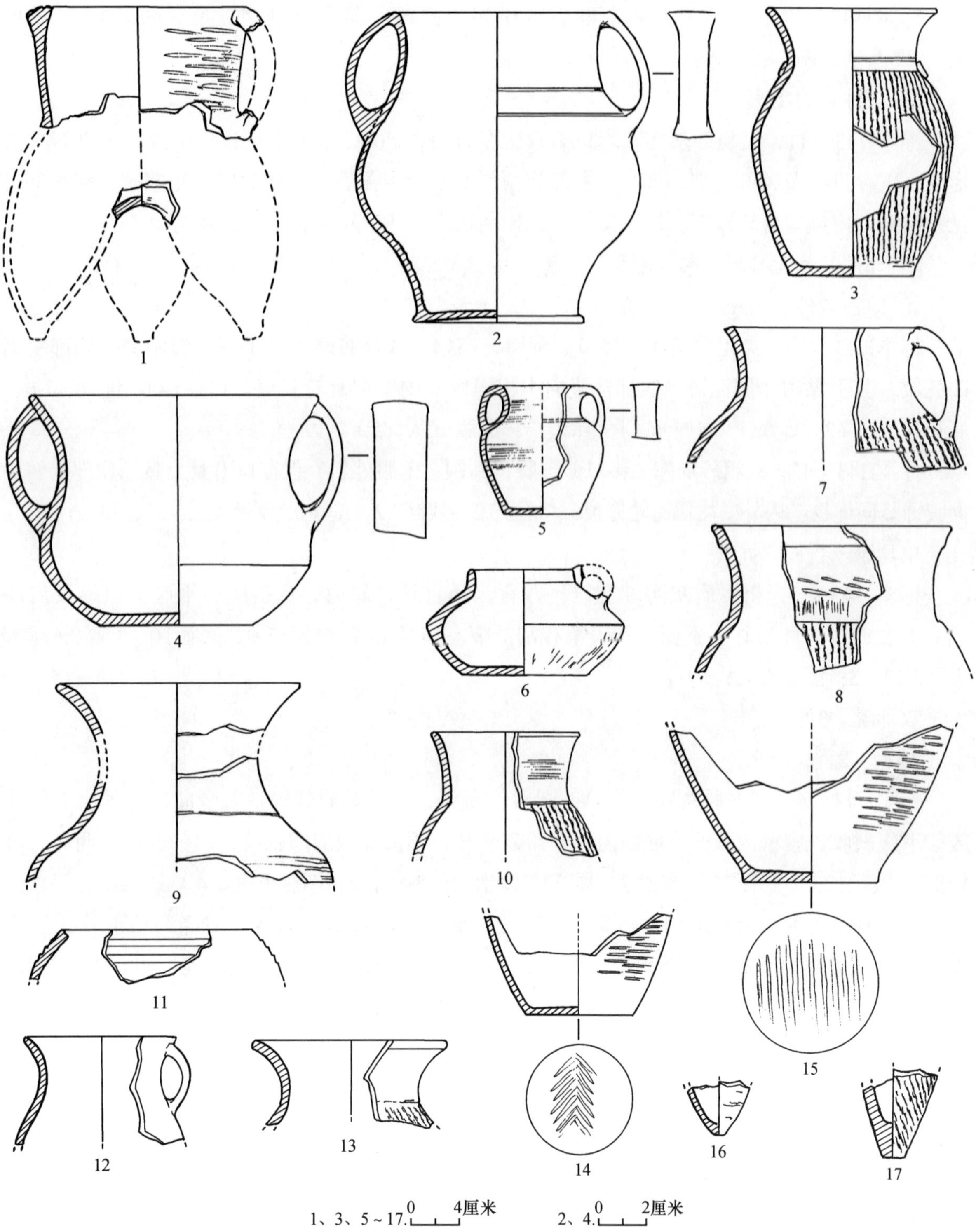

图5-85　ⅠT0303H43出土第三期陶器

1. B型鬶（H43：11）　2、5. Aa型双耳罐（H43：4、H43：9）　3、13. Aa型无耳罐（H43：10、H43：47）　4. Ca型双耳罐（H43：6）　6. C型单耳罐（H43：5）　7. B型鬲（H43：36）　8、10. D型鬲（H43：42、H43：43）　9. A型壶（H43：48）　11. G型斝（H43：53）　12. C型鬲（H43：37）　14、15. 壶（H43：15、H43：16）　16. 斝（H43：74）　17. 鬲（H43：73）

标本H43：74，夹细砂灰陶。器表饰横向宽篮纹。器表可见烟炱痕。残高4.5、壁厚0.3～0.5厘米（图5-85，16）。

鬶　1件。为B型。

标本H43：11，夹粗砂灰陶。直口微敛，厚方唇，高领，倒U形裆，口沿及领下部置一桥形鋬，仅存口沿及领部、裆部残片。唇部饰两周凹弦纹，器表饰较浅的横向粗篮纹，鋬根部可见黏结痕。内壁留有轮修痕。口径18.0、复原后高27.4、壁厚0.7厘米（图5-85，1）。

罐　6件。含无耳罐、单耳罐和双耳罐。

无耳罐　2件。为Aa型。

标本H43：10，夹粗砂灰陶。侈口，圆唇，高领，深鼓腹略瘦，平底。腹领交接处饰一周凹弦纹，其下贴附小圆泥饼，腹部饰竖向中粗绳纹。内壁留有轮修痕。口径14.0、腹径17.0、底径10.5、高22.0、壁厚0.4厘米（图5-85，3；图版五八，5）。

标本H43：47，夹粗砂灰陶。侈口，圆唇，高领，上腹外斜，仅存口沿及上腹。领部素面，上腹饰竖向绳纹。内外壁均留有轮修痕。口径16.2、残高7.2、壁厚0.7厘米（图5-85，13）。

单耳罐　1件。为C型。

标本H43：5，粗泥质灰陶。直口，方唇，矮直领，斜肩，扁折腹，平底。口沿及肩部置一上翘的竖向环形耳。素面。器表留有刮抹痕。口径9.6、腹径15.0、底径10.4、高8.5厘米（图5-12，3；图版五九，1）。

双耳罐　3件。

Aa型　2件。

标本H43：4，细泥质灰陶。侈口，圆唇，高领，口沿及肩部置一对竖向桥形耳，上腹外鼓，下腹斜收，腹壁内弧，平底微内凹。器表磨光，领部饰两周凹弦纹。内壁轮修痕明显。口径8.7、腹径12.0、底径7.2、高12.7、耳宽1.7厘米（图5-85，2；图版五九，4）。

标本H43：9，粗泥质灰陶。侈口，圆唇，高领，口沿及肩部置一对竖向桥形耳，上腹外鼓，下腹斜收，平底。器表磨光，领下部饰一周凹弦纹。内壁留有轮修痕。口径8.0、腹径10.4、底径6.4、高10.5、壁厚0.4、底厚0.4厘米（图5-85，5，图版六〇，1）。

Ca型　1件。

标本H43：6，粗泥质灰陶。侈口，圆唇，高领，口沿及腹上部置一对竖向桥形耳，圆折腹，平底。素面，内壁留有指甲纹。器表可见刮抹痕。口径12.0、腹径11.4、底径6.4、高9.5、壁厚0.4、底厚0.5、耳宽2.3厘米（图5-85，4；图版六〇，2）。

壶　3件。

A型　1件。

标本H43：48，粗泥质灰陶。侈口，圆唇，束颈，部分颈部残，仅存口沿及肩部。内壁磨光，器表素面。器表留有轮修痕。口径20.6、残高16.4、壁厚0.7厘米（图5-85，9）。

另有腹部及底部残片2件。

标本H43：15，粗泥质灰陶。下腹斜收，平底。腹部饰横向粗篮纹，底部饰“〈”形条状粗篮纹，形如麦穗。底径8.5、残高9.1、壁厚0.4厘米（图5-85，14）。

标本H43：16，粗泥质灰陶。下腹斜收，平底。腹部饰横向粗篮纹，底部饰平行粗篮纹。底径10.6、残高11.8、壁厚0.5厘米（图5-85，15）。

盘　3件。为A型。

标本H43：3a，粗泥质灰陶，内胎呈黑色。敞口，方唇，斜直腹，平底微凹。内壁磨光，器表素面，底部饰中篮纹。内壁可见刮抹痕，器表可见轮修痕。口径15.5、底径11.5、高4.3厘米（图5-86，1；图版六三，5）。

标本H43：3b，粗泥质灰陶。敞口，斜折沿，尖圆唇，斜直腹，平底内凹。盘底及器表磨光。内壁留有轮修痕，盘底可见刮抹痕。似由豆柄改制而成。口径13.0、底径9.8、高4.7厘米（图5-86，2；图版六三，1、3）。

标本H43：3c，粗泥质灰陶。微敛口，圆唇，斜腹较浅，平底微凹。内外壁磨光。内外壁均留有刮抹痕。口径12.5、底径8.2、高3.5厘米（图5-86，4；图版六三，6）。

圈足盘　1件。

标本H43：2，粗泥质灰陶。敞口，圆唇，浅斜腹，平底，大部分圈足残。器表磨光。口

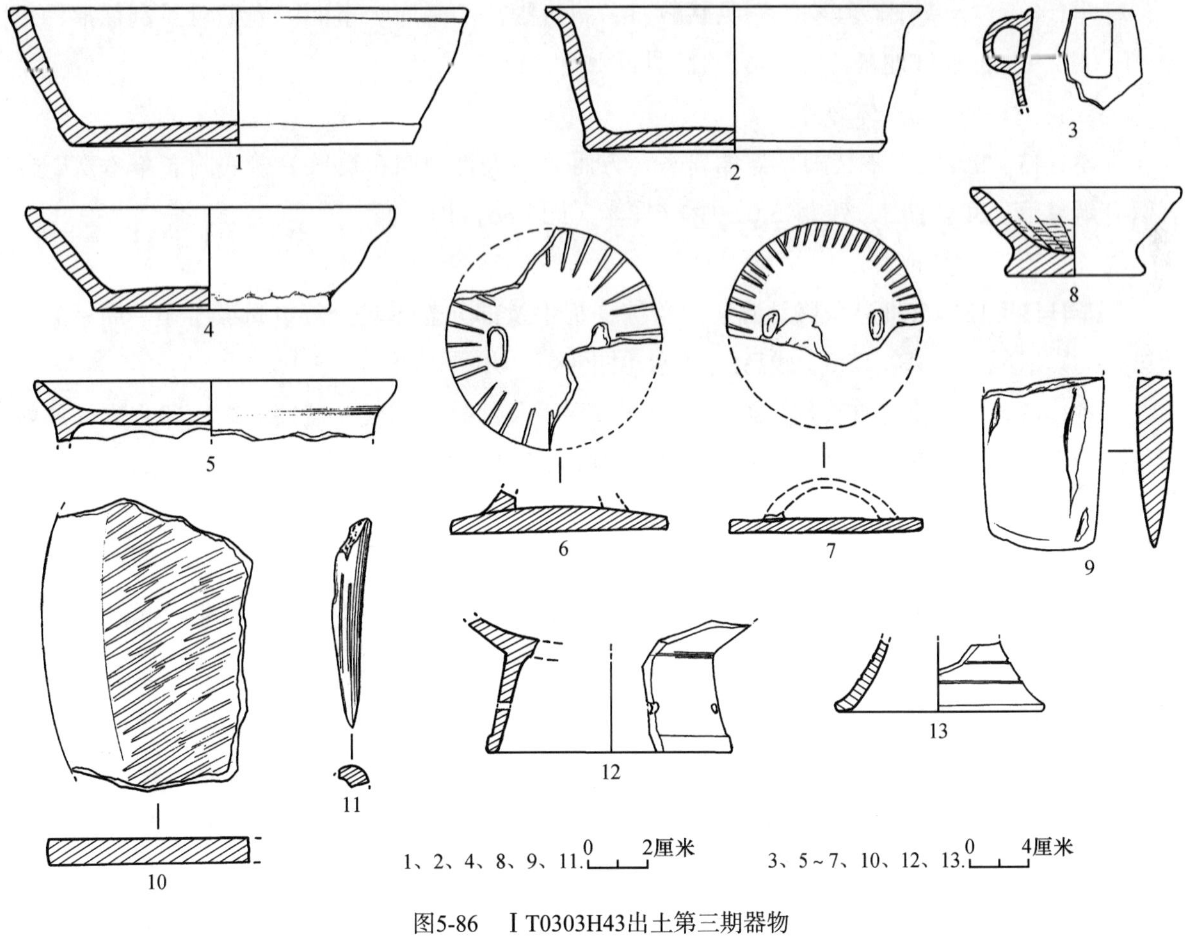

图5-86　ⅠT0303H43出土第三期器物

1、2、4. A型盘（H43：3a、H43：3b、H43：3c）　3. C型杯（H43：25）　5. A型圈足盘（H43：2）　6、7. Aa型器盖（H43：12、H43：13）　8. E型杯（H43：7）　9. 石锛（H43：81）　10. 窖穴盖（H43：8）　11. 骨镞（H43：1）　12. B型豆（H43：14）　13. 豆（H43：24）

径24.6、残高4.0厘米（图5-86，5；图版六三，2）。

豆　2件。

B型　1件。

标本H43：14，粗泥质灰陶。豆柄粗矮，柄壁斜直，近底部略外撇，豆盘残。盘内壁素面，外壁磨光，柄部凿有一周小孔。器表磨光，内壁可见刮抹痕。柄底径15.3、残高7.9、壁厚0.5～0.9厘米（图5-86，12）。

另有柄部残片1件。

标本H43：24，粗泥质灰陶。残存豆柄下段，柄壁外撇呈喇叭状。器表磨光，柄部饰两周凹弦纹。柄底径14.0、残高4.2、壁厚0.7厘米（图5-86，13）。

杯　2件。

C型　1件。

标本H43：25，粗泥质灰陶。敛口，方唇，微弧腹，沿下及腹部置一宽扁拱形耳，仅存口沿及中腹。内外壁均磨光。器表留有刮抹痕。残高6.2、壁厚0.4厘米（图5-86，3）。

E型　1件。

标本H43：7，夹细砂红陶。喇叭状敞口，斜直腹，小平底。素面。内壁可见刮抹痕。口径7.1、高2.9、底径4.6厘米（图5-86，8；图版六四，1、2）。

窨穴盖　1件。为盖体残片。

标本H43：8，夹细砂红陶。盖体扁平，方唇。器表饰斜向粗篮纹。盖底附着草木灰，器表留有烟炱痕。残长16.3、残宽13.0、厚1.6厘米（图5-86，10）。

器盖　2件。为Aa型。

标本H43：12，夹细砂灰陶。圆饼形盖体，捉手及部分盖体残。盖顶周缘压印一周呈放射状排列的短直线纹。直径15.0、残高2.7厘米（图5-86，6；图版七〇，1）。

标本H43：13，粗泥质灰陶。圆饼形盖体，捉手及部分盖体残。盖顶周缘压印一周呈放射状排列的短直线纹。直径12.0、残高1.2厘米（图5-86，7）。

（2）石器

石锛　1件。

标本H43：81，黑色闪长岩。顶部缺失，斜弧刃，刃部钝，刃角可见崩疤。磨制。残长5.5、中部宽4.1、刃宽3.5、厚0.7～1.0厘米，重46克（图5-86，9；图版七五，2）。

（3）骨器

骨镞　1件。

标本H43：1，器体扁平，截面呈菱形，顶端残。器表磨光。残长6.8厘米（图5-86，11）。

本单位发现庙底沟二期遗物仅有夹砂深腹罐，共计3件。

夹砂罐　3件。

A型　2件。

标本H43：40，夹细砂灰陶。敛口，斜折沿，尖圆唇，上腹外斜，仅存口沿及上腹。沿下加固两周附加堆纹，上腹饰横向篮纹。口沿留有轮修痕。口径38.0、残高6.0、壁厚0.6厘米（图5-87，7）。

标本H43：51，夹细砂灰陶。敛口，斜折沿，圆唇，上腹外弧，仅存口沿及上腹。腹部饰横向细篮纹。口沿可见刮抹痕，内外壁均留有烟炱痕。口径9.0、残高4.1、壁厚0.4厘米（图5-87，6）。

B型　1件。

标本H43：41，夹粗砂灰陶。侈口，圆唇，上腹外弧，仅存口沿及上腹。唇部压印出一周凹窝，形成花边，腹部饰左斜向细篮纹，篮纹上饰两周叠加附加堆纹。口径28.2、残高7.8、壁厚0.8厘米（图5-87，5）。

本单位发现仰韶晚期遗物，共计4件，可辨器形有尖底瓶、泥质罐、盆和钵。

尖底瓶　1件。为E型。

标本H43：32，粗泥质红陶。直口微侈，平折沿，圆唇，束颈，仅存口沿及颈上部。素面。口沿留有轮修痕。内口径7、外口径12、沿宽2.7、残高3、壁厚0.7厘米（图5-87，3）。

泥质罐　1件。为D型。

标本H43：38，粗泥质灰陶。敛口，斜折沿，沿面微弧，圆唇，上腹外斜，仅存口沿及上腹。器表磨光。器表可见刮抹痕。口径34.5、残高4.8、壁厚0.7厘米（图5-87，1）。

盆　1件。为Aa型。

标本H43：31，粗泥质红陶。平折沿，内沿折棱凸出形成内敛口，圆唇，上腹弧收，仅存口沿及上腹。器表磨光。内壁留有轮修痕。内口径22.2、外口径30.2、沿宽4、残高3.6、壁厚0.6厘米（图5-87，4）。

钵　1件。为A型。

标本H43：26，粗泥质红陶，胎体呈灰色。敛口，圆唇，上腹略鼓，仅存口沿及上腹。素面。内壁留有轮修痕。口径17.8、残高6.9、壁厚0.7厘米（图5-87，2）。

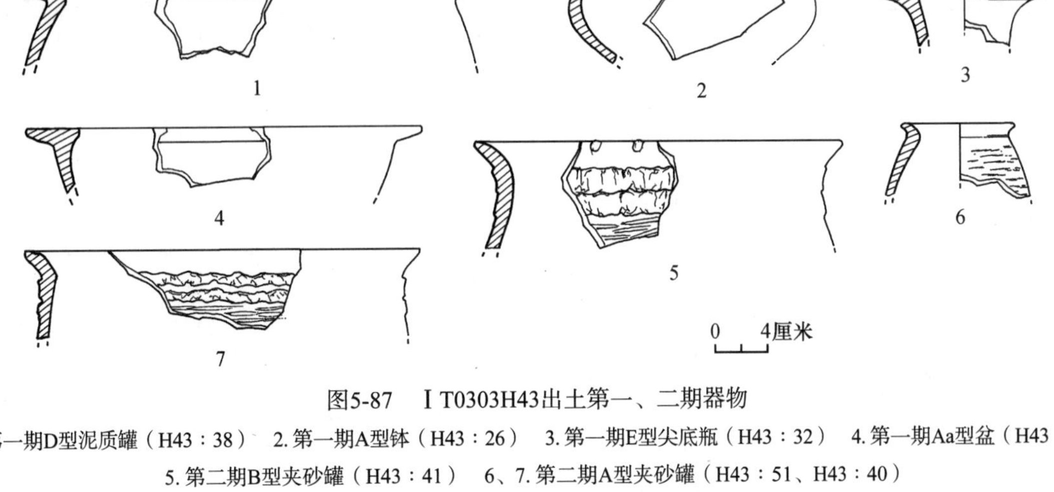

图5-87　Ⅰ T0303H43出土第一、二期器物

1. 第一期D型泥质罐（H43：38）　2. 第一期A型钵（H43：26）　3. 第一期E型尖底瓶（H43：32）　4. 第一期Aa型盆（H43：31）
5. 第二期B型夹砂罐（H43：41）　6、7. 第二期A型夹砂罐（H43：51、H43：40）

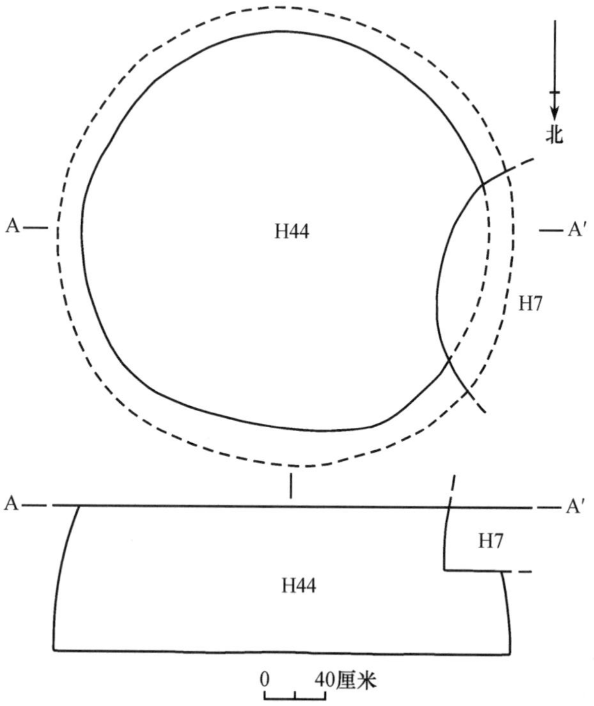

图5-88　Ⅰ T0202H44平、剖面图

21. Ⅰ T0202H44

H44位于Ⅰ T0202北部偏东，开口于③层下，被H7打破。袋状坑，坑口平面呈圆形，坑壁外弧，平底。坑口距地表深175厘米，坑口直径260、坑底直径295、深92厘米（图5-88；图版五五，1）。

坑内填土灰色，土质疏松。文化遗物有陶器和骨器。

（1）陶器　属于本期的陶片共139片，总重8234克。以粗泥质灰陶为主，夹细砂灰陶次之。器表装饰以绳纹和磨光+弦纹+篮纹为主，篮纹次之，另有少量磨光、磨光+弦纹、绳纹+篮纹等（表5-25）。经分类和拼对，共有43件个体，可辨器形有鬲、斝、无耳罐、壶、豆、环等典型的客省庄文化遗物。此外，本单位还出土夹砂深腹罐、尖底瓶、夹砂罐、瓮、盆、钵等庙底沟二期文化和仰韶文化遗物（图5-89、图5-90、表5-26、表5-27）。

表5-25　Ⅰ T0202H44陶系统计表

陶质	粗泥质陶	夹细砂陶		夹粗砂陶	合计	百分比（%）
器表装饰＼陶色	灰	红	灰	灰		
素面	5/281			2/96	7/377	5.04/4.58
磨光	4/144		2/60		6/204	4.31/2.48
篮纹	10/627	1/128	5/453	3/255	19/1463	13.67/17.77
绳纹			26/1532	8/458	34/1990	24.46/24.17
磨光+篮纹	4/210		9/469		13/679	9.35/8.25
磨光+弦纹	1/62				1/62	0.72/0.75
绳纹+篮纹			6/416	10/724	16/1140	11.51/13.84
绳纹+弦纹			2/266		2/266	1.44/3.23
磨光+弦纹+篮纹	34/1778				34/1778	24.46/21.59
附加堆纹+按压纹			7/275		7/275	5.04/3.34
合计	58/3102	1/128	57/3471	23/1533	139/8234	
百分比（%）	41.72/37.67	0.72/155	41.01/42.16	16.54/18.62		100/100

注：百分比相关的行、列外，“/”前统计的数据为片数，单位为个；“/”后统计的数据为质量，单位为克。

表5-26　ⅠT0202H44第三期陶器器形统计表（1）

陶质	粗泥质陶	夹细砂陶		夹粗砂陶	合计	百分比（%）
陶色 / 器类	灰	红	灰	灰		
无耳罐	2		1	1	4	9.30
瓮	1				1	2.33
壶	11		5	1	17	39.53
豆	1				1	2.33
鬲			10	5	15	34.88
斝		1		3	4	9.30
残陶片	1				1	2.33
合计	16	1	16	10	43	
百分比（%）	37.21	2.33	37.21	23.25		100

表5-27　ⅠT0202H44第三期陶器器形统计表（2）

器类 / 器表装饰	瓮	壶	豆	鬲	斝	无耳罐	残陶片	合计	百分比（%）
素面		2	1			3		6	13.95
磨光		2						2	4.65
篮纹		6			4		1	11	25.58
绳纹				12		1		13	30.23
磨光+篮纹	1	4						5	11.62
磨光+弦纹		1						1	2.33
篮纹+绳纹				2				2	4.65
绳纹+弦纹				1				1	2.33
磨光+弦纹+篮纹		1						1	2.33
附加堆纹+按压纹		1						1	2.33
合计	1	17	1	15	4	4	1	43	
百分比（%）	2.33	39.53	2.33	34.88	9.30	9.30	2.33		100

鬲　7件。

A型　1件。

标本H44：10，夹细砂灰陶。侈口，方唇，高领，袋足较肥，足跟圆钝，窄弧裆，口沿及袋足上部置一竖向宽扁桥形把手。领部饰横向粗篮纹，把手表面饰杂乱绳纹，上腹及袋足饰竖向中绳纹，裆部饰交错粗绳纹，内壁可见反绳纹。器表可见烟炱痕，口沿内侧可见明显轮修痕。口径24.0、高36.0、壁厚0.4厘米（图5-89，1）。

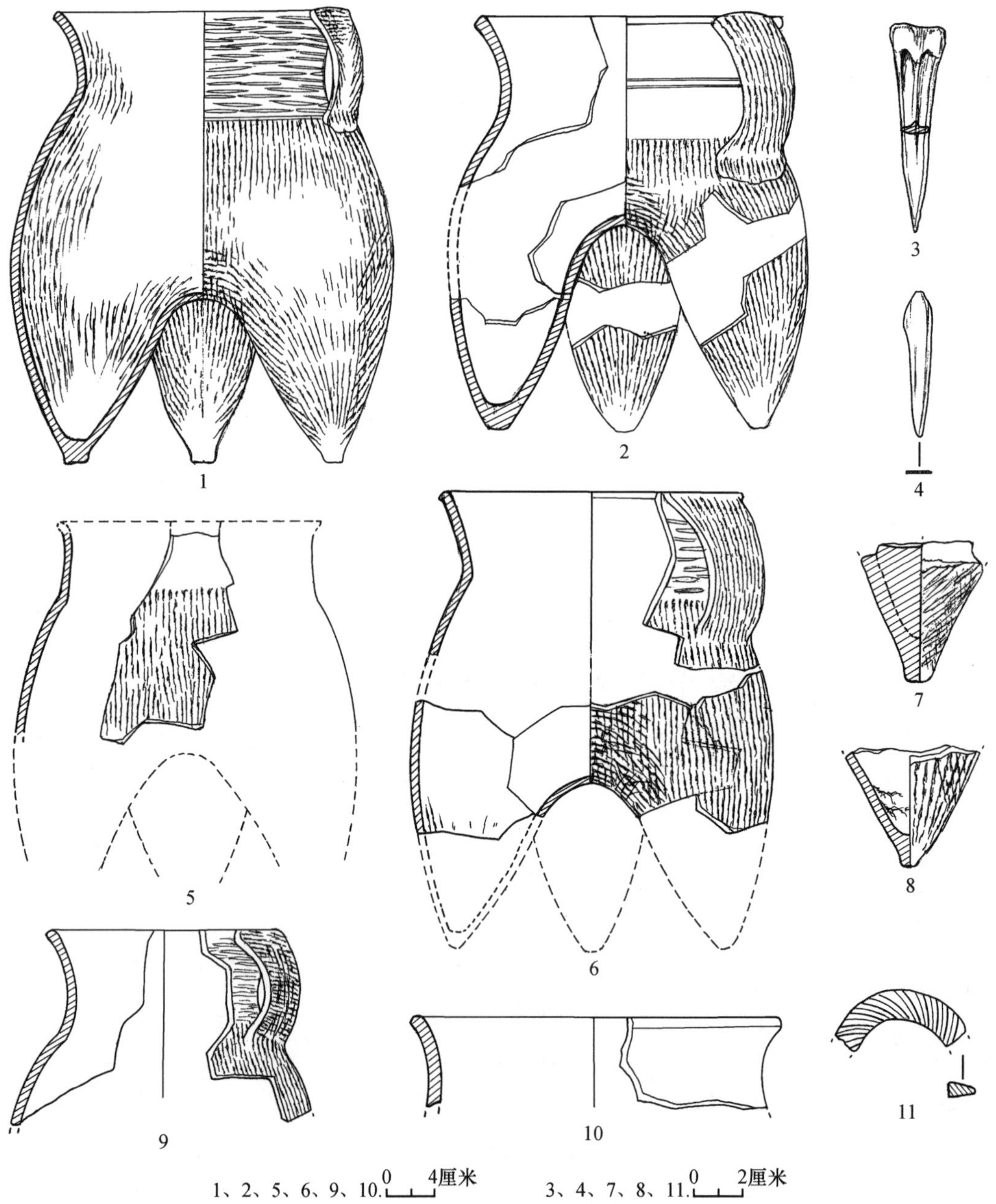

图5-89　Ⅰ T0202H44出土第三期陶器、骨器

1. A型鬲（H44：10）　2、5、6、9. B型鬲（H44：15、H44：81、H44：11、H44：14）　3. 骨锥（H44：1）　4. B型骨镞（H44：3）　7. 斝（H44：35）　8. 鬲（H44：40）　10. D型鬲（H44：12）　11. B型环（H44：2）

B型　4件。

标本H44：11，夹细砂灰陶。侈口，圆唇，高领，袋足较瘦，裆部略宽，口沿及袋足上部置一宽扁的竖向桥形把手，部分口沿及袋足残。领部饰横向中篮纹，把手表面和足部饰竖向绳纹，裆部饰较深的交错绳纹。口沿内侧可见明显轮修痕。口径24.0、复原后高37.0、壁厚0.3厘米（图5-89，6）。

标本H44：14，夹细砂灰陶。侈口，方唇，高领，袋足上部外弧，口沿外侧置一竖向宽扁桥形把手，仅存口沿及袋足上部。领部饰较浅的横向粗篮纹，把手表面饰交错中绳纹，袋足饰竖向中绳纹。领部内外壁可见明显轮修痕。口径18.0、残高13.7、壁厚0.3厘米（图5-89，9）。

标本H44：15，夹细砂灰陶。侈口，方唇，高领，袋足较瘦，窄弧裆，口沿外侧置一竖向宽扁桥形把手，部分口沿及袋足残。领部饰两周凹弦纹，把手及袋足饰竖向中绳纹，裆部饰交错绳纹。口径20.0、复原后高33.5、壁厚0.3厘米（图5-89，2）。

标本H44：81，夹细砂灰陶。高领，仅存部分领部和袋足上部残片。领部素面，袋足饰竖向中绳纹，内壁可见反绳纹痕迹。器表可见烟炱痕。残高17.0、壁厚0.5厘米（图5-89，5）。

D型　1件。

标本H44：12，夹粗砂灰陶。侈口，圆唇，高领略束，仅存口沿及领部。领部素面。内外壁可见明显轮修痕。口径28.0、残高7.2、壁厚0.9厘米（图5-90，10）。

另有足部残片1件。

标本H44：40，粗泥质灰陶。锥状空足。器表饰竖向中绳纹。残高4.8、壁厚0.4厘米（图5-89，8）。

斝　1件。为袋足残片。

标本H44：35，夹粗砂灰陶。锥状足尖，内部有泥芯。器表饰左斜向粗篮纹。残高5.5厘米（图5-89，7）。

壶　6件。

A型　3件。

Aa型　2件。

标本H44：27，夹细砂灰陶。斜折肩，肩腹折棱明显，深弧腹，平底，口沿及肩部残。肩部磨光，腹部饰横向粗篮纹。底径9.1、残高21.6、壁厚0.5、底厚0.7厘米（图5-90，3）。

标本H44：28，粗泥质灰陶。侈口，圆唇，束颈，斜折肩，肩腹折棱明显，腹向下斜收，平底，部分肩部和腹部残。颈部素面，颈肩交接处饰一周凹弦纹，肩部磨光，腹部饰横向粗篮纹。口径16.0、肩径26.4、底径10.6、复原后高38.2、壁厚0.3厘米（图5-90，2）。

Ab型　1件。

标本H44：9，粗泥质灰陶。束颈，斜折肩，肩腹折棱较圆钝，腹向下斜收，平底，口沿及部分腹部残。颈部素面，颈肩交接处饰一周凹弦纹，肩部磨光，腹部饰横向中篮纹，底部压印中篮纹。肩径24.6、底径10.0、残高39.0、壁厚0.4、底厚0.5厘米（图5-90，1；图版六一，2）。

另有口部及腹底残片3件。

标本H44：33，粗泥质灰陶。侈口，束颈，仅存口沿及颈部。口沿内部及器表磨光。口部可见明显轮修痕。口径14.8、残高8.5、壁厚0.5厘米（图5-90，7）。

标本H44：25，粗泥质灰陶。下腹弧收，平底微凹，仅存下腹及底。下腹饰横向粗篮纹。底径12、残高6.8、壁厚0.5、底厚0.5厘米（图5-90，8）。

标本H44：29，粗泥质灰陶。下腹斜收，平底，仅存下腹及底。器表饰较浅的篮纹。底径10.0、残高12.5、壁厚0.4、底厚0.5厘米（图5-90，5）。

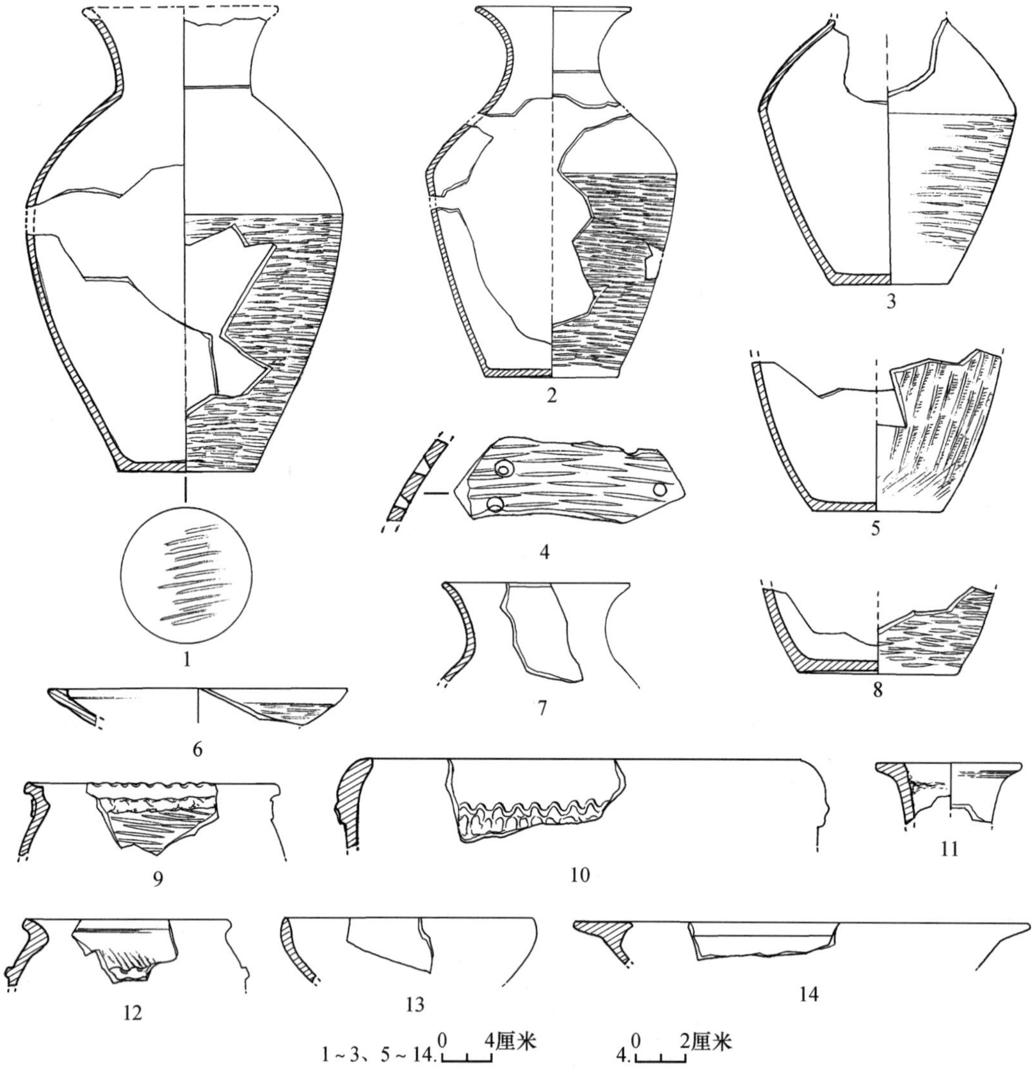

图5-90　Ⅰ T0202H44出土陶器

1. 第三期Ab型壶（H44：9）　2、3. 第三期Aa型壶（H44：28、H44：27）　4. 陶器残片（H44：32）　5、7、8. 第三期壶（H44：29、H44：33、H44：25）　6. 第三期豆（H44：7）　9. 第二期A型夹砂罐（H44：13）　10. 第一期A型瓮（H44：16）　11. 第一期E型尖底瓶（H44：18）　12. 第一期Aa型夹砂罐（H44：17）　13. 第一期B型钵（H44：6）　14. 第一期Aa型盆（H44：5）

豆　1件。为豆盘残片。

标本H44：7，粗泥质灰陶。敞口，尖唇，浅斜腹。器表素面，内壁磨光。内外壁可见明显轮修痕。口径24.0、残高2.7、壁厚0.7厘米（图5-90，6）。

陶器残片　1件。

标本H44：32，细泥质灰陶。器壁对钻三小孔，其中一孔残。器表饰横向粗篮纹，内壁磨光。残长9.2、残宽3.0、厚0.4厘米（图5-90，4）。

环　1件。为B型。

标本H44：2，细泥质灰陶。器体扁平，内侧面平直，外侧面斜弧，残半。通体磨光，器表压印斜向线纹。内径4.0、外径6.0、厚0.6厘米（图5-89，11；图版七二，6）。

（2）骨器

骨锥 1件。

标本H44：1，器体扁平，顶端为关节头，另一端为劈裂骨片磨制出的锥状尖。器体可见骨管内壁。器表经打磨，多被杂质所覆盖。长7.8、宽2.2、壁厚0.2厘米，重8克（图5-89，3；图版八一，1）。

骨镞 1件。为B型。

标本H44：3，片状，一端打磨出三角状尖，另一端斜收，尖及一侧面略残。器表磨光，一面可见斜向磨痕。残长5.8、最宽1.2、厚0.1厘米，重1克（图5-89，4；图版八三，4）。

本单位发现庙底沟二期遗物仅有1件夹砂深腹罐。

夹砂罐 1件。为A型。

标本H44：13，夹粗砂灰陶。敛口，多折沿，圆唇，上腹微弧，仅存口沿及上腹。上腹饰右斜向粗篮纹，唇部压印波浪状花边，沿下加固一周附加堆纹，堆纹上留有压印痕。口径16.0、残高5.7、壁厚0.4厘米（图5-90，9）。

本单位发现仰韶晚期遗物，共计5件，可辨器形有尖底瓶、夹砂罐、瓮、盆和钵。

尖底瓶 1件。为E型。

标本H44：18，粗泥质红陶。微侈口，平折沿，圆唇，束颈，仅存口沿及颈上部。素面。口沿可见明显轮修痕，器表可见少量烟炱痕。内口径8.0、外口径12.0、沿宽2.0、残高4.8、壁厚0.4厘米（图5-90，11）。

夹砂罐 1件。为Aa型。

标本H44：17，夹粗砂红陶。敛口，斜折沿，圆唇，上腹微鼓，仅存口沿及上腹。沿上饰一周凹弦纹，上腹饰右斜向中绳纹，绳纹上置鸡冠鋬。口沿留有轮修痕。口径16.0、残高4.3、壁厚0.4厘米（图5-90，12）。

瓮 1件。为A型。

标本H44：16，夹粗砂灰陶。敛口，厚圆唇，上腹较直，仅存口沿及上腹。沿下加固一周附加堆纹，堆纹上留有戳印纹。口部可见明显轮修痕。口径34.5、残高7.5、壁厚0.8厘米（图5-90，10）。

盆 1件。为Aa型。

标本H44：5，粗泥质红陶。平折沿，内沿折棱凸出形成内敛口，圆唇，上腹斜直，仅存口沿及上腹。素面。器表可见明显轮修痕。内口径27.0、外口径36.0、沿宽4.5、残高2.4、壁厚0.5厘米（图5-90，14）。

钵 1件。为B型。

标本H44：6，细泥质红陶。直口微侈，尖圆唇，上腹较直，下腹斜收，仅存口沿及上腹。素面。内壁可见轮修痕。口径20.0、残高5.0、壁厚0.5厘米（图5-90，13）。

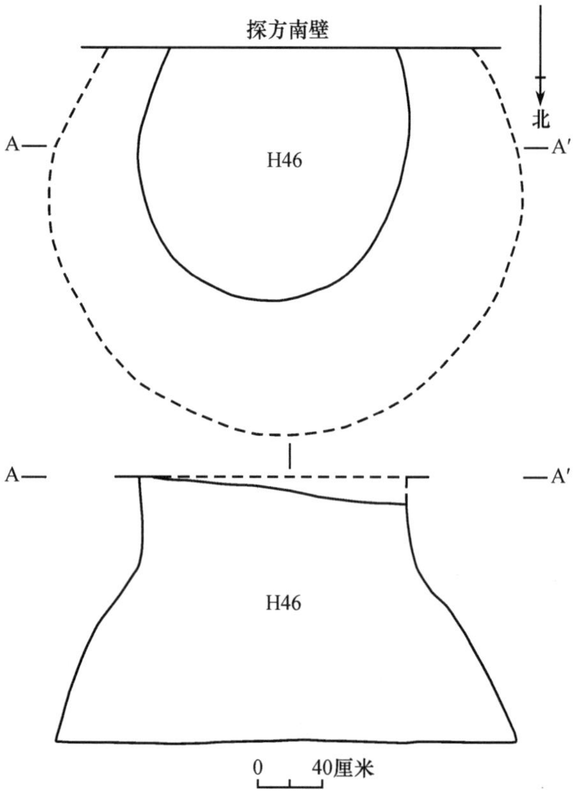

图5-91　ⅠT0302H46平、剖面图

22. ⅠT0302H46

H46位于ⅠT0302南部，开口于④层下，打破H88。袋状坑，坑口和坑底平面圆形，坑口以下的三分之一坑壁上段较直，然后急剧外弧，平底。坑口距地表深285厘米，坑口直径165、坑底直径284、深160厘米（图5-91；图版五五，2）。

坑内填土为灰褐色，土质松软。文化遗物有陶器。

陶器　属于本期的陶片共25片，总重1282克。以粗泥质灰陶为主，夹粗砂灰陶次之。器表装饰以篮纹为主，磨光次之，另有少量绳纹、磨光+篮纹、弦纹+戳印。经分类和拼对，共有15件个体，可辨器形有带流盆、豆等典型的客省庄文化遗物。此外，本单位还出土尖底瓶、夹砂罐、盆、盘等庙底沟二期文化和仰韶文化遗物（图5-92）。

带流盆　1件。

标本H46：20，粗泥质灰陶。仅存鸟喙状流。素面。器表可见刮抹痕。复原后口径43.4、残高12.3、壁厚1.4厘米（图5-92，9）。

豆　2件。为豆柄、豆盘残片。

标本H46：1，细泥质灰陶。仅存豆柄下段，呈喇叭状，近底处外撇。器表磨光，内壁素面。器表留有轮修痕。柄底径22.4、残高3.8厘米（图5-92，2）。

标本H46：18，粗泥质灰陶。为豆盘残片，敞口略外撇，方唇，斜弧腹。器表素面，盘内磨光。口径22.5、残高5.2、壁厚1.2厘米（图5-92，1）。

本单位出土庙底沟二期遗物，共计2件，可辨器形有盆和盘。

盆　1件。为A型。

标本H46：12，细泥质灰陶。斜折沿，内沿折棱凸出形成内敛口，圆唇，仅存口沿及上腹。器表素面，内壁磨光。口沿外侧轮修痕明显。口径18.2、残高3.8厘米（图5-92，10）。

盘　1件。为B型。

标本H46：22，夹粗砂灰陶。敛口，斜弧腹，腹壁向下外张，大平底微内凹。器表饰右斜向中篮纹，内壁有戳印痕。器表可见烟炱痕。底径33.8、残高4.1、壁厚2.1～4.1、底厚3.9厘米（图5-92，5）。

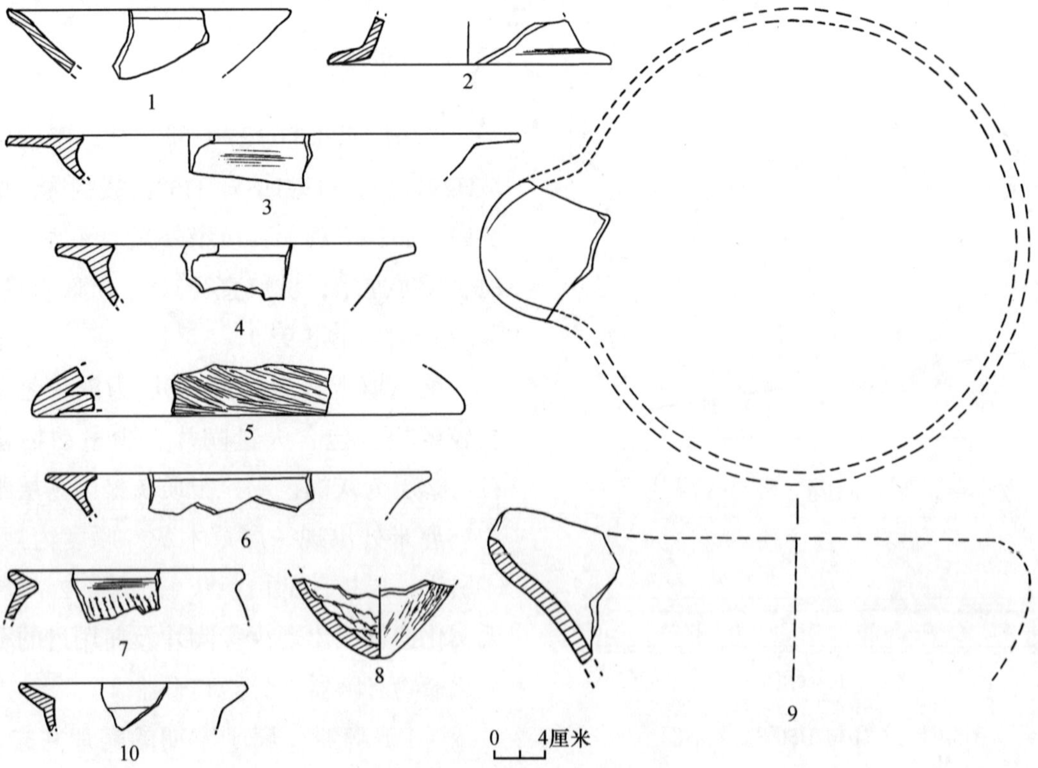

图5-92　Ⅰ T0302H46出土陶器

1、2. 第三期豆（H46：18、H46：1）　3、4、6. 第一期Aa型盆（H46：2、H46：6、H46：5）　5. 第二期B型盘（H46：22）　7. 第一期Aa型夹砂罐（H46：8）　8. 第一期尖底瓶（H46：19）　9. 第三期带流盆（H46：20）　10. 第二期A型盆（H46：12）

本单位出土仰韶晚期遗物，共计5件，可辨器形有尖底瓶、夹砂罐和盆。

尖底瓶　1件。为底部残片。

标本H46：19，粗泥质灰陶。乳状尖底。器表饰竖向线纹。内壁可见泥条盘筑痕。残高6.3、壁厚1.2厘米（图5-92，8）。

夹砂罐　1件。为Aa型。

标本H46：8，夹细砂灰陶。敛口，斜折沿，圆唇，上腹外弧，仅存口沿及上腹。上腹饰右斜向中绳纹。口径18.8、残高4.1、壁厚0.9厘米（图5-92，7）。

盆　3件。为Aa型。

标本H46：2，细泥质红陶，胎体呈灰色。平折沿，内沿折棱凸出形成内敛口，圆唇，斜弧腹，仅存口沿及上腹。素面。器表留有刮抹痕，内壁有轮修痕。内口径28.4、外口径40.8、沿宽6.2、残高4.0、壁厚0.8厘米（图5-92，3）。

标本H46：5，粗泥质灰陶。平折沿，内沿折棱凸出形成内敛口，圆唇，仅存口沿。素面。内壁有刮抹痕。内口径22.4、外口径30.6、沿宽4.1、残高3.2、壁厚0.6厘米（图5-92，6）。

标本H46：6，粗泥质灰陶，胎体呈灰色。平折沿，内沿折棱凸出形成内敛口，方唇，上腹弧收，仅存口沿及上腹。素面。内壁有轮修痕。内口径 19.0、外口径28.4、沿宽4.7、残高4.6、壁厚1.0厘米（图5-92，4）。

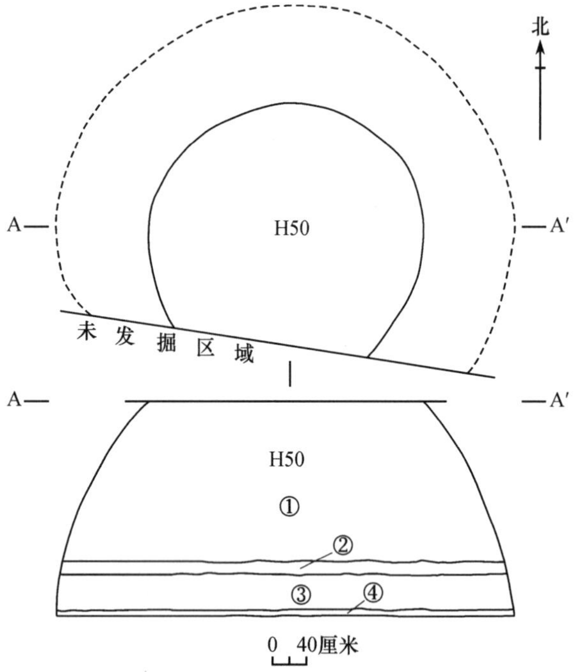

图5-93　ⅠT0307H50平、剖面图

23. ⅠT0307H50

H50位于ⅠT0307中部。开口于③层下，被H29打破，打破H64、H69。袋状坑，坑口、坑底平面均呈圆形，坑壁外弧，平底。坑口距地表深90厘米，坑口直径318、坑底直径530、深240厘米（图5-93）。

坑内填土分为4层。①层为深灰色土，土质较疏松，包含大量陶片、少量动物骨及炭粒。②层为灰褐色土，土质疏松。③层距下层约15厘米处出现一层草木灰，厚度约5厘米。④层为一层极薄的白色灰土，厚约2～5厘米，无文化遗物，出现少量陶片及使用过的石料。文化遗物有陶器、骨器和石器。

（1）陶器　属于本期的陶片共323片，总重15633克。以夹细砂灰陶为主，粗泥质灰陶次之，器表装饰以绳纹为主，篮纹次之，另有少量磨光、弦纹、按压纹、方格纹、磨光+篮纹、磨光+弦纹、篮纹+弦纹、绳纹+小圆泥饼、弦纹+小圆泥饼+附加堆纹+按压纹等（表5-28）。经分类和拼对，共有84件个体，可辨器形有鬲、斝、无耳罐、壶、器盖等典型的客省庄文化遗物。此外，本单位还出土夹砂深腹罐、尖底瓶、夹砂罐、瓮、盆等庙底沟二期文化和仰韶晚期文化遗物（图5-94、图5-95、图5-96、图5-97、表5-29、表5-30）。

鬲　8件。

A型　2件。

标本H50：3，夹细砂灰陶。侈口，圆唇，高领较直，宽弧裆，袋足较肥，锥状足尖，口沿及袋足上部置一竖向宽扁桥形把手。领部素面，把手及袋足均饰竖向绳纹，裆部饰横向粗绳纹。袋足外壁明显可见烟炱痕。口径17.8、体宽32.7、高36.2、壁厚0.8、把手宽4.2厘米（图5-94，1；图版五七，2）。

标本H50：1，夹细砂灰陶。侈口，圆唇，高领，窄弧裆，袋足较肥，足跟较高，口沿及袋足上部置一竖向宽扁桥形把手。领部素面，把手表面饰杂乱绳纹，上腹及袋足饰竖向绳纹，裆部饰横向绳纹，内壁隐约可见反绳纹。器表可见烟炱痕，下端与袋足相接处贴泥并多次拍压。口径23.0、体宽32.4、高38.2、壁厚0.6、把手宽5.1厘米（图5-94，2；图版五七，1）。

表5-28　ⅠT0307H50陶系统计表

陶质	细泥质陶	粗泥质陶		夹细砂陶		夹粗砂陶	合计	百分比（%）
器表装饰＼陶色	灰	黑	灰	红	灰	灰		
素面	2/55		3/118		3/81	4/97	12/351	3.71/2.25
磨光	4/185	3/51	12/396		9/376		28/1008	8.67/6.45
篮纹	1/36		31/1460	10/1096	28/1111	11/534	81/4237	25.08/27.10
绳纹				2/94	78/3798	19/1205	99/5097	30.65/32.60
弦纹			1/12				1/12	0.31/0.08
戳印纹						1/68	1/68	0.31/0.43
磨光+篮纹			35/1235		5/199		40/1434	12.38/9.17
磨光+弦纹		3/217	6/151		1/74		10/442	3.10/2.83
磨光+弦纹+戳印纹			1/52				1/52	0.31/0.33
磨光+弦纹+刻划纹			1/68				1/68	0.31/0.43
磨光+弦纹+篮纹			13/821				13/821	4.02/5.25
弦纹+绳纹					1/40		1/40	0.31/0.26
弦纹+小圆泥饼+附加堆纹+按压纹					5/338		5/338	1.55/2.16
篮纹+弦纹						1/95	1/95	0.31/0.61
方格纹					1/42		1/42	0.31/0.27
绳纹+小圆泥饼					28/1528		28/1528	8.67/9.78
合计	7/276	6/268	103/4313	12/1190	159/7587	36/1999	323/15633	
百分比（%）	2.17/1.77	1.86/1.71	31.89/27.59	3.71/7.61	49.23/48.53	11.14/12.79		100/100

注：百分比相关的行、列外，“/”前统计的数据为片数，单位为个；“/”后统计的数据为质量，单位为克。

表5-29　ⅠT0307H50第三期陶器器形统计表（1）

陶质	细泥质陶	粗泥质陶		夹细砂陶		夹粗砂陶	合计	百分比（%）
器类＼陶色	灰	黑	灰	红	灰	灰		
小罐			1				1	1.19
无耳罐				1	3	1	5	5.95
瓮			2		1		3	3.57
壶	2	1	19		18	1	41	48.81
豆			1				1	1.19
器盖	1	1	2			1	5	5.95
鬲					10	7	17	20.24
斝					2	5	7	8.34
窖穴盖				4			4	4.76
合计	3	2	25	5	34	15	84	
百分比（%）	3.57	2.38	29.76	5.95	40.48	17.86		100

表5-30　Ⅰ T0307H50第三期陶器器形统计表（2）

器类 / 器表装饰	小罐	瓮	壶	豆	器盖	鬲	斝	窖穴盖	无耳罐	合计	百分比（%）
素面			3		1				2	6	7.15
磨光	1	2	9		1					13	15.48
篮纹			17				5	4	1	27	32.14
绳纹						16			1	17	20.24
按压纹					1					1	1.19
磨光+篮纹			8							8	9.52
磨光+弦纹			3	1	1					5	5.95
磨光+弦纹+刻划纹					1					1	1.19
磨光+弦纹+戳印纹			1							1	1.19
磨光+弦纹+篮纹		1								1	1.19
弦纹+小圆泥饼+附加堆纹+按压纹							1			1	1.19
弦纹+绳纹						1		1		1	1.19
绳纹+小圆泥饼						1				1	1.19
篮纹+弦纹							1			1	1.19
合计	1	3	41	1	5	18	7	4	4	84	
百分比（%）	1.19	3.57	48.81	1.19	5.95	21.43	8.34	4.76	4.76		100

B型　2件。

标本H50：2，夹细砂灰陶。侈口，圆唇，高领，口沿及袋足上部置一竖向宽扁桥形把手，仅存口沿及袋足上部。领部素面，把手及上腹饰竖向中绳纹，裆部饰横向中绳纹。口部留有轮修痕。口径14.8、残高19.3、壁厚0.6、把手宽4.5厘米（图5-94，3）。

标本H50：5，夹粗砂灰陶。侈口，圆唇，高领，袋足上部外鼓，口沿及袋足上部置一竖向宽扁桥形把手，仅存口沿及袋足上部。领下部饰一周凹弦纹，领部素面，把手及袋足均饰竖向中绳纹，耳根部与器壁连接痕迹明显，内壁可见反绳纹。残高11.2、壁厚0.6、把手宽4.1厘米（图5-94，4）。

C型　1件。

标本H50：7，夹细砂灰陶。侈口，方唇，高领，口沿及袋足上部置一竖向宽扁桥形把手，仅存口沿及袋足上部。领下部饰一周凹弦纹，把手及袋足饰竖向中绳纹。口径12.3、残高8.3、壁厚0.6、把手宽2.8厘米（图5-94，9）。

另有足部残片3件。

标本H50：24，夹细砂灰陶。锥状空足，足跟圆钝。器表饰竖向中绳纹。残高7.6、壁厚0.7厘米（图5-94，11）。

标本H50：26，夹细砂灰陶。锥状空足。器表饰交错中绳纹，纹痕较深。残高10.0、壁厚

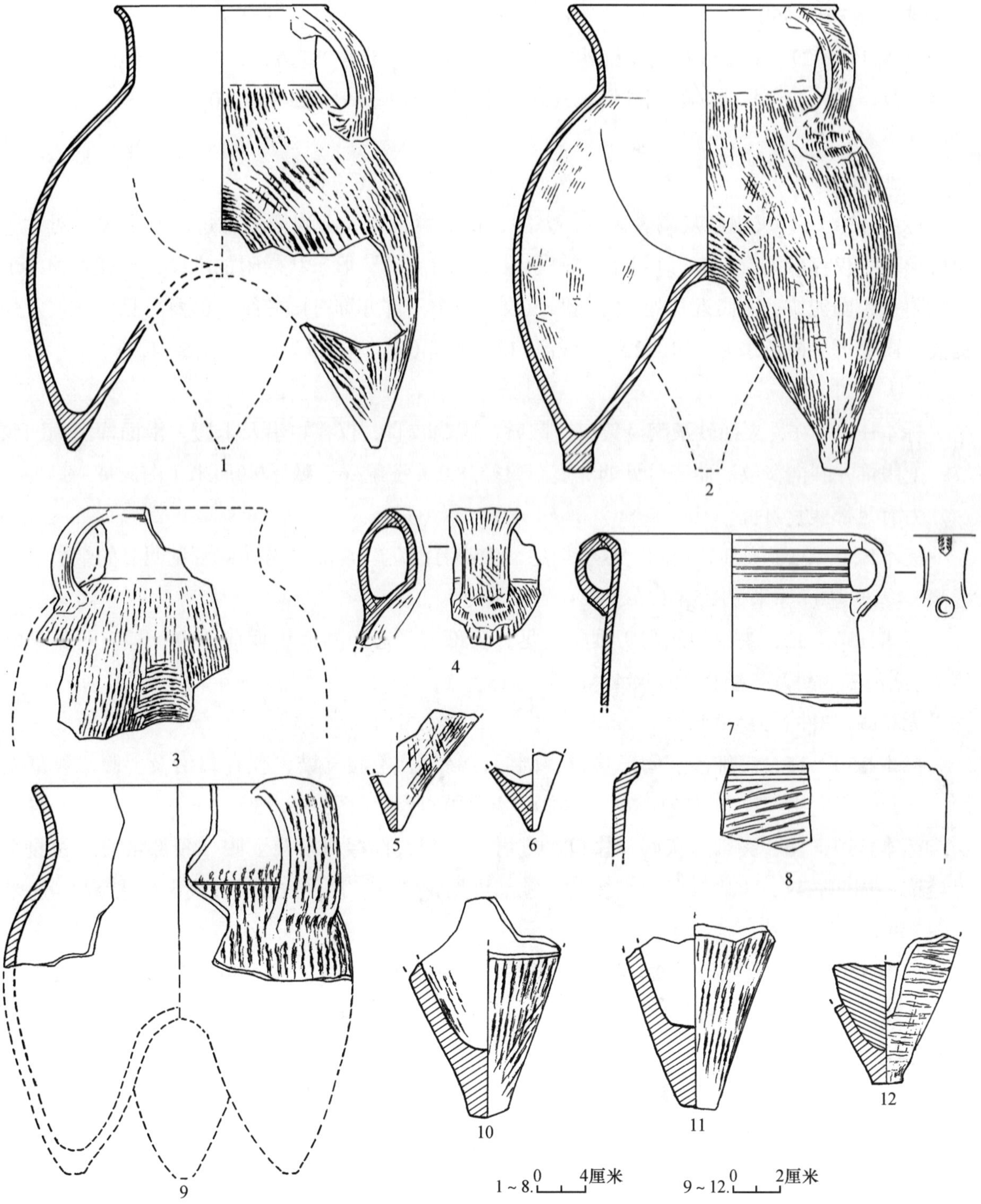

图5-94　ⅠT0307H50出土第三期陶器（1）

1、2. A型鬲（H50：3、H50：1）　3、4. B型鬲（H50：2、H50：5）　5、10、11. 鬲（H50：26、H50：27、H50：24）
6、12. 斝（H50：23、H50：42）　7. A型斝（H50：6）　8. F型斝（H50：46）　9. C型鬲（H50：7）

0.8厘米（图5-94，5）。

标本H50：27，夹细砂灰陶。锥状空足，足跟圆钝。器表饰左斜向和竖向中绳纹，内壁可见反绳纹。内外壁可见明显的烟炱痕。残高9.1、壁厚0.8厘米（图5-94，10）。

斝　4件。

A型　1件。

标本H50：6，夹细砂灰陶。侈口，方唇，筒形腹较宽，上腹微弧，口沿及上腹置对称竖向桥形耳，仅存口沿及上腹。耳上部饰一小段按压成“〉”形条状的附加堆纹，形如麦穗，下部贴附一小圆泥饼，上腹近耳处饰六周凹弦纹，腹中下部亦饰有凹弦纹。器身可见刮抹痕及烟炱痕，内壁可见白色水垢。口径22.2、残高14.0、壁厚0.7、耳宽3.7厘米（图5-94，7）。

F型　1件。

标本H50：46，夹细砂灰陶。敛口，圆唇，腹壁较直，仅存口沿及上腹。沿面饰三周凹弦纹，上腹饰左斜向篮纹。器表可见烟炱痕。口径28.0、残高7.6、壁厚0.9厘米（图5-94，8）。

另有足部残片2件。

标本H50：23，夹细砂灰陶。锥状空足，尖部有泥芯。素面。内外壁可见明显的烟炱痕。残高6.4、壁厚0.8厘米（图5-94，6）。

标本H50：42，夹细砂灰陶。锥状空足，尖部有泥芯。器表饰横向篮纹。器表可见烟炱痕。残高6.2、壁厚0.5厘米（图5-94，12）。

无耳罐　3件。为Aa型。

标本H50：15，夹细砂灰陶。侈口，圆唇，高领，上腹外鼓，仅存口沿及上腹。领部素面，上腹饰竖向中绳纹。口径16.6、残高8.6、壁厚0.8厘米（图5-95，3）。

标本H50：16，夹细砂灰陶。侈口，方唇，高领，仅存口沿及上腹。颈部素面，领腹交界处饰一周凹弦纹，上腹饰竖向细绳纹。领部可见轮修痕。口径16.5、残高6.7、壁厚1.0厘米（图5-95，1）。

标本H50：83，夹细砂灰陶。侈口，方唇，高领，上腹外弧，仅存口沿及上腹。唇部饰一周凹弦纹，领部素面，上腹饰竖向中绳纹。口径16.7、残高7.4、壁厚0.9厘米（图5-95，2）。

小罐　1件。为B型。

标本H50：45，细泥质灰陶。敛口，斜折沿，沿面内凹，圆唇，斜肩，折腹，仅存口沿及上腹。器表磨光。口径6.1、残高5.7、壁厚0.5厘米（图5-95，11；图版六〇，6）。

瓮　1件。为A型。

标本H50：14，夹细砂灰陶。敛口，方唇，斜折肩，上腹较直，肩腹折棱处置一对横长方形鋬，下腹及底残。器表磨光，腹部饰三道凹弦纹。唇部有整齐的切割痕。口径24.2、肩径39.6、残高15.9、壁厚0.8厘米（图5-95，13）。

豆　1件。为柄部下段残片。

标本H50：74，粗泥质灰陶。柄下段呈喇叭状，近底处外撇。器表磨光，其上饰一周凹弦纹。柄底径18.7、残高5.6、壁厚1.0厘米（图5-95，9）。

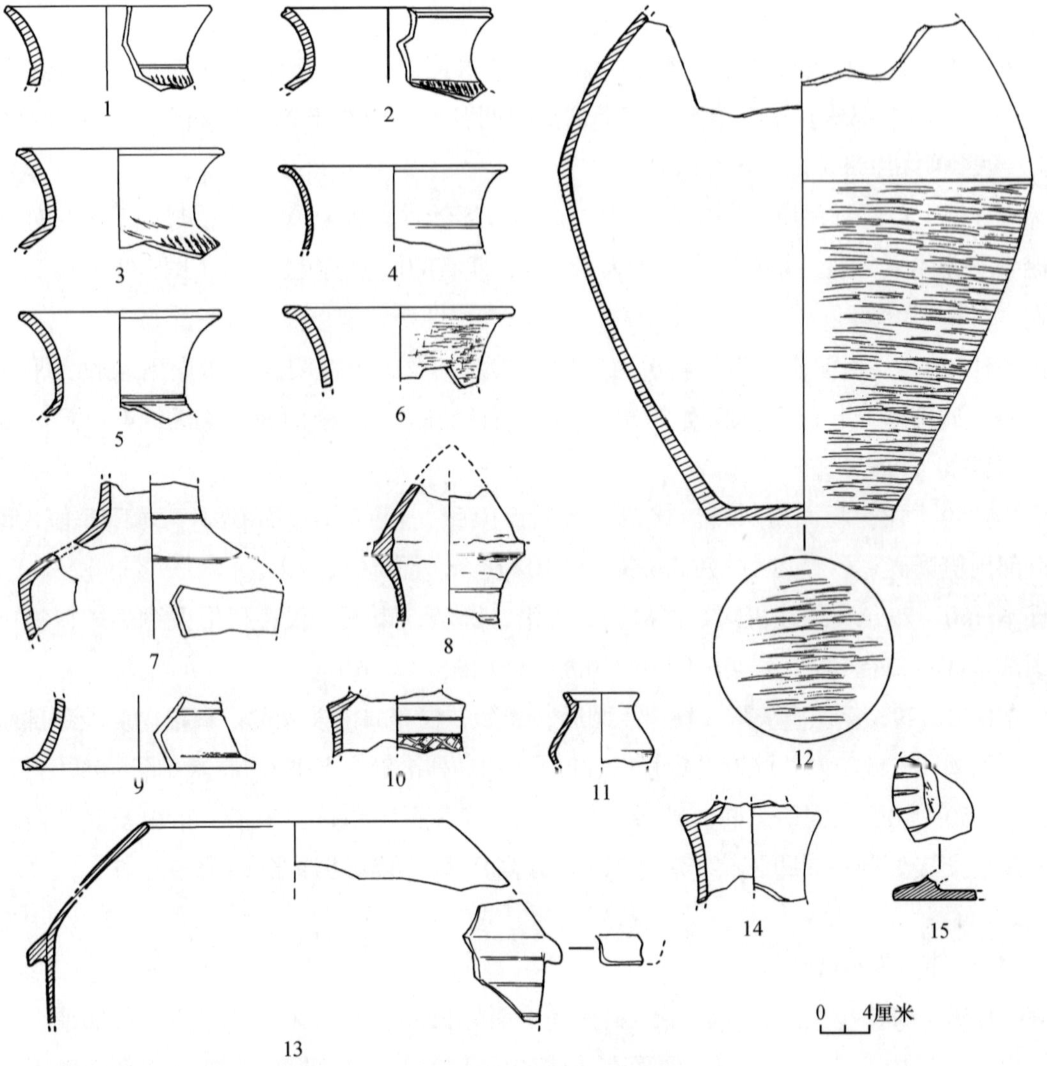

图5-95　Ⅰ T0307H50出土第三期陶器（2）

1～3. Aa型无耳罐（H50：16、H50：83、H50：15）　4～7、12. A型壶（H50：18、H50：29、H50：22、H50：80、H50：4）　8. Bb型器盖（H50：13）　9. 豆（H50：74）　10、14. Ba型器盖（H50：31、H50：32）　11. B型小罐（H50：45）　13. A型瓮（H50：14）　15. Aa型器盖（H50：70）

器盖　4件。

Aa型　1件。

标本H50：70，夹粗砂灰陶。圆饼形盖体，桥形捉手残。盖体与捉手连接处有戳印纹。盖底外缘可见一圈整齐的烟炱痕。残高6.8、壁厚0.7厘米（图5-95，15）。

Bb型　1件。

标本H50：13，粗泥质黑皮陶。器体中空，捉手上部呈圆锥状，下接亚腰筒形座，尖顶及盖体残。捉手上部磨光，筒形座上部素面，下部磨光，中部饰两周凹弦纹。残高10.8、顶壁厚0.8、柄壁厚0.5厘米（图5-95，8）。

E型　2件。

标本H50：31，粗泥质灰陶。器体中空，形似摇铃钟，喇叭状盖体，与捉手衔接处形成折棱，捉手及盖体下部残。器表磨光，其上饰两周凹弦纹，弦纹下饰菱形刻划纹。最大径11.2、残高5.2、壁厚0.6厘米（图5-95，10）。

标本H50：32，细泥质灰陶。器体中空，形似摇铃钟，喇叭状盖体，与捉手衔接处形成折棱，捉手及盖体下部残。器表磨光。最大径11.2、残高8.0、壁厚0.8厘米（图5-95，14）。

壶　5件。为A型。

标本H50：4，粗泥质灰陶。斜折肩，肩面微弧，肩腹折棱明显，腹向下斜收，平底，口沿及颈残。肩部磨光，腹部及底面饰横向篮纹。肩径38.0、底径14.8、残高39.4、壁厚0.6～1.0厘米（图5-95，12）。

标本H50：18，粗泥质灰陶。侈口，圆唇，束颈，仅存口沿及颈部。颈下部饰一周凹弦纹，口部内侧磨光。口径18.1、残高6.6、壁厚0.5厘米（图5-95，4）。

标本H50：22，夹细砂灰陶。侈口，平折沿，圆唇，束颈，仅存口沿及颈部。口沿内侧磨光，颈部素面。口径18.4、残高6.4、壁厚0.8厘米（图5-95，6）。

标本H50：29，粗泥质灰陶。侈口，圆唇，束颈，仅存口沿及颈部。口沿内侧及颈部磨光，颈下部饰两周凹弦纹。内外壁皆见轮修痕。口径16.2、残高8.6、壁厚0.7厘米（图5-95，5）。

标本H50：80，粗泥质黑陶。细颈，斜折肩，肩腹折棱明显，口沿、下腹及底部残。器表磨光，颈肩交接处饰一周凹弦纹。肩径21.0、残高12.1、壁厚0.9厘米（图5-95，7）。

（2）石器

石刀　3件。为Ab型。

标本H50：01，黑色闪长岩。器体扁平，平面呈长方形。双面刃微内凹，背部平直，两侧边各打出一弧形内凹的缺口。器身两面有较浅的琢孔痕迹。器表磨制平整。刃部因使用可见多处小崩疤。长11.0、宽5.2、厚0.9厘米，重94克（图5-96，1；图版七六，2）。

标本H50：03，黑灰色板岩。器体扁平，平面呈长方形。背部平直背，双面磨制修整，较薄，两侧边中部各有一弧形内凹的缺口，直刃微内弧。器身正中靠下部有一圆孔，为双面桯钻形成。磨制。长9.2、宽4.7、厚0.7、孔径1.1厘米，重63克（图5-96，2；图版七七，2）。

标本H50：05，黑色板岩。器体扁平，平面呈长方形，双面直刃，背部微弧，有损。两侧边各打制出一弧形内凹的缺口。器身一面中部靠近刃缘处有一较浅的琢孔痕。磨制。长9.7、宽5.3、厚0.5～0.8厘米，重91克（图5-96，3；图版七六，4）。

石铲　1件。

标本H50：04，灰色凝灰岩。器体扁平，平面呈梯形，上窄下宽，两侧边斜直，斜弧顶，双面弧刃，顶部有装柄痕迹。磨制。刃角崩残，有明显使用痕迹，刃边可见崩碴。长20.7、宽15.0、厚1.8～2.6厘米，重1893克（图5-96，4；图版七四，4）。

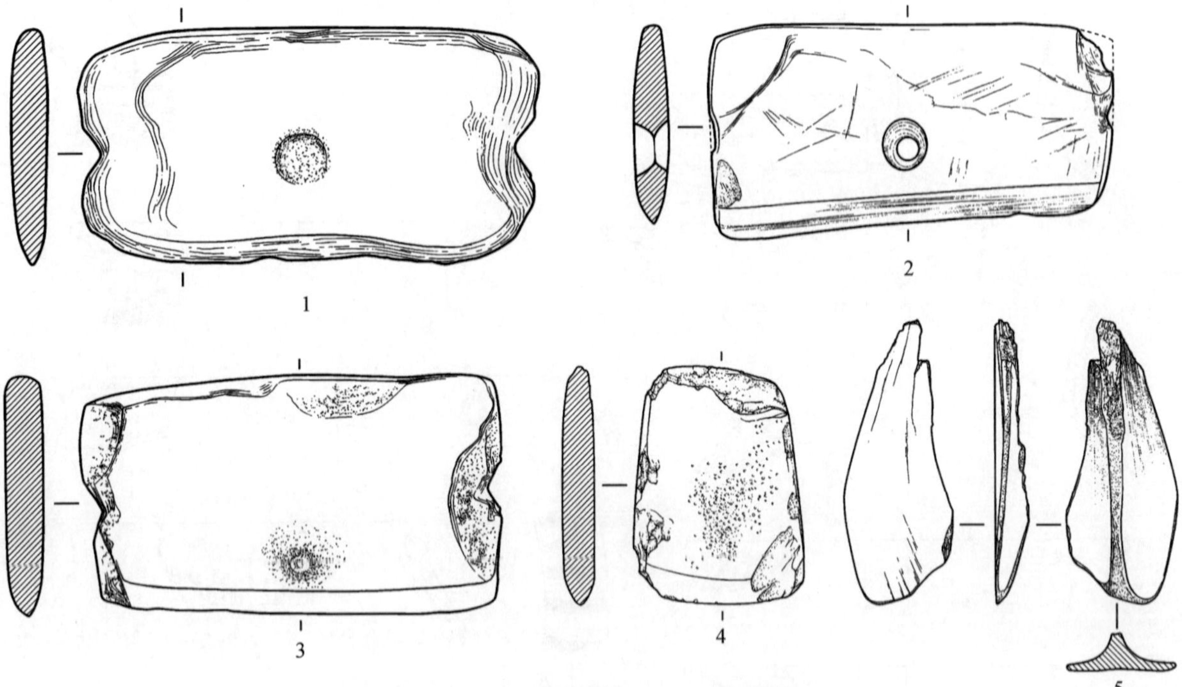

1～3、5. 0 1厘米　　4. 0 4厘米

图5-96　ⅠT0307H50出土第三期石器、骨器

1～3. Ab型石刀（H50：01、H50：03、H50：05）　4. 石铲（H50：04）　5. 骨铲（H50：02）

（3）骨器

骨铲　1件。

标本H50：02，动物肩胛骨制成。器体细长，刃部较宽，顶部较窄。铲刃经使用而光滑。长12.8、宽5.1、厚0.5厘米，重37克（图5-96，5；图版八四，3）。

本单位还包含庙底沟二期遗物，共计4件，可辨器形有夹砂深腹罐和泥质罐。

罐　4件。含夹砂罐和泥质罐。

夹砂罐　2件。为A型。

标本H50：36，夹粗砂灰陶。直口微侈，斜折沿，方唇，腹壁较直，仅存口沿及上腹。唇部压印出波浪状花边，指纹清晰，沿下加固三周叠加附加堆纹，上腹饰左斜向篮纹。口径31.0、残高7.9、壁厚1.4厘米（图5-97，2）。

标本H50：37，夹粗砂灰陶。敛口，斜折沿，方唇，腹壁较直，仅存口沿及上腹。唇部饰一周凹弦纹，沿下加固两周叠加附加堆纹，堆纹上留有指压痕，上腹饰右斜向篮纹。口径28.9、残高6.8、壁厚0.8厘米（图5-97，3）。

泥质罐　2件。为A型。

标本H50：30，粗泥质灰陶。侈口，方唇，高领，上腹外鼓，仅存口沿及上腹。领部素面，领腹交接处饰一周凹弦纹，凹弦纹上贴附小圆泥饼，上腹饰横向粗篮纹。领部可见竖向刮抹痕。口径28.2、残高15.9、壁厚1.2厘米（图5-97，1）。

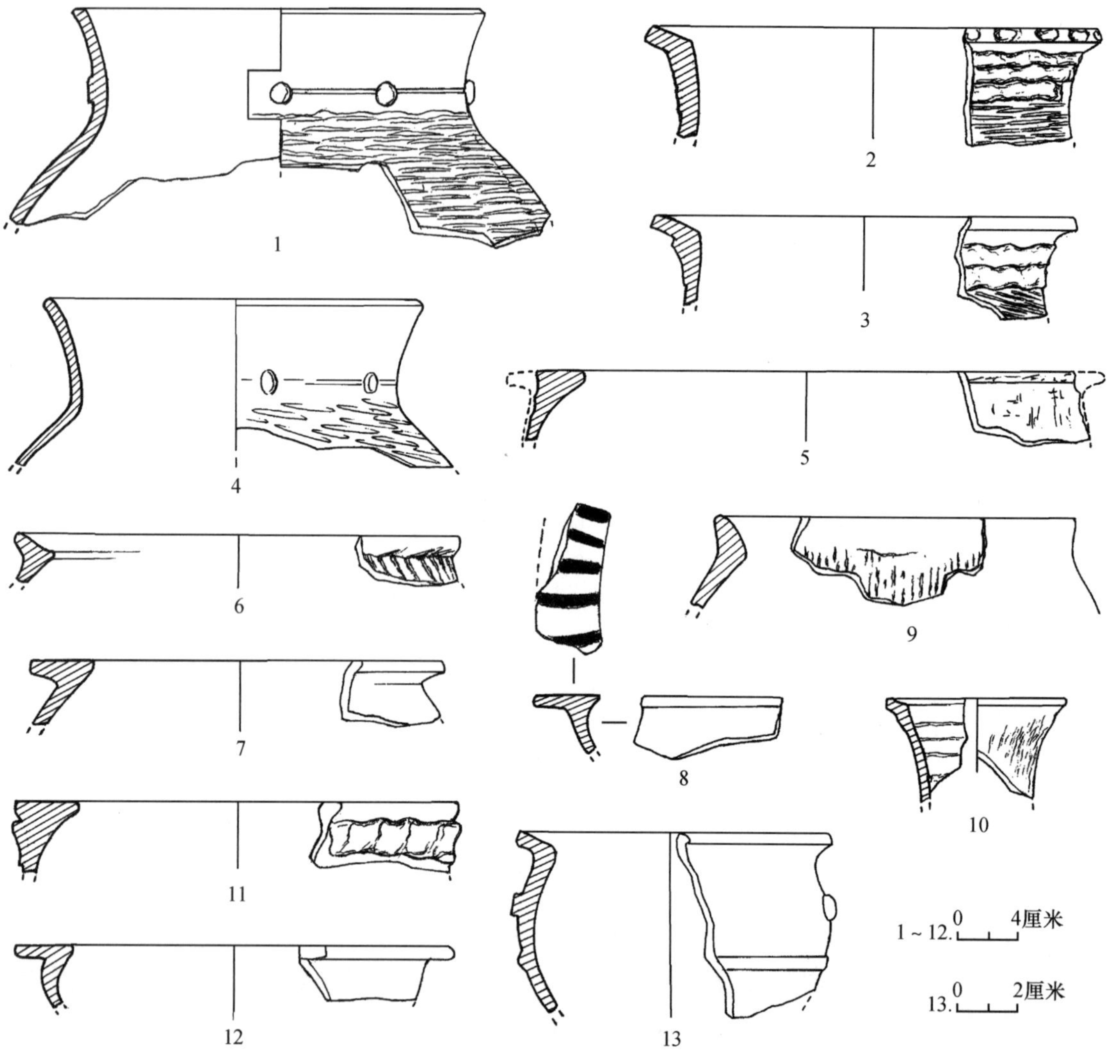

图5-97　ⅠT0307H50出土第一、二期陶器

1、4. 第二期A型泥质罐（H50：30、H50：10）　2、3. 第二期A型夹砂罐（H50：36、H50：37）　5. 第一期缸（H50：51）　6、9. 第一期Ab型夹砂罐（H50：49、H50：48）　7. 第一期B型夹砂罐（H50：43）　8、12. 第一期Aa型盆（H50：54、H50：57）　10. 第一期E型尖底瓶（H50：19）　11. 第一期D型瓮（H50：52）　13. 第一期Aa型夹砂罐（H50：47）

标本H50：10，粗泥质灰陶。侈口，圆唇，高领，上腹外鼓，仅存口沿及上腹。领部素面，领腹以一周凹弦纹为界，凹弦纹上贴附小圆泥饼，上腹饰右斜向粗篮纹。领部可见竖向刮抹痕。口径26.0、残高11.2、壁厚0.6厘米（图5-97，4）。

本单位出土仰韶晚期遗物，共计9件，可辨器形有尖底瓶、夹砂罐、缸、瓮和盆。

尖底瓶　1件。为E型。

标本H50：19，粗泥质灰陶。微侈口，斜折沿，方唇，细颈略束，仅存口沿及颈部。颈部素面，唇部轮修痕明显，颈部可见刮抹痕。内壁可见泥条盘筑痕。口径12.3、残高6.9、壁厚0.6厘米（图5-97，10）。

夹砂罐　4件。

A型　3件。

Aa型　1件。

标本H50：47，粗泥质红陶。敛口，斜折沿，方唇，鼓腹，仅存口沿及中腹。上腹贴附小圆泥饼，中腹饰一周附加堆纹。口径10.8、残高6.2、壁厚0.5厘米（图5-97，13）。

Ab型　2件。

标本H50：48，夹粗砂红陶。敛口，斜折沿，圆唇，上腹外弧，仅存口沿及上腹。上腹饰竖向细绳纹。口径24.4、残高6.0、壁厚1.0厘米（图5-97，9）。

标本H50：49，夹粗砂红陶。敛口，斜折沿沿面略凹，圆唇，仅存口沿。沿下饰右斜向中绳纹。口径30.0、残高3.4、壁厚0.8厘米（图5-97，6）。

B型　1件。

标本H50：43，夹粗砂灰陶。敛口，平折沿，圆唇，上腹外弧，仅存口沿及上腹。沿面及上腹磨光。内口径19.6、外口径28.4、沿宽4.4、残高4.3、壁厚0.9厘米（图5-97，7）。

缸　1件。

标本H50：51，夹细砂红陶，胎体呈灰色。敛口，平折沿，仅存口沿，唇部残。素面。内口径30.1、外口径40.5、沿宽5.2、残高5.0、壁厚0.7厘米（图5-97，5）。

瓮　1件。为D型。

标本H50：52，粗泥质红陶。敛口，平沿，圆唇，仅存口沿。沿面磨光，沿下加固一周附加堆纹，堆纹上留有按窝。内口径21.8、外口径30.4、沿宽4.3、残高4.8、壁厚0.9厘米（图5-97，11）。

盆　2件。为Aa型。

标本H50：54，细泥质红陶，平折沿，内沿折棱凸出形成内敛口，圆唇，上腹弧收，仅存口沿及上腹。沿面及上腹磨光，沿面施五道竖向深红色条带彩绘。残长10.2、残高4.3、壁厚0.8厘米（图5-97，8）。

标本H50：57，细泥质红陶。平折沿，内沿折棱凸出形成内敛口，圆唇，上腹弧收，仅存口沿及上腹。沿面磨光。内口径22.2、外口径30.2、沿宽4.0、残高4.0、壁厚0.8厘米（图5-97，12）。

24. Ⅰ T0407H52

H52位于Ⅰ区ⅠT0407东北角。开口于③层下，其西北部打破H67和H65。筒状坑，坑口坑底平面呈圆形，坑壁外弧，口、底小于坑壁中部，平底。坑口距地表深135厘米，探方内坑口直径约415、深310厘米（图5-98）。

坑内填土为深褐色，土质较硬，包含少量炭粒。文化遗物仅有陶器。

陶器　属于本期的陶片共17片，总重1185

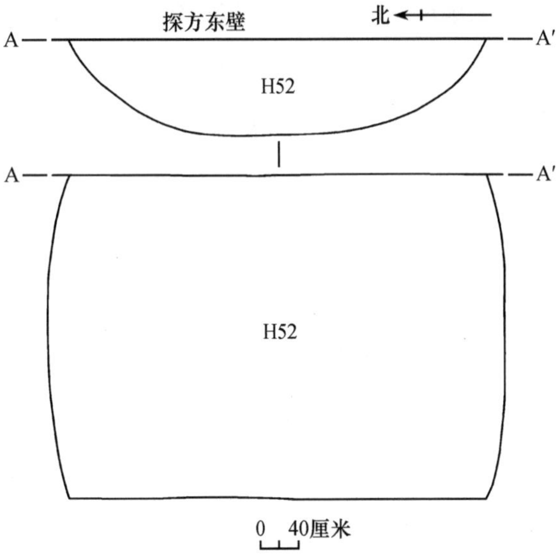

图5-98　ⅠT0407H52平、剖面图

克。以夹粗砂灰陶为主，夹细砂灰陶次之，器表装饰以刻划纹+小圆泥饼为主，绳纹次之，另有少量篮纹和磨光。陶片共17片，总重1185克。经分类和拼对，共有8件个体，可辨器形有鬲、斝、无耳罐、窖穴盖等典型的客省庄文化遗物。此外，本单位还出土盆、器盖等仰韶文化遗物（图5-99）。

鬲　1件。为D型。

标本H52：4，夹细砂灰陶。侈口，圆唇，高领微束，上腹外弧，仅存口沿及上腹。领部饰竖向绳纹后被刮抹，仍可见绳纹痕迹，上腹饰竖向中绳纹。口径12.6、残高10.5、壁厚1.0厘米（图5-99，4）。

斝　1件。为Db型。

标本H52：1，夹细砂灰陶。仅存领部及腹部。颈腹交接处贴附小圆泥饼，腹部有一周稀疏的竖线刻划纹。器表可见烟炱痕。残高9.3、壁厚0.5厘米（图5-99，2；图版六九，3）。

无耳罐　1件。为Aa型。

标本H52：5，夹粗砂灰陶。侈口，圆唇，高领微束，上腹外弧，仅存口沿及上腹。领部素面，上腹饰竖向中绳纹。领部留有轮修痕。口径16.3、残高9.0、壁厚0.8厘米（图5-99，1）。

窖穴盖　1件。为盖体残片。

标本H52：3，夹细砂红陶。环形捉手，周壁外张，盖体扁平，捉手上部及盖体周缘残。器表饰较浅的杂乱篮纹。残长18.2、残宽11.1、残高7.4、壁厚3.4厘米（图5-99，3）。

本单位出土仰韶晚期遗物，共计2件，可辨器形有盆和器盖。

盆　1件。为Aa型。

标本H52：7，细泥质灰陶。平折沿，圆唇，内沿折棱凸出形成内敛口，上腹微弧，仅存口沿及上腹。沿面磨光，器表及内壁略磨光。内口径26.0、外口径36.0、沿宽5.0、残高5.3、壁厚0.8厘米（图5-99，6）。

器盖　1件。为Aa型。

标本H52：2，夹粗砂红陶。圆饼形捉手，盖体呈喇叭状，周缘残。捉手周缘饰一周按压痕。内外壁皆可见少量烟炱痕。捉手径10.1、残高6.1、壁厚1.2厘米（图5-99，5）。

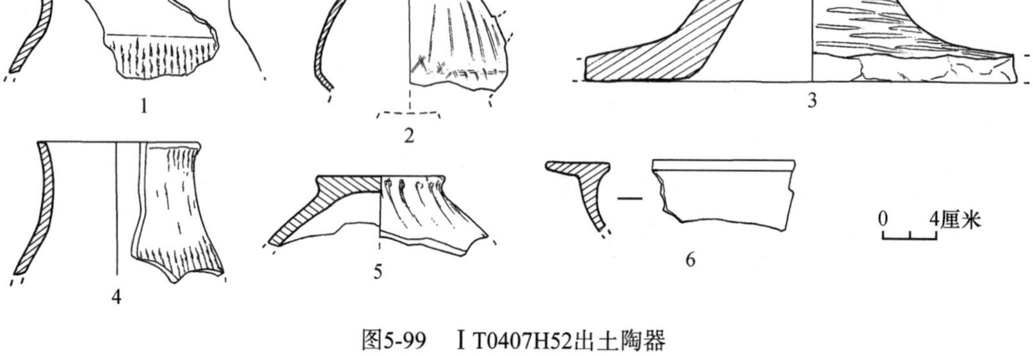

图5-99　Ⅰ T0407H52出土陶器

1. 第三期Aa型无耳罐（H52：5）　2. 第三期Db型斝（H52：1）　3. 第三期窖穴盖（H52：3）　4. 第三期D型鬲（H52：4）　5. 第一期Aa型器盖（H52：2）　6. 第一期Aa型盆（H52：7）

25. Ⅰ T0308H53

H53位于Ⅰ T0308西南角。开口于②层下，打破H42。袋状坑，坑口呈长条状，北壁外弧，平底。坑口距地表深80厘米，探方内坑口残长100、坑口残宽12、坑底残长152、坑底残宽80、深138厘米（图5-100）。

坑内填土为深灰色，土质疏松，内含少量陶片。文化遗物仅有陶器。

陶器　属于本期的陶片共3片，总重113克。有粗泥质灰陶和夹粗砂灰陶。器表装饰仅有绳纹。经分类和拼对，共有2件个体，可辨器形有罐、豆，因破碎过甚，未选作标本。

26. Ⅰ T0303H58

H58位于Ⅰ T0303东壁偏北，开口于③层下，被H10打破。袋状坑，坑口平面近椭圆形，坑壁外弧，平底。坑口距地表深200厘米，探方内坑口长径130、短径120厘米，坑底长径156、短径194厘米，深60厘米（图5-101）。

坑内填土为灰色，土质较硬。文化遗物仅有陶器。

陶器　属于本期的陶片共8片，总重728克。以粗泥质灰陶为主，夹细砂灰陶次之。器表装饰有素面、磨光、篮纹。经分类和拼对，共有5件个体，可辨器形有豆、窖穴盖等典型的客省庄文化遗物，还出土泥质罐、盆等仰韶文化遗物（图5-102）。

豆　1件。为豆盘及柄部残片。

标本H58：2，粗泥质灰陶。豆盘底部较平，柄壁略外张。器表磨光。器表留有刮抹痕与烟炱痕。残高3.4、壁厚1.0厘米（图5-102，2）。

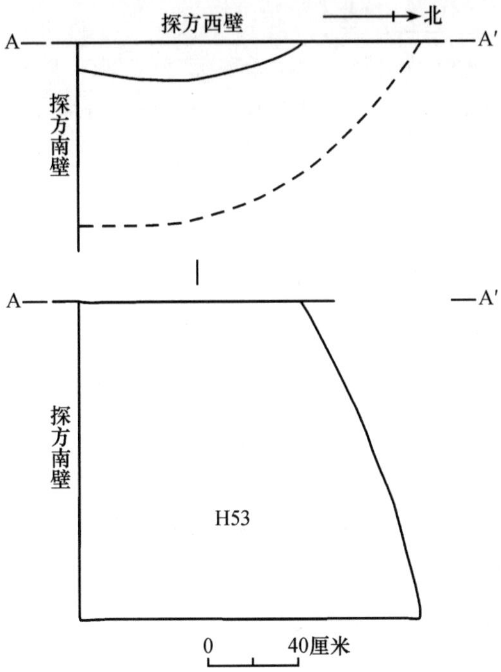

图5-100　Ⅰ T0308H53平、剖面图

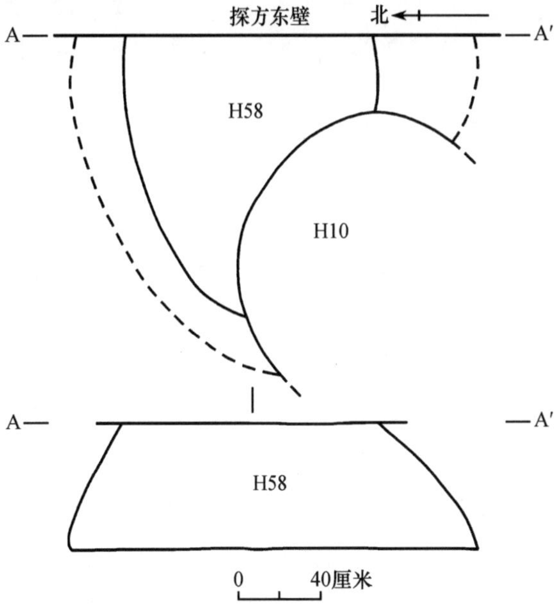

图5-101　Ⅰ T0303H58平、剖面图

窖穴盖　1件。为盖体残片。

标本H58：4，夹粗砂红陶。器表饰不规则粗篮纹。残弧长15.4、残径宽16.4、厚1.2厘米，参考其他盖孔直径，复原后盖径当不小于60厘米（图5-102，1）。

本单位发现庙底沟二期遗物仅有盆，共计1件。

盆　1件。为C型。

标本H58：5，粗泥质灰陶。侈口，平折沿，圆方唇，上腹斜直，腹壁微内弧，仅存口沿及上腹。器表磨光，沿下加固一周附加堆纹。器表留有明显刮抹痕迹。内口径35.4、外口径39.0、沿宽1.8、残高8.3、壁厚0.6厘米（图5-102，4）。

本单位发现仰韶晚期遗物仅有盆，共计1件。

盆　1件。为Aa型。

标本H58：1，粗泥质灰陶。敞口，平折沿，圆唇，斜弧腹，仅存口沿及上腹。器表磨光。内壁留有轮修痕迹。内口径28.0、外口径34.4、沿宽3.2、残高8.2、壁厚0.9厘米（图5-102，3）。

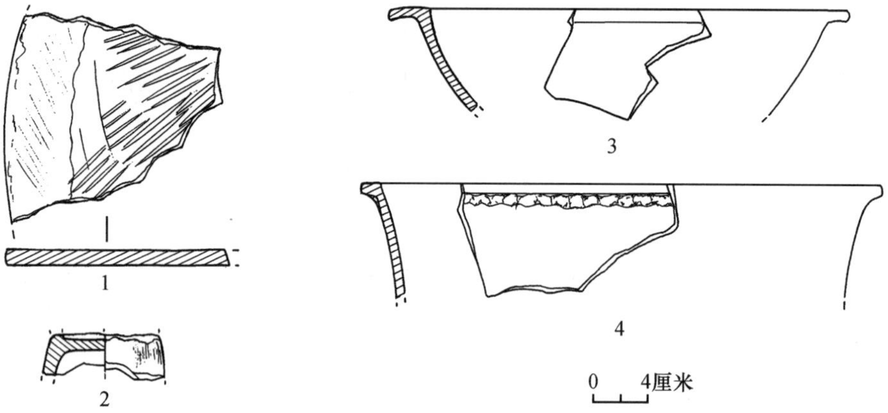

图5-102　ⅠT0303H58出土陶器

1. 第三期窖穴盖（H58：4）　2. 第三期豆（H58：2）　3. 第一期Aa型盆（H58：1）　4. 第二期C型盆（H58：5）

27. ⅠT0303H60

H60位于ⅠT0303中部偏西，开口于③层下，打破H74、H75。圆形袋状坑，坑口、坑底平面呈圆形，坑壁自上而下外扩，周壁外弧幅度匀称，平底。坑口距地表深175厘米，坑口直径170、坑底直径290、深205厘米（图5-103）。

坑内填土为黄褐色，土质疏松。文化遗物仅有陶器。

陶器　属于本期的陶片共48片，总重2090克。以粗泥质灰陶为主，夹粗砂灰陶次之。器表装饰以绳纹为主，篮纹次之，另有少量磨光、磨光+篮纹、磨光+弦纹、绳纹+按压纹、弦纹+戳印纹（表5-31）。经分类和拼对，共有27件个体，可辨器形有鬲、无耳罐、壶、豆、窖穴盖、器盖等典型的客省庄文化遗物。此外，本单位还出土夹砂深腹罐、夹砂罐、瓮、盆、钵等庙底沟二期和仰韶晚期遗物（图5-104）。

鬲　1件。为把手残片。

标本H60：19，夹细砂灰陶。竖向桥形把手。把手上端饰横向细绳纹，中部饰竖向细绳纹，两侧饰斜向短绳纹。器表可见烟炱痕。残高10.4、壁厚1.2、把手宽4.8厘米（图5-104，5）。

无耳罐　2件。

Aa型　1件。

标本H60：3，夹粗砂灰陶。侈口，尖圆唇，高领，仅存口沿及领部。颈部素面。器表留有轮修痕。口径23.0、残高7.5、壁厚0.7厘米（图5-104，1）。

B型　1件。

标本H60：8，粗泥质灰陶。侈口，圆唇，高领，仅存口沿及领部。领部略磨光。口径14.6、残高7.2、壁厚0.6厘米（图5-104，3）。

壶　2件。为A型。

标本H60：1，粗泥质灰陶。侈口，圆唇，束颈较矮，仅存口沿及肩部。颈部素面，口沿内侧及肩部磨光。颈部留有轮修痕。口径18.8、残高8.3、壁厚1.0厘米（图5-104，2）。

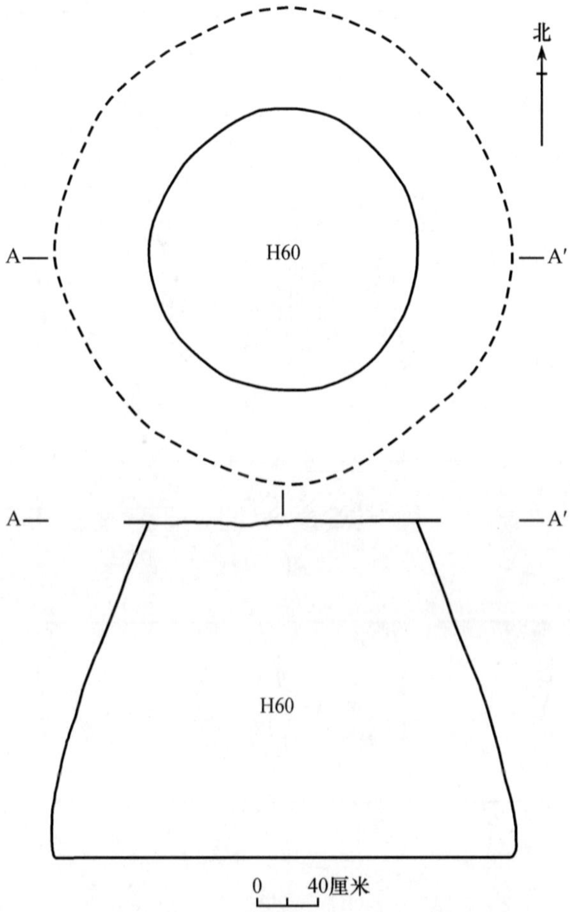

图5-103　ⅠT0303H60平、剖面图

表5-31　ⅠT0303H60陶系统计表

陶质	粗泥质陶	夹细砂陶		夹粗砂陶	合计	百分比（%）
陶色 / 器表装饰	灰	红	灰	灰		
素面	2/73	1/87		4/203	7/363	14.58/17.37
磨光	3/104		2/57		5/161	10.42/7.70
篮纹	11/337				11/337	22.92/16.13
绳纹			4/176	10/558	14/734	29.17/35.12
磨光+篮纹	3/143		1/64		4/207	8.33/9.90
磨光+弦纹	5/236				5/236	10.42/11.29
弦纹+戳印纹	1/19				1/19	2.08/0.91
绳纹+按压纹				1/33	1/33	2.08/1.58
合计	25/912	1/87	7/297	15/794	48/2090	
百分比（%）	52.09/43.64	2.08/4.16	14.58/14.21	31.25/37.99		100/100

注：百分比相关的行、列外，“/”前统计的数据为片数，单位为个；“/”后统计的数据为质量，单位为克。

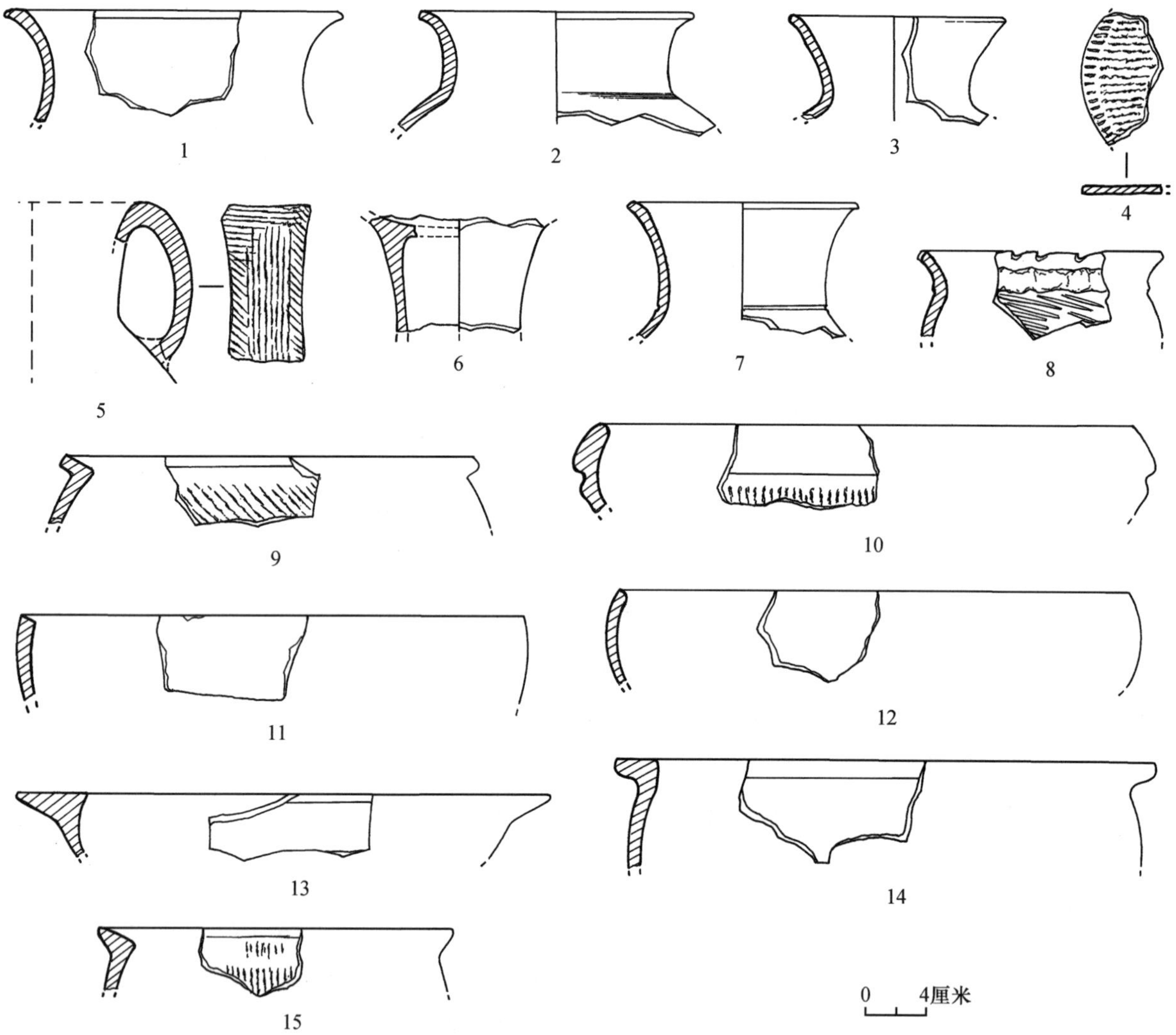

图5-104　ⅠT0303H60出土陶器

1. 第三期Aa型无耳罐（H60：3）　2、7. 第三期A型壶（H60：1、H60：4）　3. 第三期B型无耳罐（H60：8）　4. 第三期A型器盖（H60：36）　5. 第三期鬲（H60：19）　6. 第三期豆（H60：13）　8. 第二期B型夹砂罐（H60：16）　9、15. 第一期Ab型夹砂罐（H60：12、H60：14）　10. 第一期A型瓮（H60：18）　11. 第二期Aa型瓮（H60：10）　12. 第一期A型钵（H60：11）　13. 第一期Aa型盆（H60：5）　14. 第一期B型夹砂罐（H60：2）

标本H60：4，粗泥质灰陶。侈口，圆唇，束颈，仅存口沿及肩部。口沿内侧磨光，肩颈交接处饰一周凹弦纹。口径15.8、残高9.0、壁厚0.7厘米（图5-104，7）。

豆　1件。为柄部上段残片。

标本H60：13，粗泥质灰陶。盘底较平，柄部略束。器表磨光。残高7.8、壁厚0.7厘米（图5-104，6）。

器盖　1件。为Aa型。

标本H60：36，夹粗砂灰陶。圆饼形盖体，捉手及部分盖体残。盖体饰粗绳纹，盖顶边缘饰一周按压短直线纹。直径13.0、厚0.5厘米（图5-104，4）。

本单位出土庙底沟二期文化遗物，共计2件，可辨器形有夹砂深腹罐和瓮。

夹砂罐　1件。为B型。

标本H60：16，夹细砂灰陶。侈口，圆唇，上腹微鼓，仅存口沿及上腹。唇部压印出锯齿状花纹，沿下加固一周宽带状附加堆纹，腹部饰右斜向篮纹。口径16.6、残高5.9、壁厚0.8厘米（图5-104，8）。

瓮　1件。为Aa型。

标本H60：10，细泥质灰陶。直口微敛，方唇，残存口沿。器表磨光。口径34.2、残高5.7厘米、壁厚0.9厘米（图5-104，11）。

本单位出土仰韶晚期遗物，共计6件，可辨器形有夹砂罐、瓮、盆和钵。

夹砂罐　3件。

A型　2件。

Ab型　2件。

标本H60：14，夹粗砂灰陶。敛口，斜折沿，尖圆唇，上腹外弧，仅存口沿及上腹。腹部饰竖向细绳纹。口径24.3、残高4.5厘米、壁厚0.7厘米（图5-104，15）。

标本H60：12，夹细砂红陶。敛口，斜折沿，方唇，上腹外弧，仅存口沿及上腹。腹部饰右斜向粗绳纹。口径28.5、残高4.8、壁厚0.8厘米（图5-104，9）。

B型　1件。

标本H60：2，夹细砂灰陶。敛口，平折沿，方唇，上腹微鼓，仅存口沿及上腹。器表磨光。器表留有轮修痕。内口径30.7、外口径36.7、沿宽3.0、残高7.2、壁厚0.8厘米（图5-104，14）。

瓮　1件。为A型。

标本H60：18，夹粗砂红陶。敛口，厚圆唇，仅存口沿。口部磨光，沿下有一周凹槽，上腹饰竖向绳纹。器表残留烟炱痕。口径36.1、残高5.7、壁厚1.1厘米（图5-104，10）。

盆　1件。为Aa型。

标本H60：5，夹细砂灰陶。平折沿，内沿折棱凸出形成内敛口，尖圆唇，斜弧腹，仅存口沿及上腹。器表磨光。口沿留有轮修痕。内口径26.8、外口径36.4、沿宽4.8、残高4.6、壁厚0.7厘米（图5-104，13）。

钵　1件。为A型。

标本H60：11，细泥质红陶。敛口，圆唇，上腹微鼓，仅存口沿及上腹。器表磨光。器表可见烟炱痕。口径34.4、残高6.1、壁厚0.8厘米（图5-104，12）。

28. Ⅰ T0202H61

H61位于Ⅰ T0202北部偏西，开口于③层下，被H6打破，打破H90。袋状坑，坑口平面呈圆形，坑壁自上而下外斜，平底。坑口距地表深180厘米，坑口直径210、坑底直径250、深165厘米（图5-105）。

坑内填土分为2层。①层为黄褐色土，土质较疏松，厚108厘米；②层为灰土，土质疏松，

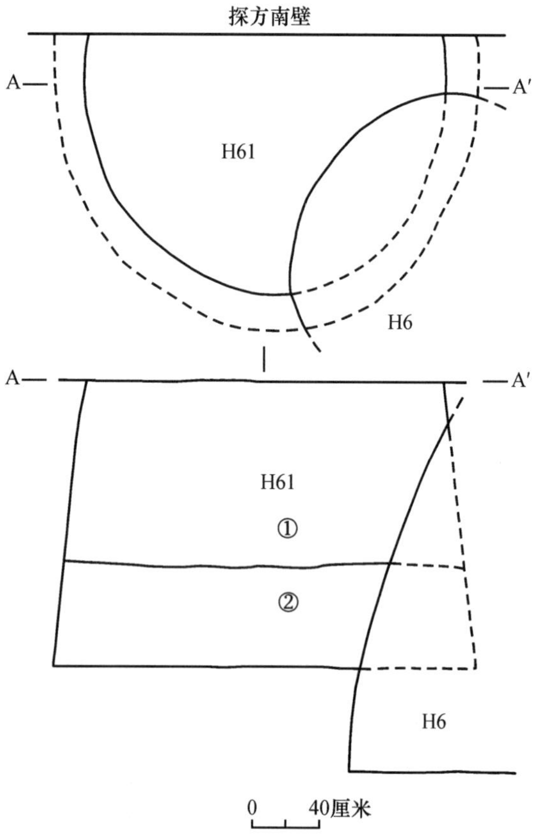

图5-105　ⅠT0202H61平、剖面图

厚58厘米。文化遗物有陶器、骨器。

（1）陶器　属于本期的陶片共23片，总重1496克。以夹粗砂灰陶为主，粗泥质灰陶次之。器表装饰以绳纹为主，磨光+篮纹次之，另有少量篮纹、磨光。经分类和拼对，共有14件个体，可辨器形有鬲、无耳罐、单耳罐、双耳罐、圈足盘、器盖等典型的客省庄文化遗物。此外，本单位还出土夹砂深腹罐、夹砂罐、瓮、盆、钵等庙底沟二期文化和仰韶文化遗物（图5-106）。

鬲　3件。

B型　2件。

标本H61：4，夹细砂灰陶。侈口，圆唇，高领，袋足较瘦，内敛，锥状足尖，弧形裆较高。口沿及袋足上部置一竖向宽扁拱形把手。把手上下两端各饰一排戳印纹，领下部与袋足衔接处饰一周戳印纹，戳印纹间贴附小圆泥饼，足部饰竖向中绳纹，裆部饰较深的交错绳纹。器表可见烟炱痕。口径20.0、体宽25.0、高33.0、壁厚0.8、把手宽2.0厘米（图5-106，1；图版五七，3）。

标本H61：27，夹粗砂灰陶。侈口，圆唇，高领，袋足上部外弧，口沿及袋足上部置一竖向桥形把手，仅存口沿及袋足上部。领部及把手素面，袋足饰竖向中绳纹。口径20.8、残高12.0、壁厚0.8～1.0厘米（图5-106，2）。

C型　1件。

标本H61：7，夹细砂灰陶。侈口，圆唇，高领，袋足上部微鼓，口沿及袋足上部置一竖向桥形把手，仅存口沿及袋足上部。领部素面，把手左侧边缘饰右斜向绳纹，其余部分和袋足饰竖向绳纹。残高8.6、壁厚0.8～1.0、把手宽3.0～3.6厘米（图5-106，4）。

罐　3件。含无耳罐和单耳罐。

无耳罐　2件。

B型　1件。

标本H61：6，粗泥质灰陶。侈口，圆唇，高领，仅存口沿及领部，领部贴附小圆泥饼。领部有明显的轮修痕，器表可见烟炱痕。口径10.0、残高6.3、壁厚0.6～0.8厘米（图5-106，6）。

Ab型　1件。

标本H61：23，夹粗砂灰陶。侈口，圆唇，高领，仅存口沿及领部。唇部按压出凹窝形成花边，领部素面。残高6.4、壁厚0.8厘米（图5-106，5）。

单耳罐　1件。为B型。

标本H61：9，细泥质灰陶。侈口，圆唇，竖向桥形耳上端连接口沿，仅存口沿。口沿内侧磨光，器表素面。残高5.2、耳宽1.8、耳厚0.6厘米（图5-106，7）。

壶　1件。为A型。

标本H61：5，细泥质灰陶。侈口，圆唇，束颈，仅存口沿及颈部。颈部磨光。口沿内侧留有轮修痕。口径21.6、残高15.0、壁厚0.8厘米（图5-106，3）。

圈足盘　1件。为A型。

标本H61：10，粗泥质灰陶。敞口，尖圆唇，斜弧腹，盘底及圈足残。盘内壁磨光，口沿外侧饰一周附加堆纹，堆纹上留有按压痕，腹部饰横向篮纹。盘底与圈足相接处有刮抹痕。口径13.0、残高5.5、壁厚0.8厘米（图5-106，8）。

器盖　1件。为Aa型。

标本H61：8，粗泥质灰陶。圆饼形盖体，扁桥形捉手，大部分盖体残。盖顶周缘压印一周呈放射状排列的短直线纹。高3.4、厚0.8～1.0厘米（图5-106，9）。

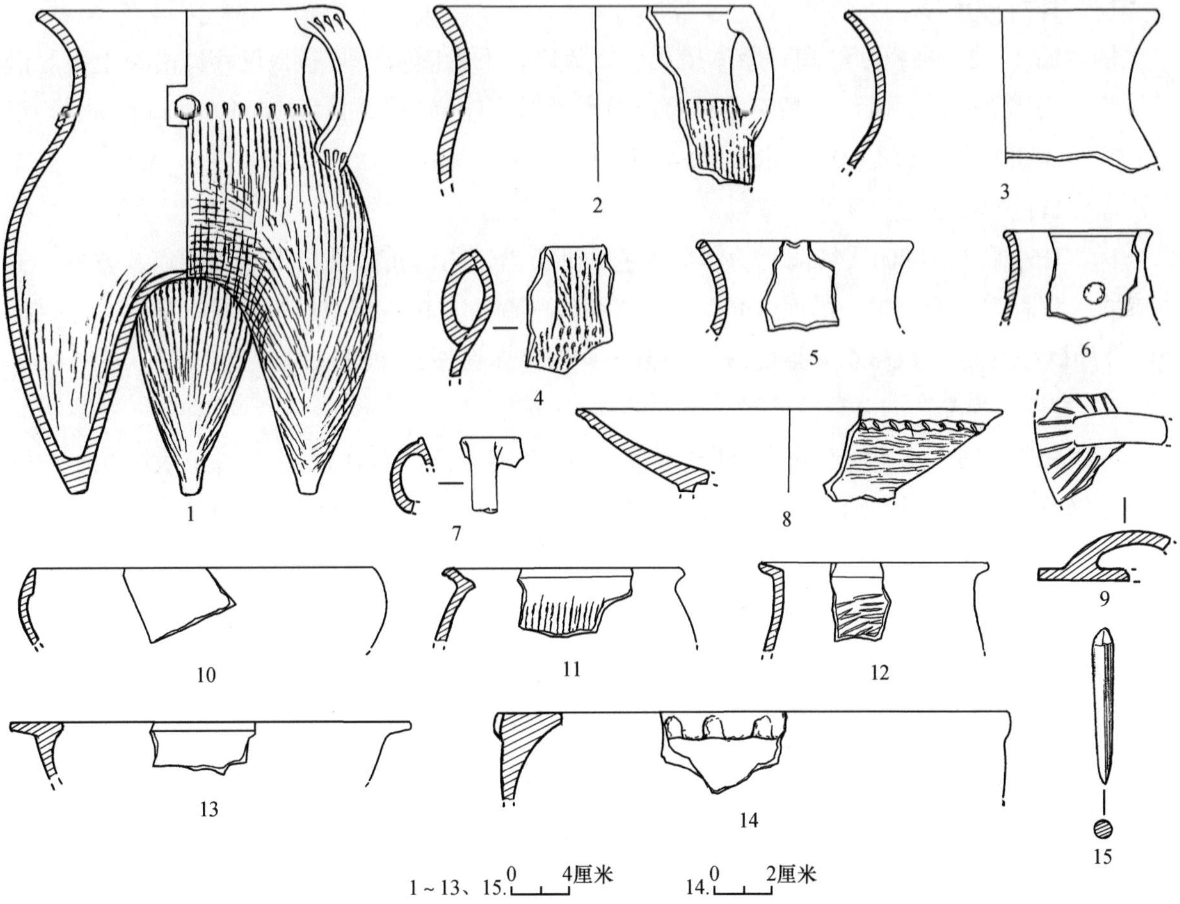

图5-106　Ⅰ T0202H61出土器物

1、2. 第三期B型鬲（H61：4、H61：27）　3. 第三期A型壶（H61：5）　4. 第三期C型鬲（H61：7）　5. 第三期Ab型无耳罐（H61：23）　6. 第三期B型无耳罐（H61：6）　7. 第三期B型单耳罐（H61：9）　8. 第三期A型圈足盘（H61：10）　9. 第三期Aa型器盖（H61：8）　10. 第一期A型钵（H61：26）　11. 第一期Aa型夹砂罐（H61：3）　12. 第二期A型夹砂罐（H61：24）　13. 第一期Aa型盆（H61：25）　14. 第一期D型瓮（H61：2）　15. 第三期B型骨镞（H61：1）

（2）骨器

骨镞　1件。为B型。

标本H61：1，柱状，截面近圆形，尖部较钝，尾部斜收成圆锥状。镞身磨光，尾部可见斜向磨痕。长5.3、最大径0.6厘米，重2克（图5-106，15；图版八二，3）。

本单位出土庙底沟二期遗物仅有夹砂深腹罐，共计1件。

夹砂罐　1件。为A型。

标本H61：24，夹粗砂灰陶。口微敛，斜折沿，圆唇，上腹外斜，仅存口沿及上腹。上腹饰左斜向细篮纹。口径16.0、残高6.2、壁厚0.8厘米（图5-106，12）。

本单位出土仰韶晚期遗物，共计4件，可辨器形有夹砂罐、瓮、盆和钵。

夹砂罐　1件。为Aa型。

标本H61：3，夹粗砂灰陶。敛口，斜折沿，沿面微凹，尖圆唇，上腹外弧，仅存口沿及上腹。上腹饰右斜向中绳纹。沿下留有轮修痕。口径15.6、残高5.0、壁厚0.7厘米（图5-106，11）。

瓮　1件。为D型。

标本H61：2，夹粗砂红陶，胎体呈灰色。敛口，平沿内折，圆唇，仅存口沿及上腹。沿下加固一周附加堆纹，堆纹上留有指压痕。口沿处留有轮修痕。内口径27.6、外口径36.4、沿宽4.4、残高3.0、壁厚0.4～0.9厘米（图5-106，14）。

盆　1件。为Aa型。

标本H61：25，细泥质红陶，胎体呈灰色。平折沿，内沿折棱凸出形成内敛口，方唇，上腹弧收，仅存口沿及上腹。沿面磨光，器表素面。内壁留有轮修痕，器表可见刮抹痕。内口径20.8、外口径28.0、沿宽3.6、残高3.8、壁厚0.6～0.8厘米（图5-106，13）。

钵　1件。为A型。

标本H61：26，细泥质红陶。敛口，尖唇，上腹微鼓，仅存口沿及上腹。器表磨光。内壁留有轮修痕，器表可见刮抹痕。口径23.6、残高5.2、壁厚0.6～0.8厘米（图5-106，10）。

29. ⅠT0408H65

H65位于ⅠT0408东南角，开口于③下，打破H67，被ⅠT0407H52打破。袋状坑，坑口、坑底平面呈椭圆形，坑壁上段稍直，约自五分之一处向下外斜，平底。坑口距地表深150厘米，探方内坑口长径298、坑口短径110、坑底长径330、坑底短径124、深130厘米（图5-107）。

坑内填土为灰褐色，土质疏松，夹杂炭屑和烧土颗粒。文化遗物仅有陶器。

陶器　属于本期的陶片共13片，总重1357克。以细泥质灰陶为主，夹细砂灰陶次之。器表装饰以篮纹为主，磨光次之，另有少量绳纹、磨光+弦纹+戳印纹等。经分类和拼对，共有10件个体，可辨器形有鬲、无耳罐、壶、拍等典型的客省庄文化遗物。此外，本单位还出土鼎、尖底瓶、夹砂罐、瓮、盆、钵等庙底沟二期文化和仰韶文化遗物（图5-108）。

鬲　1件。

标本H65：20，夹粗砂灰陶。侈口，方唇，高领，仅存口沿及领部。素面。领部留有轮修痕。口径18.0、残高6.4、壁厚0.5厘米（图5-108，2）。

无耳罐　2件。

Aa型　1件。

标本H65：10，夹细砂灰陶。侈口，圆唇，高领，圆鼓腹，仅存口沿及上腹。领部饰横向粗篮纹，上腹饰较深的竖向粗绳纹。器表可见烟炱痕。口径14.4、残高11.1、壁厚0.5～0.7厘米（图5-108，1；图版六六，2）。

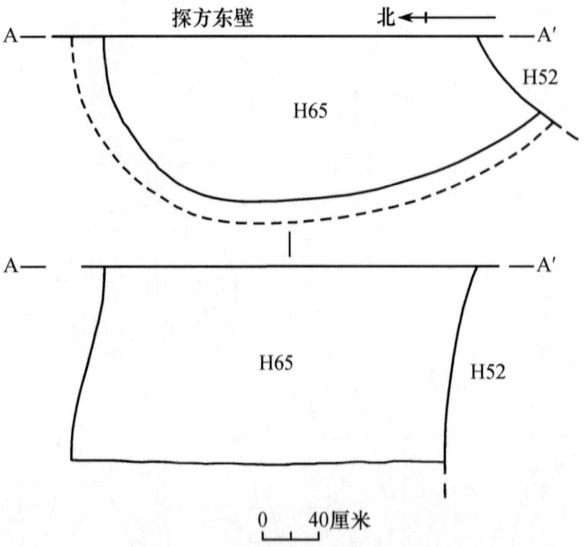

图5-107　ⅠT0408H65平、剖面图

另有腹部及底部残片1件。

标本H65：15，夹细砂红陶。下腹斜收，平底内凹。下腹饰杂乱交错的细绳纹，底部饰绳纹。下腹可见烟炱痕。底径6.0、残高5.3、壁厚0.7厘米（图5-108，3）。

小罐　1件。为D型。

标本H65：7，细泥质灰陶。侈口，圆唇，高领，圆鼓腹，仅存口沿及上腹。口沿内侧及器表磨光。内壁可见泥条盘筑痕。口径5.0、残高4.4、壁厚0.5厘米（图5-108，5；图版六〇，5）。

壶　1件。为A型。

标本H65：8，粗泥质灰陶。侈口，圆唇，束颈，仅存口沿及颈部。口沿内侧磨光，颈部素面。口径12.0、残高4.7、壁厚0.7厘米（图5-108，7）。

拍　1件。为B型。

标本H65：1，夹细砂灰陶。拍面近长方形，背面有一桥形宽鋬。拍面平整光滑，鋬面和拍的两端饰戳印纹。拍面长6.6、宽5.4、高5.4厘米（图5-108，4；图版七二，3、4）。

本单位发现庙底沟二期遗物仅有鼎，共计2件。

鼎　2件。为足部残片。

标本H65：4，夹粗砂灰陶。扁凿状实足。足内侧一面有四个竖向的按窝，素面。器表可见烟炱痕。残高11.6、宽5.5～6.0、厚3.3厘米（图5-108，6）。

标本H65：5，夹粗砂灰陶。板状实足。足外侧有两周竖向的附加堆纹，堆纹上按压出齿状纹。残高8.8、厚1.3～2.7厘米（图5-108，8）。

本单位出土仰韶晚期遗物，共计6件，可辨器形有尖底瓶、夹砂罐、盆和钵。

尖底瓶　1件。为E型。

标本H65：6，细泥质灰陶。微侈口，平折沿，方唇，仅存口沿。口径11.5、残高2.6厘米（图5-108，14）。

夹砂罐　2件。为B型。

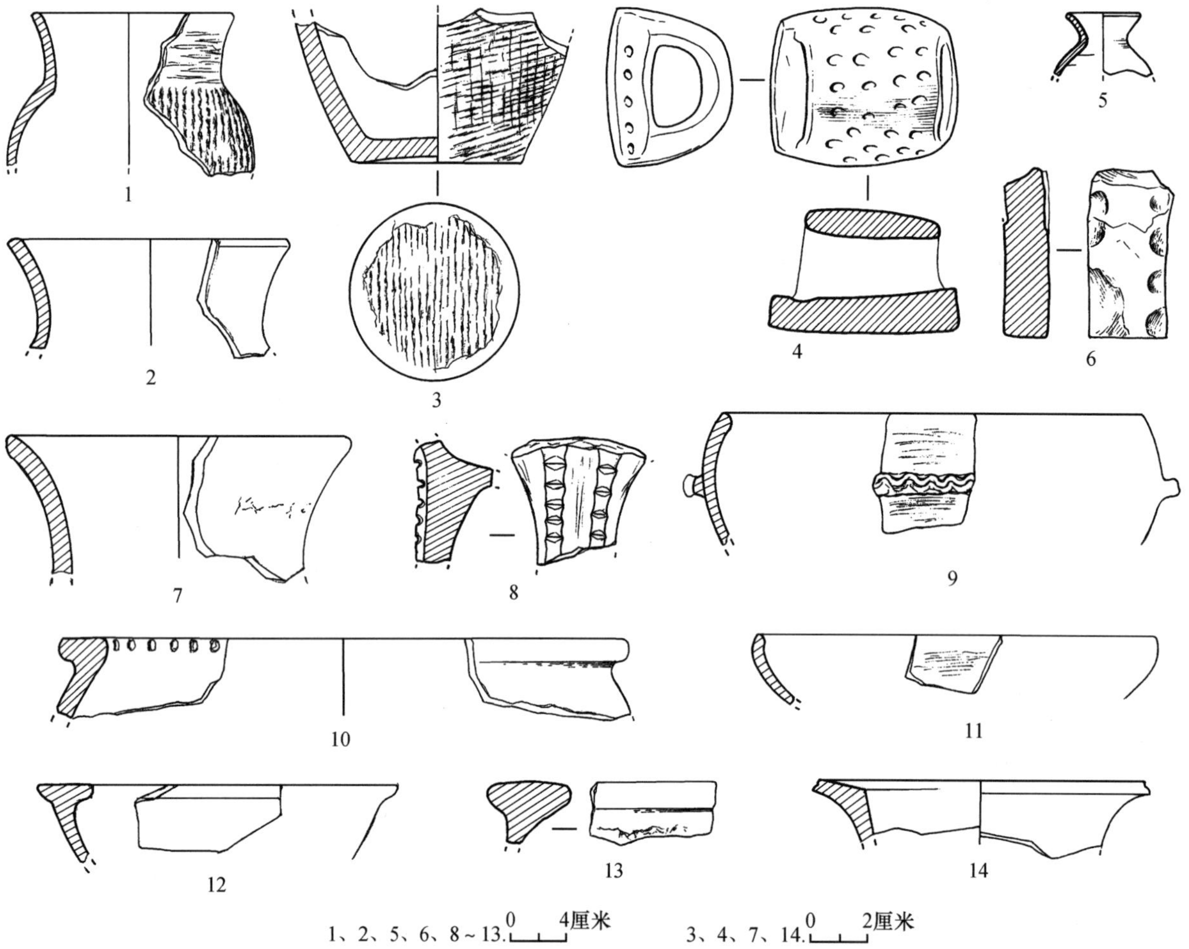

图5-108　ⅠT0408H65出土陶器

1. 第三期Aa型无耳罐（H65：10）　2. 第三期鬲（H65：20）　3. 第三期罐（H65：15）　4. 第三期B型陶拍（H65：1）　5. 第三期D型小罐（H65：7）　6、8. 第二期鼎（H65：4、H65：5）　7. 第三期A型壶（H65：8）　9、11. 第一期E型盆（H65：11、H65：9）　10、13. 第一期B型夹砂罐（H65：3、H65：13）　12. 第一期Aa型盆（H65：18）　14. 第一期E型尖底瓶（H65：6）

标本H65：3，夹粗砂红陶。敛口，平折沿，圆唇，上腹外弧，仅存口沿及上腹。内沿下按压出一周凹窝，器表素面。内口径16.8、外口径20.0、沿宽3.2、残高2.8、壁厚0.7厘米（图5-108，10）。

标本H65：13，夹细砂红陶。敛口，平折沿，厚圆唇，仅存口沿。素面。沿宽6.0、残高4.3厘米（图5-108，13）。

盆　3件。

Aa型　1件。

标本H65：18，粗泥质红陶。平折沿，内沿折棱凸出形成内敛口，圆唇，斜弧腹，仅存口沿及上腹。素面。内口径17.0、外口径25.0、沿宽4.0、残高15.9、壁厚0.7厘米（图5-108，12）。

E型　2件。

标本H65：9，粗泥质红陶，胎体呈灰色。敛口，圆唇，斜弧腹，仅存口沿及上腹。素面。内外壁均可见轮修痕。口径28.0、残高4.5、壁厚0.7厘米（图5-108，11）。

标本H65：11，粗泥质红陶，胎体呈灰色。敛口，圆唇，上腹外鼓，仅存口沿及上腹。上腹残留一鸡冠鋬，器表磨光。口径29.3、残高9.1、壁厚0.8厘米（图5-108，9）。

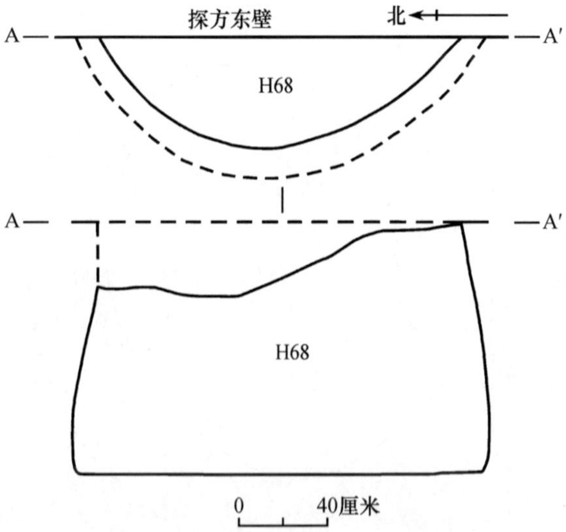

图5-109　Ⅰ T0407H68平、剖面图

30. Ⅰ T0407H68

H68位于Ⅰ T0407东南角。开口于③层下。袋状坑，坑口、坑底平面呈圆形，坑壁自上而下外斜，平底。坑口距地表深135厘米，探方内坑口直径约160、坑底直径约180、深80～110厘米（图5-109）。

坑内填土为褐色，土质疏松，包含大量炭粒。文化遗物仅有陶器。

陶器　属于本期的陶片共5片，总重97克。以粗泥质灰陶为主，夹细砂灰陶次之。器表装饰有磨光、篮纹。经分类和拼对，共有10件个体，可辨器形有壶、无耳罐，因破碎过甚，未选作标本。

31. Ⅰ T0308H70

H70位于Ⅰ T0308西北部。开口于③层下，被H41打破，打破H87、H91。袋状坑，坑口平面呈椭圆形，坑底为圆形，坑壁外弧，平底。坑口距地表深240厘米，坑口长径300、坑口短径270、坑底长径394、坑底短径372、深280厘米（图5-110；图版五六，1）。

坑内填土为深灰色，土质疏松，包含大量炭粒，少量红烧土，白灰面碎块、石块等。文化遗物有陶器、石器和骨器。

（1）陶器　属于本期的陶片共488片，总重32734克。以夹细砂灰陶为主，夹粗砂灰陶次之。器表装饰以篮纹为主，绳纹次之，另有少量磨光、弦纹、磨光+篮纹、磨光+弦纹、绳纹+刻划纹、篮纹+绳纹+按压纹等（表5-32）。经分类和拼对，共有164件个体，可辨器形有鬲、斝、罐、鬶、罐、壶、瓮、杯、甑、窖穴盖、器盖等典型的客省庄文化遗物。此外，本单位还出土夹砂深腹罐、尖底瓶、夹砂罐、盆等庙底沟二期文化和仰韶文化遗物（图5-111、图5-112、图5-113、图5-114、图5-115、图5-116、表5-33、表5-34）。

鬲　9件。

A型　1件。

标本H70：26，夹细砂灰陶。侈口，圆唇，高领，口沿及袋足上部置一竖向桥形把手，尖角裆，部分袋足残。领部素面，把手饰较浅的斜向绳纹，腹部饰竖向细绳纹，裆部饰较深的横向绳纹。口径34.8、复原后高47.0、体宽42.0、壁厚0.8～1.2、把手宽6.8厘米（图5-111，3）。

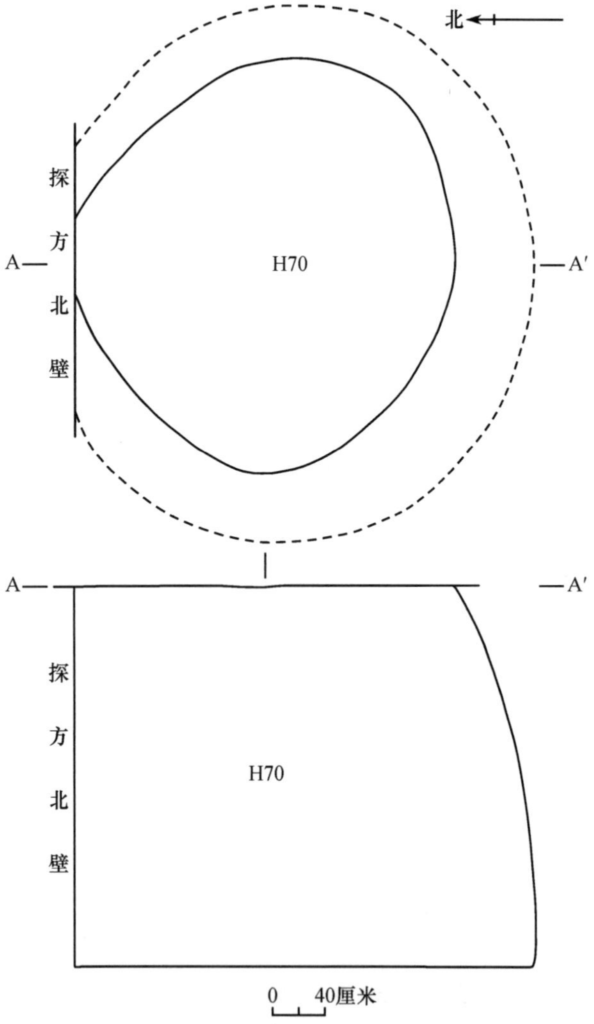

图5-110　ⅠT0308H70平、剖面图

B型　2件。

标本H70：17，夹细砂灰陶。侈口，方唇，高领，口部残留一竖向宽扁桥形把手，仅存口沿及袋足上部。领部素面，把手饰右斜向绳纹。足部饰较深的竖向中绳纹，裆部饰交深的交错绳纹。领部留有轮修痕，器表可见烟炱痕。口径13.2、复原后高27.4、壁厚0.4～0.6、把手宽4.0厘米（图5-111，8）。

标本H70：29，夹细砂灰陶。侈口，圆唇，高领，袋足外鼓，口沿及袋足上部置一竖向宽扁桥形把手，裆部及袋足下部残。领部素面，把手上端及边缘饰左斜向中绳纹，中下端及足部饰较深的竖向中绳纹，裆部饰交错中绳纹，内壁隐约可见反绳纹。领部可见修抹痕，器表可见烟炱痕。口径20.0、残高20.0、壁厚0.6厘米（图5-111，10）。

C型　3件。

标本H70：31，夹细砂灰陶。侈口，圆唇，高领较直，袋足肥矮，上端外鼓形成圆肩，足跟圆钝，弧裆略宽，口沿及袋足上部置一竖向桥形把手。领部素面，把手上端饰右斜向细绳纹，把手下端与袋足饰竖向细绳纹，裆部饰横向中绳纹，内壁可见反绳纹。器表可见烟炱痕。口径12.8、高20.5、壁厚0.6、把手宽1.2厘米（图5-111，1）。

标本H70：14，夹细砂灰陶。侈口，圆唇，高领，器体宽扁，袋足肥矮，尖角裆，口沿及袋足上部置一竖向拱形把手，部分袋足和裆部残。领部素面，把手表面饰竖向和右斜向绳纹，袋足饰竖向绳纹，裆部饰横向中绳纹。领部留有轮修痕，器表可见烟炱痕。口径16.0、体宽19.8、高18.2、壁厚0.4～0.6厘米（图5-111，2）。

标本H70：18，夹粗砂灰陶。侈口，圆唇，高领，口沿及袋足上部置一竖向桥形耳，袋足较瘦，足尖残。把手上下两端与袋足连接处均有三道竖向戳印纹，领部绳纹被刮抹，把手与袋足上部饰竖向中绳纹，裆部饰横向中绳纹，内壁可见反绳纹。器表可见烟炱痕。口径14.0、体宽19.1、残高21.2、壁厚0.5～0.8、把手宽2.8厘米（图5-111，9）。

表5-32 Ⅰ T0308H70陶系统计表

陶质	细泥质陶	粗泥质陶			夹细砂陶		夹粗砂陶		合计	百分比（%）
器表装饰 \ 陶色	灰	红	黑	灰	红	灰	红	灰		
素面	1/38	13/232		9/309	2/98	8/366		4/157	37/1200	7.58/3.67
磨光	8/231	2/127	5/419	24/742		17/1486			56/3005	11.48/9.18
篮纹				31/1820	21/2858	54/2959	7/759	17/1181	130/9577	26.64/29.26
绳纹					3/224	66/3154	10/677	48/1643	127/5698	26.02/17.41
弦纹		1/155							1/155	0.21/0.47
磨光+篮纹	1/47	19/1723		33/2847		2/157			55/4774	11.27/14.58
磨光+弦纹	1/31			3/34		4/292			8/357	1.64/1.09
绳纹+篮纹						6/233	1/330		7/563	1.43/1.72
绳纹+附加堆纹								6/1997	6/1997	1.23/6.1
磨光+弦纹+戳印纹				1/80					1/80	0.21/0.24
磨光+弦纹+刻划纹				1/488					1/488	0.21/1.49
绳纹+弦纹						5/267		8/157	13/424	2.66/1.3
附加堆纹+按压纹								4/498	4/498	0.82/1.52
篮纹+附加堆纹+按压纹								28/3087	28/3087	5.74/9.43
绳纹+戳印纹								5/457	5/457	1.02/1.39
绳纹+按压纹					2/94				2/94	0.41/0.29
篮纹+绳纹+按压纹								7/280	7/280	1.43/0.86
合计	11/347	35/2237	5/419	102/6320	28/3274	162/8914	18/1766	127/9457	488/32734	
百分比（%）	2.25/1.06	7.17/6.83	1.02/1.28	20.91/19.31	5.74/10	33.30/27.23	3.69/5.4	26.02/28.89		100/100

注：百分比相关的行、列外，“/”前统计的数据为片数，单位为个；“/”后统计的数据为质量，单位为克。

表5-33　ⅠT0308H70第三期陶器器形统计表（1）

陶质	细泥质陶	粗泥质陶			夹细砂陶		夹粗砂陶		合计	百分比（%）
器类＼陶色	灰	红	黑	灰	红	灰	红	灰		
泥质罐				2					2	1.22
无耳罐				6		18	1	7	32	19.46
单耳罐	3			2		3			8	4.88
双耳罐				1		1			2	1.22
瓮		1		4			1		6	3.66
壶	4		2	16	1	19		2	44	26.83
豆				1		2		1	4	2.44
器盖				1		1			2	1.22
鬲				1	2	20	1	14	38	23.17
斝						1	2	9	12	7.31
鬶		2			1				3	1.83
窖穴盖					7				7	4.27
杯				1					1	0.66
甑						1			1	0.66
碟状器底	1			1					2	1.22
合计	8	3	2	36	11	66	5	33	164	
百分比（%）	4.88	1.83	1.22	21.95	6.71	40.24	3.05	20.12		100

表5-34　ⅠT0308H70第三期陶器器形统计表（2）

器表装饰＼器类	泥质罐	瓮	壶	甑	豆	器盖	鬲	斝	窖穴盖	杯	单耳罐	双耳罐	无耳罐	鬶	碟状器底	合计	百分比（%）
素面			3		2		2				1	1	9	2	2	22	13.41
磨光	1	3	11			1					3		7			26	15.85
篮纹		1	24	1	1			7	7							41	25
绳纹							35				1		12			48	29.27
弦纹														1		1	0.61
磨光+篮纹	1	2	3							1		1				8	4.88
磨光+弦纹			2		1						2		1			6	3.66
篮纹+绳纹								1					1			2	1.22
绳纹+附加堆纹								1								1	0.61
磨光+弦纹+刻划纹						1										1	0.61
磨光+弦纹+戳印纹			1													1	0.61
绳纹+弦纹													1			1	0.61

续表

器类 器表装饰	泥质罐	瓮	壶	甑	豆	器盖	鬲	斝	窖穴盖	杯	单耳罐	双耳罐	无耳罐	鬶	碟状器底	合计	百分比（%）
附加堆纹+按压纹								1								1	0.61
篮纹+附加堆纹+按压纹								2								2	1.22
绳纹+戳印纹							1									1	0.61
绳纹+按压纹											1					1	0.61
篮纹+绳纹+按压纹													1			1	0.61
合计	2	6	44	1	4	2	38	12	7	1	8	2	32	3	2	164	
百分比（%）	1.22	3.66	26.83	0.61	2.44	1.22	23.17	7.31	4.27	0.61	4.88	1.22	19.46	1.83	1.22		100

D型　1件。

标本H70：20，夹粗砂灰陶。侈口微敛，圆唇，高领，袋足较瘦，窄弧裆，部分袋足残。领部隐约可见竖向中绳纹，袋足饰竖向中绳纹，裆部饰较深的横向绳纹，袋足内壁可见竖向反绳纹。领部留有轮修痕，内外壁皆可见烟炱痕。口径18.4、复原后高35.6、壁厚0.6～0.8厘米（图5-111，7）。

另有足部残片2件。

标本H70：2，夹粗砂灰陶。锥状空足。器表饰竖向中绳纹，绳纹上饰一段竖向的附加堆纹，堆纹上留有按压痕。内外壁皆可见烟炱痕。残高12.0、壁厚1.4厘米（图5-111，5）。

标本H70：22，夹细砂灰陶。锥状空足。器表饰竖向中绳纹，内壁可见较细的竖向反绳纹。器表可见烟炱痕。残高13.2、壁厚0.6～0.8厘米（图5-111，6）。

斝　9件。

A型　4件。

Aa型　3件。

标本H70：25，夹粗砂灰陶。侈口，方唇，筒形腹较宽，口沿及上腹残留耳根，仅存口沿及上腹。唇部饰三周凹弦纹，上腹饰一周较宽的条带状附加堆纹，堆纹上按压出菱格纹。残高14.0、壁厚0.6～1.0厘米（图5-112，7；图版六九，5）。

标本H70：45，夹细砂灰陶。直口微侈，方唇，筒形腹较宽，口沿及上腹置对称拱形双耳，圜底，腹底交接处连接三个锥状空足。上腹近口部素面，以下饰横向篮纹，篮纹上饰环络状附加堆纹，堆纹上留有整齐的按压纹，耳上下两端与腹壁连接处均有一横排戳印纹，足部饰左斜向篮纹。口部留有规整的轮修痕迹。口径20.6、高31.6、壁厚0.4～0.8厘米（图5-111，11；图版五八，3）。

标本H70：13，夹粗砂灰陶。直口微侈，方唇，筒形腹较宽，圜底，口沿及上腹置一对

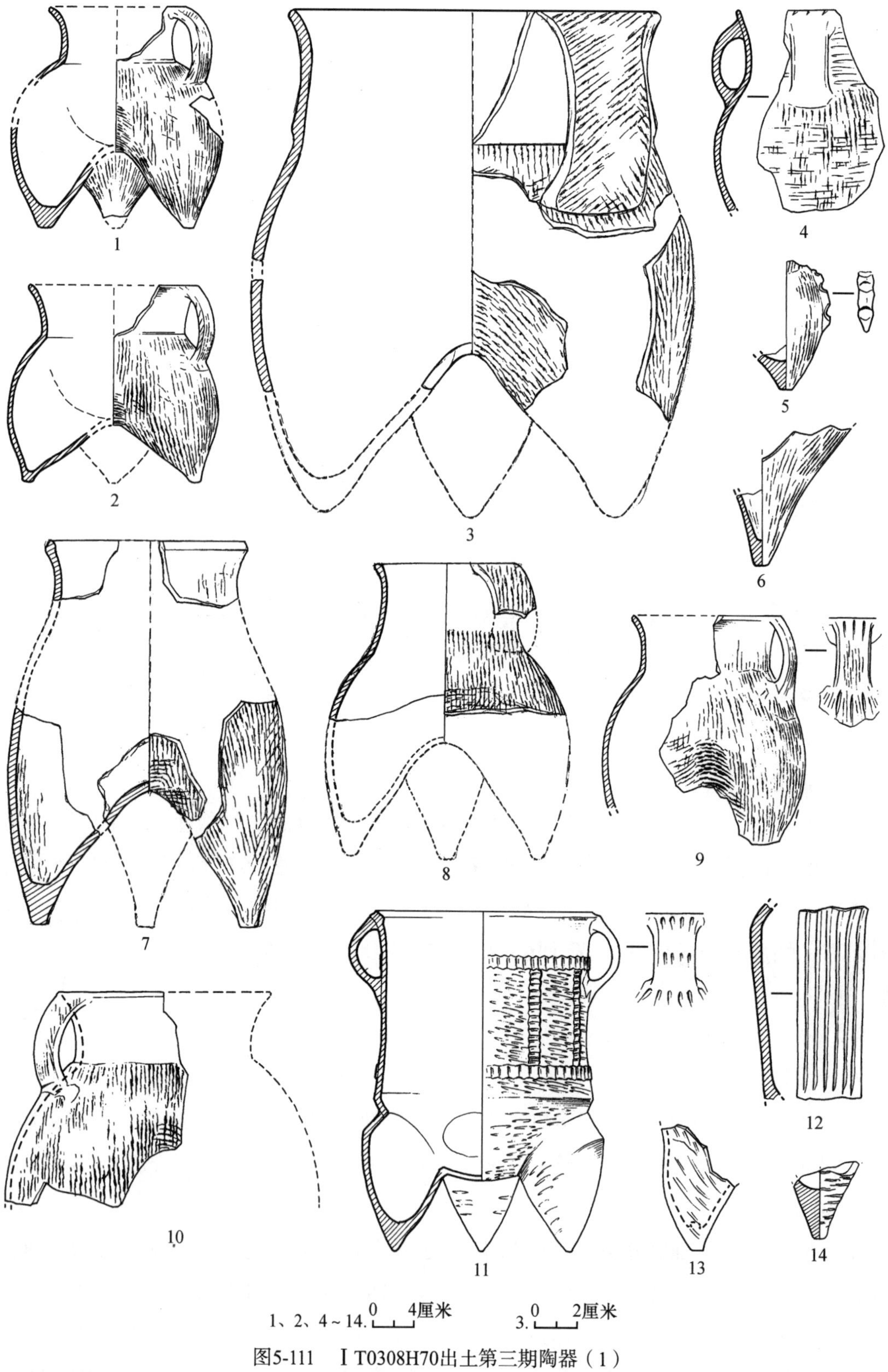

图5-111　Ⅰ T0308H70出土第三期陶器（1）

1、2、9. C型鬲（H70：31、H70：14、H70：18）　3. A型鬲（H70：26）　4. Ca型斝（H70：56）　5、6. 鬲（H70：2、H70：22）　7. D型鬲（H70：20）　8、10. B型鬲（H70：17、H70：29）　11. Aa型斝（H70：45）　12. 鬶鋬（H70：59）　13、14. 斝（H70：63、H70：41）

称的竖向拱形耳，足部残。器表饰极浅的右斜向粗篮纹，耳及腹部饰横向、竖向与交错的“〉”形条状附加堆纹，形如麦穗。器表可见烟熏痕。口径23.6、残高25.8、壁厚0.6厘米（图5-112，1）。

Ab型　1件。

标本H70：35，夹粗砂灰陶。直口微侈，圆唇，筒形腹，腹上部略束，仅存口沿及上腹，双耳已残。上腹近口沿处素面，腹部偏下饰较浅的横向中篮纹。口径17.8、残高14.6、壁厚0.8厘米（图5-112，6）。

Ca型　1件。

标本H70：56，夹粗砂红陶。侈口，圆唇，高领，鼓腹，口沿与领下置一竖向桥形耳，仅存口沿及腹部。领部饰横向粗篮纹，腹部饰竖向粗绳纹及横向篮纹。器表可见烟炱痕。残高18.8、壁厚0.4～0.6、耳宽3.4、耳厚0.8厘米（图5-111，4）。

E型　1件。

标本H70：9，夹粗砂灰陶。侈口，方唇，高领，上腹外鼓，底及三足残。领部素面，腹部饰竖向中绳纹，绳纹之上饰交错的宽条状附加堆纹，堆纹上留有绳压痕。口径32.0、残高29.3、壁厚0.9厘米（图5-112，2；图版六七，4）。

另有足部残片3件。

标本H70：38，夹粗砂灰陶。锥状空足，尖部有泥芯。器表隐约可见杂乱的中篮纹。内外壁皆有烟炱痕。残高8.2、壁厚0.8厘米（图5-112，3）。

标本H70：41，夹粗砂灰陶。锥状足尖，尖部有泥芯。器表饰横向中篮纹。内壁可见烟炱痕。残高7.3、壁厚0.6厘米（图5-111，14）。

标本H70：63，夹粗砂红陶。锥状足尖，尖部有泥芯。器表隐约可见右斜向粗篮纹。残高11.6、壁厚0.6厘米（图5-111，13）。

鬶　3件。

A型　1件。

标本H70：113，粗泥质红陶。深曲腹，袋足稍肥，足尖内填实，“人”字形尖角裆，口沿及部分足部残。素面。器表可见明显的竖向刮抹痕。残高48.0、壁厚0.8厘米（图5-112，5）。

另有鋬及足部残片2件。

标本H70：58，粗泥质红陶。锥状空足。素面。残高10.6、壁厚0.6厘米（图5-112，4；图版六一，4）。

标本H70：59，细泥质红陶。竖向宽扁桥形鋬。鋬面饰六道凹弦纹。残长17.8、宽6.4、厚1.0厘米（图5-111，12；图版六二，1）。

罐　14件。以无耳罐为主，单耳罐和双耳罐较少。

无耳罐　7件

Aa型　6件。

标本H70：15，夹细砂灰陶。侈口，圆唇，高领微束，上腹微鼓，仅存口沿及上腹。领部

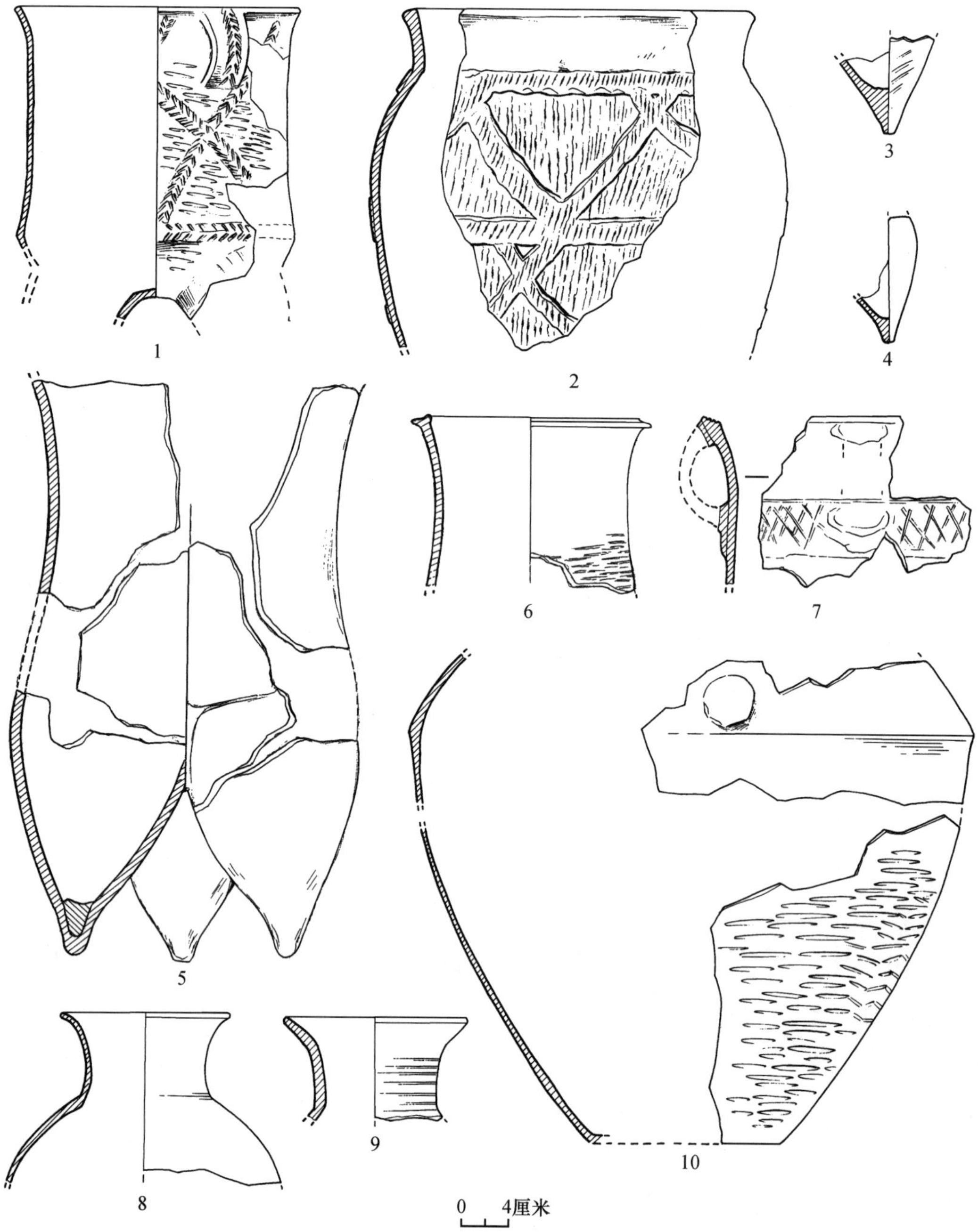

图5-112　ⅠT0308H70出土第三期陶器（2）

1、7. Aa型斝（H70：13、H70：25）　2. E型斝（H70：9）　3. 斝（H70：38）　4. 鬶（H70：58）　5. A型鬶（H70：113）　6. Ab型斝（H70：35）　8、9. B型壶（H70：37、H70：77）　10. A型瓮（H70：10）

素面，上腹痕较深的竖向中绳纹。领部留有轮修痕，器表可见烟炱痕。口径13.0、残高12.6、壁厚0.4～0.6厘米（图5-113，4）。

标本H70：16，夹细砂灰陶。侈口，圆唇，高领微束，上腹圆鼓，仅存口沿及上腹。领部素面，腹部饰竖向细绳纹。领部可见横向修抹痕，器表可见烟炱痕。口径11.7、残高9.6、壁厚0.4～0.6厘米（图5-113，2）。

标本H70：19，夹细砂灰陶。侈口，圆唇，高领微束，上腹圆鼓，仅存口沿及上腹。领部素面，领腹交接处有一周凹弦纹，腹部饰竖向中绳纹。领部可见横向修抹痕，领、腹部交接处有明显的嵌接痕迹，器表可见烟炱痕。口径14.0、残高15.2、壁厚0.4厘米（图5-113，1）。

标本H70：21，夹细砂灰陶。侈口，圆唇，高领微束，圆鼓腹，仅存口沿及上腹。领部饰右斜向粗篮纹，腹部饰竖向中绳纹。器表可见烟炱痕。口径13.6、腹径16.0、残高13.6、壁厚0.4厘米（图5-113，3）。

标本H70：23，夹细砂灰陶。侈口，圆唇，高领微束，圆鼓腹，仅存口沿及上腹。领部素面，上腹饰较深的竖向中绳纹。内外壁均留有轮修痕，器表可见烟炱痕。口径14.4、残高14.0、壁厚0.6~0.8厘米（图5-113，6）。

标本H70：24，夹粗砂灰陶。侈口，圆唇，高领微束，上腹外鼓，仅存口沿及上腹。领部素面，上腹饰较深的竖向中绳纹。领部留有轮修痕。口径18.0、残高11.0、壁厚0.6~0.8厘米（图5-113，5）。

Ab型　1件。

标本H70：57，夹细砂红陶。微侈口，尖圆唇，高领较直，上腹外弧，仅存口沿及上腹。唇部按压出浅圆窝，形成锯齿状花边，领部饰较浅的左斜向粗篮纹，上腹饰较浅的竖向绳纹。口径11.8、残高9.2、壁厚0.6~0.9厘米（图5-113，7）。

单耳罐　3件。

Ab型　1件。

标本H70：27，夹细砂灰陶。侈口，圆唇，高领，鼓腹，口沿及上腹置一竖向桥形耳，下腹及底残。领部及耳面绳纹被刮抹，腹部饰竖向细绳纹。领部留有轮修痕。口径11.3、残高9.9、壁厚0.4、耳宽2.6、耳厚0.6厘米（图5-113，8）。

B型　1件。

标本H70：53，细泥质灰陶。侈口，圆唇，高领较直，上腹圆弧，口沿及上腹置一竖向桥形耳，耳中部略凹，仅存口沿及上腹。器表磨光，领下部饰三道凹弦纹。耳部可见竖向刮抹痕。口径9.8、残高7.6、壁厚0.3~0.5、耳宽2.0、耳厚0.4厘米（图5-113，9）。

D型　1件。

标本H70：108，粗泥质灰陶。敛口，圆唇，球形腹，口沿及上腹置一上翘的竖向圆拱形耳，下腹及底部残。素面。器表可见烟炱痕。口径约8.0、残高10.6、壁厚0.6、耳宽3.0、耳厚0.8厘米（图5-113，10）。

双耳罐　2件。为Ab型。

标本H70：30，粗泥质灰陶。侈口，圆唇，高领，圆折腹，口沿及腹中部置一竖向桥形耳，耳中部内凹，两侧起棱，平底。素面。口径11.8、腹径11.0、底径7.6、高10.2、壁厚0.4~0.6、耳宽2.3厘米（图5-113，12）。

标本H70：6，夹细砂灰陶。侈口，圆唇，高领，圆折腹，平底，口沿及腹中部置一竖向桥形耳，残留耳根部。器表素面，器底饰篮纹。领部可见修抹痕。口径15.0、腹径13.6、底径

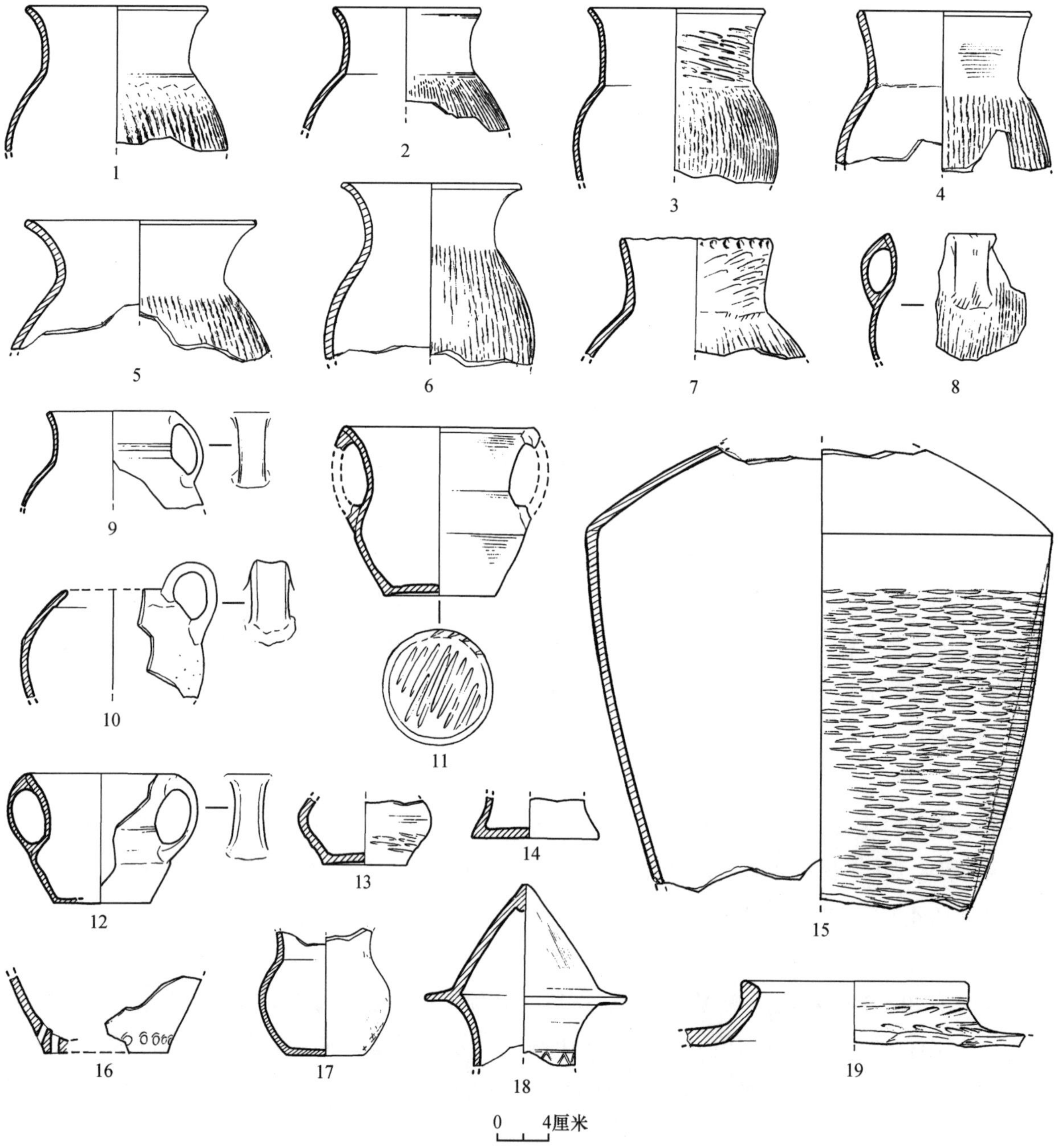

图5-113　ⅠT0308H70出土第三期陶器（3）

1～6. Aa型无耳罐（H70：19、H70：16、H70：21、H70：15、H70：24、H70：23）　7. Ab型无耳罐（H70：57）　8. Ab型单耳罐（H70：27）　9. B型单耳罐（H70：53）　10. D型单耳罐（H70：108）　11、12. Ab型双耳罐（H70：6、H70：30）　13、17. 泥质罐（H70：28、H70：107）　14. 杯（H70：51）　15. 瓮（H70：66）　16. 甑（H70：102）　18. Bb型器盖（H70：12）　19. 窖穴盖（H70：60）

9.0、高13.1、壁厚0.4～0.6厘米（图5-113，11；图版五九，2）。

泥质罐　2件。为腹部及底部残片。

标本H70：107，粗泥质灰陶。高领，圆鼓腹，平底，口部残。器表磨光。下腹可见杂乱的刮抹痕。底径6.2、残高10.0、壁厚0.6厘米（图5-113，17）。

标本H70：28，粗泥质灰陶。鼓腹近折，平底微凹，仅存下腹及底。下腹磨光，近底部饰篮纹，其上可见五个指甲印。器表可见粗糙的刮抹痕。底径6.8、残高5.2、壁厚0.8厘米（图5-113，13）。

壶　2件。为B型。

标本H70：37，粗泥质黑皮陶。侈口，圆唇，束颈，圆鼓肩，仅存口沿及肩部。领部素面，肩部磨光。口径14.0、残高14.3、壁厚0.6～0.8厘米（图5-112，8）。

标本H70：77，粗泥质灰陶。侈口，圆唇，束颈，仅存口沿及颈部。口沿内侧及颈部磨光，颈部饰七周凹弦纹。内壁有明显的轮修痕。残高8.6、壁厚0.8～1.0厘米（图5-112，9）。

瓮　2件。

A型　2件。

标本H70：10，粗泥质灰陶。敛口，斜折肩，深弧腹，小平底，肩部近折棱处置圆形鋬，口沿及部分腹部残。肩部磨光，腹部饰横向粗篮纹。肩径48.0、底径21.0、残高40.3、壁厚0.4～0.8厘米。（图5-112，10）。

另有肩腹部残片1件。

标本H70：66，粗泥质红陶。折肩，腹部斜收。肩部磨光，腹部饰横向粗篮纹。肩径34.0、残高35.8、壁厚0.7厘米（图5-113，15）。

杯　1件。

标本H70：51，粗泥质灰陶。曲腹，平底，仅存下腹及底。器表略磨光，底部饰篮纹。器表可见杂乱的刮抹痕。底径10.2、残高3.2、壁厚0.4～0.8、底厚1.0厘米（图5-113，14）。

甑　1件。为下腹及底部残片。

标本H70：102，夹细砂灰陶。腹部斜收，平底，上腹及口沿残。下腹饰极浅的横向粗篮纹，近底处残存5个圆形箅孔，底部残存2个圆形箅孔。底径9.8、残高6.0、壁厚0.8厘米（图5-113，16；图版七〇，2、3）。

窖穴盖　1件。

标本H70：60，夹细砂红陶。盖体呈扁圆形，中部有一环形捉手，捉手周壁上端较直，向下外张，盖体大部分残。器表饰有极粗的篮纹。捉手径17.6、高5.2、壁厚1.2厘米（图5-113，19；图版六五，6）。

器盖　1件。为Bb型。

标本H70：12，粗泥质灰陶。圆锥形顶，锥体下部向外加宽出檐，檐下连接筒形座，座下部及盖体残。器表磨光，筒形座上部戳有圆孔，中部刻划出菱格纹。残高14.0、壁厚0.6～1.0厘米（图5-113，18）。

（2）石器

石铲　1件

标本H70：09，灰色灰岩。器体扁平，器身磨制，平顶，一侧边经打制，近打制边缘处可见两面对琢的圆形凹坑，直径约2.0厘米。顶部穿孔，为双面实心钻形成，孔周有琢痕。器表残损严重，可能欲改制为长方形穿孔石刀，残断后废弃。长5.9、宽5.4、最厚处1.3、孔径1.0厘米，重77克（图5-114，4；图版七三，5）。

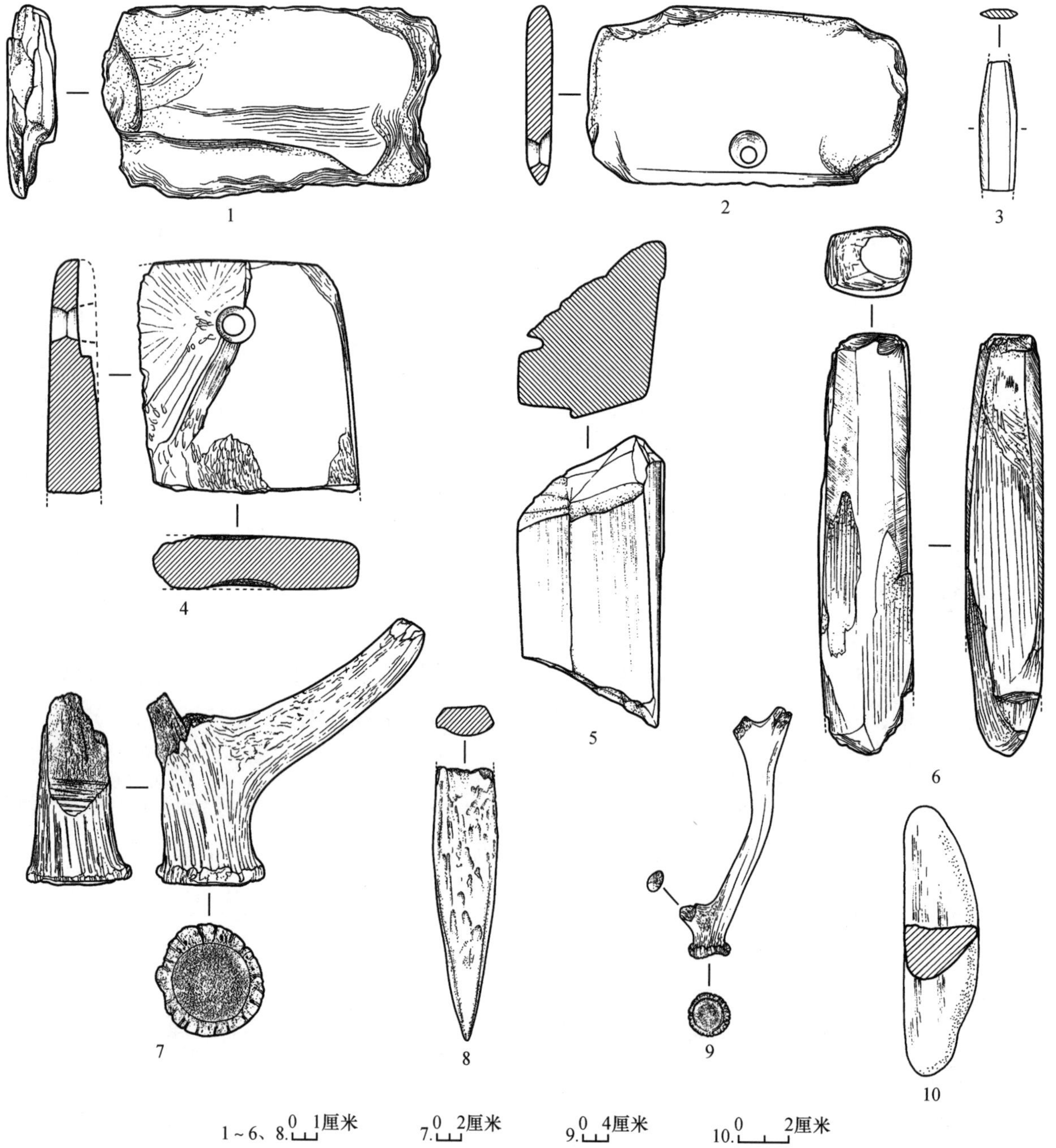

图5-114　ⅠT0308H70出土第三期石器、骨器

1. Aa型石刀（H70：3）　2. Ba型石刀（H70：04）　3. 石镞（H70：011）　4. 石铲（H70：09）　5. 石料（H70：216）　6. 石凿（H70：02）　7、9. 鹿角（H70：03、H70：07）　8. 角锥（H70：012）　10. 石研磨器（H70：01）

石凿　1件。

标本H70：02，黑色灰岩。平顶，窄长条状，器身残损。磨制。刃部使用破损严重。器表可见摩擦痕。长11.4、宽2.3、厚2.1厘米，重117克（图5-114，6；图版七四，3）。

石刀　2件。

Aa型　1件。

标本H70：3，灰色闪长岩。器体较厚，一侧边打制出内弧形缺口，器表一面平滑，为原始面，一面起伏不平，为破裂面。平直背，双面刃，刃部内弧。刃部经使用磨损。打制。长8.8、宽4.5～4.9、厚1.2厘米，重93克（图5-114，1；图版七六，5）。

Ba型　1件。

标本H70：04，灰绿色灰岩。器体扁平，背面平直，双面直刃。近刃缘处中部有一孔，为双面桯钻形成。磨制。刃部因使用可见多处崩碴，背部有破损。长8.4、宽4.6、厚0.7、孔径0.4～1.0厘米，重40克（图5-114，2；图版七七，3）。

石镞　1件。

标本H70：011，青灰色板岩。器体较薄，尖端及铤残，前锋断面呈六边形，两侧斜直，双面刃，尾部扁平。通体磨制平整。残长3.3、宽0.9、厚0.2厘米，重2克（图5-114，3；图版七八，6）。

石料　1件。

标本H70：216，灰青色闪长岩。为不规则形残块。器身为切割面，残存V形切割凹槽，残断后废弃。残长8.1、宽3.7、厚1.5～3.4厘米，重122克（图5-114，5）。

石研磨器　1件。

标本H70：01，浅红褐色花岗岩。天然砾石制作而成，器身保留石皮。平面形状略呈舌形，下端稍粗，两端表面可见磨圆痕迹。长12.6、宽3.5～4.9、截面直径2.8～3.6厘米，重368克（图5-114，10）。

（3）骨器

角锥　1件。

标本H70：012，器体扁平，一端制成锥状尖，另一端残。锥尖磨光。残长7.0、最宽1.7、厚0.8厘米，重9克（图5-114，8；图版八一，5）。

鹿角　2件。

标本H70：03，鹿角制成，分叉处一枝残断，另一枝尖端有磨痕。残长17.5、角根直径3.5厘米，重217克（图5-114，7；图版八〇，5）。

标本H70：07，分叉，叉体经过打磨。残长26.4、底径4.4厘米（图5-114，9；图版八四，1）。

本单位发现庙底沟二期遗物，共计5件，可辨器形有夹砂深腹罐、泥质罐、瓮和盆。

罐　3件。

夹砂罐　1件。为A型。

标本H70：106，夹粗砂灰陶。敛口，斜折沿，方唇，上腹外弧，仅存口沿及上腹。沿面饰较浅的右斜向篮纹，沿下加固两周叠加的条形附加堆纹，腹部饰右斜向中篮纹。口径36.0、残高12.0、壁厚0.7厘米（图5-115，2）。

泥质罐　2件。为A型。

标本H70：8，粗泥质灰陶。侈口，圆唇，束颈，圆鼓腹，仅存口沿及上腹。颈下饰一周凹弦纹，腹部饰右斜向粗篮纹。口沿及颈部可见修抹痕。口径26.4、腹径34.5、残高24.0、壁厚0.6厘米（图5-115，3；图版四一，1）。

标本H70：11，粗泥质灰陶。侈口，圆唇，束颈，鼓腹，仅存口沿及上腹。唇部饰一周凹弦纹，腹部饰横向与左斜向中篮纹。颈部可见横向修抹痕。口径29.8、残高14.2、壁厚0.6厘米（图5-115，4）。

瓮　1件。为A型。

标本H70：127，细泥质灰陶。敛口，方唇，上腹斜直，仅存口沿及上腹。器表磨光。口径24.0、残高4.4、壁厚0.6厘米（图5-115，5）。

盆　1件。为Ab型。

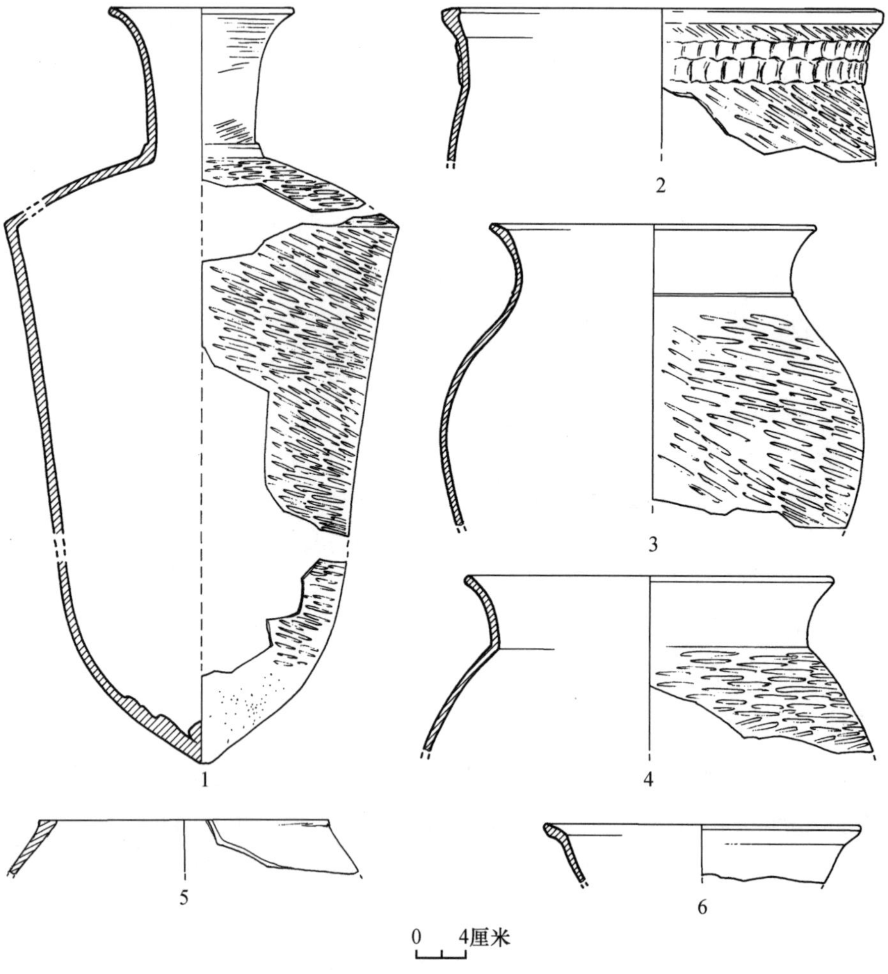

图5-115　Ⅰ T0308H70出土第二期陶器

1. A型尖底瓶（H70：7）　2. A型夹砂罐（H70：106）　3、4. A型泥质罐（H70：8、H70：11）　5. A型瓮（H70：127）　6. A型盆（H70：81）

标本H70：81，细泥质灰陶。敞口，斜折沿，尖圆唇，斜弧腹，仅存口沿及上腹。口沿及器表磨光。器表部分被烧黑。残高25.8、残高4.4、壁厚0.6厘米（图5-115，6）。

本单位发现仰韶晚期遗物，共计6件，可辨器形有尖底瓶、夹砂罐和盆。

尖底瓶　2件。

A型　1件。

标本H70：7，夹细砂灰陶。侈口，圆唇，细长颈，广折肩，深弧腹，尖底凸出，部分肩部和腹部残。颈部饰较浅的篮纹，颈肩交接处有一周附加堆纹，肩部饰横向篮纹，腹部饰右斜向中篮纹，纹痕较深，底部由于长期使用被磨成素面。底部可见泥斧盘筑痕。口径14.8、肩径32.0、复原后高60.0、壁厚0.6～1.0厘米（图5-115，1；图版一四，1）。

E型　1件。

标本H70：126，粗泥质红陶，胎体呈灰色。直口微敛，平折沿，沿面略内倾，方唇，束颈，仅存口沿及颈部。颈部隐约可见被刮抹的竖向线纹，其上贴附小圆泥饼。沿面可见轮修痕。内口径5.2、外口径11.2、沿宽3.0、残高4.6厘米（图5-116，3）。

夹砂罐　3件。为A型。

Ab型　2件。

标本H70：64，夹粗砂红陶，部分胎体呈灰色。敛口，斜折沿，圆唇，上腹外鼓，仅存口沿及上腹。上腹隐约可见斜向细绳纹。器表可见烟炱痕。口径24.0、残高7.6、壁厚0.8～1.2厘米（图5-116，1）。

标本H70：135，夹细砂红陶。敛口，斜折沿，沿面内凹，圆唇，上腹微弧，仅存口沿及上腹。素面。沿面留有轮修痕，断茬处可见烟炱痕。残高4.6、壁厚0.7厘米（图5-116，2）。

Ac型　1件。

标本H70：65，夹粗砂灰陶。敛口，斜折沿，圆唇，上腹外弧，仅存口沿及上腹。器表饰右斜向粗绳纹。口径31.2、残高6.2、壁厚0.7厘米（图5-116，4）。

盆　1件。为Aa型。

标本H70：68，细泥质红陶，胎体呈灰色。平折沿，内沿折棱凸出形成内敛口，尖唇，斜弧腹，仅存口沿及上腹。素面。内口径21.8、外口径30.8、沿宽4.5、残高4.6厘米、壁厚0.8～1.2厘米（图5-116，5）。

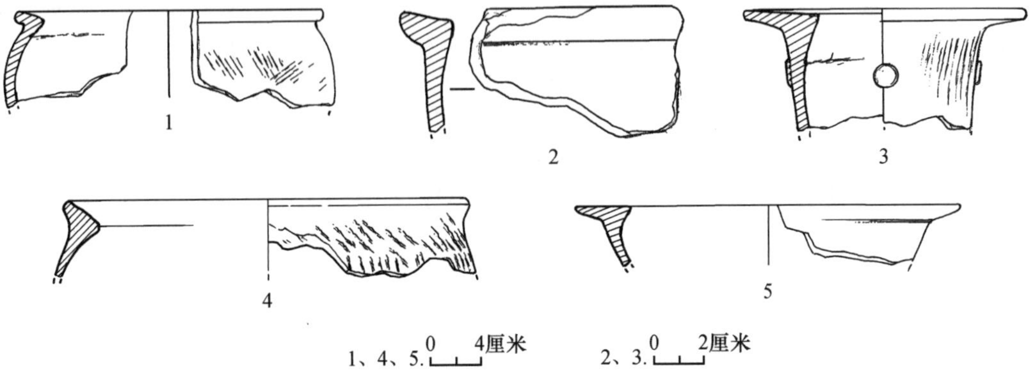

图5-116　ⅠT0308H70出土第一期陶器

1、2. Ab型夹砂罐（H70：64、H70：135）　3. E型尖底瓶（H70：126）　4. Ac型夹砂罐（H70：65）　5. Aa型盆（H70：68）

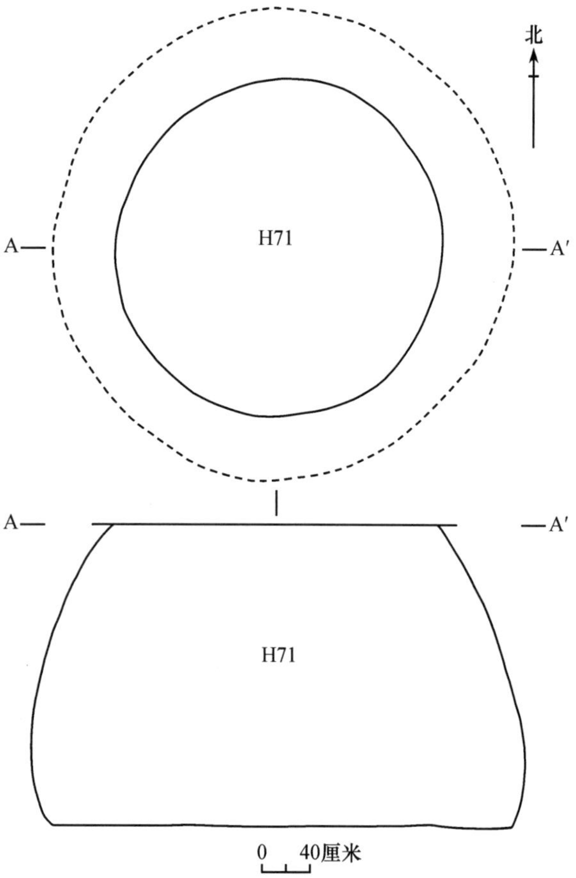

图5-117　ⅠT0407H71平、剖面图

32. ⅠT0407H71

H71位于ⅠT0407东南部。开口于③层下，其东部打破H85。袋状坑，坑口平面呈圆形，坑壁自上而下外弧，越近底部越明显，口部急收，平底。坑口距地表深140厘米，坑口直径270、坑底直径380、深240厘米（图5-117；图版五六，2）。

坑内填土为浅褐色，土质疏松。文化遗物有陶器、石器、骨器。

（1）陶器　属于本期的陶片共103片，总重8254克。以夹细砂灰陶为主，夹粗砂灰陶次之，器表装饰以绳纹为主，磨光次之，另有少量篮纹、磨光+刻划纹、篮纹+按压纹、磨光+弦纹、磨光+篮纹等（表5-35）。经分类和拼对，共有38件个体，可辨器形有鬲、斝、盆、无耳罐、单耳罐、壶、圈足盘、拍、笄、环等典型的客省庄文化遗物。此外，本单位还出土夹砂深腹罐、尖底瓶、瓮、盆、钵等（图5-118、图5-119、图5-120、表5-36、表5-37）。

鬲　5件。

B型　3件。

标本H71：31，夹细砂灰陶。侈口，圆唇，高领，袋足上部外弧，口沿及袋足上部置一竖向宽扁桥形把手，仅存口沿及袋足上部。领部素面，把手饰斜向绳纹，袋足饰较深的竖向中绳纹。把手两端与鬲身连接痕迹明显，领部留有轮修痕。残高10.4、壁厚0.6厘米（图5-118，1）。

标本H71：14，夹细砂灰陶。侈口，圆唇，高领，袋足较宽，口沿及袋足上部置一竖向宽扁桥形把手，裆部及袋足下部残。领部素面，把手饰交错中绳纹，袋足饰斜向中绳纹。领部留有轮修痕。口径17.5、残高13.3、壁厚0.7、把手宽4.9厘米（图5-118，4）。

标本H71：24，夹细砂灰陶。侈口，尖唇，高领较直，袋足上部外鼓，残留把手根部，裆部及袋足下部残。领部素面，上腹饰竖绳纹。口径10.1、残高9.8、壁厚0.4厘米（图5-118，3）。

D型　1件。

标本H71：29，夹细砂灰陶。侈口，圆唇，高领，袋足上部外弧，仅存口沿及袋足上部。领部素面，袋足上部饰较深的竖绳纹。领部可见明显的轮修痕。口径18.0、残高10.6、壁厚0.5厘米（图5-118，2）。

表5-35　Ⅰ T0407H71陶系统计表

陶质	细泥质陶	粗泥质陶		夹细砂陶		夹粗砂陶		合计	百分比（%）
器表装饰＼陶色	灰	红	灰	红	灰	红	灰		
素面	1/98		2/106		2/148		1/65	6/417	5.83/5.05
磨光	1/43	2/62	9/551		3/206		1/170	16/1032	15.53/12.50
篮纹		1/46			5/462		1/43	7/551	6.80/6.68
绳纹					8/932	6/1225	8/574	22/2731	21.36/33.09
磨光+篮纹			1/133		1/81		1/231	3/445	2.91/5.39
磨光+弦纹	1/61		1/252		7/285			9/598	8.74/7.24
篮纹+绳纹+附加堆纹+按压纹				3/188				3/188	2.91/2.28
磨光+刻划纹	1/33							1/33	0.97/0.40
磨光+弦纹+篮纹					5/517			5/517	4.85/6.26
磨光+方格纹					5/258			5/258	4.85/3.13
篮纹+弦纹+绳纹+按压纹							6/303	6/303	5.83/3.67
绳纹+弦纹					4/223			4/223	3.89/2.70
绳纹+按压纹							2/159	2/159	1.94/1.93
篮纹+附加堆纹+绳纹							2/370	2/370	1.94/4.48
篮纹+按压纹						12/429		12/429	11.65/5.20
合计	4/235	3/108	13/1042	3/188	40/3112	18/1654	22/1915	103/8254	
百分比（%）	3.89/2.85	2.91/1.31	12.62/12.63	2.91/2.27	38.83/37.70	17.48/20.04	21.36/23.20		100/100

注：百分比相关的行、列外，“/”前统计的数据为片数，单位为个；“/”后统计的数据为质量，单位为克。

表5-36　Ⅰ T0407H71第三期陶器器形统计表（1）

陶质	细泥质陶	粗泥质陶	夹细砂陶		夹粗砂陶		合计	百分比（%）
器类＼陶色	灰	灰	红	灰	红	灰		
泥质罐	1	1					2	5.26
无耳罐			2		2	2	6	15.79
单耳罐		1				1	2	5.26
壶	1	2		8		1	12	31.58
圈足盘		2					2	5.26
器盖		1					1	2.63
鬲				5	1	4	10	26.32
斝				1	1	1	3	7.90
合计	2	7	2	14	4	9	38	
百分比（%）	5.26	18.42	5.26	36.84	10.53	23.69		100

表5-37　Ⅰ T0407H71第三期陶器器形统计表（2）

器类 / 器表装饰	泥质罐	壶	圈足盘	器盖	鬲	斝	无耳罐	单耳罐	合计	百分比（%）
素面	1	1							2	5.26
磨光	1	2	1					1	5	13.16
篮纹		3				1			4	10.53
绳纹					9		2	1	12	31.58
磨光+篮纹		2	1						3	7.90
磨光+弦纹		2		1					3	7.90
篮纹+按压纹						1			1	2.63
绳纹+按压纹							1		1	2.63
篮纹+绳纹+附加堆纹+按压纹							2		2	5.26
篮纹+弦纹+绳纹+按压纹							1		1	2.63
篮纹+附加堆纹+绳纹						1			1	2.63
磨光+弦纹+篮纹		1							1	2.63
绳纹+弦纹					1				1	2.63
磨光+方格纹		1							1	2.63
合计	2	12	2	1	10	3	6	2	38	
百分比（%）	5.26	31.58	5.26	2.63	26.32	7.90	15.79	5.26		100

另有足部残片1件。

标本H71：47，夹粗砂灰陶。锥状空足。器表饰竖向和交错的中绳纹，内壁可见反绳纹。器表可见烟炱痕。残高11.7、壁厚0.5厘米（图5-118，5）。

斝　3件。

B型　1件。

标本H71：15，夹粗砂红陶。侈口，方唇，高领，弧腹，仅存口沿及足上部残片。唇部按压出波浪状花边，领部饰左斜向粗篮纹，腹部及足部饰横向与左斜向粗篮纹，纹痕较深。器表可见烟炱痕。口径24.0、残高16.6、壁厚0.5厘米（图5-118，7；图版六七，1）。

F型　1件。

标本H71：25，夹粗砂灰陶。敛口，方唇，口沿一侧有U形流，筒形腹，腹壁微鼓，仅存口沿及上腹。上腹饰较浅的横向篮纹，篮纹上饰条状附加堆纹构成的纹饰带，堆纹上留有绳压痕，纹痕较深。口径24.0、残高11.2、壁厚0.5～0.8厘米（图5-118，6；图版六七，2）。

另有袋足残片1件。

标本H71：59，夹细砂灰陶。锥状空足。器表饰较深的左斜向粗篮纹。器表可见烟炱痕。残高7.7、壁厚0.5～0.7厘米（图5-118，8）。

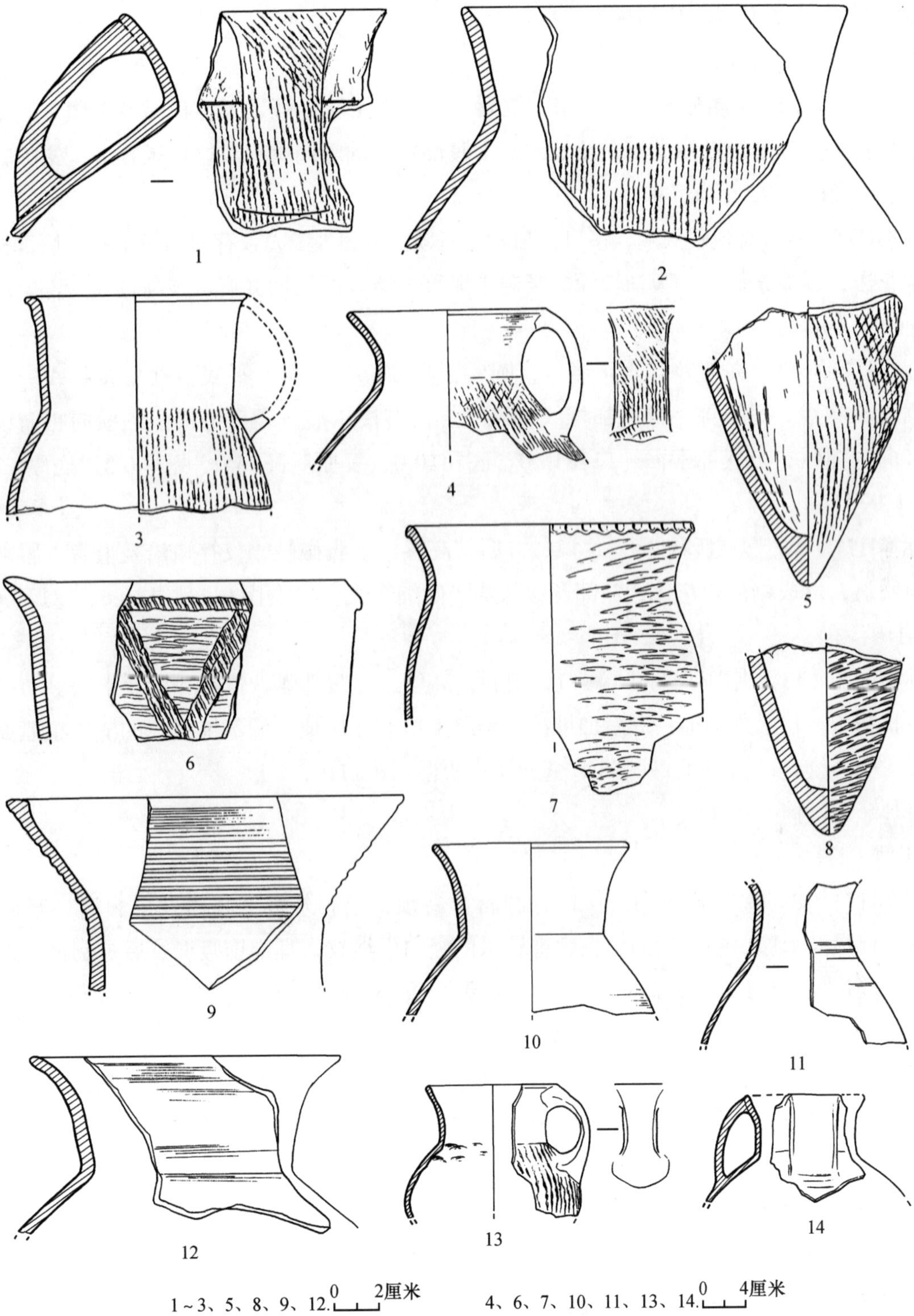

图5-118　ⅠT0407H71出土第三期陶器

1、3、4. B型鬲（H71：31、H71：24、H71：14）　2. D型鬲（H71：29）　5. 鬲（H71：47）　6. F型斝（H71：25）　7. B型斝（H71：15）　8. 斝（H71：59）　9～12. A型壶（H71：27、H71：11、H71：12、H71：28）　13. Ab型单耳罐（H71：8）　14. B型单耳罐（H71：13）

罐　7件。含无耳罐与单耳罐。

无耳罐　5件。为Ab型。

标本H71：10，夹粗砂灰陶。侈口，圆唇，高领，上腹外弧，仅存口沿及上腹。唇部按压出波浪状花边，领部饰极浅的横向粗篮纹，上腹饰较深的竖向中绳纹。口径14.6、残高7.9、壁厚0.6厘米（图5-119，5）。

标本H71：34，夹粗砂灰陶。侈口，圆唇，高领，上腹外鼓，仅存口沿及上腹。唇部按压出波浪状花边，领部素面，上腹饰较深的竖向中绳纹。器表可见烟炱痕。残高11.6、壁厚0.4厘米（图5-119，4）。

标本H71：43，夹细砂红陶。侈口，圆唇，高领，圆鼓腹，平底，部分腹部残。唇部按压出锯齿状花边，沿下饰一周附加堆纹，堆纹上留有按压痕，领部饰极浅的横向粗篮纹，腹部饰竖向中绳纹，近底部素面。口径16.0、底径10.0、复原后高25.0、壁厚0.5、底厚0.7厘米（图5-119，1）。

标本H71：39，夹粗砂红陶。侈口，方唇，高领，上腹微鼓，仅存口沿及上腹。唇部按压出斜向凹痕，形成锯齿状花边，领部及腹部饰竖向细绳纹。口径16.0、残高10.6、壁厚0.6厘米（图5-119，3）。

标本H71：37，夹细砂红陶。侈口，圆唇，高领，上腹外弧，仅存口沿及上腹。唇部按压出波浪状花边，口沿外侧饰一周附加堆纹，堆纹上留有按压痕，领部饰极浅的横向粗篮纹，上腹饰竖向中绳纹。口径16.0、残高8.4、壁厚0.5厘米（图5-119，2）。

单耳罐　2件。

Ab型　1件。

标本H71：8，夹粗砂灰陶。侈口，圆唇，高领，上腹外鼓，口沿及上腹置一竖向桥形耳，仅存口沿及上腹。领部素面，上腹饰较深的竖向中绳纹，耳部饰竖绳纹后被刮抹。器表可见少量烟炱痕。口径12.0、残高10.6、壁厚0.4厘米（图5-118，13）。

B型　1件。

标本H71：13，粗泥质灰陶。侈口，尖圆唇，高领，上腹外弧，口沿及上腹置一竖向宽扁桥形耳，仅存口沿及上腹。器表磨光。复原后口径10.5、残高8.6、壁厚0.4、耳宽4.4厘米（图5-118，14）。

壶　4件。为A型。

标本H71：11，夹细砂灰陶。侈口，圆唇，束颈，溜肩，仅存口沿及肩部。颈部及肩部磨光。口部留有轮修痕。口径18.0、残高20.8、壁厚0.7厘米（图5-118，10）。

标本H71：12，粗泥质灰陶。束颈，溜肩，口沿及肩部以下残。颈部素面，肩部磨光，领肩交接处饰两周平行且规整的凹弦纹及两道未贯通且不规则的凹弦纹。内壁留有轮修痕。口径10.8、残高12.6、壁厚0.5厘米（图5-118，11）。

标本H71：27，细泥质灰陶。喇叭形口，方唇，束颈，仅存口沿及颈部。颈上部饰九周凹弦纹，下部磨光。内外壁皆留有轮修痕。口径21.0、残高8.5、壁厚0.7厘米（图5-118，9；图版六八，1）。

标本H71：28，粗泥质灰陶。侈口，圆唇，束颈，溜肩，仅存口沿及肩部。颈部素面，肩部磨光。内外壁皆可见轮修痕。口径15.0、残高7.6、壁厚0.6厘米（图5-118，12）。

圈足盘　2件。为A型。

标本H71：16，粗泥质灰陶。敞口，圆唇，斜弧腹，大平底，矮圈足，足墙外斜。盘内外壁及圈足表面均磨光。通体留有轮修痕。口径24.3、圈足径18.0、高7.7、壁厚0.6～1.0厘米（图5-119，6）。

标本H71：17，粗泥质灰陶。敞口，圆唇，斜弧腹，大平底，圈足下部残。盘内壁及圈足表面磨光，盘外壁饰较浅的横向粗篮纹。口径28.0、残高3.6、壁厚0.7～0.9厘米（图5-119，12）。

器盖　1件。为Bb型。

标本H71：9，粗泥质灰陶。圆锥形顶，锥体下部向外张宽出檐，下接筒状柄，尖顶及盖体残。通体磨光，柄部置一椭圆形穿孔，另饰两组两周凹弦纹。残高14.1、壁厚0.6厘米（图5-119，7）。

拍　2件。

A型　1件。

标本H71：5，粗泥质红陶。圆锥状，拍面为圆形，平整光滑。高4.0、拍面直径5.5厘米（图5-119，10；图版七二，5）。

C型　1件。

标本H71：6，夹粗砂灰陶。陶拍背面有一亚腰圆柱状捉手，拍面已残。素面。残高3.1、捉手径3.6厘米（图5-119，11）。

笄　1件。

标本H71：3，细泥质黑皮陶。平面呈T形，顶端有棱形笄帽，笄身截面近圆形，笄帽两侧及尖部残。通体磨光。残长8.5厘米（图5-119，8）。

环　1件。为Aa型。

标本H71：4，细泥质灰陶。环面较窄，内壁较直，外壁微弧，截面呈圆角方形。器表磨光。内径6.0、外径7.0、厚0.7厘米（图5-119，13；图版七三，1）。

（2）石器

石杵　1件。

标本H71：1，浅黄色砂岩。呈上细下粗的圆柱形体，纵截面略近梯形，底部磨圆，使用痕迹明显。磨制。长12.2、长径7.5、短径5.0厘米，重852克（图5-119，14）。经测试分析，该石杵表面发现有禾本科植物的早熟禾亚科小麦族大麦属、黍亚科黍族黍属、黍亚科玉蜀黍族薏苡属和薯蓣科植物淀粉残留，推测其用途包括对禾本科与薯蓣科植物的臼捣加工。

（3）骨器

骨笄　1件。

标本H71：2，笄身略扁，截面近椭圆形，顶端及尖端残。器表经打磨，可见斜向磨痕。

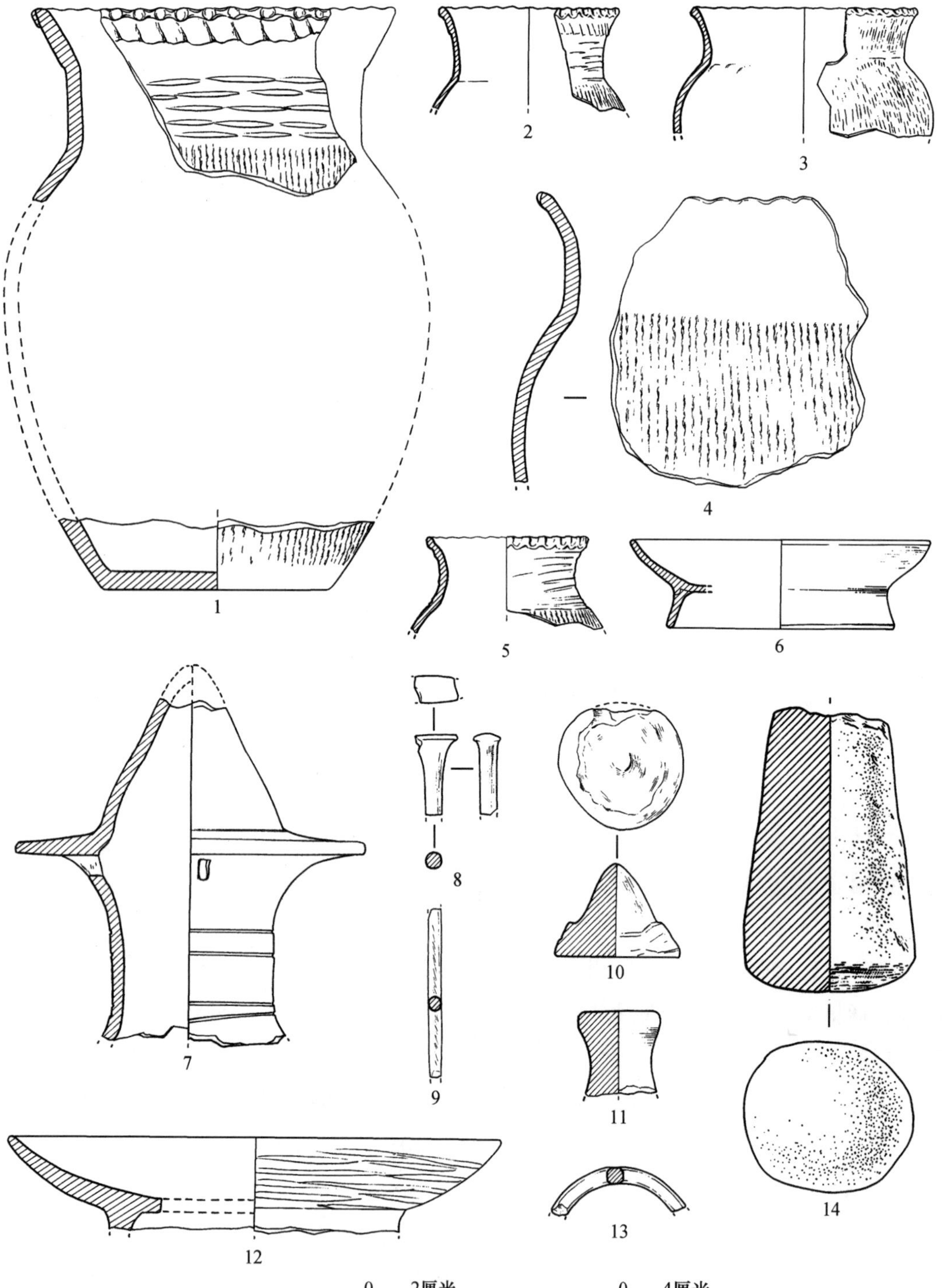

图5-119　ⅠT0407H71出土第三期器物

1～5. Ab型无耳罐（H71：43、H71：37、H71：39、H71：34、H71：10）　6、12. A型圈足盘（H71：16、H71：17）　7. Bb型器盖（H71：9）　8. 陶笄（H71：3）　9. 骨笄（H71：2）　10. A型陶拍（H71：5）　11. C型陶拍（H71：6）　13. Aa型陶环（H71：4）　14. 石杵（H71：1）

残长7.3、最大径0.6厘米（图5-119，9）。

本单位发现庙底沟二期遗物，共计3件，可辨器形有夹砂深腹罐、泥质罐和盆。

罐　2件。含夹砂罐和泥质罐。

夹砂罐　1件。为A型。

标本H71：33，夹粗砂灰陶。敛口，斜折沿，圆唇，上腹外弧，仅存口沿及上腹。沿下加固一周条状附加堆纹，堆纹上留有指压痕，上腹饰横向篮纹。口径16.0、残高5.2、壁厚0.5厘米（图5-120，1）。

泥质罐　1件。为A型。

标本H71：32，粗泥质灰陶。侈口，圆唇，高领微束，仅存口沿及上腹。颈部饰两周凹弦纹，肩部饰横向粗篮纹。领部留有轮修痕。残高9.8、壁厚0.6厘米（图5-120，2）。

盆　1件。为A型。

标本H71：20，粗泥质灰陶。敛口，斜折沿，方唇，上腹微鼓，仅存口沿及上腹。唇部饰一周凹弦纹，口沿内侧磨光，器表素面。残高6.5、壁厚0.5厘米（图5-120，3）。

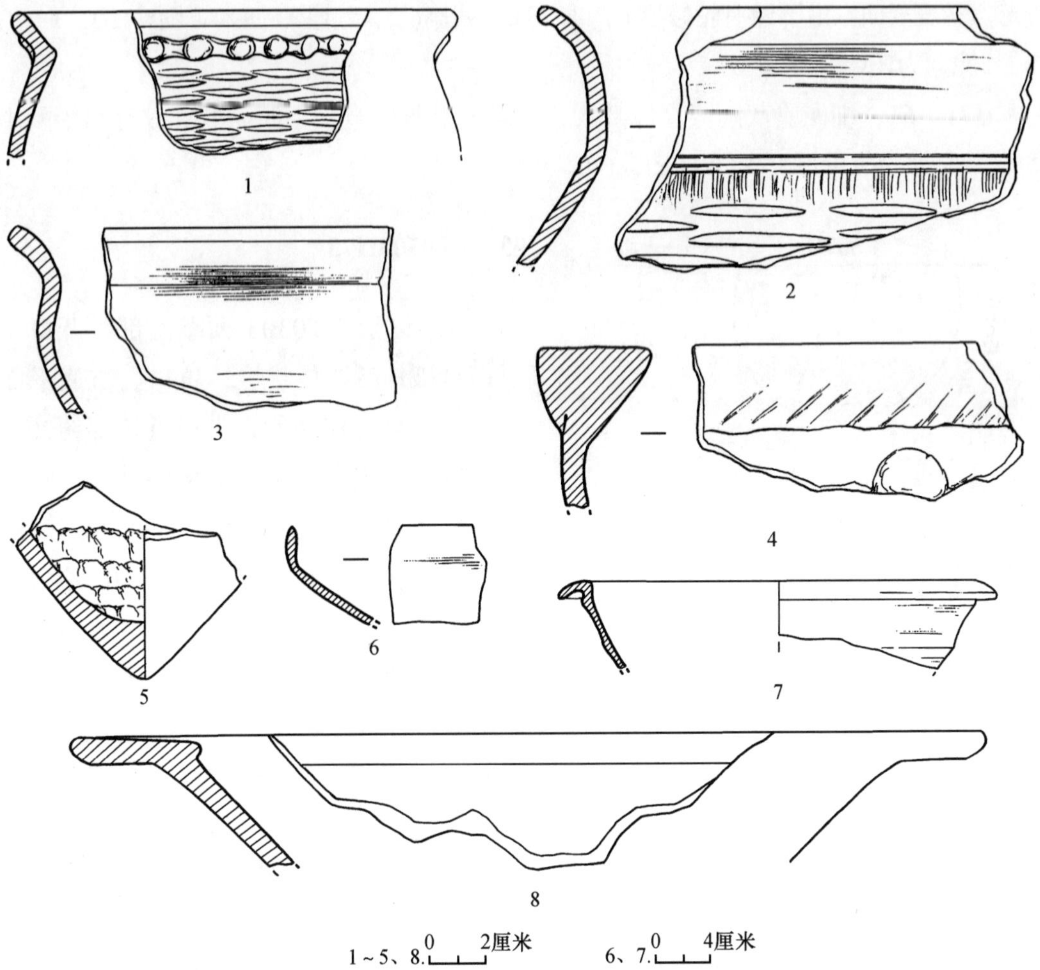

图5-120　ⅠT0407H71出土第一、二期陶器

1. 第二期A型夹砂罐（H71：33）　2. 第二期A型泥质罐（H71：32）　3. 第二期A型盆（H71：20）　4. 第一期E型瓮（H71：35）　5. 第一期尖底瓶（H71：46）　6. 第一期B型钵（H71：61）　7. 第一期Bb型盆（H71：18）　8. 第一期Ba型盆（H71：36）

本单位发现仰韶晚期遗物，共计5件，可辨器形有尖底瓶、瓮、盆和钵。

尖底瓶　1件。为底部残片。

标本H71：46，细泥质红陶。乳状尖底。器表饰较浅的线纹。内壁可见泥条盘筑痕。残高6.1、壁厚0.7厘米（图5-120，5）。

瓮　1件。为E型。

标本H71：35，夹粗砂红陶。敛口，宽平沿，厚方唇，上腹较直，仅存口沿及上腹。沿下贴附小圆泥饼。沿宽4.0、残高5.2、壁厚0.6厘米（图5-120，4）。

盆　2件。

Ba型　1件。

标本H71：36，细泥质红陶，胎体呈灰色。敞口，斜折沿，圆唇，斜直腹，仅存口沿及上腹。沿面磨光，器表素面。沿下留有轮修痕。口径44.0、残高4.4、壁厚0.8厘米（图5-120，8）。

Bb型　1件。

标本H71：18，细泥质灰陶。敞口，沿外端下垂，圆唇，斜弧腹，仅存口沿及上腹。沿面及内壁磨光，器表素面。沿下留有轮修痕。口径28.0、残高6.2、壁厚0.5厘米（图5-120，7）。

钵　1件。为B型。

标本H71：61，细泥质灰陶。直口微敛，尖唇，上腹较直，下腹斜收，仅存口沿及上腹。器表磨光。残高7.4、壁厚0.7厘米（图5-120，6）。

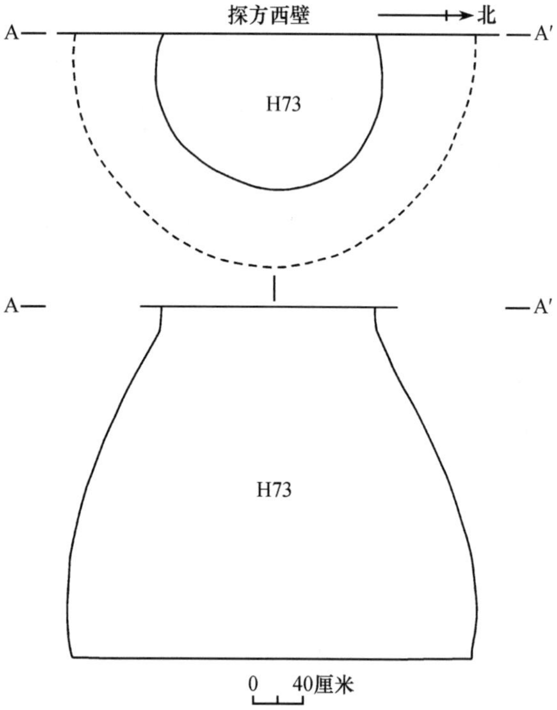

图5-121　ⅠT0303H73平、剖面图

33. ⅠT0303H73

H73位于ⅠT0303 西壁南部，开口于③层下，打破H75。袋状坑，坑口、坑底平面呈圆形，坑壁可分作两段，上段近口部约20厘米的一段较直，下段自上而下大幅外弧，近底部约60厘米处向下缓收，平底。坑口距地表深190厘米，坑口直径170、坑底直径320、深270厘米（图5-121）。

坑内填土为深褐色，土质疏松。文化遗物有陶器和骨器。

（1）陶器　属于本期的陶片共118片，总重4916克。以粗泥质灰陶为主，夹细砂灰陶次之。器表装饰以绳纹为主，篮纹次之，另有少量磨光、磨光+篮纹、绳纹+篮纹、磨光+弦纹等（表5-38）。经分类和拼对，共有53件个体，可辨器形有鬲、斝、无耳罐等典型的客省庄文化遗物。此外，本单位还出土夹砂罐、瓮、盆、钵等仰韶文化遗物（图5-122、表5-39、表5-40）。

表5-38　ⅠT0303H73陶系统计表

陶质	粗泥质陶		夹细砂陶		夹粗砂陶	合计	百分比（%）
器表装饰＼陶色	红	灰	红	灰	灰		
素面	2/27	3/147		4/92	1/42	10/308	8.47/6.26
磨光		22/888		1/22		23/910	19.49/18.51
篮纹		24/803	1/104	1/60		26/967	22.04/19.67
绳纹				40/1944	12/370	52/2314	44.07/47.07
磨光+篮纹		2/101		1/51		3/152	2.54/3.09
磨光+弦纹		2/77				2/77	1.69/1.57
绳纹+小圆泥饼				1/78		1/78	0.85/1.59
篮纹+附加堆纹+绳纹					1/110	1/110	0.85/2.24
合计	2/27	53/2016	1/104	48/2247	14/522	118/4916	
百分比（%）	1.69/0.55	44.92/41.01	0.85/2.11	40.68/45.71	11.86/10.62		100/100

注：百分比相关的行、列外，“/”前统计的数据为片数，单位为个；“/”后统计的数据为质量，单位为克。

表5-39　ⅠT0303H73第三期陶器器形统计表（1）

陶质	粗泥质陶		夹细砂陶		夹粗砂陶	合计	百分比（%）
器类＼陶色	红	灰	红	灰	灰		
泥质罐		1				1	1.89
无耳罐				3	4	7	13.21
瓮		2				2	3.77
壶		17		2		19	35.84
器盖		1				1	1.89
鬲				17	3	20	37.73
斝					1	1	1.89
鬶	1					1	1.89
窖穴盖			1			1	1.89
合计	1	21	1	22	8	53	
百分比（%）	1.89	39.62	1.89	41.51	15.09		100

表5-40　ⅠT0303H73第三期陶器器形统计表（2）

器类 器表装饰	罐	瓮	壶	器盖	鬲	斝	窖穴盖	无耳罐	鬶	合计	百分比（%）
素面			2					4	1	7	13.21
磨光	1	2	3	1						7	13.21
篮纹			9				1			10	18.86
绳纹					19			3		22	41.51
磨光+篮纹			3							3	5.66
磨光+弦纹			2							2	3.77
篮纹+小圆泥饼					1					1	1.89
篮纹+附加堆纹+绳纹						1				1	1.89
合计	1	2	19	1	20	1	1	7	1	53	
百分比（%）	1.89	3.77	35.84	1.89	37.73	1.89	1.89	13.21	1.89		100

鬲　6件。

B型　1件。

标本H73：5，夹细砂灰陶。侈口，高领，圆唇，袋足上部外鼓，口沿及袋足上部置一竖向桥形把手，仅存口沿及袋足上部。领部素面，把手表面左右两侧饰右斜向绳纹，把手中部和袋足饰竖向中绳纹。把手与鬲身连接痕明显。口径17.6、残高11.8、壁厚0.7、把手宽3.9厘米（图5-122，2）。

D型　3件。

标本H73：4，粗泥质灰陶。高领，袋足较瘦，窄弧裆，口沿及部分袋足残。领部素面，袋足饰竖向粗绳纹，裆部可见横向绳纹，内壁可见反绳纹。领部可见清晰轮修痕。复原后高35.6、壁厚0.6～0.9厘米（图5-122，1）。

标本H73：9，夹细砂灰陶。侈口，圆唇，高领，袋足上部外弧，仅存口沿及袋足上部。领部素面，袋足饰竖向中绳纹。口径18.6、残高6.7、壁厚0.5～0.8厘米（图5-122，7）。

标本H73：19，夹细砂灰陶。高领，袋足上部外弧，仅存领部及袋足上部。领部贴附小圆泥饼，腹部饰竖向粗绳纹。器表留有修抹痕和烟炱痕。残高7.3、壁厚0.5厘米（图5-122，5）。

另有足部残片2件。

标本H73：33，夹细砂灰陶。锥状空足。器表饰竖向粗绳纹。器表可见烟炱痕。残高7.1、壁厚0.5～0.8厘米（图5-122，3）。

标本H73：34，夹细砂灰陶。锥状空足。器表饰竖向粗绳纹，内壁可见反绳纹。器表可见烟炱痕。残高4.3、壁厚0.4厘米（图5-122，4）。

斝　1件。为F型。

标本H73：18，夹粗砂灰陶。敛口，圆唇，腹壁较直，仅存口沿及上腹。口沿下饰交错

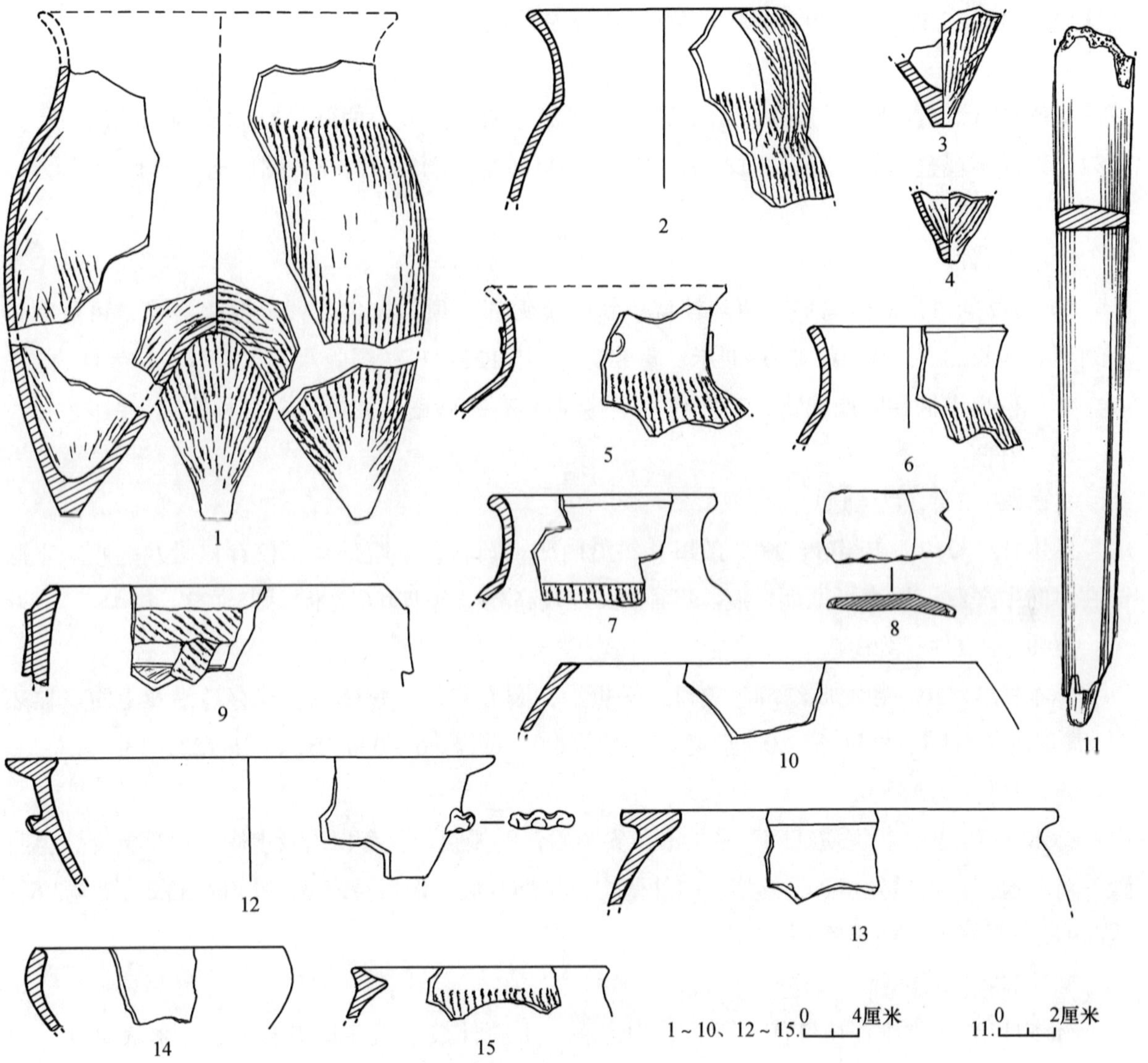

图5-122　ⅠT0303H73出土器物

1、5、7. 第三期D型鬲（H73：4、H73：19、H73：9）　2. 第三期B型鬲（H73：5）　3、4. 第三期鬲（H73：33、H73：34）　6. 第三期无耳罐（H73：8）　8. 第三期陶刀（H73：2）　9. 第三期F型斝（H73：18）　10. 第三期A型瓮（H73：14）　11. 第三期骨锥（H73：3）　12. 第一期Aa型盆（H73：49）　13. 第一期A型泥质罐（H73：50）　14. 第一期A型钵（H73：6）　15. 第一期Aa型夹砂罐（H73：17）

的附加堆纹，堆纹上压印出左斜向绳纹，腹部饰较浅的右斜向篮纹。器表可见烟炱痕。口径32.8、残高8.2、壁厚0.7～1.0厘米（图5-122，9）。

无耳罐　1件。为Aa型。

标本H73：8，夹细砂灰陶。侈口，方唇，高领，上腹微鼓，仅存口沿及上腹。领部素面，腹部饰竖向细绳纹。口沿内侧留有轮修痕。口径13.6、残高7.1、壁厚0.4～0.6厘米（图5-122，6）。

瓮　1件。为A型。

标本H73：14，粗泥质灰陶。敛口，方唇，斜肩，仅存口沿及肩部。器表磨光。器表可见刮抹痕。口径25.4、残高4.9、壁厚0.6～0.8厘米（图5-122，10）。

刀　1件。

标本H73：2，细泥质灰陶。由下腹及底部残片加工而成。两侧边打制成内凹状缺口，单面刃，刀缘不规整。器表磨光。长9.5、宽4.9、厚1厘米（图5-122，8；图版七一，1、2）。

（2）骨器

骨锥　1件。

标本H73：3，器体扁平，顶部较宽，斜收至尖部，顶部及尖部残。器表磨光，可见磨痕及划痕。残长23.5、宽2.9、厚0.9厘米，重53克（图5-122，11；图版八一，4）。

本单位出土仰韶晚期遗物，共计4件，可辨器形有夹砂罐、泥质罐、盆和钵。

罐　2件。

夹砂罐　1件。为Aa型。

标本H73：17，夹粗砂红陶。敛口，斜沿内凹，圆唇，上腹外弧，仅存口沿及上腹。上腹饰右斜向中绳纹。器表可见烟炱痕。口径17.6、残高3.9、壁厚0.6厘米（图5-122，15）。

泥质罐　1件。为B型。

标本H73：50，粗泥质红陶。敛口，平折沿，圆方唇，上腹微弧，仅存口沿及上腹。器表磨光。内口径33.4、外口径43.0、沿宽4.5、残高6.0、壁厚0.6～0.9厘米（图5-122，13）。

盆　1件。为Aa型。

标本H73：49，粗泥质红陶。平折沿，尖圆唇，斜弧腹，仅存口沿及上腹。口部磨光，上腹置一对鸡冠鋬。口沿处留有轮修痕，内外壁均可见烟炱痕。内口径25.6、外口径35.2、沿宽3.6、残高9.8、壁厚0.6～0.8厘米（图5-122，12）。

钵　1件。为A型。

标本H73：6，细泥质红陶。敛口，斜方唇，上腹外鼓，仅存口沿及上腹。器表磨光。口部留有轮修痕，腹部可见刮抹痕。口径17.6、残高5.6、壁厚0.5～1.1厘米（图5-122，14）。

34. ⅠT0303H74

H74位于ⅠT0303中部偏北，开口于③层下，被H8、H36、H60打破。锅底状坑，坑口平面近圆形，坑壁弧收，平底。坑口距地表深180厘米，坑口直径254、坑底直径152、深140厘米（图5-123）。

坑内填土为深灰色，土质较软。文化遗物仅有陶器。

陶器　属于本期的陶片共18片，总重1079克。以粗泥质灰陶为主，以夹细砂灰陶次之。器表装饰以篮纹为主，绳纹次之，另有少量按压纹、磨光+篮纹、磨光+弦纹、绳纹+小圆泥饼。经分类和拼对，共有12件个体，可辨器形有鬲、无耳罐、单耳罐、壶、豆、器盖等典型的客省庄文化。此外，本单位还出土夹砂深腹罐、瓮、刻槽盆、尖底瓶、夹砂罐、盆、盘、器盖等庙底沟二期文化和仰韶文化遗物（图5-124、图5-125）。

鬲　1件。为领部及袋足残片。

标本H74：41，夹细砂灰陶。高领，袋足上部外鼓。领部素面，袋足饰竖向中绳纹。残高4.2、壁厚0.7厘米（图5-124，2）。

罐　2件。含无耳罐与单耳罐。

无耳罐　1件。为Aa型。

标本H74：37，夹细砂灰陶。侈口，圆唇，高领，上腹外鼓，仅存口沿及上腹。领部素面，上腹饰竖向粗绳纹。领部可见明显轮修痕迹。口径16.0、残高7.5、壁厚0.5厘米（图5-124，1）。

单耳罐　1件。为A型。

标本H74：43，夹细砂灰陶。侈口，方唇，高领，口沿及上腹置一竖向拱形耳，仅存口沿及上腹。领部素面。器表可见刮抹痕。口径29.0、残高9.1、壁厚0.6厘米（图5-124，5）。

壶　1件。为口沿及领部残片。

标本H74：53，粗泥质灰陶。侈口，圆唇，束颈，仅存口沿及颈部。颈部饰线纹后被刮抹，颈下部饰一周凹弦纹。颈部留有明显的刮抹痕。口径15.0、残高7.9、壁厚0.6厘米（图5-124，6）。

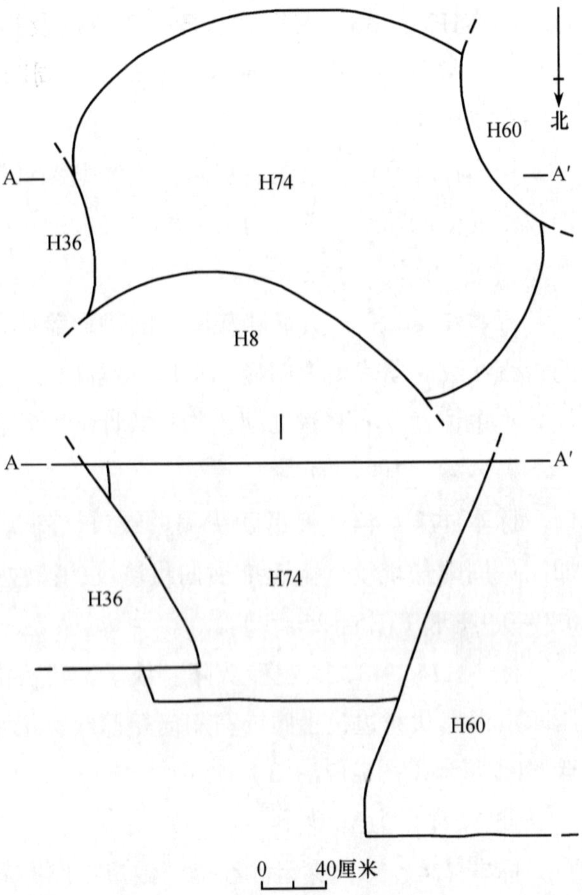

图5-123　Ⅰ T0303H74平、剖面图

豆　2件。为豆盘与柄部残片。

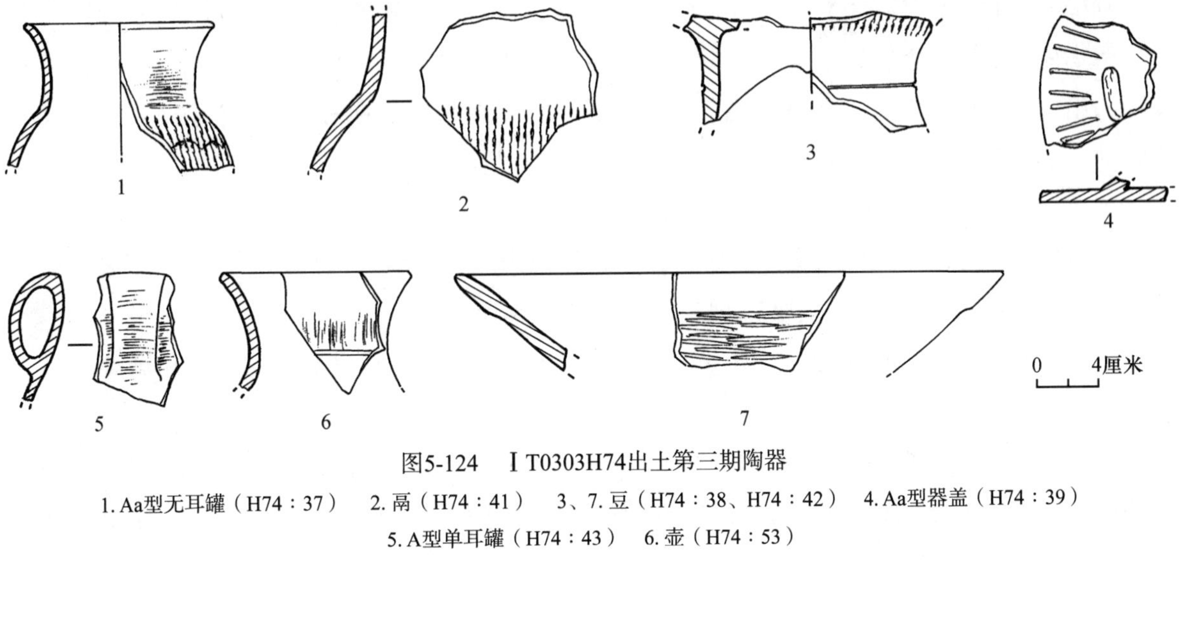

图5-124　Ⅰ T0303H74出土第三期陶器

1. Aa型无耳罐（H74：37）　2. 鬲（H74：41）　3、7. 豆（H74：38、H74：42）　4. Aa型器盖（H74：39）　5. A型单耳罐（H74：43）　6. 壶（H74：53）

标本H74：38，夹细砂灰陶。为盘底及柄部上段残片。平底，柄壁略束。磨光，柄上部与豆盘交接处饰竖向短粗绳纹。柄部饰一周凹弦纹。器表留有刮抹痕。残高6.7、壁厚0.5厘米（图5-124，3）。

标本H74：42，粗泥质灰陶，胎体呈深红色。为豆盘残片。敞口，圆唇，腹壁斜收。器表饰较浅的横向篮纹。口径31.0、残高4.5、壁厚0.9厘米（图5-124，7）。

器盖　1件。为Aa型。

标本H74：39，夹细砂灰陶。圆饼形盖体，捉手残。盖顶周缘印压一周宽疏呈放射状排列的短直线纹。器表留有明显烟炱痕。残高1.2、盖体厚0.8～1.0厘米（图5-124，4）。

本单位发现庙底沟二期遗物，共计6件，可辨器形有夹砂深腹罐、瓮、刻槽盆和器盖。

夹砂罐　2件。为A型。

标本H74：44，夹粗砂灰陶。敛口，斜折沿，圆唇，上腹外弧，仅存口沿及上腹。沿下加固一周附加堆纹，上腹饰横向粗篮纹，篮纹上饰一周附加堆纹。口径24.0、残高10.1、壁厚0.7～0.9厘米（图5-125，1）。

标本H74：48，夹粗砂灰陶。敛口，斜折沿，方唇，上腹微外弧，仅存口沿及上腹。唇部压印出锯齿状花边，上腹饰右斜向粗篮纹，沿下加固一周带状附加堆纹。口径32.0、残高6.3、壁厚0.7厘米（图5-125，2）。

瓮　2件。为Aa型。

标本H74：33，夹粗砂红陶。敛口，厚方唇，唇部微凹，圆折肩，上腹外弧，仅存口沿及腹部。肩部刻划一周较深的沟槽，腹部饰斜向细绳纹。口沿内侧留有轮修痕。口径38.0、残高8.8、壁厚0.7～1.4厘米（图5-125，8）。

标本H74：34，细泥质红陶。敛口，厚圆唇，圆折肩，弧腹内收，仅存口沿及上腹。器表磨光，肩部刻划一周较深沟槽。口沿内侧轮修痕明显，器表可见刮抹痕。口径39.0、残高6.3、壁厚0.5～1.2厘米（图5-125，4）。

刻槽盆　1件。

标本H74：50，夹粗砂灰陶。敞口，厚方唇，唇部微凹，斜直腹，仅存口沿及上腹。唇外缘压印出凹窝，形成花边，上腹饰右斜向粗篮纹，内壁刻划出横向和右斜向沟槽。口径31.0、残高4.9、壁厚0.9厘米（图5-125，3）。

器盖　1件。为B型。

标本H74：35，粗泥质灰陶。圆饼形捉手，顶部内凹，斜腹，口部残。素面。器表可见刮抹痕。捉手径9.5、残高5.1、壁厚1.0厘米（图5-125，5）。

本单位发现仰韶晚期遗物，共计10件，可辨器形有尖底瓶、夹砂罐、盆、钵和器盖。

尖底瓶　1件。为E型。

标本H74：18，细泥质红陶。微侈口，平折沿，沿面内凹，圆唇，仅存口沿及颈上部。颈部饰竖向线纹后被刮抹。口沿处可见明显的轮修痕。内口径4.0、外口径9.0、沿宽2.5、残高3.1、壁厚0.6厘米（图5-125，13）。

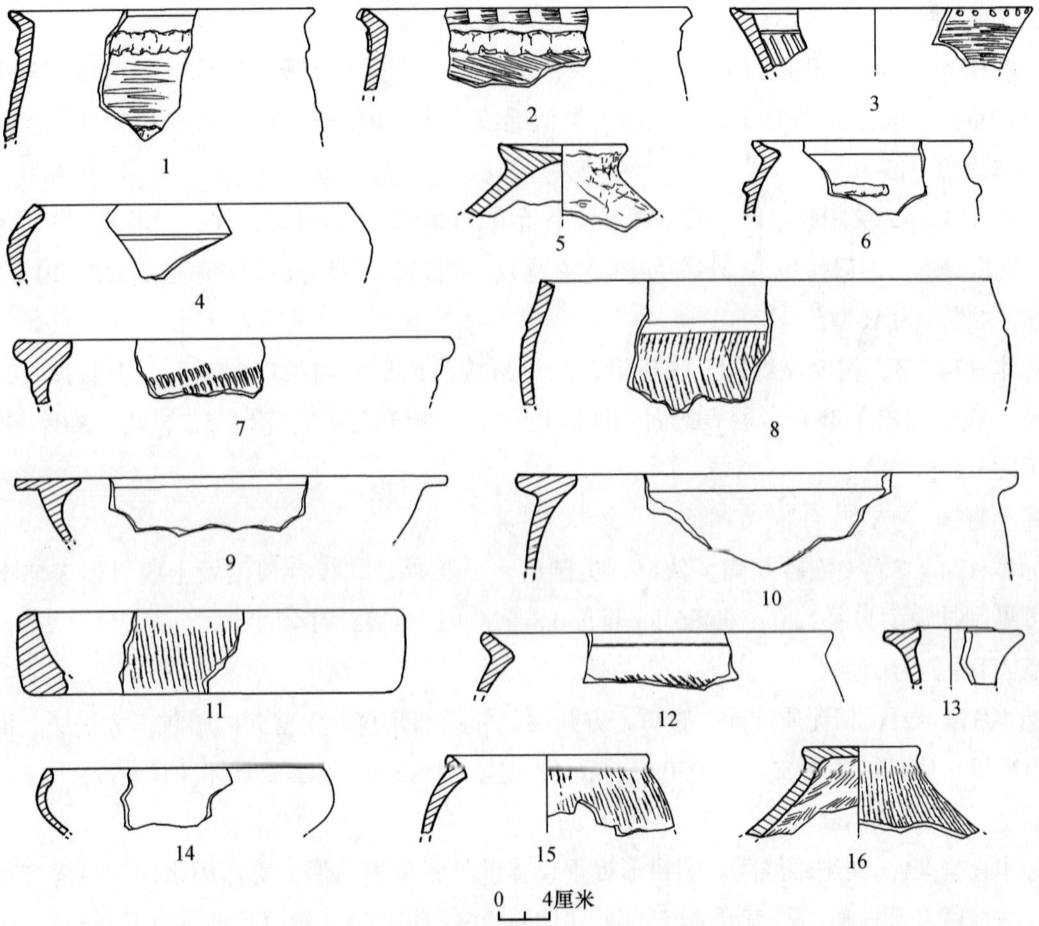

图5-125　Ⅰ T0303H74出土第一、二期陶器

1、2. 第二期A型夹砂罐（H74：44、H74：48）　3. 第二期A型刻槽盘（H74：50）　4、8. 第二期Aa型瓮（H74：34、H74：33）　5. 第二期B型器盖（H74：35）　6、15. 第一期Aa型夹砂罐（H74：11、H74：9）　7、10. 第一期B型夹砂罐（H74：13、H74：4）　9. 第一期Aa型盆（H74：3）　11. 第一期B型盘（H74：21）　12. 第一期Ac型夹砂罐（H74：10）　13. 第一期E型尖底瓶（H74：18）　14. 第一期A型钵（H74：7）　16. 第一期Aa型器盖（H74：1）

夹砂罐　5件。

A型　3件。

Aa型　2件。

标本H74：11，夹粗砂红陶。敛口，斜折沿，沿面微凹，尖圆唇，上腹微鼓，仅存口沿及上腹。上腹残留一鸡冠鋬。口径17.0、残高5.2、壁厚0.5厘米（图5-125，6）。

标本H74：9，夹粗砂红陶。敛口，斜折沿，尖圆唇，上腹外鼓，仅存口沿及上腹。上腹饰竖向绳纹。器表可见烟炱痕。口径17.0、残高4.6、壁厚0.6厘米（图5-125，15）。

Ac型　1件。

标本H74：10，夹粗砂红陶。敛口，斜折沿，圆唇，上腹外弧，仅存口沿及上腹。上腹饰有右斜向粗绳纹。口径37.0、残高4.3、壁厚0.8厘米（图5-125，12）。

B型　2件。

标本H74：13，夹粗砂红陶，胎体呈灰色。敛口，平折沿，厚圆唇，仅存口沿。沿下加固一周附加堆纹，堆纹上留有工具按压出的类似绳纹痕迹。内口径27.0、外口径37.0、沿宽3.5、残高3.8厘米（图5-125，7）。

标本H74：4，夹粗砂红陶。大口微敛，平折沿，圆唇，上腹外弧，仅存口沿及上腹。素面。器表可见烟炱痕。内口径30.8、外口径40.0、沿宽4.6、残高6.9、壁厚0.9厘米（图5-125，10）。

盆　1件。为Aa型。

标本H74：3，粗泥质红陶。平折沿，内沿折棱凸出形成内敛口，圆唇，上腹弧收，仅存口沿及上腹。口沿处磨光，器表素面。内口径23.8、外口径34.2、沿宽5.2、残高5.0、壁厚0.7厘米（图5-125，9）。

钵　1件。为A型。

标本H74：7，夹细砂红陶。敛口，尖圆唇，上腹外鼓，仅存口沿及上腹。器表略磨光。器表可见刮抹痕。口径22.0、残高5.1、壁厚0.8厘米（图5-125，14）。

盘　1件。为B型。

标本H74：21，粗泥质红陶。直口，方圆唇，外腹部较直，内壁向内斜收，大平底。器表饰竖向粗绳纹，底部饰粗绳纹。口径30.0、高6.4、壁厚1.4～3.0、底厚1.5厘米（图5-125，11）。

器盖　1件。为Aa型。

标本H74：1，夹细砂红陶。圆饼形捉手，盖壁外张呈喇叭形，盖体周缘残。器表饰竖向细绳纹。内壁留有刮抹痕，器表可见烟炱痕。捉手径9.3、残高7.1、壁厚1.0厘米（图5-126，16）。

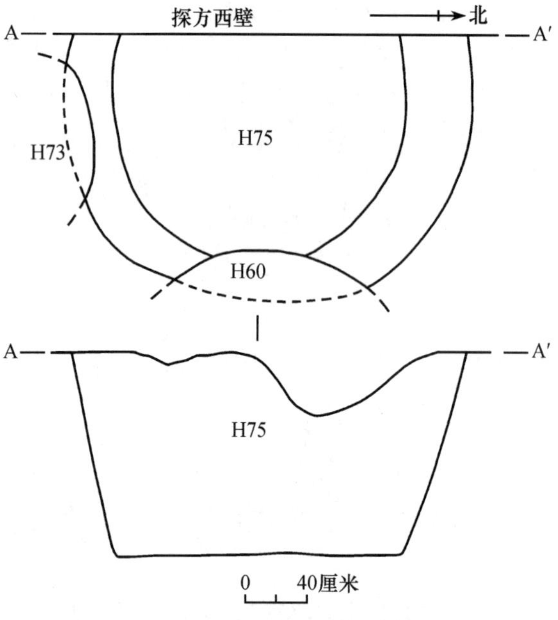

图5-126　Ⅰ T0303H75平、剖面图

35. Ⅰ T0303H75

H75位于Ⅰ T0303 西壁中部。开口于③层下，被H60、H73打破。锅底状坑，坑口平面呈圆形，探方内近出露半圆形，坑壁自上而下斜收，平底。坑口距地表深220厘米，坑口直径236、坑底直径144、深125厘米（图5-126）。

坑内填土为灰褐色，土质疏松。文化遗物有陶器、石器和骨器。

（1）陶器　属于本期的陶片共38片，总重1545克。以粗泥质灰陶为主，夹粗砂灰陶次之。器表装饰以绳纹为主，篮纹和磨光次之，另有少量磨光+篮纹、磨光+弦纹、按压纹等（表5-41）。经分类和拼对，共有19件个体，可辨器形有鬲、无耳罐、壶、豆、器盖等典型的客省庄文化遗物。此外，本单位还出土泥质罐、瓮等仰韶文化遗物（图5-127）。

表5-41　Ⅰ T0303H75陶系统计表

陶质	细泥质陶	粗泥质陶		夹细砂陶	夹粗砂陶	合计	百分比（%）
器表装饰＼陶色	灰	红	灰	灰	灰		
素面		2/26	2/50		1/36	5/112	13.16/7.25
磨光	1/33		6/166	1/24		8/223	21.05/14.43
篮纹			8/319			8/319	21.05/20.65
绳纹				3/145	7/172	10/317	26.32/20.52
按压纹				1/72		1/72	2.63/4.66
磨光+篮纹			1/38	1/58		2/96	5.26/6.21
磨光+弦纹	1/41		1/61	1/182		3/284	7.90/18.38
篮纹+绳纹+附加堆纹					1/122	1/122	2.63/7.90
合计	2/74	2/26	18/634	7/481	9/330	38/1545	
百分比（%）	5.26/4.79	5.26/1.68	47.37/41.04	18.42/31.13	23.69/21.36		100/100

注：百分比相关的行、列外，“/”前统计的数据为片数，单位为个；“/”后统计的数据为质量，单位为克。

鬲　2件。为领部及袋足残片。

标本H75：5，夹细砂灰陶。侈口，方唇，高领，仅存口沿及领部。领部素面，袋足上端饰竖向绳纹。领部留有轮修痕。口径28.0、残高6.8、壁厚0.4厘米（图5-127，3）。

标本H75：30，夹细砂灰陶。袋足肥矮，尖角裆，仅存袋足下部。器表竖向绳纹，内壁可见反绳纹。残高5.9、壁厚0.4厘米（图5-127，6）。

鬶　1件。为足部残片。

标本H75：29，粗泥质红陶。锥状空足。素面。器表留有烟炱痕和刮抹痕。残高5.0、壁厚0.3厘米（图5-127，4）。

斝　1件。为F型。

标本H75：22，夹粗砂灰陶。敛口，圆唇，腹壁较直，仅存口沿及上腹。上腹饰斜向细篮纹，篮纹上饰以几何形附加堆纹，堆纹上饰斜向绳纹。残高8.2、壁厚0.9厘米（图5-127，5）。

无耳罐　2件。为Aa型。

标本H75：3，夹细砂灰陶。侈口，尖唇，高领，仅存口沿及领部。领部素面，留有轮修痕。内壁留有烟炱痕。口径18、残高3.5、壁厚0.6厘米（图5-127，1）。

标本H75：4，夹粗砂灰陶。侈口，方唇，唇部微凹，高领，仅存口沿及上腹。领部素面，腹部饰竖向绳纹。领部留有轮修痕。口径15、残高6.0、壁厚0.6厘米（图5-127，2）。

豆　2件。为豆盘与柄部残片。

标本H75：19，粗泥质灰陶。豆盘腹壁弧收，平底，豆柄略束，仅存盘底及柄上部。柄部近盘底处有一圆形穿孔，内外壁磨光。器表可见刮抹痕。残高6.8、壁厚0.6厘米（图5-127，11）。

标本H75：13，细泥质灰陶，胎体呈深红色。豆盘敞口，圆唇，弧腹急收。内壁磨光，器

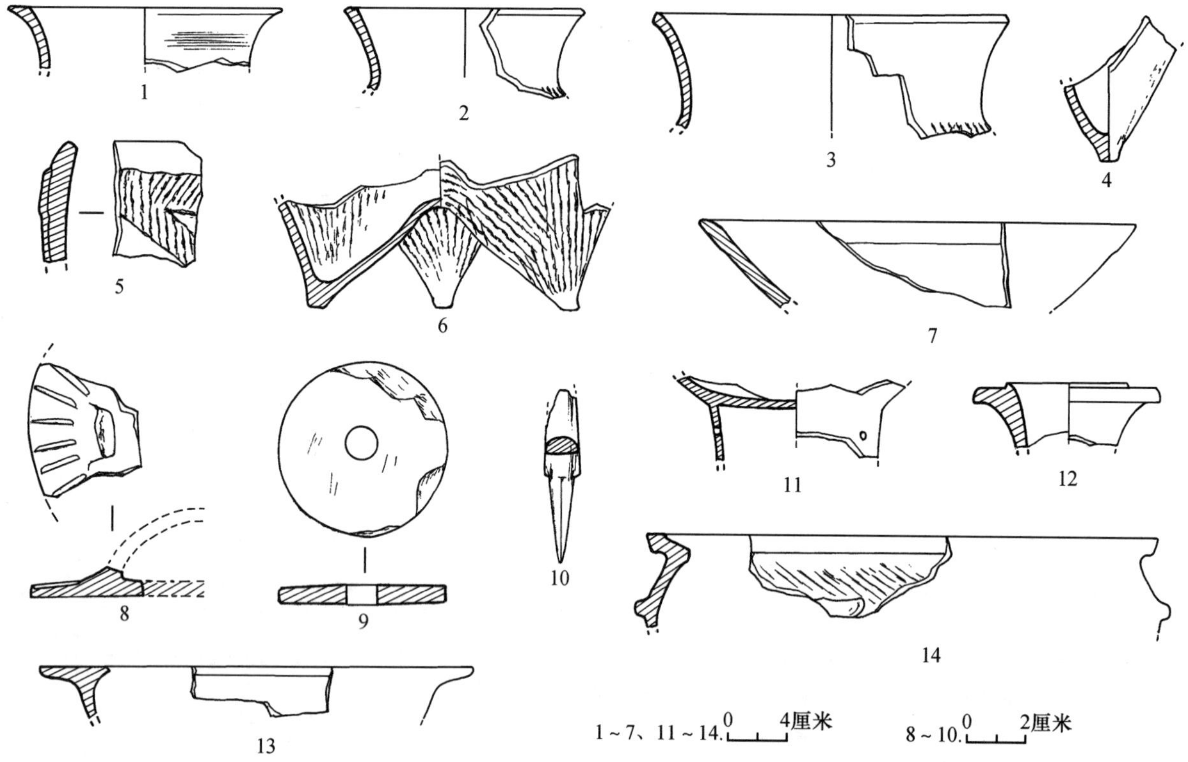

图5-127　ⅠT0303H75出土器物

1、2. 第三期Aa型无耳罐（H75：3、H75：4）　3、6. 第三期鬲（H75：5、H75：30）　4. 第三期鬶（H75：29）　5. 第三期F型斝（H75：22）　7. 11. 第三期豆（H75：13、H75：19）　8. 第三期Aa型器盖（H75：28）　9. 第三期石纺轮（H75：1）　10. 第三期A型骨镞（H75：2）　12. 第一期E型尖底瓶（H75：12）　13. 第一期Aa型盆（H75：9）　14. 第一期C型缸（H75：7）

表素面。器表可见刮抹痕。口径29.0、残高4.5、壁厚0.8厘米（图5-127，7）。

器盖　1件。为Aa型。

标本H75：28，夹细砂灰陶。圆饼形盖体，残存少量盖体和捉手根部。盖顶周缘处压印一周短斜线纹。残高2.0、厚0.8～1.0厘米（图5-127，8）。

（2）石器

石纺轮　1件。

标本H75：1，深绿色泥质粉砂岩。圆饼形，上下两面平直，边缘处略薄，中部单面钻一圆孔，孔壁较直。器表密布平行线状磨擦痕。直径5.8、孔径1.1、厚0.6厘米，重47克（图5-127，9；图版七九，1）。

（3）骨器

骨镞　1件。为A型。

标本H75：2，动物角制成。器体呈三棱状，截面近半圆形，铤细长，尖残。器表一面磨光，残留斜向磨痕。铤部有刮削痕。残长5.6、宽1.3厘米，重3克（图5-127，10，图版八三，2）。

本单位发现仰韶晚期遗物，共计3件，可辨器形有尖底瓶、夹砂罐和盆。

尖底瓶　1件。为E型。

标本H75：12，细泥质红陶。微侈口，平折沿，方圆唇，细颈，仅存口沿及颈部。素面。内口径8.0、外口径13.0、沿宽2.3、残高4.1、壁厚0.9厘米（图5-127，12）。

缸　1件。为C型

标本H75：7，夹粗砂红陶。敛口，斜折沿，方唇，上腹外弧，仅存口沿及上腹。上腹饰右斜向细绳纹，绳纹上残留一鸡冠鋬。口径42.0、残高5.3、壁厚0.9厘米（图5-127，14）。

盆　1件。为Aa型。

标本H75：9，细泥质红陶，胎体呈灰色。平折沿，内沿折棱凸出形成内敛口，圆唇，上腹微弧，仅存口沿及上腹。口沿磨光，器表素面。器表留有轮修痕。内口径20.8、外口径30.4、沿宽4.8、残高3.3、壁厚0.7厘米（图5-127，13）。

36. ⅠT0308H83

H83位于ⅠT0308西北角，压在探方北壁及西壁部分未予发掘。开口于③层下，被H41打破。袋状坑，探方内发掘部分平面呈东西向长条弧形，推测坑口平面为椭圆形或圆形，坑壁自上而下外弧，平底。坑口距地表深170厘米，探方内坑口长径146、坑口短径110、坑底长径200、坑底短径130厘米，深150厘米（图5-128）。

坑内填土为黄褐色，土质疏松，包含少量陶片。文化遗物仅有陶器。

陶器　属于本期的陶片共10片，总重416克。以粗泥质灰陶为主，夹细砂灰陶次之，器表装饰有磨光、篮纹、绳纹。经分类和拼对，共有6件个体，可辨器形有鬲、器盖等典型的客

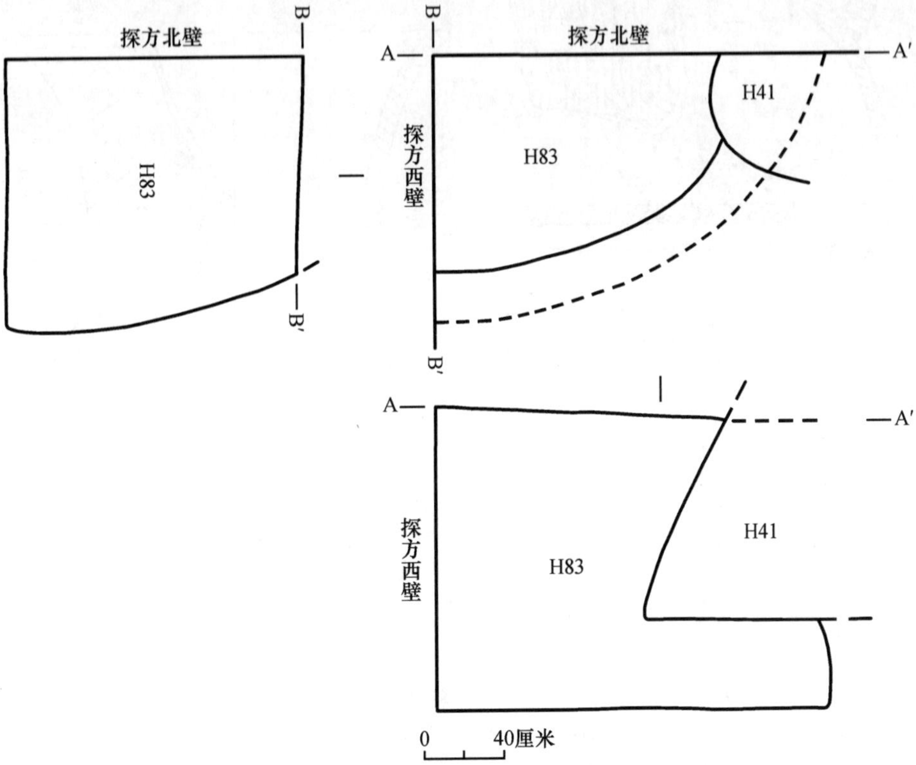

图5-128　ⅠT0308H83平、剖面图

省庄文化遗物。此外，本单位还出土夹砂深腹罐、尖底瓶等庙底沟二期文化和仰韶文化遗物（图5-129）。

鬲　1件。为C型。

标本H83：1，夹细砂灰陶。侈口，尖唇，高领，袋足上部外鼓，口沿及袋足上部置一竖向桥形把手，仅存口沿及袋足上部。领部素面，领部与袋足交接处有指压痕，把手表面及袋足饰竖向中绳纹。领部留有轮修痕。残高8.0、壁厚0.6、把手宽2.6厘米（图5-129，1）。

器盖　1件。为盖体残片。

标本H83：24，粗泥质灰陶。盖体呈覆盘形，盖面中心留有切割孔痕迹，应为安装捉手所用。素面。复原后高3.4、壁厚0.3厘米（图5-129，2）。

本单位发现庙底沟二期遗物仅有夹砂深腹罐，共计1件。

夹砂罐　1件。为A型。

标本H83：2，夹粗砂灰陶。敛口，斜折沿，方唇，上腹外弧，仅存口沿及上腹。唇部按压出绚索状花边，沿下加固一周附加堆纹，上腹饰右斜向篮纹。残高5.5、壁厚0.5厘米（图5-129，3）。

本单位发现仰韶晚期遗物仅有尖底瓶，共计3件。

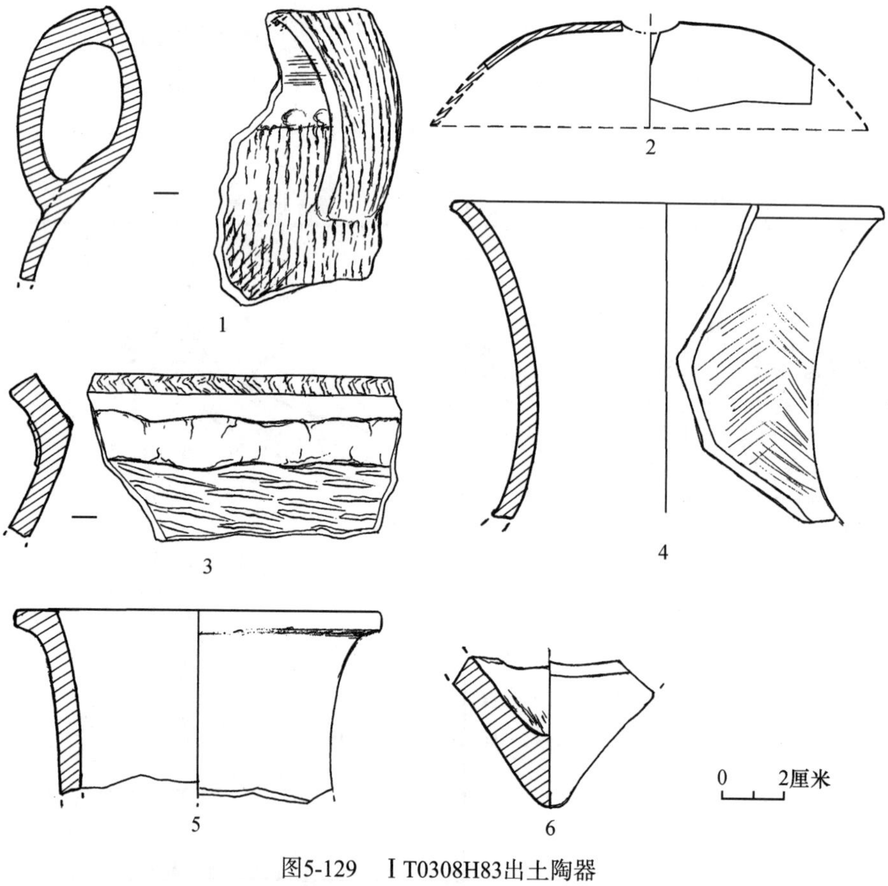

图5-129　ⅠT0308H83出土陶器

1. 第三期C型鬲（H83：1）　2. 第三期器盖（H83：24）　3. 第二期A型夹砂罐（H83：2）　4. 第一期A型尖底瓶（H83：3）
5. 第一期E型尖底瓶（H83：16）　6. 第一期尖底瓶（H83：11）

尖底瓶　3件。

A型　1件。

标本H83：3，细泥质灰陶。侈口，圆唇，束颈，仅存口沿及颈部。器表磨光。颈部可见刮抹痕。口径15.0、残高9.5、壁厚0.6厘米（图5-129，4）。

E型　1件。

标本H83：16，细泥质灰陶。微侈口，平折沿，圆唇，束颈，仅存口沿及颈部。素面。沿下留有轮修痕，内壁可见刮抹痕。内口径9.6、外口径12.0、沿宽1.4、残高6.7、壁厚0.8厘米（图5-129，5）。

另有底部残片1件。

标本H83：11，粗泥质红陶，胎体呈灰色。尖底。素面。残高5.1、壁厚0.7厘米（图5-129，6）。

37. Ⅰ T0302H88

H88位于Ⅰ T0302南壁中部，开口于④层下，被H46打破。亚腰形筒状坑，坑口、坑底平面近圆形，坑壁上下两端向外略张，中部收束成亚腰状，呈腰鼓形，平底。坑口距地表深300厘米，坑口、坑底直径357、深250厘米（图5-130）。

坑内填土为黑灰色，土质较疏松。文化遗物仅有陶器。

陶器　属于本期的陶片共24片，总重1001克。以粗泥质灰陶为主，粗砂灰陶次之，器表装饰以篮纹为主，绳纹次之，另有少量磨光、磨光+篮纹。经分类和拼对，共有11件个体，可辨器形有鬲、壶等典型的客省庄文化遗物。此外，本单位还出土夹砂深腹罐、器盖等庙底沟二期文化遗物（图5-131）。

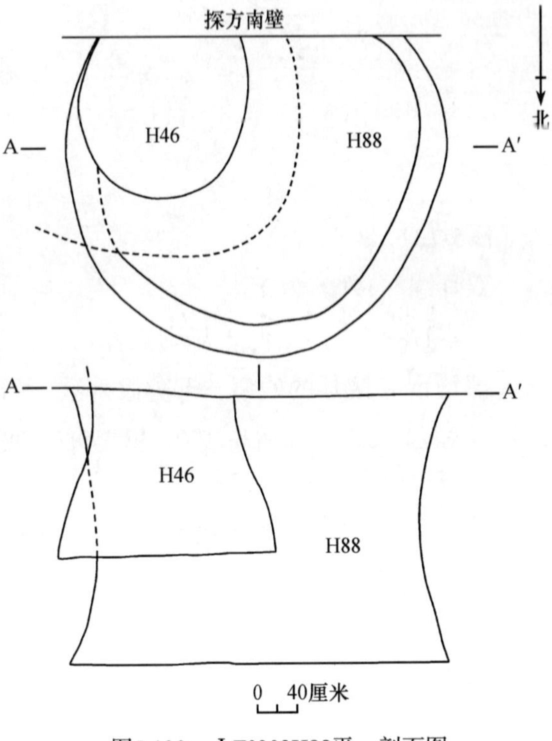

图5-130　Ⅰ T0302H88平、剖面图

鬲　1件。为领部及袋足残片。

标本H88：7，夹粗砂灰陶。袋足上部微鼓，近领部可见接耳残痕。领部素面，袋足饰竖向细绳纹。残高11.4、壁厚1.0厘米（图5-131，5）。

罐　2件。含无耳罐和双耳罐。

无耳罐　1件。为Aa型。

标本H88：19，夹细砂灰陶。侈口，尖圆唇，高领，上腹圆鼓，仅存口沿及上腹。领部素面，上腹饰竖向细绳纹。领部留有轮修痕，器表可见烟炱痕。口径15.0、残高7.8、壁厚0.7厘

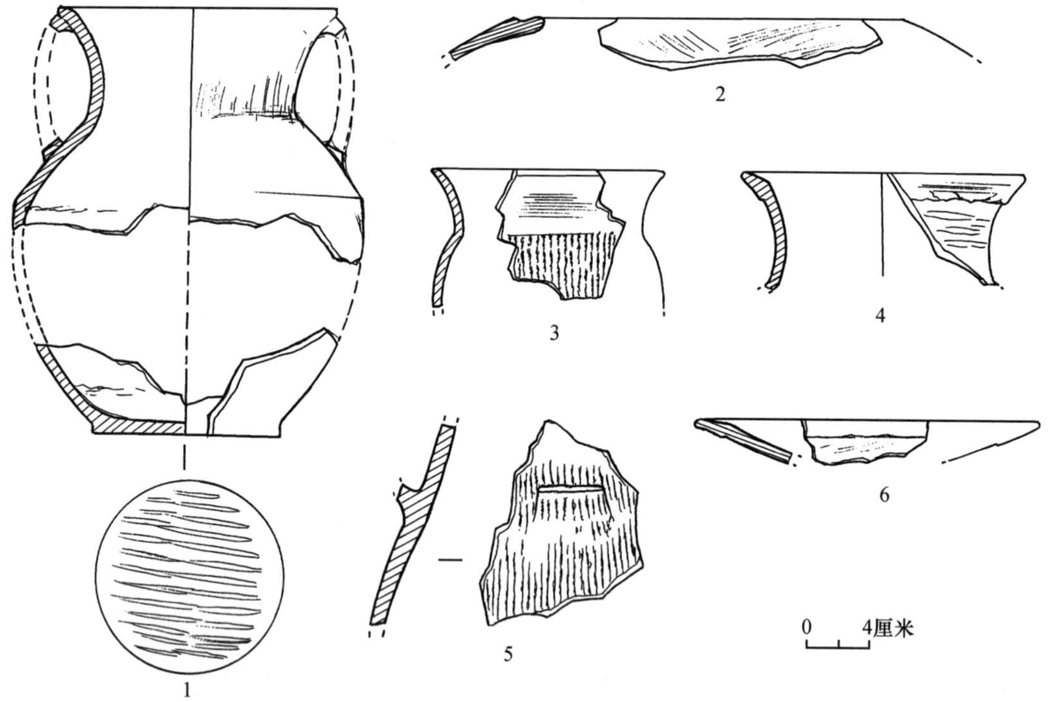

图5-131　ⅠT0302H88出土第三期陶器

1. D型双耳罐（H88：2）　2. B型瓮（H88：4）　3. Aa型无耳罐（H88：19）　4. A型壶（H88：6）　5. 鬲（H88：7）　6. 豆（H88：1）

米（图5-131，3）。

双耳罐　1件。为D型。

标本H88：2，细泥质灰陶。侈口，圆唇，高领较瘦，折肩，腹向下弧收，平底，沿下与肩部均留有接耳的残痕，部分腹部残。口沿及上腹磨光，下腹及底部饰横向中篮纹。口径18.0、底径12.0、复原后高27.0、壁厚0.7、底厚0.6厘米（图5-131，1）。

瓮　1件。为B型。

标本H88：4，细泥质灰陶。子母口，圆唇，仅存口沿及肩部。肩部磨光。口径23.0、残高4.5、壁厚0.6厘米（图5-131，2）。

壶　1件。为A型。

标本H88：6，细泥质灰陶。侈口，尖圆唇，束颈，仅存口沿及颈部。口沿内侧磨光，外侧贴附一圈带状泥片，颈上部隐约可见横向篮纹，下部磨光。口径16.0、残高9.4、壁厚0.7厘米（图5-131，4）。

豆　1件。为豆盘残片。

标本H88：1，粗泥质灰陶。敞口，圆唇，斜腹极浅。器表饰较浅的横向篮纹，内壁磨光。口径18.0、残高2.6、壁厚0.6厘米（图5-131，6）。

38. Ⅰ T0308H91

H91位于Ⅰ T0308北壁中部，开口于③层下，被H47、H70打破。袋状坑，露出少半部分弧形，大部分压于北壁下面，推测平面为圆形或椭圆形，坑壁自上而下外弧，平底。坑口距地表深210厘米，探方内坑口直径约50、坑底直径约100、深95厘米（图5-132）。

填土为深灰色，土质疏松。文化遗物仅有陶纺轮1件。

标本H91：1，夹细砂灰陶。圆饼状，器体较厚，横截面近圆角梯形，两面平直，外侧缘斜弧，中部有一圆孔，为对钻形成。素面，制作粗糙。顶面直径3.3、底面直径4.1、孔径1.3、厚2.1厘米（图5-133；图版七一，6）。

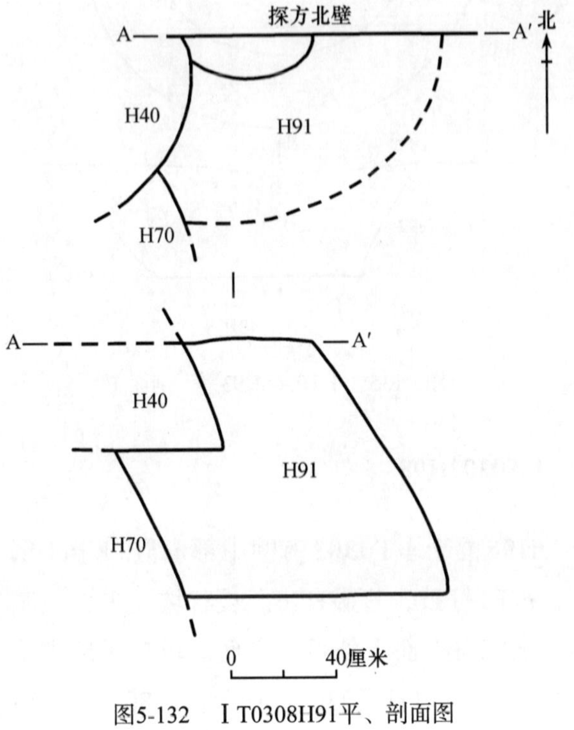

图5-132　Ⅰ T0308H91平、剖面图

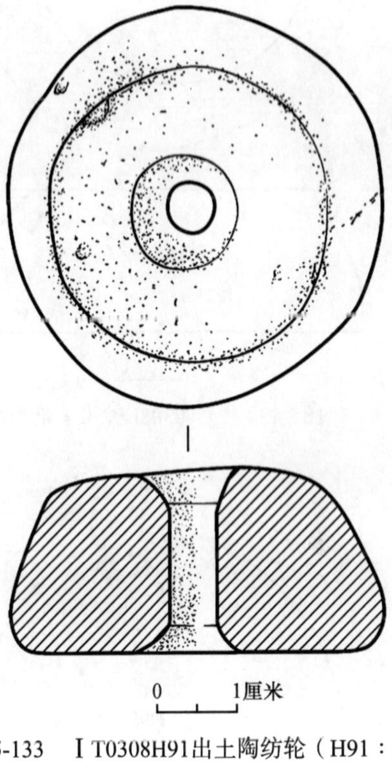

图5-133　Ⅰ T0308H91出土陶纺轮（H91：1）

39. Ⅰ T0308H92

H92位于Ⅰ T0308东壁中部。开口于②层下，被H93、H94打破。袋状坑，探方内坑口平面呈圆形，坑壁自上而下、外弧，平底。坑口距地表深80厘米，坑口直径170、坑底直径250、深85厘米（图5-134）。

坑内填土为浅灰色，土质疏松。未见文化遗物。

40. ⅠT0308H93

H93位于ⅠT0308东壁中部。开口于②层下，被H92打破，打破H94。锅底坑，坑口、坑底平面呈圆形，坑壁斜收，平底。坑口距地表深80厘米，坑口直径308、坑底直径208、深75～85厘米（图5-135）。

坑内填土为灰褐色，土质疏松。未见文化遗物。

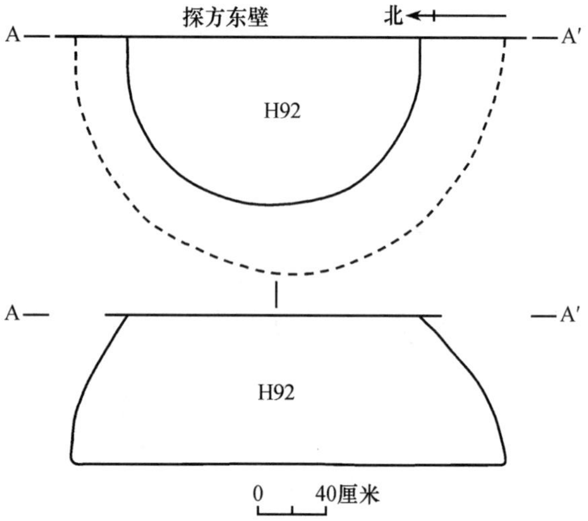

图5-134　ⅠT0308H92平、剖面图

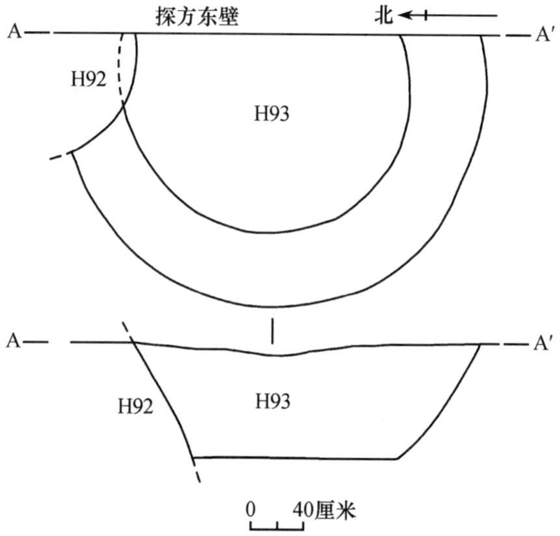

图5-135　ⅠT0308H93平、剖面图

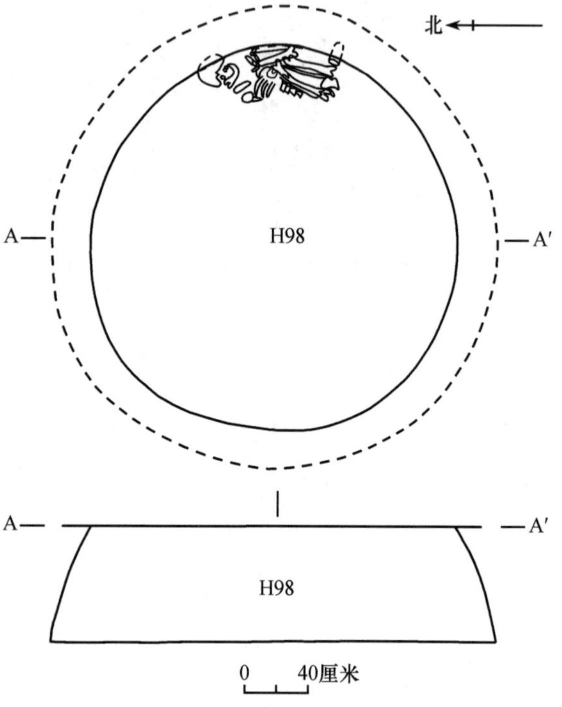

图5-136　ⅠT0302H98平、剖面图

41. ⅠT0302H98

H98位于ⅠT0302南壁中部。开口于④层下，被F1打破，打破H96。袋状坑，平面呈圆形，坑壁自上而下外弧，平底。坑口距地表深215厘米，坑口直径230、坑底直径280、深70厘米（图5-136）。

坑内填土为灰褐色，土质较疏松。文化遗物仅有陶器。填土清理至深45厘米左右时，在东壁下发现1具人骨，经鉴定为35～40岁的男性。

陶器　属于本期的陶片共2片，总重78克。为夹粗砂灰陶和夹细砂灰陶。器表装饰有绳纹和篮纹。经分类和拼对，共有2件个体，可辨器形为鬲和壶，因过于残碎，未选标本。

二、房　址

本期房址2座，编号分别为F1、F2。在房址周围发现灶2座，编号分别为Z1、Z2，从结构和位置推测其原应位于其他房址内部，由于房址被破坏，原活动地面亦不存，故将其附列于此。

1. ⅠT0302F1

F1位于ⅠT0302北部及ⅠT0303南部。开口于③层下，打破H25、H98、F2，现存墙体顶部距地表深200厘米。因后期破坏严重，墙体几乎不存，无法判定为半地穴式还是地面式建筑。房址平面近长方形，四角略圆钝，墙内南北长360、东西宽312厘米，墙体残高2～3厘米。墙壁和地面涂抹白灰，白灰面厚约0.3厘米；地面的白灰面下方为红土垫层，厚约6厘米。房内居中偏后处有一圆形灶台，灶台中心有一直径约30厘米的圆形台面。灶台总厚度约5厘米（图5-137；图版四九，1）。房址堆积中未见文化遗物。

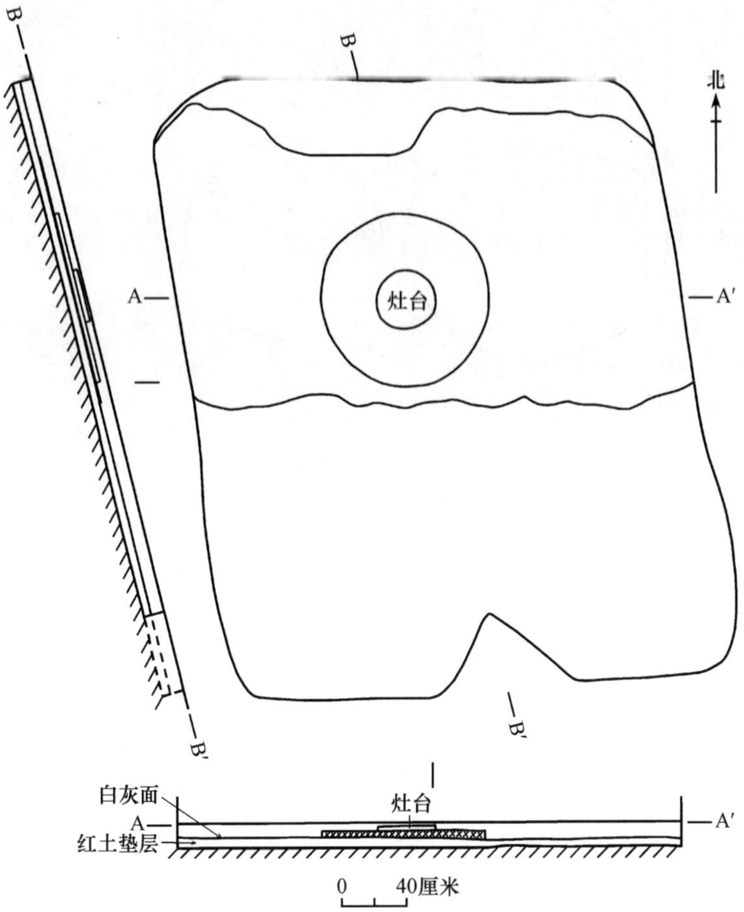

图5-137　ⅠT0302F1平、剖面图

2. ⅠT0302F2

F2位于ⅠT0302东北角及ⅠT0303东南角。开口于③层下，被H25和F1打破，残存墙体顶部距地表深250厘米。半地穴式建筑，平面为“凸”字形，突出部分为门道，门朝南。室内平面近方形，东西长320、南北宽290、墙残高3～10厘米。地面及墙壁均经白灰涂抹处理。房内中部有一直径约90、厚约5厘米的灶台，以红烧土砌成，表面涂有白灰层。白灰层之上因长期火烤形成大面积黑色层。西南角有一灶，直径约30、深13厘米。灶台西侧有一灰坑，或为房子内部的窖穴。门道位于南壁正中，东西宽100、南北进深67厘米。房子的东西两壁的南、中、北部分布6个柱洞，直径30～35、深约25厘米（图5-138；图版四九，2；图版五〇）。房址堆积中未见文化遗物。

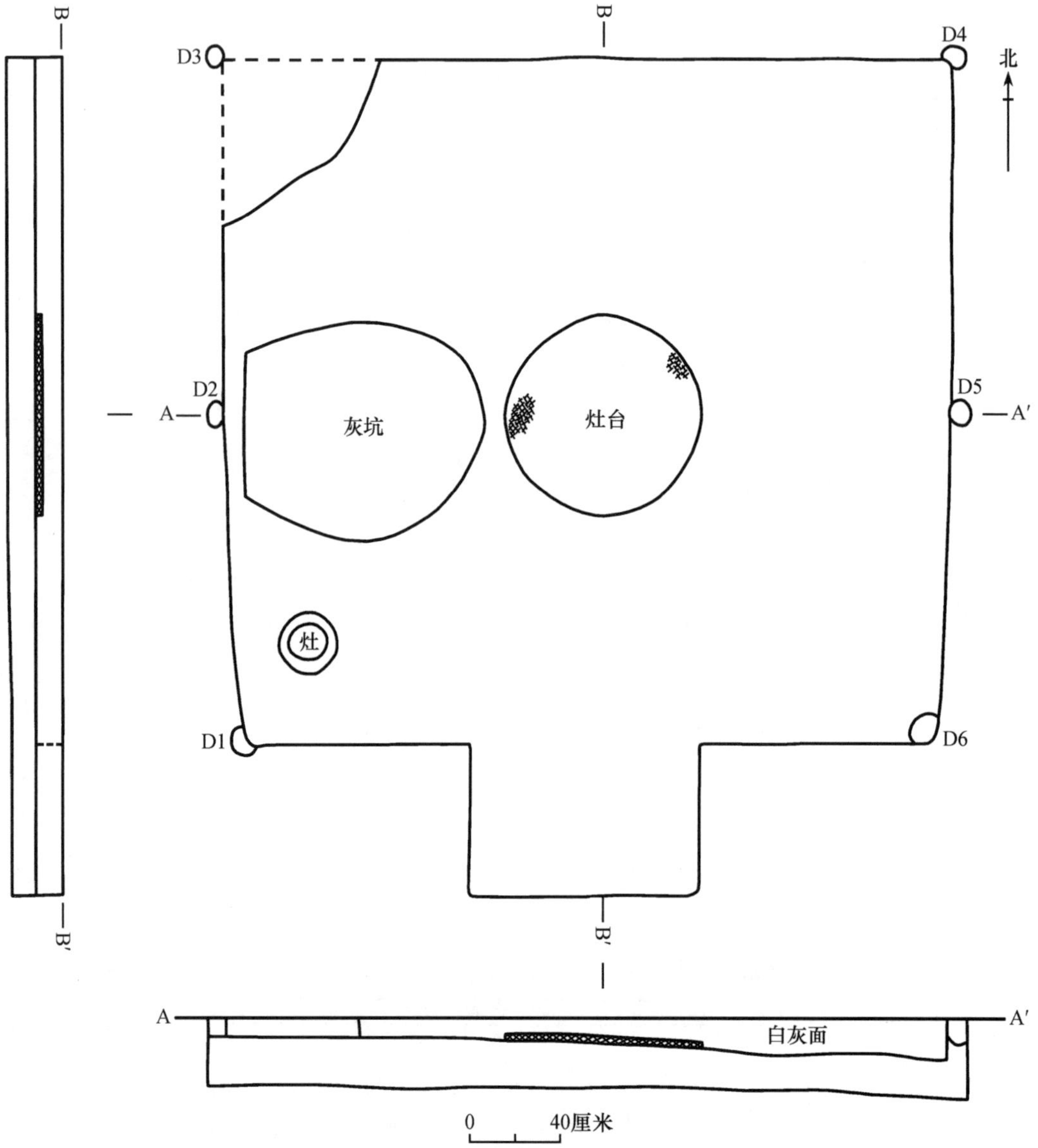

图5-138　ⅠT0302F2平、剖面图

3. Ⅰ T0303Z1

Z1位于Ⅰ T0303北部，H8以东、H36以北。原应位于房址内部。由一个圆形烧土面及其中心的圆坑构成，坑内壁被火熏烤成红烧土，平面直径75、烧土厚10厘米，中心小坑直径25、深25厘米（图5-139，1）。

4. Ⅰ T0303Z2

Z2位于Ⅰ T0303东南靠近东北角，H25以东、F2以北及H10以南。原应位于房址内部。结构及使用情况基本同Z1。平面直径60、烧土厚6厘米，中心小坑直径20、深12厘米（图5-139，2）。

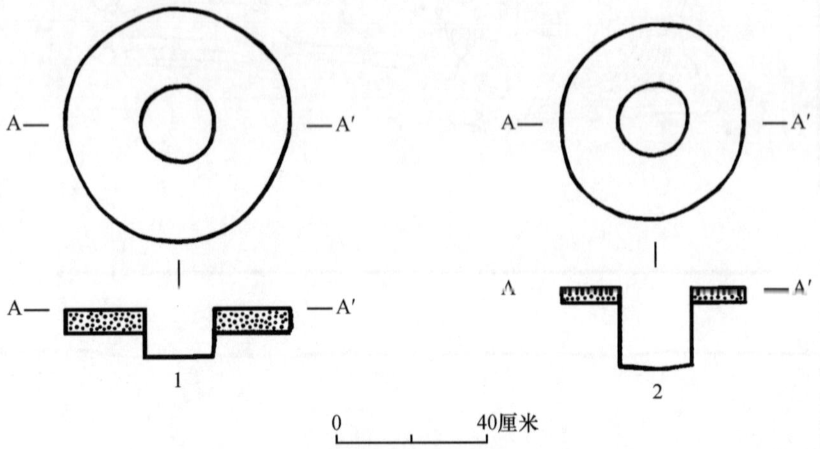

图5-139　Ⅰ T0303Z1、Z2平、剖面图

1. T0303Z1　2. T0303Z2

三、墓　　葬

1. Ⅰ T0408M1

M1位于Ⅰ T0408中部偏南。开口于②层下，打破③层及H48。长方形竖穴土坑墓，为东北—西南向，墓向203°。墓圹平面长方形，四角略圆钝。长约200、宽120、深50厘米。墓坑内土色浅灰，土质疏松，夹杂颗粒状土块。

墓内未发现葬具。人骨1具，葬式为仰身直肢，躯干和四肢骨较完整，头骨和足骨缺失。经鉴定为40～44岁的男性（图5-140）。出土陶器有罐和鬲，均为残器，不确定是否为随葬品。陶罐位于人骨的左手侧和头部，陶鬲位于人骨的右手侧 。

无耳罐　1件。为Aa型。

标本M1：1，夹细砂灰陶。鼓腹，平底，口沿及领上部残。领部素面，腹部饰较深的竖向粗绳纹。器表及内壁均可见烟炱痕。腹径18.4、底径7.0、残高16.0、壁厚0.5厘米（图5-141，1）。

鬲　1件。为C型。

标本M1：2，夹细砂灰陶。侈口，尖圆唇，高领，袋足肥矮，尖角裆。领部素面，足部饰竖向中绳纹，裆部饰横向中绳纹，内壁可见清晰反绳纹。口径11.0、高14.0、壁厚0.4、把手宽2.6厘米（图5-141，2）。

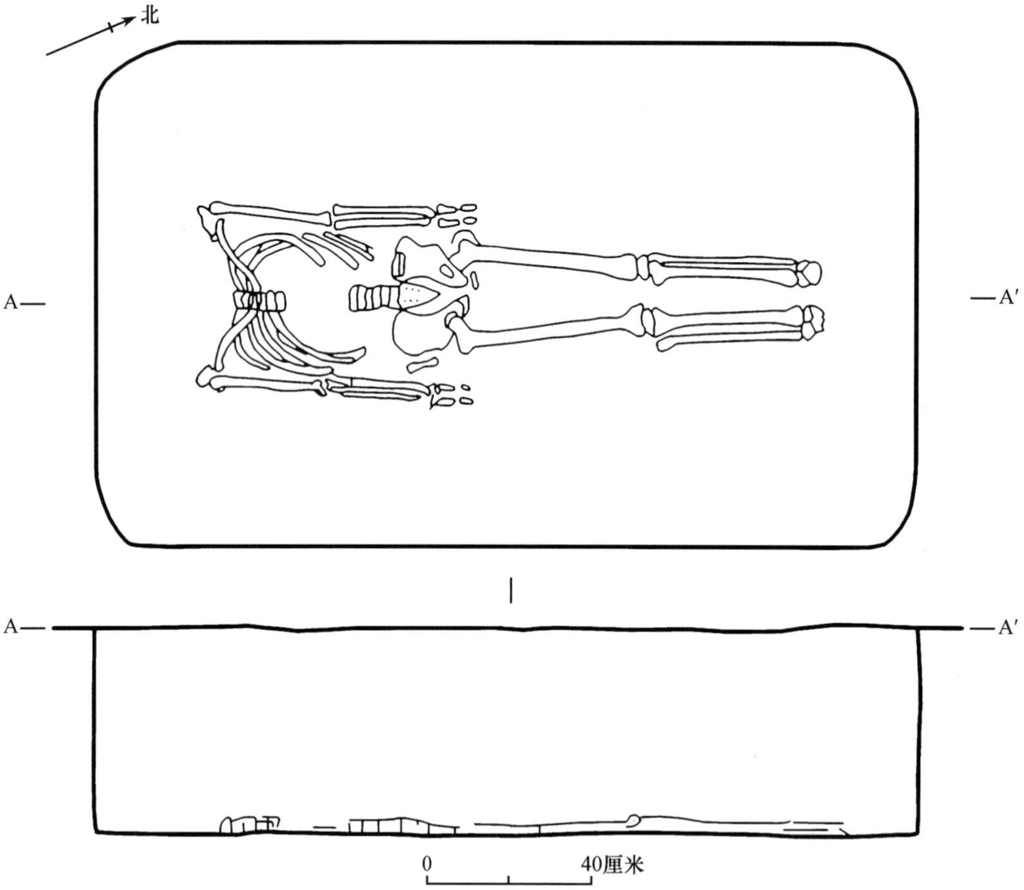

图5-140　ⅠT0408M1平、剖面图

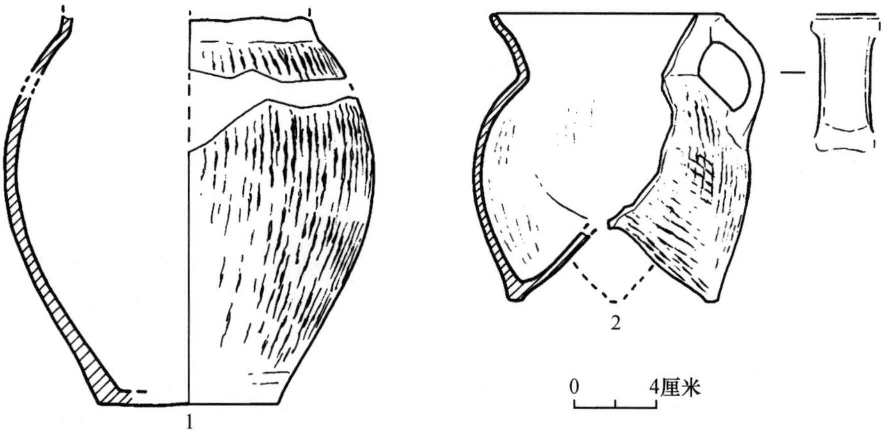

图5-141　ⅠT0408M1出土陶器

1. Aa型无耳罐（M1：1）　2. C型鬲（M1：2）

第六章　遗存的文化性质与生业经济

21世纪之前，尽管米家崖遗址曾经过了多次调查，调查者或判断其为新石器时代遗址，或判断其为仰韶至龙山时期的重要文化遗址，但因长期未予正式发掘，遗址的堆积状况、文化内涵和面貌以及遗址的分布范围等均不很清晰。2004～2006年，陕西省考古研究所（院）对该遗址稍偏北部的建设工程占压区进行了首次较大面积的抢救性发掘，获得了一批丰富的遗迹和遗物资料。发掘报告将这里的新石器时代遗存分为三期，分别为仰韶晚期（半坡四期）、庙底沟二期和客省庄（二期）文化，第一次较为清晰地揭示出米家崖遗址的文化内涵、分期和各期遗存的基本性质。2010～2011年，由西安市文物保护考古研究所（院）实施的米家崖遗址第二次大面积考古发掘工作，再次获得大批珍贵的实物资料，不但从数量和空间范围上增加了认识该遗址文化面貌的依据，而且进一步丰富了关中地区新石器时代晚期的考古资料。室内工作阶段，伴随着田野发掘基础资料的整理，针对陶器、石器、骨器和动物骨骼等方面的研究工作也持续进行，一步步深化了对遗址文化内涵和其他相关问题的认识。

第一节　文化遗存的时代与性质

经过对米家崖遗址2010～2011年度四个发掘区资料的初步整理和对Ⅰ区资料的系统整理和分析，初步判断本次发掘所获遗存的时代及文化性质与2004～2006年发掘成果基本一致，另外增加了少许周代遗存。新的发掘成果大大充实了该遗址的资料类别和数量。以下就主体遗存的类别及文化面貌特征进行初步梳理，并与周边地区遗址进行对比，对发掘收获的三个时期文化遗存的时代归属与文化性质，再做一个简要总结。

一、第一期文化遗存的时代与性质

米家崖遗址2010～2011年发掘的第一期文化遗存有遗迹和遗物两大类，另外还有少量的兽骨、砾石等自然遗物。文化遗迹有灰坑和房址两种，以灰坑为主，共27座，房址仅发现1座。

灰坑形制大多数较为规整，结合平面、剖面形态可划分为圆形袋状坑、圆形筒状坑、圆形锅底状坑、椭圆形袋状坑、椭圆形锅底状坑、圆角方形锅底状坑六种，其中以圆形袋状坑最多，超过半数。坑底多数为平底，少数还在平底下挖小坑；灰坑的壁、底一般加工得比较光整，很少发现工具挖凿痕迹。本遗址2004～2006年发现的灰坑形制以圆形锅底状坑为主，圆形袋状坑次之，也发现有平底下挖小坑的现象。米家崖一期的灰坑形制与关中地区同时期其他遗址的同类遗存非常相似，如宝鸡福临堡三期①、临潼姜寨第四期②、蓝田泄湖西王村类型③、高陵杨官寨半坡四期④、商县紫荆第三期⑤等，也都以圆形袋状坑为主，大多为平底，其中福临堡也有较多大坑底部下挖小坑的现象。

房址F3为半地穴式单体建筑，平面呈椭圆形，直壁，平底，形制与灰坑相同，底部发现的烧灶和柱洞遗迹。室内地面靠后壁的地面处发现长方形火坑，坑底为坚硬的灰黑色烧结面，应为灶。灶前约95厘米处发现柱洞。门道部位被晚期灰坑打破，形制不明，推测门道即在灶坑与柱洞连线的延长线上。同类房址也见于关中地区诸多仰韶时期遗址中，形制相似，面积都不大，如高陵杨官寨半坡四期F16、宝鸡福临堡三期F11、半坡村F3等。

从文化遗物的面貌特征看，本期陶器质地以夹砂陶占大多数，约占60%，泥质陶约占40%；陶色方面，红陶约占78%、灰陶约占22%，另有零星的黑陶和白陶。器表装饰以素面及磨光为主，素面约占40%，磨光约占15%；纹饰主要是绳纹和线纹（极细绳纹），约占26%；其次为附加堆纹，常与绳纹配合使用，另有少量弦纹、篮纹、戳印纹、小圆泥饼等。素面多见于盆、钵、夹砂罐、瓮、盘、器盖等器物；磨光多见于盆、钵、盘等泥质陶器；绳纹及附加堆纹多见于夹砂罐和瓮；线纹、弦纹和小圆泥饼多见于尖底瓶。陶系及纹饰特征与本遗址2004～2006年发掘所得资料基本相同，也与蓝田新街仰韶晚期⑥、宝鸡福临堡三期、姜寨四期等相似。

本期陶器的制法与本遗址2004～2006年发掘的第一期遗存相比基本相同，都以手制为主，多采用泥条盘筑法，器形较大者使用泥条盘筑法或泥片套接法成型，小型器物也有用捏塑法制成的。器物造型上，流行平底器，圜底器仅有已变成钝圆形底的尖底瓶，另有极少量的似三瓦足器和圈足器，推测为陶灶的足部，还未出现三袋足器。

常见器类有夹砂罐、钵、盆、尖底瓶、瓮、器盖等，也有少量的灶、漏斗等。数量排在前列的常见器物有尖底瓶、夹砂罐、盆和钵4种。器类及组合情况与本遗址2004～2006年第一期

---

① 宝鸡市考古工作队、陕西考古研究所宝鸡工作站：《宝鸡福临堡：新石器时代遗址发掘报告》，文物出版社，1993年。

② 西安半坡博物馆、陕西省考古研究所、临潼县博物馆：《姜寨：新石器时代遗址发掘报告》，文物出版社，1988年。

③ 中国社会科学院考古研究所陕西六队：《陕西蓝田泄湖遗址》，《考古学报》1991年第4期。

④ 陕西省考古研究院：《陕西高陵杨官寨遗址发掘简报》，《考古与文物》2011年第6期。

⑤ a. 商县图书馆、西安半坡博物馆、商洛地区图书馆：《陕西商县紫荆遗址发掘简报》，《考古与文物》1981年第3期；b. 王世和、张宏彦：《1982年商县紫荆新石器时代遗址的发掘》，《文博》1987年第3期。

⑥ 陕西省考古研究院：《蓝田新街：新石器时代遗址发掘报告》，文物出版社，2020年。

常见器类相同，也与蓝田新街仰韶晚期、宝鸡福临堡三期、姜寨四期等基本相似。

典型器物形态特征上：本期A型夹砂罐与福临堡三期A型Ⅵ式深腹罐H117：6和案板二期A型大口深腹罐H19：2、杨官寨半坡四期折沿鼓腹罐H402：35、岐山王家咀仰韶晚期Ⅰ式罐T4③：7、商县紫荆第三期罐H27：61等形态相似，且上腹多置鸡冠鋬。Aa型盆与福临堡三期K型Ⅰ式盆H24：13和岐山王家咀[①]仰韶晚期Ⅲ式盆T3②：1相似，但腹部较浅；与杨官寨半坡四期盆H402：22也相似，但腹部略鼓。Ba型盆与蓝田泄湖宽沿盆T5⑤：180形态十分相似，与杨官寨半坡四期盆H402：12接近，但斜沿程度大于杨官寨者。Bb型盆与姜寨四期Ⅴ式盆DT1H438：1相似。E型盆（2004～2006年发掘报告划分为C型）中，标本ⅠT0308④：171与半坡四期[②]Ⅰ7d式钵形态相似，敛口，鼓腹，装饰一圈鸡冠鋬。E型盆H56：20与福临堡三期Ⅲ式带流盆H107：1、蓝田新街仰韶晚期带流盆H375：18等形态相似。A型尖底瓶（2004～2006年发掘报告划分为B型）与岐山王家咀仰韶晚期瓶T4③：15、商县紫荆第三期尖底瓶H22：2和H22：1、蓝田泄湖喇叭口尖底瓶T4⑤：21等基本相同，形态均为长颈、喇叭口。C型尖底瓶（2004～2006年发掘报告划分为D型）与杨官寨半坡四期葫芦口尖底瓶H402：28、蓝田新街仰韶晚期尖底瓶H92：3等形态相近，均为细长颈，颈的中部外鼓形似葫芦，饰戳印纹一周。E型尖底瓶（2004～2006年发掘报告划分为A型）与半坡四期Ⅸ2b式尖底瓶H10：2、蓝田新街仰韶晚期尖底瓶H92：21、H127：14、H127：16等相似，形态均为小口微侈、平折沿，颈部装饰有小圆泥饼；也和姜寨四期Ⅰ式瓶T54H68：2、案板二期喇叭口瓶GNDH25：24、杨官寨平唇口尖底瓶H402：23、岐山王家咀仰韶晚期瓶T4③：78、79等，口沿部位相似。陶钵与福临堡三期出土的同类器形态十分接近，与商县紫荆第三期陶钵也十分接近。C型瓮（2004～2006年发掘报告划分为B型）与福临堡三期H型陶缸的口沿、纹饰与器物大小都接近，但腹部微鼓，与福临堡三期发现的瓮则形态相差较大。A型瓮（2004～2006年发掘报告划分为C型）与案板二期[③]厚唇缸形态相近，其中ⅠT0303②：13与厚唇缸GNDH25：22、H19：17与厚唇缸GNZH26：37的口沿形态接近。其他器形如瓦足形陶灶、器盖的形态都与上述仰韶时代晚期遗址出土的同类器形态相近。

从上述文化遗存的面貌特征上看，此次发掘的米家崖遗址第一期文化遗存与2004～2006年发掘的第一期遗存面貌相同，也与渭河流域已发现和发掘的西安半坡四期遗存、临潼姜寨四期遗存、高陵杨官寨半坡四期遗存、蓝田新街遗址第一期文化遗存、蓝田泄湖西王村类型文化遗存、宝鸡福临堡三期遗存、扶风案板二期遗存、岐山王家咀仰韶晚期遗存以及商县紫荆第三期文化遗存的面貌较为接近，应属于渭河流域的仰韶时代晚期遗存。

① 西安半坡博物馆：《陕西岐山王家咀遗址的调查与试掘》，《史前研究》1984年第3期。

② 中国科学院考古研究所、陕西省西安半坡博物馆：《西安半坡》，文物出版社，1963年。

③ 西北大学文博学院考古专业：《扶风案板遗址发掘报告》，科学出版社，2000年。

二、第二期文化遗存的时代与性质

米家崖遗址2010～2011年发掘的第二期文化遗存有遗迹和遗物两大类。文化遗迹有灰坑、房址和窑址三种，以灰坑为主，共27座，房址仅发现2座，窑址共3座。

灰坑形制大多数较规整，结合平面、剖面形态可划分为圆形袋状坑、圆形筒状坑、圆形锅底状坑、圆形亚腰状坑、椭圆形袋状坑五种，其中以圆形袋状坑最多，超过半数。坑底多数为平底，仅一例为圜底，还有一例存在平底下挖小坑的现象；大多数灰坑的壁、底经过一定程度加工，比较光整，很少发现工具开挖痕迹。本期灰坑与遗址同2004～2006年发现的第二期灰坑形制相似。关中西部的案板遗址第三期灰坑以圆形袋状坑为主；浒西庄遗址庙底沟时期灰坑以袋状坑为主，发现有下挖小坑的现象；赵家来遗址发现的3座庙底沟二期灰坑全部是圆形袋状坑。华阴横阵村、虫陈村遗址的庙底沟二期文化及陕县庙底沟遗址第二期文化遗存中，灰坑也都是以口小底大的圆形坑为主，壁坑经过修整，比较整齐。

房屋仅发现2座，均为半地穴式单体建筑，平面呈圆形，坑壁自上向下略外弧，平底。紧贴房屋底部的后壁或侧壁，设有灶（或壁炉），由于长期使用，形成红褐色的坚硬烧结面。屋内地面经长期踩踏，形成了平整坚硬的地面，局部发现有红烧土。上述庙底沟二期遗址也常发现半地穴式的圆形袋状房屋，屋内都设有灶（或壁炉），如庙底沟遗址T500中发现的F551。

陶窑3座，结构基本相同，都是横穴式（或处于由横穴向竖穴过渡阶段），平面形状为圆形或椭圆形，由火膛和窑室组成，中间以火道相连。火膛位于窑室前方，且低于窑室数十厘米，平面呈圆形或椭圆形。顶部均已塌毁，残部呈小型深坑状。窑床底部不平，自火膛处向密室内逐渐抬升，呈缓坡状。火道掏挖于窑床上，平面呈树枝状，随窑床坡度上升。窑室壁自窑床底部向上逐渐内收，形成弧壁，推测窑室馒头形。窑壁均分布有烧结面，土色为红褐色，土质较硬，烧硬土层厚达10厘米左右。Y1与扶风案板三期Y1、旬邑下魏洛遗址Y7-1及三门峡庙底沟二期陶窑（1号窑）结构大体相同。

从文化遗物的面貌特征看，本期陶器以夹砂陶为主，约占94%，泥质陶约占6%；陶色方面，灰陶占98%，亦发现少量红陶和极少量黑陶。器表装饰以篮纹或篮纹+附加堆纹最多，超过80%，绳纹（包括绳纹+附加堆纹）、素面与磨光者数量较少。其中夹砂深腹罐、鼎、壶、器盖、杯、漏斗等多饰有篮纹（或篮纹+附加堆纹）；盘、器盖和杯等器表常见素面或磨光。陶系及纹饰特征与本遗址2004～2006年发掘的第二期遗存基本相同，也与华阴横阵、华县泉护村、蓝田新街、扶风案板、武功浒西庄等遗址的同期遗存较为接近。

本期陶器的制法以手制为主，主要有泥条盘筑和捏塑法两种，器形较大者使用泥条盘筑法或泥片套接而成。造型上，绝大多数为平底器，也有少量圈足器和三足器。

常见器类有夹砂深腹罐、缸、瓮、壶、盆、钵、碗、器盖、杯、盘、豆、甑、鼎、漏斗等。常见器物组合是夹砂深腹罐、缸、盆、壶、豆。器类及组合情况与本遗址2004～2006年第二期遗存基本相同，也与华阴横阵、华县泉护村、蓝田新街、扶风案板、武功浒西庄等遗址的同期遗存比较相似，也稍有区别。此期华阴横阵、武功浒西庄、蓝田新街、扶风案板等遗址均发现有斝，而米家崖遗址则暂未发现，到底是时代上的差异，或是其他原因，尚待厘清。

器物的细部特征上，本期器物与庙底沟二期、案板三期的器物都有相似之处。A型鼎与垣曲古城东关①庙底沟二期文化晚期D型Ⅱ式圜底罐型鼎ⅠH110：32相似，均为侈口，束颈，鼓腹。B型鼎与古城东关庙底沟二期文化晚期C型平底盆形鼎ⅠH171：5相似，均为弧腹，平底，足外撇。A型夹砂深腹罐与旬邑下魏洛庙底沟二期深腹罐H34：15、华阴横阵龙山早期大口罐T2：4b、虫陈村庙底沟二期罐H4：4、古城东关庙底沟二期文化晚期A型Ⅰ式ⅠH252：174形态较为接近，均为侈口，折沿，弧腹，平底，器表饰篮纹和附加堆纹。B型夹砂深腹罐与庙底沟遗址二期A7d式敛口罐 H570：21、旬邑下魏洛②庙底沟二期深腹罐H22：5、浒西庄Ⅲ式大口深腹罐H24：9、赵家来Ⅰ式大口深腹罐H1：12较为接近，侈口，弧腹，多装饰有附加堆纹与篮纹。陶缸与旬邑下魏洛庙底沟二期深腹罐H31：4、洹曲古城东关庙底沟二期文化晚期A型Ⅰ式缸ⅠH252：112、浒西庄Ⅰ式大口深腹罐T22④：1形态较为接近，侈口，折沿，弧腹，平底。A型盆（2004～2006年发掘报告划分为B型）与旬邑下魏洛庙底沟二期盆H20②：2、华县虫陈村③庙底沟二期盆H2：1接近，侈口，折沿，弧腹；2004～2006年发掘的B型盆H15：3与洹曲古城东关庙底沟二期文化晚期D型Ⅰ式双鋬盆ⅠH185：18形态基本一致。A型壶口沿与案板三期喇叭口平底瓶GBH7：12、浒西庄Ⅱ式喇叭口圆肩罐T9⑤：28、赵家来Ⅱ式喇叭口圆肩罐H10：6十分接近。本期发现的带流刻槽盆ⅠT0303③：9与案板三期刻槽盆GBF2：1十分相似。

总之，从上述的文化遗存面貌特征看，本遗址2010～2011年发掘的第二期文化遗存与2004～2006年发掘的第二期遗存面貌相同，也与渭河流域已经发掘的武功浒西庄、赵家来，旬邑下魏洛，扶风案板，华县泉护村、虫陈村，华阴横阵，蓝田泄湖、新街等遗址庙底沟二期阶段的文化遗存基本相同或接近，应属庙底沟二期范畴。还需说明一点，在本期遗迹单位H49、H66、H72与H87中出土的部分尖底瓶残片，按照学界一般观点，这些应定性为晚期遗存单位中包含的早期遗物，本报告第三章的遗物综述部分即将其归入仰韶晚期遗物，与其他遗迹单位出土的尖底瓶一起参与分类和叙述。也有学者主张，关中地区类似H49这样的尖底瓶与鼎共出的遗存应划归“泉护二期”文化，视作仰韶晚期末段或由仰韶晚期向庙底沟二期过渡阶段。不过，上述几个出土尖底瓶的单位，其陶器的整体风格（颜色普遍呈深灰和浅灰、砂质陶比例高、纹饰以篮纹或篮纹与附加堆纹结合为主）和器类组合（夹砂深腹罐、缸、折沿深腹盆、豆、杯、刻槽盆）特征及形貌特征等，均具有鲜明的庙底沟二期作风。因此，将这几个遗存单位归入庙底沟二期较为合理一些。至于其中的尖底瓶残片，质地多为夹砂灰陶，器表饰篮纹，

① 中国历史博物馆考古部、山西省考古研究所、垣曲县博物馆：《垣曲古城东关》，科学出版社，2001年。
② 西北大学文化遗产与考古学研究中心、陕西省考古研究所：《旬邑下魏洛》，科学出版社，2006年。
③ 北京大学考古教研室华县报告编写组：《华县、渭南古代遗址调查与试掘》，《考古学报》1980年第3期。

与夹砂深腹罐、缸等风格相同，且残片较大，部分口部、肩部、腹部及底部虽不能拼接成一体，但极像是同一件器物的不同部分。因此，这些尖底瓶标本与庙底沟二期典型器类共存的可能性是很大的。换言之，将它们视作庙底沟二期遗物也未尝不可。

关中地区晚于仰韶时代晚期而早于客省庄文化时期的考古学遗存，一般认为是庙底沟二期文化。但有也学者主张，庙底沟二期文化仅涵盖西安以东的渭河下游地区；关中西部地区以扶风案板遗址第三期文化遗存为代表，包括漆水流域的浒西庄和赵家来等遗址，应确立为“案板三期文化”①。

米家崖遗址第二期文化的遗迹与关中东、西部地区庙底沟二期阶段遗存相比，相似性是主要的，同时也有一定的差异。关中东部庙底沟二期文化主要以夹砂深腹罐、鼎、斝等为典型器物，三足器特别是鼎，数量相对较多；米家崖第二期文化深腹罐、鼎、盆等器物与庙底沟二期文化同类器相似，但暂未发现斝。关中西部案板三期文化中除了与庙底沟二期文化基本相同的深腹罐、鼎、斝等器类以外，刻槽盆、双耳壶和双耳罐是比较盛行或者多见的，但西安及西安以东地区的遗址中则基本不见这些器物。米家崖遗址第二期发现一定数量的刻槽盆，与关中西部相似。

综合来看，米家崖遗址第二期文化遗存与关中东部地区同期遗存共性较强，可归属于庙底沟二期文化。同时，它又具有关中西部庙底沟二期阶段文化即案板三期文化的部分因素，从而体现出一定的地域特色。

三、第三期文化遗存的时代与性质

米家崖遗址2010～2011年发掘的第三期文化遗存有遗迹和遗物两大类。文化遗迹有灰坑、房址和墓葬三种，以灰坑为主，共42座，另发现房址2座，墓葬1座。

灰坑形制大多数较规整，结合平面、剖面形态可划分为圆形袋状坑、圆形筒状坑、圆形锅底状坑、圆形亚腰状坑、椭圆形袋状坑、椭圆形筒状坑五种。其中，圆形和椭圆形袋状坑共35座，占灰坑总数的82%。这类坑形制规整，多数为平底，壁、底一般加工得比较光滑，很少发现工具开挖痕迹，少量坑底下挖小坑。本期灰坑与遗址2004～2006年发掘的第三期灰坑情形相似，与临潼康家、临潼姜寨、长安客省庄、武功赵家来、岐山双庵遗址的客省庄二期灰坑形制较为接近。

房址仅发现2座，均为方形半地穴式单体建筑。F1平面近长方形，F2平面呈“凸”字形，门道朝南。两座房址墙壁均已遭破坏，局部残存墙体高3～10厘米。室内地面涂抹白灰，居中用红烧土砌成一圆形灶台，直径90～100厘米，高约5厘米。F2灶台西边有一灰坑，房子西南角

---

① a. 王世和、张宏彦、莫枯：《论案板三期文化遗存》，《考古》1987年第10期；b. 西北大学文博学院考古专业：《扶风案板遗址发掘报告》，科学出版社，2000年。

还有一小灶。本遗址2004～2006年发掘的第三期遗存中也有形制基本相同的房址。临潼康家的多数房屋[①]、姜寨F87、F135（唯门道开在东南角）等[②]、武功赵家来F1、F2、F4、F8等[③]、岐山双庵IF2等[④]已判定为客省庄（二期）文化的房屋，形制均与本遗址的相同或很接近。

本期能够确认的墓葬仅1座，为长方形竖穴土坑墓，单人仰身直肢葬，墓主头骨和双足缺失，未见葬具。骨架附近发现残陶鬲和圆腹罐，无法判定是否为随葬品。临潼康家、临潼姜寨、蓝田泄湖、武功赵家来、岐山双庵等遗址都发现了类似的长方形土坑竖穴墓，以仰身直肢为主，均无葬具，随葬品极少或无随葬品。此外，本期还发现"灰坑埋人"或"灰坑葬"现象，埋入2～3个个体，因人骨较散乱、不完整，无葬具也无随葬品，难以归入墓葬之列。类似现象在关中地区及豫西晋南地区从仰韶时代即有，到龙山时代较为常见。与这种非正常埋葬相应，这一时期较少发现大规模公共墓地，不但与仰韶时期有别，也与周边地区同时期文化不同。客省庄文化的埋葬方式与埋葬制度是应当长期关注的问题。

从文化遗物的面貌特征看，本期陶器以灰陶为主，约占92%，红陶约占7%，黑陶只有零星发现；陶质以夹砂陶为主，约占61%，泥质陶约占39%。器表装饰上，绳纹占32%，篮纹占24%，素面和磨光占18%，磨光与弦纹、篮纹与绳纹、绳纹与压印纹等组合使用的现象也较常见。绳纹多为竖向和斜向施纹；篮纹一般纹痕较粗，多见斜向、横向及交错施纹；附加堆纹多见于器形较大者，如陶斝上腹多饰条状附加堆纹。绳纹多见于鬲、圆腹罐、盘等；篮纹多见于斝、瓮、壶、豆、窖穴盖等；磨光多见于豆、杯、盘和器盖。这些特征与本遗址2004～2006年第三期遗存基本相同，与临潼康家、临潼姜寨、蓝田泄湖、西安客省庄、武功赵家来、岐山双庵等遗址的客省庄阶段陶系相比，更加接近东部地区。西安及以东地区的遗址出土陶器均以灰陶为主，红陶较少；而关中西部的武功赵家来和岐山双庵等遗址，红陶占比较高，灰陶居次。

陶器的制法以手制为主，轮制和模制次之。器形较大者为泥条盘筑或泥片拼接而成；模制多见于三足器，如鬲足内壁常见有"反绳纹"痕迹，系模制证据；轮制器物少见，个别杯、豆、盘等小型器物可见轮制痕迹。多数器物口部经过慢轮修整。三足器的足与底相接部位往往加贴泥条或泥片以加固，把手（耳）与器壁装接部位有明显接拼痕迹，或以泥条或泥片加固。造型上流行平底器和三足器，圈足器较少，基本不见尖底器和圜底器，部分器物有单耳或双耳，少数有三耳。

---

① a. 西安半坡博物馆：《陕西临潼康家遗址第一、二次试掘简报》，《史前研究》1985年第1期；b. 陕西省考古研究所康家考古队：《陕西临潼县康家遗址发掘简报》，《考古与文物》1988年第5、6期；c. 陕西省考古研究所康家考古队：《陕西临潼县康家遗址1987年发掘简报》，《考古与文物》1992年第4期。

② 西安半坡博物馆、陕西省考古研究所、临潼县博物馆：《姜寨：新石器时代遗址发掘报告》，文物出版社，1988年，第317～318页。

③ 中国社会科学院考古研究所：《武功发掘报告：浒西庄与赵家来遗址》，文物出版社，1988年，第102～107页。

④ 西安半坡博物馆：《陕西岐山双庵新石器时代遗址》，《考古学集刊（3）》，中国社会科学出版社，1983年，第51～68页。

常见器类有鬲、斝、鬶、圆腹罐、喇叭口壶、敛口瓮、帽形和圆饼形器盖、浅盘粗柄豆、盘、盆、杯、窖穴盖等，与本遗址2004～2006年发掘的第三期遗存基本相同，也与临潼康家、姜寨五期[1]、蓝田泄湖、西安客省庄、武功赵家来、岐山双庵等遗址的同期常见器类基本一致。A型鬲（2004～2006年报告划分为Aa型）与康家A型Ⅰ式大型鬲H41：2、蓝田泄湖鬲T6④H4：1相似，器形硕大，侈口，高领，竖向桥形把手上接口唇，下接鬲一足上部。B型鬲（2004～2006年报告划分为Ab型）与康家B型Ⅰ式小型鬲H37：1、姜寨五期Ⅱ式鬲ZHT15F134：6相似，器体较小，侈口，高领，口沿及上腹置一竖向桥形把手。A型斝与姜寨五期Ⅱ式斝ZHT48H494：20相似，侈口、筒腹，上腹置一对称竖向桥形鋬耳。C型斝与客省庄Ⅲ式鬲H179：2相似。E型斝与康家Ⅰ式斝H41：4相似。A型无耳罐（2004～2006年报告划分为A型）与康家Ⅱ式夹砂罐H29：10、客省庄罐H174：1：4、姜寨五期Ⅲ式罐T212②：14相似，侈口、无花边，高领，鼓腹，领部素面，腹部饰竖向绳纹。A型单耳罐与华阴横阵村客省庄二期Ⅱ式单耳罐M9：3、蓝田泄湖单耳罐T1④H6：1、老牛坡[2]客省庄二期（陕西龙山文化）Ⅳ式带耳陶罐85XLI2G1H5：9、姜寨五期Ⅵ式罐T238H277：1相似，侈口，高领，圆鼓腹。A型双耳罐（2004～2006年报告划分为Ab型）与康家Ⅲ式双耳罐H39：1、姜寨五期Ⅸ式罐T30H10：1、老牛坡Ⅴ式带耳陶罐85XLI2G1H5：4、客省庄双耳罐H174：1：3相似；B型双耳罐（2004～2006年报告划分为Aa型）与华阴横阵村客省庄二期双耳罐H20均为侈口、高领、折腹、平底。三耳罐为客省庄文化遗存中常见。A型壶与康家Ⅲ式高领折肩罐H39：3、客省庄壶H68相似，喇叭形侈口、长颈、溜肩，肩腹相接处的折角或显著或圆钝。B型壶与康家Ⅰ式高领折肩罐H36：4相似。A型器盖与姜寨五期Ⅱ式器盖ZHT15F134：9、老牛坡客省庄二期Ⅰ式器盖85XLI2G1H5：16相似。Ba型器盖（2004～2006年报告划分为D型）与康家器盖H29：5、客省庄Ⅳ式器盖H168、老牛坡客省庄二期Ⅲ式器盖86XLⅢ：051等形制相同。Bb型（2004～2006年报告划分为C型）与姜寨五期Ⅰ式器盖ZHT22③：1形制相似。

总之，从上述文化遗存面貌特征上看，此次发掘的米家崖遗址第三期文化遗存与2004～2006年发掘的第三期遗存面貌相同，也与渭河流域已经发掘的蓝田泄湖、临潼康家、临潼姜寨、西安客省庄、武功赵家来、岐山双庵等遗址客省庄二期阶段的文化遗存基本相同或接近，应属客省庄文化遗存。

以往研究表明，分布于关中地区东、西部的客省庄文化存在一定的差异。多位学者主张，关中东部地区亦可称为“康家类型”[3]，关中西部地区则有多种不同称呼，以主张命名为“双

---

① 西安半坡博物馆、陕西省考古研究所、临潼县博物馆：《姜寨：新石器时代遗址发掘报告》，文物出版社，1988年。

② 刘士莪：《老牛坡》，陕西人民出版社，2002年。

③ a. 巩启明：《关于客省庄文化的若干问题》，《中国原始文化论集：纪念尹达八十诞辰》，文物出版社，1989年，第79～90页；b. 姜捷：《客省庄二期文化遗存分析》，《史前研究（2002）》，三秦出版社，2004年，第356～375页；c. 梁星彭：《试论客省庄二期文化》，《考古学报》1994年第4期；d. 魏世刚：《试论“陕西龙山文化”康家类型》，《文博》1995年第5期。

庵类型"①者为多，也有称为"双庵遗存"②或"双庵类型文化"③，或"客省庄类型"（所指范围为西安以西，包括客省庄遗址在内）④。此期关中东、西部地区的房屋形态有较大区别，东部多半地穴式和方形单间房屋，西部多"吕"字形连间房、圆形单间房，有些可能还是窑洞式⑤。陶器方面，在共性之中亦有明显差异。东、西部地区的常见陶器类别基本相同，主要有鬲、斝、鬶、圆腹罐、喇叭口壶、帽形和圆饼形器盖、粗柄豆、圈足盘等。在典型器类上，东部地区鬲最多，斝其次，形式多样，多见交错式附加堆纹，单把篮纹斝较少；西部地区流行单把篮纹斝，鬲较少，常见双大耳折腹凹底泥质罐。窖穴盖见于米家崖遗址第三期，客省庄遗址也有发现，姜寨和泄湖遗址发现的窖穴盖则早于客省庄二期，以上遗址均位于以西安为中心的关中中部地区，而西安以西的同时期遗址似未见到此种器物，或许可视为西安地区客省庄阶段的特征性器物之一。此期关中东、西部地区陶器差异主要表现在陶色方面，东部地区以灰陶为主，红陶极少；西部地区红陶比例较高，或占80%以上（以双庵遗址为代表），或占50%以上（以赵家来遗址为代表）。

综合来看，米家崖遗址第三期文化遗存与关中东部地区同期遗存共性较强，可归属于客省庄文化的关中东部类型，或可称"康家类型"。

关于各期遗存的绝对年代，目前尚未进行大规模取样测试，仅对三个阶段各取两个骨质样品做了试探性测定分析。测试分析由美国Beta实验室进行，使用加速器质谱法（AMS）^{14}C测定，经树轮校正（校正程序OxCal Ⅴ4.4.4，校正曲线IntCal 20）。仰韶晚期的两个样品测定结果分别为3093～2911BC和2859～2497BC，大致与以往其他遗址的断代结果相符。庙底沟二期的两个样品测定结果分别为2272～2032BC和2192～1961BC，均落在中原地区龙山时代晚期绝对年代范围内，差别过于显著，应当存疑。客省庄文化的两个样品测定结果分别为2343～2138BC和2199～1980 BC，基本与以往对其他客省庄文化遗址测年结果吻合。

第二节 各期文化的生业经济状况

米家崖遗址两次较大面积的发掘，获得的遗迹和遗物资料，在大类上有较强的一致性。遗迹方面，均发现少量的房屋、陶窑和零星墓葬；形制规整的圆形或椭圆形袋状坑占了各期灰坑的半数以上，第三期甚至超过了80%。这些灰坑分布较为广泛而相对密集，很可能是各个时期储藏粮食及其他物品的窖穴。遗物方面，以功能多样、种类繁多的陶质生活用品为大宗。由这

① 同上条a、b、d。

② 籍和平：《从双庵遗址的发掘看陕西龙山文化的有关问题》，《史前研究》1986年第1、2期。

③ 张天恩、刘军社：《关于客省庄二期文化几个问题的探讨》，《考古与文物》1995年第2期。

④ 梁星彭：《试论客省庄二期文化》，《考古学报》1994年第4期。

⑤ a. 姜捷：《客省庄二期文化遗存分析》，《史前研究（2002）》，三秦出版社，2004年，第356～375页；b. 梁星彭：《试论客省庄二期文化》，《考古学报》1994年第4期。

遗迹和遗物推测，本遗址仰韶晚期、庙底沟二期及客省庄文化的先民均过着较为稳定的、以农业为重要经济基础的定居生活。

从出土的生产工具看，各期均有一定数量的石器、骨器及少量陶工具。这些工具的用途包括农业生产（包括砍伐、收割和粮食加工工具）、采集狩猎、手工加工（木作、纺织、制陶、制骨）等多个方面。本遗址2010～2011年Ⅰ区出土生产工具共149件，可归入农业生产工具的有石斧、石铲、石锛、石凿、石刀、石杵、陶刀、骨铲等，占生产工具总数的46.31%；渔猎工具有石球、石镞、石矛、陶球、骨镞等，占生产工具总数的22.82%；手工加工工具有石（陶）纺轮、石刮削器、磨石、石垫、陶拍、陶研磨器、骨（角）锥、骨匕、骨针等，占生产工具总数的30.87%。另外，通常被归入装饰品的石、骨、陶笄，形态与锥很相近，也不排除其用作工具的可能性。

一、第一期文化的生业经济状况

仰韶晚期遗存中，生产工具种类较单纯，数量较少，共有32件。农业工具有石铲、石刀、陶刀等，共有15件，占生产工具总数的将近半数；狩猎工具有石球、陶球和骨镞，共有8件，占生产工具总数的四分之一；手工加工工具有石纺轮、磨石、抛光石、陶纺轮、陶刮削器、骨锥、角锥等，共有9件，占生产工具总数的四分之一。本遗址2004～2006年发掘出土的第一期生产工具中，农业工具较本次发掘多出石锄，而少了石铲；狩猎工具有石（骨、角）镞、石（陶）球等；手工加工工具有石（陶）纺轮、石匕、石刮削器、陶拍、骨锥等。

结合两次发掘所得进行考察，生产工具种类差别不大，各类占比基本一致。因生产工具的总数较少，难以反映生产和生活状况的全貌。仅从现有资料来看，农业工具种类较少，数量则是生产工具中最多的，表明农业生产在当时经济活动中占有重要地位；手工加工工具数量居次，同样以服务于定居生活方式的需求为主；狩猎工具总数虽少，所占比例相当高。

对一件Ⅲ区出土的仰韶晚期陶罐残片进行植物残留分析，发现了水稻叶片的横排哑铃型植硅体，总数达14个，表明米家崖遗址仰韶时代可能已经种植水稻[①]。此前发掘研究表明，关中地区水稻栽培的时代上限已由西安鱼化寨、华县东阳、华阴兴乐坊、蓝田新街等遗址的考古发现提前至仰韶时代的早中期。本遗址的这一结果目前仍属孤证，假如能够有更多的成果予以证实，增添了关中地区仰韶时期栽培水稻的证据，其意义不可谓小。

第一期还发现一定数量的动物骨骼，可鉴定标本数为49件。有个别灰坑较集中地出土大量兽骨，可能有某种特殊的意义，到底反映了一种集体生活状况还是特定家庭的活动结果还有待更多资料进行探讨。经鉴定，本期家养动物有猪和羊，其中猪的占比较高，约占百分之七十；野生动物有麋鹿、梅花鹿、环颈雉、珍珠蚌等。

① 屈亚婷：《陶器残留物的初步分析》，见本书第十四章。

综合以上资料推测，在仰韶晚期阶段的米家崖聚落，农作物栽培和家畜饲养相结合的农业经济可能已经占据生业方式的首要地位，采集渔猎经济也是很重要的补充。手工业活动有建筑房屋，制造陶器、石器和骨（角、蚌）器，木材加工以及纺织等。

与关中地区同属仰韶晚期的临潼姜寨四期、蓝田新街仰韶晚期和宝鸡福临堡三期遗存对比，米家崖、新街和福临堡均以生产工具占比较高。稍有不同的是，新街和福临堡发现的刀类数量较多，可能反映出植物类收割活动更频繁一些。姜寨和新街的石斧数量较多，同时也发现一定数量的石锛和石凿，反映出砍伐树木、加工木材、制作复合工具和建造房屋等活动较为常见。

二、第二期文化的生业经济状况

庙底沟二期阶段的生产工具仍可分三大类。农业工具有石斧、石铲、石锛、石刀、陶刀等，占比超过50%；狩猎工具有石镞、石矛和骨镞，占比不到五分之一；手工加工工具有石纺轮、石刮削器、陶纺轮、陶研磨器、骨锥、骨匕、骨针、角锥等，约占生产工具总数的30%。本遗址2004～2006年发掘的同期95件生产工具中，骨锥和纺轮数量较多，除此而外，农业生产工具、渔猎工具及手工工具的比例与2010～2011年度情形相若。仅从现有资料来看，农业工具所占比例较一期略有提高，狩猎工具的占比较一期降低，似可说明栽培农业活动的重要性上升至主要地位，而渔猎活动的重要性略有下降。

对Ⅰ区、Ⅳ区出土的两件石锛进行的淀粉粒残留和植物硅体分析表明，其中一件可能用于刮削薯蓣科植物外皮，另一件则发现不可鉴定种属的植硅体，可能作用于植物身上不含淀粉或含淀粉较少的部位。

第二期动物骨骼可鉴定标本数有60余件。有极少量灰坑发现大量的兽骨，可能有比较特殊的意义，限于资料数量和解释方法，目前尚不清楚。经鉴定，本期家养动物有猪和牛等；猪的占比超过60%，应是当时人们主要的肉食来源；野生动物有梅花鹿、竹鼠等。

综合两次发掘成果推测，农业生产活动是米家崖先民最重要的经济基础，渔猎生活仍然占有较重要的地位，手工业有了一定程度的发展。

米家崖遗址第二期与关中地区同属庙底沟二期阶段的案板三期、蓝田新街龙山早期和武功浒西庄庙底沟二期对比，有较强的共性，各遗址均以农业生产工具占比较高。新街和浒西庄手工加工工具仅次于农业生产工具，尤以骨锥和陶纺轮数量增加较多，也发现有骨针，似乎表明编织技艺和纺织活动的水平较仰韶时期有所提高，在社会生活中占据着更为重要的地位。案板三期渔猎工具数量相对突出，似乎表明案板聚落先民的渔猎活动更频繁些。这种情形反映出，即使从以陶器为主的器物面貌上判定的同一考古学文化，其内部不同区域间仍然会存在生产及生活方式上的差异，而这种差异很有可能与局域生态环境和资源类型有关。

三、第三期文化的生业经济状况

客省庄文化时期，生产工具共有83件，仍可分为三大类。生产工具的种类较前两期有所增加，制作技术和质量亦有很大进步。农业生产工具有石斧、石（骨）铲、石锛、石凿、石（陶）刀等，占比超过40%；狩猎工具有石（骨、角）镞、石（陶）球、石钺、石矛等，约占生产工具总数的四分之一；手工加工工具有石（陶）纺轮、石垫、梭形石器、石饼形器、陶拍、骨锥、骨针等，约占生产工具总数三分之一。农业生产工具占比依然最高，石刀和石铲数量有所增加，似可说明植物栽培农业经济有所发展。渔猎工具的数量和占比与前一时期相当；手工业工具较前一时期变化不大。本遗址2004～2006年发掘出土的第三期154件生产工具中，农业生产工具占比近半数（未计算数量突出的骨锥），渔猎工具占五分之一。

第三期动物骨骼可鉴定标本数有25件。经鉴定家养动物有猪、黄牛、绵羊等，家畜种类较前一时期有所增加，反映出人们对肉食资源掌握的能力有所增强；野生动物有鹿（尤其是梅花鹿）等，仍然是肉食的重要来源。

运用植物硅酸体分析和淀粉粒分析两种方法，从Ⅰ区出土的第三期陶鬲标本中获取了粟、黍、水稻、薏苡等栽培作物的存在证据，说明当时人们利用了这些食物资源，水稻的比例甚至较前一期有所增加。

从一件石杵的表面获得残留的淀粉粒种类表明，该器物曾用于加工处理粟、黍类作物和包括小麦族在内的野生籽实类植物。

综合两次发掘成果来看，本期包括栽培作物和饲养动物在内的农业生产水平较庙底沟二期有了较为显著的发展，而捕鱼和狩猎活动的重要性仍在持续。

米家崖遗址第三期与客省庄、双庵、康家等遗址的同一时段相比，农业生产水平基本相当，而数量较多的刀类工具的存在，反映出植物类收割活动更加频繁一些。米家崖和康家遗址均发现大量骨锥，亦发现一定数量的骨针和纺轮，可能说明其编织和纺织等方面较其他聚落具有一定优势。各遗址的渔猎工具数量与占比均较为稳定，反映出采集狩猎活动在新石器时代晚期较长时段都是关中地区的重要生业方式和生活基础。